D1689700

MAX-PLANCK-INSTITUT
FÜR AUSLÄNDISCHES UND INTERNATIONALES PRIVATRECHT

Die deutsche Rechtsprechung auf dem Gebiete des Internationalen Privatrechts im Jahre 2014

Im Institut bearbeitet

von

RAINER KULMS

MOHR SIEBECK

ISBN 978-3-16-154826-0
ISBN 978-3-16-154827-7 für Bezieher von RabelsZ
ISSN 0340-6881

Die Deutsche Nationalbibliothek verzeichnet diese Publikation in der Deutschen Nationalbibliographie; detaillierte bibliographische Daten sind im Internet über *http://dnb.dnb.de* abrufbar.

© 2016 Mohr Siebeck Tübingen. www.mohr.de

Das Werk einschließlich aller seiner Teile ist urheberrechtlich geschützt. Jede Verwertung außerhalb der engen Grenzen des Urheberrechtsgesetzes ist ohne Zustimmung des Verlags unzulässig und strafbar. Das gilt insbesondere für Vervielfältigungen, Übersetzungen, Mikroverfilmungen und die Einspeicherung und Verarbeitung in elektronischen Systemen.

Das Buch wurde von Gulde Druck in Tübingen auf alterungsbeständiges Werkdruckpapier gedruckt und von der Großbuchbinderei Josef Spinner in Ottersweier gebunden.

Vorwort

Unter den 292 Entscheidungen aus dem Jahre 2014 bilden rechtsgeschäftliche Verbindlichkeiten (Nrn. 38–55), das Familien- und Erbrecht (Nrn. 82–124; 125–140), das Insolvenzrecht (Nrn. 273–292) sowie die gerichtliche Zuständigkeit bei vermögensrechtlichen Streitigkeiten (Nrn. 165–219) besondere Schwerpunkte. Bei der Überprüfung griechischer Konsolidierungsmaßnahmen als Antwort auf die Finanzkrise verweisen die Gerichte zunehmend auf die Immunität ausländischer Staaten (Nrn. 75, 79, 154, 157–161, 163, 203, 218). Im Hinblick auf die Ermittlung ausländischen Rechts verschärft der Bundesgerichtshof die Anforderungen an den Tatrichter: Neben den Rechtsquellen ist auch die ausländische Rechtspraxis, insbesondere die Rechtsprechung, zu berücksichtigen (Nr. 276). Das LAG Mecklenburg-Vorpommern betont, die vertragliche Vereinbarung ausländischen Rechts werde nicht dadurch unwirksam, dass das Arbeitsverhältnis teilweise in Deutschland vollzogen wird (Nr. 76). Der Begriff des individuellen Arbeitsvertrags in Art. 18 I EuGVO a.F. ist nicht anhand nationaler Maßstäbe auszulegen (Nr. 182). Der BGH wendet auf die Aufrechnung nach UN-Kaufrecht konventionsinterne Maßstäbe an, wenn die gegenseitigen Geldforderungen demselben, UN-Kaufrecht unterliegenden Vertragsverhältnis entstammen (Nr. 66). In einem Verfahren zur Abänderung einer ausländischen Kindesunterhaltsentscheidung darf das dem ausländischen Titel zugrunde liegende Sachrecht grundsätzlich nicht ausgetauscht werden (Nr. 252). Der BGH erblickt in einer kalifornischen Entscheidung zur Leihmutterschaft, die den Wunscheltern die rechtliche Elternstellung zuweist, keinen Verstoß gegen den *ordre public*, wenn ein Wunschelternteil mit dem Kind genetisch verwandt ist. Unter diesen Umständen konnte auch dem eingetragenen Lebenspartner des genetischen Vaters die Elternstellung zugewiesen werden (Nr. 254). Bei Insolvenzanfechtungsklagen hält der BGH die Gerichte des Mitgliedstaats, in dem das Insolvenzverfahren eröffnet worden ist, auch dann für zuständig, wenn der Antragsgegner seinen Wohnsitz außerhalb eines Mitgliedstaats hat (Nr. 281). Das AG Wedding lässt eine Klauselerinnerung zu, wenn ein Europäischer Zahlungsbefehl nicht oder nicht wirksam zugestellt wurde (Nr. 230).

Ohne die umfangreiche Hilfe von *Dr. Johannes Schilling*, *Dr. Christian Steger* und *Denise Wiedemann* (Erfassung und Bearbeitung der Entscheidungen) und *Uda Strätling* (Redaktion) hätte dieser Band nicht entstehen können. Ihnen allen gilt mein herzlicher Dank.

Im Mai 2016   *Rainer Kulms*

Zitierweise: IPRspr. 2014 Nr. ...

Inhalt

Abkürzungen		IX
I.	**Allgemeine Lehren** Nr. 1	1
	1. Anwendung, Ermittlung und Revisionsfähigkeit ausländischen Rechts Nr. 1	1
	2. Ordre public und Gesetzesumgehung	2
II.	**Natürliche und juristische Personen, Gesellschaften** Nrn. 2–34	3
	1. Geschäftsfähigkeit	3
	2. Todeserklärung und Abwesenheit	3
	3. Namensrecht und Geschlechtszugehörigkeit Nrn. 2–28	3
	4. Juristische Personen und Gesellschaften Nrn. 29–34	47
III.	**Rechtsgeschäft und Verjährung** Nrn. 35–37	58
	1. Willenserklärung	58
	2. Stellvertretung	58
	3. Form Nrn. 35–37	58
	4. Verjährung	61
IV.	**Schuld-, Handels- und Arbeitsrecht** Nrn. 38–80	62
	1. Vertrag und andere rechtsgeschäftliche Verbindlichkeiten Nrn. 38–55	62
	2. Geschäftsführung ohne Auftrag und ungerechtfertigte Bereicherung	109
	3. Unerlaubte Handlungen, Gefährdungshaftung Nrn. 56–64	109
	4. Veränderung und Erlöschen von Schuldverhältnissen	135
	5. Allgemeines Handelsrecht Nrn. 65–66	135
	6. Wertpapierrecht Nr. 67	148
	7. Versicherungsrecht Nr. 68	149
	8. Land- und Lufttransportrecht	152
	9. See- und Binnenschifffahrtsrecht Nr. 69	152
	10. Arbeitsrecht Nrn. 70–80	153

V.	Sachenrecht und Trust Nr. 81	191
VI.	Familienrecht Nrn. 82–124	195
	1. Verlöbnis und Eheschließung Nrn. 82–83	195
	2. Persönliche Ehewirkungen Nr. 84	202
	3. Eheliches Güterrecht Nrn. 85–86	204
	4. Ehescheidung, Ehetrennung Nrn. 87–90	208
	5. Unterhalt Nrn. 91–93	212
	6. Kindschaft Nrn. 94–100	216
	7. Minderjährigenschutzabkommen Nr. 101	232
	8. Kindesentführungsübereinkommen Nrn. 102–106	234
	9. Adoption, Pflegekindschaft Nrn. 107–122	243
	10. Vormundschaft, Pflegschaft, Jugendrecht Nrn. 123–124	298
VII.	Erbrecht Nrn. 125–140	303
VIII.	Immaterialgüterrecht und Unlauterer Wettbewerb Nrn. 141–151	356
IX.	Öffentliches Recht Nr. 152	369
	1. Enteignung	369
	2. Währungs- und Devisenrecht	369
	3. Handelsbeschränkungen	369
	4. Kartell- und Monopolrecht Nr. 152	369
X.	Zivilprozess Nrn. 153–272	371
	1. Rechtsstellung von Ausländern vor deutschen Gerichten Nr. 153	371
	2. Gerichtsbarkeit Nrn. 154–164	373
	3. Ansprüche in vermögensrechtlichen Angelegenheiten – Allgemeine vertragliche Streitigkeiten Nrn. 165–193	406
	4. Ansprüche in vermögensrechtlichen Angelegenheiten – Streitigkeiten aus Verbraucherverträgen Nrn. 194–199	485
	5. Ansprüche in vermögensrechtlichen Angelegenheiten – Allgemeine außervertragliche Streitigkeiten Nrn. 200–218	499
	6. Ansprüche in vermögensrechtlichen Angelegenheiten – Gewerblicher Rechtsschutz und Persönlichkeitsrechtsverletzungen Nr. 219	559
	7. Zuständigkeit in Ehe- und Kindschaftssachen Nrn. 220–223	564
	8. Durchführung des Verfahrens Nrn. 224–232	575
	9. Berücksichtigung ausländischer Rechtshängigkeit und Rechtskraft Nrn. 233–236	588
	10. Rechts- und Amtshilfe	604

	11.	Anerkennung und Vollstreckung ausländischer Entscheidungen in vermögensrechtlichen Angelegenheiten Nrn. 237–248	604
	12.	Anerkennung und Vollstreckung ausländischer Entscheidungen in Unterhaltssachen Nrn. 249–253	643
	13.	Anerkennung und Vollstreckung ausländischer Entscheidungen in Ehe- und Kindschaftssachen Nrn. 254–261	655
	14.	Durchführung der Zwangsvollstreckung Nrn. 262–264 ...	700
	15.	Anwalts- und Kostenrecht	710
	16.	Schiedsgerichtsbarkeit Nrn. 265–272	710
XI.	Freiwillige Gerichtsbarkeit		737
	1.	Namens- und familienrechtliche Sachen	737
	2.	Nachlasssachen	737
	3.	Grundbuchsachen	737
	4.	Vereinsregister- und Handelssachen	737
	5.	Notariats- und Urkundenwesen	737
XII.	Insolvenz- und Anfechtungsrecht Nrn. 273–292		737

Gesetzesverzeichnis 782

    I. Deutsches Recht 782
   II. Ausländisches Recht 790
  III. Staatsverträge 797
  IV. Recht der Europäischen Union 800

Verzeichnis der Entscheidungen 805

    I. Gerichte 805
   II. Fundstellen 811

Sachverzeichnis 824

Rechtsprechungsdatenbanken 836

Abkürzungen

a.A.	=	anderer Ansicht; allgemeine Auffassung
AA	=	Auswärtiges Amt
AB	=	aktiebolag; Auftragsbestätigung
ABGB	=	Allgemeines Bürgerliches Gesetzbuch (Österreich)
ABl.	=	Amtsblatt
Abs.	=	Absatz
AdoptÜ	=	Haager Übereinkommen über den Schutz von Kindern und die Zusammenarbeit auf dem Gebiet der internationalen Adoption vom 29.5.1993 (BGBl. II 1035)
AdVermiG	=	Gesetz über die Vermittlung der Annahme als Kind und über das Verbot der Vermittlung von Ersatzmüttern i.d.F. vom 22.12.2001 (BGBl. 2002 I 354)
AdWirkG	=	Gesetz über Wirkungen der Annahme als Kind nach ausländischem Recht (Adoptionswirkungsgesetz) vom 5.11.2001 (BGBl. I 2950, 2953)
a.E.	=	am Ende
AEntG	=	Gesetz über zwingende Arbeitsbedingungen für grenzüberschreitend entsandte und für regelmäßig im Inland beschäftigte Arbeitnehmer und Arbeitnehmerinnen (Arbeitnehmer-Entsendegesetz – AEntG) vom 20.9.2009 (BGBl. I 799)
AEUV	=	Vertrag von Lissabon zur Änderung des Vertrags über die Europäische Union (Vertrag über die Arbeitsweise der Europäischen Union – VAEU) und des Vertrags zur Gründung der Europäischen Gemeinschaft vom 13.12.2007 (ABl. Nr. c 306/1)
a.F.	=	alte Fassung
AfP	=	Archiv für Presserecht
AG	=	Amtsgericht
AGB	=	Allgemeine Geschäftsbedingungen
AGg.	=	Antragsgegner(in, innen)
AGG	=	Allgemeines Gleichbehandlungsgesetz (AGG) vom 14.8.2006 (BGBl. I 1897)
AGH	=	Anwaltsgerichtshof
AktG	=	Aktiengesetz vom 6.9.1965 (BGBl. I 1089)
Alt.	=	Alternative
AP	=	Arbeitsrechtliche Praxis, Nachschlagewerk des Bundesarbeitsgerichts
ApS	=	Anpartsselskab (dänische Gesellschaft mit beschränkter Haftung)
ArbG	=	Arbeitsgericht
ArbGG	=	Arbeitsgerichtsgesetz i.d.F. vom 2.7.1979 (BGBl. I 853)

arg.	=	Argument, Schlußfolgerung (aus)
Art.	=	Artikel
AS	=	Amtliche Sammlung der Bundesgesetze und Verordnungen (Schweiz)
A/S	=	Aksjeselskap; Aktieselskaber (norweg. bzw. dän. Aktiengesellschaft)
a.s.	=	Akciova spolocnost; Akčiovà společnost (vergleichbar AG)
ASt.	=	Antragsteller(in, innen)
AufenthG	=	Gesetz über den Aufenthalt, die Erwerbstätigkeit und die Integration von Ausländern im Bundesgebiet (Aufenthaltsgesetz – AufenthG) i.d.F. der Bek. vom 25.2.2008 (BGBl. I 162)
AUG	=	Gesetz zur Geltendmachung von Unterhaltsansprüchen im Verkehr mit ausländischen Staaten (Auslandsunterhaltsgesetz – AUG) vom 23.5.2011 (BGBl. I 898)
AÜG	=	Gesetz zur Regelung der Arbeitnehmerüberlassung (Arbeitnehmerüberlassungsgesetz – AÜG) i.d.F. der Bek. vom 3.2.1995 (BGBl. I 158)
AV	=	Ausführungsverordnung
AVAG	=	Gesetz zur Ausführung zwischenstaatlicher Verträge und zur Durchführung von Verordnungen der Europäischen Gemeinschaft auf dem Gebiet der Anerkennung und Vollstreckung in Zivil- und Handelssachen (Anerkennungs- und Vollstreckungs-Ausführungsgesetz – AVAG) i.d.F. vom 3.12.2009 (BGBl. I 3830)
AVB	=	Allgemeine Vertragsbedingungen; Allgemeine Verkaufsbedingungen
AWD	=	Außenwirtschaftsdienst des Betriebs-Beraters
BA	=	Bundesagentur für Arbeit
BAG	=	Bundesarbeitsgericht
BAGE	=	Entscheidungen des Bundesarbeitsgerichts
Baubetriebe–VO	=	Verordnung über die Betriebe des Baugewerbes, in denen die ganzjährige Beschäftigung zu fördern ist (Baubetriebe-Verordnung) i.d.F. vom 26.4.2006 (BGBl. I 1085)
BayObLG	=	Bayerisches Oberstes Landesgericht
BayObLGZ	=	Entscheidungen des BayObLG in Zivilsachen
BayVGH	=	Bayerischer Verwaltungsgerichtshof
BB	=	Der Betriebs-Berater
BDSG	=	Bundesdatenschutzgesetz (BDSG) i.d.F. der Bek. vom 14.1.2003 (BGBl. I 66)
BeckOK	=	Der Beck'sche Online-Kommentar
BeckRS	=	Beck-Rechtsprechung
BEG	=	Bundesgesetz zur Entschädigung der Opfer der nationalsozialistischen Verfolgung vom 29.6.1956 (BGBl. I 562)
Bek.	=	Bekanntmachung
Bekl.	=	Beklagte(r)
Beschwf.	=	Beschwerdeführer(in, innen)
BeschwG	=	Beschwerdegericht
BeurkG	=	Beurkundungsgesetz vom 28.8.1969 (BGBl. I 1513)
BFH	=	Bundesfinanzhof
BfJ	=	Bundesamt für Justiz

BGB	=	Bürgerliches Gesetzbuch i.d.F. vom 2.1.2002 (BGBl. I 42)
BGE	=	Entscheidungen des Schweizerischen Bundesgerichts
BGer	=	Bundesgericht (der Schweizerischen Eidgenossenschaft)
BGH	=	Bundesgerichtshof
BGHR	=	Systematische Sammlung der Entscheidungen des Bundesgerichtshofs, hrsg. von Richtern des Bundesgerichtshofs
BGHZ	=	Entscheidungen des Bundesgerichtshofes in Zivilsachen
BKartA	=	Bundeskartellamt
BKR	=	Zeitschrift für Bank- und Kapitalmarktrecht
BMAS	=	Bundesministerium für Arbeit und Soziales
BMdF	=	Bundesminister(in, ium) der Finanzen
BNotO	=	Bundesnotarordnung vom 24.2.1961 (BGBl. I 98)
B.O.E.	=	Boletín Oficial del Estado
BPatG	=	Bundespatentgericht
BS	=	Bereinigte Sammlung der Bundesgesetze und Verordnungen 1848–1947 (Schweiz)
bt.	=	betéti társaság (ungarische Kommanditgesellschaft)
BT–Drucks.	=	Drucksachen des Bundestags
Buchholz	=	Sammel- und Nachschlagewerk der Rechtsprechung des Bundesverwaltungsgerichts, hrsg. von K. Buchholz
BUrlG	=	Mindesturlaubsgesetz für Arbeitnehmer (Bundesurlaubsgesetz) i.d.F. vom 7.5.2002 (BGBl. I 1529)
BV	=	Besloten Vennootschap (Gesellschaft m.b.H.)
BVBA	=	Besloten Vennootschap met Beperkte Aansprakelijkheid (Belgien)
BVerfG	=	Bundesverfassungsgericht
BVerfGE	=	Entscheidungen des Bundesverfassungsgerichts
BVerfGG	=	Gesetz über das Bundesverfassungsgericht i.d.Bek. vom 11.8.1993 (BGBl. I 1474)
BVerfGK	=	Kammerentscheidungen des Bundesverfassungsgerichts
BVerwG	=	Bundesverwaltungsgericht
BVFG	=	Gesetz über die Angelegenheiten der Vertriebenen und Flüchtlinge i.d.F. der Bek. vom 10.8.2007 (BGBl. I 1902)
BZAA	=	Bundeszentralstelle für Auslandsadoption
BZSt	=	Bundeszentralamt für Steuern
CAS	=	Court of Arbitration for Sport
Cc	=	Code civil; Codice civile; Código civil; Civil Code
CIEC	=	Commission internationale de l'état civil (Internationale Kommission für das Zivilstandswesen)
CISG	=	UN-Übereinkommen über Verträge und über den internationalen Warenkauf vom 11. 4. 1980 (BGBl. 1989 II 586)
CISG–AC	=	International Sales Convention Advisory Council
CMNI	=	Budapester Übereinkommen über den Vertrag über Güterbeförderung in der Binnenschifffahrt (CMNI) vom 22.6.2001 (BGBl. II 2007, 298)
CMR	=	Übereinkommen über den Beförderungsvertrag im internationalen Straßengüterverkehr vom 19.5.1956 (BGBl. 1961 II 1119; Convention relative au Contrat de transport international des Marchandises par Route)
COD	=	Kodzisionsverfahren

COM	=	Europäische Kommission (Commission)
COMI	=	center of main interest
C. proc. civ.	=	Code de procédure civile; Codice di procedura civile; Código de procedimiento civil; Código de processo civil
DA	=	Dienstanweisung für die Standesbeamten und ihre Aufsichtsbehörden i.d.F. der Neubekanntmachung vom 3.1.1995 (Beil. zu BAnz. 1995 Nr. 33a)
DAR	=	Deutsches Autorecht
DB	=	Der Betrieb
DBA	=	Doppelbesteuerungsabkommen
DepotG	=	Gesetz über die Verwahrung und Anschaffung von Wertpapieren – Depotgesetz (DepotG) – i.d.Bek. vom 11.1.1995 (BGBl. I 34)
Die AG	=	Die Aktiengesellschaft
DNotZ	=	Deutsche Notar-Zeitschrift
DÖV	=	Die Öffentliche Verwaltung
DPMA	=	Deutsches Patent- und Markenamt
DRV Bund	=	Deutsche Rentenversicherung Bund
DStR	=	Deutsches Steuerrecht
DV	=	Dăržaven Vestnik (Staatsanzeiger Bulgarien)
Dz.U.	=	Dziennik Ustaw [Rzeczypospolitej Polskiej] (Gesetzblatt der Republik Polen)
DZWIR	=	Deutsche Zeitschrift für Wirtschafts- und Insolvenzrecht
EC	=	European Commission; Europäische Kommission
ECE	=	Regelungen der Economic Commission for Europe (Wirtschaftskommission für Europa bei den Vereinten Nationen)
EFTA	=	European Free Trade Association
EFZG	=	Gesetz über die Zahlung des Arbeitsentgelts an Feiertagen und im Krankheitsfall (Entgeltfortzahlungsgesetz) vom 26.5.1994 (BGBl. I 1014)
EG	=	Europäische Gemeinschaft; Vertrag zur Gründung der Europäischen Gemeinschaft vom 25.3.1957 i.d.F. des Vertrages von Amsterdam vom 2.10. 1997 (BGBl. 1998 II 386)
e.G.	=	eingetragene Genossenschaft
EGBGB	=	Einführungsgesetz zum Bürgerlichen Gesetzbuch i.d.F. vom 21.9.1994 (BGBl. I 2494)
EGGVG	=	Einführungsgesetz zum Gerichtsverfassungsgesetz vom 27.1. 1877 (RGBl. 77)
EGInsO	=	Einführungsgesetz zur Insolvenzordnung vom 5.10.1994 (BGBl. I 2911)
EGMR	=	Europäischer Gerichtshofs für Menschenrechte
EGV	=	Vertrag zur Gründung der Europäischen Gemeinschaft i.d.F. des Vertrags über die Europäische Union vom 7.2.1992 (BGBl. II 1251)
EGVVG	=	Einführungsgesetz zu dem Gesetz über den Versicherungsvertrag vom 30.5.1908 (RGBl. I 305)
EGZPO	=	Gesetz betreffend die Einführung der Zivilprozessordnung vom 30.1.1877 (RGBl. 244)
EMRK	=	Europäische Konvention zum Schutze der Menschenrechte und Grundfreiheiten vom 4.11.1950 (BGBl. 1952 II 685)

EO	=	Gesetz über das Exekutions- und Sicherungsverfahren (Exekutionsordnung) vom 27.5.1896 (RGBl. Nr. 79/1896)
EP	=	Europäisches Patent
EPA	=	Europäisches Patentamt
EPO	=	Europäische Patentorganisation
EPÜ	=	Übereinkommen über die Erteilung Europäischer Patente (Europäisches Patentübereinkommen – EPÜ 2000) vom 5.10.1973 i.d.F. vom 29.11.2000 (BGBl. 2007 II 1083)
ErbR	=	Zeitschrift für die gesamte erbrechtliche Praxis
ErfK	=	Erfurter Kommentar zum Arbeitsrecht
Erg.–Lfg.	=	Ergänzungslieferung
Erwgr.	=	Erwägungsgrund
ESchG	=	Gesetz zum Schutz von Embryonen (Embryonenschutzgesetz – ESchG) vom 13.12.1990 (BGBl. I 2746)
EStG	=	Einkommensteuergesetz (EStG) i.d.Bek. vom 8.10.2009 (BGBl. I 3366, ber. 2009 I 3862)
ESÜ	=	Europäisches Sorgerechtsübereinkommen vom 20.5.1980 (BGBl. 1990 II 206, 220)
EU	=	Europäische Union
EuEheVO	=	VO (EG) Nr. 2201/2003 des Rates über die Zuständigkeit und die Anerkennung und Vollstreckung von Entscheidungen in Ehesachen und in Verfahren betreffend die eheliche Verantwortung und zur Aufhebung der VO (EG) Nr. 1347/2000 vom 27.11.2003 (ABl. EG 2003 Nr. L 338/1)
EuG	=	Gerichtshof der Europäischen Union
EuGFVO	=	VO (EG) Nr. 861/2007 des Europäischen Parlaments und des Rates zur Einführung eines europäischen Verfahrens für geringfügige Forderungen vom 11.7.2007 (ABl. Nr. L 1999/1)
EuGH	=	Europäischer Gerichtshof
EuGHE	=	Entscheidungssammlung des EuGH
EuGVO	=	VO (EG) Nr. 44/2001 des Rates über die gerichtliche Zuständigkeit und die Anerkennung und Vollstreckung von Entscheidungen in Zivil- und Handelssachen vom 22.12.2000 (ABl. 2001 Nr. L 12/1)
EuGVÜ	=	(Europäisches) Übereinkommen über die gerichtliche Zuständigkeit und die Vollstreckung gerichtlicher Entscheidungen in Zivil- und Handelssachen vom 27.9.1968 (BGBl. 1972 II 773)
EuInsVO	=	VO (EG) Nr. 1346/2000 des Rates über Insolvenzverfahren vom 29.5.2000 (ABl. 2000 Nr. L 160/1
EuMV	=	Europäisches Mahnverfahren
EuMVO	=	VO (EG) Nr. 1896/2006 des Europäischen Parlaments und des Rates zur Einführung eines Europäischen Mahnverfahrens vom 12.12.2006 (ABl. Nr. L 399, 1)
EURL	=	Entreprise Unipersonnelle à Responsabilité Limitée
EuStAÜbk	=	Europäisches Übereinkommen über die Staatsangehörigkeit vom 6.11.1997 (BGBl. 2004 II 578)
EuUnthVO	=	VO (EG) Nr. 4/2009 des Rates über die Zuständigkeit, das anwendbare Recht, die Anerkennung und Vollstreckung von Entscheidungen und die Zusammenarbeit in Unterhaltssachen vom 18.12.2008 (ABl. Nr. L 7/1)

EUV	=	Vertrag über die Europäische Union vom 7.2.1992 (ABl. Nr. C 191/1; BGBl. II 1252)
EuVT	=	Europäischer Vollstreckungstitel
EuVTVO	=	VO (EG) Nr. 805/2004 des Europäischen Parlaments und des Rates zur Einführung eines europäischen Vollstreckungstitels für unbestrittene Forderungen vom 21.4.2004 (ABl. Nr. L 143/15)
EuZVO	=	VO (EG) Nr. 1348/2000 des Rates über die Zustellung gerichtlicher und außergerichtlicher Schriftstücke in Zivil oder Handelssachen in den Mitgliedstaaten vom 29.5.2000 (ABl. 2000 Nr. L 160/37)
EuZW	=	Europäische Zeitschrift für Wirtschaftsrecht
EVÜ	=	Römisches EWG-Übereinkommen über das auf vertragliche Schuldverhältnisse anzuwendende Recht vom 19.6.1980 (BGBl. 1986 II 810)
EWGV	=	Vertrag zur Gründung der Europäischen Wirtschaftsgemeinschaft
EWiR	=	Entscheidungen zum Wirtschaftsrecht
EWR	=	Europäischer Wirtschaftsraum
EWS	=	Europäisches Wirtschafts- und Steuerrecht
EzA	=	Entscheidungssammlung zum Arbeitsrecht
EzAÜG	=	Entscheidungssammlung zum Arbeitnehmerüberlassungsgesetz
EZB	=	Europäische Zentralbank
FA	=	Finanzamt
FamFG	=	Gesetz über das Verfahren in Familiensachen und in den Angelegenheiten der freiwilligen Gerichtsbarkeit (FamFG) vom 17.12.2008 (BGB. I 2586)
FamG	=	Familiengericht
FamPra.ch	=	Die Praxis des Familienrechts (Schweiz)
FamRÄndG	=	Gesetz zur Vereinheitlichung und Änderung familienrechtlicher Vorschriften (Familienrechtsänderungsgesetz) vom 11.8.1961 (BGBl. I 1221)
FamRB	=	Der Familien-Rechts-Berater
FamRBint	=	Familien-Rechts-Berater – Beilage zum intern. Familienrecht
FamRZ	=	Zeitschrift für das gesamte Familienrecht
FD–ZVR	=	Fachdienst Zivilverfahrensrecht
FEK	=	Filo Efimeridas Kyvérnisis (griechisches Amtsblatt)
FG	=	Finanzgericht; Freiwillige Gerichtsbarkeit
FGB	=	Familiengesetzbuch
FGG	=	Gesetz über die Angelegenheiten der freiwilligen Gerichtsbarkeit vom 17.5.1898 (RGBl. 189)
FGG–RG	=	Gesetz zur Reform des Verfahrens in Familiensachen und in Angelegenheiten der freiwilligen Gerichtsbarkeit (FGG–Reformgesetz – FGG-RG) vom 17.12.2008 (BGBl. I 2586, 2696)
FGPrax	=	Praxis der Freiwilligen Gerichtsbarkeit (vor 1995: OLGZ)
FOB	=	Free On Board
FOSFA	=	Federation of Oils, Seeds, and Fats Accociations
FoVo	=	Forderung & Vollstreckung
FPR	=	Familie, Partnerschaft, Recht
FS	=	Festschrift

GBA	=	Generalbundesanwalt; Grundbuchamt
GBO	=	Grundbuchordnung i.d.Bek. vom 26.5.1994 (BGBl. I 1114)
GenG	=	Gesetz betreffend die Erwerbs- und Wirtschaftsgenossenschaften (Genossenschaftsgesetz – GenG) i.d.F. der Bek. vom 16.10.2006 (BGBl. I 2230)
GesKR	=	Gesellschafts- und Kapitalmarktrecht
g.F.	=	geltende(r) Fassung
GG	=	Grundgesetz für die Bundesrepublik Deutschland vom 23.5.1949 (BGBl. 1)
GGV	=	VO (EG) Nr. 6/2002 des Rates über das Gemeinschaftsgeschmacksmuster vom 12.12.2001 (ABl. Nr. L 3, 1)
GK	=	Gemeinschaftskommentar
Gl.	=	Gläubiger(in, innen)
GmbHG	=	Gesetz betreffend die Gesellschaften mit beschränkter Haftung vom 20.4.1892 i.d.F. vom 20.5.1898 (RGBl. 846)
GmbHR	=	GmbH-Rundschau
GMV	=	VO (EG) Nr. 40/94 des Rates über die Gemeinschaftsmarke vom 20.12.1993 (ABl. Nr. L 11/1)
GPR	=	Zeitschrift für Gemeinschaftsprivatrecht
GRUR	=	Gewerblicher Rechtsschutz und Urheberrecht
GRUR Int.	=	– (Auslands- und) Internationaler Teil
GRURPrax	=	Gewerblicher Rechtsschutz und Urheberrecht. Praxis im Immaterialgüter- und Wettbewerbsrecht
GRUR–RR	=	– Rechtsprechungs-Report
GVG	=	Gerichtsverfassungsgesetz i.d.F. vom 9.5.1975 (BGBl. I 1077)
GWB	=	Gesetz gegen Wettbewerbsbeschränkungen i.d.F. der Bek. vom 26.6.2013 (BGBl. I 1750)
GZVJu	=	Gerichtliche ZuständigkeitsVO Justiz vom 16.11.2004 (BayGVBl. 471)
Handb., Hdb.	=	Handbuch
HBÜ	=	Haager Übereinkommen über die Beweisaufnahme im Ausland in Zivil- und Handelssachen vom 18.3.1970 (BGBl. 1977 II 1472)
hf.	=	hlutafélag (AG isländischen Rechts)
HGB	=	Handelsgesetzbuch vom 10.5.1897 (RGBl. 219)
HK	=	Heidelberger Kommentar
HKiEntÜ	=	Haager Übereinkommen über die zivilrechtlichen Aspekte internationaler Kindesentführungen vom 25.10.1980 (BGBl. 1990 II 206)
h.M.	=	herrschende Meinung
HUntÜbk 2007	=	Haager Übereinkommen über die internationale Geltendmachung der Unterhaltsansprüche von Kindern und anderen Familienangehörigen vom 23.11.2007 (ratif. 31.3.2011; ABl. Nr. L 93, 9)
HUP	=	Protokoll über das auf Unterhaltspflichten anzuwendende Recht vom 23.11.2007 (ABl. Nr. L 331/19)
HUÜ	=	Haager Übereinkommen über die Anerkennung und Vollstreckung von Unterhaltsentscheidungen vom 2.10.1973 (BGBl. 1986 II 825)

HZÜ	=	Haager Übereinkommen über die Zustellung gerichtlicher und außergerichtlicher Schriftstücke im Ausland in Zivil oder Handelssachen vom 15.11.1965 (BGBl. 1977 II 1453)
IBR	=	Immobilien- und Baurecht
ICC	=	International Chamber of Commerce
I.C.J.	=	International Court of Justice
i.d.F.	=	in der Fassung
IGH	=	Internationaler Gerichtshof
IHK	=	Industrie- und Handelskammer
IHR	=	Internationales Handelsrecht – Zeitschrift für die wirtschaftsrechtliche Praxis
IIR	=	Internationales Insolvenzrecht
I.L.Pr.	=	International Litigation Procedure
Inc.	=	Incorporated (eingetragen), amerik. Kapitalgesellschaft
Incoterms	=	International Commercial Terms (Internationale Handelsklauseln)
InsO	=	Insolvenzordnung vom 5.10.1994 (BGBl. I 2866)
InstGE	=	Entscheidungen der Instanzgerichte zum Recht des geistigen Eigentums
IntFamRVG	=	Gesetz zur Aus- und Durchführung bestimmter Rechtsinstrumente auf dem Gebiet des internationalen Familienrechts vom 26.1.2005 (BGBl. I 162)
IPG	=	Gutachten zum internationalen und ausländischen Privatrecht
IPR	=	Internationales Privatrecht
IPRax	=	Praxis des Internationalen Privat- und Verfahrensrechts
IPRG	=	Gesetz zur Neuregelung des Internationalen Privatrechts vom 25.7.1986 (BGBl. I 1142)
IPRspr.	=	Die deutsche Rechtsprechung auf dem Gebiete des Internationalen Privatrechts
ISD	=	Internationaler Sozialdienst
ISIN	=	International Securities Identification Number
i.V.m.	=	in Verbindung mit
IWB	=	Internationales Steuer- und Wirtschaftsrecht
IWF	=	Internationaler Währungsfonds
IZPR	=	Internationales Zivilprozessrecht
IzRspr.	=	Sammlung der Entscheidungen zum interzonalen Privatrecht
JAmt	=	Das Jugendamt (vormals: Der Amtsvormund)
J.O.	=	Journal Officiel
JugA	=	Jugendamt
Justiz	=	Die Justiz. Amtsblatt des Justizministeriums Baden-Württemberg
JW	=	Juristische Wochenschrift
JZ	=	Juristenzeitung
KG	=	Kammergericht; Kommanditgesellschaft
KindRG	=	Kindschaftrechtsreformgesetz vom 16.12.1997 (BGBl. I 2942)
KK	=	Kölner Kommentar
Kl.	=	Kläger(in, innen)
KO	=	Konkursordnung i.d.F. vom 26.7.1957 (BGBl. I 960)
KOM–Dokumente	=	Grün- bzw. Weißbücher sowie Berichte der Kommission der Europäischen Gemeinschaften

KonsG	=	Gesetz über die Konsularbeamten, ihre Aufgaben und Befugnisse (Konsulargesetz) vom 11.9.1974 (BGBl. I 2317)
K&R	=	Kommunikation und Recht
KR	=	Gemeinschaftskommentar zum Kündigungsschutzgesetz und zu sonstigen kündigungsschutzrechtlichen Vorschriften
KSchG	=	Kündigungsschutzgesetz i.d.F. vom 25.8.1969 (BGBl. I 1371)
KSÜ	=	Haager Übereinkommen über die Zuständigkeit, das anzuwendende Recht, die Anerkennung, Vollstreckung und Zusammenarbeit auf dem Gebiet der elterlichen Verantwortung und der Maßnahmen zum Schutz von Kindern vom 19.10.1996 (BGBl. 2010 II 1527)
KTS	=	Zeitschrift für Insolvenzrecht (vormals Konkurs, Treuhand, Sanierung)
KV	=	Kostenverzeichnis
KWG	=	Gesetz über das Kreditwesen i.d.F. vom 9.9.1998 (BGBl. I 2776)
LAG	=	Landesarbeitsgericht; Gesetz über den Lastenausgleich i.d.F. vom 1.10.1969 (BGBl. I 1909)
Lfg.	=	Lieferung
LG	=	Landgericht
LJV	=	Landesjustizverwaltung
LLC	=	Limited Liability Company
LPartG	=	Gesetz über die Eingetragene Lebenspartnerschaft (Lebenspartnerschaftsgesetz) vom 16.2.2001 (BGBl. I 266)
LS	=	Leitsatz, Leitsätze
LSG	=	Landessozialgericht
LugÜ	=	Lugano-Übereinkommen über die gerichtliche Zuständigkeit und die Vollstreckung gerichtlicher Entscheidungen vom 16.9.1988 (BGBl. 1994 II 2658)
LugÜ II	=	Lugano-Übereinkommen über die gerichtliche Zuständigkeit und die Anerkennung und Vollstreckung von Entscheidungen in Zivil- und Handelssachen vom 30.10.2007 (ABl. Nr. L 339/3 ff.)
MDR	=	Monatsschrift für Deutsches Recht
MedR	=	Medizinrecht
MittRhNotK	=	Mitteilungen der Rheinischen Notarkammer
MMR	=	MultiMedia und Recht
Mon.	=	Moniteur
ms.	=	mütterlicherseits
MSA	=	Haager Übereinkommen über die Zuständigkeit der Behörden und das anzuwendende Recht auf dem Gebiet des Schutzes von Minderjährigen vom 5.10.1961 (BGBl. 1971 II 219)
m.w.N.	=	mit weiteren Nachweisen
N.	=	Note, Fußnote
NachlG	=	Nachlassgericht
NamÄndG	=	Gesetz über die Änderung von Familiennamen und Vornamen vom 5.1.1938 (RGBl. I 9)
NamÜbK	=	Übereinkommen über die Angabe von Familiennamen und Vornamen in den Personenstandsbüchern vom 13.9.1973 (BGBl. 1976 II 1474)

NDV	=	Nachrichtendienst des Deutschen Vereins für öffentliche und private Fürsorge
NIS	=	Neue Israelische Schekel
NJOZ	=	Neue Juristische Online Zeitschrift
NJW	=	Neue Juristische Wochenschrift
NJWE–FER	=	NJW-Entscheidungsdienst Familien- und Erbrecht
NJW–RR	=	NJW–Rechtsprechungs-Report
NK	=	Nomos Kommentar
NK–BGB	=	NomosKommentar Bürgerliches Gesetzbuch
NOFOTA	=	Netherlands Oils, Fats and Oilseeds Trade Association
n.v.	=	nicht veröffentlicht
N.V.	=	Naamloze Vennootschap
NZA	=	Neue Zeitschrift für Arbeitsrecht
NZG	=	Neue Zeitschrift für Gesellschaftsrecht
NZI	=	Neue Zeitschrift für das Recht der Insolvenz und Sanierung
NZV	=	Neue Zeitschrift für Verkehrsrecht
o.a.	=	oben ausgeführt, oben angeführt
OG	=	Oberstes Gericht
OGH	=	Oberster Gerichtshof
OHG	=	offene Handelsgesellschaft
O.J.	=	Official Journal of the European Communities
ÖJZ	=	Österreichische Juristen-Zeitung
OLG	=	Oberlandesgericht
OLGR	=	OLG-Report
OR	=	Obligationenrecht vom 30.3.1911 (BS 2, 199; Schweiz)
OVG	=	Oberverwaltungsgericht
PartGG	=	Gesetz über Partnerschaftsgesellschaften Angehöriger Freier Berufe (Partnerschaftsgesellschaftsgesetz – PartGG) i.d.F. vom 23.10.2008 (BGBl. I 2026)
PatG	=	Patentgesetz i.d.F. vom 16.12.1980 (BGBl. I 1)
PKH	=	Prozesskostenhilfe
PLC	=	Public Limited Company
Pra	=	Die Praxis des Bundesgerichts (Basel)
PStG	=	Personenstandsgesetz vom 19.2.2007 (BGBl. 122)
PStV	=	VO zur Ausführung des Personenstandsgesetzes vom 22.11.2008 (BGBl. I 2263)
PVÜ	=	Pariser Verbandsübereinkunft vom 20.3.1883 zum Schutze des gewerblichen Eigentums in der Stockholmer Fassung vom 14.7.1967 (BGBl. 1970 II 293)
RdW	=	Recht der Wirtschaft
RegE	=	Regierungsentwurf
RG	=	Reichsgericht; Rossijskaja gaseta (Amtsblatt der russ. Regierung)
RGBl.	=	Reichsgesetzblatt
RGZ	=	Entscheidungen des Reichsgerichts in Zivilsachen
RIS	=	Rechtsinformationssystem (Österreich)
RIW	=	Recht der Internationalen Wirtschaft
RIW/AWD	=	Recht der Internationalen Wirtschaft / Außenwirtschaftsdienst des Betrieb-Beraters

Abkürzungen   XIX

RNotZ	=	Rheinische Notar-Zeitschrift
RO	=	Registro Oficial
Rom–III–VO	=	VO (EU) Nr. 1259 des Rates zur Durchführung einer Verstärkten Zusammenarbeit im Bereich des auf die Eheschließung und Trennung ohne Auflösung des Ehebandes anzuwendenden Rechts vom 20.12.2010 (ABl. Nr. L 343/10)
Rom–II–VO	=	VO (EG) Nr. 864/2007 des Europäischen Parlaments und des Rates über das auf außervertragliche Schuldverhältnisse anzuwendende Recht vom 11.7.2007 (ABl. L Nr. 199/40)
Rom–I–VO	=	VO (EG) Nr. 593/2008 des Europäischen Parlaments und des Rates über das auf vertragliche Schuldverhältnisse anzuwendende Rech vom 17.6.2008 (ABl. L Nr. 177/6)
RO–S	=	Registro Oficial (Suplemento)
Rpfleger	=	Der Deutsche Rechtspfleger
RRa	=	ReiseRecht aktuell
Rs	=	Rechtssache
RSFSR	=	Russische Sozialistische Föderative Sowjetrepublik
RVG	=	Gesetz über die Vergütung der Rechtsanwältinnen und Rechtsanwälte (Rechtsanwaltsvergütungsgesetz) vom 5.5.2004 (BGBl. I 717, 788)
Rz.	=	Randziffer
S.A.	=	Société anonyme; Sociedad anónima
S.A.R.L.	=	Société à responsabilité limitée
SAS	=	Société par actions simplifiée
SchiedsVZ	=	Zeitschrift für Schiedsverfahren
SE	=	Societas Europaea; Europäische Gesellschaft
SEAG	=	Gesetz zur Ausführung der VO (EG) Nr. 2157/2001 des Rates über das Statut der Europäischen Gesellschaft (SE) – SE-Ausführungsgesetz (SEAG) vom 22.12.2004 (BGBl. I 3675)
SE–VO	=	VO (EG) Nr. 2157/2001 des Rates über das Statut der Europäischen Gesellschaft – Societas Europaea (SE) – vom 8.10.2001 (ABl. EG 2001 Nr. L 294)
SFS	=	Svensk författningssamling
SGB	=	Sozialgesetzbuch
S.I.	=	Statutory Instrument
SIA	=	Sabiedriba ar ierobe zotu atbildibu, Lettland (vergleichbar GmbH)
SJZ	=	Schweizerische Juristen-Zeitung
Slg.	=	Sammlung der Rechtsprechung des Europäischen Gerichtshofes
Sl.gl.	=	Službeni glasnik Socijalističke Republike Srbije bzw. Rupublike Srbije
Sl.l.Kos.	=	Službeni list Socijalističke Autonomne Pokrajine Kosovo
Sl.l. RCG	=	Službeni list Republike Crne Gore
Sl.l. SFRJ	=	Službeni list Socijalističke federativne Republike Jugoslavije
Sl.l.Voj.	=	Službeni list Socijalističke Autonomne Pokrajine Vojvodine
S.n.c.	=	Società in nome collettivo
S.p.A.	=	Società per azioni
S.P.R.L.	=	Société privée à responsabilité limitée
SR	=	Systematische Sammlung des Bundesrechts (Schweiz)

S.r.l.	=	Società a responsabilità limitata
s., ss.	=	section(s)
StAG	=	Staatsangehörigkeitsgesetz vom 22.7.1913 (RBGl. 583) i.d.F. vom 15.7.1999 (BGBl. I 1618)
StAZ	=	Das Standesamt, Zeitschrift für Standesamtswesen
StB	=	Staatsblad van het Koninkrijk der Nederlanden
StGB	=	Strafgesetzbuch i.d.Bek. vom 13.11.1998 (BGBl. I 3322)
SZ	=	Sobranie Zakonodatel'stva
SZIER	=	Schweizerische Zeitschrift für internationales und europäisches Recht
TMG	=	Telemediengesetz vom 26.2.007 (BGBl. I 179)
TranspR	=	Transportrecht
TVG	=	Tarifvertragsgesetz i.d.Bek. vom 25.8.1969 (BGBl. I 1323)
TV–L	=	Tarifvertrag für den öffentlichen Dienst der Länder
UAB	=	uzdaroji akcine bendrove, Litauen (AG mit Zügen der deutschen GmbH)
UKlaG	=	Gesetz über Unterlassungsklagen bei Verbraucherrechts- und anderen Verstößen (Unterlassungsklagengesetz) in der Neufassung der Bek. vom 27.8.2002 (BGBl. I 3422, 4346)
UNCITRAL	=	United Nations Commission on International Trade Law
UNÜ	=	UN-Übereinkommen über die Anerkennung und Vollstreckung ausländischer Schiedssprüche vom 10.6.1958 (BGBl. 1961 II 121)
UrhG	=	Gesetz über Urheberrecht und verwandte Schutzrechte vom 9.9.1965 (BGBl. I 1273) i.d.F. des Gesetzes zur Stärkung der vertraglichen Stellung von Urhebern und ausübenden Künstlern vom 22.3.2002 (BGBl. I 1155)
Ur.l.	=	Uradni list (Amtsblatt)
Ur.l. RS	=	Uradni list Republike Slovenije
Ur.l. SRS	=	Uradni list Socialisticne Republike Slovenije
Urt.	=	Urteil
UWG	=	Gesetz gegen den unlauteren Wettbewerb i.d.F. der Bek. vom 3.3.2010 (BGBl. I 254)
VA	=	Verwaltungsarchiv
VAE	=	Vereinigte Arabische Emirate
VAG	=	Gesetz über die Beaufsichtigung der Versicherungsunternehmen (Versicherungsaufsichtsgesetz) i.d.Bek. vom 17.12.1992 (BGBl. 1993 I 2)
VerbrKrG	=	Verbraucherkreditgesetz vom 17.12.1990 (BGBl. I 2840)
VersAusglG	=	Gesetz über den Versorgungsausgleich (Versorgungsausgleichsgesetz – VersAusglG) vom 3.4.2009 (BGBl. I 1768)
VersR	=	Versicherungsrecht
VfGH	=	Verfassungsgerichtshof (Österreich)
VFGüterstandG	=	Gesetz über den ehelichen Güterstand von Vertriebenen und Flüchtlingen (VFGüterstandG) vom 4.8.1969 (BGBl. I 1067)
VG	=	Verwaltungsgericht
VGH	=	Verwaltungsgerichtshof
VIZ	=	Zeitschrift für Vermögens- und Immoblienrecht
VKH	=	Verfahrenskostenhilfe

VOB	=	Vergabe und Vertragsordnung für Bauleistungen
VormG	=	Vormundschaftsgericht
VRS	=	Verkehrsrechts-Sammlung
vs.	=	väterlicherseits
VTV	=	Tarifvertrag über das Sozialkassenverfahren im Baugewerbe
VU	=	Versäumnisurteil
VuR	=	Verbraucher und Recht
VV	=	Vergütungsverzeichnis
VVG	=	Gesetz über den Versicherungsvertrag (Versicherungsvertragsgesetz – VVG) vom 23.11.2007 (BGBl. I 2631)
VVS	=	Vedomosti Verchovnogo Soveta (Gesetzblatt des Obersten Sowjet)
VwGO	=	Verwaltungsgerichtsordnung vom 21.1.1960 (BGBl. I 17)
WG	=	Wechselgesetz vom 21.6.1933 (RGBl. I 399)
WM	=	Wertpapier-Mitteilungen
WRP	=	Wettbewerb in Recht und Praxis
WuW	=	Wirtschaft und Wettbewerb – Zeitschrift für deutsches und europäisches Wettbewerbsrecht
WuW/E DE–R	=	– Entscheidungssammlung zum Kartellrecht Deutschland – Rechtsprechung
ZB	=	Zwischenbeschluss
ZBB	=	Zeitschrift für Bankrecht und Bankwirtschaft
ZEuP	=	Zeitschrift für Europäisches Privatrecht
ZEV	=	Zeitschrift für Erbrecht und Vermögensnachfolge
ZfRV	=	Zeitschrift für Rechtsvergleichung
ZfSch	=	Zeitschrift für Schadensrecht
ZGB	=	Zivilgesetzbuch
ZHR	=	Zeitschrift für das gesamte Handels- und Wirtschaftrecht
ZInsO	=	Zeitschrift für das gesamte Insolvenzrecht
ZIP	=	Zeitschrift für Wirtschaftsrecht
ZJS	=	Zeitschrift für das Juristische Studium
ZollVG	=	Zollverwaltungsgesetz vom 21.12.1992 (BGBl. I 1818)
ZPO	=	Zivilprozessordnung i.d.F. vom 5.12.2005 (BGBl. I 3202)
ZU	=	Zwischenurteil
ZUM	=	Zeitschrift für Urheber- und Medienrecht
Zustellungs–VO	=	VO (EG) Nr. 1393/2007 des Europäischen Parlaments und des Rates über die Zustellung gerichtlicher und außergerichtlicher Schriftstücke in Zivil- oder Handelssachen in den Mitgliedstaaten (Zustellung von Schriftstücken) und zur Aufhebung der VO (EG) Nr. 1348/2000 des Rates vom 13.11.2007 (ABl. Nr. L 324/79)
z.V.b.	=	zur Veröffentlichung bestimmt
ZVG	=	Gesetz über die Zwangsversteigerung und die Zwangsverwaltung – Zwangsversteigerungsgesetz – i.d.Bek. vom 20. 5. 1898 (RBGl. 369)
ZVI	=	Zeitschrift für Verbraucher- und Privat-Insolvenzrecht
ZVR	=	Zeitschrift für Verkehrsrecht
ZZP	=	Zeitschrift für Zivilprozess

I. Allgemeine Lehren

1. Anwendung, Ermittlung und Revisionsfähigkeit ausländischen Rechts

1. *Richtet sich die Haftung bei einem Verkehrsunfall nach spanischem Recht und kann der Unfallhergang nicht aufgeklärt werden, so trägt ausweislich der maßgeblichen Haftungsnorm des Art. 1902 Código Civil jeder Unfallbeteiligte den Schaden des anderen. [LS der Redaktion]*

LG Frankfurt/Main, Urt. vom 25.3.2014 – 2-15 S 9/13: NJW-RR 2014, 920; NZV 2014, 460.

Der Kl., deutscher Staatsangehöriger, fordert von der beklagten Versicherung Schadensersatz aus einem Verkehrsunfall in Spanien, bei dem der klägerische Pkw mit dem versicherten Motorroller kollidierte. Der Unfallhergang ist strittig. Das AG wies die Klage als unbegründet ab.

Aus den Gründen:

„II. Das in erster Instanz zum Unfallhergang feststehende Beweisergebnis, wonach der Kl. nicht nachweisen konnte, dass der Unfall auf einem Sorgfaltspflichtverstoß des Zeugen ... beruht und ihn kein Verschulden an der Entstehung des Schadens trifft, sondern beweisrechtlich von einem non liquet ausgegangen werden muss und der Hergang des Verkehrsunfalls unaufklärbar geblieben ist, hat nach dem maßgeblichen spanischen Haftungsnorm gemäß Art. 1902 Cc zur Folge, dass jede Partei den Schaden der anderen zu tragen hat.

Die Kammer hat auf Antrag des Kl. gemäß § 293 ZPO auf der Grundlage des Beweisbeschlusses vom 14.5.2013 ein Rechtsgutachten zur privatrechtlichen Haftung bei Verkehrsunfällen nach spanischem Recht eingeholt, wobei die streitige Frage zu prüfen war, wie das Beweisergebnis des vorliegenden Falls haftungsrechtlich zu werten sei. Die Sachverständige *R. M. S.* hat mit Gutachten vom 4.12.2013 nachvollziehbar ausgeführt, dass sich die Haftung für den infolge des Unfalls vom 9.6.2010 eingetretenen Sachschaden am klägerischen Pkw nach Art. 1 I 3 Real Decreto Legislativo 8/2004, de 29 de octubre, por el que se aprueba el texto refundido de la Ley sobre responsabilidad civil y seguro en la circulación de vehículos a motor (B.O.E. núm. 267) – Ausführungsgesetz 8/2004 vom 29.10.2004 zum Gesetz über die zivilrechtliche Haftung und Versicherung im Kraftfahrzeugverkehr (vom 20.11.1998) – richtet, der auf die allgemeine zivilrechtliche Haftungsnorm des Art. 1902 Cc verweise. Zwar setze die Haftungsnorm des Art. 1902 Cc ein Verschulden voraus; das Tribunal Supremo habe jedoch in den letzten Jahren in st. Rspr. durch die Zugrundelegung einer Beweislastumkehr bei der Geltendmachung von Ansprüchen aus Art. 1902 Cc eine quasi-objektive Haftung anerkannt. Demnach obliege es dem Schädiger zu beweisen, dass er bei seinem Verhalten die erforderliche Sorgfalt habe walten lassen. Gelinge ihm dieser Beweis nicht, sei er schadenspflichtig.

Die Sachverständige hat weiter nachvollziehbar dargelegt, dass aufgrund einer neueren Rspr. des Tribunal Supremo vom 10.9.2012 ein Anspruchsausschluss bei einem Sachschaden nur durch den Nachweis eines ausschließlichen Verschuldens der anderen Partei, höherer Gewalt oder der eingehaltenen eigenen Sorgfalt möglich sei und für den Fall, dass der Unfallhergang – wie im vorliegenden Fall – unaufklärbar bleibe, jede Partei den Schaden der anderen Partei zu tragen habe. Diese Rspr. des Tribunal Supremo – so die Sachverständige weiter – sei von zahlreichen Urteilen der Audiencias Provinciales übernommen worden.

Nach den Erläuterungen der Sachverständigen kommt die Bildung einer Haftungsquote bzw. eine anteilige Haftung nach der Rspr. des Tribunal Supremo demgegenüber nur in den Fällen in Betracht, in denen der konkrete Anteil oder Grad der kausalen Auswirkung eines jeden im Unfall verwickelten Fahrzeugs bewiesen werden kann. Dies ist vorliegend – entgegen der Ansicht der Bekl. – unter Berücksichtigung des erstinstanzlichen Beweisergebnisses jedoch nicht der Fall, da sich die Unfalldarstellungen der Parteien erheblich widersprechen und sich der genaue Hergang der Kollision nicht mehr aufklären ließ. Darauf, ob sich die Geschwindigkeit des klägerischen Fahrzeugs durch das Herunterschalten stark reduzierte, kommt es nicht an, da dem nicht ortskundigen Kl. wegen des Herunterschaltens auf einer steil ansteigenden Straße kein Verschuldensvorwurf gemacht werden kann und die Bekl. die Haftung des Kl. bislang daraus hergeleitet hatte, dass er mit seinem Fahrzeug auf der steilen Straße zurückgerollt sei.

Gestützt auf das eingeholte Rechtsgutachten hat das erstinstanzliche Beweisergebnis zum Unfallhergang somit zur Folge, dass die Bekl. dem Kl. den an seinem Fahrzeug entstandenen Sachschaden, dessen Höhe er durch Vorlage der Rechnung des Autohauses N. vom 29.9.2010 nachgewiesen hat und gegen die die Bekl. keine weiteren Einwendungen erhoben hat, nach Art. 1 I 3 des span. Ausführungsgesetzes 8/2004 i.V.m. Art. 1902 Cc zu erstatten hat.

III. Die Entscheidung zu den Verzugszinsen beruht auf Art. 20 IV des Ley 50/1980, de 8 de octubre, de Contrato de Seguro – Versicherungsvertragsgesetz – (B.O.E. 17.10.1980; nachfolgend: LCS), das besondere Regelungen zur Zinshöhe bei der Zahlung durch Versicherungsgesellschaften regelt, die die allgemeinen Regeln über die Verzugszinsen gemäß Art. 1108 Cc verdrängen. Gemäß Art. 20 IV 2 LCS bemisst sich der Verzugszinssatz aus dem gesetzlichen Zinssatz zzgl. eines Aufschlags von 50%. Hierzu hat die Sachverständige plausibel dargelegt, dass der gesetzliche Zinssatz seit April 2009 auf 4% festgelegt worden sei, so dass der Verzugszins vorliegend somit 6% betrage.

Nach Art. 20 IV 3 LCS ist ferner vorgesehen, dass der Verzugszinssatz ab dem zweiten Jahr nicht unter 20% liegen soll, so dass dem Kl. ein entspr. Zinsanspruch zuzuerkennen war. Die entspr. Erweiterung des Klageantrags um die Nebenforderung in der Berufungsinstanz mit Schriftsatz vom 18.12.2013 und die korrigierte Antragstellung im Termin vom 25.2.2014 war ohne Einwilligung der Bekl. und ohne Prüfung der Sachdienlichkeit zulässig, da es sich um einen Fall des § 264 Nr. 2 ZPO handelt (vgl. *Zoller-Heßler*, ZPO, 30. Aufl., § 533 ZPO Rz. 3)."

2. Ordre public und Gesetzesumgehung

Siehe Nrn. 138, 240, 265, 269

II. Natürliche und juristische Personen, Gesellschaften

1. Geschäftsfähigkeit
2. Todeserklärung und Abwesenheit
3. Namensrecht und Geschlechtszugehörigkeit

2. *Wählen Ehegatten als Ehenamensstatut gemäß Art. 10 II EGBGB das deutsche Recht, kann der ausländische Ehegatte, der bislang nur Eigennamen geführt hat, nach Art. 47 I 1 Nr. 1 EGBGB einen hiervon zum Familiennamen und die übrigen zu Vornamen bestimmen; einen mehrgliedrigen Familiennamen lässt das deutsche Namensrecht grundsätzlich nicht zu.*

a) OLG Karlsruhe, Beschl. vom 29.1.2014 – 11 Wx 73/13: StAZ 2014, 334.

b) BGH, Beschl. vom 3.12.2014 – XII ZB 101/14: NJW-RR 2015, 321; FamRZ 2015, 477; MDR 2015, 281; StAZ 2015, 78; FGPrax 2015, 67. Leitsatz in: FamRB 2015, 141 mit Anm. *Wiegelmann*; FuR 2015, 293.

Die Betroffene begehrt die Eintragung ihrer Eigennamen als Vornamen und Geburtsnamen in das Eheregister. Die Betroffene besitzt die indonesische Staatsangehörigkeit. Ausweislich ihrer Geburtsurkunde lauten ihre Namen auf „D. K. Da. P. ", wobei nicht zwischen Vor- und Familiennamen unterschieden wird. Im November 2011 heiratete sie den deutschen Staatsangehörigen C. V. Die Eheleute wählten für die Namensführung in der Ehe das deutsche Recht und bestimmten den Familiennamen des Ehemanns zum Ehenamen. Ausweislich der Bescheinigung des Standesamts über die Namensänderung lautet der Name der Betroffenen nunmehr „D. K. Da. P. (Eigennamen) V.". Der Geburtsname lautet „D. K. Da. P. (Eigennamen)". Nachdem das Standesamt den Antrag der Betroffenen, diese Beurkundung dahin abzuändern, dass als Vorname „D. K." und als Geburtsname „Da. P." in das Eheregister eingetragen werden, abgelehnt hatte, hat das AG dem Antrag der Betroffenen stattgegeben und das Standesamt angewiesen, die Namen der Betroffenen entsprechend einzutragen. Das OLG hat die Beschwerde des Standesamts zurückgewiesen. Hiergegen wendet sich das Standesamt mit der zugelassenen Rechtsbeschwerde.

Aus den Gründen:

a) OLG Karlsruhe 29.1.2014 – 11 Wx 73/13:

„A. 1. ... 2. Die deutschen Gerichte sind für die Entscheidung international zuständig. Die internationale Zuständigkeit folgt aus der in § 50 II PStG geregelten örtlichen Zuständigkeit (OLG Düsseldorf, StAZ 2013, 315[1], juris Rz. 12). Aus der internationalen Zuständigkeit ergibt sich auch die Anwendbarkeit des deutschen Verfahrensrechts.

B. In der Sache bleibt das Rechtsmittel ohne Erfolg.

Zwar hat die von der Beteiligten zu 1) bei der Eheschließung vorgenommene Rechtswahl nicht dazu geführt, dass sich die Bildung ihres Namens insgesamt nach deutschem Recht richtet (nachfolgend 1.); Art. 47 I Nr. 1 EGBGB ist aber seinem

---

[1] IPRspr. 2012 Nr. 15.

Zwecke nach dahin auszulegen, dass er eine Aufteilung eines bisher geführten Eigennamens in Vor- und Familiennamen auch dann ermöglicht, wenn ein Ehename nach deutschem Recht angenommen worden ist (nachfolgend 2.). Nachdem die Beteiligte zu 1) während des Beschwerdeverfahrens eine – berücksichtigungsfähige – namensrechtliche Erklärung abgegeben hat, stellt sich die vom AG verfügte Berichtigung des Eheregisters als im Ergebnis zutreffend dar (nachfolgend 3.).

1. Der Vorname der Beteiligten zu 1) richtet sich weiterhin nach indonesischem Recht, so dass die von der Beteiligten zu 1) anlässlich der Eheschließung vorgenommene Rechtswahl nach Art. 10 II Nr. 2 EGBGB nur hinsichtlich ihres Familiennamens zur Anwendung deutschen Rechts führen konnte (OLG Frankfurt, Beschl. vom 3.5.2011 – 20 W 102/11[2], juris Rz. 13; *Krömer*, StAZ 2013, 130, 132).

a) Der Wortlaut von Art. 10 II Nr. 2 EGBGB, der nur von dem ‚künftig zu führenden Namen' spricht, ließe allerdings auch die Auslegung zu, nach der sich der Rechtswechsel auf den Namen insgesamt und damit auch auf den Vornamen bezieht (vgl. *Hepting*, StAZ 2008, 165).

b) Das aber wäre mit der systematischen Stellung der Norm nicht vereinbar. Art. 10 I EGBGB stellt fest, dass der Name einer Person dem Recht des Staats unterliegt, dem die Person angehört. Daran ändert auch die Rechtswahl nach Abs. 2 nichts. Vielmehr vermag Art. 10 II Nr. 2 EGBGB einen Wechsel des anzuwendenden Rechts nur insofern zu begründen, wie dies vom Sinn und Zweck her gerechtfertigt ist, der für den Fall der Wahl deutschen Rechts darin zu sehen ist, dass bei einem gewöhnlichen Aufenthalt im Inland eine Anpassung des Namens an das soziale Umfeld ermöglicht werden und einander widersprechende Personalstatute vermieden werden sollen (MünchKomm-*Birk*, 5. Aufl., Art. 10 EGBGB Rz. 71).

2. Der Anwendungsbereich des Art. 47 EGBGB ist bei zwecksprechender Auslegung dieser Norm gleichwohl eröffnet.

a) Das deutsche Sachrecht unterscheidet – ohne dass dies im Gesetz ausdrücklich angeordnet wäre – nach Vor- und Familiennamen; jede Person muss einen Familiennamen und mindestens einen Vornamen führen (*Henrich*, StAZ 2007, 197). Das indonesische Recht kennt eine solche durchgehende Unterscheidung nicht. Gesetzliche Vorschriften zur Namensführung existieren nur in Bezug auf die Namensänderung; im Übrigen ist die Namensführung von regional unterschiedlichen Bräuchen abhängig (*Bergmann-Ferid-Henrich*, Internationales Ehe- und Kindschaftsrecht [Stand: 31.5.2012], 45). Für die Beteiligte zu 1) sind, wie sich aus ihrer Geburtsurkunde ergibt, gesonderte Vor- und Familiennamen nicht festgestellt worden.

b) Die unterschiedliche Systematik des deutschen Namensrechts einerseits und der bei der Beteiligten zu 1) angewandten indonesischen namensrechtliche Bräuche andererseits hätte für die Beteiligte zu 1) zur Folge, dass sie ohne eine Angleichungsmöglichkeit einen Namen führen müsste, der nach unterschiedlichen, miteinander nicht zu vereinbarenden Konzepten gebildet ist: Während sie einen Familiennamen nach deutschem Recht führen würde, müsste sie anstelle eines Vornamens einen Eigennamen nutzen, der nach dem in ihrem Geburtsland geltenden namensrechtlichen Konzept die Funktionen von Vor- und Familiennamen übernehmen soll. Das ist für den Gebrauch des Namens ein erhebliches Hindernis. Wenn es auch der Beteiligten zu 1) in alltäglichen Zusammenhängen freisteht, wie sie ihren Namen führt

---

[2] IPRspr. 2011 Nr. 9.

und welche Bestandteile sie verwendet, müsste sie doch in amtlichen Formularen und bei Rechtsgeschäften, bei denen es auf eine Identifizierung ankommt, die aus Indonesien übernommenen Namen korrekterweise mit dem Zusatz ‚Eigennamen' kennzeichnen, um klarzustellen, dass es sich eigentlich um Namen handelt, die die Funktionen von Vor- und Familiennamen übernehmen. Eine solche vollständige Angabe werden die üblicherweise verwendeten Vordrucke und Eingabemasken von Datenverarbeitungsanlagen häufig nicht vorsehen; insbesondere die Eingabemasken zwingen häufig zur Angabe sowohl eines Vor- als auch eines Familiennamens.

c) Das wäre mit dem Zweck des Art. 47 EGBGB nicht zu vereinbaren.

aa) Die Norm ist ausweislich der Gesetzesbegründung eingefügt worden, um den ‚in der Praxis oftmals erhebliche[n] Schwierigkeiten' zu begegnen, die auftreten können, wenn auf eine Person, die ihren Namen nach einem anwendbaren ausländischen Recht rechtmäßig erworben habe, nunmehr deutsches Namensrecht anwendbar sei. Für diese Fälle wollte der Gesetzgeber die Möglichkeit schaffen, eine Angleichung an das deutsche Namensrecht vorzunehmen, wobei er bei der Regelung in Abs. 1 Nr. 1 EGBGB ausdrücklich auch den hier vorliegenden Fall vor Augen hatte, dass der ausländische Name nicht zwischen Vor- und Familienname unterscheidet (BT-Drucks. 16/1831 S. 78 f.).

bb) Der Zweck der Norm kann nur vollständig erreicht werden, wenn ihre Anwendung nicht auf Fälle beschränkt wird, in denen das Namensstatut vollständig – also hinsichtlich des Vor- und des Nachnamens – wechselt; die Schwierigkeiten, die zu der Neuregelung Anlass gegeben haben, bestehen vielmehr auch dann, wenn lediglich der Familienname dem deutschen Recht unterstellt wird und deshalb ein Name geführt werden müsste, der unterschiedlichen, miteinander nicht zu vereinbarenden systematischen Grundsätzen folgt.

cc) Das Standesamt hat in seiner gegenüber dem AG abgegebenen Stellungname bestätigt, dass es bis zum Erlass des Art. 47 EGBGB der Übung der Standesämter entsprochen habe, Angleichungserklärungen ausländischer Beteiligter entgegenzunehmen, um die Namen – etwa bei Eigennamen oder Namensketten – dem deutschen Namensrecht anzupassen. Der Begründung des Art. 47 EGBGB sind keine Anhaltspunkte dafür zu entnehmen, dass der Gesetzgeber die bisherige Praxis einschränken wollte; die bei der Einführung angestellten Erwägungen deuten vielmehr darauf hin, dass das Ziel darin bestand, für die inhaltlich gebilligte Praxis der Standesämter eine ausdrückliche Rechtsgrundlage zu schaffen (vgl. BT-Drucks. 16/1831 S. 78, Spalte 2, letzter Absatz).

3. Die unter 2. ausgeführte Beurteilung des Senats hat zur Folge, dass ein Ausgleich bzgl. der Anwendung verschiedener Rechtsordnungen – des nach Art. 10 I EGBGB anwendbaren indonesischen und des nach Art. 10 II Nr. 2 EGBGB anwendbaren deutschen Rechts – gefunden werden muss. Ein solcher Ausgleich kann hier dadurch vorgenommen werden, dass die Beteiligte zu 1) ihren in Indonesien erworbenen Eigennamen in vollem Umfang weiterführt, sie aber Gelegenheit erhält, diese Eigennamen teilweise als Vor- und teilweise als (Geburts-)Familiennamen zu bezeichnen und dadurch ihren Gebrauch in dem in Deutschland üblichen namensrechtlichen System zu ermöglichen.

a) Die Beteiligte zu 1) hat eine Erklärung nach Art. 47 EGBGB im Verlauf des zweitinstanzlichen Verfahrens abgegeben. Verfahrensrechtliche Gesichtspunkte stehen der Berücksichtigung dieser Erklärung nicht entgegen. § 65 III FamFG bestimmt, dass die Beschwerde auf neue Tatsachen und Beweismittel gestützt werden könne; eine neue Tatsache in diesem Sinne ist es auch, dass die Beteiligte zu 1) eine Erklärung nach Art. 47 EGBGB gegenüber dem Standesamt abgegeben hat. Eine Frist für die Abgabe von Erklärungen nach Art. 47 I EGBGB sieht das Gesetz nicht vor (vgl. *Mäsch*, IPRax 2008, 17, 22).

b) Für den unmittelbaren Gebrauch wäre es zur Erreichung des unter 2. näher beschriebenen Ziels ausreichend, wenn die Beteiligte zu 1) ihre Eigennamen insgesamt oder einzelne davon als Vornamen bestimmen würde. Unter Berücksichtigung etwa später in Betracht kommender Verwendungsmöglichkeiten muss es der Beteiligten zu 1) aber auch gestattet werden, einen (Geburts-)Familiennamen zu bilden.

aa) Nach der ganz überwiegend vertretenen Auffassung, der der erkennende Senat folgt, ist das nach Art. 10 II EGBGB gewählte Recht auch für die Namensführung nach einer Scheidung bindend (OLG Dresden, StAZ 2004, 170[3]; BayObLGZ 2002, 299[4], juris Rz. 11; OLG Hamm, StAZ 1999, 370[5], juris Rz. 24; MünchKomm-*Birk* aaO Rz. 95; BeckOK-*Mäsch* [Edition 29] Art. 10 EGBGB, Rz. 54). Dem stehen Vorschriften des indonesischen Rechts – da eine umfassende Regelung des Namensrechts fehlt – nicht entgegen. Soweit von einer Gegenansicht (*v. Bar*, IPR, 1991, Bd. II, § 1 Rz. 76 und N. 287) argumentiert wird, es fehle an einer kollisionsrechtlichen Sonderbestimmung für die Namensführung nach der Scheidung, vermag dies nicht zu überzeugen; Art. 10 II 1 EGBGB ermöglicht eine Wahl des ‚künftig zu führenden' und nicht etwa des ‚während der Dauer der Ehe zu führenden' Namens.

bb) Insoweit bestimmt aber das deutsche Recht in § 1355 V 2 BGB, dass der geschiedene Ehegatte sich entweder für die Fortführung des Ehenamens oder dafür entscheiden kann, seinen Geburtsnamen oder den bei Eheschließung geführten Namen (wieder) anzunehmen. Um diese Befugnis im Fall einer Scheidung effektiv ausüben zu können, muss dem ausländischen Ehepartner im Sinne der mit Art. 47 EGBGB verfolgten Ziele das Recht eingeräumt werden, aus dem Eigennamen nicht nur einen Vor-, sondern auch einen Geburtsnamen zu bestimmen.

c) Für die Einräumung eines Rechts, den in der Heimat erworbenen Eigennamen nach der Eheschließung mit einem Deutschen in Vornamen einerseits und (Geburts-)Familiennamen andererseits aufzuteilen, spricht auch folgende Überlegung: Das OLG Köln (StAZ 1988, 296, 297)[6] hat entschieden, dass es in entspr. Anwendung des § 1355 II BGB möglich sein müsse, dass auch ein Teil des Eigennamens desjenigen Ehegatten, der nach Heimatrecht einen Eigennamen führte, zum Ehenamen bestimmt wird (ebenso Erlass des Innenministeriums Baden-Württemberg vom 21.2.2008 – 5-1020.2/46 Ziff. 14). Das hat es überzeugend damit begründet, dass es widersinnig wäre, einem in Deutschland lebenden gemischt-nationalen Ehepaar die Berufung auf das deutsche Namensrecht zu ermöglichen, die Anwendung des deutschen Rechts aber andererseits zu versagen, weil der ausländische Ehegatte dessen Voraussetzungen nicht in vollem Umfange genüge. Legt man aber dies zugrunde, so spricht auch nichts dagegen, dass der ausländische Ehegatte aus seinem Eigennamen einen oder mehrere Teile zur Bildung eines (Geburts-)Familiennamens herauslöst, ohne dass dieser zum Ehenamen bestimmt wird.

---

[3] IPRspr. 2003 Nr. 6.
[4] IPRspr. 2002 Nr. 12.
[5] IPRspr. 1999 Nr. 10.
[6] IPRspr. 1988 Nr. 10.

4. Die vom indonesischen Generalkonsulat Frankfurt am Main ausgestellte Bescheinigung vom 28.2.2012, wonach es sich bei dem Namen ‚D. K. Da. P.' um einen Vornamen handele und ‚V.' der Familienname sei, rechtfertigt keine andere Beurteilung; sie steht im Gegensatz zu dem Befund, dass das indonesische Namensrecht keine Bestimmung darüber trifft, dass ein ohne nähere Bestimmung erteilter Name stets (nur) als Vorname anzusehen sei. Dass eine Unterscheidung zwischen Vor- und Familiennamen im indonesischen Personenstands- und Passwesen nicht getroffen wird, hat das indonesische Konsulat dem Standesamt ausweislich dessen Schriftsatzes vom 17.9.2012 an den Verfahrensbevollmächtigten der Beteiligten zu 1) ausdrücklich bestätigt."

b) BGH 3.12.2014 – XII ZB 101/14:

„II. Diese Ausführungen halten rechtlicher Überprüfung nur teilweise stand.
1. Zutreffend hat das BeschwG erkannt, dass ein ausländischer Ehegatte, der bislang nur Eigennamen geführt hat, nach Art. 47 I 1 Nr. 1 EGBGB einen hiervon zum Familiennamen und die übrigen zu Vornamen bestimmen kann, wenn die Ehegatten als Ehenamensstatut gemäß Art. 10 II EGBGB deutsches Recht gewählt haben; einen mehrgliedrigen Familiennamen lässt das deutsche Namensrecht indes grundsätzlich nicht zu.

a) Gemäß Art. 10 I EGBGB unterliegt der Name einer Person dem Recht des Staats, dem sie angehört. Nach Abs. 2 Satz 1 dieser Norm können Ehegatten bei oder nach der Eheschließung gegenüber dem Standesamt ihren künftig zu führenden Namen wählen, nach dem Recht eines Staats, dem einer der Ehegatten angehört (Nr. 1) oder nach deutschem Recht, wenn einer von ihnen seinen gewöhnlichen Aufenthalt im Inland hat (Nr. 2).

Art. 10 II EGBGB begründet kein Namenswahlrecht, sondern ermöglicht lediglich die Rechtswahl. Damit wird den Ehegatten eine kollisionsrechtliche Wahlfreiheit zugunsten eines der zur Wahl stehenden Sachrechte hinsichtlich des zu führenden Ehenamens eingeräumt (*Erman-Hohloch*, BGB 14. Aufl. Art. 10 EGBGB Rz. 25; *Bamberger-Roth-Mäsch*, BGB, 3. Aufl., Art. 10 EGBGB Rz. 40). Das Wahlrecht ist grundsätzlich auf das Ehenamensstatut begrenzt, erfasst also nicht weitere, dem Personalstatut nach Art. 10 I EGBGB unterfallende Namensteile (*Erman-Hohloch* aaO Rz. 26; *Bamberger-Roth-Mäsch* aaO Rz. 39; *Staudinger-Hepting/Hausmann*, BGB, [2013] Art. 10 EGBGB Rz. 263).

Wählen die Ehegatten – wie hier – deutsches Recht zum Ehenamensstatut, findet § 1355 BGB Anwendung. Gemäß dessen Abs. 2 können die Ehegatten den Geburtsnamen oder den zur Zeit der Erklärung über die Bestimmung des Ehenamens geführten Namen der Frau oder des Mannes zum Ehenamen bestimmen. Dabei meint der ‚geführte Name' in Abgrenzung zum Geburtsnamen insbesondere den durch Heirat erworbenen Namen (*Palandt-Brudermüller*, BGB, 73. Aufl., § 1355 Rz. 4 m.w.N.).

Nach Art. 47 I 1 Nr. 1 EGBGB kann eine Person, die einen Namen nach einem anwendbaren ausländischen Recht erworben hat und deren Name sich fortan nach deutschem Recht richtet, durch Erklärung gegenüber dem Standesamt aus dem Namen Vor- und Familiennamen bestimmen. Die Angleichungserklärung nach Art. 47 EGBGB setzt nach Abs. 1 einen Statutenwechsel zum deutschen Recht voraus; es handelt sich um eine namensrechtliche Sachnorm des deutschen Rechts, deren Tatbestand einen Auslandsbezug aufweist (*Palandt-Thorn* aaO Art. 47 EGBGB Rz. 2).

b) Art. 10 II EGBGB eröffnet dem ausländischen Ehegatten ein Namenswahlrecht in dem Umfang, wie es nötig ist, um die gewünschte Namensführung zu erreichen und dabei zu verhindern, dass die Qualität der Namen mehreren sich widersprechenden Sachrechten untersteht (*Hepting*, StAZ 2008, 161, 165 f.; *Krömer*, StAZ 2013, 130, 131 f.). Damit korrespondierend findet eine Angleichung des Namens nach Art. 47 I EGBGB nur insoweit statt, wie es das deutsche Ehenamensrecht voraussetzt.

Gilt nach einer Rechtswahl – wie hier – deutsches Ehenamensrecht, ist es dem ausländischen Ehegatten demgemäß zu ermöglichen, seinen Namen in die von § 1355 BGB vorausgesetzte Namenssystematik einzupassen.

aa) Für die Reichweite des durch das Ehenamensstatut eröffneten Bestimmungsrechts ist deshalb auf die Voraussetzungen und die Rechtsfolgen des § 1355 BGB abzustellen. Dabei ist der Wechsel des Namensstatuts dem § 1355 BGB zeitlich und gedanklich vorgelagert. Da gemäß § 1355 II BGB der Geburtsname jedes Ehegatten – hier also auch der der Betroffenen – zum Ehenamen bestimmt werden kann, setzt die Wahl des Namens denknotwendig das Bestehen eines Geburtsnamens voraus. § 1355 II BGB baut mithin systematisch auf der dem deutschen Namensrecht zugrunde liegenden Einteilung in Vor- und Familiennamen auf und setzt sie voraus (*Krömer* aaO 132; *Hepting* aaO 166). Zur Rechtsfolge hat die getroffene Wahl, dass der Ehegatte, dessen Name nicht Ehename wird, durch Erklärung gegenüber dem Standesamt dem Ehenamen seinen Geburtsnamen oder den zur Zeit der Erklärung über die Bestimmung des Ehenamens geführten Namen voranstellen oder anfügen kann (§ 1355 IV 1 BGB). Auch das setzt voraus, dass Vorname und Geburtsname eindeutig bestimmt sind.

Deshalb ist es dem ausländischen Ehegatten gemäß Art. 10 II i.V.m. Art. 47 I EGBGB zu ermöglichen, nach einer Rechtswahl zugunsten des deutschen Rechts aus seinen bisherigen Eigennamen Vor- und Familiennamen zu bestimmen und sodann statt des bestimmten Familiennamens den Familiennamen des Ehegatten anzunehmen (jurisPK-BGB-*Janal* [7. Aufl.] Art. 47 EGBGB Rz. 18; *Krömer* aaO; *Hepting* aaO 165 f.; s.a. OLG Frankfurt, FamRZ 2012, 370, 371[1]; a.A. *Henrich*, StAZ 2007, 197, 203, der allerdings zu dem Ergebnis gelangt, dass die Eigennamen des ausländischen Ehegatten im Eheregister als Vornamen einzutragen sind).

bb) Dieses Ergebnis steht auch in Einklang mit den gesetzgeberischen Erwägungen zu Art. 47 EGBGB.

Der internationalprivatrechtliche Grundsatz der Angleichung wurde von der Rspr. entwickelt, um Widersprüche, Lücken und Spannungen zu überwinden, die sich ergeben können, wenn aufgrund des deutschen Kollisionsrechts die Normen ausländischen materiellen Rechts im Inland anzuwenden sind; die Angleichung erfolgt dadurch, dass auf der Grundlage der sog. Funktionsäquivalenz eine modifizierte Anwendung der Rechtsnorm im Inland vorgenommen wird (Senatsbeschluss vom 19.2.2014 – XII ZB 180/12[2], FamRZ 2014, 741 Rz. 19 m.w.N.).

In der Gesetzesbegründung zum PStRG heißt es zu Art. 47 EGBGB, dass sich das Problem der namensrechtlichen Angleichung in vielen Konstellationen und nicht

---

[1] IPRspr. 2011 Nr. 9.   [2] Siehe unten Nr. 4.

nur bei einem Wechsel des Namensstatuts durch Erwerb der deutschen Staatsangehörigkeit stelle. So könnten zum Beispiel ausländische Ehegatten nach Art. 10 II Nr. 2 EGBGB bei der Bestimmung ihres Ehenamens deutsches Recht wählen, wenn einer von ihnen seinen gewöhnlichen Aufenthalt in Deutschland habe. Art. 47 EGBGB solle nunmehr für alle Fälle, bei denen deutsches Namensrecht gelte, der Name aber nach einem anwendbaren ausländischen Recht erworben sei oder auf diesem beruhe, die Möglichkeit eröffnen, durch Erklärung gegenüber dem Standesamt eine für das deutsche Namensrecht passende Namensform zu wählen (BT-Drucks. 16/1831 S. 79).

c) Durch die Bestimmung von Vorname und Familienname aus den Eigennamen der Betroffenen wird zudem nicht über Gebühr in das indonesische Recht eingegriffen. Abgesehen davon, dass es nach den Feststellungen des BeschwG ohnehin an einer konkreten Ausgestaltung des Namensrechts fehlt, verlieren diese ihre Eigenschaft als Eigennamen nicht dadurch, dass sie gemäß dem in Deutschland bestehenden System in Vornamen und Nachnamen untergliedert werden. Damit stimmt auch die vom BeschwG in Bezug genommene, vom indonesischen Generalkonsulat ausgestellte Bescheinigung vom 28.2.2012 überein, wonach es sich bei dem Namen ‚D. K. Da. P.' sogar um einen Vornamen handele und ‚V.' der Familienname sei.

d) Da sich bereits aus dem Vorstehenden ergibt, dass es dem ausländischen Ehegatten in Fällen der vorliegenden Art ermöglicht werden muss, neben dem Vornamen auch einen Familiennamen zu bestimmen, kommt es auf den vom BeschwG ergänzend herangezogenen § 1355 V BGB und die damit einhergehende Streitfrage, ob das nach Art. 10 II EGBGB gewählte Recht auch für die Namensführung nach einer Scheidung bindend ist (vgl. NK-BGB/*Mankowski*, 2. Aufl., Art. 10 EGBGB Rz. 89 m.w.N. zum Meinungsstand; vgl. auch Senatsbeschluss vom 20.6.2007 – XII ZB 17/04, FamRZ 2007, 1540[3]), nicht an.

e) Zu beachten ist jedoch, dass nach deutschem Namensrecht grundsätzlich nicht mehrere Eigennamen zum Familiennamen bestimmt werden können; dieses lässt einen mehrgliedrigen Familiennamen im Regelfall nicht zu (*Staudinger-Hepting* aaO [2007] Art. 47 EGBGB Rz. 40; NK-BGB/*Mankowski* aaO Art. 47 EGBGB Rz. 22; *Henrich* aaO 198; *Hepting* aaO 167 f.; jurisPK-BGB-*Janal* aaO Rz. 5; Münch-Komm-*Birk*, 5. Aufl., Art. 47 EGBGB Rz. 27). Nur ausnahmsweise kann der Familienname in zweigliedriger Form bestimmt werden, etwa wenn infolge etablierter Verwaltungspraxis oder faktischer Namensführung im Alltag bereits eine entspr. ‚Verfestigung' eingetreten ist und sich ein ‚echter Doppelname' gebildet hat (*Hepting* aaO). Im Übrigen sind alle Eigennamen gleichwertig, weshalb jeder von ihnen als Familienname geeignet ist. Dem Namensträger ist daher freizustellen, welchen er als Familiennamen bestimmt (*Hepting* aaO 167).

2. Gemessen hieran kann die angegriffene Entscheidung keinen Bestand haben.

a) Allerdings ist die Auffassung des OLG, wonach die Betroffene aus ihren Eigennamen gemäß Art. 47 I 1 Nr. 1 EGBGB Vor- und Geburtsnamen bestimmen kann, im Ergebnis von Rechts wegen nicht zu beanstanden. Die Ehegatten haben nach den nicht zu beanstandenden Feststellungen des OLG gemäß Art. 10 II EGBGB eine Rechtswahl dahingehend getroffen, dass sich das Ehenamensstatut nach deutschem Recht, also § 1355 BGB, richten und dass zum Ehenamen gemäß § 1355 II BGB

---

[3] IPRspr. 2007 Nr. 4.

der Familienname des deutschen Ehemanns bestimmt werden soll. Zudem hat die Betroffene gegenüber dem Standesamt eine entsprechende formgerechte Erklärung gemäß Art. 47 I 1, IV EGBGB abgegeben.

b) Jedoch hat das BeschwG die Bestimmung zweier Eigennamen der Betroffenen zu Geburtsnamen als zulässig erachtet, ohne sich damit auseinanderzusetzen, dass nach deutschem Namensrecht grundsätzlich nur ein Familienname zu führen ist. Etwaige Ausnahmetatbestände hat das OLG weder festgestellt, noch sind solche Umstände ersichtlich."

3. *Der Umstand, dass Vorfahren der Beteiligten, die einer Bevölkerungsminderheit arabischen Ursprungs angehören, vor Jahrzehnten im türkischen Rechtskreis in möglicherweise diskriminierender Weise türkische Familiennamen zugeordnet worden sind, begründet keinen Anspruch der Angehörigen nachfolgender Generationen darauf, dass ein davon abweichender Familienname, den sie als Personen ungeklärter Identität im Libanon tatsächlich geführt haben, in deutsche Personenstandsurkunden zu übernehmen ist.*

OLG Hamm, Beschl. vom 18.2.2014 – I-15 W 20/13: StAZ 2015, 110.

2009 haben die Beteiligten zu 1) und 2) beantragt, den Geburtenbucheintrag des Standesamts C betreffend ihren 2005 geborenen Sohn B zu berichtigen. Mit ihrem Antrag begehren die Beteiligten zu 1) und 2), die Namensführung des Kindes auf den Familiennamen „P1" zu ändern, weil die Führung des Familiennamens „E" für alle Beteiligten eine unzumutbare Härte darstelle. Die Beteiligten zu 1) und 2) seien im Libanon mit dem Namen „P1" registriert gewesen. Auch ihre Eltern hätten unter diesem Namen im Libanon gelebt. Dies zeige die libanesische Geburtsurkunde der Beteiligten zu 2) mit der Angabe des Kindesvaters „C". Es handele sich dabei um einen Clan-Namen, der von Angehörigen einer Bevölkerungsminderheit arabischen Ursprungs in der Türkei geführt worden sei. Im Zuge der Gründung des türkischen Nationalstaats und der dortigen Einführung von Vor- und Familiennamen seien der arabischen Bevölkerungsminderheit zwangsweise türkische Familiennamen zugeordnet worden. Die arabische Bevölkerungsminderheit sei zu großen Teilen in den Libanon ausgewandert und habe hier unter ihren angestammten Clan-Namen gelebt.

Das AG ordnete die Eintragung unter dem Namen „E" an. Einer gegen diesen Beschluss – der eine Fortschreibung der früheren diskriminierenden Gesetzeslage darstelle – eingelegte Beschwerde half das AG nicht ab und legte sie dem OLG zur Entscheidung vor.

Aus den Gründen:

„II. ... In der Sache kommt den Beschwerden kein Erfolg zu.

Der Geburtsregistereintrag ist dahingehend zu berichtigen, dass der Geburts- und Familienname der Beteiligten zu 1) und 2) sowie der Familienname des Kindes jeweils ‚E' lautet ...

Nach Art. 10 I EGBGB unterliegt der Name einer Person dem Recht des Staats, dem die Person angehört. Eine Rück- oder Weiterverweisung kennt das türkische Recht nicht (*Henrich-Wagenitz-Bornhofen*, Deutsches Namensrecht [Stand: Februar 2007] Abschnitt II. Rz. 74). Im türkischen Recht erhält das Kind, dessen Eltern miteinander verheiratet sind, bei der Geburt den Familiennamen des Vaters, Art. 321 ZGB (vgl. *Bergmann-Ferid-Heinrich*, Internationales Ehe- und Kindschaftsrecht, Türkei [Stand: 30.6.2003] Anm. 8 ‚Namensrecht'). Bei dem in der durch die Libanesische Republik ausgestellten Heiratsurkunde der Beteiligten zu 1) und 2) mit dem Vornamen ‚U' angegebenen Vater des Beteiligten zu 1) handelt es sich um den im türkischen Personenstandsregister (Nüfus) eingetragenen U, geboren am 30.1.1942 in Ü. Bei dem in der libanesischen Heiratsurkunde mit dem Vornamen ‚C1' angegebenen Vater der Beteiligten zu 2) handelt es sich um den im türkischen Personenstandsregister eingetragenen C E, geboren am 2.6.1947 in Ü. Nach eigenen Angaben der Beteiligten zu 1) und 2) waren ihre jeweiligen Eltern miteinander verheiratet. Die Beteiligten zu 1) und 2) haben hiernach den Familiennamen ‚E' als Geburtsnamen erworben.

Die Geburtsurkunde der Beteiligten zu 2), ausgestellt durch die Libanesische Republik, in welcher der Kindesvater mit dem Namen ‚P' angegeben ist, lässt hieran ebenso wenig zweifeln wie die durch die Libanesische Republik auf die Namen ‚P' ausgestellten Laissez-Passer, da bekannt ist, dass die Familie später im Libanon den Familiennamen ‚P1' in verschiedenen Schreibweisen geführt hat. Ein Namenswechsel durch rechtsgültigen Erwerb dieses Namens im libanesischen Rechtskreis wird nicht behauptet und ist aus den gegebenen Dokumenten nicht ersichtlich. Heben sich die Beweiswirkungen ausländischer Urkunden gegenseitig auf, ist das Gericht zu einer freien Beweiswürdigung berechtigt (Senat, StAZ 2005, 260 ff.). Hier ist unstreitig und anhand der Daten der Dokumente nachvollziehbar, dass der in der Vorgeneration geführte Familienname urspr. ‚E' lautete und der Familienname ‚P1' im Libanon ohne einen behördlich oder gerichtlich genehmigten Namenswechsel lediglich tatsächlich geführt worden ist. [...] Auch der Familienname des Kindes ‚B' ist in der angefochtenen Entscheidung richtig mit ‚E' angegeben. Die Heiratsurkunde, ausgestellt durch die Libanesische Republik, beweist, dass die Beteiligten zu 1) und 2), wenn auch unter dem im Libanon geführten Namen ‚P1', am 14.5.1983 geheiratet haben und das Kind ‚B' am 11.10.2005 ehelich geboren worden ist. Die Bestimmung eines Ehenamens geht aus der Urkunde nicht hervor. Beide Ehegatten sind in gleicher Schreibweise mit dem Familiennamen ‚P1' geführt. Dieser Familienname konnte indes nicht wirksam zum Ehenamen bestimmt werden, da keiner der beiden Ehegatten eine Berechtigung hatte, diesen Familiennamen zu führen. Beide führten den Geburtsnamen ‚E'. Unabhängig von dem auf die Eheschließung anzuwendenden Recht kommt als Ehename bzw. Familienname des aus der Ehe hervorgegangenen Kindes B aus tatsächlichen Gründen allein der Name ‚E' in Betracht, abgeleitet entweder vom Beteiligten zu 1) oder von der Beteiligten zu 2) ...

Die Frage, ob eine frühere diskriminierende Gesetzeslage in der Türkei zu der Namensführung der Vorfahren der Beteiligten zu 1) und 2) geführt hat, ist im vorliegenden Verfahren aus Rechtsgründen nicht näher aufzuklären. [...] Eine Nichtanwendung des türkischen Rechts käme bereits im Ausgangspunkt nur unter den besonderen Voraussetzungen der Ausnahmevorschrift des Art. 6 Satz 1 EGBGB in Betracht, die hier jedoch nicht vorliegen. Danach ist eine Rechtsnorm eines anderen Staats nicht anzuwenden, wenn ihre Anwendung zu einem Ergebnis führt, das mit wesentlichen Grundsätzen des deutschen Rechts offensichtlich unvereinbar ist. Prüfungsgegenstand der Vorbehaltsklausel ist das konkrete Anwendungsergebnis einer Rechtsnorm im jeweiligen Einzelfall. Art. 6 EGBGB legitimiert nicht zu einer abstrakten Normenkontrolle (BGHZ 160, 332 [344][1]; OLG München, IPRax 1989, 238 ff.[2]; OLG Hamm, IPRax 1995, 174 ff.[3]; OLG Koblenz, NJW 2013, 1377 ff.[4]; *Kropholler*, IPR, 6. Aufl., § 36 Anm. II.1, 245; BeckOK-*Lorenz* [Stand: 1.11.2013] Art. 6 EGBGB Rz. 10; *v. Hoffmann-Thorn*, IPR, 9. Aufl., § 6 Rz. 140/150; Münch-Komm-*Sonnenberger*, 5. Aufl., Art. 6 EGBGB Rz. 8; vgl. auch: *Andrae*, Internatio-

---

[1] IPRspr. 2004 Nr. 135.
[2] IPRspr. 1989 Nr. 88.
[3] IPRspr. 1994 Nr. 83.
[4] IPRspr. 2012 Nr. 80.

nales Familienrecht, 3. Aufl., § 3 Rz. 75). Ein bloßes Abweichen des Anwendungsergebnisses des ausländischen Rechts von Wertungen des deutschen Rechts ist für die Anwendung des Ordre-public-Vorbehalts nicht ausreichend. Vielmehr muss das Rechtsanwendungsergebnis zu den Grundgedanken der deutschen Regelungen und den in ihnen enthaltenen Gerechtigkeitsvorstellungen in so starkem Widerspruch stehen, dass es nach inländischer Vorstellung als schlechthin unerträglich erscheint (BGHZ 123, 268, 270)[5].

Für die zur Entscheidung stehende Frage der Berichtigung des Geburtsregistereintrags ist aufgrund der türkischen Staatsangehörigkeit der Beteiligten zu 1) und 2) das heutige türkische Namens- und Personenstandsrecht maßgeblich. Wie bereits dargestellt erhält ein ehelich geborenes Kind als Familiennamen gemäß Art. 321 ZGB denjenigen des Vaters. Jeder türkische Staatsangehörige wird in das Personenstandsregister (Nüfus) eingetragen. Registerpflichtige Angaben und Anzeigen von im Ausland lebenden türkischen Staatsangehörigen sind nach Art. 8 türk. Gesetz Nr. 1587 – Personenstandsgesetz – vom 16.5.1972 dem örtlichen türkischen Konsulat gegenüber abzugeben. Die Registereintragungen haben den Charakter öffentlicher Urkunden und gehören nach dem türkischen Rechtsverständnis zu den Strengbeweismitteln (vgl. insgesamt *Bergmann-Ferid-Heinrich* aaO Anm. 9, 46 ff.). Die so anzuwendenden Normen lassen einen Verstoß gegen den Gleichheitsgrundsatz (Art. 3 GG) nicht erkennen.

Demgegenüber handelt es sich hier bei den von den Beteiligten zu 1) und 2) als diskriminierend empfundenen Belastungen um die mittelbaren Folgen des viele Jahrzehnte zurückliegenden Namenserwerbs ihrer Vorfahren, von dem sie im Wege des insoweit beanstandungsfreien türkischen Namensrechts ihren eigenen Familiennamen abgeleitet haben. Kollisionsrechtlich ist die Namensführung der Vorfahren deshalb als Vorfrage der eigenen Namensführung der Beteiligten zu 1) und 2) zu qualifizieren. Diese Besonderheiten führen hier im Rahmen des Art. 6 Satz 1 EGBGB zu der Bewertung, dass die abgeleitete Namensführung der Beteiligten zu 1) und 2) selbst dann nicht mit dem Ordre-public-Vorbehalt zu beanstanden ist, wenn unterstellt wird, dass in der Zeit nach Gründung des türkischen Nationalstaats einer ethnischen Bevölkerungsminderheit zwangsweise türkische Familiennamen zugeordnet worden sind.

Mag ein solches – mangels näherer Aufklärung der jahrzehntelang zurückliegenden tatsächlichen Vorgänge hier lediglich als wahr unterstelltes – Vorgehen nach dem Maßstab des grundgesetzlichen Diskriminierungsverbots (Art. 3 III GG) bedenklich erscheinen, so folgt daraus im Rahmen des Art. 6 EGBGB nicht zwingend, dass einem solchen Namenserwerb im türkischen Rechtskreis die Anerkennung der Wirksamkeit zu versagen ist. Denn die vorzunehmende Gesamtbewertung hat im Rahmen der Relativität des Ordre-public-Vorbehalts ergänzend den Ausprägungsgrad des Inlandsbezugs sowie die Gegenwartsbeziehung des zu beurteilenden Sachverhalts zu berücksichtigen (*Staudinger-Voltz*, BGB [Neub. 2013] Art. 6 EGBGB Rz. 155 ff.). Beide genannten Gesichtspunkte sprechen hier dafür, dass im Rahmen der gebotenen zurückhaltenden Anwendung der Vorschrift der Grad eines nach den Wertvorstellungen des deutschen Rechts geradezu unerträglichen Rechtsanwendungsergebnisses nicht erreicht ist:

---

[5] IPRspr. 1993 Nr. 178.

Der Inlandsbezug des Zwangs zur Führung eines türkischen Familiennamens ergibt sich hier nur aus seinen dargestellten Auswirkungen im Rahmen der beanstandungsfreien namensrechtlichen Ableitung des Familiennamens der Beteiligten zu 1) und 2) von demjenigen ihrer Vorfahren. Die beanstandete Zwangsmaßnahme selbst hat demgegenüber unmittelbar nur zu nachteiligen Rechtswirkungen für die hier als Vorfrage zu berücksichtigende Namensführung der Vorfahren der Beteiligten zu 1) und 2) geführt. Insoweit fehlt es jedoch an jeglichem Inlandsbezug. Vorgänge, die lediglich für eine Vorfrage von Bedeutung sind, ihrerseits jedoch keinen Inlandsbezug haben, können der Kontrolle nach Art. 6 EGBGB auch dann standhalten, wenn sie als Hauptfrage als ordre-public-widrig eingestuft werden müssten (vgl. BeckOK-*Lorenz* aaO Rz. 14; LG Frankfurt, FamRZ 1976, 217[6]).

Bei der beanstandeten diskriminierenden Namenszuordnung handelt es sich um einen in der Vergangenheit liegenden abgeschlossenen Sachverhalt, der zwischenzeitlich viele Jahrzehnte zurückliegt. In einem solchen Zusammenhang kann von der Vorbehaltsklausel regelmäßig nur mit besonderer Zurückhaltung Gebrauch gemacht werden (*Staudinger-Voltz* aaO Rz. 165). Die Beteiligten zu 1) und 2) haben diesen Familiennamen mit ihrer Geburt im Libanon von ihren Eltern erworben, mögen diese dort auch unter einer ungeklärten Identität gelebt haben. Die mit dieser Namensführung verbundenen, von ihnen als diskriminierend empfundenen Belastungen haben die Beteiligten zu 1) und 2) bei ihrer Einreise nach Deutschland mit sich getragen. Es steht deshalb mit wesentlichen Grundsätzen des deutschen Rechts durchaus in Einklang, dass die Beteiligten zu 1) und 2) an die nach ihrem Heimatrecht erworbene Namensführung gebunden bleiben, solange eine rechtlich wirksame Namensänderung nicht erfolgt. Eine andere Beurteilung würde zu einer bedenklichen Aushöhlung des Personalstatuts nach Art. 10 I EGBGB führen sowie die Gefahr einer hinkenden Namensführung begründen, welche durch die genannte Regelung gerade vermieden werden soll."

4. *Wird eine in Deutschland lebende bulgarische Staatsangehörige unter Beibehaltung ihrer bulgarischen Staatsbürgerschaft eingebürgert und gibt sie keine Erklärungen nach Art. 47 EGBGB ab, ihren nach dem bisherigen bulgarischen Heimatrecht gebildeten Vatersnamen ablegen oder als weiteren Vornamen führen zu wollen, führt sie diesen Namensbestandteil in seiner Funktion als Vatersnamen weiter.*

BGH, Beschl. vom 19.2.2014 – XII ZB 180/12: NJW 2014, 1383; FamRZ 2014, 741; MDR 2014, 593; StAZ 2014, 139; 2015, 65 Aufsatz *Karl August von Sachsen Gessaphe*; FGPrax 2014, 133. Leitsatz in: FamRB 2014, 305; FF 2014, 218.

[Der vorgehende Beschluss des OLG Nürnberg vom 7.3.3012 – 11 W 2380/11 – wurde bereits im Band IPRspr. 2012 unter der Nr. 8 abgedruckt.]

Das Verfahren betrifft die Auswirkungen einer Änderung des Namensstatuts auf einen unter ausländischem Recht erworbenen Zwischennamen (hier: Vatersname nach bulgarischem Recht). Die Betroffene wurde im Jahre 1983 als bulgarische Staatsangehörige geboren. Sie erhielt den Vornamen Neli und führte den Namen Neli Naydenova Di., wobei der Zwischenname (Vatersname) von dem väterlichen Vornamen Nayden abgeleitet war. Im Jahre 2010 wurde die Betroffene unter Beibehaltung der bulgarischen Staatsangehörigkeit eingebürgert; eine Erklärung zur Angleichung ihres Namens nach Art. 47 EGBGB hat sie

---

[6] IPRspr. 1976 Nr. 53.

bislang nicht abgegeben. Die Betroffene schloss im Jahre 2011 in Bulgarien mit dem deutschen Staatsangehörigen Alexander Gn. die Ehe. Sie hat beim Standesamt die Beurkundung ihrer Ehe im Eheregister beantragt und dabei angegeben, dass sich die Namensführung der Eheleute nach deutschem Recht richten solle und sie ihren Vatersnamen behalten wolle. Das Standesamt möchte den Zwischennamen im Eheregister gesondert als Vatersnamen kennzeichnen.

Aus den Gründen:

„II. ... 2. In der Sache hält die Beschwerdeentscheidung der Überprüfung durch das Rechtsbeschwerdegericht stand ...

b) Zutreffend sind die rechtlichen Ausgangspunkte des Beschwerdegerichts zu den Fragen des Namenserwerbs und des Statutenwechsels.

aa) Die Frage, nach welchem Recht der Namenserwerb der Betroffenen zu beurteilen ist, richtet sich – da die Betroffene im Jahre 1983 geboren ist – nach dem vor dem 1.9.1986 geltenden Recht. Ein Namenserwerb, der auf einer Geburt vor diesem Zeitpunkt beruht, ist ein abgeschlossener Vorgang im Sinne von Art. 220 I EGBGB (Senatsbeschlüsse vom 14.11.1990 – XII ZB 26/89[1], FamRZ 1991, 324 und vom 9.6.1993 – XII ZB 3/93[2], FamRZ 1993, 1178, 1179). Nach dem vor dem 1.9.1986 geltenden deutschen IPR galt für den Erwerb des Namens durch Geburt das Personalstatut mit Anknüpfung an die Staatsangehörigkeit des Namensträgers, und zwar auch soweit es Zwischennamen betraf (Senatsbeschluss vom 9.6.1993 aaO). Da die Betroffene im Zeitpunkt ihrer Geburt die alleinige bulgarische Staatsangehörigkeit besaß, ist für diese Beurteilung nur bulgarisches Recht maßgebend. Nach bulgarischem Recht führt das Kind als Zwischennamen einen Vatersnamen, der aus dem Eigennamen des Vaters unter Anfügung von -ov oder -ev als Suffix und einer geschlechtsspezifischen Endung gebildet wird (vgl. auch *Jessel-Holst* in *Bergmann-Ferid-Henrich*, Internationales Ehe- und Kindschaftsrecht, Bulgarien [Stand: 1.7.2012] S. 39).

bb) Anders als der Namenserwerb, der mit der Namenserteilung abgeschlossen ist, stellt das durch den Namenserwerb erlangte subjektive Recht einer Person auf die Führung des von ihr erworbenen Namens einen rechtlichen Dauertatbestand dar. Dieser kann als Folge tatsächlicher Veränderung des Anknüpfungsgrunds, und zwar insbes. bei einem Wechsel der Staatsangehörigkeit des Namensträgers, einem Statutenwechsel unterliegen (BGHZ 63, 107, 111 f. = NJW 1975, 112, 113[3]; BGHZ 147, 159, 168 f. = FamRZ 2001, 903, 905[4]), wobei für diese Beurteilung das im Zeitpunkt der tatsächlichen Veränderung geltende Kollisionsrecht maßgebend ist (vgl. MünchKomm-*Sonnenberger*, 5. Aufl., Art. 220 EGBGB Rz. 14).

Im vorliegenden Fall hat der Erwerb der deutschen Staatsangehörigkeit durch die Betroffene im Jahr 2010 ungeachtet der Beibehaltung ihrer bulgarischen Staatsangehörigkeit aus Sicht des deutschen IPR dazu geführt, dass ihre Namensführung vom Zeitpunkt ihrer Einbürgerung an durch deutsches Recht beherrscht wird. Es kann dabei dahinstehen, ob dies aus Art. 10 I i.V.m. Art. 5 I 2 EGBGB folgt, wonach der deutschen Staatsangehörigkeit bei Doppelstaatlern der prinzipielle Vorrang einzuräumen ist, oder ob die Anwendung von Art. 5 I 2 EGBGB im Verhältnis zur Staatsangehörigkeit eines weiteren EU-Mitgliedstaats im Hinblick auf das Diskriminierungsverbot aus Art. 18 AEUV rechtlichen Bedenken begegnet (vgl. Nachweise

---

[1] IPRspr. 1990 Nr. 17.
[2] IPRspr. 1993 Nr. 10.
[3] IPRspr. 1974 Nr. 60.
[4] IPRspr. 2001 Nr. 7.

zum Streitstand bei *Palandt-Thorn*, BGB, 73. Aufl., Art. 5 EGBGB Rz. 3). Denn unter den obwaltenden Umständen ergibt sich die Anwendung deutschen Rechts auf die künftige Namensführung der Betroffenen jedenfalls aus Art. 10 I i.V.m. Art. 5 I 1 EGBGB, weil die deutsche Staatsangehörigkeit der Betroffenen nach ihrer dauerhaften Übersiedlung in die Bundesrepublik Deutschland auch ihre effektive Staatsangehörigkeit im Sinne von Art. 5 I 1 EGBGB geworden ist.

c) Die Frage, ob die Namensführung des Namensträgers eine Veränderung erfährt, ist im Gefolge eines Statutenwechsels nach den einschlägigen Bestimmungen des Eingangsstatuts zu beurteilen. Es bestimmt sich daher nach deutschem Recht, ob der Erwerb der deutschen Staatsangehörigkeit Auswirkungen auf die Namensführung der Betroffenen hat.

aa) Das deutsche Recht enthält indessen nach st. Rspr. des Senats keine Norm, die es ohne weiteres erlauben würde, die Namensführung eines eingebürgerten Ausländers abweichend von dem fremden Recht zu beurteilen, unter dem der Name erworben wurde (vgl. Senatsbeschlüsse BGHZ 121, 305, 313 = FamRZ 1993, 935, 937 f.[5] und vom 9.6.1993 aaO). Vielmehr ist das deutsche Recht von dem – ungeschriebenen – Grundsatz der Namenskontinuität beherrscht, mit dem sowohl allgemeinen Ordnungsinteressen als auch dem Bestreben Rechnung getragen wird, Namensänderungen gegen den Willen des Namensträgers möglichst zu vermeiden (vgl. BGHZ 63 aaO 112).

Das Prinzip der Namenskontinuität besagt allerdings zunächst nur, dass der Namenswortlaut unberührt bleibt, so dass die unter dem fremden Recht erworbenen Bezeichnungen und Zusätze mit Namensqualität grundsätzlich bestehen bleiben. Hieraus folgt im vorliegenden Fall, dass der von der Betroffenen nach bulgarischem Heimatrecht als Vatersname erworbene Namensbestandteil Naydenova aufgrund des Statutenwechsels zum deutschen Recht nicht schlicht weggefallen ist (klarstellend: *Hochwald*, StAZ 2010, 335, 336). Der Grundsatz der Namenskontinuität umgreift demgegenüber nicht ohne weiteres die Namensfunktion, die sich im Gefolge eines Statutenwechsels durchaus ändern kann (*Staudinger-Hepting/Hausmann*, BGB [2013], Art. 10 EGBGB Rz. 156; NK-BGB/*Mankowski*, 2. Aufl., Art. 10 EGBGB Rz. 21). Denn die Namensfunktion ist eine materiell-rechtliche Kategorie; sie kann daher an das Namensrecht des Eingangsstatuts ‚angeglichen' werden, wenn und soweit dieses die Namensformen des Ausgangsstatuts nicht kennt.

bb) Die erste Regelung, um das Problem der Angleichung im deutschen Namensrecht durch eine Vorschrift sachlichen Rechts zu lösen (materiell-rechtliche Angleichung), wurde mit dem zum 1.1.1993 in Kraft getretenen § 94 BVFG geschaffen. Durch diese Vorschrift sollte für statusdeutsche (Art. 116 I GG) Aussiedler eine erleichterte Möglichkeit eröffnet werden, ihre in den Aussiedlungsgebieten unter dem dortigen Namensstatut gebildeten – und häufig slawisierten – Namen durch eine Angleichungserklärung an die in Deutschland üblichen Namensformen und insbes. an das deutsche Schema ‚Vorname und geschlechtsneutraler Familienname' anzupassen, ohne dafür den Weg der öffentlich-rechtlichen Namensänderung beschreiten zu müssen.

Außerhalb des Anwendungsbereichs von § 94 BVFG konnte demgegenüber bis zum Jahre 2007 nur im Einzelfall eine – auch als Transposition bezeichnete – ob-

---

[5] IPRspr. 1993 Nr. 8b.

jektive (kollisionsrechtliche) Angleichung nach allgemeinen Regeln des IPR vorgenommen werden, wenn der Namensträger infolge eines Statutenwechsels nunmehr deutschem Recht unterstand, sein nach ausländischem Recht erworbener Name aber nicht mit den in Deutschland üblichen Namensbildungen verträglich war. Der international-privatrechtliche Grundsatz der Angleichung wurde von der Rspr. entwickelt, um Widersprüche, Lücken und Spannungen zu überwinden, die sich ergeben können, wenn aufgrund des deutschen Kollisionsrechts die Normen ausländischen materiellen Rechts im Inland anzuwenden sind; die Angleichung erfolgt dadurch, dass auf der Grundlage der sog. Funktionsäquivalenz eine modifizierte Anwendung der Rechtsnormen im Inland vorgenommen wird (zum Namensrecht vgl. BGHZ 109, 1, 6 = FamRZ 1990, 39, 41[6]).

Die Praxis der kollisionsrechtlichen Angleichung, bei der ohne genügende Grundlage im positiven Recht (s.a. *Staudinger-Hepting/Hausmann* aaO Art. 47 EGBGB Rz. 18) versucht wurde, im Falle eines mit dem Erwerb der deutschen Staatsangehörigkeit verbundenen Statutenwechsels Namensangleichungen vorzunehmen, wurde als alleinige Lösung für die in diesem Zusammenhang mit der Namensführung entstehenden Rechtskonflikte als unbefriedigend empfunden (vgl. BT-Drucks. 16/1831 S. 71 und BT-Drucks. 16/3309 S. 12 f.). Dies veranlasste den Gesetzgeber, mit der Einführung von Art. 47 EGBGB durch das PStRG allen Personen, deren Namensführung aufgrund eines Statutenwechsels unter die Herrschaft deutschen Rechts gelangt war, für die wichtigsten Angleichungskonstellationen (Art. 47 I Nrn. 1 bis 4 EGBGB) eine dem § 94 BVFG nachgebildete Möglichkeit einzuräumen, eine materiell-rechtliche Wahl des nach deutschem Recht künftig zu tragenden Namens zu treffen.

cc) Soweit es dabei insbesondere die Führung von dem deutschen Recht unbekannten Zwischennamen betrifft, wird dem von einem Statutenwechsel zum deutschen Recht betroffenen Namensträger durch Art. 47 I Nr. 3 EGBGB (Ablegeerklärung) ermöglicht, diesen schlicht wegfallen zu lassen. Will der Namensträger seinen unter dem Ausgangsstatut als Zwischennamen geführten Namensbestandteil neben seinem Vornamen und Familiennamen behalten, ist ihm grundsätzlich auch die Möglichkeit eröffnet, seinen Zwischennamen nach Art. 47 I Nr. 1 EGBGB (Sortiererklärung) entweder zum weiteren Vornamen oder zum Begleitnamen zu bestimmen (vgl. *Staudinger-Hepting/Hausmann* aaO Rz. 46).

Bezogen auf den vorliegenden Fall bedeutet dies, dass die Betroffene nach dem Erwerb der deutschen Staatsangehörigkeit die Möglichkeit gehabt hätte, ihren im deutschen Recht nicht vorgesehenen Vatersnamen Naydenova durch eine Erklärung nach Art. 47 I Nr. 3 EGBGB wegfallen zu lassen. Sie hätte ferner den Vatersnamen Naydenova nach Art. 47 I Nr. 1 EGBGB zum zweiten Vornamen bestimmen können; in diesem Fall wäre es ihr darüber hinaus möglich gewesen, mit einer weiteren Erklärung nach Art. 47 I Nr. 4 EGBGB (Ursprungserklärung) ihren dann die Funktion eines weiteren Vornamens erfüllenden Namensbestandteil Naydenova in der passenden weiblichen Grundform – wohl Nayda – zu führen (vgl. dazu *Hepting*, StAZ 2008, 161, 174).

d) Nicht einheitlich beantwortet wird die Frage, ob der Namensträger, der nach einem Statutenwechsel – wie hier – keine Erklärung nach Art. 47 EGBGB abgeben

---

[6] IPRspr. 1989 Nr. 19.

will, seinen bisherigen Namen in der urspr. unangeglichenen Funktion behält oder ob in einem solchen Fall eine objektive Angleichung entspr. der bisherigen Praxis nach den Regeln des IPR auch ohne Erklärung des Namensträgers vorzunehmen ist.

aa) Dabei besteht allerdings – wovon auch das Beschwerdegericht ausgeht – Einigkeit darüber, dass die Angleichung jedenfalls dann von der (fehlenden) Angleichungserklärung abgekoppelt werden kann, wenn der unter dem ausländischen Recht gebildete Name eines Statutenwechslers keine strukturelle Aufgliederung in Vornamen und Familiennamen – sondern bspw. nur eine Kette von Eigennamen – enthält (*Staudinger-Hepting/Hausmann* aaO Rz. 28; *Mörsdorf-Schulte* in *Prütting/Wegen/Weinreich*, BGB, 8. Aufl., Art. 47 EGBGB Rz. 3; jurisPK-BGB/*Janal* [Stand: Oktober 2012] Art. 47 EGBGB Rz. 3; *Rauhmeier*, StAZ 2010, 337, 338; *Hepting* aaO 176; *Mäsch*, IPRax 2008, 17, 18, 20; *Henrich*, StAZ 2007, 197, 198). Diese Beurteilung hält auch der Senat für zutreffend. Der nach deutschem Recht gebildete bürgerliche Name einer natürlichen Person enthält zwingend einen Namensteil, der mit der Übertragbarkeit auf den Ehegatten und die Kinder auch die Aufgabe des Familiennamens erfüllen kann und einen anderen Namensteil, der als Vorname die Mitglieder einer Familie und allgemein die Träger des gleichen Familiennamens voneinander unterscheidbar macht. Damit steht es in Einklang, dass das Gesetz dem Namensträger – wenn auch in beschränktem Umfang – öffentlich-rechtliche Pflichten zur Führung seines bürgerlichen Namens auferlegt (vgl. etwa § 111 OWiG, § 5 II PAuswG, §§ 15 I, 21 I PStG, §§ 15a, 15b GewO in der bis zum 24.3.2009 g.F.), die jeweils daran anknüpfen, dass der Name mindestens einen Vornamen und einen Familiennamen enthält. Auch dies verdeutlicht, dass unter deutschem Namensstatut die Führung eines Vornamens und eines Familiennamens ein unverzichtbares Ordnungs- und Unterscheidungskriterium darstellt. Staatlichen Ordnungsinteressen wird daher regelmäßig der Vorzug gegenüber dem Wunsch eines eingebürgerten Ausländers an der funktionellen Kontinuität bei der Führung seines unter fremdem Recht ohne Vornamen und/oder Familiennamen gebildeten Namens zu geben sein, so dass in diesen Fällen eine objektive Angleichung zwar unter möglicher Berücksichtigung der Wünsche des Namensträgers, aber ggf. auch gegen seinen Willen (vgl. MünchKomm-*Birk* aaO Art. 47 EGBGB Rz. 18) zu erfolgen hat.

bb) Umstritten ist demgegenüber die Frage, ob der Name eines Statutenwechslers beim Fehlen von Erklärungen nach Art. 47 EGBGB auch dann nach kollisionsrechtlichen Regeln angeglichen werden kann, wenn dessen unter ausländischem Recht gebildeter Name zwar Vornamen und Familiennamen, darüber hinaus aber auch dem deutschen Recht unbekannte Namensbestandteile – insbes. Zwischennamen – enthält. Ein Teil des Schrifttums vertritt die Ansicht, dass die Fortführung von dem deutschen Recht unbekannten Namensbestandteilen mit staatlichen Ordnungsinteressen ebenso unvereinbar sei wie das Fehlen eines Vornamens oder eines Familiennamens und ein nach ausländischem Recht gebildeter Zwischenname daher nach dem Statutenwechsel nur funktionsäquivalent – typischerweise als weiterer Vorname – weitergeführt werden könne (*Staudinger-Hepting/Hausmann* aaO Rz. 47; MünchKomm-*Birk* aaO Rz. 33; *Mörsdorf-Schulte* aaO Rz. 12; *Hochwald* aaO; *Rauhmeier* aaO; *Mäsch* aaO 19; *Hepting* aaO 173; *Henrich* aaO 201). Eine abweichende Auffassung ist demgegenüber mit dem Beschwerdegericht der Ansicht, dass das Prinzip der Namenskontinuität in diesem Falle auch die funktionelle Kontinuität umgreift, der Statutenwechsler mithin einen nicht abgelegten Zwischennamen auch unter deutschem Recht in der aus dem früheren Heimatrecht abgeleiteten Funktion weiterführen könne (*Palandt-Thorn* aaO Art. 47 EGBGB Rz. 5; jurisPK-BGB/*Janal* aaO; vgl. bereits OLG Frankfurt, StAZ 2006, 142, 143[7]).

cc) Der Senat hält die letztgenannte Auffassung jedenfalls für die hier zur Beurteilung stehenden Fallkonstellation des Vatersnamens von Doppelstaatlern für zutreffend.

(1) Der Senat hat im Jahre 1993 in Bezug auf die Fortführung des unter russischem Recht erworbenen Vatersnamens eines statusdeutschen Spätaussiedlers ausgesprochen, dass ‚Zwischennamen (Vatersnamen), die nach dem bisherigen Heimatrecht des Aussiedlers erworben worden und Bestandteil seines Namens sind, in deutsche Personenstandsregister einzutragen sind, sofern der Aussiedler keine Erklärung nach § 94 BVFG ... abgibt' (Beschl. vom 9.6.1993 aaO 1180). Bereits daraus wurde – wie auch vom Beschwerdegericht – hergeleitet, dass der Senat in Bezug auf die Führung solcher Zwischennamen nach einem Statuswechsel zum deutschen Recht von einer funktionellen Namenskontinuität ausgegangen sei (vgl. OLG Frankfurt aaO; dagegen *Henrich* aaO 200 f.).

(2) Der Name des Menschen wird von seinem allgemeinen Persönlichkeitsrecht nach Art. 2 I i.V.m. Art. 1 GG umfasst. Jede Maßnahme, die in das verfassungsrechtlich geschützte Recht am Namen eingreift, muss sich am Maßstab der Verhältnismäßigkeit messen lassen (BVerfG, FamRZ 1988, 587, 589). Auch die im Wege objektiver Angleichung gegen den Willen des Namensträgers erzwungene Verpflichtung, einen unter ausländischem Recht als Vatersnamen erworbenen Namensbestandteil künftig als weiteren Vornamen zu führen, stellt sich als Eingriff in das Persönlichkeitsrecht des Namensträgers dar (so auch *Staudinger-Hepting/Hausmann* aaO Rz. 31), der nur durch gewichtige öffentliche Interessen an der Angleichung gerechtfertigt werden kann.

(a) Ein Bedürfnis [nach der] Angleichung von Zwischennamen wird in erster Linie im Zusammenhang mit der Registerdarstellung gesehen (vgl. BeckOK-BGB/*Mäsch* [Stand: Mai 2013] Art. 10 EGBGB Rz. 19 und Art. 47 EGBGB Rz. 11). Der Führung amtlicher Register in Deutschland liegt die strukturelle Aufteilung des Namens in Vorname und Familienname zugrunde, und die Eintragung von Zusätzen, welche daneben die Bedeutung eines dem deutschen Recht unbekannten Namensbestandteils im Register kennzeichnen und erläutern sollen, wird grundsätzlich unerwünscht sein. Indessen müssen solche Schwierigkeiten bei der Registerdarstellung seit jeher überwunden werden, wenn es um die Eintragung von Zwischennamen geht, die nach dem maßgeblichen Heimatrecht Bestandteil des vollen bürgerlichen Namens eines ausländischen Staatsbürgers sind (BGH, Beschl. vom 26.5.1971 – IV ZB 22/70[8], NJW 1971, 1571, 1572; vgl. zur Eintragung von Vatersnamen bulgarischer Staatsangehöriger OLG Hamm, StAZ 1981, 190, 193[9]).

Ausschlaggebend kann im vorliegenden Fall auch nicht sein, dass sich ein eingebürgerter Ausländer in Deutschland in einer Gesellschaft bewegt, die im Behör-

---

[7] IPRspr. 2006 Nr. 223.
[8] IPRspr. 1971 Nr. 6.
[9] IPRspr. 1980 Nr. 9.

denverkehr sowie im gesellschaftlichen und beruflichen Leben maßgeblich von den Normen und Vorstellungen des materiellen deutschen Namensrechts geprägt ist (vgl. BayObLG, NJWE-FER 1999, 111, 112[10]) und die Angleichung seiner dem deutschen Recht unbekannten Namenstypen grundsätzlich geeignet sein kann, die Integration des Namensträgers in seine namensrechtliche Umwelt nicht nur im privaten Interesse der betroffenen Person, sondern auch im öffentlichen Interesse zu fördern. Denn eine Namensangleichung dürfte zur Integration nicht mehr viel beitragen können, wenn der unter ausländischem Recht gebildete Name schon die nach deutschem Namensrecht zwingend notwendigen Bestandteile Vorname und Familienname enthält, die der eingebürgerte Namensträger in dieser Funktion bereits verwenden kann.

(b) Der Vatersname erfüllt im bulgarischen Recht ebenso wie im gesamten slawischen Rechtskreis die Funktion, einen generationsübergreifenden familiären Zusammenhang zu kennzeichnen (vgl. *Staudinger-Hepting/Hausmann* aaO Rz. 51). Dies wird etwa dadurch verdeutlicht, dass ein Kind nach bulgarischem Namensrecht im Falle einer sog. Volladoption (auch) einen neuen Vatersnamen erhält, der aus dem Vornamen des annehmenden Mannes abgeleitet wird [Art. 18 II i.V.m. Art. 13 des bulg. Gesetzes über die Personenstandsregistrierung vom 23.7.1999 (DV Nr. 67 vom 27.7.1999), abgedr. bei *Jessel-Holst* aaO S. 90 ff.]. Das Interesse des eingebürgerten Ausländers, diesen familiären Zusammenhang durch die fortdauernde Führung des Vatersnamens – in der durch das ausländische Recht bestimmten Funktion – auch künftig kenntlich zu machen, muss aus der Sicht des deutschen Rechts jedenfalls dann respektiert werden, wenn der Namensträger (wie im vorliegenden Fall die Betroffene) durch Beibehaltung der bisherigen Staatsangehörigkeit seine Bindungen zum Heimatrecht nicht vollständig gelöst hat.

e) Es braucht daher nicht erörtert zu werden, ob sich – wie das Beschwerdegericht meint – die Wertung, dass die Betroffene ihren Namensbestandteil Naydenova nach dem Statutenwechsel zum deutschen Recht in der Funktion als Vatersnamen weiterführen kann, auch aus zwingenden Vorgaben der Rspr. des EuGH ergibt, nach der eine kollisionsrechtlich bedingte Namensspaltung (zur Anknüpfung des Personal- und Namensstatuts bei Doppelstaatlern im bulgarischen IPR vgl. *Zidarova/Stanceva-Minceva*, RabelsZ 71 [2007], 398, 413, 415) bei EU-Bürgern – je nach Sachverhaltsgestaltung – einen Verstoß gegen das Diskriminierungsverbot nach Art. 18 AEUV (EuGH, Urt. vom 2.10.2003 – Carlos Garcia Avello ./. belgischer Staat, Rs C-148/02, Slg. 2003, I-011613 = FamRZ 2004, 273) und/oder eine unzulässige Beschränkung der Freizügigkeit nach Art. 21 AEUV (EuGH, Urt. vom 14.10.2008 – Stefan Grunkin u. Dorothee Regina Paul, Rs C-353/06, Slg. 2008, I-007639 = FamRZ 2008, 2089) darstellen kann."

5. *Durch das Dekret des Allrussischen Zentral-Exekutivkommitees über die Aufhebung der Stände und der bürgerlichen Ränge vom 10./23.11.1917 (SU RSFSR Nr. 3 Pos. 31) wurden russische und baltische Adelstitel in einer gemäß Art. 10 EGBGB für die heutige Namensführung von Nachkommen damals lebender russischer Staatsangehöriger relevanten Weise abgeschafft; dies gilt jedenfalls in den*

---

[10] IPRspr. 1998 Nr. 15.

Fällen, in denen sich die Namensträger bei Erlass des Dekrets im Bereich des russischen Kernlands aufhielten.

Eine nachfolgende Flucht der Namensträger in das Gebiet des späteren Staats Lettland ändert daran nichts, soweit die Namensträger nicht die lettische Staatsangehörigkeit erlangten; Letzteres war allerdings schon dann der Fall, wenn russische Staatsangehörige in der Zeit vom 23.8.1918 bis zum 23.8.1919 innerhalb der Grenzen Lettlands lebten.

OLG Hamburg, Beschl. vom 17.3.2014 – 2 W 24/12: StAZ 2015, 12; FGPrax 2014, 231.

6. *Der Wirksamkeit einer Erklärung zur Angleichung eines bisherigen Eigennamens als Familienname nach Art. 47 EGBGB steht nicht entgegen, dass die betreffende Person über viele Jahre nach ihrer Einbürgerung ihre bisherigen Eigennamen tatsächlich in der Art von Vor- und Familiennamen und in diesem Zusammenhang den jetzt als Familiennamen bestimmten Eigennamen quasi als Vornamen geführt hat.*

OLG Hamm, Beschl. vom 20.3.2014 – I-15 W 163/13: StAZ 2014, 333. Leitsatz in FamRZ 2014, 1588.

7. *Die Namensänderung nach § 157 II des Allgemeinen Bürgerlichen Gesetzbuchs (Österreich) einer auch deutschen Staatsangehörigen mit gewöhnlichem Aufenthalt im Inland ist nicht unmittelbar vom Standesamt zu beachten; es ist zunächst ein Verfahren nach dem Gesetz über die Änderung von Familiennamen und Vornamen vom 5.1.1938 (RGBl. I 9; BGBl. 2008 I 2586) durchzuführen.*

OLG München, Beschl. vom 1.4.2014 – 31 Wx 122/14: StAZ 2014, 179, 294 Aufsatz *Wall*; FGPrax 2014, 186. Leitsatz in FamRZ 2014, 1554.

8. *Ein neugeborenes Kind trägt sowohl nach deutschem als auch nach marokkanischem Recht selbst dann den Geburtsnamen des mit der Mutter zum Zeitpunkt der Geburt verheirateten Mannes, wenn die Mutter bei der Geburt angab, nicht verheiratet zu sein und ihr Lebensgefährte und biologischer Vater des Kindes die Vaterschaft anerkennt.*

Dieser Zuordnungsgrund gilt sowohl nach deutschem als auch nach marokkanischem Recht vorrangig gegenüber demjenigen der Vaterschaftsanerkennung. [LS der Redaktion]

OLG Karlsruhe, Beschl. vom 9.4.2014 – 11 Wx 100/12: FamRZ 2014, 1561; StAZ 2015, 19.

Die Beteiligte zu 2), marok. Staatsangehörige, Mutter der der Beteiligten zu 1), der 2005 geborenen Tochter, und ihr jetziger Ehemann, der Beteiligte zu 3), wenden sich gegen die Anordnung des AG, als Familiennamen des Kindes denjenigen des früheren Ehemanns der Mutter, des Beteiligten zu 4), einzutragen. Bei der Beurkundung der Geburt gab die Beteiligte zu 2) an, noch nie verheiratet gewesen zu sein. Das entsprach nicht den Tatsachen; tatsächlich war sie zu diesem Zeitpunkt noch mit dem Beteiligten zu 4), ebenfalls marokkanischer Staatsangehöriger, verheiratet, mit dem sie 1990 in Marokko die Ehe geschlossen hatte. Aufgrund vorgeburtlicher Anerkennung der Vaterschaft wurde der Beteiligte zu 3), der deutscher Staatsangehöriger ist, als Vater des Kindes in das Register eingetragen. Es wurde gemeinsame elterliche Sorge vereinbart und der Familienname des Beteiligten zu 3) als Geburtsname der Beteiligten zu 1) bestimmt. Nachdem die zwischen den Beteiligten zu 2) und 4) bestehende Ehe 2008 von einem marokkanischen Gericht – in Abwesenheit des Beteiligten zu 4) – geschieden worden war, schlossen die Beteiligten zu 2) und 3) in Marokko die Ehe. Der Beteiligte zu 4) ist unbekannten Aufenthalts.

Standes- und Rechtsamt haben beim AG beantragt, das Geburtenregister in der Weise zu berichtigen, dass als Vater der Beteiligten zu 1) der Beteiligte zu 4) eingetragen und dessen Familienname auch für die Beteiligte zu 1) übernommen wird.

Aus den Gründen:

„II. Die nach § 58 I FamFG zulässige Beschwerde hat in der Sache keinen Erfolg ...
B. ... 2. Die deutschen Gerichte sind für die Entscheidung zuständig, weil eine Eintragung im deutschen Geburtenbuch betroffen ist; die internationale Zuständigkeit folgt insoweit aus der örtlichen Zuständigkeit. Aus der internationalen Zuständigkeit ergibt sich auch die Anwendbarkeit des deutschen Verfahrensrechts (BayObLG 2002, 1009).
C. ... D. Das AG hat dem Berichtigungsantrag des Standesamts, dem sich die Aufsichtsbehörde angeschlossen hat, zu Recht entsprochen; die Betroffene stammt – unabhängig von dem für die Abstammung anwendbaren Recht – rechtlich von dem Beteiligten zu 4) ab und hat daher auch dessen Familiennamen zu tragen.
1. Nach Art. 10 I EGBGB unterliegt der Name einer Person dem Recht des Staats, dem sie angehört.
a) Sollte die Beteiligte zu 1) rechtlich von dem Beteiligten zu 3), einem deutschen Staatsangehörigen, abstammen, so würde sich aus deutscher Sicht das Namensrecht gemäß Art. 10 I, 5 I EGBGB nach deutschem Recht richten. In diesem Fall wäre die Beteiligte zu 1) nämlich Inhaberin einer doppelten Staatsangehörigkeit; sie hätte die marokkanische Staatsangehörigkeit über die Mutter (Art. 6 Dahir Nr. 1-58-250 – Staatsangehörigkeitsgesetz – i.d.F. des Gesetzes Nr. 62-06 vom 23.2.2007 [B.O. Nr. 5514], zit. n. *Bergmann-Ferid-Henrich*, Marokko [186. Erg.-Lfg.] 15) und die deutsche Staatsangehörigkeit über den Vater (§ 4 I StAG) erworben. Da die Beteiligten zu 2) und 3) nach Vaterschaftsanerkennung des Beteiligten zu 3) die gemeinsame Sorge vereinbart und eine Namenserklärung zugunsten des Namens des Beteiligten zu 3) abgegeben haben, wäre der jetzt eingetragenen Familienname – die Abstammung der Beteiligten zu 1) vom Beteiligten zu 3) vorausgesetzt – richtig; der Antrag des Standesamts wäre dann zurückzuweisen. Auf marokkanisches Kollisionsrecht käme es in diesem Fall nicht an, da dieses nicht zu einem anderen Ergebnis führt; nach marokkanischem Recht erhält ein Kind den Familiennamen des Vaters (vgl. *Bergmann-Ferid-Henrich* aaO 60; Art. 20 Dahir Nr. 1-02-239 – Zivilstandsgesetz – [rejeb 1423; 3.10.2002; B.O. Nr. 5054 vom 7.11.2002] aaO 98). Im Übrigen wird – wie die Ausführungen des Sachverständigen Prof. Dr. *J.* zeigen – eine etwa einschlägige Verweisung des deutschen auf das marokkanische Recht von diesem angenommen (Art. 2 I Nr. 1 Dahir Nr. 1-04-22 – Familiengesetzbuch – [hijala 1424; 3.2.2004; B.O. Nr. 5358 vom 6.10.2005]; nachfolgend: marokk. FGB).
b) Sollte die Beteiligte zu 1) rechtlich von dem Beteiligten zu 4) abstammen, wäre sie ausschließlich marokkanische Staatsangehörige; in diesem Falle würde sie nach Art. 10 I EGBGB i.V.m. dem marokkanischen Recht dessen Familiennamen tragen.
2. Die Betroffene stammt rechtlich vom Beteiligten zu 4) ab; das gilt unabhängig davon, ob insoweit deutsches oder marokkanisches Recht anzuwenden ist.
a) Nach Art. 19 I 1 EGBGB unterliegt die Beurteilung der Abstammung dem Recht des Staats, in dem das Kind seinen gewöhnlichen Aufenthalt hat; dies ist hier Deutschland, wo die Beteiligte zu 1) auch geboren wurde. Nach Satz 2 und 3 dieser

Vorschrift käme dagegen die Anwendung marokkanischen Rechts in Betracht, weil der Beteiligte zu 4) diesem Staat angehört (Satz 2) und die allgemeinen Wirkungen seiner Ehe mit der Beteiligten zu 2) wegen der gemeinsamen Staatsangehörigkeit nach dem Recht dieses Staats zu beurteilen sind (Satz 3 i.V.m. Art. 14 I Nr. 1 EGBGB).

b) In welchem Verhältnis die Anknüpfungen in Art. 19 I EGBGB stehen, ist im Einzelnen umstritten (vgl. etwa BayObLG, NJW-RR 2002, 1009[1]; BeckOK-BGB-*Heiderhoff*, Ed. 27, Art. 19 Rz. 20 ff., jew. m.w.N.). Nach der ganz überwiegend vertretenen Auffassung gilt das sog. Günstigkeitsprinzip; danach ist diejenige Anknüpfungsalternative zu wählen, die für das Kind am günstigsten ist. Das wird von der h.M. dahin verstanden (ebda. Rz. 21), dass dasjenige Statut zu wählen sei, aufgrund dessen eine Abstammung zuerst gesetzlich festgestellt werden kann oder gerichtlich festgestellt wurde. Letztlich kommt es auf diese Frage jedoch nicht an, weil sowohl das deutsche als auch das marokkanische Recht zu einer rechtlichen Vaterschaft des Beteiligten zu 4) führen.

aa) Nach deutschem Recht gilt die Beteiligte zu 1) bis zu einer erfolgreichen Vaterschaftsanfechtung als Kind des Beteiligten zu 4), der zum Zeitpunkt ihrer Geburt mit der Beteiligten zu 2) verheiratet war (§ 1592 Nr. 1 BGB). Dieser Zuordnungsgrund ist nach deutschem Recht vorrangig gegenüber demjenigen der Vaterschaftsanerkennung (§ 1592 Nr. 2 BGB). Dass die Anerkennung mehr als fünf Jahre zurückliegt, rechtfertigt entgegen der Auffassung der Beschwf. keine andere Beurteilung. Sind seit der Eintragung in ein deutsches Personenstandsbuch fünf Jahre verstrichen, so ist die Anerkennung nach § 1598 II BGB allerdings grundsätzlich wirksam, auch wenn sie den Erfordernissen der vorstehenden Vorschriften nicht genügt. Zu diesen Vorschriften zählt zunächst auch § 1594 II BGB. Dennoch ist § 1598 II BGB nicht auf die Anerkennungssperre des § 1594 II BGB anzuwenden. Das ergibt eine teleologische Auslegung von § 1598 II BGB. Nach ihrem Zweck soll die Heilungsvorschrift des § 1598 II BGB zur Befriedung von Unklarheiten über die Wirksamkeit der Anerkennung führen. Die Anwendung des § 1598 II BGB würde jedoch eine nicht denkbare Doppelvaterschaft zur Folge haben (OLG Rostock, FamRZ 2008, 2226, juris Rz. 10 m.w.N.; MünchKomm-*Wellenhofer*, 6. Aufl., § 1598, Rz. 24; jurisPK-*Nickel*, 6. Aufl., § 1598 Rz. 12).

bb) Die Anwendung des marokkanischen Rechts würde, wie sich aus den vom Senat eingeholten Gutachten ergibt, zu keiner anderen Beurteilung führen.

(1) Grundlage der Beurteilung ist das am 5.2.2004 in Kraft getretene marokkanische FGB. Übergangsregelungen, die eine Anwendung dieses Rechts auf die Geburt der Beteiligten zu 1) im Jahre 2005 ausschließen würden, sind nicht ersichtlich (vgl. Gutachten Prof. Dr. *J.*, 6 f.).

(2) Ausgangspunkt der Abstammungsregeln im marokkanischen FGB ist Art. 151, wonach die väterliche Abstammung ‚aufgrund einer Vermutung festgestellt' und nur durch gerichtliche Entscheidung entkräftet werden könne. In Art. 152 marokk. FGB heißt es dann, die väterliche Abstammung werde alternativ durch ‚eheliche Kohabitation', Anerkennung durch den Vater oder ‚irrtümlich sexuelle Beziehungen' festgestellt. Zu der ersten Variante – eheliche Kohabitation – heißt es in Art. 154 marokk. FGB, dass die Abstammung auf diesem Wege festgestellt werde, wenn das Kind min-

---

[1] IPRspr. 2002 Nr. 90.

destens sechs Monate nach Errichtung der Eheurkunde geboren wurde und es ‚die Möglichkeit ehelicher Beziehungen zwischen den Eheleuten gab'.

(3) Der Sachverständige hat ausgeführt, dass die Voraussetzung der ‚Kohabitation' formal zu verstehen sei und sie zwar durch Zeugungsunfähigkeit des Ehemanns, nicht aber durch seine bloße Abwesenheit ausgeschlossen werde. Die Ausführungen des Sachverständigen Prof. Dr. *R.* beruhen, wie sich aus dessen Mitteilungen ergibt, auf der Auswertung amtlicher marokkanischer Dokumente, dortiger Fachliteratur und einem Gespräch mit einem Doktoranden der Universität Agadir. So hat der Sachverständige ausgeführt, dass sich der Begriff der Kohabitation von dem arabischen Begriff *al-firasch* für ‚das Bett' ableite und ‚das Bett' in diesem Sinne nach der marokkanischen Kommentarliteratur die ‚rechtsgültige Ehe' bedeute (Gutachten *R.*, 4). Diese Beurteilung entspricht, wie die weiteren vom Sachverständigen angeführten Zitate zeigen, einem Konsens im marokkanischen Schrifttum.

(4) Die nach dem Gesetz bestehende zeitliche Voraussetzung für eine Abstammungsfeststellung aufgrund Kohabitation – Geburt mindestens sechs Monate nach Eheschließung – ist erfüllt, da die Ehe zwischen den Beteiligten zu 2) und 4) im Jahre 1990 geschlossen wurde und die Betroffene im Jahre 2005 geboren wurde.

(5) Der Sachverständige Prof. Dr. *R.* hat dargelegt, dass sich weder in den amtlichen Erläuterungen zum marokkanischen FGB noch in den Quellen zur Rechtspraxis Hinweise darauf finden, dass die vom Gesetz als Voraussetzung der Abstammungsfeststellung weiter verlangte Möglichkeit des Ehevollzugs bereits dann entfällt, wenn der Ehemann abwesend sei. Der im arabischen Originaltext verwendete Begriff *amkana* heiße im vorliegenden Zusammenhang, dass der Ehemann zur Zeugung ‚fähig sein' müsse und nicht, dass er zur Zeugung ‚Gelegenheit haben' müsse (Gutachten Prof. Dr. *R.*, 7). Der Begriff der Trennung in Art. 154 Nr. 2 marokk. FGB sei als Oberbegriff für die Eheauflösung durch Scheidung oder Tod zu verstehen; tatsächliche räumliche Distanz unter lebenden, nicht geschiedenen Eheleuten sei als solche unbeachtlich. Das ergebe sich bereits aus den amtlichen Erläuterungen des Gesetzestext, wonach der Terminus ‚Trennung' die ‚Beendigung der ehelichen Beziehung' bedeute; eine – auch längere – räumliche Trennung oder eine Scheidungsabsicht genüge insoweit nicht (Gutachten Prof. Dr. *R.*, 9). Die Ausführungen des zunächst beauftragten Sachverständigen Prof. Dr. *J.* bestätigen diese Einschätzung; auch dieser kommt zu dem Ergebnis, dass als ‚Trennung' gemäß Art. 154 Nr. 2 marokk. FGB nur eine Beendigung der Ehe durch Tod oder Scheidung anzusehen sei (Gutachten Prof. Dr. *J.*, 9).

(6) Anhaltspunkte dafür, dass die marokkanische Rechtspraxis vom Fehlen einer ehelichen Abstammung – entgegen der Vorgaben des geschriebenen Rechts – bereits dann ausgeht, wenn die Mutter geltend macht, dass Kind stamme nicht von ihrem Ehemann ab, haben die hierzu angestellten Ermittlungen des Sachverständigen Prof. Dr. *R.* nicht ergeben.

(7) Auch nach marokkanischem Recht schließt die aufgrund Ehe festgestellte Vaterschaft eines Mannes die Wirksamkeit eines Anerkenntnisses aus; in Art. 160 Nr. 2 marokk. FGB ist nämlich geregelt, dass ein Anerkenntnis nicht möglich ist, wenn das betroffene Kind ‚bekanntermaßen von einem anderen' abstammt.

(8) Nach den überzeugend begründeten Ausführungen beider Sachverständiger kann (auch) nach marokkanischem Recht eine – nach den vorstehenden Ausfüh-

rungen hier geltende – Vaterschaftsvermutung durch eine gerichtliche Entscheidung widerlegt werden."

9. *Im Wege der Namensangleichung kann ein neuer Familienname nur in einer eingedeutschten Form des bisher geführten Namens gebildet werden.*

OLG Hamm, Beschl. vom 16.4.2014 – I-15 W 364/13: StAZ 2015, 17.

10. *Gibt es zu dem bisherigen Vornamen keine deutschsprachige Entsprechung, kann der angleichungsberechtigte Beteiligte ohne Beschränkung einen anderen Vornamen wählen.*

OLG Hamm, Beschl. vom 16.4.2014 – I-15 W 288/13: MDR 2014, 1032; StAZ 2015, 16; InfAusIR 2014, 463.

11. *Das deutsche Recht als lex fori des Personenstandsverfahrens entscheidet über die Art und Weise, wie ein Name in fremder Schrift zwecks Eintragung in das deutsche Personenstandsregister in die lateinische Schrift zu überführen (transliterieren) ist. Die Frage, ob eine Registereintragung, die auf der Transliteration eines Namens in einem gemäß Art. 2 NamÜbK verbindlichen (hier: ägyptischen) Reisepass beruhte, bei einer abweichenden Transliteration in einem neueren Reisepass geändert werden kann, kann dahinstehen. Dies ist jedenfalls dann der Fall, wenn die Änderung dazu führt, dass unterschiedliche Schreibweisen des Namens der betroffenen Person in verschiedenen inländischen Personenstandsregistern in Übereinstimmung mit der Zielsetzung des Art. 6 NamÜbK vereinheitlicht werden. [LS von der Redaktion neu gefasst]*

OLG Hamburg, Beschl. vom 28.4.2014 – 2 W 11/11: FamRZ 2014, 1554; StAZ 2015, 81; FGPrax 2014, 280.

Die ASt., deutsche Staatsangehörige, ist die Mutter des 2002 in Hamburg geborenen Kindes I. M. Zum Zeitpunkt der Geburt des Kindes war die Kindesmutter mit Herrn S., einem deutschen Staatsangehörigen, verheiratet. Die Ehe wurde aufgrund eines 2000 gestellten Scheidungsantrags durch Urteil des AG Hamburg 2003 geschieden. Der ASt., der ägyptischer Staatsangehöriger ist, hat die Vaterschaft für das Kind I. M. mit Zustimmung der ASt. und deren Ehemann noch vor der Geburt des Kindes anerkannt. Am 2003 haben die ASt. in Kairo geheiratet. In dem Randvermerk zum Geburtseintrag des Kindes I. M. wurde der ASt. mit dem Namen „N. K. (Schreibweise 2)", eingetragen. Bei dem 2009 geborenen zweiten Kind der ASt. mit dem Vornamen E. wurde der Name des ASt. im Geburtsregister mit „N. K. (Schreibweise 1)", beurkundet. Die Kindeseltern beantragten, den Geburtseintrag hins. des Namens des Vaters in „N. K. (Schreibweise 1)", zu ändern. Diese Schreibweise entspricht derjenigen, die sich in dem aktuellen Reisepass des ASt. in lateinischer Schrift befindet. Ferner haben die ASt. eine Bescheinigung des ägyptischen Generalkonsulats in Hamburg vorgelegt, in der die letztgenannte Schreibung des Namens des ASt. – basierend auf seinem Reisepass – bestätigt wird, sowie weitere ägyptische Dokumente mit deutscher Übersetzung.

Das AG hat den Berichtigungsantrag der ASt. zurückgewiesen. Gegen diesen Beschluss wenden sich die ASt. mit ihrer Beschwerde.

Aus den Gründen:

„II. Die zulässige ... Beschwerde hat auch in der Sache Erfolg. Der dem Geburtseintrag für das Kind I. M. beigeschriebene Name des ASt. ist hinsichtlich seiner Schreibweise antragsgemäß zu berichtigen:

1. ... 2. Dahinstehen kann, ob im Rahmen des vorliegenden Verfahrens zu überprüfen ist, ob der Vaterschaftseintrag im Register als solcher korrekt ist, d.h. ob es sich bei dem ASt. um den rechtlichen Vater des Kindes I. M. handelt; denn dies ist der Fall: Gemäß Art. 19 EGBGB bestimmt sich die Abstammung eines Kindes nach dem Recht seines gewöhnlichen Aufenthalts. Im Verhältnis zu jedem Elternteil kann die Abstammung auch bestimmt werden nach dem Heimatrecht dieses Elternteils oder, wenn die Mutter verheiratet ist, nach dem Recht, dem die allgemeinen Wirkungen ihrer Ehe zum Zeitpunkt der Geburt des Kindes unterliegen. Der gewöhnliche Aufenthalt des Kindes befand sich stets in Deutschland. Die allgemeinen Wirkungen der früheren Ehe der Kindesmutter unterlagen, da beide Ehegatten Deutsche waren, ebenfalls deutschem Recht (Art. 14 Nr. 1 EGBGB). Schließlich führt auch der Verweis auf das Heimatrecht des früheren Ehemanns der ASt., der als rechtlicher Vater in Betracht kommt, zur Anwendung deutschen Rechts. Nach deutschem Recht (§ 1599 II BGB) ist der Ehemann der Kindesmutter dann nicht rechtlicher Vater des Kindes, wenn das Kind nach Anhängigkeit eines Scheidungsantrags geboren wird und ein Dritter mit Zustimmung der Kindesmutter und von deren Ehemann fristgemäß die Vaterschaft anerkennt. Diese Voraussetzungen liegen hier vor, so dass der ASt. durch seine Vaterschaftsanerkennung nach deutschem Recht rechtlicher Vater des Kindes I. M. geworden ist. Ob dies auch nach dem ägyptischem Heimatrecht des ASt. der Fall ist, kann dahinstehen, denn Art. 19 EGBGB ermöglicht eine Anknüpfung an das Heimatrecht einer als Vater in Betracht kommenden Person nur zur Bestimmung der Abstammung des Kindes von dieser Person. Deshalb ist die Anwendung ägyptischen Rechts nicht relevant, soweit sie zur Bestimmung einer anderen Person als derjenigen des ASt. als Vater führen würde.

3. Der Name einer Person einschl. dessen Schreibweise unterliegt zwar grundsätzlich dem Recht des Staats, dem die Person angehört (Art. 10 EGBGB). Die Art und Weise, wie das deutsche Personenstandsregister zu führen ist (nämlich: in lateinischer Schrift, § 15 III PStV), wird jedoch zwingend durch deutsches Verfahrensrecht vorgegeben. Über die Art und Weise, wie ein Name in fremder Schrift zwecks Eintragung in das deutsche Personenstandsregister in die lateinische Schrift zu überführen (zu ‚transliterieren') ist, entscheidet deshalb das deutsche Recht als lex fori des Personenstandsverfahrens (*Palandt-Thorn*, BGB, 73. Aufl., Art. 10 EGBGB Rz. 7 m.w.N.; *Staudinger-Hepting*, BGB [2007], Art. 10 EGBGB Rz. 53). Hierbei sind die für Deutschland verbindlichen internationalen Abkommen zu berücksichtigen, konkret das NamÜbK. Insofern kommt es nicht darauf an, dass das Abkommen von Ägypten nicht ratifiziert worden ist.

4. Gemäß Art. 2 NamÜbK ist, wenn von einer Behörde eines Vertragsstaats Eintragungen in ein Personenstandsbuch vorgenommen werden sollen und zu diesem Zweck eine Abschrift eines Personenstandseintrags oder eine andere Urkunde vorgelegt wird, den den Namen in lateinischer Schrift wiedergibt, der Name buchstabengetreu ohne Änderung oder Übersetzung wiederzugeben. Eine solche Lage ist vorliegend gegeben: Die ASt. beziehen sich zur Begründung ihres Eintragungsantrags (Berichtigungsantrags) auf den aktuellen Reisepass des ASt., der den Namen des ASt. in lateinischer Schrift und in der Schreibweise wiedergibt, die dem Berichtigungsantrag zugrunde liegt. Ein Reisepass ist als ‚andere Urkunde' im Sinne des Art. 2 NamÜbK anzuerkennen (BGH, FamRZ 1994, 225). Dass der Reisepass erst

nach der ersten Beurkundung ausgestellt wurde, steht einer auf seinen Inhalt gestützten Berichtigung des Registereintrags nicht entgegen (OLG München, FamRZ 2010, 75[1]; OLG Stuttgart, StAZ 2005, 77; OLG Hamm, StAZ 2002, 124 und 2006, 166[2]; KG, StAZ 2000, 216).

Allerdings setzt eine Anweisung zur Berichtigung nach §§ 48, 47 PStG grundsätzlich das Vorliegen einer von Anfang an bestehenden Unrichtigkeit des Personenstandseintrags voraus (OLG München aaO Tz. 13). Beruhte die erste Registereintragung – wie hier – auf einem seinerzeit gültigen und gemäß Art. 2 NamÜbK verbindlichen Reisepass (die in der Standesamtsakte enthaltene Kopie des alten Reisepasses wies entgegen dem Antragstellervorbringen den vollständigen Namen des ASt. in der beurkundeten Schreibweise aus), stellt sich die Frage, ob bei einer abweichenden Transliteration in einem neueren Reisepass dessen Schreibweise des Namens ohne weiteres als von Anfang an zutreffend unterstellt und der Berichtigung des Registereintrags zugrunde gelegt werden kann (offengelassen in OLG München aaO; OLG Stuttgart aaO; OLG Hamm, StAZ 2006 aaO Tz. 6; a.A. AG Hagen, StAZ 2005, 363[3]; *Staudinger-Hepting* aaO Rz. 58).

Für diese Sichtweise lassen sich folgende Gesichtspunkte anführen: Es könne dem ausländischen Staat nicht verwehrt werden, die lateinische Schreibweise der Namen seiner Staatsangehörigen zu ändern; infolge der Bindungswirkung des Art. 2 NamÜbK sei die im jeweils aktuellen Ausweis gewählte Transliteration für Eintragungen in deutsche Personenstandsregister als die von Anfang an richtige Schreibweise anzusehen (OLG München aaO). Jedenfalls dann, wenn nichts dafür ersichtlich sei, dass die aus dem aktuellen Reisepass zu entnehmende Schreibweise des Namens auf einem zwischenzeitlich eingetretenen Sachverhalt beruht, dem keine Rückwirkung auf den Eintragungszeitpunkt zukommt, sei die Berichtigung ohne weiteres auf der Grundlage des neuen Reisepasses vorzunehmen; in solchen Fällen bestehe kein Anlass, in Ermittlungen von Amts wegen einzutreten (KG aaO Tz. 7). Die Maßgeblichkeit des jeweils zeitlich letzten Ausweispapiers lässt sich auch mit der Überlegung begründen, dass der ausländische Staat durch eine abweichende Transliteration in einem neueren Dokument entweder einen früheren Fehler korrigiert oder aber veränderte Transliterationsregeln anwendet; Letzteres wirkt ebenso wie eine Änderung der Rspr. (dazu BGH, StAZ 1991, 103[4]; OLG Stuttgart aaO m.w.N.) auf den urspr. Beurkundungszeitpunkt zurück. Ob vorstehende Aspekte für sich genommen ausreichen, um die Transliteration in dem neuesten Reisepass des Betroffenen für Berichtigungen abgeschlossener Registereinträge als maßgeblich anzusehen, kann im Ergebnis dahinstehen. Im vorliegenden Fall kommt nämlich hinzu, dass die Schreibweise des Namens des ASt. bei den Geburtseinträgen seiner beiden Kinder voneinander abweicht. Gemäß Art. 6 NamÜbK sind in derartigen Fällen ggf. Maßnahmen zu ergreifen, um die Abweichungen zu beseitigen. Art. 6 NamÜbK zielt zwar in erster Linie auf die Beseitigung von unterschiedlichen Schreibweisen in den Urkunden verschiedener Mitgliedstaaten ab, muss seinem Sinn nach aber erst recht Anwendung finden, wenn sich – wie hier – in den Personenstandsregistern eines einzigen Mitgliedstaats unterschiedliche Schreibweisen ein und derselben Person finden. Liegt eine derartige Situation vor, die in jedem Fall die Berichtigung eines von zwei di-

---

[1] IPRspr. 2009 Nr. 289.
[2] IPRspr. 2006 Nr. 218.
[3] IPRspr. 2005 Nr. 197.
[4] IPRspr. 1990 Nr. 17.

vergierenden abgeschlossenen Registereinträgen gebietet, ist es allein sachgerecht, die Berichtigung anhand der aktuell gültigen, zum Entscheidungszeitpunkt gemäß Art. 2 NamÜbK verbindlichen ausländischen Urkunden vorzunehmen."

12. *Ein Adoptionsbeschluss ist in Ansehung der Bestimmung des Familiennamens des Angenommenen nicht deshalb nichtig, weil die erforderliche Sachaufklärung des Familiengerichts zur (richtigen) Namensführung des Annehmenden nach dem dafür maßgeblichen ausländischen Recht unterblieben ist (im Anschluss an BayOblGZ 1996, 77 = IPRspr. 1996 Nr. 110).*

OLG Hamm, Beschl. vom 30.4.2014 – I-15 W 358/13: StAZ 2015, 83.

13. *Art. 48 EGBGB erfordert nicht, dass der „andere Mitgliedstaat" bereits bei Erwerb und Registrierung des gewählten Namens Mitglied der Europäischen Union war.*

KG, Beschl. vom 15.5.2014 – 1 W 75/14: StAZ 2014, 301. Leitsatz in FamRZ 2014, 1588.

Der Vater der Beteiligten zu 1), geb. 1979 in Spanien, ist deutscher Staatsangehöriger, die Mutter spanische Staatsangehörige. Die Familie hatte ihren gewöhnlichen Aufenthalt in Spanien. Im spanischen Geburtseintrag der Beteiligten zu 1) wurde 1979 als erster Familienname (*apellido*) „P." und als zweiter Familienname „d. l. R." beurkundet. Im deutschen Geburtseintrag vom 26.6.1980 ist als Familienname der Beteiligten zu 1) der Familienname des Vaters „P." beurkundet. Mit Erklärung gemäß Art. 48 EGBGB, die vom deutschen Standesamt beurkundet wurde, hat die Beteiligte zu 1) gegenüber dem Beteiligten zu 2) den in Spanien erworbenen und dort in das Geburtsregister eingetragenen Namen „P. d. l. R." als den von ihr in Zukunft zu führenden Familiennamen gewählt. Der Beteiligte zu 2) hatte Zweifel, ob diese Namenserklärung wirksam ist, weil Spanien zur Zeit der Eintragung der Geburt der Beteiligten zu 1) im spanischen Personenstandsregister noch nicht Mitglied der EU war, der es erst 1986 beigetreten ist.

Aus den Gründen:

„B) ... Das AG hat mit Recht den Beteiligten zu 2) zur Fortführung des Geburtseintrags mit dem gewählten Familiennamen ‚P. d. l. R.' angewiesen. Denn die Wahl der Beteiligten gemäß Art. 48 EGBGB ist wirksam.

Nach Art. 48 EGBGB kann eine Person, deren Name deutschem Recht unterliegt, durch Erklärung gegenüber dem Standesamt den während eines gewöhnlichen Aufenthalts in einem anderen Mitgliedstaat der EU erworbenen und dort in ein Personenstandsregister eingetragenen Namen wählen, sofern dies nicht mit wesentlichen Grundsätzen des deutschen Rechts offensichtlich unvereinbar ist.

Die Wahlerklärung der Beteiligten zu 1) ist in der gemäß Art. 48 Satz 3 EGBGB erforderlichen Form abgegeben. Auch die materiellen Voraussetzungen des Art. 48 EGBGB liegen vor.

Der Name der Beteiligten zu 1) unterliegt deutschem Recht (Art. 19 EGBGB i.d.F. vom 1.1.1964).

Die Beteiligte zu 1) hat den in das spanische Geburtsregister eingetragenen Namen ‚P. d. l. R.' während ihres gewöhnlichen Aufenthalts in Spanien mit ihrer Geburt erworben. Die Frage, ob nach Art. 48 EGBGB die Namensregistrierung in dem anderen Staat nach dessen Recht rechtmäßig gewesen sein muss (vgl. dazu *Wall*, StAZ 2013, 237, 241), kann hier dahingestellt bleiben, weil sich unter Berücksichtigung von Art. 9 I, IX, 17 lit a, 109 span. Cc vom 24.7.1889 i.V.m. Art. 53, 55

Ley del registro civil vom 8.6.1957 (B.O.E. Nr. 151) Zweifel an der Rechtmäßigkeit nicht ergeben.

Die Namenswahl ist nicht mit wesentlichen Grundsätzen des deutschen Rechts offensichtlich unvereinbar.

Spanien ist Mitglied der EU und war es auch bereits zum Zeitpunkt der Abgabe der Namenswahlerklärung. Dies ist für die Wirksamkeit der Wahl ausreichend. Art. 48 EGBGB erfordert nicht, dass der ‚andere Mitgliedstaat' bereits zum Zeitpunkt der Namensregistrierung Mitglied der EU gewesen sein müsse (ebenso *Mankowski*, StAZ 2014, 97, 105; *Wall* aaO 244; *ders.*, StAZ 2014, 119, 123).

Ein solches Erfordernis ergibt sich insbes. nicht aus dem Wortlaut der Norm. Die Formulierung ‚in einem anderen Mitgliedstaat der EU' bezieht sich dem Wortlaut nach mangels anderer Anordnungen des Gesetzes auf den Zeitpunkt der Anwendung von Art. 48 EGBGB.

Auch Sinn und Zweck der Vorschrift sprechen nicht dafür, dass diejenigen Fälle ausgenommen sein sollten, in denen der andere EU-Staat erst nach Namenserwerb und -registrierung der EU beigetreten ist. Art. 48 EGBGB sollte eine nationale Rechtsgrundlage für die Umsetzung der Rspr. des EuGH (Urt. vom 14.10.2008 – Stefan Grunkin u. Dorothee Regina Paul, Rs C-353/06) herstellen (Begr. zum RegE, BT-Drucks. 17/11049 S. 12). Der EuGH hatte in dieser Entscheidung erkannt, dass es die Ausübung des Freizügigkeitsrechts aus Art. 18 EG (heute Art. 21 AEUV) behindern kann, wenn ein Mitgliedstaat seinen Staatsangehörigen verpflichtet, dort einen anderen Namen als den zu führen, der bereits im Geburts- und Wohnsitzmitgliedstaat erteilt und eingetragen wurde (aaO Rz. 20). Die Freizügigkeit eines Unionsbürgers, der in Deutschland einen anderen Namen führen muss als in dem EU-Staat, in dem sein Name erstmalig registriert wurde, ist jedoch aktuell in gleicher Weise beeinträchtigt, auch wenn dieser andere Staat erst nach der Namensregistrierung der EU beigetreten ist (*Mankowski* aaO; *Wall* aaO).

Dass eine solche Beeinträchtigung der Freizügigkeit von Unionsbürgern beabsichtigt gewesen sei oder hingenommen werden sollte, lässt sich auch dem dokumentierten Willen des Gesetzgebers nicht entnehmen. Die Bundesregierung hat zwar in der Gesetzesbegründung ausgeführt, dass Art. 48 EGBGB die Fälle regeln solle, die dem vom EuGH entschiedenen Sachverhalt entsprechen (BT-Drucks. aaO). Dies kann jedoch nicht dahin ausgelegt werden, dass die Bundesregierung Sachverhalte aus dem Regelungsbereich ausscheiden wollte, die sich nur in Merkmalen unterscheiden, welche auf die entstehende Beeinträchtigung der Freizügigkeit eines Unionsbürgers keinen Einfluss haben. Dass die Bundesregierung von einer ‚begrenzten Zielsetzung des Regierungsentwurfs (schnelle, leicht handhabbare und bürgerfreundliche Lösung)' ausging (BT-Drucks. aaO S. 17) unterstützt die Ansicht der Beschwerde ebenfalls nicht. Damit hat sich die Bundesregierung vielmehr dagegen abgegrenzt, dass der Bundesrat nach dem Inhalt seiner Stellungnahme ein anderes Ziel, nämlich die umfassende Neugestaltung der kollisionsrechtlichen Vorschriften zum Namensrecht, verfolge (BT-Drucks. aaO).

Eine Differenzierung nach der Reihenfolge von Namensregistrierung und EU-Beitritt ist entgegen der Ansicht der Beschwerde auch nicht deshalb erforderlich, weil dadurch nur Sachverhalte erfasst würden, bei denen kein Zwang im Namenserwerb ausgeübt wurde. Für die Erreichung dieses Zwecks ist die genannte Differenzierung schon nicht geeignet. Denn auch bei EU-Bürgern, die ihren Namen in einem anderen Land nach dessen Beitritt zur EU erworben haben, kann dieser Name von einem durch Zwang – in früherer Generation – geänderten Namen abgeleitet sein.

Es besteht allerdings kein Bedürfnis, früheres Unrecht in Gestalt einer zwangsweisen Namensänderung in der Weise zu sanktionieren, dass dem Wählenden die Umsetzung seiner Wahl verwehrt wird (*Mankowski* aaO 106; *Wall* aaO 241). Vielmehr hieße dies, einem früheren staatlichen Eingriff eine neue Belastung hinzuzufügen, indem der Betroffene nicht die Möglichkeit erhält, den Erschwernissen einer ‚hinkenden' Namensführung durch Namenswahl zu entgehen."

14. *Ein Kind auch deutscher Staatsangehörigkeit, dessen Eltern ausschließlich Deutsche sind, kann nicht mit dem aus deren Geburtsnamen gebildeten Doppelnamen in das Geburtenregister eingetragen werden, den es in seinem Geburtsstaat außerhalb der Europäischen Union (hier: den USA) führt.*

OLG München, Beschl. vom 19.5.2014 – 31 Wx 130/14: FamRZ 2014, 1551; StAZ 2014, 366.

15. *Nach Art. 47 I 1 Nr. 5 EGBGB kann derjenige, der seinen Namen nach ausländischem Recht erworben hat, wenn er später dem deutschen Recht unterfällt, die deutschsprachige Form seines bisherigen Familiennamens annehmen.*

Die Möglicheit, bei Fehlen eines deutschen Namenspendants gemäß Art. 47 I 1 Nr. 5 Halbs. 2 EGBGB einen völlig neuen Vornamen anzunehmen, besteht bei Familiennamen angesichts der hohen Bedeutung der Namenskontinuität nicht (im Anschluss an OLGR München 2009, 626 = IPRspr. 2009 Nr. 1). [LS der Redaktion]

OLG Hamm, Beschl. vom 21.5.2014 – I-15 W 240/13: StAZ 2015, 18.

Der 1989 geborene Beteiligte zu 1) war zunächst türkischer Staatsangehöriger. Mit Aushändigung der Einbürgerungsurkunde 1998 ist er deutscher Staatsangehöriger geworden. 2013 hat die Standesbeamtin die Erklärung des Beteiligten zu 1) beurkundet, derzufolge dieser im Wege der Angleichung der Namensführung an das deutsche Recht seinen Familiennamen von „Kapdikaçdi" in „Kap" ändern wolle. Das zuständige AG hat die Standesbeamtin angewiesen, die Angleichungserklärung des Beteiligten zu 1) nicht entgegenzunehmen. Gegen diesen Beschluss richtet sich die Beschwerde der Standsamtsaufsicht.

Aus den Gründen:

„II. ... Ob die Änderung des Familiennamens des Beteiligten zu 1) im Wege der Namensangleichung möglich ist, richtet sich nach der materiell-rechtlichen Vorschrift des Art. 47 I EGBGB. Dessen Voraussetzungen hat das AG abschließend geprüft und ist zu dem zutreffenden – wie unten noch dargelegt wird – Ergebnis gekommen, dass die Änderung des Familiennamens in ‚Kap' nicht möglich ist. Aus diesem Grund war der Tenor der amtsgerichtlichen Entscheidung, der sich fehlerhaft über die Verpflichtung zur Entgegennahme der Angleichungserklärung verhält, klarstellend in eine Ablehnung einer entspr. Anweisung an die Standesbeamtin abzuändern.

Die von dem Beteiligten zu 1) vorgenommene Angleichungserklärung ist materiellrechtlich unwirksam. Nach Art. 47 I 1 Nr. 5 EGBGB kann derjenige, der seinen Namen nach ausländischem Recht erworben hat, wenn er später dem deutschen Recht unterfällt, die deutschsprachige Form seines bisherigen Familiennamens annehmen.

Der Beteiligte zu 1) erfüllt zwar mit Rücksicht auf seinen durch die Einbürgerung eingetretenen Statutenwechsel die persönlichen Voraussetzungen für die Annahme eines eingedeutschten Familiennamens, jedoch stellt der von ihm angestrebte Familienname ‚Kap' keine eingedeutschte Form seines derzeitigen Familiennamens dar, da sich der neue Name weder phonetisch noch in der Schreibweise auf den Ursprungsnamen zurückführen lässt. Die von ihm angestrebte Änderung erschöpft sich nicht in dem Verzicht auf Laute und diakritische Zeichen, die der deutschen Sprache unbekannt sind, oder eine die Namenssubstanz unberührt lassende Verkürzung eines langen und schwer auszusprechenden Namens durch Weglassung geschlechtsspezifischer Endungen oder dem deutschen Recht unbekannter Namenszusätze (vgl. OLG München, FGPrax 2009, 169 = FamRZ 2009, 1630[1]).

Die in Art. 47 I 1 Nr. 5 Halbs. 2 EGBGB vorgesehene Möglichkeit, beim Fehlen eines deutschen Namenspendants einen völlig neuen Vornamen anzunehmen, besteht bei Familiennamen gerade nicht (LG München I, StAZ 2009, 146[2]; *Staudinger-Hepting/Hausmann*, BGB [2013] Art.47 EGBGB Rz. 81 m.w.N.; MünchKomm-*Birk*, 5. Aufl., Art.47 EGBGB Rz. 52; jurisPK-BGB-*Janal*, 6. Aufl., Art. 47 EGBGB Rz.10). Dies ergibt sich unmittelbar aus der Fassung des Gesetzes, das im ersten Halbsatz beide Namensformen anspricht, im zweiten Halbsatz jedoch nur die Vornamen. Sachlich rechtfertigt sich die Beschränkung aus dem Umstand, dass dem Grundsatz der Namenskontinuität angesichts der Identifizierungsfunktion der Familiennamen bei diesen eine ungleich höhere Bedeutung zukommt als bei den Vornamen (*Staudinger-Hepting/Hausmann* aaO)."

16. *Für ein weibliches Kind, welches auch die deutsche Staatsangehörigkeit besitzt, ist die Wahl weiterer männlicher Vornamen auch dann unzulässig, wenn das Kind als ersten Vornamen einen eindeutig weiblichen trägt. Dies gilt auch dann, wenn die zusätzlichen (männlichen) Vornamen Bestandteile der Namenskette des ägyptischen Vaters sind.*

OLG Brandenburg, Beschl. vom 30.7.2014 – 7 W 49/14: StAZ 2015, 57.

Der Beteiligte zu 2), ägyptischer Staatsangehöriger, schloss 2005 mit der Beteiligten zu 3), die deutsche Staatsangehörigkeit besitzt, in Kairo die Ehe. 2007 legte das Standesamt Dresden ein Familienbuch an. Das Familienbuch enthält einen Vermerk, wonach sich die Namensführung des Ehemanns nach ägyptischem Recht, die Namensführung der Ehefrau nach deutschem Recht richtet. Demnach führte der Ehemann den Eigennamen ... T., die Ehefrau den Familiennamen N. Die Ehegatten haben 2007 für ihre Namensführung deutsches Recht und den Familiennamen des Ehemanns zum Ehenamen bestimmt. Sie führen jetzt den Ehenamen T. 2011 wurde als eheliches Kind ein Mädchen geboren. Dessen Geburtsanzeige enthält in der Rubrik „Vornamen" die Angabe dreier weiterer männlicher Vornamen. Im Rahmen der Geburtsbeurkundung haben die Eltern für ihre Tochter die Anwendung ägyptischen Rechts gewählt und als Vornamen die eingetragenen bezeichnet. Die Eltern beantragten dann, den Geburtsantrag ihrer Tochter im Hinblick auf den Vornamen zu berichtigen.

Das AG hat den Berichtigungsantrag durch Beschluss vom 17.3.2014 zurückgewiesen. Mit ihrem Rechtsmittel vorfolgen die Beteiligten zu 2) und 3) ihr Berichtungsverlangen weiter.

Aus den Gründen:

„III. In der Sache hat das Rechtsmittel Erfolg ...

1. Die Namensbestimmung für die Beteiligte zu 1) richtete sich nach deutschem Recht. Für das Namensrecht der Beteiligten zu 1) ist gemäß Art. 10 I EGBGB zunächst auf ihre Staatsangehörigkeit abzustellen. Die Beteiligte zu 1) ist als Tochter

---

[1] IPRspr. 2009 Nr. 1.   [2] IPRspr. 2008 Nr. 4.

einer Deutschen deutsche Staatsangehörige (§ 4 I StAG). Zugleich ist die Beteiligte zu 1) als Tochter eines Ägypters ägyptische Staatsangehörige (Art. 2 des Gesetzes Nr. 26/1975 über die ägyptische Staatsangehörigkeit (Al jarîda ar-rasmîya Nr. 22 vom 29.5.1975) i.d.F. des Gesetzes Nr. 154/2005; abgedr. bei *Bergmann-Ferid-Henrich*, Internationales Ehe- und Kindschaftsrecht, Ägypten [Stand: 15.7.2008] 8). In einem solchen Kollisionsfall hat nach Art. 5 I 2 EGBGB das deutsche Recht Vorrang. Die im Geburtenregister vermerkte Wahl des ägyptischen Rechts für die Namensführung der Beteiligten zu 1) hat nach Art. 10 III EGBGB nur Auswirkungen in Bezug auf den Familiennamen.

2. In der Wahl des Vornamens für die Beteiligte zu 1) waren die Beteiligten zu 2) und 3) grundsätzlich frei. Ein gewählter Vorname bzw. mehrere gewählten Vornamen dürfen jedoch nicht anstößig sein, das Kind der Lächerlichkeit preisgeben oder sonstwie der Identitätsfindung, gerade auch im Hinblick auf die Geschlechtszugehörigkeit, entgegenstehen (vgl. *Palandt-Götz*, BGB, 73. Aufl., Vor § 1616 Rz. 10).

In Fällen, in denen die Eltern – wie hier – einen zulässigen Vornamen für das Kind bestimmen, hat die Rspr. zunehmend die Wahl weiterer Vornamen zugelassen, die für sich allein unzulässig wären. Die Wahl solcher zusätzlichen Vornamen ist insbes. unter dem Aspekt des Persönlichkeitsrechts des Kindes zugelassen worden, weil der Name ihm verhilft, seine Identität zu finden und Individualität zu entwickeln (vgl. BVerfG, Beschl. vom 3.11.2005 – 1 BvR 691/03 [Anderson]; KG, Beschl. vom 29.3.2006 – 1 W 71/05 [Christiansdottir]; BGH, Beschl. vom 20.4.2008 – XII ZB 5/08 [Lütke]). Weiterhin wird die Wahl von Vatersnamen (Patronymen), wie sie im slawischen Kulturkreis vorkommen, zum zusätzlichen Vornamen für zulässig erachtet (LG Frankfurt/Main, Beschl. vom 22.8.2008 – 2-09 T 366/08[1] [Galinova]; AG Bielefeld, Beschl. vom 15.7.2008 – 3 III 74/08 [Michaelowitsch]).

Bei den zunächst von den Beteiligten zu 2) und 3) gewählten zusätzlichen Vornamen handelt es sich um Bestandteile einer Namenskette, die sich von den Namen des Beteiligten zu 2) herleitet. Nach *Bergmann-Ferid-Henrich* aaO 39, umfassen die ‚bis heute in Ägypten üblichen Namensketten (...) im Allgemeinen vier Glieder: Vorname (al-ism al auwal), Vorname des Vaters (ism al-ab), Vorname des Großvaters (ism al-jadd), Familienname (al-laqab).' Gegebenenfalls kann vor dem Familiennamen noch derjenige des Urgroßvaters stehen. Die Namen ‚...' sind daher, stellt man auf die Herkunft ab, mit den slawischen Patronymen durchaus vergleichbar.

Anders als bei den aus dem slawischen Kulturkreis stammenden Vatersnamen haben die hier gewählten Herkunftsnamen (auch als Zwischennamen oder Mittelnamen bezeichnet; *Bergmann-Ferid-Henrich* aaO) aber kein geschlechtsspezifisches Suffix:

Der arabische Name ... (‚der Glückliche' bzw. ‚Glücklicher') ist der grammatischen Form nach männlich. ‚...' ist als ausschließlich männlicher Vorname in der arabischen Welt verbreitet.

... (als Variante der in Deutschland üblichen Schreibweise ...) und ... (Variante des gleichen Namens) sind ebenfalls ausschließlich männliche Vornamen.

Dass alle drei Namen im arabischen Sprachraum auch als Nachnamen vorkommen, ändert an ihrer eindeutigen Geschlechtszuordnung nichts, zumal die Mög-

---

[1] IPRspr. 2008 Nr. 212.

lichkeit, dass es sich um Nachnamen handeln könnte, in Deutschland eher nicht wahrgenommen wird.

Der Senat erachtet die Beifügung von männlichen Vornamen für ein weibliches Kind auch unter Berücksichtigung der Tatsache, dass eine entspr. Namenskette in Ägypten zulässig wäre, für dem Kindeswohl abträglich. Auch wenn die Beteiligte zu 1) sich im täglichen Verkehr nur ihres ersten Vornamens bedienen würde, ergäbe sich häufig die Notwendigkeit, den vollständigen Namen anzugeben und dies – auf Nachfrage – zu erläutern. Für das Hineinwachsen in die weibliche Identität kann die Beifügung von gleich drei männlichen Vornamen ggf. hinderlich sein. Der Standesbeamte hätte anlässlich der Beurkundung der Geburt die durch die Beteiligten zu 2) und 3) getroffene Namenswahl demgemäß ablehnen müssen.

Gewichtige Belange der Beteiligten zu 1), die einer Berichtigung entgegenstehen könnten, liegen nicht vor. Die jetzt gut drei Jahre alte Beteiligte zu 1) hat sich mit ihrem viergliedrigen Vornamen bislang noch nicht identifizieren können. Anhaltspunkte dafür, dass die Beteiligte zu 1) in Ägypten oder im sonstigen arabischen Sprachraum Nachteile erleiden könnte, weil sie die Namenskette ihrer väterlichen Familie nicht trägt, liegen nicht vor."

17. *Das im britischen Recht vorgesehene freie Wahlrecht des „conventional name" entspricht in keiner Weise den Prinzipien des deutschen Namens- und Personenstandsrechts. Im deutschen Recht ist grundlegend verankert das Prinzip der Namenskontinuität und Namensstabilität. Eine Namensänderung nach englischem Recht in Form einer sogenannten „deed poll" widerspricht damit dem ordre public (Art. 48 EGBGB). Dies gilt umso mehr, wenn der nach englischem Recht angenommene Name einem deutschen Adelstitel nachempfunden ist (im Anschluss an StAZ 1980, 285 = IPRspr. 1980 Nr. 184). [LS der Redaktion]*

AG Nürnberg, Beschl. vom 13.8.2014 – UR III 58/14: StAZ 2015, 59, 41 Aufsatz Wall.

[Der nachgehende Beschluss des OLG Nürnberg – 11 W 2151/14 –, mit dem die Beschwerde der ASt. zurückgewiesen wurde, wird im Band IPRspr. 2015 abgedruckt; eine Rechtsbeschwerde ist beim BGH unter dem Az. XII ZB 292/15 anhängig. Vgl. auch die EuGH-Vorlage des AG Karlsruhe vom 17.9.2014 in diesem Band.[1]]

Die ASt. ist deutsche Staatsangehörige, sie wurde in Erlangen geboren und ihre Geburt dort vom Standesamt beurkundet. Als Geburtsname wurden die Vornamen „..." und als Familienname „..." eingetragen. 2011 erwarb die ASt., die ihren Wohnsitz mittlerweile in London hat, zusätzlich die britische Staatsangehörigkeit, legte mit „deed poll" aufgrund Erklärung gegenüber der britischen Botschaft in Bern ihren bisherigen Namen „..." ab und erklärte, fortan den Namen „... Gräfin von ..." führen zu wollen. Der britische Reisepass der ASt. lautend auf diesen Namen. Gegenüber dem Standesamt Erlangen erklärte die ASt., dass sie das Standesamt anweise, den von ihr in Großbritannien geführten Namen „... Gräfin von ..." auch in Deutschland in das deutsche Personenstandsregister einzutragen. Nachdem das Standesamt dies verweigert hatte, beantragt die ASt. nun eine entsprechende Anweisung seitens des Gerichts.

Aus den Gründen:

„II. Das Begehren der ASt., das Standesamt Erlangen möge dazu angewiesen werden, das Geburtenregister insoweit fortzuschreiben, dass die Vornamen der ASt. ‚...' und der Familienname ‚Gräfin von ...' laute, ist unbegründet. Denn die Vorausset-

---

[1] Siehe unten Nr. 20.

zungen des Art. 48 EGBGB sind hier nicht insoweit erfüllt, dass eine Folgebeurkundung im Geburtseintrag möglich wäre.

Zunächst ist klarzustellen, dass die ASt. ganz konkret die Folgebeurkundung im Geburtseintrag hinsichtlich der in Großbritannien erfolgten Namensänderung verlangt. Gegenstand des Verfahrens ist somit allein die Frage, ob der Geburtsname bzw. die Vornamen und der Familienname der ASt. geändert wurden und daher dies durch Fortführung des Geburtenregisters kenntlich gemacht werden müsste. Gemäß § 36 PStG ist eine Änderung des Familiennamens nur dann für eine Folgebeurkundung relevant, wenn die Änderung den ‚Geburtsnamen' betrifft. Die durch *deed poll* vorgenommene Änderung des Namens schlägt aber nicht durch auf den ‚Geburtsnamen' im Sinne des deutschen Personenstandsrechts.

Zur Begründung ist Folgendes auszuführen: Nach englischem Recht ist eine Änderung des Namens durch schlichte notarielle Erklärung (*deed poll*) zulässig und begründet sowohl ein privatrechtliches als auch ein öffentlich-rechtliches Namensführungsrecht (OLG Hamburg, Beschl. vom 21.1.1980 – 2 W 36/79[2], StAZ 1980, 285 [286]). Die Unterteilung der Namen nach deutschem Recht in ‚Familienname', ‚Ehename', ‚Geburtsname' usw. ist dem englischen Recht allerdings fremd. Dieses unterscheidet vielmehr zwischen *legal name* und *conventional name*. Der *legal name* ist hierbei der Name, den man mit der Geburt erlangt. Niemand ist nach englischem Recht gezwungen, seinen *legal name* zu führen. Jeder kann seinen *conventional name* – auch ohne Zusammenhang mit ‚von außen kommenden Ereignissen' wie etwa Heirat, Adoption o.ä., welche die Führung eines vom *legal name* abweichenden Namens mit sich bringen – selbst bestimmen. Zur Namensänderung Erwachsener genügt also nach britischem Recht letztlich der zum Ausdruck gebrachte Wille des Betroffenen (s. *Luther*, StAZ 1980, 61 [62]). Allerdings hat die Änderung des *conventional name* – die hier durch *deed poll* erfolgt ist – keine Auswirkungen auf den *legal name* (*Luther* aaO). Mit dem Geburtsnamen nach deutschem Recht kann daher der *conventional name* nicht gleichgestellt werden. Vergleichbar mit dem ‚Geburtsnamen' ist daher nur der *legal name* (*Luther* aaO). Der *conventional name* überlagert den *legal name* lediglich, verdrängt ihn aber nicht. Der durch *deed poll* geänderte Name kann daher nicht als Geburtsname im Sinne des deutschen Personenstandsregisters anerkannt werden (OLG Hamburg aaO 287); OLG München, Beschl. vom 23.1.2009 – 31 Wx 33/08[3]). Offen bleiben kann die Frage, ob der *conventional name* etwa bei der Beurkundung einer Eheschließung als der eben unmittelbar vor Eheschließung geführte Familienname Berücksichtigung findet oder inwiefern Auswirkungen auf den Namen bestehen, den die ASt. nach Geburt ihrer Kinder diesen geben wird. All dies ist gerade nicht Gegenstand dieses Verfahrens. Eine Folgebeurkundung gemäß § 27 PStG ist hier – wie dargelegt – nicht erforderlich bzw. zulässig, da keine Änderung des *legal name* vorliegt.

Eine andere Beurteilung könnte allenfalls dann gelten, wenn die nach britischem Recht vorgenommene Änderung einem Tatbestand gleichkommt, der nach deutschem Recht ausnahmsweise als Änderung des Geburtsnamens zu würdigen wäre (so OLG München aaO). Ein solcher Ausnahmefall ist hier aber nicht ersichtlich. Es wurde von der ASt. zu keinem Zeitpunkt – auch nicht auf Nachfrage durch das Standesamt – dargelegt, dass die Namensänderung irgendeinen Bezug zu fami-

---

[2] IPRspr. 1980 Nr. 184.   [3] IPRspr. 2009 Nr. 282b.

liären Hintergründen oder früheren Namensführungen oder etwa einer Adoption aufweist. Vielmehr drängt sich hier geradezu auf, dass die ASt. schlichtweg ihren ‚Wunschnamen' nach britischem Recht angenommen hat.

Selbst wenn man aus Art. 48 EGBGB – dessen Anwendbarkeit unterstellt – den Rückschluss zöge, dass eine rechtliche Qualifikation des im Ausland erworbenen Namens gerade nicht vorgesehen wäre und man – nach Ausübung des Wahlrechts nach Art. 48 EGBGB – eben den in Großbritannien geführten Namen hier als einzig maßgeblichen Namen ebenfalls in Personenstandsregister pauschal als Namensänderung übernehmen müsste, könnte hier dennoch jedenfalls deshalb keine Folgebeurkundung im Geburtseintrag der ASt. erfolgen, weil jedenfalls die Ausnahmeregelung des Art. 48 Satz 1 Halbs. 2 EGBGB eingreift. Die obigen Überlegungen zur rechtlichen Einordnung der Erklärung in Großbritannien (*deed poll*) gelten jedenfalls an dieser Stelle der Subsumtion unter die Voraussetzungen des Art. 48 EGBGB.

Die genannte Regelung stellt den deutschen ordre public als Schranke auf. Art. 48 EGBGB enthält die Einschränkung, dass die Namensänderung nicht von den deutschen Behörden akzeptiert werden muss, wenn sie mit wesentlichen Grundsätzen des deutschen Rechts offensichtlich unvereinbar ist. Dies ist hier der Fall. Jedenfalls an dieser Stelle muss Berücksichtigung finden, dass die Namensänderung nach englischem Recht etwas ‚Privates' ist und vom Namensträger jederzeit unabhängig von einer familienrechtlichen Statusänderung durch Erklärung abgeändert werden kann, sogar in der Folge weitere Male (OLG München aaO; OLG Hamburg aaO 287 a.E.). Dies entspricht in keiner Weise den Prinzipien des deutschen Namens- und Personenstandsrechts. Im deutschen Recht ist grundlegend verankert das Prinzip der Namenskontinuität und Namensstabilität. Das im britischen Recht vorgesehene freie Wahlrecht des *conventional name* ist hiermit unvereinbar.

Nur ergänzend kommt bei diesen Überlegungen zum Tragen, dass sich die ASt. nicht nur einen *conventional name* in Großbritannien bestehend aus völlig neuen Vornamen und Nachnamen gegeben hat, sondern dass sie sich noch dazu einen Adelstitel (‚Gräfin von ...') als Familiennamen ausgesucht hat. Nach der st. Rspr. des BVerwG ist bei der Gewährung von Adelsnamen mit Blick auf Art. 109 III 2 Weimarer Reichsverfassung i.V.m. Art. 123 GG Zurückhaltung geboten. Adelsbezeichnungen gelten nach der als einfaches Gesetzesrecht fortgeltenden Regelung der Weimarer Reichsverfassung nur als Teil des Namens und dürfen nicht mehr verliehen werden. Daher dürfen auch im Wege der Namensänderung Namen mit Adelsbezeichnungen nur ausnahmsweise gewährt werden (vgl. BVerwG, Urt. vom 11.12.1996 – 6 C 2.96, NJW 1997, 1594 m.w.N.; VG Berlin, Urt. vom 21.5.2010 – 3 K 9/09). Das Gericht verkennt nicht, dass vorliegend keine ‚Verleihung' eines Adelstitels vorliegt. Gleichwohl hat der aus der verwaltungsrechtlichen Rechtsprechung entwickelte Gedanke auch hier Geltung. Das Gericht ist der Auffassung, dass in einem Fall wie dem vorliegenden, in dem keinerlei Bezug zu dem ‚Adelstitel' ersichtlich ist, jedenfalls ein Verstoß gegen den ordre public vorliegt. Es mag durchaus denkbar sein, dass ein Verstoß gegen den ordre public etwa dann nicht vorläge, wenn ein früherer Adelsname auf diesem Wege wieder angenommen würde (so etwa LG Heidelberg, Beschl. vom 4.2.1988 – 7 T 56/86, IPRax 1989, 52[4]). Dies ist hier – wie dargelegt – aber nicht ansatzweise ersichtlich. Die von der ASt. zitierten Ent-

---

[4] IPRspr. 1988 Nr. 6.

scheidungen betreffen im Übrigen nicht einen vergleichbaren Sachverhalt, sondern beurteilen stets die rechtliche Fragestellung im Zusammenhang mit der Weitergabe des Namens an ein Kind.

Ebenfalls nur ergänzend ist auszuführen, dass das Gericht bereits der Auffassung ist, dass Art. 48 EGBGB aufgrund teleologischer Auslegung bzw. teleologischer Reduktion hier überhaupt nicht anwendbar ist und der ASt. somit das behauptete Wahlrecht aus Art. 48 EGBGB gar nicht zusteht. Auf diesen Punkt kommt es aber – wie dargelegt – nicht an, da jedenfalls auch aus anderen Gründen die Namensänderung hier nicht durch Folgebeurkundung ins Geburtenregister Eingang findet.

In der Rechtswissenschaft versteht man unter Auslegung, oder Interpretation die Ermittlung des Sinnes einer Rechtsnorm. Die Auslegung kommt ins Spiel, wenn bei der Anwendung eines Gesetzes eine mögliche Diskrepanz zwischen Wortlaut und Sinn besteht. Aber auch wenn der Wortlaut an sich eindeutig ist – und das ist der häufigere Fall –, kommt man bei der Rechtsanwendung nicht ohne Rückgriff auf die ratio legis aus, wenn der Gesetzgeber – wie häufig – mit seiner Formulierung nicht alle Fälle richtig erfasst hat (s. hierzu allgemein: *Staudinger-Honsell*, BGB, 2013, Buch 1, Einl. Rz. 114). Unter der ratio legis versteht man den Zweck einer Rechtsregel, ihren Sinn als Teil einer gerechten und zweckmäßigen Ordnung (*Staudinger-Honsell* aaO Rz. 149). Die Vorschrift des Art. 48 EGBGB stellt eine Reaktion des Gesetzgebers auf die namensrechtliche Rechtsprechung des EuGH dar, der die ‚Einnamigkeit' innerhalb der EU als notwendige Voraussetzung der von Art. 21 AEUV gebotenen Freizügigkeit ansieht und erzwingt (Urt. vom 14.10.2008 – Stefan Grunkin u. Dorothee Regina Paul, Rs C-353/06, Slg. 2008 I-7639). Der deutsche Gesetzgeber hat sich für ein Wahlrecht zwischen den verschiedenen Namensführungen entschieden und in Art. 48 EGBGB normiert. Im Gesetzesentwurf der Bundesregierung REGEntwf wurde zur Begründung angeführt, es solle in Fällen, die der vom EuGH entschiedenen Rechtssache Grunkin-Paul entsprechen, eine Rechtsgrundlage für die Eintragung eines im EU-Ausland erworbenen und dort in ein Personenstandsregister eingetragenen Namens geboten werden (*Staudinger-Hepting/Hausmann* aaO EGBGB/IPR Art. 48 EGBGB Rz. 2). Der Gesetzgeber hatte hierbei Sachverhalte im Blick, bei denen die Betroffenen eine hinkende Namensführung nicht selbst beheben konnten und diese sich noch dazu negativ auf deren Freizügigkeit auswirkte. Die hier gegebene ‚hinkende Namensführung' beruht aber allein auf einer ‚willkürlichen' Änderung des Namens der ASt., die diese auf eigenen Wunsch hin vorgenommen hat. Die Änderung beruht vorliegend also nicht etwa auf einem personenstandsrechtlichen Ereignis. Die ASt. hat Ausweisdokumente für beide Namen. Die ASt. ist nicht schutzwürdig. Sie könnte die hinkende Namensführung durch erneute Erklärung in Großbritannien durch *deed poll* wieder rückgängig machen. Das Gericht verkennt nicht, dass Art. 48 EGBGB keine Prüfung dahingehend vornimmt, ob ein im Ausland erworbener Name rechtmäßig erworben wurde oder aufgrund welchen Tatbestands. Die Vorschrift wurde aber eingeführt, um hinkende Namensführungen durch Wahl eines einzigen Namens aufzulösen und damit ‚Einnamigkeit' herbeizuführen, um hierdurch eine unangenehme und unlösbare Situation für die Betroffenen zu beenden. Hier hat die ASt. aber schlichtweg den Entschluss gefasst, einen neuen Namen führen zu wollen, was nach englischem Recht möglich ist. Einen nachvollziehbaren Grund hierfür kann das Gericht nicht erkennen. Art. 48 EGBGB hat aber den Sinn und Zweck, Personen aus einer gewissermaßen unverschuldeten Situation von Namensverschiedenheit herauszuhelfen. Ein Fall wie der vorliegende ist hierbei sicherlich nicht gemeint gewesen."

18. *Der erstmals in einem Mitgliedstaat der Europäischen Union rechtmäßig eingetragene Familienname genießt vor anderen Familiennamen Vorrang; dieses Ersteintragungsprinzip hat in Art. 10 I EGBGB seinen Niederschlag gefunden. [LS der Redaktion]*

OLG Naumburg, Beschl. vom 9.9.2014 – 2 Wx 85/13: FamRZ 2015, 664; StAZ 2015, 210; NZFam 2015, 1048 mit Anm. *Voppel.*

Die Beteiligten zu 1) und zu 2) schlossen 2012 in M. vor dem Standesbeamten der Beteiligten zu 3) die Ehe; einen gemeinsamen Ehenamen bestimmten sie bei der Eheschließung zunächst nicht. Im Eheregister der Beteiligten zu 3) wurden sie jeweils mit ihren zu dieser Zeit geführten Familiennamen „Z." bzw. „P." eingetragen. Mit Schriftsatz vom 27.3.2013 beantragten die Beteiligten zu 1) und zu 2) bei der Beteiligten zu 3) die Umschreibung der Heiratsurkunde und des Eheregisters hinsichtlich des Ehenamens. Dies lehnte die Beteiligte zu 3) ab, worauf die Beteiligten zu 1) und zu 2) einen Antrag auf gerichtliche Entscheidung stellten. Das AG hat den Antrag zurückgewiesen. Gegen diese Entscheidung haben die Beteiligten zu 1) und zu 2) Beschwerde eingelegt. Das AG hat der Beschwerde nicht abgeholfen und die Sache dem OLG zur Entscheidung vorgelegt.

Aus den Gründen:

„B. ... II. ... 2. Die von den Beteiligten zu 1) und zu 2) vorgenommenen Bestimmungen des Ehenamens verstoßen jeweils gegen § 1355 II BGB.

a) Allerdings folgt der Senat den Beteiligten zu 1) und zu 2) darin, dass die Vorschrift des § 1355 I 2 BGB dahin auszulegen ist, dass die Ehegatten grundsätzlich einen einheitlichen Ehenamen führen sollen, welchen sie selbst bestimmen. Sie haben eine Wahlmöglichkeit; Satz 3 regelt lediglich die Folgen einer (zunächst oder endgültig) unterlassenen Bestimmung eines einheitlichen Ehenamens.

b) Bei der Ausgestaltung des Namensrechts der Ehegatten hat der Gesetzgeber in § 1355 II BGB deren Wahlmöglichkeiten bei der Ausübung des Bestimmungsrechts jedoch inhaltlich beschränkt. Danach ist für die Bestimmung des Ehenamens die Wahl eines solchen Namens nicht eröffnet, der weder der Geburtsname eines der beiden Ehegatten ist noch zur Zeit der Erklärung über die Bestimmung des Ehenamens tatsächlich geführt wird. Die Wahl des Ehenamens ‚von ...' ist nach dem Regelungsgehalt des § 1355 II BGB hier nicht zulässig.

aa) Der Name ‚von ...' ist nicht Geburtsname der Beteiligten zu 1), die lt. Geburtsurkunde eine geborene Z. ist, und nicht Geburtsname des Beteiligten zu 2), dessen Geburtsname lt. Geburtsurkunde P. ist.

bb) Zur Zeit der Abgabe der Erklärungen der Beteiligten zu 1) und zu 2) zur UR-Nr. 179/2013 der Notarin T. in D. am 22.2.2013 führten beide Beteiligte jeweils [hinsichtlich der Beteiligten zu 1) nach Ehescheidung wieder] ihren jeweiligen o.g. Geburtsnamen.

cc) Soweit sich die Beteiligte zu 1) darauf berufen hat, dass sie zur Zeit der Abgabe der Erklärungen zur UR-Nr. 619/2014 derselben Notarin am 12.6.2014 ausweislich einer in Großbritannien in der Zeit nach dem 22.2.2013 ausgestellten Fahrerlaubnis inzwischen den Namen ‚von ...' führe, rechtfertigt dies keine andere Beurteilung. Selbst wenn der Senat für seine Entscheidung ungeprüft als wahr unterstellte, dass die Beteiligte zu 1) zugleich zur deutschen Staatsangehörigkeit auch Staatsangehörige von Großbritannien sei, so ist für ihr Personalstatut nach Art. 5 I EGBGB das deutsche Namensrecht anzuwenden. Diese Regelung steht auch im Einklang mit dem Unionsrecht; aus der Rspr. des EuGH ergibt sich, dass das Unionsrecht nur einer nationalen Regelung entgegensteht, die bestimmte eigene Staatsangehörige in ihrer Freiheit, ihren Aufenthalt in einem anderen Mitgliedstaat zu nehmen, dadurch beschränkt, dass sie sie verpflichtet, im eigenen Staat einen anderen Namen als den zu führen, der bereits im Geburts- und Wohnsitzmitgliedstaat erteilt und eingetragen wurde (vgl. EuGH, Urt. vom 14.10.2008 – Stefan Grunkin u. Dorothee Regina Paul ./. Standesamt Niebüll, Rs C-353/06, u.a. FamRZ 2008, 2089, dort Tz. 21 f.). Damit hat der EuGH das sog. Ersteintragungsprinzip zum Maßstab erhoben und ein diesem Prinzip entgegenstehendes nationales Namensrecht als unionsrechtswidrig angesehen. Dies bedeutet, dass der erstmals in einem Mitgliedstaat der EU rechtmäßig eingetragene Familienname Vorrang genießt (vgl. auch *Hepting*, Deutsches und internationales Familienrecht im Personenstandsrecht, Hdb. für die Praxis, 2010, Rz. II-386). Das Ersteintragungsprinzip hat in Art. 10 I EGBGB Niederschlag gefunden (vgl. auch *Erman-Hohloch*, BGB, 14. Aufl. [2014], Art. 10 EGBGB Rz. 1, 2, 2a, 6 und 8 m.w.N.); die hieraus resultierenden Probleme der namensrechtlichen Angleichung sind umfassend in Art. 47 EGBGB geregelt worden (vgl. Begr. z. RegE Gesetz zur Reform des Personenstandsrechts, BT-Drucks. 16/1831 S. 78 l. Sp. zu Nr. 46; PStRG vom 19.2.2007 [BGBl. I 122]). Im Falle der Beteiligten zu 1) ist der zuerst rechtmäßig eingetragene Name jedoch deren in Deutschland eingetragener Geburtsname ‚Z.'. Die Anerkennung eines nachträglich im EU-Ausland geführten und in amtliche Dokumente eingetragenen Namens darf hingegen verweigert werden, weil dieser Name der Beteiligten zu 1) personenstandsrechtlich nicht gebührt (vgl. zum Begriff des ‚geführten Namens' auch *Staudinger-Voppel*, BGB, Bd. 4 [2012], § 1355 BGB Rz. 21 ff., 32c; *Palandt-Thorn*, BGB, 73. Aufl. [2014], Art. 5 EGBGB Rz. 1 f.)."

19. *Personen, die nach irakischem Recht nur einen aus ihrem Vornamen, dem ihres Vaters und ihres Großvaters väterlicherseits gebildeten Namen, nicht aber einen Bei- oder Zunamen (laqab) geführt haben, können einen Familiennamen wählen, wenn sich ihr Name nunmehr nach deutschen Recht richtet.*

OLG München, Beschl. vom 17.9.2014 – 31 Wx 348/14: StAZ 2015, 58. Leitsatz in: FamRZ 2015, 792; NZFam 2014, 1064.

20. *Dem Gerichtshof der Europäischen Union wird im Vorabentscheidungsverfahren nach Art. 267 AEUV folgende Frage zur Beantwortung vorgelegt:*

Sind Art. 18 und 21 AEUV dahingehend auszulegen, dass die Behörden eines Mitgliedstaats verpflichtet sind, die Namensänderung eines Angehörigen dieses Staats anzuerkennen, wenn dieser zugleich Angehöriger eines anderen Mitgliedstaats ist und in diesem Mitgliedstaat während eines gewöhnlichen Aufenthalts durch eine nicht mit einer familienrechtlichen Statusänderung verbundene Namensänderung einen frei gewählten und mehrere Adelsprädikate enthaltenden Namen erworben hat, sofern eine zukünftige substanzielle Verbindung zu diesem Staat möglicherweise nicht besteht und in dem ersten Mitgliedstaat zwar der Adel *verfassungsrechtlich aufgehoben ist, die zu dem Zeitpunkt der Abschaffung geführten Adelsbezeichnungen jedoch als Namensbestandteil fortgeführt werden dürfen?*

AG Karlsruhe, Vorlagebeschl. vom 17.9.2014 – UR III 26/13: StAZ 2015, 113, 295 Aufsatz *Wall.*

In dem Rechtsstreit streiten der Beteiligte zu 1) – ASt. –, ein deutscher und britischer Staatsangehöriger, und die Beteiligte zu 2), das Standesamt der Stadt Karlsruhe, über eine Eintragung im Geburtenregister. Der ASt. wurde als ... geboren. Die Geburt wird in dem Geburtenregister des Standesamts ... geführt. Im Wege der Adoption erlangte der ASt. später seinen jetzigen Familiennamen ... 2004 erwarb der er die britische Staatsangehörigkeit unter gleichzeitiger Beibehaltung der deutschen Staatsangehörigkeit. Nach englischem Recht ist – anders als nach deutschem Recht – eine gewillkürte Namensänderung durch Erklärung und Registrierung bei dem obersten Zivilgericht und anschließende öffentliche Bekanntmachung möglich. Eine solche nahm der ASt. durch Erklärung gegenüber dem Obersten Gerichtshof (Supreme Court) von England und Wales, London, bezeichnet als *deed poll*, unter Hinzufügung der ehemaligen Adelsprädikate „Graf" und „Freiherr" vor. Das Gericht bestätigte die Registrierung (*enrolment*). Die Erklärung des ASt. wurde in der *London Gazette* veröffentlicht. 2013 erklärte der ASt. in öffentlich beglaubigter Form, dass er das Standesamt der Stadt Karlsruhe nach Art. 48 EGBGB anweise, den geänderten Familiennamen als Geburtsnamen in das Geburtenregister einzutragen. Das Standesamt hat die Eintragung nicht vorgenommen.

Das Verfahren wurde ausgesetzt.

Aus den Gründen:

„II. Die für den Fall maßgeblichen Normen des deutschen Rechts sind im EGBGB i.d.F. der Bek. vom 21.9.1994 (BGBl. I 2494, ber. 1997 I 1061) enthalten. (Art. 48 EGBGB wurde geschaffen durch das ‚Gesetz zur Anpassung der Vorschriften des Internationalen Privatrechts an die Verordnung [EU] Nr. 1259/2010 und zur Änderung anderer Vorschriften des Internationalen Privatrechts' vom 23.1.2013, in Kraft seit 29.1.2013 [BGBl. I 101]):

‚Artikel 5
Personalstatut
(1) Wird auf das Recht des Staates verwiesen, dem eine Person angehört, und gehört sie mehreren Staaten an, so ist das Recht desjenigen dieser Staaten anzuwenden, mit dem die Person am engsten verbunden ist, insbesondere durch ihren gewöhnlichen Aufenthalt oder durch den Verlauf ihres Lebens. Ist die Person auch Deutscher, so geht diese Rechtsstellung vor.

Artikel 6
Öffentliche Ordnung (ordre public)
Eine Rechtsnorm eines anderen Staates ist nicht anzuwenden, wenn ihre Anwendung zu einem Ergebnis führt, das mit wesentlichen Grundsätzen des deutschen Rechts offensichtlich unvereinbar ist. Sie ist insbesondere nicht anzuwenden, wenn die Anwendung mit den Grundrechten unvereinbar ist.

Artikel 10
Name
(1) Der Name einer Person unterliegt dem Recht des Staates, dem die Person angehört.

Artikel 48
Wahl eines in einem anderen EU-Mitgliedstaat erworbenen Namens
Unterliegt der Name einer Person deutschem Recht, so kann sie durch Erklärung gegenüber dem Standesamt den während eines gewöhnlichen Aufenthalts in einem anderen Mitgliedstaat der Europäischen Union erworbenen und dort

in ein Personenstandsregister eingetragenen Namen wählen, sofern dies nicht mit wesentlichen Grundsätzen des deutschen Rechts offensichtlich unvereinbar ist. Die Namenswahl wirkt zurück auf den Zeitpunkt der Eintragung in das Personenstandsregister des anderen Mitgliedstaats, es sei denn, die Person erklärt ausdrücklich, dass die Namenswahl nur für die Zukunft wirken soll. Die Erklärung muss öffentlich beglaubigt oder beurkundet werden. (...).'

Nachdem das Gericht sein Augenmerk zunächst auf die Prüfung der tatsächlichen Voraussetzungen des Art. 48 EGBGB, insbesondere der umstrittenen Frage des gewöhnlichen Aufenthalts in dem anderen Mitgliedstaat der EU, gelegt hat, muss es nun ebenfalls beurteilen, ob die Namenswahl möglicherweise mit wesentlichen Grundsätzen des deutschen Rechts offensichtlich unvereinbar ist. Es ist sich hierbei jedoch des Spannungsverhältnisses mit den unionsbürgerlichen Grundfreiheiten der Art. 18 ff. AEUV bewusst ...

Ist in Deutschland die gewillkürte Namensänderung nicht erlaubt, so hat dies seinen Grund vornehmlich darin, dass der Name als verlässliches und dauerhaftes Kennzeichnungsmerkmal zur Verfügung stehen soll. Als legitimer Zweck der Nichtanerkennung erscheint damit auch der Grundsatz der Namenskontinuität als diskussionswürdig (so auch *Wall*, StAZ 2012, 184, 188 m.w.N.). Es ist danach zu fragen, ob das öffentliche Interesse in dem Punkt der Namenskontinuität – dies besonders in Zeiten erhöhter Mobilität der Menschen – die Freiheit zur beliebigen Namenswahl überwiegt. Umgekehrt kann es nicht dem öffentlichen Interesse entsprechen, dass eine größere Anzahl von Bürgern durch einen gezielten ‚Namenstourismus', möglicherweise sogar wiederholt, den Namen ändert und anschließend bei den deutschen Behörden die Änderung der Geburtenregister und Identitätsnachweise begehrt. Es muss jedoch beachtet werden, dass die Regelung des Art. 48 EGBGB bereits dadurch, dass sie einen Namenserwerb während eines gewöhnlichen Aufenthalts in dem anderen Mitgliedstaat voraussetzt, die beliebige Namenswahl deutlich einschränkt.

Teilweise wird zum Zweck der Eindämmung der beschriebenen Phänomene ein zusätzliches Korrektiv vorgeschlagen, welches darin bestehen könnte, von dem die Namensänderung herbeiführenden Unionsbürger eine auch in Zukunft fortbestehende, substanzielle Verbindung zu dem anderen Staat zu fordern (so *Rieck*, NJW 2009, 125, 128). Der EuGH wird im Rahmen dieser Vorlage auch um Beantwortung der Frage gebeten, ob eine solche durch richterliche Rechtsfortbildung eingeführte Einschränkung mit dem Gemeinschaftsrecht zu vereinbaren wäre.

Das AG hält es für entscheidungserheblich, ob die genannten Gründe im Hinblick auf den besonderen Rang unionsrechtlicher Grundfreiheiten eine Ablehnung des Antrags rechtfertigen können. In den deutschen juristischen Fachpublikationen wird die Frage des Anwendungsbereichs des Art. 48 EGBGB und insbesondere der Einbeziehung isolierter Namenserwerbe diskutiert (*Wall*, StAZ 2012, 169, 170; *ders.* StAZ 2012 aaO 185, 187; *ders.* StAZ 2013, 237, 239; *Freitag*, StAZ 2013, 69; *Mankowski*, StAZ 2014, 97, 105). Die Rechtsfrage ist auch nicht bereits durch die bisherige Rspr. des EuGH hinreichend geklärt. Die Rechtssachen ‚Grunkin-Paul' (Urt. vom 14.10.2008 – Stefan Grunkin und Dorothee Regina Paul, Rs C-353/06, Slg. 2008 I-7639), und ‚Garcia Avello' (Urt. vom 2.10.2003 – Carlos Garcia Avello ./. Belgischer Staat, Rs C-148/02, Slg. 2003 I-11613) betreffen Fälle, in denen bereits seit der Geburt der Person eine Namensabweichung besteht. Die Rechtssache ‚Sayn-Wittgenstein' (Urt. vom 22.12.2010 – Ilonka Sayn-Wittgenstein ./. Landeshauptmann von Wien, Rs C-208/09, Slg. 2010, I-13693) unterscheidet sich dadurch, dass zum einen keine doppelte Staatsbürgerschaft bestand, zum anderen die Namensabweichung durch Adoption herbeigeführt wurde und ferner die Verfassungsidentität der Republik Österreich in dem Aspekt der Führung von Adelsnamen nur bedingt mit derjenigen der Bundesrepublik Deutschland vergleichbar ist."

21. *Im Rahmen des Art. 48 EGBGB scheidet eine Namenswahlmöglichkeit für ein Kind aus, wenn das Kind zwar in einem anderen Mitgliedstaat der Europäischen Union (hier: Luxemburg) geboren ist, für einen gewöhnlichen Aufenthalt dort indes nichts ersichtlich ist, sondern davon auszugehen ist, dass das Kind unmittelbar nach der Geburt mit der Familie nach Deutschland zurückgekehrt ist. [LS der Redaktion]*

Bayerischer VGH, Beschl. vom 17.9.2014 – 5 ZB 13.1366: StAZ 2015, 150.

22. *Bestimmen die Eltern eines in Griechenland geborenen Kindes für dessen Namensführung griechisches Recht und setzt sich dessen Geburtsname danach aus den Familiennamen des griechischen Vaters und der deutschen Mutter zusammen, ist, wenn der Geburtsname im griechischen Personalausweis des Kindes (auch) in lateinischen Buchstaben geschrieben ist, diese Schreibweise für die Beurkundung im Geburtenregister maßgeblich. Daran ändert es nichts, dass der Name der Mutter in deutscher Schriftsprache den Buchstaben „ß" enthält, im Ausweis der entsprechende Namensbestandteil aber mit einfachem „s" geschrieben worden ist. Das gilt auch für den Konsonanten „n" anstelle eines doppelten Konsonanten.*

KG, Beschl. vom 30.9.2014 – 1 W 519/13: MDR 2014, 1397; StAZ 2015, 207. Leitsatz in FamRZ 2015, 792.

Nachdem eine Deutsche und ein Grieche geheiratet hatten, kam einige Monate später ihr Kind zur Welt. In der Heiratsurkunde des Standesamts ist der Familienname der Mutter in lateinischen Buchstaben geschrieben, jedoch anstelle des „ß" mit „ss" und am Ende nur mit einem „n". In der handschriftlichen Geburtsurkunde des Kindes ist der Name der Mutter ebenso geschrieben wie in der Heiratsurkunde. Der in der Geburtsurkunde in griechischen Buchstaben geschriebene Familienname des Kindes setzt sich aus den Familiennamen der Mutter und dem des Vaters zusammen, wobei der von der Mutter hergeleitete Namensteil nur noch mit einem Sigma geschrieben worden ist. Ebenso ist der Familienname des Kindes in dessen griechischen Personalausweis geschrieben. 2012 haben die Eltern mit Zustimmung des Kindes die Beurkundung der Geburt im Geburtenregister beantragt. Sie haben für die Namensführung griechisches Recht und aufgrund dessen den aus den Familiennamen der Eltern zusammengesetzten Namen zum Familiennamen entspr. der Schreibweise in der griechischen Geburtsurkunde und dem Personalausweis bestimmt.

Die Behörde hat Zweifel, wie der Familienname des Kindes zu beurkunden ist, und hat die Sammelakte dem AG Schöneberg vorgelegt; das AG Schöneberg hat es abgelehnt, eine Eintragung des Familiennamen des Kindes anzuweisen.

Aus den Gründen:

„1. ... 2. Die Beschwerde ist auch begründet.

Die Geburt des Beteiligten zu 3) in Griechenland kann im Geburtenregister des Beteiligten zu 1) gemäß § 36 I 1 PStG beurkundet werden, weil der Beteiligte zu 3) wegen seiner deutschen Mutter (auch) deutscher Staatsbürger ist, §§ 3 I Nr. 1, 4 I 1 StAG.

Im Geburtenregister ist u.a. der Geburtsname des Beteiligten zu 3) zu beurkunden, §§ 36 I 2, 21 I Nr. 1 PStG. Dieser setzt sich aus den Familiennamen seiner Eltern zusammen. Nach griechischem Recht können die Eltern eine Kombination aus ihren Familiennamen zum Familiennamen ihrer Kinder festlegen, Art. 1505 Zivilgesetzbuch i.d.F. des Gesetzes Nr. 2915 vom 29.5.2001 (fortan: griech. ZGB; abgedr. bei *Bergmann-Ferid-Henrich*, Internationales Ehe- und Kindschaftsrecht, Griechenland [Stand 11/2012]; vgl. *Brandhuber-Zeyringer-Heussler*, Standesamt und Ausländer, Griechenland [Stand 02/2012] Stichwort: Name, Rz. 1).

Der Name des Beteiligten zu 3) richtet sich nach griechischem Recht. Gemäß Art. 10 III 1 Nr. 1, Satz 2 EGBGB kann der Inhaber der Sorge gegenüber dem Standesamt in öffentlich beglaubigter Form bestimmen, dass ein Kind den Familiennamen nach dem Recht eines Staats erhalten soll, dem ein Elternteil angehört. Eine solche Bestimmung haben die Beteiligten zu 4) und 5) gegenüber dem zur Entgegennahme der Erklärung zuständigen Konsularbeamten, § 8 Satz 1 KonsG, mit Zustimmung des Beteiligten zu 3) getroffen. Dass die Beteiligten zu 4) und 5) zu diesem Zeitpunkt nach dem hierzu ebenfalls berufenen griechischen Recht, Art. 21 EGBGB bzw. Art. 17 KSÜ, Inhaber der elterlichen Sorge waren, wird von keinem der Beteiligten in Zweifel gezogen. Bedenken bestehen insoweit auch nicht, vgl. Art. 1510 griech. ZGB (hierzu *Brandhuber-Zeyringer-Heussler* aaO Stichwort: Die Person, Rz. 2).

Dem Namensstatut unterfällt grundsätzlich auch die Schreibweise des Namens (BGH, NJW 1993, 2241, 2242[1]; Senat, Beschl. vom 8.8.1995 – 1 W 6425/94[2], StAZ 1996, 301, 302; *Staudinger-Hepting/Hausmann*, BGB, 2013, Art. 10 EGBGB Rz. 54). Jedoch sind Beurkundungsdaten in Personenstandsregistern in lateinischer Schrift zu erfassen, § 15 III 1 Halbs. 1 PStV. Eine Eintragung in griechischer Schrift, wie in der vorliegenden Geburtsurkunde, scheidet damit aus. Sie wäre grundsätzlich durch Transliteration nach Maßgabe des NamÜbK, in Deutschland seit dem 16.2.1977 (BGBl II 254) aufgrund des Gesetzes vom 30.8.1976 (BGBl II 1473) in Kraft, in die lateinische Schrift zu übertragen, Art. 3 NamÜbK und A 4.2 PStG-VwV. Liegt hingegen eine Urkunde vor, die den Familiennamen in lateinischer Schrift wiedergibt, so ist dieser Familienname buchstabengetreu ohne Änderung oder Übersetzung wiederzugeben, Art. 2 I NamÜbK. Eine solche Urkunde kann z.B. ein ausländischer Reisepass sein, vgl. PStG-VwV (aaO). Liegt ein solcher Ausweis vor, scheidet eine Transliteration aus (BGH, NJW-RR 1994, 578, 580; Senat, Beschl. vom 4.4.2000 – 1 W 8107/99, StAZ 2000, 216).

Hier liegt der griechische Personalausweis des Beteiligten zu 3) vor, der seinen Namen so wie im Antrag vom 12.7.2012 in lateinischen Buchstaben wiedergibt. Danach ist der von der Beteiligten zu 4) hergeleitete Namensteil mit einem ‚s' und einem ‚n' im Geburtseintrag zu beurkunden. Dadurch wird dem in der Präambel des o.g. Abkommens bestimmten Zweck, einheitliche Angaben von Familiennamen in den Personenstandsbüchern zu gewährleisten, Rechnung getragen. Entgegen der Ansicht des AG ist eine Namensänderung damit nicht verbunden. Der Beteiligte zu 3) trägt seit seiner Geburt den Namen so, wie er in den griechischen Personenstandsurkunden wiedergegeben wird.

Der im Geburtseintrag ebenfalls zu beurkundende Familienname der Beteiligten zu 4), § 21 I Nr. 4 PStG, ist hingegen in der deutschen Schreibweise, d.h. mit ‚ß' und doppeltem ‚n' zu beurkunden. Insoweit findet deutsches Sachrecht Anwendung,

---

[1] IPRspr. 1993 Nr. 8b.   [2] IPRspr. 1995 Nr. 10.

Art. 10 I EGBGB, und entsprechend auch die deutsche Schreibweise. Diese ist auch durchaus mit derjenigen in der griechischen Geburtsurkunde des Beteiligten zu 3) in Übereinstimmung zu bringen. Dort ist das ‚ß' durch ein doppeltes ‚ss' ersetzt worden, was außerhalb der deutschen Schriftsprache nicht unüblich ist. Das fehlende zweite ‚n' am Ende des Namens mag auf einem Schreibfehler beruhen, der für die beantragte Beurkundung jedoch nicht verbindlich ist, Art. 1 III NamÜbK."

23. *Dem Namensstatut unterfällt grundsätzlich auch die Schreibweise des Namens.*

Bestimmen die Eltern eines Kindes für dessen Namensführung ausländisches (hier: portugiesisches) Recht, ist für die Beurkundung des Familiennamens im deutschen Geburtsregister eine sich aus portugiesischen Personenstandsurkunden ergebende Schreibweise maßgeblich.

Enthält der von dem Vater abgeleitete Teil des Familiennamens in einer portugiesischen Geburtsurkunde die Buchstabenfolge „ue", ist dies im deutschen Geburtsregister zu beurkunden, auch wenn der Name des Vaters in deutscher Schriftsprache stattdessen den Umlaut „ü" enthält. [LS der Redaktion]

KG, Beschl. vom 14.10.2014 – 1 W 299/14: StAZ 2015, 239.

Die Mutter des 2005 in Portugal geborenen Kindes ist Portugiesin, der Vater besitzt die portugiesische und deutsche Staatsbürgerschaft. Sie heirateten 2002 in Portugal. Die Mutter fügte ihrem Familiennamen den Namen des Vaters hinzu. In sämtlichen portugiesischen Personenstandsurkunden wird dessen Familienname ohne Umlaut, vielmehr mit „ue" geschrieben. Das Kind führt einen aus einem der Familiennamen der Mutter und des Vaters zusammengesetzten Familiennamen, in der portugiesischen Geburtsurkunde und seinem Ausweis jeweils geschrieben „ue". 2013 haben die Eltern bei der Deutschen Botschaft in Lissabon die Beurkundung der Geburt des Kindes im deutschen Geburtenregister beantragt. Sie haben für die Namensführung portugiesisches Recht und demnach den aus einem der Familiennamen der Mutter und des Vaters zusammengesetzten Namen zum Familiennamen bestimmt, Letzteren in der Schreibweise mit Umlaut.

Aus den Gründen:

„II. ... 2. Die Beschwerde ist auch begründet.

Die Geburt des in Portugal geborenen Kindes der Beteiligten zu 3) und 4) kann im Geburtenregister des Beteiligten zu 1) gemäß § 36 I 1 PStG beurkundet werden, weil es wegen seines deutschen Vaters (auch) deutscher Staatsbürger ist, §§ 3 I Nr. 1, 4 I 1 StAG.

Im Geburtenregister ist u.a. der Geburtsname des Kindes zu beurkunden, §§ 36 I 2, 21 I Nr. 1 PStG. Dieser setzt sich aus den Familiennamen seiner Eltern zusammen. Nach portugiesischem Recht können die Eltern eine Kombination aus ihren Familiennamen zum Familiennamen ihrer Kinder festlegen, Art. 1975 port. Cc und Art. 103 port. Código do registro civil vom 6.6.1995 (decreto-lei n° 131/95; jew. abgedr. bei *Bergmann-Ferid-Henrich*, Internationales Ehe- und Kindschaftsrecht, Portugal [Stand: Juli 2009]; vgl. auch *Brandhuber-Zeyringer-Heussler*, Standesamt und Ausländer, Portugal [Stand: Januar 2010] – XI. Name).

Der Name des Kindes richtet sich nach portugiesischem Recht. Gemäß Art. 10 III 1 Nr. 1, Satz 2 EGBGB kann der Inhaber der Sorge gegenüber dem Standesamt in öffentlich beglaubigter Form bestimmen, dass ein Kind den Familiennamen nach dem Recht eines Staats erhalten soll, dem ein Elternteil angehört. Eine solche Bestimmung haben die Beteiligten zu 3) und 4) gegenüber dem zur Entgegennahme der Erklärung zuständigen Konsularbeamten, § 8 Satz 1 KonsG, getroffen. Dass die Beteiligten zu 3) und 4) zu diesem Zeitpunkt nach dem hierzu ebenfalls berufenen portugiesischem Recht, Art. 21 EGBGB bzw. Art. 17 KSÜ, Inhaber der elterlichen Sorge waren, wird von keinem der Beteiligten in Zweifel gezogen. Bedenken bestehen insoweit auch nicht, Art. 1901 I bzw. 1906 I port. Cc (vgl. *Brandhuber-Zeyringer-Heussler* aaO – V. Die Person).

Dem Namensstatut unterfällt grundsätzlich auch die Schreibweise des Namens (BGH, NJW 1993, 2241, 2242[1]; Senat, Beschl. vom 8.8.1995 – 1 W 6425/94[2], StAZ 1996, 301, 302; *Staudinger-Hepting/Hausmann*, BGB, 2013, Art. 10 EGBGB Rz. 54). Die Beurkundungsdaten in deutschen Personenstandsregistern sind in lateinischer Schrift zu erfassen, § 15 III 1 Halbs. 1 PStV. Wird dem Standesbeamten die Geburt eines Kindes im Ausland durch die Abschrift eines Personenstandseintrags oder den Auszug aus diesem oder eine andere Urkunde nachgewiesen, die den Familiennamen in lateinischer Schrift wiedergibt, ist dieser Familienname buchstabengetreu ohne Änderung oder Übersetzung wiederzugeben, Art. 2 I NamÜbK (in Deutschland seit dem 16.2.1977 aufgrund des Gesetzes vom 30.8.1976 – BGBl II 1473 – in Kraft).

Hier liegt u.a. die von der Deutschen Botschaft in Lissabon beglaubigte Kopie einer portugiesischen Geburtsurkunde vor, die den Familiennamen des Kindes ohne Umlaut, vielmehr mit ‚ue' geschrieben wiedergibt. Das Gleiche gilt für die Schreibweise im portugiesischen Personalausweis. Diese Urkunden sind gemäß Art. 1 I NamÜbK für die Beurkundung der Geburt des Kindes maßgeblich. Nur so wird dem in der Präambel des o.g. Abkommens bestimmten Zweck, einheitliche Angaben von Familiennamen in den Personenstandsbüchern zu gewährleisten, Rechnung getragen. Dem insofern abweichenden Antrag der Beteiligten zu 3) und 4) vom 28.6.2013 kann deshalb nicht entsprochen werden. Die von ihnen gewünschte Schreibweise des Familiennamens des Kindes in deutschen Personenstandsregistern weicht ausweislich der vorliegenden Urkunden von der aufgrund ihrer wirksam getroffenen Rechtswahl maßgeblichen portugiesischen Schreibweise ab.

Die im Geburtseintrag ebenfalls zu beurkundenden Familiennamen der Beteiligten zu 3) und 4), § 21 I Nr. 4 PStG, sind ebenfalls nach dem jeweiligen Namensstatut zu beurkunden. Bezüglich der Beteiligten zu 3) findet portugiesisches Sachrecht Anwendung, Art. 10 I EGBGB, und hinsichtlich des Beteiligten zu 4) deutsches Sachrecht, Art. 10 I, Art. 5 I 2 EGBGB. Das führt bei der Beteiligten zu 3) zur portugiesischen Schreibweise ihres Familiennamens, ausweislich der vorliegenden portugiesischen Personenstandsurkunden ohne Umlaut, und bei dem Beteiligten zu 4) nach deutscher Schreibweise mit einem solchen Umlaut."

24. *Personen gleichen Geschlechts, die eine Ehe niederländischen Rechts (huwelijk) geschlossen haben, können nach dem – für ihre künftige Namensführung gewählten – deutschen Recht nur einen Lebenspartnerschaftsnamen und nicht einen Ehenamen bestimmen.*

---

[1] IPRspr. 1993 Nr. 8b.   [2] IPRspr. 1995 Nr. 10.

KG, Beschl. vom 14.10.2014 – 1 W 554/13: StAZ 2015, 142. Leitsatz in: FamRZ 2015, 667; FF 2015, 129.

[Die Rechtsbeschwerde ist beim BGH unter dem Az. XII ZB 609/14 anhängig.]

Der Beteiligte zu 1), deutscher Staatsangehöriger, und der Beteiligte zu 2), niederländischer Staatsangehöriger, schlossen 2011 in den Niederlanden die Ehe nach dortigem Recht. Das niederländische Recht eröffnet die Ehe (*huwelijk*) und die registrierte Partnerschaft (*geregistreerd partnerschap*) jeweils sowohl Personen verschiedenen als auch gleichen Geschlechts. Die Namensführung bleibt dabei jeweils unverändert; die Möglichkeit, einen gemeinsamen Familiennamen zu bestimmen, gibt es im niederländischen Recht nicht. Mit konsularisch beglaubigter Erklärung wählten die Beteiligten für ihre Namensführung deutsches Recht und bestimmten den Familiennamen des Beteiligten zu 2) zum (gemeinsamen) Familiennamen (Ehenamen). Sie gaben an, sie verweigerten eine Aufnahme dieser Erklärung im Sinne des LPartG ebenso wie die Umwandlung in eine Namenserklärung als Lebenspartnerschaftsnamen, da sie (als Ehegatten) verheiratet seien. Der Beteiligte zu 1) bestimmte ferner seinen Geburtsnamen zum Begleitnamen.

Aus den Gründen:

„II. Die Beschwerde ist zulässig (§§ 58 ff. FamFG i.V.m. § 51 I 1 PStG), jedoch nicht begründet.

... Denn der Familienname des Beteiligten zu 1) lautet unverändert B. Eine wirksame Rechts- und Namenswahl, durch die er den Namen B.-v.-... erhalten hätte, liegt nicht vor.

Die Erklärung [von] 2012 soll nach ihrer ausdrücklichen Einschränkung nur gelten, wenn auf sie die Bestimmungen des deutschen Rechts zur Ehe (hier Art. 10 II 1 Nr. 1 und Satz 2 EGBGB, § 1355 BGB, § 41 I Nrn. 1 und 2, II 3 und 4 PStG) Anwendung finden und nicht die Bestimmungen zur Lebenspartnerschaft (hier Art. 17b II 1 i.V.m. Art. 10 II 1 Nr. 1 und Satz 2 EGBGB, § 3 LPartG, § 42 I Nrn. 1 und 2, II 3 und 4 PStG). Es kann dahinstehen, ob diese Erklärung schon deshalb unwirksam ist, weil sie unter einer unzulässigen Bedingung steht; Erklärungen zur Namensführung sind wegen ihrer Gestaltungswirkung grundsätzlich bedingungsfeindlich (OLG Frankfurt, StAZ 1971, 137; *Gaaz-Bornhofen*, PStG, 2. Aufl., § 41 Rz. 6). Jedenfalls ist die Bedingung nicht erfüllt. Die gleichgeschlechtlichen Beteiligten zu 1) und 2) können nach deutschem Recht einen gemeinsamen Familiennamen nicht als Ehenamen (§ 1355 I 1 BGB), sondern nur als Lebenspartnerschaftsnamen (§ 3 Satz 1 LPartG) bestimmen.

Ehe bedeutet im EGBGB, im BGB und im PStG – wie auch in Art. 6 I GG (BVerfG, NJW 2002, 2543, 2547 f.; 2008, 3117, 3118) – eine rechtliche Verbindung zwischen einem Mann und einer Frau, während der Begriff der Lebenspartnerschaft auf eine gleichgeschlechtliche Personenkonstellation verweist (vgl. zu Art. 17b EGBGB: Senat, StAZ 2011, 181[1]; OLG Zweibrücken, NJW-RR 2011, 1156[2], OLG München, FGPrax 2011, 249[3]). Das steht im Einklang mit der Verfassung; insbesondere verstoßen die unterschiedlichen Bezeichnungen der Institute nicht gegen Art. 3 I und III 1 GG (vgl. BVerfG, NJW 2002 aaO 2549). Das Recht der EU gebietet es ebenfalls nicht, die Beteiligten zu 1) und 2) als Ehegatten im Sinne von Art. 10 II EGBGB anzusehen. Familien- und Namensrecht müssen in den Mitgliedstaaten nicht übereinstimmend geregelt sein. Es obliegt dem jeweiligen nationalen Gesetzgeber, ein fremdes Rechtsinstitut (hier die gleichgeschlechtliche Ehe nach niederländischem Recht) als Gegenstand der Anknüpfung für das IPR zu qua-

---

[1] IPRspr. 2011 Nr. 71.
[2] IPRspr. 2011 Nr. 75.
[3] IPRspr. 2011 Nr. 73.

lifizieren (vgl. dazu *Palandt-Thorn*, BGB, 73. Aufl., Vor Art. 3 EGBGB Rz. 27). Dabei besteht keine Bindung an die (übersetzten) Bezeichnungen, die das ausländische Recht verwendet, oder an die Qualifikation sonstiger Mitgliedstaaten.

Nichts anderes ergibt sich aus dem Umstand, dass sog. hinkende Namensverhältnisse im Widerspruch zu – jetzt – Art. 18 und 20 AEUV (vgl. EuGH, Urt. vom 2.10.2003 – Carlos Garcia Avello ./. belgischer Staat, Rs C-148/02, IPRax 2004, 339 ff.) und Art. 21 AEUV (vgl. EuGH, Urt. vom 14.10.2008 – Stefan Grunkin und Dorothee Regina Paul, Rs C-353/06, DNotZ 2009, 449 ff.) stehen können. Abgesehen davon, dass das niederländische Recht gerade keinen ‚Ehenamen' kennt, wird in deutschen Personaldokumenten nicht kenntlich gemacht, ob es sich bei dem Familiennamen um einen Ehe- oder Lebenspartnerschaftsnamen handelt. Ohnehin sind die Freiheiten, die das europäische Gemeinschaftsrecht den Unionsbürgern zuerkennt, durch die Möglichkeit einer Rechtswahl gewahrt.

Ein Verstoß gegen Art. 8, 12 und 14 EMRK ist ebenfalls nicht ersichtlich.

Schließlich kann die Erklärung [von] 2012 nicht in eine Rechts- und Namenswahl nach Art. 17b II 1, 10 II 1 Nr. 1 und Satz 2 EGBGB, § 3 LPartG umgedeutet werden, auch wenn die Folgen einer Namensbestimmung gemäß § 1355 BGB und § 3 LPartG überwiegend identisch sind. Die Beteiligten zu 1) und 2) verwahren sich ausdrücklich gegen ein solches Verständnis. Zudem führt das Standesamt I in Berlin zwei unterschiedliche Verzeichnisse gemäß § 41 II 4 PStG und § 42 II 4 PStG. Es ist nicht anzunehmen, dass die Beteiligten zu 1) und 2) mit einer Aufnahme in das Verzeichnis für Lebenspartner einverstanden sind."

25. *Eine Person, deren Name nach ausländischem (hier irakischem) Recht nur aus ihrem Vornamen, dem Vornamen ihres Vaters und dem Vornamen ihres Großvaters väterlicherseits besteht, aber keine Bei- oder Zunamen (laqab) enthält, kann einen Familiennamen gemäß Art. 47 I Nr. 2 EGBGB wählen, wenn sich ihr Name nunmehr nach deutschem Recht richtet. [LS der Redaktion]*

OLG Köln, Beschl. vom 6.11.2014 – 2 Wx 253/14, 2 Wx 336/14, 2 Wx 3: StAZ 2015, 275.

26. *Begehrt eine Partei eine vollständige Änderung des Nachnamens, steht der Anwendbarkeit des Namensänderungsgesetzes nicht entgegen, dass Art. 47 EGBGB eine Namensangleichung für Personen erlaubt, die einen Namen nach ausländischem Recht erworben haben und deren Namensführung sich fortan nach deutschem Recht richtet. [LS der Redaktion]*

VG Göttingen, Urt. vom 14.11.2014 – 4 A 123/13: InfAuslR 2015, 85.

27. *Der Name einer Person unterliegt dem Recht des Staats, dem die Person angehört (Art. 220 I, 10 EGBGB). Der in das Geburtenbuch einzutragende Familienname – ausschließlich – österreichischer Staatsangehöriger kann, da in Österreich das Recht zur Führung des Adelszeichens „von" ebenso aufgehoben ist wie das Recht zur Führung der adeligen Standesbezeichnungen, nicht den Bestandteil „Freiherr von" beziehungsweise „Freifrau von" enthalten. [LS der Redaktion]*

OLG München, Beschl. vom 25.11.2014 – 31 Wx 373/14: NJW 2015, 1120; MDR 2015, 102; StAZ 2015, 278.

28. *Eheleute einer gemischt-nationalen Ehe zwischen einem deutschen Staatsangehörigen und einer Ausländerin (hier: Sri-Lankerin) haben einen Anspruch auf eine Zusicherung der Änderung des Ehenamens (§ 1355 I 1 BGB) für den Fall, dass der Heimatstaat der Ausländerin der Namensänderung zustimmt, sofern die übrigen Voraussetzungen für die Namensänderung vorliegen.*

BVerwG, Urt. vom 8.12.2014 – 6 C 16/14: NJW 2015, 1321; FamRZ 2015, 402; StAZ 2015, 280; StAZ 2015, 280.

Im Streit ist die Änderung des Ehenamens aus wichtigem Grund (§ 3 I NamÄndG) bei gemischt-nationalen Ehen. Die Kl. stammen aus Sri Lanka. Der Kl. zu 1) erwarb 2002 die deutsche Staatsangehörigkeit. Die Kl. zu 2) ist sri-lankische Staatsangehörige. 1999 heirateten die Kl. in Deutschland. Gegenüber dem Standesbeamten bestimmten sie für ihre Namensführung deutsches Recht und wählten als Ehenamen den Familiennamen des Kl. „A". Aus der Ehe sind zwei Kinder hervorgegangen. Der Kl. zu 1) beantragte nach seiner Einbürgerung die Änderung seines Familiennamens in „A". Die Bekl. verfügte 2002 die Namensänderung. 2003 nahm sie die Verfügung zurück. 2009 stellte der Kl. zu 1) einen neuen Antrag auf Namensänderung. Die Bekl. beschied ihn unter Verweis auf die Gründe der Rücknahmeverfügung aus dem Jahr 2003 abschlägig. Den Widerspruch des Kl. zu 1) wies das Regierungspräsidium Stuttgart zurück. Der Kl. zu 1) hat Klage erhoben und beantragt, die Bekl. zur Änderung seines Familiennamens von „A" in „A" zu verpflichten. Der VGH Mannheim hat dem Begehren mit Urt. vom 19.2.2014 – 1 S 1335/13 – entsprochen.

Hiergegen wendet sich die Bekl. mit der Begründung, die vom VGH gezogene Parallele zur Einbürgerungszusicherung sei nicht tragfähig. Die Namensänderung sei eine Ermessensentscheidung. Bei ihr drohe dem Betroffenen nicht der Verlust einer Rechtsposition. Unabhängig hiervon fehle für die Änderung des Ehenamens im Falle gemischt-nationaler Ehen eine gesetzliche Grundlage.

Aus den Gründen:

„Die zulässige Revision ... hat keinen Erfolg. Sie ist unbegründet und daher zurückzuweisen (§ 144 II VwGO). Das Berufungsurteil steht im Einklang mit revisiblem Recht (§ 137 I VwGO). Die Kl. haben einen Anspruch auf die von ihnen begehrte Zusicherung zur Änderung ihres Ehenamens für den Fall, dass Sri Lanka der Änderung hinsichtlich der Kl. zu 2) zustimmt ...

1. ... a. Gemäß § 3 I NamÄndG darf ein Familienname nur geändert werden, wenn ein wichtiger Grund die Änderung rechtfertigt. Dies ist hier der Fall ...

b. Handelt es sich bei dem Familiennamen, der geändert werden soll, um den Ehenamen im Sinne von § 1355 I 1 BGB, so kann dieser während des Bestehens der Ehe nur auf Antrag beider Ehegatten und in gleicher Form geändert werden. Denn Rechtsträger des gemeinsamen Ehenamens sind beide Ehegatten (Urt. vom 29.11.1982 – BVerwG 7 C 34.80, BVerwGE 66, 266 [266] = Buchholz 402.10 § 3 NÄG Nr. 45/6).

Die Kl. zu 2) ist der Klage des Kl. zu 1) im Berufungsverfahren beigetreten. Die Kl. verfolgen nunmehr das Begehren gemeinsam. Damit liegt für den Verwaltungsakt, der zugesichert werden soll, im Hinblick auf beide Ehegatten der erforderliche Antrag vor.

c. Der Änderung des gemeinsamen Ehenamens steht nicht entgegen, dass die Kl. zu 2) dem Staat Sri Lanka angehört, sofern Sri Lanka der Namensänderung für ihre Person zustimmt.

aa. Nach der Wortfassung von § 1 NamÄndG kann nur der Familienname deutscher Staatsangehöriger und Staatenloser, die ihren Wohnsitz oder gewöhnlichen

Aufenthalt im Geltungsbereich des Gesetzes haben, geändert werden. Der deutsche Gesetzgeber hat die Namensänderungsbefugnis deutscher Behörden nicht auf (weitere) Ausländer erstreckt, sondern es mit Rücksicht auf die Eigenständigkeit der Rechtsordnungen anderer Staaten diesen überlassen, über Namensänderungen eigener Staatsangehöriger zu entscheiden. Dies ist im Ansatz verfassungsrechtlich unbedenklich. Die Achtung der Eigenständigkeit anderer Rechtsordnungen rechtfertigt es grundsätzlich, im eigenen Recht dem Staatsangehörigkeitsprinzip zu folgen und für bestimmte Rechtsverhältnisse bei Ausländern die Normierung grundsätzlich nicht den deutschen, sondern den jeweiligen nationalen Regeln zu entnehmen (BVerfG, Beschl. vom 18.7.2006 – 1 BvL 1, 12/04[1], BVerfGE 116, 243 [265]). Die hieraus folgende Ungleichbehandlung in Deutschland lebender Ausländer ist aufgrund des Staatsangehörigkeitsprinzips und der hiermit verbundenen Regelungsintention des Gesetzgebers gerechtfertigt.

bb. Im Falle einer gemischt-nationalen Ehe droht aufgrund der Wortfassung von § 1 NamÄndG allerdings auch dem deutschen Ehegatten einer solchen Ehe eine Ungleichbehandlung. Anders als Deutschen, die mit Deutschen verheiratet sind, wäre ihm hiernach die Änderung seines Familiennamens verwehrt, sofern – wie hier – der Familienname zugleich Ehename im Sinne von § 1355 I 1 BGB ist. Dieses Problem lässt sich nicht dadurch abwenden, dass dem deutschen Ehegatten im Namensänderungsverfahren die Wahl eines eigenen Familiennamens unter Auflösung der ehelichen Namenseinheit zugestanden wird. Diese Lösung liefe zum einen der bürgerlich-rechtlichen Wertentscheidung des § 1355 I 1 BGB zuwider. Zum anderen wäre sie dem Betroffenen mit Blick auf sein durch Art. 6 I GG geschütztes Interesse, der Ehe durch Führung eines Ehenamens Ausdruck zu verleihen, nicht zumutbar."

4. Juristische Personen und Gesellschaften

Siehe auch Nr. 81

29. *Die Parteifähigkeit einer nach englischem Recht gegründeten Limited endet mit ihrer Löschung im englischen Gesellschaftsregister. Eine von der Gesellschaft nach ihrer Löschung eingelegte Berufung ist unzulässig.*

KG, Beschl. vom 17.3.2014 – 20 U 254/12: NJW 2014, 2737; ZIP 2014, 1755; GmbHR 2014, 941; NZG 2014, 901; ZInsO 2014, 1618. Leitsatz in NJW-Spezial 2014, 368.

Die Parteien streiten über ein Grundstück im Zwischenpachtverhältnis. Die Kl., eine Ltd. nach englischem Recht, wurde als Gesellschaft aufgelöst; die Löschung der Kl. wurde am 19.6.2012 in das englische Gesellschaftsregister eingetragen. Die Kl. hatte zuvor bereits jegliches Eigentum an dem streitgegenständlichen Grundstück verloren und war seit März 2012 auch nicht mehr als Eigentümerin desselben im Grundbuch eingetragen.

Aus den Gründen:

„II. Die fristgerecht eingelegte Berufung war als unzulässig zu verwerfen mangels Parteifähigkeit der Kl. Damit ist zugleich auch die durch den Hilfsantrag anhängige Klageerweiterung hinfällig ...

---

[1] IPRspr. 2006 Nr. 1.

Gemäß § 50 I ZPO ist parteifähig, wer rechtsfähig ist. Aus § 50 I ZPO ergibt sich für die maßgebliche Frage der Rechtsfähigkeit der Kl. eine Verweisung auf das Recht Großbritanniens, denn Umfang und Fortbestand der Rechtsfähigkeit einer Gesellschaft bestimmen sich nach dem anzuwendenden Personalstatut. Das Personalstatut einer juristischen Person, die in einem EU-Mitgliedstaat wirksam nach den dort geltenden Vorschriften gegründet worden ist, bestimmt sich nach dem Recht des Gründungsstaats, auch wenn die Gesellschaft ihren Verwaltungssitz nicht (mehr) im Gebiet des Gründungsstaats hat (vgl. BGH, Urt. vom 13.3.2003 – VII ZR 370/98[1], NJW 2003, 1461; *Zöller-Vollkommer*, ZPO, 30. Aufl., § 50 Rz. 9).

Daher bestimmt sich das Personalstatut der Kl. nach britischem Recht. Das so ermittelte Gesellschaftsstatut entscheidet sowohl über die Wirksamkeit der Gründung als auch über den Umfang und den Fortbestand der Rechtsfähigkeit der Gesellschaft (*Palandt-Thorn*, EGBGB, 73. Aufl., Anh. zu Art. 12, Rz. 10–18). Nach dem insoweit maßgeblichen englischen Recht ist die Kl. als Ltd. aufgrund der Löschung im englischen Gesellschaftsregister des ... erloschen (vgl. OLG Nürnberg, Beschl. vom 10.8.2007 – 13 U 1097/07[2], zit. n. juris; Brandenburgisches OLG, Urt. vom 15.7.2009 – 3 U 146/08[3], zit n. juris). Die Löschung hat konstitutive Wirkung, so dass die Ltd. als solche durch die Löschung aufgelöst wurde und aufhörte zu existieren ...

Das Erlöschen der Ltd. ist grundsätzlich auch im Inland zu beachten. Die Beendigung (*dissolution*) einer Gesellschaft aufgrund Löschung im Gesellschaftsregister hat nach englischem Recht zur Folge, dass etwaiges Vermögen der Gesellschaft im Wege der Legalokkupation nach s. 654 Companies Act 1985 auf die englische Krone übergeht. Davon wird jedoch nach dem Territorialitätsprinzip nur das in England belegene Vermögen der Gesellschaft umfasst, nicht etwaiges Auslandsvermögen (OLG Nürnberg aaO.).

Nach ganz überwiegender Auffassung, der sich auch der Senat anschließt, bleibt trotz der Löschung und Auflösung der Ltd. in England die Gesellschaft in Deutschland als ‚Restgesellschaft' fortbestehen, solange sie in Deutschland noch Vermögen besitzt, das ansonsten keinem Rechtsträger zugeordnet werden kann (vgl. OLG Stuttgart, Urt. vom 18.3.1974, NJW 1974, 499[4]; *Happ/Holler*, DStR 2004, 730; *Knütel*, RIW 2004, 503; *Schulz*, NZG 2005, 415; *Süß*, DNotZ 2005, 180; *Borges*, IPRax 2005, 134, jeweils m.w.N.).

Die Grundsätze zur Rest- und Spaltgesellschaft wurden vom BGH für Fälle von im Ausland enteigneten Gesellschaften entwickelt (vgl. BGHZ 20, 4; 25, 134; 29, 320; 32, 256[5]; 33, 195; 38, 36; 56, 66[6]) und können aufgrund der vergleichbaren Problematik auch in Fällen des Erlöschens der Gesellschaft im Ausland bei vorhandenem Restvermögen im Inland herangezogen werden.

Würde man das Fortbestehen derartiger Gesellschaften als Restgesellschaft verneinen, wäre ihr im Inland befindliches Vermögen ‚herrenlos'. Derartig verselbständigte Vermögenseinheiten sind jedoch dem deutschen Recht unbekannt, worauf das OLG Stuttgart (aaO) zutreffend hingewiesen hat. Eine Zuordnung des Inlandsvermögens zu einem Rechtssubjekt wird nur möglich, wenn man vom Fortbestand der Rest-

---

[1] IPRspr. 2003 Nr. 13.
[2] IPRspr. 2007 Nr. 20.
[3] IPRspr. 2009 Nr. 8.
[4] IPRspr. 1974 Nr. 7.
[5] IPRspr. 1060–1961 Nr. 75.
[6] IPRspr. 1971 Nr. 115.

gesellschaft bis zur völligen Beendigung der Liquidation ausgeht. Dadurch geht das Inlandsvermögen auch nicht auf einen anderen Rechtsträger über, sondern Rechtsträger bleibt die als Restgesellschaft fortbestehende Kl. (so auch *Borges* aaO)."

30. *Wurde nach dem Zweiten Weltkrieg eine deutsche Aktiengesellschaft in Schlesien nach polnischem Recht enteignet, besteht eine Rest- oder Spaltgesellschaft für das in der Bundesrepublik Deutschland belegene Vermögen fort. Unterlag die Gesellschaft vormals deutschem Recht, unterliegt nunmehr auch die Restgesellschaft deutschem Recht. [LS der Redaktion]*

OLG Karlsruhe, Beschl. vom 17.4.2014 – 11 AR 2/14: Die AG 2015, 542; NZG 2014, 667.

Die ASt., die S. AG M. mit Sitz in Mannheim, hat beim AG Mannheim – Registergericht – Antrag auf gerichtliche Bestellung eines Notvorstands gemäß § 85 I AktG für die Restgesellschaft Zuckerfabrik M. AG gestellt. Die S. Zucker AG, deren Rechtsnachfolgerin die ASt. ist, sei Aktionärin der schlesischen Zuckerfabrik M. AG gewesen und habe dort rund 93,6% der Aktien gehalten. Die Zuckerfabrik M. AG sei nach dem zweiten Weltkrieg und der Gründung der Volksrepublik Polen nach polnischem Recht enteignet und liquidiert worden und bestehe heute rechtlich nicht mehr. Sie habe vor ihrer Enteignung und Liquidation über Vermögenswerte in Deutschland verfügt, nämlich Aktien der P.-Werke A.G. in Hamburg. Die P.-Werke seien zwischenzeitlich in der B. AG (heute: B. SE) aufgegangen, die B.-Aktien seien an die Stelle der P.-Aktien getreten. Das Vermögen der liquidierten Zuckerfabrik stelle eine sog. Restgesellschaft dar. Das AG Mannheim hatte 1954 für die Zuckerfabrik M. AG in M./Schlesien Abwesenheitspflegschaft angeordnet. Das Betreuungsgericht hat die Abwesenheitspflegschaft 2010 wegen Wegfalls der Gesetzesgrundlage aufgehoben. Der ehemalige Abwesenheitspfleger hat dem AG Mannheim – Betreuungsgericht – mitgeteilt, dass die Vermögenswerte der Zuckerfabriken verkauft worden seien, um die Hinterlegung durch Umwandlung des Vermögens in Geldbeträge zu ermöglichen und hat die Vermögenswerte bei der Hinterlegungsstelle des AG Mannheim hinterlegt.

Da die Verteilung des in der Restgesellschaft verhafteten Vermögens an die Aktionäre einer rechtmäßigen Liquidation der Aktiengesellschaft und demnach eines Auflösungsbeschlusses der Hauptversammlung der Restgesellschaft bedürfe, der wiederum eine wirksame Einberufung der entsprechenden Hauptversammlung voraussetze, besteht Der ASt. zufolge ein Bedürfnis nach der gerichtlichen Bestellung eines Notvorstands durch das zuständige Gericht. Das AG Mannheim hat die Akten mit der Bitte um Bestimmung des zuständigen Gerichts dem OLG Karlsruhe übersandt.

Aus den Gründen:

„II. 1. Das OLG Karlsruhe ist zur Bestimmung des zuständigen Gerichts berufen.

Nach dem Vortrag der ASt., der auch in den beigezogenen Pflegschaftsakten des AG Mannheim nicht belegt ist, ist die Zuckerfabrik M. AG, die wohl 1883 im damals zu Preußen und dem Deutschen Reich gehörenden M. gegründet worden ist, das heute auf dem Gebiet der Republik Polen liegt (Z.), nach dem zweiten Weltkrieg enteignet und liquidiert worden. Sie verfüge über Vermögenswerte in Deutschland, ursprünglich Aktien der P.-Werke.

Durch die Enteignung bei Vorhandensein von Vermögenswerten in Deutschland dürfte unter Berücksichtigung des Territorialitätsprinzips und der Spaltungstheorie unter Beibehaltung ihrer Rechtsform für das ‚Auslandsvermögen', also das Vermögen in der Bundesrepublik Deutschland, eine Rest- oder Spaltgesellschaft als fortbestehend gelten. Da hier nicht nur die Mitgliedschaftsrechte enteignet worden sein sollen, sondern die alte Gesellschaft vernichtet worden sein soll, handelt es sich wohl um eine Restgesellschaft (vgl. MünchKomm-*Kindler*, Int. Handels- und Gesellschaftsrecht, 5. Aufl. [2010], Rz. 1023 ff.; *Staudinger-Großfeld*, BGB, IntGesR [1998], Rz. 837 ff.; BGH, NJW-RR 2007, 1182 ff.; WM 1983, 150 f.; WM 1991,

1880 ff.; vgl. entspr. zu den Folgen der Löschung einer englischen Ltd. mit Vermögen in Deutschland: Thüringer OLG, ZIP 2007, 1709¹). Obwohl die Frage nach dem Gesellschaftsstatut für das hier belegene enteignungsfreie Vermögen in der Literatur umstritten ist (vgl. MünchKomm-*Kindler* aaO Rz. 10 ff.; *Krömker/Otte*, BB 2008, 1964 ff.; *Staudinger-Großfeld* aaO Rz. 911), dürfte, wie in der urspr. Rspr. des BGH zu Gesellschaften, die vormals deutschem Recht unterlagen, auch hier deutsches Recht Anwendung finden, zumal die AG ursprünglich nach deutschem Recht gegründet worden sein dürfte."

31. *Die durch §§ 32 GBO, 21 BNotO für das Grundbuchverfahren gezogenen Grenzen können nicht dadurch überwunden werden, dass einem deutschen Notar die Möglichkeit eingeräumt wird, unabhängig von der Existenz eines aussagekräftigen Registers (hier: beim Companies House in Großbritannien) mit voller Beweiskraft eine Bescheinigung auszustellen, mit der er die Vertretungsberechtigung des „director" einer englischen Private Limited Company gegenüber dem Grundbuchamt „aufgrund elektronischer Einsichtnahme" in das englische Register sowie Einsicht in weitere Unterlagen (etwa das „minute book") bestätigt.*

OLG Düsseldorf, Beschl. vom 21.8.2014 – I-3 Wx 190/13: Rpfleger 2015, 137; BB 2015, 590 mit Anm. *Heckschen*; FGPrax 2015, 12; NZG 2015, 199; RNotZ 2015, 88. Leitsatz in BB 2014, 2945.

Mit notariell beurkundetem Vertrag veräußerte der Beteiligte zu 1) ein Grundstück an die Beteiligte zu 2), vertreten durch Herrn C. Mit Schrift des Notars haben die Beteiligten hinsichtlich der genannten Grundstücksveräußerung beantragt, u.a. den Eintragungswechsel in das Grundbuch einzutragen.

Mit der angefochtenen Zwischenverfügung hat das GBA beanstandet, zur Eigentumsumschreibung sei noch der Nachweis der Vertretungsberechtigung des Geschäftsführers durch eine gesiegelte Bescheinigung des *notary public*, versehen mit der Apostille der zuständigen Behörde, einzureichen. Dagegen wendet sich die Beteiligte zu 2) mit ihrem Rechtsmittel. Das GBA hat dem Rechtsmittel nicht abgeholfen und die Sache dem OLG Düsseldorf – BeschwG – zur Entscheidung vorgelegt.

Aus den Gründen:

„II. ... In der Sache ist [das Rechtsmittel] jedoch nicht begründet.

1. Zutreffend ist das GBA davon ausgegangen, dass der vorliegende Fall in Anwendung des deutschen Grundbuchverfahrensrechts als lex fori zu beurteilen ist (vgl. OLG Dresden, NZG 2008, 265 ff.¹; OLG Köln, FGPrax 2013, 18 ff.²; KG ZIP 2013, 973 ff.³).

Danach ist dem GBA die Berechtigung zur Vertretung einer juristischen Person oder Gesellschaft nachzuweisen, wenn von dieser eine zur Eintragung erforderliche Erklärung abgegeben oder eine Eintragung beantragt wird (*Demharter*, GBO, 29. Aufl., § 32 Rz. 10). Hier ist der Vertretungsnachweis erforderlich, weil die Beteiligte zu 2) sowohl die Löschung der Auflassungsvormerkung als auch die Eintragung des Eigentumswechsels in das Grundbuch bewilligt wie auch beantragt hat (§ 6 Nrn. 1 und 2 des Veräußerungsvertrags vom 1.8.2012).

2. Die Führung des genannten Nachweises gegenüber dem (deutschen) GBA wird durch § 32 GBO, und nur durch diesen, erleichtert. Danach können die im Handels-,

---

¹ IPRspr. 2007 Nr. 21.
¹ IPRspr. 2007 Nr. 235.
² IPRspr. 2012 Nr. 21.
³ IPRspr. 2013 Nr. 19.

Genossenschafts-, Partnerschafts- oder Vereinsregister eingetragenen Vertretungsberechtigungen, Sitzverlegungen, Firmen- oder Namensänderungen sowie das Bestehen juristischer Personen und Gesellschaften u.a. durch eine Bescheinigung nach § 21 I der BNotO nachgewiesen werden, § 32 I 1 GBO. Gemäß § 21 I BNotO können Notare u.a. Bescheinigungen über eine Vertretungsberechtigung einer juristischen Person oder Handelsgesellschaft mit der gleichen Beweiskraft wie ein Zeugnis des Registergerichts ausstellen, wenn sich diese Umstände aus einer Eintragung im Handelsregister oder in einem ähnlichen Register ergeben; allerdings muss sich der Notar zuvor über die Eintragung Gewissheit verschaffen, die auf Einsichtnahme in das Register oder in eine beglaubigte Abschrift hiervon beruhen muss, § 21 II 1 BNotO. Diese Regelungen erweisen, dass die genannte Nachweiserleichterung nur für registerfähige Personen und Gesellschaften eröffnet ist, die in einem inländischen öffentlichen Register eingetragen sind. Auf ausländische juristische Personen und Gesellschaften können sie nicht angewendet werden; deren Bestehen und die Vertretungsbefugnis sind dem GBA grundsätzlich in vollem Umfang, und zwar in der Form des § 29 GBO, nachzuweisen. Anders ist es, falls ein deutscher Notar aufgrund Einsicht in das deutsche Handelsregister der Zweigniederlassung einer ausländischen Gesellschaft eine Berechtigung zur Vertretung der Gesellschaft bescheinigt. Auch kann ausnahmsweise die durch einen deutschen Notar aufgrund einer Einsicht in ein ausländisches Register ausgestellte Bescheinigung über eine Vertretungsberechtigung ausreichen, sofern zur Überzeugung des GBA feststeht, dass das ausländische Register seiner rechtlichen Bedeutung nach dem deutschen Register entspricht; dies wird nahezu einhellig für das beim Companies House – das keine dem deutschen Handelsregister vergleichbare Prüfungskompetenz hat – geführte englische Register verneint (KG, DNotZ 2012, 604 ff. und OLG Köln aaO, jew. m.w.N.; OLG Nürnberg, Beschl. vom 25.3.2014 – 15 W 381/14[4]; *Pfeiffer*, Rpfleger 2012, 240/243; *v. Bernstorff*, Einführung in das englische Recht, 1996, 51 f.; *Bauer/v.Oefele-Schaub*, GBO, 3. Aufl., Int. Bezüge Rz. 139; *Demharter* aaO, Rz. 8 m.w.N.; a.A. *Meikel-Roth*, GBO, 10. Aufl., § 32 Rz. 59).

Damit ist der Bereich, in dem ein deutscher Notar im vorliegenden Zusammenhang eine beweiskräftige Bescheinigung ausstellen kann, erschöpft. Hiervon zu unterscheiden ist die zumindest faktisch nachgelagerte Frage, auf welche Weise, falls eine Nachweiserleichterung durch Tätigkeit eines deutschen Notars nicht in Betracht kommt, eine Vertretungsberechtigung gegenüber dem GBA durch Äußerungen eines ausländischen Notars nachgewiesen werden kann. Dessen Erklärungen fallen naturgemäß nicht unter § 21 I BNotO. Nach in der neueren obergerichtl. Rspr. weitaus überwiegender Auffassung kann allerdings die Vertretungsmacht eines *director* einer englischen PLC gegenüber dem GBA durch die Bescheinigung eines englischen Notars nachgewiesen werden, der das Bestehen der Gesellschaft und die Vertretungsmacht nach Einsicht in das englische Register sowie in die dort befindlichen Unterlagen (*memorandum* und *articles of association* sowie Protokollbuch [*minute book*]) bestätigt, wobei die Bescheinigung nachvollziehbare Angaben zu den tatsächlichen Grundlagen der notariellen Feststellungen enthalten muss; denn sie ist nicht mit der Bestätigung nach § 21 BNotO vergleichbar, da sie nicht lediglich den von einer registerführenden Behörde geprüften Inhalt eines Registers wiedergibt,

---

[4] Siehe unten Nr. 36.

sondern auch auf einer eigenen Prüfung der beim Register vorhandenen Dokumente beruht, so dass es sich der Sache nach um eine gutachterliche Äußerung handelt. Nur im hiesigen Zusammenhang einer Bescheinigung eines englischen Notars über die Vertretungsverhältnisse einer PLC schließlich wird erörtert, ob an diese in bestimmter Hinsicht – nämlich in Bezug auf eine Alleinvertretungsbefugnis – geringere Anforderungen zu stellen sind, falls die Gesellschaft nur einen einzigen *director* hat (KG aaO; OLG Schleswig, NJW-RR 2012, 1063 ff.[5]; OLG Köln aaO; OLG Nürnberg aaO; *Langhein*, NZG 2001, 1123/1125 und 1127; *Pfeiffer* aaO, 243 und 244; undeutlich ThürOLG, Beschl. vom 24.3.2014 – 3 W 31/14)."

32. *Die vom Satzungssitz oder – bei börsennotierten Gesellschaften – von einem deutschen Börsensitz abweichende Bestimmung eines Versammlungsorts in der Satzung muss eine sachgerechte, am Teilnahmeinteresse der Aktionäre ausgerichtete Vorgabe enthalten, die das Ermessen des Einberufungsberechtigten bindet.*

Eine gleichwertige Beurkundung einer Hauptversammlung durch eine ausländische Urkundsperson ist auch nicht wegen einer für deutsche Notare bestehenden Prüfungs- und Belehrungspflicht ausgeschlossen. [LS der Redaktion]

BGH, Urt. vom 21.10.2014 – II ZR 330/13: BGHZ 203, 68; NJW 2015, 336; NJW 2015, 336; WM 2015, 50; MDR 2015, 288; MDR 2015, 288; ZIP 2014, 2494; Rpfleger 2015, 210; Die AG 2015, 82; BB 2015, 142 mit Anm. *Görtz*, 268 Aufsatz *Bungert/Leyendecker-Langner*; DB 2014, 3951; 2015, 178 Aufsatz *Goslar*; DNotZ 2015, 207 mit Anm. *Hüren*; DStR 2015, 131; DZWIR 2015, 194; NJW-Spezial 2015, 16; NZG 2015, 18; WuB 2015, 104 mit Anm. *Noack*; ZNotP 2015, 30. Leitsatz in: BB 2015, 1; DNotI-Report 2014, 191; EWiR 2015, 3 mit Anm. *Kiem/Reutershahn*; GWR 2015, 29 mit Anm. *von Eiff*.

Die Bekl. ist eine börsennotierte SE mit Sitz in Berlin. § 4 ihrer Satzung bestimmte, dass die Hauptversammlung entweder am Sitz der Gesellschaft oder am Sitz einer deutschen Wertpapierbörse stattfinde. Die Hauptversammlung hat 2011 die Neufassung des § 4.1.1. der Satzung wie folgt neu beschlossen: „Die Hauptversammlung der Gesellschaft findet entweder am Sitz der Gesellschaft, dem Sitz einer Wertpapierbörse in der Europäischen Union oder einer Großstadt in der Europäischen Union mit mehr als 500 000 Einwohnern statt." Die Kl., die gegen den Beschluss Widerspruch einlegten, haben hiergegen Anfechtungs- und Nichtigkeitsklage erhoben, die Kl. zu 1) auch gegen weitere Beschlüsse. Das LG hat die Klagen abgewiesen. Das Berufungsgericht hat die Berufungen der Kl. zu 2) und 3) durch Beschluss zurückgewiesen. Dagegen richten sich die vom erkennenden Senat zugelassene Revisionen der Kl. zu 2) und 3).

Aus den Gründen:

„II. Der Beschluss hält der revisionsrechtlichen Nachprüfung im Ergebnis nicht stand. Die konkrete Ausgestaltung der Satzungsänderung ist mit § 121 V AktG nicht vereinbar und verstößt damit gegen das Gesetz, § 243 I AktG.

1. Zutreffend ist das Berufungsgericht allerdings davon ausgegangen, dass sich die Anfechtbarkeit von Beschlüssen der Hauptversammlung der Bekl. als SE nach den Regeln des deutschen AktG richtet. Da weder die VO (EG) Nr. 2157/2001 des Rates über das Statut der Europäischen Gesellschaft – Societas Europaea (SE) – vom 8.10.2001 (ABl. EG 2001 Nr. L 294; nachfolgend: SE-VO) noch das deutsche SEAG eine Regelung zur Anfechtung von Hauptversammlungsbeschlüssen enthalten, unterliegt die Bekl. gemäß Art. 9 I lit. c (ii) SE-VO insoweit den nationalen

---

[5] IPRspr. 2012 Nr. 304.

Rechtsvorschriften, die auf eine nach dem Recht des Sitzstaats der SE gegründete Aktiengesellschaft Anwendung finden würden, mithin den Regeln des deutschen AktG (vgl. BGH, Urt. vom 10.7.2012 – II ZR 48/11[1], BGHZ 194, 14 Rz. 8) ...

Auch das Beurkundungserfordernis (§ 130 I 1 AktG) steht einer Versammlung im Ausland nicht grundsätzlich entgegen. Dabei kann dahinstehen, ob die Einhaltung der jeweiligen Ortsform genügen könnte, obwohl Art. 11 II Rom-I-VO auf Fragen betreffend das Gesellschaftsrecht nicht anzuwenden ist, Art. 1 I lit. f Rom-I-VO. Auch die in § 130 I AktG verlangte Form kann gewahrt werden. Nicht bei jeder Hauptversammlung ist eine notarielle Beurkundung erforderlich (§ 130 I 3 AktG). Wenn in den verbleibenden Fällen kein Konsularbeamter zur Beurkundung bereit ist (§ 10 II KonsG, vgl. *Hölters-Drinhausen*, AktG, 2. Aufl., § 130 Rz. 13; *Schmidt-Lutter-Ziemons*, AktG, 2. Aufl., § 130 Rz. 44; KK-AktG-*Noack-Zetzsche*, 3. Aufl., § 130 Rz. 402), genügt die Beurkundung durch einen ausländischen Notar, wenn sie der deutschen Beurkundung gleichwertig ist. Gleichwertigkeit ist gegeben, wenn die ausländische Urkundsperson nach Vorbildung und Stellung im Rechtsleben eine der Tätigkeit des deutschen Notars entsprechende Funktion ausübt und für die Urkunde ein Verfahrensrecht zu beachten hat, das den tragenden Grundsätzen des deutschen Beurkundungsrechts entspricht (BGH, Beschl. vom 16.2.1981 – II ZB 8/80[2], BGHZ 80, 76, 78).

Entscheidend für die Zulässigkeit der Beurkundung durch eine ausländische Urkundsperson sind die mit der Beurkundung verbundenen Zwecke. Sie dient in erster Linie der Rechtssicherheit und Transparenz, damit keine Unklarheiten über Annahme oder Ablehnung von Anträgen und die gestellten Anträge besteht (KK-AktG-*Noack-Zetzsche* aaO Rz. 4). Mit der Fertigung einer notariellen Urkunde geht auch eine bessere Beweissicherung einher. Diesen Zwecken kann auch eine unabhängige ausländische Urkundsperson, deren Stellung mit der eines deutschen Notars vergleichbar ist, genügen.

Die Anwesenheit eines Notars mag zwar außerdem dazu beitragen können, dass Gesetz und Statut bei den Beschlüssen sorgfältiger beachtet werden, und einen geordneten, die Teilnehmerrechte wahrenden Verfahrensablauf sicherstellen (*Priester*, DNotZ 2001, 661, 663; *Krieger*, ZIP 2002, 1597, 1599; MünchKommAktG-*Kubis*, 3. Aufl., § 130 Rz. 1). Weil für sein Amt die Kenntnis des deutschen Aktienrechts nicht erforderlich ist, kann dies von einem ausländischen Notar möglicherweise nicht in dem gleichen Umfang wie von einem deutschen Notar gewährleistet werden. Hauptzweck des Erfordernisses einer notariellen Beurkundung ist die Sicherung eines rechtlich geordneten Verfahrensablaufs jedoch nicht. Für den Verfahrensablauf ist in erster Linie der Versammlungsleiter verantwortlich. Der Gesetzgeber selbst hat für weniger bedeutende Beschlüsse bei nicht-börsennotierten Gesellschaften die Anwesenheit eines Notars für verzichtbar erachtet, § 130 I 3 AktG. Leitungs-, Aufsichts- oder Eingriffsbefugnisse hat er dem Notar nicht zuerkannt und die Beurkundung auf einzelne Tatsachen des äußeren Ablaufs der Versammlung beschränkt (vgl. BGH, Urt. vom 16.2.2009 – II ZR 185/07, BGHZ 180, 9 Rz. 16 [Kirch/Deutsche Bank]). In der Hauptversammlung darf der Notar zwar einen erkennbar sittenwidrigen Beschluss nicht beurkunden, weil er nach § 4 BeurkG und § 14 II BNotO die Beurkundung zu versagen hat, wenn er hierdurch unerlaubten

---

[1] IPRspr. 2012 Nr. 19 (LS).   [2] IPRspr. 1981 Nr. 10b.

oder unredlichen Zwecken dient. Aus anderen Gründen nichtige Beschlüsse muss er aber aufgrund seiner Beurkundungspflicht beurkunden und darf nicht anstelle des nach §§ 245 ff. AktG berufenen Richters die Mangelhaftigkeit von Beschlüssen feststellen (OLG Düsseldorf, NZG 2003, 816; *Spindler-Stilz-Würthwein*, AktG, 2. Aufl., § 241 Rz. 109; a.A. MünchKommAktG-*Hüffer* aaO § 241 Rz. 96 für evident nichtige Beschlüsse).

Eine gleichwertige Beurkundung einer Hauptversammlung durch eine ausländische Urkundsperson ist auch nicht wegen einer für deutsche Notare bestehenden Prüfungs- und Belehrungspflicht ausgeschlossen (*Hüffer-Koch*, AktG, 11. Aufl., § 130 Rz. 8; *Hölters-Drinhausen* aaO; *Schmidt-Lutter-Ziemons* aaO; MünchKommAktG-*Kubis* aaO Rz. 12; KK-AktG-*Noack-Zetzsche* aaO 404; *Bungert*, AG 1995, 26, 33; *Schiessl*, DB 1992, 823; a.A. *Spindler-Stilz-Wicke* aaO § 130 Rz. 18; *Heidel-Terbrack-Lohr*, AktG, 3. Aufl., § 130 Rz. 12). Die Beurkundung der Hauptversammlung ist keine Beurkundung von Erklärungen Beteiligter, sondern eine sonstige Beurkundung über die Wahrnehmungen des Notars (vgl. § 37 I Nr. 2 BeurkG, BGH, Kirch/Deutsche Bank aaO Rz. 11). Für eine solche sonstige Beurkundung des Dritten Abschnitts des Beurkundungsgesetzes gelten die Prüfungs- und Belehrungspflichten nach § 17 BeurkG nicht (*Winkler*, BeurkG, 17. Aufl., Vor § 36 Rz. 14; *Hüffer-Koch* aaO Rz. 12; MünchKommAktG-*Kubis* aaO Rz. 34)."

33. *Die Beurteilung des Sitzes einer Gesellschaft richtet sich nach der Gründungsurkunde, der Satzung sowie der Eintragung im Handelsregister; für eine in einem Mitgliedstaat der Europäischen Union nach dessen Vorschriften wirksam gegründete Gesellschaft ist dabei auf die von ihr nach dem jeweiligen nationalen Recht getroffenen Regelungen abzustellen. [LS der Redaktion]*

LSG Sachsen-Anhalt, Urt. vom 4.12.2014 – L 6 U 99/12: Leitsatz in NZG 2015, 600.

Streitig ist eine Beitragshaftung des Kl. als Bevollmächtigter der 2008 angemeldeten Zweigniederlassung D. der – nach britischem Recht in England gegründeten – U.G. B. (nachfolgend: U.G. Ltd.) bei der Bekl. in M. Das Unternehmen führte mit ca. 25 Arbeitnehmern Maurer- und Betonarbeiten aus und übernahm die Vorbereitung und Durchführung komplexer schlüsselfertiger Hochbauleistungen sowie Sanierungs- und sonstige Bauvorhaben. Nach der Gründungsurkunde der U.G. Ltd. (certificate of incorporation) ist diese seit dem 2008 mit Hauptsitz in Birmingham (registered office) im Handelsregister für England und W. (Companies House Cardiff) eingetragen.

Im September 2008 eröffnete das AG Magdeburg über das Vermögen der vom Kl. als Geschäftsführer vertretenen U.G. B. GmbH (ebenfalls mit Sitz in M.) das Insolvenzverfahren. Wenige Tage später nahm die Bekl. die U.G. Ltd. unter der Adresse ihrer Zweigniederlassung in M. bei sich als Mitglied auf. Mit Beschluss des AG Magdeburg aus dem Jahr 2009 wurde über das Vermögen der Zweigniederlassung der U.G. Ltd. in M. das Insolvenzverfahren eröffnet. Mit Bescheiden vom 4.8.2010 nahm die Bekl. den Kl. in seiner Eigenschaft als Bevollmächtigter der U.G. Ltd. für noch ausstehende Beitragsansprüche und Säumniszuschläge in Anspruch. Im August 2011 hat der Kl. vor dem SG Magdeburg Klage erhoben. Mit Urteil aus dem Jahr 2012 hat das SG die Bescheide der Bekl. vom 4.8.2010 in der Gestalt des Widerspruchsbescheids antragsgemäß aufgehoben. Gegen dieses Urteil hat die Bekl. Berufung eingelegt.

Aus den Gründen:

„Der Sitz dieses am 7.8.2008 gegründeten und von der U.G. Ltd. getragenen Unternehmens ist nach der Gründungsurkunde, der Satzung sowie der Eintragung im Handelsregister Companies House die Stadt Birmingham. Dass diese Umstände maßgeblich sind, ergibt sich aus der Rspr. des EuGH, wonach für eine in einem Mitgliedstaat der EU nach dessen Vorschriften wirksam gegründete Gesellschaft auf die von ihr nach den Vorschriften des jeweiligen nationalen Rechts getroffenen Regelungen abzustellen ist (vgl. Urt. vom 5.11.2002 – Überseering BV ./. Nordic Construction Company Baumanagement GmbH, Rs C-208/00, Slg. 2002, I-09919; Urt. vom 30.9.2003 – Kamer van Koophandel en Fabrieken voor Amsterdam ./. Inspire Art Ltd., Rs C-167/01, Slg. 2003, I-10155). Dieser sog. Gründungstheorie hat sich auch der BGH angeschlossen (s. etwa Urt. vom 14.3.2005 – II ZR 5/03[1], NJW 2005, 1648; Urt. vom 12.7.2011 – II ZR 28/10[2] aaO), worauf die Bekl. zutreffend hingewiesen hat.

Zwar kommt es für den Unternehmenssitz nicht allein auf die Satzung sowie Eintragung im einschlägigen Register an (s. aber §§ 29 HGB, 4a GmbHG, 5 AktG, 6 GenG, 57 I BGB, Art. 54 AEUV), sondern ist auch der tatsächliche organisatorische Mittelpunkt von Bedeutung (*Bereiter-Hahn/Mehrtens*, SGB VII [Stand: Juni 2013], § 130 Rz. 3). Allerdings gilt hierbei von vornherein kein absoluter Maßstab; neben rechtlichen und tatsächlichen Gesichtspunkten sind auch die jeweiligen Besonderheiten des Einzelfalls zu beachten. Auf den organisatorischen Mittelpunkt ist v.a. dann abzustellen, wenn keine rechtlichen Anknüpfungspunkte wie etwa eine Eintragung im jeweiligen Register bzw. Bestimmung im Gesellschaftsvertrag vorhanden sind (ähnlich *Schmitt*, SGB VII, 4. Aufl. [2009], § 130 Rz. 5; *Eichenhofer-Wenner-Bigge*, SGB VII, 2010, § 130 Rz. 3; *Becker-Burchardt-Krasney-Kruschinsky*, SGB VII [Stand: September 2014], § 130 Rz. 8; a.A. wohl *Kater-Leube*, SGB VII, 1997, § 130 Rz. 3; *Ricke*, Kasseler Kommentar Sozialversicherungsrecht [Stand: Juni 2014], § 130 SGB VII Rz. 3).

Dies gilt auch angesichts § 130 II 3 SGB VII. Zwecks Anknüpfung der (regionalen) berufsgenossenschaftlichen Zuständigkeit wird durch diese Vorschrift für Unternehmen im Sinne von § 130 II 1 SGB VII der Ort ihrer Betriebsstätte als Sitz im Inland fingiert. Das Gesetz geht also gerade davon aus, dass eine inländische Betriebsstätte eines ausländischen Unternehmens noch keinen Unternehmenssitz im Inland begründet (das übersieht *Ricke* aaO Rz. 4). Genau dies wäre aber die Konsequenz, wenn entgegen der im Gesellschaftsvertrag des ausländischen Unternehmens getroffenen Regelung und der dortigen Registereintragung allein auf das Vorhandensein einer Betriebsstätte bzw. Zweigniederlassung abgestellt würde. Weil Unternehmen mit Sitz im Inland keinen Bevollmächtigten bestellen müssen, § 130 II 3 SGB VII das Gegenteil aber auch beim Vorhandensein einer inländischen Betriebsstätte eines Unternehmens ohne Sitz im Inland verlangt, kann bei klarem Gesetzeswortlaut und fehlenden anderslautenden gesetzgeberischen Hinweisen (s. BT-Drucks. 13/2204 S. 107) allein die Existenz einer Zweigniederlassung nicht ohne weiteres zu einem Sitz des Unternehmens im Inland führen.

Daran änderte sich auch durch die Gewerbeanmeldung/Eintragung der Zweigniederlassung im Handelsregister nichts. Denn sowohl aus der Gewerbeanmeldung von 2008 als auch dem Handelsregistereintrag des AG Stendal vom 27.8.2008 geht als Unternehmenssitz jeweils ausdrücklich B. hervor. Angemeldet bzw. eingetragen wurde jeweils nur eine Zweigniederlassung und als deren Tätigkeit die Vorbereitung und Durchführung komplexer schlüsselfertiger Hochbauleistungen sowie Sanierungs- und sonstige Bauvorhaben. Gerade die darin liegende Beschränkung auf einen Teil des Unternehmensgegenstands der U.G. Ltd. macht deutlich, dass für die-

---

[1] IPRspr. 2005 Nr. 212.   [2] IPRspr. 2011 Nr. 221.

se auch kein inhaltlicher Grund für eine Sitzverlegung bestand, zumal sie auch sonst außerhalb des Vereinigten Königreichs Zweigniederlassungen gründen darf. Im Übrigen enthalten die §§ 13d ff. HGB besondere Regelungen über die Eintragung inländischer Zweigniederlassungen von Unternehmen mit Hauptniederlassung oder Sitz im Ausland. Ebenso wie § 130 II SGB VII gehen mithin auch diese Vorschriften davon aus, dass ein Unternehmen sowohl eine Hauptniederlassung im Ausland als auch eine Zweigniederlassung im Inland unterhalten kann. Auch hierdurch wird widerlegt, dass allein durch die Einrichtung einer Zweigniederlassung ein Sitz des ausländischen Unternehmens im Inland im Sinne von § 130 I SGB VII begründet wird. Dies gilt umso mehr, da auch mehrere inländische Zweigniederlassungen ohne erkennbaren organisatorischen Mittelpunkt existieren können.

Damit blieb die U.G. Ltd. vorliegend auch nach Begründung der Zweigniederlassung in M. weiterhin ein Unternehmen ohne Sitz im Inland. Dem lässt sich auch nicht die inländische Rechtsfähigkeit der Zweigniederlassung eines nach dem nationalen Recht eines Mitgliedstaats der EU gegründeten Unternehmens entgegenhalten. Denn auch hierdurch ändert sich nichts am Bestehen der U.G. Ltd. mit ihrem Sitz in B. (vgl. hierzu näher BGH, Urt. vom 13.3.2003 – VII ZR 370/98[3], BGHZ 154, 185; EuGH, Überseering aaO; Inspire Art aaO)."

34. *Grundsätzlich beurteilt sich die Prozessführungsbefugnis auch in Fällen mit Auslandsberührung nach deutschem Prozessrecht. Beruht die Prozessführungsbefugnis jedoch auf materiellem Recht, muss nach dem gemäß deutschem Internationalen Privatrecht ermittelten Recht (lex causae) entschieden werden, ob eine solche Befugnis für die im Prozess auftretende Person vorliegt. [LS der Redaktion]*

OLG Köln, Urt. vom 11.12.2014 – 7 U 23/14: Unveröffentlicht.

Die Parteien streiten über Schadensersatz- bzw. Entschädigungsansprüche in Zusammenhang mit einer bislang nicht erfolgten Bescheidung über einen Antrag des Kl. auf Erstattung von Kapitalertragsteuer in Zusammenhang mit sog. Cum-Ex-Geschäften. Der Kl. vertritt als Trustee einen Trust nach amerikanischem Recht, der von den dortigen Behörden als Pensionsfonds anerkannt und von den US-Steuern befreit ist. Neben dem Kl. hat der Fonds keine weiteren Begünstigten. Er verwaltet ein Vermögen von rund 300 Mio. US-Dollar.

Im Zeitraum April-Juni 2011 erwarb der Kl. als Trustee über die Börse Aktien verschiedener deutscher DAX-Unternehmen; die Käufe waren in erheblichem Maße kreditfinanziert. Dem Kl., welchem nur Beträge in Höhe der Nettodividenden gutgeschrieben worden waren, wurde von seiner Depotbank für alle durchgeführten Börsengeschäfte die Abfuhr von Kapitalertragsteuer nebst Solidaritätszuschlag bescheinigt. Über die in London ansässige T. Ltd. stellte der Kl. nach dem Doppelbesteuerungsabkommen zwischen der Bundesrepublik Deutschland und den USA einen Antrag auf Erstattung von Kapitalertragsteuer nebst Solidaritätszuschlag. Der Antrag wurde vom BZSt zurückgewiesen. Über den schriftlichen Antrag sowie über den am 27.6.2012 eingelegten Untätigkeitseinspruch ist bislang nicht entschieden.

Das LG hat die Klage abgewiesen. Hiergegen wendet sich der Kl. mit seiner Berufung, mit welcher er sein Begehren insgesamt weiter verfolgt.

Aus den Gründen:

„II. Die Berufung ist zulässig, hat in der Sache aber keinen Erfolg.

A. ... 1. Mit der Kammer geht der Senat von der Prozessführungsbefugnis des Kl. als Trustee des ... Profit Sharing Plan (Trusts) aus.

Zwar beurteilt sich die Prozessführungsbefugnis auch in Fällen mit Auslandsberührung grundsätzlich nach deutschem Prozessrecht. Gründet die Prozessfüh-

---

[3] IPRspr. 2003 Nr. 13.

rungsbefugnis jedoch auf materiellem Recht, muss nach dem aufgrund deutschen IPR ermittelten Recht (der lex causae) entschieden werden, ob eine solche Befugnis für die im Prozess auftretende Person vorliegt (OLG Celle, Urt. vom 27.10.2010 – 3 U 84/10[1], juris). Vorliegend beurteilt sich diese Frage nach materiellem Gesellschaftsrecht des Staates New Jersey (USA), Art. 41 I EGBGB. Anhaltspunkte dafür, dass der Kl., welcher neben einem weiteren *individual trustee* ausweislich der Gründungsurkunde die Interessen des Trusts als Sondervermögen wahrnimmt, nicht bzw. nicht allein prozessführungsbefugt wäre, bestehen insoweit, auch in Ansehung der Regelung in Ziff. 63.3 a.E. des Gründungsvertrags, nicht, worauf der Senat bereits in der mündlichen Verhandlung hingewiesen hat."

---

[1] IPRspr. 2010 Nr. 178.

III. Rechtsgeschäft und Verjährung

1. Willenserklärung

2. Stellvertretung

3. Form

35. *Nach Art. 39 I EGBGB unterliegen gesetzliche Ansprüche aus der Besorgung eines fremden Geschäfts dem Recht des Staats, in dem das Geschäft vorgenommen worden ist.*

Auf eine Treuhandvereinbarung ist – sofern das in Frage stehende Geschäft bestimmungsgemäß in Deutschland vollzogen werden sollte – gemäß Art. 39, 41 II Nr. 1 EGBGB auch dann deutsches Recht anzuwenden, wenn der behauptete verabredete treuhänderische Erwerb in der Schweiz beurkundet wurde. [LS der Redaktion]

LG Stuttgart, Urt. vom 16.1.2014 – 22 O 582/11: ZIP 2014, 1330; GWR 2014, 88 mit Anm. *Imhof.*

Der Rechtsstreit ist beim OLG Suttgart unter dem Az. 14 U 4/14 anhängig.

36. *Die Vertretungsmacht des „director" oder „associate director" einer englischen Limited Company kann gegenüber dem Grundbuchamt durch die Bescheinigung eines englischen Notars nachgewiesen werden, der das Bestehen der Gesellschaft und die Vertretungsmacht nach Einsicht in das englische Handelsregister und die dort befindlichen Unterlagen („memorandum", „articles of association" und Protokollbuch) bestätigt.*

OLG Nürnberg, Beschl. vom 25.3.2014 – 15 W 381/14: WM 2014, 1483; ZIP 2014, 2033; Rpfleger 2014, 492; DNotZ 2014, 626; FGPrax 2014, 156. Leitsatz in RNotZ 2014, 621. Bericht in EWiR 2015, 375 Anm. *Mense.*

Im Grundbuch von Ansbach, dessen Eigentümerin die Beschwf. ist, ist u.a. eine Grundschuld zugunsten der D.T.C. Ltd., London eingetragen. Mit Schreiben aus 2013 beantragte die Beschwf. die Löschung der Rechte der D.T.C. Ltd.. Beigefügt war eine Löschungsbewilligung der D.T.C. Ltd., die von V. W. unterzeichnet war, mit einer notariellen Beglaubigung der Unterschrift und der Bestätigung, dass Frau W. aufgrund einer beglaubigten Sondervollmacht gehandelt habe. In Ablichtung beigefügt waren die beglaubigte Abschrift einer Vollmacht der D.T.C. Ltd., die von O. O. als *director* und R. S. als *associate director* unterzeichnet war, und eine mit Apostille versehene Erklärung des *notary public* N. A. T., London.

Aus den Gründen:

„II. Die zulässige Beschwerde ist unbegründet. Die Voraussetzungen für die Löschung der Grundschuld liegen nicht vor, weil die Berechtigung, die Grundschuldgläubigerin bei Abgabe der Löschungsbewilligung zu vertreten, nicht ausreichend nachgewiesen ist ...

1. ... 2. ... d) Der Nachweis ist auch nicht durch andere im Grundbuchverfahren zulässige Beweismittel erbracht. Die von einem englischen *notary public* ausgestellten Bescheinigungen vom 23.1.2013 und vom 14.10.2013 bestätigen zwar, dass die genannten Personen sie unterzeichnet haben, nicht aber das Weiterbestehen der Gesellschaft zum Zeitpunkt der Bestätigung und die Vertretungsberechtigung für die Grundschuldgläubigerin.

aa) Gemäß Art. 1 Satz 1 und 2 lit. c, 2 Satz 1, 3 I, 4, 5 II des Haager Übereinkommens zur Befreiung ausländischer öffentlicher Urkunden von der Legalisation vom 5.10.1961 (BGBl. 1965 II 876) bedürfen notarielle Urkunden, die in dem Hoheitsgebiet eines Vertragsstaats errichtet worden sind und die in dem Hoheitsgebiet eines anderen Vertragsstaats vorgelegt werden sollen, zur Bestätigung der Echtheit der Unterschrift, der Eigenschaft, in welcher der Unterzeichner der Urkunde gehandelt hat und ggf. der Echtheit des Siegels oder Stempels, mit dem die Urkunde versehen ist, nicht der Legalisation, sondern nur einer Apostille der zuständigen Stelle des Ausstellungsstaats. Großbritannien und die Bundesrepublik Deutschland sind Vertragsstaaten (*Demharter*, GBO, 28. Aufl., § 29 Rz. 54). Die Apostille verleiht der Urkunde Beweiskraft aber nur hinsichtlich der Echtheit der Unterschrift, der Eigenschaft, in welcher der Unterzeichner der Urkunde gehandelt hat und ggf. der Echtheit des Siegels oder Stempels, mit dem die Urkunde versehen ist (Art. 5 II des Übereinkommens), nicht auch hinsichtlich des übrigen Inhalts. Sie steht damit einer öffentlich beglaubigten Urkunde nach deutschem Recht gleich und beweist die in ihr bezeugte Unterschriftsleistung.

bb) Ob die Urkunde weitergehende Beweiskraft hat, bestimmt sich zunächst nach dem Recht des Ausstellungsstaats (*Zöller-Geimer*, ZPO, 30. Aufl., § 438 Rz. 1). Das Eintragungsverfahren und die zu erbringenden Nachweise – und damit auch die Anerkennung der Beweiskraft ausländischer Urkunden – richten sich aber nach der GBO als der lex fori (OLG Köln, FGPrax 2013, 18[1]; OLG Dresden, NZG 2008, 265[2]; KG, DNotZ 2012, 604; *Zöller-Geimer* aaO; *Staudinger-Magnus*, BGB, 13. Bearb., Art. 32 Rz. 113). Bei ausländischen Urkunden hat das Registergericht entsprechend zu überprüfen, ob die Urkunde den deutschen verfahrensrechtlichen Anforderungen entspricht (MünchKomm-*Spellenberg*, 5. Aufl., Art. 11 EGBGB Rz. 193) ...

(2) Es kann davon ausgegangen werden, dass ein englischer *notary public* mit einem deutschen Notar grundsätzlich vergleichbar ist (ebenso *Staudinger-Magnus* aaO) und dass zu den Aufgaben des *notary public* auch die Bestätigung von Tatsachen gehört.

(3) Das Fortbestehen der Gesellschaft zum Zeitpunkt der Vollmachterteilung und die Vertretungsberechtigung der unterzeichnenden Personen sind aber durch die in den Urkunden vom 23.1.2013 und 14.10.2013 enthaltenen Feststellungen nicht nachgewiesen.

Eine notarielle Bescheinigung, die inhaltlich allein auf einer Einsichtnahme des Notars in das beim Companies House geführte Register beruht, ist nicht geeignet, die Vertretungsbefugnis eines *director* nachzuweisen. Das beim Companies House geführte Register entspricht nicht dem deutschen Handelsregister, da ihm keine vergleichbare Publizitätsfunktion zukommt. Die Vertretungsbefugnis eines *director*

---

[1] IPRspr. 2012 Nr. 21. [2] IPRspr. 2007 Nr. 235.

kann auf dem Gesellschaftsvertrag oder einem entsprechenden Beschluss der Gesellschafterversammlung beruhen so dass sie sich nur durch eine Einsichtnahme in die entsprechenden Unterlagen (*articles of association, minute book*) feststellen lässt (OLG Köln aaO; OLG Dresden aaO Tz. 49 zit. n. juris; KG aaO 606, Tz. 13 zit. n. juris). Das *certificate of incorporation* des Registrar of Companies erbringt im englischen Rechtskreis zwar den Beweis dafür, dass die Gesellschaft als juristische Person entstanden ist, trifft jedoch weder eine Aussage dazu, ob diese juristische Person noch zu einem späteren Zeitpunkt existent ist, noch dazu, wer sie wirksam vertreten kann (OLG Dresden aaO zit. n. juris; s. 15 (4) Companies Act 2006: *is conclusive evidence that the requirements ... as to registration have been complied with and that the company is duly registered*).

In der Rspr. wird als geeignet zum Nachweis der Vertretungsberechtigung eine Vertretungsbescheinigung durch einen englischen Notar angesehen, die dieser auf der Grundlage der Einsicht in das Register, das *memorandum* und die *articles of association* sowie das Protokollbuch der Gesellschaft erstellt (KG aaO 604 Tz. 15 zit. n. juris; OLG Hamm, FGPrax 2006, 276[3] Tz. 34 zit. n. juris). Hinsichtlich der Vertretungsberechtigung ist diese Bestätigung nicht mit der Bestätigung nach § 21 BNotO vergleichbar, da sie nicht lediglich den von der registerführenden Behörde geprüften Inhalt des Registers wiedergibt, sondern auf einer eigenen Prüfung der beim Register vorhandenen Dokumente beruht. Da es sich deshalb der Sache nach um eine gutachterliche Äußerung handelt, muss die Bescheinigung die tatsächlichen Grundlagen der notariellen Feststellungen enthalten (OLG Hamm aaO); ansonsten ist eine Beweiswürdigung durch das GBA nicht möglich. Auch die Beweiskraft einer Notarbestätigung über amtlich wahrgenommene Tatsachen nach § 20 I 2 BNotO, § 418 ZPO gilt nur für die Tatsachen, nicht für die daraus gezogenen Schlussfolgerungen (OLG Frankfurt, NZG 2013, 143; Rpfleger 1996, 151; OLG München, RNotZ 2010, 62; *Demharter* aaO Rz. 29).

Diese Voraussetzungen sind im vorliegenden Fall nicht erfüllt. Die notariellen Bescheinigungen vom 23.1.2013 und vom 14.10.2013 stützen sich zwar nicht nur auf die Einsicht des Gesellschaftsregisters, sondern auch auf ‚die Unterlagen der Gesellschaft' (23.1.2013) bzw. das *memorandum*, die *articles of association* und das Protokollbuch der Gesellschaft (14.10.2013). Sie erfassen mithin die Unterlagen, die eine Aussage über das Bestehen und den Bestand der bescheinigten Vertretungsmacht ermöglichen. Nähere Angaben zu den konkreten Schriftstücken, aus denen die getroffenen Feststellungen abgeleitet werden – etwa den Beschluss, durch den die Bestellung der Unterzeichner erfolgt ist –, sind nicht enthalten. Eine Prüfung, ob die bescheinigten Tatsachen nachvollziehbar sind, ist nicht möglich."

37. *Der Unterhaltsanspruch einer nach türkischem Recht geschiedenen Ehefrau, die ihren gewöhnlichen Aufenthalt in Deutschland hat, richtet sich gemäß Art. 3 I des zum Zeitpunkt der Ehescheidung geltenden Protokolls über das auf Unterhaltspflichten anzuwendende Recht vom 23.11.2007 (ABl. Nr. L 331/19) nach deutschem Recht.*

---

[3] IPRspr. 2006 Nr. 254.

Ein von der Betreffenden in der Türkei vor dem dortigen Gericht abgegebener und von diesem bestätigter Unterhaltsverzicht ist nach Art. 11 EGBGB als formgültiges Rechtsgeschäft anzusehen. [LS der Redaktion]

OLG Stuttgart, Beschl. vom 13.8.2014 – 17 WF 146/14: FamRZ 2014, 2005 mit Anm. *Dutta*.

4. Verjährung

IV. Schuld-, Handels- und Arbeitsrecht

1. Vertrag und andere rechtsgeschäftliche Verbindlichkeiten

Siehe auch Nr. 38

38. *Fällt ein Lebensversicherungsvertrag nicht in den Anwendungsbereich des Art. 29 I EGBGB in der Fassung vom 21.9.1994, weil er zu den in Art. 37 Satz 1 Nr. 4 in der Fassung vom 27.6.2000 genannten Versicherungsverträgen gehört, unterliegt auch ein dessen Finanzierung dienender Darlehensvertrag nicht Art. 29 I EGBGB in der Fassung vom 21.9.1994.*

Die neben der Einzahlung in eine Lebensversicherung für deren Verwaltung anfallenden Kosten sind untergeordnete Nebenleistungen, die für die Einordnung des finanzierten Vertrags im Sinne von Art. 29 I EGBGB in der Fassung vom 21.9.1994 keine prägende Bedeutung besitzen.

a) OLG Hamburg, Urt. vom 30.1.2013 – 13 U 203/11: WM 2014, 262.

b) BGH, Urt. vom 16.9.2014 – XI ZR 78/13: NJW 2015, 555; WM 2014, 2088; MDR 2014, 1377; VersR 2015, 585; ZIP 2014, 2173; DB 2014, 2526; WuB 2015, 47 mit Anm. *Dörner*. Leitsatz in: JZ 2014, 697; LMK 2015, 364497 mit Anm. *Looschelders*.

Die Kl., eine in Liechtenstein ansässige Bank, nimmt den Bekl. auf Rückzahlung eines Darlehens in Anspruch, mit dem dieser eine Kapitalanlage finanziert hat. Der Bekl. beansprucht von der Kl. im Wege der Widerklage Zahlung von ... €, die er für den Erwerb dieser Kapitalanlage aus Eigenkapital und die Vermittlungsprovision an die bevollmächtigte S. AG aufgewendet hat. Der in Hamburg wohnende Bekl. nahm mit Vertrag aus dem Jahr 2006, den er in der Bundesrepublik Deutschland unterzeichnete, bei der Kl. einen Kontokorrent-Rahmenkredit auf. In der Vertragsurkunde heißt es u.a.: „Alle Rechtsbeziehungen des Kunden mit der Bank unterstehen dem liechtensteinischen Recht." Der Bekl. finanzierte mit dem Darlehen den Erwerb einer Kapitallebensversicherung bei der C. AG mit Sitz in Liechtenstein, die später durch Fusion in der Streithelferin der Kl. aufgegangen ist. Der Bekl. unterzeichnete dort 2005 ein mit „Anlagestrategie" überschriebenes Formular.

Aus den Gründen:

a) OLG Hamburg 30.1.2013 – 13 U 203/11:

„Die Berufung ist – nach der Teilrücknahme der Widerklageforderung in Höhe des geltend gemachten Zinsschadens – in der Hauptsache begründet.

Der Kl. steht gegen den Bekl. kein Anspruch auf Rückzahlung der Darlehensvaluta zu, und sie muss dem Bekl. den von ihm aus Eigenmitteln aufgebrachten Teil der Anlagesumme in Höhe von € 50 000 sowie die gezahlte Vermittlungsprovision von € 1 000 zurückerstatten, denn §§ 355, 358, 357 i.V.m. 346 I BGB sind nach Art. 29 I EGBGB a.F. auch dann, wenn die Parteien wirksam die Anwendung liechtensteinischen Rechts vereinbart haben sollten, anwendbar (dazu 1.). Bei dem Kreditvertrag und dem Kapitallebensversicherungsvertrag handelt es sich um verbundene Geschäfte im Sinne von § 358 BGB, und der Bekl. hat seine auf Abschluss des Darlehensvertrag gerichtete Willenserklärung wirksam widerrufen (dazu 2.).

1. Ob die Parteien gemäß Ziff. 12 des Kreditvertrags vom 22.3.2006 eine wirksame Rechtswahl auf liechtensteinisches Recht getroffen haben, kann, da der Bekl. die Widerklage hinsichtlich des geltend gemachten Zinsschadens zurückgenommen hat, für welchen ihm ein nicht dem Verbraucherschutzrecht unterfallender Schadensersatzanspruch hätte zustehen müssen, hier zunächst dahinstehen.

Auch bei wirksamer Rechtswahl blieben die deutschen Verbraucherschutzvorschriften der §§ 355, 357, 358 BGB a.F. nach Art. 29 EGBGB a.F. anwendbar, da die Voraussetzungen des Art. 29 EGBGB a.F. nach Auffassung des Senats erfüllt sind.

Der Kreditvertrag ist entgegen der Ansicht des LG als Vertrag zur Finanzierung einer Dienstleistung anzusehen.

Unstreitig diente vorliegend der Kreditvertrag der Aufbringung des Fremdkapitalanteils der an die C. AG zu zahlenden Einmalprämie und damit der Finanzierung des Erwerbs der Lebensversicherung. Der Lebensversicherungsvertrag des Bekl. mit der C. AG aber stellt sich bei der gebotenen wertenden Betrachtung als Dienstleistungsvertrag im Sinne des Art. 29 EGBGB a.F. dar [sogleich (a)].

Zudem diente der Kreditvertrag, sofern man vom Bestehen eines selbständigen Vermögensverwaltungsvertrags des Bekl. mit der S. AG ausgeht, auch der Finanzierung dieses Vertrags, der ebenfalls als Dienstleistungsvertrag zu beurteilen ist [s.u. (b)], und schließlich ist jedenfalls die Gesamtheit der Rechtsbeziehungen der Beteiligten, die nach Auffassung des Senats nicht getrennt beurteilt werden können, da sie sich als unselbständige Teile eines einheitlichen Anlagekonzeptes darstellen, als Dienstleistungsverhältnis einzustufen.

Der Begriff der Erbringung von Dienstleistungen in Art. 29 EGBGB a.F. ist autonom zu bestimmen. Dies folgt u.a. aus Art. 36 EGBGB a.F., wonach die auf das EVÜ zurückgehenden Regelungen in allen Vertragsstaaten einheitlich aus dem Übereinkommen heraus ausgelegt werden sollen. Art. 29 EGBGB a.F. liegt dessen Art. 5 zugrunde. Er ist weit auszulegen und bezieht sich auf tätigkeitsbezogene Leistungen an einen Verbraucher, die aufgrund von Dienstverhältnissen, von Werk- und Werklieferungsverträgen und von Geschäftsbesorgungsverhältnissen erbracht werden (vgl. BGH, Urt. vom 26.10.1993 – XI ZR 42/93[1], zit. n. juris, Rz. 18 f.).

(a) Bei der Beurteilung, ob die von dem Bekl. bei der C. AG abgeschlossene Lebensversicherung einen Dienstleistungsvertrag im Sinne von Art. 29 EGBGB a.F. darstellt, ist daher nicht auf die Bezeichnung der Kapitalanlage abzustellen, sondern auf die inhaltliche Ausgestaltung. Nach Auffassung des Senats kann der Lebensversicherungsvertrag nur im Zusammenhang mit dem hier streitgegenständlichen Kreditvertrag und der Beteiligung [der S. AG] gesehen werden, da es sich um ein geschlossenes Anlagekonzept handelte.

Dabei ist festzustellen, dass der Vertrag von tätigkeitsbezogenen Leistungen an den Bekl., der diesen Vertrag unstreitig als Verbraucher einging, geprägt war ...

Ein Vermögensverwaltungsvertrag ist jedoch nach der Rspr. des BGH als Geschäftsbesorgungsvertrag mit Dienstvertragscharakter zu qualifizieren (BGH – III ZR 237/01, zit. n. juris, Rz. 12) ...

Der streitgegenständliche Darlehensvertrag dient auch der Finanzierung dieser Dienstleistungstätigkeit – zum einen mittelbar, indem er über die Kreditgewährung

---

[1] IPRspr. 1993 Nr. 37.

einen wesentlichen Teil der verwalteten Vermögensmasse erst schafft, zum anderen aber auch ganz unmittelbar und direkt, indem die Kosten der Vermögensverwaltung nach § 23 III der AVB der C. AG aus dem wesentlich durch die Kreditierung geschaffenen Deckungsstock bedient werden (s.o.).

(c) Schließlich ist jedenfalls die Gesamtheit von Lebensversicherungsvertrag und Vermögensverwaltungsvertrag (sofern man einen selbständigen Vertrag des Bekl. mit der S. AG annehmen will) als Dienstleistungsvertrag einzustufen, da jeder Vertrag für sich Dienstleistungscharakter hat und eine getrennte Betrachtung der beiden Verträge nach Auffassung des Senats einen einheitlichen Lebenssachverhalt unnatürlich aufspalten würde ...

Auch die Ausnahmeregelung des Art. 29 IV 1 Nr. 2 EGBGB a.F. greift hier nicht, denn nach Wortlaut sowie Sinn und Zweck der Vorschrift sind Verträge zur Finanzierung von Geschäften über die Erbringung von Dienstleistungen im Ausland nicht von der Anwendbarkeit der Art. 29 I bis III EGBGB a.F. ausgenommen (BGH, Urt. vom 26.10.1993 aaO Rz. 28).

2. Daraus ergibt sich für die Klage, dass diese wegen des am 24.11.2009 durch den Bekl. erklärten Widerrufs unbegründet ist. Die weiteren Voraussetzungen des Art. 29 I Nrn. 1 und 2 EGBGB a.F. liegen vor, denn die Anlagemöglichkeit ist dem Bekl. in Deutschland angeboten worden, sämtliche zum Abschluss des Vertrags erforderliche Rechtshandlungen sind in Deutschland vorgenommen worden und die Bestellung des Bekl. ist von Vertretern der Kl. in Deutschland entgegengenommen worden. Der im Schriftsatz vom 24.11.2009 erklärte Widerruf des Bekl. seiner auf Abschluss des Kreditvertrags gerichteten Willenserklärung ist gemäß §§ 495 I, 355 BGB a.F. wirksam. Aufgrund fehlender Belehrung des Bekl. über das Widerrufsrecht nach diesen Normen lief gemäß § 355 III 3 BGB a.F. keine Widerrufsfrist.

Da auch Art und Reichweite der Rückabwicklung Ausprägungen des Verbraucherschutzes sind, gilt für diese ebenfalls deutsches Recht.

Bei dem Darlehens- und dem Kapitalanlagevertrag handelte es sich um verbundene Verträge im Sinne von § 358 III BGB a.F., denn der Kredit ist – wie bereits dargelegt – ausschließlich zur Finanzierung des Anlagemodells gewährt worden und die Kl. und die C. AG wirkten aus der Sicht des Bekl. arbeitsteilig zusammen; insbesondere verfügte der Anlagevermittler über Vertragsantragsformulare sowohl der Kl. als auch der C. AG; jedenfalls die Rahmenvereinbarung Anl. B 20 lässt hier im Übrigen keinen Raum für Zweifel ...

3. Der Zinsanspruch ist aus §§ 1333,1334 i.V.m. 1000 liecht. ABGB begründet; insoweit – d.h. soweit nicht zwingende Normen des deutschen Verbraucherschutzrechts abbedungen werden sollen – ist die im Kreditvertrag getroffene Rechtswahl auf liechtensteinisches Recht nach Art. 27, 31 EGBGB a.F. i.V.m. Art. 4 II EGBGB wirksam.

Da jedenfalls im allgemeinen Zivilrecht in Liechtenstein weitgehend österreichisches Recht anzuwenden ist (S. 3, 4 des Gutachtens Prof. Dr. T. vom 22.10.2010), greift hier § 1333 liecht. ABGB, da sich die Kl. mit der Erfüllung der Forderung des Bekl. jedenfalls seit Zustellung der Widerklage am 1.6.2010 im Sinne der §§ 1295, 1333 liecht. ABGB in Verzug befindet. Der Verzugszins beläuft sich auf 5% p.a."

b) BGH 16.9.2014 – XI ZR 78/13:

„II. Diese Ausführungen halten rechtlicher Nachprüfung in einem entscheidenden Punkt nicht stand.
Die internationale Zuständigkeit der deutschen Gerichte hat der Senat geprüft und bejaht. Sie ergibt sich für die Klage aus Art. 2 I EuGVO und für die Widerklage jedenfalls aus § 39 ZPO in entsprechender Anwendung.
Die Ansicht des Berufungsgerichts, die dem Verbraucherschutz dienenden §§ 495 I, 355, 358 BGB a.F. seien gemäß Art. 29 I EGBGB a.F. auf den streitgegenständlichen Kreditvertrag anwendbar, ist rechtsfehlerhaft. Dem Bekl. steht nach diesen Vorschriften kein Widerrufsrecht zu.
1. Das Berufungsgericht hat offengelassen, ob der von den Parteien geschlossene Kreditvertrag dem in Ziff. 12 der Vertragsurkunde gewählten Recht des Fürstentums Liechtenstein unterliegt. Das Zustandekommen und die Wirksamkeit der Einigung der Parteien über das anzuwendende Recht beurteilen sich vorliegend gemäß Art. 27 IV i.V.m. Art. 31 I EGBGB a.F. nach dem Recht des Fürstentums Liechtenstein. Da das Berufungsgericht dieses Recht nicht ermittelt hat, ist revisionsrechtlich zugunsten der Kl. davon auszugehen, dass die zwischen den Parteien getroffene Rechtswahlvereinbarung nach liechtensteinischem Recht wirksam ist.
2. Entgegen der Auffassung des Berufungsgerichts ist die gemäß Art. 27 EGBGB a.F. eröffnete Rechtswahl vorliegend nicht nach Art. 29 I EGBGB a.F. eingeschränkt, da dessen Tatbestandsvoraussetzungen nicht vorliegen.
a) Das streitgegenständliche Darlehen stellt – anders als das Berufungsgericht meint – keinen Vertrag zur Finanzierung einer Dienstleistung im Sinne des Art. 29 I EGBGB a.F. dar.
Ein Kredit- oder Darlehensvertrag ist als Finanzierungsvertrag im Sinne des Art. 29 EGBGB a.F. einzustufen, wenn zwischen ihm und einem Vertrag über die Lieferung beweglicher Sachen oder die Erbringung von Dienstleistungen eine Zweckbindung besteht, er mithin der Finanzierung eines solchen Liefer- oder Dienstleistungsvertrags dient (*Staudinger-Magnus*, BGB, Bearb. 2002, Art. 29 EGBGB Rz. 55; MünchKomm-*Martiny*, 4. Aufl., Art. 29 EGBGB Rz. 21; *Soergel-v. Hoffmann*, BGB, 12. Aufl., Art. 29 EGBGB Rz. 11). Dabei ist der Begriff der ‚Erbringung von Dienstleistungen' in Art. 29 I EGBGB a.F. nach dessen Schutzzweck weit auszulegen. Er umfasst tätigkeitsbezogene Leistungen aufgrund von Dienst-, Werk-, Werklieferungs- und Geschäftsbesorgungsverträgen (Senatsurteile vom 26.10.1993 – XI ZR 42/93[1], BGHZ 123, 380, 385 und vom 13.12.2005 – XI ZR 82/05[2], BGHZ 165, 248, 253; BGH, Urt. vom 19.3.1997 – VIII ZR 316/96[3], BGHZ 135, 124, 130 f.). Maßgebend ist, dass die geschuldete tätigkeitsbezogene Leistung für den Vertrag prägende Bedeutung hat (vgl. BGH, Urt. vom 19.3.1997 aaO 131; *Staudinger-Magnus* Rz. 61). Handelt es sich hingegen bei der geschuldeten tätigkeitsbezogenen Leistung nur um eine untergeordnete Nebenleistung, liegt kein Vertrag über die Erbringung von Dienstleistungen im Sinne des Art. 29 I EGBGB a.F. vor (vgl. Senatsurteil vom 13.12.2005 aaO; BGH, Urt. vom 19.3.1997 aaO; OLG Frankfurt/Main, WM 2014, 255, 259[4]; MünchKomm-*Martiny* aaO Rz. 20).

---

[1] IPRspr. 1993 Nr. 37.
[2] IPRspr. 2005 Nr. 13b.
[3] IPRspr. 1997 Nr. 34.
[4] IPRspr. 2013 Nr. 37.

aa) Gemessen daran stuft das Berufungsgericht rechtsfehlerhaft Verwaltungsleistungen der C. AG bzw. der S. AG als wesentliche Dienstleistungen im Rahmen des zwischen ihr und dem Bekl. geschlossenen Vertrags ein.

(1) Das Darlehen diente ausweislich der vertraglich vereinbarten Zweckbestimmung dem Aufbau der Altersvorsorge. Gegenüber der C. AG gab der Bekl. als Anlageziel ‚Vermögenszuwachs' an. Zur Erreichung dieses Ziels investierte der Bekl. nach den unangegriffenen Feststellungen des Berufungsgerichts den Darlehensbetrag sowie das eingesetzte Eigenkapital in die Beteiligung an einem ‚S. Garantie Fonds'. Das bei der Kl. aufgenommene Darlehen diente somit der Finanzierung des Erwerbs dieser Kapitalanlage.

(2) Dem steht nicht entgegen, dass – nach Auffassung des Berufungsgerichts – der Bekl. im Zusammenhang mit seiner Investition – mittelbar – auch für die Verwaltung anfallende Kosten zu tragen hatte.

Solche Gebühren betreffen untergeordnete Nebenleistungen (vgl. OLG Frankfurt/Main aaO 257; OLG Hamm, Beschl. vom 15.11.2012 – I-34 U 83/11, S. 8, n.v.), die typischerweise mit einer Beteiligung an einem Investmentfonds verbunden sind. Diese Leistungen besitzen schon angesichts des Verhältnisses der hierfür üblicherweise vereinbarten Entlohnung von zwischen 0,3 und 2,0 % des Rücknahmepreises (vgl. *Förster-Hertrampf*, Das Recht der Investmentfonds, 3. Aufl., Rz. 136) zur Investitionssumme für den finanzierten Vertrag keine prägende Bedeutung.

Darüber hinaus ist die gemäß Art. 29 EGBGB a.F. erforderliche Zweckbindung zwischen dem streitgegenständlichen Darlehen und Verwaltungsleistungen der C. AG nicht gegeben. Die laufenden Verwaltungskosten sollten nach dem Vertragszweck, einen Vermögenszuwachs zu erzielen, nicht aus dem streitgegenständlichen Darlehen finanziert werden, sondern aus den mit der Investition erwirtschafteten Erträgen. Zu einem Vermögenszuwachs beim Bekl. konnte die Investition erwartungsgemäß nämlich nur dann führen, wenn die mit ihr erzielten Erträge mindestens die Fremdkapitalzinsen sowie die laufenden Verwaltungskosten decken. Besondere Verwaltungskosten sollten – wie das Berufungsgericht unangegriffen festgestellt hat – ohnehin vom Versicherungsnehmer später an die C. AG nachgeschossen werden.

bb) Zu Unrecht macht die Revisionserwiderung geltend, Art. 29 I EGBGB a.F. sei auf den streitgegenständlichen Kreditvertrag anzuwenden, weil dieser der Finanzierung eines Kapitallebensversicherungsvertrags und damit einer Dienstleistung gedient habe.

Zwar trifft es zu, dass die Gewährung von Versicherungsschutz als Dienstleistung anzusehen ist (vgl. EuGH, Urt. vom 4.12.1986 – Kommission der Europäischen Gemeinshaften ./. BRD, Rs C-205/84 Slg. 1986, 3755; MünchKomm-*Martiny* aaO Rz. 18; *Soergel-v. Hoffmann* aaO Rz. 7; *Dörner*, Internationales Versicherungsvertragsrecht, 1997, Art. 15 EGVVG Rz. 5) und Versicherungsverträge dementsprechend als Dienstleistungsverträge im Sinne des Art. 29 I EGBGB a.F. eingestuft werden können (vgl. *Prölss-Martin-Armbrüster*, VVG, 28. Aufl., Vor Art. 7 EGVVG Rz. 23). Soweit Versicherungsverträge aber gemäß Art. 37 Satz 1 Nr. 4 EGBGB a.F. nicht den Regelungen der Art. 27 bis 36 EGBGB a.F., sondern den Art. 7 bis 15 EGVVG in der bis zum 16.12.2009 g.F. (nachfolgend: a.F.) unterworfen sind, beansprucht Art. 29 I EGBGB a.F. keine Geltung (vgl. *Staudinger-Magnus* aaO Rz. 30, 53; MünchKomm-*Martiny* aaO Rz. 18; *Dörner* aaO Vorb. Art. 7 EGVVG Rz. 17).

So liegen die Dinge hier. Der Versicherungsschutz, der dem in Hamburg wohnhaften Bekl. für den Fall seines Todes gewährt wurde, deckte nach Art. 37 Satz 1 Nr. 4 EGBGB a.F. i.V.m. Art. 7 II Nr. 4 lit. a EGVVG a.F. ein in der Bundesrepublik Deutschland belegenes Risiko. Fällt jedoch schon der Lebensversicherungsvertrag nicht in den Anwendungsbereich des Art. 29 EGBGB a.F., gilt dies – entgegen der Ansicht der Revisionserwiderung – erst recht nicht für den hier streitgegenständlichen Darlehensvertrag, mit dem der Bekl. diesen Lebensversicherungsvertrag finanziert hat.

cc) Anders als die Revisionserwiderung annimmt, rechtfertigt vorliegend auch nicht die Verweisung in Art. 15 EGVVG a.F. auf die Art. 27 bis 36 EGBGB a.F. eine Anwendung des Art. 29 I EGBGB a.F. zugunsten des Bekl. Denn Art. 15 EGVVG a.F. findet auf Kreditverträge keine Anwendung. Der sachliche Anwendungsbereich der Art. 8 bis 15 EGVVG a.F. wird durch Art. 7 I EGVVG a.F. bestimmt (*Dörner* aaO Art. 7 EGVVG Rz. 1; *Bruck-Möller-Dörner*, VVG, 9. Aufl., Einf. Int. VersR Rz. 23 f.). Danach knüpfen diese Vorschriften an die in Art. 7 I EGVVG a.F. genannten Versicherungsverträge an, so dass sich die Art. 8 ff. EGVVG a.F. und damit auch Art. 15 EGVVG a.F. nicht auf Kreditverträge beziehen. Von der Rückverweisung nach Art. 15 EGVVG a.F. auf die allgemeinen vertragsrechtlichen Kollisionsregeln der Art. 27 bis 36 EGBGB a.F. wird daher der hier in Streit stehende Kreditvertrag nicht erfasst.

b) Entgegen der weiter von der Revisionserwiderung vertretenen Auffassung ist der streitgegenständliche Kreditvertrag auch für sich genommen nicht als Dienstleistungsvertrag im Sinne des Art. 29 I EGBGB a.F. anzusehen. Verbraucherkreditverträge fallen nämlich nicht allgemein unter Art. 29 I EGBGB a.F. (*Staudinger-Magnus* aaO Rz. 56 m.w.N.; MünchKomm-*Martiny* aaO Rz. 22 m.w.N.; *Soergel-v. Hoffmann* aaO). Nach Systematik und Wortlaut erfasst Art. 29 I EGBGB a.F. Kreditverträge nur dann, wenn sie der Finanzierung einer Dienstleistung oder der Lieferung einer beweglichen Sache dienen (vgl. zutreffend OLG Frankfurt/Main aaO 259; *Staudinger-Magnus* aaO Rz. 54).

Dem steht nicht entgegen, dass der Senat in anderem Zusammenhang die Vergabe von Bankkrediten als ‚Erbringung von Dienstleistungen' eingeordnet hat (vgl. Senatsurteil vom 28.2.2012 – XI ZR 9/11[5], WM 2012, 747 Rz. 21). Ob die Gewährung eines Darlehens eine Dienstleistung im Sinne des im dort entschiedenen Fall auszulegenden Art. 5 Nr. 1 lit. b Spiegelstrich 2 EuGVO ist, war nach dem gemeinschaftsrechtlich autonom auszulegenden Wortlaut dieser Norm zu entscheiden (vgl. Senatsurteil vom 28.2.2012 aaO Rz. 16), der nicht mit dem des Art. 29 I EGBGB a.F. übereinstimmt. Da in Art. 29 I EGBGB a.F. ausdrücklich nur bestimmte Finanzierungsverträge genannt werden, kann bei dessen Auslegung insoweit nicht Rechtsprechung übernommen werden, die zu Regelungen ergangen ist, die diese Präzisierung nicht enthalten."

39. *Die Parteien eines Arbeitsvertrags können jederzeit gemäß Art. 27 II 1 EGBGB vereinbaren, dass der Vertrag einem anderen Recht unterliegen soll als dem, das zuvor aufgrund einer früheren Rechtswahl für den Vertrag maßgebend war. [LS der Redaktion]*

---

[5] IPRspr. 2012 Nr. 203.

LAG Rheinland-Pfalz, Urt. vom 18.1.2014 – 7 Sa 84/13: Unveröffentlicht.

Die Parteien streiten über die Verpflichtung des Bekl. und Widerklägers zur Leistung von Schadensersatz nach einem Verkehrsunfall sowie über die Verpflichtung der Kl. und Widerbeklagten zur Zahlung von Vergütung und Urlaubsabgeltung. Der zum Zeitpunkt des Unfalls 52 Jahre alte Bekl. war seit 2007 auf der Grundlage eines Arbeitsvertrags bei der Kl. als Kraftfahrer im Güterverkehr beschäftigt. Art. 9 des „Arbeitsvertrags auf bestimmte Dauer" lautet: „Für alle in diesem Vertrag nicht aufgeführten Bedingungen gelten die gesetzlichen Bestimmungen. Dieser Vertrag unterliegt einzig und ausschließlich der luxemburgischen Gesetzgebung."

Aus den Gründen:

„B. ... I. ... 2. Die mit der Klage geltend gemachten Ansprüche sind nach Auffassung der Kammer nach deutschem Recht zu beurteilen. Die Frage, welches Recht anzuwenden ist, bestimmt sich nach Art. 27 ff. EGBGB. Für alle bis zum 17.12.2009 abgeschlossenen Verträge sind in Deutschland aufgrund allgemeiner Grundsätze des intertemporalen Rechts weiterhin die auf dem EVÜ beruhenden Art. 27–37 EGBGB heranzuziehen und nicht die Bestimmungen der Rom-I-VO.

Gemäß Art. 27 I EGBGB konnten die Parteien das anzuwendende Recht frei wählen. Die Parteien haben in Art. 9 Satz 2 des Arbeitsvertrags vom 29.1.2007 geregelt, dass dieser Vertrag einzig und ausschließlich der luxemburgischen Gesetzgebung unterliegen soll. Die Parteien konnten aber jederzeit gemäß Art. 27 II 1 EGBGB vereinbaren, dass der Vertrag einem anderen Recht unterliegen soll als dem, das ggf. zuvor aufgrund einer früheren Rechtswahl für ihn maßgebend war. Welches Recht nunmehr Anwendung finden soll, ist aufgrund des tatsächlichen Willens der Parteien zu beurteilen. Im Rahmen der Ermittlung dieses Parteiwillens kann u.a. auf die tatsächliche Vertragsdurchführung abgestellt werden, weil diese auf das Vertragsverständnis der Parteien hinweist (LAG Rheinland-Pfalz, Urt. vom 2.3.2012 – 9 Sa 633/11[1], zit. n. juris, Rn. 69). Zwar ist der Vertrag ausweislich seines Wortlauts ‚ausgestellt zu W.', und die Kl. hat ihre Geschäftsadresse in Luxemburg. Der Bekl. wohnt jedoch in D./Deutschland und hat den Arbeitsvertrag in Deutschland unterzeichnet. Seine berufliche Tätigkeit hat er zu 90% tatsächlich in oder von Deutschland aus ausgeübt. Der Vertrag ist in deutscher Sprache abgefasst, die Vertragsgestaltung entspricht deutschem Arbeitsrecht. Außerdem haben die Parteien zumindest nachträglich im Prozess die Anwendung deutschen Rechts gewählt. Dem Umstand, dass beide Parteien bei Klageerhebung bzw. Erhebung der Widerklage sowie in ihren Rechtsausführungen während des Rechtsstreits von der Anwendung deutschen Rechts ausgegangen sind, ist zu entnehmen, dass sie entweder von vornherein ihre Vertragsbeziehungen deutschem Recht unterstellen wollten oder dass dieser Wille jedenfalls jetzt bei ihnen besteht (vgl. BAG, Urt. vom 12.6.1986 – 2 AZR 398/85[2], NJW-RR 1988, 482, 483). Überdies haben die Parteien im Termin übereinstimmend ausdrücklich klargestellt, dass deutsches Recht Anwendung finden soll."

40. *Die in den Nutzungsbedingungen eines sozialen Netzwerks enthaltene ausdrückliche Wahl deutschen Rechts umfasst auch das deutsche Datenschutzrecht. Im Rahmen eines Nutzungsvertrags eines sozialen Internet-Netzwerks findet daher*

---

[1] IPRspr. 2012 Nr. 64. [2] IPRspr. 1986 Nr. 143 (LS).

auch auf den dortigen Vorgang „Freunde finden" das deutsche Datenschutzrecht Anwendung.
Eine solche Rechtswahl scheitert nicht daran, dass öffentliches Recht nicht vertraglich vereinbart werden kann. [LS der Redaktion]

KG, Urt. vom 24.1.2014 – 5 U 42/12: CR 2014, 319; K&R 2014, 280.

Der Kl. (ein Verbraucherschutzverband) nimmt die Bekl., die in Europa das soziale Internetnetzwerk Facebook betreibt, auf Unterlassung in Anspruch, und zwar wegen der dort angebotenen Anwendungsoption „Freunde finden" sowie im Hinblick auf Klauseln der von der Bekl. verwendeten AGB und Klauseln ihrer Datenschutzrichtlinien. In den Nutzungsbedingungen des sozialen Internetnetzwerks findet sich eine ausdrückliche Wahl des deutschen Rechts.

Aus den Gründen:

„B. ... III. ... 3. ... a) Vorliegend ist deutsches Datenschutzrecht anzuwenden.

aa) Das Bundesdatenschutzgesetz i.d.F. der Bek. vom 14.1.2003 (BGBl. I 66; nachfolgend: BDSG) findet Anwendung, sofern eine verantwortliche Stelle, die nicht in einem Mitgliedstaat der EU oder in einem anderen Vertragsstaat des Abkommens über den Europäischen Wirtschaftsraum vom 2.5.1992 (BGBl. 1993 II 267; nachfolgend: EWR-Abkommen) belegen ist, personenbezogene Daten im Inland erhebt, verarbeitet oder nutzt, § 1 V 2 BDSG.

aaa) Dem BDSG liegt die Richtlinie 95/46/EG des Europäischen Parlaments und des Rates zum Schutz natürlicher Personen bei der Verarbeitung personenbezogener Daten und zum freien Datenverkehr vom 24.10.1995 (ABl. Nr. L 281/31; nachfolgend: Datenschutzrichtline) zugrunde. Die mit dieser Richtlinie angestrebte Harmonisierung der nationalen Rechtsvorschriften ist nicht auf eine Mindestharmonisierung beschränkt, sondern führt zu einer grundsätzlich umfassenden Harmonisierung (EuGH, Urt. vom 24.11.2011 – Asociación Nacional de Establecimientos Financieros de Crédito, Rs C-468/10, Slg. 2011, I-12181, Tz. 29) ...

Art. 4 der Datenschutzrichtlinie gehört zum Kernbereich dieser Richtlinie, wenn diese Vorschrift die Anwendbarkeit des anzuwendenden – weitgehend harmonisierten – nationalen Rechts im Einzelnen regelt. Damit soll gerade das einwandfreie Funktionieren des Binnenmarkts im Bereich der Datenverarbeitung länderübergreifend sichergestellt werden. Die Regelung ist bestimmt und abschließend formuliert. Art. 4 der Datenschutzrichtlinie regelt das anwendbare einzelstaatliche Recht vorgezogen vor der Ermessensklausel des Art. 5 der Datenschutzrichtlinie. Auch erwähnt Art. 13 (Ausnahmen und Einschränkungen) Art. 4 nicht. All dies spricht dagegen, den Mitgliedstaaten insoweit selbst auch nur ein Ermessen einzuräumen. Art. 4 der Datenschutzrichtlinie enthält so konkrete Regelungen, dass von einer unbedingten Verpflichtung ausgegangen werden muss.

Diese Regelung knüpft nicht an die Staatsangehörigkeit oder den Ort der Anwesenheit desjenigen an, von dem Daten erhoben und weiter verarbeitet werden (Arbeitspapier WP 179 der Artikel-29-Datenschutzgruppe, Stellungnahme 8/2010 zum anwendbaren Recht S. 11; Arbeitspapier WP 56 der Artikel-29-Datenschutzgruppe über die Frage der internationalen Anwendbarkeit des EU-Datenschutzrechts bei der Verarbeitung personenbezogener Daten im Internet durch Websites außerhalb der EU S. 8), sondern stellt in Art. 4 I lit. a auf den Ort der Niederlassung des die Daten erhebenden und weiter verarbeitenden Unternehmens ab. Besteht eine Niederlassung in mehreren Ländern des EWR, ist das nationale Recht anzuwenden, soweit in diesem Land des EWR Daten verarbeitet werden (also jeweils beschränkt auf die konkreten Datenverarbeitungsvorgänge).

Art. 4 I lit. c der Datenschutzrichtlinie schreibt eine Anwendung des nationalen Rechts (insgesamt) vor, wenn die Datenverarbeitung von einem für die Verarbeitung Verantwortlichen ausgeführt wird, der nicht im Gebiet der Gemeinschaft niedergelassen ist und zum Zwecke der Verarbeitung personbezogener Daten auf automatisierte oder nicht-automatisierte Mittel zurückgreift, die im Hoheitsgebiet des betreffenden Mitgliedstaats belegen sind (es sei denn, dass diese Mittel nur zum Zweck der Durchfuhr durch das Gebiet der EG verwendet werden).

bbb) Die für den hier maßgeblichen Internetauftritt in Deutschland verwendeten Server und Anlagen werden im Ausgangspunkt von der Muttergesellschaft der Bekl. in den USA – also außerhalb des EWR – vorgehalten. Ebenso werden die über den Internetauftritt der Bekl. erhobenen und weitergehend verwendeten Daten in tatsächlicher Hinsicht von dieser Muttergesellschaft verarbeitet.

Dabei werden etwa auch Cookies auf den Computern der Nutzer in Deutschland verwendet (Ziff. 2 Abs. 7: Cookie-Informationen). Der Begriff der verwendeten ‚Mittel' im Sinne der Datenschutzrichtlinie wird weit verstanden. Es wird nicht darauf abgestellt, wer Besitzer oder Eigentümer der Mittel ist. Der PC eines Nutzers kann deshalb als ein solches ‚Mittel' in Betracht kommen (Arbeitspapier WP 56 aaO S. 12). Mit der Verwendung von Cookies setzt der Verantwortliche auf dem Computer des Nutzers eine Datenverarbeitung in Gang, so dass er im Land des Nutzers ‚Mittel' zum Zwecke der Datenverarbeitung nutzt (Arbeitspapier WP 56 aaO; Arbeitspapiere WP 179 aaO S. 26).

Die Muttergesellschaft der Bekl. in den USA verwendet daher in Deutschland ‚Mittel' zur Datenverarbeitung im Sinne des Art. 4 I lit. c Datenschutzrichtlinie und sie ‚erhebt' und ‚verarbeitet' daher auch Daten im Sinne des § 1 V 2 BDSG.

Darüber hinaus hat die Bekl. die Einbindung des Auftragsdatenverarbeiters Akamai/USA für Facebook auch in Kiel – über einen dortigen von Akamai beauftragten Internetprovider – nicht (auch nicht nach Erörterung in der mündlichen Verhandlung vor dem Senat) - in Abrede gestellt. Da die Bekl. nur eine Auftragsdatenverarbeitung über ihre Muttergesellschaft vorträgt (also keine eigene Auftragsdatenverarbeitung über Akamai und deren Subunternehmer), ist insoweit von einer Beauftragung der Akamai durch die Muttergesellschaft in den USA auszugehen. Insoweit sind der Muttergesellschaft/USA auch die von Akamai und deren Subunternehmern in Deutschland verwendeten Datenverarbeitungsanlagen als eigene in Deutschland verwendete ‚Mittel' zuzurechnen.

bb) Das somit – im Ausgangspunkt – anwendbare deutsche Datenschutzrecht wird nicht gemäß § 1 V 1 Halbs. 1 BDSG durch irisches Datenschutzrecht ausgeschlossen.

aaa) Nach dieser Vorschrift des deutschen BDSG findet das Gesetz keine Anwendung, sofern eine in einem anderen Mitgliedstaat des EWR belegene verantwortliche Stelle personenbezogene Daten im Inland erhebt, verarbeitet oder nutzt. ‚Erheben' ist gemäß § 3 III BDSG das Beschaffen von Daten über den Betroffenen. ‚Verantwortliche Stelle' ist jede Person oder Stelle, die personenbezogene Daten für sich selbst erhebt, verarbeitet oder nutzt oder dies durch andere im Auftrag vornehmen lässt, § 3 VII BDSG.

bbb) Die Datenschutzrichtlinie regelt die Anwendbarkeit des einzelstaatlichen Rechts positiv. Jeder Mitgliedstaat wendet nach Art. 4 I lit. a sein einzelstaatliches Recht auf alle Verarbeitungen personenbezogener Daten an, die im Rahmen der Tätigkeit einer Niederlassung ausgeführt werden, die der für die Verarbeitung Verantwortliche im Hoheitsgebiet dieses Mitgliedstaats besitzt. ‚Verantwortlicher für die Verarbeitung' ist gemäß Art. 2 lit. d der Datenschutzrichtlinie die natürliche oder juristische Person, Behörde, Einrichtung oder jede andere Stelle, die allein oder gemeinsam mit anderen über die Zwecke und Mittel der Verarbeitung von personenbezogenen Daten entscheidet. Die Datenschutzrichtlinie spricht im Erwgr. 19 auch den Begriff der ‚Niederlassung' an. Danach setzt eine Niederlassung die effektive und tatsächliche Ausübung einer Tätigkeit mittels einer festen Einrichtung voraus. Die Rechtsform einer solchen Niederlassung, die eine Agentur oder eine Zweigstelle sein könne, ist in dieser Hinsicht nicht maßgeblich. Gemäß Art. 2 lit. e der Datenschutzrichtlinie ist ‚Auftragsbearbeiter' die natürliche oder juristische Person, Behörde, Einrichtung oder jede andere Stelle, die personenbezogene Daten im Auftrag des für die Verarbeitung Verantwortlichen verarbeitet.

ccc) Dass die Bekl. eine ‚feste Einrichtung' ist, steht außer Frage. Es fehlt aber ein hinreichender Vortrag dazu, dass sie die hier maßgebliche Erhebung und weitere Verarbeitung der Daten vornimmt. Insoweit ist § 1 V BDSG richtlinienkonform dahin auszulegen, dass diese Datenverarbeitungsvorgänge von der Bekl. auch ‚effektiv und tatsächlich' ausgeübt wird.

Die Bekl. trägt nur vor, sie sei alleinige Vertragspartnerin aller Facebooknutzer außerhalb Nordamerikas. Sie bestimme die Datenverarbeitung durch die Facebook Inc. in den USA. Sie sei zentrale Ansprechpartnerin für alle Datenschutzbehörden in Europa. Vor diesem Hintergrund sei sie in die Verarbeitung personenbezogener Daten ‚einbezogen'.Eine eigene effektive und tatsächliche Datenverarbeitung (mittels eigener Datenverarbeitungsanlagen und eigenem Personal) wird damit nicht dargetan. Es ist insbesondere nicht erkennbar, dass die Bekl. den Internetauftritt für Deutschland mit eigenem Personal programmiert und diese Programme und ihre Änderungen unmittelbar selbst auf Datenverarbeitungsanlagen (eigene oder auch nur solche der Muttergesellschaft in den USA) aufspielt. Letztlich bezieht sie sich insoweit auch nur auf die tatsächliche Datenverarbeitung durch ihre Muttergesellschaft. Weitergehendes hat die Bekl. auch nach Erörterung in der mündlichen Verhandlung vor dem Senat nicht geltend gemacht.

Eine (gegenüber der Muttergesellschaft) vertragsrechtlich übernommene oder vorbehaltene Verantwortlichkeit für die Datenverarbeitung ist vorliegend allein bedeutsam für die Frage, ob die Bekl. Auftraggeberin einer Auftragsverarbeitung der Daten durch die Muttergesellschaft in den USA ist. Dabei steht es der Bekl. grundsätzlich frei, einen Dritten für eine solche Auftragsverarbeitung einzusetzen, so dass die von dem Dritten unter der Kontrolle der Bekl. tatsächlich vorgenommene Datenverarbeitung der Bekl. datenschutzrechtlich als eigene zuzurechnen wäre.

Maßgeblich ist dabei nach Art. 2 lit. d der Datenschutzrichtlinie nicht die rechtliche Entscheidungsbefugnis, sondern die tatsächliche Entscheidungsmacht (Arbeitspapier WP 169 der Artikel-29-Datenschutzgruppe zur Stellungnahme 1/2010 zu den Begriffen ‚für die Verarbeitung Verantwortlicher' und ‚Auftragsverarbeiter' S. 10 f.). Dies ist bei einer richtlinienkonformen Auslegung der §§ 1 V, 3 III und IV BDSG zu beachten. Während der erste Vorschlag der Kommission für die Datenschutzrichtlinie noch auf die Stelle abstellte, *die zuständig ist ... zu entscheiden,* ist im geänderten Kommissionsvorschlag stattdessen nur von der Stelle die Rede, *die entscheidet.* Dem folgten auch der Gemeinsame Standpunkt des Rates und der angenommene Wortlaut der Datenschutzrichtlinie (Arbeitspapier WP 169 aaO S. 10). Maßgeblich sind deshalb die faktischen Elemente und Umstände eines Falls (Arbeitspapier WP 169 aaO S. 11). Es ist deshalb unerheblich, wenn die Rolle des für die Verarbeitung Verantwortlichen einer Stelle übertragen wird, die nicht wirklich in der Lage ist, diese Entscheidungen zu treffen (Arbeitspapier WP 169 aaO). Entscheidend ist, bei wem de facto die Verantwortung für die Verarbeitung liegt, selbst wenn sich diese Verarbeitung als unrechtmäßig erweist oder die Datenverarbeitung in unrechtmäßiger Weise durchgeführt wird (Arbeitspapier WP 169 aaO). Das Abstellen auf die tatsächliche Entscheidungsmacht korrespondiert auch mit dem Verständnis einer ‚Niederlassung' im Sinne der Datenschutzrichtlinie, wenn insoweit ebenfalls ‚die effektive und tatsächliche Ausübung' der Datenverarbeitung allein maßgeblich ist. Nur mit einer solchen Auslegung kann wirksam einer Umgehung der Regelungen zum anwendbaren Recht in der Datenschutzrichtlinie begegnet werden.

Unter diesen Umständen mag vorliegend zwar die Bekl. gegenüber ihrer Muttergesellschaft in den USA vertraglich zur Entscheidung über die Datenverarbeitung berechtigt sein. Diese vertragliche Berechtigung wird aber überlagert und verdrängt durch die gesellschaftsrechtliche Befugnis der Muttergesellschaft in den USA. Diese kann Entscheidungsprozesse bei der Bekl. faktisch jederzeit an sich ziehen, sei es durch Anweisungen als Gesellschafterin an die Organe, sei es durch einen Austausch der Organe. Nach dem Vortrag der Parteien ist die Facebook Inc. in den USA uneingeschränkt Muttergesellschaft der Bekl., also zu 100%. Dem ist die Bekl. nach Erörterung in der mündlichen Verhandlung auch nicht entgegengetreten. Ein insoweit wesentliches Abweichen des irischen Gesellschaftsrechts der Inc. zum deutschen Gesellschaftsrecht der GmbH und der AG ist nicht ersichtlich, zumal die letztendliche Entscheidungsbefugnis der Gesellschafter der inneren Logik privatautonomer Gesellschaften entspricht. Datenschutzrechtlich kommt insoweit eine Datenverarbeitung im Wege der Auftragsverarbeitung durch eine Muttergesellschaft für eine hundertprozentige Tochtergesellschaft nicht in Betracht (ohne nähere Erörterung dieses Problems im Ergebnis anderer Auffassung: OVG Schleswig-Holstein, NJW 2013, 1977[1], juris Rz. 13 ff.).

cc) Unabhängig davon ist deutsches Datenschutzrecht vorliegend auch vertragsrechtlich aufgrund einer Rechtswahl der Vertragsparteien (Bekl. und Nutzer) maßgeblich.

aaa) Zutreffend verweist das LG darauf, dass die Vertragsparteien in Ziff. 16 Abs. 3 Nr. 2 der ‚Erklärung der Rechte und Pflichten' (nachfolgend: Nutzungsbedingungen) eine ausdrückliche Wahl des deutschen Rechts getroffen haben.

Diese umfasst auch das deutsche Datenschutzrecht. In Ziff. 1 der Nutzungsbedingungen werden die Datenschutzrichtlinien der Bekl. angesprochen, und der Nutzer wird aufgefordert, diese zu lesen und sie zu verwenden, um fundierte Entscheidungen zu treffen. Ziff. 1 Abs. 5 (Geltungsbereich) der Facebook-Datenschutzrichtlinien verweist zwar eigenständig darauf, durch die Nutzung von oder den Zugang zu

---

[1] IPRspr. 2013 Nr. 30b.

Facebook erkläre sich der Nutzer mit den hier dargelegten Datenschutzverfahren der Bekl. einverstanden. Damit wird aber nur die entspr. Regelung zur Erklärung des Einverständnisses in den Nutzungsbedingungen (dort sogar vorangestellt vor Ziff. 1) wiederholt. Die Nutzungsbedingungen nehmen ausdrücklich auf die Datenschutzrichtlinien der Bekl. Bezug, und diese werden damit – obgleich gesondert formuliert – zum Bestandteil der Nutzungsbedingungen. Bestärkt wird dies durch die Regelung in Ziff. 18 Nr. 1 der Nutzungsbedingungen, die ausdrücklich klarstellt, diese Erklärung stelle die gesamte Vereinbarung zwischen den Parteien in Bezug auf Facebook dar.

bbb) Die Rechtswahl scheitert nicht daran, dass öffentliches Recht nicht vertraglich vereinbart werden könne.

Das BDSG enthält u.a. Rechte des Betroffenen gegen das datenverarbeitende Unternehmen auf Auskunft und auf Berichtigung, Löschung und Sperrung (§ 6 I, §§ 19, 20, 34, 35) sowie einen Schadensersatzanspruch des Betroffenen gegen das Unternehmen (§ 7). Diese Ansprüche nehmen auf die allgemeine Ausgestaltung der Zulässigkeit einer Datenverarbeitung im BDSG Bezug, insbesondere auch auf §§ 4, 28. Insoweit enthält das BDSG auch Privatrecht (dies übersieht das OVG Schleswig-Holstein aaO juris Rz. 12, das aber auch nur mit einer öffentlich-rechtlichen Eingriffsbefugnis befasst war).

Ob sich die Bekl. einem (etwa sogar strengeren) irischen Datenschutzrecht durch die Vereinbarung des Datenschutzrechts eines anderen Mitgliedstaats der EG entziehen könnte, kann hier dahingestellt bleiben. Die Wahl des deutschen Rechts führt dazu, dass das deutsche Datenschutzrecht jedenfalls in seinem privatrechtlichen Teil zur Anwendung kommt, auch soweit es strenger sein sollte als das irische Datenschutzrecht (soweit irisches Datenschutzrecht denn überhaupt – im Gegensatz zu vorstehenden Erörterungen – im gesetzlichen Ausgangspunkt deutsches Datenschutzrecht ausschließen würde). Dies macht vorliegend auch Sinn. Denn in Ziff. 1 der Nutzungsbedingungen stellt die Bekl. ausdrücklich klar, wie wichtig ihr die Privatsphäre des Nutzers und der Schutz seiner Daten sind. Mit der Vereinbarung auch des deutschen Datenschutzrechts nimmt sie den Nutzern in Deutschland einen Teil der Sorgen, indem sie die in Deutschland insoweit geltenden und diesen Nutzern vertrauten Maßstäbe auch für sich zugrunde legt."

41. *Eine Vertragsklausel in einem Rechtsanwalts-Kooperationsvertrag, ausweislich derer sich die Vertragspartner zur gegenseitigen Empfehlung verpflichten, verstößt gegen zwingendes türkisches Recht und ist daher gemäß Art. 19, 20 des türkischen Gesetzes Nr. 818/1926 – Obligationengesetz (Borşlar Kanunu) alter Fassung – vom 4.10.1926 unwirksam.*

Wird ein Wettbewerbsverbot in einem Rechtsanwalts-Kooperationsvertrag, ausweislich dessen die Vertragspartner Mandate für einschlägige Verfahren nur dann übernehmen dürfen, wenn sie aufgrund einer Empfehlung der jeweils anderen Vertragspartei an sie herangetragen werden, in örtlicher und zeitlicher Hinsicht nicht begrenzt getroffen, ist das Wettbewerbsverbot nach türkischem Recht unwirksam.
[LS der Redaktion]

OLG Hamm, Urt. vom 28.1.2014 – 27 U 127/10: Unveröffentlicht.

Die Parteien streiten über die Wirksamkeit eines 2005 abgeschlossenen Rechtsanwalts-Kooperationsvertrags und etwaige sich hieraus ergebende Vertragsstrafenansprüche des Kl. Der Bekl. zu 1) war in der Vergangenheit Gesellschafter der Bekl. zu 2), einer Rechtsanwalts-GbR mit Sitz in Deutschland. Der Kl. ist Rechtsanwalt mit Kanzleisitz sowohl in Deutschland als auch in der Türkei. Zur Regelung einer Kooperation bei Mandaten betreffend Rechtsstreitigkeiten im Zusammenhang mit der Beteiligung von Kapitalanlegern an sog. islamischen Holdings schlossen der Kl. und der Bekl. zu 1) den vorbezeichneten Kooperationsvertrag in türkischer Sprache. Gegenstand des Vertrags ist im Wesentlichen der Informationsaustausch und die Weiterempfehlung von Mandanten in solchen Fällen, bei denen das Erkenntnisverfahren in Deutschland durchzuführen war und ein etwaig erstrittener Vollstreckungstitel in der Türkei anerkannt werden musste oder bei denen in der Türkei lebende Anleger Verfahren in Deutschland zu führen hatten, die Honoraraufteilung in diesen Fällen und das Verbot des Wettbewerbs der Vertragsparteien um solche Mandate sowie die Folgen von Vertragsverstößen. Die Parteien gehen übereinstimmend davon aus, dass der Vertrag sowie die sich aus ihm ergebenden Rechte und Pflichten der Vertragsparteien nach türkischem Recht zu beurteilen seien.

Das LG hat die Klage abgewiesen; hiergegen wendet sich er Kl. mit seiner Berufung.

Aus den Gründen:

„B. Die zulässige Berufung ist nicht begründet.

Dem Kl. steht unter keinem rechtlichen Gesichtspunkt ein Anspruch auf Zahlung der geltend gemachten Vertragsstrafe gegen die Bekl. zu. Ein solcher folgt insbes. nicht aus § 9/2 des Kooperationsvertrags vom 27.10.2005.

I. Internationale Zuständigkeit

Eine fehlende internationale Zuständigkeit ist in der Berufungsinstanz nicht mehr gerügt worden. In entspr. Anwendung von § 39 ZPO ist deshalb die internationale Zuständigkeit des Senats begründet (vgl. *Zöller-Vollkommer*, ZPO, 29. Aufl. [2012], § 39 Rz. 4) ...

1) *Anwendung türkischen Rechts*

Die Parteien haben im laufenden Rechtsstreit übereinstimmend erklärt, dass sie die Anwendung türkischen Rechts wünschen. Sie haben damit eine nachträgliche Rechtswahl im Sinne von Art. 3 II Rom-I-VO vorgenommen. Der Senat hatte deshalb bei der Beurteilung des Kooperationsvertrags das türkische Recht zu ermitteln und anzuwenden.

a) *Verschaffung der Rechtskenntnisse*

Der Senat, der zuvor nicht über eigene Kenntnisse des türkischen Rechts verfügt hat, hat sich die notwendigen Kenntnisse gemäß § 293 ZPO durch Einholung eines Rechtsgutachtens des Dozenten an der Forschungsstelle für türkisches Recht der Universität Augsburg Dr. U, eines Ergänzungsgutachtens und dessen ergänzende Befragung in der mündlichen Verhandlung vor dem Senat vom 28.1.2014 verschafft.

b) *Angriffe gegen die Gutachten des gerichtlichen Sachverständigen allgemein*

Soweit der Kl. im Rahmen seines Ablehnungsgesuchs gegen den gerichtlichen Sachverständigen und in seinem sonstigen Berufungsvorbringen allgemeine Ausführungen dazu macht, dass die Gutachten des gerichtlichen Sachverständigen nicht zu verwerten seien, weil der Sachverständige das türkische Recht nicht vollständig, teilweise unter fehlerhafter Zitierung von Fundstellen und einseitig zulasten des Kl. dargestellt habe, bieten sich dem Senat hierfür keine Anhaltspunkte. Die allgemeinen Angriffe des Kl. gegen die Ausführungen des gerichtlichen Sachverständigen bestehen im Wesentlichen darin, dass die in Privatgutachten niedergelegten Rechtsmeinungen anderer Rechtskundiger der des gerichtlichen Sachverständigen entgegengesetzt werden. Dabei geht der Kl. davon aus, dass die von ihm mit der Erstattung von Privatgutachten beauftragten Gutachter zu richtigen Ergebnissen kommen und der gerichtliche Sachverständige – soweit eine Abweichung vorliegt – zu falschen. Der Senat hält eine derartige Unterscheidung in richtig und falsch jedoch hier nicht für sachgerecht. Vielmehr ist es im türkischen Recht (ebenso wie im deutschen) sachgerechter, Rechtsmeinungen als vertretbar oder unvertretbar zu werten. Es entspricht allgemeiner Erkenntnis, dass die Rechtswissenschaft – unabhängig vom anwendbaren Nationalrecht – keine exakte Wissenschaft ist, sondern unterschiedliche Rechtsmeinungen zu einzelnen Fragestellungen durchaus vertretbar sind. Der gerichtliche Sachverständige hat in seinem Gutachten, dem Ergänzungsgutachten und seinen mündlichen Erläuterungen den Meinungsstand in Bezug auf die zu begutachtenden Rechtsfragen jeweils ausführlich unter Zitierung ihm zugänglicher Veröffentlichungen dargestellt und sodann seine Rechtsmeinung ausgeführt. Der Senat hat – worauf nachstehend noch jeweils eingegangen wird – die darstellenden und wertenden Ausführungen des gerichtlichen Sachverständigen im Einzelnen aufgenommen, ausgewertet und die vom gerichtlichen Sachverständigen gefundenen Ergebnisse für vertretbar und überzeugend befunden ...

Soweit der Kl. dem Sachverständigen vorwirft, nicht sämtliche publizierten Rechtsmeinungen zu den angesprochenen Rechtsfragen in seinem Gutachten besprochen und zitiert zu haben, ist der gerichtliche Sachverständige auf die ihm vom Kl. im Rahmen der mündlichen Verhandlung vor dem Senat vorgehaltenen Fundstellen im Einzelnen eingegangen und hat zu diesen Stellung genommen, worauf nachstehend noch eingegangen wird.

Im Übrigen führt diese Beanstandung des Kl. aber auch nicht zu einer Unverwertbarkeit der Gutachten. Der gerichtliche Sachverständige hatte den Auftrag, dem Senat die notwendigen Rechtskenntnisse zu verschaffen, um sich eine eigene Rechtsmeinung bilden zu können. Dafür ist es nicht notwendig, dass ausnahmslos jede Publikation zu dem in Rede stehenden Themenkreis wiedergegeben und/oder zitiert wird. Ausreichend ist die Darstellung der Gesetzeslage und der einschlägigen obergerichtlichen bzw. höchstrichterlichen Rspr. sowie der maßgeblichen Literaturmeinungen. Diese Aufgabenstellung hat der gerichtliche Sachverständige genügend erfüllt und den Senat in die Lage versetzt, das türkische Recht im vorliegenden Rechtsstreit anzuwenden.

Der Senat konnte weder anhand der schriftlichen Gutachten noch im Rahmen der ergänzenden Befragung des gerichtlichen Sachverständigen Anhaltspunkte dafür erkennen, dass dieser seine Ausführungen (bewusst) einseitig zum Nachteil des Kl. gemacht hätte. Dies gilt insbesondere, soweit der gerichtliche Sachverständige von ihm nicht für anwendbar gehaltene Vorschriften (Art. 526 des türk. Gesetzes Nr. 818/1926 – Obligationengesetz [Borşlar Kanunu] a.F. – vom 4.10.1926; [nachfolgend türk. OG a.F.] und Art. 44 B lit. a Nr. 3 des türk. Gesetzes Nr. 1136 – Avukatlik Kanunu (Anwaltsgesetz) – vom 19.3.1969 (Resmi Gazete Sayisi 13168); nachfolgend: türk. AnwG]) in seinem ersten Gutachten nicht thematisiert hat. Nachdem diese Vorschriften seitens des Kl. (erstmals) als entscheidungserheblich schriftsätzlich eingebracht waren, hat der Sachverständige sich auf Veranlassung des Senats hiermit in seinem Ergänzungsgutachten ausführlich befasst und seine Auffassung zur fehlenden Anwendbarkeit begründet.

2) *Rechtsnatur der Kooperation*

Zwischen den Parteien ist mit dem gemäß Art. 18 türk. OG a.F. auszulegenden Kooperationsvertrag eine nicht rechtsfähige einfache Innengesellschaft türkischen Rechts im Sinne von Art. 520 ff. türk. OG a.F. gegründet worden, die auf eine berufliche Zusammenarbeit im Sinne von Art. 171 II türk. AnwG gerichtet ist. Hinsichtlich der Qualifizierung der Kooperation als einfache Gesellschaft besteht zwischen den Parteien Einigkeit. Auch die vom Kl. vorgelegten Privatgutachten gelangen zu diesem Ergebnis. Als Innengesellschaft unterscheidet sich die Gesellschaft von der Außengesellschaft dadurch, dass sie nach außen hin nicht als Personengemeinschaft in Erscheinung tritt, mithin nicht am rechtsgeschäftlichen Verkehr mit gesellschaftsfremden Personen teilnimmt. So liegt der Fall hier, denn die Gesellschaft tritt als solche nach außen bestimmungsgemäß nicht in Erscheinung. Der gerichtliche Sachverständige hat in seinem schriftlichen Gutachten und seiner mündlichen Erläuterung überzeugend ausgeführt, dass auch im türkischen Recht zwischen einer Innen- und einer Außengesellschaft zu unterscheiden ist und die gesetzlichen Regelungen der einfachen (Außen-)Gesellschaft gemäß Art. 520 ff. türk. OG a.F. auf die Innengesellschaft Anwendung finden, soweit sie mit den Besonderheiten von Innengesellschaften vereinbar sind. Zwar sei es zutreffend, dass sich in der türkischen Rspr. und Lit. zu dieser Unterscheidung keine publizierten Ausführungen fänden. Dies liege jedoch daran, dass rechtsprechungs- und rechtsliterarische Publikationen in der Türkei nicht in einem Maße vorlägen, das mit deutschen Verhältnissen vergleichbar wäre. Es fehle insoweit an einer Diversifikation im gesellschaftsrechtlichen Bereich, so dass die hier angesprochene Thematik bislang nicht aufgegriffen sei. Gleichwohl sei aber eine Differenzierung zwischen Innen- und Außengesellschaft im türkischen Recht ebenso geboten, wie dies im deutschen Recht der Fall ist. Der Senat hat keine Veranlassung, diese überzeugenden Ausführungen des gerichtlichen Sachverständigen in Zweifel zu ziehen, denen auch der Kl. nicht entgegengetreten ist und die sich auch in den Privatgutachten des Dr. I vom 7.2.2013 und Dr. F vom 14.2.2013 sowie Prof. Dr. N vom 14.1.2014 bestätigt finden.

3) *Wirksamkeit von § 5b des Kooperationsvertrags (Empfehlungspflicht)*

Dem Kl. steht kein Vertragsstrafenanspruch aus § 9/2 des Kooperationsvertrags wegen einer Verletzung der Empfehlungspflicht aus § 5b des Vertrags zu. Diese Empfehlungspflicht verstößt gegen zwingendes Recht und ist deshalb gemäß Art. 19, 20 türk. OG a.F. unwirksam.

Nach den überzeugenden Ausführungen des gerichtlichen Sachverständigen muss ein Anwalt gemäß Art. 1 I und II, 37 türk. AnwG seinen Beruf unabhängig ausführen. Die Unabhängigkeit des Anwalts stellt ein zentrales Merkmal des Berufsbilds nach türkischem Recht dar. Die zu fordernde Unabhängigkeit des Anwalts erfordert in erster Linie, dass er die Art und Weise der Ausübung seiner beruflichen Tätigkeit ungezwungen, sprich eigenständig und unreglementiert, bestimmt. Hierzu zählt auch die Autonomie in der Auswahl seiner künftigen Berufskollegen zwecks Zusammenarbeit. Der Anwalt muss also frei bestimmen können, ob und mit wem und bei welchem konkreten Fall er eine anwaltliche Tätigkeit gemeinsam ausüben möchte. Der Anwalt hat gemäß Art. 34 türk. AnwG seine eigenen Pflichten mit Sorgfalt und in Korrektheit und Würde zu erfüllen. Dies erfordert eine eigenverantwortliche und mandatsbezogene – persönliche – Leistungserbringung. Es muss deshalb dem anwaltlichen freien Ermessen überlassen bleiben, je nach den für das spezielle Mandat maßgeblichen Faktoren, wie z.B. erforderliche Fachkenntnisse und Erfahrungen, Umfang, Art, Ort und weitere konkrete Umstände des zu erledigenden Auftrags, dem Mandanten einen Berufskollegen zu empfehlen oder ihn mit der Einleitung eines Verfahrens oder außergerichtlichen Vertretung im jeweiligen Land zu beauftragen, damit die bestmögliche Wahrnehmung der Interessen des jeweiligen Mandanten gewährleistet wird.

Hiermit ist die Empfehlungspflicht aus § 5b des Vertrags nicht in Einklang zu bringen. Die vereinbarte vertragliche Bindung schränkt die Unabhängigkeit des Rechtsanwalts bei der Ausübung seines Berufs ein und hebt sie im Hinblick auf eine eigenverantwortliche Empfehlung für einschlägige Verfahren sogar auf. Der Bekl. zu 1) wurde verpflichtet, ohne weitere Prüfung in allen künftigen sog. islamischen Holding-Fällen den Kl. zu empfehlen. Eine solche Empfehlung wäre nicht zwingend am Interesse des Mandanten und der Erkenntnis ausgerichtet, dass der Kl. im Hinblick auf individuelles Geschick, Fachkenntnisse, Erfahrungen u.ä. zur Mandatserledigung am besten geeignet ist, sondern trüge vielmehr primär der strafbewehrten vertraglichen Verpflichtung Rechnung.

Soweit die Parteien darüber streiten, ob Art. 48 türk. AnwG , der eine Mandatsvermittlung gegen Entgelt verbietet und unter Strafe stellt, auf den vorliegenden Sachverhalt Anwendung findet, kann dies vorliegend im Hinblick auf die vorstehenden Ausführungen dahinstehen.

Allerdings geht auch der gerichtliche Sachverständige von einer fehlenden Anwendbarkeit von Art. 48 türk. AnwG aus und sieht in dem Vertrag eine grundsätzlich gemäß Art. 171 türk. AnwG zulässige Kooperation. Ein Fall verbotener Mandatsvermittlung liege schon deshalb nicht vor, weil die empfehlende Vertragspartei ihrerseits Partei eines Mandatsverhältnisses mit dem jeweiligen Mandanten sei, wohingegen es bei einem Vermittler im Sinne von Art. 48 türk. AnwG zwingend sei, dass dieser ausschließlich an der Akquisition beteiligt und in dieser Rechtsangelegenheit nicht selbst als Anwalt beauftragt ist. Gemäß § 3 des Vertrags sei aber ausdrücklich vorgesehen, dass die Vertragsparteien den jeweiligen Mandanten gemeinsam betreuen.

Der Senat hält diese Wertung des gerichtlichen Sachverständigen für zutreffend, ohne dass es jedoch für die Entscheidung hierauf ankäme.

Soweit der Kl. aber aus einer etwaigen fehlenden Anwendbarkeit des Art. 48 türk. AnwG auf eine Zulässigkeit der Empfehlungspflicht schließt, verkennt er, dass die konkrete Ausgestaltung einer grundsätzlich zulässigen anwaltlichen Kooperation nicht die unabhängige Berufsausübung des jeweiligen Rechtsanwalts beschränken darf. Die Klausel des § 5b ist nicht deshalb unwirksam, weil dort eine Zusammenarbeit möglich gemacht wird, sondern weil sie verpflichtend sein soll.

4) *Wirksamkeit von § 9/1 des Kooperationsvertrags (Wettbewerbsverbot)*
Dem Kl. steht auch kein Vertragsstrafenanspruch aus § 9/2 des Kooperationsvertrags wegen einer Verletzung des Wettbewerbsverbots aus § 9/1 des Vertrags zu. Dabei kann dahinstehen, ob vorliegend ein solcher Verstoß vorliegt.

Das vertraglich vereinbarte Wettbewerbesverbot verstößt ebenfalls gegen Art. 1 I und II, 37 türk. AnwG. Hierdurch werden die Vertragsparteien in ihrer Mandatsauswahl erheblich eingeschränkt, da sie Mandate für einschlägige Verfahren nur dann übernehmen dürfen, wenn sie aufgrund einer Empfehlung der jeweils anderen Vertragspartei an sie herangetragen werden. Auf anderem Wege an sie herangetragene Mandate müssten sie ablehnen. Dies ist mit dem Grundsatz der freien Berufsausübung gemäß Art. 1 I und II türk. AnwG und der freien Mandatswahl gemäß Art. 37 türk. AnwG nicht vereinbar.

Die unzulässige Einschränkung der Unabhängigkeit des Bekl. zu 1) resultiert zudem hier aus der in örtlicher und zeitlicher Hinsicht nicht begrenzten Regelung des vertraglichen Wettbewerbsverbots. Nach den auch insoweit überzeugenden Ausführungen des gerichtlichen Sachverständigen findet sich in Art. 349 türk. OG a.F. eine Regelung bzgl. vertraglich vereinbarter Wettbewerbsverbote für Rechtsanwälte im Angestelltenverhältnis, wonach die Vereinbarung eines solchen Wettbewerbsverbots zulässig ist, soweit eine unbillige Gefährdung des wirtschaftlichen Fortkommens des Arbeitnehmers ausgeschlossen und das Verbot nach Zeit, Ort und Gegenstand sowie nach den besonderen Umständen des Einzelfalls näher bestimmt ist. Gemäß Art. 445 I des türk. Gesetzes Nr. 6098/2011 – Obligationengesetz (Borşlar Kanunu) – vom 11.1.2011 (Resmi Gazete Nr. 27.836; türk. OG n.F.) darf ein solches Wettbewerbsverbot nur unter besonderen Umständen eine Gültigkeitsdauer von zwei Jahren überschreiten. Der in diesen Vorschriften zum Ausdruck kommende Rechtsgedanke kann in entspr. Anwendung auf die hier zu beurteilende Vertragsgestaltung angewendet werden. Demnach ist eine Beschränkung des Wettbewerbsverbots in zeitlicher und örtlicher Hinsicht zwingend geboten. Daran fehlt es jedoch hier. Die Parteien haben weder eine örtliche noch zeitliche Beschränkung für das Wettbewerbsverbot im streitgegenständlichen Vertrag vereinbart. Nach den vertraglichen Vereinbarungen ist es dem Bekl. zu 1) verwehrt, einem Mandanten einen anderen Berufskollegen in der Türkei zu empfehlen als den Kl. Das Wettbewerbsverbot beansprucht somit Geltung für die gesamte Türkei und ist daher für die einschlägigen Verfahren allumfassend, da diese Anerkennungsverfahren ausschließlich in der Türkei durchzuführen sind.

Auch in zeitlicher Hinsicht enthält der Vertrag keinerlei Beschränkungen. Eine solche liegt insbesondere nicht in der Möglichkeit der vollständigen Beendigung des Vertrags durch Kündigung. Die zeitliche Befristung muss sich vielmehr aus dem Vertrag selbst ergeben. Die fehlenden Beschränkungen in zeitlicher und örtlicher Hinsicht führen daher ebenfalls zur Unwirksamkeit des vertraglichen Wettbewerbsverbots in entspr. Anwendung von Art. 349 türk. OG a.F. i.V.m. Art. 23 des türk. Gesetzes Nr. 4712 – Zivilgesetzbuch – vom 22.11.2001 (türk. ZGB), der einen Unterfall von Art. 19, 20 türk. OG a.F. darstellt und die unzulässige Beschränkung der Persönlichkeit bei wirtschaftlicher Betätigung der Unwirksamkeit wegen Sittenwidrigkeit unterstellt.

Soweit der Kl. dem gerichtlichen Sachverständigen vorwirft, in seinem ersten Gutachten die Norm des Art. 23 türk. ZGB nicht erwähnt zu haben, trifft dies zu. Das führt aber nicht dazu, dass diese Norm nicht anzuwenden oder das Gutachten unverwertbar wäre. Der gerichtliche Sachverständige hat zur Anwendbarkeit dieser Norm in seinem Ergänzungsgutachten und seinen mündlichen Ausführungen im Rahmen seiner ergänzenden Befragung durch den Senat Ausführungen gemacht, die den Senat überzeugen und die inhaltlich vom Kl. auch nicht angegriffen werden. Als Unterfall von Art. 19, 20 türk. OG a.F. findet Art. 23 türk. ZGB vorliegend schon im Hinblick auf die extrem große Zahl von Mandaten Anwendung, die dem Kooperationsvertrag sachlich unterfallen und die sich nach Parteiangaben auf mehrere Tausend belaufen.

Diesem Ergebnis steht auch nicht entgegen, dass Art. 526 türk. OG a.F. ein gesetzliches Wettbewerbsverbot für die Gesellschafter einer einfachen Gesellschaft vorsieht. Nach den überzeugenden Ausführungen des gerichtlichen Sachverständigen findet diese Vorschrift auf einfache Innengesellschaften schon deshalb keine Anwendung, weil sie von Art. 1 I und II, 34 türk. AnwG als lex specialis verdrängt wird. Art. 526 türk. OG a.F. ist dispositives Recht und tritt gegenüber spezialgesetzlichen Regelungen zurück, wenn der Regelungsgehalt dem Spezialgesetz zuwider läuft. So liegt der Fall hier. Das Anwaltsrecht sieht eine unabhängige Berufsausübung der Rechtsanwälte vor, die entspr. den obigen Ausführungen auch beinhaltet, dass der Rechtsanwalt frei entscheiden kann, mit welchen anderen Rechtsanwälten er im Interesse des jeweiligen Mandanten kooperieren will. Dem liefe es zuwider, wenn er durch ein gesetzliches Wettbewerbsverbot an seiner freien Berufsausübung gehindert würde. Die türkische Rechtsordnung sieht für solche Normenkonfliktfälle vor, dass das dispositive Recht zurücktritt.

Die dem entgegenstehenden Ausführungen im Privatgutachten des Prof. Dr. F2 vom 15.2.2013 überzeugen den Senat nicht. Das Privatgutachten beschränkt sich auf die Feststellung, dass Art. 349 türk. OG a.F. vorliegend nicht direkt Anwendung finde, weil kein Fall eines Angestelltenverhältnisses vorliege. Zur Möglichkeit einer analogen Anwendung des Rechtsgedankens verhält sich das Privatgutachten nicht.

Auch die Ausführen des Privatgutachters Dr. F. in dessen Gutachten vom 14.2. 2013 erschöpfen sich in der bloßen Feststellung, dass Art. 526 türk. OG a.F. auf einfache Gesellschaften Anwendung findet. Das ist grundsätzlich richtig, bleibt aber eine Auseinandersetzung mit dem konkreten Fall schuldig.

Gleiches gilt auch für die Ausführungen im Privatgutachten des Dr. I vom 7.2. 2013. Auch er berücksichtigt die besonderen Anforderungen, die mit dem Grundsatz der anwaltlichen Unabhängigkeit einhergehen, nicht, wenn er pauschal Art. 526 türk. OG a.F. bei einfachen Gesellschaften für anwendbar hält.

Die Ausführungen des Privatgutachters Prof. Dr. N. in dessen Gutachten vom 14.1.2014 befassen sich ebenfalls nicht mit der Verdrängung von Art. 526 türk. OG a.F. durch Art. 1 I und II, 37 türk. AnwG und der im türkischen Recht – mit Ausnahme des Sonderfalls der Rechtsanwaltsgesellschaften in § 44 B lit. a Nr. 3 Satz 2 türk. AnwG – grundsätzlich zugunsten der unabhängigen Berufsausübung des Rechtsanwalts aufgelösten Spannungsverhältnisses zur gesellschaftlichen Treuepflicht.

Soweit der Kl. gegen die Ausführungen des Sachverständigen einwendet, dass die auch in seinem Gutachten zitierte G in ihrem Werk zum Anwaltsrecht, welches in der Türkei als das Grundwerk für Anwaltsrecht angesehen werde, ausgeführt habe, dass Art. 526 türk. OG a.F. auch auf einfache Gesellschaften von Rechtsanwälten anzuwenden sei, hat der Sachverständige im Rahmen seiner ergänzenden Befragung unwidersprochen klargestellt, dass es sich bei diesem Werk um eine Dissertation der Verfasserin handele, die im Wesentlichen auf deutschem Recht und einer anderen Dissertation des Verfassers H beruhe. Die ‚Grundwerks'-Eigenschaft dieser Publikation erscheint angesichts dessen nicht belegt. Unabhängig hiervon hat der

Sachverständige aber auch überzeugend und nachvollziehbar ausgeführt, dass auch diese Verfasserin die Anwendbarkeit auf Rechtsanwaltsgesellschaften beschränkt. Eine solche liegt hier aber nicht vor.

Schließlich ergibt sich auch aus Art. 44 B lit. a Nr. 3 Satz 2 türk. AnwG keine andere Bewertung. Diese Vorschrift betrifft die Beziehungen von Mitgliedern einer Rechtsanwaltsgesellschaft und enthält für diese ein gesetzliches Wettbewerbsverbot. Eine solche Rechtsanwaltsgesellschaft ist gemäß Art. 44 B I türk. AnwG eine eigenständige juristische Person, die durch mindestens zwei Rechtsanwälte zum Zwecke der gemeinsamen Berufsausübung gegründet wird, die derselben Rechtsanwaltskammer angehören müssen. Wie bereits zuvor ausgeführt und sowohl von den Parteien als auch von sämtlichen Gutachtern angenommen, handelt es sich bei dem hier zu beurteilenden Personenzusammenschluss zwischen Kl. und Bekl. zu 1) nicht um eine solche Rechtsanwaltsgesellschaft, sondern um eine einfache Innengesellschaft. Die Vorschrift des Art. 44 B lit. a Nr. 3 Satz 2 türk. AnwG findet mithin auf diese Gesellschaft keine Anwendung.

Die Existenz dieser Vorschrift lässt auch nicht den vom Kl. gezogenen Schluss zu, dass Wettbewerbsverbote im anwaltlichen Bereich grundsätzlich zulässig sind. Wie o.a. sind sie es vielmehr grundsätzlich nicht. Nur für den Sonderfall der Rechtsanwaltsgesellschaften sieht das Gesetz – wiederum als lex specialis – ein solches Wettbewerbsverbot vor.

Auch insoweit bieten die Ausführungen im Privatgutachten des Prof. Dr. F2 vom 15.2.2013 dem Senat keine Veranlassung zu einer anderweitigen Bewertung. Der Privatgutachter benennt zwar die Vorschrift des Art. 44 türk. AnwG und führt aus, dass dort ein Wettbewerbsverbot geregelt sei. So erklärt dies nicht, warum er diese für Rechtsanwaltsgesellschaften geltende Vorschrift aber auf die auch von ihm angenommene einfache Gesellschaft anwenden will.

Dasselbe gilt für die Ausführungen des Dr. F in dessen Privatgutachten vom 14.2.2013. Zwar erkennt er, dass Art. 44 B lit. a Nr. 2 türk. AnwG nicht auf die vorliegende einfache Innengesellschaft Anwendung findet. Soweit er aber aus der bloßen Existenz der Vorschrift ableitet, dass ein Wettbewerbsverbot grundsätzlich mit dem Anwaltsberuf vereinbar sei, berücksichtigt er nicht, dass der türkische Gesetzgeber mit dieser Vorschrift den Besonderheiten einer Rechtsanwaltsgesellschaft als einer Personenvereinigung mit eigener Rechtspersönlichkeit zum Zwecke der gemeinsamen Berufsausübung Rechnung trägt und durch die Schaffung eines (moderaten) Wettbewerbsverbots für diese spezielle Gesellschaftsform das Spannungsverhältnis zwischen der Wahrung der anwaltlichen Unabhängigkeit und der in diesem Fall gestärkten gesellschaftlichen Treuepflicht aufgelöst hat, ohne damit zugleich für andere Formen rechtsanwaltlicher Kooperationen Wettbewerbsverbote zuzulassen.

Auch die Ausführungen des Privatgutachters Dr. I in dessen Gutachten vom 7.2.2013, mit denen er auf das gesetzliche Wettbewerbsverbot in Art. 44 B lit. a Nr. 3 türk. AnwG hinweist, berücksichtigen nicht, dass es vorliegend nicht um eine Anwaltsgesellschaft im Sinne dieser Vorschrift geht, sondern um eine einfache Innengesellschaft.

Schließlich berücksichtigen die Ausführungen des Privatgutachters Prof. Dr. N in dessen Gutachten vom 14.1.2014 ebenfalls nicht den Ausnahmecharakter des Art. 44 B lit. a Nr. 3 türk. AnwG.

5) *Rechtsfolge*

Die Nichtigkeit der Weiterempfehlungspflicht und des Wettbewerbsverbots wirkt nach den überzeugenden Ausführungen des gerichtlichen Sachverständigen in seinem Gutachten und in seiner ergänzenden Befragung durch den Senat in der mündlichen Verhandlung vom 28.1.2014 ex nunc mit der Folge, dass abgewickelte Ansprüche unberührt bleiben und noch nicht abgewickelte Ansprüche von der Nichtigkeit erfasst werden.

Fehlt es mithin an einer wirksamen Vereinbarung einer Empfehlungspflicht und eines Wettbewerbsverbots, so liegen auch die vom Kl. geltend gemachten Verstöße hiergegen nicht vor, so dass die Vertragsstrafe aus § 9/2 des Vertrags auch nicht verwirkt ist.

6) *Einwand widersprüchlichen Verhaltens*

Soweit der Kl. meint, der Bekl. zu 1) könne sich deshalb auf die von ihm hier vertretene Unwirksamkeit des Vertrags nicht berufen, weil er selbst außergerichtlich und in einem Verfahren vor dem LG Tübingen auch aktiv Rechte aus diesem Vertrag herleite und sich insoweit widersprüchlich verhalte, dringt er hiermit nicht durch. Beruft sich eine Partei in Zusammenhang mit gegen sie geltend gemachten Ansprüchen aus einem Vertrag auf dessen Unwirksamkeit und macht sie aus demselben Vertrag in anderem Zusammenhang Ansprüche geltend, stellt dies grundsätzlich einen Fall des widersprüchlichen Verhaltens dar (venire contra factum proprium). Dies gilt auch nach türkischem Recht, wie der gerichtliche Sachverständige in seinem Gutachten und erneut in seinen mündlichen Erläuterungen im Senatstermin ausgeführt hat. Soweit der Kl. meint, der gerichtliche Sachverständige habe dies auf die Geltendmachung von Formmängeln beschränkt, versteht der Senat den Sachverständigen und dessen Gutachten nicht so.

Ob der Nichtigkeitseinwand des Bekl. zu 1) hier widersprüchlich ist, weil er in einem anderen Verfahren und außergerichtlich selbst Ansprüche aus dem Vertrag geltend macht, kann aber dahinstehen.

Dem Senat ist der aktuelle Stand des Verfahrens vor dem LG Tübingen und damit auch der aktuelle Vortrag des Bekl. zu 1) dort nicht bekannt. Selbst wenn aber der Bekl. zu 1) im dortigen Aktivprozess eine andere rechtliche Wertung vertreten sollte als im hiesigen Passivprozess, führt dies nicht dazu, dass er daran gehindert wäre, die (richtige) Auffassung im hiesigen Prozess einzuwenden, sondern allenfalls dazu, dass er daran gehindert wäre, die gegenteilige (falsche) Auffassung im dortigen Prozess aktiv geltend zu machen. Ein widersprüchliches Verhalten führt nicht dazu, dass in beiden Verfahren die sich widersprüchlich verhaltene Partei nicht durchdringen kann, sondern nur, dass in einem Verfahren ihr Vorbringen unbeachtlich ist. Dies wäre dann das Vorbringen als aktiv klagende Partei.

Der gerichtliche Sachverständige hat dies, nachdem er bereits in seinem Gutachten hierzu Ausführungen gemacht hat, im Rahmen seiner ergänzenden Befragung durch den Senat nochmals ausdrücklich auch für den Fall der Anwendung türkischen Rechts bestätigt."

42. *Im Rahmen des Art. 40 I 2 EGBGB trifft eine Partei ihre Rechtswahl dadurch, dass sie sich zur Begründung ihres Anspruchs im Prozess auf die Vorschriften des jeweiligen (hier: deutschen) Rechts beruft. [LS der Redaktion]*

OLG Zweibrücken, Urt. vom 30.1.2014 – 4 U 66/13: GesR 2014, 163; ZEuP 2015, 192 mit Anm. *Rott/Glinski*.

[Die nachfolgende EuGH-Vorlage des BGH – VII ZR 36/14 – wird im Band IPRspr. 2015 abgedruckt.]

Die Kl. begehrt von der Bekl. Schmerzensgeld und Feststellung der Ersatzpflicht für materielle Zukunftsschäden. Die Bekl. (damals noch die TÜV Rheinland Product Safety GmbH) wirkte seit 1997 bei der Zertifizierung der Medizinprodukte der französischen Firma Poly Implant Prothèse (Fa. PIP) mit, welche Silikon-Brustimplantate herstellte. Im Auftrag der Fa. PIP vergab die Bekl. an diese zunächst das „Rheinland Prüfzeichen". Später führte die Bekl. bei der Fa. PIP in deren Auftrag als sog. Benannte Stelle im Sinne des europäisch harmonisierten Medizinprodukterechts das EU-Konformitätsbewertungsverfahren nach Anh. II der Richtlinie 93/42/EWG des Rates über Medizinprodukte vom 14.6.1993 (ABl. Nr. L 169/1) durch. Die Kl. ließ sich 2008 in Ludwigshafen am Rhein Silikon-Brustimplantate der Fa. PIP einpflanzen. Im Frühjahr 2010 stellte die nationale französische Überwachungsbehörde Agence française de sécurité sanitaire des produits de santé (Afssaps) bei einer Inspektion in den Geschäftsräumen der Fa. PIP fest, dass das Unternehmen seine Implantate zu einem erheblichen Teil statt mit dem dafür vorgesehenen und zugelassenen Silikongel mit einem billigeren Industriesilikon befüllte und vertrieb. Aufgrund von entspr. Presseberichten und Gesundheitswarnungen befürchtete die Kl., dass auch die bei ihr eingesetzten Brustimplantate Industriesilikon enthielten. Sie ließ deshalb die Implantate 2012 in der Universitätsklinik H. ersetzen.

Gegen das zwischenzeitlich insolvente Unternehmen PIP und u.a. auch gegen die Bekl. des vorliegenden Rechtsstreits sind in Frankreich verschiedene gerichtliche Verfahren anhängig. Mit Urteil vom 14.11.2013 hat das Tribunal de commerce (Handelsgericht) in Toulon (auch) die Bekl. des vorliegenden Rechtsstreits zur Zahlung von Schadensersatz an rund 1600 betroffene Frauen und an sechs Medizinproduktehändler verurteilt.

Das LG Frankenthal hat die Klage abgewiesen. Mit ihrer Berufung verfolgt die Kl. ihr Begehren weiter.

Aus den Gründen:

„II. Das verfahrensrechtlich bedenkenfreie und somit zulässige Rechtsmittel ist in der Sache unbegründet ...

Auch unter vertragsrechtlichen Gesichtspunkten haftet die Bekl. nicht ...

1. Unmittelbare vertragliche Ansprüche zwischen den Parteien des Rechtsstreits bestehen nicht, weil diese zueinander nicht in eine rechtsgeschäftliche Beziehung getreten sind.

2. ... a) Bei der Prüfung deliktischer Ansprüche ist das LG mit Recht (stillschweigend) von der Anwendbarkeit der Vorschriften des deutschen Rechts ausgegangen, obwohl die unangekündigten Überprüfungen, die unterlassen zu haben die Kl. der Bekl. anlastet, so sie geschuldet gewesen wären, an der Produktionsstätte der Fa. PIP in Frankreich hätten durchgeführt werden müssen.

Nachdem die vorgeworfene schadensbegründende Unterlassung in die Zeit vor dem 1.12.2008 (Implantation von Silikonkissen der Fa. PIP bei der Kl.) fällt, ist für die Frage der Anwendung des deutschen Sachrechts noch Art. 40 EGBGB einschlägig (Art. 31, 32 Rom-II-VO).

Der aus einer Unterlassung folgende deliktische Schadensersatzanspruch richtet sich – unabhängig von der Frage, wo zu handeln gewesen wäre – gemäß Art. 40 I 2 EGBGB nach deutschem Recht. Der Verletzte einer unerlaubten Handlung kann nach Art. 40 I 2 EGBGB verlangen, dass das Recht des Staats angewendet wird, in dem der Erfolg eingetreten ist, hier also das Recht des Staats, in dem der ersetzt verlangte immaterielle und materielle Schaden entstanden ist. Die Schäden, für welche die Kl. Ersatz begehrt, sind in Deutschland eingetreten. Die Kl. hat die Wahl des deutschen Rechts dadurch getroffen, dass sie sich zur Begründung ihres Anspruchs im Prozess auf die Vorschriften des deutschen Rechts berufen hat (vgl. BGH, NJW 2013, 3303 f.[1])."

---

[1] IPRspr. 2013 Nr. 43 (LS).

43. *Haben die Vertragsparteien die Geltung der Verdingungsordnung für Bauleistungen, Teile B und C, vereinbart, die besonderen Vereinbarungen des Vertrags daran und an den gesetzlichen Vorschriften des deutschen Vertragsrechts ausgerichtet, den Vertragstext in deutscher Sprache abgefasst und eine Gerichtsstandsvereinbarung zugunsten Berliner Gerichte getroffen, liegen in Ermangelung einer expliziten Vereinbarung hinreichende Anhaltspunkte für eine konkludente Rechtswahl nach Art. 27 I 2 EGBGB alter Fassung zugunsten deutschen materiellen Rechts vor. [LS der Redaktion]*

BGH, Urt. vom 6.3.2014 – VII ZR 349/12: BGHZ 200, 274; NJW 2014, 2186; WM 2014, 801; MDR 2014, 586. Bericht in: NJ 2014, 299; NJ 2014, 473; NJW-Spezial 2014, 332.

<small>Die Kl. nimmt die Bekl. auf Stellung einer Bauhandwerkersicherung in Anspruch. Die Bekl. beauftragte die Kl., eine Gesellschaft mit Sitz in Luxemburg, unter dem 28.9.2009 als Nachunternehmerin mit der Ausführung von Arbeiten für die Blechfassade und das Dach des Kesselhauses einer Abfallverbrennungsanlage in Luxemburg. Vereinbart war ein Werklohn zzgl. 15% MWSt. nach luxemburgischem Recht und die Geltung der VOB Teile B und C.</small>

Aus den Gründen:
„I. Die deutschen Gerichte sind für die Entscheidung des Rechtsstreits gemäß Art. 23 I EuGVO international zuständig, da die Parteien Berlin schriftlich als Gerichtsstand vereinbart haben.

II. Auf das Vertragsverhältnis der Parteien ist – wie das Berufungsgericht in Übereinstimmung mit den Parteien zutreffend angenommen hat – deutsches materielles Recht anzuwenden. Die Parteien haben keine ausdrückliche Rechtswahl nach Art. 27 I 1 EGBGB a.F. getroffen. Das deutsche Recht ist anwendbar, weil der Vertrag der Parteien hinreichende Anhaltspunkte für eine konkludente Rechtswahl nach Art. 27 I 2 EGBGB a.F. zugunsten deutschen materiellen Rechts enthält. Die Parteien haben die Geltung der VOB Teile B und C vereinbart und die besonderen Vereinbarungen des Vertrags daran und an den gesetzlichen Vorschriften des deutschen Vertragsrechts orientiert. Sie haben den Vertragstext in deutscher Sprache abgefasst und eine Gerichtsstandsvereinbarung zugunsten Berliner Gerichte getroffen. Diese Umstände sind für eine konkludente Rechtswahl zugunsten des deutschen Rechts ausreichend (vgl. BGH – VII ZR 314/01[1], BGHZ 154, 378)."

44. *Hat die Beklagte ihren Sitz in Indien, kann gemäß § 38 II ZPO die Zuständigkeit des Gerichts des ersten Rechtszugs vereinbart werden.*

Zwischen Deutschland und Indien ist die Gegenseitigkeit im Rahmen des § 328 I Nr. 5 ZPO nicht verbürgt. [LS der Redaktion]

OLG Düsseldorf, Urt. vom 28.3.2014 – 16 U 128/13: Unveröffentlicht.

<small>Die Parteien waren durch Handelsvertretervertrag aus dem Jahr 1994 verbunden, demzufolge der Kl. die Alleinvertretung zum Verkauf von Arbeits- und Sicherheitsschuhschäften sowie kompletten Schuhen für Deutschland, Belgien, Niederlande, Frankreich, Portugal, Italien und die Slowakei hatte. Nach Ziff. 9 des Vertrags sollte das am Sitz des Handelsvertreters geltende Recht maßgeblich sein. Gerichtsstand für etwaige Rechtsstreite sollte am Sitz des – jeweiligen – Klägers sein. 2008 forderte die Bekl. den Kl. auf, sich auf das Geschäft mit drei namentlich genannten Kunden zu konzentrieren und keine weiteren Anstrengungen zu unternehmen, neue Kunden für Schuhe und Schuhschäfte zu finden. Ab September 2008 stellte die Bekl. die Übersendung von Aufträgen, Rechnungen und Frachtpapieren betreffend bestimmter Kunden ein und begann, ohne Beteiligung des Kl. Direktverkäufe in dessen Vertretungsgebiet zu tätigen. Der Kl. berechnete</small>

---

[1] IPRspr. 2003 Nr. 30.

der Bekl. ihm nach seiner Auffassung zustehende Provisionen in Höhe von insgesamt 110 04,78 €. Die Bekl. kündigte den Handelsvertretervertrag daraufhin fristlos.

Am 16.10.2010 erging ein Urteil des Additional Civil Judge, Kanpur, zur Zahlungspflicht der (hiesigen) Bekl. gegenüber dem (hiesigen) Kl. Letzterer erhob sodann Klage vor dem LG Kleve. Das LG gab der Klage durch Teilanerkenntnisurteil vom 1.10.2013 und Urteil vom 17.5.2013 statt. Dieses Urteil greift die Bekl. mit der Berufung an.

Aus den Gründen:

„II. ... A. I. Die Bekl. und die Rechtsvorgängerin des Kl. hatten in Ziff. 10 des Vertrags vereinbart, dass Gerichtsstand für etwaige Rechtsstreitigkeiten der Sitz des – jeweiligen – Klägers sein soll. Ob die Vereinbarung der Zuständigkeit deutscher Gerichte zulässig ist, beurteilt sich nach der lex fori, d.h. nach deutschem Recht (*Zöller-Geimer*, ZPO, 30. Aufl., IZPR Rz. 66, 76).

Es kann offen bleiben, ob, was nahe liegt, es sich bei der Bekl., einer nach dem indischen Companies Act gegründeten Kapitalgesellschaft, um einen Kaufmann im Sinne des § 38 I ZPO handelt. Denn die Parteien konnten jedenfalls gemäß § 38 II ZPO wirksam eine Gerichtsstandsvereinbarung treffen. Nach dieser Vorschrift kann die Zuständigkeit des Gerichts des ersten Rechtszugs vereinbart werden, wenn mindestens eine der Vertragsparteien keinen allgemeinen Gerichtsstand im Inland hat (§ 38 II 1 ZPO). Der Sitz der Bekl. ist in Indien; sie hat keinen allgemeinen Gerichtsstand in Deutschland.

Die Vereinbarung entspricht dem Schriftlichkeitserfordernis des § 38 II 2 ZPO. Sie wurde schriftlich, nämlich in Ziff. 10, abgeschlossen. Auch die Verwendung von AGB, worum es sich bei dem von den Parteien verwendeten Vertragsformular der Standesorganisation des Kl. handelt, genügt dem Schrifterfordernis des § 38 II 2 ZPO (vgl. *Zöller-Vollkommer* aaO § 38 ZPO Rz. 27).

Grundsätzlich kann der internationale Gerichtsstand frei gewählt werden. Nur wenn eine Partei einen allgemeinen Gerichtsstand im Inland hat und eine inländische Zuständigkeit begründet werden soll, besteht keine Wahlfreiheit; dann muss an das Gericht angeknüpft werden, bei dem die inländische Partei ihren allgemeinen oder einen besonderen Gerichtsstand hat (§ 38 II 3 ZPO). Da für den Kl., dessen allgemeiner Gerichtsstand in Kleve liegt, dessen Sitz gewählt wurde, ist auch diesem Erfordernis Genüge getan ...

II. ... III. Entgegen der Ansicht der Bekl. enthält die Gerichtsstandsvereinbarung – auch nicht stillschweigend – die schuldrechtliche Verpflichtung, keine anderweitigen Klagen anhängig zu machen, wenn durch eine – zulässigerweise – erhobene Klage die Zuständigkeit eines Gerichts bereits begründet worden sei. Angesichts ihres klaren Wortlauts und des objektiven Auslegungsmaßstabs bei AGB enthält die Klausel für eine solche Auslegung keine Anhaltspunkte.

Jedoch ist der Einwand der anderweitigen, zeitlich früheren Rechtshängigkeit eines Prozesses vor einem ausländischen Gericht nach § 261 III Nr. 1 ZPO immer dann zu beachten, wenn mit der Anerkennung der vom ausländischen Gericht zu fällenden Entscheidung voraussichtlich zu rechnen ist. Die Beachtung der ausländischen Rechtshängigkeit steht nicht im Ermessen des deutschen Gerichts, das sie von Amts wegen zu beachten hat (st. Rspr.: BGH, Urt. vom 24.10.2000 – XI ZR 300/99[1], Rz. 11 m.w.N., juris; *Zöller-Geimer* aaO IZPR Rz. 96).

---

[1] IPRspr. 2000 Nr. 156.

Der Kl. hatte die Klageschrift der Bekl. – in englischer Sprache – erhalten, und zwar per Einschreiben und Fax im August 2009 sowie per DHL im August/September 2009. Es kann offen bleiben, ob auf diesen Wegen die Klage überhaupt wirksam zugestellt werden konnte. Denn über die Klage wurde am 16.10.2010 entschieden. Damit steht der Zulässigkeit der vorliegenden Klage jedenfalls seit dem 16.10.2010 nicht die Rechtshängigkeit der Klage vor dem indischen Gericht entgegen, sondern es stellt sich die Frage der entgegenstehenden Rechtskraft des indischen Urteils.

IV. Der Zulässigkeit der Klage steht auch nicht die materielle Rechtskraft des indischen Urteils entgegen. Es kann insoweit offen bleiben, ob im Fall eines im Ausland ergangenen Urteils eine neue Klage über denselben Streitgegenstand zulässig, aber, soweit das ausländische Urteil anzuerkennen ist, eine inhaltlich übereinstimmende Sachentscheidung zu treffen ist (BGH, Urt. vom 26.11.1986 – IVb ZR 90/85[2], Rz. 6 juris, BGH, Beschl. vom 16.5.1979 – VIII ZB 41/77[3], Rz. 12 juris; BGH, Urt. vom 20.3.1964 – V ZR 34/62[4], juris) oder ob die Klage im Inland bereits als unzulässig abzuweisen ist (*Zöller-Geimer* aaO § 328 Rz. 35, *ders.* aaO IZPR Rz. 2801). Die Anerkennung ausländischer Urteile richtet sich nach § 328 ZPO. Nach § 328 I Nr. 5 ZPO ist die Anerkennung des Urteils eines ausländischen Gerichts ausgeschlossen, wenn die Gegenseitigkeit nicht verbürgt ist. Diese Gegenseitigkeit ist zwischen Deutschland und Indien, wie das LG zutreffend ausgeführt hat, nicht verbürgt (*Zöller-Geimer* aaO Anh. V Indien, *Schütze*, Europäisches Zivilverfahrensrecht, 2010, E.1 Rz. 170). Auch die Bekl. stellt das nicht in Frage ...

B. I. Für das Vertragsverhältnis gilt deutsches Recht. Die für die Entscheidung maßgeblichen Rechtsvorschriften sind von Amts wegen festzustellen, unabhängig davon, ob die Rechtsanwendung von der Berufung beanstandet wird (BGH, Urt. vom 21.9.1995 – VII ZR 248/94[5], juris; Urt. vom 12.11.2003 – VIII ZR 268/02[6], juris; Senat Urt. vom 21.6.2013 – I-16 U 172/12[7], juris). Die Zulässigkeit einer Rechtswahl richtet sich nach der lex fori, hier also deutschem Recht; das Zustandekommen und die Wirksamkeit der Rechtswahlvereinbarung unterliegen demgegenüber dem von den Parteien gewählten Recht, d.h. vorliegend ebenfalls deutschem Recht (vgl. *Palandt-Thorn*, BGB, 73. Aufl., Rom I Art. 3 Rz. 5). Nach Art. 3 I Rom-I-VO können die Parteien das auf den Vertrag anwendbare Recht wählen. Die Rechtswahl muss ausdrücklich erfolgen oder sich eindeutig aus den Bestimmungen des Vertrags oder aus den Umständen des Falls ergeben. Neben der ausdrücklichen oder konkludenten Individualvereinbarung kommt auch – wie vorliegend – eine Rechtswahl mittels AGB in Betracht (vgl. *Ebenroth-Boujong-Joost-Strohn-Kindler*, HGB, 2. Aufl., Anh. Handelsvertreter- und Vertragshändlerverträge im Internationalen Privatrecht, Rz. 6 ff.; Senat Urt. vom 21.6.2013 aaO). Die Parteien haben in Ziff. 9 des Vertrags die Anwendbarkeit des deutschen Rechts vereinbart."

45. *Verweist ein Vertrag auf Allgemeine Einkaufsbedingungen, die ihrerseits eine Rechtswahl enthalten, ist diese Rechtswahl zwischen den Parteien (hier: Transportunternehmen) wirksam.*

---

[2] IPRspr. 1986 Nr. 183.
[3] IPRspr. 1979 Nr. 199.
[4] IPRspr. 1964–1965 Nr. 245.
[5] IPRspr. 1995 Nr. 1.
[6] IPRspr. 2003 Nr. 3.
[7] IPRspr. 2013 Nr. 40.

Im Rahmen der CMR ist die Fälligkeit der Forderungen nach dem gewählten (hier: deutschen) Recht zu beurteilen, da die CMR keine Regelung zur Fälligkeit der Vergütung beinhaltet und damit ergänzend auf nationales Recht zurückzugreifen ist. [LS der Redaktion]

OLG Düsseldorf, Urt. vom 16.4.2014 – 18 U 124/13: Unveröffentlicht.

Die Kl. nimmt die Bekl. auf Zahlung von Frachtlohn für verschiedene Aufträge in Anspruch, die den Transport von Stahlrohren der B. GmbH von P. nach Italien zum Gegenstand hatten. Daneben begehrt sie Zinsen und die Erstattung außergerichtlicher Rechtsanwaltskosten.
Das LG hat die Bekl. zunächst durch Versäumnisurteil in der begehrten Höhe verurteilt und ein Teil-Anerkenntnisurteil über diesen Betrag erlassen. Mit Urteil vom 4.6.2013 hat es das Versäumnisurteil aufrechterhalten. Mit ihrer form- und fristgerecht eingelegten Berufung verfolgt die Bekl. ihr Klageabweisungsbegehren in vollem Umfang weiter.

Aus den Gründen:

„II. Die zulässige Berufung hat hinsichtlich der im Streit stehenden Nebenforderungen teilweise Erfolg. Im Übrigen ist sie unbegründet.
1. Die – in st. Rspr. des BGH entgegen dem Wortlaut von § 513 II ZPO auch in der Berufungsinstanz von Amts wegen zu prüfende – internationale Zuständigkeit deutscher Gerichte ist nach Art. 31 I 1 lit. a CMR gegeben.
2. ... a. Die Fälligkeit der Vergütungsforderungen beurteilt sich vorliegend nach deutschem Recht als dem vereinbarten Vertragsstatut, da die CMR keine Regelung zur Fälligkeit der Vergütung beinhaltet und damit ergänzend auf nationales Recht zurückzugreifen ist.
Im Einzelnen:
Die Frage, welches Recht auf einen Frachtvertrag Anwendung findet, richtet sich nach Art. 5 Rom-I-VO, sofern die Parteien keine Rechtswahlvereinbarung nach Art. 3 I Rom-I-VO getroffen haben wie hier. Die Frage, ob eine wirksame Rechtswahlvereinbarung zustande gekommen ist, richtet sich gemäß Art. 10 Rom-I-VO ebenso wie die Frage, ob eine wirksame Einigung vorliegt, nach dem Recht, welches gelten soll, wenn diese wirksam zustande gekommen wäre.
Demgemäß ist hier auf deutsches Recht abzustellen, da sich das Vertragsverhältnis nach Nr. 19 Satz 2 der im maßgebenden Zeitraum von November 2011 bis April 2012 geltenden Einkaufsbedingungen der Bekl. nach deutschem Recht richtete. Diese sind nach § 305 II BGB wirksam in den Vertrag einbezogen worden, nachdem die Kl. ihnen unstreitig nicht widersprochen hat und die Bekl. hierauf in ihren Transportaufträgen deutlich erkennbar unter Verweis auf die Fundstelle im Internet bzw. die Möglichkeit der Übersendung hingewiesen hat ...
b. ... 3. ... Zu Unrecht hat das LG für die Zinsforderung italienisches Recht zugrunde gelegt, da – wie dargelegt – neben der CMR ergänzend deutsches Recht zur Anwendung gelangt."

46. *Bei Sachverhalten mit einer Verbindung zum Recht eines ausländischen Staats unterliegt die Aufrechnung gemäß Art. 17 I Rom-I-VO der für die Hauptforderung berufenen Rechtsordnung mit der Folge, dass das Vertragsstatut der Hauptforderung auch über die Voraussetzungen, das Zustandekommen und die Wirkungen der Aufrechnung entscheidet. Das ist bei einer Aufrechnung gegen eine Forderung aus einem Kaufvertrag, der dem einheitlichen UN-Kaufrechtsübereinkommen (CISG)*

unterfällt, das unvereinheitlichte Recht des Staats, nach dessen Recht der Kaufvertrag ohne Eingreifen des Übereinkommens zu beurteilen wäre.
Über eine nach dem anwendbaren ausländischen Recht als prozessrechtlich zu qualifizierende Aufrechnungsvoraussetzung ist ungeachtet der Frage, ob das deutsche Prozessrecht zu deren Feststellung eine damit übereinstimmende prozessuale Norm bereithält, in einem vor deutschen Gerichten geführten Prozess nach deutschem Recht unter Anwendung des nach den Regeln des Internationalen Privatrechts für das streitige Rechtsverhältnis maßgeblichen ausländischen Rechts zu entscheiden. Danach kann eine prozessuale Aufrechnungsvoraussetzung des ausländischen Rechts wie eine materiell-rechtliche Vorschrift angewendet werden, wenn sie in ihrem sachlich-rechtlichen Gehalt den in §§ 387 ff. BGB als Teil des materiellen Rechts geregelten deutschen Aufrechnungsvoraussetzungen gleichkommt.

BGH, Urt. vom 14.5.2014 – VIII ZR 266/13: BGHZ 201, 252; NJW 2014, 3156; RIW 2014, 526; WM 2014, 1509; VersR 2015, 640; ZIP 2014, 1883; IHR 2014, 136; JZ 2015, 46 mit Anm. *Mankowski*. Leitsatz in: MDR 2014, 920; BB 2014, 1537; EWiR 2014, 775 mit Anm. *Schroeter/Nemeczek*; GWR 2014, 301 mit Anm. *Berg*; JZ 2014, 524; LMK 2014, 361173 mit Anm. *Magnus*.

Die in Italien ansässige Kl. und die in Deutschland ansässige Bekl. gehören einer auf unterschiedliche Staaten verteilten Gruppe von sechs Unternehmen an, die unter dem gemeinsamen Firmenkern und der Marke M. weltweit Kaffeeprodukte vertreiben und auf Gesellschafter- wie auf Geschäftsführerebene miteinander verbunden sind. Eines dieser Unternehmen ist die in Dubai ansässige M. LLC, zu deren Gesellschaftern und Geschäftsführern u.a. der Geschäftsführer der Bekl. und in Dubai ansässige Geschäftsführer der Bekl. Ma. B. gehören; die Rolle der M. LLC bei der Abwicklung der Geschäftsbeziehungen der Unternehmensgruppe ist streitig. Aus den in diesem Rahmen zwischen den Parteien bestehenden Lieferbeziehungen macht die Kl. für im Jahre 2011 erfolgte Lieferungen von Kaffeeprodukten mit ihrer Klage einen unstreitigen Kaufpreisanspruch von 19 005,60 € gegen die Bekl. geltend. Die Bekl. rechnet hiergegen mit von ihr behaupteten Gegenansprüchen aus abgetretenem Recht auf.

Die Klage hat in den Vorinstanzen, die sich auf Rüge der Kl. mit den vorbezeichneten Gegenforderungen wegen insoweit fehlender internationaler Zuständigkeit deutscher Gerichte sachlich nicht befasst haben, Erfolg gehabt. Hiergegen wendet sich die Bekl. mit ihrer vom Berufungsgericht auf die Nichtbefassung mit den o.g. Gegenforderungen beschränkt zugelassenen Revision.

Aus den Gründen:

„II. Diese Beurteilung [des Berufungsgerichts] hält rechtlicher Nachprüfung im Ergebnis stand; die Revision ist daher zurückzuweisen.

Der nach dem CISG zu beurteilende Kaufpreisanspruch der Kl. (Art. 3 Nr. 2 EGBGB, 1 I lit. a, 53 CISG) steht zwischen den Parteien außer Streit. Mit ihrem hiergegen auf die drei vorgenannten Gegenforderungen gestützten Aufrechnungseinwand dringt die Bekl. nicht durch. Denn ungeachtet der Frage, ob es zur Beachtlichkeit dieses Einwands der internationalen Zuständigkeit deutscher Gerichte zur Entscheidung über die Gegenforderungen bedarf, scheitert die Aufrechnung schon daran, dass dafür die nach dem unvereinheitlichten italienischen Recht zu beurteilenden Aufrechnungsvoraussetzungen nicht gegeben sind.

1. Das Berufungsgericht geht in Übereinstimmung mit dem Senatsurteil vom 12.5.1993 (VIII ZR 110/92[1], WM 1993, 1755 unter B. III. 2) davon aus, dass die Entscheidung über im Wege der Prozessaufrechnung geltend gemachte Gegenforderungen voraussetze, dass das Prozessgericht auch insoweit international zuständig sei, dass es angesichts der von der Kl. erhobenen Zuständigkeitsrüge daran aber bei den

---

[1] IPRspr. 1993 Nr. 139.

hier streitigen und inkonnexen Gegenforderungen fehle und dass es die Aufrechnung deshalb in diesem Verfahren nicht zu beachten brauche ...

b) Der Senat hat in seinem Urteil vom 7.11.2001 (VIII ZR 263/00)[2] offengelassen, ob angesichts der genannten Entscheidung des EuGH [Urt. vom 13.7.1995 – Danværn Production A/S ./. Schuhfabriken Otterbeck GmbH & Co., Rs C-341/93] an der bisherigen Senatsrechtsprechung festgehalten werden kann, wonach im Geltungsbereich der EuGVÜ zu einer Entscheidung über die Aufrechnung mit bestrittenen, inkonnexen Gegenforderungen auch hinsichtlich der Gegenforderungen eine aus dem deutschen internationalen Prozessrecht abgeleitete internationale Zuständigkeit deutscher Gerichte gegeben sein muss. Einer Entscheidung zu dieser Frage bedarf es auch vorliegend nicht. Denn ungeachtet einer etwaigen Entscheidungszuständigkeit deutscher Gerichte über den Forderungsbestand lässt bereits das als Aufrechnungsstatut berufene materielle italienische Recht eine Aufrechnung mit den von der Bekl. angesetzten Gegenforderungen nicht zu.

2. Art. 17 I Rom-I-VO regelt, dass in Fällen, in denen – wie hier – das Recht zur Aufrechnung nicht vertraglich vereinbart ist, für die Aufrechnung das Recht gilt, dem die Forderung unterliegt, gegen die aufgerechnet wird. Die Aufrechnung unterliegt danach also der für die Hauptforderung maßgeblichen Rechtsordnung mit der Folge, dass das Vertragsstatut der Hauptforderung auch über die Voraussetzungen, das Zustandekommen und die Wirkungen der Aufrechnung entscheidet (Senatsurteil vom 23.6.2010 – VIII ZR 135/08[3], WM 2010, 1712 Rz. 24 m.w.N., insoweit in BGHZ 186, 81 nicht abgedruckt).

a) Auf die mit der Klage als Kaufpreisanspruch geltend gemachte Hauptforderung findet das CISG Anwendung. Da dieses aber jedenfalls nicht die Aufrechenbarkeit solcher Ansprüche regelt, die sich – wie hier – nicht lediglich aus einem dem Übereinkommen unterliegenden Vertragsverhältnis ergeben (vgl. Art. 4 CISG), bestimmt sich das zur Beurteilung der Aufrechnung einschließlich seiner Voraussetzungen berufene Recht gemäß Art. 4 I lit. a Rom-I-VO nach dem Recht des Staats, in dem der Verkäufer seinen gewöhnlichen Aufenthalt hat, hier also nach dem gemäß Art. 19 I Rom-I-VO für den Sitz der Hauptverwaltung der Kl. maßgeblichen unvereinheitlichten italienischen Recht (vgl. Senatsurteil vom 23.6.2010 aaO; *Staudinger-Magnus*, BGB [20122], Art. 17 Rom-I-VO Rz. 19; jeweils m.w.N.).

b) Anders als das unvereinheitlichte deutsche Recht, das in §§ 387, 390 BGB als Aufrechnungsvoraussetzungen lediglich die Gegenseitigkeit, Gleichartigkeit, Fälligkeit und Einredefreiheit der einander gegenüberstehenden Forderungen verlangt, stellt das unvereinheitlichte italienische Recht in rechtlich beachtlicher Weise weitere Anforderungen an die Liquidität der Gegenforderung (vgl. *Staudinger-Magnus* aaO Rz. 32 m.w.N.), die vorliegend nicht gegeben sind.

aa) Der italienische Codice civile (Cc) sieht abgesehen von der hier nicht einschlägigen einverständlichen Aufrechnung (*compensazione volontaria*) gemäß Art. 1252 Cc eine gesetzliche und eine gerichtliche Aufrechnung vor, deren Voraussetzungen in Art. 1243 Cc geregelt sind. Die gesetzliche Aufrechnung (*compensazione legale*) findet gemäß Art. 1243 I Cc nur zwischen Schulden statt, die einen Geldbetrag oder eine Menge vertretbarer Sachen der gleichen Gattung zum Gegenstand haben und die gleichermaßen feststehen (*che sono ugualmente liquidi*) und fällig sind. Zur ge-

---

[2] IPRspr. 2001 Nr. 153.   [3] IPRspr. 2010 Nr. 197.

richtlichen Aufrechnung (*compensazione giudiziale*) bestimmt Art. 1243 II Cc, dass in Fällen, in denen die zur Aufrechnung eingewendete Schuld zwar nicht feststeht (*non è liquido*), sie aber leicht und schnell festzustellen ist (*ma è di facile e pronta liquidazione*), das Gericht die Aufrechnung hinsichtlich des von ihm als bestehend anerkannten Teils der Schuld erklären und auch die Verurteilung hinsichtlich der feststehenden Forderung bis zur Feststellung der zur Aufrechnung eingewendeten Forderung aussetzen kann. Weder die Voraussetzungen der gesetzlichen noch der gerichtlichen Aufrechnung sind vorliegend jedoch gegeben.

(1) Eine gemäß Art. 1242 I Cc ex tunc wirkende gesetzliche Aufrechnung scheitert bereits daran, dass die von der Bekl. zur Aufrechnung gestellten Gegenforderungen mangels der dazu erforderlichen Liquidität nicht feststehen. Denn hierzu darf nach der insoweit maßgeblichen und durch die Rspr. der Corte Suprema di Cassazione geprägten italienischen Rechtspraxis (vgl. dazu BGH, Urteile vom 23.4.2002 – XI ZR 136/01[4], WM 2002, 1186 unter II. 2. b; vom 24.3.1987 – VI ZR 112/86[5], NJW 1988, 648 unter II. 3. a) die Gegenforderung nicht bestritten sein, es sei denn, ein Bestreiten ist offensichtlich unbegründet (*prima facie pretestuosa ed infondata*) und damit rechtsmissbräuchlich (*Kannengießer*, Die Aufrechnung im internationalen Privat- und Verfahrensrecht, 1998, 15; *Kindler*, IPRax 1996, 16, 20; *Gebauer*, Jahrbuch für Italienisches Recht 12 [1999], 31, 41; *Stürner*, RIW 2006, 338, 343; jeweils m.w.N.). Die Gegenforderungen sind aber nach den Feststellungen des Berufungsgerichts bestritten. Dafür, dass dieses Bestreiten offensichtlich unbegründet wäre, besteht ebenfalls kein Anhalt.

(2) Auch eine gerichtliche Aufrechnung nach Art. 1243 II Cc, durch die bei fehlender Liquidität der Gegenforderung mit Wirkung ex nunc über Bestand und Höhe der Gegenforderung sowie die damit einhergehende Aufhebung der sich einander gegenüberstehenden Forderungen (vgl. Art. 1241 Cc) rechtsgestaltend entschieden werden kann (vgl. *Kannengießer* aaO 43 f.; *Gebauer* aaO; *Kindler* aaO 21; *Stürner* aaO), kommt nicht in Betracht, weil es dazu an der erforderlichen leichten und schnellen Feststellbarkeit der von der Bekl. erhobenen Gegenforderungen fehlt.

(a) Allerdings steht einer Anwendung des Art. 1243 II Cc durch deutsche Gerichte und damit einer Berücksichtigung dieser im Vergleich zur gesetzlichen Aufrechnung gelockerten Aufrechnungsvoraussetzungen nicht bereits entgegen, dass sie in eine prozessuale Norm des italienischen Rechts zur Regelung der verfahrensrechtlichen Voraussetzungen für eine rechtsgestaltende Ersetzung des an sich bestehenden Liquiditätserfordernisses eingebettet sind, die sich in dieser Form in der in Deutschland nach der Lex-fori-Regel maßgeblichen deutschen ZPO nicht findet (so aber etwa OLG Stuttgart, RIW 1995, 943, 944[6]; ähnlich *Busse*, MDR 2001, 729, 734). Selbst wenn die in dieser Bestimmung genannten Aufrechnungsvoraussetzungen nach italienischem Recht dem Verfahrensrecht und nicht dem materiellen Recht zuzurechnen sein sollten, hindert das den deutschen Richter nicht, sie auf ihren materiellen Gehalt zu befragen und wie materiell-rechtliche Vorschriften anzuwenden. Denn ob die italienischen Aufrechnungsvoraussetzungen als materiell-rechtlich oder prozessrechtlich zu qualifizieren sind, muss ungeachtet der Frage, ob das deutsche Prozessrecht zu deren Feststellung eine damit übereinstimmende prozessuale Norm be-

---

[4] IPRspr. 2002 Nr. 3.
[5] IPRspr. 1987 Nr. 1.
[6] IPRspr. 1995 Nr. 42.

reithält, in einem vor deutschen Gerichten geführten Prozess nach deutschem Recht unter Anwendung des nach den Regeln des IPR für das streitige Rechtsverhältnis maßgeblichen ausländischen Rechts entschieden werden. Dies richtet sich danach, ob die dort bestimmten Voraussetzungen für die Aufrechnung in ihrem sachlich-rechtlichen Gehalt den in §§ 387 ff. BGB als Teil des materiellen Rechts geregelten deutschen Aufrechnungsvoraussetzungen gleichkommen (vgl. Senatsurteil vom 9.6.1960 – VIII ZR 109/59[7], NJW 1960, 1720 unter II. 1 m.w.N.; LG München I, RIW 1996, 688, 689[8]; *Nagel-Gottwald*, Internationales Zivilprozessrecht, 7. Aufl., § 6 Rz. 23; *Bamberger-Roth-Spickhoff*, BGB, 3. Aufl., Art. 17 Rom I-VO Rz. 7). Das ist für das nach italienischem Recht bestehende Liquiditätserfordernis und seine prozessuale Ersatzform der leichten und schnellen Feststellbarkeit von Bestand und Höhe der zur Aufrechnung gestellten Gegenforderung zu bejahen (so etwa auch OLG Düsseldorf, IHR 2004, 203, 208[9]; LG München I aaO; *Stürner* aaO; jeweils m.w.N.; *Kannengießer* aaO 13 f., 79 f.).

Danach ist auch Art. 1243 II Cc in dem Umfang anzuwenden, wie er eine Verrechnungswirkung zulässt (LG München I aaO; *Nagel-Gottwald* aaO; *Kindler* aaO; *Kronke*, IPRax 1996, 139, 140; *Stürner* aaO). Dass das deutsche Prozessrecht ein nach dieser Bestimmung zu erlassendes Gestaltungsurteil nicht kennt, ist unschädlich, weil – wie § 322 II ZPO zeigt – über den Bestand einer zur Aufrechnung gestellten Gegenforderung auch im deutschen Recht mit einer vergleichbaren Gestaltungswirkung erkannt werden kann (vgl. *Gebauer* aaO 56; *Kindler* aaO; *Busse* aaO). Allerdings kommt – anders als die Revision meint – der Erlass eines Vorbehaltsurteils gemäß § 302 ZPO nicht in Betracht, wenn es – wie nachstehend unter II. 2. b (2) (b) ausgeführt – von vornherein an der von Art. 1243 II Cc geforderten Liquidität der Gegenforderungen und damit an einer als materiell-rechtlich zu qualifizierenden Aufrechnungsvoraussetzung fehlt (vgl. Senatsurteil vom 22.10.1957 – VIII ZR 67/56, BGHZ 25, 360, 365 f.).

(b) Die gemäß Art. 1243 II Cc bestehenden Aufrechnungsvoraussetzungen sind vorliegend nicht gegeben. Das Berufungsgericht hat dies zwar – von seinem Rechtsstandpunkt aus folgerichtig – nicht geprüft. Es bedarf dazu jedoch keiner weiteren tatrichterlichen Feststellungen, weil der Senat diese anhand des unstreitigen Inhalts der Akten selbst treffen kann (vgl. BGH, Urteile vom 19.12.1999 – IX ZR 129/99, WM 2000, 959 unter I. 3; vom 18.5.2006 – I ZB 57/05, GRUR 2006, 702 Rz. 21; vom 26.6.2008 – IX ZR 47/05, WM 2008, 1442 Rz. 19).

Für die Frage, ob die Gegenforderung leicht und schnell festzustellen ist, kommt es nach der durch die Rspr. der Corte Suprema di Cassazione geprägten italienischen Rechtspraxis darauf an, ob diese Feststellung rasch und ohne besondere Schwierigkeiten getroffen werden kann. Die dazu erforderlichen Ermittlungen in Bezug auf die Gegenforderung dürfen deshalb nicht aufwendig sein, und die Entscheidung über die Hauptforderung darf nicht erheblich verzögert werden (*Kannengießer* aaO 42; *Gebauer* aaO 43; *Kindler* aaO; jeweils m.w.N.). Das ist hier angesichts einer sowohl in rechtlicher wie auch tatsächlicher Hinsicht zu erwartenden Komplexität und Dauer der zur Feststellung der Gegenforderungen anzustellenden Ermittlungen zu verneinen.

---

[7] IPRspr. 1960–1961 Nr. 23.
[8] IPRspr. 1995 Nr. 41.
[9] IPRspr. 2004 Nr. 37.

(aa) Einer nach diesen Maßstäben leichten und schnellen Feststellung der Gegenforderungen steht bereits entgegen, dass, wie die Bekl. selbst erkannt hat, zu dieser Beurteilung zunächst einmal weitere rechtliche Ermittlungen anzustellen wären. Insoweit wäre selbständig an das für die Gegenforderungen nach dem IPR jeweils maßgebliche eigene Statut anzuknüpfen (MünchKomm-*Spellenberg*, 5. Aufl., Art. 17 VO (EG) 593/2008 Rz. 20; *Soergel-v. Hoffmann*, BGB, 12. Aufl., Art. 32 Rz. 51; jeweils m.w.N.; *Palandt-Thorn*, BGB, 73. Aufl., Art. 17 Rom I-VO Rz. 2). Das wäre – worauf schon das LG hingewiesen hat – in keinem der Fälle das deutsche Recht, sondern ein erst noch zu ermittelndes ausländisches Recht.

Hinsichtlich der geltend gemachten Darlehenszinsen bestimmt sich das Vertragsstatut am Maßstab des hierauf noch anwendbaren Art. 28 I, II, V EGBGB in der bis zum 16.12.2009 g.F. (vgl. Art. 1 Nr. 4 des Gesetzes zur Anpassung der Vorschriften des internationalen Privatrechts an die Verordnung [EG] Nr. 593/2008 vom 25.6.2009 [BGBl. I 1574]) entweder nach schweizerischem Recht oder – was angesichts der Fixierung des Darlehens in dem darüber in Dubai aufgesetzten ‚Shareholder Loan Contract' und seinem unübersehbaren Zusammenhang mit den gesellschaftsrechtlichen Beziehungen zur dort ansässigen M. LLC noch näher liegen könnte – nach dem Recht von Dubai. Der geltend gemachte Aufwendungsersatzanspruch bestimmt sich nach Maßgabe von Art. 10 II bis IV, 11 II bis IV Rom-II-VO in gleicher Weise entweder nach schweizerischem oder nach italienischem Recht oder – was im Zusammenhang mit den die Aktivitäten der Parteien verknüpfenden gesellschaftsrechtlichen Beziehungen zur M. LLC ebenfalls am nächsten liegt – nach dem Recht von Dubai. Letztgenanntes Recht ist – nicht zuletzt angesichts des unstreitigen Wohnsitzes von Ma. B. in Dubai – auch hinsichtlich der behaupteten Gewährung eines Darlehens über 30 000 € nach Art. 4 II bis IV Rom-I-VO als das für den Darlehensanspruch nächstliegende Recht in Betracht zu ziehen."

47. *Eine in einem dem UN-Kaufrecht (CISG) unterfallenden Kaufvertrag enthaltene Rückkaufverpflichtung untersteht in Umkehrung der Pflichten des ursprünglich geschlossenen Kaufvertrags ebenfalls den Bestimmungen des CISG.*

Die Auslegung eines solchen Vertrags beurteilt sich auch dann nach den in Art. 8 CISG aufgestellten Regeln, wenn es sich um einen von einer Partei verwendeten Formularvertrag handelt. Dabei findet die Regel Anwendung, dass unklare Erklärungen contra proferentem auszulegen sind, Mehrdeutigkeiten also zulasten des Verwenders der von ihm gestellten Bedingung gehen.

BGH, Urt. vom 28.5.2014 – VIII ZR 410/12: NJW-RR 2014, 1202; RIW 2014, 609; WM 2014, 1871; MDR 2014, 1014; VersR 2014, 1382; ZIP 2014, 2036; BB 2014, 2513 mit Anm. *Blaszczyk*; Europ. Leg. Forum 2014, 73; IHR 2014, 184, 173 Aufsatz *Schroeter*. Leitsatz in EWiR 2014, 681 mit Anm. *Schmidt-Kessel/Blüher*.

<small>Die Kl. ist eine in Belgien ansässige Leasinggeberin in der Freizeitindustrie; die in München ansässige Bekl. stellt Bowlingbahnen her. 2004 kaufte die Kl. von der Bekl. 20 Bowlingbahnen mit Zubehör und schloss darüber mit der A.B.C. GmbH einen Leasingvertrag. Der von der Kl. mit der Bekl. geschlossene, auf Englisch abgefasste und mit „Equipment Purchase and Repurchase Agreement" überschriebene Vertrag enthält in Abschnitt F – „Repurchase Agreement" – eine Rückkaufvereinbarung. In den Jahren 2007 und 2008 kam es zu einem Rechtsstreit zwischen der Kl. und der A.B.C. wegen ausstehender Leasingraten. Ende 2008 verpflichtete sich die A.B.C. im Rahmen eines Vergleichs u.a., an die Kl. in drei Raten 88 403 € zu zahlen. Über das Vermögen der A.B.C. wurde 2010 das Insolvenzverfahren eröffnet. Die Kl. nimmt die Bekl.</small>

aus der Rückkaufvereinbarung auf Zahlung von 90 061,99 € nebst Zinsen Zug um Zug gegen Abtretung der Ansprüche aus dem Leasingvertrag in Anspruch.

Das LG hat die Klage abgewiesen. Auf die Berufung der Kl. hat das OLG die Bekl. unter Abänderung des erstinstanzlichen Urteils bis auf einen Teil des Zinsanspruchs antragsgemäß verurteilt. Mit der vom Senat zugelassenen Revision erstrebt die Bekl. die Wiederherstellung des erstinstanzlichen Urteils.

Aus den Gründen:

„II. Diese Beurteilung [Anspruch der Kl. auf Rückkauf] hält rechtlicher Nachprüfung schon im Ausgangspunkt nicht stand.

Der Kl. steht der geltend gemachte (Rück-)Kaufpreisanspruch nicht zu ...

1. Anders als das Berufungsgericht meint, beurteilt sich der zwischen den Parteien geschlossene Vertrag nicht nach dem unvereinheitlichten deutschen Recht des BGB, sondern nach dem Übereinkommen der Vereinten Nationen über Verträge über den internationalen Warenkauf (CISG). Zwar ist in Abschnitt F-14 des Vertrags geregelt, dass die Übereinkunft und die daraus folgenden Rechte und Pflichten der Parteien dem deutschen Recht unterliegen. Eine solche, hier nach Art. 3 I 1, 27 I EGBGB in der bis zum 16.12.2009 geltenden Fassung (vgl. Art. 1 Nr. 4 des Gesetzes zur Anpassung der Vorschriften des Internationalen Privatrechts an die VO [EG] Nr. 593/2008 vom 25.6.2009 [BGBl. I 1574]; fortan: EGBGB a.F.) zu beurteilende Rechtswahl führt jedoch, da es sich bei dem zur Beschaffung der Leasinggegenstände geschlossenen Vertrag um einen Kaufvertrag über Waren handelt (vgl. MünchKommHGB-*Benicke*, 3. Aufl., Art. 1 CISG Rz. 13 m.w.N.) und die Parteien ihre Niederlassung in verschiedenen Vertragsstaaten haben, gemäß Art. 3 II EGBGB a.F., Art. 1 I lit. b CISG zur Anwendbarkeit des UN-Kaufrechtübereinkommens (vgl. Senatsurteil vom 25.11.1998 – VIII ZR 259/97[1], WM 1999, 868 unter III. 1).

Der Senat hat bereits mehrfach entschieden, dass Rückkaufverpflichtungen in Leasingverhältnissen, die nach den Vorschriften des BGB zu beurteilen sind, kaufrechtlichen Regeln folgen (zuletzt Senatsurteil vom 19.3.2003 – VIII ZR 135/02, WM 2003, 1092 unter II. 2; ferner etwa MünchKomm-*Koch*, 6. Aufl., Finanzierungsleasing Rz. 56; *Wolf-Eckert-Ball*, Hdb. des gewerblichen Miet-, Pacht- und Leasingrechts, 10. Aufl., Rz. 1956; jeweils m.w.N.). Gleiches gilt für die hier streitige Verpflichtung der Bekl., die als Kauf im Sinne von Art. 1 I CISG anzusehen ist.

Bei der Rückkaufvereinbarung geht es ungeachtet ihres leasingspezifischen Hintergrunds und der damit einhergehenden Besonderheiten bei der näheren Vertragsausgestaltung im Kern um Vertragspflichten, wie sie – nur in Umkehrung der Pflichten des urspr. zur Beschaffung der Leasinggegenstände geschlossenen Kaufvertrags – kaufvertragstypisch für die Verkäuferseite in Art. 30 CISG (Lieferung und Eigentumsübertragung) und für die Käuferseite in Art. 53 CISG (Kaufpreiszahlung und Abnahme) geregelt sind (vgl. *Schlechtriem-Schwenzer-Ferrari*, Kommentar zum Einheitlichen UN-Kaufrecht, 6. Aufl., Art. 1 Rz. 22, 28; *Schlechtriem-Schwenzer-Schroeter* aaO Vor Artt. 14 – 24 Rz. 41; *Staudinger-Magnus*, BGB, Neub. 2013, Wiener UN-Kaufrecht Art. 1 Rz. 22; *Enderlein-Maskow*, International Sales Law, 1992, Art. 1 Anm. 1). Die Vereinbarung, dass die Bowlingbahnen zum Zwecke der Lieferung und Eigentumsübertragung von der Bekl. selbst ausgebaut werden sollten, steht deren Eigenschaft als Ware im Sinne von Art. 1 I CISG nicht entge-

---

[1] IPRspr. 1998 Nr. 36.

gen (*Ferrari-Kieninger-Mankowski-Saenger*, Internationales Vertragsrecht, 2. Aufl., Art. 1 CISG Rz. 6 m.w.N.). Auch entfernt sich eine derart vereinbarte Erfüllungsmodalität nicht so weit von dem in Art. 30 f. CISG beschriebenen Pflichtenkreis eines Verkäufers, dass schlechthin nicht mehr von einem Kauf gesprochen werden könnte (vgl. *Kröll-Mistelis-Viscasillas-Piltz*, UN-Convention on the International Sales of Goods (CISG), 2011, Art. 30 CISG Rz. 11, Art. 31 Rz. 8 m.w.N.; ebenso zum unvereinheitlichten deutschen Kaufrecht: Senatsurteil vom 19.3.2003 – VIII ZR 135/02 aaO).

2. Die in Abschnitt F-1 des Vertrags vereinbarte Rückkaufverpflichtung der Bekl. ist jedoch – was das Berufungsgericht trotz mehrfacher Hinweise der Bekl. übergangen hat – nach Abschnitt F-9 des Vertrags nachträglich dadurch entfallen, dass die Kl. im Jahre 2010 die Bowlinganlage an die M.J.F.C. weiterverleast hat. Denn diese Klausel, die der Senat allein schon deshalb selbst auslegen kann, weil das Berufungsgericht dies unterlassen hat und weitere Feststellungen nicht zu treffen sind (vgl. Senatsurteil vom 22.10.2008 – VIII ZR 283/07, NJW 2009, 62 Rz. 11 m.w.N.), schließt als Erlöschensgrund für die Rückkaufverpflichtung (*the liability of seller hereunder shall cease*) auch das Weiterverleasen der Bowlinganlage an einen Dritten ein.

a) Zwar ist der in der von der Kl. gestellten Klausel bezeichnete Erlöschensgrund, nämlich dass *once F. shall have [...] otherwise disposed of the equipment to a person other than seller*, mehrdeutig, weil die darin gebrauchte Wendung *otherwise disposed of* sowohl nach ihrem Wortlaut als auch ihrem Sinnzusammenhang unterschiedliche Verständnismöglichkeiten zulässt und nur nach einer dieser Möglichkeiten auch ein Verleasen darunter fällt. Diese Mehrdeutigkeit geht jedoch zulasten der Kl. als Verwenderin des von ihr gestellten Formularvertrags.

aa) Mit dem englischen Verb *to dispose of* wird zwar vielfach die Bedeutung eines Verfügens, Veräußerns oder Verkaufens, also der endgültigen Überlassung einer Sache oder eines Rechts an einen Dritten, verbunden (vgl. *v. Beseler/Jacobs-Wüstefeld*, Law Dictionary Englisch-Deutsch, 4. Aufl., 569; *Dietl-Lorenz*, Wörterbuch für Recht, Wirtschaft und Politik, Teil I Englisch-Deutsch, 6. Aufl., 247; *Allen*, The Concise Oxford Dictionary of Current English, 8. Aufl., 337). Darin erschöpft sich die Wortbedeutung in der Rechtssprache aber nicht. Es ist vielmehr, insbesondere in einer Reihe von Legaldefinitionen in Rechtsakten des englischsprachigen Raums, auch ein das Verleasen der Sache einschließendes Verständnis anzutreffen; so heißt es bei *Saunders* (Words and Phrases Legally Defined, 3. Aufl., Vol. 2, 91 f.; ähnlich etwa die Definitionen im maltesischen Disposal of Government Land Act von 1977 unter 2. [a], in s. 18 des Property Law Act des australischen Bundesstaats Victoria von 1958 oder in Part XII s. 205 des englischen Law of Property Act von 1925: ‹Disposal› means disposal by way of sale, exchange or lease ...).

bb) Ebenso wenig lässt sich die Bedeutung des *otherwise disposed of* nach dem Sinnzusammenhang der Klausel auf eine endgültige Überlassung der Leasinggegenstände an einen Dritten in dem Sinne reduzieren, dass es nur eine dem *sold* vergleichbare endgültige Veräußerung meint. Denn etwa dadurch, dass ein Eintritt des Rückkauffalls in Abschnitt F-1 des Vertrags an eine vorzeitige Beendigung des Leasingvertrags aufgrund von Vertragsverletzungen des Leasingnehmers oder an einen schwerwiegenden Bonitätsverlust des Leasingnehmers geknüpft ist, kommt der Verpflichtung zum Rückkauf der Leasinggegenstände in ihrem jeweiligen Zustand zu einem in bestimmter Höhe von vornherein festgelegten Preis in ihrer wirtschaftlichen Bedeutung zugleich eine der Ausfallgarantie oder -bürgschaft ähnliche Sicherungsfunktion für die ordnungsgemäße Erfüllung des Leasingvertrags durch den bei Vertragsbeginn vorgesehenen Leasingnehmer zu (vgl. Senatsurteil vom 31.1.1990 – VIII ZR 280/88, NJW 1990, 2546 unter II. 4. b).

Die mit der Rückkaufvereinbarung verfolgte Risikoübernahme des Lieferanten für die ordnungsgemäße Abwicklung eines bestimmten, hier nach der Vertragspräambel auf die A.B.C. als *client* abzielenden Leasingverhältnisses, um das hierauf bezogene Amortisationsinteresse des Leasinggebers zu gewährleisten, würde jedoch uferlos ausgeweitet, wenn der Leasinggeber es in der Hand hätte, anderweit über den Leasinggegenstand zu verfügen und bei Fehlschlagen der Disposition – wie hier durch ein Weiterverleasen – das damit eingegangene Risiko über die Rückkaufverpflichtung bei dem Lieferanten zu belassen, obgleich dieser weder auf die Auswahl des neuen Vertragspartners noch auf Art und Umfang des künftigen Gebrauchs der Leasingsache und eine dadurch bedingte Zustandsverschlechterung Einfluss nehmen kann. Eine nach beiden Seiten interessengerechte Auslegung der Rückkaufklausel kann deshalb auch für ein nach dem Wortlaut mögliches weites Verständnis des *otherwise disposed of* dahin sprechen, dass bereits ein Weiterverleasen der Leasingsache an Dritte angesichts des sonst für den Lieferanten nicht mehr überschaubaren Inanspruchnahmerisikos die Rückkaufverpflichtung zum Erlöschen bringen sollte.

b) Diese unterschiedlichen Auslegungsmöglichkeiten von Abschnitt F-9 des Vertrags wirken sich zum Nachteil der Kl. aus, die die Klausel gestellt hat.

aa) Die Auslegung von Verträgen, die dem UN-Kaufrechtsübereinkommen unterfallen, beurteilt sich gemäß Art. 4 Satz 1 CISG abschließend nach den in Art. 8 CISG für die Vertragsauslegung aufgestellten Regeln. Das gilt auch für die Auslegung in den Verträgen enthaltener AGB (Senatsurteil vom 31.10.2001 – VIII ZR 60/01[2], BGHZ 149, 113, 116 f.; *Schlechtriem/Schwenzer/Schmidt-Kessel* aaO Art. 8 Rz. 59; *Staudinger-Magnus* aaO Art. 8 Rz. 18). Es ist weder vorgetragen noch ersichtlich, dass die Vertragsparteien der in Abschnitt F-9 verwendeten Klausel übereinstimmend einen bestimmten Sinn beigemessen hätten oder dass es sich dabei etwa um eine in der gewählten Fassung weit verbreitete Standardbedingung handelte, die in den beteiligten Verkehrskreisen durchgängig nur in einem bestimmten Sinne verstanden wird (vgl. Art. 8 I CISG; dazu *Schlechtriem/Schwenzer/Schmidt-Kessel* aaO). Eine vom Berufungsgericht unter Bezugnahme auf leasingrechtliches Schrifttum (MünchKomm-*Koch* aaO Rz. 56 ff.) angenommene weitgehende Üblichkeit solcher Rückkaufverpflichtungen bei Leasinggeschäften unter Kaufleuten lässt keine darüber hinausgehenden Rückschlüsse auf eine Üblichkeit gerade der in Rede stehenden Klausel in der konkret gewählten Formulierung und das ihr beizulegende Verständnis zu. Denn mit dieser Klausel hat sich das Berufungsgericht nicht befasst.

bb) Der Beurteilung des Klauselinhalts ist deshalb Art. 8 II CISG zugrunde zu legen, wonach Erklärungen oder das sonstige Verhalten einer Partei so auszulegen sind, wie eine vernünftige Person der gleichen Art wie die andere Partei sie unter gleichen Umständen aufgefasst hätte. Dabei kommt die international seit lan-

---

[2] IPRspr. 2001 Nr. 26b.

gem weit verbreitete Regel zur Anwendung, dass unklare Erklärungen contra proferentem auszulegen sind, Mehrdeutigkeiten also zulasten des Erklärenden – hier der Kl. als Verwenderin des Formularvertrags – gehen (vgl. *Schlechtriem/Schwenzer/Schmidt-Kessel* aaO Art. 8 Rz. 47, 59; *Staudinger-Magnus* aaO; ferner etwa CISG Advisory Council Opinion No. 13 – Inclusion of Standard Terms under the CISG, IHR 2014, 34, 42 [Regel] Nr. 9; jeweils m.w.N.). Hiernach ist der Auslegung von Abschnitt F-9 des Vertrags die der Kl. ungünstigere Bedeutung zugrunde zu legen, nach der die Rückkaufverpflichtung der Bekl. durch das Weiterverleasen der Bowlinganlage an die M.J.F.C. erloschen ist.

c) Feststellungen zu einem nachträglichen Zustandekommen eines Rückkaufvertrags hat das Berufungsgericht nicht getroffen. Soweit es die Auffassung vertritt, dass die Bekl. sich auf ein fehlendes Zustandekommen des Rückkaufvertrags jedenfalls gemäß § 242 BGB nicht berufen könne, weil sie jederzeit zu dessen Abschluss und zur Entgegennahme der Ware verpflichtet gewesen wäre, trifft dies bereits wegen des zwischenzeitlichen Erlöschens der Rückkaufpflicht nicht zu. Es kann dahinstehen, ob dem Berufungsgericht gefolgt werden kann, es ergebe sich aus dem Schriftwechsel vor und anlässlich des Ausbaus, dass die Übereignung des Rückkaufguts im Rahmen des Ausbaus zumindest konkludent stattgefunden habe. Selbst wenn das für diejenigen Teile zuträfe, welche die Bekl. an sich genommen hat, könnte daraus noch nicht gefolgert werden, dass sie die von ihr gerade in Abrede genommene Rückkaufverpflichtung, noch dazu über die gesamte Anlage, von der wesentliche Teile in den Räumlichkeiten verblieben sind, wieder aufleben lassen wollte."

48. *Eine (auch) für Haustürgeschäfte mit Verbrauchern in Allgemeinen Geschäftsbedingungen bestimmte Vereinbarung eines ausländischen Gerichtsstands, die lediglich dem Unternehmer freistellt, seine Rechte auch am inländischen Wohnsitz des Verbrauchers oder jedem anderen zuständigen Gericht geltend zu machen, ist – auch bei Vereinbarung ausländischen Rechts – jedenfalls gemäß Art. 29 I EGBGB alter Fassung in Verbindung mit §§ 305 ff. BGB als insgesamt unwirksam zu behandeln.*

KG, Urt. vom 5.6.2014 – 22 U 90/13: Leitsatz in GWR 2014, 328 mit Anm. *Richter.*

Der Kl. wurde 2007 von der Bekl. zu 3) dreimal zum Zweck der Beratung einer Geldanlage in seinem Naturkostlokal aufgesucht. Im dritten Gespräch unterzeichnete der Kl. Service- und Verwaltungsverträge und vereinbarte eine Einmalanlage sowie mtl. Anlagen jeweils zzgl. 5% Agio für eine Einzahlungsdauer von 15 Jahren. Der Kl. begehrt von den Bekl. zu 1) und 2) mit Sitz in Liechtenstein nach Widerruf der mit den Bekl. zu 1) und 2) geschlossenen Verträge Rückzahlung seiner Geldanlage. Von den Bekl. zu 1) und 2) sowie der Bekl. zu 3) begehrt er weiterhin Schadensersatz.
Das LG hat die Klage mit dem Verweis auf eine fehlende örtliche und internationale Zuständigkeit abgewiesen, weil eine zulässige und wirksame Gerichtsstandsvereinbarung vorläge, die nicht durch einen ausschließlichen Gerichtsstand für Klagen eines Verbrauchers ausgeschlossen sei.

Aus den Gründen:

„II. ... A. *Klage gegen die Bekl. zu 1)* ...
Das LG hat im Ergebnis zu Recht ausgeführt, dass eine inländische Gerichtszuständigkeit nicht gegeben ist. Der hier maßgebliche internationale Gerichtsstand

folgt der örtlichen Zuständigkeit. Eine inländische Zuständigkeit ist jedoch nicht begründet.
 1. Ein allgemeiner Gerichtsstand (§§ 12 bis 19 ZPO) im Inland scheidet aus.
 2. Für weitere besondere Gerichtsstände nach §§ 21, 23 ZPO ist nichts vorgetragen.
 3. Der Verbrauchergerichtsstand nach EU-Recht (EuGVO) kommt nicht in Betracht, weil Liechtenstein nicht EU-Mitglied, sondern als Mitglied der EFTA nur Vertragsstaat des EWR ist. Liechtenstein ist ferner nicht Vertragsstaat des LugÜ I bzw. [ab 1.1.2010] des LugÜ II (vgl. BGH, Urt. vom 28.6.2007 – I ZR 49/04[1], NJW-RR 2008, 57, 58 [22]; BeckOK-ZPO-*Toussaint* [Stand: 1.1.2014], § 12 Rz. 17.1), weshalb die internationale Zuständigkeit für die Klage gegen liechtensteinische Unternehmen sich danach mittelbar aus den Bestimmungen für die örtliche Zuständigkeit ergibt (vgl. BGH, I ZR 49/04 aaO [23]).
 4. Hinsichtlich des Gerichtsstands der unerlaubten Handlung (§ 32 ZPO), auf den sich der Kl. schon nicht berufen hat, fehlt (schlüssiger) Vortrag für das Vorliegen einer unerlaubten Handlung nach § 823 II BGB i.V.m. § 263 StGB oder [was im Hinblick auf die nur gegenüber der Bekl. zu 3) erhobene Behauptung anzumerken ist] § 32 KWG bzw. § 826 BGB.
 5. Denkbar wären der besondere Gerichtsstand des Erfüllungsorts (§ 29 ZPO) oder der besondere bzw. teilweise ausschließliche Gerichtsstand für Haustürgeschäfte nach § 29c ZPO, der § 29 ZPO vorgeht und alle Anspruchsgrundlagen, auch solche gegen beteiligte Dritte, erfasst (vgl. BGH, Beschl. vom 7.1.2003 – X ARZ 362/02, NJW 2003, 1190 f. [III.]; *Zöller-Vollkommer*, ZPO, 30. Aufl., § 29c Rz. 4 und – zu Verbrauchersachen – Anh. nach § 29c Rz. 3; BGH, Urt. vom 31.5.2011 – VI ZR 154/10[2], NJW 2011, 2809; Beschl. vom 6.5.2013 – X ARZ 65/13[3], NJW-RR 2013, 1399).
 a) Der Gerichtsstand nach § 29c ZPO ist zwar als nicht wirksam abbedungen anzusehen, weil – ungeachtet der Anwendbarkeit liechtensteinischen Rechts – die Klausel gemäß Art. 29 I EGBGB a.F. jedenfalls als unwirksam zu behandeln wäre. Die Voraussetzungen eines Haustürgeschäfts nach § 312 BGB hat der Kl. jedoch schon nicht schlüssig vorgetragen.
 aa) Die in ‚IV Sonstiges' zu Nr. 3 der Bedingungen zum Servicevertrag enthaltene Gerichtsstandsvereinbarung wäre nach deutschem Recht unwirksam, was nach Art. 29 I EGBGB a.F. auch dann zu berücksichtigen wäre, wenn sie nach liechtensteinischem Recht wirksam sein sollte.
 (1) Die maßgebliche Bestimmung in den Bedingungen zum Servicevertrag unter ‚IV Sonstiges' zu Nr. 3 lautet:

> ‚Dieser Vertrag untersteht dem liechtensteinischen Recht. Erfüllungsort und Gerichtsstand ist Vaduz. Der GSS steht es jedoch frei, ihre Rechte am Wohnsitz des Kunden oder bei jedem anderen zuständigen Gericht geltend zu machen.'

Die Klausel umfasst also die Rechtswahl für den Vertrag sowie umfassend die Bestimmung des Erfüllungsorts sowie des Gerichtsstands in Vaduz (Liechtenstein). Sie ist für Klagen des Verbrauchers als Vereinbarung eines ausschließlichen Gerichtsstands auszulegen (vgl. BGH, Urt. vom 18.3.1997 – XI ZR 34/96[4], NJW 1997, 2885, 2886 [I. 2. a) aa)]), was hier schon wegen der abweichenden Verein-

---

[1] IPRspr. 2007 Nr. 107.
[2] IPRspr. 2011 Nr. 183.
[3] IPRspr. 2013 Nr. 203.
[4] IPRspr. 1997 Nr. 142.

barung zur Gerichtsstandswahl der Bekl. zu 1) für ihre Klagen gegen den Verbraucher offensichtlich ist.

Bei der Prüfung der Wirksamkeit dieser Vereinbarung ist gemäß Art. 27 IV, 31 I EGBGB a.F. das vereinbarte Vertragsstatut, also das Recht, das bei Wirksamkeit der Rechtswahlklausel anzuwenden wäre, maßgeblich (vgl. BGH, Urt. vom 24.11.1988 – III ZR 150/87[5], NJW 1989, 1431, 1432 [IV. 1. c)]; MünchKomm-*Wurmnest*, 6. Aufl., § 307 Rz. 231; *Erman-Hohloch*, BGB, 12. Aufl., Art. 31 EGBGB Rz. 1; zum entspr. Art. 10 I Rom I vgl. *Palandt-Thorn*, BGB, 73. Aufl., Art. 10 Rom I Rz. 2; *Staudinger-Beckmann*, BGB [2014], Vorb. zu §§ 433 ff. Rz. 288; *Staudinger-Coester* aaO [2013] § 307 Rz. 561a; *Staudinger-Magnus* aaO [2011] Art. 3 Rom I Rz. 176; *Erman-Roloff* aaO § 307 Rz. 150 und § 305 Rz. 57 [mit unzutreffendem Hinweis auf die inzwischen unbesetzte Rz. 150 zu § 307]), weshalb liechtensteinisches Recht zugrunde zu legen ist. Denn das anzuwendende Recht bestimmt sich nach den Regeln des deutschen IPR (vgl. BGH, III ZR 150/87 aaO [III. 1. a)]; BGH, XI ZR 34/96 aaO [I. 2. a)]; BGH, Urt. vom 17.5.1972 – VIII ZR 76/71[6], BGHZ 59, 23, 26 f.; BeckOK-ZPO-*Toussaint* aaO § 38 Rz. 2). Die Zulässigkeit der Gerichtsstandsvereinbarung richtet sich jedoch nach deutschem Prozessrecht (vgl. BGH, III ZR 150/87 aaO; BGH, XI ZR 34/96 aaO), weshalb die gemäß § 40 II Nr. 2 ZPO unabdingbare Bestimmung des ausschließlichen Gerichtsstands in § 29c I 2 ZPO in jedem Fall vorgeht und für Klagen gegen den Verbraucher zwingend ist.

(2) Die Vereinbarung ist deshalb zunächst nach §§ 29c I 2, 40 II 1 Nr. 2 ZPO teilweise unzulässig, soweit für Klagen gegen den Verbraucher der Gerichtsstand in Vaduz vereinbart ist und der Bekl. zu 1) nur ein Wahlrecht eingeräumt ist, den Verbraucher an jedem anderen zulässigen Gerichtsstand in Anspruch zu nehmen, weil insoweit eine zwingende ausschließliche Zuständigkeit besteht.

(3) Dagegen ist die Vereinbarung für den besonderen Gerichtsstand der Klage des Verbrauchers gegen den Unternehmer – anders als der Kl. meint – grundsätzlich unter den hier vorliegenden Voraussetzungen des § 38 II ZPO zulässig. § 29c I ZPO differenziert zwischen besonderem und ausschließlichem Gerichtsstand. Dem Gesetzgeber ist zweifellos die Systematik von besonderem und ausschließlichem Gerichtsstand bekannt. In § 29c I 2 ZPO ist die ausschließliche Zuständigkeit nur für Klagen gegen den Verbraucher vorgesehen, wovon § 29c II und III ZPO wegen des Verbots der Gerichtsstandsvereinbarung (§ 40 II Nr. 2 ZPO) sogar für zwei Fälle Ausnahmen zulässt. Die Überschrift des § 29c ‚Besonderer Gerichtsstand für Haustürgeschäfte' wäre zudem unzutreffend und § 29c I 2 überflüssig, wenn der Gerichtsstand gegen seinen klaren Wortlaut auch für Klagen des Verbrauchers ein ausschließlicher hätte sein sollen. Dass die Vorschrift dem Schutz des Verbrauchers in gleicher Weise wie zuvor § 7 HWiG dienen soll, bedeutet nicht, dass entgegen der bekannten Systematik Gerichtsstandsvereinbarungen unzulässig sein sollten. Dementsprechend wird die Norm weder von dem BGH noch sonst in der Rspr. o. Lit. uminterpretiert und – in Wiederholung des Gesetzestexts – ausgeführt, dass die Zuständigkeit für Klagen gegen den Verbraucher ausschließlich ist, während die für Klagen des Verbrauchers keine ausschließliche mehr ist (vgl. BGH, X ARZ 362/02 aaO [III. 1.]; BayObLG, Beschl. vom 15.1.2003 – 1 Z AR 170/02, NJOZ 2003, 520, 521 f. [II. 3.]; BeckOK-ZPO-*Toussaint* aaO § 29c Rz. 11, 12; *Musielak-*

---

[5] IPRspr. 1988 Nr. 165.   [6] IPRspr. 1972 Nr. 140.

Heinrich, ZPO, 10. Aufl., § 29c Rz. 4; *Zöller-Vollkommer* aaO § 29c Rz. 1, § 40 Rz. 6). Notwendige Folge des (nur) besonderen Gerichtsstands ist, dass eine Gerichtsstandsvereinbarung insoweit nicht nach § 40 II 1 Nr. 2 ZPO ausgeschlossen ist.

(4) Da die Gerichtsstandsvereinbarung für Klagen des Verbrauchers isoliert betrachtet nicht bereits nach dem deutschen Prozessrecht unzulässig ist, wäre liechtensteinisches Recht maßgeblich. Diese Prüfung erübrigt sich vorliegend aber, weil Art. 29 I EGBGB a.F. vorsieht, dass sich der Verbraucher auf ihm günstige zwingende Bestimmungen des Rechts seines Aufenthaltsstaats berufen kann. Die tatbestandlichen Voraussetzungen liegen vor, weil sowohl Nr. 1 (Werbung und Angebot/Annahme des Verbrauchers im Inland) als auch Nr. 2 (Bestellung im Inland entgegengenommen) erfüllt sind.

(a) Der Günstigkeitsvergleich erfasst als zwingende Bestimmung neben §§ 312 f. BGB u.a. die §§ 305 ff. BGB (vgl. BGH, Urt. vom 19.7.2012 – I ZR 40/11[7] Rz. 33; vgl. zu Art. 29 EGBGB a.F. *Palandt-Heldrich* aaO [59. Aufl.] Art. 29 EGBGB Rz. 6; *Erman-Hohloch* aaO Art. 27 EGBGB Rz. 26 b, Art. 29 EGBGB Rz. 17, Art. 34 EGBGB Rz. 8; *Staudinger-Magnus* aaO [2002] Art. 29 EGBGB Rz. 102; vgl. zum entspr. Art. 6 II Rom I *Staudinger-Beckmann* aaO Rz. 289; *Palandt-Thorn* aaO Art. 6 Rom I Rz. 9; *Bamberger-Roth-Spickhoff*, BGB [Stand: 1.2.2013] Art. 6 Rom I Rz. 31), weil zwingend mit unabdingbar gleichzusetzen ist (vgl. BGH, I ZR 40/11 aaO). Zwar hatte der BGH dies zu Art. 34 EGBGB a.F. ausdrücklich und mit näherer Begründung für §§ 307 bis 309 BGB zuvor abweichend entschieden und den Anwendungsbereich auf international zwingende Vorschriften reduziert (vgl. BGH, Urt. vom 9.7.2009 – Xa ZR 19/08[8], NJW 2009, 3371, 3373 f. [32]; vgl. für das VerbrKrG auch BGH, Urt. vom 13.12.2005 – XI ZR 82/05[9], NJW 2006, 762, 763 f. [21 ff.]). Die scheinbare Diskrepanz erklärt sich aber aus dem – trotz gleichem Wortlaut – unterschiedlichen Anwendungsbereich der Normen und entspricht der Legaldefinition in Art. 27 III EGBGB a.F. (vgl. dazu auch *Staudinger-Magnus* aaO Rz. 26 f.; *MünchKomm-Martiny*, 4. Aufl. [2006], Art. 29 EGBGB Rz. 63, 67; vgl. auch *Erman-Hohloch* aaO [nichtdispositive Bestimmungen], Art. 29 EGBGB Rz. 17, Art. 34 EGBGB Rz. 8). Dementsprechend hatte der BGH in dem Zusammenhang die Anwendung von Art. 29 I EGBGB verneint (vgl. BGH, XI ZR 82/05 aaO [12 ff.]).

(b) Gerichtsstandsvereinbarungen unterliegen selbstverständlich der Prüfung nach §§ 305 ff. BGB (vgl. BeckOK-ZPO-*Toussaint* aaO § 38 Rz. 4 und § 12 Rz. 20), vgl. auch *Zöller-Vollkommer* aaO § 12 Rz. 2).

(c) Eine Ausnahme bestünde, wenn es sich um einen Fall des Art. 29 IV Nr. 2 EGBGB (die dem Verbraucher geschuldete Dienstleistung wird ausschließlich in einem anderen Staat erbracht) handeln würde. Inhalt des Servicevertrags ist die Verwaltung des Kontokorrentkontos sowie die Überwachung des Depotkontos nebst jährlichem (sowie gesondert angefordertem) Depotauszug. Bereits dies steht dem Merkmal der ausschließlichen Leistungserbringung außerhalb Deutschlands entgegen (vgl. zu der erforderlichen Risikoaufklärung in Deutschland: OLG Düsseldorf, Urt. vom 9.2.2007 – 17 U 39/06, juris und beck-online [B. I. 3. d. aa.]). Dafür

---

[7] IPRspr. 2012 Nr. 25b.
[8] IPRspr. 2009 Nr. 28.
[9] IPRspr. 2005 Nr. 13b.

spricht, dass für Finanzierungsgeschäfte, denen ein ratierlicher Anlagevertrag jedenfalls ähnelt, schon keine Ausnahme vorgesehen ist (vgl. BGH, Urt. vom 26.10.1993 – XI ZR 42/93[10], BGHZ 123, 380, 387 f. [II. 2. a) bb) (3)]), weil der Gesetzgeber insoweit regelmäßig von einem Inlandsbezug ausgegangen sein muss. Jedenfalls erfolgen die Anlagen der Grand Slam im Kundendepot in verschiedenen Anlageklassen (Prospekt S. 2 f.), und zwar global bzw. weltweit darunter auch in deutsche Anlagen (DWS, Deutsche Bank [DB Platinum]). Damit war auch ein Bezug auf Deutschland möglich bzw. gegeben, weshalb Art. 29 IV Nr. 2 EGBGB vorliegend schon deshalb nicht entgegensteht (vgl. BGH, Urt. vom 25.1.2005 – XI ZR 78/04[11], NJW-RR 2005, 1071, 1073 [III. 1. b)]; OLG Bamberg mit Hinweis gemäß § 522 ZPO vom 20.3.2012 – 5 U 259/11, LG Coburg, Urt. vom 30.11.2012 – 22 O 451/12, S. 12 Abs. 2). Ferner genügt, dass die Gelder jedenfalls bei Vertragsende zurückzuzahlen sind (vgl. BGH, Urt. vom 8.6.2010 – XI ZR 349/08[12], Rz. 36). Diese Rechtslage lässt sich nicht mit einer Klausel über den Erfüllungsort umgehen, weil die tatsächliche Leistung im Sinne des Gesetzes maßgeblich ist.

(5) Die Gerichtsstandsvereinbarung in den AGB hält der Prüfung nach §§ 305 ff. BGB nicht stand und wäre daher – unterstellt sie wäre nach liechtensteinischem Recht überhaupt wirksam – gemäß Art. 29 I EGBGB a.F. als unwirksam zu behandeln.

(a) Sämtliche im Rechtsstreit vorgelegte Gerichtsentscheidungen verkürzen die rechtliche Betrachtung auf den nach § 29c I ZPO zulässig eingrenzbaren Teil, also den besonderen Gerichtsstand für Klagen des Verbrauchers gegen den Unternehmer, und nehmen nur eine isolierte Prüfung der bereits geltungserhaltend reduzierten Klausel vor, was unter Verkennung der Sachlage zu der Prüfung eines anderen, hier nicht gegebenen Sachverhalts führt, oder übersehen Art. 29 EGBGB a.F. und damit die AGB-Prüfung völlig.

(b) Ungeachtet des Umstands, dass eine abweichende Vereinbarung des Gerichtsstands für Klagen gegen den Verbraucher unzulässig ist (§§ 29c I 2, 40 II Nr. 2 ZPO) und deshalb der ausschließliche Gerichtsstand bestehen bleibt, sieht die Regelung in den AGB die umfassende Abbedingung jedoch vor ...

b) Der Erfüllungsort liegt nicht im Inland bzw. in Berlin, weshalb eine Zuständigkeit nach § 29 ZPO nicht begründet ist.

aa) Zwar gilt § 29 II ZPO, nach dem eine Bestimmung der Zuständigkeit nicht durch die Vereinbarung des Erfüllungsorts getroffen werden kann, nicht im Anwendungsbereich des § 38 II ZPO (vgl. *Zöller-Vollkommer* aaO § 29 Rz. 26 m.w.N.), so dass die Vereinbarung auch für die Zuständigkeit nach § 29 I ZPO maßgeblich wäre. Es kann jedoch offen bleiben, ob der Erfüllungsort wirksam abweichend vereinbart ist, weil ein Erfüllungsort ohnehin nicht im Inland liegt.

bb) Erfüllungsort für die Rückzahlungspflicht wegen des Widerrufs (vgl. *Zöller-Vollkommer* aaO Rz. 25 [Bankgeschäfte]) wäre der Sitz der Bekl., der sich nicht im Inland befindet, und für den geltend gemachten Schadensersatzanspruch (aus Prospekthaftung) besteht ebenfalls kein inländischer Erfüllungsort. Bei Schadensersatzansprüchen ist die verletzte Haupt- bzw. primäre Leistungspflicht maßgeblich (vgl. BGH, Urt. vom 7.11.2012 – VIII ZR 108/12[13], NJW-RR 2013, 309 [14];

---

[10] IPRspr. 1992 Nr. 37.
[11] IPRspr. 2005 Nr. 12.
[12] IPRspr. 2010 Nr. 304.
[13] IPRspr. 2012 Nr. 181b.

BGH, Urt. vom 18.1.2011 – X ZR 71/10[14], NJW 2011, 2056, 2058 [29]). Das gilt auch für Schadensersatzansprüche aus der Nicht- oder Schlechterfüllung von Nebenpflichten, weshalb hier die – nicht in Deutschland zu erfüllenden – Pflichten aus dem Anlagevertrag maßgeblich sind (vgl. für eine dem vorliegenden Sachverhalt entspr. Sachlage BGH mit Beschlüssen vom 18.11.2009[15] und vom 10.2.2010 – IV ZR 36/09, VersR 2010, 645 [Vorinstanz: OLG München, Urt. vom 30.1.2009 – 25 U 3097/07[16], VersR 2009, 1382]; vgl. ferner BGH, VIII ZR 108/12 aaO; für Beratungsnebenpflicht aus Kaufvertrag: BGH, Beschl. vom 7.1.2014 – X ARZ 578/13, MDR 2014, 239 [6, 13]; für Beratungspflicht im laufenden Vertragsverhältnis: BGH, Urt. vom 30.9.1976 – II ZR 107/74[17], WM 1976, 1230; vgl. auch OLG München, 25 U 3097/07 aaO OLGR 2009, 332 [II. 3.]), was jedenfalls dann sachgerecht ist, wenn die vorvertragliche Pflichtverletzung zum Vertragsschluss führte.
B. Klage gegen die Bekl. zu 2)
Es besteht ebenfalls keine internationale Zuständigkeit des inländischen Gerichts. Insoweit wird auf die Ausführungen zur Klage gegen die Bekl. zu 1) (s.o. A.) verwiesen. Die hier vereinbarte Gerichtsstandsklausel – ‚... Alle Rechtsbeziehungen des Kunden mit der D. T. unterliegen liechtensteinischem Recht. Erfüllungsort, Betreibungsort für Kunden mit ausländischem Wohnsitz und ausschließlicher Gerichtsstand für alle Verfahren ist Vaduz. D. T. behält sich allerdings vor, den Kunden auch an seinem ordentlichen Gerichtsstand zu belangen' – weicht nicht wesentlich von der von der Bekl. zu 1) verwandten Klausel ab.
C. Klage gegen die Bekl. zu 3)
Das LG hat die Klage gegen die Bekl. zu 3) zu Recht abgewiesen, weshalb auch die teilweise Erledigung nicht festzustellen war ...
1. Die Vereinbarung zur Rechtswahl (in den Anlageverträgen) gilt zwar auch für am Vertrag nicht beteiligte Dritte (so für eine entspr. Sachlage [Eigen- bzw. Sachwalterhaftung des Vertreters]: BGH, Urt. vom 9.10.1986 – II ZR 241/85[18], NJW 1987, 1141 f.; vgl. auch MünchKomm-*Spellenberg* aaO [2006] Art. 32 EGBGB Rz. 60; a.A. Palandt-*Heldrich* aaO Art. 32 EGBGB Rz. 8; *Erman-Hohloch* aaO Art. 32 EGBGB Rz. 21 [3]; *Staudinger-v. Hoffmann* aaO [2002] Vor Art. 40 EGBGB Rz. 14), jedoch nicht für einen selbständig zwischen dem Dritten und dem Anleger im Inland geschlossenen Beratungsvertrag. Es ist daher deutsches Recht anwendbar."

49. *Eine in Allgemeinen Geschäftsbedingungen enthaltene Klausel des Inhalts „Erfüllungsort: Es gilt deutsches Recht" lässt Raum für eine Auslegung, nach der zumindest für die Bestimmung des Erfüllungsorts ausschließlich deutsches Recht gelten solle, und zwar entgegen Art. 6 II Rom-I-VO selbst dann, wenn das Recht des gewöhnlichen Aufenthaltsorts des Verbrauchers hierzu zwingend ist; eine solche Klausel ist unwirksam. [LS der Redaktion]*

LG Oldenburg, Urt. vom 11.6.2014 – 5 O 908/14: WRP 2014, 1504.

[Unterdessen wurde die Berufung der Kl. gegen das nachstehende Urteil vom OLG Oldenburg – 6 U 113/14 – als unbegründet zurückgewiesen.]

---

[14] IPRspr. 2011 Nr. 182.
[15] IPRspr. 2009 Nr. 170b.
[16] IPRspr. 2009 Nr. 170a.
[17] IPRspr. 1976 Nr. 142.
[18] IPRspr. 1986 Nr. 34 (LS).

Die Kl. ist eine in Deutschland ansässige GmbH. Sie betreibt unter den Domains www. ... .de und www. ... .de Internetshops, die sich auch an Verbraucher im Ausland richten. Bei dem Bekl. handelt es sich um einen Verband zur Förderung gewerblicher Interessen im Sinne des § 3 I 1 Nr. 2 UKlaG. Die auf der Seite www. ... .de abzurufenden AGB der Kl. sehen unter der Überschrift „Sonstiges" vor: „Diese Vertragsbedingungen unterliegen deutschem Recht." In den AGB, die die Kl. überdies bei dem Verkauf von Waren auf Amazon verwendet, heißt es unter der Überschrift „Erfüllungsort": „Es gilt deutsches Recht." Der Bekl. mahnte die Kl. wegen der Verwendung der genannten Klauseln ab und forderte sie zur Abgabe einer strafbewehrten Unterlassungserklärung auf. Die Kl. trat dieser Abmahnung entgegen und meint, die Klauseln würden Verbraucher, die ihren gewöhnlichen Aufenthalt im Ausland haben, nicht unangemessen benachteiligen.

Auf die Widerklage der Bekl. hat die Kl. die negative Feststellungsklage für erledigt erklärt; der Bekl. hält an seinem Antrag auf Klagabweisung fest.

Aus den Gründen:

„II. ... 2. Mit den genannten Klauseln handelt die Kl. dem § 307 I BGB zuwider. Die beanstandeten Rechtswahlklauseln der Kl. benachteiligen Kunden unangemessen, weil sich aus ihnen nicht klar und verständlich ergibt, welche Rechtsvorschriften für im Zusammenhang mit der Geschäftsbeziehung zwischen der Kl. und ihren ausländischen Kunden entstandene Streitigkeiten gelten sollen. Die Klauseln lassen nämlich Raum für eine Auslegung, nach der ausschließlich deutsches Recht gelten soll.

a) Soweit es in den AGB der Kl. unter ‚Sonstiges' heißt: ‚Diese Vertragsbedingungen unterliegen deutschem Recht', ist eine Auslegung eröffnet, wonach auch zwingendes Recht aus dem Herkunftsstaat des Verbrauchers entgegen Art. 6 II Rom-I-VO ausgeschlossen sein soll. Nach Art. 6 II Rom-I-VO darf eine – grundsätzlich freie – Rechtswahl dem Verbraucher nicht den Schutz der Bestimmungen entziehen, von denen nach dem ohne die Rechtswahl anzuwendenden Recht nicht durch Vereinbarung abgewichen werden darf. Wenn es in der beanstandeten Klausel nun heißt, dass die Vertragsbedingungen deutschem Recht unterliegen, kann dies als Ausschluss derartiger, zwingender Bestimmungen ausländischen Rechts und Geltung der jeweiligen Bestimmungen deutschen Rechts verstanden werden.

b) Die von der Kl. verwendete Klausel ‚Erfüllungsort: Es gilt deutsches Recht.' ist einer Auslegung zugänglich, wonach zumindest für die Bestimmung des Erfüllungsorts ausschließlich deutsches Recht gelten soll und zwar entgegen Art. 6 II Rom-I-VO selbst dann, wenn das Recht aus dem gewöhnlichen Aufenthaltsort des Verbrauchers hierzu zwingend ist.

c) Bei der Auslegung der beanstandeten Klauseln in der o.g. Weise sind diese geeignet, Verbraucher mit gewöhnlichem Aufenthalt im Ausland glauben zu machen, jede Bestimmung ihres Heimatrechts sei ausgeschlossen. Damit vermitteln die Klauseln diesen Verbrauchern ein falsches Bild von den ihnen nach Art. 6 II Rom-I-VO zustehenden Rechtsschutzmöglichkeiten. Bereits dieser ‚Abschreckungseffekt' reicht für die Unwirksamkeit einer Klausel in AGB aus (vgl. BGH – I ZR 40/11[1]). Dabei ist zu beachten, dass im Fall von Unklarheiten einer Klausel im Verbandsverfahren die kundenfeindlichste Auslegung gilt, vorliegend also die unter litt. a und b dargestellte (vgl. BGH, NJW 2003, 1237, 1238)."

50. *Die Allgemeinen Geschäftsbedingungen eines ausländischen Online-Bezahldienstes, der mit im Inland ansässigen Verbrauchern einen Nutzungsvertrag eingeht,*

---

[1] IPRspr. 2012 Nr. 25b.

unterliegen auch bei der Wahl ausländischen Rechts nach Art. 6 I lit. b Rom-I-VO den Vorschriften der §§ 305 ff. BGB. Dazu gehört auch eine Kontrolle der Rechtswahlklausel selbst.

LG Hamburg, Urt. vom 2.9.2014 – 327 O 187/14: IPRax 2015, 348, 320 Aufsatz *Pfeiffer*; NJOZ 2015, 535. Leitsatz in GWR 2015, 142 mit Anm. *Eckhoff*.

Die Kl. ist eine juristische Person mit Sitz in Luxemburg. Sie betreibt den weltweit tätigen Online-Bezahldienst PayPal. Unter der Seite www.paypal.de stellt sie auch inländischen Nutzern einen Online-Zahlungsservice zur Verfügung, der eine Registrierung nebst Abschluss eines Nutzungsvertrags voraussetzt. Die Nutzungsbedingungen der Kl. sehen unter Ziff. 9.1 lit. t „Verbotene Aktivitäten" vor: „Nutzung von PayPal aus einem Land, das sich nicht auf der Liste der von PayPal unterstützen Länder befindet". Hierunter fällt u.a. der Iran. Unter Ziffer 14.3 „Rechtswahl und Gerichtsstand" ist vorgesehen: „Für die vorliegende Vereinbarung und das zwischen uns bestehende Rechtsverhältnis gilt das Recht von England und Wales." Der Bekl. ist Verbraucher mit Wohnsitz im Inland und schloss in dieser Eigenschaft mit der Kl. 2004 einen Nutzungsvertrag ab unter Anerkennung ihrer Nutzungsbedingungen und Käufer- und Verkäuferschutzbestimmungen. Der Bekl. hält sich auch regelmäßig im Iran auf, dessen Staatsbürgerschaft er neben der deutschen besitzt. 2012 und 2013 erteilte der Bekl. der Kl. mehrere Zahlungsaufträge für von ihm getätigte Internetkäufe. Als der Bekl. wegen der Mitteilung einer Gutschrift sich vom Iran aus in sein PayPal-Konto einloggen wollte, sperrte die Kl. das Konto des Bekl. Nach einiger E-Mail-Korrespondenz, die nicht zur Freischaltung seines Kontos führten, veranlasste der Bekl. in 12 Fällen die Rücklastschrift. Mit der vorliegenden Klage begehrt die Kl. die Erstattung der verauslagten Gelder nebst der Kosten der Rücklastschriften sowie wegen Auskunftskosten zur Anschriftenermittlung. Ferner begehrt sie die Erstattung von Rechtsanwaltskosten nach einer 1,5 Gebühr. Den weiteren Antrag auf Erstattung pauschalierter Mahnkosten (20 EUR) hat die Kl. zurückgenommen.

Aus den Gründen:

„I. ... 2. Auf den vorliegenden Fall kommt deutsches Recht zur Anwendung. Dessen Anwendbarkeit ergibt sich aus Art. 3 I, 6 II Rom-I-VO. Der Kl. steht es zwar frei, mit ihren Vertragspartnern, einschließlich Verbrauchern, eine Rechtswahl zu treffen, und zwar auch in ihren Nutzungsbedingungen, mithin in ihren AGB im Sinne der §§ 305 ff BGB. Lediglich der Entzug der zwingenden Bestimmungen des Heimatrechts eines Verbrauchers ist ausgeschlossen, Art. 6 I lit. b Rom-I-VO. Hierzu gehören auch die Vorschriften der §§ 305 ff. BGB, mithin die Vorschriften über die AGB-Kontrolle. Damit ist grundsätzlich auch die Rechtswahlklausel selbst einer AGB-Kontrolle unterworfen (vgl. BGH, NJW-RR 2005, 1071[1] und Urteil der Kammer veröffentlicht in MMR 2012, 96[2]). Nach dieser Rspr. ist eine Rechtswahlklausel jedenfalls dann nicht als überraschend im Sinne des § 305c BGB anzusehen, wenn das nach Art. 4 und 6 Rom-I-VO ohnehin anwendbare Recht gewählt wird oder zumindest das Recht am Sitzort einer der Parteien. Das ist hier vorliegend jedoch nicht der Fall. Die Kl. ist – was den meisten Kunden verborgen bleiben dürfte – eine in Luxemburg ansässige Gesellschaft. Eine Anknüpfung [...], warum diese Gesellschaft, die zweifelsfrei ihre Geschäftstätigkeit auch auf das Inland ausgerichtet hat, mit einem im Inland ansässigen Kunden, nämlich dem Bekl., in ihren AGB ausgerechnet englisches und walisisches Recht vereinbaren möchte, sind weder ersichtlich noch vorgetragen."

51. *Bei der parallelen Verfolgung eines Anspruchs auf Vertragsstrafenzahlung wegen Verstoßes gegen eine markenrechtliche Unterlassungsverpflichtungserklärung und eines markenrechtlichen Schadensersatzanspruchs, deren tatsächliche Grund-*

---

[1] IPRspr. 2005 Nr. 12.   [2] IPRspr. 2011 Nr. 22.

lage jeweils der Vertrieb identischer Jeansmodelle ist, handelt es sich nicht um „dieselben Ansprüche" im Sinne des Art. 27 EuGVO, wenn in dem einen Verfahren (hier: vor einem deutschen Gericht) auf deliktischer Grundlage vorgegangen und in dem anderen (Brüsseler Verfahren) eine Vertragsverletzung geltend gemacht wird.
[LS von der Redaktion neu gefasst]

OLG Hamburg, Urt. vom 18.9.2014 – 3 U 96/12: GRUR 2015, 272; WRP 2015, 87. Leitsatz in: GRURPrax 2015, 10; JZ 2015, 8.

Die Nichtzulassungsbeschwerde schwebt beim BGH unter dem Az. I ZR 236/14.

52. *Ein Vertrag zwischen einem in Deutschland ansässigen Fotografen und einer Gesellschaft mit Sitz in Frankreich über die Fertigung von Lichtbildern eines in Frankreich belegenen Hotels weist grundsätzlich die engeren Verbindungen im Sinne von Art. 28 V EGBGB zu Frankreich auf.*

§ 31 V UrhG zählt nicht zu den im Sinne von Art. 34 EGBGB zwingenden Bestimmungen, die einen Sachverhalt mit Auslandsberührung ohne Rücksicht auf das jeweilige Vertragsstatut regeln.

BGH, Urt. vom 24.9.2014 – I ZR 35/11: NJW 2015, 1690; RIW 2015, 369; AfP 2015, 145; CR 2015, 458; GRUR 2015, 264; GRUR Int. 2015, 375 mit Anm. *Katzenberger*; K&R 2015, 253; MMR 2015, 324; WRP 2015, 347; ZUM 2015, 330. Leitsatz in: MDR 2015, 291; GRURPrax 2015, 91 mit Anm. *Brexl*.

[Das vorgehende Urteil des OLG Köln vom 28.1.2011 – 6 U 101/10 – und die EuGH-Vorlage des BGH vom 28.6.2012 – I ZR 35/11 – wurden bereits jeweils in den Bänden IPRspr. 2011 unter der Nr. 147 bzw. IPRspr. 2012 unter der Nr. 164 abgedruckt.]

Der Kl. ist Fotograf. Die Bekl. betreibt in Nizza das „Hi Hotel". 2003 fertigte der Kl. im Auftrag der Bekl. Dias mit Innenansichten des Hotels an. Er räumte der Bekl. jedenfalls das Recht zur Nutzung der Fotografien in Werbeprospekten und auf ihrer Internetseite ein. Eine schriftliche Vereinbarung über die Einräumung von Nutzungsrechten gibt es nicht. Ende Februar 2003 stellte der Kl. der Bekl. mit der Bemerkung „include the rights - only for the hotel hi" 2 5000 € für 25 Fotoaufnahmen in Rechnung. Die Bekl. zahlte diesen Betrag. Sie verwendete die Lichtbilder in Prospekten und auf ihrer Homepage. Im Jahr 2008 stieß der Kl. in einer Buchhandlung in Köln auf den im Phaidon-Verlag mit Sitz in Berlin erschienenen Fotoband „Innenarchitektur weltweit", der Abbildungen von neun seiner Innenaufnahmen des Hi Hotels enthielt. Die Fotografien sind auch in anderen Bildbänden, darunter dem im Taschen-Verlag mit Sitz in Köln erschienenen Band „Architecture in France", veröffentlicht. Der Kl. hat die Bekl. auf Unterlassung, Feststellung ihrer Schadensersatzpflicht und Auskunftserteilung in Anspruch genommen.

Aus den Gründen:
„II. Mit der vom Berufungsgericht gegebenen Begründung kann der Klage nicht stattgegeben werden.
1. ... a) Nach dem deutschen IPR ist die Frage, ob Ansprüche wegen einer Verletzung urheberrechtlicher Schutzrechte bestehen, grundsätzlich nach dem Recht des Schutzlands – also des Staats, für dessen Gebiet der Schutz beansprucht wird – zu beantworten (vgl. BGH, Urt. vom 15.2.2007 – I ZR 114/04[1], BGHZ 171, 151 Rz. 24 [Wagenfeld-Leuchte]; vom 24.5.2007 – I ZR 42/04[2], GRUR 2007, 691 Rz. 21 f. = WRP 2007, 996 [Staatsgeschenk]; vom 29.4.2010 – I ZR 69/08[3], BGHZ 185, 291 Rz. 14 [Vorschaubilder I], jew. m.w.N.; ebenso nunmehr Art. 8 I der gemäß Art. 32 am 11.1.2009 in Kraft getretenen Rom-II-VO, die nach Art. 31 aber nur

---
[1] IPRspr. 2007 Nr. 98.
[2] IPRspr. 2007 Nr. 106.
[3] IPRspr. 2010 Nr. 164 (LS).

auf schadensbegründende Ereignisse angewandt wird, die nach ihrem Inkrafttreten eintreten). Nach diesem Recht sind insbes. das Bestehen des Rechts, die Rechtsinhaberschaft des Verletzten, Inhalt und Umfang des Schutzes sowie der Tatbestand und die Rechtsfolgen einer Rechtsverletzung zu beurteilen (BGH, Urt. vom 2.10.1997 – I ZR 88/95[4], BGHZ 136, 380, 385 ff. [Spielbankaffaire]; vom 29.4.1999 – I ZR 65/96[5], BGHZ 141, 267, 273 [Laras Tochter]; *Schricker-Loewenheim-Katzenberger*, Urheberrecht, 4. Aufl., Vor §§ 120 ff. UrhG Rz. 127, 129).

b) Da Gegenstand der Klage allein Ansprüche wegen einer Verletzung urheberrechtlich geschützter Rechte an Fotografien sind, für die der Kl. im Inland urheberrechtlichen Schutz beansprucht, ist im Streitfall, wie auch das Berufungsgericht angenommen hat, deutsches Urheberrecht anzuwenden.

2. Hinsichtlich der maßgeblichen Rechtsgrundlagen ist in zeitlicher Hinsicht zwischen dem Unterlassungsanspruch einerseits und den Ansprüchen auf Feststellung der Schadensersatzpflicht und auf Feststellung der Erledigung der Auskunftsansprüche andererseits zu unterscheiden ...

3. Die in Rede stehenden Fotografien sind in Deutschland – wie das Berufungsgericht zutreffend angenommen hat – wenn nicht als Lichtbildwerke nach § 2 I Nr. 5 und II UrhG, so doch jedenfalls als Lichtbilder nach § 72 I UrhG urheberrechtlich geschützt. Die Fotografien genießen in Deutschland urheberrechtlichen Schutz, auch wenn sie in Frankreich angefertigt worden sind. Ein inländisches Urheberrecht kann auch durch eine Werkschöpfung im Ausland begründet werden (BGH, Urt. vom 16.6.1994 – I ZR 24/92[6], BGHZ 126, 252, 256 [Folgerecht bei Auslandsbezug]; *Schricker-Loewenheim-Katzenberger* aaO Rz. 123 m.w.N.). Desgleichen kann ein inländisches Schutzrecht des Lichtbildners an einem im Ausland aufgenommenen Lichtbild entstehen. Der Kl. ist als Hersteller der Fotografien berechtigt, Ansprüche wegen einer Verletzung seiner urheberrechtlich geschützten Rechte an den Fotografien geltend zu machen.

4. ... cc) Die Bekl. hätte dem in Paris ansässigen Phaidon-Verlag bei der Übergabe der Fotografien ihr in Wahrheit nicht zustehende Rechte zur Nutzung der Fotografien in Bildbänden eingeräumt oder übertragen, wenn der Kl. der Bekl. entweder bereits nicht das Recht eingeräumt hätte, seine Fotografien auch in Bildbänden zu nutzen, oder er ihr zwar dieses Recht eingeräumt hätte, aber nicht seine Zustimmung erklärt hätte, dass sie dieses Recht ihrerseits Dritten überträgt (§ 34 I 1 UrhG) oder einräumt (§ 35 I 1 UrhG) ...

(2) Für das Vertragsstatut sind im Streitfall die mittlerweile aufgehobenen Bestimmungen der Art. 27–34 EGBGB über das auf vertragliche Schuldverhältnisse anwendbare Recht maßgeblich. Diese Vorschriften sind zwar durch die Rom-I-VO abgelöst worden. Diese Verordnung wird nach ihrem Art. 28 aber (nur) auf Verträge angewandt, die ab dem 17.12.2009 geschlossen worden sind. Auf Verträge, die – wie der hier zu beurteilende – davor geschlossen wurden, sind weiterhin die Bestimmungen der Art. 27–34 EGBGB anzuwenden.

(3) Gemäß Art. 28 I 1 EGBGB unterliegt der Vertrag dem Recht des Staats, mit dem er die engsten Verbindungen aufweist, soweit das auf den Vertrag anzuwendende Recht – wie hier – nicht nach Art. 27 EGBGB vereinbart worden ist. Gemäß

---

[4] IPRspr. 1997 Nr. 125.
[5] IPRspr. 1999 Nr. 100.
[6] IPRspr. 1994 Nr. 128.

Art. 28 II 1 und 2 EGBGB wird zwar vermutet, dass der Vertrag die engsten Verbindungen mit dem Staat aufweist, in dem die Partei, welche die charakteristische Leistung zu erbringen hat, im Zeitpunkt des Vertragsabschlusses ihren gewöhnlichen Aufenthalt oder – wenn der Vertrag in Ausübung einer beruflichen oder gewerblichen Tätigkeit dieser Partei geschlossen worden ist – ihre Niederlassung hat. Diese Vermutung gilt nach Art. 28 V EGBGB jedoch nicht, wenn sich aus der Gesamtheit der Umstände ergibt, dass der Vertrag engere Verbindungen mit einem anderen Staat aufweist. Das Berufungsgericht hat ohne Rechtsfehler angenommen, dass der in Rede stehende Vertrag der Parteien die engsten Verbindungen mit Frankreich aufweist, weil die Lichtbilder in Nizza für ein dort ansässiges Unternehmen angefertigt worden sind und der Werbung für das auf den Bildern abgelichtete, dort belegene Hotel dienen sollten. Auf den Vertrag ist daher grundsätzlich französisches Urhebervertragsrecht anwendbar.

(4) Gemäß Art. 34 EGBGB (jetzt Art. 9 II Rom-I-VO) bleibt die Anwendung der Bestimmungen des deutschen Rechts, die ohne Rücksicht auf den Vertrag anzuwendende Recht den Sachverhalt zwingend regeln, unberührt.

(5) Entgegen der Ansicht des Berufungsgerichts zählt § 31 V UrhG nicht zu den Bestimmungen, die den Sachverhalt im Sinne des Art. 34 EGBGB zwingend regeln (*Fromm/Nordemann-Nordemann-Schiffel*, Urheberrecht, 11. Aufl., Vor §§ 120 ff. UrhG Rz. 86, 88 m.w.N.; *Wandtke-Bullinger-v. Welser*, Urheberrecht, 4. Aufl., § 32b UrhG Rz. 2; *Büscher-Dittmer-Schiwy-Obergfell*, Gewerblicher Rechtsschutz – Urheberrecht Medienrecht, 2. Aufl., Vor §§ 120 ff. UrhG Rz. 14, jeweils m.w.N.; *Loewenheim* in Festschrift Bornkamm, 2014, 887, 891 f.; a.A. LG München I, ZUM-RD 2002, 21, 25 f. [27]; *Schricker-Loewenheim-Katzenberger* aaO § 32b UrhG Rz. 33 f. und Vor §§ 120 ff. UrhG Rz. 166 f.; *Dreier-Schulze*, UrhG, 4. Aufl., Vor § 120 Rz. 55, jeweils m.w.N.).

Sind bei der Einräumung eines Nutzungsrechts die Nutzungsarten nicht ausdrücklich einzeln bezeichnet, so bestimmt sich gemäß § 31 V 1 UrhG nach dem von beiden Partnern zugrunde gelegten Vertragszweck, auf welche Nutzungsarten es sich erstreckt. Entsprechendes gilt nach § 31 V 2 UrhG für die Frage, ob ein Nutzungsrecht eingeräumt wird, ob es sich um ein einfaches oder ausschließliches Nutzungsrecht handelt, wie weit Nutzungsrecht und Verbotsrecht reichen und welchen Einschränkungen das Nutzungsrecht unterliegt.

Zwingende Normen im Sinne des Art. 34 EGBGB sind nach der Rspr. des BGH Bestimmungen, die beanspruchen, einen Sachverhalt mit Auslandsberührung ohne Rücksicht auf das jeweilige Vertragsstatut zu regeln. Fehlt eine ausdrückliche gesetzliche Regelung des allumfassenden Geltungsanspruchs einer Norm, so ist im Wege der Auslegung zu ermitteln, ob sie nach ihrem Sinn und Zweck ohne Rücksicht auf das nach den sonstigen Kollisionsnormen anzuwendende Recht eines anderen Staats international gelten soll. Für die Anwendung des Art. 34 EGBGB ist grundsätzlich erforderlich, dass die betreffende Vorschrift nicht nur dem Schutz und Ausgleich widerstreitender Interessen der Vertragsparteien und damit reinen Individualbelangen dient, sondern daneben zumindest auch öffentliche Gemeinwohlinteressen verfolgt. Bei der Feststellung, ob eine Norm international zwingenden Charakter hat, ist grundsätzlich Zurückhaltung geboten, da sonst die mit dem EVÜ durch die Vereinheitlichung des Kollisionsrechts bezweckte Einheitlichkeit internationaler Entscheidungen empfindlich gestört, das differenzierte, allseitige Anknüpfungssystem der Art. 27 ff. EGBGB partiell außer Kraft gesetzt und die Rechtsanwendung erschwert würde. Art. 34 EGBGB darf nicht die Funktion einer allgemeinen Ausweichklausel übernehmen, mit der das das EVÜ und EGBGB beherrschende Grundprinzip der Rechtswahlfreiheit der Vertragschließenden nach Belieben beseitigt und die einheitliche Anknüpfung des Vertragsstatuts aufgelöst wird. In Zweifelsfällen ist daher davon auszugehen, dass die betreffende Vorschrift keine international zwingende Geltung beansprucht (BGH, Urt. vom 13.12.2005 – XI ZR 82/05[7], BGHZ 165, 248, 256 bis 258 m.w.N.; vgl. auch Begr. z. RegE eines Gesetzes zur Neuregelung des IPR, BT-Drucks. 10/504 S. 83).

Nach diesen Maßstäben ist § 31 V UrhG keine international zwingende Regelung im Sinne des Art. 34 EGBGB.

Der in § 31 V UrhG niedergelegte und ausgeformte Auslegungsgrundsatz, dass der Urheber im Zweifel nur die Nutzungsrechte einräumt, die für das Erreichen des Vertragszwecks unerlässlich sind (Übertragungszweckgedanke), beruht auf dem das gesamte Urheberrecht beherrschenden Leitgedanken einer möglichst weitgehenden Beteiligung des Urhebers an der wirtschaftlichen Verwertung seines Werks (Beteiligungsgrundsatz; vgl. BGH, Urt. vom 28.10.2010 – I ZR 18/09, GRUR 2011, 714 Rz. 16 und 19 f. = WRP 2011, 913 [Der Frosch mit der Maske] m.w.N.). Er dient, wie das Berufungsgericht mit Recht angenommen hat, dem Schutz des Urhebers als der regelmäßig schwächeren Vertragspartei (vgl. *Schricker-Loewenheim* aaO § 31 UrhG Rz. 65) und gilt auch bei einer Einräumung von Leistungsschutzrechten (BGH, Urt. vom 11.4.2013 – I ZR 152/11, GRUR 2013, 618 Rz. 30 = WRP 2013, 793 [Internet-Videorecorder II]). Entgegen der Ansicht des Berufungsgerichts folgt aus diesem Schutzzweck jedoch nicht, dass die Regelung des § 31 V UrhG im Sinne von Art. 34 EGBGB international zwingend ist.

Der mit § 31 V UrhG bezweckte Schutz der regelmäßig schwächeren Vertragspartei dient v.a. Individualbelangen. Soweit ein solcher Schutz der Urheber und Leistungsschutzberechtigten auch im öffentlichen Gemeinwohlinteresse liegt, handelt es sich um eine bloße Nebenwirkung, wie sie mit vielen Gesetzen verbunden ist, die dem Schutz einer bestimmten Bevölkerungsgruppe dienen. Ein solcher reflexartiger Schutz öffentlicher Gemeinwohlinteressen reicht für eine Anwendung des Art. 34 EGBGB nicht aus (vgl. zum VerbrKrG: BGHZ 165 aaO 257).

Gegen die Annahme einer international zwingenden Wirkung des § 31 V UrhG spricht ferner, dass nicht einmal alle nach deutschem Recht zwingenden Vorschriften zugleich gemäß Art. 34 EGBGB international zwingend sind (BGHZ 165 aaO 256) und es sich bei § 31 V UrhG um keine nach deutschem Recht zwingende Vorschrift handelt. Sie überlässt es grundsätzlich den Vertragsparteien, Inhalt und Umfang des Nutzungsrechts zu bestimmen. Sie greift ihrer Natur als Auslegungsregel entsprechend erst ein, wenn es an einer ausdrücklichen vertraglichen Vereinbarung der Parteien fehlt oder Unklarheiten über Inhalt oder Umfang eines eingeräumten Nutzungsrechts bestehen (vgl. BGH, Urt. vom 31.5.2012 – I ZR 73/10, BGHZ 193, 268 Rz. 17 [Honorarbedingungen Freie Journalisten] m.w.N.).

Gegen die Annahme einer international zwingenden Wirkung des § 31 V UrhG spricht ferner ein Umkehrschluss aus § 32b UrhG. Nach dieser Vorschrift finden die

---

[7] IPRspr. 2005 Nr. 13b.

§§ 32 und 32a UrhG zwingend Anwendung, wenn auf den Nutzungsvertrag mangels einer Rechtswahl deutsches Recht anzuwenden wäre oder soweit Gegenstand des Vertrags maßgebliche Nutzungshandlungen im räumlichen Geltungsbereich des UrhG sind. § 32b UrhG bestimmt danach ausdrücklich, dass sich die urheberschützenden Vorschriften über die angemessene Vergütung (§§ 32, 32a UrhG) unter bestimmten Voraussetzungen als zwingende Regelungen im Sinne des Art. 34 EGBGB gegenüber ausländischem Recht durchsetzen. Dagegen gibt es keine Vorschrift, die bestimmt, dass es sich bei § 31 V UrhG um eine zwingende Regelung im Sinne des Art. 34 EGBGB handelt. Es kann auch nicht angenommen werden, dass das Gesetz insoweit eine planwidrige Regelungslücke aufweist. Dafür gibt es insbes. in den Gesetzesmaterialien zu den hier in Rede stehenden Bestimmungen keinen Anhaltspunkt. Deshalb lässt das Fehlen einer § 32b UrhG entsprechenden Regelung für § 31 V UrhG darauf schließen, dass diese Bestimmung keine zwingende Regelung im Sinne des Art. 34 EGBGB ist.

Da jedenfalls keine hinreichenden Anhaltspunkte dafür bestehen, dass die Bestimmung des § 31 V UrhG einen Sachverhalt mit Auslandsberührung ohne Rücksicht auf das jeweilige Vertragsstatut regeln soll, ist auch im Interesse der Einheitlichkeit von Entscheidungen mit internationalem Bezug davon auszugehen, dass die Vorschrift keine international zwingende Geltung beansprucht."

53. *Über Art. 6 I Rom-I-VO kommt deutsches Recht als Verbrauchervertragsstatut zur Anwendung, wenn die Beklagte als Verbraucherin ihren Wohnsitz in Deutschland hat, die Klägerin ihre Tätigkeit (auch) auf Deutschland ausgerichtet hat und weitere Umstände wie die Abrechnung in Euro für deutsches Recht sprechen. [LS der Redaktion]*

AG Würzburg, Urt. vom 2.10.2014 – 16 C 207/13: NJW-RR 2015, 1149.

Die Parteien streiten um Restforderung aus Kaufvertrag. Die Bekl. begab sich im Herbst 2010 auf eine Bildungsreise der Firma RSD-Reisen in die Türkei. Im Rahmen eines Ausflugs des Reiseveranstalters fand programmgemäß auch eine Besichtigung von Räumlichkeiten der Kl. in T.-D. statt. Dort erwarb die Bekl. von deutschsprachigen Mitarbeitern der Kl. einen „Azeri"-Teppich zum Gesamtpreis von 3 000 €, wobei 1 000 € direkt vor Ort als Anzahlung geleistet wurden. Weitere Zahlungen wurden von der Bekl. lediglich in Höhe von 90,00 € für Versicherung, Zustellung und Porto geleistet. Mit der Klage macht die Kl. den Differenzbetrag geltend.

Aus den Gründen:

„Die zulässige Klage ist unbegründet.

Die Kl. kann von der Bekl. keine weiteren Zahlungen verlangen, da diese den zugrunde liegenden Kaufvertrag gemäß §§ 312 I Nr. 1, 355, 346 ff. BGB wirksam widerrufen hat.

Letztendlich kann somit dahinstehen, nach welcher Anspruchsgrundlage bzw. nach welchem Recht die Kl. ursprünglich Kaufpreiszahlung von der Bekl. verlangen konnte. Insoweit spricht einiges dafür, dass die Parteien wirksam nach Art. 3 I Rom-I-VO türkisches Vertragsstatut vereinbart haben, so dass sich der Anspruch auf Kaufpreiszahlung aus Art. 208 des türkischen Gesetzes Nr. 6098/2011 – Obligationengesetz (Borşlar Kanunu) – (Resmi Gazete Nr. 27.836) ergeben würde.

Die Bekl. hat jedoch unabhängig vom Vertragsstatut gemäß Art. 6 I lit. b, II Rom-I-VO i.V.m. §§ 312 I Nr. 2, 355 BGB den Kaufvertrag wirksam widerrufen.

Das Vertragsstatut bzw. die Anwendbarkeit von Verbraucherschutzvorschriften richtet sich dabei nach den Regelungen der Rom-I-VO, da eine Anwendung des UN-Kaufrechts (CISG) gemäß Art. 2 lit. a CISG beim Verbrauchsgüterkauf ausscheidet. Die Regelungen der Rom-I-VO finden weiter aufgrund des Umstands, dass die Bekl. ihren Wohnsitz in einem Mitgliedstaat (Deutschland) hat, Anwendung. Auf eine Ratifizierung der Rom-I-VO durch die Republik Türkei kommt es dabei nicht an.

Gemäß Art. 6 II 2 Rom-I-VO finden demnach auch im Falle der Rechtswahl weiter diejenigen Verbraucherschutzvorschriften Anwendung, welche nach den Regelungen des Art. 6 I Rom-I-VO zugunsten des Verbrauchers Anwendung finden würden und von welchen nach dem insoweit einschlägigen Vertragsstatut nicht abgewichen werden dürfte.

Nach Art. 6 I Rom-I-VO wäre Verbrauchervertragsstatut deutsches Recht, da die Bekl. als Verbraucherin ihren Wohnsitz in Deutschland hat und die Kl. ihre Tätigkeit auf irgendeine Weise (auch) auf Deutschland ausgerichtet hat. Unstreitig erfolgte der streitgegenständliche Teppichverkauf im Rahmen einer aus Deutschland angebotenen und vollständig aus deutschsprachigen Personen bestehenden Reiseveranstaltung. Weiter war der Vertragstext primär in Deutsch verfasst (und überhaupt nicht in Türkisch), und als Valuta war Euro vereinbart. Darüber hinaus war das Verkaufspersonal der Kl. unstreitig in Deutsch geschult. Nach dem Gesamteindruck war mithin die Verkaufstätigkeit der Kl. zumindest im Rahmen der streitgegenständlichen Verkaufsveranstaltung sogar schwerpunktartig auf einen Verkauf an deutsche bzw. deutschsprachige Personen ausgerichtet."

54. *Auf einen Lizenzvertrag, der mit einem in Deutschland ansässigen Fotografen abgeschlossen worden ist, ist nach Art. 4 II Rom-I-VO deutsches Recht anwendbar. [LS der Redaktion]*

OLG Köln, Urt. vom 31.10.2014 – 6 U 60/14: NJW 2015, 789 mit Anm. *Schweinoch*; CR 2015, 44; GRUR 2015, 167; GRURPrax 2014, 516 Aufsatz *Dörre*; K&R 2015, 57 mit Anm. *Koreng*; MMR 2015, 331 mit Anm. *Schaefer*; WRP 2015, 94; ZUM-RD 2015, 180.

55. *Bei innereuropäischen Flugreisen ist die internationale Zuständigkeit gemäß Art. 5 Nr. 1 lit. b EuGVO ist sowohl am Abflug- als auch am Ankunftsort begründet.*

Gemäß Art. 5 II Rom-I-VO findet auf einen Vertrag über die Beförderung von Personen das Recht des Staats Anwendung, in dem die zu befördernde Person ihren gewöhnlichen Aufenthalt hat, sofern sich in diesem Staat auch der Abgangsort oder der Bestimmungsort befindet und die Parteien in Bezug auf das anzuwendende Recht keine Rechtswahl nach Unterabsatz 2 getroffen haben. [LS der Redaktion]

AG Hannover, Urt. vom 26.11.2014 – 506 C 3954/14: RRa 2015, 36.

<small>Die Zedenten H., E., M1 und M2 buchten bei der Bekl. einen Hin- und Rückflug von Hannover nach Alicante. Die Zedenten H. und E. sollten mit dem Flug xx11 von Alicante nach Barcelona fliegen. Anschließend sollten sämtliche Zedenten mit dem Flug YY90 um 11:55 Uhr von Barcelona nach Hannover transportiert werden. Geplante Ankunftszeit war 14:20 Uhr. Aufgrund eines Fluglotsenstreiks konnte der Rückflug so</small>

nicht durchgeführt werden. Die Zedenten buchten daraufhin bei einer anderen Fluggesellschaft einen Flug von Alicante nach Hamburg und fuhren mit dem Zug von Hamburg nach Hannover. Den Zedenten wurde von der Bekl. jeweils der Flugpreis erstattet. In der Folge traten die Zedenten sämtliche Ansprüche an den Kl. ab, der von der Bekl. Schadensersatz fordert.

Aus den Gründen:

„I. Die zulässige Klage ist i.H.v. 1 025,12 € begründet.

1. Die Zuständigkeit des AG Hannover ergibt sich aus Art. 5 Nr. 1 lit. b EuGVO. Danach sind sowohl der Abflugort als auch der Ankunftsort die Orte, an denen die Dienstleistung erbracht wird (vgl. EuGH, Urt. vom 9.7.2009 – Peter Rehder ./. Air Baltic Corporation, Rs C-204/08, Slg. 2009 I-6073, RRa 2009, 234, 236 ff.). Da die Zedenten vorliegend von Alicante nach Hannover fliegen wollten, war Erfüllungsort auch Hannover.

2. Dem Kl. steht gemäß § 280 I BGB ein Anspruch auf Erstattung i.H.v. 1 025,12 € zu.

a) Vorliegend ist gemäß Art. 5 II Rom-I-VO das deutsche Recht anwendbar. Danach ist auf einen Vertrag über die Beförderung von Personen das anzuwendende Recht das Recht des Staats, in dem die zu befördernde Person ihren gewöhnlichen Aufenthalt hat, sofern sich in diesem Staat auch der Abgangsort oder der Bestimmungsort befindet und die Parteien in Bezug auf das anzuwendende Recht keine Rechtswahl nach Unterabsatz 2 getroffen haben. Da die Bekl. vorliegend nicht vorgetragen hat, dass eine abweichende Rechtswahl erfolgt sei und der Flug vorliegend nach Deutschland gehen sollte, ist das anzuwendende Recht das Recht am Wohnsitz der Zedenten. Dies ist vorliegend Deutschland."

2. Geschäftsführung ohne Auftrag und ungerechtfertigte Bereicherung

Siehe Nr. 35

3. Unerlaubte Handlungen, Gefährdungshaftung

Siehe auch Nrn. 42, 203

56. *Für die Bemessung eines Schmerzensgelds sind im Rahmen der Anwendung serbischen Rechts die Folgen für die Lebensqualität aus nicht objektiv gesicherten Empfindungen oder unfallneurotischen Ursachen nicht zu berücksichtigen. [LS der Redaktion]*

a) LG Stuttgart, Urt. vom 8.4.2013 – 27 O 218/09: Unveröffentlicht.
b) OLG Stuttgart, Urt. vom 10.2.2014 – 5 U 111/13: OLGR Süd 17/2014, Anm. 5.

[Die nachgehende Nichtzulassungsbeschwerde wurde vom BGH unterdessen zurückgewiesen.]

Der Kl. fordert von der Bekl., einem österreichischen Kraftfahrzeughaftpflichtversicherungsunternehmen, Schadensersatz und Schmerzensgeld nach einem Verkehrsunfall, der sich in Serbien unter Beteiligung eines Versicherungsnehmers der Bekl. ereignete. Die volle Haftung der Bekl. für unfallbedingte Schäden des Kl. ist dem Grunde nach inzwischen unstreitig. Die Parteien streiten noch um die Höhe die Schadensersatzansprüche des Kl., insbes. um die Höhe des Schmerzensgelds und des Verdienstausfallschadens. Der Kl. erlitt bei dem Unfall eine Trümmerfraktur des ersten Lendenwirbelkörpers. Es verblieben eine leichtgradig eingeschränkte Drehbeweglichkeit an der Brust- und Lendenwirbelsäule sowie eine leichtgradig beschränkte Seitenneigung. Der Kl. kann nach seiner Wirbelsäulenverletzung keine schweren Druckwalzen mehr auswechseln, was zu seinen Aufgaben in seinem früheren Beruf als Druckereihelfer gehörte. Er kann generell keine schweren Lasten mehr heben. Seine frühere Arbeitsstelle in der Druckerei und eine daneben ausgeübte geringfügige Beschäftigung als Verpacker und Bote wurden ihm gekündigt.

Aus den Gründen:

a) LG Stuttgart 8.4.2013 – 27 O 218/09:

„A. ... Die örtliche und internationale Zuständigkeit des LG Stuttgart ergibt sich aus Art. 11 II, 9 I lit. b EuGVO. Nach diesen Rechtsvorschriften kann der Geschädigte, der seinen Wohnsitz in einem Mitgliedstaat hat, vor dem Gericht seines Wohnsitzes eine Klage unmittelbar gegen den Versicherer erheben, sofern eine solche unmittelbare Klage zulässig ist und der Versicherer seinen Wohnsitz im Hoheitsgebiet eines anderen Mitgliedstaats hat (EuGH, Urt. vom 13.12.2007 – FBTO Schadeverzekeringen N.V. ./. Jack Odenbreit, Rs C-463/06; BGH, Urt. vom 6.5.2008 – VI ZR 200/05[1]) ...

B. ... Die Klage ist nur teilweise begründet. Zwar ist die Bekl. dem Grunde nach verpflichtet, Schmerzensgeld und Schadensersatz zu leisten. Das Schmerzensgeld liegt jedoch mit 6 000 Euro unter dem Antrag des Kl.. Im Hinblick auf den materiellen Schadensersatz kann dem Kl. nur im Umfang von 4 292,05 Euro Verdienstausfall zugesprochen werden. Von den übrigen materiellen Schadensersatzpositionen sind 2 877,97 Euro erstattungsfähig.

Im Einzelnen:

I. Anwendbarkeit des serbischen Rechts

Auf den vorliegenden Fall ist das serbische Recht anzuwenden.

Das anzuwendende Recht bestimmt sich nach den Regelungen des EGBGB, denn Regelungen in völkerrechtlichen Vereinbarungen sind wegen des Zeitpunkts des Verkehrsunfalls nicht maßgeblich (Art. 3 Nr. 2 EGBGB). Das Haager Übereinkommen über das auf Straßenverkehrsunfälle anzuwendende Recht vom 4.5.1971 ist für Deutschland nicht in Kraft. Die Rom-II-VO ist zwar seit dem 11.1.2009 in Anwendung, gemäß ihren Art. 31 f. kommt sie aber auf den vorliegenden Unfall, der sich 2007 ereignet hat, zeitlich nicht zur Anwendung (*Erman-Hohloch*, BGB, 13. Neub., Vor Art. 38 EGBGB Rz. 7 ff.).

Aus Art. 40 I 1 EGBGB folgt angesichts des in Serbien stattgefundenen Unfallgeschehens die Maßgeblichkeit des serbischen ‚Tatortrechts'. Einen besonderen Bezug zu einem anderen Recht als dem für beide Unfallparteien neutral und gleichmäßig geltenden serbischen Recht hat das in Serbien abgelaufene Unfallgeschehen nicht. Die Heilbehandlung des Kl. nach dem Unfall im Inland bleibt für die Deliktsanknüpfung außer Betracht (zur Unerheblichkeit von Folgeschäden für die Anknüpfung gemäß Art. 40 I EGBGB: *Erman-Hohloch* aaO Art. 40 EGBGB Rz. 25 m.w.N.). Art. 40 II EGBGB ist mangels Vorliegens seiner Voraussetzungen nicht anwendbar, da die Unfallbeteiligten keinen gemeinsamen gewöhnlichen Aufenthalt in Deutschland haben.

---

[1] IPRspr. 2008 Nr. 132.

Die Verweisung auf das serbische Recht betrifft auch den Anspruch des Kl. gegen die Bekl. als Haftpflichtversicherer des Unfallverursachers, Art. 40 IV EGBGB. Nach dieser Vorschrift kann der Verletzte seinen Anspruch unmittelbar gegen einen Versicherer des Ersatzpflichtigen geltend machen, wenn das auf die unerlaubte Handlung anzuwendende Recht oder das Recht, dem der Versicherungsvertrag unterliegt, dies vorsieht.

Die aus Art. 40 EGBGB folgende Gesamtverweisung (Art. 4 I EGBGB) wird durch das serbische Recht angenommen. Dies ergibt sich aus Art. 1, 3 und 9 des Haager Straßenverkehrsübereinkommen; seine Regeln über die Annahme der Verweisung gelten auch im Verhältnis zu Deutschland, auch wenn Deutschland seinerseits nicht Vertragsstaat des Abkommens ist. Für das serbische Recht ergibt sich dies aus Art. 86 des Zakon o osiguranju (Versicherungsgesetz von 2004 [Sl.gl. RS, br. 55/2004]; s.a. *Neidhart*, DAR 2008, 568 [576]), für das österreichische Recht ergibt sich der Direktanspruch aus § 26 des Kraftfahrzeug-Haftpflichtversicherungsgesetzes 1994 (KHVG 1994; BGBl. Nr. 651/1994).

Das als Deliktsstatut über Art. 40 I EGBGB hier berufene serbische Recht gilt somit grundsätzlich für die gesamte Regulierung des Unfalls, es bestimmt über die Haftungsgründe und ihre Voraussetzungen, und es bestimmt auch über die Haftungsfolgen einschl. insbesondere die Bemessung des Schadens, die ersatzfähigen Schadensposten und ihre Berechnung und Vergütung. Es gilt auch für den immateriellen Schaden und seinen Ersatz (*Erman-Hohloch* aaO Rz. 63).

II. Haftung dem Grunde nach

Die Haftung der Bekl. dem Grunde nach ergibt sich aus Art. 86 des Versicherungsgesetzes i.V.m. den Regelungen des Zakon o obligacionim odnosima (Obligationengesetz) – vom 30.3.1978 (Sl.l. SFRJ Nr. 29 Pos. 462) i.d.F. von 2004 (nachfolgend SerbOG) ...

Art. 178 SerbOG verweist auf die Regelungen über die Verschuldenshaftung. Maßgeblich ist im vorliegenden Fall Art. 174 SerbOG ... [(1) Für Schäden aufgrund einer gefährlichen Sache haftet deren Inhaber, für Schäden aufgrund einer gefährlichen Tätigkeit haftet die Person, die die Tätigkeit ausführt; (2) Als Inhaber gilt der Eigentümer der Sache wie auch die gesellschaftliche juristische Person, die die Verfügungsgewalt besitzt bzw. der die Sache zur vorübergehenden Benutzung übergeben wurde.]

Nachrangig gelten die allgemeinen Grundsätze des serbischen Deliktsrechts ... (Grundnorm: Art. 154 SerbOG) ...

Das Verschulden wird in Art. 158 SerbOG definiert: ‚Verschulden liegt vor, wenn der Schädiger den Schaden vorsätzlich oder fahrlässig verursacht hat.'

In Straßenverkehrsfällen folgt aus Art. 174 SerbOG die Haftung des ‚Inhabers' des die Schädigung verursachenden Kraftfahrzeugs, aus Art. 178 I SerbOG folgt die alleinige Haftung desjenigen Fahrzeughalters (Inhabers), der durch sein Verschulden mit seinem Fahrzeug den Unfall und den Schaden herbeigeführt hat. Als Inhaber im Sinne dieser Vorschrift gilt auch der Fahrer, weil er die Verfügungsgewalt des Fahrzeugs ausübt (*v. Bar-Radišic*, Deliktsrecht in Europa [1993] Jugoslawien 19).

Im vorliegenden Fall kann ein Verschulden des bei der Bekl. haftpflichtversicherten Fahrers im Sinne von Art. 157 SerbOG festgestellt werden. Er hat verkehrswidrig gehandelt, weil er das auf der Fahrbahn befindliche Reifenteil nicht rechtzeitig erkannt hat und deshalb seine Fahrweise nicht rechtzeitig darauf eingestellt. Insoweit verstieß der Fahrer gegen das auch im serbischen Recht verankerte Gebot, sich im Verkehr so zu verhalten, dass weder Leben noch Gesundheit anderer gefährdet werden (Art. 3 Zakon o prevozu u drumskom saobraćaju – Gesetz über die Verkehrssicherheit von 2005 [Sl.gl. Nr. 61/2005]), ferner gegen das Verbot des Kraftfahrers zu überholen und ausweichen, wenn er damit, mit Rücksicht auf den Straßenzustand, Verkehrszustand und den technischen Zustand seines Fahrzeugs andere Verkehrsteilnehmer gefährdet (Art. 51 II des Verkehrssicherheitsgesetzes).

Damit ist der bei der Bekl. versicherte Fahrer die haftpflichtige Person. Er haftet jedenfalls dem Grunde nach für den entstandenen Schaden (Personen- wie Sachschaden), so dass auch die Voraussetzungen für das Vorgehen des Kl. mit dem Direktanspruch gegen die Bekl. grundsätzlich gegeben sind.

Die Haftung der Bekl. ist auch nicht im Hinblick auf ihre streitige Behauptung ausgeschlossen, dass das Fahzeug ihres Versicherungsnehmers von hinten heranfahrenden Pkw angefahren worden sei.

Nach der für Serbien beachtlichen Rspr. aus der früheren jugoslawischen Teilrepublik Bosnien und Herzegowina ist eine solche Haftungsbefreiung nur dann anzunehmen, wenn der Dritte identifiziert war und damit die Haftung bei ihm erfolgreich durchzusetzen war. Grund hierfür ist die Argumentation, der Geschädigte könne nicht der Leidtragende sein, wenn der Unfallhergang, für den kausales Verhalten des kollidierenden Schädigers gegeben ist, in dem Punkt der zusätzlichen Einwirkung eines Dritten nicht voll aufgeklärt werden kann (OGH Bosnien und Herzegowina v. 194.1973 – Gz 2001/72, berichtet unter Zustimmung von *v. Bar-Radišic* aaO 23 N. 45) ...

Ein Mitverschulden des Kl. im Sinne von Art. 192 SerbOG ist im Hinblick auf den Haftungsgrund nicht ersichtlich. Er hat nicht zur Entstehung des Schadens beigetragen.

III. Materielle Schadenspositionen
1. Verdienstausfall
Der Kl. hat dem Grunde nach einen Anspruch auf Ersatz seines Verdienstausfalls.
a) Rechtliche Grundlagen
Der Anspruch auf den Ersatz des Verdienstausfalls ergibt sich aus Art. 195 SerbOG ...

Der Anspruch richtet sich der Höhe nach auf den Ersatz des vollständigen Verdienstausfalls in Form einer Geldrente. Dies ergibt sich aus der allgemeinen Regelungen in Art. 185 SerbOG, wonach der Schaden insgesamt zu ersetzen ist, bei Verdienstausfall und Erwerbsminderung durch Körperschaden im Wege des vollen Geldersatzes ...

Die zu leistende Form des Schadensersatzes in Form einer Geldrente ergibt sich aus Art. 188 SerbOG ...

Bei unfallbedingter Arbeitsunfähigkeit wird auf der Grundlage der o.g. Bestimmungen der Verdienstausfall ersetzt. Der Anspruch besteht für die Dauer der Heilbehandlung und der insoweit festgestellten Arbeitsunfähigkeit. Die serbische Praxis folgt bei unselbstständig Beschäftigten der Nettolohnmethode, d.h. bei Arbeitsunfähigkeit wird der Nettoverdienstentgang ersetzt (*Stanojcic*, Naknada štete kroz sudsku praksu [Schadensersatz nach der gerichtlichen Praxis], 2006, 143 ff., 203 ff. mit Darstellung der einschlägigen Gerichtsentscheidungen).

Sind wie im vorliegenden Fall während der Zeitdauer der Heilbehandlung des Kl. keine Zahlungen der Bekl. für Verdienstausfall erfolgt, ist dem Kl. die Zahlung der Gesamtsumme des Verdienstausfalls durch die Bekl. geschuldet. Was der Kl. in dieser Zeit als Lohnfortzahlung und Krankengeld von den dazu nach deutschem Recht verpflichteten Arbeitgebern und Versicherungsträgern erhalten hat, ist nach serbischem Recht, das insoweit als ‚Deliktsstatut' maßgeblich ist, von einer so errechneten Summe abzuziehen.

Was die Höhe des Verdienstausfalls angeht, geht Art. 195 II SerbOG bei einem abhängig Beschäftigten von der Entlohnung aus, die für die jetzt nicht mehr ausgeführte Tätigkeit bezogen wurde. Ist die Erwerbsfähigkeit nicht völlig beseitigt, sondern nur vermindert, ist die Schadensrente in Höhe der Differenz zwischen den tatsächlich bezogenen Einkünften und der Entlohnung, die ohne den Unfall bezogen werden würde, zu leisten (*Stanojcic* aaO 203 ff.).

Insoweit ist eine Prognoseentscheidung erforderlich, die sich hinsichtlich ihrer verfahrensrechtlichen Erfordernisse für das erkennende Gericht an seinem eigenen Verfahrensrecht, d.h. hier an § 287 ZPO, ausrichtet. Nach serbischem Recht hingegen richten sich die materiell-rechtlichen Erfordernisse, d.h. hier die zu ersetzende Differenz. Demgemäß ist insoweit darauf abzustellen, dass nach den Art. 188, 195 II SerbOG in der Handhabung durch die serbischen Gerichte die tatsächlichen Möglichkeiten der Verwertung der nach dem Unfall vorhandenen Arbeitskraft entscheidend sind. Erzielt der Geschädigte durch Verwertung seiner verbliebenen Arbeitskraft Einkünfte, sind ihm diese anzurechnen, d.h. die Schadensrente hat die Differenz zu der prognostizierten Verdiensthöhe ohne den Unfall abzudecken. Gelingt dem Geschädigten trotz teilweise verbliebener Erwerbsfähigkeit die Erzielung von Einkünften nicht, geht dies grundsätzlich zulasten des Schädigers (*Stanojcic* aaO).

Allerdings hat der Geschädigte die Obliegenheit, Einkünfte zu erzielen. Dies ergibt sich auch aus der Schadensminderungspflicht des Art. 192 SerbOG. Danach hat ein Geschädigter, der zur Entstehung des Schadens beigetragen hat oder dazu, dass er größer wird, als er anderenfalls gewesen wäre, nur ein entspr. gemindertes Recht auf Ersatz. Insofern hat der Geschädigte auch im Rahmen des Zumutbaren einen Berufswechsel vorzunehmen (Oberstes Gericht Serbiens vom 2.3.2005 – Az. Rev. 299/05).

b) Feststellungen zur Höhe des Verdienstausfalls

Der Kl. hat einen Lohnausfallschaden für die Zeit vom ... 2007 bis zum Juli 2010 i.H.v. über 36 000 Euro geltend gemacht. Hiervon sind 4 292,05 Euro berechtigt ...

Der Kl. ist seit dem Unfall keiner Erwerbstätigkeit nachgegangen. Das Gericht stellt dem Sachverständigen *M.* folgend fest, dass eine volle Arbeitsunfähigkeit bis Januar 2008 bestand. Im Januar 2008 lag eine parzielle Arbeitsfähigkeit vor, die zu einem Wiedereingliederungsversuch geführt hat. Dieser Wiedereingliederungsversuch hätte voraussichtlich Mitte Februar 2008 dazu geführt, dass der Kl. in einer Vollzeitbeschäftigung leichte und mittelschwere Tätigkeiten hätte ausüben können. Der Wiedereingliederungsversuch ist allerdings vom Kl. bereits nach einer Woche abgebrochen worden. Dieser Abbruch des Wiedereingliederungsversuchs stellt sich als Verstoß gegen die Schadensminderungspflicht nach Art. 192 SerbOG dar ...

2. Schmerzensgeld

Der Kl. hat gegen die Bekl. einen Anspruch auf Zahlung von Schmerzensgeld i.H.v. 6 000 Euro.

Die Rechtsgrundlage findet sich in Art. 200 SerbOG ...

Die Voraussetzungen dieser Norm sind dem Grunde nach erfüllt, wenn der Unfallgegner für den Unfall und den Körperschaden des Kl. zu haften hat. Die Bekl. haftet hierfür wie der bei ihr versicherte Unfallgegner nach Maßgabe der auch hinsichtlich des Nichtvermögensschadens und seines Ersatzes geltenden Regeln des serbischen Rechts.

In rechtlicher Hinsicht ist zu unterscheiden zwischen den festgestellten Schmerzzuständen und ihren Folgen für die Lebensqualität des Kl. und nicht gesicherten, subjektiven Empfindungen des Kl., die als ‚Hypochondrie' oder als ‚unfallneurotische', subjektiv nicht bewältigte Folgen beschrieben werden können. Letztere Aspekte lässt das serbische Recht nicht ins Gewicht für die Bemessung von Schmerzensgeld fallen. Ferner ist der Verlust an Aktivitätsmöglichkeiten zu berücksichtigen, wofür auch die eingetretene dauerhafte Invalidität und die Minderung der Erwerbsfähigkeit zu berücksichtigen sind ...

Auch ein deutsches Gericht hat für die Bemessung von Schmerzensgeld nach serbischem Recht im Grundsatz die dortige Bemessungspraxis zugrunde zu legen; im Sinne abschließender Bewertung kann es freilich, wenn der Heilungs- und Rehabilitationsprozess nach dem Unfall sich insgesamt im Inland vollzogen hat und Dauerfolgen mit Unbillcharakter hier den Verletzten belasten, eine gewisse vorsichtige Anpassung an inländische Bemessungsgrößen vornehmen (*Erman-Hohloch* aaO Rz. 63 m.w.N.).

Es ist deshalb zunächst zu berücksichtigen, dass die in Serbien zugebilligten Schmerzensgeldzahlungen stets grundsätzlich niedriger ausfallen als im Inland, das durch höheren Lebensstandard, höhere Einkünfte und demgemäß durch gesteigerte Anforderungen an die Kompensation erlittener Unbill gekennzeichnet ist. Die Größenordnungen der in Serbien wie in den anderen Staaten in der Nachfolge Jugoslawiens zuerkannten Schmerzensgelder liegen deutlich unter den hiesigen Summen und Rentenleistungen. Im Schrifttum wird berichtet, dass als höchste Zahlung bislang eine Zahlung festgesetzt worden, die umgerechnet etwa 50 000 Euro entsprach, allerdings in einem Fall mit erheblich stärkeren Verletzungsfolgen als im vorliegenden Fall (*Neidhart*, Unfall im Ausland, Bd. 1 – Osteuropa, 5. Aufl., 150 Rz. 52).

Der vorliegende Fall ist hingegen nicht als schwerer, sondern als Fall mit mittlerer Verletzungsschwere einzuordnen. Die erhebliche Wirbelsäulenverletzung des Kl. konnte operativ behoben werden.

Nach den Ausführungen des Sachverständigen *H*. gibt es aus der serbischen Rspr. nur Einzelfallentscheidungen; eine Schmerzensgeldtabelle hat sich bislang noch nicht ausgeprägt. Es besteht zwar in der neueren Zeit eine durchaus reichhaltige Judikatur des Obersten Gerichts von Serbien wie auch der Untergerichte der verschiedenen Stufen und aus den verschiedenen Regionen und Provinzen des heutigen Staats, eine stets aufeinander abgestimmte Praxis in der Bewertung des immateriellen Schadens und in der Zumessung des geldlichen Ausgleichs (Schmerzensgeld) ist aber nicht erkennbar.

Entscheidungen aus den Jahren ab 2000 haben Entschädigung für einfachere und mittlere Verletzungsfolgen aus Verkehrsunfällen durch Schmerzensgelder von 7 000 bis 30 000 Dinar festgesetzt; höhere Beträge, die bei erheblicheren Schäden zu finden waren, liegen bei 180 000 oder 100 000 Dinar. Der höchste Betrag, den der Sachverständige *H.* ermitteln konnte, beträgt 900 000 Dinar. Bei dem Vergleich der Urteile miteinander sind allerdings die erheblichen Kursunterschiede der Währung zu berücksichtigen. Bei schlichter Umrechnung in Euro ohne Berücksichtigung der Lebensstandardparitäten ergeben die Entscheidungen Eurowerte von heute 1 000 bis 10 000 Euro.

Wie die genannten Summen in den berichteten Entscheidungen durch die dortigen Gerichte festgelegt wurden, beruht nicht auf irgendwelcher Systematisierung oder auf der Anwendung von Regelsätzen oder der Beachtung von Praxistabellen oder von Präjudizien aus der Rspr., jedenfalls wird die Bezugnahme auf andere Gerichtsentscheidungen in den zugänglich gewordenen Entscheidungen nicht offengelegt. Die gerichtliche Einzelwürdigung ist prägend, sie kann auch zu regional unterschiedlicher Bewertung führen. Für die Einzelfallwürdigung wird die ärztliche Begutachtung zum Ansatzpunkt genommen, entschieden wird dann aber nach eigenem richterlichem Ermessen.

Von den beiziehbaren Entscheidungen serbischer Gerichte ist am ehesten vergleichbar eine Entscheidung des Appellationsgerichts Kragujevac vom 2.3.2010 (Az. 1802/10). Der dortige Verletzte war beim Entladen eines Lkw durch einen auf den Lkw auffahrenden Bus erheblich verletzt worden. Er lag etwa einen Monat im Koma, wurde im Krankenhaus operiert, so dass der Gesundheitsschaden im wesentlichen behoben werden konnte. Der Geschädigte trug aber ständige und auf Dauer vorhandene Beschwerden in der Form von Störungen und Unsicherheit beim Gehen und in der Fortbewegung davon, Hitzeunverträglichkeit, Konzentrationsstörungen, Schwächung des konzentrierten und logischen Überlegens. Er gerät wiederholt in Angstzustände wegen des Unfalls. Die Feststellung voller oder teilweiser Erwerbsunfähigkeit ergibt sich aus der Begründung des Urteils des Berufungsgerichts nicht. Mit zugemessenen 300 000 Dinar – bei damaligem Kurswert von etwa 3 000 Euro – hat das dortige Gericht den immateriellen Schaden des dortigen Geschädigten im Mittelfeld der Nichtvermögensschadensfälle eingeordnet, weit unterhalb der schwersten Fälle, in denen heute mit umgerechnet 50 000 Euro Beträge zuerkannt werden, die bei einem knappen Zehntel der dann hier für entspr. Inlandsfälle in Betracht gezogenen Ersatzbeträge liegen.

Die Einordnung als mittlerer Fall würde der vorliegende Sachverhalt wohl auch erhalten, würde deutsches Recht gelten. Im Vergleich mit entschiedenen Fällen von Verletzungen der Brust- und Lendenwirbelsäule mit Versteifungsnotwendigkeit und wiederholten Klinik- und Reha-Aufenthalten ließe sich bei Geltung deutschen Rechts wohl ein Schmerzensgeld von 15 000 bis 25 000 Euro festlegen, was etwa einem Zwanzigstel der Höchstbeträge der Praxis entsprechen könnte. In solcher Relation zu den nach serbischem Recht möglichen Höchstbeträgen steht auch ein Betrag von 300 000 Dinar (ca. 3 000 Euro).

Da der Fall nach Maßgabe des IPR auf der Ebene des serbischen Rechts zu entscheiden ist, kann darüber hinaus für die endgültige Bemessung eines dem Kl. zuzusprechenden Schmerzensgelds mitberücksichtigt werden, dass der Kl. seine aus dem nur zufällig in Serbien geschehenen Unfall erlittenen Verletzungsfolgen im Umfeld seines inländischen gewöhnlichen Aufenthalts zu verarbeiten hatte. Das ermöglicht, für die definitive Festsetzung der Höhe des Ersatzbetrags die Richtsätze, die die deutsche Praxis für Inlandsfälle mit Beteiligung nichtdeutscher Verletzter entwickelt hat, mit heranzuziehen, um auf diese Art und Weise einen sich für Serbien nach serbischem Recht ergebenden, für die abweichenden inländischen Verhältnisse zu niedrigen Ersatzbetrag so angemessen zu erhöhen, dass zwar nicht der Betrag eines bei einem inländischen Fall auszuurteilenden Schmerzensgelds erreicht, aber doch eine angemessene Annäherung bewirkt wird ...

Diese Schadenspositionen sind ebenfalls nach serbischem Recht zu behandeln. Es erfasst im vorliegenden Fall als ‚Unfallstatut' den gesamten Schaden des Kl. und entscheidet damit über die Ersatzfähigkeit von einzelnen Schadensposten. Dies gilt auch insoweit, als Kosten und Belastungen des Kl. im Gefolge des Primärschadens, der in Serbien unmittelbar bei dem Unfall erlitten worden ist, erst im Inland entstanden sind.

Weiterer rechtlicher Ausgangspunkt ist auf der Ebene des serbischen Rechts, dass es im Grundsatz nicht anders als das deutsche Recht bei der Schadensbeseitigung von dem Prinzip der vollen Wiedergutmachung des Schadens, bei Sach- wie Personenschäden durch Leistung der dafür erforderlichen Geldbeträge ausgeht. Hauptnorm ist insofern Art. 185 SerbOG.

a) ... Der Kl. hat Anspruch auf Ersatz von Standgebühren i.H.v. 168 Euro.

Ein Ersatz ist auch nach serbischem Recht nur für die Zeit bis zur alsbald in Angriff zu nehmenden Reparatur oder bis zu dem Zeitpunkt, an dem man bei normaler Sorgfalt ein Ersatzfahrzeug beschafft hat, möglich, nicht für die Zeit von Monaten. Nach Angaben des Kfz-Sachverständigen A. wäre eine Standzeit von 14 Tagen angemessen gewesen. Für Deutschland sei für diesen Zeitraum eine Standgebühr von 12 Euro angemessen ...

d) Besuchskosten

Der Kl. hat Anspruch auf Ersatz der Hotelkosten, die seine Angehörigen im ... 2007 aufgewendet haben, i.H.v. 31 950, 11 700 und 15 000 Dinare, insgesamt 58 650 Dinare. Dies ergibt zu dem damaligen Kurs (0,012 Euro pro Dinar) einen Betrag i.H.v. 712,65 Euro.

Nach serbischer Praxis sind Kosten für Besuchsfahrten engster Verwandter, d.h. des Ehegatten und der Kinder, ggf. auch der Eltern, ersatzfähige Posten unter dem Gesichtspunkt, dass sie der Wiederherstellung der Gesundheit des Verletzten dienliche Maßnahmen sind. Ersatzfähig sind sie in den Grenzen der dem Geschädigten obliegenden Schadensminderungspflicht. Pauschalierte Beträge hat die serbische Gerichtspraxis dafür nach der zugänglichen Rspr. bislang nicht entwickelt; als Teil der Heilungskosten werden – im Rahmen der genannten Schadensminderungspflicht – die bezifferten Fahrkosten naher Angehöriger ersetzt. Wer ‚naher Angehöriger' ist, entscheidet sich nicht ohne weiteres nach dem serbischen Recht, das hier ‚Deliktsstatut' ist, sondern ist Vorfrage, die selbständig anzuknüpfen ist. Eine gesetzliche Kollisionsregelung fehlt.

Heranzuziehen ist im vorliegenden Zusammenhang als räumlich am engsten verbundenes Recht das Recht, das die Heilbehandlung beherrscht, d.h. hier das deutsche Recht, das die Heilbehandlung des Kl. im Inland regelt. Für den Kreis der Besuchsbegünstigten ist damit auf die Rspr. zum deutschen Schadensrecht abzustellen, so dass Ehegatte und Kinder, ggf. auch Elternteile, erfasst werden. In dem sich so ergebenden Rahmen können Besuchsaufwendungen von ‚Angehörigen' hier geltend gemacht werden ...

h) ... Eine allgemeine Unkostenpauschale, wie sie der Kl. hier, ausgehend von der zum deutschen Recht bestehenden Praxis, i.H.v. 25 Euro geltend macht, ist vom serbischen Recht nach den Ausführungen des Sachverständigen *H.* als ersatzfähiger Schadensposten bislang noch nicht anerkannt. Demgemäß lässt sich bei Geltung serbischen Rechts auch heute noch keine ‚Unkostenpauschale' als solche – mit einem gewissen niedrigen Eurobetrag – im Inland einklagen.

Als auf die Regulierung des Unfallschadens insgesamt anzuwendendes Recht muss das serbische Recht nicht zwingend Antworten geben, die denen der deutschen Schadensersatzpraxis bei Kfz-Unfällen entsprechen. Die nach serbischem Recht zu erzielenden Ergebnisse können abweichen, was im Grundsatz hinzunehmen ist und keinen Verstoß gegen den deutschen ordre public (Art. 6 EGBGB) darstellt. Abweichungen sind so insbesondere dann hinzunehmen, wenn das serbische Recht als hier maßgebliches fremdes Recht (noch) nicht Vereinfachungen durch Pauschalierung von Ersatzposten vornimmt, die im deutschen Recht, in dem der Kraftverkehrsunfallschaden seit Jahrzehnten ein Massenphänomen ist, wegen ihres grundsätzlich in jedem Schadensfall begegnenden Eintritts zwecks Vereinfachung der Regulierung in gerichtlicher Übung durch Pauschalen abgegolten werden ...

Der Anspruch auf Prozesszinsen besteht ab Rechtshängigkeit in der beantragten Höhe. Dabei trat die Rechtshängigkeit des Zinsanspruchs bezogen auf das Schmerzensgeld erst mit der Klageerweiterung am 3.9.2010 ein.

Nach serbischem Recht können gesetzliche Zinsen jedenfalls ab Klagezustellung verlangt werden. Die Verzinsung läuft auch nach serbischem Recht wie früher nach jugoslawischem Recht spätestens vom Tag der Klagezustellung an (dazu Oberstes Bundesgericht Jugolawiens – Gz. 32/71, ZSO 14/3 Nr. 359; Oberstes Gericht von Bosnien-Herzegowina – Gz 699/69, ZSO 16/2 Nr. 229). Da sich Rechtshängigkeitszinsen bei ausländischem Unfallstatut dem Grunde wie der Höhe nach grundsätzlich nach diesem Recht, d.h. hier nach serbischem Recht, zu richten haben (*Erman-Hohloch* aaO Anh. Art. 26 EGBGB [VO Rom I] Art. 12 VO Rom I Rz. 12 m.w.N.), richtet sich ein Anspruch des Kl. auf Rechtshängigkeitszinsen nach serbischem Recht. Der Zeitpunkt der Rechtshängigkeit richtet sich, da im Inland geklagt wird, nach deutschem Verfahrensrecht. Die Höhe der ab Rechtshängigkeit zu beanspruchenden Zinsen richtet sich, da serbisches Recht für die Schadensersatzansprüche des Kl. gilt, nach dem serbischen Recht. Als zeitlich letzte gesetzliche Regelung ist für Serbien insoweit das Zinsgesetz von 2001 ersichtlich, das in seinem Art. 4 die Höhe der gesetzlichen Zinsen mit 10% p.a. über dem Diskontsatz der Nationalbank angibt (Zakon o visini stope zatezne kamate – Gesetz über die Höhe des Zinssatzes der Verzugszinsen [Sl.gl. br. 9/2001]). Da die mit der Klage geltend gemachten Zinsansprüche dem geltend gemachten Zinssatz nach nicht über dem vorstehend dargestellten Satz von 10% über dem Diskontsatz der Serbischen Nationalbank liegen, werden die beantragten Rechtshängigkeitszinsen davon umfasst."

b) OLG Stuttgart 10.2.2014 – 5 U 111/13:

„II. 1. Die vom Kl. geltend gemachten Schadensersatzansprüche sind ausschließlich nach serbischem Recht zu beurteilen.

Der Kl. weist zwar in der Berufungsbegründungsschrift zutreffend darauf hin, dass der Sachverständige Prof. Dr. *H.* in seinem Gutachten zum anwendbaren ausländischen Recht die Auffassung vertreten habe, dass auf den Direktanspruch gegen die Bekl. österreichisches Recht Anwendung finde.

Diese Meinung des Sachverständigen, die er im Gutachten vom 29.8.2009 und vertiefend im Gutachten vom 31.10.2012 vertreten hat, teilt auch der Senat. Sie besagt jedoch nur, dass sich die Frage, ob der Kl. direkt gegen den Haftpflichtversicherer des Unfallverursachers vorgehen kann (wie es auch § 115 VVG für das inländische Recht zulässt), statt den Unfallverursacher persönlich verklagen zu müssen, gemäß dem auf den vorliegenden Unfall noch anwendbaren Art. 40 IV EGBGB nach österr. Recht beurteilt ... Inzwischen wäre statt Art. 40 IV EGBGB der inhaltsgleiche Art. 18 der Rom-II-VO vom 11.01.2009 anwendbar, der aber für Fälle vor seinem Inkrafttreten nicht zur Anwendung kommt. Weiter führt der Sachverständige aus, dass nach österr. Recht ein solcher Direktanspruch gegen den Versicherer besteht. Der Anspruch ergibt sich aus § 26 des österr. Kraftfahrzeug-Haftpflichtversicherungsgesetzes 1994 (KHVG 1994; BGBl. Nr. 651/1994). Daraus folgt aber lediglich, dass der Kl. seine Ansprüche gegen die Bekl. direkt geltend machen kann. Für das in der Sache selbst anwendbare Recht ist damit nichts ausgesagt. Die Klage gegen den Versicherer kann der Kl. gemäß Art. 8 i.V.m. Art. 9 I lit. c und 11 EuGVO an seinem Wohnsitz erheben.

Die Ansprüche aus der unerlaubten Handlung selbst hingegen sind nach serbischem Recht zu beurteilen. Dies folgt, da weder vorrangige staatsvertragliche Regelungen existieren, noch die Rom-II-VO in zeitlicher Hinsicht anwendbar ist, aus den Art. 3 ff. und inbes. aus Art. 40, 41 und 42 EGBGB. Nach Art. 40 I 1 EGBGB ist grundsätzlich das Recht des Staats anwendbar, in dem der Ersatzpflichtige gehandelt hat. Ersatzpflichtig ist der Versicherungsnehmer der Bekl., der in Serbien gehandelt hat. Einer der in Art. 40 II, 41, 42 EGBGB genannten Ausnahmefälle, in denen das Recht eines anderen Staats zur Anwendung kommt, liegt nicht vor. Das serbische Kollisionsrecht nimmt die Gesamtverweisung des Art. 40 EGBGB an (Art. 4 I EGBGB). Nach dem serbischen Recht sind zusätzlich die Regeln des Haager Straßenverkehrsübereinkommens vom 4.5.1971 anwendbar, auch wenn Deutschland nicht Vertragsstaat ist. Auch nach Art. 3 des Haager Übereinkommens ist das Recht des Unfallorts, also das serbische Recht, anwendbar. An der Anwendbarkeit des serbischen Rechts für den materiell-rechtlichen Anspruch (Deliktstatut) hat auch der Sachverständige Prof. Dr. *H.* nie einen Zweifel gelassen. Ein Anknüpfungspunkt für die Anwendung österreichischen Rechts existiert insoweit nicht. Einen Anknüpfungspunkt gibt es nur, wie dargelegt, für die versicherungsrechtliche Frage der direkten Einstandspflicht der Bekl. für ihren Versicherungsnehmer, die ohnehin außer Streit steht. Die Einstandspflicht der Haftpflichtversicherung geht, dem Wesen einer Haftpflichtversicherung entsprechend, nicht über die Haftpflicht des Versicherungsnehmers hinaus. Da dieser dem Kl. nur nach serbischem Recht haftet, muss es auch im Verhältnis zur Bekl. bei der Anwendung serbischen Rechts bleiben.

Der Senat hat den Fall daher so zu entscheiden, wie ein serbisches Gericht ihn entscheiden würde. Er wendet deshalb serbisches Recht an.

Das maßgebliche Recht ist im Zakon o obligacionim odnosima (Obligationengesetz) – vom 30.3.1978 (Sl.l. Nr. 29 Pos. 462) der damaligen Sozialistischen Bundesrepublik Jugoslawien geregelt, das in der heutigen Republik Serbien – mit Änderungen – weiterhin in Kraft ist (SerbOG).

2. Die volle Haftung der Bekl. für den Unfall dem Grunde nach steht außer Streit. Sie ergibt sich aus Art. 174, 176, 178 SerbOG i.V.m. § 26 österr. KHVG. Davon geht der Senat im Folgenden aus.

3. Die Bemessung des Schmerzensgeldes mit 6 000 Euro durch das LG ist nicht zu beanstanden.

a) Das Schmerzensgeld ist gemäß den Regeln des Art. 200 SerbOG zu bemessen. Danach hat der Geschädigte ‚für erlittene körperliche Schmerzen' und andere Beeinträchtigungen Anspruch auf eine ‚gerechte Entschädigung in Geld ... unabhängig vom Ersatz des materiellen Schadens'. Bei Dauerschäden wird Art. 200 SerbOG durch Art. 203 SerbOG ergänzt, der einen Anspruch auf Ersatz künftiger immaterieller Schäden gewährt, ‚wenn es nach dem gewöhnlichen Lauf der Dinge sicher ist, dass ein solcher Schaden auch in der Zukunft besteht'. Was im serbischen Recht als immaterieller Schaden anzusehen ist, definiert Art. 155 SerbOG, nämlich ‚körperliche und seelische Beeinträchtigungen und die Zufügung von Angst'. Die Rechtspraxis ist über diesen engen Wortlaut hinausgegangen und sieht heute den immateriellen Schaden in der Verletzung von subjektiven Rechten und Interessen einer Person, die keinen vermögensmäßigen Inhalt haben. Das Schmerzensgeld ist somit auch nach serbischem Recht v.a. eine Kompensation für immaterielle Nachteile, wie Schmerzen, das Erleben von Angst und die Unbill, die mit Aktivitätsverlusten verbunden ist. Außerdem kommt dem Schmerzensgeld eine Genugtuungsfunktion zu.

Die Höhe des Schmerzensgelds wird von den serbischen Gerichten aufgrund einer Einzelfallentscheidung festgelegt, für die nicht, wie in Deutschland, auf Tabellenwerke zurückgegriffen wird. Solche Tabellen existieren für Serbien nicht. Es ist somit auch keine aufeinander abgestimmte Entscheidungspraxis der Gerichte erkennbar. Vielmehr ist die gerichtliche Einzelwürdigung prägend, die auch zu regional unterschiedlichen Bewertungen führen kann. Dabei wird die ärztliche Begutachtung als Ansatzpunkt verwendet, aber aufgrund eigenen richterlichen Ermessens entschieden. Für dieses Ermessen wird – ohne feste Werte und Anteile – auf die durch körperliche Schmerzen erlittene Unbill, auf die Unbequemlichkeiten von stationären Aufenthalten und deren Wiederholung, auf Angstzustände, zu denen auch ‚sekundär aufgetretene Ängste' rechnen, die bei dem Geschädigten erst nach dem Schadensereignis bei dessen unvollkommener Verarbeitung auftreten, und auf die Verminderung von Lebensaktivitäten abgestellt. Hinsichtlich der Intensität dieser Verminderung wird mit auf den Grad der Invalidität und der Minderung der Erwerbsfähigkeit abgestellt.

Entsprechend der Praxis serbischer Gerichte sind auf Basis der Würdigung der medizinischen Sachverständigengutachten die festgestellten Schmerzzustände und ihre Folgen für die Lebensqualität des Kl. zu würdigen. Die nicht gesicherten, subjektiven Empfindungen des Kl., die als subjektiv nicht bewältigte Folgen des Unfalls beschrieben werden können, lässt das serbische Recht hingegen nicht ins Gewicht für die Bemessung des Schmerzensgelds fallen, auch nicht unter dem Gesichtspunkt der Angstzustände. Zu berücksichtigen ist aber der Verlust an Aktivitätsmöglichkeiten, wofür die eingetretene Invalidität und die Minderung der Erwerbsfähigkeit heranzuziehen ist. Auch der Unbill der stationären Behandlungsaufenthalte ist bei der Bemessung von Bedeutung.

b) Auf der Basis dieser Kriterien hat das LG die zu berücksichtigenden Umstände zutreffend von den nicht zu berücksichtigenden unterschieden ...

bb) Weiter hat das LG in Auseinandersetzung mit dem in einem sozialgerichtlichen Verfahren eingeholten Gutachten des Sachverständigen Dr. *A.* festgestellt, dass die psychiatrischen Beeinträchtigungen des Kl. ihn nicht hindern würden, nach einer entsprechenden Therapie wieder ins Berufsleben eingegliedert zu werden.

Darauf kommt es für die Bemessung des Schmerzensgelds jedoch nicht an. Selbst wenn man mit dem Gutachten des Dr. *A.* davon ausginge, dass der Kl. wegen einer posttraumatischen Belastungsstörung in seiner Lebensführung erheblich beeinträchtigt und vollständig erwerbsunfähig wäre, wäre dies nach serbischem Recht für die Ermittlung des Schmerzensgelds nicht zu berücksichtigen.

Nach serbischem Recht fallen Folgen für die Lebensqualität aus nicht objektiv gesicherten Empfindungen oder unfallneurotischen Ursachen bei der Bemessung des Schmerzensgelds nicht ins Gewicht. Um eine solche Fehlverarbeitung handelt es sich vorliegend aber. Dies sieht auch der Sachverständige Dr. *A.* so, der von einer ‚deutlichen Schmerzverarbeitungsstörung' beim Kl. ausgeht. Auch der Sachverständige Prof. Dr. *T.* stellte eine Fehlverarbeitung fest. So erklärte er im Termin vom 14.2.2011, der Kl. leide an einer hypochondrischen Fehlhaltung. Zudem sehe er auch simulative Tendenzen. So habe der Kl. etwa, als er eine Uhr malen sollte, die Zeiger bewusst ‚verwechselt', um dazustellen, dass er infolge des Unfalls auch Schaden an seinem Geist genommen habe.

Da das serbische Recht bei der Bestimmung der Schmerzensgeldhöhe, wie der Gutachter Prof. Dr. *H.* dargelegt hat, nur typische seelische Folgezustände berücksichtigt, nicht aber Fehlverarbeitungen, können die auf dieser Fehlverarbeitung beruhenden Unfallfolgen nicht zu einer Erhöhung des Schmerzensgelds führen. Dies gilt auch für die vom Kl. behauptete dauerhafte Erwerbsunfähigkeit, die ebenfalls, sofern sie nicht auf Simulation beruht, nur die Folge der Fehlverarbeitung des Unfalls sein kann, da sein körperlicher Zustand den Kl. nicht an der Aufnahme einer Arbeit hindert. Ebenso gilt das für die vom Kl. in der Berufungsbegründung vorgetragenen anhaltenden Schmerzzustände, die ebenfalls Folge einer Fehlverarbeitung sind. Soweit der Kl. noch darauf hinweist, er habe nach dem Unfall vier Tage lang keine Schmerzmittel erhalten, war bei der Bemessung des Schmerzensgelds durch das LG der viertägige Krankenhausaufenthalt in Serbien mit dem nicht deutschen Standards entsprechenden Niveau der Krankenbehandlung bereits berücksichtigt ...

4. Auch die Bemessung des Verdienstausfallschadens durch das LG ist nicht zu beanstanden.

a) Nach Art. 185 SerbOG hat der Kl. Anspruch auf ‚Totalreparation' seines Schadens, wozu auch der Ersatz des Verdienstausfallschadens gehört (Art. 195 SerbOG), der grundsätzlich in Form einer Geldrente zu leisten ist (Art. 188, 195 II SerbOG), während die Zahlung von Rückständen in einer Summe zu erfolgen hat. Der Anspruch besteht für die Dauer der Arbeitsunfähigkeit und wird bei unselbständig Beschäftigten nach der Nettolohnmethode ermittelt. Von Sozialversicherungsträgern erbrachte Leistungen sind dabei zugunsten des Schädigers in Abzug zu bringen (darauf, ob diese bei der Bekl. Regress nehmen könnten, kommt es vorliegend nicht an). Dem Geschädigten ist grundsätzlich eine Rente in Höhe des entgangenen Arbeitsverdienstes zu leisten, die sich auch in Serbien – was der Kl. bestreitet, ohne dies jedoch zu belegen – bei teilweiser Erwerbsunfähigkeit auf die Differenz zwischen noch bezogenem Einkommen und dem früher erzielten beläuft.

Nach der Praxis der serbischen Gerichte bei Anwendung der Art. 188, 195 II SerbOG ist dabei entscheidend die Höhe der Einkünfte, die der Geschädigte tatsächlich erzielt. Gelingt dem Geschädigten trotz teilweise verbliebener Erwerbsfähigkeit die Erzielung von Einkünften nicht, geht dies grundsätzlich zulasten des Schädigers. Den Geschädigten trifft aber nach Art. 192 SerbOG eine Schadensminderungspflicht. Ob er diese erfüllt hat, ist im Streitfall, in dem der Geschädigte vor und nach dem Unfall in Deutschland lebte, nach deutschen Verhältnissen zu beurteilen, ohne dass damit von der maßgeblichen Anwendbarkeit serbischen Rechts abgewichen würde ...

b) ... Entscheidungserheblich ist somit, ob der Kl. noch in der Lage ist, 90% seines zuvor erzielten Einkommens zu verdienen, wie das LG annimmt. In diesem Fall bestünde kein Ersatzanspruch, da die Differenz zu seinem früher erzielten Einkommen durch Sozialleistungen gedeckt war und auch künftig durch die Erwerbsunfähigkeitsrente voraussichtlich gedeckt sein wird. Dabei verlangt das serbische Recht im Rahmen der Schadensminderungspflicht auch, dass der Geschädigte Begehrensvorstellungen bekämpft und sich keiner vermeidbaren Unfallneurose hingibt.

Die Beweislast insoweit liegt auch nach serbischem, ebenso wie im deutschen Recht, beim Schädiger. Maßgeblich für die Bestimmung der materiellen Beweislast ist das Deliktsstatut, also das serbische Recht. Dies ergibt sich, da hier noch nicht die Rom-II-VO gilt, aus Art. 32 II EGBGB a.F. in analoger Anwendung (dazu *Erman-Hohloch*, BGB, 13. Neub., Anh. Art. 42 EGBGB – Rom-II-VO Art. 22 Rz. 3). Nach serbischem Recht trägt der Geschädigte die Beweislast für das Bestehen des Ersatzanspruchs, der Schädiger für den Einwand des Mitverschuldens auch im Hinblick auf die Schadensminderungspflicht. Zu betonen ist jedoch, dass die Voraussetzung für das Bestehen eines Ersatzanspruchs vom Kl. zu beweisen ist."

57. *Das deutsche Gericht muss im Rahmen des § 293 Satz 2 Halbsatz 1 ZPO nicht nur das ausländische Gesetzesrecht und den reinen Gesetzeswortlaut, sondern auch die ausländische Rechtspraxis und Rechtsprechung ermitteln.*

Bei der Anwendung französischen Rechts zur Ermittlung eines Schadensersatzes erfolgt die Berechnung pauschaler Nutzungsausfälle anhand der Nutzungsausfalltabelle der französischen Versicherungs- und Transportwirtschaft, wenn der Geschädigte Mitglied eines der Verbände ist, die einer solchen Pauschalierung zugestimmt haben. [LS der Redaktion]

OLG Saarbrücken, Urt. vom 16.1.2014 – 4 U 429/12: NJOZ 2014, 483.

Der Kl. begehrt unter Berufung auf abgetretenes Recht von dem beklagten ausländischen Versicherer Ersatz eines täglichen Verdienstausfallschadens bzw. Nutzungsausfalls aufgrund der Beschädigung eines Lkw-Sattelaufliegers. 2007 wurde beim Entladen des Aufliegers der Firma Transporte in Frankreich die Ladung mit dem bei der Bekl. versicherten Gabelstapler zu hoch angehoben und gegen das Dach gedrückt. Dabei wurden das Schiebeplandachgestell mittig stark beschädigt, die Plane durch Überdehnung an der

Befestigung der vorderen Bordwand herausgerissen und vier Spriegel verbogen. Den entstandenen Sachschaden hat die Bekl. reguliert. Nachdem 2007 eine Notreparatur durch die Firma durchgeführt wurde, deren Nettokosten von der Regulierungsbeauftragten der Bekl. bezahlt wurden, befand sich das Fahrzeug zunächst wieder im Besitz des Kl., bevor es 2008 durch einen Sachverständigen besichtigt und in der Folge repariert wurde. Das LAG hat die Klage abgewiesen. Mit seiner Berufung verfolgt der Kl. sein Begehr weiter und macht geltend, das LG habe die maßgeblichen französischen Normen fehlerhaft angewandt.

Aus den Gründen:

„II. Die zulässige Berufung ist nicht begründet.
1. Das LG ist zu Recht von seiner Zuständigkeit als Wohnsitzgericht des Kl. in Deutschland ausgegangen. Nach Art. 11 II EuGVO i.V.m. Art. 9 I lit. b EuGVO kann der Geschädigte, der seinen Wohnsitz in einem Mitgliedstaat hat, vor dem Gericht seines Wohnsitzes eine Klage unmittelbar gegen den Versicherer erheben, sofern eine solche unmittelbare Klage zulässig ist und der Versicherer seinen Wohnsitz im Hoheitsgebiet eines anderen Mitgliedstaats hat (EuGH, Urt. vom 13.12.2007 – FBTO Schadeverzekeringen N.V. ./. Jack Odenbreit, Rs C-463/06, NJW 2008, 819, 821 Rz. 31). Das gilt ohne Unterschied auch für die Klage eines Unternehmers (vgl. OLG Nürnberg, NZV 2013, 32[1]). Ein Direktanspruch des Geschädigten gegen den Haftpflichtversicherer des Schädigers ergibt sich, wie der Sachverständige ... überzeugend ausgeführt hat, im Streitfall aus Art. L124-3 I des franz. Code des assurances (Loi relative au contrat d'assurance du 13 juillet 1930 [D.P. 1931.4.1.])
2. Darüber hinaus hat das LG zutreffend angenommen, dass die grundsätzliche Eintrittspflicht der Bekl. außer Streit steht und sich deren Haftung nach dem Art. 1 und 2 des franz. Loi n° 85-677 du 5 juillet 1985 tendant à l'amélioration de la situation des victimes d'accidents de la circulation et à l'accélération des procédures d'indemnisation vom 5.7.1985 richtet. Auf das Schadensereignis vom 3.12.2007 ist gemäß Art. 40 I EGBGB französisches materielles Recht anzuwenden. Da sich der bei der Bekl. haftpflichtversicherte Gabelstapler nach dem unbestrittenen Vortrag des Kl. im Schriftsatz vom 14.6.2011 in Bewegung befand, als er die Beschädigung verursachte, ist das Schadensereignis unter Berücksichtigung des Sachverständigengutachtens als Verkehrsunfall zu qualifizieren ...
3. ... bb) Im Rahmen des § 293 ZPO ist nicht nur das ausländische Gesetzesrecht zu ermitteln und anzuwenden, sondern das Recht, wie es der Richter des betreffenden Landes auslegt und anwendet. Die Ermittlungspflicht des deutschen Richters umfasst daher gerade auch die ausländische Rechtspraxis, wie sie in der Rspr. der Gerichte des betreffenden Landes zum Ausdruck kommt (BGH, NJW 1991, 1418, 1419[2]; ZIP 2001, 675[3]; OLG Saarbrücken, NJW 2002, 1209[4]). Der deutsche Richter darf die Anwendung ausländischen Rechts nicht nach dem reinen Gesetzeswortlaut oder nach eigenem Verständnis vornehmen, sondern hat ausländisches Recht so anzuwenden, wie der Richter des betreffenden Landes es auslegt und anwendet (BGH, NJW 1976, 1581[5]; BGHR ZPO § 549 I Ausländisches Recht 4[6]). Fehlt eine ausländische Rechtspraxis, so kommen zwar grundsätzlich eine Auslegung des ausländischen Rechtssatzes nach den Methoden des anwendbaren Rechts (*Wieczorek-Schütze*, ZPO, 4. Aufl., § 293 Rz. 39) oder ein Lückenschluss im Wege der Rechtsfortbildung in Betracht (MünchKommZPO-*Prütting*, 4. Aufl., § 293

---

[1] IPRspr. 2012 Nr. 219.
[2] IPRspr. 1991 Nr. 1b (N.).
[3] IPRspr. 2001 Nr. 1.
[4] IPRspr. 2001 Nr. 4.
[5] IPRspr. 1976 Nr. 2.
[6] IPRspr. 1990 Nr. 1.

Rz. 58). Freilich ist in solchen Fällen Zurückhaltung und große Behutsamkeit erforderlich. Sowohl die Auslegung wie die Fortbildung des fremden Rechts setzen ein Vorgehen im Geiste der ausländischen Rechtsordnung voraus; es ist nicht zulässig, dass der Richter im Mantel der Rechtsfortbildung deutsche Rechtsvorstellungen in das ausländische Recht transformiert (MünchKommZPO-*Prütting* aaO).

cc) Nach diesen Maßstäben steht dem Kl. der geltend gemachte Anspruch unbeschadet der Frage der Aktivlegitimation nicht zu. Der Sachverständige ..., als Professor an der Universität (Frankreich) und Direktor des an der Universität des Saarlandes ein ausgewiesener und anerkannter Sachverständiger u.a. für französisches Zivilrecht, hat in dem vom LG eingeholten ersten Gutachten nachvollziehbar und durch Fundstellen belegt ausgeführt, dass der Geschädigte im französischen Schadensersatzrecht durch den Schadensersatz so gestellt werden soll, wie er stehen würde, wenn das schädigende Ereignis nicht eingetroffen wäre. Nach der auch im Rahmen der Haftpflichtversicherung anzuwendenden Vorschrift des Art. L121-1 Code des assurances beträgt die vom Versicherer geschuldete Entschädigung nicht mehr als der Wert der versicherten Sache im Zeitpunkt des Unfalls. Ersetzt wird sowohl der reine Nutzungsausfall als auch der aufgrund des Entzugs der Sache während der Instandsetzung entgangene Gewinn. Die Ausfallentschädigung ist bei einem Unternehmer, dem das Fahrzeug als Arbeitsmittel dient, höher anzusetzen als bei einer Privatperson. Ersatzfähig ist der volle Verdienstausfall des Unternehmers, sofern er darauf zurückzuführen ist, dass das Fahrzeug während der Reparaturzeit nicht zur Verfügung stand. Die Beweislast für die Höhe des durch den Ausfall konkret entstandenen Schadens und für die kausale Verknüpfung dieses Schadens mit dem Unfallereignis liegt beim Geschädigten. Für die Bestimmung der Höhe des entgangenen Gewinns gibt es keine feste Regel, auch wenn sich Teile des französischen Schrifttums ausdrücklich für die Anwendung der Methode des § 252 Satz 2 BGB aussprechen. Dem Tatrichter steht nach französischem Recht bei der Festsetzung der Höhe des Schadensersatzes im Rahmen seiner souveränen Einschätzung (*appréciation souveraine*) ein großer Ermessensspielraum zu. Allerdings kann, wie der Sachverständige vor dem Senat mündlich erläutert hat, nach dem französischen Recht abstrakte Nutzungsentschädigung nur gewährt werden, wenn tatsächlich ein gewisser Verdienstausfallschaden gegeben ist und der Geschädigte im fraglichen Zeitraum an der Nutzung tatsächlich gehindert war. Erforderlich ist in jedem Fall die Überzeugung des Richters, dass ein Schaden überhaupt dem Grunde nach entstanden und nur die Höhe unklar ist. Auch wenn es zu dieser Problematik noch keine französische Rspr. gibt, befürwortet die vom Sachverständigen angegebene Literatur eine solche Lösung. Im Einklang mit dieser – in Ermangelung vom Sachverständigen verneinter gerichtlicher Entscheidungen und Gegenansichten im Schrifttum – zugrunde zu legenden Auffassung des französischen Rechts und aufgrund überzeugender tatsächlicher Feststellungen hat das LG die Klage abgewiesen ...

4. Anders als die Berufung meint, kann dem Kl. nach französischem Recht vorliegend auch kein pauschaler Nutzungsausfall zugesprochen werden.

a) Das LG hat unter Beachtung des Rechtsgutachtens richtig ausgeführt, dass die Nutzungsausfalltabelle der französischen Versicherungs- und Transportwirtschaft, die per 1.1.2005 eine maximale Tagespauschale von 131,64 € für Fahrzeuge vorsieht (vgl. *Backu/Wendenburg*, DAR 2006, 541, 545, 548), die Gütertransporte im gewerblichen Fernverkehr durchführen, nicht herangezogen werden kann. Der Sachverständige ... hat gutachtlich erklärt, dass diese Nutzungsausfalltabelle lediglich eine Vereinbarung zwischen dem Verband der französischen Straßentransporteure und der Versicherungswirtschaft über die im Fall einer außergerichtlichen Schadensregulierung zu zahlenden Tagespauschalen darstellt. Sie könnte nach französischem Recht folglich nur dann Bindungswirkung entfalten, wenn der Geschädigte Mitglied eines derjenigen Verbände wäre, die einer solchen Pauschalisierung zugestimmt haben und wenn es um eine außergerichtliche Schadensregulierung ginge. Beide Voraussetzungen sind im Streitfall nicht gegeben. Die Berufung, die die Nutzungsausfalltabelle gleichwohl zugunsten des nicht verbandsangehörigen Kl. im Rahmen einer gerichtlichen Auseinandersetzung angewendet wissen will, zeigt indessen nicht auf, dass das Gutachten – dessen Begründung dem Senat einleuchtet – in diesem Punkt unzutreffend wäre, d.h. dass im französischen Recht und insbesondere in der gerichtlichen Praxis die Nutzungsausfalltabelle auch dann herangezogen würde, wenn diese beiden Voraussetzungen nicht gegeben sind.

b) Im Übrigen hat das LG mit Recht Anhaltspunkte für eine abstrakte Schadensberechnung nach französischem Recht für nicht gegeben erachtet.

aa) Die Erläuterungen des Sachverständigen ... im zweiten Rechtsgutachten, wonach eine Abweisung der Klage hinsichtlich des Verdienstausfalls ‚in diesem Fall' nach der im Gutachten nachgewiesenen Car-Crash-Line-Rechtsprechung des französischen Kassationshofs nicht in Betracht kommt, schließen erkennbar an den vorherigen Satz des Gutachtens an. Sie setzen also voraus, dass sich der konkrete Verdienstausfall einerseits nicht zur Überzeugung des Richters sicher beziffern lässt, der Richter aber andererseits davon überzeugt ist, dass ein erstattungsfähiger Schaden dem Grunde nach vorliegt.

bb) Das LG hat unter Anwendung des im Gutachten dargestellten französischen Rechts und unter Berücksichtigung aller Umstände keine hinreichenden Anhaltspunkte für eine abstrakte Schadensberechnung erkennen können. Dabei kann offen bleiben, ob insoweit, wie das LG angenommen hat, zugunsten des Geschädigten § 287 ZPO eingreift (so auch LG Saarbrücken, NJW-RR 2012, 885, 886 m.w.N.[7]) oder ob auch insoweit französisches Recht gilt (so LG Hanau, Urt. vom 9.6.2011 – 4 O 28/09, juris Rz. 42). Denn auch im französischen Recht kann Schadensersatz nicht allein aus Billigkeitserwägungen ohne hinreichende Anhaltspunkte zugesprochen werden (Cour de cassation, 1ère chambre civile vom 3.7.1996, [n° de pourvoi] 94-14820, im Internet abrufbar unter www.legifrance.gouv.fr; Art. 1383 n° 120 [*Les juges du fond ne peuvent décider de fixer le préjudice en équité à une somme forfaitaire.*]). Im Rahmen der mündlichen Erläuterung vor dem Senat hat der Sachverständige ..., was vorstehend unter I. 3. a) cc) bereits bemerkt worden ist, bestätigt, dass nach französischem Recht abstrakte Nutzungsentschädigung nur gewährt werden kann, wenn tatsächlich ein gewisser Verdienstausfallschaden gegeben ist und der Geschädigte im fraglichen Zeitraum an der Nutzung tatsächlich gehindert war."

58. *Für die Beurteilung der Schuldfrage bei einem Verkehrsunfall im Ausland sind die am Unfallort geltenden Verkehrsvorschriften maßgebend. [LS der Redaktion]*

---

[7] IPRspr. 2012 Nr. 45.

LG Göttingen, Urt. vom 21.3.2014 – 4 O 172/11: Unveröffentlicht.

Die franz. Kl. macht mit ihrer Klage Restschadensersatzansprüche aus abgetretenem Recht gemäß Abtretungserklärung aus einem Verkehrsunfall geltend. Der Verkehrsunfall ereignete sich im April 2008 auf der BAB ... Die Bekl. ist die Haftpflichtversicherung der unfallbeteiligten Zugmaschine, die während der Fahrt die Zwillingsbereifung am Anhänger des Sattelschleppers verlor. Der Schwertransporter, der mit Turbinenteilen beladen war und unmittelbar hinter der Zugmaschine fuhr, verlor die Kontrolle über das Gespann, der Schwertransporter kam nach rechts von der Fahrbahn ab. Beide Turbinen wurden beschädigt. Die Bekl. regulierte den Sachschaden an Zugmaschine und Auflieger zu 100%, denjenigen an den Turbinen zu 50%. Die Umstände, die zum Kontrollverlust führten, sind zwischen den Parteien streitig.

Aus den Gründen:

„1. ... a) Die materiell-rechtlichen Voraussetzungen des vorliegend geltend gemachten Schadensersatzanspruchs bestimmen sich uneingeschränkt nach deutschem Recht.

Aus Art. 40 I 1 EGBGB folgt angesichts des in Deutschland stattgefundenen Verkehrsunfallgeschehens die Maßgeblichkeit des deutschen ‚Tatortrechts'. Die Rom-II-VO II ist zwar seit dem 11.1.2009 in Anwendung, gemäß ihren Art. 31 und 32 kommt sie aber auf den vorliegenden Unfall, der sich am 15.4.2008 ereignet hat, zeitlich nicht zur Anwendung.

Die Verweisung auf das deutsche Recht betrifft auch den Anspruch der Kl. gegen die Bekl. als Haftpflichtversicherer des Unfallverursachers, Art. 40 IV EGBGB. Nach dieser Vorschrift kann der Verletzte seinen Anspruch unmittelbar gegen einen Versicherer des Ersatzpflichtigen geltend machen, wenn das auf die unerlaubte Handlung anzuwendende Recht oder das Recht, dem der Versicherungsvertrag unterliegt, dies vorsieht. Dies ergibt sich für das anzuwendende deutsche Recht aus § 115 I VVG. Die Kl. ließ sich die hier geltend gemachte Forderung gegen die Bekl. von der Herstellerin der Turbinen gemäß dem französichen Recht abtreten. Hinsichtlich des Inhalts der Abtretungsvereinbarung wird auf die Abtretungserklärung nebst beglaubigter Übersetzung vom 23.11.2009 sowie auf die Übersetzung der zugrunde liegenden ... Regelung ... verwiesen. Nach erfolgter Übersetzung der Abtretungserklärung mit Schreiben vom 8.9.2011 wurde die vorgelegte Abtretungsvereinbarung von der Bekl. nicht mehr in Zweifel gezogen.

Auch für Beurteilung der Schuldfrage bei einem Verkehrsunfall im Ausland sind vielmehr die am Unfallort geltenden Verkehrsvorschriften maßgebend (vgl. LG Kleve, Urt. vom 17.2.2012 – 5 S 128/11[1])."

59. *Für Klagen gegen einen Dachverband des Zusammenschlusses von Verbänden mit Sitz in Deutschland und gegen einen rechtsfähigen Verband nach Schweizer Recht mit Sitz in der Schweiz sind deutsche Gerichte insgesamt gemäß Art. 6 Nr. 1 LugÜ II international zuständig, wenn zwischen den Klagen eine so enge Beziehung besteht, dass eine gemeinsame Verhandlung zur Vermeidung sich widersprechender Entscheidungen geboten erscheint.*

Gemäß Art. 1 Satz 1, 6 III Rom-II-VO findet deutsches Recht Anwendung, wenn kartellrechtliche Verstöße aus einem den Wettbewerb einschränkenden Verhalten

---

[1] IPRspr. 2012 Nr. 44.

seitens der Beklagten geltend gemacht werden, die auch den Markt in Deutschland beeinträchtigt haben. [LS der Redaktion]

LG Dortmund, Urt. vom 14.5.2014 – 8 O 46/13: SpuRt 2015, 31.

<small>Die Parteien streiten darüber, ob die Kl. auf der Grundlage der zurzeit bestehenden Regularien unter kartellrechtlichen Gesichtspunkten verpflichtet werden können, die bei ihnen beschäftigten ausländischen Handballspieler für Belange deren jeweiligen Nationalverbandes freizustellen. Hintergrund sind widerstreitende verbandspolitische und wirtschaftliche Interessen der Parteien auf dem Gebiet des professionell betriebenen Handballsports der Männer. Die Bekl. zu 2) (IHF) ist ein rechtsfähiger gemeinnütziger Verband nach Schweizer Recht mit Sitz in Basel. Sie ist vom IOK als allein zuständige Organisation für den internationalen Handball anerkannt. Der Bekl. zu 1) (DHB) ist die Vereinigung und Vertretung (Dachorganisation) aller in der Bundesrepublik Deutschland Handballsport betreibenden Verbände und Vereine mit Sitz in Dortmund.</small>

Aus den Gründen:

„I. ... 1. Das LG Dortmund ist zuständig ...

Die internationale (und örtliche) Zuständigkeit für die Klagen gegen die IHF ergibt sich aus Art. 6 Nr. 1, 60 I lit. a LugÜ II. Die Bekl. zu 2) hat ihren Sitz in der Schweiz, die Schweiz ist Vertragspartei des LugÜ. Die Voraussetzungen der Vorschrift liegen vor: Zwischen den Klagen gegen den DHB einerseits und gegen die IHF andererseits besteht eine so enge Beziehung [s.u. (a)], dass eine gemeinsame Verhandlung und Entscheidung geboten erscheint, um zu vermeiden, dass in getrennten Verfahren widersprechende Entscheidungen ergehen könnten [s.u. (b)]. (Vergleiche zum Folgenden: EuGH, Urt. vom 11.10.2007 – Freeport PLC ./. Olle Arnoldsson, Rs C-98/06, zu dem nach Wortlaut und Inhalt identischen Art. 6 Nr. 1 EuGVO; BGH, Beschl. vom 30.11.2009 – II ZR 55/09[1] m.w.N.; Anm.: sämtliche Entscheidungen werden im Folgenden nach juris zitiert.)

(a) Die Kl. machen gegen die Bekl. Ansprüche geltend, die auf einem einheitlichen Lebenssachverhalt beruhen, nämlich auf Art. 7 der Zulassungsbestimmungen IHF. Dessen Regelungen gelten unmittelbar für sämtliche Kl., sei es kraft Verbandsrechts aufgrund deren mitgliedschaftlicher Einbindung in die Verbandspyramide, sei es aufgrund vertraglicher Unterwerfung gegenüber der Handball-Bundesliga e.V. (Männer) und/oder dem DHB. Beide Bekl. sind satzungsgemäß dazu berufen und in der Lage, auf ihrer jeweiligen Verbandsebene die Verpflichtung zur Freigabe von Nationalspielern gegenüber den Kl. durchzusetzen. Die IHF ist Normgeber, kann aber auch im Fall eines Verstoßes unmittelbar, d.h. an DHB und HBL vorbei, den betreffenden Spieler nach 7.4.2./3. sperren und gemäß 7.4.4. seinen Verein mit einer Geldbuße belegen. Der DHB ist aufgrund der hierarchischen Verbandsstruktur (bei Meidung einer Bestrafung durch die IHF) verpflichtet zu gewährleisten, dass (die HBL und) die Kl. die Regelungen der IHF einhalten. Diese Aufgabe hat er in seiner Satzung, seinen Ordnungen und dem Grundlagenvertrag mit der HBL autonom umgesetzt und sich die Regularien der IHF, darunter Art. 7 Zulassungsbestimmungen, zu eigen gemacht. So sieht z.B. § 19 I lit. h Rechtsordnung DHB vor, dass für eine Mannschaft ein Spiel mit einem Torverhältnis von 0:0 als verloren zu werten ist, wenn ein gesperrter Spieler, und zwar – wie der DHB selbst angibt – auch ein von der IHF gesperrter Spieler, eingesetzt wird. Die Durchsetzung einer solchen Maßnahme gegenüber den Kl. mag zwar vorrangig der HBL obliegen. Dennoch hat der DHB das Heft insoweit nicht aus der Hand gegeben. Sollte sich nämlich die

---

[1] IPRspr. 2009 Nr. 187b.

HBL weigern, gegen Vereine / Betriebsgesellschaften einzuschreiten, würde sie sowohl gegen ihre eigene Satzung als auch gegen die Satzung des DHB verstoßen und eine Bestrafung gemäß § 5 Satzung DHB riskieren. Aufgrund dieses Verbandskonstrukts sind die Rechtsverhältnisse der Kl. mit dem DHB einerseits und mit der IHF andererseits quasi miteinander verklammert.

(b) Vor dem Hintergrund ist eine einheitliche Verhandlung und Entscheidung des Rechtsstreits gegen beide Bekl. geboten, weil differierende Entscheidungen, die im Fall unterschiedlicher Gerichtszuständigkeiten ergehen könnten, zu unvertretbaren Widersprüchen führen würden. Denn jedes Urteil gälte nur ‚inter partes', ein Urteil im Rechtsstreit gegen den DHB würde die IHF nicht binden und umgekehrt. Würde z.B. dem DHB von der Kammer untersagt, die Freigabe von Nationalspielern auf Grundlage der aktuellen Regelungen durchzusetzen, der IHF dagegen von einem anderen Gericht nicht, bliebe es der IHF unbenommen, im Fall eines Verstoßes gegen Art. 7 Zulassungsbestimmungen weiterhin den betreffenden Spieler zu sperren oder Geldbußen gegen die Kl. zu verhängen. Gleichzeitig wäre der DHB gezwungen, gegen seine eigene und die Satzung der IHF zu verstoßen, weil er die Maßnahmen der IHF in seinem Zuständigkeitsbereich nicht durchsetzen dürfte.

Die Einwände der Bekl., ein evtl. obsiegendes Urteil werde zu einer Ungleichbehandlung all der Vereine führen, die am vorliegenden Rechtsstreit nicht beteiligt sind, es könnten außerdem anderslautende Entscheidungen ergehen, falls jene Vereine klagten, sind in diesem Zusammenhang unerheblich. Maßgeblich ist allein, dass widersprüchliche gerichtliche Entscheidungen zwischen den jetzigen Prozessparteien ergehen könnten.

Sind somit die Voraussetzungen Art. 6 Nr. 1 LugÜ II erfüllt, so stellt sich die Frage nicht mehr, ob die Kl. ihre Klage gegen den DHB nur erhoben haben, um die IHF den Gerichten ihres Wohnsitzstaats zu entziehen (EuGH aaO Rz. 54).

2. Der Rechtsweg zu den staatlichen Gerichten ist zulässig.

(a) Der Zugang zu den staatlichen Gerichten kann durch Verbandsrecht nicht vollständig ausgeschlossen werden, dahingehende Regelungen, wie hier Art. 1.3.1./3. Rechtsordnung IHF, § 11 Nr. 1 lit. d. Satzung HBL, sind unwirksam (*Palandt-Ellenberger*, BGB, 73. Aufl., § 25 Rz. 19 m.w.N.).

(b) Eine Schiedsgerichtsvereinbarung (§§ 1025 ff. ZPO) steht der Zuständigkeit der Kammer nicht entgegen.

Die Rechtsinstanzen der Bekl., die – soweit hier ggf. zuständig – als ständige Einrichtungen der Bekl. jeweils zu deren Organen zählen und auf deren Zusammensetzung die Kl. keinen Einfluss haben, stellen grundsätzlich kein Schiedsgericht im Rechtssinn dar (OLG Karlsruhe, Urt. vom 8.11.2012 – 9 U 97/12 m.w.N.).

Ob eine wirksame, die staatliche Gerichtsbarkeit ausschließende Schiedsgerichtsvereinbarung zwischen den Parteien im Hinblick auf den Court of Arbitration for Sport vorliegt oder nicht, kann offen bleiben. Jedenfalls haben die Bekl. ihre diesbezügliche Einrede nicht rechtzeitig vor Beginn der mündlichen Verhandlung erhoben (§ 1032 I ZPO). § 1032 I gilt gemäß § 1025 II ZPO unabhängig davon, ob der Ort des Schiedsverfahrens im Ausland liegt und welchem Recht die Schiedsvereinbarung unterfällt (*Zöller-Geimer*, ZPO, 30. Aufl., § 1032 Rz. 1). Bis zum Beginn der ersten mündlichen Verhandlung am 22.7.2013 hatte der DHB lediglich die Ansicht geäußert, das Beschreiten des Rechtswegs über die verbandlichen Rechtsinstanzen dürfe einem zivilgerichtlichen Verfahren zwingend vorzuschalten sein. Daraus ließ sich nicht einmal ein Hinweis auf eine Schiedsgerichtsvereinbarung entnehmen. Die IHF hatte entspr. S. 3 ihrer Klageerwiderung vom 21.6.2013 eingewandt, die Anrufung eines Zivilgerichts sei unzulässig wegen ‚der Vorrangigkeit eines schiedsgerichtlichen, außerhalb der deutschen Gerichtsbarkeit stehenden Verfahrens nach der Rechtsordnung des Beklagten zu 2)'. Auch dieser Einwand ist unerheblich, weil die Schiedsabrede, auf die sich die Bekl. berufen wollte, nicht konkret bezeichnet war (*Zöller-Geimer* aaO). Dem Schriftsatz waren nicht einmal die einschlägigen Passagen der Statuten oder der Rechtsordnung IHF beigefügt. Die Kammer konnte deshalb nicht prüfen, ob der Einwand der vorrangigen Schiedsvereinbarung begründet war oder nicht (BGH, Urt. vom 8.2.2011 – XI ZR 168/08)[2] ...

II. Die Klagen gegen die Bekl. zu 2) sind begründet. Dem Rechtsstreit ist gemäß Art. 1 Satz 1, 6 III Rom-II-VO, die mit Wirkung ab 11.1.2009 den bis dahin geltenden Art. 40 EGBGB abgelöst hat, deutsches Recht zugrunde zu legen. Die Kl. stützen ihre Klagebegründung auf kartellrechtliche Ansprüche, also auf ein außervertragliches Schuldverhältnis aus einem den Wettbewerb einschränkenden Verhalten der Bekl. Der Begriff des außervertraglichen Schuldverhältnisses ist autonom auszulegen (*Palandt-Thorn* aaO ROM II Art. 1 Rz. 2) und erfasst sämtliche Ansprüche, die – wie hier – nicht an einen Vertrag anknüpfen (*Zöller-Geimer* aaO EuGVVO Art. 5 Rz. 20). Die Kl. leiten ihre Ansprüche nicht aus einem Vertrag bzw. aus einem vertragsähnlichen Verhältnis her, sondern aus einem deliktischen Schuldverhältnis wegen angeblich kartellrechtswidrigen Verhaltens der Bekl.; mag dieser Verstoß auch in Form verbotswidriger Verträge oder durch die Anwendung verbotswidriger Vorschriften im Rahmen mitgliedschaftlich begründeter (vertragsähnlicher) Rechtsverhältnisse begangen worden sein. Von der Rom-II-VO wird auch der vorbeugende Rechtsschutz in Form von Unterlassungsansprüchen erfasst (*Palandt-Thorn* aaO Art. 6 Rz. 8).

Gemäß Rom-II-VO Art. 4 I ist auf ein außervertragliches Schuldverhältnis aus unerlaubter Handlung grundsätzlich das Recht des Staats anzuwenden, in dem der Schaden eintritt. Diesen allgemeinen deliktischen Erfolgsort konkretisiert Art. 6 III unter wettbewerbsspezifischen Gesichtspunkten näher, indem er auf den Staat abstellt, dessen Markt beeinträchtigt ist oder wahrscheinlich beeinträchtigt wird. Hierdurch soll dem Marktschutz, d.h. den betroffenen Verkehrs- und Drittinteressen Rechnung getragen werden (*Palandt-Thorn* aaO Rz. 1). Art. 7 Zulassungsbestimmungen IHF wirkt sich nicht allein auf den deutschen Handballmarkt aus, sondern auf das Handballgeschäft weltweit. Derartige Konstellationen erfasst Art. 6 III lit. b Rom-II-VO, wobei für den vorliegenden Fall die zweite Alternative der Vorschrift einschlägig ist. Danach können die Kl. ihre Ansprüche gegen die IHF vor dem LG Dortmund, welches für den Sitz des DHB zuständig ist, dann auf deutsches Recht stützen, wenn Art. 7 Zulassungsbestimmungen IHF auch den Markt in der BRD unmittelbar und wesentlich beeinträchtigt. Diese Voraussetzungen liegen vor, wie sich aus den folgenden Ausführungen ergeben wird."

60. *Da es sich bei Straßenverkehrsunfällen um Platzdelikte handelt, ist an den Tatort (hier: Polen) anzuknüpfen. Art. 18 Rom-II-VO eröffnet die Direktklage ge-*

---

[2] IPRspr. 2011 Nr. 226.

gen den (hier: polnischen) Versicherer des Haftenden. Die für die Schadenshaftung beachtlichen materiell-rechtlichen Vorschriften finden sich im polnischen Zivilprozesskodex vom 23.4.1964 (Dz.U. Nr. 16, Pos. 93). Dabei sind allerdings die tatsächlichen Verhältnisse im Staat des gewöhnlichen Aufenthalts des Geschädigten nach dem 33. Erwägungsgrund Rom-II-VO – auch bei der Schmerzensgeldbemessung – zu berücksichtigen. [LS der Redaktion]

AG Frankenthal, Urt. vom 15.10.2014 – 3a C 157/13: DAR 2015, 470; NZV 2015, 391.

Die Kl. mit Wohnsitz in G./Deutschland begehrt mit ihrer Klage die Zahlung restlichen Schmerzensgeldes von dem polnischen Kfz-Haftpflichtversicherer G. aufgrund eines Verkehrsunfalls, der sich 2012 in N./Polen ereignete. Nach polnischem materiellem Recht hat der Geschädigte einen Direktanspruch gegen den Kfz-Haftpflichtversicherer. Das Kraftfahrzeug, in dem die Kl. saß, erlitt einen wirtschaftlichen Totalschaden bei einer Schadenshöhe von 8 500 €, der materielle Sachschaden wurde vorgerichtlich vollumfänglich reguliert, die Haftung der Bekl. steht dem Grunde nach außer Streit.

Aus den Gründen:

„Die zulässige Klage hat überwiegend Erfolg.

Das AG Frankenthal (Pfalz) ist unter Berücksichtigung der Auffassung des BGH (Urt. vom 6.5.2008 – VI ZR 200/05[1]; EuGH, Urt. vom 13.12.2006 – FBTO Schadeverzekeringen N.V. ./. Jack Odenbreit, Rs C 463/06, NJW 2007, 71; entgegen OLG Karlsruhe, Urt. vom 7.9.2007 – 14 W 31/07[2]; LG Frankenthal (Pfalz), Urt. vom 14.4.2011 – 4 O 155/09[3]) wonach der Geschädigte, der seinen Wohnsitz in einem Mitgliedstaat hat, nach Art. 11 II EuGVO i.V.m. Art. 9 I lit. b EuGVO vor dem Gericht seines Wohnsitzes eine Klage unmittelbar gegen den Versicherer erheben kann, sofern eine solche unmittelbare Klage zulässig ist und der Versicherer seinen Sitz im Hoheitsgebiet eines anderen Mitgliedstaats hat (hiergegen mit gewichtigen Argumenten OLG Karlsruhe und die überwiegenden Meinungen der deutschen Rechtsliteratur), international sowie örtlich und sachlich zuständig. Soweit nach Art. 3 des Haager Übereinkommens über das auf Straßenverkehrsunfälle anwendbare Recht (HStVÜ) – das nach Art. 28 I Rom-II-VO für Polen vorrangig ist und nicht unter Art. 28 II Rom-II-VO fällt (MünchKomm-*Junker* 5. Aufl. [2010], Art. 28 VO (EG) 864/2007) Rz. 11) – das materielle Recht des Staats, in dessen Hoheitsgebiet sich der Unfall ereignet hat, anzuwenden wäre, vorliegend somit das materielle Recht Polens, so ist dieses Übereinkommen zwar von Polen, nicht hingegen von der Bundesrepublik Deutschland gezeichnet worden (vgl. aaO Rz. 17–20 zum Problem des Forum Shoppings).

Da jedoch sowohl Polen als auch die Bundesrepublik Deutschland Mitgliedstaaten der EU sind und die Rom-II-VO anwendbar ist, ist nach deren Art. 4 (IPR) das Recht des Staats anzuwenden, in dem der Schaden eintritt, unabhängig davon, in welchem Staat das schadensbegründende Ereignis oder indirekte Schadensfolgen eingetreten sind. Dies ist vorliegend das materielle Recht Polens (zur Verfehlung des mit der Schaffung eines europäischen Kollisionsrechts verbundenen Ziels der Rechtsvereinheitlichung im Falle der Haftung für Verkehrsunfälle unter Gefahr

---

[1] IPRspr. 2008 Nr. 132.
[2] IPRspr. 2007 Nr. 146.
[3] IPRspr. 2011 Nr. 38.

des Forum Shoppings (vgl. *Palandt-Thorn*, BGB, 73. Aufl., Rom II 4 (IPR) Rz. 18 m.w.N.).

Da Art. 4 Rom-II-VO eine Sachnormverweisung ausspricht, ist das Haager Übereinkommen auch nicht mehr im Rahmen eines evtl. renvoi relevant, Art. 24 Rom-II-VO, anzuknüpfen ist an den Tatort, da es sich bei den Straßenverkehrsunfällen um Platzdelikte handelt. Art. 18 Rom-II-VO eröffnet die Direktklage gegen den Versicherer des Haftenden. Die für die Schadenshaftung beachtlichen materiellrechtlichen Vorschriften finden sich im polnischen Zivilprozesskodex vom 23.4.1964 (Dz.U. Nr. 16, Pos. 93; nachfolgend: poln. ZGB). Dabei sind allerdings die tatsächlichen Verhältnisse im Staat des gewöhnlichen Aufenthalts des Geschädigten nach dem 33. Erwgr. zur Rom-II-VO stets zu berücksichtigen. Das führt bereits auf der Ebene des Kollisionsrechts dazu, dass auch bei der Bemessung des Ersatzes für immaterielle Schäden die Verhältnisse am Ort des gewöhnlichen Aufenthalts des Geschädigten beachtlich sind. Da das Zivilrecht Polens einen Direktanspruch gegen den Haftpflichtversicherer statuiert, stehen der Kl. gegen die Bekl. im Anschluss an das überzeugende Rechtsgutachten der Sachverständigen Prof. Dr. *P.* und Dr. *E.* unter Beachtung des Klageantrags, § 308 ZPO, ein Anspruch auf Zahlung weiteren Schmerzensgeldes in Höhe von 950 € zu, §§ 287 ZPO, 19 Nr. 1 PflVG, Art. 361, 417, 436, 437, 444, 445 poln. ZGB.

Zwischen den Parteien steht die Haftung der Bekl. aufgrund des streitgegenständlichen Verkehrsunfalls dem Grunde nach außer Streit.

Nach Art. 361 § 1 poln. ZGB muss der entstandene Schaden eine gewöhnliche Folge der schadensauslösenden Handlung sein. Nach Art. 361 § 2 poln. ZGB sind grundsätzlich nur materielle Schäden ersatzfähig, wobei für Gesundheitsschäden aus unerlaubter Handlung Art. 444 poln. ZGB eine Präzisierung darstellt. Für Gesundheitsschäden modifiziert Art. 445 § 1 Satz 1 poln. ZGB den Grundsatz des Art. 361 § 2 poln. ZGB, der als Wiedergutmachung für das erlittene Leid die Zuerkennung eines angemessenen Geldbetrags vorsieht, also eine Kompensation der nicht-materiellen Beeinträchtigung (nachfolgend: Schmerzensgeld). Nach Art. 445 § 1 Satz 1 poln. ZGB soll die Schmerzensgeldzahlung einen angemessenen Ausgleich darstellen für Körperverletzung oder Gesundheitsbeschädigung und dabei erlittenes Leid. Für die Berechnung eines angemessenen Schmerzensgeldes sind die Dauer der Leiden, ihre Stärke, die Art der davongetragenen Verletzungen, der Einfluss auf das weitere Leben des Verletzten, die Unumkehrbarkeit der Folgen, das Gefühl der Hilflosigkeit, eine fehlende Möglichkeit, bestimmte Unterhaltsangebote zu nutzen, die Ausübung einer bestimmten Arbeit sowie Folgen im persönlichen und gesellschaftlichen Leben zu berücksichtigen. Unbeachtlich soll hingegen die Vermögenslage des Schädigers und der Lebensstandard des Geschädigten sein, zu berücksichtigen indes ist für die Festlegung der Höhe des Schmerzensgeldes wie auch anderen Schadensersatzes das Preisniveau, Art. 363 § 2 poln. ZGB, da das Schmerzensgeld die Anschaffung von Gütern und Dienstleistung ermöglichen soll, um den erlittenen Schmerz zu lindern. Abgesehen hiervon, so wird im Schrifttum ausgeführt, sei das durchschnittliche Lebensniveau der Bevölkerung bei der Bemessung des Schmerzensgeldes ohne ausschlaggebende Bedeutung.

Die Bemessung des Schmerzensgeldes selbst erfolgt nach den nachvollziehbaren Feststellungen der Sachverständigen in der polnischen Praxis dem rechtlichen Ausgangspunkt nach in einer weniger standardisierten Weise als in der deutschen Spruchpraxis. Insbesondere geht die Rspr. des obersten Gerichts davon aus, dass die Schmerzensgeldbemessung nicht aufgrund einer Tabelle, sondern im Hinblick auf den Einzelfall geschehen soll. Die Festlegung der Höhe soll im Ermessen der Eingangsinstanzen stehen, die zur Abwicklung von Haftungsfällen regelmäßig eine festgestellte Prozentquote der sog. anhaltenden Gesundheitsbeeinträchtigung des Unfallopfers zugrunde legen. Diese beruht typischerweise auf einer vom jeweiligen Versicherungsunternehmen intern aufgestellten Tabelle. Das von der Versicherung ausgezahlte Schmerzensgeld wird bestimmt, indem die Quote mit einem festen von der Versicherung befolgten Satz multipliziert wird. Eine derartige Tabelle findet sich auch in einem staatlichen Rechtsakt, der ‚Verordnung des Ministers für Arbeit und Sozialpolitik über die Einzelheiten bei der Entscheidung über eine dauerhafte oder andauernde Gesundheitsbeeinträchtigung, des Verfahrens der Feststellung dieser Beeinträchtigung und die Auszahlung einer einmaligen Entschädigung' von 2002, welche in Ausführung einer Vorschrift des ‚Gesetzes über die Absicherung bei Arbeitsunfällen und Berufskrankheiten (*Ustawa z dnia 30 października r. o ubezpieczeniu społecznym z tytuu wypadków przy pracy i chorób zawodowych*)' von 2002 ergangen ist. Die Aufstellung in der Verordnung sowie diejenigen der einzelnen Versicherungsunternehmen sind dabei nicht aneinander angeglichen, d.h. jede beschreibt mögliche Verletzungen und die damit verbundenen Prozentsätze eigenständig. Soweit es um Halswirbelsäulenverletzungen geht, wird in der besagten Verordnung nur eine dem vorliegenden Fall nicht vergleichbare Verletzung aufgeführt: ‚89. Schädigung der Halswirbelsäule – Einschränkung der Beweglichkeit hinsichtlich Drehung oder Beugung über 20 Grad: 15%'. Aufgrund der widerspruchsfreien Ausführungen der Sachverständigen im Hinblick auf die Spruchpraxis in Polen (Urt. vom 10.4.2014 – I C 227/11) ist vorliegend von einer Gesundheitsbeeinträchtigung von 2% auszugehen, § 287 ZPO, so dass sich eine Schmerzensgeldsumme von 1 000 € (4 000 Zloty) ergibt. Unter Berücksichtigung des 33. Erwgr. zur Rom-II-VO ist hierbei zu berücksichtigen, dass die Kl. ihren gewöhnlichen Aufenthalt im Inland hat, so dass gemäß Art. 363 § 2 poln. ZGB das höhere Preisniveau in Deutschland gegenüber demjenigen in Polen zu berücksichtigen ist. Daher kann zwar im Ergebnis ein Schmerzensgeld gemäß Art. 445 § 1 poln. ZGB unter Berücksichtigung eines Anpassungsindexes von 1,79% zuerkannt werden, wobei es zur Genugtuung und Kompensation indes nicht erforderlich ist, aufgrund des höheren Preisniveaus einem Geschädigten mit gewöhnlichem Aufenthalt in Deutschland mehr an Schmerzensgeld zuzusprechen, als das deutsche Recht ihm in einem vergleichbaren Fall zubilligen würde. Eine Annahme einer solchen Obergrenze erscheint auch im Sinne von Erwgr. 33 der Rom-II-VO angezeigt. Nach den vorliegenden Gesamtumständen ist danach ein Schmerzensgeld i.H.v. insgesamt 1 200 € angesichts der folgenlos ausgeheilten Verletzung, der Dauer der Arbeitsunfähigkeit, der Schmerzen sowie der befundeten Schädel- und Rückenprellung neben dem Schleudertrauma der Halswirbelsäule, die nachvollziehbar in dem ärztlichen Attest vom 19.1.2013 als Befund sowie Diagnose beschrieben sind, angemessen, aber auch ausreichend. Das pauschale Bestreiten der Bekl. ist aufgrund der vorgerichtlich gezahlten 200 € nur unter den in dem Schreiben vom 1.2.2013 erhobenen Einwendungen unerheblich (OLG Koblenz, NZV 2007, 198)."

61. *Die Anwendbarkeit deutschen Rechts ergibt sich hinsichtlich der wettbewerbsrechtlichen Ansprüche eines Spieleherstellers wegen des Angebots und Vertriebs von Automatisierungssoftwäre (Bots) für ein Online-Computerspiel aus § 3 TMG und Art. 6 Rom-II-VO. Denn durch die streitgegenständlichen Buddy-Bots können Interessen der Verbraucher in der Bundesrepublik Deutschland beeinträchtigt werden. [LS der Redaktion]*

OLG Hamburg, Urt. vom 6.11.2014 – 3 U 86/13: CR 2015, 309; GRUR-RR 2015, 110; K&R 2015, 205 mit Anm. *Telle*; MMR 2015, 313. Leitsatz in: GRUR-Prax 2015, 42 mit Anm. *Hermes*; WRP 2015, 259.

Das Urteil des LG Hamburg vom 23.5.2013 – 312 O 390/11 – wurde bereits im Band IPRspr. 2013 unter der Nr. 162 abgedruckt; die Revision schwebt unter dem Az. I ZR 253/14.

62. *Der Gerichtsstand des Art. 5 III EuGVO ist für alle Klagen eröffnet, mit denen eine Schadenshaftung des Beklagten geltend gemacht wird und die nicht an einen Vertrag im Sinne von Art. 5 I EuGVO anknüpfen; hierunter fallen auch Ansprüche aus unlauterem Wettbewerb sowie Unterlassungsklagen bezüglich des Versands von Werbung.*

Auf außervertragliche Schuldverhältnisse aus unlauterem Wettbewerbsverhalten ist gemäß Art. 6 I Rom-II-VO das Recht des Staats anzuwenden, in dessen Gebiet die Wettbewerbsbeziehungen oder die kollektiven Interessen der Verbraucher beeinträchtigt worden sind. [LS der Redaktion]

LG Berlin, Urt. vom 5.12.2014 – 91 O 83/13: Unveröffentlicht.

63. *Wird das Persönlichkeitsrecht einer in Deutschland wohnhaften Person durch eine unerlaubte Handlung verletzt oder gefährdet, greift Art. 40 I 2 und 3 EGBGB ein, und der Verletzte kann bei entsprechender Ausübung seines Bestimmungsrechts verlangen, dass das Recht des Staats angewandt wird, in dem der Erfolg eingetreten ist. [LS der Redaktion]*

LG Heidelberg, Urt. vom 9.12.2014 – 2 O 162/13: CR 2015, 326; K&R 2015, 277; MMR 2015, 348.

[Es wurde Berufung beim OLG Karlsruhe eingelegt, Az. 6 U 2/15.]

Die Bekl. betreibt mit Sitz in den USA unter der Internetadresse „www.google.de" eine Internet-Suchmaschine. Bei Eingabe der Namen der Kl. werden Suchergebnisse der Internetseiten politischer Plattformen angezeigt, die teilweise anonym und ohne Impressum von Servern in São Paulo (Brasilien) aus betrieben werden. Die Kl. nehmen die Bekl. auf Entfernung entsprechender Links in Anspruch.

Aus den Gründen:

„I. Die Klage ist zulässig.

1. Die internationale und örtliche Zuständigkeit des LG Heidelberg ergibt sich aus § 32 ZPO. Diese Bestimmung ist weit auszulegen und umfasst auch die Fälle der Störerhaftung und die Haftung aus der Verletzung von Persönlichkeitsrechten (*Zöller-Vollkommer*, ZPO, 30. Aufl., § 32 Rz. 8 m.w.N.). Begehungsort im Sinne des § 32 ZPO ist sowohl der Ort, an dem Täter gehandelt hat, als auch der Ort, an dem in das geschützte Rechtsgut eingegriffen wurde, der sog. Erfolgsort (*Zöller-Vollkommer* aaO Rz. 16). Bei Verletzungen des Persönlichkeitsrechts ist Erfolgsort

der Lebensmittelpunkt des Geschädigten (*Zöller-Vollkommer* aaO Rz. 17 m.w.N.). Im Streitfall liegt der Lebensmittelpunkt aller drei Kl. an ihrem Wohnort in W. und damit im Bezirk des LG Heidelberg. Zur Begründung der internationalen Zuständigkeit der deutschen Gerichte im Rahmen des § 32 ZPO ist nach der Rspr. des BGH weiterhin erforderlich, dass die als rechtsverletzend beanstandeten Inhalte objektiv einen deutlichen Bezug zum Inland aufweisen (BGHZ 197, 213[1] Rz. 7, zit. n. juris). Diese Voraussetzung ist im Streitfall erfüllt. Die Kl. begehren mit ihrer Klage die Entfernung von Links, die bei Eingabe ihrer Namen in die Suchmaschine der Bekl. zu der Internetseite ‚linksunten.indymedia.org' angezeigt werden. Bei ‚linksunten.indymedia.org' handelt es sich unstreitig um eine deutschsprachige, regionale Plattform. Dies zeigen auch die auf der genannten Internetseite erschienenen und von der Suchmaschine der Bekl. angezeigten und verlinkten Artikel ‚Infoaktion gegen X, Rassist aus Mannheim' betreffend den Kl. zu 1) und ‚(HD) Outing von Y am S.' betreffend die Kl. zu 2). Es kann somit nicht zweifelhaft sein, dass eine Kenntnisnahme der von der Suchmaschine der Bekl. angezeigten Links vorwiegend im Inland erfolgt und die von den Kl. geltend gemachte Beeinträchtigung ihres Persönlichkeitsrechts durch diese Kenntnisnahme auch im Inland eintreten würde ...

II. ... a. Für die Entscheidung ist deutsches Recht anzuwenden. Nach Art. 40 I 1 EGBGB unterliegen Ansprüche aus unerlaubter Handlung grundsätzlich dem Recht des Staats, in dem der Ersatzpflichtige gehandelt hat. Der Verletzte kann jedoch nach Art. 40 I 2 und 3 EGBGB im ersten Rechtszug bis zum Ende des frühen ersten Termins oder dem Ende des schriftlichen Vorverfahrens verlangen, dass anstelle dieses Rechts das Recht des Staats angewandt wird, in dem der Erfolg eingetreten ist. Von dieser Möglichkeit haben die Kl. im Streitfall Gebrauch gemacht. Der nach Art. 40 I 2 EGBGB maßgebliche Erfolgsort liegt in Deutschland. Hier wird die Achtung der in Deutschland wohnhaften Kl. zu 2) gestört bzw. gefährdet (vgl. BGHZ aaO Rz. 10)."

64. *Im Sinne des Art. 41 EGBGB liegt keine engere Verbindung zu einer anderen als der deutschen Rechtsordnung vor, wenn der niederländische Fahrer eines niederländischen Lastkraftwagens in Deutschland bei einem deutschen Unternehmen durch dessen Arbeitnehmer einen Arbeitsunfall erleidet. [LS der Redaktion]*

OLG Naumburg, Urt. vom 23.12.2014 – 12 U 36/14: VersR 2016, 265.

<small>Die Parteien streiten über die Beschädigung von Versandgut und Verletzung von Mitarbeitern beim Verladen in einem Lkw. Der Kl. lebt in den Niederlanden, der Bekl. zu 3) in Deutschland. Das LG hat die Klage gegen die Bekl. zu 1) und 2) – Haftpflichtversicherung und Halterin des von dem Bekl. zu 3) gesteuerten Gabelstaplers – insgesamt abgewiesen und den Bekl. zu 3) unter Zurückweisung der gegen ihn gerichteten Klage im übrigen zur Zahlung von Schadensersatz verurteilt. Hiergegen wendet sich der Bekl. mit seiner Berufung.</small>

Aus den Gründen:

„II. ... Das LG hat zwar ohne inhaltliche Begründung (aber im Ergebnis zutreffend) für den hier allein in Rede stehenden Anspruch auf Schadensersatz gemäß § 823 I BGB deutsches Recht angewendet. Denn das zugrunde zu legende Recht bemisst sich dabei nicht nach der Rom-II-VO, da diese Verordnung erst am 11.1.2009

---

[1] IPRspr. 2013 Nr. 223.

in Kraft getreten ist, also nach dem hier streitigen Unfall. Der Schadensfall unterliegt daher nach Art. 40 I 1 EGBGB dem Recht des Staats, in dem der Ersatzpflichtige gehandelt hat. Da sich der Unfall in W. ereignet hat, gilt nach dem Tatortprinzip deutsches Recht. Dabei regelt dieses Deliktsstatut grundsätzlich alle Haftungsvoraussetzungen und Rechtsfolgen unerlaubter Handlungen. Insbesondere zählen hierzu Mitverschulden ebenso wie Art und Höhe des Schadensersatzes (z. B. jurisPK-BGB-*Wurmnest* [Stand: 1.10.2014] Art. 40 EGBGB Rz. 9 f.; *Bamberger-Roth-Spickhoff*, BGB, 2013, Art. 40 EGBGB Rz. 8, 11; *Erman-Hohloch*, BGB, 14. Aufl., Art. 40 EGBGB Rz. 22; MünchKomm-*Junker*, 5. Aufl., Art. 40 EGBGB Rz. 100, 104).

Von dem Tatortprinzip ist im vorliegenden Fall auch nicht ausnahmsweise abzuweichen. Denn der Kl. und der Bekl. zu 3) haben nicht im Sinne von Art. 40 II EGBGB ihren gewöhnlichen Aufenthalt in einem gemeinsamen dritten Staat. Der Kl. lebt in den Niederlanden, der Bekl. zu 3) in Deutschland. Ebenso wenig besteht im Sinne des Art. 41 EGBGB eine wesentlich engere Verbindung mit dem Recht eines anderen Staats als Deutschland. Hier hatte der niederländische Fahrer eines niederländischen Lastkraftwagens in Deutschland bei einem deutschen Unternehmen durch einen deutschen Arbeitnehmer einen Arbeitsunfall erlitten. Daraus lässt sich keine engere Verbindung des Schadensfalls zur niederländischen Rechtsordnung als zu dem deutschen Recht ableiten.

Da in der angefochtenen Entscheidung zutreffend deutsches Schadensrecht angewendet worden ist, geht der Berufungsangriff des Bekl. zu 3) hinsichtlich der geforderten weiteren Klärung des anwendbaren Rechts schon im Ausgangspunkt ins Leere. Das LG hat seiner Entscheidung gerade nicht die Prämisse zugrunde gelegt, dass niederländisches Recht anzuwenden sei. Insofern hat es auch nicht verfahrensfehlerhaft versäumt, die konkrete niederländische Rechtslage hinsichtlich der einzelnen Schadenspositionen und des Mitverschuldens zu ermitteln. Es ist daher nicht zu beanstanden, wenn den entsprechenden Beweisanträgen der Bekl. hierzu nicht nachgegangen worden ist.

Auch für die Bemessung der Höhe des Schmerzensgeldes ist kein niederländisches Recht anzuwenden. Zwar können diesbezüglich ggf. die Verhältnisse des Landes zu berücksichtigen sein, in dem der Geschädigte seinen gewöhnlichen Aufenthalt hat (z.B. OLG Frankfurt, ZfSch 2004, 452; OLG Koblenz, NJW-RR 2002, 1030[1]; OLG Köln, VersR 1993, 977[2]; KG, VersR 2002, 1567[3]; OLG München, VersR 1984, 745[4]). Dieser Grundsatz führt allerdings nicht zur Abkehr vom Tatortprinzip für das auf das Schmerzensgeld anzuwendende Recht. Der Umstand, dass der Geschädigte auch einen gewissen Bezug zu einem anderen Staat als Deutschland hat, kann sich vielmehr nur als einer von mehreren Faktoren bei der Bemessung des Schmerzensgelds auswirken. Soweit der Bekl. zu 3) ausgeführt hat, dass selbst bei Anknüpfung an deutsches Recht die ausländischen Regeln (hier die niederl. Rspr.) zu beachten sei, liegt dem ein unzutreffendes Verständnis des von ihm zitierten Urteils des BGH (NJW 1988, 648)[5] zugrunde. In diesem Fall stand aber fest, dass österreichisches Recht anzuwenden war. In der Entscheidung ist nur zusätzlich ausgeführt worden, dass das deutsche Gericht nicht nur die ausländischen Gesetze, sondern

---

[1] IPRspr. 2001 Nr. 41.
[2] IPRspr. 1993 Nr. 39.
[3] IPRspr. 2001 Nr. 37.
[4] IPRspr. 1983 Nr. 29.
[5] IPRspr. 1987 Nr. 2.

auch die konkrete Ausgestaltung des ausländischen Rechts, insbesondere die ausländische Rspr., zu berücksichtigen habe. In vorliegenden Fall ist aber zweifelsfrei deutsches Recht anzuwenden, wie es durch die Rspr. ausgestaltet worden ist."

4. Veränderung und Erlöschen von Schuldverhältnissen

5. Allgemeines Handelsrecht

Siehe auch Nr. 166

65. *Auf einen Vertrag ist das UN-Kaufrecht anwendbar, wenn Käufer und Verkäufer jeweils in einem Vertragsstaat des CISG ansässig sind (hier: Österreich und Deutschland) und dies den Parteien bei Vertragsschluss bekannt war.*

Nach rügeloser Abnahme der Ware durch den Käufer hat dieser ihre Vertragswidrigkeit (Art. 35 CISG) und nicht der Verkäufer ihre Vertragsgemäßheit darzulegen und zu beweisen. Zu den Fällen der Vertragswidrigkeit im Sinne des Art. 35 CISG gehören auch solche der Zuweniglieferung, die daher ebenfalls die Rügeobliegenheit nach Art. 39 CISG auslösen.

Im Fall der Holschuld nach Art. 31 lit. b CISG beginnt die Untersuchungsfrist bereits mit dem Zurverfügungstellen der Ware am Lieferort zu laufen. [LS der Redaktion]

OLG Brandenburg, Urt. vom 3.7.2014 – 5 U 1/13: IHR 2014, 228.

<small>Die Parteien streiten um die die Erfüllung eines Kaufvertrags über Stecklingsruten. Dem liegt eine mündliche Vereinbarung zwischen dem in Österreich betriebsansässigen Bekl. und dem Zeugen H aus dem Jahr 2008 zugrunde. Danach sollte der Bekl. aus einer Anpflanzung von ihm zuvor gelieferter Stecklinge auf „einer definierten 10 ha großen Fläche" die daraus im Folgejahr erwachsenen Stecklingsruten zu einem Stückpreis pro „marktfähige Rute" erwerben. Nach der Ernte der Stecklingsruten wurden sie dem Bekl. am Betriebsstandort der Kl. übergeben. Der Bekl. ließ den größten Teil der Ruten zu seinem landwirtschaftlichen Betrieb nach Österreich verfrachten. Danach hat der Bekl. die Mangelhaftigkeit der Qualität gerügt und nur einen Teilbetrag gezahlt; die Kl. hat die Bezahlung weiterer Stecklingsruten verlangt.

Das LG hat der Kaufpreisklage stattgegeben. Hiergegen wendet sich der Bekl. mit seiner Berufung.</small>

Aus den Gründen:

„II. ... 2. Die Klage ist im aus dem Tenor ersichtlichen Umfang begründet. Das LG hat der Kl. in dieser Höhe zu Recht einen Kaufpreisanspruch aus Art. 53 CISG zugesprochen.

a) Die Bedenken des Bekl. an der Anwendbarkeit des UN-Kaufrechts sind nicht begründet. Deutschland und Österreich gehören seit dem 1.1.1991 und dem 1.1. 1989 zu den Vertragsstaaten. Damit ist der Anwendungsbereich des CISG eröffnet, da die Kl. in Deutschland und der Bekl. in Österreich ansässig ist, was beiden Parteien bei Vertragsschluss bekannt war (Art. 1 CISG). Ein Anwendungsausschluss nach Art. 2 CISG liegt ersichtlich nicht vor. Die Anwendung des CISG ist aber auch nicht deshalb ausgeschlossen, weil die Parteien den Kaufgegenstand nicht nach der Anzahl der Stecklingsruten, sondern unter Bezugnahme auf eine Anbaufläche bestimmt haben. Denn auch damit ist die Ware bestimmt genug im Sinne von Art. 14

I 2 CISG bezeichnet worden. Davon ist die Frage zu unterscheiden, welche Anzahl ‚marktfähiger' Ruten dem Bekl. in Erfüllung dieser Vereinbarung zur Verfügung gestellt wurden. Diese Frage betrifft indessen nicht die Vereinbarung und damit die Anwendbarkeit des CISG, sondern deren Vollzug und die daraus erwachsenden Ansprüche der Parteien ...

c) Nach dem Inhalt des Kaufvertrags bestand die Lieferpflicht der Kl. bzw. der Zedentin (Art. 30 CISG), wie zusätzlich durch die tatsächliche Durchführung des Vertrags belegt wird, gemäß Art. 31 lit. b CISG darin, die zunächst nur gattungsmäßig bezeichnete Ware, die aus einem bestimmten Bestand zu entnehmen ist, dem Bekl. an dem Ort zur Verfügung zu stellen, von dem die Parteien bei Vertragsschluss wussten, dass sie an diesem Ort zu erzeugen war. Es handelte sich mithin um eine am Ort der Niederlassung der Kl. zu erfüllende Holschuld.

Die Beweislast für die Erfüllung der Lieferpflicht obliegt dem Verkäufer (MünchKomm-*Gruber*, 6. Aufl. 2012, Art- 31 CISG Rz. 40 m.w.N.). Nach rügeloser Abnahme der Ware durch den Käufer hat dieser ihre Vertragswidrigkeit (Art. 35 CISG) und nicht der Verkäufer ihre Vertragsmäßigkeit darzulegen und zu beweisen (BGHZ 129, 75, juris Rz. 15). Ferner gehören zu den Fällen der Vertragswidrigkeit im Sinne von Art. 35 CISG auch solche der Zuweniglieferung, die infolgedessen ebenfalls die Rügeobliegenheit nach Art. 39 CISG auslösen (MünchKomm-*Gruber* aaO Art. 39 Rz. 4 m.w.N.). Eine solche Rüge bei der Abnahme (vgl. dazu BGH, NJW 2002, 1651, juris Rz. 36; MünchKomm-*Gruber* aaO Art. 35 Rz. 44) lässt sich nicht feststellen. Auch der Bekl. begründet sein Rechtsmittel nicht damit, dass eine derartige Rüge bereits bei der Abnahme der Ware erfolgt sei. Ein die Beweislastumkehr bewirkender Fall der Zuweniglieferung liegt aber deshalb nicht vor, weil die Anzahl der zu liefernden Stecklingsruten nicht mengenmäßig, sondern lediglich räumlich in Bezug auf eine bestimmte Anbaufläche bestimmt war. Dementsprechend sollte der Kaufpreis von vornherein nach der tatsächlichen Liefermenge, nicht nach einer davon unabhängigen vereinbarten Rutenmenge bestimmt werden. Das LG hat daher zutreffend die Kl. – wie diese sich selbst im Übrigen auch – für die Zahl der vergütungspflichtigen Stecklingsruten als beweisbelastet angesehen ...

d) Das LG hat zu Recht angenommen, dass der Bekl. das Recht, sich auf eine mangelnde Marktfähigkeit der Stecklingsruten zu berufen, verloren hat, weil er diese der Kl. nicht innerhalb einer angemessenen Frist nach dem Zeitpunkt, in dem er sie festgestellt hat oder hätte feststellen müssen, angezeigt und dabei die Art der Vertragswidrigkeit genau bezeichnet hat (Art. 39 I CISG). Im Fall der Holschuld nach Art. 31 lit. b CISG beginnt die Untersuchungsfrist bereits mit dem Zurverfügungstellen der Ware am Lieferort zu laufen. In diesem Fall kann die Untersuchung mithin nicht gemäß Art. 38 II CISG bis nach dem Eintreffen der Ware am Bestimmungsort aufgeschoben werden (MünchKomm-*Gruber* aaO Art. 38 CISG Rz. 41).

Wie der Bekl. selbst vorprozessual mit Schreiben vom 30.4.2009 eingeräumt hat, musste er bereits bei Übergabe vor Ort am 22.2.2009 feststellen, ‚dass keine 30% die Anforderungen von Stecklingruten erfüllten'. Damit begann zugleich die Anzeigefrist des Art. 39 I CISG zu laufen (vgl. MünchKomm-*Gruber* aaO Art. 39 Rz. Rz. 26 m.w.N.). Sofern dem Bekl. danach überhaupt noch eine weitere Untersuchungsfrist zuzubilligen wäre, betrüge diese jedenfalls nicht mehr als einige Tage (vgl. MünchKomm-*Gruber* aaO Rz. 62 m.w.N.).

An die Feststellung der Vertragswidrigkeit oder den Ablauf der Untersuchungsfrist schließt sich eine mit regelmäßig maximal einem Monat bemessene Anzeigefrist nach Art. 39 I CISG an (vgl. MünchKomm-*Gruber* aaO Rz. 34 m.w.N.), die hier jedoch deutlich kürzer anzusetzen ist, da der Bekl. ja bereits bei einer ersten Sichtung feststellen konnte, dass mindestens 70% der Ruten mängelbehaftet waren. Im Streitfall wird der auf Untersuchungs- und Anzeigefrist entfallende Zeitraum daher insgesamt mit nicht mehr als zwei Wochen zu veranschlagen sein, was auch der Rspr. des österr. OGH entspricht (vgl. MünchKomm-*Gruber* aaO m.w.N.).

Vor diesem Hintergrund kommt es nicht mehr darauf an, ob die rund sechs Wochen nach Feststellung der Vertragswidrigkeit erfolgte Mängelrüge ihrem Inhalt nach den Anforderungen des Art. 39 I CISG genügte. Indessen wird man auch dies nur hinsichtlich der quantitativen Bezeichnung der betroffenen Teilmenge (‚keine 30%') bejahen können (vgl. MünchKomm-*Gruber* aaO Rz. 13 m.w.N.), nicht hingegen bzgl. der sehr allgemein gehaltenen Rüge minderer Qualität (‚Anforderungen von Stecklingsruten'; vgl. MünchKomm-*Gruber* aaO Rz. 12 m.w.N.)."

66. *Für die Beurteilung, ob eine wesentliche Vertragsverletzung vorliegt, ist, wenn die Vertragswidrigkeit auf einer Abweichung von der vertraglich vereinbarten Beschaffenheit (Art. 35 I CISG) oder auf einer sonstigen Mangelhaftigkeit (Art. 35 II CISG) beruht, nicht allein die Schwere der Mängel entscheidend, sondern vielmehr, ob durch das Gewicht der Vertragsverletzung das Erfüllungsinteresse des Käufers im Wesentlichen entfallen ist. Kann er die Kaufsache, wenn auch unter Einschränkungen, dauerhaft nutzen, wird eine wesentliche Vertragsverletzung vielfach zu verneinen sein.*

Bei der Prüfung, ob eine Vertragsverletzung des Verkäufers das Erfüllungsinteresse des Käufers im Wesentlichen entfallen lässt, ist in erster Linie auf die getroffenen Parteivereinbarungen abzustellen. Fehlen ausdrückliche Vereinbarungen, ist vor allem auf die Tendenz des UN-Kaufrechts Rücksicht zu nehmen, die Vertragsaufhebung zugunsten der anderen in Betracht kommenden Rechtsbehelfe, insbesondere der Minderung oder des Schadensersatzes, zurückzudrängen. Die Rückabwicklung soll dem Käufer nur als letzte Möglichkeit (ultima ratio) zur Verfügung stehen, um auf eine Vertragsverletzung der anderen Partei zu reagieren, die so gewichtig ist, dass sie sein Erfüllungsinteresse im Wesentlichen entfallen lässt.

Die Aufrechnung von gegenseitigen Geldforderungen, die aus demselben dem UN-Kaufrecht unterliegenden Vertragsverhältnis entspringen, beurteilt sich nach konventionsinternen Verrechnungsmaßstäben. Folge der konkludent oder ausdrücklich zu erklärenden Aufrechnung ist, dass die gegenseitigen Geldforderungen – sofern keine Aufrechnungsausschlüsse vereinbart worden sind – durch Verrechnung erlöschen, soweit sie betragsmäßig übereinstimmen.

BGH, Urt. vom 24.9.2014 – VIII ZR 394/12: BGHZ 202, 258; NJW 2015, 867; RIW 2015, 72; WM 2015, 388; ZIP 2015, 176; BB 2015, 398 mit Anm. *Schnell*; IHR 2015, 8; VRS 125 2015, 76. Leitsatz in: MDR 2015, 14; GWR 2014, 500 mit Anm. *Ostendorf*; LMK 2015, 366671.

<small>Die in Deutschland ansässige Bekl. stellt in Massenproduktion Autoteile aus Kunststoff her. Für die jeweils zu liefernden Teile benötigt sie eigens hergestellte Werkzeuge. Solche nach ihren Vorgaben zu fertigende Spritzgusswerkzeuge bezog sie seit 1998 von der in Ungarn ansässigen Herstellerin, der Rechtsvor-</small>

gängerin der Kl. Bei Durchführung der letzten (2000 und 2001) von der Bekl. erteilten Lieferaufträge kam es zu Streitigkeiten. Die Bekl. rügte bzgl. der bestellten und gelieferten Werkzeuge jeweils das Vorliegen von Mängeln. Nachdem die Kl. die gerügten Mängel nicht zur Zufriedenheit der Bekl. beheben konnte, erklärte diese 2002 „Rücktritt vom Vertrag" und verlangte zudem Schadensersatz. Bzgl. eines weiteren Vertrags hatte die Bekl. 2001 – vor der Auslieferung des Werkzeugs – den „Rücktritt vom Vertrag" wegen Verzugs erklärt und zudem Schadensersatz begehrt. Dabei hatte sie der Kl. zunächst mitgeteilt, diese müsse nicht mehr liefern. Später nahm sie das 2001 angebotene Werkzeug gleichwohl an und rügte im Anschluss hieran das Vorhandensein von Mängeln. In der Folgezeit behob die Bekl. bei sämtlichen Werkzeugen die von ihr monierten Mängel selbst und setzte sie danach in ihrer Produktion ein. Aus den streitgegenständlichen Aufträgen hat die Kl. insges. noch eine Vergütung von 178 472,54 € begehrt, von der sie den überwiegenden Teil in der Revisionsinstanz weiterverfolgt.

Aus den Gründen:

„II. Diese Beurteilung hält rechtlicher Nachprüfung in mehreren Punkten nicht stand.

A. ... 1. Mit der vom Berufungsgericht gegebenen Begründung können weder die von der Kl. geltend gemachten Kaufpreisansprüche (Art. 53 CISG) aus den Verträgen mit den Auftr.-Nrn. 40117 und 40118 noch die Kaufpreisforderung (Art. 53 CISG) aus dem Vertrag mit der Auftr.-Nr. 40174 verneint werden. Entgegen der Auffassung des Berufungsgerichts hat die Bekl. keinen der genannten Verträge wirksam aufgehoben. Bei den Verträgen Nr. 40117 und 40118 sind die Voraussetzungen der allein in Betracht kommenden Vorschrift des Art. 49 I lit. a CISG nicht erfüllt, weil keine wesentliche Vertragsverletzung (Art. 25 CISG) vorliegt. Bei der Lieferung mit der Auftr.-Nr. 40174 ist weder eine wesentliche Vertragsverletzung noch eine Nichtlieferung trotz Nachfristsetzung gegeben (Art. 49 I litt. a und b CISG), noch liegt ein antizipierter Vertragsbruch nach Art. 72 I CISG vor.

a) Wie das Berufungsgericht zutreffend angenommen hat und auch die Revision nicht in Abrede stellt, unterfallen die streitigen Lieferverträge dem CISG. Die Vertragsparteien haben ihre Niederlassungen in verschiedenen Staaten, die beide Vertragsstaaten des Übereinkommens sind (Art. 1 I lit. a CISG). Dass die Kl. die zu liefernden Waren selbst herzustellen hatte, ändert an der Anwendbarkeit des UN-Kaufrechts nichts. Denn das vereinheitlichte Kaufrecht ist nicht nur auf Kaufverträge, sondern gemäß Art. 3 I CISG auch auf Verträge über die Lieferung herzustellender oder zu erzeugender Waren anzuwenden, es sei denn, der Besteller hat einen wesentlichen Teil der für die Herstellung oder Erzeugung notwendigen Stoffe selbst zur Verfügung gestellt. Demgemäß sind Zulieferverträge auch dann Kaufverträgen gleichzustellen, wenn der Zulieferer die zu liefernden Waren nach Vorgaben und Anweisungen des Auftraggebers herstellt (vgl. OLG Oldenburg, IHR 2008, 112, 117[1]; OLG Frankfurt, NJW 1992, 633[2]; *Schlechtriem-Schwenzer-Ferrari*, CISG, 6. Aufl., Art. 3 Rz. 10; MünchKommHGB-*Benicke*, 3. Aufl., Art. 3 CISG Rz. 2, 4 m.w.N.). Dass die Bekl. die Verpflichtung übernommen hätte, einen wesentlichen Teil der – für die Produktion der bestellten Werkzeuge benötigten – Stoffe beizusteuern, ist weder festgestellt noch ersichtlich. Der Anwendbarkeit des UN-Kaufrechts auf die abgeschlossenen Verträge steht schließlich auch nicht der Umstand entgegen, dass die Bekl. nach Auslieferung der Werkzeuge noch einige Komponenten zum Zwecke der Mängelbehebung beigesteuert hat. Denn hierdurch wird das Vertragsstatut, das sich grunds. nach dem Zeitpunkt des Vertragsschlusses bestimmt, nicht berührt (*Staudinger-Magnus*, BGB, Neub. 2013, Art. 3 CISG Rz. 17) ...

---

[1] IPRspr. 2007 Nr. 158. [2] IPRspr. 1991 Nr. 42.

c) Von Rechtsfehlern beeinflusst ist hingegen die Annahme des Berufungsgerichts, die Bekl. sei gemäß Art. 49 I lit. a CISG wegen einer wesentlichen Vertragsverletzung im Sinne von Art. 25 CISG zur Aufhebung der Verträge mit den Auftr.-Nrn. 40117 und 40118 berechtigt gewesen und daher gemäß Art. 81 CISG von ihrer Zahlungspflicht befreit. Eine wesentliche Vertragsverletzung ist trotz der vom Berufungsgericht festgestellten Mängel der gelieferten Werkzeuge zu verneinen.

aa) Art. 49 I lit. a CISG berechtigt den Käufer nur dann zur Aufhebung des Vertrags, wenn die Nichterfüllung einer den Verkäufer nach dem Vertrag oder den Bestimmungen des UN-Kaufrechts treffenden Pflicht eine wesentliche Vertragsverletzung im Sinne des Art. 25 CISG darstellt. Wesentlich ist eine Vertragsverletzung nach der Legaldefinition des Art. 25 CISG dann, wenn sie für die andere Partei einen solchen Nachteil zur Folge hat, dass ihr im Wesentlichen entgeht, was sie nach dem Vertrag hätte erwarten dürfen, es sei denn, die vertragsbrüchige Partei hat diese Folge nicht vorausgesehen und eine vernünftige Person der gleichen Art hätte diese Folge unter den gleichen Umständen auch nicht vorausgesehen.

(1) Das wesentliche Vertragsinteresse kann grundsätzlich durch Vertragspflichten jeder Art nachteilig in diesem Sinne berührt sein, gleichgültig, ob sie eine Haupt- oder eine Nebenpflicht darstellen oder Qualität, Menge, Lieferzeitpunkt oder sonstige Erfüllungsmodalitäten betreffen (Senatsurteil vom 3.4.1996 – VIII ZR 51/95, BGHZ 132, 290, 297 m.w.N.). Sie kann auch in der Lieferung vertragswidriger Ware liegen (Senatsurteil vom 8.3.1995 – VIII ZR 159/94, BGHZ 129, 75, 79). Wesentlich ist ein Pflichtenverstoß dann, wenn er die berechtigten Vertragserwartungen der anderen Partei so sehr beeinträchtigt, dass deren Interesse an der Erfüllung des Vertrags im Wesentlichen entfällt (vgl. *Staudinger-Magnus* aaO Art. 25 CISG Rz. 9, 13; MünchKomm-*Huber*, 6. Aufl., Art. 25 CISG Rz. 12; *Honsell-Gsell*, UN-Kaufrecht, 2. Aufl., Art. 25 CISG Rz. 12–16; *Enderlein-Maskow-Strohbach*, Internationales Kaufrecht, 1991, Art. 25 CISG Anm. 3.1.; *Ferrari*, IHR 2005, 1, 4; jeweils m.w.N.). Dabei ist in erster Linie auf die getroffenen Parteivereinbarungen abzustellen (Senatsurteil vom 3.4.1996 – VIII ZR 51/95 aaO; *Staudinger-Magnus* aaO Rz. 13; *Schlechtriem-Schwenzer-Schroeter* aaO Art. 25 Rz. 21).

Fehlen ausdrückliche Vereinbarungen zur Wesentlichkeit, ist bei der gemäß Art. 25 CISG anzustellenden Prüfung, ob eine Vertragsverletzung des Verkäufers das Erfüllungsinteresse des Käufers im Wesentlichen entfallen lässt, v.a. auf die Tendenz des UN-Kaufrechts Rücksicht zu nehmen, die Vertragsaufhebung zugunsten der anderen in Betracht kommenden Rechtsbehelfe, insbes. der Minderung oder des Schadensersatzes (Art. 50, 45 I lit. b CISG) zurückzudrängen (Senatsurteil vom 3.4.1996 – VIII ZR 51/95 aaO 298). Die Rückabwicklung soll dem Käufer nur als letzte Möglichkeit (ultima ratio) zur Verfügung stehen, um auf eine Vertragsverletzung der anderen Partei zu reagieren, die so gewichtig ist, dass sie sein Erfüllungsinteresse im Wesentlichen entfallen lässt (Senatsurteil vom 3.4.1996 – VIII ZR 51/95 aaO 298 f. m.w.N.; BGer, IHR 2010, 27, 28; österr. OGH, IHR 2012, 114, 116; OLG Hamburg, IHR 2008, 98, 100[3]).

(2) Für die Beurteilung, ob eine Vertragsverletzung den in Art. 25 CISG vorausgesetzten Schweregrad erreicht, sind letztlich die jeweiligen Umstände des Einzelfalls entscheidend (Senatsurteil vom 3.4.1996 – VIII ZR 51/95 aaO 299; BGer aaO

---

[3] IPRspr. 2008 Nr. 15.

28 f.; österr. OGH aaO 117; *Soergel-Lüderitz-Fenge-Budzikiewicz*, BGB, 13. Aufl., Art. 25 CISG Rz. 2; *Staudinger-Magnus* aaO; *Enderlein-Maskow-Strohbach* aaO Anm. 3.2.; *Ferrari* aaO). Allerdings lassen sich für bestimmte Fallgruppen gewisse Leitlinien aufstellen.

Beruht die Vertragswidrigkeit – wie hier – auf einer Abweichung von der vertraglich vereinbarten Beschaffenheit (Art. 35 I CISG) oder auf einer sonstigen Mangelhaftigkeit (Art. 35 II CISG), ist nicht allein auf die Schwere der Mängel abzustellen (vgl. Senatsurteil vom 3.4.1996 – VIII ZR 51/95 aaO; BGer, SZIER 1999, 179; *Ferrari* aaO 7; *Honsell-Gsell* aaO Rz. 43; jeweils m.w.N.), entscheidend ist vielmehr, ob durch das Gewicht der Vertragsverletzung das Erfüllungsinteresse des Käufers im Wesentlichen entfallen ist (OLG Hamburg aaO). Die mangelhafte Ware muss für den Käufer also weitgehend ohne Nutzen sein; kann er sie, wenn auch unter Einschränkungen, nutzen, wird eine wesentliche Vertragsverletzung vielfach zu verneinen sein (OLG Hamburg aaO).

Demgemäß stellt ein Mangel u.a. grundsätzlich dann keine wesentliche Vertragsverletzung dar, wenn – trotz ihrer Mangelhaftigkeit – eine anderweitige Verarbeitung oder ein Absatz der Ware im gewöhnlichen Geschäftsverkehr, ggf. mit einem Preisabschlag, ohne unverhältnismäßigen Aufwand möglich und zumutbar ist (Senatsurteil vom 3.4.1996 – VIII ZR 51/95 aaO 298; vgl. auch BGer, SZIER aaO; IHR aaO; MünchKomm-*Huber* aaO Art. 49 CISG Rz. 39; *Herber-Czerwenka*, Internationales Kaufrecht, 2002, Art. 25 CISG Rz. 7; *Soergel-Lüderitz-Fenge-Budzikiewicz* aaO; *Soergel/Lüderitz/Schüßler-Langeheine* aaO Art. 49 Rz. 3; *Staudinger-Magnus* aaO Rz. 12; *Ferrari* aaO).

Entsprechendes gilt, wenn der Mangel – vom Verkäufer, u.U. aber auch vom Käufer (vgl. *Schwenzer*, CISG-AC opinion no. 5, The buyer's right to avoid the contract in case of non-conforming goods or documents, 2005, Rz. 4.5) – mit zumutbarem Aufwand innerhalb angemessener Frist beseitigt werden kann (vgl. BGer, IHR 2010 aaO; österr. OGH aaO 117 f.; MünchKomm-*Huber* aaO Rz. 38; *Ferrari-Kieninger-Mankowski-Saenger*, Internationales Vertragsrecht, 2. Aufl., Art. 49 CISG Rz. 7; *Honsell-Schnyder/Straub* aaO Art. 49 Rz. 23a; *Staudinger-Magnus* aaO Art. 49 Rz. 14; *Ferrari* aaO; [Beseitigung durch Käufer]; *Botzenhardt*, Die Auslegung des Begriffs der wesentlichen Vertragsverletzung im UN-Kaufrecht, 1998, 221; a.A. *Neumayer*, RIW 1994, 99, 106). Gegen das Vorliegen einer wesentlichen Vertragsverletzung im Sinne von Art. 25 CISG kann schließlich auch der Umstand sprechen, dass der Käufer die – nicht für den Weiterverkauf bestimmte – mangelhafte Sache für den vorgesehenen Zweck auf Dauer verwendet und hierdurch gezeigt hat, dass sie für ihn nicht ohne Interesse war (OLG Hamburg aaO).

bb) Ob gemessen an diesen Grundsätzen eine wesentliche Vertragsverletzung im Sinne von Art. 25 CISG vorliegt, hat in erster Linie der Tatrichter zu beurteilen (Senatsurteil vom 3.4.1996 – VIII ZR 51/95 aaO). Die Würdigung des Berufungsgerichts kann vom Revisionsgericht nur eingeschränkt auf Rechts- und Verfahrensfehler überprüft werden, also insbesondere darauf, ob das Gericht die maßgeblichen rechtlichen Beurteilungsmaßstäbe verkannt, den ihm unterbreiteten Sachverhalt nicht erschöpfend gewürdigt oder gegen Denkgesetze und allgemeine Erfahrungssätze verstoßen hat. Derartige Rechtsfehler liegen hier vor.

(1) Wie die Revision zu Recht rügt, hat das Berufungsgericht bei der Einstufung der mangelhaften Lieferungen (Auftr.-Nrn. 40117 und 40118) als wesentliche Vertragsverletzungen im Sinne von Art. 25 CISG nicht hinreichend beachtet, dass das UN-Kaufrecht vom Vorrang der Vertragserhaltung ausgeht (vgl. BGer aaO 28) und daher dem Käufer die Rückabwicklung des Vertrags – als schärfste Sanktion – nur dann zur Verfügung stellt, wenn die Vertragsverletzung dessen Erfüllungsinteresse im Wesentlichen hat entfallen lassen. Es hat bei seiner Beurteilung maßgebend auf die Mangelhaftigkeit der gelieferten Waren, auf die fehlgeschlagenen Nachbesserungsversuche der Kl., auf den wegen eigener Lieferverpflichtungen bestehenden Termindruck der Bekl. und auf deren erschüttertes Vertrauen in die Kompetenz der Kl. abgestellt. Damit hat es nicht – wie geboten – alle Umstände des Falls in den Blick genommen. Vielmehr hat das Berufungsgericht ein Interesse der Bekl. an einer ‚sofortigen Vertragsaufhebung' bejaht, ohne dem Umstand entscheidendes Gewicht beizumessen, dass die Bekl. schon zum maßgeblichen Zeitpunkt des Zugangs (Art. 26 CISG) ihrer ‚Rücktrittserklärung' vom 21.1.2002 nicht vorhatte, die mangelhaften Werkzeuge an die Kl. zurückzugeben, sondern die noch vorhandenen Mängel selbst beheben wollte und die Werkzeuge anschließend auf Dauer in ihrer Produktion einsetzte. Diesen Gesichtspunkten kommt entgegen der Einschätzung des Berufungsgerichts entscheidende Bedeutung zu.

(2) Da keine weiteren Feststellungen in Betracht kommen, kann der Senat selbst entscheiden, ob eine wesentliche Vertragsverletzung im Sinne des Art. 25 CISG vorlag, die die Bekl. zur Vertragsaufhebung nach Art. 49 I lit. a CISG berechtigte. Dies ist trotz der nicht unerheblichen Mängel, der erfolglosen Nachbesserungsversuche der Kl., des Termindrucks der Bekl. und der von ihr gewonnenen Überzeugung, die Kl. werde die Mängel nicht mehr rechtzeitig beheben, nicht der Fall. Denn das Vorgehen der Bekl. und die von ihr geschilderte Motivation zur Fertigstellung der Werkzeuge im eigenen Betrieb belegen, wie die Revision zu Recht geltend macht, dass das Interesse der Bekl. zu keinem Zeitpunkt auf eine Rückabwicklung der beiden Verträge (mit den Rechtsfolgen der Art. 82 ff. CISG) gerichtet war, sondern im Gegenteil auf den Einsatz der gelieferten, wenn auch mangelhaften Werkzeuge zu dem vertraglich vorausgesetzten Verwendungszweck. Dass die geltend gemachten Schadensersatzansprüche – wie die Revisionserwiderung anführt – die Kaufpreisforderung der Kl. bei weitem übersteigen, ist unbeachtlich. Denn die Bekl. erhält durch die von ihr vorgenommene Mangelbeseitigung und durch die Befriedigung der von ihr geltend gemachten Schadensersatzansprüche – soweit diese berechtigt sind – letztlich im Wesentlichen das, was sie von den Verträgen hätte erwarten dürfen (vgl. zu diesem Gesichtspunkt österr. OGH, CISG-online Nr. 2399, insoweit in RdW 2013, 124 nicht abgedruckt; *Schlechtriem/Schwenzer/Müller-Chen* aaO Art. 49 CISG Rz. 7). Nach alledem ist das Interesse der Bekl. an der Durchführung der beiden Verträge nicht entfallen. Da sie mangels Vorliegens einer wesentlichen Vertragsverletzung nicht zur Aufhebung der Verträge mit den Auftr.-Nrn. 40117 und 40118 berechtigt war, sind die aus diesen Lieferungen resultierenden Kaufpreisansprüche der Kl. nicht gemäß Art. 81 I CISG entfallen.

d) Mit Erfolg rügt die Revision weiter, dass das Berufungsgericht auch im Hinblick auf den Vertrag mit der Auftr.-Nr. 40174 rechtsfehlerhaft angenommen hat, die Kaufpreiszahlungspflicht der Bekl. sei infolge einer wirksamen Vertragsaufhebung erloschen. Das Berufungsgericht hat hierbei – wie auch die Revisionserwiderung geltend macht – einen Aufhebungsgrund (wohl) nicht allein in dem von der Bekl. geltend gemachten Lieferverzug, sondern auch in den ein Jahr lang andauernden Nachbesserungsarbeiten vor Auslieferung der Werkzeuge und in der letztlich auch bei Auslieferung nicht behobenen Mangelhaftigkeit gesehen. Dabei hat es zum einen nicht hinreichend deutlich gemacht, ob es die von ihm bejahte Vertragsaufhebung an Art. 49 I lit. a CISG (wesentliche Vertragsverletzung) oder an Art. 49 I lit. b CISG (Nichtlieferung innerhalb einer gesetzten Nachfrist) gemessen hat. Zum anderen hat es übersehen, dass die Bekl. ihre Vertragsaufhebungserklärung vom 31.10.2001 zwar sowohl mit einem ihrer Ansicht nach bereits verstrichenen Liefertermin („wegen Verzugs") als auch mit zu diesem Zeitpunkt vorhandenen Mängeln begründet hat, die von ihr gewollte Vertragsaufhebung aber naturgemäß nicht auf eine bei der späteren Auslieferung am 26.11.2001 noch gegebene Mangelhaftigkeit stützen konnte.

aa) Weder ein möglicher Lieferverzug noch die vor Auslieferung der Werkzeuge unstreitig aufgetretenen Mängel und die zum Zeitpunkt des Zugangs der Aufhebungserklärung (Art. 26 CISG) vom 31.10.2001 bereits erfolgten vergeblichen Nachbesserungsversuche der Kl. erfüllen die Voraussetzungen des – allein in Betracht kommenden – Art. 49 I CISG. Eine Vertragsaufhebung wegen antizipierten Vertragsbruchs nach Art. 72 I CISG scheidet von vornherein aus. Diese Vorschrift dient lediglich dem Schutz gegen einen künftigen Vertragsbruch und greift daher nicht bei Vertragsverletzungen ein, die – wie hier von der Bekl. geltend gemacht – bei oder nach Fälligkeit auftreten [VIII ZR 18/94, NJW 1995, 2101 unter II. 3. a); vgl. auch VIII ZR 51/95 aaO 296].

Zwar ist im Revisionsverfahren zugunsten der Bekl. vom Vorliegen eines Lieferverzugs der Kl. auszugehen, weil das Berufungsgericht über das Bestehen des von der Bekl. behaupteten, von der Kl. aber unter Verweis auf eine angeblich von der Bekl. verzögert erbrachte Vorleistung (Art. 80 CISG) bestrittenen Lieferverzugs keine abschließenden Feststellungen getroffen hat. Es liegt aber weder eine wesentliche Vertragsverletzung nach Art. 49 I lit. a CISG vor, noch hat die Bekl. vor der Aufhebungserklärung erfolglos eine Nachfrist gemäß Art. 47 I CISG gesetzt, deren erfolgloser Ablauf sie gemäß Art. 49 I lit. b CISG zur Aufhebung berechtigt hätte.

(1) Wie in Art. 49 I CISG zum Ausdruck kommt, stellt der bloße Lieferverzug für sich genommen in aller Regel noch keine wesentliche Vertragsverletzung im Sinne von Art. 49 I lit. a, 25. CISG dar (*Schlechtriem/Schwenzer/Müller-Chen* aaO Rz. 5; MünchKomm-*Huber* aaO Rz. 34; MünchKommHGB-*Benicke* aaO Art. 25 CISG Rz. 20; *Ferrari* aaO; OLG Düsseldorf, CISG-online Nr. 92 [Vorinstanz zu BGH – VIII ZR 18/94 aaO] und Nr. 385 [6 U 87/96]; jeweils m.w.N.). Vielmehr ist von einer wesentlichen Vertragsverletzung bei einem Lieferverzug regelmäßig nur dann auszugehen, wenn die Einhaltung einer bestimmten Lieferfrist für den Käufer von besonderem Interesse ist (vgl. *Schlechtriem/Schwenzer/Müller-Chen* aaO; *Staudinger-Magnus* aaO Rz. 12; MünchKomm-*Huber* aaO; *Ferrari-Kieninger-Mankowski-Saenger* aaO Rz. 2; *Ferrari* aaO 7 f.). Beim Hinzutreten weiterer Umstände kann allerdings auch in sonstigen Fällen die Überschreitung des Liefertermins im Einzelfall das Gewicht einer wesentlichen Vertragsverletzung erreichen (*Schlechtriem/Schwenzer/Müller-Chen* aaO m.w.N.). Dies hat das Berufungsgericht zwar im

Ansatz erkannt, dabei aber nicht hinreichend beachtet, dass hierfür allein die Sachlage bei Zugang der Aufhebungserklärung (Art. 26 CISG) maßgebend ist und spätere Entwicklungen (hier: Mängel bei der Auslieferung am 26.11.2001) außer Betracht zu bleiben haben.

(2) Eine vom Berufungsgericht nicht ausdrücklich geprüfte Aufhebung nach Art. 49 I lit. b CISG setzte zunächst eine Nichtlieferung trotz Fälligkeit (vgl. MünchKomm-*Huber* aaO Rz. 48) und daneben eine erfolglos verstrichene Nachfrist im Sinne des Art. 47 I CISG voraus, also eine Aufforderung des Käufers zur Leistung, die mit der Setzung einer bestimmten Frist verbunden ist (OLG Düsseldorf, CISG-online Nr. 385 aaO; MünchKomm-*Huber* aaO Art. 47 CISG Rz. 9; *Honsell-Schnyder/Straub* aaO Art. 47 CISG Rz. 18 ff.; *Schlechtriem/Schwenzer/Müller-Chen* aaO Art. 47 Rz. 4). Zum Vorliegen dieser Voraussetzungen hat das Berufungsgericht keine Feststellungen getroffen; übergangenen Vortrag in den Tatsacheninstanzen zeigt die Revisionserwiderung hierzu nicht auf.

bb) Unabhängig davon wäre der Anspruch der Kl. auf Kaufpreiszahlung auch dann nicht gemäß Art. 81 CISG entfallen, wenn der Vertrag durch die Erklärung vom 31.10.2001 wirksam aufgehoben worden wäre. Denn selbst wenn dies der Fall gewesen sein sollte, hätten die Parteien infolge der später (am 26.11.2001) doch noch erfolgten Lieferung der Werkzeuge durch die Kl. und der anschließenden Entgegennahme der Werkzeuge als geschuldete Leistung durch die Bekl. das in das Rückabwicklungsstadium gelangte Vertragsverhältnis gemäß Art. 29 I CISG geändert und den ursprünglichen Vertrag konkludent wiederbegründet, was nach Art. 11 I, II EGBGB a.F. möglich ist (vgl. *Schlechtriem/Schwenzer/Müller-Chen* aaO Art. 49 Rz. 22). Dies kann der Senat, da weitere Feststellungen nicht in Betracht kommen, selbst beurteilen ...

2. Die Entscheidung des Berufungsgerichts stellt sich auch nicht aus anderen Gründen als richtig dar (§ 561 ZPO) ...

a) Die Bekl. hat nach den rechtsfehlerfreien und insoweit im Revisionsverfahren nicht angegriffenen Feststellungen des Berufungsgerichts auf eigene Kosten Nachbesserungen an den gelieferten Werkzeugen vorgenommen. Insoweit steht ihr gemäß Art. 45 I lit. b und II, 74 CISG dem Grunde nach ein (verschuldensunabhängiger) Anspruch auf Erstattung der erforderlichen und angemessenen Mangelbeseitigungsaufwendungen für die von ihr nachgebesserten und einsatzfähig gemachten Werkzeuge zu. Bei der Nicht- oder Schlechterfüllung des Vertrags ist der Käufer – sofern dem Verkäufer kein Recht zur Nacherfüllung (Art. 48 CISG) zusteht – berechtigt, selbst durch angemessene Maßnahmen eine der gehörigen Erfüllung entspr. Lage herbeizuführen und dem Verkäufer – in den Grenzen des Art. 77 CISG – die Kosten als Schaden in Rechnung zu stellen (vgl. Senatsurteil vom 25.6.1997 – VIII ZR 300/96, NJW 1997, 3311 unter III. 2; österr. OGH, IHR 2002, 76, 80; *Honsell-Schnyder/Straub* aaO Art. 46 CISG Rz. 109 ff.; *Staudinger-Magnus* aaO Art. 77 CISG Rz. 15; *Schlechtriem/Schwenzer/Müller-Chen* aaO Art. 46 CISG Rz. 46; *Schönknecht*, Die Selbstvornahme im Kaufrecht, 2007, 123 ff.) ...

bb) Dem Schadensersatzverlangen der Bekl. steht – anders als die Revision meint – auch nicht entgegen, dass die Bekl. nach Auslieferung der mangelhaften Werkzeuge die Kl. nicht erneut zur Nachbesserung aufgefordert hat. Denn die Bekl. war zu einem solchen Schritt aus mehreren Gründen nicht verpflichtet.

(1) Die Revision verkennt bereits, dass der Käufer nach der – vom Schuldrecht des BGB abweichenden – Konzeption des UN-Kaufrechts nicht verpflichtet ist, dem Verkäufer von sich aus Gelegenheit zur Nacherfüllung zu geben. Vielmehr räumt Art. 46 II, III CISG dem Käufer nur das Recht ein (‚kann'), unter bestimmten Voraussetzungen Ersatzlieferung oder Nachbesserung zu verlangen. Eine Verpflichtung hierzu wird dem Käufer dagegen nicht auferlegt. Stattdessen gewährt das UN-Kaufrecht in Art. 48 I CISG umgekehrt dem Verkäufer ein Recht zur Nacherfüllung (‚kann beheben'). Der Verkäufer, der von diesem Recht Gebrauch machen will, hat den Käufer aber über seine Absicht und Bereitschaft, den Mangel in angemessener Zeit auf seine Kosten zu beheben, in Kenntnis zu setzen. Dies ist in Art. 48 I CISG zwar nicht ausdrücklich vorgesehen, ergibt sich aber als Obliegenheit aus dem in Art. 7 I CISG verankerten Grundsatz von Treu und Glauben (MünchKomm-*Huber* aaO Art. 48 Rz. 8a). Kommt der Verkäufer dieser Obliegenheit nicht nach, verliert er sein Nacherfüllungsrecht nach Art. 48 I CISG (MünchKomm-Huber aaO) ...

(2) Unabhängig davon, dass bereits nicht festgestellt ist, dass die Kl. ihrer Anzeigeobliegenheit genügt hat, hätte eine (erneute) Nacherfüllung für die Bekl. zu unzumutbaren Verzögerungen oder unzumutbaren Unannehmlichkeiten im Sinne von Art. 48 I CISG geführt.

(a) Ob die von Art. 48 I CISG aufgestellte Zumutbarkeitsschwelle überschritten ist, lässt sich nur anhand der jeweiligen Umstände des Einzelfalls beurteilen (*Schlechtriem/Schwenzer/Müller-Chen* aaO Art. 48 CISG Rz. 9) und ist in erster Linie Sache des Tatrichters. Unzumutbarkeit tritt nicht erst dann ein, wenn die mit der Nachbesserung verbundenen Nachteile zu einer wesentlichen Vertragsverletzung im Sinne von Art. 25 CISG führen würden (*Schlechtriem/Schwenzer/Müller-Chen* aaO; *Staudinger-Magnus* aaO Art. 48 CISG Rz. 14; *Soergel/Lüderitz/Schüßler-Langeheine* aaO Art. 48 CISG Rz. 7). Vielmehr können unzumutbare Unannehmlichkeiten insbesondere darin liegen, dass dem Käufer Schadensersatzklagen seiner Abnehmer drohen oder dass der Verkäufer, der mehrfach vergeblich nachgebessert hat, offensichtlich unfachmännisch vorgeht (*Schlechtriem/Schwenzer/Müller-Chen* aaO Rz. 11; MünchKommHGB-*Benicke* aaO Art. 48 Rz. 6; *Honsell-Schnyder/Straub* aaO Art. 48 Rz. 25; a.A. *Schlechtriem-Huber*, CISG, 3. Aufl., Art. 48 Rz. 14). Die Würdigung des Tatrichters ist revisionsrechtlich nur eingeschränkt dahin überprüfbar, ob er die maßgeblichen rechtlichen Beurteilungsmaßstäbe verkannt, den ihm unterbreiteten Sachverhalt nicht erschöpfend gewürdigt oder gegen Denkgesetze und allgemeine Erfahrungssätze verstoßen hat ...

b) Für die Aufrechnung gilt im Streitfall das CISG, das die Aufrechnung zwar als solche nicht regelt, dem insoweit aber bestimmte allgemeine Grundsätze über die wechselseitige Verrechnung konventionsinterner Forderungen immanent sind (Art. 7 II). Soweit sich vorliegend Forderungen aus demselben Lieferverhältnis verrechenbar gegenüberstehen, gelten diese Grundsätze gemäß Art. 4 Satz 1 CISG unmittelbar. Soweit die gegen den einzelnen Kaufpreisanspruch jew. zur Aufrechnung gestellten Gegenforderungen auf einem der weiteren vier Lieferverhältnisse beruhen (gestaffelte Aufrechnung), kommen diese Grundsätze hier gemäß Art. 32 I Nr. 4, 27 I EGBGB [vgl. Art. 1 Nr. 4 des Gesetzes zur Anpassung des IPR an die Rom-I-VO vom 25.6.2009 (BGBl. I 1574)] zur Anwendung, weil sich die Parteien insoweit konkludent auf deren Anwendbarkeit geeinigt haben.

aa) Die Aufrechnung unterläge zwar nach der – hier noch anwendbaren – Vorschrift des Art. 32 I Nr. 4 EGBGB grundsätzlich der für die Hauptforderung maßgeblichen Rechtsordnung, hier also dem unvereinheitlichten ungarischen Recht (Art. 28 I 1, II EGBGB a.F.). Dieses Vertragsstatut der Hauptforderung entschiede deshalb an sich auch über die Voraussetzungen, das Zustandekommen und die Wirkungen der Aufrechnung (vgl. Senatsurteil vom 23.6.2010 – VIII ZR 135/08[4], WM 2010, 1712 Rz. 24 m.w.N.). Etwas anderes gilt jedoch, soweit – wie hier – das UN-Kaufrecht eine eigenständige und damit gemäß Art. 3 II EGBGB a.F. vorrangige Aufrechnungsregelung trifft oder soweit die Parteien wirksam ein abweichendes Aufrechnungsstatut vereinbart haben (Art. 27 I EGBGB).

Zum Verhältnis von Einheitsrecht und unvereinheitlichtem Recht hat der Senat in diesem Zusammenhang bislang lediglich ausgesprochen, dass das UN-Kaufrecht jedenfalls nicht die Aufrechenbarkeit solcher Ansprüche regelt, die sich nicht ausschließlich aus einem ihm unterliegenden Vertragsverhältnis ergeben (Senatsurteile vom 23.6.2010 – VIII ZR 135/08 aaO; vom 14.5.2014 – VIII ZR 266/13[5], WM 2014, 1509 Rz. 18; ebenso österr. OGH, IHR 2002, 24, 27; BGer, IHR 2004, 252, 253; sog. Aufrechnung mit konventionsfremden Forderungen). Hingegen ist die sich hier stellende Frage, ob die Aufrechnung dann den Regeln des UN-Kaufrechts unterworfen ist, wenn sich ausschließlich Ansprüche aus Vertragsverhältnissen gegenüberstehen, die dem CISG originär unterliegen (Aufrechnung mit konventionsinternen Forderungen), höchstrichterlich noch nicht geklärt. Die Meinungen in Rspr. u. Lit. sind hierzu geteilt.

(1) Überwiegend wird – mangels ausdrücklicher Regelung im UN-Kaufrecht – auch in diesem Fall auf das nach dem IPR des Forumstaats anwendbare unvereinheitlichte (nationale) Aufrechnungsstatut abgestellt (OLG Koblenz, RIW 1993, 934, 937; OLG Düsseldorf, NJW-RR 1997, 822, 823; LG Mönchengladbach, IHR 2003, 229 230[6]; *Schlechtriem-Schwenzer-Ferrari* aaO Art. 4 Rz. 39; *Ferrari-Kieninger-Mankowski-Saenger* aaO Art. 4 Rz. 20; *Soergel-Lüderitz-Fenge-Budzikiewicz* aaO Art. 4 Rz. 10; *Saenger/Sauthoff*, IHR 2005, 189, 191; *Piltz*, NJW 2000, 553, 556; ähnlich MünchKommHGB-*Benicke* aaO Art. 4 CISG Rz. 15). Nach a.A. soll die Aufrechnung stets nach in der Konvention angelegten Maßstäben zu beurteilen sein, wenn sich (Geld-)Forderungen gegenüberstehen, die sämtlich auf dem UN-Kaufrecht beruhen, und zwar unabhängig davon, ob sie aus demselben oder unterschiedlichen Vertragsverhältnissen stammen (*Staudinger-Magnus* aaO Art. 4 Rz. 47; MünchKomm-*Westermann* aaO Art. 4 CISG Rz. 12). Andere Stimmen ziehen das UN-Kaufrecht nur für die Aufrechnung von (Geld-)Forderungen aus demselben Vertragsverhältnis heran, während sich die Aufrechnung im Übrigen nach dem jeweils anwendbaren unvereinheitlichten (nationalen) Recht beurteilen soll (OLG Hamburg, IHR 2001, 19, 22; AG Duisburg, IHR 2001, 114, 115[7]; *Schlechtriem-Schwenzer-Fountoulakis* aaO Art. 81 Rz. 21 f. m.w.N.; *Kröll-Mistelis-Viscasillas-Djordjevic*, UN-Convention on the International Sales of Goods, 2011, Art. 4 Rz. 40 f. m.w.N.; *Honsell-Siehr* aaO Art. 4 Rz. 24 f.; ähnlich OLG Karlsruhe, IHR 2004, 246, 251[8]; BGer, CISG-online Nr. 1426).

---

[4] IPRspr. 2010 Nr. 197.
[5] Siehe oben Nr. 46.
[6] IPRspr. 2003 Nr. 40.
[7] IPRspr. 2000 Nr. 23.
[8] IPRspr. 2004 Nr. 38.

(2) Der Senat gibt der zuletzt genannten Auffassung den Vorzug. Das UN-Kaufrecht trifft zwar keine ausdrückliche Regelung über die Aufrechnung und ist auch in seinem sachlichen Geltungsbereich eingeschränkt. Es regelt ausschließlich den Abschluss des Kaufvertrags und die aus ihm erwachsenden Rechte und Pflichten des Verkäufers und des Käufers (Art. 4 Satz 1 CISG). Jedoch sieht Art. 7 II CISG vor, dass Fragen, die vom UN-Kaufrecht erfasste Gegenstände betreffen, aber nicht ausdrücklich im Übereinkommen geregelt sind, vorrangig nach den dem Übereinkommen zugrunde liegenden allgemeinen Grundsätzen und erst in zweiter Linie nach dem Recht zu beurteilen sind, das nach den Regeln des internationalen Rechts anzuwenden ist.

(a) Ein solcher dem UN-Kaufrecht immanenter allgemeiner Grundsatz lässt sich aus einer Zusammenschau des den Regelungen in Art. 88 III, 84 II CISG zugrunde liegenden Rechtsgedankens und dem (u.a.) in Art. 58 I 2, 81 II CISG verankerten Zug-um-Zug-Grundsatz ableiten (*Schlechtriem-Schwenzer-Fountoulakis* aaO; MünchKomm-*Westermann* aaO; *Staudinger-Magnus* aaO; Art. 81 Rz. 15). Darin kommt zum Ausdruck, dass das UN-Kaufrecht das Schicksal gegenseitiger, aus demselben Vertragsverhältnis (Art. 4 Satz 1 CISG) stammender Ansprüche eng miteinander verknüpft und – als Konsequenz dieser Verflechtung – eine Verrechnung solcher Ansprüche erlaubt, sofern sie ausschließlich dem CISG unterliegen und auf Geldzahlung gerichtet sind (*Schlechtriem-Schwenzer-Fountoulakis* aaO; MünchKomm-*Westermann* aaO; vgl. auch – wenn auch mit weitergehenden Schlussfolgerungen – *Staudinger-Magnus* aaO).

(aa) Das Erlöschen gegenseitiger Geldforderungen aus einem einheitlichen Kaufvertrag infolge einer Verrechnung ist etwa in Art. 88 III CISG ausdrücklich vorgesehen. Auch im Fall des Art. 84 II CISG wird eine Verrechnung des zurückzuzahlenden Kaufpreises mit den auszukehrenden Gebrauchsvorteilen ohne weiteres zugelassen (*Schlechtriem-Schwenzer-Fountoulakis* aaO Art. 84 Rz. 9 m.w.N.; *Schlechtriem-Schwenzer-Ferrari* aaO; *Staudinger-Magnus* aaO; MünchKommHGB-*Benicke* aaO). In diesen Vorschriften kommt – wenn auch auf bestimmte Fallgestaltungen zugeschnitten – zum Ausdruck, dass im UN-Kaufrecht anstelle der Begleichung von gegenseitigen, aus demselben Vertrag (Art. 4 Satz 1 CISG) entspringenden Geldforderungen eine geltend zu machende Verrechnung möglich ist.

(bb) Einer konventionsinternen Aufrechnung steht in den genannten Fällen auch nicht entgegen, dass deren Voraussetzungen nicht hinreichend bestimmbar wären (so aber *Schlechtriem-Schwenzer-Ferrari* aaO). Insbesondere kann nicht zweifelhaft sein, dass die Aufrechnung – ausdrücklich oder konkludent – zu erklären ist (so auch *Staudinger-Magnus* aaO; *Schlechtriem-Schwenzer-Fountoulakis* aaO). Dies lässt sich daraus ableiten, dass das UN-Kaufrecht an mehreren Stellen verallgemeinerungsfähig zum Ausdruck bringt, dass der Anspruchsgegner seinen Gegenanspruch geltend macht (vgl. Art. 81 II, 84 II CISG; s.a. Art. 88 III CISG; zum Ganzen *Staudinger-Magnus* aaO; *Schlechtriem-Schwenzer-Fountoulakis* aaO). Weiter lässt sich den die Grundsätze des UN-Kaufrechts prägenden Vorschriften entnehmen, dass eine Aufrechnung nur bei gegenseitigen (vgl. Art. 4 I CISG) Geldforderungen in Betracht kommt; bei nicht gleichartigen Ansprüchen sieht auch das UN-Kaufrecht nur ein Zurückbehaltungsrecht vor (vgl. Art. 58 II, III, 71 CISG).

Folge der Aufrechnung nach konventionsautonomen Grundsätzen ist, dass die sich gegenüberstehenden, gegenseitigen Geldforderungen – sofern keine Aufrechnungsausschlüsse vereinbart worden sind – durch Verrechnung erlöschen, soweit sie betragsmäßig übereinstimmen und die Aufrechnung erklärt worden ist (*Staudinger-Magnus* aaO; *Schlechtriem-Schwenzer-Fountoulakis* aaO).

(b) Die dargestellten Grundsätze gelten allerdings nur für eine Aufrechnung von Ansprüchen innerhalb eines einheitlichen Vertragsverhältnisses. Eine Aufrechnung von Ansprüchen aus unterschiedlichen, sämtlich dem UN-Kaufrecht unterliegenden Verträgen wird dagegen von den Regelungen des UN-Kaufrechts nicht erfasst. Regelungsmaterie des UN-Kaufrechts ist der jeweilige Kaufvertrag (Art. 4 Satz 1 CISG); auf allgemeine Konventionsgrundsätze kann gemäß Art. 7 II CISG nur zurückgegriffen werden, soweit der Anwendungsbereich des Übereinkommens reicht. Dies ist nicht der Fall, wenn die zur Aufrechnung gestellte Gegenforderung aus anderen UN-Kaufverträgen resultiert als die geltend gemachte Hauptforderung. Etwas anderes hat lediglich dann zu gelten, wenn die Parteien – was nach Art. 27 EGBGB a.F. möglich ist – vereinbaren, auch bei einer solchen Fallgestaltung die Aufrechnung den Grundsätzen des UN-Kaufrechts zu unterstellen (*Schlechtriem-Schwenzer-Fountoulakis* aaO Rz. 22).

bb) Gemessen an diesen Grundsätzen ist die von der Bekl. erklärte Aufrechnung nach den konventionsinternen Maßstäben des UN-Kaufrechts und nicht nach dem kollisionsrechtlich anwendbaren unvereinheitlichten nationalen Recht zu beurteilen. Die Kl. macht eine Gesamtkaufpreisforderung (Art. 53 CISG) geltend, die sich aus Kaufpreisansprüchen aus fünf Lieferverhältnissen zusammensetzt. Hiergegen rechnet die Bekl. mit – ebenfalls diesen einzelnen Lieferverhältnissen entspringenden – Schadensersatzansprüchen (Art. 45 I lit. b, II, 74 CISG) auf. Die jeweilige Kaufpreisforderung und die (primär) hiergegen jeweils geltend gemachte Gegenforderung resultieren also aus demselben Vertragsverhältnis.

Dies ist allerdings insoweit nicht (mehr) der Fall, als die auf die einzelnen Lieferverhältnisse gestützten Gegenforderungen der Bekl. die jeweiligen Kaufpreisanteile übersteigen und die Bekl. – entspr. der von ihr aufgestellten Aufrechnungsreihenfolge – mit dem überschießenden Teil der jeweiligen Gegenforderung gegen Kaufpreisanteile aus den weiteren Lieferverhältnissen aufrechnet (gestaffelte Aufrechnung). Dennoch ist die Aufrechnung im Streitfall auch diesbezüglich einheitlich nach den Verrechnungsmaßstäben der Konvention zu beurteilen und nicht insoweit teilweise dem unvereinheitlichten ungarischen Aufrechnungsstatut unterworfen, als nach einer Verrechnung in den jeweiligen Vertragsverhältnissen noch beiderseitige Restzahlungsansprüche aus unterschiedlichen Vertragsverhältnissen verbleiben. Denn die Parteien haben durch ihr Verhalten im Prozess (konkludent; vgl. Art. 11 I, II EGBGB a.F.) zum Ausdruck gebracht, dass sie die einzelnen Lieferverträge als einheitliches dem UN-Kaufrecht unterworfenes (Gesamt-)Rechtsverhältnis bewertet wissen wollen. Die Kl. hat sämtliche Kaufpreisforderungen aus den einzelnen Lieferungen im vorliegenden Prozess zu einer einheitlichen Forderung zusammengefasst, und die Bekl. hat hiergegen mit sämtlichen aus diesen Lieferverträgen geltend gemachten Schadensersatzforderungen (sowie hinsichtlich des Vertrags mit der Nr. 40686 wegen angeblich vereinbarter Kaufpreisherabsetzung) die Aufrechnung erklärt. Infolge dieser nachträglichen (konkludenten) Vereinbarung stellt sich die Sach- und Rechtslage letztlich nicht anders dar, als hätten die Parteien von vornherein einen einheitlichen Vertrag über sämtliche Werkzeuglieferungen abgeschlossen."

6. Wertpapierrecht

67. *Nehmen Parteien im Rechtsstreit ausschließlich Bezug auf deutsche Rechtsvorschriften, ist gemäß Art. 42 Satz 1 EGBGB deutsches Sachrecht anzuwenden. [LS der Redaktion]*

BGH, Urt. vom 15.7.2014 – XI ZR 100/13: NJW 2014, 3362; WM 2014, 1624; MDR 2014, 1335; ZIP 2014, 1778; Die AG 2014, 701; DB 2014, 2035; NZG 2014, 1234. Leitsatz in: BB 2014, 2049; EWiR 2014, 669 mit Anm. *Kühler.*

Der Kl. nimmt die Bekl. als Emittentin von Inhaberschuldverschreibungen auf Schadenersatz in Anspruch. Die Bekl., eine Geschäftsbank mit Sitz in London, emittierte 2006 in einer (Sammel-)Urkunde verbriefte und auf den Inhaber lautende Schuldverschreibungen „X. Zertifikate" im Nennwert von jeweils 1 000 € nach Maßgabe eines Basisprospekts und eines Konditionenblatts. Der Kl. erwarb 2006 über die in Luxemburg ansässige E. S.A. Schuldverschreibungen zu einem Gesamtpreis von 29 924,58 €. Anfang Dezember 2008 setzte die Bekl. den von ihr unterhaltenen Sekundärmarkt aus. Der vom Kl. an die E. erteilte Auftrag, die von ihm gehaltenen Schuldverschreibungen zum nächstmöglichen Termin zu verkaufen, wurde nicht mehr ausgeführt. Aufgrund krimineller Machenschaften eines leitenden Mitarbeiters der Investmentmanagerin ist der Dach-Fonds insolvent. Er wird seit 2009 liquidiert.

Mit seiner Klage verlangt der Kl. von der Bekl. Schadensersatz in Höhe des zum 27.4.2009 in seinen Depotauszügen angegebenen Werts der Schuldverschreibungen von 34 328,92 € zzgl. Zinsen und Ersatz vorgerichtlicher Rechtsanwaltskosten. Das LG hat die Klage abgewiesen. Auf die Berufung des Kl. hat das Berufungsgericht unter Zurückweisung des Rechtsmittels im Übrigen die Bekl. zur Zahlung von 14 962,29 € Zug um Zug gegen Übertragung eines Teils der Schuldverschreibungen sowie zum Ersatz eines Teils der vorgerichtlichen Rechtsanwaltskosten verurteilt. Mit ihren vom Berufungsgericht zugelassenen Revisionen verfolgen der Kl. seinen Klageantrag im Übrigen unter dem Gesichtspunkt einer (vor-)vertraglichen Verletzung von Prüfpflichten im Zug der Emission und die Bekl. ihren Antrag auf (vollständige) Zurückweisung der Berufung weiter.

Aus den Gründen:

„II. ... 2. ... a) Das Berufungsgericht ist – wenn auch unausgesprochen – zutreffend von der internationalen Zuständigkeit deutscher Gerichte ausgegangen. Die internationale Zuständigkeit ist in jedem Verfahrensabschnitt von Amts wegen zu prüfen (BGH, Beschl. vom 27.6.2007 – X ZR 15/05[1], BGHZ 173 40 Rz. 14 m.w.N.). Sie folgt hier (jedenfalls) nach Anrufung der deutschen Gerichte durch den Kl. aus der rügelosen Einlassung der Bekl., Art. 24 Satz 1 EuGVO. Ein Ausnahmetatbestand nach Art. 24 Satz 2 EuGVO liegt nicht vor. Ob die internationale Zuständigkeit deutscher Gerichte daneben aus Art. 5 Nrn. 1 und 3 EuGVO oder Art. 15 f. EuGVO herzuleiten wäre, spielt im konkreten Fall keine Rolle. Der Senat hat deshalb unbeschadet des Vorabentscheidungsersuchens des Handelsgerichts Wien zu diesen Vorschriften (ABl. EU 2013 Nr. C 274 S. 6) keinen Anlass, zur weiteren Klärung des Anwendungsbereichs der Art. 5 Nrn. 1 und 3, 15 I EuGVO seinerseits ein Vorabentscheidungsersuchen nach Art. 267 III AEUV an den EuGH zu richten ...

b) ... bb) Ein gesetzliches Schuldverhältnis, auf das nach ausschließlicher Bezugnahme der Parteien im Rechtsstreit auf deutsche Rechtsvorschriften gemäß Art. 42

---

[1] IPRspr. 2007 Nr. 142.

Satz 1 EGBGB deutsches Sachrecht anzuwenden wäre (vgl. Senatsurteil vom 5.10. 1993 – XI ZR 200/92[2], WM 1993, 2119; der zeitliche Anwendungsbereich der Rom-II-VO ist nach deren Art. 31 f. nicht eröffnet) und aus dem Prüfpflichten zugunsten des Kl. resultierten, kommt allein durch die Kundgabe von Informationen einer international tätigen Bank in einem der Emission von Schuldverschreibungen zugrunde liegenden Basisprospekt und Konditionenblatt mit Folgeerwerbern dieser Schuldverschreibungen nicht zustande ...

(1) Inhalt und Umfang des Forderungsrechts aus § 793 BGB richten sich nach deutschem Sachrecht. Für die im Jahr 2006 emittierten Schuldverschreibungen ist (sachlich ohne Rücksicht auf ihren Art. 1 II lit. d gemäß Erwgr. 45 im Verhältnis zum Vereinigten Königreich und zeitlich nach ihrem Art. 28) die Rom-I-VO nicht anwendbar; vielmehr gelten die Art. 27 ff. EGBGB in der bis zum 16.12.2009 maßgeblichen Fassung. Aus Anhang F des Konditionenblatts (dort § 13 Abs. 1) ergibt sich mit hinreichender Deutlichkeit die Wahl deutschen Rechts nach Art. 27 I EGBGB a.F. (vgl. *Ekkenga-Maas*, Das Recht der Wertpapieremissionen, 2006, Rz. 312). Art. 37 Nr. 1 EGBGB a.F. stünde dem nicht entgegen, weil mit dieser Bestimmung nicht der in Art. 27 EGBGB a.F. kodifizierte Grundsatz der Privatautonomie ausgeschlossen werden sollte (vgl. Senatsurteil vom 5.10.1993 aaO)."

7. Versicherungsrecht

68. *Bei einem Direktanspruch gegen eine Kraftfahrzeug-Haftplichtversicherung richtet sich zwar die Frage des Quotenvorrechts nach dem Versicherungsvertragsstatut gemäß Art. 19 Rom-II-VO und gemäß Art. 7 Rom-I-VO, zu unterscheiden ist hiervon allerdings die Frage, welche Forderungen gegenüber dem Versicherer des Schädigers bestehen und damit Eingang in das Quotenvorrecht nehmen. Dies richtet sich nach dem Deliktsstatut gemäß Art. 4 Rom-II-VO.*

Im italienischen Recht besteht bei einem Verkehrsunfall ausschließlich zwischen Kraftfahrzeugen eine widerlegbare Verschuldensvermutung zu gleichen Teilen je beteiligtem Fahrzeug (im Anschluss an OLG Nürnberg, Urt. vom 10.4.2012 – 3 U 2318/11 = IPRspr. 2012 Nr. 219). [LS der Redaktion]

AG Köln, Urt. vom 29.4.2014 – 268 C 89/11: IPRax 2015, 358, 331 Aufsatz *Gebauer*; DAR 2014, 470, 485 Aufsatz *Staudinger*.

Der Kl. macht Schadensersatzansprüche aus dem Quotenvorrecht aus einem Verkehrsunfallgeschehen geltend, das sich 2010 in V./Italien ereignete. Beteiligt an dem Unfallgeschehen waren der deutsche Kl. mit seinem Pkw sowie das im Eigentum des ital. Bekl. zu 1) stehende und von ihm geführte Motorrad, das bei der Bekl. zu 2) gesetzlich haftpflichtversichert war. Durch den Unfall entstanden Sachschäden an beiden Fahrzeugen. Der Kl. machte seine Forderungen, nämlich die Selbstbeteiligung, weitere Wertminderung sowie jeweils 50% der Mietwagenkosten und der Unkostenpauschale gegenüber der Bekl. zu 2 geltend. Diese lehnte ihre Eintrittspflicht ab.

Aus den Gründen:

„I. Die Klage ist zulässig. Die Prozessführungsbefugnis der Bekl. zu 2) ist auch im Rahmen einer isolierten Klage gegeben.

---

[2] IPRspr. 1993 Nr. 43.

Zutreffend ist zwar, dass sich der materielle Direktanspruch gegen die Bekl. zu 2) gemäß Art. 40 I EGBGB nach dem Recht des Erfolgsorts, also des Unfallorts, richtet, so dass insoweit italienisches Recht zur Anwendung kommt. Gleiches gilt für das Recht des Versicherungsvertrags zwischen dem Versicherer, der Bekl. zu 2), und dem Versicherungsnehmer, dem Bekl. zu 1) gemäß Art. 46c EGBGB.

Dies führt entsprechend im Falle der Erhebung der Klage in Italien dazu, dass gemäß Art. 144 III des Gesetzes Nr. 209 (decreto legislativo) zum Codice delle assicurazioni private vom 7.9.2005 (Gaz. Uff. Nr. 239) der Versicherer und der Schädiger als notwendige Streitgenossen gemeinsam zu verklagen sind, weil der Direktanspruch gegen den Versicherer sowie die Haftung des Versicherungsnehmers als Schädiger insoweit nur einheitlich festgestellt werden kann. Entsprechend gilt nach italienischem Recht bei Klagen vor italienischen Gerichten die gemeinsame Prozessführungsbefugnis. Hintergrund dieser Regelung ist der Gedanke des italienischen Gesetzgebers, das prozessökonomische Risiko der doppelten Klage sowie das materiell-rechtliche Risiko widersprüchlicher Entscheidungen auszuschließen.

Etwas anderes gilt jedoch gemäß Art. 11 II i.V.m. Art. 9 I lit. b EuGVO, wenn der Geschädigte den Gerichtsstand an seinem Wohnsitz im EU-Ausland wählt.

Denn in diesem Falle ist die Regelung des Art. 9 I lit b EuGVO im Lichte von Art. 18 der Richtlinie 2009/103/EG des Europäischen Parlaments und des Rates über die Kraftfahrzeug-Hapftpflichtversicherung und die Kontrolle der entsprechenden Versicherungspflicht vom 16.9.2009 (ABl. Nr. L 263/11) auszulegen, wonach der Direktanspruch gegen den Versicherer die Position des geschädigten EU-Ausländers verbessern soll.

Art. 18 2009/103/EG:
‚Die Mitgliedstaaten stellen sicher, dass Geschädigte eines Unfalls, der durch ein durch die Versicherung nach Artikel 3 gedecktes Fahrzeug verursacht wurde, einen Direktanspruch gegen das Versicherungsunternehmen haben, das die Haftpflicht des Unfallverursachers deckt.'

Der Direktanspruch gegen den Versicherer sowie die damit korrespondierende örtliche Sonderzuständigkeit des Wohnsitzgerichts des Geschädigten wären jedoch nahezu entwertet, wenn die isolierte Klage gegen den Versicherer im Wohnsitzland wegen der notwendigen Streitgenossenschaft von Versicherer und Schädiger unzulässig wäre. Es käme in realita nie zum Gerichtsstand am Wohnsitz des Klägers, wenn eine Klage gegen einen italienischen Kfz-Haftpflichtversicherer gerichtet werden soll. Das europäische Recht genießt jedoch gegenüber dem nationalen Recht Vorrang. Den Vorrang der Durchsetzbarkeit des Direktanspruchs hat auch der EuGH in seiner Entscheidung vom 13.12.2007 – FBTO Schadeverzekeringen N.V. ./. Jack Odenbreit, Rs C-463/06, Slg. 2007 I-11321, NJW 2008,819 – bestätigt, wonach jedenfalls die Möglichkeit der Direktklage gegen den Versicherer beim Heimatsgericht des Geschädigten ermöglicht werden sollte.

Dem steht auch nicht der Schutzzweck des Art. 144 III Codice della assicurazioni entgegen. Dem Risiko divergierender Entscheidungen sowie doppelter Klagen kann gleichwohl begegnet werden. Zwar dürfte zweifelhaft sein, dass das vor deutschen Gerichten erwirkte Urteil zwischen dem Geschädigten und dem Versicherer eine Anerkennung nach Art. 33 EuGVO und damit unmittelbare Urteilswirkung mit Rechtskrafterstreckung auch in dem Rechtsverhältnis zwischen dem Geschädigten und dem Schädiger bzw. zwischen dem Schädiger als Versicherungsnehmer und dem Versicherer auslöst. Gleichwohl hätte das italienische Gericht ein bereits vorliegendes Urteil eines deutschen Gerichts mit demselben materiellen Streitgegenstand jedenfalls als Verfahrenshindernis im Falle der Inanspruchnahme des Schädigers oder der Inanspruchnahme des Versicherers durch den Versicherungsnehmer zu beachten, um insoweit seinerseits dem vorrangigen Rechtsgedanken des europäischen Gesetzgebers zur Durchsetzung zu verhelfen. In gleicher Weise versteht das Gericht auch die Entscheidung des OLG Nürnberg, NJW-RR 2012,1178[1] sowie die dort zit. Entscheidung des italienischen Kassationshofs vom 5.5.2006.

II. Die Klage ist teilweise begründet. Im Übrigen ist sie unbegründet.

1. Der Klageantrag zu 1) ist teilweise begründet.

Der Kl. hat gegen die Bekl. zu 2) einen Anspruch auf Schadensersatz dem Grunde nach gemäß Art. 2054 des ital. Codice Civile (nachfolgend: Cc). Danach ist der Führer eines nicht schienengebundenen Fahrzeugs verpflichtet, den Schaden, der Personen oder Sachen durch den Verkehr des Fahrzeugs zugefügt wird, zu ersetzen, wenn er nicht beweist, alles zu Schadensvermeidung Mögliche getan zu haben. Diese Regelung ist gemäß Art. 47 des Nuovo Codice della strada – Gesetzesdekret Nr. 285 – vom 30.4.1992 (Gazz. Uff. Nr. 114) auch auf die Führer von Motorrädern anzuwenden.

a) Gemäß Art. 2054 II Cc besteht die grundsätzliche Verschuldensvermutung zu gleichen Teilen je beteiligtem Fahrzeug, also i.H.v. 50%, es sei denn, dass einer der Unfallbeteiligten, um der subsidiären Funktion der Verschuldensvermutung Rechnung zu tragen, beweist, dass er alles Erdenkliche getan hat, um den Unfall zu verhindern. Im vorliegenden Fall hat keine Partei vorgetragen und bewiesen, dass der Kl. oder der Bekl. zu 1) alles Erdenkliche getan habe, um den Unfall zu verhindern. Im Gegenteil: Es ist unstreitig, dass der Kl. unter Überfahren der durchgezogenen Linie das Wendemanöver durchgeführt hat. Entsprechend ist sicher, dass er einen Verschuldensbeitrag zum Unfall gesetzt hat. Auch die Bekl. zu 2) hat nicht bewiesen, dass der Bekl. zu 1) ohne jedes Verschulden gewesen wäre. Die schriftliche Vernehmung des Bekl. zu 1) war für die Frage danach, wo und auf welche Weise sich der Unfall ereignet hat, unergiebig. Entsprechend spricht vieles für den vom Kl. geschilderten Unfallhergang. Im Ergebnis kann der genaue Ablauf des Unfalls aber auch dahinstehen, weil auch nach dem Beklagtenvortrag ein Verkehrsverstoß vorliegt. Denn der Überholvorgang – nach dem Beklagtenvorbringen innerhalb desselben Fahrstreifens – wäre jedenfalls bei Unterschreiten des erforderlichen Sicherheitsabstands erfolgt. Bei einer derartigen räumlichen Enge – die nach Angaben der Bekl. zu 2) zusätzlich durch ein parkendes Fahrzeug verstärkt worden ist – hätte der Bekl. zu 1) das Überholmanöver zurückstellen müssen, um dieses erst dann durchzuführen, wenn er einen Überholvorgang mit ausreichendem Sicherheitsabstand hätte durchführen können ...

Da die jeweiligen Verkehrsverstöße gleich schwer wiegen, ist die Haftungsquote von jeweils 50% – entsprechend der subsidiären Haftungsverteilung nach italienischem Recht – angemessen.

b) Die Höhe des Anspruchs bestimmt sich zum einen nach den ersatzfähigen Schadenspositionen nach italienischem Recht sowie nach dem sog. Quotenvorrecht.

---

[1] IPRspr. 2012 Nr. 219.

Soweit der Kl. Ansprüche aus dem Quotenvorrecht geltend macht, richtet sich zwar die Frage des Quotenvorrechts nach dem Versicherungsvertragsstatut gemäß Art. 19 Rom-II-VO und damit gemäß Art. 7 Rom-I-VO nach deutschem Recht, also nach § 86 VVG.

Hiervon zu unterscheiden ist jedoch die Frage, welche Forderungen gegenüber dem Versicherer des Schädigers bestehen und damit Eingang in das Quotenvorrecht nehmen. Dies richtet sich nach dem Deliktsstatut gemäß Art. 4 Rom-II-VO, also nach italienischem Recht. Entsprechend können nur solche Positionen in die Inanspruchnahme nach Quotenvorrecht aufgenommen werden, die auch nach italienischem Recht ersatzfähig sind. Das italienische Schadensersatzrecht unterscheidet zwischen Vermögens- und Nichtvermögensschaden. Während Vermögensschäden grundsätzlich uneingeschränkt erstattungsfähig sind, besteht gegenüber der Erstattung von Nichtvermögensschäden Zurückhaltung. Anspruchsgrundlage für die vorsätzliche und fahrlässige schadensstiftende Handlungen ist Art. 2043 i.V.m. Art. 1223 Cc, wobei jene durch die speziellen Regelungen des Verkehrsrechts gemäß Art. 2054 ff. Cc überlagert werden ...

Es kann dahinstehen, ob der Feststellungsantrag zulässig ist. Jedenfalls ist er nicht begründet, weil es sich bei dem Höherstufungsschaden nicht um einen ersatzfähigen unmittelbaren Vermögensschaden handelt. Das italienische Recht sieht gemäß Art. 2043 i.V.m. Art. 1223 Cc nur den Ersatz von unmittelbaren Schäden vor. Der Höherstufungsschaden beruht aber auf der Entscheidung des Versicherungsnehmers, seine Vollkaskoversicherung in Anspruch zu nehmen und dadurch die gemäß den Versicherungsvertragsbedingungen entstehende Höherstufung in Kauf zu nehmen."

8. Land- und Lufttransportrecht

Siehe Nr. 165

9. See- und Binnenschifffahrtsrecht

Siehe auch Nr. 170

69. *Bei einer Schiffskollision im Rahmen eines grenzüberschreitenden Binnenschifffahrtstransports folgt die Anwendbarkeit des Budapester Übereinkommens über den Vertrag über Güterbeförderung in der Binnenschifffahrt (CMNI) vom 22.6.2001 (BGBl. II 2007, 298) auf den Schadensfall aus Art. 2 I CMNI. Ergänzend kommt deutsches Recht zur Anwendung. [LS der Redaktion]*

OLG Düsseldorf, Urt. vom 26.2.2014 – I-18 U 27/12: RdTW 2014, 318; TranspR 2014, 234.

<small>Die Kl. zu 1) macht als führende Transportversicherin aus übergegangenen und abgetretenen Rechten der Kl. zu 2) Zahlungsansprüche wegen eines Transportschadensfalls vom 11.1.2009 geltend. Die Kl. zu 2) ist Versicherungsnehmerin der Kl. zu 1) und beauftragte am 9.1.2009 die Bekl. zu 1), deren persönlich haftende Gesellschafterin die Bekl. zu 2) ist, mit der Besorgung einer Binnenverschiffung von Emmerich nach A. zur Umladung für den Transport nach Übersee. Die Ware erreichte ihr Ziel nicht, weil es bereits in</small>

den Niederlanden zu einer Kollision mit einem Tankschiff kam. Von den sieben Containern blieben hierbei drei unversehrt, der Inhalt von vier Containern erlitt Totalschaden.

Das LG hat die Bekl. als Gesamtschuldnerin unter Klageabweisung im Übrigen zur Zahlung an die Kl. zu 1) verurteilt. Hiergegen wenden sich die Kl. mit ihrer Berufung.

Aus den Gründen:

„II. Die zulässige Berufung der Kl. hat teilweise Erfolg ...
1. ... a. Da sich die Kollision bei einem grenzüberschreitenden Binnenschifffahrtstransport von E. nach A. in niederländischen Hoheitsgewässern ereignet hat, findet auf den Schadensfall die CMNI Anwendung. Dabei kann dahinstehen, ob es sich bei dem Binnenschifffahrtstransport um einen eigenständigen, von der per Umladung zu erfolgenden Verschiffung von A. nach Übersee zu unterscheidenden Transportauftrag handelte oder ob ein einheitlicher Frachtvertrag im Sinne des § 452 HGB und damit ein Multimodalvertrag abgeschlossen worden war. Denn die Anwendbarkeit der CMNI folgt entweder unmittelbar aus Art. 2 I CMNI oder – für den Fall eines Multimodaltransports – aus Art. 2 I CMNI i.V.m. §§ 452, 452a HGB, die auch für den Fixkostenspediteursvertrag gelten und hier nach Art. 28 I 1, IV 1 EGBGB a.F. zur Anwendung gelangen. Ergänzend gelangt – soweit hierfür nach Art. 29 I CMNI Raum ist – nach Art. 29 II und III CMNI deutsches Recht zur Anwendung."

10. Arbeitsrecht

Siehe auch Nrn. 155, 156, 157

70. *Im Rahmen des § 20 II GVG richtet sich die Abgrenzung zwischen hoheitlicher und nicht-hoheitlicher Staatstätigkeit nach dem rechtlichen Charakter des konkreten staatlichen Handelns oder des entstandenen Rechtsverhältnisses. Hierbei ist erheblich, inwieweit ein ausländischer Staat (hier: Algerien) eine ihm zustehende Hoheitsgewalt ausgeübt hat. Handelt es sich bei dem streitgegenständlichen Rechtsverhältnis um einen Arbeitsvertrag, ist zu klären, ob der Arbeitnehmer hoheitlich tätig ist.*

Die Abgrenzung zwischen hoheitlichem und privatem Handeln ist in Ermangelung eines völkerrechtlichen Maßstabs nach dem Recht am Sitz des entscheidenden Gerichts vorzunehmen. Handlungen der auswärtigen und militärischen Gewalt, der Gesetzgebung sowie die Ausübung der Polizeigewalt und die Rechtspflege sind stets hoheitlich.

Ein Arbeitnehmer, der als Fahrer beschäftigt ist und in Ausübung dieser Tätigkeit weder den Botschafter noch Diplomatenpost befördert, erfüllt keine Aufgaben, die in funktionellem Zusammenhang mit den konsularischen Aufgaben einer Botschaft stehen.

Eine vor Entstehung der Streitigkeit getroffene Gerichtsstandsvereinbarung darf für einen Arbeitnehmer nicht den Ausschluss der in der EuGVO vorgesehenen Gerichtsstände bewirken, sondern kann lediglich die Befugnis begründen oder erweitern, unter mehreren zuständigen Gerichten zu wählen.

Kommt die Anwendbarkeit mehrerer Rechtsordnungen in Betracht, ist die Rechtsordnung zu betimmen, die für den Arbeitnehmer die günstigere Regelung vorsieht.
[LS der Redaktion]

a) LAG Berlin-Brandenburg, Urt. vom 10.7.2013 – 17 Sa 2620/10: Leitsatz in BB 2014, 51.

b) BAG, Urt. vom 10.4.2014 – 2 AZR 741/13: RIW 2014, 691; IPRax 2015, 342, 309 Aufsatz *Mankowski*; AP Nr. 8 zu § 20 GVG. Leitsatz in BB 2014, 2228.

[Vorgehende Entscheidungen des LAG Berlin-Brandenburg vom 14.1.2009 – 17 Sa 1719/08 – und des BAG vom 1.7.2010 – 2 AZR 270/09 – sowie die EuGH-Vorlage des LAG vom 23.3.2011 – 17 Sa 2620/10 – wurden bereits im Band IPRspr. 2010 unter der Nr. 179a und b bzw. im Band IPRspr. 2011 unter der Nr. 172 abgedruckt.]

Die Parteien streiten über die Wirksamkeit einer ordentlichen Kündigung und Ansprüche aus Annahmeverzug. Der Kl. ist algerischer Herkunft. Er besitzt die algerische und die deutsche Staatsangehörigkeit. Die Bekl. ist die Demokratische Volksrepublik Algerien. Sie beschäftigt in ihrer Berliner Botschaft regelmäßig mehr als zehn Arbeitnehmer, darunter den Kl. Dieser ist dort seit 2002 auf der Grundlage eines in französischer Sprache verfassten Arbeitsvertrags als einer von drei Kraftfahrern tätig. Ihm obliegt es, Gäste und Mitarbeiter zu fahren sowie Post der Botschaft zu befördern. Diplomatenpost wird von einem anderen Mitarbeiter der Botschaft entgegengenommen und weitergeleitet. Der Arbeitsvertrag sieht für Meinungsverschiedenheiten und Streitigkeiten die Zuständigkeit der algerischen Gerichte vor und weist den Kl. der deutschen Sozialversicherung zu. Seine Steuern führt der Kl. in Deutschland ab. 2007 kündigte die Bekl. das Arbeitsverhältnis zum Kl. Mit seiner Klage hat sich der Kl. gegen die Kündigung gewandt.

Das ArbG hat die Klage als unzulässig abgewiesen. Das LAG hat ihr stattgegeben. Mit der Revision verfolgt die Bekl. ihr Begehren weiter, die Klage insgesamt abzuweisen.

Aus den Gründen:

a) LAG Berlin-Brandenburg 10.7.2013 – 17 Sa 2620/10:

„A. I. Die Bekl. unterliegt der deutschen Gerichtsbarkeit.

1. Die deutsche Gerichtsbarkeit erstreckt sich nach § 20 II GVG nicht auf Personen, die gemäß den allgemeinen Regeln des Völkerrechts, aufgrund völkerrechtlicher Vereinbarungen oder sonstigen Rechtsvorschriften von ihr befreit sind. Nach dem als Bundesrecht im Sinne von Art. 25 GG geltenden allgemeinen Völkergewohnheitsrecht sind Staaten der Gerichtsbarkeit anderer Staaten nicht unterworfen, soweit ihre hoheitliche Tätigkeit von einem Rechtsstreit betroffen ist. Die diplomatischen und konsularischen Beziehungen der Staaten dürfen nicht behindert werden; dies steht der Beurteilung ihres hoheitlichen Handelns durch die rechtliche Prüfung durch ein Gericht entgegen (BAG, Urt. vom 1.7.2010 – 2 AZR 270/09[1], AP Nr. 5 zu Art. 25 GG m.w.N.).

2. Die Abgrenzung zwischen hoheitlicher und nicht-hoheitlicher Staatstätigkeit richtet sich nicht nach deren Motiv oder Zweck. Maßgebend ist die Art der umstrittenen staatlichen Handlung oder des streitigen Rechtsverhältnisses, wobei die Abgrenzung grundsätzlich nach dem Recht des entscheidenden Gerichts zu beurteilen ist. Eine arbeitsrechtliche Bestandsstreitigkeit zwischen einem Botschaftsangestellten und dem betreffenden Staat unterliegt nach der Rspr. des BAG nicht der deutschen Gerichtsbarkeit, wenn der Arbeitnehmer für den anderen Staat hoheitlich tätig geworden ist. Dabei kommt es auf den Inhalt der Tätigkeit, nicht jedoch auf die rechtliche Form der Rechtsbeziehung an. Betrifft die arbeitsvertraglich geschuldete Leistung des Arbeitnehmers eine originär hoheitliche Aufgabe, schließt dies die deutsche

---

[1] IPRspr. 2010 Nr. 179b.

Gerichtsbarkeit aus. Entscheidend ist der funktionale Zusammenhang zwischen den diplomatischen Aufgaben und der zu beurteilenden Tätigkeit (BAG aaO m.w.N.). Nichts anderes gilt für sonstige arbeitsrechtliche Streitigkeiten, in denen der bei dem ausländischen Staat beschäftigte Arbeitnehmer Ansprüche aus dem Arbeitsverhältnis geltend macht, gleich, ob sie von dem Ausgang einer Bestandsstreitigkeit abhängen oder nicht. Ist der Arbeitnehmer im originär hoheitlichen Bereich tätig, kann durch deutsche Gerichte nicht beurteilt werden, ob und ggf. welche Ansprüche aus dieser Beschäftigung folgen; denn damit ginge ggf. eine Beurteilung des hoheitlichen Handelns einher. Fehlt hingegen ein Zusammenhang zwischen dem hoheitlichen Bereich und der Tätigkeit des Arbeitnehmers, ist die deutsche Gerichtsbarkeit nicht nach § 20 II GVG ausgeschlossen.

3. Der Kl. war für die Bekl. nicht hoheitlich tätig. Seine arbeitsvertraglich geschuldete Tätigkeit als Fahrer beinhaltete lediglich, Personen und Post zu befördern, wobei es für die Einordnung seiner Aufgaben nicht darauf ankommt, ob es sich um offene oder um verschlossene Sendungen handelte; zudem wurde die eigentliche Diplomatenpost nicht von dem Kl., sondern von einem weiteren Botschaftsmitarbeiter befördert. Es handelte sich um eine bloße Hilfstätigkeit, die nicht den erforderlichen Bezug zu dem hoheitlichen Bereich der Bekl. aufwies. Die Bekl. kann auch nicht mit Erfolg geltend machen, der Kl. sei auch als Dolmetscher eingesetzt und in diesem Zusammenhang hoheitlich tätig geworden. Hierfür wäre es erforderlich gewesen, dass dem Kl. aufgrund seiner Herkunft und seiner Sprachkenntnisse aufgegeben war, seine Tätigkeit als Fahrer mit der des Dolmetschers zu verbinden, um so in nennenswertem Umfang zur Anbahnung und Pflege von Gesprächskontakten beizutragen, die der Pflege politischer, kultureller, wirtschaftlicher und wissenschaftlicher Beziehungen dienten (BAG aaO) ...

II. Die internationale Zuständigkeit deutscher Gerichte ist gegeben.

1. Die Zuständigkeit der Gerichte der Mitgliedstaaten der EU wird durch die EuGVO geregelt; sie gilt verbindlich und unmittelbar und verdrängt ihr widersprechende nationale Bestimmungen (BAG aaO m.w.N.). Nach Art. 19 EuGVO kann ein Arbeitgeber, der seinen Wohnsitz im Hoheitsgebiet eines Mitgliedstaats hat, vor den Gerichten des Mitgliedstaats verklagt werden, in dem er seinen Wohnsitz hat; für juristische Personen kommt es gemäß Art. 60 I EuGVO auf den Ort des satzungsmäßigen Sitzes, der Hauptverwaltung oder der Hauptniederlassung an. Hat ein Arbeitgeber, der mit einem Arbeitnehmer einen individuellen Arbeitsvertrag abgeschlossen hat, im Hoheitsgebiet eines Mitgliedstaats keinen Wohnsitz in dem genannten Sinne, besitzt er aber in einem Mitgliedstaat eine Zweigniederlassung, Agentur oder sonstige Niederlassung, so wird er für Streitigkeiten aus seinem Betrieb so behandelt, wie wenn er seinen Wohnsitz im Hoheitsgebiet dieses Mitgliedstaats hätte, Art. 18 II EuGVO.

2. Die Bekl. hat keinen Wohnsitz im Gebiet der EU. Ihre Berliner Botschaft ist jedoch nach dem Urteil des EuGH vom 19.7.2912 (Ahmed Mahamdia ./. République algérienne démocratique et populaire, Rs C-154/11), das auf das Vorabentscheidungsersuchen der Berufungskammer ergangen ist, als ‚Niederlassung' im Sinne von Art. 18 II EuGVO anzusehen, was zur Zuständigkeit der deutschen Gerichte führt. In einem Rechtsstreit über einen Arbeitsvertrag, den die Botschaft eines Drittstaats im Namen des Entsendestaats geschlossen hat, handelt es sich danach bei der Bot-

schaft um eine Niederlassung in dem genannten Sinn, wenn die vom Arbeitnehmer verrichteten Aufgaben nicht unter die Ausübung hoheitlicher Befugnisse fallen. Diese Voraussetzungen sind im vorliegenden Fall gegeben. Der Arbeitsvertrag wurde durch die Berliner Botschaft der Bekl. abgeschlossen. Die Tätigkeit des Kl. unterfiel – wie bereits ausgeführt – nicht dem hoheitlichen Bereich.

3. Die nach Art. 19 Nr. 1, 18 II EuGVO begründete Zuständigkeit deutscher Gerichte ist nicht durch die arbeitsvertraglich vereinbarte Zuständigkeit algerischer Gerichte ausgeschlossen. Von den Vorschriften der Art. 18 ff. EuGVO kann nach Art. 21 Nrn. 1 und 2 EuGVO nur abgewichen werden, wenn die Vereinbarung über die Zuständigkeit eines anderen Gerichts nach der Entstehung der Streitigkeit getroffen wurde oder wenn sie dem Arbeitnehmer die Befugnis einräumt, andere als die in Art. 18 und 19 EuGVO genannten Gerichte anzurufen. Diese Voraussetzungen sind im vorliegenden Fall nicht gegeben. Die arbeitsvertragliche Gerichtsstandsvereinbarung wurde vor dem Entstehen der im vorliegenden Rechtsstreit zu beurteilenden Streitigkeit abgeschlossen, so dass Art. 21 Nr. 1 EuGVO nicht zur Anwendung kommt. Nach dem Urteil des EuGH vom 19.7.2012 (aaO) betrifft Art. 21 Nr. 2 EuGVO lediglich eine Gerichtsstandsvereinbarung, die dem Arbeitnehmer die Möglichkeit eröffnet, außer den nach Art. 18 f.EuGVO normalerweise zuständigen Gerichte andere Gerichte anzurufen; die nach Art. 18 f. EuGVO begründete Zuständigkeit kann jedoch nicht aufgrund einer vor Entstehen der Streitigkeit vereinbarte Gerichtsstandsvereinbarung ausgeschlossen werden.

B. Die Klage ist nur zum Teil begründet.

I. Das Arbeitsverhältnis ist durch die Kündigung vom 29.8.2007 nicht aufgelöst worden. Die Kündigung ist gemäß § 1 I, II KSchG sozial ungerechtfertigt und damit rechtsunwirksam.

1. Die Vorschriften des KSchG sind nach Art. 27 ff. EGBGB auf das Arbeitsverhältnis der Parteien anzuwenden; die Rom-I-VO vom 17.06.2008 gilt nur für Verträge, die nach dem 17.12.2009 abgeschlossen wurden (Art. 28 Rom-I-VO).

a) Ein Vertrag unterliegt nach Art. 27 I 1 EGBGB dem von den Parteien gewählten Recht. Die Rechtswahl muss nicht ausdrücklich erfolgen, sondern kann sich auch aus den Bestimmungen des Vertrags oder aus den Umständen des Falls ergeben. Bei Schuldverträgen sind insbesondere aus Gerichtsstandsklauseln, Schiedsklauseln, vertraglichen Bezugnahmen auf ein bestimmtes Recht sowie aus der Vereinbarung eines für beide Parteien gemeinsamen Erfüllungsorts typische Hinweise auf eine stillschweigende Rechtswahl ergeben; bei Arbeitsverträgen kommt ferner der Bezugnahme auf Tarifverträge und sonstige Regelungen am Sitz des Arbeitgebers Bedeutung bei der Feststellung einer stillschweigenden Rechtswahl zu (BAG aaO m.w.N.).

Die Wirkungen einer Rechtswahl sind bei Arbeitsverträgen und -verhältnissen nach Art. 30 I EGBGB eingeschränkt. Die Rechtswahl darf nicht dazu führen, dass dem Arbeitnehmer der Schutz entzogen wird, der ihm durch die zwingenden Bestimmungen des Rechts gewährt wird, das nach Art. 30 II EGBGB mangels einer Rechtswahl anzuwenden wäre. Hierbei handelt es sich um das Recht des Staats, in dem der Arbeitnehmer in Erfüllung des Vertrags gewöhnlich seine Arbeit verrichtet (Art. 30 II Nr. 1 EGBGB), es sei denn, dass sich aus den Umständen ergibt, dass der Arbeitsvertrag oder das Arbeitsverhältnis engere Verbindungen zu einem anderen Staat aufweist; in diesem Fall ist das Recht dieses anderen Staats anzuwenden.

b) Die Parteien haben die Anwendung algerischen Rechts gewählt. Zwar ist eine ausdrückliche Wahl dieses Rechts nicht erfolgt, aus den Umständen des Falls ergibt sich jedoch mit der erforderlichen Klarheit, dass das Arbeitsverhältnis nach algerischem Recht durchgeführt werden sollte. Dies folgt zunächst aus der unter VI. des Arbeitsvertrags geregelten Gerichtsstandsvereinbarung, nach der für Streitigkeiten aus dem Vertrag ausschließlich die algerischen Gerichte zuständig sein sollten. Dies weist, was in dem Urteil der Berufungskammer vom 14.1.2009[2] nicht hinreichend gewürdigt worden ist, eindeutig darauf hin, dass auch das materielle Recht Algeriens maßgebend sein sollte (BAG aaO). Anderenfalls müssten die algerischen Gerichte deutsches Recht anwenden, was kaum dem Vertragswillen der Parteien entsprochen haben dürfte. Die Bedeutung der Gerichtsstandsvereinbarung für die Feststellung einer Rechtswahl ist nicht dadurch gemindert, dass gleichwohl eine internationale Zuständigkeit der deutschen Gerichte gegeben ist. Es kommt hinzu, dass der Kl. im öffentlichen Dienst des algerischen Staats beschäftigt werden sollte, der Vertrag in französischer und nicht in deutscher Sprache verfasst ist, der Kl. aus Algerien stammt und (auch) die algerische Staatsangehörigkeit besitzt. Die Sanktionsregelung in § 7 des Arbeitsvertrags findet sich zudem auch – worauf noch einzugehen sein wird – in Art. 60 des Décret présidentiel n° 07-308 du 29 septembre 2007 fixant les modalités de recrutement des agents contractuels, leur droits et obligations, les éléments constitutifs de leur rénumération, les règles relatives à leur gestion ainsi que le régime discipliniare qui leur est applicable (J.O. n° 61/14) für einen Vertragsbediensteten des algerischen öffentlichen Dienstes, während die genannten Sanktionsmittel jedenfalls nicht Gegenstand deutscher Rechtsvorschriften sind. Die Parteien haben ferner in § 8 III des Vertrags für einen bestimmten Fall (Aufhebung des Vertrags durch die Bekl.) auf deutsche Rechtsvorschriften verwiesen, was den Schluss erlaubt, dass im Übrigen deutsches Recht nicht zur Anwendung kommen sollte. Soweit der Kl. darauf hinweist, dass ihm – einmal angenommen – Entgeltfortzahlung und Urlaub nach deutschem Recht gewährt worden sei, kommt dem angesichts der genannten Umstände, die auf die Wahl algerischen Rechts hindeuten, keine ausschlaggebende Bedeutung zu; im Übrigen kann die Gewährung von Entgeltfortzahlung und Urlaub auch auf die Hinweise des AA der Bundesrepublik Deutschland über die gegenüber den Ortskräften einzuhaltenden arbeits- und sozialrechtlichen Mindeststandards zurückzuführen sein. Die Erfüllung der beiderseitigen Vertragspflichten in Deutschland und die Bezahlung in Euro erklären sich aus der vereinbarten Tätigkeit des Kl. für die Berliner Botschaft der Bekl. und sprechen deshalb nicht gegen die Wahl algerischen Rechts. Die Zugehörigkeit zur deutschen Sozialversicherung und die Steuerschuld des Kl. in Deutschland betrafen nicht den arbeitsrechtlichen Kern des vertraglichen Pflichtengefüges und sind daher für die Frage der Rechtswahl ebenfalls ohne Aussagekraft (BAG aaO).

c) Das KSchG findet trotz der Wahl algerischen Rechts nach Art. 30 I EGBGB Anwendung.

aa) Die Bestimmungen des KSchG sind zwingend; sie können nicht durch eine vertragliche Vereinbarung abbedungen werden.

---

[2] IPRspr. 2010 Nr. 179a.

bb) Ohne eine Wahl des algerischen Rechts würde nach Art. 30 II EGBGB deutsches Arbeitsrecht und damit auch deutsches Kündigungsschutzrecht zur Anwendung kommen.

(1) Der Kl. hat in Erfüllung seines Vertrags ausschließlich in Deutschland gearbeitet, was nach Art. 30 II Nr. 1 EGBGB zu einer Regelanknüpfung seines Arbeitsverhältnisses an deutsches Recht führt.

(2) Diese Regelanknüpfung wurde nicht nach Art. 30 II Halbs. 2 EGBGB beseitigt. Es bestehen keine engeren Verbindungen des Arbeitsvertrags des Kl. zu Algerien als zu Deutschland.

(a) Ob ein Arbeitsvertrag engere Verbindungen zu einem anderen Staat aufweist, ist aufgrund der Gesamtheit der Umstände des jeweiligen Einzelfalls festzustellen. Die Verbindung zu dem anderen Staat muss stärker sein als die z.B. durch die Regelanknüpfung zu dem Recht des Arbeitsorts hergestellte Beziehung. Primäre Anknüpfungspunkte sind der Arbeitsort, der Sitz des Arbeitgebers, die Staatsangehörigkeit beider Vertragsparteien und der Wohnsitz des Arbeitnehmers. Ferner sind die Vertragssprache und die Währung, in der die Vergütung gezahlt wird, zu berücksichtigen sowie ggf. weitere vertragswesentliche Gesichtspunkte, die in ihrer Gesamtheit hinreichendes Gewicht haben, um die Bedeutung der Regelanknüpfung zu überwinden. Das von der Regelanknüpfung berufene Recht wird nur verdrängt, wenn die Gesamtheit wichtiger und nicht nur nebensächlicher Anknüpfungsmerkmale zu einem anderen Ergebnis führt. Die ausdrückliche oder stillschweigende Rechtswahl als solche ist dabei ohne Belang, weil es gerade auf das ohne Rechtswahl maßgebliche Recht ankommt (BAG, Urt. vom 11.12.2003 – 2 AZR 627/02[3], AP Nr. 6 zu Art. 27 EGBGB n.F.; vgl. ferner BAG, Urt. vom 13.11.2007 – 9 AZR 134/07[4], AP Nr. 8 zu Art. 27 EGBGB n.F.; Urt. vom 9.7.2003 – 10 AZR 593/02[5], AP Nr. 261 zu § 1 TVG Tarifverträge: Bau; Urt. vom 12.12.2001 – 5 AZR 255/00[6], AP Nr. 10 zu Art. 30 EGBGB; Urt. vom 20.11.1997 – 2 AZR 631/96[7], AP Nr. 1 zu § 18 GVG).

(b) Bei Anwendung dieser Grundsätze bleibt es bei der Regelanknüpfung des Arbeitsvertrags an deutsches Recht. Der Arbeitsvertrag des Kl. weist bei einer Würdigung der Gesamtheit der Umstände keine engere Verbindung zu Algerien als zu Deutschland auf. Er wurde in Deutschland geschlossen und verpflichtete den Kl. ausschließlich zu einer Arbeitsleistung in Berlin. Der Kl. hatte bei Vertragsschluss seinen Wohnort in Berlin. Er wurde in Euro bezahlt und unterlag dem deutschen Sozialversicherungsrecht, ein Gesichtspunkt, der im Rahmen des Art. 30 II EGBGB berücksichtigt werden kann (vgl. BAG, 2 AZR 627/02 aaO). Die Verbindungen zu Algerien sind demgegenüber jedenfalls nicht stärker ausgeprägt. Zwar ist der Kl. algerischer Herkunft und besitzt (auch) die algerische Staatsangehörigkeit, was für seine Einstellung – dies kann zugunsten der Bekl. unterstellt werden – von Belang war. Der Arbeitsvertrag wurde ferner in französischer Sprache abgefasst und verpflichtete den Kl. zu einer Tätigkeit in einer Botschaft des algerischen Staats, der dort als souveräner Staat auch oder gar überwiegend hoheitliche Aufgaben wahrnimmt. Insgesamt wiegen die für eine Anknüpfung an Algerien sprechenden Umstände jedoch nicht schwerer als die für die Regelanknüpfung an deutsches Recht

---

[3] IPRspr. 2003 Nr. 46b.
[4] IPRspr. 2007 Nr. 50.
[5] IPRspr. 2003 Nr. 50.
[6] IPRspr. 2001 Nr. 52.
[7] IPRspr. 1997 Nr. 58.

streitenden Gesichtspunkte; mangels einer Rechtswahl wäre daher deutsches Recht anzuwenden gewesen.

cc) Die zwingenden Bestimmungen des KSchG gewähren dem Kl. einen größeren Schutz gegen die Auflösung seines Arbeitsverhältnisses als das algerische Recht; sie finden daher trotz der getroffenen Rechtswahl Anwendung.

(1) Das KSchG lässt eine Auflösung des Arbeitsverhältnisses durch eine ordentliche Kündigung nur zu, wenn die Kündigung sozial gerechtfertigt ist, d.h., sie muss durch Gründe, die in der Person oder in dem Verhalten des Arbeitnehmers liegen, oder durch dringende betriebliche Erfordernisse, die einer Weiterbeschäftigung des Arbeitnehmers entgegenstehen, bedingt sein (§ 1 I, II KSchG). Das gesamte Kündigungsschutzrecht wird von dem Verhältnismäßigkeitsgrundsatz beherrscht. Der Arbeitgeber darf danach das Arbeitsverhältnis nur durch Kündigung auflösen, wenn es keine Möglichkeit gibt, das Arbeitsverhältnis fortzusetzen (zur personenbedingten Kündigung: BAG, Urt. vom 23.4.2008 – 2 AZR 1012/06, DB 2008, 2091 f.; zur verhaltensbedingten Kündigung: BAG, Urt. vom 19.4.2012 – 2 AZR 186/11, NZA 2013, 27 ff.; zur betriebsbedingten Kündigung: BAG, Urt. vom 26.6.2008 – 2 AZR 1109/06, AP Nr. 180 zu § 1 KSchG 1969, st. Rspr.). Eine Auflösung des Arbeitsverhältnisses nach Ausspruch einer sozial ungerechtfertigten Kündigung kommt auf Antrag des Arbeitgebers nur in Betracht, wenn eine den Betriebszwecken dienliche weitere Zusammenarbeit zwischen Arbeitgeber und Arbeitnehmer nicht zu erwarten ist, § 9 I KSchG. An diese Auflösungsgründe sind strenge Anforderungen zu stellen, weil das KSchG ein Bestandsschutz- und kein Abfindungsgesetz ist (BAG, Urt. vom 24.3.2011 – 2 AZR 674/09, AP Nr. 67 zu § 4 KSchG 1969). Nur bei leitenden Angestellten im Sinne des § 14 II KSchG, die zur selbständigen Einstellung und Entlassung von Arbeitnehmern berechtigt sind, bedarf der Auflösungsantrag des Arbeitgebers keiner Begründung, mit der Folge, dass das Arbeitsverhältnis ohne weiteres gegen Zahlung einer Abfindung aufgelöst werden kann.

(2) Das algerische Arbeitsrecht gewährt dem Arbeitnehmer keinen vergleichbaren Bestandsschutz.

Bereits ein Arbeitnehmer, der im privaten Wirtschaftsbereich beschäftigt wird und für den deshalb das Gesetz Nr. 90-11 – loi n° 90-11 relative aux relations de Travail – vom 21.4.1990 i.d.F. vom 11.1.1997 (J.O. n° 3/5) zur Anwendung kommt, kann bei Ausspruch einer ordentlichen arbeitgeberseitigen Kündigung letztlich nicht erreichen, dass sein Arbeitsverhältnis fortgesetzt wird. Zwar ist vor Ausspruch der Kündigung ein bestimmtes Verfahren einzuhalten, das insbesondere eine Anhörung des Arbeitnehmers beinhalten muss (Art. 73-2 Gesetz Nr. 90-11). Auch kann die Kündigung nur auf wirtschaftliche oder verhaltensbedingte Gründe (Art. 73 Gesetz Nr. 90-11) gestützt werden; eine personenbedingte Kündigung ist nicht vorgesehen. Wird das Verfahren nicht eingehalten, hebt das angerufene Gericht den Kündigungsbeschluss auf und verpfichtet den Arbeitgeber, sich an das vorgesehene Verfahren zu halten; ferner wird dem Arbeitnehmer eine Entschädigung zugesprochen, die nicht unter dem Lohn liegen darf, den der Arbeitnehmer bei einer Weiterarbeit erhalten hätte (Art. 73-4 [1] Gesetz Nr. 90-11). Zudem kann das Gericht die Wiedereingliederung des Arbeitnehmers anordnen, wenn ein ausreichender Kündigungsgrund nicht vorliegt. Der Arbeitgeber ist jedoch berechtigt, die Weiterbeschäftigung des Arbeitnehmers abzulehnen, ohne dass hierfür Gründe vorliegen müssen; er ist in diesem Fall verpflichtet, an den Arbeitnehmer eine Entschädigung von mindestens sechs Monatslöhnen zu zahlen (Art. 73-4 Gesetz Nr. 90-11). Eine Weiterbeschäftigung kann der Arbeitnehmer bei dieser Sachlage trotz unwirksamer Kündigung letztlich nicht erreichen, sondern muss sich auf eine finanzielle Leistung für den Verlust des Arbeitsplatzes verweisen lassen.

Der Kündigungsschutz eines im öffentlichen Dienst des algerischen Staats Beschäftigten bleibt hinter dem durch das algerische Gesetz Nr. 90-11 gewährten Bestandsschutz noch zurück. Dabei ist zwischen ‚Beamten' im engeren Sinn (*fonctionnaires*) und den ‚Vertragsbediensteten' (*agents contractuels*) zu unterscheiden, auf die das Gesetz Nr. 90-11 nach Art. 3 keine Anwendung findet. Für die Beamten gilt demgegenüber die Ordonnance n° 06-03 du 15 juillet 2006 portant statut général de la Fonction publique (J.O. n° 46/3) und für die Vertragsbediensteten das o.g. Décret présidentiel. Der Kl. wurde ausweislich des Vertrags vom 1.9.2002 als Vertragsbedienstetcr eingestellt, so dass für seine Rechtsstellung das genannte Décret présidentiel maßgebend ist. Dieses sieht vor, dass das Arbeitsverhältnis durch den Ablauf des Vertrags, die ordnungsgemäße akzeptierte eigene Kündigung (des Arbeitnehmers), die fristlose Kündigung, die fristgerechte Entlassung mit Abfindung, die Versetzung in den Ruhestand und den Eintritt des Todes endet (Art. 69 Décret présidentiel). Im Falle einer Vertragspflichtverletzung, einer Verletzung der Disziplin oder eines sonstigen Fehlers kann es zu einer Disziplinarmaßnahme kommen, nämlich einer schriftlichen Verwarnung, einer Rüge, einer Suspendierung für eine Dauer von vier bis acht Tagen und einer fristlosen Vertragskündigung ohne Abfindung; Letztere setzt ein Verfahren vor dem Disziplinarausschuss voraus (Art. 60 ff. Décret présidentiel). Der Vertragsbedienstete hat demgegenüber keine Möglichkeit, sich gerichtlich gegen eine ordentliche Beendigung des Vertragsverhältnisses gegen Zahlung einer Abfindung zur Wehr zu setzen. Ihm kommt damit kein mit dem Kündigungsschutz vergleichbarer Bestandsschutz zu ...

Dem Kl. steht ein Anspruch auf Beschäftigung bis zum rechtskräftigen Abschluss des Rechtsstreits nicht zu; die mit dem Klageantrag zu 2) verfolgte Klage war daher abzuweisen.

a) Ein Arbeitnehmer hat nach st. Rspr. des BAG (grundlegend: BAG GS, Beschl. vom 27.2.1985 – GS 1/84, AP Nr. 14 zu § 611 BGB [Beschäftigungspflicht]) einen Anspruch gegen den Arbeitgeber, bis zum rechtskräftigen Abschluss des Kündigungsrechtsstreits zu den bisherigen Arbeitsbedingungen weiterbeschäftigt zu werden, sofern dem nicht schützenswerte Interessen des Arbeitgebers entgegenstehen. Der Anspruch hängt von einer Abwägung der beiderseitigen Interessen im Kündigungsfall ab. Er beruht nicht auf einer zwingenden Schutznorm im Sinne des Art. 30 EGBGB und findet daher angesichts der Rechtswahl der Parteien keine Anwendung.

b) Das algerische Arbeitsrecht beinhaltet keinen Anspruch des gekündigten Arbeitnehmers, während des Streits über die Wirksamkeit der Kündigung tatsächlich beschäftigt zu werden. Was den privaten Wirtschaftsbereich angeht, ist Art. 73-4 Gesetz Nr. 90-11 zu entnehmen, dass das Gericht zwar die Wiedereingliederung des Arbeitnehmers in das Unternehmen anordnen kann, der Arbeitgeber jedoch die Möglichkeit hat, die Fortsetzung des Arbeitsverhältnisses abzulehnen; eine – auch nur vorläufige – Beschäftigung kann von dem Arbeitnehmer danach nicht durchgesetzt werden. Für die Vertragsbediensteten im öffentlichen Dienst des algerischen

Staats sieht das Décret présidentiel n° 07-308 eine Verpflichtung zur Weiterbeschäftigung (erst recht) nicht vor. Bei dieser Sachlage fehlt eine rechtliche Grundlage für den geltend gemachten Weiterbeschäftigungsanspruch des Kl."

b) BAG 10.4.2014 – 2 AZR 741/13:

„B. Die Revision ist unbegründet. Das LAG hat die Klage zu Recht für zulässig und begründet gehalten.
I. 1. Die deutsche Gerichtsbarkeit ist gegeben.
a) Nach § 20 II GVG i.V.m. dem allgemeinen Völkergewohnheitsrecht als Bestandteil des Bundesrechts (Art. 25 GG) sind Staaten der Gerichtsbarkeit anderer Staaten insoweit nicht unterworfen, wie ihre hoheitliche Tätigkeit von einem Rechtsstreit betroffen ist. Es ist mit dem Prinzip der souveränen Gleichheit von Staaten und dem daraus abgeleiteten Rechtsprinzip, dass Staaten nicht übereinander zu Gericht sitzen, nicht zu vereinbaren, dass ein deutsches Gericht hoheitliches Handeln eines anderen Staats rechtlich überprüft (vgl. BVerfG, 17.3.2014 – 2 BvR 736/13[1], Rz. 20; 6.12.2006 – 2 BvM 9/03[2], Rz. 34, BVerfGE 117, 141; BAG, 25.4.2013 – 2 AZR 960/11, Rz. 13; 10.4.2013 – 5 AZR 78/12[3], Rz. 14).
aa) Die Abgrenzung zwischen hoheitlicher und nicht-hoheitlicher Staatstätigkeit richtet sich nach dem rechtlichen Charakter des konkreten staatlichen Handelns oder des entstandenen Rechtsverhältnisses. Es kommt darauf an, ob der ausländische Staat in Ausübung der ihm zustehenden Hoheitsgewalt oder wie eine Privatperson tätig geworden ist. Geht es – wie hier – um eine Streitigkeit aus einem Arbeitsverhältnis, ist maßgebend, ob die dem Arbeitnehmer übertragenen Aufgaben ihrer Art nach hoheitlich oder nicht-hoheitlich sind. Entscheidend sind der Inhalt der ausgeübten Tätigkeit (BAG, 2 AZR 960/11 aaO Rz. 14; 5 AZR 78/12 aaO Rz. 16 m.w.N.) sowie ihr – bestehender oder nicht bestehender – Zusammenhang mit den diplomatischen und konsularischen Aufgaben (vgl. BAG, 1.7.2010 – 2 AZR 270/09[4], Rz. 13).
bb) Mangels völkerrechtlicher Unterscheidungsmerkmale ist diese Abgrenzung grundsätzlich nach dem Recht am Sitz des entscheidenden Gerichts vorzunehmen (BVerfG, 2 BvR 736/13 aaO Rz. 22; 12.4.1983 – 2 BvR 678/81 u.a.[5], Rz. 139, BVerfGE 64, 1). Ungeachtet seiner ist stets hoheitlich nur das staatliche Handeln, das dem Kernbereich der Staatsgewalt zuzurechnen ist. Zu ihm gehören die Betätigung der auswärtigen und militärischen Gewalt, die Gesetzgebung, die Ausübung der Polizeigewalt und die Rechtspflege (BVerfG, 2 BvR 736/13 aaO; 13.12.1997 – 2 BvM 1/76[6], Rz. 121, BVerfGE 46, 342; BAG, 2 AZR 960/11 aaO Rz. 15; 5 AZR 78/12 aaO Rz. 15).
b) Danach ist die Bekl. im Streitfall nicht von der deutschen Gerichtsbarkeit befreit. Der Kl. nimmt keine hoheitlichen Aufgaben wahr.
aa) Nach den Feststellungen des LAG oblag es dem Kl., Gäste und Mitarbeiter der Botschaft zu fahren. Er hatte ferner Post zu befördern. Diplomatenpost wurde hingegen nicht von ihm, sondern von einem anderen Mitarbeiter übermittelt.

---

[1] Siehe unten Nr. 154.
[2] IPRspr. 2006 Nr. 106.
[3] IPRspr. 2013 Nr. 167.
[4] IPRspr. 2010 Nr. 179b.
[5] IPRspr. 1983 Nr. 127.
[6] IPRspr. 1977 Nr. 117.

Zugunsten der Bekl. hat das LAG unterstellt, der Kl. sei bei Besuchen offizieller Delegationen aus Algerien als Fahrer eingesetzt worden und habe dabei Dolmetscheraufgaben übernehmen müssen.

bb) Auf dieser Grundlage hat das LAG mit Recht angenommen, die vom Kl. ausgeübten Tätigkeiten wiesen keinen funktionellen Zusammenhang mit den diplomatischen und konsularischen Aufgaben der Botschaft auf. Der Transport von Personen und Post hat nicht den erforderlichen Bezug zum hoheitlichen Bereich. Der Kl. fuhr Delegationen, in der Regel dagegen nicht den Botschafter. Diplomatenpost hat er nicht befördert. Der als richtig unterstellte Vortrag der Bekl. weist keine Anhaltspunkte dafür auf, dass die Dolmetschertätigkeit des Kl. über die Beseitigung allgemeiner Verständigungsprobleme hinausging und etwa in Zusammenhang mit der Pflege politischer, kultureller, wirtschaftlicher oder wissenschaftlicher Beziehungen stand oder doch zumindest der Anbahnung solcher Gesprächskontakte diente. Überdies ist nicht zu erkennen, dass der Kl. die behaupteten Dolmetschertätigkeiten in einem nennenswerten, über vereinzelte Gelegenheiten hinausgehenden Umfang wahrgenommen hätte. Dass die Tätigkeit des Kl. gleichwohl das Vertrauen der Bekl. in seine Zuverlässigkeit und Verschwiegenheit voraussetzt, begründet nicht die hoheitliche Natur seiner Aufgaben.

2. Die deutschen Gerichte sind international zuständig.

a) Die internationale Zuständigkeit richtet sich nach der EuGVO. Nach Art. 19 Nr. 1 EuGVO kann ein Arbeitgeber vom Arbeitnehmer vor den Gerichten des Mitgliedstaats verklagt werden, in dem der Arbeitgeber seinen Wohnsitz hat. Gesellschaften und juristische Personen haben ihren Wohnsitz an dem Ort, an dem sich ihr satzungsmäßiger Sitz, ihre Hauptverwaltung oder ihre Hauptniederlassung befindet (Art. 60 I EuGVO). Hat der Arbeitgeber im Hoheitsgebiet eines Mitgliedstaats keinen Wohnsitz, besitzt er aber in einem Mitgliedstaat etwa eine Niederlassung, so wird er für Streitigkeiten aus ihrem Betrieb so behandelt, wie wenn er seinen Wohnsitz im Hoheitsgebiet dieses Mitgliedstaats hätte (Art. 18 II EuGVO). Streiten die Parteien eines Rechtsstreits über einen Arbeitsvertrag, den die Botschaft im Namen des Entsendestaats geschlossen hat, handelt es sich bei der Botschaft um eine ‚Niederlassung' im Sinne von Art. 18 II EuGVO, wenn die vom Arbeitnehmer verrichteten Aufgaben nicht unter die Ausübung hoheitlicher Befugnisse fallen (EuGH, Urt. vom 19.7.2012 – Ahmed Mahamdia ./. République algérienne démocratique et populaire, Rs C-154/11).

b) Danach sind im Streitfall die deutschen Gerichte zuständig. Die Botschaft der Bekl. in Berlin ist eine Niederlassung im Sinne von Art. 18 II EuGVO. Die Parteien streiten über den Bestand eines zwischen dem Kl. und der Botschaft geschlossenen Arbeitsverhältnisses und über sich daraus ergebende Ansprüche. Der Kl. nimmt keine hoheitlichen Aufgaben wahr.

3. Die Zuständigkeit der deutschen Gerichte ist durch die Parteien vertraglich nicht wirksam abbedungen worden. Ihre Gerichtsstandsvereinbarung ist gemäß Art. 23 V EuGVO unwirksam.

a) Eine Gerichtsstandsvereinbarung läuft im Sinne von Art. 23 V EuGVO den Regelungen in Art. 21 EuGVO zuwider, wenn sie von Vorschriften des 5. Abschnitts der EuGVO abweicht und nicht nach Entstehung des Rechtsstreits getroffen worden ist (Art. 21 Nr. 1 EuGVO) oder nicht die Befugnis einräumt, andere als im 5.

Abschnitt angeführte Gerichte anzurufen (Art. 21 Nr. 2 EuGVO). Diese Befugnis ist dahin zu verstehen, dass sie Gerichtsstände begründen muss, die zu den in Art. 18 f. EuGVO vorgesehenen Gerichtsständen noch hinzukommen. Eine vor Entstehung der Streitigkeit getroffene Gerichtsstandsvereinbarung darf für einen Arbeitnehmer nicht den Ausschluss der in der EuGVO vorgesehenen Gerichtsstände bewirken, sondern kann lediglich die Befugnis begründen oder erweitern, unter mehreren zuständigen Gerichten zu wählen (EuGH [Mahamdia] aaO Rz. 62; BAG, 20.12.2012 – 2 AZR 481/11[7], Rz. 32).

b) Die Gerichtsstandsvereinbarung der Parteien wurde vor Entstehung der Streitigkeit getroffen und weicht von den Vorschriften des 5. Abschnitts der EuGVO ab. Die Zuständigkeit der algerischen Gerichte konnte deshalb allenfalls zusätzlich zu der der deutschen Gerichte vereinbart werden. Eine Derogation von deren sich aus Art. 18 f. EuGVO ergebenden Zuständigkeit war nicht wirksam möglich.

II. ... 1. Das Arbeitsverhältnis der Parteien ist durch die Kündigung der Bekl. vom 29.8.2007 nicht aufgelöst worden.

a) Die Wirksamkeit der Kündigung ist nach deutschem materiellen Recht zu beurteilen.

aa) Die Bestimmung des auf das Arbeitsverhältnis der Parteien anwendbaren materiellen Rechts richtet sich nach Art. 27 ff. EGBGB (a.F.). Die Rom-I-VO findet gemäß ihrem Art. 28 auf den Streitfall noch keine Anwendung. Der Arbeitsvertrag der Parteien wurde vor dem 17.12.2009 geschlossen.

bb) Nach Art. 27 I 1 EGBGB (a.F.) unterliegt ein Vertrag dem von den Parteien gewählten Recht. Die Rechtswahl muss nicht ausdrücklich erfolgen. Sie kann sich mittelbar aus den Bestimmungen des Vertrags oder aus den Umständen des Falls ergeben. Bei Arbeitsverträgen können etwa Gerichtsstandsklauseln, vertragliche Bezugnahmen auf ein bestimmtes Recht oder die Vereinbarung eines für beide Parteien gemeinsamen Erfüllungsorts Hinweise auf die getroffene Wahl geben (vgl. BAG, 2 AZR 960/11 aaO Rz. 25; 2 AZR 270/09 aaO Rz. 28).

cc) Gemäß Art. 30 I EGBGB (a.F.) darf die Rechtswahl der Parteien bei Arbeitsverträgen und Arbeitsverhältnissen nicht dazu führen, dass dem Arbeitnehmer der Schutz entzogen wird, der ihm durch die zwingenden Bestimmungen des gemäß Art. 30 II Halbs. 1 EGBGB (a.F.) ohne Rechtswahl anwendbaren Rechts gewährt wird. Die Vorschrift soll gewährleisten, dass dem Arbeitnehmer als der typischerweise sozial und wirtschaftlich schwächeren Partei durch die Rechtswahl nicht der Mindestschutz ‚seines' Rechts entzogen wird (BT-Drucks. 10/504 S. 81). Diese Anwendung zwingender Bestimmungen setzt voraus, dass sie zu günstigeren Ergebnissen führt als das gewählte Recht (BAG, 29.10.1992 – 2 AZR 267/92 [zu III. 2. c) der Gründe], BAGE 71, 297; 24.8.1989 – 2 AZR 3/89[8] [zu A. II. 3. a) bb) der Gründe], BAGE 63, 17). Dafür ist ein Günstigkeitsvergleich durchzuführen. Die zwingenden Bestimmungen des nach Art. 30 II Halbs. 1 EGBGB (a.F.) maßgebenden Rechts sind den entspr. Regelungen der gewählten Rechtsordnung gegenüberzustellen (BAG, 13.11.2007 – 9 AZR 134/07[9], Rz. 52, BAGE 125, 24). Bieten Letztere keinen vergleichbaren Schutz, sind die nach Art. 30 II Halbs. 1 EGBGB (a.F.) einschlägigen Vorschriften anzuwenden. Etwas anderes gilt gemäß Art. 30 II Halbs. 2

---

[7] IPRspr. 2012 Nr. 201.
[8] IPRspr. 1989 Nr. 72.
[9] IPRspr. 2007 Nr. 50.

EGBGB (a.F.) nur dann, wenn das Arbeitsverhältnis nach der Gesamtheit der Umstände engere Verbindungen ,zu einem anderen Staat' aufweist.

dd) In Anwendung dieser Grundsätze hat das LAG zu Recht angenommen, zwar hätten die Parteien im Streitfall konkludent die Anwendung algerischen Rechts vereinbart, die Wirksamkeit der Kündigung sei jedoch an den Bestimmungen des deutschen KSchG zu messen. Die Anwendbarkeit des deutschen Rechts folgt aus Art. 30 I, II EGBGB (a.F.). Das algerische Recht enthält keine dem deutschen Kündigungsrecht gleichwertigen Schutzvorschriften. Das Arbeitsverhältnis weist auch keine engeren Verbindungen zur Bekl. auf.

(1) Das LAG durfte von einer stillschweigenden Wahl des algerischen Rechts ausgehen. Schon die Vereinbarung, es sollten die algerischen Gerichte für die Beilegung von Streitigkeiten zuständig sein, ist ein gewichtiger Hinweis darauf, dass die Parteien auch algerisches Recht zur Anwendung bringen wollten. Es ist nicht anzunehmen, dass sie gewollt haben, die algerischen Gerichte sollten nach deutschem materiellen Recht entscheiden. Damit hätten sie sich um den Vorteil einer mit dem anzuwendenden Recht in jeder Hinsicht vertrauten Gerichtsbarkeit gebracht. Hinzu kommt, dass Vertragssprache das Französische ist und der Kl. im öffentlichen Dienst der Bekl. beschäftigt wurde (vgl. BAG, 2 AZR 270/09 aaO Rz. 29). Demgegenüber kommt dem Arbeitsort in Deutschland und der Vergütung in Euro für die Rechtswahl wenig Bedeutung zu. Das Gleiche gilt für den Umstand, dass der Kl. der deutschen Sozialversicherung unterlag und die Steuerschuld in Deutschland anfiel. Dies betrifft nicht den arbeitsrechtlichen Kern des vertraglichen Pflichtengefüges (BAG, 2 AZR 270/09 aaO).

(2) Trotz der von den Parteien getroffenen Wahl des algerischen Rechts ist die Wirksamkeit der Kündigung nach dem deutschen KSchG zu beurteilen.

(a) Die Vorschriften der §§ 1 bis 14 KSchG sind nicht schon wegen Art. 34 EGBGB (a.F.) anzuwenden. Sie stellen keine ,Eingriffsnormen' im Sinne dieser Bestimmung dar (BAG, 2 AZR 270/09 aaO Rz. 31; 2 AZR 3/89 aaO [zu A. II. 6. c) der Gründe]).

(b) Die Anwendbarkeit der §§ 1 bis 14 KSchG folgt aus Art. 30 I EGBGB (a.F.). Sie sind ,zwingende Bestimmungen' im Sinne der Regelung. ,Zwingende Bestimmungen' sind solche, die vertraglich nicht abbedungen werden können und dem Schutz des Arbeitnehmers dienen (*Staudinger-Magnus* [Stand 2002] Art. 30 EGBGB Rz. 72; *Schlachter*, NZA 2000, 57, 60). Das trifft auf die §§ 1 bis 14 KSchG zu (vgl. BAG, 2 AZR 3/89 aaO [zu A. II. 3. a) aa) der Gründe]; *Staudinger-Magnus* aaO Rz. 79).

(c) Die Vorschriften der §§ 1 bis 14 KSchG wären auf das Arbeitsverhältnis der Parteien anwendbar, wenn diese eine Rechtswahl nicht getroffen hätten. Ohne Rechtswahl unterliegen Arbeitsverträge und Arbeitsverhältnisse nach Art. 30 II Halbs. 1 Nr. 1 EGBGB (a.F.) dem Recht des Staats, in dem der Arbeitnehmer in Erfüllung des Vertrags gewöhnlich seine Arbeit verrichtet. Der Erfüllungsort liegt im Streitfall in Deutschland. Dies gilt auch, soweit der Kl. seine Arbeitsleistung auf dem Botschaftsgelände erbringt. Das Botschaftsgelände eines ausländischen Staats als solches ist nicht exterritorial (BAG, 15.2.2005 – 9 AZR 116/04[10] [zu B. I. 2 der Gründe]; 10.5.1962 – 2 AZR 397/61[11] [zu II. der Gründe]).

---

[10] IPRspr. 2005 Nr. 90b.   [11] IPRspr. 1962–1963 Nr. 19.

(d) Das deutsche Recht als Regelstatut wird im Streitfall nicht gemäß Art. 30 II Halbs. 2 EGBGB (a.F.) verdrängt. Das Arbeitsverhältnis der Parteien weist keine engeren Verbindungen zu Algerien als zu Deutschland auf. Dies hat das LAG zutreffend erkannt.

(aa) Es kann dahinstehen, ob der Begriff der ‚engeren Verbindungen' revisionsrechtlich in vollem Umfang oder nur eingeschränkt überprüfbar ist (vgl. BAG, 11.12. 2003 – 2 AZR 627/02[12] [zu II. 3. d) der Gründe]; 2 AZR 267/92 aaO [zu III. 4. c) cc) der Gründe]). Die Würdigung des LAG hält auch einer uneingeschränkten Überprüfung stand.

(bb) Für die Beantwortung der Frage, ob ‚engere Verbindungen' zu einem anderen Staat im Sinne der Ausnahmeregelung vorliegen, ist nach dem Gesetzeswortlaut auf die ‚Gesamtheit der Umstände' abzustellen. Dabei ist nicht allein die Anzahl der für eine Verbindung zu dem einen oder dem anderen Staat sprechenden Kriterien maßgebend. Es ist vielmehr eine Gewichtung der Anknüpfungsmomente vorzunehmen. Wesentliches Kriterium ist in diesem Zusammenhang der Ort, an welchem der Arbeitnehmer seine Steuern und Abgaben entrichtet und der Sozialversicherung angeschlossen ist (vgl. zu Art. 6 II EVÜ, welcher der Vorschrift des Art. 30 EGBGB (a.F.) zugrunde liegt: EuGH, Urt. vom 12.9.2013 – Anton Schlecker ./. Melitta Josefa Boedeker, Rs C-64/12, Rz. 41). Daneben sind der Arbeitsort, der Sitz des Arbeitgebers, die Staatsangehörigkeit der Vertragsparteien, der Wohnsitz des Arbeitnehmers u.a. zu berücksichtigen (vgl. BAG, 9 AZR 134/07 aaO Rz. 50; 2 AZR 627/02 aaO [zu II. 3. c der Gründe]). Vertragsimmanente Gesichtspunkte wie die Vertragssprache, die Währung, in der die Vergütung gezahlt wird, oder die Bezugnahme auf Rechtsvorschriften eines bestimmten Staats haben nachrangige Bedeutung. Andernfalls hätte es der Arbeitgeber in der Hand, das vom Gesetzgeber vorgesehene Günstigkeitsprinzip durch die Vertragsgestaltung und entspr. Abreden zu unterlaufen. Eine solche Disposition über den zwingenden Arbeitnehmerschutz soll Art. 30 I EGBGB (a.F.) gerade verhindern (*Thüsing*, BB 2003, 898, 900). In seinem Rahmen kommt es auf davon unabhängige, objektive Umstände an (BAG, 2 AZR 627/02 aaO; *Thüsing* aaO). Sollen die Einzelumstände auf die engere Verbindung zu einem anderen Staat verweisen, müssen sie insgesamt das Gewicht der Regelanknüpfung deutlich übersteigen (vgl. BAG, 2 AZR 627/02 aaO; 2 AZR 267/92 aaO [zu III. 4. c) aa) der Gründe]).

(cc) Danach begegnet die Annahme des LAG, das Arbeitsverhältnis der Parteien weise keine engere Verbindung zu Algerien als zu Deutschland auf, keinen rechtlichen Bedenken. Die vorrangig zu berücksichtigenden Kriterien bestärken die Regelanknüpfung an das deutsche Recht. Die Parteien haben den Arbeitsvertrag in Deutschland geschlossen. Der Kl. hat seinen Wohnsitz in Berlin und erbrachte die vertraglich geschuldete Tätigkeit ausschließlich in Deutschland. Seine Vergütung wurde in Euro gezahlt. Er unterlag dem deutschen Sozialversicherungsrecht und führte seine Steuern in Deutschland ab. Neben der algerischen besitzt er auch die deutsche Staatsangehörigkeit. Zwar ergibt sich aus seiner Herkunft sowie aus dem Umstand, dass er im öffentlichen Dienst der Botschaft der Bekl. beschäftigt und der Arbeitsvertrag in französischer Sprache verfasst wurde, eine Verbindung auch zum algerischen Staat. Diese Gesichtspunkte überwiegen aber die für die Verbin-

---

[12] IPRspr. 2003 Nr. 46b.

dung mit Deutschland sprechenden und der Regelanknüpfung zugrunde liegenden Aspekte nicht.

(e) Die Vorschriften des KSchG gewährleisten einen weitergehenden Schutz gegen die Beendigung von Arbeitsverhältnissen als das algerische Recht.

(aa) Die Frage, welche der in Betracht kommenden Rechtsordnungen für den Arbeitnehmer günstigere Regelungen enthält, ist eine Rechtsfrage, die objektiv und nach dem Maßstab des Gesetzes zu beantworten ist (*Schlachter* aaO, 61). Dazu ist ein Sachgruppenvergleich vorzunehmen (*Staudinger-Magnus* aaO Rz. 84; Münch-Komm-*Martiny*, 4. Aufl., Art. 30 EGBGB Rz. 40; *Schlachter* aaO). Zu vergleichen sind die in einem inneren, sachlichen Zusammenhang stehenden Teilkomplexe der fraglichen Rechtsordnungen. Die Günstigkeit anhand eines Vergleichs je einzelner Normen zu bestimmen, ist nicht sachgerecht. Dies könnte dazu führen, dass der Arbeitnehmer durch eine Kombination einzelner Vorschriften der jeweiligen Rechtsordnung einen Schutzstandard erlangt, der über demjenigen liegt, den die betroffenen Rechtsordnungen tatsächlich gewähren (*Soergel-v. Hoffmann*, BGB, 12. Aufl., Art. 30 EGBGB Rz. 32; *Thüsing* aaO 899; *Schlachter* aaO; *Birk*, RdA 1989, 201, 206). Eine solche Besserstellung entspricht nicht dem Schutzzweck der Norm. Auch ein abstrakter ‚Gesamtvergleich' der Rechtsordnungen ohne Rücksicht auf die zu beurteilende Sachfrage würde dem Sinn und Zweck von Art. 30 I EGBGB (a.F.) nicht gerecht. Dieser besteht darin, dem Arbeitnehmer im Einzelfall den ihm nach dem Regelstatut zustehenden Schutz zu erhalten. Dem Arbeitnehmer wäre nicht gedient, wenn das gewählte Recht zwar ‚alles in allem' das günstigere wäre, sich für den konkreten Streitgegenstand aber als unvorteilhafter erwiese (MünchKomm-*Martiny* aaO).

(bb) Ist ein Vergleich des von den jeweiligen Rechtsordnungen gewährleisteten Kündigungsschutzes vorzunehmen, sind die Anforderungen an das Vorliegen eines Kündigungsgrunds, die Kündigungsfrist, die Möglichkeit des Arbeitnehmers, im Fall einer ungerechtfertigten Kündigung den Erhalt seines Arbeitsplatzes und eine Weiterbeschäftigung zu erreichen, sowie mögliche Kompensationen für den Verlust des Arbeitsplatzes in den Blick zu nehmen. Dabei kommt es auf die Ergebnisse einer Anwendung der jeweiligen Rechtsordnung auf den fraglichen Streitgegenstand an (zu Art. 8 I Rom-I-VO: *Deinert*, Internationales Arbeitsrecht, 2013, § 9 Rz. 59; MünchKomm-*Martiny* aaO; *Markovska*, RdA 2007, 352, 355). Sieht das Recht eines Staats für verschiedene Gruppen von Arbeitnehmern unterschiedliche Regelungen vor, sind diejenigen Vorschriften mit dem Recht des anderen Staats zu vergleichen, die auf den betroffenen Arbeitnehmer Anwendung finden. Im Streitfall ist danach der Kündigungsschutz eines Arbeitnehmers im öffentlichen Dienst der Bekl. demjenigen gegenüberzustellen, den ein Arbeitnehmer erfährt, auf dessen Arbeitsverhältnis das KSchG Anwendung findet.

(cc) Der Vergleich ist mit Blick auf die vom LAG ermittelten Vorschriften des algerischen Rechts durchzuführen. Zwar handelt es sich bei ihnen nicht um ‚Tatsachen', sondern um das anzuwendende (ausländische) Recht. Das Revisionsgericht darf deshalb auch ohne eine formelle Verfahrensrüge weitergehende Ermittlungen anstellen (BAG, 10.4.1975 – 2 AZR 128/74[13] [zu IV. 2 der Gründe], BAGE 27, 99; *Germelmann/Matthes/Prütting-Müller-Glöge*, ArbGG, 8. Aufl., § 73 Rz. 2; GK-

---

[13] IPRspr. 1975 Nr. 30b.

ArbGG-*Mikosch* [Stand: April 2011] § 73 Rz. 16). Dies ist jedoch nur dann geboten, wenn Anhaltspunkte dafür bestehen, dass sich die Rechtslage nach dem ausländischen Recht anders darstellt, als vom LAG vorausgesetzt (BAG, 25.4.2013 – 6 AZR 49/12[14], Rz. 119; 2 AZR 267/92 aaO [zu VI. der Gründe]). Im Streitfall hat die Revision eine unzureichende oder fehlerhafte Feststellung des algerischen Rechts nicht gerügt. Sie ist auch objektiv nicht erkennbar.

(dd) Das algerische Recht unterscheidet zwischen den Beamten (*fonctionnaires*) und den ‚Vertragsbediensteten' (*agents contractuels*). Für die Gruppe der Vertragsbediensteten, zu der der Kl. gehört, gilt das nach den Feststellungen des LAG auf den Streitfall anzuwendende Décret présidentiel n° 07-308 du 29 septembre 2007. Gemäß Art. 69 des Décret présidentiel kann das Arbeitsverhältnis durch den Ablauf des Vertrags, die ordnungsgemäße akzeptierte Eigenkündigung des Arbeitnehmers, die fristlose Kündigung, die fristgerechte Entlassung mit Abfindung, die Versetzung in den Ruhestand und den Tod des Bediensteten enden. Im Falle der Vertragspflichtverletzung, einer Verletzung der Disziplin oder eines sonstigen Fehlers kann es zu einer Disziplinarmaßnahme kommen. Ein Arbeitnehmer des öffentlichen Diensts hat keine Möglichkeit, den Fortbestand seines Arbeitsverhältnisses geltend zu machen. Für ihn ist auch ein gesetzlicher Abfindungsanspruch nicht vorgesehen. Damit gewährleistet das algerische Recht jedenfalls für einen Beschäftigten des öffentlichen Dienstes keinen Kündigungsschutz, der dem aus §§ 1 bis 14 KSchG folgenden Schutz gleichwertig wäre. Ob etwas anderes zu gelten hätte, wenn das algerische Recht für den Verlust des Arbeitsplatzes auch im öffentlichen Dienst die Zahlung einer Abfindung vorsähe – wie dies im privaten Wirtschaftsbereich der Fall ist –, bedarf keiner Entscheidung ...

Der Zahlungsanspruch ist berechtigt. Der Kl. hat Anspruch auf seine Vergütung für die Monate November 2007 bis Juli 2012 abzgl. der von der Agentur für Arbeit erbrachten Leistungen. Der Anspruch ergibt sich – auch – aus dem von den Parteien gewählten algerischen Recht.

a) Ist der vom Arbeitnehmer geltend gemachte Anspruch bereits nach dem gewählten Recht in vollem Umfang begründet, kann ihm das objektiv geltende Vertragsstatut keine günstigere Position verschaffen. Es kommt deshalb nicht darauf an, ob es sich bei den Regelungen über die Vergütung aus Annahmeverzug nach § 615 BGB um zwingendes Recht im Sinne von Art. 30 I EGBGB (a.F.) handelt ...

c) Die darauf beruhende Annahme des LAG, die Zahlungsansprüche des Kl. seien nach algerischem Recht begründet, hält der revisionsrechtlichen Überprüfung stand.

aa) Die Anwendung des algerischen Rechts durch das LAG kann vom BAG nachgeprüft werden. § 73 ArbGG schließt die Revisibilität ausländischen Rechts nicht aus (BAG, 2 AZR 128/74 aaO [zu IV. 1 der Gründe] unter Aufgabe von BAG 20.7.1967 – 2 AZR 372/66[15]). Dies steht nicht im Widerspruch zur Rspr. des BGH. Soweit dieser ausländisches Recht für nicht revisibel hält, beruht dies auf der Auslegung von § 545 I ZPO. Die Vorschrift ist aufgrund ihrer Entstehungsgeschichte auch in ihrer seit dem 1.9.2009 g.F. nicht mit § 73 ArbGG vergleichbar (BGH, 4.7.2013 – V ZB 197/12[16], Rz. 23, BGHZ 198, 14)."

---

[14] IPRspr. 2013 Nr. 291.
[15] IPRspr. 1966–1967 Nr. 50b.
[16] IPRspr. 2013 Nr. 2.

71. *Treffen die Parteien eine Rechtswahl, so resultiert allein daraus nicht automatisch ein konkludentes Abbedingen von Art. 11 EGBGB alter Fassung. Vielmehr ist durch Auslegung zu ermitteln, ob ein übereinstimmender Parteiwille gegeben ist, die Rechtsfolgen des Art. 11 EGBGB alter Fassung ausschließen zu wollen.*

LAG Mecklenburg-Vorpommern, Urt. vom 22.1.2014 – 3 Sa 184/13: Unveröffentlicht.

[Die Nichtzulassenungsbeschwerde wurde vom BAG mit Beschluss vom 24.9.2014 – 7 AZN 346/14 – zurückgewiesen.]

Die Parteien streiten u.a. um die Arbeitgeberstellung der Bekl. zu 1) und um eine außerordentliche, hilfsweise ordentliche Kündigung des Arbeitsverhältnisses. Der Kl. war auf der Grundlage mehrerer befristeter Arbeitsverträge als Executive Barmanager auf verschiedenen Kreuzfahrtschiffen beschäftigt. Der Kl. unterschrieb den hier streitigen, befristeten Arbeitsvertrag am 31.10.2007. In dem Anstellungsvertrag ist die Bekl. zu 2) als Arbeitgeberin – ohne Angabe einer Anschrift oder Telefonnummer – aufgeführt. Die Geschäftsleitung der „Italien Branch of E." – ebenfalls ohne Anschrift – ist als Vertretung der Bekl. zu 2) genannt. Befristungsgründe sind in der Vereinbarung nicht aufgeführt. In dem Arbeitsvertrag heisst es u.a.: „Für die Rechtsbeziehungen zwischen den Parteien ist ausschließlich italienisches Recht maßgeblich. Gerichtsstand für Streitigkeiten aus diesem Anstellungsverhältnis ist der Sitz des Arbeitgebers." Der Kl. hatte sich anlässlich seines ersten Vertrags bei der Bekl. zu 1) beworben und erhielt erst Kenntnis von der Bekl. zu 2), als ihm der entspr. Anstellungsvertrag zugeschickt wurde. In diesem war die Bekl. zu 2) als Vertragspartner genannt. Bei der Bekl. zu 2) handelt es sich nach dem Schweizer Handelsregister um eine GmbH, die als Zweck den Personalverleih für Binnen- und Seeschifffahrt inklusive Fährschifffahrt ausgewiesen hat und sich an anderen Unternehmen beteiligen, Tochtergesellschaften bilden sowie Zweigniederlassungen im In- und Ausland errichten kann. Der Kl. wurde im Rahmen seines Anstellungsvertrags ausschließlich auf Schiffen eingesetzt, die unter italienischer Flagge fahren und der Firma C. mit Sitz in G. gehören. Mit Schreiben vom 22.8.2008 kündigte die Bekl. zu 2) das Arbeitsverhältnis mit dem Kl. aus wichtigem Grund mit sofortiger Wirkung. Hintergrund der fristlosen und hilfsweisen fristgemäßen Kündigung ist ein zwischen den Parteien streitiger Vorfall am 13./14.4.2008.

Mit seiner Klage beim ArbG Rostock wandte der Kl. sich zunächst gegen die Befristung des Arbeitsverhältnisses, dann die fristlose Kündigung. Mit – rechtskräftigem – Zwischenurteil ist erstinstanzlich die internationale Zuständigkeit des ArbG Rostock festgestellt worden. Mit Urteil vom 28.6.2013 hat das ArbG die Klage abgewiesen. Gegen diese Entscheidung richtet sich die Berufung des Kl.

Aus den Gründen:

„III. Die in dem Arbeitsvertrag vom 7.11.2007 vorgenommene Befristung zum 2.5.2008 ist rechtswirksam.

1. Eine materielle Rechtsunwirksamkeit der Befristungsabrede in dem Arbeitsvertrag vom 7.11.2007 ist nach den Vorgaben des italienischen Rechts nicht festzustellen. Die Befristung eines Heuervertrags ist ohne weitere inhaltliche Voraussetzungen nach Art. 325 Codice della navigazione (Regio decreto 30 marzo 1942, n. 327 [Gaz. Uff. n. 93 del 18-4-1942], con succ. mod. e integr. sino al 2002) möglich. Zur weiteren Begründung wird auf Punkt II. Seite 20 der angefochtenen Entscheidung Bezug genommen (§ 69 II ArbGG), zumal sich die Berufung des Kl. darin nicht verhält.

Dies gilt ebenso für die Ausführungen des ArbG zu Punkt III., der Grund, wonach das Arbeitsverhältnis durch die Suspendierung des Kl. nicht vorfristig beendet wurde. Das erkennende Gericht schließt sich auch diesbezüglich den zutreffenden Ausführungen der erstinstanzlichen Entscheidung an.

2. Entgegen der Auffassung des Kl. ist die Befristungsabrede aus dem Arbeitsvertrag vom 7.11.2007 nicht gemäß Art. 328, 329 des Codice della navigazione rechtsunwirksam. Vielmehr ist vorliegend die Formwirksamkeit auf der Grundlage von Art. 11 EGBGB a.F. zu bejahen.

Art. 328 Codice della navigazione lautet in übersetzter Form – soweit hier von Bedeutung – wie folgt:

,...
2. Vorbehaltlich der Vorgaben aus den folgenden Artikeln muss der Heuervertrag bei Strafe der Nichtigkeit innerhalb der (italienischen) Republik durch öffentliche Beurkundung vor der Maritimen Behörde, außerhalb der Republik durch die Konsulatsbehörden abgeschlossen werden.
3. Der Vertrag muss bei Strafe der Nichtigkeit von den vorstehenden Behörden auf dem Mannschaftsbuch oder auf der Lizenz vermerkt werden.
4. Vor der Unterschrift muss der Vertrag den Matrosen vorgelesen und erklärt werden. Die Erfüllung dieser Verpflichtung muss sich aus dem Vertrag selbst ergeben.'
Art. 329 Codice della navigazione lautet in übersetzter Form – soweit hier von Bedeutung – wie folgt:

‚Wenn die Anhörung im Ausland stattfindet, wo keine Konsulatsbehörde vorhanden ist, muss der Vertrag bei Strafe der Nichtigkeit schriftlich bei Anwesenheit von zwei Zeugen, die ihre Unterschrift anbringen, abgeschlossen werden. Der Vertrag wird bei den Borddokumenten verwahrt ...'

Gemessen an den vorgenannten normativen Vorgaben lässt sich vorliegend eine Formnichtigkeit der Befristungsabrede im Vertrag vom 7.11.2007 nicht feststellen.

Zwar ist dem Kl. zuzugeben, dass die in den Art. 328, 329 Codice della navigazione vorgesehene Formerfordernisse vorliegend nicht erfüllt sind. Dieser Umstand ist nach Auffassung der Kammer jedoch in Anwendung des Art. 11 II EGBGB a.F. unschädlich. Die Art. 30, 34 EGBGB a.F. stehen der sich aus Art. 11 II EGBGB a.F. ergebenden Rechtsfolge – entgegen der Auffassung des Kl. – nicht entgegen.

Unter Berücksichtigung des gesamten Sach- und Streitstands und insbesondere den Formulierungen in Nr. 22 des Arbeitsvertrags vom 7.11.2007 lässt sich kein übereinstimmender Wille der Parteien erkennen, ausdrücklich oder jeweils konkludent die rechtlichen Vorgaben nach Art. 11 EGBGB a.F. ausschließen zu wollen.

Entgegen der Auffassung des ArbG ist die Kammer zu dem Ergebnis gelangt, das vorliegend nicht Art. 11 I EGBGB a.F., sondern vielmehr Art. 11 II EGBGB a.F. einschlägig ist. Denn der mit Wirkung zum 7.11.2007 begründete Arbeitsvertrag ist für die Bekl. zu 2) am 31.10.2007 in G. von dem dortigen Vertreter der Bekl. zu 2) unterzeichnet und sodann an den Kl. verschickt worden. Ob der Kl. seine zum Abschluss des Arbeitsvertrags führende Unterzeichnung in Deutschland oder aber in Österreich geleistet hat, ist nicht geklärt, jedoch für die Entscheidung auch unerheblich. Jedenfalls ist danach nicht von einem innerstaatlichen Vertragsabschluss im Sinne des Art. 11 I EGBGB a.F. sondern vielmehr von einem grenzüberschreitenden Vertragsschluss nach Art. 11 II EGBGB a.F. auszugehen. Da nach den zutreffenden Ausführungen in der angefochtenen Entscheidung weder das deutsche noch das österreichische Recht Formerfordernisse entspr. Art. 328, 329 Codice della navigazione aufweisen und das Schriftformerfordernis durch Unterzeichnung der Parteien des zum 7.11.2007 begründeten Arbeitsverhältnisses gewahrt ist, kann nach dem ausdrücklichen Wortlaut des Art. 11 II EGBGB a.F. von einer Formnichtigkeit nicht ausgegangen werden.

Entgegen der Auffassung des Kl. ist ein ausdrücklicher oder jedenfalls stillschweigender vertraglicher Ausschluss der Geltung des Art. 11 EGBGB a.F. nicht gegeben.

Zwar geht die Kammer – mit dem Kl. – grundsätzlich von der Möglichkeit einer einzelvertraglichen Abweichung von Art. 11 EGBGB a.F. aus (so auch BGH, Urt. vom 3.12.1971 – V ZR 126/69[1], juris Rz. 27 m.w.N.; vgl. insoweit auch BGH, Urt. vom 4.11.2004 – III ZR 172/03[2], juris Rz. 9). Dabei ist jedoch zu berücksichtigen, dass hinsichtlich der Annahme eines – stillschweigenden – Ausschlusses des Art. 11 EGBGB a.F. im Wege der notwendigen Auslegung ein strenger Maßstab anzulegen ist, um dessen Zweck, nämlich der unvorhergesehenen Nichtigkeit von Rechtsgeschäften wegen Formmangels vorzubeugen und damit die Rechtssicherheit zu gewährleisten (BGH vom 3.12.1971 aaO), nicht zu unterlaufen.

Vor dem Hintergrund dieser zutreffenden Ausführungen des BGH verbietet sich zunächst die Annahme eines Automatismus. Das heißt, dass die Rechtswahl der Parteien nicht automatisch auch im Sinne eines vereinbarten Ausschlusses des Art. 11 EGBGB a.F. ausgelegt werden kann. Denn in diesem Fall würde die vorbenannte Norm und die damit bezweckte Gewährleistung einer hinreichenden und notwendigen Rechtssicherheit im grenzüberschreitenden Rechtsverkehr leerlaufen. Vielmehr müssen sich aus dem Sachverhalt konkrete Hinweise auf einen entsprechenden Willen der Parteien ergeben. Vorliegend lässt sich aus dem Verhalten der Parteien vor Eingehung bzw. nach Beendigung des Arbeitsverhältnisses ein substanzieller Hinweis auf einen diesbezüglich übereinstimmenden Willen des Kl. und der Bekl. zu 2) nicht entnehmen. Lediglich der Umstand, dass den Parteien grundsätzlich nicht unterstellt werden kann, man habe bei Abschluss des Vertrags von vornherein ‚im Auge gehabt', einen formungültigen Vertrag abzuschließen, mag ein Indiz dafür sein, welches gegen einen vereinbarten Ausschluss von Art. 11 EGBGB a.F. spricht. Dies setzt allerdings positive Kenntnis der Parteien über die Anwendbarkeit der Formerfordernisse nach Art. 328, 329 Codice della navigazione voraus, woran in Anbetracht des Vortrags der Parteien erhebliche Bedenken bestehen, so dass dieser Umstand letztendlich nicht als verlässliches Argument für den tatsächlichen Willen der Parteien herangezogen werden kann. Dies gilt aber ebenso für die Argumentation des Kl., es sei grundsätzlich immer davon auszugehen, dass die Parteien eines Rechtsverhältnisses im Rahmen einer vereinbarten Rechtswahl nur das eine Recht oder das andere Recht zur Anwendung bringen wollen. Wollte man dem folgen, liefe – wie bereits erörtert – die gesetzliche Vorgabe nach Art. 11 EGBGB a.F. leer. Maßgeblich kann – entgegen der Auffassung des Kl. – ebenfalls nicht sein, welches Interesse isoliert für sich betrachtet die eine oder die andere Partei verfolgt haben mag. Erforderlich ist stets der übereinstimmende Wille der Parteien, dass Art. 11 EGBGB a.F. nicht oder nur eingeschränkt zur Anwendung kommen soll. Maßgeblich für die vorzunehmende Auslegung bleibt damit der mit Wirkung zum 7.11.2007 abgeschlossene Arbeitsvertrag selbst. Der Kl. ist der Auffassung, dass aus dem Umstand, dass die Parteien nicht lediglich die Anwendbarkeit italienischen Rechts vereinbart, sondern die ausschließliche Geltung italienischen Rechts für ihre – gesamten – Rechtsbeziehungen als maßgeblich bezeichnet haben, folge, dass die Parteien übereinstimmend die Wirkung des Art. 11 EGBGB a.F. hätten ausschließen wollen. Dies werde durch die Gerichtsstandsvereinbarung in Nr. 22 Satz 2 des Arbeitsvertrags noch verstärkt. Dem vermag das erkennende Gericht jedoch nicht zu folgen. Denn andererseits haben die Parteien in Nr. 20 des Arbeitsvertrags festgelegt,

---

[1] IPRspr. 1971 Nr. 11. [2] IPRspr. 2004 Nr. 22.

dass Vertragsänderungen oder Ergänzungen zu ihrer Wirksamkeit der Schriftform bedürfen. Hätten die Parteien mit den Festlegungen in Nr. 22 des Arbeitsvertrags unmissverständlich und in Abweichung von Art. 11 EGBGB a.F. auch und in jedem Fall die Anwendbarkeit der Formvorschriften nach Art. 328, 329 Codice della navigazione bezweckt, so macht die Vereinbarung des Schriftformerfordernisses als vertraglich festgelegte Rechtswirksamkeitsvoraussetzung in Nr. 20 des Arbeitsvertrags keinen Sinn. Im Gegenteil spricht das vereinbarte Schriftformerfordernis dafür, dass die Parteien jedenfalls in diesem Zusammenhang bei Vertragsschluss eher das deutsche Arbeitsrecht ‚vor Augen' hatten, so dass ein gemeinsamer Wille mit dem Inhalt des Ausschlusses der Geltung des Art. 11 EGBGB a.F. gerade nicht unterstellt werden kann.

Mithin kommt vorliegend gemäß Art. 11 II EGBGB a.F. die Bejahung eines Formverstoßes gegen Art. 328, 329 Codice della navigazione und damit verbunden die Annahme der Nichtigkeit der Befristungsabrede nicht in Betracht.

Die Art. 30, 34 EGBGB a.F. stehen diesem Ergebnis bereits deshalb nicht entgegen, weil sie sich nicht auf die sich aus Art. 11 EGBGB a.F. ergebenden Rechtsfolgen beziehen, sondern im Fall einer vereinbarten Rechtswahl Regelungen zur Einhaltung zwingender Bestimmungen enthalten.

Im Ergebnis sind damit auch die weitergehend geltend gemachten Ansprüche des Kl. unbegründet."

72. *Die anderweitige Rechtshängigkeit sowie die entgegenstehende Rechtskraft sind Prozesshindernisse, die grundsätzlich von Amts wegen zu berücksichtigen sind. Amtsprüfung bedeutet dabei keine Amtsermittlung, sondern verlangt nur, einen Sachverhalt, der ein solches Hindernis ergibt, auch ohne entsprechende Rüge zu berücksichtigen. Eine ausländische Entscheidung stellt nur dann ein Prozesshindernis dar, wenn die Entscheidung des ausländischen (hier: kuwaitischen) Gerichts schon rechtskräftig ist und die Streitgegenstände identisch sind.*

Der sachliche Anwendungsbereich der EuGVO ist im Einklang mit dem Erwägungsgrund Nr. 8 eröffnet, wenn der fragliche Rechtsstreit einen Bezugspunkt zum Hoheitsgebiet eines Mitgliedstaats aufweist. [LS der Redaktion]

BAG, Urt. vom 20.2.2014 – 2 AZR 864/12: AP Nr. 8 zu § 68 ArbGG 1979; NZA 2015, 124. Leitsatz in NJW 2015, 192.

73. *Die Regelungen über Mindestentgeltsätze sind Rechtsnormen über Mindestentgelt für tatsächlich erbrachte Arbeitsleistungen. Nur insoweit handelt es sich um international zwingende Normen im Sinne des Art. 34 EGBGB alter Fassung beziehungsweise Art. 9 Rom-I-VO.*

Bei § 2 des Gesetzes über die Zahlung des Arbeitsentgelts an Feiertagen und im Krankheitsfall (Entgeltfortzahlungsgesetz) vom 26.5.1994 (BGBl. I 1014; EFZG) handelt es sich nicht um eine Eingriffsnorm im Sinne des Art. 34 EGBGB alter Fassung. Auch § 3 EFZG ist nur dann als solche Eingriffsnorm anwendbar, wenn die betreffenden Arbeitsverhältnisse dem deutschen Sozialversicherungsrecht unterliegen. [LS der Redaktion]

LAG Berlin-Brandenburg, Urt. vom 7.3.2014 – 3 Sa 1728/13: Unveröffentlicht.

[Die Revision (BAG – 10 AZR 250/14) wurde unterdessen zurückgenommen.]

Die Parteien streiten über die Anwendbarkeit tariflicher Bestimmungen nach dem AEntG, nämlich über die Höhe der Entgeltzahlung für Arbeitszeiten, die infolge von gesetzlichen Feiertagen ausgefallen sind, sowie über die Höhe der Entgeltfortzahlung bei krankheitsbedingter Arbeitsunfähigkeit.

Das BMAS erließ am 17.7.2012 aufgrund von § 7 I, II, IV und V 1 und 2 AEntG die Verordnung über zwingende Arbeitsbedingungen für Aus- und Weiterbildungsdienstleistungen nach dem Zweiten oder Dritten Buch Sozialgesetzbuch (Mindestlohn-VO), nach der aufgeführte Rechtsnormen des Tarifvertrags zur Regelung des Mindestlohns für pädagogisches Personal auch für im Geltungsbereich der VO beschäftigte Leiharbeitnehmer und -arbeitnehmerinnen gelten sollte.

Die Bekl. erbringt Aus- und Weiterbildungsdienstleistungen nach SGB II und III in ihrem Betrieb bzw. ihren Betrieben. Die Kl. war seit September 2005 bei der Bekl. im Bundesland Berlin auf der Grundlage mehrerer befristeter Arbeitsverträge als Ausbilderin im Bereich Modenähen bei einer jeweils vereinbarten wöchentlichen Arbeitszeit von 35 Stunden tätig.

Das ArbG verurteilte die Bekl. zur Zahlung von nach dem AEntG / EFZG ausstehenden Vergütungen für geleistete Arbeit, Urlaub und feiertagsbedingt ausgefallene Arbeitsstunden. Hiergegen legte die Bekl. Berufung ein.

Aus den Gründen:

„B. ... I. ... 2. ... (2) ... (a) Zwar ergibt sich aus § 8 I AEntG, § 1 Mindestlohn-VO i.V.m. den Rechtsnormen des Mindestlohn-TV kein Anspruch auf Zahlung einer Mindeststundenvergütung für solche Arbeitszeiten, die infolge eines gesetzlichen Feiertags ausfallen oder für solche Arbeitszeiten, in denen der Arbeitnehmer infolge von Krankheit an der Erbringung der Arbeitsleistung verhindert ist. Dabei ist davon auszugehen, dass der Begriff ‚Mindestentgeltsätze' im Sinne des § 2 Nr. 1 AEntG bzw. § 5 Nr. 1 AEntG einheitlich auszulegen ist, und zwar unabhängig davon, ob ein rein innerstaatlicher Sachverhalt oder ein Sachverhalt mit Auslandsbezug zu entscheiden ist (vgl. auch BAG, EuGH-Vorlage vom 18.4.2012 – 4 AZR 168/10 (A), Rz. 14 ff., BAGE 141, 173). Regelungen über Mindestentgeltsätze sind danach nur Rechtsnormen über Mindestentgelt für tatsächlich erbrachte Arbeitsleistungen. Nur insoweit handelt es sich um international zwingende Normen im Sinne des Art. 34 EGBGB a.F. bzw. Art. 9 Rom-I-VO (vgl. BAG, Urt. vom 12.1.2005 – 5 AZR 279/01, Rz. 67, EzAÜG AEntG § 1a Nr. 7; Urt. vom 12.1.2005 – 5 AZR 617/01, Rz. 76, BAGE 113, 149; *Koberski-Asshoff-Eustrup-Winkler*, AEntG, 3. Aufl., § 5 Rz. 17). § 2 EFZG ist keine Eingriffsnorm im Sinne des Art. 34 EGBGB a.F. Auch § 3 EFZG ist nur dann als Eingriffsnorm im Sinne des Art. 34 EGBGB a.F. anwendbar, wenn die betreffenden Arbeitsverhältnisse dem deutschen Sozialversicherungsrecht unterliegen (BAG, Urt. vom 18.4.2012 – 10 AZR 200/11[1], Rz. 13, BAGE 141, 129). § 2 AEntG benennt die §§ 2, 3 EFZG ebenfalls nicht als Eingriffsnormen. Die Vorschrift legt in Übereinstimmung mit Art. 3 I der Richtlinie 96/71/EG des Europäischen Parlaments und des Rates über die Entsendung von Arbeitnehmern im Rahmen der Erbringung von Dienstleistungen vom 16.12.1996 (ABl. Nr. L 018/1997) fest, welche Rechts- und Verwaltungsvorschriften auf Arbeitsverhältnisse zwischen einem im Ausland ansässigen Arbeitgeber und seinen im Inland beschäftigten Arbeitnehmern zwingend Anwendung finden. Sie ordnet die international zwingende Geltung der betreffenden deutschen Normen an. Unter den in § 2 AEntG ausdrücklich erwähnten Regelungen befinden sich auch diejenigen Vorschriften, die nach a.A. als Eingriffsnormen im Sinne des Art. 34 EGBGB a.F. anzusehen sind, etwa die Vorschriften über Arbeitssicherheit, Gesundheitsschutz, Hygiene, Schutzmaßnahmen für Schwangere und Wöchnerinnen (vgl. § 2 Nrn. 5, 6

---

[1] IPRspr. 2012 Nr. 65.

AEntG). Hätte der Gesetzgeber auch die hier betroffenen Normen über die Entgeltfortzahlung in jedem Fall als Eingriffsnormen angesehen, so hätte es nahe gelegen, sie in den Katalog des § 2 AEntG aufzunehmen (vgl. BAG aaO 10 AZR 200/11, Rz. 22 m.w.N.). Demnach kann ein Arbeitgeber gemäß § 8 I AEntG bzw. aufgrund einer Verordnung nach § 7 I AEntG nicht verpflichtet werden, einem Arbeitnehmer für die Zeiten, die der Arbeitnehmer keine Arbeitsleistung erbracht hat, weil die Arbeit infolge eines Feiertags ausgefallen ist, ein Mindestentgelt zu zahlen. Er kann nach diesen Vorschriften auch zur Zahlung eines Mindestentgelts für Arbeitszeiten, die infolge von Krankheit nicht erbracht werden, jedenfalls dann nicht verpflichtet werden, wenn das Arbeitsverhältnis nicht dem deutschen Sozialversicherungsrecht unterliegt."

74. *Der Begriff des „gewöhnlichen Arbeitsorts" im Sinne des Art. 30 II Nr. 1 EGBGB ist weit zu verstehen. Wenn ein Arbeitnehmer seine Tätigkeit in mehreren Vertragsstaaten ausübt, ist der gewöhnliche Arbeitsort jener Ort, an dem oder von dem aus er seine berufliche Tätigkeit tatsächlich ausübt, und, in Ermangelung eines Tätigkeitsmittelpunkts, der Ort, an dem er den größten Teil seiner Arbeit verrichtet.*

Eine Niederlassung im Sinne des Art. 30 II Nr 2 EGBGB ist jede auf Dauer angelegte arbeitsorganisatorische Einheit eines Unternehmens. Sie muss keine eigene Rechtspersönlichkeit besitzen. Es können nicht nur Tochtergesellschaften und Zweigstellen, sondern auch andere Einheiten wie etwa die Büros eines Unternehmens eine Niederlassung sein. Abzustellen ist dabei auf die einstellende Niederlassung. [LS der Redaktion]

BAG, Urt. vom 19.3.2014 – 5 AZR 252/12: BAGE 147, 342; RIW 2014, 534; MDR 2014, 1094; AP Nr. 26 zu § 130 BGB; DB 2014, 1623; NZA 2014, 1076. Leitsatz in: AuR 2014, 343; BB 2014, 1907; GWR 2014, 333; JuS 2015, 65; NJW-Spezial 2014, 467.

<small>Die Parteien streiten über restliche Vergütung und Aufwendungsersatz. Der 1970 geborene Kl. ist portugiesischer Staatsangehöriger mit Wohnsitz in Portugal und der deutschen Sprache nicht mächtig. Er war bei der Spedition ... mit Sitz in Deutschland (im Folgenden: Schuldnerin) von 2009 bis 2011 als Kraftfahrer im internationalen Transport beschäftigt. Nach in portugiesischer Sprache geführten Einstellungsverhandlungen unterzeichnete der Kl. einen von der Schuldnerin vorformulierten, in deutscher Sprache abgefassten Arbeitsvertrag. Nach erfolgloser außergerichtlicher Geltendmachung hat der Kl. mit der am 12.5.2011 eingereichten Klage Entgelt für den Monat Dezember 2010 sowie Reisekostenpauschalen für Fahrten im Zeitraum März bis September 2010 verlangt. Das ArbG hat die Klage abgewiesen.

Das LAG hat die Berufung des Kl. zurückgewiesen. Mit der vom LAG zugelassenen Revision hat der Kl. zunächst seinen Klageantrag weiterverfolgt. Das AG Pirmasens hat mit Beschluss vom 11.3.2013 – 1 IN 4/13 – über das Vermögen der Schuldnerin das Insolvenzverfahren eröffnet und den Bekl. zum Insolvenzverwalter bestellt.</small>

Aus den Gründen:

„I. ... 1. Für die Entscheidung des Rechtsstreits sind die deutschen Gerichte auf der Grundlage der EuGVO oder der EuInsVO international zuständig.

a) Die internationale Zuständigkeit der deutschen Gerichte ist auch unter Geltung von § 545 II ZPO eine in der Revisionsinstanz von Amts wegen zu prüfende Sachurteilsvoraussetzung (BAG, 20.9.2012 – 6 AZR 253/11[1], BAGE 143, 129 Rz. 13 m.w.N.).

---

[1] IPRspr. 2012 Nr. 63c.

b) Die Anwendung der Zuständigkeitsvorschriften der EuGVO erfordert einen Auslandsbezug (EuGH, Urt. vom 17.11.2011 – Hypotečni banka a.s. ./. Udo Mike Lindner, Rs C-327/10, Slg. 2011, I-11543 Rz. 29). Dieser liegt vor, weil der Kl. portugiesischer Staatsangehöriger mit Wohnsitz in Portugal ist (vgl. EuGH, Urt. vom 1.3.2005 – Andrew Owusu ./. N.B. Jackson, Inhaber der Firma ‚Villa Holidays Bal-Inn Villas' u.a., Rs C-281/02, Slg. 2005, I-01383 Rz. 26). Auch der sachliche Geltungsbereich der EuGVO ist nach deren Art. 1 I 1 eröffnet. Zu den zivilrechtlichen Streitigkeiten im Sinne der Bestimmung gehören auch Streitigkeiten auf dem Gebiet des Arbeitsrechts (BAG, 20.9.2012 aaO Rz. 16 m.w.N.).

Nachdem die Arbeitgeberin ihren satzungsmäßigen Sitz und damit ihren ‚Wohnsitz' in Deutschland hat, kann sie grundsätzlich vor den deutschen Gerichten verklagt werden, Art. 18 I, 19 Nr. 1 i.V.m. Art. 60 I lit. a EuGVO.

c) Sollte die Bereichsausnahme des Art. 1 II lit. b EuGVO eingreifen, weil die Klage mit dem zuletzt gestellten Antrag als unmittelbar aus dem Insolvenzverfahren hervorgegangen und mit ihm in engem Zusammenhang stehend anzusehen wäre (vgl. zur Bereichsausnahme: EuGH, Urt. vom 19.4.2012 – F-Text SIA ./. Lietuvos-Anglijos UAB ‚Jadecloud-Vilma', Rs C-213/10 Rz. 27, 29; 12.2.2009 – Christopher Seagon ./. Deko Marty Belgium N.V., Rs C-339/07, Slg. 2009, I-00767 Rz. 21 ff.), ergäbe sich die internationale Zuständigkeit der deutschen Gerichte für dieses Annexverfahren aus Art. 3 I EuInsVO (vgl. BAG 20.9.2012 aaO Rz. 19) ...

II. Ob und in welchem Umfang die Klage begründet ist, kann der Senat auf der Grundlage der bisher festgestellten Tatsachen nicht entscheiden. Es steht nicht fest, ob auf den Streitfall – wovon das LAG ohne nähere Prüfung ausgegangen ist – nur deutsches und nicht (auch) portugiesisches Recht Anwendung findet.

1. Das auf das Arbeitsverhältnis der Parteien anwendbare materielle Recht bestimmt sich nach Art. 27 ff. EGBGB. Die Rom-I-VO findet gemäß ihrem Art. 28 keine Anwendung. Der Arbeitsvertrag der Parteien wurde vor dem 17.12.2009 geschlossen. Altverträge unterstehen weiter dem bisherigen Recht (BAG, Urt. vom 20.4.2011 – 5 AZR 171/10[2], BAGE 137, 375 Rz. 11).

2. Die Parteien haben die Anwendung deutschen Rechts vereinbart.

a) Nach Art. 27 I 1 EGBGB unterliegt ein Vertrag dem von den Parteien gewählten Recht. Die Rechtswahl muss nicht ausdrücklich erfolgen. Sie kann sich konkludent aus den Bestimmungen des Vertrags oder aus den Umständen des Einzelfalls ergeben (BAG, Urt. vom 10.4.2013 – 5 AZR 78/12[3], Rz. 24). Gehen die Parteien während eines Rechtsstreits übereinstimmend von der Anwendung deutschen Rechts aus, so liegt darin regelmäßig eine stillschweigende Rechtswahl (BAG, 27.8.1964 – 5 AZR 364/63, BAGE 16, 215 [1. der Gründe]; Urt. vom 12.6.1986 – 2 AZR 398/85 [B. V. 2. b) der Gründe]; BGH, Urt. vom 9.6.2004 – I ZR 266/00[4] [zu II. 5. b) der Gründe).

b) Der Kl. und die Schuldnerin sind im Prozess stets von der Anwendung deutschen Rechts ausgegangen. Dem ist der Insolvenzverwalter als nunmehriger Bekl. nicht entgegengetreten. Damit ist anzunehmen, dass die Parteien entweder von vornherein ihre Vertragsbeziehungen deutschem Recht unterstellen wollten oder dieser Wille jedenfalls jetzt übereinstimmend bei ihnen besteht. Auch die Orientierung

---

[2] IPRspr. 2011 Nr. 59 (LS).
[3] IPRspr. 2013 Nr. 167.
[4] IPRspr. 2004 Nr. 44.

maßgeblicher arbeitsvertraglicher Regelungen an inländischem Arbeitsrecht ist ein gewichtiges Indiz für eine stillschweigende Wahl deutschen Rechts (vgl. BAG, Urt. vom 12.12.2001 – 5 AZR 255/00[5], BAGE 100, 130 [zu B. I. 1 der Gründe]; Urt. vom 1.7.2010 – 2 AZR 270/09[6] Rz. 28).

3. Ob die Rechtswahl wirksam ist, wird das LAG im erneuten Berufungsverfahren nach Feststellung der erforderlichen Tatsachen zu beurteilen und dabei Folgendes zu beachten haben:

a) Nach Art. 30 I EGBGB darf bei Arbeitsverträgen und Arbeitsverhältnissen die Rechtswahl der Parteien nicht dazu führen, dass dem Arbeitnehmer der Schutz entzogen wird, der ihm durch die zwingenden Bestimmungen des Rechts gewährt wird, das nach Art. 30 II EGBGB mangels einer Rechtswahl anzuwenden wäre. Deshalb ist ein Günstigkeitsvergleich anzustellen zwischen den zwingenden Bestimmungen des objektiv anwendbaren Rechts, die dem Arbeitnehmer Schutz gewähren, und denen der gewählten Rechtsordnung (BAG, Urt. vom 13.11.2007 – 9 AZR 134/07[7], BAGE 125, 24 Rz. 35).

b) Auf Arbeitsverträge und Arbeitsverhältnisse ist bei unterbliebener Rechtswahl objektiv anwendbar das Recht des Staats, in dem der Arbeitnehmer in Erfüllung des Vertrags gewöhnlich seine Arbeit verrichtet, selbst wenn er vorübergehend in einen anderen Staat entsandt wird, Art. 30 II Nr. 1 EGBGB.

aa) Der Begriff des ‚gewöhnlichen Arbeitsorts' ist nach der Auslegung des EuGH zu Art. 6 II lit. a EVÜ, die auch für Art. 27 ff. EGBGB maßgeblich ist (Art. 36 EGBGB, vgl. auch *Dutta/Volders*, EuZW 2004, 556), weit zu verstehen. Übt der Arbeitnehmer seine Tätigkeit in mehreren Vertragsstaaten aus, ist gewöhnlicher Arbeitsort der Ort, an dem oder von dem aus er seine berufliche Tätigkeit tatsächlich ausübt, und, in Ermangelung eines Mittelpunkts der Tätigkeit, der Ort, an dem er den größten Teil seiner Arbeit verrichtet. Erst wenn auch danach ein gewöhnlicher Arbeitsort in einem Staat nicht feststellbar ist, darf – in Einklang mit den neuen Kollisionsnormen in Art. 8 Rom-I-VO – auf die ‚einstellende Niederlassung' (Art. 30 II Nr. 2 EGBGB) zurückgegriffen werden (EuGH, Urt. vom 15.3.2011 – Heiko Koelzsch ./. État du Großherzogtum Luxemburg, Rs C-29/10, Slg. 2011, I-01595 Rz. 43 ff.; Urt. vom 15.12.2011 – Jan Voogsgeerd ./. Navmer SA, Rs C-384/10, Slg. 2011, I-13275 Rz. 26 ff.).

bb) Das LAG wird deshalb feststellen müssen, wo der Kl. gewöhnlich seine Arbeit verrichtet hat.

Der Einsatz des Kl. im internationalen Fernverkehr legt nahe, dass er regelmäßig in mehreren Staaten tätig war. Darauf deuten auch die zu den Akten gereichten Belege über die von ihm durchgeführten Fahrten hin. Sollte dies zutreffen, wird das LAG unter Berücksichtigung aller die Tätigkeit des Kl. kennzeichnenden Gesichtspunkte zu prüfen haben, ob gleichwohl eine maßgebliche Verknüpfung mit einem Staat festgestellt werden kann. Dazu ist insbesondere festzustellen, in welchem Staat sich der Ort befindet, von dem aus der Kl. seine Transportfahrten durchführte. Nach dem Vortrag der Schuldnerin begannen die Fahrten am Unternehmenssitz in Deutschland, nach dem Vorbringen des Kl. hingegen in Portugal; vom dortigen Büro der Schuldnerin seien die Fahrten auch koordiniert worden. Ferner muss das LAG er-

---

[5] IPRspr. 2001 Nr. 52.
[6] IPRspr. 2010 Nr. 179b.
[7] IPRspr. 2007 Nr. 50.

mitteln, an welchem Ort der Kl. Anweisungen zu seiner Arbeit erhielt, wo diese organisiert wurde und wo sich die Arbeitsmittel befanden. Zu berücksichtigen ist des Weiteren, an welche Orte die Waren hauptsächlich transportiert wurden und wohin der Kl. nach seinen Fahrten zurückkehrte (EuGH, 15.3.2011 aaO Rz. 48 f.).

c) Kann das LAG im erneuten Berufungsverfahren einen gewöhnlichen Arbeitsort nicht feststellen, ist für den Günstigkeitsvergleich auf das Recht des Staats abzustellen, in dem sich die Niederlassung befindet, die den Kl. eingestellt hat, Art. 30 II Nr. 2 EGBGB.

aa) Dabei ist Niederlassung jede auf Dauer angelegte arbeitsorganisatorische Einheit eines Unternehmens. Sie muss keine eigene Rechtspersönlichkeit besitzen. Daher können nicht nur Tochtergesellschaften und Zweigstellen, sondern auch andere Einheiten wie etwa die Büros eines Unternehmens eine Niederlassung sein (EuGH, Urt. vom 15.12.2011 aaO Rz. 54; s. zum inhaltsgleichen Art. 8 III Rom-I-VO: ErfK-*Schlachter*, 14. Aufl., Art. 9 Rom-I-VO Rz. 16; *Palandt-Thorn*, 73. Aufl., Rom I 8 Rz. 12, jeweils m.w.N.). Abzustellen ist dabei nach der maßgeblichen neueren Rspr. des EuGH auf die Niederlassung, die den Arbeitnehmer eingestellt hat (EuGH, Urt. vom 15.12.2011 aaO Rz. 52; zum Streitstand im Schrifttum s. BAG, Urt. vom 13.11.2007 aaO Rz. 42 ff.; ErfK-*Schlachter* aaO; *Palandt-Thorn* aaO).

bb) Es wird deshalb zu prüfen sein, ob das von der Schuldnerin im Streitzeitraum unstreitig in Portugal unterhaltene Büro eine Niederlassung im Sinne des Art. 30 II Nr. 2 EGBGB ist und diese den Kl. eingestellt hat. Dazu fehlt es bislang an den erforderlichen Feststellungen. Der im Arbeitsvertrag über der Unterschriftenzeile in Druckschrift festgehaltene Ort [in Deutschland] deutet nur darauf hin, dass dort die Vertragsurkunde erstellt wurde.

d) Nach Art. 30 II Halbs. 2 EGBGB gilt die nach Art. 30 II Nrn. 1 und 2 EGBGB zu treffende Zuordnung des Arbeitsverhältnisses ausnahmsweise nicht, wenn sich aus der Gesamtheit der Umstände ergibt, dass der Arbeitsvertrag engere Verbindungen zu einem anderen Staat aufweist. In diesem Fall ist das Recht des anderen Staats anzuwenden.

aa) Die Verbindung mit dem anderen Staat muss stärker sein als die durch die Regelanknüpfung zu dem Recht des Arbeitsorts oder der einstellenden Niederlassung hergestellte Beziehung. Dies beurteilt sich u.a. nach der Staatsangehörigkeit der Vertragsparteien, dem Sitz des Arbeitgebers und dem Wohnort des Arbeitnehmers. Ergänzend sind die Vertragssprache und die Währung, in der die Vergütung gezahlt wird, zu berücksichtigen (BAG, Urt. vom 12.12.2001 aaO [zu B I 2 a) dd] der Gründe]; Urt. vom 13.11.2007 aaO Rz. 50 m.w.N.).

bb) Dazu ist vom Tatsachengericht eine Würdigung aller Umstände des Einzelfalls vorzunehmen. Daran fehlt es bislang. Der Senat kann sie auch nicht selbst vornehmen, weil maßgebliche Tatsachen nicht festgestellt sind. Bei der Nachholung im erneuten Berufungsverfahren wird zu beachten sein, dass die Staatsangehörigkeit nur dann ein wesentliches Kriterium sein kann, wenn beide Parteien dieselbe Nationalität haben. Für die Würdigung der Gesamtumstände im Sinne von Art. 30 II Halbs. 2 EGBGB ist neben den erwähnten Gesichtspunkten von Bedeutung, ob wesentliche Entscheidungen, die das Arbeitsverhältnis betreffen, in Deutschland oder im Büro der Schuldnerin in Portugal getroffen wurden (vgl. BAG, Urt. vom 13.11.2007 aaO Rz. 51).

e) Kommt das LAG zu dem Ergebnis, nach Art. 30 II EGBGB wäre portugiesisches Recht anzuwenden, hat es zur Prüfung der Wirksamkeit der Rechtswahl einen Günstigkeitsvergleich vorzunehmen, Art. 30 I EGBGB.

Dazu ist zunächst zu prüfen, ob nach portugiesischem Recht zwingende arbeitnehmerschützende Vorschriften auf den Sachverhalt Anwendung finden. Dabei ist es unerheblich, ob diese dem Arbeitsrecht zuzuordnen sind. Auch allgemeine vertragsrechtliche Bestimmungen wie z.B. Verjährungsregelungen können zwingende Bestimmungen im Sinne des Art. 30 I EGBGB sein (vgl. ErfK-*Schlachter* aaO [10. Aufl.] Art. 27, 30, 34 EGBGB Rz. 14; *Deinert*, Internationales Arbeitsrecht, 2012 § 9 Rz. 53; *Staudinger-Magnus*, BGB [2011] Art. 8 Rom-I-VO Rz. 75 f.; MünchKomm-*Martiny*, 5. Aufl., Art. 8 Rom-I-VO Rz. 34; a.A. *Oetker*, Münchener Hbd. Arbeitsrecht, 3. Aufl. Bd. 1 § 11 Rz. 23). Von besonderer Bedeutung wird insoweit sein, ob zwingendes arbeitnehmerschützendes portugiesisches Recht einer Ausschlussfristenregelung wie der in § 12 Arbeitsvertrag entgegensteht.

Maßgeblich für den Günstigkeitsvergleich sind die Ergebnisse der Anwendung der jeweils berührten Rechtsordnungen im Einzelfall (vgl. BAG, Urt. vom 29.10. 1992 – 2 AZR 267/92, BAGE 71, 297 [zu III. 2. c) der Gründe]; *Deinert* aaO; MünchKomm-*Martiny* aaO Rz. 40; *Markovska*, RdA 2007, 352, 355) …

c) Das LAG wird im erneuten Berufungsverfahren aber prüfen müssen, ob die Bindung des Kl. an die arbeitsvertragliche Ausschlussfristenregelung nach Art. 31 II EGBGB entfallen ist.

aa) Art. 31 II EGBGB bestimmt in Ergänzung zu Abs. 1, dass sich eine Partei unter besonderen Umständen ‚für die Behauptung, sie habe dem Vertrag nicht zugestimmt', auf das Recht des Staats ihres gewöhnlichen Aufenthaltsorts berufen kann. Es erfolgt dann – abweichend von Art. 31 I EGBGB – für das Zustandekommen des Vertrags eine ergänzende Sonderanknüpfung an das Aufenthaltsrecht, wenn das ansonsten nach dem Vertragsstatut eintretende Ergebnis für die Partei unbillig wäre (vgl. zum gleichlautenden Art. 10 II Rom-I-VO MünchKomm-*Spellenberg* aaO Art. 10 Rom-I-VO Rz. 10; *Palandt-Thorn* aaO Rom I 10 Rz. 4). Zweck der Vorschrift ist es, der Partei für ihr Verhalten bei Vertragsabschluss das ihr vertraute Recht des Staats ihres gewöhnlichen Aufenthaltsorts zugutekommen zu lassen. Die Partei soll nicht nach einem ihr fremden Recht rechtsgeschäftlich gebunden werden, mit dessen Geltung sie noch nicht zu rechnen brauchte, so dass sie ihr Verhalten nicht nach diesen fremden rechtsgeschäftlichen Verhaltensregeln ausrichten musste (BGH, Urt. vom 19.3.1997 – VIII ZR 316/96[8], BGHZ 135, 124 [zu III. 1. a) aa) der Gründe]).

bb) Der Kl. hat die Geltung des Arbeitsvertrags wegen dessen Abfassung in einer dem Kl. fremden Sprache in Frage gestellt. Damit hat er sich in ausreichender Weise auf Art. 31 II EGBGB berufen (vgl. MünchKomm-*Spellenberg* aaO [4. Aufl.] Art. 31 EGBGB Rz. 80 und MünchKomm-*Spellenberg* [5. Aufl.] Art. 10 Rom-I-VO Rz. 232; *Staudinger-Hausmann* aaO [2002] Art. 31 EGBGB Rz. 54; *Palandt-Thorn* aaO). Allerdings dürfte es nahe liegend sein, dass die Unterzeichnung einer Vertragsurkunde auch nach portugiesischem Recht zu einer rechtsgeschäftlichen Bindung führt unabhängig davon, ob der Vertragspartner den Inhalt der Vertragsurkunde versteht oder nicht. Dies wird das LAG zu prüfen haben."

---

[8] IPRspr. 1997 Nr. 34.

75. *Die griechischen Gesetze Nr. 3833/2010 über dringende Maßnahmen zur Bewältigung der Krise der Staatsfinanzen (Fylla Efimeridos tis Kyberniseos 40/A/2010) und Nr. 3845/2010 über Maßnahmen für die Anwendung des Stützungsmechanismus für die griechische Wirtschaft vonseiten der Mitgliedsländer der Eurozone und des Internationalen Währundsfonds (Fylla Efimeridos tis Kyberniseos 65/A/2010), die unter ausdrücklicher Änderung bestehender Arbeits- und Tarifverträge eine Entgeltsenkung für Mitarbeiter der öffentlichen Hand anordnen, greifen nicht unmittelbar korrigierend in die von der Republik Griechenland mit den Lehrkräften in Deutschland nach deutschem Recht geschlossenen Arbeitsverträge ein (im Anschluss an LAG Nürnberg, Urteil vom 25.9.2013 [2 Sa 172/12] = IPRspr. 2013 Nr. 72).*

LAG Hamm, Urt. vom 3.4.2014 – 17 Sa 999/13: Unveröffentlicht.

Das vorgehende Urteil des LAG Hamm – in der Parallelsache 17 Sa 1064/11 – wurde bereits im Band IPRspr. 2011 unter der Nr. 180, das Urteil des BAG – 5 AZR 78/12 – im Band IPRspr. 2013 unter der Nr. 167 abgedruckt. Die Revision zum vorliegenden Urteil schwebt beim BAG unter dem Az. 5 AZR 249/14.

76. *Die vertragliche Vereinbarung der Anwendbarkeit italienischen Rechts wird nicht dadurch unwirksam, dass das Arbeitsverhältnis teilweise im Hoheitsgebiet der Bundesrepublik Deutschland vollzogen wird.*

LAG Mecklenburg-Vorpommern, Urt. vom 3.4.2014 – 4 Sa 57/13: Unveröffentlicht.

[Das nachgehende Urteil des BAG vom 22.10.2015 – 2 AZR 720/14 – wird voraussichtlich im Band IPRspr. 2015 abgedruckt.]

Die Parteien streiten darüber, ob ihr Arbeitsverhältnis aufgrund arbeitgeberseitiger Kündigung endete. Der Kl. war zunächst ‚Second Engineer' und seit 2008 als ‚Chief Engineer' bei der Bekl. beschäftigt, die ihren Sitz in G./Italien hat. Der Arbeitsvertrag wurde auf Deutsch abgefasst. Die Bekl. hatte mit den italienischen Gewerkschaften einen ‚Manteltarifvertrag' geschlossen. Für die Rechtsbeziehungen zwischen den Parteien ist ausschließlich italienisches Recht maßgeblich. Gerichtsstand für Streitigkeiten aus diesem Anstellungsvertrag ist der Sitz des Arbeitgebers. Der Einsatz des Kl. erfolgte auf A.-Kreuzfahrtschiffen. Bei einem Unfall im privaten Bereich wurde dem Kl. 2009 der linke Unterarm abgetrennt. Ende Februar 2010 wurde dem Kl. eine myoelektrische Prothese angepasst. In der Folgezeit verweigerte die Berufsgenossenschaft Transport- und Verkehrswirtschaft dem Kl. die Erteilung einer Seediensttauglichkeitsbescheinigung. Die Bekl. teilte der Bekl. mit, dass er rechtliche Schritte unternehme, um die Bescheinigung zu erhalten. In einem gegen die Entscheidung der Berufsgenossenschaft eingeleiteten verwaltungsgerichtlichen Eilverfahren verpflichtete das OVG Hamburg die Berufsgenossenschaft Transport und Verkehr – Dienststelle Schiffssicherheit –, dem Kl. längstens für ein Jahr ein Seediensttauglichkeitszeugnis auszustellen. Am 24.9.2010 erhielt der Kl. von der Bekl. die arbeitgeberseitige Kündigung des Arbeitsverhältnisses. Am 30.9.2010 wurde das Seediensttauglichkeitszeugnis von der Berufsgenossenschaft erteilt. Mit beim ArbG Rostock am 14.10.2010 eingegangener Klage hat der Kl. die Unwirksamkeit der Kündigung des Arbeitsverhältnisses geltend gemacht. Mit Urteil vom 8.2.2013 hat das ArbG die Klage abgewiesen; hiergegen wendet sich der Kl. mit seiner Berufung.

Aus den Gründen:

„B. In der Sache hat das Rechtsmittel jedoch keinen Erfolg, da das ArbG den Rechtsstreit zutreffend entschieden hat. Die streitgegenständliche Kündigung hat das Arbeitsverhältnis der Parteien beendet. Diese Kündigung war nicht an den Maßstäben des KSchG zu messen, da dieses hier nicht zur Anwendung gelangt. Die Parteien haben wirksam eine Rechtswahl getroffen und ihr Arbeitsverhältnis dem italienischen Recht unterworfen. Nach den anzuwendenden Vorschriften war die Kündigung berechtigt. Die Kündigung ist nicht nach den §§ 85 ff. SGB IX wegen fehlender Beteiligung des Integrationsamts unwirksam, da der deutsche Schwerbehindertenschutz nicht zur Anwendung kommt. Auch hat sich die Bekl. nicht widersprüchlich im Sinne von § 242 BGB mit dem Ergebnis verhalten, dass sie sich auf die Wirksamkeit der Kündigung nicht berufen durfte. Schließlich ist die Kündigung auch nicht nach §§ 7 AGG, 134 BGB unwirksam.

I. Der Vollständigkeit halber sei zunächst angemerkt, dass das ArbG in der streitigen Entscheidung zutreffend gemäß § 21 ZPO i.V.m. Art. 5 Nr. 5 EuGVO von der örtlichen Zuständigkeit des ArbG Rostock ausgegangen ist.

II. Die Kündigung ist nicht sozial ungerechtfertigt und damit unwirksam im Sinne des § 1 KSchG, weil das Arbeitsverhältnis der Parteien nicht deutschem, sondern italienischem Recht unterliegt.

1. Das auf den Arbeitsvertrag anzuwendende Recht ist nach Art. 27 ff. EGBGB zu bestimmen. Die Rom-I-VO findet erst auf die ab dem 17.12.2009 geschlossenen Verträge Anwendung (Art. 28). Altverträge unterstehen weiter dem bisherigen Recht (vgl. BAG, Urt. vom 23.8.2012 – 8 AZR 394/11[1], Rz. 23; Urt. vom 20.4.2011 – 5 AZR 171/10[2], Rz. 11, BAGE 137, 375).

Nach Art. 27 I EGBGB unterliegt der Vertrag grundsätzlich dem von den Parteien gewählten Recht. Die Parteien haben arbeitsvertraglich wirksam die ausschließliche Geltung italienischen Rechts vereinbart. Rechtliche Bedenken gegen die mit dem Arbeitsvertrag vereinbarte Anwendung italienischen Rechts bestehen nicht.

Die erstmals mit der Berufungsbegründung vertretene Auffassung des Kl., dass die Vereinbarung italienischen Rechts gemäß § 305b II BGB wegen Unklarheit unwirksam sei, übersieht, dass eine gesonderte Klauselkontrolle für vorformulierte Rechtswahlklauseln nicht in Betracht kommt (ErfK-*Schlachter*, 14. Aufl., Art. 9 Rom-I-VO Rz. 6). Auch ergibt sich aus dem Arbeitsvertrag nicht, dass die vereinbarte Geltung italienischen Rechts unter der Bedingung gestanden hätte, dass der Kl. dauerhaft über die notwendigen ‚Zertifikate und Qualifikationen' verfüge. Die genannten ‚Zertifikate und Qualifikationen' waren Voraussetzung für die Einstellung des Kl., nicht aber für die Anwendbarkeit italienischen Rechts. Jede andere Auslegung der Regelungen des Arbeitsvertrags verbietet sich angesichts des klaren Wortlauts.

2. Diese Rechtswahl ist mit Art. 30 I EGBGB vereinbar. Danach darf bei Arbeitsverträgen die Rechtswahl der Parteien nicht dazu führen, dass dem Arbeitnehmer der Schutz entzogen wird, der ihm durch die zwingenden Bestimmungen des Rechts gewährt wird, das nach Art. 30 II EGBGB mangels einer Rechtswahl anzuwenden wäre. Das italienische Recht wäre nach dieser Vorschrift auch dann das maßgebliche Recht, wenn die Parteien es nicht vereinbart hätten.

a) Nach dem hier allein in Betracht kommenden Art. 30 II Nr. 2 EGBGB unterliegt ein Arbeitsverhältnis dem Recht des Staats, in dem sich die Niederlassung befindet, die den Arbeitnehmer eingestellt hat, sofern dieser seine Arbeit gewöhnlich nicht in ein und demselben Staat verrichtet.

Nach dieser Regelanknüpfung verweist das objektive Arbeitsvertragsstatut zwar auf deutsches Recht. Die den Kl. einstellende Niederlassung der Bekl. befand und befindet sich in C-Stadt und der Kl. verrichtet seine Arbeit in der Regel nicht in einem und demselben Staat.

b) Diese objektive Regelanknüpfung greift aber nach Art. 30 II Halbs. 2 EGBGB nicht. Danach gilt die nach Art. 30 II Nrn. 1 und 2 EGBGB getroffene Zuord-

---

[1] IPRspr. 2012 Nr. 66.   [2] IPRspr. 2011 Nr. 59 (LS).

nung des Arbeitsverhältnisses nicht, wenn sich aus der Gesamtheit der Umstände ergibt, dass der Arbeitsvertrag engere Verbindungen zu einem anderen Staat aufweist. In diesem Fall ist das Recht dieses anderen Staats anzuwenden (BAG, Urt. vom 3.5.1995 – 5 AZR 15/94[3]; Urt. vom 9.7.2003 – 10 AZR 593/02[4]). Maßgeblich ist die Gesamtheit der Umstände. Es muss eine Mehrzahl von Einzelumständen vorliegen, die auf eine bestimmte Rechtsordnung hinweisen. Die Verbindung zu dem anderen Staat muss stärker sein als die durch die Regelanknüpfung zu dem Recht des Arbeitsorts oder der einstellenden Niederlassung hergestellte Beziehung. Primäre Anknüpfungskriterien sind der Arbeitsort, der Sitz des Arbeitgebers, die Staatsangehörigkeit beider Vertragsparteien und der Wohnsitz des Arbeitnehmers, also die räumliche Dimension des Arbeitsverhältnisses. Ergänzend sind die Vertragsdimension, also Vertragssprache und Währung, in der die Vergütung gezahlt wird, zu berücksichtigen und ggf. weitere vertragswesentliche Gesichtspunkte, die in ihrer Gesamtheit hinreichendes Gewicht haben, um die Bedeutung der Regelanknüpfung zu überwinden (BAG, Urt. vom 12.12.2001 – 5 AZR 255/00[5], BAGE 100, 130; AP Nr 10 zu Art. 30 EGBGB n.F. Anm. *Schlachter*). Das von der Regelanknüpfung berufene Recht wird nur verdrängt, wenn die Gesamtheit wichtiger und nicht nur nebensächlicher Anknüpfungsmerkmale zu einem anderen Ergebnis führt.

c) Die Anwendung dieser Grundsätze führt zur Geltung italienischen Rechts. Sowohl die räumliche als auch die vertragsrechtliche Dimension des Arbeitsverhältnisses weisen im vorliegenden Fall objektiv eine deutlich vorherrschende italienische Prägung auf.

aa) Für eine engere Beziehung des Arbeitsverhältnisse zu Italien als zur Bundesrepublik Deutschland spricht zunächst, dass die Bekl. ein italienisches Unternehmen mit Hauptsitz in Italien ist. Nachrangig ist entgegen der Auffassung des Kl., dass die Bekl. mit einer Zweigniederlassung im Handelsregister des AG Rostock eingetragen ist, denn dadurch unterliegen ihre Arbeitsverhältnisse nicht automatisch deutschem Recht. Allein durch die Errichtung einer Zweigniederlassung wird die als italienische Aktiengesellschaft firmierende Bekl. nicht zu einem deutschen Unternehmen.

Die größere Nähe zum italienischen Recht zeigt schließlich die Einbindung des Arbeitsverhältnisses in das italienische Sozialversicherungs- und Lohnsteuersystem (vgl. 03. des Anstellungsvertrags). Nach der Rspr. des EuGH sind maßgeblich primär die Abgabepflichten in Bezug auf den Lohn. Dort, wo der Arbeitnehmer Steuern auf seinen Lohn zahlt, und dort, wo in die Sozialversicherung eingezahlt wird, liegt grundsätzlich der Schwerpunkt des Arbeitsverhältnisses (EuGH, Urt. vom 12.9.2013 – Anton Schlecker ./. Melitta Josefa Boedeker, Rs C-64/12, ABl. EU Nr. c 327/6). Weiter wird die größere Nähe zum italienischen Recht dadurch begründet, dass nach dem Arbeitsvertrag italienische Manteltarifverträge zur Anwendung kommen. Schließlich ist zu berücksichtigen, dass die arbeitsvertraglich geschuldete Tätigkeit als zunächst ‚Second' und dann als ‚Chief Engineer' der Natur der Tätigkeit nach auf den unter italienischer Flagge fahrenden Schiffen der Bekl. und damit auf italienischem Hoheitsgebiet stattfindet.

bb) Für die Anwendung deutschen Rechts sprechen die Staatsangehörigkeit und der Wohnsitz des Kl., der Sitz der Zweigniederlassung und die Vertragssprache.

---

[3] IPRspr. 1995 Nr. 57.
[4] IPRspr. 2003 Nr. 50.
[5] IPRspr. 2001 Nr. 52.

Das Kriterium der Staatsangehörigkeit der Arbeitsvertragsparteien kommt allerdings nur dann in Betracht, wenn beide Vertragspartner dieselbe Staatsangehörigkeit haben; anderenfalls lässt sie keine Rückschlüsse auf einen den Parteien gemeinsamen Rechtshorizont zu (BAG, Urt. vom 11.12.2003 – 2 AZR 627/02[6] Rz. 47). Auch der Wohnsitz des Kl. führt nicht zu einer größeren Nähe zum deutschen Recht, da dieser nicht das Zentrum seiner beruflichen Tätigkeit beinhaltete; eine Bedeutsamkeit für den Vertragszweck ist nicht ersichtlich. Die Vertragssprache ist angesichts der weiteren hier bewerteten Kriterien zu vernachlässigen. Die Tätigkeit des Kl. vollzog sich weder räumlich noch inhaltlich im Wesentlichen im deutschen Sprachraum. Schließlich vermögen auch die insbesondere administrativen Zwecken dienende Tätigkeit der Zweigniederlassung in Deutschland und der damit verbundenen vom Kl. vorgetragenen Aufenthalte vor Ort keine engere Beziehung zum deutschen Recht zu begründen.

Die Vielzahl der Einzelumstände, die auf die italienische Rechtsordnung verweisen, verdrängen damit die durch die Regelanknüpfung des Art. 30 II Nr. 2 EGBGB an die deutsche Rechtsordnung hergestellte Beziehung.

Folglich findet italienisches Recht Anwendung, so dass das KSchG nicht zur Anwendung gelangt. Nur der Vollständigkeit halber ist ergänzend festzustellen, dass das KSchG nach st. Rspr. des BAG, der die Kammer folgt, nicht zu den Bestimmungen des deutschen Rechts nach Art. 34 EGBGB gehört, die ohne Rücksicht auf das auf den Vertrag anzuwendende Recht den Sachverhalt zwingend regeln (BAG, Urt. vom 24.8.1989 – 2 AZR 3/89[7]).

Der Kündigungsschutzantrag war wegen fehlender Anwendbarkeit des KSchG daher abzuweisen. Eine Auslegung des Antrags als allgemeiner Feststellungsantrag war entbehrlich, da der Kl. einen entspr. Hilfsantrag (Antrag zu 2) gestellt hatte

III. Das Arbeitsverhältnis der Parteien hat auch nicht über den 10.10.20210 hinaus fortbestanden. Die Bekl. war nach Art. 2110 ital. Cc des auf das Arbeitsverhältnis anwendbaren italienischen Rechts berechtigt, das Arbeitsverhältnis aufzulösen.

Art. 2110 Satz 1 und 2 ital. Cc lauten:

In caso d'infortunio, di malattia, di gravidanza o di puerperio, se la legge (o le norme corporative) non stabiliscono forme equivalenti di previdenza o di assistenza, è dovuta al prestatore di lavoro la retribuzione o una indennità nella misura e per il tempo determinati dalle leggi speciali, (dalle norme corporative) dagli usi o secondo equità (att. 98).

Nei casi indicati nel comma precedente, l'imprenditore ha diritto di recedere dal contratto a norma dell'articulo 2118, decorso il periodo stabilito dalla legge (dalle norme corporative), dagli usi o secondo equità.

Bei Unfall, Krankheit, Schwangerschaft oder Mutterschaft steht dem Arbeitnehmer, wenn das Gesetz oder die Ständischen Vorschriften 1) keine gleichwertigen Formen der Vorsorge oder der Fürsorge festsetzen, die Entlohnung oder eine Entschädigung in dem Ausmaß und für die Zeit zu, wie sie von den Sondergesetzen, Ständischen Vorschriften 1), Gebräuchen oder von der Billigkeit bestimmt sind.

In den im vorhergehenden Absatz bezeichneten Fällen ist der Unternehmer berechtigt, nach Ablauf der vom Gesetz, von den Ständischen Vorschriften 1), von

---

[6] IPRspr. 2003 Nr. 46b.   [7] IPRspr. 1989 Nr. 72.

den Gebräuchen oder von der nach Billigkeit festgesetzten Frist vom Vertrag gemäß Art. 2118 [Cc] zurückzutreten.

1) Die Verweise auf die Ständischen Vorschriften sind heute als auf die in Dekreten mit Gesetzeskraft übernommenen Kollektivverträge (s. Gesetz vom 14.7.1959, Nr. 741) und sog.Kollektivverträgen des allgemeinen Rechts bezogen und insofern als wirksam zu betrachten (s. Art. 2113 [Cc]).' (zit. n. *Bauer*, Italienisches Zivilgesetzbuch / Codice civile, zweisprachige Ausgabe, 2004, Art. 2110).

Dem insoweit von den Parteien nicht in Zweifel gezogenen Ergebnis des Gutachtens folgend ist festzustellen, dass der allgemeine reale italienische Kündigungsschutz (*tutela reale*) kein Kündigungsverbot als solches beinhaltet. Es kommt für die Frage der Wirksamkeit der streitgegenständlichen Kündigung lediglich darauf an, ob Art. 2110 ital. Cc überhaupt einschlägig ist und ob das in Art. 2110 ital. Cc enthaltene zeitweilige Kündigungsverbot, das *comporto* eingreift. Nach Art. 2110 ital. Cc kann sich der Unternehmer (Arbeitgeber) bei Unfall (*infortunio*), Krankheit (*malattia*) oder den beiden anderen aufgezählten, hier aber nicht maßgeblichen Gründen vom Arbeitsverhältnis einseitig lösen, wenn er die Frist des *comporto* einhält. Der *comporto* greift nur, wenn einer der Gründe vorliegt. Aus dem Umkehrschluss der Regelung ergibt sich, dass der Arbeitgeber nach dem Ablauf des *comporto*, sofern die Arbeitsunfähigkeit andauert, wegen der Krankheit kündigen kann (*Ichino*, Il contratto di lavoro, Bd. III [2003], 81 – zit. n. Gutachten).

Dieses zugrunde gelegt konnte die Bekl. das Arbeitsverhältnis nach ital. Recht auflösen. Der Kl. war aufgrund des Unfalls im privaten Bereich erkrankt und wegen der erlittenen Verletzung nicht arbeitsfähig. Mit dem ArbG ist davon auszugehen, dass nach Art. 2110 ital. Cc grundsätzlich dann von einer *malattia* auszugehen ist, wenn sie dazu führt, dass der Arbeitnehmer nicht mehr arbeitsfähig ist. Anderenfalls gäbe es auch keinen Grund für einen Rücktritt vom Vertrag.

Die erforderliche Arbeitsunfähigkeit ist durch die bis zum Zeitpunkt der Kündigungserklärung vorgelegten ärztlichen Arbeitsunfähigkeitsbescheinigungen belegt worden. Davon geht die Kammer trotz des – bestrittenen – Vortrags des Kl., bereits nach Anpassung der myoelektrischen Prothese wieder arbeitsfähig gewesen zu sein, aus. Eine Beweisaufnahme durch Vernehmung des die Arbeitsunfähigkeitsbescheinigungen ausstellenden Arztes hat die Kammer nicht für zulässig gehalten. Bei einer solchen Beweisaufnahme hätte es sich um einen sog. Ausforschungsbeweis gehandelt. Erst die Beweisaufnahme hätte u.U. den vom Kl. vorgetragenen Sachverhalt, dass er bereits deutlich vor Ausspruch der Kündigung unter Berücksichtigung der arbeitsvertraglich geschuldeten Tätigkeit arbeitsfähig war, bestätigt. Es fehlte an Vortrag des Kl. dazu, woraus sich die von ihm behauptete Arbeitsfähigkeit auch unter Berücksichtigung der berufsgenossenschaftlichen Vorgaben ergeben sollte, obwohl durchgängig Arbeitsunfähigkeitsbescheinigungen vorgelegt worden waren. Eine bewusste Täuschung der Sozialversicherungsträger und der Bekl. durch den Arzt hat die Kammer – wie bereits in der mündlichen Verhandlung ausgeführt – ausgeschlossen.

Grundsätzlich löste die Krankheit zunächst das Kündigungsverbot des Arbeitnehmers aus (vgl. *Del Punta*, La sospensione del rapporto di lavoro – malattia, infortunio, maternità, servizio militare, Art. 2110 – 2111 [Wehrdienstregelung, Anm. des Gerichts], 1992, 3 ff.; *Ichino* aaO 48 ff. – zit. n. Gutachter).

Da das *comporto* zum Zeitpunkt der Kündigung abgelaufen war, war die Kündigung zulässig. Mangels gesetzlicher oder kollektivrechtlicher Regelungen zum *comporto* kann nach dem Gutachten auf Gewohnheitsrecht zurückgegriffen werden. Danach sind die von der Bekl. herangezogenen 180 Tage als angemessen anzusehen. Diese Frist war zum Zeitpunkt der Kündigungserklärung lange verstrichen. Die Bekl. war folglich zur Kündigung berechtigt.

Zu diesem Zeitpunkt war der Kl. nach oben Genanntem weiterhin nicht arbeitsfähig und damit krank im Sinne von Art. 2110 I ital. Cc. Die Kammer vermag sich nicht der Argumentation des Kl. anzuschließen, dass nach der Anpassung der myoelektrischen Prothese die Arbeitsunfähigkeit entfallen sei. Es mag zwar sein, dass der Kl. sich nach der Heilung seiner unmittelbaren Verletzung gesund gefühlt hat. Krankheit im Sinne von Art. 2110 ital. Cc ist jedoch gleichzusetzen mit der fehlenden Fähigkeit, die vertraglich geschuldete Arbeitsleistung zu erbringen. In diesem Sinne unterliegt er einem Leiden, das es ihm nicht ermöglicht, die vertraglich geschuldeten Leistungen in vollem Umfang zu erbringen. Insoweit folgt die Kammer der Auffassung der Bekl., dass die Arbeitsfähigkeit im Hinblick auf die arbeitsvertraglich geschuldete Arbeitsleistung auf Dauer nicht wiederhergestellt sein wird. Auch das Berufungsgericht geht davon aus, dass ein Erster Offizier auf einem Kreuzfahrtschiff zum Schutz der Gesundheit und des Lebens aller Passagiere seediensttauglich sein muss und daher über alle Gliedmaßen, insbesondere beide Hände verfügen muss. So selten möglicherweise Havarien auftreten, müssen sie gleichwohl in Betracht gezogen werden. In derartigen Fällen muss jedes Bordmitglied uneingeschränkt in der Lage sein, bei den dann anstehenden Rettungsmaßnahmen direkt mit zuzufassen. Die angedeutete Auffassung des Kl., dass sich in einem Havariefall ein Mannschaftsmitglied allein auf Weisungen beschränken könnte, ist aus Sicht der Kammer nicht haltbar.

Die Kündigung ist auch nicht aus anderen Gründen unwirksam. Sie lässt sich unter dem Gesichtspunkt des berechtigten Grundes rechtfertigen (*giustificato motivo*). Nach der wohl h.M. entfällt nach dem Ablauf des *comporto* eine nochmalige Prüfung des Vorliegens eines berechtigten Grundes (vgl. *Del Punta* aaO 377 ff.; *Grandi-Pera-Vallauri*, Commentario breve alle leggi sul lavoro, 2008, Art. 2110 Cc Anm. XII, 539 – zit. n. Gutachten).

Entgegen der im Kammertermin geäußerten Auffassung des Kl. gibt es auch keine Anhaltspunkte dafür, dass der berechtigte Grund für die Kündigung, wenn nicht nach Ablauf von 180 Tagen gekündigt wird, verbraucht sein sollte. Dem Arbeitgeber muss die Möglichkeit erhalten bleiben, trotz Ablaufs der Frist nicht sofort das Arbeitsverhältnis beenden zu müssen.

IV. Der Antrag auf Feststellung des Fortbestands des Arbeitsverhältnisses ist auch nicht nach Art. 34 EGBGB i.V.m. §§ 85 ff. SGB IX begründet. Nach § 85 SGB IX wäre die streitgegenständliche Kündigung unwirksam, da die Bekl. vor Ausspruch derselben das Integrationsamt nicht beteiligt hatte. Der deutsche Schwerbehindertenschutz kommt hier jedoch auch nicht über Art. 34 EGBGB zur Anwendung.

1. Nach Art. 34 EGBGB lassen die Kollisionsnormen des vertraglichen Schuldrechts die Anwendung derjenigen Bestimmungen des deutschen Rechts unberührt, die ohne Rücksicht auf das auf den Vertrag anzuwendende Recht den Sachverhalt zwingend regeln (sog. Eingriffsnormen). Nicht alle nach deutschem Recht zwingen-

den Rechtsnormen sind zugleich nach Art. 34 EGBGB unabdingbar. Dies folgt für arbeitsrechtliche Vorschriften aus Art. 30 I EGBGB. Diese Vorschrift wäre, soweit es die Anwendung deutschen Rechts angeht, überflüssig, wenn jede vertraglich unabdingbare arbeitsrechtliche Norm über Art. 34 EGBGB auf das Arbeitsverhältnis einwirken würde. Inländische Gesetze sind deshalb nur dann Eingriffsnormen im Sinne des Art. 34 EGBGB, wenn sie entweder ausdrücklich (so z.B. § 130 II GWB) oder nach ihrem Sinn und Zweck ohne Rücksicht auf das nach den deutschen Kollisionsnormen anwendbare Recht gelten sollen (BAG 12.12.2001 aaO; 3.5.1995 aaO; MünchKomm-*Martiny*, 3. Aufl., EGBGB Art. 34 Rz. 6 f.; *Erman-Hohloch*, BGB, 10. Aufl., EGBGB Art. 34 Rz. 13). Erforderlich ist, dass die Vorschrift nicht nur auf den Schutz von Individualinteressen der Arbeitnehmer gerichtet ist, sondern mit ihr zumindest auch öffentliche Gemeinwohlinteressen verfolgt werden (BAG 12.12.2001 aaO) ...

5. Das italienische Arbeitsrecht kennt ausweislich des Gutachtens keinen besonderen Kündigungsschutz für Schwerbehinderte. Der Schutz von Schwerbehinderten ist Gegenstand des Gesetzes Nr. 68 – Norme per il diritto al lavoro dei disabili – vom 12.3.1999 (Gaz. Uff. n. 68 del 23-3-199). Es regelt den geschützten Personenkreis (*Henssler-Braun-Radoccia*, Arbeitsrecht in Europa, 3. Aufl., Individualarbeitsrecht Italien Rz. 166), sieht Zwangszuweisungen und -einstellungen Schwerbehinderter vor und regelt die Verfahrensweise der staatlichen Überprüfung bis hin zu Strafmaßnahmen (*Henssler-Braun-Radoccia* aaO Rz. 172, 173). Darüber hinaus sieht Art. 10 des Gesetzes Nr. 68/1999 Informationspflichten des Arbeitgebers vor, wenn er einem Schwerbehinderten kündigen will. Im Umkehrschluss lässt sich dem Gutachten zufolge daraus entnehmen, dass ein Schwerbehinderter wie jeder andere Arbeitnehmer den üblichen Kündigungsbeschränkungen unterliegt (*Grandi-Pera* [Corte costituzionale] aaO Art. 10 Anm. VI, 1528; *Denaro*, Il licenziamento individuale nel rapporto di lavoro privato, 1984, 1279 ff.; Corte di Cassazione, 17.1.1983, zit. n. *Albini-Crespi-Di Seri*, Il nuovo diritto al lavoro dei disabili, 2000, 293 N. 204) – zit. n. Gutachter). Auch der Codice della navigazione (Regio decreto 30 marzo 1942, n. 327 [Gaz. Uff. n. 93 del 18-4-1942]) enthält für schwerbehinderte Seeleute keine besonderen Vorschriften.

V. Die Kündigung ist auch nicht deshalb unwirksam, weil die Bekl. sich widersprüchlich verhalten hätte.

Dabei handelt es sich um ein Rechtsinstitut der Verwirkung, das es ausweislich des Gutachtens ohne gesetzliche Regelung auch im italienischen Zivilrecht unter den Begriffen *perenzione, decadenza* oder *rinuncia tacita* gibt. Die Verwirkung ist unter dem Gesichtspunkt des ordre public durch ein Gericht lex fori von Amts wegen zu berücksichtigen ist (Art. 6 EGBGB).

Die Ausübung von Rechten kann unzulässig sein, wenn sie zum früheren Verhalten im Widerspruch steht (venire contra factum proprium). Es steht jedem Teilnehmer am Rechtsverkehr zwar grundsätzlich frei, sein Verhalten oder seine Rechtsansichten zu ändern und sich damit in Widerspruch zu seinem früheren Verhalten zu setzen. Ein solches Verhalten ist aber rechtsmissbräuchlich, wenn der Erklärende durch seine Erklärung oder durch sein Verhalten unbewusst oder bewusst eine Sach- oder Rechtslage geschaffen hat, auf die sich der andere Teil verlassen durfte und verlassen hat (BAG, Urt. vom 16.2.2012 – 6 AZR 553/10; Urt. vom 18.10.2000 – 2

AZR 494/99) Das Verbot widersprüchlichen Verhaltens als Ausprägung des Grundsatzes von Treu und Glauben bildet eine allen Rechten, Rechtslagen und Rechtsnormen immanente Inhaltsbegrenzung. Das Vertrauen des anderen am Rechtsverhältnis beteiligten Teils, dass eine bestimmte Rechtslage gegeben sei, ist v.a. dann schutzwürdig, wenn er von dem anderen Teil in diesem Glauben bestärkt worden ist und im Hinblick darauf Dispositionen getroffen hat. In einem solchen Fall ist die Ausnutzung der durch das widersprüchliche Verhalten geschaffenen Rechtslage wegen der Rechtsüberschreitung unzulässig. Ob ein solcher Fall vorliegt, ist unter Berücksichtigung der Umstände des Einzelfalls zu entscheiden Unter dieser Prämisse konnte kein Vertrauensschutz beim Kl. entstehen. Es kann zugunsten des Kl. unterstellt werden, dass man ihm angeraten hat, ein neues Seediensttauglichkeitszeugnis zu beantragen und vorerst während der Erkrankung bzw. Krankschreibung nicht kündigen zu wollen. Ein Vertrauen darauf, dass der Kl. dauerhaft nicht mit einer Kündigung rechnen musste, konnte beim Kl. als Erklärungsempfänger jedoch nicht entstehen. Die Bekl. hat für ihn erkennbar deutlich gemacht, dass sie ihn nach dem Unfall nicht mehr für seetauglich gehalten hat. Dieses wurde bestätigt durch die Nichterteilung des Seediensttauglichkeitszeugnisses durch die zuständige Berufsgenossenschaft."

77. *Bei der Beurteilung der völkerrechtlichen Immunität ist für die Abgrenzung zwischen hoheitlicher und nicht-hoheitlicher Staatstätigkeit die Natur der staatlichen Handlung oder des entstandenen Rechtsverhältnisses maßgeblich. Soweit dabei ein Arbeitsverhältnis im Streit steht, kommt es grundsätzlich darauf an, ob die dem Arbeitnehmer übertragenen Aufgaben ihrer Natur nach hoheitlich oder nicht-hoheitlich sind.*

Im Rahmen der konkludenten Rechtswahl des Art. 30 EGBGB für das auf einen Arbeitsvertrag anwendbare Recht ist maßgeblich das Recht des Staats, in dem der Arbeitnehmer in Erfüllung des Arbeitsvertrags gewöhnlich seine Arbeiten verrichtet. [LS der Redaktion]

LAG Nürnberg, Urt. vom 21.5.2014 – 4 Sa 155/12: Unveröffentlicht.

Die erkennende Kammer schließt sich in vollem Umfang den Ausführungen des LAG Nürnberg im Urteil vom 25.9.2013 – 2 Sa 172/12[1] – an. (Die Revision schwebt beim BAG unter dem Az. 5 AZR 478/14.) Siehe hierzu auch die Urteile des LAG Nürnberg vom 21.5.2014 – 4 Sa 374/12 –, vom 17.1.2014 – 3 Sa 228/12[2] – und vom 7.3.2014 – 6 Sa 210/12[3].

78. *Die Parteien eines Arbeitsvertrags können eine Rechtswahl treffen. Diese muss nicht ausdrücklich erfolgen; sie kann sich konkludent aus den Bestimmungen des Vertrags oder aus den Umständen des Einzelfalls ergeben. Dabei kann gerade die Orientierung an maßgeblichen Regelungen einer bestimmten (hier: deutschen) Rechtsordnung für die konkludente Wahl dieses Rechts sprechen.* [LS der Redaktion]

BAG, Urt. vom 28.5.2014 – 5 AZR 422/12: AP Nr. 37 zu § 10 AÜG; NZA 2014, 1264. Leitsatz in: AuR 2014, 343; DB 2014, 1688; EWiR 2015, 129 mit Anm. *Köhler*; GWR 2014, 358 mit Anm. *Chwalisz*; NJW-Spezial 2014, 654.

---

[1] IPRspr. 2013 Nr. 72.
[2] Siehe unten Nr. 155.
[3] Siehe unten Nr. 157.

79. *Den griechischen Gesetzen Nr. 3833/2010 über dringende Maßnahmen zur Bewältigung der Krise der Staatsfinanzen (Fylla Efimeridos tis Kyberniseos 40/A/2010) und Nr. 3845/2010 über Maßnahmen für die Anwendung des Stützungsmechanismus für die griechische Wirtschaft vonseiten der Mitgliedsländer der Eurozone und des Internationalen Währundsfonds (Fylla Efimeridos tis Kyberniseos 65/A/2010) kommt keine unmittelbare Wirkung zu in Bezug auf die von der Republik Griechenland mit Lehrkräften in Deutschland nach deutschem Recht geschlossenen Arbeitsverträge. Eine von diesen Gesetzen bezweckte Entgeltabsenkung kann in Anwendung deutschen Rechts nur durch den Ausspruch einer Änderungskündigung erreicht werden.*

LAG Düsseldorf, Urt. vom 31.7.2014 – 15 Sa 1123/13: Unveröffentlicht.

[Das Urteil des LAG Düsseldorf vom 17.11.2011 – 15 Sa 1027/11 – und das Urteil des BAG vom 25.4.2013 in der Parallelsache – 2 AZR 238/12 – wurden bereits in IPRspr. 2011 unter der Nr. 179 bzw. IPRspr. 2013 unter der Nr. 165b abgedruckt. Die Revision zur vorliegenden Entscheidung schwebt beim BAG unter dem Az. 2 AZR 644/14.]

Die Parteien streiten über die Wirksamkeit einer außerordentlichen fristlosen Änderungskündigung. Die Bekl. unterhält in der Bundesrepublik Deutschland mehrere Schulen, darunter eine staatlich anerkannte Ergänzungsschule in E. Die von der Bekl. in E. unterhaltenen Schulen werden von ihr allein finanziert. Die Kl. ist seit 1985 bei der Bekl. beschäftigt. Mit Schreiben vom 9.11.2010 kündigte die Bekl. das Arbeitsverhältnis der Parteien außerordentlich fristlos und bot der Kl. die Weiterbeschäftigung zu geänderten Arbeitsbedingungen an. Ausweislich der neuen angebotenen Bedingungen sollten das Gehalt gekürzt und Jahressonderzahlungen abgeschafft werden. Die Kl. nahm das Änderungsangebot unter Vorbehalt an. Mit ihrer rechtzeitig erhobenen Klage hat sie sich gegen die Änderung der Arbeitsbedingungen gewandt.

Das ArbG hat der Klage stattgegeben. Das LAG hat sie mit der Begründung als unzulässig abgewiesen, die deutsche Gerichtsbarkeit sei nicht gegeben. Auf die zugelassene Revision hat das BAG mit Urteil vom 25.4.2013 – 2 AZR 46/12 – das Urteil des LAG Düsseldorf vom 17.11.2011 – 15 Sa 1027/11 – aufgehoben und die Sache zur neuen Verhandlung und Entscheidung auch über die Kosten der Revision zurückverwiesen

Aus den Gründen:

„I. Der Feststellungsantrag ist unbegründet, weshalb die Klage abzuweisen war.

1. Mit dem BAG in seinem Urteil vom 25.4.2013[1] geht auch die erkennende Kammer davon aus, dass die Parteien im Streitfall konkludent die Anwendung deutschen Rechts vereinbart haben und die auf diese Weise getroffene Rechtswahl im Ergebnis der Regelung des hier noch anwendbaren Art. 30 II Nr.1 EGBGB entspricht [vgl. dort II. 1. c) der Entscheidungsgründe].

Art. 30 II Halbs. 2 EGBGB steht dem nicht entgegen.

Soweit die Bekl. mit Schriftsatz vom 7.7.2014 die Ansicht vertreten hat, dass die Änderung der Vertragsbedingungen bereits unabhängig von der ausgesprochenen Änderungskündigung eingetreten sei aufgrund der hier einschlägigen Gesetze Nr. 3833/2010 und Nr. 3845/2010 über Maßnahmen für die Anwendung des Stützungsmechanismus für die griechische Wirtschaft vonseiten der Mitgliedländer der Eurozone und des Internationalen Währundsfonds (Fylla Efimeridos tis Kyberniseos 65/A2010) und insoweit u.a. darauf verweist, dass die Kl. zum Zeitpunkt der Vertragsabschlüsse nur die griechische Staatsangehörigkeit besessen habe und ihr Universitätsabschluss sie nur zum Unterricht an griechischen Schulen berechtige, soll damit wohl die Ausnahmeklausel des Art. 30 II Halbs. 2 EGBGB angesprochen sein. Im Ergebnis kann dieser Verweis der Bekl. jedoch nicht zum Erfolg verhelfen.

---

[1] IPRspr. 2013 Nr. 165b (Parallelverfahren).

Selbst dann nämlich, wenn hier wegen der engeren Verbindung des Arbeitsverhältnisses zum griechischen Staat – wovon bislang noch keine der Parteien ausgegangen war – nach der vorhergenannten Bestimmung griechisches Recht anzuwenden sein sollte, wäre nach Art. 30 I EGBGB die Anwendung deutschen Kündigungsschutzrechts nämlich nicht ausgeschlossen. Nach dieser Bestimmung darf die Rechtswahl der Parteien nicht dazu führen, dass dem Arbeitnehmer der Schutz entzogen wird, der ihm durch die zwingenden Bestimmungen des Rechts gewährt wird, das nach Art. 30 II EGBGB mangels Rechtswahl anzuwenden wäre. Ob dem Arbeitnehmer durch das gewählte Recht der Schutz der zwingenden arbeitsrechtlichen Bestimmung des nach Abs. 2 maßgeblichen Rechts entzogen wird, ist durch Vergleich der beiden Rechtsordnungen zu ermitteln; dabei ist jeweils auf die Ergebnisse abzustellen, zu denen diese Rechte in dem betreffenden Teilbereich, z.B. Kündigungsschutz, im Einzelfall gelangen. Soweit das gewählte Recht mit seinen zwingenden Vorschriften den Arbeitnehmer im Ergebnis genauso oder besser schützt als das bei Fehlen einer Rechtswahl berufene Recht, hat es bei der Anwendung jener Vorschriften sein Bewenden (*Palandt-Heldrich*, BGB, 62. Aufl., Art. 30 EGBGB Rz. 4 m.w.N.).

Im vorliegenden Fall ist die Kl. bei Anwendung des gewählten, also deutschen Rechts, besser geschützt als bei einer ausschließlichen Maßgeblichkeit der im Streitfall einschlägigen griechischen Gesetze Nr. 3833/2010 und Nr. 3845/2010 und deren unmittelbaren Anwendung auf das Arbeitsverhältnis der Parteien im Hinblick auf die hier streitgegenständlichen Änderungen der Arbeitsvertragsbedingungen. Oder anders ausgedrückt: Hätte man auf griechisches Recht und damit im hier gegebenen Streitfall auf die insoweit maßgeblichen Gesetze Nr. 3833/2010 und Nr. 3845/2010 abzustellen und diese mit unmittelbarer Wirkung auch auf das Arbeitsverhältnis der Parteien anzuwenden, würde den davon betroffenen Arbeitnehmern derjenige Schutz entzogen, der ihnen das deutsche Recht im Streitfall bietet, nämlich der (Änderungs)Kündigungsschutz, welcher vorliegend auch nicht aufgrund sonstiger (internationaler) Normen verdrängt wird [dazu im Folgenden unter 2. a)]. Damit hat es hier bei der Anwendung deutschen Kündigungsschutzrechts – wie so schon vom BAG in der Entscheidung vom 25.4.2013 als maßgeblich zugrunde gelegt – zu verbleiben.

2. Die Änderung der Arbeitsbedingungen durch die hier streitgegenständliche Änderungskündigung ist wirksam erfolgt.

a) Der Änderungsschutzantrag ist nicht bereits deshalb unbegründet, weil eine Änderung der Vertragsbedingungen bereits unabhängig von der ausgesprochenen Änderungskündigung eingetreten war. Letzteres ist hier zu verneinen.

aa) Mit dem LAG Nürnberg (Urt. vom 25.9.2013 – 2 Sa 172/12[2]) und dem LAG Hamm (Urt. vom 3.4.2014 – 17 Sa 1387/13, Rz. 127 ff.) geht auch die erkennende Kammer davon aus, dass die griechischen Gesetze Nr. 3833/2010 und Nr. 3845/2010 den Inhalt der arbeitsvertraglichen Vereinbarungen nicht geändert haben und ihnen keine unmittelbare Wirkung in Bezug auf den Arbeitsvertrag der Parteien zukommt. Da auf das Arbeitsverhältnis der Parteien aufgrund der von ihnen getroffenen Rechtswahl (Art. 27 I 1 EGBGB) deutsches Recht Anwendung findet, welches auch durch die Ausnahmeklausel des Art. 30 II Halbs. 2 EGBGB i.V.m. Art. 30 I EGBGB – wie vorstehend dargelegt – nicht ‚verdrängt' wird, sind

---

[2] IPRspr. 2013 Nr. 72.

Eingriffsnormen einer nicht maßgebenden Rechtsordnung eines dritten Staats – wie hier die griechischen Gesetze Nr. 3833/2010 und Nr. 3845/2010 – regelmäßig unbeachtlich ... Irgendwelche Vorschriften, aus denen sich vorliegend eine unmittelbare Anwendbarkeit der griechischen Gesetze Nr. 3833/2010 und Nr. 3845/2010 ergeben könnte, bestehen nicht. Solches lässt sich insbesondere auch nicht dem Art. 9 III ROM-I-VO – wäre er überhaupt auf den hier streitgegenständlichen Sachverhalt anwendbar – und auch den Bestimmungen der Art. 27 ff. EGBGB nicht entnehmen.

Soweit die Bekl. mit Schriftsatz vom 7.7.2014 den hier streitgegenständlichen Gesetzen angesichts ihrer Entstehungsgeschichte quasi den Charakter eines internationalen Abkommens bzw. Vertrags hat beilegen wollen – was auch immer für den Streitfall dann daraus zu folgern wäre –, kann ihr nicht gefolgt werden. Dass es sich insoweit nicht um einen internationalen Vertrag handelt, hat – wie von der Bekl. selbst erwähnt – der Oberste Verwaltungsgerichtshof Griechenlands mit Urteil vom 21.6.2011 bereits entschieden. Eine davon abweichende Beurteilung steht der Kammer nicht zu. Der deutsche Richter hat ausländisches Recht so anzuwenden, wie es der Richter des betreffenden Landes auslegt und anwendet (BGH, Urt. vom 23.6.2003 – II ZR 305/01[3]; *Zöller-Geimer*, ZPO, 29.Aufl., §293 Rz. 24). Ohne Relevanz ist auch die Zwecksetzung der hier streitgegenständlichen griechischen Gesetze, wie u.a. etwa die Erfüllung bzw. Umsetzung vormals aufgrund internationaler Abkommen eingegangener Verpflichtungen bzw. diesbezüglich zu erreichender Ziele. Eine solche Zwecksetzung nimmt den hier streitgegenständlichen Normen nicht die rechtliche Qualität eines (Parlaments-)Gesetzes – und zwar das eines ausländischen Staats (vom Blickwinkel des vorliegenden Rechtsstreits aus betrachtet). Diese Rechtsqualität ist dann auch zugrunde zu legen, soweit es um die zuvor aufgeworfene, hier im Ergebnis zu verneinende Frage geht, ob eine derartige Rechtsnorm eines ausländischen Staats bei grundsätzlicher Geltung inländischen Rechts, wie hier deutschen Rechts, unmittelbare Geltung beanspruchen bzw. unmittelbare Wirkung entfalten kann.

Allerdings erlauben das europäische und das deutsche IPR es, drittstaatlichen (hier: griechischen) Eingriffsnormen indirekt über das deutsche Vertragsstatut Wirkung zu verleihen, sofern das deutsche Zivilrecht durch Normen mit offenen Tatbeständen (z.B. Unmöglichkeit, Sittenwidrigkeit, Treu und Glauben, Wegfall der Geschäftsgrundlage etc.) genügend Spielraum für eine solche Berücksichtigung lässt (vgl. LAG Hamm aaO Rz. 130)."

80. *Der Begriff „;Mindestentgeltsätze" im Sinne des § 2 Nr. 1 AEntG beziehungsweise § 5 Nr. 1 AEntG ist einheitlich auszulegen, und zwar unabhängig davon, ob ein rein innerstaatlicher Sachverhalt oder ein Sachverhalt mit Auslandsberührung zu entscheiden ist. Regelungen über Mindestentgeltsätze sind danach nur Rechtsnormen über Mindestentgelt für tatsächlich erbrachte Arbeitsleistungen und nur insoweit als international zwingende Normen im Sinne des Art. 34 EGBGB alter Fassung beziehungsweise Art. 9 Rom-I-VO zu qualifizieren. [LS der Redaktion]*

LAG Niedersachsen, Urt. vom 19.8.2014 – 15 Sa 14/14: Unveröffentlicht.

---

[3] IPRspr. 2003 Nr. 1b.

[Die Revision – BAG (10 AZR 693/14) – wurde unterdessen zurückgenommen. Vgl. die Parallelentscheidungen des LAG Niedersachsen gleichen Datums mit den Az. 15 Sa 1209/13, 15 Sa 163/14 und 15 Sa 13/14.]

Die Parteien streiten um die Frage, ob der Kl. von der Bekl. auf der Grundlage des Tarifvertrags zur Regelung des Mindestlohns für pädagogisches Personal i.V.m. der vom BMAS am 17.7.2012 aufgrund von § 7 I, II, IV und V 1 und 2 AEntG erlassenen VO über zwingende Arbeitsbedingungen für Aus- und Weiterbildungsdienstleistungen nach dem Zweiten oder Dritten Buch Sozialgesetzbuch (Mindestlohn-VO), nach welcher Rechtsnormen des Tarifvertrags zur Regelung des Mindestlohns für pädagogisches Personal auch für im Geltungsbereich der VO beschäftigte Leiharbeitnehmer und -arbeitnehmerinnen gelten sollte, die Zahlung eines Mindestlohns verlangen kann.

Der Kl. ist bei der Bekl., einem Träger von Aus- und Weiterbildungsmaßnahmen, in der Betriebsstätte H-Stadt als pädagogischer Mitarbeiter tätig.

Der Kl. fordert für die Monate August 2012 bis Juni 2013 den auf Grundlage des MindestlonTV i.V.m. der Mindestlohn-VO gegenüber den erhaltenen Bruttolohnzahlungen ermittelten Differenzbetrag. Das ArbG hat der Klage stattgegeben. Hiergegen richtet sich die Berufung der Bekl.

Aus den Gründen:

„II. ... b) Zwar ergibt sich aus §§ 8 I AEntG, 1 Mindestlohn-VO i.V.m. den Rechtsnormen des Mindestlohn-TV unmittelbar kein Anspruch auf Zahlung einer Mindeststundenvergütung für solche Arbeitszeiten, die infolge eines gesetzlichen Feiertags ausfallen oder für solche Arbeitszeiten, in denen der Arbeitnehmer infolge von Krankheit an der Erbringung der Arbeitsleistung verhindert ist. Dabei ist davon auszugehen, dass der Begriff ‚Mindestentgeltsätze' im Sinne des § 2 Nr. 1 AEntG bzw. § 5 Nr. 1 AEntG einheitlich auszulegen ist, und zwar unabhängig davon, ob ein rein innerstaatlicher Sachverhalt oder ein Sachverhalt mit Auslandsbezug zu entscheiden ist (vgl. auch BAG, EuGH-Vorlage vom 18.4.2012 – 4 AZR 168/10 (A) Rz. 14 ff., BAGE 141, 173). Regelungen über Mindestentgeltsätze sind danach nur Rechtsnormen über Mindestentgelt für tatsächlich erbrachte Arbeitsleistungen. Nur insoweit handelt es sich um international zwingende Normen im Sinne des Art. 34 EGBGB a.F. bzw. Art. 9 Rom-I-VO (vgl. BAG, Urt. vom 12.1.2005 – 5 AZR 279/01 zu IX. 1 der Gründe, EzAÜG AEntG § 1a Nr. 7; Urt. vom 12.1.2005 – 5 AZR 617/01[1] zu IX. der Gründe, BAGE 113, 149; *Koberski-Asshoff-Eustrup-Winkler*, AEntG, 3. Aufl., § 5 Rz. 17). § 2 EFZG ist keine Eingriffsnorm im Sinne des Art. 34 EGBGB a.F. Auch § 3 EFZG ist nur dann als Eingriffsnorm im Sinne des Art. 34 EGBGB a.F. anwendbar, wenn die betreffenden Arbeitsverhältnisse dem deutschen Sozialversicherungsrecht unterliegen (BAG, Urt. vom 18.4.2012 – 10 AZR 200/11[2] Rz. 13, BAGE 141, 129). § 2 AEntG benennt die §§ 2, 3 EFZG ebenfalls nicht als Eingriffsnormen. Die Vorschrift legt in Übereinstimmung mit Art. 3 I der Richtlinie 96/71/EG des Europäischen Parlaments und des Rates über die Entsendung von Arbeitnehmern im Rahmen der Erbringung von Dienstleistungen vom 16.12.1996 (ABl. Nr. L 018/1997) fest, welche Rechts- und Verwaltungsvorschriften auf Arbeitsverhältnisse zwischen einem im Ausland ansässigen Arbeitgeber und seinen im Inland beschäftigten Arbeitnehmern zwingend Anwendung finden. Sie ordnet die international zwingende Geltung der betreffenden deutschen Normen an. Unter den in § 2 AEntG ausdrücklich erwähnten Regelungen befinden sich auch diejenigen Vorschriften, die nach a.A. als Eingriffsnormen im Sinne des Art. 34 EGBGB a.F. anzusehen sind, etwa die Vorschriften über Arbeitssicherheit, Gesundheitsschutz, Hygiene, Schutzmaßnahmen für Schwangere und Wöchnerinnen (vgl. § 2 Nrn. 5, 6

---

[1] IPRspr. 2005 Nr. 33.   [2] IPRspr. 2012 Nr. 65.

AEntG). Hätte der Gesetzgeber auch die hier betroffenen Normen über die Entgeltfortzahlung in jedem Fall als Eingriffsnormen angesehen, so hätte es nahe gelegen, sie in den Katalog des § 2 AEntG aufzunehmen (vgl. BAG – 10 AZR 200/11 aaO Rz. 22 m.w.N.; LAG Berlin-Brandenburg, Urt. vom 7.3.2014 – 3 Sa 1728/13[3]). Demnach kann ein Arbeitgeber gemäß § 8 I AEntG bzw. aufgrund einer Verordnung nach § 7 I AEntG nicht verpflichtet werden, einem Arbeitnehmer für die Zeiten, die der Arbeitnehmer keine Arbeitsleistung erbracht hat, weil die Arbeit infolge eines Feiertags ausgefallen ist, ein Mindestentgelt zu zahlen. Er kann nach diesen Vorschriften auch zur Zahlung eines Mindestentgelts für Arbeitszeiten, die infolge von Krankheit nicht erbracht werden, jedenfalls dann nicht verpflichtet werden, wenn das Arbeitsverhältnis nicht dem deutschen Sozialversicherungsrecht unterliegt."

---

[3] Siehe oben Nr. 73.

V. Sachenrecht und Trust

81. *Die im Gründungsstaat erloschene englische Limited besteht in Deutschland als Rest- oder Spaltgesellschaft fort, solange sie noch Vermögen besitzt, das ansonsten keinem Rechtsträger zugeordnet werden kann.*
Die Rest- oder Spaltgesellschaft unterliegt grundsätzlich dem deutschen Gesellschaftsrecht. Sie wird regelmäßig in der Rechtsform einer offenen Handelsgesellschaft oder Gesellschaft bürgerlichen Rechts geführt (im Anschluss an NZG 2012, 738 = IPRspr. 2012 Nr. 18).

a) LG Siegen, Urt. vom 1.10.2013 – 8 O 49/11: Unveröffentlicht.
b) OLG Hamm, Urt. vom 11.4.2014 – I-12 U 142/13: NJW-RR 2014, 995; IPRax 2015, 446 mit Anm. *Klöhn/Schwarz*; ZIP 2014, 1426; DNotZ 2014, 705; GmbHR 2014, 1156; NZG 2014, 703. Leitsatz in: EWiR 2014, 679 mit Anm. *Fröhlich/Primaczenko*; GWR 2014, 257 mit Anm. *Froehner*; NJW-Spezial 2014, 465; RNotZ 2014, 514.

Der Kl. war Alleingesellschafter der nach englischem Recht gegründeten ... Ltd. mit inländischer Zweigniederlassung in C. Diese war mit der Bekl. durch einen schriftlichen Rahmenvertrag aus dem Jahr 2010 verbunden. Am 3.8.2010 wurde die ... Ltd. im englischen Handelsregister gelöscht. Der Kl. war in der Folgezeit in dem Geschäftsbereich der Gesellschaft weiterhin gewerblich tätig. Er verlangte von der Bekl. die Bezahlung von offenen Werklohnrechnungen. Das LG Siegen wies seine Klage als unbegründet ab. Mit seiner Berufung verfolgt der Kl. sein Klagebegehren weiter.

Aus den Gründen:

a) LG Siegen 1.10.2013 – 8 O 49/11:

„Die Klage ist unbegründet.
Dem Kl. steht kein Anspruch auf Zahlung von ... Euro gegen die Bekl. gemäß § 631 BGB zu.
Der Kl. ist nicht aktivlegitimiert ...
Ursprünglicher Vertragspartner der Bekl. war die ... Ltd., deren Geschäftsführer und Alleingesellschafter der Kl. ist.
Der Anspruch gemäß § 631 BGB ist nicht im Wege der Rechtsnachfolge oder Universalsukzession von der Ltd. auf den Kl. übergegangen.
Inhaber des Anspruchs ist vielmehr die Ltd. geblieben. Dies gilt trotz des Umstands, dass sie unstreitig nach englischem Recht gelöscht worden ist.
Auch eine nach englischem Recht gegründete Ltd. mit Vermögen im Inland ist nach der nach englischem Recht durchgeführten Löschung und Auflösung für Prozesse im Inland als Restgesellschaft jedenfalls bis zur vollständigen Beendigung der Liquidation als aktiv und passiv parteifähig anzusehen. Solange der rechtliche Status der Restgesellschaft ungeklärt ist, kann zu ihrer Vertretung ein Pfleger bestellt werden (vgl. OLG Nürnberg, GmbHR 2008, 41 ff.[1]).
Zwar ist grundsätzlich für den Fortbestand der ... Ltd. das englische Recht maßgeblich. Dies bedeutet, dass die Löschung konstitutive Wirkung hat und die ... Ltd.

---
[1] IPRspr. 2007 Nr. 20.

als solche aufgehört hat zu existieren. Dieser Umstand ist zwischen den Parteien unstreitig und bedarf daher keiner weiteren Ermittlung des englischen Rechts (vgl. *Zöller-Geimer*, ZPO, 30. Aufl., § 293 Rz. 14 ff.).

Jedoch sind im vorliegenden Fall die vom BGH entwickelten Grundsätze zur Rest- und Spaltsgesellschaft auf die ansonsten nach englischem Recht zu behandelnde ... Ltd. anzuwenden. Nach den Grundsätzen der Restgesellschaft ist vom Fortbestand einer ausländischen Gesellschaft, die nach ihrem Personalstatut die Rechtsfähigkeit bereits verloren hat, als Restgesellschaft solange auszugehen, wie die Liquidation inländischen Vermögens noch nicht beendet ist (vgl. OLG Nürnberg aaO, KG, GmbHR 2010, 316 ff.[2]; OLG Düsseldorf, GmbHR 2010, 1157 m.w.N.[3]).

Grund für diese Rspr. ist, dass durch die Konstruktion der Restgesellschaft der Schutz der Gläubiger der gelöschten Ltd. im Inland bewirkt wird. Ihnen soll der Zugriff auf das inländische Restvermögen ermöglicht werden (vgl. OLG Nürnberg aaO).

Diese Voraussetzungen sind vorliegend erfüllt, da die ... Ltd. im vorliegenden Verfahren einen Werklohnanspruch gegen die Bekl. geltend macht."

b) OLG Hamm 11.4.2014 – I-12 U 142/13:

„II. Die zulässige Berufung ist im Wesentlichen begründet ...

1. Der Kl. kann sich mit Erfolg darauf berufen, dass er persönlich nach Löschung der ... Ltd. im englischen Handelsregister deren Rechtsnachfolger und Inhaber deren inländischer Forderungen geworden ist. Der Kl. ist für diesen Rechtsstreit deshalb als aktivlegitimiert anzusehen.

a. Das Gesellschaftsstatut juristischer Personen, die nach dem Recht eines anderen EG-Mitgliedstaats gegründet wurden, bestimmt sich im Rahmen der durch Art. 43, 48 EGV garantierten Niederlassungsfreiheit nach dem Recht des Gründungsstaats. Das ist inzwischen allgemein anerkannt (vgl. etwa BGH, NJW 2005, 1648[1]; NJW 2004, 3706[2]; NJW 2003, 1461[3]). Die ... Ltd. ist nach englischem Recht gegründet worden. In Deutschland hat die Gesellschaft nur eine im Handelsregister eingetragene Zweigniederlassung in C.

b. Die Maßgeblichkeit des Gründungsrechts betrifft das Gesellschaftsstatut in seinem gesamten Anwendungsbereich. Auch das Personalstatut ist demnach dem Recht des Gründungsstaats zu entnehmen, wobei sich danach sowohl die Wirksamkeit der Gründung als auch der Umfang und der Fortbestand der Rechtsfähigkeit der Gesellschaft richten (KG, ZIP 2010, 204[4], Rz. 3; OLG Nürnberg, NZG 2008, 76[5], Rz. 5 f.; *Palandt-Thorn*, BGB, 70. Aufl., Anh zu Art. 12 EGBGB, Rz. 8, 10 f.).

Nach dem insoweit anzuwendenden englischen Recht ist die ... Ltd. aufgrund der Löschung im englischen Handelsregister mit konstitutiver Wirkung erloschen, d.h. die Gesellschaft als solche wurde durch die Löschung aufgelöst und hörte auf zu existieren (vgl. OLG Celle, NJW-RR 2012, 1065[6], Rz. 7; OLG Düsseldorf, ZIP 2010, 1852[7], Rz. 5; KG aaO; OLG Nürnberg aaO Rz. 7).

---

[2] IPRspr. 2009 Nr. 11.
[3] IPRspr. 2010 Nr. 20 (LS).
[1] IPRspr. 2005 Nr. 212.
[2] IPRspr. 2004 Nr. 28.
[3] IPRspr. 2003 Nr. 13.
[4] IPRspr. 2009 Nr. 11.
[5] IPRspr. 2007 Nr. 20.
[6] IPRspr. 2012 Nr. 18.
[7] IPRspr. 2010 Nr. 20 (LS).

c. Ist eine Gesellschaft nach dem für sie maßgeblichen Recht des Gründungsstaats erloschen, so ist dieser Status innerhalb der EU in jedem EG-Mitgliedstaat rechtlich verbindlich. Rechtsfolge ist nach englischem Recht, dass etwaiges Vermögen kraft Gesetzes auf die englische Krone übergeht. Davon wird jedoch nach dem Territorialprinzip nur das in England belegene Vermögen der Gesellschaft umfasst, nicht jedoch etwaiges Auslandsvermögen (OLG Düsseldorf aaO; KG aaO; OLG Nürnberg aaO Rz. 7). Gegenstand des vorliegenden Rechtsstreits sind Werklohnansprüche der Gesellschaft aus in Deutschland geschlossenen Werkverträgen mit der in Deutschland ansässigen Bekl. Soweit diese Ansprüche bestehen, handelt es sich somit um Auslandsvermögen der Gesellschaft.

d. Nach der ganz überwiegenden Auffassung, der sich der Senat anschließt, bleibt die in England erloschene Gesellschaft in Deutschland als Rest- oder Spaltgesellschaft fortbestehen, solange sie in Deutschland noch Vermögen besitzt, das ansonsten keinem Rechtsträger zugeordnet werden kann. Denn dem deutschen Recht sind verselbständigte Vermögenseinheiten unbekannt. Würde man das Fortbestehen der Gesellschaft als Rest- oder Spaltgesellschaft verneinen, wäre ihr im Inland befindliches Vermögen ‚herrenlos'. Eine Zuordnung des Inlandsvermögens zu einem Rechtssubjekt wird nur möglich, wenn man vom Fortbestand der Gesellschaft bis zur Beendigung ihrer Liquidation ausgeht (vgl. m.w.N. OLG Nürnberg aaO Rz. 10; *Borges*, IPRax 2005, 134, 138 m.w.N.). Auch bedeutet nach deutschem Gesellschaftsrecht die Auflösung einer Gesellschaft nicht das Ende der Gesellschaft, sondern in der Regel nur ihren Übergang in die Abwicklung. Bis zu ihrer endgültigen Beendigung besteht die Gesellschaft also fort (vgl. OLG München, Urt. vom 5.12.2012 – 7 U 2758, juris Rz. 31).

e. Die Rest- oder Spaltgesellschaft unterliegt nach a.A. dem deutschen Gesellschaftsrecht (vgl. die Nachweise bei *Borges* aaO N. 58). Denn nach der Löschung im Gründungsstaat verlangt die durch Art. 43, 48 EGV verbürgte Niederlassungsfreiheit keine Verweisung mehr auf das Gründungsrecht. Das deutsche Recht entscheidet daher autonom, ob die Sitztheorie oder die Gründungstheorie anzuwenden ist.

Nach der Gründungstheorie bleibt es bei der Anwendung des Gesellschaftsstatus, also bei der Maßgeblichkeit des Gründungsrechts. Nach der Sitztheorie unterliegt die in England gelöschte Gesellschaft demgegenüber dem Recht des Staats, in dem sie ihren Verwaltungssitz hat. Das ist nach der Auffassung des Senats jedenfalls im Fall einer nach ihrer Löschung in Deutschland weiterhin werbenden Gesellschaft sachgerecht und nach Auffassung des Senats daher vorliegend. Denn die Sitztheorie gewährleistet den Schutz des Rechtsverkehrs besser als die Gründungstheorie. Auch entspricht sie dem zentralen Grundgedanken des Kollisionsrechts, der die Anwendung des Rechts mit der engsten Verbindung zum Sachverhalt vorsieht. Ein dem entgegenstehendes Regelungsinteresse des ausländischen Staats ist nicht gegeben, nachdem er die Gesellschaft im Inland als rechtlich nicht mehr existent ansieht. Auch die Gedanken der Niederlassungs- und Rechtswahlfreiheit, denen die Gründungstheorie Rechnung trägt, sind in diesem Falle nicht berührt (vgl. dazu insges. *Borges* aaO 138 f. m.w.N.).

f. Unterliegt die Rest- oder Spaltgesellschaft deutschem Recht, so bestimmt sich die Rechtsform nach deutschem Gesellschaftsrecht. Das hat zur Folge, dass die nach englischem Recht erloschene Gesellschaft, die im Inland ihre Geschäftstätigkeit fortführt, bis zur Liquidation ihres in Deutschland belegenen Vermögens grundsätzlich in der Rechtsform einer OHG oder einer GbR fortbesteht (OLG Celle aaO Rz. 7 f.).

Diese Einordnung scheidet aber aus, wenn die Gesellschaft, wie hier, nur über einen einzigen Gesellschafter verfügt. Die Rest- oder Spaltgesellschaft kann in einem solchen Fall nicht in der Rechtsform einer OHG oder GbR fortbestehen. Denn das deutsche Recht kennt eine Einmann-Personengesellschaft nicht. Es verbleibt deshalb nur die Einordnung als Einzelunternehmen des Gesellschafters (vgl. BeckOK-BGB-*Schöne* [1.2.2014] § 738 Rz. 5; *Borges* aaO 141 m.w.N.). Hiernach ist der Kl. als Einzelkaufmann Rechtsnachfolger und Inhaber der inländischen Forderungen der Gesellschaft geworden."

VI. Familienrecht

1. Verlöbnis und Eheschließung

82. *Eine 1977 in der pakistanischen Botschaft in London vor einem Botschaftssekretär als „nikah"-Registrar erfolgte Eheschließung zwischen einer Deutschen und einem pakistanischen Staatsangehörigen ist nach deutschem Recht nicht wirksam.*
Gleichwohl ist wegen der Wirksamkeit dieser hinkenden Ehe nach pakistanischem Recht bei der Beurkundung des Sterbefalls im Sterberegister der Familienstand mit „verheiratet" und einem klarstellenden Zusatz einzutragen.

OLG Frankfurt/Main, Beschl. vom 13.1.2014 – 20 W 397/12: FamRZ 2014, 1106; IPRax 2015, 267, 233 Aufsatz *Gössl*; StAZ 2014, 206.

Der Betroffene ... wurde 1927 in Karatchi/Pakistan geboren und war ursprünglich pakistanischer Staatsangehöriger. Er lebte von 1962 bis 1966 sowie nachfolgend ununterbrochen seit 1970 bis zu seinem Tod in Deutschland. 1981 erwarb er durch Einbürgerung die deutsche Staatsangehörigkeit und gab die pakistanische auf. Der Betroffene schloss 1977 in der pakistanischen Botschaft in London die Ehe mit der Beschwf., einer deutschen Staatsangehörigen. Die Eheschließung wurde durch den Sekretär der Botschaft von Pakistan in London nach pakistanischem Recht als *nikah*-Registrar mit der Zeremonie des *nikah-nama* vorgenommen. Im Zusammenhang mit der von ihr beantragten Registrierung des Sterbefalls ihres Ehemanns mit dem Personenstand „verheiratet" legte die Beschwf. dem Standesamt neben der „Form of *nikah-nama*" nebst Übersetzung auch eine Bestätigung der Botschaft von Pakistan in London nebst beglaubigter Übersetzung vor, mit welcher bestätigt wurde, dass der Betroffene und die Beschwf. 1977 in der Botschaft von Pakistan in London getraut wurden und die Zeremonie rechtskräftig und wahr sei.
Nach Anhörung der Beschwf. stellte das AG Frankfurt/Main fest, dass die 1977 in der Botschaft von Pakistan in London geschlossene Ehe nach deutschem Recht nicht als wirksam anzuerkennen sei. Der Amtsrichter half der eingelegten Beschwerde nicht ab und legte die Sache zur Entscheidung dem LG vor, welches sie an das OLG weiterleitete.

Aus den Gründen:

„II. ... Die zulässige Beschwerde führt auch in der Sache insoweit zum Erfolg, dass das Standesamt anzuweisen war, den Sterbefall des Betroffenen mit dem Familienstand ‚verheiratet' zu beurkunden, wobei aber zugleich der Zusatz ‚Die Ehe war nach deutschem Recht unwirksam' beizufügen ist.

Für die in London und damit aus der Sicht des deutschen Rechts im Ausland geschlossene Ehe ist bzgl. der Beurteilung der Formgültigkeit an das Formstatut gemäß Art. 11 EGBGB anzuknüpfen. Die Vorschrift des Art. 11 EGBGB, die die Formgültigkeit von Rechtsgeschäften regelt, findet unzweifelhaft auch auf die Ehe Anwendung (vgl. *Palandt-Thorn*, BGB, 72. Aufl., Art. 11 EGBGB Rz. 13; *Staudinger-Winkler von Mohrenfels*, BGB [Bearb. 2007] Art. 11 EGBGB, Rz. 82). Nach Art. 11 I EGBGB stehen für die Beurteilung der Wirksamkeit der Eheschließung zwei alternative Anknüpfungen zur Verfügung, nämlich das Geschäftsstatut oder das Ortsrecht. Damit ist eine Eheschließung im Ausland rechtswirksam, wenn entweder kumulativ die Formerfordernisse des für beide Verlobte inhaltlich maßgeblichen Geschäftsrechts oder aber die Formerfordernisse des Rechts am Ort der Vornahme der

Eheschließung erfüllt sind (vgl. *Hepting*, Deutsches und Internationales Familienrecht im Personenstandsrecht, 2010, III Rz. 405; OLG München, StAZ 2010, 208[1]; *Palandt-Thorn* aaORz. 6).

Im vorliegenden Fall kann die Wirksamkeit der Eheschließung nach Ortsrecht nicht festgestellt werden. Als Ortsrecht ist für die Formwirksamkeit der im Jahre 1977 in London geschlossenen Ehe auf das zu dem damaligen Zeitpunkt gültige britische Recht abzustellen.

Wie der Sachverständige in seinem Gutachten nachvollziehbar dargestellt hat, war in England lange Zeit unklar, ob die Eheschließung in einer ausländischen Botschaft oder einem ausländischen Konsulat nach englischem Recht oder nach dem Recht des jeweiligen Entsendestaats beurteilt werden sollte. So wurde in einer führenden Darstellung zum englischen Eherecht (Rayden on Divorce, 11. Aufl. [1971] 132) noch die Rechtsauffassung vertreten, dass eine in einer ausländischen Botschaft eingegangene Ehe quasi auf fremdem Territorium geschlossen werde und darum nach dem Recht des Entsendestaats zu beurteilen sei. Diese Auffassung wurde jedoch abgelehnt in zwei Entscheidungen aus dem Jahre 1973 (Radwan v. Radwan und Radwan v. Radwan [n° 2], Fam 34 und 35). Dort wurde bzgl. der Beurteilung der Wirksamkeit einer Ehe zwischen einem Ägypter und einer Engländerin, die nach ägyptisch-islamischem Ritus im ägyptischen Generalkonsulat in Paris geschlossen wurde, durch den Richter ... zunächst klargestellt, dass insoweit die diplomatische Vertretung Teil des Empfängerstaats sei und deshalb im dortigen Fall französisches Recht zur Beurteilung der Formgültigkeit der Ehe heranzuziehen sei. Zugleich wurde hervorgehoben, dass sich aus der Maßgeblichkeit des Rechts des Empfängerstaates nicht notwendig die Einhaltung der Formvorschriften des Eherechts des Empfängerstaats ergebe, weil der nationale Gesetzgeber auch die in einer ausländischen Botschaft oder in einem ausländischen Konsulat geschlossene Ehe unter von ihm festgesetzten Bedingungen für wirksam erklären könne. Die zu dieser Frage eingeschalteten beiden Sachverständigen stimmten zwar darin überein, dass eine Ehe in einer Botschaft oder einem Konsulat jedenfalls dann wirksam sei, wenn beide Eheschließende Angehörige des Entsendestaats seien. Dagegen vertrat nur ein Sachverständiger die Auffassung, dass die Ehe auch dann wirksam sei, wenn nur einer der Ehegatten dem Entsendestaat oder der andere einem Drittstaat angehöre, während der zweite Sachverständige dem ausdrücklich widersprach. Der entscheidende Richter zog aus dieser Anhörung den Schluss, dass die Beweisaufnahme nicht erbracht habe, dass der ägyptische Generalkonsul in Paris den Ägypter nicht mit der Engländerin habe verheiraten dürfen und damit eine Vermutung für die Wirksamkeit der Ehe spreche. Nach den nachvollziehbaren Ausführungen des Sachverständigen wird aus dieser Entscheidung (*leading case*) in der englischen Literatur abgeleitet, dass jedenfalls bei einer Heirat im Ausland in einer ausländischen Botschaft oder einem ausländischen Konsulat die Wirksamkeit der Ehe nach dem Recht des Empfängerstaats und nicht nach dem Recht des Entsendestaats zu beurteilen sei (so auch *Cheshire, North & Fawcett*, Private International Law, 14. Aufl., 883). Dort wird zugleich jedoch ausgeführt (882), dass nicht eindeutig geklärt sei, wie das gegenwärtige britische Recht die Eheschließung in Konsulaten und Botschaften beurteile, wobei einiges für die Betrachtung spreche, dass derartige Eheschließungen formgül-

---

[1] IPRspr. 2010 Nr. 86.

tig seien, wenn beide Parteien Staatsangehörige oder ggf. Bewohner des fremden Staats seien, wobei auf eine Entscheidung aus dem Jahre 1901 (Bailet v. Bailet – 17 TLR 317) Bezug genommen wird, in welcher die Eheschließung in einem ausländischen Konsulat von zwei Angehörigen des Entsendestaats für wirksam erachtet wurde. Dieselbe Rechtsauffassung für den Fall der Zugehörigkeit beider Eheschließenden zum Entsendestaat findet sich auch in einer älteren Darstellung des IPR bei *Graveson*, Conflict of Laws, 7. Aufl. [1974] 278 (ebenso *Bergmann-Ferid-Henrich*, Internationales Ehe- und Kindschaftsrecht, Vereinigtes Königreich [196. Erg.-Lfg.], 28 unter Verweis auf *Dicey-Morris*, Conflicts of Law, 14. Aufl. [2006] Rz. 17-053 und *Brandhuber-Zeyringer-Heussler*, Standesamt und Ausländer, Bd. IV, Vereinigtes Königreich [Stand: Januar 2011], 4).

Demgegenüber lassen sich zuverlässige Feststellungen über die Wirksamkeit einer Ehe nach britischem Ortsrecht für den hier gegebenen Sachverhalt, dass die Eheschließenden unterschiedliche Staatsangehörigkeiten haben und nur einer von ihnen die Staatsangehörigkeit des Entsendestaats der Botschaft besitzt, in der die Eheschließung in London stattgefunden hat, nicht entnehmen.

Scheidet somit die Feststellung der Wirksamkeit der Eheschließung nach britischem Ortsrecht aus, kommt es gemäß Art. 11 EGBGB darauf an, ob nach dem Heimatrecht der Eheschließenden von einer Wirksamkeit der Eheschließung ausgegangen werden kann. Durch Art. 11 EGBGB wird insoweit verwiesen auf Art. 13 EGBGB, der im Zeitpunkt der hier zu beurteilenden Eheschließung im Jahre 1977 in Abs. 1 bestimmte, dass die Eingehung der Ehe, sofern auch nur einer der Verlobten ein Deutscher ist, in Ansehung eines jeden der Verlobten nach den Gesetzen des Staats zu beurteilen ist, dem er angehört, wobei Gleiches für Ausländer gilt, die im Inland eine Ehe eingehen.

Nach pakistanischem Recht ist für die Eheschließung grundsätzlich die Religionszugehörigkeit maßgebend, wobei bei Beteiligung eines Muslim die Ehe vor einem sog. *nikah*-Registrar stattzufinden hat, nach pakistanischem Recht aber auch dessen diplomatische Vertreter zu Eheschließungen ermächtigt sind, wie nach den nachvollziehbaren Ausführungen des Sachverständigen der Muslim Family Laws Ordinance 1961 i.V.m. den West Pakistan Rules Under Muslim Family Laws Ordinance 1961 entnommen werden kann, die für alle muslimischen Bürger Pakistans unabhängig von ihrem Aufenthaltsort gilt. Nach s. 7 dieser Rules können näher bestimmte Personen durch den Union Council die Lizenz erhalten, als *nikah*-Registrar tätig zu werden, wobei anschließend die Weiterleitung mit einem bestimmten Formblatt an den *nikah*-Registrar des Bezirks (*ward*) zu erfolgen hat.

Dabei gilt die Hauptstadt Karachi wohl als *ward* in den Fällen, in welchen der Bräutigam seinen gewöhnlichen Aufenthalt – wie im vorliegenden Fall – nicht in Pakistan hat. Im Hinblick auf die vorgelegte und von der Botschaft von Pakistan in London ausgestellte ‚Form of *nikah-nama*' und die zusätzliche spätere Bestätigung des Generalkonsulats von Pakistan in Frankfurt ist davon auszugehen, dass jedenfalls zum Zeitpunkt der Eheschließung im Jahr 1977 eine allgemeine Ermächtigung für den Sekretär der Botschaft von Pakistan in London bestand, als *nikah*-Registrar tätig zu werden. Nach dem im Hinblick auf die damalige Staatsangehörigkeit des Bräutigams maßgeblichen pakistanischen Recht liegt somit eine formwirksame Eheschließung vor.

Nach Auffassung des Senats fehlt jedoch die zusätzlich im Hinblick auf die Staatsangehörigkeit der Beschwf. notwendige Formwirksamkeit nach deutschem Ortsrecht. Für die insoweit gebotene Beurteilung nach deutschem Recht bestimmte Art. 13 EGBGB in seiner zum Zeitpunkt der Eheschließung im Jahr 1977 geltenden Fassung, dass die Form einer Ehe, die im Inland geschlossen wird, sich ausschließlich nach den deutschen Gesetzen bestimmt, womit auf das EheG in der damals gültigen Fassung verwiesen wurde.

Eine Eheschließung vor einem deutschen Standesbeamten, wie sie § 11 EheG forderte, ist vorliegend nicht erfolgt.

Auch eine Heilung einer zunächst formunwirksamen Eheschließung nach § 1310 III BGB kommt hier entgegen der Auffassung der Beschwf. nicht in Betracht. Denn es ist weder eine Registrierung der Ehe durch einen deutschen Standesbeamten in einem deutschen Eheregister erfolgt, noch wurde im Zusammenhang mit der Beurkundung der Geburt eines gemeinsamen Kindes ein Hinweis auf die Eheschließung in das Geburtenregister eingetragen, da sich im Laufe des Verfahrens herausgestellt hat, dass der Sohn des Verstorbenen nicht der Beziehung mit der ASt. entstammt, sondern bereits 1963 geboren wurde und aus einer früheren Ehe des Verstorbenen hervorging. Auch der Umstand, dass die Unterlagen für die Einbürgerung des Verstorbenen, in welchen der Familienstand mit ‚verheiratet' und die ASt. als Ehefrau angegeben wurde, im Jahr 1981 möglicherweise von dem Standesamt seines damaligen Wohnsitzes in ... zusammengestellt und an das Regierungspräsidium in Darmstadt zur Entscheidung weitergeleitet wurden, reicht für die Annahme einer Heilung nach § 1310 III Nr. 3 BGB nicht aus, weil es insoweit an einer urkundlichen Handlung des Standesbeamten, an welche ein Vertrauenstatbestand anknüpfen könnte, fehlt.

Auch die Annahme einer formwirksamen Eheschließung nach deutschem Recht in entspr. Anwendung des § 15a EheG, wie sie der Sachverständige ... in den ergänzenden Ausführungen seines Gutachtens für möglich erachtet hat, kommt nach Auffassung des Senats nicht in Betracht.

Nach § 15a I des damals geltenden EheG konnte eine Ehe zwischen Verlobten, von denen keiner die deutsche Staatsangehörigkeit besitzt, vor einer von der Regierung des Landes, dessen Staatsangehörigkeit einer der Verlobten besitzt, ordnungsgemäß ermächtigten Person in der von den Gesetzen dieses Landes vorgeschriebenen Form geschlossen werden.

Diese Norm bezieht sich ihrem Wortlaut und Sinn nach nur auf Ehen, die im Inland, also in Deutschland, geschlossen werden. Sie stimmt inhaltlich mit Art. 13 III EGBGB in seiner aktuell gültigen Fassung überein. Demgegenüber gab es in § 15a EheG a.F. – ebenso wie in dem nunmehr geltenden Art. 13 III EGBGB – keine ausdrückliche Regelung für den hier gegebenen Fall, dass eine Ehe – aus deutscher Sicht – im Ausland zwischen Verlobten vor einer von der Regierung eines ausländischen Staats, dessen Staatsangehörigkeit einer der Verlobten besitzt, ordnungsgemäß ermächtigten Person in der nach den Gesetzen dieses Landes vorgeschriebenen Form geschlossen wurde. Allerdings hat der Sachverständige eine Erweiterung der einseitigen Kollisionsnorm des § 15a I EheG zu einer allseitigen Kollisionsnorm befürwortet und darauf hingewiesen, dass der deutsche Gesetzgeber bei Eheschließungen von Ausländern mit der Regelung des § 15a I EheG Ausnahmen von der strikten

Geltung der deutschen Formvorschriften zugelassen hat, gerade um sog. hinkende Ehen zu vermeiden. Bezogen auf den vorliegenden Fall ist hierzu zunächst festzustellen, dass keiner der beiden Verlobten die Staatsangehörigkeit des Orts der Eheschließung, also des Vereinigten Königreichs Großbritannien besaß. Darüber hinaus ist nach den obigen Ausführungen zum pakistanischen Recht davon auszugehen, dass der Sekretär der Botschaft von Pakistan in London, der die Eheschließung vorgenommen hat, von der Regierung seines Heimat- und Entsendestaats, das insoweit maßgeblich ist (vgl. BGHZ 43, 213/222[2]; *Staudinger-Mankowski* aaO [Bearb. 2011] Art. 13 EGBGB, Rz. 629), zur Vornahme der Eheschließung berechtigt war. Da § 15a I EheG auch für Eheschließungen im Inland durch vom Entsendestaat ermächtigte Personen nicht die entspr. Staatsangehörigkeit beider Verlobter verlangte, sondern es als ausreichend ansah, dass einer der beiden Verlobten die entspr. Staatsangehörigkeit aufwies, wäre bei einer Erweiterung des § 15a I EheG zur allseitigen Kollisionsnorm in Anwendung deutschen Rechts von einer gültigen Eheschließung auszugehen.

Eine solche Erweiterung des § 15a I EheG zur allseitigen Kollisionsnorm ist nach Auffassung des Senats jedoch nicht zulässig. Dabei ist zunächst zu berücksichtigen, dass es sich bei § 15a I EheG – ebenso wie bei dem heute gültigen und inhaltlich gleichlautenden Art. 13 III EGBGB – um eine Ausnahmevorschrift handelt, die ausdrücklich nur Anwendung finden soll, wenn kein deutscher Staatsangehöriger beteiligt ist. Das deutsche Recht beinhaltet insoweit – ebenso wie andere Rechtsordnungen auch – eine ausdrückliche Differenzierung zwischen Inlands- und Auslandsehen (so auch *Staudinger-Mankowski* aaO Rz. 707). Darüber hinaus fehlt es an der für eine analoge Anwendung erforderlichen Regelungslücke, da mit Art. 11 EGBGB eine auch für die Ehe gültige Regelung des deutschen IPR existiert, die eine wirksame Eheschließung im Ausland unabhängig von der Einhaltung der deutschen Formvorschriften unter der Voraussetzung gestattet, dass das dortige Ortsrecht eingehalten wird.

Entgegen der zuletzt vertretenen Auffassung der Beschwf. ermöglicht auch § 17 II EheG a.F. im vorliegenden Fall keine Heilung der nach deutschem Recht formunwirksam geschlossenen Ehe. Zwar war nach § 17 II EheG a.F. eine Ehe – obwohl die sie begründende Eheschließung nicht in der durch § 13 EheG vorgesehenen Form stattgefunden hatte – als von Anfang an gültig anzusehen, wenn die Ehegatten nach der Eheschließung fünf Jahre als Ehegatten miteinander gelebt hatten, es sei denn, dass eine Nichtigkeitsklage erhoben war. Diese Vorschrift galt aber ausdrücklich nur für die Heilung von Formmängeln im Sinne des § 13 EheG a.F., also für Eheschließungen, die vor einem deutschen Standesbeamten stattgefunden haben (vgl. *Staudinger-Strätz* aaO [13. Bearb.] § 1310 Rz. 11; BGH, FamRZ 2003, 838 = StAZ 2003, 355[3]). Demgegenüber kommt eine – auch entsprechende – Anwendung des § 17 II EheG a.F. auf eine gegen § 15a EheG verstoßende Ehe gerade nicht in Betracht, da § 15a EheG a.F. den § 17 EheG a.F. gerade ausdrücklich von der Anwendung ausnahm (so ausdrücklich BGH aaO).

Gleichwohl führt der Umstand, dass die im Jahre 1977 erfolgte Eheschließung mangels Einhaltung der britischen Ortsform und der deutschen Formvorschriften nur nach dem damals geltenden pakistanischen Heimatrecht des Betroffenen wirk-

---

[2] IPRspr. 1964–1965 Nr. 81b.   [3] IPRspr. 2003 Nr. 57.

sam ist, nicht zwingend dazu, dass dessen Personenstand wegen der vorausgegangenen geschiedenen Ehe nach § 31 I Nr. 2 PStG mit ‚geschieden' im Sterberegister und der auf dieser Grundlage nach § 60 PStG zu erteilenden Sterbeurkunde aufzunehmen ist. Das BVerfG hat ausdrücklich für die Frage des Bezugs einer Witwenrente die Einbeziehung einer nach deutschem Recht unwirksamen Ehe in den Schutzbereich des Art. 6 I GG für geboten erachtet, wenn eine nach ausländischem Recht wirksame und damit auch nachweisbare Eheschließung vorliegt und die Partner langjährig in dieser sog. hinkenden Ehe bis zum Tod eines Partners in einer ehelichen Lebensgemeinschaft gelebt haben (vgl. BVerfGE 621, 323 = MDR 1983, 551 = FamRZ 1983, 668 = NJW 1983, 511[4]). In ausdrücklicher Anknüpfung an diese Rspr. des BVerfG hat das BayObLG für den Fall einer hinkenden Ehe zu § 32 PStG a.F. die Auffassung vertreten, dass im Sterbebuch die beschreibende Eintragung des Familienstands in sinngemäßer Anwendung des § 37 I Nr. 2 PStG a.F. durch Aufnahme des Vor- und Familiennamens des überlebenden Partners erfolgen kann, gleichzeitig aber der unzutreffende Rechtsschein einer nach deutschem Recht wirksamen Ehe dadurch vermieden werden soll, dass ein diesbezüglicher erklärender Zusatz hinzugefügt wird (BayObLGZ 1994, 227 = StAZ 1994, 377 = FamRZ 1995, 602[5]). Dabei hat das BayObLG anerkannt, dass Inhalt und Gegenstand der Eintragungen in deutsche Personenstandsregister zwar grundsätzlich im PStG abschließend geregelt sind, so dass Zusätze im Allgemeinen nicht zulässig sind, davon aber eine Ausnahme zugelassen, wenn und soweit ohne sie die Rechtslage nicht so klargestellt wäre, wie dies der Sinn und Zweck der deutschen Personenstandsbücher gebietet, so dass ein unvollständiger Eintrag ohne Zusatz zu falschen Schlussfolgerungen führen könnte (so bereits BayObLGZ 1963, 265/270[6]). Der Senat hält diese Rspr. für überzeugend und eine entspr. Handhabung auch unter der Geltung der neuen Regelungen der §§ 31, 60 PStG unter dem Aspekt der verfassungskonformen Anwendung im Hinblick auf Art. 6 I GG für geboten (so auch *Gaaz-Bornhofen*, PStG, 3. Aufl., § 60 Rz. 16). Soweit das OLG Köln (NJW 1993, 2755 = StAZ 1993, 257 = FamRZ 1994, 891[7]) die Eintragung einer solchen hinkenden Ehe im Sterbebuch in einer früheren Entscheidung befürwortet hat, ohne einen erklärenden Zusatz in Erwägung zu ziehen, vermag der Senat dem nicht zu folgen, weil hierdurch die Grenzen zwischen den Formvorschriften unterschiedlicher Staaten bzgl. der Eheschließung in unnötiger Weise verwischt werden (vgl. hierzu Anm. *Hepting* in IPRax 1994, 355).

Das Standesamt war deshalb anzuweisen, den Personenstand des Verstorbenen im Sterberegister mit ‚verheiratet' sowie dem Zusatz ‚Die Ehe war nach deutschem Recht unwirksam' einzutragen ...

Die Rechtsbeschwerde war nach §§ 51 PStG, 70 FamFG zuzulassen, da die Frage der analogen Anwendung des § 15a EheG im Hinblick auf die inhaltlich gleichlautende Regelung des Art. 13 III EGBGB und die Zunahme gemischt-nationaler Ehen und diesbezüglicher Eheschließungen im Ausland ebenso wie die Frage der Registrierung hinkender Ehen in dem Sterberegister von grundsätzlicher Bedeutung ist."

---

[4] IPRspr. 1982 Nr. 44.
[5] IPRspr. 1994 Nr. 70.
[6] IPRspr. 1962–1963 Nr. 100.
[7] IPRspr. 1993 Nr. 53.

83. *Die im Bundesgebiet von einem katholischen Priester vorgenommene römisch-katholische Trauung zweier ausländischer Staatsangehöriger ist von der Rechtsordnung der Bundesrepublik Deutschland nicht als Ehe (im zivilrechtlichen Sinne) anerkannt und vermittelt keinen Anspruch auf Ehegattennachzug.*

OVG Berlin-Brandenburg, Beschl. vom 20.5.2014 – OVG 3 M 7/14: NJW 2014, 2665; FamRZ 2014, 1954; StAZ 2014, 345. Leitsatz in NZFam 2014, 768.

Der aus Kenia stammende Kl. ist nach seiner Ausweisung und Abschiebung erneut unerlaubt in das Bundesgebiet eingereist und seinen Angaben zufolge nicht im Besitz eines Passes. Am 2.9.2012 schloss er mit der kenianischen Staatsangehörigen G., die im Besitz einer Niederlassungserlaubnis ist, vor einem Pater der katholischen Ordensgemeinschaft Gesellschaft Jesu in Berlin nach kanonischem Recht die Ehe. Mit seiner vor dem VG erhobenen Klage beantragt er – im Hinblick auf die kirchliche Trauung – die Verpflichtung der Ausländerbehörde zur Erteilung einer Aufenthaltserlaubnis bzw. zumindest einer Duldung. Den hierfür gestellten Antrag auf Bewilligung von PKH hat das VG abgelehnt.

Aus den Gründen:

„II. ... Eine Aufenthaltserlaubnis zum Ehegattennachzug nach § 30 AufenthG i.V.m. §§ 27, 29 AufenthG kommt gemäß § 11 I AufenthG schon deshalb nicht in Betracht, weil der Kl. wegen seiner (ersten) unerlaubten Einreise und der Vorlage gefälschter Ausweispapiere mit Bescheid vom 19.4.2012 ausgewiesen und am 25.4.2012 abgeschoben worden ist und der Bekl. die Sperrwirkung mit Bescheid vom 2.9.2013 auf den 24.4.2017 befristet hat. Dass dieser Bescheid inzwischen geändert worden und die Befristung ohne das Erfordernis einer vorherigen Ausreise entfallen wäre, ist weder ersichtlich noch geltend gemacht. Bei einer (bloßen) Verkürzung der Sperrfrist müsste der Kl. in jedem Fall zunächst ausreisen und deren Ablauf vom Ausland aus abwarten, bevor er einen Aufenthaltstitel zur Familienzusammenführung beanspruchen könnte. Im Übrigen steht der Erteilung einer Aufenthaltserlaubnis zum Ehegattennachzug entgegen, dass der Kl. nicht die Passpflicht erfüllt (§ 5 I Nr. 4 AufenthG i.V.m. § 3 AufenthG).

Unabhängig davon ist der Kl. nicht Ehegatte der Frau G. im Sinne von § 30 I AufenthG. Hierbei handelt es sich angesichts der eindeutigen Rechtslage nicht um eine offene Rechtsfrage, zu deren Beantwortung die Bewilligung von PKH geboten wäre.

Die im Bundesgebiet von einem katholischen Priester vorgenommene römisch-katholische Trauung zweier ausländischer Staatsangehöriger ist von der Rechtsordnung der Bundesrepublik Deutschland nicht als Ehe (im zivilrechtlichen Sinne) anerkannt und vermittelt somit auch keinen Anspruch auf Ehegattennachzug. Gemäß Art. 13 III 1 EGBGB kann eine Ehe im Inland grundsätzlich nur in der hier vorgeschriebenen Form geschlossen werden. Dies geschieht nach § 1310 I 1 BGB durch Erklärung vor dem Standesbeamten. Hat keiner der Verlobten die deutsche Staatsangehörigkeit, so kann die Ehe im Inland gemäß Art. 13 III 2 EGBGB ferner vor einer von der Regierung des Staats, dem einer der Verlobten angehört, ordnungsgemäß ermächtigten Person in der nach dem Recht dieses Staats vorgeschriebenen Form geschlossen werden. Auch dies ist hier nicht erfüllt.

An dieser Rechtslage hat sich dadurch nichts geändert, dass der Gesetzgeber mit dem PStRG die in §§ 67, 67a PStG a.F. geregelte Verpflichtung, vor der kirchlichen Trauung die Zivilehe einzugehen, aufgehoben hat. Dies erfolgte im Hinblick auf ,die eindeutige Aussage der Eheschließungsvorschrift in § 1310 BGB', die keinen Zweifel daran lasse, dass nur die standesamtliche Ehe eine Ehe im Rechtssinn begründen könne (BT-Drucks. 16/1831 S. 33). Aus diesem Willen des Gesetzgebers, allein die bürgerlich-rechtliche Ehe als solche staatlich anzuerkennen und mit Rechten und Pflichten auszugestalten, wird deutlich, dass der aufenthaltsrechtliche Ehegattennachzug des § 30 AufenthG für in der Bundesrepublik Deutschland geschlossene Ehen weiterhin voraussetzt, dass diese Ehen dem Formerfordernis des Art. 13 III EGBGB, § 1310 I 1 BGB entsprechen."

2. Persönliche Ehewirkungen

84. *Für die nach ausländischem Recht wirksame Vereinbarung einer Morgengabe bei der Eheschließung (hier: nach türkischem Recht) genügt eine schriftliche Vereinbarung ohne notarielle Beurkundung; die bloße mündliche Abrede erfüllt die Formvoraussetzungen nicht. [LS der Redaktion]*

AG Karlsruhe, Beschl. vom 26.8.2014 – 6 F 376/12: FamRZ 2015, 663. Leitsatz in FF 2015, 262.

Die Beteiligten schlossen am 13.1.2011 vor dem türkischen Generalkonsulat in Karlsruhe die Ehe. Die Beteiligten heirateten zudem in einer Moschee in Karlsruhe vor dem dortigen Imam nach islamischem Ritus. Der Ablauf dieser Zeremonie ist umstritten. Die Ehe wurde im Jahr 2012 geschieden. Die ASt. begehrt die Zahlung einer sog. Morgengabe (*mehir*) in Höhe von 4 001 Euro, die ihr für den Fall des Scheiterns der Ehe versprochen worden sei.

Aus den Gründen:

„II. ... Der zulässige Antrag der ASt. erweist sich als unbegründet.

Der Anspruch der ASt. ist nach dem Ehewirkungsstatut des Art. 14 I Nr. 1 EGBGB zu beurteilen und demnach nach türkischem Zivilrecht. Denn beide Ehegatten sind türkische Staatsangehörige.

Zur Überzeugung des Gerichts sind jedoch die Voraussetzungen einer wirksamen Vereinbarung über die Morgengabe nicht dargetan.

Der aufgrund seiner Ausbildung und Berufserfahrung mit dem türkischen Zivilrecht vertraute und als Rechtsgutachter erfahrene Sachverständige hat ausgeführt, dass die Ehegatten nach dem türkischen materiellen Recht (Art. 193 des Gesetzes Nr. 6098/2011 – Obligationengesetz [Borçlar Kanunu] – [Resmi Gazete Nr. 27.836]; nachfolgend: türk. OG) befugt seien, Rechtsgeschäfte miteinander einzugehen. Sie könnten auch eine Morgengabe wirksam vereinbaren. Es sei dann zu prüfen, ob eine solche Verpflichtung nach Art. 26, 27 türk. OG gültig sei. Es bedürfe nach türkischem Eheschließungsrecht nicht zwingend der Vereinbarung einer Morgengabe, was beiden Ehegatten in der Regel bekannt sei. Werde eine solche vereinbart, so sei diese i.d.R. als Schenkungsversprechen auszulegen, welches der andere Ehegatte annehme. Nach türkischem Recht genüge hierfür eine schriftliche Vereinbarung ohne notarielle Beurkundung (s. auch *Öztan*, FamRZ 1998, 625). Nach der Rspr. des türkischen Kassationshofs könne eine Morgengabe grundsätzlich rechtlich wirksam vereinbart werden, diese sei somit nicht gesetzes- oder sittenwidrig. Es handele sich um eine Schenkung, die unter der aufschiebenden Bedingung der Ehescheidung stehe mit der Folge, dass die Zahlung erst mit der Ehescheidung fällig werde. Das Erfordernis der Schriftform gehe aus Art. 288 türk. OG hervor.

Vorliegend sei das Schenkungsversprechen nicht von den Parteien unterschrieben worden; insbesondere fehle die Unterschrift des AGg. Aus diesem Grund sei das Schenkungsversprechen unwirksam. Nur für den Fall, dass eine Bevollmächtigung in dem Sinne erfolgt wäre, dass der Zeuge ... in Vertretung des AGg. das Dokument unterschrieben hätte, wäre die Erklärung dem AGg. zuzurechnen. Weder sei jedoch (zum Zeitpunkt der Begutachtung) Entsprechendes von der ASt. vorgetragen worden, noch habe der Zeuge ... in seiner Aussage Entsprechendes geäußert.

Das Gericht hat keinen Anlass, an den Ausführungen des Sachverständigen zu zweifeln. Die Beteiligten haben keine Einwände hiergegen vorgebracht.

Die Wirksamkeit der Vereinbarung scheitert daran, dass sie nicht durch die Beteiligten selbst in der vorgeschriebenen Schriftform unterzeichnet ist. Es ist auch keine Heilung dieses Formmangels eingetreten. Das Gericht folgt nicht der antragstellerischen Auffassung, wonach aus den Erklärungen der Beteiligten in Verbindung mit den Gesamtumständen die – nach türkischem Recht grundsätzlich mögliche – Bevollmächtigung schlüssig hervorgehe. Die Erteilung der Vollmacht kann nicht im Wege der Auslegung den durch die Beteiligten in der Zeremonie [abgegebenen] Zustimmungserklärungen entnommen werden ...

Vorliegend kann dem Wortlaut, nämlich der einfachen Zustimmungsbekundung gegenüber den Treuzeugen und dem Zeugen ... als Imam kein weiterführender Inhalt entnommen werden. Es ergibt sich hieraus (nur) der Wille, das vorliegende Schriftstück abzuschließen. Das Ergebnis einer Bevollmächtigung könnte daher nur in Zusammenschau dieser Erklärung mit den Gesamtumständen, den herrschenden Gepflogenheiten und der Interessenlage der Beteiligten erzielt werden. Entscheidend bleibt jedoch, wie die Erklärungsadressaten, nämlich die Trauzeugen und der Imam, die Erklärung objektiv verstehen konnten. Ein eindeutiger Erklärungsinhalt, wonach sie ohne ausdrückliche Erklärung als Bevollmächtigte eingesetzt werden sollten, ergab sich jedoch für diese nicht. Es spricht nichts dafür, dass eine mögliche Stellvertretung Inhalt der vorbereitenden Gespräche gewesen wäre. Zudem wäre die Bevollmächtigung einer anwesenden Person unter normalen Umständen sinnlos, könnte doch der Vollmachtgeber selbst die Unterschrift leisten. Ein Auftreten als Stellvertreter entspricht auch – soweit ersichtlich – nicht der Funktion der Trauzeugen und des Imam im religiösen Ritus. Letzterer nimmt die fremden Erklärungen auf und legt sie schriftlich nieder, während die übrigen Personen – wie bereits aus ihrer Bezeichnung hervorgeht – fremdes Handeln bezeugen sollen. Begrifflich steht dies im Gegensatz zur Stellvertretung. Die durch die ASt. erstmals im abschließenden Termin geäußerte Behauptung, wonach im islamischen Kulturkreis Trauzeugen stets als Vertreter der Eheleute handeln, ist ohne weitere Begründung eine Behauptung ‚ins Blaue hinein', welcher das Gericht nicht nachgehen muss. Hierfür spricht auch nichts in der Aussage des Zeugen ..., welcher in seiner ausführlichen Beschreibung des Ritus lediglich ausgesagt hat, dass die Brautleute die Anfertigung der Urkunde mitverfolgen könnten und nach ihrem Einverständnis mit dem Inhalt befragt würden, woraufhin die Zeugen die Unterschrift leisteten. Beschränkt sich jedoch nach islamischer Sitte die Mitwirkung der Zeugen darauf, fremde Erklärungen zu attestieren, so konnten sie sich nicht als Adressaten einer Vollmacht verstehen. Der möglicherweise vorhandene (und erkennbare) Rechtsbindungswille der Beteiligten kann nach alledem zu keinem abweichenden Auslegungsergebnis führen."

3. Eheliches Güterrecht

Siehe auch Nr. 134

85. *Unterliegt eine nach marokkanischem Recht vereinbarte Brautgabe dem deutschen Recht, handelt es sich um eine vermögensrechtliche Scheidungsfolge im Sinne des Art. 17 EGBGB in der Fassung vom 23.1.2013 beziehungsweise um eine allgemeine Wirkung der Ehe im Sinne des Art. 14 I Nr. 1 EGBGB in der Fassung vom 25.7.1986. Die Brautgabe kann in der Regel weder dem Unterhaltsrecht noch dem Güterrecht, noch dem Erbrecht zugewiesen werden (im Anschluss an BGHZ 183, 287 = IPRspr. 2009 Nr. 62).*

AG Büdingen, Beschl. vom 6.3.2014 – 53 F 963/13: NJW-RR 2014, 1033; NZ-Fam 2014, 1145.

Die Beteiligten, die mittlerweile beide die marokkanische und die deutsche Staatsangehörigkeit besitzen, haben anlässlich ihrer – nach vorausgegangenen Trennung – erneuten Eheschließung 1989 in Marokko u.a. Folgendes vereinbart: „Für die Rücknahme der Frau wurde eine Brautgabe in Höhe von zehntausend Deutsche Mark vereinbart. Der Ehemann hat einen Betrag in Höhe von 500 DM vor Ort geleistet. Der Rest wurde gestundet und ist bei Tod oder Scheidung fällig." Bei ihrer zweiten Eheschließung hatten die – noch ausschließlich dem marokkanischen Staat angehörenden – Ehegatten bereits ihren gewöhnlichen Aufenthalt in Deutschland; die deutsche Staatsangehörigkeit erwarben sie vor der Zustellung des Scheidungsantrags. Die Ehe der Beteiligten wurde 2012 durch Beschluss des AG Friedberg geschieden. Die Scheidung erfolgte nach deutschem Recht.

Die ASt. begehrt die Zahlung der vereinbarten Brautgabe.

Aus den Gründen:

„Die anlässlich ihrer zweiten Eheschließung getroffene Vereinbarung zwischen den Beteiligten unterliegt dem deutschen Recht. Die vereinbarte Brautgabe stellt eine allgemeine Wirkung der Ehe dar, für die nach dem für das vorliegende Verfahren noch anzuwendenden Art. 14 I EGBGB das deutsche Recht gilt (vgl. BGH, FamRZ 2010, 533 ff.[1] Rz. 14). Aber auch nach dem neu gefassten Art. 17 I EGBGB wäre auf die Brautgabe das deutsche Recht anzuwenden.

Nach Art. 14 I Nr. 1 EGBGB unterliegen die allgemeinen Wirkungen der Ehe dem Recht des Staats, dem beide Ehegatten angehören oder während der Ehe zuletzt angehört haben, wenn einer von ihnen diesem Staat noch angehört. Bei der Eheschließung waren beide Ehegatten zwar marokkanische Staatsangehörige und sind dies auch nach wie vor, sie haben jedoch beide während der Ehe noch vor der Zustellung des Scheidungsantrags auch die deutsche Staatsangehörigkeit erworben, so dass die allgemeinen Wirkungen der Ehe dem deutschen Rechts unterlagen, seitdem beide Ehegatten die deutsche Staatsangehörigkeit erworben hatten.

Wird auf das Recht des Staats verwiesen, dem eine Person angehört, und gehört sie mehreren Staaten an, so ist nach Art. 5 I 1 EGBGB das Recht desjenigen dieser Staaten anzuwenden, mit dem die Person am engsten verbunden ist, insbesondere durch ihren gewöhnlichen Aufenthalt oder durch den Verlauf ihres Lebens. Und ist die Person auch Deutscher, so geht nach Art. 5 I 2 EGBGB diese Rechtsstellung vor.

---

[1] IPRspr. 2009 Nr. 62.

Beide Beteiligten haben nicht nur schon vor Zustellung des Scheidungsantrags die deutsche Staatsangehörigkeit erworben, sondern waren auch schon zu Beginn ihrer zweiten Ehe dem deutschen Recht am engsten verbunden. Sie hatten beide schon damals ihren gewöhnlichen Aufenthalt in Deutschland.

Bei der zwischen den Beteiligten bei ihrer Wiederheirat vereinbarten Morgengabe handelt es sich um ein im deutschen Recht nicht vorgesehenes Rechtsinstitut. Der danach begründete Anspruch ist als eine allgemeine Wirkung der Ehe zu qualifizieren.

Eine Brautgabe kann je nach Fallgestaltung aus der Sicht des deutschen Rechts Berührungspunkte mit dem ehelichen bzw. nachehelichen Unterhaltsrecht, dem Ehegüterrecht, dem Scheidungs- und Erbrecht aufweisen (vgl. BGH aaO). Es lässt sich aber weder generell noch für den vorliegenden Fall schwerpunktmäßig einem dieser Institute zuordnen.

Die Brautgabe wurde nach dem Wortlaut der Vereinbarung für die ‚Rücknahme der Frau' vereinbart und diente daher zunächst als eine Art Gegenleistung für die Eingehung der Ehe, also eine Art Hochzeitsgeschenk. Da die Brautgabe jedoch zu 95% gestundet wurde und erst beim Tod des AGg. oder bei einer erneuten Scheidung fällig werden sollte, weist die Brautgabe auch einen Bezug zum nachehelichen Unterhaltsrecht, zum Güterrecht und zum Erbrecht auf.

Nach Art. 17 I EGBGB (in der seit 29.1.2013 g.F.) unterliegen die vermögensrechtlichen Scheidungsfolgen, die nicht von anderen Vorschriften des dritten Abschnitts des EGBGB erfasst sind, dem nach der Rom-III-VO auf die Scheidung anzuwendenden Recht. Da die vereinbarte Brautgabe zu 95% bis zum Tod des AGg. oder der Scheidung gestundet war, spricht viel dafür, den Anspruch nicht nur als eine allgemeine Wirkung der Ehe, sondern darüber hinaus auch als eine vermögensrechtliche Scheidungsfolge zu qualifizieren.

Da nach [der Übergangsvorschrift] § 28 I des Art. 229 EGBGB Art. 17 I in der am 29.1.2013 geltenden Fassung nur dann anzuwenden ist, wenn das Verfahren auf Ehescheidung nach dem 28.1.2013 eingeleitet worden ist, ist Art. 17 I EGBGB im vorliegenden Verfahren nicht anwendbar. Der Scheidungsantrag, aufgrund dessen die Ehe geschieden wurde, wurde bereits am 24.2.2010 bei Gericht eingereicht.

Darüber hinaus wäre aber auch nach Art. 17 I EGBGB n.F. auf die Brautgabe das deutsche Recht anzuwenden. Die Scheidung unterlag sowohl nach dem alten als auch dem neuen Kollisionsrecht dem deutschen Recht. Nach Art. 17 I EGBGB a.F. unterlag die Scheidung dem Recht, das im Zeitpunkt des Eintritts der Rechtshängigkeit des Scheidungsantrags für die allgemeinen Wirkungen der Ehe maßgebend war. Die allgemeinen Wirkungen der Ehe unterlagen – wie o.a. – bei der Zustellung des Scheidungsantrags, dem 4.5.2010, dem deutschen Recht. Und nach Art. 8 lit. a Rom-III-VO unterliegt die Ehescheidung dem Recht des Staats, in dem die Ehegatten zum Zeitpunkt der Anrufung des Gerichts ihren gewöhnlichen Aufenthalt haben, wenn die Ehegatten keine Rechtswahl nach Art. 5 Rom-II-VO vereinbart haben. Beide Ehegatten hatten seit der Eheschließung immer ihren gewöhnlichen Aufenthalt in Deutschland und leben auch nach wie vor in Deutschland. Auch eine Rechtswahl haben die Ehegatten nicht getroffen.

Die zwischen den Ehegatten vereinbarte Brautgabe ist nach deutschem Recht als eine unbenannte Zuwendung und somit als ein Vertrag sui generis zu qualifizieren (vgl. OLG Frankfurt, Urt. vom 11.3.2010 – 1 UF 146/08)."

86. *Ist nach Art. 15 I, 14 I EGBGB ausländisches Güterrecht anzuwenden, kommt es auf das aktuell geltende Recht an (im Anschluss an OLG Düsseldorf, Beschluss vom 1.3.2011 [I-25 Wx 8/11] = IPRspr. 2011 Nr. 77).*

OLG Celle, Beschl. vom 31.3.2014 – 15 UF 186/13: NJW-RR 2014, 1283; FamRZ 2015, 160; MDR 2014, 986. Leitsatz in FamRB 2014, 445 mit Anm. *Kogel.*

Die Beteiligten haben am 1986 in der damaligen UdSSR (heutige Republik M.) geheiratet. Sie waren damals russische Staatsangehörige. Zwischenzeitlich sind beide deutsche Staatsangehörige. Die Beteiligten leben etwa seit 2010 getrennt. Das Scheidungsverfahren ist seit dem 5.4.2012 rechtshängig. Der AGg. hat ein in seinem Alleineigentum stehendes, mit einem Doppelhaus bebautes Grundstück in S. mit notariellem Vertrag vom 25.4.2013 veräußert. Er ist außerdem Eigentümer eines Einfamilien-/Bootshauses am S. in L. (Russische Föderation) und eines Sportboots. Die ASt. behauptet, der AGg. habe seinen Lebensmittelpunkt nach Russland verlegt, habe dort eine Freundin und einen Sohn. Sie errechnet sich einen Zugewinnausgleichsanspruch von 118 855,79 €.

Die ASt. hat vor dem Kreisgericht T. in der Region K. (Russische Föderation) einen Antrag auf Zugewinnausgleich gestellt und beantragt, ihr die Hälfte an dem Eigentum am Bootshaus zu übertragen. Das Verfahren endete mit einer Abweisung der Anträge der ASt., nachdem im Termin vom 26.12.2013 niemand erschienen war.

Das AG hat den Antrag der ASt. zurückgewiesen. Mit ihrer Beschwerde verfolgt die ASt. ihren erstinstanzlichen Antrag weiter.

Aus den Gründen:

„II. Die Beschwerde ist zulässig und hat in der Sache Erfolg.

1. Es ist deutsches Recht anzuwenden. Der Senat hat von Amts wegen zu prüfen, welches materielle Recht anzuwenden ist, wenn die Anwendung ausländischen Rechts in Betracht kommt (BGH, NJW 1998, 1321)[1].

Gemäß Art. 15 I EGBGB unterliegen die güterrechtlichen Wirkungen der Ehe dem bei der Eheschließung für die allgemeinen Wirkungen der Ehe maßgebenden Recht. Nach Art. 14 I Nr. 1 EGBGB ist für die allgemeinen Wirkungen der Ehe zunächst auf das Recht des Staats abzustellen, dem beide Ehegatten angehörten. Beide Ehegatten waren zum Zeitpunkt der Eheschließung russische Staatsangehörige, so dass sich die güterrechtlichen Wirkungen der Ehe nach russischem Recht richten. Da ausschließlich auf den Zeitpunkt der Eheschließung abzustellen ist (Unwandelbarkeit), ist es unerheblich, dass die Beteiligten inzwischen beide die deutsche Staatsbürgerschaft besitzen.

In der Rspr. ist umstritten, auf welchen Rechtsstand bei dem nach Art. 15 I EGBGB anzuwendenden ausländischen Recht abzustellen ist. Nach der sog. Versteinerungstheorie werden Rechtsänderungen des fremden Rechts von der Verweisung nicht erfasst, so dass es ausschließlich auf das zum Zeitpunkt der Eheschließung geltende ausländische Recht ankommt (BGH, IzRspr. 1962–1963 Nr. 7; OLG Nürnberg, FamRZ 2011, 1509, 1510[2]). Wesentliches Argument hierfür war der Schutz vor politisch motivierten Rechtsänderungen, die häufig der Fluchtgrund waren (BGH aaO und Begr. zum RegE zur Neuregelung des IPR; OLG Nürnberg aaO u. Hinw. auf BT-Drucks. 10/504 S. 57 f.).

Nach der wohl h.M. ist auf das heute geltende ausländische Recht abzustellen (OLG Hamm, FamRZ 2010, 975, 976[3]; OLG Düsseldorf, FamRZ 2011, 1510, 1512[4] m.w.N. zu beiden Auffassungen).

---

[1] IPRspr. 1997 Nr. 60.
[2] IPRspr. 2011 Nr. 78.
[3] IPRspr. 2009 Nr. 63.
[4] IPRspr. 2011 Nr. 77.

Der Senat folgt der Auffassung, dass sich die Verweisung auf das aktuell geltende Recht des fremden Staats bezieht.

So handelt es sich bei der Verweisung in Art. 14 I Nr. 1 EGBGB gemäß Art. 4 I 1 EGBGB um eine Gesamtverweisung, die auch das ausländische IPR umfasst. Enthält dies eine Rückverweisung auf das deutsche Recht, wird diese nach Art. 4 I 2 EGBGB akzeptiert.

Soweit nun das ausländische Kollisionsrecht eine wandelbare Anknüpfung beinhaltet, etwa auf den jeweiligen Aufenthalt oder die Staatsangehörigkeit abstellt, handelt es sich um eine bewegliche Rückverweisung. Damit akzeptiert das deutsche Kollisionsrecht, dass sich aus der Veränderung maßgeblicher Anknüpfungstatsachen eine Wandlung des Güterrechtsstatuts ergeben kann.

Dies spricht gegen die Auffassung, wonach es auf das Recht des fremden Staats allein zum Zeitpunkt der Eheschließung ankommt, weil sich nämlich bereits aus dem fremden Kollisionsrecht eine Wandelbarkeit ergeben kann. Es wäre folglich wenig überzeugend, unter dem Gesichtspunkt des Vertrauensschutzes die Änderungen des Rechts des fremden Staats unberücksichtigt zu lassen. Denn ebenso wie die Beteiligten in der Lage sind, die güterrechtlichen Folgen von Veränderungen ihrer Lebensverhältnisse nach Maßgabe des IPR zu überblicken, werden sie dies auch hinsichtlich der Rechtsentwicklung ihres vormaligen Heimatrechts können (OLG Hamm aaO).

Das von der Gegenauffassung herangezogene Argument des Schutzes vor politisch motivierten Änderungen ist aufgrund des Gesetzes über den ehelichen Güterstand von Vertriebenen und Flüchtlingen vom 4.8.1969 (BGBl. I 1067) und der weiteren historischen Entwicklung überholt (OLG Hamm aaO; OLG Düsseldorf aaO). Auch trägt der Hinweis der Gegenauffassung auf die Gesetzesbegründung nicht, weil diese lediglich die Frage der Unwandelbarkeit des Güterrechtsstatuts zum Gegenstand hat und sich nicht mit der Frage der Wandelbarkeit des ausländischen Rechts befasst.

Als weiteres Argument für die Auffassung, dass auf das derzeit geltende ausländische Recht abzustellen ist, tritt hinzu, dass auch Ehen, für deren allgemeine Wirkungen bei Eheschließung deutsches Recht gilt, an der Rechtsentwicklung des deutschen Güterrechts teilhaben. Es wäre daher kaum nachvollziehbar, warum nicht das jeweils geltende ausländische Recht zur Anwendung gelangen sollte, ist doch bei Ehen, für deren güterrechtliche Verhältnisse das deutsche Recht gilt, ebenso das jeweils geltende deutsche Recht anzuwenden. So entwickelt der Gesetzgeber das Güterrecht auch für bereits geschlossene Ehen fort und belässt es bei punktuellen Übergangsvorschriften, wie Art. 229 § 20 II EGBGB belegt.

Daher ist das Recht der Russischen Föderation anzuwenden. In dessen internationalen Kollisionsrecht findet sich eine (wandelbare) Rückverweisung auf das deutsche Recht. Nach Art. 161 Nr. 1 Satz 1 FGB vom 29.12.1995 (SZ 1996 Nr. 1, Pos. 16; *Bergmann-Ferid-Henrich*, Internationales Ehe- und Kindschaftsrecht, Russische Föderation [Stand: 10.07.2013], 44) bestimmen sich die vermögenswerten Rechte und Pflichten der Ehegatten nach der Gesetzgebung des Staats, auf dessen Gebiet sie ihren gemeinsamen Wohnsitz haben oder ihren letzten gemeinsamen Wohnsitz hatten. Da die Beteiligten ihren – zumindest letzten – gemeinsamen Wohnsitz in Deutschland hatten, ist nach dem russischen Kollisionsrecht deutsches Güterrecht anzuwenden.

Der Umstand, dass die ASt. vor dem Kreisgericht T. in der Region K. (Russische Föderation) ein Verfahren geführt hat, hat keine Auswirkung auf das anzuwendende Recht, weil dies nicht der Disposition der ASt. unterliegt.

Das Verfahren vor dem Kreisgericht T. führt auch nicht zur Unzulässigkeit des vorliegenden Verfahrens. Einerseits ist das dortige Verfahren durch Abweisung des Antrags der ASt. im Termin vom 26.12.2013 beendet, andererseits hätte das hiesige Verfahren nach dem Prioritätsprinzip (vgl. *Zöller-Geimer*, ZPO, 30. Aufl., IZPR Rz. 96) Vorrang vor dem dortigen Verfahren, da es früher eingeleitet wurde."

4. Ehescheidung, Ehetrennung

87. *Ein Versorgungsausgleich findet gemäß Art. 17 III EGBGB (nur) auf Antrag eines Ehegatten nach deutschem Recht statt, wenn ihn das Recht eines der Staaten, denen die Ehegatten im Zeitpunkt des Eintritts der Rechtshängigkeit angehören, kennt.*

Ein Ausschluss des Versorgungsausgleichs wegen grober Unbilligkeit nach Art. 17 III 2 EGBGB liegt nicht darin begründet, dass die ausländischen Anwartschaftsrechte bei einer Allleinverdienerehe einseitig finanziert wurden. [LS der Redaktion]

OLG Köln, Beschl. vom 22.1.2014 – 25 UF 128/13: FamRZ 2014, 844. Bericht in NZFam 2014, 662.

Die Beteiligten, die beide die türkische Staatsangehörigkeit besitzen, haben 1973 in der Türkei miteinander die Ehe geschlossen. Durch Urteil des Familiengerichts in Bakirköy/Türkei wurde die Ehe 2012 geschieden; der ASt. wurden eine finanzielle sowie eine immaterielle Entschädigung zugesprochen.

Das AG – FamG – hat auf Antrag der ASt. den Versorgungsausgleich dergestalt geregelt, dass es die beiderseits in der gesetzlichen Rentenversicherung erworbenen Anwartschaften im Wege der internen Teilung ausgeglichen und darüber hinaus dem AGg. im Wege des schuldrechtlichen Versorgungsausgleichs aufgegeben hat, an die ASt. eine schuldrechtliche monatl. Ausgleichsrente zu zahlen. Der Betrag stellt die Hälfte der Differenz der beiderseits aktuell bezogenen türkischen Renten dar. Gegen diese Entscheidung richtet sich das Rechtsmittel des AGg.

Aus den Gründen:

„II. ... 1. Zu Recht und mit zutreffender Begründung hat das AG – FamG – auf den Streitfall deutsches Versorgungsausgleichsrecht angewendet. Gemäß Art. 17 III EGBGB findet der Versorgungsausgleich (nur) auf Antrag eines Ehegatten nach deutschem Recht statt, wenn ihn das Recht eines der Staaten, denen die Ehegatten im Zeitpunkt des Eintritts der Rechtshängigkeit angehören, kennt. Diese Voraussetzungen sind im Streitfall erfüllt. Die Ehegatten sind beide türkische Staatsangehörige; ihre Ehe ist nach türkischem Recht in der Türkei geschieden worden. Der Versorgungsausgleich nach deutschem Recht kann in einem solchen Fall dann nur noch aufgrund eines – hier gestellten – Antrags eines Ehegatten durchgeführt werden. Die weitere Voraussetzung des Bestehens einer inländischen Versorgungsanwartschaft des anderen Ehegatten ist im Streitfall unzweifelhaft erfüllt ...

4. Der Antrag der ASt. auf Durchführung des Versorgungsausgleichs insgesamt ist nicht – wie der AGg. meint – rechtsmissbräuchlich. Insoweit kommt eine Beurteilung der Durchführung des Versorgungsausgleichs nur am Maßstab des Art. 17 III 2

Halbs. 2 EGBGB bzw. des § 27 VersAusglG in Betracht; die allgemeinen Regeln über den Rechtsmissbrauch, insbesondere § 242 BGB, finden keine Anwendung (BGH, NJW 2014, 61, zit. n. juris Tz. 21; *Palandt-Brudermüller*, BGB, 73. Aufl. [2014], § 27 VersAusglG Rz. 3; zum bisherigen Recht: BGH, FamRZ 2007, 996[1], zit. n. juris Tz. 26).

a) Ein Ausschluss des Versorgungsausgleichs nach Art. 17 III 2 Halbs. 2 EGBGB setzt voraus, dass dessen Durchführung mit Rücksicht auf die beiderseitigen wirtschaftlichen Verhältnisse der Billigkeit widerspricht. Zutreffend weist die ASt. in diesem Zusammenhang darauf hin, dass Darlegungen des AGg., insbesondere zu seinen wirtschaftlichen Verhältnissen, die eine Prüfung unter Billigkeitsgesichtspunkten erlaubten, gänzlich fehlen.

b) ... Soweit die Zahlungen für die in der Türkei erworbene Rente aus Mitteln des AGg. stammen sollten, führt dies für sich genommen gleichfalls nicht zur Unbilligkeit der Durchführung des Versorgungsausgleichs. Die Herkunft der Mittel, mit welchen Versorgungsanwartschaften erworben werden, ist grundsätzlich gleichgültig (vgl. BGH, FamRZ 2011, 877; BGH, FamRZ 2012, 434). Auch in dem Fall, das solche – wie dies häufig etwa für die klassische Alleinverdienerehe zutreffen dürfte – mit Mitteln nur eines Ehegatten finanziert werden, fehlt regelmäßig nicht der Bezug zur gemeinsamen Lebensleistung der Ehegatten; Gegenteiliges ist hier jedenfalls weder vorgetragen noch sonst ersichtlich.

5. Die beiderseits erworbenen Versorgungsanwartschaften in der gesetzlichen Rentenversicherung und das seitens des AGg. erworbene Anrecht in der türkischen Rentenversicherung sind schließlich auch nicht wegen Geringfügigkeit, § 18 VersAusglG, von der Durchführung des Versorgungsausgleichs auszuschließen."

88. *Kommt als Scheidungsstatut deutsches Recht zur Anwendung, stellt für eine in einem Pflegeheim lebende Ehefrau die Scheidung von ihrem Ehemann eine schwere Härte im Sinne des § 1568 BGB dar, wenn ihr Aufenthalt in Deutschland ausschließlich durch dessen deutsche Staatsangehörigkeit und durch die Ehe mit ihm gesichert ist. [LS der Redaktion]*

AG Tempelhof-Kreuzberg, Beschl. vom 27.3.2014 – 177 F 10637/13: FamRZ 2014, 1780. Leitsatz in: FamRZ 2015, 410 mit Anm. *Bienko*; FF 2014, 509.

Der ASt. begehrt die Scheidung der am 18.9.2002 in Syrien geschlossenen Ehe der Beteiligten. Der Ehemann, besitzt die deutsche Staatsangehörigkeit, die Ehefrau ist syrische Staatsangehörige. Aus der Ehe sind keine Kinder hervorgegangen. Die AGg. ist 2010 schwer erkrankt; es wurde Alzheimer diagnostiziert. Im November 2010 brachte der ASt. seine Ehefrau in ein Pflegeheim, in welchem die AGg. sich bis heute aufhält. Der ASt. sieht die Verbringung der AGg. in das Pflegeheim im November 2010 als Trennungsdatum an und möchte geschieden werden.

Aus den Gründen:

„Das angerufene Gericht ist für das Scheidungsverfahren der Beteiligten international zuständig, da beide Ehegatten ihren gewöhnlichen Aufenthalt in Deutschland haben (Art. 3 EuEheVO).

Der Scheidungsantrag des Ehemanns richtet sich wegen des gewöhnlichen Aufenthalts beider Beteiligter im Inland nach deutschem Recht.

---
[1] IPRspr. 2007 Nr. 62.

Der Scheidungsantrag ist zulässig. Das AG Tempelhof-Kreuzberg ist international und örtlich zuständig. Die internationale Zuständigkeit ist gegeben, weil beide Ehegatten ihren gewöhnlichen Aufenthalt in Deutschland haben (Art. 3 I lit. a Spiegelstrich 1 EuEheVO).

Die Ehescheidung richtet sich mangels einer wirksamen Rechtswahl nach Art. 5 bis 7 Rom-III-VO nach deutschem Recht. Denn die Ehegatten hatten zum Zeitpunkt der Anrufung des Gerichts ihren gewöhnlichen Aufenthalt in Deutschland (Art. 8 lit. a Rom-III-VO).

Hiernach kann gemäß § 1565 BGB eine Ehe geschieden werden, wenn sie als gescheitert anzusehen ist.

Dies wird angenommen, wenn die Ehegatten länger als drei Jahre voneinander getrennt leben (§ 1566 BGB). Da die tatsächliche Lebensgemeinschaft seit November 2010 dadurch aufgehoben worden ist, dass der Ehemann die Ehefrau in eine Pflegeeinrichtung gegeben hat, kann von einer dreijährigen Trennung der Beteiligten ausgegangen werden.

Gemäß § 1568 BGB soll aber eine Ehe auch dann nicht geschieden werden, obwohl sie als gescheitert anzusehen ist, wenn und solange die Scheidung für den Ehegatten, der die Scheidung ablehnt, aufgrund außergewöhnlicher Umstände eine so schwere Härte darstellen würde, dass die Aufrechterhaltung der Ehe auch unter Berücksichtigung der Belange des die Ehescheidung wünschenden Ehegatten ausnahmsweise geboten erscheint.

Nach der Anhörung der Beteiligten bzw. des Betreuers der AGg. im Termin am 6.3.2014 ist unstreitig geblieben, dass der Aufenthalt der AGg. ausschließlich durch die deutsche Staatsangehörigkeit des ASt. und durch die Ehe mit ihm gesichert ist.

Gemäß § 1568 BGB hat daher eine Abwägung der beiderseitigen Interessen der beteiligten Ehegatten stattzufinden. Dabei wiegt das Interesse der die Ehescheidung ablehnenden Ehefrau an der Aufrechterhaltung der Ehe deutlich höher, denn durch die Aufrechterhaltung ist ihr Aufenthalt in Deutschland und damit ihre aktuelle Pflegesituation gesichert.

Hingegen ist aufseiten des die Scheidung wünschenden Ehemanns lediglich dessen Gefühl zu werten, keine ehelichen Bedingungen mehr zu haben und daher geschieden werden zu wollen.

Bei der Entscheidung gemäß § 1568 BGB sind auch die Belange des ASt. abzuwägen (vgl. *Palandt-Brudermüller*, BGB, 73. Aufl. [2014], § 1568 Rz. 7); die Abwägung der beiderseitigen Belange ergibt, dass das Interesse der Ehefrau an der Aufrechthaltung der Ehe deutlich das Interesse des Ehemanns an der Ehescheidung überwiegt, denn die Ehefrau kann existenzielle Gründe für ihr Interesse vorweisen, während der Ehemann keine besonderen Gründe für die Scheidung vorweisen kann. Hinzu kommt, dass der Ehemann trotz der Betreuung der Ehefrau in einer Pflegeeinrichtung weiterhin seine Frau besucht und sich in der Einrichtung wie ein Ehemann verhält."

89. *Im Rahmen des § 109 I FamFG ist für die Frage der Zuständigkeit allein die internationale Zuständigkeit maßgeblich. Nach der danach vorzunehmenden spiegelbildlichen Prüfung ist die internationale Zuständigkeit des ausländischen (hier: indischen) Gerichts, das die Entscheidung erlassen hat, auf der Grundlage der deut-*

schen internationalen Zuständigkeit festzustellen. Entsprechend dieser Regelung ist ein ausländisches (hier: indisches) Urteil dann anzuerkennen, wenn ein Ehegatte Staatsangehöriger des Staats (hier: Indien) ist, dessen Gericht die Entscheidung getroffen hat. [LS der Redaktion]

OVG Lüneburg, Urt. vom 29.9.2014 – 11 LB 203/14: NJW 2015, 717; FamRZ 2015, 429.

Der Kl. begehrt die Verpflichtung der Bekl., die Eintragung seines Familienstands im Melderegister von „verheiratet" in „geschieden" zu ändern. Der Kl., der indischer Staatsangehöriger ist und bereits seit längerer Zeit in Deutschland lebt, beabsichtigt, die indische Staatsangehörige B.C. zu heiraten. Im Standesamt der Bekl. bat er um Eintragung seines Familienstands „geschieden" in das Melderegister und legte zum Nachweis seiner 2005 in Indien geschlossenen und 2012 ebenfalls in Indien geschiedenen Ehe mit Frau D.C. eine Heiratsurkunde sowie ein Scheidungsurteil des High Court of Punjab and Haryana at Chandigarh vom 19.10.2012 vor. 2013 lehnte die Bekl. das Begehren des Kl. auf Eintragung des Familienstands „geschieden" im Melderegister mit Bescheid ab und verwies zur Begründung auf die Ergebnisse der Überprüfung des Scheidungsurteils durch die Deutsche Botschaft in New Delhi. Der Kl. hat am 19.8.2013 gegen den Bescheid der Bekl. Klage erhoben.

Aus den Gründen:

„Der Kl. hat zum Nachweis der Scheidung von seiner in Indien lebenden Ehefrau, die wie er die indische Staatsangehörigkeit besitzt, ein Scheidungsurteil des High Court of Punjab and Haryanaat at Chandigarh vom 19.10.2012 vorgelegt, welches nach der Stellungnahme der Botschaft der Bundesrepublik Deutschland in New Delhi vom 27.6.2013 formell echt ist. Die Anerkennung ausländischer Urteile richtet sich im verwaltungsgerichtlichen Verfahren grundsätzlich nach § 173 Satz 1 VwGO i.V.m. § 328 ZPO. Für die Anerkennung ausländischer Entscheidungen in Ehesachen trifft § 107 FamFG eine Sonderregelung, die § 328 ZPO auch im Verwaltungsprozess vorgeht (vgl. BVerwG, Urt. vom 29.11.2012 – 10 C 4.12[1], juris Rz. 19). Nach § 107 I 1 FamFG werden ausländische Entscheidungen in Ehesachen nur anerkannt, wenn dies durch eine LJV festgestellt wurde. Eine Ausnahme von diesem Grundsatz sieht § 107 I 2 FamFG für den Fall vor, dass ein Gericht des Staats entschieden hat, dem beide Ehegatten zur Zeit der Entscheidung angehört haben. Hier bedarf es keiner Feststellung durch die LJV. Vielmehr prüft das jeweils befasste Gericht oder die deutsche Behörde innerhalb der zu entscheidenden Angelegenheit, bei der es um die Anerkennung einer ausländischen Entscheidung geht, ob die Voraussetzungen einer Anerkennung vorliegen (*Musielak-Borth-Grandel*, FamFG, 4. Aufl., § 107 Rz. 8). Diese sog. Heimatstaatklausel ist hier anwendbar, da der Kl. und seine Ehefrau beide indische Staatsangehörige sind und die Scheidung von einem indischen Gericht ausgesprochen wurde.

Anerkennungshindernisse nach § 109 I FamFG liegen ersichtlich nicht vor. Insbesondere greift nicht § 109 I Nr. 1 FamFG ein, wonach die Anerkennung einer ausländischen Entscheidung ausgeschlossen ist, wenn die Gerichte des anderen Staats nach deutschem Recht nicht zuständig sind. Diese Vorschrift betrifft allein die internationale Zuständigkeit. Nach der danach vorzunehmenden spiegelbildlichen Prüfung ist die internationale Zuständigkeit des ausländischen Gerichts, das die Entscheidung erlassen hat, auf der Grundlage der deutschen internationalen Zuständigkeit festzustellen. Nach § 98 I Nr. 1 FamFG sind die deutschen Gerichte für Ehesachen zuständig, wenn ein Ehegatte Deutscher ist oder bei der Eheschließung

---

[1] IPRspr. 2012 Nr. 278b.

war. Entsprechend dieser Regelung ist ein ausländisches Urteil dann anzuerkennen, wenn ein Ehegatte Staatsangehöriger des Staats ist, dessen Gericht die Entscheidung getroffen hat. Da hier ein indisches Gericht die Scheidung von indischen Staatsangehörigen ausgesprochen hat, ist dessen internationale Zuständigkeit unzweifelhaft gegeben.

Ob dieses Gericht nach indischem Recht für die Entscheidung zuständig gewesen ist, spielt für die Anerkennung des Urteils keine Rolle. Maßgebend ist allein, dass die Entscheidung wirksam, d.h. nicht nichtig oder unwirksam, ist. Eine lediglich anfechtbare Entscheidung steht der Anerkennung so lange nicht entgegen, bis diese aufgehoben wird (*Musielak-Borth-Grandel* aaO). Ebenso wenig kommt es für die Anerkennung darauf an, ob das Urteil inhaltlich falsch ist. Die Richtigkeit der ausländischen Entscheidung ist inhaltlich nicht zu überprüfen. Eine Ausnahme von diesem Grundsatz gilt nach § 109 I Nr. 4 FamFG nur dann, wenn die Anerkennung der ausländischen Entscheidung zu einem Ergebnis führt, das mit wesentlichen Grundsätzen des deutschen Rechts und insbesondere mit den Grundrechten unvereinbar ist. Anhaltspunkte für das Vorliegen eines derartigen Ausnahmefalls sind hier nicht erkennbar."

90. *Gemäß Art. 17 III 2 Nr. 1 EGBGB in der bis zum 28.1.2013 geltenden Fassung in Verbindung mit Art. 229 § 28 II EGBGB ist der Versorgungsausgleich auf Antrag eines Ehegatten nach deutschem Recht durchzuführen, wenn der andere Ehegatte in der Ehezeit eine inländische Versorgungsanwartschaft erworben hat und seine Durchführung im Hinblick auf die beiderseitigen wirtschaftlichen Verhältnisse auch während der nicht im Inland verbrachten Zeit der Billigkeit nicht widerspricht. Ob die Durchführung der Billigkeit entspricht, ist unter Ermittlung und umfassender Abwägung der maßgeblichen Umstände zu prüfen.*

Da die so vorzunehmende Billigkeitsprüfung die Kenntnis des Gerichts von der Höhe der Versorgungsanwartschaften voraussetzt, kann sich in einer derartigen Situation der andere Ehegatte der Mitwirkungspflicht im Versorgungsausgleichsverfahren nicht mit der Begründung entziehen, ein Versorgungsausgleich sei nicht durchzuführen.

OLG Hamm, Beschl. vom 3.12.2014 – 2 WF 177/14: Bericht in NZFam 2015, 226.

5. Unterhalt

91. *Die internationale Zuständigkeit deutscher Gerichte richtet sich auch für Abänderungsanträge von Unterhaltsverpflichtungen nach Art. 3 EuUnthVO.* [LS der Redaktion]

OLG Stuttgart, Beschl. vom 17.1.2014 – 17 WF 229/13: NJW 2014, 1458; FamRZ 2014, 850; FamRB 2014, 137 mit Anm. *Dimmler*; NZFam 2014, 264 mit Anm. *Mankowski*. Leitsatz in: FF 2014, 217; NJW-Spezial 2014, 101.

Der ASt. ist der Vater der AGg. zu 1) und zu 2). Mit JugA-Urkunden aus dem Jahr 2007 hat sich der ASt. zur Zahlung von Kindesunterhalt an beide Kinder i.H.v. 100% des Regelbetrags verpflichtet. Die beiden Kinder wohnten zum damaligen Zeitpunkt in Deutschland. 2012 sind die Kinder mit ihrer Mutter in die Türkei gezogen und halten sich seitdem dort auf. Der ASt. hat die Abänderung der beiden JugA-Urkunden dahingehend beantragt, dass er nur noch zur Zahlung von 50% des jeweiligen Regelbetrags der dritten Altersstufe der RegelBetrV verpflichtet ist. Die AGg. sind diesem Antrag des ASt. entgegengetreten und haben beantragt, diesen zurückzuweisen.

Aus den Gründen:

„II. 1. Gemäß Art. 3 EuUnthVO, der auch für Abänderungsanträge anzuwenden ist (*Hausmann*, Internationales und Europäisches Ehescheidungsrecht, 1. Aufl. [2013], C 85), besteht keine internationale Zuständigkeit deutscher Gerichte für den Abänderungsantrag des ASt. Denn es liegt keiner der maßgeblichen, eine internationale Zuständigkeit begründenden Sachverhalte gemäß Art. 3 EuUnthVO vor. Insbesondere sind die Voraussetzungen von Art. 3 lit. a oder b nicht gegeben, da die AGg., die die unterhaltsberechtigten Personen sind, ihren gewöhnlichen Aufenthalt in der Türkei haben.

Der Begriff des gewöhnlichen Aufenthalts ist autonom auszulegen. Der gewöhnliche Aufenthalt einer Person ist dort, wo sie sozial integriert ist und ihren Lebensmittelpunkt, hat. Maßgebend sind die tatsächlichen Verhältnisse (BGH, FamRZ 2001, 412)[1]. Angesichts ihres Wechsels in die Türkei im Oktober 2012 ist davon auszugehen, dass die AGg. zu Beginn des streitgegenständlichen Zeitraums (der Monatserste, folgend auf den Tag der Rechtshängigkeit) im Juli 2013 nicht nur ihren alten gewöhnlichen Aufenthalt in Deutschland aufgegeben haben, sondern auch einen neuen gewöhnlichen Aufenthalt in der Türkei begründet haben, nachdem der Schwerpunkt der Lebensverhältnisse der Kinder in die Türkei verlagert worden sowie eine gewisse Dauer der Anwesenheit und eine Einbindung in die dortige soziale Umwelt, u.a. durch den Besuch der Schule, zu bejahen ist.

Ein international unzuständiges Gericht eines Mitgliedstaats wird allerdings gemäß Art. 5 EuUnthVO zuständig, wenn sich der Antragsgegner auf das Verfahren einlässt. Als Einlassung genügt jede Verteidigungshandlung, die auf eine Klageabweisung zielt. Die Zuständigkeitsrüge ist spätestens mit der Stellungnahme zu erheben, die nach dem innerstaatlichen Verfahrensrecht des angerufenen Gerichts als das erste Verteidigungsvorbringen anzusehen ist (*Hausmann* aaO C 169; BGH, NJW-RR 2002, 1357). Gemessen hieran haben die AGg., die nach Zustellung des Antrags mit Schriftsatz vom 27.6.2013 Antragsabweisung beantragt haben, sich auf das Verfahren eingelassen, wodurch die deutschen Gerichte international zuständig geworden sind. Von der rügelosen Einlassung gemäß Art. 5 EuUnthVO ist neben der internationalen Zuständigkeit auch stets die örtliche Zuständigkeit umfasst (*Hausmann* aaO C 171).

2. Materiell-rechtlich ist für den Antrag des ASt. türkisches Recht anzuwenden.

Es kann hierbei dahingestellt bleiben, ob sich die Anwendung des ausländischen Rechts nach dem Protokoll über das auf Unterhaltspflichten anzuwendende Recht vom 23.11.2007 (ABl. Nr. L 331/19; nachfolgend: HUP) oder nach dem HUÜ 1973 richtet.

Gemäß Art. 15 EuUnthVO bestimmt sich das auf Unterhaltspflichten anwendbare Recht für die Mitgliedstaaten, die durch das HUP gebunden sind, d.h. auch für

---

[1] IPRspr. 2000 Nr. 74.

Deutschland, nach diesem Protokoll. Gemäß Art. 18 HUP ersetzt dieses Protokoll im Verhältnis zwischen den Vertragsstaaten das HUÜ 1973.

Es ist umstritten, ob das HUP gegenüber der Türkei Anwendung findet, da die Türkei diesem Abkommen bislang nicht beigetreten und damit kein ‚Vertragsstaat' im Sinne des Art. 18 HUP ist, woraus eine Meinung den Schluss zieht, dass im Verhältnis zur Türkei das HUÜ, dessen Mitgliedstaat die Türkei ist, durch das HUP nicht ersetzt wird (*Ring*, FPR 2013, 16; *Henrich*, Internationales Scheidungsrecht, 3. Aufl., Rz. 136; *Palandt-Thorn*, BGB, 73. Aufl., Art. 18 HUP Rz. 53). Die Gegenmeinung stellt maßgeblich auf Art. 2 HUP ab, wonach das von dem Übereinkommen bestimmte Recht unabhängig vom Erfordernis der Gegenseitigkeit anzuwenden ist, auch wenn es das Recht eines Nichtvertragsstaats ist (*Conti/Bißmaier*, FamRBint 2011, 62; *Hausmann* aaO C 424, 673; OLG Stuttgart, Urt. vom 22.11.2011 – 17 UF 133/10).

Der BGH hat diese Frage ausdrücklich offengelassen (BGH, FamRZ 2013, 1366[2] mit der Darstellung des Meinungsstands).

Dahingestellt bleiben kann die Klärung dieser Frage für das hiesige Verfahren, da sowohl über das HUP als auch über das HUÜ 1973 für den Kindesunterhalt türkisches Recht anzuwenden ist. Gemäß Art. 3 I HUP ist für Unterhaltspflichten das Recht des Staats maßgebend, in dem die berechtigte Person ihren gewöhnlichen Aufenthalt hat. Gemäß Art. 4 I HUÜ 1973 ist u.a. für den Kindesunterhalt das am gewöhnlichen Aufenthalt des Unterhaltsberechtigten geltende innerstaatliche Recht maßgebend. Über beide Abkommen gelangt man somit für das hiesige Verfahren zum türkischen Recht, nachdem beide Kinder ihren gewöhnlichen Aufenthalt in der Türkei haben.

3. Bedenken gegen die Versagung der VKH mangels Erfolgsaussicht aufseiten der AGg. bestehen schon deswegen, weil der ASt., der lediglich Bezug auf die Ländergruppeneinteilung des BMdF genommen und diese zu der Düsseldorfer Tabelle in Bezug gesetzt hat, einen etwaigen Abänderungsanspruch nicht detailliert unter Bezugnahme auf das türkische Recht und damit nicht schlüssig dargelegt hat.

Gemäß Art. 327 I türk. ZGB sind die Kosten für den Unterhalt eines Kindes von den Eltern zu tragen. Der Bedarf eines Kindes wird gemäß Art. 330 türk. ZGB unter Berücksichtigung der Bedürfnisse des Kindes sowie der Lebensbedingungen und Leistungsfähigkeit der Eltern bestimmt. Nachdem sich der Unterhalt nach türkischem Recht richtet, ist die Düsseldorfer Tabelle nicht unmittelbar anwendbar. Da in der Türkei selbst keine Unterhaltstabellen bestehen, wird der Unterhalt vom Gericht nach freiem Ermessen unter besonderer Berücksichtigung der konkreten Lebensverhältnisse festgesetzt."

92. *Die internationale Zuständigkeit deutscher Gerichte ist in Unterhalts(abänderungs)verfahren gegen einen im nicht EU-Ausland ansässigen Unterhaltsberechtigten nicht gegeben, wenn keine bilateralen oder multilateralen Abkommen zu dem entsprechenden Staat bestehen, in dem der Unterhaltsberechtigte seinen gewöhnlichen Aufenthalt hat (hier: Peru), und auch keine Zuständigkeitsregelung der VO (EG) Nr. 4/2009 des Rates über die Zuständigkeit, das anwendbare Recht, die*

---

[2] IPRspr. 2013 Nr. 1.

Anerkennung und Vollstreckung von Entscheidungen und die Zusammenarbeit in Unterhaltssachen vom 18.12.2008 (ABl. Nr. L 7/1) einschlägig ist. [LS der Redaktion]

OLG Koblenz, Beschl. vom 18.6.2014 – 13 WF 564/14: NJW-RR 2015, 201; FamRZ 2015, 268 mit Anm. *Gottwald*. Leitsatz in NZFam 2015, 143.

Der ASt. nimmt den AGg. auf Abänderung eines Unterhaltsvergleichs in Anspruch. Der AGg. ist der 2008 geborene Sohn des ASt.; er lebt seit 2013 mit seiner Mutter, der geschiedenen Ehefrau des ASt., in Peru. Das AG – FamG – Koblenz hat seine internationale Zuständigkeit verneint. Hiergegen richtet sich die sofortige Beschwerde des ASt.

Aus den Gründen:

„II. ... Die gerichtliche Zuständigkeit in Unterhaltssachen richtet sich hier aufgrund des bestehenden Auslandsbezugs zunächst nach §§ 105, 232 FamFG. Neben diesen Vorschriften sind jedoch bei Auslandsberührung die entspr. Staatsverträge und das EU-Recht zur internationalen Zuständigkeit zu beachten.

Die internationale Zuständigkeit regelnde bilaterale oder multilaterale Abkommen mit Peru sind nicht ersichtlich. Insbesondere normieren weder das UN-Übereinkommen über die Geltendmachung von Unterhaltsansprüchen im Ausland vom 20.6.1956 (BGBl. 1959 II 150 ff.) noch das an dessen Stelle tretende Haager Übereinkommen über die internationale Geltendmachung der Unterhaltsansprüche von Kindern und anderen Familienangehörigen vom 23.11.2007 (ratif. 31.3.2011; ABl. Nr. L 93, 9), sollten sie im Verhältnis zu Peru anwendbar sein, internationale Entscheidungszuständigkeiten (vgl. auch *Zöller-Geimer*, ZPO, 30. Aufl., Anh II H Art. 1 EU-UntVO Rz. 13).

Vorrangig anwendbar auf Unterhaltsansprüche ist seit dem 18.6.2011 jedoch die VO (EG) Nr. 4/2009 des Rates über die Zuständigkeit, das anwendbare Recht, die Anerkennung und Vollstreckung von Entscheidungen und die Zusammenarbeit in Unterhaltssachen vom 18.12.2008 (ABl. Nr. L 7/1; EuUnthVO). Diese erfasst gemäß Art. 1 I Unterhaltspflichten, die auf einem Familien-, Verwandtschafts- oder eherechtlichen Verhältnis oder auf Schwägerschaft beruhen, und damit auch das vorliegende Unterhaltsverhältnis. Regelungen über die örtliche (internationale) Zuständigkeit enthalten dabei Art. 3 ff. EuUnthVO. Diese Zuständigkeitsvorschriften gelten, anders als nach dem früheren Art. 4 EuGVO, auch universal, greifen also ebenfalls ein, wenn der Antragsgegner seinen Aufenthalt nicht in einem Mitgliedstaat hat. Die EuUnthVO regelt damit die Zuständigkeit abschließend und sieht dementsprechend in Art. 6 und Art. 7 Vorschriften über eine Auffang- und Notzuständigkeit vor (vgl. *Musielak-Borth-Grandel*, FamFG, 4. Aufl., Vorb. zu §§ 98 ff. Rz. 18).

Eine Zuständigkeit deutscher Gerichte nach Art. 3 EuUnthVO hat das FamG zutreffend verneint. Denn vorliegend haben weder der AGg. oder die unterhaltsberechtigte Person – hier ebenfalls der AGg. – ihren gewöhnlichen Aufenthalt in Deutschland, noch ist vor dem AG – FamG – Koblenz ersichtlich ein anderes in Art. 3 lit. c oder d EuUnthVO genanntes Verfahren anhängig. Als Folge dessen vermag der vom AG – FamG – Trier angeführte § 28 I AUG auch keine Zuständigkeit des AG – FamG – Koblenz zu begründen. Denn die Zuständigkeitskonzentration nach § 28 I AUG gilt dem klaren Wortlaut nach nur für die Fälle, in denen Art. 3

litt. a, b EuUnthVO eingreifen (vgl. *Bork-Jacoby-Schwab-Heiderhoff*, FamFG, 2. Aufl., 2013 § 28 Rz. 1).
Mangels Gerichtstandsvereinbarung bzw. rügeloser Einlassung ist das AG – FamG – Koblenz vorliegend auch nicht gemäß Art. 4 f. EuUnthVO örtlich bzw. international zuständig.
Eine internationale Zuständigkeit der deutschen Gerichte könnte sich allerdings aus Art. 6 EuUnthVO ergeben. Nach dieser Auffangzuständigkeit sind die Gerichte des Mitgliedstaats der gemeinsamen Staatsangehörigkeit der Verfahrensbeteiligten zuständig, wenn sich weder aus Art. 3 ff. EuUnthVO eine Zuständigkeit eines Gerichts eines Mitgliedstaats ergibt, noch ein Gericht eines Staats zuständig ist, der dem LugÜ angehört. Ob der ASt. und sein Sohn indes die deutsche Staatsangehörigkeit besitzen, ist bislang nicht ausreichend bekannt. Selbst wenn aber danach eine internationale Zuständigkeit der deutschen Gerichte bestünde, wäre das AG – FamG – Koblenz nicht örtlich zuständig. Denn wie o.a. umfasst die Zuständigkeitskonzentration nach § 28 I AUG nicht den Fall des Art. 6 EuUnthVO. Sind die deutschen Gerichte nach Art. 6 EuUnthVO international zuständig, ist vielmehr ausschließlich das AG Pankow-Weißensee in Berlin örtlich zuständig, § 27 AUG. Gleiches gilt für die Notzuständigkeit nach Art. 7 EuUnthVO.
Mangels ausreichendem Vorbringen des ASt. zum Vorliegen bzw. Nichtvorliegen der Voraussetzungen der Art. 6 f. EuUnthVO kommt derzeit aber auch eine weitere Abgabe bzw. Weiterverweisung des Verfahrens nicht in Betracht. Dem nunmehr gestellten Verweisungsantrag an das AG – FamG – Bitburg dürfte zudem aus den o.g. Gründen ohnehin nicht stattzugeben sein.
Sollte auch der Anwendungsbereich der Art. 6 f. EuUnthVO nicht eröffnet sein, wäre hingegen eine internationale Zuständigkeit der deutschen Gerichte nicht gegeben. Denn Art. 3 ff. EuUnthVO verdrängen das nationale Zuständigkeitsrecht, und damit auch die §§ 105, 232 FamFG, in toto (vgl. OLG Düsseldorf, FamRZ 2013, 55[1] sowie *Zöller-Geimer* aaO Art. 3 EU-UntVO Rz. 14 und *Musielak-Borth-Grandel* aaO)."

93. *Die Vollstreckbarerklärung einer Entscheidung eines an das Haager Protokoll über das auf Unterhaltspflichten anzuwendende Recht vom 23.11.2007 (ABl. 2009 Nr. L 331/19) gebundenen Mitgliedstaats der Europäischen Union erfolgt nach Kapitel IV Abschnitt 2 EuUnthVO, wenn das Verfahren, in dem die Entscheidung ergangen ist, vor dem 18.6.2011 eingeleitet worden ist.*

OLG Nürnberg, Beschl. vom 10.7.2014 – 7 UF 694/14: FamRZ 2015, 355.

6. Kindschaft

Siehe auch Nr. 103

94. *Gemäß Art. 8 I EuEheVO sind für Entscheidungen, die die elterliche Verantwortung betreffen, wozu gemäß Art. 2 Nr. 7 EuEheVO auch das Umgangsrecht gehört, die Gerichte des Mitgliedstaats zuständig, in dem das Kind zum Zeitpunkt*

---

[1] IPRspr. 2012 Nr. 245.

der Antragstellung seinen gewöhnlichen Aufenthalt hat (hier: die Gerichte Großbritanniens). [LS der Redaktion]

BGH, Beschl. vom 19.3.2014 – XII ZB 511/13: NJW-RR 2014, 577; FamRZ 2014, 927 mit Anm. *Götz*; *Hüßtege*; MDR 2014, 675. Leitsatz in: FamRB 2014, 249; FF 2014, 261; FuR 2014, 418; LMK 2014, 359727 mit Anm. *Hilbig-Lugani*.

Der ASt. begehrt Umgang mit dem im Jahr 2004 geborenen Sohn der AGg. Der ASt. und die verheiratete AGg. unterhielten von Mai 2002 bis Oktober 2003 eine außereheliche Beziehung. Im Juni 2003 wurde die AGg. schwanger; im Dezember 2003 zog sie nach England zu ihrem Ehemann. Im März 2004 wurde ihr Sohn F. in England geboren. Das AG hat einen 2004 gestellten Antrag auf Regelung des Umgangs mit dem – die deutsche Staatsangehörigkeit innehabenden – Kind zurückgewiesen; 2006 wied das OLG die Beschwerde des ASt. zurück. Das BVerfG hat die hiergegen gerichtete Verfassungsbeschwerde nicht zur Entscheidung angenommen. Auf die Individualbeschwerde des ASt. hat der EGMR 2011 eine Verletzung des Art. 8 EMRK festgestellt. Er hat Deutschland zur Zahlung von 5 000 € für immateriellen Schaden zzgl. 10 000 € für Kosten und Auslagen an den ASt. verurteilt. Das BeschwG hat dem hierauf vom ASt. gestellten Restitutionsantrag mit einem Zwischenbeschluss stattgegeben, seinen Beschluss aus 2006 aufgehoben und das Verfahren wieder aufgenommen. Hiergegen wendet sich die AGg. mit der zugelassenen Rechtsbeschwerde.

Aus den Gründen:

„II. Die Rechtsbeschwerde hat Erfolg. Sie führt zur Aufhebung der angefochtenen Entscheidung und zur Zurückweisung des Restitutionsantrags des ASt. ...

(1) Zwar vermag der ASt. vor den deutschen Gerichten aufgrund der besonderen Umstände des vorliegenden Einzelfalls keine Änderung der Ausgangsentscheidung zu erlangen. Der Grund hierfür liegt indes nicht im materiellen Recht, sondern allein im Verfahrensrecht. Gemäß Art. 8 I EuEheVO sind für Entscheidungen, die die elterliche Verantwortung betreffen, wozu gemäß Art. 2 Nr. 7 EuEheVO auch das Umgangsrecht gehört, die Gerichte des Mitgliedstaats zuständig, in dem das Kind zum Zeitpunkt der Antragstellung seinen gewöhnlichen Aufenthalt hat, hier also die Gerichte Großbritanniens. Hinsichtlich der Zuständigkeit geht die EuEheVO nach ihrem Art. 61 dem KSÜ vor (Senatsbeschluss vom 16.3.2011 – XII ZB 407/10[1], FamRZ 2011, 796 Rz. 12). Dass die deutschen Gerichte demgegenüber in dem rechtskräftig abgeschlossenen Umgangsrechtsverfahren zuständig waren, obgleich das Kind seinen gewöhnlichen Aufenthalt von Anfang an in England hatte, liegt an einer entsprechenden Vereinbarung der Beteiligten im Sinne von Art. 12 III EuEheVO (vgl. dazu OLG Düsseldorf, FamRZ 2010, 915[2]). Diese Zuständigkeitsvereinbarung beschränkt sich indes auf das rechtskräftig abgeschlossene Verfahren (vgl. Art. 12 II lit. b EuEheVO), gilt also nicht auch für ein sich anschließendes Abänderungsverfahren.

(2) Die fehlende Zuständigkeit deutscher Gerichte macht den ASt. entgegen der Auffassung des Beschwerdegerichts jedoch nicht besonders schutzwürdig, zumindest nicht in einem Maße, das eine Auslegung des § 35 EGZPO entgegen dem klaren Wortlaut, seiner systematischen Stellung und dem Willen des Gesetzgebers rechtfertigen könnte. Die Zuständigkeitsvorschriften der EuEheVO, wonach für die Zuständigkeit der gewöhnliche Aufenthalt des Kindes maßgeblich ist, dienen v.a. der Wahrung des Kindeswohls. Dem Kind soll nicht zugemutet werden, in ein anderes Land zu reisen, um an einer – regelmäßig erforderlichen – gerichtlichen Anhörung teilzunehmen. Auch im Übrigen erscheint es sachgerecht, alle weiteren Ermittlungen

---

[1] IPRspr. 2011 Nr. 111.   [2] IPRspr. 2009 Nr. 210.

– wie etwa die Einholung eines Sachverständigengutachtens – am Aufenthaltsort des Kindes durchzuführen.

cc) Schließlich wird der ASt. durch die Verweisung auf die nunmehr zuständigen Gerichte des Vereinigten Königreichs auch nicht rechtlos gestellt. Es bleibt ihm unbenommen, in England einen Umgangsrechtsantrag zu stellen. Zwar unterliegt das nach Art. 15 I i.V.m. Art. 5 I KSÜ anzuwendende englische Recht hinsichtlich des Umgangsrechts des biologischen Vaters ähnlichen Beschränkungen wie das deutsche (vgl. dazu [online] das Gutachten des Deutschen Instituts für Jugendhilfe und Familienrecht zu ,Umgangsrechten des biologischen Vaters – Europäische Staaten im Vergleich' vom 11.3.2010, 63 f.). Da aber auch das Vereinigte Königreich Vertragsstaat der Europäischen Menschenrechtskonvention ist, wird das angerufene Gericht bei seiner Entscheidung Art. 8 EMRK in der vom EGMR gefundenen Auslegung gemäß Art. 46 EMRK ebenso zu berücksichtigen haben wie ein deutsches Gericht."

95. *Hinsichtlich der Abstammung eines Kindes führt das Günstigkeitsprinzip zum Vorrang der Vaterschaft des geschiedenen (hier: türkischen) Ehemanns, die nach dessen Heimatrecht für das innerhalb von 300 Tagen nach Rechtskraft der Scheidung geborene Kind eintritt. [LS der Redaktion]*

OLG Hamm, Beschl. vom 27.3.2014 – I-15 W 421/13: FamRZ 2014, 1559 mit Anm. *Henrich*; StAZ 2014, 239.

96. *Richtet sich die Abstammung nach deutschem Recht, dann ist es weder aus verfassungsrechtlichen Gründen noch aufgrund der Europäischen Konvention zum Schutze der Menschenrechte und Grundfreiheiten geboten, im Geburtsregister neben der gebärenden Frau die Lebenspartnerin als genetische Mutter des Kindes einzutragen. [LS der Redaktion]*

a) AG Köln, Beschl. vom 30.5.2014 – 378 III 35/14: Unveröffentlicht.

b) OLG Köln, Beschl. vom 27.8.2014 – 2 Wx 222/14: NJW-RR 2014, 1409; FamRZ 2015, 156; StAZ 2014, 364; FGPrax 2015, 42. Leitsatz in: FF 2015, 40; NZFam 2014, 1013.

Die Beteiligte zu 1) hat die französische Staatsangehörigkeit, die Beteiligte zu 2) ist Deutsche. 2010 haben sie vor dem Standesamt die Lebenspartnerschaft begründet. Die Beteiligte zu 1) gebar am 2013 den Beteiligten zu 3) und wurde vom Standesamt im Geburtseintrag als Mutter verzeichnet. Die Beteiligten zu 1) und 2) erteilten dem Beteiligten zu 3) im Wege der Einbenennung, für die sie das deutsche Recht als maßgeblich bestimmten, den Familiennamen G. Die Beteiligten zu 1) und 2) haben bei dem Standesamt beantragt, die Beteiligte zu 2) „in die Geburtsurkunde als weitere Mutter mit aufzunehmen". Das Standesamt hat den Antrag als Berichtigungsantrag aufgefasst und ihn dem AG vorgelegt. Das AG hat den Antrag mit Beschluss vom 30.5.2014 abgelehnt. Hiergegen wenden sich die Beteiligten zu 1) bis 3) mit ihrer Beschwerde. Das AG hat der Beschwerde nicht abgeholfen und die Sache dem OLG zur Entscheidung vorgelegt.

Aus den Gründen:

a) AG Köln 30.5.2014 – 378 III 35/14:

„II. ... Gemäß § 21 I Nr. 4 PStG sind in das Geburtsregister die Eltern des Kindes einzutragen. Die Abstammung eines Kindes unterliegt gemäß Art. 19 I 1 EGBGB dem Recht des Staats, in dem das Kind seinen gewöhnlichen Aufenthalt hat, vorliegend also deutschem Recht. Nach deutschem Recht ergibt sich die Mutterschaft allein aus der Tatsache der Geburt. Gemäß § 1591 BGB ist Mutter des Kindes die Frau, die das Kind geboren hat. Dies ist die Beteiligte zu 1). Die genetische Mutterschaft ist familienrechtlich unbeachtlich (OLG Stuttgart, Beschl. vom 7.2.2012 – 8 W 46/12[1], StAz 2012, 209; *Gaaz-Bornhofen*, Handkommentar zum Personenstandsrecht, 3. Aufl., § 21 Rz. 39). Der Gesetzgeber hat sich im KindRG zum einen gegen eine doppelte oder gespaltene Mutterschaft und bei der Wahl zwischen genetischer und gebärender Mutter für die Letztere entschieden (BT-Drucks. 13/4899 S. 51 f.). Es entspricht gesetzgeberischem Willen, die Leihmutterschaft zu untersagen.

Im Verhältnis zur Mutter kann die Abstammung gemäß Art. 19 I 2 EGBGB zudem nach dem Heimatrecht der Mutter bestimmt werden. Auch das französische Recht verbietet Leihmutterschaft (*Ferrand/Francoz-Terminal*, FamRZ 2012, 1437). Hinsichtlich der Mutter ist die Abstammung nach französischem Recht gemäß Art. 311-25 Cc durch ihre Benennung in der Geburtsurkunde des Kindes festgestellt. Da hiernach die Beteiligte zu 1) als Mutter des Kindes gilt, kommt auch durch Anwendung französischen Rechts eine Eintragung der Beteiligten zu 2) als weitere Mutter nicht in Betracht."

b) OLG Köln 27.8.2014 – 2 Wx 222/14:

„2. a) Die zulässige, insbes. form- und fristgerecht (§§ 63 I, 64 I, II FamFG) eingelegte Beschwerde der Beteiligten zu 1) und 2) hat in der Sache keinen Erfolg ... Nach § 21 I Nr. 4 PStG sind im Geburtenregister die Vornamen und Namen der Eltern zu beurkunden. Die Abstammung des Beteiligten zu 3) ist gemäß Art. 19 I 1 EGBGB nach deutschem Recht zu beurteilen, weil er seinen gewöhnlichen Aufenthalt bei den Beteiligten zu 1) und 2) in L. hat. Nichts anderes ergibt sich aus Art. 19 I 2 EGBGB. Denn danach kann die Frage der Abstammung in Bezug auf die Beteiligte zu 2) auch nach deren Heimatrecht bestimmt werden; die Beteiligte zu 2) ist indes Deutsche. Dahinstehen kann, ob Art. 19 I 3 i.V.m. Art. 14 I EGBGB auf die Lebenspartnerschaft anzuwenden ist. Denn auch dies führte zur Anwendung deutschen Rechts, weil die Beteiligten zu 1) und 2) sowohl bei Begründung der Lebenspartnerschaft als auch im Zeitpunkt der Geburt des Beteiligten zu 3) ihren gewöhnlichen Aufenthalt in Deutschland hatten (Art. 14 I Nr. 2 EGBGB). Wer die Eltern im Sinne des § 21 I Nr. 4 PStG sind, bestimmt sich hier mithin nach dem deutschen bürgerlichen Recht. Mutter ist nach § 1591 BGB die Frau, die das Kind geboren hat, hier also – ausschließlich – die Beteiligte zu 1)."

97. *Führen die Anknüpfungsmöglichkeiten nach Art. 19 Abs. 1 EGBGB zu konkurrierenden Vaterschaften, geht das Aufenthaltsstatut vor und wird erst nachrangig die Abstammung nach den übrigen Anknüpfungspunkten beurteilt. [LS der Redaktion]*

AG Heidelberg, Beschl. vom 4.7.2014 – 48 UR III 15/14: Unveröffentlicht.

[Der nachgehende Beschluss des OLG Karlsruhe – 11 Wx 65/14 – wird im Band IPRspr. 2015 abgedruckt.]

---

[1] IPRspr. 2012 Nr. 106 (LS).

Frau R. K (Kindesmutter) hat 2013 in Heidelberg ein männliches Kind zur Welt gebracht. Die Geburt wurde bei dem Standesamt Heidelberg registriert. Das Standesamt hat den früheren Ehemann W. K der Kindesmutter, die polnische Staatsangehörige ist, W. K. in Polen geheiratet hatte und dort rechtskräftig von ihm geschieden wurde, in das Geburtenbuch als Vater des Kindes eingetragen. Nach der Geburt des Kindes wurde die Vaterschaft von Herrn R. D. anerkannt. Die Kindesmutter erklärte gegenüber dem FamG im Verfahren 46 F 15/14, das auf Antrag des Standesamts wegen fehlender Bestimmung eines Vornamens eingeleitet worden war, keinen Kontakt zu ihrem früheren Ehemann zu haben. Das FamG vertritt die Auffassung, dass die Eintragung des früheren Ehemanns als Vater unrichtig sei und weist das Standesamt Heidelberg und die Aufsichtsbehörde auf die Möglichkeit der Zweifelsanfrage hin. Einer entsprechenden Berichtigung des Geburtenbuchs treten das Standesamt Heidelberg und die Aufsichtsbehörde entgegen.

Aus den Gründen:

„II. ... Das AG Heidelberg ist international zuständig, weil eine Eintragung im deutschen Geburtenbuch betroffen ist; die internationale Zuständigkeit folgt aus der örtlichen Zuständigkeit (vgl. § 50 I PStG; BayObLG, FamRZ 2002, 686[1] Rz. 20).

Nach Auffassung des Gerichts war die Eintragung des Standesamts am 4.2.2014 unrichtig, so dass die Voraussetzungen für eine Berichtigung des Geburtenbuchs vorliegen.

Das Gericht vertritt die Ansicht, dass vorliegend deutsches Recht zur Anwendung kommt und mit der Anerkennung der Vaterschaft am 14.1.2014 Herr R. D. rechtlicher Vater des am 16.12.2014 geborenen Jungen gemäß § 1592 Nr. 2 BGB wurde. Die Eintragung ins Geburtenbuch am 4.2.2014 hätte daher das Vaterschaftsanerkenntnis berücksichtigen müssen. Da der frühere Ehemann der Kindesmutter, der nach polnischem Recht als rechtlicher Vater des Kindes anzusehen war, eingetragen wurde, ist die Eintragung nach Auffassung des Gerichts zu berichtigen.

Da der frühere Ehemann der Mutter und die Kindesmutter polnische Staatsangehörige sind, das Kind in Deutschland geboren ist und hier lebt und der anerkennende Vater ebenfalls deutscher Staatsangehöriger ist, ist es notwendig, die für die Abstammung des Kindes maßgebliche Rechtsordnung zu bestimmen.

Nach der die Abstammung eines Kindes regelnden Kollisionsnorm des Art. 19 I 1 und 2 EGBGB kommen hierfür im vorliegenden Fall das deutsche Recht in Betracht, weil das Kind in Deutschland geboren ist und bei seiner Mutter in Deutschland lebt, sowie das polnische Recht, da die Mutter und der geschiedene Ehemann im Zeitpunkt der Geburt des Kindes polnische Staatsangehörige waren und sind. Die Anknüpfungsmöglichkeit nach dem Ehewirkungsstatut gemäß Art. 19 I 3 EGBGB bleibt außer Betracht, weil die Kindesmutter im Zeitpunkt der Geburt geschieden war.

Nach Art. 19 I 1 EGBGB unterliegt die Abstammung eines Kindes dem Recht des Staats, in dem das Kind seinen gewöhnlichen Aufenthalt hat (Aufenthaltsstatut). Das Statut des Kindesaufenthalts (Art. 19 I 1 EGBGB) begründet vorliegend die Anwendbarkeit deutschen Rechts, da das Kind in Heidelberg geboren wurde und in Neckargemünd wohnhaft ist, so dass sich die Abstammung nach den §§ 1591 ff. BGB richten würde.

Da die Kindesmutter und der frühere Ehemann der Mutter im Zeitpunkt der Geburt des Kindes nicht mehr verheiratet waren – die Ehe wurde in Polen am 26.9.2013 rechtskräftig geschieden – greift die Vaterschaftsvermutung nach § 1592

---

[1] IPRspr. 2002 Nr. 90.

Nr. 1 BGB nicht mehr ein. Die Abstammung des Kindes kann nur durch ein Anerkenntnis oder eine gerichtliche Entscheidung festgestellt werden. Damit konnte Herr R. D. am 14.1.2014 wirksam die Vaterschaft anerkennen und wurde gemäß § 1592 Nr. 2 BGB zum rechtlichen Vater des am 16.12.2013 geborenen Jungen.

Die Abstammung kann nach Art. 19 I 2 EGBGB im Verhältnis zu jedem Elternteil auch nach dem Recht des Staats bestimmt werden, dem dieser Elternteil angehört (Staatsangehörigkeitsstatut). Da die Mutter und ihr geschiedener Ehemann polnische Staatsangehörige sind, käme vorliegend polnisches Recht zur Anwendung. Dieses enthält eine ähnliche Regelung, wie sie § 1593 BGB a.F. bis zum 30.6.1998 vorgesehen hatte. Gemäß polnischem Familien- und Vormundschaftskodex vom 25.2.1964 (Dz.U. Nr. 9 Pos. 59) hat ein Kind, das innerhalb von 300 Tagen nach Auflösung der Ehe geboren wird, den Ehemann zum Vater. Da die Rechtskraft der Ehescheidung der Kindesmutter zwar vor der Geburt aber innerhalb der 300 Tage Frist eintrat, ist von der Vaterschaftsvermutung des Ehemanns nach polnischem Recht auszugehen. Danach stünde der AGg. nach polnischem Recht als Vater mit der Geburt des Kindes fest, da der Junge innerhalb der 300 Tage nach Rechtskraft der Ehescheidung geboren wurde. Für ein Anerkenntnis des Herrn R. D. bliebe dann kein Raum mehr.

Die Anknüpfungsmöglichkeiten für die Vaterschaft nach Art. 19 I EGBGB (Aufenthalts-, Staatsangehörigkeitsstatut) führen vorliegend dazu, dass mehrere Männer jeweils als Vater des Kindes gelten könnten.

Ob die Anknüpfungsmöglichkeiten nach Art. 19 I 1 EGBGB (deutsches Recht) und Art. 19 I 2 EGBGB (polnisches Recht) im Verhältnis gleichrangiger Alternativität (so BayObLG aaO m.w.N.) stehen, ist umstritten. Das Gericht folgt hingegen der Auffassung, wonach im Konfliktfall das Aufenthaltsstatut vorgeht und erst nachrangig die Abstammung nach den übrigen Anknüpfungspunkten beurteilt werden kann (vgl. AG Leverkusen, FamRZ 2007, 2087[2]; *Palandt-Thorn*, BGB, 73. Aufl., Art. 19 EGBGB Rz. 6 am Ende m.w.N.). Zwar fehlt in der gesetzlichen Regelung eine eindeutige Rangfolge des zu bestimmenden Abstammungsstatuts. Die Bestimmung der Abstammung nach dem gewöhnlichen Aufenthalt wird in Satz 1 bezeichnet, die übrigen Anknüpfungen werden mit dem Wort ‚auch' erst in Satz 2 und 3 aufgeführt, so dass aus der Rangfolge der Bezeichnungen ein gewisser Vorrang des Aufenthaltsstatus abgeleitet werden kann, auch wenn sich aus dem Wortlaut kein ausdrückliches Stufenverhältnis ergibt. Für den Vorrang des Aufenthaltsstatuts spricht aber vor allem, dass aus der Perspektive des Umweltrechts mit dem Aufenthaltsstatut der ‚richtige' Vater bestimmt wird und dies dem Interesse aller Beteiligter entspricht, da die Geburt und die Elternschaft von den örtlichen Behörden festgestellt und etwa für die Frage der Kindergeld- und Elterngeldberechtigung beurteilt werden muss. Im IPR hat außerdem das Aufenthaltsstatut in nahezu allen Bereichen des Familienrechts den vorrangigen Anknüpfungspunkt für die Bestimmung des anzuwenden Sachrechts eingenommen. So bestimmt sich in Fragen der Ehescheidung, der elterlichen Sorge und des Unterhaltsrechts das anzuwendende Sachrecht mittlerweile vorrangig nach dem Recht des gewöhnlichen Aufenthalts (Rom-III-VO für die Ehescheidung, Art. 8a; KSÜ, Art. 15; Protokoll über das auf Unterhaltspflichten anzuwendende Recht vom 23.11.2007 [ABl. Nr. L 331/19], Art. 3). Damit wur-

---

[2] IPRspr. 2007 Nr. 164.

den die früheren Anknüpfungspunkte, insbesondere der Staatsangehörigkeit nach Art. 14 EGBGB, verdrängt. Diese Rechtsentwicklung muss auch bei der Auslegung von Art. 19 EGBGB und der Bestimmung des anzuwendenden Sachrechts in Abstammungssachen beachtet werden. Die neueren Kollisionsnormen berücksichtigen, dass das Umgebungsrecht der Beteiligten das Recht ist, das den Betroffenen am nächsten ist und das den Betroffenen auch durch das regelmäßig am Ort des gewöhnlichen Aufenthalts zuständige Gericht oder die zuständigen Behörden am besten vermittelt werden kann. Der Vorrang des Aufenthaltsstatuts führt auch zu einer Rechtsklarheit und Rechtssicherheit, da das am gewöhnlichen Aufenthalt geltende Recht schnell erfasst und schnell vermittelt werden kann. Eines Vergleichs mit unterschiedlichsten sich aus der Staatsangehörigkeit der Eltern oder möglichen Eltern ergebenden Rechtsordnungen bedarf es dann nicht. Ein solcher Vergleich ist immer mit Rechtsunsicherheiten verbunden, da in jedem Fall die aktuelle Rechtslage nach der ausländischen Rechtsordnung festgestellt werden muss. Auch die Frage der Rückverweisung nach ausländischem IPR würde sich nicht stellen. Noch schwerer wiegt, dass die Anknüpfung an die Staatsangehörigkeit der Mutter, des geschiedenen Ehemanns oder des die Vaterschaft anerkennenden Mannes zu einer Vielzahl von Rechtsproblemen und Rechtsunsicherheiten in der Praxis führt, die für die Mutter und damit auch für das Kind zu erheblichen tatsächlichen Schwierigkeiten im Rechtsverkehr führen. Diese Schwierigkeiten treten – wie auch in dieser Fallkonstellation – insbesondere dann auf, wenn die nach der Staatsangehörigkeit eines Elternteils oder des geschiedenen Ehegatten der Kindesmutter ermittelte Rechtsordnung davon ausgeht, dass der geschiedene Ehemann auch 300 Tage nach Rechtskraft der Ehescheidung als Vater gilt. Vor allem, wenn gleichzeitig ein anderer Mann, zumeist der tatsächliche Vater, der die Elternverantwortung wahrnehmen möchte, die Vaterschaft erst nach Geburt des Kindes anerkannt hat, führt dies zu einer Vielzahl von Rechtsproblemen, da die bisher wohl h.M. nach dem Prioritätsprinzip davon ausgeht, dass diejenige Rechtsordnung anzuwenden ist, die dem Kind zuerst einen Vater verschafft. In den geschilderten Fallkonstellationen ist dies der frühere Ehemann der Mutter, der meist nicht erreichbar ist und keine Beziehung zum Kind hat und haben möchte. Tatsächlich ist dieser Vater, der geschiedene Ehemann der Mutter, häufig nicht bereit oder aufgrund seines entfernten Aufenthalts nicht in der Lage, an notwendigen Regelungen mitzuwirken. Dies führt wie in vorliegender Konstellation dazu, dass mehrere Gerichtsverfahren erforderlich sind, um eine Rechtslage herzustellen, die den tatsächlich verantwortlichen Personen auch die erforderlichen rechtlichen Möglichkeiten einräumt. Die Zahl der erforderlichen Gerichtsverfahren beginnt mit der Meldung der fehlenden Erteilung eines Vornamens durch das Standesamt an das FamG (hier: Az. 46 F 15/14). Das Standesamt Heidelberg vertritt die Auffassung, dass die Mutter den Vornamen des Kindes nicht alleine bestimmen könne, weil die Zustimmung des früheren Ehemanns als mitsorgeberechtigte Person benötigt werde. Tatsächlich besteht jedoch kein gemeinsames Sorgerecht von Mutter und geschiedenem Ehemann, selbst wenn man davon ausgehen sollte, dass sich das Abstammungsrecht nach polnischem Recht richtet. Denn die maßgebliche Kollisionsnorm für die Frage der elterlichen Sorge befindet sich in Art. 15 KSÜ. Aufgrund des gewöhnlichen Aufenthalts des Kindes in Deutschland kommt deutsches Sachrecht zur Anwendung. Da die Kindesmutter von ihrem früheren Ehemann im

Zeitpunkt der Geburt rechtskräftig geschieden war, besteht keine gemeinsame elterliche Sorge. Eine solche kann nach § 1626a BGB nur durch gemeinsame Sorgeerklärung begründet werden. Da der frühere Ehemann und die Kindesmutter eine solche Sorgeerklärung nicht abgegeben haben und die Erklärung des Beteiligten R. D. mangels Vaterschaft (nach polnischem Recht) keine Wirkung entfalten kann, besteht ein alleiniges Sorgerecht der Kindesmutter für den Fall, dass man die Vaterschaft nach polnischem Recht ermittelt. Die Meldung über die Nichterteilung eines Vornamens des Standesamts Heidelberg vom 4.2.2014 (FamG Heidelberg, Az. 46 F 15/14), und die Verweigerung der Eintragung des Vornamens M. P. mit erheblichen Wirkungen für die Mutter und den weiteren Beteiligten R. D. erfolgte damit zu Unrecht, da die Kindesmutter die Entscheidung über den Vornamen des Kindes allein treffen konnte. Die Verweigerung einer vollständigen Geburtsurkunde hat wiederum Auswirkungen auf die Anerkennung der Kindergeld- und Elterngeldberechtigung, über die andere Behörden zu entscheiden haben.

Wird die sorgerechtliche Rechtslage nicht erkannt, so muss ggf. eine Entscheidung über das Sorgerecht vorab im Wege der einstweiligen Anordnung getroffen werden, damit der Mutter das Recht eingeräumt wird, allein den Vornamen für das Kind zu bestimmen und das Sorgerecht auszuüben. Schließlich muss die Mutter oder das Kind die Vaterschaft des geschiedenen Ehemanns anfechten, damit dem Vaterschaftsanerkenntnis des Mannes, der bereit ist, die elterliche Verantwortung wahrzunehmen, Wirkung verschafft werden kann. In dem Anfechtungsverfahren muss der rechtliche Vater, der im Ausland lebt – oder wie hier unbekannten Aufenthalts ist –, beteiligt werden. Dies geht mit einem erheblichen Kostenaufwand für die Auslandszustellung und mit einem erheblichen Zeitaufwand – ggf. zur Ermittlung des Aufenthalts oder zur Durchführung einer öffentlichen Zustellung – einher.

Hinzu kommen finanzielle Nachteile für die Kindesmutter und den die Vaterschaft für das Kind anerkennenden Mann, da Anträge auf Kindergeld und Elterngeld nicht in der notwendigen Form gestellt werden können.

Diese Verfahren sind für die Beteiligten nicht nachvollziehbar, zeitraubend und kostspielig. Darüber hinaus sind diese Verfahren nicht erforderlich, räumt man dem Aufenthaltsstatut gegenüber den anderen Anknüpfungsstatuten Vorrang ein.

Aber selbst wenn man in vorliegendem Verfahren keinen Vorrang des Aufenthaltsstatuts annimmt, ist nach Auffassung des Gerichts deutsches Sachrecht anzuwenden.

Denn die h.M. bestimmt das anzuwendende Sachrecht nach dem Günstigkeitsprinzip, d.h. es kommt das Recht zur Anwendung, das für das Wohl des Kindes günstiger ist (BayObLG aaO Rz. 29 ff.).

Vielfach wird in der Rspr. (BayObLG aaO Rz. 31) die Auffassung vertreten, falls für die Abstammung eines Kindes zwei Rechtsordnungen alternativ maßgeblich seien, sei davon auszugehen, dass diejenige die günstigste Auswirkung biete, die dem Kind zuerst, am besten schon mit der Geburt, zu einem Vater verhelfe, weil die rechtliche Zuordnung zu einem Vater nach dem einen Recht schon im Hinblick auf die unterhalts- und erbrechtlichen Konsequenzen günstiger sei als die völlige Vaterlosigkeit nach dem anderen Recht. Dieser Auffassung ist insbesondere entgegenzuhalten, dass im Fall der Anerkennung der Vaterschaft kurz nach der Geburt durch eine Person, die vor Ort bereit ist, die tatsächliche Verantwortung zu übernehmen und für den Unterhalt des Kindes aufzukommen, für das Kind wesentlich günstiger ist als ein nicht erreichbarer Vater.

Ein weiteres Kriterium, nach dem sich das für das Kind objektiv günstigere Recht beurteilt, ist der Grundsatz der Abstammungswahrscheinlichkeit. Danach ist die für das Kind günstigste Lösung diejenige, die ihm ohne Umwege möglichst schnell und ohne unnötige Kosten zu seinem wirklichen Vater verhilft (vgl. *Palandt-Thorn* aaO; KG, Urt. vom 8.12.2010 – 3 UF 100/09[3] m.w.N.). Bei gescheiterten Ehen, deren Auflösung anstehe, sei dem Kind durch die Zuordnung zu einem Vater, von dem es aller Wahrscheinlichkeit nach nicht abstammt, kaum gedient. Man zwinge die Beteiligten damit zur Vaterschaftsanfechtung, um eine Abstammung klarzustellen, an der meist nicht der geringste Zweifel bestehe. Es liege im Interesse des Kindes, wenn diese Feststellung auf einfachem Weg ohne zusätzliches Anfechtungsverfahren erfolgen könne.

Soweit einem Vorrang der Anknüpfung an den Aufenthalt des Kindes nicht gefolgt werden kann, folgt das Personenstandsgericht der Auffassung des FamG (46 F 15/14), das unter Anschluss an die Entscheidung des KG vom 8.12.2010 wie folgt ausführt:

‚Die Würdigung der Sachlage unter Berücksichtigung des Kindeswohls führt im vorliegenden Fall dazu, dass das Günstigkeitsprinzip hinter die Abstammungswahrscheinlichkeit und des Aufenthaltsstatuts zurücktreten muss, auch wenn das zur Folge hat, dass das Kind nicht bereits im Zeitpunkt der Geburt, sondern erst einen Monat später am 14.1.2014 einen Vater erhält. Diese Zeitspanne ist als vernachlässigbar anzusehen, denn von ausschlaggebender Bedeutung ist, dass der nach polnischem Recht vermutete Vater nicht greifbar ist. Dieser ist unbekannten Aufenthalts und die Kindesmutter hat keinen Kontakt zu diesem. Somit sind die weiteren nötigen Schritte nur unter erhöhtem Aufwand zu betreiben und auch unter unterhalts- und erbrechtlichen Gesichtspunkten ist es vorzuziehen, einen Vater zu benennen, der anwesend ist, auch wenn dieser erst einen Monat nach der Geburt die Vaterschaft anerkannt hat, [statt] einen Vater zu haben, gegen welchen zum jetzigen Zeitpunkt gar keine Ansprüche geltend gemacht werden könnten.'

Die Anwendung polnischen Rechts kann als kaum sachdienlich gesehen werden, wenn im Falle der Anwendung deutschen Rechts das Kind ohne Umwege (über Anordnung des Ruhens der elterlichen Sorge des früheren Ehemanns der Kindesmutter und Vaterschaftsanfechtungsklage) Herrn R. D. als Vater erhalten könnte, was sowohl dem Kindes- als auch Elterninteresse vollumfänglich entspricht."

98. *Die rechtskräftige Entscheidung eines deutschen Gerichts im Anerkennungsfeststellungsverfahrens nach § 108 II FamFG, mit welcher eine ausländische gerichtliche Entscheidung über die Abstammung eines durch eine Leihmutter geborenen Kindes anerkannt wird, ist für das Standesamt, die standesamtlichen Aufsichtsbehörden und die zur Entscheidung in Personenstandssachen berufenen Gerichte bindend.*

Die Bindungswirkung gilt auch, wenn das anerkennende Gericht nach entsprechender Prüfung und inhaltlicher Auseinandersetzung in dem konkreten Fall der

---

[3] IPRspr. 2011 Nr. 93.

Leihmutterschaft ein Anerkennungshindernis gemäß § 109 I Nr. 4 FamFG wegen eines Ordre-public-Verstoßes verneint hat und damit von der herrschenden Auffassung in Rechtsprechung und Literatur in Deutschland abgewichen ist.

OLG Frankfurt/Main, Beschl. vom 14.7.2014 – 20 W 374/13: Unveröffentlicht.

Die Beteiligten streiten um die Nachbeurkundung der Geburt eines Kindes aufgrund der gerichtlichen Anerkennung der Entscheidung eines ukrainischen Gerichts, mit welcher die Elternschaft der deutschen Wunscheltern des von einer ukrainischen Leihmutter in der Ukraine geborenen Kindes festgestellt wurde. Die beiden ASt. hatten mit der ukrainischen Staatsangehörigen einen Vertrag geschlossen, wonach diese eine Schwangerschaft, die aus der extrakorporalen Befruchtung der Eizelle der ASt. zu 1) mit dem Sperma des ASt. zu 2) mit Einwilligung des Ehemanns der Leihmutter austrug. Nachdem die Leihmutter das Kind 2012 in der Ukraine geboren hatte, wurde das Kind sogleich den beiden ASt. übergeben. Mit Beschluss des Gerichts des Dsershynskyj-Bezirk in Ch./Ukraine vom 25.4.2012 wurde festgestellt, dass der ASt. zu 2) der Vater und die ASt. zu 1) die Mutter des Kindes seien. Nach Rechtskraft dieses Beschlusses stellte die Abteilung für staatliches Personenstandswesen der Registrierungsdienststelle der Justizverwaltung des Kreises S./Ch. eine Geburtsurkunde aus, wonach die ASt. zu 1) und 2) die Eltern des Kindes sind. Die Leihmutter gab eine Erklärung ab, mit welcher sie bestätigte, dass der ASt. zu 2) der Vater des von ihr geborenen Kindes ist. Der ASt. zu 2) hat die Vaterschaft für das Kind anerkannt. Die beiden ASt. begehrten zunächst erfolglos bei dem Beteiligten zu 5) als Standesamt ihres Wohnsitzes die Nachbeurkundung der Geburt des Kindes. Das AG Gießen wies das Standesamt an, die Geburt des Kindes der ASt. zu 1) als Kindesmutter und des ASt. zu 2) als Kindesvater im dortigen Geburtenregister zu beurkunden. Gegen den Anweisungsbeschluss des AG wendet sich die obere standesamtliche Aufsichtsbehörde mit ihrer Beschwerde.

Aus den Gründen:

„II. ... Gemäß § 108 I FamFG werden ausländische gerichtliche Entscheidungen – abgesehen von Entscheidungen in Ehesachen – anerkannt, ohne dass es hierfür eines besonderen förmlichen Verfahrens bedarf. Über die Anerkennungsfähigkeit der ausländischen gerichtlichen Entscheidung und damit insbesondere auch die Frage, ob Anerkennungshindernisse im Sinne des § 109 FamFG vorliegen, ist deshalb grundsätzlich als Vorfrage in dem jeweiligen Verfahren zu befinden. Handelt es sich um eine ausländische gerichtliche Entscheidung, die für die Beurkundung eines personenstandsrechtlichen Vorgangs von Bedeutung ist, so haben über die Anerkennungsfähigkeit zunächst der Standesbeamte und in einem nachfolgenden gerichtlichen Verfahren die zur Entscheidung in personenstandsrechtlichen Verfahren berufenen Gerichte inzident zu entscheiden (vgl. *Keidel-Zimmermann*, FamFG, 18. Aufl., § 108 Rz. 11).

Abweichend von der vorherigen Rechtslage unter Geltung des FGG hat der Gesetzgeber mit Einführung des FamFG daneben für Beteiligte, die ein rechtliches Interesse hieran haben, fakultativ auch die Möglichkeit eröffnet, in einem förmlichen Gerichtsverfahren nach § 108 II FamFG isoliert eine Feststellung über die Anerkennung oder Nichtanerkennung der ausländischen gerichtlichen Entscheidung herbeizuführen (vgl. *Zöller-Geimer*, ZPO, 30. Aufl., § 108 FamFG Rz. 3; *Keidel-Zimmermann* aaO § 108 Rz. 68 ff.). Kommt es auf Antrag eines Beteiligten zu einer derartigen gerichtlichen Entscheidung mit dem Inhalt der Feststellung der Anerkennung oder Nichtanerkennung einer ausländischen gerichtlichen Entscheidung, so entfaltet diese gemäß §§ 108 II 2, 107 IX FamFG kraft Gesetzes nicht nur für die Beteiligten, sondern insgesamt für die deutschen Gerichte und Verwaltungsbehörden bindende Wirkung. Dies hat zur Folge, dass die Behörden und Gerichte den Inhalt einer solchen rechtskräftigen Anerkennungsfeststellungsentscheidung gemäß § 108 II FamFG zu akzeptieren und ihren Entscheidungen zugrunde zu legen haben und nicht berechtigt sind, diese einer nochmaligen eigenen Überprüfung auf ihre inhaltliche Rechtmäßigkeit zu unterziehen.

Dieser systematische Zusammenhang zwischen § 108 I und II FamFG und die rechtliche Bindungswirkung des § 107 IX FamFG wird von der Argumentation der Beschwerde der oberen standesamtlichen Aufsichtsbehörde verkannt.

Gegenstand eines Anerkennungsfeststellungsverfahrens nach § 108 II FamFG können auch ausländische gerichtliche Entscheidungen über die Abstammung eines Kindes sein, das durch eine Leihmutter geboren wurde (vgl. *Benicke*, StAZ 2013, 101/104/113; *Duden*, StAZ 2014, 164/165; *Staudinger-Henrich*, BGB, Neub. 2014, Art. 19 EGBGB Rz. 123).

Mit der Entscheidung des AG – FamG – Friedberg vom 1.3.2013, die Rechtskraft erlangt hat, liegt eine solche Anerkennungsfeststellungsentscheidung im Sinne des § 108 II FamFG vor. Sie bezieht sich auf eine anerkennungsfähige ausländische Gerichtsentscheidung, nämlich den dort genannten Beschluss des Bezirksgerichts Dsershynskyj in Ch./Ukraine, mit welchem ausdrücklich die Verwandtschaft zwischen den beiden ASt. und dem Kind dahingehend festgestellt wurde, dass die ASt. zu 1) die Mutter und der ASt. zu 2) der Vater des Kindes sind.

Ebenso wie bereits das AG Gießen in seinem angefochtenen Beschluss verkennt auch der Senat nicht, dass das AG – FamG – Friedberg in seinem Beschluss vom 1.3.2013 die gerichtliche Feststellung der Elternschaft der beiden ASt. zu dem Kind in der ukrainischen Gerichtsentscheidung deshalb anerkannt hat, weil es nach entsprechender Prüfung und inhaltlicher Auseinandersetzung in dem hier gegebenen konkreten Fall der Leihmutterschaft ein Anerkennungshindernis gemäß § 109 I Nr. 4 FamFG wegen eines Ordre-public-Verstoßes verneint hat und damit von der h.M. in Rspr. und Lit. in Deutschland abgewichen ist (vgl. zur h.M., die eine Anerkennung derartiger ausländischer Gerichtsentscheidungen unter Hinweis auf das aus den Regelungen der §§ 1591 BGB, 13c AdVermiG und § 1 I Nrn. 1 und 6 ESchG zu entnehmende Verbot der Leihmutterschaft in Deutschland ablehnt: OLG Stuttgart, StAZ 2012, 209 = FamRZ 2002, 1740[1]; KG, StAZ 2013, 348 = IPRax 2014, 72[2]; VG Berlin, StAZ 2012, 382[3]; *Palandt-Brudermüller*, BGB, 73. Aufl., Vor § 1591 Rz. 22; *Benicke* aaO 101/110; *Helms*, StAZ 2013, 114/115; *Botthoff/Diel*, StAZ 2013, 211). Das AG Friedberg hat sich dabei einer Mindermeinung angeschlossen, die sich insbes. unter Hervorhebung des Kindeswohls im konkreten Fall für eine Anerkennungsfähigkeit ausspricht (vgl. *Henrich*, FamRZ 2010, 338; *Mayer*, IPRax 2014, 57/59; *Heiderhoff*, IPRax 2012, 523/525; *Bamberger-Roth-Otte*, BGB, 3. Aufl., Art. 19 EGBGB Rz. 25/26; *Staudinger-Henrich* aaO Rz. 110a; österr. VfGH, StAZ 2013, 62).

Die Abweichung von der h.M. zu dieser Rechtsfrage vermag jedoch an der gesetzlichen Konsequenz der §§ 108 II 2, 107 IX FamFG nichts zu ändern. Hat – wie im vorliegenden Fall – ein deutsches Gericht die Anerkennung einer ausländischen gerichtlichen Entscheidung gemäß § 108 II FamFG festgestellt, so führt dies zu der gesetzlich in § 107 IX FamFG vorgeschriebenen Bindungswirkung dieser Entscheidung für sämtliche Behörden und Gerichte. Diese sind deshalb nicht berechtigt, selbst erneut in eine Prüfung der Anerkennungsfähigkeit der ausländischen

---

[1] IPRspr. 2012 Nr. 106 (LS).
[2] Siehe unten Nr. 254.
[3] IPRspr. 2012 Nr. 113.

gerichtlichen Entscheidung einzutreten. Vielmehr haben sie die durch die gerichtliche Entscheidung gemäß § 108 II FamFG anerkannte ausländische Entscheidung ohne eigene erneute Sachprüfung zu akzeptieren, sodass diese in Deutschland diejenigen Wirkungen entfaltet, die ihr nach dem Inhalt der Entscheidung nach dem jeweiligen ausländischen Recht zukommen."

99. *Die internationale Zuständigkeit der deutschen Familiengerichte für die Regelung der elterlichen Sorge folgt abschließend aus Art. 8 I EuEheVO. Danach ist die Zuständigkeit der deutschen Familiengerichte unabhängig von der Staatsangehörigkeit des Kindes und der Eltern (hier: rumänisch) sowie unabhängig von dem früheren Aufenthalt der Familie im Ausland gegeben, wenn das betroffene Kind zur Zeit der Antragstellung seinen gewöhnlichen Aufenthalt in Deutschland hat. Ein Rückgriff auf Art. 21 EGBGB oder § 99 I 1 Nr. 2 FamFG kommt insoweit nicht in Betracht.*

OLG Hamm, Beschl. vom 15.9.2014 – 3 UF 109/13: FuR 2015, 58 mit Anm. *Onstein.* Leitsatz in: FamRZ 2015, 346; JAmt 2014, 576.

Die 38-jährige Kindesmutter und der Kindesvater, Herr N., sind die Eltern des 13-jährigen nichtehelichen Kindes C. N. Sowohl die Eltern als auch C. besitzen die rumänische Staatsbürgerschaft und lebten zunächst auch in Rumänien. Seit der Trennung der Eltern 2005 lebte die Kindesmutter mit C. in Deutschland. Der Kindesvater blieb zunächst weiter in Rumänien, sein derzeitiger Aufenthaltsort ist unbekannt, vermutlich lebt er in Norwegen. Durch Urteil des Gerichtshofs P./Rumänien aus dem Jahr 2006 ist der Kindesmutter – mit Zustimmung des Kindesvaters – das Recht zur „Großerziehung und Belehrung" des Kindes C. übertragen worden; im Übrigen verblieb es bei der gemeinsamen elterlichen Sorge. Die Kindesmutter ist seit 2006 mit I. verheiratet. Die Familie ist dem JugA der Stadt H. seit 2006 bekannt, weil von verschiedenen Stellen eine Überforderung der Kindesmutter mit der Erziehung von C. sowie massive, auch körperliche Auseinandersetzungen zwischen den Eheleuten einerseits und der Kindesmutter und C. andererseits berichtet wurden. Das zuständige FamG hat dem Kindesvater vollständig und der Kindesmutter teilweise die elterliche Sorge entzogen und insoweit auf das JugA der Stadt H. als Pfleger übertragen.

Aus den Gründen:

„II. ... C. Das FamG und der Senat sind für die Entscheidung in dem Verfahren betreffend die elterliche Sorge für das Kind C. international zuständig. Dies stellt der Senat vorliegend trotz des § 65 IV FamFG ausdrücklich positiv fest. Soweit nach dieser Regelung an sich eine Beschwerde nicht darauf gestützt werden kann, das Gericht des ersten Rechtszugs habe seine Zuständigkeit zu Unrecht angenommen, gilt dieser Ausschluss der Zuständigkeitsprüfung entgegen dem weiten Wortlaut der Norm nicht für die internationale Zuständigkeit. Angesichts der Komplexität der Materie, insbes. der Vielzahl der vorrangigen europäischen Vorschriften und staatsvertraglichen Bestimmungen, unterliegt die internationale Zuständigkeit vielmehr umfänglich der Prüfung des BeschwG (*Keidel-Engelhardt-Sternal*, FamFG, 18. Aufl., § 65 Rz. 18a).

Das FamG hat sich in der Begründung des angefochtenen Beschlusses zwar nicht ausdrücklich mit der Möglichkeit einer Entscheidung nach dem deutschen Verfahrensrecht befasst. Es ist jedoch wohl stillschweigend – und im Ergebnis zutreffend – von der internationalen Zuständigkeit der deutschen Gerichte ausgegangen, obwohl unstreitig sowohl die Eltern als auch C. die rumänische Staatsbürgerschaft besitzen und die Familie bis 2005 zunächst auch in Rumänien lebte. Ausweislich des Urteils des Gerichtshofs P./Rumänien vom 28.9.2006 ist über die Berechtigung der Kindesmutter zur ‚Großerziehung und Belehrung' des Kindes C. auch unzweifelhaft nach rumänischem Recht entschieden worden.

Die internationale Zuständigkeit der deutschen Gerichte für die Regelung der elterlichen Sorge beurteilt sich nach der EuEheVO vom 27.11.2003, welche die internationale Zuständigkeit im Verhältnis zwischen den EU-Mitgliedstaaten für alle Entscheidungen über die elterliche Verantwortung unabhängig von Trennung oder Scheidung für eheliche ebenso wie für nichteheliche Kinder regelt.

International zuständig sind nach Art. 8 I EuEheVO grundsätzlich die Gerichte des EU-Mitgliedstaats, in dem das Kind zurzeit der Antragstellung seinen gewöhnlichen Aufenthalt hat. Dies gilt auch, wenn es die Staatsangehörigkeit eines Drittstaats besitzt (*Palandt-Thorn*, BGB, 73. Aufl., Art. 21 EGBGB Rz. 7). Seinen gewöhnlichen Aufenthalt hat C. bereits seit 2005 in Deutschland.

Weil die internationale Zuständigkeit sich bereits aus der EuEheVO ergibt, kommt ein Rückgriff auf die deutschen Zuständigkeitsnormen des Art. 21 EGBGB sowie des § 99 Abs. I 1 Nr. 2 FamFG nicht mehr in Betracht. Sie führen indes zum selben Ergebnis."

100. *Art. 19 I EGBGB erfasst auch ausländisches Abstammungsrecht, das dem Kind gleichgeschlechtliche Eltern zuweist.*

Art. 17b IV EGBGB findet keine Anwendung, soweit die gleichgeschlechtliche Verbindung nur als Vorfrage der gemäß Art. 19 I 1 EGBGB anzuwendenden ausländischen Sachnorm erheblich ist; die Kappungsgrenze gilt für spezielle Verweisungsnormen nicht.

KG, Beschl. vom 2.12.2014 – 1 W 562/13: FamRZ 2015, 943, 889 Aufsatz *Frie*; IPRax 2016, 160 mit Anm. *Coester-Waltjen*; StAZ 2015, 180, 163 Aufsatz *Andrae*; NZFam 2015, 187.

[Die Rechtsbeschwerde schwebt beim BGH unter dem Az. XII ZB 15/15.]

Die Beteiligte zu 1), deutsche und südafrikanische Staatsangehörige, und die Beteiligte zu 2), südafrikanische Staatsangehörige, leben in der Republik Südafrika und schlossen dort 2008 die Ehe nach südafrikanischem Recht (*civil union type marriage*). Diese Verbindung wurde 2012 in das Lebenspartnerschaftsregister des Beteiligten zu 5) – des Standesamts I in Berlin – eingetragen. Für die 2010 in Südafrika geborene Beteiligte zu 3) wurde durch das südafrikanische Department of Home Affairs eine Geburtsurkunde ausgestellt, in der die Beteiligte zu 1) als *parent 1* und die Beteiligte zu 2) als *parent 2* bezeichnet ist. Mit konsularisch beglaubigter Erklärung haben die Beteiligten zu 1) und 2) beantragt, die Geburt der Beteiligten zu 3) mit ihnen als Eltern in dem Geburtenregister des Beteiligten zu 5) zu beurkunden. Den Antrag der Beteiligten zu 1) und 2), das Standesamt zur Eintragung anzuweisen, hat das AG Schöneberg mit Beschluss vom 8.11.2013 zurückgewiesen. Mit ihrer hiergegen eingelegten Beschwerde verfolgen die Beteiligten zu 1) bis 3) den Anweisungsantrag weiter.

Aus den Gründen:

„II. ... Die Beteiligte zu 3) hat die deutsche Staatsangehörigkeit gemäß § 4 I 1 StAG durch Geburt erworben, da die Beteiligte zu 1) ihr Elternteil ist. Maßgebend für das Verhältnis zwischen den Beteiligten zu 1) und 3) ist Art. 19 EGBGB. Das CIEC-Übereinkommen über die Feststellung der mütterlichen Abstammung nichtehelicher Kinder vom 12.9.1962 (BGBl. 1965 II 23) findet schon deshalb keine Anwendung, weil mit der Beteiligten zu 2) nach allen in Betracht kommenden Rechtsordnungen bereits eine (rechtliche) Mutter feststeht, die das Kind geboren hat (vgl. OLG Celle, StAZ 2011, 150, 151[1]; *Fötschl*, FamRZ 2013, 1445, 1447).

---

[1] IPRspr. 2011 Nr. 95.

Dem Begriff der Abstammung in Art. 19 EGBGB unterfällt jede rechtliche Eltern-Kind-Zuordnung, die kraft Gesetzes mit der Geburt des Kindes oder durch spätere Anerkennung eintritt und keiner gesonderten Annahme als Kind im Sinne von Art. 22 EGBGB (Adoption durch Dekret oder Vertrag) bedarf. Es trifft zwar zu, dass für die Auslegung der Begriffe, mit denen das IPR den Anwendungsbereich von Kollisionsnormen umschreibt, von der Rechtsordnung auszugehen ist, die die jeweilige Kollisionsnorm aufgestellt hat (*Palandt-Thorn*, BGB, 74. Aufl., Vor Art. 3 EGBGB Rz. 27). Das bedeutet aber nicht, dass unter Abstammung im Sinne von Art. 19 EGBGB nur eine Verwandtschaft gemäß §§ 1589, 1591 ff. BGB zu verstehen ist. Die Rechtsbegriffe der deutschen Kollisionsnormen stimmen nicht mit denen des deutschen materiellen Rechts überein und müssen oft weit ausgelegt werden, um ausländischen Regelungen gerecht werden zu können (BGHZ 47, 324, 336[2]; *Palandt-Thorn* aaO). Entscheidend ist, ob die ausländische Sachnorm dem Verweisungsbegriff der deutschen Kollisionsnorm funktionell entspricht. Das ist hier für die in Betracht kommende Eltern-Kind-Zuordnung des südafrikanischen Rechts der Fall, auch wenn die rechtliche Zuweisung gleichgeschlechtlicher Eltern nicht an die biologische Herkunft des Kindes anknüpfen kann.

Gemäß Art. 19 I 1 EGBGB unterliegt die Abstammung der Beteiligten zu 3) dem Recht der Republik Südafrika, weil sie dort (seit ihrer Geburt) ihren gewöhnlichen Aufenthalt hat. Nach dem Recht dieses Staats ist die Beteiligte zu 1) als Elternteil der Beteiligten zu 3) anzusehen, weil das Kind im – ohnehin vermuteten – Einverständnis der Beteiligten zu 1) und 2) als Eheleute durch künstliche Befruchtung gezeugt und durch die Beteiligte zu 2) geboren worden ist. Das folgt aus s. 40 des Act No38 of 2005 – Children's Act – vom 8.6.2006 (Gazette No. 28944; s. www.justice.gov.za):

Rights of child conceived by artificial fertilisation
(1) (a) Whenever the gamete or gametes of any person other than a married person or his or her spouse have been used with the consent of both such spouses for the artificial fertilisation of one spouse, any child born of that spouse as a result of such artificial fertilisation must for all purposes be regarded to be the child of those spouses ...
(b) For the purpose of paragraph (a) it must be presumed, until the contrary is proved, that both spouses have granted the relevant consent.
(3) ... no right, responsibility, duty or obligation arises between a child born of a woman as a result of artificial fertilisation and any person whose gamete has or gametes have been used for such artificial fertilisation or the blood relations of that person, except ...

Unter verheiratete Person (*married person*) und Ehegatten (*spouses*) sind gemäß s. 13 Act 17 of 2006 – Civil Union Act (Gazette No. 29441, 11-30-2006) auch Partner einer zivilrechtlichen Verbindung (*civil union*) zu verstehen, die nach südafrikanischem Recht unabhängig von der Geschlechterkonstellation wahlweise als Ehe (*marriage*) oder zivilrechtliche Partnerschaft (*civil partnership*) möglich ist:

Legal consequences of civil union
(1) The legal consequences of a marriage contemplated in the Marriage Act

---

[2] IPRspr. 1966–1967 Nr. 90.

apply, with such changes as may be required by the context, to a civil union.
(2) With the exception of the Marriage Act and the Customary Marriages Act, any reference to
(a) marriage in any other law, including the common law, includes, with such changes as may be required by the context, a civil union; and
(b) husband, wife or spouse in any other law, including common law, includes a civil union partner.

Diese Gleichstellung steht im Einklang mit der Rspr. des Constitutional Court of South Africa, der in seiner Entscheidung vom 28.3.2003 – Case CCT 46/02 – zum damaligen Recht, das noch keine *civil union* oder andere rechtsförmige Beziehung zwischen Gleichgeschlechtlichen kannte, sogar darüber hinaus ging (*permanent same-sex life partner*).

Zwischen den Beteiligten zu 1) und 2) besteht eine Ehe (*civil union type marriage*) im Sinn der südafrikanischen Bestimmungen zur Abstammung. Dabei kommt es nicht darauf an, ob diese Vorfrage, die nur bei Art. 19 I 3 EGBGB als Erstfrage zum Tatbestand der deutschen Kollisionsnorm gehört, hier unselbständig oder selbständig anzuknüpfen ist (vgl. dazu *Palandt-Thorn* aaO Rz. 29 f., Art. 19 EGBGB Rz. 7; *Staudinger-Henrich*, BGB, Bearb. 2014, Art. 19 EGBGB Rz. 34, 78a; MünchKomm-*Klinkhardt*, 5. Aufl., Art. 19 EGBGB Rz. 36 ff. jew. m.w.N.).

Bei einer unselbständigen Anknüpfung der Vorfrage unter Anwendung des südafrikanischen Rechts als auf die Hauptfrage anwendbare Rechtsordnung (lex causae) sind für die *civil union type marriage* die Sachvorschriften der Republik Südafrika maßgebend, aus denen sich hier die Wirksamkeit der zivilrechtlichen Verbindung mit den Folgen des südafrikanischen Rechts ergibt. Das IPR Südafrikas (vgl. dazu *Bergmann-Ferid-Henrich*, Internationales Ehe- und Kindschaftsrecht, Südafrika [Stand: Sept. 2014] 31 ff.) verweist für eine in Südafrika begründete *civil union* zweier Personen, die (auch) südafrikanische Staatsangehörige sind und ihren Wohnsitz in Südafrika haben, nicht auf fremdes Recht.

Bei einer selbständigen Anknüpfung der Vorfrage unterliegt die zivilrechtliche Verbindung zwischen den Beteiligten zu 1) und 2) gemäß Art. 17b I 1 EGBGB ebenfalls den südafrikanischen Sachvorschriften. Die gleichgeschlechtliche *civil union type marriage* ist als eingetragene Lebenspartnerschaft im Sinne von Art. 17b EGBGB zu qualifizieren. Die Vorschrift erfasst alle rechtsförmigen Beziehungen zweier Personen gleichen Geschlechts, unabhängig davon, wie das Institut im ausländischen Recht bezeichnet wird (Senat, StAZ 2011, 181[3]; OLG Zweibrücken, NJW-RR 2011, 1156[4]; OLG München, FGPrax 2011, 249[5]). Demgemäß ist die *civil union* der Beteiligten zu 1) und 2) auch im Lebenspartnerschaftsregister nachbeurkundet worden.

Soweit Art. 17b IV EGBGB die Wirkungen der zivilrechtlichen Verbindung aus Sicht des inländischen lex fori (vgl. BT-Drucks. 14/3751 S. 61) beschränkt, gilt die Kappungsgrenze nicht für das Tatbestandsmerkmal des südafrikanischen Abstammungsrechts. Es kann dahinstehen, ob Art. 17b IV EGBGB auch bei der statusrechtlichen Zuordnung eines Kindes zur Anwendung kommen kann (vgl. zu Art. 19 I 3 EGBGB: OLG Celle aaO 153; *Helms*, StAZ 2012, 2, 7 f.). Die Beschränkung

---

[3] IPRspr. 2011 Nr. 71.
[4] IPRspr. 2011 Nr. 75.
[5] IPRspr. 2011 Nr. 73.

greift jedenfalls hier nicht, weil nach dem gemäß Art. 19 I 1 EGBGB anzuwendenden Abstammungsrecht nur erheblich ist, ob zum Zeitpunkt der Geburt (oder ggf. der künstlichen Befruchtung) eine zivilrechtliche Verbindung zwischen den Beteiligten zu 1) und 2) bestand. Das ist zu bejahen, da die *civil union type marriage* nach dem Sachrecht der Republik Südafrika i.V.m. Art. 17b I 1 EGBGB wirksam begründet und nicht aufgelöst worden ist; auf die (sonstigen) Wirkungen der Verbindung kommt es nicht an. Die Beschränkung in Art. 17b IV EGBGB betrifft allein die Wirkung – nicht die Herstellung und den Fortbestand – der Lebenspartnerschaft im Anwendungsbereich des Art. 17b I EGBGB. Das allgemeine Wirkungsstatut wird vorliegend aber durch die besondere Kollisionsnorm des Art. 19 I 1 BGB verdrängt, auf die sich Art. 17b IV EGBGB nicht erstreckt (vgl. *Helms* aaO; a.A. *Staudinger-Mankowski* aaO Art. 17b Rz. 84 m.w.N.). Art. 17b IV EGBGB ist wegen seines Ausnahmecharakters eng auszulegen (vgl. MünchKomm-*Coester* aaO Art. 17b Rz. 95) und nach Stellung und gesetzlicher Systematik nicht als starre Regelung zur öffentlichen Ordnung (Art. 6 EGBGB) zu verstehen, die auch spezielle Verweisungsnormen erfasste. Mit der gefundenen Auslegung der Kappungsgrenze werden zudem Widersprüche vermieden, die sich bei der Anwendung ausländischen Abstammungsrechts ergeben könnten, das für die Zuweisung gleichgeschlechtlicher Eltern keine rechtsförmige Verbindung im Sinne von Art. 17b EGBGB, sondern nur eine Anerkennungserklärung des zweiten Elternteils o.ä. voraussetzt (vgl. dazu *Helms* aaO).

Die Abstammung der Beteiligten zu 3) ist im Verhältnis zur Beteiligten zu 1) nicht gemäß Art. 19 I 2 i.V.m. Art. 5 I 2 EGBGB nach deutschem Sachrecht zu bestimmen. Danach stammt die Beteiligte zu 3) nicht von der Beteiligten zu 1) ab, § 1591 BGB. Gemäß §§ 1592 ff. BGB besteht auch – ebenso wie nach südafrikanischem Recht gemäß s. 40 (3) des Children's Act 38 of 2005 – keine (rechtliche) Vaterschaft eines Dritten. Von den Anknüpfungsalternativen des Art. 19 I EGBGB ist dem Recht der Vorrang zu geben, das für das Kindeswohl günstiger ist. Nach dem Prioritätsprinzip ist das regelmäßig die Rechtsordnung, nach der eine Abstammung zuerst wirksam festgestellt worden ist (*Palandt-Thorn* aaO Art. 19 EGBGB Rz. 6) – hier also für den zweiten Elternteil das südafrikanische Recht. Es bedarf keiner Erörterung, ob demgegenüber die Abstammung von einem Mann und einer Frau als günstiger angesehen werden könnte. Selbst wenn das der Fall wäre, besteht bis heute nach keinem der in Betracht kommenden Sachrechte eine Vaterschaft und ist eine entsprechende Feststellung auch nicht zu erwarten.

Soweit vorliegend eine Bestimmung der Abstammung entsprechend Art. 19 I 3 EGBGB möglich sein sollte (vgl. dazu OLG Celle aaO), führt diese ebenfalls zu keinem aus Sicht des Kindeswohls günstigeren Ergebnis als die Anknüpfung gemäß Art. 19 I 1 EGBGB.

Schließlich ist die Anwendung von s. 40 (1) des Children's Act 38 of 2005 i.V.m. s. 13 (2) des Civil Union Act nicht gemäß Art. 6 EGBGB ausgeschlossen. Sie führt nicht zu einem Ergebnis, das mit wesentlichen Grundsätzen des deutschen Rechts unvereinbar ist. In den Umständen der Zeugung und den an sie anknüpfenden Regelungen ist – anders als bei der Leihmutterschaft (vgl. Senat, StAZ 2013, 348[6]) – kein Verstoß gegen die Grundrechte zu sehen. Anhaltspunkte für eine Verletzung

---

[6] Siehe unten Nr. 254.

der Kindesinteressen im konkreten Fall bestehen nicht. Es ist anzunehmen, dass eine gleichgeschlechtliche Elterngemeinschaft das Aufwachsen von Kindern ebenso fördern kann wie Eltern verschiedenen Geschlechts (vgl. BVerfG, NJW 2013, 847, 852 und § 9 VII LPartG).

Als Familienname der Beteiligten zu 3) ist der angegebene Doppelname zu beurkunden. Die Beteiligten zu 1) und 2) haben für die Namensführung des Kindes das südafrikanische Recht gewählt (Art. 10 III 1 Nrn. 1 und 3, Satz 2 EGBGB), das gemäß s. 9 des Act 51 – Births and Deaths Registration – of 1992 (Gazette No. 13953, 05-06-1992) einen aus den Familiennamen der Eltern gebildeten Doppelnamen des Kindes zulässt:

Notice of birth

... (2) ... *the notice of birth ... shall be given under the surname of the father or the mother of the child concerned or the surnames of both the father and mother joined together as a double barrelled surname.*"

7. Minderjährigenschutzabkommen

101. *Hat ein Kind mit deutscher und türkischer Staatsangehörigkeit seit mehr als 18 Monaten seinen ununterbrochenen tatsächlichen Aufenthalt in der Türkei und liegen keine besonderen Umstände vor, die ein Einschreiten des deutschen Staats anstelle des primär zuständigen Aufenthaltsstaats erfordern, so sind die deutschen Gerichte für ein Verfahren zur Übertragung der elterlichen Sorge auf einen Elternteil nicht international zuständig.*

OLG Zweibrücken, Beschl. vom 6.1.2014 – 2 UF 100/13: NJW-RR 2014, 1223; FamRZ 2014, 1555.

Die Kindesmutter, deutsche Staatsangehörige, und der Kindesvater, türkischer Staatsangehöriger, hatten 2008 in der Türkei die Ehe geschlossen. Der Kindesvater ist anschließend im Rahmen der Familienzusammenführung zu der Kindesmutter nach Deutschland eingereist. Aus der Ehe ist das Kind Y. E., das sowohl die deutsche wie auch die türkische Staatsangehörigkeit besitzt, hervorgegangen. Bis 2012 lebte die Familie in Deutschland. Mitte 2012 reiste die Mutter mit Y. E. in die Türkei; der Vater folgte ihnen später nach, nachdem er seinen Arbeitsvertrag gekündigt hatte. Ein Rückreiseticket war nicht gebucht. Im Dezember 2012 kehrte die Mutter nach Deutschland zurück, Vater und Kind blieben in der Türkei und leben nach wie vor dort. Die Kindesmutter hat beantragt, ihr im Wege der einstweiligen Anordnung die elterliche Sorge, hilfsweise das Aufenthaltsbestimmungsrecht für Y. E. zu übertragen, sowie den Kindesvater zu verpflichten, das Kind an sie herauszugeben.

Das FamG hat die begehrte Anordnung zunächst erlassen, dann mit dem hier angefochtenen Beschluss zurückgewiesen. Mit ihrer Beschwerde verfolgt die Kindesmutter ihr erstinstanzliches Ziel in vollem Umfang weiter.

Aus den Gründen:

„II. Die Beschwerde der Kindesmutter ist verfahrensrechtlich bedenkenfrei, §§ 57, 58 ff. FamFG. In der Sache hat sie jedoch keinen Erfolg. Im Ergebnis zu Recht hat das FamG die internationale Zuständigkeit deutscher Gerichte verneint.

Zwar sind deutsche Gericht nach § 99 I Nr. 1 FamFG zuständig, wenn das Kind die deutsche Staatsangehörigkeit besitzt; allerdings sind europarechtliche und völkervertragliche Rechtsinstrumente nach Maßgabe ihres jeweiligen sachlichen, räumlichen und zeitlichen Anwendungsbereichs vorrangig anwendbar (vgl. Münch-KommFamFG-*Rauscher*, 2. Aufl. [2013], § 99 Rz. 7).

Im vorliegenden Fall ist das MSA vorrangig. Sowohl Deutschland als auch die Türkei sind Vertragsstaaten des MSA. Demgegenüber kommt die EuEheVO nicht zur Anwendung (vgl. *Prütting-Helms-Hau*, FamFG, 3. Aufl. [2014], § 99 Rz. 20).

Nach Art. 1 MSA richtet sich die internationale Zuständigkeit nach dem gewöhnlichen Aufenthaltsort des Minderjährigen. Darunter ist nach der Rspr. des BGH der Ort oder das Land zu verstehen, in dem der Schwerpunkt der Bindungen der betreffenden Person, ihr Daseinsmittelpunkt, liegt. Zu fordern ist nicht nur ein Aufenthalt von einer nicht geringen Dauer, sondern auch das Vorhandensein weiterer Beziehungen, aus denen sich der Schwerpunkt der Bindungen der betreffenden Person ableiten lässt. Vom Wohnsitz unterscheidet sich der gewöhnliche Aufenthalt dadurch, dass der Wille, den Aufenthaltsort zum Mittelpunkt oder Schwerpunkt der Lebensverhältnisse zu machen, nicht erforderlich ist. Es handelt sich vielmehr um einen ‚faktischen Wohnsitz'. Beim Minderjährigen leitet sich dieser gewöhnliche Aufenthalt nicht vom Aufenthalt oder Wohnsitz des Sorgeberechtigten ab; er ist vielmehr selbständig zu ermitteln (vgl. BGH, Beschl. vom 18.6.1997 – XII ZB 156/95[1], juris Rz. 7).

Nachdem das Kind nunmehr seit mehr als 18 Monaten ununterbrochen in der Türkei lebt, hat es dort seinen tatsächlichen Aufenthalt, unabhängig davon, ob dieser Zustand vom Willen beider Eltern getragen ist. Somit liegt keine internationale Zuständigkeit deutscher Gerichte nach Art. 1 MSA vor.

Eine Zuständigkeit der deutschen Gerichte und Behörden könnte sich nur gemäß Art. 4 MSA ergeben. Nach dieser Vorschrift können die Behörden des Staats, dem der Minderjährige angehört, nach ihrem innerstaatlichen Recht zum Schutz der Person oder des Vermögens des Minderjährigen Maßnahmen treffen, wenn sie der Auffassung sind, dass das Wohl des Minderjährigen solche Maßnahmen erfordert. Allerdings haben sie zuvor die Behörden des Staats zu verständigen, in dem der Minderjährige seinen gewöhnlichen Aufenthalt hat. Die Vorschrift ist auch für Kinder mit doppelter Staatsangehörigkeit anwendbar; die deutsche Staatsangehörigkeit gibt den Ausschlag (vgl. BGH aaO Rz. 13). Allerdings sind wegen des Ausnahmecharakters der Vorschrift des Art. 4 MSA ganz erhebliche Gründe erforderlich, die ein Einschreiten des Heimatstaats statt des primär zuständigen Aufenthaltsstaats notwendig machen (vgl. OLG Oldenburg, Beschl. vom 25.10.2006 – 2 UF 50/06[2], juris Rz. 13). Die deutschen Behörden sollen von ihrer konkurrierenden Zuständigkeit nach Art. 4 I MSA nur dann Gebrauch machen, wenn wegen besonderer Umstände das Eingreifen durch die Heimatbehörden dem Kindesinteresse mehr dient und den Schutz des Kindes besser gewährleistet als das Tätigwerden der nach Art. 1 MSA in erster Linie berufenen Behörden oder Gerichte des Aufenthaltsstaats. Diese schon regelmäßig gebotene Zurückhaltung ist in besonderem Maße angebracht, wenn – wie im vorliegenden Fall – das Kind neben der deutschen Staatsangehörigkeit auch die Staatsangehörigkeit des Aufenthaltsstaats besitzt. Nach diesen Grundsätzen kommt ein Eingreifen der deutschen Behörden oder Gerichte nach Art. 4 I MSA in erster Linie in Betracht, wenn Angelegenheiten des Kindes in der Bundesrepublik zu regeln sind, wenn es im konkreten Fall ausnahmsweise auf die besondere Sachkunde und Kompetenz der Heimatbehörde ankommt oder wenn die Behörden oder Gerichte des Aufenthaltsstaats nicht in der Lage oder nicht willens sind, eine

---
[1] IPRspr. 1997 Nr. 99. [2] IPRspr. 2006 Nr. 149 (LS).

im Interesse des Kindes offensichtlich gebotene Schutzmaßnahme anzuordnen (vgl. BGH aaO Rz. 16).

Anhaltspunkte für eine solche Situation sind hier weder vorgetragen noch ersichtlich; ob aus Gründen des Kindeswohls eine (teilweise) Übertragung der elterlichen Sorge auf die Kindesmutter geboten ist, haben vorrangig die Behörden des Aufenthaltsstaats zu beurteilen."

8. Kindesentführungsübereinkommen

102. *Kinder, die ihren Aufenthaltsort zwischen verschiedenen Ländern häufig gewechselt haben und entwurzelt sind, haben keinen gewöhnlichen Aufenthalt im Sinne des Art. 3 HKiEntÜ.*

AG Hamm, Beschl. vom 28.3.2014 – 3 F 37/14: Leitsatz in NJW-Spezial 2014, 485.

[Die gegen die Entscheidung eingelegte Beschwerde wurde nach dem Hinweis des OLG Hamm (11 UF 74/14), dass das Gericht die Frage des gewöhnlichen Aufenthalts ebenso beurteile wie das AG, am 15.5.2014 zurückgenommen.]

Die Kindeseltern, der ASt. und die AGg. heirateten 2008 in Ostfriesland. Der ASt. ist niederländischer, die AGg. deutscher Staatsangehörigkeit. Aus ihrer Ehe ist zunächst N, geboren in F/Deutschland hervorgegangen, wo die Mutter zu diesem Zeitpunkt lebte. Ab 2009 lebte die Familie hauptsächlich in T/Österreich. Mutter und Kind pendelten auch nach N2/ Deutschland. 2010 wurde B in C/Österreich geboren. Sie hat ebenso wie N die deutsche Staatsangehörigkeit. Im Rahmen einer Urlaubsreise nach Irland kam es im Oktober 2011 zum Streit der Eheleute. Sie einigten sich darauf, dass die Mutter zusammen mit den Kindern eine Zeitlang nach N2 gehen sollte. Die Mutter beantragte beim AG Marl das Aufenthaltsbestimmungsrecht. Sie flog Ende 2011 mit den Kindern von Irland nach Düsseldorf und begab sich nach N2. Tags darauf informierte die Mutter den Vater über die Trennung. Der Vater forderte die Rückkehr der Kinder, die Mutter beantragte beim AG Marl eine einstweilige Anordnung Aufenthaltsbestimmungsrecht. In dem vom Vater im Dezember 2011 eingeleiteten Rückführungsverfahren einigten sich die Eltern sich darauf, dass die Mutter mit den Kinder in der Umgebung von T eine Wohnung nehmen sollte bis die Zukunftsperspektive durch Einigung oder Gerichtsentscheidung geklärt sei. Im Februar 2012 kamen Mutter und Kinder nach Österreich. In den folgenden Wochen waren die Kinder mit der Mutter in N2/ Deutschland, und später bis zur österreichischen Gerichtsverhandlung in Österreich, wo sie in der Regel wöchentlich zwischen den Eltern wechselten. Im Rahmen dieser Verhandlung schlossen die Eltern einen weiteren Vergleich, ausweislich dessen der hauptsächliche Aufenthalt der beiden Minderjährigen sich beim beim Kindesvater befinden sollte, der bald in die Niederlande übersiedelte. Auch in den folgenden Monaten wechselten die Kinder regelmäßig den Wohnort und besuchten jeweils örtliche Kindergärten. Nachdem die Mutter Anfang 2014 die Herausgabe der Kinder verweigerte, beantragte der Vater ohne Erfolg vor dem Bezirksgericht Bruck an der Mur die Vollstreckbarerklärung des Vergleichs. Der Vater hat nunmehr beim AG Hamm einen Rückführungsantrag gestellt.

Aus den Gründen:

„III. Der Rückführungsantrag ist in Form des Haupt- und Hilfsantrags nicht begründet.

1. Die Voraussetzungen einer Rückführung nach dem HKiEntÜ i.V.m. Art. 11 EuEheVO sind nicht gegeben.

2. Das HKiEntÜ gilt in den Niederlanden und (Hilfsantrag) in Österreich in Bezug auf Deutschland seit dem 1.12.1990.

3. Das Übereinkommen findet Anwendung, da N und B das 16. Lebensjahr nicht vollendet haben.

4. Die AGg. hat N und B am 5.1.2014 nicht widerrechtlich verbracht oder zurückgehalten im Sinne des Art. 3 HKiEntÜ. Dies ist dann der Fall, wenn ein Kind unter Verletzung des Sorgerechts widerrechtlich aus einem Vertragsstaat, in dem es seinen gewöhnlichen Aufenthaltsort hat, in einen anderen Vertragsstaat verbracht oder dort widerrechtlich zurückgehalten wird. Dies ist hier nicht der Fall.

a) Bei N und B handelt es sich um Kinder, die am 5.1.2014, als die Mutter die Kinder gemäß Einigung an den Vater herausgeben sollte, keinen gewöhnlichen Aufenthalt hatten.

Der gewöhnliche Aufenthalt kann jedenfalls nicht primär durch Rückgriff auf nationale Vorschriften definiert werden (BGH, FamRZ 2002, 1182)[1]. Dieser ist durch autonome Auslegung des Übereinkommens zu ermitteln. Er ist durch eine gewisse Dauer und Regelmäßigkeit des Aufenthalts und das Vorhandensein solcher Beziehungen zur Umwelt gekennzeichnet, die die Annahme einer sozialen Integration der Person an ihrem Aufenthaltsort rechtfertigen (OLG Frankfurt, NJW-RR 2006, 938)[2]. Er kann auch schon bald nach einem rechtmäßigen Umzug zu bejahen sein, wenn der Aufenthalt auf Dauer angelegt war. Die Staatsangehörigkeit ist kein Kriterium. Der regelmäßig vorausgesetzte tatsächliche, mindestens zeitweise physische Aufenthalt muss entweder zu durch eine gewisse Mindestdauer bekräftigten Bindungen geführt haben oder entsprechend dem objektiv erkennbaren Willen des (allein) Sorgeberechtigten bzw. der gemeinsamen Sorgerechtsinhaber auf eine solche Mindestdauer angelegt sein (*Staudinger-Pirrung*, BGB, 2009, Vorb. C-H zu Art. 19 EGBGB, D 35).

Wenn dieser Daseinsmittelpunkt verändert wird, dann ist der zentrale Schutzzweck des Übereinkommens, Kinder davor zu schützen, dass sie aus ihrem gewöhnlichen Lebensraum herausgerissen werden und Schäden durch eine rechtswidrige Entwurzelung erleiden, berührt. Denn einer der wesentlichen Ziele des HKiEntÜ ist es, den Status quo ante umgehend wiederherzustellen, damit eine Sorgerechtsentscheidung von den Gerichten des Staats des gewöhnlichen Aufenthalts getroffen werden kann (OLG Frankfurt aaO).

Dies greift hier nicht ein.

Die Kinder hatten zunächst ihren gewöhnlichen Aufenthalt in Österreich, erst mit den Eltern zusammen, dann später zwischen Vater und Mutter ... wechselnd. Dieser gewöhnliche Aufenthalt wurde Ende Mai 2013 aufgrund insoweit bestehenden Einvernehmens der Eltern, wie auch im österreichischen Vergleich festgelegt, aufgehoben. Ab Ende Mai 2013 wechselten die Kinder dann aber so häufig, dass bis zum 5.1.2014 kein neuer gewöhnlicher Aufenthalt entstanden ist. Nach der zunächst im Vergleich festgelegten elterlichen Intention sollten die Kinder wöchentlich zwischen den Niederlanden und Deutschland wechseln. Tatsächlich wechselten sie auch zwischen den zwei Ländern, allerdings in größeren Abständen, besuchten in beiden Ländern Kindergarten bzw. N in den Niederlanden die Schule. Die Rechtmäßigkeit des jeweiligen Aufenthalts ist fraglich, da schwer zu klären ist, wer das alleinige Recht der Entscheidung über den Auslandsumzug hatte. Insoweit haben die gerichtlichen Recherchen mit Hilfe des Internationalen Haager Richternetzwerks ergeben, dass die Frage, ob der Vater hier durch die Regelung im Vergleich die alleinige Entscheidungsbefugnis nach österreichischem Recht erlangt hat, über Auslandsumzüge

---

[1] IPRspr. 2002 Nr. 100. [2] IPRspr. 2006 Nr. 81.

zu entscheiden, schwierig zu entscheiden ist. So ist bereits zweifelhaft, ob er alleinige Befugnis erlangt hat bzw. ob diese durch die Folgeregelung im Vergleich wieder eingeschränkt worden ist und wenn ja, ob ein Domizilbestimmungsrecht nach neuer österreichischer Rechtslage auch Auslandsumzüge mit umfasst. Dies kann aber hier dahinstehen. Denn selbst wenn er diese Befugnisse haben sollte, kann die Begründung eines neuen gewöhnlichen Aufenthalts nicht festgestellt werden.

Kinder können einen in zwei Staaten alternierenden, regelmäßig oder unregelmäßig wechselnden gewöhnlichen Aufenthalt haben (OLG Stuttgart, FamRZ 2003, 959[3]; problematisch gesehen von *Andrae*, Internationales Familienrecht, 3. Aufl., § 6 Rz. 41). Bei ständigem Wechsel zwischen mehreren Staaten kann Nichtfeststellbarkeit gewöhnlichen Aufenthalts in Betracht kommen (*Staudinger-Pirrung* aaO, zustimmend *Andrae* aaO Rz. 42). Dies entspricht der internationalen Rspr., vgl. Datenbank Incadat: Friedrich v. Friedrich, 983 F.2d 1396, 125 ALR Fed. 703 [6th Cir. 1993], Habitual Residence m.w.N.).

Zwar ist Vater und Verfahrensbeistand zuzustimmen, dass die Kinder sich im zweiten Halbjahr 2013 noch rechnerisch am meisten in den Niederlanden aufgehalten haben, wobei während des Aufenthalts dort von vergleichbarer Qualität wie bei den Aufenthalten in N2 auszugehen ist: Jedes Mal lebten sie mit einem Elternteil, besuchten jedes Mal eine Einrichtung. Trotzdem fehlt in beiden Ländern die Qualität einer sozialen Integration. Die Aufenthalte wechselten ständig, waren nie von beiden Eltern zusammen getragen (sollten sie darüber zusammen zu entschieden haben) bzw. vom Vater alleine (sollte Alleinentscheidungsbefugnis bestehen) als längerfristig angesehen. Nur die Mutter wollte einen längerfristigen Aufenthalt, nämlich in N2. Sie hatte aber eindeutig nicht die Rechtsbefugnis, insoweit alleine zu entschieden. So pendelten die Kinder, die im Jugendamtsbericht nachvollziehbar als Kinder beschrieben werden, die einen ‚weitgehend entwurzelten Eindruck' machen. Der Vater wollte sie gerade nicht, sei es aufgrund alleiniger Entscheidungsbefugnis oder zusammen mit der Mutter, ankommen lassen. Indem sie zum Spielball der Eltern wurden, sind sie heimatlos in dem Sinne geworden, dass sie keinen gewöhnlichen Aufenthalt haben. Die jeweiligen Aufenthalte in den Niederlanden sind vor dem Hintergrund der Situation zu sehen und haben insgesamt nicht einen [solchen] Umfang – der längste Aufenthalt dort war zweieinhalb Monate –, dass man von Integration ausgehen kann. Zwar ergibt der Schulbericht eine positive Einschätzung. Es ist aber von ähnlicher Einschätzung in N2 auszugehen. Bei Abwägung aller Umstände reicht dies nicht aus, um einen gewöhnlichen Aufenthalt zu begründen.

Damit gilt auch nicht automatisch wieder der österreichische gewöhnliche Aufenthalt, wie hilfsweise geltend gemacht. Dieser ist eindeutig aufgehoben worden. Es ist in der zweiten Jahreshälfte 2013 nur einmal mit den Kindern zurückgekehrt worden, um die Passangelegenheit zu regeln."

103. *Die Leihmutterschaft ist in der Volksrepublik China gesetzlich verboten. Gemäß Art. 25 des Gesetzes der Volksrepublik China zur Anwendung des Rechts auf zivilrechtliche Beziehungen mit Außenberührung vom 28.10.2010 (ABl. des Ständigen Ausschusses des Nationalen Volkskongresses 2010 Nr. 7, 640 ff.; IPR-Gesetz) ist bezüglich der persönlichen Beziehungen zwischen Eltern und Kindern*

---

[3] IPRspr. 2003 Nr. 90.

zunächst das Recht des gemeinsamen gewöhnlichen Aufenthaltsorts anzuwenden. Soweit die Eltern und das Kind keinen gemeinsamen gewöhnlichen Aufenthaltsort haben, wird das für den Schutz der Interessen des Schwächen günstigere Recht des gewöhnlichen Aufenthaltsorts oder des Staats angewendet, dessen Staatsangehörigkeit die Eltern oder das Kind besitzen. [LS der Redaktion]

AG Regensburg, Beschl. vom 2.5.2014 – 201 F 1955/13: FamRZ 2014, 1556; NZFam 2015, 142 mit Anm. *Rixe*.

Der ASt. ist der Vater des Kindes E. E. wurde mittels künstlicher Befruchtung gezeugt. Die leibliche Mutter des Kindes ist unbekannt. Der ASt. hat sich über eine „Leihmutter"-Vermittlungsfirma in China einer Eizellenspenderin sowie einer hiervon verschiedene Leihmutter zur Zeugung bzw. Austragung des Kindes bedient. Sowohl die Eizellenspenderin als auch die Leihmutter sind unbekannt und lassen sich auch im Nachhinein nicht ermitteln. Die Leihmutter war zum Zeitpunkt der Geburt des Kindes offensichtlich nicht verheiratet. E. wurde in Shanghai geboren und dem ASt. von einer unbekannten Person übergeben. Das Kind lebt seit dieser Zeit bei der Mutter der Lebensgefährtin des ASt. in China. Es wird dort von der Mutter der Lebensgefährtin sowie zeitweise von der Lebensgefährtin des ASt. und diesem selbst betreut. E. verfügt über keine Geburtsurkunde. Die dem ASt. im Rahmen der Übergabe des Kindes ausgehändigte chinesische Geburtsurkunde ist offensichtlich gefälscht. Mit Beschluss des AG – FamG – Regensburg vom 16.10.2013 im Verfahren 201 F 692/13 wurde nach Erholen eines Abstammungsgutachtens festgestellt, dass der ASt. der Vater von E. ist. Der ASt. beantragt, ihm die elterliche Sorge im Sinne des §§ 1626 ff. BGB für E. allein zu übertragen. Von der Anhörung des Kindes wurde aufgrund seines Alters abgesehen.

Aus den Gründen:

„II. ... Die internationale Zuständigkeit des AG – FamG – Regensburg folgt aus § 99 I Nr. 1 FamFG . Das Kind ist deutscher Staatsangehöriger gemäß § 4 I 1 StAG.

Mit Beschluss vom 16.10.2013 wurde rechtskräftig festgestellt, dass der ASt. der leibliche Vater des Kindes ist. Das Kind hat damit durch die Geburt die deutsche Staatsangehörigkeit erworben.

Zunächst ist festzustellen, dass dem ASt. nicht bereits Kraft Gesetzes die elterliche Verantwortung für das Kind zusteht.

Das anzuwendende Recht hinsichtlich der elterlichen Verantwortung ergibt sich aus Art. 16 KSÜ. Danach ist maßgeblich das Recht des gewöhnlichen Aufenthalts des Kindes. Das KSÜ findet auch Anwendung, soweit sich aus den Normen des KSÜ die Anwendung des Rechts eines Staats ergibt, der nicht Vertragsstaat ist. Die Tatsache, dass die VR China nicht Vertragsstaat des KSÜ ist, steht damit der Anwendung des chinesischen Rechts nicht entgegen.

Das Kind hat seit seiner Geburt seinen gewöhnlichen Aufenthalt in China.

In Übereinstimmung mit den Ausführungen des Sachverständigen Prof. Dr. Dr. h.c.mult. *D. H.* geht das Gericht davon aus, dass die elterliche Verantwortung des Vaters im chinesischen Recht keine Grundlage findet.

Die Leihmutterschaft ist in China gesetzlich verboten. Sollten Mütter ihr leibliches Kind ‚verkaufen', müssten sie den Verkauferlös an die Polizei herausgeben (Art. 31 Zhonghua Remmin Gonheguo shouyang fa – Adoptionsgesetz – i.d.F. vom 4.11.1998). Die Kinder werden ähnlich behandelt wie Findelkinder. Aufgrund der Tatsache, dass die Leihmutterschaft gesetzlich verboten ist, dürfte davon auszugehen sein, dass eine Anerkennung des Mittels einer Leihmutterschaft geborenen Kindes nach chinesischem Recht ausgeschlossen ist.

Damit kann nicht davon ausgegangen werden, dass dem ASt. bereits nach chinesischen Recht die elterliche Verantwortung für das Kind zusteht.

Hinsichtlich der Übertragung der elterlichen Sorge auf den ASt. ist deutsches Recht anzuwenden.

Grundsätzlich unterliegt nach Art. 21 EGBGB das Rechtsverhältnis zwischen einem Kind und seinen Eltern dem Recht des Staats, in dem das Kind seinen gewöhnlichen Aufenthalt hat. Art. 15 KSÜ findet vorliegend keine Anwendung. Maßnahmen nach dem KSÜ können nur getroffen werden, soweit das Kind seinen gewöhnlichen Aufenthalt im Vertragsstaat hat. Seinen gewöhnlichen Aufenthalt hat das Kind in China. Danach wäre an sich chinesisches Recht anzuwenden. Allerdings verweist das chinesische Recht vorliegend zurück auf das deutsche Recht (Art. 4 EGBGB).

Gemäß chinesischem IPR-Gesetz ist nach Art. 25 bzgl. der persönlichen Beziehungen zwischen Eltern und Kindern zunächst das Recht des gemeinsamen gewöhnlichen Aufenthaltsorts anzuwenden. Soweit die Eltern und das Kind keinen gemeinsamen gewöhnlichen Aufenthaltsort haben, wird das für den Schutz der Interessen des Schwächen günstigere Recht des gewöhnlichen Aufenthaltsorts oder des Staats angewendet, dessen Staatsangehörigkeit die Eltern oder das Kind besitzen (vgl. *Bergmann-Ferid-Henrich*, Internationales Ehe- und Kindschaftsrecht, VR China [Stand: 15.1.2013] S. 110).

Die schwächere Position hat vorliegend das Kind. Wie vorstehend ausgeführt, ist nach chinesischem Recht davon auszugehen, dass weder der leibliche Vater noch die unbekannt gebliebene Leihmutter, noch die Eizellenspenderin die elterliche Verantwortung für das Kind haben. Die Anwendung des deutschen Rechts ist daher das für den Schutz der Interessen des Kindes bessere und damit gemäß Art. 25 des chinesischen IPR-Gesetzes anzuwendende Recht."

104. *Das Kindeswohl ist in jeder Lage des Verfahrens zu berücksichtigen, sogar noch im Vollstreckungsverfahren nach einem stattgebenden Rückführungsbeschluss.*

Von der Anordnung einer Vollzugsmaßnahme ist abzusehen, wenn sie mit dem Kindeswohl nicht zu vereinbaren ist.

Das Beschleunigungsgebot ist auch bei der Vollziehung einer Rückführungsanordnung besonders zu beachten.

OLG Hamburg, Beschl. vom 25.6.2014 – 12 UF 111/13: NJW 2014, 3378; FamRZ 2015, 64; NZFam 2015, 843 mit Anm. *Fahl*. Leitsatz in: FamRB 2015, 100 mit Anm. *Hanke*; FF 2014, 466; NJW-Spezial 2014, 614.

Die Eltern zweier Kinder streiten über deren Rückführung nach Kanada. Da der Vater einer vollstreckbaren Rückführungsverpflichtung nicht Folge leistete, veranlasste das Gericht einstweilige Anordnungen zur Sicherung der Rückgabe der Kinder. Im August 2013 teilte die Verfahrensbevollmächtigte der Mutter mit, dass dem Vater durch ein Memorandum des für das Sorgerechtsverfahren in Kanada zuständigen Richters gestattet worden sei, die Kinder bis zu deren Anhörung/Begutachtung in Kanada im Oktober 2013 in Deutschland zu behalten. Daraufhin hat der Senat die Vollstreckung (mit Ausnahme der Beitreibung des Ordnungsgelds) einstweilen eingestellt, unter Aufrechterhaltung der zur Sicherung der Rückführung angeordneten Maßnahmen. Mit Beschluss vom Oktober 2013 beauftragte das Gericht den Gerichtsvollzieher, die Kinder – unter fachlicher Begleitung einer zugleich beauftragten Kinderpsychologin – dem Vater wegzunehmen und an die Mutter herauszugeben. Dieser Beschluss wurde im November 2013 aufgehoben, da die Eltern Ende Oktober 2013 vor dem Supreme Court of British Columbia eine Vereinbarung getroffen hatten, nach der die Kinder bis zu einer weiteren Anordnung des dortigen Gerichts oder einer anderweitigen Vereinbarung der Eltern in Deutschland bleiben sollten. Eine von den Eltern zugleich getroffene Umgangsvereinbarung, nach der die Mutter in Deutschland in der Zeit vom 17.11. bis 1.12.2013 mit den Kindern Kontakt haben sollte, wurde nicht durchgeführt.

Mit Schriftsatz vom 7.3.2014 hat die Mutter erneut um die Einleitung von Zwangsvollstreckungsmaßnahmen gebeten, da der Vater die Kinder noch immer nicht nach Kanada zurückgeführt habe.

Aus den Gründen:

„II. ... 2.) Die Vollstreckungsvoraussetzungen liegen weiterhin vor ...
3.) Die Vollziehung der Rückgabeverpflichtung kommt gleichwohl nicht in Betracht, weil sie im konkreten Fall dem Kindeswohl zuwiderläuft.

a) Ziel des HKiEntÜ ist es, das Elternrecht des anderen Elternteils zu schützen, die Beteiligten von einem widerrechtlichen Verbringen des Kindes ins Ausland abzuhalten und die Sorgerechtsentscheidung am Ort des früheren Aufenthalts des Kindes sicherzustellen. Leitgedanke des HKiEntÜ ist allerdings das Kindeswohl (*Palandt-Thorn*, BGB, 73. Aufl., Anh. zu Art. 24 EGBGB Rz. 31). Dabei geht das HKiEntÜ von der Vermutung aus, dass eine sofortige Rückführung des Kindes an den bisherigen Aufenthaltsort dem Kindeswohl grundsätzlich am besten entspricht, weil dadurch die Kontinuität der Lebensbedingungen erhalten bleibt (BVerfG, FamRZ 1999, 85, 87)[1].

Im Einzelfall kann diese Vermutung unter den Voraussetzungen des Art. 13 HKiEntÜ jedoch widerlegt werden.

Nach Art. 13 I lit. b HKiEntÜ ist ungeachtet des Art. 12 HKiEntÜ das Gericht nicht verpflichtet, die Rückgabe des Kindes anzuordnen, wenn die Person, die sich der Rückgabe widersetzt, nachweist, dass die Rückgabe mit der schwerwiegenden Gefahr eines körperlichen oder seelischen Schadens für das Kind verbunden ist oder das Kind in anderer Weise in eine unzumutbare Lage bringt. Art. 11 IV EuEheVO schränkt Art. 13 I lit. b HKiEntÜ dahingehend ein, dass die Rückführung eines Kindes nicht gemäß Art. 13 I lit. b HKiEntÜ verweigert werden kann, wenn nachgewiesen ist, dass angemessene Vorkehrungen getroffen wurden, um den Schutz des Kindes nach seiner Rückkehr zu gewährleisten.

Nach Art. 13 II HKiEntÜ kann das Gericht es ferner ablehnen, die Rückgabe des Kindes anzuordnen, wenn festgestellt wird, dass sich das Kind der Rückgabe widersetzt und dass es ein Alter und eine Reife erreicht hat, angesichts deren es angebracht erscheint, seine Meinung zu berücksichtigen.

Das Wohl des Kindes ist demgemäß auch im Rahmen der Anwendung des HKiEntÜ von vorrangiger Bedeutung. Das HKiEntÜ betont diese Bedeutung des Kindeswohls in der Präambel und gewährleistet seine Beachtung im Zusammenspiel von Rückführung als Regel (Art. 12) und Ausnahmen nach Art. 13 und Art. 20 HKiEntÜ, wonach Rückführungsentscheidungen unterbleiben, wenn sie mit dem Kindeswohl unvereinbar sind (BVerfG aaO m.w.N.). Daraus ergibt sich, dass das konkrete Kindeswohl den Vorrang vor dem vom Übereinkommen angestrebten Ziel hat, Kindesentführungen ganz allgemein zu unterbinden. Dieser Vorrang ist in jeder Lage des Verfahrens zu berücksichtigen, sogar noch im Vollstreckungsverfahren nach einem stattgebenden Rückführungsbeschluss (OGH Wien, ZfRV 1997, 33), weshalb von der Anordnung einer Vollzugsmaßnahme abzusehen ist, wenn sie mit dem Kindeswohl nicht zu vereinbaren ist. Dies gilt jedenfalls dann, wenn die hierfür maßgebenden Umstände zwischen der Anordnung der Rückführung und den Vollstreckungsmaßnahmen eingetreten sind (OGH Wien aaO).

b) Die Voraussetzungen des Art. 13 HKiEntÜ liegen nunmehr vor und stehen einem Vollzug der Rückführungsverpflichtung entgegen.

---

[1] IPRspr. 1998 Nr. 108b.

Dabei verkennt der Senat nicht, dass die Ausnahmeklausel des Art. 13 HKiEntÜ restriktiv anzuwenden ist. Nicht schon jede Härte rechtfertigt die Anwendung der Ausnahmeklausel. Vielmehr stehen nur ungewöhnlich schwerwiegende Beeinträchtigungen des Kindeswohls, die sich als besonders erheblich, konkret und aktuell darstellen, einer Rückführung entgegen (BVerfG aaO m.w.N.). In diesem Sinn vermögen die mit der Rückführung zwangsläufig verbundenen Beeinträchtigungen des Kindes wie z.b. der abermalige Wechsel des Wohnsitzes, des Sprachangebots, der Wechsel von Kindergarten und Schule, die Anwendung des Art. 13 HKiEntÜ grundsätzlich nicht zu rechtfertigen, weil das Abkommen sonst leerliefe (OLG Schleswig, FamRZ 2005, 1703[2]; OLG Hamm, FamRZ 2004, 723[3]; OLG Zweibrücken, FamRZ 2001, 643[4]). Dies gilt grundsätzlich auch für die mit der Entführung zunächst geschaffenen vollendeten Tatsachen, insbesondere den Verfestigungen durch den weiteren Zeitablauf. Es soll verhindert werden, dass durch die Entführung geschaffene Tatsachen ein Übergewicht erhalten (OLG Hamm, FamRZ 2005, 1702[5] und FamRZ 2004 aaO).

Hiervon ausgehend hat der Senat mit dem im Beschwerdeverfahren ergangenen Beschluss vom 18.7.2013 eine schwerwiegende Gefahr im Sinne des Art. 13 HKiEntÜ für das Wohl der Kinder E. und M. noch verneint und auch den entgegenstehenden Willen E.s mit Rücksicht auf das damalige Alter des Kindes nicht als ausschlaggebend angesehen.

Maßgebend sind allerdings stets die im Zeitpunkt der anstehenden Entscheidung festzustellenden Umstände, weil es bei der vorrangigen Berücksichtigung des Kindeswohls um die veränderte Lage des Kindes geht, nicht um den Schutz des Antragstellers vor Verfahrensverzögerungen. Bei der somit erneut vorzunehmenden Abwägung sind daher die im Zuge des Vollstreckungsverfahrens eingetretenen Veränderungen zu berücksichtigen und in diesem Zusammenhang insbesondere die aufgrund des Zeitablaufs zu verzeichnende verfestigte Integration der Kinder in ihre hiesigen Lebensumstände.

Beide Kinder haben sich in ihrem gegenwärtigen familiären und sozialen Umfeld gut eingelebt. Dies entspricht dem Eindruck des Senats aufgrund der persönlichen Anhörung beider Kinder, die sich – trotz anfänglicher Scheu bei M. – weitgehend frei und unbefangen zu ihren Lebensverhältnissen geäußert haben. Beide Kinder haben mit Entschiedenheit erklärt, auf gar keinen Fall wieder nach Kanada zurückkehren zu wollen. Sie fühlen sich bei ihrem Vater und seiner jetzigen Ehefrau, ihrer ‚Stiefmutter', wohl und verstehen sich mit ihnen gut, haben beide hier ihren jeweiligen Freundeskreis und ihre Freizeitbeschäftigungen und kommen auch in der Schule und mit der deutschen Sprache gut zurecht. Bei ihrer Mutter wollen sie auf keinen Fall leben und würden sie nur dann freiwillig besuchen, wenn sie die Sicherheit hätten, nach einer begrenzten Zeit wieder nach Deutschland zurückkehren zu können. Die nun auch von M. deutlich gemachte Ablehnung der Mutter wird zwar mit einiger Wahrscheinlichkeit zumindest auch auf die Einflussnahme des Vaters zurückzuführen sein, der sich von Anfang an der Rückführung der Kinder hartnäckig widersetzt und trotz der von E. zunächst geäußerten Suizidabsichten keine erkennbaren Anstalten gemacht hat, den Jungen – etwa durch eine gemeinsame Rückkehr nach Kanada

---

[2] IPRspr. 2005 Nr. 75.
[3] IPRspr. 2003 Nr. 92.
[4] IPRspr. 2000 Nr. 90.
[5] IPRspr. 2004 Nr. 76.

– zu entlasten. Gleichwohl entspringt die ablehnende Haltung gegenüber der Mutter aber auch einer gewissen Enttäuschung der Kinder, die sich durch die Mutter im Rahmen der mit ihr geführten Telefonate zunehmend unter Druck gesetzt und verunsichert fühlen. Dabei haben M. und letztlich auch E. an ihrer Zuneigung zu ihrer Mutter keinen Zweifel gelassen, aber auch nicht an ihrer Erwartung, dass die Mutter ihren hiesigen Lebensmittelpunkt akzeptiert.

Die zwangsweise Rückführung gegen den erklärten Willen der danach hier mittlerweile gut integrierten Kinder würde deren Wohl in jedenfalls schwerwiegender Weise beeinträchtigen. Diese Feststellung ist dem Senat auch ohne die Einholung eines kinderpsychologischen Sachverständigengutachtens möglich. Dabei wirkt sich über die mit der Rückführung typischerweise verbundenen und grundsätzlich als unvermeidbar hinzunehmenden Beeinträchtigungen wie Wegfall der Umgebung und ggf. Trennung von der Hauptbezugsperson hinaus besonders aus, dass es trotz entsprechender gerichtlicher Anordnung bisher nicht zur Rückführung der Kinder gekommen ist und die Kinder sich daher in besonderem Maße auf ihren Verbleib hier eingerichtet haben.

Die Vollstreckung der familiengerichtlichen Rückführungsanordnung erfolgt von Amts wegen durch den Senat, § 44 IntFamRVG. Sie konnte bisher jedoch nicht durchgeführt werden, weil dem Vater durch den für das Sorgerechtsverfahren in Kanada zuständigen Richter gestattet wurde, die Kinder bis zu ihrer ab 9.10.2013 in Kanada geplanten Anhörung in Deutschland zu behalten. Die nach dem 9.10.2013 durch den Senat wieder in Kraft gesetzten Vollstreckungsmaßnahmen mussten erneut aufgehoben werden, weil nunmehr die Mutter sich in der Zwischenzeit mit dem Vater vor dem kanadischen Gericht darauf geeinigt hatte, dass die Kinder bis zu einer weiteren Anordnung des dortigen Gerichts oder einer schriftlichen Vereinbarung der Eltern in Deutschland bleiben sollten.

Nach Art. 11 I HKiEntÜ haben die Gerichte im Verfahren auf Rückgabe von Kindern mit der gebotenen Eile zu handeln. Dieses Beschleunigungsgebot trägt dem wesentlichen Ziel des HKiEntÜ Rechnung, den rechtswidrig geschaffenen Wechsel des gewöhnlichen Aufenthalts des Kindes schnellstmöglich zu beenden, um die mit der Rückführung verbundenen Belastungen für das Kind möglichst gering zu halten. Aus demselben Grund ist das Beschleunigungsgebot auch bei der Vollziehung einer Rückführungsanordnung besonders zu beachten. Ein Elternteil, der trotz einer von ihm erwirkten Rückführungsanordnung die Rückführung des Kindes in das Herkunftsland durch eigenes Zutun verzögert, riskiert damit, dass allein aufgrund der zeitlichen Verzögerung bei der Vollziehung besondere Umstände während des verlängerten Aufenthalts des Kindes im Zufluchtsland eintreten, die dazu führen können, dass dem Kind eine Rückkehr nicht zuzumuten ist.

Derartige Umstände liegen hier vor. Die im Beschwerdeverfahren ergangene Entscheidung liegt nunmehr elf Monate zurück. Seit dieser Zeit ist die soziale Integration der Kinder weiter fortgeschritten. Beide Kinder befinden sich in einem Alter – E. ist mittlerweile elf, M. neun Jahre alt –, in dem soziale Beziehungen außerhalb der Familie zunehmend an Bedeutung gewinnen. Dementsprechend haben die Kinder ihre Lebensverhältnisse in Bezug auf die neue Familiensituation verfestigt und ihre Beziehungen in der Schule und dem weiteren Umfeld außerhalb der Familie intensiviert. Nachdem sich die Kinder in unmittelbarem zeitlichen Zusammenhang mit der im Beschwerdeverfahren ergangenen Entscheidung noch konkret mit ihrer Rückkehr nach Kanada beschäftigt haben, haben sie sich nunmehr auf ihren dauerhaften Verbleib in Deutschland eingestellt. Erkennbar wird dies bei M. in ihrer deutlich distanzierteren Einstellung gegenüber der Mutter, bei E. in der Sicherheit und Gelassenheit, mit der er nunmehr auf das Rückführungsthema reagiert. Die Verzögerung der Rückführung hat also ersichtlich zu einem Vertrauenstatbestand bei den Kindern geführt, der jedenfalls nach ihrer Vorstellung, bei M. möglicherweise zusätzlich begünstigt durch das noch kindliche Zeitempfinden, einer Rückkehr nach Kanada entgegensteht.

Der Senat ist der Überzeugung, dass ein erneuter Bruch dieses Vertrauens den Kindern nicht zugemutet werden kann. Dabei ist allerdings auch zu berücksichtigen, dass die zuletzt eingetretene Verzögerung der Vollziehung durch die Mutter selbst verursacht wurde, die ohne zwingenden Grund dem Verbleib der Kinder in Deutschland zugestimmt und damit die erneute Aufhebung der Vollstreckungsmaßnahmen bewirkt hat. Die durch die Rückführung nunmehr entstehenden Belastungen der Kinder stellen sich daher nicht mehr als Folge des eigenmächtigen Verhaltens des Vaters dar, sondern sind Folge des ambivalenten Verhaltens der Mutter, das bei den Kindern das Vertrauen in ihren dauerhaften Verbleib im Inland überhaupt erst hat entstehen lassen. Insgesamt kommt danach die erneute Vollziehung der Rückführungsanordnung unter dem Gesichtspunkt des Kindeswohls nicht mehr in Betracht. Die Äußerung der Kinder, sie könnten sich eine Rückkehr für einen begrenzten Zeitraum vorstellen, führt nicht zu einer anderen Beurteilung, da die Rückführung gerade nicht mit einer Rückkehroption verbunden wäre.

Daneben hält der Senat in Bezug auf E. auch den weiteren Ausnahmetatbestand des Art. 13 II HKiEntÜ für gegeben. Hiernach kann von einer Rückgabeanordnung abgesehen werden, wenn das Kind sich dieser widersetzt und es das Alter und die Reife erlangt hat, angesichts deren es angebracht erscheint, seine Meinung zu berücksichtigen. Diese Vorschrift enthält keine starre Altersgrenze im Sinne eines Mindestalters für die Berücksichtigung des Willens des Kindes (BVerfG, FamRZ 1999, 1053)[6]. Bei einem elfjährigen Kind wie E. wird allerdings der Wille stets zu beachten sein, sofern es sich um einen im Wesentlichen freien und nicht erkennbar maßgeblich durch den entführenden Elternteil beeinflussten Willen handelt. Letzteres wiederum dürfte gerade in Entführungsfällen und auch hier anzunehmen sein, weshalb in der Rspr. darauf abgestellt wird, ob der Kindeswille, der in jedem Fall, auch wenn er beeinflusst ist, psychische Realität ist, zu beachten ist, weil er so verfestigt ist, dass er nicht mehr einfach, d.h. ohne psychische Schäden anzurichten, veränderbar ist (OLG Karlsruhe, FamRZ 2006, 1403 m.w.N.)[7]. Der Senat ist aufgrund des Eindrucks aus den wiederholten Anhörungen von E. der Überzeugung, dass der Wille von E. in Bezug auf die Rückkehr nach Kanada bereits sehr ausgeprägt und zielorientiert und einer Einflussnahme in diesem Punkt nicht mehr zugänglich ist."

105. *Das Verbringen eines Kindes (hier: in die Türkei) ist widerrechtlich im Sinne von Art. 3 lit a HKiEntÜ, wenn eine sorgeberechtigte Person (hier: der Vater) der Verbringung aus dem Staat des gewöhnlichen Aufenthalts (hier: Deutschland) nicht zugestimmt hat. [LS der Redaktion]*

---

[6] IPRspr. 1999 Nr. 83.   [7] IPRspr. 2006 Nr. 82.

AG Duisburg-Hamborn, Beschl. vom 17.7.2014 – 19 F 210/14: Leitsatz in FamRZ 2015, 592.

Bis Mitte des Jahres 2013 hat es zwischen den Eheleuten, dem ASt. und der AGg., keine Auseinandersetzungen gegeben. Ende Juli 2013 kam es auf der Fahrt in die Türkei, wo die Familie beabsichtigte, Urlaub zu machen, zu einem Verkehrsunfall; der ASt. wurde aus ungeklärtem Grund ohnmächtig. Die Kindesmutter musste in Ungarn operiert werden. Seit diesem Tag kann sie nicht mehr beschwerdefrei laufen. Die Familie der Kindesmutter beschuldigte den Kindesvater fortan, an dem Unfall die Schuld zu tragen. Im Dezember 2013 erlitt der Kindesvater einen Herzinfarkt, der zu seiner Erwerbsunfähigkeit führte. Zuvor war er als Lkw-Fahrer tätig. In dieser Zeit reiste die Kindesmutter mit dem gemeinsamen Sohn in die Türkei, kehrte jedoch wieder nach Deutschland zurück. Seit Anfang 2014 leben die Eheleute getrennt. Wenig später reiste die Mutter mit dem Kind erneut in die Türkei und blieb dort. Der ASt. flog in die Türkei, konnte seinen Sohn jedoch nur rund zwei Stunden unter Aufsicht sehen. Der Sohn gab an, den Vater, zu vermissen. Mit der Kindesmutter hat der Kindesvater nicht gesprochen. Im Mai 2014 stellte der ASt. beim BfJ einen Antrag auf Rückgabe nach dem HKiEntÜ.

Aus den Gründen:

„II. Die Entscheidung beruht auf § 41 IntFamRVG. Danach entscheidet über einen Antrag, die Widerrechtlichkeit des Verbringens oder des Zurückhaltens eines Kindes nach Art. 15 Satz 1 Nr. 2 HKiEntÜ festzustellen, das FamG, in dessen Bezirk das Kind seinen letzten gewöhnlichen Aufenthalt im Geltungsbereich dieses Gesetzes hat.

Bis zum Verbringen in der Türkei lebte das Kind mit den Eltern in der ehelichen Wohnung in E./Deutschland. Der gewöhnliche Aufenthaltsort des Kindes liegt im Bezirk des hiesigen AG, das daher zur Entscheidung berufen ist. Die Kindeseltern sind verheiratet. Aus ihrer Ehe ist das gemeinsame Kind N. D. hervorgegangen. Gemäß §§ 1626, 1629 BGB üben sie das Sorgerecht gemeinsam aus und vertreten es gemeinsam. Der ASt. hat angegeben, mit dem Verbringen des Kindes in die Türkei nicht einverstanden zu sein. Aus diesem Grunde ist das Verbringen des Kindes widerrechtlich im Sinne von Art. 3 lit. a HKiEntÜ, wonach es als widerrechtlich gilt, wenn durch das Verbringen das Sorgerecht verletzt wird, das einer Person gemeinsam nach dem Recht des Staats zusteht, in dem das Kind unmittelbar vor dem Verbringen seinen gewöhnlichen Aufenthalt hat."

106. *Eine Rückführung in den Heimatstaat (hier: nach Ungarn) kann das Kind in eine unzumutbare Lage bringen, wenn dort während des laufenden Rückführungsverfahrens eine erstinstanzliche Behördenentscheidung ergangen ist, die den ausländischen Aufenthaltsort des Kindes bei der Mutter in Deutschland festgelegt hat.*

OLG Karlsruhe, Beschl. vom 16.12.2014 – 2 UF 266/14: FamRZ 2015, 1627; NJOZ 2015, 1554. Leitsatz in NZFam 2015, 384.

9. Adoption, Pflegekindschaft

Siehe auch Nr. 255

Der Beschluss des AG Hamm vom 28.8.2014 – 20 F 70/13 – wird zusammen mit dem Beschluss des OLG Hamm – II-11UF 222/14 (FamRZ 2015, 1983; StAZ 2015, 343) – im Band IPRspr. 2015 abgedruckt.

107. *Wenn ein gleichgeschlechtliches in den USA lebendes Paar nach US-amerikanischem Recht geheiratet hat und zuvor ein Kind adoptiert hatte, darf die Anerkennung der amerikanischen Adoptionsentscheidung nicht deswegen verweigert werden, weil ein gleichgeschlechtliches Paar in Deutschland trotz Eintragung als registrierte Partnerschaft ein Kind nach § 1741 II BGB nicht gemeinsam adoptieren könnte. [LS der Redaktion]*

a) AG Schleswig, Beschl. vom 4.1.2013 – 91 F 276/11: Unveröffentlicht.
b) OLG Schleswig, Beschl. vom 27.1.2014 – 12 UF 14/13: JAmt 2014, 527; NJOZ 2014, 1298; NZFam 2014, 480 mit Anm. *Von der Tann.*

Die Beteiligte zu 1), deutsche Staatsangehörige, wohnhaft in Kalifornien/USA, begehrt die Anerkennung einer im Bundesstaat Minnesota ergangenen Adoptionsentscheidung in Deutschland sowie die Feststellung, dass das Eltern-Kind-Verhältnis des Kindes zu seinen bisherigen Eltern durch die Annahme erloschen ist. Nach der vorliegenden Adoptionsentscheidung hat der District Court – Juvenile Division – Fourth Judicial District, County of Hennepin 2008 die Adoption des 2008 in Minnesota geborenen D. A. durch die Beteiligte zu 1) und ihre Lebensgefährtin, die US-amerikanische Beteiligte zu 2), wohnhaft in Kalifornien, ausgesprochen und die Änderung des Namens des Angenommenen in L. L. M. angeordnet. Das BfJ hat in seiner Stellungnahme vom 30.3.2012 ein mögliches Anerkennungshindernis darin gesehen, dass die durch die Adoption vorgenommene rechtliche Einordnung des Kindes in die Lebensgemeinschaft der Beteiligten zu 1) und 2) den Grundvorstellungen des deutschen Rechts widersprechen könne, da sie rechtlich nicht abgesichert sei.

Das AG Schleswig hat die Anerkennung der Adoptionsentscheidung aus diesem Grund abgelehnt. Nachdem die Beteiligte zu 1) unter Vorlage der Heiratsurkunde mitgeteilt hat, dass sie ihre Lebensgefährtin, die Beteiligte zu 2) geheiratet habe, hat das BfJ gegen eine Anerkennung keine Bedenken mehr erhoben.

Aus den Gründen:

a) AG Schleswig 4.1.2013 – 91 F 276/11:

„Der Anerkennungsantrag ist nicht begründet.

Zwar sind die USA ebenso wie Deutschland Vertragsstaaten des AdoptÜ; die Adoption ist in den USA jedoch als Inlandsadoption ausgesprochen worden, da die Familie zur Zeit des Adoptionsverfahrens und auch jetzt noch in den USA lebt. Die Anerkennungsfähigkeit der ausländischen Adoptionsentscheidung richtet sich daher nach §§ 108, 109 FamFG.

Nach den genannten Vorschriften ist eine ausländische Entscheidung anzuerkennen, wenn nicht einer der in § 109 I Nrn. 1 bis 4 FamFG aufgeführten Ausschlussgründe vorliegt. Insbesondere ist die Anerkennung nach § 109 I Nr. 4 FamFG ausgeschlossen, wenn sie zu einem Ergebnis führen würde, das mit wesentlichen Grundsätzen des deutschen Rechts, insbesondere mit den Grundrechten, offensichtlich unvereinbar ist. Das ist hier der Fall.

Das deutsche Adoptionsrecht kennt keine gemeinsame Adoption rechtlich nicht miteinander verbundener Partner. Die ASt. und ihre Lebenspartnerin leben dauerhaft in einer gleichgeschlechtlichen Beziehung zusammen. Die ASt. hat auch in ihrer jetzt vorgelegten Stellungnahme nicht vorgetragen und es gibt auch keinen Hinweis darauf, dass die beiden Annehmenden durch eine eingetragene Lebenspartnerschaft oder ein vergleichbares Institut dauerhaft rechtlich verbunden wären. Das derzeit geltende Recht in Deutschland kennt im Übrigen auch nicht eine gemeinsame Adoption durch registrierte Lebenspartner, in § 1741 II BGB ist ausdrücklich normiert, dass eine nicht verheiratete Person ein Kind nur allein annehmen kann.

An dieser rechtlichen Wertung ändert sich auch nichts dadurch, dass nur die ASt. die Anerkennung der ausländischen Adoption in Deutschland beantragt. Das Gericht stellt dabei nicht in Frage, dass das Aufwachsen von L. L. M im jetzigen Familienverbund nicht seinem Wohle dienen würde und das Verhältnis zwischen der ASt. und dem Kind als ein Eltern-Kind-Verhältnis angesehen werden kann."

b) OLG Schleswig 27.1.2014 – 12 UF 14/13:

„II. Die zulässige Beschwerde der Beteiligten zu 1) hat Erfolg; der Antrag auf Anerkennung der o.g. ausländischen Adoption ist begründet.

Die Adoptionsentscheidung vom 15.11.2008 ist – wie das BfJ ausgeführt hat – eine nach US-amerikanischem Recht wirksame ausländische Adoptionsentscheidung im Sinne des § 1 AdWirkG.

Für die Anerkennung findet das AdoptÜ keine Anwendung, da die Familie zur Zeit des Adoptionsverfahrens in den USA lebte und auch weiterhin dort lebt. Daher wurde eine Inlandsadoption ausgesprochen, deren Anerkennungsfähigkeit sich nach den §§ 108, 109 FamFG richtet. Die Anerkennung der Adoptionsentscheidung ist aus materiell-rechtlichen Gründen gemäß § 109 I Nr. 4 FamFG nur dann ausgeschlossen, wenn die Anerkennung der Entscheidung zu einem Ergebnis führt, das mit wesentlichen Grundsätzen des deutschen Rechts offensichtlich unvereinbar ist.

Ein solcher Ausschlussgrund ist hier nicht gegeben. Nach inzwischen erfolgter Heirat nach US-amerikanischem Recht kann die Anerkennung nicht deswegen verweigert werden, weil ein gleichgeschlechtliches Paar in Deutschland trotz Eintragung als registrierte Partnerschaft ein Kind nach § 1741 II BGB nicht gemeinsam adoptieren könnte. Denn angesichts der sich auch in Deutschland für gleichgeschlechtliche Paare immer weiter öffnenden Adoptionsmöglichkeiten (vgl. nur BVerfG, FamRZ 2013, 521 zur Sukzessivadoption durch eingetragene Lebenspartner) kann nicht angenommen werden, dass eine Adoptionsentscheidung, die eine gemeinsame Adoption eines inzwischen nach US-amerikanischem Recht verheirateten gleichgeschlechtlichen Paares ausspricht, noch in eklatantem Widerspruch zu wesentlichen Grundsätzen des deutschen Rechts stünde. Die Adoption ist danach – in Übereinstimmung mit der Stellungnahme des BfJ vom 23.12.2013 – anzuerkennen.

Das Eltern-Kind-Verhältnis des Kindes zu seinen leiblichen Eltern ist nach den Ausführungen des BfJ vom 30.3.2012 durch die Adoption erloschen. Die rechtlichen Wirkungen der Adoption nach dem Recht des US-Bundesstaats Minnesota entsprechen denen einer Adoption nach deutschen Sachvorschriften, was entsprechend festzustellen war (§ 2 I und II AdWirkG)."

108. *Der Ordre-public-Vorbehalt hat den Charakter einer Generalklausel. Es muss immer im Einzelfall ermittelt werden, ob ein Vorstoß gegen die deutsche öffentliche Ordnung vorliegt.*

Mit dem inländischen ordre public ist vereinbar, wenn – bei einer ausländischen (hier: US-amerikanischen) Adoption eines Kindes durch einen im gemeinsamen Haushalt mit dem Kind und dem leiblichen Elternteil wohnenden Stiefelternteil, die zu keiner Verbringung des Kindes nach Deutschland führen soll – vor der Adoptionsentscheidung keine zureichende Kindeswohlprüfung erfolgt ist. *[LS der Redaktion]*

a) AG Celle, Beschl. vom 14.2.2013 – 40a F 45169/11 AD: Unveröffentlicht.
b) OLG Celle, Beschl. vom 20.1.2014 – 17 UF 50/13: FamRZ 2014, 1131.

Die 1959 geborene ASt. begehrt als Annehmende die Anerkennung einer vom Cumberland County Probate Court in .../Maine ausgesprochenen Adoptionsentscheidung. Die ASt. besitzt die deutsche und die amerikanische Staatsangehörigkeit. Sie lebt seit 1991 in einer gleichgeschlechtlichen eingetragenen Partnerschaft. 1996 brachte ihre Lebenspartnerin K. einen Sohn zur Welt, 1999 eine Tochter. Beide Kinder wurden durch eine Samenspende gezeugt. Die Kinder wohnen seit ihrer Geburt im Haushalt ihrer leiblichen Mutter und der ASt., die das Sorgerecht für beide Kinder gemeinsam ausüben. In dem Adoptionsverfahren erkannte der leibliche Vater seine biologische Vaterschaft an und stimmte der Adoption der beiden Kinder zu.

Das AG hat den Antrag auf Anerkennung der Adoptionsentscheidung zurückgewiesen. Das LG hat der Beschwerde der ASt. gemäß Beschluss vom 30.9.2013 nicht abgeholfen und die Sache dem Senat zur Entscheidung vorgelegt.

Aus den Gründen:

a) AG Celle 14.2.2013 – 40a F 45169/11 AD:

„B. Die Anträge der ASt., die vom Cumberland County Probate Court ausgesprochenen Adoptionen betreffend die Kinder ... und ... anzuerkennen, sind zurückzuweisen. Sie sind unbegründet.

Die Anerkennung ist gemäß § 109 I Nr. 4 FamFG ausgeschlossen. Nach dieser Vorschrift ist die Anerkennung einer ausländischen Entscheidung ausgeschlossen, wenn die Anerkennung der Entscheidung zu einem Ergebnis führt, das mit wesentlichen Grundsätzen des deutschen Rechts offensichtlich unvereinbar ist, insbesondere wenn die Anerkennung mit den Grundrechten unvereinbar ist. Das wäre vorliegend der Fall.

Der wesentliche Grundsatz des deutschen Adoptionsrechts ist, dass eine Adoption dem Wohl des anzunehmenden Kindes dienen muss. Das folgt aus der Vorschrift des § 1741 I BGB, die diesen Grundsatz als erstes Tatbestandsmerkmal für die Kindesannahme herausstellt. Das Gesetz trägt damit dem aus Art. 1 und 2 GG folgenden Grundrecht des Kindes auf freie und möglichst ungestörte Entfaltung seiner Persönlichkeit Rechnung. Daraus folgt, dass das Gericht eine umfassende Kindeswohlprüfung vorzunehmen hat. Dabei ist zwischen den Vorteilen abzuwägen, die sich für die weitere Entwicklung des Kindes im Fall der Adoption voraussichtlich ergeben, und den Nachteilen, die absehbar dadurch entstehen werden. Diese Abwägung muss dazu führen, dass die Adoption zu einer nachhaltigen Verbesserung der persönlichen Verhältnisse und der Rechtsstellung des Kindes führt.

Für die Anerkennungsfähigkeit einer ausländischen Adoptionsentscheidung ist es deshalb zwingend erforderlich, dass diese sich mit der Frage auseinandersetzt, ob die konkrete Adoption dem Kindeswohl entspricht, ob also ein Adoptionsbedürfnis vorliegt, die Elterneignung des Annehmenden gegeben ist und eine Eltern-Kind-Beziehung bereits entstanden bzw. ihre Entstehung zu erwarten ist. Die Anerkennung einer ausländischen Adoptionsentscheidung scheidet auf jeden Fall aus, wenn im ausländischen Adoptionsverfahren eine zureichende Kindeswohlprüfung nicht erfolgt ist. Dabei setzt eine den Mindestanforderungen genügende Prüfung der Elterneignung außerhalb des Anwendungsbereichs des AdoptÜ zumindest eine eingehende Überprüfung der Lebensverhältnisse durch geeignete Institutionen oder Personen unmittelbar am Lebensmittelpunkt der Annehmenden voraus (OLG Celle, Beschl. vom 12.10.2011 – 17 UF 98/11)[1].

Die ASt. lebt mit ihrer Lebenspartnerin und leiblichen Mutter der Kinder sowie den Kindern seit deren Geburt im US-Bundesstaat Maine. Dort hätte durch eine geeignete Institution oder Person vor oder während des Adoptionsverfahrens die ASt. nach deutschen Rechtsgrundsätzen einer Elterneignungsprüfung unterzogen werden müssen. Das ist nicht geschehen. Eine Elterneignungsprüfung wurde nicht durchgeführt, bevor durch den Cumberland County Probate Court die Adoption der Kinder ... und ... durch die ASt. ausgesprochen wurde. Im Rahmen des vor dem vorgenannten Gericht geführten Adoptionsverfahrens wurde auf die Erstellung eines Home Study Reports verzichtet. Nach dem Recht des US-Bundesstaats Maine mag ein derartiger Verzicht zwar möglich sein. Er widerspricht jedoch deutschen Rechtsgrundsätzen. Gemäß § 189 FamFG hat das Gericht, wenn ein Minderjähriger als Kind angenommen werden soll, eine fachliche Äußerung der Adoptionsvermittlungsstelle, die das Kind vermittelt hat, einzuholen, ob das Kind und die Familie des Annehmenden für die Annahme geeignet sind. Ist keine Adoptionsvermittlungsstelle tätig geworden, ist eine fachliche Äußerung des JugA oder einer Adoptionsvermittlungsstelle einzuholen.

Es mag zwar sein, dass der zuständige Richter, der vorliegend über die Kindesannahme entschieden hat, im Rahmen der richterlichen Anhörung die ASt. auch hinsichtlich ihrer Elterneignung geprüft hat; in welcher Weise und mit welchen Feststellungen dies geschehen ist, lässt sich allerdings den von der ASt. vorgelegten Unterlagen nicht entnehmen. Diese Prüfung genügt jedenfalls nicht den Grundsätzen des deutschen Rechts, die an eine Elterneignungsprüfung zu stellen sind. Nach der bereits zitierten Vorschrift des § 189 FamFG ist gerade eine fachliche Äußerung einer dritten Stelle, nämlich der Adoptionsvermittlungsstelle oder des zuständigen JugA erforderlich ... Deshalb erfolgt die Elterneignungsprüfung im Rahmen von gerichtlichen Adoptionsverfahren durch besonders geschulte Mitarbeiterinnen und Mitarbeiter des JugA, die in größeren JugA in einer Adoptionsvermittlungsstelle tätig sind. Dem Gericht ist aus anderen Anerkennungsverfahren bekannt, dass es gerade in den USA spezialisierte Institutionen und/oder Personen gibt, die Home Study Reports zur Vorbereitung oder im Rahmen gerichtlicher Adoptionsverfahren erstellen. Diese Home Study Reports sind sehr umfangreich und geben einen umfangreichen Einblick in das familiäre System und die Verhältnisse, in denen die Kinder leben. Ferner wird die Person des Adoptionsbewerbers in allen relevanten Aspekten dargestellt. Die Erkenntnisse, die aus einem Home Study Report gewonnen werden können, gehen weit über dasjenige hinaus, was eine richterliche Anhörung an Erkenntnissen vermitteln kann.

Nach alldem wird die Kindeswohlprüfung, die zu den vom Cumberland County Probate Court ausgesprochenen Adoption geführt hat, einer Kindeswohlprüfung, die nach deutschen Rechtsgrundsätzen erfolgt wäre, nicht gerecht.

Die Elterneignungsprüfung kann durch das erkennende Gericht nicht im Rahmen des vorliegenden Anerkennungsverfahrens nachträglich nachgeholt werden. Das würde dazu fuhren, dass das Gericht, das ausschließlich über die Anerkennung der ausländischen Adoption zu entscheiden hat, eine neue, eigene Adoptions-

---

[1] IPRspr. 2011 Nr. 128.

entscheidung treffen würde. Die erstmalige Durchführung einer vollständigen Kindeswohlprüfung entspricht nicht dem Sinn und Zweck des Anerkennungsverfahrens, das eine vereinfachte Anerkennung ausländischer Entscheidungen ermöglichen soll (vgl. BT-Drucks. 14/6011 S. 32). Maßgebend ist allein, ob die anzuerkennende Entscheidung zur Zeit der Anerkennung mit den unverzichtbaren verfahrensrechtlichen und materiellen Bestimmungen des deutschen Rechts vereinbar ist. Das Anerkennungsverfahren gibt keine Veranlassung, dass das zur Entscheidung über die Anerkennung berufene Gericht eine am ordre public orientierte eigene Adoptionsentscheidung an die Stelle der ordre-public-widrigen ausländischen Entscheidung setzt (OLG Düsseldorf, FamRZ 2009, 1078[2]; OLG Celle aaO).

Von einer persönlichen Anhörung der ASt. hat das Gericht abgesehen. Von dieser sind keine weiteren Erkenntnisse zu erwarten. Die Frage und grundsätzliche Notwendigkeit der persönlichen Anhörung der ASt. wurde mit deren Verfahrensbevollmächtigter telefonisch erörtert. Diese teilte darauf mit Schriftsatz vom 2.10.2012 mit, eine persönliche Anhörung der ASt. in Celle sei nicht umsetzbar. Die Familie ... lebe in den USA. In Anbetracht des weiteren schriftsätzlichen Vorbringens, das nach Vorlage der Stellungnahme der BZAA vom 3.5.2012 erfolgte, ist nicht zu erwarten, dass eine persönliche Anhörung der ASt. in den vorliegend maßgeblichen, entscheidungserheblichen Fragen zu weiteren Erkenntnissen führt."

b) OLG Celle 20.1.2014 – 17 UF 50/13:

„II. Die Beschwerde ist gemäß § 58 I FamFG zulässig, insbesondere fristgerecht (§ 63 I FamFG) eingelegt. Das AG entscheidet in Anerkennungsverfahren nach § 108 FamFG gemäß § 38 FamFG durch Beschluss, gegen den das Rechtsmittel der Beschwerde nach §§ 58 ff. FamFG zulässig ist (*Prutting-Helms-Hau*, FamFG, 2. Aufl., § 109 Rz. 62, 64).

In der Sache führt die Beschwerde zu einer Abänderung der angefochtenen Entscheidung.

1. Das AdoptÜ findet im vorliegenden Fall keine Anwendung. Nach Art. 2 I AdoptÜ ist das Übereinkommen nur anzuwenden, wenn ein Kind mit gewöhnlichem Aufenthalt in einem Vertragsstaat (,Heimatstaat') in einen anderen Vertragsstaat (,Aufnahmestaat') gebracht worden ist, wird oder werden soll, entweder nach seiner Adoption im Heimatstaat durch Ehegatten oder eine Person mit gewöhnlichem Aufenthalt im Aufnahmestaat oder im Hinblick auf eine solche Adoption im Aufnahme- oder Heimatstaat. Die hier betroffenen Kinder leben in ihrem Heimatstaat, wo sie auch zukünftig wohnen werden und wo sich sowohl die leibliche Mutter als auch die Annehmende aufhalten.

2. Die Anerkennung der ausländischen Adoptionsentscheidung erfolgt somit im Rahmen des hierfür eröffneten fakultativen Anerkennungsverfahrens gemäß § 108 II 3 FamFG i.V.m. § 2 AdWirkG, da die Angenommenen das 18. Lebensjahr noch nicht vollendet haben. Danach werden ausländische Adoptionsentscheidungen anerkannt, sofern kein Anerkennungshindernis im Sinne von § 109 FamFG besteht.

a) Die ASt. hat zunächst lediglich die vom amerikanischen Registerbeamten ausgestellten Adoptionsurkunden vom 2.4.2008 (*certificate of adoption*) vorgelegt. Im

---

[2] IPRspr. 2008 Nr. 211.

Verlauf des erstinstanzlichen Verfahrens hat sie darüber hinaus die Adoptionsentscheidungen vom 2.4.2008 *(findings and decree of adoption)* vorgelegt. Dass es sich insoweit um Adoptionsentscheidungen handelt, ergibt sich sowohl aus der Form als auch aus dem Inhalt der Dokumente, die einen Tatbestand und eine Anordnung enthalten. Die Entscheidung entspricht Maine Revised Statutes Title 18-A: Probate Code (effective January 1, 1981), Article IX: Adoption, Part 3: Adoption Procedures, s. 9-304 (f), wonach der Richter eine Entscheidung erstellen soll, in der die Tatsachen dargelegt werden und in der verkündet wird, dass das Kind das Kind des Antragstellers ist und dass sich der Name des Kindes geändert hat.

b) In formeller Hinsicht erweist sich die angefochtene Entscheidung als fehlerhaft, weil das AG die betroffenen Kinder nicht an dem Verfahren beteiligt hat. Die Kinder sind gemäß §§ 5 III 1 AdWirkG, 7 II Nr. 1 FamFG zwingend zu beteiligen, weil ihr Recht durch das Verfahren unmittelbar betroffen wird. Der Senat hat die Beteiligung der Kinder nachgeholt.

c) Nach dem hier in Betracht kommenden § 109 I Nr. 4 FamFG ist die Anerkennung einer ausländischen Entscheidung ausgeschlossen, wenn die Anerkennung der Entscheidung zu einem Ergebnis führt, das mit wesentlichen Grundsätzen des deutschen Rechts offensichtlich unvereinbar ist, insbesondere wenn die Anerkennung mit den Grundrechten unvereinbar ist.

Die ausländische Adoptionsentscheidung muss eine dem deutschen ordre public genügende Prüfung des Kindeswohls enthalten. Diese setzt eine umfassende Begutachtung der gesamten Lebensverhältnisse der Adoptionsbewerber voraus, die regelmäßig nur durch eine Fachbehörde am Lebensmittelpunkt der Adoptionsbewerber sachgerecht erfolgen kann (*Prutting-Helms-Krause* aaO § 199 Rz. 6).

Vor diesem Hintergrund entspricht es der st. Rspr. des Senats, dass es für die Anerkennungsfähigkeit einer ausländischen Adoptionsentscheidung zwingend erforderlich ist, dass diese sich mit der Frage auseinandergesetzt hat, ob die konkrete Adoption dem Kindeswohl entspricht ... Die Anerkennung einer ausländischen Adoptionsentscheidung scheidet im Grundsatz aus, wenn im ausländischen Adoptionsverfahren eine zureichende Kindeswohlprüfung ersichtlich überhaupt nicht erfolgt ist, weil diese nach ausländischem Recht bei der Entscheidung über die Adoption gar nicht vorgesehen war oder eine nach ausländischem Recht vorgesehene Prüfung von den Beteiligten umgangen worden ist. Dies gilt insbesondere dann, wenn sich in der anzuerkennenden Adoptionsentscheidung schon keine Hinweise darauf befinden, dass sich die mit der Entscheidung befassten ausländischen Gerichte oder Behörden des internationalen Charakters der Adoption überhaupt bewusst gewesen sind (Senatsbeschluss vom 12.10.2011 – 17 UF 98/11[1]; FamRZ 2012, 1226, Rz. 15 und 16; im Anschluss daran OLG Düsseldorf, Beschl. vom 27.7.2012 – II-1 UF 82/11[2], StAZ 2013, 82, Rz. 11; OLG Karlsruhe, Beschl. vom 25.9.2012 – 2 UF 44/12[3], juris Rz. 28).

Dementsprechend geht das AG im Ansatz zutreffend davon aus, dass eine ausreichende Kindeswohlprüfung nicht erfolgt ist. Das erkennende amerikanische Gericht hat gemäß Maine Revised Statutes Title 18-A s. 9-304 (a) (a-1) (1) (ii) auf die Einholung eines Elterneignungsberichts verzichtet, weil der Adoptionsantrag in dem

---

[1] IPRspr. 2011 Nr. 128.
[2] IPRspr. 2012 Nr. 144.
[3] IPRspr. 2012 Nr. 126b.

dortigen Verfahren auch von der leiblichen Mutter gestellt worden war. Allerdings sieht s.-304 (a) (a-1) (2) vor, dass das Gericht einen Hintergrundbericht für jeden voraussichtlichen Adoptivelternteil erfordern soll, der kein biologischer Elternteil ist. Dieser Hintergrundbericht muss die Überprüfung von etwaigen Vorstrafen des Antragstellers umfassen. Das Gericht hat sich hierauf beschränkt und eine Kindeswohlprüfung ersichtlich nicht vorgenommen. Die Feststellungen in der Adoptionsentscheidung beschränken sich demnach auf die allgemeine Formel, dass es sich bei den ASt. um geeignete Adoptiveltern handelt und dass diese eine Eltern-Kind-Beziehung zwischen sich und den Anzunehmenden herstellen möchten und dass die Adoption dem Interesse der Anzunehmenden dient.

In diesem Zusammenhang ist allerdings zu berücksichtigen, dass der Ordre-public-Vorbehalt den Charakter einer Generalklausel hat. Es muss immer im Einzelfall ermittelt werden, ob ein Verstoß gegen die deutsche öffentliche Ordnung vorliegt, wobei nach dem Wortlaut des § 109 I Nr. 4 FamFG das Ergebnis der ausländischen Entscheidung zu kontrollieren ist (*Schulte-Bunert/Weinreich/Baetge*, FamFG, 3. Aufl., § 109 Rz. 20). Je enger die Inlandsbeziehungen des Sachverhalts sind, desto eher kann die Anerkennung einer ausländischen Entscheidung zu einem für die deutsche Rechtsordnung unerträglichen Ergebnis führen. Umgekehrt können fremdartige Ergebnisse in größerem Maße hingenommen werden, wenn die Verbindungen zu Deutschland nur schwach ausgeprägt sind (*Schulte-Bunert/Weinreich/Baetge* aaO Rz. 22). Dabei ist auch die Aufgabe des Anerkennungsrechts zu berücksichtigen. Einerseits soll die Wirkungserstreckung großzügig gestattet werden, um internationalen Entscheidungseinklang und Verfahrensökonomie zu sichern. Andererseits soll das Anerkennungsrecht festlegen, wann diese Ziele zurücktreten müssen (*Prutting-Helms-Hau* aaO § 108 Rz. 3).

Ausgehend von diesen Grundsätzen ist es mit dem inländischen ordre public vereinbar, wenn – bei einer ausländischen Adoption eines Kindes durch einen im gemeinsamen Haushalt mit dem Kind und dem leiblichen Elternteil wohnenden Stiefelternteil, die zu keiner Verbringung des Kindes nach Deutschland führen soll – vor der Adoptionsentscheidung keine zureichende Kindeswohlprüfung erfolgt ist.

So verhält es sich hier. Die Annehmende und die betroffenen Kinder leben seit deren Geburt in einem Haushalt. Zwischen ihnen bestehen familiäre Bindungen. Ein Eltern-Kind-Verhältnis ist bereits entstanden, denn die Annehmende übt gemeinsam mit der leiblichen Mutter das Sorgerecht für die Kinder aus. Zwischen der leiblichen Mutter und der Annehmenden besteht eine Lebenspartnerschaft, so dass die betroffenen Kinder die Stiefkinder der Annehmenden sind. Die Adoption führt nicht dazu, dass die Kinder ihren Aufenthaltsort wechseln. Sie sollen insbesondere nicht nach Deutschland verbracht werden."

109. *Die Anerkennung einer ausländischen Adoptionsentscheidung verstößt nicht wegen fehlender Prüfung der Adoptionsbedürfnisse gegen den ordre public im Sinne des § 16a Nr. 4 FGG, wenn die im Sozialbericht dokumentierten Gesamtumstände in die Adoptionsentscheidung eingeflossen sind, mangels Bereitschaft der leiblichen Eltern zur Übernahme der Verantwortung für das Kind ein Bedürfnis für die Adoption darlegen und sich die Lebenssituation des Kindes verbessert hat.*

Bei der Prüfung des ordre public im Sinne einer Unvereinbarkeit mit wesentlichen Grundsätzen des deutschen Rechtes kann nicht verlangt werden, dass die Überprüfung des Kindeswohls im Rahmen der anzuerkennenden ausländischen Entscheidung in vollem Umfang den Verfahrensregeln und den inhaltlichen Maßstäben des deutschen Rechts entsprechen muss. [LS der Redaktion]

a) AG Frankfurt/Main, Beschl. vom 21.5.2013 – 49 XVI ROE 93/09: Unveröffentlicht.

b) OLG Frankfurt/Main, Beschl. vom 10.6.2014 – 20 W 24/14: FamRZ 2014, 1572; StAZ 2015, 143. Leitsatz in: IPRax 2015, 172; NZFam 2014, 963.

Die Beteiligten streiten um die Anerkennung der durch den Regional Trial Court Binan, Laguna, Philippinen ergangenen Adoptionsentscheidung. Der ASt. hatte 1992 die Ehe mit ... geschlossen. Die Ehegatten waren zum Zeitpunkt der Eheschließung beide deutsche Staatsangehörige. Die Ehefrau war zuvor von Geburt philippinische Staatsangehörige. Das Kind wurde 2004 in ... als dritte, eheliche Tochter des Bruders der Ehefrau geboren. Der ASt. arbeitet als Betriebswirt, seine Ehefrau arbeitete bis zu ihrem plötzlichen Tod im Jahr 2012 als Altenpflegerin. Die Eheleute verfügen über ein eigenes Haus auf den Philippinen. Die leiblichen Eltern des Kindes, die nur über ein geringes Einkommen verfügen, überließen das Kind unmittelbar nach der Geburt dem ASt. und seiner Ehefrau. Das Kind lebt seitdem im Haus des ASt. auf den Philippinen. Der ASt. und – solange sie lebte – dessen Ehefrau besuchten und besuchen das Kind auf den Philippinen zwei- bis dreimal im Jahr und versorgen es dann selbst. Im Übrigen wird das Kind im Haus des ASt. durch einen verwitweten Verwandten versorgt und besucht mittlerweile ganztägig eine Privatschule. Während der berufsbedingten Abwesenheit des ASt. in Deutschland wird der Kontakt durch Telefonate und das Internet aufrechterhalten.

Der ASt. und seine Ehefrau beantragten unter dem 14.4.2009 beim AG die Anerkennung der philippinischen Adoptionsentscheidung. Das AG wies den Antrag mit Beschluss vom 21.5.2013 zurück. Die hiergegen gerichtete sofortige Beschwerde des ASt. wurde vom LG zurückgewiesen. Mit seiner Beschwerde beim OLG verfolgt der ASt. sein Anliegen weiter.

Aus den Gründen:

a) AG Frankfurt/Main 21.5.2013 – 49 XVI ROE 93/09:

„Der Antrag ist zulässig, jedoch im Ergebnis unbegründet.

Auf das vorliegende Verfahren finden noch die Vorschriften des vormals geltenden FGG a.F. Anwendung, da das Anerkennungsverfahren vor dem 1.9.2009 eingeleitet worden ist (vgl. Art. 111 I 1 FGG-RG).

Die materiell-rechtliche Anerkennungsfähigkeit der Entscheidung richtet sich hier ausschließlich nach § 16a FGG a.F. Zwar waren sowohl die Republik Philippinen als auch die Bundesrepublik Deutschland im Zeitpunkt der ausländischen Adoptionsentscheidung Vertragsstaaten des AdoptÜ. Das Verfahren in der Republik Philippinen ist jedoch offensichtlich nicht nach den Vorschriften des Übereinkommens durchgeführt worden. Demgemäß konnte durch den ASt. auch keine Konformitätsbescheinigung im Sinne des Art. 23 AdoptÜ vorgelegt werden.

Allein die Nichtbeachtung der Vorschriften des AdoptÜ darf allerdings noch nicht zu einer Versagung der Anerkennung der ausländischen Entscheidung führen. Dies liegt im konkreten Fall zum einen daran, dass zumindest im Zeitpunkt der philippinischen Adoptionsentscheidung noch nicht klar war, ob das Kind nach der Adoption tatsächlich dauerhaft zu dem ASt. und seiner Ehefrau nach Deutschland kommen sollte. Der sachliche Anwendungsbereich des AdoptÜ ist aber nur dann eröffnet, wenn dies der Fall gewesen wäre (vgl. Art. 2 AdoptÜ). Aus der retrospektiven Betrachtung mussten das philippinische Gericht und die dortigen Behörden daher nicht zwingend die Verfahrensvorschriften des Übereinkommens anwenden und konnten das Verfahren als reine Inlandsadoption durchführen.

Doch selbst wenn der sachliche Anwendungsbereich des AdoptÜ im Zeitpunkt des philippinischen Adoptionsverfahrens eröffnet gewesen wäre, würde die Nichtbeachtung der Verfahrensschritte des Übereinkommens nicht per se zu einer Versagung der Anerkennung fuhren. Zwar birgt die Nichtanwendung die Gefahr, dass die Schutzvorschriften des AdoptÜ an ihrer Durchsetzung gehindert werden. Andererseits kann eine Anerkennung der ausländischen Adoption nicht allein am formellen Erfordernis der Vorlage einer Konformitätsbescheinigung nach Art. 23 AdoptÜ scheitern, wenn die ausländische Entscheidung ansonsten materiell-rechtlich nicht gegen den deutschen ordre public in § 16a Nr. 4 FGG a.F. verstößt. Dies würde sonst dazu führen, dass bei gleichem Sachverhalt die Anerkennung von Adoptionen aus einem Vertragsstaat des AdoptÜ anders behandelt werden würde als die Anerkennung von Adoptionen aus Staaten, die nicht dem AdoptÜ beigetreten sind. Dies wäre ein Verstoß gegen das internationalrechtliche Günstigkeitsprinzip (*Prütting-Helms-Hau*, FamFG, 3. Aufl., § 109 Rz. 3).

Demgemäß hat auch in einem derartigen Fall eine Beurteilung ausschließlich anhand § 16a FGG a.F. zu erfolgen.

Nach § 16a Nr. 4 FGG a.F. ist die Anerkennung einer ausländischen Entscheidung zu versagen, wenn die Anerkennung zu einem Ergebnis führen würde, welches mit wesentlichen Grundsätzen des deutschen Rechts offensichtlich unvereinbar ist. Ein die Anerkennung ausschließender Verstoß gegen den deutschen ordre public liegt demgemäß vor, wenn dadurch der Kernbestand der inländischen Regelungen angetastet wird, so dass das Ergebnis nach inländischen Vorstellungen schlechthin untragbar erscheint (BGHZ 50, 370, 375[1]; BGHZ 54, 132, 140[2]; KG, NJOZ 2006, 2655, 2659[3]; OLG Karlsruhe, StAZ 2004, 111[4]; OLG Köln, FGPrax 2009, 220[5]; *Staudinger-Henrich*, BGB [2008] Art. 22 EGBGB Rz. 88).

Bei einer Adoptionsentscheidung ist der ordre public betroffen, wenn die Rechtsfolgen der ausländischen Adoptionsentscheidung gegen Sinn und Zweck einer Kindesannahme nach deutschem Recht verstoßen (BayObLG, StAZ 2000, 300)[6]. Nach der Rspr. des BVerfG umfasst das allgemeine Persönlichkeitsrecht den Anspruch des Einzelnen auf Anerkennung und Schutz seiner persönlichen Identität und Individualität. Hierzu gehören die individuelle Biographie und die persönliche Herkunft, wozu auch die schützenswerte Verbindung zu den leiblichen Eltern zählt (BVerfG, FamRZ 2010, 865, 866; BVerfGE 75, 201, 219). Nach den deutschen Grundvorstellungen ist eine Annahme als Kind daher nur möglich, wenn diese im Vergleich zum Bestehenbleiben der leiblichen Abstammung dem Kind erhebliche Vorteile bringt (LG Dortmund, Beschl. vom 12.11.2009 – 9 T 239/09[7], zit. n. juris). Ansonsten besteht kein Bedürfnis für eine Änderung des nach Art. 6 GG geschützten Familienverhältnisses.

Ein Adoptionsbedürfnis ist dabei nicht allein durch einen Vergleich zwischen den materiellen Lebenslagen in der alten Umgebung und der neuen Umgebung abzuleiten. Vielmehr ist die Neuzuordnung des Kindes zu neuen Eltern erst dann geboten, wenn damit eine nachhaltige Verbesserung der persönlichen Verhältnisse bzw. der

---

[1] IPRspr. 1968–1969 Nr. 127b.
[2] IPRspr. 1970 Nr. 61b.
[3] IPRspr. 2006 Nr. 227.
[4] IPRspr. 2003 Nr. 211.
[5] IPRspr. 2009 Nr. 98b.
[6] IPRspr. 2000 Nr. 190.
[7] IPRspr. 2009 Nr. 103.

Rechtsstellung des Kindes verbunden ist (OLG Celle, Beschl. vom 11.4.2008 – 17 W 3/08, zit. n. juris).

Im vorliegenden Fall ist nicht ersichtlich, dass ein solches Adoptionsbedürfnis bestanden hätte oder ein solches durch das philippinische Gericht festgestellt worden wäre. Vielmehr beschränkte sich das dortige Gericht darauf, die materielle, gesundheitliche und tatsächliche Elterneignung der ASt. zu überprüfen. Es wurde jedoch nicht betrachtet, ob es Alternativen zur Änderung der Verwandtschaftsverhältnisse gegeben hätte. Insbesondere wäre auch ohne Adoption eine materielle Unterstützung des Kindes durch den ASt. und seine Frau möglich gewesen. Alternativ hätte auch die Bestellung der Annehmenden als Pfleger oder Vormünder den Interessen des Kindes genauso entsprochen. Weshalb sich das philippinische Gericht dann auf die stärkste Neuzuordnung des Kindes zu neuen Eltern im Wege der Adoption entschieden hat, ist nach den deutschen Grundsätzen nicht nachvollziehbar.

Darüber hinaus ist im philippinischen Verfahren in keiner Weise geprüft worden, ob eine Versorgung des Kindes nicht auch in der leiblichen Familie hätte stattfinden können. Das Gericht beschränkte sich allein darauf, die formgemäße ‚Abgabe' des Kindes durch die leiblichen Eltern zu prüfen, ohne dies zu hinterfragen. Offensichtlich war allein die ungewollte Kinderlosigkeit der Annehmenden das Motiv, das Kind seiner Tante und dessen Ehemann in Obhut zu geben.Das Kind wurde damit bloßes Objekt des unerfüllten Kinderwunsches der Annehmenden. Dies steht aber diametral dem Sinn und Zweck einer Adoption nach deutschen Vorschriften entgegen. Bei einer Adoption geht es nicht um das Wohl der Annehmenden, sondern um das Wohl des Kindes (§ 1741 I 1 BGB). Dass dieses ohne Adoption gefährdet gewesen wäre, ist bis zum Zeitpunkt dieses Beschlusses nicht ersichtlich.

Schließlich wurde im philippinischen Verfahren auch nicht der beträchtliche Altersunterschied zwischen dem Kind und dem ASt. und seiner Ehefrau thematisiert. Hier beschränkte sich das Gericht in formeller Hinsicht darauf, dass der im philippinischen Recht vorgesehene Mindestaltersabstand eingehalten worden ist. Zwar war im Zeitpunkt der philippinischen Adoptionsentscheidung offensichtlich nicht absehbar, dass die adoptierende Ehefrau des ASt. tatsächlich noch während der Minderjährigkeit des Kindes verstirbt. Ein derartig großer Altersabstand zwischen Kind und Annehmenden wie vorliegend birgt jedoch gerade die Gefahr, dass genau eine solche Situation eintritt.

Es macht nach den deutschen Vorstellungen auch keinen Unterschied, dass es sich vorliegend um eine Verwandtenadoption handelt. Auch oder gerade bei einer solchen Konstellation muss das Kindeswohl entscheidender Maßstab für eine dem deutschen ordre public genügende Adoptionsentscheidung sein.

Eine andere Bewertung der dargestellten mangelhaften Kindeswohlprüfung ergibt sich auch nicht daraus, dass der maßgebliche Zeitpunkt für die Beurteilung eines Ordre-public-Verstoßes nach § 16a Nr. 4 FGG a.F. der Zeitpunkt der Anerkennungsentscheidung sein soll (BayObLG, StAZ 2000 aaO; KG aaO). Denn dies bedeutet nicht, dass eine nicht erfolgte oder aber völlig unzureichende Abwägung der Belange des Kindes durch eine neue Abwägung des von dem mit der Anerkennungsentscheidung nunmehr betrauten Gerichts ersetzt werden könnte. Die erstmalige Durchführung einer Kindeswohlprüfung ist nicht Sinn und Zweck des Anerkennungsverfahrens, welches gerade eine vereinfachte Anerkennung ausländischer Entscheidungen ermöglichen soll (vgl. BT-Drucks. 14/6011 S. 32; OLG Frankfurt/Main, FamRZ 2009, 1605[8]; OLG Düsseldorf, FamRZ 2009, 1078, 1079). Darüber hinaus würde bei einer erneuten vollständigen Kindeswohlprüfung die Entscheidung über die Anerkennung davon abhängen, welche Veränderungen sich im Zeitablauf zwischen der ausländischen Adoptionsentscheidung und der Anerkennungsentscheidung ergeben haben. Die Anerkennungsentscheidung wäre damit einer Beliebigkeit je nach dem Zeitpunkt der Antragstellung ausgesetzt (vgl. im Einzelnen: *Weitzel*, IPRax 2007, 308, 311). Entgegen dem Wortlaut des Gesetzes in § 16a Nr. 4 FGG a.F. wäre nicht mehr die ausländische Entscheidung der Bezugspunkt der Prüfung nach § 2 AdWirkG sondern es würde faktisch eine neue Adoptionsentscheidung nach den Vorschriften der §§ 1741 ff. BGB ergehen. Maßgebend ist vielmehr, ob die ausländische Entscheidung zum heutigen Datum mit den unverzichtbaren verfahrensrechtlichen und materiellen Bestimmungen des deutschen Rechts vereinbar ist (vgl. LG Dresden, JAmt 2006, 360[9]; OLG Düsseldorf aaO). Dies ist vorliegend gerade nicht der Fall.

Schließlich hat sich das Gericht im vorliegenden Verfahren noch mit der Frage auseinanderzusetzen, ob eine Versagung der Anerkennung der ausländischen Adoption nicht gegen Art. 8 I EMRK verstößt. Diese Norm sagt aus, dass auch im Verfahren auf Anerkennung einer ausländischen Adoption eine ggf. entstandene faktische soziale Familieneinheit bei der Auslegung zu beachten ist (EGMR, Urt. vom 28.6.2007, FamRZ 2007, 1529 zu einem luxemburgischen Anerkennungsverfahren; zum Ganzen: *Botthof*, StAZ 2013, 77, 79).

Im konkreten Fall hat das Kind seit seiner Geburt ausschließlich in der Republik Philippinen gelebt, es geht dort zur Schule und wird von anderen Verwandten versorgt. Die Annehmenden besuchten das Kind immer wieder und kümmerten sich um die materielle Ausstattung und die schulische Ausbildung. Dadurch mag eine faktische Verbindung entstanden sein. Diese führt jedoch nicht zu einem zwingenden Bedürfnis der Anerkennung der ausländischen Adoption. Die bisherige Versorgung kann vielmehr auch gut ohne eine solche Anerkennung weiter funktionieren. Das Kind hätte dadurch keine erkennbaren Nachteile zu befürchten.

Vielmehr ist die Hauptintention des ASt. die Möglichkeit der Einreise des Kindes nach Deutschland und des Aufenthalts im Inland. Eine solche Entscheidung obliegt jedoch nicht dem FamG. Dies zu ermöglichen muss der ASt. im Wege des dafür vorgesehenen aufenthaltsrechtlichen Verwaltungsverfahrens durchsetzen. Dem FamG ist dabei bewusst, dass aufgrund von § 6 StAG dem Kind bei einer Anerkennung nach der vorherrschenden verwaltungsrechtlichen Praxis auch die deutsche Staatsangehörigkeit verliehen wird (zumindest bei der hier vorliegenden sog. starken Adoption nach philippinischem Recht; vgl. weitergehend: *Bornhofen*, StAZ 2002, 1, 9; *Busch*, StAZ 2003, 297, 299). Eine Übertragung von verwaltungsrechtlichen Fragen auf das FamG ist aber weder systematisch noch inhaltlich gerechtfertigt."

b) OLG Frankfurt/Main 10.6.2014 – 20 W 24/14:

„II. ... Entgegen der Auffassung der Vorinstanzen ist die Adoptionsentscheidung des philippinischen Gerichts in Deutschland anzuerkennen.

---

[8] IPRspr. 2009 Nr. 107.   [9] IPRspr. 2006 Nr. 221.

Gemäß § 2 I AdWirkG stellt das Gericht – nach neuem Recht das FamG, nach dem im vorliegenden Fall noch anwendbaren alten Recht das VormG – auf Antrag fest, ob eine Annahme als Kind anzuerkennen oder wirksam und ob das Eltern-Kind-Verhältnis des Kindes zu seinen bisherigen Eltern erloschen ist. Ebenso wie nach neuem Recht (§§ 108, 109 FamFG) hat auch nach dem hier noch anzuwendenden alten Recht gemäß § 16a FGG grundsätzlich die Anerkennung der ausländischen Entscheidung zu erfolgen, wenn nicht Versagungsgründe nach dieser Vorschrift vorliegen.

Dabei sind die Vorinstanzen im vorliegenden Fall zu Recht davon ausgegangen, dass sich die Anerkennung der ausländischen Adoptionsentscheidung hier allein nach § 16a FGG bemisst, weil der Anwendungsbereich des AdoptÜ nicht eröffnet ist. Das AdoptÜ ist nach dessen Art. 2 I nur anzuwenden, wenn ein Kind mit gewöhnlichem Aufenthalt in einem Vertragsstaat (Heimatstaat) bereits in einen anderen Vertragsstaat (Aufnahmestaat) gebracht worden ist, wird oder werden soll. Dies ist hier nicht gegeben, da der ASt. und seine zwischenzeitlich verstorbene Ehefrau das Kind weder vor der Adoption nach Deutschland verbracht haben noch festgestellt werden kann, dass zum Zeitpunkt des Ausspruchs der Adoption auf den Philippinen ein solcher Aufenthaltswechsel nach Deutschland beabsichtigt war. Wie die beteiligte Behörde zutreffend ausgeführt hat, wurde die Adoption deshalb durch die philippinischen Behörden und das Ortsgericht als dortige Inlandsadoption behandelt. Auf die umstrittene und obergerichtlich bisher nicht geklärte Rechtsfrage, ob unter den Anwendungsbereich des AdoptÜ fallende und vertragswidrig erfolgte Auslandsadoptionen nach dem Günstigkeitsprinzip gleichwohl nach §§ 108, 109 FamFG bzw. nach altem Recht gemäß § 16a FGG anerkannt werden können oder dies wegen eines Vorrangs des AdoptÜ ausgeschlossen ist (vgl. hierzu OLG Düsseldorf, StAZ 2013, 82[1], OLG Schleswig, StAZ 2014, 89[2] mit Anm. *Botthof* in StAZ 2014, 74; *Staudinger-Henrich*, BGB [2008] Vorb. zu Art. 22 EGBGB Rz. 46; MünchKomm-*Klinkhardt*, 5. Aufl., Anh. zu Art. 22 EGBGB, Art. 1 AdÜ Rz. 9; *Weitzel*, NJW 2008, 186/189 jew. m.w.N.) kommt es deshalb im hiesigen Verfahren nicht an.

Im Ausgangspunkt zutreffend sind die Vorinstanzen davon ausgegangen, dass – da die übrigen Versagungsgründe nicht in Betracht kommen – die Anerkennung der ausländischen Adoptionsentscheidung nach § 16a Nr. 4 FGG nur dann ausgeschlossen ist, wenn sie zu einem Ergebnis führt, das mit den wesentlichen Gründen des deutschen Rechts offensichtlich unvereinbar ist, insbesondere wenn die Anerkennung mit den Grundrechten unvereinbar ist.

Bei der Minderjährigenadoption gehört zu den wesentlichen Grundsätzen des deutschen Rechts nach einhelliger Auffassung die Ausrichtung der Entscheidung am Kindeswohl, deren Bedeutung auch in Art. 21 des Übereinkommens über die Rechte des Kindes vom 20.11.1989 (BGBl. 1992 II 121, 990) hervorgehoben wird. Die Prüfung des Kindeswohls hat sich nach deutschem Rechtsverständnis auf das Bestehen eines Adoptionsbedürfnisses, der Elterneignung der Adoptiveltern und dem Bestehen eines Eltern-Kind-Verhältnisses bzw. eine diesbezügliche begründete Erwartung zu erstrecken (vgl. OLG Düsseldorf, FamRZ 2011, 1522 und StAZ 2013,

---

[1] IPRspr. 2012 Nr. 144.   [2] IPRspr. 2013 Nr. 132.

82 = FamRZ 2013, 714[3]; OLG Köln, FamRZ 2013, 484[4]; OLG Karlsruhe, FamRZ 2014, 582[5]; OLG Celle, Beschl. vom 20.1.2014 – 17 UF 50/13[6], dok. bei juris).

Eine dem deutschen ordre public genügende Kindeswohlprüfung im Rahmen einer Adoption erfordert, dass eine Begutachtung der Lebensverhältnisse der Adoptiveltern erfolgt ist, die in aller Regel sachgerecht nur durch eine Fachbehörde am Lebensmittelpunkt der Bewerber erfolgen kann. Fehlt eine solche Begutachtung durch die Behörde am Lebensmittelpunkt, so stellt dies allerdings für sich genommen keinen zwingenden Versagungsgrund dar, sondern kann lediglich Zweifel an der Vereinbarkeit der ausländischen Adoptionsentscheidung mit dem deutschen ordre public begründen (vgl. Senatsbeschl. vom 6.5.2009, StAZ 2009, 336 = FGPrax 2009, 212[7]; *Schlauss*, FamRZ 2007, 1699/1700 m.w.N.). Im vorliegenden Fall lag für die Adoptionsentscheidung des philippinischen Gerichts zwar keine fachliche Begutachtung durch eine deutsche Behörde vor, obwohl sich aus den eingereichten Unterlagen zweifelsfrei ergab, dass der ASt. und seine Ehefrau nicht ständig in ihrem Haus auf den Philippinen lebten, sondern beide in Deutschland einer beruflichen Tätigkeit zur Erzielung des Familieneinkommens nachgingen. Es liegen jedoch mehrere Berichte der durch das philippinische Gericht beauftragten Sozialarbeiterin vor, aus denen sich ergibt, dass diese Sozialarbeiterin sich u.a. durch Hausbesuche und Gespräche einen umfassenden persönlichen Eindruck von den Adoptiveltern und deren Verhältnis zu dem Kind einschl. der Lebensumstände in ihrem philippinischem Haus verschafft hat und sich für das philippinische Gericht auf dieser Grundlage keinerlei Anhaltspunkte für eine fehlende Eignung des ASt. und dessen Ehefrau ergeben haben. Dies wird – soweit ersichtlich – auch durch die beteiligte Behörde nicht in Zweifel gezogen. Der Versagungsgrund einer fehlenden hinreichenden Begutachtung der Lebensverhältnisse der Adoptivbewerber ist deshalb nicht gegeben.

Im Rahmen des philippinischen Adoptionsverfahrens ist auch eine am Kindeswohl ausgerichtete Überprüfung des Entstehens eines Eltern-Kind-Verhältnisses erfolgt. Dabei ergibt sich aus den Berichten der Sozialarbeiterin wie aus der Adoptionsentscheidung selbst, dass diese Überprüfung zu dem Ergebnis geführt hat, dass die Adoptiveltern von Anfang an nicht nur die finanzielle Versorgung übernommen und sichergestellt, sondern auch eine persönliche Beziehung zu dem Kind aufgebaut haben, wobei auch der Umstand Berücksichtigung gefunden hat, dass die Adoptiveltern wegen ihrer beruflichen Tätigkeit in Deutschland nicht ständig mit dem Kind zusammengelebt, sondern teilweise dessen Versorgung durch einen Familienangehörigen und eine Betreuungskraft sichergestellt haben. Letztlich wird auch durch die durch das AG vorgenommene persönliche Anhörung des Kindes bestätigt, dass es den Adoptiveltern trotz der zeitweisen räumlichen Trennung gelungen ist, eine Eltern-Kind-Beziehung aufzubauen, die sich darin dokumentiert, dass das Kind den ASt. als seinen ‚Daddy' und dessen verstorbene Ehefrau als seine Mutter ansieht und benennt, die emotionale Beziehung zu dem ASt. während dessen beruflicher Abwesenheit in Deutschland durch regelmäßige telefonische Kontakte am Wochenende pflegt und sich in seiner Lebenssituation im Haus des ASt. mit der konstanten Betreuung durch den ... Onkel während der Abwesenheit des ASt. wohlfühlt.

---

[3] IPRspr. 2011 Nr. 118.
[4] IPRspr. 2012 Nr. 130b.
[5] IPRspr. 2013 Nr. 128.
[6] Siehe oben Nr. 108.
[7] IPRspr. 2009 Nr. 107.

Entgegen der Auffassung der Vorinstanzen kann der Entscheidung des philippinischen Gerichts nicht entnommen werden, dass dieses die aus deutscher Rechtssicht gebotene Prüfung eines Adoptionsbedürfnisses vollständig ausgeblendet oder auf rein wirtschaftliche Erwägungen beschränkt hat. Zwar ist den Vorinstanzen beizupflichten, dass der Schwerpunkt der inhaltlichen Ausführungen der Adoptionsentscheidung selbst auf der Begründung der Elterneignung und dem Bestehen eines Eltern-Kind-Verhältnisses liegt. Dabei wird im Einzelnen nicht nur ausgeführt, dass die Adoptionsbewerber die vollständige finanzielle Versorgung des Kindes von dessen Geburt an übernommen haben und zu deren Fortführung angesichts ihrer Lebensumstände auch geeignet sind, sondern es wird auch berücksichtigt, dass sie von Beginn an die Sorge und Obhut für das zum Zeitpunkt des Adoptionsausspruchs zwei Jahre und zehn Monate alte Kind übernommen haben und es mit Liebe und Fürsorge wie eine eigene Tochter umsorgen. Darüber hinaus wird in der Adoptionsentscheidung aber zusätzlich auch ausdrücklich Bezug genommen auf die Berichte der vom Gericht beauftragten Sozialarbeiterin, die sich dort auch mit der Herkunftsfamilie und ihren Lebensbedingungen befasst hat und hierzu insbesondere ausführte, dass das Einkommen des alleinverdienenden leiblichen Vaters nicht ausreichend für ein gutes Leben sei bzw. die Familie nur über ein ‚mageres' Einkommen verfüge und von finanzieller Unterstützung durch die Verwandten abhängig sei. Aus der Adoptionsentscheidung selbst und ausführlicher noch aus den dort in Bezug genommenen Sozialberichten ergibt sich des Weiteren aber auch, dass die leiblichen Eltern das Kind bereits am Tage der Geburt weggegeben und der Obhut und Pflege des ASt. und seiner Ehefrau überlassen haben, obwohl zu diesem Zeitpunkt noch keinerlei rechtliche Schritte zur Verwirklichung einer Adoption eingeleitet worden waren, da der diesbezügliche Antrag erst am 17.3.2006, als das Kind bereits fast zwei Jahre alt war, gestellt wurde. Dieses Verhalten belegt, dass die leiblichen Eltern selbst nicht bereit waren, die Sorge und Verantwortung für das Kind zu übernehmen. In der Gesamtschau begründet die für das Gericht in den Sozialberichten dokumentierte eingeschränkte finanzielle Situation der leiblichen Eltern zusammen mit der Weggabe des Kindes noch am Tage der Geburt, dass jedenfalls mangels Bereitschaft der leiblichen Eltern zur Übernahme der Verantwortung für das Kind ein Bedürfnis für die Adoption gegeben war und hierdurch dessen Lebenssituation unabhängig von finanziellen Erwägungen deutlich und spürbar verbessert wurde. Diese in den Adoptionsunterlagen dokumentierten Gesamtumstände sind jedenfalls durch die ausdrückliche Bezugnahme auf die Sozialberichte in die gerichtliche Entscheidung im Sinne der Prüfung eines Adoptionsbedürfnisses eingeflossen, auch wenn nähere und ausführliche Darlegungen hierzu in der Begründung nicht erfolgt sind. Hierbei kann nicht außer Acht gelassen werden, dass es auch in Deutschland der Üblichkeit entspricht, sich bei der Begründung einer positiven Adoptionsentscheidung insgesamt eher kurz zu fassen, wenn eine umfassende Überprüfung vorausgegangen ist und hinsichtlich der angestrebten Adoption zwischen den leiblichen Eltern und den Adoptiveltern sowie den mit der Überprüfung beauftragten Behörden Einvernehmen besteht.

Nicht gefolgt werden kann der Argumentation der beteiligten Behörde, wonach sich an der Situation des Kindes im täglichen Leben nichts geändert habe und auch die Herstellung einer Lebensgemeinschaft zwischen den Adoptiveltern und dem

Kind nicht beabsichtigt gewesen sei. Dem steht entgegen, dass das Kind seit dem Tag der Geburt gerade nicht mehr im Haushalt seiner leiblichen Eltern versorgt wird, sondern im Haus des ASt. lebt und während dessen berufsbedingter Abwesenheit dort von einem anderen Verwandten beaufsichtigt wird. Von diesen tatsächlichen Umständen, die sich aus den nachvollziehbaren Darlegungen des ASt. und seiner verstorbenen Ehefrau sowie der ausländischen Adoptionsentscheidung und den Sozialberichten ergeben und durch die Kindesanhörung bestätigt wurden, sind ersichtlich auch die Vorinstanzen ausgegangen. Diese sind somit für den Senat als Rechtsbeschwerdegericht bindend und der Entscheidung zugrunde zu legen.

Deshalb kann entgegen der Auffassung der Vorinstanzen ein Verstoß gegen den ordre public im Sinne des § 16a Nr. 4 FGG wegen einer fehlenden Prüfung des Adoptionsbedürfnisses nicht festgestellt werden. Hierbei ist zusätzlich zu berücksichtigen, dass bei der Prüfung des ordre public im Sinne einer Unvereinbarkeit mit wesentlichen Grundsätzen des deutschen Rechtes nicht verlangt werden kann, dass die Überprüfung des Kindeswohls im Rahmen der anzuerkennenden ausländischen Entscheidung in vollem Umfang den Verfahrensregeln und den inhaltlichen Maßstäben des deutschen Rechts entsprechen muss.

Die nach § 5 III 2 AdWirkG gebotene persönliche Anhörung des Kindes ist erfolgt. Hierbei sind Anhaltspunkte für die Notwendigkeit der Bestellung eines Verfahrenspflegers mangels eines erkennbaren Interessenswiderspruchs mit dem ASt. nicht zutage getreten. Die Bestellung eines Ergänzungspflegers für das von dem Verfahren betroffene und deshalb an ihm zu beteiligende Kind war nicht geboten, da es durch den ASt. gesetzlich vertreten wird. Nach Art. 21 EGBGB unterliegt das Rechtsverhältnis zwischen einem Kind und seinen Eltern dem Recht des Staats, in welchem das Kind seinen gewöhnlichen Aufenthalt hat, so dass sich hier die Vertretung des Kindes angesichts der philippinischen Adoptionsentscheidung nach philippinischem Recht beurteilt, ohne dass die Adoptionswirkung hierfür in Deutschland bereits anerkannt sein muss (vgl. OLG Schleswig aaO).

Letztlich hat auch die vom AG vorgenommene Anhörung des ASt. und des Kindes keine Anhaltspunkte zutage gefördert, die aus Gründen des Kindeswohls gegen eine Anerkennung der Adoption sprechen würden. Insoweit kann insbesondere auch nicht angenommen werden, dass das Alter der Adoptiveltern, die zum Zeitpunkt der Geburt des Kindes 49 bzw. 50 Jahre alt waren, einer Anerkennung im Sinne eines Ordre-public-Verstoßes entgegensteht. Gleiches gilt für den Schicksalsschlag, dass die Ehefrau des ASt. noch während des laufenden Anerkennungsverfahrens plötzlich im Alter von 57 Jahren verstorben ist, da für die Anerkennung zunächst maßgeblich auf die Umstände zum Zeitpunkt der philippinischen Adoptionsentscheidung abzustellen ist.

Deshalb war die Anerkennung der philippinischen Adoptionsentscheidung nach § 2 I Nr. 1 AdWirkG festzustellen."

110. *Richtet sich die Wirksamkeit einer vertragliche Adoptionsvereinbarung (hier: pakistanisches Agreement Regarding Adoption Deed) gemäß Art. 22 EGBGB nach deutschem Sachrecht, kann die Wirksamkeitsfeststellung nicht erfolgen, da die ausländische Vereinbarung nicht als Entscheidung angesehen werden kann, die eine Annahme als Kind im Sinne des § 1 AdWirkG ausspricht. [LS der Redaktion]*

a) AG Hamm, Beschl. vom 16.7.2013 – 20 F 116/12: Unveröffentlicht.
b) OLG Hamm, Beschl. vom 10.7.2014 – 11 UF 269/13: FamRZ 2015, 427.

Der ASt. begehrt die Anerkennung eines zwischen ihm und seiner Schwester, der leiblichen Mutter des Kindes, im Jahr 2011 nach dem gewaltsamen Tod des Kindesvaters geschlossenen Adoptionsvertrags. Die Mutter und auch das Kind sind pakistanische Staatsangehörige, während der ASt. seit dem 2.8.2002 die deutsche Staatsangehörigkeit besitzt; die pakistanische Staatsangehörigkeit hat er etwa zeitgleich aufgegeben. Der ASt. ist seit 2003 mit einer pakistanischen Staatsangehörigen verheiratet.

Eine gerichtliche Bestätigung dieser Adoptionsvereinbarung hat in Pakistan nicht stattgefunden. Das AG hat die Festellung der Wirksamkeit der Adoption abgelehnt. Mit seiner Beschwerde verfolgt der ASt. sein Begehren weiter.

Aus den Gründen:

a) AG Hamm 16.7.2013 – 20 F 116/12:

Dem Antrag auf Anerkennung dieser Adoption kann nicht entsprochen werden.

Vorliegend handelt es sich um eine vertragliche Adoptionsvereinbarung (Agreement Regarding Adoption Deed). Diese Vereinbarung ist weder unter gerichtliche Beteiligung geschlossen worden, noch wurde sie anschließend von einem Gericht bestätigt.

Da eine gerichtliche Überprüfung der Adoptionsvoraussetzungen vorliegend nicht ersichtlich ist, handelt es sich nicht um eine ausländische Entscheidung, die vorliegend für den deutschen Rechtskreis überprüft werden könnte i.S.d. § 1 AdWirkG.

Die islamische Republik Pakistan lässt als Staat mit islamischer Rechtstradition die Adoption für Muslime nicht zu. Dies beruht auf dem Koran, in dem die Schaffung eines künstlichen Kindschaftsverhältnisses ausdrücklich missbilligt wird (vgl. *Bergmann-Ferid-Henrich*, Internationales Ehe- und Kindschaftsrecht, Pakistan).

Dieses Adoptionsverbot gilt in der Regel aber nur für die islamische Bevölkerung. Da der ASt. dem islamischen Glauben angehört, ist er davon also betroffen.

Damit kann eine Überprüfung nach den §§ 108, 109 FamFG nicht stattfinden.

Ein solcher Adoptionsvertrag könnte jedoch nach § 1 Satz 1 Alt. 2 AdWirkG auf seine Wirksamkeit überprüft werden. Ein solches Verfahren erfordert die volle Nachprüfung der Gültigkeitsvoraussetzungen nach dem durch das deutsche IPR berufene Sachrecht. Die Wirksamkeit einer solchen Adoption richtet sich nach dem gemäß Art. 22 EGBGB zur Anwendung berufenen Sachrecht. Die Annahme als Kind unterliegt nach Art. 22 I 1 EGBGB grundsätzlich dem Heimatrecht des Annehmenden im Zeitpunkt der Annahme. Die Annahme durch einen oder beide Ehegatten unterliegt gemäß Art. 22 I 2 EGBGB dem Recht, das nach Art. 14 I EGBGB für die allgemeinen Wirkungen der Ehe maßgebend ist.

Zum Zeitpunkt des Abschlusses des Adoptionsvertrags war der ASt. verheiratet. Damit unterlag die Adoption dem nach Art. 14 i.V.m. Art. 22 I 2 EGBGB berufenen Sachrecht. Dieses ist das deutsche Recht. Denn der ASt. besitzt die deutsche Staatsangehörigkeit seit August 2002 und hat etwa zu diesem Zeitpunkt auch die pakistanische Staatsangehörigkeit aufgegeben. Verheiratet ist er allerdings erst seit 2003. Damit hat während bestehender Ehe mit seiner pakistanischen Gattin keine gemeinsame Staatsangehörigkeit bestanden, die zur Anwendbarkeit des pakistanischen Rechts führen würde (Art. 14 I Nr. 1 EGBGB).

Da danach das deutsche Recht anwendbar ist, kann eine Wirksamkeitsfeststellung des geschlossenen Adoptionsvertrags nicht erfolgen, da das deutsche Recht keine Adoption durch Vertragsschluss kennt.
Insgesamt war daher die begehrte Anerkennung abzulehnen."

b) OLG Hamm 10.7.2014 – 11 UF 269/13:

„Die Beschwerde des ASt. ist gemäß §§ 58 ff. FamFG zwar zulässig, aber nicht begründet. Das AG hat seinen Antrag auf Feststellung der Anerkennung oder Wirksamkeit des am 14.6.2011 mit seiner Schwester in Pakistan geschlossenen Vertrags, in dem er seinen Neffen als Kind angenommen hat, zu Recht zurückgewiesen ...

Auch im Beschwerdeverfahren hat der ASt. keine behördliche oder gerichtliche Entscheidung eingereicht, die gemäß § 1 AdWirkG i.V.m. §§ 108 f. FamFG auf ihre Anerkennungsfähigkeit überprüft werden könnte.

Insbesondere handelt es sich bei der mit Schriftsatz vom 15.4.2014 eingereichten Urkunde nicht um eine Adoptionsentscheidung, sondern um eine pakistanische Entscheidung, die auf s. 7 des Guardian and Wards Act 1890, beruht, und die den ASt. und seine Ehefrau zu (Mit-)Vormündern des anzunehmenden Kindes bestimmt. Diese kann nicht als Entscheidung angesehen werden, die eine Annahme als Kind im Sinne des § 1 AdWirkG ausspricht. Denn die Begründung eines dauerhaften Eltern-Kind-Verhältnisses ist nach diesem Gesetz nicht vorgesehen und ist dem islamischen Recht auch fremd. Die vorgelegte Entscheidung des pakistanischen Zivil- und Familiengerichts nach dem Rechtsinstitut der *kafala* spricht vielmehr eine Unterhalts- und Beistandsverpflichtung der erklärenden Person aus ohne Auswirkungen auf den verwandtschaftlichen Status. Sie kann daher nicht nach §§ 2, 1 AdWirkG anerkannt werden (vgl. LG Karlsruhe, Beschl. vom 21.5.2010 – 11 T 176/10[1], juris)."

111. *Die Anerkennung einer ausländischen (hier: tunesischen) Adoptionsentscheidung scheidet aus, wenn diese mit den wesentlichen Grundsätzen des deutschen Rechts offensichtlich unvereinbar ist, weil es sowohl an einer Kindeswohlprüfung als auch einer Prüfung der Elterneignung fehlt. [LS der Redaktion]*

a) AG Düsseldorf, Beschl. vom 18.11.2013 – 253 F 8/13: Unveröffentlicht.

b) OLG Düsseldorf, Beschl. vom 24.6.2014 – 1 UF 1/14: Leitsatz in NZFam 2015, 46 mit Anm. *Noltemeier.*

Die ASt. begehren die Anerkennung des Adoptionsurteils des Bezirksgerichts Sousse/Tunesien aus dem Jahr 2012. Der 1951 geborene ASt. und die 1957 geborene ASt. stammen aus Tunesien. Sie besitzen ausschließlich die tunesische Staatsangehörigkeit. Die ASt. haben 1975 geheiratet. Die Ehe blieb kinderlos. Der ASt. ist 1971 nach Deutschland gekommen, die ASt. 1976. Sie haben in Deutschland gearbeitet. Mittlerweile beziehen beide eine Rente. Die leibliche Mutter des 2008 geborenen Kindes ist die Schwester der ASt. Das Mädchen lebt seit seiner Geburt im Haushalt ihrer Großmutter mütterlicherseits. Die leiblichen Eltern haben nach den Ausführungen im Adoptionsurteil des Bezirksgerichts Sousse/Tunesien ihr Einverständnis zur Adoption durch die ASt. erteilt.

Das AG hat den Anerkennungsantrag zurückgewiesen. Hiergegen wenden sich die ASt. mit ihrer Beschwerde.

---

[1] IPRspr. 2010 Nr. 141.

Aus den Gründen:

a) AG Düsseldorf 18.11.2013 – 253 F 8/13:

„II. Die Annehmenden haben das Kind in Tunesien durch Urteil des Bezirksgericht Sousse vom 15.2.2012 (Az. 2046 Nr. 1678) adoptiert und beantragen, diese Entscheidung anzuerkennen. Aus der Entscheidung ist nicht ersichtlich, ob dem tunesischen Gericht der gewöhnliche Aufenthalt der Annehmenden in Deutschland bekannt war, da der einzige Hinweis hierauf die vorgelegte Gehaltsabrechnung war. Auch ist nicht ersichtlich, ob eine ausreichende Überprüfung der Elterneignung der Annehmenden erfolgte. Aus dem Urteil ergibt sich lediglich, dass ‚soziale Ermittlungen' durchgeführt wurden und diese von einer Vertreterin des Ministeriums für soziale Angelegenheiten bestätigt wurden. Als Grund für die Adoption wurde der bislang unerfüllte Kinderwunsch der Annehmenden sowie die Tatsache angegeben, dass die leiblichen Kindseltern bereits mehrere Kinder haben und die Anzunehmende nicht versorgen wollen, so dass diese bei ihrer Großmutter, der Mutter der Annehmenden, lebt. Im Rahmen der persönlichen Anhörung durch das Gericht teilte die Annehmende mit, dass mit der biologischen Mutter abgesprochen wurde, dass diese das Kind behalten werde, wenn es ein Junge würde, während die Annehmende das Kind ‚als Geschenk' bekommen solle, wenn es ein Mädchen würde.

Die vorgenannte Adoption ist nicht mit den wesentlichen Grundsätzen des deutschen Rechts vereinbar, so dass sie nicht anerkannt werden kann, §§ 108, 109 I Nr. 4 FamFG. Wesentliche Voraussetzung der Adoption ist, dass diese dem Kindswohl entspricht. Hiervon ist nicht auszugehen.

Vorliegend kann bereits keine Adoptionsbedürftigkeit des Kindes festgestellt werden. Insbesondere liegen keine Gründe für eine Adoption des Kindes durch eine nicht im Heimatland des Kindes lebende Familie vor. Die Eltern des Kindes sind nicht verstorben und grundsätzlich zur Betreuung des Kindes in der Lage. Auch wird das Kind in seinem Heimatland durch seine Großmutter betreut. Das Kind nun aus seinem angestammten Kulturkreis herauszunehmen und es in ein für ihn fremden Kulturkreis zu verbringen, entspricht insbesondere unter Berücksichtigung der Tatsache, dass das Kind auch in Tunesien durch Familienmitglieder betreut werden kann, nicht dem Kindswohl. Andere Gründe, die für eine Verbesserung der Persönlichkeitsentwicklung durch die Adoption sprechen würden, sind nicht ersichtlich. Unter Berücksichtigung der Angaben der Annehmenden ist insbesondere festzuhalten, dass Hauptmotivation für die Adoption nicht kindswohlrelevante Gründe waren, sondern der bislang unerfüllte Kinderwunsch der Annehmenden.

Der Anerkennung der ausländischen Adoptionsentscheidung steht weiter entgegen, dass nicht ersichtlich ist, ob die Annehmenden ordnungsgemäß auf ihre Elterneignung überprüft wurden, so dass die Adoption auch aus diesen Gründen nicht den wesentlichen Grundsätzen des deutschen Rechts genügt. Dass die Annehmenden in ihrem tatsächlichen Lebensumfeld, also in Deutschland, auf ihre Adoptionseignung überprüft wurden, wurde nicht mitgeteilt. Auch ist nicht ersichtlich, welche konkreten Ermittlungen im Hinblick auf die Adoptionseignung erfolgten.

Schließlich kann nicht festgestellt werden, ob dem tunesischen Gericht bei Erlass der Entscheidung bewusst war, dass die Annehmenden in Deutschland leben. Das Gericht kann daher von einem unwahren Sachverhalt ausgegangen sein, so dass es nicht zu einer umfassenden Kindswohlprüfung in der Lage war. Sollte die ausländische Adoptionsentscheidung auf falscher Tatsachengrundlage ergangen sein, käme eine Anerkennung nicht in Betracht. Dass dem tunesischen Gericht der gewöhnliche Aufenthalt der Annehmenden in Deutschland bekannt war, haben die Annehmenden nicht dargelegt.

Eine Anerkennung der Adoption hatte auch nicht deswegen zu erfolgen, weil die Anzunehmende und die Annehmenden bereits eine so enge Bindung eingegangen sind, dass die Ablehnung der Anerkennung nun zu einer erheblichen Kindswohlgefährdung führen würde. Das Kind bezeichnet die Annehmenden zwar nach deren Angaben als seine Eltern. Hauptbezugsperson dürfte jedoch die Großmutter sein, bei der das Kind lebt. Ein Verbleib bei der Großmutter oder eine Rückkehr des Kindes zu seinen biologischen Eltern dürfte für das Kind, das bei der Anerkennung der Adoption aus seinem Kulturkreis herausgerissen würde, möglich sein. Es ist davon auszugehen, dass ein Umzug nach Deutschland, der u.a. mit dem Erlernen einer neuen Sprache verbunden wäre, für das Kindswohl erheblich einschneidender sein dürfte als ein Verbleib in Tunesien."

b) OLG Düsseldorf 24.6.2014 – 1 UF 1/14:

„II. Die gemäß §§ 5 IV 2 AdWirkG, 58 ff. FamFG statthafte und auch im Übrigen zulässige Beschwerde der ASt. hat in der Sache keinen Erfolg.

1. a) Das Verfahren ist nicht zunächst an das AG zwecks Durchführung eines Abhilfeverfahrens nach § 68 I 1 FamFG zurückzusenden. Die Beschwerde richtet sich gegen eine Endentscheidung in einer Familiensache, so dass ein Abhilfeverfahren gemäß § 68 I 2 FamFG nicht stattfindet. Bei Entscheidungen über die Anerkennung ausländischer Adoptionen handelt es sich um Familiensachen (vgl. Senatsbeschlüsse FamRZ 2012, 1233, 1234[1] u. FamRZ 2013, 714, 715[2]; OLG Schleswig, FamRZ 2014, 498 ff.[3]; *Maurer*, FamRZ 2013, 90 ff.; zur Gegenansicht: OLG Hamm, FamRZ 2012, 1230 ff. mit Anm. *Weitzel*[4]; OLG Köln, FamRZ 2012, 1234; *Keuter*, FamRZ 2014, 518, 524 jew. m.w.N.).

b) Nicht zu beanstanden ist, dass das AG für das betroffene Kind keinen Ergänzungspfleger bestellt hat. Denn das Kind, dessen Rechte durch das Anerkenntnisverfahren unmittelbar betroffen werden und das daher nach § 7 II Nr. 1 FamFG sog. Mussbeteiligter ist, wird durch die ASt. gesetzlich vertreten. Die Vertretung der am ... 2008 geborenen ..., die sich nach Art. 21 EGBGB nach tunesischem Recht richtet, ist nach der Entscheidung des Bezirksgerichts Sousse vom 15.2.2012 gegeben – vgl. Art. 15 loi n° 1958-27 relative à la tutelle publique, à la tutelle officieuse et à l'adoption (Gesetz über die Amtsvormundschaft, die Pflegekindschaft und die Adoption vom 4.3.1958; J.O. 7.3.1958/236). Es kommt dabei nicht darauf an, ob die Adoptionswirkung dieser Entscheidung auch außerhalb Tunesiens anzuerkennen ist.

c) Da vorliegend eine Anerkennung der Adoptionsentscheidung schon aus rechtlichen Gründen ausscheidet und es damit nicht auch die Neigungen, Bindungen oder den Willen des Kindes ankommt, ist es auch nicht zu beanstanden, dass das AG die jetzt sechs Jahre alte ... nicht angehört hat, §§ 5 III 2 AdWirkG, 159 II FamFG.

---

[1] IPRspr. 2012 Nr. 132.
[2] IPRspr. 2012 Nr. 144.
[3] IPRspr. 2013 Nr. 132.
[4] IPRspr. 2012 Nr. 128 (LS).

2. Die Adoptionsentscheidung des tunesischen Gerichts vom 5.2.2012 kann in Deutschland nicht anerkannt werden.

Gemäß § 2 I AdWirkG stellt das AG auf Antrag fest, ob eine Annahme als Kind anzuerkennen oder wirksam und ob das Eltern-Kind-Verhältnis des Kindes zu seinen bisherigen Eltern durch die Annahme erloschen ist. Nach § 108 I FamFG werden ausländische Entscheidungen, abgesehen von Entscheidungen in Ehesachen, anerkannt, es sei denn, es besteht ein Anerkenntnishindernis nach § 109 FamFG.

Ob die Regelungen der §§ 108, 109 FamFG auch heranzuziehen sind, wenn die Adoption dem AdoptÜ unterfällt (vgl. hierzu; OLG Schleswig aaO) bedarf keiner Entscheidung, da Tunesien diesem Übereinkommen nicht beigetreten ist.

Das AG hat zu Recht eine Anerkennung der Adoptionsentscheidung vom 15.2. 2012 abgelehnt, weil sie zu einem Ergebnis führen würde, das mit den wesentlichen Grundsätzen des deutschen Rechts (ordre public) offensichtlich unvereinbar ist, § 109 I Nr. 4 FamFG.

Zu den wesentlichen Grundsätzen des deutschen Rechts zählt im Fall der Minderjährigenadoption die Ausrichtung der Entscheidung am Kindeswohl, § 1741 I BGB. Die Kindeswohlprüfung muss die Fragen nach einem Adoptionsbedürfnis, nach der Elterneignung der Annehmenden und nach dem Bestehen oder dem erwarteten Entstehen einer Eltern-Kind-Beziehung umfassen (OLG Düsseldorf, FamRZ 2011, 1522 ff.[5]; OLG Celle, FamRZ 2012, 1226 ff.[6]; Senatsbeschluss, FamRZ 2012, 1229[7]; OLG Celle, FamRZ 2014, 501, 502[8]; OLG Karlsruhe, FamRZ 2014, 582 f.[9]). Der besonderen Bedeutung des Kindeswohls kann dabei nur ausreichend Rechnung getragen werden, indem eine umfassende Prüfung der aktuellen Lebensumstände und der Bedürfnisse des zu adoptierenden Kindes und eine umfassende Prüfung der Eignung der Adoptionsbewerber als Adoptiveltern stattfindet. Eine solche Eignungsprüfung der Adoptiveltern muss die gesamten Lebensumstände umfassen und sich insbesondere auf die persönlichen und familiären Verhältnisse, die gesundheitliche Situation und die Beweggründe für eine Adoption beziehen. Nur durch diesen strengen Prüfungsmaßstab kann sichergestellt werden, dass nur solche Adoptionsbewerber als Eltern in Betracht kommen, die in der Lage sind, dem zu adoptierenden Kind eine am Kindeswohl orientierte gesicherte Zukunftsperspektive zu bieten (OLG Hamm, Beschl. vom 24.9.2013 – II-11 UF 59/13[10], zit. n. juris; OLG Braunschweig, Beschl. vom 15.1.2013 – 7 W 92/11[11], zit. n. juris).

Diesen Anforderungen wird die Entscheidung, deren Anerkennung die ASt. begehren, nicht gerecht. Zwar mag nach dem im Beschwerdeverfahren vorgelegten Bericht der tunesischen Sozialbehörde vom 13.2.2012 dem Adoptionsgericht der Auslandsbezug der Adoption bewusst gewesen sein. Damit, ob ein Wechsel des Kindes von Tunesien zu den in Deutschland lebenden ASt. dem Kindeswohl förderlich ist, setzt sich die Entscheidung des Bezirksgerichts Sousse vom 15.2.2012 nicht auseinander. Dass eine Prüfung der Elterneignung der Annehmenden erfolgt ist, ist nicht erkennbar. Der Bericht vom 13.2.2012 verhält sich ausschließlich über die soziale und materielle Lage der Annehmenden. Auf die Beziehung von ... zu

---

[5] IPRspr. 2011 Nr. 118.
[6] IPRspr. 2011 Nr. 128.
[7] IPRspr. 2011 Nr. 140.
[8] IPRspr. 2013 Nr. 127.
[9] IPRspr. 2013 Nr. 128.
[10] IPRspr. 2012 Nr. 145b.
[11] IPRspr. 2013 Nr. 129.

dem ASt. und der ASt. geht der Bericht nicht ein. Gleiches gilt für den geplanten Umzug des Kindes nach Deutschland und einem hiermit verbundenen Wechsel des gewohnten Kulturkreises. Maßgeblich ist aber, dass eine gebotene Überprüfung der Verhältnisse am Lebensmittelpunkt der ASt. in Deutschland nicht erfolgt ist.

Wegen dieser Mängel der Kindeswohlprüfung hat das AG zu Recht eine Anerkennung der Adoptionsentscheidung versagt; sie sind nicht im vorliegenden Verfahren zu beheben. Es ist nicht Sinn des Anerkennungsverfahrens, das Adoptionsverfahren zu ersetzen. Könnte die von dem tunesischen Gericht unzureichend durchgeführte Kindeswohlprüfung im Anerkennungsverfahren nachgeholt werden, würde das Anerkennungsverfahren einer Wiederholungsadoption gleichkommen, die nur in einem gesonderten Verfahren durchgeführt werden kann."

112. *Die Anerkennung einer ausländischen (hier: ukrainischen) Adoptionsentscheidung scheidet aus, wenn das Gericht einen Auslandsbezug überhaupt nicht in Erwägung gezogen und sich folglich nicht mit der Frage befasst hat, wie sich ein Verlassen des bisherigen Lebensmittelpunkts zugunsten eines Aufenthalts bei Annehmenden in Deutschland auf das Kindeswohl auswirkt. [LS der Redaktion]*

OLG Hamm, Beschl. vom 21.1.2014 – 11 UF 127/13: FamRZ 2014, 1571; NZ-Fam 2014, 1571 mit Anm. *Theile.*

113. *Für die Anerkennung einer ausländischen (hier: kosovarischen) Adoptionsentscheidung ist entscheidend, ob im Rahmen des Adoptionsverfahrens eine dem deutschen ordre public genügende Kindeswohlprüfung durchgeführt wurde.*

Eine Kindeswohlprüfung ist unzureichend, wenn sich in der anzuerkennenden Adoptionsentscheidung keine Hinweise darauf finden, dass die mit der ausländischen Entscheidung befassten Gerichte und Behörden sich des internationalen Charakters der Adoption überhaupt bewusst gewesen sind.

Die Kindeswohlprüfung kann nicht erstmals im Anerkennungsverfahren vor deutschen Gerichten durchgeführt werden. [LS der Redaktion]

OLG Bamberg, Beschl. vom 25.2.2014 – 2 UF 10/12: OLGR Süd 18/2014, Anm. 2.

Die ASt. begehren die Anerkennung einer kosovarischen Entscheidung über eine Minderjährigenadoption. Der ASt. lebt seit 1993 in Deutschland; 2003 wurden die ASt. nach voriger Eheschließung gemäß islamischem Recht standesamtlich getraut. Die leiblichen Kinder der ASt. sind in den Jahren 2000, 2002, 2004, 2007 und 2009 geboren. Seit 2003 lebt die Familie in Deutschland.

Das adoptierte Kind ist leibliches Kind des Bruders des ASt. und dessen Ehefrau. Das Kind hat sieben leibliche Geschwister. Das Gemeindegericht in ... Republik Kosovo, hat 2008 nach Anhörung der beiden ASt., der leiblichen Eltern, des Kindes sowie des Sozialarbeiters, eines diplomierten Soziologen, die Adoption des Kindes durch die ASt. ausgesprochen. Eine deutsche Fachstelle ist am Adoptionsverfahren nicht beteiligt gewesen.

Das BfJ (BZAA) hat sich gegen eine Anerkennung ausgesprochen; das AG Bamberg wies den Antrag der ASt. zurück. Auf die sofortige Beschwerde der ASt. hat das AG eine Nichtabhilfeentscheidung getroffen und erneut festgestellt, dass neben Zweifeln an der Rechtswirksamkeit der kosovarischen Adoptionsentscheidung aus Sicht des Gerichts keine dem deutschen ordre public genügende Kindeswohlprüfung gegeben sei, insbesondere sei ein nachvollziehbares Adoptionsbedürfnis nicht erkennbar.

Aus den Gründen:

„II. Die gemäß gemäß §§ 5 IV 2, III 1 AdWirkG, 58 ff. FamFG zulässige Beschwerde der ASt. gegen die die Anerkennung der Adoption ablehnende Entscheidung des AG hat in der Sache keinen Erfolg.

1. Die ‚sofortige Beschwerde' der ASt. ist als Beschwerde im Sinne des § 58 FamFG auszulegen. Diese ist form- und fristgerecht eingelegt worden. Die ASt. sind auch beschwerdeberechtigt gemäß § 59 I, II FamFG. Das von dem Beschluss vom 4.8.2010 betroffene Kind wird zur Wahrung seiner Interessen von den ASt. hinreichend vertreten (vgl. OLG Düsseldorf, FamRZ 2012, 1229[1]). Der Bestellung eines Verfahrensbeistands oder eines Ergänzungspflegers bedurfte es daher nicht. Das Kind ist gemäß § 7 II Nr. 1 FamFG Muss-Beteiligter und wird durch die ASt. gemäß Art. 21 EGBGB als gesetzliche Vertreter nach kosovarischem Recht ordnungsgemäß vertreten. Da – wie unten näher dargelegt wird – der Anerkennung erhebliche, zur Abweisung des Antrags führende Gründe des ordre public entgegenstehen, sind die Interessen des Kindes entweder durch die Abweisung des Antrags oder die gegenläufigen Interessen der ASt. in einer Weise gewahrt, dass es auch der Bestellung eines Verfahrensbeistands nicht bedarf (OLG Düsseldorf aaO).

2. Die Beschwerde ist unbegründet, da eine Anerkennung der Entscheidung des Gemeindegerichts ... nicht zulässig ist. Eine Anerkennung würde zu einem Ergebnis führen, das mit den wesentlichen Grundsätzen des deutschen Rechts offensichtlich unvereinbar ist, § 109 I Nr. 4 FamFG.

Das AdWirkG sieht mit dem Anerkennungs- und Wirkungsfeststellungsverfahren ein familiengerichtliches Verfahren vor, mit dem fakultativ eine im Ausland durchgeführte Adoption auf Antrag anerkannt werden kann. Nicht auf der Grundlage des AdoptÜ durchgeführte Dekretadoptionen – wie vorliegend – sind anhand der in §§ 108, 109 FamFG geregelten Anerkennungshindernisse zu prüfen. Voraussetzung für die Anerkennungsfeststellung eines ausländischen Adoptionsbeschlusses ist dabei insbesondere, eine dem deutschen ordre public genügende Prüfung des Kindeswohls im Rahmen des ausländischen Adoptionsverfahrens. Daran fehlt es vorliegend.

Soweit das BfJ erstinstanzlich in Frage stellte, ob die verfahrensgegenständliche kosovarische Adoptionsentscheidung eine wirksame Adoptionsentscheidung gemäß § 1 Satz 1 AdWirkG nach kosovarischem Recht darstellt, neigt der Senat zwar zur Wirksamkeit. Seit dem erstinstanzlichen Bericht des BfJ vom 18.5.2011 sind keine Umstände zutage getreten, wonach kosovarische Adoptionsentscheidungen durch Gerichte aufgrund des kosovarischen Familiengesetzes Nr. 2004/32 vom 20.1.2006 in der Republik Kosovo nicht als rechtswirksam angesehen würden. In seinem Bericht vom 9.2.2012 spricht sich das BfJ auch nicht mehr für eine Unwirksamkeit der Entscheidung aus.

Die Anerkennung der Adoptionsentscheidung ist jedoch wegen des Anerkennungshindernisses des § 109 I Nr. 4 FamFG aus materiell-rechtlichen Gründen ausgeschlossen. Zu den wesentlichen Grundsätzen des deutschen Rechts gehört die gemäß § 1741 BGB ausschließliche Ausrichtung der Adoptionsentscheidung am Kindeswohl. Für die Anerkennungsfähigkeit einer ausländischen Adoptionsentscheidung ist daher zwingend erforderlich, dass diese sich mit der Frage auseinandergesetzt hat, ob die Adoption dem Kindeswohl entspricht, ob also ein Adoptionsbedürfnis vorliegt, die Elterneignung der Annehmenden gegeben ist und eine Eltern-Kind-Beziehung bereits entstanden bzw. ihre Entstehung zu erwarten ist. Eine Annahme dient dem Kindeswohl dabei nur dann, wenn sie zu einer nachhaltigen Ver-

---

[1] IPRspr. 2011 Nr. 140.

besserung der persönlichen Verhältnisse oder Rechtsstellung des Kindes führt. Die Anerkennung der Adoptionsentscheidung setzt insoweit eine den Mindestanforderungen genügende, eingehende Prüfung voraus, die nicht notwendigerweise durch eine deutsche Fachstelle, sondern auch durch andere dafür geeignete Institutionen oder Personen unmittelbar am Lebensmittelpunkt der Annehmenden erfolgen kann (OLG Celle, Beschl. vom 15.11.2011 – 17 W 7/11)[2]. Von einer verkürzten und unzureichenden Kindeswohlprüfung ist insoweit immer dann schon auszugehen, wenn sich in der anzuerkennenden Adoptionsentscheidung keine Hinweise darauf befinden, dass sich die mit der Entscheidung befassten ausländischen Gerichte und Behörden des internationalen Charakters der Adoption überhaupt bewusst gewesen sind (OLG Hamm, Beschl. vom 21.1.2014 – 11 UF 127/13)[3]. Aus dem Anhörungsprotokoll vom 4.8.2010 ergibt sich zwar, dass die ASt. angegeben habe, dass ihr Ehemann, der ASt., in Deutschland arbeite. Auch hat das Kind seinen Wunsch geäußert, nach Deutschland zu den ASt. bzw. dem ASt. ... zu reisen. Dies findet jedoch keinerlei Niederschlag in der Adoptionsentscheidung des Gemeindegerichts ... vom 4.8.2010. Dort ist vielmehr ausdrücklich ausgeführt, dass die ASt. in ... Gemeinde ... wohnen würden. Die Adoptionsentscheidung lässt somit schon keinerlei Anhaltspunkte erkennen, dass das Gemeindegericht ... bei der Beschlussfassung einen Wohnortwechsel des Kindes aus der Republik Kosovo nach Deutschland mitberücksichtigt hat. Dafür spricht auch, dass das Gemeindegericht ... die familiäre Situation und das Wohnumfeld der ASt. in Deutschland nicht in seine Ermittlungen einbezogen hat. Insoweit wäre es erforderlich gewesen, das Lebensumfeld der ASt. zu beleuchten und auch die Belange der fünf gemeinsamen leiblichen Kinder der ASt. zu ermitteln und im Rahmen der Adoptionsentscheidung zu würdigen. Bereits diese Mindestanforderungen sind dem Adoptionsverfahren beim Gemeindegericht in ..., das in dem Beschluss vom 4.10.2010 endete, nicht zu entnehmen, womit eine auch nur in Ansätzen zureichende Kindeswohlprüfung fehlt (vgl. OLG Hamm aaO). Der Lebensmittelpunkt der Annehmenden wurde vorliegend nicht nur nicht überprüft. Der Entscheidung vom 4.8.2010 wurde ausweislich der Beschlussbegründung sogar ein falscher Lebensmittelpunkt der ASt. zugrunde gelegt. Dass der Mitwirkung im kosovarischen Adoptionsverfahren durch den Sozialarbeiter ... eine Überprüfung der Lebensverhältnisse der ASt. in Deutschland und eine Beleuchtung der Situation der leiblichen Kinder der ASt. entnommen werden könnte, ist ebenfalls nicht gegeben. Es fehlt insoweit schon an einem Bericht einer Fachbehörde als solchen. Dem kosovarischen Adoptionsverfahren ist ausweislich des Protokolls vom 4.8.2010 und den Beschlussgründen der Adoptionsentscheidung vom 4.8.2010 lediglich die Erklärung des Sozialarbeiters ... zu entnehmen, dass er der Adoption zustimme, weil das dem Interesse des Kindes entspreche. Aus welchen Gründen das für das Kind interessengerecht sein solle bzw. aufgrund welcher Umstände die Adoption dem Kindeswohl entspreche, bleibt bereits unangetastet. Weder die angehörte Sozialfachkraft noch das Gemeindegericht ... hat sich hierzu geäußert.

Mangels [einer] auch nur ansatzweise nachvollziehbare[n] Kindeswohlprüfung in der Adoptionsentscheidung vom 4.8.2010 scheidet somit eine Anerkennung aus. Hierzu wird im Übrigen auf die Gründe der angefochtenen Entscheidung Bezug genommen.

---

[2] IPRspr. 2011 Nr. 123. [3] Siehe oben Nr. 112.

Eine Anerkennung kommt vorliegend auch nicht dadurch in Betracht, dass eine im Anerkennungsverfahren nach Ansicht der Beschwerde durchzuführende Kindeswohlprüfung die Voraussetzungen einer Adoption ergeben könnte. Zwar ist nach BGH (NJW 1989, 2197)[4] für die Beurteilung eines Verstoßes gegen den ordre public auf den Zeitpunkt der Entscheidung über die Anerkennung abzustellen. So zieht das OLG Karlsruhe (FamRZ 2013, 715)[5] auch in Betracht, ergänzende Ermittlungen und Bewertungen im Rahmen der erforderlichen Kindeswohlprüfung im Anerkennungsverfahren nachzuholen. Dies darf aber nicht dahingehend verstanden werden, dass die erforderliche Kindeswohlprüfung insgesamt im Anerkennungsverfahren erstmals durchgeführt werden kann. Sinn und Zweck des Anerkennungsverfahrens ist es nicht, das eigentliche Adoptionsverfahren zu ersetzen. Hätte dies der Gesetzgeber gewollt, hätte er zur Anerkennung einer ausländischen Adoptionsentscheidung nicht das vorliegende Anerkennungsverfahren, sondern die Wiederholung in Form des nationalen Adoptionsverfahrens geregelt. Daher entspricht es ganz h.M. in der obergerichtlichen Rspr., dass eine unterbliebene oder gänzlich unzureichende Abwägung der Kindesbelange nicht durch eine neue von dem mit der Anerkennung betrauten Gericht vorzunehmende Abwägung ersetzt werden könne (vgl. nur OLG Celle aaO Rz. 24 m.w.N. zur Rspr.). Während der Entscheidung des OLG Karlsruhe vom 6.12.2012 (aaO) ausführliche Ermittlungen des dort betroffenen kosovarischen Gerichts unter Einschaltung des kosovarischen Zentrums für Sozialarbeit, das auch eine schriftliche Stellungnahme im Adoptionsverfahren abgegeben hatte, zugrunde lagen, die aufgrund der Verfahrensunterlagen ausführliche Beurteilungen der Lebensumstände und des Lebensumfelds der an der Adoption Beteiligten wiedergaben, fehlt es hier an entspr. Ermittlungen und Bewertungen. Die vorliegend durchgeführten Ermittlungen gehen über personenstandsrechtliche Feststellungen und Feststellung[en] zur Gesundheit der ASt. kaum hinaus. Die im Rahmen einer Kindeswohlprüfung zu berücksichtigenden Auswirkungen einer Annahme als Kind auf die Beziehungen zu den leiblichen Geschwistern des anzunehmenden Kindes und zu den leiblichen Kindern der Annehmenden blieben vollends ungeprüft. Schon die Existenz dieser anderen Kinder blieb im kosovarischen Adoptionsverfahren im Verborgenen, sodass auch eine Beiziehung kosovarischer Gerichts- oder Behördenakten nicht weiterhelfen kann. Erkenntnisse hieraus für eine Kindeswohlprüfung können nicht den vorliegenden Hinderungsgrund beseitigen, da die kosovarische Adoptionsentscheidung selbst hierzu keinerlei Prüfung beinhaltet.

Auch der Rückgriff der Beschwerde auf Art. 8 EMRK kann ihr nicht zum Erfolg verhelfen. Insoweit hat der EGMR mit Urteil vom 28.6.2007 (FamRZ 2007, 1529) ausgeführt, dass wichtiger als die Durchsetzung des kollisionsrechtlich anwendbaren eigenen Rechts das Wohl des Kindes sei. Genau dies ist allerdings für eine Adoptionsentscheidung, wie vorstehend ausgeführt, unabdingbar zu überprüfen. Damit ist auch im Hinblick auf die Rspr. des EGMR zu Art. 8 EMRK die Adoptionsentscheidung des Gemeindegerichts ... nicht anerkennungsfähig."

114. *Trotz eines grundsätzlichen Vorrangs des AdoptÜ besteht die Möglichkeit, ausnahmsweise auf die Anerkennungsregeln nach §§ 108, 109 FamFG zurückzugreifen, wenn sich aus dem Adoptionsvorgang ergibt, dass die Nichtbeachtung von*

---

[4] IPRspr. 1988 Nr. 115. [5] IPRspr. 2012 Nr. 142b.

Verfahrensregeln im Übereinkommen sich lediglich als formeller Verfahrensverstoß erweist und die Vorbedingungen des Übereinkommens (Art. 4 und 5 AdoptÜ) inhaltlich erfüllt sind.

Hat das ausländische (hier: kasachische) Gericht eine dem deutschen ordre public genügende Kindeswohlprüfung durchgeführt, ist die Entscheidung über die Annahme als Kind anzuerkennen.[LS der Redaktion]

a) AG Karlsruhe, Beschl. vom 25.2.2014 – 8 F 48/13: Unveröffentlicht.

b) OLG Karlsruhe, Beschl. vom 16.12.2014 – 2 UF 108/14: FamRZ 2015, 1642; StAZ 2016, 16.

Der ASt. [Beteiligter zu 1)], deutscher Staatsbürger, begehrt die Anerkennung der 2013 vom Jugendgericht A./Kasachstan ausgesprochenen Adoption seines Stiefsohns. Der ASt. hat 2011 mit der leiblichen Mutter [Beteiligte zu 3)] des 1998 geborenenen Kindes aus erster Ehe A. K. [Beteiligter zu 2)] in Kasachstan die Ehe geschlossen. Seit Anfang 2012 leben sie in Deutschland; das Kind wohnt derzeit bei seinen Großeltern mütterlicherseits in Kasachstan. Dem leiblichen Vater des Kindes wurden seine elterlichen Rechte entzogen. 2013 sprach Jugendgericht A. die Adoption des Beteiligten zu 2) durch den ASt. aus.

Das AG hat die Anerkennung der kasach. Adoptionsentscheidung abgelehnt. Hiergegen richtet sich die Beschwerde des ASt.

Aus den Gründen:

a) AG Karlsruhe 25.2.2014 – 8 F 48/13:

„II. 1. Der Antrag ist nicht erfolgreich. Er ist zwar zulässig, jedoch unbegründet, sodass die Anerkennung der Adoption nach dem AdWirkG zu versagen ist.

a) Der Antrag ist zulässig. Insbesondere ist das angerufene FamG gemäß § 5 I AdwirkG sachlich und gemäß § 5 I AdwirkG i.V.m. §§ 101, 187 I FamFG örtlich zuständig. Der ASt. war gemäß § 4 I Nr. 1 lit. a AdwirkG antragsbefugt.

Von einer persönlichen Anhörung des Kindes A. K. gemäß § 5 II 3 AdwirkG i.V.m. § 159 FamFG hat das Gericht ausnahmsweise abgesehen. Zwar wäre eine solche, da das Kind über 14 Jahre alt ist, grundsätzlich zwingend durchzuführen. Dennoch kann gemäß § 159 III FamFG ausnahmsweise davon abgesehen werden. Eine Anhörung des Kindes wäre mit erheblichem Aufwand verbunden. Entweder müsste dieses im Wege der Rechtshilfe in Kasachstan angehört werden, oder das Kind müsste zur Anhörung nach Deutschland reisen. Für das Kind stellt eine richterliche Anhörung in jedem Fall in Belastung dar. Dem steht gegenüber, dass im Anerkennungsverfahren nach § 2 AdwirkG nur Rechtsfragen zu klären sind, bei deren Beantwortung von einer Anhörung des Kindes keinerlei Erkenntnisse oder weitere Sachaufklärung zu erwarten sind. Es würde sich bei der Anhörung somit um einen rein formalen Akt handeln. Für das Kind hingegen wäre mit einer Anhörung sicherlich die Hoffnung verbunden, eventuell in Deutschland bei seiner leiblichen Mutter bleiben zu dürfen, die ihm dann wieder genommen werden müsste.

Dem betroffenen Kind waren auch kein Verfahrensbeistand oder Ergänzungspfleger zu bestellen. Das noch minderjährige Kind wird im Verfahren durch seine leibliche Mutter und den ASt. gesetzlich vertreten. Die Vertretung des Kindes, die sich gemäß Art. 21 EGBGB nach dem Recht des Staats Kasachstan richtet, ist nach der Entscheidung des Jugendgerichts A./Kasachstan vom 4.1.2013 gegeben, ohne dass es darauf ankommt, ob die Adoptionswirkung auch außerhalb von Kasachstan anzuerkennen ist (vgl. OLG Düsseldorf, FamRZ 2012, 1229[1]).

---

[1] IPRspr. 2011 Nr. 140.

c) Die Entscheidung des Jugendgerichts A. ist nicht gemäß § 2 AdwirkG anerkennungsfähig.

(1) Eine vereinfachte Anerkennung der Adoption nach Art. 23 AdoptÜ scheidet aus. Zwar waren sowohl Deutschland als auch Kasachstan zur Zeit des Adoptionsverfahrens Vertragsstaaten des AdoptÜ. Auch war der Anwendungsbereich des Abkommens nach Art. 2 AdoptÜ eröffnet, da das Kind im Zusammenhang mit der Adoption in einen anderen Vertragsstaat gebracht werden sollte. Allerdings sind die Verfahrensregeln des AdoptÜ nicht eingehalten worden. Es sind weder die Zentralen Behörden in Deutschland noch in Kasachstan beteiligt worden.

(2) Eine Anerkennung nach §§ 108, 109 FamFG kommt ebenfalls nicht in Betracht.

Dabei kann eine Klärung der streitigen Frage, ob dem AdoptÜ eine abschließende Geltung zukommt, sodass ein Rückgriff auf nationale Anerkennungsregeln nicht in Betracht kommt, ob ein solcher Rückgriff grundsätzlich möglich ist oder er nur ausnahmsweise möglich sein soll, wenn die Nichtbeteiligung der Zentralen Behörde nur ein formeller Verfahrensverstoß war, die inhaltliche Voraussetzungen des AdoptÜ aber eingehalten sind, offen bleiben. Denn nach allen drei Meinungen kommt im Ergebnis eine Anerkennung nicht in Betracht.

Nach der *zuerst genannten Auffassung*, welche vom OLG Schleswig vertreten wird (Beschl. vom 30.9.2013 – 12 UF 58/13)[2] kommt eine Anerkennung grundsätzlich nicht in Betracht.

Nach der *zweiten Auffassung* ist zwar ein Rückgriff auf nationale Anerkennungsregeln möglich, die Anerkennung wäre dennoch zu versagen, da sie dem ordre public widerspricht. Bei der kasachischen Adoption wurde gegen wesentliche Grundsätze des deutschen Rechts verstoßen.

So stellt die gänzliche Nichtbeteiligung des leiblichen Vaters am Adoptionsverfahren eine solche Verletzung der wesentlichen Grundsätze des deutschen Rechts dar. Zwar ist dem leiblichen Vater durch Beschluss vom 7.5.2012 die elterliche Sorge für seinen Sohn entzogen worden. Zur Begründung ist in diesem Beschluss ausgeführt, dass der leibliche Vater sich mit der Erziehung des Kindes nicht beschäftigt und seine elterlichen Pflichten nicht erfüllt habe. Es wurde berücksichtigt, dass der leibliche Vater keinen Unterhalt gezahlt habe. Ferner wurde der leibliche Vater darauf hingewiesen, dass seine Rechte wiederhergestellt werden können, wenn er sein Benehmen, Lebensweise und Verhältnis zur Erziehung des Kindes geändert hat. Es kann dabei dahinstehen, ob diese Gründe auch in Deutschland gemäß § 1748 BGB zu einer Ersetzung der Einwilligung in die Adoption geführt hätten. Denn eine solche hätte gemäß § 1748 II BGB eine Belehrung des leiblichen Vater verlangt. Es ist Ausdruck des in Art. 6 GG geschützten Elternrechts, dass kein Kind adoptiert werden darf, ohne dass die leiblichen Eltern wenigstens Gelegenheit hatten, sich hierzu zu äußern. Dies wurde dem leiblichen Vater des Kindes versagt. Ihm wurde hierdurch auch – ohne sein Wissen – die Möglichkeit genommen, durch eine Veränderung seines Verhaltens seine elterlichen Rechte wieder zu erlangen.

Ferner ist eine Verletzung wesentlicher Grundsätze des deutschen Rechts darin zu sehen, dass der Adoptionsentscheidung keine fachliche Begutachtung des Annehmenden durch eine Fachstelle an seinem Lebensmittelpunkt vorausgegangen ist.

---

[2] IPRspr. 2013 Nr. 132.

Denn nur eine solche kann dessen Lebensumstände annähernd vollständig erfassen und fachlich fundiert prüfen, ob die Annahme dem Kindeswohl entspricht. Die durch das kasachische Gericht erfolgte Prüfung, die sich im Wesentlichen auf die objektivem Umstände wie Einkommen, Vermögen, Führungszeugnis, ärztliches Attest und Wohnungsbedingungen beschränkte, genügt dem nicht. Zumal noch nicht mal eine kasachische Fachstelle eine fachliche Begutachtung des Annehmenden vorgenommen hat.

Ferner liegt ein Verstoß gegen wesentliche Grundsätze des deutschen Rechts darin, dass die kasachische Entscheidung nicht ausreichend festgestellt hat, ob ein Eltern-Kind-Verhältnis besteht bzw. zu erwarten ist und ob ein Adoptionsbedürfnis besteht. Da hiermit auch ein Verstoß gegen die Anforderungen des AdoptÜ vorliegt, wird auf die unten stehenden Ausführungen verwiesen.

Nach der *dritten Auffassung* ist die Anerkennung ebenfalls zu versagen, da die inhaltlichen Anforderungen des AdoptÜ nicht eingehalten worden sind.

Denn nach Art. 5 lit. a AdoptÜ hätte die Prüfung der Geeignetheit des Annehmenden durch die Zentrale Behörde seines Aufenthaltsstaats, d.h. in Deutschland, erfolgen müssen. Dies war aber nicht der Fall.

Nach Art. 5 lit. a i.V.m. Art. 17 AdoptÜ setzt eine Annahmeentscheidung voraus, dass die Adoptiveltern hierzu geeignet sind. Da sie durch die Adoption die neuen Eltern des Kindes werden, bedeutet dies, dass entweder bereits ein Eltern-Kind-Verhältnis entstanden ist oder dessen Entstehung zu erwarten ist. Dieses Erfordernis hat die kasachische Adoptionsentscheidung nicht ausreichend berücksichtigt. Es ist lediglich aufgeführt, dass der Annehmende ein freundliches Verhältnis zu dem Kind habe und künftig sein Vater sein wolle, damit das Kind sich nicht [be]nachteilig[t] fühle, mit seiner Mutter in Deutschland wohnen und in vollständiger Familie wachsen könne. Weitere Feststellungen zu der Beziehung zwischen dem Annehmenden und dem Kind sind nicht getroffen.

Nach Art. 4 litt. a und b AdoptÜ kann eine Adoption nur durchgeführt werden, wenn ein Adoptionsbedürfnis besteht. Ein solches liegt nur vor, wenn mit der Adoption eine nachhaltige Verbesserung der persönlichen Verhältnisse bzw. der Rechtsstellung des Kindes verbunden ist. Allein die Möglichkeit nach der Adoption in Deutschland zu leben, genügt hierfür nicht. Eine solche Verbesserung wäre bei einer Stiefkindadoption z.B. dann der Fall, wenn eine bereits bestehende soziale Elternrolle nun auch rechtlich verwirklicht wird und der neue Elternteil seine Elternrolle unabhängig von der Beziehung zum leiblichen Elternteil anstrebt. Aus der kasachischen Entscheidung geht allerdings nicht hervor, dass der Annehmende die Vaterschaft zu dem Kind auch unabhängig von der Ehe zu seiner Frau wahrnehmen möchte. Seine Angaben, dass das Kind mit seiner Mutter in Deutschland wohnen und in vollständiger Familie aufwachsen solle, sprechen vielmehr dafür, dass in erster Linie der Umzug nach Deutschland und nicht die Eltern-Kind-Beziehung zum Annehmenden im Vordergrund stand."

b) OLG Karlsruhe 16.12.2014 – 2 UF 108/14:

„II. Die zulässige Beschwerde des Beteiligten zu 1) hat in der Sache Erfolg und führt zu einer Abänderung der angefochtenen Entscheidung des AG.

Auf den Antrag auf Anerkennung der Adoptionsentscheidung des Jugendgerichts A./Kasachstan vom 4.1.2103 über die Adoption des Beteiligten zu 2) ist gemäß § 2 I, II Nr. 1 AdWirkG festzustellen, dass die Annahme des Kindes A. K. durch den Beteiligten zu 1) anerkannt wird, das Eltern-Kind-Verhältnis zu seinem leiblichen Vater erloschen ist und dass das Annahmeverhältnis einem nach den deutschen Sachvorschriften begründeten Annahmeverhältnis gleichsteht ...

2. Die kasachische Gerichtsentscheidung vom 4.1.2103 stellt eine rechtswirksame ausländische Adoptionsentscheidung im Sinne des § 1 AdWirkG dar. Denn es handelt sich um eine in Kasachstan aufgrund des zum 17.1.2012 in Kraft getretenen Gesetzes über Ehe und Familie vom 26.12.2011 (Gesetz Nr. 518-IV) ergangene Entscheidung eines Gerichts im Rahmen des in dem Gesetz über Ehe und Familie vorgesehenen Adoptionsverfahrens. Nach Art. 84 I, II des Gesetzes können Minderjährige adoptiert werden, deren Eltern in die Adoption eingewilligt haben oder die aus verschiedenen, in der Vorschrift genannten Gründen nicht für die Kinder sorgen können oder dürfen. Nach Art. 100 I des Gesetzes erwirbt das Kind gegenüber dem Annehmenden und seinen Verwandten dieselben Rechte wie leibliche Verwandte; gemäß Art. 100 II, III des Gesetzes erlöschen bei einer Stiefkindadoption die bestehenden Rechte und Pflichten gegenüber dem leiblichen Vater.

3. Das AG hat den Antrag auf Anerkennung der durch das kasachische Jugendgericht am 4.1.2103 ausgesprochenen und am 21.3.2013 in Kraft getretenen Adoption gemäß §§ 2, 5 AdWirkG zurückgewiesen. Eine vereinfachte Anerkennung der Adoption nach Art. 23 AdoptÜ sei ausgeschlossen, weil die Verfahrensregeln des Übereinkommens nicht eingehalten worden seien. Eine Anerkennung gemäß §§ 108, 109 FamFG sei ebenfalls ausgeschlossen, weil in dem Verfahren eine mit wesentlichen Grundsätzen des deutschen Adoptionsrechts vereinbare Kindeswohlprüfung nicht stattgefunden habe.

Aufgrund der Gesamtumstände und der weiteren Erkenntnisse im Beschwerdeverfahren ist jedoch nach Ansicht des Senats ein Verstoß gegen den ordre public nicht anzunehmen:

a) *Anerkennung nach dem AdoptÜ*:

Für die Adoption des leiblichen Kindes seiner Ehefrau durch den Beteiligten zu 1) findet das AdoptÜ, welches im Verhältnis Kasachstan zur Bundesrepublik Deutschland seit dem 1.11.2010 in Kraft ist, Anwendung. Der Anwendungsbereich des Abkommens war nach Art. 2 AdoptÜ auch eröffnet, da der gewöhnliche Aufenthalt des Kindes im Zusammenhang mit der Adoption von einem Vertragsstaat in einen anderen Vertragsstaat, nämlich nach Deutschland, verlegt werden sollte. Dies gilt auch für Stiefkindadoptionen (vgl. OLG Dresden, FamRZ 2014, 1129[1]).

Eine vereinfachte Anerkennung der in Kasachstan erfolgten Adoption innerhalb des AdoptÜ kommt nicht in Betracht, da das darin vorgesehene Verfahren nicht eingehalten und eine Bestätigung nach Art. 23 I AdoptÜ nicht vorgelegt worden ist oder werden kann, da weder die Zentralen Behörden in Deutschland noch diejenigen in Kasachstan am Verfahren beteiligt worden sind.

b) *Anerkennung nach innerstaatlichen Regelungen*:

Ob die Anerkennung einer unter die Anwendung des AdoptÜ fallenden ausländischen Adoptionsentscheidung im Sinne von § 1 AdWirkG auf Antrag gemäß § 2 I

---

[1] IPRspr. 2013 Nr. 135.

AdWirkG grundsätzlich nur dann erfolgen kann, wenn die Anerkennungsvoraussetzungen gemäß Art. 23 AdoptÜ und Art. 24 AdoptÜ gegeben sind, ist umstritten (vgl. hierzu MünchKomm-*Maurer*, 6. Aufl., § 2 AdWirkG Rz. 6; jurisPK-BGB-*Behrentin*, Bd. 6, 7. Aufl. [Stand: 01.10.2014], Art. 22 EGBGB Rz. 100). Es wird vertreten, dass eine unter Verstoß gegen die in dem Übereinkommen bestimmten, von jedem Vertragsstaat einzuhaltenden Verfahrensregelungen und ohne Vornahme der hierin vorgeschriebenen und die Besonderheiten einer internationalen Adoption mit Verbringung des Kindes aus seinem Heimatstaat beachtenden Kindeswohlprüfung z.B. durch Beteiligung einer Adoptionsvermittlungsstelle ergangene ausländische Adoptionsentscheidung gemäß Art. 23 AdoptÜ und Art. 24 AdoptÜ grundsätzlich keine Anerkennung finden kann (vgl. OLG Schleswig, FamRZ 2014, 498[2]). Die Gegenmeinung vertritt die Ansicht, dass das AdoptÜ keinen Ausschluss des Günstigkeitsprinzips erkennen lasse und daher ein Rückgriff auf die nationalen Anerkennungsregeln möglich sei (jurisPK-BGB-*Behrentin* aaO Rz.122 f.; *Staudinger*, FamRBint 2007, 42 ff., 46 f.).

Der Senat sieht ebenso wie wohl auch das BfJ bei grundsätzlichem Vorrang des AdoptÜ die Möglichkeit, ausnahmsweise auf die nationalen Anerkennungsregeln nach §§ 108, 109 FamFG zurückzugreifen, wenn sich aus dem Adoptionsvorgang ergibt, dass die Nichtbeachtung der Verfahrensregeln im Übereinkommen sich lediglich als formeller Verfahrensverstoß erweist und die Vorgaben des Übereinkommens (Art. 4 und 5 AdoptÜ) inhaltlich gegeben sind (vgl. auch *Weitzel*, NJW 2008,186 ff.; jurisPK-BGB-*Behrentin aaO*). So ist es vorliegend, wobei insbes. auch die Besonderheiten einer Stiefkindadoption in die Prüfung eingeflossen sind. Die mit der Beschwerde verfolgte Anerkennung der Adoptionsentscheidung nach §§ 108, 109 FamFG ist nicht deshalb ausgeschlossen, weil sie zu einem Ergebnis führen würde, das mit wesentlichen Grundsätzen des deutschen Rechts offensichtlich unvereinbar wäre, § 109 I Nr. 4 FamFG. Die Entscheidung des kasachischen Gerichts ist auf Grundlage des dortigen Adoptionsgesetzes [Kap. 13 des Gesetzes über Ehe und Familie vom 26.12.2011 (Gesetz Nr. 518-IV)] und nach ausführlicher Prüfung der Voraussetzungen ergangen und widerspricht nicht dem ordre public des deutschen Rechts:

aa) Die Prüfung des konkreten Einzelfalls hat insbesondere im Licht der Zielsetzung des AdoptÜ zu erfolgen. Das AdoptÜ weist in seiner Präambel u.a. darauf hin, dass jeder Staat vorrangig angemessene Maßnahmen treffen sollte, um es dem Kind zu ermöglichen, in seiner Herkunftsfamilie zu bleiben. Es bestehe die Notwendigkeit, Maßnahmen zu treffen, um sicherzustellen, dass internationale Adoptionen zum Wohl des Kindes und unter Wahrung seiner Grundrechte stattfinden, und um die Entführung und den Verkauf von Kindern sowie den Handel mit Kindern zu verhindern.

Dieser Zielsetzung steht es nach Auffassung des Senats nicht entgegen, in Einzelfällen die Anerkennung ausländischer Gerichtsentscheidungen innerstaatlich über ein Abkommen hinaus zuzulassen (vgl, BGH, FamRZ 1987, 580 ff.[3] Rz. 16, vgl. auch zur materiellen Gerechtigkeit: BGH, NJW 2014, 1597), wenn wie hier trotz der mangelnden Zusammenarbeit der Behörden von Heimatstaat und Aufnahmestaat der Schutz des ausländischen Kindes gewahrt ist. Dies kann in Betracht kom-

---

[2] IPRspr. 2013 Nr. 132.   [3] IPRspr. 1987 Nr. 145.

men, wenn zwar das Adoptionsverfahren nach den Vorgaben des AdoptÜ durchgeführt worden ist, jedoch förmliche Hinderungsgründe bestehen, eine Bescheinigung gemäß Art. 23 AdoptÜ zu erhalten. Vorliegend ist das Adoptionsverfahren unstreitig nicht nach den Vorgaben des AdoptÜ durchgeführt worden, jedoch ist die Besonderheit gegeben, dass es bei einer Stiefkindadoption gerade entsprechend der Zielsetzungen der Präambel des AdoptÜ ermöglicht wird, dass das angenommene Kind nach der Adoption bei seiner Mutter und deren zweiten Ehemann leben und aufwachsen kann. Hinzu kommt, dass hier der Adoptivvater, die Mutter und das Kind bereits in Kasachstan immer wieder über längere Zeit zusammengelebt haben, sodass zum Zeitpunkt der Adoption bereits eine gelebte Beziehung des Kindes zum Adoptivvater bestanden hat. Eine Betreuung durch den leiblichen Vater in Kasachstan stand auch nicht als Alternative zur Verfügung. Vielmehr wurde der Beteiligte zu 2) vor und nach der Adoption überwiegend von den Großeltern mütterlicherseits betreut.

bb) Das kasachische Gericht hat auch im Übrigen eine dem deutschen ordre public genügende Kindeswohlprüfung durchgeführt, wie aus den Gründen der Entscheidung hervorgeht.

Voraussetzung für die Anerkennungs- und Wirkungsfeststellung eines ausländischen Adoptionsbeschlusses ist insbesondere eine dem deutschen ordre public genügende Prüfung des Kindeswohls im Rahmen des ausländischen Adoptionsverfahrens. Die Anerkennung der Adoptionsentscheidung ist aus materiell-rechtlichen Gründen gemäß § 109 I Nr. 4 FamFG ausgeschlossen, wenn die Anerkennung der Entscheidung zu einem Ergebnis führt, das mit wesentlichen Grundsätzen des deutschen Rechts offensichtlich unvereinbar ist. Zu den wesentlichen Grundsätzen des deutschen Rechts gehört im Hinblick auf § 1741 BGB die ausschließliche Ausrichtung der Adoptionsentscheidung am Kindeswohl. Für die Anerkennungsfähigkeit einer ausländischen Adoptionsentscheidung ist daher zwingend erforderlich, dass diese sich mit der Frage auseinandergesetzt hat, ob die konkrete Adoption dem Kindeswohl entspricht, ob also ein Adoptionsbedürfnis vorliegt, die Elterneignung der Annehmenden gegeben ist und eine Eltern-Kind-Beziehung bereits entstanden bzw. ihre Entstehung zu erwarten ist (Senat FamRZ 2014, 582[4]; OLG Düsseldorf, FamRZ 2011, 1522 ff.[5]; dito FamRZ 2012, 1229[6]; OLG Celle, FamRZ 2012, 1226 ff.[7], dito, FamRZ 2014, 501, 502[8]). Der besonderen Bedeutung des Kindeswohls kann dabei nur ausreichend Rechnung getragen werden, wenn eine umfassende Prüfung der aktuellen Lebensumstände und der Bedürfnisse des zu adoptierenden Kindes und eine umfassende Prüfung der Eignung der Adoptionsbewerber als Adoptiveltern stattfindet. Eine solche Eignungsprüfung des Annehmenden muss die gesamten Lebensumstände umfassen und sich insbesondere auf die persönlichen und familiären Verhältnisse, die gesundheitliche Situation und die Beweggründe für eine Adoption beziehen. Nur durch diesen strengen Prüfungsmaßstab kann sichergestellt werden, dass nur solche Adoptionsbewerber als Eltern in Betracht kommen, die in der Lage sind, dem zu adoptierenden Kind eine am Kindeswohl orientierte gesicherte Zukunftsperspektive zu bieten (OLG Hamm, Beschl. vom 24.9.2013 – II-11

---

[4] IPRspr. 2013 Nr. 128.
[5] IPRspr. 2011 Nr. 118.
[6] IPRspr. 2011 Nr. 140.
[7] IPRspr. 2011 Nr. 128.
[8] IPRspr. 2013 Nr. 127.

UF 59/13[9]; OLG Braunschweig, Beschl. vom 15.1.2013 – 7 W 92/11[10], alle juris). Dabei setzt eine den Mindestanforderungen genügende Prüfung der Elterneignung zwar nicht notwendigerweise die Beteiligung einer deutschen Fachstelle, wohl aber eine eingehende Überprüfung der künftigen Lebensverhältnisse durch andere dafür geeignete Institutionen oder Personen voraus.

Diesen Anforderungen wird die Entscheidung, deren Anerkennung hier beantragt wird, gerecht. Insbesondere war dem erkennenden kasachischen Jugendgericht bekannt, dass das anzunehmende Kind in Zukunft bei seiner Mutter und seinem Stiefvater im Ausland seinen Lebensmittelpunkt haben sollte. Das Gericht hat sich in zwei Gerichtsterminen einen persönlichen Eindruck des Annehmenden und des anzunehmenden Kindes verschafft.

Dem entscheidenden Gericht lag auch eine förmliche Zustimmung der Mutter zur Adoption vor; das anzunehmende Kind hat bei seiner Anhörung ausdrücklich in Anwesenheit seiner Mutter seine Zustimmung zur Adoption erteilt. Das Gericht hat ferner festgestellt, dass dem leiblichen Vater mit Beschluss des Jugendgerichts A./Kasachstan vom 7.5.2012 die elterlichen Rechte bezüglich des Kindes entzogen wurden. Gemäß den dortigen Adoptionsgesetzen ist die elterliche Zustimmung nur erforderlich, wenn dem Elternteil die elterlichen Rechte nicht entzogen sind. Eine förmliche Zustimmung des leiblichen Vaters war daher nach dortiger Rechtslage nicht erforderlich. Dieser verzichtete notariell bereits im Jahre 2012 auf seine elterlichen Rechte und erteilte seine Zustimmung zum Dauerwohnsitz des Sohnes in Deutschland (Feststellungen im Beschluss des Jugendgerichts A. vom 7.5.2012 – Nr. 2-113/2012).

Allerdings gehört die Beteiligung der leiblichen Eltern an dem Adoptionsverfahren zu den Grundsätzen des deutschen Rechts. Da jedoch auch im deutschen Recht die Zustimmung der leiblichen Eltern unter bestimmten Voraussetzungen (vgl. §§ 1747 IV, 1748 BGB) verzichtbar ist, muss dies auch für Adoptionen im Ausland gelten. Soweit hier Bedenken bestehen, weil der leibliche Vater [des Anzunehmenden] vor der kasachischen Adoptionsentscheidung nicht angehört worden ist, bestätigt die im Beschwerdeverfahren vorgelegte notariell beglaubigte Zustimmungserklärung des leiblichen Vaters, dass dieser zumindest über das in Kasachstan durchgeführte Adoptionsverfahren informiert war und dass er mit der Adoption einverstanden war und ist.

Der leibliche Vater und der Sohn A. K. haben seit dem Jahr 2005 keinen persönlichen Kontakt mehr gehabt. Das kasachische Gericht hat ausgeführt, dass jedes Kind berechtigt sei, in der Familie zu leben und erzogen zu sein, seine Eltern zu kennen und das Recht auf Sorge und Erziehung seitens seiner Eltern habe. Das Gericht hat nach Anhörung des Adoptivvaters, der Mutter und des Kindes sowie der Vertreterin des Vormundschaftsorgans und des Staatsanwalts festgestellt, dass die Adoption im Interesse des Kindes erfolgt und die Voraussetzungen für eine vollwertige körperliche, psychische, geistliche und moralische Entwicklung vorliegen. Obwohl ein Gutachten durch das Vormundschaftsorgan nach der dortigen Gesetzesfrage im Falle einer Stiefkindadoption nicht erforderlich ist, hat das zuständige Vormundschaftsorgan hier bestätigt, dass die Adoption im Interesse des Kindes liege und dass der Adoptivvater alle Voraussetzungen für die Erziehung des Kindes habe.

---

[9] IPRspr. 2012 Nr. 145b.   [10] IPRspr. 2013 Nr. 129.

Insoweit hat das Vormundschaftsorgan der Bildungsverwaltung A./Kasachstan im Rahmen seiner Möglichkeiten die künftigen Lebensumstände des Kindes am neuen Wohnort hinsichtlich der Wohnung und der Versorgung abgeklärt und dem Gericht berichtet. Ebenfalls hat sich das Gericht nachweisen lassen, in welchen finanziellen, gesundheitlichen und häuslichen Verhältnissen der Adoptivvater lebt. Ferner hat das Gericht geprüft, dass der Adoptivvater keine Vorstrafen hat. Gerade unter dem Aspekt, dass A. K. nicht nur in den Haushalt des Adoptivvaters wechselt, sondern auch zu seiner Mutter zieht und durch den absolvierten Sprachkurs die Möglichkeit hat, eine Schule zu besuchen und eine weitere Ausbildung zu machen, bestehen keine Hinweise dafür, dass die vorgenommene Überprüfung durch das kasachische Gericht im Hinblick auf das Kindeswohl nicht ausreichend gewesen wäre.

4. Daher ist gemäß § 2 I AdWirkG festzustellen, dass die Annahme als Kind durch die Entscheidung des kasachischen Gerichts anzuerkennen ist und dass das Eltern-Kind-Verhältnis von A. K. zu seinem leiblichen Vater durch die Annahme erloschen ist. Ferner ist nach § 2 II Nr. 1 AdWirkG festzustellen, dass das Annahmeverhältnis einem nach den deutschen Sachvorschriften begründeten Annahmeverhältnis gleichsteht."

115. *Wenn eine ausländische (hier: türkische) Adoptionsentscheidung die mit einem Umzug ins Ausland verbundenen Folgen für das Kind weder aufklärt noch in der Entscheidung erörtert, stellt dies einen Verstoß gegen den deutschen ordre public dar. [LS der Redaktion]*

a) AG Nürnberg, Beschl. vom 8.4.2014 – 122 F 2066/13: Unveröffentlicht.
b) OLG Nürnberg, Beschl. vom 8.12.2014 – 7 UF 1084/14: FamRZ 2015, 1640. Leitsatz in FF 2015, 466.

Die ASt. ist türkische Staatsangehörige. Sie hat aufgrund in der Türkei rechtskräftig gewordener Gerichtsentscheidung des Familiengerichts S./Türkei die beiden Kinder S.Ö. und H.Ö. adoptiert. Die Adoption wurde bereits in das türkische Familienregister eingetragen. Bei den angenommenen Kindern handelt es sich um die beiden leiblichen Kinder des Bruders der ASt., der im Jahr 2006 verstorben ist. Die Kindsmutter soll gemäß den Ausführungen in der türkischen Adoptionsentscheidung aus der Türkei ausgewiesen worden sein und in Rumänien leben. Eine deutsche Fachstelle war an dem Verfahren nicht beteiligt. Die Kinder leben nach wie vor in der Türkei, wo sie von einer anderen Tante betreut werden.
Mit Schreiben vom 7.5.2013 beantragte die ASt. die Anerkennung der türkischen Adoptionsentscheidung des türkischen Amtsgerichts S. Das AG Nürnberg wies den Antrag der ASt. nach Einholung einer Stellungnahme des BfJ zurück. Deren Beschwerde legte das AG dem OLG Nürnberg vor.

Aus den Gründen:

a) AG Nürnberg 8.4.2014 – 122 F 2066/13:

„II. Die Anerkennungsfähigkeit der Entscheidung richtet sich in erster Linie nach Art. 23 AdoptÜ. Die Republik Türkei hat das AdoptÜ am 5.12.2001 gezeichnet und am 27.5.2004 ratifiziert, im Verhältnis zur Bundesrepublik Deutschland ist es seit dem 1.9.2004 in Kraft. Da die Kinder im Zuge der Adoption ihren gewöhnlichen Aufenthalt von der Türkei nach Deutschland, wo die ASt. lebt, verlegen sollten, war der Anwendungsbereich des AdoptÜ eröffnet. Das Adoptionsverfahren hätte daher den Verfahrensregeln des AdoptÜ, die auch für die Adoption unter Verwandten verbindlich sind, folgen müssen. Eine Bescheinigung gemäß Art. 23 AdoptÜ lässt eine vereinfachte Anerkennung der Adoption zu. Eine solche Bescheinigung wird von der beteiligten Zentralen Behörde in der Türkei erstellt, wenn bestätigt werden kann, dass die Adoption nach dem Übereinkommen zustande gekommen ist und die einzubindenden Stellen beider Staaten der Adoption zugestimmt haben. Eine solche Bescheinigung kann im vorliegenden Verfahren aber nicht vorgelegt werden, da die Zentralen Behörden beider Staaten am Verfahren nicht beteiligt waren.

Eine Anerkennung ist nach Auffassung des Gerichts aber trotzdem noch unter Rückgriff auf die nationalen Anerkennungsregelungen denkbar. Diese Auffassung wird auch vom BfJ vertreten. Hierbei müsste aber der Vorrang der Anerkennungsregeln des AdoptÜ insoweit zum Tragen kommen, als die Besonderheiten des Übereinkommens berücksichtigt werden müssen. So kann eine Anerkennung dann in Frage kommen, wenn es sich bei der Nichtbeachtung, insbesondere der Nichtbeteiligung der Zentralen Behörden, nur um einen formellen Verfahrensfehler handelt und die Voraussetzungen der Art. 4 und 5 AdoptÜ inhaltlich gegeben waren und damit die Grundlagen zu einer gemeinsamen Entscheidung nach Art. 17 lit. c AdoptÜ vorgelegen haben (vgl. *Weitzel*, NJW 2008, 186 [188]).

Aber auch gemessen an §§ 108, 109 FamFG ist eine Anerkennung der Adoption hier nicht möglich. Eine dem deutschen ordre public genügende Kindeswohlprüfung setzt grundsätzlich voraus, dass der Adoptionsentscheidung eine fachliche Begutachtung der Adoptionsbewerber vorausgegangen ist, die deren Lebensumstände annähernd vollständig erfassen muss (vgl. BT-Drucks. 14/6011 S. 29). Dies kann in der Regel in sinnvoller Weise nur durch die zuständige Fachstelle des Landes, in dem die Bewerber ihren gewöhnlichen Aufenthalt begründet haben, erfolgen (so bspw. AG Stuttgart, Beschl. vom 30.4.2008 – F 6 XVI 173/08; LG Stuttgart, Beschl. vom 31.1.2008 – 1 T 8/07). Hat eine derartige Prüfung nicht stattgefunden, so begründet dies Zweifel an der Vereinbarkeit der ausländischen Adoptionsentscheidung mit dem deutschen ordre public (BT-Drucks. 14/6001 aaO). Nach der Gesetzesbegründung soll gerade eine Stelle, die am neuen Lebensmittelpunkt die dortigen Umstände und Anforderungen am besten beurteilen kann, aus ihrer Sicht bewerten können, ob sie die künftigen Eltern diesen Aufgaben gewachsen sieht.

Vorliegend hat noch nicht einmal eine persönliche Anhörung der Annehmenden stattgefunden. Zwar können auch durch sonstige Ermittlungen im Umfeld des Adoptionsbewerbers im Einzelfall Feststellungen für das Kindeswohl getroffen werden können (so OLG Köln, Beschl. vom 24.4.2012, NJOZ 2012, 1341[1]). Welche Anforderungen an die tatsächlichen Feststellungen im Einzelnen zu stellen sind, wird wesentlich von den konkreten Umständen des Einzelfalls abhängen (so OLG Köln aaO). Eine solche fachliche Begutachtung der Adoptionsbewerber muss deren Lebensumstände annähernd vollständig erfassen. Dies setzt zumindest eine ausführliche Anhörung der Antragsteller voraus. Besonderes Augenmerk wäre auch auf die Prüfungspunkte in Art. 15 AdoptÜ zu richten gewesen. Danach müsste die Adoptivmutter hinreichende Möglichkeiten einer sprachlichen, schulischen und allgemeinen sozialen Integration der Kinder an deren neuen Lebensmittelpunkt schaffen können. Derartige Feststellungen wurden nicht getroffen, da solche Informationen überhaupt nicht eingeholt wurden.

---

[1] IPRspr. 2012 Nr. 136.

Es ist auch nicht ersichtlich, dass das Gericht in der Türkei hinreichend geprüft hat, ob eine Adoption angesichts des Alters der Kinder und ihrer weitgehenden Sozialisation im Herkunftsstaat überhaupt notwendig und sinnvoll ist. Dies gilt umso mehr in Anbetracht des Umstands, dass der Tod des leiblichen Vaters immerhin schon etliche Jahre zurückliegt und die Kinder in der Türkei offensichtlich zwischenzeitlich eine stabile Lebenssituation genossen haben.

Bereits die geschilderten Unzulänglichkeiten des türkischen Verfahrens lassen – im Einklang mit der vom BfJ geäußerten Auffassung – den Rückschluss zu, dass das durchgeführte Verfahren von den im AdoptÜ verpflichtend festgelegten und dem Schutz von Kindern dienenden Prüfungs- und Verfahrensschritten so weit entfernt ist, dass davon auszugehen ist, dass es sich nicht nur um eine Verletzung von Formvorschriften gehandelt hat. Es ist vielmehr nicht möglich, eine Konsensfähigkeit im Sinne von Art. 17 lit. c AdoptÜ festzustellen, ohne das gesamte internationale Vermittlungsverfahren nachzuholen.

Nach alledem war die Anerkennung der türkischen Adoptionsentscheidung gemäß § 2 AdWirkG zu versagen.

Eine Beteiligung der Angenommenen erfolgte hinreichend durch die ASt., die wohl aus Sicht des – hier maßgeblichen – türkischen Rechts deren gesetzliche Vertreterin ist. Wie in Fällen zu verfahren ist, in denen die zu beteiligenden Kinder mangels Anerkennung nicht einreisen können, ist nicht eindeutig geregelt. Das OLG Düsseldorf (23.12.2011 – II-1 UF 169/10)[2] hat das adoptierte Kind durch die Antrag stellenden Adoptiveltern prozessual und auch hinsichtlich der Wahrnehmung seiner Interessen als hinreichend vertreten angesehen und somit die Bestellung eines Ergänzungsvertreters oder eines Verfahrensbeistands nicht als erforderlich erachtet (zit. in *Weitzel*, Kommentar AdWirkG, 1. Aufl. [2013]). Die ASt. hat sich nicht gesondert zum Bericht des BfJ geäußert. Im Rahmen des Verfahrens war auch die Stadt Regensburg – Adoptionsvermittlungsstelle – als ‚Sprachrohr' für die ASt. aufgetreten. Eine förmliche Beteiligung der Stadt Regensburg am Verfahren fand nicht statt und war auch nicht zwingend geboten."

b) OLG Nürnberg 8.12.2014 – 7 UF 1084/14:

„II. Auf das vorliegende Verfahren ist das AdWirkG anzuwenden, da Gegenstand des Verfahrens die Anerkennung einer auf einer ausländischen Entscheidung beruhenden Annahme als Kind ist.

Gemäß § 5 IV 2, III 1 AdWirkG, §§ 58 ff. FamFG ist gegen erstinstanzliche Entscheidung über die Anerkennung einer ausländischen Adoptionsentscheidung das Rechtsmittel der Beschwerde gegeben. Die von der ASt. gegen die Entscheidung des AG vom 8.4.2014 eingelegte Beschwerde ist somit statthaft. Sie ist auch im Übrigen zulässig, da die Beschwerde form- und fristgerecht eingelegt und begründet worden ist und die ASt. beschwerdeberechtigt ist (§§ 5 IV 2 AdWirkG, 59 I, II FamFG, 2 I, 4 I Nr. 1 AdWirkG, 63 XI 3, 64 I 1, II, 65 I FamFG) ...

Die Kinder, die Beteiligte des Anerkennungsverfahrens sind (§§ 5 III 1 AdWirkG, 7 II FamFG) sind durch die ASt. im Anerkennungsverfahren hinreichend vertreten (OLG Düsseldorf, FamRZ 2012, 1229[1]; *Weitzel*, AdWirkG, 2. Aufl., § 5 Rz. 5). Die

---

[2] IPRspr. 2011 Nr. 140.   [1] IPRspr. 2011 Nr. 140.

Adoption der Kinder durch die ASt. ist, wie dem vorgelegten Auszug aus dem Personenstandsregister zu entnehmen ist, in der Türkei wirksam. Das Rechtsverhältnis zwischen einem Kind und seinen Elfern unterliegt dem Recht des Staats, in dem das Kind seinen gewöhnlichen Aufenthalt hat (Art. 21 EGBGB), im vorliegenden Fall also dem türkischem Recht. Hiernach werden die Kinder durch ihre Eltern, im Falle der Adoption durch den Annehmenden, vertreten (Art. 22 II, I EGBGB, Art. 314 I, 335 ff., 11 türk. ZGB).

III. In der Sache hat die Beschwerde keinen Erfolg, da die erstinstanzliche Entscheidung auch unter Berücksichtigung des Beschwerdevorbringens nicht zu beanstanden ist.

1. Wie das AG und die BZAA dargelegt haben, richtet sich die Anerkennungsfähigkeit der Adoptionsentscheidung des türk. Amtsgerichts S. vom 10.7.2012 nach dem AdoptÜ (Art. 43). Die Republik Türkei hat das AdoptÜ am 5.12.2001 gezeichnet und am 27.5.2004 ratifiziert. Im Verhältnis zur Bundesrepublik Deutschland, die das Übereinkommen am 22.11.2001 ratifiziert hat, ist es seit dem 1.9.2004 in Kraft.

Der Anwendungsbereich des AdoptÜ ist eröffnet, da die Kinder, die ihren gewöhnlichen Aufenthalt in der Türkei, einem Vertragsstaat des AdoptÜ, haben, nach ihrer Adoption durch die ASt., die ihren gewöhnlichen Aufenthalt in der Bundesrepublik Deutschland hat, in die Bundesrepublik Deutschland, die ebenfalls Vertragsstaat des AdoptÜ ist, wechseln sollen (Art. 2 AdoptÜ).

Die Anerkennung von Adoptionsentscheidungen ist in Art. 23 AdoptÜ geregelt. Diese Vorschrift bestimmt, dass eine Adoption in den anderen Vertragsstaaten kraft Gesetzes anerkannt wird, wenn die zuständige Behörde des Staates, in dem sie durchgeführt worden ist, bescheinigt, dass sie gemäß dem Übereinkommen zustande gekommen ist. Eine solche Bescheinigung wurde im vorliegenden Fall nicht ausgestellt und kann auch nicht ausgestellt werden, da die Zentralen Behörden der Republik Türkei und der Bundesrepublik Deutschland an dem Adoptionsverfahren vor dem Amtsgericht S. in der Republik Türkei nicht beteiligt waren. Eine Anerkennung der Adoptionsentscheidung des Amtsgerichts S. vom 10.7.2010 auf der Grundlage des Art. 23 AdoptÜ kommt somit nicht in Betracht.

2. Liegen die Voraussetzungen für die Anerkennung einer ausländischen Adoptionsentscheidung nach Art. 23 AdoptÜ nicht vor, so ist, wie bereits die BZAA dargelegt hat, umstritten, ob und ggf. in welchem Umfang auf die nationalen Anerkennungsregeln zurückgegriffen werden kann. Zum einen wird die Meinung vertreten, dass das AdoptÜ als völkerrechtlicher Vertrag die nationalen Anerkennungsregeln verdrängt, sodass bei Nichtvorlage einer Bescheinigung nach Art. 23 AdoptÜ ein Rückgriff auf die nationalen Anerkennungsregeln ausgeschlossen ist (OLG Schleswig, Beschl. vom 25.9.2013 – 12 UF 58/13; OLG Düsseldorf, Beschl. vom 31.5.2012 – 1.25 Wx 61/11; *Staudinger-Henrich*, BGB, Neub. 2014, Vorbem. zu Art. 22 EGBGB Rz. 46; *Prütting/Helms-Hau*, FamFG, 3. Aufl., § 109 Rz. 13). Nach einer anderen Meinung ist ein vorbehaltloser Rückgriff auf die nationalen Anerkennungsregeln möglich. Dies wird damit begründet, dass das AdoptÜ keinen Ausschluss des Günstigkeitsprinzips erkennen lässt (*Staudinger*, FamRBint 2007, 42, 46/47). Schließlich wird die Meinung vertreten, dass ein Rückgriff auf die nationalen Anerkennungsregeln dann möglich ist, wenn es sich bei der Nichtbeachtung der Regeln

des AdoptÜ nur um einen formellen Fehler handelt und die Voraussetzungen der Art. 4 und 5 AdoptÜ inhaltlich gegeben waren und damit die Grundlagen zu einer gemeinsamen Entscheidung nach Art. 17 c AdoptÜ vorgelegen haben. (*Weitzel*, NJW 2008, 186). Der zuletzt genannten Meinung haben sich die BZAA und das AG angeschlossen.

Der Senat braucht im vorliegenden Fall nicht zum Meinungsstreit Stellung zu nehmen, da nach allen Meinungen eine Anerkennung der Adoptionsentscheidung des türk. Amtsgerichts S. nicht in Betracht kommt.

Nach der zuerst aufgeführten Meinung scheidet die Anerkennung bereits deshalb aus, da die Voraussetzungen des Art. 23 AdoptÜ, wie oben dargelegt wurde, nicht vorliegen und neben dem AdoptÜ die Anwendung der nationalen Anerkennungsvorschriften nicht in Betracht kommt.

Geht man davon aus, dass ein Rückgriff auf die nationalen Anerkennungsvorschriften vorbehaltlos möglich ist, ist zu prüfen, ob eine Anerkennung nach §§ 108, 109 FamFG möglich ist. Dies ist zu verneinen.

Gemäß § 109 I Nr. 4 FamFG ist die Anerkennung einer ausländischen Entscheidung ausgeschlossen, wenn die Anerkennung der Entscheidung zu einem Ergebnis führt, das mit wesentlichen Grundsätzen des deutschen Rechts offensichtlich unvereinbar ist, also wenn die Anerkennung mit dem deutschen ordre public nicht vereinbar ist. Bei der Anerkennung einer ausländischen Adoptionsentscheidung ist im Rahmen des § 109 I Nr. 4 FamFG insbesondere zu prüfen, ob eine ausreichende Kindeswohlprüfung vorgenommen worden ist und ob die Anhörungs- und Zustimmungsrechte des Kindes sowie seiner leiblichen Eltern gewahrt sind (*Prütting-Helms-Hau* aaO Rz. 64 ff.). Ein Verstoß gegen den ordre public wird angenommen, wenn in der ausländischen Entscheidung eine Kindeswohlprüfung gänzlich unterlassen worden ist. Dies ist hier nicht der Fall. Das türk. Amtsgericht S. führt in seiner Entscheidung aus, die ASt. habe sich in seelischer und finanzieller Hinsicht um die Kinder gekümmert. Auch habe das Kind ... erklärt, die ASt. zu lieben und von dieser adoptiert werden zu wollen. Weiter sei die Adoption für die Kinder vorteilhaft, weil sie dann nicht benachteiligt ohne Eltern im Leben stehen würden. Dies stellt im vorliegenden Fall jedoch keine ausreichende Kindeswohlprüfung dar, da das Kindeswohl nicht im Hinblick auf ein zukünftiges Leben in Deutschland untersucht worden ist. Zwar ergibt sich aus der Entscheidung des türk. Amtsgerichts S., dass die ASt. in Deutschland lebt und damit ein Auslandsbezug vorliegt. Aus der Entscheidung ergibt sich jedoch nicht, dass das türk. Amtsgericht S. berücksichtigt hat, dass die Kinder nach der Adoption nach Deutschland wechseln sollen, sodass die damit verbundenen Folgen für die Kinder, die bisher in der Türkei aufgewachsen sind, weder aufgeklärt noch in der Entscheidung erörtert werden. Dies stellt einen so gravierenden Mangel dar, dass von einem Verstoß gegen den deutschen ordre public auszugehen ist. Da Sinn des Anerkennungsverfahrens nicht ist, das Adoptionsverfahren nachzuholen, kann dieser Verstoß nicht im Anerkennungsverfahren behoben werden (OLG Karlsruhe, FamRZ 2013, 715 ff.; JAmt 2011, 40 ff.).

Wie sich aus der Entscheidung des türk. Amtsgerichts S. vom 10.7.2010 ergibt und wie die ASt. im Schriftsatz vom 30.10.2014 entgegen ihrem ursprünglichen Vorbringen einräumt, sind weder die ASt. noch das Kind vor dem türk. Amtsgericht S. persönlich angehört worden. Ob dies gegen den deutschen ordre public verstößt kann jedoch dahingestellt bleiben, da ein Verstoß gegen den deutschen ordre public, wie dargelegt wurde, bereits aufgrund der unzureichenden Kindeswohlprüfung zu bejahen ist.

Auch wenn man der Meinung des eingeschränkten Rückgriffs auf die nationalen Anerkennungsregeln folgt, kann die Adoptionsentscheidung des türk. Amtsgerichts S. nicht anerkannt werden, da die Voraussetzungen des Art. 5 HKÜ nicht gegeben waren und somit die Nichtbeachtung der Regeln des AdoptÜ nicht nur einen formellen Fehler darstellen.

Nach Art. 5 lit. a AdoptÜ hat die zuständige Behörde des Aufnahmestaats zu prüfen, ob der Adoptierende für eine Adoption in Betracht kommt und dazu geeignet ist, wobei diese Prüfungsverpflichtung in Art. 15 AdoptÜ dahingehend konkretisiert wird, dass die zuständige Behörde einen Bericht zu verfassen hat, der zu enthalten hat Angaben zur Person des Adoptierenden und seiner rechtlichen Fähigkeit und Eignung zur Adoption, zu seinen persönlichen und familiären Umständen, seiner Krankheitsgeschichte, seinem sozialen Umfeld, den Beweggründe für die Adoption, seiner Fähigkeit zur Übernahme der mit einer internationalen Adoption verbundenen Aufgaben sowie den Eigenschaften der Kinder, für die er zu sorgen geeignet wäre. Wenn, wie im vorliegenden Fall, bereits jugendliche Kinder, die den Aufnahmestaat nicht kennen und auch dessen Sprache nicht sprechen, international adoptiert werden, ist ein besonderes Augenmerk darauf zu richten, ob der Adoptierende hinreichende Möglichkeiten zu einer sprachlichen, schulischen und allgemeinen sozialen Integration der Kinder in deren neuen. Lebensmittelpunkt schaffen kann (OLG Hamm, FamRZ 2012, 1403). Die türkische Adoptionsentscheidung konnte auf solche Informationen nicht zurückgreifen, da das Gericht solche Informationen durch die Zentrale Behörde in Deutschland nicht angefordert und auch in sonstiger Weise nicht erhoben hat. Eine Nachholung dieser Erhebungen im Anerkennungsverfahren kommt nicht in Betracht, da es nicht Aufgabe des Anerkennungsverfahrens ist, das Adoptionsverfahren nachzuholen.

Im Hinblick auf diesen Verstoß gegen die Regelungen des AdoptÜ braucht nicht mehr geklärt zu werden, ob darüber hinaus weitere Verstöße vorliegen."

116. *Das mit Blick auf einen Vaterschaftseintrag im Personenstandsregister anwendbare Recht bestimmt sich nach dem Abstammungsstatut.*

Bei der Frage nach dem Fortbestand einer früheren Ehe der Kindesmutter handelt es sich um eine selbständig anzuknüpfende Vorfrage für die Abstammung des Kindes.

Hängt der Fortbestand der Ehe von der Gestaltungswirkung einer ausländischen gerichtlichen Entscheidung (Ehescheidung) ab, ist wegen der Vorrangigkeit des Verfahrensrechts gegenüber dem Kollisionsrecht darauf abzustellen, ob die ausländische Entscheidung im Inland anerkannt worden ist. Vor der erforderlichen Anerkennung der Entscheidung durch die Landesjustizverwaltung entfaltet die ausländische Entscheidung im Inland keine Wirkungen (im Anschluss an BGHR 2008, 26 = IPRspr. 2007 Nr. 4).

OLG Hamburg, Beschl. vom 14.4.2014 – 2 W 17/11: FamRZ 2014, 1563; StAZ 2015, 14. Leitsatz in: FamRB 2014, 336 mit Anm. *Finger*; NZFam 2014, 814 mit Anm. *Gutman*.

Die Parteien streiten über eine Änderung des Familiennamens. Die ASt. hat 2005 in Hamburg ein Kind geboren. Bei der Geburtsanzeige hat die Kindesmutter dem Standesamt ein Scheidungsurteil des AG Hamburg vorgelegt, demzufolge ihre 2000 in der Türkei geschlossene Ehe mit Herrn R.Ü. geschieden wurde. Ihr Familienname sowie derjenige des Kindes wurden mit „Ü." in das Geburtsregister eingetragen. Später stellte sich heraus, dass sie bereits im Jahr 1996 in der Türkei eine erste Ehe mit dem Beteiligten zu 2) eingegangen war und den Ehenamen „T." führte. Diese Ehe wurde 1999 in der Türkei geschieden; eine förmliche Anerkennung der Scheidung in Deutschland erfolgte nicht. Die ASt., die seit ihrer Geburt in Deutschland lebt, war zunächst türkische Staatsangehörige. Durch Einbürgerung erhielt sie 1998 die deutsche Staatsangehörigkeit. Durch Beschluss des türkischen Ministerrats erhielt sie auf Antrag zusätzlich die türkische Staatsangehörigkeit. Beide Ehemänner der ASt. waren türkische Staatsangehörige. Der Beteiligte zu 2) ist zwischenzeitlich verstorben. Herr H.A., türkischer Staatsangehöriger, hat 2006 die Vaterschaft für das Kind anerkannt; die ASt. hat dem Vaterschaftsanerkenntnis zugestimmt.

Das FamG hat dem Antrag der Aufsichtsbehörde entsprechend ausgesprochen, der Geburtseintrag sei dahingehend zu berichtigen, dass der Familienname der ASt. und ihres Kindes „T." laute und der Beteiligte zu 2) Vater des Kindes sei. Gegen diesen Beschluss richtet sich die Beschwerde der ASt.

Aus den Gründen:

„II. Die gemäß §§ 51 I 1 PStG, 58 ff. FamFG zulässige, insbes. frist und formgerecht eingelegte Beschwerde hat in der Sache keinen Erfolg ...

1. *Vaterschaftseintrag*

Der Vaterschaftseintrag registriert die rechtliche Abstammung des Kindes vom Vater. Die insoweit anzuwendende Rechtsordnung bestimmt sich daher nach dem Abstammungsstatut. Art. 19 EGBGB sieht für die Bestimmung der väterlichen Abstammung drei alternative Anknüpfungsmöglichkeiten vor, nämlich den gewöhnlichen Aufenthalt des Kindes, das Heimatrecht des Vaters oder bei einer verheirateten Mutter das zum Geburtszeitpunkt des Kindes nach Art. 14 EGBGB berufene Recht. Nach allen diesen Kriterien kommt nur die Anwendung deutschen oder türkischen Rechts in Betracht, da der Sachverhalt keine Verbindung zu einem dritten Staat aufweist. Nach deutschem Recht ist rechtlicher Vater bei Fehlen einer Vaterschaftsanfechtung der Ehemann der Mutter (§ 1592 BGB). Gleiches gilt nach türkischem Recht bei Geburt des Kindes während bestehender Ehe (Art. 285 türk. ZGB).

Sowohl nach deutschem wie nach türkischem Recht ist daher, sofern die ASt. bei Geburt des Kindes verheiratet war, ihr Ehemann als Vater des Kindes zu bestimmen und entsprechend in das Register einzutragen. Die ASt. war zunächst mit dem Beteiligten zu 2) verheiratet. Bei der Frage nach dem Fortbestand dieser Ehe handelt es sich um eine selbständig anzuknüpfende Vorfrage für die Abstammung des Kindes (OLG München, FamRZ 2008, 1772[1]; *Palandt-Thorn*, BGB, 73. Aufl., Art. 19 EGBGB Rz. 8). Im vorliegenden Fall kommt es maßgeblich darauf an, ob die erste Ehe der ASt. durch Scheidung beendet worden ist. Der Senat ist mit der h.M. (Nachweise in BGH, NJW 2007, 3347[2], Tz. 20; OLG Düsseldorf, FamRZ 1999, 328[3]; juris-PK/*Janal* Art. 10 EGBGB Rz. 40 m.w.N.) der Auffassung, dass in derartigen Fällen, in denen die materielle Rechtslage von der Gestaltungswirkung einer gerichtlichen Entscheidung abhängt, das Verfahrensrecht im Verhältnis zum Kollisionsrecht vorrangig ist. Demnach kommt es mit Blick auf die Gestaltungswirkung ausländischer Gerichtsentscheidungen darauf an, ob diese nach deutschem Verfahrensrecht im Inland anzuerkennen sind.

---

[1] IPRspr. 2008 Nr. 68.
[2] IPRspr. 2007 Nr. 4.
[3] IPRspr. 1998 Nr. 14.

Die Anerkennung der in der Türkei am 10.11.1999 erfolgten Scheidung der ersten Ehe der ASt. im Inland erfordert sowohl gemäß § 107 FamFG als auch nach der früheren Regelung in Art. 7 § 1 FamRÄndG eine ausdrückliche behördliche Anerkennungsentscheidung. Ein entspr. Verfahren ist – trotz mehrfacher Hinweise sowohl des Standesamts als auch des AG – im vorliegenden Fall von der ASt. nicht eingeleitet worden. Die Durchführung eines förmlichen Anerkennungsverfahrens war auch nicht aufgrund der für Heimatstaatscheidungen geltenden Ausnahmeregelung (§ 107 I 2 FamFG bzw. Art. 7 § 1 I 2 FamRÄndG) entbehrlich. Denn zum Zeitpunkt der Scheidung am 10.11.1999 war die ASt. bereits deutsch-türkische Doppelstaatlerin. In derartigen Fällen ist die deutsche Staatsangehörigkeit des Doppelstaatlers entspr. der Regelung in Art. 5 I 2 EGBGB vorrangig (BayObLG, FamRZ 1990, 897[4]; *Keidel-Kuntze-Zimmermann*, FGG, 17. Aufl., § 107 FamFG Rz. 19 m.w.N.), so dass die Scheidung durch ein Gericht des ausländischen Staats, dem beide Ehegatten (auch) angehören, dennoch nicht als Heimatstaatscheidung anzusehen ist.

Vor der positiven Entscheidung der Landesjustizverwaltung über die Anerkennungsfähigkeit entfaltet die ausländische Entscheidung im Inland keine Wirksamkeit und ist daher insoweit unbeachtlich. Dies folgt aus dem Wortlaut der § 107 I 2 FamFG, Art. 7 § 1 I Nr. 2 FamRÄndG, die die Anerkennung davon abhängig machen, dass eine Feststellung über das Vorliegen der Anerkennungsvoraussetzungen im Anerkennungsverfahren tatsächlich getroffen worden ist (BGH, FamRZ 1982, 1203[5]; BGHZ 64, 19, 22[6]). Einen Antrag auf Aussetzung des vorliegenden Verfahrens, um die Anerkennung der Auslandsentscheidung herbeiführen zu können, hat die ASt. nicht gestellt. Die Aussetzung des Verfahrens ist auch nicht von Amts wegen geboten. Das Anerkennungsverfahren ist als Antragsverfahren ausgestaltet, unterstellt also die Anerkennung der Auslandsentscheidung im Inland ausdrücklich der Disposition der Beteiligten. Eine Pflicht zur amtswegigen Aussetzung solcher Verfahren, für die die Anerkennung der Scheidung eine Vorfrage darstellt, würde die Verfahrensbeteiligten einem indirekten Zwang zur Durchführung des Anerkennungsverfahrens aussetzen, die mit der dispositiven Ausgestaltung des Anerkennungsverfahrens nicht in Übereinstimmung stehen würde (BGH, FamRZ 1982 aaO). Eine Aussetzung von Amts wegen (§ 21 FamFG) kommt daher nur bei Vorliegen besonderer Gründe in Betracht, die hier nicht ersichtlich sind. Aufgrund der Hinweise seitens des Standesamts und des AG hatte die ASt. ausreichend Gelegenheit, das Anerkennungsverfahren von sich aus einzuleiten. Da sie dies nicht getan hat, ist davon auszugehen, dass sie eine Anerkennung der Auslandsscheidung im Inland nicht erstrebt.

Nach alledem ist die Scheidung der ersten Ehe der ASt. für das vorliegende Verfahren unbeachtlich. Mithin war der erste Ehemann der ASt., der Beteiligte zu 2), bei Geburt des Kindes M. noch mit der ASt. verheiratet, während die zweite Ehe der ASt. zu diesem Zeitpunkt bereits durch deutsches Scheidungsurteil – und damit nach den o.g. Grundsätzen über die Vorrangigkeit gerichtlicher Gestaltungsentscheidungen wirksam – geschieden war. Der erste Ehemann der ASt. ist mithin – wobei offen bleiben kann, ob nach deutschem oder türkischem Recht – rechtlicher Vater dieses Kindes geworden und als solcher in das Register einzutragen.

---

[4] IPRspr. 1990 Nr. 218.
[5] IPRspr. 1982 Nr. 170.
[6] IPRspr. 1975 Nr. 98.

2. *Familienname der ASt.*
Das Namensrecht der ASt. – und damit auch der entspr. Registereintrag – richtet sich gemäß Art. 10 EGBGB nach dem Recht ihrer Staatsangehörigkeit; auch bei verheirateten Personen ist allein ihre eigene Staatsangehörigkeit maßgeblich (*Palandt-Thorn* aaO Art. 10 EGBGB, Rz. 12). Die ASt. hatte bei ihrer ersten Eheschließung im Jahr 1996 ausschließlich die türkische Staatsangehörigkeit; sie hat durch die Eheschließung mit dem Beteiligten zu 2) nach türkischem Recht (Art. 187 türk. ZGB) den Ehenamen ‚T.' erworben. Hinsichtlich der namensrechtlichen Folgen der Scheidung der ersten Ehe der ASt. gelten die Ausführungen zu 1. entsprechend: Aufgrund der zu diesem Zeitpunkt bereits bestehenden und gemäß Art. 5 I 2 EGBGB vorrangigen deutschen Staatsangehörigkeit der ASt. ist die Ehescheidung im Inland nicht anzuerkennen; diese verfahrensrechtliche Sichtweise ist im Verhältnis zum Kollisionsrecht vorrangig, so dass die ASt. weiterhin den Familiennamen ‚T.' führte. Die Rspr. des EuGH zum Recht von Personen mit mehrfacher Staatsangehörigkeit, auch einen nach dem Recht ihrer nicht effektiven Staatsangehörigkeit gebildeten Namen führen zu dürfen (EuGH, Urt. vom 2.10.2003 – Carlos Garcia Avello ./. belgischer Staat, Rs C-148/02, IPRax 2004, 339) kommt im vorliegenden Fall nicht zur Anwendung, da sie sich nur auf Angehörige von EU-Mitgliedstaaten bezieht, die sich im Hoheitsgebiet eines anderen Mitgliedstaats aufhalten; die Türkei ist jedoch kein EU-Mitgliedstaat.
Auch die zweite Eheschließung der ASt. führte keine namensrechtliche Änderung herbei. Ob die Vorfrage der Wirksamkeit der zweiten Eheschließung sich nach der durch Art. 10 EGBGB berufenen Rechtsordnung – hier also nach deutschem Recht – richtet oder selbständig anzuknüpfen ist, ist nicht zweifelsfrei (Nachweise bei *Palandt-Thorn* aaO Rz. 2). Im Ergebnis kann dies jedoch dahinstehen, da auch bei selbständiger Anknüpfung deutsches Recht anzuwenden ist: Mit Blick auf die Wirksamkeit einer Eheschließung kommt in diesem Fall Art. 13 EGBGB zur Anwendung (MünchKomm-*Coester*, 4. Aufl., Art. 13 EGBGB, Rz. 61); die Vorschrift verweist für jeden Ehegatten auf dessen Heimatrecht, so dass für die ASt. auch danach deutsches Recht anzuwenden ist. Nach deutschem Recht verstieß die zweite Eheschließung der ASt. gegen das Eheverbot der Bigamie. Die Rechtsfolgen eines Verstoßes gegen ein Eheverbot richten sich über den auch insoweit anwendbaren Art. 13 EGBGB (MünchKomm-*Coester* aaO Rz. 62) ebenfalls nach deutschem Recht. Gemäß §§ 1306, 1314 BGB ist eine bigamische Ehe lediglich aufhebbar und bis zu ihrer Aufhebung als voll wirksam zu behandeln. Eine bigamische Eheschließung kann deshalb zur Folge haben, dass der betroffene Ehepartner zwei Ehenamen führt (*Staudinger-Voppel*, BGB [2010], § 1313 Rz. 4; *Soergel-Heintzmann*, BGB, 12. Aufl., § 1313 Rz. 6, jew. m.w.N.). Das war hier jedoch nicht der Fall.
Die namensrechtlichen Folgen der zweiten Eheschließung sind für die ASt. als vorrangig deutsche Staatsangehörige gemäß Art. 10 EGBGB unmittelbar dem deutschen Recht zu entnehmen; eine abweichende Rechtswahl gemäß Art. 10 II EGBGB haben die Ehegatten, soweit ersichtlich, nicht vorgenommen. Nach dem damit anwendbaren § 1355 BGB wird ein gemeinsamer Ehename nur gebildet, wenn die Ehegatten entsprechende ausdrückliche Erklärungen abgeben, andernfalls behält jeder Ehegatte seinen zur Zeit der Eheschließung geführten Namen. Es ist nicht erkennbar, dass die ASt. und ihr zweiter Ehemann bei der Eheschließung Erklärungen über

einen gemeinsamen Ehenamen abgegeben haben, solche Erklärungen sind bei einer Eheschließung in der Türkei auch nicht zu erwarten. Damit führte die ASt. trotz grundsätzlicher Wirksamkeit der zweiten Eheschließung auch im Anschluss daran und nach der Scheidung der zweiten Ehe weiterhin ihren Ehenamen aus der ersten Ehe. Mit diesem ist sie in das Geburtsregister einzutragen.

3. *Familienname des Kindes*

Das Namensrecht des Kindes M. richtet sich ebenfalls gemäß Art. 10 EGBGB nach dem Recht seiner Staatsangehörigkeit. Gemäß § 4 StAG ist M. deutscher Staatsangehöriger, da seine Mutter, die ASt., bei seiner Geburt deutsche Staatsangehörige war. Gemäß Art. 7 des türkischen Gesetzes Nr. 5901 – Staatsangehörigkeitsgesetz – vom 29.5.2009 hat M. wegen der außerdem bestehenden türkischen Staatsangehörigkeit seiner Mutter auch die türkische Staatsbürgerschaft erlangt.

Gemäß Art. 5 I 2 EGBGB hat bei Mehrstaatlern die deutsche Staatsangehörigkeit Vorrang. Nicht relevant ist im vorliegenden Fall die gemäß Art. 10 III Nr. 1 EGBGB für den Inhaber der Personensorge eines Kindes eröffnete Möglichkeit, dem Kind einen nach dem Heimatrecht eines der Elternteile gebildeten Namen zu geben. Eine entspr. Erklärung des Inhabers der Personensorge, die öffentlicher Beglaubigung bedarf (Art. 10 III 2 EGBGB), ist von der ASt. nämlich – soweit bekannt – nicht abgegeben worden.

Gemäß § 1616 BGB erhält das Kind als Familiennamen den Ehenamen der Eltern. Der Familienname des Kindes M. hängt mithin davon ab, wer sein Vater im Rechtssinne ist und ob dieser und seine Mutter zum Zeitpunkt seiner Geburt einen gemeinsamen Ehenamen führten. Ob die Beantwortung dieser Vorfragen sich nach der durch Art. 10 EGBGB berufenen Rechtsordnung – hier also nach deutschem Recht – richtet oder selbständig anzuknüpfen ist, ist, wie vorstehend bereits ausgeführt, nicht zweifelsfrei. Im Ergebnis kann diese Frage jedoch auch hier dahinstehen: Bei selbständiger Anknüpfung ergibt sich für die Vorfragen die oben [s. 1. und 2.] dargestellte Rechtslage, d.h. danach stammte M. rechtlich von dem Beteiligten zu 2) ab, der zusammen mit der Mutter des Kindes den gemeinsamen Ehenamen ‚T.' führte. Zu dem gleichen Ergebnis gelangt man, wenn man über Art. 10 EGBGB die Vorfragen ausschließlich nach deutschem Recht beurteilt, da auch in diesem Fall die Scheidung der ASt. in der Türkei gemäß § 107 FamFG bzw. Art. 7 § 1 FamRÄndG nicht anzuerkennen ist, aufgrund der fortbestehenden ersten Ehe der ASt. der Beteiligte zu 2) gemäß § 1592 BGB als rechtlicher Vater des Kindes anzusehen ist und der gemeinsame Ehename der Kindeseltern T. lautet. Für das Kind M. ist also der Familienname ‚T.' in das Register einzutragen."

117. *Die Anerkennung einer ausländischen Adoptionsentscheidung nach §§ 108, 109 FamFG, 2, 5 AdWirkG scheidet grundsätzlich aus, wenn im ausländischen Adoptionsverfahren eine zureichende Kindeswohlprüfung ersichtlich nicht erfolgt ist.*

Es stellt aber keinen zwingenden Versagungsgrund dar, wenn die Kindeswohlprüfung durch die Behörde am Lebensmittelpunkt des Angenommenen nach deutschen Maßstäben unvollständig ist; dies kann lediglich Zweifel an der Vereinbarkeit der ausländischen Adoptionsentscheidung mit dem deutschen ordre public begründen und ist einzelfallbezogen zu prüfen.

Eine Unvereinbarkeit mit dem deutschen ordre public ist nicht gegeben, wenn die ausländische (hier: namibische) Adoptionsentscheidung unter dem Aspekt des Adoptionsbedürfnisses die entsprechenden deutschen Anforderungen zwar nicht vollständig erfüllt, das fünfzehnjährige Kind aber zum Zeitpunkt der Entscheidung über die Anerkennung bereits seit über elf Jahren mit den Adoptiveltern in häuslicher Gemeinschaft lebt und eine intensive Eltern-Kind-Beziehung durch entsprechende Anhörungen der Beteiligten und Sozialberichte nachgewiesen ist.

a) AG Bremen, Beschl. vom 22.4.2014 – 63 F 582/12 AD: Unveröffentlicht.
b) OLG Bremen, Beschl. vom 26.9.2014 – 5 UF 52/14: NJW-RR 2014, 1411; FamRZ 2015, 425; StAZ 2015, 240. Leitsatz in FamRB 2015, 102 mit Anm. *Krause*.

Im vorliegenden Verfahren begehren die ASt. als Annehmende die Anerkennung einer vom Children's Court for the District of Windhoek/Namibia am 16.4.2007 ausgesprochenen Adoptionsentscheidung. Der ASt. zu 1) ist deutscher Staatsangehöriger und lebt seit 1997 in Namibia. Die ASt. zu 2) ist namibische Staatsangehörige. Im August 2002 haben die ASt. in Namibia geheiratet. Anlässlich der kirchlichen Trauung wurde ihnen von einem Cousin der ASt. zu 2) dessen Tochter – die 1999 geborene Beteiligte zu 3) – als „Hochzeitsgeschenk" übergeben. Dem liegt eine Tradition des Stammes der Ovakwanyama zugrunde, dem die ASt. zu 2) angehört, wonach einem neu vermählten Ehepaar ein Kind „geschenkt" wird. Das betreffende Kind gilt fortan als dessen Kind. Die neuen Eltern sind nach der Tradition verpflichtet, sich um das Kind wie um ein eigenes Kind zu kümmern und es zu versorgen. Das Kind wächst bei den neuen Eltern auf, hat aber jederzeit das Recht, seine leiblichen Eltern und die dazugehörige Familie zu besuchen. Die ASt. beließen die Beteiligte zu 3) nach der Trauung zunächst bei den leiblichen Eltern, weil sie zu jener Zeit noch mit der Haussuche in Windhoek beschäftigt waren. Im August 2003 nahmen sie die Beteiligte zu 3) zu sich. Seitdem leben die ASt. mit der Beteiligten zu 3) in häuslicher Gemeinschaft zusammen. Mit Beschluss vom 16.4.2007 hat der Children's Court for the District of Windhoek/Namibia auf Antrag der ASt. angeordnet, dass die Beteiligte zu 3) von ihnen adoptiert wird. Zugleich hat das Gericht der Beteiligten zu 3) den Familiennamen S. erteilt. Die ASt. beantragen nunmehr, die Wirksamkeit dieser Adoptionsentscheidung nach § 2 AdWirkG anzuerkennen.

Aus den Gründen:

a) AG Bremen 22.4.2014 – 63 F 582/12 AD:

„II. Nach § 2 I AdWirkG war festzustellen, dass die Adoptionsentscheidung des Children's Court for the District of Windhoek/Namibia vom 16.4.2007 nicht anzuerkennen ist.
Die Anerkennungsfähigkeit der Entscheidung richtet sich nach §§ 108, 109 FamFG, da die Republik Namibia dem AdoptÜ nicht beigetreten ist. Gemäß § 109 I Nr. 4 FamFG ist die Anerkennung einer ausländischen Entscheidung ausgeschlossen, wenn sie zu einem Ergebnis führt, das mit wesentlichen Grundsätzen des deutschen Rechts offensichtlich unvereinbar ist.
Ein solcher Verstoß gegen den ordre public ist bei Adoptionsentscheidungen insbesondere dann gegeben, wenn vor der Entscheidung keine oder nur eine unzureichende Kindeswohlprüfung stattgefunden hat (KG, FamRZ 2006, 1405, 1407[1]; OLG Köln, FamRZ 2009, 1607, 1608[2]; OLG Düsseldorf, FamRZ 2011, 1522, 1523[3] jew. m.w.N.).
Die Kindeswohlprüfung muss hierbei neben der Elterneignung der Annehmenden und der Frage einer Eltern-Kind-Beziehung auch das Bestehen eines Adoptionsbedürfnisses umfassen (OLG Düsseldorf aaO; OLG Celle, FamRZ 2012, 1226,

---

[1] IPRspr. 2006 Nr. 227.
[2] IPRspr. 2009 Nr. 108.
[3] IPRspr. 2011 Nr. 118.

1227[4]; OLG Köln, Beschl. vom 17.10.2012 – 4 UF 171/12[5] Rz. 5, zit. n. juris). Das Adoptionsbedürfnis, also die Notwendigkeit für eine Änderung der abstammungsrechtlichen Beziehungen, ist Bestandteil des Kindeswohls und gehört zu dem für eine Anerkennungsentscheidung maßgeblichen ordre public (OLG Düsseldorf aaO m.w.N.).

Es ist nicht erkennbar, dass das namibische Gericht vor dem Ausspruch der Annahme eine Kindeswohlprüfung auch unter dem Aspekt des Adoptionsbedürfnisses vorgenommen hätte. Da die Adoptionsentscheidung selbst außer der Bezugnahme auf das angewandte Gesetz keine Begründung enthält, ist insofern auf den für das Gericht verfassten Adoptionsbericht ... vom 16.11.2006 abzustellen.

Dieser Bericht beleuchtet zwar ausführlich solche Aspekte, die für die Bewertung der Elterneignung der Annehmenden und auch für die Beurteilung von Bedeutung sind, ob eine Eltern-Kind-Beziehung entstanden ist. Eine Auseinandersetzung mit der Frage eines Adoptionsbedürfnisses findet hingegen nicht statt.

Eine ausdrückliche Stellungnahme zum Adoptionsbedürfnis enthält der Bericht nicht. Auch dem sonstigen Inhalt des Berichts ist nicht zu entnehmen, dass dieser Aspekt fachlich gewürdigt worden wäre. Im Abschn. 10 (Das betroffene Kind) wird zwar ausgeführt: Es sei eindeutig, dass ... sehr glücklich sei, und sie sehe sich selbst als eine S. Sie rede Herrn und Frau S. mit ‚Mommy' und ‚Daddy' an, obwohl sie wisse, dass ihre leiblichen Eltern im Norden Namibias lebten, die sie aber mit ‚Onkel' und ‚Tante' anrede. Dies betrifft allerdings zunächst allein die Feststellung, ob eine Eltern-Kind-Beziehung anzunehmen ist. Die darüber hinausgehende Frage, ob die entstandene Eltern-Kind-Beziehung unter den gegebenen Umständen bereits für sich genommen ein Adoptionsbedürfnis begründet, wird damit nicht diskutiert. Die einzige Passage des Adoptionsberichts, die ansonsten noch in Bezug zur Fragestellung eines Adoptionsbedürfnisses gesetzt werden könnte, findet sich im Abschn. 4 (Einleitung). Dort heißt es unter Nr. 43, ...s leibliche Eltern hätten sie jetzt zur Adoption freigegeben, und Herr und Frau S. hätten deshalb einen Antrag auf Adoption gestellt. Selbst wenn man dieser – einleitenden – Formulierung entnehmen wollte, dass ein Adoptionsbedürfnis bereits aus der Freigabe des Kindes zur Adoption hergeleitet wird, wäre dies jedenfalls unter den gegebenen Umständen keine nach den Maßstäben des ordre public hinreichende Kindeswohlprüfung.

Zwar mag es nicht grundsätzlich zu beanstanden sein, wenn die ausländische Adoptionsentscheidung schon eine Freigabe zur Adoption als solche ausreichen lässt, um ein Adoptionsbedürfnis anzunehmen. Jedoch kann eine solche Schlussfolgerung hier angesichts der besonderen Umstände des Falls nicht als ausreichend betrachtet werden. Es drängt sich nämlich die nahe liegende Möglichkeit auf, dass die Adoptionsfreigabe einzig und allein in Vollzug der nach Ovakwanyama-Tradition bereits erfolgten ‚Kindesschenkung' erklärt wurde. Nach den aktenkundigen Erhebungen der Botschaft der Bundesrepublik Deutschland ... werden solche ‚Kindesschenkungen' im Gewohnheitsrecht als Adoption wahrgenommen, vom Gesetzesrecht aber als solche nicht anerkannt, so dass ggf. eine staatliche Adoption auf Grundlage der Zustimmung der leiblichen Eltern nachgeholt werden muss.

Sollte sich die Motivation der leiblichen Eltern zur Adoptionsfreigabe darin erschöpfen, der ‚Kindesschenkung' die Wirkung einer staatlichen Adoption beizu-

---

[4] IPRspr. 2011 Nr. 128.   [5] IPRspr. 2012 Nr. 130b.

legen, wäre eine hierauf beruhende Adoptionsentscheidung mit dem ordre public nicht in Einklang zu bringen. In diesem Fall wäre die Freigabe zur Adoption nämlich nicht, wie dies üblicherweise zu erwarten ist, durch kindbezogene Erwägungen der leiblichen Eltern geprägt, sondern allein dem nicht kindbezogenen Ziel gewidmet, einer Stammestradition zu entsprechen. Diese Vorgehensweise würdigt das betroffene Kind zum bloßen Objekt des elterlichen Handelns herab. Dies wiegt umso schwerer, als auch die Stammestradition selbst gerade keine kindbezogene Rechtfertigung erkennen lässt. Dies zeigt sich zum einen an dem Hintergrund der Tradition, wie ihn die Annehmende in der persönlichen Anhörung erläutert hat. Demnach soll das ‚Hochzeitsgeschenk' dem neu vermehrten Paar ein Kind verschaffen, mit dem es ‚beginnen kann', und eine Anerkennung im Familienverband darstellen. Zum anderen zeigt es sich daran, dass es nach Auskunft der Annehmenden üblich ist, das jeweils jüngste Kind wegzugeben. Wenn demnach die Auswahl des betroffenen Kindes gewissermaßen vom Zufall abhängt, ist eine am Wohl des Kindes orientierte Adoptionsfreigabe auszuschließen.

Nach alledem wäre es für eine hinreichende Prüfung des Adoptionsbedürfnisses unabdingbar gewesen, vor der Adoptionsentscheidung die Motivation der leiblichen Eltern zur Adoptionsfreigabe in fachlicher Hinsicht näher zu überprüfen. Nachdem dies nicht geschehen ist, muss der ausländischen Adoptionsentscheidung die Anerkennung versagt werden.

Es ist auch nicht möglich, die unterbliebene Prüfung des Adoptionsbedürfnisses durch das namibische Adoptionsgericht im Anerkennungsverfahren nachzuholen. Eine unzureichende Kindeswohlprüfung des ausländischen Adoptionsgerichts kann nicht durch eine Kindeswohlprüfung im Anerkennungsverfahren geheilt oder vervollständigt werden, weil dies dem Sinn eines Anerkennungsverfahrens zuwiderliefe, die Abwägungsentscheidung des an sich zuständigen Adoptionsgerichts durch diejenige des anerkennenden Gerichts ersetzt würde und das Anerkennungsverfahren einer Wiederholungsadoption gleichkäme, die nur in einem gesonderten Verfahren möglich ist (OLG Düsseldorf, Beschl. vom 27.7.2012 – II-1 UF 82/11[6], Rz. 13 zit. n. juris; OLG Celle aaO 1228; OLG Köln aaO Rz. 7 jew. m.w.N.)"

b) OLG Bremen 26.9.2014 – 5 UF 52/14:

„II. ... Die Beschwerde ist auch begründet und führt zu einer Abänderung der angefochtenen Entscheidung.

1. Das Verfahren ist nicht zunächst an das AG zwecks Durchführung eines Abhilfeverfahrens nach § 68 I 1 FamFG zurückzusenden. Die Beschwerde richtet sich gegen eine Endentscheidung in einer Familiensache, bei der gemäß § 68 I 2 FamFG keine Abhilfebefugnis besteht. Der Senat schließt sich insofern der überzeugenden Rechtsauffassung an, dass es sich bei Entscheidungen über die Anerkennung ausländischer Adoptionen um Familiensachen handelt (ausführlich dazu: OLG Schleswig, Beschl. vom 25.9.2013 – 12 UF 58/13[1], FamRZ 2014, 498 f.; vgl. auch OLG Düsseldorf, Beschl. vom 27.7.2012, – 1 UF 82/11[2], FamRZ 2013, 714 f. und Beschl. vom 24.6.2014 – 1 UF 1/14[3] juris; MünchKomm-*Maurer*, 6. Aufl., § 5 AdWirkG

---

[6] IPRspr. 2012 Nr. 144.
[1] IPRspr. 2013 Nr. 132.
[2] IPRspr. 2012 Nr. 144.
[3] Siehe oben Nr. 111.

Rz. 2, jew. m.w.N.; zur Gegenansicht: OLG Hamm, Beschl. vom 24.1.2012 – 11 UF 102/11[4]; FamRZ 2012, 1230; OLG Köln, Beschl. vom 30.3.2012 – 4 UF 61/12, FamRZ 2012, 1234; OLG Dresden, Beschl. vom 29.10.2013 – 21 UF 519/13[5], FamRZ 2014, 1129 f.; OLG Celle, Beschl. vom 20.1.2014 – 17 UF 50/13[6], FamRZ 2014, 1131 f.; *Weitzel*, AdWirkG, 2. Aufl., § 5 Rz. 4; *Keidel-Engelhardt*, FamFG, 18. Aufl., § 199 Rz. 31, jew. m.w.N.).

2. Nicht zu beanstanden ist, dass das FamG für die Beteiligte zu 3) keinen Ergänzungspfleger bestellt hat. Zwar ist die Beteiligte zu 3) sog. Mussbeteiligte gemäß § 7 II Nr. 1 FamFG, weil ihre Rechte durch das Anerkennungsverfahren unmittelbar betroffen werden. Sie wird jedoch durch die ASt. gesetzlich vertreten. Gemäß Art. 21 EGBGB, wonach das Rechtsverhältnis zwischen einem Kind und seinen Eltern dem Recht des Staats unterliegt, in dem das Kind seinen gewöhnlichen Aufenthalt hat, richtet sich die Vertretung des Kindes nach dem Recht des Staats Namibia. Aufgrund der Adoptionsentscheidung des Children's Court for the District of Windhoek/Namibia vom 16.4.2007 vertreten die ASt. die Beteiligte zu 3), ohne dass es darauf ankommt, ob die Adoptionswirkung dieser Entscheidung auch außerhalb Namibias, insbes. in Deutschland, anzuerkennen ist (vgl. OLG Schleswig aaO; s.a. OLG Düsseldorf aaO; *Weitzel* aaO Rz. 5) ...

4. Der Anwendungsbereich des AdoptÜ ist hier nicht eröffnet, weil Namibia kein Vertragsstaat des AdoptÜ ist. Die Anerkennung der ausländischen Adoptionsentscheidung erfolgt deshalb im Rahmen des Anerkennungsverfahrens gemäß § 108 II 3 FamFG i.V.m. § 2 AdWirkG, denn die Beteiligte zu 3) als Angenommene hat das 18. Lebensjahr noch nicht vollendet.

5. Die in Rede stehende Adoptionsentscheidung des namibischen Gerichts war gemäß § 2 AdWirkG anzuerkennen. Insbesondere liegt kein Anerkennungshindernis nach § 109 I Nr. 4 FamFG vor.

Nach §§ 108, 109 FamFG i.V.m. §§ 2 ff. AdWirkG werden ausländische Adoptionsentscheidungen anerkannt, sofern kein Anerkennungshindernis im Sinne von § 109 FamFG besteht. Nach § 109 I Nr. 4 FamFG ist die Anerkennung einer ausländischen Entscheidung ausgeschlossen, wenn die Anerkennung der Entscheidung zu einem Ergebnis führt, das mit wesentlichen Grundsätzen des deutschen Rechts offensichtlich unvereinbar ist, insbes. wenn die Anerkennung mit den Grundrechten unvereinbar ist. Nach st. obergerichtlicher Rspr. muss die ausländische Adoptionsentscheidung insbesondere eine dem deutschen ordre public genügende Prüfung des Kindeswohls enthalten (OLG Celle, Beschl. vom 20.1.2014 aaO; OLG Frankfurt, Beschl. vom 10.6.2014 – 20 W 24/14[7], FamRZ 2014, 1572, 1573 f., jew. m.w.N.). Für die Anerkennungsfähigkeit einer ausländischen Adoptionsentscheidung ist es deshalb zwingend erforderlich, dass diese sich mit der Frage auseinandergesetzt hat, ob die konkrete Adoption dem Kindeswohl entspricht, ob also ein Adoptionsbedürfnis vorliegt, die Elterneignung der Annehmenden gegeben und eine Eltern-Kind-Beziehung bereits entstanden bzw. ihre Entstehung zu erwarten ist. Die Anerkennung einer ausländischen Adoptionsentscheidung scheidet im Grundsatz aus, wenn im ausländischen Adoptionsverfahren eine zureichende Kindeswohlprüfung ersichtlich überhaupt nicht erfolgt ist, weil diese nach ausländischem Recht bei der

---

[4] IPRspr. 2012 Nr. 128 (LS).
[5] IPRspr. 2013 Nr. 135.
[6] Siehe oben Nr. 108.
[7] Siehe oben Nr. 109.

Entscheidung über die Adoption gar nicht vorgesehen war oder eine nach ausländischem Recht vorgesehene Prüfung von den Beteiligten umgangen worden ist (OLG Celle aaO; OLG Frankfurt aaO; OLG Düsseldorf, Beschl. vom 26.4.2014 aaO).

Zu berücksichtigen ist allerdings, dass es sich bei § 109 I Nr. 4 FamFG um eine die grundsätzliche Anerkennung ausländischer Entscheidungen durchbrechende Ausnahmevorschrift handelt, die eng auszulegen ist (OLG Hamm, Beschl. vom 19.12.2013 – 11 UF 24/13[8], juris). Bei der anzustellenden Prüfung ist daher Zurückhaltung geboten; insbesondere ist ein Verstoß gegen den ordre public nicht schon dann gegeben, wenn ein deutsches Gericht nach – selbst zwingendem – deutschem Recht den Fall anders zu entscheiden hätte (OLG Hamm aaO). Die Anerkennung der ausländischen Entscheidung ist vielmehr nur dann ausgeschlossen, wenn sie zu einem Ergebnis führt, das zu dem Grundgedanken der entspr. deutschen Regelung und den darin enthaltenen Gerechtigkeitsvorstellungen in so starkem Widerspruch steht, dass das Ergebnis nach inländischen Vorstellungen untragbar erscheint (OLG Hamm aaO m.w.N.). Soweit es, wie hier, um die Anerkennung einer ausländischen Adoptionsentscheidung geht, müssen die Rechtsfolgen der ausländischen Entscheidung in einer besonders schwerwiegenden Weise gegen Sinn und Zweck einer Kindesannahme nach deutschem Recht, die im Wesentlichen den Kindesinteressen dienen soll (§ 1741 BGB), oder gegen das Persönlichkeitsrecht des Annehmenden verstoßen (OLG Hamm, aaO). Bei dieser Prüfung ist nicht auf den Zeitpunkt der ausländischen Entscheidung, sondern auf den Zeitpunkt, in dem über die Anerkennung entschieden wird, abzustellen (OLG Hamm aaO; KG, Beschl. vom 4.4.2006 – 1 W 369/05[9], FamRZ 2006, 1405).

Bei Anwendung dieser Grundsätze ist die verfahrensgegenständliche namibische Adoptionsentscheidung nach Auffassung des Senats anerkennungsfähig, denn entgegen der Auffassung des AG scheitert deren Anerkennungsfähigkeit nicht an einer fehlenden Prüfung des Adoptionsbedürfnisses. Wie dem vom namibischen Gericht eingeholten und hier vorliegenden Sozialbericht des Kommissars für Jugendwohlfahrt der Wohltätigkeitsstelle der Kirche vom 16.11.2006 zu entnehmen ist, hat insgesamt eine umfassende Prüfung des Kindeswohls stattgefunden. Die Elterneignung der ASt. und deren wirtschaftliche Verhältnisse sind ausführlich geprüft und dargelegt worden. Gleiches gilt für das Bestehen einer Eltern-Kind-Beziehung zwischen den ASt. und der Beteiligten zu 3). Zu berücksichtigen ist dabei insbesondere, dass die Beteiligte zu 3) zum Zeitpunkt dieses Sozialberichts bereits seit über drei Jahren im Haushalt der ASt. gemeinsam mit diesen lebte. Auch die Beteiligte zu 3) selbst ist persönlich angehört und zur geplanten Adoption befragt worden. Der Bericht stellt insofern fest, dass die Beteiligte zu 3) eindeutig sehr glücklich sei, dass sie die ASt. mit ‚Mommy' und ‚Daddy' anrede, obwohl sie wisse, dass diese nicht ihre leiblichen Eltern seien. Dieses Ergebnis wird auch durch die persönliche Anhörung der ASt. und der Beteiligten zu 3) vor dem AG vom 13.5.2013 bestätigt. Die Beteiligte zu 3) äußerte dort, dass sie sich bei den ASt. zuhause fühle. Diese seien für sie ihre Eltern. Sie lebe gern bei ihnen und es seien gute Leute, die sich um sie kümmern. Bezüglich der Aspekte Elterneignung der ASt. und Bestehen einer Eltern-Kind-Beziehung begegnet die namibische Adoptionsentscheidung im Hinblick auf ihre Anerkennungsfähigkeit somit auch keinen Bedenken.

---

[8] IPRspr. 2013 Nr. 141.   [9] IPRspr. 2006 Nr. 227.

Das AG hat in dem angefochtenen Beschluss seine Ablehnung der Anerkennung deshalb v.a. darauf gestützt, dass die Adoptionsentscheidung des namibischen Gerichts vor dem Ausspruch der Annahme nicht erkennen lasse, dass eine Kindeswohlprüfung unter dem ausdrücklichen Aspekt des Adoptionsbedürfnisses vorgenommen worden sei. Das sei deshalb problematisch, weil sich die nahe liegende Möglichkeit aufdränge, dass die Adoptionsfreigabe einzig und allein in Vollzug der nach Ovakwanyama-Tradition erfolgten ‚Kindesschenkung' im dortigen Gewohnheitsrecht als Adoption wahrgenommen werde und sich auch die Motivation der leiblichen Eltern zur Adoptionsfreigabe darin erschöpft habe, der ‚Kindesschenkung' die Wirkung einer staatlichen Adoption beizulegen. Dies sei mit dem deutschen ordre public nicht in Einklang zu bringen, weil die Freigabe zur Adoption in einem solchen Fall nicht, wie dies üblicherweise zu erwarten sei, durch kindbezogene Erwägungen der leiblichen Eltern geprägt, sondern allein dem nicht kindbezogenen Ziel gewidmet sei, einer Stammestradition zu entsprechen. Diese Vorgehensweise würdige das betroffene Kind zum bloßen Objekt des elterlichen Handelns herab, zumal die Auswahl des betroffenen Kindes vom Zufall abhängig sei, da nach der Stammestradition jeweils das jüngste Kind weggegeben werde.

Dem AG ist darin zuzustimmen, dass die namibische Adoptionsentscheidung unter dem Aspekt des Adoptionsbedürfnisses die entsprechenden deutschen Anforderungen nicht erfüllt. Zu berücksichtigen ist aber, dass das Adoptionsbedürfnis zumindest im Ansatz geprüft worden ist, denn in dem genannten Sozialbericht werden Feststellungen zur leiblichen Familie der Beteiligten zu 3) getroffen. Danach ist sie das jüngste von sechs gemeinsamen Kindern ihrer leiblichen Eltern (neben 14 weiteren Kindern ihres Vaters und einem weiteren Kind ihrer Mutter). Entgegen der Auffassung des AG stellt es aber keinen zwingenden Versagungsgrund dar, wenn die Kindeswohlprüfung durch die Behörde am Lebensmittelpunkt des Angenommenen nach deutschen Maßstäben unvollständig ist; dies kann lediglich Zweifel an der Vereinbarkeit der ausländischen Adoptionsentscheidung mit dem deutschen ordre public begründen (OLG Frankfurt, Beschl. vom 10.6.2014 aaO 1574). Zusätzlich ist zu berücksichtigen, dass bei der Prüfung des ordre public im Sinne einer Unvereinbarkeit mit wesentlichen Grundsätzen des deutschen Rechts nicht verlangt werden kann, dass die Überprüfung des Kindeswohls im Rahmen der anzuerkennenden ausländischen Entscheidung in vollem Umfang den Verfahrensregeln und den inhaltlichen Maßstäben des deutschen Rechts entsprechen muss (OLG Frankfurt aaO). Der Ordre-public-Vorbehalt hat vielmehr den Charakter einer Generalklausel. Es muss immer im Einzelfall ermittelt werden, ob ein Verstoß gegen die deutsche öffentliche Ordnung vorliegt, wobei nach dem Wortlaut des § 109 I Nr. 4 FamFG lediglich das Ergebnis der ausländischen Entscheidung zu kontrollieren ist (OLG Celle, Beschl. vom 20.1.2014 aaO 1132; *Schulte-Bunert/Weinreich/Baetge*, FamFG, 6. Aufl., § 109 Rz. 20). Je enger die Inlandsbeziehungen des Sachverhalts sind, desto eher kann die Anerkennung einer ausländischen Entscheidung zu einem für die deutsche Rechtsordnung unerträglichen Ergebnis führen. Umgekehrt können fremdartige Ergebnisse in größerem Maße hingenommen werden, wenn die Verbindungen zu Deutschland nur schwach ausgeprägt sind (OLG Celle, aaO; *Schulte-Bunert/Weinreich/Baetge* aaO Rz. 22). Dabei ist auch die Aufgabe des Anerkennungsrechts zu berücksichtigen. Einerseits soll die Wirkungserstreckung großzügig gestattet werden, um internationalen Entscheidungseinklang und Verfahrensökonomie zu sichern. Andererseits soll das Anerkennungsrecht festlegen, wann diese Ziele zurücktreten müssen (OLG Celle aaO m.w.N.).

Unter Berücksichtigung dieser Umstände liegt hier insgesamt kein Versagungsgrund im Sinne des § 109 I Nr. 4 FamFG vor, denn es ist nicht ersichtlich, warum die Adoption der Beteiligten zu 3) durch die ASt. zu einem Ergebnis führen sollte, dass nach inländischen Vorstellungen untragbar wäre. Das gilt insbesondere deshalb, weil es für die Beurteilung eines möglichen Verstoßes gegen den ordre public nicht auf den Zeitpunkt des Erlasses der Adoptionsentscheidung im Ausland ankommt, sondern, wie dargetan, auf den Zeitpunkt der Anerkennungsentscheidung in Deutschland (OLG Hamm aaO; KG, Beschl. vom 4.4.2006 aaO). Dabei kann auch berücksichtigt werden, ob zwischenzeitlich Bindungen zwischen Adoptiveltern und Kind eingetreten sind, deren nachträgliche Lösung nicht mehr dem Kindeswohl entspricht (*Keidel-Zimmermann* aaO § 109 Rz. 23; *Frank*, FamRZ 2014, 1527, 1528). Das ist hier eindeutig der Fall. Die Beteiligte zu 3) lebt seit über elf Jahren mit den ASt. in einer Eltern-Kind-Beziehung in einem Haushalt zusammen. Seit der namibischen Adoptionsentscheidung sind inzwischen mehr als sieben Jahre vergangen. Eine intensive Eltern-Kind-Beziehung, die sowohl der Sozialbericht aus dem Jahre 2006 als auch die Anhörung der ASt. und der Beteiligten zu 3) vor dem AG ergeben haben, wird im vorliegenden Fall auch von keinem Beteiligten infrage gestellt."

118. *Die Anerkennung einer im Ausland (hier im Vereinigten Königreich Großbritannien) erfolgten Adoption kann überhaupt nur geprüft werden, wenn dem deutschen Gericht die zugrunde liegende Adoptionsentscheidung des ausländischen Gerichts vorgelegt wird. [LS der Redaktion]*

AG Schleswig, Beschl. vom 8.8.2014 – 93 F 62/13: Unveröffentlicht.

Der nachfolgende Beschluss des OLG Schleswig – 12 UF 196/14 – wird im Band IPRspr. 2015 abgedruckt.

119. *Ausweislich der Regelung des Art. 678 I des Gesetzes Nr. 87-010 – Familiengesetzbuch – vom 1.8.1987 (B.O. vom 1.8.1987) der Demokratischen Republik Kongo bleibt die Verwandtschaftsbeziehung eines Adoptierten zu seiner ursprünglichen Familie bestehen.*

Das kongolesische Recht sieht eine Kindeswohlprüfung im Rahmen der Adoption ausdrücklich vor; es ist daher davon auszugehen, dass ein international zuständiges ausländisches Gericht bei der Anwendung des kongolesischen Rechts das Kindeswohl entsprechend beachtet hat. [LS der Redaktion]

OLG Brandenburg, Beschl. vom 11.9.2014 – 15 UF 128/13: FamRZ 2015, 869.

Die Beteiligten streiten über die Anerkennung einer durch Urteil des Jugendgerichts Kinshasa ausgesprochenen Adoptionsentscheidung. Hinsichtlich des zugrunde liegenden Sachverhalts verweist der Senat zunächst auf die ausführliche Darstellung in der angefochtenen Entscheidung. Das AG hat den Anerkennungsantrag der ASt. zurückgewiesen. Hiergegen wendet sich die ASt. mit ihrer Beschwerde.

Aus den Gründen:

„II. ... 2. Die Beschwerde ist auch begründet. Sie führt gemäß § 2 I AdWirkG antragsgemäß zu der Feststellung, dass die Annahme des Kindes ... durch die ASt.

aufgrund der Entscheidung des Jugendgerichts Kinshasa vom 25.6.2012 anerkannt wird. Da der Adoptierte nach Art. 678 I des kongol. Gesetzes Nr. 87-010 – Familiengesetzbuch – vom 1.8.1987 (B.O. vom 1.8.1987) seine Verwandtschaftsbeziehung zu seiner ursprünglichen Familie behält, das Eltern-Kind-Verhältnis also nicht erloschen ist, war darüber hinaus gemäß § 2 II Nr. 2 AdWirkG festzustellen, dass das Annahmeverhältnis in Ansehung der elterlichen Sorge und der Unterhaltspflicht des Annehmenden einem nach den deutschen Sachvorschriften begründeten Annahmeverhältnis gleichsteht.

Gemäß §§ 108, 109 FamFG sind wirksame ausländische Entscheidungen lediglich dann nicht anzuerkennen, wenn ein Anerkennungshindernis besteht. Ein solches liegt hier nicht vor. Insbesondere ist nicht ersichtlich, dass die Anerkennung der Entscheidung zu einem Ergebnis führt, das mit wesentlichen Grundsätzen des deutschen Rechts offensichtlich unvereinbar ist (§ 109 I Nr. 4 FamFG). Die Vorschrift ist – wie sich bereits aus dem Wortlaut ergibt – restriktiv auszulegen und die Anwendung auf Ausnahmesituationen zu begrenzen (BGH, FamRZ 2011, 788)[1].

Zutreffend ist das AG davon ausgegangen, dass zum Kernbereich des deutschen Adoptionsrechts die Prüfung gehört, ob die Adoption dem Kindeswohl entspricht (vgl. § 1741 I BGB), wobei dies auch eine Prüfung der Elterneignung des Annehmenden umfasst. Dass das Jugendgericht Kinshasa eine solche Prüfung nicht vorgenommen hat, lässt sich indes nicht feststellen. Hat – wie hier – das international zuständige ausländische Gericht ein rechtswirksames Adoptionsurteil erlassen, kann grundsätzlich davon ausgegangen werden, dass es das Kindeswohl geprüft und berücksichtigt hat (vgl. BayObLGZ 2000, 180 m.w.N.[2]). Dies gilt jedenfalls dann, wenn das anzuwendende nationale Recht – wie hier das kongolesische – ausdrücklich eine solche Prüfung vorsieht. Das Jugendgericht Kinshasa hat nach persönlicher Anhörung der ASt. die Überzeugung gewonnen, dass die Adoption den Interessen und dem Wohl des Kindes entspricht, und hierauf seine Entscheidung ausdrücklich gestützt. Soweit das AG meint, das Gericht habe das Kindeswohl, insbes. die Adoptionseignung der ASt. unzulänglich geprüft, kann dem – jedenfalls nach Vorlage der weiteren, vor der Entscheidung gefertigten ausführlichen Sozialberichte der Sozialassistentin des Ministeriums für soziale Angelegenheiten im Beschwerdeverfahren – nicht gefolgt werden. Dass die Begründung des kongolesischen Adoptionsurteils im Verhältnis zu einem entspr. deutschen Adoptionsbeschluss eher kurz gehalten ist, erklärt sich aus der insofern abweichenden französischen Rechtstradition, wonach Gerichtsurteile so knapp wie möglich verfasst werden und die Begründung in einer möglichst präzisen Unterordnung des Sachverhalts unter die Norm besteht.

Angesichts der Tatsache, dass die ASt. selbst kongolesische Wurzeln hat, es sich bei dem adoptierten Kind um die Tochter ihres Halbbruders handelt und sie in Deutschland bereits einen Bruder des adoptierten Kindes im Wege der Nachadoption adoptiert hat, lässt auch das Ergebnis nicht auf einen krassen Rechtsverstoß schließen."

120. *Wirksame ausländische Entscheidungen sind gemäß §§ 108, 109 FamFG lediglich dann nicht anzuerkennen, wenn ein Anerkennungshindernis besteht.*

---

[1] IPRspr. 2011 Nr. 171.   [2] IPRspr. 2000 Nr. 190.

Hat ein international zuständiges ausländisches Gericht ein rechtswirksames Adoptionsurteil erlassen, kann davon ausgegangen werden, dass es das Kindeswohl geprüft und berücksichtigt hat, wenn das anzuwendende nationale (hier: kongolesische) Recht eine solche Prüfung ausdrücklich vorsieht. [LS der Redaktion]

OLG Brandenburg, Beschl. vom 29.9.2014 – 15 UF 128/13: FamRZ 2015, 869.

Die Beteiligten streiten über die Anerkennung einer kongolesischen Adoptionsentscheidung. Das AG hat den Anerkennungsantrag der ASt. zurückgewiesen, weil das Urteil des Jugendgerichts Kinshasa mit wesentlichen Grundsätzen des deutschen Rechts nicht vereinbar sei. Der Entscheidung sei weder eine hinreichende Auseinandersetzung mit dem Bedürfnis nach einer Auslandsadoption noch mit der Adoptionseignung der ASt. zu entnehmen. Die von der ASt. eingereichten Sozialberichte datierten nach der Adoptionsentscheidung und seien im Übrigen unzureichend. Hiergegen wendet sich die ASt. mit ihrer Beschwerde.

Aus den Gründen:

„II. 1. Die Beschwerde der ASt. ist gemäß § 5 IV 2 AdWirkG i.V.m. § 58 FamFG statthaft und auch im Übrigen zulässig ...
2. Die Beschwerde ist auch begründet. Sie führt gemäß § 2 I AdWirkG antragsgemäß zu der Feststellung, dass die Annahme des Kindes ... durch die ASt. aufgrund der Entscheidung des Jugendgerichts K. vom 25.6.2012 anerkannt wird. Da der Adoptierte nach Art. 678 I des kong. Gesetzes Nr. 87-010 – Familiengesetzbuch – vom 1.8.1987 (B.O. vom 1.8.1987) seine Verwandtschaftsbeziehung zu seiner ursprünglichen Familie behält, das Eltern-Kind-Verhältnis also nicht erloschen ist, war darüber hinaus gemäß § 2 II Nr. 2 AdWirkG festzustellen, dass das Annahmeverhältnis in Ansehung der elterlichen Sorge und der Unterhaltspflicht des Annehmenden einem nach den deutschen Sachvorschriften begründeten Annahmeverhältnis gleichsteht.

Gemäß §§ 108, 109 FamFG sind wirksame ausländische Entscheidungen lediglich dann nicht anzuerkennen, wenn ein Anerkennungshindernis besteht. Ein solches liegt hier nicht vor. Insbesondere ist nicht ersichtlich, dass die Anerkennung der Entscheidung zu einem Ergebnis führt, das mit wesentlichen Grundsätzen des deutschen Rechts offensichtlich unvereinbar ist (§ 109 I Nr. 4 FamFG). Die Vorschrift ist – wie sich bereits aus dem Wortlaut ergibt – restriktiv auszulegen und die Anwendung auf Ausnahmesituationen zu begrenzen (BGH, FamRZ 2011, 788)[1].

Zutreffend ist das AG davon ausgegangen, dass zum Kernbereich des deutschen Adoptionsrechts die Prüfung gehört, ob die Adoption dem Kindeswohl entspricht (vgl. § 1741 I BGB), wobei dies auch eine Prüfung der Elterneignung des Annehmenden umfasst. Dass das Jugendgericht K. eine solche Prüfung nicht vorgenommen hat, lässt sich indes nicht feststellen. Hat – wie hier – das international zuständige ausländische Gericht ein rechtswirksames Adoptionsurteil erlassen, kann grundsätzlich davon ausgegangen werden, dass es das Kindeswohl geprüft und berücksichtigt hat (vgl. BayObLGZ 2000, 180, m.w.N.[2]). Dies gilt jedenfalls dann, wenn das anzuwendende nationale Recht – wie hier das kongolesische – ausdrücklich eine solche Prüfung vorsieht. Das Jugendgericht K. hat nach persönlicher Anhörung der ASt. die Überzeugung gewonnen, dass die Adoption den Interessen und dem Wohl des Kindes entspricht, und hierauf seine Entscheidung ausdrücklich gestützt. Soweit das AG meint, das Gericht habe das Kindeswohl, insbesondere die Adoptionseignung der ASt. unzulänglich geprüft, kann dem – jedenfalls nach Vorlage der weiteren, vor

---

[1] IPRspr. 2011 Nr. 171.   [2] IPRspr. 2000 Nr. 190.

der Entscheidung gefertigten ausführlichen Sozialberichte der Sozialassistentin des Ministeriums für Soziale Angelegenheiten im Beschwerdeverfahren – nicht gefolgt werden. Dass die Begründung des kongolesischen Adoptionsurteils im Verhältnis zu einem entspr. deutschen Adoptionsbeschluss eher kurz gehalten ist, erklärt sich aus der insofern abweichenden französischen Rechtstradition, wonach Gerichtsurteile so knapp wie möglich verfasst werden und die Begründung in einer möglichst präzisen Unterordnung des Sachverhalts unter die Norm besteht.

Angesichts der Tatsache, dass die ASt. selbst kongolesische Wurzeln hat, es sich bei dem adoptierten Kind um die Tochter ihres Halbbruders handelt und sie in Deutschland bereits einen Bruder des adoptierten Kindes im Wege der Nachadoption adoptiert hat, lässt auch das Ergebnis nicht auf einen krassen Rechtsverstoß schließen."

121. *Das Haager Adoptionsübereinkommen finden im Verhältnis zwischen Guinea und der Bundesrepublik Deutschland keine Anwendung, weil die Bundesrepublik Deutschland gemäß Art. 44 III AdoptÜ Einspruch gegen den Beitritt Guineas erhoben hat.*

Die Anerkennung einer guinesischen Adoptionsentscheidung scheidet aus, wenn das Kind weder angehört noch die Eignung des Annehmenden überprüft wurde.
[LS der Redaktion]

OLG Koblenz, Beschl. vom 15.10.2014 – 13 UF 463/14: OLGR Mitte 44/2014, Anm. 4.

<small>Der ASt., geboren in Guinea, aber jetzt deutscher Staatsangehöriger, begehrt die Anerkennung einer in Guinea ergangenen Entscheidung über die Adoption seines in Guinea geborenen und noch dort lebenden Neffen. Durch Beschluss des 1. Amtsgerichts von .../Guinea „stimmte" dieses der Adoption des 1995 geborenen Kindes durch seinen Onkel, den ASt., auf dessen Antrag „zu". Mit seinem Antrag, dem nur Kopien der Urkunden aus Guinea beigefügt waren, begehrte der ASt. die Anerkennung der ausländischen Entscheidung nach § 2 AdWirkG. Das BfJ – BZAA – beantragte die Zurückweisung des Antrags. Das AG lehnte den Antrag ab. Mit der Beschwerde verfolgt der ASt. seinen ursprünglichen Antrag weiter. Das AG hat der Beschwerde nicht abgeholfen und die Sache dem Senat vorgelegt.</small>

Aus den Gründen:

„II. ... 2. Das Rechtsmittel ist aber unbegründet.
a. Das AG Koblenz war zur Entscheidung international zuständig (§ 101 FamFG i.V.m. § 5 I 2 AdWirkG). Seine örtliche Zuständigkeit ergibt sich aus § 5 I 1 AdWirkG; der ASt. wohnt als Annehmender im Bezirk des OLG Koblenz.
b. Die Anerkennung hat im Einzelnen folgende Voraussetzungen:
i. Wenn eine Adoption unter Beteiligung zweier Vertragsstaaten des AdoptÜ stattgefunden hat und die zuständige Behörde des Staats, in dem das Adoptionsverfahren durchgeführt wurde, in einer Bescheinigung nach Art. 23 AdoptÜ bestätigt, dass sie gemäß dem Übereinkommen zustande gekommen ist, wird die Adoption in den anderen Vertragsstaaten von Gesetzes wegen anerkannt, sofern sie nicht gegen den ordre public verstößt (Art. 24 AdoptÜ).
ii. Die Anerkennung einer ausländischen Adoptionsentscheidung (oder einer Vertragsadoption) bei einem Nichtvertragsstaat richtet sich nach §§ 108,109 FamFG, 2, 4, 5 AdWirkG. Das Verfahren setzt einen Antrag durch eine antragsbefugte Person, hier durch den ASt., voraus (§ 4 I Nr 1 lit. a AdWirkG). Grundsätzlich sind

ausländische Entscheidungen anzuerkennen (§ 108 I FamFG), wenn nicht einer der in § 109 FamFG genannten Gründe entgegensteht.

iii. Dem Antrag sind beizufügen (vgl. hierzu *Kranzler-Borth-Griwotz/Siede*, Anwalts-Handbuch Familienrecht, 2. Aufl., Kap. 4 Rz. 215):
Die ausländische Adoptionsentscheidung im Original bzw. in beglaubigter Abschrift mit Legalisation (§ 438 II ZPO),
Rechtskraftvermerk für die ausländische Adoptionsentscheidung,
Geburtsurkunde des Kindes nach Durchführung der Adoption in beglaubigter Ausfertigung mit Legalisation.

iv. Eine Anerkennung ist nach dem hier in Betracht kommenden § 109 Nr. 4 FamFG wegen Verstoßes gegen den deutschen ordre public zu versagen, wenn die Entscheidung mit wesentlichen Grundsätzen des deutschen Rechts, insbesondere den Grundrechten, unvereinbar wäre. Die Prüfung eines Ordre-public-Verstoßes nach §§ 2 I AdWirkG, 109 I Nr. 4 FamFG bei der Anerkennung einer im Ausland erfolgten Adoption konzentriert sich darauf, ob die Rechtsfolgen in einer besonders schwerwiegenden Weise gegen Sinn und Zweck einer Annahme an Kindes Statt nach deutschem Recht verstoßen. Maßgebliches Kriterium nach deutschem Recht ist mit Blick auf § 1741 I BGB das Kindeswohl (OLG Köln, FamRZ 2012, 1815)[1]

c. Gemessen an diesen Voraussetzungen hat das AG aus mehreren Gründen zu Recht die Anerkennung versagt.

i. Der ASt. war zwar nach § 4 I Nr. 1 lit. a AdWirkG antragsbefugt. Es fehlt aber bereits an einer ordnungsgemäßen Antragstellung, denn die notwendigen Urkunden wurden lediglich in Kopien vorgelegt, die zudem nicht von einem öffentlich bestellten und vereidigten Übersetzer übersetzt wurden.

ii. Guinea ist zwar Vertragsstaat des AdoptÜ. Die Konvention gilt allerdings nicht im Verhältnis zur Bundesrepublik Deutschland, da diese nach Art. 44 III AdoptÜ Einspruch gegen den Beitritt Guineas erhoben hat (*The Federal Republic of Germany raises an objection to the accession of Guinea under Article 44 (3) of the Hague Convention on Protection of Children and Co-operation in respect of intercountry Adoption. However, Germany reserves the right to withdraw the objection*). Ohnehin liegt aber keine Bescheinigung nach Art. 23 AdoptÜ vor.

iii. Es ist also zu prüfen, ob die Entscheidung gegen den deutschen ordre public verstößt. Das ist zu bejahen.

Eine Anerkennung scheidet dann aus, wenn – wie hier – im ausländischen Adoptionsverfahren eine Kindeswohlprüfung ersichtlich überhaupt nicht oder nur unzureichend erfolgt ist oder diese von den Beteiligten umgangen worden ist (OLG Hamm, FamRZ 2011, 310)[2]. Dazu gehören in der Regel jedenfalls eine persönliche Anhörung des Kindes und eine Prüfung der Eignung des Annehmenden (*Kranzler-Borth-Griwotz/Siede* aaO Rz. 203). In der Gesetzesbegründung zur Einführung des Anerkennungs- und Wirkungsfeststellungsverfahrens nach § 2 AdWirkG heißt es, eine dem deutschen ordre public genügende Kindeswohlprüfung setze voraus, dass der Adoptionsentscheidung eine fachliche Begutachtung des Adoptionsbewerbers vorausgegangen sei, die deren Lebensumstände annähernd vollständig erfassen müsse und deshalb in der Regel nur durch eine ausländische Fachstelle gewährleistet

---

[1] IPRspr. 2012 Nr. 136.   [2] IPRspr. 2010 Nr. 128b.

werden könne. Fehle eine derartige fachlich fundierte Prüfung, so begründe dies Zweifel an der Vereinbarkeit der ausländischen Adoptionsentscheidung mit dem deutschen ordre public. (BT-Drucks. 14/6011 S. 27).

Der Entscheidung lässt sich weder entnehmen, dass das Kind angehört wurde, noch dass irgendeine Prüfung der Geeignetheit des Annehmenden durchgeführt wurde. Schließlich heißt es zwar, die Eltern hätten der Annahme zugestimmt; entsprechende Dokumente sind nicht beigefügt. Im Beschwerdeverfahren wird lediglich eine handschriftliche Erklärung der Mutter vorgelegt, aber keine des Vaters. Bei einem – wie hier – vollständigen Fehlen der Feststellung über die Geeignetheit im Adoptionsverfahren kann die unterbliebene Kindeswohlprüfung nicht völlig in das Anerkennungsverfahren verlagert werden. Allenfalls können einzelne Ermittlungslücken geschlossen werden, wobei unterschiedliche Auffassungen bestehen, wie weit dies gehen darf (vgl. OLG Köln aaO, OLG Karlsruhe, FamRZ 2013, 715[3]). Einigkeit besteht jedoch, dass die notwendigen Ermittlungen nicht auf ein fast vollständig neues Adoptionsverfahren im Rahmen des Anerkennungsverfahrens hinauslaufen dürfen (OLG Köln, FamRZ 2009, 1607[4], deutlich strenger: OLG Karlsruhe, JAmt 2011, 40[5])."

122. *Die Bestimmung des gewöhnlichen Aufenthalts im Sinne von § 101 Nr. 2 FamFG unterliegt deutschem Recht als lex fori.*

Der Daseinsmittelpunkt eines minderjährigen Kindes leitet sich grundsätzlich nicht vom Aufenthalt oder Wohnsitz der Eltern ab, sondern ist autonom zu bestimmen. Ein Kleinkind hat dabei regelmäßig denselben gewöhnlichen Aufenthalt, wie die Person, die es ständig betreut. [LS der Redaktion]

Thüringer OLG, Beschl. vom 19.11.2014 – 4 UF 543/13: Unveröffentlicht.

Die ASt., russische Staatsangehörige, ist seit 1997 mit dem deutschen Staatsangehörigen ... verheiratet. Das betroffene Kind wurde 2010 geboren und besitzt ebenfalls die russische Staatsbürgerschaft. Mit der vorliegenden Adoptionsentscheidung hat das Gericht des Stadtbezirkes ... der Stadt ... Russische Föderation die Adoption des Kindes durch die ASt. ausgesprochen. Seit diesem Zeitpunkt hält sich die ASt. mit dem Kind überwiegend in der Russischen Föderation auf; dieser Aufenthalt dauert auch gegenwärtig an. Die ASt. begehrt im vorliegenden Verfahren die Anerkennung der russischen Adoptionsentscheidung.

Das FamG hat den Antrag mit Beschluss vom 21.8.2013 zurückgewiesen. Hiergegen wendet sich die ASt. mit ihrer Beschwerde, mit der sie ihren erstinstanzlichen Anerkennungsantrag weiter verfolgt

Aus den Gründen:

„II. ... Der Antrag auf Anerkennung der Adoptionsentscheidung nach § 2 AdWirkG ist bereits unzulässig, da die internationale Zuständigkeit deutscher Gerichte nicht gegeben ist.

So wird die internationale Zuständigkeit deutscher Gerichte gemäß § 5 I 2 AdWirkG i.V.m. § 101 FamFG nur dann begründet, wenn der Annehmende oder das Kind deutscher Staatsangehöriger ist (Nr. 1) oder einer von ihnen seinen gewöhnlichen Aufenthalt in Deutschland hat (Nr. 2). Beide Voraussetzungen liegen hier nicht vor. Denn sowohl die Annehmende als auch das Kind besitzen ausschließlich die russische Staatsbürgerschaft. Darüber hinaus haben sie ihren gewöhnlichen Aufenthalt in der Russischen Föderation.

---

[3] IPRspr. 2012 Nr. 142b.
[4] IPRspr. 2009 Nr. 108.
[5] IPRspr. 2010 Nr. 127b.

Die Bestimmung des gewöhnlichen Aufenthalts im Sinne von § 101 Nr. 2 FamFG unterliegt dabei deutschem Recht als lex fori. Darunter ist nach der Rspr. des BGH der Ort oder das Land zu verstehen, in dem der Schwerpunkt der Bindungen der betreffenden Person, ihr Daseinsmittelpunkt liegt. Zu fordern ist nicht nur ein Aufenthalt von einer nicht geringen Dauer, sondern auch das Vorhandensein weiterer Beziehungen, aus denen sich der Schwerpunkt der Bindungen der betreffenden Person ableiten lässt (vgl. BGH, NJW 1997, 3024[1]).

Die Beschwf. lebt zusammen mit dem angenommenen Kind bereits seit 2010 fast ununterbrochen in der Russischen Föderation, wobei lediglich vereinzelte Besuche in Deutschland zu verzeichnen waren. Der Schwerpunkt der sozialen Kontakte liegt damit bereits faktisch nicht in Deutschland. Angesichts des nunmehr fast vierjährigen Aufenthalts kann auch nicht davon ausgegangen werden, dass ihr Aufenthalt in der Russischen Föderation nur als vorübergehend anzusehen wäre. Nach den Feststellungen des russischen Gerichts wurde die Annehmende dort zudem nicht als Bürger der Russischen Föderation mit ständigem Wohnsitz im Ausland angesehen.

Dass die ASt. auch in Deutschland mit alleinigem Wohnsitz gemeldet ist, steht dem gewöhnlichen Aufenthalt in der Russischen Föderation nicht entgegen. Vom Wohnsitz unterscheidet sich der gewöhnliche Aufenthalt dadurch, dass der Wille, den Aufenthaltsort zum Mittelpunkt oder Schwerpunkt der Lebensverhältnisse zu machen, nicht erforderlich ist (vgl. BGH aaO).

Ebenso wenig vermag die Nichterteilung eines Visums für das Kind und der ggf. damit verbundene Verbleib der ASt. in der Russischen Föderation am gewöhnlichen Aufenthalt etwas zu ändern. Zwar wird überwiegend die Auffassung vertreten, dass das zwangsweise Verbringen an einen Ort oder der unfreiwillige Verbleib prinzipiell keinen gewöhnlichen Aufenthalt begründe, weil sich der gewöhnliche Lebensmittelpunkt durch eine nur vorübergehende Abwesenheit nicht verändere (vgl, OLG Köln, NJW-RR 2007, 517, 518; *Palandt-Thorn*, BGB, 73. Aufl., § 5 EGBGB Rz. 10 m.w.N.). Doch gilt diese Regel zumindest nicht ausnahmslos. Insbesondere kann sich aufgrund der Dauer des Verweilens der gewöhnliche Aufenthaltsort verlagern (vgl. OLG Oldenburg, FGPrax 2014, 212), was nach der hier langen Verweildauer von über vier Jahren angenommen werden kann.

Keine andere Beurteilung ergibt sich für den gewöhnlichen Aufenthalt des minderjährigen Kindes ...

Der Daseinsmittelpunkt eines minderjährigen Kindes leitet sich zwar grundsätzlich nicht vom Aufenthalt oder Wohnsitz der Eltern ab, sondern ist autonom zu bestimmen (BGH aaO; OLG Hamm, FamRZ 2011, 395). Der gewöhnliche Aufenthaltsort eines Kindes liegt vielmehr dort, wo es sich unter Umständen aufhält, die erkennen lassen, dass es an diesem Ort oder in diesem Gebiet nicht nur vorübergehend verweilt, und wo der Schwerpunkt seiner persönlichen Bindungen liegt (vgl. BGH aaO; OLG Köln, FamRZ 2012, 1406). Ein Kleinkind – wie hier – hat dabei gleichwohl denselben gewöhnlichen Aufenthalt wie die Person, die es ständig betreut (vgl. OLG Köln aaO; OLG Schleswig, FamRZ 2000, 1426[2]). Denn im Allgemeinen ist das Umfeld eines Kindes von geringem Alter weitgehend ein familiäres Umfeld, das durch die Bezugsperson oder -personen bestimmt wird, mit denen das Kind zusammenlebt, die das Kind täglich betreuen und die für es sorgen. Wird das

---

[1] IPRspr. 1997 Nr. 99.   [2] IPRspr. 2000 Nr. 87.

Kind – wie hier – tatsächlich von seiner Mutter betreut, ist deren Integration in ihr soziales und familiäres Umfeld zu beurteilen (vgl. auch EuGH, Urt. vom 22.12.2010 – zur EuEheVO, Rs C-497/10 PPU, FamRZ 2011, 617)."

10. Vormundschaft, Pflegschaft, Jugendrecht

123. *Bei widerrechtlichem Zurückhalten von Kindern bleiben die Gerichte am bisherigen gewöhnlichen Aufenthaltsort international zuständig, solange nicht die andere sorgeberechtigte Person dem Zurückhalten zugestimmt hat oder sich die Kinder mindestens ein Jahr am neuen Ort aufgehalten haben und weitere Bedingungen erfüllt sind.*

Gegen eine Zwischenentscheidung des Familiengerichts über die internationale Zuständigkeit in einer Familiensache, die keine Familienstreitsache ist, ist die Beschwerde nach § 58 I FamFG statthaft. [LS der Redaktion]

OLG Stuttgart, Beschl. vom 6.5.2014 – 17 UF 60/14: FamRZ 2014, 1930; IPRax 2015, 251, 217 Aufsatz *Helms*; JAmt 2014, 573; NJOZ 2015, 565. Leitsatz in: FamRB 2014, 300 mit Anm. *Block*; NJW-Spezial 2014, 422.

Aus der Ehe der ASt., deutsche Staatsangehörige, und des AGg., türkischer und britischer Staatsangehöriger, sind die beiden Kinder ... und ..., britische Staatsangehörige, hervorgegangen. Die Familie lebte in London. Nachdem es zur Trennung der Eltern gekommen war und die ASt. zunächst mit den Kindern Urlaub in Deutschland machte, teilte sie dem AGg. mit, sie werde die Kinder nicht nach London zurückschicken. In der Folgezeit haben sowohl die ASt. als auch der AGg. die Kinder nach Aufenthalten jeweils zurückbehalten. 2012 versöhnten sich die Eltern zeitweise und hielten sich gemeinsam in Deutschland auf, wo die Kinder auch einen Kindergarten besuchten. Nach erneuten Streitigkeiten kehrte der Vater 2013 nach London zurück. Nachdem die Kinder für einen weiteren Besuch beim AGg. in London eintrafen, erklärte der Vater der Mutter telefonisch, er werde die Kinder nicht mehr nach Deutschland zur Mutter zurücklassen. Die Mutter hat seitdem die Kinder noch einmal in London gesehen.

Mit ihrem 2013 eingereichten Antrag möchte die Mutter die Übertragung der alleinigen elterlichen Sorge sowie die Herausgabe der Kinder erreichen. Nachdem dem Vater der Antrag zugestellt worden war, leitete er in London ebenfalls ein gerichtliches Verfahren ein. Der High Court of Justice – Family Division – setzte das Verfahren im Hinblick auf dieses Verfahren aus. Zwischenzeitlich hat die ASt. in England einen Rückführungsantrag nach dem HKiEntÜ gestellt. Das AG hat mit Beschluss aus 2014 zunächst über die internationale Zuständigkeit entschieden und diese angenommen, wogegen sich der AGg. mit der Beschwerde wehrt.

Aus den Gründen:

„II. ... 1. ... a) ... aa) Grundsätzlich sind Zwischenentscheidungen über die Zulässigkeit des Antrags nur in Ehesachen und Familienstreitsachen gesondert anfechtbar. Dies folgt aus der Verweisung in § 113 I 2 FamFG auf § 280 II ZPO, der eine solche Zwischenentscheidung einer Endentscheidung gleichsetzt (OLG Oldenburg, FamRZ 2013, 481[1] Rz. 5 f. nach juris; *Keidel/Meyer-Holz*, FamFG, 18. Aufl., § 38 Rz. 33). Die Möglichkeit eines Zwischenbeschlusses sieht das FamFG für Familiensachen, die keine Streitsachen sind, grundsätzlich nicht vor, da eine dem § 280 II ZPO entsprechende Vorschrift im FamFG nicht existiert.

bb) Der Senat ist jedoch der Auffassung, dass für eine Zwischenentscheidung über die internationale Zuständigkeit von diesem Grundsatz eine Ausnahme zu machen ist ...

---

[1] IPRspr. 2012 Nr. 247 (LS).

Der Senat sieht die im FamFG angelegte Entscheidung hin zur Beschleunigung des erstinstanzlichen Verfahrens aber allein aus Gründen getroffen, die sich auf das jeweilige Verfahren selbst beschränken. Gegenteiliges lässt sich der Gesetzesbegründung nicht entnehmen, die auf die Problematik bei internationalen Sachverhalten und die Diskrepanz zu § 280 ZPO nicht eingeht (BT-Drucks. 16/6308 S. 203 f.). Die internationale Zuständigkeit ist im Gegensatz zu sonstigen Aspekten der Zulässigkeit des Antrags nicht nur für das jeweilige Verfahren relevant, sondern in gleicher Weise für die später anhängig gewordenen Verfahren im (insbesondere europäischen) Ausland, deren Gerichte den Vorrang des zuerst anhängigen Verfahrens und dessen Entscheidung zur internationalen Zuständigkeit zu beachten haben, wodurch in die Souveränitätsrechte anderer Staaten eingegriffen wird (vorliegend Art. 19 II und III EuEheVO). Die internationale Zuständigkeit ist über den verfahrensrechtlichen Aspekt hinaus für die Beteiligten im Gegensatz zu sonstigen Zulässigkeitsfragen für die Verfahrensführung von überragender Bedeutung. Bei einem internationalen Sachverhalt müssen ggf. kostspielige länderübergreifende Anwaltskooperationen erfolgen. Die Rechtsverfolgung neben der Rüge der internationalen Zuständigkeit zugleich auf die materiell-rechtlichen Fragen auszudehnen, auf die es dann möglicherweise mangels internationaler Zuständigkeit nicht ankommt, ist mit einem solchen Aufwand verbunden, dass ein erhebliches Interesse besteht, über die internationale Zuständigkeit des angerufenen Gerichts Klarheit zu haben. Diese Fragen sind schon wegen der einschneidenden Kostenfolgen nicht vergleichbar mit sonstigen Problempunkten, die bei einem nationalen Verfahren im Wege einer nach § 58 I FamFG ausgeschlossenen Zwischenentscheidung geklärt werden könnten. So stellen sich im vorliegenden Verfahren die Schwierigkeiten, wie das AG einen Jugendamtsbericht über die in England lebenden Kinder erhält und wie deren Anhörung durchzuführen ist ...

Die Endgültigkeit der Entscheidung über die internationale Zuständigkeit im Sinne von § 58 I FamFG bezieht sich deshalb weniger auf das Verfahren und dessen Gegenstand, sondern vielmehr auf die Abgrenzung zu weiteren im Ausland anhängigen Verfahren. Insofern trifft der angefochtene Beschluss eine endgültige Regelung. Auch die effektive Durchsetzung der europäischen Rechtsnormen gebietet, dass die weiteren mit dem Sachverhalt befassten Gerichte möglichst zeitnah wissen, ob sie international zuständig sind. Da das erstbefasste Gericht diese Frage verbindlich zu klären hat, wie aus Art. 19 EuEheVO zu entnehmen ist, sollte es durch eine rechtsmittelfähige und damit der Rechtskraft fähigen Entscheidung über die internationale Zuständigkeit befinden können. Somit hat das AG eine Endentscheidung nach § 58 I FamFG getroffen, indem es die internationale Zuständigkeit durch Beschluss angenommen hat ...

b) Die Beschwerde ist fristgerecht eingelegt.

aa) Die Email und das Schreiben in englischer Sprache reichen zur Fristwahrung nicht aus, da Verfahrenserklärungen in der Gerichtssprache, d.h. gemäß § 184 GVG auf Deutsch, erfolgen müssen (*Zöller-Lückemann*, ZPO, 30. Aufl., § 184 GVG Rz. 3 m.w.N.). Maßgeblich für die Einhaltung der Frist ist damit die Übersetzung der Beschwerdeschrift, die am 27.3.2014 beim AG einging.

bb) Die Frist beträgt ein Monat (§ 63 I FamFG) und beginnt mit der schriftlichen Bekanntgabe des Beschlusses, vorliegend dessen Zustellung (§ 41 I 2 FamFG).

Eine wirksame Zustellung des Beschlusses ist bisher nicht aktenkundig. Das AG hat den Beschluss am 4.2.2014 in deutscher Sprache an die englischen Anwälte des AGg. zum Zwecke der Zustellung per Einschreiben mit Rückschein übersandt, wo er am 10.2.2014 eintraf. Allerdings war der Zustellung nicht gemäß Art. 8 I, IV EuZVO die formularmäßige Aufklärung über das Annahmeverweigerungsrecht beigefügt. Da nicht davon ausgegangen werden kann, dass der AGg., der sich nur für wenige Monate in Deutschland aufhielt, und dessen Anwälte einen auf Deutsch abgefassten Beschluss verstehen, wären sie zur Annahmeverweigerung des Beschlusses berechtigt gewesen. Das Fehlen der Aufklärung kann nicht als irrelevante Förmlichkeit behandelt werden, sondern führt zur Unwirksamkeit der Zustellung, ohne dass der AGg. binnen einer Woche die Nichtannahme erklären muss. Eine Heilung der unwirksamen Zustellung nach § 189 ZPO (zur Anwendbarkeit siehe *Zöller-Geimer* aaO § 183 Rz. 29a und 29b), indem der AGg. bzw. dessen Rechtsanwälte den Beschluss in deutscher Sprache erhalten haben, kommt nicht in Betracht. Zwar genügt nach Art. 8 I lit. a EuZVO zunächst einmal die Übersendung des Beschlusses in deutscher Sprache zur Zustellung, jedoch würde die Pflicht zur Aufklärung über die Annahmeverweigerung letztlich umgangen, wenn trotzdem eine wirksame Zustellung aufgrund Heilung eintreten würde, ohne dass der AGg. oder dessen Rechtsanwälte der deutschen Sprache mächtig wären. Vielmehr setzt die Heilung einer nach Art. 8 EuZVO unwirksamen Zustellung die Übersetzung voraus (*Zöller-Geimer* aaO Anh II B EG-VO Zustellung Art. 8 Rz. 7). Ohne diese kann der AGg. bzw. können dessen Anwälte den Beschluss inhaltlich nicht zur Kenntnis nehmen.

Die Übersetzung ist vom AG erst am 25.2.2014 per Einschreiben mit Rückschein abgesandt worden. Es kann nicht davon ausgegangen werden, dass sie vor dem 27.2.2014 bei den Rechtsanwälten des AGg. eintraf. Die Übersetzung der Beschwerdeschrift, die am 27.3.2014 beim AG einging, war damit fristwahrend.

c) Die Einschränkung, wonach eine Beschwerde nicht auf die Annahme der Zuständigkeit im ersten Rechtszug gestützt werden kann (§ 65 IV FamFG), gilt – wie ausgeführt – nicht für die internationale Zuständigkeit.

2. Die Beschwerde ist jedoch nicht begründet. Das AG hat die internationale Zuständigkeit zutreffend angenommen.

a) Die internationale Zuständigkeit richtet sich nach Art. 8 EuEheVO. Maßgeblich ist der gewöhnliche Aufenthalt der Kinder. Dieser ist autonom zu bestimmen, wobei für den gewöhnlichen Aufenthalt von Kindern nicht die gleichen Maßstäbe anzusetzen sind, welche für den gewöhnlichen Aufenthalt von Erwachsenen entwickelt wurden. Entscheidend sind immer die Umstände des Einzelfalls. Neben der körperlichen Anwesenheit des Kindes in einem Mitgliedstaat sind andere Faktoren heranzuziehen, die belegen können, dass es sich nicht nur um eine vorübergehende oder gelegentliche Anwesenheit handelt und dass der Aufenthalt Ausdruck einer gewissen Integration in ein soziales und familiäres Umfeld ist. Zu berücksichtigen sind insbesondere die Dauer, die Regelmäßigkeit und die Umstände des Aufenthalts in einem Mitgliedstaat sowie die Gründe für diesen Aufenthalt und den Umzug der Familie in diesen Staat, die Staatsangehörigkeit des Kindes, Ort und Umstände der Einschulung, die Sprachkenntnisse sowie die familiären und sozialen Bindungen des Kindes in dem betreffenden Staat (EuGH, Urt. vom 2.4.2009 – Korkein Hallinto-oikeus, Finnland, Rs C-523, FamRZ 2009, 843, Rz. 34 ff.).

Grundsätzlich ist es möglich, unmittelbar mit dem Umzug in einen anderen Mitgliedstaat dort einen gewöhnlichen Aufenthalt anzunehmen, wenn dieser für längere Zeit angelegt ist und mit der Zustimmung der Sorgeberechtigten erfolgt (BGH, FamRZ 2011, 542, Rz. 35)[2]. Von den Eltern wird jedoch unterschiedlich dahingehend vorgetragen, ob der Aufenthalt in Deutschland ab Juli 2012 nur vorübergehend geplant oder auf Dauer angelegt war.

Unabhängig davon haben die Kinder einen gewöhnlichen Aufenthalt in Deutschland bereits erworben, als der AGg. sich noch bis Februar 2013 dort aufhielt. Die Kinder waren durch den Besuch des Kindergartens, der geplanten Einschulung von ..., den Ballettunterricht von ... und das Erlernen der deutschen Sprache integriert. Die Familie hat insgesamt das Leben einer Familie geführt, die sich in Deutschland auf Dauer niederlassen möchte. Sie hat eine Wohnung angemietet und eingerichtet. Der Vater absolvierte einen Integrationskurs. Die Mutter ist in der Region aufgewachsen. Dass noch nicht sämtliche Verbindungen, auch administrativer Art, z.B. wegen des Kindergelds, nach England abgebrochen waren, steht dem nicht entgegen. Die administrative Einbindung in Deutschland durch die Gewährung von Sozialleistungen, der Eröffnung eines Kontos und der örtlichen Krankenversicherung war ungleich stärker. Dass die zeitlich nicht präzise festgelegte Absicht bestanden haben soll, nach London zurückzukehren, steht dem gewöhnlichen Aufenthalt nicht entgegen. Sie hat sich im Alltag der Familie nicht widergespiegelt. Bei der faktischen Aufenthaltsdauer von bereits acht Monaten, wobei regelmäßig bei einem Aufenthalt von sechs Monaten ein gewöhnlicher Aufenthalt indiziert ist (*Hausmann*, Internationales und Europäisches Ehescheidungsrecht, 2013, Teil B, Rz. 71), war vor der Rückkehr des AGg. nach London ein gewöhnlicher Aufenthalt der Kinder in Deutschland entstanden.

Mit dem Einverständnis bzw. zumindest dem fehlenden Widerspruch des AGg., dass die Kinder trotz seiner Rückkehr nach London im März 2013 bei der ASt. in Deutschland verbleiben, hat sich der gewöhnliche Aufenthalt der Kinder in Deutschland weiter verfestigt. Da dem AGg. bewusst war, dass die ASt. dauerhaft in Deutschland verbleiben wollte, war auch der Aufenthalt der Kinder nunmehr auf Dauer angelegt und dies von beiden sorgeberechtigten Eltern übereinstimmend so vorgenommen.

b) Ob der gewöhnliche Aufenthalt der Kinder sich wiederum dadurch geändert hat, dass der AGg. sie im Juni 2013 nach London verbracht hat und die Kinder sich dort in ihrem familiären Umfeld sowie den Besuch von Kindergarten und Schule erneut integriert haben, kann offen bleiben. Zwar ist für Art. 8 EuEheVO der gewöhnliche Aufenthalt zum Zeitpunkt der Antragstellung maßgeblich, hiervon macht Art. 10 EuEheVO jedoch eine Ausnahme. Bei widerrechtlichem Zurückhalten von Kindern bleiben die Gerichte am bisherigen gewöhnlichen Aufenthaltsort international zuständig, solange nicht die ASt. dem Zurückhalten zugestimmt hat oder sich die Kinder mindestens ein Jahr in London aufgehalten haben und weitere Bedingungen erfüllt sind.

Das widerrechtliche Zurückhalten ist in Art. 2 Nr. 11 EuEheVO definiert. Die Voraussetzungen der Vorschrift sind erfüllt. ASt. und AGg. steht als verheirateten Eltern kraft Gesetzes das gemeinsame Sorgerecht zu. Unabhängig davon, ob die El-

---

[2] IPRspr. 2011 Nr. 274.

tern bereits nach der Geburt der Kinder nach englischem Recht das gemeinsame Sorgerecht erworben hatten (vgl. Art. 16 I KSÜ), erlangten die Eltern die gemeinsame Sorge aufgrund deutschen Rechts, nachdem die Kinder in Deutschland ihren gewöhnlichen Aufenthalt begründet hatten (Art. 16 IV KSÜ, § 1626 I BGB). Dieses gemeinsame elterliche Sorgerecht kann der Wechsel zurück nach England nicht mehr aufheben (Art. 16 III KSÜ). Die Eltern haben das Sorgerecht auch gemeinsam ausgeübt, bis der AGg. gegen den Willen der ASt. und entgegen der getroffenen Absprache, wonach der AGg. die Kinder nur für einen Urlaub im Juni 2013 mit nach London nehmen sollte, die Kinder dortbehalten hat. Dies ist ein Zurückhalten im Sinne der Regelung. Dabei ist es irrelevant, dass der AGg. im Jahr zuvor bereits in ähnlicher Weise agiert hatte. Zum einen hatte die ASt. damals die Kinder entgegen dem Willen des AGg. in Deutschland zurückgehalten. Zum anderen brauchte die ASt. mit dem Verhalten des AGg. nicht zu rechnen, da sich die Kinder bereits ein Jahr in Deutschland aufgehalten und dort integriert hatten. Darüber hinaus kann das Verhalten des AGg. nicht dadurch legalisiert werden, dass er einen ähnlichen Verstoß gegen das gemeinsame Sorgerecht schon einmal begangen hat. Dies eröffnet ihm keinen ‚Freibrief' für die Zukunft. Unerheblich ist auch, dass die ASt. etwa ein halbes Jahr lang keine rechtlichen Schritte eingeleitet hat. Die in Art. 2 Nr. 11 EuEheVO genannten Fristen sind noch nicht abgelaufen. Solange ist Art. 10 EuEheVO aber auch anzuwenden, und es kann keine Zustimmung der ASt. dahingehend fingiert werden, dass die Kinder in London verbleiben dürfen.

c) Da ein gewöhnlicher Aufenthalt der Kinder festgestellt werden kann, greift Art. 13 EuEheVO nicht ein, der subsidiär auf den tatsächlichen Aufenthalt abstellt.

d) Der AGg. dringt schließlich nicht mit seiner Rüge durch, die englischen Gerichte seien sachnäher und es sei nach Art. 15 EuEheVO zu verfahren. Dem Senat ist es entzogen, darüber zu befinden, ob das AG nicht gemäß Art. 15 I litt. a und b EuEheVO das Verfahren auszusetzen oder ein englisches Gericht zu ersuchen hatte, sich für zuständig zu erklären. Denn die Entscheidung des AG, nicht nach Art. 15 EuEheVO vorzugehen, ist nicht anfechtbar. Welche Rechtsbehelfe den Beteiligten gegen die auf der Grundlage von Art. 15 EuEheVO gefassten Beschlüsse zustehen, ist nicht in der Verordnung selbst geregelt, sondern dem nationalen Recht überlassen (*Hausmann* aaO Rz. 188). § 13a V IntFamRVG schließt eine Anfechtung solcher im Rahmen von Art. 15 EuEheVO getroffenen Beschlüsse aus, die nicht in § 13a IV IntFamRVG als gesondert anfechtbar ausgewiesen sind. Anfechtbar ist nur ein Beschluss, der ein Ersuchen zur Zuständigkeitserklärung oder eine Aussetzung vornimmt (§ 13a IV Nrn. 1 und 2 IntFamRVG). Das AG hat das Gegenteil entschieden, so dass dem Senat die Überprüfung nicht möglich ist (MünchKomm-FamFG-*Gottwald*, 2. Aufl., § 13a IntFamRVG Rz. 3)."

124. *Die Frage der Minderjährigkeit ist gemäß Art. 24 I EGBGB nach dem Heimatrecht des Betroffenen (hier nach vietnamesischem Recht) zu beurteilen. In Vietnam gilt ein Volljährigkeitsalter von 18 Jahren. [LS der Redaktion]*

AG Schöneberg, Beschl. vom 23.5.2014 – 85 F 106/14: FamRZ 2015, 1071; ZKJ 2014, 486. Leitsatz in FF 2015, 378.

VII. Erbrecht

125. *Das türkische Internationale Privatrecht (Art. 15 II des Gesetzes Nr. 5718 über das internationale Privat- und Zivilverfahrensrecht vom 27.11.2007) führt nicht zu einer Erhöhung der Erbquote des Ehegatten über eine Anwendung des § 1371 I BGB.*

a) AG Gummersbach, Beschl. vom 2.9.2013 – 40 VI 564/13: Unveröffentlicht.
b) OLG Köln, Beschl. vom 11.2.2014 – 2 Wx 245/13: NJW 2014, 2290; FamRZ 2015, 172; Rpfleger 2014, 430; ZEV 2014, 495. Leitsatz in: FuR 2014, 494 mit Anm. *Burandt*; ZEV 2015, 218. Dazu *Kowalczyk*, Die Rückverweisung des türkischen IPRG auf das deutsche Güterrecht in Bezug auf das unbewegliche Vermögen: ZfRV 2016, 25.

Der Beteiligte zu 1) und die Erblasserin, beide türkische Staatsangehörige, hatten in der Türkei die Ehe geschlossen. Bei den Beteiligten zu 2) bis 4) handelt es sich um die gemeinsamen Kinder der Eheleute; der weitere Sohn N. ist kinderlos und unverheiratet verstorben. In den Nachlass der Erblasserin fiel Grundbesitz in Deutschland, nämlich je 1/2 Anteil an den beiden Miteigentumsanteilen.

Die Beteiligten zu 2) und 3) beantragten im eigenen Namen und als vollmachtlose Vertreter der Beteiligten zu 1) und 4) die Erteilung eines gemeinschaftlichen Erbscheins, der als Miterben der Erblasserin den Beteiligten zu 1) zu 1/4 Anteil und die Beteiligten zu 2) bis 4) zu je 1/4 Anteil ausweist. Das NachlG wies den Erbscheinsantrag zurück und führte aus, der Erbanteil des Beteiligten zu 1) als Ehegatten betrage 1/2, weil der gesetzliche Erbteil um 1/4 erhöht sei; es finde § 1371 I BGB Anwendung. Hiergegen legten die Beteiligten Beschwerde ein und erhielten ihren urspr. Erbscheinsantrag aufrecht. das AG hat der Beschwerde nicht abgeholfen und die Sache dem OLG zur Entscheidung vorgelegt.

Aus den Gründen:

a) AG Gummersbach 2.9.2013 – 40 VI 564/13:

„II. Die ASt. beantragen den Erlass eines Erbscheins, in welchem der Ehemann sowie die drei Nachkommen der Erblasserin als Erben zu je 1/4 aufgeführt sind.

Dieser Antrag entspricht allerdings nicht der tatsächlichen gesetzlichen Erbfolge hinsichtlich des in Deutschland belegenen Grundbesitzes.

Nach der gesetzlichen Erbfolge wurden Erben der Ehemann der Erblasserin zu 1/2 und die drei Abkömmlinge der Erblasserin zu je 1/6.

Der Erbteil des Ehemanns der Erblasserin ergibt sich aus § 14 II der Anlage zu Art. 20 des Konsularvertrags zwischen der Türkischen Republik und dem Deutschen Reich vom 28.5.1929 (RGBl. 1930 II 747; 1931 II 538; BGBl. 1952 II 608), § 1931 I BGB, Art. 15 I, 14 I EGBGB, Art. 15 II türk. IPRG, § 1371 I BGB.

Gemäß § 14 II der Anlage zu Art. 20 des Konsularvertrags bestimmen sich die erbrechtlichen Verhältnisse in Ansehung des unbeweglichen Nachlasses nach den Gesetzen des Landes, in dem dieser Nachlass liegt und zwar in der gleichen Weise, wie wenn der Erblasser zur Zeit seines Todes Angehöriger dieses Landes gewesen wäre. Somit findet vorliegend deutsches Erbrecht Anwendung. Nach § 1931 I BGB beträgt der Erbteil des Ehemanns der Erblasserin danach 1/4.

Dieser Erbteil wird um ein weiteres Viertel erhöht. § 1371 I BGB findet zwar direkt keine Anwendung, da dies eine güterrechtliche Vorschrift ist und die Erblasserin sowie ihr Ehemann nicht im deutschen Güterstand der Zugewinngemeinschaft verheiratet waren, allerdings wird auf das deutsche Güterrecht verwiesen, so dass die Norm vorliegend Anwendung findet.

Gemäß Art. 15 I, 14 I EGBGB verweist das deutsche IPR für die Frage, welches Güterrechtsstatut Anwendung findet, auf das türkische IPR, da sowohl die Erblasserin als auch ihr Ehemann türkische Staatsangehörige sind bzw. waren. Das türkische IPR nimmt die Verweisung allerdings nicht an. Art. 15 II türk. IPRG sieht vor, dass auf die güterrechtliche Auseinandersetzung hinsichtlich unbeweglicher Sachen das Recht des Landes angewandt wird, in dem sie belegen sind. Folglich verweist das türkische IPR auf das deutsche IPR zurück. Gemäß Art. 4 I 1 EGBGB nimmt das deutsche IPR die Rückverweisung an. Somit findet § 1371 I BGB Anwendung. Dieser Anwendung steht auch nicht entgegen, dass die Erblasserin und ihr Ehemann nicht im deutschen Güterstand der Zugewinngemeinschaft lebten, sondern im Güterstand der Errungenschaftsbeteiligung, denn die Verweisung des Art. 15 II türk. IPRG würde leer laufen, wenn allein aufgrund dessen § 1371 I BGB keine Anwendung finden würde. Die Anwendung von § 1371 I BGB ist gerade auch deshalb angebracht, weil die deutsche Zugewinngemeinschaft und die türkische Errungenschaftsbeteiligung vergleichbar sind.

Die von den ASt. angegebenen Entscheidungen rechtfertigen vorliegend keine abweichende rechtliche Beurteilung.

Der Entscheidung des BGH (NJW-RR 2013, 201)[1] lag ein anderer Fall zugrunde. Vorliegend verweist das deutsche IPR auf das türkische IPR, welches auf deutsches Recht zurückverweist. In dem vom BGH entschiedenen Fall verwies das deutsche IPR auf deutsches Güterrecht. Im Ergebnis aber ist in beiden Fällen § 1371 I BGB neben dem deutschen Erbrecht mit der Folge anwendbar, dass der Erbteil des Ehemanns der Erblasserin 1/2 beträgt.

Auch der Entscheidung des OLG Stuttgart (NJW-RR 2005, 740)[2] lag ein anderer Fall zugrunde. In diesem ging es um die Anwendung deutschen Güterrechts neben ausländischem Erbrecht, welche nicht aufeinander abgestimmt seien. Vorliegend geht es aber gerade um die Anwendung deutschen Erbrechts neben deutschem Güterrecht, welche natürlich aufeinander abgestimmt sind."

b) OLG Köln 11.2.2014 – 2 Wx 245/13:

„II. ... Erben der Erblasserin sind in Bezug auf den Grundbesitz in Deutschland die Beteiligten zu 1) bis 4) zu je 1/4 Anteil geworden.

Der Erbscheinsantrag ist auf den unbeweglichen Nachlass in Deutschland beschränkt; insoweit ist deutsches Erbrecht anzuwenden. Das maßgebliche Erbstatut richtet sich, wenn der Erblasser – wie hier die Erblasserin – türkischer Staatsangehöriger war, nach dem Konsularvertrag zwischen der Türkischen Republik und dem Deutschen Reich vom 28.5.1929 (RGBl. 1930 II 747; 1931 II 538; BGBl. 1952 II 608); dieses zwischenstaatliche Abkommen geht der innerstaatlichen Regelung des Art. 25 EGBGB vor (vgl. BGH, NJW-RR 2013, 201[1]). Nach § 14 der Anlage zu Art. 20 des Konsularvertrags bestimmen sich die erbrechtlichen Verhältnisse in Ansehung des beweglichen Nachlasses nach den Gesetzen des Landes, dem

---

[1] IPRspr. 2012 Nr. 156.
[2] IPRspr. 2005 Nr. 79.

[1] IPRspr. 2012 Nr. 156.

der Erblasser zur Zeit seines Todes angehörte. Die erbrechtlichen Verhältnisse in Ansehung des unbeweglichen Vermögens hingegen bestimmen sich nach den Gesetzen des Landes, in dem dieser Nachlass liegt, und zwar in der gleichen Weise, wie wenn der Erblasser zur Zeit seines Todes Angehöriger dieses Landes gewesen wäre; hinsichtlich des unbeweglichen in Deutschland gelegenen Nachlasses mithin nach deutschem Erbrecht.

Aufgrund dessen beträgt das Ehegattenerbrecht des Beteiligten zu 1) gemäß § 1931 I BGB 1/4 neben den Beteiligten zu 2) bis 4) als den noch lebenden Kindern. Eine Erhöhung des Ehegattenerbteils auf der Grundlage des § 1371 I BGB findet hier nicht statt.

In der vorliegenden Konstellation stellt sich die streitige Frage, ob die Vorschrift des § 1371 I BGB allein güterrechtlich oder zugleich güterrechtlich und erbrechtlich (Theorie von der Doppelqualifikation) einzuordnen ist (zum Meinungsstreit s. nur ZEV 2012, 205[2]), nicht. Denn da hier nach der oben dargestellten Rechtslage für den unbeweglichen Nachlass in Deutschland das deutsche Erbrechtsstatut gilt, käme die Vorschrift dann, wenn auch deutsches Ehegüterrecht zur Anwendung käme, nach beiden Theorien gleichermaßen zur Anwendung. Im vorliegenden Fall hängt die Anwendung der Vorschrift daher allein davon ab, ob hinsichtlich des in Deutschland gelegenen Grundbesitzes auch das deutsche Güterrechtsstatut gilt. Dies ist nicht der Fall.

Gemäß Art. 220 III 2 EGBGB ist auf die 1970 geschlossene Ehe für die Zeit nach dem 8.4.1983 Art. 15 EGBGB anzuwenden. Dies führt, da beide Ehegatten die türkische Staatsangehörigkeit hatten, gemäß Art. 15 I i.V.m. Art. 14 I Nr. 1 EGBGB zu einer Verweisung auf das türkische Recht, nach Art. 4 I 1 EGBGB unter Einbeziehung des ausländischen IPR. Das IPR der Türkei ist im IPRG geregelt. Art. 15 II türk. IPRG enthält die folgende Regelung: ‚Bei der güterrechtlichen Auseinandersetzung findet bei unbeweglichem Vermögen das Recht des Orts der Belegenheit Anwendung'. (nach *Bergmann-Ferid-Henrich*, Internationales Ehe- und Kindschaftsrecht, Türkei [Stand: Mai 2013] 55).

Dabei handelt es sich in Bezug auf den in Deutschland befindlichen unbeweglichen Nachlass um eine Rückverweisung auf das deutsche Recht. Zu einer Anwendung des § 1371 I BGB führte diese Rückverweisung, die vom deutschen Recht durch Art. 4 I 2 EGBGB angenommen wird, indes nur dann, wenn sie sich in gegenständlicher Hinsicht als Verweisung auf das Güterrecht des Belegenheitsstaats darstellte und zudem in zeitlicher Hinsicht eine Rückwirkung auf vor Inkrafttreten des Gesetzes (hier: 1989) erworbenen Grundbesitz entfaltete. An der erstgenannten Voraussetzung fehlt es, ohne dass es einer Prüfung der zweiten Voraussetzung bedarf.

§ 1371 I BGB wird von der Verweisung in Art. 15 II türk. IPRG nicht erfasst. § 1371 BGB setzt – da die Vorschrift an die Beendigung des Güterstands durch den Tod eines Ehegatten anknüpft – die Entstehung einer Zugewinngemeinschaft deutschen Rechts voraus; eine solche wird durch die Verweisung in der genannten Vorschrift des türkischen Rechts indes nicht begründet. Denn diese verweist auf das Recht des Lageorts lediglich in Ansehung der ‚Auseinandersetzung' der ehelichen Güter. Zudem stellt § 1371 I BGB keine Auseinandersetzungsregelung dar. Denn

---
[2] IPRspr. 2011 Nr. 144.

die Vorschrift knüpft an den Tod eines Ehegatten an und sieht für diesen Fall eine (pauschale) Abgeltung des schuldrechtlichen Zugewinnausgleichs durch eine Erhöhung der Erbquote vor."

126. *Befindet ein Erblasser sich bei Abfassung eines Testaments in einem Irrtum über das maßgebende Erbstatut und verwendet er deshalb materiell-rechtliche Institute eines Rechts, das nicht als Erbstatut berufen ist (sogenanntes Handeln unter falschem Recht), muss durch Auslegung nach den Regeln des Erbstatuts ermittelt werden, was er damit ausdrücken wollte. Dies gilt auch dann, wenn der Erblasser im Testament einen dem deutschen Erbrecht zwar bekannten, aber im Sinne einer ausländischen Rechtsordnung gemeinten Begriff verwendet (hier: „Pflichtteil" nach schweizerischem Recht).*

Die Grundsätze zum „Handeln unter falschem Recht" dienen dazu, den testamentarisch erklärten Erblasserwillen möglichst aufrechtzuerhalten; ihre Anwendung darf aber nicht dazu führen, den Erblasser testamentarische Anordnungen „unterzuschieben", derer er sich selbst bei Abfassung des Testaments nicht bewusst war.

OLG Köln, Beschl. vom 15.1.2014 – 2 Wx 291/13: FamRZ 2015, 705; DNotI-Report 2014, 92; FGPrax 2014, 75; ZEV 2014, 497 mit Anm. *Litzenburger.*

Im Jahr 2010 verstarb in der Schweiz die Erblasserin. Die Beteiligten zu 1) und 3) sind die Kinder der Erblasserin, der Beteiligte zu 2) ist der Sohn der Beteiligten zu 3). Die Erblasserin war deutsche Staatsangehörige, hatte aber seit geraumer Zeit ihren Wohnsitz in der Schweiz. 1969 hatte sie mit ihrem 2009 vorverstorbenen Ehemann einen Erbvertrag geschlossen, in dem sich die Eheleute gegenseitig zu Alleinerben des Vorversterbenden einsetzten. 2010 errichtete die Erblasserin ein handschriftliches Testament, in dem sie die Beteiligte zu 3) auf den „Pflichtteil" setzte.

Der Beteiligte zu 1) beantragte beim AG Schöneberg die Erteilung eines Erbscheins, der ihn und den Beteiligten zu 2) je zu 1/2-Anteilen als Erben ausweisen sollte. Das AG Schönberg hat das Verfahren an das AG Köln verwiesen; Letzteres hat den Antrag des Beteiligten zu 1) zurückgewiesen. Der hiergegen gerichteten Beschwerde des Beteiligten zu 1) hat das AG nicht abgeholfen und die Sache dem OLG zur Entscheidung vorgelegt.

Aus den Gründen:

„II. ... In der Sache selbst hat das Rechtsmittel indes keinen Erfolg.

a) Zwischen den Beteiligten steht zu Recht außer Streit, dass angesichts der Staatsangehörigkeit der Erblasserin im vorliegenden Verfahren das deutsche Erbrecht zur Anwendung kommt (Art. 25 I EGBGB). Dem steht es nicht entgegen, dass nach dem IPR der Schweiz (Art. 90 des Bundesgesetzes über das Internationale Privatrecht vom 18.12.1987 [BS 1, 3]; nachfolgend schweiz. IPRG) als Anknüpfungspunkt für das Erbstatut der dort gelegene letzte Wohnsitz der Erblasserin maßgeblich ist. Diese unterschiedliche Anknüpfung führt zu einem Nachlasskonflikt; während der deutsche Nachlassrichter deutsches Recht anwendet, kommt es in der Schweiz zur Anwendung Schweizer Rechts (vgl. zu dieser Frage etwa BayObLGZ 2003, 68[1] [juris Rz. 30] m.w.N.).

b) Nach dem danach für den Senat maßgeblichen deutschen Erbrecht bestimmen sich auch die Voraussetzungen und Wirkungen einer Verfügung von Todes wegen sowie deren Auslegung (vgl. nur *Palandt-Thorn*, BGB, 73. Aufl., Art. 25 EGBGB

---

[1] IPRspr. 2003 Nr. 99.

Rz. 11 f. m.w.N.). Bei der Ermittlung des Erblasserwillens können aber materiell-rechtlich auch die Rechtsgrundsätze einer anderen Rechtsordnung berücksichtigt werden, unter deren Eindruck der Erblasser bei der Errichtung des Testaments stand (*Palandt-Thorn* aaO Rz. 12). Befindet der Erblasser sich in einem Irrtum über das aus der Sicht des deutschen IPR maßgebende Erbstatut und verwendet er deshalb in einem Testament materiell-rechtliche Institute eines Rechts, das nicht als Erbstatut berufen ist (sog. Handeln unter falschem Recht), muss durch Auslegung nach den Regeln des Erbstatuts ermittelt werden, was er damit ausdrücken wollte. Ist danach der Wille des Testators ermittelt, so entscheidet das Erbstatut darüber, ob das Gewollte zulässig ist und in welchen Rechtsformen des eigenen Rechts es dargestellt werden kann. Dabei ist der Erblasserwille möglichst aufrechtzuerhalten, soweit er sich bei deutschem Erbstatut in die Begriffe des BGB ‚übersetzen' lässt (BayObLGZ aaO [juris Rz. 65]; MünchKomm-*Sonnenberger*, 5. Aufl., Einl. IPR Rz. 611; *Staudinger-Dörner*, BGB [2007], Art. 25 EGBGB Rz. 274). Nach diesen Grundsätzen hat die Erblasserin im Testament vom 15.8.2010 auch die Beteiligte zu 2) als Miterbin eingesetzt.

aa) In diesem Zusammenhang ist zunächst darauf hinzuweisen, dass der vorliegende Sachverhalt sich insoweit von den üblicherweise unter dem Stichwort ‚Handeln unter falschem Recht' erörterten Fällen unterscheidet, als die Erblasserin im entscheidenden Zusammenhang mit dem Wort ‚Pflichtteil' einen Begriff verwendet hat, der dem deutschen Erbrecht keineswegs fremd ist. Bei verständiger Würdigung des gesamten Inhalts des Testaments und der Vorgeschichte seiner Errichtung hat die Erblasserin damit aber nicht auf die §§ 2303 ff. BGB Bezug genommen, sondern den Pflichtteil im Sinne der Art. 470, 471 schweiz. ZGB gemeint. Hierfür spricht zunächst, dass die Erblasserin nach den Angaben des Zeugen Dr. N., an denen zu zweifeln auch der Senat keinen Anlass sieht, vor Abfassung des Testaments darüber belehrt worden war, dass sie ihre Tochter nach schweizerischem Recht ‚nicht einfach so enterben könne'. Der Zeuge hat der Erblasserin sodann ein Mustertestament übergeben, auf dessen Grundlage sie bis zur Abfassung eines umfassenden Testaments zumindest einen ‚Willensvollstrecker' bestimmen und den der Erbteil der Tochter reduzieren könne. Die schon dadurch begründete Annahme, dass die im Testament verwendeten Begrifflichkeiten – einschl. des Begriffs ‚Pflichtteil' – im Sinne des Schweizer Erbrechts gemeint waren, wird zudem dadurch gestützt, dass die Erblasserin mit dem Wort ‚Willensvollstrecker' einen Begriff benutzt hat, der als solcher dem deutschen Recht unbekannt ist.

bb) Darüber hinaus ist zu berücksichtigen, dass die schlagwortartige Bezeichnung ‚Handeln unter falschem Recht' in Bezug auf den vorliegenden Fall insoweit irreführend ist, als das von der Erblasserin zugrunde gelegte Erbrecht der Schweiz keineswegs generell unanwendbar ist, sondern – als das für die mit der Nachlassangelegenheit ebenfalls befassten Schweizer Gerichte maßgebliche Recht – neben dem deutschen Erbrecht ebenfalls tatsächlich zur Anwendung kommt. Angesichts der Verteilung der Nachlassgegenstände, die sich nach den Angaben der Beteiligten zu 80% bzw. 90% in der Schweiz befinden, ist seine tatsächliche Bedeutung sogar deutlich größer als diejenige des deutschen Rechts.

cc) Vor diesem Hintergrund ist die testamentarische Anordnung, die Beteiligte zu 3) auf den Pflichtteil zu setzen, bei objektiver Betrachtung auch auf der Grundlage des für den Senat maßgeblichen deutschen Erbrechts als Einsetzung auf die sich aus Art. 471 Nr. 1 i.V.m. Art. 457 schweiz. ZGB ergebende Quote von 3/8 anzusehen.

Dem Beteiligten zu 1) ist allerdings zuzugeben, dass mit der o.a. Feststellung, die Erblasserin habe bei der Abfassung des Testaments vom 15.8.2010 das Erbrecht der Schweiz zugrunde gelegt, die Möglichkeiten der Testamentsauslegung nicht erschöpft sind. Vielmehr ist nach den dargelegten Grundsätzen zum ‚Handeln unter fremdem Recht' der tatsächliche Wille der Erblasserin zu ermitteln. Ergäbe sich dabei, dass die Erblasserin die Beteiligte zu 3) mit dem Testament vom 15.8.2010 tatsächlich enterben wollte, käme die dann notwendige ‚Übersetzung' in deutsches Recht – Ausschluss von der Erbfolge unter Zuwendung eines schuldrechtlichen Pflichtteilsanspruchs nach §§ 2303 ff. BGB – ohne weiteres in Betracht.

Der Senat vermag aber in Übereinstimmung mit dem NachlG nicht anzunehmen, dass die Erblasserin mit der Errichtung des Testaments vom 15.8.2010 tatsächlich eine Enterbung der Beteiligten zu 3) gewollt hat. Aus den im Nichtabhilfebeschluss vom 28.11.2013 zutreffend und ausführlich dargelegten Gründen, auf die der Senat zur Vermeidung von Wiederholungen zunächst Bezug nimmt, ging die Erblasserin auf der Grundlage der ihr von dem Zeugen Dr. N. erteilten Auskünfte davon aus, dass sie die Beteiligte zu 3) mit den im Testament vom 15.8.2010 getroffenen Regelungen nicht enterben, sondern lediglich deren Erbteil herabsetzen würde. Dem entspricht es auch, dass der Beteiligte zu 2) in Ziff. 3. des Testaments nicht etwa ‚anstelle' der Beteiligten zu 3) zum Erben eingesetzt worden ist, sondern ihm lediglich die [durch die Beschränkung der Beteiligten zu 3) gemäß Ziff. 2.] ‚frei werdende Quote' erhalten sollte. Dies deutet ebenfalls darauf hin, dass auch der Beteiligten zu 3) eine ‚Quote' (also eine Beteiligung am Nachlass) verbleiben sollte. Die von der Erblasserin verwendete Formulierung ‚setze ich meine Tochter ... auf den Pflichtteil' ist damit im Sinne der schweizerischen Rechtssprache zu verstehen; die nach den oben dargelegten Grundsätzen erforderliche ‚Übersetzung' in die Kategorien des deutschen Erbrechts führt dazu, dass die Beteiligte zu 3) mit einem 3/8-Anteil als Miterbin am Nachlass beteiligt geblieben ist.

Dass die Erblasserin es möglicherweise aus den vom Beteiligten zu 1) dargelegten Gründen vorgezogen hätte, die Beteiligte zu 3) insgesamt mit dinglicher Wirkung von einer Beteiligung am Nachlass auszuschließen, und dass dies ggf. auch durch eine nach schweizerischem IPR zulässige Rechtswahl (Art. 90 II schweiz. IPRG) möglich gewesen wäre, ändert nichts daran, dass sie eine solche Erklärung auf der Grundlage ihrer Kenntnis der rechtlichen Möglichkeiten gerade nicht abgegeben hat. Die Erblasserin hatte nach der Schilderung des Zeugen Dr. N. vielmehr vor, zu einem späteren Zeitpunkt weitere Dispositionen zu treffen, um den wirtschaftlichen Nutzen des Erbfalls für die Beteiligte zu 3) zu reduzieren. Dass es hierzu aufgrund ihres unerwarteten Tods nicht mehr gekommen ist, rechtfertigt es nicht, dem von der Erblasserin am 15.8.2010 errichteten Testament im Wege der Auslegung einen Inhalt beizumessen, der weder den objektiven Erklärungen noch dem damaligen rechtsgeschäftlichen Willen der Erblasserin entspricht. Insbesondere dienen auch die dargelegten Grundsätze zum ‚Handeln unter falschem Recht' allein dazu, den testamentarisch erklärten Erblasserwillen möglichst aufrechtzuerhalten, nicht aber dazu, den Erblasser testamentarische Anordnungen ‚unterzuschieben', derer er sich selbst bei Abfassung des Testaments überhaupt nicht bewusst war.

Dementsprechend ist es für die vorliegende Entscheidung auch ohne Belang, ob die Erblasserin durch eine nach Art. 90 II schweiz. IPRG zulässige Rechtswahl die Möglichkeit gehabt hätte, die Beteiligte zu 3) von der dinglichen Beteiligung am Nachlass auszuschließen. Eine solche Rechtswahl ist im Testament vom 15.8.2010 ersichtlich nicht erfolgt; auch der Beteiligte zu 1) will insoweit im Schriftsatz vom 4.9.2013 wohl nichts anderes vertreten. Auch für die vom Beteiligten zu 1) erstinstanzlich in den Vordergrund gestellte Zweifelsregelung des § 2304 BGB ist kein Raum. Denn diese knüpft an die nach deutschem Recht bestehende Möglichkeit an, einen pflichtteilsberechtigten Abkömmling vollständig von einer dinglichen Beteiligung am Nachlass auszuschließen.

Ergänzend weist der Senat darauf hin, dass angesichts der tatsächlichen Verhältnisse keineswegs davon ausgegangen werden kann, dass die Erblasserin unter Berücksichtigung des Umstands, dass im vorliegenden Fall nach Art. 25 I EGBGB für deutsche Gerichte deutsches Erbrecht maßgeblich ist, davon Abstand genommen hätte, die Beteiligte zu 3) als Miterbin einzusetzen. Denn nach den übereinstimmenden Angaben der Beteiligten befinden sich die zum Nachlass gehörigen Vermögensgegenstände zum ganz überwiegenden Teil in der Schweiz. Da die Berechtigung an diesen Gegenständen ebenso wie ihre Verwertung im Hinblick auf den Art. 90 schweiz. IPRG – jedenfalls in Ermangelung einer am 15.8.2010 nicht erfolgten Rechtswahl nach Art. 90 II schweiz. IPRG – faktisch den Regelungen des Schweizer Rechts folgt, käme die Verweisung auf den Pflichtteil nach §§ 2303 ff. BGB nur in Bezug auf das in Deutschland belegene Grundvermögen zum Tragen; im Übrigen verbliebe es faktisch bei der dinglichen Beteiligung der Beteiligten zu 3) am Nachlass, weil dies der von den Schweiz Gerichten zu beachtenden Rechtslage entspricht. Hieraus ergäbe sich eine in ihren Auswirkungen auf die Erbauseinandersetzung kaum überschaubare Regelung, von der nicht angenommen werden kann, dass die Erblasserin sie gewollt hätte. Ein solcher Wille ergibt sich insbesondere auch nicht aus den im Testament vom 15.8.2010 enthaltenen Anordnungen, die keinerlei Hinweis darauf enthalten, dass sie für das in der Schweiz und das in Deutschland belegene Vermögen unterschiedliche Rechtsfolgen zeitigen sollten. Dies gilt umso mehr, als das Testament offenbar nur als vorläufige Regelung gedacht war, die zu einem späteren Zeitpunkt durch differenzierte Anordnungen ersetzt werden sollte. Dass die Erblasserin mit einem solchen ‚Übergangstestament' [so wörtlich auch der Beteiligte zu 1) im Schriftsatz vom 15.2.2012] mehr regeln wollte als das, was ihr der Zeuge Dr. N. kurzfristig und ohne nähere Beratung empfohlen hatte – also die Beteiligte zu 3) auf den Pflichtteil nach schweizerischem Recht zu setzen –, liegt aus Sicht des Senats fern.

Der Senat sieht sich schließlich auch nicht veranlasst, die vom Beteiligten zu 1) benannte weitere Zeugin B. zum Inhalt ihrer Gespräche mit der Erblasserin zu vernehmen. Unabhängig davon, dass bei Verwertung von mündlichen Äußerungen des Erblassers über den Inhalt seines Testaments Vorsicht geboten ist, weil vielfach schon ihr genauer Wortlaut nicht mehr rekonstruierbar ist, die subjektive Wahrhaftigkeit oder auch die Erinnerung an den genauen Inhalt des Testaments fehlen kann und außerdem die Möglichkeit von Sinnesänderungen des Erblassers und der Verfolgung eigennütziger Interessen durch Dritte besteht (vgl. hierzu etwa BayObLG, NJW-RR 2002, 1302, 1303; MünchKomm-*Leipold* aaO 6. Aufl., § 2084 Rz. 31), ergäbe sich aus einer den schriftsätzlichen Darlegungen entsprechenden Aussage der Zeugin lediglich der bereits erwiesene und von keinem Beteiligten angezweifelte Umstand, dass die Beteiligte zu 3) nur ‚ihren Pflichtteil' erhalten sollte. Damit war indes aus den oben dargelegten Gründen auch in der Vorstellung der Erblasserin der ‚Pflichtteil' im Sinne des Schweizer Erbrechts gemeint."

127. *Der Auskunftsanspruch eines Pflichtteilsberechtigten gegenüber den Erben der Begünstigten einer Stiftung ausländischen (hier: liechtensteinischen) Rechts setzt voraus, dass entweder deren Vermögen oder aber die Begünstigtenstellung der Erben in den Nachlass fällt. [LS der Redaktion]*

OLG München, Teilurt. vom 27.1.2014 – 19 U 3606/13: ZEV 2014, 365. Dazu *Körner/Schwarz,* Wem gehört das Vermögen steuerlich transparenter liechtensteinischer Stiftungen?: DStR 2015, 2501.

Der Kl., deutscher Staatsangehöriger, war Ehemann der 2007 verstorbenen E., ebenfalls deutsche Staatsangehörige. Er macht gegenüber den Bekl., Kindern der Erblasserin aus erster Ehe und sämtlich deutsche Staatsangehörige, als testamentarischen Alleinerben im Wege der Stufenklage ergänzende Auskunfts- und Pflichtteilsansprüche geltend.

Das LG hatte die Auskunftsansprüche durch Teilurteil abgewiesen, soweit sie sich auf die „W. Familienstiftung" beziehen, eine von der Mutter der Erblasserin errichtete Stiftung liechtensteinischen Rechts, deren Begünstigte die Erblasserin war und die Bekl. nunmehr sind.

Aus den Gründen:

„II. ... 1. Zutreffend hat das LG München I auch seine internationale Zuständigkeit bejaht. Es geht nicht, wie die Bekl. suggerieren wollen, um einen (letztlich) gegen die ‚W. Familienstiftung' gerichteten Auskunftsanspruch über deren Vermögen oder von der Erblasserin erhaltener – im Rahmen eines Pflichtteilsergänzungsanspruchs möglicherweise zu berücksichtigender – Zuwendungen. Geltend gemacht wird ausschließlich der sich gegen die Erben richtende Auskunftsanspruch des Pflichtteilsberechtigten.
2. Ob die geltend gemachten Auskunftsansprüche bestehen, bestimmt sich nach deutschem Recht. Erbstatut nach Art. 25 EGBGB, wonach an die Staatsangehörigkeit des Verstorbenen anzuknüpfen ist, ist hier deutsches Recht; die Erblasserin war deutsche Staatsangehörige. Das Erbstatut ist auch für das Pflichtteilsrecht maßgebend (vgl BGH, NJW 1993, 1920, 1921[1]) einschließlich der Art und Weise seiner Geltendmachung (ganz h.M.; *Palandt-Thorn,* BGB, 73., Aufl., Art. 25 EGBGB Rz. 10; *Dörner,* IPRax 2004, 519 m.w.N.). Dass die Erblasserin zuletzt in Österreich wohnhaft war, ist daher entgegen der Auffassung der Bekl. zu 1) und zu 2) ohne Bedeutung.

Das Erbstatut entscheidet darüber, welche existenten Aktiva und Passiva zum Nachlass gehören. Nur soweit es um deren Existenz im Vermögen des Erblassers geht, ist das jeweilige Einzelstatut maßgeblich (selbständig anzuknüpfende Vorfrage; BeckOK-BGB-*Lorenz,* Ed. 35, Art. 25 EGBGB Rz. 31; *Palandt-Thorn* aaO Rz.17). So entscheidet das Sachenrechtsstatut, ob eine Sache im Eigentum des Erblassers stand, das jeweilige Forderungsstatut über die Gläubigereigenschaft des Erblassers

---

[1] IPRspr. 1993 Nr. 115.

(OLG Düsseldorf, FamRZ 2001, 1102[2] = ZEV 2001, 484 m. Anm. *Henrich*). Diesem jeweiligen Einzelstatut ist auch zu entnehmen, ob ein Gegenstand überhaupt vererblich gestellt ist (BeckOK-BGB-*Lorenz* aaO). Für die Frage, ob das Stiftungsvermögen der Erblasserin zustand und also in den Nachlass fiel, findet nach überwiegender Auffassung das Gründungsstatut, hier folglich liechtensteinisches Recht, Anwendung. Die Frage, nach welchem Recht sich bestimmt, ob die Erblasserin einen Anspruch als Begünstigte gegenüber der Stiftung hatte, richtet sich indes nach dem Forderungsstatut, also primär dem Recht desjenigen, der die Forderung zu erfüllen hat. Dies ist hier wiederum liechtensteinisches Recht. Dementsprechend beurteilt sich auch nach liechtensteinischem Recht, ob die Bekl. Begünstigte der Stiftung als Erben wurden oder kraft Stiftungsakt."

128. *Für die Form einer Erbausschlagungserklärung findet Art. 11 EGBGB Anwendung. Erlaubt das hiernach berufene ausländische (hier: polnische) Recht die Abgabe in einer bestimmten Form, entfällt damit nicht das Erfordernis, dass die Erklärung dem deutschen Nachlassgericht in deutscher Sprache zuzugehen hat. [LS der Redaktion]*

OLG Köln, Beschl. vom 12.2.2014 – 2 Wx 25/14: NJW-RR 2014, 1037; FamRZ 2014, 1576; Rpfleger 2014, 428; ZErb 2014, 171. Leitsatz in: NJW-Spezial 2014, 424; ZEV 2014, 497.

Die Beteiligten streiten über die Erteilung eines Erbscheins. Auf den Antrag auf Erteilung des Erbscheins hat die Rechtspflegerin des NachlG die Beteiligten angehört. Die Witwe des Erblassers – Beteiligte zu 2) – hat mit ihrem Schreiben eine von einem polnischen Notar in polnischer Sprache errichtete Urkunde eingereicht, ausweislich deren sie in polnischer Sprache erklärte, die Erbschaft auszuschlagen.

Aus den Gründen:

„2. ... 3. ... Es findet deutsches Erbrecht Anwendung, weil der Erblasser die deutsche Staatsangehörigkeit hatte (Art. 25 EGBGB) ...

Unabhängig von der Frage, ob die Beteiligte zu 2) die Erbschaft nicht bereits durch die Entgegennahme der persönlichen Gegenstände des Erblassers angenommen hatte und es insoweit an einer wirksamen Anfechtung mangelt, dürfte sie die Erbschaft nicht wirksam ausgeschlagen haben, weil die Ausschlagungsfrist versäumt ist. Die Ausschlagungsfrist betrug nach § 1944 III BGB sechs Monate, weil die Beteiligte zu 2) sich bei Fristbeginn im Ausland (Polen) aufhielt. Gemäß § 1944 II 1 BGB beginnt die Frist in dem Zeitpunkt an zu laufen, in dem der Erbe von dem Anfall und dem Grunde der Berufung Kenntnis erhält. Hier war dies der 27.9.2012, weil das Anhörungsschreiben des NachlG vom 27.7.2012 ihr an diesem Tage durch Vermittlung des Gerichts in O./Polen laut dessen Zustellbescheinigung übergeben worden ist. Die damit in Lauf gesetzte Frist ist nicht dadurch gewahrt worden, dass am 23.10.2012 bei dem AG Aachen ein Schreiben der Beteiligten zu 2) mit einem Dokument eines polnischen Notars eingegangen ist. Zwar gilt für die Form einer Ausschlagungserklärung auch die Ortsform, weil insoweit Art. 11 EGBGB anzuwenden ist (*Staudinger-Dörner*, BGB. Neub. 2007, Art. 25 EGBGB Rz. 116; *Palandt-Weidlich*, BGB, 73. Aufl. [2014], § 1945 Rz. 3). Das damit insoweit heranzuziehende polnische Recht erlaubt in Art. 1018 § 3 Zivilprozesskodex vom

---

[2] IPRspr. 2000 Nr. 94.

23.4.1964 (Dz.U. Nr. 16, Pos. 93) die Abgabe der Erklärung mit amtlich beglaubigter Unterschrift vor einem (polnischen) Notar. Die Beobachtung dieser Form genügt indes nicht für die Wirksamkeit der Ausschlagungserklärung. Denn § 1945 I Halbsatz 1 BGB bestimmt, dass die Erklärung gegenüber dem NachlG abzugeben ist. Dazu ist erforderlich, dass sie dem NachlG in deutscher Sprache zugeht. Dies folgt daraus, dass die Gerichtssprache gemäß Art. 184 GVG die deutsche Sprache ist. Für eine Erbausschlagungserklärung als amtsempfangsbedürftige Willenserklärung gilt nichts anderes als für andere fristgebundene gegenüber einem Gericht abzugebende (prozessuale) Erklärungen. Letzteres ist anerkannt für Klageeinreichungen oder Rechtsmittelschriften; insoweit geltende Fristen werden nur dadurch gewahrt, dass neben dem fremdsprachlichen Original binnen der Frist eine Übersetzung in die deutsche Sprache bei Gericht eingereicht wird (vgl. etwa LSG Bremen, Beschl. vom 8.12.1999 – L 3 V 68/97, juris; LSG Baden-Württemberg, Urt. vom 26.4.2001 – L 7 U 4894/99, juris; BayObLG, StAZ 2004, 69; *Kissel-Mayer*, GVG, 7. Aufl. [2013], Art. 184 Rz. 5; *Zöller-Lückemann*, ZPO, 30. Aufl. [2014], Art. 184 GVG Rz. 3). Dem Umstand, dass Sprachprobleme und die Einholung von Übersetzungen einen gewissen Zeitaufwand erfordern können, trägt das Gesetz dadurch Rechnung, dass für einen sich im Ausland aufhaltenden Erben gemäß § 1944 III BGB die gegenüber der sechswöchigen Regelfrist erheblich längere Ausschlagungsfrist von sechs Monaten gilt. Eine Übersetzung des notariellen Schriftstücks hat die Beteiligte zu 2) erst mit der Beschwerdeschrift und damit nach Ablauf der Ausschlagungsfrist eingereicht.

Auf das Erfordernis, eine Übersetzung einzureichen, hat das AG pflichtgemäß mit Schreiben vom 4.12.2012 hingewiesen. Unerheblich ist in diesem Zusammenhang das Beschwerdevorbringen der Beteiligten zu 2), sie habe jenes Schreiben nicht entgegengenommen, weil sie ‚in dieser Zeit' in Italien gewesen sei. Denn damit ist ein Grund für eine Anfechtung der Versäumung der Ausschlagungsfrist (§ 1956 BGB) nicht aufgezeigt, weil sich daraus nicht ergibt, dass der an die Anschrift der Beteiligten zu 2) in Polen versandte Hinweis des AG nicht mehr vor dem Ablauf der Ausschlagungsfrist – also binnen sechs Monaten ab dem 27.9.2012 – zur Kenntnis genommen worden ist. Zudem entspricht dieses Vorbringen im Beschwerdeschreiben weder den formellen Anforderungen des polnischen noch denen des deutschen Rechts an eine Anfechtungserklärung; nach Art. 1019 § 1 und § 3 des polnischen Zivilprozesskodex ist dazu eine Erklärung vor dem Gericht erforderlich, die dessen Bestätigung bedarf; auch die im deutschem Recht vorgesehene Form der gerichtlichen Niederschrift bzw. der öffentlichen Beglaubigung (§§ 1956, 1955 Satz 2, 1945 I, II BGB) ist hinsichtlich des betreffenden Vorbringens in der Beschwerdeschrift nicht gewahrt."

129. *Auf Erbfälle türkischer Staatsangehöriger mit letztem Wohnsitz in Deutschland ist materiell-rechtlich § 14 der Anlage zu Art. 20 des Konsularvertrags zwischen dem Deutschen Reiche und der Türkischen Republik vom 28.5.1929 (RGBl. 1930 II 747, 758) vorrangig vor Art. 25 EGBGB anzuwenden. Danach ist für das bewegliche Vermögen türkisches Erbrecht und für im Inland belegenes unbewegliches Vermögen deutsches Erbrecht anzuwenden. Vorfragen sind indes unselbständig anzuknüpfen.*

Führt die Anwendung dieses Konsularvertrags zur Nachlassspaltung, sind zwei Erbscheine zu erteilen, die in einen Doppel- oder Mehrfacherbschein zusammengefasst werden können.
Ein vor dem Tod des Erblassers eingeleitetes Scheidungsverfahren kann sich auf das Erbrecht des überlebenden Ehegatten bei Anwendung deutschen und türkischen Erbrechts unterschiedlich auswirken.

OLG Köln, Beschl. vom 21.2.2014 – 2 Wx 30/14; 2 Wx 34/14: FamRZ 2014, 1585; Rpfleger 2014, 513; FGPrax 2014, 124. Leitsatz in: MDR 2014, 728; FamRB 2014, 339 mit Anm. *Ludwig*; RNotZ 2014, 514; ZEV 2014, 495.

2012 ist der türkische Staatsangehörige F.B. (im Folgenden: Erblasser) verstorben. Seine erste Ehefrau ist 1974 vorverstorben. Aus dieser Ehe stammt der Beteiligte zu 5). In zweiter Ehe war der Erblasser seit 1975 mit der Beteiligten zu 1), ebenfalls türkische Staatsangehörige, verheiratet. Aus dieser Ehe stammen die Beteiligten zu 2), 3) und 4). Der Erblasser hinterließ in Deutschland gelegenes bewegliches und unbewegliches Vermögen. Eine Verfügung von Todes wegen existiert nicht.

Die Beteiligte zu 1) hat beantragt, ihr einen Erbschein zu erteilen, wonach der Erblasser bzgl. des im Inland belegenen unbeweglichen Vermögens nach deutschem und bzgl. des beweglichen Vermögens nach türkischem Erbrecht beerbt wird. Die Beteiligten zu 2) bis 5) stellten einen von diesem abweichenden gemeinschaftlichen Erbscheinsantrag. Das AG hat den Erbscheinsantrag der Beteiligten zu 2) bis 5) für begründet erachtet und den der Beteiligten zu 1) zurückgewiesen. Hiergegen richten sich die Beschwerden der Beteiligten zu 1).

Aus den Gründen:

„II. ... 2. Die Erbfolge nach dem Erblasser richtet sich nach § 14 der Anlage [sog. Nachlassabkommen] zu Art. 20 des deutsch-türkischen Konsularvertrags, der am 18.11.1931 in Kraft getreten ist und nach dem Zweiten Weltkrieg seit dem 1.3.1952 wieder angewandt wird (Bek. vom 29.5.1952, BGBl. II 608). Er hat gemäß Art. 3 Nr. 2 EGBGB Vorrang vor Art. 25 I EGBGB. Nach § 14 I der Anlage zu Art. 20 dieses Konsularvertrags bestimmen sich die erbrechtlichen Verhältnisse in Ansehung des beweglichen Nachlasses nach den Gesetzen des Landes, dem der Erblasser zur Zeit seines Todes angehörte. Es handelt sich um eine Verweisung auf die türkischen Sachnormen; Art. 4 I 1 EGBGB ist auf staatsvertragliche Verweisungen grundsätzlich nicht anwendbar (allgemein: *Palandt-Thorn*, BGB, 72. Aufl., Art. 4 EGBGB Rz. 11; für das deutsch-türkische Nachlassabkommen: *Dörner*, ZEV 1996, 90). Auf das bewegliche Vermögen ist daher türkisches Erbrecht anwendbar.

Nach § 14 II der Anlage zu Art. 20 des Konsularvertrags bestimmen sich die erbrechtlichen Verhältnisse in Ansehung des unbeweglichen Nachlasses nach den Gesetzen des Landes, in dem dieser Nachlass liegt. Für das unbewegliche Vermögen im Inland ist daher deutsches Erbrecht anzuwenden. Die Entscheidung, was zum beweglichen und was zum unbeweglichen Nachlass gehört, trifft gemäß § 12 III der Anlage zu Art. 20 des deutsch-türkischen Konsularvertrags das Recht des Landes, in dem sich der Nachlass befindet, hier also das deutsche Recht.

Es kommt daher zu einer Nachlassspaltung. Es sind Erbscheine bzgl. des unbeweglichen Nachlasses nach deutschem und bzgl. des beweglichen Nachlasses nach türkischem Recht zu erteilen, die in einen Doppel- oder Mehrfacherbschein zusammengefasst werden können (Senat, FGPrax 2011, 302[1]; MünchKomm-*Mayer*, 6. Aufl., § 2369 Rz. 50; *Palandt-Weidlich* aaO § 2353 Rz. 19). Es handelt sich um zwei Erbscheinsverfahren und daher auch um zwei Beschwerden.

---

[1] IPRspr. 2011 Nr. 144.

3. Nach türkischem Recht erbt die Beteiligte zu 1) als Ehefrau des Erblassers 1/4 gemäß Art. 499 Nr. 1 türk. ZGB, da eine Verfügung von Todes wegen nicht vorhanden ist und neben ihr Kinder des Erblassers erben. Ihr Erbrecht ist infolge des Scheidungsverfahrens nicht ausgeschlossen. Nach Art. 181 I türk. ZGB entfällt das aufgrund der Ehe bestehende gesetzliche Erbrecht des Ehegatten erst mit der Scheidung, zu der es aber vor dem Tod des Erblassers nicht mehr gekommen ist. Das Scheidungsverfahren ist auch nicht gemäß Art. 181 II türk. ZGB von einem der Erben fortgesetzt worden. § 1933 BGB ist insoweit nicht anwendbar.

Die Erbquote der Beteiligten zu 1) erhöht sich auch nicht gemäß §§ 1931 III, 1371 I BGB um 1/4 auf 1/2. Dabei kann offen bleiben, ob eine Erhöhung gemäß §§ 1931 III, 1371 I BGB auch bei Anwendung ausländischen Erbrechts in Betracht kommt, wenn die Eheleute im deutschen gesetzlichen Güterstand der Zugewinngemeinschaft lebten (zum Meinungsstand: *Palandt-Thorn* aaO Art. 15 EGBGB Rz. 26). Hier lebten die Beteiligte zu 1) und der Erblasser zum Zeitpunkt seines Todes im gesetzlichen türkischen Güterstand. Die Vorfrage des Güterrechts ist, da die Hauptfrage in einem Staatsvertrag geregelt ist und sich nach türkischem Recht richtet (Erbstatut), unselbständig anzuknüpfen (vgl. hierzu: *Palandt-Thorn* aaO Einl. vor Art. 3 EGBGB Rz. 30 m.w.N.), d.h. im türkischen Kollisionsrecht. Nach Art. 15 I Halbs. 2 türk. IPRG wird, da eine Rechtswahl nicht ersichtlich ist, auf die gemeinsame Staatsangehörigkeit der Eheleute zum Zeitpunkt der Eheschließung abgestellt. Da beide Eheleute die türkische Staatsangehörigkeit hatten, kommt türkisches Güterrecht zur Anwendung. Danach erfolgt keine Erhöhung der Erbquote. Die Beteiligte zu 1) erbt insgesamt 1/4.

Die Beteiligten zu 2) bis 5) erben nach Art. 495 türk. ZGB den Rest, d.h. 3/4, so dass auf jeden von ihnen ein Anteil von 3/16 entfällt.

Einen entsprechenden Erbscheinsantrag bzgl. des beweglichen Nachlasses nach türkischem Recht haben sowohl die Beteiligte zu 1) wie auch die Beteiligten zu 2) bis 5) gestellt. Beide Anträge haben Erfolg. Das AG hat den Antrag der Beteiligten zu 1) daher zu Unrecht zurückgewiesen; die Beschwerde der Beteiligten zu 1) hat insoweit Erfolg.

Allerdings weichen die Anträge insoweit voneinander ab, als die Beteiligte zu 1) bzgl. des beweglichen Nachlasses einen unbeschränkten Erbschein nach türkischem Recht beantragt hat, während die Beteiligten zu 2) bis 5) einen auf den im Inland befindlichen beweglichen Nachlass – beschränkten – Erbschein nach türkischem Recht gemäß § 2369 I BGB beantragt haben. Dieser Antrag der Beteiligten zu 2) bis 5) ist nicht zu beanstanden, da nicht auszuschließen ist, dass der Erblasser auch in der Türkei bewegliches Vermögen hinterlassen hat. Ein Rechtsschutzbedürfnis für diese Einschränkung ist daher anzunehmen (vgl. hierzu: *Keidel-Zimmermann*, FamFG, 18. Aufl., § 352 Rz. 109; OLG Brandenburg, NJW-RR 2012, 10[2], Rz. 8 juris) ...

4. Nach deutschem Erbrecht erben allein die Kinder des Erblassers, die Beteiligten zu 2) bis 5); die Beschwf. und Ehefrau des Erblassers erbt dagegen nicht.

Nach § 1933 Satz 1 BGB ist das gesetzliche Erbrecht des überlebenden Ehegatten ausgeschlossen, wenn zur Zeit des Todes des Erblassers die Voraussetzungen für die

---

[2] IPRspr. 2011 Nr. 143.

Scheidung der Ehe gegeben waren und der Erblasser die Scheidung beantragt oder ihr zugestimmt hatte. Hier hatte der Erblasser die Scheidung bei dem zuständigen FamG Aachen in der mündlichen Verhandlung vom 26.8.2004 beantragt, zuvor hatte er bereits dem Scheidungsantrag der Beteiligten zu 1) mit an das FamG gerichteten Schriftsatz vom 24.3.2004 zugestimmt.

Es lagen auch die Voraussetzungen für die Scheidung der Ehe nach türkischem Recht vor.

Zunächst ist türkisches Scheidungsrecht anwendbar. Da sich die Hauptfrage – das anwendbare Erbrecht – nun nach deutschem Recht richtet, ist die Vorfrage des anwendbaren Scheidungsrechts ausgehend vom deutschen Kollisionsrecht zu prüfen. Da das Scheidungsverfahren bereits im Jahre 2004 eingeleitet wurde, ist die Rom-III-VO noch nicht anwendbar; sie gilt gemäß Art. 18 I Rom-III-VO nur für Verfahren, die ab dem 21.6.2012 eingeleitet worden sind. Nach Art. 17 I 1 EGBGB in der bis zum 28.1.2013 geltenden Fassung (Art. 229 § 28 EGBGB) i.V.m. Art. 14 I Nr. 1 EGBGB ist türkisches Recht auf die materiellen Scheidungsvoraussetzungen anwendbar, weil zum Zeitpunkt der Rechtshängigkeit des Scheidungsantrags des Erblassers beide Eheleute die türkische Staatsangehörigkeit hatten. Diese Gesamtverweisung gemäß Art. 4 I 1 EGBGB nimmt das türkische IPR an (Art. 14 I 1 türk. IPRG), so dass türkisches Scheidungsrecht zur Anwendung kommt.

Die Voraussetzungen für die Scheidung der Ehe zwischen der Beteiligten zu 1) und dem Erblasser gemäß Art. 166 türk. ZGB lagen vor, als der Erblasser die Scheidung der Ehe beim FamG Aachen beantragte. Nach Art. 166 I türk. ZGB ist jeder Ehegatte berechtigt, die Scheidungsklage zu erheben, sofern die eheliche Gemeinschaft so grundlegend zerrüttet ist, dass den Ehegatten die Fortsetzung der Gemeinschaft nicht zugemutet werden kann. Allerdings ist der Scheidungsgrund der Zerrüttung nur gegeben, wenn neben der objektiven Zerrüttung der Ehe festgestellt werden kann, dass dem nicht scheidungswilligen Ehegatten wenigstens in geringfügigem Umfang ein Verschulden an der Zerrüttung trifft; dabei obliegen dem scheidungswilligen Ehegatten nicht nur die Darlegung und der Beweis der Zerrüttung, sondern auch eines mindestens geringfügigen Mitverschuldens des anderen Ehegatten (OLG Stuttgart, Beschl. vom 3.4.2012 – 17 UF 352/11[3], FamRZ 2012, 1497, 1498). Denn der Ehegatte, der das alleinige oder überwiegende Verschulden an der Zerrüttung der Ehe trägt, ist nicht berechtigt, einen Scheidungsantrag nach Art. 166 I türk. ZGB zu stellen ...

Der Senat schließt sich diesen Ausführungen an. Das AG geht zu Recht davon aus, dass auch die Beteiligte zu 1) ein Verschulden bzgl. der Zerrüttung der Ehe zwischen ihr und dem Erblasser trifft; die Ausübung ihres Widerrufsrechts ist rechtsmissbräuchlich. Hierfür spricht neben den vom AG aufgeführten Gründen zudem, dass die Beteiligte zu 1) schon während des laufenden Scheidungsverfahrens einen anderen Partner hatte, den sie religiös geheiratet hat, noch bevor ihre Tochter, die Beteiligte zu 3), geheiratet hat. Schon deshalb ist ihre Behauptung, sie habe den Scheidungsantrag nicht aus wirtschaftlichen Gründen zurückgenommen, sondern nur um für Außenstehende – zum Wohl ihrer Kinder, die sich im heiratsfähigen Alter befänden – den Anschein einer intakten Familie zu erwecken, nicht glaubhaft. Denn der Umstand, dass die Beteiligte zu 1) – religiös – einen anderen Mann heira-

---

[3] IPRspr. 2012 Nr. 86.

tet, dürfte dem Ansehen der Familie aus traditioneller türkischer Sicht ebenso sehr schaden wie der Umstand, dass die Eheleute getrennt leben. Im Übrigen kann insoweit ergänzend auf die zutreffenden Ausführungen des AG im Nichtabhilfebeschluss vom 16.1.2014 verwiesen werden. Letztlich ist auch darauf zu verweisen, dass die Beteiligte zu 1) nicht nur einen Scheidungsantrag gestellt hatte, sondern sie es war, die das Scheidungsverfahren eingeleitet hatte. Damit hat sie nicht unerheblich zur Zerrüttung der Ehe beigetragen. Denn dass der Erblasser von sich aus jemals einen Scheidungsantrag gestellt hätte, wenn die Beteiligte zu 1) nicht die Initiative ergriffen hätte, ist nicht ersichtlich.

Die Beteiligte zu 1) erbt, soweit deutsches Recht zur Anwendung kommt, daher nicht. Die Beteiligten zu 2) bis 5) sind vielmehr die alleinigen Erben des in Deutschland gelegenen unbeweglichen Nachlasses zu je 1/4 gemäß § 1924 I und IV BGB.

Ihr Erbscheinsantrag hat daher Erfolg; der Antrag der Beteiligten zu 1) ist zu Recht vom AG zurückgewiesen worden. Diese Beschwerde der Beteiligten zu 1) hat keinen Erfolg.

Bezüglich des den Beteiligten zu 2) bis 5) zu erteilenden Erbscheins ist die Beschränkung ‚auf den im Inland befindlichen unbeweglichen Nachlass unter Anwendung deutschen Rechts' schon deshalb aufzunehmen, um klarzustellen, dass die Anwendung deutschen Rechts auf den unbeweglichen Nachlass im Inland beschränkt ist."

130. *Wenn ein Erblasser bei seinem Tod allein die schwedische Staatsangehörigkeit besaß, ist das schwedische Erbstatut maßgeblich. Das schwedische internationale Erbrecht bestimmt in Kapitel 1 § 1 I des Gesetzes Nr. 81 betreffend internationale Rechtsverhältnisse in Nachlasssachen – lag om internationella rättsförhållanden rörande dödsbo – vom 5.3.1937 (SFS 1937:81; nachfolgend IDL), dass für die Beerbung eines schwedischen Staatsangehörigen das schwedische Recht (allein) maßgebend ist, auch wenn der Erblasser keinen Wohnsitz im schwedischen Inland hatte; Rück- oder Weiterverweisungen kennt das schwedische Recht nicht.*

Hinsichtlich des in Deutschland belegenen unbeweglichen Vermögens kann aufgrund einer wirksam getroffenen Rechtswahl deutsches Erbrecht anwendbar sein. Insoweit kann eine Nachlassspaltung eintreten.

OLG Hamm, Urt. vom 6.3.2014 – 10 U 76/13: FamRZ 2014, 1817; IPRax 2015, 96, 79 Aufsatz *Nietner*. Leitsatz in: RNotZ 2014, 460; ZEV 2014, 495.

Die Parteien sind Geschwister; sie streiten über die Erbrechtsnachfolge nach der verstorbenen Erblasserin O. Die Erblasserin war schwedische Staatsangehörige; sie verstarb verwitwet und kinderlos mit letztem Wohnsitz in V./Deutschland. Dort hatte sie Jahre vor ihrem Tod noch zusammen mit ihrem Ehemann ein Wohnhaus erworben. In ihren Nachlass fällt weiterer bebauter Grundbesitz; in diesem Haus wohnt seit langen Jahren der Bekl. mit seiner Familie. Die Parteien und ihr am Rechtsstreit nicht beteiligter Bruder K.H. sind Nichte bzw. Neffen der Erblasserin. Diese errichtete drei Testamente, die nach ihrem Tod eröffnet wurden, das erste 2005 zugunsten ihres Ehemanns O.; das zweite 2006, in dem sie den Bekl. mit 4/10, die Kl. und K.H. zu je 3/10 bedachte und für das im Inland gelegene Vermögen die Geltung dt. Rechts wählte; und das zeitlich letzte von 2010, in dem sie den Bekl. zum Alleinerben einsetzte und abermals die Geltung dt. Rechts für das im Inland gelegene Vermögen wählte.

Die Kl. hat wegen behaupteter Testierunfähigkeit die Unwirksamkeit des letzten Testaments geltend gemacht. Das LG hat die Klage abgewiesen. Mit ihrer Berufung verfolgt die Kl. ihr erstinstanzliches Klageziel auf Feststellung, dass sie Miterbin der Erlasserin O. geworden ist, weiter.

Aus den Gründen:

„II. 1. ... 4. ... Der Senat hat insoweit von der ... Möglichkeit Gebrauch gemacht, gemäß § 538 II 1 Nr. 1 ZPO unter Aufhebung des Urteils und des Verfahrens die Sache an das Gericht des ersten Rechtszugs zurückzuverweisen.
Dem liegen die folgenden Erwägungen zugrunde:
a) Die Zurückweisung des Feststellungsbegehrens ist im Ergebnis – nach der bisherigen Sachlage – nicht zu beanstanden, soweit sich die Erbrechtsnachfolge nach der am 8.4.2012 verstorbenen O., geb. H., nach schwedischem Erbrecht richtet.
Schwedisches Erbrecht findet vorliegend gemäß Art. 25 I EGBGB als Erbstatut schon deshalb grundsätzlich Anwendung, weil die Rechtsnachfolge von Todes wegen nach dieser Kollisionsregelung grundsätzlich dem Recht des Staats unterliegt, dessen Staatsangehörigkeit der Erblasser im Zeitpunkt seines Todes hatte.
Weil hier die Erblasserin O bei ihrem Tode unstreitig allein die schwedische Staatsangehörigkeit besaß, ist mithin das schwedische Erbstatut maßgeblich. Soweit Art. 25 I EGBGB auf schwedisches Erbrecht verweist, ist damit zwar auch auf das schwedische internationale Erbrecht Bezug genommen. Dieses bestimmt in Kap. 1 § 1 I IDL, dass für die Beerbung eines schwedischen Staatsangehörigen das schwedische Recht (allein) maßgebend ist – auch wenn er keinen Wohnsitz im schwedischen Inland hatte; Rück- oder Weiterverweisungen kennt das schwedische IDL nicht (vgl. *Ferid-Firsching-Dörner-Hausmann*, Internationales Erbrecht, Schweden [Stand 2012] Grundziffer D 11).
Das schwedische internationale Erbrecht geht im Weiteren von dem Grundsatz der Nachlasseinheit aus (vgl. *Ferid-Firsching-Dörner-Hausmann* aaO D 13). Es kennt sowohl die gesetzliche, wie auch die testamentarisch bestimmte Erbfolge, deren Einzelheiten im Erbgesetz – Ärvdabalk – vom 12.12.1958 (SFS 1958:637) geregelt sind.
Hinsichtlich der notwendigen Testamentsform erklärt allerdings Art. 1 I lit. b des Haager Übereinkommens über das auf die Form letztwilliger Verfügungen anzuwendende Recht vom 5.10.1961 (BGBl. 1965 II 1144; nachfolgend Testamentsformübereinkommen), dem Deutschland und Schweden beigetreten sind, in Übereinstimmung mit Art. 26 I 1 Nr. 2 EGBGB ein Testament schon für formgültig, wenn es den Formerfordernissen nach dem Recht des Orts, an dem der Erblasser letztwillig verfügt hat, entspricht. Alternativ genügt nach Art. 1 I c Testamentsformübereinkommen (übereinstimmend mit Art. 26 I 1 Nr. 3 EGBGB) die Testamentsform nach dem Recht des Orts, wo der Erblasser im Zeitpunkt der Errichtung seiner letztwilligen Verfügung oder seines Todes seinen Wohnsitz hatte; dem entspricht inhaltlich die Regelung des schwedischen internationalen Erbrechts in Kap. 1 § 4 IDL.
Demzufolge sind die von der Erblasserin in den Jahren 2005, 2006 und 2010 gemäß §§ 2231 Nr. 1, 2232 BGB nach deutschem Erbrecht errichteten öffentlichen Testamente sämtlich in einer auch von dem schwedischen Kollisionserbrecht anerkannten ausreichenden Form errichtet worden, so dass keine Bedenken gegen ihre Formwirksamkeit gerechtfertigt sind.
Soweit die Kl. indes gegen das zeitlich letzte Testament zugunsten des Bekl. eingewandt hat, der Erblasserin habe bei der Errichtung im April 2010 die erforderliche Testierfähigkeit infolge einer vorbestehenden Demenzerkrankung gefehlt, beurteilt sich auch dieser Gesichtspunkt – mit Ausnahme der nachfolgend erörterten Folgen

einer wirksamen Rechtswahl für einen Teilnachlass – ebenfalls ausschließlich nach schwedischem Erbrecht.

Die Frage der Testierfähigkeit ist – was das Kollisionsrecht zur Ermittlung des anwendbaren Erbrechts betrifft – keine Frage eines Testamentsformerfordernisses im Sinne von Art. 26 EGBGB bzw. Art. 1 Testamentsformübereinkommen, so dass insoweit nicht die Anforderungen des deutschen Erbrechts an die Testierfähigkeit im Sinne von § 2229 IV BGB maßgebend sind. Bestimmungen über die Testierfähigkeit eines Erblassers als solche fallen nicht unter Art. 26 III EGBGB bzw. Art. 5 Testamentsformübereinkommen; die Testierfähigkeit bei Errichtung einer letztwilligen Verfügung ist grundsätzlich gemäß Art. 26 V 1 EGBGB nach dem Sachrecht des Staats, das im Zeitpunkt der Errichtung der Verfügung gemäß Art. 25 I EGBGB Erbstatut gewesen wäre, zu beurteilen (sog. Errichtungsstatut; vgl. *Palandt-Thorn*, BGB, 73. Aufl., Art. 26 EGBGB Rz. 6; *Frieser-Freytag*, Erbrecht, 3. Aufl., Art. 25 EGBGB Rz. 20, 22).

Das insoweit anwendbare schwedische Erbgesetz geht indes vom Grundsatz der Testierfähigkeit aus. Es enthält in Kap. 13 Ärvdabalk Regelungen zur Ungültigkeit eines Testamentes, wobei insbesondere gemäß Kapitel 13 § 2 Ärvdabalk ein Testament ungültig ist, wenn es unter Einfluss einer psychischen Störung errichtet wurde; nach Kap. 13 § 3 Ärvdabalk ist ein Testament ferner ungültig, wenn der Testator ‚unter Mißbrauch seines Unverstandes, seiner Willensschwäche oder seiner abhängigen Stellung zur Testamentserrichtung veranlasst wurde'.

Die Kl. ist allerdings nach dem insofern maßgeblichen schwedischem Erbrecht im gegenwärtigen Zeitpunkt gehindert, ihre Miterbenstellung gestützt darauf geltend zu machen, dass die Erblasserin bei Errichtung des letzten Testaments zugunsten des Bekl. testierunfähig im Sinne der schwedischen Erbrechtbestimmungen in Kap. 13 § 2 und § 3 Ärvdabalk gewesen sei. Denn eine solche Testierunfähigkeit ist dann, wenn ein (gesetzlicher) Erbe meint, dass ein Testament aus den genannten Gründen ungültig ist, gemäß Kap. 14 § 5 Ärvdabalk im Wege der sog. Anfechtungsklage geltend zu machen. Diese spezielle Klage ist binnen einer Frist von sechs Monaten nach der in Kap. 14 § 14 Ärvdabalk vorgesehenen Mitteilung durch Übersendung einer beglaubigten Testamentsabschrift zu erheben; andernfalls geht das Recht auf die Anfechtung verloren (vgl. *Ferid-Firsching-Dörner-Hausmann* aaO Rz 45). Ohne eine solche erfolgreiche Klage kann sich ein Erbprätendent nicht auf die Testierunfähigkeit eines Erblassers im Sinne möglichen Unwirksamkeitsgründe aus Kapitel 13 § 2 und 3 Ärvdabalk berufen.

Da die Kl. – wie die Erörterungen im Senatstermin ergeben haben – bislang ein solches Anfechtungsverfahren nach schwedischem Erbrecht nicht durchgeführt hat (womöglich aber auch noch durchführen kann), ist ihr der Einwand fehlender Testierfähigkeit der Erblasserin im vorliegenden Feststellungsverfahren versagt, soweit sich für den Nachlass der Erblasserin O. die Erbfolge nach schwedischem Erbrecht richtet.

b) Dies führt indes nicht dazu, dass die klageabweisende Entscheidung des LG im Ergebnis durch den Senat im Berufungsrechtszug zu bestätigen wäre. Denn es ist infolge einer von der Erblasserin wirksam getroffenen Rechtswahl zugunsten des deutschen Erbrechts für das in Deutschland gelegene unbewegliche Vermögen Nachlassspaltung eingetreten.

Insoweit kann es durch die nach Art. 25 II EGBGB vorgesehene Erbrechtswahl für inländisches Immobilienvermögen infolge unterschiedlicher erbrechtlicher Behandlung einzelner Nachlassteile zu einer Nachlassspaltung kommen (vgl. *Palandt-Thorn* aaO Art. 25 EGBGB Rz. 9). Die durch eine Aufspaltung infolge unterschiedlich maßgeblicher Rechtsordnungen entstehenden Nachlassteile sind grundsätzlich als selbständige Nachlässe anzusehen, d.h. nach den jeweils geltenden Erbstatuten so zu behandeln, als ob sie jeweils der gesamte Nachlass wären; insoweit kann es selbständige Erbeinsetzungen für jeden Nachlassteil geben (vgl. *Palandt-Thorn* aaO m.w.N.).

c) Vorliegend kann die Kl. – gleichsam als ‚Minus' zu ihrem umfänglich formulierten Klageantrag – jedenfalls hinsichtlich des unbeweglichen Nachlasses der Erblasserin in Deutschland nach deutschem Erbrecht Miterbin geworden sein, weil insoweit gemäß Art. 25 II EGBGB eine wirksame Rechtswahl zugunsten des deutschen Erbrechts getroffen worden ist.

Art. 25 II EGBGB gestattet dem Erblasser, dessen Gesamtrechtsnachfolge sich grundsätzlich nach dem Heimatstatut richtet, für die Erbfolge von Todes wegen für sein in Deutschland gelegenes unbewegliches Vermögen (abweichend) deutsches Erbrecht zu wählen; weitergehende Rechtswahl ist nicht statthaft und unwirksam (vgl. jurisPK-BGB-*Herberger-Martinek-Rüßmann-Weth*, 6. Aufl., Art. 26 EGBGB Rz. 150).

Die Rechtswahl ist ein einseitiges Rechtsgeschäft; alle Voraussetzungen zur Abgabe einer wirksamen Rechtswahlerklärung beurteilen sich nach der lex causae – d.h. nach dem zu wählenden deutschen Recht (vgl. jurisPK-BGB-*Herberger-Martinek-Rüßmann-Weth* aaO Rz. 151; *Frieser-Freytag* aaO Rz. 33).

Nach deutschem Recht richten sich insbesondere die Fähigkeit zur Abgabe einer wirksamen Willenserklärung und zur Testierfähigkeit – weil die Rechtswahl in der Form einer Verfügung von Todes wegen zu erfolgen hat (vgl. jurisPK-BGB-*Herberger-Martinek-Rüßmann-Weth* aaO). Die Wirksamkeit der Rechtswahl hängt schließlich nicht davon ab, ob auch das nach Art. 25 I EGBGB ermittelte objektive Erbstatut (hier das schwedische Erbrecht) eine solche Wahl des anwendbaren Erbrechts gestattet (vgl. jurisPK-BGB-*Herberger-Martinek-Rüßmann-Weth* aaO Rz. 140).

Einer wirksamen (Erb-)Rechtswahl der Erblasserin und einer möglichen Miterbenstellung der Kl. bzgl. des in Deutschland gelegenen unbeweglichen Vermögens steht vorliegend nicht entgegen, dass die Erblasserin nach dem Vortrag der Kl. bei Errichtung ihres letzten Testats am 21.4.2010 einschließlich der dort enthaltenen Rechtswahlregelung geschäfts- und testierunfähig gewesen sein soll. Denn es hatte bereits zuvor eine (unstreitig) wirksame Rechtswahl der Testierenden zugunsten des deutschen Erbrechts stattgefunden.

Die Erblasserin O. hatte so schon in dem notariellen Testament vom 5.5.2006 für die Rechtsnachfolge betreffend ihr im deutschen Inland gelegenes unbewegliches Vermögen die Geltung deutschen Rechts gewählt."

131. *Verwendet der Erblasser in einem Testament materiell-rechtliche Institute eines Rechts, das nicht als Erbstatut berufen ist, muss durch Auslegung nach den Regeln des Erbstatuts – bei deutschem Erbstatut also nach §§ 133, 2084 BGB*

– *ermittelt werden, was er damit ausdrücken will. In einem solchen Fall ist bei der Ermittlung des Erblasserwillens aber dem Sinngehalt des ausländischen Rechts Rechnung zu tragen.*

Bei einem nach englischem Recht errichteten Testament sind die dort benannten „trustees" unter Geltung des deutschen Erbstatuts gemäß §§ 133, 2084 BGB in der Regel nicht als Erben eingesetzt, sondern lediglich als Testamentsvollstrecker berufen. Soweit dort „beneficiaries" benannt werden, ist jeweils im Einzelfall zu klären ist, ob sie einem Vermächtnisnehmer oder einem Erben nach deutschem Recht nahe stehen.

OLG Schleswig, Beschl. vom 9.7.2014 – 3 Wx 15/14: FamRZ 2015, 357; IPRax 2016, 163 mit Anm. *Dutta*; SchlHA 2015, 401. Leitsatz in ZEV 2014, 570.

Der Erblasser war seit 1986 mit der Beteiligten zu 1) in zweiter Ehe verheiratet. Aus dieser Ehe ist der Sohn A hervorgegangen. Die Beteiligte zu 2) ist eine nichteheliche Tochter des Erblassers. Die erste Ehe des Erblassers ist kinderlos geblieben. Die Beteiligte zu 1) hat ihrerseits zwei weitere Kinder, nämlich B und C. Es handelt sich nach dem Vortrag der Beteiligten zu 1) um Kinder aus ihrer früheren Ehe, nicht um Kinder des Erblassers. Der Erblasser hat 1988 ein handschriftliches mit „Mein letzter Wille" überschriebenes Testament errichtet, in dem es heißt, er vermache im Falle seines Todes alles, was er besitze, seiner Frau Y. 2005 unterzeichneten der Erblasser und zwei Zeugen – Angestellte der H-Bank in England – ein maschinenschriftliches Papier „Will of ..."; der Erblasser unterzeichnete zugleich ein einseitiges maschinenschriftliches Papier, das mit „private & confidential only" überschrieben ist. Die Beteiligte zu 1) unterschrieb am selben Tag entspr. Schriftstücke in englischer Sprache. Die Beteiligte zu 1) hat 2012 beim AG Schleswig einen Erbschein beantragt, der sie – gestützt auf das Testament „Will of ..." von 2005 – als Alleinerbin ausweisen sollte. Mit Beschluss hat das AG entschieden, dass der von der Beteiligten zu 1) beantragte Erbschein nicht erteilt werde. Der gegen diesen Beschluss eingelegten Beschwerde hat das AG nicht abgeholfen.

Aus den Gründen:

„II. ... 1. Die international-privatrechtlichen Ausführungen des AG in dem angefochtenen Beschluss sind zutreffend.

Gemäß Art. 25 I EGBGB gilt deutsches Erbstatut und richtet sich die Erbfolge nach dem Erblasser mithin nach deutschem Recht. Dieser war zum Zeitpunkt seines Todes deutscher Staatsangehöriger und lebte in Deutschland.

Für die Bestimmung der Erbfolge ist zunächst das maschinenschriftlich abgefasste und ersichtlich in England errichtete Testament vom 22.4.2005 zu untersuchen. Nach Art. 26 I 1 Nr. 2 EGBGB ist eine letztwillige Verfügung hinsichtlich ihrer Form gültig, wenn diese den Formerfordernissen des Rechts des Orts entspricht, an dem der Erblasser letztwillig verfügt hat. Zur Errichtung eines wirksamen Testaments in England muss der Erblasser bei Errichtung des Testaments 18 Jahre alt sein und muss das Testament schriftlich abgefasst sein, wobei ein maschinenschriftlicher Text genügt. Ausreichend ist im Übrigen die Unterzeichnung des Texts durch den Erblasser selbst bei Anwesenheit von mindestens zwei Zeugen, die dies durch ihre Unterschrift auf dem Testament bestätigen müssen. Die Zeugen müssen also die maßgebliche Unterzeichnung des Testaments durch den Erblasser sehen, nicht jedoch den Text des Testaments kennen. Aus der Bestätigung der Zeugen muss erkenntlich sein, dass sie mit ihrer Unterschrift die Unterzeichnung des Erblassers bestätigen (*Süß-Odersky*, Erbrecht in Europa, 2. Aufl. [2008], Länderbericht Großbritannien, 736 f.).

Das hier im Original zur Testamentsakte gereichte englisch-sprachige Dokument vom 22.4.2005 ‚Will of ...' genügt ersichtlich diesen Voraussetzungen, nicht allerdings das zusätzliche Dokument ‚privat & confidential only', das lediglich von dem

Erblasser unterschrieben und im Übrigen ebenfalls maschinenschriftlich gefertigt worden ist. Bei diesem Dokument dürfte es sich um einen im englisch-sprachigen Raum gerade im Zusammenhang mit der Errichtung eines Testamentary-Trusts üblichen ‚letter of wishes' handeln. Darin schreibt der Erblasser seine Absichten hinsichtlich der Gründung des Trusts nieder, damit der Trustee die Trust-Urkunde im Sinne seiner Wünsche auslegen kann. Gesetzlich bindend sollen diese Wünsche nicht sein, können aber für die Auslegung relevant sein (n. Wikipedia, Stichwort: Trust).

2. Ist das Testament vom 22.4.2005 im Übrigen nach englischem Ortsrecht formgültig und dies gemäß Art. 26 I 2 Nr. 2 EGBGB auch maßgeblich (vgl. zum Fall eines Testamentary-Trusts nach kanadischem Recht: BayObLG, ZEV 2003, 503 ff.[1] juris Rz. 43, 52), so ist für die Auslegung des Testaments nach Art. 25 I EGBGB aber deutsches Recht als Erbstatut anzuwenden.

Das BayObLG hatte sich in dem zitierten Fall mit einem nach kanadischem Recht errichteten Testament befasst, wo – wie im vorliegenden Fall – ein Trustee eingesetzt und ihm der Nachlass als Trust zur Abwicklung übertragen worden war. Die im anglo-amerikanischem Rechtskreis bekannte Rechtsfigur des Trusts, bei der das Vermögen – im Falle eines Testamentary-Trusts – mit dem Todesfall der Verwaltung eines Trustee unterstellt wird, der es von seinem persönlichem Vermögen getrennt als formelles Eigentum innehält, während die Nutzungen der Sache anderen Personen, den ‚beneficiaries', zugeordnet werden (vgl. zum Trust etwa *Staudinger-Dörner*, BGB, Neub. 2007, Art. 25 EGBGB Rz. 424 ff.; *Bengel-Reimann-Haas/Sieghörtner*, Hdb. der Testamentsvollstreckung, 5. Aufl. [2013], Kap. 9 Rz. 416 ff.), hat im deutschen Recht nichts Entsprechendes. Wegen seines begrenzten Kanons der Sachenrechte kann das deutsche Recht eine solche Aufspaltung des Eigentums nicht anerkennen (vgl. BGH, NJW 1984, 2762 ff.[2] bei juris Rz. 45 ff.; MünchKomm-*Mayer*, 6. Aufl. [2013], § 2369 Rz. 35; *Mayer-Süß*, Hdb. Pflichtteilsrecht, 2. Aufl. [2010], Rz. 271; *Süß*, Erbrecht aaO 200 m.w.N.).

Verwendet der Erblasser in einem Testament materiell-rechtliche Institute eines Rechts, das nicht als Erbstatut berufen ist, muss durch Auslegung nach den Regeln des Erbstatuts – bei deutschem Erbstatut also nach den §§ 133, 2084 BGB – ermittelt werden, was er damit ausdrücken will. In einem solchen Fall ist bei der Ermittlung des Erblasserwillens aber dem Sinngehalt des ausländischen Rechts Rechnung zu tragen. Ist der Wille des Testators ermittelt, entscheidet das Erbstatut darüber, ob das Gewollte zulässig ist und in welchen Rechtsformen des eigenen Rechts es dargestellt werden kann. Der Erblasserwille ist möglichst aufrechtzuerhalten, soweit er sich – bei deutschem Erbstatut – in die Begriffe des BGB ‚übersetzen' und – u.U. auch erst im Wege der Umdeutung – mit den erbrechtlichen Vorstellungen des BGB in Übereinstimmung bringen lässt (ebenso BayObLG aaO juris Rz. 65 m.w.N.).

Das BayObLG stimmt in der zit. Entscheidung der auch im Übrigen in der Rspr. u. Lit. ganz weitgehend vertretenen Auffassung zu, dass im Fall der Testierung nach englischem Recht durch Errichtung eines Testamentary-Trusts der Trustee regelmäßig nicht als Erbe anzusehen ist, sondern in aller Regel seine Einsetzung in die Anordnung einer Testamentsvollstreckung umzudeuten bzw. dies entsprechend auszulegen ist, während als testamentarische Erben nur die Letztbegünstigten ‚beneficiaries' in Betracht kommen, bei denen indes im Einzelfall zu klären ist, ob sie

---

[1] IPRspr. 2003 Nr. 99.   [2] IPRspr. 1984 Nr. 121.

tatsächlich Erben oder aber nur Vermächtnisnehmer sein sollen (BayObLG aaO juris Rz. 66, 68; KG, ZEV 2012, 593 ff.[3] juris Rz. 16; MünchKomm-*Mayer* aaO; MünchKomm-*Birk* aaO [2010] Art. 25 EGBGB Rz. 336 f.; *Staudinger-Dörner* aaO Rz. 893 f.). Dem folgt auch der Senat ...

5. Dem Testament vom 22.4.2005 ist entgegen der Auffassung des AG eine Erbeinsetzung zu entnehmen, und zwar eine Einsetzung der Beteiligten zu 1) als Alleinerbin.

a. Wie bereits ausgeführt werden im Rahmen der notwendigen Auslegung eines nach englischem Recht errichteten Testaments unter Geltung des deutschen Erbstatuts gemäß den §§ 133, 2084 BGB in der Regel die Trustees nicht als Erben – auch nicht als Vorerben – eingestuft, sondern lediglich als Dauer-Testamentsvollstrecker. Sie haben zwar – nach englischem Recht – die formelle Verfügungsbefugnis, müssen aber nach näherer Maßgabe des Testaments zugunsten der Nutzungsberechtigten verfügen. So ist es auch im vorliegenden Fall. Gemäß Nr. 6 des Testaments halten die Trustees den Rest des Nachlasses ‚für meine genannte Ehefrau uneingeschränkt'. Auch das in Nr. 5 zuvor angesprochene, ausgegliederte Sondervermögen ‚die Nullsatzsumme' sollen die Trustees zugunsten bestimmter Berechtigter halten.

b. Als Erben kommen bei einem nach englischem Recht errichteten Testament aber die ‚beneficiaries' in Betracht, wobei jeweils zu klären ist, ob sie einem Vermächtnisnehmer oder als Letztbegünstigte und -berechtigte einem Erben nach deutschem Recht nahestehen (BayObLG aaO juris Rz. 66; *Staudinger-Dörner* aaO Art. 25 EGBGB Rz. 893; MünchKomm-*Birk* aaO)."

132. *Auf den beweglichen französischen Nachlass eines Erblassers, der im Zeitpunkt seines Todes die deutsche Staatsangehörigkeit hatte, findet deutsches Erbrecht Anwendung. Ein in einem französischen Testament enthaltenes Vindikationslegat entspricht nach deutschem Recht einem Vermächtnis.*

Ordnet der Erblasser an, dass die Ehelichkeit von Kindern nach deutschem Recht zu beurteilen sei, so bringt er auch zum Ausdruck, dass religiöse Vorstellungen keine Rolle spielen sollen.

LG Köln, Teilurt. vom 15.7.2014 – 2 O 534/13: Leitsatz in ZEV 2014, 507.

<small>Die Kl. nehmen die Bekl. auf Zahlung und Auskunft aufgrund einer testamentarischen Anordnung aus dem Jahr 1991 in Anspruch. Die Kl. sind jeweils gemeinnützige *associations* französischen Rechts. Die Bekl. sind die unbekannten Erben des am 2001 in Paris verstorbenen und zuletzt in Köln wohnhaften Bruders der Erblasserin B. E. B., deren 2001 bestellter Nachlasspfleger, Rechtsanwalt B., in Deutschland ansässig ist. Herr B. E. B. war iranischer Staatsbürger und in Deutschland als Asylberechtigter anerkannt. 1991 errichtete die 1932 in Ispahan/Persien (Iran) geborene Erblasserin in Paris ein notarielles Testament in französischer Sprache. Im Rahmen dieses Testaments traf sie Verfügungen ausschließlich über das Vermögen, welches sich am Tag ihres Ablebens auf französischem, deutschem und spanischem Territorium befand. Die Erblasserin besaß zum Zeitpunkt ihres Ablebens unstreitig Vermögen in weiteren Ländern, darunter in der Schweiz, in Liechtenstein und vermutlich auch in Luxemburg, in den USA und in Südafrika, wobei der Wert des in den anderen Ländern belegenen Vermögens unbekannt ist. 2000 erhielt die Erblasserin durch Einbürgerung die deutsche Staatsangehörigkeit. Sie war möglicherweise zugleich iranische Staatsangehörige. Ende 2001 verstarb sie in Paris. Mit Ausnahme des o.g. Testaments hinterließ die Erblasserin keine Verfügungen von Todes wegen.</small>

Aus den Gründen:

„II. Die Klage ist zulässig.

1. Die internationale Zuständigkeit deutscher Gerichte ist eröffnet.

---

[3] IPRspr. 2012 Nr. 149.

Die Zuständigkeit der deutschen Gerichtsbarkeit folgt aus der Ansässigkeit des Nachlasspflegers in Deutschland. Gemäß Art. 2 I EuGVO sind Personen, die ihren Wohnsitz im Hoheitsgebiet eines Mitgliedstaats haben, ohne Rücksicht auf ihre Staatsangehörigkeit vor dem Gericht des Mitgliedstaats zu verklagen. Vorliegend besteht die Besonderheit, dass der Wohnsitz der beklagten Erben unbekannt ist, weil die Identität der Erben nicht feststeht. Auch wenn der von einem deutschen Gericht nach deutschem Recht eingesetzte Nachlasspfleger nicht Partei kraft Amtes ist, erscheint es sachgerecht, für Zwecke der Bestimmung des Wohnsitzes auf Beklagtenseite im Anwendungsbereich des Art. 2 I EuGVO an die Ansässigkeit des gesetzlichen Vertreters der unbekannten Erben anzuknüpfen. Anderenfalls wäre eine Klage gegen die unbekannten Erben de facto nicht möglich, weil sich die internationale Zuständigkeit regelmäßig nicht bestimmen ließe. Es ist jedoch allgemein anerkannt, dass Nachlassgläubiger gegen die unbekannten Erben, vertreten durch den Nachlasspfleger, klagen können (s. unter II. 3).

2. Die Kl. sind insbesondere parteifähig (§ 50 I ZPO).

Die Rechts- und Parteifähigkeit einer ausländischen juristischen Person richtet sich jedenfalls im Anwendungsbereich der aus Art. 49 und 54 AEUV folgenden Niederlassungsfreiheit nach der Gründungstheorie; danach bestimmt sich das Personalstatut der Gesellschaft nach derjenigen Rechtsordnung, nach der die juristische Person gegründet worden ist (vgl. BGH, NJW 2003, 1461[1]; 2004, 3706[2]; 2005, 1648[3] im Anschluss an die EuGH-Entscheidungen in Sachen Überseering (Urt. vom 5.11.2002 – Überseering BV ./. Nordic Construction Company Baumanagement GmbH, Rs C-208/00, NJW 2002, 3614) und Cartesio, (Urt. vom 16.12.2008 – CARTESIO Oktató és Szolgáltató bt., Rs C-210/06, NJW 2009, 569). Den Kl. als nach französischem Recht gegründeten gemeinnützigen Organisationen kommt nach französischem Recht – dem anwendbaren Gründungsstatut – Rechtsfähigkeit zu. Dass die Kl. nach französischem Recht rechts- und parteifähig sind, ergibt sich zwanglos bereits aus der Entscheidung des Tribunal de grande instance de Paris vom 28.8.2003, in deren Rubrum die hiesigen Kl. als Antragsgegnerinnen bezeichnet sind. Die Rechtsfähigkeit der Kl. haben die Bekl. auch nicht in Abrede gestellt ...

III. ... 1. Die streitgegenständlichen Ansprüche der Kl., welche sich auf die testamentarische Anordnung der Erblasserin stützen, unterliegen dem deutschen Recht, weil jedenfalls für den hier interessierenden beweglichen französischen Nachlass der Erblasserin gemäß Art. 25 I EGBGB deutsches Recht zur Anwendung berufen ist. Gemäß Art. 25 I EGBGB bestimmt sich das Erbstatut nach dem Recht des Staats, dem der Erblasser im Zeitpunkt des Todes angehörte. Diese Heimatrechtsanknüpfung führt zu der Anwendung des deutschen Rechts, da die Erblasserin am 20.10.2000, rund ein Jahr vor ihrem Ableben, die deutsche Staatsangehörigkeit erlangt hatte und damit Deutsche im Sinne von Art. 116 I GG war.

Dahinstehen kann, ob die Erblasserin zum Zeitpunkt ihres Todes auch die iranische Staatsangehörigkeit besaß. Aus Art. 5 I 2 EGBGB folgt der Vorrang der deutschen Staatsangehörigkeit bei Vorliegen mehrerer Staatsangehörigkeiten. Etwas anderes ergibt sich auch nicht aus Art. 8 III 1 des Niederlassungsabkommens zwischen dem Deutschen Reich und dem Kaiserreich Persien vom 17.2.1929 (RGBl.

---

[1] IPRspr. 2003 Nr. 13.
[2] IPRspr. 2004 Nr. 28.
[3] IPRspr. 2005 Nr. 212.

1930 II 1002, 1006), der als staatsvertragliche Kollisionsnorm dem autonomen deutschen Kollisionsrecht vorgeht (Art. 3 II EGBGB a.F., 3 Nr. 2 EGBGB n.F.). Gemäß Art. 8 III 1 des Niederlassungsabkommens bleiben die Angehörigen jedes der vertragsschließenden Staaten in Bezug auf das Erbrecht im Gebiet des anderen Staats den Vorschriften ihrer heimischen Gesetze unterworfen (s. Abdruck des Art. 8 in *Staudinger-Dörner*, BGB, 2007, Vorb. zu Art. 25 EGBGB Rz. 155). Wie deutsch-iranische Doppelstaater behandelt werden sollen, regelt das Niederlassungsabkommen indes gerade nicht (*Staudinger-Dörner* aaO Rz. 157). Insoweit greift daher autonomes Kollisionsrecht, also Art. 5 I 2 EGBGB, ein (*Staudinger-Dörner* aaO Rz. 157; a.A. MünchKomm-*Birk*, 5. Aufl. [2010], Art. 25 EGBGB Rz. 295, wonach die effektive Staatsangehörigkeit gemäß Art. 5 I 1 EGBGB maßgeblich sei).

Die Anwendung des deutschen Erbstatuts für die im Todeszeitpunkt in Frankreich belegenen beweglichen Güter ist auch nicht gemäß Art. 3 III EGBGB a.F. (Art. 3a II EGBGB n.F.) ausgeschlossen. Grundsätzlich unterliegt die Rechtsnachfolge von Todes wegen einer einzigen Rechtsordnung als Gesamtstatut (*Palandt-Thorn*, BGB, 73. Aufl. 2014, Art. 3a EGBGB Rz. 3). Eine Ausnahme gilt gemäß Art. 3 III EGBGB a.F. für solche Nachlassgegenstände, die sich nicht im Gebiet der Bundesrepublik Deutschland befinden und nach dem Recht des Staats, in dem sie sich befinden, besonderen Vorschriften unterworfen sind. Das französische Recht unterwirft die in Frankreich belegenen mobilen Nachlassgegenstände indes keinen ‚besonderen Vorschriften' im Sinne des Art. 3 III EGBGB (vgl. BayObLG, Beschl. vom 3.4.1990 – BReg 1 a Z 70/89[4], NJW-RR 1990, 1033; *Palandt-Thorn* aaO Rz 6). Generell kommen zwar Sonderanknüpfungen nicht nur für unbewegliche, sondern auch für bestimmte bewegliche Vermögensgegenstände in Betracht; um eine solche Sonderanknüpfung handelt es sich jedoch nicht, wenn die Kollisionsnorm des Belegenheitsstaats – wie in Frankreich – die Rechtsnachfolge von Todes wegen nicht beschränkt auf einzelne Vermögensgegenstände, sondern generell nach dem letzten Wohnsitz des Erblassers bestimmt.

Das Erbstatut ist nach Art. 25 EGBGB zu bestimmen, selbst wenn die Erblasserin für die Zuwendung an die Kl. etwa die Anwendung deutschen Rechts angeordnet hat. Eine Rechtswahl ist bei der Bestimmung des Erbstatuts grundsätzlich unbeachtlich (BayObLG, Beschl. vom 11.3.1994 – 1Z BR 109/93, BayObLGZ 94, 40, 48); auch aus der materiell-rechtlichen Testierfreiheit ergibt sich keine Befugnis zur testamentarischen Bestimmung des Erbstatus (BGH, Urt. vom 29.3.1972 – IV ZR 1200/68[5], NJW 1972, 1001).

Auf die Frage, ob die Erblasserin ihren letzten Wohnsitz in Frankreich oder Spanien hatte, kommt es für die Bestimmung des anwendbaren deutschen Rechts nicht an. Selbst wenn sie diesen nicht in Marbella hatte, wie die Kl. nun behaupten, und die Annahme des letzten Wohnsitzes in Frankreich nach französischem Kollisionsrecht dazu führte, dass auch auf den beweglichen Nachlass französisches Recht anzuwenden wäre, ändert dies nichts daran, dass aus Sicht des deutschen IPR deutsches Recht für den beweglichen Nachlass zur Anwendung gelangt (vgl. implizit LG München, Beschl. vom 2.6.1997 – 16 T 3295/97[6] und expressis verbis BayObLG, Beschl. vom 18.3.2003 – 1 Z BR 71/02[7], ZEV 2003, 503 Tz. 30).

---

[4] IPRspr. 1990 Nr. 144.
[5] IPRspr. 1972 Nr. 124.
[6] IPRspr. 1997 Nr. 121.
[7] IPRspr. 1990 Nr. 144.

2. Die testamentarische Verfügung der Erblasserin vom 27.6.1991 ist auch wirksam. Anhaltspunkte für eine etwaige Formunwirksamkeit, wobei dafür die Sonderanknüpfung des Art. 26 V EGBGB an das hypothetische Erbstatut (Errichtungsstatut) gilt, sind weder vorgetragen noch ersichtlich. Insbesondere tangieren die testamentarische Wahl des Erbstatuts oder die Rechtswahl hinsichtlich der Qualifikation von *enfants légitimes* [s.u. 3. c)] nicht die ‚Gültigkeit der Errichtung' im Sinne des Art. 26 V EGBGB, sondern betreffen den zulässigen Inhalt einer Verfügung.

3. Den Kl. steht ein Vermächtnisanspruch jeweils in erkannter Höhe gegenüber den Bekl. gemäß §§ 2147, 2174, 2177, 158 I, 163 BGB nach deutschem Recht zu.

Mit dem Tod des Bruders der Erblasserin, dem Eintritt des Anfangstermins der insoweit angeordneten Befristung (§§ 163, 158 I BGB), ist der durch den Tod des Bruders befristete und durch die Nichtexistenz ehelicher Abkömmlinge bedingte Vermächtnisanspruch der Kl. diesen gemäß § 2177 BGB angefallen und damit entstanden (vgl. *Palandt-Weidlich* aaO § 2177 Rz 1, 4). Inhaltlich ist der Vermächtnisanspruch der Kl. gerichtet auf die Verschaffung des Verwertungserlöses, also eines Kapitalbetrags, welcher aus der Veräußerung der in Frankreich belegenen Gegenstände resultiert.

a) Dass den Kl. der o.g. Vermächtnisanspruch zusteht, ergibt sich aus der Auslegung der testamentarischen Verfügung vom 27.6.1991. Das Erbstatut ist auch für die Testamentsauslegung maßgeblich (BayObLG, Beschl. vom 18.3.2003 aaO Tz. 65; OLG Düsseldorf. Beschl. vom 13.6.2013 – I-3 Wx 246/12 u.a.[8], ZEV 2013, 552; OLG Köln, Beschl. vom 19.2.1986 – 2 Wx 49/85[9], NJW 1986, 2199); nach dem Erbstatut beurteilen sich grundsätzlich auch die Voraussetzungen und Wirkungen der Verfügungen von Todes wegen, insbesondere der statthafte Inhalt des Testaments hinsichtlich der Möglichkeit von Erbeinsetzungen oder Vermächtnisanordnungen (*Palandt-Thorn* aaO Art. 25 EGBGB Rz 11). Selbst wenn der Erblasser sich bei Testamentserrichtung in einem Irrtum über das nach seinem Ableben maßgebende Erbstatut befand und möglicherweise materiell-rechtliche Institute eines Rechts verwendet hat, das nicht als Erbstatut berufen ist, muss durch Auslegung nach den Regeln des Erbstatuts – hier also nach §§ 133, 2084 BGB – ermittelt werden, was er damit ausdrücken wollte (BayObLG, Beschl. vom 18.3.2003 aaO). In einem solchen Fall ist bei der Ermittlung des Erblasserwillens dem Sinngehalt des ausländischen Rechts Rechnung zu tragen. Ist danach der Wille des Testators ermittelt, so entscheidet das Erbstatut darüber, ob das Gewollte zulässig ist und in welchen Rechtsformen des eigenen Rechts es dargestellt werden kann. Der Erblasserwille ist möglichst aufrechtzuerhalten, soweit er sich bei deutschem Erbstatut in die Begriffe des BGB ‚übersetzen', u.U. auch erst im Wege der Umdeutung mit den erbrechtlichen Vorstellungen des BGB in Übereinstimmung bringen lässt (BayObLG, Beschl. vom 18.3.2003 aaO). Vorliegend ist bei der Auslegung des Testaments demnach zu berücksichtigen, dass das Testament in Frankreich unter Verwendung der Rechtsfiguren des französischen Rechts errichtet wurde ...

Auch die Anwendung des ‚internationalen ordre public' führt – entgegen der Ansicht der Bekl. – nicht dazu, dass entgegen dem ausdrücklichen Wortlaut im Rahmen einer Auslegung auch nichteheliche Kinder erfasst sind. Der Anwendungsbereich

---

[8] IPRspr. 2013 Nr. 149.   [9] IPRspr. 1986 Nr. 110.

des ordre public (Art. 6 EGBGB) ist nicht eröffnet. Gemäß Art. 6 I EGBGB ist eine Rechtsnorm eines anderen Staats nicht anzuwenden, wenn ihre Anwendung zu einem Ergebnis führt, das mit wesentlichen Grundsätzen des deutschen Rechts offensichtlich unvereinbar ist. Vorliegend ist aber kein ausländisches Recht, sondern deutsches Sachrecht als Erbstatut zur Anwendung berufen. Im Übrigen erschließt sich der Kammer nicht, inwieweit die Knüpfung eines Vermächtnisanspruchs an die Nichtexistenz ehelicher Abkömmlinge mit den Grundgedanken der deutschen Regelungen und der in ihnen liegenden Gerechtigkeitsvorstellungen in so starkem Widerspruch stehen soll, dass dieser aus deutscher Sicht für untragbar gehalten wird. Das deutsche Recht gesteht nichtehelichen Abkömmlingen zwar ein gesetzliches Erbrecht zu; vorliegend geht es aber nicht darum, dass ein nichtehelicher Abkömmling der Erblasserin von deren Erbfolge ausgeschlossen ist; vielmehr wird die Zuwendung eines Vermächtnisses an gemeinnützige Organisationen von dem Nichtvorhandensein ehelicher Abkömmlinge ihres Bruder abhängig gemacht. Zudem handelt es sich bei der Verfügung um eine testamentarische Anordnung. Während der gesetzliche Erbausschluss eines nichtehelichen Kindes nach ausländischem Recht einen Verstoß gegen den deutschen ordre public darstellte (KG, IPRax 2009, 263)[10], wäre eine testamentarische Anordnung, durch welche ein nichteheliches Kind von der Erbenstellung ausgeschlossen wird, indes beachtlich und stellte kein Verstoß gegen den ordre public dar (*Palandt-Thorn* aaO Art. 6 EGBGB Rz 30).

Die Auslegung der testamentarischen Verfügung der Erblasserin ergibt, dass die Frage, welche Kinder als *légitimes* anzusehen sind, nach deutschem Sachrecht und damit nicht nach religiösen Vorstellungen zu entscheiden ist. Dies folgt schon daraus, dass der Einschub *au regard de la législation allemande* dem Wort *légitimes* unmittelbar folgt. Zudem enthält der maßgebliche Satz des Testaments zwei Varianten, nämlich das Vorhandensein von legitimen Kindern und deren Nichtvorhandensein. Sollte sich der Verweis auf das deutsche Recht nicht auf die Legitimität der Kinder, sondern auf den Vermögensübergang beziehen (*ces fonds reviendront*), dann würde dies nur für die erste Variante gelten, nicht für die zweite. Es wäre also ungeklärt, welches Recht für den Vermögensübergang gelten soll, wenn legitime Kinder fehlen. Auch muss dem beurkundenden französischen Notar klargewesen sein, dass nach französischem Recht eine Rechtswahl hinsichtlich des Erbstatus nicht wirksam getroffen werden kann. Ferner hatte die Erblasserin im Zeitpunkt der Testamentserrichtung keinen hinreichenden Bezug zu Deutschland, um deutsches Recht generell zum Erbstatut machen zu wollen. Weder war sie deutsche Staatsangehörige noch lebte sie in Deutschland. Hingegen gab es einen vernünftigen Grund, zu verfügen, dass die Frage der Qualifikation der Ehelichkeit von eventuellen Kindern ihres Bruders nach deutschem Recht beurteilt werden soll. Dieser war in der ganzen Welt unterwegs, hatte seinen Wohnsitz aber in Köln. Es lag also nahe, die Frage der Ehelichkeit seiner Abkömmlinge nach deutschem Recht zu beurteilen.

Da die o.g. Aspekte keinen Zweifel daran lassen, dass sich die Rechtswahl auf die Bestimmung der Ehelichkeit der Kinder bezieht, vermag es dahinzustehen, ob die Erblasserin entsprechend der Ausführung der Kl. den Terminus *en application* verwandt hätte, wenn sie deutsches Recht als Erbstatut hätte festlegen wollen.

---

[10] IPRspr. 2008 Nr. 88.

Die testamentarisch getroffene Rechtswahl hinsichtlich der Qualifikation der Ehelichkeit von Kindern des Bruders ist ungeachtet des Umstands, dass eine Rechtswahl des Erbstatuts nach deutschen Recht mit Ausnahme für im Inland belegenes unbewegliches Vermögen (Art. 25 II EGBGB) unzulässig ist, zulässig. Die Zulässigkeit der hier getroffenen Rechtswahl folgt aus der Testierfreiheit der Erblasserin (Art. 14 I, 2 I GG). Die Testierfreiheit umfasst regelmäßig das Recht, die Bedingung, unter der ein Vermächtnis anfällt, frei zu bestimmen. Daraus folgt, dass die Erblasserin festzulegen vermochte, anhand welchen Maßstabs zu bestimmen ist, ob die vorliegend getroffene Negativbedingung, nämlich das Nichtvorhandensein ehelicher Kinder, eingetreten ist. Durch die vorliegende Rechtswahlklausel wählte die Erblasserin gerade nicht die Anwendbarkeit des materiellen Erbrechts eines Staats aus, sondern sie gestaltete dadurch lediglich die getroffene Bedingung um der Rechtssicherheit willen konkret aus.

Die Auslegung ergibt, dass die Erblasserin mit der Wahl deutschen Rechts ausschließlich deutsches Sachrecht, nicht hingegen deutsches IPR für Zwecke der Qualifikation der Ehelichkeit zur Anwendung berufen wollte. Eine Rekursion auf die Vorschriften des deutschen IPR ist bereits deshalb fernliegend, weil das EGBGB zwar mit Art. 19 EGBGB eine Kollisionsnorm zur Abstammung bereithält, welche aber den Fokus auf die Abstammung generell und nicht auf die Ehelichkeit möglicher Kinder, auf die es der Erblasserin ankam, im Speziellen richtet. Zudem zeugt eine Rechtswahl hinsichtlich der Qualifikation ehelicher Kinder davon, dass die Erblasserin ein Bedürfnis zur Schaffung von Rechtssicherheit gesehen hat. Dies gilt umso mehr, weil der Bruder der Erblasserin, um dessen Abkömmlinge es geht, einen kosmopolitischen Lebensstil pflegte. Es vertrüge sich nicht mit der bezweckten Rechtsklarheit und Rechtssicherheit, müsste das geltende Sachrecht zur Qualifikation der Ehelichkeit erst durch Anwendung von Kollisionsnormen mit möglicher Rück- oder Weiterverweisung oder durch die Anwendung von Staatsverträgen ermittelt werden. Wird eine ausdrückliche Rechtswahl getroffen, kann in der Regel davon ausgegangen werden, dass der Rechtswählende das Sachrecht eines Staats und nicht dessen Kollisionsrecht zur Anwendung berufen will. Denn durch die Berufung auch des Kollisionsrechts kann möglicherweise eine Weiterverweisungsspirale in Gang gesetzt werden, die durch eine konkrete Rechtswahl gerade ausgeschlossen werden soll.

Es kommt nicht darauf an, inwieweit die Erblasserin die islamischen Glaubensgesetze verinnerlicht hatte und durch dieselben geprägt war. Bei der Abfassung der testamentarischen Verfügung hat sie sich jedenfalls nicht von solchen religiösen Vorstellungen leiten lassen, weil sie zur Bestimmung der Ehelichkeit der Kinder mit dem deutschen Sachrecht eine ausdrücklich von der religiösen Qualifikation abweichende rechtliche Qualifikation getroffen hat. Vor diesem Hintergrund vermag es auch dahinzustehen, ob das gemäß Art. 26 V EGBGB für Formfragen berufene französische Sachrecht ein Äquivalent der im deutschen Erbrecht anerkannten Andeutungstheorie kennt, unter deren Anwendung sich eine Auslegung, wonach die Negativbedingung auch nichteheliche Kinder erfasse, schon deshalb verbietet, weil eine Bestimmung der ehelichen Kindern nach islamischen Maßstäben im Testamentstext schon keinen wenigstens unvollkommenen Ausdruck gefunden hat (vgl. zur Andeutungstheorie *Palandt-Weidlich* aaO § 2084 Rz 4)."

133. *Treffen italienische Ehegatten in ihrem von einem deutschen Notar beurkundeten Erbvertrag – anders als bei bisherigen, jedoch wieder aufgehobenen letztwilligen Verfügungen – keine Rechtswahl hinsichtlich ihres deutschen Immobilienvermögens, ist der Erbvertrag so auszulegen, dass für das in Deutschland belegene unbewegliche Vermögen eine gesonderte Erbfolge nach deutschem Recht eintritt. Hierin liegt eine konkludente Rechtswahl, welche zu einer Nachlassspaltung führt.*
[LS der Redaktion]

OLG Hamm, Beschl. vom 22.7.2014 – 15 W 138/14: FamRZ 2015, 361; FGPrax 2015, 35; ZErb 2014, 352. Leitsatz in FuR 2015, 126.

Die Erblasserin war verheiratet mit F, der 2010 vorverstorben ist. Beide Ehegatten waren ausschließlich italienische Staatsangehörige und lebten bis zu ihrem Tod seit Jahrzehnten in Deutschland. Die Beteiligten zu 1) bis 3) sind die aus der Ehe hervorgegangen Söhne. Die Beteiligten zu 4) und 5) sind die Kinder des Beteiligten zu 3). Die Ehegatten errichteten nacheinander drei notariell beurkundete gemeinschaftliche Testamente, in deren Eingang sie jeweils erklärten, ihre mit nachfolgender Urkunde zu regelnden Rechtsverhältnisse ausschließlich dem deutschen Recht unterstellen zu wollen. 2007 schlossen die Ehegatten einen Erbvertrag, in dessen § 1 zunächst vorsorglich alle früheren letztwilligen Verfügungen aufgehoben, im Gegensatz zu diesen jedoch keine Rechtswahlerklärung abgegeben wurde.

Der Beteiligte zu 3) – Testamentsvollstrecker – hat die ihm angefallene Erbschaft ausgeschlagen, ebenso der Beteiligte zu 5). Der Beteiligte zu 1) hat die Erteilung eines gemeinschaftlichen Erbscheins beantragt, der ihn sowie die Beteiligten zu 2) und 4) nach italienischem Recht zu je 1/3 Anteil als Erben auswiese.

Das AG hat durch Beschluss die Tatsachen für festgestellt erachtet, die zur Erteilung des vom Beteiligten zu 1) gestellten Antrags erforderlich sind. Gegen diese Entscheidung richtet sich die Beschwerde des Beteiligten zu 3).

Aus den Gründen:

„II. ... Die Erblasserin war ausschließlich italienische Staatsangehörige. Für die Beurteilung ihrer Erbfolge ist daher gemäß Art. 25 I EGBGB italienisches Recht anwendbar, sofern es nicht im Rahmen des italienischen IPR zu einer Rückverweisung auf das deutsche Recht kommt, die von dem deutschen Recht angenommen wird (Art. 4 I 2 EGBGB).

1) Nach Art. 46 II 1 ital. IPRG kann der Erblasser für die Rechtsnachfolge in sein gesamtes Vermögen durch in der Form eines Testaments ausgedrückte Anordnung das Recht des Staats seines gewöhnlichen Aufenthalts wählen. Nach Satz 2 derselben Vorschrift wird die Rechtswahl unwirksam, wenn der Erblasser im Zeitpunkt seines Todes in jenem Staat keinen gewöhnlichen Aufenthalt mehr hatte. Eine solche Rechtswahlerklärung kann sich hier im Wege der Auslegung aus dem Erbvertrag vom 7.8.2007 ergeben. Der Erbvertrag enthält allerdings nicht eine ausdrückliche Rechtswahlerklärung. Vielmehr sind die früheren gemeinschaftlichen Testamente der Ehegatten, die eine solche Rechtswahlerklärung umfassen, in § 1 des Erbvertrags – wenn auch nur ‚vorsorglich' – aufgehoben worden, ohne dass in dem Erbvertrag eine erneute ausdrückliche Rechtswahlerklärung getroffen worden ist. Zur Annahme einer erneuten Rechtswahlerklärung kann deshalb nur eine Auslegung des Erbvertrags führen, die die Möglichkeit einer konkludenten Rechtswahl unter Berücksichtigung des Gesamtzusammenhangs des Erbvertrags einschl. der früheren Testamente der Ehegatten voraussetzt [s. näher unter 2) der Beschlussgründe]. Ob eine konkludente Rechtswahl im Rahmen eines vor einem deutschen Notar geschlossenen Erbvertrags vom Standpunkt des italienischen Rechts als wirksam anerkannt wird, lässt sich nach Auffassung des Senats abschließend erst auf der Grundlage eines kostenintensiven Rechtsgutachtens zum italienischen Recht beantworten. Viel-

fach wird allerdings die Frage, ob die Rechtswahl in der Form eines Testaments getroffen worden ist, als eine solche behandelt, die selbständig nach Art. 48 ital. IPRG anzuknüpfen ist, also nach dem Recht zu beurteilen ist, das am Ort der Errichtung der letztwilligen Verfügung gilt (vgl. *Ferid-Firsching-Dörner-Hausmann*, Internationales Erbrecht, Länderteil Italien [Stand: Feb 2014], Rz. 58; MünchKomm-*Birk*, 5. Aufl., Art. 25 EGBGB Rz. 30). Gegen diese Auffassung kann der vom AG hervorgehobene Gesichtspunkt sprechen, dass auf diese Weise die Rechtswahl in eine erbvertragliche Bindung einbezogen wird, der das italienische Recht durch Art. 589 Cc durch den Ausschluss der Wirksamkeit mehrseitiger letztwilliger Verfügungen gerade entgegenwirken will, das Verbot mehrseitiger letztwilliger Verfügung also nicht lediglich auf formellen, sondern auf materiellen Gründen beruht (vgl. *Staudinger-Dörner*, BGB, Neub. 2007, Art. 25 EGBGB Rz. 328; *Priemer*, MittRhNotK 2000, 45, 58). Ein weiterer Problempunkt besteht darin, ob das italienische Recht die Wirksamkeit einer Rechtswahl von einer ausdrücklichen Erklärung abhängig macht und damit eine konkludente Rechtswahlerklärung ausschließt. Dazu wird berichtet (*Ferid-Firsching-Dörner-Hausmann* aaO Rz.60 m.w.N.), dass diese Frage in Italien streitig beurteilt wird, mag sich auch eine überwiegende Auffassung für die Erforderlichkeit einer ausdrücklichen Rechtswahlerklärung gebildet haben. Eine abschließende Beurteilung im Rahmen einer gerichtlichen Entscheidung könnte danach nur auf der Grundlage eines Rechtsgutachtens zum italienischen Recht getroffen werden, in dem die Auslegungsmethoden und die zu berücksichtigenden inhaltlichen Zusammenhänge des italienischen Rechts zu erläutern wären.

2) Nach Art. 25 II EGBGB kann der Erblasser für sein im Inland belegenes unbewegliches Vermögen in der Form einer letztwilligen Verfügung deutsches Recht wählen. Die Auslegung des Erbvertrages vom 7.8.2007 führt aus den nachstehenden Gründen zu dem Ergebnis, dass die Ehegatten konkludent zumindest eine solche Rechtswahl getroffen haben. Diese Rechtswahl begründet eine Nachlassspaltung: Für das in Deutschland belegene unbewegliche Vermögen tritt eine gesonderte Erbfolge nach deutschem Recht ein. Diese ist zu unterscheiden von einer etwa daneben bestehenden Erbfolge in das sonstige gesamte Vermögen der Erblasserin, die eingetreten ist, wenn das italienische Recht die Wirksamkeit einer konkludenten Rechtswahl für das gesamte Vermögen nach Maßgabe des Art. 46 II ital. IPRG nicht anerkennt. Der Antrag des Beteiligten zu 1) ist auf die Erteilung eines (Fremdrechts-)Erbscheins für den gesamten Nachlass der Erblasserin gerichtet. Die eingetretene Nachlassspaltung führt demgegenüber zu einer Geltungsbeschränkung für die über den allgemeinen Nachlass auszuweisende Erbfolge, weil für das in Deutschland belegene unbewegliche Vermögen eine gesonderte Erbfolge nach deutschem Recht eingetreten ist. Diese Geltungsbeschränkung muss in dem Erbschein zum Ausdruck gebracht werden (vgl. BayObLGZ 1996, 165 = FamRZ 1997, 318[1]; OLG Köln, NJW-RR 1992, 1480[2]). Diese Geltungsbeschränkung wird in dem Antrag des Beteiligten zu 1) auf Erteilung eines Erbscheins nicht berücksichtigt. Vielmehr geht er davon aus, dass der zu erteilende Erbschein insbesondere auch die Erbfolge für den in H belegenen Grundbesitz ausweisen soll, der den wesentlichen Wert des Nachlasses ausmacht. Da die Erteilung eines Erbscheins streng antragsgebunden ist, dieser daher nur mit dem Inhalt erteilt werden darf, wie er beantragt worden ist (Senat,

---
[1] IPRspr. 1996 Nr. 117.   [2] IPRspr. 1992 Nr. 158.

FGPrax 2013, 123), führt die in diesem Zusammenhang erforderliche Abweichung notwendig zur Zurückweisung des Antrags des Beteiligten zu 1).

Im Rahmen des Art. 25 II EGBGB ist nach gefestigter Auffassung auch eine konkludente Rechtswahl möglich (OLG Zweibrücken, ZEV 2003, 162[3]; Münch-Komm-*Birk* aaO Rz. 42; *Staudinger-Dörner* aaO Rz. 535). Für eine entspr. Auslegung des Erbvertrags vom 7.8.2007 sprechen hier eine Reihe von überzeugenden Anhaltspunkten: Zunächst fällt auf, dass die Ehegatten in ihren drei früheren notariell beurkundeten gemeinschaftlichen Testamenten jeweils erklärt haben, ‚ihre mit nachfolgender Urkunde zu regelnden Rechtsverhältnisses ausschließlich dem deutschen Recht unterstellen zu wollen', also eine ausdrückliche Rechtswahlerklärung mit möglichst weitgehendem Inhalt getroffen haben. Bei diesen Beurkundungen muss ihnen also infolge erteilter notarieller Belehrung die Problematik bewusst geworden sein, dass auf ihre Beerbung in erster Linie italienisches Recht anzuwenden war und sie von einer Gestaltungsmöglichkeit Gebrauch machen wollten, die zur Anwendbarkeit deutschen Rechts führte. Sie haben sodann in den genannten Testamenten erbrechtliche Gestaltungsformen des deutschen Rechts angewendet, indem sie zunächst (20.9.1994) sich gegenseitig als Alleinerben und den Beteiligten zu 3) als Schlusserben des Letztversterbenden (§ 2269 BGB) eingesetzt haben und ihn mit Vermächtnissen zugunsten der Beteiligten zu 1) und 2) beschwert haben, sodann (28.11.1996) eine Ersatzerbfolge bestimmt sowie die Vermächtnisse im Detail neu geregelt und schließlich (19.6.1998) die Schlusserbfolge aufgehoben und dem Testat des überlebenden Ehegatten vorbehalten haben. Die Regelungen des Erbvertrags vom 7.8.2007 knüpfen inhaltlich an die vorausgegangenen Testamente an, indem nunmehr die Beteiligten zu 1) und 3) zu gleichen Teilen als Schlusserben mit der Maßgabe eingesetzt werden, dass eine Teilungsanordnung hinsichtlich des Grundbesitzes F-Straße 12 und 12a in H getroffen wird, die ergänzt wird durch eine den Beteiligten zu 2) begünstigende Auflage (§ 2193 BGB) sowie die Ernennung des Beteiligten zu 3) zum Testamentsvollstrecker (§ 2197 BGB). Es ist zwar nicht mehr nachvollziehbar, warum die Ehegatten in § 1 des Erbvertrags erklärt haben, bisher keine letztwilligen Verfügungen getroffen zu haben. Diese Erklärung lässt lediglich erkennen, dass die Ehegatten die Notarin O über die von ihnen früher errichteten gemeinschaftlichen Testamente nicht unterrichtet haben. Fest steht demgegenüber, dass die Ehegatten in ihren früheren Testamenten jeweils deutsches Recht gewählt haben und ihre früheren Regelungen durch den Erbvertrag inhaltlich verändern wollten, nämlich bei Aufrechterhaltung der gegenseitigen Erbeinsetzung eine neue Regelung für die Schlusserbfolge mit den soeben geschilderten Bestimmungen treffen und diese mit erbvertraglicher Bindungswirkung verstärken wollten (vgl. die Regelung in § 5 über die erbvertragliche Bindungswirkung). Dieser Zusammenhang spricht maßgebend dafür, dass die Ehegatten weiterhin ihre Erbfolge im Rahmen des deutschen Rechts regeln wollten. Maßgebend kommt hier hinzu, dass der Erbvertrag vollständig unwirksam wäre, wenn für die Erbfolge italienisches Recht Anwendung fände, weil Art. 589 Cc mehrseitige letztwillige Verfügungen ausschließt. Da die Ehegatten jedoch eine wirksame Regelung mit erbvertraglicher Bindungswirkung herbeiführen wollten, muss angenommen werden, dass sie auch von der Rechtswahlmöglichkeit Gebrauch machen wollten, die allein den rechtlichen Weg

---

[3] IPRspr. 2002 Nr. 116.

zur Wirksamkeit ihrer Regelung eröffnet. Ein gewichtiges weiteres Indiz ergibt sich ferner daraus, dass die Ehegatten nach dem Inhalt des Erbvertrags eine Regelung im Wesentlichen für die Erbfolge betreffend ihren Grundbesitz F-Straße 12 und 12a in H getroffen haben, wie die Schlusserbeinsetzung der Beteiligten zu 1) und 3) und die damit verbundene Teilungsanordnung zeigt. Dies stimmt mit den Wertangaben des Beteiligten zu 3) zum Nachlass vom 12.8.2013 überein, die als werthaltigen Vermögenswert nur diesen Grundbesitz aufführen."

134. *Bei der Anwendung ausländischen (hier: griechischen) Rechts gemäß Erbstatut kommt daneben nach deutschem Recht als Güterrechtsstatut eine Erhöhung des Erbteils nach dem – güterrechtlich zu qualifizierenden – § 1371 BGB in Frage.*
[LS der Redaktion]

OLG Frankfurt/Main, Beschl. vom 30.7.2014 – 21 W 47/14: ZEV 2015, 158.

[Der nachgehende Beschluss des BGH – IV ZB 30/14 – wird voraussichtlich im Band IPRspr. 2015 abgedruckt werden.]

Der Beteiligte zu 1) ist der Sohn, der Beteiligte zu 2) der Ehemann der 2013 verstorbenen Erblasserin. Die Erblasserin und der Beteiligte zu 2) sind griechische Staatsangehörige und haben in Griechenland geheiratet. Sie lebten seit vielen Jahren in Deutschland. Zwischen der Erblasserin und dem Beteiligten zu 2) waren seit dem Jahr 2007 ein Scheidungsverfahren sowie die Folgesachen Zugewinn- und Versorgungsausgleich anhängig. In dem güterrechtlichen Verfahren hatte das FamG mit Zwischenurteil entschieden, dass auf die Ansprüche des Beteiligten zu 2) und der Erblasserin aus dem ehelichen Güterrecht deutsches Recht Anwendung findet, da die Parteien in der notariellen Urkunde im Zusammenhang mit dem Erwerb zweier Eigentumswohnungen für die güterrechtlichen Wirkungen der Ehe deutsches Recht gewählt hatten. Das NachlG hat mit Beschluss die zur Erteilung des von dem Beteiligten zu 1) beantragten Erbscheins erforderlichen Tatsachen als festgestellt erachtet. Zur Begründung hat es im Wesentlichen ausgeführt, dass eine Erhöhung der Erbquote gemäß § 1371 I BGB nicht in Betracht komme, da dem griechischen Recht eine Regelung über den Zugewinnausgleich fremd sei.
Gegen diesen Beschluss richtet sich die Beschwerde des Beteiligten zu 2).

Aus den Gründen:

„II. Die Beschwerde ist zulässig und insbes. fristgerecht innerhalb eines Monats nach Zustellung bei Gericht eingegangen (§ 63 FamFG).
Sie hat auch in der Sache Erfolg ...
Dem Beteiligten zu 2) steht nach dem auf den Erbfall anwendbaren griechischen Recht als Ehemann der Erblasserin ein Erbanteil gemäß Art. 1820 griech. ZGB von einem Viertel zu. Darüber hinaus erhält er aufgrund des gemäß deutschen Güterrechtsstatuts anwendbaren § 1371 I BGB einen pauschalierten Zugewinnausgleich i.H.v. einem weiteren Viertel der Erbschaft, um den sich sein gesetzlicher Erbteil erhöht.
Das AG ist zunächst zutreffend davon ausgegangen, dass hinsichtlich des Erbfalls griechisches Recht anwendbar ist, da die Erblasserin griechische Staatsangehörige war (Art. 25 EGBGB).
Nach Art. 1813 griech. ZGB sind als gesetzliche Erben der ersten Ordnung die Abkömmlinge des Erblassers berufen. Kinder erben zu gleichen Teilen. Der überlebende Ehegatte ist gemäß Art. 1820 griech. ZGB neben Verwandten der ersten Ordnung zu einem Viertel als gesetzlicher Erbe berufen.
Das gesetzliche Erbrecht des Beteiligten zu 2) ist nicht durch das zwischen ihm und der Erblasserin bis zu deren Tod noch anhängig gewesene Scheidungsverfahren

ausgeschlossen. Da das gesetzliche Erbrecht nach griechischem Recht zu beurteilen ist, ist – worauf auch das NachlG zutreffend in seinem Einziehungsbeschluss vom 18.12.2013 hingewiesen hat – auch der Ausschluss des Ehegattenerbrechts nach griechischem Recht zu beurteilen, da dieses an das Erbstatut anknüpft (Art. 25 EGBGB). Nach Art. 1822 griech. ZGB ist das Erbrecht des überlebenden Ehegatten ausgeschlossen, wenn der Erblasser eine – begründete – Scheidungsklage (Art. 1439 griech. ZGB) erhoben hat. Entsprechendes gilt, wenn die Ehegatten einen gemeinschaftlichen Antrag auf Scheidung gestellt und die erforderliche Einwilligungserklärung vor dem Gericht abgegeben haben (Art. 1441 griech. ZGB in der bis zum 11.3.2012 g.F.; Art. 1441 griech ZGB n.F. sieht nunmehr eine einvernehmliche Ehescheidung vor, die eine schriftliche Vereinbarung der Ehegatten voraussetzt, die von dem Gericht bestätigt wird; vgl. *Ferid-Firsching-Dörner-Hausmann*, Internationales Erbrecht, Griechenland [Stand: 1.3.2002], Grdz. E Rz. 64 und N. 2). Das Vorliegen der entsprechenden materiellen Scheidungsvoraussetzungen beurteilt sich dabei ebenfalls nach griechischem Recht. Nach dem gemäß Art. 18 I Rom-III-VO hier noch anwendbaren Art. 17 I EGBGB unterliegt die Scheidung dem Recht, das im Zeitpunkt des Eintritts der Rechtshängigkeit des Scheidungsantrags für die allgemeinen Wirkungen der Ehe maßgebend ist. Dies ist gemäß Art. 14 I Nr. 1 EGBGB das Recht des Staats, dem beide Ehegatten angehören, und damit vorliegend griechisches Recht. Vorliegend sind die Voraussetzungen des Art. 1822 griech. ZGB nicht gegeben, da die Erblasserin ihren Scheidungsantrag zurückgenommen hatte und eine Einwilligungserklärung nicht abgegeben wurde. Zwar mögen sich die Erblasserin und der Beteiligte zu 2) bereits über die wesentlichen Punkte der Scheidung und insbesondere des Zugewinnausgleichs einig gewesen sein. Zu dieser Einigung ist es letztlich aber nicht mehr gekommen. Der Ausschluss des Ehegattenerbrechts ist nach griechischem Recht – wie auch nach deutschem Recht – an das Vorliegen entspr. verbindlicher prozessualer Erklärungen gebunden. Diese Voraussetzungen liegen nicht vor. Eine erweiterte Auslegung der gesetzlichen Vorschriften über den Ausschluss des Ehegattenerbrechts dahingehend, dass bereits eine beabsichtigte Zustimmung bzw. Einwilligung ausreichend sein könnte, kommt nicht in Betracht. Einer solchen Auslegung steht bereits das Interesse der Rechtssicherheit bei der Feststellung des Erbrechts entgegen. Dabei ist auch zu berücksichtigen, dass die Erblasserin im Laufe des Verfahrens ihre Einstellung zu dem Scheidungsverfahren – wie durch die Rücknahme des Scheidungsantrags zum Ausdruck gekommen – jedenfalls zwischenzeitlich bereits einmal gewechselt hatte. Es erscheint daher bedenklich, eine angekündigte Vergleichsbereitschaft, mag sich diese auch schon weitestgehend konkretisiert haben, als ausreichend für den daran anknüpfenden Ausschluss des Ehegattenerbrechts anzusehen.

Der Beteiligte zu 2) ist daher zunächst nach griechischem Erbrecht gesetzlicher Erbe zu einem Viertel geworden.

Daneben ist die Erhöhung des gesetzlichen Erbteils um ein weiteres Viertel gemäß § 1371 I BGB zu berücksichtigen, da der Beteiligte zu 2) mit der Erblasserin im gesetzlichen Güterstand der Zugewinngemeinschaft nach deutschem Recht gelebt hat.

Nach Art. 15 I EGBGB folgt das Güterrechtsstatut grundsätzlich dem Ehewirkungsstatut gemäß Art. 14 EGBGB. Dies würde vorliegend zur Anwendung griechischen Rechts führen (s.o.). Nach Art. 15 II EGBGB ist jedoch eine Rechtswahl zulässig. Vorliegend haben die Eheleute in der notariellen Vereinbarung vom 6.11.2003 hinsichtlich der güterrechtlichen Wirkungen der Ehe deutsches Recht gewählt. Da dies dem Recht des gewöhnlichen Aufenthalts nach Art. 15 II Nr. 2 EGBGB entspricht, war diese Rechtswahl zulässig. Bedenken an der Wirksamkeit der Rechtswahl im Übrigen bestehen nicht. Insbesondere stehen etwaige mangelnde Sprachkenntnisse der Erblasserin der Wirksamkeit der in der notariellen Urkunde erklärten Rechtswahl nicht entgegen. Die Wirksamkeit einer Urkunde wird auch dann nicht berührt, wenn der Notar etwa irrtümlich nicht erkennt, dass ein Beteiligter der deutschen Sprache nicht hinreichend kundig ist (OLG Köln, VersR 2000, 243 Rz. 25 nach juris). Die in dem güterrechtlichen Verfahren mit Schriftsatz vom 21.8.2009 erklärte Anfechtung der Erklärung war jedenfalls verfristet, da der Beteiligte zu 2) bereits mit Schriftsatz vom 20.7.2008 den notariellen Kaufvertrag vorgelegt und auf die Rechtswahl hingewiesen hat. Zur Vermeidung von Wiederholungen wird im Übrigen auf die Begründung des Zwischenurteils in dem güterrechtlichen Verfahren vom 4.12.2009 Bezug genommen.

Ob bei Anwendung ausländischen Rechts aufgrund des Erbstatuts daneben eine Erhöhung des Erbteils nach § 1371 BGB aufgrund deutschen Rechts nach dem Güterrechtsstatut in Frage kommt, ist in Lit. u. Rspr. weiterhin umstritten. Es liegen abweichende Entscheidungen verschiedener OLG zu dieser Frage vor. Der BGH hat diese Frage in seiner Entscheidung vom 12.9.2012 (NJW-RR 2013, 201)[1] ausdrücklich offengelassen. Zuletzt haben sich das OLG München mit Beschluss vom 16.4.2012 (NJW-RR 2012,1096)[2] und das Schleswig-Holsteinische OLG mit Beschluss vom 19.8.2013 (FamRZ 2014, 52)[3] für die Möglichkeit einer Erhöhung der Erbquote ausgesprochen. Das OLG Köln (vgl. Beschl. vom 5.8.2011, FamRZ 2012, 819[4]) und das OLG Frankfurt/Main (vgl. Beschl. vom 20.10.2009, FamRZ 2010, 767[5]) verneinen diese Möglichkeit. Das OLG Düsseldorf hatte in einem Beschluss vom 19.12.2008 (ErbR 2009, 163)[6] offengelassen, ob es an seiner bisherigen Auffassung, dass keine Erhöhung möglich sei, festhalten werde.

Der Senat hat mit Beschluss vom 12.11.2013 entschieden, dass bei Zusammentreffen von deutschem Güterrechtsstatut und griechischem Erbstatut der pauschalierte Zugewinnausgleich nach § 1371 I BGB Anwendung findet (21 W 17/13[7], Rz. 16 nach juris). Denn eine Erhöhung der Erbquote des überlebenden Ehegatten bei Anwendbarkeit ausländischen Erbrechts neben deutschem Güterrecht ist jedenfalls dann zulässig, wenn das ausländische Erbrecht mit der gesetzlichen Erbquote keinen güterrechtlichen Ausgleich bewirken will (Senat aaO; Schleswig-Holsteinisches OLG aaO; OLG München aaO, MünchKomm-*Siehr*, 5. Aufl., Art. 15 EGBGB Rz. 117; *Palandt-Thorn*, BGB, 73. Aufl., Art. 15 EGBGB Rz. 26).

Geht man mit der überwiegenden Auffassung davon aus, dass § 1371 BGB güterrechtlich zu qualifizieren ist, da dieser die Regelung eines pauschalierten Zugewinnausgleichs enthalte, ist nicht ersichtlich, warum diese Regelung bei einem Erbfall, der nach ausländischem Recht zu beurteilen ist, keine Anwendung finden

---

[1] IPRspr. 2012 Nr. 156.
[2] IPRspr. 2012 Nr. 150.
[3] IPRspr. 2013 Nr. 84.
[4] IPRspr. 2011 Nr. 144.
[5] IPRspr. 2009 Nr. 124.
[6] IPRspr. 2008 Nr. 90.
[7] IPRspr. 2013 Nr. 156.

sollte. § 1371 I BGB regelt die der erbrechtlichen Verteilung grundsätzlich zeitlich vorgelagerte Frage, wie im Todesfall eines der Ehepartner der güterrechtliche Ausgleich erfolgen soll. Das deutsche Recht hat sich für die Durchführung dieses güterrechtlichen Ausgleichs für eine Lösung durch pauschale Erhöhung des Erbteils entschieden. Dies ändert nichts daran, dass es sich um eine güterrechtliche Regelung handelt. Wenn § 1371 I BGB aber güterrechtlich zu qualifizieren ist, so ist nicht ersichtlich, wieso bei Geltung deutschen Güterrechtsstatuts eine Anwendung neben dem ausländischen Erbstatut ausgeschlossen sein soll (Senat aaO Rz. 17; Schleswig-Holsteinisches OLG aaO).

Das griechische Erbrecht sieht ebenso wie das deutsche Erbrecht eine Erbquote des überlebenden Ehegatten neben Abkömmlingen der 1. Ordnung i.H.v. einem Viertel vor. Das griechische Güterrecht sieht als gesetzlichen Güterstand Gütertrennung vor (Art. 1397 griech. ZGB). Es gibt zwar auch einen Zugewinnausgleich bei Scheidung (Art. 1400 griech. ZGB), nicht aber im Todesfall (Art. 1401 griech. ZGB). Das griechische Recht sieht daher güterrechtliche Ansprüche im Todesfall schon nicht vor, so dass auch eine Abgeltung solcher Ansprüche mit der gesetzlichen Erbquote nicht angenommen werden kann. In diesen Fällen bestehen dann aber auch keine Bedenken gegen die Anwendbarkeit von § 1371 I BGB aufgrund des deutschen Güterrechtsstatuts (Senat aaO Rz. 20; Schleswig-Holsteinisches OLG aaO; MünchKomm-*Siehr* aaO).

Angesichts der dem deutschen Recht entsprechenden gesetzlichen Erbquote des überlebenden Ehegatten nach griechischem Recht stellt sich vorliegend auch nicht die bei Anwendung anderer ausländischer Rechtsordnungen mit höheren Erbquoten entstehende Frage der etwaigen Erforderlichkeit einer Anpassung der Erbquoten (vgl. Schleswig-Holsteinisches OLG aaO z. österr. Erbrecht; OLG Frankfurt aaO z. schwed. Erbrecht)."

135. *War eine in Deutschland wohnhafte Ehefrau ausschließlich thailändische Staatsangehörige und besaß Immobilienvermögen in Thailand, verweist das thailändische Internationale Privatrecht nur hinsichtlich des beweglichen Nachlassvermögens auf deutsches Erbrecht zurück, so dass eine Nachlassspaltung eintritt.*

Die Ausschlagung der Erbschaft gegenüber dem deutschen Nachlassgericht hat auf die Rechtsnachfolge hinsichtlich des dem thailändischen Recht unterfallenden Nachlassteils keine Wirkung. Der Erbe der Ehefrau haftet daher für die Zugewinnausgleichsforderung nach thailändischem Recht. Die Haftung beschränkt sich auf das dem thailändischen Recht unterliegende Immobiliarvermögen.

OLG Hamburg, Beschl. vom 20.10.2014 – 2 UF 70/12: FamRZ 2015, 749; NZ-Fam 2015, 219 mit Anm. *Braeuer*. Leitsatz in ZEV 2015, 182.

Die Beteiligten streiten um Zugewinnausgleich. Die AGg. sind die einzigen Kinder der verstorbenen Frau P.T., die mit dem ASt. verheiratet war. Frau P.T. war thailändische Staatsangehörige, der ASt. ist deutscher Staatsangehöriger. Aus der Ehe sind keine Kinder hervorgegangen. Die Ehe wurde 2000 geschlossen. Die Ehegatten lebten seit spätestens Ende 2009 getrennt. Zum Endvermögen der Ehefrau gehörten u.a. Grundstücke in Thailand. Mit Scheidungsverbundbeschluss hat das FamG die Ehe des ASt. und seiner Ehefrau geschieden, den Versorgungsausgleich geregelt und die Ehefrau verpflichtet, an den ASt. einen Zugewinnausgleich zu zahlen. Der Scheidungsausspruch wurde 2012 rechtskräftig.

Anfang 2013 verstarb die Ehefrau. Sie hat keine Verfügung von Todes wegen hinterlassen. Die AGg. haben durch notarielle Erklärung gegenüber dem AG die Annahme der Erbschaft wegen Irrtums über eine wesentliche Eigenschaft des Nachlasses angefochten und die Erbschaft aus allen möglichen Berufungsgründen ausgeschlagen. Der Senat hat Beweis erhoben hinsichtlich der Rechtsnachfolge der Ehefrau durch Einholung eines Gutachtens zum thailändischen Recht; die AGg. haben nach Erstattung ihre prozessuale Rechtsnachfolge nach der Ehefrau nicht länger bestritten. Der ASt. verlangt von den AGg. einen Zugewinnausgleich i.H.v. 51 764,80 Euro.

Aus den Gründen:

„II. ... 2. Die AGg. haften als Erben der Ehefrau für den Zugewinnausgleichsanspruch, dies allerdings nur mit dem in Thailand belegenen Immobilienvermögen der Ehefrau.

a. Gemäß Art. 25 EGBGB richtet sich die Rechtsnachfolge von Todes wegen nach dem Recht des Staats, dem der Erblasser im Zeitpunkt seines Todes angehörte. Die Ehefrau war ausschließlich thailändische Staatsangehörige. S. 37 des thailändischen Gesetzes betreffend Gesetzeskollisionen vom 4.8.1937 (BE 2481; nachfolgend: IPRG) verweist im Hinblick auf Immobilien weiter auf das Recht des Belegenheitsorts, s. 38 thail. IPRG im Hinblick auf bewegliches Vermögen auf das Recht des Wohnsitzes des Erblassers, hier bzgl. der Ehefrau also auf deutsches Recht. Das deutsche Recht nimmt die teilweise Rückverweisung an. Da die Erblasserin unbewegliches Vermögen in Thailand besaß, ist damit eine Nachlassspaltung eingetreten.

Die Nachlassspaltung hat zur Folge, dass die beiden Nachlassteile wie zwei selbständige Nachlässe zu behandeln sind, so dass Ausschlagung, Anfechtung der Ausschlagung und eine dies begründende Überschuldung des Nachlasses bezogen auf den jeweiligen Teilnachlass zu beurteilen sind (BayObLG, NJW 2003, 216).

Im Fall einer durch eine Rückverweisung eintretenden Nachlassspaltung entscheidet diejenige Rechtsordnung, die durch die parzielle Rückverweisung die Spaltung herbeigeführt hat, über die Haftung der verschiedenen Teilnachlässe für Nachlassverbindlichkeiten (*Staudinger-Dörner*, BGB [2007], Art. 25 EGBGB Rz. 790). Danach ist im vorliegenden Fall die thailändische Rechtsordnung berufen, über die Haftung der beiden Teilnachlässe für die streitgegenständliche Zugewinnausgleichsforderung zu entscheiden.

Aus dem vom Senat eingeholten Gutachten der Sachverständigen *M.* und *K.*, das widerspruchsfrei und in sich schlüssig ist und vom Senat deshalb der Entscheidung zugrunde gelegt wird, ergibt sich insoweit Folgendes:

‚Nach s. 1600 des Civil and Commercial Code – Zivil- und Handelsgesetzbuch – vom 11.11.1924 (nachfolgend: TCCC) beinhaltet der Nachlass des Verstorbenen das gesamte Vermögen des Erblassers, also alle Rechte, Pflichten und Verbindlichkeiten, es sei denn, diese sind höchstpersönlicher Natur. [...] Deshalb wird der Erbe grundsätzlich auch Rechtsinhaber bzw. Schuldner. Dies wird von s. 1599 TCCC bestätigt, der bestimmt, dass der Nachlass im Todesfall auf die Erben übergeht.

Eine Beschränkung der Außenhaftung für verschiedene (Teil-)Vermögensmassen des Nachlasses ist nach thailändischem Recht daher grundsätzlich nicht vorgesehen (vgl. Supreme Court case n° 3925/2539 betreffend eine grundstücksbezogene Kaufpreisforderung). Spezialregelungen gelten nur für akzessorisch besicherte Forderungen, wie etwa die Hypothek nach s. 728 TCCC. Für persönliche Verbindlichkeiten, insbesondere auch für gesetzliche Schuldverhältnisse, zu denen auch die Zugewinnausgleichsforderung ... gehört, werden keine Beschränkungen der Außenhaftung bzgl. verschiedener Teilvermögensmassen

vertreten (Supreme Court case n° 3240/2537 und 383/2530 bzgl. deliktsrechtlicher Verbindlichkeiten des Erblassers).
Nach dem Vorausgesagten haftet auch der Erbe bei Nachlassspaltung im Außenverhältnis nach thailändischem Recht für alle Erblasserverbindlichkeiten ... mit allen Teilvermögensmassen grundsätzlich in voller Höhe der Schuld, sofern keine Spezialregelung vorgesehen ist. Da dies hinsichtlich der Zugewinnausgleichsforderung nicht der Fall ist, haftet insbesondere auch das in Thailand belegene Immobiliarvermögen.
Eine Beschränkung ergibt sich allerdings aus s. 1601 TCCC, nach welchem der Erbe nicht über den Betrag des Werts des ihm zufallenden Nachlasses haften soll. Der Erbe haftet also für den vollen Betrag, beschränkt auf den Wert des Nachlassanteils.
Dieses Ergebnis wird noch einmal von ss. 1734 TCCC explizit bestätigt. Danach haben Gläubiger nur das Recht, aus dem Nachlass befriedigt zu werden. Daraus ergibt sich, dass der Erbe nicht mit seinem darüber hinausgehenden Vermögen persönlich für die Nachlassverbindlichkeiten haftet.'

b. Als Kinder der Erblasserin sind die AGg. gemäß s. 1629, 1630 TCCC gesetzliche Erben erster Klasse und beerben einen unverheirateten Erblasser (hier: ihre Mutter) zu gleichen Teilen allein, sofern nicht noch Eltern des Erblassers leben. Das war hier nicht der Fall.

Ausländer (hier: die AGg.) dürfen zwar nach dem thailändischen Gesetz über Grund und Boden grundsätzlich kein Grundeigentum in Thailand erwerben. Das Verbot sieht als Rechtsfolge allerdings nur eine befristete Verkaufspflicht vor und steht deshalb der Erlangung einer Erbenstellung der Kinder mit Blick auf das Grundeigentum der Erblasserin in Thailand nicht entgegen.

c. Die von den AGg. durch notarielle Erklärung vom 21.6.2013 gegenüber dem AG Hamburg-Blankenese erklärte Anfechtung der in der vorherigen Beantragung eines Erbscheins nach deutschem Recht liegenden Erbschaftsannahme sowie die gleichzeitige Ausschlagung der Erbschaft haben auf ihre Erbenstellung nach thailändischem Recht keinen Einfluss.

Die Sachverständigen führen hierzu aus:

‚S. 1612 TCCC besagt, dass der Verzicht einer Erbschaft oder eine Vermächtnisses durch schriftliche Willenserklärung vor einem zuständigen Beamten erklärt werden oder durch einen Kompromissvertrag vereinbart werden muss. [...]
Die schriftliche Erklärung muss bei dem zuständigen Beamten hinterlegt werden. [...] In seiner Rspr. – 1250/2538, 5478/2550, 4912/2552, 4322/2540, 4031/2540, 5895/2538 und 1846/2538 – legte der Supreme Court in Übereinstimmung mit s. 40 des Administrative Organisation of the State Act, BE 2495 (A.D. 1952) fest, wer als zuständiger Beamter betrachtet wird. Dies sind lediglich der Leiter des Bezirksamts (*chief director of the district office*) in der Region Bangkok und der Sheriff (oder Bezirksamtsleiter) in allen anderen Provinzen.
Aus diesem Grund ist davon auszugehen, dass die Erklärung der Ausschlagung gegenüber deutschen Beamten keine Rechtswirkungen in Thailand entfaltete, da das deutsche NachlG kein ‚zuständiger Beamter' nach thailändischem Recht ist. [...] Das vorgenannte Ergebnis ... wird zudem auch durch die Verwaltungs-

praxis der im Ausland befindlichen thailändischen Vertretungen gestützt, welche ebenfalls auf die o.g. thailändischen Beamten zum Zwecke der Erbausschlagung verweisen.
Eine Kompromissvereinbarung zur Ausschlagung der Erbschaft ist gemäß s. 851 TCCC erst dann rechtswirksam, wenn sie schriftlich verfasst und vom Verzichtenden unterzeichnet wurde. [...] Diese Erklärung ist durch den ausschlagenden Erben, zwei Zeugen und die anderen Erben zu unterzeichnen, sollten letztere vorhanden sein. Eine solche Erklärung gilt dann als Ausschlagung des Erbes in Form eines Kompromisses.'
Der notariellen Erklärung der AGg. fehlt bereits das Element eines ‚Kompromisses', d.h. eines Ausgleichs zwischen widerstreitenden Positionen, zudem entspricht sie mangels Mitunterzeichnung durch zwei Zeugen auch nicht der durch das thailändische Recht geforderten Form, so dass die Ausschlagung weder gemäß s. 851 TCCC noch aufgrund einer Erklärung gegenüber einem nach thailändischem Recht zuständigen Beamten wirksam ist."

136. *Die Erteilung eines nach § 2369 I BGB gegenständlich beschränkten Erbscheins setzt voraus, dass sich Teile des Nachlasses sowohl im Inland als auch im Ausland befinden (im Anschluss an NJW-RR 2012, 79 = IPRspr. 2011 Nr. 143).*

OLG Karlsruhe, Beschl. vom 26.11.2014 – 11 Wx 83/14: FamRZ 2015, 1644 mit Anm. *Gottwald*. Leitsatz in: NJW-Spezial 2015, 263; ZEV 2015, 306.

137. *Das ausländische (hier: liechtensteinische) Recht darf das Gericht selbst ermitteln. Zwar sind die Feststellungen des Beschwerdegerichts zum Inhalt ausländischen Rechts gemäß §§ 560, 576 I und III ZPO für das Rechtsbeschwerdegericht grundsätzlich bindend; soweit aber das Beschwerdegericht das ausländische Recht außer Betracht gelassen und es infolgedessen nicht gewürdigt hat, ist das Rechtsbeschwerdegericht nicht daran gehindert, es selbst zu ermitteln und seiner Entscheidung zugrunde zu legen.*
Im Rahmen eines erbrechtlichen Auskunftsanspruch zählen weder das Vermögen einer ausländischen (hier: liechtensteinischen) Anstalt zum auskunftspflichten Aktivnachlass noch die Rechte des Erblassers an der Anstalt, wenn die Anstalt nach ihrem Personalstatut eine eigene Rechtspersönlichkeit hat. Nach Art. 534 I des liechtensteinischen Personen- und Gesellschaftsrechts vom 20.1.1926 (LGBl. 1926 Nr. 4) i.d.F. des Gesetzes vom 30.10.1996 über die Abänderung des Personen- und Gesellschaftsrechts (LGBl. 1997 Nr. 19; PGR) ist eine Anstalt ein rechtlich verselbständigtes Unternehmen, dem eigene Rechtspersönlichkeit und Rechtsfähigkeit zukommt. [LS der Redaktion]

BGH, Beschl. vom 3.12.2014 – IV ZB 9/14: NJW 2015, 623; FamRZ 2015, 318; WM 2015, 146; MDR 2015, 162; DNotZ 2015, 148; ZEV 2015, 163; ZNotP 2015, 59. Leitsatz in LMK 2015, 367293. Dazu *Körner/Schwarz*, Wem gehört das Vermögen steuerlich transparenter liechtensteinischer Stiftungen?: DStR 2015, 2501.

Die Schuldnerinnen sind die beiden Töchter und testamentarischen Erbinnen des 2006 verstorbenen V. (Erblasser). Der Erblasser erkannte 2003 die Vaterschaft für den 2003 geborenen Gl. an. Zwischen den

Parteien ist streitig, ob der Gl. tatsächlich Sohn des Erblassers ist. Der Gl. verlangt von den Schuldnerinnen zur Bezifferung eines Pflichtteilsbegehrens Auskunft über den Nachlassbestand sowie über Schenkungen des verstorbenen Vaters. Der Erblasser hatte zu Lebzeiten Teile seines im Ausland belegenen Vermögens in eine privatrechtliche Anstalt liechtensteinischen Rechts eingebracht und besaß Rechte an einer in Liechtenstein gegründeten Stiftung. Die Anstalt wurde für den Erblasser durch die ... Anstalt in V. als fiduziarische Gründerin im Jahr 1985 errichtet. Ihre Statuten enthalten auszugsweise nachfolgende Bestimmungen: „Unter der Firma ... ANSTALT besteht mit Sitz in V. eine Anstalt mit Rechtspersönlichkeit im Sinne der Art. 534 ff. des liechtensteinischen Personen- und Gesellschaftsrechts ..."

Das OLG hat den Zwangsmittelbeschluss auf die Durchsetzung des Auskunftsbegehrens beschränkt und die weitergehende sofortige Beschwerde der Schuldnerinnen unter Kostenaufhebung zurückgewiesen. Mit der durch das BeschwG zugelassenen Rechtsbeschwerde verfolgen diese ihren Antrag auf Zurückweisung des Zwangsmittelantrags weiter, während der Gl. mit seiner Anschlussrechtsbeschwerde die Feststellung der Erledigung des Beschwerdeverfahrens hinsichtlich des Wertermittlungsanspruchs begehrt.

Aus den Gründen:

„II. ... 2. Dies hält der rechtlichen Nachprüfung im Ergebnis stand.

a) Bezüglich der vom Erblasser kontrollierten Anstalt liechtensteinischen Rechts ist der Auskunftsanspruch des Gl. noch nicht erfüllt.

Zum auskunftspflichtigen Aktivnachlass zählen allerdings weder das Vermögen der Anstalt [hierzu aa)] noch die Rechte des Erblassers an derselben [hierzu bb)]. Jedoch erfolgte durch die Zweit- und Drittbegünstigtenbestimmung im Beistatut der Anstalt von 1999 eine unentgeltliche Zuwendung des Erblassers zugunsten der Schuldnerinnen auf den Todesfall [hierzu cc)], die – je nachdem, ob sie durch einen entspr. Rechtsgrund gedeckt ist – entweder einen Konditionsanspruch gegen die Schuldnerinnen begründet, der als Teil des Aktivnachlasses der Auskunftspflicht unterliegt [hierzu dd)], oder aber dem fiktiven Nachlassbestand zuzurechnen ist, für den die Schuldnerinnen im Rahmen des Vollstreckungstitels ebenfalls als Erbinnen Auskunft schulden [hierzu ee)].

aa) Die Anstalt selbst sowie die von ihr gehaltenen Unternehmensbeteiligungen und sonstigen Vermögenswerte zählen nicht zum Nachlassbestand im Sinne des – gemäß Art. 25 I EGBGB anwendbaren – § 2311 I 1 BGB, da es sich bei ihr um eine besondere Unternehmensform liechtensteinischen Rechts mit eigener Rechtspersönlichkeit handelt.

(1) Die Rechtsfähigkeit der Anstalt ist nach liechtensteinischem Sachrecht zu beurteilen.

Ob eine ausländische Unternehmensform als bestehend und als eigenständiger Träger von Rechten und Pflichten anzusehen ist, bestimmt sich nach ihrem Personalstatut (vgl. BGH, Urt. vom 17.11.1994 – III ZR 70/93, BGHZ 128, 41, 44). Dieses richtet sich bei Auslandsgesellschaften, die in einem Mitgliedstaat der EU oder – wie hier – des EWR gegründet worden sind, nach der Gründungstheorie, derzufolge eine nach dem ausländischen Sachrecht wirksam gegründete Gesellschaft in der Rechtsform anzuerkennen ist, in welcher sie gegründet wurde (BGH, Urteile vom 27.10.2008 – II ZR 158/06[1], BGHZ 178, 192 Rz. 19; vom 19.9.2005 – II ZR 372/03[2], NJW 2005, 3351 unter II. 1 a [für die liechtensteinische AG]). Danach ist liechtensteinisches Recht maßgebliches Personalstatut der Anstalt.

(2) Das hiernach maßgebende liechtensteinische Recht darf der Senat selbst ermitteln. Gemäß den §§ 560, 576 I und III ZPO sind die Feststellungen des BeschwG zum Inhalt ausländischen Rechts für das Rechtsbeschwerdegericht grundsätzlich

---

[1] IPRspr. 2008 Nr. 11. [2] IPRspr. 2005 Nr. 7.

bindend; soweit aber das BeschwG das ausländische Recht – wie hier – außer Betracht gelassen und es infolgedessen nicht gewürdigt hat, ist das Rechtsbeschwerdegericht nicht daran gehindert, es selbst zu ermitteln und seiner Entscheidung zugrunde zu legen [vgl. BGH, Urt. vom 12.11.2003 – VIII ZR 268/02³, NJW-RR 2004, 308 unter II. 1. a) bb)].

Nach Art. 534 I liecht. PGR ist eine Anstalt ein rechtlich verselbständigtes Unternehmen, dem eigene Rechtspersönlichkeit und Rechtsfähigkeit zukommt (*v. Oertzen-Ponath*, Asset Protection im deutschen Recht, 2. Aufl., Rz. 172; *Tamm*, Die liechtensteinische privatrechtliche Anstalt im Todesfall des Gründers, 2003, 21; *Fischer* in Festschrift Karth, 2013, 169, 171 f.). Gründe, welche aus Sicht des liechtensteinischen Rechts hier ausnahmsweise eine Außerachtlassung der Rechtssubjektivität rechtfertigten, insbes. eine Missbrauchsabsicht des Erblassers, sind weder durch das Rechtsbeschwerdegericht festgestellt worden noch im Übrigen ersichtlich (vgl. zur Durchbrechung des Trennungsprinzips bei der Stiftung liechtensteinischen Rechts: OLG Düsseldorf, ZEV 2010, 528, 531 ff.⁴; OLG Stuttgart, ZEV 2010, 265, 267⁵).

(3) Auch der Vorbehalt des ordre public gemäß Art. 6 EGBGB gebietet es hier nicht, der Existenz der Anstalt die Anerkennung zu versagen. Die Rechtsform der juristischen Person kann nur in besonderen Ausnahmefällen beiseitegeschoben werden (BGH, Urt. vom 27.1.1975 – III ZR 117/72, WM 1975, 357 unter II. 2), bspw. wenn die Steuerhinterziehung den Hauptzweck derselben bildet [BGH, Urt. vom 23.3.1979 – V ZR 81/77⁶, WM 1979, 692 unter 1. a)]. Umstände, welche im konkreten Fall die Zubilligung der Rechtsfähigkeit als offensichtlich unvereinbar mit wesentlichen Grundsätzen des deutschen Rechts erscheinen ließen, sind nicht erkennbar.

bb) Auch die dem Erblasser an der Anstalt zustehenden Rechte sind nicht in den Nachlass gefallen.

(1) Die dem Erblasser nach dem Beistatut i.V.m. § 6 der Anstaltsstatuten und Art. 545 I Nr. 1 PGR zustehenden Begünstigtenrechte gingen nach dem insoweit ebenfalls maßgeblichen liechtensteinischen Sachrecht nicht im Erbwege auf seine Rechtsnachfolger über. Zwar bestimmt sich der Umfang des Nachlasses grundsätzlich nach dem Erbstatut gemäß Art. 25 EGBGB, hier nach deutschem Erbrecht. Ob ein Recht nach dem Tod des Erblassers noch vorhanden ist und einen Nachlassgegenstand darstellt, ist aber eine hiervon zu unterscheidende Vorfrage, die gesondert kollisionsrechtlich anzuknüpfen ist (BGH, Urt. vom 10.6.1968 – III ZR 15/66⁷, BB 1969, 197).

Ob die Begünstigtenrechte des Erblassers in den Nachlass fielen, richtet sich dementsprechend nach dem Rechtsverhältnis, dem sie entsprungen sind, und das gemäß deutschem IPR nach dem es beherrschenden Personalstatut der Anstalt zu beurteilen ist (vgl. BGH aaO). Das ist hier das Recht des Fürstentums Liechtenstein.

Nach dessen Maßgabe ist es zulässig, die Begünstigung durch Schweigen in den Statuten den Gründerrechten folgen zu lassen (Art. 545 I bis PGR), sie vererblich auszugestalten oder sie durch u.U. nur beistatutarische Regelung zu bedin-

---

³ IPRspr. 2003 Nr. 3.
⁴ IPRspr. 2010 Nr. 7.
⁵ IPRspr. 2009 Nr. 122.
⁶ IPRspr. 1979 Nr. 5.
⁷ IPRspr. 1968–1969 Nr. 160.

gen sowie zu befristen (*Marok*, Die privatrechtliche liechtensteinische Anstalt unter besonderer Berücksichtigung der Gründerrechte, 1994, 149; *Tamm* aaO 124 f.; *Habersack-Verse-Wiedl*, Europäisches Gesellschaftsrecht, 2011, 181, 197; zur Möglichkeit der sog. Begünstigtenkaskade im insoweit vergleichbaren Stiftungsrecht: *Marxer & Partner*, Liechtensteinisches Wirtschaftsrecht, 11. Aufl., 102). Letzteres ist hier geschehen, indem die Begünstigung des Erblassers im Beistatut durch seinen Tod auflösend befristet wurde, womit sie nicht mehr vererbt werden konnte.

(2) Die gemäß Art. 541 liecht. PGR grundsätzlich vererblichen Gründerrechte sind ebenfalls nicht in den Nachlass gefallen. Dabei kann dahinstehen, ob sie aufgrund der im Beistatut für unabänderlich erklärten Destinatärfestlegung nicht bereits mit dem Ableben des Erstbegünstigten untergegangen sind (vgl. zum Meinungsstand: *Tamm* aaO 132 ff.). Jedenfalls war der Erblasser bei seinem Tod nicht Inhaber dieser Rechte, da er weder rechtlicher Gründer der Anstalt war noch eine Übertragung der Rechte durch die Gründerin auf ihn stattgefunden hat.

Die fiduziarische Gründung begründete für den Erblasser gegenüber der Anstalt ebenfalls keine eigene Rechtsposition, sondern vermochte ihm lediglich einen Anspruch gegen die Gründerin auf Übertragung der Gründerrechte zu verschaffen (vgl. *Fischer* aaO 184). Auch ein evtl. Übergang dieses Anspruchs auf die Erben ist ohne Belang, da diesem zumindest aufgrund der nicht mehr abänderbaren Begünstigtenbestimmung kein Vermögenswert beizumessen ist.

Nach dem Beistatut steht dem Begünstigten neben dem Ertrag auch das Kapital der Anstalt zu. Dadurch hat die Gründerin sogar im Falle der Auflösung der Anstalt keinen Anspruch auf den Liquidationserlös (*Unkrüer*, RIW 1998, 205, 206). Eine Einschränkung der Begünstigtenrechte ist der Gründerin nach dem Tod des Erblassers angesichts der Unabänderlichkeitserklärung der Beistatutsregelungen nicht mehr möglich (vgl. *Tamm* aaO 127, 130 f.; *Fischer* aaO 177; *Unkrüer* aaO 207). Den Gründerrechten ist damit ihr vermögensrechtlicher Anteil zur Gänze entzogen, so dass sie – soweit sie noch bestehen sollten – nur noch organschaftliche Befugnisse enthalten, denen – ähnlich der Rechtsmacht eines Testamentsvollstreckers – kein wirtschaftlicher Wert mehr zukommt.

cc) Die Zweit- und Drittbegünstigtenbestimmung im Beistatut der Anstalt ist jedoch eine wirksame lebzeitige Zuwendung des Erblassers zugunsten der Schuldnerinnen auf den Todesfall.

(1) Bei der Begünstigungskaskade im Beistatut der Anstalt handelt es sich um eine Regelung, die nicht dem Erbstatut, sondern dem Personalstatut der Anstalt untersteht.

Ob eine Anordnung auf den Todesfall bei einem Sachverhalt mit Auslandsbezug eine letztwillige oder lebzeitige Verfügung darstellt, ist eine Frage der Qualifikation, die sich nach der lex fori richtet ...

Als Mittel der gewillkürten Weitergabe von Vermögensgegenständen im Todesfall stehen dem Erblasser im deutschen Recht neben den Verfügungen von Todes wegen auch rechtliche Gestaltungsmöglichkeiten außerhalb des Erbrechts offen. So kann er durch Rechtsgeschäft unter Lebenden für den Fall seines Todes sogar dingliche Verfügungen zugunsten der von ihm Bedachten treffen (Senatsurteil vom 19.10.1983 – IVa ZR 71/82, NJW 1984, 480 unter 1.). Insbesondere im Recht der Personengesellschaften besteht die Möglichkeit der Zuwendung von Rechtspositionen auf den Todesfall kraft gesellschaftsvertraglicher Regelungen [BGH, Urteile vom 29.9.1977 – II ZR 214/75, NJW 1978, 264 unter B. II. 2. b)] zur Begründung eines Eintrittsrechts; vom 29.11.2011 – II ZR 306/09, WM 2012, 320 Rz. 20 zur Zuwendung einer Unterbeteiligung).

Die Bestimmung weiterer Destinatäre im – insoweit einem Gesellschaftsvertrag vergleichbaren – Beistatut ist danach als lebzeitige Verfügung zu qualifizieren, weil sie eine aufschiebend befristete Gestaltung der Rechtsverhältnisse der Anstalt darstellt. Dem steht nicht entgegen, dass sie zu Lebzeiten des Erblassers noch jederzeit hätte abgeändert werden können, da ein fehlendes Anwartschaftsrecht des Berechtigten der Annahme einer Zuwendung unter Lebenden nicht entgegensteht (vgl. Senatsurteil vom 28.4.2010 – IV ZR 73/08, BGHZ 185, 252 Rz. 17).

(2) Nach dem maßgeblichen liecht. Anstaltsrecht begegnet die Begünstigtenbestimmung zugunsten der Schuldnerinnen keinen Wirksamkeitsbedenken.

Gemäß Art. 545 I Nr. 1 liecht. PGR kann in den Anstaltsstatuten, zu denen auch das Beistatut zählt, bestimmt werden, wem die Anstalt und ihre Reingewinne zukommen. Diese Destinatärbestellung ist befristbar [hierzu bereits: II. 2. a) bb) (1)] und unterliegt mangels erbrechtlicher Qualifikation auch nicht den für letztwillige Verfügungen geltenden Formvorschriften.

(3) Die Begünstigtenbestimmung stellt auch für die Schuldnerin zu 1) eine Zuwendung auf den Todesfall dar, da jene mit Ableben ihres Vaters – ähnlich wie ein Nacherbe im deutschen Recht – ein Anwartschaftsrecht auf den Anstaltsgenuss erwarb. Die mit dem Tod des Erblassers eintretende Unabänderlichkeit der Statuten verschaffte ihr eine gesicherte Rechtsstellung, die durch Dritte nicht mehr einseitig beseitigt werden kann und zugleich gewährleistet, dass der Vollrechtserwerb der Drittbegünstigten nur noch vom festgeschriebenen Bedingungseintritt abhängt (vgl. *Marok* aaO 155 N. 703; *Richter-Wachter-Müller/Bösch*, Handbuch des internationalen Stiftungsrechts, 2007, Länderbericht Liechtenstein Rz. 132 [zur Anwartschaftsberechtigung im liechtensteinischen Stiftungsrecht]).

dd) Ob die Schuldnerinnen das ihnen auf diese Weise Zugewandte auch behalten dürfen oder ob dem Nachlass insoweit ein Rückerstattungsanspruch aufgrund ungerechtfertigter Bereicherung zusteht, über den nach Maßgabe des Vollstreckungstitels Auskunft zu erteilen wäre, bestimmt sich allerdings nicht nach den Statuten der Anstalt, sondern dem Kausalverhältnis zwischen dem Erblasser und den Zuwendungsempfängerinnen, das schuldrechtlich zu qualifizieren ist (Senatsurteile vom 21.5.2008 – IV ZR 238/06, VersR 2008, 1054 Rz. 19, sowie vom 19.10.1983 aaO). Fehlt es in diesem an einem Rechtsgrund – die Schuldnerinnen haben zu einem solchen nichts vorgetragen –, so ergibt sich ein Anspruch des Nachlasses aus den Grundsätzen der Leistungskondiktion, der mangels Identität von neuem Gl., den beiden Erbinnen in ihrer gesamthänderischen Verbundenheit, und Schuldner, die Erbinnen jeweils einzeln, auch nicht durch Konfusion, die in analoger Anwendung der §§ 1976, 2143, 2377 BGB bei der Pflichtteilsberechnung ohnehin außer Betracht bliebe (Senatsurteil vom 18.1.1978 – IV ZR 181/76, MDR 1978, 649, 650), untergegangen wäre.

ee) Sollte hingegen eine wirksame Schenkung vorliegen, so unterlägen die zugewandten Begünstigenrechte als fiktive Nachlassaktiva ebenfalls der Auskunftspflicht der Schuldnerinnen.

(1) In diesem Fall fände § 2325 I BGB Anwendung ...
(4) Der Auskunftspflicht entspr. den Grundsätzen im Senatsurteil vom 28.4.2010 (aaO) stehen entgegen der Auffassung der Rechtsbeschwerde auch die liecht. Verjährungsregeln nicht entgegen, da das für die Beurteilung des Pflichtteilsergänzungsanspruchs maßgebliche Erbstatut deutsches Recht ist. Nachdem die Kollisionsnorm des Art. 25 I EGBGB unmittelbar auf dieses verweist, kommt es auf die Ausführungen der Schuldnerinnen zum liecht. IPR nicht an.

b) Auch im Hinblick auf die vom Erblasser beherrschte Stiftung ist der titulierte Auskunftsanspruch des Gl. noch nicht erfüllt. Dabei kann offen bleiben, ob das Vermögen der Stiftung selbst als Nachlassbestandteil anzusehen ist, weil jener keine Rechtspersönlichkeit zuzuerkennen wäre. Denn jedenfalls sind die im Reglement für das Ableben des Alleinverfügungsberechtigten getroffenen Bestimmungen als Zuwendungen des Erblassers zugunsten Dritter auf den Todesfall zu bewerten, die wiederum entweder Kondiktionsansprüche gegen die so Begünstigten begründen oder dem fiktiven Nachlassbestand zuzurechnen sind; für beides wären die Schuldnerinnen auskunftspflichtig [hierzu aa)]. Der erstmals im Rechtsbeschwerdeverfahren erhobene Einwand der Unmöglichkeit weitergehender Auskunftserteilung greift nicht durch [hierzu bb)].

aa) Die Anerkennung der Stiftung als selbständiger Rechtsträger braucht hier nicht abschließend geklärt zu werden. Selbst wenn die Stiftungsaktiva als vom Nachlass getrenntes Vermögen einer juristischen Person liechtensteinischen Rechts anzuerkennen sein sollten, wäre der titulierte Auskunftsanspruch des Gl. bzgl. der Stiftung noch nicht erfüllt. Die Rechtslage entspricht dann derjenigen im Fall der Anstalt [s. hierzu: oben II. 2. a) cc) bis ee)]:

Die im Stiftungsreglement enthaltene Vorschrift zur Verteilung des Stiftungsvermögens bei Ableben des Erblassers ist als lebzeitige Zuwendung desselben auf den Todesfall zugunsten der benannten Empfänger zu bewerten. Die Anordnung der kompletten Vermögensauskehrung zu einem definierten Zeitpunkt stellt eine durch Art. 568 Alt. 3 liecht. PGR in der vor dem 1.4.2009 gültigen Fassung (im Folgenden: a.F.) eröffnete Befristung der Stiftung sowie eine zulässige Bestimmung der Letztbegünstigten dar (vgl. *Habersack-Verse-Wiedl* aaO 191), denen auf diese Weise kraft der Stiftungsdokumente Rechtspositionen auf den Tod des Erblassers zugewandt wurden. Falls den Zuwendungen keine wirksamen Schenkungen zugrunde liegen sollten, stünden dem Nachlass gegen die Empfänger Rückforderungsansprüche aus ungerechtfertigter Bereicherung zu, über die dem Gl. Auskunft zu erteilen wäre. Andernfalls wäre die Letztbegünstigung als mittelbare Zuwendung des Erblassers Teil des für die Pflichtteilsergänzung relevanten Fiktivnachlasses, der ebenfalls der Auskunftspflicht innerhalb der durch den Titeltenor gezogenen zeitlichen Grenzen unterliegen würde, da der Rechtserwerb der Letztbegünstigten erst mit Ableben des Erblassers eintrat ...

Entgegen der Auffassung des Gl. dürfte die Stiftung gemäß Art. 557 II liecht. PGR a.F. nicht in das liechtensteinische Öffentlichkeitsregister einzutragen gewesen und damit wohl auch nicht eingetragen worden sein. Indes wäre die Stiftungsurkunde dann gemäß Art. 554 liecht. PGR a.F. beim Öffentlichkeitsregisteramt zumindest zu hinterlegen gewesen, wo sie von den Schuldnerinnen u.U. noch heute eingesehen werden kann (vgl. *Richter-Wachter-Müller/Bösch* aaO Rz. 95)."

138. *Die nach iranischem Recht unterschiedlich hohen Erbquoten für Ehemann und Ehefrau verstoßen gegen den deutschen ordre public. Vermögenszuwendungen unter Lebenden können eine – grundsätzlich beachtliche – Kompensation der gleichheitswidrigen Erbbeteiligung nur dann darstellen, wenn sie bewusst zu diesem Zweck vorgenommen wurden.*

Die durch den Verstoß gegen den ordre public entstehende Lücke ist grundsätzlich in dem gesetzlichen Rahmen der anwendbaren ausländischen Rechtsordnung zu schließen, hier in der Weise, dass die Ehefrau die im iranischen Recht für den Ehemann vorgesehene höhere Erbquote erhält.

Dass der Ehefrau nach iranischem Recht hinsichtlich des unbeweglichen Vermögens des Ehemanns nur ein Wertausgleichsanspruch zusteht, stellt keinen Verstoß gegen den deutschen ordre public dar.

Eine Erhöhung des Ehegattenerbteils gemäß § 1371 BGB kommt nicht in Betracht. Hierbei kann die allgemeine Frage, ob die Regelung als güter- oder erbrechtlich zu qualifizieren ist, dahinstehen, denn das Niederlassungsabkommen zwischen dem Deutschen Reich und dem Kaiserreich Persien vom 17.2.1929 (RGBl. 1930 II 1002, 1006; nachfolgend: Niederlassungsabkommen) schließt in seinem Anwendungsbereich vorbehaltlich des deutschen ordre public jede Änderung der nach iranischem Recht zu bestimmenden Erbquoten aus.

OLG Hamburg, Beschl. vom 4.12.2014 – 2 W 58/14: FamRZ 2015, 1232. Leitsatz in: NZFam 2015, 736 mit Anm. *Köhler*; ZEV 2015, 598.

Der 1918 geborene und 2013 verstorbene Erblasser war in zweiter Ehe mit der Beteiligten zu 2) verheiratet. Der Beteiligte zu 3) ist der gemeinsame Sohn aus dieser Ehe. Die Beteiligten zu 1) und 4) sind die Kinder des Erblassers aus dessen erster Ehe. Der Erblasser war iranischer Staatsangehöriger und schiitischer Muslim. Die Beteiligten sind jeweils deutsche und iranische Staatsangehörige und ebenfalls schiitische Muslime. Der Erblasser lebte von 1939 bis 1957 in Deutschland, er hat hier studiert und anschließend gearbeitet. Nach seiner Rückkehr in den Iran gründete er dort eine Gießerei und war als Dozent an der TU Teheran tätig. Außerdem war er zumindest Miteigentümer zweier dort belegener Mehrfamilienhäuser. Das Betriebsgrundstück der Gießerei hat der Erblasser 1978 veräußert. Sein Vermögen im Iran hat der Erblasser ins Ausland transferiert, wobei Umfang dieses Vermögens und Art und Weise des Transfers unter den Beteiligten streitig sind. Der Erblasser und die Beteiligte zu 2) haben 1966 in Teheran geheiratet. Die Eheleute haben dort bis 1980 gelebt, 1980/81 sind sie nach Deutschland gezogen. Hier arbeitete der Erblasser als Dolmetscher bei Gericht im Großraum Hamburg. Zudem bezog der Erblasser seit 1980 eine Rente im Iran, die ihm jedoch nur dort ausgezahlt wurde. Zum Nachlass gehören Eigentumswohnungen in Hamburg. In einer dieser Wohnungen lebten die Eheleute. Die Beteiligte zu 1) hat an dieser Wohnung ein Wohnungsrecht, das ihr zunächst gemeinsam mit dem Erblasser zustand. Die Beteiligte zu 2) hat im Jahr 2006 mehrere Zuwendungen vom Erblasser erhalten. Eine letztwillige Verfügung hat der Erblasser nicht errichtet.

Aus den Gründen:

„II. ... Die Zuständigkeit des AG Hamburg zur Entscheidung über den gestellten Erbscheinsantrag ergibt sich aus den §§ 105, 343 I FamFG.

Ein Erbschein kann den Beteiligten zu 2) und 3) gemäß dem Wortlaut ihres Antrags bereits deswegen nicht erteilt werden, weil dieser weder das angewandte Erbstatut noch die Korrektur des iranischen Rechts durch den deutschen ordre public enthalten würde (vgl. MünchKomm-*Mayer*, 6. Aufl., § 2369 BGB Rz. 25; *Palandt-Weidlich*, BGB, 73. Aufl., § 2369 BGB Rz. 4).

Unbeschadet dessen, würde der von den Beteiligten zu 2) und 3) beantragte Erbschein aber auch nicht die Erbfolge nach dem Erblasser zutreffend wiedergeben.

1. Gemäß Art. 3 Nr. 2 EGBGB i.V.m. Art. 8 II Niederlassungsabkommen, dessen Weitergeltung ausdrücklich bestätigt worden ist durch das deutsch-iranische Protokoll vom 4.11.1954, ist maßgeblich für die Erbfolge nach dem Erblasser das materielle iranische Recht, da dieses Abkommen eine Sachnormverweisung enthält.

Für Iraner schiitischen Glaubens gilt das iranische ZGB.

Das iranische Recht kennt zwei Gründe zur Berufung als Erben, die Blutsverwandtschaft und den besonderen Grund, Art. 861 iran. ZGB. Vater, Mutter, Kinder und Kindeskinder sind Erben den ersten Ordnung, Art. 862 iran. ZBG. Der überlebende Ehegatte erbt als sog. Quotenerbe, Art. 896 iran. ZGB. Der Ehemann erbt mit einer Quote von ... %, wenn die verstorbene Ehefrau Kinder hinterlässt, Art. 900 iran. ZGB. Quotenerben wie Resterben sind eine oder mehrere Töchter, Art. 897 iran. ZGB. Die Witwe oder die Witwen erben mit einer Quote von 1/8, sofern der verstorbene Ehemann Kinder hinterlässt, Art. 901 iran. ZGB.

Art. 913 iran. ZGB stellt klar, dass bei Vorhandensein von Erben der ersten Ordnung der Ehegatte, gleich welchen Geschlechts, seine Erbquote erhält. Dabei beträgt die Quote, wenn der Erblasser Kinder hinterlässt für den Witwer ... % und für die Witwe 1/8.

Hinterlässt der Erblasser weder Vater noch Mutter, aber mehrere Kinder verschiedenen Geschlechts, erhält der Sohn den doppelten Anteil der Tochter, Art. 907 iran. ZGB.

Nach Art. 946 iran. ZGB i.d.F. des Änderungsgesetzes vom 11.3.2009 (vgl. hierzu *Krüger*, IPRax 2009, 375 und *Yassari*, RabelsZ 73 [2009], 985 ff., 998) erbt der Ehemann von allen Gütern der Ehefrau, und die Ehefrau erbt im Falle des Vorhandenseins von Abkömmlingen 1/8 seines beweglichen Vermögens und 1/8 vom Wert seines unbeweglichen Vermögens, ungeachtet dessen, ob es sich um Grundstücke oder Gebäude handelt. Der Ehefrau steht damit lediglich ein quotaler Wertausgleich hinsichtlich des unbeweglichen Nachlassvermögens des Ehemanns zu.

Das Niederlassungsabkommen eröffnet in Art. 8 III die Möglichkeit der Anwendung des allgemeinen Ordre-public-Vorbehalts des Art. 6 EGBGB.

Der erforderliche hinreichende Inlandsbezug ist gegeben. Der Erblasser hat seit 1981 bis zu seinem Tod in Deutschland gelebt, seine gesetzlichen Erben leben ebenfalls in Deutschland, hier befindet sich auch zumindest ein wesentlicher Teil seines Vermögens.

Die nach iranischem Recht unterschiedlich hohen Erbquoten für Ehemann und Ehefrau verstoßen gegen den deutschen ordre public.

Die unterschiedliche Erbquote für Mann und Frau ist nicht vereinbar mit dem verfassungsrechtlich verankerten Grundsatz, wonach niemand wegen seines Geschlechts benachteiligt werden darf, Art. 3 II GG.

Ein Grundrechtseingriff setzt eine konkrete geschlechtsbedingte Benachteiligung der Frau gegenüber dem Mann voraus. Ein Gleichheitsverstoß kann nur festgestellt werden, wenn der zu prüfende Sachverhalt mit einem anderen Sachverhalt in Beziehung gesetzt wird. Zwar ist vorliegend dieser Vergleich nur fiktiv, da der Ehefrau ein tatsächlich existierender Vergleichspartner fehlt. Zu erwägen ist jedoch, was sie geerbt hätte, wenn sie ein erbender Ehemann wäre. In Abwesenheit eines realen kann auch ein fiktiver Vergleichssachverhalt einen Ordre-public-Verstoß begründen, jedenfalls in Fällen, in denen die Diskriminierung wirtschaftlicher Natur und damit messbar ist. Die Diskriminierung ergibt sich aus den unterschiedlichen Erbquoten, die einem männlichen und einem weiblichen Erben zugebilligt werden. Auch ist das Ergebnis der gleichheitswidrigen Rechtsanwendung konkret, handelt es sich doch beim fiktiven Vergleichssachverhalt nicht um einen unmöglichen Sachverhalt, sondern einen solchen, der in parallelen Situationen vorliegt, schon vorgelegen hat oder vorliegen könnte (vgl. *Scholz*, ZJS 2010 187 ff., 188).

Die Grundrechtsverletzung ist auch keineswegs hypothetisch, sondern allenfalls der Vergleichsmaßstab, aus dem sich der gleichheitswidrige Charakter der Norm ergibt. Dieses ist eine für gleichheitswidrige Normen typische Konstellation. Entscheidend ist, dass die Frau im konkreten Fall weniger bekommt, weil sie eine Frau ist, nicht dass in einem anderen als dem konkreten Fall einem Mann eine höhere Erbquote zukommen würde (vgl. *Lorenz*, IPRax 1993, 148 ff., 150).

Vorliegend ist auch das konkrete Ergebnis bei einer Anwendung des gleichheitswidrigen iranischen Rechts aus Sicht des deutschen Rechts zu missbilligen.

Die danach gegebene diskriminierende Behandlung der überlebenden Ehefrau ist vorliegend nicht anderweitig kompensiert.

Eine Kompensation der geringeren Erbquote im konkreten Fall könnte in Betracht gezogen werden, wenn Art. 1199 II iran. ZGB einschlägig wäre, wonach die Witwe den gemeinsamen Kindern nur nachrangig nach nächsten Vorfahren des Vaters unterhaltspflichtig ist. Vorliegend besteht jedoch gegenüber dem gemeinsamen Kind des Erblassers und seiner Ehefrau keine Unterhaltspflicht mehr. Im Übrigen würde sich die Unterhaltspflicht der Eltern eines in Deutschland lebenden bedürftigen Kindes gemäß Art. 3 HUntÜbk 2007 nach deutschem Recht richten.

Wenn man in der vertraglich vereinbarten Brautgabe überhaupt eine Kompensation der Diskriminierung der Ehefrau sehen wollte, wäre diese vorliegend nicht gegeben. Denn die vereinbarte Brautgabe für die Beteiligte zu 2) besteht aus einem Koran und 100 Rial, die bereits in Empfang genommen worden waren sowie aus 1000 Rial und den Wert einer Pahlavi-Goldmünze, dieses sind umgerechnet rund 2,8 Cent und rund € 350 bis € 400.

Auch die zu Lebzeiten vom Erblasser an seine Ehefrau erfolgten Vermögenszuwendungen in Form der Einräumung eines dinglichen Wohnungsrechts an der Ehewohnung im Jahr 1992 sowie der Schenkungen von insgesamt € 745 500 im Jahr 2006 sind unter den gegebenen Umständen nicht als Kompensation einer gleichheitswidrigen Erbbeteiligung der Ehefrau zu werten, sondern als ehebedingte Zuwendung zur angemessenen Altersvorsorge an die nicht anderweitig abgesicherte 24 Jahre jüngere Ehefrau. Entgegen der Auffassung der Beteiligten zu 1) liegen auch keine Anhaltspunkte dafür vor, dass die Geldzuwendungen an die Ehefrau in erster Linie dem Zweck gedient haben, die Kinder des Erblassers aus erster Ehe, die Beteiligten zu 1) und 4), bei der Beerbung zu benachteiligen.

Die durch die Ausschaltung der ordre-public-widrigen Vorschrift entstehende Lücke ist vorrangig aus dem anzuwendenden ausländischen Recht zu schließen. Dem Senat erscheint es sachgerecht, anstelle der gleichheitswidrigen Bestimmung hinsichtlich des Erbanteils der Witwe – mit der nachfolgend dargelegten Einschränkung – diejenige Vorschrift anzuwenden, die bei entspr. Sachverhaltsgestaltung die Erbquote des Witwers regelt, wonach im vorliegenden Fall der überlebende Ehegatte ... % des Nachlasses erhält.

Denn bei einer Angleichung der Erbquoten von Ehemann und Ehefrau geht es nicht darum, den Ehemann schlechter zu stellen, sondern um eine Gleichstellung der benachteiligten Ehefrau mit dem Ehemann.

Insoweit hat dasselbe zu gelten wie bei der Gleichstellung der Töchter mit den Söhnen. Denn auch insoweit ist das iranische Recht wegen Verstoßes gegen den deutschen ordre public zu korrigieren. Diese Gleichstellung wird dadurch erreicht, dass der Anteil der Töchter angehoben wird auf die gleiche Quote wie diejenige der Söhne.

Selbst wenn die Quote der Ehefrau auf diejenige des Ehemanns angehoben wird, erhalten die Kinder noch den überwiegenden Anteil am Nachlass des Vaters, nämlich 3/4.

Hingegen verstößt der Umstand, dass der Ehefrau am unbeweglichen Nachlassvermögen lediglich ein Wertausgleichsanspruch zusteht, nicht gegen den deutschen ordre public.

Auch das deutsche Recht kannte und kennt einen derartigen Ersatzanspruch anstelle einer Miterbenstellung.

Der frühere Erbersatzanspruch des nichtehelichen Kindes wurde erst durch das Erbrechtsgleichstellungsgesetz vom 16.12.1997 (in Kraft getreten am 1.4.1998) abgeschafft. Bis dahin gab es auch im deutschen Recht eine Regelung, wonach erbberechtigte Personen unter bestimmten Umständen nicht direkt am Erbe mitbeteiligt waren, sondern ihnen lediglich ein wirtschaftlich gleich hoher Erbersatzanspruch zugestanden hat ...

Dem deutschen Recht ist damit ein schuldrechtlicher Ausgleichsanspruch anstelle einer Erbbeteiligung nicht fremd. Soweit ein ausländisches Recht eine entspr. Regelung enthält, verstößt diese daher nicht gegen den deutschen ordre public.

Der der Ehefrau zustehende schuldrechtliche Ausgleichsanspruch kompensiert in ausreichendem Maß ihre insoweit ausgeschlossene Miterbenstellung.

Dabei ist unerheblich, ob die Ehefrau durch diese Regelung des iranischen Rechts von einer möglichen späteren Wertsteigerung der Immobilien ausgeschlossen wird. Denn insoweit handelt es sich zum einen lediglich um eine vage Aussicht; zum anderen kommt es aber für die Frage, ob eine Benachteiligung besteht, allein auf den Zeitpunkt des Todes des Erblassers an.

Unbeachtlich ist für die Frage der Gleichstellung von Ehemann und Ehefrau, was mit dem Erbteil bzw. dem Ausgleichsanspruch der Ehefrau nach deren Tod geschieht. Denn Erbanteil und Ausgleichsanspruch werden deren eigenes Vermögen, welches diese z.B. zu Lebzeiten für eigene Zwecke verwenden kann.

Auch geht es bei der Gleichstellung der Ehefrau mit dem Ehemann am jeweiligen Nachlass des Erstversterbenden nicht um eine wertmäßige Gleichstellung, sondern darum, dass bei der gesetzlichen Erbfolge die Quoten der jeweiligen Beteiligung am Nachlass in gleicher Höhe bestimmt werden.

2. Eine Erhöhung des Erbanteils der Ehefrau gemäß § 1371 I BGB erfolgt hingegen vorliegend nicht.

Die Eheleute haben am 12.2.1966 in Teheran geheiratet und dort bis 1980 gemeinsam gelebt ...

Nach Art. 220 III 2 EGBGB ist für die Zeit nach dem 8.4.1983 Art. 15 EGBGB anzuwenden. Dabei tritt für Ehen, auf die vorher Nr. 3 anzuwenden war, an die Stelle des Zeitpunkts der Eheschließung der 9.4.1983.

Die Ehefrau war zum Zeitpunkt der Eheschließung Deutsche. Bei einem Mehrstaater, der auch Deutscher ist, geht diese Rechtsstellung auch im Rahmen des Art. 220 III EGBGB jeweils vor, Art. 5 I 2 EGBGB (vgl. BGH, FamRZ 1986, 1200 ff., 1203[1]).

Im Iran wird die Ehe durch einen Vertrag geschlossen. Dieser zwischen der Ehefrau und dem Erblasser geschlossene Eheschließungsvertrag liegt in vollständiger Übersetzung vor. Vertragliche Regelungen über das Güterrecht enthält dieser Ehevertrag nicht.

Der gesetzliche Güterstand im iranischen Recht ist der der Gütertrennung (vgl. IPG 1970 Nr. 15 [Köln])

Soweit die Eheleute zunächst unter Anwendung des alten verfassungswidrigen Kollisionsrechts von einer Geltung des als Heimatrecht des Ehemanns anzuwenden iranischen Güterrechts ausgegangen sein und dieses Recht für sich als maßgeblich angesehen haben sollten, ist mit dieser Begründung der gleichheitswidrige Zustand nicht dauerhaft aufrecht zu erhalten. Vielmehr findet auch in diesem Fall gemäß Art. 220 III 2 EGBGB ein Statutenwechsel nach dem 8.4.1983 statt (vgl. BVerfG, FamRZ 2003, 361 f.[2]).

Dafür, dass die Eheleute willentlich die Geltung des iranischen Güterrechts in das Konzept ihrer Ehe einbezogen haben (BGH, FamRZ 1988, 40[3]; KG, IPRax 1988, 106[4]), gibt es keine hinreichenden Anhaltspunkte.

Zwar haben die Eheleute nach der Heirat im Iran dort zunächst rund 15 Jahre gelebt, wobei der Erblasser dort einer beruflichen Tätigkeit nachgegangen ist. Der Erblasser hat aber zuvor lange Zeit, von 1939 bis 1957, in Deutschland gelebt, wo er sein Studium abgeschlossen und anschließend gearbeitet und im Jahr 1976 eine Wohnung erworben hat. Zudem lebten seine beiden Schwestern in Deutschland; auch seine erste Ehefrau war eine deutsche Staatsangehörige. Der Erblasser hatte somit eine enge Beziehung zu Deutschland. Die Ehefrau hatte die deutsche Staatsangehörigkeit und die iranische nach Art. 976 Nr. 6 iran. ZGB allein durch ihre Eheschließung erworben (vgl. IPG aaO). Von daher kann bereits nicht davon ausgegangen werden, dass der Erblasser den Willen gehabt hat, die güterrechtlichen Wirkungen seiner zweiten Ehe dem iranischen Recht zu unterstellen. Insbesondere aber kann nicht angenommen werden, dass die Beteiligte zu 2) den Willen gehabt hat, sich dem für sie fremden iranischen Güterrecht zu unterstellen, so dass es bereits aus diesem Grund an einer gemeinsamen Absicht der Eheleute gefehlt hat.

Am 8.4.1983 haben die Eheleute beide ihren gewöhnlichen Aufenthalt in Deutschland gehabt, so dass gemäß Art. 15 I i.V.m. Art. 14 I Nr. 2 EGBGB für ihre Ehe deutsches Güterrecht Anwendung findet.

Es kann vorliegend dahingestellt bleiben, ob bei Anwendung ausländischen Erbrechts gemäß Art. 25 I EGBGB hinsichtlich des Ehegattenerbrechts aufgrund des deutschen Güterrechtsstatuts § 1371 I BGB anzuwenden ist, denn diese Frage ist vorliegend vom Senat nicht zu entscheiden, da das iranische Erbrecht gemäß Art. 3

---

[1] IPRspr. 1986 Nr. 58.
[2] IPRspr. 2002 Nr. 73.
[3] IPRspr. 1987 Nr. 51.
[4] IPRspr. 1987 Nr. 56.

Nr. 2 EGBGB i.V.m. Art. 8 III Niederlassungsabkommen anzuwenden ist.

Der Senat folgt zwar nicht der Auffassung des OLG Köln (FamRZ 2014, 1585 ff., 1586[5] für den Konsularvertrag zwischen dem Deutschen Reiche und der Türkischen Republik vom 28.5.1929 [RGBl. 1930 II 747, 758]), wonach es sich bei der Frage, ob § 1371 I BGB zur Anwendung kommt, um eine Vorfrage des IPR handelt. Denn eine Vorfrage liegt dann vor, wenn der Tatbestand einer vom deutschen IPR zur Anwendung berufenen ausländischen Sachnorm einen Rechtsbegriff enthält, für den das deutsche IPR eine spezielle Kollisionsnorm bereithält. Dann stellt sich die Frage, ob dieser Rechtsbegriff selbständig (nach deutschem Kollisionsrecht) oder unselbständig (nach dem für die Hauptfrage maßgeblichen Recht) zu bestimmen ist. Vorfrage wäre z.B. für das Erbrecht der Ehefrau nach iranischem Recht, ob eine wirksam geschlossene Ehe mit dem Erblasser gegeben ist. Um eine derartige Vorfrage geht es jedoch nicht bei der Frage, ob neben dem ausländischen Erbrecht die nach wohl h.M. allein güterrechtlich zu qualifizierende Norm des § 1371 I BGB Anwendung findet.

Die Frage des maßgeblichen Güterstands wäre nur dann eine erbrechtliche Vorfrage (s. *Staudinger-Dörner*, BGB [2007], Art. 25 EGBGB Rz. 598 u. Vorb. zu Art. 25 EGBGBRz. Rz. 179; MünchKomm-*Birk* aaO Art. 25 EGBGB Rz. 80), wenn nach dem iranischen Recht der Güterstand der Eheleute erbrechtliche Auswirkungen hätte. Dieses ist aber nicht der Fall.

Dennoch ist der Ansatz des OLG Köln grundsätzlich zutreffend. Das Niederlassungsabkommen bestimmt, dass in Bezug auf das Erbrecht der Erblasser als iranischer Staatsangehöriger dem iranischen Recht unterworfen bleibt. Damit respektiert das deutsche Recht – vorbehaltlich der Vereinbarkeit mit dem deutschen ordre public – unter Ausschluss der allgemeinen Kollisionsnormen des deutschen Rechts aufgrund des abgeschlossenen Staatsvertrags für das Erbrecht des Erblassers die ausschließliche Anwendung des iranischen Rechts. Dieses aber schließt es aus, dass in teilweiser Anwendung deutschen (Güter-)Rechts die Erbfolge nach iranischem Recht abgeändert wird. Auch wenn der Ausgleich nach § 1371 I BGB güterrechtlich zu qualifizieren ist, bedient er sich eines erbrechtlichen Instruments und wirkt damit in das Erbrecht hinein. Nach dem maßgeblichen Staatsvertrag aber richtet sich das Erbrecht eines iranischen Staatsangehörigen ausschließlich nach iranischem Recht. Würde man auf das iranische Erbrecht deutsches Güterrecht einwirken lassen, wäre dieses ein unzulässiger Eingriff in das iranische Erbstatut, dessen ausschließliche Anwendung durch Staatsvertrag festgelegt worden ist. Die materiellen iranischen Erbrechtsvorschriften würden um eine diesem Recht unbekannte Rechtsnorm erweitert.

Als sog. Fremdrechtserbschein ist zudem in ihm anzugeben, dass die Erbfolge sich – korrigiert gemäß Art. 6 EGBGB – nach iranischem Recht richtet. Diese Angabe könnte nicht erfolgen, wenn die nach dem – korrigierten – iranischen Recht festzulegenden Erbquoten der Miterben durch die Anwendung des § 1371 I BGB verändert würden.

Der Senat vermag daher der vom OLG Schleswig (ZEV 2014, 96 f.)[6] und vom OLG München (FamRZ 2013, 36 ff.)[7] sowie auch in der Literatur (vgl. *Palandt-*

---

[5] Siehe oben Nr. 129.
[6] IPRspr. 2013 Nr. 84.
[7] IPRspr. 2012 Nr. 150.

Thorn aaO Art. 15 EGBGB Rz. 26; MünchKomm-*Siehr* aaO [5. Aufl.] Art. 15 EGBGB Rz. 117) vertretenen Rechtsauffassung, wonach bei der Geltung ausländischem Erbrechts und deutschen Güterrechts eine pauschalierte Erbteilserhöhung nach § 1371 I BGB zulässig ist, nicht beizutreten."

139. *Der Begriff des „Erbschaftsanspruchs" ist in seiner Bedeutung innerhalb des Konsularvertrags zwischen dem Deutschen Reich und der Türkischen Republik vom 28.5.1929 (RGBl. 1930 II 747) autonom auszulegen.*
Bei der Bestimmung der internationalen Zuständigkeit kommt es auf die Frage, ob bereicherungsrechtliche oder deliktische Vorschriften als Anspruchsgrundlage für den geltend gemachten Zahlungsanspruch in Betracht kommen, nicht an.
[LS der Redaktion]

LG Karlsruhe, Urt. vom 17.12.2014 – 9 S 24/14: ZEV 2015, 588 mit Anm. *Majer*.

[Das nachgehende Urteil des BGH – IV ZR 68/15 –, mit dem die angefochtene Entscheidung unterdessen aufgehoben und die Sache an das LG zurückverwiesen wurde, wird im Band IPRspr. 2015 abgedruckt.]

Der Kl. nimmt den Bekl. auf Auskehrung eines Betrags i.H.v. zuletzt noch 782 € im Zusammenhang mit dem Verkauf eines in der Türkei gelegenen Hausgrundstücks in Anspruch, das Teil des Nachlasses des verstorbenen Vaters der Parteien war. Die Parteien sind Brüder und wohnen in Deutschland. Ihr Vater war türkischer Staatsangehöriger und lebte zuletzt in der Türkei; er verstarb 1994 in Izmir. Erben waren seine vier Söhne, darunter die beiden Parteien, und seine Ehefrau, die Mutter der Geschwister. Zur Erbschaft gehörte ein Haus in Izmir. Die Erben veräußerten das Haus im März 2011 zu einem Preis von 100 000 Türkischen Lira. Der Käufer bezahlte hiervon 90 000 Türkische Lira. Diese verteilten die Erben unter sich. Den Restkaufpreis behielt der Käufer ein bis zur Begleichung 2012 beim Bekl., der jedoch zunächst gar nichts und später nur Teilbeträge an seine Brüder zahlte.
Der Bekl. hat Einspruch gegen den Vollstreckungsbescheid eingelegt. Das AG hat den Vollstreckungsbescheid – abzgl. der erfolgten Zahlungen und eines Teils der Nebenforderungen – aufrechterhalten. Das LG hat die Klage auf die Berufung des Bekl., der auch die internationale Zuständigkeit gerügt hat, als unzulässig abgewiesen. Der Kl. verfolgt sein Begehren mit der zugelassenen Berufung weiter.

Aus den Gründen:

„II. Die zulässige Berufung des Bekl. ist begründet. Die Klage ist unzulässig, da die internationale Zuständigkeit deutscher Gerichte nicht gegeben ist.
1. ... 2. Gemäß § 15 der Anlage zu Artikel 20 des Konsularvertrags (nachfolgend: Nachlassabkommen) ist vorliegend die internationale Zuständigkeit türkischer Gerichte eröffnet. Der Erblasser – der Vater der Parteien des Rechtsstreits – war zur Zeit seines Todes türkischer Staatsangehöriger und die streitgegenständliche Immobilie befindet sich in der Türkei. Auch handelt es sich vorliegend um eine Klage, die einen Erbschaftsanspruch im Sinne der genannten Regelung zum Gegenstand hat.
Der Begriff des ‚Erbschaftsanspruchs' ist in seiner Bedeutung innerhalb des vorliegenden bilateralen Staatsvertrags autonom – und nicht nach materiellem deutschem Recht – auszulegen, so dass insoweit insbesondere nicht die §§ 2018 ff. BGB heranzuziehen sind (vgl. LG München I, Urt. vom 26.9.2006 – 6 O 15963/05[1], juris Rz. 13). Die Vorschrift regelt die internationale Zuständigkeit für Streitigkeiten unter (potenziell) erbrechtlich Berechtigten, also z.B. Miterben, Erbprätendenten, Vermächtnisnehmern und Pflichtteilsberechtigten (*Staudinger-Dörner*, BGB, Neub.

---

[1] IPRspr. 2006 Nr. 134 (LS).

2007, Vor Art. 25 f. EGBGB Rz. 181). Die Parteien des Rechtsstreits sind – neben drei weiteren, nicht am Rechtsstreit beteiligten Personen – Miterben ihres Vaters und streiten darüber, in welcher Höhe der Kl. die Auskehrung eines anteiligen Geldbetrags aus der vom Bekl. entgegengenommenen Restzahlung des Käufers einer Immobilie, die zum Nachlass gehörte, verlangen kann bzw. über die Frage, ob und wenn ja in welcher Höhe der Bekl. Anspruch auf Erstattung für von ihm behauptete Aufwendungen im Zusammenhang mit dem Verkauf der Immobilie hat. Für diese Fragen sind die Vorschriften des gemäß § 14 Nachlassabkommen anzuwendenden türkischen Erbrechts entscheidend, so dass der Rechtsstreit einen Erbschaftsanspruch im vorstehend dargelegten Sinne zum Gegenstand hat.

Entgegen der Auffassung des Kl. ist die Einordnung des von ihm geltend gemachten Zahlungsanspruchs als Erbschaftsanspruch im o.g. Sinne auch nicht deshalb ausgeschlossen, weil durch eine Vereinbarung zwischen den vier Söhnen des Erblassers einer Aufteilung des Erlöses aus dem Hausverkauf zu je einem Viertel eine vollständige Auseinandersetzung erfolgt wäre. Dies folgt bereits daraus, dass die fünfte Erbin, die Mutter der Parteien, an dieser Vereinbarung nicht beteiligt war. Auch ersetzt eine bloße Vereinbarung über eine Erlösverteilung nicht die tatsächliche Verteilung des Nachlasses bzw. des durch Verkäufe erzielten Erlöses.

3. Etwas anderes ergibt sich nicht daraus, dass der Bekl. deutscher Staatsangehöriger ist und die Parteien ihren Wohnsitz in Deutschland haben. Soweit vertreten wird, § 15 Satz 1 des Nachlassabkommens brauche auf deutsche Erben nicht angewandt zu werden und sei insoweit einschränkend auszulegen, da das Nachlassabkommen die Angehörigen des jeweils anderen Staats schützen wolle (*Erman-Hohloch*, BGB, 13. Aufl., Art. 25 EGBGB Rz. 57), ist dem nicht beizutreten. Im Hinblick auf die Bedeutung der internationalen Zuständigkeit, die die Abgrenzung zu den Souveränitätsrechten anderer Staaten – hier der Türkei – betrifft (vgl. BGH, Urt. vom 28.11.2002 – III ZR 102/02[2], NJW 2003, 426 f.), ist eine derartige, dem Wortlaut der Regelung nach nicht vorgesehene einschränkende teleologische Auslegung abzulehnen (so auch LG München I, Urt. vom 26.9.2006 aaO Rz. 19).

4. Eine Zuständigkeit deutscher Gerichte gemäß § 39 Satz 1 ZPO ist entgegen der Auffassung des Kl. durch das rügelose Verhandeln des Bekl. in der ersten Instanz bereits deshalb nicht begründet, weil ausweislich des Protokolls das AG zwar darauf hingewiesen hat, dass Zweifel an seiner internationalen Zuständigkeit bestehen, es jedoch nicht auf die Folgen einer rügelosen Einlassung hinwies, was gemäß § 504 ZPO auch bei anwaltlicher Vertretung erforderlich gewesen wäre, § 39 Satz 2 ZPO.

5. Soweit der Kl. die internationale Zuständigkeit deutscher Gerichte darin begründet sieht, dass der geltend gemachte Zahlungsanspruch als Bereicherungsanspruch und/oder als Anspruch aus unerlaubter Handlung bestehe, trifft auch dies nicht zu. § 15 Nachlassabkommen begründet eine ausschließliche Zuständigkeit der türkischen Gerichte. Die Vorschrift sieht keine Wahlmöglichkeit für den Kläger vor, sondern bestimmt, dass Klagen, die die genannten Ansprüche zum Gegenstand haben, bei den Gerichten des Staats anhängig zu machen ‚sind', dem der Erblasser zur Zeit seines Todes angehörte bzw. in dessen Gebiet sich der unbewegliche Nachlass befindet. Auch wollte das Nachlassabkommen eine klare Kompetenzabgrenzung erreichen, was nur bei einer Anordnung ausschließlicher internationaler Zuständig-

---

[2] IPRspr. 2002 Nr. 157.

keiten der Fall ist (LG München I, Urt. vom 26.9.2006 aaO Rz. 17). Auf die Frage, ob bereicherungsrechtliche oder deliktische Vorschriften als Anspruchsgrundlage für den geltend gemachten Zahlungsanspruch überhaupt in Betracht kommen – was jedenfalls hinsichtlich deliktischer Ansprüche als höchst fraglich erscheint –, kommt es daher für die Bestimmung der internationalen Zuständigkeit nicht an."

140. *§ 780 I ZPO ist auf die Annahme der Erbschaft mit Vorbehalt der Inventarerrichtung nach italienischem Recht (Art. 470 I Halbsatz 2 Codice civile) entsprechend anzuwenden, weil diese zu einer gegenständlichen, der Nachlassverwaltung nach § 1975 BGB ähnlichen Haftungsbeschränkung führt.*

BGH, Urt. vom 19.12.2014 – V ZR 32/13: NJW-RR 2015, 521; FamRZ 2015, 653 mit Anm. *Christandl*; WM 2015, 944; MDR 2015, 342; LMK 2015, 369629; ZEV 2015, 160. Leitsatz in FF 2015, 174.

Der Kl. war zusammen mit dem 2004 verstorbenen Erblasser zu je 1/2 Miteigentumsanteilen Eigentümer eines Grundstücks in M./Deutschland. Die Bekl. ist Tochter des Erblassers, der italienischer Staatsbürger war, seinen ständigen Wohnsitz jedoch in Deutschland hatte. Mit notariellem Vertrag verkaufte der Erblasser seinen Miteigentumsanteil an dem betreffenden Grundstück an den Kl. In der Folgezeit übernahm der Kl. die in dem Kaufvertrag bezeichneten Darlehensverbindlichkeiten und überwies den Restkaufpreis auf ein Konto des Erblassers in Deutschland. Die testamentarisch eingesetzte Lebensgefährtin des Erblassers schlug die Erbschaft aus. Gesetzliche Erben waren die beiden in Italien lebenden Töchter des Erblassers, die Bekl. und ihre Schwester. Diese nahmen im Jahr 2007 die Erbschaft mit dem Vorbehalt der Inventarerrichtung an. Nachdem die Schwester ihren Erbteil auf sie übertragen hatte, ließ sich die Bekl. eine vollstreckbare Ausfertigung der Urkunde erteilen. Der Kl. hat beantragt, die Vollstreckung aus der notariellen Urkunde für unzulässig zu erklären und die Bekl. zu verurteilen, die vollstreckbare Ausfertigung an den Kl. herauszugeben. Das LG hat beiden Klagen stattgegeben. Das OLG hat die Berufung der Bekl. zurückgewiesen. Der Senat hat die Revision insoweit zugelassen, als die Bekl. auch zur Herausgabe der ihr erteilten vollstreckbaren Ausfertigung verurteilt worden ist.

Aus den Gründen:

„II. ... 1. Die deutschen Gerichte sind (auch) für die Entscheidung über die Klage auf Herausgabe des Vollstreckungstitels international zuständig, wobei hier offen bleiben kann, ob sich die internationale Zuständigkeit aus Art. 22 Nr. 5 oder aus Art. 5 Nr. 1 lit. a EuGVO ergibt.

a) Art. 22 Nr. 5 EuGVO bestimmt, dass für Verfahren, welche die Zwangsvollstreckung aus Entscheidungen zum Gegenstand haben, die Gerichte des Mitgliedstaats zuständig sind, in dessen Hoheitsgebiet die Zwangsvollstreckung durchgeführt werden soll oder durchgeführt worden ist. Nach dieser Vorschrift sind die Gerichte des Staats, in dem aus dem Titel gegen den Schuldner vollstreckt wird oder die Vollstreckung droht (hier in Deutschland), auch für die von ihm erhobene Vollstreckungsabwehrklage gemäß § 767 ZPO international zuständig (EuGH, Urt. vom 4.7.1985 – AS-Autoteile Service GmbH ./. Pierre Malhé, Rs C-220/84, NJW 1985, 2892 Rz. 12 [zum gleichlautenden Art. 16 EGÜV] und Urt. vom 13.10.2011 – Prism Investments BV ./. Jaap Anne van der Meer, Rs C-139/10, NJW 2011, 3506 Rz. 40). Ob sich die Zuständigkeit nach Art. 22 Nr. 5 EuGVO auf eine von dem Schuldner gleichzeitig mit der Vollstreckungsabwehrklage erhobene Titelherausgabeklage erstreckt (was die Revision in Abrede stellt), ist allerdings nicht zweifelsfrei.

Dafür spricht der enge prozessrechtliche und sachliche Zusammenhang der beiden Klagen (vgl. Senat, Urt. vom 21.1.1994 – V ZR 238/92, NJW 1984, 1161, 1162; BGH, Urt. vom 14.7.2008 – II ZR 132/07, NJW-RR 2008, 1512 Rz. 9) sowie der Umstand, dass die Rechtsverfolgung für den Schuldner wesentlich erschwert würde, wenn er zwei Klagen in unterschiedlichen Mitgliedstaaten (mit der Gefahr einander widersprechender Entscheidungen) erheben müsste. Gegen die Annahme einer internationalen Zuständigkeit könnte sprechen, dass die Bestimmungen über die ausschließliche Zuständigkeit in Art. 22 EuGVO eng auszulegen sind (EuGH, Urt. vom 26.3.1992 – Mario Reichert u.a. ./. Dresdner Bank AG, Rs C-261/90, Slg. 1992 I-02149, IPRax 1993, 28 Rz. 27) und dass die EuGVO keine allg. Zuständigkeit des Sachzusammenhangs kennt (EuGH, Urt. vom 27.10.1998 – Réunion européenne S.A. u.a. ./. Spliethoff's Bevrachtingskantoor BV u. Kapitän des Schiffs ‚Alblasgracht V002', Rs C-51/97, RIW 1999, 57 Rz. 39; Urt. vom 5.10.1999 – Leathertex Divisione S.p.A. ./. Bodetex BVBA, Rs C-420/97, NJW 2000, 721 Rz. 38).

b) Die Frage, ob die deutschen Gerichte für die Entscheidung über die Klage auf Herausgabe des Titels nach Art. 22 Nr. 5 EuGVO ausschließlich zuständig sind, bedarf jedoch keiner Entscheidung, weil sich die internationale Zuständigkeit hier andernfalls aus Art. 5 Nr. 1 lit. a EuGVO ergäbe. Danach kann eine Person in einem anderen Mitgliedstaat vor dem Gericht des Orts verklagt werden, an dem die Verpflichtung erfüllt worden ist oder zu erfüllen wäre, wenn ein Vertrag oder Ansprüche aus einem Vertrag den Gegenstand des Verfahrens bilden. Hierunter fallen sämtliche schuldrechtlichen Ansprüche, die auf einer freiwillig eingegangenen Verpflichtung beruhen (EuGH, Urt. vom 5.2.2004 – Europäische Kommission ./. Königreich Belgien, Rs C-265/10, RIW 2004, 385, 386; EuGH, Urt. vom 17.9.2002 – Fonderie Officine Meccaniche Tacconi S.p.A. ./. HWS Maschinenfabrik GmbH, Rs C-334/00, NJW 2002, 3159; EuGH, Urt. vom 17.6.1994 – Jakob Handte & Co. GmbH ./. Traitements mécano-chimiques des surfaces SA, Rs C-26/91, JZ 1995, 90). Anknüpfungspunkt für die internationale Zuständigkeit ist dabei die Hauptleistungspflicht, auf die der Kläger seine Klage stützt.

Im Streitfall waren beide Hauptleistungspflichten in Deutschland zu erfüllen, denn der Erblasser veräußerte den Miteigentumsanteil an einem in Deutschland belegenen Grundstück, und hinsichtlich des Kaufpreises hatten die Parteien vereinbart, dass dieser auf ein Konto des Erblassers in Deutschland zu zahlen ist. Dies trifft auch auf die Übernahme der Darlehensverbindlichkeiten zu, da der Übernehmer (Kl.) in Deutschland wohnt und der Gl. (die Sparkasse) seinen Sitz in Deutschland hat. Der Umstand, dass die Bekl. ihren gewöhnlichen Aufenthalt in Italien hat, führt zu keinem anderen Ergebnis, da der Gerichtsstand des Erfüllungsorts auch zugunsten und zulasten der Rechtsnachfolger der urspr. Vertragsparteien gilt (vgl. BGH, Urt. vom 22.4.2009 – VIII ZR 156/07[1], RIW 2009, 568, 569; *Stein-Jonas-Wagner*, ZPO, 22. Aufl., Art. 5 EuGVVO Rz. 49).

2. Das Berufungsgericht hat rechtsfehlerfrei über die Titelherausgabeklage entschieden.

a) Die Klage ist zulässig. Die Klage auf Herausgabe der vollstreckbaren Ausfertigung eines unter § 794 ZPO fallenden Titels kann gemäß § 260 ZPO gleichzeitig mit der Vollstreckungsabwehrklage erhoben werden (vgl. OLG Karlsruhe, OLGR 2007, 412, 413; OLG Hamm, OLGR 2009, 61, 62).

b) Die Klage ist auch begründet.

---

[1] IPRspr. 2009 Nr. 174.

aa) Die Bekl. ist passivlegitimiert. Die Klage hätte nicht deshalb, weil die Bekl. die Erbschaft mit dem Vorbehalt der Inventarerrichtung (Art. 470 I Halbs. 2 ital. Cc) angenommen hat, gegen sie als Verwalterin des Nachlasses erhoben werden müssen. Entscheidend ist, dass die vollstreckbare Ausfertigung der Bekl. erteilt wurde. Richtiger Beklagter einer Titelherausgabeklage ist – wie bei der Vollstreckungsabwehrklage – der Vollstreckungsgläubiger, also der in Titel oder Klausel als Gläubiger Benannte (vgl. Senat, Urt. vom 26.10.1984 – V ZR 218/83, BGHZ 92, 347, 348; BGH, Urt. vom 9.12.1992 – VIII ZR 218/91, BGHZ 120, 387, 391; *Stein-Jonas-Münzberg* aaO § 767 Rz. 10; MünchKommZPO-*Schmidt/Brinkmann*, 4. Aufl., § 767 Rz. 45). Der Vollstreckungsgläubiger ist, wenn sich die vollstreckbare Ausfertigung des Titels – wie hier – in seinem Besitz befindet, auch für die Titelherausgabeklage passivlegitimiert ...

3. Rechtlicher Prüfung hält das Berufungsurteil nur insoweit nicht stand, als darin dem Umstand, dass die Bekl. die Erbschaft mit dem Vorbehalt der Inventarhaftung angenommen hat, keine Bedeutung beigemessen worden ist. Hinsichtlich der Kosten des Rechtsstreits hätte der Bekl. zumindest die Beschränkung der Haftung auf den Nachlass gemäß § 780 ZPO vorbehalten bleiben müssen.

a) Zwar hat der Erbe nach deutschem Recht die Kosten eigener Prozessführung als Prozesspartei ohne die Möglichkeit einer Haftungsbeschränkung selbst zu tragen (vgl. KG, NJW-RR 2003, 941, 943; OLG Düsseldorf, FamRZ 2010, 496, 498; OLG Celle, OLGR 1995, 204; OLG Koblenz, NJW-RR 1997, 1160; MünchKommZPO-*Schmidt/Brinkmann* aaO § 780 Rz. 21; *Stein-Jonas-Münzberg* aaO Rz. 12; *Saenger*, ZPO, 5. Aufl., § 780 Rz. 4). Das Berufungsgericht verkennt aber, dass sich die Haftung des Erben für Prozesskosten für einen im Zusammenhang mit dem Erbfall geführten Rechtsstreit nach dem jeweils einschlägigen Erbstatut bestimmt.

Der Meinung, bei der Nachlassabwicklung richte sich die Schuldenhaftung nach außen und dabei insbesondere die Möglichkeit der Vornahme haftungsbeschränkender Maßnahmen nach der lex fori (*Ferid* in FS Cohn, 1975, 31, 37; *Zillmann*, Die Haftung der Erben im internationalen Erbrecht, 1998, 187), vermag der Senat nicht beizutreten. Der Grundsatz, dass Verfahrensfragen nach dem jeweiligen Prozessrecht des erkennenden Gerichts zu beurteilen sind, führt nicht dazu, dass auch die damit im Zusammenhang stehenden sachrechtlichen Fragen unter Anwendung des materiellen Rechts des Prozessgerichts zu beantworten sind. Ob der verurteilte Erbe uneingeschränkt oder beschränkt (nur mit dem Nachlass) für die Prozesskosten haftet, bestimmt sich gemäß Art. 25 EGBGB nach dem Erbstatut. Dieses entscheidet über die Haftung des Erben für Nachlassverbindlichkeiten sowie über die Voraussetzungen und die Folgen einer Haftungsbeschränkung auf den Nachlass und damit insbesondere, für welche mit dem Erbfall zusammenhängenden Schulden der Erbe einzustehen hat (BGH, Urt. vom 26.3.1953 – IV ZR 128/52, BGHZ 9, 151, 154; MünchKomm-*Birk*, 5. Aufl., Art. 25 EGBGB Rz. 254; *Staudinger-Dörner*, BGB [2007], Art. 25 EGBGB Rz. 225; *Burandt-Rojahn-Franke*, Erbrecht, 2. Aufl., Art. 25 EGBGB Rz. 63). Es bestimmt, welche Arten von Verbindlichkeiten zu den Nachlassverbindlichkeiten gehören, ob hierzu nur die vom Erblasser herrührenden Schulden oder auch die durch die Nachlassabwicklung oder die Verwaltung des Nachlasses entstehenden Kosten zu zählen sind. Soweit die jeweils einschlägigen Rechtsordnungen die Möglichkeit einer Beschränkung der Erbenhaftung durch

Inventarerrichtung bei Annahme der Erbschaft vorsehen, beurteilen sich die Voraussetzungen, Modalitäten und Wirkungen einer Inventarerrichtung ebenfalls nach dem Erbstatut (MünchKomm-*Birk* aaO Rz. 258; *Staudinger-Dörner* aaO Rz. 226).

b) Demgemäß kommt hier das italienische Erbrecht zur Anwendung. Nach Art. 25 I EGBGB unterliegt die Rechtsnachfolge von Todes wegen dem Recht des Staats, dem der Erblasser im Zeitpunkt seines Todes angehörte. Das italienische Kollisionsrecht knüpft in Art. 46 I des Gesetzes Nr. 218 – Reform des italienischen Systems des Internationalen Privatrechts – vom 31.5.1995 (Gaz. Uff. Nr. 128) hinsichtlich der Bestimmung des einschlägigen Erbstatuts ebenfalls an die Staatsangehörigkeit des Erblassers zum Zeitpunkt des Todes an (vgl. *Reiss*, Internationales Erbrecht Italien, 3. Aufl., A. IV. Rz. 38; *Flick-Piltz-Cornelius*, Der internationale Erbfall, 2. Aufl., 2. Teil B. Rz. 639; *Kruis*, Das italienische internationale Erbrecht, 2005, 24; *Burandt-Rojahn-Frank* aaO Länderbericht Italien Rz. 7); es erfasst alle mit der Beerbung zusammenhängenden Fragen unter Einschluss der Erbenhaftung für Nachlassverbindlichkeiten (vgl. *Ferid-Firsching-Dörner-Hausmann*, Internationales Erbrecht, Italien [Stand: Feb. 2014], Grdz. C Rz. 53; *Kruis* aaO 150 f.; *Reiss* aaO Rz. 77; *Burandt-Rojahn-Frank* aaO Rz. 20).

Aus dem italienischen Erbrecht könnte sich ergeben, dass – wie seitens der Bekl. unter Vorlage einer rechtsgutachterlichen Stellungnahme vorgetragen – abweichend von dem deutschen Recht die Prozesskosten aus einem gegen den Erben geführten Rechtsstreit, der eine Forderung des Nachlasses betrifft, nur vom Nachlass und nicht von dem Erben persönlich zu tragen sind.

c) Um diesem Umstand Rechnung zu tragen, hätte der Bekl. hinsichtlich der Kostenentscheidung zumindest die Beschränkung der Haftung auf den Nachlass in entsprechender Anwendung des § 780 ZPO vorbehalten bleiben müssen.

aa) § 780 ZPO ist als Verfahrensvorschrift anwendbar, obwohl sich die materiellrechtliche Haftungsbeschränkung aus dem ital. Recht ergibt. Verfahrensfragen bestimmen sich grundsätzlich nach dem jeweiligen Prozessrecht des erkennenden Gerichts (lex fori), auch wenn aufgrund des IPR ausländisches Sachrecht zur Anwendung gelangt; das international zuständige Gericht wendet auf das Verfahren sein originäres Verfahrensrecht an (BGH, Urt. vom 27.6.1984 – IVb ZR 2/83[2]; OLG Stuttgart, OLGR 2004, 197, 198[3]; *Zöller-Geimer*, ZPO, 30. Aufl., IZPR Rz. 1; *Kruis* aaO 151; *Geimer*, IZPR, 6. Aufl., Rz. 53, 319 ff.). Für die Einordnung einer Rechtsnorm kommt es entscheidend darauf an, ob sie prozessrechtlichen Gehalt hat oder ob sie materiell-rechtlicher Natur ist, wobei eine funktionsorientierte Betrachtung maßgebend ist (MünchKomm-*Sonnenberger* aaO Einl. IPR, Rz. 432; *Weber*, Das Internationale Zivilprozessrecht erbrechtlicher Streitigkeiten, 2012, 37) ...

cc) Die Regelung des § 780 ZPO, die für jede gegenständliche Beschränkung der Erbenhaftung nach dem BGB gilt (*Zöller-Stöber* aaO § 780 Rz. 3; MünchKommZPO-*Schmidt/Brinkmann* aaO Rz. 7), ist auf die Annahme der Erbschaft mit Vorbehalt der Inventarerrichtung nach italienischem Recht (Art. 470 I Halbs. 2 ital. Cc) entsprechend anzuwenden, weil eine solche Annahme zu einer der Nachlassverwaltung nach § 1975 BGB ähnlichen Haftungsbeschränkung führt (zur Anwendung des § 780 ZPO auf diese Fälle: *Zöller-Stöber* aaO; MünchKommZPO-*Schmidt/Brinkmann* aaO).

---

[2] IPRspr. 1984 Nr. 168.   [3] IPRspr. 2003 Nr. 70.

Nach italienischem Recht hat der Erbe zum einen die Möglichkeit, die Erbschaft vorbehaltlos anzunehmen, was die Verschmelzung des ererbten mit dem eigenen Vermögen herbeiführt und eine Haftung für die Erblasserschulden und Vermächtnisse mit dem gesamten Vermögen in voller Höhe nach sich zieht. Der Berufene kann die Annahme der Erbschaft aber auch mit dem Vorbehalt der Inventarerrichtung erklären. Der wesentliche Unterschied zur vorbehaltlosen Annahme besteht hierbei in der Haftung, die sich bei der vorbehaltlosen Annahme auf das gesamte Vermögen des Erben erstreckt, während der Erbe bei der Annahme mit Vorbehalt für die Erblasserschulden und Vermächtnisse gemäß Art. 490 II Nr. 2 ital. Cc nur mit dem Nachlassvermögen haftet. Es findet keine Verschmelzung des ererbten mit dem eigenen Vermögen statt; der Nachlass bleibt gemäß Art. 490 I ital. Cc vom persönlichen Vermögen des annehmenden Erben getrennt. Der Erbe wird zugleich verpflichtet, die zum Nachlass gehörenden Vermögensgegenstände der Befriedigung der Gläubiger zuzuführen, indem er den Nachlass verwaltet (Art. 491 ital. Cc) und im Rahmen der Liquidation die Begleichung der Nachlassverbindlichkeiten gemäß Art. 495 ff. ital. Cc veranlasst (*Ferid-Firsching-Dörner-Hausmann* aaO Grdz. J Rz. 603 ff. und Grdz. L Rz. 708 ff.; *Reiss* aaO B. I. Rz. 401 ff.; *Süß-Cubeddu Wiedemann-Wiedemann*, Erbrecht in Europa, 2. Aufl., Länderbericht Italien Rz. 177; *Flick-Piltz-Cornelius* aaO Rz. 628; *Kruis* aaO 150; *Burandt-Rojahn-Frank* aaO Rz. 45)."

VIII. Immaterialgüterrecht und Unlauterer Wettbewerb

141. *Das deutsche Kartellrecht ist gemäß § 130 II GWB auf Wettbewerbsbeschränkungen anzuwenden, die sich im Bundesgebiet auswirken. In diesem Zusammenhang ist für die Anwendung der Bagatellmarktklausel räumlich nur auf das Gebiet der Bundesrepublik Deutschland abzustellen, wobei es allein auf die im Inland erzielten Umsätze ankommt. [LS der Redaktion]*

a) OLG Düsseldorf, Beschl. vom 15.5.2013 – Kart 10/12 (V): Die AG 2013, 758; NJOZ 2014, 12; WuW/E DE-R 3943.

b) BGH, Beschl. vom 21.1.2014 – KVR 38/13: ZIP 2014, 1140; WRP 2014, 460; 649 Aufsatz *Letti*; WuW/E DE-R 4135. Leitsatz in: BB 2014, 513; Der Konzern 2014, 108.

Die Betroffene zu 1) gehört zum Konzern der B & C Industrieholding GmbH, deren Anteile von der B & C Privatstiftung gehalten werden. Sie ist weltweit in der Herstellung und dem Vertrieb von Fasermaterial tätig. Die Betroffene zu 2) beschäftigt sich ebenfalls mit der Herstellung und dem Vertrieb von Fasermaterial auf Zellulosebasis. Die Betroffene zu 1) beabsichtigt, von der Kelheim Fibres GmbH 90% der Anteile an der Betroffenen zu 2) zu erwerben. Die Betroffenen haben den beabsichtigten Anteilserwerb angemeldet. Das BKA hat den Zusammenschluss untersagt. Die Beschwerde der Betroffenen gegen diesen Beschluss ist erfolglos geblieben. Hiergegen richtet sich die vom BeschwG zugelassene Rechtsbeschwerde.

Aus den Gründen:

a) OLG Düsseldorf 15.5.2013 – Kart 10/12 (V):

„II. Die zulässigen Beschwerden haben keinen Erfolg.

Das BKartA hat zu Recht die Umsätze, die die Zusammenschlussbeteiligten mit ... zur Belieferung der Produktionsstätte in Wuppertal erzielen, dem inländischen Marktvolumen zugerechnet und die Anwendbarkeit der Bagatellmarktklausel folgerichtig verneint ...

A. Das Zusammenschlussvorhaben unterliegt der kartellbehördlichen Fusionskontrolle. Es betrifft – anders als die Beschwerde meint – keinen Bagatellmarkt.

1. Gemäß § 35 II 1 Nr. 2 GWB unterliegt ein Fusionsvorhaben dann nicht der kartellbehördlichen Kontrolle, wenn es (ausschließlich) einen Markt betrifft, auf dem seit mindestens fünf Jahren Waren oder gewerbliche Leistungen angeboten werden und auf dem im letzten Kalenderjahr weniger als 15 Mio. Euro umgesetzt wurden. Sinn und Zweck der Bagatellmarktklausel ist es, solche Vorhaben von der Zusammenschlusskontrolle auszunehmen, die einen im Inland unbedeutenden Markt betreffen (vgl. BGH, WuW/E DE-R 2133 ff. [Sulzer/Kelmix][1] juris Rz. 16). Maßgebliches Kriterium zur Beantwortung der Frage, ob es sich um einen gesamtwirtschaftlich unbedeutenden Markt handelt, ist dabei allein der Inlandsumsatz (vgl. BGH aaO Rz. 14, 16). Unterschreitet er die Umsatzschwelle von 15 Mio. Euro, fingiert das Gesetz einen im Inland unbedeutenden Markt, ohne dass es darüber hinaus noch auf den Gegenstand der in Rede stehenden Ware oder Dienstleistung, ihre Bedeutung für die inländische Wirtschaft oder auf andere wettbewerbsrelevante Aspekte ankommt. Bei der Festsetzung der für tolerabel erachteten Maximalgröße

---

[1] IPRspr. 2007 Nr. 121 (LS).

von Bagatellmärkten auf 15 Mio. Euro hat sich der Gesetzgeber an der relativen Bedeutung solcher Märkte im Verhältnis zur inländischen Gesamtwirtschaft orientiert (vgl. BGH aaO Rz. 16). § 35 II 1 Nr. 2 GWB steht außerdem in Zusammenhang mit der Kollisionsnorm des § 130 II GWB. Danach findet das deutsche Kartellgesetz auf alle Wettbewerbsbeschränkungen Anwendung, die sich im Bundesgebiet auswirken (Auswirkungsprinzip). Die Bagatellmarktklausel soll vor diesem Hintergrund verhindern, dass ein Zusammenschluss untersagt werden muss, obschon seine Auswirkungen in Deutschland nur marginal sind (vgl. BGH aaO Rz. 18).

2. Im Streitfall ist es unter beiden Aspekten geboten, den Inlandsumsatz im Sinne von § 35 II 1 Nr. 2 GWB ohne Rücksicht auf den Ort des Vertragsschlusses oder den Geschäftssitz des Käufers anhand aller Warenmengen zu berechnen, die auf deutschem Boden abgesetzt werden. Einzubeziehen sind dementsprechend auch die Umsätze, die die Fusionsbeteiligten mit ... für den Produktionsstandort in Wuppertal getätigt haben.

a) Dem Zweck und der Regelungssystematik der Bagatellmarktklausel ist nur dann hinreichend Rechnung getragen, wenn der Inlandsumsatz aus allen Warenlieferungen berechnet wird, die in das Bundesgebiet erfolgen.

§ 35 II 1 Nr. 2 GWB ist eine Ausnahmevorschrift. Als solche ist sie eng auszulegen. Bei der Auslegung ist außerdem zu beachten, dass die Regelung die gesamtwirtschaftliche Bedeutungslosigkeit eines Inlandsmarkts ohne irgendeine nähere Untersuchung der betroffenen Waren oder gewerblichen Leistungen und ihre Relevanz für andere Bereiche der Wirtschaft alleine daraus ableitet, dass die gesetzlich normierte Umsatzschwelle von 15 Mio. Euro nicht erreicht wird. Wird die genannte Umsatzschwelle unterschritten, sind Fusionsvorhaben folglich selbst dann von der kartellbehördlichen Kontrolle ausgenommen, wenn sich die zusammenschlussbeteiligten Unternehmen auf einem Sektor betätigen, der für die deutsche Gesamtwirtschaft oder für einzelne Bereiche der inländischen Wirtschaft bedeutungsvoll ist. Die Freistellung von der Fusionskontrolle tritt selbst dann ein, wenn eine Schlüsseltechnologie in Rede steht. Diese Regelungssystematik erfordert es, in die Berechnung des inländischen Umsatzvolumens umgekehrt sämtliche Geschäfte einzubeziehen, die einen genügenden wettbewerblichen Bezug zum Inland aufweisen. Dazu gehören alle Geschäftsabschlüsse, die eine Lieferung der betreffenden Ware in das Bundesgebiet zum Gegenstand haben. Denn solche Lieferungen decken den inländischen Bedarf und beeinflussen die Markt- und Wettbewerbsverhältnisse in Deutschland ...

Sinnvoller Bezugspunkt für die Ermittlung des insoweit maßgeblichen inländischen Umsatzes und tragfähige Grundlage für die aus einer Unterschreitung der 15-Mio-Umsatzschwelle folgenden gesetzlichen Fiktion eines gesamtwirtschaftlich bedeutungslosen Inlandsmarkts ist allein der Absatz an inländische Lieferorte ...

Es ist schließlich aus Gründen der Gleichbehandlung geboten, Geschäftsumsätze nicht dem Sitz der zentralen Einkaufsgesellschaft, sondern dem jeweiligen Lieferort zuzurechnen. Nur dadurch kann verhindert werden, dass der Wareneinkauf über eine zentral organisierte Einkaufseinheit gegenüber einem dezentralen Einkauf unberechtigt bevorzugt wird. Würde ... den Einkauf für die Wuppertaler Produktionsstätte dezentral über eine nationale Einkaufsgesellschaft abwickeln, wäre das Fusionsvorhaben kontrollpflichtig. Denn die über die inländische Einkaufsorganisation getätigten Einkäufe wären zweifelsfrei dem inländischen Marktvolumen zuzurechnen mit der Folge, dass die Umsatzschwelle des § 35 II 1 Nr. 2 GWB überschritten wäre. Es besteht kein sachlich rechtfertigender Grund, das Zusammenschlussvorhaben nur deshalb von der kartellbehördlichen Kontrolle auszunehmen, weil ... die für Deutschland benötigten Liefermengen zentral über eine im Ausland ansässige Konzerngesellschaft einkauft."

b) BGH 21.1.2014 – KVR 38/13:

III. Die Rechtsbeschwerde hat keinen Erfolg. Das OLG hat die Beschwerde zu Recht zurückgewiesen.
1. Maßgeblich für die Beurteilung des Rechtsstreits ist das GWB in der bis zum 29.6.2013 geltenden Fassung. Die Frage, ob das Vorhaben kontrollpflichtig ist, muss nach den im Verwaltungsverfahren zu prüfenden tatsächlichen und rechtlichen Verhältnissen beurteilt werden; auf Veränderungen dieser Verhältnisse, die sich nachträglich bis zum Zeitpunkt der mündlichen Verhandlung vor dem BeschwG ergeben, kommt es insoweit – trotz des Charakters der Untersagungsverfügung als Verwaltungsakt mit Dauerwirkung – nicht an (BGH, Beschl. vom 21.12.2004 – KVR 26/03, WuW/E DE-R 1419 [Deutsche Post/transoflex]).
2. Das Zusammenschlussvorhaben ist kontrollpflichtig. Die Voraussetzungen der Bagatellmarktklausel des § 35 II 1 Nr. 2 GWB a.F. liegen nicht vor. Nach dieser Regelung finden die Vorschriften über die Zusammenschlusskontrolle keine Anwendung, wenn ein Markt betroffen ist, auf dem seit mindestens fünf Jahren Waren oder gewerbliche Leistungen angeboten werden und auf dem im letzten Kalenderjahr weniger als 15 Mio. Euro umgesetzt wurden. Diese Umsatzschwelle ist entgegen der Auffassung der Rechtsbeschwerde überschritten.
a) Das Zusammenschlussvorhaben betrifft den räumlich (mindestens) europaweit abzugrenzenden Markt für Fasern, die für die Herstellung von Tampons eingesetzt werden. Zur Anwendung der Bagatellmarktklausel ist in sachlicher Hinsicht auf diesen Markt abzustellen, räumlich dagegen nur auf das Gebiet der Bundesrepublik Deutschland. Die Klausel soll verhindern, dass ein Zusammenschluss untersagt werden muss, obwohl seine Auswirkungen in Deutschland nur marginal sind. Für die Anwendung der Bagatellmarktklausel kommt es daher, wovon das BeschwG zutreffend ausgegangen ist, allein auf die im Inland erzielten Umsätze an (BGH, Beschl. vom 25.9.2007 – KVR 19/07[1], BGHZ 174, 12 [Sulzer/Kelmix]). "

142. *Deutsche Gerichte sind gemäß Art. 5 Nr. 3 EuGVO für Klagen zur Geltendmachung eines Wettbewerbsverstoßes durch eine (hier: polnische) Werbung für ein im Inland nicht zugelassenes Baugerüst zuständig, wenn Preislisten mit elektronischer Post auch an deutsche Gerüstbauunternehmen versandt werden, ein Internetauftritt sich zumindest auch an potentielle Abnehmer in Deutschland richtet und sich in der angegriffenen Werbung kein klarer und eindeutiger, erkennbar ernst gemeinter und tatsächlich beachteter Hinweis findet, dass das Produkt nicht nach Deutschland verkauft werde.*

Wenn eine Werbung für den deutschen Markt bestimmt ist und sich dort auswirkt, findet deutsches Wettbewerbsrecht Anwendung. [LS der Redaktion]

---

[1] IPRspr. 2007 Nr. 121 (LS).

OLG Köln, Urt. vom 19.2.2014 – I-6 U 163/13, 6 U 163/13: GRUR-RR 2014, 218.

Die Kl. produziert und vertreibt Baugerüste, darunter das Modell Q. Auch die poln. Bekl. bieten Baugerüste an, darunter das Modell P, das in Deutschland über keine allgemeine bauaufsichtliche Zulassung verfügt. Sie warben dafür in elektronischen Postsendungen an deutsche Empfänger mit der Angabe „P ist mit folgenden Systemen kompatibel Q ..." und auf einer deutschsprachigen Seite ihres Internetauftritts mit der Aussage: „Jedes Gerüstelement, das wir in unserem Programm haben, erfüllt alle Anforderungen der Europäischen Norm. Die Gerüstelemente wurden überprüft und sind definitiv und grundsätzlich vom Technologischen Bauwesenzentrum in Rzeszów und vom TÜV Rheinland Polska bauaufsichtlich zugelassen." Die Kl. hält dies für irreführend und hat die Bekl. nach erfolgloser Abmahnung auf Unterlassung, Auskunft, Abmahnkostenersatz und Feststellung ihrer Schadensersatzpflicht in Anspruch genommen.

Das LG hat die Bekl. im Wesentlichen antragsgemäß verurteilt. Mit ihrer Berufung verfolgen diese ihren Klageabweisungsantrag weiter.

Aus den Gründen:

„II. Die zulässige Berufung bleibt in der Sache ohne Erfolg.
1. Die Klage ist zulässig, insbesondere fehlt es nicht an der auch im Berufungsverfahren von Amts wegen (Art. 25 EuGVO) zu prüfenden internationalen Zuständigkeit.

Deutsche Gerichte sind im Hinblick auf den Erfolgsort (Art. 5 Nr. 3 EuGVO) zuständig für die Beurteilung von Wettbewerbshandlungen, die sich bestimmungsgemäß in Deutschland auswirken oder auszuwirken drohen (vgl. BGHZ 167, 91 = GRUR 2006, 513 = WRP 2006, 736 [Rz. 20 ff.] – Arzneimittelwerbung im Internet[1]; vgl. zu Urheberrechtsverletzungen EuGH, Urt. vom 3.10.2013 – Peter Pinckney ./. KDG Mediatech AG, Rs C-170/12, WRP 2013, 1456 = GRUR 2014, 100). So liegt es hier:

Die beanstandete Preisliste wurde mit elektronischer Post an ein deutsches Gerüstbauunternehmen in Deutschland versandt, und die mit dem Bild der deutschen Bundesflagge gekennzeichnete deutschsprachige Version des Internetauftritts der Bekl. richtet sich zumindest auch an potentielle Abnehmer in Deutschland. In der angegriffenen Werbung findet sich kein klarer und eindeutiger, erkennbar ernst gemeinter und tatsächlich beachteter Hinweis, dass die Produkte nicht nach Deutschland verkauft würden (Disclaimer, vgl. BGH aaO [Rz. 22]). Dass die Bekl. an versteckter Stelle diesbezügliche Vorbehalte geäußert haben wollen, ist ebenso unerheblich wie der Umstand, dass ihre Geschäftspartner in Russland, der Ukraine und anderen europäischen Ländern ebenfalls Deutsch verstehen mögen.

Die innerstaatliche Zuständigkeit des LG Köln kann mit der Berufung nicht mehr gerügt werden (§ 513 II ZPO).

2. Anwendbares Sachrecht ist das Recht des Marktorts als des Orts, an dem die Interessen der Mitbewerber aufeinandertreffen und auf die Entschließung der umworbenen Kunden eingewirkt werden soll (vgl. BGHZ 185, 66 = GRUR 2010, 847 = WRP 2010, 1146 [Rz. 10] – Ausschreibung in Bulgarien[2]), im hier vorliegenden Fall einer für den deutschen Markt bestimmten und sich dort auswirkenden Werbung also deutsches Wettbewerbsrecht (vgl. Arzneimittelwerbung im Internet aaO [Rz. 25]; GRUR 2007, 245 = WRP 2007, 174 [Rz. 13] – Schulden Hulp[3]; *Köhler-Bornkamm*, UWG, 32. Aufl., Einl. Rz. 5.22, 5.34, 5.39). Dies gilt auch

---

[1] IPRspr. 2006 Nr. 112.
[2] IPRspr. 2010 Nr. 157.
[3] IPRspr. 2006 Nr. 97.

bzgl. der Internetwerbung der Bekl., ohne dass es dafür im Streitfall auf die umstrittene Rechtsnatur und Reichweite des Herkunftslandprinzips nach § 3 TMG ankommt (vgl. Arzneimittelwerbung im Internet aaO [Rz. 29]; *Köhler-Bornkamm* aaO Rz. 5.41, 5.43; GK-UWG-*Heinze*, 2. Aufl., § 4 Rz. 152). Denn ob die Werbung irreführend ist, richtet sich in rechtlicher Hinsicht nach den am Marktort (Deutschland) in gleicher Weise wie im Herkunftsland (Polen) geltenden nationalen Regelungen zur Umsetzung der (eine Vollharmonisierung anstrebenden) Richtlinie 2005/29/EG des Europäischen Parlaments und des Rates über unlautere Geschäftspraktiken im binnenmarktinternen Geschäftsverkehr zwischen Unternehmen und Verbrauchern und zur Änderung der Richtlinie 84/450/EWG des Rates, der Richtlinien 97/7/EG, 98/27/EG und 2002/65/EG des Europäischen Parlaments und des Rates sowie der VO (EG) Nr. 2006/2004 des Europäischen Parlaments und des Rates vom 11.5.2005 (ABl. Nr. 149/22) sowie ggf. der Richtlinie 2006/114/EG des Europäischen Parlaments und des Rates über irreführende und vergleichende Werbung vom 12.12.2006 (ABl. Nr. L 376/21), in tatsächlicher Hinsicht nach dem Verständnis der konkret angesprochenen Durchschnittsverbraucher (§§ 3 II 1 und 2, 5 I 2, 5a I und II UWG / Art. 6 I und 7 I der Richtlinie 2005/29/EG), hier also der durchschnittlich verständigen und informierten sowie situationsadäquat aufmerksamen Kaufinteressenten in Deutschland."

143. *Die Frage, ob Ansprüche im Falle der Verletzung eines Urheberrechts bestehen, ist gemäß Art. 8 I Rom-II-VO grundsätzlich nach dem Recht des Schutzlands – also des Staats, für dessen Gebiet der Schutz in Anspruch genommen wird – zu beantworten. [LS der Redaktion]*

BGH, Urt. vom 26.2.2014 – I ZR 49/13: NJW-RR 2014, 864; GRUR 2014, 559; GRUR Int. 2014, 610; WRP 2014, 709; ZUM 2014, 517. Leitsatz in: GRURPrax 2014, 283 mit Anm. *Kloth*; LMK 2014, 358410.

144. *Gemäß Art. 6 I Rom-II-VO findet auf außervertragliche Schuldverhältnisse aus unlauterem Wettbewerb das Recht des Staats Anwendung, in dessen Gebiet die Wettbewerbsbeziehungen oder die kollektiven Interessen der Verbraucher beeinträchtigt worden sind oder wahrscheinlich beeinträchtigt werden. Ist die deutschsprachige Version eines Internetauftritts eindeutig (auch) an Kunden in Deutschland gerichtet, liegt in Deutschland auch der Ort, an dem auf die Entschließung des Kunden eingewirkt werden soll und an dem sich das entsprechende Marktverhalten auf die Mitbewerber auswirkt (sogenannter Marktort). [LS der Redaktion]*

OLG Köln, Urt. vom 14.3.2014 – 6 U 172/13: NJW-RR 2014, 932; GRUR-RR 2014, 298; K&R 2014, 442; MMR 2014, 754.

145. *Gemäß Art. 5 Nr. 3 EuGVO sind deutsche Gerichte für Klagen international zuständig, die sich gegen die Verwendung von Abbildungen auf einer an ein deutsches Publikum gerichteten und hier in deutscher Sprache abrufbaren Internetseite richten, welche ausschließliche Nutzungsrechte verletzt [LS der Redaktion]*

LG Berlin, Urt. vom 24.4.2014 – 16 O 466/13: Unveröffentlicht.

146. *Es können erhebliche Zweifel an der Ernsthaftigkeit einer wettbewerbsrechtlichen Unterlassungserklärung bestehen, wenn der in den Niederlanden geschäftsansässige Verletzer die Vereinbarung eines Gerichtsstands in Deutschland für die Geltendmachung der Vertragsstrafe verweigert.*

KG, Urt. vom 25.4.2014 – 5 U 178/11: GRUR-RR 2014, 351; WRP 2014, 863. Leitsatz in GRURPrax 2014, 315 mit Anm. *Bings*.

[Die Nichtzulassungsbeschwerde vor dem BGH – I ZR 123/14 – wurde unterdessen zurückgenommen.]

Der Kl. (ein Wettbewerbsverband) nimmt die in R./Niederlanden geschäftsansässige Bekl. auf Unterlassung von Werbeäußerungen für ein Nahrungsergänzungsmittel in Anspruch. Die Bekl. hatte Nahrungsergänzungsmittel auf einem TV-Verkaufssender beworben. Die Bekl. gab zunächst eine vertragsstrafenbewehrte Unterlassungserklärung für den holländischen Markt und später eine weitere Unterlassungerklärung ab, die nicht auf den holländischen Markt beschränkt war. Der vom Kl. in der vorformulierten Unterlassungserklärung vorgeschlagenen Gerichtstandsvereinbarung (Berlin) stimmte die Bekl. – erneut – nicht zu. Sie gab eine Erklärung nach „neuem Hamburger Brauch" ab.

Aus den Gründen:

„II. ... 2. Vorliegend sind im Hinblick auf die von der Bekl. verweigerte Vereinbarung des Gerichtsstands für die Geltendmachung der Vertragsstrafe in Berlin hinreichende Zweifel an der Ernsthaftigkeit des Unterwerfungswillens der Bekl. gegeben, weil die Bekl. ihren Sitz in den Niederlanden hat.

a) Wenn sich der Gerichtsstand für die Vertragsstrafenforderung tatsächlich nicht nach dem Sitz der Bekl. in den Niederlanden richten sollte, sondern der Gerichtsstand am Sitz des Kl. gegeben wäre, dann käme der Gerichtsstandsklausel ohnehin nur eine deklaratorische Bedeutung zu. Die Bekl. wäre dann durch diese Klausel schon nicht beschwert. Andererseits hätte der Kl. ein achtenswertes Interesse an einer Klarstellung, denn er trägt das kostenrechtliche Risiko einer mangels internationaler Zuständigkeit erfolglosen Klageerhebung. Dies gilt vorliegend umso mehr, als sich die Bekl. gegenüber dem Kl. in einem Vertragsstrafenprozess vor dem LG Berlin bereits auf eine fehlende internationale Zuständigkeit – erstinstanzlich und auch vor dem Senat erfolgreich (5 U 113/11, Urt. vom 25.4.2014; ebenfalls mit den Parteien im Verhandlungstermin am 25.4.2014 erörtert) – berufen hat.

b) Erst recht hat der Kl. ein dringendes und schutzwürdiges Interesse an der Gerichtsstandsvereinbarung, wenn ohne eine solche Vereinbarung die Vertragsstrafenforderung vor dem Gericht am Sitz der Bekl. in den Niederlanden eingeklagt werden müsste (vgl. Senat, Urt. vom 25.4.2014 – 5 U 113/11[1]).

aa) Für den Kl. würde dies eine ganz erhebliche Mehrbelastung bedeuten (vgl. schon BGH, GRUR 1993, 677, juris Rz. 35 [Bedingte Unterwerfung]). Er müsste einen Rechtsstreit vor einem ausländischen Gericht mit einer ihm nicht vertrauten Verfahrensordnung und in einer ihm fremden Sprache führen. Hierzu muss er einen ihm nicht vertrauten ausländischen Rechtsanwalt auswählen und beauftragen. Da die Unterlassungserklärung und die ihr vorangegangene Korrespondenz in deutscher Sprache abgefasst war, ist eine umfängliche Übersetzungsarbeit zu leisten. Dies gilt umso mehr, als die der Vertragsstrafenforderung zugrunde liegende Verletzungshandlung in Deutschland begangen sein muss und diesbezüglich ebenfalls Übersetzungen notwendig sein werden.

---

[1] Siehe unten Nr. 180.

bb) Ein vor dem ausländischen Gericht zu führender Rechtsstreit birgt auch materiell zusätzliche erhebliche rechtliche Risiken für den Kl.

Selbst wenn der Vertragsstrafenforderung – nach niederländischem Kollisionsrecht, Art. 28 Rom-I-VO – deutsches Recht zugrunde zu legen ist, weil der Unterwerfungsvertrag nach der Gesamtheit der Umstände (Unterlassungsverpflichtung in Deutschland, Vertragsabfassung in deutscher Sprache, Verstoß gegen deutsches Recht usw.) mit Deutschland die engste Verbindung aufweist, verblieben nicht geringe rechtliche Unsicherheiten dahin, inwieweit das niederländische Gericht das deutsche Recht und die deutsche Gerichtspraxis erfassen und zur Anwendung bringen kann. Es wäre jedenfalls im Ausgangspunkt die Aufgabe des Kl., dem niederländischen Gericht das deutsche Recht und die deutsche Gerichtspraxis zu vermitteln. Dass der Ausgang eines solchen Prozesses vor einem ausländischen Gericht ungleich schwieriger einzuschätzen und zu führen ist, liegt auf der Hand.

cc) Der Kl. hat zudem unwidersprochen vorgetragen, dass nach niederländischem Recht die Kosten der Rechtsverfolgung unabhängig vom Ausgang des Verfahrens nicht bzw. nur zu einem geringen Teil vom Gegner erstattet verlangt werden können.

Damit besteht das Risiko, dass der Kl. in einem Umfang mit Kosten belastet werden könnte, die die angemessene Höhe der Vertragsstrafe sogar übersteigen. Vorliegend ist dem Kl. zwar die Bestimmung der Höhe der Vertragsstrafe nach billigem Ermessen überlassen worden. Das Bestimmungsrecht muss der Kl. aber bereits vorprozessual ausüben und sich dabei an den Maßstäben der deutschen Gerichtspraxis orientieren. Darüber hinaus weiß er zu diesem Zeitpunkt noch nicht, ob Kosten aus einem in den Niederlanden zu führenden Rechtsstreit hinzutreten. Hat der Gläubiger aber sein Bestimmungsrecht ausgeübt, so ist er daran gebunden und kann nicht auf einen höheren Betrag übergehen (OLG Hamburg, AfP 2003, 56, 58; *Teplitzky*, Wettbewerbsrechtliche Ansprüche und Verfahren, 10. Aufl., Kap. 8 Rz. 22).

dd) Damit stünde der Kl. durch die Unterwerfungserklärung bei einem in den Niederlanden zu führenden Rechtsstreit (um die Vertragsstrafenforderung) ganz erheblich schlechter, als wenn er in Deutschland an seinem Sitz als Gerichtsstand der unerlaubten Handlung (vgl. § 14 II 2 UWG) gegen die Bekl. einen gerichtlichen Unterlassungstitel erstritten hätte und im neuerlichen Verletzungsfall gerade vor diesem Gericht das Ordnungsmittelverfahren nach § 890 ZPO führen könnte. Dann fielen keine Übersetzungsleistungen an. Er könnte das Verfahren in deutscher Sprache nach der ihm vertrauten deutschen Verfahrensordnung mit einem ihm vertrauten deutschen Rechtsanwalt führen. Er muss auch einem ausländischen Gericht nicht deutsches Recht und eine deutsche Gerichtspraxis vermitteln. Im Fall eines erfolgreich geführten Verfahrens träfe ihn – abgesehen von dem theoretisch bestehenden Insolvenzrisiko der Bekl. – kein eigenes Kostenrisiko ...

ff) Fehlt aber ein eigenes sachgerechtes Interesse der Bekl., sich der Gerichtsstandsvereinbarung zu widersetzen, liegt die Annahme auf der Hand, sie spekuliere darauf, dass der Kl. im Hinblick auf die erörterten erheblichen Erschwernisse letztlich auf die Geltendmachung einer Vertragsstrafenforderung verzichten werde. Will sie deshalb gerade die wesentlichste Funktion der Unterlassungsverpflichtung unterlaufen, nämlich das damit dem Gläubiger an die Hand gegebene Druckmittel, so kann eine solche Unterwerfungserklärung nicht als ernsthaft [genug] gewertet werden, um die Vermutung der Wiederholungsgefahr sicher auszuräumen."

147. *Die Wirksamkeit der Übertragung des Rechts auf Inanspruchnahme der Priorität aus einem Patent unterfällt dem Recht des Staats der ersten Anmeldung des Patents (hier: US-amerikanischem Recht). [LS der Redaktion]*

BPatG, Urt. vom 1.7.2014 – 3 Ni 14/13 (EP): Unveröffentlicht.

[Die Berufung – X ZR 104/14 – wurde unterdessen zurückgenommen.]

Die Bekl. ist eingetragene Inhaberin des 1999 als internationale Patentanmeldung PCT/US99/29123 angemeldeten, die Priorität der US-Patentanmeldung 111642 P aus 1998 in Anspruch nehmenden und u.a. mit Wirkung für die Bundesrepublik Deutschland vor dem EPA in der regionalen Phase in der Amtssprache Englisch erteilten EP 1 137 766 B1 (Streitpatent), dessen Erteilung 2005 veröffentlicht worden ist und das vom DPMA unter der Nummer 699 ... geführt wird. Das Streitpatent trägt die Bezeichnung „USE OF IL-12 ANTIBODIES TO TREAT PSORIASIS" (Verwendung von IL-12 Antikörpern zur Behandlung von Psoriasis) und umfasst 11 Patentansprüche. Die Kl. greift dieses Patent in vollem Umfang an mit einer Nichtigkeitsklage an.

Aus den Gründen:

„I. ... 1. Gemäß Art. 87 I EPÜ genießt der Anmelder einer Ersthinterlegung oder sein Rechtsnachfolger ein Prioritätsrecht [vgl. auch Art. 4 A. – (1) PVÜ], das als selbständiges vermögenswertes Recht übertragbar ist (*Benkard-Grabinski*, EPÜ, 2. Aufl., Art. 87 Rz. 3 m.w.N.).

Eine derartige Vereinbarung ist vorliegend getroffen worden ...

2. Nach Auffassung des Senats haben diese Vereinbarungen die Übertragung der Rechte an der dem Streitpatent zugrunde liegenden Erfindung an die Protein Design Labs, Inc. (nachfolgend: PDL) bewirkt.

2.1. Nach welchem nationalen Recht die Wirksamkeit einer Übertragung des Rechts zur Inanspruchnahme der Priorität einer Patentanmeldung zu beurteilen ist, bestimmt sich nach den Regelungen des IPR. Danach unterfällt die Übertragung des Rechts auf Inanspruchnahme der Priorität dem Recht des Staats der ersten Anmeldung, hier also dem US-amerikanischen Recht (*Benkard-Grabinski* aaO Rz. 5; BGH, GRUR 2013, 712[1] [Fahrzeugscheibe]), wobei sich die Feststellung des ausländischen Rechts nach § 293 ZPO richtet (vgl. *Thomas-Putzo*, ZPO, 35. Aufl., § 293 Rz. 1 ff.). Die ausländischen Rechtssätze sind, sofern diese dem Gericht unbekannt sind, Beweisgegenstand. Den Parteien obliegt insofern eine Mitwirkungspflicht. Das Gericht ist dabei allerdings nicht auf die von den Parteien beigebrachten Nachweise beschränkt. Übereinstimmender Parteienvortrag darf aber in aller Regel als richtig zugrunde gelegt werden (*Thomas-Putzo* aaO Rz. 4)

2.2. Dem Senat liegen mehrere von den Parteien eingereichte Gutachten der Professoren *Ch.*, *B.* und *W.* sowie Entscheidungen von US-Gerichten zu den hier maßgeblichen Rechtsfragen vor. Die Gutachten stimmen betreffend die hier maßgeblichen Fragen des materiellen Rechts im Wesentlichen überein und betreffen folgende Annahmen:

2.3. Das US-Recht kennt keine Regelungen, die die Rechtsnachfolge von Arbeitnehmererfindungen regeln, sondern dies ist eine Frage freier vertraglicher Gestaltung, die üblicherweise durch den Arbeitsvertrag erfolgt. Es handelt sich bei der streitgegenständlichen Erfindung um eine während des Dienstverhältnisses gemachte Erfindung, die grundsätzlich der Arbeitgeberin zusteht. Ein Patent insgesamt und Rechte aus dem Patent können im Voraus vertraglich übertragen werden, auch,

---

[1] IPRspr. 2013 Nr. 160 (LS).

wenn diese noch nicht entstanden sind. Das Eigentumsrecht am Patent umfasst alle Rechte an einer gemachten Erfindung, also auch das Prioritätsrecht. Die Übertragungserklärung muss eindeutig und unmissverständlich sein.
Es gibt im US-Recht zwei vertragliche Möglichkeiten, das Recht am Patent zu übertragen. Einmal ist es möglich, eine vertragliche Verpflichtung zur Übertragung festzulegen. Dann ist zur Übertragung des Patents ein weiterer Übertragungsakt erforderlich. Zum anderen ist es auch möglich, vertraglich sogleich die (dingliche) Übertragung des Patents zu vereinbaren, d.h. eine Verfügung zu treffen, so dass das Patent sofort ohne weiteren Übertragungsakt (‚automatisch') übergeht.
Auch der Senat hat keine Zweifel, dass diese durch dem Senat vorliegende Rechtsprechungsdokumente von US-Gerichten belegten Ausführungen zutreffen.
3. Entscheidend ist somit die Vertragsauslegung, nämlich festzustellen, ob eine ‚automatische Übertragung' (Verfügung über das künftige Recht) oder nur eine Verpflichtung zur Übertragung zwischen den Erfindern und der Arbeitgeberin PDL vorliegt. Maßgeblich ist hierbei, ob die Formulierung ... *irrevocably assigns ... and will irrevocably assign* als rein schuldrechtliche Verpflichtung zur Übertragung anzusehen ist oder ob sie einen ‚automatischen' Übergang des Streitpatents (mit dinglicher Wirkung) bewirkt hat.
4. Die Vertragsauslegung nach US-amerikanischem Recht orientiert sich ähnlich wie nach deutschem Recht an der Auslegung der Erklärungen unter Berücksichtigung des Erklärungszusammenhangs. Dabei sind allerdings die Eigenarten des amerikanischen Vertragsrechts zu berücksichtigen. Auch nach Kenntnis des Senats enthalten Verträge nach amerikanischem Recht nicht wie Verträge nach deutschem Recht im Allgemeinen möglichst abstrakte, umfassende Formulierungen, sondern bestehen – entspr. der amerikanischen Fall-Rechtsprechung – aus sehr vielen Einzelfallregelungen und Fallbeispielen, um möglichst alle Lücken auszufüllen und auch unerwartete und gegenwärtig noch nicht absehbare Fallgestaltungen explizit zu erfassen. Dabei kann es – wie auch auf S. 8 f. des Gutachtens IB35 ausgeführt wird – zu Doppelbenennungen, Überschneidungen und scheinbar nicht kompatiblen Formulierungen kommen. Entsprechend dem v.a. auf obergerichtliche Entscheidungen von Präzedenzfällen abstellenden US-amerikanischen Rechtssystem sind bei der Formulierung und Auslegung von Verträgen daher Entscheidungen insbesondere der Obergerichte in vergleichbaren Fällen von besonderer Bedeutung.
5. Unter Berücksichtigung dieser Grundsätze liegt hier eine wirksame (dingliche) Verfügung über das Recht vor."

148. *Macht der Kläger die Verletzung von Verbraucherinteressen in Deutschland geltend, ist gemäß Art. 6 Rom-II-VO deutsches Recht anwendbar. [LS der Redaktion]*

LG Berlin, Urt. vom 28.8.2014 – 52 O 135/13: CR 2015, 333; K&R 2014, 748; MMR 2015, 413. Leitsatz in GRURPrax 2014, 486 mit Anm. *Stögmüller.*

Die Berufung schwebt beim KG unter dem Az. 23 U 124/14.

149. *Für einen Antrag, gerichtet auf das Verbot, ein Produkt in den Verkehr zu bringen, sind gemäß Art. 5 Nr. 3 EuGVO die Gerichte des Landes international zuständig, in dessen Gebiet das Produkt in den Verkehr gebracht werden soll. [LS der Redaktion]*

LG Hamburg, Urt. vom 6.11.2014 – 327 O 476/14: Unveröffentlicht.

Die Parteien sind Wettbewerber u.a. auf dem Gebiet der Herstellung bzw. des Vertriebs von Halslutschtabletten. Sie streiten im Rahmen eines einstweiligen Verfügungsverfahrens um die Verkehrsfähigkeit des Medizinrodukts „n...-a...®s.P." mit dem Inhaltsstoff Polyhexanidhydrochlorid und deren Bewerbung durch die AGg. zu 1). Die AGg. zu 2) – eine juristische Person mit Sitz in Luxemburg – ist dessen verantwortliche Legalherstellerin, die AGg. zu 1) vertreibt es in Deutschland. Das Produkt ist durch die AGg. zu 2) als Medizinprodukt der Klasse I zertifiziert worden. Die ASt. vertreibt u.a. das Medizinprodukt G.R. Die ASt. hält sowohl die Verkehrsfähigkeit des Produkts für nicht gegeben als auch deren Bewerbung mit einem Schutz vor Bakterien für unzulässig.

Aus den Gründen:

„I. Die internationale Zuständigkeit der angerufenen Kammer gegenüber der AGg. zu 2) folgt aus Art. 5 Nr. 3 EuGVO. Gegenstand des Verbotsantrags Nr. 1 ist das Inverkehrbringen des streitgegenständlichen Produkts im Inland. Nicht Streitgegenstand ist demgegenüber nach Antragsfassung und Antragsbegründung (sog. zweigliedriger Streitgegenstandsbegriff) die Durchführung von Konformitätsbewertungsverfahren als solcher durch die AGg. zu 2). Das Inverkehrbringen des streitgegenständlichen Produkts im Inland entgegen § 6 I 1 MPG begründet den Vorwurf einer unerlaubten Handlung und unterfällt daher der Regelung des Art. 5 Nr. 3 EuGVO. Nach Art. 5 Nr. 3 EuGVO kann eine Person, die ihren Wohnsitz in dem Hoheitsgebiet eines Vertragsstaats hat, in einem anderen Vertragsstaat vor dem Gericht des Orts verklagt werden, an dem das schädigende Ereignis eingetreten ist, wenn eine unerlaubte Handlung oder eine Handlung, die einer unerlaubten Handlung gleichsteht, oder wenn Ansprüche aus einer solchen Handlung den Gegenstand des Verfahrens bilden. Unter die Zuständigkeit des Gerichtsstands der unerlaubten Handlung nach Art. 5 Nr. 3 EuGVO fallen auch Klagen aufgrund unerlaubter Wettbewerbshandlungen (BGH, GRUR 2006, 513, 514[1] – Arzneimittelwerbung im Internet). Der Ort des schädigenden Ereignisses im Sinne des Art. 5 Nr. 3 EuGVO ist neben dem Handlungsort auch der Erfolgsort, d.h. der Ort, an dem das schädigende Ereignis eingetreten ist, mithin eine Verletzung des nationalen Rechts von der Klägerin schlüssig behauptet wird (vgl. BGH aaO 515; EuGH, Urt. vom 5.6.2014 – Coty Germany GmbH ./. First Note Perfumes N.V., Rs C-360/12, GRUR 2014, 806, 808). Aus dem Ort der Verwirklichung des Schadenserfolgs leitet der EuGH in seiner Rspr. in ähnlich gelagerten Fällen die gerichtliche Zuständigkeit für Wettbewerbsverletzungen gegenüber einer Person, die in einem anderen Mitgliedstaat ansässig ist und dort eine Handlung vorgenommen hat, die im Zuständigkeitsbereich des angerufenen Gerichts einen Schaden verursacht hat oder zu verursachen droht, her (EuGH, Coty aaO; EuGH, Urt. vom 3.4.2014 – Hi Hotel HCF S.A.R.L. ./. Uwe Spoering, Rs C-387/12, GRUR 2014, 599). Damit sind bei der Realisierung von Rechtsverletzungen im Inland kraft des Orts der Verwirklichung des Schadenserfolgs auch Personen der inländischen Jurisdiktion unterworfen, die als Täter oder Teilnehmer ausschließlich im Ausland haftungsbegründende Handlungen vorgenommen haben (EuGH, Coty aaO). Dieser Grundsatz ist vorliegend auf die AGg. zu 2) anwendbar. Die AGg. zu 2) hat das Konformitätsbewertungsverfahren durchgeführt und als verantwortliche Legalherstellerin das streitgegenständliche Produkt

---

[1] IPRspr. 2006 Nr. 112.

einschließlich seiner deutschsprachigen Aufmachung herstellen lassen. Sie hat damit nach den Grundsätzen von Täterschaft und Teilnahme einen eigenen Tatbeitrag zum von der ASt. gerügten gegen § 6 MPG verstoßenden Inverkehrbringens in der Bundesrepublik geleistet."

150. *Im Rahmen eines Gesamtschuldnerausgleichs im Nachgang einer von der Europäischen Kommission festgesetzten Geldbuße kann mit einer Rechtswahl lediglich die Anwendung ausländischen Rechts ausgeschlossen werden, nicht aber die Anwendung des Unionsrechts. Die Anwendung einzelstaatlichen Rechts ergibt sich jedoch daraus, dass das Unionsrecht das Rechtsverhältnis zwischen den Gesamtschuldnern einer durch die Kommission verhängten Geldbuße nicht regelt. [LS der Redaktion]*

BGH, Urt. vom 18.11.2014 – KZR 15/12: BGHZ 203, 193; RIW 2015, 300; WM 2015, 539; ZIP 2015, 544; EuZW 2015, 441 mit Anm. *Reichow*; Der Konzern 2015, 34; WRP 2015, 201; WuW/E DE-R 4559 mit Anm. *Bürger*. Leitsatz in: NJW 2015, 1763; BB 2015, 65; EWiR 2015, 231 mit Anm. *Dreher*; GRURPrax 2015, 72 mit Anm. *Mäsch*; GWR 2015, 39 mit Anm. *Kolb*; JurBüro 2015, 275; MittdtschPatAnw 2015, 195.

<small>Die Kl. verlangt von den beiden Bekl. die Erstattung von Zahlungen auf eine Geldbuße, die die Europäische Kommission gegen alle drei Parteien als Gesamtschuldner verhängt hat. Die Kl. war alleinige Gesellschafterin der Bekl. zu 2). 2004 erwarb die Bekl. zu 2) sämtliche Geschäftsanteile an der Bekl. zu 1) sowie sämtliche Kommanditanteile an der S. GmbH & Co. KG (nachfolgend: KG), deren alleinige Komplementärin die Bekl. zu 1) war. Zum 31.12.2004 trat die Bekl. zu 2) aus der KG aus. Deren Vermögen ging dadurch ohne Liquidation auf die Bekl. zu 1) über. 2006 wurde die Bekl. zu 2) in eine AG umgewandelt. Die Kl. veräußerte in der Folgezeit ihre Anteile. Ende 2006 hielt sie noch eine Beteiligung von 57%, Mitte 2007 schied sie vollständig aus. Seit 2004 nahmen Beschäftigte der Bekl. zu 1) und der KG an Kartellabsprachen zum Vertrieb von Calciumcarbid und seit 2005 an Absprachen zum Vertrieb von Magnesiumgranulat teil. 2009 verhängte die COM gegen die Kl. und die Bekl. als Gesamtschuldner eine Geldbuße in Höhe von 13.3 Mio. Euro wegen einer einzigen und fortdauernden Zuwiderhandlung gegen Art. 81 EG und Art. 53 EWR. Die Kl. zahlte auf die Geldbuße und angefallene Zinsen insgesamt 6 798 012,49 Euro. Die Bekl. stellten der COM Bankgarantien i.H.v. insgesamt 6.7 Mio. Euro. Die Kl. begehrt von den Bekl. die vollständige Erstattung des von ihr gezahlten Betrags nebst Verzugszinsen. Das LG hat die Klage abgewiesen. Die Berufung der Kl. ist erfolglos geblieben. Mit der vom Berufungsgericht zugelassenen Revision verfolgt die Kl. ihren Antrag auf Verurteilung der Bekl. als Gesamtschuldner weiter.</small>

Aus den Gründen:

„II. Im Ergebnis zutreffend hat das Berufungsgericht angenommen, dass für den Gesamtschuldnerausgleich das deutsche Recht maßgeblich ist.
1. Allerdings könnte die vom Berufungsgericht als ausschlaggebend angesehene Rechtswahl nicht zur Anwendung einzelstaatlichen Rechts anstelle von Unionsrecht führen.
Mit einer Rechtswahl können die Beteiligten lediglich die Anwendung ausländischen Rechts ausschließen, nicht aber die Anwendung des Unionsrechts, das in allen Mitgliedstaaten unmittelbar wirksam ist (BGH, WuW/E DE-R 3935 Rz. 22 [Calciumcarbid-Kartell]; vgl. *Grabitz-Hilf-Nettesheim*, EU-Recht [Stand: Aug. 2012] AEUV Art. 288 Rz. 101).
2. Die Anwendbarkeit einzelstaatlichen Rechts ergibt sich jedoch daraus, dass das Unionsrecht das Rechtsverhältnis zwischen den Gesamtschuldnern einer durch die Europäische Kommission verhängten Geldbuße nicht regelt.

Wie der EuGH entschieden hat, enthalten weder die VO (EG) Nr. 1/2003 des Rates zur Durchführung der in den Artikeln 81 und 82 des Vertrags niedergelegten Wettbewerbsregeln vom 16.12.2002 (ABl. Nr. L 1/1) noch das Unionsrecht im Allgemeinen Regeln zur Lösung eines Streitfalls, der die interne Aufteilung der Gesamtschuld betrifft. Insbesondere besteht keine unionsrechtliche Auffangregel, wonach die Gesamtschuldner einander im Zweifel zu gleichen Anteilen verpflichtet wären (EuGH, Urt. vom 10.4.2014 – Siemens Österreich u.a. ./. Kommission, Rs C-231/11 P bis C-233/11 P, WuW/E EU-R 2970 Rz. 61, 70). Vielmehr sind die Anteile der Gesamtschuldner einer Geldbuße unter Beachtung des Unionsrechts nach dem auf den Rechtsstreit anwendbaren nationalen Recht zu bestimmen (EuGH aaO Rz. 62, 67, 70 und Urt. vom 10.4.2014 – Areva u.a. ./. Kommission, Rs C-247/11 P u. C-253/11 P, WuW/E EU-R 2996 Rz. 152)."

151. *Die internationale Zuständigkeit deutscher Gerichte ergibt sich aus Art. 5 Nr. 3 EuGVO auch an dem Ort, an dem eine von der Beklagten betriebene Internetseite bestimmungsgemäß abrufbar ist, weil auf der Internetseite angebotene Leistungen (hier: Busreisen) auch auf den Bezirk eines Gerichts ausgerichtet sind.*
[LS der Redaktion]

LG München I, Urt. vom 17.12.2014 – 37 O 8778/14: MMR 2015, 467 mit Anm. *Schaefer*; ZUM 2015, 827.

<small>Die Parteien streiten um Unterlassungs- und Zahlungsansprüche aufgrund der öffentlichen Zugänglichmachung eines Lichtbilds. Der Kl. ist u.a. Werbetexter und Fotograf sowie Inhaber einer Agentur für Medien und Dienstleistungen, die Werbeauftritte im Print-, Radio und TV-Bereich konzipiert und realisiert. Die Bekl. betreibt die Webseite www. ... at, auf der u.a. Busreisen angeboten werden. Die Bekl. ist im Impressum der Webseite als Verantwortliche genannt. Der Kl. hat während eines öffentlichen Auftritts 2010 ein Foto des deutschen Komikers, Schauspielers und Musikers ... angefertigt. Er hat diese Fotografie im Medienangebot der Online-Enzyklopädie ... zu einem dortigen Artikel veröffentlicht. Die Bekl. machte das Lichtbild auf der von ihr betriebenen Homepage www. ... at öffentlich zugänglich, und zwar sowohl auf der Startseite, als auch auf einer Unterseite. Ein Urheberhinweis und ein Hinweis auf die Lizenz waren jeweils nicht unmittelbar am Bild angebracht, der Name des Kl. und die Angabe der Lizenz waren jedoch in einer sog. Mouse-Over-Funktion hinterlegt. Der Kl. mahnte die Bekl. mit anwaltlichem Schreiben 2013 ab.</small>

Aus den Gründen:

„A. ... I. Die internationale Zuständigkeit ergibt sich aus Art. 5 Nr. 3 EuGVO. Nach dieser Vorschrift kann eine Person, die ihren Wohnsitz im Hoheitsgebiet eines Mitgliedstaats hat, in einem anderen Mitgliedstaat verklagt werden, wenn eine unerlaubte Handlung oder eine Handlung, die einer unerlaubten Handlung gleichgestellt ist, oder wenn Ansprüche aus einer solchen Handlung den Gegenstand des Verfahrens bilden, vor dem Gericht des Orts, an dem das schädigende Ereignis eingetreten ist oder einzutreten droht.

Der Ort des Schadenseintritts ist sowohl der Ort, an dem der Schaden entstanden ist (Erfolgsort), als auch der Ort des ursächlichen Geschehens Handlungsort); bei unerlaubten Handlungen im Internet gilt als Tatort jeder Ort, an dem das Medium bestimmungsgemäß abgerufen werden kann (*Thomas-Putzo*, ZPO, 33. Auf. [2012], Art. 5 EuGVVO Rz. 19a, 19h).

Vorliegend ist der Erfolgsort der unerlaubten Handlung auch in München. Die von der Bekl. betriebene Webseite ist bestimmungsgemäß zumindest auch im hiesigen Bezirk abrufbar Dies ergibt sich nicht nur daraus, dass es sich um eine deutschsprachige und im Bundesgebiet abrufbare Webseite handelt, sondern v.a. aus der Art der auf dieser Webseite angebotenen Dienstleistungen. Es handelt sich insoweit um touristische Angebote. Die Webseite wendet sich an Touristen, die vom Vorarlberg aus eine Busreise – bspw. zu einem Konzert von ... in Z. – unternehmen wollen. Damit richtet sich das Angebot nicht nur an österreichische Kunden aus dem Gebiet Vorarlberg oder auch aus sonstigen Gebieten Österreichs, sondern bspw. auch an Kunden aus dem deutschen Grenzgebiet, die eine solche Busreise wahrnehmen wollen. Schließlich wendet sie sich auch an Urlaubsreisende aus Bayern und ganz Deutschland. Vorarlberg ist eine beliebte Urlaubsregion, in der Touristen aus dem Bundesgebiet und auch aus dem hiesigen Bezirk möglicherweise ihren Urlaub verbringen. Das Angebot, von dort aus Busreisen zu unternehmen bspw. zu anderen Orten in Österreich oder auch in benachbarte Länder, wendet sich bestimmungsgemäß auch an diese Touristen ...

B. Die Klage ist im Unterlassungsantrag begründet ...

Auf den vorliegenden Sachverhalt ist gemäß Art. 8 Rom-II-VO deutsches Recht anwendbar Gemäß Art. 8 I Rom-II-VO ist auf außervertragliche Schuldverhältnisse aus einer Verletzung von Rechten des geistigen Eigentums das Recht des Staats anzuwenden, für den der Schutz beansprucht wird (Schutzlandprinzip). Vorliegend wird Schutz für das Gebiet der Bundesrepublik Deutschland geltend gemacht, demnach ist deutsches Recht anwendbar."

IX. Öffentliches Recht

1. Enteignung

2. Währungs- und Devisenrecht

3. Handelsbeschränkungen

4. Kartell- und Monopolrecht

152. *Nach seiner auf die Freiheit des Wettbewerbs gerichteten Zielsetzung verfolgt das Gesetz gegen Wettbewerbsbeschränkungen (GWB) in der Fassung der Bekanntmachung vom 15.7.2005 (BGBl. I 2546) das Bestreben, die Märkte in seinem Geltungsbereich gemäß § 130 II GWB offenzuhalten. Daher bestehen Bedenken gegen eine zu weitgehende Berücksichtigung von Exportmöglichkeiten als Ausweichmöglichkeit der Hersteller auf andere Vertriebswege. [LS der Redaktion]*

BKartA, Beschl. vom 3.7.2014 – B2-58/09: NZG 2014, 1142 *Bischke/Brack*.

[Der nachfolgende Beschluss des OLG Düsseldorf vom 18.11.2015 – VI-Kart 6/14 –, mit dem die Beschwerde der Beteiligten zu 1) wegen nachträglicher Feststellung einer Zuwiderhandlung nach § 32 III GWB aufgehoben wurde, wird voraussichtlich im Band IPRspr. 2015 abgedruckt.]

Ende 2008 übernahm EDEKA rund 2 300 Filialen der Discountschiene „Plus" vom Wettbewerber Tengelmann mit dem Ziel, diese Filialen in die eigene Discountschiene „Netto" (rund 2 000 Filialen) zu integrieren. In den ersten Monaten des Jahres 2009 führte EDEKA daraufhin mit rund 500 Lieferanten aus nahezu sämtlichen Warenbereichen sog. Sonderverhandlungen und forderte rückwirkend zum 1.1.2009 einen „Bestwertabgleich" mit den bisherigen „Plus"-Preisen, eine „Anpassung der Zahlungsziele", die Zahlung eines dauerhaften „Synergiebonus" für potenzielle Kosteneinsparungen aufseiten der Lieferanten, die Zahlung einer „Partnerschaftsvergütung" für die Renovierung der Filialen, sowie die Zahlung eines „Sortimentserweiterungsbonus" für mögliche zusätzliche Listungen in den neuen Filialen.

Aufgrund einer entspr. Beschwerde des Markenverbands sowie von Hinweisen aus dem vorangegangenen Fusionskontrollverfahren, dass EDEKA die Übernahme mit Zahlungen der Lieferanten finanzieren wollte, sah die 2. Beschlussabteilung des BKartA den Verdacht eines Verstoßes gegen das Verbot der Forderung von Vorteilen ohne sachlich gerechtfertigten Grund (nunmehr § 19 I, II Nr. 5 i.V.m. § 20 II GWB) als gegeben an und durchsuchte im April 2009 die EDEKA-Zentrale in Hamburg. Die Auswertung der Asservate sowie die Vernehmung von Zeugen aus dem beispielhaft ausgewählten Produktmarkt Sekt bestätigten diesen Verdacht für mehrere Verhaltensweisen der EDEKA bei der Berechnung oder der Begründung der o.g. Forderungen. Im Juli 2013 wurde der EDEKA die vorläufige rechtliche Einschätzung der Beschlussabteilung übersandt (Abmahnung). Zwischen Oktober 2013 und Februar 2014 haben die EDEKA sowie die Beigeladenen REWE und Markenverband zu dieser Abmahnung umfassend Stellung genommen.

Zur Beurteilung der Frage, ob ein Lieferant zum Zeitpunkt der Forderungen von der EDEKA abhängig war, überprüfte die Beschlussabteilung im vorliegenden Verfahren die allgemeine Marktstellung der EDEKA auf den Absatzmärkten und den Beschaffungsmärkten des Lebensmitteleinzelhandels (LEH) in Deutschland, die konkrete Marktsituation auf dem Beschaffungsmarkt Sekt sowie die individuellen bilateralen Beziehungen zw. den vier befragten Lieferanten und der EDEKA. Vor dem Hintergrund dieser umfassenden Analyse bewertete die Beschlussabteilung, inwieweit für die Lieferanten ausreichende und zumutbare Möglichkeiten bestanden, auf andere Unternehmen oder auf den Export auszuweichen. Gegen diese letztere Ausweichmöglichkeit erheben sich – auch – normativ Bedenken. Nach seiner auf die Freiheit des Wettbewerbs gerichteten Zielsetzung verfolgt das Gesetz das Bestreben, die Märkte in seinem Geltungsbereich (§ 130 II GWB) offen zu halten. Auch § 20 I GWB weist einen klaren Marktbezug auf, der im Zuge der 8. GWB-Novelle durch die Legaldefinition des Begriffs der „relativen Marktmacht" noch einmal bekräftigt wurde. Insofern wäre es ein dem Gesetzeszweck zuwiderlaufendes Ergebnis, wenn die Ausübung relativer Marktmacht dazu führen würde, Anbieter von Waren oder Dienstleistungen „in den Export zu treiben", denn dies wäre nichts anderes als ein durch Machtausübung erzwungener (partieller) Marktaustritt aus dem Inlandsmarkt. Wo die Machtausübung – wie hier – durch eine zwischengeschaltete Handelsstufe erfolgt, träte zudem auch ein Schaden zulasten der Endverbraucher ein, deren Wahlmöglichkeiten reduziert werden. So wenig die Abhängigkeit auf einem Produktmarkt durch den Hinweis verneint werden kann, der Betroffene könne ja andere Produkte herstellen, so wenig kann die Abhängigkeit auf einem räumlichen Markt durch den Hinweis verneint werden, es komme ja der Absatz auf anderen räumlichen Märkten in Betracht.

Zur Beurteilung der Frage, ob bzw. inwieweit die Forderungen der EDEKA einen Vorteil ohne sachlich gerechtfertigten Grund darstellten, untersuchte die Beschlussabteilung jede einzelne der fünf genannten Forderungen, überprüfte die konkret gegenüber den beispielhaft als abhängig identifizierten Lieferanten aufgestellten Forderungen und nahm eine kartellrechtliche Bewertung der Begründung und Berechnung jeder einzelnen Forderung im Hinblick auf ihre sachliche Rechtfertigung vor. Darüber hinaus wurden der Zeitpunkt der Forderungen und die Rückwirkung der Forderungen einer kartellrechtlichen Bewertung unterzogen. Im Ergebnis stellte die Beschlussabteilung fest, dass die im Entscheidungstenor genannten Verhaltensweisen sowohl einzeln als auch in ihrer Gesamtheit rechtswidrig waren.

Nach Auffassung der Beschlussabteilung trägt das vorliegende Verfahren dazu bei, die erforderliche Grenze zwischen – kartellrechtlich zulässigen – „harten Verhandlungen" auf der einen und der missbräuchlichen Ausnutzung von Nachfragemacht auf der anderen Seite zu ziehen. Vor dem Hintergrund der zunehmenden Konzentration im deutschen LEH und der damit verbundenen Verengung der Nachfrage nach Markenartikeln auf wenige große LEH-Unternehmen ist eine konsequente Anwendung des Anzapfverbots notwendig. Die Prüfung und Bewertung der Tatbestandsmerkmale „Abhängigkeit" und „Vorteil ohne sachlich gerechtfertigter Grund" muss dabei stets unter umfassender Berücksichtigung der individuellen Marktgegebenheiten erfolgen. Ein missbräuchliches „Anzapfen" schadet nicht nur den unmittelbar betroffenen Lieferanten, sondern auch den kleineren und mittleren LEH-Unternehmen, deren Konditionen sich im Vergleich zu ihren großen Wettbewerbern unmittelbar weiter verschlechtern und denen von den Lieferanten (aus Angst vor weiteren Konditionenanpassungen im Fall einer späteren Übernahme) auch zukünftig keine besseren Einzelkonditionen mehr gewährt werden. Für die Verbraucher ergeben sich aus einem missbräuchlichen Anzapfen mittel- und langfristig die Nachteile schlechterer Produktqualität, nachlassender Innovationstätigkeit und geringerer Vielfalt sowie die Gefahr steigender Preise bei einer Reduzierung der Wettbewerbsintensität im deutschen LEH. Dass die Abgrenzung unzulässiger Forderungen marktmächtiger Unternehmen in anderen EU-Ländern von großer aktueller Bedeutung ist, zeigen nicht zuletzt die verschiedenen europäischen Initiativen zu dieser Thematik.

Da mit dem vorliegenden Verfahren zu den Tatbestandsmerkmalen „Abhängigkeit" und „Vorteil ohne sachlich gerechtfertigten Grund" eine Vielzahl von Fragen erstmalig im Rahmen eines Missbrauchsverfahrens nach § 19 I, II Nr. 5 i.V.m. § 20 II GWB überprüft wurde und die Beschlussabteilung dem Verfahren zudem eine über den Einzelfall hinausgehende Bedeutung zumisst, wurde das zunächst als Ordnungswidrigkeitenverfahren eingeleitete Verfahren als Verwaltungsverfahren weitergeführt und mit einer Feststellungsentscheidung nach § 32 III GWB abgeschlossen.

Die 2. Beschlussabteilung des BKartA stellt gemäß § 32 III GWB nachträglich fest, dass die EDEKA mit den o.g. Verhaltensweisen gegen das Verbot des § 20 III GWB (2007), nunmehr § 19 I, II Nr. 5 i.V.m. § 20 II GWB , verstoßen hat.

X. Zivilprozess

1. Rechtsstellung von Ausländern vor deutschen Gerichten

153. *Gemäß Art. 17 des Haager Übereinkommens über den Zivilprozess vom 1.3.1954 (BGBl. 1958 II 576) darf von Angehörigen eines Vertragsstaats, die in einem dieser Staaten ihren Wohnsitz haben und vor den Gerichten eines anderen Vertragsstaat als Kläger oder Nebenintervenienten auftreten, die Leistung einer Prozesskostensicherheit nicht abverlangt werden. Das gilt auch dann, wenn der Vertragsstaat (hier: Ukraine) auf einem Teil seines Gebiets (hier: Donezk) die Staatsgewalt nicht oder nicht im vollen Umfang ausüben kann. [LS der Redaktion]*

LG München I, Zwischenurt. vom 13.11.2014 – 7 O 25677/11: NJW-RR 2015, 635; WM 2015, 1299.

Die Kl. macht gegen die Bekl. u.a. Vindikationsansprüche bzgl. der europäischen Patentanmeldungen und des deutschen Teils eines Europäischen Patents geltend. Die Bekl. begehrt im Wege der Widerklage die Vindikation der europäischen Patentanmeldung. In dem hier zu entscheidenden Zwischenstreit ist zunächst nur die Verpflichtung der Kl. zur Leistung von PHK Gegenstand. Die Kl. hat ihren Sitz in Donezk/Ukraine. Derzeit steht die Stadt unter Verwaltung von Separatisten, die eine sog. Volksrepublik Donezk ausgerufen und ihre Unabhängigkeit von der Ukraine erklärt haben. Die Bundesrepublik Deutschland hat, wie die weit überwiegende Mehrheit der Staaten, den von den Separatisten proklamierten eigenständigen Staat nicht anerkannt.

Aus den Gründen:

„I. Gemäß § 110 I ZPO muss ein Kläger, der seinen gewöhnlichen Aufenthalt nicht in einem Mitgliedstaat der EU oder einen Vertragsstaat des Abkommens über den Europäischen Wirtschaftsraum (EWR-Abkommen) vom 2.5.1992 (BGBl. 1993 II 267) hat, auf Verlangen des Beklagten wegen der Prozesskosten Sicherheit leisten. Bei Gesellschaften gilt als gewöhnlicher Aufenthalt deren Sitz im Sinne von § 17 ZPO (BGH, NJW-RR 2005, 248 ff. m.w.N.). Die Bekl. hat ihren Sitz in Donezk, Ukraine, also nicht in der EU oder in einem Vertragsstaat des EWR-Abkommens.

II. Nach § 110 II Nr. 1 ZPO tritt die Verpflichtung zur Sicherheitsleistung wegen der Prozesskosten jedoch dann nicht ein, wenn aufgrund völkerrechtlicher Verträge keine Sicherheit verlangt werden kann. Die Bundesrepublik Deutschland und die Ukraine sind Vertragsstaaten des Haager Übereinkommens über den Zivilprozess (HZPÜ) vom 1.3.1954 (BGBl. 1958 II 576). Nach dessen Art. 17 darf den Angehörigen eines der Vertragsstaaten, die in einem dieser Staaten ihren Wohnsitz haben und vor den Gerichten eines anderen dieser Staaten als Kläger oder Nebenintervenienten auftreten, wegen ihrer Eigenschaft als Ausländer oder wegen Fehlens eines inländischen Wohnsitzes oder Aufenthalts keine Sicherheitsleistung oder Hinterlegung auferlegt und auch kein Vorschuss zur Deckung der Gerichtskosten abverlangt werden.

Die Kl. ist in Donezk in der Ukraine, also in einem Vertragsstaat des HZPÜ ansässig. Aufgrund völkerrechtlichen Vertrags, des HZPÜ, kann von der Kl. eine Sicherheit nicht verlangt werden. Der Einwand der Bekl., die Ukraine könne ihre Verpflichtungen aus dem HZPÜ für den Teil ihres Staatsgebiets, in dem die Kl. ansässig sei, nicht mehr erbringen, greift nicht durch.

Die Bekl. macht bereits nicht geltend, dass das Gebiet von Donezk nicht mehr zum ukrainischen Staats- bzw. Hoheitsgebiet zu rechnen sei. In dem Fall der Entstehung eines neuen Staats auf einem Teil des ehemaligen Staatsgebiets der Ukraine stellt sich die Frage der Staatennachfolge in den völkerrechtlichen Vertrag des HZPÜ durch sog. Separation (vgl. Art. 34 I der Wiener Konvention über die Staatennachfolge in Verträge (WKSV), der die Bundesrepublik Deutschland allerdings nicht beigetreten ist; vgl. auch *Verdross-Simma*, Universelles Völkerrecht, 3. Aufl. [1984], § 978, 611; *Ipsen*, Völkerrecht, 5. Aufl. [2004], § 12 Rz. 13 f.; *Zimmermann*, Staatennachfolge in völkerrechtliche Verträge, 2000, 20 ff.). Von der Entstehung eines neuen Staats wäre jedoch nur dann auszugehen, wenn dieser die völkerrechtlichen Kriterien für ein Staatsgebilde erfüllt. Dieser völkerrechtliche Tatbestand wird in der Bundesrepublik Deutschland grundsätzlich durch einen formellen Anerkennungsakt der Bundesregierung festgestellt (vgl. *Schweitzer-Weber*, Hdb. der Völkerrechtspraxis der Bundesrepublik Deutschland, 2004, Rz. 434 ff.). Daneben können aber deutsche Gerichte in freier Beweiswürdigung darüber entscheiden, ob ein von ihrer Regierung nicht anerkannter Staat dennoch die Voraussetzungen für die Annahme eines neuen Völkerrechtssubjekts erfüllt. Hier hat die Bekl. jedoch zur Staatsqualität der in der Region Donezk ausgerufenen ‚Volkrepublik Donezk' nicht vorgetragen.

Die Bekl. behauptet demgegenüber lediglich, dass die Ukraine derzeit nicht in der Lage sei, im Gebiet von Donezk die Staatsgewalt auszuüben. Dies ist jedoch nach dem eindeutigen Wortlaut von § 110 II Nr. 1 ZPO nicht maßgeblich. § 110 II Nr. 1 ZPO stellt nicht auf die tatsächliche Durchsetzungsmöglichkeit von Kostenerstattungsansprüchen durch völkerrechtliche Abkommen, sondern allein auf die völkerrechtliche Verpflichtung der Bundesrepublik Deutschland zum Verzicht auf die Sicherheitsleistung ab. Die Anordnung einer Sicherheitsleistung durch die Kammer würde einen Bruch der völkerrechtlichen Verpflichtungen der Bundesrepublik Deutschland darstellen.

Die von der Bundesrepublik Deutschland in Art. 17 HZPÜ eingegangene Pflicht, gegenüber Angehörigen der Ukraine auf eine Sicherheitsleistung zu verzichten, entfällt nicht dadurch, dass die Ukraine derzeit möglicherweise auf dem Gebiet, auf dem die Kl. ansässig ist, die Staatsgewalt nicht oder nicht im vollen Umfang ausüben kann. Die Verpflichtungen aus völkerrechtlichen Verträgen können nur unter ganz engen Voraussetzungen in Wegfall kommen, die jedoch vorliegend allesamt nicht erfüllt sind.

Das Schicksal von Verpflichtungen aus älteren völkerrechtlichen Verträgen wie dem HZPÜ ist nach Völkergewohnheitsrecht zu beurteilen. Dieses Völkergewohnheitsrecht wurde durch das Wiener Übereinkommen über das Recht der Verträge vom 23.5.1969 (BGBl. 1985 II 926), dessen Vertragspartner die Bundesrepublik Deutschland ist, weitgehend inhaltsgleich kodifiziert. Zur Vereinfachung wird hier auf die entsprechenden Regelungen des Übereinkommens Bezug genommen. So sieht das Wiener Übereinkommen in Art. 57 die Suspendierung eines völkerrechtlichen Vertrags durch Einvernehmen aller Vertragsparteien vor. In Art. 58 ist die Suspendierung von Verträgen durch einzelne Vertragsparteien untereinander durch Einvernehmen vorgesehen. Ein solches Einvernehmen ist hier jedoch weder zwischen allen Vertragsparteien des HZPÜ noch zwischen der Bundesrepublik Deutschland und der Ukraine zustande gekommen."

2. Gerichtsbarkeit

Siehe auch Nr. 77

154. *Der Verstoß gegen den Grundsatz der Staatenimmunität stellt eine Verletzung des Rechts auf den gesetzlichen Richter aus Art. 101 I 2 GG dar. Da der Grundsatz der Staatenimmunität die gerichtliche Beurteilung hoheitlichen Handelns ausländischer Staaten von vornherein verbietet, stellt sich eine dem zuwiderlaufende gerichtliche Entscheidung jedenfalls dann als grob fehlerhaft und insofern willkürlich dar, wenn sie Maßnahmen betrifft, die dem Kernbereich des völkerrechtlich anerkannten staatlichen Handelns zuzurechnen sind. [LS der Redaktion]*

a) BAG, Beschl. vom 14.2.2013 – 3 AZB 5/12: MDR 2013, 603; NZA 2013, 468. Leitsatz in: AuR 2013, 185; BB 2013, 691.

b) BVerfG, Einstw. Anordnung vom 16.10.2013 – 2 BvR 736/13: Unveröffentlicht.

c) BVerfG, Beschl. vom 17.3.2014 – 2 BvR 736/13: NJW 2014, 1723; WM 2014, 768; JZ 2015, 495 *Roth*; NZA 2014, 1046.

Die Beschwf. ist von dem Kl., der allein die griechische Staatsangehörigkeit besitzt, 2009 vor dem ArbG München auf „Nachzahlung" einer von der Beschwf. erhobenen Quellensteuer verklagt worden. Der Kl. steht seit 1989 als Lehrkraft für die „Privaten Volksschulen der Republik Griechenland" in München und im Landkreis Dachau im Dienst der Beschwf., die als Trägerin dieser Privatschulen 1994 einen Arbeitsvertrag mit dem Kl. abgeschlossen hat. Er bezieht sein Bruttoeinkommen aus öffentlichen Kassen der Republik Griechenland. 2002 teilte das griechische Generalkonsulat München dem Kl. mit, dass ab 2002 vom griechischen Staat eine Steuer erhoben und vom Bruttoeinkommen einbehalten werde. Zwischen der Bundesrepublik Deutschland und der Beschwf. regelt ein völkerrechtliches Doppelbesteuerungsabkommen die Ausübung der Steuerhoheit über die eigenen Staatsangehörigen im Ausland.
Im späteren Vollstreckungsverfahren, das Gegenstand der vorliegenden Verfassungsbeschwerde ist, erhob die Beschwf. 2011 Erinnerung gegen die Erteilung einer Vollstreckungsklausel zum Teilversäumnisurteil des ArbG München und beantragte zugleich den Erlass einer einstweiligen Anordnung über die Einstellung der Zwangsvollstreckung. Die Erinnerung wies das ArbG München mit Beschluss vom 2.11.2011 zurück. Auf die hiergegen gerichtete sofortige Beschwerde hob das LAG München die Entscheidung des ArbG München auf und erklärte die Zwangsvollstreckung für insgesamt unzulässig. Dagegen erhob der Kl. Rechtsbeschwerde zum BAG. Mit Beschluss vom 14.2.2013 hob das BAG den Beschluss des LAG München auf und wies die Beschwerde der Beschwf. gegen den Beschluss des ArbG München zurück. Mit ihrer Verfassungsbeschwerde rügt die Beschwf. eine Verletzung grundrechtsgleichen Rechts.

Aus den Gründen:

a) BAG 14.2.2013 – 3 AZB 5/12:

„2. ... Entgegen der Rechtsauffassung der Bekl. [spätere Beschwf.] ist diese in dem mit dem Kl. geführten Rechtsstreit nicht nach § 20 II GVG von der deutschen Gerichtsbarkeit befreit. Ihre hoheitliche Tätigkeit wird von dem Rechtsstreit nicht betroffen.

a) Grundsätzlich unterliegen ungeachtet der jeweiligen Staatsangehörigkeit alle sich in der Bundesrepublik Deutschland aufhaltenden Personen uneingeschränkt der den deutschen Gerichten übertragenen Rechtsprechungshoheit (BAG, 22.8.2012 – 5 AZR 949/11[1], Rz. 8); allerdings sind nach den §§ 18 bis 20 GVG bestimmte Personen und Organisationen von der deutschen Gerichtsbarkeit ausgenommen.

---

[1] IPRspr. 2012 Nr. 173b.

b) Nach der hier allein in Betracht kommenden Bestimmung in § 20 II GVG erstreckt sich die deutsche Gerichtsbarkeit nicht auf Personen, die gemäß den allgemeinen Regeln des Völkerrechts, aufgrund völkerrechtlicher Vereinbarungen oder sonstiger Rechtsvorschriften von ihr befreit sind. Diese Voraussetzungen sind im Streitfall nicht erfüllt.

aa) Soweit im Völkerrecht in einem allgemeinen Sinne von Staatenimmunität die Rede ist, bezieht sich diese auf den völkerrechtlich anerkannten Grundsatz, dass ein Staat nicht fremdstaatlicher nationaler Gerichtsbarkeit unterworfen ist. Allerdings gibt es keine allgemeine Regel des Völkerrechts, dass ein Staat Immunität auch für nicht-hoheitliches Handeln genießt [BVerfG 6.12.2006 – 2 BvM 9/03[2], Rz. 34, BVerfGE 117, 141; BAG, 23.11.2000 – 2 AZR 490/99[3] zu II. 3. b) der Gründe m.w.N., AP GVG § 20 Nr. 2 = EzA GVG § 20 Nr. 3). Demzufolge sind nach dem als Bundesrecht im Sinne von Art. 25 GG geltenden allgemeinen Völkergewohnheitsrecht Staaten der Gerichtsbarkeit anderer Staaten nur insoweit nicht unterworfen, als ihre hoheitliche Tätigkeit von einem Rechtsstreit betroffen ist. Andernfalls könnte die rechtliche Prüfung durch die Gerichte eine Beurteilung des hoheitlichen Handelns erfordern, was mit dem Prinzip der souveränen Gleichheit von Staaten und dem daraus folgenden Rechtsprinzip, dass Staaten nicht übereinander zu Gericht sitzen (BVerfG 6.12.2006 aaO), nicht vereinbar wäre [vgl. BAG, 1.7.2010 – 2 AZR 270/09[4], Rz. 11, AP GG Art. 25 Nr. 5 = EzA GVG § 20 Nr. 5; 15.2.2005 – 9 AZR 116/04[5] zu A I. 2. a) der Gründe, BAGE 113, 327; 16.5.2002 – 2 AZR 688/00[6] zu II. 1 der Gründe, AP GVG § 20 Nr. 3; 23.11.2000 aaO; *Schack*, Internationales Zivilverfahrensrecht, 5. Aufl., Rz. 172 ff.].

bb) Die Abgrenzung zwischen hoheitlicher und nicht-hoheitlicher Staatstätigkeit richtet sich nicht nach deren Motiv oder Zweck; sie kann auch nicht danach vorgenommen werden, ob die Betätigung in erkennbarem Zusammenhang mit hoheitlichen Aufgaben des Staats steht. Dies folgt daraus, dass die Tätigkeit eines Staats, wenn auch nicht insgesamt, aber doch zum weitaus größten Teil hoheitlichen Zwecken und Aufgaben dient und mit ihnen in einem erkennbaren Zusammenhang steht. Maßgebend für die Unterscheidung ist vielmehr die Natur der staatlichen Handlung oder des entstandenen Rechtsverhältnisses. Es kommt darauf an, ob der ausländische Staat in Ausübung der ihm zustehenden Hoheitsgewalt und damit öffentlich-rechtlich oder wie eine Privatperson, also privatrechtlich, tätig geworden ist (BVerfG, 30.4.1963 – 2 BvM 1/62[7] zu C. II. 2 der Gründe, BVerfGE 16, 27). Mangels völkerrechtlicher Unterscheidungsmerkmale ist die Abgrenzung grundsätzlich nach dem Recht des entscheidenden Gerichts zu beurteilen (30.4.1963 aaO zu C. II. 3 der Gründe; BAG, 1.7.2010 aaO Rz. 12 m.w.N.).

Allerdings kann es ausnahmsweise völkerrechtlich geboten sein, die Betätigung eines ausländischen Staats als hoheitlich zu qualifizieren, obwohl sie nach nationalem Recht als privatrechtliche und nicht als öffentlich-rechtliche Betätigung anzusehen wäre. Dies ist der Fall, wenn sie dem Kernbereich der Staatsgewalt zuzurechnen ist. Zum Kernbereich hoheitlicher Tätigkeit gehören nach der Rspr. des BVerfG lediglich die Betätigung der auswärtigen und militärischen Gewalt, die Gesetzgebung,

---

[2] IPRspr. 2006 Nr. 106.
[3] IPRspr. 2000 Nr. 110.
[4] IPRspr. 2010 Nr. 179b.
[5] IPRspr. 2005 Nr. 90b.
[6] IPRspr. 2002 Nr. 128.
[7] IPRspr. 1962–1963 Nr. 171.

die Ausübung der Polizeigewalt und die Rechtspflege (30.4.1963 aaO zu C. II. 4 der Gründe).

Geht es – wie hier – um eine Streitigkeit aus einem (privatrechtlichen) Arbeitsverhältnis, kommt es grundsätzlich darauf an, ob die dem Arbeitnehmer übertragenen Aufgaben ihrer Natur nach hoheitlich oder nicht-hoheitlich sind; entscheidend ist der Inhalt der ausgeübten Tätigkeit [vgl. BAG, 15.2.2005 aaO zu A. I. 2. b) der Gründe; 23.11.2000 aaO; 20.11.1997 – 2 AZR 631/96[8] zu II. 1 der Gründe, BAGE 87, 144). Betraut ein ausländischer Staat einen Arbeitnehmer mit hoheitlichen Aufgaben, so handelt er selbst in Ausübung der ihm zustehenden Hoheitsgewalt.

cc) Danach ist die beklagte Republik Griechenland im vorliegenden Rechtsstreit nicht gemäß § 20 II GVG von der deutschen Gerichtsbarkeit ausgenommen. Der Kl. nimmt als Lehrer an den Privaten Volksschulen der Republik Griechenland in München und im Landkreis Dachau keine Tätigkeiten wahr, die mit der Ausübung der Souveränität der beklagten Republik Griechenland im Sinne der allgemeinen Regeln des Völkerrechts in Zusammenhang stehen. Die beklagte Republik Griechenland übt im Rahmen des mit dem Kl. bestehenden Arbeitsverhältnisses keine originär hoheitlichen Tätigkeiten aus. Der Kl. wirkt im Rahmen seiner Aufgaben nicht an der Ausübung staatlicher Hoheitsgewalt der beklagten Republik Griechenland mit. Die Bekl. ist auch nicht deshalb von der deutschen Gerichtsbarkeit befreit, weil die Parteien darüber streiten, ob die Bekl. berechtigt ist, vom Einkommen des Kl. Steuern einzubehalten.

(1) Es kann dahinstehen, ob das innerstaatliche Recht der Bekl. die Tätigkeit eines Lehrers an einer Schule als hoheitliche Tätigkeit einstuft. Hierfür könnte sprechen, dass die Bildung nach Art. 16 II der griechischen Verfassung von 1975 i.d.F. vom 16.4.2001 (im Folgenden: griechische Verfassung) eine Grundaufgabe des Staats darstellt, nach Art. 16 III der griechischen Verfassung eine neunjährige Schulpflicht besteht und die Bildung nach Art. 16 IV der griechischen Verfassung in all ihren Stufen in den staatlichen Einrichtungen kostenlos sein muss. Nach dem für die Beurteilung der Immunität allein maßgeblichen deutschen Recht ist die Bekl. im vorliegenden Rechtsstreit einem privaten Arbeitgeber gleichgestellt.

(a) Nach Art. 33 IV GG ist die Ausübung hoheitlicher Befugnisse als ständige Aufgabe in der Regel Angehörigen des öffentlichen Diensts zu übertragen, die in einem öffentlich-rechtlichen Dienst- und Treueverhältnis, mithin einem Beamtenverhältnis (vgl. *Münch-Kunig*, GG, 6. Aufl., Art. 33 Rz. 39), und nicht in einem privatrechtlichen Angestelltenverhältnis stehen. Dieser Vorbehalt zugunsten des Beamtenverhältnisses greift für Lehrer an öffentlichen Schulen nicht. Lehrer nehmen nicht schwerpunktmäßig hoheitlich geprägte Aufgaben wahr, die der besonderen Absicherung durch den Beamtenstatus bedürften (BVerfG, 19.9.2007 – 2 BvF 3/02, Rz. 65, BVerfGE 119, 247). Der Dienstherr hat deshalb die Möglichkeit, Lehrer im Angestelltenverhältnis zu beschäftigen.

(b) Bei den Privaten Volksschulen in München und im Landkreis Dachau, an denen der Kl. als Lehrer tätig ist, handelt es sich zudem gemäß Art. 31 I i.V.m. Art. 7 II BaySchFG um refinanzierte Ersatzschulen im Sinne des Art. 7 IV 2 GG, die einer besonders ausgestalteten Aufsicht durch den deutschen Staat unterliegen ...

---

[8] IPRspr. 1997 Nr. 58.

(bb) Aufgrund dieser Vorgaben des deutschen nationalen Rechts kann die beklagte Republik Griechenland ihren durch Art. 16 II der griechischen Verfassung zugewiesenen Bildungsauftrag nicht autonom, sondern von vornherein nur im Rahmen der Beschränkungen des Art. 7 IV GG wahrnehmen. Insbesondere ist sie in der Ausgestaltung der Arbeitsverhältnisse der Lehrkräfte nicht frei.

(2) Eine Immunität der Bekl. folgt auch nicht daraus, dass die Parteien über die Frage streiten, ob die Bekl. nach dem DBA Griechenland berechtigt war, von der Vergütung des Kl. einen pauschalen Steuerabzug von 5% vorzunehmen.

(a) Es kann dahinstehen, ob auch das Steuerrecht eines ausländischen Staats dem Kernbereich der Staatsgewalt zuzurechnen ist (so BAG, 4.5.1983 – 5 AZR 613/80 zu III. 3 der Gründe). Gegenstand des vorliegenden Rechtsstreits sind nicht die Auswirkungen des griechischen Steuerrechts auf die Rechtsbeziehungen zwischen dem Kl. und der beklagten Republik Griechenland. Die Parteien streiten nicht darüber, ob und in welcher Höhe der beklagten Republik Griechenland nach griechischem Steuerrecht Steuern aus dem Einkommen des Kl. zustehen ...

dd) Der Senat hatte nicht darüber zu entscheiden, ob die Arbeitsgerichtsbarkeit im vorliegenden Verfahren sachlich zuständig ist. Ebenso hatte er nicht darüber zu befinden, ob der Kl. sein Begehren auf Unterlassung einer aus seiner Sicht unzulässigen Doppelbesteuerung mit einer Klage auf Zahlung ausstehender Vergütung überhaupt zulässigerweise verfolgen kann. Dies ist zweifelhaft, da Art. XX Abs. 1 DBA Griechenland für Streitigkeiten über eine unzulässige Doppelbesteuerung ausdrücklich das dort vereinbarte Verfahren vorsieht."

b) BVerfG 16.10.2013 – 2 BvR 736/13:

„II. Die Voraussetzungen für den Erlass einer einstweiligen Anordnung liegen vor. Der zulässige Antrag ist begründet.

1. ... 2. Die Verfassungsbeschwerde ist weder von vornherein unzulässig noch offensichtlich unbegründet. Nach dem Vorbringen der Beschwf. ist eine Verletzung des grundrechtsgleichen Rechts aus Art. 101 I 2 GG jedenfalls nicht von vornherein ausgeschlossen ...

3. Die nach § 32 BVerfGG gebotene Abwägung fällt zugunsten der Beschwf. aus.

a) Erginge die beantragte einstweilige Anordnung, stellte sich die Verfassungsbeschwerde später aber als unbegründet heraus, hätte sich die Zwangsvollstreckung aus dem nicht rechtskräftigen Teilsäumnisurteil des ArbG München für den Kl. lediglich verzögert. Es ist nicht erkennbar, dass der Kl. bereits dadurch unwiederbringliche Rechtsnachteile erlitte, zumal es sich bei den streitbefangenen Beträgen lediglich um 5% seines Gehalts handelt. Die Beträge sind überdies bereits ab dem Jahr 2002 vom jeweiligen Bruttogehalt einbehalten worden.

b) Unterbliebe der Erlass einer einstweiligen Anordnung, stellte sich die Verfassungsbeschwerde aber später als begründet heraus, wäre dies mit erheblichen Nachteilen verbunden.

Zwar ist die Vollstreckung gegen einen ausländischen Staat nach den allgemeinen Regelungen des Völkerrechts nicht generell unzulässig (vgl. BVerfGE 46, 342 [388 f., 392]¹; 64, 1 [23 f.]²; 117, 141 [154]³). Für Ansprüche aus hoheitlichem Handeln ist die Immunität jedoch anerkannt (vgl. BVerfGE 46 aaO [364, 392]; 64 aaO [40]; 117 aaO [154]). Auch stellt der Zugriff auf Vermögenswerte eines ausländischen Staats in jedem Fall einen besonders schweren Eingriff in dessen Souveränität dar (vgl. BVerfGE 117 aaO).

Eine unzulässige Zwangsvollstreckung gegen einen ausländischen Staat – die Republik Griechenland – wäre zudem mit der Gefahr schwerer außenpolitischer Nachteile für die Bundesrepublik Deutschland verbunden. Dies muss bei der Gesamtabwägung besonders ins Gewicht fallen (vgl. BVerfGE 83, 162 [173 f.]; 88, 173 [180 ff.]; 89, 38 [43]), weil bei anderen Völkerrechtssubjekten Zweifel an der Völkerrechtstreue der Bundesrepublik Deutschland und ihrer Bereitschaft, sich zukünftig an das Völkergewohnheitsrecht halten zu wollen, entstehen könnten, und dies zu außenpolitischen Nachteilen führen kann."

c) BVerfG 17.3.2014 – 2 BvR 736/13:

„IV. 1. Die Verfassungsbeschwerde ist zulässig ...

2. Die Verfassungsbeschwerde ist auch begründet. Die angegriffenen Entscheidungen verstoßen gegen den Grundsatz der Staatenimmunität [Art. 25 GG; s. a)] und verletzen damit die Beschwf. in ihrem Recht auf den gesetzlichen Richter aus Art. 101 I 2 GG [s. b)].

a) Soweit im Völkerrecht in einem allgemeinen Sinne von Staatenimmunität die Rede ist, bezieht sich dies auf den völkergewohnheitsrechtlich anerkannten Grundsatz, dass ein Staat nicht fremdstaatlicher nationaler Gerichtsbarkeit unterworfen ist. Ausgehend von dem Prinzip der souveränen Gleichheit der Staaten (*sovereign equality of states*) gilt im Grundsatz das Rechtsprinzip, dass Staaten nicht übereinander zu Gericht sitzen. Allerdings hat das Recht der allgemeinen Staatenimmunität, nicht zuletzt auch wegen des zunehmenden kommerziellen grenzüberschreitenden Tätigwerdens staatlicher Stellen, einen Wandel von einem absoluten zu einem nur mehr relativen Recht durchlaufen. Es ist keine allgemeine Regel des Völkerrechts mehr, dass ein Staat Immunität auch für nicht-hoheitliches Handeln genießt (vgl. zuletzt BVerfGE 117, 141 [152 f.]¹).

aa) In der Rspr. des BVerfG wird seit jeher zwischen der völkerrechtlich allgemein anerkannten Immunität von Hoheitsakten ausländischer Staaten einerseits (vgl. BVerfGE 16, 27 [51]²; 117 aaO) und nicht-hoheitlichen Akten ausländischer Staaten andererseits unterschieden (vgl. BVerfGE 16 aaO [51]; 117 aaO [153]). Im Einklang mit der allgemeinen völkerrechtlichen Praxis geht das BVerfG insoweit davon aus, dass Hoheitsakte ausländischer Staaten (sog. acta iure imperii) grundsätzlich immer der Staatenimmunität unterfallen (vgl. BVerfGE 16 aaO; 117 aaO [152 f.]). Dies gilt in vergleichbarer Weise auch für die Zwangsvollstreckung in im Inland belegene Vermögenswerte ausländischer Staaten, die hoheitlichen Zwecken dienen (BVerfGE 46, 342 [392 f.]³; 64, 1 [40]⁴; 117 aaO [154]; BVerfGK 19, 122 [128]⁵).

---

¹ IPRspr. 1977 Nr. 117.
² IPRspr. 1983 Nr. 127.
³ IPRspr. 2006 Nr. 106.
⁴ IPRspr. 2006 Nr. 106.

² IPRspr. 1962–1963 Nr. 171.
³ IPRspr. 1977 Nr. 117.
⁴ IPRspr. 1983 Nr. 127.
⁵ IPRspr. 2011 Nr. 176.

bb) Da dem allgemeinen Völkerrecht eine Kategorisierung staatlicher Tätigkeiten als hoheitlich oder nicht-hoheitlich fremd ist, muss diese Abgrenzung grundsätzlich nach nationalem Recht erfolgen (vgl. BVerfGE 16 aaO [62]; 46 aaO [393 f.]; 64 aaO [42]). Die Heranziehung nationaler Regelungen zur Unterscheidung hoheitlichen staatlichen Handelns von nicht-hoheitlichem staatlichem Handeln findet erst dort ihre Grenze, wo der unter den Staaten allgemein anerkannte Bereich hoheitlicher Tätigkeit berührt ist. Das betrifft etwa die Betätigung der auswärtigen und militärischen Gewalt, die Gesetzgebung, die Ausübung der Polizeigewalt und die Rechtspflege (vgl. BVerfGE 16 aaO [63]; 46 aaO [394]). Insoweit kann es ausnahmsweise geboten sein, eine nach nationalem Recht als privatrechtlich einzuordnende Tätigkeit eines ausländischen Staats gleichwohl als der Staatenimmunität unterfallenden actus iure imperii zu qualifizieren, wenn dieser zum Kernbereich völkerrechtlich anerkannter Staatsgewalt zu rechnen ist (vgl. BVerfGE 16 aaO [63 f.]; 46 aaO).

cc) Im vorliegenden Fall liegt ein solcher actus iure imperii schon unter Zugrundelegung der Wertungen der deutschen Rechtsordnung vor. Gegenstand des Rechtsstreits ist die Besteuerung des Kl. mit der griech. Quellensteuer durch den griechischen Staat, nicht die unterbliebene vollständige Auszahlung eines im privatrechtlichen Arbeitsverhältnis vom Arbeitgeber geschuldeten (Brutto-)Gehalts. Schon nach nationalem Recht ist die Erhebung von Steuern eine hoheitliche Tätigkeit des Staats, der den Steuerpflichtigen zum Zwecke der Einnahmenerzielung einseitig und gegenleistungsfrei Abgaben auferlegt, deren Fälligkeit allein von der tatbestandlichen Erfüllung eines Gesetzes abhängt, das diese Leistungspflicht regelt (§ 3 I AO; vgl. BVerfGE 67, 256; 93, 319). Die Einbehaltung sowie die Abführung der Lohnsteuer durch den Arbeitgeber stellt nach deutschem Recht die Erfüllung einer öffentlich-rechtlichen Aufgabe dar (§ 38 III 1 EStG; vgl. BVerfGE 19, 226 [240]; 44, 103 [104]). Ob der Arbeitgeber dabei als Beliehener oder in sonstiger Weise tätig wird (vgl. *Drüen*, Die Indienstnahme Privater für den Vollzug von Steuergesetzen, 2012, 135 ff.; *Geißler*, Der Unternehmer im Dienste des Steuerstaats, 2001, 26 ff.; *G. Kirchhof*, Die Erfüllungspflichten des Arbeitgebers im Lohnsteuerverfahren, 2005, 44 ff.), bedarf insoweit keiner Entscheidung. Nach der lex fori ist jedenfalls von einer hoheitlichen Tätigkeit der Beschwf. auszugehen, was auch durch einen Blick auf den Kernbereich völkerrechtlich anerkannten staatlichen Handelns bestätigt wird. Die Erhebung öffentlicher Abgaben ist in jedem Staatswesen schon deshalb hoheitlicher Natur, weil erst durch die Erhebung entspr. Einnahmen die Ausübung staatlicher Tätigkeiten möglich wird (vgl. *Isensee-Kirchhof*, Hb. des Staatsrechts, Bd. V, 3. Aufl., § 99 Rz. 99; *Isensee-Kirchhof-Waldhoff* aaO § 116 Rz. 2, 7).

dd) Im vorliegenden Fall kann auch nicht davon ausgegangen werden, dass sich die Beschwf. der deutschen Gerichtsbarkeit unterwerfen wollte, also auf ihre Staatenimmunität verzichtet hat.

(1) Zwar ist die Möglichkeit eines solchen Verzichts allgemein anerkannt (vgl. BVerfGE 117 aaO [154] m.w.N.). Der Verzicht auf die Staatenimmunität kann von einem ausländischen Staat in einem völkerrechtlichen Vertrag, einem privatrechtlichen Vertrag oder, speziell für ein bestimmtes gerichtliches Verfahren, vor Gericht erklärt werden (vgl. *Dahm-Delbrück-Wolfrum*, Völkerrecht, Bd. I/1, 2. Aufl., 469); allenfalls kann auch in rügelosen Einlassungen eines ausländischen Staats zur Sache ein konkludenter Verzicht auf die Staatenimmunität gesehen werden (vgl. *Dahm-*

Delbrück-Wolfrum aaO 470; vgl. auch Art. 3 I 1 des Europäischen Übereinkommens über Staatenimmunität vom 16.5.1972 [BGBl. II 1990 34 ff.]). Zudem sieht Art. 5 I des Europäischen Übereinkommens über Staatenimmunität vor, dass ein Vertragsstaat vor dem Gericht eines anderen Vertragsstaats dann keine Immunität beanspruchen kann, wenn das Verfahren einen zwischen dem Staat und einer natürlichen Person geschlossenen Arbeitsvertrag betrifft und die Erbringung der Arbeitsleistung auf dem Gebiet des Gerichtsstaats erfolgt.

(2) Keine dieser Voraussetzungen ist hier freilich erfüllt.

Das Europäische Übereinkommen über Staatenimmunität, das bislang nur von acht Mitgliedstaaten des Europarats, nicht jedoch von der Beschwf. ratifiziert worden ist, entfaltet gegenüber dieser keine Wirkung. Im Übrigen betrifft der hier streitgegenständliche Rechtsstreit auch nicht den mit dem Kläger des Ausgangsverfahrens geschlossenen Arbeitsvertrag, sondern das Recht der Beschwf. zur Besteuerung.

Ein Verzicht auf die Staatenimmunität ergibt sich aber auch nicht aus anderen Gründen. Im gerichtlichen Verfahren ist ein solcher nicht erklärt worden. Im Gegenteil, die Beschwf. hat immer wieder auf ihre Staatenimmunität hingewiesen. Im Arbeitsvertrag zwischen der Beschwf. und dem Kl. fehlt es an einer entspr. Verzichtserklärung, wie sie bspw. bei der Ausreichung von Staatsanleihen an private Gläubiger üblich ist (vgl. BVerfGE 117 aaO [155]); dass sich der Kl. gegenüber der Beschwf. arbeitsvertraglich zur Abführung der in Deutschland anfallenden deutschen Steuern und Sozialabgaben verpflichtet hat, kann, entgegen der Ansicht des BAG (Rz. 26 des angegriffenen Beschlusses) nicht als konkludenter Immunitätsverzicht verstanden werden. Selbst wenn man dies anders sähe, bezöge sich ein solcher Immunitätsverzicht nicht über das konkrete Arbeitsverhältnis hinaus auch auf das steuerrechtliche Rechtsverhältnis zwischen der Beschwf. und dem Kl. (des Ausgangsverfahrens). Im Gegenteil: Der Rückgriff auf das in Art. XX Abs. 1 des Abkommens zwischen der Bundesrepublik Deutschland und dem Königreich Griechenland zur Vermeidung der Doppelbesteuerung und zur Verhinderung der Steuerverkürzung bei den Steuern vom Einkommen und vom Vermögen sowie der Gewerbesteuer vom 18.4.1966 (BGBl. 1967 II 852; nachfolgend DBA) vorgesehene Verständigungsverfahren, das für Fälle einer nachweislichen unzulässigen Doppelbesteuerung eine Verständigung der zuständigen Behörden der Vertragsstaaten vorsieht, legt gerade keinen Immunitätsverzicht der Beschwf. nahe, weil insoweit, entgegen der Auffassung des BAG (Rz. 27 des angegriffenen Beschlusses), ein Rechtsweg zu den Gerichten eines Vertragsstaats nicht eröffnet ist.

ee) Soweit die Arbeitsgerichte im vorliegenden Fall über die Besteuerung eines griechischen Staatsangehörigen durch die Republik Griechenland entschieden haben, haben sie der Sache nach zugleich über die inhaltliche Rechtmäßigkeit der Ausübung ausländischer Staatsgewalt im Inland, hier der durch Art. X Abs. 1 DBA seitens der Bundesrepublik Deutschland völkerrechtlich gestatteten Besteuerung eines griechischen Staatsbürgers im Inland durch den Entsendestaat und damit unter Missachtung der Staatenimmunität entschieden. Im Widerspruch zum Grundsatz der Staatenimmunität ergangene Entscheidungen sind nichtig (vgl. BGHZ 182, 10 [16][6], Rz. 20, m.w.N.). Dies muss auch für die Erteilung einer Vollstreckungsklausel für ein solches Urteil gelten.

---

[6] IPRspr. 2009 Nr. 160.

b) Der Verstoß gegen den Grundsatz der Staatenimmunität führt im vorliegenden Fall auch zu einer Verletzung des Rechts der Beschwf. auf den gesetzlichen Richter aus Art. 101 I 2 GG ...
bb) Im vorliegenden Fall liegt eine solche grundlegende Verkennung von Bedeutung und Tragweite von Art. 101 I 2 GG vor. Da der Grundsatz der Staatenimmunität die gerichtliche Beurteilung hoheitlichen Handelns ausländischer Staaten von vornherein verbietet, stellt sich eine dem zuwiderlaufende gerichtliche Entscheidung jedenfalls dann als grob fehlerhaft und insofern willkürlich dar, wenn sie Maßnahmen betrifft, die dem Kernbereich des völkerrechtlich anerkannten staatlichen Handelns zuzurechnen sind. Das ist hier, wie angeführt, der Fall."

155. *Die Tätigkeit einer angestellten Lehrkraft an einer von der Hellenischen Republik in Deutschland betriebenen staatlich genehmigten Ersatzschule ist keine hoheitliche Aufgabe. Für Streitigkeiten aus einem solchen Arbeitsverhältnis sind daher deutsche Gerichte zuständig. Ohne anderweitige Rechtswahl findet deutsches Recht Anwendung. [LS der Redaktion]*

LAG Nürnberg, Urt. vom 17.1.2014 – 3 Sa 228/12: Unveröffentlicht.

[Die Revision ist beim BAG unter dem Az. 5 AZR 178/14 anhängig; vgl. die Parallelentscheidung gleichen Datums mit dem Az. 3 Sa 254/12, ferner die in den Fußnoten angegebenen Nrn. der IPRspr. sowie IPRspr. 2013 Nr. 165.]

Die Parteien streiten um Vergütungsansprüche des Kl. sowie um die Erteilung von Entgeltabrechnungen. Die Bekl. betreibt in N. eine private Grund- und Teilhauptschule, deren Errichtung und Betrieb gemäß Art. 91 ff. Bayerisches Erziehungs- und Unterrichtsgesetz (BayEUG) vom Freistaat Bayern genehmigt ist.
Der Kl. ist seit September 1980 zunächst befristet und seit 1985 auf der Grundlage eines unbefristeten Arbeitsvertrags in Anlehnung an den BAT als Lehrer an dieser Schule beschäftigt. Mit Inkrafttreten der griechischen Gesetze Nr. 3833/2010 und Nr. 3845/2010 kürzte die Bekl. u.a. Bezüge im weiteren öffentlichen Sektor um 12%, Zulagen für Weihnachten, Ostern und Urlaub um 30% und verfügte weitere Entgeltkürzungen im öffentlichen Dienst. Seit August 2010 nahm die Bekl. nur gekürzte Lohnzahlungen an den Kl. vor.
Der Kl. macht gerichtlich die ungekürzten Vergütungsansprüche geltend. Das ArbG Nürnberg wies die Klage mit Urteil als unzulässig ab. Gegen dieses Urteil legte der Kl. Berufung ein.

Aus den Gründen:

„A. ... B. ... II. Die Klage ist insgesamt zulässig.
1. Die beklagte Republik Griechenland genießt in Bezug auf das Arbeitsverhältnis des Kl. keine Staatenimmunität.
a. Nach § 20 II GVG i.V.m. dem als Bundesrecht geltenden allgemeinen Völkergewohnheitsrecht (Art. 25 GG) sind Staaten der Gerichtsbarkeit anderer Staaten insoweit nicht unterworfen, als ihre hoheitliche Tätigkeit von einem Rechtsstreit betroffen ist. Es ist mit dem Prinzip der souveränen Gleichheit von Staaten und dem daraus abgeleiteten Rechtsprinzip, dass Staaten nicht übereinander zu Gericht sitzen, nicht zu vereinbaren, wenn ein deutsches Gericht hoheitliches Handeln eines anderen Staats rechtlich überprüfen würde (vgl. BVerfG, 6.12.2006 – 2 BvM 9/03[1] zu C. II. 2. a der Gründe, BVerfGE 117, 141; BAG, 25.4.2013 – 2 AZR 110/12[2] Rz. 14; BAG, 10.4.2013 – 5 AZR 78/12[3] Rz. 14; BAG, 14.2.2013 – 3 AZB 5/12[4] Rz. 14 m.w.N.).

---

[1] IPRspr. 2006 Nr. 106.
[2] Siehe oben Nr. 79.
[3] IPRspr. 2013 Nr. 167.
[4] Siehe oben Nr. 154.

Die Abgrenzung zwischen hoheitlicher und nicht-hoheitlicher Staatstätigkeit richtet sich nach der Natur der staatlichen Handlung oder des entstandenen Rechtsverhältnisses. Es kommt darauf an, ob der ausländische Staat in Ausübung der ihm zustehenden Hoheitsgewalt und damit öffentlich-rechtlich oder wie eine Privatperson, also privatrechtlich, tätig geworden ist. Mangels völkerrechtlicher Unterscheidungsmerkmale ist diese Abgrenzung grundsätzlich nach dem Recht des entscheidenden Gerichts zu beurteilen. Stets hoheitlich ist lediglich das staatliche Handeln, das dem Kernbereich der Staatsgewalt zuzurechnen ist. Dazu gehören die Betätigung der auswärtigen und militärischen Gewalt, die Gesetzgebung, die Ausübung der Polizeigewalt und die Rechtspflege (BAG, 25.4.2013 aaO Rz. 15; BAG, 10.4.2013 aaO Rz. 15; BAG, 14.2.2013 aaO Rz. 15 f. m.w.N.).

Geht es – wie hier – um eine Streitigkeit aus einem Arbeitsverhältnis, kommt es grundsätzlich darauf an, ob die dem Arbeitnehmer übertragenen Aufgaben ihrer Natur nach hoheitlich oder nicht-hoheitlich sind; entscheidend ist der Inhalt der ausgeübten Tätigkeit (BAG, 25.4.2013 aaO; BAG, 10.4.2013 aaO Rz. 16; BAG, 14.2.2013 aaO Rz. 17 m.w.N.; 15.2.2005 – 9 AZR 116/04[5] zu A. I. 2. b der Gründe m.w.N.), sowie ihr – bestehender oder nicht bestehender – Zusammenhang mit den diplomatischen und konsularischen Aufgaben (BAG, 25.4.2013 aaO).

b. Nach diesen Grundsätzen ist die beklagte Republik Griechenland im Streitfall nicht wegen ihrer Staatenimmunität von der deutschen Gerichtsbarkeit befreit. Der Kl. nimmt als Lehrer an der Griechischen Schule in N. keine hoheitlichen Aufgaben wahr.

aa. Es kann dahinstehen, ob griechisches Recht die Tätigkeit eines Lehrers an einer Schule in Griechenland als hoheitliche Tätigkeit einstuft. Nach dem für die Beurteilung der Tätigkeit des Kl. auf deutschem Hoheitsgebiet allein maßgeblichen deutschen Recht nehmen Lehrer nicht schwerpunktmäßig hoheitlich geprägte Aufgaben wahr, deren Ausübung nach Art. 33 IV GG regelmäßig Beamten Vorbehalten ist (BVerfG, 19.9.2007 – 2 BvF 3/02 zu C. I. 2. c der Gründe, BVerfGE 119, 247; BAG, 25.4.2013 aaO Rz. 19; BAG, 10.4.2013 aaO Rz. 18; BAG, 14.2.2013 aaO Rz. 20). Innerstaatlich sind auch an öffentlichen Schulen zahlreiche Lehrkräfte im Arbeitsverhältnis tätig.

Auch der EuGH hat bereits 1993 im Rahmen der Auslegung des EuGVÜ darauf hingewiesen, dass ein Lehrer selbst dann keine hoheitliche Tätigkeit ausübt, wenn er Schüler benotet und an der Entscheidung über ihre Versetzung in die nächsthöhere Klasse mitwirkt (EuGH, Urt. vom 21.4.1993 – Volker Sonntag ./. Hans Waidmann u.a., Rs C-172/91 Rz. 24 – unter Verweis auf das Urt. vom 3.6.1986 – Deborah Lawrie-Blum ./. Land Baden-Württemberg, Rs C-66/85 Rz. 28). Im Hinblick auf Art. 1 EuGVÜ hat es der EuGH (aaO Rz. 25) als bedeutungslos angesehen, wenn das innerstaatliche Recht, aus dem der betreffende Lehrer stammt, die Aufsicht dieses Lehrers über seine Schüler als hoheitliche Tätigkeit einstuft.

bb. Die Lehrtätigkeit des Kl. wird nicht deshalb zu einer hoheitlichen Aufgabe, weil die beklagte Republik Griechenland Schulträger ist.

Bei der griechischen Schule in N., an der der Kl. als Lehrer tätig ist, handelt es sich gemäß Art. 31 I i.V.m. Art. 7 II des Bayerischen Schulfinanzierungsgesetzes (BaySchFG) i.d.F. der Bek. vom 31.5.2000 (GVBl. 2000, 455) um eine refinanzier-

---

[5] IPRspr. 2005 Nr. 90b.

te Ersatzschule im Sinne des Art. 7 IV 2 GG, die einer besonders ausgestalteten Aufsicht durch den deutschen Staat unterliegt.

Nach Art. 7 I GG obliegt die Aufsicht über das gesamte Schulwesen und damit auch über das verfassungsrechtlich durch Art. 7 IV GG geschützte Privatschulwesen dem deutschen Staat (BAG, 14.2.2013 aaO Rz. 22 m.w.N.). Die Reichweite der staatlichen Aufsicht ist zwar durch die besondere Freiheitsgewährung des Art. 7 IV 1 GG ihrerseits eingeschränkt (vgl. *v. Mangoldt-Klein-Starck-Robbers*, GG [2010], Art. 7 IV Rz. 204). Art. 7 IV GG gewährleistet unter den dort genannten Voraussetzungen unter Absage an ein staatliches Schulmonopol die Freiheit, Privatschulen zu errichten. Kennzeichnend für die Privatschule ist ein Unterricht eigener Prägung, insbesondere im Hinblick auf die Erziehungsziele, die weltanschauliche Basis, die Lehrmethode und die Lehrinhalte. Allerdings ist das Recht zur Errichtung von Ersatzschulen durch den Vorbehalt staatlicher Genehmigung beschränkt (BAG, 14.2.2013 aaO; vgl. BVerfG, 8.6.2011 – 1 BvR 759/08, 1 BvR 733/09 Rz. 15). Nach Art. 7 IV 2 GG bedürfen private Schulen als Ersatz für öffentliche Schulen der Genehmigung des Staats, sie unterstehen zudem den Landesgesetzen. Die Genehmigung ist zu erteilen, wenn die Privatschulen in ihren Lehrzielen und Einrichtungen sowie in der wissenschaftlichen Ausbildung ihrer Lehrkräfte nicht hinter den öffentlichen Schulen zurückstehen und eine Sonderung der Schüler nach den Besitzverhältnissen der Eltern nicht gefördert wird. Die Genehmigung ist zu versagen, wenn die wirtschaftliche und rechtliche Stellung der Lehrkräfte nicht genügend gesichert ist. Art. 7 IV 1 GG schützt die Vielfalt der Formen und Inhalte, in denen Schule sich darstellen kann; das Genehmigungserfordernis hat den Sinn, die Allgemeinheit vor unzureichenden Bildungseinrichtungen zu schützen (BAG, 14.2.2013 aaO m.w.N.; vgl. BVerfG, 8.6.2011 aaO).

Dementsprechend bestimmt Art. 92 I BayEUG, dass Ersatzschulen, die in ihren Bildungs- und Erziehungszielen öffentlichen im Freistaat Bayern vorhandenen oder vorgesehenen Schulen entsprechen (Art. 91 BayEUG), nur mit staatlicher Genehmigung errichtet und betrieben werden dürfen. Nach Art. 92 II BayEUG ist die Genehmigung zu erteilen, wenn derjenige, der eine Ersatzschule errichten, betreiben oder leiten will, die Gewähr bietet, dass er nicht gegen die verfassungsmäßige Ordnung verstößt, die Ersatzschule in ihren Lehrzielen und Einrichtungen sowie in der wissenschaftlichen oder künstlerischen Ausbildung ihrer Lehrkräfte hinter den öffentlichen Schulen nicht zurücksteht, eine Sonderung der Schülerinnen und Schüler nach den Besitzverhältnissen der Eltern nicht gefördert wird und die wirtschaftliche und rechtliche Stellung der Lehrkräfte genügend gesichert ist. Dabei ist nach Art. 97 I BayEUG die wirtschaftliche und rechtliche Stellung der Lehrkräfte an einer Ersatzschule nur dann genügend gesichert, wenn über das Anstellungsverhältnis ein schriftlicher oder ... elektronischer Vertrag abgeschlossen ist, in dem klare Kündigungsbedingungen, der Anspruch auf Urlaub und die regelmäßige Pflichtstundenzahl festgelegt sind, die Gehälter und Vergütungen bei entsprechenden Anforderungen hinter den Gehältern der Lehrkräfte an vergleichbaren öffentlichen Schulen nicht wesentlich zurückbleiben und in regelmäßigen Zeitabschnitten gezahlt werden und für die Lehrkräfte eine Anwartschaft auf Versorgung erworben wird, die wenigstens den Bestimmungen der Angestelltenversicherung entspricht (BAG 14.2.2013 aaO Rz. 23 m.w.N.).

Aufgrund dieser Vorgaben des deutschen nationalen Rechts kann die beklagte Republik Griechenland ihren durch Art. 16 II der griechischen Verfassung von 1975 i.d.F. vom 16.4.2001 zugewiesenen Bildungsauftrag nicht autonom, sondern von vornherein nur im Rahmen der Beschränkungen des Art. 7 IV GG wahrnehmen. Insbesondere ist sie in der Ausgestaltung der Arbeitsverhältnisse der Lehrkräfte nicht frei (BAG, vom 14.2.2013 aaO Rz. 24). Deshalb ist das Betreiben der griechischen Schule in N. und die Tätigkeit der dort unterrichtenden angestellten Lehrkräfte nicht dem hoheitlichen Handeln der Bekl. zuzuordnen (vgl. BAG 25.4.2013 aaO; BAG 10.4.2013 aaO Rz. 20).

cc. Die Staatenimmunität folgt auch nicht daraus, dass die beklagte Republik Griechenland ihre Gesetze Nr. 3833/2010 über dringende Maßnahmen zur Bewältigung der Krise der Staatsfinanzen, in Kraft seit dem 1.1.2010 (Fylla Efimeridos tis Kyberniseos 40/A/2010) und Nr. 3845/2010 über Maßnahmen für die Anwendung des Stützungsmechanismus für die griechische Wirtschaft vonseiten der Mitgliedsländer der Eurozone und des Internationalen Währungsfonds, in Kraft seit dem 1.6.2010 (Fylla Efimeridos tis Kyberniseos 65/A/2010) in Deutschland umsetzt. Zwar ist richtig, dass die Gesetzgebung zum Kernbereich hoheitlichen Handelns gehört. Im vorliegenden Fall geht es aber nicht um die Gesetzgebungshoheit der Bekl. oder das wirksame Zustandekommen der griechischen Gesetze. Es geht um die Frage, ob und auf welche Weise griechisches Recht im vorliegenden Fall außerhalb des eigenen Staatsgebiets zur Anwendung kommt. Dies bestimmt sich nach den Regeln des IPR und ist keine Frage der Staatenimmunität.

Die Staatenimmunität der Bekl. kann auch nicht – wie allerdings die Bekl. meint – daraus abgeleitet werden, dass sie mit den Gesetzen Nr. 3833/2010 und Nr. 3845/2010 etwa Steuern erhöht hätte und das Steuerrecht eines ausländischen Staats dem Kernbereich der Staatsgewalt zuzurechnen wäre (so BAG, 4.5.1983 – 5 AZR 613/80; offengelassen: BAG, 14.2.2013 aaO Rz. 26). Denn die Bekl. hat mit diesen Gesetzen keine Steuern, also Abzüge, vom (Brutto-)Einkommen des Kl. erhoben, sondern das Bruttoentgelt selbst unter ausdrücklichem Eingriff in Arbeits- und Tarifverträge gesenkt. Wäre eine Steuererhebung gewollt gewesen, wäre das Bruttoeinkommen nicht gesenkt, sondern beibehalten worden.

dd. Diese Auffassung stimmt auch mit dem Übereinkommen der Vereinten Nationen über die Immunität der Staaten und ihres Vermögens von der Gerichtsbarkeit vom 2.12.2004 (Resolution 59/38) überein. Nach Art. 11 I des Übereinkommens kann sich ein Staat vor einem sonst zuständigen Gericht eines anderen Staats nicht auf Immunität von der Gerichtsbarkeit in einem Verfahren berufen, das sich auf einen zwischen dem Staat und einer natürlichen Person geschlossenen Arbeitsvertrag bezieht, demzufolge die Arbeit ganz oder teilweise im Hoheitsgebiet dieses anderen Staats geleistet wird bzw. zu leisten ist. Diese Voraussetzungen sind im vorliegenden Fall gegeben. Zwar sind in Art. 11 II des Übereinkommens auch Ausnahmen vorgesehen. Diese liegen jedoch ersichtlich nicht vor. Insbesondere gilt Art. 11 II lit. a des Übereinkommens nicht, da der Kl. nicht – wie es dort heißt – eingestellt wurde, um bestimmte Aufgaben in Ausübung von Hoheitsgewalt zu erfüllen. Der Kl. ist zur Ausübung des Lehrberufs eingestellt worden. Dies stellt keine hoheitliche Tätigkeit dar (s.o.).

Das UN-Übereinkommen ist zwar noch nicht in Kraft, da es mindestens von 30 Staaten ratifiziert worden sein muss, es gegenwärtig (Stand: 5.10.2013) aber nur 14 Staaten ratifiziert haben, darunter weder Deutschland noch Griechenland (vgl. *Zöller-Lückemann*, ZPO, 30. Aufl., § 20 GVG Rz. 5). Allerdings zählt das UN-Übereinkommen zum Völkergewohnheitsrecht selbst dann, wenn der betroffene Staat diese Konvention nicht ratifiziert hat, es sei denn, er hat dem widersprochen (EGMR, 29.6.2011 – Sabeh El Leil ./. Frankreich, Beschwerde Nr. 34869/05, Rz. 57). Sollte Deutschland als der betroffene Staat nicht widersprochen haben, dürfte – ohne dass es darauf ankäme (s.o. unter aa. bis cc.) – das Übereinkommen über Art. 25 GG zur Anwendung kommen.

c. Nach alledem hat das erkennende Gericht keine Zweifel, dass sich die Bekl. im vorliegenden Fall nach den Regeln des Völkerrechts nicht auf den Grundsatz der Staatenimmunität berufen kann. Nur bei solchen Zweifeln hätte das Gericht das Verfahren dem BVerfG nach Art. 100 II GG vorlegen müssen (MünchKommZPO-*Zimmermann*, 4. Aufl. [2013], § 20 GVG Rz. 8).

2. Andere Zulässigkeitshindernisse bestehen – auch nach dem Vorbringen der Bekl. – nicht. Insbesondere sind die deutschen Gerichte international zuständig nach Art. 18 I, 19 Nr. 2 lit. a EuGVO. Gewöhnlicher Arbeitsort des Kl. ist N. Der für die Anwendung der EuGVO erforderliche Auslandsbezug ergibt sich daraus, dass die Bekl. ein ausländischer Staat ohne ‚Sitz' im Inland ist (BAG, 25.4.2013 aaO Rz. 21 f.; BAG, 10.4.2013 aaO Rz. 21).

III. Die Klage ist zum großen Teil begründet.

Dem Kl. stehen die begehrten Entgeltzahlungen nach den arbeitsvertraglichen Vereinbarungen i.V.m. § 611 I BGB zu. Die Ansprüche auf Erteilung monatlicher Abrechnungen folgen aus § 108 I GewO. Für die Monate vor Mai 2010 sind die Abrechnungen jedoch wegen Eingreifens der Ausschlussfrist des § 37 TV-L nicht zu erteilen.

1. Auf das Arbeitsverhältnis findet deutsches Recht Anwendung. Das folgt allerdings nicht aus Art. 8 Rom-I-VO. Nach ihrem Art. 28 wird die Verordnung erst auf Verträge angewandt, die ab dem 17.12.2009 geschlossen worden sind. Im Streitfall ist das anwendbare Recht deshalb noch nach den Art. 27 ff. EGBGB zu ermitteln.

Nach Art. 27 I EGBGB unterliegt ein Vertrag dem von den Parteien gewählten Recht. Ist die Rechtswahl nicht ausdrücklich erfolgt, muss sie sich mit hinreichender Sicherheit aus den Bestimmungen des Vertrags oder aus den Umständen des Einzelfalls ergeben. Das ist vorliegend der Fall. Die Parteien haben ihr Arbeitsverhältnis nach den arbeitsvertraglichen Vereinbarungen an deutsche Tarifverträge angelehnt. Diese konkludent getroffene Rechtswahl entspricht auch den Anforderungen des Art. 30 EGBGB. Danach unterliegt ein Arbeitsverhältnis dem Recht des Staats, in dem der Arbeitnehmer in Erfüllung des Arbeitsvertrags gewöhnlich seine Arbeiten verrichtet (Art. 30 II Nr. 1). Arbeitsort des Kl. ist ausschließlich die Griechische Schule in N. (vgl. BAG, 10.4.2013 aaO Rz. 24; BAG, 25.4.2013 aaO Rz. 27)."

156. *Streitigkeiten aus dem Arbeitsverhältnis einer bei einer privaten Schule in Trägerschaft der Republik Griechenland angestellten Lehrkraft unterliegen der deutschen Gerichtsbarkeit. Mit den griechischen Gesetzen Nr. 3833/2010 über dringende Maßnahmen zur Bewältigung der Krise der Staatsfinanzen (Fylla Efimeridos* *tis Kyberniseos 40/A/2010) und Nr. 3845/2010 über Maßnahmen für die Anwendung des Stützungsmechanismus für die griechische Wirtschaft vonseiten der Mitgliedsländer der Eurozone und des Internationalen Währundsfonds (Fylla Efimeridos tis Kyberniseos 65/A/2010) liegt kein Hoheitsakt der beklagten Republik Griechenland vor, der unmittelbar korrigierend in das Arbeitsverhältnis dieser Lehrkraft eingreift.*

Die Kürzung von Gehalt stellt, auch wenn diese aufgrund griechischer Gesetze erfolgt, stellt keine Ausübung hoheitlichen Handelns dar, das der rechtlichen Überprüfung durch deutsche Gerichte entzogen wäre. [LS der Redaktion]

LAG München, Urt. vom 23.1.2014 – 3 Sa 676/12: Unveröffentlicht.

Die Revision schwebt beim BAG unter dem Az. 5 AZR 136/14.

157. *Die Tätigkeit einer angestellten Lehrkraft an einer von der Hellenischen Republik in Deutschland betriebenen staatlich genehmigten Ersatzschule ist keine hoheitliche Aufgabe. Für Streitigkeiten aus einem solchen Arbeitsverhältnis sind daher deutsche Gerichte zuständig. Ohne anderweitige Rechtswahl findet deutsches Recht Anwendung. [LS der Redaktion]*

LAG Nürnberg, Urt. vom 7.3.2014 – 6 Sa 210/12: Unveröffentlicht.

Die Revision ist beim BAG unter dem Az. 5 AZR 592/14 anhängig. Sachverhalt und Gründe entsprechen denen des gleichlautenden Urteils des LAG Nürnberg vom 17.1.2014 – 3 Sa 22/12[1].

158. *Für eine arbeitsrechtliche Streitigkeit ist die deutsche Gerichtsbarkeit nicht gegeben, wenn der Arbeitnehmer für den beklagten Staat hoheitlich Aufgaben wahrnimmt. Entscheidend ist hierbei der funktionale Zusammenhang zwischen den diplomatischen oder konsularischen Aufgaben und der zu beurteilenden Tätigkeit. [LS der Redaktion]*

Hessisches LAG, Urt. vom 14.3.2014 – 3 Sa 95/13: Unveröffentlicht.

Die Parteien streiten über die Frage, ob die Bekl. der deutschen Gerichtsbarkeit unterworfen ist. Im zugrunde liegenden Verfahren begehrt der Kl., australischer wie auch italienischer Staatsbürger, von der Bekl. u.a. die Zahlung von Schmerzensgeld. Mitte 2013 nahm der Kl. im Konsulat der Bekl. in Frankfurt eine Tätigkeit als Rechnungsprüfer (Voucher Examiner) auf. Auf seine Bewerbung hin wurde dem Kl. eine Arbeitsstelle als „General Services Management Specialist" bei dem Regional Support Center (RSC) der Bekl. übertragen, einer Abteilung, die von Frankfurt aus bestimmte Kernaufgaben in den Bereichen Personalwesen, Beschaffungsmanagement, Immobilien- und Gebäudeverwaltung, IT u.a. für US-Missionen übernimmt. Aufgabe des Kl. war u.a. die Beschaffung von Sach- und Dienstleistungen, Verwaltung der Sachanlagen der US-Botschaft und Lagerwesen. Darüber hinaus war er zuständig für die komplette Logistik eines Besuchs hochrangiger Persönlichkeiten in der Botschaft der Bekl. Er selbst hatte für diese jedoch keine Vertretungsvollmacht.

Das ArbG hat die Klage als unzulässig abgewiesen. Hiergegen wendet sich der Kl. mit seiner Berufung.

Aus den Gründen:

„I. Die Klage ist unzulässig. Die deutsche Gerichtsbarkeit ist nicht gegeben.
Zutreffend hat das ArbG seiner Beurteilung die in der Rspr. von BVerfG und BAG entwickelten Grundsätze zur Staatenimmunität zugrunde gelegt. Ob und inwieweit ein ausländischer Staat der deutschen Gerichtsbarkeit unterworfen ist, muss danach mangels völkerrechtlicher Vereinbarungen oder sonstiger Rechtsvorschriften nach den allgemeinen Regeln des Völkerrechts, § 20 II GVG, beurteilt werden.

---

[1] Siehe oben Nr. 155.

1. Nach § 20 II GVG i.V.m. dem allgemeinen Völkergewohnheitsrecht als Bestandteil des Bundesrechts, Art. 25 GG, sind Staaten der Gerichtsbarkeit anderer Staaten insoweit nicht unterworfen, wie ihre hoheitliche Tätigkeit von einem Rechtsstreit betroffen ist. Es ist mit dem Prinzip der souveränen Gleichheit von Staaten und dem daraus abgeleiteten Rechtsprinzip, das Staaten nicht übereinander zu Gericht sitzen, nicht vereinbar, dass ein deutsches Gericht hoheitliches Handeln eines anderen Staats rechtlich überprüft (vgl. BVerfG, Beschl. vom 6.12.2006 – 2 BvM 9/03[1] Rz. 34, BVerfGE 117, 141; BAG, Urt. vom 10.4.2013 – 5 AZR 78/12[2] Rz. 14, NZA 2013, 468; BAG, Urt. vom 25.4.2013 – 2 AZR 960/11[3] Rz. 13, EzA § 20 GVG Nr. 8, jew. m.w.N.).

a) Die Abgrenzung zwischen hoheitlicher und nicht-hoheitlicher Staatstätigkeit richtet sich nach dem rechtlichen Charakter des konkreten staatlichen Handelns oder des entstandenen Rechtsverhältnisses. Es kommt darauf an, ob der ausländische Staat in Ausübung der ihm zustehenden Hoheitsgewalt oder wie eine Privatperson tätig geworden ist. Geht es – wie vorliegend – um eine Streitigkeit aus einem Arbeitsverhältnis, ist maßgeblich, ob die dem Arbeitnehmer übertragenen Aufgaben ihrer Art nach hoheitlich oder nicht-hoheitlich sind. Entscheidend ist der Inhalt der ausgeübten Tätigkeit (vgl. BAG 10.4.2013 aaO Rz. 16, aaO 1102; BAG, Beschl. vom 14.2.2013 – 3 AZB 5/12[4] Rz. 17, NZA 2013, 468; BAG 25.4.2013 aaO Rz. 14, jew. m.w.N.) und ihr – bestehender oder nichtbestehender – Zusammenhang mit den diplomatischen und konsularischen Aufgaben. Entscheidend ist der funktionale Zusammenhang zwischen den diplomatischen oder konsularischen Aufgaben und der zu beurteilenden Tätigkeit (vgl. z.B. BAG, Urt. vom 1.7.2010 – 2 AZR 270/09[5] Rz. 13, AP Nr. 5 zu Art. 25 GG).

b) Mangels völkerrechtlicher Unterscheidungsmerkmale ist die Abgrenzung zwischen hoheitlicher und privatrechtlicher Tätigkeit grundsätzlich nach dem Recht am Sitz des entscheidenden Gerichts vorzunehmen. Ausnahmsweise kann es völkerrechtlich geboten sein, die Betätigung eines ausländischen Staats als hoheitlich zu qualifizieren, obwohl sie nach nationalem Recht als privatrechtlich und nicht als öffentlich-rechtliche Betätigung anzusehen wäre. Dies ist dann der Fall, wenn das staatliche Handeln dem Kernbereich der Staatsgewalt zuzurechnen ist. Dazu gehören die Betätigung der auswärtigen und militärischen Gewalt, die Gesetzgebung, die Ausübung der Polizeigewalt und die Rechtspflege (BAG 25.4.2013 aaO Rz. 15 m.w.N.).

2) Bei Anwendung der dargestellten Grundsätze ist die Bekl. im Streitfall wegen ihrer Immunität von der deutschen Gerichtsbarkeit befreit. Der Kl. nimmt hoheitliche Aufgaben wahr.

a) Mit seiner zuletzt ausgeübten Tätigkeit als General Services Spezialist hat er Aufgaben wahrgenommen, die in funktionalem Zusammenhang mit konsularischen oder diplomatischen Aufgaben stehen. Die Angaben der Bekl. zu den zuletzt vom Kl. ausgeübten Tätigkeiten sind spätestens im Berufungsverfahren unstreitig geworden. Bereits in erster Instanz hat die Bekl. behauptet, dass der Kl. im Rahmen der Beschaffung von Sach- und Dienstleistungen aller Art mit Firmen Verträge verhandelt

---

[1] IPRspr. 2006 Nr. 106.
[2] IPRspr. 2013 Nr. 167.
[3] IPRspr. 2012 Nr. 165b (Parallelsache).
[4] Siehe oben Nr. 154.
[5] IPRspr. 2010 Nr. 179b.

und unterschriftsreif vorbereitet. Er bereite Aufträge vor, erstelle Ausschreibungsunterlagen, insbesondere mit dem Entwurf des Leistungsumfangs, habe intern für die Verfügbarkeit der entspr. Haushaltstitel zu sorgen, Vertragsverhandlungen zu führen, die Auftragsausführung zu überwachen und die eingereichten Rechnungen der Auftragnehmer zu überprüfen. Er sei zuständig für die Verwaltung von Sachanlagen und für das Lagerwesen, die Liegenschaftsverwaltung und das Fuhrparkmanagement. Er verwalte ein Lager der US-Botschaft mit Sacheinlagen im Wert von mehreren Millionen US-Dollar. Im Bereich der Liegenschaften habe der Kl. u.a. Wohnraum für Diplomaten u.a. nach den vom Außenministerium der Bekl. festgelegten Sicherheitsstandards auszuwählen. Im Zusammenhang mit dem Fuhrpark habe er sich um Anschaffung, Einsatz, Reparatur, Instandhaltung und Entsorgung der Fahrzeuge zu kümmern. Auch sei er zuständig für die komplette Logistik und den Kontakt mit den Sicherheitsbehörden, z.B. Secret Service, beim Besuch hochrangiger Persönlichkeiten in der Botschaft der Bekl. Ebenso gehöre es zu seinen Aufgaben, andere Mitarbeiter im Rahmen von Fortbildungen im Umgang mit einzelnen Datenbanken und automatisierten Verwaltungssystemen der Bekl. zu schulen. Der Kl. sei als Ausbilder von der zentralen Stelle des Außenministeriums der Bekl. für alle Ausbildungen, dem Foreign Service Institute, als Trainer offiziell anerkannt. Zu diesem Aufgabenbereich gehöre auch die Unterstützung bei Problemlösungen im IT-Bereich.

Dieses Vorbringen ist spätestens im Berufungsverfahren (überwiegend) unstreitig geworden. Denn trotz dieses dezidierten Vorbringens und der auch vom Kl. unterzeichneten ausführlichen Stellenbeschreibung, hat er zu seiner Tätigkeit bei der Bekl. lediglich pauschal vorgetragen. Er hat bzgl. seiner Tätigkeit für die Bekl. lediglich behauptet, was spätestens im Berufungsverfahren unstreitig geworden ist, dass er keine Verträge für die Bekl. unterzeichnet hat. Darüber hinaus hat der Kl. lediglich behauptet, dass sein Aufgabengebiet rein auf die technische und administrative Infrastruktur des Gebäudes, des Betriebs der Konsulatsniederlassung gerichtet sei. Dazu würden technische Installationen des gebräuchlichen Computersystems, Möbelbestellungen, Leasing, Anmietung und Kauf von technischen Anlagen, Organisation des Einbaus gehören. Er überwache die Ausführung der Arbeiten durch lokale Mitarbeiter oder Fremdfirmen. Damit sind allenfalls die Aufgaben streitig, die dem Kl. im IT-Bereich obliegen.

Im Übrigen hat er sich zu den von Beklagtenseite beschriebenen weiteren Tätigkeiten nicht geäußert. Entsprechend sind zumindest die Aufgaben des Kl. im Bereich des Beschaffungsmanagements, der Verwaltung von Sachanlagen und Zuständigkeit für das Lagerwesen, die Liegenschaftsverwaltung und das Fuhrparkmanagement sowie die Zuständigkeit für die komplette Logistik hochrangiger Persönlichkeiten unstreitig geworden. Diese Aufgaben stehen im funktionalen Zusammenhang mit konsularischen oder diplomatischen Aufgaben der Bekl. Deswegen kann dahinstehen, ob der Kl. – wie er meint – im Rahmen seiner Tätigkeit im Zusammenhang mit Computern tatsächlich nicht hoheitlich tätig wird, weil er lediglich im technischen Bereich vor Ort bei der Installation von Computersystemen etc. berate. Zumal weder nach dem Vorbringen des Kl. noch auf Basis der Stellenbeschreibung ersichtlich ist, dass seine Aufgaben im IT-Bereich arbeitszeitlich deutlich überwiegen und/oder der Tätigkeit des Kl. insgesamt das Gepräge geben.

b) Im Rahmen des Beschaffungsmanagements obliegt es dem Kl., Verträge/Aufträge anzubahnen, zu verhandeln, unterschriftsreif vorzubereiten, abzuwickeln und die hierfür notwendigen administrativen Detailschritte auszuführen. Lediglich eine Unterschriftsvollmacht für die Bekl. ist seitens des Kl. nicht vorhanden. Inhaltlich ist er zuständig für die Beschaffung von Sach- und Dienstleistungen. Damit fällt dem Kl. arbeitsvertraglich eine Aufgabe zu, die mittelbar die Ausübung des hoheitlichen Kernbereichs der Bekl. in der Form der konsularischen Vertretung erst ermöglicht. Auch wenn die Beschaffung einzelner Güter für die Erfüllung der hoheitlichen Aufgabe nicht von ausschlaggebender Bedeutung sein mag, so ist es die Gesamtheit der ihm obliegenden auch langfristigen Beschaffungs- und Bedarfsplanung, die strategische Planung und Vorbereitung entsprechender Vertragsunterzeichnungen durch den entsprechend bevollmächtigten Vertreter der Bekl., die mittelbar die Ausübung der konsularischen Vertretung der Bekl. erst ermöglicht. Dem steht nicht entgegen, dass der Kl. unstreitig nicht zeichnungsberechtigt ist. Insoweit hat der Kl. auch nicht in einem Fall vorgetragen, dass ein von ihm vorbereiteter Vertrag von der Bekl. geändert oder abgelehnt worden sei. Die Beschaffung aller zur Durchführung der Konsulatsarbeit im Sinne – insbesondere – des Wiener Übereinkommens über konsularische Beziehungen vom 24.4.1963 (BGBl. 1969 II 1585) erforderlichen Güter und Dienstleistungen zählt zum Kernbereich der konsularischen Betätigung im Empfangsstaat überhaupt (so bereits Hess. LAG, Urt. vom 20.12.2000 – 6 Sa 714/00 Rz. 23, zit. n. juris).

b) Gleiches gilt für die dem Kl. obliegende Liegenschaftsverwaltung, die Verwaltung von Sachanlagen, das Management des Lagerwesens und die Zuständigkeit für die komplette Logistik hochrangiger Persönlichkeiten ... [etwa] Wohnraum für Diplomaten u.a. nach dem vom Außenministerium der Bekl. festgelegten Sicherheitsstandard auszuwählen, zu überprüfen und abzuwickeln. Auch insoweit handelt es sich um Tätigkeiten, die mittelbar die Ausübung des hoheitlichen Kernbereichs der Bekl. in der Form der konsularischen Vertretung erst ermöglichen."

159. *Werden unerlaubte Handlungen des beklagten (hier: argentinischen) Staats durch eine gesetzliche Regelung behauptet, besteht keine Zuständigkeit gemäß Art. 25 GG, § 20 GVG, Art. 40 EGBGB. Die Verfassungs- und Rechtmäßigkeit eines ausländischen Gesetzes kann vor deutschen Gerichten nicht geprüft werden.*

Ein im Rahmen der vertraglichen Beziehungen (hier: der Inhaberschuldverschreibungen) erklärter Verzicht des beklagten Staats auf seine Immunität stellt keinen Verzicht auf seine Immunität im Übrigen dar. [LS der Redaktion]

LG Frankfurt/Main, Urt. vom 15.4.2014 – 2-07 O 75/13: Unveröffentlicht.

160. *Die der Republik Griechenland zustehenden Forderungen auf Auszahlung von Zuschüssen für den Personal- und Schulaufwand nach dem Bayerischen Schulfinanzierungsgesetz (BaySchFG) in der Fassung der Bekanntmachung vom 31.5.2000 (GVBl. 2000, 455) dienen hoheitlichen Zwecken und unterliegen daher der Vollstreckungsimmunität.*

BGH, Beschl. vom 25.6.2014 – VII ZB 23/13: NJW-RR 2014, 1088; WM 2014, 1431; MDR 2014, 1108; Rpfleger 2014, 610.

Die Gl. betreibt gegen die Schuldnerin die Zwangsvollstreckung aus einem Urteil des ArbG N. in einen Anspruch auf Zahlung von Zuschüssen nach dem BaySchFG. Die Schuldnerin betreibt eine „Private Volksschule der Republik Griechenland" in N. Hierfür erhält sie vonseiten des Drittschuldners Zuschüsse für den Personal- und Schulaufwand nach dem BaySchFG. Die Gl. ist Inhaberin einer titulierten Forderung gegen die Schuldnerin. Wegen dieser Forderung hat das AG – Vollstreckungsgericht – auf Antrag der Gl. einen Pfändungs- und Überweisungsbeschluss betreffend die Ansprüche auf Auszahlung der Zuschüsse erlassen. Die hiergegen eingelegte Vollstreckungserinnerung der Schuldnerin hat das AG zurückgewiesen. Gegen diesen Beschluss hat die Schuldnerin sofortige Beschwerde eingelegt, welche das BeschwG mit dem angefochtenen Beschluss zurückgewiesen hat. Mit der zugelassenen Rechtsbeschwerde verfolgt die Schuldnerin ihr Begehren weiter.

Aus den Gründen:

„II. Die zulässige Rechtsbeschwerde hat Erfolg. Sie führt zur Aufhebung der angefochtenen Entscheidungen und zur Ablehnung des Antrags auf Erlass eines Pfändungs- und Überweisungsbeschlusses ...

2. ... Die Zwangsvollstreckung in die Ansprüche der Schuldnerin gegen den Drittschuldner auf Auszahlung der Zuschüsse für den Personal- und Schulaufwand nach dem BaySchFG ist unzulässig. Dabei kann es dahinstehen, ob das AG für den Erlass des Pfändungs- und Überweisungsbeschlusses gemäß §§ 828 II Alt. 2, 23 Satz 2 ZPO international zuständig war. Mit Erfolg rügt die Rechtsbeschwerde jedenfalls, dass bzgl. der gepfändeten Zahlungsansprüche Vollstreckungsimmunität besteht.

a) Die Vollstreckungsimmunität ist eine Ausprägung des Grundsatzes der Staatenimmunität, der aus dem Grundsatz der souveränen Gleichheit der Staaten folgt. Es besteht eine allgemeine Regel des Völkerrechts im Sinne des Art. 25 GG, wonach die Zwangsvollstreckung durch den Gerichtsstaat aus einem Vollstreckungstitel gegen einen fremden Staat, der über ein nicht-hoheitliches Verhalten (acta iure gestionis) dieses Staats ergangen ist, in dessen Vermögensgegenstände ohne seine Zustimmung unzulässig ist, soweit diese im Zeitpunkt des Beginns der Vollstreckungsmaßnahme hoheitlichen Zwecken des fremden Staats dienen. Ob ein Vermögensgegenstand hoheitlichen Zwecken dient, richtet sich danach, ob er für eine hoheitliche Tätigkeit verwendet werden soll. Die Abgrenzung zwischen hoheitlichen oder nicht-hoheitlichen Zwecken ist mangels entspr. Kriterien im allgemeinen Völkerrecht grundsätzlich nach der Rechtsordnung des Gerichtsstaats vorzunehmen (BVerfG, NJW 2012, 293, 295[1]; BGH, Beschl. vom 4.7.2013 – VII ZB 63/12[2], NJW-RR 2013, 1532 Rz. 10 ff.; jeweils m.w.N.).

Nach deutschem Verständnis unterfallen u.a. kulturelle Einrichtungen ausländischer Staaten der Vollstreckungsimmunität. Zur Wahrnehmung ausländischer Gewalt gehört auch die vom Staat abhängige Repräsentation von Kultur und Wissenschaft im Ausland (BGH, Beschl. vom 1.10.2009 – VII ZB 37/08[3], NJW 2010, 769 Rz. 26 m.w.N.; vgl. auch IGH, Urt. vom 3.2.2012, Jurisdictional Immunities of the State (Germany v. Italy, Greece intervening), I.C.J. Reports 2012, 99 Rz. 119, abrufbar unter http://www.icj-cij.org/docket/files/143/16883.pdf).

b) Bei dem Betrieb der Privaten Volksschule der Republik Griechenland in N. handelt es sich um eine kulturelle Einrichtung der Bekl. [Schuldnerin].

Entgegen der Auffassung des BeschwG erfüllen Auslandsschulen nicht nur Gemeinwohlinteressen des Staats, in dem die Schule betrieben wird, indem sie als Ersatz für eine grundsätzlich vorgesehene öffentliche Schule eine verfassungsrechtlich

---

[1] IPRspr. 2011 Nr. 176.
[2] IPRspr. 2013 Nr. 170.
[3] IPRspr. 2009 Nr. 164.

anerkannte öffentliche Aufgabe des Erziehungs-, Bildungs- und Ausbildungswesen verwirklichen (vgl. BGH, Urt. vom 7.7.1988 – III ZR 134/87, NJW 1989, 216, 218; *Maunz-Dürig-Badura*, GG [2013], Art. 7 Rz. 111 f.). Auslandsschulen dienen darüber hinaus dem Zweck, einen Beitrag zur Förderung von Sprache und Kultur des ausländischen Staats im jeweiligen Sitzland zu erbringen. Demgemäß haben sich die Bundesrepublik Deutschland und die Schuldnerin mit dem Kulturabkommen zwischen der Bundesrepublik Deutschland und dem Königreich Griechenland vom 17.5.1956 (BGBl. 1957 II 501) verpflichtet, die Gründung von kulturellen Instituten des anderen Landes zur Erlernung der jeweiligen Sprache zuzulassen und zu fördern, Art. 5 des Kulturabkommens, und sich wechselseitig im Falle von Einschränkungen der Tätigkeiten von Auslandsschulen bei der Wiederinbetriebnahme zu unterstützen, Art. 12 des Kulturabkommens.

Die Ansprüche auf Auszahlung von Zuschüssen für den Personal- und Schulaufwand nach dem BaySchFG dienen der Aufrechterhaltung des Betriebs einer Auslandsschule und mithin einem hoheitlichen Zweck."

161. *Ist die inländische Gerichtsbarkeit für eine Zwangsvollstreckungsmaßnahme gegen einen ausländischen Staat nicht gegeben, so ist diese Maßnahme nichtig. Wird die Entscheidung des Grundbuchamts im Zwangsvollstreckungsverfahren, eine Zwangshypothek einzutragen, trotzdem umgesetzt, so macht diese Eintragung das Grundbuch unrichtig. [LS der Redaktion]*

OLG München, Beschl. vom 12.9.2014 – 34 Wx 269/14: FGPrax 2015, 17.

Die Beteiligte zu 1) (Republik Griechenland) erwarb 2008 von der Landeshauptstadt München Grundeigentum. Auf Antrag des Beteiligten zu 2) trug das GBA 2014 zu dessen Gunsten im Grundbuch eine Zwangssicherungshypothek ein. Dem zugrunde lag ein 2014 gegen die Beteiligte zu 1) ergangenes Urteil des LAG[1], das in vollstreckbarer Ausfertigung vorgelegt worden war. Gegen die Eintragung der Zwangshypothek wandte sich die Beteiligte zu 1) mit einem Antrag auf Löschung. In dem dem Erwerb zugrunde liegenden Grundstückskaufvertrag vom 4.4.2001 sei eine Zweckbindung vorgesehen, wonach das Grundstück für die Errichtung einer Griechischen Schule erworben werde. Dementsprechend beständen nach Ziff. 10 des Vertrags Planungs- und Bauverpflichtungen. Das Grundstück diene daher hoheitlichen Zwecken.

Mit Beschluss vom 25.6.2014 hat das GBA den Antrag zurückgewiesen. Auf vorherige telefonische Ankündigung der Entscheidung und auf Anregung des GBA hat die Beteiligte zu 1) noch am selben Tag vor deren Erlass vorsorglich Beschwerde eingelegt, der das GBA im selben Beschluss nicht abgeholfen hat.

Aus den Gründen:

„II. ... 4. ... cc) Die Vorlage eines Titels gegen einen ausländischen Staat zum Zweck der Zwangsvollstreckung in dessen Grundstück hätte dem GBA Anlass geben müssen, zu prüfen, ob eine Zustimmung des Beteiligten zu 1) erforderlich ist (vgl. *Demharter*, GBO, 29. Aufl., Anh. zu § 44 Rz. 65). Um die Immunitätsfrage negativ zu entscheiden, genügten die dem GBA bekannten Umstände allein nicht. Denn ob das Grundstück zum Zeitpunkt der Eintragung – noch – hoheitlichen Zwecken zu dienen bestimmt war, ließ sich nicht eindeutig klären. Der in den Grundakten befindliche Vertrag spricht für den Erwerb des Grundstücks für einen hoheitlichen Zweck, der Zeitablauf ohne Bautätigkeit konnte dagegen sprechen. In einem solchen Fall muss das GBA eine Zustimmung des ausländischen Staats anfordern oder aber, nachdem die inländische Gerichtsbarkeit als Vollstreckungsvoraussetzung zu klären ist, den betreibenden Gläubiger nach § 139 ZPO darauf hinweisen,

---

[1] Siehe oben Nr. 156.

dass die nicht-öffentliche Zweckbestimmung des Vollstreckungsobjekts nachzuweisen wäre. Beides ist unterblieben.

(2) Das Grundbuch ist durch die Eintragung der Zwangshypothek unrichtig. Wird das GBA im Rahmen der Zwangsvollstreckung tätig, hat es neben den grundbuchrechtlichen auch die vollstreckungsrechtlichen Voraussetzungen zu prüfen (*Bauer-v. Oefele-Mayer*, GBO, 3. Aufl., AT IV Rz. 38) und damit auch die deutsche Gerichtsbarkeit (vgl. LG Bonn, NJW-RR 2009, 1316/1317[2]). Ist die inländische Gerichtsbarkeit für eine Zwangsvollstreckungsmaßnahme – wie hier – nicht gegeben, so hat dies deren Nichtigkeit zur Folge (BGH, NJW 2009, 3164/3165[3]; LG Bonn aaO 1318; *Stein-Jonas-Münzberg*, ZPO, 22. Aufl., Vor § 704 Rz. 85 und 130). Wird die Entscheidung des GBA im Zwangsvollstreckungsverfahren, eine Zwangshypothek einzutragen, trotzdem umgesetzt, so macht diese Eintragung das Grundbuch unrichtig."

162. *Die Befreiung von der deutschen Gerichtsbarkeit gemäß §§ 18 bis 20 GVG ist ein Verfahrenshindernis mit der Folge, dass ein Tätigwerden deutscher Gerichte gegenüber den von der deutschen Gerichtsbarkeit befreiten ausländischen Staaten im Rahmen von deren hoheitlicher Tätigkeit grundsätzlich unzulässig ist (Staatenimmunität).*

Das Abkommen zwischen der Bundesrepublik Deutschland und der Republik Kroatien über Soziale Sicherheit vom 24.11.1997 (BGBl. 1998 II 2034) führt nicht zu einem Immunitätsverzicht der Partner dieses völkerrechtlichen Vertrags.

OLG Stuttgart, Beschl. vom 23.10.2014 – 5 U 52/14: Unveröffentlicht.

163. *Für Klagen der vom Schuldenschnitt betroffenen Anleger in griechische Staatsanleihen gegen den Staat Griechenland ist die deutsche Gerichtsbarkeit nicht eröffnet. Die Entscheidung eines deutschen Gerichts in der Sache verstößt gegen den Grundsatz der Staatenimmunität als allgemeine Regel des Völkerrechts.*

Deutsche Gerichte sind für eine solche Klage auch international nicht zuständig.

OLG Schleswig, Urt. vom 4.12.2014 – 5 U 89/14: ZIP 2015, 1253. Leitsatz in: RIW 2015, 530; EuZW 2015, 648; EWiR 2015, 431 mit Anm. *Mankowski*; ZBB 2015, 244.

[Gegen das Urteil schwebt ein Revisionsverfahren beim BGH unter dem Az. XI ZR 7/15.]

Der Kl. nimmt die Bekl. aufgrund einer Umschuldungsmaßnahme hinsichtlich von ihm erworbener Schuldverschreibungen auf Schadensersatz in Anspruch. Im März 2011 erwarb er über seine depotführende Bank, die C. Bank AG, von der Bekl. emittierte Schuldverschreibungen. Im Jahr 2012 führte die Regierung der Bekl. angesichts ihrer schweren Schuldenkrise in Abstimmung mit der sog. Troika, bestehend aus der EU, der EZB und dem IWF, eine Umschuldung ihrer Staatsanleihen durch, von der auch die streitgegenständlichen Anleihen des Kl. erfasst waren, die im März 2012 gegen 24 andere Wertpapiere umgebucht wurden, die einen um 53,5% geringeren Zahlungsanspruch bezogen auf das Nominalvolumen verbrieften. Der Kl. forderte die Bekl. zunächst unter Fristsetzung auf, den Vorgang rückgängig zu machen. Er verlangt nunmehr Schadensersatz in Höhe der Differenz zwischen dem Nominalbetrag der ursprünglichen Schuldverschreibungen und dem um 53,5% verringerten Nominalvolumen der neu eingebuchten Papiere.

Das LG hat die Klage als unzulässig abgewiesen. Hiergegen richtet sich die Berufung des Kl.

---

[2] IPRspr. 2009 Nr. 163.   [3] IPRspr. 2009 Nr. 160.

Aus den Gründen:

„II. Die Berufung ist zulässig, aber unbegründet.
A) Die Klage ist nicht zulässig.
Die Bekl. unterliegt der Staatenimmunität. Überdies ist das LG Itzehoe international unzuständig.

1. Die Deutsche Gerichtsbarkeit ist nicht eröffnet, eine Entscheidung eines deutschen Gerichts in der Sache verstieße gegen den Grundsatz der Staatenimmunität als allgemeine Regel des Völkerrechts.

Eine mögliche Staatenimmunität ist vorrangig vor der internationalen Gerichtsbarkeit zu prüfen; sie bezieht sich auf das hoheitliche Handeln eines Staats, welches nach nationalem Recht und den anerkannten Regeln des Völkerrechts zu bestimmen ist [a)]. Vorliegend unterliegen die Handlungen der Bekl. der Staatenimmunität [b)], auf die sie auch nicht verzichtet hat [c)]. Die von dem Kl. ins Feld geführte Regelung des Art. 6 EGBGB ist nicht einschlägig [d)].

a) Eine mögliche Staatenimmunität ist vorrangig vor der internationalen Gerichtsbarkeit zu prüfen.

Ist ein nationales Gericht innerhalb des räumlichen Geltungsbereichs der EuGVO mit einer Klage gegen einen anderen Mitgliedstaat oder dessen Organe befasst, so hat es vor der Ermittlung der internationalen Zuständigkeit zunächst zu prüfen, ob die Gerichtsbarkeit nach den Grundsätzen der Staatenimmunität gegeben ist (RG, Urt. vom 16.5.1938 – I 232/37[1], RGZ 157, 389, 392; BGH, Urt. vom 26.9.1978 – VI ZR 267/76[2], NJW 1979, 1101; OLG Frankfurt a.M., Urt. vom 18.9.2014 – 16 U 32/14[3], Anl. B 12; *Thole,* Klagen geschädigter Privatanleger gegen Griechenland vor deutschen Gerichten?: WM 2012, 1793). Immer dann, wenn es an der Gerichtsbarkeit wegen Immunität des beklagten Staats fehlt, ist auch die EuGVO sachlich unanwendbar (vgl. *Stürner,* Staatenimmunität und Brüssel I-Verordnung: IPRax 2008, 197, 203 m.w.N.). Die Regeln der Verordnung sind erst in einer zweiten Stufe zu prüfen, da sie einen anderen Regelungsgegenstand haben und nicht das Bestehen der inländischen Gerichtsbarkeit betreffen. Sie regeln lediglich die internationale Zuständigkeit, nämlich ob Rechtsprechungsaufgaben an einen Staat als solche zugewiesen sind, wenn die Gerichtsbarkeit über eine Handlung besteht. Zu dieser Frage liegt aber kein sekundäres EU-Recht vor (OLG Frankfurt a.M. aaO 16 U 32/14).

b) Vorliegend unterliegen die angegriffenen Handlungen der Bekl. der Staatenimmunität, die deutsche Gerichtsbarkeit ist nicht eröffnet.

Gemäß § 20 II GVG erstreckt sich die deutsche Gerichtsbarkeit nicht auf ausländische Staaten, soweit diese nach den allgemeinen Regeln des Völkerrechts, aufgrund völkerrechtlicher Vereinbarungen oder sonstiger Rechtsvorschriften von ihr befreit sind. Der Grundsatz der Staatenimmunität ist gemäß Art. 25 GG als allgemeine Regel des Völkerrechts Bestandteil des Bundesrechts und geht einfachen Gesetzen vor.

(1) Eine Regel des Völkerrechts ist dann allgemein im Sinne des Art. 25 GG, wenn sie von der überwiegenden Mehrheit der Staaten anerkannt wird (BVerfG, Beschl.

---

[1] IPRspr. 1935–1945 N5. 521b.
[2] IPRspr. 1978 Nr. 133.
[3] Siehe unten Nr. 203.

vom 30.10.1962 – 2 BvM 1/60[4], BVerfGE 15, 25 Rz. 36 juris). Die Allgemeinheit der Regel bezieht sich auf deren Geltung, nicht auf den Inhalt, wobei eine Anerkennung durch alle Staaten nicht erforderlich ist. Ebenso wenig ist es erforderlich, dass gerade die Bundesrepublik Deutschland die Regel anerkannt hat. Allgemeine Regeln des Völkerrechts sind Regeln des universell geltenden Völkergewohnheitsrechts, ergänzt durch aus den nationalen Rechtsordnungen tradierte allgemeine Rechtsgrundsätze (BVerfG, Beschl. vom 30.10.1962 aaO Rz. 32 ff. juris; Beschl. vom 14.5.1968 – 2 BvR 544/63, BVerfGE 23, 288 Rz. 113 juris; Beschl. vom 13.5.1996 – 2 BvL 33/93, BVerfGE 94, 315 Rz. 44 juris; Beschl. vom 10.6.1997 – 2 BvR 1516/96, BVerfGE 96, 68 Rz. 59 juris). Ob eine Regel eine solche des Völkergewohnheitsrechts ist oder ob es sich um einen allgemeinen Rechtsgrundsatz handelt, ergibt sich aus dem Völkerrecht selbst, welches die Kriterien für die Völkerrechtsquellen vorgibt. Nach einhelliger Auffassung bezieht sich Art. 25 GG dagegen nicht auf völkervertragliche Regelungen. Völkerrechtliche Verträge sind von den Fachgerichten vielmehr selbst anzuwenden und auszulegen (BVerfG, Beschl. vom 30.10.1962 aaO Rz. 32 f., 34 f.; BVerfG, Beschl. vom 7.4.1965 – 2 BvR 227/64, BVerfGE 18, 441 Rz. 27 ff. juris; Beschl. vom 10.11.1981 – 2 BvR 1058/79[5], BVerfGE 59, 63 Rz. 85 ff. juris; Beschl. vom 29.10.1998 – 2 BvR 1206/98[6], BVerfGE 99, 145 Rz. 62 f. juris; Beschl. vom 12.12.2000 – 2 BvR 1290/99, JZ 2001, 975; Beschl. vom 6.12.2006 – 2 BvM 9/03[7], BVerfGE 117, 141 Rz. 24; st. Rspr.).

Eine allgemeine Regel des Völkergewohnheitsrechts ist eine Regel, die von einer gefestigten Praxis zahlreicher, aber nicht notwendigerweise aller Staaten (usus) in der Überzeugung einer völkerrechtlichen Verpflichtung (opinio juris sive necessitatis) getragen wird (vgl. Art. 38 I lit. b des Statuts des IGH [BGBl II 1973 503 ff.]; BVerfG, Beschl. vom 13.12.1977 – 2 BvM 1/76[8], BVerfGE 46, 342; Beschl. vom 10.6.1997 aaO). Das Element der Rechtsüberzeugung dient dazu, zwischen einer Praxis, die lediglich auf *courtoisie* (internationale Höflichkeit, Gepflogenheiten im diplomatischen Verkehr der Staaten bzw. deren Vertreter miteinander) beruht, und einer Rechtsregel zu unterscheiden. Bei der Ermittlung der Staatenpraxis ist auf das völkerrechtlich erhebliche Verhalten derjenigen Staatsorgane abzustellen, die kraft Völkerrechts oder kraft innerstaatlichen Rechts dazu berufen sind, den Staat im völkerrechtlichen Verkehr zu repräsentieren. Daneben kann sich eine solche Praxis aber auch in den Akten anderer Staatsorgane wie des Gesetzgebers oder der nationalen Gerichte bekunden, soweit ihr Verhalten unmittelbar völkerrechtlich erheblich ist (BVerfG, Beschl. vom 13.12.1977 aaO; Beschl. vom 6.12.2006 aaO Rz. 30). Dies gilt für Entscheidungen von Gerichten zumal dort, wo, wie im Bereich der gerichtlichen Immunität fremder Staaten, das innerstaatliche Recht den nationalen Gerichten die unmittelbare Anwendung von Völkerrecht gestattet (BVerfG, Beschl. vom 13.12.1977 aaO; Beschl. vom 6.12.2006 aaO Rz. 30). Grundsätzlich allerdings sind richterliche Entscheidungen, wie auch die völkerrechtlichen Lehrmeinungen, als Hilfsmittel für die Ermittlung von Völkergewohnheitsrecht heranzuziehen (Art. 38 I lit. d des Statuts des IGH; vgl. auch BVerfG, Beschl. vom 10.6.1997 aaO; Beschl. vom 6.12.2006 aaO)

---

[4] IPRspr. 1962–1963 Nr. 170.
[5] IPRspr. 1981 Anm. vor Nr. 146.
[6] IPRspr. 1998 Nr. 108b.
[7] IPRspr. 2006 Nr. 106.
[8] IPRspr. 1977 Nr. 117.

(2) Bei der Staatenimmunität handelt es sich um eine allgemeine Regel des Völker(gewohnheits)rechts.

Soweit im Völkerrecht in einem allgemeinen Sinne von Staatenimmunität die Rede ist, bezieht sich dies auf den völkergewohnheitsrechtlich anerkannten Grundsatz, dass ein Staat nicht fremdstaatlicher nationaler Gerichtsbarkeit unterworfen ist. Ausgehend von dem Prinzip der souveränen Gleichheit der Staaten (*sovereign equality of states*) gilt im Grundsatz das Rechtsprinzip, dass Staaten nicht übereinander zu Gericht sitzen. Allerdings hat das Recht der allgemeinen Staatenimmunität, nicht zuletzt auch wegen des zunehmenden kommerziellen grenzüberschreitenden Tätigwerdens staatlicher Stellen, einen Wandel von einem absoluten zu einem nur mehr relativen Recht durchlaufen. Es ist keine allgemeine Regel des Völkerrechts mehr, dass ein Staat Immunität auch für nicht-hoheitliches Handeln genießt (BVerfG, Beschl. vom 6.12.2006 aaO Rz. 24; Beschl. vom 17.3.2014 – 2 BvR 736/13[9], Rz. 20).

In der Rspr. des BVerfG wird seit jeher zwischen der völkerrechtlich allgemein anerkannten Immunität von Hoheitsakten ausländischer Staaten einerseits und nichthoheitlichen Akten ausländischer Staaten andererseits unterschieden (Beschl. vom 30.4.1963 – 2 BvM 1/62[10], BVerfGE 16, 27; Beschl. vom 6.12.2006 aaO Rz. 34). Im Einklang mit der allgemeinen völkerrechtlichen Praxis geht das BVerfG insoweit davon aus, dass Hoheitsakte ausländischer Staaten (sog. acta iure imperii) grundsätzlich immer der Staatenimmunität unterfallen (Beschl. vom 30.4.1963 aaO; Beschl. vom 6.12.2006 aaO Rz. 34). Dies gilt in vergleichbarer Weise auch für die Zwangsvollstreckung in im Inland belegene Vermögenswerte ausländischer Staaten, die hoheitlichen Zwecken dienen (Beschl. vom 17.3.2014 aaO Rz. 21). Staatenimmunität besteht auch heute noch weitgehend uneingeschränkt für solche Akte, die hoheitliches Handeln eines Staats darstellen. Akte eines Staats, die hoheitlichen Charakter haben, unterfallen nicht der nationalen Gerichtsbarkeit des Forumstaats, es sei denn, der ausländische Staat verzichtete auf seine diesbezügliche Immunität (Beschl. vom 6.12.2006 aaO Rz. 35).

Da dem allgemeinen Völkerrecht eine Kategorisierung staatlicher Tätigkeiten als hoheitlich oder nicht-hoheitlich fremd ist, muss diese Abgrenzung grundsätzlich nach nationalem Recht erfolgen (BVerfG, Beschl. vom 30.4.1963 aaO; vom 13.12. 1977 aaO; vom 12.4.1983 – 2 BvR 678/81 u.a.[11], BVerfGE 64, 1; vom 17.3.2014 aaO Rz. 22; BGH, Beschl. vom 25.6.2014 – VII ZB 23/13[12], Rz. 13; OLG München, Urt. vom 16.10.2014 – 8 U 1308/14, Anl. B 14; *Thole* aaO 1794). Die Heranziehung nationaler Regelungen zur Unterscheidung hoheitlichen staatlichen Handelns von nicht-hoheitlichem staatlichem Handeln findet aber dort ihre Grenze, wo der unter den Staaten allgemein anerkannte Bereich hoheitlicher Tätigkeit berührt ist. Das betrifft etwa die Betätigung der auswärtigen und militärischen Gewalt, die Gesetzgebung, die Ausübung der Polizeigewalt und die Rechtspflege (BVerfG, Beschl. vom 30.4.1963 aaO; vom 13.12.1977 aaO; vom 17.3.2014 aaO Rz. 22). Insoweit kann es ausnahmsweise geboten sein, eine nach nationalem Recht als privatrechtlich einzuordnende Tätigkeit eines ausländischen Staats gleichwohl als der Staatenimmunität unterfallenden actus iure imperii zu qualifizieren, wenn dieser zum

---

[9] Siehe oben Nr. 154.
[10] IPRspr. 1962–1963 Nr. 171.
[11] IPRspr. 1983 Nr. 127.
[12] Siehe oben Nr. 160.

Kernbereich völkerrechtlich anerkannter Staatsgewalt zu rechnen ist (BVerfG, Beschl. vom 30.4.1963 aaO; vom 13.12.1977 aaO; vom 17.3.2014 aaO; *Thole* aaO 1794).

(3) Die streitgegenständlichen Handlungen der Bekl. unterliegen der Staatenimmunität.

Dieses gilt sowohl für den Erlass des Gesetzes Nr. 4050/2012 – Regeln zur Änderung von Wertpapieren, die vom griechischen Staat emittiert oder garantiert wurden, mit Zustimmung der Anleihengläubiger – vom 23.2.2012 (FEK A 36/23.2.2012) als auch für seine Umsetzung durch den Ministerrat und die Einziehung der Anleihen durch die griechische Zentralbank.

aa) Die Gesetzgebung der Bekl. im Falle des Gesetzes Nr. 4050/2012 unterliegt der Staatenimmunität.

Das folgt sowohl aus den Regelungen des nationalen deutschen Rechts als auch aus dem völkerrechtlich anerkannten Kernbereich der Staatsgewalt.

aaa) Nach der lex fori, dem maßgeblichen nationalen Recht des Gerichtsstaats (hier dem deutschen Recht), ist der Erlass des Gesetzes hoheitliche Tätigkeit der Bekl.

Die Kapitalaufnahme durch Emission von Staatsanleihen wird nach ganz überwiegender Ansicht zwar zum Kreis nicht-hoheitlichen Handelns gerechnet (BVerfG, Beschl. vom 6.12.2006 aaO Rz. 35). Dies beantwortet aber nicht die Frage, welcher Natur die Einziehung der Anleihen war, nämlich ob die gesetzliche Regelung zur Ermöglichung der Einziehung von Staatsanleihen mit Mehrheitsbeschluss der Gläubiger hinsichtlich der das zuvor erfolgte Umtauschangebot nicht annehmenden (sog. Hold-out-)Gläubiger (durch Änderung der Anleihebedingungen im Sinne einer ‚Collective Action Clause' [CAC], vgl. zu den Einzelheiten *Sandrock*, Ersatzansprüche geschädigter deutscher Inhaber von griechischen Staatsanleihen: RIW 2012, 429, 430 ff.) und deren Umsetzung ebenfalls nicht-hoheitliches Handeln war.

Es wird vertreten, dass die legislatorische Änderung (Einführung von CAC), obwohl der Erlass des Gesetzes als solcher hoheitlich zu behandeln sei, als Vertragsbruch anzusehen sei und damit ein Verhalten kennzeichne, das private Vertragspartner in zumindest vergleichbarer Weise an den Tag legen könnten. Auch diese Auffassung räumt allerdings ein, dass privaten Schuldnern ein gesetzlicher Eingriff in vertragliche Verpflichtungen gerade nicht möglich ist (*Thole* aaO 1794). [Dieser] Auffassung nach könne es aber keinen Unterschied machen, ob sich ein privater Anleiheschuldner in tatsächlicher Hinsicht vertragsbrüchig zeige, oder ob der Staat als Anleiheschuldner eine seiner privatrechtlichen Bindung (vermeintlich) widersprechende gesetzliche Änderung des auf den Vertrag anwendbaren Rechts vornehme (*Thole* aaO).

Diese Ansicht widerspricht der verfassungsgerichtlichen Rspr. und den völkerrechtlichen Regeln zur Staatenimmunität; sie ist abzulehnen.

Die Gesetzgebung ist nach dem deutschen Recht elementares hoheitliches Handeln (Art. 20 II, 77 I 1 GG). Die Umsetzung des Gesetzes ändert daran nichts.

Das BVerfG hat in einem Fall, in welchem ein griechischer Arbeitnehmer, der als Lehrkraft für die ‚Privaten Volksschulen der Republik Griechenland' tätig war, die Rückzahlung vom griechischen Staat einbehaltener Quellensteuer verlangte, entschieden, dass ein der Staatenimmunität unterfallender actus iure imperii vorliege, da Gegenstand des Rechtsstreits die Besteuerung des Kl. mit der griechischen Quellensteuer durch den griechischen Staat sei, nicht die unterbliebene vollständige Auszahlung eines im privatrechtlichen Arbeitsverhältnis vom Arbeitgeber geschuldeten (Brutto-)Gehalts (BVerfG, Beschl. vom 17.3.2014 aaO Rz. 19 ff.). Es ging mithin um eine hoheitliche Maßnahme im Über-/Unterordnungsverhältnis, nicht um eine privatrechtlich zu qualifizierende im Gleichordnungsverhältnis. Gegenstand war die Besteuerung auf gesetzlicher Grundlage (letztlich das Gesetz), nicht der nachfolgend erfolgte Einbehalt (als darauf basierende Maßnahme).

Ebenso verhält es sich im vorliegenden Fall.

Gegenstand des Rechtsstreits ist die staatliche Regelung (Änderung der Anleihebedingungen) zur Ermöglichung einer Gläubigerentscheidung zum Zwangsumtausch mit qualifizierter Mehrheit und nicht die nachfolgende Einziehung/Umbuchung der Anleihen. Es geht um die Frage, welcher Natur die Regelung war, hoheitlicher oder nicht-hoheitlicher. Diese Frage ist im Sinne einer hoheitlichen Handlung der Bekl. zu beantworten.

Mit dem Gesetz Nr. 4050/2012 hat der griechische Staat in das Privatrechtsverhältnis zu seinen Gläubigern hoheitlich eingegriffen (OLG München, Urt. vom 16.10.2014 aaO; so auch *Sandrock* aaO 441). Da sich die griechische Regierung und Zentralbank bei der Umsetzung des Gesetzes im Rahmen der durch es geschaffenen Ermächtigungsgrundlage hielten, würde dies wiederum bedeuten, dass letztlich das Gesetz selbst zu überprüfen, nämlich an höherrangigem Recht (griechischem Verfassungsrecht und EU-Recht) zu messen und ggf. für unwirksam zu erklären wäre (so auch OLG Frankfurt a.M., 16 U 32/14 aaO und 16 U 41/14, Anl. B 13; OLG München, Urt. vom 16.10.2014 aaO; LG Düsseldorf, Urt. vom 21.3.2013 – 11 O 397/12, Rz. 37 ff., 45 juris; LG Konstanz, Urt. vom 19.11.2013 – 2 O 132/13[13], Rz. 22, 26 f. juris).

Dass der Staat durch das einseitige nachträgliche Einfügen der Umschuldungsklausel in das Privatrechtsverhältnis mit Befugnissen, die ein privates Rechtssubjekt nicht hat, eingegriffen hat, sieht auch die Europäische Kommission ausweislich ihrer von dem Kl. vorgelegten Stellungnahme vom 19.8.2013 betreffend ein Vorabentscheidungsverfahren zur Geltung der EuZVO, Ablösung der EuZVO a.F. und damit zur Frage des Vorliegens einer Zivil- oder Handelssache gemäß Art. 267 AEUV so (in den Rs C-226/13 [Stefan Fahnenbrock], C-245/13 [Holger Priestoph, Matteo Antonio Priestoph u. Pia Antonia Priestoph] und C-247/13 [Rudolf Reznicek]). Die Kommission führt aus, dass eine einseitige Abänderung der Vertragsbedingungen in einer rein zivilrechtlichen Beziehung unter Privatrechtssubjekten nicht möglich wäre und weist darauf hin, dass in Fällen eines Eingriffs in eine zwischen Privatrechtssubjekten geschlossene Rechtsbeziehung nach einem Urteil des EuGH vom 14.11.2002 – Gemeente Steenbergen ./. Luc Baten, Rs C-271/00, Slg. 2002 I-10489 Rz. 36), eine öffentliche Stelle nicht mehr zivilrechtlich (sondern hoheitlich) handele. Zur Abgrenzung sei darauf abzustellen, ob das Rechtsverhältnis zwischen den Parteien seinen Ursprung in einem hoheitlichen Handeln finde, bei dem sich die Parteien nicht gleichberechtigt gegenüberstehen und bei dem der Staat Befugnisse ausübe, die von den im Verhältnis zwischen Privatpersonen geltenden allgemeinen Regeln abwichen (EuGH, Urt. vom 15.2.2007 – Eirini Lechouritou u.a. ./. Dimosio

---

[13] IPRspr. 2013 Nr. 172.

tis Omospondiakis Dimokratias tis Germanias, Rs C-292/05, Slg. 2007 I-1519 Rz. 34 und 41; vom 15.5.2003 – Préservatrice foncière TIARD S.A. ./. Staat der Niederlanden, Rs C-266/01, Slg. 2003 I-4867 Rz. 33). Dagegen liege kein hoheitliches Handeln vor, wenn der staatliche Träger iure gestionis handele und zivilrechtliche Rechte und Pflichten aufgrund privatrechtlicher Verträge erwerbe (EuGH, Urt. vom 19.7.2012 – Ahmed Mahamdia ./. République algérienne démocratique et populaire, Rs C-154/11, Slg. 2003 I-4867 Rz. 56), was der Fall sei, wenn er privatrechtliche Verträge in der gleichen Weise schließe, wie dies auch Privatrechtssubjekte untereinander tun würden.

Soweit die Europäische Kommission gleichwohl privatrechtliches Handeln annimmt, beruht dies auf Erwägungen, die dem deutschen Recht fremd sind. Die Kommission sieht in dem Eingriff in die privatrechtlich zu beurteilenden Anleihebedingungen durch einseitige Änderung keine ‚entscheidende' Handlung, da die Umschuldungsklausel nicht selber den durch den Umtausch entstandenen Schaden bewirkt habe, sondern dieses durch die freie Entscheidung der Mehrheit der Gläubiger erfolgt sei (Rz. 55 f. der Stellungnahme der Kommission).

Da sich die Abgrenzung aber – wie gesehen – nach dem nationalen Recht des Gerichtsstaats (lex fori) richtet, ist nach Kriterien des deutschen Rechts zu beurteilen, ob ein hoheitliches Handeln vorliegt. Unter Zugrundelegung der Wertungen der deutschen Rechtsordnung ist die genannte Gesetzgebung hoheitliche Tätigkeit. Es wurden hoheitliche Rechte in Anspruch genommen. Der Staat handelte gerade nicht wie ein gewöhnlicher privater Schuldner, denn der hätte die Anleihebedingungen nicht einseitig (gesetzlich) ändern und somit einen Schuldenschnitt erst ermöglichen können.

Die Kausalität des staatlichen Handelns für den Umtausch der Anleihen ist nach deutschem Recht auf Grundlage der Conditio-sine-qua-non-Formel zu ermitteln und unproblematisch zu bejahen. Die Erwägungen der Kommission beruhen hingegen auf der Causa-proxima-Lehre, nach der auf die mit hoher Wahrscheinlichkeit wirksamste, in ihrer Ursächlichkeit erheblichste Ursache (BGH, Urt. vom 8.5.2002 – IV ZR 239/00, VersR 2002, 845 Rz. 17 juris) abzustellen ist. Die Causa-proxima-Lehre ist dem deutschen Recht – mit Ausnahme des Seetransportrechts und des Seetransportversicherungsrechts – fremd.

Überdies ist die Tatsache, dass die Änderung der Anleihebedingungen den Schaden (noch) nicht ohne hinzukommenden Gläubigerbeschluss hervorgerufen hat, eine Frage der Begründetheit der Klage (nämlich der Kausalität), hilft hingegen nicht bei der Beantwortung der Frage, ob hoheitliches Handeln des Staats Griechenland vorliegt.

Es ist auch nicht das genannte Vorabentscheidungsverfahren abzuwarten, da die Entscheidung, ob hoheitliches Handeln vorliegt, (nach der Rspr. des BVerfG und des BGH s.o.) nach der nationalen Rechtsordnung des Gerichtsstaats zu entscheiden ist. Nach Art. 267 AEUV entscheidet der EuGH im Wege der Vorabentscheidung über die Auslegung der Verträge und über die Gültigkeit und die Auslegung der Handlungen der Organe, Einrichtungen oder sonstigen Stellen der Union. Eine solche Frage steht aber nicht zu entscheiden.

bbb) Überdies ist unabhängig vom nationalen deutschen Recht die Gesetzgebung als hoheitlich zu qualifizieren, denn sie zählt nach dem oben Gesagten zum Kernbereich völkerrechtlich anerkannter Staatsgewalt, zum allgemein anerkannten Bereich hoheitlicher Tätigkeit.

bb) Auch bei der Umsetzung des Gesetzes durch den Ministerrat und den Anweisungen an die griechische Zentralbank handelt es sich um hoheitliche Akte.

Hoheitliche Akte sind solche, die in Erfüllung einer öffentlichen Aufgabe aufgrund öffentlich-rechtlicher Vorschriften erfolgen.

Dieses war hier der Fall.

Mit der Verabschiedung des Gesetzes Nr. 4050/2012 wie mit dessen Umsetzung durch den Ministerrat und den Anweisungen an die griechische Zentralbank handelte die Bekl. in Erfüllung einer öffentlichen Aufgabe (der Sanierung der Staatsfinanzen) aufgrund öffentlich-rechtlicher Vorschriften (des genannten Gesetzes) und damit hoheitlich und nicht bloß fiskalisch (OLG München, Urt. vom 16.10.2014 aaO). Auch die allgemeine Sanierung der Staatsfinanzen kann durch hoheitlichen Akt vorangetrieben werden, hier durch Gesetzgebung und Umsetzung des Gesetzes zur Ermöglichung eines Schuldenschnitts durch Änderung der Anleihebedingungen als öffentlich-rechtliche Maßnahme im Über-/Unterordnungsverhältnis (OLG Frankfurt a.M., 16 U 32/14 aaO und 16 U 41/14, aaO).

Überdies ist zweifelhaft, ob eine isolierte Betrachtung der einzelnen Handlungen für die Abwägung, ob ein hoheitliches Handeln vorliegt, überhaupt in Betracht kommt, da dies nicht sachgerecht sein könnte. Die vom Kl. aufgeführten Teilakte sind letztlich insgesamt im Rahmen des Ziels der griechischen Regierung, die von ihr gegebenen Staatsanleihen im Wert zu berichtigen, also ihre Kreditlast zu verringern, zu würdigen (so OLG Frankfurt a.M., 16 U 32/14 aaO und 16 U 41/14 aaO).

cc) Die Einziehung der Anleihen durch die griechische Zentralbank vom 12.3. 2012 unter Einbuchung der ersatzweise zur Verfügung gestellten neuen Anleihen unterfallen ebenfalls der Staatenimmunität, da zur Feststellung einer Pflichtverletzung der Bekl. letztlich das genannte Gesetz Nr. 4050/2012 zu überprüfen wäre, was einen Eingriff in die Souveränität der Bekl. mit sich bringen würde (OLG München, Urt. vom 16.10.2014 aaO).

Dass die Bekl. (in Deutschland) privatrechtlich (und nicht hoheitlich) überhaupt gehandelt hätte, etwa eine Buchung konkret veranlasst hätte, bzw. was genau der angegriffene privatrechtlich zu qualifizierende Akt der Bekl. in Deutschland sein soll, erklärt die Berufung überdies nicht. Einzige erkennbar angegriffene Handlung des Staats Griechenland ist der Erlass des streitgegenständlichen Gesetzes und ggf. darauf und auf dem Gläubigerbeschluss beruhende Anweisungen an die griechische Zentralbank, welche jeweils als hoheitlich zu qualifizieren sind (so auch OLG München, Urt. vom 16.10.2014 aaO).

Es gibt auch keine Wertpapiere selbst in den Depots in Deutschland, sondern lediglich Anrechte auf solche, eine treuhänderische Rechtsposition für den Kl. Die Anleihe selbst wurde im Ausland verwahrt. Der Kl. war nicht Inhaber eines absoluten Rechts an den Staatsanleihen. Er hielt kein Eigentum, auch nicht Miteigentum. Beim Erwerb von Wertpapieren im Ausland erwirbt der Wertpapierkunde – in Abweichung vom gesetzlichen Leitbild für das Inland – regelmäßig kein Eigentum an den im Ausland angeschafften und verwahrten Papieren (*Schimansky-Bunte-Lwowski-Klanten*, Bankrecht, 4. Aufl., § 72 Rz. 140 f.). Für die im Ausland aufbewahrten Wertpapiere erhält der Kunde – wie hier – eine Gutschrift in Wertpapierrechnung (sog. WR-Gutschrift: ‚Verwahrungs-Art: WERTPAPIERRECHNUNG GRIECHENLAND [AKV]'). Eigentümer der im Ausland verwahrten Wertpapiere ist grundsätzlich die inländische Depotbank. Die WR-Gutschrift dokumentiert nur einen auftragsrechtlichen Herausgabeanspruch (vgl. *Schimansky-Bunte-Lwowski-Klanten* aaO Rz. 148; s. Ziff. 12.3 unter I. ‚Trading' der ‚Produktbezogene[n] Geschäftsbedingungen' der Bekl.). Da nach dem griechischen Gesetz Nr. 2198/1994 (FEK 43/22-03-1994) nur die direkten Teilnehmer am Girosystem der griechischen Zentralbank solche Staatsanleihen erwerben können, konnten dieses vorliegend weder der Kl. noch die C-Bank AG. Letztere kann also nicht direkt Eigentümerin geworden sein (vgl. auch Ziff. 12.3 unter I. ‚Trading' der ‚Produktbezogene[n] Geschäftsbedingungen' der Bekl.: ‚Eigentum oder Miteigentum an den Wertpapieren oder eine andere im Lagerland übliche, gleichwertige Rechtsstellung'). Dieses hat die Bekl. so vorgetragen. Der Kl. ist dem nicht substanziiert entgegengetreten.

c) Die Bekl. hat nicht auf ihre Staatenimmunität verzichtet.

(1) Zwar ist die Möglichkeit eines solchen Verzichts allgemein anerkannt (BVerfG, Beschl. vom 6.12.2006 aaO Rz. 33 ff. m.w.N.; Beschl. vom 17.3.2014 aaO Rz. 25). Der Verzicht auf die Staatenimmunität kann von einem ausländischen Staat in einem völkerrechtlichen Vertrag, einem privatrechtlichen Vertrag oder, speziell für ein bestimmtes gerichtliches Verfahren, vor Gericht erklärt werden (BVerfG, Beschl. vom 17.3.2014 aaO Rz. 25; vgl. auch Art. 2 des Europäischen Übereinkommens über Staatenimmunität vom 16.5.1972 [BGBl. II 1990 34 ff.]); auch in rügelosen Einlassungen eines ausländischen Staats zur Sache kann ein konkludenter Verzicht auf die Staatenimmunität gesehen werden (vgl. auch Art. 3 I 1 des Europäischen Übereinkommens; BVerfG, Beschl. vom 17.3.2014 aaO Rz. 25).

Grundsätzlich können Staaten auf ihre allgemeine Immunität im Erkenntnis- und im Vollstreckungsverfahren verzichten. Ein Verzicht im Bereich der allgemeinen Staatenimmunität hat dabei nur deklaratorische Wirkung, wenn und soweit kommerzielles Handeln (acta iure gestionis) eines Staats oder die Vollstreckung in Vermögen betroffen ist, das keinen hoheitlichen Zwecken zu dienen bestimmt ist (s. BVerfG, Beschl. vom 6.12.2006 aaO Rz. 33).

Demgegenüber stellte ein Verzicht auf die Immunität im vorliegenden Fall bereits deswegen einen konstitutiven Akt dar, weil die vorliegende Gesetzgebung originär hoheitlichen Zwecken diente und deshalb unter den für hoheitliches Handeln (acta iure imperii) geltenden Immunitätsschutz fällt.

(2) Die Bekl. hat vorliegend nicht auf ihre Immunität verzichtet.

Ein Verzicht folgt weder aus völkerrechtlichen Übereinkommen, noch ergibt er sich aus allgemeinen Grundsätzen.

aa) Das Europäische Übereinkommen über Staatenimmunität, das bislang nur von acht Mitgliedstaaten des Europarats, nicht jedoch von der Bekl. ratifiziert worden ist, entfaltet gegenüber dieser keine Wirkung (vgl. BVerfG, Beschl. vom 17.3.2014 aaO Rz. 27; *Thole* aaO 1793). Die darin festgelegten Verzichtsmöglichkeiten spielen mithin keine Rolle im vorliegenden Fall.

bb) Auch die Vereinten Nationen haben am 2.12.2004 ein Übereinkommen über die Immunität der Staaten und ihres Vermögens von der Gerichtsbarkeit (Resolution 59/38) verabschiedet, das zur Unterzeichnung ausliegt. Das Abkommen ist bisher nicht in Kraft getreten, da es mindestens von 30 Staaten ratifiziert worden sein muss, es gegenwärtig (Stand: 16.10.2012) aber nur 13 Staaten ratifiziert haben (Quelle: Wikipedia).

cc) Ein Verzicht auf die Staatenimmunität ergibt sich auch nicht nach den genannten allgemeinen Grundsätzen.

Im gerichtlichen Verfahren ist ein solcher nicht erklärt worden. Im Gegenteil, die Bekl. hat immer wieder auf ihre Staatenimmunität hingewiesen.

Aus der Staatenpraxis und dem völkerrechtlichen Schrifttum ergibt sich, dass ein allgemeiner, in den Anleihebedingungen eines ausländischen Staats enthaltener Immunitätsverzicht zwar geeignet ist, die allgemeine Staatenimmunität im Erkenntnis- und Vollstreckungsverfahren aufzuheben (BVerfG, Beschl. vom 6.12.2006 aaO Rz. 24). Eine Verzichtserklärung ist bei der Ausreichung von Staatsanleihen an private Gläubiger auch üblich. Bei den Vereinbarungen zu Staatsanleihen im Verhältnis zu privaten Gläubigern ist es durchaus gängige Kautelarpraxis, in den Anleihebedingungen einen Immunitätsverzicht zu formulieren (*Baars/Böckel*, Argentinische Auslandsanleihen vor deutschen und argentinischen Gerichten: ZBB 2004, 445, 452 m.w.N.), der sich auf das Erkenntnisverfahren und die anschließende Zwangsvollstreckung erstreckt (BVerfG, Beschl. vom 6.12.2006 aaO Rz. 41).

Das Vorliegen der Prozessvoraussetzungen ist grundsätzlich unverzichtbar. Unaufklärbarkeit geht zulasten desjenigen, der eine Sachentscheidung begehrt, in der Regel also – wie hier – des Kl. (*Zöller-Greger*, ZPO, 30. Aufl. [2014], Vor § 253 Rz. 9 m.w.N.). Die unverzichtbaren Prozess-/Zulässigkeitsvoraussetzungen sind im Zivilprozess zwar – da sie dem öffentlichen Interesse an einer geordneten Rechtspflege dienen – von Amts wegen zu prüfen. Das ist allerdings nicht (zwingend) gleichbedeutend mit einer Amtsermittlung der der Prüfung zugrunde liegenden, von den Parteien darzulegenden, Tatsachen. Der Beibringungsgrundsatz gilt (grundsätzlich) auch bei den Prozessvoraussetzungen (*Zöller-Greger* aaO).

Ein Verzicht auf die Staatenimmunität seitens der Bekl. ist durch den Kl. nicht dargelegt worden. Insbesondere sind die Anleihebedingungen nicht vorgelegt worden, obwohl diese im Prozess bereits in erster Instanz thematisiert worden sind. Vielmehr ist unstreitig, dass die Anleihebedingungen einen Immunitätsverzicht hier gerade nicht enthalten, Deshalb ist der Fall auch nicht vergleichbar mit den vom Kl. zitierten Klagen gegen Argentinien.

d) Die von dem Kl. ins Feld geführte Regelung des Art. 6 EGBGB ist nicht einschlägig.

Es geht nicht um [die] Frage der Anwendung oder Nichtanwendung griechischen Rechts in Deutschland nach den Regeln des IPR, sondern um ein griechisches Gesetz, dass in Griechenland angewendet wird bzw. worden ist. Die Prüfung dessen Vereinbarkeit mit höherrangigem Recht ist nicht nach Art. 6 EGBGB (ordre public) zu beurteilen, sondern unterliegt der Staatenimmunität (s.o.).

Ob gegen wesentliche Grundsätze der deutschen Rechtsordnung mit dem Gesetz Nr. 4050/2012 verstoßen wurde, ist nicht zu prüfen, da eine Überprüfung der Bundesrepublik und ihren Gerichten aufgrund der Staatenimmunität entzogen ist.

2. Auf Fragen der internationalen Zuständigkeit kommt es nicht an [a)]. Selbst für den Fall der Prüfung wäre eine solche der deutschen Gerichte zu verneinen [b)].

a) Auf Fragen der internationalen Zuständigkeit kommt es nicht an.

Da es an der deutschen Gerichtsbarkeit fehlt, ist die EuGVO von vornherein sachlich unanwendbar (*Stürner* aaO). Ist ein nationales Gericht innerhalb des räumlichen Geltungsbereichs der EuGVO mit einer Klage gegen einen anderen Mitgliedstaat oder dessen Organe befasst, so hat es vor der Ermittlung der internationalen Zuständigkeit zunächst zu prüfen, ob die Gerichtsbarkeit nach den Grundsätzen der Staatenimmunität gegeben ist (RG, Urt. vom 16.5.1938 aaO; BGH, Urt. vom 26.9.1978 aaO; *Thole* aaO). Immer dann, wenn es an der Gerichtsbarkeit wegen Immunität des beklagten Staats fehlt, ist auch die EuGVO sachlich unanwendbar (*Stürner* aaO).

b) Selbst für den Fall der Prüfung der internationalen Gerichtsbarkeit wäre eine solche der deutschen Gerichte zu verneinen.

Weder besteht ein Gerichtsstand nach Art. 5 III EuGVO [(1)], noch ein solcher gemäß § 32 ZPO [(2)]. Wenn überhaupt ein nationaler Gerichtsstand eröffnet wäre, dürfte es ein anderer nationaler Gerichtsstand sein [(3)].

(1) Ein Gerichtsstand nach Art. 5 Nr. 3 EuGVO besteht in Deutschland nicht.

Es kann dahinstehen, ob die EuGVO anwendbar ist [(aa)], selbst für den Fall der Anwendbarkeit bestünde ein Gerichtsstand nach Art. 5 Nr. 3 EuGVO nicht [(bb)].

aa) Es kann dahinstehen, ob die EuGVO bereits nicht anwendbar ist.

Dieses ist gemäß Art. 1 I 1 EuGVO nur dann der Fall, wenn es sich um eine Zivil- oder Handelssache handelt, nicht, wenn es sich um eine öffentlich-rechtliche Angelegenheit handelt.

Zur Abgrenzung ist darauf abzustellen, ob das Rechtsverhältnis zwischen den Parteien seinen Ursprung in einem hoheitlichen Handeln findet, bei dem sich die Parteien nicht gleichberechtigt gegenüberstehen, und bei dem der Staat Befugnisse ausübt, die von den im Verhältnis zwischen Privatpersonen geltenden allgemeinen Regeln abweichen (EuGH, C-292/05 aaO; C-266/01 aaO). Dagegen liegt kein hoheitliches Handeln vor, wenn der staatliche Träger iure gestionis handelt und zivilrechtliche Rechte und Pflichten aufgrund privatrechtlicher Verträge erwirbt (EuGH, C-154/11 aaO). In Fällen eines Eingriffs in eine zwischen Privatrechtssubjekten geschlossenen Rechtsbeziehung handelt eine öffentliche Stelle nicht mehr zivilrechtlich, sondern hoheitlich (EuGH, C-271/00 aaO).

Danach handelte die Bekl. möglicherweise hoheitlich. Eine einseitige Abänderung der Vertragsbedingungen wäre in einer rein zivilrechtlichen Beziehung unter Privatrechtssubjekten nicht möglich. Es könnte allein auf die Inanspruchnahme hoheitlicher Befugnisse durch die Bekl. abzustellen sein.

Die Frage ist allerdings nicht eindeutig zu beantworten, weil dem EuGH zu der Parallelfrage der Anwendbarkeit der Verordnung EuZVO ein Vorabentscheidungsersuchen (u.a.) des LG Wiesbaden vom 18.4.2013 – 2 O 236/12[14] – vorliegt ... (s. hierzu die Rechtssachen C-226/13, C-245/13 und C-247/13 aaO). Ein erneutes Vorabentscheidungsersuchen zur gleichen Frage liegt nunmehr vom LG Aachen vor (Ersuchen vom 18.4.2014, C-196/14[15]).

bb) Selbst für den Fall der Anwendbarkeit der EuGVO bestünde kein Gerichtsstand nach Art. 5 Nr. 3.

Nach dieser Vorschrift kann eine Person, die ihren Wohnsitz im Hoheitsgebiet eines Mitgliedstaats hat, in einem anderen Mitgliedstaat verklagt werden, wenn eine unerlaubte Handlung oder eine Handlung, die einer unerlaubten Handlung

---

[14] IPRspr. 2013 Nr. 250.   [15] gestrichen

gleichgestellt ist, oder wenn Ansprüche aus einer solchen Handlung den Gegenstand des Verfahrens bilden, vor dem Gericht des Orts, an dem das schädigende Ereignis eingetreten ist oder einzutreten droht.

Nach st. Rspr. des EuGH ist [dies auch] dann [der Fall], wenn der Ort, an dem das für die Auslösung einer Schadensersatzpflicht wegen unerlaubter Handlungen in Betracht kommende Ereignis stattgefunden hat, nicht auch der Ort ist, an dem aus diesem Ereignis ein Schaden entstanden ist. Der Begriff ‚Ort, an dem das schädigende Ereignis eingetreten ist' in Art. 5 Nr. 3 EuGVO ist so zu verstehen, dass er sowohl den Ort, an dem der Schaden eingetreten ist, als auch den Ort des ursächlichen Geschehens meint, so dass der Beklagte nach Wahl des Klägers bei dem Gericht eines dieser beiden Orte verklagt werden kann (EuGH, Urt. vom 30.11.1976 – Handelskwekerij G. J. Bier BV ./. Mines de potasse d'Alsace S.A., Rs C-21/76, Rz. 24/25; vom 5.2.2004 – Danmarks Rederiforening, handelnd für DFDS Torline A/S ./. LO Landsorganisationen i Sverige, handelnd für SEKO Sjöfolk Facket för Service och Kommunikation, Rs C-18/02, Slg. 2004 I-0000 Rz. 40; vom 10.6.2004 – Rudolf Kronhofer ./. Marianne Maier u.a., Rs C-168/02, Slg. 2004 I-6009 Rz. 16; vom 16.7.2009 – Zuid-Chemie BV ./. Philippo's Mineralenfabriek N.V./S.A.,Rs C-189/08, Slg. 2009 I-6917 Rz. 23).

aaa) Der Ort des ursächlichen Geschehens kann keine Zuständigkeit deutscher Gerichte auslösen, weil das griech. Gesetz Nr. 4050/2012, auf dessen Grundlage der Beschluss der Gläubiger zum Umtausch der Anleihen gefasst wurde, im Parlament der Bekl. in Athen erlassen wurde.

Gleiches würde gelten, wenn man die Umsetzung des Gesetzes oder die Einziehung der Anleihen als ursächliches Geschehen ansehen würde.

bbb) Der Ort des Schadenseintritts kann sich nicht in Deutschland befunden haben.

Die Wendung ‚Ort, an dem das schädigende Ereignis eingetreten ist' kann nach der Rspr. des EuGH nicht so weit ausgelegt werden, dass sie jeden Ort erfasst, an dem die nachteiligen Folgen eines Umstands spürbar werden können, der bereits einen – tatsächlich an einem anderen Ort (sog. Ort des Primärschadens, vgl. *Zöller-Geimer* aaO Anh. I zur EuGVVO, Art. 5 Rz. 26, bzw. der ersten Interessenverletzung, vgl. *Thole* aaO 1796) entstandenen – Schaden verursacht hat (EuGH, Urt. vom 19.9.1995 – Antonio Marinari ./. Lloyds Bank PLC und Zubaidi Trading Company, Rs C-364/93, Slg. 1995 I-2719 Rz. 14; vom 10.6.2004 aaO Rz. 19). Art. 5 Nr. 3 EuGVO ist vielmehr dahin auszulegen, dass sich die Wendung ‚Ort, an dem das schädigende Ereignis eingetreten ist' nicht schon deshalb auf den Ort des Klägerwohnsitzes – als Ort des Mittelpunkts seines Vermögens – bezieht, weil dem Kl. nach seinem Vorbringen durch Verlust von Vermögensbestandteilen in einem anderen Vertragsstaat ein finanzieller Schaden entstanden ist (EuGH, Urt. vom 10.6.2004 aaO Rz. 20 f.; BGH, Versäumnisurteil vom 6.11.2007 – VI ZR 34/07[16], NJW-RR 2008, 516 Rz. 21). Der Ort des reinen Vermögensschadens eröffnet keine internationale Zuständigkeit (EuGH, Urt. vom 16.7.2009 aaO; *Zöller-Geimer* aaO Rz. 26 m.w.N.). Außerdem würde eine solche Auslegung zumeist die Zuständigkeit der Gerichte des Klägerwohnsitzes begründen können, der, wie der EuGH festgestellt hat, das Übereinkommen außer in den von ihm ausdrücklich vorgesehenen Fällen ablehnend gegenübersteht (EuGH, Urt. vom 10.6.2004 aaO Rz. 14, 20).

---

[16] IPRspr. 2007 Nr. 153.

Dass die Bekl. (in Deutschland) überhaupt gehandelt hätte, etwa eine Buchung konkret veranlasst hätte, bzw. was genau der angegriffene privatrechtlich zu qualifizierende Akt der Bekl. in Deutschland sein soll und worin der Schaden in Deutschland liegen soll, erklärt die Berufung nicht. Einzige erkennbar angegriffene Handlung des Staats Griechenland ist der Erlass des streitgegenständlichen Gesetzes Nr. 4050/2012 und ggf. darauf und auf dem Gläubigerbeschluss beruhende Anweisungen an die griechische Zentralbank, welche jeweils in Griechenland vorgenommen wurden und dort Auswirkungen hatten (s.o.).

Es gibt auch keine Wertpapiere selbst in den Depots in Deutschland, sondern lediglich Anrechte auf solche, eine treuhänderische Rechtsposition für den Kl. Die Anleihe selbst wurde im Ausland verwahrt. Der Kl. war nicht Inhaber eines absoluten Rechts an den Staatsanleihen. Er hielt kein Eigentum, auch nicht Miteigentum. Beim Erwerb von Wertpapieren im Ausland erwirbt der Wertpapierkunde – in Abweichung vom gesetzlichen Leitbild für das Inland – regelmäßig kein Eigentum an den im Ausland angeschafften und verwahrten Papieren (*Schimansky-Bunte-Lwowski-Klanten* aaO Rz. 140 f.). Für die im Ausland aufbewahrten Wertpapiere erhält der Kunde – wie hier – eine Gutschrift in Wertpapierrechnung ... Eigentümer der im Ausland verwahrten Wertpapiere ist grundsätzlich die inländische Depotbank. Die WR-Gutschrift dokumentiert nur einen auftragsrechtlichen Herausgabeanspruch (vgl. *Schimansky-Bunte-Lwowski-Klanten* aaO Rz. 148; s. Ziff. 12.3 unter I. ‚Trading' der ‚Produktbezogene[n] Geschäftsbedingungen' der Bekl.). Da nach dem griechischen Gesetz Nr. 2198/1994 nur die direkten Teilnehmer am Girosystem der griechischen Zentralbank solche Staatsanleihen erwerben können, konnten dieses vorliegend weder der Kl. noch die Comdirect Bank AG. Auch Letztere kann also nicht direkt Eigentümerin geworden sein (vgl. Ziff. 12.3 unter I. ‚Trading' der ‚Produktbezogene[n] Geschäftsbedingungen' der Bekl.: ‚Eigentum oder Miteigentum an den Wertpapieren oder eine andere im Lagerland übliche, gleichwertige Rechtsstellung').

Ein Schaden durch die Ermöglichung des Gläubigerbeschlusses zum Umtausch konnte von vornherein damit zunächst nur in Griechenland verursacht werden. Da von dem Geltungsbereich des Art. 5 Nr. 3 EuGVO nicht jeder Ort erfasst ist, an dem die nachteiligen Folgen eines Umstands spürbar werden können, der bereits einen – tatsächlich an einem anderen Ort entstandenen – Schaden verursacht hat, liegt ein Gerichtsstand in Deutschland nicht vor (so auch OLG Frankfurt a.M., 16 U 32/14 aaO und 16 U 41/14 aaO; OLG München, Urt. vom 16.10.2014 aaO).

Auch ist der Bekl. darin zuzustimmen, dass nach dem Normzweck des Art. 5 Nr. 3 EuGVO eine Zuständigkeit des LG Itzehoe für den Rechtsstreit nicht begründet sein kann.

Die besondere Zuständigkeit nach Art. 5 Nr. 3 EuGVO beruht darauf, dass zwischen der Streitigkeit und den Gerichten des Orts, an dem das schädigende Ereignis eingetreten ist, eine besonders enge Beziehung besteht, die aus Gründen einer geordneten Rechtspflege und einer sachgerechten Gestaltung des Prozesses eine Zuständigkeit dieser Gerichte rechtfertigt (EuGH, Urt. vom 30.11.1976 aaO Rz. 8/12; vom 10.6.2004 aaO Rz. 15; vom 16.7.2009 aaO Rz. 24). Das Gericht des Orts, an dem das schädigende Ereignis eingetreten ist, ist nämlich besonders wegen der Nähe zum Streitgegenstand und der leichteren Beweisaufnahme in der Regel am besten in der Lage, den Rechtsstreit zu entscheiden (EuGH, Urt. vom 1.10.2002 – Verein für Konsumenteninformation ./. Karl Heinz Henkel, Rs C-167/00, Slg. 2008 I-08111 Rz. 46; vom 16.7.2009 aaO).

Eine besondere Nähe zur Streitigkeit besteht vorliegend nicht. Weder besteht eine besonders enge Beziehung zum Streitgegenstand noch eine solche zum geltenden Recht. Die Umschuldung selbst fand in Griechenland statt, dort nach der Ermöglichung durch das streitgegenständliche Gesetz Nr. 4050/2012 nach griechischem Recht. Wollte man eine Zuständigkeit der deutschen Gerichte annehmen, so könnte jeder Anleger – zumindest im Bereich der EU, letztlich möglicherweise sogar weltweit – Ansprüche an seinem Wohnsitz geltend machen. Einer weitgehenden Geltendmachung von Rechten am Klägerwohnsitz steht, wie der EuGH festgestellt hat, das Übereinkommen außer in den von ihm ausdrücklich vorgesehenen Fällen aber ablehnend gegenüber (Urt. vom 10.6.2004 aaO Rz. 14, 20).

(2) Auch ein Gerichtsstand nach § 32 ZPO besteht nicht.

aa) Vorrangig kommt bei der Frage der internationalen Zuständigkeit das Recht der EU sowie das völkerrechtliche Vertragsrecht zur Anwendung (*Zöller-Geimer* aaO IZPR Rz. 36e). Die EuGVO verdrängt das nationale Recht auch dann, wenn es mit der Verordnung inhaltlich übereinstimmt (*Zöller-Geimer* aaO Anh. I zur EuGVVO, Art. 2 Rz. 6; *Thole* aaO 1794).

Ob Deutschland den Zugang zu seinen Gerichten durch Eröffnung einer internationalen Zuständigkeit ermöglicht, bestimmt im Übrigen allein der deutsche Gesetzgeber. Die deutschen Gerichtsstandsvorschriften sind grundsätzlich doppelfunktional: Sie legen zum einen den Umfang der deutschen internationalen Gerichtsbarkeit fest, zum anderen verteilen sie – soweit diese vorliegt – die Rechtsprechungsaufgaben nach örtlichen Gesichtspunkten auf die einzelnen deutschen Gerichte. Die Vorschriften über die örtliche Zuständigkeit legen mittelbar auch den Umfang der internationalen Zuständigkeit fest (BGH, Urt. vom 20.12.2011 – VI ZR 14/11[17], Rz. 39; BGH, NJW 1999, 1395[18]).

Im hier – für den Fall der Negierung einer öffentlich-rechtlichen Streitigkeit bzw. hoheitlichen Handelns der Bekl. – eröffneten Anwendungsbereich der EuGVO geht die Regelung des Art. 5 Nr. 3 zum deliktischen Gerichtsstand mithin der Regelung in § 32 ZPO vor.

bb) Selbst wenn man einen internationalen Gerichtsstand grundsätzlich aus § 32 ZPO herleiten wollte, käme ein solcher vorliegend in Deutschland nicht in Betracht.

Nach dieser Vorschrift ist für Klagen aus unerlaubten Handlungen das Gericht zuständig, in dessen Bezirk die Handlung begangen ist. Der Begehungsort im Sinne dieser Vorschrift befindet sich nicht in Deutschland, sondern in Griechenland (s.o.).

(3) Ein (Verbraucher-)Gerichtsstand gemäß Art. 15 EuGVO besteht ebenfalls nicht in Deutschland.

Hierauf beruft der Kl. sich bereits nicht und trägt auch nichts zu den entspr. Voraussetzungen vor.

(4) Wenn überhaupt ein nationaler Gerichtsstand eröffnet wäre, dürfte er in einem anderen Land begründet sein.

In diesem Sinne äußert sich *Sandrock* (aaO 433 ff.), der meint, es könnte in einzelnen Anleihebedingungen ein Gerichtsstand in London, Zürich oder Genf vereinbart

---

[17] IPRspr. 2011 Nr. 259.   [18] IPRspr. 1998 Nr. 229.

worden sein, da in der Regel in Anleihebedingungen die Zuständigkeit nationaler Gerichte vereinbart würde und allenfalls die genannten Städte in Betracht kommen dürften, weil die Anleihen nach ihren Bedingungen neben dem griechischem Recht (85,9% der Anleihen) lediglich nach schweizerischem oder englischem Recht zu beurteilen seien (*Sandrock* aaO 430)."

164. *Ein Gründungsmitglied der Europäischen Patentorganisation (EPO) kann sich seinerseits nicht auf Immunität vor den Gerichten der Mitgliedstaaten der Europäischen Union berufen.* [LS der Redaktion]

LG Berlin, Urt. vom 8.12.2014 – 28 O 25/14: Leitsatz in GRURPrax 2015, 88 mit Anm. *Gruber.*

<small>Die Kl. ist die Ortssektion Berlin der Internationalen Gewerkschaft im EPA. Sie begehrt von der Bekl. Schadensersatz wegen unterlassenen Tätigwerdens als Mitglied der EPO gegen eine interne Regelung derselben zum Streikrecht. Die Bekl. ist Gründungsmitglied der EPO. Diese besteht auf der Grundlage des EPÜ als internationale Organisation zur Vereinheitlichung des europäischen Patentschutzes durch Erteilung Europäischer Patente. Die EPO besitzt zwei Organe: das EPA und den Verwaltungsrat (Art. 4 II EPÜ). Für Streitigkeiten zwischen der EPO und ihren Bediensteten steht zunächst ein internes Beschwerdeverfahren und sodann der Rechtsweg zum Verwaltungsgericht der Internationalen Arbeitsorganisation (ILOAT) offen.</small>

Aus den Gründen:

„Der Klage steht kein besonderes Prozesshindernis entgegen. Sie ist zulässig, aber unbegründet.
I. Die deutsche Gerichtsbarkeit ist nicht nach § 20 II GVG ausgeschlossen.
Die EPO selbst besitzt Immunität vor den Gerichten der Mitgliedstaaten nach Art. 8, 164 I EPÜ i.V.m. Art. 3 I und IV des Protokolls über die Vorrechte und Immunitäten der Europäischen Patentorganisation (BGBl 1976 II S. 985, im Folgenden: Protokoll). Sie selbst kann daher nicht vor deutschen Gerichten als Beklagte in Anspruch genommen werden (vgl. VGH München, GRUR 2007, 444, 445). Dies hat aber keine Auswirkung auf die Bekl., unabhängig davon, ob ihr Vertreter im Verwaltungsrat der EPO in seiner Funktion ebenfalls in den Anwendungsbereich des § 20 II GVG fällt. Nach Art. 8 EPÜ erstreckt sich die gewährte Immunität auch auf die Mitglieder des Verwaltungsrats. Hierzu führt das Protokoll in Art. 12 I lit. b aus, dass die Vertreter der Vertragsstaaten während der Tagungen des Verwaltungsrats und auch nach Beendigung ihres Auftrags Immunität vor der Gerichtsbarkeit bzgl. der von ihnen in Ausübung ihres Amts vorgenommenen Handlungen besitzen. Ausweislich Abs. 2 dient die Immunitätsgewährung aber nicht dem persönlichen Vorteil der Vertreter, sondern ihrer Unabhängigkeit im Zusammenhang mit der Organisation. Ausweislich Art. 22 lit. a ist ein Vertragsstaat gleichwohl nicht verpflichtet, seinen eigenen Staatsangehörigen die in Art. 12 gewährte Immunität zu gewähren. Damit besteht keine Verpflichtung aufgrund internationaler Vereinbarung im Sinne des § 20 II GVG, auch dem Vertreter der Bekl. vor deutschen Gerichten Immunität zu gewähren. Die Bekl. hat hierzu in der mündlichen Verhandlung die Bekanntmachung vom 7.2.1978 (BGBl. II 1978, 337) überreicht und unstreitig gestellt, dass für deutsche Staatsangehörige keine Immunität im Sinne von Art. 12 des Protokolls besteht. Die Kammer würde darüber hinaus auch davon ausgehen, dass sich die Bekl.

ohnehin nicht auf eine Immunität berufen könnte, selbst wenn die Entsandten selbst für ihre Handlungen und Unterlassungen im Verwaltungsrat nicht belangt werden könnten."

3. Ansprüche in vermögensrechtlichen Angelegenheiten – Allgemeine vertragliche Streitigkeiten

Siehe auch Nrn. 46, 70, 140, 163

165. *Wird bei Streitigkeiten aus einem Landtransport-Frachtvertrag ein Unterfrachtführer von dem ihn beauftragenden Hauptfrachtführer im Wege eines Rückgriffs aus dem Unterfrachtvertrag auf Schadensersatz in Anspruch genommen, bestimmt sich der zuständigkeitsbegründende Ort der Übernahme des Guts im Sinne von Art. 31 I 1 lit. b CMR danach, wo der Unterfrachtführer das Frachtgut übernommen hat. [LS der Redaktion]*

a) OLG Hamm, Urt. vom 31.1.2013 – 18 U 48/12: RdTW 2013, 366; TranspR 2013, 295.

b) BGH, Urt. vom 13.3.2014 – I ZR 36/13: NJW-RR 2014, 1064; WM 2014, 2013; MDR 2014, 1096; VersR 2015, 84; NZV 2014, 452; RdTW 2014, 316; TranspR 2015, 370 mit Anm. *Koller.*

Die Kl., ein Verkehrshaftungsversicherer mit Sitz in den Niederlanden, nimmt das ebenfalls in den Niederlanden ansässige Transportunternehmen vor dem LG Münster wegen des Verlusts von Transportgut im Wege eines Rückgriffs auf Schadensersatz in Anspruch. Die M. AG in Essen beauftragte das in Köln ansässige Speditionsunternehmen D. 2008 zu festen Kosten mit dem Transport von Notebooks von Ennigerloh/Deutschland nach Großbritannien. D. gab den Auftrag an das niederländische Frachtunternehmen W. weiter. Dieses holte einen Teil des Guts in Ennigerloh ab und brachte es zu seinem in Rijen/Niederlande gelegenen Lager. Mit der Weiterbeförderung nach Großbritannien beauftragte W. die Bekl. Bei der Entladung des Guts in Großbritannien sollen nach Darstellung der Kl. 120 Notebooks gefehlt haben. W. wurde deshalb vor dem LG Münster im Wege eines Rückgriffs von dem Verkehrshaftungsversicherer D. erfolgreich auf Schadensersatz in Anspruch genommen. Der Bekl. wurde in diesem Rechtsstreit von W. der Streit verkündet. Das Berufungsgericht hat die internationale Zuständigkeit deutscher Gerichte verneint und demzufolge die Klage als unzulässig abgewiesen.

Aus den Gründen:

a) OLG Hamm 31.1.2013 – 18 U 48/12:

„II. Die zulässige Berufung der Bekl. hat Erfolg. Das LG hat seine internationale Zuständigkeit zu Unrecht bejaht. Die Klage ist als unzulässig abzuweisen.

1. Wie das LG zutreffend darlegt, ist die CMR auf das Vertragsverhältnis der Parteien anwendbar. Hingegen ergibt sich aus der CMR nicht die internationale Zuständigkeit deutscher Gerichte für den vorliegenden Rechtsstreit. Insbesondere führt Art. 31 I lit. b CMR nicht weiter. Mit dem ‚Ort der Übernahme des Gutes' im Sinne der Vorschrift ist im Verhältnis der Parteien nicht – wie das LG der Rspr. des BGH (NJW-RR 2002, 31 ff.[1]; NJW-RR 2009, 1070 ff.) entnehmen zu können glaubt – der Übernahmeort des Gesamttransports (dann Einnigerloh und damit

---

[1] IPRspr. 2001 Nr. 144.

Deutschland), sondern der Übernahmeort des beklagten Unterfrachtführers (damit Rijen und damit Niederlande) gemeint.

Der BGH hat entschieden, dass deliktische Ansprüche des Absenders wegen der Beschädigung oder des Verlusts des Transportguts gegen den Unterfrachtführer am Übernahmeort des Gesamttransports geltend gemacht werden können, wenn Letzterer im Zeitpunkt des eigenen Vertragsabschlusses wusste oder zumindest hätten wissen können, dass der Hauptfrachtvertrag der CMR unterliegt (BGH, NJW-RR 2009 aaO 1072). Die Beweislast hierfür trägt der Absender (BGH, NJW-RR 2009 aaO; *Eichel*, TranspR 2010, 426, 428).

Auf diese Weise schafft der BGH einen einheitlichen Gerichtsstand für eine Klage des Absenders gegen den Frachtführer aus Vertrag und dessen Unterfrachtführer aus Delikt, womit einerseits die Gefahr widerstreitender Entscheidungen über den gleichen Sachverhalt gebannt und zum anderen dem Zweck des Art. 31 CMR Rechnung getragen werden soll, Streitigkeiten aus CMR-Beförderungen auf ganz bestimmte Gerichtsstände zu konzentrieren.

Mit der vorliegenden Konstellation hat der BGH sich nach Auffassung des Senats inhaltlich nicht befasst. Ob er die von ihm aufgestellten Grundsätze auch auf die Geltendmachung vertraglicher Ansprüche des Hauptfrachtführers gegen den Unterfrachtführer angewandt wissen möchte, geht aus dem Wortlaut der Entscheidungen nicht eindeutig hervor. Gegen eine Übertragung spricht vor allem, dass keine vergleichbare Interessenlage besteht. Der Absender, der die Einschaltung von Unterfrachtführern durch seinen Vertragspartner nicht steuern und deswegen das dadurch auf ihn zukommende Prozessrisiko nicht kalkulieren kann, muss davor bewahrt werden, im Ernstfall gegen den Unterfrachtführer in einer für ihn nicht vorsehbaren fremden Rechtsordnung vorgehen zu müssen.

Ein vergleichbares Risiko gibt es zwischen Vertragsparteien, die eine Zusammenarbeit sehenden Auges vereinbart haben, naturgemäß nicht. Im Gegenteil zeigt gerade die vorliegende Konstellation, wie fragwürdig eine Ausdehnung der Rspr. des BGH auf das Vertragsverhältnis zwischen Haupt- und Unterfrachtführer ist: Es spricht nach Auffassung des Senats wenig dafür, einen gerechten Ausgleich prozessualer Interessen anzunehmen, wenn ein in den Niederlanden ansässiger Unterfrachtführer vor deutschen Gerichten gerichtspflichtig ist wegen der vom ebenfalls niederländischen Hauptfrachtführer behaupteten Verletzung vertraglicher Nebenpflichten aus einem Transport, der in den Niederlanden begonnen wurde und nach England geführt hat. Noch deutlicher wird die ‚Schieflage', die entsteht, wenn man den urspr. Absenderort als zuständigkeitsbegründend für vertragsrechtliche Streitigkeiten zwischen Haupt- und Unterfrachtführer ansieht, wenn man sich einen Unterfrachtführer vor Augen führt, der in einer Kette von CMR-Transporten nur ein ganz kleines Glied ... übernommen hat. Liegt der urspr. Absenderort des Transportguts in der Ukraine, müsste der Transporteur sich gegen vermeintliche Ansprüche seines Vertragspartners nach dessen Belieben vor ukrainischen Gerichten verteidigen. Das überzeugt nicht.

Überzeugend ist hingegen die systematische Argumentation, mit der das OLG Hamburg in seiner Entscheidung vom 17.7.2008 die auch hier vertretene Sichtweise gerechtfertigt hat. Wenn zum einen in Art. 31 I 1 lit. a CMR ausdrücklich auf den Beförderungsvertrag mit dem Beklagten abgestellt wird, erscheint es nur konsequent, auch in Art. 31 I 1 lit. b CMR das Vertragsverhältnis mit dem Beklagten als maßgeblich zu erachten, mithin auf den zwischen Haupt- und Unterfrachtführer vereinbarten Übernahmeort abzustellen. Zum anderen kann der Ablieferungsort nach Art. 31 I 1 lit. b CMR nur so verstanden werden, dass der nach dem Frachtvertrag, der die Basis des Rechtsstreits bildet (hier also der Unterfrachtvertrag), für die Ablieferung vorgesehene Ort gemeint sei. Konsequenterweise muss bei einer vertraglichen Inanspruchnahme des Unterfrachtführers durch den Hauptfrachtführer der Übernahmeort nach den gleichen Kriterien bestimmt werden, d.h. danach, wo der Unterfrachtführer das Gut tatsächlich übernommen hat (vgl. dazu OLG Hamburg, Urt. vom 17.7.2008 – 6 U 226/07, Blatt 137 der Akte [144 f.]).

2. Ob die Schiedsklausel der Bekl. in ihren AGB Bestandteil ihres Vertrags mit W. geworden ist und in der Folge dann auch die Kl. als Zessionarin bindet, was unter Berücksichtigung insbes. der Einbeziehungsvoraussetzungen des Art. II UNÜ bzw. – nach dem Meistbegünstigungsgrundsatz aus Art. VII Abs. 1 Halbs. 2 UNÜ – des Art. 1021 des niederländischen Wetboek van Burgerlijke Rechtsvordering zu klären wäre, kann offen bleiben. Eine bejahende Antwort auf diese Frage würde ebenfalls zur Abweisung der Klage mangels Zuständigkeit (staatlicher) deutscher Gerichte führen."

b) BGH 13.3.2014 – I ZR 36/13:

„II. Die gegen diese Beurteilung gerichtete Revision der Kl. ist unbegründet. Das Berufungsgericht hat die Klage mit Recht wegen fehlender internationaler Zuständigkeit der deutschen Gerichte als unzulässig abgewiesen.

1. Das Berufungsgericht ist zutreffend davon ausgegangen, dass auf den Streitfall die Vorschriften der CMR zur Anwendung kommen. Sowohl der Gesamttransport von Deutschland nach Großbritannien als auch die von der Bekl. durchgeführte Beförderung von Rijen in den Niederlanden nach Großbritannien unterliegen dem Anwendungsbereich des Übereinkommens. Gemäß Art. 1 CMR gilt das Übereinkommen für jeden Vertrag über die entgeltliche Beförderung von Gütern auf der Straße mittels Fahrzeugen, wenn der Ort der Übernahme des Guts und der für die Ablieferung vorgesehene Ort in zwei verschiedenen Staaten liegen, von denen mindestens einer ein Vertragsstaat ist. Diese Voraussetzungen sind im Streitfall erfüllt. Alle drei fraglichen Staaten sind Vertragsstaaten der CMR (vgl. *Koller*, Transportrecht, 8. Aufl., Art. 1 CMR Rz. 6 a.E.). Die jeweiligen Übernahmeorte und der Ablieferungsort des Guts liegen auch in unterschiedlichen Staaten.

2. Entgegen der Ansicht der Revision ergibt sich die internationale Zuständigkeit des von der Kl. angerufenen LG Münster im Streitfall nicht aus Art. 31 I 1 lit. b CMR.

a) Nach der genannten Vorschrift kann der Kläger wegen aller Streitigkeiten aus einer der CMR unterliegenden Beförderung die Gerichte eines Staats anrufen, auf dessen Gebiet der Ort der Übernahme des Guts oder der für die Ablieferung vorgesehene Ort liegt. Die Zuständigkeitsregelung gemäß Art. 31 I 1 lit. b CMR gilt sowohl für vertragliche als auch für außervertragliche Ansprüche, etwa aus Delikt, sofern sie mit der Güterbeförderung in einem sachlichen Zusammenhang stehen

(BGH, Beschl. vom 31.5.2001 – I ZR 85/00[1], TranspR 2001, 452 = VersR 2002, 213; Urt. vom 20.11.2008 – I ZR 70/06, TranspR 2009, 26 Rz. 19 = VersR 2009, 807).

Nach der Rspr. des Senats kommen die Zuständigkeitsregelungen des Art. 31 I CMR grundsätzlich auch dann zur Anwendung, wenn ein (weiterer) Unterfrachtführer als bloße Hilfsperson (Art. 3 CMR) des Hauptfrachtführers von dessen Auftraggeber oder vom Rechtsnachfolger des Auftraggebers wegen Verlusts oder Beschädigung des Transportguts aus Delikt auf Schadensersatz in Anspruch genommen wird. Maßgeblich ist der Gesamtbeförderungsvertrag, da dieser die Grundlage für die vom Auftraggeber oder seinem Rechtsnachfolger geltend gemachten Ersatzansprüche bildet. Als Ort der Übernahme im Sinne von Art. 31 I 1 lit. b CMR ist in einem solchen Fall in der Regel nicht der *Ort der Übernahme* des Guts durch den Unterfrachtführer, sondern der *Abgangsort* der gesamten Beförderung anzusehen (BGH, Urt. vom 20.11.2008 aaO Rz. 20).

b) Die im Streitfall gegebene Fallgestaltung ist nicht mit derjenigen vergleichbar, über die der Senat in der Revisionssache I ZR 70/06 mit Urt. vom 20.11.2008 (aaO) entschieden hat. Der vorliegende Fall unterscheidet sich in einem maßgeblichen Punkt von der dort zugrunde liegenden Fallkonstellation.

aa) In jenem Fall wurde der beklagte Unterfrachtführer als Hilfsperson (Art. 3 CMR) des Hauptfrachtführers von dem Rechtsnachfolger, einem Transportversicherer, des Ursprungsversenders (Auftraggebers des Hauptfrachtführers) wegen Beschädigung von Transportgut aus Delikt auf Schadensersatz in Anspruch genommen. Grundlage für die direkte Inanspruchnahme des Unterfrachtführers durch den Auftraggeber des Hauptfrachtführers oder dessen Rechtsnachfolger war der Gesamtbeförderungsvertrag, den der Ursprungsversender mit dem Hauptfrachtführer geschlossen hat, und nicht das Vertragsverhältnis zwischen dem Haupt-/Unterfrachtführer und einem (weiteren) Unterfrachtführer (BGH, Beschl. vom 31.5.2001 aaO; Urt. vom 20.11.2008 aaO Rz. 18).

Da der Gesamtbeförderungsvertrag die Grundlage für die Geltendmachung von Ersatzansprüchen gegen den Unterfrachtführer bildet, ist als Ort der Übernahme im Sinne von Art. 31 I 1 lit. b CMR nach h.M. in Rspr. und Lit. in der Regel nicht der *Ort der Übernahme* des Guts durch den Unterfrachtführer, sondern der *Abgangsort* der gesamten Beförderung anzusehen (BGH, Beschl. vom 31.5.2001 aaO; Urt. vom 20.11.2008 aaO Rz. 20; OLG Köln, TranspR 2004, 359, 361; österr. OGH, TranspR 2000, 34 f.; MünchKommHGB/*Jesser-Huß*, 2. Aufl., Art. 31 CMR Rz. 22; *Ebenroth-Boujong-Joost-Strohn-Boesche*, HGB, 2. Aufl., Art. 31 CMR Rz. 10; *Thume-Demuth*, CMR, 3. Aufl., Art. 31 Rz. 26; *Herber-Piper*, CMR, 1996, Art. 31 Rz. 4, 6; a.A. *Koller* aaO Art. 31 CMR Rz. 4; *ders.*, TranspR 2002, 133, 136). Für diese Sichtweise spricht v.a. der Umstand, dass sie es den am Frachtvertrag beteiligten Personen ermöglicht, auch mehrere aus ein und demselben Beförderungsvertrag herrührende Rechtsstreitigkeiten vor den Gerichten eines Staats abzuwickeln (BGH, Urt. vom 20.11.2008 aaO Rz. 23 m.w.N.). Im Falle der Verneinung eines einheitlichen Gerichtsstands für eine Klage gegen den Hauptfrachtführer und weitere Unterfrachtführer, zu denen seitens des Absenders oder Empfängers des Guts keine Vertragsbeziehungen bestehen, müsste, wie sich aus Art. 28 II CMR ergibt, das

---

[1] IPRspr. 2001 Nr. 144.

nur mit der außervertraglichen Haftung des (jeweiligen) Unterfrachtführers befasste Gericht ggf. auch die Vorschriften der CMR berücksichtigen und anwenden. Denn nach dieser Vorschrift kann sich ein Unterfrachtführer, für den der Hauptfrachtführer gemäß Art. 3 CMR haftet, auf die Bestimmungen des Übereinkommens berufen, die die Haftung des Hauptfrachtführers ausschließen oder begrenzen, wenn gegen ihn Ansprüche aus außervertraglicher Haftung für Verlust oder Beschädigung des Guts erhoben werden. Ein derartiges Ergebnis liefe zum einen dem Sinn und Zweck des Art. 31 I CMR zuwider, Streitigkeiten aus einer der CMR unterliegenden grenzüberschreitenden Beförderung auf ganz bestimmte Gerichtsstände zu beschränken, und würde zum anderen die Gefahr divergierender Gerichtsentscheidungen über ein und denselben Lebenssachverhalt in sich bergen (BGH, Urt. vom 20.11.2008 aaO).

bb) Im Streitfall wird die Bekl. – anders als in den Fällen, die Gegenstand der Senatsentscheidungen vom 31.5.2001 (aaO) und 20.11.2008 (aaO) waren – von dem Rechtsnachfolger ihres unmittelbaren Vertragspartners im Wege einer Rückgriffsklage wegen Verlusts von Transportgut auf Schadensersatz in Anspruch genommen. Die Kl. macht gegen die Bekl. ausschließlich frachtvertragliche Ansprüche geltend. Der Frachtvertrag zwischen der Versicherungsnehmerin der Kl. und der Bekl. weist keine unmittelbaren Berührungspunkte zum urspr. Übernahmeort des Guts in Ennigerloh in Deutschland auf. Der Frachtvertrag, aus dem die Kl. die Ansprüche gegen die Bekl. herleitet, wurde von zwei in den Niederlanden ansässigen Transportunternehmen geschlossen. Die Bekl. hat das Gut auch in den Niederlanden zur Beförderung nach Großbritannien übernommen. Bei einer derartigen Fallgestaltung besteht – auch unter Berücksichtigung von Sinn und Zweck des Art. 31 I CMR – kein Bedürfnis, auf den ursprünglichen Abgangsort in Ennigerloh als Ort der Übernahme des Guts im Sinne von Art. 31 I 1 lit. b CMR abzustellen. Übernahmeort ist bei der im Streitfall gegebenen Fallgestaltung vielmehr der Ort, an dem die Bekl. das Gut von ihrem direkten Vertragspartner zur Beförderung übernommen hat (vgl. OLG Hamburg, Urt. vom 17.7.2008 – 6 U 226/07, unveröffentlicht; MünchKommHGB/*Jesser-Huß* aaO; *Koller*, TranspR aaO 152; a.A. österr. OGH aaO 34).

Hierfür spricht zunächst, dass der Unterfrachtvertrag, aus dem die Ansprüche hergeleitet werden, die größte Nähe zu dem in diesem Vertrag vorgesehenen *Übernahmeort* und nicht zu dem Abgangsort des Hauptvertrags aufweist. Es kommt hinzu, dass der Hauptfrachtführer den von ihm unterzeichneten Frachtbrief – wie auch im Streitfall – oftmals nicht an den Unterfrachtführer weitergibt, sondern im Zusammenhang mit der Übergabe des Guts an den Unterfrachtführer einen neuen Frachtbrief ausstellt, in dem der Hauptfrachtführer als Absender erscheint und als Ort der Übernahme derjenige Ort ausgewiesen ist, an dem der Unterfrachtführer das Gut selbst übernommen hat (vgl. *Koller* aaO Vor Art. 34 CMR Rz. 3; MünchKommHGB/*Jesser-Huß* aaO Art. 34 CMR Rz. 7; *Thume-Schmidt* aaO Vor Art. 34 Rz. 3). Unterfrachtführer, die im Verlaufe der Beförderung das Gut übernehmen, wissen daher nicht ohne weiteres, wo der Transport seinen Ausgang genommen hat. Der Unterfrachtführer schuldet grundsätzlich nur demjenigen Unternehmen Regress, mit dem er einen Frachtvertrag geschlossen hat. Dem Auftraggeber des Unterfrachtführers ist aber – anders als dem Ursprungsversender – in aller Regel bekannt, an welchem Ort der Unterfrachtführer das Gut zur Beförderung übernommen hat. Dem klagenden Hauptfrachtführer bereitet es dann keine unzumutbaren

Schwierigkeiten, den richtigen Gerichtsort für eine Regressklage gegen den Unterfrachtführer festzustellen (vgl. OLG Hamburg aaO). Der Regress nehmende Hauptfrachtführer ist daher nicht in gleichem Maße schutzbedürftig wie der Auftraggeber des Gesamttransports, der auf die Einschaltung eines Unterfrachtführers und den im Unterfrachtvertrag vorgesehenen Übernahmeort – anders als der Hauptfrachtführer – regelmäßig keinen Einfluss hat."

166. *Die Voraussetzungen für eine wiksame Gerichtsstandsvereinbarung gemäß Art. 23 II EuGVO sind auch dann erfüllt, wenn die Erklärung – wie etwa bei einer üblichen E-Mail – in einem sichtbaren Text verkörpert ist, der seinen Urheber erkennen lässt sowie gespeichert ist und zumindest dadurch reproduziert werden kann. Dabei ist weder eine bestimmte Verschlüsselung noch eine Signatur erforderlich.*

Soweit auf das Vertragsverhältnis der Parteien die Bestimmungen des UN-Übereinkommens über Verträge über den Internationalen Warenkauf vom 11.4. 1980 (BGBl. 1989 II 586) mit den in Art. 14 ff. CISG enthaltenen Regeln über einen Vertragsschluss anwendbar sind, kann auch eine verspätete Annahme der Gerichtsstandsvereinbarung gemäß Art. 21 I CISG wirksam sein, wenn der Anbietende unverzüglich den Annehmenden in diesem Sinne mündlich unterrichtet oder eine entsprechende schriftliche Mitteilung absendet. [LS der Redaktion]

a) OLG Köln, Urt. vom 24.4.2013 – 16 U 106/12: IHR 2015, 60.
b) BGH, Hinweisbeschl. vom 7.1.2014 – VIII ZR 137/13: FamRZ 2014, 280; IHR 2014, 56; ZEuP 2015, 159 *Magnus.*
[Die Revision wurde nach dem Hinweisbeschluss des BGH zurückgenommen.]

Die Kl. nimmt die Bekl. auf Zahlung von Schadensersatz wegen Versäumung eines handelsrechtlichen Fixtermins in Anspruch. Die Kl. ist ein Verlag, die Bekl. eine italienische Druckerei, die ihre Druckaufträge überwiegend in China ausführt. Nach Verhandlungen zwischen einem freien Handelsmakler und der Kl. in deutscher Sprache übersandte die Kl. dem Handelsmakler ein, ebenfalls in deutscher Sprache abgefasstes, Angebotsschreiben, in dem es u.a. hieß: „Gerichtsstand ist Köln. Ergänzend gilt deutsches Recht." Das von der Bekl. zumindest paraphierte Angebotsschreiben wurde dem Handelsmakler übersandt. In dem Anschreiben hieß es: „allegro l'ordine firmato" (anbei der unterschriebene Auftrag). Die Bekl. rügt die internationale Zuständigkeit des Gerichts. Das in deutscher Sprache verfasste Angebotsschreiben müsse die Bekl. mangels Sprachverständnisses nicht gegen sich gelten lassen. Auf den Handelsmakler komme es nicht an, da dieser keine Abschlussvollmacht gehabt habe. Diese Problematik gelte für die Gerichtsstandsklausel, aber auch im Übrigen.

Aus den Gründen:

a) OLG Köln 24.4.2013 – 16 U 106/12:

„Die zulässige Berufung ist unbegründet. Das LG hat der Klage zu Recht stattgegeben.
1. Die Zuständigkeitsrüge der Bekl. greift nicht durch. Das LG Köln und damit auch der Senat als Berufungsgericht sind zur Entscheidung des Rechtsstreits zuständig. Das folgt nicht schon aus § 513 II ZPO. Zwar kann gemäß § 513 II ZPO die Berufung nicht auf die örtliche Unzuständigkeit des erstinstanzlichen Gerichts gestützt werden. Die internationale Zuständigkeit deutscher Gerichte ist in jedem Verfahrensabschnitt, auch in der Rechtsmittelinstanz, von Amts wegen zu prüfen. Daher kann entgegen dem Wortlaut des § 513 II ZPO das Fehlen der internationalen Zuständigkeit in der Rechtsmittelinstanz auch dann gerügt werden, wenn

das Erstgericht sie unzutreffend angenommen hat (BGH, NJW 2003, 426[1]; MDR 2004,707[2]).

Das LG hat seine internationale Zuständigkeit jedoch zu Recht bejaht, weil die Parteien dessen Zuständigkeit wirksam vereinbart haben. Das zuständige Gericht für die Klage richtet sich nach der EuGVO. Beide Parteien haben ihren Sitz in einem Mitgliedstaat der EU. Es handelt sich um eine grenzüberschreitende Handelssache im Sinne des Art. 2 EuGVO. Nach Art. 2 I EuGVO ist die in Italien ansässige Bekl. vor einem Gericht ihres Staats zu verklagen, sofern keine ausschließliche Zuständigkeit nach der EuGVO begründet ist. Hier haben die Parteien gemäß Art. 23 EuGVO die internationale Zuständigkeit des LG Köln wirksam vereinbart.

a) Mit zutreffender Begründung, auf die zur Vermeidung von Wiederholungen Bezug genommen wird, hat das LG angenommen, dass die Parteien eine Vereinbarung über den Gerichtsstand getroffen haben. Die hiergegen gerichteten Einwendungen der Berufung greifen nicht durch ...

Es kann offen bleiben, ob der Präsident der Bekl. des Deutschen nicht mächtig war. Dies stünde der Annahme der Vereinbarung nicht entgegen. Haben die Parteien eine Vertragssprache gewählt, so kann sich ein Vertragspartner nicht darauf berufen, diese nicht zu verstehen. Wer einen Vertrag unterschreibt oder zustimmend paraphiert, gibt zu erkennen, dass er mit dem Inhalt des Vertrags einverstanden ist. Unterzeichnet er den Vertrag, obwohl er die Sprache nicht versteht, handelt er auf eigenes Risiko (OLG Hamm, OLGR 2006, 23)[3]. Nach der Rspr. ist selbst eine Gerichtsstandsvereinbarung in AGB wirksam, wenn sie in der Vertragssprache abgefasst ist, zumindest der Hinweis auf die fremdsprachige AGB-Klausel in der Vertragssprache erfolgte, oder wenn die Gegenpartei des Verwenders sie unterzeichnet. Das Sprachrisiko trägt damit weitgehend der Vertragspartner des Verwenders, der insoweit wachsam sein und sich ggf. zur Wehr setzen muss (*Musielak-Stadler*, ZPO, 12. Aufl., Art. 23 EuGVVO Rz. 7). Hier ist der gesamte Vertrag auf Deutsch verfasst, der auch die Gerichtsstandsvereinbarung enthält. Das Angebot der Kl. hat der Präsident der Bekl. nicht nur am Ende, sondern auf jeder Seite abgezeichnet, und damit ausdrücklich auch die auf Seite 3 des Schreibens enthaltenen Regelungen gebilligt. Es wäre der Bekl. unbenommen geblieben, sich durch einen Dolmetscher den Inhalt der Auftragsbestätigung und den Inhalt der AGB übersetzen zu lassen und dann zu entscheiden, ob sie damit einverstanden ist. Darüber hinaus haben die Parteien auch bei dem vorangegangenen, inzwischen durchgeführten Vertrag die deutsche Sprache als Vertragssprache gewählt. Dieser enthielt eine gleichlautende Gerichtsstandsvereinbarung, so dass der Bekl. die Regelung bereits vor Vertragsschluss bekannt war.

b) Die zwischen den Parteien zustande gekommene Gerichtsstandsvereinbarung genügt den formellen Anforderungen des Art. 23 EuGVO.

Allerdings ist zweifelhaft, ob sie dem Schriftformerfordernis des Art. 23 I 3 lit. a EuGVO entspricht, weil jedenfalls das Angebot der Kl. nicht handschriftlich unterzeichnet ist. Nach Art. 23 I 3 lit. a EuGVO ist eine Gerichtsstandsvereinbarung wirksam, wenn sie schriftlich geschlossen worden ist. Eine schriftliche Vereinbarung im Sinne dieser Vorschrift liegt nur dann vor, wenn jede Partei eine Willenserklärung

---

[1] IPRspr. 2002 Nr. 157.
[2] IPRspr. 2003 Nr. 149.
[3] IPRspr. 2005 Nr. 117.

schriftlich abgegeben hat. Das kann abweichend von § 126 II BGB auch in getrennten Schriftstücken geschehen, sofern aus ihnen die inhaltliche Übereinstimmung beider Erklärungen hinreichend deutlich hervorgeht (BGH, NJW 2001, 1731)[4]. Ob zur Wahrung der Schriftform stets handschriftlich unterzeichnete Willenserklärungen beider Seiten erforderlich sind (so Senatsurt. vom 19.10.2011 – 16 U 161/10[5]; OLG Karlsruhe, OLGR 2009, 485[6]; MünchKommZPO-*Gottwald*, 3. Aufl., Art. 23 EuGVVO Rz. 25) oder – wie das LG meint – von den Parteien jeweils nichthandschriftlich unterzeichnete Schriftstücke ausreichen, solange sie ihren Urheber erkennen lassen (so etwa *Zöller-Geimer*, ZPO, 29. Aufl., Art. 23 EuGVVO Rz. 13; *Geimer-Schütze*, Europäisches Zivilverfahrensrecht, 3. Aufl., Art. 23 EuGVVO Rz. 105; *Rauscher-Mankowski*, EuZPR/EuIPR [Stand 2011] Art. 23 Brüssel I-VO Rz. 15; *Schlosser*, EU-Zivilprozessrecht, 3. Aufl., Art. 23 EuGVVO Rz. 19; *Reithmann-Martiny-Hausmann*, Internationales Vertragsrecht, 7. Aufl., Rz. 6435) ist umstritten und für den Anwendungsbereich des Art. 23 EuGVO vom BGH zuletzt offengelassen worden (BGH, IHR 2011, 179)[7]. Allerdings hat der BGH entschieden, dass eine schriftliche Vereinbarung im Sinne von Art. 17 I 2 lit. a LugÜ/EuGVÜ nicht schon dann zu bejahen ist, wenn ein entspr. Vertragstext dem anderen Teil ohne eigene Unterschrift übersandt worden und von jenem unterzeichnet zurückgegeben worden ist, weil dies nicht dem entspreche, was im Rechtsverkehr allgemein unter einer schriftlichen Vereinbarung verstanden werde, (BGH, NJW-RR 2005, 150[8] Tz. 16).

Ob dies im Rahmen des Art. 23 EuGVO anders zu beurteilen ist oder im Hinblick auf die Möglichkeit der elektronischen Übermittlung nicht-handschriftlich unterschriebener Erklärungen nach Art. 23 II EuGVO eine andere Beurteilung angezeigt wäre, kann indes offen bleiben. Denn die Einigung genügt jedenfalls den Anforderungen des Art. 23 II EuGVO. Danach sind elektronische Übermittlungen, die eine dauerhafte Aufzeichnung der Vereinbarung ermöglichen, der Schriftform gleichgestellt. Die hiernach zu stellenden Anforderungen an die Wahrung der Form der elektronischen Übermittlungen sind autonom auszulegen, auf die Einhaltung der nach nationalem Recht etwa für die elektronische Form nach § 126a BGB vorgeschriebenen Voraussetzung kommt es insoweit nicht an. Zwar sind die Formerfordernisse des Art. 23 EuGVO grundsätzlich eng auszulegen, da normalerweise den Regelungen in Art. 2 EuGVO sowie Art. 5 EuGVO der Vorrang gebührt (vgl. EuGH, Urt. vom 20.2.1997 – Mainschiffahrts-Genossenschaft e.G. (MSG) ./. Les Gravières Rhénanes S.A.R.L., Rs C-106/95, NJW 1997, 1431, 1432; OLG Karlsruhe aaO). Dies ist auch bei der Auslegung des Art. 23 II EuGVO zu berücksichtigen. Zweck des Art. 23 II EuGVO ist aber nach der Richtlinie 2000/31/EG des Europäischen Parlaments und des Rates über bestimmte rechtliche Aspekte der Dienste der Informationsgesellschaft, insbesondere des elektronischen Geschäftsverkehrs, im Binnenmarkt vom 8.6.2000 (ABl. Nr. L 178/1; nachfolgend: E-Commerce-Richtlinie), den elektronischen Rechtsverkehr zu fördern. Deshalb sind die Anforderungen an die elektronische Form von Gerichtsstandsvereinbarungen nicht zu restriktiv auszulegen. Nach Art. 23 II EuGVO ist daher erforderlich, aber auch ausreichend, dass die Art der elektronischen Übermittlung eine dauerhafte Speicherung der Vereinba-

---

[4] IPRspr. 2001 Nr. 133.
[5] IPRspr. 2011 Nr. 215.
[6] IPRspr. 2009 Nr. 169.
[7] IPRspr. 2010 Nr. 201.
[8] IPRspr. 2004 Nr. 117.

rung ermöglicht und die Art der Übermittlung ihren Urheber erkennen lässt und die elektronisch übermittelten Erklärungen in Textform ausgedruckt werden können. Dies ist insbes. bei der Übermittlung von Vertragserklärungen per E-Mail der Fall. Dagegen ist eine elektronische Verschlüsselung bzw. Signatur nach Art. 23 II EuGVO, der keine Anforderungen an die Form der elektronischen Übermittlung stellt, nicht erforderlich (MünchKommZPO-*Gottwald* aaO Rz. 40; *Musielak-Stadler* aaO; *Geimer-Schütze* aaO; *Rauscher-Mankowski* aaO Rz. 38; *Reithmann-Martiny-Hausmann* aaO Rz. 6443; a.A. für Art. 13 CISG: *Schlechtriem/Schwenzer-Schmidt-Kessel*, CISG, 5. Aufl., Art. 13 Rz. 7). Ein entspr. Erfordernis würde den elektronischen Rechtsverkehr erheblich erschweren und damit dem Grundgedanken des Art. 23 II EuGVO und der E-Commerce-Richtlinie zuwider laufen. Dagegen dient das Formerfordernis des Art. 23 I 3 lit. a Alt. 1, II EuGVO der Sicherstellung, dass die Parteien einer Klausel, die von den allgemeinen Zuständigkeitsvorschriften abweicht, tatsächlich zugestimmt haben. Dies ist beim Austausch von E-Mails auch ohne Signatur der Fall.

Auch eine Übermittlung in einem Anhang einer E-Mail stellt eine elektronische Übermittlung im Sinne des Art. 23 II EuGVO dar. Anhänge sind Bestandteil der E-Mail selbst. Sie werden mit dieser elektronisch übermittelt. Die in Anhängen übersandten Schreiben können ebenfalls nicht handschriftlich unterschrieben werden; es besteht nur die Möglichkeit, eine handschriftlich unterschriebene Erklärung einzuscannen; damit wird aber wie bei einem Telefax nur die Kopie einer Unterschrift übermittelt. Eine Differenzierung zwischen dem Text der E-Mail und den Erklärungen, die mit den Anhängen der E-Mail übermittelt werden, ist daher nicht angezeigt.

Nach dem in der Berufung unstreitigen Sachvortrag der Parteien liegt hier eine elektronische Übermittlung sowohl des Schreibens der Kl. vom 19.4.2011 als auch der bestätigenden Rückantwort der Bekl. vor. Danach hat die Kl. das Schreiben vom 19.4.2011 als Anhang einer E-Mail zunächst an den Handelsmakler gesandt, dieser hat das E-Mail-Schreiben mit Anhang wie von der Kl. gewünscht an den Präsidenten der Bekl., Herrn D, weitergeleitet, der sich zu diesem Zeitpunkt in Hongkong aufhielt. Dieser druckte das ihm elektronisch übermittelte Angebotsschreiben aus, paraphierte oder unterschrieb jede Seite und ließ es sodann wieder als Anhang einer E-Mail auf elektronischen Weg über den Handelsmakler an die Kl. zurücksenden.

Es kann offen bleiben, ob der Handelsmakler hierbei mit Empfangsvollmacht der Parteien gehandelt hat. Jedenfalls ist er von beiden Parteien als Bote zur elektronischen Übermittlung eingesetzt worden. Im Rahmen des Art. 23 II EuGVO ist ausreichend, dass die Erklärung auf Veranlassung und mit Wissen der jeweils erklärenden Partei in elektronischer Form versandt und in elektronischer Form bei dem Erklärungsgegner angekommen ist, und beide Erklärungen ihren jeweiligen Urheber erkennen lassen. Dies war hier trotz Einschaltung des Handelsmaklers der Fall, weil dieser die jeweiligen Nachrichten auftragsgemäß nur weitergeleitet hat. Damit gleicht seine Tätigkeit derjenigen des Providers, der die E-Mail-Nachricht an den Adressaten leitet. Es sind auch sowohl die ursprünglichen Absender der weitergeleiteten E-Mails als auch aus den angehängten Schreiben die Urheber der dort abgegebenen Erklärungen zu erkennen. Das Schreiben der Kl. war mit dem Namen des Geschäftsführers gezeichnet, das Antwortschreiben der Bekl. war jedenfalls paraphiert. Dass sich die Parteien bei der elektronischen Übermittlung ihrer Erklärungen jeweils einer Hilfsperson bedient haben, ist daher unerheblich.

2. Die zulässige Klage ist auch begründet. Der Kl. steht gegen die Bekl. ein Schadensersatzanspruch in Höhe von 109 858,56 Euro aus Art. 74, 25, 33, 45, 59 CISG zu. Auf die zutreffende Begründung des angefochtenen Urteils wird Bezug genommen. Die mit der Berufung erhobenen Einwände und Verfahrensrügen greifen nicht durch.

2.1 Die Bekl. hat wie ausgeführt das Vertragsangebot der Kl. vom 19.4.2011 durch Rücksendung des gegengezeichneten Schreibens angenommen, so dass ein wirksamer Vertrag über den Druck der Wanderführer zustande gekommen ist. Es liegt kein offener Dissens im Hinblick auf die Stellung eines Akkreditivs vor. Das Auftragsschreiben der Kl. vom 19.4.2011 sieht die Stellung eines Akkreditivs nicht vor. Die E-Mail der Kl. an den Handelsvertreter vom 19.4.2011, mit der die Stellung eines Akkreditivs in Aussicht gestellt wurde, kann nicht als Modifizierung des zeitgleich übermittelten Angebotsschreibens angesehen werden, weil die Kl. sich auch nach dem Inhalt der begleitenden E-Mail nicht zur Stellung eines Akkreditivs verpflichten wollte. Mit der E-Mail hat die Kl. vielmehr nur das Angebot und den Inhalt der vorangegangenen Gespräche erläutert. Die Bekl. hat hierauf den Auftrag der Kl. ohne Vereinbarung eines Akkreditivs akzeptiert.

2.2. Die Parteien haben die Anwendung deutschen Rechts vereinbart. Das anwendbare Recht richtet sich nach der Rom-I-VO, weil das hier vorliegende Schuldverhältnis eine Handelssache ist, die Verbindung zum Recht verschiedener Staaten aufweist. Die Parteien haben einen Werklieferungsvertrag geschlossen und ihren Sitz in verschiedenen Staaten. Gemäß Art. 3 I Rom-I-VO unterliegt der Vertrag dem von den Parteien gewählten Recht. Die Rechtswahl muss ausdrücklich erfolgen oder sich eindeutig aus den Bestimmungen des Vertrags oder aus den Umständen des Falls ergeben. Die Parteien haben ausdrücklich die Geltung deutschen Rechts vereinbart. Hierzu gehört kraft autonomer Anwendung des Übereinkommens auch das UN-Kaufrecht, das gemäß Art. 1 I CISG auf Kaufverträge über Waren zwischen Parteien anwendbar ist, die ihre Niederlassung in verschiedenen Staaten haben, wenn diese Staaten Vertragsstaaten sind oder wenn die Regeln des IPR zur Anwendung des Rechts eines Staats führen. Die Parteien können zwar die Anwendung des CISG mit der Wahl des Rechts des Vertragsstaats gemäß Art. 6 CISG ausdrücklich oder stillschweigend ausschließen. Die Vereinbarung der Geltung des deutschen materiellen Rechts für sich genommen kann aber nicht als Ausschluss des CISG angesehen werden, weil von der Verweisung auf deutsches Recht auch das CISG als dessen Bestandteil erfasst wird (BGH, NJW 1997, 3309, 3310[9]; *Schlechtriem-Schwenzer-Ferrari* aaO Art. 1 Rz. 72).

2.3. Die Bekl. hat ihre vertraglichen Pflichten verletzt. Gemäß Art. 33 lit. a CISG hat der Verkäufer die Ware zum Zeitpunkt zu liefern, der im Vertrag bestimmt ist oder aufgrund des Vertrags bestimmt werden kann. Erfüllt der Verkäufer eine seiner Pflichten nach dem Vertrag oder dem Wiener Kaufrechtsabkommen nicht, so kann der Käufer gemäß Art. 45 I CISG die in Art. 46 ff. CISG vorgesehenen Rechte ausüben und/oder Schadenersatz nach Art. 74 ff. CISG verlangen. Nach dem Vertrag war als Liefertermin der ‚15.7.2011 (FOB)' vorgesehen. Diesen Liefertermin hat die Bekl. nicht eingehalten und konnte ihn auch unstreitig nicht einhalten.

---

[9] IPRspr. 1997 Nr. 43.

Die Bekl. hatte kein Nachlieferungsrecht. Die Vertragsverletzung ist wesentlich im Sinne des Art. 25 CISG. Danach ist eine Vertragsverletzung wesentlich, wenn sie für die andere Partei solchen Nachteil zur Folge hat, dass ihr im Wesentlichen entgeht, was sie nach dem Vertrag hätte erwarten dürfen, es sei denn, die vertragsbrüchige Partei hat diese Folge nicht vorausgesehen und eine vernünftige Person hätte diese Folge unter den gleichen Umständen auch nicht vorausgesehen. Das LG hat in diesem Zusammenhang mit zutreffender Begründung die Vereinbarung eines handelsrechtlichen Fixtermins bejaht. Dieser ergibt sich eindeutig aus dem Wortlaut des Vertrags. Zwar ist der Begriff ‚handelsrechtlicher Fixtermin' kein international gebräuchlicher. Die Incoterms sehen den Begriff ‚CIF' vor (*Schlechtriem-Schwenzer-Schroeter* aaO Art. 25 Rz. 20). Die Vertragssprache ist aber Deutsch. Die Bekl. kann sich – wie bereits ausgeführt – nicht darauf berufen, dass ihr Präsident der deutschen Sprache nicht mächtig ist. Im deutschen Sprachgebrauch ist der Begriff eindeutig. Entgegen der Darstellung der Bekl. sind Fixgeschäfte auch im internationalen Handel nicht ungewöhnlich. Insbesondere im Zusammenhang mit Incoterms-FOB-Abladeverträgen wie dem vorliegenden sind Fixverträge üblich, was bereits die Planung der Verschiffung erfordert (vgl. etwa *Schlechtriem-Schwenzer-Schroeter* aaO). Hierauf beruft sich die Bekl. auch selbst, soweit es um die Einhaltung der Fristen zur Übersendung der Druckvorlagen geht. Das LG hatte dementsprechend auch zu Recht angenommen, dass mit der Versäumung des vereinbarten Fixtermins eine wesentliche Vertragsverletzung der Bekl. vorliegt, in deren Folge die weitere Vertragserfüllung für sie [nicht mehr von Interesse war]. Denn es bestand die Gefahr, dass die Kl. ihre eigenen Verpflichtungen gegenüber ihrem Abnehmer nicht erfüllen konnte ...

Ebenso hat das LG zu Recht angenommen, dass die Bekl. bei Vertragsschluss erkennen konnte, dass für die Kl. die Einhaltung des Liefertermins von erheblicher Bedeutung war. Insofern ist unerheblich, ob der Bekl. die konkreten Liefertermine der Kl. gegenüber ihrem Abnehmer bzw. der Firma B bekannt waren. Wie das LG zu Recht ausgeführt hat, ergibt sich bereits aus der Vereinbarung eines Fixhandelsgeschäfts, dass der Besteller ein erhebliches Interesse an der Einhaltung dieses Termins hat, zumal die Bekl. die Ablieferung in China und nicht in Deutschland oder Italien schuldete.

Die Bekl. war von ihrer Lieferpflicht nicht wegen Schwierigkeiten bei der Papierbeschaffung nach Art. 79 CISG befreit. Die Bekl. hat bereits nicht dargelegt, dass die verspätete Lieferung auf einem außerhalb ihres Einflussbereichs liegenden Hinderungsgrund beruht. Vielmehr ergibt sich aus ihrem eigenen Vortrag, dass bereits am 13.5.2011 ein Problem bei der Papierbeschaffung bestand. Dass diese Schwierigkeiten bis Anfang Juli 2011 nicht hätten gelöst werden können und in diesem Zeitraum eine Papierlieferung nicht zu erhalten war, hat die Bekl. nicht dargelegt.

Die Kl. muss sich auch nicht Art. 80 CISG entgegenhalten lassen. Danach kann sich die Partei auf die Nichterfüllung von Pflichten durch die andere Partei nicht berufen, soweit die Nichterfüllung durch ihre Handlung oder Unterlassung verursacht wurde. Ein Zusammenhang zwischen dem Engpass in der Papierlieferung und der verspäteten Lieferung der Druckvorlagen durch die Kl. kann dem Vortrag der Bekl. bereits nicht entnommen werden. Insbesondere ist nicht ersichtlich, dass die rechtzeitige Bereitstellung der Druckvorlagen Voraussetzung der Papierbeschaffung war.

Soweit die Bekl. erstinstanzlich vorgetragen hat, ‚in dieser Woche' habe ein Engpass bei der Papierbeschaffung bestanden, ist der Vortrag zudem unsubstanziiert, weil nicht erkennbar ist, welche Woche damit gemeint ist. Schließlich ergibt sich aus der E-Mail des Maklers vom 11.7.2011, dass der Engpass bei der Papierbeschaffung allein in die Sphäre der Bekl. fiel.

Der Bekl. stand auch nicht die Einrede des Art. 71 CISG zu. Danach kann eine Partei die Erfüllung ihrer Pflichten aussetzen, wenn sich nach Vertragsschluss herausstellt, dass die andere Partei einen wesentlichen Teil ihrer Pflichten nicht erfüllen wird. Diese Voraussetzungen liegen nicht vor. Soweit die Bekl. die Einrede auf die Verweigerung des Akkreditivs stützt, war ein solches von der Kl. – wie bereits ausgeführt – nicht geschuldet. Hinsichtlich der Restforderung aus dem Vorgängervertrag konnte die Kl. ein Zurückbehaltungsrecht schon deshalb nicht auf Art. 71 CISG stützen, weil es sich hierbei nicht um eine Verletzung des streitgegenständlichen Vertrags handelte. Zudem hat sich die mangelnde Zahlungsbereitschaft der Kl. hinsichtlich dieser Forderung nicht erst nach Vertragsschluss herausgestellt. Wie der E-Mail der Bekl. vom 19.4.2011 zu entnehmen ist, bestand bereits vor Vertragsschluss Streit über diese Forderung.

Die Bekl. kann sich auch nicht auf ein Zurückbehaltungsrecht aus nationalem Recht stützen. Art. 71 CISG regelt die Zurückbehaltungsrechte im Anwendungsbereich abschließend (*Schlechtriem-Schwenzer-Fountoulakis* aaO Art. 71 Rz. 31).

Schließlich lässt auch eine nachträgliche Kündigung des Vertrags durch die Bekl. einen Schadensersatzanspruch der Kl. nicht rückwirkend entfallen.

Die Bekl. schuldet der Kl. daher Schadensersatz nach Art. 74 CISG. Die Schadensersatzpflicht nach Art. 74 CISG wird bereits durch eine objektive Pflichtverletzung ausgelöst. Es genügt, dass eine Verbindlichkeit bei Fälligkeit nicht erfüllt wird. Verschulden, Mahnung oder Nachfristsetzung sind nicht erforderlich, ebenso wenig gemäß Art. 45 I, II CISG die (wie das LG zutreffend ausgeführt hat, unterbliebene) Kündigung des Auftrags nach Art. 49, 75 CISG (*Schlechtriem-Schwenzer* aaO Art. 74 Rz. 12). Entgegen der Ansicht der Bekl. ist der geltend gemachte Schadensersatz auch im vollen Umfang von Art. 74 CISG gedeckt. Danach kann die Partei den erlittenen Verlust und den entgangenen Gewinn geltend machen. Die Kl. macht den erlittenen Verlust und keinen entgangenen Gewinn geltend. Besteht die Pflichtverletzung in einem Lieferverzug, sind auch die Mehrkosten eines Deckungskaufs ersatzfähig. Diese können auch dann verlangt werden, wenn der Vertrag nicht aufgehoben wurde (*Schlechtriem-Schwenzer* aaO Rz. 22, 25).

Es besteht auch ein Zusammenhang zwischen der Pflichtverletzung und dem Schaden. Wie o.a. kann die Bekl. sich nicht darauf berufen, dass die Kl. auf ihre Angebote zur Vertragserfüllung in Italien nicht eingegangen ist. Aus eben diesem Grund ist der Kl. auch kein Verstoß gegen die Schadensminderungspflicht vorzuwerfen.

Da die Einwendungen der Bekl. nach dem CISG nicht durchgreifen, kann dahinstehen, ob das LG gegen seine Hinweispflicht aus § 139 ZPO verstoßen hat."

b) BGH 7.1.2014 – VIII ZR 137/13:

„Soweit das Berufungsgericht die Revision zugelassen hat, besteht nach derzeitiger Beurteilung des Senats weder ein Revisionszulassungsgrund, noch hat die Revision Aussicht auf Erfolg.

1. Das Berufungsgericht hat die Revision wegen der von ihm für rechtsgrundsätzlich erachteten Frage zugelassen, welche Anforderungen bei der von ihm als wirksam angesehenen Gerichtsstandsvereinbarung gemäß Art. 23 II EuGVO an die elektronische Übermittlung der zugrunde liegenden Erklärungen sowie gemäß Art. 23 I 3 lit. a EuGVO an das Schriftformerfordernis zu stellen sind ...

a) Soweit das Berufungsgericht die Frage problematisiert hat, ob die Schriftformanforderungen des Art. 23 II EuGVO nur bei Vorliegen einer elektronischen Verschlüsselung oder Signatur erfüllt sind, fehlt es an der Klärungsbedürftigkeit. Klärungsbedürftig ist eine Rechtsfrage dann, wenn die durch das Berufungsurteil aufgeworfene Rechtsfrage zweifelhaft ist, also über Umfang und Bedeutung einer Rechtsvorschrift Unklarheiten bestehen (BGH, Beschlüsse vom 24.4.2013 – XII ZR 159/12, NJW-RR 2013, 897 Rz. 4; vom 8.2.2010 – II ZR 54/09, WM 2010, 936 Rz. 3). Das ist hier – und zwar im Sinne eines acte clair – nicht der Fall.

Der Wortlaut dieser Bestimmung, nach der elektronische Übermittlungen, die eine dauerhafte Aufzeichnung der Vereinbarung ermöglichen, der Schriftform gleichgestellt sind, gibt für ein derart qualifiziertes Formerfordernis nichts her. Auch der Zweck des Schriftformerfordernisses, nämlich durch bestimmte formale Vorgaben zu gewährleisten, dass zum einen – im Sinne einer Warnfunktion – den Vertragsparteien die Einigung über diesen Regelungsgegenstand vor Augen geführt wird (vgl. EuGH, Urt. vom 16.3.1999 – Trasporti Castelletti Spedizioni Internazioinali S.p.A. ./. Hugo Trmpy S.p.A., Rs C-159/97, EuZW 1999, 441 Rz. 19; Urt. vom 9.12.2003 – Erich Gasser ./. MISAT S.r.l., Rs C-116/02, EuZW 2004, 188 Rz. 50), und dass zum anderen – zur Gewährleistung von Rechtssicherheit – im Falle einer späteren Rechtshängigkeit die Einigung über den Gerichtsstand für die beteiligten Gerichte klar und präzise feststellbar sein soll (vgl. EuGH, Urt. vom 14.12.1976 – Estasis Salotti di Colzani Aimo e Gianmario Colzani s.n.c. ./. Rüwa Polstereimaschinen GmbH, Rs C-24/76, NJW 1977, 494; Urt. vom 20.2.1997 – Mainschiffahrts-Genossenschaft e.G. (MSG) ./. Les Gravières Rhénanes S.A.R.L., Rs C-106/95, NJW 1997, 1431 Rz. 15; Gasser aaO Rz. 51; BGH, Urt. vom 6.7.2004 – X ZR 171/02[1], WM 2005, 1049 unter II. 1), erfordert eine Verschlüsselung oder Signatur nicht. Dementsprechend wird durchgängig angenommen, dass der von Art. 23 II EuGVO geforderten elektronischen Form genügt ist, wenn die Erklärung – wie etwa bei einer üblichen E-Mail – in einem sichtbaren Text verkörpert ist, der seinen Urheber erkennen lässt sowie gespeichert ist und zumindest dadurch reproduziert werden kann (BGH, Urt. vom 22.2.2001 – IX ZR 19/00[2], WM 2001, 768 unter II. 2; *Musielak-Stadler*, ZPO, 10. Aufl., Art. 23 VO [EG] 44/2001 Rz. 9; MünchKommZPO-*Gottwald*, 4. Aufl., Art. 23 EuGVO Rz. 32, 46; *Saenger-Dörner*, ZPO, 5. Aufl., Art. 23 EuGVVO Rz. 33; jeweils m.w.N.). Soweit das Berufungsgericht auf eine – vermeintliche – Gegenstimme (*Schlechtriem/Schwenzer/Schmidt-Kessel*, Kommentar zum Einheitlichen UNKaufrecht, 5. Aufl., Art. 13 Rz. 7) verweist, betrifft diese die mit einem abweichenden Wortlaut unterlegte Gleichstellungsregelung des Art. 13 CISG; für diese wird im Falle vereinbarter Schriftform aber inzwischen ebenfalls ganz überwiegend die Fixierung der Erklärung in einer E-Mail als im Regelfall ausreichend angesehen (*Schlechtriem/Schwenzer/Schmidt-Kessel* aaO Art. 13 Rz. 7; *Staudinger-Magnus*, BGB, Neubearb. 2013, Art. 13 CISG Rz. 5).

---

[1] IPRspr. 2004 Nr. 117.   [2] IPRspr. 2001 Nr. 133.

b) Soweit das Berufungsgericht die Revision zur Klärung des in Art. 23 I 3 lit. a EuGVO geregelten Schriftformerfordernisses zugelassen hat, fehlt es bereits an der erforderlichen Entscheidungserheblichkeit. Denn das Berufungsgericht hat diese Frage mit Recht selbst offengelassen, weil es darauf vor dem Hintergrund des Art. 23 II EuGVO nicht angekommen ist. Denn dessen Anforderungen sind – wie nachfolgend ausgeführt – hier gewahrt.

2. Die Revision hat auch keine Aussicht auf Erfolg. Anders als die Revision meint, haben die Parteien für die Lieferung der im Streit stehenden Druckerzeugnisse den Gerichtsstand Köln in einer den Anforderungen des Art. 23 EuGVO genügenden Form vereinbart.

a) Art. 23 I EuGVO verlangt zur Wirksamkeit einer Gerichtsstandsvereinbarung eine dahingehende Vereinbarung zwischen den Vertragsparteien. Das im Streitfall angerufene Gericht muss deshalb in erster Linie prüfen, ob die seine Zuständigkeit begründende Klausel tatsächlich Gegenstand einer Willenseinigung zwischen den Parteien war, ob also – und zwar unabhängig von der materiell-rechtlichen Wirksamkeit des Hauptvertrags (EuGH, Urt. vom 3.7.1977 – Francesco Benincasa ./. Dentalkit S.r.l., Rs C-269/95, RIW 1997, 775 Rz. 29) – eine solche Willenseinigung der Parteien tatsächlich vorliegt (EuGH, Urt. vom 7.2.2013 – Refcomp S.p.A. ./. Axa Corporate Solutions Assurance S.A. u.a., Rs C-543/10, IHR 2013, 85 Rz. 27 f. m.w.N.).

Zwar ist umstritten, ob die Voraussetzungen für das Zustandekommen einer solchen Willenseinigung autonom dahin zu bestimmen sind, dass es allein auf deren – wie hier – tatsächliches Bestehen unter Wahrung der in Art. 23 EuGVO beschriebenen Formanforderungen ankommt, oder ob zusätzlich die kollisionsrechtlich nach dem Vertragsstatut zu bestimmenden Regeln über einen Vertragsschluss heranzuziehen sind, zu denen sich die EuGVO mit Ausnahme der genannten Formanforderungen nicht näher verhält (zum Streitstand MünchKommZPO-*Gottwald* aaO Rz. 22; *Saenger-Dörner* aaO Rz. 13 f.; jeweils m.w.N.). Selbst wenn man – wovon die Revision ersichtlich ausgeht – insoweit an das nach dem Vertragsstatut berufene Recht anzuknüpfen hätte, könnte das Vorliegen einer insgesamt wirksamen Willenseinigung der Vertragsparteien über den Gerichtsstand nicht verneint werden.

b) Auf das Vertragsverhältnis der Parteien sind – wie immer man kollisionsrechtlich anknüpfen will – die Bestimmungen des UN-Kaufrechtsübereinkommens (CISG) mit den in Art. 14 ff. enthaltenen Regeln über einen Vertragsschluss anwendbar. Das zieht auch die Revision nicht in Zweifel. Nach diesen Regeln ist entgegen der Auffassung der Revision ein Vertragsschluss [gegeben], der den Formanforderungen des Art. 23 II EuGVO an die darin enthaltene Gerichtsstandsvereinbarung gerecht würde, aber nicht schon gemäß Art. 18 II 2 CISG daran gescheitert, dass die Bekl. die Annahme des ihr unter dem 19.4.2011 mit Annahmefrist bis zum 21.4.2011 per E-Mail übermittelten Druckauftrags erst mit einer bei der Kl. am 27.4.2011 eingegangenen E-Mail erklärt hat. Vielmehr ist eine verspätete – hier vom Berufungsgericht zudem rechtsfehlerfrei nicht nur als Empfangsbestätigung gewertete – Annahme gemäß Art. 21 I CISG dennoch als Annahme wirksam, wenn der Anbietende unverzüglich den Annehmenden in diesem Sinne mündlich unterrichtet oder eine entspr. schriftliche Mitteilung absendet.

Das ist hier – und zwar sogar in einer den Anforderungen des Art. 23 II EuGVO genügenden Form – geschehen. Denn die auch von der Revision aufgegriffene Vertragsdurchführung ist – worauf die Revisionserwiderung zutreffend verweist – unstreitig etwa mit einer E-Mail der Kl. vom 28.4.2011 eingeleitet worden, in der diese die Bekl. auf den erfolgten Versand der zum Druck benötigten Dateien hingewiesen hat. Schon darin liegt eine den Anforderungen des Art. 21 I CISG genügende Billigung des mit Absendung der E-Mail rückwirkend auf den Zeitpunkt des Zugangs der (verspäteten) Annahmeerklärung zwischen den Parteien zustande gekommenen Vertrags unter Einschluss der hierin formgerecht enthaltenen Gerichtsstandsvereinbarung (vgl. Staudinger-Magnus, BGB, Neub. 2013, Art. 13 CISG Rz. 11 f.; *Schlechtriem-Schwenzer-Schroeter* aaO Art. 21 Rz. 9 f.; jeweils m.w.N.)."

167. *Art. 9 I lit. b EuGVO begründet nicht die deutsche internationale Zuständigkeit für Klagen einer Bank, an die der in Deutschland wohnende Versicherungsnehmer seinen Anspruch gegen den in einem anderen Vertragsstaat ansässigen Versicherer abgetreten hat. Das gilt auch für Klagen des Insolvenzverwalters der Bank.*
Die Vereinbarung eines Gerichtsstands am Wohnsitz des Versicherungsnehmers ist gemäß Art. 23 I 2 EuGVO im Zweifel als ausschließlicher Gerichtsstand zu verstehen und gemäß Art. 23 V EuGVO ohne rechtliche Wirkung.

OLG Dresden, Urt. vom 14.1.2014 – 4 U 717/13: WM 2015, 234; VersR 2015, 382.

Der Kl. macht als Insolvenzverwalter über das Vermögen einer finanzierenden Bank gegen die Bekl. einen Zahlungsanspruch aus einem Versicherungsvertrag der Bekl. mit einem Versicherungsnehmer geltend, der den Anspruch zur Sicherheit an die finanzierende Bank abgetreten hatte. Dem Versicherungsvertrag lagen Policenbedingungen zugrunde, in denen eine Rechtswahl zugunsten deutschen Rechts und eine Gerichtsstandsvereinbarung zugunsten der Gerichten am Wohnsitz des Versicherungsnehmers enthalten waren.
Das LG hat die Bekl. zur Zahlung verurteilt. Mit ihrer gegen das Urteil des LG eingelegten und begründeten Berufung hält die Bekl. die Rüge der internationalen Unzuständigkeit aufrecht.

Aus den Gründen:

„II. Die zulässige Berufung der Bekl. ist begründet. Die Klage ist als unzulässig abzuweisen, weil die internationale Zuständigkeit deutscher Gerichte nicht besteht.
1. Die internationale Zuständigkeit ist in jeder Instanz zu prüfen. Sie bestimmt sich vorliegend nach der EuGVO. Gemäß Art. 2 I EuGVO sind Personen, die ihren Wohnsitz im Hoheitsgebiet eines Mitgliedstaats der EU haben, grundsätzlich vor den Gerichten dieses Mitgliedstaats zu verklagen. Da die Bekl. ihren Sitz im Vereinigten Königreich hat, ist sie grundsätzlich dort zu verklagen (vgl. Erwgr. 20 EuGVO).
2. Die deutsche internationale Zuständigkeit ergibt sich nicht aus Art. 9 I lit. b EuGVO. Danach kann ein Versicherer, der seinen Sitz im Hoheitsgebiet eines Mitgliedstaats hat, in einem anderen Mitgliedstaat verklagt werden, bei Klagen des Versicherungsnehmers, des Versicherten oder des Begünstigten vor dem Gericht des Orts, an dem der Kläger seinen Wohnsitz hat.

a) Zwar hätte diese Vorschrift die deutsche internationale Zuständigkeit für eine Klage des Versicherungsnehmers begründet, nicht aber für die Klage der Bank als Zessionarin und damit erst Recht nicht des Kl. als Insolvenzverwalter der Bank.

Insbesondere ist es nicht möglich, die Bank als Begünstigte im Sinne der Vorschrift anzusehen, auch wenn sie wirtschaftlich aufgrund der Abtretung begünstigt ist und diese Begünstigung bei dem gerichtsbekannt in aller Regel praktizierten Modell der Kreditfinanzierung von Versicherungsbeiträgen wie dem hier vorliegenden auch nicht fern liegt. Wer Begünstigter im Sinne von Art. 9 I lit. b EuGVO ist, ist, wie die Vorschriften der VO generell (vgl. dazu EuGH, Urt. vom 17.9.2009 – Vorarlberger Gebietskrankenkasse ./. WGV-Schwäbische Allgemeine Versicherungs AG, Rs C-347/08, VersR 2009, 1512, Nr. 35), autonom auszulegen. Wie sich aus dem systematischen Vergleich mit Art. 11 II EuGVO ergibt, muss die Begünstigung im Sinne von Art. 9 I lit. b EuGVO auf dem Versicherungsvertrag beruhen. Denn auch der Geschädigte, der einen ihm zustehenden unmittelbaren Anspruch gegen den Versicherer geltend macht, ist offenbar kein Begünstigter, weil es sonst einer gesonderten Regelung der internationalen Zuständigkeit wie in Art. 11 II EuGVO nicht bedurft hätte. Da sich die Berechtigung der Bank und damit des Kl. nicht unmittelbar aus dem Vertrag ergibt, kann sich der Kl. nicht auf die internationale Zuständigkeit als Begünstigter berufen. Zum selben Ergebnis gelangt man auch bei Rückgriff auf die Arbeitsergebnisse der Restatement-Gruppe zum europäischen Versicherungsvertragsrecht (Principles of European Insurance Contract Law [PEICL]; vgl. dazu *Stein-Jonas-Wagner*, ZPO, 22. Aufl., Art. 9 EuGVVO Rz. 5).

b) Auch in ausdehnender bzw. analoger Anwendung von Art. 9 I lit. b EuGVO ergibt sich keine deutsche internationale Zuständigkeit, weil die Vorschrift einer solchen Anwendung jedenfalls im vorliegenden Fall nicht zugängig ist. Nach der Rspr. des EuGH ist Kap. II, Abschn. 3 der EuGVO vor dem Hintergrund des 13. Erwgr. der VO dahingehend auszulegen, dass die schwächere Partei durch Zuständigkeitsvorschriften zu schützen ist, die für sie günstiger sind als die allgemeine Regelung. Daraus ergibt sich, dass die besonderen Zuständigkeitsregeln nicht auf Personen ausgedehnt werden dürfen, die dieses Schutzes nicht bedürfen (EuGH aaO Nr. 40/41). Bereits aus dieser Erwägung ergibt sich, dass die Art. 9 I EuGVO keine internationale Zuständigkeit im Sitzland der Bank begründen kann. Es ist auch nicht ersichtlich, dass in der hier vorliegenden Konstellation der Klage des Insolvenzverwalters der Bank andere Regeln eingreifen könnten. Diese Rechtslage ist vergleichbar mit der Rspr. zu den Verbrauchergerichtsständen des EuGVÜ (vgl. nunmehr Art. 15–17 EuGVO), die auch nur dann Anwendung finden, wenn die Partei, die die besonderen Zuständigkeitsregeln für sich in Anspruch nimmt, selbst den Status als Verbraucher genießt (EuGH, Urt. vom 19.1.1993 – Shearson Lehmann Hutton Inc. ./. TVB Treuhandgesellschaft für Vermögensverwaltung u. Beteiligungen mbH, Rs C-89/91, Slg. 1993 I-00139, NJW 1993, 1251; BGH, Urt. vom 20.4.1993 – XI ZR 17/90[1], NJW 1993, 2683).

3. Die deutsche internationale Zuständigkeit ergibt sich auch nicht aus einer zugunsten des Kl. wirkenden Vereinbarung zw. den Partnern des Versicherungsvertrags.

a) Der Senat lässt dabei die Frage offen, ob die als Gerichtsstandsvereinbarung in Betracht kommende Regelung in Nr. 10.4 Satz 2 der Policenbedingungen in der

---

[1] IPRspr. 1993 Nr. 138.

gemäß Art. 23 I 3 lit a EuGVO gebotenen Schriftform getroffen worden ist. Eine solche schriftliche Willenseinigung muss sich nicht ausdrücklich auf die – wie hier – in AGB aufgenommene Gerichtsstandsklausel beziehen. Es reicht aus, wenn in der erforderlichen Form auf AGB verwiesen wird, die ihrerseits eine Gerichtsstandsklausel enthalten, und der Vertragspartner bei normaler Sorgfalt davon auch Kenntnis nehmen konnte (BGH, Urt. vom 9.3.1994 – VIII ZR 185/92[2], NJW 1994, 2699; BGH, Beschl. vom 28.3.1996 – III ZR 95/95[3], NJW 1996, 1819, jeweils zu Art. 17 EuGVÜ). Vorliegend ist ein solcher Hinweis auf die Policenbedingungen im Versicherungsschein enthalten, der keine schriftliche Vereinbarung beider Vertragspartner darstellt.

Der Senat kann ebenso offenlassen, ob sich die Bekl. auf die fehlende Schriftform erfolgreich berufen könnte.

Die Gerichtsstandsklausel würde sich auf die Bank als Zessionarin und damit auch den Insolvenzverwalter beziehen (vgl. *Stein-Jonas-Wagner* aaO Art. 23 Rz. 92).

b) Die Klausel stellt jedoch keine zugunsten des Kl. wirksame Gerichtsstandsvereinbarung dar.

Die Vereinbarung hat gemäß Art. 23 V EuGVO keine rechtliche Wirkung. Nach dieser Vorschrift haben Gerichtsstandsvereinbarungen keine rechtliche Wirkung, wenn sie den Vorschriften u.a. des Art. 13 EuGVO entgegenlaufen. Danach kann von den Vorschriften in Kap. II, Abschn. 3 EuGVO (Zuständigkeit für Versicherungssachen) im Wege der Vereinbarung nur abgewichen werden, wenn die Vereinbarung dem Versicherungsnehmer, Versicherten oder Begünstigten die Befugnis einräumt, andere als die in diesem Abschnitt angeführten Gerichte anzurufen. Die getroffene Vereinbarung enthält eine solche Abweichung zulasten des Versicherungsnehmers, weil sie eine ausschließliche Zuständigkeit des Wohnsitzes des Versicherungsnehmers begründet. Damit nimmt sie dem Versicherungsnehmer und jeder weiteren an die Klausel gebundenen Person die Möglichkeit, den Versicherer vor den Gerichten des Mitgliedstaats zu verklagen, in dem der Versicherer seinen Sitz hat (Art. 9 I lit. a EuGVO).

Die Vereinbarung einer ausschließlichen Zuständigkeit lässt sich allerdings dem Wortlaut der Klausel nicht ohne weiteres entnehmen. Denn wenn dort lediglich geregelt wird, dass das Wohnsitzgericht ‚zuständig' ist, sagt dies noch nichts darüber aus, ob ein ausschließlicher Gerichtsstand oder ein Wahlgerichtsstand vereinbart werden soll. Im letzteren Fall ginge die Klausel zwar ins Leere, weil Art. 9 I lit. b EuGVO eben einen solchen Gerichtsstand am Wohnsitz des Versicherungsnehmers vorsieht. Unter Anwendung von Art. 23 V i.V.m. Art. 13 Nr. 2 EuGVO würde sich aber keine Unwirksamkeit der Klausel ergeben, weil die gesetzliche Regelung bestätigt bzw. wiederholt würde, eine Abweichung von ihr jedoch nicht festzustellen wäre. Die Bestätigung der in der Verordnung normierten, zum Schutz des Versicherungsnehmers erlassenen Gerichtsstandsregelung wäre, ebenso wie die Erweiterung des Schutzes (dazu *Stein-Jonas-Walter* aaO Art. 13 EuGVVO Rz. 9) kein Grund, die Klausel für unwirksam zu halten.

Die Auslegung der Klausel im Sinne der Begründung eines Wahlgerichtsstands kommt vorliegend jedoch nicht in Betracht, auch nicht bei Heranziehung der Grund-

---

[2] IPRspr. 1994 Nr. 137.   [3] IPRspr. 1996 Nr. 147.

sätze aus Art. 5 Satz 2 der Richtlinie 93/13/EWG des Rates über missbräuchliche Klauseln in Verbraucherverträgen vom 5.4.1993 (ABl. Nr. L 95/29), noch nach § 305c II BGB, wonach im Zweifel die für den Verbraucher günstigste Auslegung der Klausel heranzuziehen ist bzw. Zweifel zulasten des Verwenders der Klausel gehen. Denn die EuGVO enthält in Art. 23 I 2 eine speziellere und damit vorrangige Auslegungsregel. Danach wären durch eine Gerichtsstandsvereinbarung im Sinne der EuGVO die Gerichte des Mitgliedstaats ausschließlich zuständig, sofern die Parteien nichts anderes vereinbart haben. Eine solche abweichende Vereinbarung ist vorliegend nicht festzustellen. Keine der Parteien hat Ausführungen gemacht, die es auch nur nahe legen würden, dass über die Fragen des Gerichtsstands und der internationalen Zuständigkeit vor Vertragsschluss auch nur gesprochen worden wäre. Auch aus den erstinstanzlichen Zeugenvernehmungen ergab sich insoweit keine Andeutung.

Der Senat sieht es nicht als geboten an, Art. 23 V in Verbindung mit Art. 13 EuGVO in einem Fall wie dem vorliegenden einschränkend auszulegen. Den Regelungen über die internationale Zuständigkeit für Versicherungssachen in der EuGVO, die dem Versicherten schon ohne besondere Vereinbarung eine größere Auswahl an Gerichtsständen als dem Versicherer zur Verfügung stellen und die jede Möglichkeit einer Gerichtsstandsvereinbarung zugunsten des Versicherers ausschließen, liegt das Bestreben zugrunde, den Versicherten zu schützen, der meist mit einem vorformulierten, in seinen Einzelheiten nicht mehr verhandelbaren Vertrag konfrontiert wird und in aller Regel der wirtschaftlich Schwächere ist (EuGH, Urt. vom 12.5.2005 – Société financière et industrielle du Peloux ./. Axa Belgium u.a., Rs C-112/03, NJW 2005, 2135, zur EuGVÜ). Diesen Sinn und Zweck hat die Regelung erreicht, indem sie den Versicherungsnehmer vor der Auswirkung der Gerichtsstandsklausel schützt, einen der in der EuGVO vorgesehenen Gerichtsstände aufgrund der Vereinbarung zu verlieren. Dieser Schutz wirkt auch fort für Personen, die als Zessionare oder wie der Kl. als Insolvenzverwalter des Zessionars vorgehen. Denn auch ihnen kann die im Verhältnis zum Versicherungsnehmer unwirksame Gerichtsstandsvereinbarung nicht entgegengehalten werden. Der Schutzzweck der Norm ist somit erfüllt. Er gebietet grundsätzlich nicht, dass dem Zessionar alle Gerichtsstände für die Klage gegen den Versicherer zur Verfügung stehen. Gegen eine einschränkende Auslegung der Regelung spricht zudem Erwägungsgrund 11 der EuGVO, nach dem Zuständigkeitsvorschriften in hohem Maße vorhersehbar sein und sich grundsätzlich nach dem Wohnsitz des Beklagten richten müssen. Diese Zuständigkeit muss stets gegeben sein, außer in einigen genau festgelegten Fällen. Dass die Bekl. besonderen Schutzes nicht bedarf, kann daher nicht maßgeblich sein.

Aus diesen Gründen gibt es auch keinen Anlass, der Bekl. die Berufung auf die fehlende internationale Zuständigkeit gemäß den Grundsätzen von Treu und Glauben (§ 242 BGB) zu versagen. Mit solchen Erwägungen würde zum einen die Vorhersehbarkeit der Zuständigkeitsordnung der EuGVO beeinträchtigt, zum anderen ist nicht ersichtlich, inwieweit gerade gegenüber der Bank bzw. dem Kl. eine Verpflichtung der Bekl. nach Treu und Glauben bestehen soll, sich auf die fehlende internationale Zuständigkeit nicht zu berufen."

168. *Eine schriftliche Vereinbarung über den Gerichtsstand im Sinne von Art. 23 I 3 lit. a LugÜ II liegt nur dann vor, wenn – jede – Partei ihre Willenserklärung schriftlich abgegeben hat. Das kann, abweichend von § 126 II BGB, auch in getrennten Schriftstücken geschehen, sofern aus ihnen die inhaltliche Übereinstimmung beider Erklärungen hinreichend deutlich hervorgeht.*

Das (beiderseitige) Schriftformerfordernis ist nicht schon deshalb erfüllt, weil die eine Partei der anderen die Urkunde mit der Gerichtsstandsvereinbarung übersandt hat und sie von dieser unterzeichnet zurückgegeben worden ist. Das entspricht nicht dem, was im Rechtsverkehr allgemein unter einer schriftlichen Vereinbarung verstanden wird.

BGH, Beschl. vom 16.1.2014 – IX ZR 194/13: WM 2014, 534; IHR 2014, 171; ZInsO 2014, 739.

Die Kl., eine Schweizer Anwältin, nimmt die Bekl. vor dem AG ihres Wohn- und Geschäftssitzes auf Zahlung von Anwaltshonorar in Anspruch. Die Bekl. macht geltend, mit der Kl. eine Gerichtsstandsvereinbarung getroffen zu haben, wonach das Gericht am Schweizer Wohnsitz der Kl. für die Streitigkeiten aus dem Anwaltsvertrag international zuständig sei.

Das AG hat die Klage als unzulässig abgewiesen, das LG hat das Urteil auf die Berufung der Kl. aufgehoben und die Sache zur erneuten Verhandlung und Entscheidung an das AG zurückverwiesen. Hiergegen wendet sich die Bekl. mit der vom Berufungsgericht zugelassenen Revision, mit der sie die Wiederherstellung des amtsgerichtlichen Urteils erreichen möchte.

Aus den Gründen:

„II. Die Revision dürfte keinen Erfolg haben, und die Voraussetzungen für die Zulassung der Revision dürften nicht vorliegen. Auf die Rechtsfrage, wegen derer das LG die Revision zugelassen hat, kommt es nicht an.

1. Das LG hat ausgeführt: Zwar hätten die Parteien wirksam die internationale Zuständigkeit des Schweizer Gerichts vereinbart, doch habe sich die Bekl. beim AG rügelos auf das Verfahren eingelassen (Art. 24 LugÜ II), so dass dieses international zuständig geworden sei. Zugelassen hat das LG die Revision wegen der Frage, ob § 504 ZPO im Rahmen des Art. 24 LugÜ II anwendbar ist.

2. Die Ausführungen zur Wirksamkeit der Gerichtsstandsvereinbarung dürften rechtlicher Nachprüfung nicht standhalten. Die vom LG angenommene internationale Zuständigkeit der deutschen Gerichte ist nur dann nicht gegeben, wenn die Parteien eine wirksame anderweitige Gerichtsstandsvereinbarung geschlossen haben und die Bekl. die fehlende internationale Zuständigkeit vor dem AG rechtzeitig gerügt hat. Ersteres dürfte nach den Feststellungen des Berufungsgerichts und dem bisherigen Vortrag der Parteien nicht der Fall sein. Insoweit hat die Rechtssache weder grundsätzliche Bedeutung noch ist eine Entscheidung des Revisionsgerichts zur Fortbildung des Rechts oder zur Sicherung einer einheitlichen Rechtsprechung erforderlich.

a) Vorliegend bestimmt sich die internationale Zuständigkeit des angerufenen AG gemäß Art. 64 II lit. a LugÜ II nach dem Lugano-Übereinkommen, weil ein Gericht der Schweiz, ein Lugano-Staat, der nicht zugleich Mitgliedstaat der EuGVO ist, aufgrund einer Gerichtsstandsvereinbarung nach Art. 23 LugÜ II ausschließlich zuständig sein soll. Wurde die ausschließliche Zuständigkeit der Schweizer Gerichte nach Art. 23 LugÜ II wirksam vereinbart, so muss sich ein dennoch angerufenes deutsches Gericht für unzuständig erklären (Art. 26 I LugÜ II; *Dasser-Oberhammer-Killias*, Kommentar des Lugano-Übereinkommens, 2. Aufl., Art. 17 Rz. 32; *Dasser-*

Oberhammer-Domej aaO Art. 54b Rz. 5; *Oetiker-Weibel*, Basler Kommentar – Lugano-Übereinkommen (LugÜ), 2011, Art. 64 Rz. 6), sofern sich der Beklagte nicht nach Art. 24 LugÜ II rügelos auf das Verfahren einlässt. Mit Recht hat das Berufungsgericht auch auf das Lugano-Übereinkommen aus dem Jahr 2007 (LugÜ II) und nicht auf das Lugano-Übereinkommen vom 16.9.1988 abgestellt. Denn die Kl. hat den Erlass des Mahnbescheids im Dezember 2011 beantragt, mithin nach dem 1.1.2010, als das neue Übereinkommen für die EU, Dänemark und Norwegen in Kraft getreten ist und selbst nach dem 1.1.2011, als das neue Übereinkommen in der Schweiz in Kraft getreten ist (vgl. hierzu BGH, Urt. vom 23.10.2012 – VI ZR 260/11[1], BGHZ 195, 166 Rz. 6 f.).

b) Die danach mögliche Vereinbarung einer internationalen Zuständigkeit ist jedoch nicht wirksam getroffen worden. Allein die Bekl. hat das ihr von der Kl. zur Unterschrift zugeschickte Vollmachtsformular unterschrieben, in dem es ausweislich der von der Kl. vorgelegten Übersetzung wie folgt heißt: ‚Für die Erledigung von Streitigkeiten aus diesem Auftragsverhältnis werden ausdrücklich die Gerichte des Wohnsitzes des Bevollmächtigten als ausschließlich zuständig anerkannt.'

Mit dieser Erklärung ist jedenfalls das Schriftformerfordernis des Art. 23 I 3 lit. a LugÜ II nicht eingehalten, wonach die Gerichtsstandsvereinbarung schriftlich oder mündlich mit schriftlicher Bestätigung geschlossen werden muss.

aa) Eine schriftliche Vereinbarung im Sinne dieser Regelung haben die Parteien nicht getroffen. Eine solche liegt nur dann vor, wenn – jede – Partei ihre Willenserklärung schriftlich abgegeben hat. Das kann, abweichend von § 126 II BGB, auch in getrennten Schriftstücken geschehen, sofern aus ihnen die inhaltliche Übereinstimmung beider Erklärungen hinreichend deutlich hervorgeht (BGH, Urt. vom 22.2.2001 – IX ZR 19/00[2], NJW 2001, 1731). Nach Art. 23 II LugÜ II genügt die elektronische Übermittlung, die keine handschriftlichen Unterzeichnungen ermöglicht. Inwieweit deswegen die Unterschrift auch darüber hinaus verzichtbar ist, bedarf hier keiner Entscheidung. Jedenfalls kann nur dann von einer schriftlichen Willenserklärung die Rede sein, wenn sie in einem sichtbaren Text verkörpert ist, der den Urheber erkennen lässt. Der Formulartext der Vollmachtsurkunde enthält nur die Erklärung der Bekl., nicht aber eine Erklärung der Kl. Das (beiderseitige) Schriftformerfordernis ist nicht schon deshalb erfüllt, weil die Kl. der Bekl. diese Urkunde übersandt hat und [sie] von dieser unterzeichnet zurückgegeben worden ist. Das entspricht nicht dem, was im Rechtsverkehr allgemein unter einer schriftlichen Vereinbarung verstanden wird (vgl. für den Fall einer Bürgschaftsurkunde und zu Art. 17 I 2 lit. a LugÜ a.F.: BGH, Urt. vom 22.2.2001 aaO 1731 f.; *Kropholler-v. Hein*, Europäisches Zivilprozessrecht, 9. Aufl., Art. 23 EuGVO Rz. 33; *Oetiker-Weibel-Berger* aaO Art. 23 Rz. 42).

Allerdings entspricht dem Formerfordernis auch ein Briefwechsel. Zudem genügt zum formwirksamen Einbezug einer Gerichtsstandsklausel, die sich in anderen Dokumenten befindet, ein genereller schriftlicher Verweis auf die fragliche Urkunde; ein ausdrücklicher Hinweis auf die Gerichtsstandsklausel ist nicht erforderlich (*Kropholler-v. Hein* aaO; *Oetiker-Weibel-Berger* aaO). Die Kl. hat jedoch nicht in dieser Weise auf die Gerichtsstandsklausel in dem Vollmachtsformular oder überhaupt auf die Vollmachtsurkunde in ihrem Schreiben vom 29.2.2008, mit dem sie

---

[1] IPRspr. 2012 Nr. 225.   [2] IPRspr. 2001 Nr. 133.

der Bekl. das Formular überlassen hat, Bezug genommen. Sie hat dieses Dokument nur insoweit angesprochen, als dass sie mitteilt, es der Bekl. absprachegemäß zur Unterschrift übersandt zu haben. Sie weist nicht darauf hin, dass die Vollmachtsurkunde vertragliche Regelungen enthalte. Sie nimmt auch nicht Bezug auf diese Regelungen oder macht in irgendeiner Form deutlich, dass sie insoweit das Angebot zum Vertragsschluss mache ...

c) Ist die vorgelegte Gerichtsstandsvereinbarung nicht formwirksam zustande gekommen, ist die internationale Zuständigkeit des deutschen Gerichts nach Art. 2 I EuGVO/Art. 2 I LugÜ II ohne Zweifel gegeben. Die Kl. hat die Bekl. an ihrem Wohnsitz/Firmensitz verklagt."

169. *Die nach Art. 15 I lit. c EuGVO begründete internationale Gerichtszuständigkeit hängt nicht davon ab, ob das zum Ausrichten seiner beruflichen oder gewerblichen Tätigkeit auf den Wohnsitzmitgliedstaat des Verbrauchers eingesetzte Mittel des Unternehmers, das heißt eine Internetseite, kausal war für den Vertragsschluss mit dem Verbraucher oder ob der Vertrag zwischen Verbraucher und Unternehmer im Fernabsatz geschlossen wurde.*

Ein Ausrichten der beruflichen oder gewerblichen Tätigkeit des Unternehmers auf den Wohnsitzmitgliedstaat des Verbrauchers kann dann angenommen werden, wenn auf der Website des Unternehmers seine gewerbliche Tätigkeit mit „Import und Export" bezeichnet ist und wenn er die internationale Vorwahl (Telefon und Fax) seines Landes und eine deutsche Mobilfunknummer angibt.

LG Saarbrücken, Urt. vom 17.1.2014 – 5 S 68/12: Unveröffentlicht.

<small>Das Urteil ist nach der Vorabentscheidung des EuGH – C-218/12 – zum Vorlagebeschluss des LG Saarbrücken vom 27.4.2012 – abgedruckt im Band IPRspr. 2012 unter der Nr. 206 – ergangen.</small>

170. *Wenn ein Konnossement eine Regelung enthält, wonach die ausschließliche Zuständigkeit bei den Gerichten an einem bestimmten Ort (hier: Marseille, Frankreich) liegt, ist derjenige, der Ansprüche aus dem Konnossement verfolgt, an diese Zuständigkeitsvereinbarung auch im Verfahren einer einstweiligen Verfügung gebunden. [LS der Redaktion]*

LG Bremen, Urt. vom 31.1.2014 – 11 O 7/14: RdTW 2014, 377; TranspR 2014, 199.

<small>Die Parteien streiten im einstweiligen Verfügungsverfahren um die Herausgabe von drei Containern. Die Kl. (Verfügungsklägerin) erwarb 2013 von dem kubanischen Unternehmen C. Ware, die in drei Containern verladen war. Die Versenderin beauftragte die in Marseille/Frankreich ansässige Bekl. (Verfügungsbeklagte) mit dem Transport der drei Container von Havanna nach Bremerhaven. Die Bekl. stellte hierüber ein Orderkonnossement aus, das von der Versenderin der Kl. übersandt wurde, die es der F.-AS Spedition übergab, die es wiederum zur Herausgabe der Container der Bekl. vorlegte. Das Konnossement enthält im rechten unteren Bereich der Vorderseite u.a. folgende Regelung: *All claims and disputes arising under or in connection with this bill of lading shall be determined by the courts of Marseille at the exclusion of the courts of any other country.* Die Bekl. verweigerte nach Eröffnung eines vorläufigen Insolvenzverfahrens über das Vermögen der F.-AS Spedition wegen offenstehender Forderungen die Herausgabe der Container unter Berufung auf ihr Verfrachterpfandrecht.</small>

Aus den Gründen:

„... Da es sich bei der Bekl. um ein in Frankreich ansässiges Unternehmen handelt, liegt ein grenzüberschreitender Rechtsstreit mit der Folge der Anwendbarkeit der EuGVO vor. Nach der grundsätzlichen Regelung des Art. 2 I EuGVO ist der Rechtsstreit daher vor dem örtlich zuständigen Gericht des Sitzstaats der Bekl. zu führen. Eine rügelose Einlassung der Bekl. gemäß Art. 24 EuGVO durch Einreichung der Schutzschrift liegt nicht vor, denn die Schutzschrift wurde gerade eingereicht, um die fehlende internationale Zuständigkeit zu rügen (vgl. Art. 24 Satz 2 EuGVO). Die Zuständigkeit lässt sich auch nicht aus Art. 5 EuGVO herleiten, denn diese Regelung gilt nur für vertragliche Ansprüche. Ein Vertrag zwischen Kl. und Bekl. liegt indes nicht vor, durch eine etwaige Übertragung des Konnossements auf die Kl. wäre auch kein Vertragsverhältnis zwischen den Parteien entstanden (vgl. *Mankowski*, Transportrecht, 2008, 67, 70). Schließlich lässt sich die Zuständigkeit auch nicht aus Art. 31 EuGVO herleiten, denn nach a.A. ist diese Norm nicht anwendbar, wenn die Parteien eine Vereinbarung über einen ausschließlichen Gerichtsstand getroffen haben (vgl. Cour de cassation, Paris, Urt. vom 20.3.2012 Az. 11-11570; *Zöller-Geimer*, ZPO, 30. Aufl., Art. 24 EuGVVO Rz. 55 m.w.N.; *Thomas-Putzo-Hüßtege*, ZPO, 35. Aufl., Art. 24 EuGVVO Rz. 25). Eine derartige Gerichtstandsvereinbarung liegt indes vor, denn das Konnossement enthält auf der Vorderseite im unteren rechten Bereich eine Regelung über die ausschließliche Zuständigkeit der Marseiller Gerichte, wie sich aus dem Zusatz ‚at the exclusion of the courts of any other country' ergibt. An diese Gerichtsstandsvereinbarung ist die Kl. gebunden, denn derjenige, der Ansprüche aus dem Konnossement verfolgt, unterwirft sich damit einer in dem Konnossement enthaltenen Vereinbarung über die Zuständigkeit der Gerichte (vgl. *Zöller-Geimer* aaO Art. 23 EuGVVO Rz. 51b; BGH, NJW 2007, 2036[1])."

171. *Fällt ein gemischter Vertrag unter den europäischen Dienstleistungsbegriff und damit unter Art. 5 Nr. 1 lit. b Alt. 2 EuGVO, ist der Erfüllungsort, losgelöst von dem rechtlichen Erfüllungsort, nach dem anwendbaren materiellen Recht zu ermitteln. Danach ist regelmäßig auf den realen Ort der Dienstleistungen als den Ort der vertragscharakteristischen Leistung abzustellen.*

Der Erfüllungsort nach Art. 5 Nr. 1 lit. b EuGVO gilt auch für den Anspruch auf die Gegenleistung beziehungsweise den Anspruch auf Schadensersatz statt der (Gegen-)Leistung. [LS der Redaktion]

OLG Düsseldorf, Urt. vom 18.2.2014 – I-24 U 58/13: IPRax 2014, 535, 503 Aufsatz *Kern*.

Der Kl. macht im Wege der Leistungs- und der Feststellungsklage Schadensersatzansprüche aus einem durch Rücktritt der Bekl. beendeten notariellen Vertrag über den Verkauf von Grundeigentum geltend, mit zum Teil bereits errichteten Fachmarktgebäuden, zum Teil noch von ihm zu erstellenden Ladenlokalen, die alle von ihm zu vermieten waren. Zudem verlangt er Ersatz aus außergerichtlich angefallener Rechtsanwaltskosten. Die Bekl. begehrt im Wege der Widerklage die Erstattung von Notarkosten und Gebühren. Die Parteien haben u.a. über die internationale Zulässigkeit der Klage gestritten.

Das LG hat Klage und Widerklage abgewiesen; gegen diese Entscheidung hat der Kl. Berufung eingelegt.

Aus den Gründen:

„B. Die zulässige Berufung des Kl. hat mit der Maßgabe Erfolg, dass das angefochtene Urteil aufzuheben und die Sache im Hinblick auf die – entgegen der Ansicht des LG gegebene – Zulässigkeit der Klage gemäß § 538 II 1 Nr. 3 ZPO

---

[1] IPRspr. 2007 Nr. 133.

zur erneuten Verhandlung und Entscheidung an das Gericht des ersten Rechtszugs zurückzuverweisen ist ...

II. Zu Unrecht ist das LG von der Unzulässigkeit der Klage ausgegangen, in dem es die vorrangig zu prüfende Zuständigkeit gemäß Art. 5 Nr. 1 lit. b Alt. 2 EuGVO nicht geprüft hat, die zu bejahen ist.

Das LG ist zutreffend davon ausgegangen, dass sich die internationale Zuständigkeit hier nach der EuGVO [richtet]. Dies wird mit der Berufung auch nicht angegriffen.

Entgegen der Auffassung des LG Mönchengladbach ergibt sich seine internationale Zuständigkeit aber aus Art. 5 Nr. 1 lit. b Alt. 2 EuGVO.

Nach Art. 5 Nr. 1 lit. b Alt. 2 EuGVO kann eine Person, die ihren Wohnsitz im Hoheitsgebiet eines Mitgliedstaats hat, bei einem Streit im Zusammenhang mit der Erbringung von Dienstleistungen in einem anderen Mitgliedstaat verklagt werden, wenn diese nach dem Vertrag an einem Ort in diesem Mitgliedstaat erbracht worden sind oder zu erbringen gewesen wären. Dabei ist der Begriff ‚Dienstleistung' einheitlich gemeinschaftsrechtlich zu verstehen, aber nicht zu weit auszulegen. Er lässt sich autonom einordnen (*Geimer-Schütze*, Europäisches Zivilverfahrensrecht, 3. Aufl., A.1 Art. 5 Rz. 89; MünchKommZPO-*Gottwald*, 4. Aufl., Art. 5 EuGVVO Rz. 25; noch weiter *Baumbach-Lauterbach-Albers-Hartmann*, ZPO, 72. Aufl., Art. 5 EuGVVO Rz. 9; BGH, Urt. vom 2.3.2006 – IX ZR 15/05[1], NJW 2006, 1806 ff.). Erfasst werden Dienstleistungen jeder Art, gewerbliche gleichermaßen wie freiberufliche, auch unentgeltliche. Hierher gehören mithin Verträge über jede Art von Diensten, z.B. Werk- und Geschäftsbesorgungsverträge (*Geimer-Schütze* aaO Rz. 90; zum Werkvertrag: OLG Düsseldorf, Urt. vom 29.7.2005 – I-23 U 9/05[2] zit. n. juris; OLG München, Urt. vom 7.6.2011 – 9 U 5019/10[3], NJW-RR 2011, 1169; zum Geschäftsbesorgungsvertrag: BGH, Urt. vom 2.3.2006 aaO).

Bei gemischten Verträgen kommt es darauf an, ob die Dienstleistung dem Vertragsverhältnis das Gepräge gibt, also welche die vertragscharakteristische Leistung des Vertrags ist und ihren Schwerpunkt bildet (*Geimer-Schütze* aaO Rz. 91; MünchKommZPO-*Gottwald* aaO Rz. 26; OLG Köln, Urt. vom 14.3.2005 – 16 U 89/04[4], RIW 2005, 778; OLG Saarbrücken, Urt. vom 2.8.2007 – 8 U 295/06, OLGR 2007, 796/797).

Bei dem hier streitgegenständlichen Vertrag handelt es sich um einen gemischten Vertrag mit kauf- und baurechtlichen Komponenten sowie Geschäftsbesorgungen. Die Geschäftsbesorgungsleistungen und baurechtlichen Komponenten fallen nach den obigen Ausführungen unter den europäischen Dienstleistungsbegriff und damit unter Art. 5 Nr. 1 lit. b Alt. 2 EuGVO. Dabei ist es unerheblich, ob die Dienstleistungen Verbrauchern oder Unternehmen gegenüber erbracht werden. Die EuGVO unterscheidet insoweit nicht (vgl. bspw. EuGH, Urt. vom 3.5.2007 – Color Drack GmbH ./. Lexx International Vertriebs GmbH, Rs C-386/05, NJW 2007, 1799, in dem ein Fall zwischen Unternehmen entschieden wurde). Bei dem vorliegenden Vertrag in seiner konkreten Ausgestaltung bildeten die vom Kl. zu erbringenden Dienstleistungen die vertragscharakteristischen Leistungen, nämlich die Errichtung der noch zu erstellenden Ladenlokale und deren Vermietung an solvente Mieter.

---

[1] IPRspr. 2006 Nr. 109.
[2] IPRspr. 2005 Nr. 196.
[3] IPRspr. 2011 Nr. 201.
[4] IPRspr. 2005 Nr. 102.

Dies wird deutlich an den vertraglichen Regeln, nach denen einerseits der Verkauf des Grundeigentums mit den bereits errichteten Fachmärkten unter die aufschiebende Bedingung gestellt wurde, dass die weiteren Ladenlokale fertig gestellt werden und die Bekl. als Käufer zum Rücktritt berechtigt sein sollte, wenn die errichteten Ladenlokale nicht bis zu einer bestimmten Frist vermietet waren (§ 3 Nr. 2 und § 9 des Vertrags). Ferner ergibt sich aus § 9 auch die Verpflichtung des Kl., wirksame Mietverträge nur mit solventen Mietern rechtswirksam zu schließen, eine Dienstleistung, die einen erhöhten Prüfungsaufwand erfordert. Genau diese ‚dienstvertraglichen' Regeln bilden auch den Kern des Rechtsstreits, da die Bekl. wegen der behaupteten Nichterfüllung der Pflichten zur Fertigstellung und Vermietung der neu zu errichtenden Ladenlokale vom Vertrag zurückgetreten ist. Hinzu kommt, dass sich gemäß § 4 I i.V.m. § 14 des notariellen Vertrags die Sachmängelhaftung auch für die bei Vertragsschluss bereits fertigen Ladenlokale nach Werkvertragsrecht richtet. Die kaufvertragliche Komponente des Vertrags tritt dahinter zurück.

Der Erfüllungsort der Dienstleistungen im Sinne von Art. 5 Nr. 1 lit. b Alt. 2 EuGVO, ist rein faktisch, losgelöst von dem rechtlichen Erfüllungsort nach dem anwendbaren materiellen Recht zu ermitteln. Danach ist regelmäßig auf den realen Ort der Dienstleistungen als dem Ort der vertragscharakteristischen Leistung abzustellen, nicht zuletzt um der Beweisnähe beim Streit um die ordnungsgemäße Erfüllung Rechnung zu tragen. (MünchKommZPO-*Gottwald* aaO Rz.15). Der Erfüllungsort der Dienstleistungen befindet sich für die vorzunehmenden Dienstleistungen des Kl. in Form von Werkleistungen und der Vermietung der Ladenlokale in W., so dass das LG Mönchengladbach zuständig ist. Der Erfüllungsort nach Art. 5 Nr. 1 lit. b EuGVO gilt auch für den Anspruch auf die Gegenleistung (BGH, Urt. vom 2.3.2006 aaO Rz. 14) bzw. den Anspruch auf Schadensersatz statt der (Gegen-)Leistung.

III. Hinsichtlich der geltend gemachten deliktischen Ansprüche aus § 823 II i.V.m. § 263 StGB und § 826 BGB ist die Zuständigkeit aus Art. 5 Nr. 3 EuGVO hier hingegen nicht gegeben.

Zur Begründung der internationalen und örtlichen Zuständigkeit gemäß Art. 5 Nr. 3 EuGVO ist grundsätzlich die Behauptung der Zuständigkeitstatsachen durch den Kläger ausreichend, wenn diese mit den klagebegründenden Tatsachen zusammenfallen. Im vorliegenden Fall scheidet jedoch ein deliktischer Schadensersatzanspruch nach § 826 BGB nach den klagebegründenden Tatsachen aus, weil der Kl. unter den Voraussetzungen der §§ 280 ff. BGB seinen Schaden liquidieren kann, wenn die Bekl. als Schuldnerin die ihr obliegenden Leistungspflichten nicht erfüllt, wie es hier geltend gemacht wird. Nach einem Teil der Lit., der sich der Senat anschließt, ist eine Ergänzung dieser vertragsrechtlichen Rechtsbehelfe durch einen deliktischen Schadensersatzanspruch weder möglich noch erforderlich (MünchKomm-*Wagener*, 6. Aufl., § 826 BGB Rz. 58; a.A *Staudinger-Oechsler*, BGB, 2013, § 826 BGB Rz. 135; vermittelnd BeckOK-*Spindler* [2013] § 826 BGB Rz. 26). Die Voraussetzungen eines von der Bekl. begangenen Betrugs hat der Kl. überdies nicht schlüssig dargetan."

172. *Die im Verfahren der ordonnance de référé gemäß Art. 145, 872 Code de procédure civile (nachfolgend: C. proc. civ.) von einem französischen Gericht angeordnete Begutachtung durch einen Sachverständigen (hier: einer Dekontami-*

nationsanlage) fällt in den Anwendungsbereich der EuGVO, auch wenn dieses Verfahren nicht zu einer anerkennungsfähigen Entscheidung im Sinne von Art. 32 ff. EuGVO führen kann. Dies gilt auch für eine in diesem Verfahren vom dortigen Antragsgegner beantragte und vom Gericht angeordnete Erstreckung dieser Begutachtung auf einen in Deutschland ansässigen Dritten nach Art. 145, 331 C. proc. civ.

Wird zwischen dem Antragsgegner und dem Dritten noch während der laufenden Begutachtung im Verfahren der ordonnance de référé ein selbständiges Beweisverfahren vor einem deutschen Gericht wegen der gleichen Beweisfragen eingeleitet, ist dieses nach Art. 27 II EuGVO nicht zuständig.

Das Verfahren der ordonnance de référé gemäß Art. 145, 872 C. proc. civ. entspricht funktional dem selbständigen Beweisverfahren (§§ 485 ff. ZPO) und führt zur Hemmung der Verjährung nach § 204 I Nr. 7 BGB; dies gilt auch im Verhältnis zu einem Dritten, der durch die „intervention" nach Art. 331 C. proc. civ. in dieses Verfahren einbezogen wurde.

Für die Hemmung der Verjährung nach §204 Abs. 1 Nr. 7 BGB kommt es nicht darauf an, ob das ausländische Gericht, das die Beweiserhebung angeordnet hat, international zuständig ist.

OLG München, Beschl. vom 19.2.2014 – 15 W 912/13: IPRax 2015, 93, 75 Aufsatz *Niggemann*.

Die Parteien streiten um die Zulässigkeit eines selbständigen Beweisverfahrens. Der zwischen den Parteien geschlossene Vertrag über zwei Vakuum-Trockner und einen Chargenmischer für eine Dekontaminierungsanlage sieht die Anwendung deutschen Rechts sowie den Gerichtsstand München vor. Nach Errichtung und Inbetriebnahme der Anlage machte die MBM E. SAS Mängel geltend und erwirkte gegen die ASt. vor dem Handelsgericht (tribunal de commerce) Salon-de-Provence den Erlass einer einstweiligen Verfügung (ordonnance de référé) gemäß Art. 145, 872 C. proc. civ., mit der die Begutachtung der Anlage durch einen Sachverständigen angeordnet wurde. Das Handelsgericht Salon-de-Provence ordnete auf Antrag der ASt. die Erstreckung der Entscheidung und der angeordneten Beweiserhebung auf die AGg. an. Die ASt. beantragte sodann beim LG München I die Durchführung eines selbständigen Beweisverfahrens zu Mängeln der von der AGg. gelieferten Geräte. Die AGg. ist dem Antrag entgegengetreten. Mit Beschluss hat das LG den Antrag zurückgewiesen. Der von der ASt. daraufhin eingelegten Beschwerde hat das LG nicht abgeholfen.

Aus den Gründen:

„II. ... 1. Das LG hat seine internationale Zuständigkeit für das beantragte selbständige Beweisverfahren zu Recht verneint. Der sich aufgrund der Gerichtsstandsvereinbarung im Vertrag vom 11.2.2010 an sich aus § 486 II 1 ZPO ergebenden (vgl. *Geimer*, IZPR, 6. Aufl., Rz. 2540; *Zöller-Geimer*, ZPO, 30 Aufl., § 363 Rz. 155 m.w.N.) internationalen Zuständigkeit des LG München I steht vorliegend wegen des vor dem Handelsgericht Salon-de-Provence anhängigen Beweisverfahrens Art. 27 II EuGVO entgegen.

a. Die Zuständigkeitsvorschriften in Kapitel II der EuGVO erfassen, wie das LG zutreffend gesehen hat, nicht nur Klagen, sondern auch andere gerichtliche Verfahren im Anwendungsbereich der Verordnung (*Zöller-Geimer* aaO Art. 27 EuGVVO Rz. 13), soweit es sich um Verfahren mit Rechtsprechungscharakter handelt, also um kontradiktorisch angelegte Parteistreitverfahren (*Zöller-Geimer* aaO Art. 2 EuGVVO Rz. 12, 16a).

Soweit in der Literatur gleichwohl zum Teil vertreten wird, Beweissicherungsverfahren fielen nicht unter Art. 2 ff. EuGVO (*Geimer* aaO; *Geimer-Schütze*, Europäisches Zivilverfahrensrecht, 3. Aufl., Art. 2 Rz. 92, Art. 31 Rz. 32; *Schack*, Internationales Zivilverfahrensrecht, 5. Aufl. [2010], Rz. 491; *Simons-Hausmann*, Brüssel I-Verordnung, 2012, Art. 27 Rz. 71; *Stürner*, IPRax 1984, 299, 300 [zum EuGVÜ]; *Zöller-Geimer* aaO Rz. 16b; § 363 Rz. 155; a.A. OLG Köln, IHR 2006, 147[1]; OLG Dresden, Beschl. vom 15.9.2011 – 10 W 376/11, unalex-Rechtsprechung DE-2252; *Mankowski*, JZ 2005, 1144, 1150; MünchKommZPO-*Gottwald*, 4. Aufl. [2013], Art. 1 EuGVO Rz. 3; *Schlosser*, EU-Zivilprozessrecht, 3. Aufl. [2009], Art. 1 Rz. 6), vermag sich das BeschwG dem jedenfalls für den vorliegenden Fall nicht anzuschließen.

Die EuGVO ist auf Erkenntnisverfahren in allen Zivil-und Handelssachen anwendbar, gleichgültig, ob es sich um ein endgültiges, ein einstweiliges oder ein summarisches Rechtsschutzverfahren handelt. Ausnahmen sind in Art. 1 II EuGVO grundsätzlich abschließend – ausgenommen Übereinkommen für besondere Rechtsgebiete – geregelt. Eine Ausnahme für Beweissicherungsverfahren ist hier nicht enthalten (OLG Dresden, Beschl. vom 15.9.2011 aaO; MünchKommZPO-*Gottwald* aaO; *Mankowski* aaO).

Soweit gegen die Geltung der Art. 2 ff. EuGVO für Beweissicherungsverfahren eingewandt wird, es handele sich hierbei nicht um kontradiktorische Verfahren mit Rechtsprechungscharakter (*Zöller-Geimer* aaO), folgt dem die obergerichtliche Rspr. bereits für das deutsche selbständige Beweisverfahren nach §§ 485 ff. ZPO nicht (vgl. OLG Köln, IHR aaO; OLG Dresden, Beschl. vom 15.9.2011 aaO), obwohl dieses zwar zur streitigen Gerichtsbarkeit gehört, aber im Hinblick auf §§ 491 II, 494 ZPO nicht zwingend kontradiktorisch durchgeführt werden muss (MünchKommZPO-*Schreiber* aaO § 485 Rz. 1; *Zöller-Herget* aaO vor § 485 Rz. 3). Dies muss erst recht für die nach französischem Recht stets in einem kontradiktorischen Verfahren erlassene ordonnance de référé gelten (vgl. OLG Hamm, RIW, 1989, 566[2] sowie NJW-RR 1995, 189[3]).

Dass vergleichbare selbständige Beweisverfahren grundsätzlich den Zuständigkeitsvorschriften der Art. 2 ff. EuGVO unterfallen, ergibt sich schließlich auch aus dem Urteil des EuGH vom 28.4.2005 – St. Paul Dairy Industries ./. Unibel Exser, Rs C-104/03, IPRax 2007, 208) zu der Art. 31 EuGVO entsprechenden Vorgängervorschrift des Art. 24 EuGVÜ. Der EuGH hat in dieser Entscheidung seine Auffassung, dass eine vor Anhängigmachung eines Rechtsstreits vorgezogene Zeugenvernehmung nach niederländischem Zivilprozessrecht nicht unter Art. 24 EuGVÜ falle, nicht etwa damit begründet, dass ein selbständiges Beweisverfahren generell nicht von den Zuständigkeitsvorschriften in Titel II des EuGVÜ erfasst werde, sondern hat gerade geprüft – und im Ergebnis verneint –, ob es sich bei dem Verfahren um eine ‚einstweilige Maßnahme' im Sinne von Art. 24 EuGVÜ handele.

Die ASt. kann sich schließlich auch nicht mit Erfolg darauf berufen, dass das französische Beweissicherungsverfahren – ebenso wie das selbständige Beweisverfahren nach §§ 485 ff. ZPO – nicht mit einer gerichtlichen Entscheidung ende und damit nicht ‚anerkennungsfähig' sei.

Zwar trifft es zu, dass das Ergebnis des französischen Beweissicherungsverfahrens entgegen der Auffassung des LG nicht nach Art. 32 ff. EuGVO in Deutschland an-

---

[1] IPRspr. 2006 Nr. 122.
[2] IPRspr. 1988 Nr. 187.
[3] IPRspr. 1993 Nr. 182.

erkannt werden könnte. Denn eine ausländische Beweisaufnahme führt nicht zu einer gerichtlichen Entscheidung, die Gegenstand einer Anerkennung sein könnte, so dass insoweit nicht die Frage einer ‚Anerkennung' inmitten steht, sondern zu prüfen ist, ob das Ergebnis der durchgeführten Beweisaufnahme im Hauptsacheverfahren zum Gegenstand freier Beweiswürdigung (§ 286 ZPO) gemacht werden kann (OLG Dresden, Beschl. vom 15.9.2011 aaO; *Gebauer-Wiedemann-Huber*, Zivilrecht unter europäischem Einfluss, 2. Aufl., Kap. 31 Rz. 3; *Geimer* aaO Rz. 2825; *Geimer-Schütze* aaO Art. 32 Rz. 39; *Mankowski* aaO 1147; *Rollin*, Ausländische Beweisverfahren im deutschen Zivilprozess, 2007, 123; *Stein-Jonas-Leipold*, ZPO, 22. Aufl. [2006], § 493 Rz. 8; *Wieczorek-Schütze-Ahrens*, ZPO, 4. Aufl. [2014], § 493 Rz. 12; a.A. wohl *Meilicke*, NJW 1984, 2017, 2018). Etwas anderes ergibt sich auch nicht aus der vom LG zitierten Entscheidung des BGH vom 21.12.2006 – IX ZB 150/05[4] (NJW-RR 2007, 1573) bzw. den o.g. Entscheidungen des OLG Hamm zum Charakter der ordonnance de référé als kontradiktorisches Verfahren mit Rechtsprechungscharakter (RIW aaO; NJW-RR aaO 243); diesen Entscheidungen lagen stets einstweilige Gerichtsentscheidungen mit einem grundsätzlich anerkennungs- und vollstreckungsfähigen Inhalt zugrunde.

Für die Anwendung der Zuständigkeitsvorschriften nach Kapitel II der EuGVO ist allerdings nicht Voraussetzung, dass das betreffende gerichtliche Verfahren in eine rechtskraftfähige und damit grundsätzlich der Anerkennung nach Kapitel III zugängliche Entscheidung mündet, was sich schon daraus ergibt, dass der Zuständigkeitsnorm des Art. 31 EuGVO unstreitig auch nach der Rspr. nicht anerkennungsfähige (vgl. EuGH, Urt. vom 21.5.1980 – Bernard Denilauler ./. SNC Couchet Frères, Rs C-125/79, Slg. 1980, 1553; BGH aaO [IX ZB 150/05]) ohne Anhörung des Gegners ergangene einseitige Eilmaßnahmen fallen (ebenso *Mankowski* aaO 1148 f.). Aus dem ‚Schlosser-Bericht' zum EuGVÜ (ABl. EG Nr. C 59/71, 77 ff.) ergibt sich, dass gerichtliche Zwischenakte, welche nicht auf eine Regelung von Rechtsverhältnissen unter den Parteien abzielen, sondern den weiteren Verfahrensfortgang gestalten, nur vom Anwendungsbereich des III. Titels des EuGVÜ (entspricht Kapitel III der EuGVO) ausgeschlossen sein sollten (vgl. Bericht Rz. 187).

b. Entgegen der Auffassung der ASt. steht der Anwendbarkeit von Art. 27 II EuGVO auch nicht entgegen, dass die ordonnance de référé nach französischem Prozessrecht als ein Verfahren des einstweiligen Rechtsschutzes ausgestaltet ist. Zwar gilt Art. 27 EuGVO im Hinblick auf die Öffnungsklausel in Art. 31 EuGVO nach h.M. nicht für Verfahren des einstweiligen Rechtsschutzes (*Geimer-Schütze* aaO Art. 27 Rz. 46; *Hess/Zhou*, IPRax 2007, 183, 187 m.w.N.; *Schlosser* aaO Art. 27 Rz. 5). Für die Frage, welche Verfahren als ‚einstweilige Maßnahmen' im Sinne von Art. 31 EuGVO anzusehen sind, kann es aber nicht auf das Verständnis des jeweiligen nationalen Verfahrensrechts ankommen, da der Begriff autonom zu bestimmen ist (*Geimer-Schütze* aaO Art. 31 Rz. 34; *Schlosser* aaO Art. 31 Rz. 26). Aufgrund der o.g. Entscheidung des EuGH vom 28.4.2005 ist als geklärt anzusehen, dass Maßnahmen zur Beweissicherung und Beweisbeschaffung grundsätzlich keine ‚einstweiligen Maßnahmen' im Sinne von Art. 31 EuGVO darstellen (ebenso OLG Köln, IHR aaO; *Gebauer-Wiedemann-Huber* aaO Rz. 30; *Nagel-Gottwald*, IZPR, 6. Aufl. [2007], § 15 Rz. 72; *Zöller-Geimer* aaO Art. 31 EuGVVO Rz. 17);

---

[4] IPRspr. 2006 Nr. 192.

die gegenteilige Auffassung (vgl. etwa *Hess/Zhou* aaO 183; *Mankowski* aaO 1144; MünchKommZPO-*Gottwald* aaO Art. 31 EuGVO Rz. 5) setzt sich zu der dezidiert gegenteiligen Auffassung des EuGH in Widerspruch. Etwas anderes kann daher allenfalls für ein gerade wegen der Gefahr eines drohenden Beweismittelverlusts angeordneten Beweissicherungsverfahren gelten (vgl. OLG Dresden, Beschl. vom 15.9.2011 aaO; *Schlosser* aaO Art. 31 Rz. 27); dieser Fall ist vorliegend jedoch nicht gegeben.

c. Die Anwendbarkeit von Art. 27 EuGVO scheitert schließlich auch nicht daran, dass das Beweissicherungsverfahren in Frankreich und das vor dem LG München I beantragte selbständige Beweisverfahren nicht ‚zwischen denselben Parteien' anhängig wären, weil das Verfahren in Frankreich von der MBM E. SAS gegen die ASt. geführt wird und die AGg. lediglich durch die auf Art. 145, 331 C. proc. civ. gestützte Entscheidung des Handelsgerichts Salon-de-Provence vom 30.5.2012 in das Verfahren einbezogen wurde. Denn entgegen der Auffassung der ASt. ist die AGg. im französischen Beweissicherungsverfahren nicht lediglich Streithelferin, was für eine Parteiidentität nicht ausreichen würde (*Zöller-Geimer* aaO Art. 27 EuGVVO Rz. 7). Mit der *intervention* des französischen Prozessrechts (Art. 331 C. proc. civ.) wird auch der Dritte Prozesspartei mit der Folge, dass das Urteil auch ihm gegenüber materielle Rechtskraft entfaltet; ihm stehen als Verfahrensbeteiligtem dieselben Rechte wie dem Kläger und dem Beklagten des Eingangsverfahrens zu (vgl. etwa *Salewski*, Der Verkäuferregress im deutsch-französischen Rechtsvergleich, 2011, 248). Die vorliegend in der Hauptsache in Betracht kommende Garantieklage (*appel en garantie*) nach Art. 334 ff. C. proc. civ. hat im Verhältnis des ursprünglichen Beklagten zu dem auf seinen Antrag hin einbezogenen Dritten dieselben Rechtswirkungen wie eine eigenständige Gewährleistungsklage zwischen ihnen (*Salewski* aaO 251 ff.; vgl. auch OLG Karlsruhe, NJW 1974, 1059[5]). Dementsprechend begründet die Einbeziehung der AGg. in das ursprünglich von der MBM E. SAS gegen die ASt. eingeleitete Beweisverfahren im Verhältnis zwischen der ASt. und der AGg. dieselben Rechtswirkungen, wie wenn die AGg. selbst ein Beweisverfahren gegen die ASt. wegen der behaupteten Mängel vor dem französischen Gericht angestrengt hätte ...

2. Dass die ASt. daher nicht parallel zu dem in Frankreich anhängigen Beweissicherungsverfahren auch eine Beweiserhebung im Rahmen eines deutschen selbständigen Beweisverfahrens gemäß §§ 485 ff. ZPO erreichen kann, hat für sie auch keine unzumutbaren Auswirkungen.

a. Soweit die ASt. geltend macht, dass das französische Beweissicherungsverfahren keine Hemmung ihrer Gewährleistungsansprüche gegen die AGg. gemäß § 204 I Nr. 7 BGB bewirken würde, trifft dies nicht zu. Auch das Beweissicherungsverfahren in Frankreich hat verjährungshemmende Wirkung.

Es entspricht a.A., dass auch ein im Ausland geführtes selbständiges Beweisverfahren zur Hemmung der Verjährung führt, wenn es sich um ein dem Verfahren gemäß §§ 485 ff. ZPO funktional gleichwertiges Verfahren handelt (Brandenburgisches OLG, IHR 2013, 245[6]; MünchKomm-*Grothe*, 6. Aufl. [2012], § 204 Rz. 46; *Nagel-Gottwald* aaO Rz. 73; *Palandt-Ellenberger*, BGB, 73. Aufl. [2014], § 204 Rz. 22; *Staudinger-Peters/Jacoby*, BGB, Neub. 2009, § 204 Rz. 86). Erforderlich hierfür ist zum einen der gerichtliche Charakter des Verfahrens und zum anderen

---

[5] IPRspr. 1973 Nr. 155.   [6] IPRspr. 2013 Nr. 176.

die Vorbereitungsfunktion für ein später anzustrengendes Verfahren (MünchKomm-*Grothe* aaO), wobei es hinsichtlich der zuletzt genannten Voraussetzung nicht darauf ankommt, auf welche Weise das Ergebnis des Beweisverfahrens in einem deutschen Hauptsacheverfahren verwertet werden kann (LG Hamburg, IPRax 2001, 45[7]; MünchKomm-*Grothe* aaO). Das ausländische Verfahren muss dem Verfahren nach §§ 485 ff. ZPO aber nicht voll entsprechen (*Nagel-Gottwald* aaO Rz. 74 m.w.N.).

Die vorgenannten Voraussetzungen sind im vorliegenden Fall erfüllt. Das auf Art. 145, 872 C. proc. civ. beruhende französische Beweissicherungsverfahren stellt zweifellos ein gerichtliches Verfahren dar. Es kann des Weiteren auch der Vorbereitung eines in Deutschland zu führenden Hauptsacheverfahrens dienen. Dass die Ergebnisse eines ausländischen gerichtlichen Beweisverfahrens in einem deutschen Hauptsacheverfahren verwertbar sind, ist allgemein anerkannt. Umstritten ist lediglich, ob eine solche Verwertung gemäß oder zumindest entsprechend § 493 ZPO erfolgen kann (so *Eschenfelder*, Beweiserhebung im Ausland und ihre Verwertung im inländischen Zivilprozess, 2002, 238 ff.; *Gebauer-Wiedemann-Huber* aaO Rz. 31; *Mankowski* aaO 1147; *Rollin* aaO 124 ff.; *Schack* aaO Rz. 492; *Stein-Jonas-Leipold* aaO; *Stürner* aaO 301) oder nur im Wege des gemäß § 286 ZPO frei zu würdigenden Urkundenbeweises (so die insbes. in der Rspr. a.A., vgl. OLG Köln, NJW 1983, 2779[8]; OLG Hamburg, IPRax 2000, 530[9]; *Geimer* aaO Rz. 2541, 2825; *Nagel-Gottwald* aaO 73; MünchKommZPO-*Schreiber* aaO § 493 Rz. 2; *Rauscher-v. Hein*, Europäisches Zivilprozess -und Kollisionsrecht, 2010, Art. 1 EG-BewVO Rz. 54; *Wieczorek-Schütze-Ahrens* aaO Rz. 2; *Zöller-Geimer* aaO § 363 Rz. 155). Auch unter Zugrundelegung der zuletzt genannten Auffassung käme dem französischen Beweisverfahren verjährungshemmende Wirkung zu (LG Hamburg aaO). Ebenso wie bspw. ein – wie hier – als Eilverfahren ausgestaltetes Beweissicherungsverfahren nach belgischem Prozessrecht (Brandenburgisches OLG aaO) ist somit auch das vorliegende Beweissicherungsverfahren vor dem Handelsgericht Salon-de-Provence ohne weiteres geeignet, die Verjährung von nach deutschem Recht zu beurteilenden Gewährleistungsansprüchen der ASt. gegen die AGg. zu hemmen.

Dass das französische Beweisverfahren zunächst lediglich zwischen der MBM E. SAS und der ASt. geführt wurde, steht dem nicht entgegen, da die AGg. durch die mittels der *intervention* gemäß Art. 331 C. proc. civ. bewirkte Einbeziehung in das Verfahren die vollwertige Parteistellung erlangt hat (vgl. oben 1. c), so dass es sich – auch – um ein Beweissicherungsverfahren ‚zwischen' den Parteien des vorliegenden Verfahrens handelt.

Der Anwendbarkeit von § 204 I Nr. 7 ZPO stünde auch nicht eine etwaige fehlende internationale Zuständigkeit des Handelsgerichts Salon-de-Provence in Bezug auf die AGg. entgegen. Für die Hemmungswirkung eines ausländischen Beweisverfahrens spielt die internationale Zuständigkeit des anordnenden ausländischen Gerichts entgegen der von der ASt. zit. Entscheidung des LG Hamburg (aaO) keine Rolle (ebenso MünchKomm-*Grothe* aaO); denn auch eine Hauptsacheklage vor einem unzuständigen ausländischen Gericht im Geltungsbereich der EuGVO hemmt die Verjährung (OLG Düsseldorf, NJW 1978, 1752[10]; *Palandt-Ellenberger* aaO Rz.

---

[7] IPRspr. 1998 Nr. 28.
[8] IPRspr. 1983 Nr. 190.
[9] IPRspr. 1999 Nr. 176.
[10] IPRspr. 1977 Nr. 8.

3; *Staudinger-Peters/Jacoby* aaO 25). Abgesehen hiervon dürfte die internationale Zuständigkeit des französischen Gerichts für das anhängige Beweisverfahren ohnehin zu bejahen sein. Insoweit ist unerheblich, ob das französische Gericht für eine Hauptsacheklage der MBM E. SAS gegen die ASt. aufgrund einer zwischen ihnen getroffenen Gerichtsstandsvereinbarung unzuständig wäre und ob die zwischen der ASt. und der AGg. getroffene Gerichtsstandsvereinbarung im Vertrag Anlage AST 1 gegenüber einer Zuständigkeitsbestimmung für eine Interventionsklage nach Art. 6 Nr. 2 EuGVO vorrangig wäre (vgl. *Simons-Hausmann* aaO Art. 6 Rz. 53 m.w.N.); denn es ist weder vorgetragen noch sonst ersichtlich, dass sich die AGg. gegen die Einbeziehung in das französische Beweisverfahren unter Berufung auf die internationale Unzuständigkeit des französischen Gerichts gewehrt hätte, so dass insoweit jedenfalls Art. 24 EuGVO eingreifen dürfte.

b. Soweit man, was daher keiner abschließenden Entscheidung bedarf, mit der h.M. eine Verwertung der Ergebnisse des französischen Beweisverfahrens in einem späteren deutschen Hauptsacheverfahren nicht über § 493 ZPO, sondern lediglich im Wege des Urkundenbeweises für zulässig hält (vgl. oben a.), wäre auch dies keine für die ASt. unzumutbare Folge der Ablehnung des im hiesigen Verfahren gestellten Antrags. Im Rahmen einer nach § 286 ZPO erfolgenden Überzeugungsbildung dürfte auch einem nur im Wege des Urkundenbeweises in das Verfahren eingeführten Sachverständigengutachten aus einem förmlichen und mit rechtsstaatlichen Garantien ausgestatteten Beweissicherungsverfahren eines anderen EU-Mitgliedstaats regelmäßig ein nicht unerheblicher Beweiswert zukommen (*Rollin* aaO 121, 127). Zudem wäre im Rahmen des Hauptsacheverfahrens auch die Einholung eines – weiteren – Sachverständigengutachtens nach § 363 ZPO unproblematisch möglich. Gleichwohl ggf. verbleibende Nachteile gegenüber der Verwertung eines im hiesigen Verfahren nach §§ 485 ff. ZPO in Auftrag gegebenen Sachverständigengutachtens beruhen allein auf der eigenen Entscheidung der ASt., die Einbeziehung der AGg. in das französische Beweisverfahren zu beantragen."

173. *Der Hinweis auf eine Gerichtsstandsvereinbarung in den laufenden Auftragsbestätigungen der Rechnungen erfüllt nicht die Voraussetzungen für eine wirksame Schriftform im Sinne des Art. 23 EuGVO. Auch genügt eine Zahlung einer Honorarrechnung unter Bezugnahme auf die Allgemeinen Geschäftsbedingungen nicht für die Erteilung der Zustimmung des Beklagten zu einer solchen Vereinbarung.*

Eine Gerichtsstandsvereinbarung kann auch dadurch geschlossen werden, dass die Parteien eine solche mündlich vereinbart haben und diese schriftlich bestätigt wird (sogenannte halbe Schriftlichkeit).

OLG Koblenz, Hinweisbeschl. vom 20.2.2014 – 3 U 1183/13: OLGR Mitte 18/2014, Anm. 4.

Die Berufung wurde nach diesem Hinweisbeschluss zurückgenommen.

174. *Die Vereinbarung eines ausschließlichen Gerichtsstands, mit der die in Art. 31 CMR genannten Zuständigkeiten derogiert werden, ist nichtig. [LS der Redaktion]*

OLG Köln, Urt. vom 25.2.2014 – 3 U 161/13: RdTW 2015, 139; TranspR 2015, 115.

Die Kl. verlangt von der in der Türkei ansässigen Bekl., die 2009 per Lkw eine Lieferung Früchte von der Türkei nach Italien transportiert hat, den Ersatz eines Transportschadens. Das LG hat die Klage nach Beweisaufnahme mangels internationaler Zuständigkeit als unzulässig abgewiesen. Ein Gerichtsstand nach Art. 31 CMR bestehe in Deutschland nicht, zudem habe die Kl. nicht nachweisen können, dass ein deutscher Gerichtsstand vertraglich vereinbart worden sei. Mit der Berufung wendet sich die Kl. gegen die Beweiswürdigung der Kammer.

Aus den Gründen:

„II. Die zulässige Berufung der Kl. hat in der Sache keinen Erfolg; das LG hat die Klage zu Recht als unzulässig abgewiesen.

Der nach dem Vortrag der Kl. mit der Bekl. abgeschlossene Frachtvertrag unterliegt den Vorschriften der CMR; er betrifft die entgeltliche Beförderung von Kirschen auf der Straße mittels Fahrzeugen von der Türkei nach Italien; beide Länder sind Vertragsstaaten der CMR.

Die gerichtliche Zuständigkeit in Streitfällen regelt Art. 31 Nr. 1 CMR. Da nach dieser Norm im vorliegenden Fall die internationale Zuständigkeit deutscher Gerichte nicht gegeben ist, kann sich – wie das LG in der angefochtenen Entscheidung zutreffend ausgeführt hat und wie von der Kl. mit der Berufung auch nicht mehr angegriffen wird – die internationale Zuständigkeit des LG Köln allein aus einer zwischen den Parteien getroffenen Gerichtsstandsvereinbarung ergeben.

Vorliegend fehlt es allerdings bereits nach dem Klägervorbringen an der wirksamen Vereinbarung eines deutschen Gerichtsstands.

Wie der Geschäftsführer der Kl. im Berufungsverfahren auf Nachfrage durch den Senat erklärt hat, war der Zeuge B seitens der Kl. beauftragt worden, als Vertreter der Kl. mit der Bekl. den Gerichtsstand Köln als ausschließlichen Gerichtsstand für alle etwaigen Streitigkeiten zwischen den Parteien zu vereinbaren. Die in Art. 31 I CMR normierten Gerichtsstände sollten – so der Geschäftsführer ausdrücklich – ausgeschlossen sein, sämtliche Streitigkeiten sollten allein in Köln geführt werden. Auch eine etwaige Klage der Bekl. auf Frachtlohn sollte allein in Köln erhoben werden können.

Ausgehend hiervon liegt – die Richtigkeit des klägerischen Vorbringens zum Zustandekommen einer entspr. Vereinbarung unterstellt – eine wirksame Gerichtsstandsvereinbarung nicht vor. Art. 31 I CMR lässt es lediglich zu, dass die Parteien zusätzlich zu den in dieser Norm geregelten Gerichtsständen die internationale Zuständigkeit weiterer Gerichte vertraglich vereinbaren können; nicht zulässig ist es, unter Derogation der in Art. 31 CMR genannten Zuständigkeiten ausschließlich die internationale Zuständigkeit eines Gerichts zu vereinbaren (BGH, TranspR 2004, 169[1]; OLG Oldenburg, TranspR 2000, 128[2]; *Koller*, TransportR, 8. Aufl., CMR Art. 31 Rz. 5 f.). Die Vereinbarung eines solchen ausschließlichen Gerichtsstands ist nichtig, sie kann nicht dahingehend ausgelegt werden, dass der als ausschließlich vereinbarte Gerichtsstand wirksam als zusätzlicher Wahlgerichtsstand vereinbart worden ist (*Koller* aaO Rz. 5 f. m.w.N.; OLG Oldenburg aaO) ...

Ergänzend bleibt anzuführen, dass sich aufgrund der Aussage des Zeugen B für den Senat bereits nicht ergibt, dass die Bekl. sich mit dem Gerichtsstand Köln einverstanden erklärt hat. Der Zeuge B hat insoweit lediglich bekundet, er habe den

---

[1] IPRspr. 2003 Nr. 152.   [2] IPRspr. 2000 Nr. 112.

Geschäftsführer der Bekl. nochmals darauf hingewiesen, dass im Falle von Problemen Köln als Gerichtsstand vereinbart sei; dass der Geschäftsführer der Bekl. sich hiermit einverstanden erklärt hat, lässt sich der Aussage nicht entnehmen. Dass das – den ‚Gerichtsstand: Köln/Deutschland' ausweisende – Dokument der Bekl. am 23.6.2009 per Mail zugegangen ist, hat die Kammer zutreffend ebenfalls für nicht nachgewiesen erachtet. Die Bekl. hat den Zugang bestritten, der Geschäftsführer der Bekl. hat in seiner – vom LG unter dem Gesichtspunkt der Waffengleichheit zu Recht durchgeführten – informatorischen Anhörung sowohl die behauptete Gerichtsstandsvereinbarung als auch den Zugang des Dokuments bestritten."

175. *Soll ein Handelsvertreter seine Vermittlungsleistungen nach dem Handelsvertretervertrag in mehreren Mitgliedstaaten der Europäischen Union erbringen und hat er seine Tätigkeiten zur Erfüllung des Vertrags nicht tatsächlich überwiegend in einem dieser Mitgliedstaaten erbracht, so richtet sich die internationale Zuständigkeit gemäß Art. 5 Nr. 1 EuGVO nach dem Sitz des Handelsvertreters.*

OLG Oldenburg, Urt. vom 25.2.2014 – 13 U 86/13: NJW-RR 2014, 814; IHR 2014, 112. Leitsatz in BB 2014, 642.

Die in Deutschland ansässige Kl. und die Bekl., eine Ltd. mit Sitz in Großbritannien, schlossen 2000 einen Handelsvertretervertrag. Danach sollte die Kl. für die Bekl. geosynthetische Tonabdichtungen in Tschechien, der Slowakei, Ungarn, Rumänien, Bulgarien, Kroatien und Slowenien vertreiben. Im Vertrag ist eine monatliche Provisionsvorauszahlung von 3 000 € vorgesehen. Die monatlichen Zahlungen wurden später erhöht. Zum 30.4.2012 wurde der Vertrag von der Bekl. gekündigt. Mit ihrer Klage hat die Kl. u.a. die Erteilung eines Buchauszugs sowie die Zahlung eines angemessenen Ausgleichs gemäß §89b HGB verlangt.
Das LG Oldenburg hat die Klage als unzulässig abgewiesen. Hiergegen richtet sich die Berufung der Kl.

Aus den Gründen:

„II. Die Berufung ist zulässig und begründet. Sie führt zur Aufhebung der angefochtenen Entscheidung und Zurückverweisung der Sache an das LG (§ 538 II 1 Nr. 3 ZPO).
1. Die internationale Zuständigkeit deutscher Gerichte ist, anders als das LG meint, gegeben. Sie folgt aus Art. 5 Nr. 1 lit. b EuGVO. Danach bestimmt sich die Zuständigkeit für Klagen, mit denen vertragliche Ansprüche geltend gemacht werden, nach dem Ort, an dem die vertragscharakteristische Leistung erbracht wird.
In diesem Zusammenhang hat der EuGH in seinem Urteil vom 11.3.2010 – Wood Floor Solutions Andreas Domberger GmbH ./. Silva Trade S.A., Rs C-19/09, NJW 2010, 1189) entschieden, dass Art. 5 Nr. 1 lit. b Spiegelstrich 2 EuGVO dahin auszulegen ist, dass im Fall der Erbringung von Dienstleistungen in mehreren Mitgliedstaaten für die Entscheidung über alle Klagen aus dem Vertrag das Gericht zuständig ist, in dessen Sprengel sich der Ort der hauptsächlichen Leistungserbringung befindet. Bei einem Handelsvertretervertrag ist dies der Ort der hauptsächlichen Leistungserbringung durch den Handelsvertreter, wie er sich aus den Bestimmungen des Vertrags oder, mangels solcher Bestimmungen, aus dessen tatsächlicher Erfüllung ergibt; kann der fragliche Ort nicht auf dieser Grundlage ermittelt werden, so ist auf den Wohnsitz des Handelsvertreters abzustellen ...
Hier sollte die Kl. nach dem Handelsvertretervertrag die Produkte der Bekl. in Tschechien, der Slowakei, Ungarn, Rumänien, Bulgarien, Kroatien und Slowenien vertreiben. Somit lässt sich der Ort der hauptsächlichen Leistungserbringung nicht

aus den Bestimmungen des Vertrags selbst ableiten (EuGH aaO Rz. 38), weil die Dienstleistungen der Kl. nach dem Vertrag nicht in einem, sondern in mehreren Mitgliedstaaten der EU erbracht werden sollten. Es ist auch nicht ersichtlich, dass die Kl. ihre Tätigkeiten zur Erfüllung des Vertrags tatsächlich überwiegend in einem der genannten Mitgliedstaaten vorgenommen hätte (EuGH aaO Rz. 40). Ein derartiger Schwerpunkt der Tätigkeit ist weder vorgetragen noch sonst ersichtlich; er erscheint angesichts der vertraglich vorgesehenen Zuständigkeit der Kl. für den Vertrieb in insgesamt sieben Ländern auch nicht nahe liegend. Deshalb ist nach den Ausführungen des EuGH der Sitz der Kl. als Ort der hauptsächlichen Leistungserbringung anzusehen (EuGH aaO Rz. 42). Dieser befindet sich in Deutschland, so dass die internationale Zuständigkeit deutscher Gerichte gegeben ist.

Dass es sich auch bei dem Ausgleichsanspruch des Handelsvertreters um einen vertraglichen Anspruch im Sinne des Art. 5 Nr. 1 EuGVO handelt, wird in dem zitierten Urteil nicht problematisiert, sondern – offenbar – als selbstverständlich vorausgesetzt. Nach Auffassung des Senats bestehen daran auch, anders als das LG gemeint hat, keine Zweifel. Der Ausgleichsanspruch gemäß § 89b HGB ist als ein durch das Gesetz besonders ausgestalteter und modifizierter vertraglicher Vergütungsanspruch für eine vom Handelsvertreter bereits erbrachte Leistung anzusehen, der dem Handelsvertreter die restliche, durch Provisionszahlungen bis zum Vertragsende noch nicht abgegoltene Gegenleistung für einen auf seiner Vermittlungstätigkeit beruhenden Vorteil verschaffen soll, der in der Schaffung des Kundenstamms besteht (vgl. BGH, Urt. vom 16.6.2010 – VIII ZR 259/09, NJW 2010, 3226, Rz. 15; *Ebenroth-Boujong-Joost-Strohn-Löwisch*, HGB, 2. Aufl., § 89b Rz. 10 je m.w.N.). Etwas anderes ergibt sich auch nicht daraus, dass der Ausgleichsanspruch des Handelsvertreters hier und da als ‚gesetzlicher Ausgleichsanspruch' bezeichnet wird. Denn damit soll lediglich zum Ausdruck gebracht werden, dass die Regelung gemäß § 89b IV 1 HGB zwingend ist.

Die im Zusammenhang mit den vertraglichen Zahlungsansprüchen bestehenden Hilfsansprüche des Handelsvertreters auf Erteilung bestimmter Informationen (z.B. der Anspruch auf Erteilung eines Buchauszugs gemäß § 87c II HGB) können von den vertraglichen Hauptansprüchen nicht getrennt werden. Auch für diese Ansprüche ergibt sich die internationale Zuständigkeit somit aus Art. 5 Nr. 1 lit. b EuGVO (vgl. EuGH aaO Rz. 23 ff.). Ohne Erfolg verweist die Bekl. in diesem Zusammenhang auf eine Entscheidung des OLG Düsseldorf aus dem Jahr 1974 (NJW 1974, 2185)[1], nach der Erfüllungsort für die Erteilung des Buchauszugs der Sitz des Unternehmers sein soll. Diese Auffassung ist durch die inzwischen in Kraft getretene EuGVO und die zu deren Auslegung ergangene Rspr. des EuGH überholt."

176. *Die Regelung nach Art. 32 des Allgemeinen Vertrags über die Verwendung von Güterwagen stellt in Ermangelung einer abweichenden Vereinbarung eine ausschließliche Gerichtsstandsbestimmung im Sinne des Art. 23 EuGVO dar.*

Eine solche Zuständigkeitsvereinbarung erfasst neben vertraglichen auch hierzu in Anspruchskonkurrenz stehende gesetzliche, insbesondere deliktische, Anspruchsgrundlagen. Derogiert wird daher bei vereinbarter Ausschließlichkeit auch ein anderer Gerichtsstand. [LS der Redaktion]

---

[1] IPRspr. 1974 Nr. 17.

OLG Brandenburg, Urt. vom 27.2.2014 – 12 U 10/13: Unveröffentlicht.

Beide Parteien sind international tätige Eisenbahnverkehrsunternehmen (EVU). Sie setzen neben eigenen auch fremde Wagen ein, um Güter durchgehend vom Abgangs- zum Zielort zu befördern. Am 9.7.2008 führte die Kl. einen Güterzug von H. in Richtung F., der nach W./Polen gelangen sollte, in den der Güterwagen der Bekl. eingestellt war und der im Bereich des Bahnhofs Fa., Gemeinde Fl., entgleiste. Mit ihrer Klage macht die Kl. sowohl dadurch entstandene eigene originäre Schäden als auch Schäden der Infrastrukturbetreiberin – der D. ... AG – aus abgetretenem Recht geltend.

Das LG hat die Klage mangels einer internationalen Zuständigkeit des angerufenen deutschen Gerichts als unzulässig abgewiesen. Hiergegen wendet sich die Kl. mit ihrer Berufung.

Aus den Gründen:

„II. ... A. ... B. ... Die Klage ist mangels internationaler Zuständigkeit des angerufenen deutschen Gerichts unzulässig (Art. 32 AVV i.V.m. Art. 11 des Allgemeinen Vertrags über die Verwendung von Wagen im internationalen Eisenbahnverkehr [nachfolgend: CUV]).

1. Die internationale Zuständigkeit des angerufenen Gerichts ist eine Prozessvoraussetzung eigener Art. Ob die ausschließliche internationale Zuständigkeit eines Mitgliedstaats der EU nach Art. 25 EuGVO in Betracht kommt, ist von Amts wegen zu prüfen. Im Übrigen dient die Prüfung der internationalen Zuständigkeit (Art. 26 EuGVO) dem Schutz des Beklagten. Nimmt er am Verfahren teil, dann erfolgt im Hinblick auf Art. 24 EuGVO die Prüfung der internationalen Zuständigkeit auf Rüge des Beklagten. Bei internationaler Unzuständigkeit kommt eine Verweisung an ein ausländisches Gericht nicht in Betracht (vgl. *Zöller-Geimer*, ZPO, 30. Aufl., Anh. I Art. 23 EuGVVO Rz. 52 und Art. 25 und 26 Rz. 3 ff. m.w.N.).

Die Bekl. hat die internationale Unzuständigkeit des erstinstanzlichen Gerichts mit der Klageerwiderung und im Verhandlungstermin vom 25.10.2012 ausdrücklich gerügt, sodass die Begründung einer internationalen Zuständigkeit durch rügeloses Verhandeln zur Hauptsache ausscheidet.

2. Deutschland und Polen sind Mitgliedstaaten des Übereinkommens über den internationalen Eisenbahnverkehr (COTIF) vom 9.5.1980 i.d.F. des Änderungsprotokolls vom 3.6.1999 (BGBl. 2002 II 2140, 2142, 2149). Im Rahmen der COTIF-Revision 1999 wurden auch Einheitliche Rechtsvorschriften für CUV-Verträge (Anhang D zum Übereinkommen) geschaffen. Das Wagenrecht des CUV beinhaltet Regelungen zum Wagenverwendungsvertrag zwischen dem Halter des Wagens, der als Beförderungsmittel dient, und dem den Wagen verwendenden EVU und konzentriert sich auf Regelungen der wechselseitigen Haftung, der Verjährung und des Gerichtsstands im internationalen Eisenbahnverkehr ...

4. Art. 32 des Allgemeinen Vertrags über die Verwendung von Güterwagen (nachfolgend: AVV) enthält zum Gerichtsstand folgende Regelung: ‚Haben die Parteien nichts anderes vereinbart, sind die Gerichte am Sitz des Beklagten zuständig.'

Danach ist eine internationale Zuständigkeit des Gerichts am Sitz der Bekl. gegeben und ein polnisches Gericht ist international zuständig. Gleiches ergibt sich aus der in Art. 11 CUV enthaltenen Regelung:

‚§ 1
Ansprüche aus einem aufgrund dieser einheitlichen Rechtsvorschriften geschlossenen Vertrag können vor den durch Vereinbarung der Parteien des Vertrags bestimmten Gerichten geltend gemacht werden.

§ 2
Haben die Parteien nichts anderes vereinbart, sind die Gerichte des Mitgliedstaats zuständig, in dem der Beklagte seinen Sitz hat ...'

4.1. Sowohl bei der in Art. 32 AVV als auch bei der in Art. 11 CUV enthaltenen Regelung handelt es sich um ausschließliche Gerichtsstandsbestimmungen.

Das ergibt sich nach dem Willen der Vertragsparteien bereits aus der Wortwahl („sind die Gerichte am Sitz der Beklagten zuständig'). Während eine Formulierung, wonach jede Partei das Recht habe, ein bestimmtes Gericht anzurufen, gegen eine ausschließliche Zuständigkeit sprechen kann, ist durch die Wortwahl in Art. 32 AVV und 11 § 2 CUV deutlich der Willen der Vertragsparteien zum Ausdruck gebracht worden, dass eine ausschließliche Zuständigkeit begründet sein soll. Wenn die Parteien einen Gerichtsstand vereinbart haben, dann sind die Ansprüche aus dem Verwendungsvertrag dort geltend zu machen. Das Wort ‚können' in § 1 des Art. 11 CUV ist missverständlich, da den Parteien keine Alternative eröffnet ist, wie sich aus § 2 ergibt. Art. 32 AVV trifft eine Gerichtsstandvereinbarung in der Weise, dass die Gerichte am Sitz der Beklagten zuständig sind, sofern die Parteien nicht zweiseitig etwas anderes vereinbart haben (MünchKommHGB-*Freise*, 2. Aufl., Bd. 7, Transportrecht, Art. 11 CUV Rz. 1).

Außerdem stellt die Regelung aus Art. 32 AVV eine Gerichtsstandsvereinbarung im Sinne des Art. 23 EuGVO dar. Haben die Parteien, von denen mindestens eine ihren Wohnsitz im Hoheitsgebiet eines Mitgliedstaats hat, vereinbart, dass ein Gericht oder die Gerichte eines Mitgliedstaats über eine bereits entstandene Streitigkeit oder künftige aus einem bestimmten Rechtsverhältnis entspringende Rechtsstreitigkeit entscheiden soll, so sind dieses Gericht oder die Gerichte des Mitgliedstaats zuständig (Art. 23 I 1). Dieses Gericht oder die Gerichte dieses Mitgliedstaats sind ausschließlich zuständig, sofern die Parteien nichts anderes vereinbart haben (Satz 2). Abs. 1 regelt die Prorogation mit Derogationseffekt, begründet im Zweifel eine ausschließliche Zuständigkeit und verdrängt andere Gerichtsstände (vgl. MünchKommZPO-*Gottwald*, 4. Aufl. [2013], Bd. 3, Art. 23 EuGVVO Rz. 14, 82).

Durch Art. 23 EuGVO wird klargestellt, dass die Zuständigkeitsvereinbarung in der Regel ein ausschließliches Forum begründet, d.h. die übrigen nach Art. 2 ff. EuGVO an sich gegebenen Zuständigkeiten derogiert. Die Verordnung stellt insoweit eine in sich abgeschlossene Regelung des Rechts der Zuständigkeitsvereinbarung dar, die einer Ergänzung durch das nationale Zuständigkeitsrecht nicht zugänglich ist, sodass Art. 23 EuGVO in seinem Anwendungsbereich auch die §§ 38, 40 ZPO verdrängt. Es hängt von dem Willen der Parteien ab, ob der als international zuständig vereinbarte Mitgliedstaat ausschließlich zuständig sein soll mit der Wirkung, dass die übrigen Mitgliedstaaten international unzuständig sind. Art. 23 I EuGVO begründet eine Vermutung für die Ausschließlichkeit (vgl. *Zöller-Geimer* aaO Art. 23 EuGVVO Rz. 1, 4, 32, 42; vgl. auch *Musielak-Voit*, ZPO, 9. Aufl., Art. 23 EuGVVO Rz. 1 sowie OLG Hamm, RIW 2000, 382 ff. m.w.N.[1]).

4.2. Die Zuständigkeitsvereinbarung umfasst neben vertraglichen auch in Anspruchskonkurrenz stehende gesetzliche, insbesondere deliktische, Anspruchsgrundlagen. Derogiert wird daher bei vereinbarter Ausschließlichkeit auch ein anderer Gerichtsstand (vgl. *Zöller-Geimer* aaO Rz. 39).

---

[1] IPRspr. 1999 Nr. 106b.

Inwieweit eine Gerichtsstandsvereinbarung konkurrierende Ansprüche erfassen soll, ist durch Auslegung zu ermitteln. Bei Anwendbarkeit deutschen Rechts ergreift Prorogation bzw. Derogation auch stets konkurrierende vertragliche und deliktische Ansprüche. Inhalt und Reichweite einer Gerichtsstandvereinbarung werden primär durch den Parteiwillen festgelegt. Eine Vereinbarung für alle Streitigkeiten aus der Erfüllung eines Vertrags oder seiner Anwendung erfasst regelmäßig auch konkurrierende gesetzliche, insbesondere deliktische, Ansprüche. Anderenfalls könnte eine als ausschließlich intendierte Prorogation häufig unterlaufen werden (vgl. Münch-KommZPO-*Gottwald* aaO Rz. 64, 81 m.w.N.).

Vorliegend handelt es sich in Art. 32 AVV um eine ausschließliche Zuständigkeitsvereinbarung, sodass neben den vertraglichen auch konkurrierende gesetzliche, insbesondere deliktische, Ansprüche der Kl. erfasst sind. Zutreffend führt daher das OLG München in seinem Urteil vom 9.3.1989 – 15 U 5989/88[2] – aus: ‚Ansprüche aus unerlaubter Handlung sind, soweit sie sich mit einer Vertragsverletzung decken, von der Prorogation umfasst. Dem Kläger ist es verwehrt, sich einer Gerichtsstandsvereinbarung im Sinne der Bestimmung dadurch zu entziehen, dass er einen Schadenersatzanspruch ausschließlich auf die Anspruchsgrundlage der unerlaubten Handlung stützt' (zit. n. juris). Zur gleichen Feststellung gelangt das OLG Stuttgart in seinem Urteil vom 8.11.2007 – 7 U 104/07 –, wonach die Vereinbarung eines Gerichtsstands für sämtliche Streitigkeiten im Zweifel auch die Geltendmachung konkurrierender deliktischer Schadensersatzansprüche umfasst (zit. n. juris).

Danach sind zunächst sowohl vertragliche als auch konkurrierende gesetzliche, insbesondere deliktische, Schadensersatzansprüche der Kl. für ihre eigenen unmittelbaren Schäden von der ausschließlichen Gerichtsstandklausel erfasst. Solche will sie aber ausweislich des Inhalts ihrer Berufungsbegründungsschrift im Berufungsverfahren nicht mehr weiterverfolgen ...

Zwar ist der Kl. zunächst zuzubilligen, dass die Abtretung einer Forderung die Rechtsnatur der abgetretenen Forderung nicht zu ändern vermag und dies auch für den jeweiligen Rechtsweg der betreffenden Forderung gilt (vgl. dazu BGH, Beschl. vom 25.7.2013 – III ZB 18/13, zit. n. juris).

Allerdings werden von der ausschließlichen und nicht nur für vertragliche, sondern auch für konkurrierende gesetzliche, insbesondere deliktische, Ansprüche geltenden Zuständigkeitsregelung des Art. 32 AVV sämtliche nach Art. 27.1 zu ersetzenden Schäden des EVU erfasst. Die Ersatzpflicht erstreckt sich hierbei nicht nur auf die eigenen unmittelbaren Schäden der Kl., sondern auch auf diejenigen, die sie Dritten aufgrund des Schadensereignisses zu ersetzen hat. Dies ergibt sich bereits aus Satz 2 dieser Vorschrift, wonach der Schuldige – vorliegend die Bekl. als Halterin – das verwendende EVU – hier die Kl. – von Ansprüchen Dritter – namentlich der D. ... AG – freistellt, wenn das verwendende EVU kein Verschulden trifft.

Wie das LG zu Recht ausgeführt hat, hat sich der dort normierte Freistellungsanspruch der Kl. wegen urspr. bei der Infrastrukturbetreiberin – der D. ... AG – entstandener Schäden nach einer erfolgten Zahlung der Kl. in einen eigenen Zahlungsanspruch umgewandelt. Dies ergibt sich auch aus einem Vergleich mit Art. 7 § 1 CUV, dessen Bestimmungen jedenfalls soweit gelten, als dass in Art. 27 AVV nichts Gegenteiliges geregelt ist. Ebenso wie in Art. 27.1 AVV ist die Haftung in Art. 7

---

[2] IPRspr. 1989 Nr. 186.

CUV als Verschuldenshaftung unbeschränkt. Dies gilt sowohl für die erfassten Schadensarten (Personenschäden, Sachschäden, Vermögensfolgeschäden und Umweltschäden) als auch für die Schadenshöhe. Das durch den Wagen geschädigte EVU – die Kl. – kann gegenüber seinem schuldhaft handelnden Vertragspartner – der Bekl. – nicht nur alle Schäden geltend machen, die es selbst erlitten hat – insbesondere Sachschäden an seinen Betriebsmitteln wie Lokomotiven oder Wagen –, sondern auch die, die es anderen kraft Gesetzes zu ersetzen hat, insbesondere aus Gefährdungshaftung für seinen Eisenbahnbetrieb. In Betracht kommen z.B. Sachschäden des Infrastrukturbetreibers – vorliegend der D. ... AG –, für die das schuldlose EVU mit einzustehen hat (§ 13 II HPflG; vgl. MünchKommHGB-*Freise* aaO Art. 7 CUV Rz. 5).

Es handelt sich hierbei demnach um einen eigenen Schadenersatzanspruch der Kl. wegen des beim Infrastrukturbetreiber entstandenen Schadens, den sie bereits reguliert hat, ohne dass es insoweit auf eine Abtretung ankommt. Auch wegen der von ihm ersetzten Schäden anderer hat das den Wagen verwendende EVU einen eigenen Anspruch gegen den schuldhaft handelnden Halter und ist nicht auf Ausgleichsregelungen unter Gesamtschuldnern – wie etwa § 13 IV HPflG, §§ 840, 426 BGB angewiesen. Art. 7 CUV weitet also die Haftung des Halters nicht aus, sondern erleichtert dem den schädigenden Wagen verwendenden EVU, das von dem Geschädigten regelmäßig anstelle des schuldigen Unternehmers in Anspruch genommen wird, den Rückgriff gegen den letztverantwortlichen Halter. Art. 27 § 1 AVV sieht darüber hinaus einen vertraglichen Freistellungsanspruch des verwendenden EVU gegenüber dem schuldigen Halter vor, der sich nach der von der Kl. erfolgten Regulierung in einen eigenen wesensgleichen Erstattungsanspruch umgewandelt hat (vgl. MünchKommHGB-*Freise* aaO).

Dieser Rückgriffsanspruch der Kl. sowohl in Gestalt eines eigenen Freistellungs-, Kostenerstattungs- und Zahlungsanspruchs als auch in Gestalt eines Ausgleichsanspruchs gegen die Bekl. als Gesamtschuldnerin ist von der nicht nur für vertragliche, sondern auch für konkurrierende gesetzliche Ansprüche geltenden ausschließlichen Zuständigkeitsklausel erfasst.

Hinzu kommt, dass die Kl. nach ihrem eigenen Vorbringen der D. ... AG die genannten Schäden in vollem Umfang bereits am 28.4.2009 erstattet hat. Ab diesem Zeitpunkt stand der D. ... AG wegen dieser Schäden kein Schadensersatzanspruch mehr zu, weil sie insoweit bereits von der Kl. vollständig befriedigt worden ist. Ihre ursprünglichen Schadenersatzansprüche sind bereits durch die Leistung der Kl. ausgeglichen worden. Insoweit ist bei der D. ... AG kein Schaden mehr verblieben. Die zeitlich deutlich spätere Abtretungsvereinbarung vom 19.12.2011 konnte sich auf diese Schäden und Ersatzansprüche der D. ... AG nicht mehr erstrecken; sie ging ins Leere. Der Kl. steht vielmehr ein eigener Zahlungs- und Ausgleichsanspruch gegen die Bekl. als weitere Gesamtschuldnerin zu, den sie in ihrer Rechnung auch im Rahmen einer ‚Weiterberechnung' geltend gemacht hat, der als konkurrierender gesetzlicher Anspruch von der ausschließlichen Zuständigkeitsklausel erfasst wird. Soweit daneben ein deliktischer Anspruch der D. ... AG aus § 823 I BGB, Art. 40 EGBGB gemäß § 426 II BGB auf die Kl. übergegangen ist, kann nach den o.a. Erwägungen für die Geltendmachung dieses Anspruchs durch die Kl. hinsichtlich der internationalen Zuständigkeit nichts anderes gelten. Sinn und Zweck der Vereinbarung einer ausschließlichen Zuständigkeit erfassen auch die übergegangenen Schadensersatzansprüche des Dritten, die sich inhaltlich mit dessen Ausgleichsanspruch nach § 426 I BGB und dem in der vertraglichen Abrede ausdrücklich aufgeführten Freistellungsanspruch decken, der sich durch den Ausgleich in einen Zahlungsanspruch umgewandelt hat. Im Ergebnis hat das LG deshalb die Klage zu Recht als unzulässig abgewiesen."

177. *Der Anwendungsbereichs des Art. 1 I CMR ist eröffnet, wenn eine Partei aufgrund der Vereinbarung eines Transports zu einem festen Preis tätig geworden ist, denn sie unterfällt auch in Erfüllung ihrer Verpflichtungen als Spediteurin dem Anwendungsbereich des Art. 1 I CMR. [LS der Redaktion]*

OLG Düsseldorf, Urt. vom 12.3.2014 – I-18 U 153/13: RdTW 2015, 177; TranspR 2015, 282.

<small>Die Kl. nimmt die Bekl. auf Zahlung von Schadensersatz in Zusammenhang mit einem behaupteten Transportgeschäft in Anspruch. Die tatsächliche Übernahme des Beförderungsguts sollte in Deutschland und die Ablieferung der streitgegenständlichen Ware in Tschechien stattfinden. Das LG hat der Klage mit Urteil vom 30.7.2013 stattgegeben.</small>

Aus den Gründen:

„II. Die zulässige Berufung hat in der Sache in vollem Umfang Erfolg. Die Klage ist unbegründet.
1. Die – auch in der Berufungsinstanz von Amts wegen zu prüfende – internationale Zuständigkeit deutscher Gerichte folgt aus Art. 31 I 1 lit. b CMR, der auf die Frachtverträge der Parteien nach Art. 1 I 1 CMR Anwendung findet. Denn die Parteien streiten um Forderungen aus einem Vertrag über eine entgeltliche Beförderung, da die tatsächliche Übernahme des Beförderungsguts in Deutschland erfolgt ist und die Ablieferung der streitgegenständlichen Ware in Tschechien stattfinden sollte, also einem anderen CMR-Vertragsstaat. Unerheblich für die Eröffnung des Anwendungsbereichs von Art. 1 I CMR ist vorliegend, ob die Bekl. als Frachtführerin oder Spediteurin tätig geworden ist, da sie aufgrund der Vereinbarung eines festen Preises von 1 100 Euro jedenfalls als Fixkostenspediteurin nach § 459 HGB tätig geworden wäre und damit nach st. Rspr. des BGH auch in Erfüllung ihrer Verpflichtungen als Spediteurin dem Anwendungsbereich des Art. 1 I CMR unterfiele (BGH, TranspR 2008, 323 ff.)."

178. *Der Begriff der vertraglichen Ansprüche in Art. 5 Nr. 1 lit. a EuGVO ist weit auszulegen. Unter die Norm fallen auch Klagen auf Aufhebung eines Vertrags durch Richterspruch und Klagen, die eine Anpassung des Vertrags im Hinblick auf die clausula rebus sic stantibus (Wegfall der objektiven Geschäftsgrundlage) zum Gegenstand haben.*
Der Gerichtsstand des Art. 5 Nr 1 EuGVO ist folglich für einen Anspruch aus § 528 BGB eröffnet; auch der Schenkungsvertrag ist ein beidseitiger Vertrag. Der Anspruch aus § 528 BGB ist einem solchen Vertrag immanent, da bereits bei Vertragsschluss die Verpflichtung des Beschenkten besteht, die Schenkung bei Verarmung des Schenkers ganz oder teilweise zurückzahlen zu müssen.

Für die Bestimmung des Erfüllungsorts kommt es nicht darauf an, wo der Schuldner zum Zeitpunkt der Klageerhebung seinen Wohnsitz hat; maßgeblich ist vielmehr, wo der Wohnsitz des Schuldners zur Zeit der Entstehung des Schuldverhältnisses lag. [LS der Redaktion]

OLG Köln, Urt. vom 25.3.2014 – 3 U 171/13: Leitsatz in Europ. Leg. Forum 2014, 101.

179. *Wohnungseigentümer haben eine Verbundenheit, die der von Vertragspartnern entspricht. Zudem besteht ein – von Art. 5 Nr. 1 lit. a EuGVO anerkanntes – Bedürfnis, sämtliche Streitigkeiten aus diesem Rechtsverhältnis vor ein einheitliches Gericht zu bringen.*

LG Frankfurt/Main, Urt. vom 25.3.2014 – 2-09 S 63/12: NJW-RR 2014, 907; IPRax 2015, 254, 220 Aufsatz *Hüßtege*; NJW-Spezial 2014, 323; NZM 2014, 438.

180. *Es kann – ohne eine schriftliche Gerichtsstandsvereinbarung – an der internationalen Zuständigkeit des Landgerichts Berlin für eine wettbewerbsrechtliche Vertragsstrafenklage eines Berliner Wettbewerbsverbands gegen eine in den Niederlanden geschäftsansässige Schuldnerin fehlen.*

KG, Urt. vom 25.4.2014 – 5 U 113/11: IPRax 2015, 90, 65 Aufsatz *Thole*. Leitsatz in BB 2014, 1474.

Die in R./Niederlande geschäftsansässige Bekl. bewarb 2009 in einer TV-Werbesendung ein von ihr vertriebenes Produkt. Auf entspr. Abmahnung des Kl. (ein Wettbewerbsverband) verpflichtete sie sich, es zu unterlassen, im geschäftlichen Verkehr auf dem deutschen Markt mit bestimmten Aussagen zu werben. Der Kl. hat die Bekl. vor dem LG Berlin auf Unterlassung und Zahlung einer Vertragsstrafe in Anspruch genommen, weil die Verpflichtung aus dem Unterlassungsvertrag auch in diesem Gerichtssprengel zu erfüllen sei. Der Bekl. hat die internationale bzw. örtliche Zuständigkeit des LG Berlin gerügt. Die Vertragsstrafe müsse als rein vertraglicher Anspruch an ihrem allgemeinen Gerichtsstand in den Niederlanden geltend gemacht werden, da sie keine Niederlassung in Deutschland habe.

Das LG hat in der angefochtenen Entscheidung die Klage mangels internationaler Zuständigkeit als unzulässig abgewiesen.

Aus den Gründen:

„Diese Zuständigkeit des LG Berlin folgt vorliegend zum einen nicht aus dem Gerichtsstand des Erfüllungsorts gemäß Art. 5 Nr. 1 lit. a EuGVO. Der Erfüllungsort der Vertragsstrafenforderung liegt hier in den Niederlanden am Sitz der Bekl., §§ 270 I und II, 269 I Alt. 3, II BGB.

1. Das zur Bestimmung des ‚Erfüllungsorts' maßgebliche sachliche Recht ist das deutsche, mithin §§ 269, 270 BGB.

a) Zur Ermittlung des maßgeblichen sachlichen Rechts ist Art. 28 EGBGB a.F. heranzuziehen, nicht Art. 3 f. Rom-I-VO. Die Regeln der Rom-I-VO finden gemäß ihres Art. 28 nur auf Verträge Anwendung, die ab dem 17.12.2009 geschlossen worden sind (vgl. auch *Palandt-Thorn*, BGB, 73. Aufl., Art. 28 Rom I Rz. 2). Der vorliegende Unterlassungsvertrag der Parteien datiert vom 11.5./22.5.2009.

b) Das mit dem Rechtsstreit (zuerst) befasste Gericht hat dann grundsätzlich für die Ermittlung des maßgeblichen sachlichen Rechts sein nationales Kollisionsrecht heranzuziehen (EuGH, Urt. vom 6.10.1976 – Industrie Tessili Italiana Como ./. Dunlop AG, Rs C-12/76, Slg. 1976, 1473; vgl. Urt. vom 19.2.2002 – Besix S.A. ./. Wasserreingigungsbau Alfred Kretzschmar GmbH & Co. KG, Rs C-256/00, Slg. 200201699, NJW 2002, 1407 Rz. 52).

c) Gemäß Art. 3 EGBGB bestimmt sich mangels einer der in dieser Norm speziell genannten Vorschriften das anzuwendende Recht nach dem bis zum 17.12.2009 geltenden deutschen IPR, mithin hier nach Art. 27, 28 EGBGB a.f. Diese verweisen vorliegend auf das deutsche materielle Recht.

aa) Der Vertrag unterliegt gemäß Art. 27 I 1 EGBGB a.F. dem von den Parteien gewählten Recht. Die Rechtswahl muss ausdrücklich sein oder sich mit hinreichender Sicherheit aus den Bestimmungen des Vertrags oder aus den Umständen des Falls ergeben, Art. 27 I 2 EGBGB a.F. Indizien für eine konkludente Rechtswahl sind z.b. ein Vertragsabschluss zwischen einer im Inland ansässigen Partei in deutscher Sprache im Inland (BGH, RIW 1997, 426; *Palandt-Heldrich* aaO 61. Aufl., Art. 27 EGBGB Rz. 6).

Bei Annahme einer konkludenten Rechtswahl wäre somit vorliegend das deutsche Sachrecht anzuwenden, zumal auch der Geschäftsführer der Bekl. Deutscher ist, dem hier streitigen Unterlassungsvertrag ein Verstoß gegen deutsches Recht zugrunde liegt und die vertragliche Unterlassung sich allein auf das Gebiet Deutschlands beschränkt.

bb) Selbst wenn noch nicht von einer konkludenten Rechtswahl auszugehen wäre, so unterläge der Unterlassungsvertrag auch nach Art. 28 I 1, II EGBGB a.F. dem deutschen Recht. Zwar wird gemäß Art. 28 II EGBGB a.F. vermutet, der Vertrag weise die engsten Verbindungen mit dem Staat auf, in dem die Partei, welche die charakteristische Leistung zu erbringen hat, im Zeitpunkt des Vertragsabschlusses bei einer gewerblichen Tätigkeit niedergelassen ist. Charakteristisch ist vorliegend nicht die Vertragsstrafenverpflichtung, sondern die durch sie geschützte Verpflichtung der Bekl. zur Unterlassung. Da die Bekl. ihren Sitz in den Niederlanden hat, wird somit eine Vermutung für die Anwendung niederländischen Recht aufgestellt.

Diese Vermutung gilt allerdings gemäß Art. 28 V EGBGB a.F. dann nicht, wenn sich aus der Gesamtheit der Umstände ergibt, dass der Vertrag engere Verbindungen mit einem anderen Staat aufweist. Dies ist vorliegend zu bejahen. Der Kl. hat seinen Sitz in Deutschland, die für die Parteien handelnden natürlichen Personen sind Deutsche, der Vertrag ist in deutscher Sprache gefasst, dem hier streitigen Unterlassungsvertrag liegt ein Verstoß in Deutschland gegen deutsches Gesetzesrecht zugrunde, die vertragliche Unterlassung beschränkt sich allein auf das Gebiet Deutschlands, beide Parteien hatten sich bei der Vereinbarung des Unterlassungsvertrags von deutschen Rechtsanwälten vertreten lassen, und mit der strafbewehrten Unterlassungsverpflichtung sollte eine durch deutsche Gerichte auszusprechende Verurteilung zur Unterlassung vermieden werden.

2. Das somit maßgebliche deutsche Sachrecht ergibt als Erfüllungsort den Sitz der Bekl. in den Niederlanden.

a) Grundsätzlich ist der Erfüllungsort danach zu bestimmen, wo gerade die konkret in dem Rechtsstreit streitige vertragliche Verpflichtung zu erfüllen ist, Art. 5 I lit. a EuGVO (Tessili aaO Rz. 13; Besix aaO Rz. 31, 44). Der für Kaufverträge und Dienstleistungsverträge insoweit auf die charakteristische Hauptleistung abstellende

Art. 5 Nr. 1 lit. b EuGVO ist vorliegend nicht einschlägig. Hier ist die vertragliche Verpflichtung zur Zahlung der Vertragsstrafe im Streit. Erfüllungsort ist insoweit gemäß § 270 I, II BGB der Sitz der Bekl. in den Niederlanden ...

bb) Zwar soll eine Nebenpflicht grundsätzlich aus der Natur des Schuldverhältnisses an dem für die Hauptverbindlichkeit maßgebenden Leistungsort zu erfüllen sein (BGH, WM 1976, 1230[1], juris Rz. 20; NJW 1985, 561[2], juris Rz. 15; *Palandt-Grüneberg* aaO 73. Aufl., § 269 Rz. 7) ...

bbb) Ein einziger (einheitlicher) Erfüllungsort für die Unterlassungsverpflichtung kann hier aber nicht festgestellt werden. Maßgebend ist in soweit wiederum § 269 I BGB (BGH, NJW 1974, 410[3], juris Rz. 31 f.; NJW 1985 aaO). Vorliegend hatte die Bekl. die Unterlassungsverpflichtung jedenfalls an jedem Ort in Deutschland zu erfüllen, wenn insoweit auf den Ort der Wirkung abgestellt wird. Wird der Ort der Handlung (Herbeiführung der Wirkung) herangezogen, wäre der Erfüllungsort sogar jeder Ort weltweit, somit jeder Ort in jedem Vertragsstaat.

Es mag im Sinne einer konkludenten Rechtswahl oder nach der Natur des Schuldverhältnisses eine Beschränkung auf das Gebiet Deutschlands sachlich nahe liegend sein, weil entscheidend bei einer Unterlassung – jedenfalls nach den vorliegenden Umständen – die Wirkung eines Verstoßes in Deutschland ist. Dies ändert allerdings nichts daran, dass innerhalb Deutschlands eine Vielzahl von Erfüllungsorten in Betracht kommt. Dies übersieht der Kl., wenn er als Erfüllungsort für die vorliegende Hauptverpflichtung (die Unterlassung) ‚Deutschland' ansieht.

Zudem fehlt es an einer konkreten Ortsbeziehung (vgl. hierzu BGH, NJW 1985 aaO; OLG Karlsruhe, OLGR 2000, 403, juris Rz. 5 f.) gerade für Berlin. Die Unterlassungsverpflichtung der Bekl. erstreckt sich auf alle Orte Deutschlands gleichermaßen. Auf den Sitz des Kl. kommt es insoweit nicht an. Er nimmt im Bereich des UWG kraft gesetzlicher Ermächtigung die Rechte der Marktbeteiligten für den gesamten Marktort Deutschland wahr, § 8 III Nr. 2 UWG. Ob eine konkrete Ortsbeziehung aus einem Wohnsitz des Geschäftsführers der Bekl. oder dem Sitz des Fernsehsenders (über den die Bekl. die der Unterlassungsverpflichtung zugrunde liegende rechtsverletzende Sendung ausgestrahlt hatte) begründet werden könnte, kann hier dahingestellt bleiben. Denn – soweit ersichtlich – wäre dies jedenfalls nicht Berlin.

Kommt unter diesen Umständen eine bei Vertragsabschluss nicht überschaubare Zahl von Erfüllungsorten in Deutschland in Betracht, ist nach dem Grundsatz des § 269 I BGB auf den Sitz des Schuldners abzustellen (BGH, NJW 1974 aaO Rz. 33), mithin auf den Ort in den Niederlanden. Ansonsten würde über den Umweg des Erfüllungsorts doch wieder der Ansprüchen aus unerlaubter Handlung vorbehaltene Gerichtsstand des jeweiligen Begehungsorts eingeführt werden (BGH aaO). Dementsprechend hat der EuGH (Besix aaO Rz. 48) bei einer geographisch unbegrenzt geltenden – mithin in allen Vertragsstaaten bestehenden – vertraglichen Unterlassungspflicht eine Anwendung des Art. 5 Nr. 1 EuGVO abgelehnt und die Grundregel des Art. 2 I EuGVO zum Wohnsitz des Beklagten zur Bestimmung der internationalen Zuständigkeit herangezogen (Besix aaO Rz. 52). Auch dies führt wieder zum Sitz der Bekl. in den Niederlanden.

---

[1] IPRspr. 1976 Nr. 142.
[2] IPRspr. 1984 Nr. 145.
[3] IPRspr. 1973 Nr. 137.

II. Die internationale Zuständigkeit des LG Berlin folgt vorliegend auch nicht aus Art. 5 Nr. 3 EuGVO. Der streitgegenständliche Anspruch auf Zahlung einer Vertragsstrafe ist weder ein Anspruch aus einer unerlaubten Handlung noch ein Anspruch aus einer Handlung, die einer unerlaubten Handlung gleichgestellt ist.

1. Die Begriffe ‚Vertrag oder Ansprüche aus einem Vertrag' und ‚eine unerlaubte Handlung oder eine Handlung, die einer unerlaubten Handlung gleichgestellt ist' im Sinne von Art. 5 Nrn. 1 und 3 EuGVO sind autonom auszulegen. Der Begriff ‚eine unerlaubte Handlung oder eine Handlung, die einer unerlaubten Handlung gleichgestellt ist' im Sinne von Art. 5 Nr. 3 EuGVO bezieht sich auf alle Klagen, mit denen eine Schadenshaftung des Beklagten geltend gemacht wird und die nicht an einen ‚Vertrag' im Sinne von Art. 5 Nr. 1 EuGVO anknüpfen (EuGH, Urt. vom 1.10.2002 – Verein für Konsumenteninformation ./. Karl Heinz Henkel, Rs C.167/00, NJW 2002, 3617 Rz. 35 f.), d.h. nicht auf einer freiwillig eingegangenen Verpflichtung beruhen (EuGH, Urt. vom 17.9.2002 – Fonderie Officine Meccaniche Tacconi S.p.A. ./. Heinrich Wagner Sinto Maschinenfabrik GmbH, Rs C-334/00, NJW 2002, 3159 Rz. 23; *Zöller-Geimer*, ZPO, 30. Aufl., Art. 5 EuGVVO Rz. 23).

2. Vorliegend gründet sich der Anspruch auf Zahlung einer Vertragsstrafe auf den freiwillig eingegangenen Unterlassungsvertrag der Parteien. Insoweit fehlt es an einer unerlaubten Handlung und einer dieser gleichgestellten Handlung. Dabei ist es unerheblich, wenn die Vertragsstrafe zugleich einen pauschalierten Schadensersatz umfasst. Denn auch ein auf die Verletzung der vertraglichen Unterlassungspflicht gestützter Schadensersatzanspruch würde auf einer freiwillig eingegangenen Unterlassungsverpflichtung beruhen, und er wäre somit ein Anspruch aus einem Vertrag und nicht ein solcher aus einer unerlaubten Handlung (BGH, NJW 1974 aaO Rz. 24; WM 1976 aaO Rz. 14).

3. Dann ist es hier auch nicht entscheidend, dass dem Kl. gegen die Bekl. zugleich auch ein deliktsrechtlicher Unterlassungsanspruch aus dem UWG zusteht. Der Kl. kann als Wettbewerbsverband auf die Verletzung einer deliktsrechtlichen Unterlassungsverpflichtung einen eigenen Schadensersatzanspruch nicht stützen (§ 9 UWG), und er macht einen solchen Schadensersatzanspruch auch nicht geltend. Selbst ein theoretisch bestehender deliktsrechtlicher Schadensersatzanspruch würde hier nicht weiterführen. Denn die internationale Zuständigkeit eines deutschen Gerichts für den auf eine unerlaubte Handlung der Bekl. gestützten Schadensersatzanspruch begründet nicht zugleich die Zuständigkeit für den Schadensersatzanspruch auf vertraglicher oder vertragsähnlicher Grundlage (BGH, NJW 1974 aaO Rz. 24; WM 1976 aaO Rz. 14)."

181. *Hat ein Gericht innerhalb des Geltungsbereichs der EuGVO (hier: Appellationshof Antwerpen) mit Bindungswirkung nach Art. 33 EuGVO entschieden, so müssen sich die Rechtsnachfolger im Anerkennungsstaat Deutschland, auch wenn sie an dem Rechtsstreit selbst nicht beteiligt waren, die mit dem ausländischen Urteil eintretende Wirkungserstreckung nach § 325 I ZPO entgegenhalten lassen.*

Wird der Absender an eine wirksame in den Konnossementsbedingungen enthaltene Zuständigkeitsregelung gebunden, so beruht dies regelmäßig nicht auf einer Pflichtverletzung des Ausstellers. Der Absender muss sich an einer solchen Bestimmung nach den Gegebenheiten des kaufmännischen internationalen Handels-

brauchs und der diesen zufolge anzuerkennenden Geltung der Konnossementsklauseln grundsätzlich festhalten lassen.

OLG Bremen, Urt. vom 25.4.2014 – 2 U 102/13: IPRax 2015, 354, 329 Aufsatz *Roth*; RdTW 2014, 227; TranspR 2016, 452.

Die Kl. zu 5) verkaufte eine Brauereianlage an ein Unternehmen in Mexiko (C. S.A.) und beauftragte die Bekl., ein Tochterunternehmen der Samskip Holding BV, zu festen Preisen mit dem Transport der Anlage von Antwerpen via Altamira/Mexiko nach Guadalajara/Mexiko. Die Bekl. erstellte am Tag der Übergabe der Sendung für den Seetransport ein mit „Bill of Ladung" überschriebenes Dokument aus, auf dessen Rückseite eine Zuständigkeitsregelung zugunsten isländischer Gerichte gedruckt war. Die Bekl. führte den Transport mittels Unterfrachtführern durch. Bei der Ankunft in Altamira wurden nach Darstellung der Kl. Transportschäden festgestellt. Auf die Klage der Empfängerin und der Kl. zu 1) – 4) [Transportversicherungen der Kl. zu 5)] erklärte sich der Appellationshof Antwerpen 2009 mit Berufungsurteil für unzuständig. Dieses Urteil wurde rechtskräftig. Die Kl. zu 1) – 4) haben gegen die Bekl. vor dem LG Bremen Klage erhoben, eine Klage der Kl. zu 5) wurde vom LG Landshut an das LG Bremen verwiesen und dort mit dem Rechtsstreit verbunden.

Das LG Bremen hat gemäß Art. 267 AEUV im Rahmen eines Vorabentscheidungsverfahrens den EuGH zur Frage der Auslegung des Begriffs „Entscheidung" und der Reichweite von zuständigkeitsverneinenden Prozessurteilen angerufen. Im Anschluss hat das LG Bremen die Klage mit Urteil abgewiesen.

Aus den Gründen:

„... Die Berufung ist jedoch nicht begründet.

1. Hinsichtlich der Klaganträge zu 2) (Hauptantrag) und 4) – 5) ist die Klage bereits unzulässig. Insoweit hat das LG [Bremen] die internationale Zuständigkeit des angerufenen LG Bremens zu Recht verneint.

Dem steht auch nicht schon eine bindende Feststellung der internationalen Zuständigkeit durch den Beschluss des LG Landshut vom 3.6.2011 nach § 281 II 3 ZPO entgegen. Das LG Landshut hat die Frage der internationalen Zuständigkeit bewusst offengelassen, wie schon aus seiner Formulierung in dem Verweisungsbeschluss vom 3.6.2011 hervorgeht, aber auch dem Grundsatz entspricht, wonach die internationale Zuständigkeit jederzeit von dem Gericht, an das verwiesen worden ist, von Amts wegen zu prüfen ist (BGHZ 84, 17, 20)[1].

Es liegt eine wirksame Gerichtsstandsvereinbarung vor. Daher kommt Art. 2 EuGVO, obgleich die Bekl. ihren Sitz in Bremen/Deutschland hat, nicht zur Anwendung. Mit Bindungswirkung hat der Appellationshof Antwerpen in seinem Berufungsurteil vom 5.10.2009 (2008/AR/820) entschieden, dass die Kl. als ‚verscheper' und Vertragspartnerin der Bekl. wie auch ihre Versicherer, die in ihre Rechte eingetreten sind, durch die Klauseln des Konnossements, und damit auch an die Gerichtsstandsklausel, gebunden sind. Die Klausel 2 der Konnossementsbedingungen enthält eine ausschließliche Gerichtsstandsklausel zugunsten der Gerichte in Island.

Der Appellationshof Antwerpen hat damit die internationale Zuständigkeit an das Konnossement vom 13.8.2006 angeknüpft, welches in seinen Endorsements unter Nr. 2 die Bestimmung enthält:

‚JURISDICTION. Any dispute arising under this bill of lading to be decided in Iceland according to Icelandic law'.

Das LG hat die Bindungswirkung dieser Entscheidung zutreffend bejaht. Daher kommt es auf abweichende Zuständigkeitsregelungen im Frachtvertrag nicht an.

Ausgangspunkt für die Bindungswirkung ist Art. 33 EuGVO. Die dort normierte Anerkennung ist als Wirkungserstreckung zu verstehen (*Zöller-Geimer*, ZPO 30. Aufl., Anh I Art. 32 EuGVVO Rz. 1). Der EuGH hat in seinem Vorabentscheid vom

---

[1] IPRspr. 1982 Nr. 136.

15.11.2012 – Gothaer Allgemeine Versicherung AG u.a. ./. Samskip GmbH, Rs C 456/11 – ausgeführt, dass Art. 32 EuGVO auch Entscheidungen erfasst, mit der das Gericht eines Mitgliedstaats seine Zuständigkeit wegen einer Gerichtsstandsvereinbarung verneint, so wie es hier der Fall ist. Unter den Begriff der Entscheidung falle jede von einem Gericht eines Mitgliedstaats erlassene Entscheidung ohne Rücksicht auf ihren Inhalt (Rz. 23). Wegen des Ziels der VO, ‚die Formalitäten im Hinblick auf eine rasche und unkomplizierte Anerkennung und Vollstreckung von Entscheidungen aus den durch diese Verordnung gebundenen Mitgliedstaaten zu vereinfachen' und der Bedeutung des Grundsatzes des gegenseitigen Vertrauens sei der Entscheidungsbegriff nicht restriktiv auszulegen (Rz. 26, 28).

Anders als nach deutschem Recht (§ 322 ZPO) besteht eine auch die tragenden Gründe erfassende Rechtskraftwirkung des Urteils des Appellationsgerichtshofs Antwerpen vom 5.10.2009. Wie der EuGH in seinem Urteil vom 15.11.2012 hierzu ausgeführt hat, sind die Art. 32 und 33 EuGVO dahin auszulegen, dass das Gericht, vor dem die Anerkennung geltend gemacht wird, ‚durch die in den Gründen eines rechtskräftigen Urteils, mit dem die Klage als unzulässig abgewiesen wurde, enthaltene Feststellung in Bezug auf die Wirksamkeit dieser Vereinbarung gebunden ist'. Durch die Anerkennung sollen den Entscheidungen ‚die Wirkungen beigelegt werden, die ihnen in dem Staat zukommen, in dessen Hoheitsgebiet sie ergangen sind. Daher muss eine gemäß Art. 33 der Verordnung Nr. 44/2001 anerkannte ausländische Entscheidung im Anerkennungsstaat grundsätzlich dieselben Wirkungen entfalten wie im Ursprungsstaat' (Rz. 34). Auch hier wird der Vertrauensgrundsatz herangezogen (Rz. 35). Eine sachliche Nachprüfung der Entscheidung soll möglichst ausgeschlossen sein (s.a. Art. 36 EuGVO). Das Gericht des Anerkennungsstaats soll grundsätzlich nicht die Möglichkeit haben, die Gerichtsstandsvereinbarung, die das Gericht des Ursprungsmitgliedstaats als wirksam anerkannt hat, für nichtig zu befinden, weil dies jenem Nachprüfungsverbot zuwider liefe (Rz. 38). Im Unionsrecht umfasse der Begriff der Rechtskraft nicht nur den Tenor der fraglichen Entscheidung, sondern auch deren tragende Gründe, wie näher erläutert wird; auf diesen Rechtskraftbegriff des Unionsrechts sei hier abzustellen (Rz. 40).

Das Appellationsgericht Antwerpen hat ausgeführt, dass die Parteien an die Gerichtsstandsvereinbarung des Konnossements gebunden seien. Damit hat es seine internationale Unzuständigkeit begründet. Zu den tragenden Gründen zählt folglich die – vom Gericht inzidenter bejahte – Wirksamkeit der Gerichtsstandsvereinbarung und damit auch die Zuständigkeit der isländischen Gerichte.

Die isländischen Gerichte sind an diese Entscheidung gleichfalls gebunden. Island ist zwar nicht Mitglied der EU und damit über Art. 23 EuGVO gebunden, ist aber dem LugÜ (heute: LugÜ II) beigetreten. Dieses Übereinkommen hat damit auch für Island Geltung.

Die Art. 32 – 35 LugÜ II (früher Art. 26) enthalten Regelungen, die wortgleich den Art. 32 – 35 EuGVO entsprechen. Darauf verweist auch das Urteil des EuGH vom 15.11.2012 in Rz. 36. Die Bindungswirkung des Urteils des Appellationshofs Antwerpen erstreckt sich somit auch auf Island als Vertragsstaat des LugÜ II, und zwar in gleicher Weise, als wenn insoweit eine Zugehörigkeit zur EU bestände.

Die Kl. war an dem Verfahren in Belgien, das nur von den Kl. zu 1) – 4) geführt wurde, zwar nicht beteiligt. Die Kl. ist nach § 325 I ZPO gleichwohl an die

Entscheidung des Appellationshofs Antwerpen vom 5.10.2009 gebunden. Wenn die in Art. 33 EuGVO normierte Anerkennung, wie o.a., Wirkungserstreckung bedeutet, dann kann dies in der Konsequenz nur bedeuten, dass auch die persönliche Rechtskrafterstreckung des § 325 I ZPO damit zum Zuge kommen muss. Die Kl. ist infolge der Rückabtretung vom 19.8./31.10.2010 nach § 398 BGB Rechtsnachfolgerin der Kl. zu 1) – 4) geworden und muss sich daher die Wirkungserstreckung des Prozessurteils entgegenhalten lassen. Denn die in Art. 33 EuGVO geregelte Bindungswirkung liefe sofort leer, könnte man sie durch schlichte Abtretung im Anerkennungsstaat faktisch außer Kraft setzen.

Der Senat teilt auch die Ansicht des LG, wonach die vorbezeichneten Bindungswirkungen, die zu der Zuständigkeit der Gerichte in Island führen, nach dem Ordrepublic-Grundsatz (Art. 34 Nr. 1 EuGVO) keine Einschränkung erleiden.

Zweifelhaft erscheint es allerdings, ob bereits die Regelung in Art. 35 III 2 EuGVO, wonach die Vorschriften über die Zuständigkeit nicht zur öffentlichen Ordnung gehören, im vorliegenden Fall einer Überprüfung nach Gesichtspunkten des ordre public entgegensteht. Dies würde nämlich darauf hinauslaufen, die der Zuständigkeitsbestimmung durch das Antwerpener Gericht zugrunde liegenden materiell-rechtlichen Erwägungen, wonach insbes. die Konnossementsbedingungen Wirksamkeit erlangt haben, der Überprüfung der Bindungswirkung nach Art. 34 Nr. 1 EuGVO zu entziehen, welche im Übrigen restriktiv zu handhaben ist (s. EuGH, Urt. vom 15.11.2012, Rz. 30f.). Eine solche Reichweite des Art. 35 III EuGVO erscheint zumindest fraglich.

Jedenfalls besteht aber kein Anerkennungshindernis nach Art. 34 Nr. 1 EuGVO. Zwar geht der Appellationshof Antwerpen in seinem Urteil vom 5.10.2009 (S. 10) nur knapp auf die Einbeziehung der Konnossementsbedingungen ein. Die Begründung ist aber schon darin zu sehen, dass sich eine solche – konkludente – Einbeziehung im Linienstückgutverkehr nach internationalem Handelsbrauch ergibt (s. *Rabe*, Seehandelsrecht, 4. Aufl., Rz. 16 zu § 643; s.a. OLG Hamburg, TranspR 1993, 25[2]), so dass von einer nach Art. 23 I 3 lt. c EuGVO wirksamen Gerichtsstandsvereinbarung ausgegangen werden kann.

Der Appellationshof Antwerpen traf auch nicht, wie die Bekl. meint, eine ‚Überraschungsentscheidung', indem er die Zuständigkeit der Gerichte in Island festlegte. Überraschend konnte die dort getroffene Gerichtsstandsbestimmung schon deshalb nicht sein, weil in dem vor dem Gericht in Antwerpen geführten Rechtsstreit die hier in Rede stehende Klausel Nr. 2 der Bill of Lading Gegenstand schriftsätzlicher Erörterungen der dortigen Parteien war. Eine solche Diskussion musste die Möglichkeit der Zuständigkeit isländischer Gerichte notwendig mit umfassen, denn genau diese Konsequenz war in der Konnossementsklausel enthalten.

Die Kl. wurde durch die Entscheidung des Appellationshofs auch nicht dadurch faktisch ihrer Rechte beraubt, dass die Gerichtsstandsklausel der Bill of Lading sich darauf beschränkt, pauschal auf die isländischen Gerichte (‚decided in Iceland') zu verweisen, statt ein konkretes Gericht in Island zu benennen. Wie o.a. sind die isländischen Gerichte nach dem LugÜ II an die Entscheidung des Appellationshofs Antwerpen gebunden. Nur das ist entscheidend. Die Zuständigkeit innerhalb Islands muss der dortigen Gerichtsorganisation überlassen bleiben. Es gibt keine vernünf-

---

[2] IPRspr. 1992 Nr. 194.

tigen Anhaltspunkte für die Annahme, keines der acht isländischen Gerichte werde letztlich die Sache zur Entscheidung annehmen.

Auch unter dem Gesichtspunkt einer möglichen Verjährung der Schadensersatzansprüche der Kl. nach isländischem Recht erscheint der Gesichtspunkt des Art. 34 Nr. 1 EuGVO nicht relevant. Es ist nicht ersichtlich, dass die Kl. oder ihre Rechtsvorgängerinnen tatsächlich daran gehindert gewesen wären, den Schaden in unverjährter Zeit in Island geltend zu machen.

Schließlich war die Gerichtsstandsklausel des Konnossements auch nicht willkürlich. Die Anknüpfung an isländisches Recht und isländische Jurisdiktion folgt bereits aus dem Sitz der (früheren) Muttergesellschaft der Samskip Holding BV (Muttergesellschaft der Bekl.) in Island ...

3. Der zu dem Klagantrag zu 2) gestellte Hilfsantrag ist unbegründet. Der Kl. steht schon deswegen kein Schadensersatzanspruch, gerichtet auf Aufhebung der in der Bill of Lading enthaltenen Gerichtsstandsklausel, zu, weil der Appellationshof Antwerpen in seiner Entscheidung vom 5.10.2009 die Geltung dieser Klausel gerade mit (vom EuGH mit Urt. vom 15.11.2012 bestätigter) Rechtskraftwirkung festgestellt hat. Das mit dem Hilfsantrag von der Kl. verfolgte Begehren liefe darauf hinaus, diese Rechtskraftwirkung zu beseitigen. Ein solches Vorgehen ist indes rechtlich nur auf besonders schwerwiegende, nach § 826 BGB zu beurteilende Ausnahmefälle begrenzt (s. im Einzelnen *Palandt-Sprau*, BGB, 73. Aufl., Rz. 50 ff. [Erschleichung von materiell falschen Urteilen durch Missbrauch des Verfahrensrechts, Missbrauch von Vollstreckungstiteln]). Selbst nach dem Vortrag der Kl. bestehen hier keinerlei Anhaltspunkte, dass das Verhalten der Bekl. derartigen Fallgruppen zuzuordnen wäre."

182. *Der Begriff des individuellen Arbeitsvertrags im Sinne von Art. 18 I EuGVO ist nicht nach nationalen Kriterien, sondern als genuiner Begriff des Gemeinschaftsrechts auszulegen.*

Kernelement des europäischen Begriffs des individuellen Arbeitsvertrags ist die Weisungsgebundenheit. Eine analoge Anwendung der Art. 18 bis 21 EuGVO auf Selbständige, die zugleich sozial schutzbedürftig sind und nur für einen Auftraggeber arbeiten, das heißt wirtschaftliche abhängige Personen, kommt nicht in Betracht.

LAG Düsseldorf, Urt. vom 28.5.2014 – 12 Sa 1423/13: IPRax 2015, 551 *Temming*; IHR 2015, 242 mit Anm. *Mankowski*. Leitsatz in: BB 2014, 2867; GWR 2014, 444 mit Anm. *Raif*.

[Das nachgehende Urteil des BAG – 9 AZR 525/14 – wird voraussichtlich im Band IPRspr. 2015 abgedruckt.]

Die Parteien streiten über die Zahlung von Urlaubsabgeltung. Der Kl. war von 2010 bis 2011 für die Bekl. tätig, welche Sportlernahrung bzw. Nahrungsergänzungsmittel vertrieb. Die Bekl. hatte ihren Sitz in L./Polen und unterhielt in Deutschland keine Niederlassung. Mit einer in Englisch gehaltenen Stellenbeschreibung suchte die Bekl. einen „Business Development Manager". Die Tätigkeit des Kl. erfolgte auf der Grundlage von vier unmittelbar aneinander anschließenden Beraterverträgen. Geschuldet war danach die Vermittlung von Produkten der Bekl. an deutsche Kunden einschl. Marktanalyse und Kundenwerbung. Die Verträge enthielten zudem ein Wettbewerbsverbot und waren in englischer Sprache gefasst. In den Verträgen war jeweils die Geltung polnischen Rechts und als Gerichtsstand das Gericht des Auftraggebers vereinbart.

Der Kl. war für die Bekl. von Deutschland von seinem Wohnsitz aus tätig und besuchte nahezu ausschl. Kunden in Deutschland. Er akquirierte Kunden, setzte Promotionsmaßnahmen um und kümmerte sich um die telefonische und schriftliche Kundenbetreuung. Für seine Tätigkeit erhielt der Kl. mtl. 6 150 €. Die Bekl. stellte ihm einen Laptop zur Verfügung. Er erhielt gegen Monatsmiete ein Dienstfahrzeug mit Aufschrift der Bekl. sowie eine Tankkarte, über welche die Benzinkosten direkt über die Bekl. abgewickelt wurden. Er besaß einen E-Mail-Account bei der Bekl. und Visitenkarten mit deren Logo. Er wurde dort als „Business Development Manager" geführt. Er erhielt eine Visakreditkarte, welche direkt über ein Konto der Bekl. abgerechnet wurde. Die ihm entstandenen Aufwendungen ersetzte die Bekl. Er hatte zudem Fahrtberichte einschl. gefahrener km und angesteuerter Ziele vorzulegen. Ende 2010 stellte der Kl. einen Antrag auf Pflichtversicherung bei der DRV Bund als selbständig Tätiger. Ausweislich der Angaben in seinem Antrag war er als freiberuflicher Unternehmensberater tätig. Während seiner Tätigkeit nahm der Kl. keinen Urlaub, stellte aber auch keinen entspr. Antrag. Ende 2011 machte der Kl. Urlaubsabgeltung gegenüber der Bekl. geltend.

Das ArbG hat der Klage durch Versäumnisurteil stattgegeben. Die Bekl. hat hiergegen Einspruch eingelegt. Mit Urteil vom 18.10.2013 hat das ArbG das Versäumnisurteil vom 16.11.2012 aufgehoben und die Klage abgewiesen. Es hat die internationale Zuständigkeit der deutschen Arbeitsgerichte verneint. Hiergegen wendet sich der Kl. mit seiner Berufung.

Aus den Gründen:

„A. Die internationale Zuständigkeit der deutschen Arbeitsgerichte steht für die erkennende Kammer aufgrund der Beschlüsse des ArbG vom 1.2.2013 und des LAG Düsseldorf vom 3.7.2013 (15 Ta 297/13) nicht bindend fest.

1. ArbG und LAG haben im Rahmen der Vorabentscheidung allein über den Rechtsweg zu den Arbeitsgerichten und nicht über die Frage der internationalen Zuständigkeit entschieden. Die Vorabentscheidung gemäß § 17a GVG erstreckt sich allein auf die Frage des Rechtswegs (vgl. *Zöller-Lückemann*, ZPO, 30. Aufl., § 17a GVG Rz. 12), nicht aber auf die Frage der internationalen Zuständigkeit. Eine Grundlage, vorab über die internationale Zuständigkeit zu entscheiden, besteht insoweit nicht (LAG Rheinland-Pfalz, Beschl. vom 15.10.1991 – 10 Ta 159/91, NZA 1992, 138; OVG Bremen, Beschl. vom 5.5.2000 – 1 S 164/00[1], juris; s.a. BayVGH, Beschl. vom 14.3.2011 – 5 C 10.2525, DÖV 2012, 123). Richtig ist zwar, dass das ArbG in den Gründen des Beschlusses vom 1.2.2013 die internationale Zuständigkeit der deutschen Arbeitsgerichte bejaht hat. Da dies aber im Tenor des Beschlusses des ArbG, der sich allein auf die Rechtswegzuständigkeit bezieht, nicht zum Ausdruck kommt, sind die Ausführungen zu der internationalen Zuständigkeit in den Gründen nur eine Vorfrage, die das ArbG ohne Bindungswirkung erörtert hat. Hierfür spricht weiter, dass sich das LAG in seiner Beschwerdeentscheidung mit der Frage der internationalen Zuständigkeit gar nicht befasst und sich das ArbG, wie das angegriffene Urteil zeigt, selbst nicht gebunden sah.

2. Aber selbst wenn man dies anders sieht, ist nicht von einer Bindungswirkung für die erkennende Kammer auszugehen, die in der Hauptsache zu entscheiden hat. Der Ausschluss der Prüfungskompetenz gemäß § 17a V GVG bezieht sich nur auf die Frage der Rechtswegzuständigkeit, welche – wie ausgeführt – die Frage der internationalen Zuständigkeit nicht betrifft (vgl. zur insoweit fehlenden Bindungswirkung bei Rechtswegverweisung OVG Bremen aaO).

B. Die Klage ist unzulässig, weil die deutsche Arbeitsgerichtsbarkeit international nicht zuständig ist. Die Art. 18 bis 21 EuGVO kommen nicht zur Anwendung, weil kein individueller Arbeitsvertrag in diesem Sinne vorliegt. Die Parteien haben wirksam die Zuständigkeit der polnischen Gerichte gemäß Art. 23 EuGVO vereinbart.

---

[1] IPRspr. 2000 Nr. 124.

Der Gerichtsstand des Erfüllungsorts (Art. 5 Nr. 1 lit. a EuGVO) wird durch diese Vereinbarung gemäß Art. 23 EuGVO ausgeschlossen.

I. Die Frage der internationalen Zuständigkeit der deutschen Arbeitsgerichte beurteilt sich, wie das ArbG zutreffend ausgeführt hat, nach der EuGVO. Die EuGVO ist seit ihrem Inkrafttreten am 1.3.2002 in allen ihren Teilen verbindlich und gilt unmittelbar. Sie geht nationalem Recht im Rang vor (BAG, Urt. vom 24.9.2009 – 8 AZR 306/08[2], MDR 2010, 641 Rz. 26; BAG, Urt. vom 25.6.2013 – 3 AZR 138/11[3], juris Rz. 13).

II. Der sachliche Anwendungsbereich der EuGVO ist eröffnet, weil die Parteien über einen Anspruch streiten, der als zivilrechtliche Streitigkeit gemäß Art. 1 I 1 EuGVO einzuordnen ist.

III. Die Art. 18 bis 21 EuGVO kommen nicht zur Anwendung. Grundsätzlich schaffen diese Vorschriften ein abschließendes Regime für Streitigkeiten aus Individualarbeitsverträgen mit Verdrängungswirkung zulasten aller anderen Gerichtsstände mit Ausnahme der ausdrücklich zugelassenen (BAG, 24.9.2009 aaO Rz. 40). Zwar scheidet der Gerichtsstand des Art. 18 II EuGVO mangels Niederlassung der Bekl. in Deutschland von vornherein aus. In Betracht käme aber der Gerichtsstand des Arbeitsorts gemäß Art. 19 Nr. 2 lit. a EuGVO, weil der Kl. seine Arbeit ganz überwiegend in Deutschland verrichtet hat. Das ist nach Anhörung der Parteien hierzu im Kammertermin unstreitig. Art. 19 Nr. 2 lit. a EuGVO und die Art. 18 bis 21 EuGVO kommen hingegen nicht zur Anwendung, weil das Vertragsverhältnis der Parteien kein individueller Arbeitsvertrag im Sinne dieser Vorschriften ist.

1. Der Begriff des individuellen Arbeitsvertrags ist nicht nach nationalen Kriterien, sondern als genuiner Begriff der EuGVO unter Berücksichtigung von Art. 45 AEUV auszulegen. Danach ist ein ‚individueller Arbeitsvertrag' eine Vereinbarung, die eine abhängige, weisungsgebundene Tätigkeit für eine bestimmte Dauer zum Inhalt hat, bei der der Arbeitnehmer regelmäßig in einer bestimmten Weise in den Betrieb des Arbeitgebers eingebunden ist und für die er als Gegenleistung eine Vergütung erhält (BAG, 24.9.2009 aaO; BAG, 25.6.2013 aaO Rz. 20 u. Hinw. auf die Rspr. des EuGH). Maßgeblich ist die zu diesem Begriff ergangene Rechtsprechung des EuGH. ‚Arbeitnehmer' im Sinne von Art. 45 AEUV nach st. Rspr. des EuGH ist ein autonomer Begriff, der nicht eng auszulegen ist. Als ‚Arbeitnehmer' ist jeder anzusehen, der eine tatsächliche und echte Tätigkeit ausübt, wobei Tätigkeiten außer Betracht bleiben, die einen so geringen Umfang haben, dass sie sich als völlig untergeordnet und unwesentlich darstellen. Das wesentliche Merkmal des Arbeitsverhältnisses besteht nach dieser Rechtsprechung darin, dass jemand während einer bestimmten Zeit für einen anderen nach dessen Weisung Leistungen erbringt, für die er als Gegenleistung eine Vergütung erhält (EuGH, Urt. vom 17.7.2008 – Andrea Raccanelli ./. Max-Planck-Gesellschaft zur Förderung der Wissenschaften e.V., Rs C-94/07, Slg. 2008 I-5939, NZA 2008, 995 Rz. 33; EuGH, Beschl. vom 7.4.2011 – Dieter May ./. AOK Rheinland/Hamburg, Rs C-519/09, Slg. 2011 I-2761, juris Rz. 21). Auch wenn der Begriff nicht eng auszulegen ist, so wird aus dieser Rspr. doch deutlich, dass Kernelement oder wesentliches Merkmal die Weisungsgebundenheit ist. Daran ändert die Entscheidung des EuGH, Urt. vom vom 11.11.2010 – Dita Danosa ./. LKB Lizings SIA, Rs C 232/09, Slg. 2010 I-11405, NZA 2011, 143)

---

[2] IPRspr. 2009 Nr. 184.   [3] IPRspr. 2013 Nr. 191.

nichts. Richtig ist allerdings, dass es für die Einordnung nach europäischem Recht nicht darauf ankommt, ob das Beschäftigungsverhältnis nach nationalem Recht ein Rechtsverhältnis sui generis ist oder aber die Person nach nationalem Recht als Selbständige einzustufen wäre (EuGH, 11.11.2010 aaO Rz. 40 f.; s.a. EuGH, Urt. vom 13.1.2004 – Debra Allonby ./. Accrington & Rossendale College, Education Lecturing Services, Rs C-256/01, Slg. 2004 I-873, NZA 2004, 201 Rz. 71; anders wohl für den Grenzbereich *Schlosser*, EU-Zivilprozessrecht, 3. Aufl. [2009], Art. 5 EuGVVO Rz. 8). Es kommt deshalb nicht darauf an, was sich aus § 84 I HGB ergibt, ob der Kl. nach deutschem Recht als arbeitnehmerähnliche Person (§ 5 I 2, III ArbGG oder § 2 Satz 2 BUrlG) einzustufen ist, oder im Sozialversicherungsrecht als rentenversicherungspflichtiger Selbständiger eingeordnet wird (§ 2 Satz 1 Nr. 9 SGB VI). Maßgeblich ist, ob ein Unterordnungsverhältnis vorliegt, das in jedem Einzelfall nach Maßgabe aller Gesichtspunkte und aller Umstände zu beantworten ist, welche die Beziehungen zwischen den Beteiligten kennzeichnen (EuGH, 13.1.2004 aaO Rz. 69; EuGH, 11.11.2010 aaO Rz. 46). Zu berücksichtigen sind dabei u.a. der Aspekt der Eingliederung in das Unternehmen und die Ausübung der Tätigkeit nach Weisung oder Aufsicht (vgl. EuGH, 11.11.2010 aaO Rz. 51). Insbesondere zu prüfen ist, inwieweit die Freiheit bei der Wahl von Zeit, Ort und Inhalt der Arbeit besteht (EuGH, 13.1.2004 aaO Rz. 72). Maßgeblich ist dabei die tatsächliche Durchführung des Vertragsverhältnisses, denn eine Selbständigkeit darf nicht nur fiktiv sein und ein Arbeitsverhältnis verschleiern (EuGH, 13.1.2004 aaO). Maßgeblich sind der Inhalt des Vertrags und die Modalitäten von dessen Durchführung (EuGH, 17.7.2008 aaO Rz. 34).

Aus der angeführten Rspr. des EuGH ergibt sich zur Überzeugung der Kammer, dass Grundmerkmal des europäischen Begriffs des individuellen Arbeitsvertrags im Sinne des Art. 18 I EuGVO die Weisungsgebundenheit bzw. das Unterordnungsverhältnis ist, das nach den gesamten Umständen des Einzelfalls zu bestimmen ist. Eine analoge Anwendung der Art. 18 bis 21 EuGVO auf formal Selbständige, die jedoch zugleich sozial schutzbedürftig sind und nur für einen Auftraggeber arbeiten, d.h. wirtschaftlich abhängige Personen, kommt nicht in Betracht (*Geimer-Schütze*, Europäisches Zivilprozessrecht, 3. Aufl. [2010], A.1 Art. 18 Rz. 19; a.A. *Däubler*, NZA 2003, 1297, 1302). Stellte man auf die wirtschaftliche Abhängigkeit ab, so wäre die Abgrenzung des Arbeitnehmers im Sinne von Art. 18 I EuGVO von demjenigen, der Dienstleistungen erbringt, und für den Art. 5 Nr. 1 EuGVO zur Anwendung kommt, konturenlos (vgl. OLG Hamburg, Urt. vom 14.4.2004 – 13 U 76/03[4], NJW 2004, 3126, 3127). Dementsprechend hat der EuGH bei der Prüfung der internationalen Zuständigkeit eines Handelsvertreters die Art. 18 bis 21 EuGVO auch nicht angesprochen (vgl. EuGH, Urt. vom 11.3.2010 – Wood Floor Solutions Andreas Domberger GmbH ./. Silva Trade S.A., Rs C-19/09, Slg. 2010 I-2121, NJW 2010, 1189).

2. Die Anwendung der dargestellten Grundsätze auf diesen Fall ergibt, dass unter Berücksichtigung der Gesamtumstände und der tatsächlichen Durchführung des Vertragsverhältnisses kein Unterordnungsverhältnis bzw. keine Weisungsgebundenheit vorliegt, die zur Annahme eines individuellen Arbeitsvertrags gemäß Art. 18 I EuGVO führt.

---

[4] IPRspr. 2004 Nr. 109.

Auszugehen ist zunächst von den vertraglichen Vereinbarungen der Parteien. Diesen kann nach dem bisherigen Sach- und Streitstand nicht entnommen werden, dass ein Unter- und Überordnungsverhältnis oder eine Weisungsgebundenheit des Kl. bestand. Dies ergibt sich zunächst aus den Angaben des Kl. in seinem Antrag an die DRV Bund. Er hat dort aufgeführt, dass er keine Anwesenheitszeiten oder Arbeitszeiten einzuhalten hat und dass ihm keine Weisungen hinsichtlich der Ausführung der Tätigkeit erteilt werden. Auch könne sein Auftraggeber sein Einsatzgebiet nicht ohne seine Zustimmung verändern. Er dürfe zudem ohne Zustimmung der Bekl. Vertreter bzw. Hilfskräfte einstellen. Eine Weisungsgebundenheit ergibt sich daraus nicht, sondern das Gegenteil, nämlich eine selbständige Tätigkeit. Der Kl. hat weiter nicht vorgetragen, aus welchen Bestimmungen der Beraterverträge sich eine solche Weisungsgebundenheit ergeben soll. Das ArbG hat in seinem Urteil darauf hingewiesen, dass der Kl. ausweislich des letzten Beratervertrags hinsichtlich der Ausführung seiner Tätigkeit keinen Weisungen unterlag und auch keine regelmäßigen Arbeits- und Anwesenheitszeiten einzuhalten hatte. Weiterer konkreter Sachvortrag dazu, aus welchen Vertragsbestimmungen sich die Weisungsgebundenheit ableiten soll, ist nicht erfolgt. Das Gericht vermochte dies auch nicht aus den zu den Akten gereichten Beraterverträgen zu entnehmen. Diese waren in englischer Sprache abgefasst. Richtig ist zunächst, dass trotz § 184 GVG zu den Akten gereichte Unterlagen nicht einfach unberücksichtigt bleiben dürfen (BGH, Beschl. vom 2.3.1988 – IVb ZB 10/88[5], NJW 1989, 1432 Rz. 8; BVerwG, Beschl. vom 8.2.1996 – 9 B 418/95, NJW 1996, 1553 Rz. 6). Vielmehr hat das Gericht nach pflichtgemäßem Ermessen zu prüfen, ob es selbst eine Übersetzung einholt (§ 144 ZPO) oder aber gemäß § 142 III ZPO die Vorlage einer Übersetzung anordnet (BVerwG 8.2.1996 aaO; BGH, Beschl. vom 16.1.2007 – VIII ZR 82/06[6], MDR 2007, 791 Rz. 19). Das Gericht hat die Vorlage der Übersetzungen mit Beschluss vom 18.3.2004 gemäß § 142 III ZPO angeordnet. Dies erfolgte deshalb, weil es sich nicht um einfache Texte, sondern um umfangreiche Vertragstexte und E-Mails handelte. Hinzu kommt, dass das Gericht, trotz Kenntnissen des Englischen durch den Vorsitzenden, gerade für die Vertragsauslegung von einer gesicherten Übersetzungsgrundlage ausgehen wollte, was durch eine Übersetzung gemäß § 142 III ZPO gewährleistet gewesen wäre. Eine Übersetzung in dieser Qualität war dem Vorsitzenden nicht möglich. Hinzu kommt, dass ohnehin nicht alle drei erkennenden Richter der englischen Sprache ausreichend mächtig waren (vgl. dazu *Zöller-Greger* aaO § 142 Rz. 17). Auf diese Aspekte, auch auf die nicht bei allen Richtern vorhandenen Englischkenntnisse, ist der Kl. in der mündlichen Verhandlung nochmals hingewiesen worden. Er ist auch darauf hingewiesen worden, dass die Möglichkeit bestanden hätte, die Übersetzung selbst zu fertigen und von den Parteien unstreitig zu stellen. Dies hatte die Bekl. für die ihm obliegende Übersetzung angeregt, war aber vom Kl. abgelehnt worden. Er selbst hat von dieser Möglichkeit keinen Gebrauch gemacht. Im Ergebnis fehlt Sachvortrag dazu, dass ausweislich der Beraterverträge ein unselbständiges Beschäftigungsverhältnis vorliegt. Nicht ausreichend ist auch, dass der Kl. pauschal behauptet hat, dass er ein Festgehalt von 6 150 € bezogen hat, weil die Bekl. vorgetragen hat, dass jedenfalls Teile des Gehalts als Prämie gezahlt worden sind, z.B. für Tref-

---

[5] IPRspr. 1988 Nr. 169.
[6] IPRspr. 2007 Nr. 167.

fen mit zehn Top-Kunden. Im Übrigen hat der Kl. in der mündlichen Verhandlung vorgetragen, dass die Angaben gegenüber der DRV Bund zu Beginn des Vertragsverhältnisses gefertigt worden seien. Maßgeblich müsse sein, wie das Rechtsverhältnis dann tatsächlich gelebt worden sei. Er stellt mithin für die Einordnung nicht auf den Vertrag als solchen, sondern auf die tatsächliche Vertragspraxis ab.

Dies ist in der Sache zutreffend. Aber auch aus der vom Kl. behaupteten tatsächlichen Vertragspraxis lässt sich bei einer Gesamtwürdigung der vorgetragenen Umstände nicht von einer Weisungsgebundenheit oder einem ausreichenden Unterordnungsverhältnis des Kl. ausgehen. Dies ergibt sich insbesondere aus Folgendem: Richtig ist, dass der Kl. für die Bekl. gegen Entgelt Tätigkeiten oder Arbeit erbracht hat. Es liegt aber kein ausreichendes Maß an Weisungsgebundenheit, Unterordnung oder Eingliederung in den Betrieb der Bekl. vor, so dass von einem individuellen Arbeitsvertrag gemäß Art. 18 I EuGVO auszugehen ist. Insoweit ist zunächst darauf hinzuweisen, dass auch selbständige Dienstverhältnisse nicht vollständig frei von Weisungen sind. So sieht z.B. die Richtlinie 86/653/EWG des Rates zur Koordinierung der Rechtsvorschriften der Mitgliedstaaten betreffend die selbständigen Handelsvertreter vom 18.12.1986 (ABl. Nr. L 382/17) in Art. 3 II litt. b und c vor, dass der Handelsvertreter dem Unternehmer die erforderlichen ihm zur Verfügung stehenden Informationen übermitteln muss und den vom Unternehmer erteilten angemessenen Weisungen nachkommen muss (vgl. EuGH, 11.3.2010 aaO Rz. 35). Darauf, ob der Kl. Handelsvertreter im Sinne dieser Richtlinie ist, kommt es nicht an. Die zitierte Bestimmung belegt aber, dass das europäische Recht davon ausgeht, dass auch in Rechtsverhältnissen Selbständiger Informationspflichten und Weisungen nicht ausgeschlossen sind. An der für einen individuellen Arbeitsvertrag charakteristischen persönlichen Weisungsgebundenheit bzw. Unterordnung fehlt es vorliegend. Die tatsächliche vom Kl. behauptete Vertragspraxis vermag dies nicht zu begründen. Soweit Abstimmungen zwischen der Bekl. und dem Kl. erfolgten, sind dies solche, die auch in einem selbständigen Dienstverhältnis vorkommen. Richtig ist zwar, dass die Bekl. dem Kl. Arbeitsmittel wie einen Laptop und einen Wagen, d.h. Arbeitsmittel, zur Verfügung stellte. Andererseits stellte auch der Kl. sein Homeoffice als Arbeitsmittel zur Verfügung, und für den Dienstwagen zahlte er eine Vergütung. Angesichts der Art der Tätigkeit, nämlich der Vermittlung von Kundenkontakten in Deutschland, kann auch innerhalb eines selbständigen Dienstverhältnisses ein Wagen zur Verfügung gestellt werden. Wenn der Kl. hierzu ein Fahrtenbuch führen musste, aus dem sich ergibt, welche Fahrten er gemacht hat, so lässt sich dies dadurch erklären, dass er für seine Beratertätigkeit vergütet wurde und er der Bekl. auch in einem selbständigen Dienstverhältnis verpflichtet ist, ihr gegenüber nachzuweisen, welche Tätigkeiten er tatsächlich erbracht hat. Dies gilt insbesondere, weil die Bekl. in Polen sitzt und der Kl. den deutschen Markt aufbauen sollte. Soweit der Kl. eine Kreditkarte der Bekl. erhielt, dient dies der erleichterten Abrechnung, spricht aber nicht für einen individuellen Arbeitsvertrag. Der Umstand, dass der Kl. die Logos der Bekl. auf Visitenkarte und E-Mails verwenden sollte, spricht nur dafür, dass damit nach außen dokumentiert wird, dass er für die Bekl. tätig ist, sei es selbständig oder unselbständig. Richtig ist, dass eine gewisse Einbindung in den Betrieb der Bekl. dadurch erfolgte, dass er die Termine in seinem Outlookkalender eintragen sollte, damit die Abstimmung mit anderen

Mitarbeitern der Bekl. erfolgen [konnte]. Aber auch mit einem selbständigen Berater kann die Zusammenarbeit nicht funktionieren, wenn keine Termine abgestimmt werden. Dies bedeutet nicht, dass der Kl. insoweit von Weisungen der Bekl. im Hinblick auf seine Tätigkeit oder aber Zeit und Ort abhängig war. Unschädlich ist es, weiter in einem selbständigen Rechtsverhältnis zu definieren, wem gegenüber Informationen zu erteilen sind. Unschädlich ist deshalb auch, dass die Bekl. nach dem Klägervortrag Rechenschaft über Umsätze und Provisionen verlangte oder aber die Vorlage von Einsatzplänen. Auch in einem selbständigen Beraterverhältnis kann der Auftraggeber solche Informationen verlangen. Ohnehin zeigt der Vortrag, dass die Vorlage von Einsatzplänen verlangt wurde, dass nicht etwa die Bekl. sondern der Kl. die Einsatzpläne fertigte, d.h. selbständig über Arbeitsleistung, Arbeitsort und Arbeitszeit bestimmte. Insoweit durfte die Bekl. den Kl. auch mit Umsatzerwartungen konfrontieren, weil sich für die Bekl. die Frage stellte, die Vertragsverhältnisse jeweils zu erneuern. Die Erwartungen an den Arbeitserfolg dem Kl. gegenüber zu kommunizieren, ist auch in einem selbständigen Dienstverhältnis möglich. Es ist zudem nicht ersichtlich, aus welchem Grund die Bekl. ihre Kunden nicht an den Kl. als für Deutschland zuständigen Mitarbeiter verweisen durfte. Unerheblich ist auch, über wen etwaige Bestellungen abgewickelt werden. Auch ein Selbständiger, der sich mit der Werbung und Kundenakquise für einen Dritten befasst, ist an die Preisvorgaben des Auftraggebers gebunden. Ob und inwieweit sich aus den E-Mails, insbesondere vom 1.9.2011 oder 9.1.2011, einzelne Weisungen zur Arbeitsleistungen ergeben oder aber nur Abstimmungen mit anderen Mitarbeitern, die nicht gegen eine selbständige Tätigkeit sprechen, lässt sich schon deshalb nicht feststellen, weil auch die E-Mails vom Kl. entgegen der Aufforderung gemäß § 142 III ZPO nicht in Übersetzung vorgelegt worden sind. Dies gilt auch für die übrigen E-Mails, die weitgehend in Englisch, teilweise aber auch in Polnisch verfasst sind sowie die Stellenbeschreibung. Polnische Sprachkenntnisse hat keiner der Richter. Ohne Übersetzung kann auch nicht aus der verwendeten Sprache darauf geschlossen werden, dass der Kl. Arbeitnehmer ist. Der Umstand, dass in anderen Regionen Arbeitnehmer tätig sind, bedeutet nicht, dass der Kl. in Deutschland ebenfalls Arbeitnehmer sein muss. Auch die Bezeichnung des Gehalts als ‚salary' oder der Titel des Kl. sind nicht maßgeblich. Wettbewerbsverbote können mit Selbständigen und mit Arbeitnehmern vereinbart werden. Die Gesamtumstände, so wie der Kl. sie vorgetragen hat, lassen nicht den Schluss zu, dass er weisungsabhängig, d.h. in einem Unterordnungsverhältnis für die Bekl. tätig geworden ist. Die Kammer verkennt dabei nicht, dass der Kl. im hier streitigen Vertragszeitraum nur für die Bekl. tätig war. Gleichwohl fehlt es an der persönlichen Weisungsgebundenheit bezüglich der Tätigkeit, der Arbeitszeit und des Arbeitsorts. Es liegt kein individueller Arbeitsvertrag vor.

IV. Da die Art. 18 bis 21 EuGVO keine Anwendung finden, haben die Parteien wirksam gemäß Art. 23 EuGVO die Zuständigkeit der polnischen Gerichtsbarkeit [vereinbart]. Unstreitig haben die Parteien vereinbart, dass für Streitigkeiten aus den Verträgen das Gericht des Auftraggebers zuständig ist. Insoweit geht auch der Kl. nach seinem Vortrag davon aus, dass in den Verträgen die Zuständigkeit der polnischen Gerichte vereinbart ist, hält diese Vereinbarung lediglich für unzulässig aufgrund des – nicht gegebenen – Eingreifens von Art. 18 bis 21 EuGVO. Die Voraussetzungen des Art. 23 I EuGVO sind gegeben. Beide Parteien haben ihren Wohnsitz im Hoheitsgebiet eines Mitgliedstaats. Die Vereinbarung ist schriftlich und gemäß Art. 23 I 3 lit. b EuGVO erfolgt. Da, sofern nichts anderes vereinbart ist, damit ein ausschließlicher Gerichtsstand geregelt ist (Art. 23 I 2 EuGVO), kommt der Gerichtsstand des Erfüllungsorts (Art. 5 Nr. 1 EuGVO) nicht zur Anwendung. Anhaltspunkte für eine andere Vereinbarung bestehen nicht. Dies ist im Kammertermin nochmals erörtert worden. Weiterer Vortrag ist nicht erfolgt. Der Kl. ist auch kein Verbraucher im Sinne von Art. 15 I EuGVO, weil er im Rahmen seiner beruflichen Tätigkeit, gehandelt hat."

183. *Art. 5 Nr. 1 lit. a EuGVO begründet auch für ein Verfahren, dessen Gegenstand ein Haftungsanspruch aus § 11 II GmbHG bildet, im Grundsatz die Zuständigkeit eines deutschen Gerichts.* [LS der Redaktion]

OLG Rostock, Urt. vom 4.6.2014 – 1 U 51/11: IPRax 2016, 156 mit Anm. *Weller/Harms*; GmbHR 2014, 1264; ZInsO 2014, 1498.

Der Kl. macht als Insolvenzverwalter über das Vermögen der N. GmbH – über welches das AG Neubrandenburg 2007 das Insolvenzverfahren eröffnet hat – gegen eine in Frankreich ansässige Gesellschafterin Zahlungsansprüche aus Vorbelastungshaftung geltend. Das Gründungskapital von 25 000 Euro der 2004 gegründeten Gemeinschuldnerin setzte sich aus Einlagen der Bekl. in Höhe von 24 000 Euro und zweier weiterer Gesellschafter in Höhe von je 500 Euro zusammen. Die Gründungskosten beliefen sich auf 665,36 Euro. Der Geschäftsbetrieb der Gesellschaft wurde vor Eintragung in das Handelsregister aufgenommen. Bereits wenig später hatte die Gemeinschuldnerin für die Errichtung der von ihr geplanten Schokoladenfabrik die Erteilung einer Genehmigung nach dem Bundesimmissionsschutzgesetz beantragt, wodurch in der Folgezeit Gebühren in Höhe von 23 260 Euro anfielen. Das LG Neubrandenburg hat ein der Klage stattgebendes Versäumnisurteil gegen die Bekl. erlassen, wogegen die Bekl. fristgemäß Einspruch eingelegt hat.

Aus den Gründen:

„II. ... 2. Entgegen der Ansicht der Berufungsbeklagten hat das LG Neubrandenburg zutreffend seine Zuständigkeit zur Entscheidung des Rechtsstreits bejaht.
Art. 3 EuInsVO, wonach alle sich unmittelbar aus der Insolvenz ergebenden Klagen ausschließlich im Insolvenzeröffnungsstaat zu erheben sind, ist allerdings nicht einschlägig (vgl. *Zöller-Geimer*, ZPO, 30. Aufl., Art. 1 EuGVVO Rz. 35a). Es handelt sich hier nämlich nicht um eine Klage, die unmittelbar aus dem Insolvenzverfahren hervorgegangen ist und in einem engen Zusammenhang damit steht; insbesondere handelt es nicht um eine Insolvenzanfechtungsklage, die der Insolvenzverwalter im Falle der Insolvenz erheben kann, sondern um einen Anspruch der Gesellschaft gegen die Gesellschafter aus Unterbilanz-/Vorbelastungshaftung (vgl. *Scholz-Schmidt*, GmbHG 10. Aufl., § 11 Rz. 127). Der Anspruch aus § 11 II GmbHG ist – ähnlich wie ein solcher aus § 64 II GmbHG a.F. bzw. aus § 64 Satz 1 GmbHG n.F. – darauf gerichtet, das Gesellschaftsvermögen wieder aufzufüllen; er setzt aber nicht die Insolvenz voraus (vgl. OLG Düsseldorf, Urt. vom 18.12.2009, GmbHR 2010, 591[1] zit. n. juris).
Grundsätzlich richtet sich daher die Gerichtspflichtigkeit der Bekl. nach Art. 2 ff. EuGVO (vgl. *Zöller-Geimer* aaO Rz. 35d). Gemäß Art. 2, 60 EuGVO wäre danach die Bekl. am Ort ihres satzungsmäßigen Sitzes, ihrer Hauptverwaltung und Hauptniederlassung zu verklagen, hier also vor dem zuständigen Gericht in Frankreich.

---

[1] IPRspr. 2009 Nr. 185.

Jedoch enthält Art. 5 Nr. 1 lit. a EuGVO eine besondere Zuständigkeitsregel, die eine zusätzliche Option bietet, bei Streitigkeiten über das Bestehen eines vertraglichen Anspruchs zwischen den Parteien den Gerichtsstand des Erfüllungsorts zu wählen. Vertrag im Sinne des Art. 5 Nr. 1 lit. a EuGVO ist dabei jede ‚freiwillig' gegenüber einer anderen Person eingegangene Verpflichtung, sodass diese Vorschrift auch auf gesellschaftsrechtliche Einlageschulden anzuwenden ist, insbesondere z.B. auch auf Eigenkapitalersatzklagen gemäß § 31 GmbHG (vgl. *Zöller-Geimer* aaO Art. 5 EuGVVO Rz. 1b, 10 m.w.N.). Da ein Gesellschaftsvertrag eine freiwillig gegenüber anderen eingegangene Verpflichtung darstellt, er die Grundlage für den Haftungsanspruch aus § 11 II GmbHG bildet und Erfüllungsort für den gegen einen Gesellschafter gerichteten Anspruch der Sitz der Gesellschaft ist, der hier im Zuständigkeitsbereich des LG Neubrandenburg liegt, hat das dortige LG seine Zuständigkeit zu Recht bejaht (vgl. OLG Düsseldorf aaO Rz. 27 zit. n. juris; *Baumbach-Hueck-Fastrich*, GmbHG, 19. Aufl., § 11 Rz. 61; MünchKommGmbHG-*Merkt*, Bd. 1, 2010, § 11 Rz. 57, jeweils m.w.N.)."

184. *Bei einem Kaufvertrag über bewegliche Sachen umfasst die besondere Zuständigkeit des Erfüllungsorts nach Art. 5 Nr. 1 lit. b Spiegelstrich 1 EuGVO auch die Schadensersatzklage des Käufers gegen den Verkäufer wegen angeblicher Mängel der Kaufsache.*

Allein die Tatsache, dass eine Partei im Rahmen einer mehrjährigen Geschäftsbeziehung bei Abwicklung eines später geschlossenen Vertrags eine Rechnung übersendet, die erstmalig eine Gerichtsstandsklausel enthält, und die andere Partei der Geltung der Gerichtsstandsklausel nicht widerspricht, genügt nicht, um die auch bei der sogenannten halben Schriftlichkeit nach Art. 23 I 3 lit. a Alt. 2 EuGVO erforderliche Willensübereinstimmung hinsichtlich einer Gerichtsstandsvereinbarung zu begründen.

OLG Frankfurt/Main, Urt. vom 5.6.2014 – 1 U 48/12: OLGR Mitte 30/2014, Anm. 4.

185. *Der Gerichtsstand des Erfüllungsorts ist gemäß Art. 5 Nr. 1 litt. a und b EuGVO für Klagen eines deutschen Flugpassagiers gegen eine italienische Fluggesellschaft auf Rückzahlung des Flugpreises nach erfolgter Kündigung des Beförderungsvertrags eröffnet.*

Für die Dienstleistungen, welche Gegenstand eines Beförderungsvertrags im Luftverkehr sind, werden Abflugs- und Ankunftsort gleichermaßen als Erfüllungsorte im Sinne des Art. 5 Nr. 1 lit. b EuGVO qualifiziert. Der Gerichtsstand des Erfüllungsorts bleibt auch dann eröffnet, wenn die Rückzahlung des gezahlten Flugpreises nach Kündigung des Beförderungsvertrags, also ein Sekundäranspruch, geltend gemacht wird. [LS der Redaktion]

LG Frankfurt/Main, Urt. vom 6.6.2014 – 2-24 S 152/13: Dazu *Schmitt*, Zur Flugpreiserstattung bei Eigenstornierung und der Wahl des Gerichtsstandes: VuR 2014, 457-460.

Die Parteien streiten über die Rückerstattung eines Flugpreises für eine gebuchte Flugreise, nachdem die Kl. den Beförderungsvertrag gekündigt hat. Der vertraglich vereinbarte Abflugort war Frankfurt/Main. Das AG hat die Klage abgewiesen. Hiergegen richtet sich die Berufung der Kl.

Aus den Gründen:

„II. Die zulässige, insbesondere fristgemäß eingelegte Berufung ist überwiegend begründet.

Das AG hat die Klage zu Unrecht abgewiesen.

Die internationale Zuständigkeit der deutschen Gerichte ist gegeben. Der Gerichtsstand des Erfüllungsorts gemäß Art. 5 Nr. 1 litt. a und b EuGVO ist eröffnet.

Der räumliche Anwendungsbereich der EuGVO gemäß Art. 4 I i.V.m. Art. 60 I EuGVO ist eröffnet, da die Bekl. ihren satzungsmäßigen Sitz im Hoheitsgebiet eines Mitgliedstaats, in Italien, hat.

Eine Person, die ihren Wohnsitz im Hoheitsgebiet eines Mitgliedstaats hat, kann in einem anderen Mitgliedstaat vor dem Gericht des Orts verklagt werden, an dem, wenn ein Vertrag oder Ansprüche aus einem Vertrag den Gegenstand des Verfahrens bilden, die Verpflichtung erfüllt worden ist oder zu erfüllen wäre, Art. 5 Nr. 1 lit. a EuGVO. Dabei ist der Erfüllungsort bei der Erbringung von Dienstleistungen der Ort, an dem die Dienstleistungen nach dem Vertrag erbracht worden sind oder hätten erbracht werden müssen, Art. 5 Nr. 1 lit. b Halbs. 2 EuGVO.

Vorliegend ist die Erbringung von Dienstleistungen, deren Erfüllungsort zumindest auch im Bezirk des angerufenen Gerichts liegt, Gegenstand des Verfahrens.

Der Erfüllungsort für die Erbringung von Dienstleitungen im Sinne des Art. 5 Nr. 1 lit. b EuGVO ist autonom auszulegen, mithin – anders als für die Bestimmung des Erfüllungsorts nach der Generalklausel des Art. 5 Nr. 1 lit. a EuGVO – nicht nach dem materiellen Recht, das auf die streitige Verpflichtung anzuwenden ist. Nach der Rspr. des EuGH handelt es sich bei der Erfüllung von Verpflichtungen aus einem Vertrag über die Beförderung von Personen im Luftverkehr um Dienstleistungen im Sinne des Art. 5 Nr. 1 lit. b Halbs. 2 EuGVO (EuGH, Urt. vom 9.7.2009 – Peter Rehder ./. Air Baltic Corporation, Rs C-204/08, NJW 2009, 2801). Für die Erbringung von Dienstleistungen und deren Gegenleistungen besteht ein einheitlicher Erfüllungsort am Ort der vertragscharakteristischen Leistung, d.h. am vertraglich bestimmten Ort der Erbringung der Dienstleistung. Ist die Dienstleistung in mehreren Mitgliedstaaten zu erbringen, ist Anknüpfungspunkt für die Zuständigkeit für alle den Vertrag betreffenden Klagen der Ort, an dem der Schwerpunkt der Tätigkeit des Dienstleistenden, der Ort der hauptsächlichen Leistungserbringung, liegt (EuGH, Urt. vom 11.3.2010 – Wood Floor Solutions Andreas Domberger GmbH ./. Silva Trade S.A., Rs C-19/09, NJW 2010, 1189). Die Orte, die eine unmittelbare Verbindung zu den Dienstleistungen eines Luftbeförderungsvertrags aufweisen, sind der vereinbarte Ort des Abflugs und der vereinbarte Ort der Ankunft des Flugzeugs. Die Dienstleistungen werden untrennbar und einheitlich vom Ort des Abflugs bis zum Ort der Ankunft erbracht. Unter diesen Umständen sind sowohl der Ort des Abflugs als auch der Ort der Ankunft des Flugzeugs gleichermaßen als die Orte anzusehen, an denen die Dienstleistungen, die Gegenstand eines Beförderungsvertrags im Luftverkehr sind, hauptsächlich erbracht werden (EuGH, Urt. vom 9.7.2009 [Rehder] aaO).

Vorliegend befand sich der vertraglich vereinbarte Ort des Abflugs, und damit ein möglicher Erfüllungsort, in Frankfurt/Main.

Dass die Kl. vorliegend nicht den primären vertraglichen Erfüllungsanspruch aus dem Luftbeförderungsvertrag, d.h. der Beförderung an sich, mit der Klage geltend macht, sondern mit der begehrten Rückzahlung des gezahlten Flugpreises nach Kündigung des Beförderungsvertrags einen Sekundäranspruch, ändert nichts an der Bejahung des Gerichtsstands des Erfüllungsorts. Anerkannt ist, dass auch dann auf den Erfüllungsort der primären Hauptleistungspflicht abzustellen ist, wenn an die Stelle dieser primären Hauptleistungspflicht Sekundärpflichten getreten sind, etwa gerichtet auf Schadensersatz oder Rückabwicklung des Vertrags. Sämtliche anstelle der primären Erfüllungsverpflichtung getretenen Sekundärpflichten werden nicht selbständig angeknüpft, sondern zuständigkeitsrechtlich derjenigen Hauptverpflichtung zugeordnet, an deren Stelle sie getreten sind bzw. aus der sie hervorgegangen sind (EuGH, Urt. vom 6.10.1976 – A. De Bloos, S.P.R.L. ./. Société en commandite par actions Bouyer, Rs C-14/76, NJW 1977, 490; *Zöller-Geimer*, ZPO, 30. Aufl., Anh I Art. 5 EuGVVO Rz. 7 m.w.N.).

Vorliegend begehrt die Kl. die Rückzahlung des Flugpreises nach erfolgter Kündigung des Beförderungsvertrags. Der Anspruch auf Rückzahlung des Flugpreises ist als Sekundäranspruch an die Stelle der primär geschuldeten Beförderung getreten. Für die Frage des Erfüllungsorts ist weiterhin an den Erfüllungsort der primär geschuldeten Beförderung, vorliegend Frankfurt/Main, anzuknüpfen. Entgegen der Auffassung des AG handelt es sich damit nicht um eine ‚normale' (primäre) Zahlungspflicht, die grundsätzlich am Sitz des Schuldners zu erfüllen ist ...

Mangels einer getroffenen Rechtswahl ist auf einen Vertrag über die Beförderung von Personen, der eine Verbindung zu verschiedenen Mitgliedstaaten aufweist, das Sachrecht des Staats anzuwenden, in dem die zu befördernde Person ihren gewöhnlichen Aufenthalt hat, sofern sich in diesem Staat auch der Abgangsort oder der Bestimmungsort befindet, Art. 1 I, 5 II Rom-I-VO."

186. *Eine internationale Zuständigkeit deutscher Gerichte setzt nach § 21 ZPO voraus, dass der Klagegegenstand einen Bezug zum Geschäftsbetrieb der Niederlassung aufweist. Dabei ist nicht erforderlich, dass der Klageanspruch unmittelbar aus dem Geschäftsbetrieb der Niederlassung folgt oder dass das Geschäft am Ort der Niederlassung selbst oder von ihm aus abgeschlossen wurde (im Anschluss an BGH, NJW 1995, 1225 = IPRspr. 1994 Nr. 145). [LS der Redaktion]*

LG Düsseldorf, Urt. vom 22.7.2014 – 4c O 22/13: Unveröffentlicht.

<small>Die Kl. macht gegen die Bekl. aus abgetretenem Recht Ansprüche aus einem Kaufvertrag aus dem Jahre 1999 betreffend technisches Know-how und Patente geltend. Am 10.1.1999 schlossen die A und die belgische Gesellschaft B einen Kaufvertrag über Patente und Patentanmeldungen sowie Know-how. Art. 9 Nr. 3 des Kaufvertrags enthält eine Regelung zur Anwendung deutschen Rechts und eine Gerichtsstandsvereinbarung, nach der das LG Düsseldorf für alle Rechtsstreitigkeiten im Zusammenhang mit dem Kaufvertrag zuständig sein sollte. Im Nachgang zum Abschluss des Kaufvertrags entstanden Streitigkeiten zwischen den Parteien hinsichtlich die Übertragung der verkauften Schutzrechte. Mit der vorliegenden Klage macht die Kl. nunmehr aus abgetretenem Recht Ansprüche auf Auskunftserteilung, Zahlung von Royalties für ein Projekt in Katar i.H.v. 2 540 000 € und Feststellung weitergehender Zahlungspflicht der Bekl. geltend.</small>

Aus den Gründen:

„I. Das LG Düsseldorf ist in Bezug auf die Klage gegen die Bekl. zu 2) international nicht zuständig.

Die internationale Zuständigkeit deutscher Gerichte ergibt sich grundsätzlich aus den Regeln über die örtliche Zuständigkeit, mithin nach §§ 12 ZPO ff.

Die Bekl. zu 2) verfügt als nach dem Recht des Staats Singapur errichtete Gesellschaft mit Sitz in Singapur nicht über einen allgemeinen Gerichtsstand in Deutschland gemäß § 17 ZPO.

Auch ein besonderer Gerichtsstand gemäß §§ 20 ff. ZPO besteht für die Bekl. zu 2) beim LG Düsseldorf nicht.

a) Die internationale Zuständigkeit der Kammer ergibt sich nicht aus § 21 ZPO. Es kann dahinstehen, ob die von der Kl. zur Begründung der örtlichen Zuständigkeit des LG Düsseldorf herangezogene N GmbH mit Sitz in Langenfeld (eingetragen im Handelsregister des AG Düsseldorf, HRB 65898) als ‚Niederlassung' der Bekl. zu 2) im Sinne des § 21 ZPO anzusehen ist. Die Tatsache, dass es sich bei der N GmbH um eine rechtlich selbständige Gesellschaft handelt, steht der Qualifizierung als Niederlassung im Sinne des § 21 ZPO zwar nicht grundsätzlich entgegen (vgl. *Zöller-Vollkommer*, ZPO, 28. Aufl. [2010], § 21 Rz. 8). Auch müsste sich die Bekl. zu 2) möglicherweise so behandeln lassen, als wäre die N GmbH ihre Niederlassung, weil die Bekl. zu 2) selbst über ihren Internetauftritt den Rechtsschein erwecken könnte, als handele es sich bei der N GmbH um ihre deutsche Außenstelle, welche sie in Deutschland vertritt und derer sich die Bekl. zu 2) als ‚operational office' bedient (vgl. OLG Düsseldorf, GRUR-RR 2012, 200 ff.[1]).

Jedoch hat die Kl. jedenfalls nicht dargetan, inwieweit der Klagegegenstand einen Bezug zur angeblichen Niederlassung der Bekl. zu 2), der N GmbH, hat. § 21 ZPO setzt jedoch voraus, dass die Klage eine Beziehung zum Geschäftsbetrieb der Niederlassung aufweist (BGH, NJW 1995, 1226)[2]. Hierfür ist zwar nicht erforderlich, dass der Klageanspruch unmittelbar aus dem Geschäftsbetrieb der Niederlassung hervorgegangen ist; ebenso wenig braucht das Geschäft am Ort der Niederlassung selbst oder von ihm aus abgeschlossen zu sein. Das Rechtsgeschäft muss jedoch mit Rücksicht auf den Geschäftsbetrieb der Niederlassung abgeschlossen sein oder als dessen Folge erscheinen (*Zöller-Vollkommer* aaO Rz. 11). Hierzu hat die Kl. lediglich pauschal vorgetragen, dass einige Projekte, bei denen das mittels des Kaufvertrags übertragene Know-how genutzt worden sei, in Deutschland realisiert worden seien. Sie hat jedoch weder die Projekte einzeln benannt, noch bei den hier streitgegenständlichen Projekten eine vertragliche oder tatsächliche Miteinbeziehung der N GmbH vorgetragen.

Ein solcher Bezug der Projekte zur deutschen N GmbH lässt sich jedoch gerade bei einem derart großen Konzern wie der M nicht zwingend schlussfolgern, was sich bereits aus der Tatsache ergibt, dass das Projekt in Alsdorf unstreitig von der Bekl. zu 1), einer belgischen Gesellschaft, und nicht von einer deutschen Gesellschaft, z.B. der N GmbH, realisiert worden ist. Auch auf den entspr. Hinweis in der mündlichen Verhandlung hat die Kl. diesen Vortrag nicht zu substanziieren vermocht.

b) Entgegen der Auffassung der Kl. ist das LG Düsseldorf für die Bekl. zu 2) auch nicht gemäß § 23 ZPO international zuständig.

Soweit die Kl. behauptet, die Bekl. zu 2) halte alle Geschäftsanteile an der N GmbH und verfüge somit über Vermögen in Deutschland, wird dies von den Bekl. bestritten. Die Voraussetzungen des § 23 ZPO muss jedoch die Klägerseite darlegen und beweisen (*Zöller-Vollkommer* aaO § 23 Rz. 6). Die Kl. hätte daher, z.B. durch Vorlage der beim Handelsregister hinterlegten Gesellschafterliste der N GmbH, die

---

[1] IPRspr. 2012 Nr. 214b. [2] IPRspr. 1994 Nr. 145.

Beteiligung der Bekl. zu 2) an der N GmbH substanziiert darlegen müssen. Es würde insoweit auch nicht ausreichen, wenn die Bekl. zu 2) die Anteile an der N GmbH lediglich mittelbar hält, weil die rechtliche Verschiedenheit unterschiedlicher Kapitalgesellschaften auch in diesem Zusammenhang grundsätzlich zu beachten ist, auch wenn letztlich – faktisch – alle Anteile in einer Hand vereinigt werden sollten (vgl. BGH, MDR 1994, 1146[3]).

Darüber hinaus bedarf es auch bei der Anwendung des § 23 ZPO einer einschränkenden Auslegung der Vorschrift in Form des Erfordernisses eines hinreichenden Inlandsbezugs des Rechtsstreits (*Zöller-Vollkommer* aaO Rz. 1). Einen solchen Bezug hat die Kl. jedoch, wie ausgeführt, nicht dargelegt.

c) Das LG Düsseldorf ist auch nicht aufgrund einer Gerichtstandsvereinbarung gemäß § 38 ZPO für die Entscheidung der gegen die Bekl. zu 2) erhobenen Klage zuständig.

Denn eine solche Vereinbarung besteht zwischen der Kl. auf der einen und der Bekl. zu 2) auf der anderen Seite nicht. Die Bekl. zu 2) ist weder Partei des Kaufvertrags noch Partei der Vereinbarung vom 10.10.2003. Sie hat die Vereinbarungen nicht mitunterzeichnet und ist ihnen auch nicht zu einem späteren Zeitpunkt beigetreten.

Es kann dahinstehen, ob die Bekl. zu 2) (noch) sämtliche Geschäftsanteile bzw. eine Mehrheit der Geschäftsanteile an der Bekl. zu 1) hält. Denn selbst für den Fall, dass die Bekl. zu 2) (Allein-)Gesellschafterin der Bekl. zu 1) wäre, hat die Kl. die Voraussetzungen für einen ausdrücklichen oder konkludenten Schuldbeitritt nicht dargelegt.

Im Rahmen der Feststellung der internationalen Zuständigkeit werden Tatsachen, die sowohl für die Zulässigkeit als auch für die Begründetheit einer Klage notwendigerweise erheblich sind (sog. doppelrelevante Tatsachen) grundsätzlich erst bei der Prüfung der Begründetheit geprüft und festgestellt (BGHZ 124, 241)[4]. Der Kläger ist jedoch gehalten, die doppelrelevante Tatsache im Rahmen der Zulässigkeit schlüssig darzulegen und, wenn die andere Partei den Vortrag bestreitet, insoweit zu substanziieren, dass sich aus seinem Vortrag die von ihm behauptete Rechtsfolge ergibt (OLG Koblenz, WM 2006, 484)[5].

Diese Voraussetzungen liegen nicht vor.

Die Kl. hat den sowohl für die Frage der Zuständigkeit der Kammer in Bezug auf die Bekl. zu 2) als auch im Rahmen der Begründetheit eines Anspruchs der Kl. gegen die Bekl. zu 2) relevanten, von ihr behaupteten und von den Bekl. bestrittenen Schuldbeitritt der Bekl. zu 2) im Hinblick auf von der Bekl. zu 1) mit Dritten abgeschlossene Verträge im Allgemeinen und die mit der Kl. geschlossenen Verträge – den Kaufvertrag und die Vereinbarung vom 10.10.2003 im Besonderen – nicht hinreichend substanziiert. Soweit sie vorgetragen hat, ein solcher, schriftlicher Schuldbeitritt sei regelmäßig innerhalb eines Konzernverbunds und im Zusammenhang mit der Integration der Bekl. zu 1) in den Geschäftsbetrieb der Bekl. zu 2) zu vermuten, ist dieser Vortrag erkennbar ins Blaue hinein erfolgt. Inwiefern und aus welchem Grund sich die Bekl. zu 2) anlässlich der (Neu-)Organisation des AA in verschiedene Sparten und die Zuordnung der Bekl. zu 1) zu der Umwelttechnologie-Sparte,

---

[3] IPRspr. 1993 Nr. 138.
[4] IPRspr. 1993 Nr. 180.
[5] IPRspr. 2005 Nr. 94b.

der die Bekl. zu 1) als Holding vorsteht, verpflichtet haben soll, sämtlichen von der Bekl. zu 1) mit Dritten geschlossenen Verträgen als weitere Schuldnerin beizutreten, ist nicht erkennbar. Auch ein Vertragsbeitritt durch schlüssiges Handeln aufgrund personeller und struktureller Verflechtungen zwischen den Bekl. ist nicht dargelegt worden. Strukturelle und personelle Verflechtungen sind dem Konzern immanent. Dennoch bleiben die zum Konzern gehörenden Gesellschaften rechtlich selbständig, und allein aufgrund der Konzernzugehörigkeit erfolgt kein ‚gleichsamer Beitritt' zu von einzelnen Konzerngesellschaften geschlossenen Verträgen durch die Konzernmutter. Will der Vertragspartner eine Mithaftung der Konzernmutter im Rahmen eines mit einer operativen Tochter geschlossenen Vertrags erreichen, muss diese entweder ausdrücklich als weiterer Vertragspartner mit aufgenommen oder über eine Patronats- oder Garantieerklärung ausdrücklich in die Haftung für ihre Konzerntöchter als weitere Schuldnerin mit aufgenommen werden."

187. *Das Zustandekommen einer Gerichtsstandsvereinbarung beurteilt sich anhand des nach dem Internationalen Privatrecht anwendbaren materiellen Rechts.*
Die auf einer Internetseite bereitgestellten Informationen zu einem Leistungsangebot eines Anwalts sind nicht bereits als Willenserklärung auf den Abschluss eines Vertrags gerichtet, weshalb allein hieraus auch keine Gerichtsstandsvereinbarung herzuleiten ist. [LS der Redaktion]

OLG Köln, Hinweisbeschl. vom 6.10.2014 – 5 U 54/14: Unveröffentlicht.

Der Bekl. ist Rechtsanwalt und hatte seinen Wohnsitz in Neuseeland. Der Internetauftritt des Bekl. beinhaltet einen Hinweis, wonach „In regard to any dispute that may arise between us, you submit to the exclusive jurisdiction of the Regional Court of Cologne" (Betreffend etwaiger Streitigkeiten zwischen uns unterwerfen Sie sich dem ausschließlichen Gerichtsstand des Landgerichts Köln). Zudem informierte der Internetauftritt potenzielle Mandanten über die Person des Bekl., dessen fachliche Tätigkeit und die Modalitäten eines später zu schließenden Vertrags: „What can I expect?, What will it cost?, Are there any options to finance a legal action? How about legal aid?" Die Kl. begehrt vom Bekl. u.a. Unterlassung und Zahlung.
Das LG Köln hat die internationale Zuständigkeit deutscher Gerichte abgelehnt und die Klage abgewiesen.

Aus den Gründen:

„I. ... Das LG hat die internationale Zuständigkeit zu Recht verneint. Das LG Köln ist zudem örtlich nicht zuständig.
1. Bei Erhebung der Klage bestand keine Zuständigkeit des LG, die gemäß § 261 III Nr. 2 ZPO fortdauern würde. Da beide Parteien ihren (Wohn-)Sitz in Neuseeland und damit nicht in einem Mitgliedstaat im Sinne der EuGVO hatten, beurteilt sich die internationale Zuständigkeit gemäß Art. 4 I, 23 EuGVO nach deutschem Recht, mithin nach den insoweit maßgeblichen Vorschriften über die örtliche Zuständigkeit.
a) Der Gerichtsstand des Erfüllungsorts (§ 29 ZPO) ist nicht gegeben, weil die streitgegenständlichen Ansprüche auf Unterlassung, Herausgabe und Zahlung vom Bekl. nicht in Köln und auch sonst nicht in Deutschland zu erfüllen sind.
b) Anders als es die Kl. in der Berufungsbegründung geltend macht, haben die Parteien Köln nicht wirksam als Gerichtsstand vereinbart.
aa) Die Voraussetzungen des § 38 II 1 ZPO liegen nicht vor. Nach dieser Vorschrift kann die Zuständigkeit eines Gerichts des ersten Rechtszugs vereinbart werden, wenn mindestens eine der Vertragsparteien keinen allgemeinen Gerichtsstand

im Inland hat. Die Vereinbarung muss schriftlich abgeschlossen oder, falls sie mündlich getroffen wird, schriftlich bestätigt werden. Dabei verlangt Schriftlichkeit nicht unbedingt die Einhaltung des § 126 II BGB, sondern es reichen getrennte Schriftstücke aus, sofern aus ihnen die inhaltliche Übereinstimmung beider Erklärungen hinreichend deutlich hervorgeht. Dabei genügt die Übermittlung durch moderne Kommunikationsmittel, die keine handschriftlichen Unterzeichnungen ermöglichen (vgl. BGH, Urt. vom 22.1.2001 – IX ZR 19/00[1], NJW 2001, 768 f., iuris Rz. 8). Das Zustandekommen der Vereinbarung beurteilt sich anhand des nach dem IPR anwendbaren materiellen Rechts, hier also nach deutschem Recht, dessen Geltung die Parteien unstreitig und zulässigerweise verabredet haben.

(1) Bei Begründung des Vertragsverhältnisses im Jahr 2008 haben die Parteien weder einen Vertrag unterzeichnet, der eine Gerichtsstandsvereinbarung enthielt, noch haben sie entspr. Erklärungen schriftlich oder sonst in Textform ausgetauscht.

Der Internetauftritt des Bekl. beinhaltet keine auf Abschluss einer Gerichtsstandsvereinbarung gerichtete Willenserklärung. Zwar heißt es in diesem: *In regard to any dispute that may arise between us, you submit to the exclusive jurisdiction of the Regional Court of Cologne,* was das LG zutreffend wie folgt übersetzt hat: ‚Betreffend etwaiger Streitigkeiten zwischen uns unterwerfen Sie sich dem ausschließlichen Gerichtsstand des LG Köln ...' Die im Internettauftritt des Bekl. bereitgestellten Informationen dienten aber nur dazu, mögliche Mandanten über die Person des Bekl., dessen fachliche Tätigkeit und die Modalitäten eines später zu schließenden Vertrags zu unterrichten (*What can I expect?, What will it cost?, Are there any options to finance a legal action? How about legal aid?*), was einen Hinweis auf eine zu treffende Gerichtsstandsvereinbarung einschloss. Mit dem Einstellen der Informationen in das Internet wollte sich der Bekl. aus der Sicht eines verständigen Dritten erkennbar noch nicht binden, insbesondere lag sein Interesse auf der Hand, vor dem Zustandekommen eines Vertragsverhältnisses die Person des Auftraggebers, dessen Bonität und Art und Richtung der begehrten Rechtsberatung oder Rechtsbesorgung prüfen und beurteilen zu können. Vor diesem Hintergrund ist es unerheblich, dass der Internetauftritt im Jahr 2008 den ausdrücklichen Zusatz *this is an invitation to treat as regards the venue* – das heißt in der Übersetzung des LG ‚dies ist eine Einladung zur Abgabe von Angeboten in Bezug auf den Gerichtsstand' – noch nicht aufwies.

Auf den Abschluss einer Gerichtsstandsvereinbarung gerichtete mündliche Erklärungen der Parteien, die von der Kl. oder dem Bekl. schriftlich hätten bestätigt werden können, hat die Kl. für das Jahr 2008 nicht dargelegt. An einer schriftlichen Bestätigung einer Partei fehlt es erst recht. Weder hat die Kl. vorgetragen, dass die Parteien sich bei Aufnahme der Geschäftsbeziehung mündlich ausdrücklich auf den Gerichtsstand Köln geeinigt haben, noch, dass eine Partei seinerzeit ausdrücklich erklärt hat, dass das Vertragsverhältnis den im Internetauftritt des Bekl. angeführten Inhalt haben sollte, und die andere Partei hiermit einverstanden war. Die Kl. hat auch keine Tatsachen vorgetragen, aus denen sich eine stillschweigende, auf den Abschluss einer Gerichtsstandsvereinbarung gerichtete Willenserklärung einer Partei ergibt, die die andere Partei sodann stillschweigend angenommen hat. Insbesondere sprach die damalige Interessenlage der Kl. aus Sicht des Bekl. keineswegs zwingend dafür, dass die Kl. das Vertragsverhältnis nur unter Einschluss der

---

[1] IPRspr. 2001 Nr. 133.

im Internetauftritt des Bekl. vorgesehenen Gerichtsstandsvereinbarung für Köln begründen wollte. Denn eine Gerichtsstandsvereinbarung für ein deutsches Gericht hätte für die Kl. nicht nur Vorteile gehabt, sondern auch offensichtliche Nachteile. Der größeren Sachnähe in Bezug auf mögliche Streitigkeiten und der Kenntnis des zwischen den Parteien als anwendbar vereinbarten deutschen Rechts hätte als deutliches Erschwernis gegenüber gestanden, dass die Kl. im Streitfall einen Anwalt in einem anderen Erdteil hätte suchen und informieren und ihre Direktoren ggf. nach Deutschland hätten reisen müssen.

(2) Nach der Entstehung des Streits im Jahr 2012 ist ebenfalls keine Gerichtsstandsvereinbarung, erst recht nicht in der nach § 38 II 1 ZPO erforderlichen Form, zustande gekommen.

Wie vorstehend dargelegt worden ist, stellt der Internetauftritt des Bekl. keine auf Abschluss einer Gerichtsstandsvereinbarung gerichtete Willenserklärung dar, die die Kl., etwa durch Erhebung der Klage, hätte annehmen können ...

Der Bekl. muss sich nicht wegen widersprüchlichen Verhaltens so behandeln lassen, als ob eine den Anforderungen des § 38 II 1 ZPO entsprechende Gerichtsstandsvereinbarung zustande gekommen wäre. Ob ein Verstoß gegen Treu und Glauben (§ 242 BGB) überhaupt geeignet ist, eine nach der gesetzlichen Regelung nicht bestehende internationale Zuständigkeit zu begründen, kann daher dahinstehen. Widersprüchliches Verhalten ist nicht schlechthin unzulässig und missbräuchlich, sondern in der Regel nur dann, wenn für den anderen Teil ein Vertrauenstatbestand entstanden ist. Daran fehlt es hier. Dass die Parteien im Jahr 2008 keine den Anforderungen des § 38 II 1 ZPO entsprechende schriftliche oder schriftlich bestätigte Gerichtsstandsvereinbarung geschlossen haben, war für die Kl. vor Klageerhebung bei näherer Prüfung des Sachverhalts ohne weiteres festzustellen. Schriftliche Unterlagen dieses Inhalts existieren nicht.

bb) Eine Gerichtsstandsvereinbarung gemäß § 38 I ZPO kommt nicht in Betracht. Danach wird ein an sich unzuständiges Gericht des ersten Rechtszugs durch ausdrückliche oder stillschweigende Vereinbarung der Parteien zuständig, wenn die Vertragsparteien Kaufleute, juristische Personen des öffentlichen Rechts oder öffentlich-rechtliche Sondervermögen sind.

Der Bekl. gehört als Rechtsanwalt schon nicht zu dem genannten Personenkreis. Darüber hinaus fehlt es auch an einer ausdrücklich oder stillschweigenden mündlichen Gerichtsstandsvereinbarung. Hierzu wird auf die vorstehenden Ausführungen verwiesen.

2. Aus dem Umstand, dass der Bekl. seine Kanzlei und damit offenbar auch seinen Wohnsitz während des vorliegenden Rechtsstreits nach Dänemark verlegt hat, ergibt sich weder die internationale noch die örtliche Zuständigkeit des LG Köln. Zwar ist auf einen Beklagten mit Wohnsitz in Dänemark im Ergebnis die EuGVO anzuwenden (vgl. *Zöller-Geimer*, ZPO, 30. Aufl., Art. 1 Rz. 1 EuGVVO). Die Voraussetzungen des Art. 23 I lit. a EuGVO für eine wirksame Vereinbarung des Gerichtsstands Köln, die denen des § 38 II 1 ZPO entsprechen, liegen aber nicht vor."

188. *Für eine Flugreise liegt die internationale Zuständigkeit gemäß § 29 ZPO bei dem Gericht des Orts des Abflugs sowie der Ankunft, weil dort die maßgeblichen Leistungen erbracht werden. [LS der Redaktion]*

AG Düsseldorf, Urt. vom 8.10.2014 – 47 C 17099/13: Unveröffentlicht.

Die Parteien streiten über Ausgleichsansprüche nach der Fluggastrechteverordnung. Die Kl. buchte einen Flug von Düsseldorf nach Punta Cana (Dominikanische Republik) und zurück, der von der Bekl. ausgeführt wurde und einen Umstieg in Paris erforderte. Beim Rückflug landete die Kl. mit einer Verspätung von mindestens fünf Stunden in Düsseldorf.

Aus den Gründen:

„I. Das angerufene Gericht ist gemäß § 29 ZPO analog international zuständig, denn der Erfüllungsort der Flugbeförderung ist vorliegend (auch) Düsseldorf als Endziel der Rückreise der Kl.
Der Erfüllungsort ist derjenige Ort, an dem die geschuldete Hauptleistung zu erbringen ist. Bei einer Flugreise ist dabei auf den Ort des Abflugs sowie der Ankunft abzustellen, weil dort die maßgeblichen Leistungen, wie die Abfertigung der Fluggäste und des Gepäcks sowie Start bzw. Landung der Maschine, erbracht werden (vgl. hinsichtlich des Abflugorts ausdrücklich: BGH, Beschl. vom 9.4.2013 – X ZR 105/12[1]; zit. n. juris). Demgegenüber werden bei einer aus mehreren Flügen bestehenden Flugverbindung an den Orten einer Zwischenlandung (hier: Paris) keine wesentlichen Leistungen erbracht (vgl. EuGH, Urt. vom 9.7.2009 – Peter Rehder ./. Air Baltic Corporation, Rs C-204/08, Slg. 2009 I-6073, Rz. 40 juris). Dies gilt jedenfalls dann, wenn – wie vorliegend – die Flüge einheitlich gebucht wurden und an dem Umsteigeflughafen kein wesentlicher Aufenthalt vorgesehen ist (vgl. BGH, NJW 2013, 378[2] m.w.N.), denn dann sind die dort erbrachten Leistungen für den Reisenden von geringerer Bedeutung. Maßgeblich ist für diesen vielmehr die Beförderung von seinem Abflugort zu seinem Endziel, hier Düsseldorf."

189. *Als deutscher Staatsangehöriger mit einem Lebensmittelpunkt in Spanien beziehungsweise im Libanon ist ein Kläger gemäß Art. 17 des Haager Übereinkommens über den Zivilprozess vom 1.3.1954 (BGBl. 1958 II 576) von der Stellung einer Sicherheitsleistung befreit. Deutschland, Spanien und der Libanon sind Vertragsstaaten dieses Übereinkommens und der Kläger ist „Angehöriger eines der Vertragsstaaten", hat „in einem dieser Staaten" seinen Wohnsitz und tritt „vor den Gerichten eines anderen dieser Staaten als Kläger" auf, nämlich in Deutschland. [LS der Redaktion]*

OLG München, Beschl. vom 27.11.2014 – 7 W 2290/14: Unveröffentlicht.

190. *Der Erfüllungsort des Art. 5 EuGVO ist ungeachtet nationaler Vorschriften autonom zu bestimmen.*
Die Frage der Verjährung ist im CISG nicht geregelt, so dass es auf das subsidiär anzuwendende Recht ankommt. [LS der Redaktion]

OLG Hamm, Urt. vom 4.12.2014 – 2 U 29/14: Unveröffentlicht.

[Das nachgehende Urteil des BGH – VIII ZR 17/15 – wird voraussichtlich im Band IPRspr. 2015 abgedruckt.]

---

[1] IPRspr. 2013 Nr. 183.   [2] IPRspr. 2012 Nr. 61.

Als Insolvenzverwalter der M GmbH (Insolvenzschuldnerin) nimmt der Kl. die Bekl. auf Zahlung von Masthähnchenlieferungen in Anspruch. Das LG hat seine Klage als unzulässig abgewiesen. Zur Begründung hat es im Wesentlichen ausgeführt: Die Insolvenzschuldnerin habe mit der Rechtsvorgängerin der Bekl. den sog. Integrationsvertrag Mastküken geschlossen. Für Streitigkeiten aus diesem Vertrag sei nach dessen Art. 14 das Gericht in 's-Hertogenbosch ausschließlich zuständig, so dass es an der internationalen Zuständigkeit des LG Bielefeld fehle. Bei der vom Kl. geltend gemachten Kaufpreisforderung handele es sich um eine Streitigkeit aus dem Integrationsvertrag. Der Charakter der Forderung ändere sich nicht dadurch, dass der Kl. ursprünglich durch Aufrechnung erloschene Ansprüche der Insolvenzschuldnerin einklage und den Aufrechnungseinwand mit der Gegeneinrede der Anfechtbarkeit abwehre.

Gegen die Entscheidung des LG richtet sich die Berufung des Kl.

Aus den Gründen:

„II. ... 1. Kaufpreisforderungen aus Kaufverträgen zwischen Insolvenzschuldnerin und Rechtsvorgängerin der Bekl.

a. Internationale Zuständigkeit

Soweit Kaufverträge zwischen der Insolvenzschuldnerin und der Rechtsvorgängerin der Bekl. behauptet sind, sind deutsche Gerichte zur Entscheidung über Kaufpreisforderungen daraus berufen, weil der Mastbetrieb der Insolvenzschuldnerin nach dem Vorbringen des Kl. Erfüllungsort war.

Soweit nichts anderes vereinbart ist – eine Vereinbarung legt der Kl. nicht dar –, ist – auch für die Kaufpreisforderung – der Ort Erfüllungsort, an den die Ware geliefert wurde oder an den sie hätte geliefert werden müssen, Art. 5 EuGVO, wobei dieser Ort ungeachtet nationaler Vorschriften autonom zu bestimmen ist, EuGH, Urt. vom 25.2.2010 – Car Trim GmbH ./. KeySafety Systems S.r.l., Rs C-381/08, Slg. 2010 I-01255. Nach dem Vorbringen des Kl. sind die Masthähnchen auf Veranlassung der Rechtsvorgängerin der Bekl. von der Firma S & S2 (Schlachthof) abgeholt worden. Danach ist der Mastbetrieb der Insolvenzschuldnerin als Erfüllungsort anzusehen.

b. Abschluss von Kaufverträgen

Zwischen der Insolvenzschuldnerin und der Rechtsvorgängerin der Bekl. hat der Kl. den Abschluss von Kaufverträgen, deren Zustandekommen sich nach UN-Kaufrecht richtet, indessen (der Weg zu materieller Prüfung durch das Berufungsgericht ist auch eröffnet, wenn die Klage erstinstanzlich als unzulässig abgewiesen wurde, *Zöller-Heßler*, ZPO, 30. Aufl., § 528 Rz. 32) nicht schlüssig vorgetragen. Seinen Beweisantritten ... ist deshalb nicht nachzugehen.

(1) Bereits das LG hat dem Kl. durch Beschluss vom 16.7.2013 aufgegeben, im Einzelnen unter Beweisantritt darzulegen, wann, zwischen wem und mit welchem Inhalt die maßgeblichen Kaufverträge über die Masthähnchen abgeschlossen worden sind, deren Bezahlung er geltend macht. Dazu hat der Kl. sein Vorbringen aus der Klageschrift lediglich wiederholt. Nach den Erörterungen im Senatstermin hat der Kl. keine eigenen Kenntnisse zu den damaligen Vorgängen und, soweit er Daten mitteilt, diese lediglich aus der Aufstellung der Bekl. übernommen. Näheres zu Angebot u. Annahme (Art. 14 u. 18 CISG)hat er trotz Auflage des LG nicht vorgetragen und kann es nach den Erörterungen im Senatstermin auch nicht ...

2. Forderungen aus dem Integrationsvertrag

Soweit der Kl. seine Klage auf den Integrationsvertrag stützt (Art. 7), wonach die Bekl. Kaufpreisforderungen für Mastküken namens des Schlachthofs zu begleichen hatte, es möglicherweise erlaubt, Kaufpreisforderungen gegen den Schlachthof auch gegen die Bekl. geltend zu machen, fehlt es jedoch an der internationalen Zuständigkeit deutscher Gerichte.

a. Die von den Parteien des Integrationsvertrags für Streitigkeiten daraus getroffene Gerichtsstandsvereinbarung (Art. 14), gegen deren Wirksamkeit keine Bedenken bestehen, begründet die ausschließliche Zuständigkeit des niederländischen Gerichts in 's-Hertogenbosch, Art. 23 EuGVO. An diese Gerichtsstandsvereinbarung ist der Insolvenzverwalter gebunden, *Zöller-Geimer* aaO Art. 1 EuGVVO Rz. 35d. Insoweit gilt nichts anderes als für Schiedsabreden, an die der Insolvenzverwalter ebenfalls gebunden ist und deren Erfüllung er auch nicht verweigern kann (BGH – IX ZR 49/12).

b. Anderes gälte zwar, wenn es sich bei der Klage um eine solche handelte, für die die Zuständigkeit deutscher Gerichte nach Art. 3 I EuInsVO begründet wäre.

Nach höchstrichterl. Rspr., EuGH, Urt. vom 12.2.2009 – Christopher Seagon ./. Deko Marty Belgium N.V., Slg. 2009 I-00767, ZIP 2009, 427; BGH, ZIP 2009, 1287; ZIP 2014, 1132, ist die Vorschrift dahin auszulegen, dass sie dem Mitgliedstaat, in dessen Gebiet das Insolvenzverfahren eröffnet worden ist, für Klagen, die unmittelbar aus diesem Verfahren hervorgehen und in engem Zusammenhang damit stehen, auch eine internationale Zuständigkeit zuweist. So liegt die Sache hier indessen nicht.

(1) Die geltend gemachten Kaufpreisforderungen gehen nicht – wie es der Kl. in erster Instanz gemeint hat – deshalb unmittelbar aus dem Insolvenzverfahren hervor, weil sie in seiner Hand neu entstanden wären. Denn aus der Eröffnung des Insolvenzverfahrens und der – für Zulässigkeitsfragen zu unterstellenden – insolvenzrechtlichen Anfechtbarkeit der Aufrechnungen der Bekl. folgt keine Novation, BGH, Urt. vom 28.9.2006 – IX ZR 136/05.

(2) Die Klage geht auch nicht deshalb unmittelbar aus dem Insolvenzverfahren hervor, weil die Aufrechnungen der Bekl. – unterstellt – insolvenzrechtlich anfechtbar sind.

(2.1) Vielmehr geht die auf Zahlung von Kaufpreisen gerichtete Klage aus zwischen der Insolvenzschuldnerin und anderen, u.a. der Bekl., getroffenen Vereinbarungen, wie sie im Integrationsvertrag ihren Niederschlag gefunden haben, hervor. Der Einwand der insolvenzrechtlichen Anfechtbarkeit von Aufrechnungen ändert daran nichts. Denn es handelt sich – nur – um einen Einwand, der im Falle seiner Berechtigung bei materieller Prüfung Berücksichtigung zu finden hat, aber an der Natur der Klage als Klage aus dem den Anspruch begründenden Rechtsverhältnis nichts ändert, BGH, NJW-RR 2005, 1138.

(2.2) Dazu, dass die Klage unmittelbar aus dem Insolvenzverfahren folgt, kann man nur kommen, wenn man, wie es der Kl. möchte, die insolvenzrechtliche Anfechtbarkeit der Aufrechnungen in den Mittelpunkt der Betrachtung stellt und meint, es handele sich um eine Klage, die im Sinne der Rspr. des EuGH unmittelbar aus dem Insolvenzverfahren hervorgeht. Eine solche Betrachtung erscheint verfehlt.

Zwar trifft es zu, dass Anlass für die Klage die insolvenzrechtliche Anfechtbarkeit der Aufrechnung der Bekl. ist. Das reicht indessen nicht aus, um der Klage ein derartiges Gepräge zu geben, aufgrund dessen sie als unmittelbar aus dem Insolvenzverfahren folgend anzusehen wäre.

Dagegen spricht zunächst, dass es nicht darum geht, aufgrund Anfechtung etwas zur Insolvenzmasse zurückzugewähren, § 143 InsO, sondern darum, ob die Bekl. den geltend gemachten Anspruch noch zu erfüllen hat.

Dagegen spricht sodann, dass ein Erfüllungsanspruch, den ein Insolvenzverwalter – wie hier – aus vor Insolvenzeröffnung geschlossenem Vertrag herleitet, dem zwischen Insolvenzschuldnerin und Bekl. vereinbarten Vertragsregime unterliegt. Davon hängt sowohl die Entstehung des Anspruchs ab wie auch bspw. die Frage, ob der Anspruch noch durchsetzbar ist – das betrifft hier die Einrede der Verjährung, auf die noch zurückgekommen wird. Wollte man die Frage des Rechtswegs vom Anfechtungseinwand des Insolvenzverwalters abhängig machen, ergäbe sich in Fällen, in denen Grund und Höhe des geltend gemachten Anspruchs streitig sind und – abgesehen von der Aufrechnung – sonstige Einwendungen erhoben werden, dass dem Schuldner das Forum verwehrt wird, vor dem Streitigkeiten über die vertragliche Kaufpreisforderung vereinbarungsgemäß ausgetragen werden sollen.

(2.3) Die aufgezeigten Überlegungen führen dazu, dass die Klage nicht als unmittelbar aus dem Insolvenzverfahren hervorgehend anzusehen ist.

Gleichwohl handelt es sich bei der Frage, ob vom Insolvenzverwalter geltend gemachte Anfechtbarkeit von Aufrechnungen die auf Erfüllung von Kaufpreisforderungen gerichtete Klage derart prägen, dass sie als unmittelbar aus dem Insolvenzverfahren hervorgehend anzusehen ist und damit dem Anwendungsbereich des Art. 3 I EuInsVO unterfällt, um eine Rechtsfrage, die höchstrichterl. Rspr. – soweit ersichtlich – nicht zugeführt ist. Das gibt Veranlassung zur Zulassung der Revision, § 543 II Nr. 1 ZPO.

c. Sollte die Zulässigkeit der Klage wegen Forderung aus dem Integrationsvertrag entgegen der Auffassung des Senats zu bejahen sein, ergibt sich Folgendes: ...

(2) Denn jedenfalls ist die Durchsetzung von Forderungen aus dem Integrationsvertrag durch die von der Bekl. erhobene Einrede der Verjährung gehindert.

Die Frage der Verjährung ist im UN-Kaufrecht nicht geregelt, so dass es auf das subsidiär anzuwendende Recht ankommt.

(2.1) Sollte niederländisches Recht anzuwenden sein, betrug die Verjährungsfrist nach dem unwidersprochenen Vortrag der Bekl. fünf Jahre ab Fälligkeit. Die geltend gemachten Forderungen der Insolvenzschuldnerin sind aufgrund deren Lieferungen im Februar/März 2006 fällig geworden. Das zugrunde gelegt, endete die Verjährungsfrist Februar/März 2011. Die Klage (Eingang 30.11.12) ist später erhoben. Gleiches gilt für den PKH-Antrag, der am 30.12.11 eingegangen ist.

(2.2) Sollte deutsches Recht Geltung beanspruchen, ergibt sich nichts anderes."

191. *Der (technische) Betrieb einer Homepage, über welche Flugbuchungen möglich sind, führt nicht dazu, dass die hierfür verantwortliche Niederlassung auch als Vertragspartner des Reisenden anzusehen ist.*

Es ist vielmehr davon auszugehen, dass der Vertrag über die Beförderung mit der Hauptniederlassung des Lufttransportunternehmens im Ausland zustande gekommen ist.

An dieser Wertung ändert sich auch nichts dadurch, dass die Homepage unter anderem in deutscher Sprache und unter Angabe einer deutschen Umsatzsteueridentifikationsnummer betrieben wird.

LG Frankfurt/Main, Urt. vom 5.12.2014 – 2-24 S 123/14: TranspR 2015, 404 mit Anm. *Vyvers.*

192. *Wird ein Fluggast im Rahmen einer einheitlichen Buchung durch zwei unterschiedliche Luftfahrtunternehmen von einem Mitgliedstaat via einen anderen Mitgliedstaat in ein drittes Mitgliedsland befördert (hier: Stuttgart über Paris nach Helsinki), ist im Falle einer erheblichen Verspätung des zweiten Flugs für eine Klage auf Ausgleichsleistung das Gericht am Abflug- oder am Ankunftsort des zweiten Flugs international zuständig, wobei die Wahl dem Fluggast obliegt (im Anschluss an BGHZ 188, 85 = IPRspr. 2011 Nr. 182). [LS der Redaktion]*

LG Stuttgart, Urt. vom 10.12.2014 – 13 S 115/14: RRa 2015, 22.

[Das nachfolgende Vorabentscheidungsersuchen des BGH vom 18.8.2015 – X ZR 2/15 (EuGH, Rs C-533/15) – wird im Band IPRspr. 2015 abgedruckt.]

Der Kl. begehrt mit der Klage von der Bekl., einem Luftfahrtunternehmen mit Sitz in Finnland, eine Entschädigung i.H.v. 400 Euro (VO [EG] 261/2004). Der Kl. hatte bei der in Paris residierenden Fluggesellschaft einen Flug von Stuttgart über Paris nach Helsinki gebucht. Bereits bei der Buchung wurde der Kl. darauf hingewiesen, dass der Flug von Paris nach Helsinki möglicherweise von der Bekl. ausgeführt werden würde; die Bekl. war jedenfalls neben der Air France als ausführende Fluggesellschaft benannt. Der Flug von Stuttgart nach Paris wurde regulär durchgeführt. Der von der Bekl. ausgeführte Flug von Paris nach Helsinki, der Helsinki um 16:15 Uhr erreichen sollte, verzögerte sich; die Maschine traf erst um 19:35 Uhr und damit drei Stunden 20 Minuten später als angegeben in Helsinki ein. Der Kl. hat vor dem AG Nürtingen Klage auf Zahlung der Ausgleichsentschädigung erhoben.
Das AG hat die Klage als unzulässig abgewiesen. Hiergegen wendet sich der Kl. mit seiner Berufung.

Aus den Gründen:

„II. …1. Nachdem der Kl. den mit der Klage geltend gemachten Anspruch auf Art. 7 der VO (EG) Nr. 261/2004 des Europäischen Parlaments und des Rates über eine gemeinsame Regelung für Ausgleichs- und Unterstützungsleistungen für Fluggäste im Fall der Nichtbeförderung und bei Annullierung oder großer Verspätung von Flügen und zur Aufhebung der Verordnung (EWG) Nr. 295/91 vom 11.2.2004 (ABl. Nr. L 46/1; nachfolgend Fluggastrechte-VO) stützt, kann die internationale Zuständigkeit des AG Nürtingen nicht aus Art. 33 MontrÜbk hergeleitet werden.
Art. 7 Fluggastrechte-VO gewährt eine pauschale und einheitliche Ausgleichszahlung infolge der Annullierung oder – nach der EuGH-Rechtsprechung – großen Verspätung des Flugs, welche unabhängig von den in Art. 17 ff. MontrÜbk geregelten Schadensersatzansprüchen ist. Der übergreifenden Anwendung des MontrÜbk auf Ansprüche nach der Fluggastrechte-VO steht daher entgegen, dass für Ansprüche nach dem MontrÜbk und der Fluggastrechte-VO unterschiedliche Regelungsrahmen gelten (EuGH, Urt. vom 9.7.2009 – Peter Rehder ./. Air Baltic Corporation, Rs C-204/08, Slg. 2009 I-6073; BGH, Urt. vom 18.1.2011 – X ZR 71/10[1]; LG Frankfurt, Urt. vom 5.1.2012 – 2-24 S 145/11[2]).
2. Die internationale Zuständigkeit des AG Nürtingen kann auch nicht auf Art. 15 I, 16 EuGVO gestützt werden. Zwar ist nach Art. 16 EuGVO bei Verbraucherverträgen ein Gerichtsstand am Wohnsitz des Verbrauchers begründet. Nach Art. 15 III EuGVO ist der für Verbraucherverträge geltende Abschn. 4 der EuGVO auf Beförderungsverträge aber nicht anwendbar, so dass die internationale Zuständigkeit des AG Nürtingen nicht aus Art. 16 EuGVO folgen kann.

---

[1] IPRspr. 2011 Nr. 182. [2] IPRspr. 2012 Nr. 176a.

3. Schließlich ergibt sich auch aus Art. 5 Nr. 1 lit. b Spiegelstrich 2 EuGVO keine internationale Zuständigkeit des AG Nürtingen.

a) Es ist höchstrichterlich geklärt, dass auch gegen das ausführende Flugunternehmen geltend gemachte Ansprüche aus Art. 7 Fluggastrechte-VO in den Anwendungsbereich von Art. 5 Nr. 1 lit. b Spiegelstrich 2 EuGVO fallen. Art. 5 lit. b Spiegelstrich 2 EuGVO fordert zwar grundsätzlich einen Vertrag, aus welchem die Erbringung von Dienstleistungen geschuldet ist. Der EuGH hat im Urt. vom 9.7.2009 (aaO) aber ausgeführt, dass Art. 5 Nr. 1 lit. b Spiegelstrich 2 EuGVO dahin auszulegen ist, dass im Fall der Beförderung von Personen im Luftverkehr von einem Mitgliedstaat in einen anderen auf der Grundlage eines mit einer einzigen Luftfahrtgesellschaft, dem ausführenden Luftfahrtunternehmen, geschlossenen Vertrags für eine auf diesen Beförderungsvertrag und die Fluggastrechte-VO gestützte Klage auf Ausgleichszahlungen nach Wahl des Klägers das Gericht des Orts des Abflugs oder das des Orts der Ankunft des Flugzeugs entsprechend der Vereinbarung dieser Orte in dem Vertrag zuständig ist. Er hat damit herausgehoben, dass Ansprüche aus der Fluggastrechte-VO unter den Begriff der Dienstleistung fallen. Auch der BGH hat diese Grundsätze in seiner Entscheidung vom 18.1.2011 (aaO) bestätigt und seine Rspr. dahin weiterentwickelt, dass das Erfordernis ‚aus einem Vertragsverhältnis' weit auszulegen und schon dann erfüllt sei, wenn die Streitigkeit im Zusammenhang mit einem Vertrag stehe und aus dem Vertragsverhältnis herrühre. Nachdem Voraussetzung für die Anwendung der Fluggastrechte-VO gemäß deren Art. 3 II lit. a sei, dass die Fluggäste über eine bestätigte Buchung verfügen, setze dies regelmäßig das Bestehen eines Beförderungsvertrags voraus – sei es mit dem ausführenden Luftfahrtunternehmen, sei es mit einem anderen Unternehmen, für das jenes die Beförderungsleistung erbringt (BGH aaO. m.Verw. auf die Urteile vom 10.12.2009 – Xa ZR 61/09[3], vom 28.5.2009 – Xa ZR 113/08 und vom 30.4.2009 – Xa ZR 78/08 sowie BGH, EuGH-Vorlage vom 9.4.2013 – X ZR 105/12[4]). Deswegen handele es sich auch bei dem gegen das ausführende Flugunternehmen geltend gemachten Anspruch um einen Anspruch auf vertraglicher Grundlage. Diese Rechtsauffassung teilt die Kammer uneingeschränkt.

b) Die Kammer kann jedoch keinen Erfüllungsort für den Ausgleichsanspruch im Bezirk des AG Nürtingen, in welchem der Flughafen Stuttgart liegt, erkennen.

Bei der Erbringung von Dienstleistungen ist Erfüllungsort der Ort in einem Mitgliedstaat, an dem die Dienstleistungen nach dem Vertrag erbracht worden sind oder hätten erbracht werden müssen. Ist die Dienstleistung in verschiedenen Mitgliedstaaten erbracht worden, ist maßgebend, wo der nach wirtschaftlichen Kriterien zu ermittelnde Schwerpunkt der Dienstleistung war (EuGH, Rehder aaO). Der Ausgleichsanspruch aus Art. 7 Fluggastrechte-VO knüpft an den annullierten oder verspäteten Flug an, so dass sich der Erfüllungsort für die Geltendmachung dieses Anspruchs nach dem Erfüllungsort des Flugs richtet. Da sich bei Flugleistungen ein solcher Schwerpunkt nicht ermitteln lässt, steht dem Kläger ein Wahlrecht zw. dem vereinbarten Ort des Abflugs und dem Ort der Ankunft des Flugs zu (EuGH aaO)

Bei dem vom Kl. gebuchten Flug von Stuttgart nach Helsinki handelt es um einen in zwei Flüge unterteilten Flug. Der geltend gemachte Anspruch knüpft jedoch ausschließlich an den verspäteten Flug von Paris nach Helsinki an. Die Bekl. war auch

---

[3] IPRspr. 2009 Nr. 39b.   [4] IPRspr. 2013 Nr. 183.

ausschließlich für diesen Abschnitt ausführendes Flugunternehmen, so dass auch ausschließlich Paris oder Helsinki, nicht jedoch der im Bezirk des AG Nürtingen gelegene Flughafen Stuttgart als Erfüllungsort für den geltend gemachten Ausgleichsanspruch in Betracht kommen. Die Kammer erachtet eine weiter gehende Auslegung des Begriffs des Flugs mit der Einbeziehung des Flugs von Stuttgart nach Paris in der vorliegenden Konstellation nicht für angezeigt.

aa) Der Begriff des Flugs wird von der Fluggastrechte-VO autonom definiert. Die Fluggastrechte-VO enthält jedoch keine ausdrückliche Definition dieses Begriffs, insbesondere auch nicht in Art. 2 Fluggastrechte-VO. Die Definition des Flugs ist daher aus Sinn und Zweck der Fluggastrechte-VO und insbesondere derjenigen Vorschriften der Verordnung zu entwickeln, die sich dieses Begriffs bedienen (EuGH, Urt. vom 10.7.2008 – Emirates Airlines [Direktion für Deutschland] ./. Diether Schenkel, Rs C 173/07, Slg. 2008 I-5237; BGH Urt. vom 13.11.2012 – X ZR 12/12). Der BGH hat dazu unter Verweis auf die Rspr. des EuGH ausgeführt, dass es sich bei einem ‚Flug' im Sinne der Verordnung im Wesentlichen um einen Luftbeförderungsvorgang handele, der von einem Luftfahrtunternehmen durchgeführt werde. Der BGH hat dabei hervorgehoben, dass der individuelle Reiseplan des einzelnen Fluggasts und der von ihm abgeschlossene Beförderungsvertrag von der Verordnung nicht in den Blick genommen werden. Vielmehr betrachte die Fluggastrechte-VO die Fluggäste eines Flugs sozusagen als Kollektiv, dessen Mitgliedern bei einem in den Anwendungsbereich der Verordnung fallenden Flug bestimmte Rechte eingeräumt würden, die grundsätzlich unabhängig davon seien, ob die einzelnen Fluggäste nur diesen Flug oder auch weitere, dem betreffenden Flug vorangehende oder sich an ihn anschließende Flüge gebucht hätten und von welchem Luftverkehrsunternehmen diese weiteren Flüge durchgeführt würden. Eine einheitliche Buchung wirkt sich nach der Rspr. des EuGH und des BGH deswegen auch nicht auf die Eigenständigkeit zweier Flüge aus (EuGH und BGH jeweils aaO). Nach dem BGH ist deswegen für den Fall, dass eine Flugreise aus zwei oder mehr Flügen besteht, die jeweils von einer Fluggesellschaft unter einer bestimmten Flugnummer für eine bestimmte Route angeboten werden, die Anwendbarkeit der Fluggastrechte-VO für jeden Flug gesondert zu prüfen (BGH aaO). Die Kammer teilt auch diese Rechtsauffassung uneingeschränkt. Danach ist für die Bestimmung des Erfüllungsorts lediglich auf den Flug von Paris nach Helsinki abzustellen, wonach sich gerade keine Zuständigkeit des AG Nürtingen bejahen lässt.

bb) Zutreffend hat das AG Nürtingen auch als allgemeine Erwägung ausgeführt, dass die Bekl. auf dem Flughafen Stuttgart keinerlei Tätigkeiten entfalten musste, was für die Annahme eines Erfüllungsorts in Stuttgart aber erforderlich wäre.

cc) Das vom Kl. angeführte Argument, es handle sich um eine zusammenhängende und einheitliche Buchung der beiden Flüge, um einen einheitlichen Beförderungsvertrag und damit auch einen einheitlichen Flug von Stuttgart nach Helsinki, woraus die Zuständigkeit des AG Nürtingen folge, verfängt aus Sicht der Kammer nicht. Es handelt sich bei dem Flug von Stuttgart nach Helsinki zunächst gerade nicht um eine einheitliche Dienstleistung der Bekl., welche die Annahme eines einheitlichen Flugs rechtfertigen könnte; vielmehr wurde diese lediglich in den Vertrag des Kl. mit der Air France einbezogen. Allein dies genügt jedoch nicht zur Begründung eines Erfüllungsorts in Stuttgart.

(1) Dem Kl. ist zuzugeben, dass der BGH bereits mehrfach ausgeführt hat, dass bei einer aus mehreren Flügen bestehenden Flugverbindung ohne nennenswerten Aufenthalt auf den Umsteigeflughäfen der Abflugort der ersten Teilstrecke als der für den Vertrag maßgebliche Abflugort anzusehen ist (BGH, EuGH-Vorlage vom 9.4.2013 aaO; Urt. vom 28.8.2012 – X ZR 128/11[5]). Ausschlaggebend für diese Entscheidungen war jedoch nicht, dass der Erst- und Folgeflug Teil eines Vertrags waren und einheitlich gebucht wurden. Allein dieser Umstand führt nicht dazu, dass der Erst- und Folgeflug in einem besonders engen und unauflöslichen Verhältnis zueinander stehen (so auch LG Frankfurt, Urt. vom 5.1.2012 aaO). Den Entscheidungen des BGH lagen andere Fallgestaltungen als die vorliegende zugrunde: in allen Fällen hatten die dortigen Kläger alle Flüge bei einer Fluggesellschaft gebucht, welche auch sämtliche Flüge selbst durchführte. In diesem Fall (ebenso: LG Frankfurt, Urt. vom 5.1.2012 aaO u.ä., weil durchführendes Flugunternehmen, ein Tochterunternehmen, deren Verhalten über § 278 BGB zugerechnet wurde; LG Hannover, Urt. vom 10.10.2012 – 12 S 19/12) erscheinen diese Erwägungen gerechtfertigt, weil diesem Rechtsverhältnis ein einheitlicher Beförderungsvertrag mit dem alle Flüge ausführenden Luftfahrtunternehmen zugrunde liegt. Zudem haben die Fluggesellschaften eine derartige Abhängigkeit der Flüge hergestellt, dass der Zweitflug als Anschlussflug auf den Erstflug zu sehen war und von der Fluggesellschaft auch tatsächlich die für die weitere Flugreise maßgeblichen Leistungen, die Abfertigung der Fluggäste und die Entgegennahme ihres Reisegepäcks nebst dem Start für den die erste Teilstrecke betreffenden Flug am Abflughafen, erbracht werden (BGH, EuGH-Vorlage vom 9.4.2013 aaO). Insgesamt stellen sich die von einer einzigen Fluggesellschaft erbrachten Flüge damit als Einheit dar; die Zwischenlandungen erfolgten ausschließlich aus wirtschaftlichen Gründen, nämlich um Fluggäste an Flughäfen absetzen und aufnehmen und so insgesamt mehr Personen transportieren zu können.

Diese Fallgestaltung stellt sich grundlegend anders als der vorliegende Fall dar: bei der Bekl. handelt es sich gerade nicht um den Vertragspartner des vom Kl. geschlossenen Beförderungsvertrags; dies war die Air France. Die Bekl. wurde ausschließlich in die Vertragsbeziehung des Kl. mit der Air France zur Durchführung des Flugs auf der Teilstrecke von Paris nach Helsinki einbezogen, was dem Kl. aufgrund des Hinweises in der Buchungsbestätigung auch bewusst war. Nachdem die Bekl. bereits nicht Partner des Beförderungsvertrags von Stuttgart nach Helsinki war und auch nicht beide Flüge durchgeführt hat, ist schon aus diesem Grund eine einheitliche Betrachtung des Flugs von Stuttgart nach Helsinki als von der Bekl. zu erbringende Leistung nicht möglich.

(2) Die zwischen den Parteien bestehende rechtliche Beziehung, aufgrund welcher der Kl. nach den Grundsätzen eines echten Vertrags zugunsten Dritter Berechtigter im Sinne des § 328 BGB aus dem Vertrag zwischen der Air France und der Bekl. über die Verpflichtung, den Flug von Paris nach Helsinki durchzuführen, war, sowie die mögliche Inanspruchnahme der Bekl. durch den Kl. auf der Rechtsgrundlage von Art. 7 Fluggastrechte-VO genügen nicht, um einen Erfüllungsort der Verpflichtung der Bekl. in Stuttgart annehmen zu können.

---

[5] IPRspr. 2012 Nr. 81 (LS).

Allein die Berechtigung des Kl., von der Bekl. die Durchführung des Flugs von Paris nach Helsinki verlangen zu können, genügt nicht, um eine Erfüllungshandlung der Bekl. auf dem Flughafen Stuttgart und damit im Bezirk des AG Nürtingen annehmen zu können. Bei der Bekl. handelt es sich um ein von der Air France zu unterscheidendes Luftfahrtunternehmen. Die Bekl. war nicht in die Durchführung des Flugs von Stuttgart nach Paris eingebunden und hatte auch keine Erfüllungshandlungen in Stuttgart vorzunehmen. Die von der Bekl. zu erbringenden Leistungen, die Beförderung des Kl. und seines Gepäcks, war ausschließlich auf den Abschnitt von Paris nach Helsinki beschränkt. Allein die Tatsache, dass die Air France das Gepäck des Kl. entgegengenommen hat und dieser es erst wieder in Helsinki erhalten hat, rechtfertigt es nicht, eine Erfüllungshandlung der Bekl. am Flughafen Stuttgart anzunehmen. Der Service, ein Gepäckstück auch bei Fortsetzung der Reise durch ein anderen Luftfahrtunternehmen entgegenzunehmen, um dieses erst am Ende der Reise wieder auszuhändigen, ist vielmehr Teil der Leistung des ersten Flugunternehmens.

Auch die Möglichkeit des Kl., die Bekl. auf der Rechtsgrundlage von Art. 7 Fluggastrechte-VO in Anspruch nehmen zu können, genügt nicht, um einen Erfüllungsort für die Einstandspflicht der Bekl. in Stuttgart annehmen zu können. Der Anspruchsgegner für einen Anspruch aus Art. 7 Fluggastrechte-VO ist ausschließlich das ausführende Flugunternehmen. Art. 7 Fluggastrechte-VO eröffnet damit dem Fluggast die Möglichkeit, losgelost von einer vertraglichen Beziehung gegen das ausführende Flugunternehmen einen Entschädigungsanspruch geltend zu machen. Die Gewährung dieses Anspruchs hatte jedoch nicht zum Ziel, das ausführende Flugunternehmen in das Beförderungsvertragsverhältnis einzubinden; vielmehr sollte lediglich eine Sanktion in der Sphäre des ‚Verursachers' von annullierten bzw. – nach der Rspr. des EuGH – stark verspäteten Flügen geschaffen werden. Der Verordnungsgeber hat vielmehr bewusst davon abgesehen, bei einheitlich gebuchten Flügen eine Zurechnung des Verhaltens mehrerer ausführender Flugunternehmen vorzunehmen. Dies muss sich auch auf den Gerichtsstand auswirken.

Abschließend spricht auch eine systematische Auslegung der EuGVO und der Fluggastrechte-VO gegen die Annahme eines internationalen Gerichtsstands am Abflugort auch für alle weitergehenden Flüge: Der Verordnungsgeber hat nach Art. 15 III EuGVO Beförderungsverträge von den für Verbrauchern festgelegten Gerichtsständen ausgenommen und die internationale Zuständigkeit auch in der Fluggastrechte-VO trotz Kenntnis des Problemkreises nicht geregelt. Deswegen ist davon auszugehen, dass der Verordnungsgeber es bei den vorgesehenen allgemeinen Regeln belassen und den Fluggast nicht weiter durch Schaffung eines Gerichtsstands an seinem Wohnsitz bzw. dem diesem regelmäßig nahen ersten Abflugort privilegieren wollte."

193. *Für die Einordnung arbeitsrechtlicher Streitigkeiten zwischen außereuropäischen Staaten und dem in deren Vertretungen beschäftigten Personal fehlt es an gesetzlichen Regeln. Daher ist die Einordnung danach vorzunehmen, ob die dem Arbeitnehmer übertragenen Aufgaben ihrer Art nach hoheitlich oder nicht-hoheitlich sind. Dabei kommt es auf den Inhalt der ausgeübten Tätigkeit und ihren funktionalen Zusammenhang mit diplomatischen und konsularischen Aufgaben an.*

Strenge Anforderungen bestehen für die Annahme, ein ausländischer Staat habe auf seine Immunität verzichtet. Allein die Vereinbarung, dass ein Vertragsverhältnis (hier Arbeitsverhältnis) deutschem Recht unterliegen solle, begründet für sich gesehen keinen Verzicht des ausländischen Staats auf seine Staatenimmunität.

Das Generalkonsulat eines ausländischen Staats (hier: der Bolivarischen Republik Venezuela) stellt eine „Niederlassung" im Sinne von Art. 18 II EuGVO dar, wenn die Aufgaben der Arbeitnehmer, mit denen das Konsulat Arbeitsverträge geschlossen hat, zu seiner wirtschaftlichen Betätigung im Empfangsstaat gehören. [LS der Redaktion]

BAG, Urt. vom 18.12.2014 – 2 AZR 1004/13: RIW 2015, 756; NZA-RR 2015, 546. Leitsatz in NZA 2015, 1536.

<small>Die Parteien streiten über die Wirksamkeit einer ordentlichen Kündigung und damit in Zusammenhang stehende Folgeansprüche. Die Kl. ist venezolanischer Herkunft. Sie besitzt die deutsche Staatsangehörigkeit und ist einem schwerbehinderten Menschen gleichgestellt. Die Bekl. ist die Bolivarische Republik Venezuela. In ihrem Konsulat in Hamburg beschäftigt sie regelmäßig mehr als zehn Arbeitnehmer, darunter seit 2004 die Kl. Die in spanischer Sprache verfassten Vereinbarungen des Arbeitsvertrags sehen die Anwendung deutschen Rechts vor. Nach dem zuletzt geschlossenen Vertrag hatte die Kl. die Leitung der Kulturabteilung und die Funktion der „Secretaria Ejecutiva del Cónsul General" inne. Mitte 2009 kündigte die Bekl. das Arbeitsverhältnis ordentlich zum 31.8.2009. Mit ihrer am 21.7.2009 beim ArbG eingegangenen Klage hat sich die Kl. gegen die Kündigung gewandt. Eine Empfangsbestätigung zur Zustellung der Klage nebst Ladung an das Außenministerium der Bekl. konnte bis 2011 nicht erlangt werden.</small>

<small>Anfang 2012 hat das ArbG ein der Klage stattgebendes Versäumnisurteil erlassen. Im Mai 2012 hat die Bekl. beim ArbG Einspruch gegen eine etwaige Entscheidung eingelegt. Die Bekl. hat geltend gemacht, die deutsche Gerichtsbarkeit sei nicht gegeben. Das ArbG hat den Einspruch der Bekl. als unzulässig verworfen. Das LAG hat die Berufung der Bekl. zurückgewiesen. Mit der Revision verfolgt diese ihr Begehren weiter, das Versäumnisurteil aufzuheben und die Klage abzuweisen.</small>

Aus den Gründen:

„Die zulässige Revision ist begründet. Sie führt zur Aufhebung des angefochtenen Berufungsurteils und zur Zurückverweisung der Sache an das LAG (§§ 562 I, 563 I ZPO).

I. Das LAG hat auf der Grundlage seiner bisherigen Feststellungen zu Unrecht angenommen, die deutsche Gerichtsbarkeit sei für die vorliegende Streitigkeit gegeben.

1. Die Eröffnung der deutschen Gerichtsbarkeit ist eine allgemeine Verfahrensvoraussetzung. Ihr Bestehen und ihre Grenzen sind als Rechtsfragen in jeder Lage des Verfahrens von Amts wegen zu prüfen [BAG, 22.8.2012 – 5 AZR 949/11[1] Rz. 8; BGH, 30.1.2013 – III ZB 40/12[2] Rz. 17; 9.7.2009 – III ZR 46/08[3] Rz. 20, BGHZ 182, 10; s.a. BVerfG, 13.12.1977 – 2 BvM 1/76[4] zu B. 2. b) der Gründe]. Die Befreiung von der deutschen Gerichtsbarkeit stellt ein Verfahrenshindernis dar. Genießt die beklagte Partei Immunität und hat sie hierauf nicht verzichtet, ist die Klage durch Prozessurteil abzuweisen (vgl. BAG, 16.5.2002 – 2 AZR 688/00[5] zu II. 3 der Gründe m.w.N.; 10.11.1993 – 7 AZR 600/92[6] zu II. 1 der Gründe m.w.N.).

2. Nach § 20 II GVG i.V.m. dem allgemeinen Völkergewohnheitsrecht als Bestandteil des Bundesrechts (Art. 25 GG) sind Staaten der Gerichtsbarkeit anderer Staaten insoweit nicht unterworfen, wie ihre hoheitliche Tätigkeit betroffen ist. Es

---

<small>
[1] IPRspr. 2012 Nr. 173b.
[2] IPRspr. 2013 Nr. 277.
[3] IPRspr. 2009 Nr. 160.
[4] IPRspr. 1977 Nr. 117.
[5] IPRspr. 2002 Nr. 128.
[6] IPRspr. 1993 Nr. 133.
</small>

ist mit dem Prinzip der souveränen Gleichheit von Staaten und dem daraus abgeleiteten Rechtsprinzip, dass Staaten nicht übereinander zu Gericht sitzen (vgl. EuGH, Urt. vom 19.7.2012 – Ahmed Mahamdia ./. République algérienne démocratique et populaire, Rs C-154/11 Rz. 54), nicht zu vereinbaren, dass ein deutsches Gericht hoheitliches Handeln eines anderen Staats rechtlich überprüft (vgl. BVerfG, 17.3.2014 – 2 BvR 736/13[7] Rz. 20; 6.12.2006 – 2 BvM 9/03[8] Rz. 34, BVerfGE 117, 141; BAG, 10.4.2014 – 2 AZR 741/13[9] Rz. 17; 25.4.2013 – 2 AZR 960/11 Rz. 13). Andernfalls könnte die rechtliche Prüfung durch die inländischen Gerichte eine Beurteilung des hoheitlichen Handelns erfordern mit der Folge, dass die ungehinderte Erfüllung der Aufgaben der Botschaft oder des Konsulats des anderen Staats beeinträchtigt wäre (BAG, 1.7.2010 – 2 AZR 270/09[10] Rz. 11; 16.5.2002 aaO zu II. 1 der Gründe). Demgegenüber besteht keine allgemeine Regel des Völkerrechts, welche die inländische Gerichtsbarkeit für Klagen gegen einen ausländischen Staat ausschlösse, in denen seine nicht-hoheitliche Betätigung zur Beurteilung steht (BAG, 3.7.1996 – 2 AZR 513/95[11] zu II. 1 der Gründe, BAGE 83, 262).

a) Die Abgrenzung zwischen hoheitlicher und nicht-hoheitlicher Staatstätigkeit richtet sich nach dem rechtlichen Charakter der umstrittenen staatlichen Handlung oder des streitigen Rechtsverhältnisses. Es kommt darauf an, ob der ausländische Staat in Ausübung der ihm zustehenden Hoheitsgewalt oder wie eine Privatperson tätig geworden ist (BAG, 10.4.2014 aaO Rz. 18). In Ermangelung völkerrechtlicher Unterscheidungsmerkmale ist diese Abgrenzung grundsätzlich nach dem Recht am Sitz des entscheidenden Gerichts vorzunehmen (BVerfG, 17.3.2014 aaO Rz. 21; BAG, 10.4.2014 aaO Rz. 19; BGH, 30.1.2013 aaO Rz. 11). Ungeachtet seiner ist stets hoheitlich nur das staatliche Handeln, das dem Kernbereich der Staatsgewalt zuzurechnen ist. Zu ihm gehören die Betätigung der auswärtigen und militärischen Gewalt, die Gesetzgebung, die Ausübung der Polizeigewalt und die Rechtspflege (BVerfG, 17.3.2014 aaO Rz. 21; BAG, 10.4.2014 aaO Rz. 19).

b) Für die Einordnung arbeitsrechtlicher Streitigkeiten zwischen außereuropäischen Staaten und dem in deren Vertretungen beschäftigten Personal fehlt es an gesetzlichen Regeln (vgl. BAG, 1.7.2010 aaO Rz. 13 unter Hinweis auf das noch nicht in Kraft getretene UN-Übereinkommen zur Staatenimmunität vom 2.12.2004 [Resolution 59/38, Art. 11]; einschränkend EGMR, Urt. vom 29.6.2011 – 34869/05 –, der annimmt, das Übereinkommen sei als Völkergewohnheitsrecht auch auf Staaten anwendbar, die ihm nicht widersprochen hätten; vgl. auch das – hier nicht anwendbare – Europäische Übereinkommen über Staatenimmunität vom 16.5.1972 [BGBl. II 1990 34 ff.; Art. 5]; zum Ganzen: *Schütze*, Deutsches Internationales Zivilprozessrecht, 2. Aufl., Rz. 85 f.). Für die Einordnung ist deshalb maßgebend, ob die dem Arbeitnehmer übertragenen Aufgaben ihrer Art nach hoheitlich oder nicht-hoheitlich sind. Dies wiederum richtet sich nicht nach der rechtlichen Form der Rechtsbeziehung als entweder privatrechtlicher Vertrag oder öffentlich-rechtliches Dienstverhältnis (BAG, 1.7.2010 aaO Rz. 13). Vielmehr kommt es auf den Inhalt der ausgeübten Tätigkeit und deren funktionalen Zusammenhang mit diplomatischen und konsularischen Aufgaben an (vgl. BAG, 10.4.2014 aaO Rz. 18; 25.4.2013 aaO Rz.

---

[7] Siehe oben Nr. 154.
[8] IPRspr. 2006 Nr. 106.
[9] Siehe oben Nr. 70.
[10] IPRspr. 2010 Nr. 179b.
[11] IPRspr. 1996 Nr. 134.

14; 1.7.2010 aaO). Dem entspricht mit Blick auf Art. 6 EMRK die Rspr. des EGMR, der darauf abstellt, ob die Aufgaben des Arbeitnehmers objektiv mit hoheitlichen Interessen des ausländischen Staats zu tun haben (vgl. EGMR, 29.6.2011 aaO Rz. 62).

3. Danach durfte das LAG auf der Grundlage seiner bisherigen Feststellungen nicht annehmen, für den vorliegenden Rechtsstreit sei die deutsche Gerichtsbarkeit eröffnet ...

b) Auf diese Weise hat das LAG an das Vorbringen der Bekl. zu ihrer Befreiung von der deutschen Gerichtsbarkeit überzogene Anforderungen gestellt. Es hat nicht bedacht, dass die Kl. zumindest im Rahmen einer abgestuften Darlegungslast ihrerseits Erklärungspflichten treffen.

aa) Die Frage, welche Partei die objektive Beweislast für die Eröffnung der bzw. die Befreiung von der deutschen Gerichtsbarkeit trägt, wird nicht einheitlich beantwortet.

(1) Das BAG hat angenommen, die klagende Partei sei im Erkenntnisverfahren nach den allgemeinen Regeln für die Eröffnung der deutschen Gerichtsbarkeit darlegungs- und beweispflichtig (vgl. BAG, 3.7.1996 aaO zu II. 1 der Gründe). Das BVerfG hat die Frage offengelassen [vgl. BVerfG, 13.12.1977 aaO zu C. II. 4. d) der Gründe; ebenso OLG Frankfurt/Main, 24.5.2007 – 26 W 51/07 zu II. der Gründe]. Der BGH geht für Fälle, in denen sich der ausländische Staat auf Vollstreckungsimmunität beruft, von einer diesen treffenden Darlegungs- und Beweislast aus, billigt ihm aber Darlegungserleichterungen zu (BGH, 1.10.2009 – VII ZB 37/08[12] Rz. 28, 29 m.w.N.).

(2) Im Schrifttum wird die Auffassung vertreten, der sich auf seine Immunität berufende Staat sei für deren Voraussetzungen darlegungs- und beweispflichtig (*Geimer*, IZPR, 6. Aufl. Rz. 527; *Schütze* aaO Rz. 100; *Schack*, Internationales Zivilverfahrensrecht, 5. Aufl., Rz. 188; MünchKommZPO-*Zimmermann*, 4. Aufl., § 20 GVG Rz. 15; in der Tendenz auch *v. Schönfeld*, NJW 1986, 2980, 2982; *Walter*, RIW 1984, 9, 10 ff.). Die Immunität sei eine Ausnahme vom Grundsatz der unbeschränkten Gerichtsbarkeit (*Geimer* aaO; vgl. auch *Hausmann* in FS Geimer, 2002, 289, 310; a.A. *Geiger*, NJW 1987, 1124, 1125). Die Gegenmeinung verweist auf die ihm günstige Ausgangsposition des ausländischen Staats, der sich auf ein Verfahren, in dem er Immunität genieße, grundsätzlich nicht einzulassen brauche (vgl. *Nagel-Gottwald*, Internationales Zivilprozessrecht, 7. Aufl., § 2 Rz. 45).

bb) Der Streitfall verlangt keine abschließende Festlegung.

(1) Unabhängig von der Verteilung der objektiven Beweislast dürfen an eine daraus resultierende – sei es eine primäre, sei es sekundäre – Erklärungspflicht des ausländischen Staats keine hohen Anforderungen gestellt werden. Es reicht zunächst aus, dass er eine Tätigkeit des klagenden Arbeitnehmers aufzeigt, die prima facie einen funktionalen Zusammenhang mit konsularischen Aufgaben indiziert. Das folgt aus dem mit der Staatenimmunität verfolgten Ziel. Die Anforderungen an die Substanziierungslast im Prozess dürfen nicht dazu führen, dass der Staat, der sich auf Immunität beruft, auf prozessrechtlichem Wege zur Aufgabe des ihm eingeräumten Vorrechts gezwungen wird, indem er Einzelheiten der behaupteten – hoheitlichen – Tätigkeit preisgeben müsste (BAG, 1.7.2010 aaO Rz. 20). Hat er sich auf die Erbringung von Aufgaben berufen, deren funktionaler Zusammenhang mit

---

[12] IPRspr. 2009 Nr. 164.

dem hoheitlichen Aufgabenbereich der Botschaft oder des Konsulats nahe liegt, so bedarf es zunächst keiner weiter gehenden Erläuterung des Staats, worin die fraglichen Aufgaben konkret bestehen. Will der Arbeitnehmer dieser Indizwirkung entgegentreten, muss er Umstände aufzeigen, die gegen den hoheitlichen Charakter der Tätigkeit sprechen. Durch eine solche Erklärungspflicht wird er nicht überfordert, weil er – wenn das Arbeitsverhältnis aktiv gelebt worden ist – hinreichenden Einblick in die für die Beurteilung maßgebenden Tatsachen hat.

(2) Der sie treffenden – unterstellt primären – Darlegungslast ist die Bekl. nachgekommen. Aus ihrem Vorbringen ergeben sich hinreichende Anhaltspunkte dafür, dass die Tätigkeit der Kl. dem hoheitlichen Bereich des Konsulats zuzuordnen ist.

(a) Das LAG hat aus der arbeitsvertraglich vereinbarten Tätigkeit als ‚Secretaria Ejecutiva' geschlossen, die Kl. habe die Position einer ‚Chefsekretärin' innegehabt. Dagegen erheben die Parteien keine Einwände. Damit liegt die Annahme fern, die Kl. habe im konsularischen Bereich allenfalls Tätigkeiten von untergeordneter Bedeutung wahrgenommen. Nach dem für die deutsche Arbeitswelt typischen Aufgabenzuschnitt einer ‚Chefsekretärin' ist vielmehr indiziert, dass sie in Ausübung ihrer Tätigkeit mit amtlichen Geschäften der Konsulatsleitung in Berührung kam und von deren Inhalt Kenntnis erlangte. In einem solchen Fall spricht eine Vermutung für einen funktionalen Zusammenhang mit dem hoheitlichen Aufgabenbereich des Konsulats. Der durch die Staatenimmunität bezweckte Schutz der Souveränität des Staats wäre unvollkommen, wenn die Gerichte eines fremden Staats berufen wären, zwar nicht über das Rechtsverhältnis mit dem eigentlichen Entscheidungsträger in konsularischen Angelegenheiten, aber doch über das mit einer maßgeblichen ausführenden Kraft zu urteilen.

(b) Ein hoheitlicher Charakter der Tätigkeit ist ebenso indiziert, soweit das LAG festgestellt hat, der Kl. habe die ‚Leitung der Kulturabteilung' oblegen. Gemäß Art. 5 litt. b und c des Wiener Übereinkommens über konsularische Beziehungen vom 24.4.1963 (BGBl. 1969 II 1585) zählt zu den konsularischen Aufgaben, die Entwicklung kultureller Beziehungen zwischen dem Entsende- und dem Empfangsstaat zu fördern und sich über das kulturelle Leben im Empfangsstaat zu unterrichten. Zwar sind kulturelle Aktivitäten außerhalb eines zwischenstaatlichen ‚offiziellen' Kulturaustauschs in der Regel nicht-hoheitlicher Natur (vgl. *Geimer* aaO Rz. 583 u.a. unter Hinweis auf den Betrieb eines Opernhauses). Angesichts der typischen konsularischen Aufgabe der Förderung des zwischenstaatlichen Kulturaustauschs wäre es aber verfehlt, von dem ausländischen Staat im Hinblick auf einen Arbeitnehmer, dem vertragsgemäß die ‚Leitung der Kulturabteilung' übertragen ist, weitere Darlegungen zum hoheitlichen Charakter der Tätigkeit zu verlangen. Vielmehr ist indiziert, dass die Aufgaben in funktionalem Zusammenhang mit originären, nicht nur untergeordneten konsularischen – und damit hoheitlichen Aufgaben – stehen. Ohne substanziierten Gegenvortrag des Arbeitnehmers besteht kein Anlass anzunehmen, er habe die in Rede stehende Tätigkeit ohne eigenen Handlungsspielraum nur nach konkreten Weisungen im Einzelfall wahrgenommen (zu diesem Gesichtspunkt vgl. BAG, 3.7.1996 aaO zu II. 1 der Gründe). Einen solchen Sachverhalt hat das LAG auch nicht festgestellt.

(3) Die Kl. durfte sich danach nicht auf die pauschale Behauptung beschränken, sie habe lediglich ‚untergeordnete' Aufgaben wahrgenommen. Es genügte nicht, da-

für beispielhaft auf Reisebuchungen und das Besorgen von Geschenken zu verweisen. Die Kl. hätte ihre Tätigkeiten zumindest der Art und dem groben Inhalt nach umfassend darstellen müssen. Nur so ermöglichte sie eine abschließende qualitative und quantitative gerichtliche Beurteilung ihrer Aufgaben. Das ist nicht geschehen. Es ist zudem zu berücksichtigen, dass sich die Bekl. für die Befreiung von der deutschen Gerichtsbarkeit nicht nur auf die vertraglichen Vereinbarungen, sondern auch auf die Tätigkeitsbeschreibung in dem ‚Formular für lokale Mitarbeiter – Jahr 2008' berufen und behauptet hat, die Kl. habe die dort genannten Aufgaben tatsächlich wahrgenommen. Deren Einwand, die fragliche Beschreibung stamme nicht von ihr, sondern sei ‚im Jahr 2008 von dem damaligen Konsul festgesetzt worden', lässt nicht erkennen, welche der Tätigkeiten sie nicht ausgeführt habe. Soweit die Kl. in Abrede gestellt hat, als ‚Beauftragte für Politik und Kultur' tätig geworden zu sein, bedurfte dies angesichts der vom LAG festgestellten Aufgabe der ‚Leitung der Kulturabteilung' der näheren Erläuterung ...

4. Die Annahme des LAG, die Bekl. sei nicht von der deutschen Gerichtsbarkeit befreit, wird nicht von seiner (Zweit-)Begründung getragen, durch den vorliegenden Rechtsstreit sei eine Beeinträchtigung der Sicherheitsinteressen der Bekl. nicht zu erwarten. Es gibt keinen allgemeinen Rechtssatz des Völkerrechts mit dem Inhalt, für gerichtliche Verfahren – auch in Zusammenhang mit hoheitlicher Tätigkeit – bestehe Staatenimmunität nur dann, wenn mit der Durchführung des Verfahrens die Sicherheitsinteressen des fremden Staats beeinträchtigt sein könnten. Im Übrigen wäre eine solche Beeinträchtigung bei der Wahrnehmung hoheitlicher Aufgaben in der Regel indiziert.

a) Die vom LAG unterstellte Anforderung ergibt sich nicht aus Art. 11 II lit. d des Übereinkommens der Vereinten Nationen über die Immunität der Staaten und ihres Vermögens von der Gerichtsbarkeit vom 2.12.2004. Das Abkommen ist bisher nicht in Kraft gesetzt. Die nach Art. 30 I des Abkommens dafür erforderlichen 30 Ratifikationen sind noch nicht erfolgt (laut Internetauskunft der Vereinten Nationen liegen bislang 16 Ratifikationen vor). Unabhängig von der Frage, ob die in dem Abkommen enthaltenen Regeln universelles Völkergewohnheitsrecht darstellen (bejahend EGMR, 29.6.2011 aaO Rz. 54; *Geimer* aaO Rz. 571), gibt dieses für die Rechtsauffassung des LAG nichts her. Zwar ist nach seinem Art. 11 II lit. d die nach Art. 11 I für arbeitsrechtliche Streitigkeiten eröffnete Gerichtsbarkeit des Staats, in dessen Hoheitsgebiet die Arbeit ganz oder teilweise zu leisten ist, dann nicht gegeben, wenn Gegenstand des Verfahrens die Entlassung oder die Beendigung des Arbeitsverhältnisses ist und das Verfahren nach Feststellung des Staats- oder Regierungschefs oder des Außenministers des Staats, der die Arbeitgeberstellung innehat, dessen Sicherheitsinteressen zuwiderliefe. Damit ist aber nicht gesagt, dass andernfalls eine Staatenimmunität stets zu verneinen wäre. Diese kann sich aus weiteren, in Art. 11 II des Übereinkommens geregelten Ausnahmen ergeben. Zu diesen zählt der Umstand, dass der Arbeitnehmer eingestellt worden ist, um bestimmte Aufgaben in Ausübung von Hoheitsgewalt des ausländischen Staats zu erfüllen.

b) Der vom LAG herangezogenen Entscheidung des EuGH vom 19.7.2012 (C-154/11 [Mahamdia]) ist nichts Gegenteiliges zu entnehmen.

aa) Der EuGH geht von einer ‚internationalen Praxis' aus, nach der Staatenimmunität allgemein anerkannt ist, wenn der Rechtsstreit acta iure imperii betrifft, sie aber ausgeschlossen sein kann, wenn sich das gerichtliche Verfahren auf acta iure gestionis beziehe, die nicht unter die hoheitlichen Befugnisse fallen (aaO [Mahamdia] Rz. 55). Auf dieser Grundlage ist er zu dem Ergebnis gelangt, der völkergewohnheitsrechtliche Grundsatz der Staatenimmunität stehe der Anwendung der EuGVO dann nicht entgegen, wenn sich ein Arbeitnehmer gegen die Kündigung seines mit einem fremden Staat geschlossenen Arbeitsvertrags wehre und das angerufene Gericht feststelle, dass die geschuldeten Aufgaben nicht unter die Ausübung hoheitlicher Befugnisse fielen, oder wenn die Klage nicht mit den Sicherheitsinteressen des Staats kollidieren könne. Dabei sei es Sache des angerufenen nationalen Gerichts zu bestimmen, welche Art von Aufgaben der Arbeitnehmer tatsächlich verrichte (aaO [Mahamdia] Rz. 56).

bb) Die Entscheidung bezieht sich auf Rechtsfragen betreffend den Anwendungsbereich der EuGVO. Diese wiederum regelt die internationale Zuständigkeit der Gerichte gegenüber einem Beklagten, der seinen Sitz in einem Mitgliedstaat der EU hat, nicht aber die Voraussetzungen, unter denen Staatenimmunität anzunehmen ist. Die Entscheidung ist zudem nicht dahin zu verstehen, der in Anspruch genommene Staat könne sich in arbeitsrechtlichen Streitigkeiten unabhängig von der Art der Tätigkeit auf Immunität nur berufen, wenn die Durchführung des Verfahrens seinen Sicherheitsinteressen zuwiderlaufe.

II. Die Sache war zur neuen Verhandlung und Entscheidung an das LAG zurückzuverweisen ...

b) Die bisherigen Feststellungen berechtigen nicht zu der Annahme, die Bekl. habe auf ihre Staatenimmunität verzichtet.

aa) Die Möglichkeit eines solchen Verzichts ist allgemein anerkannt (BVerfG, 17.3.2014 aaO Rz. 24; 6.12.2006 aaO Rz. 33, BVerfGE 117, 141; BAG, 3.7.1996 aaO zu II. 1 der Gründe; BGH, 4.7.2013 – VII ZB 30/12 Rz. 24). Der Verzicht kann allgemein oder für einen konkreten Rechtsstreit erklärt werden. Er kann in einem privatrechtlichen Vertrag enthalten sein und – als konkludente Erklärung – auch darin liegen, dass sich der ausländische Staat auf die Streitigkeit einlässt, ohne seine Immunität geltend zu machen (vgl. BVerfG, 17.3.2014 aaO m.w.N.; *Geimer* aaO Rz. 629; *Schütze* aaO Rz. 95). Die Annahme, ein solcher Verzicht sei erklärt worden, unterliegt allerdings strengen Anforderungen (BGH, 30.1.2013 aaO Rz. 19). Die Umstände des Falls dürfen in dieser Hinsicht keine Zweifel lassen (vgl. BGH, 30.1.2013 aaO Rz. 14; 9.7.2009 aaO Rz. 38, BGHZ 182, 10; im Ergebnis auch BVerfG, 17.3.2014 aaO).

bb) Soweit die Parteien für ihr Arbeitsverhältnis die Anwendung deutschen Rechts vereinbart haben, liegt darin – für sich genommen – kein Verzicht der Bekl. auf ihre Staatenimmunität [vgl. dazu BAG, 23.11.2000 – 2 AZR 490/99[13] zu II. 3. c) cc) der Gründe]. Eine entsprechende – konkludente – Erklärung kann ebenso wenig darin erblickt werden, dass sie überhaupt Kündigungsgründe vorgebracht hat. Dies geschah erkennbar vorsorglich. In erster Linie hat sie sich auf ihre Befreiung von der deutschen Gerichtsbarkeit berufen.

cc) Das LAG hat nicht näher geprüft, ob in der Regelung unter Nr. 10 des Arbeitsvertrags vom 7.11.2007 ein konkludenter Verzicht der Bekl. auf Immunität liegt. Ausweislich der eingereichten Übersetzung des Arbeitsvertrags haben sich die

---

[13] IPRspr. 2000 Nr. 110.

Parteien unter dem fraglichen Punkt verpflichtet, jeden Konflikt im Zusammenhang mit einer Nichterfüllung des Vertrags einvernehmlich vorab beizulegen. Falls ‚keine Lösung gefunden [würde]', sollte die Möglichkeit bestehen, ‚nachfolgend die zuständigen Justizbehörden [anzurufen]'. Zwar ist nicht ausdrücklich von der Möglichkeit einer Inanspruchnahme deutscher Gerichte die Rede. Ganz auszuschließen ist ein solches Verständnis und ein ggf. mit ihm einhergehender stillschweigender Verzicht auf Immunität in Bestandsstreitigkeiten – zumal vor dem Hintergrund der Vereinbarung deutschen Rechts – aber nicht. Eine abschließende Beurteilung durch den Senat scheidet schon deshalb aus, weil das LAG den genauen Inhalt der Regelung nicht festgestellt hat. Überdies muss den Parteien Gelegenheit gegeben werden, sich zum Regelungsgehalt der Klausel zu äußern.

2. Sollte das LAG nach erneuter Prüfung zu dem Schluss gelangen, die deutsche Gerichtsbarkeit sei nicht gegeben, wird das Urteil des ArbG, durch das der Einspruch der Bekl. verworfen worden ist, abzuändern, das Versäumnisurteil vom 21.2.2012 – unter Wiedereinsetzung der Bekl. in die Einspruchsfrist – aufzuheben und die Klage durch Prozessurteil abzuweisen sein.

a) Es kann dahinstehen, ob eine unter Verkennung der Staatenimmunität ergangene gerichtliche Entscheidung nichtig und damit wirkungslos ist (so die h.M., bspw. BayObLG, 30.9.1971 – I Z 42/71[14]; OLG München, 27.8.1971 – 2 W 1284/71[15]; *Germelmann-Matthes-Prütting-Schlewing*, ArbGG, 8. Aufl. § 1 Rz. 11; *Baumbach-Lauterbach-Albers-Hartmann*, ZPO, 72. Aufl., Übers. § 300 Rz. 14; MünchKomm-ZPO-*Zimmermann* aaO § 18 GVG Rz. 4; *Thomas-Putzo-Reichold*, ZPO, 35. Aufl., Vorb. § 300 Rz. 15; *Rosenberg-Schwab-Gottwald*, Zivilprozessrecht, 17. Aufl., § 19 Rz. 15; in der Tendenz auch BGH, 9.7.2009 aaO Rz. 20, BGHZ 182, 10: keine Bindungswirkung eines die Immunität zu Unrecht verneinenden Zwischenurteils; die Frage offenlassend BGH, 28.5.2003 – IXa ZB 19/03[16] zu II. 2 der Gründe), oder ob sie mit den zulässigen Rechtsmitteln lediglich angefochten werden kann (so zumindest in Fällen, in denen das Gericht die deutsche Gerichtsbarkeit ausdrücklich bejaht hat MünchKommZPO-*Braun* aaO § 578 Rz. 11a; *Stein-Jonas-Jacobs*, ZPO, 22. Aufl., Vor §§ 578–591 Rz. 10; *Geimer* aaO Rz. 528 ff.; weiter gehend *Schlosser*, ZZP 79 [1966], 164, 171, 178).

b) Die Bekl. hat im Streitfall gegen das – aus ihrer Sicht – völkerrechtswidrige Versäumnisurteil Einspruch eingelegt und sich im Einspruchsverfahren ausdrücklich auf ihre Exemtion von der deutschen Gerichtsbarkeit berufen. Auch nach Versäumung der Einspruchsfrist muss sie die Möglichkeit haben, im noch laufenden Erkenntnisverfahren eine Befreiung von der deutschen Gerichtsbarkeit zur Geltung zu bringen. Sie kann nicht auf die Möglichkeit einer Nichtigkeitsklage oder gar darauf verwiesen werden, eine Staatenimmunität ggf. im Vollstreckungsverfahren anzubringen. Falls erforderlich muss ihr – was zumindest bis zum Ablauf der Jahresfrist des § 234 III ZPO möglich ist – Wiedereinsetzung in den vorigen Stand gewährt werden. Dabei wird davon auszugehen sein, dass die Fristversäumnis – auch die Versäumung der Frist für eine Wiedereinsetzung – durch eine von der deutschen Gerichtsbarkeit befreite Partei unverschuldet ist (vgl. *Nagel-Gottwald* aaO). Da hier die Frist des § 234 III ZPO noch nicht verstrichen war, wird offen bleiben

---

[14] IPRspr. 1971 Nr. 130.
[15] IPRspr. 1971 Nr. 128.
[16] IPRspr. 2003 Nr. 115.

können, ob eine Verkennung der Staatenimmunität auch ohne eine Wiedereinsetzung im Rechtsbehelfs- oder Rechtsmittelverfahren – jedenfalls bis zur Grenze der Verwirkung – geltend gemacht werden kann (zu einer solchen Möglichkeit im Fall einer erkennbar unwirksamen öffentlichen Zustellung vgl. BGH, 19.12.2001 – VIII ZR 282/00 zu II. 2 der Gründe).

3. Sollte das LAG erneut zu dem Ergebnis kommen, die deutsche Gerichtsbarkeit sei eröffnet, wird es weiterhin von der internationalen Zuständigkeit der deutschen Gerichte und davon ausgehen können, dass die Voraussetzungen für eine öffentliche Zustellung des Versäumnisurteils vom 21.2.2012 vorlagen. Es wird allerdings zu berücksichtigen haben, dass seine bisherige Annahme, die Bekl. habe die Versäumung der Einspruchsfrist verschuldet, nicht frei von Rechtsfehlern ist.

a) Die internationale Zuständigkeit richtet sich nach der EuGVO. Nach Art. 19 Nr. 1 der Verordnung kann der Arbeitgeber vom Arbeitnehmer vor den Gerichten desjenigen Mitgliedstaats verklagt werden, in dem er – der Arbeitgeber – seinen ‚Wohnsitz' hat. Gesellschaften und juristische Personen haben ihren Wohnsitz an dem Ort, an dem sich ihr satzungsmäßiger Sitz, ihre Hauptverwaltung oder ihre Hauptniederlassung befindet (Art. 60 I EuGVO). Hat der Arbeitgeber im Hoheitsgebiet eines Mitgliedstaats zwar keinen Wohnsitz, aber eine Niederlassung, wird er für Streitigkeiten aus deren Betrieb so behandelt, wie wenn er dort seinen Wohnsitz hätte (Art. 18 II EuGVO). Das Konsulat der Bekl. ist eine ‚Niederlassung' im Sinne dieser Bestimmung.

aa) Der EuGH hat darauf erkannt, dass die Botschaft eines ausländischen Staats eine ‚Niederlassung' im Sinne von Art. 18 II EuGVO darstellt, wenn die Aufgaben der Arbeitnehmer, mit denen sie Arbeitsverträge geschlossen hat, zur wirtschaftlichen Betätigung der Botschaft im Empfangsstaat gehören (aaO [Mahamdia] Rz. 52). Danach setzt die Anerkennung einer ‚Zweigniederlassung', ‚Agentur' oder ‚sonstigen Niederlassung' zum einen voraus, dass es einen Mittelpunkt geschäftlicher Tätigkeit gibt, der auf Dauer als Außenstelle eines Stammhauses hervortritt. Dieser Mittelpunkt muss eine Geschäftsführung haben und sachlich so ausgestattet sein, dass er Geschäfte mit Dritten betreiben kann, ohne dass diese sich an das Stammhaus wenden müssten. Zum anderen muss der Rechtsstreit entweder Handlungen, die sich auf den Betrieb dieser Einheit beziehen, oder Verpflichtungen betreffen, die die Einheit im Namen des Stammhauses eingegangen ist und die in dem Staat zu erfüllen sind, in dem die Einheit sich befindet (aaO [Mahamdia] Rz. 48).

bb) Diese Erwägungen treffen auf das Generalkonsulat eines ausländischen Staats ebenso zu wie auf eine Botschaft. Auch ein Konsulat ist mit einem Mittelpunkt geschäftlicher Tätigkeit vergleichbar, der auf Dauer nach außen hervortritt, und trägt zur Identifikation und Repräsentation des Entsendestaats bei. Eine Streitigkeit über den Bestand des Arbeitsverhältnisses einer Arbeitnehmerin, die – wie die Kl. – ihre Arbeitsleistung im Geschäftsbereich eines Konsulats erbringt, hat einen hinreichenden Zusammenhang mit der Tätigkeit des Konsulats. Eines Vorabentscheidungsverfahrens nach Art. 267 III AEUV bedarf es insoweit nicht.

b) Die Annahme des LAG, die öffentliche Zustellung des Versäumnisurteils sei wirksam erfolgt, lässt keinen Rechtsfehler erkennen.

aa) Die Rüge der Bekl., das LAG habe bei der Zustellung Art. 15 HZÜ missachtet, ist unbegründet. Die fragliche Bestimmung ist unmittelbar nur auf verfahrenseinleitende Schriftstücke anwendbar (vgl. Denkschrift der Bundesregierung zum HZÜ, BT-Drucks. 7/4892 S. 48; *G. Geimer*, Neuordnung des internationalen Zustellungsrechts, 1998, 35). Im Übrigen regelt das Übereinkommen lediglich das Verfahren der Zustellung. In welchen Fällen und an wen eine Zustellung im Ausland zu bewirken ist, beurteilt sich nach der lex fori, mithin nach deutschem Zivilverfahrensrecht (BT-Drucks. aaO; BGH, 7.12.2010 – VI ZR 48/10[17] Rz. 8; *Wieczorek-Schütze-Rohe*, ZPO, 4. Aufl., Anh. §§ 183, 184 Rz. 17; *Zöller-Geimer*, ZPO, 30. Aufl., § 183 Rz. 14, 18, 21; *Prütting-Gehrlein-Tombrink/Kessen*, ZPO, 6. Aufl., § 183 Rz. 1; *G. Geimer* aaO 180).

bb) Die Zustellung des Versäumnisurteils hatte damit grundsätzlich im Wege der Auslandszustellung nach § 183 I 1 ZPO i.V.m. Art. 3 bis 6 HZÜ zu erfolgen (zur Zustellung an ausländische Staaten, soweit diese für acta iure gestionis der deutschen Gerichtsbarkeit unterliegen *Geimer* aaO Rz. 649, 2144; zum Ausschluss einer Zustellung über die diplomatischen Missionen: *ders.* aaO; *Daub/Eckstein/Schimang*, NZA 2014, 397, 401). Allerdings versprach dieser Weg der Zustellung hier keinen Erfolg. Nach § 185 Nr. 3 ZPO war deshalb die Möglichkeit einer öffentlichen Zustellung gegeben, bei der es sich um eine Inlandszustellung handelt.

(1) Gemäß § 185 Nr. 3 ZPO kann eine Zustellung durch öffentliche Bekanntmachung erfolgen, wenn eine Zustellung im Ausland nicht möglich ist oder keinen Erfolg verspricht. Das ist nicht erst dann der Fall, wenn feststeht, dass eine Zustellung im Wege der Rechtshilfe endgültig nicht erfolgen wird. Der Zweck der Vorschrift liegt darin, den Anspruch auf Justizgewährung für den Kläger zu sichern, wenn auf anderem Wege eine Zustellung nicht durchführbar ist (BGH, 20.1.2009 – VIII ZB 47/08[18] Rz. 13 m.w.N.). Das Gebot, wirkungsvollen Rechtsschutz zu gewähren, erfordert, dass dieser Schutz in angemessener Zeit zu erlangen ist (BGH, 26.1.1989 – X ZR 23/87 zu I. 4 der Gründe). Die Zustellung verspricht daher schon dann keinen Erfolg, wenn die Durchführung einen derart langen Zeitraum in Anspruch nähme, dass ein Zuwarten der betreibenden Partei nicht zugemutet werden kann. Allerdings ist zu beachten, dass eine Bewilligung der öffentlichen Zustellung den Anspruch auf rechtliches Gehör des Prozessgegners aus Art. 103 I GG gefährdet. Ihre Voraussetzungen sind deshalb – jedenfalls im Erkenntnisverfahren – streng zu handhaben (vgl. BGH, 20.1.2009 aaO; MünchKommZPO-*Häublein* aaO § 185 Rz. 13) ...

c) Die bisherigen Feststellungen tragen nicht das Ergebnis, der Antrag der Bekl. auf Wiedereinsetzung sei zumindest unbegründet ...

bb) Die Wiedereinsetzung richtet sich nach §§ 233 ff. ZPO. Art. 16 HZÜ findet keine Anwendung. Die Bestimmung setzt voraus, dass eine Auslandszustellung in Betracht kam und die anzufechtende Entscheidung auf dieser Grundlage ergangen ist (vgl. BT-Drucks. aaO S. 49). Das war hier nicht der Fall. Die Zustellung des Versäumnisurteils erfolgte durch öffentliche (Inlands-)Zustellung nach § 185 ZPO. Es kommt auch nicht in Betracht, Art. 16 HZÜ – analog – anzuwenden, soweit dort bestimmt ist, dass die Wiedereinsetzung binnen ‚einer angemessenen Frist' beantragt werden kann. Der Gesetzgeber hat in § 185 Nr. 3 ZPO für Fälle einer nicht erfolgversprechenden Auslandszustellung die Möglichkeit einer öffentlichen Zustellung im Inland vorgesehen. Diese setzt nach Maßgabe des § 188 ZPO den Lauf von

---

[17] IPRspr. 2010 Nr. 245b.   [18] IPRspr. 2009 Nr. 211.

Rechtsbehelfsfristen in Gang. Das ist klar geregelt. Die damit einhergehende Einschränkung des Anspruchs auf rechtliches Gehör (Art. 103 I GG) ist verfassungsgemäß [vgl. BVerfG, 26.10.1987 – 1 BvR 198/87; BGH, 11.12.2002 – XII ZR 51/00 zu 3. b) der Gründe; *Wieczorek-Schütze-Rohe* aaO § 185 Rz. 35; *Zöller-Stöber* aaO 30. Aufl. § 185 Rz. 1)."

4. Ansprüche in vermögensrechtlichen Angelegenheiten – Streitigkeiten aus Verbraucherverträgen

194. *Lassen sich die anspruchsbegründenden Tatsachen hinsichtlich eines Ausrichtens der gewerblichen Tätigkeit im Sinne von Art. 15 I lit. c EuGVO nicht aufklären, ist zugunsten des Verbrauchers vom einem „Ausrichten" auszugehen mit der Folge, dass eine Klage am Verbrauchergerichtsstand erhoben werden muss. [LS der Redaktion]*

OLG Düsseldorf, Urt. vom 7.3.2014 – 7 U 104/12: VuR 2015, 474.

[Das nachgehende Urteil des BGH – I ZR 88/14 – wird im Band IPRspr. 2015 abgedruckt.]

Die Kl. betreibt ein Maklergeschäft in Kleve. Sie unterhält einen Internetauftritt, in dem sie ihre Immobilienangebote veröffentlicht. Im Jahr 2011 wies die Website im oberen Bereich den Text „informatie ook op nederlands!" und „informatie ook in het nederlands!" in oranger Schrift mit vorangestellter niederländischer Fahne auf. Die Bekl., die ihren Wohnsitz in den Niederlanden haben, interessierten sich im Jahr 2009 für eine Immobilie im Kreis Kleve. Der Bekl. zu 1) nahm telefonisch Kontakt zu der Kl. auf. Die Parteien schlossen einen provisionspflichtigen Maklervertrag. Unter Vermittlung der Kl. kam es zum Abschluss eines Hauptvertrags über ein Grundstück in Kranenburg. Der Kaufvertrag über das Grundstück ist später rückabgewickelt worden, wobei die Gründe hierfür zwischen den Parteien streitig sind.

Die Bekl. haben die internationale Zuständigkeit deutscher Gerichte gerügt. Das LG hat die Klage für zulässig und begründet erachtet. Gegen dieses Urteil wenden sich die Bekl. mit ihrer Berufung

Aus den Gründen:

„II. Die zulässige Berufung der Bekl. hat in der Sache Erfolg. Die Klage ist unzulässig, da eine internationale Zuständigkeit der deutschen Gerichte nicht gegeben ist.

1. Die internationale Zuständigkeit deutscher Gerichte ergibt sich nicht aus Art. 5 Nr. 1 lit. b EuGVO, wonach eine Person, die ihren Wohnsitz im Hoheitsgebiet eines Mitgliedstaats hat, in einem anderen Mitgliedstaat vor dem Gericht des Erfüllungsorts verklagt werden kann, wenn Gegenstand des Verfahrens Ansprüche aus einem Vertrag sind, obwohl die Voraussetzungen dieser – autonom auszulegenden – Norm vorliegen.

Nach Art. 15 I lit. c, 16 II EuGVO als lex specialis zu Art. 5 EuGVO ist vielmehr von einer ausschließliche Zuständigkeit der niederländischen Gerichte auszugehen. Die Voraussetzungen dieser dem Verbraucherschutz dienenden Norm sind anzunehmen. Die Bekl., die in den Niederlanden ihren Wohnsitz haben, haben den Maklervertrag als Verbraucher geschlossen, da weder der Maklervertrag selbst noch das Geschäft, auf das er sich bezieht, ihrer beruflichen oder gewerblichen Tätigkeit zuzuordnen ist. Des Weiteren ist davon auszugehen, dass die Kl. – auch schon zum Zeitpunkt des Vertragsschlusses im Jahr 2009 – ihre gewerbliche Tätigkeit auf die Niederlande als Mitgliedstaat ausgerichtet hat. Der zwischen den Parteien geschlossene Vertrag fällt – unstreitig – in den Bereich dieser Tätigkeit, und der Internetauftritt ist – unstreitig – für den Vertragsschluss kausal geworden.

Ein ‚Ausrichten' gewerblicher oder beruflicher Tätigkeit auf den Verbraucherstaat liegt nach der Rspr. des EuGH (Urt. vom 7.12.2010 – Peter Pammer ./. Reederei Karl Schlüter GmbH & Co. KG, Rs C-585/08, EuZW 2011, 98, Rz. 83 ff.; Urt. vom 6.9.2012 – Daniela Mühlleitner ./. Ahmad Yusufi und Wadat Yusufi, Rs C-190/11, NJW 2012, 3225) vor, wenn der offenkundige Wille des Vertragspartners festgestellt werden kann, Verbraucher in diesem Staat als Kunden zu gewinnen, er also zu einem Vertragsschluss mit ihnen bereit ist. Das ist der Fall, wenn der Vertragspartner dort in irgendeiner Form für seine Leistungen Werbung betreibt. Dabei genügt es, wenn in mehreren Mitgliedstaaten und u.a. im Wohnsitzstaat des Verbrauchers geworben wird. Der Vertragspartner muss dabei allgemein Kunden ansprechen wollen, nicht nur gezielt bestimmte Einzelpersonen. Unter lit. c fallen auch Verbraucherverträge, deren Abschluss durch eine Website (mit)veranlasst ist, die im Wohnsitzstaat des Verbrauchers zugänglich ist. Dabei genügt es, wenn der Kunde auf der Website aufgefordert wird, eine Bestellung z.B. per Telefon oder Fax aufzugeben, nicht notwendig ist ein Online-Vertragsabschluss. Der internationale Charakter der Tätigkeit des Gewerbetreibenden kann verschiedenartig zum Ausdruck kommen, z.B. durch die Angabe von Telefonnummern mit internationaler Vorwahl, die Verwendung eines anderen Domänennamens oberster Stufe als dem des Mitgliedstaats, in dem der Gewerbetreibende niedergelassen ist, oder die Verwendung von neutralen Domänennamen oberster Stufe wie „.com" oder „.eu", Anfahrtsbeschreibungen von einem oder mehreren anderen Mitgliedstaaten aus zum Ort der Dienstleistung oder die Erwähnung einer internationalen Kundschaft, die sich aus in verschiedenen Mitgliedstaaten wohnhaften Kunden zusammensetzt, insbes. durch die Wiedergabe von Kundenbewertungen. Die verwendete Sprache oder Währung sind für die Beurteilung, ob eine Tätigkeit auf einen oder mehrere andere Mitgliedstaaten ausgerichtet ist, nicht von Bedeutung, wenn es sich dabei um die in dem Mitgliedstaat, von dem aus der Gewerbetreibende seine Tätigkeit ausübt, üblicherweise verwendeten Sprachen und die Währung dieses Mitgliedstaats handelt. Wird den Verbrauchern auf der Website hingegen die Verwendung einer anderen Sprache oder Währung als der genannten ermöglicht, so können die Sprache und/oder die Währung berücksichtigt werden und einen Anhaltspunkt dafür bilden, dass die Tätigkeit des Gewerbetreibenden auf andere Mitgliedstaaten ausgerichtet ist.

Bei den auf der Website der Kl. vorhandenen Sätzen in niederländischer Sprache, die darüber hinaus mit der niederländischen Flagge verbunden werden und für Niederländer bedeutsam in orange gefasst sind, handelt es sich eindeutig um Merkmale, die ein ‚Ausrichten' im Sinne des Art. 15 EuGVO belegen. Das Werben mit einer Informationsgewährung in einer anderen Sprache als der eigenen zeigt deutlich, dass die Kl. Geschäfte mit Verbrauchern tätigen wollte, die in den Niederlanden wohnhaft sind, und zwar in dem Sinne, dass der Gewerbetreibende zu einem Vertragsschluss mit diesen Verbrauchern bereit war und ihn sogar angestrebt hat. Dies gilt umso mehr, als die Kl. ihr Geschäft im grenznahen Bereich zu den Niederlanden betreibt, in dem insbesondere auf eine niederländische Kundschaft gezielt wird (vgl. dazu BGH, Urt. vom 24.4.2013 – XII ZR 10/10[1], WM 2013, 1234).

---

[1] IPRspr. 2013 Nr. 205.

Zugunsten der Bekl. als Verbraucher ist davon auszugehen, dass das Ausrichten der gewerblichen Tätigkeit, d.h. die orangefarbenen Hinweise in niederländischer Sprache und die niederländische Flagge, schon vor dem Vertragsschluss mit den Bekl., der Mitte des Jahres 2009 erfolgte, vorlag. Die vom Senat zu der Frage, welche Gestaltung der Internetauftritt im Jahr 2009 aufwies, durchgeführte Beweisaufnahme ist, auch unter Einbeziehung der sonst bekannten Umstände, ohne Ergebnis geblieben. Für ein Ausrichten schon im Jahr 2009 sprechen der Ausdruck der Website aus dem Jahr 2011 und die Bekundungen des dazu persönlich angehörten Bekl. zu 1). Dagegen könnten die Angaben der Kl. in ihrer Anhörung sowie die Vorlage eines Ausdrucks des Internetauftritts ohne den Bezug zu den Niederlanden sprechen. Die Aussagen der Zeugen M. und S. haben diesbezüglich jedoch keine Klarheit gebracht. Der Zeuge M. wollte sich hinsichtlich der Gestaltung des Internetauftritts gerade im Hinblick auf etwa vorhandene Elemente in niederländischer Sprache oder das Vorhandensein einer niederländischen Flagge nicht festlegen, sondern meinte lediglich, dass es ihm im Hinblick auf eine von ihm für die Kl. im Jahr 2009 zu planende Werbeveranstaltung wohl aufgefallen wäre, wenn sie vorhanden gewesen wären. Der Zeuge S. war zwar bemüht, den Zeitpunkt eines Gesprächs mit der Kl. über die Vornahme von Veränderungen ihres Internetauftritts zu präzisieren, konnte aber keine Angaben dazu machen, wann er den genauen Inhalt und Umfang von Veränderungen selbst wahrgenommen hat. Keiner der benannten Zeugen hat die Veränderung an der Website selbst vorgenommen, und auch die Kl. hat hierzu in ihrer Anhörung keine genauen Angaben gemacht. Dass der vorgelegte Ausdruck ihres Internetauftritts, der vom 23.5.2009 stammen soll und der keine Bezüge zu den Niederlanden aufweist, die Fassung wiedergibt, die die Kl. im Mai 2009 tatsächlich verwendet hat, haben die Bekl. entgegen den Ausführungen der Kl. in dem nicht nachgelassenen Schriftsatz vom 24.2.2014 mit Schriftsatz vom 20.6.2013 bestritten.

Mithin kommt es auf die Beweislast für das Vorliegen der ein Ausrichten begründenden Tatsachen an. Für eine Beweislast des Verbrauchers spricht der allgemeine Grundsatz, dass jede Partei in Bezug auf die von ihr vorgebrachten zuständigkeitsbegründenden bzw. -leugnenden Tatsachen darlegungs- und beweispflichtig ist (*Mankowski*, Die Darlegungs- und Beweislast für die Tatbestände des Internationalen Verbraucherprozess- und Verbrauchervertragsrechts: IPRax 2009, 474; 478; *Stein-Jonas-Wagner*, ZPO, 22. Aufl., Art. 15 EuGVVO Rz. 23; vgl. hierzu auch EuGH, Urt. vom 20.1.2005 – Johann Gruber ./. Bay Wa AG, Rs C-464/01, NJW 2005, 653, 655 Rz. 46). Der EuGH hat jedoch in derselben Entscheidung (Rz. 50), die sich mit dem Nachweis der Verbrauchereigenschaft im Rahmen der Art. 13–15 EuGVÜ befasst, ausgeführt, dass wenn sich aus den den Akten zu entnehmenden objektiven Umständen nicht rechtlich hinreichend der Beweis des Verbrauchergeschäfts ergibt, ein gemischter Vertrag grundsätzlich als Verbrauchervertrag im Sinne der Art. 13 ff. EuGVÜ anzusehen ist, da diesen Vorschriften anderenfalls die praktische Wirksamkeit genommen würde (dem folgend: *Geimer-Schütze*, Europäisches Zivilverfahrensrecht, 3. Aufl., Art. 15 EuGVVO Rz. 18c; MünchKommZPO-*Gottwald*, 4. Aufl., Art. 15 EuGVVO Rz. 2 m.w.N.; *Zöller-Geimer*, ZPO, 30. Aufl., Art. 15 EuGVVO Rz. 9).

Der Senat überträgt diesen Rechtsgedanken auf die Darlegungs- und Beweislast in den Fällen, in denen die zuständigkeitsbegründenden oder -leugnenden Tatsachen – wie vorliegend – nicht aufgeklärt werden können, mit der Folge, dass zugunsten der Bekl. als Verbraucher von einem Ausrichten im Sinne des Art. 15 I lit. c EuGVO schon im Jahr 2009 auszugehen ist und die Klage am Verbrauchergerichtsstand der Bekl. hätte erhoben werden müssen."

195. *Dem EuGH wird gemäß Art. 267 AEUV folgende Frage zur Vorabentscheidung vorgelegt:*

Kann ein Verbraucher gemäß Art. 15 I lit. c Alt. 2 in Verbindung mit Art. 16 I Alt. 2 EuGVO vor dem Gericht des Orts, an dem er seinen Wohnsitz hat, Klage gegen seinen in einem anderen Mitgliedstaat der EU eine berufliche oder gewerbliche Tätigkeit ausübenden Vertragspartner erheben, wenn zwar der der Klage zugrunde liegende Vertrag nicht unmittelbar in den Bereich einer solchen Tätigkeit des Vertragspartners fällt, die auf den Wohnsitzmitgliedstaat des Verbrauchers ausgerichtet ist, der Vertrag jedoch der Verwirklichung des wirtschaftlichen Erfolgs dient, der mit einem zwischen den Parteien zuvor geschlossenen und bereits abgewickelten anderen, vom Anwendungsbereich der eingangs zitierten Bestimmungen erfassten Vertrag angestrebt wird?

War die auf Deutschland ausgerichtete Tätigkeit eines Unternehmers ursächlich für den Abschluss des Geschäftsbesorgungsvertrags, ist dieser Umstand als ein gewichtiges Indiz für die Anwendbarkeit von Art. 15 I lit. c Alt. 2 EuGVO auf diesen Vertrag zu werten. [LS der Redaktion]

BGH, Vorlagebeschl. vom 15.5.2014 – III ZR 255/12: RIW 2015, 79; WM 2014, 2133; MDR 2014, 918; VersR 2014, 1477; ZIP 2014, 2258. Leitsatz in: Europ. Leg. Forum 2014, 99; EuZW 2014, 759; EWiR 2014, 731 mit Anm. *Vogel*; LMK 2014, 360325 mit Anm. *v. Hein*.

Der in Deutschland wohnende Kl. macht gegenüber den in Spanien im Immobiliengeschäft tätigen Bekl. Ansprüche aus einem Geschäftsbesorgungsverhältnis geltend. Der Bekl. zu 2) vermittelte dem Kl. für eine „K. I. KG" den Abschluss eines Optionsvertrags über den Erwerb einer Eigentumswohnung in einer noch zu errichtenden Ferienanlage in D. an der Costa Blanca von einem deutschen Bauträger. Die Anlage wurde mit einem deutschsprachigen Prospekt (auch) in Deutschland vertrieben. 2006 schlossen der Bauträger als Verkäufer und der Kl. sowie seine Ehefrau als Käufer den mit dem Optionsvertrag in Aussicht genommenen Kaufvertrag. Nachdem die Käufer die ersten beiden Kaufpreisraten gezahlt hatten, geriet die Verkäuferin 2008 in wirtschaftliche Schwierigkeiten, so dass die Fertigstellung der Anlage in Gefahr geriet. Der Bekl. zu 2) vereinbarte mit dem Kl. und dessen Ehefrau, dass er sich um die Bezugsfertigkeit der Wohnung kümmern werde. Nachdem es im Zusammenhang mit der Insolvenz des Bauträgers zu Unstimmigkeiten zwischen den Parteien gekommen war, widerriefen der Kl. und seine Ehefrau die dem Bekl. zu 2) erteilte Vollmacht. Der Kl. verlangt von den Bekl. die Rückzahlung der überlassenen Gelder.

Das vom Kl. angerufene LG, in dessen Bezirk sein Wohnsitz liegt, hat die Klage als unzulässig abgewiesen, da die örtliche Zuständigkeit nicht gegeben sei. Die hiergegen gerichtete Berufung blieb erfolglos. Mit seiner vom erkennenden Senat zugelassenen Revision verfolgt der Kl. sein Begehren weiter.

Aus den Gründen:

„II. Gemäß Art. 267 AEUV ist unter Aussetzung des Revisionsverfahrens eine Vorabentscheidung des EuGH einzuholen, weil die Entscheidung des Senats über die Revision des Kl. von der Beantwortung der an den Gerichtshof gestellten Frage zur Auslegung von Art. 15 I lit. c Alt. 2 i.V.m. Art. 16 I Alt. 2 EuGVO abhängt.

1. Das Berufungsgericht hat ausgeführt, unter den Begriff des ‚Ausrichtens' der Geschäftstätigkeit im Sinne von Art. 15 I lit. c Alt. 2 EuGVO falle nicht jegliches absatzförderndes Verhalten des Unternehmers ... [Das] gezielt an den Kl. gerichtete Angebot, das dieser im Vertrauen auf die Rechtschaffenheit des Bekl. zu 2)) angenommen habe, sei gemäß den zuvor dargestellten Grundsätzen keine ausgerichtete Tätigkeit im Sinne des Art. 15 I lit. c Alt. 2 EuGVO, so dass Art. 15, 16 EuGVO nicht zur Anwendung kommen könnten.

2. Ob dies im Ergebnis der rechtlichen Nachprüfung standhält, hängt von der Beantwortung der dem EuGH vorgelegten Frage ab.

a) Im vorliegenden Verfahrensstadium ist unmaßgeblich, ob der Vortrag des Kl. schlüssig für einen vertraglichen Anspruch gegen sämtliche Bekl. ist. Zwar hängt die auf Art. 15 I lit. c i.V.m. Art. 16 I Alt. 2 EuGVO gestützte Zuständigkeit des für den Wohnsitz des Verbrauchers zuständigen Gerichts davon ab, dass die geltend gemachte Forderung aus einem Vertragsverhältnis folgt. Ob ein solches Verhältnis mit allen drei Bekl. bestand, begegnet Bedenken. Da sich das Berufungsgericht, von seinem Rechtsstandpunkt aus folgerichtig, mit der Schlüssigkeit des Vorbringens des Kl. nicht befasst hat, ist diese aber im Revisionsverfahren bzgl. aller drei Bekl. zu unterstellen. Die dem EuGH gestellte Frage zur Zuständigkeit nach Art. 15 I lit. c Alt. 2 i.V.m. Art. 16 I Alt. 2 EuGVO ist wegen der möglichen vertraglichen Ansprüche hinsichtlich sämtlicher Bekl. gleichermaßen erheblich.

b) Das Berufungsgericht ist davon ausgegangen, dass der vorliegende Rechtsstreit eine Verbrauchersache im Sinne der Art. 15 ff. EuGVO darstellt. Dies nimmt die Revision als ihr günstig hin und ist auch nicht zu beanstanden.

c) Ebenfalls nicht zu bemängeln ist, dass das Berufungsgericht das Vorliegen der ersten Alternative des Art. 15 I lit. c EuGVO, die voraussetzt, dass der Vertragspartner des Verbrauchers in dessen Wohnsitzstaat eine berufliche Tätigkeit ausübt, mit der Begründung verneint hat, die Bekl. seien ausschließlich in Spanien tätig. Auch die Revision erhebt insoweit keine Rügen.

d) Damit kommt es für die Zulässigkeit der Klage vor dem für den Wohnsitz des Kl. zuständigen LG (Art. 16 I Alt. 2 EuGVO) darauf an, ob die zweite Alternative des Art. 15 I lit. c EuGVO auf den vorliegenden Sachverhalt Anwendung findet, die ein Ausrichten der Tätigkeit des Unternehmers auf den Wohnsitzstaat des Verbrauchers erfordert und verlangt, dass der betreffende Vertrag in den Bereich dieser Tätigkeit fällt. Nicht erforderlich ist dabei, dass der Vertrag zwischen dem Verbraucher und dem Unternehmer im Fernabsatz geschlossen wurde (EuGH, Urt. vom 6.9.2012 – Daniela Mühlleitner ./. Ahmad Yusufi u. Wadat Yusufi, Rs C-190/11, NJW 2012, 3225 Rz. 35 ff.).

Das Berufungsgericht hat unterstellt, dass die von den in Spanien ansässigen Bekl. ausgeübte Vermittlungstätigkeit auch auf Deutschland ausgerichtet war. Dies ist somit im Revisionsverfahren zugrunde zu legen. Hiervon dürfte im Übrigen unter Berücksichtigung des Sach- und Streitstands auch ohne weiteres auszugehen sein. Ob im Einzelfall unter Gesamtwürdigung der Umstände, unter denen der jeweilige Verbrauchervertrag geschlossen wurde, die Voraussetzungen des Art. 15 I lit. c EuGVO erfüllt sind, hat der nationale Richter zu entscheiden (EuGH, Urt. vom 17.10.2013 – Lokman Emred ./. Vlado Sabranovic, Rs C-218/12, NJW 2013, 3504 Rz. 26, 31). Hierbei handelt es sich zwar um eine grundsätzlich dem Tatrichter vorbehaltene Bewertung. Dessen ungeachtet merkt der Senat an, dass die Umstände, dass die Bekl. ihre Dienste im Internet unter der Domänenkennung „com' in deutscher Sprache anboten, auf der betreffenden Webseite als Kontaktmöglichkeit eine E-Mail-Anschrift mit der Domänenkennung „de' angaben und sich deutschsprachiger Prospekte bedienten, Indizien für das Ausrichten der Tätigkeit des Gewerbetreibenden auf einen anderen Mitgliedstaat darstellen, die der EuGH in dem Urt. vom 7.12.2010 – Peter Pammer ./. Reederei Karl Schlüter GmbH & Co. KG und Hotel Alpenhof GesmbH ./. Oliver Heller (Rs C-585/08 und Rs C-144/09, NJW 2011, 505 Rz. 93) aufgeführt hat. Hinzu tritt, dass die Beklagtenseite auf ihrer Internetseite eine Berliner Telefonnummer für ihr ‚Backoffice' angab.

Demgegenüber erfüllt der im Sommer 2008 zustande gekommene Geschäftsbesorgungsvertrag, aus dem der Kl. seine Ansprüche herleitet, bei isolierter Betrachtung nicht die Voraussetzungen des Art. 15 I lit. c Alt. 2 EuGVO. Abgesehen von dem wenig aussagekräftigen Umstand, dass die Beteiligten in deutscher Sprache kommunizierten, ist weder einer der vom EuGH in dem vorerwähnten Urt. vom 7.12.2010 (aaO) aufgezählten Gesichtspunkte (internationaler Charakter der Tätigkeit, Angabe von Anfahrtsbeschreibungen aus anderen Mitgliedstaaten, Verwendung einer anderen Sprache oder Währung als derjenigen des Sitzstaats, Möglichkeit der Buchung in der anderen Sprache, Angabe von Telefonnummern mit internationaler Vorwahl, Tätigung von Ausgaben für einen Internetreferenzierungsdienst, um in anderen Mitgliedstaaten wohnhaften Verbrauchern den Zugang zur Webseite des Gewerbetreibenden oder seines Vermittlers zu erleichtern, Verwendung eines Domänennamens mit einer anderen Länderkennung als der des Sitzlands, Erwähnung von Kundschaft aus anderen Mitgliedsländern) für ein Ausrichten der Tätigkeit der Bekl. in Spanien auf einen anderen Mitgliedstaat erfüllt, noch sind vergleichbare Indizien hierfür ersichtlich. Es handelt sich vielmehr um einen eigenständigen Vertrag, der erst nach Abwicklung des zwischen der Beklagtenseite und dem Kl. geschlossenen Vermittlungsvertrags in Spanien zustande kam. Auf der Grundlage der vom Berufungsgericht getroffenen Feststellungen war die vom Bekl. zu 2) übernommene geschäftsbesorgende Tätigkeit (Herbeiführung der Bezugsfertigkeit der vom Kl. und dessen Ehefrau gekauften Wohnung) auch ihrem Inhalt nach jedenfalls nicht unmittelbar dem Bereich der auch auf Deutschland ausgerichteten Vermittlung von Vertragsabschlüssen über den Erwerb von Immobilien zuzuordnen.

Damit stellt sich die Frage, ob zwischen dem Vermittlungsvertrag aus dem Jahr 2005 und dem 2008 geschlossenen Geschäftsbesorgungsvertrag eine hinreichende Verbindung besteht, die es rechtfertigt, auf Letzteren Art. 15 I lit. c Alt. 2 i.V.m. Art. 16 I Alt. 2 EuGVO anzuwenden.

aa) Der Senat neigt unter Berücksichtigung der Urteile des EuGH vom 17.10.2013 (aaO) und vom 6.9.2012 (aaO) dazu, in der vorliegenden Fallgestaltung den Zusammenhang zwischen dem Vermittlungs- und dem Geschäftsbesorgungsvertrag als ausreichend zu betrachten, um die Voraussetzungen des Art. 15 I lit. c Alt. 2 EuGVO auch für den zweiten Vertrag aus dem Jahr 2008 zu bejahen. Der EuGH hat in diesen Entscheidungen ausgeführt, es würde im Rahmen der teleologischen Auslegung von Art. 15 I lit. c EuGVO dem Ziel der Verordnung, den Verbraucher als schwächere Vertragspartei zu schützen, zuwiderlaufen, der Bestimmung zusätzliche ungeschriebene Voraussetzungen beizulegen, wie einen Kausalzusammenhang zwischen dem Ausrichten der beruflichen oder gewerblichen Tätigkeit auf den Wohnsitzstaat des Verbrauchers und dem Vertragsschluss (Urt. vom 17.10.2013 aaO Rz. 24; so bereits z.b. *Geimer-Schütze*, Europäisches Zivilverfahrensrecht, 3. Aufl., Art. 15 EuGVVO Rz. 54; *Clavora*, ÖJZ 2009, 917, 918; bisher a.A. z.B. *Rauscher-Staudinger*, EuZPR/EuIPR [Stand: September 2010] Art. 15 Brüssel I-VO Rz. 18; *Schlosser*, EU-Zivilprozessrecht, 3. Aufl., Art. 15 EuGVVO Rz. 8; *Kropholler-v. Hein*, Europäisches Zivilprozessrecht, 9. Aufl., Art. 15 EuGVO Rz. 26; dahin tendierend auch Senat, Beschl. vom 17.9.2008 – III ZR 71/08[1], NJW 2009, 298 Rz. 12) oder den Abschluss des Vertrags im Wege des Fernabsatzes (Urt. vom 6.9.2012 aaO Rz. 42). Zur Kausalität hat der EuGH in seinem Urt. vom 17.10.2013 weiter ausgeführt, dass sie zwar keine notwendige Bedingung für die Anwendung von Art. 15 I lit. c EuGVO sei, dass aber dann, wenn ein solcher Kausalzusammenhang bestehe, dieser Umstand, ebenso wie der Fernabsatz, als Indiz für eine ‚ausgerichtete Tätigkeit' im Sinne der Vorschrift anzusehen sei (aaO Rz. 29).

Im vorliegenden Sachverhalt war die auf Deutschland ausgerichtete Tätigkeit der Bekl. ursächlich für den Abschluss des Geschäftsbesorgungsvertrags, so dass es nach den vorstehenden Ausführungen des EuGH in Betracht kommt, diesen Umstand als ein gewichtiges Indiz für die Anwendbarkeit von Art. 15 I lit. c Alt. 2 EuGVO auf diesen Vertrag zu werten. Die Bekl. vermittelten den Abschluss von Options- und Kaufverträgen über in Spanien belegene Immobilien. Diese Tätigkeit führte zu den 2005 und 2006 vom Kl. und seiner Ehefrau geschlossenen Verträgen über den Erwerb der Eigentumswohnung in D. Ohne diese auf die Tätigkeit der Beklagtenseite zurückzuführenden Verträge wäre es auch nicht zum Abschluss des der Klageforderung zugrunde liegenden Geschäftsbesorgungsvertrags gekommen, der zur Lösung der Probleme bei der Abwicklung des Kaufvertrags dienen sollte. Entgegen der Ansicht des Berufungsgerichts ist diese Ursächlichkeit auch nicht lediglich – gewissermaßen zufällig – durch das bei Gelegenheit der Vermittlungstätigkeit der Beklagtenseite gewonnene persönliche Vertrauen des Kl. in den Bekl. zu 2) begründet worden. Vielmehr besteht zwischen der im Sinne des Art. 15 I lit. c Alt. 2 EuGVO auch auf Deutschland ausgerichteten Immobilienvermittlungstätigkeit der Bekl. und dem Abschluss des Geschäftsbesorgungsvertrags mit dem Kl. und dessen Ehefrau ein maßgebender inhaltlicher Zusammenhang. Zwar waren die aus dem ursprünglichen Vermittlungsvertrag folgenden (Hauptleistungs-)Pflichten der Bekl. gegenüber dem Kl. und seiner Ehegattin spätestens mit dem Zustandekommen des Kaufvertrags über die Wohnung am 17.6.2006 erfüllt. Damit war aber das vom Kl. angestrebte und auch vonseiten der Bekl. erwartete wirtschaftliche Ziel des Vermittlungsvertrags noch nicht erreicht. Endzweck auch dieses Vertrags war, dass der Kl. und seine Ehefrau die aufgrund der Vermittlung verkaufte Wohnung zu Eigentum erwerben und tatsächlich nutzen konnten. Der Erreichung eben jenes Ziels diente der mit dem Bekl. zu 2) geschlossene Geschäftsbesorgungsvertrag, nachdem die Fertigstellung der Anlage infolge der finanziellen Schwierigkeiten des Bauträgers ins Stocken geraten war. Diese innere Verbindung zwischen dem Vermittlungs- und dem Geschäftsbesorgungsvertrag spricht dafür, beide Rechtsverhältnisse in eine Gesamtbetrachtung einzubeziehen und damit auch den zweiten Vertrag dem Anwendungsbereich des Art. 15 I lit. c Alt. 2 EuGVO zuzuordnen.

---

[1] IPRspr. 2008 Nr. 118.

Hierfür streitet insbesondere auch der vom EuGH in den o.g. Entscheidungen betonte Gesichtspunkt des Verbraucherschutzes. Der Kl. und seine Ehefrau sind hinsichtlich des Geschäftsbesorgungsvertrags in gleicher Weise als Verbraucher schutzwürdig wie bei Abschluss des Vermittlungsvertrags, da dieser aus den vorstehenden Gründen in dem Geschäftsbesorgungsverhältnis gleichsam eine Fortsetzung fand.

bb) Allerdings steht nicht mit der nach der Acte-clair-Doktrin (vgl. z.B.: EuGH, Urteile vom 15.9.2005 – Intermodal Transports BV ./. Staatssecretaris van Financiën, Rs C-495/03, Slg. 2005 I-08191 Rz. 33 und vom 6.10.1982 – S.r.l. CILFIT u. Landifcio di Gavardo S.p.A. ./. Ministero della Sanità, Rs C-283/81, Slg. 1982, 3415 Rz. 16; BGH, Beschl. vom 26.11.2007 – NotZ 23/07, BGHZ 174, 273 Rz. 34) erforderlichen Sicherheit fest, dass diese Auslegung von Art. 15 I lit. c Alt. 2 EuGVO offenkundig richtig ist, für vernünftige Zweifel kein Raum bleibt und der Senat davon überzeugt sein kann, dass auch für die Gerichte der übrigen Mitgliedstaaten und den EuGH die gleiche Gewissheit bestünde. Vielmehr sprechen durchaus gewichtige Gründe auch dagegen, in der vorliegenden Fallgestaltung Art. 15 I lit. c Alt. 2 EuGVO auf den zweiten Vertrag anzuwenden.

So hat der EuGH in seinem Urt. vom 6.9.2012 (aaO Rz. 27) betont, dass Art. 15 I lit. c EuGVO als Ausnahmevorschrift gegenüber den allgemeinen Gerichtsstandregelungen zwangsläufig eng auszulegen ist (so auch Senatsbeschluss vom 17.9.2008 [aaO Rz. 11]). Dies könnte der ausdehnenden Anwendung der Bestimmung auf Rechtsverhältnisse entgegenstehen, die, wie der vorliegende Geschäftsbesorgungsvertrag, nur in Verbindung mit einem zuvor geschlossenen, anderen Vertrag einer auf einen anderen Mitgliedstaat ausgerichteten Unternehmertätigkeit zuzuordnen sind. Hinzu tritt, dass der EuGH in seinem Urt. vom 17.10.2013 (aaO) als Kausalität, die ein Indiz für eine Ausrichtung der Tätigkeit des Unternehmers auf einen anderen Mitgliedstaat darstellen kann (siehe aaO Rz. 26, 29), ersichtlich nur einen Ursachenzusammenhang in den Blick genommen hat, der unmittelbar zwischen dem vom Unternehmer eingesetzten Mittel und dem Vertragsschluss mit dem Verbraucher besteht (vgl. aaO Rz. 20). Schließlich trifft auf den Geschäftsbesorgungsvertrag selbst, wie ausgeführt, keiner der anderen Gesichtspunkte zu, die der EuGH in seinem Urt. vom 7.12.2010 (aaO) – allerdings nicht abschließend – als geeignete Anhaltspunkte aufgezählt hat, die die Feststellung erlauben, dass die Tätigkeit des Gewerbetreibenden auf den Wohnsitzstaat des Verbrauchers gerichtet ist. Auch vergleichbare Indizien sind nicht ersichtlich.

cc) Maßgeblich ist vorliegend auch nicht lediglich die Prüfung der Voraussetzungen des Art. 15 I lit. c Alt. 2 EuGVO im Einzelfall, die dem nationalen Richter vorbehalten ist (EuGH, Urt. vom 7.12.2010 aaO). Vielmehr hat die dem Gerichtshof vorgelegte Frage über den vorliegenden Sachverhalt hinaus Bedeutung und kann sich abstrakt in einer Vielzahl ähnlicher Konstellationen stellen."

196. *Lädt eine Schweizer Bank Mitarbeiter von deutschen Banken und Kapitalanlageberatungsunternehmen zu einer Bodensee-Rundfahrt ein, bei der sie ihre Produkte vorstellt, so handelt es sich um eine Marketingmaßnahme, um Kontakte zu potentiellen deutschen Endkunden herzustellen.*

Hierin ist ein „Ausrichten" der Geschäftstätigkeit auf deutsche Kunden zu sehen, sodass bei einem Rechtsstreit mit einem deutschen Kunden der Verbrauchergerichtsstand gemäß Art. 15 I lit. c, 16 I Alt. 2 LugÜ gegeben ist.

Auf den zur Veröffentlichung angebotenen Hinweisbeschluss – mit dem angekündigt wurde, dass das die deutsche Zuständigkeit verneinende und deshalb die Klage als unzulässig abweisende Urteil des Landgerichts aufgehoben werden würde – haben die Parteien einer Entscheidung des Senats ohne Tatbestand und Entscheidungsgründe zugestimmt, woraufhin dann ein entsprechendes Urteil erging, durch das der Rechtsstreit an das Landgericht zurückverwiesen wurde.

OLG Stuttgart, Beschl. vom 18.8.2014 – 5 U 58/14: Leitsatz in NZG 2014, 400.

Die Kl., die ihren Wohnsitz im Bezirk des LG Heilbronn haben, nehmen die beklagte Schweizer Bank auf Schadensersatz wegen behaupteter Pflichtverletzung im Zusammenhang mit der Aufnahme eines Fremdwährungsdarlehens für ein Kapitalanlagegeschäft in Anspruch. Auf Empfehlung der Anlageberater, die mit der BB...F.... zusammenarbeiteten, beabsichtigten die Kl., frei gewordene Gelder in verschiedene Fondsanlagen zu investieren. Die BB...F... ist ein deutsches Anlageberatungsunternehmen. Zum Abschluss des Kapitalanlagevertrags und der Depoteröffnung begaben sich die Kl. in Begleitung der Anlageberater 2007 in die Filiale der Bekl. in S./Schweiz. Die Bekl. stellte hierzu den Kl. ein Fremdkapitaldarlehen i.H.v. 247 400 CHF zur Verfügung und eröffnete das Depot zugunsten der Kl. Vor Abschluss des Kapitalanlagevertrags bestand zwischen den Kl. und der Bekl. keinerlei Geschäftskontakt.

Das LG hat seine internationale Zuständigkeit verneint.

Aus den Gründen:

„II. 1. Entgegen der Auffassung des LG ist das LG Heilbronn international nach Art. 15 I lit. c, Art. 16 I Alt. 2 LugÜ II zuständig.

a) Da das LugÜ II in der Fassung vom 30.10.2010 keine Regelungen zu den Anforderungen an den klägerischen Vortrag zur Darlegung der internationalen Zuständigkeit enthält, richtet sich die Darlegungslast nach deutschem Internationalem Zivilprozessrecht. Hierfür ist es ausreichend, wenn die Kl. vertragliche Ansprüche im Sinne des Art. 15 I LugÜ II schlüssig behaupten. Für die Begründung des Verbrauchergerichtsstands gemäß Art. 15 I lit. c LugÜ II ist nicht die Geltendmachung eines vertraglichen Anspruchs im engeren Sinne erforderlich. Vielmehr liegen vertragliche Ansprüche jedenfalls dann vor, wenn eine Partei gegenüber einer anderen freiwillig eine Verpflichtung eingegangen ist. Der Anwendungsbereich des Art. 15 I lit. c LugÜ II ist in dem Sinne eröffnet, wenn eine Partei ein verbindliches Angebot macht, das hinsichtlich seines Gegenstands und seines Umfangs so klar und präzise ist, dass eine Vertragsbeziehung, wie sie die Norm voraussetzt, entstehen kann. Ausreichend ist hierbei eine – aus der maßgeblichen Empfängersicht – einseitige Verpflichtung des Gewerbetreibenden; eine wie auch immer geartete rechtliche Verpflichtung des Verbrauchers ist hingegen nicht notwendig. Ob diese Voraussetzungen im Einzelfall erfüllt sind, ist vom nationalen Gericht zu beurteilen.

Diese Voraussetzungen sind hier gegeben. Die Bekl. richtete den Kl. einerseits ein Depotkonto ein und stellte andererseits den Kl. zur Finanzierung des Anlagegeschäfts das erforderliche Fremdwährungsdarlehen zur Verfügung.

b) Der in Art. 15 I lit. c LugÜ II geforderte räumliche Bezug des Vertrags zum Wohnsitzstaat des Verbrauchers ist ebenfalls gegeben. Dabei kann dahinstehen, ob die Bekl. mit dem klägerseits behaupteten – von der Bekl. bestrittenen – Kundenbesuch durch den Kundenberater der Bekl., Herrn R., im Jahre 2008 eine berufliche oder gewerbliche Tätigkeit in der Bundesrepublik Deutschland ausgeübt hat. Jedenfalls war die berufliche Tätigkeit der Bekl. bereits vor dem streitgegenständlichen Vertragsabschluss auf die Bundesrepublik Deutschland ‚ausgerichtet'. Art. 15 I lit.

c LugÜ II erweitert gegenüber der Vorgängervorschrift des Art. 13 I Nr. 3 LugÜ I den Anwendungsbereich für Verbraucherklagen auf Fälle, in denen der Vertragspartner seine berufliche oder gewerbliche Tätigkeit auf den Wohnsitzstaat des Verbrauchers lediglich ausgerichtet hat. Veranlasst worden ist diese Erweiterung durch den Wunsch, auch Verträge zu erfassen, die über eine vom Unternehmer unterhaltene aktive Internetseite abgeschlossen werden, beschränkt sich jedoch nicht auf solche Vorgänge (BGH, Urt. vom 30.3.2006 – VII ZR 249/04[1], BGHZ 167, 83 Rz. 28 m.w.N.). Nach der Rspr. des EuGH, nach welcher auch der Begriff des ‚Ausrichtens' zur Parallelvorschrift der EuGVO autonom ausgelegt werden muss (Urt. vom 7.12.2010 – Peter Pammer ./. Reederei Karl Schlüter GmbH & Co. KG, Rs C-585/08, NJW 2011, 505 Rz. 55), umfasst Art. 15 I lit. c LugÜ II gegenüber der Vorgängerregelung des Art. 13 I Nr. 3 LugÜ I, die noch ein ausdrückliches Angebot und ‚Werbung des Gewerbetreibenden' vorausgesetzt hatte, im Interesse der Stärkung des Verbraucherschutzes ein breiteres Spektrum an Tätigkeiten.

Voraussetzung ist jeweils, dass der Gewerbetreibende seinen Willen zum Ausdruck gebracht hat, Geschäftsbeziehungen zu Verbrauchern im Wohnsitz-Mitgliedstaat des Verbrauchers herzustellen, also zum Vertragsschluss mit diesen bereit zu sein. Der Begriff des ‚Ausrichtens' ist daher tendenziell weit zu verstehen. Er bezieht sich auf des Anbieters eigene Marketingstrategie und die zu deren Umsetzung eingesetzten Mittel (vgl. *Mankowski*, IPRax 2009, 238).

Mit der Einladung verschiedener Volks- und Raiffeisenbanken sowie der BB...F... zu einer Bodensee-Dampfschifffahrt, verbunden mit Informationen zu Hebelgeschäften und Produkten der Bekl., insbesondere den Darlehenskonditionen für Fremdwährungskredite, hat die Bekl. den Impuls gesetzt, den deutschen Markt über Vermittler zu erschließen. Diese Marketingmaßnahme ist ausreichend, um Kontakte zu potenziellen Endkunden herzustellen. Denn die Kontaktaufnahme zu ausländischen Anlageberatungsunternehmen und Kreditinstituten stellt bereits eine auf den Wohnsitzstaat des Verbrauchers ausgerichtete absatzfördernde Handlung der eigenen Produkte dar. Für die zu fordernde Zielgerichtetheit der Tätigkeit des Unternehmens reicht zwar ein bloßes ‚Doing-Business' nicht aus (OGH, Beschl. vom 8.9.2009 – 1 Ob 158/09f, ZIP 2010, 1154, 1155). So genügen das einmalige Versenden von Katalogen an Einzelpersonen ebenso wenig wie eine Empfehlung durch Bekannte oder das Bereithalten von Formularen des späteren Vertragspartners zur Ausfüllung durch den vom Verbraucher eingeschalteten Vermittler. Hier knüpfte die Bekl. jedoch gezielt Kontakte zu deutschen Kreditinstituten und Anlageberatungsunternehmen, um Verbrauchern in Deutschland letztlich Fremdwährungsdarlehen anzubieten. Diese Kontaktanbahnung ist mehr als ein ‚Doing-Business' und stellt sich als absatzfördernde Handlung zur eigenen Kreditgewährung gegenüber Endkunden dar.

c) Art. 15 I lit. c LugÜ II fordert – im Gegensatz zur Vorgängerbestimmung – nicht, dass der Verbraucher die zum Abschluss des Vertrags erforderlichen Rechtshandlungen in seinem Wohnsitzstaat vorgenommen haben muss. Der Ort des Vertragsschlusses, hier in der Schweiz, ist daher nicht relevant.

2. Die Voraussetzungen des Art. 15 I lit. c, 16 I Alt. 2 LugÜ II sind insofern gegeben. Die von der Bekl. angeführte Gerichtsstandsvereinbarung bleibt daher ge-

---

[1] IPRspr. 2006 Nr. 114.

mäß Art. 17, 23 V LugÜ II ohne Wirkung. Das LG Heilbronn ist zur Entscheidung in der Sache international berufen."

197. *Eine Gerichtsstandsvereinbarung, mit der für die Klage eines Verbrauchers aus einem Haustürgeschäft ein von § 29c I 1 ZPO abweichender Gerichtsstand bestimmt wird, ist auch im Lichte des Art. 16 I EuGVO nach § 29c III ZPO unzulässig. [LS von der Redaktion neu gefasst]*

BGH, Urt. vom 30.10.2014 – III ZR 474/13: BGHZ 203, 140; NJW 2015, 169 mit Anm. *Vossler*; RIW 2015, 225; WM 2014, 2257; MDR 2014, 1463; VersR 2015, 511; ZIP 2014, 2414; BB 2014, 3088 mit Anm. *Mankowski*. Leitsatz in BB 2014, 2945.

Der Kl. macht gegen die im Fürstentum Liechtenstein ansässige Bekl. Ansprüche auf Rückabwicklung eines Vermögensverwaltungsvertrags geltend. Die Parteien streiten über die Zuständigkeit der deutschen Gerichtsbarkeit. Der Kl. unterzeichnete 2007 einen an die D. AG gerichteten Verwaltungsauftrag und einen Serviceauftrag, mit dem er der Bekl. den Abschluss eines Vermögensverwaltungsvertrags mit einer Laufzeit von 30 Jahren anbot. Nach Ziff. VI.3 der Vertragsbedingungen des Serviceauftrags sollte der Vertrag liechtensteinischem Recht unterliegen. Als Erfüllungsort und Gerichtsstand bestimmte die Regelung V./Liechtenstein.
Mit Anwaltsschreiben aus 2011 erklärte der Kl. gegenüber der Bekl. die Kündigung des Beteiligungsvertrags. Zugleich erklärte er den Widerruf und die Anfechtung seiner auf den Vertragsschluss gerichteten Willenserklärung. Mit der Klage begehrt der Kl. die Rückzahlung eines Teils der durch ihn erbrachten Geldanlage.
Das LG hat die Klage als unzulässig abgewiesen. Das OLG hat die Berufung des Kl. zurückgewiesen. Hiergegen richtet sich die Revision des Kl.

Aus den Gründen:

„II. Der Beurteilung der internationalen Zuständigkeit durch das Berufungsgericht, die unbeschadet der Vorschrift des § 545 II ZPO der revisionsgerichtlichen Nachprüfung nicht entzogen ist (vgl. Senatsurteil vom 28.11.2002 – III ZR 102/02[1], BGHZ 153, 82, 84 ff.), kann in einem entscheidenden Punkt nicht gefolgt werden.
1. Die streitgegenständliche Gerichtsstandsvereinbarung ist nach § 29c III ZPO nicht zulässig ...
cc) Die Auslegung von § 29c III ZPO im vorstehenden Sinn [keine Derogation des Verbrauchergerichtsstands] steht im Einklang mit Art. 16 I EuGVO; vgl. hierzu *Ganssauge*, Internationale Zuständigkeit und anwendbares Recht bei Verbraucherverträgen im Internet, 2004, 85). Danach kann die Klage eines Verbrauchers gegen den anderen Vertragspartner entweder vor den Gerichten des Mitgliedstaats erhoben werden, in dessen Hoheitsgebiet dieser Vertragspartner seinen Wohnsitz hat, oder vor dem Gericht des Orts, an dem der Verbraucher seinen Wohnsitz hat. Hiervon kann nach Art. 17 EuGVO nur in den dort bestimmten – vorliegend nicht einschlägigen – Fällen abgewichen werden. Insbesondere können Gerichtsstandsvereinbarungen grundsätzlich nicht in den Hauptvertrag aufgenommen werden (*Zöller-Geimer*, ZPO, 30. Aufl., Art. 17 EuGVVO Rz. 1). Zwar sind – wie das Berufungsgericht zutreffend erkannt hat – die Bestimmungen der EuGVO vorliegend nicht unmittelbar anwendbar. Anhaltspunkte dafür, dass der deutsche Gesetzgeber bei der Ausgestaltung des nationalen Verbraucherzivilprozessrechts für außerhalb des

---
[1] IPRspr. 2002 Nr. 157.

räumlichen Anwendungsbereichs der EuGVO liegende Sachverhalte hinter deren Schutzniveau zurückbleiben wollte, sind jedoch nicht ersichtlich.

2. Das Berufungsgericht, das den Regelungsgehalt von § 29c III ZPO nicht näher erörtert hat, ist somit – auf der Grundlage eines revisionsrechtlich zu unterstellenden Haustürgeschäfts – zu Unrecht von einer aufgrund der streitgegenständlichen Gerichtsstandsvereinbarung fehlenden internationalen Zuständigkeit des vom Kl. angerufenen LG ausgegangen. Das angefochtene Urteil ist daher aufzuheben (§ 562 I ZPO). Die Sache ist an das Berufungsgericht zurückzuverweisen (§ 563 I ZPO), um ihm Gelegenheit zu geben, auf der Grundlage des Klägervortrags (zur Prüfung der Zuständigkeit nach § 29c I 1 ZPO auf der Grundlage des Klägervortrags vgl. MünchKommZPO-*Patzina*, 4. Aufl., § 29c Rz. 25; *Zöller-Vollkommer* aaO § 29c Rz. 9; *Musielak-Heinrich*, ZPO, 11. Aufl., § 29c Rz. 4) die tatbestandlichen Voraussetzungen des § 29c I 1 ZPO a.F. zu klären und, falls diese zu bejahen sein sollten, über die Begründetheit der Klage zu entscheiden."

198. *Eine Gerichtsstandsvereinbarung (hier zugunsten der Gerichte des Fürstentums Liechtenstein) ist gemäß § 29c III ZPO auch dann unzulässig, wenn eine solche Vereinbarung von § 29c I 1 ZPO abweichende Regelungen trifft. [LS der Redaktion]*

BGH, Urt. vom 30.10.2014 – III ZR 71/14: Unveröffentlicht.

Der Kl. macht gegen die im Fürstentum Liechtenstein ansässige Bekl. Ansprüche auf Rückabwicklung eines Vermögensverwaltungsvertrags geltend. Die Parteien streiten über die Zuständigkeit der deutschen Gerichtsbarkeit. Der Kl. unterzeichnete 2008 einen an die D. AG gerichteten Verwaltungsauftrag und einen Serviceauftrag. Die Bekl. teilte dem Kl. die Annahme des durch ihn erteilten Auftrags mit. Das Schreiben schließt mit der eingescannten Unterschrift einer Mitarbeiterin der Bekl. Nach Ziff. VI 3 der Vertragsbedingungen des Serviceauftrags sollte der Vertrag liechtensteinischem Recht unterliegen. Als Erfüllungsort und Gerichtsstand bestimmte die Regelung Vaduz. Der Bekl. sollte es freistehen, ihre Rechte auch am Wohnsitz des Kl. oder bei jedem anderen zuständigen Gericht geltend zu machen. Mit der Klage begehrt der Kl., nach erklärter Kündigung, die Rückzahlung der durch ihn erbrachten Einmalanlage und von ihm gezahlten monatlichen Raten abzgl. eines an ihn nach erfolgter Kontoauflösung ausbezahlten Guthabens.

Das AG hat seine Zuständigkeit bejaht, die Klage jedoch abgewiesen, da sie unbegründet sei. Das LG hat auf die Berufung des Kl. das Urteil des AG abgeändert und die Klage als unzulässig abgewiesen. Mit der vom Berufungsgericht zugelassenen Revision verfolgt der Kl. sein Klagebegehren weiter.

Aus den Gründen:

„II. Der Beurteilung der internationalen Zuständigkeit durch das Berufungsgericht, die unbeschadet der Vorschrift des § 545 II ZPO der revisionsgerichtlichen Nachprüfung nicht entzogen ist (vgl. Senatsurteil vom 28.11.2002 – III ZR 102/02[1], BGHZ 153, 82, 84 ff.), kann in einem entscheidenden Punkt nicht gefolgt werden.

1. Die streitgegenständliche Gerichtsstandvereinbarung ist nach § 29c III ZPO nicht zulässig.

Nach § 29c I 1 ZPO (in der für den Streitfall maßgeblichen Fassung der Bekanntmachung vom 5.12.2005, BGBl. I 3202) ist für Klagen aus Haustürgeschäften im Sinne des § 312 BGB (i.d.F. der Bek. vom 2.1.2002, BGBl. I 42) das Gericht zuständig, in dessen Bezirk der Verbraucher zur Zeit der Klageerhebung seinen Wohnsitz, in Ermangelung eines solchen seinen gewöhnlichen Aufenthalt hat (jetzt: besonderer Gerichtsstand für Klagen aus außerhalb von Geschäftsräumen geschlossenen

---

[1] IPRspr. 2002 Nr. 157.

Verträgen; s. jeweils § 29c I 1 ZPO und § 312b BGB in der seit dem 13.6.2014 g.F. des Gesetzes zur Umsetzung der Verbraucherrechterichtlinie und zur Änderung des Gesetzes zur Regelung der Wohnungsvermittlung vom 20.9.2013, BGBl. I 3642). Das Berufungsgericht hat den Anwendungsbereich des § 29c ZPO für eröffnet gehalten, da der Kl. geltend gemacht habe, dass ein Haustürgeschäft im Sinne des § 312 BGB vorliege (zur Prüfung der Zuständigkeit nach § 29c I 1 ZPO auf der Grundlage des Klägervortrags vgl. MünchKommZPO-*Patzina*, 4. Aufl., § 29c Rz. 25; *Zöller-Vollkommer*, ZPO, 30. Aufl., § 29c Rz. 9; *Musielak-Heinrich*, ZPO, 11. Aufl., § 29c Rz. 14). Mithin ist von der Anwendbarkeit des § 29c I 1 ZPO a.F. auszugehen.

Bei der Klage eines Verbrauchers aus einem Haustürgeschäft nach § 29c I 1 ZPO a.F. ist – anders als bei Klagen gegen den Verbraucher nach § 29c I 2 ZPO – kein ausschließlicher Gerichtsstand gegeben (BGH, Beschl. vom 7.1.2003 – X AZR 362/02, WM 2003, 605, 606). Der streitgegenständlichen Gerichtsstandsvereinbarung steht daher nicht § 40 II 1 Nr. 2 ZPO entgegen (vgl. in einem Parallelfall KG, BKR 2014, 390, 391 f.[2]).

Der Gerichtsstand für Klagen des Verbrauchers ist in § 29c I 1 ZPO als besonderer Gerichtsstand ausgestaltet, um dem Verbraucher zugleich die Möglichkeit zu erhalten, am allgemeinen Gerichtsstand der anderen Vertragspartei und am Erfüllungsort zu klagen (vgl. Entwurf eines Gesetzes zur Modernisierung des Schuldrechts, BT-Drucks. 14/6040 S. 278). Die Ausgestaltung des § 29c I 1 ZPO als besonderer Gerichtsstand bedeutet indes nicht, dass Gerichtsstandsvereinbarungen, durch die dieser Gerichtsstand derogiert wird, gesetzlich nicht begrenzt bzw. ausgeschlossen sein können. Letzteres erfolgt in § 29c III ZPO. Nach dieser Vorschrift ist die streitgegenständliche Gerichtsstandsvereinbarung unzulässig.

a) Nach § 29c III ZPO ist eine von § 29c I ZPO abweichende Vereinbarung zulässig für den Fall, dass der Verbraucher nach Vertragsschluss seinen Wohn- oder Aufenthaltsort ins Ausland verlegt oder sein Wohn- und Aufenthaltsort im Zeitpunkt der Klageerhebung nicht bekannt ist. Die Vorschrift erlaubt damit für den von ihr genannten Fall in Abweichung von § 29c I 2 i.V.m. § 40 II 1 Nr. 2 ZPO den Abschluss einer Gerichtsstandvereinbarung (BeckOK-ZPO-*Toussaint*, § 29c [15.6.2014] Rz. 19; *Musielak-Heinrich* aaO Rz. 13; *Saenger-Bendtsen*, ZPO, 5. Aufl., § 29c Rz. 8; *Zöller-Vollkommer* aaO Rz. 11).

b) Hierin erschöpft sich – entgegen der Auffassung des Berufungsgerichts – der Regelungsgehalt des § 29c III ZPO jedoch nicht. Vielmehr wird durch die Vorschrift jenseits der dort genannten Ausnahmen jegliche von § 29c I ZPO, d.h. auch von – wie vorliegend – § 29c I 1 ZPO, abweichende Vereinbarung ausgeschlossen (OLG Bamberg, Urt. vom 12.7.2013 – 6 U 8/13, S. 6 f, n.v.; OLG Stuttgart, Beschl. vom 5.7.2012 – 5 U 73/12, S. 3, n.v.; *Baumbach-Lauterbach-Albers-Hartmann*, ZPO, 72. Aufl., § 29c Rz. 7; *Teuber*, Die internationale Zuständigkeit bei Verbraucherstreitigkeiten, 2003, 137 f.; *Kleinknecht*, Die verbraucherschützenden Gerichtsstände im deutschen und europäischen Zivilprozessrecht, 2007, 190).

aa) Dies ergibt sich bereits unmittelbar aus dem Wortlaut von § 29c III ZPO, der sich uneingeschränkt auf den gesamten Abs. 1 von § 29c ZPO und nicht nur auf dessen Satz 2 bezieht (OLG Bamberg aaO; OLG Stuttgart aaO; *Teuber* aaO). Zwar

---

[2] Siehe oben Nr. 48.

betreffen die in § 29c III ZPO geregelten Fallkonstellationen, in denen ausnahmsweise eine abweichende Vereinbarung zulässig ist, Klagen gegen den Verbraucher und mithin § 29c I 2 ZPO. Daraus folgt indes nicht, dass sich § 29c III ZPO insgesamt nur auf § 29c I 2 ZPO bezieht.

bb) Auch Entstehungsgeschichte sowie Sinn und Zweck der Norm sprechen für eine Auslegung von § 29c III ZPO dahingehend, dass Gerichtsstandsvereinbarungen, die für Klagen des Verbrauchers von § 29c I 1 ZPO abweichen, nicht zulässig sind.

(1) Die mit dem Gesetz zur Modernisierung des Schuldrechts vom 26.11.2001 (BGBl. I 3138) eingefügte Vorschrift des § 29c ZPO ist an die Stelle des § 7 HWiG (vom 16.1.1986; BGBl. I 122) getreten (BT-Drucks. 14/6040 aaO). Nach § 7 I HWiG war das Gericht für Klagen aus Haustürgeschäften ausschließlich zuständig, in dessen Bezirk der Kunde zur Zeit der Klageerhebung seinen Wohnsitz, in Ermangelung eines solchen seinen gewöhnlichen Aufenthaltsort hatte. Für Klagen des Verbrauchers galt mithin ein ausschließlicher Gerichtsstand, der nach § 40 II Nr. 2 ZPO nicht derogiert werden konnte. Sinn und Zweck des ausschließlichen Gerichtsstands nach § 7 I HWiG war es, den Verbraucher davor zu schützen, seine Rechte im Wege der Klageerhebung an einem u.U. weit entfernt liegenden Gericht geltend machen zu müssen (Entwurf eines Gesetzes über den Widerruf von Haustürgeschäften und ähnlichen Geschäften, BT-Drucks. 10/2876 S. 15).

(2) Durch die Neufassung von § 7 I HWiG in § 29c I ZPO sollte der Verbraucher in gleicher Weise wie bisher geschützt werden und zusätzlich die Möglichkeit erhalten, am allgemeinen Gerichtsstand der anderen Vertragspartei und am Erfüllungsort zu klagen (BT-Drucks. 14/6040 aaO). Mit der somit vom Gesetzgeber ausdrücklich angestrebten Aufrechterhaltung des bisherigen Schutzniveaus wäre es indes nicht vereinbar, wenn durch die Neufassung nunmehr – entgegen § 7 I HWiG – dem Vertragspartner des Verbrauchers die Möglichkeit eröffnet würde, durch eine Gerichtsstandvereinbarung dem Verbraucher den Gerichtsstand des § 29c I 1 ZPO zu nehmen und ihn auf diese Weise dazu zu zwingen, seine Rechte an einem u.U. weit entfernt liegenden Gericht geltend machen zu müssen (OLG Bamberg aaO; *Teuber* aaO). Hierdurch würde der Schutz des Verbrauchers im Verhältnis zur bisherigen Rechtslage nicht erweitert, sondern eingeschränkt.

Der Sinn und Zweck dieser ursprünglich spezialgesetzlichen Regelung besteht auch nach ihrer Einfügung in die ZPO unverändert darin, den Verbraucher im Prozessfall davor zu bewahren, seine Rechte bei einem möglicherweise weit entfernten Gericht geltend machen zu müssen (BGH, Beschl. vom 7.1.2003 aaO). Dieser fortbestehende Zweck und die vom Gesetzgeber beabsichtigte Aufrechterhaltung des Schutzniveaus des § 7 I HWiG unter gleichzeitiger Eröffnung zusätzlicher Gerichtsstände werden nur durch eine Auslegung von § 29c III ZPO dahingehend gewährleistet, dass der bisherige, durch § 7 I HWiG eröffnete Gerichtsstand für den Verbraucher erhalten bleibt und weiterhin nicht derogiert werden kann, von § 29c I 1 ZPO abweichende Vereinbarungen mithin nicht zulässig sind.

cc) Die Auslegung von § 29c III ZPO im vorstehenden Sinne steht im Einklang mit Art. 16 I EuGVO (vgl. hierzu *Ganssauge*, Internationale Zuständigkeit und anwendbares Recht bei Verbraucherverträgen im Internet, 2004, 85). Danach kann die Klage eines Verbrauchers gegen den anderen Vertragspartner entweder vor den

Gerichten des Mitgliedstaats erhoben werden, in dessen Hoheitsgebiet dieser Vertragspartner seinen Wohnsitz hat, oder vor dem Gericht des Orts, an dem der Verbraucher seinen Wohnsitz hat. Hiervon kann nach Art. 17 EuGVO nur in den dort bestimmten – vorliegend nicht einschlägigen – Fällen abgewichen werden. Insbesondere können Gerichtsstandsvereinbarungen grundsätzlich nicht in den Hauptvertrag aufgenommen werden (*Zöller-Geimer* aaO Art. 17 EuGVVO Rz. 1). Zwar sind – wie das Berufungsgericht zutreffend erkannt hat – die Bestimmungen der EuGVO vorliegend nicht unmittelbar anwendbar. Anhaltspunkte dafür, dass der deutsche Gesetzgeber bei der Ausgestaltung des nationalen Verbraucherzivilprozessrechts für außerhalb des räumlichen Anwendungsbereichs der EuGVO liegende Sachverhalte hinter deren Schutzniveau zurückbleiben wollte, sind jedoch nicht ersichtlich."

199. *Ein Rechtsnachfolger (Zessionar) eines privaten Endverbrauchers darf sich nicht auf Art. 15 ff. EuGVO berufen, wenn er die erworbenen Ansprüche in Ausübung seiner beruflichen oder gewerblichen Tätigkeit durchzusetzen sucht. [LS der Redaktion]*

OLG Frankfurt/Main, Beschl. vom 24.11.2014 – 23 U 41/14: Unveröffentlicht.

5. Ansprüche in vermögensrechtlichen Angelegenheiten – Allgemeine außervertragliche Streitigkeiten

Siehe auch Nrn. 68, 180

Das Urteil des LG Dortmund vom 18.6.2014 – 4 S 110/13 (Leitsatz in EuZW 2014, 680) – wird zusammen mit dem Urteil des BGH vom 24.2.2015 – VI ZR 279/14 (NJW 2015, 2429; RIW 2015, 377; WM 2015, 1287; ZIP 2015, 1090) – im Band IPRspr. 2015 abgedruckt.

200. *Für die internationale Zuständigkeit im Sinne des § 32 ZPO ist es ausreichend, wenn feststeht, dass ein Presseerzeugnis im Bundesgebiet vertrieben wurde; ob in einem bestimmten Bezirk mindestens ein Exemplar der betroffenen Ausgabe der Zeitschrift verkauft wurde, ist nicht von Bedeutung. Entscheidend ist, dass die Zeitschrift dort tatsächlich vertrieben worden ist. [LS der Redaktion]*

OLG Schleswig, Beschl. vom 21.1.2014 – 2 AR 4/14: ZUM 2015, 430.

Der Kl. nimmt die Bekl. auf Ersatz außergerichtlicher Rechtsanwaltskosten in Anspruch, die ihm wegen der Veröffentlichung eines sog. Paparazzi-Fotos in einer Zeitschrift der Bekl. (Die Aktuelle) entstanden seien. In der Ausgabe vom 13.4.2013 veröffentlichte sie zu einem Artikel ein Foto, auf dem der Kl. zu sehen ist. Die Prozessbevollmächtigten des Kl. forderten die Bekl. auf, die beigefügte Unterlassungserklärung abzugeben. Dem kam die Bekl. ‚ohne Präjudiz für einen etwaigen Rechtsstreit' nach. Den von den Bevollmächtigten des Kl. geforderten ‚Schadensersatz' zahlte die Bekl. nur zu einem Teil. Wegen der Differenz hat der Kl. Klage beim AG Lübeck eingereicht. Das AG hat sich für örtlich unzuständig erklärt und den ‚Rechtsstreit' an das AG Hamburg verwiesen; dieses wiederum hat sich ebenfalls für örtlich unzuständig erklärt und die Sache zur Bestimmung des zuständigen Gerichts dem OLG Schleswig vorgelegt.

Aus den Gründen:

„II. ... 2. Für den vorliegenden Rechtsstreit ist das AG Lübeck zuständig. Der Kl. hat dieses Gericht als örtlich zuständiges Gericht angerufen und damit von dem ihm zustehenden Wahlrecht unter mehreren Gerichtsständen wirksam Gebrauch gemacht (a.). Die Zuständigkeit des AG Lübeck ist auch nicht nachträglich durch den Verweisungsbeschluss vom 23.9.2013 entfallen; der Beschluss hat für das AG Hamburg keine Bindungswirkung (b.).

a. Der Verweisungsbeschluss vom 23.9.2013 ist in der Sache unrichtig, weil das AG Lübeck zu Unrecht seine örtliche Zuständigkeit nach § 32 ZPO verneint hat.

(1) Die internationale Zuständigkeit der deutschen Gerichte für den vorliegenden Rechtsstreit ist entgegen der Auffassung der Bekl. nicht ernsthaft zweifelhaft. Der in Frankreich ansässige Kl. kann die Bekl., eine nach deutschem Recht gegründete GmbH mit Sitz in der Bundesrepublik Deutschland, bereits nach Art. 2 I, 60 I EuGVO vor den deutschen Gerichten verklagen. Auch außerhalb des Anwendungsbereichs der EuGVO wären die deutschen Gerichte zuständig für die Klage gegen eine Person, die ihren allgemeinen Gerichtsstand nach §§ 12, 17 ZPO in Deutschland hat. Soweit nach §§ 12 ff. ZPO ein deutsches Gericht örtlich zuständig ist, ist es nach deutschem Recht auch international zuständig (BGHZ 44, 46)[1] ...

Die Bekl. beruft sich zu Unrecht darauf, dass sich aus § 32 ZPO im vorliegenden Fall keine Zuständigkeit des Gerichts für die Prüfung auch des Anspruchs aus Geschäftsführung ohne Auftrag ergebe [...]. Die umfassende Prüfungs- und Entscheidungskompetenz unter allen rechtlichen Gesichtspunkten ist nur in Bezug auf die internationale Zuständigkeit nicht eröffnet (BGH aaO). Für die internationale Zuständigkeit der deutschen Gerichte kommt es hier aber gar nicht darauf an, ob und wo ggf. der Gerichtsstand der unerlaubten Handlung begründet ist. Nur die örtliche Zuständigkeit ist nach § 32 ZPO zu beurteilen.

Die vom Kl. behauptete unerlaubte Handlung ist jedenfalls auch in Lübeck begangen worden.

Unter dem Begehungsort im Sinne des § 32 ZPO ist zum einen der Handlungsort zu verstehen, an dem der Rechtsverletzer gehandelt hat, und zum anderen der Erfolgsort, an dem die Verletzung des Rechts eintritt (BGHZ 184, 313[2]; *Zöller-Vollkommer*, ZPO, 30. Aufl., § 32 Rz. 16 m.w.N.). Der Erfolgsort liegt hier – u.a. – im Bezirk des AG Lübeck.

Zur Begründung des deliktischen Gerichtsstands gerade für dieses Gericht genügt es, dass der Kl. schlüssig zur Verbreitung der Zeitschrift ‚Die Aktuelle' im gesamten Bundesgebiet und damit auch in Lübeck vorgetragen hat. Ob gerade der Kl. oder seine Bevollmächtigten positiv festgestellt haben, dass mindestens ein Exemplar der betroffenen Ausgabe der Zeitschrift im Bezirk des AG Lübeck verkauft worden ist, ist nicht von Bedeutung. Entscheidend ist, dass die Zeitschrift dort tatsächlich vertrieben worden ist. Die Bekl. hat dagegen nur geltend gemacht, die Klägervertreter hätten dort kein Exemplar festgestellt.

Angesichts des unstreitigen Vertriebs im ganzen Bundesgebiet kann und will sie offensichtlich nicht behaupten, der Bezirk des AG Lübeck sei aus dem Verbreitungsgebiet ausgenommen. Dass die Zeitschrift ‚Die Aktuelle' sich bestimmungsgemäß auch an Leser im Bezirk des AG Lübeck wendet, ist nicht streitig."

201. *Es liegt ein ausreichender und daher die internationale Zuständigkeit deutscher Gerichte begründender Inlandsbezug vor, wenn die Kenntnisnahme von streit-*

---

[1] IPRspr. 1964–1965 Nr. 224. [2] IPRspr. 2010 Nr. 213.

gegenständlichem Internet-Bildmaterial in Deutschland wahrscheinlich ist, der Anspruchsteller aufgrund seiner beruflichen Stellung bereits bekannt war und die Verknüpfung der Ausgangsberichterstattung sowie der familiäre Hintergrund zu einem Inlandsbezug führen. [LS der Redaktion]

LG Hamburg, Urt. vom 24.1.2014 – 324 O 264/11: K&R 2014, 288; MMR 2015, 61; ZUM-RD 2014, 511.

> Der Kl. ist Staatsbürger des Vereinigten Königreichs und lebt im Ausland. Er ist der ehemalige Präsident des internationalen Automobilsportverbands FIA, der Dachorganisation der Formel 1. Sein Vater war Gründer der faschistischen Partei Großbritanniens. 2008 berichteten die Medien über den Kl., der mittels geheimer Kameras beim Geschlechtsverkehr mit fünf Frauen in einem gegen Einblicke besonders geschützten Raum gefilmt worden war. Verschiedene Tages- und Boulevardzeitungen veröffentlichten Videostandbilder und -ausschnitte. Die Bekl., ein Unternehmen mit Sitz in den USA, ist Inhaberin der Domain „g. ... de". Unter dieser Domain bietet sie verschiedene Funktionen bzw. Dienste an, darunter auch einen Suchmaschinendienst mit Bildfunktion und auch ein „Notice-and-Takedown"-Verfahren zur Sperrung von Inhalten aus den Ergebnissen der Bildersuche an. Der Kl. wendet sich mit seiner Unterlassungsklage gegen die Verbreitung des fraglichen Bildmaterials über die Suchmaschine der Bekl.

Aus den Gründen:

„I. Die Klage ist zulässig. Deutsche Gerichte sind für die Entscheidung des Rechtsstreits international zuständig [1. a)] ...

1. Es ist über die Rüge der internationalen Zuständigkeit deutscher Gerichte sowie über die Rüge der örtlichen Zuständigkeit des LG Hamburg zu entscheiden, da kein Fall des rügelosen Verhandelns zur Hauptsache nach § 39 ZPO vorliegt. Hierbei ist zu berücksichtigen, dass die Rüge der örtlichen Zuständigkeit in der mündlichen Verhandlung vom 20.9.2013 unter Berücksichtigung der Gesamtumstände dahingehend auszulegen ist, dass diese auch die Rüge der internationalen Zuständigkeit erfassen sollte (*Zöller-Vollkommer*, ZPO, 30. Aufl. § 39 Rz. 4).

a) Deutsche Gerichte sind für den hier zu entscheidenden Rechtsstreit zwischen einem britischen, nicht in Deutschland lebenden Staatsbürger und einem Unternehmen mit Sitz in den USA international zuständig. Dies folgt vorliegend aus der doppelfunktionalen Anwendung der Vorschriften der ZPO, hier des § 32 ZPO, da der Kl. Ansprüche aus unerlaubter Handlung geltend macht. Demzufolge ist das Gericht des Begehungsorts der unerlaubten Handlung zuständig. Begehungsort einer deliktischen Handlung ist dabei sowohl der Handlungs- als auch der Erfolgsort. Der BGH hat in seiner Entscheidung vom 2.3.2010 (VI ZR 23/09[1] [New York Times]) zur Frage der Zuständigkeit bei Persönlichkeitsrechtsverletzungen im Internet und damit zu der Frage des Erfolgsorts ausgeführt, dass ein über die bloße Abrufbarkeit der rechtsverletzenden Inhalte hinausgehender Inlandsbezug erforderlich sei, jedoch nicht, dass sich die beanstandete Webseite gezielt oder bestimmungsgemäß an deutsche Nutzer richte. Entscheidend sei der objektiv deutliche Bezug der als rechtswidrig beanstandeten Inhalte zum Inland in dem Sinne, dass eine Kollision der widerstreitenden Interessen nach den Umständen des konkreten Falls, insbes. aufgrund des Inhalts der beanstandeten Meldung, im Inland tatsächlich eingetreten sein kann oder eintreten könnte. Dies sei anzunehmen, wenn eine Kenntnisnahme von der beanstandeten Meldung nach den Umständen des konkreten Falls im Inland wesentlich näher liege als dies aufgrund der bloßen Abrufbarkeit der Fall wäre und die vom Kläger behauptete Beeinträchtigung seines Persönlichkeitsrechts durch

---

[1] IPRspr. 2010 Nr. 213.

Kenntnisnahme von der Meldung (auch) im Inland eintreten würde (vgl. BGH aaO Rz.. 18 ff).

Ein ausreichender und daher zuständigkeitsbegründender Inlandsbezug liegt vor. Für die streitgegenständlichen Bildnisse liegt die Kenntnisnahme in Deutschland wesentlich näher als eine bloße Abrufbarkeit. Hierbei ist weniger die Frage der Top-Level-Domain ‚de' entscheidend, sondern der Umstand, dass der Kl. aufgrund seiner Position im internationalen Motorsport auch vor dem Skandal in Deutschland bekannt war, zumindest in den an diesem Sport interessierten Bevölkerungsgruppen. Ob diese Popularität für sich alleine zur Begründung der internationalen Zuständigkeit ausreichen würde, bedarf keiner Entscheidung, da vorliegend zusätzlich die Verknüpfung der Ausgangsberichterstattung und der familiäre Hintergrund des Kl. zu einem weiteren Inlandsbezug führen. Zu Beginn erfolgte bezogen auf das u.a. in diesem Verfahren streitgegenständliche Bildmaterial eine Berichterstattung der Medien über ‚Nazi-Sex'. Dieser Begriff – auch wenn zwischen den Parteien unstreitig ist, dass dieser historische Bezug dem Video nicht entnommen werden kann – begleitet das Bildmaterial weiterhin, wie sich auch aus den Bildnissen [in der Klagschrift unter] i) lit d und i ergibt. Dieser historische Bezug verweist auf ein Kapitel deutscher Geschichte, das weiterhin sehr präsent ist, so dass es auch daher nahe liegt, dass die Berichterstattung von deutschen Internetnutzern verfolgt wird. Dabei ist zusätzlich der von den Eltern des Kl. gepflegte Kontakt zu hochrangigen NS-Politikern zu berücksichtigen, der den Bezug zur deutschen Geschichte verstärkt.

Hinzu kommt, dass das streitgegenständliche Bildmaterial aus sich heraus verständlich ist und eine für den Leser erkennbare Aussage enthält. Aufgrund dieses Unterschieds zwischen Bild- und Textberichterstattungen ist die jeweilige Einbettung eines Bildes, also auch der begleitende Text, von nicht ausschlaggebender Bedeutung. Ein deutscher Nutzer kann sich die Bilder, auch wenn sie von einer fremdsprachigen Textberichterstattung begleitet werden, ohne weitere Schwierigkeiten ansehen und die transportierte Information aufnehmen. Da es ... vorliegend nicht auf die Einbettung der Bildnisse zur Prüfung der Rechtswidrigkeit ankommt, sondern einige der Bilder unabhängig von der weiteren Berichterstattung unzulässig verbreitet werden, ist die Frage, ob die angezeigten Bilder auf ein fremdsprachiges Angebot verlinken, nur von untergeordneter Bedeutung."

202. *Für die Klage eines Dachverbands der Verbraucherzentralen ergibt sich die internationale Zuständigkeit deutscher Gerichte nicht aus Art. 15 EuGVO, weil der Kläger als Verband kein Verbraucher ist.*

Richtet sich die Klage gegen die Verwendung von Allgemeinen Geschäftsbedingungen, kann sich die internationale Zuständigkeit deutscher Gerichte aus Art. 5 Nr. 3 EuGVO ergeben, weil die Verwendung inhaltlich unwirksamer Allgemeiner Geschäftsbedingungen eine unerlaubte Handlung in diesem Sinne darstellt. [LS der Redaktion]

LG Berlin, Urt. vom 28.1.2014 – 15 O 300/12: K&R 2014, 284.

[Die Berufung schwebt beim KG unter dem Az. 5 U 28/14.]

Der Kl. ist der Dachverband der Verbraucherzentralen und weiterer verbraucher- und sozialorientierter Organisationen und in die Liste qualifizierter Einrichtungen im Sinne des § 4 UKlaG aufgenommen. Er macht Unterlassungsansprüche nach § 1 UKlaG sowie Ansprüche auf Erstattung vorgerichtlicher Abmahnkosten geltend. Die Bekl. unterhält ihren Sitz in den USA und vertreibt weltweit Unterhaltungssoftware. Sie betreibt für das Gebiet der EU die Spieleserver für das weltweit bekannte Online-Computerspiel „World of Warcraft" und ist insoweit Vertragspartnerin der in der EU ansässigen Nutzer. Sie unterhält zudem einen Telemediendienst unter der Adresse www. ... .de, bei deren Anwahl der Nutzer auf eine deutschsprachige Seite geführt wird. Für „World of Warcraft" verwendete die Bekl. u.a. die streitgegenständlichen Nutzungsbestimmungen. Der Kl. reichte nach erfolgloser Abmahnung Klage ein.

Aus den Gründen:

„I. Die Klage ist zulässig.

1. Das LG ist international, sachlich und örtlich zuständig. Die internationale Zuständigkeit folgt zwar nicht, wie der Kl. meint, aus Art. 15 EuGVO, weil der Kl. als Verband kein Verbraucher ist (EuGH, Urt. vom 1.10.2002 – Verein für Konsumenteninformation ./. Karl Heinz Henkel, Rs C-167/00, zit. n. juris). Sie ergibt sich jedoch aus Art. 5 Nr. 3 EuGVO, da die Verwendung inhaltlich unwirksamer AGB eine unerlaubte Handlung in diesem Sinne darstellt und sich das Internet-Angebot der Bekl. unstreitig an in Deutschland ansässige Verbraucher richtet, sodass der Erfolgsort in der Bundesrepublik Deutschland und – örtlich – auch in Berlin liegt (KG, Urt. vom 29.5.2001 – 5 U 10150/00[1], juris). Die sachliche und örtliche Zuständigkeit folgt im Übrigen aus § 6 I Nr. 1 UKlaG ...

II. Die Klage ist begründet. Die angegriffenen Klauseln halten einer Inhaltskontrolle anhand der §§ 307 ff. BGB nicht stand. Es besteht auch eine Wiederholungsgefahr.

1. Für die Beurteilung der Wirksamkeit der Klauseln ist deutsches Recht maßgeblich, Art 4 Rom-II-VO. Das gilt sowohl für den Unterlassungsanspruch aus § 1 UKlaG als auch für die materiell-rechtliche Beurteilung der Klauseln anhand der §§ 307 ff. BGB (vgl. BGH, Urt. vom 29.4.2010 – Xa ZR 5/09[2], juris Rz. 12)."

203. *Eine Klage gegen einen ausländischen Staat (hier: Griechenland) wegen Nichterfüllung von Besitz- und Eigentumsansprüchen im Zusammenhang mit der Ausbuchung von Schuldverschreibungen aus einem Wertpapierdepot ist aufgrund der in Art. 25 I GG normierten Staatenimmunität unzulässig. [LS der Redaktion]*

a) LG Frankfurt/Main, Urt. vom 6.2.2014 – 2-21 O 318/12: Unveröffentlicht.
b) OLG Frankfurt/Main, Urt. vom 18.9.2014 – 16 U 32/14: Unveröffentlicht.

[Die Revision schwebt beim BGH unter dem Az. XI ZR 482/14.]

Der Kl. macht gegen die Bekl. Ansprüche wegen Nichterfüllung von Besitz- und Eigentumsansprüchen in Zusammenhang mit der Ausbuchung griechischer Schuldverschreibungen aus seinem Wertpapierdepot geltend. Die Bekl. begab 2009 Staatsanleihen. Die Anlage unterlag griechischem Recht. Im Zuge der Restrukturierung ihres Staatshaushalts im Jahre 2012 wurde durch das griechische Gesetz Nr. 4050/2012 vom 23.2.2012 geregelt, dass die Anleihebedingungen nachträglich durch Mehrheitsentscheidungen der Anlagegläubiger geändert werden können und dass die überstimmte Minderheit der Anleihegläubiger an den Mehrheitsbeschluss gebunden sei. Im Februar 2012 unterbreitete die Bekl. den Inhabern der o.g. Wertpapiere ein Umtauschangebot. Die von der Bekl. im Gegenzug angebotenen Papiere beliefen sich auf lediglich 53,5% der urspr. Nominalforderung, sahen eine Laufzeitverlängerung vor und beinhalteten weitere Änderungen. 2012 beschlossen die Gläubiger der streitgegenständlichen Anleihen mehrheitlich eine entspr. Umschuldung, was zu einer Reduzierung des Nennwerts der Anleihen um 53,5% führte. Der Kl. stimmte

---

[1] IPRspr. 2001 Nr. 116.   [2] IPRspr. 2010 Nr. 38.

der Umschuldung nicht zu. Er machte einen bezifferbaren Mindestschaden durch den eigenmächtigen Austausch der Wertpapiere geltend. Das LG hat die Klage als unzulässig abgewiesen. Hiergegen wendet sich der Kl. mit seiner Berufung.

Aus den Gründen:

a) LG Frankfurt/Main 6.2.2014 – 2-21 O 318/12:

„A. Die Klage ist unzulässig.

1) Die Klage ist nicht bereits aus dem Grund unzulässig, weil ihr der Grundsatz der Staatenimmunität entgegenstehen würde.

a) Zwar ist völkerrechtlich anerkannt, dass ein Staat fremdstaatlicher nationaler Gerichtsbarkeit nicht unterworfen ist. Ausgehend von dem Prinzip der souveränen Gleichheit von Staaten (*sovereign equality of states*) gilt das Rechtsprinzip, dass Staaten nicht übereinander zu Gericht sitzen. Doch hat das Recht der allgemeinen Staatenimmunität einen Wandel von einem absoluten zu einem nur mehr relativen Recht durchlaufen. Es ist keine allgemeine Regel des Völkerrechts mehr, dass ein Staat Immunität auch für nicht-hoheitliches Handeln genießt. Staatenimmunität besteht zwar auch heute noch weitgehend uneingeschränkt für solche Akte, die hoheitliches Handeln eines Staats darstellen. Die Kapitalaufnahme durch Staatsanleihen wird jedoch nach ganz überwiegender Ansicht zum Kreis nicht-hoheitlichen Handelns gerechnet (zit. n. BVerfGE 117, 141, Rz. 35 und 36[1]).

b) Gemessen an diesen Kriterien stehen die Grundsätze der Staatenimmunität der Klage nicht entgegen, weil der streitgegenständliche Vorwurf kein hoheitliches Handeln betrifft. Der Kl. erhebt den Vorwurf einer unerlaubten Handlung auf dem Gebiet der Bundesrepublik in Zusammenhang mit dem Umtausch von Staatsanleihen. Der Bereich der Kapitalaufnahme durch Emission von Staatsanleihen ist nach dem Vorangegangenen von der Staatenimmunität ausgenommen. Aus Mangel an einer völkerrechtlichen Befugnisnorm wäre Griechenland nicht dazu befugt, in Zusammenhang mit dem Umtausch von Staatsanleihen eigene Hoheitsrechte auf dem Gebiet der Bundesrepublik auszuüben. Denn die Wirksamkeit von Staatshoheitsakten ist auf das Gebiet derjenigen Macht beschränkt, welche den Staatshoheitsakt erlassen hat (vgl. BGH vom 1.2.1952 – I ZR 23/51). Eine etwaige unerlaubte Handlung auf dem Gebiet der Bundesrepublik in Zusammenhang mit der Umschuldung der Staatsanleihen stellt vor diesem Hintergrund kein hoheitliches Handeln Griechenlands dar.

c) Der Grundsatz der Staatenimmunität würde einer Klage entgegenstehen, die sich unmittelbar gegen das griechische Gesetz Nr. 4050/2012 – Regeln zur Änderung von Wertpapieren, die vom griechischen Staat emittiert oder garantiert wurden, mit Zustimmung der Anleihengläubiger – vom 23.2.2012 (FEK A 36/23.2.2012) richtet. Insoweit läge hoheitliches Handeln Griechenlands auf eigenem Staatsgebiet vor. Der Bereich der Gesetzgebung gehört zum Kernbereich hoheitlichen Handelns, sodass ein etwaig darauf gestützter Anspruch nicht vor deutschen Gerichten geltend gemacht werden könnte (vgl. BVerfG, NJW 1963, 1732, 1735; vgl. hierzu auch LG Koblenz, Urt. vom 19.11.2013 – 2 O 132/13[2]). Einen solchen Anspruch macht der Kl. vorliegend jedoch nicht geltend.

---

[1] IPRspr. 2006 Nr. 106.   [2] IPRspr. 2013 Nr. 172.

2) Die Klage ist unzulässig, weil keine internationale Zuständigkeit der deutschen Gerichte eröffnet ist.

Eine Zuständigkeit nach Art. 5 Nr. 3 EuGVO scheidet aus, weil der Kl. keine verbotene Eigenmacht oder sonstige unerlaubte Handlung in Deutschland schlüssig aufgezeigt hat, was Voraussetzung für die Anwendbarkeit von Art. 5 Nr. 3 EuGVO wäre (vgl. BGH, Urt. vom 15.11.2011 – XI ZR 54/09[3], Rz. 21 zit. n. juris). Im Anwendungsbereich der EuGVO begründet eine unerlaubte Handlung die internationale und örtliche Zuständigkeit am Gericht des Orts, an dem das schädigende Ereignis eingetreten ist. Maßgeblich sind danach der Ort des ursächlichen Geschehens und des Schadenseintritts. Dies ist neben dem Handlungsort der Ort der tatbestandsmäßigen Deliktsverwirklichung (Primärschaden), nicht aber genügen Orte, an denen (nur mittelbare) Vermögensfolgeschäden eingetreten sind (*Zöller-Vollkommer*, ZPO, 29. Aufl., § 32 Rz. 3).

a) Wenn der Handlungsort der vorgeworfenen unerlaubten Handlung in Deutschland liegt, findet gemäß Art. 40 EGBGB deutsches Recht Anwendung. Insoweit schließt sich die Kammer der Rechtsansicht des Kl. an.

b) Aus dem Vortrag des Kl. ergibt sich keine verbotene Eigenmacht der Bekl. im Sinne der §§ 869, 861, 858 BGB. Verbotene Eigenmacht setzt nach § 858 I BGB voraus, dass Besitz entzogen wird, ohne dass ein Gesetz die Entziehung gestattet. Dies ist hier nicht der Fall ...

cc) Verbotene Eigenmacht in Deutschland scheidet zudem aus, weil die Entziehung des Besitzes an den ursprünglichen Anleihen nicht in Deutschland erfolgt ist, sondern in Griechenland. Die Anleihen wurden nach griechischem Recht in Griechenland mit einer in Griechenland gelegenen Zahlstelle (*Paying Agent*) begeben. Die vom Kl. vorgetragene Besitzentziehung ist unmittelbare Folge von Maßnahmen in Griechenland auf der Basis eines griechischen Gesetzes. Diese Umstände belegen, dass jedenfalls die Ausübung der tatsächlichen Gewalt über die Anleihe, worauf es nach § 854 I BGB für die Begründung des Besitzes ankommt, nicht in Deutschland erfolgt ist, sondern in Griechenland. Im Depot des Kl. in ... [Deutschland] wurde der Zwangsumtausch der Anleihen lediglich buchhalterisch nachvollzogen. Dies findet seine rechtliche Grundlage in dem Vertragsverhältnis zwischen dem Kunden und der Bank. Eine Bank ist nicht dazu verpflichtet, einem Kunden in seinem Depot Anleihen gutzuschreiben, die nicht mehr existieren oder aus sonstigen Gründen nicht mehr im Besitz des Kunden sind, weil dies zur Fehlerhaftigkeit des Depots führen würde.

dd) Die Annahme verbotener Eigenmacht durch deutsche Gerichte mit der Rechtsfolge einer faktischen Fortgeltung der ursprünglichen Anleihebedingungen würde zudem eine unzulässige Umgehung der Anleihebedingungen darstellen. Ob die Bekl. berechtigt war, einen Zwangsumtausch der Anleihen vorzunehmen, wenn dies in den ursprünglichen Anleihebedingungen nicht vorgesehen war, wäre ggf. im Rahmen einer Klage zu prüfen, mit der ein Anspruch aus den Anleihen nach § 793 I BGB i.V.m. den Anleihebedingungen der Schuldverschreibungen geltend gemacht wird. Für eine solche Klage sind die deutschen Gerichte indes nicht zuständig. Denn der Kl. hat – anders als in den vor der Kammer verhandelten Klagen in Zusammenhang mit den sog. Argentinien-Anleihen – nicht aufgezeigt, dass nach den Anleihebedin-

---

[3] IPRspr. 2011 Nr. 245.

gungen ein Gerichtsstand in Deutschland eröffnet wäre. Eine Inzidenterprüfung der Rechtmäßigkeit der Umschuldung im Rahmen der verbotenen Eigenmacht würde dazu führen, dass die Frage von einem anderen als dem nach den Anleihebedingungen dazu berufenen Gericht geklärt würde, was den Erwerbern der Anleihen ein sog. Forum Shopping ermöglichen würde, im vorliegenden Zusammenhang die Auswahl zwischen den Gerichten zweier Staaten. Die Anleger könnten sich dann an das Gericht wenden, bei dem sie sich mit der Klage die besten Erfolgsaussichten ausrechnen. Doch liegt der Zweck der §§ 858, 859 BGB nicht darin, Anleihegläubigern ein Forum Shopping zu ermöglichen. Vielmehr liegt er darin, die Anwendung des Notwehrrechts auf die Verteidigung des unmittelbaren Besitzes zu regeln (*Staudinger-Bund*, BGB, 2012, § 859 Rz. 5), und hat damit eine gänzlich andere Zielrichtung ...

c) Der Kl. hat auch keine rechtswidrige Eigentumsbeeinträchtigung im Sinne von § 823 BGB mit Handlungs- oder Erfolgsort in Deutschland schlüssig vorgetragen. Damit ist eine Zuständigkeit der deutschen Gerichte nach Art. 5 Nr. 3 EuGVO auch nicht aus dem Gesichtspunkt einer unerlaubten Eigentumsentziehung heraus eröffnet ...

Denn eine Zuständigkeit deutscher Gerichte nach Art. 5 Nr. 3 EuGVO ist jedenfalls aus dem Grund nicht eröffnet, weil es für dessen Anwendbarkeit nicht genügt, wenn in Deutschland ein nur mittelbarer Vermögensfolgeschaden eintritt (vgl. *Zöller-Vollkommer* aaO). Dies ist hier der Fall. Handlungs- und Erfolgsort einer etwaigen unerlaubten Handlung liegen nicht in Deutschland, sondern in Griechenland, weil die Umschuldung dort durch Entscheidung der Mehrheit der Gläubiger auf der Basis eines griechischen Gesetzes herbeigeführt wurde. In den Depots des Kl. wurde die Umschuldung lediglich buchhalterisch nachvollzogen (s.o.).

Würde man dies anders sehen, käme es zu einer nahezu unbegrenzten Ausweitung der Zuständigkeit deutscher Gerichte auf Sachverhalte, bei denen Dritte Entscheidungen auf der Basis ausländischer Gesetze treffen und durch diese Entscheidungen den Wert von Wertpapieren mindern, die von deutschen Anteilseignern gehalten werden. Dies wäre nicht im Sinne des Gesetzgebers und stünde auch mit der EuGVO nicht in Einklang. Denn dadurch würde eben diejenige Überprüfung ausländischer Gesetze durch deutsche Gerichte herbeigeführt, die nach den Grundsätzen der Staatenimmunität unzulässig ist (vgl. LG Koblenz aaO).

3) Aus den gleichen Gründen ist – ungeachtet der Frage der Anwendbarkeit – auch keine Zuständigkeit der deutschen Gerichte nach § 32 ZPO eröffnet.

4) Soweit sich der Kl. auf das Investitionsschutzabkommen mit Griechenland vom 27.3.1961 beruft, ergibt sich auch daraus keine Zuständigkeit der deutschen Gerichte. Denn in dem Abkommen ist keine Klagebefugnis der Gläubiger von Staatsanleihen vor deutschen Gerichten vorgesehen."

b) OLG Frankfurt/Main 18.9.2014 – 16 U 32/14:

„II. ... Die Berufung war zurückzuweisen, weil die von dem Kl. erhobene Klage unzulässig ist. Denn ihr steht bereits der Grundsatz der Staatenimmunität entgegen, auf die sich die Bekl. ausdrücklich beruft. Das Bestehen der deutschen Gerichtsbarkeit ist eine allgemeine Prozessvoraussetzung, die von Amts wegen zu prüfen ist, wobei sich die Reichweite der Staatenimmunität bei gerichtlicher Inanspruchnahme aus dem allgemeinen Völkergewohnheitsrecht ergibt, welches nach Art. 25 I GG in Deutschland Bestandteil des Bundesrechts ist. Nach dieser Regelung genießen souveräne Staaten uneingeschränkte Immunität für den Bereich des hoheitlichen Handelns (acta juris imperii; BGH, Urt. vom 26.9.1978 – VI ZR 267/76, Rz. 11; BGH, Urt. vom 25.6.2014 – VII ZB 24/13, zit. n. juris; BVerfG, Beschl. vom 30.4.1963 – BvM 1/62, Rz. 26 ff.; BVerfG, Beschl. vom 6.12.2006 – 2 BvM 9/03[1], Rz. 26; BVerfG, Beschl. vom 17.3.2014 – 2 BvR 736/13[2], Rz. 22). An dieser Rechtslage wurde auch durch den Erlass der EuGVO nichts geändert. Zwar ist anerkannt, dass EU-Recht als sog. supranationales Recht Anwendungsvorrang vor dem nach Art. 25 GG als einfaches Bundesrecht geltendem Völkerrecht hat. Die Regeln der Verordnung – hier Art. 1 EuGVO – sind aber erst in einer zweiten Stufe zu prüfen, da sie einen anderen Regelungsgegenstand haben und nicht das Bestehen der inländischen Gerichtsgewalt treffen. Sie regeln lediglich die internationale Zuständigkeit, nämlich ob Rechtsprechungsaufgaben an einen Staat als solche zugewiesen sind, wenn die Gerichtsbarkeit über eine Handlung besteht. Zu dieser Frage liegt aber kein sekundäres EU-Gemeinschaftsrecht vor. Die Frage, ob hoheitliches Handeln vorliegt, muss deshalb nach wie vor an Hand der bestehenden Grundsätze des Völkergewohnheitsrechts geprüft werden und nicht erst im Rahmen des Art. 1 EuGVO.

Ein solches hoheitliches Handeln ist aber entgegen der Auffassung des Kl. gegeben. Die von ihm hierzu vorgelegte Stellungnahme der Europäischen Kommission vom 19.8.2013 an den EuGH im Vorabentscheidungsverfahren des LG Wiesbaden[3] vermag nach Ansicht des Senats nicht zu überzeugen, vielmehr liegt hier ein hoheitliches Handeln vor. Da der EuGH aufgrund der Vorlage der Stellungnahme der Europäischen Kommission noch nicht entschieden hat, kann hier der Senat deshalb die Frage des hoheitlichen Handelns und der Staatenimmunität selbst prüfen.

Wie das LG Konstanz mit dem rechtskräftigen Urteil vom 19.11.2013 (2 O 132 /13 B[4]; zit. n. juris) bereits entschieden hat, ist auch der Senat der Auffassung, dass sich die Bekl. auf den Grundsatz der Staatenimmunität berufen kann, da der Streitgegenstand der Klage im Zusammenhang mit der Ausübung hoheitlicher Befugnisse steht, also sich die von dem Kl. zur Grundlage seines Anspruchs geltend gemachte Handlung als staatlicher Hoheitsakt darstellt (BVerfG, Beschl. vom 17.3.2014 aaO, BGH; Urt. vom 25.6.2014 aaO Rz 13; BGHZ 123, 268[5]). Maßgeblich für die Einordnung einer Handlung als hoheitlich ist nämlich die Rechtsstellung, die der Handelnde inne hat, insbes. ob die tatsächlich ausgeübten Befugnisse von den im Verhältnis zwischen Privatpersonen geltenden Regeln abweichen (BVerfG, Beschl. vom 6.12.2006 aaO Rz. 34 ff.; EuGH, Urt. vom 15.2.2007 – Eirini Lechouritou u.a. ./. Dimosio tis Omospondiakis Dimokratias tis Germanias, Rs C 292/05, Rz. 36; BGHZ 155, 279[6]; EuGH, Urt. vom 15.5.2003 – Préservatrice foncière TIARD S.A. ./. Staat der Nederlanden, Rs C-266/01 Nr. 28). Hoheitliche Tätigkeit ist dann gegeben, wenn Rechtsbeziehungen einseitig gegenüber dem Betroffenen festgesetzt werden, ohne dass ein Moment der Freiwilligkeit des Gegenübers besteht und zwar unabhängig davon, in welche rechtliche Handlungsform der Akt gekleidet ist (BVerfG,

---

[1] IPRspr. 2006 Nr. 106.
[2] Siehe oben Nr. 154.
[3] IPRspr. 2013 Nr. 250.
[4] IPRspr. 2013 Nr. 172.
[5] IPRspr. 1993 Nr. 178.
[6] IPRspr. 2003 Nr. 116.

Beschl. vom 17.3.2014 aaO; BGHZ 123 aaO, EuGH, Urt. vom 16.12.1980 – Niederländischer Staat ./. Reinhold Rüffer, Rs C-814/79; *Rauscher-Mankowski*, EuZPR, Bearb. 2011, Art. 1, EuGVVO Rz. 3). Der Grundsatz der Staatenimmunität als anerkannte Regel des Völkerrechts genießt gemäß Art. 25 GG auch im Inland Verfassungsrang und hat in der Vorschrift des § 20 II GVG seinen gesetzgeberischen Niederschlag gefunden und ist deshalb für die Entscheidung des Senats verbindlich.

Deutsche Gerichtsbarkeit kann deshalb nicht ausgeübt werden, wenn eine Entscheidung in der Sache in die Souveränität eines anderen Staats im Bereich von dessen hoheitlicher Tätigkeit eingreifen würde. Dies ist aber hier gerade der Fall. Zwar stützt sich der Kl. in seiner Klage im Kern auf den Vorwurf einer Besitzentziehung, jedoch ist der Vortrag des Kl. insoweit nicht sachenrechtlich vertieft belegt, vielmehr wird zur Begründung einer Besitzentziehung zum einen abgestellt auf die Ausbuchung der ursprünglichen Anleihen im Depot des Kl., weiter wird aber auch der Zusammenhang zum Erlass des griechischen Gesetzes Nr. 4050/2012 – Regeln zur Änderung von Wertpapieren, die vom griechischen Staat emittiert oder garantiert wurden, mit Zustimmung der Anleihengläubiger – vom 23.2.2012 (FEK A 36/23.2.2012) gezogen, mit dem das Verfahren für die Änderung der Anleihebedingungen neu festgesetzt wird. Zudem ist zu berücksichtigen, dass hier eine Abstimmung der hierzu berufenen Versammlung der Anleihegläubiger vorlag und die Billigung der Entscheidung der Anleihegläubiger durch Beschluss des Ministerrats vom 9.3.2012, mit dem die Entscheidung der Gläubigermehrheit allgemeinverbindlich wurde, im Zusammenhang rechtlich zu bewerten ist. Entgegen der Auffassung des Kl. kommt eine isolierte Betrachtung der einzelnen Handlungen für die Abwägung, ob ein hoheitliches Handeln vorliegt, nicht in Betracht, da dies nicht sachgerecht erscheint. Die aufgeführten Teilakte sind letztlich insgesamt im Rahmen des Ziels der griechischen Regierung, die von ihr begebenen Staatsanleihen im Wert zu berichtigen, also ihre Kreditlast zu verringern, zu würdigen. Es muss deshalb die gesamte Maßnahme und nicht lediglich deren Teilakte bewertet werden. Zwar hatte das BVerfG in seinem Beschluss vom 6.12.2006 (aaO Rz. 35) ausgeführt, dass eine Kapitalaufnahme durch Emission von Staatsanleihen zum Kreis des nicht-hoheitlichen Handelns zu zählen habe. Diese Entscheidung ist aber mit den hier vorliegenden tatsächlichen Umständen nicht vergleichbar. Vielmehr geht der Senat davon aus, dass hier eine hoheitliche Maßnahme des griechischen Staats vorliegt. Eine privatrechtliche Tätigkeit wäre nur dann gegeben, wenn die Bekl. die Anlagebedingungen einmal festgelegt hätte und diese Anleihen dann auf den Markt gegeben hätte und sie dort als freie Papiere gehandelt worden wären und sich so der Marktpreis nach Marktmechanismen hätte bilden können. Dies ist vorliegend nicht der Fall, weil sich die Bekl. durch Erlass des Gesetzes Nr. 4050/2012 die Möglichkeit verschafft hat, nachträglich die Anleihebedingungen zu verändern mit dem Ziel, diese umzutauschen und dabei abzuwerten. Auch wenn die Gläubigerversammlung dazwischengeschaltet war und diese durch Mehrheitsbeschluss das Umtauschangebot angenommen hat, ist hier nachträglich durch staatliche hoheitliche Regelung ein Verfahren eingeführt worden, welches auf die Position der Anleihegläubiger eingewirkt hat. Diese nachträgliche Änderung der Positionen der Anleihegläubiger nach Begebung der Anleihen durch Gesetz stellt sich aber als hoheitliche Maßnahme dar, zumal die Anleihen von Minderheitsgläubigern und die Rechtsposition von schuldrechtlich an den Anleihen Berechtigten durch den die Allgemeinverbindlichkeit feststellenden Ministerbeschluss zum Umtausch ihrer Rechtsposition verpflichtet sind. Beides ist typischerweise nur durch eine Maßnahme im Subordinationsverhältnis möglich, nicht aber im Zivilrecht. Bei einer anderen Betrachtung müsste der Senat die Wirksamkeit eines griechischen Gesetzes inhaltlich überprüfen. Dadurch würde aber gerade in den Kernbereich hoheitlicher Betätigung des Staats Griechenland, nämlich in dessen Gesetzgebung, eingegriffen, was nicht zulässig ist.

Unabhängig davon, dass mit einer Bescheidung über die Begründetheit der Klage in den Grundsatz der Staatsimmunität eingegriffen würde, ist die Klage aber auch aus den von dem LG dargestellten Erwägungen als unzulässig zu betrachten.

Selbst wenn man von dem Vorliegen einer Zivilsache im Sinne des Art. 1 EuGVO ausgehen würde, wäre nach den Regelungen der EuGVO ein Gerichtsstand in ... [Deutschland] nicht gegeben. Der Kl. macht nämlich mit der Klage keine vertraglichen Ansprüche geltend, für die eine Zuständigkeit allenfalls in Griechenland gegeben wäre, da er sich nicht auf eine Begebung des Vertrags mit der Bekl. stützt. Insoweit sind überhaupt keine hinreichenden Tatsachen vorgetragen und angesichts des Zweiterwerbs der von dem Kl. sog. Inhaberschuldverschreibungen auch nicht ersichtlich. Demzufolge scheidet eine Zuständigkeit deutscher Gerichte gemäß Art. 5 I EuGVO aus, da eine Vertragsverpflichtung, sofern eine solche bestünde, nicht im Geltungsbereich der deutschen Gerichtsbarkeit zu erfüllen wäre, vielmehr nach dem unwidersprochenen Vortrag der Bekl. sowohl das griechische Recht anwendbar wäre als auch der Erfüllungsort der Leistungen in Griechenland läge. Eine Zuständigkeit nach der EuGVO wäre deshalb nur dann gegeben, wenn die Voraussetzungen des Art. 5 Nr. 3 EuGVO vorliegen würden. Dies ist nur dann der Fall, wenn der Kl. eine verbotene Eigenmacht oder eine sonstige unerlaubte Handlung der Bekl. in Deutschland schlüssig aufgezeigt hätte.

Dies hat das LG nach Auffassung des Senats völlig zu Recht nicht angenommen. Unter den Begriff fallen nämlich nur solche Klagen, mit denen eine Schadenshaftung geltend gemacht wird, die nicht an einen Vertrag anknüpft. Insoweit trägt der Kl. vor, dass er die Wertpapiere zwei Jahre nach der Emission erworben habe, also direkt ein Begebungsvertrag zwischen ihm und der Bekl. nicht geschlossen wurde. Zudem hat die Bekl. – von dem Kl. nicht substanziiert bestritten – vorgetragen, dass Anleihegläubiger nur die Teilnehmer am Girosystem der griechischen Zentralbank sein konnten und sog. Investoren wie dem Kl. nur solche Rechtspositionen eingeräumt worden seien, die nicht unmittelbar gegenüber der Bekl. wirkten. Soweit sich der Kl. auf ein Rechtsgutachten ... bezieht, führt dies nicht zu einer anderen Beurteilung, da der Rechtsanwalt selbst davon ausgeht, dass die Wertpapiere dematerialisiert und in ein elektronisches System eingebunden sind, über welches nur im Rahmen eines Abrechnungssystems verfügt werden konnte. Mithin ergibt sich bereits aus diesem Vortrag, dass hier keine Sache im Sinne eines deutschen Gesetzes vorliegt mit der Konsequenz, dass auch besitzrechtliche Ansprüche und eigentumsrechtliche Ansprüche, die eine Sache (§ 90 BGB) voraussetzen, nicht greifen können.

Auch die Hilfserwägungen des Kl., mit denen er jetzt auf den Rechtsschein eines Besitzerwerbes bzw. eines Eigentumserwerbs abstellt, führen nicht zu einem anderen Ergebnis, da auch unter diesem Lichte die Voraussetzungen von Art. 5 Nr. 3 EuGVO nicht gegeben sind, auch wenn man diesen Gerichtsstand weit auslegt.

Zutreffend ist das LG nämlich davon ausgegangen, dass bei dem Entzug von mittelbarem Besitz eine verbotene Eigenmacht nur dann vorliegt, soweit sich diese gegen den Besitz des Besitzmittlers, also der Bank ... richtet. Diesbezüglich hat der Kl. aber keinesfalls aufgezeigt, dass der Depotbank in dieser Weise in Deutschland der Besitz der Anleihe entzogen worden ist. Buchungsvorgänge auf freiwilliger Basis seitens der Bank können keine Besitzentziehung in diesem Sinne sein. Daran ändert auch der Umstand nichts, dass die Bank gegenüber dem Kl. ausgeführt hat, dass sie ohne weiteres bis zu dem ihr gesetzten Termin in dieser Angelegenheit nichts unternehmen werde. Aus dieser Mitteilung folgt aber nicht, dass die Depotumbuchung nicht auf freiwilliger Basis durch die Bank vorgenommen wurde, vielmehr ergab sich bei der Umbuchung eine neue Entwicklung, weil zwischenzeitlich durch die Abstimmung der Gläubiger und die Umsetzung in dem Gesetz Nr. 4050/2012 die Umwandlung beschlossen war.

Der Kl. ist auch nach seinem eigenen Vortrag durch die ursprüngliche Buchung weder mittelbarer Besitzer noch Eigentümer der streitgegenständlichen Anlagen geworden, die ja gerade dematerialisiert waren.

Dem Kl. wurde durch die Einbuchung in sein Depot nicht Miteigentum an dem Sammelbestand gemäß § 24 DepotG verschafft, da die erworbenen Wertpapiere im Ausland aufbewahrt wurden. Dies folgt eindeutig aus den von dem Kl. selbst vorgelegten Wertpapierabrechnungen, die als Verwahrungsart gerade die ‚Wertpapierrechte Griechenland AKV' angibt. Dies wiederum entspricht den AGB der Bank ..., in deren Nr. 12 Abs. 3 gerade ausgeführt wird, dass die Kunden eine Gutschrift in Wertpapieren unter Angabe des ausländischen Staats, in dem sich die Wertpapiere befinden (Lagerland) erhalten. Bei der Gutschrift in den Wertpapierrechnungen bleibt aber der Rechtsinhaber die inländische Depotbank. Die Gutschrift in Wertpapierrechnungen dokumentiert lediglich einen auftragsrechtlichen Herausgabeanspruch, nicht aber das Eigentum. In Abweichung von § 24 DepotG wird ein Anspruch des Kunden auf Lieferung von Wertpapieren suspendiert. Neben diesem suspendierten Lieferungsanspruch tritt ein Anspruch auf Herausgabe der Wertpapiere aus dem Treuhandverhältnis gegen das Bankinstitut, welches den Verwahrungsvertrag mit dem ausländischen Verwalter abgeschlossen hat (BGH, WM 1988, 402, 404)[7]. Es handelt sich dabei um einen rein schuldrechtlichen Anspruch, nicht aber um eine dinglich verfestigte Rechtsstellung des Kunden an im Ausland verwahrten Wertpapierbeständen.

Besitz- oder Eigentumsrechte des Kl. sind demzufolge nicht entstanden und können auch nicht verletzt sein. Soweit der Kl. auf eine Analogie zu den sachenrechtlichen Vorschriften abstellt, kommt diese nicht in Betracht, weil Vorschriften des Sachenrechts wegen des in ihm enthaltenen Typenzwangs gerade nicht analog angewandt werden können. Die Regelungen des Sachenrechts knüpfen ausschließlich an die im Sachenrecht erwähnten Begriffe an, die aber nicht erweitert und ergänzt werden können. Zudem ist zu berücksichtigen, dass die Haftung der Bank auch auf den Deckungsstand begrenzt ist, wie dies aus Nr. 12 Abs. 4 der AGB ersichtlich ist, nach dem ein Kunde, dem eine Wertpapiergutschrift erteilt worden ist, anteilig alle wirtschaftlichen und rechtlichen Nachteile und Schäden trägt, die den Deckungstatbestand durch sonstige von der Bank nicht zu vertretende Zugriffe Dritter im

---

[7] IPRspr. 1988 Nr. 56.

Ausland oder im Zusammenhang mit Verfügungen von hoher Hand des ‚In- oder Auslandes' treffen sollen.

Unter Berücksichtigung dieser materiellen Rechtslage ist eine Beeinträchtigung eines Besitzanspruchs des Kl. in keiner Weise ersichtlich.

Die Zuständigkeit deutscher Gerichte ist auch nicht unter dem Gesichtspunkt einer unerlaubten Handlung im Sinne des § 823 BGB gegeben. Für die Anwendbarkeit des Art. 5 Nr. 3 EuGVO reicht es nämlich nicht aus, wenn in Deutschland nur ein mittelbarer Vermögensfolgeschaden eintritt, wie dies das LG in dem angefochtenen Urteil völlig zutreffend ausgeführt hat. Handlung und Erfolg aus einer etwaigen unerlaubten Handlung liegen nicht in Deutschland, sondern in Griechenland, weil die Umschuldung dort durch die Entscheidung der Mehrheit der Gläubiger auf der Basis eines griechischen Gesetzes herbeigeführt wurde. In dem Depot des Kl. wurde die Umschuldung dann, wie dies das LG völlig zu Recht ausgeführt hat, nur buchhalterisch nachvollzogen. Dieser zutreffende Ansatz des LG wird auch durch die Angriffe in der Berufungsbegründung nicht in Frage gestellt.

Aber selbst dann, wenn man ein geschütztes Recht des Kl. annehmen würde, fehlt es an einer rechtswidrigen Eigentumsbeeinträchtigung. Das Handeln der Bekl. war nämlich durch ein Gesetz im Sinne von Art. 2 EGBGB erlaubt, nämlich durch das griechische Gesetz Nr. 4050/2012. Soweit der Kl. die Ansicht vertritt, dieses Gesetz verstoße gegen die Menschenrechtskonvention und die griechische Verfassung sowie das deutsch-griechische Investitionsschutzabkommen (Vertrag zwischen der Bundesrepublik Deutschland und dem Königreich Girechenland über die Förderung und den gegenseitigen Schutz von Kapitalanlagen vom 23.3.1961 [BGBl. 1963 II 217]) und stelle einen unverhältnismäßigen Eingriff in durch das GG geschützte Rechtsgüter dar, ist eine Überprüfung des griechischen Gesetzes Nr. 4050/2012 als Kernbereich hoheitlicher Tätigkeit einer Überprüfung durch deutsche Gesetze entzogen. Eine Korrektur über Art. 6 EGBGB (ordre public) kommt nicht in Betracht, weil keine Unvereinbarkeit mit wesentlichen Grundsätzen des deutschen Rechts feststellbar ist, da hier keine entschädigungslose Enteignung vorliegt und auch in der deutschen Gesetzgebung die Reduzierung von Überschuldungen zulasten der Gläubiger ausdrücklich vorgesehen ist ...

Auch die von dem Kl. zit. Rspr. des BGH aus dem Jahre 1952 führt zu keiner anderen Beurteilung, da die Entscheidung Inhaberschuldverschreibungen betrifft, die immer nur als verbriefte Forderung existierten und bei denen sich die Rechtsfrage stellen konnte, welcher Rechtsnatur Buchungsvorgänge im Depot im Hinblick auf den Besitzübergang haben können. Auch die sonstigen Ausführungen in der Entscheidung wären nur im Hinblick auf verbriefte Anlagen behilflich. Besitz kann nämlich nur dann entzogen worden sein, wenn zuvor dessen Begründung durch Übergabe der Sache (§ 854 I BGB) oder durch Einigung über den Besitzübergang (§ 854 II BGB) schlüssig dargelegt worden wäre. Der Erwerb von Besitz durch Rechtscheingesichtspunkte, z.B. der Kennzeichnung eines Produkts mit einer ISIN-Nummer, ist nach deutschem Recht nicht möglich. Wie dies im griechischen Recht vollzogen werden könnte, erschließt sich auch nicht aus der vorgelegten Stellungnahme des griechischen Anwalts."

204. *Der für die internationale Deliktszuständigkeit maßgebliche Handlungsort ist überall dort gegeben, wo der Täter gehandelt, das heißt eine auf Tatbestandsverwirklichung gerichtete Tätigkeit vorgenommen hat.*

OLG Koblenz, Hinweisbeschl. vom 17.2.2014 – 3 U 1335/13: Unveröffentlicht.

205. *Im Sinne des Art. 28 EuGVO ist der Begriff des Zusammenhangs unionsrechtlich zu interpretieren. Die Vorschrift verlangt weder Identität der Parteien noch der betroffenen Rechtsverhältnisse. Es genügt die Identität des Lebenssachverhalts. Entscheidend ist mithin, dass die tatsächliche Grundlage beider Klagen dieselbe ist.*

Im Rahmen der Ermessensentscheidung im Sinne des Art. 28 EuGVO sind der Grad des Zusammenhangs beider Verfahren und der Gefahr widersprechender Entscheidungen, die Interessen der Parteien, die Förderung der Prozessökonomie, Stand und Dauer der Verfahren, die Sach- und Beweisnähe der Gerichte und die Zuständigkeit des Erstgerichts zu berücksichtigen. [LS der Redaktion]

OLG Saarbrücken, Urt. vom 20.2.2014 – 4 U 391/12: Unveröffentlicht.

Die Kl. begehrt von den Bekl. Schadensersatz. Die Kl. ist Versicherer der französischen G. Die G. war Eigentümerin einer 2009 verkauften und mittels Lkw transportierten Segelyacht Typ Futuna 70, die am 22.7.2009 auf der BAB 8 beim Rastplatz K. verunfallte. Die Segelyacht wurde transportiert auf einem Schwertransporter mit Überbreite mit einer Zugmaschine mit polnischem Kennzeichen und Anhänger. Die Bekl. zu 2) ist Halterin des ebenfalls unfallbeteiligten Lkws DAF mit dem niederländischen Kennzeichen mit dem Auflieger. Die Bekl. zu 1) ist der Haftpflichtversicherer der Bekl. zu 2). Die Kl. entschädigte ihre Versicherungsnehmerin mit insgesamt 453 399,58 €. Die Kl. machte vor dem Tribunal de commerce (Handelsgericht) Caen/Frankreich einen Prozess gegen die Transportfirma und deren Versicherung anhängig. Außerdem ist vor dem LG Saarbrücken ein Rechtsstreit des Eigentümers des Sicherungsfahrzeugs gegen den hiesigen Zeugen R.M. anhängig.

Mit dem am 27.6.2012 verkündeten Grundurteil hat das LG Saarbrücken – nach Beweisaufnahme durch Vernehmung des Zeugen R.M. – die Klage dem Grunde nach für gerechtfertigt erklärt. Hiergegen haben die Bekl. Berufung eingelegt.

Aus den Gründen:

„B. ... I. Die Klage ist zulässig, das LG Saarbrücken brauchte den Rechtsstreit nicht auszusetzen und konnte durch Grundurteil entscheiden.

1. Zutreffend ist das LG davon ausgegangen, dass sich seine internationale Zuständigkeit aus Art. 5 I Nr. 3 EuGVO ergibt.

Danach ist das Gericht des Orts, an dem das schädigende Ereignis eingetreten ist oder einzutreten droht, zuständig, wenn eine unerlaubte Handlung oder eine Handlung, die einer unerlaubten Handlung gleichgestellt ist, den Gegenstand der Klage bildet.

Da sich der Verkehrsunfall auf der A 8 in Höhe des Rastplatzes K. ereignet hat und dieser auf dem Gebiet der Gemeinde H. liegt, ist das LG Saarbrücken international und örtlich zuständig. Die Bekl. haben dies im Rahmen ihrer Berufung auch nicht angegriffen.

2. Das LG Saarbrücken brauchte den Rechtsstreit nicht gemäß Art. 28 EuGVO i.V.m. § 148 ZPO auszusetzen.

Gemäß Art. 28 I EuGVO kann das später angerufene Gericht das Verfahren aussetzen, wenn bei Gerichten verschiedener Mitgliedstaaten Klagen, die im Zusammenhang stehen, anhängig sind.

 a) Vorliegend hat die Kl. unstreitig mit Schriftsatz vom 16.7.2010 gegen die Transportfirma P.S. und ihren polnischen Versicherer P. vor dem Tribunal de commerce de Caen eine Klage anhängig gemacht. Die hier streitgegenständliche Klage wurde indes erst mit Schriftsatz vom 28.11.2011 anhängig gemacht. Das LG Saarbrücken ist also das später angerufene Gericht.

b) Zutreffend ist das LG allerdings davon ausgegangen, dass die Klagen nicht gemäß Art. 28 III EuGVO im Zusammenhang stehen. Danach stehen Klagen im Zusammenhang, wenn zwischen ihnen eine so enge Beziehung gegeben ist, dass eine gemeinsame Verhandlung und Entscheidung geboten erscheint, um zu vermeiden, dass in getrennten Verfahren widersprechende Entscheidungen ergehen können. Der Begriff des Zusammenhangs ist unionsrechtlich zu interpretieren (vgl. *Kropholler-v. Hein*, Europäisches Zivilprozessrecht, 9. Aufl., Art. 28 EuGVO Rz. 3). Die Vorschrift verlangt weder Identität der Parteien noch der betroffenen Rechtsverhältnisse. Es genügt die Identität des Lebenssachverhalts. Entscheidend ist mithin, dass die tatsächliche Grundlage beider Klagen dieselbe ist. Es genügt auch, dass die Klageziele übereinstimmen oder die Entscheidung beider Verfahren von derselben Frage abhängt (vgl. *Schütze-Geimer*, Europäisches Zivilverfahrensrecht, 3. Aufl., A. 1 Art. 28 Rz. 11). Ein genügender Zusammenhang kann u.a. gegeben sein, wenn den beiden Klagen ein übereinstimmender Lebenssachverhalt zugrunde liegt, ein Widerspruch in den tragenden Urteilsgründen zu erwarten ist, Rechts- und Tatsachenfragen zu klären sind, die in beiden Verfahren eine Rolle spielen oder sich die Ergebnisse des Erstverfahrens im Zweitverfahren verwerten lassen (vgl. *Kropholler-v. Hein* aaO).

Nach der Rspr. des EuGH sind zwei im Rahmen einer einzigen Schadensersatzklage gegen verschiedene Beklagte gerichtete Klagebegehren, von denen das eine auf vertragliche, das andere auf deliktische Haftung gestützt wird, nicht als im Zusammenhang stehend anzusehen (vgl. EuGH, Urt. vom 27.10.1998 – Réunion européenne S.A. u. a. ./. Spliethoff's Bevrachtingskantoor BV u. Kapitän des Schiffes Alblasgracht V002, Rs C-51/97 Rz. 50).

Eine Rspr. des BGH, wonach sich in Fällen wie dem vorliegenden aus Art. 28 EuGVO etwas anderes ergäbe, ist nicht ersichtlich. Der BGH hat lediglich betont, dass das Gericht, das über die Aussetzung zu entscheiden hat, sein Ermessen ausüben muss und dass die Entscheidung aufzuheben ist, wenn sich das Gericht nicht mit den Abwägungskriterien auseinandersetzt (vgl. BGH, Urt. vom 19.2.2013 – VI ZR 45/12[1], BGHZ 196, 180–190, juris Rz. 24 ff).

c) Ob das Gericht das Verfahren aussetzt, liegt in seinem Ermessen. Im Rahmen der ordnungsgemäßen Ermessensausübung ist die Entscheidung, das Verfahren auszusetzen oder fortzufahren, sachlich zu begründen (vgl. BGH, Urt. vom 19.2.2013 aaO; *Zöller-Geimer*, ZPO, 29. Aufl., Anh. I Art. 28 EuGVVO Rz. 9; *Kropholler-v. Hein* aaO Rz. 7). Im Rahmen dieser Ermessensentscheidung sind der Grad des Zusammenhangs beider Verfahren und der Gefahr widersprechender Entscheidungen, die Interessen der Parteien, die Förderung der Prozessökonomie, Stand und Dauer der Verfahren, die Sach- und Beweisnähe der Gerichte und die Zuständigkeit des Erstgerichts zu berücksichtigen (vgl. BGH, Urt. vom 19.2.2013 aaO Rz. 24; OLG Düsseldorf, GRUR-RR 2009, 401 f.[2]; OLGR Karlsruhe 2003, 360 f.[3]; *Schütze-Geimer* aaO Rz. 18 ff.; *Kropholler-v. Hein* aaO Rz. 10).

---

[1] IPRspr. 2013 Nr. 246.
[2] IPRspr. 2009 Nr. 223b.
[3] IPRspr. 2002 Nr. 181.

Das Verfahren der Aussetzung bestimmt sich nach nationalem Recht. Einschlägig ist also in Deutschland § 148 ZPO (vgl. *Schütze-Geimer* aaO Rz. 26; *Zöller-Geimer* aaO Rz. 7) ...

dd) Schließlich kommt es entgegen der Auffassung der Bekl. nicht entscheidend darauf an, ob eventuell eine Überkompensation der Schäden eintreten wird. Das LG hat auf nicht zu beanstandende Weise ausgeführt, dass die Aussetzungsvorschrift des Art. 28 EuGVO nur der Vermeidung widersprechender Entscheidungen dient, nicht aber der Verhinderung materieller Überkompensation von Schäden (vgl. BGH, Urt. vom 19.2.2013 aaO; *Kropholler-v. Hein* aaO Rz. 4).

Daher kommt es nicht darauf an, ob gemäß Art. 15 I Rom-II-VO deutsches Recht maßgeblich ist und damit §§ 249 ff. BGB anwendbar sind, sodass das Bereicherungsverbot des deutschen Schadensrechts einschlägig ist ...

II. Der eingeklagte Anspruch besteht des Weiteren dem Grunde nach.

1. Die Kl. ist aktivlegitimiert.

Das LG hat – im Rahmen der Berufung nicht angegriffen – darauf abgestellt, dass sich der Forderungsübergang gemäß Art. 19 Rom-II-VO nach französischem Recht richtet. Danach bestimmt sich der gesetzliche Forderungsübergang bei Befriedigung des Gläubigers durch einen Dritten aufgrund dessen Verpflichtung nach dem für die Verpflichtung des Dritten gegenüber dem Gläubiger maßgeblichen Recht.

Dies ist vorliegend das französische Recht, da die Kl. ihre Versicherungsnehmerin, die geschädigte Firma G.A.C. S.a.r.l. (Gläubigerin) befriedigt hat und sich der Versicherungsvertrag zwischen der Kl. und ihrer Versicherungsnehmerin nach französischem Recht richtet, da beide Vertragspartner des Versicherungsvertrags unstreitig ihren Sitz in Frankreich haben. Das LG hat daher auf nicht zu beanstandende und im Rahmen der Berufung nicht angegriffene Weise darauf abgestellt, dass die Forderung der Versicherungsnehmerin auf die Kl. gemäß Art. L121-12 (1) Code des assurances übergegangen ist, weil die Kl. unstreitig die das Boot betreffende Entschädigung geleistet hat. Der Text der Vorschrift ergibt sich aus dem Internet. Er betrifft einen gesetzlichen Forderungsübergang, der der deutschen Regelung des § 86 I VVG entspricht.

2. Im vorliegenden Fall ist gemäß Art. 4 I Rom-II-VO deutsches materielles Schadensersatzrecht anwendbar.

Nach dieser Vorschrift ist auf ein außervertragliches Schuldverhältnis aus unerlaubter Handlung das Recht des Staats anzuwenden, in dem der Schaden eintritt, unabhängig davon, in welchem Staat das schadensbegründende Ereignis oder indirekte Schadensfolgen eingetreten sind. Es ist also bei der Verletzung absoluter Rechte – hier des Eigentums – auf den Primärschaden abzustellen, sodass der Ort der Eigentumsverletzung maßgeblich ist (vgl. *Palandt-Thorn*, BGB, 71. Aufl., Art. 4 Rom II Rz. 7).

Der primäre Schaden in Folge der Beschädigung des streitgegenständlichen Boots ist vorliegend unstreitig auf dem in der Gemeinde H. gelegenen Parkplatz K. der A 8 eingetreten, also in Deutschland."

206. *Besteht für einen im EU-Ausland ansässigen Streitgenossen ein inländischer Gerichtsstand nur nach Art. 6 oder nach Art. 5 Nr. 3 EuGVO am selben Ort, an dem die anderen Streitgenossen ihren Wohnsitz haben, so schließt das die Bestim-*

mung eines anderen, nach § 32b ZPO in Verbindung mit einer landesrechtlichen Zuständigkeitskonzentrationsverordnung für die Klage gegen die anderen Streitgenossen zuständigen Gerichts als gemeinsam zuständig nicht aus.

OLG Frankfurt/Main, Beschl. vom 5.3.2014 – 11 SV 4/14: Unveröffentlicht.

Der ASt. nimmt die AGg. als Gesamtschuldner wegen einer aus seiner Sicht fehlgeschlagenen Beteiligung an der ... GmbH & Co. Fonds KG mit Sitz in Gütersloh vor dem LG Gießen auf Schadensersatz in Anspruch. Die AGg. zu 1) und 2) haben ihren Sitz in Deutschland, der AGg. zu 3) soll seinen Sitz entweder in Dubai oder in P./Niederlande haben.

Aus den Gründen:

„II. ... 4. Die AGg. zu 1) und 2) einerseits und der AGg. zu 3) andererseits haben verschiedene allgemeine Gerichtsstände. Während die AGg. zu 1) und 2) ihren allgemeinen Gerichtsstand im Bezirk des LG Bielefeld haben, verfügt der AGg. zu 3) über keinen allgemeinen inländischen Gerichtsstand.

Ob zwischen den Parteien ein gemeinsamer besonderer Gerichtsstand besteht, ist aus tatsächlichen Gründen zweifelhaft.

a) Zwar wäre ein solcher anzunehmen, wenn der AGg. zu 3) seinen Wohnsitz, wie antragsgegnerseits geltend gemacht, in Dubai hätte. In diesem Fall bestünde nach § 32b ZPO i.V.m § 1 der Verordnung über die Konzentration der Verfahren nach dem Gesetz zur Einführung von Kapitalanleger-Musterverfahren (Konzentrations-VO – § 32b ZPO, § 4 KapMuG) vom 23.11.2005 (GV. NRW Nr. 42/911) ein ausschließlicher Gerichtsstand an dem für den Sitz der Emittentin in Gütersloh zuständigen LG Dortmund. Alle drei AGg. werden als Prospektverantwortliche im Sinne des § 32b I Nr. 1 ZPO in Anspruch genommen. Soweit nach dem Wortlaut des § 32b I letzter Halbs. weiterhin erforderlich ist, dass die Klage zumindest auch gegen den Emittenten gerichtet ist, gilt dieses Erfordernis nach der Rspr. des BGH, der sich der Senat im Interesse der Rechtssicherheit und Einheitlichkeit der Rechtsprechung anschließt, nur für den Fall, dass die Klage ausschließlich gegen den in § 32b I Nr. 2 ZPO benannten Personenkreis gerichtet ist (BGH, NJW-RR 2013, 1302).

Hinsichtlich des AGg. zu 3) würde – ein Wohnsitz in Dubai unterstellt – diese örtliche Zuständigkeit auch die internationale indizieren, da insoweit keine vorrangigen staatsvertraglichen Regelungen bestehen.

b) Allerdings kann nach dem Vortrag des ASt. nicht ausgeschlossen werden, dass sich der Wohnsitz des AGg. zu 3) in den Niederlanden befindet. In diesem Fall wäre die Zuständigkeit hinsichtlich des AGg. zu 3) nach der EuGVO zu bestimmen.

Da der AGg. zu 3) in Deutschland keinen allgemeinen Gerichtsstand hat (Art. 2 EuGVO), könnte sich eine Zuständigkeit deutscher Gerichte lediglich aus den Art. 5 Nr. 3 oder Art. 6 EuGVO ergeben.

aa) Nach Art. 5 Nr. 3 EuGVO kann eine Person, die ihren Wohnsitz in einem Vertragsstaat hat, wegen Ansprüchen aus einer unerlaubten Handlung oder einer einer solchen gleichgestellten Handlung ‚vor dem Gericht des Orts [verklagt werden], an dem das schädigende Ereignis eingetreten ist oder einzutreten droht'. Unter dem ‚Ort, an dem das schädigende Ereignis eingetreten ist', ist sowohl der Handlungsort als auch der Erfolgsort zu verstehen (EuGH, Urt. vom 30.11.1976 – Handelskwekerij G. J. Bier BV ./. Mines de potasse d'Alsace S.A., Rs C-21/76, NJW 1977, 493; *Zöller-Geimer*, ZPO, 30. Aufl., Art. 5 EuGVVO Rz. 26). Erfolgsort ist der Ort, an dem das schädigende Ereignis eingetreten ist, wobei es allein auf den Primärschaden ankommt (EuGH, Urt. vom 6.10.2004 – Rudolf Kronhofer ./. Marianne Maier u.a., Rs C-168/02, NJW 2004, 2441; *Zöller-Geimer* aaO; *Rauscher-Leible*, EuZPR, 2. Aufl., Art. 5 Brüssel I-VO Rz. 86). Nicht maßgeblich ist der Ort, an dem weitere Schäden eingetreten sind, wie z.B. der Sitz eines geschädigten Anlegers, wenn dort lediglich – in Form einer Minderung des Gesamtvermögens – die nachteiligen Folgen eines Umstands spürbar geworden sind, der bereits an einem anderen Ort einen Schaden verursacht hatte (EuGH, Kronhofer aaO [Nr. 19]). Im vorliegenden Fall spricht viel dafür, dass zumindest der Erfolgsort der behaupteten unerlaubten Handlung in Gütersloh liegt, da dort die streitgegenständliche Beteiligungsgesellschaft ihren Sitz hat und dort auch der nach Antragstellerangaben vom AGg. zu 3) zu verantwortende irreführende Prospekt herausgegeben worden ist.

bb) Dies kann jedoch letztendlich offen bleiben, da in Gütersloh bzw. dem für Gütersloh zuständigen LG Bielefeld jedenfalls auch der Gerichtsstand der Streitgenossenschaft nach Art. 6 Nr. 1 EuGVO begründet ist, weil dort die AGg. zu 1) und 2) ihren Wohnsitz haben. Art. 6 Nr. 1 EuGVO ist auch dann anwendbar, wenn mehrere Beklagte ihren (Wohn)sitz in demselben Staat haben (KG, IPRax 2002, 515)[1].

Die Voraussetzungen des Art. 6 Nr. 1 EuGVO sind vorliegend erfüllt. Zwischen den Klagen gegen die AGg. zu 1) und 2) und den AGg. zu 3) besteht eine so enge Beziehung, dass eine gemeinsame Verhandlung und Entscheidung zur Vermeidung widersprechender Entscheidungen geboten scheint. Nicht erforderlich ist, dass die Klagen gegen mehrere Beteiligte auf denselben Rechtsgrundlagen beruhen (EuGH, Urt. vom 11.10.2007 – Freeport PLC ./. Olle Arnoldsson, Rs C-98/06, NJW 2007, 3702, 3704 Tz. 38; BGH, NJW-RR 2010, 644, 645[2]).

cc) Dagegen ist entgegen der Auffassung des ASt. vorliegend kein Verbrauchergerichtsstand nach Art. 15 I lit c, 16 I Alt. 2 EuGVO am Wohnsitz des ASt. gegeben. Ein solcher würde nach Art. 15 I EuGVO voraussetzen, dass ein Vertrag oder Ansprüche aus einem Vertrag eines Verbrauchers Gegenstand des Verfahrens sind. Der ASt. macht gegen den AGg. zu 3) jedoch keine vertraglichen, sondern ausschließlich deliktische Ansprüche geltend.

dd) Da im Falle eines Wohnsitzes des AGg. zu 3) in den Niederlanden für diesen somit ein deutscher Gerichtsstand (nur) am LG Bielefeld bestünde, hinsichtlich der AGg. zu 1) und 2) allerdings im Hinblick auf § 32b ZPO i.V.m § 1 der Konzentrations-Verordnung NRW ein ausschließlicher Gerichtsstand am LG Dortmund gegeben ist, wäre in diesem Fall kein gemeinsamer Gerichtsstand gegeben.

5. Der Senat hält in der vorliegenden Konstellation eine Gerichtsstandsbestimmung trotz des im Fall eines Wohnsitzes in Dubai bestehenden gemeinsamen Gerichtsstands für zulässig. Zu bestimmen ist das LG Dortmund.

a) Es ist anerkannt, dass eine Gerichtsstandsbestimmung trotz gemeinsamen besonderen Gerichtsstands jedenfalls dann zulässig ist, wenn das Gericht des gemeinschaftlichen besonderen Gerichtsstands bereits erhebliche Zweifel an seiner Zuständigkeit geäußert hat (OLG München, NJW-RR 2010, 645; OLG Schleswig, MDR 2007, 1200; BayObLG, NJW-RR 2004, 944; *Zöller-Vollkommer* aaO § 36 Rz. 15; *Vossler*, NJW 2006, 117, 120). Darüber hinaus sprechen Gründe der Prozessökonomie dafür, auch in anderen Fällen eines möglicherweise bestehenden gemeinsamen

---

[1] IPRspr. 2001 Nr. 137.   [2] IPRspr. 2009 Nr. 187b.

Gerichtsstands eine Gerichtsstandsbestimmung vorzunehmen, wenn dieser gemeinsame Gerichtsstand nicht zuverlässig oder nur mit erheblichem Aufwand festzustellen ist (vgl. BGH, NJW-RR 2008, 1514; OLG München, ZIP 2013, 435[3]; *Vossler* aaO).

b) Der Umstand, dass hinsichtlich des AGg. zu 3) im Inland lediglich besondere Gerichtsstände begründet sind, steht einer Zuständigkeitsbestimmung ebenfalls nicht entgegen (BGH, NJW-RR 2013, 1399[4]; NJW 1988, 646[5]).

c) Das für den Fall eines Wohnsitzes des AGg. zu 3) in Dubai gemeinsam ausschließlich zuständige LG Dortmund wäre auch für den Fall, dass der AGg. seinen Wohnsitz in den Niederlanden hat, nach § 36 I Nr. 3 ZPO als gemeinsam zuständig zu bestimmen, weil hier der Schwerpunkt des Rechtsstreits liegt. Insoweit kommt für die geltend gemachten Prospekthaftungsansprüche der möglichen Existenz eines gemeinschaftlichen ausschließlichen Gerichtsstands nach § 32b ZPO für die AGg. ein erhebliches Gewicht zu, um entsprechend dem Regelungszweck des § 32b ZPO kapitalmarktrechtliche Streitigkeiten bei dem LG am Sitz des betroffenen Emittenten zu konzentrieren.

Zwar kann im Regelfall nur ein solches Gericht bestimmt werden, bei dem einer der in Anspruch genommenen Streitgenossen seinen allgemeinen Gerichtsstand hat. Allerdings kann das nach § 32b ZPO jedenfalls für die gegen einen Streitgenossen zu erhebenden Ansprüche zuständige Gericht auch dann als zuständig bestimmt werden, wenn bei diesem Gericht keiner der Streitgenossen seinen allgemeinen Gerichtsstand hat. Andernfalls könnte – wie auch im Streitfall – derjenige Gerichtsstand, den der Gesetzgeber als ausschließlichen gewollt hat, ggf. überhaupt nicht berücksichtigt werden, ohne dass dies durch die schützenswerten Interessen der anderen Streitgenossen, denen die Zuständigkeit ihres Wohnsitzgerichts nach § 36 I Nr. 3 ZPO ohnedies genommen werden kann, geboten wäre (BGH, NJW-RR 2008 aaO).

d) Das dem Senat bei der Bestimmung des zuständigen Gerichts nach § 36 I Nr. 3 ZPO eingeräumte Auswahlermessen ist auch nicht insoweit eingeschränkt, als der nach Art. 6 Nr. 1 EuGVO statuierte Gerichtsstand der Streitgenossenschaft sowie der Erfolgsort nach Art. 5 Nr. 3 EuGVO Vorrang genössen."

207. *Deutsche Gerichte sind für deliktische Schadensersatzansprüche eines deutschen Anlegers gegen eine in der Schweiz ansässige Kapitalanlagegesellschaft, die mangels einer deutschen Genehmigung in Deutschland unerlaubte Finanzdienstleistungen erbracht hat, zuständig.*

Art. 303 des schweizerischen Bundesgesetzes betreffend Schuldbetreibung und Konkurs vom 11.4.1889 (BS 3, 3), wonach ein in einem Schweizer Insolvenzverfahren geschlossener Nachlassvertrag zum Erlöschen von Forderungen gegen Mitverpflichtete führen kann, entfaltet auch gegenüber nach deutschem Recht zu beurteilenden Ansprüchen Wirkung (im Anschluss an OLG Hamm, IPRspr 2013 Nr. 297). [LS der Redaktion]

---

[3] IPRspr. 2013 Nr. 202.
[4] IPRspr. 2013 Nr. 203.
[5] IPRspr. 1987 Nr. 124.

OLG Brandenburg, Urt. vom 27.3.2014 – 12 U 182/12: Unveröffentlicht.

Die Parteien streiten um Schadenersatzansprüche des Kl. im Zusammenhang mit einer Vermögensverwaltung.
Mit dem angefochtenen Urteil hat das LG die Klage abgewiesen und den Vollstreckungsbescheid des AG Wedding – Zentrales Mahngericht Berlin-Brandenburg – vom 1.9.2011 aufgehoben.

Aus den Gründen:

„II. ... In der Sache hat die Berufung des Kl. jedoch keinen Erfolg; sie ist unbegründet. Mit dem angefochtenen Urteil hat das LG zu Recht eine internationale und örtliche Zuständigkeit für gegeben erachtet und die Klage als unbegründet abgewiesen, weil einer Haftung der Bekl. entgegenstehe, dass der Kl. dem durch das Bezirksgericht Zürich am 11.1.2012 genehmigten Nachlassvertrag zugestimmt, aber unstreitig nicht mindestens zehn Tage vor der Gläubigerversammlung den Bekl. deren Ort und Zeit mitgeteilt und ihnen die Abtretung seiner Forderung gegen Zahlung angeboten habe (Art. 303 II schweiz. SchKG) ...

1. Die Klage ist zulässig. Die deutschen Gerichte sind für die Entscheidung des Rechtsstreits gemäß Art. 5 Nr. 3 LugÜ II zuständig. Nach Art. 5 Nr. 3 des Übereinkommens kann eine Person in einem anderen Mitgliedstaat als ihrem Wohnsitzstaat verklagt werden, wenn eine unerlaubte Handlung oder eine gleichgestellte Handlung oder Ansprüche aus einer solchen Handlung den Gegenstand des Verfahrens bilden. International zuständig sind dann auch die Gerichte des Orts, an dem das schädigende Ereignis eingetreten ist oder einzutreten droht. Der Ort, an dem das schädigende Ereignis eingetreten ist, umfasst sowohl den Handlungsort als auch den Erfolgsort. Vorliegend hat der Kl. einen Anspruch gegen die Bekl. aus einer unerlaubten Handlung dargetan (§§ 823 II, 840 BGB i.V.m. §§ 32, 54 KWG, § 14 StGB). Unter Zugrundelegung seines Vortrags ist die eigentliche unerlaubte Handlung in Deutschland vorgenommen worden, und zwar durch einen Vertriebsmitarbeiter der M. AG. Die verbotswidrige Erbringung von Finanzdienstleistungen (§ 54 KWG) erfolgte in Deutschland. Dazu gehört schon die entspr. Geschäftsanbahnung. Der Kl. wurde in Deutschland von dem Vertriebsmitarbeiter der M. beworben und über die Anlage informiert. Er hat in Deutschland anlässlich des Treffens vom 7.6.2000 eine Auslandsbearbeitungsgebühr entrichtet.

2. Dem Kl. steht gegenüber den Bekl. der geltend gemachte Schadensersatzanspruch unter keinem rechtlichen Gesichtspunkt zu ...

2.1. Auch bei dem gemäß Art. 40 I EGBGB geltenden deutschen Deliktsstatut ist vorliegend Art. 303 schweiz. SchKG anwendbar. Art. 303 schweiz. SchKG entfaltet auch nach deutschem Recht Wirkung (§§ 335, 343 I 1 InsO). Nach § 335 InsO unterliegen das Insolvenzverfahren und seine Wirkung dem Recht des Staats, in dem das Insolvenzverfahren eröffnet wird, wobei sowohl verfahrensrechtliche als auch materiell-rechtliche Folgen erfasst sind. Vorliegend ist der Nachlassvertrag im Rahmen des Schweizer Insolvenzverfahrens abgeschlossen worden. Am 7.11.2011 fand in Bezug auf die M. AG eine Gläubigerversammlung statt, im Rahmen derer zwischen der Gesellschaft und ihren Gläubigern einstimmig ein Nachlassvertrag mit Vermögensabtretung beschlossen wurde. Auch der anwaltlich vertretene Kl. stimmte diesem Nachlassvertrag zu. Am 11.1.2012 genehmigte das Bezirksgericht Zürich den Nachlassvertrag und setzte einen Liquidator ein. Auch wenn Art. 303 II schweiz. SchKG Rechtsfolgen gegenüber Personen regelt, die selbst nicht am Insolvenzverfahren beteiligt sind, ist das Erlöschen der Forderung gegenüber Mitverpflichteten – wie den Bekl. – eine typische Wirkung des Schweizer Insolvenzverfahrens, die auch in Deutschland Anerkennung findet. Dem steht das inländische Deliktsstatut nicht entgegen. Soweit aus dem nach schweizerischem Recht zu beurteilenden Insolvenzverfahren Rechtstatsachen erwachsen, die im Rahmen der Prüfung eines nach inländischem Statut zu beurteilenden Deliktsanspruchs entscheidungserheblich sind, handelt es sich um nicht deliktsrechtliche Vorfragen, die auch abweichend vom jeweiligen Deliktsstatut nach einer anderen Rechtsordnung zu beantworten sind (vgl. OLG Hamm, Urt. vom 7.11.2013 – 6 U 215/11[1], m.w.N.).

2.2. Die Rechtsfolgen dieser Vorschrift gelten auch gegenüber den Bekl. als deliktische Mitschuldner. Der Gläubiger, der einem Nachlassvertrag zugestimmt hat, verliert sämtliche Rechte gegen Mitschuldner, sofern er ihnen nicht mindestens zehn Tage vor der Gläubigerversammlung deren Ort und Zeit mitgeteilt und ihnen die Abtretung seiner Forderungen gegen Zahlung angeboten hat (Art. 303 II schweiz. SchKG). Ohne diese Rechtswirkung wäre diese Norm bedeutungslos. Dies ergibt sich aus den nachvollziehbaren und überzeugenden Ausführungen des Sachverständigen Prof. Dr. jur. *H. M.* in den für das OLG Hamm und für das LG Ulm erstatteten Gutachten vom 3.1. und 14.5.2013. Dabei hat das BGer festgestellt, dass der Gläubiger, der es unterlässt, gemäß Art. 303 II schweiz. SchKG vorzugehen, alle Rechte gegenüber dem Mitschuldner verliert; es bleibt nicht einmal eine Naturalobligation (Urt. vom 31.5.1995, BGE 121 III 191). Diese Rechtsfolge muss sich auch nicht noch zusätzlich aus dem Nachlassvertrag ergeben. Die Bekl. sind Mitschuldner im Sinne der Vorschrift. Der Begriff des Mitverpflichteten ist nicht auf rechtsgeschäftlich haftende Schuldner beschränkt. Der Sachverständige hat in seinen Rechtsgutachten ausgeführt, dass unter Mitschuldner bzw. Mitverpflichteten alle Schuldner zu verstehen sind, die für dieselbe Schuld vollumfänglich haften, unabhängig davon, ob sie aus demselben oder verschiedenen Rechtsgründen haften und ob die Verpflichtungen selbständig oder akzessorisch begründet wurden. Juristische Personen und ihre Organe sowie Personen, die für unerlaubte Handlungen der Organe solidarisch haften, stellen Mitverpflichtete im Sinne der Art. 216, 303 schweiz. SchKG dar. Dies hat der Sachverständige überzeugend unter Bezugnahme auf die Schweizer Rspr. u. Lit. herausgearbeitet, wobei er sich mit allen gegen diese Ansicht sprechenden Gesichtspunkten auseinandergesetzt hat. Die Anwendbarkeit dieser Vorschrift ergibt sich v.a. aus dem Urteil des BGer vom 31.5.1995 (aaO), wonach unter Mitverpflichtete alle Mitschuldner zu verstehen sind, die vollumfänglich für dieselbe Schuld haften. Nach den überzeugenden Ausführungen des Sachverständigen ist die klägerseits angeführte Kommentarstelle (Basler Kommentar zum SchKG-*Vollmar*, 2. Aufl., Art. 303 Rz. 7) in dem genannten Sinne weit auszulegen (OLG Hamm aaO m.w.N.).

2.3. Vorliegend ist Art. 303 II schweiz. SchKG auch dann anzuwenden, wenn die Bekl. ihrerseits keinen Regressanspruch gegenüber der Fa. M. AG haben. Die Vorschrift gilt auch für solche Mitverpflichtete, denen gegen den Nachlassschuldner kein Regressanspruch zusteht. Wie der Sachverständige in seinen Gutachten für das LG Ulm vom 14.5.2013 und für das OLG München vom 11.4.2013 nachvollziehbar und überzeugend ausgeführt hat, ist diese Frage durch die Entscheidung des BGer

---
[1] IPRspr. 2013 Nr. 297.

vom 12.2.1997 höchstrichterlich entschieden. In dieser Entscheidung hat das Gericht unter Bezugnahme auf das genannte Urteil vom 31.5.1995 ausgeführt, dass nach der st. Rspr. des BGer von dem Wortlaut des Gesetzes nur dann abgewichen werden soll, wenn triftige Gründe für die Annahme sprechen, dass der Wortlaut nicht dem Sinn der Norm entspricht. Solche Gründe liegen hier nicht vor. Auch derjenige Mitverpflichtete, dem kein Regressrecht gegen den Nachlassschuldner zusteht, hat ein Interesse daran, sich eine Forderung abtreten zu lassen. Etwas anderes ergibt sich auch nicht aus der Kommentierung im Basler Kommentar zum Sinn und Zweck dieser Vorschrift. Vielmehr ist angesichts der eindeutigen Rspr. des BGer diese Rechtsfrage höchstrichterlich entschieden (OLG Hamm aaO unter Bezugnahme auf das Gutachten vom 14.5.2013, 39 f. m.w.N.).

2.4. Art. 303 II schweiz. SchKG ist auch dann anzuwenden, wenn der Kl. im Nachlassverfahren nach schweizerischem Recht nicht stimmberechtigt war. Nach den Feststellungen des Sachverständigen in dem für das LG Ulm erstatteten Gutachten vom 14.5.2013 ist für die Frage, ob die Wirkungen des Art. 303 schweiz. SchKG bei nichtbestimmberechtigten Gläubigern eintreten, entscheidend, ob der betreffende Nachlassgläubiger dem Nachlassvertrag zugestimmt hat, ob er die in Abs. 2 dieser Vorschrift genannten Maßnahmen ergriffen hat und der Nachlassvertrag rechtskräftig geworden ist. Vorliegend hat der Kl. dem Nachlassvertrag zugestimmt, und das Bezirksgericht Zürich hat den Nachlassvertrag am 11.1.2012 genehmigt. Zu der unter Bezugnahme auf die Kommentierung im Basler Kommentar zu Art. 303 schweiz. SchKG vertretenen Gegenansicht hat der Sachverständige in seinem Gutachten vom 14.5.2013 zutreffend ausgeführt, dass sich diese Kommentierung ausschließlich auf solche Gläubiger bezieht, die es versäumt haben, ihre Forderung fristgerecht anzumelden; Gläubiger die aufgrund bestrittener Forderungen kein Stimmrecht haben, sind hingegen nicht gemeint. Nur die säumigen Gläubiger im Sinne des Art. 300 schweiz. SchKG sind vom persönlichen Anwendungsbereich des Art. 303 II schweiz. SchKG ausgenommen. Gläubigern bestrittener Forderungen stehen demgegenüber die rechtswahrenden Wege gemäß Art. 303 II schweiz. SchKG offen. Die Forderungen gegenüber Mitverpflichteten sind auch für einen Gläubiger als Inhaber einer bestrittenen Forderung nach Maßgabe des abgeschlossenen Nachlassvertrags untergegangen (OLG Hamm aaO unter Bezugnahme auf das Gutachten vom 14.5.2013, 45. ff m.w.N.).

2.5. Ein Verstoß gegen den deutschen ordre public liegt nicht vor (§ 343 I Nr. 1 InsO). Die Vorschrift des schweiz. SchKG ist mit wesentlichen Grundsätzen des deutschen Rechts, insbesondere den Grundrechten nicht offensichtlich unvereinbar. Art. 303 II schweiz. SchKG führt im Rahmen des schweizerischen Insolvenzrechts zu einer schnellen und rechtssicheren Klärung des Bestands an Gläubigern und Forderungen, ohne dass eine unangemessene Gläubigerbenachteiligung vorliegt. Diese haben es vielmehr selbst in der Hand, einen Rechtsverlust zu vermeiden, indem sie entweder dem Nachlassvertrag nicht zustimmen oder im Falle einer Zustimmung die in Art. 303 II schweiz. SchKG genannten Maßnahmen ergreifen (OLG Hamm aaO m.w.N.)."

208. *Eine Gerichtsstandsvereinbarung, die auch deliktische Anspruchsgrundlagen umfasst, wird nicht bereits dadurch wirksam geschlossen, dass sich ein Nutzer* *auf einer Online-Plattform einloggt und dabei Nutzungsbedingungen akzeptiert, die eine ausschließliche Gerichtsbarkeit (hier irischer Gerichte) vorsehen. [LS der Redaktion]*

LG Berlin, Urt. vom 27.3.2014 – 27 O 748/13: MMR 2014, 562.

Der ASt. betreibt den Friseursalon „... & Makeup". Er schloss 2008 mit der Q. GmbH, die im Internet eine Bewertungsplattform betrieb, einen Vertrag als sog. Premium Partner. Die auf www q... .de befindlichen Inhalte wurden im Laufe des Jahres 2013 in die von der AGg., die ihren Sitz in Dublin/Irland hat, betriebenen Internetseite www y... .de integriert. Auf der Seite www y... .de können nur registrierte Nutzer ihre Erfahrungen mit Geschäftsbetrieben schildern und mit einem Punktwert benoten. Ende 2013 waren auf dem Profil des ASt. auf www y... .de von 82 Kommentaren 71 Beiträge als „momentan nicht empfohlen" gekennzeichnet und aus der Berechnung der Gesamtbewertung des Betriebs des ASt. ausgeschlossen. Der ASt. loggte sich jedenfalls Anfang 2014 auf www y... .de als Geschäftsinhaber ein. Nach vergeblicher Abmahnung erwirkte der ASt. Ende 2013 gegen die AGg. eine einstweilige Verfügung hinsichtlich der Veröffentlichung bestimmter Bewertungen. Gegen die einstweilige Verfügung richtet sich der Widerspruch der AGg., mit dem sie die Zuständigkeit des LG Berlin rügt.

Aus den Gründen:

„II. ... 1. Das LG Berlin ist für die Entscheidung des Rechtsstreits örtlich gemäß § 32 ZPO und international gemäß Art. 5 Nr. 3 EuGVO zuständig, da der ASt. sein Begehren vorrangig auf den deliktischen Unterlassungsanspruch aus §§ 823 I, 1004 I 2 BGB analog i.V.m. Art. 2 I GG stützt. Schon nach dem Vortrag der AGg. liegt keine wirksame, den Anforderungen des Art. 23 EuGVO genügende Gerichtsstandsvereinbarung vor, die auch deliktische Anspruchsgrundlagen umfasst. Das bloße Einloggen unter Akzeptanz der Y...-Nutzungsbedingungen, die in Nr. 13 die ausschließliche Gerichtsbarkeit irischer Gerichte vorsehen, entspricht nicht den Formvorschriften des Art. 23 I litt. a bis c EuGVO; dass eine entsprechende zwischen den Parteien entstandene Gepflogenheit bzw. ein entsprechender internationaler Handelsbrauch besteht, ist weder vorgetragen noch ersichtlich. Zwar sind gemäß Art. 23 II EuGVO elektronische Übermittlungen der Schriftform gleichgestellt; dies gilt aber nur, wenn sie eine dauerhafte Aufzeichnung der Vereinbarung ermöglichen, was bei einem bloßen Einloggen ohne gleichzeitigen Ausdruck oder Speicherung der Nutzungsbedingungen auf dem Rechner des ASt. nicht der Fall ist. Im Übrigen können im hier vorliegenden Verfahren des einstweiligen Rechtsschutzes gemäß Art. 31 EuGVO einstweilige Maßnahmen ohnehin bei Gerichten im Land des ASt. beantragt werden, da die dafür erforderliche reale Verbindung des begehrten einstweiligen Rechtsschutzes zum Gerichtsstaat besteht (vgl. *Zöller-Geimer*, ZPO, 30. Aufl., Art. 31 EuGVO Rz. 7 m.w.N.)."

209. *Im Verhältnis zwischen der Türkei und Deutschland existiert keine vorrangige internationale Gerichtsstandsregelung für die Geltendmachung von Ansprüchen aus unerlaubter Handlung. Die internationale Zuständigkeit deutscher Gerichte ist folglich am besonderen Deliktsgerichtsstand des § 32 ZPO zu prüfen. [LS der Redaktion]*

OLG München, Urt. vom 28.5.2014 – 7 U 4/12: Unveröffentlicht.

Der Kl. begehrt die Rückerstattung seiner Einlage bei der Bekl., einer in K./Türkei ansässigen AG. 1999 beteiligte sich der Kl. nach einem Gespräch mit dem Mitarbeiter B. in München mit 92 335 DM an der Bekl. und erhielt gegen Barzahlung dieses Betrags 1 095 Aktien der Bekl. Mit Anwaltsschreiben forderte der Kl. von der Bekl. die Einlage zurück; eine Zahlung ist nicht erfolgt.

Das LG hat die Klage abgewiesen. Es sei international nur für die Prüfung deliktischer Ansprüche zuständig. Derartige Ansprüche bestünden aber nicht. Hiergegen richtet sich die Berufung des Kl., mit der er seine erstinstanzlichen Anträge weiter verfolgt.

Aus den Gründen:

„II. Die zulässige Berufung ist nicht begründet. Das LG hat die Klage zu Recht als unbegründet abgewiesen.

1. Die Klage ist zulässig, insbesondere sind deutsche Gerichte international zuständig.

Da eine vorrangige internationale Gerichtsstandsregelung im Verhältnis zur Türkei, dem Sitz der Bekl., nicht besteht, leitet sich die internationale Zuständigkeit aus dem besonderen Deliktsgerichtsstand des § 32 ZPO her. Die internationale Zuständigkeit der deutschen Gerichte ist von Amts wegen zu prüfen, denn die Vorschriften über die örtliche Zuständigkeit (§§ 12 ff. ZPO) regeln mittelbar auch die Grenzziehung zwischen der Zuständigkeit deutscher und ausländischer Gerichte. Zur Begründung des Gerichtsstands gemäß § 32 ZPO reicht die schlüssige Behauptung von Tatsachen aus, auf deren Grundlage sich ein deliktischer Anspruch ergeben kann. Im Rahmen der Prüfung der internationalen Zuständigkeit genügt es mithin, dass der Kl. die Voraussetzungen der – nach dem insoweit maßgeblichen deutschen Recht – deliktischen Ansprüche nach den §§ 823 ff. BGB schlüssig behauptet hat. Nach § 32 ZPO ist für Klagen aus unerlaubten Handlungen das Gericht zuständig, in dessen Bezirk die Handlung begangen ist. Begehungsort der deliktischen Handlung kann sowohl der Handlungs- als auch der Erfolgsort sein, sodass eine Zuständigkeit wahlweise dort gegeben ist, wo die Verletzungshandlung begangen wurde oder dort, wo in ein geschütztes Rechtsgut eingegriffen wurde. Der Begehungsort der vom Kl. behaupteten unerlaubten Handlungen liegt danach im Inland, weil die Anteile an der Bekl. von ihm im Inland erworben worden sind und der behauptete Schaden ebenfalls im Inland eingetreten ist. Auch sind deliktische Ansprüche, hier gemäß § 826 BGB, auf der Grundlage des Klagevortrags hinreichend dargetan. Ist die internationale Zuständigkeit nach dem deliktischen Gerichtsstand im Inland somit gegeben, ist zwar umfassend zu prüfen, ob das Schadensersatzbegehren des Kl. aufgrund eines deliktischen Anspruchs begründet ist. Die internationale Zuständigkeit ist allerdings lediglich für deliktische Ansprüche gegeben, sie zieht nicht – kraft Sachzusammenhangs – die Zuständigkeit auch für nicht-deliktische Ansprüche nach sich. Insoweit steht dem deutschen Gericht keine Prüfungsbefugnis zu (vgl. BGH vom 23.3.2010 – VI ZR 57/09[1], WM 2010, 928, Rz. 8 ff.). Auch richtet sich nach dem am Gerichtsstand geltenden deutschen Recht, ob das der Klage zugrunde gelegte, vom Kl. behauptete Geschehen als unerlaubte Handlung einzuordnen ist (BGH aaO Rz. 12 f.)."

210. *Auch eine deutsche Leasinggesellschaft, die aus eigenem Recht Schadensersatzansprüche wegen der Beschädigung eines ihr gehörenden Kraftfahrzeugs bei einem Unfall in Belgien geltend macht, gehört zum Kreis der Geschädigten, die eine Direktklage gegen einen in der Europäischen Union ansässigen Haftpflichtversicherer vor dem Gericht ihres Wohn- oder Geschäftssitzes erheben können.*

---

[1] IPRspr. 2010 Nr. 48b.

OLG Frankfurt/Main, Urt. vom 23.6.2014 – 16 U 224/13: NJW-RR 2014, 1339; IPRax 2015, 148, 115 Aufsatz *Mankowski*; NZV 2015, 238. Leitsatz in NJW-Spezial 2014, 586.

Die Kl. macht gegen die Bekl., ein in Belgien ansässiges Versicherungsunternehmen, Schadensersatzansprüche aus einem von einem Versicherungsnehmer der Bekl. in Belgien 2009 verursachten Verkehrsunfall geltend, bei dem das Fahrzeug der Kl. einen wirtschaftliche Totalschaden erlitt. Der Unfallhergang und die Haftung sind zwischen den Parteien streitig. Die Parteien streiten um die Frage, ob das LG Frankfurt/Main, in dessen Bezirk die Kl. ihren allgemeinen Gerichtsstand hat, für die Entscheidung des Rechtsstreits zuständig, die Klage mithin zulässig ist.

Das LG hat die Klage als unzulässig abgewiesen. Hiergegen richtet sich die Berufung der Kl.

Aus den Gründen:

„II. Die zulässige Berufung der Kl. führt auf deren Antrag zur Aufhebung des angefochtenen Urteils und Zurückverweisung des Verfahrens an das LG.

Das LG hat zu Unrecht angenommen, dass die deutschen Gerichte zur Entscheidung des vorliegenden Rechtsstreits international nicht zuständig seien, weshalb die Klage unzulässig sei. Die Kl. kann sich als Geschädigte im Sinne des Art. 11 II EuGVO auf die Regelung der Zuständigkeit in Art. 9 I lit. b EuGVO berufen, so dass sie in den Genuss des forum actoris kommt.

1. Der Streit der Parteien um die Zuständigkeit des LG für die Entscheidung der Klage einer deutschen GmbH auf Schadensersatz aus einem Unfall in Belgien gegen einen belgischen Haftpflichtversicherer beurteilt sich nach Gemeinschaftsrecht.

a. Wie der EuGH entschieden hat, ist die Verweisung in Art. 11 II EuGVO auf Art. 9 I lit b EuGVO dahin auszulegen, dass der Geschädigte vor dem Gericht des Orts in einem Mitgliedstaat, an dem er seinen Wohnsitz hat, eine Klage unmittelbar gegen den Versicherer erheben kann, sofern eine solche unmittelbar Klage zulässig ist und der Versicherer im Hoheitsgebiet eines Mitgliedstaats ansässig ist (Urt. vom 13.12.2007 – Per Grønfeldt und Tatiana Grønfeldt ./. Finanzamt Hamburg-Am Tierpark, Rs C-436/06, Rz. 31; im Anschluss: BGHZ 176, 276[1]). Da die Möglichkeit einer Direktklage gegen den belg. Haftpflichtversicherer des gegnerischen Fahrzeugs unstreitig gegeben ist, richtet sich die (internationale) Zuständigkeit des angerufenen Gerichts nach Art. 9 I lit. b EuGVO i.V.m. Art. 11 II EuGVO.

b. Geschädigter im Sinne von Art. 11 II EuGVO ist jede Person, die ein Recht auf Ersatz eines von einem Fahrzeug verursachten Schadens hat. Dies kann auch eine juristische Person wie die Kl. sein, deren Eigentum beschädigt wurde (OLG Celle, Urt. vom 27.2.2008 – 14 U 211/06[2], Rz. 16; OLG Zweibrücken, Beschl. vom 29.9.2001 – 1 U 119/09[3], Rz. 7; OLG Köln, Beschl. vom 9.3.20101 – 13 U 119/09[4], Rz. 11; konkret für Leasinggeber: *Nagel-Gottwald*, Internationales Zivilprozessrecht, 7. Aufl., § 3 Rz. 135; MünchKommZPO-*Gottwald*, 4. Aufl., Art. 11 EuGVVO Rz. 2).

2. Der Bekl. ist allerdings zuzugeben, dass für die Sonderregelung der Abschnitte 3 bis 5 des Kapitels II sozialpolitische Erwägungen maßgebend sind.

a. Der Zweck dieser Vorschriften liegt laut Erwgr. 13 der Verordnung Nr. 44/2001 (= EuGVO) darin, die wirtschaftlich schwächere und rechtlich weniger erfahrene Partei durch Zuständigkeitsvorschriften zu schützen, die für sie günstiger sind als die allgemeine Regelung. Aus diesem Schutzzweck ergibt sich, dass die Abweichungen

---
[1] IPRspr. 2008 Nr. 132.
[2] IPRspr. 2008 Nr. 142.
[3] IPRspr. 2009 Nr. 209.
[4] IPRspr. 2010 Nr. 191.

von den Zuständigkeitsregeln in Versicherungssachen eng ausgelegt werden müssen. Die in Rede stehenden besonderen Zuständigkeitsregeln dürfen nicht auf Personen erstreckt werden, die dieses Schutzes nicht bedürfen (vgl. EuGH, Urt. vom 26.5.2005 – Groupement d'intérêt économique (GIE) Réunion européenne u.a. ./. Zurich España und Société pyrénéenne de transit d'automobiles, Rs C-77/04, Rz. 18; Urt. vom 13.7.2000 – Group Josi Reinsurance Company S.A. ./. Universal General Insurance Company, Rs C-412/98, Rz. 65; Urt. vom 17.9.2009 – Vorarlberger Gebietskrankenkasse ./. WGV-Schwäbische Allgemeine Versicherungs AG, Rs C-347/08, Rz. 1].

b. So hielt der EuGH im Rahmen der Beziehungen zwischen gewerblich Tätigen des Versicherungssektors einen besonderen Schutz nicht für gerechtfertigt, da keiner als der gegenüber dem anderen Schwächere angesehen werden könne (Urt. vom 26.5.2005 aaO Rz. 20). Gleichermaßen hat der EuGH im Verhältnis zwischen Rückversicherten und Rückversicherer (Urt. vom 13.7.2000 aaO Rz. 66, 73) als auch bei einem Sozialversicherungsträger als Legalzessionar, der Ansprüche des bei einem Unfall unmittelbar Geschädigten geltend machte (Urt. vom 17.9.2009 aaO Rz. 47), eine Anwendung dieser Zuständigkeitsvorschriften verneint.

3. Unter Übertragung dieser Grundsätze lässt sich eine Schutzbedürftigkeit bzw. Unterlegenheit der hiesigen Kl. nicht verneinen. Die Kl. hat Umstände vorgebracht, die sie im Verhältnis zur beklagten Haftpflichtversicherung als die schwächere Partei erscheinen lassen.

a. Die Beziehung der Parteien ist in Ansehung des Prozessgegenstands und des anwendbaren materiellen Rechts durch ein Ungleichgewicht gekennzeichnet.

Nur die Bekl. ist im Bereich der Versicherungswirtschaft gewerblich in Belgien tätig; Streitfälle der vorliegenden Art in dem zugrunde zu legenden belgischen Recht gehören zum Kern ihrer Geschäftstätigkeit. Feststellungen des LG dazu, dass die Kl., eine europaweit agierende Leasinggesellschaft, gleichermaßen über eine besondere Sachkunde im belgischen Haftpflichtversicherungs- und Straßenverkehrsrecht verfügt, fehlen. Die Geltendmachung oder Abwehr von Ansprüchen aus Verkehrsunfällen unter Beteiligung ihrer Leasingfahrzeuge stellt sich für die Kl. als großes Leasingunternehmen lediglich als Nebentätigkeit dar. Auch wenn die Kl. eine Niederlassung in Belgien unterhält, tritt sie ihrem unwidersprochenen und damit gemäß § 138 III ZPO als zugestanden geltenden Vortrag zufolge dort nicht als Leasinggeber für Fahrzeuge auf und hält keine eigene Rechtsabteilung vor, die mit der Bearbeitung und Abwicklung von Kfz-Schadensregulierungen nach belgischem Recht befasst ist. Dass sie auf den maßgebenden Rechtsgebieten über die gleiche Erfahrung verfügt wie die beklagte Versicherung, kann demnach nicht angenommen werden.

Das geht zulasten der Bekl., die sich auf eine Ausnahme von der Zuständigkeitsregelung in Art. 9 I lit. b i.V.m. Art. 11 II EuGVO beruft.

b. Insoweit erscheint dem Senat die Position der Kl. gegenüber dem Versicherer auch nicht vergleichbar mit der eines regressierenden Sozialversicherungsträgers.

aa. Zutreffend weist die Kl. zunächst darauf hin, dass in dem Verfahren vor dem EuGH offensichtlich überhaupt nicht vorgebracht wurde, dass ein Sozialversicherungsträger als Partei wirtschaftlich schwächer und rechtlich weniger erfahren sei als ein Haftpflichtversicherer (Urt. vom 17.9.2009 aaO Rz. 42). Demgegenüber hat die hiesige Kl. zu diesem Punkt vorgetragen.

bb. Darüber hinaus besteht ein Unterschied auch insoweit, dass der Sozialversicherungsträger seine Legitimation aus übergeleitetem Recht herleitet, während die Kl. hier als primär Geschädigte ihren Anspruch kraft eigenen Rechts geltend macht.

4. Entgegen der Ansicht des LG vermindert auch die Befähigung der Kl., aufgrund ihrer nationalen Beziehungen mit einer eigenen Niederlassung einen Rechtsbeistand am Unfallort in Anspruch zu nehmen, nicht ihre Unterlegenheit gegenüber der Bekl. Denn diese Möglichkeit ist über einen inländischen Korrespondenzanwalt stets gegeben.

5. Schließlich weist die Kl. auch zu Recht darauf hin, dass die Rechtsauffassung des LG gerade im Zusammenhang mit Kfz-Leasingverträgen ein Auseinanderfallen gerichtlicher Zuständigkeiten für Ansprüche aus demselben Unfallereignis zur Folge hätte, wenn ein im Inland ansässiger (privater) Leasingnehmer der Kl., der im Ausland in einen Unfall verwickelt würde, Ansprüche wegen erlittener materieller und immaterieller Schäden vor den inländischen Gerichten geltend machen könnte, während die Kl. bzgl. ihrer Ansprüche aus Eigentumsverletzung auf das zuständige Gericht am Sitz des ausländischen Haftpflichtversicherers verwiesen würde.

In diesem Zusammenhang ist auch von Bedeutung, dass dem Ort der Klage auch nach Inkrafttreten der Rom-II-VO für den Ausgang des Rechtsstreits relevant bleibt im Hinblick auf die unterschiedliche Praxis der mitgliedstaatlichen Gerichte bei der Bemessung des Schadensersatzes.

6. Nach alldem ist die Kl. in Versicherungsfragen im Verhältnis zur Bekl. hinsichtlich rechtlicher Erfahrung als die schwächere Partei anzusehen.

Damit sind die deutschen Gerichte für die Entscheidung über die streitgegenständliche Klage zuständig, denn die Kl. hat ihren Wohnsitz im Sinne der Art. 11 II, 9 I lit. b EuGVO in Deutschland, weil sich hier ihr satzungsmäßiger Sitz befindet (vgl. Art. 60 EuGVO). Daraus ergibt sich zugleich auch die örtliche Zuständigkeit des angerufenen LG."

211. *Werden gegen das Organ einer Gesellschaft Ansprüche aus unerlaubter Handlung geltend gemacht, so bilden den Gegenstand des Verfahrens nicht ein Vertrag oder Ansprüche aus einem Vertrag im Sinne des Art. 5 Nr. 1 LugÜ beziehungsweise Art. 5 Nr. 1 lit. a LugÜ II. Eine internationale Zuständigkeit kann sich aus Art. 5 Nr. 3 LugGÜ / LugÜ II ergeben.*

Beim Schweizer Nachlassverfahren handelt es sich um ein ausländisches Insolvenzverfahren im Sinne des deutschen Internationalen Insolvenzrechts.

Die gerichtliche Bestätigung eines Schweizer Nachlassvertrags wird gemäß § 343 II, I 1 InsO im Inland anerkannt.

Der Verlust der Rechte gegen Mitverpflichtete gemäß Art. 303 II des schweizerischen Bundesgesetzes betreffend Schuldbetreibung und Konkurs vom 11.4.1889 (BS 3, 3) ist eine Wirkung, die als insolvenzrechtlich zu qualifizieren und daher gemäß § 335 InsO nach Schweizer Recht zu beurteilen ist.

BGH, Urt. vom 24.6.2014 – VI ZR 315/13: RIW 2015, 307; WM 2014, 1614; ZIP 2014, 1997; ZInsO 2014, 2181. Leitsatz in: MDR 2014, 1081; EWiR 2014, 667 mit Anm. *Mankowski*; JZ 2014, 596; LMK 2015, 367142; NZG 2014, 1350.

Der Kl. begehrt von den Bekl. zu 2) bis 4) (fortan: Bekl.) Schadensersatz im Zusammenhang mit dem Abschluss eines Vermögensverwaltungsvertrags mit der in der Schweiz ansässigen M. AG. 2000 wurde der Kl., der nach einem vorausgegangenen Anruf eines Call-Centers der M. AG ein Beratungsgespräch vereinbart hatte, an seinem Wohnsitz in Deutschland von H. aufgesucht. Dieser warb dafür, mit der M. AG Kapital gewinnbringend in der Schweiz anzulegen. Im Zuge dieser Beratung unterzeichnete der Kl. ein Formular der M. AG. Gemäß Ziff. 20 f. der beigefügten AGB sollten für alle Rechtsbeziehungen des Kunden mit der M. AG Schweizer Recht gelten und Gerichtsstand Zürich sein. 2007 widerrief der Kl. sämtliche Verträge und forderte die M. AG unter Fristsetzung – vergeblich – zur Rückzahlung der geleisteten Beträge auf. Das für den Kl. angelegte Depot bei der Schweizer Bank weist kein Guthaben auf; die Kapitallebensversicherung ist ohne Wert erloschen. 2010 gewährte das Bezirksgericht Zürich der M. AG eine vorläufige Nachlassstundung, die 2011 zum Abschluss eines Nachlassvertrags mit Vermögensabtretung zwischen der M. AG und ihren Gläubigern führte. Der Nachlassvertrag wurde 2012 vom Nachlassrichter beim Bezirksgericht Zürich bestätigt. Der Kl. stimmte ihm vorbehaltlos zu.

Das LG hat die Bekl. zur Rückzahlung der geleisteten Anlagebeträge sowie zur Zahlung entgangenen Gewinns verurteilt. Die Berufung der Bekl. hatte lediglich hinsichtlich der Zahlung entgangenen Gewinns Erfolg. Mit der vom Berufungsgericht zugelassenen Revision verfolgen die Bekl. ihren Antrag auf vollständige Abweisung der Klage weiter.

Aus den Gründen:

„II. Das Berufungsurteil hält revisionsrechtlicher Überprüfung nicht stand.

1. Zutreffend hat das Berufungsgericht allerdings die internationale Zuständigkeit deutscher Gerichte, die auch im Revisionsrechtszug von Amts wegen zu prüfen ist (vgl. Senatsurteile vom 2.3.2010 – VI ZR 23/09[1], BGHZ 184, 313 Rz. 7; vom 31.5.2011 – VI ZR 154/10[2], BGHZ 190, 28 Rz. 16 jeweils m.w.N.), für die gegen die Bekl. gerichtete Klage bejaht.

a) Diese Zuständigkeit besteht nach Art. 5 Nr. 3 LugÜ unabhängig davon, ob – wie das Berufungsgericht meint – das LugÜ (1988) oder das LugÜ II (2007) Anwendung findet.

Im vorliegenden Fall erfolgte die Einreichung der Klageschrift, nicht jedoch deren Zustellung, vor dem Zeitpunkt des Inkrafttretens des LugÜ II für die EG am 1.1.2010 (vgl. Senatsurteile vom 31.5.2011 [VI ZR 154/10] aaO; vom 20.12.2011 – VI ZR 14/11[3], WM 2012, 852 Rz. 15; vom 23.10.2012 – VI ZR 260/11[4], BGHZ 195, 166 Rz. 7). Auf die umstrittene Frage, ob für eine Klageerhebung im Sinne des Art. 63 I LugÜ II entsprechend Art. 30 Nr. 1 LugÜ II – wie vom Berufungsgericht angenommen – auf den Zeitpunkt der Einreichung der Klage (so zu Art. 66 I EuGVO, jeweils zur Abgrenzung EuGVÜ/EuGVO: BGH, Urteile vom 19.2.2004 – III ZR 226/03[5], NJW 2004, 1652, 1653; vom 1.12.2005 – III ZR 191/03[6], BGHZ 165, 172, 175; *Geimer-Schütze*, Europäisches Zivilverfahrensrecht, 3. Aufl., Art. 66 EuGVVO Rz. 2; *Kropholler-v. Hein*, Europäisches Zivilprozessrecht, 9. Aufl., Art. 66 EuGVO Rz. 2; jetzt auch *Thomas-Putzo-Hüßtege*, ZPO, 35. Aufl., Art. 66 EuGVVO Rz. 2; offengelassen von BGH, Urt. vom 30.3.2006 – VII ZR 249/04[7], BGHZ 167, 83 Rz. 10; BGH, Beschl. vom 16.11.2006 – IX ZR 206/03[8], DStRE 2007, 1000 Rz. 2) oder auf die lex fori des Gerichtsstaats und damit auf den Zeitpunkt der Zustellung der Klage abzustellen ist (so *Dasser-Oberhammer-Domej*, LugÜ, 2008, Art. 54 Rz. 4; inzident auch Senat, Urt. vom 23.10.2012 [VI ZR 260/11] aaO Rz. 6 f.; zu Art. 66 I EuGVO auch BGH, Urt. vom 16.12.2003 –

---

[1] IPRspr. 2010 Nr. 213.
[2] IPRspr. 2011 Nr. 183.
[3] IPRspr. 2011 Nr. 259.
[4] IPRspr. 2012 Nr. 225.
[5] IPRspr. 2004 Nr. 106 (LS).
[6] IPRspr. 2005 Nr. 126.
[7] IPRspr. 2006 Nr. 114.
[8] IPRspr. 2006 Nr. 141 (LS).

XI ZR 474/02[9], BGHZ 157, 224, 228 f.; vom 7.12.2004 – XI ZR 366/03[10], WM 2005, 339, 340; zu Art. 54 I EuGVÜ bereits BGH, Urt. vom 28.2.1996 – XII ZR 181/93[11], BGHZ 132, 105, 107; ebenso zu Art. 21 I EuGVÜ EuGH, Urt. vom 7.6.1984 – Siegfried Zelger ./. Sebastiano Salinitri, Rs C-129/83, Slg. 1984, 2397 Rz. 10 ff.), kommt es nicht an. Denn nach beiden Übereinkommen sind deutsche Gerichte nach den – soweit im Streitfall von Bedeutung – gleichlautenden Art. 5 Nrn. 1, 3 LugÜ und Art. 5 Nr. 1 lit. a Nr. 3 LugÜ II international zuständig.

Die Übereinkommen finden gemäß Art. 54b II lit. a LugÜ bzw. Art. 64 II lit. a LugÜ II jeweils mit Vorrang vor dem nationalen Prozessrecht Anwendung (vgl. Senatsurteile vom 20.12.2011 [VI ZR 14/11] aaO Rz. 16; vom 5.10.2010 – VI ZR 159/09[12], BGHZ 187, 156 Rz. 9; vom 31.5.2011 [VI ZR 154/10] aaO; jeweils m.w.N.).

Bei der Anwendung und Auslegung der Übereinkommen ist den Grundsätzen gebührend Rechnung zu tragen, die in maßgeblichen Entscheidungen von Gerichten der anderen Vertragsstaaten sowie in Entscheidungen des EuGH entwickelt worden sind (vgl. – jeweils – Präambel und Art. 1 des Protokolls Nr. 2 über die einheitliche Auslegung des Übereinkommens [BGBl. 1994 II 2697] zu LugÜ und LugÜ II).

Die in den Übereinkommen verwendeten Begriffe sind grundsätzlich autonom, d.h. ohne Rückgriff auf die lex fori oder lex causae auszulegen, wobei in erster Linie die Systematik und die Zielsetzung des Übereinkommens zu berücksichtigen sind, um die einheitliche Anwendung des Übereinkommens in allen Vertragsstaaten zu gewährleisten; dies gilt insbesondere für die Begriffe des ‚Vertrags' in Art. 5 Nr. 1 LugÜ / LugÜ II und der ‚unerlaubten Handlung' in Art. 5 Nr. 3 LugÜ / LugÜ II (vgl. Senatsurteile vom 20.12.2011 [VI ZR 14/11] aaO Rz. 17; vom 27.5.2008 – VI ZR 69/07[13], BGHZ 176, 342 Rz. 11; vom 5.10.2010 [VI ZR 159/09] aaO Rz. 13; vom 31.5.2011 [VI ZR 154/10] aaO Rz. 17, 31; jeweils m.w.N.).

b) Die Voraussetzungen für eine internationale Zuständigkeit deutscher Gerichte aus Art. 5 Nr. 3 LugÜ / LugÜ II liegen vor.

aa) Eine internationale Zuständigkeit deutscher Gerichte ist begründet, wenn der Kläger die erforderlichen Tatsachen für eine im Inland begangene unerlaubte oder dieser gleichgestellten Handlung des Beklagten schlüssig behauptet (vgl. zu Art. 5 Nr. 3 LugÜ Senat, Urteile vom 27.5.2008 [VI ZR 69/07] aaO; vom 6.11.2007 – VI ZR 34/07[14], VersR 2008, 1129 Rz. 14, jeweils m.w.N.; zu Art. 5 Nr. 3 EuGVO BGH, Urteile vom 13.7.2010 – XI ZR 57/08, ZIP 2010, 2004 Rz. 19; XI ZR 28/09[15], WM 2010, 1590 Rz. 21; vom 12.10.2010 – XI ZR 394/08, WM 2010, 2214 Rz. 21; vom 15.11.2011 – XI ZR 54/09[16], BKR 2012, 78 Rz. 21; vom 12.12.2013 – I ZR 131/12[17], WRP 2014, 548 Rz. 17; jeweils m.w.N.). Entgegen der Auffassung der Revision muss vom Kl. nicht eine unerlaubte Handlung im Sinne des deutschen Deliktsrechts schlüssig vorgetragen werden. Vielmehr kommt es auf den schlüssigen Vortrag einer unerlaubten Handlung im Sinne der autonom auszulegenden Vorschrift des Art. 5 Nr. 3 LugÜ / LugÜ II an (so zu Art. 5 Nr. 3 LugÜ Senat, Urt. vom 6.11.2007 [VI ZR 34/07] aaO Rz. 20; vgl. zu Art. 5 Nr. 3

---

[9] IPRspr. 2003 Nr. 149.
[10] IPRspr. 2004 Nr. 130.
[11] IPRspr. 1996 Nr. 142.
[12] IPRspr. 2010 Nr. 184b.
[13] IPRspr. 2008 Nr. 140.
[14] IPRspr. 2007 Nr. 153.
[15] IPRspr. 2010 Nr. 228.
[16] IPRspr. 2011 Nr. 245.
[17] IPRspr. 2013 Nr. 233.

EuGVO EuGH, Urt. vom 19.4.2012 – Wintersteiger AG ./. Products 4U Sondermaschinenbau GmbH, Rs C-523/10, GRUR 2012, 654 Rz. 26 f.; BGH, Urteile vom 12.12.2013 [I ZR 131/12] aaO; zu Art. 5 Nr. 3 EuGVÜ bereits EuGH, Urt. vom 27.10.1998 – Réunion européenne S.A. u.a. ./. Spliethoff's Bevrachtingskantoor BV u. Kapitän des Schiffs Alblasgracht V002, Rs C-51/97, Slg.1998, I-6511 Rz. 22 f.).

bb) Für die Auslegung der LugÜ und LugÜ II gelten im Wesentlichen dieselben Auslegungsgrundsätze wie für die Auslegung des EuGVÜ und der EuGVO. Nach der gefestigten Rspr. des EuGH beziehen sich die Begriffe ‚unerlaubte Handlung' und ‚Handlung, die einer unerlaubten Handlung gleichgestellt ist' im gleichlautenden Art. 5 Nr. 3 EuGVO auf jede Klage, mit der eine Schadenshaftung geltend gemacht wird, die nicht an einen Vertrag im Sinne des Art. 5 Nr. 1 EuGVO anknüpft (vgl. EuGH, Urteile vom 18.7.2013 – ÖFAB, Östergötlands Fastigheter AB ./. Frank Koot u. Evergreen Investments BV, Rs C-147/12, RIW 2013, 617 Rz. 32; vom 13.3.2014 – Marc Brogsitter ./. Fabrications de Montres Normandes EURL u. Karsten Fräßdorft, Rs C-548/12, ZIP 2014, 843 Rz. 20; jeweils m.w.N.; ebenso zu Art. 5 Nr. 3 LugÜ Senat, Urt. vom 27.5.2008 [VI ZR 69/07] aaO; vom 31.5.2011 [VI ZR 154/10] aaO Rz. 32; jeweils m.w.N.; zu Art. 5 Nr. 3 EuGVO Senat, Urt. vom 8.5.2012 – VI ZR 217/08[18], VersR 2012, 994 Rz. 13; BGH, Urteile vom 24.10.2005 – II ZR 329/03[19], NJW 2006, 689 Rz. 6; vom 13.7.2010 [XI ZR 57/08] aaO Rz. 21 m.w.N.; XI ZR 28/09 aaO Rz. 23 m.w.N.; vom 12.10.2010 [XI ZR 394/08] aaO Rz. 23 m.w.N.; vom 15.11.2011 [XI ZR 54/09] aaO Rz. 23 m.w.N.; vom 29.1.2013 – KZR 8/10[20], GRUR-RR 2013, 228 Rz. 12 m.w.N.). Außerdem muss zwischen dem geltend gemachten Schaden und dem ihm zugrunde liegenden Ereignis ein ursächlicher Zusammenhang feststellbar sein (EuGH, Rs C-147/12 [ÖFAB] aaO Rz. 34; vom 16.7.2009 – Zuid-Chemie BV ./. Philippo's Mineralenabriek N.V./SA, Rs C-189/08, Slg. 2009, I-6917 Rz. 28; jeweils m.w.N.).

cc) Eine solche unerlaubte Handlung macht der Kl. geltend. Er nimmt die Bekl. mit der Begründung in Anspruch, diese hätten selbst als Organe seiner Vertragspartnerin – der M. AG – verbotene Finanzdienstleistungsgeschäfte betrieben, weil sie das zielgerichtete, auf einen rechtswidrigen Kundenfang unter Einsatz von Call-Centern und Kundenberatern in Deutschland ausgerichtete Geschäftsmodell der Gesellschaft als verantwortliche Geschäftsführungsorgane bewusst mitverantwortet und forciert, jedenfalls aber in Kauf genommen oder insoweit zumindest (grob) fahrlässig gehandelt und damit letztlich den Bekl. geschädigt hätten.

dd) Im Streitfall knüpft die Klage nicht an einen Vertrag im Sinne des Art. 5 Nr. 1 LugÜ bzw. Art. 5 Nr. 1 lit. a LugÜ II an.

(1) Zwar hat der erkennende Senat auf § 823 II BGB i.V.m. § 32 KWG gestützte Schadensersatzansprüche gegen den Vertragspartner als Ansprüche aus einem Vertrag im Sinne des Art. 15 I LugÜ II qualifiziert. Für die Begründung des Verbrauchergerichtsstands ist danach nicht die Geltendmachung eines vertraglichen Anspruchs im engeren Sinn erforderlich. Vielmehr genügt es, dass sich die Klage allgemein auf einen Vertrag bezieht und eine so enge Verbindung zu diesem Vertrag aufweist, dass sie von ihm nicht getrennt werden kann (Senatsurteil vom 20.12.2011 [VI ZR 14/11] aaO Rz. 22; vgl. auch zu Art. 13 I LugÜ Senatsurteile vom 5.10.2010 [VI

---

[18] IPRspr. 2012 Nr. 230.
[19] IPRspr. 2005 Nr. 123.
[20] IPRspr. 2013 Nr. 224.

ZR 159/09] aaO Rz. 23; vom 31.5.2011 [VI ZR 154/10] aaO; jeweils m.w.N.).

Die erforderliche enge Verbindung war in den vom Senat entschiedenen Fällen gegeben, weil der Kläger geltend machte, ihm sei ein Vermögensschaden durch das Handeln seines Vertragspartners, gegen den sich damals die Klage richtete, entstanden, da dieser den Vertrag aufgrund eines gesetzlichen Verbots nicht habe abschließen dürfen (vgl. Senatsurteile vom 5.10.2010 [VI ZR 159/09] aaO Rz. 24 ff. m.w.N.; vom 31.5.2011 [VI ZR 154/10] aaO Rz. 33; vom 20.12.2011 [VI ZR 14/11] aaO Rz. 23).

(2) So liegt es hier aber nicht. Bei der vorliegenden Fallgestaltung fehlt es an einer engen Verbindung der Klage gegen die Bekl. zu dem von der M. AG mit dem Kl. geschlossenen Vertrag. Denn die Bekl. sind nicht Vertragspartner des Kl. Werden gegen das Organ der Vertragspartnerin Ansprüche aus unerlaubter Handlung geltend gemacht, so bilden den Gegenstand des Verfahrens nicht ein Vertrag oder Ansprüche aus einem Vertrag im Sinne der Art. 5 Nr. 1 LugÜ bzw. Art. 5 Nr. 1 lit. a LugÜ II.

Nach der Rspr. des EuGH zum insoweit gleichlautenden Art. 5 Nr. 1 lit. a EuGVO (EuGH, Urteil vom 14.3.2013 – Českà spořitelna a.s. ./. Gerald Feichter, Rs C-419/11, Slg. RIW 2013, 292 Rz. 46 f. und Rs C-147/12 [ÖFAB] aaO Rz. 33; jeweils m.w.N.) kann der Begriff ‚Vertrag oder Ansprüche aus einem Vertrag' nicht so verstanden werden, dass er eine Situation erfasst, in der es an einer von einer Partei gegenüber einer anderen freiwillig eingegangenen Verpflichtung fehlt. Demnach setzt die Anwendung der besonderen Zuständigkeitsregel, die für einen Vertrag oder Ansprüche aus einem Vertrag vorgesehen ist, voraus, dass eine von einer Person gegenüber einer anderen freiwillig eingegangene rechtliche Verpflichtung bestimmt werden kann, auf die sich die betreffende Klage stützt (vgl. zu Art. 5 Nr. 1 LugÜ Senatsurteil vom 27.5.2008 [VI ZR 69/07] aaO; zu Art. 5 Nr. 1 EuGVO BGH, Urteile vom 22.4.2009 – VIII ZR 156/07[21], NJW 2009, 2606 Rz. 13; vom 29.11.2011 – XI ZR 172/11[22], NJW 2012, 455 Rz. 14; vom 29.1.2013 [KZR 8/10] aaO; jeweils m.w.N.).

Wird eine Klage gegen ein Organ einer Gesellschaft, mit dem dieses für Verbindlichkeiten der Gesellschaft haftbar gemacht werden soll, nicht auf eine von diesem freiwillig eingegangene Verpflichtung gestützt, sondern auf die Behauptung, das Organ sei seinen Verpflichtungen nicht nachgekommen, dann handelt es sich beim Gegenstand der Klage folglich nicht um einen Vertrag oder Ansprüche aus einem Vertrag (Rs C-147/12 [ÖFAB] aaO Rz. 36 ff.). Bei auf ein Fehlverhalten von Organmitgliedern gestützten Klagen liegt vielmehr die erforderliche enge Verbindung nicht vor (vgl. aaO Rz. 39 ff.).

Damit fehlt es im vorliegenden Fall bei dem gegen die Bekl. gerichteten Anspruch an einem Vertrag oder Ansprüchen aus einem Vertrag im Sinne des Art. 5 Nr. 1 LugÜ bzw. Art. 5 Nr. 1 lit. a LugÜ II als Klagegegenstand. Denn der geltend gemachte Schadensersatzanspruch gründet nicht auf ein Handeln der Bekl. im Zusammenhang mit einer von ihnen eingegangenen freiwilligen Verpflichtung, sondern auf einen behaupteten Verstoß gegen eine Verbotsnorm als Organe der M. AG.

ee) Nach st. Rspr. des EuGH zu Art. 5 Nr. 3 EuGVO beruht die besondere Zuständigkeit am Ort der unerlaubten Handlung darauf, dass zwischen der Streitigkeit

---

[21] IPRspr. 2009 Nr. 174.   [22] IPRspr. 2011 Nr. 217.

und anderen Gerichten als denen des Staats, in dem der Beklagte seinen Wohnsitz hat, eine besonders enge Beziehung besteht, die aus Gründen der Nähe zum Streitgegenstand und der leichteren Beweisaufnahme eine Zuständigkeit dieser Gerichte rechtfertigt. Dabei ist der Begriff ‚Ort, an dem das schädigende Ereignis eingetreten ist' in Art. 5 Nr. 3 EuGVO so zu verstehen, dass er sowohl den Ort des ursächlichen Geschehens (Handlungsort) als auch den Ort der Verwirklichung des Schadenserfolgs (Erfolgsort) meint. Beide Orte können demnach unter dem Aspekt der gerichtlichen Zuständigkeit eine signifikante Verknüpfung begründen, da jeder von beiden je nach Lage des Falls für die Beweiserhebung und für die Gestaltung des Prozesses einen besonders sachgerechten Anhaltspunkt liefern kann (EuGH, Urteile vom 16.7.2009 [Zuid-Chemie BV] aaO Rz. 23 f. m.w.N.; vom 25.10.2011 – eDate Advertising GmbH ./. X [Rs C-509/09] u. Olivier Martinez u. Robert Martinez ./. MGN Ltd. [Rs C-161/10], Slg. 2011, I-10269 Rz. 40 f. m.w.N.; vom 19.4.2012 [Wintersteiger] aaO Rz. 18 ff.; vom 25.10.2012 – Folien Fischer AG und Fofitec AG ./. Ritrama S.p.A., Rs C-133/11, NJW 2013, 287 Rz. 37 ff. m.w.N.; vom 16.5.2013 – Melzer ./. M.F. Global UK Ltd., Rs C-228/11, WM 2013, 1257 Rz. 25 ff. m.w.N.; Rs C-147/12 [ÖFAB] aaO Rz. 49 ff.; vom 3.10.2013 – Peter Pinckney ./. KDG Mediatech AG, Rs C-170/12, NJW 2013, 3627 Rz. 26 f.; zu Art. 5 Nr. 3 LugÜ bereits Senat, Urt. vom 6.11.2007 [VI ZR 34/07] aaO Rz. 17, 24; zu Art. 5 Nr. 3 EuGVO BGH, Urteil vom 13.7.2010 [XI ZR 57/08] aaO Rz. 19, 23 und [XI ZR 28/09] aaO Rz. 21, 25; vom 12.10.2010 [XI ZR 394/08] aaO Rz. 21, 25; vom 15.11.2011 [XI ZR 54/09] aaO Rz. 21, 25; jeweils m.w.N.).

Im vorliegenden Fall kann offen bleiben, ob der Handlungsort in Deutschland liegt, da jedenfalls der Erfolgsort in Deutschland belegen ist.

(1) Erfolgsort ist nach der Rspr. des EuGH der Ort, an dem aus einem Ereignis, das für die Auslösung einer Schadensersatzpflicht wegen unerlaubter Handlung oder wegen einer gleichgestellten Handlung in Betracht kommt, ein Schaden entstanden ist. Gemeint ist damit der Ort, an dem das auslösende Ereignis seine schädigende Wirkung entfaltet, d.h. der Ort, an dem sich der durch das Ereignis verursachte Schaden konkret zeigt (EuGH, Urt. vom 16.7.2009 [Zuid-Chemie BV] aaO Rz. 27 m.w.N.; vgl. auch Urt. vom 19.4.2012 [Wintersteiger] aaO Rz. 21; zu Art. 5 Nr. 3 LugÜ vgl. Senatsurteil vom 6.11.2007 [VI ZR 34/07] aaO m.w.N.). Die Bestimmung des Erfolgsorts hat nach der Rspr. zu Art. 5 Nr. 3 EuGVÜ, die entsprechend für die Auslegung der nahezu gleichlautenden Bestimmung des Art. 5 Nr. 3 EuGVO (vgl. EuGH, Urteile vom 16.7.2009 [Zuid-Chemie BV] aaO Rz. 18 f. m.w.N.; vom 25.10.2011 [eDate] aaO Rz. 39; vom 25.10.2012 [Folien Fischer] aaO Rz. 31 f.; Rs C-147/12 [ÖFAB] aaO Rz. 28) und damit auch von Art. 5 Nr. 3 LugÜ II herangezogen werden kann, losgelöst von nationalen Vorschriften über die außervertragliche zivilrechtliche Haftung zu erfolgen (so EuGH, Urt. vom 19.9.1995 – Antonio Marinari ./. Llyods Bank PLC u. Zubaidi Trading Company, Rs C-364/93, Slg. 1995, I-02719 Rz. 18 f.; vgl. auch EuGH, Urt. vom 16.5.2013 [Melzer] aaO Rz. 34 m.w.N.).

(2) Der Begriff des Erfolgsorts im Sinne des Art. 5 Nr. 3 EuGVO wird aufgrund des Ausnahmecharakters der Vorschrift in der Rspr. des EuGH restriktiv ausgelegt. Der Schadenserfolg ist in diesem Zusammenhang an dem Ort verwirklicht, an dem das haftungsauslösende Ereignis den unmittelbar Betroffenen direkt schädigt. Die

Wendung ‚Ort, an dem das schädigende Ereignis eingetreten ist' kann also nicht so weit ausgelegt werden, dass sie jeden Ort erfasst, an dem die schädigenden Folgen eines Umstands spürbar werden können, der bereits an einem anderen Ort einen primären Schaden bzw. eine primäre Rechtsgutsverletzung verursacht hat; lediglich mittelbare Schadensfolgen stellen keinen Erfolgsort im Sinne des Art. 5 Nr. 3 EuGVO dar (vgl. zu Art. 5 Nr. 3 EuGVÜ: EuGH, Urteile vom 11.1.1990 – Dumez France S.A. u. Tracoba S.A.R.L. ./. Hessische Landesbank u.a., Rs C-220/88, Slg. 1990, I-49 Rz. 20 f.; vom 19.9.1995 [Marinari] aaO Rz. 14 f.; vom 27.10.1998 [Réunion européenne] aaO Rz. 30 f.; vom 10.6.2004 – Rudolf Kronhofer ./. Marianne Maier u.a., Rs C-168/02, Slg. 2004, I-06009, Rz. 19; ebenso zu Art. 5 Nr. 3 LugÜ: Senatsurteile vom 6.11.2007 [VI ZR 34/07] aaO m.w.N. und vom 27.5.2008 [VI ZR 69/07] aaO Rz. 16).

Die bloße Belegenheit des Vermögens des Geschädigten zum Zeitpunkt der Entstehung der Schadensersatzpflicht kann nach dieser Rspr. für die Ermittlung des Erfolgsorts nicht maßgeblich sein, da es hier an einer Beziehung zu dem dem Rechtsstreit zugrunde liegenden Sachverhalt und damit an der erforderlichen Sachnähe fehlen kann (EuGH, Urt. vom 19.9.1995 [Marinari] aaO Rz. 20). Auch bei Kapitalanlagedelikten kann der Erfolgsort demgemäß nicht schon deshalb am Klägerwohnsitz liegen, weil dort der Mittelpunkt von dessen Vermögen liegt, da dies dem Ziel der Rechtssicherheit für die Parteien hinsichtlich des Gerichtsstands und der grundsätzlichen Zuständigkeit der Gerichte am Wohnsitz des Beklagten zuwiderliefe (vgl. EuGH, Urt. vom 10.6.2004 [Kronhofer] aaO Rz. 20 f.; BGH, Urteile vom 13.7.2010 [XI ZR 57/08] aaO Rz. 29 und [XI ZR 28/09] aaO Rz. 31; vom 12.10.2010 [XI ZR 394/08] aaO Rz. 31; vom 15.11.2011 [XI ZR 54/09] aaO Rz. 31; ebenso zu Art. 5 Nr. 3 LugÜ: Senatsurteil vom 6.11.2007 [VI ZR 34/07] aaO Rz. 21).

(3) Dem o.g. Urteil des EuGH vom 10.6.2004 [Kronhofer] lag allerdings ein wesentlich anderer Sachverhalt als im vorliegenden Fall zugrunde, weil die unerlaubte Handlung erst nach Überweisung des Anlagekapitals von einem Konto am Wohnsitz des Anlegers auf ein im Ausland geführtes Konto verübt wurde (vgl. BGH, Urteile vom 13.7.2010 [XI ZR 57/08] aaO und [XI ZR 28/09] aaO; vom 12.10.2010 [XI ZR 394/08] aaO; vom 15.11.2011 [XI ZR 54/09] aaO; jeweils m.w.N.). Dieser – einen besonderen Fall betreffenden – Entscheidung kann aber auch entnommen werden, dass unter anderen Umständen der Erfolgsort durchaus im Wohnsitzstaat des Klägers gelegen sein kann (vgl. BGH, Urteile vom 13.7.2010 [XI ZR 57/08] aaO und [XI ZR 28/09] aaO; vom 12.10.2010 [XI ZR 394/08] aaO; vom 15.11.2011 [XI ZR 54/09] aaO; jeweils m.w.N.). So ist etwa bei einem Geschäftsmodell, das von vornherein bewusst darauf abzielt, uninformierte, leichtgläubige Menschen unter sittenwidriger Ausnutzung ihres Gewinnstrebens und ihres Leichtsinns als Geschäftspartner zu gewinnen und sich auf deren Kosten zu bereichern, und das aufseiten des Anlegers einen Kenntnisrückstand voraussetzt, ohne den ein vernünftig denkender Anleger sich auf die Geldanlage nicht eingelassen hätte, bereits die durch den Anleger veranlasste Überweisung des Anlagekapitals der Deliktserfolg, so dass der den Gerichtsstand begründende Erfolgsort im Sinne des Art. 5 Nr. 3 EuGVO dann der Ort der Minderung des Kontoguthabens ist (BGH, Urteile vom 13.7.2010 [XI ZR 57/08] aaO Rz. 30 und [XI ZR 28/09] aaO Rz. 32; vom 12.10.2010 [XI ZR

394/08] aaO Rz. 32; vom 15.11.2011 [XI ZR 54/09] aaO Rz. 32; jeweils m.w.N.; vgl. auch Beschluss des Senats vom 15.2.2011 – VI ZR 189/10, juris, mit dem er sich der Rspr. des XI. Zivilsenats angeschlossen hat).

(4) Im vorliegenden Fall ist – unabhängig vom Ort des Mittelpunkts des Vermögens des Kl. – von einem in Deutschland gelegenen Erfolgsort auszugehen.

(a) Bei reinen Vermögensdelikten ist in Anknüpfung an die Rspr. des EuGH zum Primärschaden mangels einer primären Rechtsgutverletzung der Ort des ersten unmittelbar verletzten Interesses maßgeblich (vgl. *Prütting-Gehrlein-Pfeiffer*, ZPO, 6. Aufl., Art. 5 EuGVO Rz. 12; *Stein-Jonas-Wagner*, ZPO, 22. Aufl., Art. 5 EuGVVO Rz. 161). Ist schon die Herbeiführung oder Anbahnung eines Rechtsgeschäfts rechtswidrig, so stellt der Ort den Erfolgsort dar, an dem dieses Fehlverhalten des Schädigers die erste Wirkung entfaltet hat (sog. Handlungswirkungsort, vgl. *Huber*, IPRax 2009, 134, 137; *Simons-Hausmann/Ten Wolde/Knot/Weller*, Brüssel I-Verordnung, 2012, Art. 5 Nr. 3 Rz. 50).

(b) Dieser Ort liegt nach dem Vortrag des Kl. in Deutschland. Danach haben die Bekl. hier den Tatbestand einer unerlaubten Handlung verwirklicht, weil sie als Organe der M. AG ohne Erlaubnis in Deutschland Finanzdienstleistungen erbrachten. Zudem hat der Kl. an seinem Wohnsitz den ersten Vermögensverwaltungsauftrag unterzeichnet, also die (Erst-)Anlageentscheidung getroffen, die Grundlage für seine Geldanlage war (ähnlich OLG Hamm, Urt. vom 18.7.2013 – 6 U 215/11[23], juris Rz. 31). Auch alle weiteren Vertragsunterzeichnungen erfolgten nach dem Klägervorbringen an seinem Wohnsitz. Darüber hinaus hat er mit Abschluss des ersten Vermögensverwaltungsauftrags dort auch die erste Zahlung in Gestalt der sog. Auslandsbearbeitungsgebühr an den Vertriebsmitarbeiter der M. AG entrichtet, wodurch bereits unmittelbar sein im Inland belegenes Vermögen geschädigt wurde (vgl. OLG Dresden, IPRspr. 2007 Nr. 140 [392, 395]; OLG München, Urt. vom 30.10.2013 – 20 U 603/12, juris Rz. 24; dies übersieht *Thole*, Die AG 2013, 913, 916 f.; für einen Erfolgsort am Ort des Erstvermögensschadens bei aufsichtsrechtlich unzulässigem Vertrieb auch *Engert/Groh*, IPRax 2011, 458, 463 f.). Der Schwerpunkt seiner Interessenverletzung liegt demnach in Deutschland als Ort der ersten Anlageentscheidung und des Eintritts des Erstvermögensschadens.

(5) Ein in Deutschland gelegener Erfolgsort wird den vom EuGH angeführten Zielsetzungen der europäischen Zuständigkeitsvorschriften – und damit auch den Zielen der entspr. Bestimmungen der Lugano-Übereinkommen – gerecht.

Die geforderte Nähe zum Streitgegenstand und die Möglichkeit einer leichteren Beweisaufnahme (vgl. EuGH, Urt. vom 16.7.2009 [Zuid-Chemie BV] aaO Rz. 24 m.w.N.; vom 16.5.2013 [Melzer] aaO Rz. 27) liegen bei einer Zuständigkeit deutscher Gerichte vor, da im Zentrum des Rechtsstreits das ohne die erforderliche Erlaubnis zur Erbringung von Finanzdienstleistungen gemäß § 32 I 1 KWG erfolgte Handeln des Vertriebsbeauftragten in Deutschland und der vom Kl. dort unterschriebene Vermögensverwaltungsauftrag stehen. Auch der Vorhersehbarkeit der Zuständigkeitsvorschriften für beide Parteien und der Gewährleistung von Rechtssicherheit (EuGH, Urteile vom 25.10.2011 [eDate] aaO Rz. 50 m.w.N.; vom 19.4.2012 [Wintersteiger] aaO Rz. 23; vom 25.10.2012 [Folien Fischer] aaO Rz. 45 m.w.N.; vom 16.5.2013 [Melzer] aaO Rz. 28; Rs C-147/12 [ÖFAB] aaO Rz. 52;

---

[23] IPRspr. 2013 Nr. 297.

vom 16.1.2014 – Andreas Kainz ./. Pantherwerke AG, Rs C-45/13, NJW 2014, 1166 Rz. 28) ist hierdurch Genüge getan. Denn der Ort, an dem durch die Erbringung unerlaubter Finanzdienstleistungen eine Auftragserteilung und eine (erste) Zahlung durch den Anleger vorgenommen wurden, wodurch das Interesse des Kl. zuerst unmittelbar verletzt worden ist, ist sowohl für den Kl. als auch für die Bekl. ersichtlich. Insbesondere führt ein in Deutschland gelegener Erfolgsort zur Zuständigkeit desjenigen Gerichts, das objektiv am besten in der Lage ist, die Begründetheit der geltend gemachten Verletzung zu beurteilen (vgl. EuGH, Urteile vom 3.10.2013 [Pinckney] aaO Rz. 34 m.w.N.; vom 16.5.2013 [Melzer] aaO m.w.N.; vom 16.1.2014 [Kainz] aaO Rz. 24). Denn der Kl. stützt seine Klage gerade auf die Verletzung einer inländischen Vorschrift des Finanzdienstleistungsaufsichtsrechts, die nach deutschem Deliktsrecht zu einer Schadensersatzverpflichtung der Bekl. führen soll.

(6) Die Gerichtsstandsvereinbarungen zwischen dem Kl. und der M. AG haben auf die internationale Zuständigkeit deutscher Gerichte hinsichtlich der vorliegenden Klage schon deshalb keinen Einfluss, weil sie das Verhältnis des Kl. zu seiner Vertragspartnerin, nicht jedoch zu deren Organen, betreffen ...

3. Rechtsfehlerhaft hat das Berufungsgericht nicht geprüft, ob dem Schadensersatzanspruch des Kl. nach § 823 II BGB i.V.m. § 32 I 1 KWG ein Einwand nach Schweizer Recht entgegensteht. Es kommt in Betracht, dass der Anspruch nach Art. 303 II des Bundesgesetzes betreffend Schuldbetreibung und Konkurs vom 11.4. 1889 (BS 3, 3; fortan: SchKG) untergegangen ist.

Diese Vorschrift bestimmt, dass ein Gläubiger, welcher dem Nachlassvertrag zugestimmt hat, seine Rechte gegen Mitschuldner und andere [nur dann] wahrt, sofern er ihnen mindestens zehn Tage vor der Gläubigerversammlung deren Ort und Zeit mitgeteilt und ihnen die Abtretung seiner Forderung gegen Zahlung angeboten hat.

a) Im Streitfall stimmte der Kl. dem vom Nachlassrichter beim Bezirksgericht Zürich bestätigten Nachlassvertrag über das Vermögen der M. AG vorbehaltlos zu. Ob der Kl. dadurch zugleich seine Schadensersatzansprüche gegen die (mit-)haftenden Bekl. verlor, bestimmt sich gemäß § 335 InsO nach Schweizer Recht (ebenso OLG Hamm [6 U 215/11] aaO; OLG Brandenburg, Urt. vom 27.3.2014 – 12 U 182/12[24], juris Rz. 21; OLG München, Urteile vom 30.10.2013 [20 U 603/12] aaO Rz. 28 ff. und 20 U 605/12, juris Rz. 50 ff., und 20 U 1699/13[25], ZInsO 2014, 785, 787). Nach § 335 InsO unterliegen das Insolvenzverfahren und seine Wirkungen, soweit nichts anderes bestimmt ist, dem Recht des Staats, in dem das Verfahren eröffnet worden ist.

b) Zwar findet grundsätzlich für alle Voraussetzungen und Rechtsfolgen einer deliktischen Haftung – hier die Haftung der Bekl. nach § 823 II BGB i.V.m. § 32 I 1 KWG – das Deliktsstatut und damit deutsches Recht Anwendung (so bereits Senatsurteil vom 14.6.1960 – VI ZR 81/59, VersR 1960, 990, 991). Das Deliktsstatut umfasst im Regelfall alle Einreden und Einwendungen, die dem Anspruch entgegengehalten werden können, wie etwa eine Verjährung des Anspruchs (vgl. Senat, Urt. vom 31.5.1983 – VI ZR 182/81[26], VersR 1983, 858, 859), einen Verzicht (Senat, Urt. vom 10.2.2009 – VI ZR 28/08[27], VersR 2009, 558 Rz. 8, 15 ff.) oder eine Ver-

---

[24] Siehe oben Nr. 207.
[25] IPRspr. 2013 Nr. 300.
[26] IPRspr. 1983 Nr. 32.
[27] IPRspr. 2009 Nr. 21b.

wirkung (zum Ganzen: MünchKomm-*Junker*, 5. Aufl., Art. 40 EGBGB, Rz. 100; BeckOK-*Spickhoff*, Art. 40 EGBGB Rz. 10 [Stand: 1.2.2013]; *Staudinger-v. Hoffmann*, BGB Neub. 2001, Vorb. zu Art. 40 EGBGB Rz. 46 f.). Im vorliegenden Fall ist aber, worauf die Revision zu Recht hinweist, gemäß § 335 InsO das Insolvenzstatut maßgeblich, da es sich bei einem etwaigen Untergang des Anspruchs gegen Mitschuldner nach Schweizer Recht um einen als insolvenzrechtlich zu qualifizierenden Erlöschensgrund handelt.

c) Die gerichtliche Bestätigung des Schweizer Nachlassvertrags wird gemäß § 343 II, I 1 InsO im Inland anerkannt.

aa) Der Senat hat bereits entschieden, dass es sich beim Schweizer Nachlassverfahren um ein ausländisches Insolvenzverfahren im Sinne des deutschen Internationalen Insolvenzrechts handelt (Versäumnisurteil vom 20.12.2011 [VI ZR 14/11] aaO Rz. 32 ff. m.w.N.). Die Eröffnung dieses ausländischen Insolvenzverfahrens wird damit nach § 343 I 1 InsO ebenso wie Sicherungsmaßnahmen nach dem Antrag zur Eröffnung des Insolvenzverfahrens und Entscheidungen zur Durchführung oder Beendigung des Insolvenzverfahrens (§ 343 II InsO) im Inland anerkannt.

bb) Eine solche Entscheidung im Sinne des § 343 II InsO stellt auch die gerichtliche Bestätigung des Nachlassvertrags gemäß Art. 304 II SchKG dar, da hiermit – ähnlich wie im nationalen Recht nach § 254 I InsO – eine Forderungsmodifikation aufgrund des von den Gläubigern beschlossenen (Art. 302 II SchKG) und ggf. vom Gericht nach Art. 306 III SchKG geänderten Nachlassvertrags einhergeht (vgl. MünchKommInsO-*Thole*, 2. Aufl., § 343 Rz. 82 f.). Die Forderungsmodifikation ergibt sich daraus, dass der bestätigte Nachlassvertrag für alle Gläubiger – mit Ausnahme der Pfandgläubiger, soweit sie durch das Pfand gesichert sind – verbindlich ist, deren Forderungen vor der Bekanntmachung der Nachlassstundung oder seither ohne Zustimmung des Sachwalters entstanden sind (Art. 310 I SchKG). Im Falle des Nachlassvertrags mit Vermögensabtretung verzichten die Gläubiger dabei insbesondere auf den Forderungsbetrag, der nicht durch die Liquidation oder den Erlös aus der Abtretung des Vermögens gedeckt ist (Art. 318 I Nr. 1 SchKG).

cc) Die für die Anerkennung eines ausländischen Insolvenzverfahrens erforderliche Voraussetzung, dass das ausländische Insolvenzverfahren eine extraterritoriale Geltung beansprucht, ist bei der Nachlassstundung ebenso wie beim Konkurs gegeben (Senatsurteil vom 20.12.2011 [VI ZR 14/11] aaO Rz. 37 m.w.N.).

Zwar hat das BGer (Pra 66 (1977), 623, 625 f. = BGE 103 III 54) in der Vergangenheit die Auffassung vertreten, die Wirkungen eines in der Schweiz bestätigten Nachlassvertrags beschränkten sich grundsätzlich auf das Gebiet der Schweiz. Es hat allerdings schon damals – weitergehend als beim Konkurs – eine Erfassung ausländischer Vermögenswerte durch den Nachlassvertrag als zulässig erachtet und ist von einer auch im Ausland zu beachtenden Verfügungsbefugnis der Liquidatoren ausgegangen (BGer aaO 626 f.). Soweit hierin eine (teilweise) Absage an eine extraterritoriale Geltung des Nachlassverfahrens zu sehen sein sollte, ist diese Auffassung durch die neuere Rspr. des BGer überholt. Denn zwischenzeitlich hat es sogar für den Konkurs ausdrücklich festgestellt, dass er Auslandswirkung beansprucht (BGE 130 III 620, 629). Auch die Schweizer Literatur geht von dieser sog. aktiven Universalität aus (vgl. zum Konkurs und zur Nachlassstundung: *Kren Kostkiewicz*, Kurzkommentar SchKG, 18. Aufl., Art. 197 Rz. 22 ff.; *Berti* in Baseler Kommentar

IPRG, 2. Aufl., Vor Art. 166 ff. Rz. 2; *Kren Kostkiewicz*, Schuldbetreibungs- und Konkursrecht, 2012, Rz. 1152 ff.; *Spühler-Dolge*, Schuldbetreibungs- und Konkursrecht II, 5. Aufl., Rz. 373, 408; *Siehr*, SJZ 95 (1999), 85, 88 ff.; ebenso Senatsurteil vom 20.12.2011 [VI ZR 14/11] aaO). Soweit teilweise die Auslandswirkung eines in der Schweiz bestätigten Nachlassvertrags von der Anerkennung durch das ausländische Recht abhängig gemacht wird (vgl. etwa *Kren Kostkiewicz* aaO Rz. 1153; *Siehr* aaO), stellt dies den grundsätzlich bestehenden Anwendungswillen des Schweizer Insolvenzrechts nicht in Frage (vgl. *Siehr* aaO 89) und ist dies im Hinblick auf § 343 II, I 1 InsO unerheblich.

dd) Im Übrigen ergibt sich der Anspruch des Schweizer Nachlassverfahrens auf Auslandsgeltung auch aus dem am 1.1.1989 in Kraft getretenen schweizerischen Bundesgesetz über das Internationale Privatrecht vom 18.12.1987 (BS 1, 3; fortan: IPRG). Zwar regelt Art. 175 IPRG lediglich die Anerkennung ausländischer Nachlassverträge oder ähnlicher Verfahren in der Schweiz. Aus der nach Art. 175 Satz 2, 166 Satz 1 lit. c IPRG erforderlichen Gegenseitigkeit ergibt sich aber, dass das Schweizer Nachlassverfahren auf extraterritoriale Geltung angelegt ist (ebenso *Stadler*, KTS 1995, 539, 555). Anderenfalls wäre die Vorschrift ohne Sinn. Dies gilt insbesondere auch für die schuldbefreiende Wirkung nach Versäumen der im Nachlassverfahren gesetzten Frist. So hat der BGH die restschuldbeschränkende Wirkung eines Schweizer Konkursverfahrens anerkannt, weil eine gesetzlich vorgesehene Restschuldbeschränkung – wie ein vereinbarter Schuldnachlass – die beabsichtigte Wirkung nur erreichen kann, wenn sie gegenüber allen Gläubigern wirkt. Zugleich diene dies der Gläubigergleichbehandlung (vgl. BGH, Urt. vom 27.5.1993 – IX ZR 254/92[28], BGHZ 122, 373, 378). Dieser Gedanke ist auf die schuldbefreiende Wirkung des Nachlassvertrags zu übertragen (*Stadler* aaO 556).

d) Nach § 335 InsO unterliegen auch die materiell-rechtlichen Folgewirkungen des Insolvenzverfahrens (BGH, Urt. vom 14.11.1996 – IX ZR 339/95[29], BGHZ 134, 79, 87) grundsätzlich dem Recht des Staats, in dem das Verfahren eröffnet worden ist (sog. lex fori concursus, vgl. BGH, Beschl. vom 30.4.2013 – VII ZB 22/12, WM 2013, 1225 Rz. 33; *Leonhardt-Smid-Zeuner*, Internationales Insolvenzrecht, 2. Aufl., § 343 InsO Rz. 2; MünchKommInsO-*Reinhart* aaO § 335 Rz. 9; FK-InsO-*Wenner/Schuster*, 7. Aufl., § 343 Rz. 36). Hiervon werden alle materiell-rechtlichen Wirkungen des ausländischen Insolvenzverfahrens erfasst, sofern diese nach deutschem IPR als insolvenzrechtlich zu qualifizieren sind (*Leonhardt-Smid-Zeuner* aaO § 335 InsO Rz. 6; MünchKommInsO-*Reinhart* aaO Rz. 8, 11; FK-InsO-*Wenner/Schuster* aaO § 335 InsO Rz. 1; *Kreft-Stephan*, InsO, 7. Aufl., § 335 Rz. 9; *Hess-Wies-Wienberg*, InsO, 2. Aufl., § 335 Rz. 3; *Braun-Liersch-Tashiro*, InsO, 5. Aufl., § 335 Rz. 6 f.; *Gottwald-Kolmann*, Insolvenzrechts-Handbuch, 4. Aufl., § 132 Rz. 2; *Pape/Uhländer/Schluck-Amend*, NWB Kommentar zum Insolvenzrecht, 2013, § 335 Rz. 12).

e) Der Verlust der Rechte gegen Mitverpflichtete gemäß Art. 303 II SchKG ist eine materiell-rechtliche Folgewirkung, die als insolvenzrechtlich zu qualifizieren und daher gemäß § 335 InsO nach Schweizer Recht zu beurteilen ist, das insoweit keine Rückverweisung vorsieht.

---

[28] IPRspr. 1993 Nr. 200b.   [29] IPRspr. 1996 Nr. 233.

aa) Für die Qualifikation von Rechtsfragen, die sich an der Grenze zwischen Insolvenzrecht und anderen Rechtsgebieten befinden, ist zunächst die ausländische Rechtsvorschrift nach Sinn und Zweck zu erfassen, ihre Bedeutung vom Standpunkt des ausländischen Rechts her zu würdigen und mit der deutschen Einrichtung funktional zu vergleichen. Auf dieser Grundlage ist sie den aus den Begriffen der deutschen Rechtsordnung aufgebauten Merkmalen der deutschen Kollisionsnorm zuzuordnen (BGH, Urteile vom 19.12.1958 – IV ZR 87/58[30], BGHZ 29, 137, 139; vom 22.3.1967 – IV ZR 148/65[31], BGHZ 47, 324, 332; vom 21.9.1995 – VII ZR 248/94[32], NJW 1996, 54; MünchKommInsO-*Reinhart* aaO Vor §§ 335 ff. Rz. 37, 101; vgl. auch *Gottwald-Kolmann* aaO § 129 Rz. 24).

Für eine insolvenzrechtliche Qualifikation sprechen solche Wirkungen, die auf dem Insolvenzverfahren als Gesamtabwicklung der Vermögens- und Haftungsverhältnisse eines Schuldners in einer Mangelsituation zugunsten seiner grundsätzlich gleich zu behandelnden Gläubiger beruhen und für die Aufgabenerfüllung eines Insolvenzverfahrens wesentlich sind (*Gottwald-Kolmann* aaO § 132 Rz. 9; *Leonhardt-Smid-Zeuner* aaO). Einen weiteren Anhaltspunkt vermag der Umstand zu geben, ob die fragliche Norm auch außerhalb der Insolvenz gilt oder eine spezielle Regelung für den Fall der Insolvenz aufstellt (*Braun-Liersch-Tashiro* aaO Rz. 8). Anerkannt ist insbesondere, dass sich die Wirkungen eines Insolvenzplans oder (Zwangs-)Vergleichs gemäß § 335 InsO nach der lex fori concursus richten (MünchKommInsO-*Reinhart* aaO Rz. 116; *Gottwald-Kolmann* aaO Rz. 103; FK-InsO-*Wenner/Schuster* aaO Rz. 5).

bb) Art. 303 II SchKG regelt den Schutz von Mitschuldnern und das Schicksal der gegen diese bestehenden Forderungen. Der Schweizer Gesetzgeber erachtete es als ungerecht, wenn der Gläubiger dem Nachlassvertrag nur zustimmt, weil er den Mitschuldner für die ganze Schuld belangen kann, während der Mitschuldner sein Regressrecht nur bis zum Betrag der Nachlassdividende ausüben kann und somit letztlich den Forderungsbetrag trägt. Demzufolge sei es für den Gläubiger einfach, den Nachlassvertrag zulasten des Mitschuldners anzunehmen und ihm ein Opfer aufzuerlegen, zu welchem er sich selbst nicht bereit erklärt hatte (BGer, Pra 85 (1996), 246, 247 = BGE 121 III 191; *Vollmar* in Baseler Kommentar SchKG II, 2. Aufl., Art. 303 Rz. 1). Das Schweizer Recht verlangt daher vom Gläubiger, dem Schuldner Ort und Zeit der Gläubigerversammlung rechtzeitig mitzuteilen und ihm das Angebot zu unterbreiten, seine Forderung gegen – volle (*Vollmar* aaO Rz. 13; *Hardmeier*, Kurzkommentar SchKG aaO Art. 303 Rz. 3) – Zahlung an diesen abzutreten. Damit erhalten die Mitverpflichteten vor der Gläubigerversammlung Gelegenheit zum Studium der Akten und durch das Angebot der Forderungsabtretung die Möglichkeit, selbst zum Gläubiger zu werden und über den Nachlassvertrag mitzuentscheiden (*Vollmar* aaO Rz. 11, 13; vgl. auch *Jaeger-Walder-Kull-Kottmann*, SchKG, 4. Aufl., Art. 303 Rz. 3). Kommt der Gläubiger seiner Verpflichtung nicht nach, verliert er alle seine Rechte gegenüber dem Mitschuldner (BGer aaO 251; *Vollmar* aaO Rz. 10; *Jaeger-Walder-Kull-Kottmann* aaO Rz. 17; *Hardmeier* aaO Rz. 2; *Kren Kostkiewicz/Walder* Kurzkommentar aaO Art. 303 Rz. 6). Diese Folge tritt ein, wenn der Nachlassvertrag zustande kommt und rechtskräftig wird (*Vollmar* aaO Rz. 5).

---

[30] IPRspr. 1958–1959 Nr. 112.
[31] IPRspr. 1966–1967 Nr. 90.
[32] IPRspr. 1995 Nr. 1.

cc) Damit regelt das Schweizer Konkursrecht in Art. 303 II SchKG eine als insolvenzrechtlich zu qualifizierende Fragestellung (ebenso OLG München, Urteile vom 30.10.2013 [20 U 603/12] aaO, [20 U 605/12] aaO, [20 U 1699/13] aaO 788). Die Fragen der Einbeziehung von Mitverpflichteten in das Verfahren und der Folgerungen für die gegen sie gerichteten Forderungen der Gläubiger im Fall einer Insolvenz und eines sich anschließenden (Zwangs-)Vergleichs stellen sich aus autonomer Sicht typischerweise in dieser Mangelsituation und sind daher im Insolvenzrecht zu regeln. Darüber hinaus gilt Art. 303 II SchKG ausschließlich für den Fall des als insolvenzrechtlich zu qualifizierenden Nachlassverfahrens."

212. *Nach der autonom auszulegenden Vorschrift des Art. 5 Nr. 3 LugÜ II ist eine internationale Zuständigkeit deutscher Gerichte begründet, wenn der Kläger die erforderlichen Tatsachen für eine im Inland begangene unerlaubte oder dieser gleichgestellten Handlung des Beklagten schlüssig behauptet.*

Für die Auslegung der Lugano Übereinkommen I und II gelten im Wesentlichen dieselben Auslegungsgrundsätze wie für die Auslegung von EuGVÜ und EuGVO.

Die gerichtliche Bestätigung ein Nachlassvertrags gemäß Art. 304 II des schweizerischen Bundesgesetzes betreffend Schuldbetreibung und Konkurs vom 11.4.1889 (BS 3, 3; SchKG) stellt eine Entscheidung im Sinne des § 343 II InsO dar. [LS der Redaktion]

BGH, Urt. vom 24.6.2014 – VI ZR 347/12: IPRax 2015, 423 mit Anm. *Huber*; NZI 2014, 1037 Aufsatz *Hübler*.

Der Kl. verlangt Schadensersatz im Zusammenhang mit dem Abschluss eines Vermögensverwaltungsvertrags. Die Bekl. zu 1) ist eine in der Schweiz ansässige Vermögensverwaltung, die für Deutschland keine entspr. Erlaubnis zur Finanzberatung hatte. Sie war in erheblichem Umfang in Deutschland tätig und bediente sich zur Akquise deutscher Call-Center. Der Kl. wurde nach einem vorausgegangen Anruf durch ein von der Bekl. zu 1) beauftragtes Call-Center im Oktober 2005 unaufgefordert an seinem Arbeitsplatz in Deutschland von einem für die Bekl. zu 1) tätigen Vertriebsmitarbeiter aufgesucht. Aufgrund der Information des Vertriebsmitarbeiters unterzeichnete der Kl. einen Vermögensverwaltungsantrag in Höhe von 50 000 CHF. Im Dezember 2005 unterzeichnete der Kl. einen Anlageauftrag in den Räumlichkeiten der Bekl. zu 1) in Zürich. Ferner unterschrieb er einen ihm von der Bekl. zu 1) präsentierten Antrag auf Abschluss einer Lebensversicherung. Darüber hinaus unterzeichnete der Kl. im Februar 2006 einen Vermögensverwaltungsauftrag, diesmal wieder in Deutschland. Ende 2008 kündigte der Kl. sämtliche Verträge mit der Bekl. zu 1) und erklärte diesbezüglich einen Widerruf. Im Februar 2010 kündigte er ferner die Vertragsbeziehungen mit der Schweizer Bank und die Lebensversicherung. Von dieser erhielt er umgerechnet 11 110,46 € zurück. Das Bezirksgericht Zürich hat im Oktober 2010 eine „definitive Nachlassstundung" von sechs Monaten bzgl. der Bekl. zu 1) gewährt, die bis Dezember 2011 verlängert wurde. Den „Nachlassvertrag mit Vermögensabtretung" vom November 2011, dem der Kl. zugestimmt hatte, bestätigte das Bezirksgericht Zürich im Januar 2012. Die Entscheidung ist rechtskräftig. Das LG hat die Bekl. zur Rückzahlung der restlichen Anlagebeträge sowie zur Zahlung entgangenen Gewinns und vorgerichtlicher Rechtsanwaltskosten, jeweils nebst Rechtshängigkeitszinsen, verurteilt. Die dagegen eingelegte Berufung des Bekl. zu 2) hatte keinen Erfolg. Mit der vom Berufungsgericht zugelassenen Revision verfolgt der Bekl. zu 2) seinen Antrag auf Abweisung der Klage weiter.

Aus den Gründen:

„II. 1. Zutreffend hat das Berufungsgericht allerdings die internationale Zuständigkeit deutscher Gerichte, die auch im Revisionsrechtszug von Amts wegen zu prüfen ist (vgl. Senatsurteile vom 2.3.2010 – VI ZR 23/09[1], BGHZ 184, 313 Rz. 7; vom 31.5.2011 – VI ZR 154/10[2], BGHZ 190, 28 Rz. 16; jew. m.w.N.), für die gegen den Bekl. zu 2) gerichtete Klage bejaht.

---

[1] IPRspr. 2010 Nr. 213.   [2] IPRspr. 2011 Nr. 183.

a) Maßgebend ist insoweit das LugÜ II. Gemäß Art. 63 I LugÜ II sind die Vorschriften dieses Übereinkommens auf Klagen anzuwenden, die erhoben worden sind, nachdem dieses Übereinkommen im Ursprungsstaat in Kraft getreten ist. Das Übereinkommen ist für die EG am 1.1.2010 in Kraft getreten (BGBl. I 2009 2862; vgl. VI ZR 154/10 aaO Rz. 16; Urt. vom 20.12.2011 – VI ZR 14/11[3], WM 2012, 852 Rz. 15; vom 23.10.2012 – VI ZR 260/11[4], BGHZ 195, 166 Rz. 7). Im Streitfall ging die Klage im Oktober 2010 bei Gericht ein.

Das Übereinkommen findet gemäß Art. 64 II lit. a LugÜ II mit Vorrang vor dem nationalen Prozessrecht Anwendung (vgl. Senatsurteil VI ZR 14/11 aaO Rz. 16 m.w.N.; vgl. auch zu Art. 54b II lit. a LugÜ I Senatsurteile vom 5.10.2010 – VI ZR 159/09[5], BGHZ 187, 156 Rz. 9 – und VI ZR 154/10 aaO; jew. m.w.N.).

Die Unterzeichnerstaaten haben sich zu einer möglichst einheitlichen Auslegung der Bestimmungen verpflichtet (vgl. Präambel und Art. 1 Protokoll 2 nach Art. 75 LugÜ II über die einheitliche Auslegung des Übereinkommens und den ständigen Ausschuss, ABl. EU 2007 Nr. L 339/27). Daher ist zu beachten, dass die im Übereinkommen verwendeten Begriffe grundsätzlich autonom, d.h. ohne Rückgriff auf die lex fori oder lex causae auszulegen sind, wobei in erster Linie die Systematik und die Zielsetzung des Übereinkommens zu berücksichtigen sind, um die einheitliche Anwendung des Übereinkommens in allen Vertragsstaaten zu gewährleisten; dies gilt insbes. für die Begriffe des ‚Vertrags' in Art. 5 Nr. 1 lit. a LugÜ II und der ‚unerlaubten Handlung' in Art. 5 Nr. 3 LugÜ II (vgl. Senatsurteil VI ZR 14/11 aaO Rz. 17 m.w.N.; vgl. auch zum LugÜ I Senatsurteile vom 27.5.2008 – VI ZR 69/07[6], BGHZ 176, 342 Rz. 11; VI ZR 159/09 aaO Rz. 13; VI ZR 154/10 aaO Rz. 17, 31; jew. m.w.N.).

b) Die internationale Zuständigkeit deutscher Gerichte folgt, wie vom Berufungsgericht im Ergebnis zutreffend gesehen, aus Art. 5 Nr. 3 LugÜ II.

aa) Danach ist eine internationale Zuständigkeit deutscher Gerichte begründet, wenn der Kläger die erforderlichen Tatsachen für eine im Inland begangene unerlaubte oder dieser gleichgestellten Handlung des Beklagten schlüssig behauptet (vgl. zu Art. 5 Nr. 3 LugÜ I: Senat, VI ZR 69/07 aaO; Urt. vom 6.11.2007 – VI ZR 34/07[7], VersR 2008, 1129 Rz. 14; jew. m.w.N.; zu Art. 5 Nr. 3 EuGVO: BGH, Urteile vom 13.7.2010 – XI ZR 57/08, ZIP 2010, 2004 Rz. 19 – und XI ZR 28/09[8], WM 2010, 1590 Rz. 21; vom 12.10.2010 – XI ZR 394/08, WM 2010, 2214 Rz. 21; vom 15.11.2011 – XI ZR 54/09[9], BKR 2012, 78 Rz. 21; vom 12.12.2013 – I ZR 131/12[10], WRP 2014, 548 Rz. 17; jew. m.w.N.). Entgegen der Auffassung der Revision muss vom Kl. nicht eine unerlaubte Handlung im Sinne des deutschen Deliktsrechts schlüssig vorgetragen werden. Vielmehr kommt es auf den schlüssigen Vortrag einer unerlaubten Handlung im Sinne der autonom auszulegenden Vorschrift des Art. 5 Nr. 3 LugÜ II an (so zu Art. 5 Nr. 3 LugÜ I: Senat, VI ZR 34/07 aaO Rz. 20; vgl. zu Art. 5 Nr. 3 EuGVO : EuGH, Urteil vom 19.4.2012 – Wintersteiger AG ./. Products 4U Sondermaschinenbau GmbH, Rs C-523/10, GRUR 2012, 654 Rz. 26 f.; BGH, I ZR 131/12 aaO; zu Art. 5 Nr. 3 EuGVÜ bereits EuGH,

---

[3] IPRspr. 2011 Nr. 259.
[4] IPRspr. 2012 Nr. 225.
[5] IPRspr. 2010 Nr. 184b.
[6] IPRspr. 2008 Nr. 140.
[7] IPRspr. 2007 Nr. 153.
[8] IPRspr. 2010 Nr. 228.
[9] IPRspr. 2011 Nr. 245.
[10] IPRspr. 2013 Nr. 233.

Urt. vom 27.10.1998 – Réunion européenne S.A. u.a. ./. Spliethoff's Bevrachtingskantoor BV und Kapitän des Schiffes Alblasgracht V002, Rs C-51/97, Slg. 1998, I-6511 Rz. 22 ff.).

bb) Für die Auslegung der Übereinkommen LugÜ I und II gelten im Wesentlichen dieselben Auslegungsgrundsätze wie für das EuGVÜ und die EuGVO. Nach der gefestigten Rspr. des EuGH beziehen sich die Begriffe ‚unerlaubte Handlung' und ‚Handlung, die einer unerlaubten Handlung gleichgestellt ist' im gleichlautenden Art. 5 Nr. 3 EuGVO auf jede Klage, mit der eine Schadenshaftung geltend gemacht wird und die nicht an einen Vertrag oder Ansprüche aus einem Vertrag i.S.d. Art. 5 Nr. 1 EuGVO anknüpft (vgl. EuGH, Urteile vom 18.7.2013 – ÖFAB, Östergötlands Fastigheter AB ./. Frank Koot und Evergreen Investments BV, Rs C-147/12, RIW 2013, 617 Rz. 32; vom 13.3.2014 – Marc Brogsitter ./ Fabrication de Montres Normandes EURL und Karsten Fräßdorf, Rs C-548/12, ZIP 2014, 843 Rz. 20; jew. m.w.N.; zu Art. 5 Nr. 3 LugÜ I: Senat, Urteile VI ZR 69/07 aaO; VI ZR 154/10 aaO Rz. 32; jew. m.w.N.; zu Art. 5 Nr. 3 EuGVO: Senat, Urt. vom 8.5.2012 – VI ZR 217/08[11], VersR 2012, 994 Rz. 13; BGH, Urteile vom 24.10.2005 – II ZR 329/03[12], NJW 2006, 689 Rz. 6; XI ZR 57/08 aaO Rz. 21 m.w.N. und XI ZR 28/09 aaO Rz. 23 m.w.N.; XI ZR 394/08 aaO Rz. 23 m.w.N.; XI ZR 54/09 aaO Rz. 23 m.w.N.; vom 29.1.2013 – KZR 8/10[13], GRUR-RR 2013, 228 Rz. 12 m.w.N.). Außerdem muss zwischen dem geltend gemachten Schaden und dem ihm zugrunde liegenden Ereignis ein ursächlicher Zusammenhang feststellbar sein (EuGH, C-147/12 [ÖFAB] aaO Rz. 34; Urt. vom 16.7.2009 – Zuid-Chemie BV ./. Philippo's Mineralenfabriek N.V./S.A., Rs C-189/08, Slg. 2009, I-6917 Rz. 28; jew. m.w.N.).

cc) Eine derartige unerlaubte Handlung macht der Kl. geltend. Er nimmt den Bekl. zu 2) mit der Begründung in Anspruch, dieser habe als Organ seiner Vertragspartnerin – der Bekl. zu 1) – eine unerlaubte Handlung begangen, weil er wusste oder zumindest hätte wissen müssen, dass die von der Bekl. zu 1) angebotenen Finanzdienstleistungen in Deutschland erlaubnispflichtig waren. Er habe den rechtswidrigen Kundenfang in Deutschland bewusst mitverantwortet und durch den Einsatz von Call-Centern und Vertriebsbeauftragten in Deutschland forciert. Dadurch, namentlich durch ein persönliches Beratungsgespräch eines Vertriebsmitarbeiters der Bekl. zu 1) am Arbeitsplatz des Kl., sei es in rechtswidriger Weise zum Vertragsabschluss mit dem Kl. gekommen.

dd) Im Streitfall knüpft die Klage nicht an einen Vertrag oder Ansprüche aus einem Vertrag im Sinne des Art. 5 Nr. 1 lit. a LugÜ II an.

(1) Zwar hat der erkennende Senat auf §§ 823 II BGB, 32 KWG gestützte Schadensersatzansprüche gegen den Vertragspartner bereits als Ansprüche aus einem Vertrag im Sinne des Art. 15 I LugÜ II qualifiziert. Für die Begründung des Verbrauchergerichtsstands ist danach nicht die Geltendmachung eines vertraglichen Anspruchs im engeren Sinn erforderlich. Vielmehr genügt es, dass sich die Klage allgemein auf einen Vertrag bezieht und eine so enge Verbindung zu diesem Vertrag aufweist, dass sie von ihm nicht getrennt werden kann (vgl. zu Art. 13 I LugÜ I: Senatsurteile VI ZR 159/09 aaO Rz. 23; VI ZR 154/10 aaO Rz. 32; zum LugÜ II: VI ZR 14/11 aaO Rz. 22; jew. m.w.N.).

---

[11] IPRspr. 2012 Nr. 230.
[12] IPRspr. 2005 Nr. 123.
[13] IPRspr. 2013 Nr. 224.

Die erforderliche enge Verbindung war in den vom Senat entschiedenen Fällen gegeben, weil der Kläger geltend machte, ihm sei ein Vermögensschaden durch das Handeln seines Vertragspartners, gegen den sich damals die Klage richtete, entstanden, da dieser den Vertrag aufgrund eines gesetzlichen Verbots nicht habe abschließen dürfen (vgl. VI ZR 159/09 aaO Rz. 24 ff. m.w.N.; VI ZR 154/10 aaO Rz. 33; VI ZR 14/11 aaO Rz. 23).

(2) So liegt es hier aber nicht. Bei der vorliegenden Fallgestaltung fehlt es an einer engen Verbindung der Klage gegen den Bekl. zu 2) zu dem von der Bekl. zu 1) mit dem Kl. geschlossenen Vertrag. Denn der Bekl. zu 2) ist nicht Vertragspartner des Kl. Werden gegen das Organ der Vertragspartnerin Ansprüche aus unerlaubter Handlung geltend gemacht, so bilden den Gegenstand des Verfahrens nicht ein Vertrag oder Ansprüche aus einem Vertrag im Sinne des Art. 5 Nr. 1 lit. a LugÜ II.

Nach der Rspr. des EuGH zum insoweit gleichlautenden Art. 5 Nr. 1 lit. a EuGVO (hierzu EuGH, Urteile vom 14.3.2013 – Česká spořitelna, a.s. ./. Gerald Feichter, Rs C-419/11, RIW 2013, 292 Rz. 46 f.; C-147/12 [ÖFAB] aaO; jew. m.w.N.) kann der Begriff ‚Vertrag oder Ansprüche aus einem Vertrag' nicht so verstanden werden, dass er eine Situation erfasst, in der es an einer von einer Partei gegenüber einer anderen freiwillig eingegangenen Verpflichtung fehlt. Demnach setzt die Anwendung der besonderen Zuständigkeitsregel, die für einen Vertrag oder Ansprüche aus einem Vertrag vorgesehen ist, voraus, dass eine von einer Person gegenüber einer anderen freiwillig eingegangene rechtliche Verpflichtung bestimmt werden kann, auf die sich die betreffende Klage stützt (vgl. zu Art. 5 Nr. 1 LugÜ I: VI ZR 69/07 aaO; zu Art. 5 Nr. 1 EuGVO: BGH, Urteile vom 22.4.2009 – VIII ZR 156/07[14], NJW 2009, 2606 Rz. 13; vom 29.11.2011 – XI ZR 172/11[15], NJW 2012, 455 Rz. 14; KZR 8/10 aaO; jew. m.w.N.).

Wird eine Klage gegen ein Organ einer Gesellschaft, mit dem dieses für Verbindlichkeiten der Gesellschaft haftbar gemacht werden soll, nicht auf eine von diesem freiwillig eingegangene Verpflichtung gestützt, sondern auf die Behauptung, das Organ sei seinen Verpflichtungen nicht nachgekommen, dann handelt es sich beim Gegenstand der Klage folglich nicht um einen Vertrag oder Ansprüche aus einem Vertrag (EuGH, C-147/12 [ÖFAB] aaO Rz. 36 ff.). Bei auf ein Fehlverhalten von Organmitgliedern gestützten Klagen liegt nämlich die erforderliche enge Verbindung nicht vor (vgl. EuGH, C-147/12 [ÖFAB] aaO Rz. 39 ff.).

Damit fehlt es im vorliegenden Fall bei dem gegen den Bekl. zu 2) gerichteten Anspruch ebenfalls an einem Vertrag oder Ansprüchen aus einem Vertrag im Sinne des Art. 5 Nr. 1 lit. a LugÜ II als Klagegegenstand. Denn der geltend gemachte Schadensersatzanspruch gründet nicht auf ein Handeln des Bekl. zu 2) im Zusammenhang mit einer von ihm eingegangenen freiwilligen Verpflichtung, sondern auf einen behaupteten Verstoß gegen eine Verbotsnorm als Organ der Bekl. zu 1).

ee) Nach st. Rspr. des EuGH zu Art. 5 Nr. 3 EuGVO beruht die besondere Zuständigkeit am Ort der unerlaubten Handlung darauf, dass zw. der Streitigkeit und anderen Gerichten als denen des Staats, in dem der Beklagte seinen Wohnsitz hat, eine besonders enge Beziehung besteht, die aus Gründen der Nähe zum Streitgegenstand und der leichteren Beweisaufnahme eine Zuständigkeit dieser Gerichte recht-

---

[14] IPRspr. 2009 Nr. 174. [15] IPRspr. 2011 Nr. 217.

fertigt. Dabei ist der Begriff ‚Ort, an dem das schädigende Ereignis eingetreten ist' in Art. 5 Nr. 3 EuGVO so zu verstehen, dass er sowohl den Ort des ursächlichen Geschehens (Handlungsort) als auch den Ort der Verwirklichung des Schadenserfolgs (Erfolgsort) meint. Beide Orte können unter dem Aspekt der gerichtlichen Zuständigkeit eine signifikante Verknüpfung begründen, da jeder von beiden je nach Lage des Falles für die Beweiserhebung und für die Gestaltung des Prozesses einen besonders sachgerechten Anhaltspunkt liefern kann (EuGH, C-189/08 [Zuid-Chemie] aaO Rz. 23 f. m.w.N.; Urt. vom 25.10.2011 – eDate Advertising GmbH ./. X [Rs C-509/09] und Olivier Martinez u. Robert Martinez ./. MGN Ltd. [Rs C-161/10], Slg. 2011, I-10269 Rz. 40 f. m.w.N.; C-523/10 [Wintersteiger] aaO Rz. 18 ff.; Urt. vom 25.10.2012 – Folien Fischer AG u. Fofitec AG ./. Ritrama S.p.A., Rs C-133/11, NJW 2013, 287 Rz. 37 ff. m.w.N.; Urt. vom 16.5.2013 – Melzer ./. MF Global UK Ltd., Rs C-228/11, WM 2013, 1257 Rz. 25 ff. m.w.N.; C-147/12 [ÖFAB] aaO Rz. 49 ff.; Urt. vom 3.10.2013 – Peter Pinckney ./. KDG Mediatech AG, Rs C-170/12, NJW 2013, 3627 Rz. 26 f.; zu Art. 5 Nr. 3 LugÜ I:, VI ZR 34/07 aaO Rz. 17, 24; zu Art. 5 Nr. 3 EuGVO: XI ZR 57/08 aaO Rz. 19, 23 und XI ZR 28/09 aaO Rz. 21, 25; XI ZR 394/08 aaO Rz. 21, 25; XI ZR 54/09 aaO Rz. 21, 25; jew. m.w.N.).

Im vorliegenden Fall kann offen bleiben, ob der Handlungsort in Deutschland liegt, da jedenfalls der Erfolgsort in Deutschland belegen ist.

(1) Erfolgsort ist nach der Rspr. des EuGH der Ort, an dem aus einem Ereignis, das für die Auslösung einer Schadensersatzpflicht wegen unerlaubter Handlung oder wegen einer gleichgestellten Handlung in Betracht kommt, ein Schaden entstanden ist. Gemeint ist damit der Ort, an dem das auslösende Ereignis seine schädigende Wirkung entfaltet, d.h. der Ort, an dem sich der durch das Ereignis verursachte Schaden konkret zeigt (EuGH, C-189/08 [Zuid-Chemie] aaO Rz. 27 m.w.N.; vgl. auch C-523/10 [Wintersteiger] aaO Rz. 21; zu Art. 5 Nr. 3 LugÜ I vgl. Senatsurteil VI ZR 34/07 aaO m.w.N.). Die Bestimmung des Erfolgsorts hat nach der Rspr. zu Art. 5 Nr. 3 EuGVÜ, die entspr. für die Auslegung der nahezu gleichlautenden Bestimmung des Art. 5 Nr. 3 EuGVO (vgl. EuGH, C-189/08 [Zuid-Chemie] aaO Rz. 18 f. m.w.N.; C-509/09 [eDate Advertising] und C-161/10 [Martinez] aaO Rz. 39; C-133/11 [Folien Fischer] aaO Rz. 31 f.; C-147/12 [ÖFAB] aaO Rz. 28 f.) und damit auch von Art. 5 Nr. 3 LugÜ II herangezogen werden kann, losgelöst von nationalen Vorschriften über die außervertragliche zivilrechtliche Haftung zu erfolgen (so EuGH, Urt. vom 19.9.1995 – Antonio Marinari ./. Lloyds Bank PLC u. Zubaidi Trading Company, Rs C-364/93, Slg. 1995, I-2719 Rz. 18 f.; vgl. auch EuGH, C-228/11 [Melzer] aaO Rz. 34 m.w.N.).

(2) Der Begriff des Erfolgsorts im Sinne des Art. 5 Nr. 3 EuGVO wird aufgrund des Ausnahmecharakters der Vorschrift in der Rspr. des EuGH restriktiv ausgelegt. Der Schadenserfolg ist in diesem Zusammenhang an dem Ort verwirklicht, an dem das haftungsauslösende Ereignis den unmittelbar Betroffenen direkt schädigt. Die Wendung ‚Ort, an dem das schädigende Ereignis eingetreten ist' kann also nicht so weit ausgelegt werden, dass sie jeden Ort erfasst, an dem die schädigenden Folgen eines Umstands spürbar werden können, der bereits an einem anderen Ort einen primären Schaden bzw. eine primäre Rechtsgutverletzung verursacht hat; lediglich mittelbare Schadensfolgen stellen keinen Erfolgsort im Sinne des Art. 5 Nr. 3 EuGVO dar (vgl. zu Art. 5 Nr. 3 EuGVÜ: EuGH, Urteile vom 11.1.1990 – Dumez

France SA u. Tracoba S.A.R.L. ./. Hessische Landesbank u.a., Rs C-220/88, Slg. 1990, I-49 Rz. 20 f.; C-364/93 [Marinari] aaO Rz. 14 f.; C-51/97 [Réunion européenne] aaO Rz. 30 f.; Urt. vom 10.6.2004 – Rudolf Kronhofer ./. Marianne Maier u.a., Rs C-168/02, Slg. 2004, I-6009, Rz. 19; ebenso zu Art. 5 Nr. 3 LugÜ I Senatsurteile VI ZR 34/07 aaO m.w.N.; VI ZR 69/07 aaO Rz. 16).

Die bloße Belegenheit des Vermögens des Geschädigten zum Zeitpunkt der Entstehung der Schadensersatzpflicht kann nach dieser Rspr. für die Ermittlung des Erfolgsorts nicht maßgeblich sein, da es hier an einer Beziehung zu dem dem Rechtsstreit zugrunde liegenden Sachverhalt und damit an der erforderlichen Sachnähe fehlen kann (EuGH, C-364/93 [Marinari] aaO Rz. 20). Auch bei Kapitalanlagedelikten kann der Erfolgsort demgemäß nicht schon deshalb am Klägerwohnsitz liegen, weil dort der Mittelpunkt von dessen Vermögen liegt, da dies dem Ziel der Rechtssicherheit für die Parteien hinsichtlich des Gerichtsstands und der grundsätzlichen Zuständigkeit der Gerichte am Wohnsitz des Beklagten zuwiderliefe (vgl. EuGH, C-168/02 [Kronhofer] aaO Rz. 20 f.; BGH, Urteile XI ZR 57/08 aaO Rz. 29 und XI ZR 28/09 aaO Rz. 31; XI ZR 394/08 aaO Rz. 31; XI ZR 54/09 aaO Rz. 31; ebenso zu Art. 5 Nr. 3 LugÜ I Senatsurteil VI ZR 34/07 aaO Rz. 21).

(3) Dem o.g. Urteil des EuGH vom 10.6.2004 [Kronhofer] lag allerdings ein wesentlich anderer Sachverhalt als im vorliegenden Fall zugrunde, weil die unerlaubte Handlung erst nach Überweisung des Anlagekapitals von einem Konto am Wohnsitz des Anlegers auf ein im Ausland geführtes Konto verübt wurde (vgl. BGH, Urteile XI ZR 57/08 aaO und XI ZR 28/09 aaO; XI ZR 394/08 aaO; XI ZR 54/09 aaO; jew. m.w.N.). Dieser – einen besonderen Fall betreffenden – Entscheidung kann aber auch entnommen werden, dass unter anderen Umständen der Erfolgsort durchaus im Wohnsitzstaat des Klägers gelegen sein kann (vgl. BGH, Urteile XI ZR 57/08 aaO und XI ZR 28/09 aaO; XI ZR 394/08 aaO; XI ZR 54/09 aaO; jew. m.w.N.). So ist etwa bei einem Geschäftsmodell, das von vornherein bewusst darauf abzielt, uninformierte, leichtgläubige Menschen unter sittenwidriger Ausnutzung ihres Gewinnstrebens und ihres Leichtsinns als Geschäftspartner zu gewinnen und sich auf deren Kosten zu bereichern, und das aufseiten des Anlegers einen Kenntnisrückstand voraussetzt, ohne den ein vernünftig denkender Anleger sich auf die Geldanlage nicht eingelassen hätte, bereits die durch den Anleger veranlasste Überweisung des Anlagekapitals der Deliktserfolg, so dass der den Gerichtsstand begründende Erfolgsort im Sinne des Art. 5 Nr. 3 EuGVO dann der Ort der Minderung des Kontoguthabens ist (BGH, Urteile XI ZR 57/08 aaO Rz. 30 und XI ZR 28/09 aaO Rz. 32; XI ZR 394/08 aaO Rz. 32; XI ZR 54/09 aaO Rz. 32; jew. m.w.N.; vgl. auch Beschl. des Senats vom 15.2.2011 – VI ZR 189/10, juris, mit dem er sich der Rspr. des XI. Zivilsenats angeschlossen hat).

(4) Im vorliegenden Fall ist – unabhängig vom Ort des Mittelpunkts des Vermögens des Kl. – von einem in Deutschland gelegenen Erfolgsort auszugehen.

(a) Bei reinen Vermögensdelikten ist in Anknüpfung an die Rspr. des EuGH zum Primärschaden mangels einer primären Rechtsgutverletzung der Ort des ersten unmittelbar verletzten Interesses maßgeblich (vgl. *Prütting-Gehrlein-Pfeiffer*, ZPO, 6. Aufl., Art. 5 EuGVO Rz. 12; *Stein-Jonas-Wagner*, ZPO, 22. Aufl., Art. 5 EuGVVO Rz. 161). Ist schon die Herbeiführung oder Anbahnung eines Rechtsgeschäfts rechtswidrig, so stellt der Ort den Erfolgsort dar, an dem dieses Fehlverhalten des Schadigers die erste Wirkung entfaltet hat (sog. Handlungswirkungsort, vgl. *Huber*, IPRax 2009, 134, 137; *Simons-Hausmann-Ten Wolde/Knot/Weller*, Brüssel I-Verordnung, 2012, Art. 5 Nr. 3 Rz. 50).

(b) Dieser Ort liegt nach dem Vortrag des Kl. in Deutschland. Der Bekl. zu 2) war danach als gesetzliches Vertretungsorgan seiner Vertragspartnerin – der Bekl. zu 1) – für eine dort begangene unerlaubte Handlung maßgeblich verantwortlich, weil er wusste oder zumindest hätte wissen müssen, dass die von der Bekl. zu 1) angebotenen Finanzdienstleistungen erlaubnispflichtig waren. Er hat den rechtswidrigen Kundenfang in Deutschland bewusst mitverantwortet und durch den Einsatz von Call-Centern und Vertriebsbeauftragten forciert. Zudem hat der Kl. an seinem Arbeitsplatz in Köln den ersten – und später einen weiteren – Vermögensverwaltungsauftrag unterzeichnet, also die (Erst-)Anlageentscheidungen getroffen, die Grundlage für seine Geldanlagen waren (ähnlich OLG Hamm, Urt. vom 18.7.2013 – 6 U 215/11[16], juris Rz. 28). Darüber hinaus hat er in Köln die erste Barzahlung in Gestalt der sog. Auslandsbearbeitungsgebühr an den Vertriebsmitarbeiter der Bekl. zu 1) geleistet, wodurch bereits unmittelbar sein im Inland belegenes Vermögen geschädigt wurde (vgl. OLG Dresden, IPRspr. 2007 Nr. 140, 392, 395; OLG München, Urt. vom 30.10.2013 – 20 U 603/12, juris Rz. 24; für einen Erfolgsort am Ort des Erstvermögensschadens bei aufsichtsrechtlich unzulässigem Vertrieb auch *Engert/Groh*, IPRax 2011, 458, 463 f.). Der Schwerpunkt der Interessenverletzung des Kl. liegt demnach in Deutschland als Ort der ersten Anlageentscheidung und des Eintritts des Erstvermögensschadens.

(5) Ein in Deutschland gelegener Erfolgsort wird den vom EuGH angeführten Zielsetzungen der europäischen Zuständigkeitsvorschriften – und damit auch den Zielen der entspr. Bestimmungen der Lugano Übereinkommen – gerecht.

Die geforderte Nähe zum Streitgegenstand und die Möglichkeit einer leichteren Beweisaufnahme (vgl. EuGH, C-189/08 [Zuid-Chemie] aaO; C-228/11 [Melzer] aaO Rz. 27) liegen bei einer Zuständigkeit deutscher Gerichte vor, da im Zentrum des Rechtsstreits das ohne die erforderliche Erlaubnis zur Erbringung von Finanzdienstleistungen gemäß § 32 I 1 KWG erfolgte Handeln des Vertriebsbeauftragten in Deutschland und der vom Kl. dort unterschriebene Vermögensverwaltungsauftrag stehen. Auch der Vorhersehbarkeit der Zuständigkeitsvorschriften für beide Parteien und der Gewährleistung von Rechtssicherheit (EuGH, C-509/09 [eDate Advertising] aaO und C-161/10 [Martinez] aaO Rz. 50 m.w.N.; C- 523/10 [Wintersteiger] aaO Rz. 23; C-133/11 [Folien Fischer] aaO Rz. 45 m.w.N.; C-147/12 [ÖFAB] aaO Rz. 52; Urt. vom 16.1.2014 – Andreas Kainz ./. Pantherwerke AG, Rs C-45/13, NJW 2014, 1166 Rz. 28) ist hierdurch Genüge getan. Denn der Ort, an dem durch die Erbringung unerlaubter Finanzdienstleistungen eine Auftragserteilung und eine (erste) Zahlung durch den Anleger vorgenommen wurden, wodurch das Interesse des Kl. zuerst unmittelbar verletzt worden ist, ist sowohl für den Kl. als auch für den Bekl. ersichtlich. Insbesondere führt ein in Deutschland gelegener Erfolgsort zur Zuständigkeit desjenigen Gerichts, das objektiv am besten in der Lage ist, die Begründetheit der geltend gemachten Verletzung zu beurteilen (vgl. EuGH, C-170/12 [Pinckney] aaO Rz. 34 m.w.N.; C-228/11 [Melzer] aaO Rz. 28 m.w.N.; C-45/13 [Kainz] aaO Rz. 24). Denn der Kl. stützt seine Klage gerade auf die Ver-

---
[16] IPRspr. 2013 Nr. 297.

letzung einer inländischen Vorschrift des Finanzdienstleistungsaufsichtsrechts, die nach deutschem Deliktsrecht zu einer Schadensersatzverpflichtung auch des Bekl. zu 2) führen soll.

(6) Der erkennende Senat ist nicht gehalten, den EuGH gemäß Art. 267 I und III AEUV um eine Vorabentscheidung zur Auslegung des Art. 5 Nr. 3 LugÜ II zu ersuchen. Für das LugÜ II besteht zwar eine Auslegungszuständigkeit des EuGH (Präambel zum Protokoll 2 nach Art. 75 LugÜ II über die einheitliche Auslegung des Übereinkommens und den ständigen Ausschuss; vgl. auch Senatsurteile VI ZR 14/11 aaO Rz. 28 m.w.N.; VI ZR 260/11 aaO Rz. 22). Die Vorlagepflicht letztinstanzlicher Gerichte der Mitgliedstaaten entfällt aber, wenn die betreffende gemeinschaftsrechtliche Bestimmung bereits Gegenstand einer Auslegung durch den EuGH war oder wenn die richtige Anwendung des Gemeinschaftsrechts derart offenkundig ist, dass für einen vernünftigen Zweifel kein Raum mehr bleibt (vgl. EuGH, Urteile vom 6.10.1982 – S.r.l. CILFIT u. Lanificio di Gavardo S.p.A. ./. Ministero della Sanità, Rs C-283/81, Slg. 1982, 3415 Rz. 13 ff. und vom 15.9.2005 – Intermodal Transports BV ./. Staatssecretaris van Financiën, Rs C-495/03, Slg. 2005, I-8191 Rz. 33 und ständig; Senat, VI ZR 14/11 aaO m.w.N.; VI ZR 260/11 aaO; Urt. vom 25.2.2014 – VI ZR 144/13, VersR 2014, 593 Rz. 23; BGH, Beschl. vom 22.3.2010 – NotZ 16/09, BGHZ 185, 30 Rz. 33). Dies ist hier der Fall. Insbesondere ist in der Rspr. des EuGH anerkannt, dass die Entscheidung, ob finanzielle Verluste eines Klägers in seinem Heimatstaat eingetreten sind, den nationalen Gerichten obliegt (vgl. EuGH, Urt. vom 5.2.2004 – Danmarks Rederiforening, handelnd für DFDS Torline A/S ./. LO Landsorganisationen i Sverige, handelnd für SEKO Sjöfolk Facket för Service och Kommunikation, Rs C-18/02, Slg. 2004, I-1417, Rz. 43 zu Art. 5 Nr. 3 EuGVÜ; zu Art 5 Nr. 3 LugÜ I: Senatsurteil VI ZR 34/07 aaO Rz. 22; zu Art. 5 Nr. 3 EuGVO: BGH, XI ZR 394/08 aaO Rz. 36) ...

3. Rechtsfehlerhaft hat das Berufungsgericht nicht geprüft, ob dem Schadensersatzanspruch des Kl. nach § 823 II BGB i.V.m. § 32 I 1 KWG ein Einwand nach Schweizer Recht entgegensteht. Es kommt in Betracht, dass der Anspruch nach Art. 303 II schweiz. SchKG untergegangen ist.

Diese Vorschrift bestimmt, dass ein Gläubiger, welcher dem Nachlassvertrag zugestimmt hat, seine Rechte gegen Mitschuldner und andere [nur dann] wahrt, sofern er ihnen mindestens zehn Tage vor der Gläubigerversammlung deren Ort und Zeit mitgeteilt und ihnen die Abtretung seiner Forderung gegen Zahlung angeboten hat.

a) Im Streitfall stimmte der Kl. dem vom Nachlassrichter beim Bezirksgericht Zürich bestätigten Nachlassvertrag vorbehaltlos zu. Ob der Kl. dadurch zugleich seine Schadensersatzansprüche gegen die (mit)haftenden Bekl. verlor, bestimmt sich gemäß § 335 InsO nach Schweizer Recht (ebenso OLG Hamm, 6 U 215/11 aaO juris Rz. 31; OLG Brandenburg, Urt. vom 27.3.2014 – 12 U 182/12, juris Rz. 21; OLG München, 20 U 603/12 aaO juris Rz. 28 ff., 20 U 605/12, juris Rz. 50 ff., und 20 U 1699/13[17], ZInsO 2014, 785, 787). Nach § 335 InsO unterliegen das Insolvenzverfahren und seine Wirkungen, soweit nichts anderes bestimmt ist, dem Recht des Staats, in dem das Verfahren eröffnet worden ist.

b) Zwar findet grundsätzlich für alle Voraussetzungen und Rechtsfolgen einer deliktischen Haftung – hier die Haftung der Bekl. nach § 823 II BGB i.V.m. § 32 I 1

---

[17] IPRspr. 2013 Nr. 300.

KWG – das Deliktsstatut und damit deutsches Recht Anwendung (so bereits Senatsurteil vom 14.6.1960 – VI ZR 81/59, VersR 1960, 990, 991). Das Deliktsstatut umfasst im Regelfall alle Einreden und Einwendungen, die dem Anspruch entgegengehalten werden können, wie etwa eine Verjährung des Anspruchs (vgl. Senat, Urt. vom 31.5.1983 – VI ZR 182/81[18], VersR 1983, 858, 859), einen Verzicht (Senat, Urt. vom 10.2.2009 – VI ZR 28/08[19], VersR 2009, 558 Rz. 8, 15 ff.) oder eine Verwirkung (zum Ganzen MünchKomm-*Junker*, 5. Aufl., Art. 40 EGBGB Rz. 100; BeckOK-*Spickhoff*, Art. 40 EGBGB Rz. 10 [Stand: 1.2.2013]; *Staudinger-v. Hoffmann*, BGB, Neub. 2001, Vor Art. 40 EGBGB Rz. 46 f.). Im vorliegenden Fall ist aber, worauf die Revision zu Recht hinweist, gemäß § 335 InsO das Insolvenzstatut maßgeblich, da es sich bei einem etwaigen Untergang des Anspruchs gegen Mitschuldner nach Schweizer Recht um einen als insolvenzrechtlich zu qualifizierenden Erlöschensgrund handelt.

c) Die gerichtliche Bestätigung des Schweizer Nachlassvertrags wird gemäß § 343 II, I 1 InsO im Inland anerkannt.

aa) Der Senat hat bereits entschieden, dass es sich beim Schweizer Nachlassverfahren um ein ausländisches Insolvenzverfahren im Sinne des deutschen Internationalen Insolvenzrechts handelt (VI ZR 14/11 aaO Rz. 32 ff. m.w.N.). Die Eröffnung dieses ausländischen Insolvenzfahrens wird damit nach § 343 I 1 InsO ebenso wie Sicherungsmaßnahmen nach dem Antrag zur Eröffnung des Insolvenzverfahrens und Entscheidungen zur Durchführung oder Beendigung des Insolvenzverfahrens (§ 343 II InsO) im Inland anerkannt.

bb) Eine solche Entscheidung im Sinne des § 343 II InsO stellt auch die gerichtliche Bestätigung des Nachlassvertrags gemäß Art. 304 II schweiz. SchKG dar, da hiermit – ähnlich wie im nationalen Recht nach § 254 I InsO – eine Forderungsmodifikation aufgrund des von den Gläubigern beschlossenen (Art. 302 III schweiz. SchKG) und ggf. vom Gericht nach Art. 306 II schweiz. SchKG geänderten Nachlassvertrags einhergeht (vgl. MünchKommInsO-*Thole*, 2. Aufl., § 343 Rz. 82 f.). Die Forderungsmodifikation ergibt sich daraus, dass der bestätigte Nachlassvertrag für alle Gläubiger – mit Ausnahme der Pfandgläubiger, soweit sie durch das Pfand gesichert sind – verbindlich ist, deren Forderungen vor der Bekanntmachung der Nachlassstundung oder seither ohne Zustimmung des Sachwalters entstanden sind (Art. 310 I schweiz. SchKG). Im Falle des Nachlassvertrags mit Vermögensabtretung verzichten die Gläubiger dabei insbesondere auf den Forderungsbetrag, der nicht durch die Liquidation oder den Erlös aus der Abtretung des Vermögens gedeckt ist (Art. 318 I Nr. 1 schweiz. SchKG).

cc) Die für die Inlandswirkung eines ausländischen Insolvenzverfahrens erforderliche Voraussetzung, dass das ausländische Insolvenzverfahren eine extraterritoriale Geltung beansprucht, ist bei der Nachlassstundung ebenso wie beim Konkurs gegeben (Senatsurteil, VI ZR 14/11 aaO Rz. 37 m.w.N.).

Zwar hat das BGer (Pra 66 [1977], 623, 625 f. = BGE 103 III 54) in der Vergangenheit die Auffassung vertreten, die Wirkungen eines in der Schweiz bestätigten Nachlassvertrags beschränkten sich grundsätzlich auf das Gebiet der Schweiz. Es hat allerdings schon damals – weitergehend als beim Konkurs – eine Erfassung ausländischer Vermögenswerte durch den Nachlassvertrag als zulässig erachtet und

---

[18] IPRspr. 1983 Nr. 32.   [19] IPRspr. 2009 Nr. 21b.

ist von einer auch im Ausland zu beachtenden Verfügungsbefugnis der Liquidatoren ausgegangen (aaO, 626 f.). Soweit hierin eine (teilweise) Absage an eine extraterritoriale Geltung des Nachlassverfahrens zu sehen sein sollte, ist diese Auffassung durch die neuere Rspr. des BGer überholt. Denn zwischenzeitlich hat es sogar für den Konkurs ausdrücklich festgestellt, dass er Auslandswirkung beansprucht (BGE 130 III 620, 629). Auch die Schweizer Literatur geht von dieser sog. aktiven Universalität aus (vgl. zum Konkurs und zur Nachlassstundung *Kren-Kostkiewicz*, SchKG, 18. Aufl., Art. 197 Rz. 22 ff.; *Honsell-Vogt-Schnyder-Berti*, Baseler Kommentar IPRG, 2. Aufl., Vor Art. 166 ff. Rz. 2; *Kren-Kostkiewicz* aaO Rz. 1152 ff.; *Spühler-Dolge*, SchKG II, 5. Aufl., Rz. 373, 408; *Siehr*, SJZ 95 [1999], 85, 88 ff.; ebenso Senatsurteil VI ZR 14/11 aaO). Soweit teilweise die Auslandswirkung eines in der Schweiz bestätigten Nachlassvertrags von der Anerkennung durch das ausländische Recht abhängig gemacht wird (vgl. etwa *Kren-Kostkiewicz* aaO Rz. 1153; *Siehr* aaO 88 f.), stellt dies den grundsätzlich bestehenden Anwendungswillen des Schweizer Insolvenzrechts nicht in Frage (vgl. *Siehr* aaO 89) und ist dies im Hinblick auf § 343 II, I 1 InsO unerheblich.

dd) Im Übrigen ergibt sich der Anspruch des Schweizer Nachlassverfahrens auf Auslandsgeltung auch aus dem am 1.1.1989 in Kraft getretenen schweizerischen Bundesgesetz über das Internationale Privatrecht (IPRG). Zwar regelt Art. 175 IPRG lediglich die Anerkennung ausländischer Nachlassverträge oder ähnlicher Verfahren in der Schweiz. Aus der nach Art. 175 Satz 2, 166 Satz 1 lit. c IPRG erforderlichen Gegenseitigkeit ergibt sich aber, dass das Schweizer Nachlassverfahren auf extraterritoriale Geltung angelegt ist (ebenso *Stadler*, KTS 1995, 539, 555). Anderenfalls wäre die Vorschrift ohne Sinn.Dies gilt insbesondere auch für die schuldbefreiende Wirkung nach Versäumen der im Nachlassverfahren gesetzten Frist. So hat der BGH die restschuldbeschränkende Wirkung eines Schweizer Konkursverfahrens anerkannt, weil eine gesetzlich vorgesehene Restschuldbeschränkung – wie ein vereinbarter Schuldnachlass – die beabsichtigte Wirkung nur erreichen kann, wenn sie gegenüber allen Gläubigern wirkt. Zugleich diene dies der Gläubigergleichbehandlung (vgl. BGH, Urt. vom 27.5.1993 – IX ZR 254/92[20], BGHZ 122, 373, 378). Dieser Gedanke ist auf die schuldbefreiende Wirkung des Nachlassvertrags zu übertragen (*Stadler* aaO 556).

d) Nach § 335 InsO unterliegen auch die materiell-rechtlichen Folgewirkungen des Insolvenzverfahrens (BGH, Urt. vom 14.11.1996 – IX ZR 339/95[21], BGHZ 134, 79, 87) grundsätzlich dem Recht des Staats, in dem das Verfahren eröffnet worden ist (sog. lex fori concursus, vgl. BGH, Beschl. vom 30.4.2013 – VII ZB 22/12[22], WM 2013, 1225 Rz. 33; *Leonhardt-Smid-Zeuner-Smid*, Internationales Insolvenzrecht, 2. Aufl., § 343 InsO Rz. 2; MünchKommInsO-*Reinhart* aaO § 335 Rz. 9; FK-InsO-*Wenner/Schuster*, 7. Aufl., § 343 Rz. 36). Hiervon werden alle materiell-rechtlichen Wirkungen des ausländischen Insolvenzverfahrens erfasst, sofern diese nach deutschem IPR als insolvenzrechtlich zu qualifizieren sind (*Leonhardt-Smid-Zeuner-Smid* aaO § 335 InsO Rz. 6; MünchKommInsO-*Reinhart* aaO Rz. 8, 11; FK-InsO-*Wenner/Schuster*, 6. Aufl., § 335 InsO Rz. 1; *Kreft-Stephan*, InsO, 7. Aufl., § 335 Rz. 9; *Hess*, InsO, 2. Aufl., § 335 Rz. 3; *Braun-Tashiro*, InsO, 5. Aufl.,

---

[20] IPRspr. 1993 Nr. 200b.
[21] IPRspr. 1996 Nr. 233.
[22] IPRspr. 2013 Nr. 286.

§ 335 Rz. 6 f.; *Gottwald-Kolmann*, Insolvenzrechts-Handbuch, 4. Aufl., § 132 Rz. 2; *Pape/Uhländer/Schluck-Amend*, InsO, 2013, § 335 Rz. 12).

e) Der Verlust der Rechte gegen Mitverpflichtete gemäß Art. 303 II schweiz. SchKG ist eine materiell-rechtliche Folgewirkung, die als insolvenzrechtlich zu qualifizieren und daher gemäß § 335 InsO nach Schweizer Recht zu beurteilen ist, das insoweit keine Rückverweisung vorsieht.

aa) Für die Qualifikation von Rechtsfragen, die sich an der Grenze zwischen Insolvenzrecht und anderen Rechtsgebieten befinden, ist zunächst die ausländische Rechtsvorschrift nach Sinn und Zweck zu erfassen, ihre Bedeutung vom Standpunkt des ausländischen Rechts her zu würdigen und mit der deutschen Einrichtung funktional zu vergleichen. Auf dieser Grundlage ist sie den aus den Begriffen der deutschen Rechtsordnung aufgebauten Merkmalen der deutschen Kollisionsnorm zuzuordnen (BGH, Urteile vom 19.12.1958 – IV ZR 87/58[23], BGHZ 29, 137, 139; vom 22.3.1967 – IV ZR 148/65[24], BGHZ 47, 324, 332; vom 21.9.1995 – VII ZR 248/94[25], NJW 1996, 54; MünchKommInsO-*Reinhart* aaO Vor §§ 335 ff. Rz. 37, 101; vgl. auch *Gottwald-Kolmann* aaO § 129 Rz. 24).

Für eine insolvenzrechtliche Qualifikation sprechen solche Wirkungen, die auf dem Insolvenzverfahren als Gesamtabwicklung der Vermögens- und Haftungsverhältnisse eines Schuldners in einer Mangelsituation zugunsten seiner grundsätzlich gleich zu behandelnden Gläubiger beruhen und für die Aufgabenerfüllung eines Insolvenzverfahrens wesentlich sind (*Gottwald-Kolmann* aaO § 132 Rz. 9; *Leonhardt-Smid-Zeuner-Smid* aaO). Einen weiteren Anhaltspunkt vermag der Umstand zu geben, ob die fragliche Norm auch außerhalb der Insolvenz gilt oder eine spezielle Regelung für den Fall der Insolvenz aufstellt (*Braun-Tashiro* aaO Rz. 8). Anerkannt ist insbesondere, dass sich die Wirkungen eines Insolvenzplans oder (Zwangs-)Vergleichs gemäß § 335 InsO nach der lex fori concursus richten (MünchKommInsO-*Reinhart* aaO § 335 Rz. 116; *Gottwald-Kolmann* aaO Rz. 103; FK-InsO-*Wenner/Schuster* aaO Rz. 5).

bb) Art. 303 II schweiz. SchKG regelt den Schutz von Mitschuldnern und das Schicksal der gegen diese bestehenden Forderungen. Der Schweizer Gesetzgeber erachtete es als ungerecht, wenn der Gläubiger dem Nachlassvertrag nur zustimmt, weil er den Mitschuldner für die ganze Schuld belangen kann, während der Mitschuldner sein Regressrecht nur bis zum Betrag der Nachlassdividende ausüben kann und somit letztlich den Forderungsbetrag trägt. Demzufolge sei es für den Gläubiger einfach, den Nachlassvertrag zulasten des Mitschuldners anzunehmen und ihm ein Opfer aufzuerlegen, zu welchem er sich selbst nicht bereit erklärt hatte (BGer, Pra 85 [1996], 246, 247 = BGE 121 III 191; *Staehelin-Bauer-Staehelin-Vollmar*, Baseler Kommentar SchKG II, 2. Aufl., Art. 303 Rz. 1). Das Schweizer Recht verlangt daher vom Gläubiger, dem Schuldner Ort und Zeit der Gläubigerversammlung rechtzeitig mitzuteilen und ihm das Angebot zu unterbreiten, seine Forderung gegen – volle (*Staehelin-Bauer-Staehelin-Vollmar* aaO Rz. 13; *Hunkeler-Hardmeier*, Kurzkommentar SchKG, 2. Aufl., Art. 303 Rz. 3) – Zahlung an diesen abzutreten. Damit erhalten die Mitverpflichteten vor der Gläubigerversammlung Gelegenheit zum Studium der Akten und durch das Angebot der Forderungsab-

---

[23] IPRspr. 1958–1959 Nr. 112.
[24] IPRspr. 1966–1967 Nr. 90.
[25] IPRspr. 1995 Nr. 1.

tretung die Möglichkeit, selbst zum Gläubiger zu werden und über den Nachlassvertrag mitzuentscheiden (*Staehelin-Bauer-Staehelin-Vollmar* aaO Rz. 11, 13; vgl. auch *Jaeger-Walder-Kull-Kottmann*, SchKG, 4. Aufl., Art. 303 Rz. 3). Kommt der Gläubiger seiner Verpflichtung nicht nach, verliert er alle seine Rechte gegenüber dem Mitschuldner (BGer aaO 251; *Staehelin-Bauer-Staehelin-Vollmar* aaO Rz. 10; *Jaeger-Walder-Kull-Kottmann* aaO Rz. 17; *Hunkeler-Hardmeier* aaO Rz. 2; *Kren-Kostkiewicz* aaO Art. 303 Rz. 6). Diese Folge tritt ein, wenn der Nachlassvertrag zustande kommt und rechtskräftig wird (*Staehelin-Bauer-Staehelin-Vollmar* aaO Rz. 5).

cc) Damit regelt das Schweizer Konkursrecht in Art. 303 II SchKG eine als insolvenzrechtlich zu qualifizierende Fragestellung (ebenso OLG München, 20 U 603/12 aaO; 20 U 605/12 aaO und 20 U 1699/13 aaO 788). Die Fragen der Einbeziehung von Mitverpflichteten in das Verfahren und der Folgerungen für die gegen sie gerichteten Forderungen der Gläubiger im Fall einer Insolvenz und eines sich anschließenden (Zwangs-)Vergleichs stellen sich aus autonomer Sicht typischerweise in dieser Mangelsituation und sind daher im Insolvenzrecht zu regeln. Darüber hinaus gilt Art. 303 II SchKG ausschließlich für den Fall des als insolvenzrechtlich zu qualifizierenden Nachlassverfahrens."

213. *Die internationale Zuständigkeit deutscher Gerichte ist gemäß Art. 5 Nr. 3 EuGVO für die Geltendmachung von Unterlassungsansprüchen gegen die Verwendung eines Buchungssystems (hier: Onlineportals zur Flugbuchung) gegeben, wenn sich das Portal auch an Verbraucher im Inland richtet. Ein solches Buchungssystem, welches wettbewerbswidrig ausgestaltet ist und gegen Verbraucher schützende Normen verstößt, stellt eine unerlaubte Handlung dar. [LS der Redaktion]*

LG Berlin, Urt. vom 29.7.2014 – 15 O 413/13: RRa 2015, 93.

214. *Für eine auf deliktische Ansprüche gerichtete Klage besteht gemäß Art. 5 Nr. 3 EuGVO keine internationale Zuständigkeit eines deutschen Gerichts, wenn die für den Vertrag charakteristischen Leistungen überwiegend an dem Geschäftsbeziehungsweise Wohnsitz des Beklagten in Frankreich erbracht worden sind und die deliktischen Ansprüche an den zwischen den Parteien bestehenden Vertrag anknüpfen. [LS der Redaktion]*

LG Krefeld, Urt. vom 26.8.2014 – 12 O 28/12: Unveröffentlicht.

Der Kl. handelt neben seiner Tätigkeit als Rechtsanwalt mit hochwertigen Uhren. Der Bekl. zu 2) ist Uhrmachermeister. Er hat Deutschland im Jahr 2005 verlassen und in Frankreich die Bekl. zu 1) gegründet, die sich mit der Entwicklung von Uhrwerken befasst. Im Jahr 2010, nach Eintritt der Rechtshängigkeit, hat der Bekl. zu 2) seinen Wohnsitz in die Schweiz verlegt. Der Kl. ließ in den Jahren 2005 bis 2008 Uhrwerke für hochwertige Armbanduhren von den Bekl. entwickeln, die später unter seinem Namen auf den Markt gebracht werden sollten. Der Bekl. zu 2) war ihm aus zuvor erteilten Uhrenreparaturaufträgen bekannt. Die Bekl. haben parallel zu den vom Kl. finanzierten Entwicklungsarbeiten weitere Uhrwerke in vergleichbarer Form entwickelt und auf Messen vorgestellt. Zur Bewerbung ihrer Produkte unterhielten sie einen in deutscher und französischer Sprache verfassten Internetauftritt. Der Kl. sieht hierin eine Verletzung ihrer Vereinbarung, aber auch eine unerlaubte Handlung.

Das LG Krefeld hat sich für international nicht zuständig erklärt und die Klage abgewiesen. Auf die Berufung des Kl. hat das OLG Düsseldorf das Teilurteil des LG Krefeld aufgehoben und die Sache an das LG zurückverwiesen: Es sei zwar eine internationale Zuständigkeit nicht für die vertraglichen, wohl aber für die behaupteten deliktischen Ansprüche gegeben. Die Kammer hat die Sache sodann mit Beschluss vom 27.9.2012 dem EuGH zur Klärung der Frage vorgelegt, ob Art. 5 Nr. 1 EuGVVO so auszulegen sei, dass ein

Anspruchsteller, der behauptet, durch eine nach deutschem Recht als unerlaubte Handlung zu bewertende wettbewerbswidrige Handlung seines in einem anderen Vertragsstaat ansässigen Vertragspartners geschädigt worden zu sein, auch dann Ansprüche gegen diesen geltend macht, die an einen Vertrag anknüpfen, soweit er sich in seiner Klage auf deliktische Ansprüche stützt. Auf die Entscheidung des EuGH (Urt. vom 13.3.2014 – Marc Brogsitter ./. Fabrication de Montres Normandes EURL und Karsten Fräßdorf, Rs C-548/12 [Rz. 30]) wird im Folgenden Bezug genommen.

Aus den Gründen:

„Die Klage ist abzuweisen, weil das LG Krefeld für die Entscheidung der mit der Klage geltend gemachten Ansprüche insgesamt – auch soweit es um die behaupteten deliktischen Ansprüche geht – international nicht zuständig ist ...
Zur Klage:
... Aber auch für die vom Kl. geltend gemachten deliktischen Ansprüche ist die internationale Zuständigkeit des LG Krefeld nicht gegeben. Art. 5 Nr. 3 EuGVO kann vorliegend nicht zur Begründung eines inländischen Gerichtsstands herangezogen werden, weil die vom Kl. insoweit geltend gemachten Ansprüche an einen ‚Vertrag oder Ansprüche aus einem Vertrag' im Sinne von Art. 5 Nr. 1 lit. a EuGVO anknüpfen.
Die Zuständigkeit gemäß Art. 5 Nr. 3 EuGVO für den Ort der unerlaubten Handlung gilt aufgrund der vom EuGH geprägten Definition für alle Klagen, ‚mit denen eine Schadenshaftung des Beklagten geltend gemacht wird und die nicht an einen Vertrag im Sinne von Art. 5 Nr. 1 EuGVO anknüpfen' (Urt. vom 27.9.1988 – Athanasios Kalfelis ./. Bankhaus Schröder, Münchmeyer, Hengst & Co. u.a., Rs C-189/87, Slg. 1988 I-05565).
Nach der Entscheidung des EuGH vom 13.3.2014 (s. dort Rz. 24 und 25) knüpfen die Klageanträge dann an einen ‚Vertrag oder Ansprüche aus einem Vertrag' im Sinne von Art. 5 Nr. 1 lit. a EuGVO an, wenn eine Auslegung des Vertrags zwischen dem Bekl. und dem Kl. unerlässlich erscheint, um zu klären, ob das dem Bekl. vom Kl. vorgeworfene Verhalten rechtmäßig oder vielmehr widerrechtlich ist. Wörtlich führt der EuGH sodann aus (aaO Rz. 26):
‚Es ist daher Sache des vorlegenden Gerichts, festzustellen, ob die Klageanträge des Klägers einen Ersatzanspruch zum Gegenstand haben, dessen Grund bei vernünftiger Betrachtungsweise in einem Verstoß gegen die Rechte und Pflichten aus dem zwischen den Parteien des Ausgangsverfahrens bestehenden Vertrag gesehen werden kann, so dass dessen Berücksichtigung für die Entscheidung über die Klage zwingend erforderlich gewesen wäre.'
Ausgehend von diesen Grundsätzen ist vorliegend festzustellen, dass auch die vom Kl. behaupteten deliktischen Ansprüche an die zwischen den Parteien getroffenen vertraglichen Absprachen anknüpfen. Ob die Bekl. sich – als sie für sich selbst Uhrwerke entwickelte, die, wie der Sachverständige M ausgeführt hat, zur gleichen Uhrenfamilie gehören wie die Uhrwerke, die die Bekl. für den Kl. entwickelt haben – in unzulässiger Weise in Rechte des Kl. eingegriffen hat, kann nicht ohne Auslegung der zwischen den Parteien getroffenen Vereinbarungen beurteilt werden.
Dies ergibt sich in aller Deutlichkeit aus den Ausführungen des Kl. zu den vertraglichen Vereinbarungen der Parteien, so wie sie in der Klageschrift wiedergegeben sind (dort S. 10 bis 13). Wörtlich führt der Kl. dort aus: ‚Im Gegenzug war vereinbart, dass dem Kläger die alleinigen Rechte an der Entwicklung zustehen.'

Demgegenüber sind die Bekl. der Auffassung, aus den vertraglichen Absprachen der Parteien ergebe sich nicht, dass ausschließlich dem Kl. die alleinigen Verwertungsrechte zustehen sollten. Jedenfalls sei mit einer ergänzenden Vertragsauslegung davon auszugehen, dass ein solches Verwertungsverbot, sollte es bestehen, auf einen Zeitraum von zwei Jahren nach Abschluss der Entwicklungsarbeiten und Übergabe der Entwicklungsergebnisse begrenzt sei (vgl. dazu S. 17 der Klageerwiderung).

Vorliegend knüpft der Vorwurf der deliktischen Handlung ausschließlich daran an, dass es dem Bekl. untersagt war, die für den Kl. erbrachten Entwicklungen – ganz oder teilweise – für eigene Entwicklungen zu nutzen. Ob die Bekl. dies durfte, setzt aber zwingend eine Auseinandersetzung mit den vertraglichen Vereinbarungen der Parteien voraus. Damit knüpfen auch die hier geltend gemachten deliktischen Ansprüche ‚an einen Vertrag' an, schließen mithin den deliktischen Gerichtsstand des Art. 5 Nr. 3 EuGVO aus.

Soweit der Kl. geltend macht, eine Zuständigkeit des LG Krefeld auch für die Klage sei jedenfalls entspr. der Regelung in Art. 6 Nr. 3 EuGVO zu bejahen, verkennt er, dass dort ausschließlich der Gerichtsstand einer Widerklage geregelt ist, um den es hier nicht geht (vgl. dazu auch *Zöller-Geimer*, ZPO 30. Aufl., Art. 6 EuGVVO Rz. 8a)."

215. *Die internationale Zuständigkeit ist gemäß Art. 5 Nr. 3 des Lugano-Übereinkommens vom 30.10.2007 (LugÜ II) für den Ort eröffnet, an dem das schädigende Ereignis eingetreten ist oder einzutreten droht, das heißt, sowohl für den Ort der Verwirklichung des Schadenserfolgs als auch den des für den Schaden ursächlichen Geschehens. Der Beklagte kann nach Wahl des Klägers vor dem Gericht eines dieser beiden Orte verklagt werden. Eine hiernach begründete internationale Zuständigkeit betrifft nur Ansprüche aus unerlaubter Handlung. Soweit andere Ansprüche gegen den Beklagten (hier etwa aus gesellschaftsrechtlichen Anspruchsgrundlagen nach dem Schweizer Obligationenrecht) in Rede stehen, sind diese mangels Zuständigkeit von den deutschen Gerichten nicht zu prüfen. [LS der Redaktion]*

OLG Düsseldorf, Urt. vom 24.10.2014 – 7 U 46/12: Unveröffentlicht.

[Das nachgehende Urteil des BGH Urteil vom 28.7.2015 – VIZR47414 – wird im Band IPRspr. 2015 abgedruckt.]

Der Kl. begehrt aus abgetretenem Recht des K. S. (im Folgenden: Zedent) Schadensersatz wegen des Erwerbs von Aktien der ES AG, einer nicht börsennotierten Schweizer AG, deren Geschäftsgegenstand nach ihrem Wertpapierprospekt der Erwerb und die Beitreibung sog. Business-to-Business-Forderungen war. Sie hatte 22 Mio. Namensaktien zu einem Nennwert von 0,01 Schweizer Franken ausgegeben. Die Aktien waren bereits gezeichnet. Aus dem operativen Geschäft, dem Factoring, erzielte die ES AG ausweislich ihrer Bilanzen verhältnismäßig geringe Erlöse, denen Ausgaben gegenüberstanden. Gleichzeitig befasste sie sich mit der Wiederveräußerung eigener Aktien, insbes. derjenigen ihrer Hauptaktionärin I S.A., die von angestellten Telefonverkäufern, u.a. auch der D Niederlassung in Deutschland, Privatanlegern angeboten wurden. Der Bekl. war Mitglied des Verwaltungsrats und Geschäftsführer der ES AG, der Bekl. zu 2) Präsident des Verwaltungsrats. Der Kl. hat behauptet, der Bekl. habe die Telefonverkäufer angewiesen, Kaufinteressenten zu täuschen und sie unrichtig aufzuklären.

Das LG hat den Bekl. antragsgemäß verurteilt. Hiergegen wendet sich dieser mit seiner Berufung und rügt weiterhin die internationale und örtliche Zuständigkeit.

Aus den Gründen:

„II. ... 1. Das LG Düsseldorf war international zuständig.

a) Die Zuständigkeit des LG ergab sich nicht bereits aus § 39 ZPO bzw. dem hier anwendbaren Art. 24 LugÜ II, der bestimmt, dass ein Gericht zuständig wird, wenn sich der Beklagte vor ihm auf das Verfahren einlässt, allerdings nicht, wenn er sich einlässt, um den Mangel der Zuständigkeit geltend zu machen. Letzteres war vorliegend der Fall, auch wenn die Rüge in der mündlichen Verhandlung nicht ausdrücklich erhoben worden sein sollte. Da dies nach den zutreffenden Feststellungen im Tatbestand des angefochtenen Urteils zuvor schriftsätzlich geschehen war, reichte die konkludente Bezugnahme auf die vorbereitenden Schriftsätze in der mündlichen Verhandlung aus (BGHZ 134, 127 = NJW 1997, 397, 398 f.[1]; BGH, NJW 2006, 1806[2]; BeckOK-ZPO-*Toussaint* [Stand: 15.6.2014] § 39 Rz. 4b).

b) Die in jeder Lage des Prozesses von Amts wegen zu prüfende internationale Zuständigkeit ergibt sich aber aus Art. 5 Nr. 3 LugÜ II.

Nach dieser Vorschrift besteht die internationale Zuständigkeit deutscher Gerichte für einen Rechtsstreit mit einem in der Schweiz ansässigen Beklagten, wenn die klagende Partei eine unter Mitwirkung des Beklagten im Inland begangene unerlaubte Handlung schlüssig darlegt. Das gilt auch, soweit dieselben Tatsachen sowohl für die Zulässigkeit als auch für die Begründetheit der Klage erheblich sind. Für die Zulässigkeit der Klage reicht die schlüssige Behauptung von Tatsachen aus, die es zumindest als möglich erscheinen lassen, dass die Anspruchsvoraussetzungen vorliegen, und deren Nachweis jedenfalls nicht von vornherein ausgeschlossen erscheint. Die Feststellung dieser Tatsachen ist hingegen erst zur Begründetheit der Klage notwendig (vgl. BGHZ 124, 237[3]).

Art. 5 Nr. 3 LugÜ II eröffnet die Zuständigkeit des Gerichts des Orts, ‚an dem das schädigende Ereignis eingetreten ist'. Dieser Ort ist sowohl der Ort, an dem der Schaden eingetreten ist, als auch der Ort des ursächlichen Geschehens. Der Beklagte kann dann nach Wahl des Klägers vor einem Gericht des Orts, an dem der schädigende Erfolg eingetreten ist, oder vor dem Gericht des Orts des dem Schaden zugrunde liegenden ursächlichen Geschehens verklagt werden (Handlungsort und Erfolgsort).

Der Bekl. hat nach dem Vortrag des Kl. in Deutschland gehandelt, indem er auf die in Düsseldorf mit dem Verkauf von Aktien der ES AG befassten Personen eingewirkt hat, um sie zu einem bestimmten Verhalten gegenüber potentiellen Anlegern zu veranlassen. Überdies liegt der Erfolgsort der behaupteten sittenwidrigen Schädigung in Deutschland. Der Zedent hat den Kaufpreis für die von ihm erworbenen Aktien jeweils von seinem deutschen Konto auf ein Konto der ES AG bei der B-Bank in S. gezahlt.

c) Eine andere Entscheidung ergibt sich nicht unter Berücksichtigung des Urteils des EuGH vom 16.5.2013 – Melzer ./. MF Global UK Ltd, Rs C-228/11, NJW 2013, 2099 = WM 2013, 1257). Der EuGH hat bestätigt, dass der Ort, an dem das schädigende Ereignis eingetreten ist oder einzutreten droht, sowohl der Ort der Verwirklichung des Schadenserfolgs als auch der Ort des für den Schaden ursächlichen Geschehens ist, sodass der Beklagte nach Wahl des Klägers vor dem Gericht eines dieser beiden Orte verklagt werden kann (EuGH, Urt. vom 19.4.2012 – Wintersteiger AG ./. Products 4U Sondermaschinenbau GmbH, Rs C-523/10, EuZW, 2012, 513, Rz. 19 = NJW 2012, 2175). Der EuGH beschäftigt sich weiter mit der Frage, unter welchen Voraussetzungen es im Fall mehrerer Verursacher zulässig

---

[1] IPRspr. 1996 Nr. 160.
[2] IPRspr. 2006 Nr. 109.
[3] IPRspr. 1993 Nr. 180.

wäre, die Handlungen eines von ihnen den anderen zuzurechnen, um Letztere vor dem Gericht verklagen zu können, in dessen Bezirk diese Handlungen stattgefunden haben. Der EuGH hat Art. 5 III (EuGVO) dahingehend ausgelegt, dass er es nicht erlaubt, aus dem Ort der Handlung, die einem der mutmaßlichen Verursacher eines Schadens – der nicht Partei des Rechtsstreits ist – angelastet wird, eine gerichtliche Zuständigkeit in Bezug auf einen anderen, nicht im Bezirk des angerufenen Gerichts tätig gewordenen mutmaßlichen Verursacher dieses Schadens herzuleiten. Nach dieser Entscheidung ist der Handlungsort für jeden Beteiligten besonders zu bestimmen.

Diese Entscheidung steht hier der internationalen Zuständigkeit der deutschen Gerichte nicht entgegen, da sie sich aus behaupteten eigenen Handlungen des Bekl. sowie aus dem Erfolgsort ergibt.

d) Trotz der Kompetenz des Senats zur Überprüfung der internationalen Zuständigkeit deutscher Gerichte kann der Senat nicht prüfen, ob innerhalb Deutschlands nicht das LG Düsseldorf, sondern ein anderes Gericht örtlich zuständig war. Gemäß § 513 II ZPO kann die Berufung nicht darauf gestützt werden, dass das Gericht des ersten Rechtszugs seine Zuständigkeit zu Unrecht angenommen hat. Damit ist dem Senat hinsichtlich der örtlichen Zuständigkeit, also der Zuständigkeit der verschiedenen deutschen Gerichte untereinander, die Prüfung entzogen. Das gilt auch dann, wenn es für die Entscheidungen über die internationale und über die örtliche Zuständigkeit auf dieselben Erwägungen ankommt. § 513 II ZPO dient nicht nur der Verfahrensbeschleunigung und der Entlastung des Berufungsgerichts, sondern will auch verhindern, dass die von den erstinstanzlichen Gerichten geleistete Sacharbeit wegen fehlender örtlicher Zuständigkeit hinfällig wird (*Zöller-Heßler*, ZPO, 30. Aufl., § 513 Rz. 6).

e) Die internationale Zuständigkeit betrifft nur Ansprüche aus unerlaubter Handlung. Soweit andere Ansprüche gegen den Bekl., etwa aus gesellschaftsrechtlichen Anspruchsgrundlagen nach dem Schweizer OR wegen Pflichtverletzungen in der Eigenschaft als Organ der Schweizer ES AG, in Rede stehen könnten, sind diese mangels Zuständigkeit von den deutschen Gerichten nicht zu prüfen. Das gilt auch für einen etwa aus den in der Berufungsinstanz erstmals vorgetragenen Barabhebungen folgenden gesellschaftsrechtlichen Anspruch der Aktionäre gegen die Organmitglieder der ES AG nach Schweizer Recht.

2. Die Klage ist unbegründet, sodass das landgerichtliche Urteil auf die Berufung des Bekl. abzuändern ist.

Auf das Rechtsverhältnis zwischen den Parteien ist deutsches Recht gemäß Art. 40 I EGBGB anwendbar, da der Erfolgsort in Deutschland liegt (Art. 40 I 2 EGBGB), weil der Zedent die Kaufpreise für die Aktien von seinem deutschen Konto auf ein deutsches Konto der ES AG bei der B-W Bank in S. überwiesen hat. Art. 41 EGBGB steht nicht entgegen. Zwar hat der Zedent Aktien einer in der Schweiz registrierten Gesellschaft erworben. Gleichwohl besteht hinsichtlich der Anlagevorgänge keine engere Verbindung zum Schweizer Recht, da die Verletzung von in Deutschland zu erfüllenden Aufklärungspflichten im Vordergrund steht."

216. *Im Rahmen der Bestimmung der internationalen Zuständigkeit gemäß Art. 11 EuGVO für den Gerichtsstand der Direktklage bei Forderungen aus abgetrete-*

nem Recht ist ausschließlich auf den Zedenten und nicht auf den Zessionar abzustellen. Eine bundesweit tätige Leasinggesellschaft kann sich insoweit nicht auf den Schutz als schwächere Partei berufen. [LS der Redaktion]

LG Düsseldorf, Urt. vom 3.11.2014 – 15 O 1/13: DAR 2015, 465.

Die Parteien streiten über Schadensersatzansprüche aus einem Verkehrsunfall, der sich 2012 auf der Autobahn A 15 (E42) bei Spey/Belgien zugetragen hat. Unfallbeteiligt waren der Ford Mondeo, dessen Halterin die Kl. ist, und der zum Unfallzeitpunkt bei der Bekl. haftpflichtversicherte Citroën Berlingo. Die Kl. leaste – was streitig ist – das unfallbeteiligte Fahrzeug von der Firma ... GmbH (im Folgenden: Leasinggeberin). Ein Vertreter der GmbH unterzeichnete – was streitig ist – einen Vertrag, der mit „Sicherungsabtretung" überschrieben ist und die Erklärung enthält, die Leasinggeberin trete die ihr im Zusammenhang mit dem Verkehrsunfall gegen den Fahrer, den Halter und den Versicherer des anderen unfallbeteiligten Fahrzeugs entstandenen Rechte an die Kl. ab.

Aus den Gründen:

„I. Die Klage ist unzulässig. Soweit die Kl. Ansprüche aus eigenem Recht geltend macht, fehlt es an der örtlichen Zuständigkeit des LG Düsseldorf; soweit Ansprüche aus abgetretenem Recht eingeklagt werden, fehlt es an der internationalen Zuständigkeit deutscher Gerichte.

1. Für Ansprüche der Kl. gegen die Bekl. aus abgetretenem Recht sind die deutschen Gerichte international nicht zuständig. Denn bei der Bestimmung des Geschädigten im Sinne des Art. 11 EuGVO ist auf die Leasinggeberin und nicht auf die Kl. abzustellen. Letzterer ist der Weg der Direktklage gegen die Bekl. nicht eröffnet. Jedenfalls ist sie nicht als ‚schwächere Partei' im Sinne der Rspr. des EuGH anzusehen.

Nach Art. 11 II i.V.m. Art. 9 I lit. b EuGVO kann ein Versicherer, der seinen Wohnsitz im Hoheitsgebiet eines Mitgliedstaats hat, in einem anderen Mitgliedstaat vor dem Gericht des Orts verklagt werden, an dem der Kläger seinen Wohnsitz hat, wenn es sich um Klagen des Versicherungsnehmers, des Versicherten oder des Begünstigten handelt.

Nach der Rspr. des EuGH ist die Verweisung in Art. 11 II EuGVO dabei dahingehend auszulegen, dass der Geschädigte vor dem Gericht des Orts in einem Mitgliedstaat, an dem er seinen Wohnsitz hat, eine Klage unmittelbar gegen den Versicherer erheben kann, sofern eine solche unmittelbare Klage zulässig ist und der Versicherer im Hoheitsgebiet eines Mitgliedstaats ansässig ist (EuGH, Urt. vom 13.12.2007 – FBTO Schadeverzekeringen N.V. ./. Jack Odenbreit, Rs C-463/06, NJW 2008, 819).

Der im vorliegenden Fall in Anspruch genommene Versicherer, die G., vertreten durch ihre für Deutschland benannte Zustellbevollmächtigte ... Versicherung AG, hat seinen Sitz in einem Mitgliedstaat.

Nach der Umsetzung der Richtlinie 2000/26/EG des Europäischen Parlaments und des Rates zur Angleichung der Rechtsvorschriften der Mitgliedstaaten über die Kraftfahrzeug-Haftpflichtversicherung, und zur Änderung der Richtlinien 73/239/EWG und 88/357/EWG des Rates vom 16.5.2000 (ABl. Nr. L 181/65; 4. Kfz-Haftpflicht-RL) ist eine Direktklage des Geschädigten gegen den Kfz-Haftpflichtversicherer in allen Mitgliedstaaten zulässig (vgl. MünchKommZPO-*Gottwald*, 4. Aufl. [2013], Art. 11 EuGVO Rz. 2; BGH, NJW 2007, 71, 72[1]). Im deutschen Recht folgt die Möglichkeit der Direktklage gegen den Versicherer aus § 115 VVG.

---

[1] IPRspr. 2006 Nr. 107.

Als Geschädigte im Sinne des Art. 11 EuGVO ist vorliegend indes nicht die Kl. sondern die Leasinggeberin als Zedentin anzusehen. Dies hat zur Folge, dass ihr der Gerichtsstand der Direktklage nicht offensteht.

Grundsätzlich stellt sich die Rechtslage bei einer Abtretung zwar so dar, dass alle mit der Forderung verbundenen Vereinbarungen und Durchsetzungswege erhalten bleiben, soweit sie nicht in höchstpersönlichen Eigenschaften des Forderungsinhabers begründet sind (vgl. BeckOK-BEGB-*Rohe* [Stand: 1.5.2013] § 398 Rz. 60).

Vorliegend ist indes unter Berücksichtigung der Rspr. des EuGH und der Systematik sowie Zielsetzung der EuGVO eine Abweichung hiervon geboten.

Der Entscheidung des EuGH ist zu entnehmen, dass der Schutz des schwächeren und rechtlich weniger erfahrenen Vertragspartners es gebietet, seinen Entschluss zur gerichtlichen Wahrnehmung seiner Rechte nicht dadurch zu erschweren, dass er bei einem fremden Gericht klagen muss. Anderenfalls würde die internationale Zuständigkeit eines ‚fremden' Gerichts aus dem Blickwinkel des Geschädigten eine Prozessführung gegen das verklagte Versicherungsunternehmen im Ausland, nach Maßgabe nicht nur eines fremden Sach-, sondern auch Verfahrensrechts bedeuten. Dies würde eine spezielle anwaltliche Unterstützung fordern, die erhebliche Kosten verursachen könnte. Zudem mag im Einzelfall die Dauer ausländischer Gerichtsverfahren als ein Nachteil erscheinen (vgl. auch *Staudinger/Czaplinski*, Verkehrsopferschutz im Lichte der Rom I-, Rom II- sowie Brüssel I- Verordnung: NJW 2009, 2249).

Der Entscheidung des EuGH ist indes nicht zu entnehmen, welche Personen zum Kreis der Geschädigten zählen. Hinsichtlich der vorliegenden Fallkonstellation ist zunächst festzustellen, dass der Wortlaut des Art. 11 II EuGVO für eine Differenzierung zwischen natürlichen und juristischen Personen keinen Anhaltspunkt enthält, sodass ‚Geschädigter' in diesem Sinne grundsätzlich auch eine juristische Person und damit auch die hiesige Kl. sein kann (vgl. *Thomas-Putzo-Hüßtege*, ZPO, 34. Aufl., Art. 11 EuGVVO Rz. 5; OLG Köln, Beschl. vom 11.1.2010 – 13 U 119/09[2]). Für ein weites Verständnis des Geschädigtenbegriffs sprechen auch die Art. 2 lit. d der 4. Kfz-Haftpflicht-RL i.V.m. Art. 1 Nr. 2 der Richtlinie 72/166/EWG (Kfz-Haftpflicht-RL a.F.) vom 24.2.1972 (ABl. Nr. L 103/1), wonach jede Peron, die ein Recht auf Ersatz eines von einem Fahrzeug verursachten Schadens hat, als Geschädigter anzusehen ist (vgl. auch *Staudinger/Czaplinski* aaO; OLG Celle, NZV 2009, 77[3]).

Eine Entscheidung zu der im vorliegenden Fall weiterhin maßgeblichen Frage, ob die Geschädigteneigenschaft auch in der Person des Zessionars gegeben sein muss bzw. ob die Direktklage auch in Abtretungsfällen zulässig ist, liegt bislang nicht vor. Insbesondere sind den Ausführungen des EuGH keine Lösungsansätze für diese Problemstellung zu entnehmen.

Unter Berücksichtigung des Zwecks und der Systematik der EuGVO und der Rechtsprechung des EuGH ist in Abtretungskonstellationen wie der vorliegenden für den nach Art. 11 II EuGVO i.V.m. der Rspr. des EuGH begründeten Gerichtsstand allein auf die Geschädigteneigenschaft des jeweiligen Forderungsberechtigten abzustellen und damit im vorliegenden Fall auf die Leasinggeberin. Eine Direktklagemöglichkeit des Zessionars ist zu verneinen.

---

[2] IPRspr. 2010 Nr. 191. [3] IPRspr. 2008 Nr. 142.

Nach den Ausführungen des EuGH in der vorzitierten Entscheidung besteht die Funktion der Verweisung in Art. 11 II EuGVO darin, der in Art. 9 I lit. b EuGVO enthaltenen Liste von Klägern die Person[en] hinzuzufügen, die einen Schaden erlitten haben. Einen unmittelbaren Schaden hat vorliegend die Leasinggeberin erlitten.

Zu berücksichtigen ist in diesem Zusammenhang, dass es auch nach Ansicht des EuGH gilt, eine Vermehrung der zuständigen Gerichte zu verhindern und der Notwendigkeit einer besonders engen Beziehung zwischen Streitigkeit und Gerichtsstaat Rechnung zu tragen. So hat der EuGH bspw. entschieden, dass einem Sozialversicherungsträger oder einem Versicherer des Geschädigten, auf den Ansprüche kraft cessio legis übergegangen sind, das Privileg, die Direktklage an seinem Sitz zu erheben, nicht zustehen soll (vgl. EuGH, Urt. vom 17.9.2009 – Vorarlberger Gebietskrankenkasse ./. WGV-Schwäbische Allgemeine Versicherungs AG, Rs C-347/08, BeckRS 2009, 71019). Diesbezüglich wurde festgestellt, dass zur Gewährleistung einer vollen Wirksamkeit und autonomen Auslegung EuGVO grundsätzlich auf ihre Systematik und Zielsetzung Bedacht zu nehmen ist (EuGH aaO m.w.N.). Aus dem 11. Erwgr. der VO ergebe sich insbesondere, dass die Zuständigkeitsvorschriften in hohem Maße vorhersehbar sein müssten und sich grundsätzlich nach dem Wohnsitz des Beklagten zu richten haben.

Ein Vergleich lässt sich insoweit zu der Rspr. des EuGH betreffend den Verbrauchergerichtsstand nach Art. 15 EuGVO bzw. Art. 13 EuGVÜ ziehen. Diesbezüglich hat der EuGH entschieden, dass dieser von der Verbrauchereigenschaft des jeweiligen Forderungsberechtigten abhängig ist (vgl. EuGH, Urt. vom 19.1.1993 – Shearson Lehmann Hutton Inc. ./. TVB Treuhandgesellschaft für Vermögensverwaltung und Beteiligungen mbH, Rs C-89/91, NJW 1993, 1251). Auch insoweit hat der EuGH wiederum darauf abgestellt, dass das maßgebliche Übereinkommen grundsätzlich eine Klage am Wohnsitz des Beklagten vorsieht.

Eine restriktive Auslegung der besonderen Gerichtsstände ist aus systematischen Gründen auch im Rahmen der Zuständigkeit für Versicherungssachen wie der vorliegenden vorzunehmen. Die Beschränkung des weiteren Gerichtsstands ist insbesondere zur Vermeidung der Möglichkeit der Auswahl eines Gerichtsorts erforderlich. Anderenfalls stünde es dem unmittelbar Geschädigten frei, durch Abtretung – möglicherweise sogar an unterschiedliche Zessionare – eine Auswahl des Gerichts zu treffen. Dies gilt umso mehr für Fälle, in denen der Zessionar die Forderung in Ausübung seiner beruflichen bzw. gewerblichen Tätigkeit – bspw. als Inkassounternehmen – einklagt.

Hierfür spricht nicht zuletzt auch die Rspr. des EuGH im Zusammenhang mit der Geltendmachung mittelbarer Schädigungen an dem Gerichtsstand der unerlaubten Handlung nach Art. 5 EuGVÜ. Auch insoweit hat der EuGH mit dem Ausnahmecharakter des Klagerechts am Wohnort des Klägers argumentiert und festgehalten, dass die besondere Zuständigkeit, die nach der Wahl des Geschädigten zur Anwendung kommt, drauf beruht, dass zwischen der Streitigkeit und anderen Gerichten als des Staats, in dem der Beklagte seinen Wohnsitz hat, eine besonders enge Beziehung besteht, die aus Gründen einer geordneten Rechtspflege und einer sachgerechten Gestaltung des Prozesses eine Zuständigkeit dieser Gerichte rechtfertigt. Infolgedessen ist für die Bestimmung des Erfolgsorts im Rahmen des Art. 5 EuGVÜ der Ort der Erstschädigung des unmittelbar Betroffenen und nicht derjenige des Folgeschadens des mittelbar Geschädigten maßgeblich (vgl. EuGH, Urt. vom 11.1.1990 – Dumez France S.A. und Tracoba S.A.R.L. ./. Hessische Landesbank u.a., Rs C-220/88, NJW 1991, 631).

Vor diesem Hintergrund ist zur Beantwortung der Frage, inwieweit Forderungen aus abgetretenem Recht dem Gerichtsstand der Direktklage unterliegen, allein auf den Zedenten und nicht den Zessionar als Geschädigten abzustellen. Im Gegensatz zu dem unmittelbar Geschädigten macht der Zessionar nämlich gerade keine eigenen Schäden, sondern lediglich abgeleitete Ansprüche geltend.

Jedenfalls ist die hiesige Kl. in Bezug auf die geltend gemachten Ansprüche nicht als ‚schwächere Partei' im Sinne der Rspr. des EuGH anzusehen.

Nach dem 13. Erwgr. der EuGVO soll diese einen günstigeren Schutz der schwächeren Partei gewährleisten, als ihn die allgemeinen Zuständigkeitsregeln vorsehen (vgl. EuGH aaO; EuGH, Urt. vom 13.7.2000 – Group Josi Reinsurance Company S.A. ./. Universal General Insurance Company, Rs C-412/98, NJW 2000, 3121). Insoweit hat der EuGH ausgeführt: ‚Dem Geschädigten das Recht zu verweigern, vor dem Gericht des Ortes seines eigenen Wohnsitzes zu klagen, würde ihm nämlich einen Schutz vorenthalten, der demjenigen entspricht, der anderen ebenfalls als schwächer angesehenen Parteien in Versicherungsrechtsstreitigkeiten durch diese Verordnung eingeräumt wird, und stünde daher im Widerspruch zum Geist dieser Verordnung' (aaO).

Ob eine Partei danach als schwächer anzusehen ist, ist unter Berücksichtigung des konkreten Bereichs, in dem sich der Rechtsstreit zuträgt, vorliegend dem Versicherungssektor, zu bestimmen. Im Hinblick auf die aus abgetretenem Recht geltend gemachten Ansprüche, ist bei der Beurteilung der Stärke der Position der hiesigen Kl. auch auf die Position der Zedentin abzustellen. Hierfür spricht, dass die Zuständigkeitsvorschriften der EuGVO grundsätzlich restriktiv zu handhaben sind. Es soll keinen Personen Schutz gewährt werden, die dieses Schutzes überhaupt nicht bedürfen. Wird die Aktivlegitimation durch eine Abtretung bewirkt, ist grundsätzlich an die Person der stärkeren an der Abtretung beteiligten Person abzustellen, um zu vermeiden, dass der Gerichtsstand nach der EuGVO durch Abtretung an schwächere Parteien erst begründet wird. Die stärkere Partei ist im vorliegenden Fall die Leasinggeberin. Eine schwächere Position ihrerseits gegenüber der Bekl. ergibt sich vorliegend insbesondere nicht daraus, dass die Rechtsverfolgung in Schadensfällen wie dem vorliegenden nach ihrem Vortrag stets an externe Rechtsanwälte vergeben wird. Auch bei Streitigkeiten vor dem LG in Deutschland ist stets die Vertretung durch einen Rechtsanwalt erforderlich und kann diese nicht durch einen Syndikusanwalt erfolgen, sodass bei derartigen Rechtsstreitigkeiten von beiden Parteien ein Rechtsanwalt zu bestellen ist. Vor diesem Hintergrund ist es im Ergebnis unerheblich, ob die Leasinggeberin selbst über eine Rechtsabteilung verfügt oder sich rechtlichen Rat durch externe Dienstleister einholt. Ihre wirtschaftliche Position erlaubt es ihr jedenfalls, entspr. Schadensfälle durch die Beauftragung externer Rechtsanwälte abzuwickeln. Eine schwächere Position einer juristischen Person kann vielmehr bei einer ...-GmbH oder in Fällen angenommen werden, in denen es sich um ein rein regional tätiges Familienunternehmen handelt. So liegt der Fall hier indes nicht. Die Kl. ist auch nach eigenem Vortrag in großem Umfang bundesweit tätig und hat eine Muttergesellschaft in den Niederlanden. Sie selbst verfügt in Deutschland über

357 Mitarbeiter und 81 500 Fahrzeuge. Eine schwächere Position gegenüber der hiesigen Bekl. liegt damit nicht vor.

2. Soweit die Kl. Ansprüche auf Ersatz von Mietwagenkosten i.H.v. 1 980 € aus eigenem Recht geltend macht, ist zwar die internationale Zuständigkeit deutscher Gerichte gemäß Art. 11 II, 9 I lit. b EuGVO begründet, es fehlt aber an der örtlichen Zuständigkeit des LG Düsseldorf.

Selbst wenn man die Kl. als schwächere und damit schutzwürdige Partei im Sinne des Art. 11 II EuGVO ansieht, ergibt sich aus Art. 1 II i.V.m. Art. 9 I lit. b EuGVO lediglich ein Klagerecht der Kl. an ihrem Sitz. Der Sitz der hier klagenden Gesellschaft liegt in Worms und somit im Bezirk des AG Worms.

Im Hinblick auf den Sitz ist entspr. der unter 1. dieses Urteils zit. Rspr. des EuGH (insbesondere zu dem Verbrauchergerichtsstand nach Art. 15 EuGVO bzw. Art. 13 EuGVÜ) auf die Position des aktuellen Forderungsinhabers abzustellen.

Eine örtliche Zuständigkeit des LG Düsseldorfs ist auch nicht aus anderem Rechtsgrund gegeben."

217. *Wird bei einem segmentierten Flug die Personenbeförderung durch zwei verschiedene Luftfahrtunternehmen ausgeführt, ohne dass bei dem in Anspruch genommenen Unternehmen eine einheitliche Buchung vorgenommen wurde, müssen die einzelnen Flugteilabschnitte bei der Bestimmung der internationalen Zuständigkeit getrennt voneinander betrachtet werden. [LS der Redaktion]*

AG Frankfurt/Main, Urt. vom 27.11.2014 – 31 C 3804/13 (23): RRa 2015, 80.

218. *Verbotene Eigenmacht im Sinne von § 858 BGB, ausgeübt in Deutschland gemäß Art. 5 Nr. 3 EuGVO, scheidet aus, wenn die Entziehung des Besitzes an den ursprünglich von der Beklagten (Hellenische Republik) ausgegebenen Anleihen nach dem Vortrag des Klägers nicht in Deutschland erfolgt sein soll, sondern in Griechenland.*

OLG Hamm, Urt. vom 11.12.2014 – 5 U 60/14: Leitsatz in NZG 2015, 1033.

Der Kl. macht gegen den Staat Griechenland Schadensersatzansprüche wegen angeblicher Nichterfüllung von Besitz- und Eigentumsansprüchen auf seinem Wertpapierdepot ausgebuchter griechischer Schuldverschreibungen geltend. Die Bekl. begab in den Jahren 2002, 2007 und 2010 Staatsanleihen. Ausweislich der Geschäftsabrechnung erwarb der Kl. 2011 griechische EO-Bonds 2007 im Nennwert von 10 000 EUR zu einem Kurswert von 89,53%. Er wandte dafür inkl. der Gebühren von Bank und Börse einen Betrag von 9 215,82 EUR auf. Die Anlage sollte am 20.8.2012 zu 100% gesamt fällig sein. Im Februar 2012 unterbreitete die Bekl. den Inhabern der o.g. Wertpapiere ein Umtauschangebot. Kurz danach beschlossen die Anleihegläubiger mehrheitlich eine entspr. Umschuldung, die im März 2012 vom Ministerrat gebilligt wurde. Die neuen Anleihen wurden in das Girosystem der griechischen Zentralbank eingebucht und die alten Anleihen (Eligible Titles) gleichzeitig eingezogen, wodurch alle Rechte und Pflichten daraus erloschen. Der Umtausch der Anleihen führte zu einer Reduzierung ihres Nennwertes um 53,5%.

Das LG hat die Klage als unzulässig abgewiesen. Gegen diese Entscheidung wendet sich die Kl. mit seiner Berufung.

Aus den Gründen:

„B. ... II. Die Klage ist unzulässig, weil die internationale Zuständigkeit des LG Bochum unzweifelhaft nicht gegeben ist.

1. Nach Art. 3 I EuGVO können Personen, die ihren Wohnsitz im Hoheitsgebiet eines Mitgliedstaats haben, vor dem Gericht eines anderen Mitgliedstaats nur gemäß den Vorschriften der Abschnitte 2 bis 7 ‚dieses Kapitels' verklagt werden.

Das bedeutet, dass die Bekl. nach Maßgabe des Art. 60 EuGVO nur dann in einem anderen Mitgliedstaat als Griechenland verklagt werden kann, wenn eine besondere Zuständigkeit nach der EuGVO gegeben ist (vgl. zum Ganzen *Zöller-Geimer*, ZPO, 30. Aufl., Art. 3 EuGVVO Rz. 1 ff.).

2. Der Kl. vertritt die Auffassung, über Art. 5 Nr. 3 EuGVO sei die besondere internationale und örtliche Zuständigkeit des LG Bochum im vorliegenden Fall gegeben. Diese Auffassung ist nicht zutreffend.

a) Nach Art. 5 Nr. 3 EuGVO begründet eine unerlaubte Handlung oder eine Handlung, die einer unerlaubten Handlung gleichgestellt ist (z.B. auch eine Besitz- oder Eigentumsbeeinträchtigung), die internationale und örtliche Zuständigkeit am Gericht des Orts, an dem das schädigende Ereignis eingetreten ist oder einzutreten droht. Art. 5 Nr. 3 EuGVO will dem Geschädigten die Rechtsverfolgung erleichtern. Er gibt dem geschädigten Kläger daher die Wahl zwischen dem Handlungsort und dem Erfolgsort der unerlaubten Handlung.

Mit Erfolgsort ist der Ort der tatbestandsmäßigen Deliktsverwirklichung – Ort des Primärschadens – gemeint. Kompetenzrechtlich irrelevant ist in diesem Zusammenhang der bloße Schadensort. Vielmehr eröffnet der Ort des reinen Vermögensschadens keine internationale Zuständigkeit. Der Ort, an dem das schädigende Ereignis im Sinne von Art. 5 Nr. 3 EuGVO eingetreten ist, würde zu weit ausgelegt, wenn danach jeder Ort erfasst werden würde, an dem die nachteiligen Folgen eines Umstands spürbar werden, der bereits einen – tatsächlich an einem anderen Ort entstandenen – Schaden verursacht hat (vgl. EuGH, Urt. vom 10.6.2004 – Rudolf Kronhofer ./. Marianne Maier u.a., NJW 2004, 2441 ff. [Ziff. 18 ff.]; BGH, WM 2008, 479 ff.[1] juris Rz. 17, 21; *Zöller-Vollkommer* aaO § 32 ZPO Rz. 3 und *Zöller-Geimer* aaO Art. 5 EuGVVO, Rz. 26).

b) Im vorliegenden Fall liegt weder der Handlungsort noch der Erfolgsort im Sinne von Art. 5 Nr. 3 EuGVO in Deutschland bzw. im Bezirk des angerufenen LG Bochum. Dies ergibt sich zwanglos aus dem eigenen Vortrag des Kl. daselbst.

(1) Zunächst scheidet eine internationale Zuständigkeit eines deutschen Gerichts nach Art. 5 Nr. 3 EuGVO aus, weil der Kl. keine verbotene Eigenmacht oder sonstige unerlaubte Handlungen der Bekl. in Deutschland schlüssig aufgezeigt hat, was Voraussetzung für die Anwendbarkeit der vorbezeichneten Handlung wäre.

Wenn der Handlungsort der vorgeworfenen unerlaubten Handlung – wie vom Kl. behauptet – in Deutschland läge, fände gemäß Art. 40 EGBGB deutsches Recht und nicht griechisches Recht Anwendung. So sieht es auch der Kl. selbst ...

Verbotene Eigenmacht in Deutschland scheidet zudem aus, weil die Entziehung des Besitzes an den ursprünglich von der Bekl. ausgegebenen Anleihen nicht in Deutschland erfolgt ist, sondern in Griechenland ...

(2) Des Weiteren kommt eine internationale Zuständigkeit eines deutschen Gerichts nach Art. 5 Nr. 3 EuGVO auch deshalb nicht in Betracht, weil der Kl. nicht schlüssig dargetan hat, dass in Deutschland der Erfolgsort im Sinne der vorbezeichneten Vorschrift liegt.

---

[1] IPRspr. 2007 Nr. 153.

Eine Zuständigkeit deutscher Gerichte im Sinne der vorbezeichneten Vorschrift ist nach den Ausführungen unter II. 2. a) dann nicht eröffnet, wenn in Deutschland ein nur mittelbarer Vermögensfolgeschaden eingetreten ist. Dies ist hier der Fall. Handlungs- und Erfolgsort einer verbotenen Eigenmacht oder unerlaubten Handlung liegen hier nicht in Deutschland, sondern in Griechenland. Dort wurde die Umschuldung durch die Entscheidung der Mehrheit der Gläubiger auf der Basis eines griechischen Gesetzes [Nr. 4050/2012 vom 23.2.2012] herbeigeführt. In dem Depot des Kl. bei der ...-Bank wurde die Umschuldung lediglich buchhalterisch vollzogen. Die klägerische Auslegung der Formulierung ‚Ort, an dem das schädigende Ereignis eingetreten ist' würde die gerichtliche Zuständigkeit von ungewissen Umständen wie dem Ort des Mittelpunkts des Vermögens des Geschädigten abhängig machen und liefe folglich einem der Ziele der EuGVO zuwider, nämlich den Rechtsschutz der in der Gemeinschaft ansässigen Personen dadurch zu stärken, dass ein Kläger ohne Schwierigkeiten festzustellen vermag, welches Gericht er anrufen kann, und dass einem verständigen Beklagten erkennbar wird, vor welchem Gericht er verklagt werden kann. Außerdem würde eine solche Auslegung zumeist die Zuständigkeit der Gerichte des Klägerwohnsitzes begründen, was dem Grundsatz des Art. 3 EuGVO zuwider läuft und ihn aushöhlt. Schließlich käme es zu einer nahezu unbegrenzten Ausweitung der Zuständigkeit deutscher Gerichte auf Sachverhalte, bei denen Dritte Entscheidungen auf der Basis ausländischer Gesetze treffen und durch diese Entscheidungen den Wert von Wertpapieren mindern, die von deutschen Anteilseignern gehalten werden. Dadurch würde eben diejenige Überprüfung ausländischer Gesetze durch deutsche Gerichte herbeigeführt, die nach den Grundsätzen der Staatenimmunität unzulässig ist und die auch der Kl. ausdrücklich nicht will."

6. Ansprüche in vermögensrechtlichen Angelegenheiten – Gewerblicher Rechtsschutz und Persönlichkeitsrechtsverletzungen

219. *Die Annahme einer Verletzungshandlung im Sinne von Art. 93 V der VO (EG) Nr. 40/1994 des Rates über die Gemeinschaftsmarke vom 20.12.1993 (ABl. Nr. L 11/1) setzt ein aktives Verhalten des Verletzers voraus. International zuständig sind deshalb die Gerichte des Mitgliedstaats, in dem sich der Vorfall, der der behaupteten Verletzung zugrunde liegt, ereignet hat oder zu ereignen droht. Nicht zuständig sind dagegen die Gerichte der Mitgliedstaaten, in dem die behauptete Verletzung lediglich ihre Wirkungen entfaltet.*

Die internationale Zuständigkeit deutscher Gerichte für wettbewerbsrechtliche Ansprüche kann sich jedoch aus Art. 5 Nr. 3 EuGVO ergeben. Die Annahme einer internationalen Zuständigkeit gemäß Art. 5 Nr. 3 EuGVO für eine auf das Gesetz gegen den unlauteren Wettbewerb gestützte Klage unter dem Gesichtspunkt des Orts der Verwirklichung des Schadenserfolgs setzt voraus, dass nach dem Vortrag des Klägers ein Wettbewerbsverstoß, der einen Schaden im Zuständigkeitsbereich des angerufenen Gerichts verursacht hat, nicht ausgeschlossen ist. Ob tatsächlich ein schädigendes Ereignis eingetreten ist oder einzutreten droht, aus dem sich ein Wettbewerbsverstoß ergibt, ist eine Frage der Begründetheit der Klage, die vom zuständigen Gericht anhand des anwendbaren nationalen Rechts zu prüfen ist. [LS von der Redaktion neu gefasst]

BGH, Urt. vom 27.11.2014 – I ZR 1/11: RIW 2015, 451; GRUR 2015, 689; WRP 2015, 735. Leitsatz in: GRURPrax 2015, 254 mit Anm. *Schoene*; MittdtschPatAnw 2015, 333; MMR 2015, 614.

[Die EuGH-Vorlage des BGH vom 28.6.2012 – I ZR/11 – wurde bereits im Band IPRspr. 2012 unter der Nr. 163 abgedruckt.]

Die Kl. produziert und vertreibt Parfüm- und Kosmetikerzeugnisse. Sie leitet Rechte aus einer für Parfümeriewaren eingetragenen dreidimensionalen Gemeinschaftsmarke ab. Die Kl. vertreibt in einem der Gemeinschaftsmarke nachgebildeten, farbig gestalteten und beschrifteten Flakon das Damenparfüm „Davidoff Cool Water Woman". Die Bekl., eine in Belgien ansässige Gesellschaft, betreibt den Großhandel mit Parfüms. Zu ihrer Produktpalette gehört ein Damenparfüm, das sie unter der Bezeichnung „Blue Safe for Women" anbietet. Im Januar 2007 verkaufte sie das Parfüm an den in Deutschland geschäftsansässigen Stefan P. Die Kl. sah in dem Vertrieb des Parfümerzeugnisses durch die Bekl. in dem im Klageantrag abgebildeten Parfümflakon eine Markenverletzung, eine unzulässige vergleichende Werbung und eine unlautere Nachahmung.

Das LG hat die Klage abgewiesen. Die dagegen gerichtete Berufung hat das Berufungsgericht mit der Maßgabe zurückgewiesen, dass es die Klage als unzulässig abgewiesen hat. Mit der vom Berufungsgericht zugelassenen Revision verfolgt die Kl. ihr Klagebegehren weiter. Der BGH setzte das Verfahren aus und legte dem EuGH Fragen zur Auslegung des Art. 93 V VO (EG) Nr. 40/1994 vor (= IPRspr. 2012 Nr. 163).

Mit Urteil vom 5.6.2014 hat der EuGH dahingehend entschieden, dass die Annahme einer Verletzungshandlung im Sinne von Art. 93 V VO (EG) Nr. 40/1994 ein aktives Verhalten des Verletzers voraussetze. International zuständig seien deshalb die Gerichte des Mitgliedstaats, in dem sich der Vorfall, der der behaupteten Verletzung zugrunde liegt, ereignet hat oder zu ereignen droht. Nicht zuständig seien dagegen die Gerichte der Mitgliedstaaten, in dem die behauptete Verletzung lediglich ihre Wirkungen entfaltet.

Aus den Gründen:

„II. Die Revision der Kl. hat keinen Erfolg, soweit sie gegen die Abweisung der auf die Gemeinschaftsmarke gestützten Klage als unzulässig gerichtet ist (dazu unter II. 2). Dagegen wendet sich die Revision mit Erfolg gegen die Abweisung der Klage als unzulässig, soweit die Kl. die Verletzung wettbewerbsrechtlicher Tatbestände geltend gemacht hat (dazu unter II. 3) ...

2. Das Berufungsgericht hat die internationale Zuständigkeit deutscher Gerichte zutreffend verneint, soweit die Klage auf die Verletzung der Gemeinschaftsmarke gestützt ist.

a) Die internationale Zuständigkeit deutscher Gerichte wegen Verletzung der Gemeinschaftsmarke kann sich im Streitfall nur aus Art. 93 V VO (EG) Nr. 40/1994 (nachfolgend: GMV 94) ergeben.

Art. 97 V GMV, der an die Stelle des Art. 93 V GMV 94 getreten ist, kommt im vorliegenden Rechtsstreit im Hinblick auf den für die Beurteilung des Sachverhalts maßgeblichen Handlungszeitpunkt im Januar 2007 nicht zur Anwendung (vgl. BGH, GRUR 2012, 1065 Rz. 13 [Parfumflakon II][1]). In der Sache macht dies allerdings keinen Unterschied, weil Art. 97 V GMV eine gegenüber Art. 93 V GMV 94 inhaltsgleiche Regelung enthält.

Eine internationale Zuständigkeit deutscher Gerichte nach Art. 93 I bis III GMV 94 scheidet aus, weil die Bekl. in einem anderen Mitgliedstaat geschäftsansässig ist. Die internationale Zuständigkeit ist entgegen der Ansicht der Revision auch nicht nach Art. 93 IV lit. b GMV 94 begründet worden. Die Bekl. hat in ihrem ersten

---

[1] IPRspr. 2012 Nr. 163.

Verteidigungsvorbringen die mangelnde örtliche Zuständigkeit des zunächst angerufenen LG Berlin geltend gemacht. Darin liegt konkludent eine schlüssige Rüge im Hinblick auf die internationale Zuständigkeit der deutschen Gerichte (vgl. BGH aaO Rz. 14 [Parfumflakon II]).

b) Nach Art. 93 V GMV 94 können die Verfahren, die durch die in Art. 92 GMV 94 genannten Klagen und Widerklagen – ausgenommen Klagen auf Feststellung der Nichtverletzung einer Gemeinschaftsmarke – anhängig gemacht werden, auch bei den Gerichten des Mitgliedstaats anhängig gemacht werden, in dem eine Verletzungshandlung begangen worden ist oder droht oder in dem eine Handlung nach Art. 9 III 2 GMV 94 begangen worden ist. Für die internationale Zuständigkeit der deutschen Gerichte kommt es daher grundsätzlich darauf an, ob der Kläger eine im Inland begangene Verletzungshandlung des Beklagten im Sinne des Art. 93 V GMV 94 behauptet hat und diese nicht von vornherein ausgeschlossen werden kann (vgl. zu Art. 5 Nr. 3 EuGVO: BGH, Urt. vom 8.3.2012 – I ZR 75/10[2], GRUR 2012, 621 Rz. 18 = WRP 2012, 716 [OSCAR] m.w.N.). Das hat das Berufungsgericht rechtsfehlerfrei verneint.

aa) Das Berufungsgericht hat zutreffend angenommen, die Bekl. habe in Deutschland keine eigene Handlung vorgenommen, die als Anknüpfungspunkt für eine Verletzungshandlung im Sinne von Art. 93 V GMV 94 in Betracht kommt.

Die Kl. hat behauptet, die Bekl. habe die Parfümflakons nach Deutschland geliefert, während die Bekl. vorgetragen hat, die Parfümflakons Stefan P. in Belgien übergeben zu haben. Damit ist zwischen den Parteien der Ort der Verletzungshandlung, der Anknüpfungspunkt für die internationale Zuständigkeit ist, streitig. Zur Begründung der internationalen Zuständigkeit ist nicht allein auf den Vortrag der Kl. abzustellen. Der Ort der Verletzungshandlung ist kein Umstand, der für die Zuständigkeitsbestimmung maßgeblich ist und gleichzeitig ein notwendiges Tatbestandsmerkmal des geltend gemachten Anspruchs darstellt (sog. doppelt relevante Tatsache). Ob der Ort der Verletzungshandlung in Belgien oder in Deutschland liegt, ist nur für die Zuständigkeitsbestimmung und damit für die Zulässigkeitsprüfung von Bedeutung. In einem solchen Fall trifft die Kl. die Beweislast, dass die Bekl. die Parfümflakons nach Deutschland geliefert hat. Den ihr obliegenden Nachweis einer Lieferung nach Deutschland hat die Kl. nach den von der Revision nicht angegriffenen Feststellungen des Berufungsgerichts nicht geführt. Es ist daher vom Vortrag der Bekl., den sich die Kl. hilfsweise zu eigen gemacht hat, auszugehen, nach dem der Abnehmer Stefan P. die Parfümflakons in Belgien erworben und nach Deutschland transportiert hat.

bb) Das Berufungsgericht ist ferner davon ausgegangen, die von ihrem Abnehmer Stefan P. im Inland begangene Markenverletzung rechtfertige nicht die Annahme einer inländischen Verletzungshandlung der Bekl. Der Umstand, dass die Bekl. durch die in Belgien vorgenommene Übergabe der beanstandeten Parfümflakons Beihilfe zu dem in Deutschland eingetretenen markenverletzenden Erfolg geleistet habe, könne die internationale Zuständigkeit der deutschen Gerichte nicht begründen. Diese Beurteilung hält der rechtlichen Nachprüfung stand.

Wie der EuGH auf den Vorlagebeschluss des Senats entschieden hat, setzt die Annahme einer Verletzungshandlung im Sinne von Art. 93 V GMV 94 ein aktives Ver-

---

[2] IPRspr. 2012 Nr. 228.

halten des Verletzers voraus. International zuständig sind deshalb die Gerichte des Mitgliedstaats, in dem sich der Vorfall, der der behaupteten Verletzung zugrunde liegt, ereignet hat oder zu ereignen droht. Nicht zuständig sind dagegen die Gerichte der Mitgliedstaaten, in dem die behauptete Verletzung lediglich ihre Wirkungen entfaltet (EuGH, Urt. vom 5.6.2012 – Coty Germany GmbH ./. First Note Perfumes N.V., Rs C-360/12, GRUR 2014, 806 Rz. 33 ff.). Nach diesen Maßstäben hat die Bekl. keine Handlung im Inland begangen, die Anknüpfungspunkt für eine internationale Zuständigkeit deutscher Gerichte im Sinne von Art. 93 V GMV 94 sein kann.

3. Die Revision hat jedoch Erfolg, soweit sie sich dagegen wendet, dass das Berufungsgericht die internationale Zuständigkeit deutscher Gerichte für die wettbewerbsrechtlichen Ansprüche verneint hat. Die internationale Zuständigkeit deutscher Gerichte ergibt sich insoweit aus Art. 5 Nr. 3 EuGVO.

a) Gemäß Art. 5 Nr. 3 EuGVO kann eine Person, die ihren Wohnsitz im Hoheitsgebiet eines Mitgliedstaats hat, in einem anderen Mitgliedstaat vor dem Gericht des Orts verklagt werden, an dem das schädigende Ereignis eingetreten ist oder einzutreten droht, wenn eine unerlaubte Handlung oder eine Handlung, die einer unerlaubten Handlung gleichsteht, oder wenn Ansprüche aus einer solchen Handlung den Gegenstand des Verfahrens bilden. Der Gerichtsstand hängt nicht davon ab, dass tatsächlich eine Verletzung des nationalen Rechts erfolgt ist. Es reicht aus, dass eine Verletzung behauptet wird und diese nicht von vornherein ausgeschlossen werden kann (BGH aaO Rz. 18 [OSCAR] m.w.N.). Ob tatsächlich ein schädigendes Ereignis eingetreten ist oder einzutreten droht, ist eine Frage der Begründetheit der Klage, die vom zuständigen Gericht anhand des anwendbaren nationalen Rechts zu prüfen ist (vgl. EuGH, Urt. vom 19.4.2012 – Wintersteiger AG ./. Products 4U Sondermaschinenbau GmBH, Rs C-523/10, GRUR 2012, 654 Rz. 26; Urt. vom 3.4.2014 – Hi Hotel HCF S.A.R.L. ./. Uwe Spoering, Rs C-387/12, GRUR 2014, 599 Rz. 20 f.; BGH, Urt. vom 12.12.2013 – I ZR 131/12[3], GRUR 2014, 601 Rz. 17 = WRP 2014, 548 [englischsprachige Pressemitteilung]).

b) Die von der Kl. schlüssig als verletzt geltend gemachten Tatbestände der unlauteren vergleichenden Werbung im Sinne von § 6 I und II Nr. 6 UWG und des wettbewerbsrechtlichen Leistungsschutzes nach § 4 Nr. 9 litt. a und b UWG fallen unter den Begriff der unerlaubten Handlung im Sinne von Art. 5 Nr. 3 EuGVO (vgl. EuGH aaO Rz. 56 f. [Coty/First Note Perfumes]; BGH, Urt. vom 30.3.2006 – I ZR 24/03[4], BGHZ 167, 91 Rz. 21 [Arzneimittelwerbung im Internet]). Erfasst werden neben Ansprüchen auf Geldersatz, Unterlassung und Beseitigung (vgl. BGH, Urt. vom 29.1.2013 – KZR 8/10[5], GRUR-RR 2013, 228 Rz. 12 [Trägermaterial für Kartenformulare]) auch Nebenansprüche auf Auskunft (zum Auskunftsanspruch BGH, Urt. vom 24.9.2014 – I ZR 35/11[6], GRUR 2015, 264 Rz. 15 = WRP 2015, 347 [Hi Hotel II]; MünchKommZPO-*Gottwald*, 4. Aufl., Art. 5 EuGVVO Rz. 62 m.w.N.).

c) Nach der Rspr. des EuGH zu Art. 5 Nr. 3 EuGVO ist mit der Wendung ‚Ort, an dem das schädigende Ereignis eingetreten ist oder einzutreten droht', sowohl der Ort der Verwirklichung des Schadenserfolgs als auch der Ort des für den Schaden ursächlichen Geschehens gemeint, so dass der Beklagte grundsätzlich nach Wahl des

---

[3] IPRspr. 2013 Nr. 233.
[4] IPRspr. 2006 Nr. 112.
[5] IPRspr. 2013 Nr. 224.
[6] Siehe oben Nr. 52.

Klägers vor dem Gericht eines dieser beiden Orte verklagt werden kann (EuGH aaO Rz. 46 [Coty/First Note Perfumes] m.w.N.).

d) Allerdings ergibt sich die internationale Zuständigkeit deutscher Gerichte vorliegend nicht unter dem Gesichtspunkt des Orts des für den Schaden ursächlichen Geschehens. Wird – wie im Streitfall – nur einer von mehreren mutmaßlichen Verursachern eines behaupteten Schadens verklagt und scheidet deshalb der Gerichtsstand der Beklagtenmehrheit im Sinne von Art. 6 Nr. 1 EuGVO aus (vgl. dazu *Kur*, GRUR Int. 2014, 749, 756), kann dieser Beklagte wegen des für den Schaden ursächlichen Geschehens nicht vor einem Gericht verklagt werden, in dessen Zuständigkeitsbereich er keine Handlung vorgenommen hat (EuGH, Urt. vom 16.5.2013 – Melzer ./. MF Global UK Ltd., Rs C-228/11, NJW 2013, 2099 Rz. 30, 40; EuGH aaO Rz. 50 f. [Coty/First Note Perfumes]).

e) Das Berufungsgericht ist jedoch unter dem Gesichtspunkt der Verwirklichung des geltend gemachten Schadens gemäß Art. 5 Nr. 3 EuGVO international zuständig.

aa) Der Ort der Verwirklichung des Schadenserfolgs ist derjenige, an dem aus einem Ereignis, das eine Schadensersatzpflicht wegen unerlaubter Handlung oder wegen einer Handlung, die einer unerlaubten Handlung gleichgestellt ist, auslösen kann, ein Schaden entstanden ist (EuGH, Urt. vom 16.7.2009 – Zuid-Chemie BV ./. Philippo's Mineralenfabriek N.V./S.A., Rs C-189/08, Slg. 2009, I-06917 = NJW 2009, 3501 Rz. 26; EuGH aaO Rz. 54 [Coty/First Note Perfumes]). Wird eine Verletzung eines Rechts des geistigen oder gewerblichen Eigentums geltend gemacht, setzt dies voraus, dass das behauptete Recht im Mitgliedstaat des angerufenen Gerichts geschützt ist (EuGH aaO Rz. 25 [Wintersteiger]; EuGH, Urt. vom 3.10.2013 – Peter Pinckney ./. KDG Mediatech AG, Rs C-170/12, GRUR 2014, 100 Rz. 33). Geht es um einen Verstoß gegen ein innerstaatliches Gesetz gegen den unlauteren Wettbewerb, setzt die Annahme einer internationalen Zuständigkeit unter dem Gesichtspunkt des Orts der Verwirklichung des Schadenserfolgs voraus, dass die in einem anderen Mitgliedstaat begangene Tat nach dem Vortrag des Klägers einen Schaden im Zuständigkeitsbereich des angerufenen Gerichts verursacht hat (vgl. EuGH aaO Rz. 55 ff. [Coty/First Note Perfumes]).

bb) Nach diesen Grundsätzen ist im Streitfall gemäß Art. 5 Nr. 3 EuGVO die Zuständigkeit deutscher Gerichte unter dem Gesichtspunkt der Verwirklichung des geltend gemachten Schadens begründet.

Die Kl. hat geltend gemacht, die Verwendung der beanstandeten Flakons in Deutschland sei ein unlauterer Vergleich im Sinne von § 6 I und II Nr. 6 UWG und verstoße außerdem gegen die Grundsätze des wettbewerbsrechtlichen Leistungsschutzes gemäß § 4 Nr. 9 litt. a und b UWG. Nach ihrem Vorbringen ist davon auszugehen, dass unter diesen Gesichtspunkten ein Schaden in Deutschland verwirklicht sein kann. Dem entspricht das Klagebegehren, das sich auf den Vertrieb der beanstandeten Flakons in Deutschland bezieht.

cc) Eine Verantwortlichkeit der Bekl. für die geltend gemachten wettbewerbsrechtlichen Verstöße kann nicht von vornherein ausgeschlossen werden. Gegenteiliges ergibt sich nicht aus dem vom Berufungsgericht herangezogenen Rechtsinstitut der Konsumtion. Das Berufungsgericht hat hierzu ausgeführt, die Haftung der Bekl. als Täterin einer etwaigen Markenverletzung in Belgien schließe ihre Haftung als

Teilnehmerin einer von Stefan P. in Deutschland begangenen Markenverletzung und eines Verstoßes gegen das UWG aus, weil die leichtere Begehungsform der Beihilfe durch die schwerere der Haupttat konsumiert werde. Dem kann nicht zugestimmt werden.

Das nach inländischem Strafrecht für den Schuldausspruch und die Strafzumessung bedeutsame Rechtsinstitut der Konsumtion hat für die Frage der internationalen Zuständigkeit deutscher Gerichte keine Bedeutung. Die Heranziehung nationaler Rechtskonzepte im Rahmen der Auslegung von Art. 5 Nr. 3 EuGVO würde in den Mitgliedstaaten zu voneinander abweichenden Lösungen führen, die geeignet wären, das Ziel einer Vereinheitlichung der Vorschriften über die gerichtliche Zuständigkeit, das die Verordnung nach ihrem zweiten Erwägungsgrund verfolgt, zu beeinträchtigen (EuGH aaO Rz. 34 [Melzer]). Die Zuständigkeitsregelungen der EuGVO sind deshalb autonom und unter Bezugnahme auf die Systematik und Zielsetzung dieser Verordnung auszulegen (EuGH aaO Rz. 45 [Coty/First Note Perfumes]).

III. Das Berufungsurteil ist daher aufzuheben, soweit es um die von der Kl. im Wege der eventuellen Klagehäufung geltend gemachten wettbewerbsrechtlichen Ansprüche geht (§ 562 I ZPO). Insoweit ist die Sache an das Berufungsgericht zurückzuverweisen, da Feststellungen zur Begründetheit der auf Wettbewerbsrecht gestützten Klageanträge nicht getroffen sind und der Senat nicht selbst entscheiden kann (§ 563 I ZPO)."

7. Zuständigkeit in Ehe- und Kindschaftssachen

220. *Deutsche Gerichte sind bei Anwendung des autonomen Kollisionsrechts international gemäß § 99 FamFG zuständig, wenn im Rahmen eines Sorge- und Umgangsverfahrens die betroffenen Kinder Deutsche sind.*

Ein dauerhafter Umzug der Kinder begründet einen neuen gewöhnlichen Aufenthalt.

Norwegisches Kollisionsrecht knüpft die Anwendung des norwegischen materiellen Rechts an die Entscheidungsgewalt norwegischer Gerichte, die wiederum an den Wohnsitz der Kinder anknüpft.

Soweit im Rahmen der Kindeswohlermittlung festgestellt wird, dass es den Kindern bei der Mutter grundsätzlich gut geht, braucht es einen besonderen Rechtfertigungsgrund für einen „erzwungenen" Wechsel zum Vater. [LS der Redaktion]

OLG Brandenburg, Beschl. vom 3.3.2014 – 9 UF 275/11: Unveröffentlicht.

Die Beteiligten zu 1) und 2) sind die Eltern des 2002 geborenen V. S. und des 2004 geborenen P. S. Eine gemeinsame Sorgeerklärung gemäß § 1626a I Nr. 1 BGB haben sie nicht abgegeben. Die Eltern haben etwa 12 Jahre lang bis zur Trennung im November 2008 zusammengelebt. Die Kinder verblieben bei der Mutter. 2010 haben die Eltern einvernehmlich eine gerichtlich genehmigte vorläufige Umgangsregelung getroffen. Ende 2010 ist die Kindesmutter – ohne vorherige Ankündigung – mit den Kindern nach Norwegen verzogen. Nach Durchführung eines weiteren Anhörungstermin Ende 2011 hat das AG mit Beschlüssen vom 17.11.2011 eine Umgangsregelung getroffen und die Sorgerechtsanträge des Vaters insgesamt abgewiesen. Mit seiner Beschwerde verfolgte dieser seine erstinstanzlichen Anträge zunächst weiter, erstrebt jedoch nunmehr das alleinige Sorgerecht für V. und P. S.

Aus den Gründen:

„II. Die gemäß § 58 I FamFG statthafte und gemäß §§ 59 I, 63 I, 64 I und II, 65 I FamFG in zulässiger Weise eingelegte Beschwerde des Kindesvaters bleibt in der Sache ohne Erfolg.

1a. Der Sorgerechtsantrag des Kindesvaters ist (weiterhin) zulässig. An der Zuständigkeit der deutschen (Familien-)Gerichtsbarkeit bei Verfahrenseinleitung besteht mit Blick darauf, dass Eltern und Kinder deutsche Staatsangehörige sind und alle ihren gewöhnlichen Aufenthalt in der Bundesrepublik Deutschland hatten, kein Zweifel. Entgegen der von der Kindesmutter vertretenen Auffassung ist der erkennende Senat auch in Ansehung des Umstands, dass sie den ständigen Lebensmittelpunkt der Kinder im Laufe des Verfahrens nach Norwegen verlegt hat, weiterhin international zuständig sowohl für die Entscheidung in dem hier in Rede stehenden Sorgerechtsverfahren als auch für die in dem Parallelverfahren 9 UF 274/11 zu treffende Umgangsregelung.

Die kollisionsrechtliche Regelung der internationalen Zuständigkeit für Verfahren zur elterlichen Verantwortung – der supranational verwendete Begriff für die elterliche Sorge und das Umgangsrecht – ergibt sich nicht aus einer einheitlichen Norm, sondern aus einem gestuften System supranationaler Rechtsquellen und nachrangig aus dem autonomen Recht. Einschlägige Rechtsgrundlagen sind (in dieser Reihenfolge) das HKiEntÜ (insbes. Art. 12 und 16), dessen Anwendungsbereich vorliegend aber nicht eröffnet ist und das überlagert wird durch die EuEheVO (insbes. Art. 8 bis 15 und 20), sodann das MSA (insbes. Art. 1, 4, 8 und 9) und schließlich autonomes Recht (vgl. insgesamt *Gerhard/von Heintschel-Heinegg/Klein*, Familienrecht, 7. Aufl., 15. Kap. Rz. 84 ff.).

Die EuEheVO, die in Art. 8 eine internationale Zuständigkeit in dem Mitgliedstaat vorsieht, in dem das betroffene Kind im Zeitpunkt der Antragstellung seinen gewöhnlichen Aufenthalt hat, ist unmittelbar geltendes Recht (nur) in den Mitgliedstaaten der EU, zu denen allerdings Norwegen nicht gehört. Eine internationale Zuständigkeit der norwegischen Gerichtsbarkeit infolge des Umzugs von Mutter und Kindern kann sich demnach aus dieser Verordnung nicht ergeben.

Auch dem MSA ist zwar Deutschland beigetreten, nicht aber Norwegen. Das übersieht die Mutter, wenn sie – gestützt auf die Entscheidung des BGH vom 5.6.2002 (XII ZB 74/00[1], FamRZ 2002, 1182, zit. n. juris) – unter Hinweis auf das MSA eine aus dem Wechsel des gewöhnlichen Aufenthalts der betroffenen Kinder während der laufenden Sorgerechts- und Umgangsverfahren abzuleitende Zuständigkeit der norwegischen Justiz reklamiert.

Im Streitfall ist deshalb auf die autonome Kollisionsnorm zur internationalen Zuständigkeit in Sorge- und Umgangsverfahren zurückzugreifen, nämlich auf § 99 FamFG. Danach sind (und bleiben) in Kindschaftssachen deutsche Gerichte u.a. schon dann zuständig, wenn die betroffenen Kinder Deutsche sind (§ 99 I 1 Nr. 1 FamFG), was vorliegend zu bejahen ist ...

1b. Der Senat hat vor dem Hintergrund der insgesamt fehlenden Kooperationsbereitschaft der Kindesmutter deutschen Gerichten/Behörden/Gutachtern gegenüber (,Ich verhandle nur noch in Norwegen, denn hier wird dem Kindeswohl voll ent-

---

[1] IPRspr. 2002 Nr. 100.

sprochen') und den damit einhergehenden sehr engen Grenzen der Sachverhaltsaufklärung auch die Möglichkeit einer Abgabe an das am Wohnort der Mutter zuständige Gericht geprüft. Eine Rechtsgrundlage für eine solche internationale Abgabe findet sich indes weder im supranationalen Recht noch im autonomen Kollisionsrecht. Allein die Anwendung deutschen Verfahrensrechts im Streitfall kann ohne entsprechende supranationale Vorschriften nicht dazu führen, dass eine Abgabe nach § 4 FamFG an ein norwegisches Gericht zulässig wäre, mag auch dieses norwegische Gericht seinerseits mit Blick auf den dortigen ständigen Wohnsitz der Kinder international auch zuständig für die hier in Rede stehende Sorgerechtsregelung sein. Auch der Umstand, dass § 99 III und IV FamFG ausschließlich für die Fälle einer Vormundschaft, Pflegschaft oder Genehmigung einer freiheitsentziehenden Unterbringung eines Minderjährigen eine Abgabe an ein international auch zuständiges Gericht ausdrücklich vorsieht, streitet für die hier vertretene Auffassung, dass in den übrigen Fällen eine solche Abgabe gerade nicht möglich ist.

Der Vater selbst vermochte der vom erkennenden Senat im Anhörungstermin am 10.1.2013 unter Hinweis auf das ohnehin anzuwendende norwegische materielle Kindschaftsrecht (dazu sogleich) und die im konkreten Fall objektiv unzureichenden Möglichkeiten der deutschen Gerichtsbarkeit, belastbare Feststellungen gerade in Bezug auf das streitentscheidende Wohl der Kinder, deren Beziehungen und Bindungen zu den Elternteilen und deren Wünschen hinsichtlich des Sorge- und Umgangsrechts treffen zu können, unterbreiteten Anregung, das hiesige Verfahren unstreitig zu beenden und sich dem zwischenzeitlich von der Mutter bei dem vor Ort zuständigen Amtsgericht Nordmøre eingeleiteten Sorgerechtsverfahren zu stellen, nicht zu folgen. Daraus ist ihm kein Vorwurf zu machen; unzureichende tragfähige Feststellungen zu wesentlichen das Kindeswohl berührenden Aspekten werden allerdings dazu führen müssen, dass sich massive Eingriffe in die aktuelle Lebensgestaltung der Kinder ex cathedra verbieten.

So wenig das von der Mutter angerufene norwegische Gericht – dieses mit Blick auf das hier bereits zweitinstanzlich anhängige Verfahren gleichen Gegenstands – eine sachliche Regelung zum Sorgerecht und Umgangsrecht treffen konnte und deshalb das Verfahren aus rein prozessualen Gründen abgewiesen hat (Az. 12-194108TVOI-NOMO), so wenig kann der angerufene Senat das Verfahren einstellen oder abgeben oder eine eigene Sachentscheidung ablehnen. Die entspr. Verfahrensanträge der Kindesmutter, etwa aus ihrem Schreiben vom 26.2.2013, mussten deshalb erfolglos bleiben.

2. Allein die Entscheidungszuständigkeit der deutschen Gerichtsbarkeit begründet allerdings nicht notwendig auch die Anwendung deutschen (materiellen) Rechts, wie dies das FamG in der angefochtenen Entscheidung zugrunde gelegt hat. Tatsächlich ist für die hier zu treffende sorgerechtliche Entscheidung (wie auch für die Entscheidung zum Umgangsrecht in dem Parallelverfahren 9 UF 274/11) auf das norwegische Kindschaftsrecht abzustellen.

Dabei kann die in dem eingeholten Gutachten aufgeworfene Streitfrage, ob das in Deutschland am 1.1.2011 in Kraft getretene KSÜ und die dort in Art. 16 enthaltene Sachnormverweisung in das Recht des (auch Nicht-)Vertragsstaats, in dem das Kind seinen gewöhnlichen Aufenthalt hat, nur für umgangs- und sorgerechtliche Tatbestände gilt, die seit dem 1.1.2011 eingetreten sind und nicht für solche, die bei Inkrafttreten des KSÜ bereits abgeschlossen waren (a.A. wohl der BGH, Beschl. vom 16.3.2011 – XII ZB 407/10[2], NJW 2011, 2360, zit. n. juris Rz. 31), letztlich dahinstehen. Selbst wenn nämlich Art. 16 KSÜ für die gesetzliche Zuweisung des Sorge- und Umgangsrechts aufgrund von Tatbeständen, die vor dem 1.1.2011 stattfanden (hier der Umzug am 1.12.2010), nicht zur Begründung norwegischen Kindschaftsrechts heranzuziehen ist, ergibt sich die notwendige Anwendung desselben aus Art. 21 EGBGB. Auch danach bestimmt sich das Sorge- und Umgangsrecht nach dem Recht des Staats, in dem das Kind seinen gewöhnlichen Aufenthalt hat, erfährt also eine entsprechende Änderung mit der Begründung eines neuen gewöhnlichen Aufenthalts.

Das in der Bundesrepublik Deutschland anwendbare Kollisionsrecht verweist folglich mit Blick auf den Umzug der Kinder nach Norwegen und der damit einhergehenden Begründung des gewöhnlichen Aufenthalts dort im laufenden Verfahren jedenfalls in das norwegische Recht. Diese Verweisung ist eine Gesamtverweisung (Art. 4 I EGBGB), sodass das norwegische IPR zu prüfen ist (vgl. zusammenfassend S. 12 des Gutachtens vom 20.9.2013).

Das norwegische Kollisionsrecht wiederum knüpft die Anwendung norwegischen materiellen Rechts an die (allein aus norwegischer Sicht) gegebene Entscheidungsgewalt norwegischer Gerichte an, die wiederum entscheidend an den Wohnsitz der Kinder anknüpft (§ 84 i.V.m. § 82 I lit. b barneloven, Gesetz Nr. 7 über Kinder und Eltern [lov om barn og foreldre], vom 8.4.1981 zuletzt geänd. 31.8.2013). Mit der Übersiedlung am 1.12.2010 bestand und besteht ein Wohnsitz der Kinder in Norwegen, sodass – aus norwegischer Sicht – die dortige Gerichtsbarkeit zur Entscheidung in Sorgerechts- und Umgangsfragen berufen ist mit der weiteren Folge, dass norwegisches materielles Kindschaftsrecht zur Anwendung gelangt.

3. Auch unter Berücksichtigung norwegischen Kindschaftsrechts besteht ein (teilweises) Mitsorgerecht des Kindesvaters nicht schon kraft Gesetzes.

Zwar sieht das norwegische Recht eine gemeinsame elterliche Sorge nicht nur aufgrund einer Vereinbarung der Eltern vor (§ 35 III barneloven), die im Streitfall ebenso wenig vorliegt, wie eine gemeinsame Sorgeerklärung nach § 1626a I Nr. 1 BGB, sondern auch als unmittelbare Rechtsfolge allein des tatsächlichen Zusammenlebens (§ 35 II barneloven). Allerdings kann der Kindesvater aus dieser Vorschrift für sich ein Mitsorgerecht kraft Gesetzes aus verschiedenen Gründen nicht herleiten.

Zum einen wird – so der vom Senat beauftragte (Rechts-)Sachverständige – rechtswissenschaftlich bereits die Auffassung vertreten, dass mit Blick auf das Inkrafttreten dieser Regelung am 1.1.2006 eine Anwendbarkeit auf die in diesem Zeitpunkt bereits geborenen Kinder von vornherein oder doch jedenfalls dann ausscheidet, wenn die Eltern das tatsächliche Zusammenleben mit ihren Kindern vor dem 1.1.2006 aufgegeben haben. Anknüpfend an diese Erwägungen muss das Eingreifen der ein gesetzliches Mitsorgerecht beider Elternteile infolge tatsächlichen Zusammenlebens begründenden Vorschrift des § 35 II barneloven aber jedenfalls voraussetzen, dass die Kindeseltern unter Geltung norwegischen Rechts überhaupt jemals zusammengelebt haben. Im Streitfall indes haben die Kindeseltern ihre nichteheliche Lebens- und Familiengemeinschaft bereits im Jahre 2008, also lange vor Eröffnung

---

[2] IPRspr. 2011 Nr. 111.

des norwegischen Sorgerechts durch den Umzug erst am 1.12.2010 aufgelöst. Bei Eingreifen norwegischen Sorgerechts also lagen nur die Voraussetzungen des § 35 I barneloven vor, sodass es bei der alleinigen Personensorge der Kindesmutter, die diese bereits nach § 1626a II BGB a.F. innehatte, auch nach dem Statutenwechsel am 1.12.2010 verblieb.

4a. Auch das norwegische Kindschaftsrecht sieht jedoch die Möglichkeit vor, dass im Falle bestehender Uneinigkeit der Eltern über die Verteilung der elterlichen Sorge als solche die Bestimmung des ständigen Lebensmittelpunkts des Kindes oder das Umgangsrecht auf Antrag eines jeden Elternteils – unabhängig von einer Teilhaberschaft am Personensorgerecht – eine gerichtliche Entscheidung herbeigeführt werden kann (§ 56 barneloven).

Als Entscheidungsalternativen kommen eine Übertragung des alleinigen Sorgerechts auf einen Elternteil oder die Begründung gemeinsamer elterlicher Sorge in Betracht. Entscheidungsmaßstab für die gerichtliche Entscheidung ist das Wohl des Kindes (§ 48 barneloven). Erforderlich ist jeweils eine Einzelfallabwägung des Kindeswohls unter Berücksichtigung aller Umstände des konkreten Sachverhalts. Eine Umgangsvereitelung durch den Personensorgeberechtigten kann nach der ausdrücklichen gesetzlichen Regelung in § 43 V barneloven Anlass für eine Neuentscheidung sein, führt jedoch – so der Sachverständige unter Heranziehung von Kommentarliteratur – nicht zu einem automatisch vorgezeichneten Sorgerechtswechsel. Die Umgangsvereitelung ist vielmehr als ein in die umfassende Kindeswohlprüfung einzustellender Aspekt zu würdigen. Im Kern unterscheidet sich das norwegische Sorgerecht kaum von den das deutsche Recht insoweit tragenden Grundsätzen ...

5. Abschließend ist höchst vorsorglich und in der gebotenen Kürze festzustellen, dass auch die Begründung eines gemeinsamen elterlichen Sorgerechts vorliegend ausscheiden muss.

Zum einen setzt die Begründung gemeinsamer elterlicher Sorge sowohl nach norwegischem wie auch nach deutschem (Verfahrens-)Recht einen entsprechenden Antrag des bisher nicht mitsorgeberechtigten Elternteils voraus (§ 56 I barneloven; § 1626a II BGB in der seit 19.5.2013 g.F.). Daran fehlt es hier, nachdem der Vater mit seinen zuletzt insgesamt neu formulierten Anträgen im Schriftsatz vom 20.12. 2013 – unter offenkundiger Aufgabe des bisher verfolgten Hilfsantrags – einzig die Übertragung des alleinigen Sorgerechts für beide Kinder erstrebt.

Unabhängig davon genießt zwar (auch) nach norwegischem Kindschaftsrecht das gemeinsame Sorgerecht beider Eltern einen Vorrang, ist aber gleichwohl nicht durchweg als die beste dem Kindeswohl entsprechende Lösung zu qualifizieren (vgl. dazu die Ausführungen in dem Gutachten S. 21 f.). Mögen auch aus dem Beziehungsverhältnis herrührende Probleme der Eltern, sich in Einzelfragen zu einigen, oder auch eine große räumliche Entfernung zwischen den Wohnsitzen der Eltern nicht zwingend gegen die Begründung/Aufrechterhaltung eines gemeinsamen elterlichen Sorgerechts sprechen, so wird aber auch im norwegischen Recht ein Mindestmaß an Kommunikations- und Kooperationsfähigkeit beider Eltern vorausgesetzt, damit eine gedeihliche, dem Kindeswohl dienende gemeinsame Sorgerechtsausübung überhaupt praktiziert werden kann."

221. *Bei der Beurteilung der internationalen Zuständigkeit deutscher Gerichte ist im Rahmen des § 99 I Nr. 1 FamFG hinsichtlich des gewöhnlichen Aufenthalts* *eines Kindes auf den Zeitpunkt der Antragstellung abzustellen. Dabei ist es unerheblich, ob das Kind sich später zwischenzeitlich in Deutschland aufgehalten hat. Der gewöhnliche Aufenthalt eines Kindes leitet sich grundsätzlich nicht von dem seines Sorgeberechtigten ab. Vielmehr sind aufseiten des Kindes die Dauer und die Umstände des Aufenthalts, aber auch die Gründe für den Umzug abzuwägen, womit mittelbar auch dem Willen eines oder mehrerer Sorgeberechtigter Bedeutung zukommt. [LS der Redaktion]*

KG, Beschl. vom 20.6.2014 – 3 UF 159/12: ZKJ 2015, 235. Leitsatz in: FamRZ 2015, 1042; FF 2015, 377. Bericht in NZFam 2015, 478.

Die seit 2009 getrennt lebenden Eltern streiten um das Umgangsrecht des Vaters mit dem 1998 geborenen gemeinsamen Sohn A. und der 2001 geborenen gemeinsame Tochter S. Im Verfahrensverlauf hat sich der gewöhnlichen Aufenthaltsort der Kinder aus den VAE nach Deutschland verlagert.

Aus den Gründen:

„II. ... 2. In der Sache bleibt die Beschwerde indes ohne Erfolg. Der Umgang des Vaters mit dem Kind A. ist bis zur Volljährigkeit, der Umgang mit dem Kind S. für die Dauer eines weiteren Jahrs auszuschließen (§ 1684 IV BGB), weil die andernfalls drohende Kindeswohlgefährdung auch im Zeitpunkt der Entscheidung des Beschwerdesenats fortbesteht.

a) Die deutschen Gerichte sind für die Entscheidung international zuständig. Das AG hat insoweit zu Recht auf die innerstaatlichen Vorschriften zur internationalen Zuständigkeit des § 99 I Nr. 1 FamFG und damit auf die deutsche Staatsangehörigkeit der betroffenen Kinder abgestellt, da die Kinder ihren gewöhnlichen Aufenthalt im Zeitpunkt der Antragstellung in den VAE hatten, also nicht in einem Mitgliedstaat der EU, sodass die EuEheVO nicht zur Anwendung kommt. Der Tatsache, dass die Kinder sich zwischenzeitlich in Deutschland aufhalten, kommt in diesem Zusammenhang keine entscheidende Bedeutung zu, denn für die zweite Instanz bleibt es jedenfalls nach dem Grundsatz der perpetuatio fori, der nicht nur für die örtliche, sondern auch die internationale Zuständigkeit gilt (§ 113 I FamFG i.V.m. § 261 III Nr. 2 ZPO analog, vgl. dazu *Prütting-Helms-Hau*, FamFG, 3. Aufl. [2014], § 98 Rz. 43), bei der einmal begründeten internationalen Zuständigkeit der deutschen Gerichte ...

aa) Überholt sind allerdings die – zum Zeitpunkt der erstinstanzlichen Entscheidung zutreffenden – Ausführungen des AG zum anwendbaren Recht. Es ist nicht mehr erforderlich, über Art. 21 EGBGB zunächst zum Recht der VAE und dann über die dort vorgesehene Rückverweisung sowie die Erwägungen zum ordre public hinsichtlich des Kindeswohls und der Beachtlichkeit des Kinderwillens sodann wieder zur weitgehenden Anwendung deutschen materiellen Rechts zu gelangen. Denn aufgrund des Aufenthaltswechsels der Kinder von den VAE nach Deutschland ist ein Statutenwechsel eingetreten mit der Folge, dass sich die Entscheidungen zum Umgang mit dem Vater nach deutschem Recht beurteilen. Dies folgt aus Art. 15 KSÜ, wonach ein bei der Ausübung seiner internationalen Zuständigkeit nach Kapitel II KSÜ zuständiges Gericht sein eigenes Recht anwendet. Dieselbe Rechtsfolge ergibt sich aber auch, wenn anstelle des KSÜ Art. 21 EGBGB anzuwenden wäre, wonach das Rechtsverhältnis zwischen einem Kind und seinen Eltern dem Recht des Staats unterliegt, in dem das Kind seinen gewöhnlichen Aufenthalt hat.

Gemäß Art. 53 I KSÜ ist das Abkommen auf gerichtliche Maßnahmen anzuwenden, die in einem Staat getroffen werden, nachdem das Übereinkommen für diesen Staat in Kraft getreten ist. Für die Bundesrepublik Deutschland ist das Abkommen am 1.1.2011 in Kraft getreten (BGBl. II 2010, 1527). Soweit es um die zu treffende Umgangsregelung geht, liegt eine Maßnahme im Sinne der Art. 1 I lit. a, 3 lit. b KSÜ vor.

Der sachliche Anwendungsbereich des KSÜ erstreckt sich auf das Gebiet der elterlichen Verantwortung in dem von Art. 1 II KSÜ definierten Sinne. Die einzelnen auf diesem Gebiet anzuerkennenden und zu vollstreckenden Schutzmaßnahmen werden exemplarisch in Art. 3 aufgelistet. Dazu gehören nach Art. 3 lit. b KSÜ auch Maßnahmen zur Regelung des persönlichen Umgangs des Kindes.

Die Kollisionsnormen des KSÜ bestimmen auch dann das maßgebende Recht, wenn sich die internationale Zuständigkeit aus einer anderen Vorschrift ergibt. Dies gilt jedenfalls dann, wenn eine Zuständigkeit (auch) aus den Art. 5 ff. KSÜ – bei einer fiktiven Anwendung – begründet wäre (so im Fall vorrangiger Anwendbarkeit der EuEheVO: OLG Karlsruhe, Beschl. vom 5.3.2013 – 18 UF 298/12[1] u. Hinw. auf BeckOK-BGB-*Heiderhoff* [Stand 1.2.2013] Art. 21 EGBGB Rz. 12; *Solomon*, FamRZ 2004, 1409, 1416). Im vorliegenden Fall wäre die internationale Zuständigkeit nach Art. 5 I KSÜ anzunehmen, da der Aufenthalt der Kinder in Deutschland sich zur Überzeugung des Senats zwischenzeitlich derart verfestigt hat, dass von einem gewöhnlichen Aufenthalt der Kinder in Deutschland auszugehen ist. Der Begriff des gewöhnlichen Aufenthalts wird im KSÜ ebenso wenig wie im MSA definiert; er ist jedoch ebenso wie in Art. 1 MSA und in anderen kindschafts- und unterhaltsrechtlichen Haager Übereinkommen zu verstehen. Herangezogen werden kann außer der bisherigen Praxis zu Art. 1 MSA auch die Rspr. zu Art. 8 I EuEheVO und zum autonomen deutschen Internationalen Privat- und Verfahrensrecht, weil diese sich maßgeblich an den Vorgaben der Haager Übereinkommen orientiert (*Hausmann*, Internationales und Europäisches Ehescheidungsrecht, 1. Aufl. [2013], B Rz. 317).

Wie sich aus der gegenüber Art. 5 subsidiären Regelung in Art. 6 II KSÜ ergibt, reicht die bloße körperliche Anwesenheit des Kindes in einem Mitgliedstaat nicht aus. Es müssen vielmehr weitere Kriterien hinzutreten, denen sich entnehmen lässt, dass es sich nicht nur um eine vorübergehende oder gelegentliche Anwesenheit handelt, der Aufenthalt vielmehr Ausdruck einer gewissen Integration des Kindes in ein soziales und familiäres Umfeld ist. Diese Integration ist an Hand aller tatsächlichen Umstände des Einzelfalls im Wege einer Gesamtbetrachtung festzustellen. Ein neuer gewöhnlicher Aufenthalt des Kindes kann mit Wechsel des Aufenthalts in einen anderen Staat begründet werden, wenn sich aus der Gesamtheit der Umstände ergibt, dass der neue Aufenthalt auf Dauer angelegt ist und der neue Lebensmittelpunkt des Kindes sich dort befinden soll (so bereits BGHZ 78, 293[2]). Maßgebend für die Verlagerung des gewöhnlichen Aufenthalts in den Aufnahmestaat ist nämlich v.a. der Wille des Betreffenden, dort den ständigen oder gewöhnlichen Mittelpunkt seiner Interessen in der Absicht zu begründen, ihm Beständigkeit zu verleihen (EuGH, Urt. vom 22.12.2010 – Rs C-497/10 PPU, FamRZ 2011, 617 Rz. 52). Erforderlich ist jedoch, dass der auf die Begründung des gewöhnlichen Aufenthalts gerichtete Wil-

---

[1] IPRspr. 2013 Nr. 111.   [2] IPRspr. 1980 Nr. 94.

len auch nach außen manifestiert wird (OLG Karlsruhe, FamRZ 2003, 956[3]). Der gewöhnliche Aufenthalt des Kindes leitet sich grundsätzlich nicht von dem seines Sorgeberechtigten ab (*Andrae*, Internationales Familienrecht, 4. Aufl., Kap. 6, Rz. 38). Vielmehr sind aufseiten des Kindes die Dauer und die Umstände des Aufenthalts, aber auch die Gründe für den Umzug abzuwägen, womit mittelbar auch dem Willen eines oder mehrerer Sorgeberechtigter Bedeutung zukommt."

222. *Die internationale Zuständigkeit eines Gerichts bleibt grundsätzlich unberührt, wenn nach der erstinstanzlichen Verfahrenseinleitung ein Aufenthaltswechsel der betroffenen Kinder erfolgt.*
Sofern die Kinder nach dem Aufenthaltswechsel eine besondere Bindung zu dem neuen Aufenthaltsort entwickelt haben, sind insoweit die Voraussetzungen des Art. 15 I EuEheVO erfüllt. Hiernach kann ein Gericht eines Mitgliedstaats, dessen internationale Zuständigkeit gegeben ist, in Ausnahmefällen das Gericht eines anderen Mitgliedstaats ersuchen, sich unter den dort genannten Voraussetzungen für zuständig zu erklären. [LS der Redaktion]

OLG Karlsruhe, Beschl. vom 11.8.2014 – 18 UF 26/14: Unveröffentlicht.

Beim OLG Karlsruhe – Zivilsenate in Freiburg – ist in zweiter Instanz ein Sorgerechtsverfahren betreffend die Kinder F. L. und J. L., anhängig. In diesem Verfahren wurde der zuvor allein sorgeberechtigten Kindesmutter T. L. durch Beschluss des AG Freiburg (52 F 2860/12) teilweise die elterliche Sorge entzogen. Der Beschluss wurde der Kindesmutter über ihren damaligen Verfahrensbevollmächtigten bekannt gegeben. Zu diesem Zeitpunkt war die Kindesmutter mit ihren Kindern F. und J. bereits nach Schottland übergesiedelt. Der Beschluss wurde von der Kindesmutter mit dem Rechtsmittel der Beschwerde angegriffen. Eine Entscheidung über die Beschwerde ist noch nicht ergangen. Die Anfechtung des Beschlusses beseitigt dessen Wirksamkeit nicht.

Aus den Gründen:

„II. Das OLG Karlsruhe ersucht den Haddington Sheriff Court, Schottland, sich für die Entscheidung über die elterliche Sorge für die Kinder F. und J. gemäß Art. 15 EuEheVO für zuständig zu erklären.

Das OLG Karlsruhe ist gemäß Art. 8 I EuEheVO in dem hier anhängigen Verfahren weiterhin international zuständig. Der nach der erstinstanzlichen Verfahrenseinleitung erfolgte Aufenthaltswechsel der Kinder lässt die Zuständigkeit grundsätzlich unberührt.

Nach Art. 15 EuEheVO kann ein Gericht eines Mitgliedstaats, dessen internationale Zuständigkeit gegeben ist, in Ausnahmefällen das Gericht eines anderen Mitgliedstaats ersuchen, sich unter den dort genannten Voraussetzungen für zuständig zu erklären. Nach Auffassung des OLG Karlsruhe sind die Voraussetzungen dieser Norm vorliegend gegeben. Die Kinder F. und J. haben zu Schottland inzwischen eine besondere Bindung im Sinne von Art. 15 I EuEheVO. Aufgrund der besonderen Umstände des Falls entspricht es dem Wohl der Kinder, wenn ein schottisches Gericht entscheidet. Dieses kann den Fall aufgrund des Aufenthalts der Kinder in Schottland besser beurteilen als das derzeit zuständige Gericht.

1. Die Kinder haben ihren gewöhnlichen Aufenthalt in Schottland erworben (Art. 15 III lit. a EuEheVO).

---

[3] IPRspr. 2002 Nrn. 107 und 108.

Die Kindesmutter hat nach eigenen Angaben die Bundesrepublik Deutschland mit ihren Kindern endgültig verlassen, um auf Dauer in Schottland zu bleiben. Die Kinder befinden sich seit Anfang des Jahres 2014 in Schottland. Sie sind dort seit April 2014 in eine Pflegefamilie integriert.

Die Kinder haben mittlerweile ihren Bezug zu ihrem letzten Aufenthaltsort in Deutschland verloren. Ihre bisherige Wohnung in F. wurde im Zuge der Übersiedlung nach Schottland zum Jahreswechsel 2013/2014 aufgegeben. Fortbestehende soziale Kontakte zum hiesigen Bereich sind nicht ersichtlich. Zwar lebt der Kindesvater in Deutschland. Im Zuge der Trennung am 11.12.2008 wurde indes der Mutter aufgrund der zwischen den Eltern bestehenden erheblichen Konflikte die elterliche Sorge übertragen; seit Ende 2008 hat der Vater die Kinder nicht mehr gesehen. Es spricht daher alles dafür, dass die noch jungen Kinder derzeit keine aktuelle Erinnerung oder Bindung an ihren Vater haben, den sie zuletzt im Alter von knapp zwei Jahren (F.) bzw. im Alter von wenigen Monaten (J.) erlebt haben.

2. Es liegen keine Anhaltspunkte dafür vor, dass die Kinder in absehbarer Zeit nach Deutschland zurückkehren würden. Die Anordnung der Herausgabe der Kinder wurde mit dem Sorgerechtsbeschluss des AG Freiburg vom 15.1.2014 nicht verbunden. Eine solche Kindesherausgabe kann durch ein deutsches Gericht in eigener Zuständigkeit nicht angeordnet werden. Da die Kinder inzwischen ihren gewöhnlichen Aufenthalts in Schottland haben, sind gemäß Art. 8 I EuEheVO die schottischen Gerichte für ein etwaiges Verfahren auf Herausgabe der Kinder zuständig.

Die Zuständigkeit deutscher Gerichte kann auch nicht unter dem Gesichtspunkt einer Kindesentführung angenommen werden, da ein widerrechtliches Verbringen oder Zurückhalten der Kinder nach Art. 3 HKiEntÜ und Art. 10 EuEheVO nicht vorliegt. Die Kindesmutter war bei ihrem Aufenthaltswechsel nach Schottland noch Inhaberin des uneingeschränkten Sorgerechts für die Kinder und deshalb berechtigt, den Aufenthalt der Kinder nach Schottland zu verlegen.

Ein Verfahren auf Herausgabe der Kinder könnte derzeit nur durch die Ergänzungspflegerin B. L. in Schottland eingeleitet werden, sofern ihre Bestellung mit Beschluss vom 15.1.2014 – trotz der wegen des Aufenthaltswechsels unterbliebenen persönlichen Anhörung der Kindesmutter und der bislang nicht eingetretenen Rechtskraft des Beschlusses – durch die schottischen Gerichte anerkannt würde. Frau L. hat mitgeteilt, dass sie derzeit nicht beabsichtige, ein solches Verfahren einzuleiten.

3. Die in dem von Amts wegen eingeleiteten Verfahren mit Beschluss vom 15.1.2014 angeordneten Maßnahmen sind auf eine Unterstützung der Kinder durch die deutschen Behörden der Jugendhilfe zugeschnitten. Die Kinder befinden sich allerdings nunmehr in der Obhut der schottischen Behörden. Das Wohl der Kinder erfordert einen Einblick in die aktuelle Lebenssituation der Kinder, um feststellen zu können, ob weiterhin Maßnahmen zu ihrem Schutz getroffen werden müssen. Dies kann von dem Gericht, in dessen Bezirk sich die Kinder aufhalten, wesentlich besser geleistet werden. Das schottische Gericht ist in der Lage, mit den dortigen Behörden der Jugendhilfe eng zusammenzuarbeiten. Auch eine persönliche Anhörung der Kinder und der Mutter ist dem schottischen Gericht unproblematisch möglich.

Auch unter Berücksichtigung des Umstands, dass die Belange des in Deutschland lebenden Vaters in die für die Kinder zu treffende Entscheidung einzubeziehen sind, ergibt sich nichts anderes. Insoweit ist zu sehen, dass der Vater der Kinder diese zuletzt Ende 2008 gesehen hat, so dass eine Eltern-Kind-Bindung nicht bestehen dürfte. Ein unmittelbarer Wechsel der Kinder in den Haushalt des Vaters ist daher derzeit nicht ernsthaft in Betracht zu ziehen.

4. Es entspricht dem Kindeswohl, möglichst zeitnah die notwendigen Entscheidungen zu treffen. Auch hierzu ist das schottische Gericht aufgrund des Aufenthalts der Kinder in Schottland besser in der Lage. Das OLG Karlsruhe konnte das Verfahren bislang nicht weiterbetreiben, da die Kindesmutter wenig kooperativ war, ihrem Verfahrensbevollmächtigten aus der ersten Instanz das Mandat entzog und in der Folgezeit nicht mehr erreicht werden konnte. Es steht zu befürchten, dass ein Abschluss des hier anhängigen Verfahrens durch den Aufenthalt der Kinder und der Mutter in Schottland noch einen erheblichen Zeitraum in Anspruch nehmen würde.

Die Ergänzungspflegerin, das JugA und der Verfahrensbeistand haben als Beteiligte des hier geführten Sorgerechtsverfahrens der Verweisung gemäß Art. 15 II 2 EuEheVO zugestimmt.

Sobald das ersuchte Gericht seine Zuständigkeit für das Sorgerechtsverfahren erklärt, wird sich das OLG Karlsruhe für unzuständig erklären und die angefochtene Entscheidung des AG Freiburg vom 15.1.2014 aufheben (Art. 15 V 2 EuEheVO)."

223. *Wenn es wegen des gewöhnlichen Aufenthalts eines Kindes im Ausland (hier: China) an der örtlichen Zuständigkeit eines deutschen Gerichts für die Vollstreckung einer Umgangsregelung nach § 88 I FamFG fehlt, ist insoweit auch keine internationale Zuständigkeit der deutschen Gerichte gegeben, sofern sich eine solche nicht aus völkerrechtlichen Vereinbarungen oder Rechtsakten der Europäischen Gemeinschaft ergibt.*

OLG Bremen, Beschl. vom 24.11.2014 – 5 WF 67/14: FamRZ 2015, 776; NZ-Fam 2015, 95 mit Anm. *Rauscher*; ZKJ 2015, 151 mit Anm. *Gottschalk*. Leitsatz in FamRB 2015, 173 mit Anm. *Niethammer-Jürgens/Reuter*.

[Gegen diese Entscheidung wurde Rechtsbeschwerde eingelegt (XII ZB 635/14).]

Die ASt. und der AGg. sind geschiedene Eheleute und haben zwei gemeinsame Kinder. Dem AGg. ist mit Beschluss des AG Bremen das Aufenthaltsbestimmungsrecht für beide Kinder übertragen worden. Seit April 2009 lebt der AGg. zusammen mit den Kindern in China. Auf Antrag der ASt. räumte das AG Bremen dieser im Wege einstweiliger Anordnung ein mehrtägiges Recht auf Umgang mit den Kindern in Deutschland ein. Der AGg. teilte der ASt. mit, dass er die Kinder nicht entsprechend der einstweiligen Anordnung nach Deutschland reisen lasse. Zur Begründung gab er an, dass zum einen die Kinder Angst hätten, alleine nach Deutschland zu fliegen, zum anderen Visa-Probleme auch eine Reise in Begleitung der ASt. unmöglich machten. Das AG Bremen hat gegen den AGg. wegen Nichtbefolgung des Beschlusses zum Umgangsrecht der ASt. ein Ordnungsgeld festgesetzt und ihm die Kosten des Ordnungsmittelverfahrens auferlegt. Gegen diese Entscheidung wendet sich der AGg. mit seiner sofortigen Beschwerde.

Aus den Gründen:

„II. ... Der angefochtene Beschluss ist aufzuheben und der ihm zugrunde liegende Antrag der ASt. ist zurückzuweisen, weil es an einer Zuständigkeit des AG – FamG – Bremen für den Erlass des von der ASt. beantragten Ordnungsgeldbeschlusses fehlt.

Gemäß § 571 II 2 ZPO i.V.m. § 87 IV FamFG kann die sofortige Beschwerde zwar nicht darauf gestützt werden, dass das Gericht des ersten Rechtszugs seine

Zuständigkeit zu Unrecht angenommen hat. Dies gilt allerdings nur für die sachliche, örtliche und funktionelle, jedoch nicht für die internationale Zuständigkeit (vgl. *Musielak-Ball*, ZPO, 11. Aufl., § 513 Rz. 7, § 571 Rz. 6). Der AGg. rügt mit der sofortigen Beschwerde auch die internationale Zuständigkeit des FamG. Diese ist hier nicht gegeben.

Nach § 99 I 1 Nr. 1 FamFG besteht im vorliegenden Fall zwar für das Erkenntnisverfahren schon deshalb die internationale Zuständigkeit der deutschen Gerichte, weil die Kinder Deutsche sind. Vorrangige Zuständigkeitsregeln aus internationalen Übereinkommen sind nicht gegeben. Insbesondere ist China weder Vertragsstaat des KSÜ noch des MSA. Eine Ausnahme gilt hinsichtlich des MSA für den hier nicht betroffenen Verwaltungsbezirk Macao.

Für das Vollstreckungsverfahren, also insbesondere auch für die hier in Rede stehende Anordnung von Ordnungsgeld nach § 89 I 1 FamFG, gilt aber § 88 I FamFG, wonach die Vollstreckung einer Entscheidung zur Regelung des Umgangs durch das Gericht erfolgt, in dessen Bezirk die Kinder, mit denen der Umgang stattfinden soll, zum Zeitpunkt der Einleitung der Vollstreckung ihren gewöhnlichen Aufenthalt haben. Mit dieser Regelung hat der Gesetzgeber der Tatsache Rechnung getragen, dass vor der Festsetzung von Vollstreckungsmaßnahmen in Verfahren, die die Herausgabe von Personen betreffen, nicht selten neue Ermittlungen – etwa zum Verschulden des zur Einhaltung der getroffenen Regelung anzuhaltenden Elternteils – durchgeführt werden müssen, für die dem Gesichtspunkt der Ortsnähe schon im Hinblick auf die Einschaltung der zuständigen Behörde erhebliche Bedeutung zukommen kann (BT-Drucks. 16/6308 S. 217 u. Hinw. auf BGH, FamRZ 1986, 789 f.). Für das Vollstreckungsverfahren besteht mithin eine vom Erkenntnisverfahren unabhängige örtliche Zuständigkeit (vgl. *Keidel-Giers*, FamFG, 18. Aufl., § 88 Rz. 5). Zur Ausfüllung des Begriffs des gewöhnlichen Aufenthalts kann auf die zu MSA und KSÜ entwickelten Kriterien zurückgegriffen werden, wonach ein Minderjähriger dort seinen gewöhnlichen Aufenthalt hat, wo es zur sozialen Einbindung in die Lebensverhältnisse am Aufenthaltsort und damit zu einer tatsächlichen Verlegung des Daseinsmittelpunkts gekommen ist (vgl. *Keidel-Giers* aaO Rz. 7). Dass die hier betroffenen Kinder ihren gewöhnlichen Aufenthalt in diesem Sinne in China haben, steht mit Rücksicht darauf, dass sie seit über fünf Jahren mit dem AGg. in Peking leben und dort zur Schule gehen, außer Zweifel. Angesichts des gewöhnlichen Aufenthalts der Kinder in China liegt eine örtliche Zuständigkeit des AG Bremen nach § 88 I FamFG nicht vor. Damit ist zugleich eine – im Beschwerdeverfahren zu prüfende – internationale Zuständigkeit des AG Bremen nicht gegeben. § 88 I FamFG enthält keine Regelung der internationalen Zuständigkeit für die Vollstreckung von Umgangsregelungen. Auch die Vorschriften der §§ 98 ff. FamFG über die internationale Zuständigkeit helfen hier nicht weiter. Insbesondere gibt der die Kindschaftssachen betreffende § 99 I FamFG für die Vollstreckung von Entscheidungen über das Umgangsrecht nichts her. Vielmehr ist in Fällen, in denen es wegen des gewöhnlichen Aufenthalts der Kinder im Ausland an einer örtlichen Zuständigkeit eines deutschen Gerichts für die Vollstreckung einer Umgangsregelung nach § 88 I FamFG fehlt, insoweit auch keine internationale Zuständigkeit der deutschen Gerichte gegeben, sofern sich eine solche nicht aus völkerrechtlichen Vereinbarungen oder Rechtsakten der EG ergibt. Dafür sprechen auch die Regelung des § 105

FamFG, wonach in anderen als in den in §§ 98 bis 104 FamFG genannten Verfahren nach dem FamFG die deutschen Gerichte zuständig sind, wenn ein deutsches Gericht örtlich zuständig ist, sowie der o.g. Gesichtspunkt der Ortsnähe im Rahmen der Motive des Gesetzgebers bei § 88 I FamFG. Entgegen der Auffassung der ASt. lässt sich in Fällen wie dem vorliegenden auch aus § 4 FamFG keine internationale Zuständigkeit der deutschen Gerichte herleiten ...

Die Rechtsbeschwerde lässt der Senat mit Rücksicht auf die grundsätzliche Bedeutung der Frage zu, ob in Fällen, in denen es wegen des gewöhnlichen Aufenthalts der Kinder im Ausland an einer örtlichen Zuständigkeit eines deutschen Gerichts für die Vollstreckung einer Umgangsregelung nach § 88 I FamFG fehlt, insoweit auch keine internationale Zuständigkeit der deutschen Gerichte gegeben ist, sofern sich eine solche nicht aus völkerrechtlichen Vereinbarungen oder Rechtsakten der EG ergibt."

8. Durchführung des Verfahrens

224. *Enthält ein zwischen einem deutschen Verbraucher und einem luxemburgischen Unternehmen geschlossener Vertrag eine vorformulierte Klausel, die im Fall der einseitigen Auflösung des Kaufvertrags durch das Unternehmen eine Pauschalentschädigung durch den Käufer vorsieht, so ist diese Klausel grundsätzlich unwirksam, weil sie Letzterem nicht den Nachweis gestattet, ein Schaden oder eine Wertminderung sei überhaupt nicht entstanden oder wesentlich niedriger als die Pauschale.*

Klage aus dem Kaufvertrag wegen einer geringfügigen Forderung kann das Unternehmen einleiten, indem es ein Formblatt A (Anhang I) der EuGFVO beim zuständigen Gericht einreicht. [LS der Redaktion]

AG Braunschweig, Urt. vom 8.1.2014 – 118 C 3557/13: Unveröffentlicht.

225. *Bevor die Unerreichbarkeit eines Zeugen bejaht wird, ist eine Vernehmung im Ausland nach Art. 17 des Haager Übereinkommens über die Beweisaufnahme im Ausland in Zivil- und Handelssachen vom 18.3.1970 (BGBl. 1977 II 1472) zu erwägen. [LS der Redaktion]*

OLG München, Urt. vom 14.2.2014 – 10 U 3074/13: RIW 2014, 460 mit Anm. *Mankowski*; NJOZ 2014, 1669. Bericht in NJW-Spezial 2015, 139.

226. *Für die Zustellung eines Schriftstücks im Rahmen der EuZVO erfordert das Gebot effektiven Rechtsschutzes, dass auf die Sprachkenntnisse des für den konkreten Sachverhalt zuständigen Empfängers abzustellen ist. Wird demnach die Annahme eines Schriftstücks vom Zustellungsempfänger zu Recht verweigert und der Gläubiger auf die Verweigerung hingewiesen, so muss er zur fristgerechten Vollziehung unverzüglich auf die Zustellung einer Übersetzung der zuzustellenden Schriftstücke hinwirken. [LS der Redaktion]*

a) LG Frankfurt/Main, Urt. vom 3.4.2014 – 2-03 O 95/13: Unveröffentlicht.
b) OLG Frankfurt/Main, Hinweisbeschl. vom 1.7.2014 – 6 U 104/14: GRUR-RR 2015, 183.

[Die Berufung wurde unterdessen aufgrund des Hinweisbeschlusses zurückgenommen.]

Die ASt. begehrt von der AGg. die Unterlassung der Verwendung bestimmter Bezeichnungen und/oder Abbildungen im Zusammenhang mit dem von dieser produzierten Kochgeschirr. Die ASt. hat zunächst die Zustellung der einstweiligen Verfügung an die AGg. an deren Geschäftsanschrift in Italien durch Übersendung einer Ausfertigung der einstweiligen Verfügung in deutscher Sprache per Einschreiben mit Rückschein beantragt. Die Annahme dieser Zustellung hat die AGg. mit Verweis auf die – nicht italienische – Sprache verweigert. Mit Schriftsatz vom 4.7.2013 bat die AGg. „um Übersetzung der einstweiligen Verfügung ohne Anlagen sowie um Veranlassung der Auslandszustellung der übersetzten einstweiligen Verfügung samt Anlagen in deutscher Fassung". Die angeforderte beglaubigte Abschrift der Antragsschrift nebst Anlagen hat die ASt. mit Schriftsatz vom 12.7.2013 dem Gericht übersandt. Die entspr. Schriftstücke wurden der AGg. am 17.9.2013 zugestellt. Die AGg. hat gegen die einstweilige Verfügung Widerspruch eingelegt. Das LG Frankfurt a.M. hat daraufhin die einstweilige Verfügung aufgehoben. Gegen diese Entscheidung wendet sich die ASt. mit ihrer Berufung.

Aus den Gründen:

a) LG Frankfurt/Main 3.4.2014 – 2-03 O 95/13:

Der Beschluss der Kammer vom 13.3.2013 wurde der Kl. [ASt.] am 15.3.2013 zugestellt. Die Vollziehungsfrist endete demgemäß am 15.4.2013. Mit Schriftsatz vom 18.3.2013 hat die Kl. zunächst die Auslandszustellung im Wege der Übersendung einer Ausfertigung der einstweiligen Verfügung in deutscher Sprache per Einschreiben mit Rückschein beantragt. Die Bekl. [AGg.] hat die Annahme dieser zuzustellenden Schriftstücke am 15.4.2013 verweigert und sich dabei auf Art. 8 EuZVO berufen, der vorsieht, dass ein im EU-Ausland zuzustellendes Schriftstück in einer Sprache, die der Empfänger versteht, abgefasst wird oder dem Schriftstück eine Übersetzung in dieser Sprache beigefügt ist; ebenso genügt die Abfassung oder Übersetzung in die Amtssprache des Empfängermitgliedstaats oder der Amtssprache oder einer der Amtssprachen des Orts, an dem die Zustellung erfolgen soll.

Diese Verweigerung war auch rechtmäßig. Insbesondere ist unerheblich, dass der für den deutschen Markt zuständige Verkaufsleiter (Sales Manager) der Bekl. der deutschen Sprache sehr gut mächtig ist.

Weder ist abschließend geregelt, noch wurde bisher höchstrichterlich entschieden, auf wessen Sprachkenntnisse im Hinblick auf Art. 8 EuZVO bei einer juristischen Person, wie sie die Bekl. darstellt, abzustellen ist. Es fehlen bislang Sprachanforderungsprofile in der Rspr. für Zustellungen an juristische Personen (vgl. *Zöller-Geimer,* ZPO, 30. Aufl., Anh. II B Art. 8 EuZVO Rz. 6). Das Gebot effektiven Rechtsschutzes erfordert es jedoch, dass auf die Sprachkenntnisse der für den konkreten Sachverhalt zuständigen Person abzustellen ist, was im Hinblick auf die Zustellung von Abmahnungen, einstweiligen Verfügungen oder sonstigen rechtlichen Schriftstücken regelmäßig eine Person der Rechtsabteilung der juristischen Person, jedenfalls eine Person mit Rechtskenntnissen, sein wird (*Schütze,* RIW 2006, 352, 353; *ders.,* Das Internationale Zivilprozessrecht in der ZPO, 2. Aufl., § 1098 Rz. 9; *Kindl/Meller-Hannich/WolfFelix/Netzer,* Gesamtes Recht der Zwangsvollstreckung, 2. Aufl., Art. 6 EUBagatellVO Rz. 5; angedeutet: *Musielak-Stadler,* ZPO, 10. Aufl., Art. 8 EuZVO Rz. 4; a.A.: *Rauscher-Heiderhoff,* EuZPR/EulPR, Bearb. 2011, Art. 8 EG-ZustVO 2007 Rz. 15 f.; *Sujecki,* EuZW 2007, 363, 365). Jedenfalls muss das Niveau der Sprachkenntnisse den Empfänger in die Lage versetzen, amtliche Dokumente und die verwendete Justizsprache zu verstehen (EuGH, Urt. vom 8.5.2008 – Ingenieurbüro Michael Weiss und Partner GbR ./. Industrie- und Handelskammer Berlin, Rs C-14/07, NJW 2008, 1721, 1726, Rz. 87; *Kindl/Meller-Hannich/WolfFelix/Netzer* aaO Art. 6 EuBagatellVO Rz. 5; wohl a.A.: LG München, Beschl. vom 30.11.2009 – 7 O 861/09, IPRspr. 2009 Nr. 226 in dem hier nicht vergleichbaren Fall des Internetauftritts einer Antragsgegnerin in deutscher Sprache). Davon ist bei einem Verkaufsleiter grundsätzlich nicht auszugehen. Hinzu kommt, dass der Verkaufsleiter der Bekl. für seine Tätigkeit häufig geschäftlich auf Dienstreisen im Ausland ist, weshalb er selten am Stammsitz der Bekl. zugegen ist und somit regelmäßig keine Möglichkeit hat, dringende Schriftstücke wie gerichtliche Titel o.ä. in Augenschein zu nehmen. Diesen Vortrag hat die Bekl. glaubhaft gemacht durch die eidesstattliche Versicherung ihres Vorstandsvorsitzenden vom 31.3.2014 unter Nr. 3 gemäß Anlage AG 6."

b) OLG Frankfurt/Main 1.7.2014 – 6 U 104/14:

„... 2. ... a) Die mit Beschluss vom 13.3.2013 erlassene einstweilige Verfügung des LG wurde der ASt. am 15.3.2013 zugestellt. Die Vollziehungsfrist endete damit am 15.4.2013. In dieser Zeit wurde die einstweilige Verfügung der in Italien ansässigen AGg. nicht wirksam zugestellt.

aa) Die AGg. hat am 15.4.2014 die Annahme der per Post übermittelten Beschlussverfügung wegen fehlender Übersetzung zu Recht verweigert. Die Zustellung wurde dadurch schwebend unwirksam (vgl. BGH, Beschl. vom 21.12.2006 – VII ZR 164/05[1], juris).

Die ASt. hat mit Schriftsatz vom 18.3.2013 zunächst die Auslandszustellung nach Art. 14 EuZVO, also per Einschreiben mit Rückschein, beantragt. Übersetzungen waren nicht beigefügt. Eine Übersetzung des zuzustellenden Schriftstücks ist nicht erforderlich, wenn erwartet werden kann, dass der Adressat die deutsche Sprache versteht. Dieser darf jedoch nach Art. 8 I EuZVO die Annahme verweigern und damit die Zustellung unwirksam machen, wenn er tatsächlich den Inhalt des in deutscher Sprache zugestellten Schriftstücks nicht versteht. Am 8.4.2013 hat die AGg. die Annahme verweigert.

Die ASt. hat nicht glaubhaft gemacht, dass die Annahmeverweigerung unberechtigt war, weil die AGg. die deutsche Sprache versteht. Das LG hat zu Recht angenommen, dass es insoweit nicht auf die Sprachkenntnisse des Verkaufsleiters der AGg. ankommt. Die EuZVO regelt nicht, auf wessen Sprachkenntnisse bei Zustellungen an juristische Personen abzustellen ist. Nach h.M. kann allerdings nicht gefordert werden, dass ein Organmitglied die entsprechende Sprache beherrscht. Es genügt vielmehr, wenn im Rahmen einer üblichen dezentralen Organisationsstruktur eines Unternehmens die mit der Sache befasste Abteilung über einen entsprechenden Sprachkundigen verfügt, dessen Einschaltung in die Übersetzung des Schriftstücks nach den gesamten Umständen erwartet werden kann (MünchKomm-ZPO-*Rauscher*, 4. Aufl., Anh. §§ 1067 ff., Art. 8 Rz. 12). Über die Organisationsstruktur der AGg. wurde nichts mitgeteilt. Üblicherweise gelangen Posteingänge an

---

[1] IPRspr. 2006 Nr. 173.

die Poststelle oder einen mit Posteingängen befassten Sachbearbeiter. Von dort aus werden sie an die zuständige Abteilung weitergeleitet. Im Falle gerichtlicher Schreiben ist mit einer Weiterleitung an die Rechtsabteilung oder an die Geschäftsführung zu rechnen. Mit der Einschaltung des Verkaufsleiters ist grundsätzlich nicht zu rechnen. Auch im Streitfall ist nicht ersichtlich, dass der Verkaufsleiter mit der Beantwortung gerichtlicher Verfügungen betraut ist.

Nichts anderes ergibt sich daraus, dass die ASt. bereits die Abmahnung in deutscher Sprache per E-Mail und per Fax an die italienische Firmenzentrale geschickt hatte und die AGg. daraufhin unverzüglich italienische Anwälte einschaltete. Der Anwalt gab sich gerade nicht mit dem deutschsprachigen Text zufrieden, sondern forderte eine englische Übersetzung der Abmahnung an. Außerdem war die Abmahnung ausdrücklich an [den Verkaufsleiter] als Ansprechpartner gerichtet, der unstreitig der deutschen Sprache mächtig ist. Etwas anderes ergibt sich auch nicht daraus, dass die ASt. die in deutscher Sprache abgefasste Abmahnung zusätzlich am Messestand in [Deutschland] einem Mitarbeiter der AGg. übergab und dies dazu führte, dass die AGg. binnen 30 Min. die beanstandeten Kennzeichnungen entfernte. Der Umstand, dass ein ausländisches Unternehmen auf einer in Deutschland stattfindenden internationalen Messe Personal vorhält, das der deutschen Sprache mächtig ist, rechtfertigt nicht die Annahme, dass auch das für die Entgegennahme von Zustellungen im Heimatland eingesetzte Personal der deutschen Sprache mächtig ist.

Entgegen der Ansicht der ASt. war nicht zu erwarten, dass die AGg. aufgrund der Vorbefassung des Verkaufsleiters diesem das gerichtliche Schreiben zur Prüfung vorlegt. Denn es ist nicht ersichtlich, dass die Vorbefassung des Verkaufsleiters auch denjenigen Stellen im Unternehmen der AGg. bekannt war, die mit dem Zugang des gerichtlichen Schreibens befasst waren. Außerdem kann die betreffende Person, wenn sie der deutschen Sprache nicht mächtig ist, den Inhalt des Schreibens gar nicht feststellen. Es spielt deshalb auch keine Rolle, dass die ASt. bereits in der vorprozessualen Korrespondenz gerichtliche Schritte angedroht hatte und deshalb mit gerichtlichen Schreiben gerechnet werden konnte.

bb) Der Zustellungsmangel wurde nicht nachträglich durch die Zustellung der Übersetzung geheilt.

Im Fall einer berechtigten Annahmeverweigerung kann die Zustellung einer Übersetzung gemäß Art. 8 III EuZVO nachgeholt werden. Sofern die Zustellung – wie hier – innerhalb einer bestimmten Frist zu erfolgen hat, ist als Zustellungsdatum im Fall der Nachreichung der Tag maßgeblich, an dem das urspr. Schriftstück zugestellt worden ist (Art. 8 III 3). Mit dieser Regelung soll erreicht werden, dass die in der VO vorgesehene Möglichkeit, Schriftstücke nicht in die Amtssprache des Empfangsstaats übersetzen lassen zu müssen, praktische Wirksamkeit (*effet utile*) erlangt. Es soll keine ‚Nichtigkeit' angenommen werden, wenn das Schriftstück von dem Empfänger mit der Begründung zurückgewiesen worden ist, dass er die Sprache nicht versteht, sondern stattdessen die Heilung ermöglicht werden (EuGH, Urt. vom 8.11.2005 – Götz Leffler ./. Berlin Chemie AG, Rs C-443/03, Tz. 38 juris). Voraussetzung ist allerdings, dass die Übersetzung unverzüglich, also so schnell wie möglich, übersandt wird (h.M., vgl. EuGH aaO Tz. 71; MünchKommZPO-*Rauscher* aaO Rz. 23; *Zöller-Geimer*, ZPO, 30. Aufl., Anh. II B, Art. 8 EuZVO Rz. 7).

Daran fehlt es. Das LG hatte die ASt. am 26.4.2013 davon in Kenntnis gesetzt, dass die Annahme der zuzustellenden Schriftstücke wegen der Sprache verweigert wurde. Die ASt. teilte mit E-Mail vom 2.5.2013 mit, dass erst einmal nichts unternommen werden solle. Erst mit Schriftsatz vom 4.7.2013 bat die ASt. um Übersetzung der einstweiligen Verfügung ohne Anlagen sowie um Veranlassung der Auslandszustellung. Zu diesem Zeitpunkt bestand keine Heilungsmöglichkeit mehr. Die AGg. musste nicht mehr mit der Rückwirkung der Zustellung rechnen. Die entspr. Schriftstücke wurden der AGg. am 17.9.2013 zugestellt. Erst an diesem Tag kann von einer wirksamen Zustellung ausgegangen werden. Die Vollziehungsfrist war zu diesem Zeitpunkt bereits abgelaufen.

b) Unter den dargestellten Umständen ist die Zustellung auch nicht ‚demnächst' im Sinne von § 167 ZPO erfolgt. Denn die ASt. hat die eingetretene Verzögerung bei der Zustellung zu vertreten, weil sie es – wie bereits unter 2. a) bb) ausgeführt – versäumt hat, nach der Mitteilung über die Annahmeverweigerung unverzüglich eine Übersetzung der Beschlussverfügung sowie deren Zustellung zu veranlassen."

227. *Die Zustellung eines Urteils gegenüber einem in der Schweiz ansässigen Beklagten per Einschreiben/Rückschein verstößt gegen die formalen Anforderungen des Haager Übereinkommens über die Zustellung gerichtlicher und außergerichtlicher Schriftstücke im Ausland in Zivil- oder Handelssachen vom 15.11.1965 (BGBl 1977 II 1452), da die Schweiz der Übersendung per Post gemäß Art. 10 HZÜ widersprochen hat.*

LAG Rheinland-Pfalz, Urt. vom 29.4.2014 – 6 Sa 337/13: Unveröffentlicht.

Die Nichtzulassungsbeschwerde zum BAG (9 AZN 560/14 und 561/14) wurde unterdessen zurückgenommen.

228. *Die Frage, ob eine Entscheidung in der Sache geeignet ist, in die Souveränität eines anderen Staats beziehungsweise in dessen hoheitliche Tätigkeit einzugreifen, ist bereits bei der Zustellung gemäß Art. 1 I 2 EuZVO zu prüfen. Es ist europarechtswidrig, die Klage zunächst nach den Regeln der EuZVO zuzustellen, um die hierfür notwendige Negativvoraussetzung dann auf der nachgelagerten Ebene des nationalen Rechts zu verneinen, die der Jurisdiktion des Europäischen Gerichtshofs naturgemäß entzogen ist. [LS der Redaktion]*

LG Neuruppin, Beschl. vom 5.6.2014 – 5 O 25/14: Unveröffentlicht.

[Die sofortige Beschwerde des Kl. gegen den Beschluss des LG wurde vom Brandenburgischen OLG – 4 W 33/14 – unterdessen als unzulässig verworfen.]

Der Kl., der seinem Vortrag zufolge am 1.2.2011 griechische Staatsanleihen erwarb und sich mit einem diesbezüglich im Zusammenhang mit der Finanzkrise veranlassten „Schuldenschnitt" nicht einverstanden erklärte, erhebt Zahlungsansprüche gegen die Bekl. Insbesondere macht er die Zahlung aus den erworbenen Anleihen nach von ihm erklärter Kündigung wie auch Schadensersatzansprüche wegen vorsätzlicher sittenwidriger Schädigung gemäß § 826 BGB geltend sowie Zug um Zug gegen Gestattung der Rückbuchung der neuen „Ersatzanleihen".
In einem weiteren vor dem LG Wiesbaden zu 5 O 258/12 geführten Verfahren hat das BfJ Zweifel an der Einordnung einer gegen die Hellenische Republik wegen des „Schuldenschnitts" auf zivilrechtliche Ansprüche gestützten Klage als Zivilsache geäußert. Die Frage liegt dem EuGH vor.

Aus den Gründen:

„1. Es wird zunächst auf die Gründe des angefochtenen Beschlusses verwiesen. Die Kammer verbleibt auch unter Berücksichtigung der Beschwerde bei der bisher geäußerten Rechtsauffassung.

a) Entgegen der Auffassung des Kl. ist der Kern der in Rede stehenden Vorlagefrage durch die vom Kl. zitierten EuGH-Entscheidungen nicht mit der hierfür notwendigen Sicherheit geklärt, denn vorliegend steht nicht allein die Frage inmitten, ob die Anwendung von Art. 1 EuZVO davon abhängt, ob die im Streitverfahren geltend gemachten Anspruchsgrundlagen zivilrechtlicher Natur sind. Letzteres ist unzweifelhaft positiv. Fraglich ist hingegen, ob sinngemäß auch die Auffassung des Kl. und des OLG München in dem zit. Beschluss vom 14.3.2014 (8 W 377/14) zutrifft, wonach sich an der zivilrechtlichen Einordnung eines Rechtsstreits nichts dadurch ändern könne, dass die Bekl. durch Gesetzgebung in dieses Rechtsverhältnis eingegriffen hat. Diese Rechtsfrage ist gerade Prüfgegenstand der bereits vom LG Wiesbaden veranlassten Vorabentscheidungsverfahren. Hintergrund der Vorabentscheidungsersuchen sind begründete Zweifel, ob der EuGH mit Blick auf die in Art. 1 I 2 EuZVO statuierte Bereichsausnahme für Rechtsstreitigkeiten, die acta iure imperii betreffen, auch in Fällen wie den hiesigen das Vorliegen einer ‚Zivilsache' im Sinne des Art. 1 EuZVO bejahen wird. Es ist gerichtsbekannt, dass in dem vor dem LG Wiesbaden zu 5 O 258/12 geführten Verfahren das BfJ eben deshalb Bedenken an der Einordnung einer wegen des ‚Schuldenschnitts' auf zivilrechtliche Ansprüche gestützten Klage gegen die Hellenische Republik als Zivilsache geäußert hat.

b) Vor diesem Hintergrund sollte deutlich werden, dass es für die aufgeworfene Rechtsfrage nicht maßgeblich auf eine womöglich unterschiedliche zivilrechtliche Struktur der vom hiesigen Kl. und der in den Vorlageverfahren des LG Wiesebaden geltend gemachten zivilrechtlichen Normen – mithin des nationalen Rechts – ankommt, sondern auf das entscheidungserhebliche Handeln der Bekl., welches unzweifelhaft öffentlich-rechtlicher Natur ist. Entgegen der Auffassung des Kl. ist der Anwendungsbereich der EuZVO ohnedies nicht mit Rücksicht auf die nach mitgliedstaatlichem Recht bedeutsame Einordnung der jeweiligen Anspruchsnormen zu bestimmen, sondern europarechtlich autonom. Andernfalls könnten Mitgliedstaaten durch legislative Maßnahmen die Reichweite der Verordnung erweitern oder einengen. Es obliegt deshalb allein dem EuGH, die gebotene autonome Auslegung der in Art. 1 I 2 EuZVO statuierten Bereichsausnahme vorzunehmen, wobei er alle Umstände berücksichtigen kann, die hierfür aus seiner Sicht europarechtlich relevant sind. Gemäß dieser Rechtslage ist die teilweise Sachverhaltsabweichung im vorliegenden Verfahren zum Vorlageverfahren, auf die der Kl. gleichsam schematisch abstellt, kein ausschlaggebender Gesichtspunkt. Sie in diesem Verfahren gleichwohl zum Anlass zu nehmen, ein eigenständiges Vorlageverfahren nach Art. 267 AEUV durchzuführen, liefe auf Förmelei und eine sachlich nicht zu rechtfertigende Mehrfachbelastung des EuGH hinaus. Die dort bereits anhängigen Vorabentscheidungsverfahren sind vielmehr auch für das hiesige Verfahren erheblich, weil den ‚Vorlageverfahren und dem vorliegenden Verfahren ... hinsichtlich dieser Fragen weitgehend übereinstimmende Fallgestaltungen' zugrunde liegen (vgl. BGH, Beschl. vom 11.4.2013 – I ZR 76/11, juris Rz. 7) ..."

2. Abschließend sei angemerkt, dass die in dem Beschluss des OLG München unter Hinweis auf die Entscheidung des LG Konstanz vom 19.11.2013 (2 O 132/13)[1] angedeutete Möglichkeit, den Rechtsstreit nach einer gemäß den Regeln der EuZVO erfolgten Zustellung der Klage sodann mangels internationaler Zuständigkeit der deutschen Gerichte als unzulässig abzuweisen, nicht überzeugend ist, weil sich in der Konsequenz einer solchen Klagezustellung die internationale Zuständigkeit der deutschen Gerichte typischerweise aus Art. 16 I EuGVO ergeben müsste.

a) Nach Art. 16 I EuGVO kann die Klage des Verbrauchers eines Mitgliedstaats gegen den anderen Vertragspartner auch vor dem Gericht des Orts erhoben werden, an dem der Verbraucher seinen Wohnsitz hat. Nach Art. 1 I EuGVO ist ‚diese Verordnung in Zivil- und Handelssachen anzuwenden, ohne dass es auf die Art der Gerichtsbarkeit ankommt. Sie erfasst insbesondere nicht Steuer- und Zollsachen sowie verwaltungsrechtliche Angelegenheiten.' Was eine Zivil- und Handelssache ist, ist auch hier nicht nach der lex fori, sondern verordnungsautonom zu bestimmen, damit die Anwendung der Verordnung europaweit einheitlich ist. Es besteht insofern ein weitgehender Gleichlauf zur Reichweite des Art. 1 EuZVO (vgl. dazu auch *Zöller-Geimer*, ZPO, 30. Aufl., Anh I Art 1 EuGVVO Rz. 19 ff. m.w.N.) ...

Der damit vom LG Konstanz gewählte Begründungsweg stellt eine Umgehung unmittelbar anzuwendenden Sekundärrechts dar, denn ob eine Entscheidung in der Sache geeignet ist, in die Souveränität eines anderen Staats respektive in den Bereich von dessen hoheitlicher Tätigkeit einzugreifen, ist bereits gemäß Art. 1 I 2 EuZVO zu prüfen. Es ist daher ersichtlich europarechtswidrig (und indiziert einen Verstoß gegen Art. 101 I 2 GG), die Klage zunächst nach den Regeln der EuZVO zuzustellen, um die hierfür notwendige Negativvoraussetzung auf der nachgelagerten Ebene des nationalen Rechts zu verneinen, die der Jurisdiktion des EuGH naturgemäß entzogen ist. Dies ist umso auffälliger, als das LG Konstanz – wohl mit Zustimmung des OLG München – zur Begründung seiner Auffassung auf die ‚allgemeinen Regeln des Völkerrechts' und den ‚Grundsatz der Staatenimmunität als anerkannte Regel des Völkerrechts ... gemäß Art. 25 GG' zurückgreift (aaO Rz. 24 f.). Es liegt auf der Hand, dass EU-Recht im Verhältnis zu den Mitgliedstaaten als lex specialis gegenüber dem allgemeinen Völkerrecht vorrangig ist. Demgemäß liegen den dort in Anspruch genommenen Entscheidungen des BVerfG und des BGH (aaO Rz. 24 m.w.N.) ausschließlich Sachverhalte zugrunde, bei denen es im Verhältnis der beteiligten Staaten einschlägige europarechtliche Regelungen entweder noch nicht gab oder schon mangels entsprechender EWG/EG/EU-Mitgliedschaft nicht geben konnte (Kaiserreich Iran, Bundesrepublik Nigeria, Königreich Thailand etc.)."

229. *Zur Kosten- und Auslagenentscheidung bei Erledigung des Verfahrens der Zulässigkeit eines Rechtshilfeersuchens gemäß Haager Übereinkommen über die Beweisaufnahme im Ausland in Zivil- und Handelssachen vom 18.3.1970 (BGBl. 1977 II 1472) in der Hauptsache (hier: wegen Beendigung des Ausgangsverfahrens vor dem US-Gericht).*

OLG Düsseldorf, Beschl. vom 15.10.2014 – I-3 Va 2/12: Unveröffentlicht.

Gegen den Beteiligten zu 1) war in den USA eine Klage der U.S. Securities and Exchange Commission (SEC) anhängig, der Börsenaufsichtsbehörde. Die SEC warf dem Beteiligten zu 1) einen Verstoß gegen die

---
[1] IPRspr. 2013 Nr. 172.

Wertpapierhandelsgesetze der Vereinigten Staaten vor. In erster Instanz wurde das Verfahren vor dem US-Bundesbezirksgericht für den südlichen Bezirk von New York geführt. Auf Veranlassung des Beteiligten zu 1) stellte das US-Bundesbezirksgericht unter Berufung auf das HBÜ drei Rechtshilfeersuchen und bat mit diesen um gerichtliche Vernehmung der Beteiligten zu 3). Die Ersuchen waren gerichtet an die Beteiligte zu 2) als Zentrale Behörde im Sinne des Art. 2 HBÜ. Das erledigte Ersuchen war zurückzusenden an die Verfahrensbevollmächtigten des Beteiligten zu 1). Im März 2012 teilte die Beteiligte zu 2) diesen mit, sie gebe die Ersuchen nebst Anlagen unerledigt zurück; das HBÜ finde keine Anwendung, weil das Verfahren, für welches Rechtshilfe beantragt werde, nicht als Zivil- oder Handelssache im Sinne des Übereinkommens zu bewerten sei.

Aus den Gründen:

„II. Das Verfahren vor dem Senat ist in der Hauptsache erledigt, weil das Ausgangsverfahren vor dem US-Gericht – wohl infolge Verzichts des hiesigen ASt. auf die Durchführung eines Berufungsverfahrens – beendet ist. Nunmehr ist über die Kosten des Verfahrens zu befinden, nachdem der ASt. mit Schriftsatz vom 14.7.2014 erklärt hat, seinen Antrag nach § 23 EGGVG vom 12.4.2012 nicht weiterzuverfolgen, worin bei der gebotenen Auslegung die Beschränkung des Antrags auf die Kosten liegt ...

2. ... Der Anwendungsbereich des HBÜ ist auf Zivil- und Handelssachen beschränkt, Art. 1 I HBÜ. Diese Begriffe werden im Abkommen jedoch nicht definiert. Es besteht eine Vielfalt von Meinungen, wie sie zu bestimmen seien: vertragsautonom (*Rogler*, IPRax 2009, 223/224; *Koch*, IPRax 1990, 257/259 f.), nach dem Recht des ersuchenden Staats (*Böckstiegel*, NJW 1978, 1073/1074; *Martens*, RIW 1981, 725/731), nach dem Recht des ersuchten Staats (*Junker*, IPRax 1986, 197/206; *Hollmann*, RIW 1982, 784/785 f.; *Geimer*, Internationales Zivilprozessrecht, 6. Aufl., Rz. 2443), nach beiden Rechtsordnungen, und zwar entweder alternativ (MünchKommZPO-*Pabst*, 4. Aufl., Art. 1 HBÜ Rz. 5; *Schlosser*, EU-Zivilprozessrecht, 3. Aufl., Art. 1 HZÜ Rz. 2; *Stein-Jonas-Berger*, ZPO, 22. Aufl., Anh. zu § 363 Rz. 16 f.) oder kumulativ (*Koch* aaO 258). Höchstrichterl. Rspr. zu der Frage existiert bislang nicht (EuGH, Urt. vom 14.10.1976 – LTU Lufttransportunternehmen GmbH & Co. KG ./. Eurocontrol, Rs C-29/76, NJW 1977, 489 f. betraf europäisches Recht, BGH, NJW 1976, 478 ff.[1] und NJW 1978, 1113 f.[2] betrafen Vollstreckungsrecht), und auch die vorhandenen obergerichtl. Entscheidungen (OLG Düsseldorf, NJW-RR 2007, 640 ff.[3] und 2009, 500 ff.[4] und 2010, 573 ff.[5]; OLG Frankfurt, IPRspr. 2006 Nr. 166 und NZG 2010, 1314 ff.[6] und IPRax 2012, 242 f.[7]; OLG Celle, IPRspr. 2006 Nr. 170; OLG München, NJW 1989, 3102 f.[8]) verhalten sich nur über Fälle, in denen nach beiden beteiligten Rechtsordnungen eine Zivil- oder Handelssache vorlag. Wenn sich die AGg. bei dieser Lage einer der vertretenen Auffassungen – dass nämlich das Recht des ersuchten Staats entscheide oder zumindest nach beiden Rechtsordnungen eine Zivil- oder Handelssache vorliegen müsse – anschloss, bleibt dies auch dann gut vertretbar, wenn der Senat (wie o.a. unterstellt) eine andere Ansicht vorgezogen hätte."

230. *Wurde ein Europäischer Zahlungsbefehl nicht oder nicht wirksam zugestellt, kommt ein Rechtsschutz nach Art. 20 EuMVO nicht – auch nicht analog –*

---

[1] IPRspr. 1975 Nr. 170.
[2] IPRspr. 1977 Nr. 153.
[3] IPRspr. 2006 Nr. 167.
[4] IPRspr. 2008 Nr. 168.
[5] IPRspr. 2009 Nr. 225.
[6] IPRspr. 2009 Nr. 227.
[7] IPRspr. 2010 Nr. 257.
[8] IPRspr. 1989 Nr. 205.

zur Anwendung. Dann ist zur Vermeidung unerträglicher Lücken im Rechtsschutz die Klauselerinnerung in entsprechender Anwendung einschlägig. [LS der Redaktion]

AG Wedding, Beschl. vom 22.10.2014 – 70b C 17/14: IPRax 2015, 420 mit Anm. Hess/Raffelsieper.

Das AG Wedding – Europäisches Mahngericht Deutschland – hat auf Antrag der ASt. gegen die AGg. einen Europäischen Zahlungsbefehl erlassen. Der Zahlungsbefehl ist per internationalem Einschreiben mit Rückschein zur Zustellung gegeben worden. Nach Aktenlage ist der Europäische Zahlungsbefehl am 4.3.2013 an die AGg. ausgeliefert worden. Am 2.7.2013 ist daraufhin die Vollstreckbarerklärung für den Zahlungsbefehl erteilt worden. Mit Schreiben vom 3.7.2014 hat die AGg. die Überprüfung des Zahlungsbefehls nach Art. 20 EuMVO beantragt.

Aus den Gründen:

„II. Die Zwangsvollstreckung ist einstweilen einzustellen, weil gewichtige Gründe dafür sprechen, dass das Rechtsschutzbegehren der AGg. Erfolg haben wird. Nach Ansicht des Gerichts kommen dabei aber andere Vorschriften als Art. 20 EuMVO / §§ 1095, 707 ZPO zur Anwendung.

1. Das Gericht hat, wie nachstehend auszuführen ist, zugrunde zu legen, dass Rechtsschutz nach Art. 20 EuMVO nicht – auch nicht analog – zur Anwendung kommt. Das Gericht meint aber, dass hier zur Vermeidung unerträglicher Lücken im Rechtsschutz die Klauselerinnerung in entsprechender Anwendung einschlägig ist:

Dem Gericht liegen eine Reihe von Verfahren vor, in denen das AG Wedding – Europäisches Mahngericht Deutschland – wie hier von einer wirksamen Zustellung und einem nicht fristgerechten Einspruch (Art. 16 II EuMVO) ausgegangen ist und daher die Vollstreckbarerklärung (Art. 18 I EuMVO) erteilt hat. In diesen Verfahren haben die Antragsgegner hernach geltend gemacht, dass sie den Europäischen Zahlungsbefehl tatsächlich nie zugestellt erhalten hätten oder dass die Zustellung unwirksam gewesen sei (weil sie nicht dort wohnhaft seien; weil nach dem Recht des Staats, in dem zugestellt wurde, die konkrete Zustellart nicht zulässig sei; weil Voraussetzungen betreffend die Sprachkenntnis beim Empfänger falsch zugrunde gelegt wurden u.a.). Die Antragsgegner haben jeweils die Überprüfung des Europäischen Zahlungsbefehls nach Art. 20 EuMVO beantragt.

Art. 20 I und II EuMVO setzen aber dem Wortlaut nach voraus, dass die in Art. 16 II EuMVO genannte Frist abgelaufen sein müsse, dass sie also nach wirksamer Zustellung überhaupt zu laufen begonnen hat. Vorstehende Konstellationen werden also nicht vom Wortlaut des Art. 20 EuMVO erfasst. Es stellt sich daher die Frage, auf welche Weise die Antragsgegner bei einer solchen Sachlage Rechtsschutz erhalten können.

Soweit ersichtlich, wird hierzu in der Literatur bisher einhellig vertreten, dass Art. 20 EuMVO analog anzuwenden sein, wobei im Einzelnen noch je nach Konstellation unterschiedlich die entsprechende Anwendung von Abs. 1 oder 2 befürwortet wird (so u.a. *Rauscher*, Europäisches Zivilprozess- und Kollisionsrecht, 2010, Art. 12 Rz. 10, 20, 23, Art. 20 Rz. 37 ff.; *Schlosser*, EU-Zivilprozessrecht, 3. Aufl., Art. 20 Rz. 2; *Kropholler-von Hein*, Europäisches Zivilprozessrecht, 9. Aufl., Art. 20 Rz. 6, 11; *Pernfuß*, Die Effizienz des Europäischen Mahnverfahrens, 2008, 321; *Röthel/Sparmann* WM 2007, 1101 ff., 1107; *Nagel-Gottwald*, Internationales

Zivilprozessrecht, 7. Aufl., § 14 Rz. 76; *Gebauer-Wiedmann*, Zivilrecht unter europäischem Einfluss, 2. Aufl., Art. 18 Rz. 73). Die entsprechende Anwendung von Art. 20 EuMVO wird ferner vertreten für Fälle, in denen die Zustellung des Europäischen Zahlungsbefehls wirksam war und der Einspruch rechtzeitig abgesandt wurde, bei Gericht aber erst nach Erteilung der Vollstreckbarerklärung eingegangen ist (u.a. *Preuß*, ZZP 2009, 3 ff., 10; *Rellermeyer*, Rpfleger 2009, 11 ff., 15), oder in denen das Gericht die Vollstreckbarerklärung insgesamt fehlerhaft erteilt hat, z.B. weil ein Einspruch übersehen wurde.

Das Gericht ist zunächst gleichfalls von einer entsprechenden Anwendbarkeit von Art. 20 EuMVO ausgegangen und hat daher dem EuGH (Vorlagen vom 7.1. und 5.2.2013) die Frage vorgelegt, ob die EuMVO dahingehend ausgelegt werden kann, dass ein Antragsgegner einen Antrag auf gerichtliche Überprüfung des Europäischen Zahlungsbefehls auch dann stellen kann, wenn ihm der Zahlungsbefehl nicht oder nicht wirksam zugestellt wurde, und ob dabei insb. Art. 20 I oder II EuMVO entsprechend angewandt werden können (EuGH, Urt. vom 4.9.2014 – eco cosmetics GmbH & Co. KG ./. Virginie Laetitia Barbara Dupuy, Rs C-119/13, ABl. EU 2014 Nr. C 395, 10 und Raiffeisenbank St. Georgen reg. Gen. mbH ./. Tetyana Bonchyk, Rs C-120/13 [mit Vergleich beendet]; Beschl. vom 7.5.2014 – Rechtsanwaltskanzlei CMS Hasche Sigle, Partnergesellschaft ./. Xceed Holding Ltd., Rs C-121/13, ABl. EU Nr. C 261, 18-18 [gestrichen]).

Der EuGH hat indessen [Urteil vom 4.9.2014] entschieden, dass die Verordnung dahin auszulegen sei, dass die Verfahren gemäß den Art. 16 bis 20 EuMVO keine Anwendung finden, wenn sich herausstellt, dass ein Europäischer Zahlungsbefehl nicht in einer Weise zugestellt wurde, die den Mindestvorschriften der Art. 13 bis 15 der Verordnung genügt. Zeige sich ein solcher Fehler erst nach der Vollstreckbarerklärung, müsse der Antragsgegner die Möglichkeit haben, den Fehler zu beanstanden. Dies müsse die Ungültigkeit der Vollstreckbarerklärung zur Folge haben.

Zur Begründung hat der EuGH ausgeführt, dass derjenige, der den Europäischen Zahlungsbefehl samt den damit verbundenen Belehrungen über die Möglichkeit, Einspruch einzulegen, nicht erhält, keine ausreichenden Informationen bekommt, und dass deshalb das gesamte Einspruchsverfahren der Art. 16 ff. EuMVO nicht zur Anwendung kommen könne. Da insb. Art. 20 EuMVO einen Fristablauf voraussetze und schon der Überschrift nach nur ‚Ausnahmefälle' betreffe, komme eine Anwendung auf Fälle, in denen keine Frist ablaufen konnte, nicht in Betracht. Rechtsschutz sei, weil dieser Fall in der Verordnung nicht geregelt sei, über Art. 26 EuMVO nach den nationalen Rechtsvorschriften zu gewähren. Weil auch die Erteilung der Vollstreckbarerklärung nach Art. 18 EuMVO einen Fristablauf voraussetze, müsse die Vollstreckbarerklärung eines solchen Zahlungsbefehls als ungültig angesehen werden.

Entsprechend hatte bereits der Generalanwalt in seinen Schlussanträgen vom 9.4.2014 argumentiert, der Antragsgegner müsse in den hier relevanten Fällen über einen eigenständigen Rechtsbehelf vor dem Ursprungsgericht verfügen.

Nach der Entscheidung des EuGH ist also Rechtsschutz im nationalen Recht zu suchen. Nicht zu folgen ist danach der Ansicht (*Kropholler-von Hein* aaO Art. 20 Rz. 11; *Gebauer-Wiedmann* aaO Rz. 75), dass der Rechtsschutz, der in Art. 20 EuMVO geregelt ist – auch unter Berücksichtigung von Erwgr. 25 Satz 2 der Verordnung – abschließend sei und daher eher eine Analogie in Betracht komme als ein Rückgriff auf nationale Rechtsbehelfe. Der EuGH führt vielmehr (Rz. 45) genau gegenteilig aus, dass derjenige Rechtsschutz, der in der Verordnung nicht geregelt ist, über die Verweisung des Art. 26 EuMVO nach den nationalen Rechtsvorschriften zu suchen sei.

Das Gericht ist daraufhin folgender Auffassung:

Auch der Rechtspfleger, der die Vollstreckbarkeitserklärung nach Art. 18 EuMVO erteilt hat, kann diese auf Einwendung des Antragsgegners nicht selbst noch einmal prüfen und ggf. wieder aufheben. Der Prüfungsumfang des Rechtspflegers, der in Art. 18 EuMVO festgelegt ist, ist eng auf das begrenzt, was bei Erteilung der Vollstreckbarerklärung aus der Akte ersichtlich ist. Über Art. 18 kann daher nicht begründet werden, dass der Rechtspfleger auch spätere, weitaus komplexere Einwendungen der Parteien umfangreich prüfen kann. Außerdem wird vertreten (*Rauscher* aaO Rz. 22), dass der Rechtspfleger die Einhaltung der Zustellvorschriften des Empfangsstaats bei Erteilung der Vollstreckbarerklärung von vornherein überhaupt nicht zu prüfen hat, weil dies kaum zu leisten wäre und der erstrebten Effizienz des Verfahrens entgegenstünde.

Im Übrigen regelt Art. 20 EuMVO zumindest ein Rechtsmittel; Art. 18 EuMVO ist dagegen nur eine Verfahrensvorschrift, in die ein Rechtsmittel oder Prüfungsrecht nicht hineingelesen werden kann. Der EuGH hat im Übrigen – ohne diese Variante konkret zu nennen – insgesamt die Art. 16 bis 20 EuMVO pauschal für unanwendbar erklärt.

Es kommen also nur aufgrund der Verweisungen in Art. 21 bzw. Art. 26 EuMVO die Rechtsmittel der ZPO in Betracht.

Eine richterliche Einspruchsprüfung kann nicht entsprechend § 341 ZPO erfolgen, obwohl der Europäische Zahlungsbefehl dem Vollstreckungsbescheid ähnelt und es sich um die zentrale deutsche Norm für die Einspruchsprüfung handelt:

Die Überleitung des Europäischen Mahnverfahrens erfolgt nach Art. 17 I EuMVO, §§ 1090 II, 1091 ZPO. Dabei wird auf die Vorschriften nach Widerspruch gegen einen Mahnbescheid (§§ 696, 697 ZPO) verwiesen und nicht auf die Vorschriften nach Einspruch gegen einen Vollstreckungsbescheid, also auch nicht auf § 341 ZPO. Außerdem setzt bereits die Abgabe an ein Streitgericht tatbestandlich die Feststellung eines rechtzeitigen Einspruchs voraus.

Es gäbe auf ein Rechtsmittel des Antragsgegners hin zudem überhaupt kein bestimmbares Streitgericht, weil der Antragsteller erst nach einem zulässigen Einspruch aufgefordert wird, das Streitgericht zu benennen, § 1090 I ZPO.

Darüber hinaus kann § 341 ZPO der Rechtsfolge nach nur zu einer förmlichen Entscheidung zulasten des Schuldners führen (Verwerfung des Einspruchs), während es in der vorliegenden Problemlage darum ginge, eine Entscheidung zugunsten des Schuldners herbeizuführen (Aufhebung der Vollstreckbarerklärung o.ä.).

Eine entsprechende Anwendung von § 341 ZPO hätte außerdem zur Folge, dass das Gericht alle eingehenden Einsprüche von Amts wegen zu prüfen hätte, nicht nur diejenigen, bei denen ein entsprechender Überprüfungsantrag gestellt wird.

Die Vollstreckungsgegenklage (Art. 22 II EuMVO / §§ 1096 II, 795 Satz 1, 794 I Nr. 6, 767 ZPO) ist ein gegen den Europäischen Zahlungsbefehl grundsätzlich zulässiges Rechtsmittel. Damit können aber nur nachträglich entstandene Einwendungen, nicht Zustellmängel oder eine falsche Vollstreckbarerklärung angegriffen werden ...

Das Gericht meint auch, dass der Antragsgegner in Analogie zu § 732 ZPO geltend machen kann, dass es an einer wirksamen Zustellung fehlte und die Vollstreckbarerklärung deshalb nicht hätte erteilt werden dürfen. Dem scheint entgegenzustehen, dass der Urkundsbeamte der Geschäftsstelle bei der Erteilung der Vollstreckungsklausel in der Regel überhaupt nicht zu prüfen hat, ob die Zustellung des Titels stattgefunden hat (*Zöller-Stöber*, ZPO, 30. Aufl., § 732 Rz. 11, § 724 Rz. 10), so dass die Klauselerinnerung regelmäßig gerade nicht darauf gestützt werden kann, dass die Klausel erteilt wurde, obwohl nicht (wirksam) zugestellt wurde. Das Gericht hält eine Analogie hier für gleichwohl möglich. Denn zum einen überprüft der Urkundsbeamte der Geschäftsstelle vor der Klauselerteilung ausnahmsweise doch auch die Zustellung bei Urteilen, bei denen die Zustellung die Verkündung ersetzt, also bei Anerkenntnisurteilen, Versäumnisurteilen und Urteilen, mit denen ein Einspruch verworfen wird (§§ 310 III, 341 ZPO). Außerdem setzt Art. 18 EuMVO gleichfalls voraus, dass die Zustellung (oder dem Wortlaut von Art. 18 I 2 EuMVO nach zumindest deren Datum) überprüft wird, bevor die Vollstreckbarerklärung erteilt wird.

Die Voraussetzungen für eine Analogie (vgl. BGHZ 149, 165; NJW 2009, 2215) liegen nach dem Dafürhalten des Gerichts vor. Nicht nur aus der Entscheidung des EuGH vom 4.9.2014, sondern auch aus den allgemeinen Prinzipien zur Rechtsweggarantie und zum rechtlichen Gehör (Art. 19 IV, 103 I GG, Art. 6 I EMRK, Art. 47 Charta der Grundrechte der Europäischen Union vom 30.3.2010 [ABl. Nr. C 83/389]) folgt, dass es unerträglich wäre, wenn es für die hier aufgeworfenen, offenbar nicht einmal seltenen Konstellationen überhaupt keinen gerichtlichen Rechtsschutz gäbe. Dass es vorliegend aus Sicht des Gesetzes und der ihm zugrunde liegenden Regelungsabsicht eine planwidrige Regelungslücke gibt, ist auch offensichtlich. Es kann ausgeschlossen werden, dass der Gesetzgeber planmäßig dem Antragsgegner keine Möglichkeit einräumen wollte, sich bei fehlender oder unwirksamer Zustellung gegen einen schon mit einer Vollstreckbarerklärung versehenen Europäischen Zahlungsbefehl zur Wehr zu setzen. Es ist vielmehr ersichtlich so, dass bei der Einführung der Überleitungsvorschriften (§§ 1087 ff. ZPO) durch das Gesetz zur Verbesserung der grenzüberschreitenden Forderungsdurchsetzung und Zustellung vom 30.10.2008 (BGBl. I 2122) übersehen worden ist, dass der entsprechende Rechtsschutz nicht schon über Art. 20 EuMVO gewährleistet ist. § 732 ZPO entspricht auch in den Voraussetzungen am ehesten dem hier durchzusetzenden Rechtsschutzziel (ebs. *Toussaint*, FD-ZVR 2014, 362102) ...

Außerdem steht der Anspruchsgegner, dem der Zahlungsbefehl gar nicht oder nicht wirksam zugestellt wurde, im Rahmen der Analogie ohne sachlichen Grund schlechter als der Antragsgegner, dem wirksam zugestellt wurde und der Einwendungen nach Art. 20 EuMVO geltend macht, z.B. dass er die Einspruchsfrist unverschuldet versäumt habe. Denn nach Art. 20 III 2 EuMVO wird der Europäische Zahlungsbefehl bei Erfolg des Rechtsmittels insgesamt für nichtig erklärt, während eine Analogie zu § 732 ZPO nicht weiter gehen kann, als nur die Zwangsvollstreckung aus der Vollstreckbarerklärung für unzulässig zu erklären (allerdings formuliert der EuGH in seiner Entscheidung ohne nähere Ausführungen, die Folge eines nationalen Rechtsbehelfs sei die ‚Ungültigkeit der Vollstreckbarerklärung'; anders der Generalanwalt, der als Rechtsfolge von der ‚Feststellung der Ungültigkeit des Zahlungsbefehls' ausgeht).

Auch beweisrechtlich steht der Antragsgegner, dem nicht oder nicht wirksam zugestellt wurde, schlechter. Denn im Rahmen der Prüfung nach Art. 20 EuMVO genügt regelmäßig die Glaubhaftmachung (Art. 26 EuMVO, §§ 1092 II, 294 ZPO). Bei Einwendungen im Rahmen der Klauselerinnerung ist dagegen der volle Beweis zu führen; eine eidesstattliche Versicherung ist nicht ausreichend ...

2. Unschädlich ist, dass die AGg. keinen Antrag nach § 732 ZPO gestellt hat, sondern einen Überprüfungsantrag nach Art. 20 EuMVO, und den Eilantrag auf § 707 ZPO stützt. Im Rahmen der Klauselerinnerung muss der Erinnerungsführer konkrete Einwendungen erheben, aber nicht notwendig einen bestimmten Antrag formulieren. Das Rechtsschutzziel der AGg. ist hier auch klar und daher prozessual ohne weiteres auslegungsfähig ...

4. Das Rechtsmittel der AGg. hat auch inhaltlich Aussicht auf Erfolg. Sie hat dargelegt, dass ein Europäischer Zahlungsbefehl nach französischem Recht nicht durch Einschreiben mit Rückschein zugestellt werden könne, sondern durch einen Gerichtsvollzieher zugestellt werden müsse. Die Zustellung wäre daraufhin nicht wirksam erfolgt.

Das Gericht folgt insoweit nicht der Auffassung der ASt., dass es auf das französische Zustellungsrecht nicht ankomme. Art. 12 V EuMVO bestimmt, dass die Zustellung zum einen den nationalen Vorschriften (nach h.M. zu verstehen als: des Ursprungsstaats) – hier Deutschland – entsprechen muss, und dass darüber hinaus der Mindeststandard der Art. 13 bis 15 EuMVO gewahrt sein muss. In Art. 13 und 14 EuMVO ist aber jeweils geregelt, dass sich die Zustellung nach dem Recht des Staats, in dem die Zustellung erfolgen soll – hier Frankreich – richtet. Art. 13 ff. EuMVO schaffen zwar kein eigenständiges Zustellungsregime, sondern legen nur Mindeststandards fest. Das gleiche Ergebnis ergibt sich aber auch aus Art. 27 EuMVO i.V.m. Art. 25, 7 EuZVO (*Kropholler-von Hein* aaO Art. 12 EuMVO Rz. 12 f.; *Rauscher* aaO Rz. 11 ff.; *Sujecki*, Mahnverfahren, 2007, Rz. 404 ff.).

5. Danach kommt es voraussichtlich auf die anderen zwischen den Parteien streitigen Fragen, die Art. 20 EuMVO betreffen, nicht an. Denn die Prüfung von Art. 20 EuMVO wäre erst eröffnet, wenn das Gericht zu dem Ergebnis käme, dass die Zustellung wirksam war (und die analoge Klauselerinnerung daher zurückzuweisen ist)."

231. *Im Falle einer grenzüberschreitenden Prozesskostenhilfe, bei der eine Person mit Wohnsitz oder gewöhnlichem Aufenthalt in einem anderen Mitgliedstaat der Europäischen Union einen entsprechenden Antrag stellt, müssen die Anträge gemäß § 1078 I 2 ZPO in deutscher Sprache ausgefüllt und die Anlagen von einer Übersetzung in die deutsche Sprache begleitet sein.*

BGH, Beschl. vom 12.11.2014 – IV ZR 161/14: WM 2015, 737; NJOZ 2015, 489. Leitsatz in ZEV 2015, 434.

232. *Gemäß Art. 17 des Haager Übereinkommens über die Beweisaufnahme im Ausland in Zivil- und Handelssachen vom 18.3.1970 (BGBl. 1977 II 1472)* *kann ein Sachverständiger mit Sitz im Ausland für einen Rechtsstreit vor deutschen Gerichten beauftragt werden (hier: Bewertung ausländischer Immobilien), doch ist zu beachten, dass der Sachverständige grundsätzlich als Hilfsperson des Gerichts gilt und von diesem zu leiten und zu überwachen ist (§ 404a ZPO), die Befugnis zu Ordnungsmitteln und anderen Leitungsmaßnahmen aber bei einem ausländischen Sachverständigen nur schwer realisierbar sind. [LS der Redaktion]*

LG Frankfurt/Main, Beschl. vom 16.12.2014 – 3/5 O 164/13: Die AG 2015, 409; NZG 2015, 635. Leitsatz in ZIP 2015, 637.

9. Berücksichtigung ausländischer Rechtshängigkeit und Rechtskraft

233. *Maßgeblich für die Anwendung des Art. 27 EuGVO ist allein, dass in zwei Mitgliedsstaaten der Verordnung (hier: England und Deutschland) parallele Rechtsstreitigkeiten geführt werden. Art. 27 EuGVO setzt die Parteiidentität der an Erst- und Zweitprozess Beteiligten voraus.*

Wenn das maßgebliche Prozessrecht eine Rechtskrafterstreckung zwischen einer Konzernmutter und ihrer Tochtergesellschaft nicht vorsieht, so folgt daraus, dass nach dem Willen des Gesetzgebers die eine (Tochtergesellschaft) völlig unabhängig davon in Anspruch genommen werden können soll, ob bereits Ansprüche gegen die andere (Muttergesellschaft) gerichtlich verfolgt werden und wie ein Rechtsstreit gegen sie ausgegangen ist.

Die Anordnung einer Aussetzung nach Art. 28 EuGVO bei Vorliegen eines „Zusammenhangs" liegt im Ermessen des Gerichts; im Rahmen der Ermessensentscheidung sind die Sach- und Beweisnähe sowie die Prozessökonomie zu berücksichtigen.

Es erscheint zweckmäßig und sachgerecht, dass das mit der einschlägigen nationalen Rechtsprechung vertraute und daher sachnähere deutsche Gericht über eine Verletzung beziehungsweise Nichtverletzung des deutschen Teils eines Europäischen Patentes entscheidet. [LS der Redaktion]

OLG Düsseldorf, Beschl. vom 4.3.2014 – I-2 W 6/13: Leitsatz in Europ. Leg. Forum 2015, 18.

Die Parteien streiten über die Aussetzung eines Patentverletzungsrechtsstreits, bei dem in Klageverfahren vor englischen und deutschen Gerichten unterschiedliche Parteien beteiligt ist. In dem vor den englischen Gerichten geführten Verfahren geht es u.a. um die Feststellung der Nichtverletzung des deutschen Teils eines EP.

Das LG hat den Antrag der Bekl. auf Aussetzung des Verfahrens abgelehnt. Hiergegen richtet sich die sofortige Beschwerde der Bekl.

Aus den Gründen:

„I. Die sofortige Beschwerde der Bekl. gegen den ihren Antrag auf Aussetzung der mündlichen Verhandlung zurückweisenden Beschluss des LG vom 3.12.2012 ist gemäß §§ 252, 567 I Nr. 1 ZPO statthaft (vgl. *Geimer-Schütze*, EuZVR, 3. Aufl., A 1 Art. 27 EuGVVO Rz. 55) und auch im Übrigen zulässig, insbes. form- und fristgerecht eingelegt. In der Sache bleibt sie jedoch ohne Erfolg. Eine Aussetzung der Verhandlung im Hinblick auf das von der Actavis Group hf. gegen die Kl. vor dem englischen Gericht geführten Verfahren, gerichtet u.a. auf Feststellung der Nichtverletzung des deutschen Teils des EP (Klagepatent) durch die angegriffene Ausführungsform, ist weder nach Art. 27 noch nach Art. 28 EuGVO veranlasst.

1. Entgegen der Auffassung der Bekl. ist der vorliegende Patentverletzungsrechtsstreit nicht nach Art. 27 EuGVO auszusetzen.

a) Im Verhältnis zwischen Deutschland und England als Mitgliedstaaten der EU gelten die Bestimmungen der am 1.3.2002 in Kraft getretenen EuGVO. Einschlägig ist damit auch Art. 27 EuGVO. Die Bestimmung sieht, um Doppelprozesse und einander widersprechende Entscheidungen zu vermeiden, für den Fall, dass bei Gerichten verschiedener Mitgliedstaaten Klagen wegen desselben Anspruchs zwischen denselben Parteien anhängig gemacht werden, vor, dass das später angerufene Gericht sein Verfahren von Amts wegen auszusetzen hat, bis die Zuständigkeit des zuerst angerufenen Gerichts feststeht (Art. 27 I EuGVO). Sobald dies geschehen ist, d.h. das zeitlich früher angerufene Gericht seine Zuständigkeit rechtskräftig bejaht hat, erklärt sich das später angerufene Gericht für unzuständig (Art. 27 II EuGVO).

Auf die Nationalität der streitenden Parteien kommt es für Art. 27 EuGVO ebenso wenig an wie auf ihren Sitz und die Frage, ob sich die Zuständigkeit jeweils nach der EuGVO (oder nach anderem, z.B. nationalem) Recht ergibt (LG Düsseldorf, InstGE 9, 246 = GRUR Int. 2008, 756 [Vorlaminiertes mehrschichtiges Band][1]; *Kühnen*, Hb. Patentverletzung, 6. Aufl., Rz. 1353; *Geimer-Schütze* aaO Rz. 14); maßgeblich für die Anwendung des Art. 27 EuGVO ist allein, dass in zwei Mitgliedstaaten der Verordnung parallele Rechtsstreitigkeiten geführt werden (vgl. EuGH, Urt. vom 27.6.1991 – Overseas Union Insurance Ltd. u.a. ./. New Hampshire Insurance Co., Rs C-351/89, EuZW 1992, 734 = NJW 1992, 3221; Urt. vom 9.12.2003 – Erich Gasser GmbH ./. MISAT S.r.l., Rs C-116/02, EuZW 2004, 188). Das ist hier im Hinblick auf das vor dem englischen High Court of Justice anhängige Verfahren der Fall.

b) Die Voraussetzungen des im Streitfall damit anzuwendenden Art. 27 I EuGVO liegen jedoch nicht vor.

aa) Dahinstehen kann, ob das LG nach Art. 30 Nr. 1 EuGVO nicht als das später angerufene Gericht anzusehen ist, weil es – wovon das LG ausgegangen ist – die Actavis Group hf. in dem englischen Verfahren nach Einreichung der ‚Claim Form' nebst der ‚Particulars of Claims' beim High Court of Justice am 27.7.2012 versäumt hat, die ihr obliegenden Maßnahmen zu treffen, um die Zustellung des verfahrenseinleitenden Schriftstücks an die hiesige, in den USA geschäftsansässige Kl. und dortige Beklagte zu bewirken. Es bedarf insoweit keiner Entscheidung, ob die von der Actavis Group hf. beim englischen High Court of Justice eingereichte, u.a. auf Feststellung der Nichtverletzung des deutschen Teils des EP gerichtete Klageschrift der hiesigen Kl. in England wirksam zugestellt wurde, insbesondere ob die englischen Rechtsanwälte der Kl. aufgrund ihres Schreibens vom 31.7.2012, mit welchem sie auf das von den englischen Rechtsanwälten der Sozietät B. & B. als Vertreter der ‚A. G. P. e. und ihrer entsprechenden Tochtergesellschaften' verfasste Schreiben vom 26.7.2012 geantwortet hatten, für die Zustellung dieser Klage bevollmächtigt waren. Eines Eingehens auf das – nicht rechtskräftige – Urteil des High Court of Justice vom 27.11.2012, mit welchem sich das LG nicht näher auseinandergesetzt hat, bedarf es daher nicht. Offen bleiben kann auch, ob es im Rahmen des

---

[1] IPRspr. 2008 Nr. 162.

Art. 30 EuGVO überhaupt darauf ankommt, ob die Zustellung nach dem maßgeblichen Recht des jeweiligen Gerichtsstaats ordnungsgemäß durchgeführt worden ist, ob also etwaige Zustellungsfehler irrelevant sind (so *Geimer-Schütze* aaO Art. 30 EuGVVO Rz. 17; *Zöller-Geimer*, ZPO, 29. Aufl., Art. 30 EuGVVO Rz. 4), und, wenn ja, ob dies für sämtliche Zustellungsmängel gilt. Auf alles dies kommt es im Entscheidungsfall letztlich nicht an.

bb) Geht man zugunsten der Bekl. davon aus, dass der englische High Court grundsätzlich als das zuerst angerufene Gericht im Sinne des Art. 27 I EuGVO anzusehen ist, fehlt es an der notwendigen Parteiidentität. Diese könnte allenfalls nachträglich durch die von der im englischen Verfahren klagenden Actavis Group hf. auch für ihre Tochtergesellschaften abgegebenen Verpflichtungserklärung eingetreten sein. Sofern die bis dahin fehlende Parteiidentität durch diese Erklärung nachträglich beseitigt worden sein sollte, kann dem englischen Verfahren im Rahmen des Art. 27 EuGVO aber nur dieser (spätere) Zeitrang beigemessen werden. Im Einzelnen gilt insoweit Folgendes:

(1) Art. 27 EuGVO setzt voraus, dass die Klagen im Erst- und Zweitprozess zwischen ‚denselben Parteien' anhängig sind. Der Begriff der Parteiidentität ist – ebenso wie der Begriff 'derselbe Anspruch' – autonom zu interpretieren (vgl. EuGH, Urt. vom 6.12.1994 – The owners of the cargo lately laden on board the ship Tatry ./. the owners of the ship Maciej Rataj, Rs C-406/92, Slg. 1994 I-05439, EuZW 1995, 309 = NJW 1995, 1883; Urt. vom 19.5.1998 – Drouot assurances S.A. ./. Consolidated metallurgical industries u.a., Rs C-351/96, Slg. 1998 I-03075; *Kropholler-v. Hein*, Europäisches Zivilprozessrecht, 9. Aufl., Art. 27 EuGVO Rz. 4; *Hess*, Europäisches Zivilprozessrecht, 2008, § 6 Rz. 158). Auf die Parteirolle, also die Position als Kläger oder Beklagter des Verfahrens, kommt es nach h.M. nicht an (EuGH aaO [Tatry/Maciej] Rataj; *Kropholler-v. Hein* aaO).

(2) Im Entscheidungsfall ist die Kl. zwar auch beklagte Partei im englischen Feststellungsverfahren. Die Klägerin des englischen Verfahrens ist aber nicht Partei des vorliegenden Patentverletzungsrechtsstreits. Feststellungsklägerin in dem englischen Verfahren ist die Actavis Group hf.

Diese ist nicht an dem vorliegenden Rechtsstreit beteiligt. Denn Bekl. sind hier die A. G. P. e. und die A,. D. G. & C.. K. Dass es sich bei der in England klagenden Actavis Group hf. um die Konzernmutter der in Deutschland verklagten Gesellschaften handelt, ändert nichts daran, dass die Klägerin des englischen Verfahrens formal nicht Partei des vorliegenden Prozesses ist. Parteien dieses Rechtsstreits sind allein ihre beiden rechtlich selbständigen Tochtergesellschaften, bei denen es sich im Verhältnis zur Klägerin des englischen Verfahrens um unterschiedliche Rechtssubjekte handelt.

(3) Nach der Rspr. des EuGH (Drouot assurances) reicht für eine Parteiidentität im Sinne von Art. 27 EuGVO – wenn formal unterschiedliche Beteiligte vorhanden sind – zwar aus, dass ihre Interessen identisch und voneinander untrennbar sind, was wiederum angenommen werden kann, wenn eine Entscheidung gegen eine Person im Wege der Rechtskrafterstreckung auch für eine andere Person Geltung erhält (vgl. OLG Karlsruhe, ZUM 2008, 516[2]; LG Düsseldorf, GRUR-RR 2009, 402 = InstGE 11, 99 [Italienischer Torpedo][3]; *Kühnen* aaO Rz. 1354; *Haedicke-*

---

[2] IPRspr. 2007 Nr. 184.   [3] IPRspr. 2009 Nr. 223a.

Timmann-Chakraborty, Hb. Patentrecht, 2012, § 11 Rz. 859; *Kropholler-v. Hein* aaO; *Hess* aaO). Ob dies der Fall ist, beurteilt sich hierbei nach dem nationalen Recht desjenigen Staats, dessen Gerichte zuerst angerufen wurden und dem deshalb der Vorrang bei der Sachentscheidung zukommt (Senat, Urt. vom 26.4.2012 – I-2 U 18/12 [Wundverband][4]; OLG Karlsruhe aaO; *Kühnen* aaO Rz. 1355; a.A.: LG Düsseldorf aaO 404 [Italienischer Torpedo]). Dass die Rechtslage im Urteilsstaat maßgeblich ist, folgt bereits aus der Tatsache, dass nach Art. 33 I EuGVO Entscheidungen der Gerichte eines Mitgliedstaats automatisch in jedem anderen Mitgliedstaat anerkannt werden, was nach dem Grundsatz der Wirkungserstreckung bedeutet, dass sich mit dem Eintreten der Wirkungen des erststaatlichen Urteils im Heimatland diese Wirkungen gleichzeitig auch im Zweitstaat einstellen (EuGH, Urt. vom 4.2.1988 – Horst Ludwig Martin Hoffmann ./. Adelheid Krieg, Rs C-145/86, Slg. 1988 I-00645). Zu den erstreckten Urteilswirkungen gehört v.a. die materielle Rechtskraft, deren objektive und subjektive Grenzen folglich dem Prozessrecht des Urteilsstaats folgen (BGH, FamRZ 2008, 400[5]; *Kühnen* aaO Rz. 1355).

Im Entscheidungsfall richtet sich die Frage einer Rechtskrafterstreckung von der am Londoner Verfahren beteiligten Klägerin auf die dort nicht involvierten Bekl. demgemäß nach englischem Zivilverfahrensrecht. Dass dieses eine Rechtskrafterstreckung im Verhältnis zwischen einer klagenden Muttergesellschaft und ihren nicht am Verfahren beteiligten Tochtergesellschaften kennt, ist weder von den Parteien vorgetragen worden noch ersichtlich. Dagegen spricht auch, dass die Actavis Group hf. im Verlauf des englischen Verfahrens die aus der ‚Order‘ des englischen Gerichts vom 27.11.2012 hervorgehende Verpflichtungserklärung (dazu sogleich) abgegeben hat. Einer solchen Erklärung hätte es nicht bedurft, wenn das englische Zivilverfahrensrecht eine automatische Rechtskrafterstreckung im Verhältnis zwischen Muttergesellschaft und Tochtergesellschaften kennen würde.

Ob trotz formaler Verschiedenheit von ‚derselben Partei‘ nur dann auszugehen ist, wenn die Beteiligten durch ein zur Rechtskrafterstreckung führendes Verhältnis miteinander verbunden sind (so OLG Karlsruhe aaO; *Hess* aaO; vgl. OLG München, InstGE 2, 78), ist vom EuGH noch nicht entschieden worden und bedarf auch hier keiner abschließenden Entscheidung. Selbst wenn die Rechtkrafterstreckung lediglich als eine Möglichkeit des Bestehens ‚untrennbarer Interessen‘ verstanden wird und deshalb jenseits einer Rechtskrafterstreckung prinzipiell auch andere Konstellationen infrage kommen könnten, bei denen eine Parteiidentität zu bejahen ist, wäre für sie jedenfalls eine der Rechtskrafterstreckung vergleichbare besondere Verknüpfung der Interessen zu fordern (Senat, Urt. vom 26.4.2012 aaO [Wundverband]; *Kühnen* aaO Rz. 1360). Andernfalls würde das Erfordernis der Parteiidentität, an dem grundsätzlich festzuhalten ist (*Kropholler-v. Hein* aaO), jede Kontur verlieren. Allein aus dem Umstand, dass es sich bei der Klägerin im englischen Verfahren um die Konzernmutter der Bekl. dieses Verfahrens handelt, lässt sich angesichts der juristischen Selbständigkeit der in Rede stehenden Unternehmen eine solche besondere, der Rechtskrafterstreckung vergleichbare Verknüpfung nicht herleiten. Die Konzernverbundenheit sowie die prinzipielle Einflussmöglichkeit der Muttergesellschaft auf ihre Tochtergesellschaften mögen zu einer Gleichheit der Interessen führen, begründen als solche aber noch nicht ihre Untrennbarkeit. Wenn das

---

[4] IPRspr. 2012 Nr. 258. [5] IPRspr. 2007 Nr. 203 (LS).

maßgebliche Prozessrecht eine automatische Rechtskrafterstreckung zwischen einer Konzernmutter und ihrer Tochtergesellschaft nicht vorsieht, so folgt daraus, dass nach dem Willen des Gesetzgebers die eine (Tochtergesellschaft) völlig unabhängig davon in Anspruch genommen werden können soll, ob bereits Ansprüche gegen die andere (Muttergesellschaft) gerichtlich verfolgt werden und wie ein Rechtsstreit gegen sie (ggf. rechtskräftig) ausgegangen ist (so bereits Senat, Urt. vom 26.4.2012 aaO [Wundverband] zum Verhältnis von Gesellschaft und Geschäftsführer).

(4) Eine andere Beurteilung könnte sich hier allenfalls aufgrund der von der Actavis Group hf. im englischen Verfahren abgegebenen Erklärung ergeben, mit welcher sich diese ‚in ihrem eigenen Namen und im Namen aller ihrer Tochtergesellschaften' verpflichtet hat, ‚zuzustimmen, dass sie und alle ihre Tochtergesellschaften, dass diese an jegliche abschließende und unanfechtbare Entscheidung gebunden sind, welche die englischen Gerichte hinsichtlich der Ansprüche der Klägerinnen [sic: die Klägerinnen im englischen Verfahren] in diesen Verfahren erlassen'. Durch diese Erklärung können sich die hiesigen Bekl. aber einen zeitlichen Vorsprung der von der Actavis Group hf. in England erhobenen negativen Feststellungklage nicht sichern. Denn diese Erklärung ist unstreitig erst am 12.11.2012 ... im englischen Verfahren und damit erst nach Einreichung und Zustellung der vorliegenden Patentverletzungsklage abgegeben worden.

Wie der Senat bereits entschieden hat, kann sich der spätere Verletzungsbeklagte einen zeitlichen Vorsprung nicht dadurch sichern, dass er seinen Antrag auf Feststellung der Nichtverletzung hinsichtlich des Schutzrechts und/oder des Anspruchstellers und/oder der angegriffenen Ausführungsform von vornherein pauschal auf z.B. alle aus einem bestimmten Patent in Zukunft noch resultierende Teilanmeldungen, auf alle künftig etwa noch auf den Markt kommende Ausführungsformen und/oder auf etwaige künftige Lizenznehmer des Patentinhabers oder sonstige Berechtigte ausdehnt. In der Erwähnung künftiger weiterer Patente etc. liegt bei sinngemäßem Verständnis bloß die Ankündigung, die Klage ggf. später erweitern zu wollen. Dies ist schon deshalb zwingend, weil im Parteiprozess eine gerichtliche Sachprüfung erst dann stattfinden kann, wenn das fragliche Schutzrecht, die als dessen (Nicht-)Verletzung in Rede stehende Ausführungsform und die gegnerische Partei so konkret bezeichnet und in das Verfahren eingeführt sind, dass die Voraussetzungen des geltend gemachten Begehrens beurteilt werden können. Unter den gegebenen Umständen wird das weitere Schutzrecht, die weitere Ausführungsform und/oder der weitere Berechtigte erst in dem Moment Gegenstand der negativen Feststellungsklage, in dem das Schutzrecht, die Ausführungsform oder der Anspruchsberechtigte konkret bezeichnet und in das Verfahren eingeführt werden. Für den Zeitrang des weiteren Patents etc. ist dementsprechend der Tag maßgeblich, an dem die Feststellungsklage tatsächlich auf das zusätzliche Patent, die neue Ausführungsform oder den Lizenznehmer erweitert wird (vgl. LG Düsseldorf aaO 402 – [Italienischer Torpedo] = InstGE 11, 99 [Computernetzwerk], bestätigt durch Senat, Beschl. vom 20.7.2009 – I-2 W 35/09[6], GRUR-RR 2009, 401; *Kühnen* aaO Rz. 1362).

Der zeitliche Vorsprung der ausländischen Feststellungsklage lässt sich aus den gleichen Erwägungen heraus bei fehlender Parteiidentität auch nicht dadurch sichern, dass die Bekl. des inländischen Verletzungsprozesses nachträglich im auslän-

---

[6] IPRspr. 2009 Nr. 223b.

dischen Rechtsstreit eine Erklärung abgeben, derzufolge sie mit einer Rechtskrafterstreckung der für oder gegen den dort klagenden Dritten ergehenden Gerichtsentscheidung auf sich einverstanden sind. Die mangelnde Parteiidentität mag damit zwar beseitigt werden, allerdings erst im Zeitpunkt des wirksamen Zustandekommens der Erstreckungsvereinbarung, weswegen dem ausländischen Prozess im Rahmen des Art. 27 EuGVO eben nur dieser Zeitrang (und kein früherer) beigemessen werden kann.

Das gilt zur Vermeidung von Manipulationen selbst dann, wenn die Parteien ihrer Rechtskrafterstreckungsabsprache Rückwirkung beilegen. Dass dem so sein muss, ergibt sich nicht zuletzt daraus, dass die Bekl. des inländischen Verletzungsprozesses zur Herstellung der Parteiidentität auch die Möglichkeit gehabt hätte, dem dritten Kläger des ausländischen Feststellungsprozesses im Wege der subjektiven Parteierweiterung beizutreten. Wäre dies geschehen, könnte der durch die Verletzungsbeklagten geführten Feststellungsklage offensichtlich nur der Zeitrang ihres späten Klagebeitritts zuerkannt werden. So ist im Falle der Streitverkündung durch die Bekl. zur Beantwortung der Frage, wann die ‚Klage' zwischen der Bekl. und dem Streitverkündeten anhängig gemacht wurde, nicht auf den Zeitpunkt der Einleitung des ‚Hauptsacheverfahrens', sondern auf den Zeitpunkt der Streitverkündung abzustellen (*Kropholler-v. Hein* aaO Rz. 17). Entsprechendes gilt im Falle der freiwilligen Intervention eines Dritten, wenn entscheidend ist, wann der Rechtsstreit zwischen ihm und einer der Parteien des Hauptsacheverfahrens anhängig gemacht wurde (*Kropholler-v. Hein* aaO). Tritt der Beklagte des inländischen Verletzungsprozess dem mit ihm nicht identischen Kläger des ausländischen Feststellungsprozesses im Wege der subjektiven Parteierweiterung bei, kann der durch die Verletzungsbeklagten geführten Feststellungsklage demgemäß nur der Zeitrang ihres späten Klagebeitritts zuerkannt werden. An diesem Ergebnis kann sich nicht dadurch etwas ändern, dass statt einer Klageerweiterung ein formell anderer Weg der Prozessbeteiligung (nämlich der der vereinbarten Rechtskrafterstreckung) gewählt wird.

Selbst wenn daher durch die von der Klägerin des englischen Feststellungsverfahrens dort auch für ihre Tochterunternehmen abgegebene Verpflichtungserklärung die mangelnde Parteiidentität beseitigt worden sein sollte, wäre dies erst im Zeitpunkt der wirksamen Abgabe dieser Erklärung geschehen, weswegen insoweit dem englischen Verfahren entgegen der Auffassung der Bekl. im Rahmen des Art. 27 EuGVO eben nur dieser (spätere) Zeitrang beigemessen werden kann ...

2. Rechtsfehlerfrei hat das LG von einer Aussetzung nach Art. 28 EuGVO abgesehen.

a) Nach dieser ebenfalls autonom auszulegenden Bestimmung kann, wenn bei Gerichten verschiedener Mitgliedstaaten Klagen, die im Zusammenhang stehen, erhoben werden, das später angerufene Gericht das Verfahren aussetzen. Einzige Tatbestandsvoraussetzung für diese Ermessensentscheidung ist das Vorliegen eines ‚Zusammenhangs', welcher gemäß Art. 28 III EuGVO anzunehmen ist, wenn zwischen den anhängigen Klagen eine so enge Beziehung gegeben ist, dass eine gemeinsame Verhandlung und Entscheidung geboten erscheint, um zu vermeiden, dass in getrennten Verfahren widersprechende Entscheidungen ergehen könnten. Diese Begriffsbestimmung trägt dem Umstand Rechnung, dass der Ausdruck ‚Zusammenhang' nicht in allen Vertragsstaaten die gleiche Bedeutung hat. Ausgehend vom

Zweck des Art. 28 EuGVO, gegensätzliche Entscheidungen zu vermeiden und somit eine geordnete Rechtspflege zu sichern, wird diese Bestimmung weit ausgelegt und erfasst alle Fälle, in denen die Gefahr einander widersprechender Entscheidungen besteht, selbst wenn die Entscheidungen getrennt vollstreckt werden können und sich ihre Rechtsfolgen nicht gegenseitig ausschließen. Der Begriff des Zusammenhangs ist deshalb weiter zu verstehen als in Art. 34 Nr. 2 EuGVO und erfordert eine geringere Intensität der Übereinstimmung der Ansprüche als Art. 27 EuGVO. Auch eine – kumulative – Parteiidentität ist nicht erforderlich (vgl. EuGH aaO [Tatry/Maciej Rataj]; LG Düsseldorf aaO 405 f. [Italienischer Torpedo] m.w.N.; GRUR Int 1998, 803 [Kondensatorspeicherzellen][7]; *Kropholler-v. Hein* aaO Art. 28 EuGVO Rz. 3 ff.).

b) Hiervon ausgehend stehen die in England von der Actavis Group hf. gegen die hiesige Kl. erhobene negative Feststellungsklage und die von der Kl. in Deutschland gegen die Bekl. erhobene Unterlassungsklage zwar ‚im Zusammenhang', weil es in beiden Verfahren um eine Verletzung des deutschen Teils des EP durch den Vertrieb ein und derselben angegriffenen Ausführungsform in Deutschland geht. Auch mag das LG, wenn man allein auf die von der Actavis Group hf. beim englischen High Court eingereichte Klage abstellt, das später angerufene Gericht im Sinne von Art. 28 I, 30 Nr. 1 EuGVO sein. Wenn das LG eine Aussetzung der Verhandlung gleichwohl abgelehnt hat, ist hiergegen von Rechts wegen jedoch nichts zu erinnern.

(1) Die Entscheidung über die Aussetzung gemäß Art. 28 I EuGVO ist im Gegensatz zu derjenigen nach Art. 27 I EuGVO in das Ermessen des Gerichts gestellt (vgl. OLG München aaO; LG Düsseldorf aaO 402 [Italienischer Torpedo]; aaO [Kondensatorspeicherzellen]; *Kühnen* aaO Rz. 1373; *Grabinski*, GRUR Int 2001, 199, 212; *Musielak-Stadler*, ZPO, 9. Aufl., Art. 28 EuGVVO Rz. 3; *Kropholler-v. Hein* aaO Rz. 10). Ein deutsches Gericht wird sich dabei im Wesentlichen an die auch im Rahmen von § 148 ZPO angewandten Grundsätze halten und die Interessen der betroffenen Parteien gegeneinander abwägen (*Kühnen* aaO Rz. 1373; *Grabinski* aaO). Das hat das LG hier getan.

(2) Weil die Anordnung einer Aussetzung nach Art. 28 EuGVO bei Vorliegen eines ‚Zusammenhangs' im Ermessen des später angerufenen Gerichts steht, darf der Senat im vorliegenden Beschwerdeverfahren nur überprüfen, ob das LG sein Ermessen fehlerfrei ausgeübt hat (vgl. zu § 148 ZPO: BGH, NJW-RR 2006, 1289; Senat, Beschl. vom 31.1.29013 – I-2 W 1/13; KG, NJOZ 2006, 4217; *Kühnen* aaO Rz. 1625; *Zöller-Greger* aaO § 252 Rz. 3; *Musielak-Stadler* aaO § 252 Rz. 4). Solches kann bspw. zu verneinen sein, wenn im Rahmen der Aussetzungsentscheidung wesentliche Gesichtspunkte überhaupt nicht oder erkennbar falsch gewürdigt worden sind. Erweist sich die Aussetzungsentscheidung jedoch als vertretbar, ist es dem BeschwG verwehrt, seine eigene Ermessensentscheidung an die Stelle derjenigen des Ausgangsgerichts zu setzen (Senat, Beschl. vom 31.1.29013 aaO; KG aaO; *Kühnen* aaO Rz. 1625; *Zöller-Greger* aaO).

(3) So liegen die Dinge hier. Die Erwägungen, die das LG in Ausübung des ihm insoweit zustehenden Ermessens angestellt hat, sind nicht zu beanstanden.

Im Streitfall geht es um eine (drohende) Verletzung des deutschen Teils des EP durch den mit Schreiben vom 12.7.2012 angekündigten Vertrieb des in dem vor-

---

[7] IPRspr. 1998 Nr. 178.

bezeichneten Schreiben beschriebenen Pemetrexed-Produkts in der Bundesrepublik Deutschland. Zur Entscheidung dieses Streits berufen ist in erster Linie das von der Kl. angerufene deutsche Gericht, dessen internationale Zuständigkeit sowohl hinsichtlich der in Deutschland geschäftsansässigen Bekl. zu 2) (Art. 2 I EuGVO) als auch hinsichtlich der in Island geschäftsansässigen Bekl. zu 1) (Art. 5 Nr. 3 LugÜ II) unzweifelhaft gegeben ist.

Die Kl. hat sowohl ein berechtigtes Interesse an einer schnellen und effektiven Entscheidung durch das zuständige deutsche Verletzungsgericht als auch daran, dass ihre Zuständigkeitswahl nicht durch Art. 28 I EuGVO konterkariert wird. Dieses Interesse ist im Rahmen der nach Art. 28 I EuGVO zu treffenden Ermessensentscheidung nicht zu vernachlässigen. Wie das LG in seinem Nichtabhilfebeschluss vom 28.1.2013 zutreffend ausgeführt hat, sind im Rahmen der Ermessensentscheidung nämlich auch die Sach- und Beweisnähe sowie die Prozessökonomie zu berücksichtigen (vgl. *Musielak-Stadler* aaO Art. 28 EuGVVO Rz. 3; *Rauscher-Leible*, EuZPR, 2. Aufl., Art. 28 Brüssel I-VO Rz. 7). Ein EP unterliegt, wie sich aus Art. 2 II und 64 I EPÜ eindeutig ergibt, weiterhin dem nationalen Recht jedes der Vertragsstaaten, für die es erteilt worden ist. Infolgedessen ist jede Klage wegen Verletzung eines EP, wie Art. 64 III EPÜ zu entnehmen ist, anhand des einschlägigen nationalen Rechts zu prüfen, das in jedem der Staaten, für die das Patent erteilt worden ist, gilt (EuGH, Urt. vom 13.7.2006 – Roche Nederland BV u.a. ./. Frederick Primus u. Milton Goldenberg, Rs C-539/03, GRUR 2007, 47; Urt. vom 12.7.2012 – Solvay S.A. ./. Honeywell Fluorine Products Europe BV u.a., Rs C-616/10, GRUR 2012, 1169). Es ist vor diesem Hintergrund auch nach Auffassung des Senats zweckmäßig und sachgerecht, dass das mit diesem Recht und der einschlägigen nationalen Rechtsprechung vertraute und daher sachnähere deutsche Gericht über eine Verletzung bzw. Nichtverletzung des deutschen Teils eines EP entscheidet. Das gilt insbesondere, wenn es – wie im Streitfall – darum geht, ob die angegriffene Ausführungsform unter dem Gesichtspunkt der Äquivalenz in den Schutzbereich des deutschen Teil eines EP einzubeziehen ist. Diese Frage kann nämlich nicht ohne genaue Kenntnis der deutschen Rechtsprechungslage zu den Voraussetzungen patentrechtlicher Äquivalenz und deren Handhabung entschieden werden. Ein ausländisches Gericht, das über die äquivalente Verletzung des deutschen Teils eines EP entscheiden soll, muss sich diese Kenntnis erst verschaffen, was es ggf. erforderlich macht, hierzu ein Sachverständigengutachten (Rechtsgutachten) einzuholen. Durch die bloße Anhörung oder Vernehmung von Rechtsanwälten lässt sich die notwendige Kenntnis aus diesseitiger Sicht kaum verschaffen. Selbst wenn man davon ausgeht, dass aus Sicht des englischen Gerichts die Rechtsprechungslage für Deutschland hinreichend in Fachzeitschriften etc. dokumentiert ist und daher die Einholung eines Sachverständigengutachtens zum maßgeblichen deutschen Recht nicht erforderlich sein wird, gilt es im Streitfall zu beachten, dass Gegenstand der in England erhobenen negativen Feststellungsklage nicht nur der britische und der deutsche Teil, sondern daneben auch der französische, der italienische und der spanische Teil des EP sind. Ob die Rechtsprechungslage auch für diese Vertragsstaaten, insbesondere für Italien und Spanien, hinreichend dokumentiert ist, erscheint fraglich, so dass jedenfalls insoweit die Einholung eines Sachverständigengutachtens mit der Folge einer entsprechenden Verfahrensverlängerung nicht unwahrscheinlich erscheint."

234. *Werden bei Gerichten verschiedener Mitgliedstaaten der EuGVO Klagen über denselben Anspruch zwischen denselben Parteien anhängig gemacht, hat sich das später angerufene Gericht für unzuständig zu erklären, wenn die Zuständigkeit des zuerst angerufenen Gerichts feststeht.*

Die Parteiidentität kann insoweit auch dann angenommen werden, wenn es sich formal um unterschiedliche Beteiligte handelt, deren Interessen identisch und voneinander untrennbar sind. Dies ist in der Regel anzunehmen, wenn ihre Interessen hinsichtlich des Gegenstands zweier Rechtsstreitigkeiten so weit übereinstimmen, dass ein Urteil, das gegen die eine Partei ergeht, im Wege der Rechtskrafterstreckung auch für die andere Partei Wirkung entfaltet. [LS der Redaktion]

LG Düsseldorf, Urt. vom 3.4.2014 – 4b O 114/12: MittdtschPatAnw 2015, 311 *Friedrich*.

[Das Urteil wurde vom OLG (I-2 U 16/14) unterdessen teilweise abgeändert; die Berufung der Bekl. zu 1) sei zulässig und begründet, die Anschlussberufung der Kl. bleibe hingegen ohne Erfolg. Eine wortsinngemäße Übereinstimmung der angegriffenen Ausführungsform mit der im Klagepatent unter Schutz gestellten technischen Lehre wurde verneint. Die angegriffene Ausführungsform verwirkliche die technische Lehre des Klagepatents auch nicht mit patentrechtlich äquivalenten Mitteln, weshalb die Klage auf die Berufung der Bekl. zu 1) insgesamt abzuweisen sei.]

Die Kl. ist eingetragene und allein verfügungsberechtigte Inhaberin des EP mit der Bezeichnung „C. c. a. a. a. m. a. a." (Zusammensetzung, welche ein Antifolate und ein methylmalonsäuresenkendes Mittel enthält), aus dessen deutschem Teil sie die Bekl. auf Unterlassung in Anspruch nimmt. Das Klagepatent wurde 2001 unter Inanspruchnahme dreier US-Prioritäten in englischer Verfahrenssprache angemeldet. Das Patent steht in Kraft. Die Bekl. zu 1) und 2) gehören zur A.-Gruppe. Ihre Konzernmutter ist die A. G. H. mit Sitz in Island. Bei der Bekl. zu 2) handelt es sich um deren deutsche Vertriebsgesellschaft. Geschäftsführende Gesellschaft der Bekl. zu 2) ist die die A. M. G., deren Geschäftsführer seit dem 4.3.2013 der Bekl. zu 3) ist. 2012 wandten sich die Bekl. zu 1) und deren nationale Tochtergesellschaften an die Kl. und setzten diese darüber in Kenntnis, nach Ablauf des britischen und weiterer nationaler ergänzender Schutzzertifikate, darunter auch des deutschen ergänzenden Schutzzertifikats, ein Pemetrexed-Produkt u.a. auf den deutschen Markt bringen zu wollen. Die A. G.roup H. erhob nach diesem Schriftwechsel gegen die hiesige Kl. vor dem englischen High Court of Justice Klage auf Feststellung der Nichtverletzung u.a. des deutschen Teils des Klagepatents. Die Bekl. 2) reichte gegen die hiesige Kl. eine weitere Klage beim High Court of Justice ein, mit der sie ebenfalls die Feststellung der Nichtverletzung des deutschen Teils des Klagepatents begehrt.

Aus den Gründen:

„A Die Klageanträge zu a) und b) sind nach Haupt- und Hilfsantrag zulässig.

Das LG Düsseldorf ist auch für den gegen den Bekl. zu 3) gerichteten Klageantrag zu b) gemäß Art. 2 EuGVO international zuständig, weil der Bekl. zu 3) seinen Wohnsitz in der Bundesrepublik Deutschland hat.

Der Zuständigkeit steht Art. 27 II EuGVO nicht entgegen. Demnach hat, wenn bei Gerichten verschiedener Mitgliedstaaten Klagen wegen desselben Anspruchs zwischen denselben Parteien anhängig gemacht werden und die Zuständigkeit des zuerst angerufenen Gerichts feststeht, sich das später angerufene Gericht gemäß Art. 27 II EuGVO für unzuständig zu erklären.

Im Streitfall macht der Bekl. zu 3) das Fehlen der internationalen Zuständigkeit des LG Düsseldorf für den Klageantrag zu b) angesichts der von der Bekl. zu 2) in England vor dem High Court of Justice erhobenen Klage geltend, mit der sie die Feststellung der Nichtverletzung des Klagepatents durch den Vertrieb von zur Herstellung eines Arzneimittels entsprechend der Lehre des Klagepatents verwendetem Pemetrexedditromethamin bzw. Pemetrexeddisäure begehrt.

I. Aufgrund des vorstehenden Sachverhalts ist die Anwendbarkeit von Art. 27 EuGVO eröffnet, weil in zwei Mitgliedstaaten der Verordnung parallele Rechtsstreitigkeiten geführt werden (vgl. EuGH, Urt. vom 27.6.1991 – Overseas Union Insurance Ltd und andere ./. New Hampshire Insurance Company, Rs C-351/89, EuZW 1992, 734; Urt. vom 9.12.2003 – Erich Gasser GmbH ./. MISAT S.r.l., Rs C-116/02, EuZW 2004, 188). Es kann auch zugunsten des Bekl. zu 3) angenommen werden, dass zwischen der in England anhängigen Klage auf Feststellung der Nichtverletzung des Klagepatents und der hiesigen Klage auf Unterlassung wegen einer vermeintlichen Verletzung des Klagepatents Anspruchsidentität besteht. Denn diese wird regelmäßig angenommen, wenn in dem einen Mitgliedstaat auf Leistung und in dem anderen auf negative Feststellung, also Nichtbestehen der Leistungspflicht, geklagt wird, vorausgesetzt, es geht in beiden Fällen um dasselbe nationale Patent bzw. denselben nationalen Teil eines EP und die angegriffene Ausführungsform ist ebenfalls in beiden Fällen identisch (*Benkard-Rogge-Grabinski*, PatG 10. Aufl., §139 PatG Rz. 101e m.w.N.). Das ist hier der Fall.

II. Allerdings besteht zwischen der am englischen Verfahren beteiligten Bekl. zu 2) und dem hiesigen Bekl. zu 3) keine Parteiidentität.

1. Der Begriff der Parteiidentität ist – ebenso wie der Begriff ‚derselbe Anspruch' – autonom zu interpretieren (vgl. EuGH, Urt. vom 6.12.1994 – The owners of the cargo lately laden on board the ship ‚Tatry' ./. the owners of the ship ‚Maciej Rataj', Rs C-406/92, EuZW 1995, 309; Urt. vom 19.5.1998 – Drouot assurances S.A. ./.Consolidated metallurgical industries, Rs C-351/96, Slg. 1998 I-3075). Auf die Parteirolle, auf die Position als Kläger oder Beklagter des Verfahrens, kommt es nach allgemeiner Auffassung nicht an (EuGH Tatry aaO).

Im vorliegenden Fall ist die Klägerin des englischen Verfahrens – die hiesige Bekl. zu 2) – nicht Partei der hiesigen Pemetrexedditromethamin und Pemetrexeddisäure betreffenden Klage. Sie ist hier zwar Partei der Pemetrexeddikalium betreffenden Klage. Bezüglich dieser Klage besteht jedoch keine Anspruchsidentität mit der von ihr vor dem High Court of Justice erhobenen Feststellungsklage, die Pemetrexedditromethamin und Pemetrexeddisäure betrifft. Auch wenn der Bekl. zu 3) der Geschäftsführer der Bekl. zu 2) ist, ist er ein von der Bekl. zu 2) zu unterscheidendes selbständiges Rechtssubjekt, das formal nicht am englischen Verfahren beteiligt ist.

2. Parteiidentität im Sinne von Art. 27 EuGVO kann auch dann vorliegen, wenn es sich um formal unterschiedliche Beteiligte handelt, deren Interessen identisch und voneinander untrennbar sind (EuGH, Drouot assurances aaO Rz. 23). Dem liegt die Überlegung zugrunde, dass Art. 27 EuGVO soweit wie möglich eine Situation ausschließen soll, wie sie in Art. 34 Nr. 3 EuGVO geregelt ist, nämlich die Nichtanerkennung einer Entscheidung wegen Unvereinbarkeit mit einer Entscheidung, die zwischen denselben Parteien in dem Staat, in dem die Anerkennung geltend gemacht wird, ergangen ist (EuGH, Drouot assurances aaO Rz. 17). Daher werden zwei Personen regelmäßig dann als ein- und dieselbe Partei angesehen, wenn ihre Interessen hinsichtlich des Gegenstands zweier Rechtsstreitigkeiten so weit übereinstimmen, dass ein Urteil, das gegen den einen ergeht, im Wege der Rechtskrafterstreckung auch für eine andere Person Geltung erhält (vgl. OLG Karlsruhe, BeckRS 2008, 12712[1]; LG Düsseldorf, InstGE 11, 99 [Italienischer Torpedo][2]; vgl. auch EuGH, Drouot assurances aaO Rz. 19). Dies wäre bspw. der Fall, wenn statt des Versicherungsnehmers der Versicherer kraft übergegangenen Rechts klagt oder ver-

---

[1] IPRspr. 2007 Nr. 184.   [2] IPRspr. 2009 Nr. 223a.

klagt wird, ohne dass der Versicherungsnehmer in der Lage wäre, auf den Ablauf des Verfahrens Einfluss zu nehmen (EuGH, Drouot assurances aaO). Dagegen darf die Anwendung von Art. 27 EuGVO nicht dazu führen, dass den beiden Parteien – in dem vom EuGH zu entscheidenden Fall dem Versicher und dem Versicherungsnehmer – falls ihre Interessen voneinander abweichen, die Möglichkeit genommen wird, ihre jeweiligen Interessen gegenüber den anderen betroffenen Parteien gerichtlich geltend zu machen (EuGH, Drouot assurances aaO Rz. 20).

Ob ein Fall der Rechtskrafterstreckung vorliegt, beurteilt sich nach dem nationalen Recht desjenigen Staats, dessen Gerichte zuerst angerufen wurden und dem deshalb der Vorrang bei der Sachentscheidung zukommt (OLG Düsseldorf, Urt. vom 26.4.2012 – I-2 U 18/12[3] [Wundverband]; OLG Karlsruhe aaO). Begründung dafür ist, dass gemäß Art. 33 I EuGVO Entscheidungen der Gerichte eines Mitgliedstaats automatisch in jedem anderen Mitgliedstaat anerkannt werden, was nach dem Grundsatz der Wirkungserstreckung bedeutet, dass sich mit dem Eintreten der Wirkungen der erststaatlichen Urteils im Heimatland diese Wirkungen gleichzeitig auch im Zweitstaat einstellen (EuGH, Urt. vom 4.2.1988 – Horst Ludwig Martin Hoffmann ./. Adelheid Krieg, Rs C-145/86, NJW 1989, 663, 664; vgl. auch den im hiesigen Verfahren ergangenen Beschluss des OLG Düsseldorf vom 4.3.2013).

3. Auch von diesen Grundsätzen ausgehend besteht zwischen der Bekl. zu 2) und dem Bekl. zu 3) keine Anspruchsidentität.

Für die Frage einer identische und untrennbare Interessen begründenden Rechtskrafterstreckung von der am englischen Verfahren beteiligten Bekl. zu 2) auf den hiesigen Bekl. zu 3) ist das englische Recht maßgeblich. Der Bekl. zu 3) beruft sich insofern darauf, dass nach englischem Recht zwischen einer neuen Partei und einer Partei eines vorgegangenen Verfahrens eine Interessengemeinschaft (*privity of interest*) bestehen könne, sodass der Gegner der zweiten Klage die Einrede der sachfragenbezogenen Klagehemmung oder des Verfahrensmissbrauchs (*abuse of process*) entgegenhalten könne. Es handelt sich dabei um eine auf Richterrecht basierende Ausnahmeregel von der gesetzlichen ‚Estoppel‘-Regelung, wonach niemand zweimal wegen der gleichen Sache behelligt werden darf – Ausnahmeregel deshalb, weil ein ‚Estoppel‘ nur für die Parteien des vorherigen Rechtsstreits gilt. Auf Nachfrage in der mündlichen Verhandlung haben die Parteien übereinstimmend angegeben, dass die Rechtslage bzgl. *privity of interest* in der Entscheidung Resolution Chemicals vs. Lundbeck vom 29.7.2013, in der sich Lordrichter Floyd mit der *privity of interest* dezidiert auseinandergesetzt hat, abschließend wiedergegeben ist, sodass sich die Kammer im Streitfall ohne Einholung eines Sachverständigengutachten in der Lage sieht, die Frage der Rechtskrafterstreckung zu beurteilen.

Nach den Ausführungen von Lordrichter Floyd in der Entscheidung Resolution Chemicals handelt es sich bei der Klagehemmung oder der Einrede des Verfahrensmissbrauchs wegen Interessengemeinschaft um eine Ausnahme von der ‚Estoppel‘-Regel, die lediglich bei Parteiidentität Anwendung findet. Wörtlich heißt es: ‚Es gibt grundsätzlich keinen Grund, warum eine andere Partei, C, die gegen B die gleiche Klage vorzubringen hat, nicht über die gleiche Frage prozessieren können sollte. Trotz der Tatsache, dass beispielsweise A eine erste Klage verloren haben mag, ist normalerweise ein Gebot der Fairness, dass C nicht durch die Art und Weise, in

---

[3] IPRspr. 2012 Nr. 258.

der A die erste Klage geführt hat, daran gehindert sein sollte, eine eigene Klage zu erheben, eigene Beweise vorzulegen und die von B vorgelegten Beweis anzuzweifeln' (High Court of Justice, Resolution Chemicals aaO Rz. 22). Auf der Grundlage zahlreicher Präzedenzfälle arbeitete Lordrichter Floyd dann heraus, unter welchen Voraussetzungen überhaupt von einer Interessengemeinschaft ausgegangen werden kann und kommt zu dem Schluss: ‚Zusammengefasst muss ein Gericht, das die Aufgabe hat, festzustellen, ob zwischen einer neuen Partei und einer Partei eines vorangegangenen Verfahrens Interessengemeinschaft besteht, nach seiner Beurteilung (a) das Ausmaß untersuchen, in dem die neue Partei ein Interesse am Gegenstand der vorigen Klage hatte, (b) das Ausmaß untersuchen, in dem von der neuen Partei behauptet werden kann, dass diese tatsächlich die Partei des ursprünglichen Verfahrens aufgrund ihrer Beziehung zu jener Partei war, und (c) vor diesem Hintergrund fragen, ob es gerecht ist, dass die neue Partei durch das Ergebnis des vorigen Rechtsstreits gebunden wird.' (High Court of Justice, Resolution Chemicals aaO Rz. 32)

Zwischen den Parteien herrscht Einigkeit, dass auch nach englischem Recht der Geschäftsführer nicht akzessorisch zu der von ihm geführten GmbH haftet. Gleichwohl scheint nach den vorstehenden Grundsätzen nicht ausgeschlossen, dass zwischen einer GmbH und ihrem Geschäftsführer eine Interessengemeinschaft (*privity of interest*) bestehen kann, wenn etwa der Geschäftsführer persönlich gegen einen Dritten Ansprüche zum Gegenstand einer Klage macht, die in dem Verhältnis der GmbH zum Dritten begründet liegen und zuvor bereits von der GmbH klageweise geltend gemacht worden sind. Zwischen den Parteien war in der mündlichen Verhandlung insofern auch unstreitig, dass die Kl. nach Abschluss der englischen Verfahren einer weiteren Klage des Bekl. zu 3), gerichtet auf Feststellung der Nichtverletzung des Klagepatents durch den Vertrieb von Pemetrexedditromethamin bzw. Pemetrexeddisäure, die Einrede der Klagehemmung wegen Interessengemeinschaft u.U. entgegenhalten könnte.

Dies allein genügt jedoch nicht, um identische und voneinander untrennbare Interessen der beiden Parteien und damit Parteiidentität zwischen der Bekl. zu 2) und dem Bekl. zu 3) anzunehmen. Es ist vielmehr im Blick zu halten, dass die Zuständigkeit des später angerufenen Gerichts gerade deshalb zu verneinen und damit die spätere Klage als unzulässig abzuweisen ist, um Doppelprozesse und vor allem sich widersprechende Entscheidungen zu vermeiden (*Zöller-Geimer*, ZPO 31. Aufl., Anh I Art. 27 EuGVVO Rz. 2). Dazu kann es kommen, weil die Entscheidung des zuerst angerufenen Gerichts eines Mitgliedstaats gemäß Art. 33 I EuGVO automatisch in jedem anderen Mitgliedstaat anerkannt wird, was nach dem Grundsatz der Wirkungserstreckung bedeutet, dass sich mit dem Eintreten der Wirkungen der erststaatlichen Urteils im Heimatland diese Wirkungen gleichzeitig auch im Zweitstaat einstellen (EuGH, Hoffmann aaO).

Übertragen auf den vorliegenden Streitfall bedeutet dies, dass eine Entscheidung des High Court of Justice im englischen Verfahren in der Bundesrepublik Deutschland dieselben Urteilswirkungen entfaltet wie in England. Mithin könnte die Kl. einer weiteren negativen Feststellungsklage des Bekl. zu 3) auch in Deutschland die Einrede der Klagehemmung wegen Interessengemeinschaft entgegenhalten, so sie denn auch in England bejaht werden würde. Bei der hiesigen Klage handelt es sich jedoch nicht um eine negative Feststellungsklage der Bekl. zu 2) oder des Bekl. zu 3), sondern um eine Unterlassungsklage umgekehrten Rubrums. Es ist nicht ersichtlich und auch von den Bekl. – trotz eingehender Befragung in der mündlichen Verhandlung – nicht vorgetragen, dass auch in einer solchen Fallkonstellation, also wenn die Kl. im Nachgang zu einer Entscheidung über die Feststellungsklage im englischen Verfahren eine Unterlassungsklage gegen den Bekl. zu 3) anstrengt, der Bekl. zu 3) berechtigt sein sollte, die Einrede der Klagehemmung oder des Rechtsmissbrauchs wegen Interessengemeinschaft zu erheben. Ist aber eine mögliche Rechtskrafterstreckung der Entscheidung im englischen Verfahren von der Bekl. zu 2) auf den Bekl. zu 3) ohne Auswirkung auf eine Unterlassungsklage gegen den Bekl. zu 3), weil die Einrede der Klagehemmung nicht geltend gemacht werden kann und die Rechtskrafterstreckung nur eingeschränkt in bestimmten Fallkonstellationen gilt, die hier nicht vorliegen, kann insoweit von einer Parteiidentität zwischen der Bekl. zu 2) und dem Bekl. zu 3) wegen untrennbarer Interessen keine Rede sein.

Die Parteien haben in der mündlichen Verhandlung erklärt, dass ihnen kein Präzedenzfall nach englischem Recht bekannt sei, bei dem eine Klage auf Feststellung der Nichtverletzung die Einrede der Klagehemmung oder des Rechtsmissbrauchs wegen Interessengemeinschaft für eine nachfolgende Leistungsklage hätte begründen können. Die Kammer ist aus den nachstehenden Gründen der Auffassung, dass dem Bekl. zu 3) die Erhebung der vorgenannten Einrede in der vorliegenden Fallkonstellation tatsächlich nicht möglich ist, sodass gerade kein Fall der Rechtskrafterstreckung vorliegt, durch den die Vermeidung von Doppelprozessen und sich widersprechender Entscheidungen veranlasst ist.

Die Kl. hat in der mündlichen Verhandlung – von der Bekl. unbestritten – darauf hingewiesen, dass die Einrede von den englischen Gerichten im Wesentlichen dann zuerkannt worden ist, wenn sich die Parteien, zwischen denen die Interessengemeinschaft bejaht wurde, auf Klägerseite befanden, sodass sich der Bekl. gegen die weitere Klage mit der Begründung wehren konnte, dass er in derselben Sache bereits in Anspruch genommen worden sei. Im Streitfall befindet sich die Partei, die mit der Kl. im englischen Verfahren in Interessengemeinschaft stehen soll, jedoch auf der Beklagtenseite. Dass dem Bekl. zu 3) für den Fall, dass die Bekl. zu 2) mit der Feststellungsklage unterliegt und von einer Patentverletzung auszugehen ist, die Einrede der Klagehemmung oder des Verfahrensmissbrauchs zustehen könnte, behaupten selbst die Bekl. nicht. Es ist zudem nicht ersichtlich und auch sonst nicht im Einzelnen vorgetragen, dass eine solche Entscheidung (mit der die Nichtverletzung nicht festgestellt wird) in einem Verfahren der Bekl. zu 2) Rechtskraft gegen den Bekl. zu 3) im Falle einer Unterlassungsklage der Kl. entfalten könnte. Dies ist auch nach deutschem Recht nicht möglich. Dagegen lässt sich auch nicht mit Erfolg einwenden, die Kl. hätte den Bekl. zu 3) im Wege einer *counterclaim* in das englische Verfahren einbeziehen können. Denn die Kl. hat zutreffend und trotz Nachfrage in der mündlichen Verhandlung von den Bekl. unbeanstandet darauf hingewiesen, dass eine Widerklage gegen den Bekl. zu 3) bzgl. des deutschen Teils des Klagepatents mangels internationaler Zuständigkeit der englischen Gerichte nicht möglich sei.

Gleiches muss daher auch gelten, wenn die Bekl. zu 2) im englischen Verfahren obsiegt. Es mag aus Sicht der Bekl. in der Tat interessengerecht erscheinen, dass eine solche Entscheidung auch im Verhältnis zwischen der Kl. und dem Bekl. zu 3) Bindungswirkung entfaltet und einer Unterlassungsklage wegen Patentverletzung die Einrede der Verfahrenshemmung bzw. des Verfahrensmissbrauchs entgegensteht. Aus den Ausführungen von Lordrichter Floyd in der Entscheidung Resolution Chemicals (aaO) hat die Kammer jedoch den Eindruck gewonnen, dass der Einrede der Klagehemmung oder des Verfahrensmissbrauchs immer der Vorwurf innewohnt, dass sich der *privy* nicht von vornherein am ursprünglichen Verfahren beteiligt hat bzw. die andere Partei den *privy* nicht in das ursprüngliche Verfahren einbezogen hat. Dies ergibt sich etwa aus der Entscheidung House of Spring Gardens Ltd. vs. Waite (High Court of Justice, Resolution Chemicals aaO Rz. 26), wo es heißt, er – der *privy* – begnügte sich damit, sich zurückzulehnen und andere seine Schlacht schlagen zu lassen. Gleiches gilt für Wytcherley vs. Andrews (High Court of Justice, Resolution Chemicals aaO Rz. 27), wonach eine (Sammel-)Klage auch für unbeteiligte Dritte, die sich trotz Kenntnis vom Verfahren nicht an diesem beteiligten, bindend ist. Ähnliches gilt für Zeiss Nr. 2 und Johnson vs. Gore Wood (High Court of Justice, Resolution Chemicals aaO Rz. 29, 33). Der Kl. ist es jedoch – wie bereits ausgeführt – überhaupt nicht möglich, den Bekl. zu 3) in das englische Verfahren einzubeziehen. Die Kammer hält es vor diesem Hintergrund für höchst unbillig, eine Interessengemeinschaft zwischen der Bekl. zu 2) und 3) anzunehmen mit der Folge, dass es der Kl. unmöglich ist, jemals ihre Ansprüche gegen den Bekl. zu 3) zu klären: Die Feststellungsklage der Bekl. zu 2) würde eine Klage gegen den Bekl. zu 3) auf Unterlassung vor den deutschen Gerichten gemäß Art. 27 EuGVO sperren. Eine (Wider-)Klage in England würde an der mangelnden Zuständigkeit der englischen Gerichte scheitern. Dass ein solcher billigkeitsbasierter Ansatz nicht aus der Luft gegriffen ist, sondern durchaus befürwortet wird, folgt ebenfalls aus der Entscheidung Resolution Chemicals (aaO Rz. 33 f.).

Soweit die Bekl. einwenden, von den englischen Gerichten würde für das Verhältnis zwischen Arbeitgeber und Arbeitnehmer regelmäßig eine Interessengemeinschaft angenommen, sodass auch der Geschäftsführer im Verhältnis zur GmbH *privy* sei, vermag die Kammer dem nicht zu folgen. Die Bekl. beziehen sich insoweit auf die Ausführungen von Lordrichter Floyd in der Entscheidung Resolution Chemicals (aaO Rz. 29). Darin wurde die Interessengemeinschaft aber nicht einfach allein aufgrund des Arbeitgeber-Arbeitnehmer-Verhältnisses angenommen, sondern weil der Bedienstete gezielt beauftragt oder angewiesen wurde, etwas zu tun, was gegen das im früheren Prozess zugesprochene Recht verstieß. Eine solche Fallkonstellation liegt hier jedoch nicht vor."

235. *Die Rechtskraft einer ausländischen (hier: US-amerikanischen) Entscheidung entfaltet ihre Wirkung grundsätzlich auch für ein Prozessrechtsverhältnis der Parteien in Deutschland und steht einer in derselben Sache nochmals erhobenen Klage entgegen. [LS der Redaktion]*

OLG Brandenburg, Beschl. vom 20.5.2014 – 11 W 10/14: Unveröffentlicht.

Der ASt. beantragt PKH für ein beabsichtigtes einstweiliges Verfügungsverfahren sowie für eine beabsichtigte Klage gegen die AGg. Er behauptet, rechtmäßiger Inhaber der Domain www.t... com zu sein. Die AGg. – ein in den USA ansässiges Versicherungsunternehmen – ist Inhaberin der Domain www.t... com (mit nur einem „l") und der auch in Europa seit 1998 angemeldeten Wortmarke „T...". In einem vor einem US-amerikanischen Bundesbezirksgericht angestrengten Verfahren erwirkte die hiesige AGg. die Umschreibung der Domain www.t... com auf sie als Domaininhaberin.

Aus den Gründen:

„II. Die zulässige sofortige Beschwerde des ASt. ist unbegründet. Zutreffend hat das LG der beabsichtigten Klage keine hinreichenden Erfolgsaussichten im Sinne des § 114 ZPO beigemessen.

Die umfangreichen Klageanträge des ASt. laufen im Ergebnis stets darauf hinaus, die Rechtskraft des US-amerikanischen Urteils durch eine Entscheidung eines deutschen Gerichts zu beseitigen oder zu unterlaufen. Die Rechtskraft der US-amerikanischen Entscheidung wirkt jedoch grundsätzlich auch auf das Prozessrechtsverhältnis der Parteien in Deutschland (vgl. *Zöller-Geimer*, ZPO, 30. Aufl., IZPR Rz. 32). Die Rechtskraft steht grundsätzlich einer in derselben Sache nochmals erhobenen Klage entgegen, auch wenn es sich um ein ausländisches Urteil handelt. Für den vorliegenden Fall bedeutet dies, dass aufgrund der US-amerikanischen Gerichtsentscheidungen feststeht, dass die AGg. rechtmäßige Inhaberin der streitgegenständlichen Domain www.t... com ist. Einwendungen dagegen – seien sie verfahrensrechtlicher oder materiell-rechtlicher Art – hätte der ASt., nachdem die Sache in den USA rechtshängig geworden war, nur im dortigen Verfahren geltend machen können. Der Rechtskraft des Urteils steht auch nicht entgegen, dass der ASt. meint, es sei gegen Verfahrensrecht bzw. materielles Recht verstoßen worden. Dem ASt. stehen daher weder Schadensersatz- noch Unterlassungsansprüche gegen die AGg. zu. Unabhängig davon hat bereits das LG zutreffend darauf hingewiesen, dass ein deutsches Gericht grundsätzlich nicht befugt ist, die Gerichtsentscheidung aus einem anderen Staat in Frage zu stellen, jedenfalls soweit es nicht um die Anerkennung oder Vollstreckbarkeit der Entscheidung in der Bundesrepublik Deutschland geht.

Zutreffend ist das LG auch davon ausgegangen, dass die US-amerikanische Gerichtsentscheidung bereits in den USA vollstreckt ist und daher eine Vollstreckung in Deutschland nicht zu erwarten ist. Es bedarf daher auch keiner Anerkennung bzw. Vollstreckbarkeitserklärung der US-amerikanischen Gerichtsentscheidung. Der Verwalter der hier insoweit maßgeblichen Top-Level-Domain ‚com' ist die ... Inc. – ein in den USA ansässiges Unternehmen –, sodass jede Vollstreckung einer Gerichtsentscheidung über die Zuordnung einer Domain jedenfalls im letzten Schritt in den USA zu erfolgen hätte. Ein etwaiger deutscher Titel müsste erst in den USA für vollstreckbar erklärt werden; dieser würde jedoch spätestens mit der Rechtskraft der bereits ergangenen US-amerikanischen Gerichtsentscheidung kollidieren. Im Ergebnis fehlt dem ASt. daher jedenfalls das Rechtsschutzinteresse für eine hier erhobene Klage gegen die AGg., weil er sein Ziel selbst mit einer zusprechenden deutschen Gerichtsentscheidung nicht erreichen könnte."

236. *Ist das später angerufene Gericht nach Art. 22 EuGVO ausschließlich zuständig, darf es das Verfahren nicht nach Art. 27 I EuGVO aussetzen (im Anschluss an EuGH, Urteil vom 3.4.2014 – C-438/12).*

BGH, Beschl. vom 13.8.2014 – V ZB 163/12: RIW 2014, 690; WM 2014, 1813; IPRax 2015, 347, 318 Aufsatz *Kern*; MDR 2014, 1287; ZIP 2014, 1951. Leitsatz in JZ 2014, 630.

[Der Vorlagebeschluss des BGH vom 18.9.2013 – V ZB 163/12 – wurde bereits im Band IPRspr. 2013 unter der Nr. 255c abgedruckt. Nachdem der EuGH in einem anderen Verfahren – C-438/12 – die Frage, ob ein später angerufenes, ausschließlich zuständiges Gericht das Verfahren aussetzen müsse, verneint hat, hielt der BGH sein Vorlageersuchen nicht weiter aufrecht.]

Die Bekl. ist Eigentümerin eines in H. (Deutschland) belegenen Grundstücks, das mit einer Grundschuld belastet ist, aus der die Kl. vollstrecken will. Mit ihrer seit 2011 beim LG Hamburg rechtshängigen Klage möchte die Kl. die Verurteilung der Bekl. erreichen, die Zwangsvollstreckung wegen einer Forderung über 155 000 € nebst Zinsen zu dulden. Bereits 2010 hatte die Bekl. beim Landgericht Mailand (Italien) eine Klage sowohl gegen die Kl. als auch gegen die in Italien ansässige P. S.r.l. erhoben mit dem Ziel, festzustellen, dass die Grundschuld nicht wirksam an die Kl. abgetreten worden, die zwischen den Parteien geschlossene Sicherungszweckerklärung unwirksam sei und die Bekl. daher nicht zur Duldung der Zwangsvollstreckung verpflichtet sei. Mit Urteil verneinte das Landgericht Mailand 2010 die Zuständigkeit der italienischen Gerichte. In dem vorliegenden Rechtsstreit möchte die Bekl. zunächst eine Aussetzung des Verfahrens nach Art. 27 I EuGVO wegen anderweitiger Rechtshängigkeit erreichen. Ihr dahingehender Antrag ist in beiden Vorinstanzen erfolglos geblieben. Mit der zugelassenen Rechtsbeschwerde verfolgt sie den Aussetzungsantrag weiter.

Aus den Gründen:

„III. Die nach § 574 I 1 Nr. 2 ZPO statthafte und nach § 575 ZPO auch im Übrigen zulässige Rechtsbeschwerde ist unbegründet.

1. Mit der gegebenen Begründung kann die Beschwerdeentscheidung allerdings nicht aufrechterhalten werden.

a) Entgegen der Auffassung des BeschwG betreffen die vorliegende Klage und das in Italien geführte Verfahren denselben Anspruch im Sinne von Art. 27 I EuGVO. Der Begriff ‚desselben Anspruchs' ist im Rahmen der EuGVO autonom und weit auszulegen, um einander widersprechende Urteile im Sinne von Art. 34 Nr. 3 EuGVO zu vermeiden. Maßgeblich ist, ob der Kernpunkt beider Streitigkeiten derselbe ist (vgl. nur EuGH, Urt. vom 8.12.1987 – Gubisch Maschinenfabrik KG ./. Giulio Palumbo, Rs C-144/86, Slg. 1987, 4861 = NJW 1989, 665 Rz. 11, 16, 18 f.; Senat, Beschl. vom 18.9.2013 – V ZB 163/12[1], WM 2013, 2160 Rz. 7 m.w.N.). So liegt es auch hier. Die Klage in Italien richtet sich u.a. auf die Feststellung, dass keine Verpflichtung zur Duldung der Zwangsvollstreckung aus der Grundschuld bestehe. Mit der vorliegenden Klage soll eben diese Duldung erreicht werden. Dass es im italienischen Verfahren noch um weitere Feststellungen geht, ist für die Identität des Streitgegenstands unerheblich. Kernpunkt ist jeweils die Frage, ob die Kl. aus der Grundschuld vorgehen darf; jedenfalls ist der Streitgegenstand des vorliegenden Rechtsstreits vollständig vom italienischen Verfahren abgedeckt. Im Übrigen beschränkt sich der Gegenstand der Klage in Italien nicht auf die Einbeziehung der P. S.r.l.

b) Unzutreffend ist auch die weitere Annahme des BeschwG, die beiden Verfahren seien nicht zwischen identischen Parteien anhängig. Die Identität ist unabhängig von der jeweiligen Parteistellung. Zudem ist es unschädlich, wenn in einem Verfahren zusätzlich Dritte beteiligt sind. Das hat lediglich zur Folge, dass sich die Rechtsfolgen des Art. 27 EuGVO auf diejenigen Parteien beschränken, zwischen denen mehrere Verfahren anhängig sind (vgl. EuGH, Urt. vom 6.12.1994 – The owners of the cargo lately laden on board the ship ‚Tatry' ./. the owners of the ship ‚Maciej Rataj', Rs C-406/92, Slg 1994, I-05439 = ZIP 1995, 943 Rz. 31, 33; Senat, Beschl. vom 18.9.2013 aaO Rz. 9).

---
[1] IPRspr. 2013 Nr. 255c.

c) Schließlich verkennt das BeschwG, dass von einer Aussetzung nach Art. 27 I EuGVO grundsätzlich nicht unter dem Gesichtspunkt des Rechtsmissbrauchs abgesehen werden kann (Senat, Beschl. vom 18.9.2013 aaO Rz. 11 m.w.N.; vgl. auch EuGH, Urt. vom 3.4.2014 – Irmengard Weber ./. Mechthilde Weber, Rs C-438/12, Rz. 59 f.).

2. Der Rechtsbeschwerde bleibt im Ergebnis jedoch deshalb der Erfolg versagt, weil dies dann nicht gilt, wenn das später angerufene Gericht nach Art. 22 Nr. 1 EuGVO ausschließlich zuständig ist (EuGH, Urt. vom 3.4.2014 aaO Rz. 54 ff.). Dass es sich hier so verhält, hat der Senat bereits in dem Beschluss vom 18.9.2013 im Einzelnen ausgeführt (aaO Rz. 12 ff.). Entgegen der Auffassung der Bekl. unterliegt es keinem vernünftigen Zweifel, dass auch (Sicherungs-)Grundschulden unter Art. 22 Nr. 1 EuGVO fallen; § 1192 Ia BGB ändert daran nichts."

10. Rechts- und Amtshilfe

11. Anerkennung und Vollstreckung ausländischer Entscheidungen in vermögensrechtlichen Angelegenheiten

237. *Der Art. 8 II des Vertrags zwischen der Bundesrepublik Deutschland und dem Staat Israel über die gegenseitige Anerkennung und Vollstreckung gerichtlicher Entscheidungen in Zivil- und Handelssachen vom 20.7.1977 (BGBl. 1980 II 926) erzeugt für das Vollstreckungsgericht eine Bindungswirkung dahingehend, dass die vom Erstgericht vorgenommene tatsächliche und rechtliche Würdigung seiner Zuständigkeit keiner Überprüfung im Anerkennungsstaat unterzogen werden darf. Allerdings obliegt dem Anerkennungsgericht die Prüfung, ob die vom Erstgericht in Anspruch genommene Zuständigkeit im Katalog des Art. 7 I des Vertrags erwähnt ist und ob sie durch keine ausschließliche Zuständigkeit des Anerkennungsstaats verdrängt wird. [LS der Redaktion]*

a) OLG Hamm, Beschl. vom 7.6.2013 – 25 W 47/13: Unveröffentlicht.
b) BGH, Beschl. vom 9.10.2014 – IX ZB 46/13: Unveröffentlicht.

Die ASt. (Gl.), eine Gesellschaft mit Sitz in Israel, erwarb von der in Deutschland ansässigen AGg. (Schuldnerin) 2007 einen Häcksler. In die Vertragsverhandlungen waren zwei selbständige Handelsvertreter [Bekl. zu 2) und 3)] in Israel eingeschaltet, welche die Produkte der Schuldnerin vertrieben. Der Vertragsschluss erfolgte unmittelbar zwischen Gl. und Schuldnerin. Aufgrund von behaupteten Mängeln klagte die Gl. vor dem Bezirksgericht Haifa, welches die Schuldnerin durch ein „teilweises Urteil in Abwesenheit einer Verteidigung" 2011 zur Zahlung von 2 663 845 NIS verurteilte. Die ASt. hat beantragt, den Zahlungstitel in Deutschland für vollstreckbar zu erklären. Das LG hat dem Antrag stattgegeben, das OLG hat den Antrag auf die Beschwerde der AGg. hin zurückgewiesen. Mit der Rechtsbeschwerde begehrt die ASt. die Wiederherstellung der erstinstanzlichen Entscheidung.

Aus den Gründen:

a) OLG Hamm 7.6.2013 – 25 W 47/13:

„B. Die nach §§ 1 I Nr. 1, 11 I AVAG zulässige Beschwerde hat in der Sache Erfolg.
I. Das LG hat zu Unrecht die Vollstreckbarkeit des Versäumnisurteils des Bezirksgerichts Haifa angeordnet, denn die Vollstreckbarerklärung war nach Art. 16 I

i.V.m. Art. 5 I Nr. 1, II Nr. 1 lit. b des insoweit maßgeblichen Vertrags zwischen der Bundesrepublik Deutschland und dem Staat Israel über die gegenseitige Anerkennung und Vollstreckung gerichtlicher Entscheidungen in Zivil- und Handelssachen (nachfolgend: Vertrag) zu versagen.

1. Zu bejahen ist der Versagungsgrund des Art. 5 I Nr. 1 des Vertrags, denn für das Bezirksgericht Haifa war keine Zuständigkeit nach Art. 7 des Vertrags gegeben.

a) Die Überprüfung der internationalen Zuständigkeit des Bezirksgerichts Haifa ist dem Senat nicht nach Art. 8 II des Vertrags verwehrt, wonach die Gerichte im Anerkennungsstaat bei der Beurteilung der Zuständigkeit des Entscheidungsgerichts an die tatsächlichen und rechtlichen Feststellungen gebunden sind, aufgrund derer das Gericht im Entscheidungsstaat seine Zuständigkeit bejaht hat.

Durch diese Regelung soll erreicht werden, dass bei der Anerkennung und Vollstreckung einer Entscheidung aus dem anderen Vertragsstaat grundsätzlich nicht mehr geprüft wird, ob das Gericht im Entscheidungsstaat seine Zuständigkeit zu Recht oder zu Unrecht angenommen hat. Hierdurch sollen widerstreitende Zuständigkeitsentscheidungen vermieden und die gegenseitige Anerkennung und Vollstreckung erleichtert und beschleunigt werden. Soweit das Gericht des Entscheidungsstaats für die Prüfung seiner Zuständigkeit die lex fori anzuwenden hat, ist im Zweifel davon auszugehen, dass es die einschlägigen Normen geprüft hat. Das gilt sogar dann, wenn die Urteilsgründe die Frage der Zuständigkeit nicht behandeln (vgl. dazu BGH, Beschl. vom 29.3.2012 – IX ZB 242/09[1], Tz. 9; BGH, Beschl. vom 18.9.2001 – IX ZB 75/99[2], Tz. 10 f.).

Daraus ist aber nicht zu folgern, dass eine Überprüfung der Zuständigkeit gänzlich ausgeschlossen ist. Den Gerichten des Anerkennungsstaats ist es nur verwehrt, die tatsächliche und rechtliche Würdigung, die das Gericht im Entscheidungsstaat vorgenommen hat, einer Überprüfung zu unterziehen. Ungeachtet dieser Bindungswirkung obliegt dem Anerkennungsgericht aber die Prüfung, ob die vom Gericht des Entscheidungsstaats in Anspruch genommene Zuständigkeit im Zuständigkeitskatalog des Art. 7 I des Vertrags erwähnt ist und sie durch keine ausschließliche Zuständigkeit des Anerkennungsstaats verdrängt wird. Anderenfalls würden die Zuständigkeitsregelungen des Art. 7 des Vertrags obsolet (vgl. dazu BGH, Beschl. vom 29.3.2012 aaO Tz. 10, BGH, Beschl. vom 14.4.2005 – IX ZB 175/03[3], Tz. 11).

b) Das Bezirksgericht Haifa stellt seine sachliche Zuständigkeit fest, ohne eine der Katalogzuständigkeiten des Art. 7 des Vertrags zu nennen. Der Begründung des Versäumnisurteils kann entnommen werden, dass das Bezirksgericht Haifa auf die wirksame Zustellung der Klage auch gegenüber der AGg. an die Bekl. zu 2) und zu 3) als ihre Vertreter für geschäftliche Transaktionen, das Fehlen einer Klageerwiderung der AGg. und das Fehlen einer Gerichtsstandsvereinbarung abgestellt hat.

Daraus ist zu schließen, dass das Bezirksgericht Haifa seine Zuständigkeit nicht mit einem der im Zuständigkeitskatalog des Art. 7 I des Vertrags genannten Gerichtsstände begründet hat.

Die wirksame Zustellung der Klageschrift im Entscheidungsstaat ist in Art. 7 I des Vertrags nicht aufgeführt.

---

[1] IPRspr. 2012 Nr. 265.
[2] IPRspr. 2001 Nr. 184.
[3] IPRspr. 2005 Nr. 150.

Das Bezirksgericht Haifa hat seine Zuständigkeit erkennbar nicht aus Art. 7 I Nr. 2 des Vertrags abgeleitet. Für die Begründung der wirksamen Zustellung der Klageschrift hat es darauf abgestellt, dass die Bekl. zu 2) und zu 3) des Ausgangsverfahrens Vertreter der AGg. für geschäftliche Transaktionen in Israel sind, was mit einer geschäftlichen Niederlassung oder Zweigniederlassung nicht gleichzusetzen ist. Unstreitig unterhielt die AGg. in Israel kein Büro und schlossen die Bekl. zu 2) und zu 3) die Verträge mit den Kunden der AGg. nicht selbständig ab.

Entgegen der Ansicht der ASt. hat sich das Bezirksgericht Haifa für die Begründung seiner Zuständigkeit nicht auf eine rügelose Einlassung der AGg. gestützt. Das Bezirksgericht Haifa ist in dem Versäumnisurteil davon ausgegangen, dass der Fristverlängerungsantrag vom 3.10.2010, der nach Ansicht der ASt. eine eine rügelose Einlassung beinhaltende Verteidigungsschrift darstellt, ausschließlich im Namen der Bekl. zu 2) und zu 3) gestellt worden sei. Dabei kann dahinstehen, wie dieser Fristverlängerungsantrag aus Sicht des Senats zu verstehen ist und ob Rechtsanwalt Dr. V. sich gegenüber dem damaligen Prozessbevollmächtigten der ASt. als Bevollmächtigter für alle drei Bekl. bezeichnet hatte. Entscheidend ist, ob das Bezirksgericht Haifa für die Begründung seiner Zuständigkeit davon ausgegangen ist, dass die AGg. sich rügelos eingelassen habe. Das ist – unabhängig von der Frage, ob schon der Fristverlängerungsantrag eine eine rügelose Einlassung beinhaltende Verteidigungsschrift darstellt – nicht festzustellen, weil das Bezirksgericht Haifa in dem Versäumnisurteil den Fristverlängerungsantrag nicht der AGg. zugerechnet hat.

2. Darüber hinaus besteht der Versagungsgrund des Art. 5 II Nr. 1 lit. b des Vertrags.

a) Die AGg. hat sich auf das Verfahren vor dem Bezirksgericht Haifa nicht eingelassen.

aa) Hierfür spricht bereits das von dem Bezirksgericht Haifa gewählte Verfahren, denn es hat gegen die AGg. ein ‚teilweises Urteil in Abwesenheit der Verteidigung‘, d.h. ein Versäumnisurteil erlassen.

Nach dem durch die ASt. selbst zitierten Art. 17 II lit. a der israelischen Verordnung Nr. 5723/1963 über die Zivilprozessordnung wird im Fall einer Klage vor dem Amtsgericht mit einem Wert des Streitobjekts von 25 Shekel oder mehr der Beklagte in der gerichtlichen Ladung aufgefordert, einen Verteidigungsschriftsatz innerhalb der Zeit einzureichen, die in der Ladung liegen darf, und hat der Beklagte an dem in der Ladung festgesetzten Tag vor Gericht zu erscheinen, wenn er die Verteidigungsbereitschaft angezeigt hat. Als Folge einer fehlenden Verteidigung bestimmt die von der ASt. ebenfalls zitierte ‚Rule 102‘, dass das Gericht ein Urteil in Abwesenheit und nur aufgrund der Klageschrift erlässt, wenn der zur Einreichung eines Verteidigungsschriftsatzes aufgeforderte Beklagte diesen innerhalb der festgesetzten Frist nicht eingereicht hat.

Das seitens des Bezirksgerichts Haifa verkündete Versäumnisurteil setzte angesichts dessen voraus, dass die AGg. gerade keine Verteidigungsbereitschaft anzeigte und auch keine Verteidigungsschrift einreichte.

Der durch Rechtsanwalt Dr. V. eingebrachte Fristverlängerungsantrag ist von dem Bezirksgericht Haifa weder als Verteidigungsanzeige noch als Klageerwiderung gewertet worden, dies schon deshalb, weil das Bezirksgericht Haifa den Fristverlängerungsantrag der AGg. nicht zugerechnet hat.

Die Argumentation der ASt. dazu, dass der durch Rechtsanwalt Dr. V. gestellte Fristverlängerungsantrag eine Verteidigungsschrift der ASt. darstelle, ist insoweit widersprüchlich, als sie gleichzeitig Rechte aus einem Versäumnisurteil des Bezirksgerichts Haifa herleitet, das nach den von ihr selbst zitierten prozessualen Vorschriften gerade das Fehlen eines Verteidigungsschriftsatzes voraussetzt und nicht geltend macht, dass die Verfahrensweise des Bezirksgerichts Haifa fehlerhaft gewesen sei. Hierfür sieht der Senat im Übrigen auch keine Anhaltspunkte.

b) Die Klageschrift wurde unter Verletzung einer zwischenstaatlichen Übereinkunft zwischen der Bundesrepublik Deutschland und dem Staat Israel zugestellt, denn sie trägt den Anforderungen des HZÜ, das in Deutschland am 26.6.1979 und in Israel am 13.10.1972 in Kraft getreten ist (vgl. OLG Köln, Beschl. vom 1.6.1994 – 16 W 68/93[4], Tz. 8), nicht Rechnung.

Nach Art. 2 ff. HZÜ hätte ein Antrag der nach dem Recht des Ursprungsstaats zuständigen Behörde an die Zentrale Behörde des ersuchten Staats gerichtet werden müssen und hätte Letztere dann die Zustellung in der Form, die dem Recht des ersuchten Lands entspricht oder in einer besonderen von der ersuchenden Stelle gewünschten Form, soweit diese mit dem Recht des ersuchten Staats vereinbar ist, bewirk[en] oder veranlass[en] müssen. Dass diese Formalien eingehalten worden sind, ist nicht ersichtlich.

Art. 10 HZÜ, der eine Übersendung unmittelbar durch die Post zulässt, ist im Verhältnis zwischen Israel und Deutschland nicht anwendbar, weil die Bundesrepublik Deutschland durch ausdrückliche Erklärungen vom 27.4.1979 der Benutzung der in Art. 8 und 10 des Übereinkommens vorgesehenen Übermittlungswege ausdrücklich widersprochen hat (vgl. OLG Köln, Beschl. vom 1.6.1994 aaO Tz. 9).

Der Zustellungsmangel ist nicht nach § 189 ZPO geheilt worden, weil die Vorschrift nicht auf Zustellungen im internationalen Rechtsverkehr anwendbar ist. Eine Heilung von Zustellungsmängeln durch tatsächlichen Zugang kommt im internationalen Rechtsverkehr nur in Betracht, wenn dies in den entspr. Verträgen vorgesehen ist (vgl. OLG Köln, Beschl. vom 1.6.1994 aaO Tz. 10, MünchKommZPO-*Gottwald*, 4. Aufl., Art. 5 des deutsch-israelischen Vertrags Rz. 4). Das ist hier nicht der Fall."

b) BGH 9.10.2014 – IX ZB 46/13:

„II. Die Rechtsbeschwerde ist zwar gemäß Art. 11 des Vertrags zwischen der Bundesrepublik Deutschland und dem Staat Israel über die gegenseitige Anerkennung und Vollstreckung gerichtlicher Entscheidungen in Zivil- und Handelssachen vom 20.7.1977 (BGBl. 1980 II 926; nachfolgend: Vertrag) i.V.m. §§ 1 I Nr. 1 lit. d, 15 I AVAG, 574 I 1 Nr. 1 ZPO statthaft. Sie ist jedoch nach §§ 15 I AVAG, 574 II ZPO unzulässig, weil die Rechtssache keine grundsätzliche Bedeutung hat und auch weder zur Fortbildung des Rechts noch zur Sicherung einer einheitlichen Rspr. eine Entscheidung des Rechtsbeschwerdegerichts erforderlich ist.

1. Das BeschwG hat die Senatsrechtsprechung zum Umfang der zulässigen Nachprüfung der Zuständigkeit des Erstgerichts zugrunde gelegt und danach eine eigen-

---
[4] IPRspr. 1994 Nr. 164.

ständige Würdigung des Zuständigkeitskatalogs nach Art. 7 I des Vertrags für zulässig erachtet und durchgeführt. Nach dem System der indirekten Zuständigkeiten des Vertrags handelt es sich bei den in Art. 7 I des Vertrags genannten Gerichtsständen nicht um Zuständigkeiten, die bereits vom Gericht des Entscheidungsstaats zu beachten wären (Denkschrift zum Vertrag, BT-Drucks. 8/3866 S. 13 f. zu Art. 5). Das Erstgericht kann seine Zuständigkeit auf die lex fori stützen, was dazu führt, dass die in Art. 7 I des Vertrags aufgeführten Zuständigkeiten erst im Anerkennungsstaat nach Art. 5 I Nr. 1 des Vertrags zu beachten sind.

a) Die Bindungswirkung nach Art. 8 II des Vertrags bedeutet in diesem Zusammenhang nur, dass die vom Erstgericht vorgenommene tatsächliche und rechtliche Würdigung seiner Zuständigkeit keiner Überprüfung im Anerkennungsstaat unterzogen werden darf (BGH, Beschl. vom 14.4.2005 – IX ZB 175/03, WM 2005, 1341, 1342; vom 29.3.2012 – IX ZB 242/09[1], WM 2012, 902 Rz. 10). Dies gilt grundsätzlich auch bei Versäumnisentscheidungen (BT-Drucks. aaO S. 16 zu Art. 8), selbst wenn die Zuständigkeit des Erstgerichts mangels Begründung aus stillschweigenden Feststellungen geschlossen werden muss (BGH, Beschl. vom 18.9.2001 – IX ZB 75/99[2], WM 2001, 2121, 2122). Dem Anerkennungsgericht obliegt aber die Prüfung, ob die vom Erstgericht in Anspruch genommene Zuständigkeit im Katalog des Art. 7 I des Vertrags erwähnt ist und ob sie durch keine ausschließliche Zuständigkeit des Anerkennungsstaats verdrängt wird (BGH, Beschl. vom 14.4.2005 aaO; vom 29.3.2012 aaO). Es fehlt an Feststellungen des Erstgerichts, die eine Bindungswirkung für das Gericht des Anerkennungsstaats auslösen, soweit es sich mit den Voraussetzungen des Zuständigkeitskatalogs in Art. 7 I des Vertrags nicht befasst hat (vgl. BGH, Beschl. vom 14.4.2005 aaO 1342 f.).

b) Danach hat das BeschwG mit Recht zunächst geprüft, ob das Bezirksgericht Haifa seine Zuständigkeit auf einen der in Art. 7 I des Vertrags genannten Gerichtsstände gestützt hat. Nach Verneinung dieser Frage war dem BeschwG die Möglichkeit einer Würdigung der Zuständigkeitsregelungen des Art. 7 I des Vertrags ohne Bindung an die Feststellungen des Erstgerichts eröffnet. Die Ausführungen zum Gerichtsstand der geschäftlichen Niederlassung oder Zweigniederlassung im Sinne von Art. 7 I Nr. 2 des Vertrags zeigen, dass das BeschwG eine solche eigenständige Würdigung vorgenommen hat. Es hat darauf abgestellt, dass die AGg. in Israel kein Büro unterhielt und die Bekl. zu 2) und 3) die Verträge mit den Kunden nicht selbständig abschlossen (vgl. BGH, Beschl. vom 29.3.2012 aaO Rz. 15). Die Ablehnung einer geschäftlichen Niederlassung oder Zweigniederlassung der AGg. in Israel wird unter Zulässigkeitsaspekten nicht hinreichend angegriffen.

c) Der im Zusammenhang mit der Verneinung einer zuständigkeitsbegründenden Einlassung der AGg. im Sinne von Art. 7 I Nr. 11 des Vertrags geltend gemachte Einheitlichkeitssicherungsbedarf ist nicht entscheidungserheblich. Das BeschwG ist jedenfalls bei Prüfung des Versagungsgrunds des Art. 5 II Nr. 1 lit. b des Vertrags auch aufgrund eigener Prüfung zu dem zutreffenden Ergebnis gekommen, dass der Fristverlängerungsantrag von Rechtsanwalt Dr. V. nicht als rügelose Einlassung der AGg. auf das Verfahren anzusehen ist.

aa) Die Auslegung des Begriffs der ‚Einlassung' im Sinne von Art. 7 I Nr. 11 des Vertrags kann sich am Verständnis des Art. 24 EuGVO orientieren, wie der Se-

---

[1] IPRspr. 2012 Nr. 265.   [2] IPRspr. 2001 Nr. 184.

nat bereits zur entspr. Bestimmung des Vorgängerübereinkommens EuGVÜ, dort Art. 18, ausgeführt hat (BGH, Beschl. vom 18.9.2001 aaO 2123). Zu Art. 24 EuGVO hat der EuGH festgestellt, dass die Rüge der fehlenden Zuständigkeit keinesfalls mehr nach Abgabe derjenigen Stellungnahme erhoben werden kann, die nach dem innerstaatlichen Prozessrecht als das erste Verteidigungsvorbringen vor dem angerufenen Gericht anzusehen ist (Urt. vom 24.6.1981 – Elefanten Schuh GmbH ./. Pierre Jacqmain, Rs C-150/80, Slg. 1981, 1671 Rz. 16; vom 13.6.2013 – Goldbet Sportwetten GmbH ./. Massimo Sperindeo, Rs C-144/12, , RIW 2013, 554 Rz. 37; vom 27.2.2014 – Cartier parfums – lunettes SAS u. Axa Corporate Solutions assurances S.A. ./. Ziegler France S.A. u.a., Rs C-1/13, RIW 2014, 302 Rz. 36, 44 f). Eine Einlassung liegt somit nur vor, wenn es sich um ein Verteidigungsvorbringen aus Sicht des nationalen Prozessrechts des Erststaats handelt (vgl. *Geimer-Schütze*, EuZVR, 3. Aufl., A. 1, Art. 24 Rz. 29; *Schulte-Beckhausen*, Internationale Zuständigkeit durch rügelose Einlassung im Europäischen Zivilprozessrecht, 1994, 151; *Schütze*, ZZP 90 (1977), 67, 73; *ders.* in RIW/AWD 1979, 590, 592). Auf der Hand liegt auch, dass überhaupt eine Äußerung des Beklagten vorliegen muss.

bb) Dass sich das BeschwG der Auffassung des israelischen Gerichts angeschlossen und eine Einlassung der AGg. auf das Verfahren verneint hat, ist unter Zulässigkeitsgesichtspunkten nicht zu beanstanden. Das BeschwG führt insbesondere bei der Prüfung des Versagungsgrunds des Art. 5 II Nr. 1 lit. b des Vertrags ausdrücklich an, dass bereits der Erlass einer Säumnisentscheidung durch das Erstgericht dagegen spricht, dass eine Einlassung auf das Verfahren im Sinne des israelischen Prozessrechts vorlag. Zudem zieht es die Begründung des Erstgerichts heran, wonach für die AGg. keine Klageerwiderung eingereicht und der Fristverlängerungsantrag von Rechtsanwalt Dr. V. nur für die Bekl. zu 2) und 3) gestellt wurde. Ohne an diese – nicht zuständigkeitsbegründende – Feststellung des Erstgerichts nach Art. 8 II des Vertrags gebunden gewesen zu sein, durfte das BeschwG dieser Einschätzung des Erstgerichts folgen. Richtig ist, dass es widersprüchlich erscheint, einerseits eine Einlassung auf das Verfahren zu behaupten und andererseits Rechte aus einer Säumnisentscheidung herleiten zu wollen, die gerade einen fehlenden Verteidigungsschriftsatz der AGg. nach dem maßgeblichen israelischen Prozessrecht voraussetzte. Wird der Schriftsatz von Rechtsanwalt Dr. V. mit dem BeschwG nicht der AGg. zugerechnet, stellt sich mangels Äußerung der AGg. im erststaatlichen Verfahren auch nicht die von der Rechtsbeschwerde zu Art. 5 II Nr. 1 lit. b des Vertrags aufgeworfene Frage, ob eine Stellungnahme genügt, aus welcher sich entnehmen lässt, dass ein Beklagter von dem gegen ihn eingeleiteten Verfahren Kenntnis erlangt hat und eine Verteidigungsmöglichkeit hatte.

2. Nicht klärungsbedürftig ist die von der Rechtsbeschwerde zu Art. 5 II Nr. 1 lit. b des Vertrags aufgeworfenen Frage, ob die unter Verletzung der Regelungen des HZÜ erfolgte Zustellung der Klageschrift nach dem autonomen Recht der beteiligten Staaten geheilt werden kann, obwohl im Übereinkommen selbst eine solche Heilungsmöglichkeit nicht vorgesehen ist. Es ist geklärt, dass ein Zustellungsmangel, der auf einer Verletzung der Bestimmungen des HZÜ beruht, nicht durch die Vorschriften des autonomen Zustellungsrechts geheilt werden kann (BGH, Urt. vom 14.9.2011 – XII ZR 168/09[3], BGHZ 191, 59 Rz. 28 ff.; vgl. auch BGH, Urt. vom

---

[3] IPRspr. 2011 Nr. 258.

2.12.1992 – XII ZB 64/91[4], BGHZ 120, 305, 311 f.; vom 29.4.1999 – IX ZR 263/97[5], BGHZ 141, 286, 303). Eine Verletzung der übereinkommensrechtlichen Regelungen hat das BeschwG festgestellt, indem es auf die fehlende Einschaltung der zuständigen Behörde des Ursprungsstaats und der Zentralen Behörde des ersuchten Staats im Sinne von Art. 2 ff. HZÜ Bezug genommen und eine Übermittlung unmittelbar durch die Post für unzulässig erachtet hat. Eine Heilung dieses Zustellungsmangels nach dem autonomen deutschen Recht hat das BeschwG daher in Übereinstimmung mit der Rspr. des BGH mit Recht ausgeschlossen.

3. Der Zulässigkeitsgrund der Grundsatzbedeutung kann auch nicht im Hinblick auf die Frage bejaht werden, ob der Versagung der Vollstreckbarerklärung entgegenstehen könnte, dass die AGg. gegen die Säumnisentscheidung des Bezirksgerichts Haifa kein Rechtsmittel in Israel eingelegt hat. Aus dem Wortlaut der Regelungen des deutsch-israelischen Vertrags lässt sich eine Verpflichtung zur Einlegung von Rechtsmitteln, die nach dem Recht des Erststaats zulässig sind, nicht entnehmen. Der Versagungsgrund des Art. 34 Nr. 2 EuGVO wurde erst bei Einführung dieser Verordnung um eine entspr. Verpflichtung des Schuldners ergänzt (vgl. *Kropholler v. Hein*, Europäisches Zivilprozessrecht, 9. Aufl., Einl. Rz. 27; Art. 34 Rz. 42). Zur früheren Bestimmung des Art. 27 Nr. 2 EuGVÜ, welche diese Verpflichtung zur Einlegung des zulässigen Rechtsmittels im Erststaat nicht enthielt, hatte der EuGH eine entspr. Einschränkung des Versagungsgrunds mit dem Wortlaut und dem Zweck der Bestimmung für unvereinbar erklärt (EuGH, Urt. vom 12.11.1992 – Minalmet GmbH ./. Brandeis Ltd., Rs C-123/91, RIW 1993, 65 Rz. 15 ff.). Weshalb für den deutsch-israelischen Vertrag etwas anderes gelten sollte, wird nicht dargetan. Hinzu kommt, dass im Streitfall auch der Versagungsgrund der fehlenden internationalen Zuständigkeit des Gerichts und nicht nur der Verletzung der Verfahrensrechte der AGg. im Eröffnungsstadium festgestellt wurde. Es ist nicht dargelegt, dass die Beantwortung der von der Rechtsbeschwerde aufgeworfenen Rechtsfrage zweifelhaft ist und unterschiedliche Auffassungen zu ihr vertreten werden (vgl. HK-ZPO-*Kayser/Koch*, 5. Aufl., § 543 Rz. 8)."

238. *Eine Vollstreckungsgegenklage kann auch gegen die Vollstreckbarkeitserklärung eines ausländischen Titels erhoben werden.*

Bei der Schiedseinrede im Rahmen einer Vollstreckungsgegenklage kommt es darauf an, ob die mit der Vollstreckungsgegenklage geltend gemachte Einwendung der Schiedsabrede unterliegt.

Die Zulässigkeit einer Aufrechnung im Vollstreckbarkeitsverfahren beurteilt sich nach dem Recht der Forderung, gegen die aufgerechnet wird.

Lässt sich der Inhalt ausländischen Rechts nicht sicher feststellen, finden Beweislastregeln keine Anwendung; ein non liquet ist nicht möglich. Vielmehr ist deutsches Recht als Ersatzrecht anzuwenden.

Der aus § 293 ZPO folgenden Pflicht einer gerichtlichen Aufklärung des Inhalts fremden Rechts ist genüge getan, wenn eine ergänzende Stellungnahme des gerichtlichen Sachverständigen eingeholt worden ist.

Es fehlt eine internationale Zuständigkeit wenn es um einen Anspruch im Zusammenhang mit der Ausübung hoheitlicher Befugnisse, vorliegend der Verurtei-

---

[4] IPRspr. 1992 Nr. 239.   [5] IPRspr. 1999 Nr. 160.

lung des Beklagten als (weiteren) Steuerschuldner für rückständige Steuern, geht. Ausländische Entscheidungen über öffentlich-rechtliche Forderungen sind nicht anerkennungsfähig. [LS der Redaktion]

OLG Köln, Urt. vom 6.2.2014 – 18 U 89/08: Unveröffentlicht.

[Das vorgehende Urteil des LG Köln vom 18.1.2008 – 3 O 7/07 – wurde bereits im Band IPRspr. 2008 unter der Nr. 196 abgedruckt; mit seinem nachgehenden Beschluss wies der BGH – I ZR 275/14 – die Nichtzulassungsbeschwerde der Kl. zurück.]

Die Kl. wendet sich gegen die Vollstreckung aus einer Kostenentscheidung des Stockholms Tingsrätt vom 18.12.2002, die durch Beschluss des LG Köln vom 8.6.2004 – 3 O 138/04 – für vollstreckbar erklärt wurde. Die Klausel wurde unter dem 11.6.2004 erteilt.
Unter dem 28.8.1991 gründete der Bekl. über die von ihm geführte US-amerik. Firma mit der Polizei- und Ordnungsbehörde der Stadt St. Petersburg und des anliegenden Gebiets Leningrad GUVD ein Joint Venture (P) in Form einer Aktiengesellschaft russischen Rechts (Kamenyj Ostrov). Gesellschaftszweck war der Import, Export und Vertrieb technischer Geräte, insbes. von Polizeiausrüstungen sowie die Tätigkeit als Sicherheits- und Bewachungsunternehmen. Nach dem Gründungsvertrag sollte die GUVD als Einlage ein Grundstück mit Gebäuden in St. Petersburg bzw. die Nutzungsmöglichkeit an dem Grundstück einbringen, der Bekl., bzw. die US-amerik. Firma neben Bürotechnik, Fahrzeugen und Material die zur Renovierung des Objekts erforderlichen Geldmittel. Im Januar 1996 wurde das Objekt beschlagnahmt. Die Parteien machen nunmehr wechselseitige Schadensersatzansprüche geltend. Der Bekl. machte seine Ansprüche – gestützt auf Enteignung – vor dem Internationalen Schiedsgericht in Stockholm geltend. Grundlage war der Vertrag zwischen der Bundesrepublik Deutschland und der Union der Sozialistischen Sowjetrepubliken über die Förderung und den gegenseitigen Schutz von Kapitalanlagen vom 13.6.1989 (BGBl. 1990 II 342). Das Schiedsgericht sprach ihm durch Schiedsspruch vom 7.7.1998 insgesamt 2,35 Mio. Dollar zu. Mit Beschluss vom 16.2.2001 – 28 Sch 23/99 – erklärte das KG Berlin den Schiedsspruch für vorläufig vollstreckbar. Die Kl. wendet sich im vorliegenden Verfahren gegen die Vollstreckung mit drei zur Aufrechnung gestellten Gegenforderungen, von denen sie in der Berufungsinstanz noch zwei weitere verfolgt.

Aus den Gründen:

„II. Die gemäß §§ 511 ff. ZPO statthafte und auch im Übrigen zulässige Berufung der Kl. bleibt ohne Erfolg. Das LG hat im Ergebnis zu Recht die Klage abgewiesen. Im Einzelnen:

1. a. Das LG Köln ist zunächst international zuständig; dies ergibt sich aus § 14 II AVAG, wonach die Klage bei dem Gericht zu erheben ist, welches die angefochtene Vollstreckbarerklärung erteilt hat.

b. Gegen den Beschluss des LG Köln vom 8.6.2004, durch den die Erteilung der Teil-Vollstreckungsklausel hinsichtlich der im Urteil des Stockholms Tingsrätt vom 18.12.2002 angeordneten Kostenerstattung angeordnet wurde, ist die hier erhobene Vollstreckungsgegenklage auch statthaft. Diese kann gegen die Vollstreckbarkeitserklärung eines ausländischen Titels erhoben werden (*Schlosser*, EU-Zivilprozessrecht, 3. Aufl. [2009], Art. 43 EuGVVO Rz. 14; *Geimer-Schütze*, Europäisches Zivilverfahrensrecht, 3. Aufl. [2010], A. 1 Art. 45 Rz. 12).

c. Die Einrede des Schiedsvertrags nach § 1032 ZPO ist zulässig, bleibt aber im Ergebnis erfolglos.

Die Einrede aus § 1032 ZPO ist möglich, wenn nach der Schiedsvereinbarung ein ausländisches Schiedsgericht zuständig ist (§ 1025 II ZPO) oder die Schiedsvereinbarung ausländischem Recht unterliegt (*Zöller-Geimer*, ZPO, 30. Aufl. [2014], § 1032 Rz. 1).

Der Bekl. hat die Einrede des Schiedsvertrags auch rechtzeitig vor Beginn der mündlichen Verhandlung zur Hauptsache erhoben, nämlich mit Schriftsatz vom 16.4.2007. Zu diesem Zeitpunkt war über die Vollstreckungsgegenklage gegen die Vollstreckbarkeitserklärung der Kostenentscheidung des Stockholms Tingsrätt noch nicht in der Hauptsache mündlich verhandelt worden, da im Termin vom 26.10. 2006 lediglich über die Abtrennung des Verfahrens verhandelt worden ist.

Die Einrede ist aber nicht begründet.

Im Rahmen einer Vollstreckungsgegenklage kommt es für die Einrede des Schiedsvertrags darauf an, ob die mit der Vollstreckungsgegenklage geltend gemachte Einwendung der Schiedsabrede unterliegt (BGH, Beschl. vom 19.12.1995 – III ZR 194/94, NJW-RR 1996, 508). Für die von der Kl. zur Aufrechnung gestellten Gegenforderungen gilt indes die Schiedsvereinbarung nicht.

(1) Die Kl. leitet den Gegenanspruch, mit dem sie primär die Aufrechnung erklärt und der auch Gegenstand des Verfahrens vor dem LG München I war, aus dem Gesichtspunkt der Geschäftsführerhaftung ab. Die Schiedsklausel im Gründungsvertrag erfasst aber keine Ansprüche gegen den Geschäftsführer wegen Pflichtverletzungen. Denn die Pflichten des Geschäftsführers sind nicht Gegenstand des Gründungsvertrags und stehen mit diesem auch nicht in Verbindung. Hinzu kommt, dass der Bekl. persönlich nicht Partei des Gründungsvertrags und damit auch nicht persönlich an die Schiedsabrede gebunden ist.

Der Grundsatz, dass nur derjenige eine Schiedsabrede gegen sich gelten lassen muss, der an ihrem Abschluss beteiligt war, findet lediglich in dem – hier nicht einschlägigen – Fall einer offenen Handelsgesellschaft eine Ausnahme, weil dort die besondere Haftungsvorschrift des § 128 HGB die Erstreckung einer Abrede der Gesellschaft auf die persönlich haftenden Gesellschafter rechtfertigt (BGH, Urt. vom 12.11.1990 – II ZR 249/89[1], NJW-RR 1991, 423 [424]).

(2) Auch die zur Hilfsaufrechnung gestellten Ansprüche wegen der Steuerrückstände des Bekl. persönlich haben keinen Bezug zu einer gesellschaftsrechtlichen Streitigkeit aus dem Gründungsvertrag.

d. Der Bekl. beruft sich auch ohne Erfolg auf die Schiedsklausel im sog. Investitionsschutzabkommen.

Nach Art. 10 II des Vertrags zwischen der Bundesrepublik Deutschland und der Union der Sozialistischen Sowjetrepubliken über die Förderung und den gegenseitigen Schutz von Kapitalanlagen vom 13.6.1989 (BGBl. 1990 II 342; nachfolgend: Investitionsschutzabkommen) ist bei Meinungsverschiedenheiten über Umfang und Verfahren der Entschädigung nach Art. 4 dieses Vertrags jede der Streitparteien berechtigt, ein internationales Schiedsgericht anzurufen. Diese Entschädigung jedoch ist durch den Schiedsspruch bereits behandelt worden; die Kl. macht vorliegend behauptete Gegenansprüche geltend, die indes keinen Bezug zu Umfang und Verfahren der Entschädigung haben, sondern lediglich einer hieraus resultierenden – aber bereits titulierten – Forderung im Wege der Aufrechnung entgegengehalten werden.

2. Die Klage ist jedoch unbegründet. Beide zur Aufrechnung gestellten Ansprüche stehen der Hauptforderung im Ergebnis nicht entgegen.

a. Hierbei ist jedoch ... die Geltendmachung der Ansprüche nicht bereits präkludiert, da vorliegend die Regeln der Präklusion keine Anwendung finden.

Der vorliegend für vollstreckbar erklärte Anspruch folgt aus der Kostenentscheidung des Stockholms Tingsrätt vom 18.12.2002 und betrifft damit einen prozessualen Kostenerstattungsanspruch. Dieser Anspruch resultiert aus dem Unterliegen der Kl. in dem dortigen Verfahren.

---

[1] IPRspr. 1990 Nr. 237.

Ob die Kl. bereits ein Unterliegen im dortigen Verfahren (oder sogar im Schiedsverfahren) durch Geltendmachung derjenigen Ansprüche, die sie nun zur Aufrechnung stellt, hätte vermeiden können, kann dahinstehen. Zwar hätte eine erfolgreiche Geltendmachung die Folge gehabt, dass die Kl. bereits dort obsiegt hätte, weswegen eine für sie nachteilige Kostenentscheidung nicht getroffen worden wäre; der Anspruch auf Kostenerstattung ist dann aber nur eine Folge des Verfahrens und hängt allenfalls mittelbar von der Möglichkeit der hiesigen Kl. ab, die damalige (im Schiedsspruch titulierte) Hauptforderung durch Aufrechnungen zu Fall zu bringen.

Gegen den titulierten Kostenerstattungsanspruch selbst indes hätte die Kl. ihren Gegenanspruch nicht als Einwendung vorbringen können; dass dies im Kostenfestsetzungsverfahren nach schwedischem Recht möglich hätte sein sollen, ist weder vorgetragen noch ersichtlich.

b. Der primär zur Aufrechnung erklärte Anspruch aus behaupteter Verletzung von Geschäftsführerpflichten besteht indes nicht.

Der Bekl. hat seine Pflichten als Vorstand nicht verletzt. Der Senat teilt hierzu die Auffassung des LG München I, wonach es im maßgeblichen Zeitraum im russischen Recht kein Wettbewerbsverbot gab, so dass selbst bei Zugrundelegen des klägerischen Vortrags zu den behaupteten Tätigkeiten des Bekl. keine vertraglichen oder außervertraglichen Ansprüche auf Schadensersatz wegen Verstoßes gegen ein solches Wettbewerbsverbot ersichtlich sind.

(1) Dies gilt, wie das LG München I (5 HK O 10751/05) ausführlich dargelegt hat, zunächst, soweit die Kl. sich auf Wettbewerbsverbote aus Gesetz oder völkerrechtlicher Vereinbarung stützt.

(i) Art. 34 II der Verfassung der Russischen Föderation vom 12.12.1993 (RG Nr. 237 vom 25.12.1993), der vorsieht, dass eine wirtschaftliche Tätigkeit, die auf Monopolisierung und unlauteren Wettbewerb gerichtet ist, unzulässig ist, ist bereits mangels Drittwirkung unter Privaten nicht anwendbar; vorliegend handelt es sich um eine Rechtsstreitigkeit auf dem Gebiet des Gesellschaftsrechts zwischen dem Bekl. als Organ eines Joint Venture und der Kl., die ihre Rechte als Gesellschafterin wahrnimmt. Auf diese privatrechtliche Auseinandersetzung können die Regelungen der Verfassung der Russischen Föderation nicht zur Anwendung gelangen.

(ii) Ein Anspruch der Kl. ergibt sich nicht aus Art. 10 des Gesetzes über den Wettbewerb und über die Begrenzung monopolistischer Tätigkeit auf Warenmärkten vom 22.3.1991 (VVS RSFSR Nr. 16, Pos. 499; nachfolgend: russ. WettbG). Adressaten dieses Gesetzes sind Wirtschaftssubjekte, deren Begriff in Art. 4 russ. WettbG vorgegeben ist. Die Definition von Wirtschaftssubjekten im fraglichen Zeitraum umfasste dabei keine Nichtunternehmen mit Ausnahme solcher Bürger, die einer eigenständigen unternehmerischen Tätigkeit nachgingen.

Der Bekl. als Generaldirektor und damit als Organ von P ist von der Definition des Wirtschaftssubjekts nicht umfasst. Der Bekl. kann aber vor allem auch schon deshalb nicht als Wirtschaftssubjekt klassifiziert werden, weil eine hier gerade nicht erfolgte staatliche Registrierung erforderlich wäre, um den Status eines Einzelunternehmers und damit auch denjenigen eines Wirtschaftssubjekts zu erlangen. Der Bürger erwirbt den Status eines Unternehmers durch die staatliche Registrierung gemäß dem [modifizierten] Gesetz der Russischen Sozialistischen Föderativen Sowjetrepublik über die Registrierungsgebühr von natürlichen Personen, die einer staatlichen

Tätigkeit nachgehen, wie dies einer Entscheidung des Höchstgerichts der Russischen Föderation vom 18.8.1992 zu entnehmen ist.

Dieses Ergebnis der Gutachten und Anhörungen der Sachverständigen W2, die in dem Verfahren vor dem LG München I eingeholt bzw. durchgeführt wurden, überzeugt auch den erkennenden Senat. Soweit in der mündlichen Verhandlung vor dem Senat Einwände wiederholt wurden, die bereits Gegenstand des Münchener Verfahrens und der dort eingeführten Privatgutachten waren, tritt der Senat nach eigener Prüfung und Bewertung dem Ergebnis des LG bei, welches bereits ausführlich und unter Aufzeigen von Schwächen, Unschärfen und Widersprüchen der Privatgutachten dargelegt hat, dass diese nicht geeignet sind, das Ergebnis der gerichtlichen Begutachtung in Zweifel zu ziehen.

(iii) Auch aus Art. 10bis PVÜ folgt kein Wettbewerbsverbot; seiner Anwendung steht nicht nur entgegen, dass nach Art. 15 IV 2 der Verfassung der Russischen Föderation die Regeln des internationalen Vertrags – und damit der PVÜ – nur dann angewandt werden, wenn durch den internationalen Vertrag andere Regeln festgesetzt worden sind als die im Gesetz vorgesehenen, so dass vorliegend die innerstaatlichen Regeln aus Art. 10 russ. WettbG vorrangig sind; diese genügen den internationalen Standards, weshalb sie die PVÜ verdrängen (so die Sachverständige, LG München I; vgl. *Malkov*, GRUR Int. 1994, 692 [695]). Abgesehen davon steht der Bekl. als Person in keinem Wettbewerbsverhältnis zu P; Wettbewerber war allenfalls die US-amerik. Firma, in deren Namen der Bekl. aufgetreten ist.

(iv) Ein Wettbewerbsverbot für den Bekl. lässt sich nicht aus den Grundsätzen von Treu und Glauben ableiten, da die zentralen Vorschriften, die im Zusammenhang mit dem Übergang von der sowjetrussischen Planwirtschaft zur Marktwirtschaft in der vormaligen UDSSR erlassen wurden – die Russische Ordnung über Aktiengesellschaften nach dem Beschluss des Ministerrates der RSFSR vom 25.12.1990, das Gesetz über die Grundlagen der Zivilgesetzgebung vom 31.5.1991 (ABl. des Kongresses der Volksdeputierten und des Obersten Sowjets der UdSSR, 1991, Nr. 26, Pos. 733; GZG 1991), das Gesetz Nr. 445-I über Unternehmen und unternehmerische Tätigkeit vom 25.12.1990 (RSFSR 1990 Nr. 30, Pos. 418), das Gesetz über die Privatisierung von staatlichem Vermögen und die Grundlagen der Privatisierung von kommunalem Vermögen in der RSFSR vom 4.7.1991 sowie die Mustersatzung einer Aktiengesellschaft offenen Typs –, keine Vorschriften hinsichtlich einer Haftung nach Treu und Glauben enthalten und das Institut der Haftung erst mit der Schaffung des Föderalen Gesetzes der Russischen Föderation Nr. 208-FZ über Aktiengesellschaften vom 20.12.1995 geändert wurde, welches indes nach intertemporalen Grundsätzen vorliegend keine Anwendung finden kann.

(v) Die Kl. kann ein Wettbewerbsverbot auch nicht aus Art. 5 III GZG 1991 herleiten. Die Gutachten W2 haben dargelegt, dass sich aus dieser Legaldefinition kein Wettbewerbsverbot für das Organ einer juristischen Person ableiten lasse. Die Vorschrift ist nach ihrem klaren Wortlaut an die Unternehmen gerichtet, als Organ des Joint Venture ist der Bekl. indes nicht Unternehmer.

(vi) Der Bekl. hat auch nicht gegen die Verordnung Nr. 1111 ‚Über die Zweitbeschäftigung' vom 22.11.1988 verstoßen. In dieser Verordnung war zwar festgelegt, dass die Ausübung zweier Führungspositionen nicht zulässig ist. Indes kann nach den Feststellungen der Sachverständigen W2 in ihren Gutachten sowie bei ihrer

Anhörung vor dem LG München I nicht von der Anwendbarkeit dieser Verordnung auf ein Joint Venture und damit auf den Bekl. als Organ von P ausgegangen werden. Zum einen kann sich dieses Verbot nicht auf den Geschäftsführer einer privatrechtlichen Aktiengesellschaft beziehen, weil diese Verordnung Nr. 1111 sich auf den Typus des staatlichen Unternehmens bezieht, das unmittelbar im Eigentum des Staats steht und lediglich über beschränkt dingliche Rechte an Sachen verfügt, die ihm übertragen waren. Weiterhin kann eine geschlossene Planwirtschaft, für die dieses Verbot konzipiert war, nicht mit dem privaten Sektor verglichen werden. Soweit die Kl. im Verfahren LG München I auch hier Einwände gegen die Richtigkeit dieser gutachterlichen Feststellungen erhoben hat, wird auf die Ausführungen des LG München I zu der Frage Bezug genommen, warum diese – auch privatgutachterlichen – Einwände die Überzeugungskraft des Gutachtens nicht zu erschüttern vermögen.

(vii) Aus der Regelung in Art. 28 III GZG 1991 lässt sich ebenso wenig ein Konkurrenzverbot begründen. In den Fällen, in denen die – abschließend aufgezählte – Interessenkollision angenommen werden muss, soll der Vertreter nicht berechtigt sein, im Namen der vertretenen Person Geschäfte abzuschließen. Eine umfassende Haftung des Geschäftsleiters kann daraus indes ebenso wenig abgeleitet werden wie ein Wettbewerbsverbot.

(viii) Der Bekl. ist, worauf das OLG München weiter hingewiesen hat, auch nicht ‚Eigentümer' im Sinne von Art. 2 IX des Gesetzes Nr. 443-1 über das Eigentum in der RSFSR vom 24.12.1990 (VSND RSFSR Nr. 30, Pos. 416), weswegen diesbezüglich keine Ansprüche in Betracht kommen.

(ix) Ansprüche kann die Kl. auch nicht aus Art. 8 des Gesetzes über die Grundlagen der Gesetzgebung über die Investitionstätigkeit in der UdSSR vom 10.12.1990 (VVS SSSR 1990 Nr. 51) ableiten; der Bekl. als Geschäftsführer und somit Organ fällt nicht unter den angesprochenen Kreis der ‚Investoren' im Sinne des Gesetzes. Punkt 10 II der russischen Verordnung Nr. 601 des Ministerrats der RSFSR über die Bestätigung der Ordnung der Aktiengesellschaften vom 25.12.1990 (SP RSFSR 1991, Nr. 6, Pos. 92) ist bereits mangels Insolvenz unanwendbar, aus Art. 20 des Unternehmensgesetzes der RSFSR – Nr. 445-1 über Unternehmen und unternehmerische Tätigkeit – vom 25.12.1990 (VSNDVS RSFSR 1990 No. 30, Pos. 418) folgen ohnehin keine direkten Ansprüche, und ein Verstoß gegen Gesellschafterpflichten durch den Bekl. kann zuletzt nicht über Art. 117 des Zivilgesetzbuchs der Russischen Sozialistischen Föderativen Sowjetrepublik vom 11.6.1964 hergeleitet werden, weil sich die Vorschrift gemäß Art. 116 auf unitarische Unternehmen und nicht auf Körperschaften wie P bezieht.

(2) Auch vertragliche Schadensersatzansprüche scheiden aus, ergeben sich insbesondere nicht schon aus dem Gesellschaftsvertrag zur Gründung des Joint Ventures P. Artikel 6.1.5 des Vertrags bezieht sich zwar auf das Recht der Aktieninhaber und deren Verpflichtung, das Joint Venture P nicht zu schädigen.

Für die Auslegung dieses Vertrags ist, wie das LG München I festgehalten hat, schon deshalb russisches Recht anzuwenden, weil dies in Art. 14.3 des Vertrags bestimmt ist. Da also nicht nur das Vertragsstatut, sondern auch die Rechtswahlklausel der Vertragsparteien ins russische Recht verweisen, kann aus Sicht des Senats dahinstehen, dass – worauf das LG München I grundsätzlich richtig hinweist

– auch bei deliktischen Handlungen der Begehungsort (Russland) bzw. beim internationalen Lauterkeitsrecht der Ort wettbewerblicher Interessenkollision (ebenfalls Russland) den Anknüpfungspunkt bilden würden.

Dieser Vertrag regelt aber keine Rechte und Pflichten des Bekl., sondern das Verhältnis der Gesellschafter von P zu dieser und das Verhältnis der beiden Gesellschafter – also der Kl. und der US-amerik. Firma – untereinander. Das Trennungsprinzip des russischen Rechts (dazu die Sachverständige W2) steht einer Durchgriffshaftung des Bekl. entgegen.

(3) Auch Ansprüche aus Bereicherungsrecht scheiden aus; insoweit tritt der Senat erneut der Bewertung des LG München I bei. Ein derartiger Anspruch ergibt sich nicht aus Art. 1102 des Zivilgesetzbuchs vom 26.11.2001 (Teil III; SZ Nr. 49 Pos. 4552), weil dessen Voraussetzungen nicht erfüllt sind. Diese Vorschrift verlangt nämlich, dass die Minderung des Vermögens auf der einen Seite die unmittelbare Folge des Vermögenszuwachses auf der anderen Seite im Sinne einer Stoffgleichheit darstellt und dass ein rechtlicher Grund für den Erwerb des vermögenswerten Vorteils fehlt. Jedenfalls von Letzterem kann im Verhältnis der Parteien untereinander nicht ausgegangen werden. Da – wie ausgeführt – den Bekl. im Verhältnis zur Kl. kein Wettbewerbsverbot trifft, ist ein fehlender Rechtsgrund nicht ersichtlich. Ebenso wenig kann der Anspruch auf Art. 113 Abs. GZG 1991 gestützt werden, weil nach dieser Vorschrift eine Verpflichtung zur Rückgabe erhaltenen Vermögens nur dann besteht, wenn das Vermögen ohne rechtliche oder rechtsgeschäftliche Grundlage auf Kosten einer anderen Person erworben wurde. Daran fehlt es jedoch erneut vorliegend wegen des Fehlens eines Verstoßes gegen ein Konkurrenzverbot durch den Bekl. im Verhältnis der Parteien untereinander.

(4) Der Senat tritt diesem gutachterlichen Ergebnis und seiner Bewertung und Würdigung durch das LG München I sowie das OLG München in vollem Umfang bei. Die Sachverständige hat überaus ausführlich zu sämtlichen dargestellten Fragen bekundet und ist mehrfach angehört worden. Ihre Stellungnahmen zu den Vorhalten der Parteien, gerade auch zu den privatgutachterlichen Einwänden (dazu insbesondere und ausführlich die Gutachten W2 vom 10.2.2011 und vom 24.6.2011) erscheinen dem Senat fundiert und nachvollziehbar.

Anhaltspunkte für eine fehlende Sachkunde der Sachverständigen, der die Klägerseite selbst eine enge Vertrautheit mit der ‚russischen Denke' attestiert hat, vermag der Senat nicht zu entdecken. So hat – entgegen dem Vorwurf die Klägerseite – die Sachverständige insbesondere die ‚reale' Situation der Rechtsanwendung in Russland aufgrund eigener Anschauung auch dort bekunden können, wo die ‚akademische' Rechtslage aufgrund der entsprechenden Kommentarliteratur anders gewesen sein mag.

(5) Mit dem LG München I und dem OLG sieht der erkennende Senat auch keine Notwendigkeit für die Einholung eines Obergutachtens.

(i) Die Rechte der Beteiligten finden im Beweisverfahren ihre Grenzen in §§ 412, 485 III ZPO. Eine neue Begutachtung kann also nur unter den Voraussetzungen von § 412 ZPO erfolgen. Für diese Entscheidung ist dem Gericht ein Ermessen dahingehend einzuräumen, ob das eingeholte Gutachten ungenügend ist. Hierbei hat der Richter nach freier Überzeugung zu entscheiden, d.h. das Sachverständigengutachten unterliegt seiner freien Beweiswürdigung. Nur wenn ein Gutachten unvollständig oder unverständlich ist, ist es zu ergänzen, ggf. ein weiteres Gutachten einzuholen (vgl. OLG Jena, Beschl. vom 16.12.2005 – 4 W 637/05, IBR 2006, 1365).

Das Gericht hat erst dann, wenn es aus dem Gutachten trotz Ergänzung oder Anhörung des Sachverständigen keine sichere Überzeugung gewinnt, eine neue Begutachtung anzuordnen, wenn insbesondere schwierige Fragen zu lösen oder grobe Mängel des vorhandenen Gutachtens nicht zu beseitigen sind, wenn die Sachkunde des früheren Gutachters zweifelhaft ist, wenn das Gutachten in anderer Weise nicht aufklärbare Widersprüche enthält, wenn ein neuer Gutachter über überlegene Forschungsmittel verfügt oder wenn eine Partei substanziierte, nicht von vornherein widerlegbare Einwendungen gegen die Richtigkeit des Gutachtens erhebt (vgl. BGH, Urt. vom 29.11.1995 – VIII ZR 278/94, NJW 1996, 730; KG, Urt. vom 28.7.2003 – 12 U 44/02, KGR 2004, 114).

(ii) Der aus § 293 ZPO folgenden Pflicht einer gerichtlichen Aufklärung des Inhalts fremden Rechts ist daher genüge getan, wenn – wie hier – eine ergänzende Stellungnahme des gerichtlichen Sachverständigen eingeholt worden ist (vgl. BGH, Urt. vom 20.7.1999 – X ZR 121/96, NJW-RR 2000, 44 [46] für § 286 ZPO).

Ein widerstreitendes Privatgutachten zwingt nicht dazu, diesem Folge zu leisten, sondern erfordert nur eine Auseinandersetzung mit diesem durch den gerichtlichen Sachverständigen (vgl. BGH, Urt. vom 13.2.2001 – VI ZR 272/99, NJW 2001, 2796 [2797]), die hier vor dem LG München I stattgefunden und zu dem bereits dargestellten Ergebnis geführt hat.

Ein Obergutachten nach § 412 ZPO einzuholen würde demgegenüber voraussetzen, dass eine Gutachtenergänzung und eine mündliche Erläuterung erfolglos geblieben ist (vgl. *Zöller-Greger* aaO § 412 Rz. 1). Diese Voraussetzungen für die Einholung eines weiteren Gutachtens durch einen anderen Sachverständigen gemäß §§ 485 III, 412 ZPO liegen, wie ausgeführt, nicht vor.

(6) Das Gericht kann daher dahinstehen lassen, ob nicht – wofür nach dem Ergebnis der Rechtsgutachten einiges spricht – einem Anspruch der Kl. bereits entgegenstünde, dass (wie sie selbst zunächst vorgetragen hat) nicht sie, sondern die GUVD Forderungsinhaberin wäre, oder ob auch die von ihr nun behauptete Nationalisation zum 11.6.1992 nichts daran geändert hätte, dass die GUVD als (nach Behauptung selbst der Kl. jedenfalls ‚formelle') Inhaberin des Anspruchs geblieben wäre. In beiden Fällen wäre die Kl. ohnehin an den Ausgang des gegenüber der GUVD rechtskräftig entschiedenen Prozesses vor dem LG München I gebunden.

(7) Das Gericht kann schlussendlich dann ebenfalls dahinstehen lassen, ob – wozu der Senat neigt – nicht schon die fehlende Gegenseitigkeit der Forderungen einer Aufrechnung entgegenstünde.

(i) Die Frage der Zulässigkeit einer Aufrechnung beurteilt sich nach dem Recht der Forderung, gegen die aufgerechnet wird (vgl. nunmehr Art. 17 Rom-I-VO, zur hier intertemporalen Lage nach altem Recht BGH, Urt. vom 25.11.1993 – IX ZR 32/93[2], NJW 1994, 1413 [1416]; *Palandt-Thorn*, BGB, 73. Aufl. [2014], Art. 17 ROM I Rz. 2). Damit ist schwedisches Recht zur Anwendung berufen, denn es wird gegen einen prozessualen Kostenerstattungsanspruch aufgerechnet, der sich nach der lex fori beurteilt, da das Prozessrecht als hoheitliches Recht anzusehen ist.

---

[2] IPRspr. 1993 Nr. 180.

Inwieweit ein Anspruch, der im Wege der ‚Einziehungsermächtigung' geltend gemacht wird oder jedenfalls ‚formell' einem Dritten (der GUVD) zusteht, dem Erfordernis der Gegenseitigkeit genügt und ob das schwedische Recht diese oder ggf. noch weitere Einschränkungen der Aufrechenbarkeit der Forderung kennt, braucht der Senat vorliegend nicht ermitteln.

Die Parteien trifft nämlich in gewissem Umfang die Pflicht, an der Aufklärung des Inhalts des maßgeblichen ausländischen Rechts mitzuwirken. Zwar muss der Richter das ausländische Recht selbst ermitteln, die Parteien müssen ihn aber hierbei nach Kräften unterstützen, wenn sie sich selbst ohne besondere Schwierigkeiten Zugang zu den Erkenntnisquellen des fremden Rechtskreises verschaffen können (*Geimer*, IZPR, 6. Aufl. [2009], Rz. 2588). Lässt es eine Partei an einer ihr zumutbaren Mitwirkung fehlen, kann das Gericht zu deren Nachteil von weiteren Ermittlungen absehen und davon ausgehen, dass durchgreifend neue Erkenntnisse nicht zu gewinnen sind (BGH, Urt. vom 30.3.1976 – VI ZR 143/74[3], NJW 1976, 1581 [1583]).

(ii) Lässt sich der Inhalt ausländischen Rechts nicht sicher feststellen, finden Beweislastregeln keine Anwendung, ein non liquet ist nicht möglich. Vielmehr ist deutsches Recht als Ersatzrecht anzuwenden (BGH, Beschl. vom 26.10.1977 – IV ZB 7/77[4], NJW 1978, 496 [498]; OLG Stuttgart, Urt. vom 1.3.1984 – 16 U 11/82[5], unveröff.; OLG Frankfurt, Beschl. vom 2.3.1999 – 1 WF 36/99[6], FamRZ 2000, 37; KG, Beschl. vom 6.11.2001 – 1 VA 11/00[7], FamRZ 2002, 840).

Nach deutschem Recht indes scheidet die Aufrechnung mit der Forderung eines Dritten auch dann aus, wenn dieser sein Einverständnis erteilt hat (BGH, Urt. vom 1.10.1999 – V ZR 162/98, NJW 2000, 278), so dass – ungeachtet der sonstigen Abweisungsgründe – schon die von der Kl. vorgetragene ‚Einziehungsermächtigung' jedenfalls für den Fall, dass die Kl. selbst nicht aktivlegitimiert wäre, nicht ausreicht, um der Aufrechnung zum Erfolg zu verhelfen.

c. Hinsichtlich der weiteren zur Aufrechnung gestellten Forderungen wegen der vor dem Bezirksgericht St. Petersburg titulierten Ansprüche fehlt es schon an der internationalen Zuständigkeit des erkennenden Gerichts, so dass der Senat die Frage, ob die Forderung in Grund und Höhe überhaupt hinreichend dargetan ist, nicht entscheiden muss.

(1) Die Entscheidung über eine im Wege der Prozessaufrechnung geltend gemachte Gegenforderung setzt voraus, dass das Prozessgericht auch international zuständig ist (BGH, Urt. vom 12.5.1993 – VIII ZR 110/92[8], NJW 1993, 2753). Hieran ändert sich auch nichts durch die von der Kl. herangezogene Entscheidung des EuGH (Urt. vom 13.7.1995 – Danværn Production A/S ./. Schuhfabriken Otterbeck GmbH & Co., Rs C-341/93, ABl. EG 1995 Nr. C-268, NJW 1996, 42), in welcher der EuGH für das EuGVÜ als Vorgängerdokument zur EuGVO festgehalten hat, der besondere Gerichtsstand der Widerklage sei nicht für eine Aufrechnung anzuwenden, sondern die Zulässigkeit der Aufrechnung folge dem nationalen Prozessrecht.

Diese (prozessrechtliche) Anforderung folgt ohnehin aus der Anwendung der lex fori für Fragen der Zulässigkeit der Entscheidung über die Aufrechnungsforderung

---

[3] IPRspr. 1976 Nr. 2.
[4] IPRspr. 1977 Nr. 98b.
[5] IPRspr. 1984 Nr. 1.
[6] IPRspr. 1999 Nr. 1.
[7] IPRspr. 2001 Nr. 193.
[8] IPRspr. 1993 Nr. 139.

(*Nagel-Gottwald*, IZPR, 7. Aufl. [2013], § 6 Rz. 23), hat aber nichts mit der hier zu entscheidenden Konstellation zu tun.

(2) Die (ohnehin stets und auch nach dem nationalen Prozessrecht zu prüfende) internationale Zuständigkeit als Zulässigkeitsvoraussetzung einer Aufrechnung gilt auch dann, wenn die Forderung nicht als Verteidigungsmittel dient, sondern – wie hier im Fall der Vollstreckungsabwehrklage im Sinne des § 767 ZPO – die Grundlage einer neuen Klage gegen einen rechtskräftigen Vollstreckungstitel bildet (OLG Karlsruhe, Beschl. vom 15.8.2012 – 8 W 48/12[9], unveröff.). Fehlt die internationale Zuständigkeit, ist die Aufrechnung nicht zu beachten (BGH, Urt. vom 12.5.1993 aaO).

Dies folgt, worauf der Senat auch mit Beschluss vom 9.3.2009 bereits hingewiesen hat, daraus, dass im Rahmen der Aufrechnung auch über die Gegenforderung mit Rechtskraftwirkung entschieden wird. Zwar regelt § 322 II ZPO dem Wortlaut nach nur die Rechtskraftwirkung der Prozessaufrechnung der Beklagtenseite, es ist aber anerkannt, dass die Rechtskraft über eine Vollstreckungsgegenklage des Schuldners auch die Zu- bzw. Aberkennung einer Gegenforderung ergreift, mit der der Schuldner die Aufrechnung gegenüber der titulierten Forderung erklärt hat (BGH, Beschl. vom 28.6.2006 – XII ZB 9/04, NJW-RR 2006, 1628 [1629]).

(3) Vorliegend indes fehlt die internationale Zuständigkeit, denn ausländische hoheitliche Ansprüche werden grundsätzlich nicht durchgesetzt (*Nagel-Gottwald* aaO § 2, Rz. 28). Ob die Natur eines Anspruchs als hoheitlich nach der lex fori (so *Zöller-Geimer* aaO § 328 Rz. 80) oder ‚nach den Bedürfnissen einer internationalen Kooperation' (so *Nagel-Gottwald* aaO) bestimmt wird, kann hierbei dahinstehen.

Ein Anspruch in Zusammenhang mit der Ausübung hoheitlicher Befugnisse liegt vor, wenn dieser – wie hier – die Beitreibung von Abgaben betrifft, die eine Privatperson einer öffentlichen – staatlichen oder internationalen – Stelle für die Inanspruchnahme von deren Diensten und Einrichtungen schuldet, insbesondere wenn diese Inanspruchnahme ‚zwingend und ausschließlich' ist (EuGH, Urt. vom 14.10.1976 – LTU Lufttransportunternehmen GmbH & Co. KG ./. Eurocontrol, Rs C-29/76, NJW 1977, 489 [490]; ähnlich EuGH, Urt. vom 15.2.2007 – Eirini Lechouritou u.a. ./. Dimosio tis Omospondiakis Dimokratias tis Germanias, Rs C-292/05, Slg. 2007 I-1519, IPRax 2008, 250: ‚einseitig und zwingend'). Weiterhin kann ein Zusammenhang des Streitgegenstands mit einer öffentlich-rechtlichen Tätigkeit dazu führen, den Anspruch als hoheitlich zu qualifizieren (EuGH, Urt. vom 16.12.1980 – Niederländischer Staat ./. Reinhold Rüffer, Rs C-814/79, Slg. 1980 3807, RIW 1981, 711 – Rüffer).

Steuerforderungen indes sind klassisch hoheitliche Materie und damit als öffentlich-rechtlich zu qualifizieren (BGH, Beschl. vom 25.11.2010 – VII ZB 120/09[10], NJW-RR 2011, 647), was auch und gerade trotz der von der Klägerseite angesprochenen Besonderheiten russischer Titulierung vorliegend gilt.

Bei den zur Hilfsaufrechnung gestellten Ansprüchen handelt es sich um Forderungen, die in einem Verfahren tituliert wurden, bei welchem eine Staatsanwältin beteiligt war und bei der die Bekl. als Naturalpartei persönlich für (u.a.) Straßen- und Instandhaltungssteuern in Anspruch genommen wurde. Trotz der (formalen) Einkleidung in eine zivilrechtliche Haftung, auf welche die Kl. verweist, stand ausweis-

---

[9] IPRspr. 2012 Nr. 194. [10] IPRspr. 2010 Nr. 287.

lich der dortigen Urteilsgründe einer hoheitlichen Verfolgung von Ansprüchen (nur) der Fristablauf zur Heranziehung entgegen, so dass der Kläger als Steuerschuldner in Anspruch genommen wird, wobei er – so das Bezirksgericht St. Petersburg – als ‚ständiger Vertreter' der US-amerik. Firma und damit nach Art. 6 der Vorschrift Nr. 20 des staatlichen Steueramts der Russischen Föderation vom 14.5.1993 persönlich als Naturalpartei hafte.

Bereits mit Beschluss vom 9.3.2009 hat der Senat weiter darauf hingewiesen, dass der russische Staat als Geschädigter im dortigen Verfahren aufgetreten war und der Schaden in der ‚Nichtzahlung an den Haushalt der Russischen Förderation', also der Nichterfüllung öffentlich-rechtlicher Zahlungspflichten, begründet wurde, zuletzt, dass trotz des formalen Rahmens eines russischen Zivilverfahrens ebenfalls eine Geldstrafe wegen Steuerhinterziehung vom Bezirksgericht als ‚Vermögensschaden' einbezogen worden ist.

Dass diese Ansprüche in ein Zivilurteil ‚eingekleidet' sind, steht ihrer Beurteilung als öffentlich-rechtlich nicht entgegen (vgl. *Zöller-Geimer* aaO); *Vischer*, IPRax 1991, 209 (215) unter Verweis auf die Entscheidung CA (1988) 3 W.L.R. 304 (US v. Inkley), wo ein Ordnungsgeld wegen Nichterscheinens vor Gericht mit zivilrechtlichem Versäumnisurteil festgesetzt worden war).

Eine zivilrechtliche Angelegenheit liegt demgegenüber etwa vor, wenn der Staat eine (hoheitlich gewährte) Leistung aufgrund versehentlicher Zuvielzahlung nach § 812 BGB zurückverlangt, weil es dann an der Inanspruchnahme hoheitlicher Befugnisse fehlt (EuGH, Urt. vom 11.4.2013 – Land Berlin ./. Ellen Mirjam Sapir u.a., Rs C 645/11, ABl. EU 2013 Nr. C-156, 11, NJW 2013, 1661) oder wenn deliktsrechtliche Ersatzansprüche geltend gemachten werden, die inhaltlich auf einem ‚Mehrwertsteuerkarussell' der Beklagten (und damit nur inzident auf Steuern) beruhen (EuGH, Urt. vom 12.9.2013 – The Commissioners for Her Majesty's Revenue & Customs ./. Sunico ApS u.a., Rs C-49/12, ABl. EU 2013, Nr. C-325, 6, EuZW 2013, 828 [829]). So liegt der Fall indes hier nicht – der Bekl. ist ausdrücklich als (weiterer) Steuerschuldner für rückständige Steuern (u.a. auch persönlicher Einkommenssteuer) verurteilt worden.

Auch die von der Kl. angeführte Entscheidung des OLG Stuttgart (Beschl. vom 30.12.2010 – 5 W 71/09, unveröff.) betraf eine zivilrechtliche Ausfallhaftung des Geschäftsführers, welche gegenüber jedwedem Gesellschaftsgläubiger bestanden hätte und die nur im konkreten Fall auf Zahlung rückständiger Steuern (der Gesellschaft) gerichtet war; das OLG hatte (vergleichbar EuGH, Urt. vom 12.9.2013 – C-49/12 aaO) argumentiert, es handele sich um zwei getrennt zu beurteilende und quasi 'nachgeschaltete' Rechtsbeziehungen, wobei die zivilrechtliche Ausfallhaftung im Vordergrund stehe, wohingegen auch sonst Vorfragen einer Haftung (welche hier, da steuerlich, auch vom OLG Stuttgart als öffentlich-rechtlich qualifiziert worden wären) für die Beurteilung der Rechtsbeziehung irrelevant seien (OLG Stuttgart, Beschl. vom 30.12.2010 aaO).

Vorliegend ist die Fallgestaltung anders: der Bekl. wird aufgrund einer hoheitlichen Norm des Steuerrechts (der Art. 6 der Vorschrift Nr. 20 ‚Über die Besteuerung des Einkommens und der Gewinne ausländischer juristischer Personen' des staatlichen Steueramtes der Russischen Föderation vom 14.05.1993) in Anspruch genommen. Dass dies (wiederum nur aufgrund Fristablaufs, welcher hoheitlichem

Vorgehen entgegenstand) in einer aus russischer Sicht möglicherweise zivilrechtlichen Einkleidung der Forderung geschah, ist hierbei unbehelflich und wäre bei der gebotenen Auslegung unabhängig von der Einordnung des Anspruchs durch das ausländische Recht ohnehin nicht von Belang.

(4) Die internationale Zuständigkeit in Form einer bloßen Verrechnungszuständigkeit ergibt sich auch nicht daraus, dass die Gegenforderung der Kl. durch das Urteil des Bezirksgerichts St. Petersburg vom 15.6.2006 rechtskräftig festgestellt ist. Zwar kommt es auf die internationale Zuständigkeit bei rechtskräftig festgestellter Gegenforderung nicht an (*Zöller-Greger* aaO § 145 Rz. 19; *Wagner*, IPRax 1999, 65, 76). Voraussetzung hierfür ist aber, dass die ausländische Entscheidung im Inland anzuerkennen ist (*Busse*, MDR 2001, 729). Hieran fehlt es. Nach § 328 ZPO sind, ebenso wie nach Art. 1, 33 EuGVO, nur Entscheidungen in Zivil- und Handelssachen anerkennungsfähig (*Zöller-Geimer* aaO). Ausländische Entscheidungen über öffentlich-rechtliche Forderungen sind dagegen nicht anerkennungsfähig (so ausdrücklich auch Art. 1 I 2 EuGVO).

(5) Soweit die Kl. den Grundsatz der Nichtdurchsetzbarkeit ausländischer öffentlich-rechtlicher Forderungen im Fall einer Prozessaufrechnung in Frage stellt, vermag der Senat sich dem nicht anzuschließen. Die Kl. beruft sich darauf, dass durch die Anerkennung der Aufrechnung im Rahmen ihrer Vollstreckungsgegenklage die Forderung nicht durchgesetzt würde, sondern lediglich das Erlöschen der titulierten Forderungen durch die materiell-rechtliche Aufrechnungserklärung festgestellt würde. Im Falle der Aufrechnung werde die Gegenforderung nicht erst durch ein sie bestätigendes Urteil realisiert, sondern bereits durch die materiell-rechtlichen Wirkungen der Aufrechnung. Dem steht schon entgegen, dass im Fall einer Prozessaufrechnung gemäß § 139 BGB auch die materiell-rechtliche Wirksamkeit der Aufrechnung von ihrer prozessualen Zulässigkeit abhängt (*Zöller-Greger* aaO Rz. 15). Darüber hinaus ist Streitgegenstand nicht der Bestand der titulierten Forderung, sondern die Vollstreckbarkeit des Titels. Die Vollstreckungsgegenklage ist prozessuale Gestaltungsklage, deren Gegenstand die Vollstreckbarkeit des Titels ist (*Zöller-Herget* aaO § 767 Rz. 1). Die von der Kl. begehrte rechtsgestaltende Vernichtung der Vollstreckbarkeit tritt nicht bereits mit der außergerichtlichen Erklärung der Aufrechnung ein, sondern erst mit der Rechtskraft des Urteils. Im Übrigen ist auch bei aktiver Geltendmachung einer Forderung nicht deren Bestand, sondern nur deren Durchsetzung von einer gerichtlichen Entscheidung abhängig."

239. *Wird in einem Mitgliedstaat der Europäischen Union ein Titel als Europäischer Vollstreckungstitel bestätigt, findet eine Ordre-public-Überprüfung im Vollstreckungsstaat nicht statt.*

BGH, Beschl. vom 24.4.2014 – VII ZB 28/13: BGHZ 201, 22; NJW 2014, 2363; RIW 2014, 532; WM 2014, 1045; MDR 2014, 745; VersR 2014, 1270; ZIP 2014, 1649; Rpfleger 2014, 527 mit Anm. *Kreutz*; EuZW 2014, 557 mit Anm. *Sujecki*; FoVo 2014, 159; GPR 2014, 296 Dazu Kramme, Keine Ordre-Public-Überprüfung von Europäischen Vollstreckungstiteln!: GPR 2014, 296-299; ZInsO 2014, 1116.

Leitsatz in: BB 2014, 1345; Europ. Leg. Forum 2014, 43; EWiR 2014, 603 mit Anm. *Engel/Singbartl*; JZ 2014, 455; LMK 2014, 361981.

Die Schuldnerin begehrt die Verweigerung bzw. Aussetzung der Zwangsvollstreckung aus einem polnischen Vollstreckungstitel. Die Gl., eine Gesellschaft mit Sitz in Polen, erwirkte gegen die Schuldnerin 2008 im Mahnverfahren einen Zahlungsbefehl des Amtsgerichts E./Polen. Mit Beschluss aus 2009 bestätigte das Amtsgericht E. diesem Titel die Qualität eines Europäischen Vollstreckungstitels. Daraus betreibt die Gl. nunmehr die Zwangsvollstreckung in Deutschland, wobei noch keine konkreten Vollstreckungsmaßnahmen erfolgt sind. Gegen die der Schuldnerin 2011 durch die Obergerichtsvollzieherin angekündigte Zwangsvollstreckung hat die Schuldnerin Erinnerung nach § 766 I ZPO eingelegt. Das AG hat die Erinnerung 2012 zurückgewiesen. Im Beschwerdeverfahren gegen diesen Beschluss hat das LG das Verfahren zunächst im Hinblick auf das von der Schuldnerin vor den polnischen Gerichten anhängige Verfahren ausgesetzt. Parallel zu dem Verfahren vor dem Vollstreckungsgericht hat die Schuldnerin bei dem Amtsgericht E./Polen einen Antrag auf Widerruf der Bestätigung als Europäischer Vollstreckungstitel gestellt; dieser wurde 2012 abgelehnt. Die dagegen gerichtete Beschwerde der Schuldnerin hat das Amtsgericht E. als verfristet verworfen. Das polnische Bezirksgericht hat diese Entscheidung bestätigt und bestimmt, dass der Beschluss des Amtsgerichts E. über die Zurückweisung des Aufhebungsantrags rechtskräftig sei. Nach dieser Entscheidung hat das Beschwerdegericht die sofortige Beschwerde der Schuldnerin zurückgewiesen.

Aus den Gründen:

„ II. Die zulässige Rechtsbeschwerde hat in der Sache keinen Erfolg ...

2. ... a) Der Antrag der Schuldnerin auf Verweigerung der Zwangsvollstreckung ist unbegründet.

aa) Art. 21 EuVTVO eröffnet für die Gerichte des Vollstreckungsstaats die Möglichkeit, unter Geltung der Verordnung die Zwangsvollstreckung dauerhaft zu verweigern, wenn die als Europäischer Vollstreckungstitel bestätigte Entscheidung mit einer früheren Entscheidung unvereinbar ist. Ein solcher Fall liegt hier nicht vor. Im Übrigen ist weder die zu vollstreckende Entscheidung noch ihre Bestätigung als Europäischer Vollstreckungstitel im Vollstreckungsstaat in der Sache selbst nachprüfbar, Art. 21 II EuVTVO.

bb) Die Verordnung lässt eine Ordre-public-Prüfung durch die Gerichte im Vollstreckungsstaat nicht zu. Zum ordre public gehört einerseits der materiell-rechtliche ordre public, der Verstöße gegen das materielle Recht und das Kollisionsrecht erfasst, und andererseits der verfahrensrechtliche ordre public (*Kropholler-v. Hein*, Europäisches Zivilprozessrecht, 9. Aufl., Art. 34 EuGVO Rz. 12). Zum verfahrensrechtlichen ordre public gehören u.a. der Grundsatz des rechtlichen Gehörs und der Anspruch auf ein faires Verfahren aus Art. 6 I EMRK und Art. 47 der Charta der Grundrechte der Europäischen Union vom 30.3.2010 (ABl. Nr. C 83/389; *Kropholler-v. Hein* aaO Rz. 15 und 15a).

Ob die polnischen Gerichte Verfahrensverstöße begangen haben, kann dahingestellt bleiben, denn mit der Verordnung hat der EU-Verordnungsgeber für Titel, die in den Anwendungsbereich der Verordnung fallen, das Erfordernis der Anerkennung und das Vollstreckbarerklärungsverfahren sowie die Möglichkeit der Ordre-public-Kontrolle ersatzlos abgeschafft (*Rauscher-Pabst*, Europäisches Zivilprozess- und Kollisionsrecht, Bearb. 2010, Art. 5 EG-VollstrTitelVO Rz. 10 ff.; *Geimer-Schütze*, Europäisches Zivilverfahrensrecht, 3. Aufl., Art. 5 VO (EG) Nr. 805/2004 Rz. 1; *Kropholler-v. Hein* aaO Art. 5 EuVTVO Rz. 5; *Schlosser*, EU-Zivilprozessrecht, 3. Aufl., Art. 5 VTVO Rz. 1; MünchKommZPO-*Adolphsen*, 4. Aufl., Art. 5 VO (EG) 805/2004 Rz. 1 sowie Vorb. zu den §§ 1079 ff. ZPO Rz. 3; *Prütting-Gehrlein-Halfmeier*, ZPO, 5. Aufl., Anh. nach § 1086 Art. 5 EuVTVO Rz. 1; *Ringwald*, Europäischer Vollstreckungstitel nach der EuVTVO und Rechtsbehelfe des Schuldners, 2011, 31; *Adolphsen*, Europäisches Zivilverfahrensrecht, 2011,

201; *Kindl/Meller-Hannich/Wolf/Stürner*, Handkommentar Zwangsvollstreckung, 2. Aufl., Art. 5 EuVTVO Rz. 2; *Schuschke-Walker-Jennissen*, Vollstreckung und vorläufiger Rechtsschutz, 5. Aufl., EuVTVO Art. 5 Rz. 2; *Heringer*, Der europäische Vollstreckungstitel für unbestrittene Forderungen, 2007, 82; *Röthel/Sparmann*, WM 2006, 2285; *Rauscher*, GPR 2004, 286, 293; *Stürner*, GPR 2010, 43, 50).

(1) Das ergibt sich aus dem Wortlaut des Art. 5 EuVTVO. Der Ordre-public-Vorbehalt ist in der Systematik des Europäischen Zivilverfahrensrechts im Rahmen der Anerkennung und des Verfahrens zur Vollstreckbarerklärung verortet. Insofern folgt aus der mit Art. 5 EuVTVO statuierten Anerkennung und Vollstreckung ohne Vollstreckbarerklärung bei dem gleichzeitigen Ausschluss der Möglichkeit, die Anerkennung anzufechten, dass für eine Ordre-public-Prüfung unter Anwendung der Verordnung kein Raum bleibt.

Konsequent zur Abschaffung des Erfordernisses der Anerkennung und des Vollstreckbarerklärungsverfahrens in Art. 5 EuVTVO fehlt in der Verordnung auch eine Vorschrift, die Art. 34 EuGVO entsprechen würde.

Art. 21 EuVTVO bestätigt dies, indem der Verordnungsgeber in Abs. 1 als einzigen Grund nach der Verordnung, die Vollstreckung dauerhaft zu versagen, die Unvereinbarkeit mit einer früheren Entscheidung in einem Mitgliedsland oder einem Drittstaat festlegt und in Abs. 2 jegliche Nachprüfung der Entscheidung selbst sowie der Bestätigung als Europäischen Vollstreckungstitel untersagt.

Dementsprechend enthält Art. 23 EuVTVO nur die Möglichkeit, die Vollstreckung für den Zeitraum, in dem der Schuldner im Ursprungsstaat gegen die zu vollstreckende Entscheidung als solche oder die Bestätigung als Vollstreckungstitel vorgeht, vorläufig zu beschränken oder auszusetzen (vgl. EuGH, Urt. vom 15.3.2012 – G ./. Gornelius de Visser, Rs C-292/10, EuZW 2012, 381 Rz. 66).

(2) Die Abschaffung des Erfordernisses der Anerkennung sowie des Vollstreckbarerklärungsverfahrens innerhalb der Union zur Schaffung eines funktionierenden Binnenmarkts entspricht dem ausdrücklichen Willen des Verordnungsgebers.

Dies ergibt sich schon aus dem ‚Maßnahmenprogramm zur Umsetzung des Grundsatzes der gegenseitigen Anerkennung gerichtlicher Entscheidungen in Zivil- und Handelssachen' des Rates vom 30.11.2000 (ABl. C 12 vom 15.1.2001, 1, 4). Darin heißt es: ‚Die Abschaffung des Exequaturverfahrens für unbestrittene Forderungen muss zu den Prioritäten der Gemeinschaft gehören. (...) Die rasche Beitreibung ausstehender Forderungen ist eine absolute Notwendigkeit für den Handel ...' Der Rat schlug deshalb die Schaffung eines Europäischen Vollstreckungstitels für unbestrittene Forderungen als erste Stufe des Maßnahmenprogramms vor (ABl. C 12 vom 15.1.2001, 7), was mit Erlass der Verordnung durch das Europäische Parlament und den Rat am 21.4.2004 umgesetzt wurde.

Dass der Grundsatz der automatischen gegenseitigen Anerkennung von Entscheidungen und die Abschaffung des Vollstreckbarerklärungsverfahrens mit der Aufgabe der Möglichkeit jeglicher Ordre-public-Kontrolle im Vollstreckungsstaat deren Kernpunkt ist, hat während des Verfahrens zum Erlass der Verordnung auch die Kommission der Europäischen Gemeinschaften in der Mitteilung an das Europäische Parlament vom 9.2.2004 (KOM [2004] 90 endgültig, 2002/0090 [COD], 3.1, 4) zum Ausdruck gebracht. Die dort enthaltene Äußerung, die Kommission könne den gemeinsamen Standpunkt akzeptieren, der zwar den ursprünglichen Vorschlag der Kommission in der nach der Stellungnahme des Parlaments geänderten Fassung in einigen Aspekten ändere, aber an dem Anspruch festhalte, das Exequaturverfahren sowie jede Art von Kontrolle, die auf den ordre public Bezug nimmt, abzuschaffen, lässt keinen Raum für Zweifel über die Absicht des Verordnungsgebers.

Niedergelegt ist dies in Erwgr. 18 der Verordnung. Darin heißt es: ‚Gegenseitiges Vertrauen in die ordnungsgemäße Rechtspflege in den Mitgliedstaaten rechtfertigt es, dass das Gericht nur eines Mitgliedstaats beurteilt, ob alle Voraussetzungen für die Bestätigung der Entscheidung als Europäischer Vollstreckungstitel vorliegen, so dass die Vollstreckung der Entscheidung in allen anderen Mitgliedstaaten möglich ist, ohne dass im Vollstreckungsstaat zusätzlich von einem Gericht nachgeprüft werden muss, ob die prozessualen Mindestvorschriften eingehalten worden sind.'

Aus Erwgr. 10 der Verordnung, wonach auf die Nachprüfung einer gerichtlichen Entscheidung in einem Verfahren, auf das sich der Schuldner nicht eingelassen habe, nur verzichtet werden könne, wenn die Verteidigerrechte beachtet worden seien, und Erwgr. 11, wonach die Verordnung insbesondere darauf zielt, die uneingeschränkte Wahrung des Rechts auf ein faires Verfahren zu gewährleisten, folgt nichts anderes. Dem Recht auf ein faires Verfahren trägt die Verordnung dadurch Rechnung, dass in Art. 13 ff. EuVTVO verfahrensrechtliche Mindeststandards aufgestellt werden, die gerade das rechtliche Gehör sicherstellen sollen. Die Rechtsbeschwerde verkennt, dass der Verordnungsgeber die Kontrolle darüber, ob die Gerichte des Ursprungsstaats diese Vorgaben tatsächlich eingehalten haben, allein den Gerichten im Ursprungsstaat im Rahmen des Bestätigungsverfahrens nach Art. 6 bis 11 EuVTVO vorbehalten hat. Eine Kontrolle im Vollstreckungsstaat ist aufgrund der Abschaffung des Ordre-public-Vorbehalts nicht möglich.

(3) Dass unter Geltung der Verordnung die Ordre-public-Kontrolle im Vollstreckungsstaat abgeschafft ist, wird auch im Schrifttum erkannt, wenn auch teilweise rechtspolitisch kritisiert (*Rauscher-Pabst* aaO Rz. 17; *Gerling*, Die Gleichstellung ausländischer mit inländischen Vollstreckungstiteln durch die Verordnung zur Einführung eines Europäischen Vollstreckungstitels für unbestrittene Forderungen, 2006, 124 f., 258; *Wagner*, IPRax 2002, 75, 91 ff.; *Jayme/Kohler*, IPRax 2004, 481, 486; *Stadler*, IPRax 2004, 2, 7 ff.; *Mansel*, RabelsZ 2006, 651, 727 f.; *Roth*, IPRax 2006, 466; *Hannemann-Kacik*, Die EU-Verordnung zum Europäischen Vollstreckungstitel für unbestrittene Forderungen, 2011, 118; *Ringwald* aaO 31).

Fehlentscheidungen in Einzelfällen, die sich daraus ergeben, dass die Gerichte eines Mitgliedstaats eine Entscheidung als Europäischen Vollstreckungstitel bestätigen, obwohl diese unter Missachtung der Verfahrensvorschriften der Art. 13 bis 17 EuVTVO zustande gekommen ist, sind entsprechend dem Willen des Verordnungsgebers ebenso wie Fehlentscheidungen innerstaatlicher Gerichte hinzunehmen. Ob dem Schuldner andere Rechtsschutzmöglichkeiten gegen den als fehlerhaft behaupteten Titel und die Bestätigung, z.B. vor nationalen Verfassungsgerichten, dem EuGH oder dem EGMR, zustehen, ist dabei ohne Belang.

Die Abschaffung des Ordre-public-Vorbehalts verstößt auch nicht gegen höherrangiges Recht. Dem europäischen Verordnungsgeber steht ein Ermessensspielraum in Bezug darauf zu, wie die Einhaltung der Verfahrensgrundsätze aus Art. 6 I EMRK und Art. 47 der Charta der Grundrechte der Europäischen Union umgesetzt wird. Der vom Verordnungsgeber gewählte Weg, in der Verordnung die Kontrolle der Ein haltung der Vorschriften der Art. 13 ff. EuVTVO den Gerichten im Ursprungsstaat zu übertragen, begegnet keinen Bedenken.

Einen Verstoß gegen Verfahrensgrundrechte begehen die deutschen Gerichte durch die Zwangsvollstreckung eines ausländischen Titels, der als Europäischer Vollstreckungstitel nach der Verordnung bestätigt ist, auch dann nicht, wenn die Sachentscheidung oder die Bestätigung im Ursprungsstaat unter Verstoß gegen Verfahrensgrundrechte zustande gekommen sein sollte.

cc) Die Rechtsbeschwerde kann auch nicht mit dem Argument durchdringen, der zu vollstreckende Zahlungsbefehl des Amtsgerichts E./Polen hätte nach polnischem Recht wegen der erforderlichen Auslandszustellung an die in B. ansässige Schuldnerin nicht ergehen dürfen und sei nach polnischem Recht von Amts wegen aufzuheben.

Denn nach Art. 21 II EuVTVO darf der Einwand, die Entscheidung sei im Herkunftsstaat zu Unrecht ergangen, im Vollstreckungsverfahren gerade nicht geprüft werden. Solange der Titel und die Bestätigung als Europäischer Vollstreckungstitel nicht im Ursprungsstaat aufgehoben sind, ist die Vollstreckung fortzusetzen und kann lediglich bei Vorliegen der Voraussetzungen des Art. 23 EuVTVO vorläufig beschränkt oder eingestellt werden.

Es kann dahinstehen, ob die Gerichte im Vollstreckungsstaat die Eröffnung des Anwendungsbereichs der Verordnung überprüfen dürfen (vgl. dazu *Kindl/Meller-Hannich/Wolf/Stürner* aaO Rz. 3; *Stürner* aaO, 49 f.; *Jayme/Kohler* aaO N. 73; *Geimer-Schütze* aaO Art. 20 VO (EG) Nr. 805/2004 Rz. 5; *Zöller-Geimer*, ZPO, 30. Aufl., Art. 2 EuVTVO Rz. 1; *Kropholler-v. Hein* aaO Rz. 9; *Rauscher-Pabst* aaO Rz. 25; *Wieczorek-Schütze*, ZPO, 4. Aufl., § 1082 Rz. 9; *Wagner*, IPRax 2005, 189, 199). Die Rechtsbeschwerde rügt lediglich einen einfachen Rechtsanwendungsfehler. Sie trägt nichts vor, was Zweifel an der Eröffnung des Anwendungsbereichs gemäß Art. 2 ff. EuVTVO begründen würde. Insbesondere stellt sie nicht in Abrede, dass eine Entscheidung eines polnischen Gerichts in Zivil- oder Handelssachen betreffend eine unbestritten gebliebene Forderung vorliegt.

b) Der Antrag auf Aussetzung oder Beschränkung der Zwangsvollstreckung nach Art. 23 EuVTVO mit § 1084 ZPO ist ohne Erfolg.

Der Senat kann offenlassen, ob die den Antrag ablehnende Entscheidung des Beschwerdegerichts angesichts § 1084 II 3 ZPO überhaupt mit einem Rechtsmittel angreifbar ist.

Art. 23 EuVTVO gestattet den Gerichten im Vollstreckungsstaat lediglich vorläufige Maßnahmen bis zur rechtskräftigen Entscheidung über den Rechtsbehelf bzw. den Antrag auf Berichtigung oder Widerruf der Bestätigung als Europäischer Vollstreckungstitel. Nachdem das Bezirksgericht D./Polen auf das Rechtsmittel der Schuldnerin die Rechtskraft des Beschlusses des Amtsgerichts E. vom 10.1.2012 festgestellt hat, liegen die Voraussetzungen für Maßnahmen nach Art. 23 EuVTVO i.V.m. § 1084 ZPO nicht mehr vor."

240. *Eine von englischen Gerichten ausgesprochene „Third Party Costs Order" ist als „Entscheidung" im Sinne der EuGVO zu qualifizieren. Die Rechtskraft der Entscheidung wird nicht verlangt, so dass vorläufige Vollstreckbarkeit ausreicht.*
[LS der Redaktion]

BGH, Beschl. vom 8.5.2014 – IX ZB 35/12: NJW-RR 2014, 1135; RIW 2014, 530; WM 2014, 1094; IPRax 2016, 63 mit Anm. *Kröll*; MDR 2014, 989; ZIP 2014, 1131; DB 2014, 1430; NZG 2015, 205; NZI 2014, 723; ZInsO 2014, 1115. Leitsatz in: BB 2014, 1345; Europ. Leg. Forum 2015, 17; JZ 2014, 455; LMK 2014, 361189.

[Der vorgehende Beschluss des OLG Düsseldorf vom 1.3.2012 – I-3 W 104/11 – wurde bereits im Band IPRspr. 2012 unter der Nr. 262 abgedruckt.]

Die ASt. war 2007 im englischen Insolvenzverfahren über das Vermögen des deutschen Staatsbürgers M. R. zur Treuhänderin bestellt worden. R. verklagte die ASt. auf Herausgabe eines beschlagnahmten Geldbetrags. Durch Urteil entschied der High Court of Justice – Chancery Division – Bankruptcy Court 2008, dass der Geldbetrag zur Insolvenzmasse gehöre und von der Beschlagnahmestelle an die ASt. und nicht an R. herauszugeben sei. Da R. als unterlegene Partei die Kosten der ASt. aus dem Rechtsstreit wegen der Massezugehörigkeit des Geldbetrags zu tragen gehabt hätte, hierzu aber aufgrund seiner Insolvenz wirtschaftlich nicht in der Lage war, erstrebte die ASt. eine „Third Party Costs Order" gegen den AGg. Der High Court of Justice entsprach dem Gesuch der ASt. um Erlass der „Third Party Costs Order" gegen den AGg. Auf Gesuch der ASt. hat das LG Düsseldorf 2011 angeordnet, die „Costs Order"des High Court of Justice, Bankruptcy, in London für das Gebiet der Bundesrepublik Deutschland mit der Vollstreckungsklausel zu versehen. Gegen diesen Beschluss wendet sich der AGg. mit seiner Beschwerde.

Aus den Gründen:

„II. Die gemäß §§ 15 I AVAG, 574 I 1 Nr. 1 ZPO statthafte Rechtsbeschwerde ist unzulässig ...

1. Soweit die Rechtsbeschwerde die Zulässigkeitsgründe des Rechtsfortbildungsbedarfs und der Grundsatzbedeutung mit Blick auf die sachliche Anwendbarkeit der vom BeschwG herangezogenen EuGVO geltend macht, sind die aufgeworfenen Rechtsfragen jedenfalls nicht entscheidungserheblich. An der Entscheidungserheblichkeit fehlt es, wenn die angegriffene Entscheidung aus anderen Gründen – unter Aussparung der als klärungsbedürftig angesehenen Rechtsfrage – im Ergebnis richtig ist (vgl. BGH, Urt. vom 18.7.2003 – V ZR 187/02, WM 2004, 46, 47 f. m.w.N.; *HK-ZPO-Saenger-Kayser/Koch*, 5. Aufl., § 544 Rz. 14, § 574 Rz. 16). Selbst wenn die Vollstreckbarerklärung der englischen ‚Costs Order' nicht auf Art. 32 ff. EuGVO hätte gestützt werden dürfen, weil es sich um eine vom Anwendungsbereich der EuGVO ausgeschlossene insolvenzrechtliche Annexentscheidung handeln könnte (vgl. Art. 1 II lit. b EuGVO), wäre die Vollstreckbarerklärung nach den Feststellungen des BeschwG nicht gescheitert.

a) Die Vollstreckbarerklärung hätte dann unter den Voraussetzungen des Art. 26 EuInsVO geprüft werden müssen, weil die Exequatur von insolvenzrechtlichen Annexentscheidungen nach dem ausdrücklichen Wortlaut des Art. 25 I Unterabs. 2 EuInsVO von den Regelungen der EuInsVO erfasst wird. Dass die Anerkennungsregelungen der EuInsVO und der EuGVO lückenlos ineinander greifen, wird durch den Erl. Bericht zum Entwurf des zunächst geplanten Europäischen Übereinkommen über Insolvenzverfahren vom 23.11.1995 bestätigt (*Stoll-Virgos/Schmit*, Vorschläge und Gutachten zur Umsetzung des EU-Übereinkommens über Insolvenzverfahren im deutschen Recht, 1997, Rz. 195, 197; vgl. auch MünchKommInsO-*Reinhart*, 2. Aufl., Art. 25 VO (EG) 1346/2000 Rz. 2; *Duursma-Kepplinger* in *Duursma-Kepplinger/Duursma/Chalupsky*, EuInsVO, 2002, Art. 25 Rz. 50; *Schlosser*, EU-Zivilprozessrecht, 3. Aufl., Art. 1 Rz. 19, 21d; *Leipold* in *Festschrift Ishikawa*, 2001, 221, 224 f.). Der von der Rechtsbeschwerde aufgezeigte Meinungsstreit zu einer möglichen Regelungslücke betrifft nicht die Exequatur von insolvenzrechtlichen Annexentscheidungen, sondern die Regelung der internationalen Zuständigkeit für Annexverfahren (eingehend dazu *Strobel*, Die Abgrenzung zwischen EuGVO und EuInsVO im Bereich insolvenzbezogener Einzelentscheidungen, 2006, 86 ff.). Auch dieser Streit dürfte aber seit der neueren Rspr. des EuGH weitestgehend überholt sein (EuGH, Urt. vom 12.2.2009 – Christopher Seagon ./. Deko Marty Belgium N.V., Rs C-339/07, Slg. 2009 I-00767, EWS 2009, 99 Rz. 19 ff.; vom 19.4.2012 – F-Tex S.I.A. ./. Lietuvos-Anglijos UAB, Rs C-213/10, ZIP 2012, 1049 Rz. 27; vom 16.1.2014 – Ralph Schmid ./. Lilly Hertel, Rs C-328/12, ZIP 2014, 181 Rz. 30; vgl. auch *Kropholler-v. Hein*, EuZPR, 9. Aufl., Art. 1 Rz. 36 EuGVO; *Paulus*, EuInsVO, 4. Aufl., Art. 25 Rz. 2a, 18 ff.).

b) Bei der Vollstreckbarerklärung wirkt sich die Qualifizierung der ‚Costs Order' als zivilrechtliche oder insolvenzrechtliche Entscheidung im Ergebnis nicht aus, weil nach beiden in Betracht kommenden Rechtsgrundlagen für die Exequatur dieselben Versagungsgründe zu prüfen sind. Die Auslegung des Art. 26 EuInsVO orientiert sich bei insolvenzbezogenen Einzelentscheidungen, die in einem kontradiktorischen Verfahren ergangen sind, an den zu Art. 34 EuGVO entwickelten Maßstäben (BGH, Beschl. vom 8.11.2012 – IX ZB 120/11[1] WM 2013, 45 Rz. 3 m.w.N.). So gilt auch bei Art. 26 EuInsVO der Grundsatz, dass die Ordre-public-Klausel nur in Ausnahmefällen anzuwenden ist (EuGH, Urt. vom 2.5.2006 – Eurofood IFSC Ltd., Rs C-341/04, NZI 2006, 360 Rz. 63 f.). Mit Art. 26 EuInsVO sollen neben dem materiellen ordre public auch verfahrensrechtliche Garantien, wie sie in Art. 34 Nr. 2 EuGVO vorgesehen sind, gewahrt bleiben (vgl. EuGH, Urt. vom 2.5.2006 aaO Rz. 66 f.; *Duursma-Kepplinger* aaO Art. 26 Rz. 6 ff.), insbes. soweit es um Entscheidungen gegenüber bestimmten Gläubigern geht (*Stoll-Virgos/Schmit* aaO Rz. 206). Die Möglichkeit einer abweichenden Entscheidung des BeschwG bei Anwendung der Art. 25 I, 26 EuInsVO ist damit nicht ersichtlich.

2. ... Der Umstand, dass ein Verstoß gegen die inländische öffentliche Ordnung darin liegen könnte, dass einem nicht verfahrensbeteiligten Dritten die Kosten des Verfahrens auferlegt wurden, begründet ebenfalls keinen Rechtsfortbildungsbedarf. Die Rechtsbeschwerde legt nicht dar, dass sich in diesem Zusammenhang eine klärungsbedürftige, also zweifelhafte oder streitige Rechtsfrage stellt. Vielmehr ist die Möglichkeit, einem Dritten Verfahrenskosten aufzuerlegen, auch dem deutschen Recht nicht fremd (vgl. §§ 81 IV FamFG; 380 I, II, 390 I, II, 409 I ZPO) und allgemein anerkannt. Es ist regelmäßig hinzunehmen, dass in anderen Rechtssystemen von dieser Möglichkeit unter anderen Voraussetzungen und mit weitreichenderen Folgen insbesondere dann Gebrauch gemacht werden kann, wenn wie im Streitfall besondere Umstände des Einzelfalls für diese Kostenfolge herangezogen werden."

241. *Die Vollstreckbarerklärung eines polnischen Versäumnisurteils, gegen das im Erststaat rechtzeitig Einspruch eingelegt wurde, kann nicht mit der Begründung versagt werden, das verfahrenseinleitende Schriftstück sei dem Beklagten nicht so rechtzeitig und in einer Weise zugestellt worden, dass er sich verteidigen konnte.*

Ein behaupteter Prozessbetrug hindert die Vollstreckbarerklärung nicht, wenn gegen die Entscheidung des Erststaats ein Rechtsmittel eingelegt wurde, mit welchem der behauptete Verstoß beseitigt werden kann.

---

[1] IPRspr. 2012 Nr. 327 (LS).

BGH, Beschl. vom 15.5.2014 – IX ZB 26/13: NJW 2014, 2365; RIW 2014, 529; WM 2014, 1295; MDR 2014, 1174; ZIP 2014, 1350; ZInsO 2014, 1572. Leitsatz in MittdtschPatAnw 2014, 426.

Der ASt. ist Inhaber eines in Polen ansässigen Unternehmens. Die AGg., die ihren Sitz in Deutschland hat, sollte nach einem Kaufvertrag Waren an das Unternehmen des ASt. liefern. Nachdem sie dieser Verpflichtung nicht nachkam, beantragte der ASt. beim Bezirksgericht Breslau, die AGg. zur Zahlung von 61 594,81 € nebst Zinsen zu verurteilen. Diesem Antrag wurde durch Versäumnisurteil 2012 entsprochen. Über den von der AGg. in Polen erhobenen Einspruch ist bislang nicht entschieden. In Deutschland hat der ASt. beantragt, die Versäumnisentscheidung des Bezirksgerichts Breslau für vollstreckbar zu erklären.

Das LG hat dem Antrag stattgegeben. Die Beschwerde der AGg. hat zu einer Konkretisierung des Zinsausspruchs geführt und ist im Übrigen erfolglos geblieben. Hiergegen wendet sich die AGg. mit ihrer Rechtsbeschwerde.

Aus den Gründen:

„II. Die Rechtsbeschwerde ist gemäß Art. 44 EuGVO i.V.m. §§ 15 I AVAG, 574 I 1 Nr. 1 ZPO statthaft. Sie ist jedoch nach §§ 15 I AVAG, 574 II ZPO unzulässig, weil sie nicht aufzeigt, dass die Rechtssache grundsätzliche Bedeutung hat oder die Fortbildung des Rechts oder die Sicherung einer einheitlichen Rechtsprechung eine Entscheidung des Rechtsbeschwerdegerichts erfordert.

1. Soweit die Rechtsbeschwerde den Zulässigkeitsgrund des Einheitlichkeitssicherungsbedarfs geltend macht und meint, das Beschwerdegericht habe gehörsverletzend das Anerkennungshindernis des Art. 34 Nr. 2 EuGVO verneint, kann sie damit keinen Erfolg haben. Nach dieser Regelung kann eine Entscheidung nicht anerkannt werden, wenn dem Beklagten, der sich auf das Verfahren nicht eingelassen hat, das verfahrenseinleitende Schriftstück nicht so rechtzeitig und in einer Weise zugestellt worden ist, dass er sich verteidigen konnte, es sei denn, er hat gegen die Entscheidung keinen Rechtsbehelf eingelegt, obwohl er die Möglichkeit dazu hatte. Daher sind die Verteidigungsrechte, die durch Art. 34 Nr. 2 EuGVO geschützt werden sollen, erst recht gewahrt, wenn der Beklagte gegen die in Abwesenheit ergangene Entscheidung tatsächlich einen Rechtsbehelf eingelegt hat, mit dem er geltend machen konnte, ihm sei das verfahrenseinleitende Schriftstück oder das gleichwertige Schriftstück nicht so rechtzeitig und in einer Weise zugestellt worden, dass er sich habe verteidigen können (EuGH, Urt. vom 28.4.2009 – Meletis Apostolides ./. David Charles Orams u. Linda Elizabeth Orams, Rs C-420/07, Slg. 2009, I-03571 Rz. 78; *Kropholler-v. Hein*, Europäisches Zivilprozessrecht, 9. Aufl., Art. 34 EuGVO Rz. 44). Zu solchen Rechtsbehelfen zählt der Einspruch gegen ein Versäumnisurteil (vgl. EuGH, Urt. vom 28.4.2009 aaO Rz. 79), der auch von der AGg. erhoben wurde und gemäß Art. 344 § 1 des polnischen Zivilverfahrensgesetzbuchs vom 17.11. 1964 (Dz.U. Nr. 43, Pos. 296; fortan: ZVGB) statthaft ist. Aus dieser Rspr. des EuGH lässt sich gleichzeitig schließen, dass eine Einlassung im Sinne von Art. 34 Nr. 2 EuGVO auch in der Erhebung eines Rechtsbehelfs nach Erlass des Versäumnisurteils liegt, selbst wenn die Vollstreckbarerklärung des Versäumnisurteils begehrt wird.

Angesichts des tatsächlich eingelegten Rechtsbehelfs im Erststaat kommt es auf den von der Rechtsbeschwerde behaupteten symptomatischen Rechtsfehler des Beschwerdegerichts bei Prüfung des Versagungsgrunds nach Art. 34 Nr. 2 EuGVO und eine Grundsatzbedeutung nicht an. Der behauptete Gehörsverstoß liegt schon nicht vor, weil das OLG den Vortrag der AGg. zur Verfügung des Bezirksgerichts Breslau vom 7.12.2011 nicht übergangen hat.

2. Ebenso wenig ist eine Gehörsverletzung des Beschwerdegerichts bei der Verneinung des Ordre-public-Vorbehalts nach Art. 34 Nr. 1 EuGVO festzustellen. Offen bleiben kann in diesem Zusammenhang, ob der Vorwurf des Prozessbetrugs zutrifft. Ein solcher Prozessbetrug hindert jedenfalls nicht die Vollstreckbarerklärung, wenn gegen die Entscheidung im Erststaat ein Rechtsmittel eingelegt wurde, mit welchem der behauptete Verstoß beseitigt werden kann (vgl. BGH, Urt. vom 19.9.1977 – VIII ZR 120/75[1], NJW 1978, 1114, 1115 zu Art. III Abs. 1 lit. c 2. des Abkommens zwischen der Bundesrepublik Deutschland und dem Vereinigten Königreich Großbritannien und Nordirland über die gegenseitige Anerkennung und Vollstreckung von gerichtlichen Entscheidungen in Zivil- und Handelssachen vom 14.7.1960; *Kropholler-v. Hein* aaO Rz. 15b; *Geimer-Schütze*, EuZVR, 3. Aufl., A.1 Art. 34 Rz. 57). Ein Beklagter, der sich vor dem ausländischen Gericht eingelassen hat, soll im Anerkennungsverfahren nicht erneut rügen können, der Gegner habe das Urteil durch vorsätzlich falschen Prozessvortrag erwirkt (vgl. BGH, Beschl. vom 6.5.2004 – IX ZB 43/03[2], NJW 2004, 2386, 2388 m.w.N.). Im Exequaturverfahren ist er vielmehr mit dem Tatsachenvortrag ausgeschlossen, den er bereits im Erststaat eingebracht hat (BGH, Urt. vom 29.4.1999 – IX ZR 263/97[3], BGHZ 141, 286, 306) oder hätte einbringen können (vgl. BGH, Urt. vom 19.9.1977 aaO). Da die AGg. im Urteilsstaat Einspruch gegen das Versäumnisurteil eingelegt hat, ist es ihr möglich, gemäß Art. 344 § 2 ZVGB ihre Einwendungen gegen den Klageantrag und diese stützende Tatsachen und Beweise vorzubringen. Sie kann somit in Polen die vorgelegte, angeblich unvollständig abgelichtete Kopie des Vertragstextes einwenden, um ihren Klageabweisungsantrag zu begründen und den behaupteten Prozessbetrug abzuwenden. Im Exequaturverfahren kann sie dies nicht geltend machen.

3. Es ist auch nicht ersichtlich, dass die Zurückweisung einer Anordnung zur Sicherheitsleistung nach Art. 46 III EuGVO unter Verletzung des rechtlichen Gehörs der AGg. erfolgt ist. Das Gericht ist nicht gehalten, sich mit jedem Vorbringen eines Beteiligten in den Gründen seiner Entscheidung ausdrücklich zu befassen (BGH, Beschl. vom 16.9.2008 – X ZB 28/07, GRUR 2009, 90 Rz. 7; BVerfG, NJW 1992, 1031; BVerfGE 86, 133, 146). Vielmehr müssen im Einzelfall besondere Umstände deutlich machen, dass tatsächliches Vorbringen eines Beteiligten entweder überhaupt nicht zur Kenntnis genommen oder bei der Entscheidung nicht erwogen worden ist (BVerfGE 86 aaO). Dies ist im Streitfall nicht festzustellen. Jedenfalls wäre der behauptete Gehörsverstoß nicht entscheidungserheblich, weil auch bei Beachtung des übergangenen Vorbringens keine andere Entscheidung hätte ergehen können (BGH, Urt. vom 18.7.2003 – V ZR 187/02, NJW 2003, 3205, 3206).

Denn die AGg. hat ihren Antrag im Beschwerdeverfahren allein damit begründet, ein möglicher Rückzahlungsanspruch des vorläufig ausgeurteilten Betrags sei nur unter erheblichen Problemen zu realisieren; es gebe keinen hinreichenden Grund, sie auf eine möglicherweise erforderliche Zwangsvollstreckung in Polen zu verweisen. Die Notwendigkeit der Verfolgung eines Erstattungsanspruchs gegen einen im EU-Ausland ansässigen Gläubiger vor den dortigen Gerichten genügt grundsätzlich nicht, um hierauf eine Anordnung nach Art. 46 III EuGVO zu stützen, weil durch

---

[1] IPRspr. 1977 Nr. 151.
[2] IPRspr. 2004 Nr. 161.
[3] IPRspr. 1999 Nr. 160.

die Zuständigkeits- und Anerkennungsregelungen der EuGVO die Rechtsverfolgung im Regelfall gewährleistet ist (*Geimer-Schütze* aaO Art. 46 Rz. 36; *Rauscher-Mankowski*, EuZPR/EuIPR, 2011, Art. 46 Brüssel I-VO Rz. 17a). Damit ist nicht dargetan, dass der AGg. ein nicht zu ersetzender Nachteil infolge der möglichen Zwangsvollstreckung durch den ASt. droht (vgl. OLG Koblenz, OLGR 2001, 414, 416[4]; *Kropholler-v. Hein* aaO Art. 46 EuGVO Rz. 7)."

242. *Verurteilt ein französisches Gerichts drei Beklagte gemeinsam („in solidum" beziehungsweise „solidairement" nach den Art. 1213 und 1214 Cc) zur Zahlung und zahlt der Beklagte zu 1) darauf den gesamten Betrag an den Kläger und entrichtet der Beklagte zu 2) den von ihm im Innenverhältnis verlangten Teilbetrag an den Beklagten zu 1), während sich der Beklagte zu 3) weigert, den von ihm geforderten Ausgleichsbetrag zu zahlen, so ist es dem Beklagten zu 1) verwehrt, zum Zwecke der Erlangung des Innenregresses gegen diesen das französische Urteil in Höhe eines Anteils von einem Drittel für vollstreckbar erklären zu lassen.*

OLG Düsseldorf, Beschl. vom 17.6.2014 – I-3 W 257/12: Unveröffentlicht.

[Der nachgehende Beschluss des BGH vom 26.3.2015 (IX ZB 38/14) wird im Band IPRspr. 2105 abgedruckt.]

Die F. (FAT) ist durch Urteile des französischen Tribunal d'Evry bzw. der Cour d'appel de Paris zusammen mit zwei anderen Beklagten gesamtschuldnerisch verurteilt worden, an die dortigen Klägerinnen (Versicherer) einen sechsstelligen Betrag zu zahlen. Die ASt., Rechtsnachfolgerin der FAT als einer der beklagten Gesamtschuldnerinnen, hat daraufhin gegenüber der AGg., Rechtsnachfolgerin der B. GmbH, Vollstreckbarerklärung der genannten französischen Urteile i.H.v. 1/3 beantragt.

Das LG hat dem Antrag stattgegeben. Gegen diesen Beschluss richtet sich die Beschwerde der AGg.

Aus den Gründen:

„II. Die innerhalb eines Monats nach Zustellung der angefochtenen Entscheidung des LG eingelegte Beschwerde der AGg. ist zulässig, § 11 AVAG, Art. 43 EuGVO und hat in der Sache Erfolg.

Es mag zugunsten der ASt. davon ausgegangen werden, dass sie Rechtsnachfolgerin der im Erststaat verurteilten Beklagten FAT ist – was die AGg. mit Nichtwissen bestreitet – und auch, dass die AGg. Rechtsnachfolgerin der dortigen weiteren Beklagten B. ist.

Es mag weiter angenommen werden, dass die ASt., die als eine von drei Beklagten des Erststaats die titulierte Forderung in vollem Umfang gegenüber den Klägerinnen erfüllt hat, aufgrund dessen nach französischem Recht Rechtsnachfolgerin der Titelgläubiger und als solche grundsätzlich berechtigt ist, die Vollstreckbarkeit der Urteile des Handelsgerichts zu Evry und des Berufungsgerichts Paris zu beantragen.

Denn antragsberechtigt kann auch sein, wer nach dem Recht des Erststaats aus dem Urteil unmittelbar Rechte ziehen kann, ohne eigentlicher Titelinhaber zu sein (*Rauscher-Mankowski*, Europäisches Zivilrecht, 2. Aufl. [2006], Art. 38 EuGVVO Rz. 10a).

Nach der Rspr. des BGH kann gemäß § 7 I 1 AVAG die Zwangsvollstreckung aus einem im Ausland ergangenen Titel auch zugunsten eines anderen als des in dem Titel bezeichneten Berechtigten für zulässig erklärt werden, wenn der Titel nach dem Recht des Staats, in dem er errichtet worden ist, für oder gegen einen anderen vollstreckbar ist. Damit kann ein ausländischer Titel auch auf Betreiben eines

---

[4] IPRspr. 2001 Nr. 179.

Rechtsnachfolgers des ursprünglichen Klägers für vollstreckbar erklärt werden, wobei der Nachweis der Rechtsnachfolge mit allen Beweismitteln geführt werden kann, §§ 55 I, 7 I 2 AVAG (BGH, Urt. vom 12.1.2012 – IX ZB 211/10[1], BeckRS 2012, 03063 m.w.N.). Dennoch kann ihr Antrag hier keinen Erfolg haben. Denn entgegen der Auffassung der ASt. stellen die von ihr zur Vollstreckbarerklärung gegen die AGg. vorgelegten Urteile auch nach französischem Recht gerade keinen Vollstreckungstitel für den hier nur in Betracht kommenden Innenregress im Verhältnis mehrerer Gesamtschuldner dar.

Dies ergibt sich aus dem Gutachten des Sachverständigen M.

Der Sachverständige hat in seinem überzeugenden Gutachten nicht nur eingehend die Fragen der Rechtsnachfolge, des Forderungsübergangs, der Voraussetzungen des Gläubigerwechsels gemäß Art. 1251 III franz. Cc, den Rechtsbegriff derselben/gemeinsamen Schuld und der Gesamtschuld nach französischem Recht (*solidarité/solidairement* und *obligation in solidum*) erörtert und nachvollziehbar und überzeugend dargelegt. Er hat darüber hinaus auch erläutert, dass nach der überwiegenden Ansicht der französischen Rechtsliteratur und der Überzeugung des Kassationsgerichtshofs sowohl im Fall einer Verurteilung *solidairement* als auch im Falle einer Verurteilung *in solidum* die Rechtsfolge des Art. 1251 III franz. Cc (Übergang der titulierten Forderung) anzuwenden ist.

Der Schuldner-Innenausgleich vollzieht sich – so der Sachverständige – bei einer Verurteilung *in solidum* wie auch bei einer Verurteilung *solidairement* nach den Art. 1213 und 1214 franz. Cc, wobei die maßgebenden Kriterien (Verschulden/Kausalität) in unterschiedlicher und vom Sachverständigen eingehend dargestellten Weise berücksichtigt werden.

Entscheidend ist insoweit, dass sowohl bei einer Verurteilung *in solidum* als auch bei einer Verurteilung *solidairement* der erkennende Richter nicht von Amts wegen verpflichtet ist, den auf den einzelnen (Gesamt-)Schuldner (im Innenverhältnis) entfallenden Haftungsanteil an der Gesamtschuld zu bestimmen. Hat ein Gesamtschuldner die Gesamtschuld für alle Gesamtschuldner beglichen und nimmt er dann Regress, ist bei einer Verurteilung *in solidum* im Regressprozess der Anteil eines jeden an der Gesamtschuld zu bestimmten. Bei einer Verurteilung *solidairement* kann einer der Gesamtschuldner nach der Verurteilung als Gesamtschuldner im Rahmen desselben Verfahrens vor dem *juge au fond* beantragen, den Haftungsanteil jedes einzelnen Gesamtschuldners bestimmen zu lassen.

Diesen überzeugenden und von keiner der Beteiligten bestrittenen Ausführungen schließt sich der Senat in vollem Umfang an.

Aus all dem folgt, dass die hier vorliegenden Urteile schon im französischen Recht keine Vollstreckungstitel im Innenregress gegenüber einem weiteren Gesamtschuldner darstellen. Mithin scheiden sie erst recht als Grundlage einer Vollstreckbarerklärung im Verhältnis zwischen ASt. und AGg. aus."

243. *Urteile des Fürstentums Liechtenstein sind, da die Gegenseitigkeit nicht verbürgt ist, nicht anerkennungsfähig, § 328 I Nr. 5 ZPO. Allein aufgrund der Tatsache der Existenz eines liechtensteinischen Titels kann eine entsprechende Verurteilung in Deutschland daher nicht erfolgen. Es bedarf vielmehr einer selbständigen Überprü-*

---

[1] IPRspr. 2012 Nr. 259b.

fung des Sachverhalts und einer eigenständigen Entscheidung, gegebenenfalls auch auf der Basis des liechtensteinischen Rechts.

OLG Stuttgart, Urt. vom 28.7.2014 – 5 U 146/12: IPRax 2015, 444 mit Anm. *Mankowski*; NZFam 2014, 1016. Leitsatz in: FamRZ 2015, 429; RIW 2015, 159, 111 Aufsatz *Schütze*; BB 2014, 2433; NJW-Spezial 2014, 678; ZEV 2014, 627.

Die Kl. verlangt vom Bekl. als Nachlassverwalter nach ihrem verstorbenen Ehemann Prozesskosten aus einer Reihe von gerichtlichen Verfahren, die sie gegen ihren damals noch lebenden, im Jahr 2011 verstorbenen Ehemann in Liechtenstein geführt und jeweils gewonnen hat; Liechtenstein war der letzte gemeinsame Wohnsitz der Eheleute. Die Kl. legt dazu mehrere liechtensteinische Kostentitel vor. Der Erblasser ist verstorben, während in Liechtenstein ein Scheidungsverfahren zwischen den Eheleuten anhängig war. In der Folge haben die Kl. und Verwandte des Erblassers sowohl in Liechtenstein als auch in Deutschland gerichtlich darum gestritten, wer den Erblasser beerbt habe. Dabei war die Kl. der Auffassung, dass sie auf Grundlage eines vor der gemeinsamen Auswanderung aus Deutschland mit ihrem Mann geschlossenen Ehe- und Erbvertrags Alleinerbin sei. Dem sind die liechtensteinischen Gerichte unter Anwendung liechtensteinischen Erbrechts gefolgt; das Fürstliche Landgericht in Vaduz hat daher das in Liechtenstein belegene bewegliche und unbewegliche Vermögen des Ehemanns sowie das bewegliche Vermögen des Ehemanns im Ausland der Kl. eingeantwortet. Demgegenüber hat das OLG Hamm zwischenzeitlich – nach Erlass des angefochtenen Urteils – für das in Deutschland belegene unbewegliche Vermögen rechtskräftig entschieden, dass die Kl. nicht Erbin geworden sei (Urt. vom 4.7.2013 – I-10 U 122/12[1]).

Das LG hat der Klage stattgegeben. Mit seiner Berufung verfolgt der Bekl. weiterhin die vollständige Abweisung der Klage.

Aus den Gründen:

„ II. Die Berufung ist zulässig und begründet. Abweichend von der landgerichtlichen Entscheidung kann sich die Kl. nicht mit Erfolg auf die vorliegenden liechtensteinischen Titel stützen, weil im Verhältnis zu Liechtenstein die Gegenseitigkeit nicht verbürgt ist (1.).

1. Das LG hat zwar die Klage richtig für zulässig gehalten, weil das Rechtsschutzbedürfnis für eine inländische Leistungsklage selbst dann nicht zu verneinen ist, wenn ein anerkennungsfähiges ausländisches Urteil vorliegt und daher (auch) ein Vollstreckungsurteil nach §§ 722, 723 ZPO erwirkt werden könnte (BGH, Urt. vom 26.11.1986 – IVb ZR 90/85[2], juris).

Das LG hat jedoch die Voraussetzungen verkannt, unter denen das dann zu erlassende Sachurteil durch die ausländische Entscheidung vorgezeichnet ist. Richtigerweise ist die allein auf die ausländischen Titel gestützte Klage daher abzuweisen.

a) Das LG hat im Ergebnis angenommen, dass das Vorliegen der liechtensteinischen Entscheidungen für sich und ohne weiteres dazu führe, dass vom deutschen Gericht nur eine mit den ausländischen Entscheidungen übereinstimmende Sachentscheidung getroffen werden könne.

Damit hat das LG übersehen, dass Voraussetzung dieser Wirkung ist, dass die ausländische Entscheidung gemäß § 328 ZPO anerkennungsfähig ist. Kann das Urteil danach nicht anerkannt werden, kann es auch dem deutschen Sachurteil nicht zugrunde gelegt werden.

b) Dann kann die allein auf die Bindungswirkung der liechtensteinischen Entscheidungen gestützte Klage jedoch keinen Erfolg haben.

Denn zutreffend weist die Berufung darauf hin, dass die streitgegenständlichen liechtensteinischen Entscheidungen wegen § 328 I Nr. 5 ZPO nicht anerkennungsfähig sind, weil im Verhältnis zu Liechtenstein die Gegenseitigkeit nicht verbürgt

---

[1] IPRspr. 2013 Nr. 94.   [2] IPRspr. 1986 Nr. 183.

ist. Das entspricht der ganz h.M. (vgl. nur *Zöller-Geimer*, ZPO, 30. Aufl., Anh IV ‚Liechtenstein' m.w.N.; die Entscheidung des BGH, Urt. vom 10.12.1976 – V ZR 145/74[3], BGHZ 68, 16-18 [= DB 77, 718], lässt die Frage allerdings ausdrücklich offen); Vortrag, aus dem sich anderes ergeben könnte, hat die Kl. auch nach Hinweis des Senats auf die fehlende Verbürgung der Gegenseitigkeit nicht gehalten."

244. *Im Beschwerdeverfahren über die Vollstreckbarerklärung eines ausländischen Titels nach Art. 43, 44 EuGVO können vor Erlass der angefochtenen Entscheidung entstandene sachliche Einwendungen nur mit den nach dem Recht des Erststaats zulässigen Rechtsmitteln dort geltend gemacht werden. Das gilt unabhängig davon, ob es sich um ursprünglich bestehende oder nachträglich entstandene Einwendungen des Schuldners handelt und ob diese streitig oder liquide sind.*

Die Aussetzung des Beschwerdeverfahrens nach Art. 46 I EuGVO kommt nur in Ausnahmefällen und bei erkennbar fehlerhaften Entscheidungen in Betracht.

Bei der im pflichtgemäßen Ermessen des Gerichts stehenden Entscheidung, die Zwangsvollstreckung nach Art. 46 III EuGVO von der Leistung einer Sicherheit abhängig zu machen, sind alle – insbesondere nach Erlass der Erstentscheidung entstandenen – Umstände des Einzelfalls zu berücksichtigen.

OLG Rostock, Beschl. vom 30.7.2014 – 1 W 40/14: Unveröffentlicht.

Der ASt. erwirkte vor dem Tribunale Ordinario di Milano im Juli 2013 ein Urteil, durch das die AGg. verurteilt wurde, als Gesamtschuldnerin einen dem ASt. entstandenen Vermögensschaden i.H.v. 129 497,94 Euro nebst Zinsen sowie Verfahrenskosten i.H.v. insgesamt 14 200 Euro zu zahlen.

Das LG Stralsund hat das Mailänder Urteil für vollstreckbar erklärt und angeordnet, den Titel mit einer Vollstreckungsklausel zu versehen. Hiergegen richtet sich die Beschwerde der AGg.

Aus den Gründen:

„II. 1. Die Beschwerde als statthafter Rechtsbehelf (Art. 43 I EuGVO) ist nach Art. 43 V 1 EuGVO fristgemäß innerhalb eines Monats nach Zustellung der angefochtenen Entscheidung bei dem nach Art. 43 II i.V.m. Anhang III EuGVO zuständigen OLG erhoben worden; sie ist auch im Übrigen zulässig. Über das Rechtsmittel entscheidet der Senat gemäß § 13 I 1 AVAG – weil § 568 ZPO nicht anwendbar ist (vgl. *Thomas-Putzo-Hüßtege*, ZPO, 35. Aufl., Art. 43 EuGVVO Rz. 18 m.w.N.) – als Kollegialorgan durch näher zu begründenden Beschluss ohne mündliche Verhandlung, da diese in das Ermessen des Gerichts gestellt ist, und Anlass zur Ansetzung eines Verhandlungstermins nicht besteht (s.a. *Thomas-Putzo-Hüßtege aaO* Rz. 17, 19 m.w.N.).

2. Die Beschwerde ist unbegründet.

a) Die Vollstreckbarerklärung – und die auf ihrer Grundlage erteilte Vollstreckungsklausel – darf von dem mit einem Rechtsbehelf nach Art. 43 EuGVO befassten Gericht nur aus einem der in den Art. 34 f. EuGVO aufgeführten Gründe versagt oder aufgehoben werden (Art. 45 I 1 EuGVO). Keinesfalls darf die ausländische Entscheidung in der Sache überprüft werden (Art. 45 II EuGVO). Wegen des eindeutigen Wortlauts der Vorschrift sind damit alle weiteren Einwendungen des Schuldners ausgeschlossen (*Thomas-Putzo-Hüßtege* aaO Art. 45 EuGVVO Rz. 3).

---

[3] IPRspr. 1976 Nr. 212.

§ 12 AVAG, wonach der Verpflichtete mit der Beschwerde, die sich gegen die Zulassung der Zwangsvollstreckung aus einer Entscheidung richtet, auch Einwendungen gegen den Anspruch selbst insoweit geltend machen kann, als die Gründe, auf denen sie beruhen, erst nach Erlass der Entscheidung entstanden sind, ist gemäß § 55 I AVAG in der seit 26.2.2013 geltenden Fassung (Art. 2 Nr. 3 des Gesetzes zur Durchführung des Haager Übereinkommens vom 23.11.2007 über die internationale Geltendmachung der Unterhaltsansprüche von Kindern und anderen Familienangehörigen sowie zur Änderung von Vorschriften auf dem Gebiet des internationalen Unterhaltsverfahrensrechts und des materiellen Unterhaltsrechts vom 20.2.2013 [BGBl. I 273]) auf das Verfahren nach der EuGVO nicht mehr anwendbar. Damit hat der Gesetzgeber Konsequenzen aus der Entscheidung des EuGH vom 13.10.2011 – Prism Investments BV ./. Jaap Anne van der Meer, Rs C-139/10, NJW 2011, 3506 gezogen, wonach die Versagung oder Aufhebung einer Vollstreckbarerklärung durch das Gericht, das über einen Rechtsbehelf gemäß Art. 43 oder 44 EuGVO zu entscheiden hat, aus einem anderen als einem in Art. 34 f. EuGVO genannten Grund grundsätzlich unzulässig ist. Obsolet geworden ist insoweit auch der in der Vergangenheit in Lit. u. Rspr. bestehende Streit, ob § 12 AVAG als gemeinschaftswidrige Norm im Anwendungsbereich der EuGVO nicht oder einschränkend nur bei liquiden Einwendungen greift oder diese Vorschrift auch im Rechtsbehelfsverfahren nach der EuGVO umfassend Anwendung finde (vgl. OLG Koblenz, Beschl. vom 23.7.2013 – 2 U 156/13[1], juris Tz. 4; *Thomas-Putzo-Hüßtege* aaO Rz. 3a m.w.N.). Vor Erlass der angefochtenen Entscheidung entstandene sachliche Einwendungen können nur mit den nach dem Recht des Erststaats zulässigen Rechtsmitteln dort geltend gemacht werden (vgl. *Thomas-Putzo-Hüßtege* aaO Rz. 3c). Das gilt unabhängig davon, ob es sich um ursprünglich bestehende oder nachträglich entstandene Einwendungen des Schuldners handelt, ob diese streitig oder liquide sind (vgl. OLG Koblenz aaO LS n. juris).

Nur Einwendungen dieser Art bringt die AGg. jedoch mit [ihrer] Beschwerdebegründung vor, weshalb sie insoweit jedenfalls keinen Erfolg haben kann.

b) Bis zur Entscheidung des ausländischen Gerichts im dafür vorgesehenen Rechtsmittelverfahren kommt allerdings eine Aussetzung des Beschwerdeverfahrens gemäß Art. 46 I EuGVO i.V.m. § 36 I AVAG in Betracht (*Thomas-Putzo-Hüßtege* aaO). Nur eine solche Aussetzung könnte mithin im vorliegenden Fall ergehen.

Nach Art. 46 I EuGVO kann der Senat als das mit dem Rechtsbehelf befasste Gericht auf Antrag des Schuldners das Verfahren aussetzen, wenn – wie hier beim OLG Mailand – gegen die Entscheidung im Ursprungsmitgliedstaat ein ordentlicher Rechtsbehelf eingelegt ist. Diese Entscheidung steht im Ermessen des Gerichts.

Die Aussetzung ist indes die Ausnahme und kommt nur bei erkennbar fehlerhaften Entscheidungen in Betracht (vgl. *Thomas-Putzo-Hüßtege* aaO Art. 46 EuGVVO Rz. 3 m.w.N.). Es sind die mutmaßlichen Erfolgsaussichten des Rechtsmittels im Erststaat und im deutschen Klauselerteilungsverfahren zu berücksichtigen (vgl. OLG Stuttgart, Beschl. vom 15.5.1997 – 5 W 4/97[2], NJW-RR 1998, 280 Tz. 17 m.w.N.; OLG Düsseldorf, Beschl. vom 14.2.2006 – I-3 W 188/05[3], NJW-RR 2006, 1079 Tz. 32). Hierbei sind aber wegen des Verbots der Überprüfung in der

---

[1] IPRspr. 2013 Nr. 265.
[2] IPRspr. 1997 Nr. 182.
[3] IPRspr. 2006 Nr. 178.

Sache selbst (Art. 36 EuGVO) nur Gründe zu beachten, die der Schuldner vor dem Gericht des Erststaats noch nicht geltend machen konnte; dagegen können Einwendungen, die im Ursprungsstaat bereits unterbreitet wurden, schon wegen des Verbots der révision au fond (Art. 45 II EuGVO) nicht mehr berücksichtigt werden. Auch mit Gründen, die im Ursprungsstaat nicht vorgebracht wurden, aber hätten vorgebracht werden können, ist der Schuldner ausgeschlossen, weil der sonst durch die EuGVO erstrebte freie Urteilsverkehr innerhalb der EU zu stark eingeschränkt würde (vgl. OLG Düsseldorf aaO m.w.N.; BGH, Beschl. vom 21.4.1994 – IX ZB 8/94[4], NJW 1994, 2156, juris Tz. 14).

Anhaltspunkte für das Vorliegen von Gründen der bezeichneten Art liegen nicht vor. Die Beschwf. stellt lediglich Einwendungen dar, die bereits im Verfahren in Italien vorgebracht wurden oder jedenfalls hätten vorgetragen werden können.

c) Wenngleich eine Aussetzung nach Art. 46 I EuGVO deshalb nicht in Betracht kommt, so kann gleichwohl die Zwangsvollstreckung von der Leistung einer Sicherheit abhängig gemacht werden (Art. 46 III EuGVO). Der darauf gerichtete Hilfsantrag der Beschwf. kann jedoch ebenfalls nicht von Erfolg getragen sein.

Auch diese Anordnung steht im pflichtgemäßen Ermessen des Gerichts (vgl. BGH aaO Tz. 14). Da Art. 46 III EuGVO den Schuldner umfassend vor den Nachteilen einer Vollstreckung eines nur vorläufig vollstreckbaren Urteils schützen will, ist hierbei die Erfolgsaussicht des im Erststaat eingelegten Rechtsbehelfs nicht der einzige Maßstab; vielmehr sind alle – insbesondere nach Erlass der Erstentscheidung entstandene – Umstände des Einzelfalls zu berücksichtigen (BGH aaO; OLG Düsseldorf aaO Tz. 34 m.w.N.).

Anlass für die Anordnung einer Sicherheitsleistung kann etwa dann bestehen, wenn dem Rechtsmittel eine überwiegende Erfolgsaussicht zukommt oder wenn dem Schuldner aus sonstigen Gründen ein konkreter oder überwiegend wahrscheinlicher Nachteil droht (vgl. OLG Düsseldorf aaO Tz. 35). Umstände dieser Art sind von der Beschwf. weder dargetan noch sonst ersichtlich. Hiernach ist auch für eine Anordnung nach Art. 46 III EuGVO kein Raum."

245. *Die Vollstreckbarerklärung eines Urteils des israelischen Amtsgerichts Tel Aviv-Jaffa richtet sich nach dem Vertrag zwischen der Bundesrepublik Deutschland und dem Staat Israel über die gegenseitige Anerkennung und Vollstreckung gerichtlicher Entscheidungen in Zivil- und Handelssachen vom 20.7.1977 (BGBl. 1980 II 926); dabei beschränkt sich die Prüfung auf die in Art. 15 des Vertrags genannten formellen Gesichtspunkte sowie die Anerkennungsversagungsgründe aus Art. 5 und 6 II.*

Der in Art. 15 I Nr. 5 des Vertrags geforderte Zustellungsnachweis gewährleistet, dass die Zulassung der Zwangsvollstreckung nur beantragt werden kann, wenn die andere Partei von dem anzuerkennenden Urteil Kenntnis erlangt und Gelegenheit erhalten hat, dem Urteil freiwillig nachzukommen.

---

[4] IPRspr. 1994 Nr. 163.

Bei der Anerkennung und Vollstreckung einer Entscheidung aus einem anderen Vertragsstaat ist grundsätzlich nicht mehr zu prüfen, ob das Gericht im Entscheidungsstaat seine Zuständigkeit rechtmäßig angenommen hat. [LS der Redaktion]

OLG Karlsruhe, Beschl. vom 25.8.2014 – 8 W 64/13: OLGR Süd 44/2014, Anm. 4.

Die ASt. begehrt die Vollstreckbarerklärung des Urteils des Amtsgerichts Tel Aviv-Jaffa/Israel aus dem Jahr 2008, wodurch die AGg. verpflichtet wurde, an die ASt. einen Betrag i.H.v. 95 085 € zu zahlen. Mit Beschluss vom 18.7.2013 hat das LG Karlsruhe das Urteil das Amtsgerichts Tel Aviv-Jaffa mit der Teil-Vollstreckungsklausel versehen und im Übrigen den Antrag abgewiesen. Gegen diesen Beschluss richtet sich die Beschwerde der AGg.

Aus den Gründen:

„II. 1. Die Beschwerde der AGg. ist nach §§ 1 I Nr. 1 lit. d, 11 ff. AVAG statthaft und zulässig; insbesondere wurde sie nach § 11 III AVAG fristgerecht eingelegt.

2. Die Beschwerde ist unbegründet. Die Voraussetzungen für die Vollstreckbarerklärung ergeben sich aus dem Vertrag zwischen der Bundesrepublik Deutschland und dem Staat Israel über die gegenseitige Anerkennung und Vollstreckung gerichtlicher Entscheidungen in Zivil- und Handelssachen vom 20.7.1977 (BGBl. 1980 II 926; im Folgenden: Vertrag). Nach Art. 10, 16 I des Vertrags beschränkt sich die Prüfung im Vollstreckbarerklärungsverfahren auf die in Art. 15 des Vertrags genannten formellen Gesichtspunkte sowie die Anerkennungsversagungsgründe aus Art. 5 und 6 II des Vertrags. Einwendungen gegen den Anspruch selbst, die erst nach Erlass der Entscheidung, deren Vollstreckbarerklärung begehrt wird, entstanden sind (Art. 16 II des Vertrags), werden nicht vorgetragen und sind auch sonst nicht ersichtlich.

a. Beachtliche Verstöße gegen die formellen Vollstreckungsvoraussetzungen nach Art. 15 des Vertrags liegen nicht vor. Zweck der Beibringungspflicht aus Art. 15 I des Vertrags ist der Nachweis der Authentizität des Urteils und der Vollstreckungsvoraussetzungen. Nach Art. 15 II des Vertrags ist keine Legalisation erforderlich.

aa. Ein relevanter Verstoß gegen Art. 15 I Nr. 1 des Vertrags ist nicht gegeben. Die ASt. hat [...] die beglaubigte Abschrift der Entscheidung, deren Vollstreckbarkeit begehrt wird, vorgelegt. Soweit die AGg. vorträgt, diese Abschrift sei vom Amtsgericht Herzliya und damit nicht von dem Gericht in dem Staat, in dem die Entscheidung ergangen ist – dies wäre das Amtsgericht Tel Aviv-Jaffa –, hergestellt, so folgt daraus jedenfalls kein Vollstreckungshindernis. Die Formulierung der Vorschrift des Art. 15 I Nr. 1 des Vertrags ergibt sich daraus, dass die Urschrift der Entscheidung beim erkennenden Gericht aufbewahrt wird, so dass die beglaubigte Abschrift in aller Regel auch dort ausgefertigt werden wird. Soweit hier von der AGg. ein Formfehler darin gesehen wird, dass die beglaubigte Abschrift von der erkennenden Richterin R.-Z. unterzeichnet wurde, die aber zwischenzeitlich vom Amtsgericht Tel Aviv-Jaffa an das Amtsgericht Herzliya abgeordnet worden war, so ist nicht nachvollziehbar, inwieweit dadurch die Authentizität der von dieser erstellten Beglaubigung erschüttert werden sollte. Selbst wenn damit gegen Bestimmungen des israelischen Rechts verstoßen worden sein sollte, wie die AGg. vorträgt [...], so kann dies nicht zur Versagung der Vollstreckbarerklärung führen. Denn aus Sicht des Senats bestehen keinerlei Zweifel an der Authentizität der Entscheidung des Amtsgerichts Tel Aviv-Jaffa, deren Vollstreckbarerklärung begehrt wird. Auch die AGg. trägt nicht vor, dass die Entscheidung als solche nicht besteht oder dass die von der ASt. vorgelegte, beglaubigte Version inhaltliche Abweichungen von der Urschrift aufweist.

bb. Auch ein Verstoß gegen Art. 15 I Nrn. 2 und 3 des Vertrags ist nicht gegeben. Die ASt. hat den Nachweis geführt, dass die Entscheidung rechtskräftig sowie nach dem Recht des Entscheidungsstaats vollstreckbar ist [...]. Soweit die AGg. wiederum geltend macht, dieser Nachweis sei nicht ausreichend, da die entspr. Urkunden durch das Amtsgericht Herzliya und nicht das Amtsgericht Tel Aviv-Jaffa ausgefertigt worden seien, so kann dies aus den o.g. Gründen kein formelles Vollstreckungshindernis begründen. Im Übrigen macht auch die AGg. selbst nicht geltend, dass eine Vollstreckbarkeit der Entscheidung des Amtsgerichts Tel Aviv-Jaffa in Israel nicht gegeben sei; ebenso wenig wird bestritten, dass die Entscheidung in Rechtskraft erwachsen ist.

cc. Daneben liegt auch kein durchgreifender Verstoß gegen Art. 15 I Nr. 5 des Vertrags vor. Nach dieser Vorschrift ist die Urschrift oder beglaubigte Abschrift der Zustellungsurkunde oder einer anderen Urkunde, aus der sich die Zustellung ergibt, vorzulegen. Dieser Zustellungsnachweis soll gewährleisten, dass die Zulassung der Zwangsvollstreckung nur beantragt werden kann, wenn die Gegenpartei von dem Urteil Kenntnis erlangt und Gelegenheit hatte, dem Urteil freiwillig nachzukommen (Denkschrift zum Vertrag, BT-Drucks. 8/3866 S. 17). Dieser Zweck setzt keine gesteigerte Förmlichkeit der Zustellung voraus (BGH, WM 2001, 2121[1] Rz. 29, zit. n. juris). Dies ergibt sich auch im Umkehrschluss aus Art. 5 II Nr. 1 lit. b des Vertrags, der die Beachtung zwischenstaatlicher Übereinkünfte für die Zustellung des das Verfahren einleitenden Schriftstücks fordert; die Zustellung des abschließenden Urteils soll demnach gerade keiner besonderen Form unterliegen (BGH aaO).

Vorliegend bestehen für den Senat keine Zweifel, dass die AGg. Kenntnis vom Inhalt der Entscheidung des Amtsgerichts Tel Aviv-Jaffa erlangt hat. Dies ergibt sich bereits aus ihren eigenen Einlassungen, so in der Beschwerdeschrift vom 6.9.2013 [S. 26], jedenfalls aber aus der Tatsache, dass in Israel (erfolglos) Rechtsmittel gegen die Entscheidung eingelegt worden waren.

dd. Schließlich greift auch die Rüge der AGg., es liege ein Verstoß gegen Art. 15 I Nr. 7 des Vertrags vor, nicht durch. Nach dieser Vorschrift hat die ASt. eine Übersetzung beizubringen, die ‚von einem amtlich bestellten oder vereidigten Übersetzer oder einem dazu befugten Notar eines der beiden Staaten als richtig bescheinigt sein muss'. Diese Formulierung berücksichtigt, dass es in Israel keine amtlich bestellten und vereidigten Übersetzer gibt, vielmehr die Notare dort befugt sind, die Richtigkeit von Übersetzungen zu bescheinigen und gewisse Beurkundungsfunktionen wahrzunehmen (Denkschrift zum Vertrag, BT-Drucks. aaO). Auch die AGg. bestreitet nicht, dass die Übersetzung von einem in Israel zugelassenen Notar als richtig bescheinigt wurde. Soweit sie geltend macht, dieser Notar sei der deutschen Sprache nicht hinreichend mächtig, vermag sie diesen Vorwurf nicht hinreichend durch den Vortrag zu stützen, er sei nicht in den entspr. Listen derjenigen Notare eingetragen, die der deutschen Sprache mächtig sind. Es ist nicht ersichtlich, dass diesen Listen Ausschlusscharakter zukommen soll. Durchgreifende inhaltliche Einwände gegen die Qualität der vorgelegten Übersetzung hat die AGg. hingegen nicht vorgebracht.

---
[1] IPRspr. 2001 Nr. 184.

b. Anerkennungsversagungsgründe nach Art. 5 und Art. 6 II des Vertrags liegen ebenfalls nicht vor.

aa. Ein nach Art. 5 I Nr. 1 i.V.m. Art. 7 I des Vertrags beachtlicher Zuständigkeitsmangel des Amtsgerichts Tel Aviv-Jaffa liegt nicht vor. Nach Art. 8 II des Vertrags besteht eine Bindung an die tatsächlichen Feststellungen, aufgrund derer das Gericht seine Zuständigkeit angenommen hat. Bei der Anerkennung und Vollstreckung einer Entscheidung aus dem anderen Vertragsstaat soll grundsätzlich nicht mehr geprüft werden, ob das Gericht im Entscheidungsstaat seine Zuständigkeit zu Recht oder Unrecht angenommen hat (so die Denkschrift zum Vertrag, BT-Drucks. aaO S. 15 f. zu Art. 8; vgl. auch BGH, WM 2001 aaO Rz. 10; BGH, WM 2005, 1341[2] Rz. 10, jeweils zit. n. juris; sowie BGH, WM 2012, 902[3] Rz. 9; *Siehr*, RabelsZ 50 (1986), 586, 595). Damit sollen widerstreitende Zuständigkeitsentscheidungen vermieden und die gegenseitige Anerkennung und Vollstreckung erleichtert und beschleunigt werden (BGH, WM 2005 aaO Rz. 12; BGH, WM 2012 aaO).

Zu überprüfen ist aber nach Art. 7 II des Vertrags, ob der Anerkennungsstaat nach seinem Recht eine ausschließliche Zuständigkeit für die Streitsache für sich in Anspruch nimmt. Dafür ist hier nichts ersichtlich. Daneben hat das Gericht des Vollstreckungsstaats zu klären, ob auf der Grundlage der als fest anzusehenden Tatsachenfeststellungen die vom Gericht des Entscheidungsstaats in Anspruch genommene Zuständigkeit in Art. 7 I des Vertrags aufgeführt wird.

In der Rspr. des BGH wurde einer israelischen Entscheidung die Anerkennung versagt, deren Zuständigkeit u.a. auf den Gerichtsstand des Erfüllungsorts gestützt wurde, der im Katalog des Art. 7 I des Vertrags nicht aufgeführt ist (BGH, WM 2012 aaO Rz. 12). Für den Fall einer in Deutschland abgeschlossenen Gerichtsstandsvereinbarung nach § 38 ZPO, mit der israelische Gerichte prorogiert wurden, hat der BGH ebenfalls eine Überprüfbarkeit der Zuständigkeit durch die Gerichte des Vollstreckungsstaats angenommen (BGH, WM 2005 aaO Rz. 9 ff.). Das erkennende (israelische) Gericht hatte lediglich die Wirksamkeit der Prorogation nach seiner lex fori geprüft, nicht die Ausschlussgründe des § 38 ZPO. Dies hielt der BGH für nachprüfbar, wenn und soweit der Vertrag auf die Normen des Anerkennungsstaats verweist, wie das bei Art. 7 I Nr. 3 und II des Vertrags der Fall ist.

Anders liegt es hier: Das Amtsgericht Tel Aviv-Jaffa hat seine Entscheidungszuständigkeit im Ergebnis auf den Gerichtsstand der Widerklage gestützt, der in Art. 7 I Nr. 9 des Vertrags erwähnt ist. Dies sieht auch die AGg. nicht anders, wenngleich sie geltend macht, das Konnexitätserfordernis habe nicht vorgelegen (Beschwerdeschrift vom 6.9.2013 [S. 27]). Art. 7 I Nr. 9 des Vertrags enthält – im Unterschied zu Art. 7 I Nr. 3 – gerade keinen Verweis auf das Recht des Vollstreckungsstaats. Für diesen Fall ist nach der Rspr. des BGH davon auszugehen, dass das Gericht des Entscheidungsstaats die einschlägigen Zuständigkeitsnormen seiner lex fori geprüft hat; dies gilt sogar dann, wenn die Urteilsgründe die Frage der Zuständigkeit nicht behandeln (BGH, WM 2001 aaO Rz. 11; BGH, WM 2012 aaO Rz. 9). Das Vorliegen der einzelnen Voraussetzungen der Widerklage darf mithin nach Art. 8 II des Vertrags nicht mehr nachgeprüft werden.

bb. Schließlich liegt auch kein Verstoß gegen den deutschen ordre public nach Art. 5 I Nr. 2 des Vertrags vor. Der Ordre-public-Vorbehalt entspricht demjenigen in

---

[2] IPRspr. 2005 Nr. 150.   [3] IPRspr. 2012 Nr. 265.

anderen internationalen Abkommen. Insbesondere Art. 27 Nr. 1 EuGVÜ (nunmehr Art. 34 Nr. 1 EuGVO) wurde als Vorbild genannt (Denkschrift BT-Drucks. aaO S. 14). Danach kommt es insbesondere darauf an, dass die Anerkennung schwerwiegend gegen allgemeine Verfahrensgrundsätze verstoßen würde; die Denkschrift zum Vertrag (BT-Drucks. aaO S. 14) nennt beispielhaft den Fall einer *denial of justice* bzw. der Verletzung des rechtlichen Gehörs. Der Verstoß muss ein Ausmaß annehmen, dass aus Sicht der deutschen Rechtsordnung die Entscheidung nicht als in einem geordneten rechtsstaatlichen Verfahren ergangen angesehen werden kann (BGH, NJW 2010, 153[4] Rz. 24 m.w.N.)

Die von der AGg. vorgetragenen Gesichtspunkte vermögen einen Anerkennungsversagungsgrund nicht zu begründen. Soweit geltend gemacht wird, durch Ausstellung der Vollstreckbarkeits- und Rechtskraftbescheinigung unter dem Briefkopf des Amtsgerichts Tel Aviv-Jaffa durch Richterin R.-Z., die zu diesem Zeitpunkt bereits am Amtsgericht Herzliya tätig war, sei ein Verstoß gegen den gesetzlichen Richter begründet, so fehlt es bereits an einem unmittelbarem Bezug dieses Gesichtspunkts gerade zur Anerkennung der streitgegenständlichen Entscheidung. Dem Vorwurf der Verletzung des gesetzlichen Richters könnte allenfalls dann eine Bedeutung zukommen, wenn er sich auf das Verfahren bezöge, das zur Entscheidung selbst geführt hat, deren Anerkennung und Vollstreckbarerklärung begehrt wird. Das ist aber nicht der Fall. Vielmehr beziehen sich die Einlassungen der AGg. lediglich auf die Verfügung vom 22.8.2011, mit der bestätigt wurde, dass die Entscheidung rechtskräftig und vollstreckbar ist.

Auch die Einlassung der AGg., Richterin R.-Z. habe im Rahmen des Erlasses des Berichtigungsbeschlusses vom 30.11.2008 die in Art. 81 des israel. Gerichtsgesetzes Nr. 5744-1984 bestehende Frist zur Korrektur der Entscheidung von 21 Tagen um das Doppelte überschritten, vermag keinen Verstoß gegen den deutschen ordre public zu begründen. Selbst wenn der Vorwurf zuträfe, handelte es sich um einen einfachen Rechtsverstoß, der keinesfalls die Schwelle des ordre public erreicht.

Auch der – soweit ersichtlich – im Vollstreckbarerklärungsverfahren erstmals vorgebrachte Vorwurf der AGg., einer der Rechtsvertreter der ASt. habe sich im Rahmen des Verfahrens in Israel des Parteiverrats schuldig gemacht, verfängt nicht. Das Vorbringen begründet weder einen Verstoß gegen den ordre public, noch vermag es das Anerkennungshindernis der betrügerischen Machenschaften aus Art. 5 I Nr. 3 des Vertrags zu stützen. Es ist nicht zu erkennen, inwieweit sich die behaupteten Vorgänge gerade auf den Inhalt des streitgegenständlichen Urteils ausgewirkt haben sollen. Überdies ist anerkannt, dass derartige Vorwürfe jedenfalls dann keinen Ordre-public-Verstoß zu begründen vermögen, wenn sich der Vollstreckungsschuldner auf das Verfahren im Erststaat eingelassen hat und sie im Erststaat – ggf. im Rechtsmittelverfahren – hätte vortragen können (für den Prozessbetrug BGHZ 141, 286, 304 ff.[5]; BGH, NJW 2004, 2386, 2388[6]; BGH, Beschl. vom 19.1.2012 – IX ZB 56/10[7] Rz. 3 – juris). Entsprechendes hat die AGg. nicht dargelegt."

246. *Im Wege des einstweiligen Rechtsschutzes in einem Mitgliedstaat der Europäischen Union ergangene Entscheidungen können nur dann im Inland anerkannt*

---

[4] IPRspr. 2009 Nr. 248.
[5] IPRspr. 1999 Nr. 160.
[6] IPRspr. 2004 Nr. 161.
[7] IPRspr. 2012 Nr. 260 (LS).

und für vollstreckbar erklärt werden, wenn sie in einem kontradiktorischen Verfahren ergangen sind.

Ein kontradiktorisches Verfahren in diesem Sinne liegt nicht vor, wenn vor Erlass der Entscheidung kein rechtliches Gehör gewährt wurde und die auf ein Rechtsmittel erfolgte Überprüfung sich nach der Prozessordnung des ausländischen Mitgliedstaats auf eine Überprüfung des zum Zeitpunkt der Ausgangsentscheidung angefallenen Aktenstands – somit auf den Antragstellervortrag – beschränkt, also keine sachlichen Einwendungen des Antragsgegners berücksichtigt werden.

OLG Stuttgart, Beschl. vom 13.10.2014 – 5 W 26/14: Bericht in OLGR Süd 3/2015, Anm. 8.

Die ASt. zu 2) mit Sitz in Österreich ist Herstellerin von Blutzuckermessgeräten, die ASt. zu 1) mit Sitz in Tschechien vertreibt diese Geräte dort. Die AGg. zu 2) ist ein Institut, das u.a. Untersuchungen über die Messgenauigkeit von Blutzuckermessgeräten durchführt, der AGg. zu 1) ist gesetzlicher Vertreter und ärztlicher Leiter der AGg. zu 1). Die Parteien streiten um die weitere Verbreitung einer von den AGg. erstellten und 2012 publizierten Studie, die u.a. von den ASt. hergestellte bzw. vertriebene Blutzuckermessgeräte zum Gegenstand haben soll. Die ASt. haben beim Stadtgericht Prag unter dem 25.2.2013 im Beschlusswege eine ohne Zustellung des verfahrenseinleitenden Schriftstücks, ohne Anhörung der AGg. und ohne Begründung erlassene einstweilige Verfügung erwirkt, durch die die AGg. verurteilt wurden, die Verbreitung der streitgegenständlichen Studie zu unterlassen. Auf die Berufung der AGg. hat das Obergericht Prag den Beschluss des Stadtgerichts mit Beschluss vom 25.11.2013 eingeschränkt. Im hiesigen Verfahren begehren die ASt. für den Beschluss des Obergerichts Prag vom 25.11.2013 Vollstreckbarerklärung und Klauselerteilung.

Aus den Gründen:

„II. Die Beschwerde der AGg. ist zulässig und begründet.

1. Die Beschwerde der AGg. ist zulässig. Ihre Statthaftigkeit folgt aus §§ 11 ff. AVAG, die Anwendbarkeit des AVAG folgt aus § 1 Nr. 2 lit. b AVAG. Die begehrte Vollstreckbarerklärung richtet sich nach der EuGVO, die zeitlich, räumlich und sachlich anwendbar ist ...

3. Die Beschwerde der AGg. ist begründet. Einer Anerkennung der zur Vollstreckbarerklärung vorgelegten Entscheidung steht Art. 34 Nr. 2 EuGVO entgegen.

a) Nach st. Rspr. des BGH können in Verfahren einstweiligen Rechtsschutzes ergangene Entscheidungen der Gerichte anderer Mitgliedstaaten zwar grundsätzlich anerkannt und vollstreckt werden. Das setzt jedoch voraus, dass das vorausgegangene Verfahren kontradiktorisch angelegt war (ausführlich BGH, Beschl. vom 21.12.2006 – IX ZB 150/05[1], juris; BGH, Beschl. vom 10.12.2009 – IX ZB 143/07[2], juris). Zur Begründung dieser Rechtsprechung verweist der BGH auf die Rspr. des EuGH zu Art. 25, 27 II EuGVÜ (Urt. vom 21.5.1980 – Bernard Denilauler ./. SNC Couchet Frères, Rs C-125/79, EuGHE 1980, 1553, 1565 ff.), wonach die großzügige Handhabung von Anerkennung und Vollstreckung nur im Hinblick darauf gewährt werde, dass die Verfahren, die zu den anzuerkennenden und für vollstreckbar zu erklärenden Entscheidungen führen, unter Wahrung des rechtlichen Gehörs durchgeführt werden.

Der Senat schließt sich dieser Rechtsprechung an. Anlass, von ihr abzugehen besteht nicht. Soweit die ASt. dieser Auffassung sind, haben sie keine gegenüber der Begründung des BGH im Beschluss vom 21.12.2006 neuen Argumente. Insbesondere hat sich der BGH dort ausführlich mit der Frage auseinandergesetzt, ob die zum EuGVÜ ergangene Entscheidung des EuGH auf die Vorschriften der EuGVO

---

[1] IPRspr. 2006 Nr. 192. [2] IPRspr. 2009 Nr. 242.

übertragen werden kann, und hat das überzeugend damit begründet, dass der Verordnungsgeber der EuGVO die fraglichen Vorschriften in Kenntnis der entspr. Rspr. des EuGH unverändert übernommen habe, sodass nicht anzunehmen sei, dass er an der geltenden Rechtslage etwas habe ändern wollen. Der bloße Verweis der ASt. auf ein Fortschreiten des Integrationsprozesses, der sich etwa in der Existenz des ‚Europäischen Vollstreckungsbescheids' zeige, genügt demgegenüber nicht, zumal sowohl der EuTV nach der EuVTVO zur Einführung eines EuTV für unbestrittene Forderungen, als auch die EuMVO zur Einführung eines EuMV beim Erlass der zitierten Entscheidung des BGH vom 21.12.2006 bereits bekannt waren.

b) Gemessen an den danach zugrunde zulegenden Maßstäben handelt es sich bei der streitgegenständlichen Entscheidung des Obergerichts Prag nicht um ein im erforderlichen Sinne kontradiktorisches Verfahren. Wie soeben [a)] ausgeführt, wäre dafür erforderlich, dass den AGg. vor Erlass der Entscheidung rechtliches Gehör gewährt worden wäre. Das ist indes nicht der Fall.

aa) Wie sich ausdrücklich aus der Entscheidung des Obergerichts Prag und aus dem einschlägigen, vom Obergericht Prag ausdrücklich in Bezug genommenen Art. 75c IV der tschechischen Zivilprozessordnung – Občanský soudní řád – vom 4.12. 1963 (Nr. 99/1963 Sb; in der von den ASt. vorgelegten deutschen Übersetzung: ‚Für die einstweilige Verfügung ist der Zustand in der Zeit der Veröffentlichung des Beschlusses der ersten Instanz entscheidend') ergibt, hatte das Obergericht Prag seiner Entscheidung den Akteninhalt auf dem Stand des Zeitpunkts der Entscheidung des Stadtgerichts Prag zugrunde zu legen.

Zu diesem Zeitpunkt war den AGg. jedoch das verfahrenseinleitende Schriftstück nicht zugestellt, sie hatten keine Gelegenheit zur Stellungnahme und damit kein rechtliches Gehör.

bb) Hatte aber das Obergericht Prag seiner Entscheidung von Rechts wegen den Aktenstand eines Zeitpunkts zugrunde zu legen, zu dem den AGg. noch kein rechtliches Gehör gewährt war, ist den AGg. auch im Verfahren vor dem Obergericht Prag nicht im erforderlichen Sinne rechtliches Gehör gewährt worden.

Denn selbstverständlich setzt die Gewährung rechtlichen Gehörs nicht nur voraus, dass der Beteiligte ausreichend Möglichkeit hatte, Stellung zu nehmen, wie es offenbar die ASt. vertreten. Vielmehr setzt die Gewährung rechtlichen Gehörs voraus, dass die abgegebene Stellungnahme auch Einfluss auf das Verfahren und sein Ergebnis haben kann (BVerfGE 84, 188, 190; BVerfGE 86, 133). Das war hier aber nicht der Fall, und daran ändert sich nicht dadurch etwas, dass das Obergericht Prag auf die Berufung der AGg. die von den ASt. erwirkte einstweilige Verfügung des Stadtgerichts Prag tatsächlich zulasten der ASt. abgeändert hat.

Denn diese Abänderung erfolgte ausweislich der Begründung des Obergerichts nur, weil die Entscheidung des Stadtgerichts bereits auf Grundlage des – nach dem Gesagten auch vom Obergericht allein zugrunde gelegten – Vortrags der ASt. beim Stadtgericht zu weitgehend gewesen sei. Die damit im Berufungsverfahren beim Obergericht (nur) gegebene Möglichkeit, die erstinstanzliche Entscheidung mit der Begründung anzugreifen, diese sei bereits auf Grundlage allein des gegnerischen Vortrags unzutreffend, macht das Verfahren jedoch nicht im nach dem oben Gesagten maßgeblichen Sinn zu einem kontradiktorischen."

247. *Ein ausländisches (hier: belgisches) Urteil, in dem Ansprüche, die ein in einem deutschen Insolvenzverfahren bestellter Verwalter unter dem Gesichtspunkt des Verstoßes gegen vom Insolvenzgericht angeordnete Verfügungsbeschränkungen geltend gemacht hat, ist unter den Voraussetzungen der Art. 25 und 26 EuInsVO anzuerkennen und entfaltet Rechtskraftwirkung. [LS der Redaktion]*

OLG Düsseldorf, Beschl. vom 23.10.2014 – I-12 U 27/14: ZIP 2015, 794; ZInsO 2015, 920. Leitsatz in ZInsO 2015, 772. Dazu *Hübler*, Aktuelles Europäisches und Internationales Insolvenzrecht: NZI 2015, 506, 509.

[Die Beschwerde zum BGH wurde nach Ablehnung des PKH-Antrags zurückgenommen.]

Der Kl. macht gegen den Bekl., den Insolvenzverwalter über das Vermögen der L. Handels-GmbH (Schuldnerin), einen Anspruch aus ungerechtfertigter Bereicherung i.H.v. 30 000 Euro aufgrund von Zahlungen zur Abwendung der Zwangsvollstreckung geltend. Vorangegangen war ein Prozess vor belgischen Gerichten über die Rückzahlung eines – nach Darstellung des Bekl. von der Schuldnerin im Insolvenzeröffnungsverfahren unter Missachtung eines Verfügungsverbots gezahlten – Betrags von rund 45 000 Euro.

Das LG hat den Bekl. antragsgemäß verurteilt. Hiergegen richtet sich die – auf die Feststellungen zur Insolvenzanfechtung und zur Aufrechnung beschränkte – Berufung des Bekl., der zudem PKH beantragt.

Aus den Gründen:

„II. Die zulässige Berufung hat in der Sache keine Aussicht auf Erfolg, weshalb dem Bekl. PKH nicht zu bewilligen ist (§ 114 I ZPO) ...

Ein Urteil, das eine Leistungsklage abweist, stellt grundsätzlich fest, dass die begehrte Rechtsfolge aus dem Lebenssachverhalt unter keinem rechtlichen Gesichtspunkt hergeleitet werden kann, selbst wenn das Gericht nicht alle in Betracht kommenden Anspruchsgrundlagen geprüft hat (BGH, Urt. vom 18.7.2000 – X ZR 62/98 = NJW 2000, 3492, 3494). Eine ausländische Entscheidung entfaltet im Inland diese Wirkung, wenn sie anerkannt wird (vgl. BeckOK-ZPO-*Gruber*, 14. Ed., § 322 Rz. 6; MünchKommZPO-*Gottwald*, 4. Aufl., § 322 Rz. 35). Die Voraussetzungen der Rechtskraftwirkung eines klageabweisenden Urteils liegen hier vor, denn das Berufungsgericht in Gent hat die seinerzeitige Klage des Bekl., gerichtet auf Rückzahlung der angeblich von der Schuldnerin gezahlten insgesamt 45 420,08 Euro letztendlich abgewiesen, da der Bekl. schon nicht bewiesen hatte, dass die Zahlungen durch die Schuldnerin erfolgt waren. Dabei ist dem Urteil des Handelsgerichts Brügge zu entnehmen, dass der Bekl. in jenem Verfahren sowohl die Unwirksamkeit der Zahlungen wegen eines Verstoßes gegen die vom Insolvenzgericht angeordneten Verfügungsbeschränkungen gemäß §§ 21 II Nr. 2, 24 I, 81 InsO als auch eine Anfechtbarkeit gemäß § 130 InsO geltend gemacht hat. Da das Berufungsgericht Gent den seinerzeitigen Antrag des Bekl. für unbegründet erklärt hat, ist er gehindert, dem Bereicherungsanspruch des Kl. dieselben Ansprüche aus demselben Sachverhalt entgegenzuhalten.

Das Urteil des Berufungsgerichts Gent ist auch in Deutschland anzuerkennen. Die Anerkennung ausländischer Entscheidungen richtet sich bei EU-Mitgliedstaaten nach Art. 25 I 2 EuInsVO, soweit Insolvenzanfechtungsklagen betroffen sind. Danach werden Entscheidungen, die unmittelbar aufgrund des Insolvenzverfahrens ergehen oder in engem Zusammenhang damit stehen, ohne weitere Förmlichkeiten anerkannt. Zu den Annexverfahren im Sinne dieser Vorschrift gehören Insolvenzanfechtungsklagen (EuGH, Urt. vom 12.2.2009 – Christopher Seagon ./. Deko Marty Belgium N.V., Rs C-339/07, NJW 2009, 2189 f.; MünchKomm-*Kindler*,

5. Aufl., Art. 25 EuInsVO Rz. 18). Es spricht einiges dafür, einen derartig engen Zusammenhang auch für die Klage des Insolvenzverwalters wegen der Unwirksamkeit einer Verfügung des Schuldners gemäß §§ 24, 81 InsO anzunehmen. Letztlich bedarf dies jedoch keiner Entscheidung, da bei Verneinung eines solchen Zusammenhangs die Anerkennung aus Art. 33 I VO EuGVO folgt (Art. 25 II EuInsVO). Anerkennungshindernisse im Sinne von Art. 34, 35 EuGVO bzw. Art. 25 III, 26 EuInsVO liegen nicht vor. Insbesondere hat der Bekl. einen Verstoß der Entscheidung gegen den ordre public nicht dargelegt. Soweit er in der Klageerwiderung zur Rechtfertigung der Streitverkündung an seinen damaligen Verfahrensbevollmächtigten, Rechtsanwalt C., ausführt, das Berufungsgericht Gent habe ‚den erforderlichen Beweisantritt' (für die behaupteten Zahlungen durch die Schuldnerin) ‚durch Zeugnis des Geschäftsführers L. offenbar nicht feststellen können' – ‚sollte das belgische Verfahrensrecht den Zeugenbeweis nicht zulassen, so wäre dies ein Verstoß gegen den ordre public' –, fehlt es bereits an konkretem Sachvortrag, dass ein derartiger Beweisantritt in dem Vorprozess erfolgt ist. Das belgische Zivilprozessrecht sieht jedenfalls den Zeugenbeweis in Art. 915 ff. Code judiciaire i.d.F. vom 10.10.1967 (Mon. 11399) grundsätzlich vor, weshalb nicht davon ausgegangen werden kann, dass ein solcher Beweisantritt, wäre er erfolgt, unberücksichtigt geblieben wäre."

248. *Die Vollstreckbarkeitserklärung im einseitigen Verfahren nach Art. 41 EuGVO ist nicht von dem Nachweis der Sicherheitsleistung abhängig, so dass der Hinterlegung einer Bürgschaftsurkunde keine Bedeutung zukommt. Die Frage, ob eine erforderliche Sicherheitsleistung in tauglicher Art und Weise erbracht worden ist, kann demnach nur im Rechtsmittelverfahren nach Art. 43 EuGVO Bedeutung erlangen. [LS der Redaktion]*

OLG Hamm, Beschl. vom 18.11.2014 – I-15 VA 7/14: NJW-RR 2015, 759; Rpfleger 2015, 292.

12. Anerkennung und Vollstreckung ausländischer Entscheidungen in Unterhaltssachen

249. *Eine Unterhaltsentscheidung aus einem EU-Mitgliedsstaat, die vor Inkrafttreten der Unterhaltsverordnung zum 18.6.2011 ergangen ist, bedarf der Vollstreckbarerklärung nach Art. 26 f. EuUnthVO. Dies gilt auch für Unterhaltsansprüche, die nach diesem Zeitpunkt entstanden sind.*
Wurde einer Partei im Ursprungsverfahren kein Dolmetscher bestellt, liegt dennoch kein Verstoß gegen den verfahrensrechtlichen deutschen ordre public vor, wenn die betroffene Partei ausdrücklich auf eine Verteidigung verzichtet hatte. [LS der Redaktion]

OLG Karlsruhe, Beschl. vom 27.1.2014 – 8 W 61/13: FamRZ 2014, 864.

Die ASt. ist die Mutter der beiden Kinder M. P. und D. P., der in L. wohnende AGg. der geschiedene Ehemann der ASt. und Vater der Kinder. Die ASt. und ihre Kinder leben in den Niederlanden. Die ASt.

begehrt die Vollstreckbarerklärung des Beschlusses der Rechtbank R. von 2009, wodurch der AGg. verpflichtet wurde, für die beiden Kinder und für die ASt. selbst laufenden monatlichen Unterhalt zu zahlen. Weiterhin wurde beantragt, die Erteilung der Vollstreckungsklausel auf die in den Niederlanden jährlich an den Lebenshaltungskostenindex angepassten Unterhaltsbeträge zu erstrecken. Das AG Karlsruhe – FamG – hat durch Beschluss die beantragte Vollstreckungsklausel erteilt und der ASt. für den ersten Rechtszug ratenfreie VKH bewilligt. Gegen diesen Beschluss des AG richtet sich die Beschwerde des AGg.

Aus den Gründen:

„II. 1. Die Beschwerde ist gemäß Art. 75 II lit. a, 32 I und II EuUnthVO i.V.m. §§ 1 I 1 Nr. 1 lit. a, 43 AUG statthaft und zulässig. Die in der angefochtenen Entscheidung enthaltene Rechtsbehelfsbelehrung, die entgegen der in Art. 32 V 1 EuUnthVO i.V.m. § 43 IV Nr. 1 AUG enthaltenen Beschwerdefrist von 30 Tagen über eine Frist von einem Monat belehrt, hat keine Auswirkungen, da die Beschwerde jedenfalls fristgerecht eingelegt worden ist (s. OLG München, FamRZ 2012, 1512[1]; OLG Stuttgart, FamRZ 2012, 1510[2], zit. n. juris). Die Zulässigkeitsbeschränkung des § 61 I FamFG ist nach § 43 III AUG vorliegend nicht einschlägig.

2. Die Beschwerde ist jedoch unbegründet. Zu Recht hat das AG seine Entscheidung auf die EuUnthVO gestützt. Der Antrag auf Vollstreckbarerklärung wurde nach Inkrafttreten der EuUnthVO am 18.6.2011 (Art. 76) gestellt. Diese ersetzt seit diesem Zeitpunkt nach Art. 68 I EuUnthVO die zuvor einschlägige EuGVO (dazu auch Senat, Beschl. vom 6.12.2011 – 8 W 34/11[3], NJW-RR 2012, 331).

a. Der Prüfungsmaßstab richtet sich nach Art. 34 i.V.m. Art. 24 EuUnthVO. Die Notwendigkeit der Durchführung eines Exequaturverfahrens ergibt sich aus Art. 75 II lit. a EuUnthVO, da die Entscheidung vor Inkrafttreten der EuUnthVO ergangen ist. Dies gilt auch für Unterhaltsansprüche, die nach diesem Zeitpunkt entstanden sind oder entstehen werden. Zwar wurde in der obergerichtlichen Rspr. für solche Ansprüche verschiedentlich das Exequaturverfahren für entbehrlich gehalten (OLG München aaO Rz. 12; OLG Stuttgart aaO Rz. 9). Hierbei wird jedoch außer Acht gelassen, dass Art. 75 II lit. a EuUnthVO allein auf den Zeitpunkt des Erlasses der Entscheidung abstellt, deren Vollstreckbarerklärung begehrt wird, und nicht auf die Entstehung des jeweiligen Unterhaltsanspruchs (s. MünchKommFamFG-*Lipp*, 2. Aufl. [2013], Art. 75 EuUnthVO Rz. 9). Der Wegfall des Exequaturverfahrens nach Art. 17 ff. EuUnthVO kommt nur hinsichtlich solcher Entscheidungen in Betracht, die in einem Mitgliedstaat ergangen sind, der an das HUP gebunden ist. Denn es ist nach Erwgr. Nr. 24 zur EuUnthVO gerade die Bindung an die im HUP enthaltenen Kollisionsnormen, die eine Vollstreckung ohne Durchführung eines Exequaturverfahrens rechtfertigt. Im Umkehrschluss ergibt sich hieraus, dass Entscheidungen, die nicht unter Anwendung dieser Kollisionsnormen ergangen sind, im Einklang mit Art. 75 II lit. a EuUnthVO keiner privilegierten Vollstreckbarkeit nach Art. 17 II EuUnthVO unterliegen können.

b. Für den vorliegenden Fall hat dies indessen keine inhaltlichen Konsequenzen. Anerkennungsversagungsgründe nach Art. 34 i.V.m. 24 EuUnthVO liegen nicht vor. Die in Art. 24 EuUnthVO aufgeführten Anerkennungshindernisse stimmen inhaltlich mit denen des Art. 34 EuGVO überein; die Rspr. des EuGH zu Art. 34 EuGVO ist auf Art. 24 EuUnthVO übertragbar (so bereits Senat, Beschl. vom 6.12.2011 aaO; s. auch *Rauscher-Andrae*, EuZPR/EuIPR, 2010, Art. 75 EuUnthVO Rz. 7).

---

[1] IPPRspr. 2012 Nr. 273 (LS).
[2] IPRspr. 2012 Nr. 274.
[3] IPRspr. 2011 Nr. 272.

aa. Umstände, die einen Verstoß gegen den verfahrensrechtlichen ordre public (Art. 24 lit. a EuUnthVO) begründen würden, sind nicht ersichtlich. Als Ausnahmevorschrift ist die Norm eng auszulegen (s. EuGH, Urt. vom 6.9.2012 – Trade Agency Ltd. ./. Seramico Investments Ltd., Rs. C-619/10, EuZW 2012, 912 Rz. 48). Eine Verletzung liegt nach der Rspr. des BGH vor, ‚wenn die Anerkennung oder Vollstreckung der in einem anderen Mitgliedstaat erlassenen Entscheidung gegen einen wesentlichen Rechtsgrundsatz verstieße und deshalb in einem nicht hinnehmbaren Gegensatz zur Rechtsordnung des Vollstreckungsstaats stünde' (BGH, NJW-RR 2012, 1013, 1014[4], Rz. 10 zu Art. 34 Nr. 1 EuGVO). Aus dem Verstoß muss eine offensichtliche Verletzung einer in der Rechtsordnung des Vollstreckungsstaats als wesentlich geltenden Rechtsnorm oder eines dort als grundlegend anerkannten Rechts folgen (BGH aaO).

Umstände, die einen solchen Verstoß erkennen lassen, hat der AGg. nicht dargetan. Zwar verlangen Rechtsstaatsprinzip und Menschenwürde, dass ein Beteiligter in der Lage sein muss, auf den Verfahrensablauf aktiv Einfluss zu nehmen; dies setzt voraus, dass er Gelegenheit zur Äußerung hatte (BGH, NJW 2010, 153, 155)[5]. Vorliegend ist jedoch nicht erkennbar, dass dem AGg. diese Möglichkeit nicht zur Verfügung stand. Wie sich aus Ziff. 1.3 (AS 135) und Ziff. 2.8 (AS 159) der Entscheidung des niederländischen Gerichts ergibt, hat der AGg. im dortigen Verfahren eine Erklärung vorgelegt, in der er auf die Verteidigung verzichtet hat. Diese Erklärung war von Rechtsanwalt E. M. mitunterzeichnet. Im Übrigen wären etwaige Verfahrensfehler in erster Linie im Urteilsstaat, etwa durch Rechtsmittel, zu rügen, was der AGg., wie er im Schriftsatz vom 13.9.2013 (AS 103R) selbst vorträgt, nicht getan hat (s. BGH, NJW 1997, 2051, 2052).

bb. Auf eine Verbürgung der Gegenseitigkeit kommt es im Rahmen der EuUnthVO nicht an; eine § 328 Nr. 5 ZPO entsprechende Vorschrift existiert dort nicht.

c. Wegen des Verbots der révision au fond (Art. 42 EuUnthVO) kommt eine Abänderung des niederländischen Unterhaltstitels im Rahmen des Vollstreckbarerklärungsverfahrens nicht in Betracht ...

5. Nach Art. 47 II EuUnthVO i.V.m. § 23 AUG war der ASt. auch für die Beschwerdeinstanz VKH zu gewähren (AS 27)."

250. *Eine Regelung im ausländischen (hier rumänischen) Prozessrecht, die eine nicht eindeutig als fristauslösend erkennbare Zustellung mit einer knapp bemessenen Rechtsmittelfrist kombiniert, verstößt gegen den deutschen ordre public. Einem darauf basierenden Urteil ist dann die Anerkennung gemäß Art. 45 I in Verbindung mit Art. 34 Nr. 2 EuGVO zu versagen. [LS der Redaktion]*

OLG Nürnberg, Beschl. vom 14.4.2014 – 2 W 1488/11: FamRZ 2015, 79.

Gegenstand des Verfahrens ist die Erteilung der Vollstreckungsklausel auf das Urteil eines rumänischen Gerichts. 2010 beantragte die ASt. beim Landgerichts Husi (Rumänien) die Anordnung der Erhöhung der Unterhaltsrente für ihren Sohn L. gegen den AGg. Der AGg. konnte zu einem anberaumten Verhandlungstermin nicht geladen werden. Mit Vorladung vom 4.5.2010 wurde daraufhin der AGg. erneut für einen Termin am 14.6.2010 geladen; über die Zustellung dieser Ladung sowie des verfahrenseinleitenden Schriftstücks existieren ein Rückschein vom 26.5.2010. In der Verhandlung vom 14.6.2010, in der AGg. nicht erschienen ist, wurde die Erholung von Auskünften über das Einkommen des AGg. beschlossen. Für einen neuen Termin am 27.7.2010 wurde die Ladung nicht zugestellt, so dass das Gericht eine neue Verhandlung

---

[4] IPRspr. 2012 Nr. 266.   [5] IPRspr. 2009 Nr. 248.

am 6.9.2010 durchgeführt hat; die Ladung für diese Verhandlung wurde nicht gesetzmäßig an den AGg. zugestellt. In der Sitzung vom 6.9.2010 erging ein Zivilurteil, mit dem der AGg. antragsgemäß verurteilt wurde. Dieses Urteil weist einen Rechtskraftvermerk vom 17.1.2011 und eine Vollstreckungsklausel vom 6.10.2011 auf. Über die Zustellung dieses Urteils existiert ein Rückschein vom 14.12.2010; danach war die Sendung adressiert an „AG Ansbach ...". Die ASt. beantragte, das Urteil des Landgerichts Husi mit der Vollstreckungsklausel zu versehen. Dieser Antrag ist dem AGg. formlos mit der Möglichkeit zur Stellungnahme binnen zwei Wochen zugeleitet worden und ist diesem spätestens am 3.6.2011 zugegangen. Mit Beschluss vom 14.7.2011 ordnete das LG an, das Urteil des Landgerichts Husi mit der Vollstreckungsklausel zu versehen; Beschluss und Klausel wurden den Bevollmächtigten des AGg. am 14.7.2011 zugestellt.

Gegen diesen Beschluss hat der AGg. Beschwerde eingelegt.

Aus den Gründen:

„II. 1. Die Beschwerde des AGg. ist zulässig. Insbesondere ist sie in der Monatsfrist gemäß Art. 43 V EuGVO, § 11 III AVAG eingelegt worden.

2. Die Beschwerde hat auch in der Sache Erfolg. Der Antrag auf Erteilung der Vollstreckungsklausel für das Urteil des Landgerichts Husi war gemäß Art. 45 I i.V.m. Art 34 Nr. 1 EuGVO zurückzuweisen, weil die Anerkennung des Urteils der öffentlichen Ordnung (ordre public) der Bundesrepublik Deutschland offensichtlich widersprechen würde. Die Umstände des Erlasses und der Zustellung des Urteils haben dem AGg. keine effektive und zumutbare Möglichkeit eingeräumt, einen Rechtsbehelf gegen das Urteil einzulegen; daher wäre die Anerkennung jedenfalls auch nach Art. 45 I i.V.m. Art. 34 Nr. 2 EuGVO zu versagen.

a) Das verfahrenseinleitende Schriftstück mit Terminsladung ist dem AGg. nicht zugestellt worden. Wie sich zur Überzeugung des Senats aus dem Gutachten des Sachverständigen *B.* vom 12.4.2013 ergibt, war der Zustellversuch durch eingeschriebenem Brief mit Rückschein vom 26.5.2010 nicht wirksam. Der AGg. hat bestritten, die zuzustellende Sendung erhalten zu haben, sowie erklärt, der Rückschein sei nicht von ihm unterschrieben. Da die Sendung an die Anschrift des Arbeitgebers des AGg. gerichtet war, ist es nahe liegend, dass sie in dessen Poststelle eingegangen ist und dort von einem Mitarbeiter des Arbeitgebers unterschrieben wurde. Darin liegt nach dem Rechtsgutachten vom 12.4.2013 keine wirksame Zustellung an den AGg.

b) Auch zum Termin am 6.9.2010 ist der AGg. nicht geladen worden, wie sich aus der Mitteilung des Justizministeriums in Bukarest vom 12.1.2012 ergibt. Nach Art. 85 der rumänischen Zivilprozessordnung von 1865 i.d.F. vom 29. 12.2001 – Gesetz Nr. 787 (M.Of. Nr. 21 vom 16.1.2002) ist aber gemäß dem Rechtsgutachten vom 12.4.2013 die wirksame Ladung der Parteien Voraussetzung dafür, dass eine richterliche Entscheidung ergehen darf. Der nach dem Rechtsgutachten mögliche Ausnahmefall, dass eine nicht ordnungsgemäß geladene Partei gleichwohl erscheint, liegt nicht vor. Das Gericht in Husi hätte daher im Termin vom 6.9.2010 kein Urteil erlassen dürfen.

c) Dieses Urteil ist dem AGg. nicht bereits am 14.12.2012 durch eingeschriebenen Brief gegen Rückschein zugestellt worden. Bereits die Adressierung an das AG Ansbach, nicht aber an den AGg., steht einer ordnungsgemäßen Zustellung entgegen; bei der Unterschrift handelt es sich erkennbar nicht um diejenige des AGg.

Zugestellt wurde das Urteil vielmehr erst dadurch, dass dem AGg. im Exequaturverfahren durch das LG Ansbach der Antrag auf Vollstreckbarerklärung zur Stellungnahme zugeleitet wurde. Wie der Sachverständige *B.* zur Ergänzung und Erläuterung seiner Rechtsgutachten im Termin vom 7.3.2014 zur Überzeugung des

Senats erläutert hat, genügt es für eine wirksame Zustellung nach rumänischem Recht, dass dem Zustellungsempfänger das zuzustellende Schriftstück nachweislich zugegangen ist, wobei die tatsächliche Kenntniserlangung ausreicht. Da der AGg. durch Schriftsatz seiner Bevollmächtigten vom 3.6.2011 um Verlängerung der eingeräumten Frist zur Stellungnahme gebeten hat und in der Folgezeit inhaltlich auf das Urteil eingegangen ist, steht fest, dass ihm das Urteil des Landgerichts Husi nebst Übersetzung in die deutsche Sprache als Anlage zum Antrag vom 12.5.2011 tatsächlich zugegangen ist. Dies genügte für die wirksame Zustellung des Urteils.

d) Damit begann für den AGg. die Frist zur Einlegung eines Rechtsbehelfs, sei es das der Berufung gemäß Art. 284 I rum. Gesetz Nr. 787, sei es das des Antrags auf Wiedereinsetzung in den vorigen Stand gemäß Art. 103 rum. Gesetz Nr. 787. In beiden Fällen betrug die Einlegungsfrist 15 Tage ab Zustellung. Diese Frist war im konkreten Fall nicht ausreichend, um dem AGg. die Möglichkeit zur effektiven Rechtsverteidigung zu ermöglichen. Der AGg. hatte von dem gesamten Verfahren keine Kenntnis; er hatte weder das verfahrenseinleitende Schriftstück erhalten noch eine Ladung zu irgendeinem Termin. Erstmals durch die Zuleitung des Antrags vom 12.5.2011 erfuhr der AGg. von dem – zu diesem Zeitpunkt bereits abgeschlossenen – Rechtsstreit. Auch die Art und Weise der – nach rumänischem Recht wirksamen – Zustellung des Urteils hat den AGg. nicht erkennen lassen, dass für ihn die Frist von 15 Tagen zur Einlegung eines Rechtsbehelfs zu laufen begonnen hat; aus seiner Sicht handelte es sich um die formlose Zuleitung eines Antrags durch ein deutsches Gericht mit der eingeräumten Möglichkeit, auf den Antrag Stellung zu nehmen. Dass es sich zugleich um die wirksame förmliche Zustellung des Urteils eines rumänischen Gerichts handelte, das dem Antrag und der gerichtlichen Verfügung als Anlage beigefügt war, dass durch die formlose Zuleitung dieses Urteils als Anlage die Rechtsmittelfrist nach rumänischem Zivilprozessrecht zu laufen begann, war für ihn nicht ersichtlich. Auch im Hinblick darauf war die nach dem früheren, für das vorliegende Verfahren aber noch anwendbaren, rumänischen Zivilprozessrecht bestehende Frist von nur 15 Tagen bei einer Zustellung im Ausland an eine ausländische Partei nicht ausreichend, um dem AGg. eine wirksame Rechtsverteidigung zu ermöglichen. Die effektive Wahrnehmung seiner prozessualen Rechte hätte für ihn zunächst eine rechtliche Beratung durch einen des rumänischen Rechts Kundigen vorausgesetzt. Dies galt umso mehr, als die bloße Formulierung im Urteil ‚Mit Berufungsrecht binnen 15 Tagen nach der Mitteilung' erkennbar keine vollständige Rechtsbehelfsbelehrung darstellte, aus der alle bei der Einlegung des Rechtsbehelfs zu beachtenden Gesichtspunkte ersichtlich wären. Insbesondere ist aus ihr nicht erkennbar, bei welchem Gericht die Berufung einzulegen ist, ob hierfür Anwaltszwang besteht und welche sonstigen Förmlichkeiten für eine zulässige Berufung einzuhalten sind. Dazu treten die – auch für den Senat ohne weiteres nachvollziehbaren – Schwierigkeiten, entweder zunächst in Deutschland einen des rumänischen Rechts kundigen Fachmann zu finden oder aber sogleich von Deutschland aus einen rumänischen Rechtsanwalt ausfindig zu machen, ihn zu informieren, sich mit ihm über die Erfolgsaussichten eines Rechtsmittels zu beraten und ihn ggf. mit dessen Durchführung zu beauftragen. Der AGg. hat insoweit nachvollziehbar und lebensnah vorgetragen, es sei ihm während des Laufs des vorliegenden Beschwerdeverfahrens nicht gelungen, mit einem rumänischen Rechtsanwalt in Kontakt zu treten.

In dieser Regelung des rumänischen Prozessrechts, die – wie im vorliegenden Fall – eine nicht eindeutig als fristauslösend erkennbare Zustellung mit einer für eine Auslandszustellung äußerst knapp bemessenen Rechtsmittelfrist kombiniert, liegt ein Verstoß gegen den deutschen ordre public. Für den Verstoß eines ausländischen Urteils gegen den ordre public ist maßgebend, dass das Ergebnis der Anwendung des ausländischen Rechts zu den Grundgedanken der deutschen Regelungen und der in ihnen enthaltenen Gerechtigkeitsvorstellungen in so starkem Widerspruch steht, dass es nach inländischen Vorstellungen untragbar erscheint (sog. ordre public international). Die Beachtung der Grundrechte gehört zum Inhalt der deutschen öffentlichen Ordnung. Diese ist verletzt, wenn eine Entscheidung unter Verstoß gegen den Anspruch auf ein faires Verfahren zustande gekommen ist. Nach st. Rspr. des BVerfG darf der Zugang zum Gericht sowie zu den in den Verfahrensordnungen eingeräumten Instanzen nicht in unzumutbarer, aus Sachgründen nicht mehr zu rechtfertigender Weise erschwert werden. Art. 103 I GG verpflichtet das Gericht, die Ausführungen der Prozessbeteiligten zur Kenntnis zu nehmen und in Erwägung zu ziehen. Dabei soll das Gebot des rechtlichen Gehörs als Prozessgrundrecht sicherstellen, dass die von den Fachgerichten zu treffende Entscheidung frei von Verfahrensfehlern ergeht, welche ihren Grund in unterlassener Kenntnisnahme und Nichtberücksichtigung des Sachvortrags der Parteien haben (vgl. BGH, Beschl. vom 20.5.2010 – IX ZB 121/07[1], NJW-RR 2010, 1221 m.w.N.). Das Grundrecht auf rechtliches Gehör gewährt dem Beklagten zwar nur die zumutbare Möglichkeit, am Gerichtsverfahren teilzunehmen, und schließt eigene Mitwirkungsobliegenheiten nicht aus, sobald der Beklagte von dem im Ausland gegen ihn eingeleiteten Gerichtsverfahren Kenntnis erlangt hat. Über die ordnungsgemäße Zustellung der Klageschrift hinaus gewährleistet Art. 103 I GG nur die – von Staats wegen ungehinderte – zumutbare Gelegenheit, sich am Gerichtsverfahren zu beteiligen. Für ihre eigene ordnungsgemäße Vertretung in einem ihr bekannten Gerichtsverfahren hat in erster Linie jede Partei selbst nach besten Kräften zu sorgen (vgl. BGH, Beschl. vom 6.10.2005 – IX ZB 360/02[2], NJW 2006, 701). Dieser Justizgewährungsanspruch ist hier dadurch verletzt, dass für den AGg. zum einen nicht erkennbar war, dass durch die formlose Übersendung des Antrags vom 12.5.2011, dem das zu vollstreckende Urteil als Anlage beigefügt war, die Berufungsfrist nach rumänischem Recht zu laufen begonnen hatte, und dass zum anderen die anwendbare Berufungsfrist von nur 15 Tagen jedenfalls in einer Konstellation unzumutbar knapp bemessen war, [in der] der AGg. durch die Urteilsabschrift erstmals vom Verfahren überhaupt Kenntnis erlangt und für ihn deshalb vorher keine Veranlassung bestanden hatte, sich um eine ausreichende anwaltliche Beratung und Vertretung vor dem rumänischen Gericht zu kümmern. Für den AGg. bestand in der konkreten Situation daher zudem keine effektive Möglichkeit, gegen das Urteil einen Rechtsbehelf einzulegen, Art. 34 Nr. 2 EuGVO."

251. *Die Prüfung etwaiger Anerkennungsversagungsgründe ist gemäß Art. 34 I in Verbindung mit Art. 32 I EuUnthVO im Beschwerdeverfahren und nicht im erstinstanzlichen Verfahren vorzunehmen. [LS der Redaktion]*

---

[1] IPRspr. 2010 Nr. 267.   [2] IPRspr. 2005 Nr. 159.

OLG Stuttgart, Beschl. vom 1.12.2014 – 17 UF 150/14: FamRZ 2015, 871.

252. *Die (Inzident-)Anerkennung einer vor dem 18.6.2011 ergangenen und ursprünglich in den Anwendungsbereich der EuGVO fallenden ausländischen Unterhaltsentscheidung richtet sich in einem nach dem 18.6.2011 eingeleiteten Abänderungsverfahren nach den Vorschriften der EuUnthVO über die Anerkennung und Vollstreckung exequaturbedürftiger Titel (Art. 75 II in Verbindung mit Art. 23 ff.).*
In einem nach dem 18.6.2011 eingeleiteten Unterhaltsverfahren (hier: Abänderungsverfahren) mit Auslandsbezug ist das maßgebliche Kollisionsrecht dem Protokoll über das auf Unterhaltspflichten anzuwendende Recht vom 23.11.2007 (ABl. Nr. L 331/19; HUP) zu entnehmen. Dies gilt im Verhältnis der durch das HUP gebundenen EU-Staaten auch, soweit das Verfahren Unterhaltszeiträume vor dem Inkrafttreten des HUP am 18.6.2011 umfasst.
Das einem abzuändernden ausländischen Unterhaltstitel zugrunde liegende Sachrecht kann in einem in Deutschland betriebenen Abänderungsverfahren grundsätzlich nicht ausgetauscht werden, sondern bleibt für Art und Höhe der anzupassenden Unterhaltsleistung weiterhin maßgeblich; dies gilt nicht, wenn nach Erlass der abzuändernden Entscheidung infolge eines Aufenthaltswechsels der unterhaltsberechtigten Person ein vom deutschen Kollisionsrecht beachteter Statutenwechsel (Art. 3 II HUP) eingetreten ist.

BGH, Beschl. vom 10.12.2014 – XII ZB 662/13: BGHZ 203, 372; NJW 2015, 694; FamRZ 2015, 479 mit Anm. *Heiderhoff*; MDR 2015, 217; Europ. Leg. Forum 2015, 139; JAmt 2015, 167 mit Anm. *Boehm*. Leitsatz in: FamRB 2015, 125 mit Anm. *Dimmler/Bißmaier*; FF 2015, 131; FuR 2015, 238 mit Anm. *Soyka*; JZ 2015, 131; NJW-Spezial 2015, 100.

Gegenstand des Verfahrens ist die Abänderung einer von einem irischen Gericht auf der Grundlage irischen Sachrechts erlassenen Entscheidung zum Unterhalt für ein minderjähriges Kind. Der 2007 geborene ASt. ist der Sohn des AGg., der irischer Staatsangehöriger ist. Die nicht miteinander verheirateten Eltern des ASt. lebten ursprünglich in Irland. Auf Antrag der Mutter verpflichtete der Tralee District Court den AGg., an die Kindesmutter Unterhalt für den Sohn zu zahlen. Kurz danach zog die Kindesmutter mit dem ASt. in die Bundesrepublik Deutschland. Der ASt. forderte den AGg. 2011 zur Erteilung von Einkommensauskünften und Zahlung des Mindestunterhalts auf. Im vorliegenden Abänderungsverfahren begehrt der ASt. unter Vorlage einer Ausfertigung der Entscheidung des Tralee District Court eine Erhöhung des von dem irischen Gericht festgesetzten Kindesunterhalts.

Das AG hat dem Antrag entsprochen. Auf die dagegen gerichtete Beschwerde des AGg. hat das OLG die Entscheidung des AG abgeändert und den Abänderungsantrag zurückgewiesen. Dagegen wendet sich der ASt. mit seiner zugelassenen Rechtsbeschwerde, mit der er eine Wiederherstellung der erstinstanzlichen Entscheidung erstrebt.

Aus den Gründen:

„II. Die Rechtsbeschwerde führt zur Aufhebung der angefochtenen Entscheidung und zur Zurückverweisung der Sache an das BeschwG ...

2. Die[se] Ausführungen sind schon zur Frage der Zulässigkeit des Abänderungsantrags nicht in allen Punkten rechtsfehlerfrei.

a) Allerdings hat das BeschwG die internationale Entscheidungszuständigkeit der deutschen Gerichte, die unbeschadet des Wortlauts von dessen § 72 II auch in den Verfahren nach dem FamFG in der Rechtsbeschwerdeinstanz von Amts wegen zu prüfen ist (*Keidel/Meyer-Holz*, FamFG, 18. Aufl., § 72 Rz. 50; vgl. auch BGH, Urteile vom 27.5.2003 – IX ZR 203/02[1], NJW 2003, 2916 und vom 25.6.2008 – VIII ZR 103/07[2], NJW-RR 2008, 1381 Rz. 12), zutreffend bejaht. Sie ergibt sich für das am 26.8.2011 eingeleitete Verfahren aus Art. 3 lit. b EuUnthVO, wonach eine internationale Zuständigkeit am gewöhnlichen Aufenthalt des Unterhaltsberechtigten begründet ist. Dies gilt auch für solche Verfahren, die – wie hier – die Abänderung einer Unterhaltsentscheidung zum Gegenstand haben (klarstellend: *Wendl-Dose*, Das Unterhaltsrecht in der familienrichterlichen Praxis, 8. Aufl., § 9 Rz. 602; Münch-KommFamFG-*Lipp*, 2. Aufl., § 8 EG-UntVO Rz. 3 m.w.N.).

b) Das BeschwG hat ferner im Ausgangspunkt zutreffend erkannt, dass eine ausländische Unterhaltsentscheidung in Deutschland nur dann abgeändert werden kann, wenn sie – was im Abänderungsverfahren ggf. inzident zu prüfen ist – hier anerkannt wird (Senatsurteil vom 1.6.1983 – IVb ZR 386/81[3], FamRZ 1983, 806, 807; *Andrae*, Internationales Familienrecht, 3. Aufl., Rz. 338; *Heiß-Born-Henrich*, Unterhaltsrecht [Stand: 2014], 31. Kap. Rz. 104; MünchKommZPO-*Gottwald*, 4. Aufl., § 323 Rz. 102; *Göppinger-Wax-Linke*, Unterhaltsrecht, 9. Aufl., Rz. 3304).

Die Ausgangsentscheidung des Tralee District Court ist vor dem 18.6.2011 ergangen, so dass sie urspr. nach Art. 33 I EuGVO ohne besonderes Verfahren automatisch anzuerkennen war, soweit keine Versagungsgründe nach Art. 34 EuGVO vorlagen. Ist allerdings – wie hier – in einem nach dem 18.6.2011 eingeleiteten Abänderungsverfahren inzidenter über die Anerkennungsfähigkeit einer vor dem 18.6.2011 ergangenen und urspr. in den Anwendungsbereich der EuGVO fallenden ausländischen Unterhaltsentscheidung zu befinden, ist der übergangsrechtliche Anwendungsbereich von Art. 75 II 1 EuUnthVO betroffen. In diesem Fall richtet sich die Inzidentanerkennung nach den Vorschriften der EuUnthVO über die Anerkennung und Vollstreckung exequaturbedürftiger Titel (Kap. IV Abschn. 2 und 3), welche insoweit die einschlägigen Regelungen der EuGVO ersetzen (vgl. auch *Andrae* aaO Rz. 336, 338). Daraus ergibt sich indessen im Ergebnis kein anderer rechtlicher Befund, weil die danach anzuwendenden Art. 23 ff. EuUnthVO inhaltlich vollständig mit den Art. 33 ff. EuGVO übereinstimmen. Die Entscheidung des Tralee District Court wird daher in Deutschland nach Art. 23 EuUnthVO automatisch anerkannt; Anerkennungsversagungsgründe im Sinne von Art. 24 EuUnthVO sind weder geltend gemacht noch ersichtlich.

c) In Rspr. u. Lit. ist es nach wie vor streitig, ob die Abänderbarkeit eines ausländischen Unterhaltstitels außer von dessen Anerkennung im Inland zusätzlich davon abhängt, dass (auch) das Recht des Entscheidungsstaats eine Abänderung zulässt (Nachweise bei *Heiß-Born-Henrich* aaO Rz. 105). Der Senat hat dies in der Vergangenheit offengelassen (vgl. Senatsurteile vom 29.4.1992 – XII ZR 40/91[4], FamRZ 1992, 1060, 1062 und vom 1.6.1983 aaO), und auch der vorliegende Fall erfordert keine abschließende Entscheidung dieser Frage. Nach verbreiteter Ansicht sollen weltweit alle bedeutsamen Rechtsordnungen die Abänderung von Unterhaltstiteln zulassen (vgl. KG, FamRZ 1993, 976, 978[5]; *Staudinger-Mankowski*, BGB [Stand: 2003], Anh. I zu Art. 18 EGBGB Rz. 41; MünchKommZPO-*Gottwald* aaO Rz. 101; MünchKomm-*Siehr*, 5. Aufl., Anh. I zu Art. 18 EGBGB Rz. 319; *Göppinger-*

---

[1] IPRspr. 2003 Nr. 217.
[2] IPRspr. 2008 Nr. 134.
[3] IPRspr. 1983 Nr. 95.
[4] IPRspr. 1992 Nr. 207.
[5] IPRspr. 1993 Nr. 156.

Wax-Linke aaO; *Kartzke*, NJW 1988, 104, 106). Jedenfalls für den Rechtsraum der EU dürfte diese Annahme auch tragfähig sein, denn die EuUnthVO setzt ohne weiteres voraus, dass Unterhaltsentscheidungen der Gerichte eines Mitgliedstaats in einem anderen Mitgliedstaat abgeändert werden können (arg. Art. 8 I, 56 I lit. e und II lit. c EuUnthVO). Wenn die abzuändernde Entscheidung – wie hier – in einem EU-Mitgliedstaat ergangen ist, kann daher grundsätzlich ohne weitergehende Feststellungen zur Rechtslage im Entscheidungsstaat von einer Abänderbarkeit der Entscheidung ausgegangen werden (vgl. auch *Heiß-Born-Henrich* aaO Rz. 105; *Andrae* aaO Rz. 340; *Wendl-Dose* aaO Rz. 669).

Im Übrigen lässt das irische Recht eine Abänderung von Unterhaltsanordnungen grundsätzlich zu. Gesetzliche Grundlage für gerichtliche Anordnungen zum Unterhalt nichtehelich geborener Kinder ist s. 5A (1) des Family Law (Maintenance of Spouses and Children) Act No. 11 of 1976, die durch den Status of Children Act No. 26 of 1987 (beide auf www.irishstatutebook.ie) in das Gesetz eingefügt worden ist (vgl. *Helm*, Die Stellung des nichtehelichen Kindes in Irland [1992] 127 f.; *Shannon*, Family Law, 4th ed. [2011], Chap. 12.9). Nach s. 6 (1) (b) des Family Law Act No. 11 of 1976 kann das Gericht Unterhaltsanordnungen auf Antrag einer Partei nach seinem Ermessen jederzeit aufheben oder ändern, wenn Umstände eingetreten sind, die bei Erlass der Unterhaltsanordnung oder der letzten Änderungsentscheidung noch nicht gegeben waren oder wenn Beweismittel beigebracht werden, die dem Gericht im Zeitpunkt der Unterhaltsentscheidung oder der letzten Änderungsentscheidung noch nicht vorgelegt werden konnten. Das irische Recht eröffnet daher – ähnlich wie auch das deutsche Recht – die Möglichkeit einer Abänderung von Unterhaltsentscheidungen aufgrund veränderter Umstände (vgl. *Helm* aaO 136).

d) Demgegenüber konnte das BeschwG nicht ohne weiteres davon ausgehen, dass dem ASt. auch die Verfahrensführungsbefugnis für das Abänderungsverfahren zusteht, was vom Rechtsbeschwerdegericht auch ohne Rüge in jeder Lage des Verfahrens von Amts wegen zu prüfen ist (vgl. BGH, Urt. vom 2.6.1986 – II ZR 300/85, NJW-RR 1987, 57, 58).

aa) Beteiligte eines unterhaltsrechtlichen Abänderungsverfahrens können grundsätzlich nur diejenigen sein, zwischen denen die abzuändernde Entscheidung ergangen ist (vgl. Senatsurteil vom 17.3.1982 – IVb ZR 646/80, FamRZ 1982, 587, 588). Wie das BeschwG im Ausgangspunkt nicht verkennt, ist im Erstverfahren vor dem Tralee District Court nicht der minderjährige ASt., sondern allein die Kindesmutter aufseiten des Unterhaltsberechtigten am Verfahren beteiligt gewesen. Kann in einem Abänderungsverfahren zum Kindesunterhalt hinsichtlich der Verfahrensführungsbefugnis nicht an die formelle Parteistellung des Kindes im Erstverfahren angeknüpft werden, hängt seine Verfahrensführungsbefugnis davon ab, ob die abzuändernde ausländische Unterhaltsentscheidung für und gegen das Kind wirkt, wobei diese Frage nach dem Recht des Entscheidungsstaats zu beurteilen ist. Dies ist jedenfalls immer dann der Fall, wenn sich die Rechtskraft einer zwischen den Eltern ergangenen Entscheidung zum Kindesunterhalt auch auf das Kind erstreckt (vgl. Senatsurteile vom 29.4.1992 aaO 1061 und vom 1.6.1983 aaO). Eine Bindung des Kindes an die – im Verfahren zwischen seinen Eltern ergangene – ausländische Unterhaltsentscheidung kann aber auch dadurch zum Ausdruck kommen, dass das ausländische Recht dem Kind grundsätzlich keine Verfahrensführungsbefugnis bzgl. seines Unterhaltsanspruchs zuerkennt und das Kind unter der Geltung dieser Rechtsordnung auf die Verfahrensführung durch den Elternteil in Verfahrensstandschaft angewiesen ist (*Andrae*, IPRax 2001, 98, 101).

Davon sind freilich die Fälle zu unterscheiden, in denen der Anspruch auf Zurverfügungstellung von Mitteln für den Unterhalt minderjähriger Kinder durch das ausländische Recht materiell-rechtlich von vornherein als Ausgleichsanspruch eigener Art zwischen den Eltern und damit als originärer Anspruch (ex iure proprio) des betreuenden Elternteils ausgestaltet ist (vgl. dazu etwa Senatsurteil vom 9.10.1985 – IVb ZR 36/84[6], NJW 1986, 662, 663 [Italien]; Senatsbeschluss vom 17.9.2008 – XII ZB 12/05, BeckRS 2008, 21989 Rz. 13 f. [Anordnungen nach s. 23 (1) (d) des britischen Matrimonial Causes Act 1973]). Dann stünde dem Kind für ein späteres Abänderungsverfahren in Deutschland keine Verfahrensführungsbefugnis zu, weil es im ausländischen Erstverfahren nicht um seinen eigenen Unterhaltsanspruch ging und die Entscheidung schon deshalb nicht für und gegen ihn wirken konnte (*Andrae*, IPRax aaO 100).

bb) Gemessen daran begegnet die angefochtene Entscheidung rechtlichen Bedenken. Zwar vertritt das BeschwG offensichtlich die Auffassung, dass die Kindesmutter den Anspruch auf Unterhalt im Ausgangsverfahren vor dem Tralee District Court als Verfahrensstandschafterin des ASt. geltend gemacht hat. Diesen Ausführungen liegen aber ersichtlich keine tragfähigen Ermittlungen zum irischen Recht zugrunde, was sich schon daraus erschließt, dass das BeschwG der von ihm selbst aufgeworfene Rechtsfrage, ob die Kindesmutter das Verfahren vor dem Tralee District Court nach irischem Recht überhaupt in ihrem eigenen Namen habe führen dürfen, nicht weiter nachgegangen ist. Eine anhand des irischen Rechts vorgenommene Prüfung, ob die abzuändernde Entscheidung des Tralee District Court einen eigenen Unterhaltsanspruch des ASt. (und nicht einen Anspruch der Kindesmutter) betrifft und ob die Entscheidung – sofern sie einen Unterhaltsanspruch des Kindes zum Gegenstand hat – für und gegen den ASt. wirkt, lässt sich der Beschwerdeentscheidung nicht entnehmen.

3. Bevor seine Verfahrensführungsbefugnis feststeht, darf gegen den ASt. eine antragsabweisende Sachentscheidung nicht ergehen. Das Rechtsbeschwerdegericht kann zwar die zur Beurteilung der Verfahrensvoraussetzungen notwendigen tatsächlichen Feststellungen selbst treffen. Hierzu ist es jedoch nicht verpflichtet, vielmehr kann es die Sache zur anderweitigen Behandlung und Entscheidung an das BeschwG zurückverweisen (vgl. BGH, Urt. vom 10.10.1985 – IX ZR 73/85, NJW-RR 1986, 157, 158; BFH, Urt. vom 14.5.1987 – X R 51/82, juris Rz. 22). Im vorliegenden Fall erscheint die Zurückverweisung angebracht, weil die Feststellung ausländischen Rechts und seine Auslegung und Anwendung anhand der ausländischen Rechtspraxis Sache des Tatrichters ist (vgl. Senatsurteil vom 29.4.1992 aaO).

III. Auch im Übrigen sind die Ausführungen des BeschwG nicht in jeder Hinsicht frei von rechtlichen Bedenken. Hierzu sind folgende Bemerkungen durch den Senat veranlasst:

1. Der Senat hat bislang noch nicht abschließend entschieden, ob sich die tatbestandlichen Voraussetzungen für die Abänderung eines ausländischen Unterhaltstitels stets nach der lex fori des angerufenen Gerichts richten oder ob die Abän-

---

[6] IPRspr. 1985 Nr. 166.

derungsregelungen wegen ihres engen Zusammenhangs mit dem materiellen Unterhaltsrecht – mit Ausnahme eines stets der lex fori unterstehenden engeren ‚prozessrechtlichen Rahmens', zu dem im deutschen Recht die Präklusionsvorschriften (§ 238 II FamFG) und teilweise auch die ‚Rückschlagsperre' (§ 238 III FamFG) gerechnet werden (vgl. dazu *Rauscher-Andrae*, Europäisches Zivilprozess- und Kollisionsrecht [Bearb. 2010], Einl. HUntStProt Rz. 39 f.) – dem Recht zu entnehmen sind, das aus der kollisionsrechtlichen Sicht des mit dem Abänderungsbegehren befassten Gerichts das aktuelle Unterhaltsstatut ist. Dieser Frage braucht auch unter den hier obwaltenden Umständen nicht nachgegangen zu werden, weil das deutsche Recht nicht nur nach der lex fori, sondern auch nach dem Unterhaltsstatut die berufene Rechtsordnung ist: Für das vorliegende Abänderungsverfahren ist das maßgebliche Kollisionsrecht einheitlich dem HUP zu entnehmen. Dies gilt auch, soweit das Abänderungsbegehren des ASt. Unterhaltszeiträume vor dem Inkrafttreten des HUP am 18.6.2011 umfasst. Zwar ordnet Art. 22 an, dass das HUP nicht auf die Ermittlung des anwendbaren Rechts für Zeiträume vor Inkrafttreten des Protokolls anwendbar ist. Für die durch das HUP gebundenen Mitgliedstaaten der EU, zu denen neben Deutschland auch Irland gehört, gilt indessen eine Sonderbestimmung (Art. 5 des Beschlusses des Rates vom 30.11.2009 über den Abschluss des Haager Protokolls vom 23.11.2007 über das auf Unterhaltspflichten anzuwendende Recht durch die Europäische Gemeinschaft, ABl. EU vom 16.12.2009 Nr. L 331/17), welche die Kollisionsregeln des Protokolls abweichend von Art. 22 HUP auch auf Unterhaltszeiträume vor dem 18.6.2011 erstreckt, wenn das Verfahren – wie hier – nach diesem Zeitpunkt eingeleitet worden ist (klarstellend MünchKomm-FamFG-*Lipp* aaO Art. 15 EG-UntVO Rz. 10; *Coester-Waltjen*, IPRax 2012, 528, 529; *Conti/Bißmaier*, FamRBint 2011, 62, 64). Im vorliegenden Fall ist daher einheitlich nach Art. 3 HUP als Unterhaltsstatut das deutsche Recht berufen, weil der ASt. im gesamten hier interessierenden Unterhaltszeitraum seit dem 1.6.2011 seinen gewöhnlichen Aufenthalt in Deutschland hat.

2. Von der Frage, welchem Recht die Abänderungsregelungen zu entnehmen sind, ist die Frage zu unterscheiden, welchem Sachrecht die Maßstäbe für die Abänderung selbst und für die konkrete Neubemessung des Unterhalts unterliegen. Soweit das BeschwG die Auffassung vertritt, dass für diese Beurteilung (weiterhin) irisches Recht maßgeblich sei, ist dies rechtlich unzutreffend.

a) Allerdings hat der Senat in st. Rspr. für die den Abänderungsregelungen des deutschen Rechts (§ 238 FamFG bzw. § 323 ZPO) unterliegenden Abänderungsverfahren ausgesprochen, dass das dem abzuändernden Titel zugrunde liegende Sachrecht – sei es inländisches oder ausländisches Recht – nicht ausgetauscht werden kann, sondern auch für Art und Höhe der anzupassenden Unterhaltsleistung weiterhin maßgeblich bleibt. Dies beruht insbesondere darauf, dass die deutschen Abänderungsvorschriften weder eine von der bisherigen Unterhaltsbemessung unabhängige Neufestsetzung des Unterhalts noch eine abweichende Beurteilung der Verhältnisse zulassen, die bereits in dem abzuändernden Titel eine Bewertung erfahren haben (Senatsurteile vom 29.4.1992 aaO und vom 1.6.1983 aaO 808). Insoweit gilt nichts anderes, als wenn in der abzuändernden Erstentscheidung eines deutschen Gerichts bei Auslandsbezug ein unzutreffendes Unterhaltsstatut angewandt worden wäre; auch dies könnte in einem Abänderungsverfahren wegen der Bindung an die

Grundlagen des abzuändernden Titels nicht ohne weiteres korrigiert werden (vgl. Senatsurteil, BGHZ 192, 45[7] = FamRZ 2012, 281 Rz. 15).

b) Diese Rspr. bezieht sich allerdings – wie das BeschwG verkannt hat – auf solche Fälle, in denen das Unterhaltsstatut aus Sicht des Kollisionsrechts im Abänderungsstaat seit dem Erlass der Erstentscheidung unverändert geblieben ist. So liegt der Sachverhalt hier aber nicht, weil der ASt. nach Erlass der abzuändernden Entscheidung des Tralee District Court vom 20.10.2010 seinen gewöhnlichen Aufenthalt von Irland nach Deutschland verlegt hat, was nach deutschem Kollisionsrecht (Art. 3 II HUP) ex nunc einen Wechsel des Unterhaltsstatuts nach sich zieht. Die Frage, ob das mit dem Abänderungsbegehren befasste Gericht auch dann noch an das in der Erstentscheidung angewandte Unterhaltsstatut gebunden ist, wenn nach Erlass der abzuändernden Entscheidung ein vom IPR des Abänderungsstaats beachteter echter Statutenwechsel eingetreten ist, hat der Senat in seiner früheren Rspr. ausdrücklich offengelassen (Senatsurteil vom 1.6.1983 aaO). Sie ist mit der weit überwiegenden Auffassung in Rspr. u. Lit. zu verneinen (OLG Köln, FamRZ 2005, 534, 535[8]; OLGR Koblenz 2003, 339 f.; *Rauscher-Andrae* aaO Rz. 38; BeckOK-BGB-*Heiderhoff* [Stand: Mai 2014] Art. 18 EGBGB Rz. 155; *Göppinger-Wax-Linke* aaO Rz. 3310; MünchKomm-*Siehr* aaO Rz. 321, 328; *Wendl-Dose* aaO Rz. 668, 670; *Johannsen-Henrich-Brudermüller*, Familienrecht, 5. Aufl., § 238 FamFG Rz. 58; *Eschenbruch-Schürmann-Menne-Dörner*, Der Unterhaltsprozess, 6. Aufl., Kap. 7 Rz. 217; *Koch-Kamm*, Hdb. des Unterhaltsrechts, 12. Aufl., Rz. 8094; *Soyka*, Das Abänderungsverfahren im Unterhaltsrecht, 3. Aufl., Rz. 229; *Riegner*, FamRZ 2005, 1799, 1802; *Dimmler/Bißmaier*, FPR 2013, 11, 13; vgl. bereits *Spellenberg*, IPRax 1984, 304, 308; a.A. wohl *Ehinger-Griesche-Rasch*, Hdb. Unterhaltsrecht, 7. Aufl., Kap. N Rz. 115).

Im Verhältnis der durch das HUP als dem gemeinsamen Kollisionsrecht gebundenen Staaten ließe sich ein abweichendes Ergebnis schon deshalb nicht rechtfertigen, weil auch das ausländische Ausgangsgericht – wenn es über die Abänderung selbst zu entscheiden hätte – dem Statutenwechsel nach Art. 3 II HUP Rechnung zu tragen und vom Zeitpunkt des Aufenthaltswechsels an deutsches Sachrecht als neues Unterhaltsstatut anzuwenden hätte (vgl. auch *Göppinger-Wax-Linke* aaO). Auch Vertrauensschutzaspekte stehen dem Austausch des anzuwendenden Sachrechts im Fall eines echten Statutenwechsels nicht zwingend entgegen (so allerdings *Ehinger-Griesche-Rasch* aaO). Dem berechtigten Vertrauen eines Beteiligten in den Bestand einer rechtskräftigen (ausländischen) Unterhaltsentscheidung kann auch auf dem Boden des neuen Unterhaltsstatuts angemessen Rechnung getragen werden. Dieser Gedanke dürfte im vorliegenden Fall etwa bei der unterhaltsrechtlichen Beurteilung der von dem AGg. im Januar 2011 aufgenommenen Weiterbildungsmaßnahme zum Tragen kommen."

253. *Ist der Anwendungsbereich des Übereinkommens über die gerichtliche Zuständigkeit und die Anerkennung und Vollstreckung von Entscheidungen in Zivil- und Handelssachen vom 30.10.2007 (ABl. Nr. L 339/3 ff.; LugÜ II) eröffnet, kann der Antragsteller dennoch gemäß Art. 71 LugÜ II die Anwendung des Haager Über-*

---

[7] IPRspr. 2011 Nr. 92 (LS). [8] IPRspr. 2004 Nr. 175.

einkommens über die Anerkennung und Vollstreckung von Unterhaltsentscheidungen vom 2.10.1973 (BGBl. 1986 II 825) beantragen. [LS der Redaktion]

OLG München, Beschl. vom 10.12.2014 – 12 UF 1326/14: FamRZ 2015, 775.

13. Anerkennung und Vollstreckung ausländischer Entscheidungen in Ehe- und Kindschaftssachen

254. *Eine ausländische Gerichtsentscheidung, die die Feststellung der rechtlichen Verwandtschaft enthält, ist im Gegensatz zur bloßen Registrierung des Verwandtschaftsverhältnisses der Anerkennung zugänglich.*

Bei der Prüfung, ob die Entscheidung gegen den ordre public verstößt, sind auch die von der Europäischen Konvention zum Schutze der Menschenrechte und Grundfreiheiten vom 4.11.1950 (BGBl. 1952 II 685) verbürgten Menschenrechte zu berücksichtigen.

Allein aus dem Umstand, dass eine ausländische Entscheidung im Fall der Leihmutterschaft die rechtliche Elternschaft zu dem Kind den Wunscheltern zuweist, folgt jedenfalls dann kein Verstoß gegen den ordre public, wenn ein Wunschelternteil – im Unterschied zur Leihmutter – mit dem Kind genetisch verwandt ist.

Nichts anderes ergibt sich daraus, dass die Elternstellung neben dem genetischen Vater auch dessen eingetragenem Lebenspartner zugewiesen wird.

a) KG, Beschl. vom 1.8.2013 – 1 W 413/12: IPRax 2014, 72, 57 Aufsatz *Mayer*; StAZ 2013, 348. Leitsatz in: FamRZ 2014, 1575; FamFR 2013, 480.

b) BGH, Beschl. vom 10.12.2014 – XII ZB 463/13: BGHZ 203, 350; BGHZ 203, 350; NJW 2015, 479 mit Anm. *Heiderhoff*; FamRZ 2015, 240 mit Anm. *Helms*; IPRax 2015, 261, 229 Aufsatz *Henrich*; MDR 2015, 93; StAZ 2015, 51,33 Aufsatz *Mayer*; Rpfleger 2015, 268; DNotZ 2015, 296 mit Anm. *Schall*; FF 2015, 198 mit Anm. *Coester-Waltjen*; JAmt 2015, 37; JZ 2016, 202 mit Anm. *Dethloff*. Leitsatz in: FamRB 2015, 55; FGPrax 2015, 69; FuR 2015, 227; FuR 2015, 227 mit Anm. *Soyka*; JuS 2015, 841; LMK 2015, 367522; ZEuP 2015, 637.

Gegenstand des Verfahrens ist die Nachbeurkundung der Geburt des betroffenen Kindes, das in Kalifornien geboren wurde. Die Beteiligten zu 1) und zu 2) sind eingetragene Lebenspartner und deutsche Staatsangehörige mit Wohnsitz in Berlin. Die Beteiligte zu 3) ist das Land Berlin. 2010 vereinbarten die Lebenspartner in einem mit Frau J.L.J. in Kalifornien abgeschlossenen Leihmutterschaftsvertrag, dass diese für sie Kinder austragen solle und die Lebenspartner die alleinigen gesetzlichen Eltern sein sollten. Die Kinder sollten mit Spermien des Beteiligten zu 1) und anonym gespendeten Eizellen gezeugt werden; im September 2010 wurden auf diese Weise gezeugte Embryos in die Gebärmutter der Leihmutter eingebracht, und eine Zwillingsschwangerschaft bestätigt. Im Dezember 2010 erkannte der Beteiligte zu 1) mit Zustimmung J.L.J.s vor dem deutschen Generalkonsulat in San Francisco die Vaterschaft zu den erwarteten Zwillingen an. Zugleich gaben er und J.L.J. Sorgeerklärungen ab. Im April 2011 erging auf Antrag der Lebenspartner ein Urteil des Superior Court of the State of California, Placer County. Danach sollen die Lebenspartner die Eltern der von J.L.J. zwischen dem 16.9.2010 und dem 16.7.2011 zu gebärenden Kinder, nicht aber J.L.J. Nachdem es in der 30. Schwangerschaftswoche zu einem Spontanabort eines der Zwillinge gekommen war, wurde im Mai 2011 in Carmichael, Kalifornien, das betroffene Kind geboren. Das Kind wurde den Lebenspartnern übergeben, die mit ihm im Juni 2011 nach Berlin reisten, wo es seitdem gemeldet ist. Die Lebenspartner und das durch sie vertretene Kind haben vor dem Standesamt die Nachbeurkundung der Auslandsgeburt beantragt.

Das Standesamt hat den Antrag abgelehnt. Der Antrag, das Standesamt zur Eintragung anzuweisen, ist in beiden Vorinstanzen erfolglos geblieben. Mit ihrer Rechtsbeschwerde verfolgen die Beteiligten ihren Antrag weiter.

Aus den Gründen:

a) KG 1.8.2013 – 1 W 413/12:

„II. Die Beschwerde ist gemäß § 51 PStG i.V.m. §§ 58 ff. FamFG zulässig. In der Sache hat sie jedoch keinen Erfolg. Das Standesamt hat im Ergebnis mit Recht die Nachbeurkundung der Geburt des Beteiligten zu 3 gemäß § 36 PStG abgelehnt ...
 2. Es fehlt auch nicht an der deutschen Staatsangehörigkeit des Beteiligten zu 3). Er hat diese nach § 4 I 1, II StAG erworben, weil der Beteiligte zu 1) sein Vater und deutscher Staatsangehöriger ist. Die Vaterschaft des Beteiligten zu 1) ist durch das Urteil des Superior Court of the State von California vom 6.4.2011 im Sinne von § 4 I 2 StAG festgestellt worden. Dieses Urteil wird hinsichtlich des genannten Ausspruchs gemäß § 108 I FamFG anerkannt, ohne dass es eines besonderen Verfahrens bedarf. Ankerkennungshindernisse gemäß § 109 FamFG bestehen nicht, insbesondere nicht nach § 109 I Nr. 1 oder 4 FamFG.
 a) Gemäß § 109 I Nr. 1 FamFG ist die Anerkennung einer ausländischen Entscheidung ausgeschlossen, wenn die Gerichte des anderen Staats nach deutschem Recht nicht zuständig sind. Die deutschen Rechtsvorschriften werden dabei ‚spielgelbildlich' auf die fremdstaatlichen Gerichte angewendet (vgl. nur *Prütting-Helms-Hau*, FamFG, 2. Aufl., § 109 Rz. 20). Danach war der Superior Court of the State of California zuständig. Denn gemäß § 100 FamFG sind in Abstammungssachen die deutschen Gerichte u.a. dann zuständig, wenn das Kind Deutscher ist. Der Beteiligte zu 3) ist mit seiner Geburt (auch) amerikanischer Staatsangehöriger geworden, denn nach s 1401 (a) des Immigration and Nationality Act (McCarran-Walter Bill of 1952; Public Law No. 82-414; 182 Stat. 66; fortan: INA, abgedr. bei *Bergmann-Ferid-Henrich*, Internationales Ehe- und Kindschaftsrecht, USA II B [203. Erg.-Lfg.]) ist Bürger der USA von Geburt an, wer in den Vereinigten Staaten geboren ist.
 b) Gemäß § 109 I Nr. 4 FamFG ist die Anerkennung einer ausländischen Entscheidung ausgeschlossen, wenn sie zu einem Ergebnis führt, das mit wesentlichen Grundsätzen des deutschen Rechts offensichtlich unvereinbar ist, insbes. wenn die Anerkennung mit den Grundrechten unvereinbar ist. Dies ist hier bezogen auf die Begründung oder Feststellung eines Eltern-Kind-Verhältnisses zwischen den Beteiligten zu 1) und 3) durch das Urteil vom 6.4.2011 allerdings nicht der Fall. Das Urteil beruht zwar (auch) hinsichtlich der Vaterschaft des Beteiligten zu 1) offensichtlich nur auf der Leihmutterschaftsvereinbarung, die zu wesentlichen Grundsätzen des deutschen Rechts in Widerspruch steht (dazu näher unter 3.). Die getroffene Feststellung ist allerdings im Ergebnis mit dem deutschen Recht nicht unvereinbar, denn auch bei Anwendung des materiellen deutsches Rechts ist der Beteiligte zu 1) rechtlicher Vater des Beteiligten zu 3). Gemäß § 1592 Nr. 2 BGB ist Vater eines Kindes der Mann, der die Vaterschaft anerkannt hat. Gemäß § 1595 I FamFG bedarf die Anerkennung der Zustimmung der Mutter. Anerkennung und Zustimmung müssen öffentlich beurkundet werden (§ 1597 I BGB). Nach § 1594 II BGB ist die Anerkennung der Vaterschaft nicht wirksam, solange die Vaterschaft eines anderen Mannes besteht. Der Beteiligte zu 1) hat die Vaterschaft für den Beteiligten zu 3) mit Zustimmung von J.L.J. in der erforderlichen Form anerkannt. J.L.J. hat den Beteiligten zu 3) geboren und ist deshalb in Anwendung deutschen Rechts gemäß § 1591

BGB seine Mutter. Bei der Bestimmung der Abstammung des Beteiligten zu 3) kann gemäß Art. 19 I EGBGB deutsches Recht angewendet werden, weil der Beteiligte zu 3) (jedenfalls inzwischen) seinen gewöhnlichen Aufenthalt in Deutschland hat.

Dafür, dass schon vor der Anerkennung des Beteiligten zu 1) die Vaterschaft eines anderen Mannes bestand, bestehen keine Anhaltspunkte. Frau J.L.J. war nach ihren Angaben bei der Zustimmung zum Vaterschaftsanerkenntnis nicht verheiratet, so dass eine Vaterschaft ihres Ehemanns nicht in Betracht kommt. Nachweise über die Ledigkeit von J.L.J. sind nicht zu fordern. Die theoretische Möglichkeit, dass die eine Geburt anzeigende Frau entgegen ihren Angaben verheiratet ist, kann auch in Fällen ohne Auslandsberührung nicht durch Urkundenvorlage ausgeschlossen werden. Das Erfordernis weiterer Ermittlungen des Standesbeamten kann sich deshalb allenfalls im Einzelfall aufgrund konkreter Verdachtsmomente ergeben. Ohne einen solchen Verdacht ist von der behaupteten Ledigkeit auszugehen (vgl. OLG Hamm, StAZ 2006, 231[1]; OLG München, StAZ 2005, 360).

3. Dennoch hat das AG im Ergebnis zu Recht die Anweisung an das Standesamt zur Vornahme der beantragten Beurkundung abgelehnt.

a) Der Beteiligte zu 2) ist weder Vater noch Mutter des Beteiligten zu 3) und deshalb nicht als Elternteil in den Geburtseintrag aufzunehmen.

(1) Zwar wird der Beteiligte zu 2) durch das Urteil vom 6.4.2011 als Elternteil ausgewiesen, aber dieses Urteil ist hinsichtlich der Eltern-Kind-Beziehung zwischen den Beteiligten zu 2) und 3) nicht gemäß § 108 I FamFG anzuerkennen. Die Anerkennung führte zu einem Ergebnis, das mit wesentlichen Grundsätzen des deutschen Rechts offensichtlich unvereinbar ist (§ 109 I Nr. 4 FamFG). Der anerkennungsrechtliche Ordre-public-Vorbehalt ist generell restriktiv auszulegen und auf Ausnahmesachlagen zu beschränken (BGH, FamRZ 2011, 788, 790[2]). Eine Anwendung kommt nur in Betracht, wenn das Ergebnis der Ankerkennung den Grundgedanken deutscher Regelungen und der in ihnen enthaltenen Gerechtigkeitsvorstellungen so sehr widerspricht, dass es nach inländischen Vorstellungen untragbar erscheint (BGHZ 118, 312[3]; BGH, NJW 1998, 2358[4]; 2002, 960[5]).

Nach diesen Wertungen ist hier ein Orde-public-Verstoß gegeben.

Durch das Urteil vom 6.4.2011 soll zwischen den Beteiligten zu 2) und 3) ohne Adoptionsverfahren (ss. 8500 ff. California Family Code [Stats. 1992, c. 162 (A.B. 2650)]; www.leginfo.ca.gov; fortan: CFC) ein rechtliches Eltern-Kind-Verhältnis allein aufgrund des Leihmutterschaftsvertrags (ss. 7960 ff. CFC) hergestellt werden. Gemäß s. 7962 (f) (2) CFC begründet der Richter auf Antrag einer Partei eines ordnungsgemäß durchgeführten Leihmutterschaftsvertrags ohne weitere Anhörung oder Beweise durch Urteil oder Beschluss das Eltern-Kind-Verhältnis zwischen dem Kind und den Wunscheltern. Ohne einen solchen Rechtsprechungsakt wird die Leihmutter als Mutter und ggf. ihr Ehemann als Vater in die Geburtsurkunde eingetragen (*Bergmann-Ferid-Henrich* aaO D. California III. A. 9 [173. Erg.-Lfg.]).

Ein auf diese Weise begründetes Eltern-Kind-Verhältnis ist dem deutschen Recht nicht nur fremd, sondern es steht auch zu wesentlichen Grundsätzen des deutschen Rechts in untragbarem Widerspruch.

---

[1] IPRspr. 2006 Nr. 225.
[2] IPRspr. 2011 Nr. 171.
[3] IPRspr. 1992 Nr. 218b.
[4] IPRspr. 1998 Nr. 185.
[5] IPRspr. 2001 Nr. 212.

(a) Das deutsche Recht kennt ein rechtliches Eltern-Kind-Verhältnis nur aufgrund von Abstammung (§§ 1591 ff. BGB) oder einer Annahme als Kind (§§ 1741 ff. BGB). Durch einen Leihmutterschaftsvertrag oder aufgrund eines solchen Vertrags, in dem sich eine Frau verpflichtet, ein Kind für andere Personen auszutragen und es ihnen nach der Geburt auf Dauer zu überlassen, kann nach deutschem Recht ein rechtliches Eltern-Kind-Verhältnis nicht begründet werden. Leih- oder Ersatzmutterverträge werden vom deutschen Rechtssystem abgelehnt, was im Gesetz durch § 1591 BGB sowie § 1 I Nr. 7 ESchG und § 13c AdVermiG ausgedrückt und durchgesetzt werden soll. Nach § 1 I Nr. 7 ESchG ist es strafbar, bei einer Frau, die bereit ist, ihr Kind nach der Geburt Dritten auf Dauer zu überlassen (Ersatzmutter), eine künstliche Befruchtung durchzuführen oder auf sie einen menschlichen Embryo zu übertragen. Nach § 13c i.V.m. §§ 13a, 13b AdVermiG ist der Nachweis der Gelegenheit zu einer Ersatzmuttervereinbarung ebenso untersagt wie das Zusammenführen von Personen, die das aus einer Ersatzmutterschaft entstandene Kind annehmen oder in sonstiger Weise auf Dauer bei sich aufnehmen wollen (Bestell-Eltern), mit einer Frau, die zur Übernahme einer Ersatzmutterschaft bereit ist ...

Ziel der eine Ersatzmutterschaft ablehnenden Grundentscheidung des Gesetzgebers war der Schutz der Menschenwürde bei betroffenen Frauen und Kindern (BT-Drucks. 11/4154 S. 6; BT-Drucks. 11/5460 S. 6) und damit des gemäß Art. 1 I GG höchsten Gutes unseres Rechtssystems. Der Gesetzgeber ging bei der Begründung zum AdVermiG davon aus, dass Vereinbarungen über Ersatzmutterschaften wesentliche Belange der auf diese Weise entstehenden Kinder missachten, da die Bedeutung der Entwicklung im Mutterleib für die Persönlichkeitsentwicklung des Kindes und der bedeutende Beitrag der biologischen und psychischen Beziehung zwischen der Schwangeren und dem Kind zu dieser Entwicklung außer Acht gelassen würden. Diese besonders geartete Beziehung des ungeborenen Lebens mit der Mutter verbiete eine Übernahme von Schwangerschaften als eine Art Dienstleistung, da die für die Entwicklung des Kindes wesentliche enge persönliche Beziehung zwischen der Schwangeren und dem Kind unter diesen Umständen kaum zustande kommen könne (BT-Drucks. 11/4154 aaO). Nach der amtlichen Begründung beabsichtigte der Gesetzgeber außerdem, den Schutz der betroffenen Frauen und Kinder gegen gesundheitliche und psychische Gefährdungen nach der Geburt sicherzustellen. Bei den Kindern ginge es v.a. um eine ungestörte Identitätsfindung und eine gesicherte familiäre Zuordnung. Bei den Frauen sollten menschenunwürdige Konflikte aus einer Übernahme von Schwangerschaften als Dienstleistung und nicht zuletzt Streitigkeiten um die Herausgabe des Kindes ausgeschlossen werden. Besondere Konflikte aus Anlass einer Ersatzmutterschaft könnten entstehen, wenn nach der Geburt eines behinderten Kindes die Bestelleltern dieses nicht übernehmen wollten oder wenn die Ersatzmutter sich nach der Geburt nicht von dem Kind trennen wolle (BT-Drucks. 11/4154 aaO u. S. 7). Schutzmaßnahmen zugunsten der betroffenen Frauen sind dabei nicht schon deshalb unnötig, weil diese sich selbst zu dem Verfahren bereit erklärt haben. Denn die Würde des Menschen ist ein objektiver, unverfügbarer Wert, der auch dann beeinträchtigt sein kann, wenn die Betroffene selbst mit der fraglichen Behandlung einverstanden ist (so zutreffend Stellungnahme des Kirchenamts der EKD vom 17.2.2009, abgedruckt bei *Sturm* in FS Kühne, 923 N. 28). Darüber hinaus ist zu beachten, dass Ersatzmutterschaften nur in den seltensten Fällen aus rein altruistischen Motiven angeboten werden. Vielmehr wird in der Regel nur ein erheblicher finanzieller Anreiz zur Bereitschaft der Ersatzmutter führen. Der Schutz der Menschenwürde der betroffenen Frauen und Kinder gebietet es, zu verhindern, dass Frauen sich aus wirtschaftlicher Not auf die Belastungen und Risiken einer Schwangerschaft einlassen und das zu zeugende Kind zum Gegenstand eines Handelsgeschäfts machen.

Die Ablehnung der Ersatz- oder Leihmutterschaft ist deshalb als grundlegende Wertentscheidung und Kernbestand des deutschen Rechts anzusehen. Der Gesetzgeber hielt die Regelung des § 1591 BGB, die u.a. Leihmutterschaften verhindern soll, gerade im Hinblick auf die in anderen Ländern abweichenden gesetzlichen Regelungen für erforderlich (BT-Drucks. 13/4899 S. 82).

Die Anerkennung des Urteils vom 6.4.2011 und damit eines rechtlichen Eltern-Kind-Verhältnisses allein aufgrund des Leihmuttervertrags würde bedeuten, die vorstehenden Schutzziele allein deshalb zu vernachlässigen, weil der Vertrag und die Herausgabe des Kindes bereits durchgeführt wurden. Eine solche Handhabung würde dazu führen, die Schutzwirkung der durch §§ 1591 BGB, 1 I Nr. 7 ESchG, 13c AdVermiG kodifizierten Ablehnung der Leihmutterschaft erheblich zu schwächen oder ganz aufzuheben, weil weitere Wunscheltern ermutigt würden, ihren Kinderwunsch durch Leihmutterschaftsverträge im Ausland mit berechtigter Erwartung auf nachträgliche Anerkennung im Inland durchzusetzen. Dies erscheint im Hinblick auf die überragende Bedeutung des zu schützenden Grundrechts untragbar.

Dem kann nicht entgegengehalten werden, allein generalpräventive Erwägungen könnten den auf das Ergebnis im Einzelfall abstellenden Tatbestand des § 109 I Nr. 4 FamFG nicht erfüllen. Denn auch im vorliegenden Einzelfall sind Mutter und Kind genau den Gefahren tatsächlich ausgesetzt worden, vor denen sie durch die Ablehnung der Leihmutterschaft geschützt werden sollten. Ob diese Gefahren zu Beeinträchtigungen geführt haben oder zukünftig womöglich noch führen werden, kann im vorliegenden Verfahren noch nicht abschließend beurteilt werden.

Soweit sich die Literatur dafür ausspricht, die Frage eines Ordre-public-Verstoßes durch Leihmutterschaftsverträge ausschließlich oder in erster Linie nach dem Kindeswohl zu beantworten (BeckOK-BGB-*Heiderhoff* [Stand: Mai 2014] Art. 19 EGBGB Rz. 25, 36; *Henrich* in FS Schwab, 1141, 1151; *ders.* in *Staudinger*, BGB, [2008], Art. 19 EGBGB Rz. 123; *Sturm* aaO 919, 930; *Kreß*, FPR 2013, 240), führt dies im vorliegenden Fall zu keinem anderen Ergebnis. Denn das Kindeswohl erfordert es jedenfalls nicht, ein rechtliches Eltern-Kind-Verhältnis außerhalb eines Adoptionsverfahrens herzustellen (so auch *Benicke*, StAZ 2013, 101). Gerade das Adoptionsverfahren ist der gesetzlich vorgesehene Ort für die umfassende Prüfung, ob die rechtliche Elternschaft der Wunscheltern dem Kindeswohl entspricht. Diese Prüfung erstreckt sich auf die Notwendigkeit der Adoption, also die Situation aufseiten der leiblichen Eltern, ebenso wie auf die Eignung der Wunscheltern. Sie ist damit nicht nur ein ausreichendes gesetzlich vorgesehenes Mittel zur Berücksichtigung des Kindeswohls, sondern auch wesentlich besser zu dessen Ermittlung geeignet, als wenn nur im Rahmen einer Inzidentanerkennung nach § 108 FamFG die Wünsche der Parteien eines Leihmuttervertrags akzeptiert und die womöglich bereits eingetretene Gewöhnung des Kindes an die Bestell-Eltern als maßgebliches Kriterium für das Kindeswohl unterstellt würden.

Hinzu kommt, dass im vorliegenden Verfahren weder darüber zu entscheiden noch sonst zu erwarten ist, dass der Beteiligte zu 3) aus dem Verband der gelebten sozialen Familie herausgerissen würde. Der Beteiligte zu 3) lebt in einem rechtlich gesicherten Verhältnis zu dem Beteiligten zu 1). Welche Umstände einem weiteren Zusammenleben mit seinem Vater und dem mit diesem verpartnerten Beteiligten zu 2) entgegenstehen sollten, ist nicht ersichtlich. Von einem rechtlichen Eltern-Kind Verhältnis zwischen den Beteiligten zu 2) und 3) ist dies jedenfalls nicht abhängig.

Ob das Ergebnis der Anerkennung einer ausländischen Entscheidung wegen des Widerspruchs zu grundlegenden Werten des inländischen Rechts unerträglich erscheint, ist schließlich auch nach Umfang und Gewicht der Inlandsbeziehung des Sachverhalts zu beurteilen (MünchKommZPO-*Gottwald*, 4. Aufl., § 328 Rz. 117; *Stein-Jonas-Roth*, ZPO, 22. Aufl., § 328 Rz. 102). Je schwächer die Binnenbeziehung ist, desto größere Abweichungen vom deutschen Recht sind hinzunehmen (*Staudinger-Spellenberg* aaO [2005] § 328 ZPO Rz. 477). Hier ist jedoch die Inlandsbeziehung erheblich. Sowohl der Beteiligte zu 2) als auch der Beteiligte zu 3) haben die deutsche Staatsangehörigkeit und wollen sich dauerhaft in Deutschland aufhalten. Die Beteiligten zu 1) und 2) sind gezielt nach Kalifornien gereist, um dort das in Deutschland rechtlich nicht gebilligte Verfahren durchzuführen. Auch wenn sie, wie sie in ihrer persönlichen Stellungnahme ausführen, nicht gegen die deutsche Rechtsordnung verstoßen wollten, soll nun aber doch durch Eintragung in das deutsche Geburtenregister das akzeptiert werden, was der deutsche Gesetzgeber gerade verhindern wollte.

(b) Schließlich verstieße, wie das AG zutreffend ausgeführt hat, die Durchführung der beantragten Eintragung als Ergebnis der Anerkennung des Urteils vom 6.4.2011 auch gegen das aus Art. 2 I i.V.m. Art. 1 I GG abzuleitende (BVerfGE 79, 256) Grundrecht des Kindes auf Kenntnis seiner Abstammung. Denn die Beurkundung würde, da sie keine Hinweise auf J.L.J. enthielte, dem Beteiligten zu 3) vorhandene Informationen über seine Abstammung vorenthalten. Dem steht nicht entgegen, dass der Beteiligte zu 3) genetisch nicht von J.L.J. abstammt. Das BVerfG (aaO) hatte über einen Sachverhalt mit Fragen der väterlichen Abstammung zu entscheiden und deshalb keinen Anlass zu Differenzierungen zwischen genetischer und sonstiger biologischer Abstammung. Es hat jedoch die Abstammung nicht nur deshalb als für die Entfaltung der Individualität konstitutiven Faktor bezeichnet, weil sie die genetische Ausstattung des Einzelnen festlegt, sondern auch wegen der Schlüsselstellung für Individualitätsfindung und Selbstverständnis. Bei Letzteren handele es sich um einen vielschichtigen Vorgang, in dem biologisch gesicherte Erkenntnisse keineswegs allein ausschlaggebend seien. Im Hinblick darauf, dass die Entwicklung im Mutterleib als für die Entwicklung des Kindes bedeutend angesehen wird (vgl. BT-Drucks. 11/4154 aaO), ist bei dem Grundrecht auf Kenntnis der Abstammung jedenfalls auch die in § 1591 BGB definierte Abstammung zu berücksichtigen. Dies muss in besonderem Maß gelten, wenn dem Kind – wie hier dem Beteiligten zu 3) – Informationen über die mütterliche Seite seiner genetischen Abstammung voraussichtlich vorenthalten bleiben werden. Eine solche Situation verstärkt die Berechtigung des Interesses, wenigstens die vorhandenen Informationen über die Frau erhalten zu können, die das Informationen begehrende Kind ausgetragen und geboren hat.

Der Argumentation der Beteiligten zu 1) bis 3), dass ein Grundrechtsverstoß nicht vorliege, weil Frau J.L.J. in dem anzuerkennenden Urteil ausdrücklich genannt werde, vermag sich der Senat nicht anzuschließen. Denn die Anerkennung des kalifornischen Urteils soll nach dem Antrag der Beteiligten dazu führen, dass die im Antrag vom 12.9.2011 angegebenen Informationen in das nach den deutschen Vorschriften geführte Geburtsregister eingetragen werden. Nach einer solchen Eintragung würde der Personenstand durch das Register und die daraus erteilten Urkunden bewiesen (§§ 54, 55 PStG), die allerdings keine Hinweise auf die Leihmutter enthielten. Dass dem Beteiligten zu 3) die Informationen über seine Mutter durch Rückgriff auf das Urteil vom 6.4.2011 bis zu einem Zeitpunkt, in dem er selbst tatsächlich davon Kenntnis nehmen kann, erhalten blieben, kann weder durch das Standesamt noch durch sonstige staatliche Stellen gewährleistet werden.

(2) Auch nach den gemäß Art. 19 I EGBGB zur Bestimmung der Abstammung anzuwendenden Normen ist der Beteiligte zu 2) nicht Elternteil des Beteiligten zu 3), denn diese Normen führen zur Anwendung deutschen Rechts.

(a) Gemäß Art. 19 I 1 EGBGB unterliegt die Abstammung eines Kindes dem Recht des Staats, in dem das Kind seinen gewöhnlichen Aufenthalt hat. Gewöhnlicher Aufenthalt ist der Ort eines nicht nur vorübergehenden Verweilens, an dem der Schwerpunkt der Bindungen einer Person insbesondere in familiärer oder beruflicher Hinsicht, ihr Daseinsmittelpunkt, liegt (BGH, NJW 1975, 1068[6]; FamRZ 2001, 412[7]). Dies ist für den Beteiligten zu 3) jedenfalls zur Zeit Deutschland, denn hier lebt er seit zwei Jahren in einer gelebten sozialen Familienbeziehung zu den Beteiligten zu 1) und 2). Doch auch in der Vergangenheit hatte der Beteiligte zu 3) zu keinem Zeitpunkt einen gewöhnlichen Aufenthalt in Kalifornien, der das dortige Recht als Abstammungsstatut hätte begründen können. Ob ein nach kalifornischem Recht begründeter Status die Wandelung des Abstammungsstatuts durch Verlegung des gewöhnlichen Aufenthalts als wohlerworbenes Recht überdauert hätte, muss deshalb nicht entschieden werden. Der gewöhnliche Aufenthalt eines Kindes ist selbständig zu ermitteln, er leitet sich nicht von demjenigen der Eltern ab (OLG Hamm, FamRZ 1999, 1519[8]; OLG Celle, StAZ 2011, 150[9]). Ein Kind kann erst von der Vollendung seiner Geburt an einen gewöhnlichen Aufenthalt haben (*Henrich* aaO 1141, 1147), weil erst zu diesem Zeitpunkt seine Rechtsfähigkeit beginnt (§ 1 BGB). Von seiner Geburt bis zu seiner Anmeldung in Berlin lebte der Beteiligte zu 3) höchstens 12 Tage in Kalifornien. Dies erfüllt nicht die Anforderungen an die tatsächliche Dauer eines Aufenthalts, in der dieser durch Entwicklung sozialer Beziehungen zu einem gewöhnlichen Aufenthalt werden könnte. Selbst wenn für Neugeborene ein gewöhnlicher Aufenthalt unabhängig von der tatsächlichen Dauer bereits unter Berücksichtigung der künftigen Entwicklung begründet werden könnte (*Benicke* aaO 107; *Henrich* aaO), wäre dies im vorliegenden Fall nicht Kalifornien gewesen. Denn die Beteiligten zu 1) und 2) und die Leihmutter als diejenigen, die darauf tatsächlich Einfluss nehmen konnten, hatten von vornherein geplant, dass der Beteiligte zu 3) Kalifornien alsbald verlassen und nach Deutschland reisen sollte.

(b) Nach Art. 19 I 2 EGBGB kann im Verhältnis zu jedem Elternteil die Abstammung auch nach dem Recht des Staats bestimmt werden, dem dieser Elternteil

---

[6] IPRspr. 1975 Nr. 83.
[7] IPRspr. 2000 Nr. 74.
[8] IPRspr. 1999 Nr. 71.
[9] IPRspr. 2011 Nr. 95.

angehört. In Bezug auf den Beteiligten zu 2) wäre dies ebenfalls deutsches Recht, da der Beteiligte zu 2) Deutscher ist. Auf die Staatsangehörigkeit von J.L.J. kommt es in Bezug auf die Begründung eines Abstammungsverhältnisses von dem Beteiligten zu 2) nicht an. Denn das Heimatrecht eines Elternteils wird in Art. 19 I 2 EGBGB nur insoweit zur Anwendung berufen, als es um die Abstammung gerade von diesem Elternteil geht. Das Heimatrecht der Leihmutter wird also nur für die Frage berufen, ob das Kind rechtlich von der Leihmutter abstammt (*Benicke* aaO 106 f.)."

b) BGH 10.12.2014 – XII ZB 463/13:

„B. Die Rechtsbeschwerde hat Erfolg.
I. ... II. ... Nach § 36 I 1 Halbs. 1 PStG kann, wenn ein Deutscher im Ausland geboren ist, der Personenstandsfall auf Antrag im Geburtenregister beurkundet werden. Antragsberechtigt sind nach § 36 I 4 Nr. 1 PStG bei einer Geburt v.a. die Eltern des Kindes sowie das Kind selbst. Der Inhalt der Eintragung ergibt sich aus § 21 PStG. Nach § 21 I Nr. 4 PStG sind auch die Namen der Eltern einzutragen. Das BeschwG hat die allgemeinen Voraussetzungen der Nachbeurkundung nicht in Zweifel gezogen. Das bleibt frei von Beanstandungen. Insbesondere sind das Kind und die Beteiligten zu 1) und 2) antragsberechtigt und hat das Kind die deutsche Staatsangehörigkeit.
Beide Lebenspartner nehmen zum betroffenen Kind die Elternstellung ein. Dies steht aufgrund der Entscheidung des Superior Court vom 6.4.2011 verbindlich fest. Die Entscheidung ist in Deutschland nach § 108 FamFG in vollem Umfang anzuerkennen.
1. Das BeschwG ist davon ausgegangen, dass die Entscheidung des Superior Court ihrer Natur nach der verfahrensrechtlichen Anerkennung zugänglich ist. Das ist im Ergebnis nicht zu beanstanden.
Zwar hat das BeschwG keine näheren Feststellungen dazu getroffen, ob die Entscheidung nach kalifornischem Recht rechtsbegründend (konstitutiv) wirkt oder ob sich die rechtliche Elternstellung der sogenannten Wunsch- oder Bestell-Eltern (*intended parents*) bereits aus deren mit der Leihmutter getroffenen Vereinbarung ergibt [vgl. Urt. des kalifornischen Supreme Court in Sachen Johnson vs. Calvert vom 20.5.1993, 5 Cal. 4th 84, 851 P. 2d 776 und – in Kraft seit Januar 2013 – s. 7962 (f) (1) kal. CFC] und durch die Gerichtsentscheidung lediglich festgestellt wird. Wie sich aus seinen Ausführungen ergibt, ist es jedoch von einer rechtsbegründenden Wirkung der Entscheidung ausgegangen.
Ob die Entscheidung rechtsbegründende oder lediglich feststellende Wirkung hat, braucht indessen nicht aufgeklärt zu werden. Denn auch eine nur die Feststellung der bestehenden Rechtslage aussprechende Entscheidung ist einer Anerkennung nach § 108 FamFG zugänglich (*Benicke*, StAZ 2013, 101, 104; *Duden*, StAZ 2014, 164, 166). Im Gegensatz zu einer bloßen Registrierung oder Beurkundung des Verwandtschaftsverhältnisses beruht die Entscheidung auf einer Sachprüfung, die neben der Wirksamkeit der Leihmutterschaftsvereinbarung auch die damit verknüpfte Statusfolge zum Gegenstand hat [vgl. s. 7962 (f) (2) kal. CFC]. Auch eine Feststellungsentscheidung unterliegt demnach der verfahrensrechtlichen Anerkennung (*Duden* aaO).

Sie entfaltet eine entspr. Rechtskraftwirkung und ist, falls keine Anerkennungshindernisse vorliegen, in Deutschland verbindlich.

2. Der Anerkennung steht kein Hindernis nach § 109 FamFG entgegen.

a) Die Anerkennung scheitert nicht nach § 109 I Nr. 1 FamFG an einer fehlenden internationalen Zuständigkeit des kalifornischen Superior Court.

Die Anerkennungszuständigkeit im Sinne von § 109 I Nr. 1 FamFG beurteilt sich nach deutschem Recht, das auf die Zuständigkeit des ausländischen Gerichts spiegelbildlich anzuwenden ist (sog. Spiegelbildprinzip). Demnach besteht die internationale Zuständigkeit des ausländischen Gerichts, wenn sie auch bei entspr. Anwendung der deutschen Vorschriften begründet gewesen wäre (Senatsbeschluss BGHZ 189, 87 = FamRZ 2011, 788[1] Rz. 23; *Prütting-Helms-Hau*, FamFG, 3. Aufl., § 109 Rz. 20 m.w.N.). Die internationale Zuständigkeit richtet sich nach § 100 FamFG und ist in der vorliegenden Fallkonstellation an die Staatsangehörigkeit von Kind, Mutter oder Vater (§ 100 Nr. 1 FamFG) oder deren gewöhnlichen Aufenthalt (§ 100 Nr. 2 FamFG) geknüpft.

Die internationale Zuständigkeit der kalifornischen Gerichte war im vorliegenden Fall unabhängig von der (effektiven) Staatsangehörigkeit und dem gewöhnlichen Aufenthalt des Kindes jedenfalls aufgrund des gewöhnlichen Aufenthalts der Leihmutter in Kalifornien gegeben (vgl. *Benicke* aaO 105).

b) Der Anerkennung steht auch kein Verstoß gegen den ordre public entgegen. Nach § 109 I Nr. 4 FamFG ist die Anerkennung einer ausländischen Entscheidung ausgeschlossen, wenn diese zu einem Ergebnis führt, das mit wesentlichen Grundsätzen des deutschen Rechts offensichtlich unvereinbar ist, insbesondere wenn die Anerkennung mit den Grundrechten unvereinbar ist (Ordre-public-Verstoß).

Für die Frage der Anerkennung einer ausländischen Entscheidung ist nicht auf den nationalen (kollisionsrechtlichen) ordre public nach Art. 6 EGBGB abzustellen, den die deutschen Gerichte bei Anwendung ausländischen Rechts zu beachten haben, sondern auf den großzügigeren anerkennungsrechtlichen ordre public international (BGHZ 138, 331, 334 = NJW 1998, 2358[2]; BGHZ 118, 312, 328 f. = NJW 1992, 3096, 3101[3]; BGHZ 98, 70, 73 f. = NJW 1986, 3027, 3028[4]; *Prütting-Helms-Hau* aaO Rz. 45; *Wagner*, StAZ 2012, 294, 296). Mit diesem ist ein ausländisches Urteil nicht schon dann unvereinbar, wenn der deutsche Richter – hätte er den Prozess entschieden – aufgrund zwingenden deutschen Rechts zu einem anderen Ergebnis gekommen wäre (Verbot der révision au fond). Maßgeblich ist vielmehr, ob das Ergebnis der Anwendung ausländischen Rechts im konkreten Fall zu den Grundgedanken der deutschen Regelungen und den in ihnen enthaltenen Gerechtigkeitsvorstellungen in so starkem Widerspruch steht, dass es nach deutscher Vorstellung untragbar erscheint (BGHZ 138 aaO; BGHZ 123, 268, 270 = NJW 1993, 3269, 3270[5]; BGHZ 118 aaO 330 = NJW 1992 aaO 3101; vgl. auch Senatsurteil BGHZ 182, 204[6] = FamRZ 2009, 2069 Rz. 22 ff. und Senatsbeschlüsse BGHZ 182, 188[7] = FamRZ 2009, 1816 Rz. 24 ff. und FamRZ 2011 aao Rz. 25 jeweils zum verfahrensrechtlichen ordre public).

---

[1] IPRspr. 2011 Nr. 171.
[2] IPRspr. 1998 Nr. 185.
[3] IPRspr. 1992 Nr. 218b.
[4] IPRspr. 1986 Nr. 198 (LS).
[5] IPRspr. 1993 Nr. 178.
[6] IPRspr. 2009 Nr. 248.
[7] IPRspr. 2009 Nr. 252.

Das Recht der Entscheidungsanerkennung verfolgt als vornehmliches Ziel die Wahrung des internationalen Entscheidungseinklangs und – insbesondere in den den Personenstand berührenden Fragen – die Vermeidung sog. hinkender Rechtsverhältnisse (*Prütting-Helms-Hau* aaO § 108 Rz. 3). Nach st. Rspr. des Senats ist daher § 109 I Nr. 4 FamFG (zuvor § 328 I Nr. 4 ZPO bzw. § 16a Nr. 4 FGG) im Interesse eines internationalen Entscheidungseinklangs restriktiv auszulegen (vgl. Senatsbeschlüsse FamRZ 2011 aaO und FamRZ 2009, 1816 aaO Rz. 14, 23), so dass die Versagung der Anerkennung wegen Verstoßes gegen den ordre public auf Ausnahmefälle beschränkt bleibt.

aa) Hinsichtlich der Elternstellung des Beteiligten zu 1) scheidet ein Verstoß gegen den ordre public schon deswegen aus, weil eine Anwendung des deutschen Rechts zu einem mit der Entscheidung des Superior Court übereinstimmenden Ergebnis führen würde.

Aufgrund seiner vor dem deutschen Konsulat erklärten Anerkennung der Vaterschaft wäre der Beteiligte zu 1) auch nach deutschem materiellen Recht (§ 1592 Nr. 2 BGB) Vater des betroffenen Kindes. Die Anerkennung war nicht gemäß § 1594 II BGB wegen bestehender Vaterschaft eines anderen Mannes gemäß § 1592 Nr. 1 BGB ausgeschlossen. Die Leihmutter war nach den Feststellungen des BeschwG bei Geburt des Kindes nicht verheiratet und hat der Anerkennung zugestimmt.

bb) Auch hinsichtlich des Beteiligten zu 2)verstößt die Entscheidung des Superior Court im Ergebnis nicht gegen den anerkennungsrechtlichen ordre public.

Ob eine ausländische (Gerichts-)Entscheidung, die eine auf der Leihmutterschaftsvereinbarung beruhende Elternschaft der Bestell- oder Wunscheltern begründet oder feststellt, mit dem deutschen ordre public vereinbar ist, ist (ebenso wie die entspr. Frage zum kollisionsrechtlichen ordre public nach Art. 6 EGBGB) umstritten. Teile der Rspr. u. Lit. halten eine Elternschaft der Bestell- oder Wunscheltern übereinstimmend mit dem BeschwG für mit dem deutschen ordre public unvereinbar (VG Berlin, FamRZ 2013, 738 [Ukraine][8]; *Benicke* aaO 110 ff.; *Witzleb* in FS Martiny, 203, 234 für gleichgeschlechtliche Wuncheltern; *Engel*, ZEuP 2014, 538, 558; wohl auch *Looschelders*, IPRax 1999, 420, 423). Demgegenüber geht eine andere Auffassung von der grundsätzlichen Vereinbarkeit mit dem ordre public aus (AG Neuss, FamRZ 2014, 1127 [Kalifornien]; AG Friedberg, FamRZ 2013, 1994 [Ukraine][9]; *Sturm* in FS Gunther Kühne, 919, 931 f.; *Dethloff*, JZ 2014, 922, 926; *Mayer*, RabelsZ 78 (2014), 551, 570 ff.; *dies.*, IPRax 2014, 57; *Staudinger-Henrich*, BGB [2014], Art. 19 EGBGB Rz. 110a; *Diel*, Leihmutterschaft und Reproduktionstourismus, 2014, 169 ff.; im Ergebnis ebenfalls *Heiderhoff*, NJW 2014, 2673, 2674; einschränkend: *Schwab-Vaskovics-Kaiser*, Pluralisierung von Elternschaft und Kindschaft, 2011, 239, 252 f.; vgl. auch *Coester* in FS Jayme, 2004, 1243, 1257 f.; zum österr. Recht: VGH Wien, StAZ 2013, 62 [Georgia] m. Anm. *Bernat*, RdM 2012, 107 und *Lurger*, IPRax 2013, 282; zum schweiz. Recht: VG St. Gallen, Urt. vom 19.8.2014 – B 2013/158 [Kalifornien] sowie *Büchler/Bertschi*, FamPra.ch 2013, 33, 47 ff.).

Nach zutreffender Auffassung folgt aus dem Umstand, dass eine ausländische Entscheidung im Fall der Leihmutterschaft die rechtliche Elternstellung den Wunsch- oder Bestell-Eltern zuweist, für sich genommen jedenfalls dann noch kein Verstoß

---

[8] IPRspr. 2012 Nr. 113.   [9] IPRspr. 2013 Nr. 271.

gegen den deutschen ordre public, wenn ein Wunschelternteil – im Unterschied zur Leihmutter – mit dem Kind genetisch verwandt ist.

(1) Das deutsche Recht sieht eine durch Abstammung begründete gemeinsame Elternschaft grundsätzlich nur für Vater und Mutter vor. Die Vaterschaft beruht nach § 1592 BGB auf der im Zeitpunkt der Geburt bestehenden Ehe des Mannes mit der Mutter (§ 1592 Nr. 1 BGB), der Anerkennung (Nr. 2) oder der gerichtlichen Feststellung der Vaterschaft (Nr. 3), wobei nur die letzte Alternative eine Feststellung der genetischen Abstammung voraussetzt. Mutter ist nach § 1591 BGB die Frau, die das Kind geboren hat. Dies schließt die Mutterschaft einer anderen Frau selbst dann aus, wenn das Kind genetisch von dieser abstammt. Eine gemeinsame Elternschaft von zwei die Vaterschaft anerkennenden Männern ist im deutschen Recht ebenso wenig vorgesehen wie eine kraft Gesetzes erfolgende Zuordnung des Kindes zur Lebenspartnerin oder zum Lebenspartner eines Elternteils (Mutter oder Vater; vgl. BVerfG, FamRZ 2013, 521 sowie EGMR, Entscheidung vom 7.5.2013 – 8017/11 – FamRZ 2014, 97 zur Vereinbarkeit mit der EMRK; vgl. auch OLG Köln, Beschl. vom 27.8.2014 – 2 Wx 222/14, juris). Weiterer Elternteil wäre nach deutschem Recht mithin gemäß § 1591 BGB die Leihmutter, Frau J., als die Frau, die das Kind geboren hat. Da das deutsche Recht eine Mutterschaftsanfechtung nicht kennt, könnte das von einer Leihmutter geborene Kind selbst der genetischen Mutter nur im Weg der Adoption rechtlich zugeordnet werden (hierzu rechtsvergleichend *Mayer* aaO 555 ff.; *Dethloff* aaO 923 f.; *Helms*, StAZ 2013, 114; *Diel* aaO 137).

Nur in Ausnahmefällen kann eine Elternschaft gleichgeschlechtlicher Personen kraft Abstammung bestehen (vgl. BVerfG, FamRZ 2008, 1593 sowie OLG Köln, FamRZ 2010, 741, jeweils zur Transsexualität). Ansonsten kann eine gemeinsame Elternschaft allein durch Adoption begründet werden, die nach derzeitiger Rechtslage nur als Stiefkind- oder Sukzessivadoption möglich ist (§ 9 VII LPartG; BVerfG FamRZ 2013 aaO).

(2) Die zum 1.7.1998 durch das KindRG eingeführte Regelung in § 1591 BGB hat zum Ziel, eine infolge der modernen Fortpflanzungsmedizin entstandene Gesetzeslücke zu schließen und im Interesse des Kindes eine ‚gespaltene' Mutterschaft zu verhindern (BT-Drucks. 13/4899 S. 51 f., 82). Eine Klarstellung der Mutterschaft im Zivilrecht erschien dem Gesetzgeber trotz der Strafbarkeit der medizinischen Assistenz bei der Leihmutterschaft und deren Vermittlung im Hinblick auf die Fälle geboten, in denen eine Eispende entweder im Ausland oder verbotenerweise im Inland vorgenommen worden sei. Bei der Entscheidung über die Mutterschaft der genetischen oder der biologischen Mutter im familienrechtlichen Sinne müsse der Gesichtspunkt ausschlaggebend sein, dass nur die gebärende Frau während der Schwangerschaft sowie während und unmittelbar nach der Geburt eine körperliche und psychosoziale Beziehung zu dem Kind habe (BT-Drucks. aaO).

Die Regelung knüpft an zuvor erlassene strafrechtliche Bestimmungen an, welche die Leihmutterschaft in verschiedener Hinsicht missbilligen. Nach § 1 I Nr. 7 ESchG ist es strafbar, bei einer Frau, welche bereit ist, ihr Kind nach der Geburt Dritten auf Dauer zu überlassen (Ersatzmutter), eine künstliche Befruchtung durchzuführen oder auf sie einen menschlichen Embryo zu übertragen. Gemäß § 1 III Nr. 2 ESchG werden allerdings die Ersatzmutter und die Person, die das Kind bei sich aufnehmen will, nicht bestraft. Nach § 13c AdVermiG ist die Ersatzmuttervermittlung untersagt. Nach § 14b I und II AdVermiG macht sich strafbar, wer eine Ersatzmuttervermittlung betreibt oder für die Ersatzmuttervermittlung einen Vermögensvorteil erhält oder sich versprechen lässt, wobei die Ersatzmutter und die Bestell-Eltern nach § 14b III AdVermiG nicht bestraft werden.

Nach den vom Gesetzgeber zum AdVermiG angestellten Erwägungen steht dem Problem ungewollter Kinderlosigkeit für die Bewertung der Ersatzmutterschaft der einschneidende Eingriff in die Persönlichkeit v.a. der auf diese Weise entstehenden Kinder, aber auch der für die Realisierung dieser Interessen benutzten Frauen und gleichermaßen der Einfluss auf die bereits mit der Schwangerschaft beginnende Mutter-Kind-Beziehung gegenüber. Diese besonders geartete Beziehung des ungeborenen Lebens mit der Mutter verbiete eine Übernahme von Schwangerschaften als eine Art Dienstleistung, da die für die Entwicklung des Kindes wesentliche enge persönliche Beziehung zwischen der Schwangeren und dem Kind unter diesen Umständen kaum zustande kommen könne (BT-Drucks. 11/4154 S. 6). Nicht weniger wichtig sei es, den Schutz der betroffenen Frauen und Kinder gegen gesundheitliche und psychische Gefährdungen nach der Geburt sicherzustellen. Bei Kindern gehe es v.a. um eine ungestörte Identitätsfindung und eine gesicherte familiäre Zuordnung, bei den Frauen darum, menschenunwürdige Konflikte aus einer Übernahme von Schwangerschaften als Dienstleistung und nicht zuletzt mögliche Streitigkeiten um die Herausgabe des Kindes auszuschließen. Besondere Konflikte aus Anlass einer Ersatzmutterschaft könnten schließlich entstehen, wenn nach der Geburt eines behinderten Kindes die Bestell-Eltern dieses nicht übernehmen wollten, wenn die Ersatzmutter sich nach der Geburt nicht von dem Kind trennen wolle oder während der Schwangerschaft die Frage eines Abbruchs entstehe (BT-Drucks. 11/4154 aaO S. 6 f.; vgl. auch BT-Drucks. 11/5460 S. 6, 9).

(3) Nach § 109 I Nr. 4 FamFG liegt ein Verstoß gegen den ordre public insbesondere dann vor, wenn die Anerkennung mit den Grundrechten unvereinbar wäre. Darüber hinaus können grundrechtliche Vorgaben auch für eine Anerkennung sprechen (*Prütting-Helms-Hau* aaO § 109 Rz. 48). In die Beurteilung, ob im Einzelfall eine Verletzung des ordre public vorliegt, sind auch die von der EMRK gewährleisteten Menschenrechte einzubeziehen. Die EMRK und die Rspr. des EGMR sind nach der Rspr. des BVerfG auf der Ebene des Verfassungsrechts als Auslegungshilfen für die Bestimmung von Inhalt und Reichweite von Grundrechten und rechtsstaatlichen Grundsätzen des GG heranzuziehen (vgl. BVerfG, NJW 2011, 1931 Rz. 86 ff.; BVerfG, FamRZ 2004, 1857, 1859).

Aufseiten der Leihmutter ist die Menschenwürde nach Art. 1 I GG berührt. Rechte der Wunsch- oder Bestell-Eltern können sich aus Art. 2 I, 6 I GG bzw. Art. 8 I EMRK ergeben (vgl. *Dethloff* aaO 927). Aufseiten des Kindes ist das Recht auf Gewährleistung elterlicher Pflege und Erziehung aus Art. 2 I i.V.m. Art. 6 II 1 GG zu beachten. In dieses wird eingegriffen, wenn eine bestehende rechtliche Eltern-Kind-Zuordnung als Statusverhältnis beseitigt wird (vgl. BVerfG, FamRZ 2014, 449 Rz. 102 f.). Das Recht des Kindes auf Gewährleistung elterlicher Pflege und Erziehung ist aber auch betroffen, wenn einem Kind die statusrechtliche Zuordnung zu einem (Wunsch-)Elternteil versagt wird, der dann nicht zum Wohl und zum Schutz des Kindes Elternverantwortung im rechtlichen Sinn übernehmen kann (BVerfG, Fam-

RZ 2013 aaO Rz. 44 f.). Das ist im Fall einer im Ausland begründeten Leihmutterschaft ebenfalls in Betracht zu ziehen (vgl. *Britz*, JZ 2014, 1069, 1071). Das Kindeswohl ist schließlich nach Art. 3 I des Übereinkommens über die Rechte des Kindes vom 20.11.1989 (BGBl. 1992 II 121, 990; UN-Kinderrechtskonvention) bei allen das Kind betreffenden Maßnahmen vorrangig zu berücksichtigen (ebenfalls nach Art. 24 II der Charta der Grundrechte der Europäischen Union vom 30.3.2010 [ABl. Nr. C 83/389]).

Nach der Rspr. des EGMR ist bei der Begründung des Elternstatus das Recht der Kinder auf Achtung ihres Privatlebens nach Art. 8 I EMRK zu berücksichtigen (Urteile vom 26.6.2014 – Beschwerden Nr. 65192/11 [Mennesson] und Nr. 65941/11 [Labassée]; Zusammenfassung: FamRZ 2014, 1525, m. Anm. *Frank*). Die Achtung des Privatlebens schließt nach der Rspr. des EGMR das Recht eines Kindes mit ein, eine rechtliche Eltern-Kind-Verbindung begründen zu können. Der EGMR hat dabei die rechtliche Eltern-Kind-Beziehung als Teil der Identität eines Kindes angesehen, deren Versagung durch die nationale Rechtsordnung die Identität des Kindes innerhalb der nationalen Gesellschaft untergrabe (Beschwerde Nr. 65192/11 aaO Nr. 96).

(4) Dass die Elternstellung von der Auslandsentscheidung gleichgeschlechtlichen Lebenspartnern statt einem Ehepaar zugewiesen wird, kann für sich genommen keine Verletzung des ordre public zur Folge haben. Nach der zur Sukzessivadoption ergangenen Rspr. des BVerfG ist vielmehr davon auszugehen, dass die Verhältnisse einer eingetragenen Lebenspartnerschaft das Aufwachsen von Kindern ebenso fördern können wie die einer Ehe (BVerfG, FamRZ 2013 aaO Rz. 80 m.w.N.). Demnach besteht für eine Differenzierung zwischen gleich- und verschiedengeschlechtlichen Wuscheltern keine hinreichende Grundlage (a.A. *Witzleb* aaO u. 234). Dass verschiedengeschlechtliche Wunscheltern in vollem Umfang genetische Eltern des Kindes sein können, kann zwar eine engere Verbindung zu dem Kind begründen, schließt indessen eine sozial gleichwertige Elternschaft von Lebenspartnern nicht aus, wenn die Elternschaft auf Dauer angelegt und rechtlich etabliert ist.

(5) Eine Gesamtschau aller Umstände führt dazu, dass die aufgrund ausländischen Rechts getroffene Feststellung eines Gerichts, dass zwischen dem Kind und den Wunscheltern ein rechtliches Eltern-Kind-Verhältnis besteht, den wesentlichen Grundsätzen des deutschen Rechts jedenfalls nicht in einem solchen Maß widerspricht, das eine Anerkennung der entspr. Entscheidung als im Ergebnis untragbar erscheinen ließe. Auch Grundrechte oder Menschenrechte der Leihmutter und des Kindes verbieten nicht grundsätzlich die Anerkennung. Vielmehr spricht das Kindeswohl eher für als gegen eine Anerkennung.

(a) Zwar sind die Gesetzesmotive zum AdVermiG und EschG grundsätzlicher Natur und mögen für den ordre public typische Erwägungen darstellen (*Looschelders* aaO; vgl. auch *Benicke* aaO 111). Sie beruhen indes mit der von beiden Gesetzen bezweckten Verhinderung unerwünschter Leihmutterschaften vorwiegend auf generalpräventiven Erwägungen. Die strafrechtlichen Bestimmungen bleiben in ihrem Anwendungsbereich zudem auf im Inland durchgeführte Leihmutterschaften beschränkt (§ 7 StGB).

Der vorliegend zu beurteilende Sachverhalt unterscheidet sich von den zur Vermeidung von Leihmutterschaften angestellten Überlegungen dadurch, dass ungeachtet der bezweckten Verhinderung eine Leihmutterschaft im Ausland in erlaubter Weise durchgeführt worden und nunmehr auch das Kind als Rechtsträger in die Betrachtung einzubeziehen ist. Dass die Zuordnung in § 1591 BGB auf den Wertungen des AdVermiG und des ESchG aufbaut und dementsprechend ebenfalls auf generalpräventiven Erwägungen beruht, lässt das Erfordernis einer insoweit eigenständigen Bewertung der nunmehr eingetretenen Lage unter umfassender Einbeziehung der Rechte des Kindes nicht entfallen. Dass die deutsche Regelung in § 1591 BGB als zwingendes Recht ausgestaltet ist und über den Anwendungsbereich der strafrechtlichen Bestimmungen hinaus auch die Verhinderung ausländischer Leihmutterschaften bezweckt, führt abgesehen von der Vorfrage der Anwendbarkeit des deutschen Abstammungsstatuts nach Art. 19 EGBGB für sich genommen noch nicht dazu, dass sie auch dem ordre public zuzurechnen wäre (vgl. BGHZ 138 aaO; NJW 1993 aaO 3270; BGHZ 118 aaO; a.A. *Benicke* aaO).

(b) Die vom Gesetzgeber im Hinblick auf die Leihmutter und das Kindeswohl ursprünglich angestellten Erwägungen beziehen sich vorwiegend auf die durch die Schwangerschaft entstandene körperliche und psychosoziale Beziehung zwischen Leihmutter und Kind (die Gewichtung bezweifelnd: *Kaiser* in FS Brudermüller, 2014, 357, 362; *Staudinger-Rauscher* aaO [2011] § 1591 Rz. 12; ähnlich insoweit *Schumann*, MedR 2014, 736, 738 jeweils m.w.N.; vgl. auch *Lüderitz*, NJW 1990, 1633, 1636).

(c) Den Rechten der Leihmutter kommt indessen v.a. dann Bedeutung zu, wenn diese sich dazu entschließt, selbst die Elternstellung zu dem Kind einzunehmen, und nach der Geburt nicht mehr zur Herausgabe des Kindes an die Wunscheltern bereit ist (zur Auswahl und Motivationslage der Leihmütter vgl. etwa *Bernard*, StAZ 2013, 136, 139; *ders.*, Kinder machen – Neue Reproduktionstechnologien und die Ordnung der Familie, 2014, 314 ff.; vgl. auch *Engel* aaO 545 m.w.N.). Der sich in diesem Fall ergebende Konflikt zwischen Leihmutter und Wunscheltern wird vor den Gerichten des Geburtslands auszutragen sein. Ob eine im Ausland ergangene gerichtliche Herausgabeanordnung sodann in Deutschland anzuerkennen wäre, bedarf im vorliegenden Fall keiner Entscheidung. Denn aufgrund der Feststellungen des BeschwG ist im vorliegenden Fall davon auszugehen, dass die mit dem Kind nicht genetisch verwandte Leihmutter das Kind in Übereinstimmung mit der getroffenen Leihmutterschaftsvereinbarung freiwillig an die Lebenspartner herausgegeben hat und zudem auch keine Elternstellung einnehmen wollte und will. Dem entspricht die von der Leihmutter gegenüber dem Superior Court abgegebene Erklärung vom 29.3.2011.

Wenn aber gewährleistet ist, dass die Vereinbarung und die Durchführung einer Leihmutterschaft nach dem vom ausländischen Gericht angewendeten Recht unter Anforderungen steht, die die Freiwilligkeit der von der Leihmutter getroffenen Entscheidung, das Kind auszutragen und nach der Geburt den Wunscheltern zu überlassen, sicherstellen, ist die Situation hinsichtlich ihrer Bereitschaft, das Kind an die Wunscheltern herauszugeben, insoweit einer Adoption vergleichbar. Allein durch den Umstand, dass eine Leihmutterschaft durchgeführt wurde, wird in diesem Fall die Menschenwürde der Leihmutter nicht verletzt (vgl. *Starck*, Gutachten A für den 46. Deutschen Juristentag 1986, 41 f., 56 f.). Das gilt erst recht auch für das Kind, das ohne die Leihmutterschaft nicht geboren wäre (vgl. *Coester-Waltjen*, Gutachten B für den 46. Deutschen Juristentag 1986, 46). Werden demnach die Wirksamkeit der Leihmutterschaftsvereinbarung und die rechtliche Elternschaft der Wunscheltern vom zuständigen ausländischen Gericht in einem rechtsstaatlichen Anforderungen entsprechenden Verfahren festgestellt, bietet die Entscheidung mangels gegenteiliger Anhaltspunkte die Gewähr für eine freie Entscheidung der Leihmutter wie auch für die Freiwilligkeit der Herausgabe des Kindes an die Wunscheltern.

Die Situation der Leihmutter ist somit nach der Geburt mit derjenigen einer in die Adoption einwilligenden Mutter vergleichbar. Neuere Gesetzesentwicklungen belegen zudem, dass auch nach deutschem Recht einer Mutter nicht verwehrt ist, sich von der Elternverantwortung jedenfalls in tatsächlicher Hinsicht einseitig zu lösen. Die vertrauliche Geburt nach §§ 25 ff. des Gesetzes zur Vermeidung und Bewältigung von Schwangerschaftskonflikten (Schwangerschaftskonfliktgesetz – SchKG) vom 27.7.1992 (BGBl. I 1398) und die anschließende Inkognito-Adoption nach § 1747 IV 2 BGB gehen ebenfalls mit einer Trennung von Kind und Mutter einher, die vom Gesetzgeber ungeachtet der genetischen Mutterschaft und der während der Schwangerschaft entstandenen Bindung hingenommen wird. Zwar bleibt im Fall, dass keine Adoption stattfindet, die gebärende Frau rechtliche Mutter im Sinne von § 1591 BGB. Dem Kind ist es aber aufgrund der jedenfalls der Mutter während der ersten 16 Lebensjahre gesetzlich garantierten Anonymität verwehrt, auch nur von der Identität der Mutter Kenntnis zu erlangen (vgl. § 31 SchKG und *Helms*, FamRZ 2014, 609).

Die Menschenwürde der Leihmutter kann dagegen verletzt sein, wenn die Leihmutterschaft unter Umständen durchgeführt wird, die eine freiwillige Mitwirkung der Leihmutter in Frage stellen, oder wesentliche Umstände im Unklaren bleiben, etwa Angaben zur Person der Leihmutter, zu den Bedingungen, unter denen sie sich zum Austragen der Kinder bereit erklärt hat, und zu einer getroffenen Vereinbarung fehlen (vgl. BVerfG, NJW-RR 2013, 1 Rz. 15) oder wenn im ausländischen Gerichtsverfahren grundlegende verfahrensrechtliche Garantien außer Acht gelassen worden sind (vgl. Senatsbeschluss, FamRZ 2009, 1816 aaO Rz. 24 ff.).

(d) Schließlich weist die Rechtsbeschwerde mit Recht darauf hin, dass das deutsche Recht im Hinblick auf die väterliche Abstammung bereits die unmittelbare Zuordnung der rechtlichen Elternschaft zu einem genetisch nicht verwandten Wunschelternteil kennt. Im Fall der konsentierten heterologen Insemination nach § 1600 V BGB erfolgt die dauerhafte abstammungsrechtliche Zuordnung zum Wunschvater allein aufgrund einer zwischen Mutter, Wunschvater und Samenspender getroffenen Vereinbarung, deren Durchführung das Kind ähnlich wie der Leihmutterschaftsvereinbarung letztlich seine Existenz verdankt (vgl. Senatsurteil, BGHZ 197, 242 = FamRZ 2013, 1209 Rz. 24; *Wanitzek*, Rechtliche Elternschaft bei medizinisch unterstützter Fortpflanzung, 2002, 254). Der Gesetzgeber hat insoweit darauf abgestellt, dass von Paaren, die im Einvernehmen miteinander in die künstliche Übertragung des Samens eines Fremden einwilligen, erwartet werden müsse, dass sie zu der gemeinsam übernommenen Verantwortung für das hierdurch gezeugte Kind auch nach der Geburt und unter veränderten Lebensverhältnissen stehen (BT-Drucks. 14/2096 S. 6).

Ob eine andere Beurteilung angebracht ist, wenn kein Wunschelternteil mit dem Kind genetisch verwandt oder die Leihmutter auch genetische Mutter ist, bedarf im vorliegenden Fall keiner Entscheidung. Denn der Beteiligte zu 1) ist nach den Feststellungen des BeschwG genetischer Vater des Kindes, während es zwischen der Leihmutter und dem betroffenen Kind an einer genetischen Verbindung fehlt.

(e) Aus dem Vorstehenden ergibt sich, dass für die Anerkennung in der vorliegenden Fallkonstellation entscheidend auf das Kindeswohl, mithin auf die Rechte des Kindes aus Art. 2 I i.V.m. Art. 6 II GG und aus Art. 8 I EMRK abzustellen ist, welche auch ein Recht des Kindes auf rechtliche Zuordnung zu beiden Eltern gewährleisten.

(aa) Eine Zuordnung zur Leihmutter kann sich unter den Voraussetzungen des Art. 19 Satz 1 EGBGB bei unterstellter Nichtanerkennung der Auslandsentscheidung (und ohne Rücksicht auf den möglichen Fortbestand eines zuvor nach Auslandsrecht erworbenen Status) nur aus dem deutschen Recht ergeben. Eine solche Zuordnung ist hingegen im Heimatstaat der Leihmutter schon wegen der entgegenstehenden dortigen Gerichtsentscheidung, welche die Wunscheltern als rechtliche Eltern des Kindes festlegt, nicht maßgeblich. Dem entspricht es, dass die Leihmutter eine Elternstellung zu dem Kind tatsächlich nicht einnehmen und im Gegensatz zu den Wunscheltern weder die Fürsorge für das Kind noch dessen Erziehung übernehmen will.

Wird dem Kind vor diesem Hintergrund im Inland die Zuordnung zum zweiten Wunschelternteil versagt, so liegt darin ein Eingriff in sein Recht aus Art. 8 I EMRK, eine rechtliche Eltern-Kind-Verbindung begründen zu können (EGMR, Beschwerde Nr. 65192/11 aaO). Dass bereits ein Wunschelternteil als rechtlicher Elternteil etabliert ist, wahrt dieses noch nicht, weil das Kind dann abweichend von dem in Art. 6 II 1 GG unterstellten Fall nicht zwei Eltern, sondern nur einen Elternteil hätte (vgl. BVerfG, FamRZ 2013 aaO Rz. 44; *Coester-Waltjen*, Familienrecht, 6. Aufl., § 48 Rz. 9 m.w.N. zu Art. 9 II, 18 I UN-Kinderrechtskonvention). Im Gegensatz zu einer im Inland verbotenerweise durchgeführten Leihmutterschaft, für die das Gesetz dem Kind zwei vollwertige rechtliche Eltern zuordnen würde, erfüllt das hinkende Verwandtschaftsverhältnis zur Leihmutter, das in deren Heimatstaat nicht wirksam wird, die Anforderungen aus Art. 2 I i.V.m. Art. 6 II GG und aus Art. 8 I EMRK nicht. Der nationale Gesetzgeber dürfte demnach jedenfalls gehindert sein, dem mit der Leihmutterschaftsvereinbarung erstrebten Eltern-Kind-Verhältnis zwischen Wunscheltern und Kind die Anerkennung allein aus der generalpräventiven Erwägung zu versagen, dass damit (weitere) ‚Umgehungen' des inländischen Verbots der Leihmutterschaft unterbunden werden sollen (vgl. *Dethloff* aaO 931). Steht – wie ausgeführt – das Kindeswohl im Mittelpunkt der Betrachtung, so ist stattdessen festzuhalten, dass das Kind auf die Umstände seiner Entstehung keinen Einfluss hat und dafür nicht verantwortlich gemacht werden kann (*Sturm* aaO; *Dethloff* aaO). Demnach bleibt die Beurteilung des Kindeswohls nicht auf den Aspekt der psychosozialen Beziehung zwischen Kind und Leihmutter beschränkt. Vielmehr darf im Rahmen einer umfassenden Betrachtung insbes. nicht außer Acht gelassen werden, dass die Wunscheltern anders als die Leihmutter die Elternstellung einnehmen und dem Kind die für seine gedeihliche Entwicklung nötige Zuwendung zuteil werden lassen wollen.

(bb) Entgegen der Auffassung des BeschwG ist eine rechtliche Eltern-Kind-Zuordnung nicht schon deswegen ohne Bedeutung, weil das Kind auch ohne eine solche in der Obhut der Wunscheltern verbleiben kann. Denn zum Kindeswohl gehört auch die verlässliche rechtliche Zuordnung zu den Eltern als den Personen, die für sein Wohl und Wehe kontinuierlich Verantwortung übernehmen (vgl. BVerfG, FamRZ 2013 aaO 44 f.; EGMR, Beschwerde Nr. 65192/11 aaO; vgl. auch EGMR, Urt. vom 28.6.2007 – 76240/01, FamRZ 2007, 1529, 1530 zur verweigerten Anerkennung einer Adoption).

(cc) Das Argument des BeschwG, durch eine Adoption lasse sich die Beachtung des Kindeswohls besser gewährleisten (ebenso *Engel* aaO 559 ff.; *Benicke* aaO), steht dem nicht entgegen. Die Adoption würde zwar eine vom Auslandsrecht für Fälle der Leihmutterschaft getroffene Wertung, die einer Zuordnung des Kindes zu den Wunscheltern den Vorzug gibt, durch eine individuelle Prüfung ersetzen. Die mit der individuellen Prüfung des Kindeswohls verbundene Adoption wird aber gerade in den Fällen der Stiefkindadoption regelmäßig zum selben Ergebnis führen. Das übereinstimmende Ergebnis spricht deutlich gegen die Annahme eines Ordre-public-Verstoßes.

Hinzu kommt, dass die Adoption – neben den Schwierigkeiten, die mit einer im Geburtsland, wo die Elternschaft der Wunscheltern bereits rechtlich etabliert ist, durchzuführenden Adoption verbunden sind – gegenüber einer sogleich bei Geburt erfolgten Zuordnung kraft Abstammung zusätzliche Gefahren für das Kind birgt. Denn es stünde auch noch nach der Geburt des Kindes im Belieben der Wunscheltern, ob sie das Kind als eigenes annehmen oder – etwa wegen einer Behinderung des Kindes – von ihrem Kinderwunsch Abstand nehmen. Trennen sich etwa die Wunscheltern oder reut sie ihre Entscheidung, so wäre es jedenfalls dem genetisch nicht verwandten Wunschelternteil möglich, eine rechtliche Elternschaft dauerhaft nicht zur Entstehung kommen zu lassen. Das Kind bliebe letztendlich im Geburtsland insoweit elternlos und könnte dort auch einer in Deutschland vorgenommenen Zuordnung zur Leihmutter keine Geltung verschaffen.

Die Wunscheltern wären hingegen aus der Verantwortung entlassen, obwohl sie die Initiatoren der medizinisch assistierten Zeugung waren und das Kind ihrer Entscheidung seine Existenz zu verdanken hat. Die Lage unterscheidet sich insoweit von der Adoption, als das Kind ohne die Leihmutterschaftsvereinbarung nicht gezeugt und geboren worden wäre. Im Unterschied zu Adoptiveltern nehmen die Wunscheltern im Fall der Leihmutterschaft für die spätere Identitätsfindung des Kindes als für dessen Entstehung (mit-)verantwortliche Personen zweifellos eine zentrale Rolle ein, die sich indessen nicht in einer entspr. rechtlichen Elternverantwortung widerspiegeln würde.

(dd) Im Rahmen der zu beurteilenden Anerkennungsfähigkeit einer ausländischen Gerichtsentscheidung ist hingegen ohnedies nicht darüber zu entscheiden, ob die Anerkennung das Kindeswohl im Vergleich zur inländischen Rechtsordnung besser verwirklicht oder ob die Anerkennung durch das Recht auf Gewährleistung elterlicher Pflege und Erziehung aus Art. 2 I i.V.m. Art. 6 II 1 GG und aufgrund Art. 8 I EMRK sogar geboten ist. Denn dies liefe auf eine Überprüfung der Auslandsentscheidung in der Sache (révision au fond) hinaus, welche durch § 108 FamFG gerade unterbunden werden soll (vgl. Senatsbeschlüsse BGHZ 171, 310[10] = FamRZ 2007, 989 Rz. 27 und BGHZ 180, 88[11] = FamRZ 2009, 858 Rz. 12 ff. m.w.N.). Ein

---

[10] IPRspr. 2007 Nr. 207.   [11] IPRspr. 2009 Nr. 254.

Ausschluss der Anerkennung einer Auslandsentscheidung bleibt insoweit vielmehr auf den Ausnahmefall nach § 109 I Nr. 4 FamFG beschränkt, dass diese zu einem Ergebnis führt, das mit wesentlichen Grundsätzen des deutschen Rechts offensichtlich unvereinbar ist.

Es bedarf demnach auch nicht der Beantwortung der Frage, ob aufgrund verfassungsrechtlicher Erwägungen eine rechtliche Zuordnung des Kindes zu den Wunsch- oder Bestell-Eltern näher läge oder sogar zwingend ist (in diesem Sinne ‚für viele Fallkonstellationen' *Dethloff* aaO 928). Denn die ausländische Gerichtsentscheidung ist jedenfalls nicht schon deswegen mit dem ordre public unvereinbar, weil sie auf einer vom deutschen Recht abweichenden rechtlichen Wertung und Beurteilung des Kindeswohls beruht. Wenn das ausländische Recht vielmehr zu dem Ergebnis gelangt, dass einer die Rahmenbedingungen zum Schutz der Leihmutter erfüllenden Leihmutterschaftsvereinbarung rechtliche Anerkennung zukommt, und im Hinblick auf das Kindeswohl der sozialen Elternschaft als bewusst und lebenslang übernommener Elternverantwortung den Vorrang einräumt (vgl. *Schumann* aaO 746), ist der ordre public jedenfalls in der vorliegenden Fallkonstellation, dass ein Wunschelternteil auch genetischer Elternteil des Kindes und die Leihmutter mit dem Kind nicht genetisch verwandt ist, nicht verletzt.

(ee) Entgegen der Auffassung des BeschwG steht schließlich auch das Recht des Kindes auf Kenntnis seiner Abstammung einer Anerkennung nicht entgegen. Denn dieses ist nach der deutschen Rechtslage jedenfalls nicht durch das Personenstandsregister zu gewährleisten. Es richtet sich auf die Kenntnisverschaffung von Tatsachen, während sich das Personenstandsrecht auf die rechtliche Elternschaft bezieht (vgl. *Balzer*, StAZ 2012, 364, 368) und auch in anderen Belangen (etwa im Fall der Zeugung mittels Samenspende) nicht zur Information über die biologische oder genetische Elternschaft bestimmt ist. Im Hinblick auf die Mutterschaft dürfte sich das Recht auf Kenntnis der eigenen Abstammung im Übrigen jedenfalls nicht nur – wie das BeschwG offenbar meint – auf die Kenntnis von der (biologischen) Geburtsmutter richten, sondern v.a. auch auf die Kenntniserlangung von der Eizellspenderin als der genetischen Mutter des Kindes."

255. *Die Anerkennung einer ausländischen Adoptionsentscheidung scheidet aus, wenn im ausländischen Adoptionsverfahren eine zureichende Kindeswohlprüfung überhaupt nicht erfolgt ist, weil diese nach ausländischem Recht bei der Entscheidung über die Adoption gar nicht vorgesehen war oder eine nach ausländischem Recht vorgesehene Prüfung von den Beteiligten umgangen worden ist. Dies gilt insbesondere dann, wenn sich in der anzuerkennenden Adoptionsentscheidung keine Hinweise darauf befinden, dass sich die mit der Entscheidung befassten ausländischen Gerichte oder Behörden des internationalen Charakters der Adoption überhaupt bewusst gewesen sind. [LS der Redaktion]*

a) AG Celle, Beschl. vom 21.10.2013 – 40 F 40090/11 AD: Unveröffentlicht.
b) OLG Celle, Beschl. vom 29.1.2014 – 17 UF 230/13: FamRZ 2014, 1134.

Die ASt. sind deutsche Staatsangehörige. Die ASt. schlossen 1995 die Ehe miteinander. Die Betroffene wurde in Nigeria verlassen aufgefunden, zur nächstgelegenen Polizeistation und von dort zum Courage-

Waisenhaus gebracht. Die ASt. nahm das Kind in ihre Obhut, und zwar mit der Erlaubnis des Ministeriums für Frauenangelegenheiten und Sozialentwicklung des nigerianischen Bundesstaats Edo bis zur endgültigen Adoptionsverfügung. Die Betroffene lebt seither bei den ASt. Der Magistrates' Court Edo im Gerichtsbezirk Oredo/Benin City übertrug den ASt. die vollen elterlichen Aufgaben, Rechte und Pflichten leiblicher Eltern für die Minderjährige. Ferner wurde verfügt, dass der Probation Officer bis zu ihrem 18. Lebensjahr eine wirksame Aufsicht über die Minderjährige ausüben sollte, wo immer sie sich im Land aufhalte. Im Rahmen des in Nigeria geführten Adoptionsverfahrens wurde eine deutsche Fachstelle nicht beteiligt.

Das AG hat den Antrag auf Anerkennung der Adoptionsentscheidung zurückgewiesen.

Aus den Gründen:

a) AG Celle 21.10.2013 – 40 F 40090/11 AD:

„B. Der Antrag der ASt., die Adoptionsentscheidung des Magistrates' Court des Bundesstaats Edo im Gerichtsbezirk Oredo/Benin City vom 19.11.2010 anzuerkennen, ist zurückzuweisen. Er ist unbegründet.

Die Anerkennung ist gemäß § 109 I Nr. 4 FamFG ausgeschlossen. Nach dieser Vorschrift ist die Anerkennung einer ausländischen Adoption ausgeschlossen, wenn die Anerkennung der Entscheidung zu einem Ergebnis führt, das mit wesentlichen Grundsätzen des deutschen Rechts offensichtlich unvereinbar ist, insbesondere wenn die Anerkennung mit den Grundrechten unvereinbar ist. Das wäre vorliegend der Fall.

Der wesentliche Grundsatz des deutschen Adoptionsrechts ist, dass eine Adoption dem Wohl des anzunehmenden Kindes dienen muss. Dies folgt aus der Vorschrift des § 1741 I BGB, die diesen Grundsatz als erstes Tatbestandsmerkmal für die Kindesannahme herausstellt. Das Gesetz trägt damit auch dem aus Art. 1 und 2 GG folgenden Grundrecht des Kindes auf freie und möglichst ungestörte Entfaltung seiner Persönlichkeit Rechnung. Daraus folgt, dass das Gericht, das über den Adoptionsantrag zu entscheiden hat, eine umfassende Kindeswohlprüfung vorzunehmen hat. Dabei ist zwischen den Vorteilen abzuwägen, die sich für die weitere Entwicklung des Kindes im Fall der Adoption voraussichtlich ergeben und den Nachteilen, die absehbar dadurch entstehen werden. Diese Abwägung muss dazu führen, dass die Adoption zu einer nachhaltigen Verbesserung der persönlichen Verhältnisse und der Rechtsstellung des Kindes führt.

Für die Anerkennungsfähigkeit einer ausländischen Adoptionsentscheidung ist es zwingend erforderlich, dass diese sich mit der Frage auseinandersetzt, ob die konkrete Adoption dem Kindeswohl entspricht, ob also ein Adoptionsbedürfnis vorliegt, die Elterneignung des/der Annehmenden gegeben ist und eine Eltern-Kind-Beziehung bereits entstanden bzw. ihre Entstehung zu erwarten ist. Die Anerkennung einer ausländischen Adoptionsentscheidung scheidet auf jeden Fall aus, wenn im ausländischen Adoptionsverfahren eine zureichende Kindeswohlprüfung nicht erfolgt ist. Eine den Mindestanforderungen genügende Prüfung der Elterneignung setzt zwar nicht notwendigerweise die Beteiligung einer deutschen Fachstelle, wohl aber eine eingehende Überprüfung der Lebensverhältnisse durch andere dafür geeignete Institutionen oder Personen unmittelbar am Lebensmittelpunkt der Annehmenden voraus (OLG Celle, FamRZ 2008, 1109, 1110[1]; Beschl. vom 12.10.2011

---
[1] IPRspr. 2007 Nr. 93.

– 17 UF 98/11[2] – und Beschl. vom 15.11.2011 – 17 W 7/11[3]). Die ASt., beide deutsche Staatsangehörige, hatten zu dem Zeitpunkt, als die verfahrensgegenständliche Adoptionsentscheidung erfolgte, ihren Wohnsitz in der Bundesrepublik Deutschland ... Zwar ist die ASt. gebürtige Nigerianerin. Nach der Eheschließung hatten die ASt. jedoch ihren Lebensmittelpunkt in Deutschland begründet. Von daher hätte im Rahmen der Elterneignungsprüfung eine Überprüfung der Lebensverhältnisse der ASt. in Deutschland erfolgen müssen. Das ist nicht geschehen. Die ASt. hatten im Zuge des vor dem Magistrates' Court geführten Adoptionsverfahrens keinen Kontakt zu einer Adoptionsvermittlungsstelle des für sie in Deutschland zuständigen JugA oder zu einer anderen Adoptionsvermittlungsstelle in Deutschland aufgenommen. Es erfolgte auch keine Überprüfung der Lebensverhältnisse der ASt. durch einen internationalen Sozialdienst, eine Auslandsvertretung Nigerias oder einen geeigneten Dritten, der von dem zur Entscheidung berufenen Gericht mit der Überprüfung der Lebensverhältnisse der ASt. in Deutschland beauftragt worden war.

Die Überprüfung, die nach der Inobhutnahme der Betroffenen durch die ASt. im Rahmen des gerichtlichen Adoptionsverfahrens bezogen auf die Person des ASt. und dessen Elterneignung erfolgte, entspricht nicht den Mindestanforderungen, die insoweit nach deutschen Rechtsgrundsätzen zu stellen sind.

Bei der insoweit vorzunehmenden Prüfung kommt es neben der Beurteilung der Wohn- und Vermögensverhältnisse sowie der beruflichen und gesellschaftlichen Stellung des Adoptionsbewerbers auch auf seine persönliche Eignung, seinen Charakter, seine Erziehungsfähigkeit und seine Erziehungswilligkeit unter Berücksichtigung der die konkreten Lebensverhältnisse prägenden Umstände an. Eine insoweit den Mindestanforderungen genügende Prüfung und Beurteilung konnte bereits deshalb nicht erfolgen, da der ASt. nach dem Ergebnis der richterlichen Anhörung vom 14.8.2013 in der Zeit vom 28.2.2010 – Zeitpunkt der Inobhutnahme der Betroffenen durch die ASt. – bis zum 19.11.2010 – Zeitpunkt der Adoptionsentscheidung – nicht einmal in Nigeria aufhältig war. Ein persönlicher, unmittelbarer Kontakt zwischen dem ASt. und der Betroffenen hatte daher vor der Entscheidung vom 19.11.-2010 durch das nigerianische Gericht nicht stattgefunden.

Weder durch vom Gericht eingeschaltete Dritte noch durch das Gericht selbst wurde der ASt. in der Interaktion mit dem betroffenen Kind wahrgenommen. Das Gericht hatte sich vor der Entscheidung vom 19.11.2010 nicht einmal einen persönlichen Eindruck von dem ASt. gemacht. Es hatte den ASt. erst recht nicht in der Interaktion mit dem betroffenen Kind wahrgenommen. Zu dem Gerichtstermin vor dem Magistrates' Court war der ASt. nicht erschienen.

Dabei ist zumindest zu bedenken, dass der ASt. zum Zeitpunkt der Adoptionsentscheidung im Jahre 2010 bereits das 60. Lebensjahr vollendet hatte und es sich bei der Betroffenen um ein noch nicht einmal neun Monate altes Kleinkind handelte. In Anbetracht des Altersunterschieds, der unter Berücksichtigung einer üblichen Generationenfolge selbst nach deutschen Verhältnissen, erst recht nach afrikanischen Verhältnissen, bereits dem äußeren Anschein nach darauf schließen ließ, dass der ASt. im Verhältnis zu dem betroffenen Kind eher der Großelterngeneration denn der Elterngeneration zuzurechnen ist, hätte in besonderer Weise Veranlassung bestanden, sich von dem ASt. ein persönliches Bild zu machen, diesen und das betroffene

---

[2] IPRspr. 2011 Nr. 128.   [3] IPRspr. 2011 Nr. 123.

Kind in der persönlichen Begegnung und Interaktion wahrzunehmen und diese zu beurteilen. Das ist in Anbetracht der Tatsache, dass der ASt. während des gesamten Adoptionsverfahrens nicht in Nigeria war, nicht geschehen.

Darüber hinaus hätte es auch einer eingehenden Klärung der Wohn- und Lebensverhältnisse sowie der sozio-kulturellen Eingebundenheit der ASt. in Deutschland bedurft, da die ASt. beabsichtigen, zukünftig mit der Betroffenen nicht in Nigeria, sondern in Deutschland zu leben. Inwieweit dem entscheidenden Gericht in Nigeria insofern durch die nigerianischen Behörden kritisch reflektierte Erkenntnisse vermittelt wurden, ist nicht ersichtlich. Anhaltspunkte dafür, dass diese Aspekte in irgendeiner Weise in die Entscheidung des Gerichts eingeflossen sind, lässt sich den von den ASt. vorgelegten Unterlagen nicht entnehmen.

Das Gericht teilt darüber hinaus die von der BZAA hinsichtlich der Erwartbarkeit des Entstehens eines Eltern-Kind-Verhältnisses geäußerten Bedenken, jedenfalls soweit es die Entwicklung des Vater-Kind-Verhältnis betrifft ...

Auch die Beurteilung im Lichte des Art. 8 I EMRK führt nicht zu einer anderweitigen Bewertung.

Das Gericht verkennt nicht, dass die Verweigerung einer im Ausland erfolgten Adoption einen Eingriff in das durch Art. 8 EMRK geschützte Recht der Annehmenden und des Kindes auf Achtung ihres Familienlebens darstellen kann. Hervorzuheben ist, dass die Fallkonstellation, die der Entscheidung des EGMR vom 28.6.2007 (FamRZ 2007, 1529 ff.) zugrunde lag, mit dem vorliegenden Fall nicht vergleichbar ist. In jenem Fall bestand die Problematik darin, dass die luxemburgischen Gerichte die Anerkennung einer peruanischen Entscheidung verweigerten, weil im luxemburgischen Recht Vorschriften fehlten, die einer unverheirateten Person die Volladoption eines Kindes gestatteten. In dieser Weigerung sah der EGMR ein Eingriff in das Recht auf Achtung des Familienlebens.

Darüber hinaus wird durch die Nichtanerkennung das Zusammenleben als Familie für die Betroffene und die ASt. nicht vereitelt oder die von ihnen gewählte Form des Familienlebens missachtet.

Nach der Sachdarstellung und rechtlichen Bewertung der ASt. existiert zwischen diesen und dem betroffenen Kind bereits seit fast drei Jahren ein Familienleben dergestalt, dass die ASt. mit dem betroffenen Kind in häuslicher Gemeinschaft lebt und der ASt. die ASt. und das Kind regelmäßig besucht. Das ist erkennbar das Familienleben, das die Familie ... derzeit praktiziert. Es ist in der Weise gestaltet, die sich unter den gegebenen Umständen nach einer unbegleiteten Adoption ergibt. Der Umstand, dass es den ASt. und dem betroffenen Kind derzeit nicht möglich ist, gemeinsam in Deutschland zu leben, ist kein Problem adoptionsrechtlicher Vorschriften, sondern eine Problematik, die sich aufgrund bestehender Einreisebestimmungen ergibt. Dem erkennenden Gericht kommt es insoweit nicht zu, diese Regelungen abzuändern oder durch entsprechend ausgerichtete Entscheidungen im Anerkennungsverfahren zu umgehen. Jede Familie gestaltet und organisiert ihr Familienleben grundsätzlich individuell nach ihren eigenen Vorstellungen und Bedürfnissen. Die ASt. haben sich für eine sog. unbegleitete Adoption entschieden. Diese ist im deutschen Recht zwar nicht direkt verboten, widerspricht aber der Konzeption der gesetzlich vorgeschriebenen Adoptionsvermittlung. Im Inland kann eine Adoption nur durchgeführt werden, wenn die Adoption durch eine staatliche oder staatlich zugelassene Stelle vermittelt wird und in diesem Zusammenhang eine positive Begutachtung der Adoptionsbewerber erfolgt ist. Durch die Neuregelung des AdVermiG wurde das Fachlichkeitsprinzip im Bereich der internationalen Adoptionsvermittlung deutlich gestärkt. Diese Regelungen werden konterkariert, wenn eine Auslandsadoption anerkannt wird, bei der eine solche Überprüfung nicht stattgefunden hat. Eine solche Anerkennungspraxis lädt dazu ein, den aufwendigen Weg einer Adoption über eine inländische zugelassene Adoptionsvermittlungsstelle zu vermeiden und im Ausland direkt eine Adoption anzustreben. Zugleich steht eine solche Praxis im Widerspruch zu Art. 21 lit. c des Übereinkommens über die Rechte des Kindes vom 20.11.1989 (BGBl. 1992 II 121, 990), weil das Kind im Fall einer solchen unbegleiteten internationalen Adoption nicht in den Genuss der für nationale Adoptionen geltenden Schutzvorschriften kommt. Dazu gehört auch § 189 FamFG, der zwingend die Einholung einer fachlichen Äußerung durch die Adoptionsvermittlungsstelle oder das JugA vorsieht. Wird der Bericht nicht von der örtlichen Adoptionsvermittlungsstelle am gewöhnlichen Aufenthalt selbst erstellt, so muss diese zumindest beteiligt werden. Dies ist Ausdruck davon, dass ein aussagekräftiger Bericht nicht ohne Kenntnis der konkreten Lebensumstände der Adoptionsbewerber möglich ist. Der Ausschluss der Anerkennung unbegleiteter Auslandsadoptionen ist notwendige Folge davon, dass der Gesetzgeber für inländische Adoptionen und für Auslandsadoptionen, die durch eine inländische Stelle vermittelt wurden, einen hohen Standard, insbesondere im Hinblick auf die Eignungsprüfung, eingeführt hat. Damit ist es unvereinbar, dass dieser Standard nicht gelten soll, wenn sich ein inländischer Adoptionsbewerber im Ausland direkt um die Adoption eines Kindes bemüht (*Benicke*, Ordre-public-Verstoß ausländischer Adoptionsentscheidungen bei ungenügender Prüfung des Kindeswohls: FS von Hoffmann, 2011, 545, 557, 559 m.w.N.).

Das o.g. System der Adoptionsvermittlung nach deutschem Recht kann auch nicht dadurch [umgegangen werden], dass die ASt. gleichsam auf die normative Kraft des Faktischen setzen, indem sie durch das Schaffen von Realitäten darauf setzen, dass das Gericht das durch den Gesetzgeber gesetzte Recht den von den ASt. geschaffenen Fakten anpasst. Die ASt. haben sich nach deutschem Rechtsverständnis für eine sog. unbegleitete Adoption entschieden. Dann müssen sie auch die Konsequenzen, die diese Entscheidung für ihr zukünftiges Zusammenleben untereinander und mit dem von ihnen angenommenen Kind bedeutet tragen.

Die Elterneignungsprüfung kann durch das erkennende Gericht nicht im Rahmen des vorliegenden Anerkennungsverfahrens nachträglich unter Beteiligung inländischer Fachbehörden nachgeholt werden. Das würde dazu führen, dass das Gericht, das ausschließlich über die Anerkennung der ausländischen Adoption zu entscheiden hat, eine neue, eigene Adoptionsentscheidung treffen würde. Die erstmalige Durchführung einer vollständigen Kindeswohlprüfung entspricht nicht dem Sinn und Zweck des Anerkennungsverfahrens, das eine vereinfachte Anerkennung ausländischer Entscheidungen ermöglichen soll (vgl. BT-Drucks. 14/6011 S. 32). Maßgeblich ist allein, ob die anzuerkennende Entscheidung zur Zeit der Anerkennung mit den unverzichtbaren verfahrensrechtlichen und materiellen Bestimmungen des deutschen Rechts unvereinbar ist Das Anerkennungsverfahren gibt keine Veranlassung, dass das zur Entscheidung über die Anerkennung berufene Gericht eine dem ordre public orientierte eigene Adoptionsentscheidung an die Stelle der ordre public widrigen ausländischen Entscheidung setzt (OLG Düsseldorf, FamRZ 2009, 1078[4]; OLG Celle aaO)."

b) OLG Celle 29.1.2014 – 17 UF 230/13:

„... Das AG hat die Anerkennung der Adoptionsentscheidung des Magistrates' Court des Bundesstaats Edo im Gerichtsbezirk Oredo/Benin City mit zutreffenden Erwägungen abgelehnt ... Diese [Begründung] entspricht der st. Rspr. des Senats. Für die Anerkennungsfähigkeit einer ausländischen Adoptionsentscheidung ist zwingend erforderlich, dass diese sich mit der Frage auseinandergesetzt hat, ob die konkrete Adoption dem Kindeswohl entspricht, ob also ein Adoptionsbedürfnis vorliegt, die Elterneignung der Annehmenden gegeben und eine Eltern-Kind-Beziehung bereits entstanden bzw. ihre Entstehung zu erwarten ist. Von einer verkürzten und unzureichenden Kindeswohlprüfung ist hingegen immer dann auszugehen, wenn sich in der anzuerkennenden Adoptionsentscheidung keine Hinweise darauf befinden, dass sich die mit der Entscheidung befassten ausländischen Gerichte und Behörden des internationalen Charakters der Adoption überhaupt bewusst gewesen sind. Schließlich scheidet die Anerkennung einer ausländischen Adoptionsentscheidung auf jeden Fall aus, wenn im ausländischen Adoptionsverfahren eine zureichende Kindeswohlprüfung ersichtlich überhaupt nicht erfolgt ist, weil diese nach ausländischem Recht bei der Entscheidung über die Adoption gar nicht vorgesehen war oder eine nach ausländischem Recht vorgesehene Prüfung von den Beteiligten umgangen worden ist. Dies gilt insbesondere dann, wenn sich in der anzuerkennenden Adoptionsentscheidung schon keine Hinweise darauf befinden, dass sich die mit der Entscheidung befassten ausländischen Gerichte oder Behörden des internationalen Charakters der Adoption überhaupt bewusst gewesen sind (Senatsbeschlüsse vom 12.10.2011 – 17 UF 98/11[1], FamRZ 2012, 1226, Rz. 15 f., und vom 13.5.2013 – 17 UF 227/12[2], juris; im Anschluss: OLG Düsseldorf, Beschl. vom 27.7.2012, StAZ 2013, 82[3], Rz. 11; OLG Karlsruhe, Beschl. vom 25.9.2012 – 2 UF 44/12[4], juris, Rz. 28). So verhält es sich hier. Aus der Adoptionsentscheidung des Magistrates' Court ergibt sich nicht, dass dieses einen Auslandsbezug überhaupt in Erwägung gezogen hat. Ein solcher ist auch nicht der vorläufigen Unterbringung durch das Ministerium für Frauenangelegenheiten und Sozialentwicklung vom 28.2.2010 zu entnehmen. Daraus ergibt sich vielmehr, dass die Situation des Kindes in der Familie der Annehmenden weder in Nigeria noch in Deutschland überprüft worden ist. Es fehlt vollständig an einem Bericht über die Situation des Kindes. Dementsprechend setzt sich die Adoptionsentscheidung auch nicht mit der Frage auseinander, ob ein Aufenthalt bei den Annehmenden in der Bundesrepublik kindeswohlförderlich ist. Mit keinem Wort geht die Adoptionsentscheidung darauf ein, dass im Anschluss an die Adoption ein Umzug des Kindes nach Deutschland vorgesehen ist. Mithin ist die Entscheidung des AG mit der auf § 109 I Nr. 4 FamFG beruhenden Begründung nicht zu beanstanden."

---

[4] IPRspr. 2008 Nr. 211.
[1] IPRspr. 2011 Nr. 128.
[2] IPRspr. 2013 Nr. 127.
[3] IPRspr. 2012 Nr. 144.
[4] IPRspr. 2012 Nr. 126b.

256. *Der Berücksichtigung einer nach Art. 39 EuEheVO geforderten, unter Verwendung des Formblatts in Anhang II zur EuEheVO ausgestellten Bescheinigung über die elterliche Verantwortung steht nicht entgegen, dass sie nur in polnischer Sprache verfasst ist; die Bescheinigung ist in allen Amtssprachen gleich gefasst und ihr Inhalt somit ohne weiteres nachvollziehbar.*

Die internationale Zuständigkeit eines ausländischen (hier: polnischen) Gerichts kann auf die Öffnungsklausel des Art. 20 EuEheVO gestützt werden, wenn aufgrund eines rechtswidrigen Verhaltens eines Beteiligten ein dringendes Regelungsbedürfnis für den Erlass einer einstweiligen Maßnahme bestand.

Die Anerkennung einstweiliger Maßnahmen kommt in Deutschland grundsätzlich in Betracht und richtet sich primär nach Art. 23 KSÜ, Art. 7 ESÜ und hilfsweise nach § 108 FamFG.

Eine Eilzuständigkeit gemäß Art. 11 KSÜ ist unabhängig vom gewöhnlichen Aufenthalt eines Kindes in dem Vertragsstaat des konkreten Aufenthalts gegeben. [LS der Redaktion]

OLG München, Beschl. vom 22.1.2014 – 12 UF 1821/14: FamRZ 2015, 777. Bericht in NJW-Spezial 2015, 165.

Die Beteiligten sind die miteinander verheirateten, aber getrennt lebenden Eltern des gemeinsamen Kindes R. M., das in Augsburg geboren wurde. Die Beteiligten sind polnische Staatsangehörige, die zunächst gemeinsam in Augsburg lebten. In Polen ist ein Scheidungsverfahren anhängig. Zusätzlich wurde dort ein Sorgerechtsverfahren eingeleitet. Die ASt. verließ im Mai 2013 Deutschland und fuhr mit dem Kind nach Polen, um dort zu verbleiben. Der AGg. war mit einem dauernden Aufenthalt des Kindes in Polen nicht einverstanden und beantragte die Rückführung des Kindes nach Deutschland auf der Grundlage des HKiEntÜ. Die ASt. kehrte mit dem Kind Anfang September 2013 nach Deutschland zurück, reiste aber kurz darauf gegen den Willen des AGg. erneut mit dem Kind nach Polen aus. Der AGg. leitete erneut ein Rückführungsverfahren nach dem HKiEntÜ in Polen ein. Vor einer Entscheidung hierüber verbrachte er das Kind Mitte 2014 eigenmächtig gegen den Willen der ASt. zurück nach Deutschland. Der vom AGg. gestellte Rückführungsantrag wurde durch rechtskräftigen Beschluss des zuständigen polnischen Gerichts abgewiesen, weil das Kind wieder in Deutschland sei. Auf Antrag der ASt. erließ das Bezirksgericht Lublin eine Sicherungsverfügung und ordnete an, dass der Aufenthalt des Kindes für die Dauer des Verfahrens bei der ASt. liegt und der AGg. verpflichtet ist, das Kind an die ASt. herauszugeben. Der AGg. ist der Anordnung des polnischen Gerichts nicht nachgekommen.

Die ASt. hat unter Vorlage einer Bescheinigung nach der EuEheVO Anhang IV beim AG Augsburg die Vollstreckung des polnischen Beschlusses beantragt. Das Verfahren wurde zuständigkeitshalber an das AG München abgegeben. Das AG München hat den Antrag der ASt. u.a. mit der Begründung abgewiesen, die Formalien der Vollstreckbarerklärung seien nicht eingehalten, insbes. fehle eine Bescheinigung nach Anhang II i.V.m. Art. 39 EuEheVO. Gegen diesen Beschluss wendet sich die ASt. mit ihrer Beschwerde.

Aus den Gründen:

„II. 1. Die gemäß Art. 33 I EuEheVO, § 24 I 1 IntFamRVG statthafte Beschwerde der ASt. ist zulässig. Sie wurde fristgerecht eingelegt. Zwar war die Beschwerde entgegen § 24 I 2 IntFamRVG beim AG München eingelegt worden; dies ist jedoch gemäß § 24 II IntFamRVG unschädlich. Im Übrigen wurde sie formgerecht eingelegt ...

2. Die Beschwerde ist begründet, weil das AG zu Unrecht die Vollstreckbarerklärung für den Beschluss des Bezirksgerichts Lublin vom 14.7.2014 verweigert hat.

a. Der Antrag auf Erlass einer Vollstreckbarerklärung des Beschlusses des Bezirksgerichts Lublin unterliegt nicht dem Regime der Art. 28 ff. EuEheVO.

aa. Die EuEheVO ist anwendbar, da die Entscheidung die elterliche Verantwortung im Sinne von Art. 1 I lit. b, II lit. a, 2 Nr. 7 EuEheVO betrifft. Denn das Gericht hat die Herausgabe des Kindes an die ASt. angeordnet und damit in das bestehende Recht der elterlichen Verantwortung des AGg. eingegriffen.

bb. Bei der Entscheidung des Bezirksgericht Lublin handelt es sich ersichtlich nicht um eine Entscheidung im Sinne von Art. 42 EuEheVO, weil nicht die Rückgabe des Kindes im Sinne von Art. 40 I lit. b EuEheVO angeordnet wurde; insbesondere fehlt eine Entscheidung im Sinne von Art. 11 VIII EuEheVO. Hierauf beruft sich die ASt. im Beschwerdeverfahren auch nicht mehr, weil sie nunmehr eine Vollstreckbarerklärung des polnischen Beschlusses erwirken möchte.

cc. Die ASt. hat nunmehr die gemäß Art. 39 EuEheVO notwendige Bescheinigung des polnischen Gerichts gemäß Anhang II zur EuEheVO vorgelegt. Dass diese nur in polnischer Sprache verfasst ist, steht ihrer Berücksichtigung nicht entgegen, da sie in allen Amtssprachen gleich gefasst ist und damit ihr Inhalt ohne weiteres erfasst werden kann (vgl. *Thomas-Putzo-Hüßtege*, ZPO, 35. Aufl., Art. 39 EuEheVO Rz. 1; *Hess*, JZ 2001, 573/577; *Sturm*, StAZ 2002, 193). Aus Ziff. 9.1.1 der Bescheinigung ergibt sich, dass der Beschluss vom 14.7.2014 in Polen vollstreckbar ist; aus Ziff. 9.2.1 folgt, dass der Beschluss an den AGg. zugestellt worden ist. In Ziff. 11.2.1 wird festgehalten, dass die ASt. die Rückgabeberechtigte ist und sie über eine unter Ziff. 11.2.2 genannte Anschrift in Polen verfügt.

b. Die Entscheidung des Bezirksgerichts Lublin darf gemäß Art. 31 II EuEheVO nur unter den in Art. 22–24 EuEheVO genannten Gründen nicht für vollstreckbar erklärt werden. Voraussetzung ist aber, dass es sich um ein vollstreckbare Entscheidung im Sinne von Art. 28 EuEheVO handelt. Dabei kommt es nicht darauf an, dass die Entscheidung in Polen vollstreckbar ist, sondern sie muss in einem anderen Mitgliedstaat der EU vollstreckbar sein. Dies ist vorliegend nicht der Fall.

aa. Die Entscheidung des Bezirksgerichts Lublin erging in einem Sicherungsverfahren entspr. einem Verfahren der einstweiligen Anordnung nach §§ 49 ff. FamFG. Sie erging ohne Anhörung des AGg. Eine Entscheidung nach Art. 20 EuEheVO hat grunds. nur territoriale Wirkung, sodass sie in einem anderen Mitgliedstaat nicht nach den Art. 28 ff. vollstreckbar ist (EuGH, Urt vom 15.7.2010 – Bianca Purrucker ./. Guillermo Vallés Pérez, Rs C-256/09, NJW 2010, 2861; BGH, NJW 2011, 855[1]), soweit sie nicht von dem für die Hauptsache zuständigen Gericht erlassen wurde (BGH, NJW-RR 2011, 865)[2], wobei wegen Art. 24 Satz 1 EuEheVO entscheidend ist, dass das Gericht seine Zuständigkeit auf Art. 8 ff. EuEheVO gestützt hat, nicht, ob es tatsächlich zuständig war (BGH, NJW 2011 aaO Rz. 22).

bb. Vorliegend hat das polnische Gericht keine Rechtsgrundlagen angegeben, auf die es seine internationale Zuständigkeit gestützt hat. Aus dem Inhalt der Entscheidung ergibt sich zwar, dass das Kind seit dem 1.10.2013 zusammen mit seiner Mutter seinen gewöhnlichen Aufenthalt in Polen hat. Hierbei handelt es sich aber nur um eine Wiedergabe des Antrags der ASt. im dortigen Verfahren. Die Entscheidungsgründe beginnen erst auf Seite 2 (Mitte) und werden mit den Worten ‚Das Gericht hat wie folgend befunden:' [eingeleitet]. Im nachfolgenden Text werden lediglich polnische Rechtsvorschriften benannt, die den Erlass der Sicherungsverfügung rechtfertigen sollen. Damit ist nicht ersichtlich, dass das polnische Gericht seine internationale Zuständigkeit für den Erlass der Entscheidung auf Art. 8 ff. EuEheVO gestützt hat.

cc. Damit handelt es sich allenfalls um eine Entscheidung eines nach Art. 20 EuEheVO für den Erlass einstweiliger Maßnahmen zuständigen Gerichts, auf die die

---

[1] IPRspr. 2011 Nr. 274. [2] IPRspr. 2011 Nr. 275.

Art. 21 ff. EuEheVO nicht anzuwenden sind (BGH, NJW 2011 aaO Rz. 14, 17). Dies steht aber der Anerkennung und Vollstreckung einer auf der Grundlage des Art. 20 EuEheVO ergangenen Maßnahme in anderen Mitgliedstaaten nicht von vornherein entgegen. Vielmehr handelt es sich bei Art. 20 EuEheVO um eine Öffnungsklausel. Während die EuEheVO grundsätzlich unter den in Art. 59 bis 63 der Verordnung genannten Voraussetzungen Vorrang vor den meisten einschlägigen internationalen Übereinkommen hat (EuGH aaO Rz. 69), lässt Art. 20 EuEheVO unter den dort genannten Voraussetzungen den Rückgriff auch auf an sich nachrangige Übereinkommen und gegebenenfalls auf das nationale Recht zu (a.A. *Staudinger-Spellenberg*, BGB [2009], Art. 20 EuEheVO Rz. 63 für den Fall, dass die Entscheidung aus einem Mitgliedstaat der EuEheVO stammt, weil die VO Vorrang habe), vorausgesetzt also, dass die zu treffende Maßnahme dringlich war, einstweiligen Charakter hat und sich auf Personen oder Vermögensgegenstände bezieht, die sich in dem Mitgliedstaat befanden, in dem das mit der Sache befasste Gericht seinen Sitz hat (BGH aaO). Ist dies der Fall, so ergibt sich nicht nur die Zuständigkeit für einstweilige Maßnahmen unter den Voraussetzungen des Art. 20 EuEheVO aus den nachrangigen Übereinkommen und dem nationalen Recht, sondern es richtet sich auch die Anerkennung und Vollstreckung solcher Maßnahmen nach diesen Rechtsinstrumenten.

dd. Vorliegend kommt es darauf an, ob das polnische Gericht seine Zuständigkeit auf die Öffnungsklausel des Art. 20 EuEheVO stützen konnte. Dies ist zu bejahen, weil aufgrund des rechtswidrigen Verhaltens des AGg., der das Kind in einem Akt der Selbstjustiz entführt und nach Deutschland verbracht hat, ein dringendes Regelungsbedürfnis für den Erlass einer einstweiligen Maßnahmen bestand, um die Rückführung des Kindes zur ASt. anzuordnen. Das polnische Gericht hat damit über die Öffnungsklausel des Art. 20 EuEheVO Zuständigkeiten in Anspruch genommen, die aus gegenüber der EuEheVO nachrangigen nationalem Recht folgen.

ee. Da die Entscheidung des polnischen Gerichts nicht nach den Zuständigkeitsvorschriften der EuEheVO ergangen ist, kommt eine Vollstreckbarerklärung der Entscheidung nach Art. 28 ff. EuEheVO nicht in Betracht. Da aber die Voraussetzungen der Öffnungsklausel des Art. 20 EuEheVO, die eine Vollstreckbarerklärung in Anwendung anderer internationaler oder nationaler Rechtsvorschriften ermöglichen, erfüllt sind, ist zu prüfen, ob danach eine Vollstreckbarerklärung möglich ist. In Deutschland kommt eine Anerkennung einstweiliger Maßnahmen hinsichtlich des Sorgerechts, die unter den Voraussetzungen von Art. 20 EuEheVO erlassen werden, v.a. nach Art. 23 KSÜ, 7 ESÜ und hilfsweise § 108 FamFG in Frage. Da Deutschland und Polen dem KSÜ angehören (vgl. *Jayme-Hausmann*, Internationales Privat- und Verfahrensrecht, 17. Aufl., Nr. 53 N. 1), ist dieses Übereinkommen vorrangig zu prüfen.

Das KSÜ ist gemäß Art. 2, 3 lit. b anzuwenden, da das Kind noch nicht 18 Jahre alt ist und die Entscheidung das Aufenthaltsbestimmungsrecht als Teil der elterlichen Sorge betrifft.

Gemäß Art. 26 I KSÜ kann eine Entscheidung eines anderen Mitgliedstats für vollstreckbar erklärt werden; hierauf ist gemäß § 1 Nr. 2 IntFamRVG dieses Gesetz anzuwenden. Gemäß Art. 26 III KSÜ darf die Vollsteckbarerklärung nur aus den in Art. 23 II KSÜ genannten Gründen versagt werden. Ein solcher liegt hier nicht vor.

Gemäß Art. 23 II lit. a KSÜ besteht ein Versagungsgrund, wenn das Gericht für die Entscheidung nicht nach Maßgabe des Kap. II KSÜ international zuständig war.

(aa) Gemäß Art. 5 KSÜ sind grundsätzlich die Gerichte des gewöhnlichen Aufenthalts des Kindes international zuständig.

Der Begriff ‚gewöhnlicher Aufenthalt' ist im KSÜ nicht definiert. Dessen Sinn und Bedeutung ist daher anhand des Ziels, das mit dem KSÜ erreicht werden soll, zu ermitteln ist, wonach die im KSÜ festgelegten Zuständigkeitsvorschriften dem Wohl des Kindes entsprechend und insbesondere nach dem Kriterium der räumlichen Nähe ausgestaltet wurden. Der gewöhnliche Aufenthalt des Kindes ist vom nationalen Gericht unter Berücksichtigung aller tatsächlichen Umstände des Einzelfalls festzustellen. Neben der körperlichen Anwesenheit des Kindes in einem Vertragsstaat sind andere Faktoren heranzuziehen, die belegen können, dass es sich nicht nur um eine vorübergehende oder gelegentliche Anwesenheit handelt und dass der Aufenthalt Ausdruck einer gewissen Integration in ein soziales und familiäres Umfeld ist. Hierfür sind insbesondere die Dauer, die Regelmäßigkeit und die Umstände des Aufenthalts in einem Mitgliedstaat sowie die Gründe für diesen Aufenthalt und den Umzug der Familie in diesen Staat, die Staatsangehörigkeit des Kindes, Ort und Umstände der Einschulung, die Sprachkenntnisse sowie die familiären und sozialen Bindungen des Kindes in dem betreffenden Staat zu berücksichtigen. Die Absicht der Eltern oder eines Elternteils, sich mit dem Kind dauerhaft in einem anderen Mitgliedstaat niederzulassen, die sich in bestimmten äußeren Umständen, wie in dem Erwerb oder der Anmietung einer Wohnung in diesem Mitgliedstaat, manifestiert, kann ein Indiz für die Verlagerung des gewöhnlichen Aufenthalts des Kindes sein. Die Dauer des Aufenthalts im Rahmen der Beurteilung aller besonderen tatsächlichen Umstände des Einzelfalls kann nur als Indiz dienen, wobei zu berücksichtigen ist, ob das Kind ein geringes Alter hat.

Danach hatte das Kind in Polen keinen gewöhnlichen Aufenthalt. Die Eltern lebten und arbeiteten gemeinsam in Deutschland; in Augsburg war ihre gemeinsame Wohnung; das Kind ging bis zum 30.9.2013 in einen dortigen Kindergarten. Der AGg. hat sich einem Aufenthaltswechsel des Kindes nach Polen widersetzt und einen Rückführungsantrag nach dem HKiEntÜ gestellt. Die ASt. ist unter Verletzung des Mitsorgerechts des AGg. mit dem Kind am 30.9.2013 nach Polen gefahren. Bis zur Gerichtsentscheidung am 14.7.2014 hat die ASt. bei ihren Eltern mit dem Kind gelebt. Anhand der Umstände lässt sich nicht feststellen, dass sich der Aufenthalt des Kindes bis zum 14.7.2014 zu einem gewöhnlichen Aufenthalt des Kindes verfestigt hat. Hiergegen spricht insbesondere der entgegenstehende, nach außen durch die Antragstellung im HKiEntÜ-Verfahren manifestierte Wille des AGg., da zur Begründung des gewöhnlichen Aufenthalts neben dem Zeitmoment auch ein Umstandsmoment zu berücksichtigen ist. Dagegen spricht nicht, dass das Kind und die Eltern polnische Staatsangehörige sind, das Kind Polnisch spricht und die Beteiligten aus Polen stammen und dort noch familiäre Beziehungen haben. Entscheidend ist, dass die Beteiligten sich für ein Leben in Deutschland entschieden hatten, auch wenn es nur befristet sein sollte. Hier war ihr gemeinsamer gewöhnlicher Aufenthalt und Lebensmittelpunkt. Die ASt. war nicht berechtigt, einseitig diese Vereinbarung aufzukündigen und ohne Entscheidung durch ein deutsches Gericht mit dem Kind nach Polen zu gehen.

(bb) Auch aus Art. 7 KSÜ folgt keine internationale Zuständigkeit der polnischen Gerichte für den Erlass der einstweiligen Maßnahme, denn das Kind hatte in Polen keinen gewöhnlichen Aufenthalt (s.o.).

(cc) Ein Übernahmeersuchen eines deutschen Gerichts an das polnische Gericht gemäß Art. 8 KSÜ lag nicht vor. Auch hat das polnische Gericht nicht gemäß Art. 9 KSÜ das deutsche Gericht ersucht, ihm zu gestatten, das Verfahren zu führen.

(dd) Eine Zuständigkeit nach Art. 10 KSÜ setzt voraus, dass neben der Anhängigkeit eines Scheidungsverfahrens der andere Elternteil die Zuständigkeit für das Sorgerechtsverfahren anerkennt. Hierfür fehlen Anhaltspunkte.

(ee) Jedoch war vorliegend eine Zuständigkeit nach Art. 11 KSÜ gegeben, der es ermöglicht, in Entführungsfällen Eilmaßnahmen zu erlassen (NK-BGB-*Benicke*, 2. Aufl., Art. 11 KSÜ Rz. 5). Die Eilzuständigkeit nach Art. 11 KSÜ setzt lediglich voraus, dass sich das Kind in dem Vertragsstaat, hier also Polen, befindet, unabhängig davon, wo sein gewöhnlicher Aufenthalt ist. Es lag auch ein dringender Fall im Sinne dieser Vorschrift vor. Dies ist dann der Fall, wenn zum Schutz des Kindes ein Einschreiten notwendig ist und nicht zu erwarten ist, dass das Gericht am gewöhnlichen Aufenthalt des Kindes rechtzeitig die erforderlichen Maßnahmen treffen würde (NK-BGB-*Benicke* aaO Rz. 3). Diese Voraussetzungen lagen hier vor, da aufgrund des rechtswidrigen Verhaltens des AGg. unverzüglich eingeschritten werden musste. Die Schutzmaßnahme ist noch in Kraft, weil bisher kein deutsches Gericht gemäß Art. 11 II KSÜ i.V.m. Art. 5 KSÜ eine abweichende Maßnahme getroffen hat. Damit bestand für die Entscheidung eine internationale Zuständigkeit, sodass kein Anerkennungshindernis besteht.

Art. 23 II lit. b KSÜ steht der Anerkennung und Vollstreckung nicht entgegen. Unabhängig davon, dass das Kind zu klein ist, um angehört zu werden, kann auf eine Kindesanhörung in dringenden Fällen verzichtet werden.

Auch Art. 23 II lit. c KSÜ steht einer Anerkennung und Vollstreckung nicht entgegen. Zwar wurde der AGg. vor Erlass der Entscheidung vom 14.7.2014 unstreitig nicht angehört, aber zum einen stellt dies in dringenden Fällen – wie dem vorliegenden – kein Anerkennungshindernis dar, zum anderen hat der AGg. nach dem unbestritten Vortrag der ASt. nach Erlass der Entscheidung Rechtsmittel gegen die Entscheidung vom 14.7.2014 eingelegt, wodurch eine etwaige Verletzung des rechtlichen Gehörs geheilt worden ist.

Da somit kein Anerkennungshindernis besteht, ist gemäß Art. 26 I KSÜ der Beschluss des Bezirksgerichts Lublin für vollstreckbar zu erklären und gemäß Art. 26 II KSÜ i.V.m. § 20 I IntFamRVG mit der Vollstreckungsklausel zu versehen."

257. *Erlässt ein nach Art. 8 ff. EuEheVO in der Hauptsache zuständiges Gericht eine einstweilige Maßnahme, richtet sich die Anerkennung und Vollstreckung dieser Maßnahme in anderen Mitgliedstaaten nach Art. 21 ff. EuEheVO.*

Der Begriff der „Entscheidung" gemäß Art. 2 Nr. 4 EuEheVO setzt keine formelle Rechtskraft nach dem Recht des Erstgerichts voraus.

Im Rahmen des Anerkennungsverfahrens ist der Einwand des Antragsgegners, das Kindeswohl erfordere einen bestimmten Aufenthaltsort, nach Art. 26 EuEheVO nicht zu beachten.

Die fehlende Anhörung eines Kindes stellt im Rahmen des Art. 23 lit b EuEheVO kein Anerkennungshindernis dar, wenn es sich um ein Verfahren des einstweiligen Rechtsschutzes gehandelt hat.

Eine Aussetzung des Anerkennungsverfahrens einer Sorgerechtsentscheidung steht im Ermessen des Gerichts; gegen eine die Aussetzung ablehnende Entscheidung des Gerichts ist kein Rechtsbehelf statthaft, weil durch diese Entscheidung des Gerichts nicht „über den Rechtsbehelf" im Sinne von Art. 34 EuEheVO entschieden wird.
[LS der Redaktion]

OLG Stuttgart, Beschl. vom 5.3.2014 – 17 UF 262/13: FamRZ 2014, 1567. Leitsatz in: FamRB 2014, 171 mit Anm. *Streicher*; NJW-Spezial 2014, 262.

[Der BGH hat unterdessen mit Beschlüssen vom 30.4.2014 die Anträge des AGg. (auf Aufhebung der Anordnung der sofortigen Wirksamkeit des Beschlusses des OLG Stuttgart, auf vorübergehende Außerkraftsetzung dieser Anordnung und auf Aufhebung der weiteren Beschlüsse des OLG bzw. auf Anordnung der aufschiebenden Wirkung) und vom 8.4.2015 die Rechtsbeschwerde (gegen den nachstehenden Beschluss des OLG Stuttgart) zurückgewiesen.]

Die ASt. und der AGg. sind miteinander verheiratet. Aus ihrer Ehe ist eine Tochter hervorgegangen. Die ASt. hat die ungarische, der AGg. die deutsche und die Tochter sowohl die deutsche als auch die ungarische Staatsangehörigkeit. In 2013 hat das Kreisgericht D./Ungarn im Wege der einstweiligen Anordnung das Sorgerecht für die Tochter auf die ASt. übertragen. Weiter wurde der AGg. verpflichtet, die Tochter innerhalb von zwei Tagen an die ASt. herauszugeben. Die ASt. begehrt die Anerkennung und Vollstreckbarerklärung der Entscheidung des ungar. Kreisgerichts. Das AG – FamG – Stuttgart hat 2013 entschieden, dass die im Beschluss des ungar. Kreisgerichts getroffene Regelung der elterlichen Sorge und die Verpflichtung des AGg., die Tochter an die Mutter herauszugeben, anzuerkennen seien. Weiter hat das AG beschlossen, dass der Beschluss des ungar. Kreisgerichts hinsichtlich der Herausgabeverpflichtung mit der Vollstreckungsklausel für das Gebiet der Bundesrepublik Deutschland zu versehen sei. Gegen den Beschluss hat der AGg. beim OLG Stuttgart Beschwerde eingelegt.

Aus den Gründen:

„II. Die Beschwerde des AGg. ist statthaft gemäß Art. 33 I EuEheVO, §§ 24 I, 3 I 1 Nr. 1 IntFamRVG.

Die Beschwerde ist auch in zulässiger Form, insbesondere fristgerecht eingelegt. Gemäß Art. 33 V EuEheVO, § 24 III Nr. 1 IntFamRVG ist die Beschwerde innerhalb eines Monats nach Zustellung und zwar beim OLG (§ 24 I 2 IntFamRVG) einzulegen ...

III. 1. Gemäß Art. 21 I der EuEheVO, die gemäß Art. 1 II lit. a EuEheVO auf Entscheidungen, die das Sorgerecht betreffen, Anwendung findet, werden die in einem Mitgliedstaat ergangenen Entscheidungen in den anderen Mitgliedstaaten anerkannt, ohne dass es hierfür eines besonderen Verfahrens bedarf. Ungeachtet dessen kann ein Beteiligter, der ein Interesse hieran hat, gemäß Art. 21 III EuEheVO eine Entscheidung über die Anerkennung der Entscheidung beantragen.

Gemäß Art. 28 EuEheVO werden die in einem Mitgliedstaat ergangenen Entscheidungen über die elterliche Verantwortung für ein Kind in einem anderen Mitgliedstaat vollstreckt, wenn sie dort auf Antrag der berechtigten Partei für vollstreckbar erklärt werden.

2. a) Entscheidungen über Eilmaßnahmen, die im Wege einer einstweiligen Anordnung getroffen worden sind, fallen nicht ohne weiteres unter die Art. 21 ff. EuEheVO.

Denn der EuGH hat entschieden (Urt. vom 15.7.2010 – Bianca Purrucker ./. Guillermo Vallés Pérez, Rs C-256/09, FamRZ 2010, 1521), dass die Vorschriften der

Art. 21 ff. EuEheVO nicht auf einstweilige Maßnahmen hinsichtlich des Sorgerechts nach Art. 20 dieser Verordnung anwendbar sind.

b) Zu unterscheiden sind zwei Konstellationen:

Ein nach Art. 3 ff. EuEheVO zuständiges Gericht ist nicht nur für die Entscheidung in der Hauptsache zuständig, sondern auch für den Erlass einstweiliger Maßnahmen (BGH, FamRZ 2011, 542 Rz. 15)[1].

Ist das Gericht für die Entscheidung in der Hauptsache nicht nach Art. 3 ff. EuEheVO international zuständig, kann die Zuständigkeit für den Erlass einstweiliger Maßnahmen auch nicht auf die Art. 3 ff. EuEheVO gestützt werden.

Ein nach Art. 3 ff. EuEheVO unzuständiges Gericht kann jedoch Eilmaßnahmen treffen, auf die Art. 20 EuEheVO anwendbar ist. Bei Art. 20 EuEheVO handelt es sich um eine Öffnungsklausel. Sie lässt unter den dort genannten Voraussetzungen für die Begründung einer Zuständigkeit für den Erlass von Eilmaßnahmen den Rückgriff auch auf an sich gegenüber der EuEheVO nachrangige Übereinkommen und ggf. auf das nationale Recht zu (BGH, FamRZ 2011 aaO Rz. 18).

c) Nach den durch die Rspr. des EuGH aufgestellten Grundsätzen, die vom BGH angewandt und umgesetzt worden sind, ist – jedenfalls für den Bereich des Sorgerechts – folgende Differenzierung hinsichtlich der Anerkennung und Vollstreckung einstweiliger Anordnungen angezeigt:

Erlässt ein nach Art. 8 ff. EuEheVO in der Hauptsache zuständiges Gericht eine einstweilige Maßnahme, richtet sich die Anerkennung und Vollstreckung dieser Maßnahme in anderen Mitgliedstaaten nach Art. 21 ff. EuEheVO (BGH, FamRZ 2011 aaO Rz. 16).

Erlässt demgegenüber ein nach Art. 8 ff. EuEheVO unzuständiges Gericht eine einstweilige Maßnahme auf der Grundlage des Art. 20 EuEheVO, sind die Art. 21 ff. EuEheVO nicht anwendbar, da keine Entscheidung getroffen worden ist, die ihre Zuständigkeit auf die EuEheVO gestützt hat, und da eine auf der Grundlage des Art. 20 EuEheVO getroffene Entscheidung nur auf territoriale Wirkungen im Staat des sie erlassenden Gerichts abzielt. Hieraus ergibt sich allerdings noch nicht, dass eine von dem Gericht eines Mitgliedstaats auf der Grundlage des Art. 20 EuEheVO erlassene einstweilige Maßnahme in einem anderen Mitgliedstaat generell nicht anerkannt und vollstreckt werden kann. Denn der durch Art. 20 EuEheVO unter den dort genannten Voraussetzungen ermöglichte Rückgriff auch auf an sich nachrangige Übereinkommen und ggf. auf das nationale Recht bedeutet nicht nur, dass sich die Zuständigkeit für einstweilige Maßnahmen unter den Voraussetzungen des Art. 20 EuEheVO aus nachrangigen Übereinkommen und dem nationalen Recht ergeben kann, sondern auch, dass die Anerkennung und Vollstreckung solcher Maßnahmen auf der Grundlage der dort enthaltenen Rechtsinstrumente in Betracht kommt (EuGH – Purrucker – aaO Rz. 92; BGH, FamRZ 2011 aaO Rz. 18).

d) Aus den vorstehend erläuterten Grundsätzen folgt, dass es für die Prüfung der Voraussetzungen für die Anerkennung und Vollstreckung einer einstweiligen Maßnahme von entscheidender Bedeutung ist, auf welcher Grundlage sie beruht.

Maßgebend für die Abgrenzung, ob eine auf die internationale Zuständigkeit gemäß Art. 8 ff. EuEheVO gestützte einstweilige Anordnung eines Gerichts vorliegt,

---

[1] IPRspr. 2011 Nr. 274.

ist nicht, ob das die einstweilige Maßnahme erlassende Gericht tatsächlich in der Hauptsache international zuständig war. Vielmehr ist der Anwendungsbereich der Art. 21 ff. EuEheVO danach abzugrenzen, ob das Ursprungsgericht seine Zuständigkeit auf Art. 8 ff. EuEheVO gestützt hat. Das Gericht des Anerkennungsstaats kann hierbei – ohne eine formelle Beschränkung durch Art. 24 EuEheVO – anhand der in der Entscheidung des Ausgangsgerichts enthaltenen Ausführungen prüfen, ob dieses seine Zuständigkeit auf eine Vorschrift der EuEheVO stützen wollte (EuGH – Purrucker – aaO Rz. 75; BGH, FamRZ 2011 aaO Rz. 22).

Dass das Ausgangsgericht seine Entscheidung auf eine Vorschrift der EuEheVO stützen wollte, kann sich wiederum entweder aus einer eindeutigen Bezugnahme auf die Zuständigkeitsnormen der Art. 8–14 der Verordnung ergeben oder wenn sich die Annahme einer Hauptsachezuständigkeit nach der EuEheVO offensichtlich aus der erlassenen Entscheidung ergibt (BGH, FamRZ 2011 aaO Rz. 24).

Ergibt die vorzunehmende Prüfung, dass die zu vollstreckende Entscheidung keine eindeutige Begründung für die Zuständigkeit des Ursprungsgerichts in der Hauptsache unter Bezugnahme auf eine der in den Art. 8–14 EuEheVO genannten Zuständigkeiten enthält und ergibt sich die Hauptsachezuständigkeit auch nicht offensichtlich aus der erlassenen Entscheidung, so ist davon auszugehen, dass die zu vollstreckende Entscheidung nicht nach den Zuständigkeitsvorschriften der EuEheVO ergangen ist. In diesem Fall ist in einem nächsten Schritt anhand von Art. 20 EuEheVO zu prüfen, ob die einstweilige Maßnahme unter diese Öffnungsklausel fällt und auf der Grundlage nachrangiger Abkommen bzw. des nationalen Rechts anerkannt werden kann (EuGH – Purrucker – aaO Rz. 76; BGH, FamRZ 2011 aaO).

3. Bei Anwendung der vom EuGH und dem BGH aufgestellten Grundsätze für die vorzunehmende Prüfung ist festzustellen, dass das Kreisgericht Dunakeszi seine Entscheidung als gemäß Art. 8 ff. EuEheVO international zuständiges Gericht treffen wollte.

Zwar hat das Kreisgericht Dunakeszi in seinem Beschluss vom 4.9.2013 nicht ausdrücklich auf die Zuständigkeitsnormen der EuEheVO Bezug genommen. Unter Berücksichtigung der Gründe des Beschlusses ergibt sich indes die Hauptsachezuständigkeit gemäß Art. 8 ff. EuEheVO ‚ersichtlich' (s.a. BGH, FamRZ 2011, 959 Rz. 10[2]) aus der erlassenen Entscheidung.

Ausweislich der Gründe der Entscheidung kann kein Zweifel daran bestehen, dass das AG Dunakeszi von einem gewöhnlichen Aufenthalt der Tochter in Ungarn ausging, wodurch die allgemeine internationale Zuständigkeit der ungarischen Gerichte gemäß Art. 8 EuEheVO für Entscheidungen über die elterliche Verantwortung begründet wurde.

Der Begriff des gewöhnlichen Aufenthalts, der in der EuEheVO nicht definiert ist, ist nach verordnungsautonomen Kriterien zu bestimmen. Damit es sich um einen gewöhnlichen Aufenthalt handelt, muss der Aufenthalt der Ausdruck einer gewissen Integration des Kindes in ein soziales und familiäres Umfeld sein. Letztlich geht es um die Feststellung des Lebensmittelpunkts des Kindes. Der gewöhnliche Aufenthalt muss objektiv von gewisser Dauer sein oder subjektiv auf gewisse Dauer angelegt sein.

---

[2] IPRspr. 2011 Nr. 275.

Ausweislich der Gründe des Beschlusses des Kreisgerichts Dunakeszi befand sich die Tochter schon für einen längeren Zeitraum in Ungarn. Bereits am 12.10.2012 hatte die ASt. in Ungarn Klage auf Ehescheidung eingereicht. Am 7.2.2013 hatten die Beteiligten bis zum rechtskräftigen Abschluss des offensichtlich auch bzgl. der Tochter streitigen Verfahrens eine Vereinbarung über ein Umgangsrecht des AGg. geschlossen, wonach dieser die Tochter zu bestimmten Zeiten vom jeweiligen Wohnort der ASt. (in Ungarn) abholen durfte und wieder zurückbringen musste.

Dass der Lebensmittelpunkt der Tochter sich ausweislich des Beschlusses tatsächlich in Ungarn befand, kann auch den Ausführungen des Beschlusses entnommen werden, wonach die Beteiligten sich in der Vereinbarung vom 7.2.2013 darauf geeinigt haben, ‚dass die Tochter bei der ASt. leben soll', was später nochmals durch die Erklärung des Anwalts des AGg. bei der Verhandlung vom 29.8.2013 bestätigt worden sei. Weiter lässt sich dem Beschluss entnehmen, dass die Tochter für den 2.9.2013 für einen Kindergarten in Budapest angemeldet war und dass die Beteiligten das Umgangsrecht des AGg. mit der Tochter auch für die ab September 2013 anfallenden Kindergartenferien bereits geregelt haben, woraus zu entnehmen ist, dass eine soziale Integration des Kindes in Ungarn erfolgt war.

Dass der gewöhnliche Aufenthalt der Tochter in Ungarn lag und damit die ungarischen Gerichte international zuständig waren, wurde ausweislich der Gründe des Beschlusses von dem anwaltlich vertretenen AGg. auch in keiner Weise angegriffen. Auch findet sich in den Gründen des Beschlusses kein Hinweis darauf, dass etwa ein Fall einer Entführung der Tochter durch die ASt. von Deutschland nach Ungarn vorausgegangen sei, wodurch gemäß Art. 10 EuEheVO die Gerichte des Mitgliedstaats, in dem das Kind unmittelbar vor einer Entführung seinen gewöhnlichen Aufwand hatte, d.h. hier die deutschen Gerichte, international zuständig bleiben.

Dass der AGg. die Tochter ausweislich des Beschlusses des Kreisgerichts Dunakeszi entgegen der von den Beteiligten getroffenen Umgangsvereinbarung nach Ausübung seines Umgangsrechts nicht zurückgebracht hat und die ASt. deshalb seit dem 19.7.2013 keinen Kontakt mehr mit dem Kind aufnehmen konnte, ließ den Fortbestand des gewöhnlichen Aufenthalts der Tochter in Ungarn zum Zeitpunkt der Antragstellung durch die ASt. am 22.7.2013 unberührt. Abgesehen davon, dass ausweislich der Gründe des Beschlusses noch zum Zeitpunkt der Entscheidung am 4.9.2013 unklar war, ob die Tochter sich noch in Ungarn oder schon außer Landes, z.B. in Deutschland, befand, fiele ein zunächst vorhandener gewöhnlicher Aufenthalt in Ungarn nicht innerhalb von wenigen Tagen dadurch weg, dass der Umgangsberechtigte das Kind nicht zurückbringt, selbst, wenn er es sofort ins Ausland verbracht hätte. Insbesondere würde durch eine solche Vorgehensweise nicht sofort ein neuer gewöhnlicher Aufenthalt im Ausland begründet.

Von der Annahme des Fortbestehens des gewöhnlichen Aufenthalts in Ungarn durch das Kreisgericht Dunakeszi ist angesichts der Vorgeschichte nach den Gründen des Beschlusses wohl auch noch zum Zeitpunkt des Erlasses der Entscheidung am 4.9.2013 auszugehen. Die Annahme eines späteren Wegfalls des gewöhnlichen Aufenthalts nach Antragstellung wäre allerdings für die Begründung der internationalen Zuständigkeit gemäß Art. 8 EuEheVO auch unerheblich, da ein Wechsel des gewöhnlichen Aufenthalts nach Antragstellung die weitere Zuständigkeit des angerufenen Gerichts unberührt ließe (BGH, NJW 2010, 1351 Rz. 9)[3].

IV. 1. Nachdem somit ein nach Art. 8 EuEheVO in der Hauptsache zuständiges Gericht eine einstweilige Maßnahme erlassen hat, sind für die Anerkennung der Entscheidung die Art. 21 ff. EuEheVO vorliegend anwendbar.

Das AG Stuttgart hat auf deren Grundlage zu Recht die Anerkennung des Beschlusses des Kreisgerichts Dunakeszi ausgesprochen.

2. Der Begriff der ‚Entscheidung' gemäß Art. 2 Nr. 4 EuEheVO setzt keine formelle Rechtskraft nach dem Recht des Erstgerichts voraus (*Hausmann*, Internationales und Europäisches Ehescheidungsrecht, 1. Aufl. [2013], J 35), so dass es für die Anwendbarkeit der Art. 21 ff. EuEheVO nicht darauf ankommt, ob die Entscheidung des Kreisgerichts Dunakeszi noch angegriffen werden kann.

Nachdem der AGg. die Anerkennungsfähigkeit der ausländischen Entscheidung im Inland bestreitet, besteht ein rechtliches Interesse der ASt. an der Klärung der Frage, ob die Voraussetzungen der Anerkennung vorliegen, gemäß Art. 21 III EuEheVO (*Hausmann* aaO J 59).

3. a) Nach Art. 21 I EuEheVO gilt der Grundsatz, dass Entscheidungen auf dem Gebiet der elterlichen Verantwortung aus anderen Mitgliedstaaten automatisch anerkannt werden. Die im Verfahren nach Art. 21 III EuEheVO zu prüfenden Anerkennungshindernisse für Entscheidungen betreffend die elterliche Verantwortung sind in Art. 23 EuEheVO abschließend aufgeführt.

b) Unerheblich ist damit der Einwand des AGg., das Kreisgericht Dunakeszi sei international gar nicht zuständig gewesen, da zum einen kein gewöhnlicher Aufenthalt der Tochter in Ungarn begründet worden sei und zum anderen die Tochter zuvor durch die ASt. von Deutschland nach Ungarn entführt worden sei, weshalb gemäß Art. 10 I EuEheVO die internationale Zuständigkeit der deutschen Gerichte gegeben gewesen sei.

Denn wenn das Gericht des Ursprungsstaats seine Zuständigkeit gemäß Art. 8 ff. EuEheVO bejaht hat, ist das Gericht des Anerkennungsstaats aufgrund des Grundsatzes des gegenseitigen Vertrauens, der der Anerkennungssystematik der EuEheVO zugrunde liegt, nach Art. 24 EuEheVO an die Beurteilung der Zuständigkeit des Erstgerichts gebunden, weshalb die internationale Zuständigkeit des Gerichts des Ursprungsmitgliedstaat nicht überprüft werden darf.

c) Ebenfalls irrelevant für das Anerkennungsverfahren ist der Einwand des AGg., es entspreche dem Wohl der Tochter mehr, wenn sie ihren Aufenthalt bei ihm, als bei der Mutter in Ungarn habe und es sei im Anerkennungsverfahren der vom AGg. behauptete Wille der Tochter zu berücksichtigen. Denn Art. 26 EuEheVO verbietet eine inhaltliche Nachprüfung der anzuerkennenden Entscheidung betreffend die elterliche Verantwortung. Ausgeschlossen ist damit auch die vom AGg. vorgenommene Prüfung, ob das Gericht des Ursprungsstaats die Tatsachen richtig festgestellt und gewürdigt hat.

d) Soweit der AGg. annimmt, dass die Entscheidung des Kreisgerichts Dunakeszi dem ordre public in Ungarn widerspreche, ist dies nicht zu prüfen. Denn gemäß Art. 23 lit a EuEheVO besteht ein Anerkennungshindernis nur dann, wenn die Anerkennung der öffentlichen Ordnung des Mitgliedstaats, in dem sie beantragt wird, d.h. dem deutschen ordre public, widerspricht.

---

[3] IPRspr. 2010 Nr. 240.

Soweit der AGg. im Zusammenhang mit dem ordre public wiederum die seiner Auffassung nach fehlende internationale Zuständigkeit der ungarischen Gerichte thematisiert hat, ist darauf hinzuweisen, dass die Überprüfung der Vereinbarkeit mit dem (deutschen) ordre public gemäß Art. 23 lit a sich gemäß Art. 24 Satz 2 EuEheVO gerade nicht auf die Zuständigkeitsvorschriften der Art. 3–14 EuEheVO erstrecken darf ...

e) Ebenfalls nicht gegeben ist ein Anerkennungshindernis gemäß Art. 23 lit b EuEheVO. Zwar wurde die Tochter durch das Kreisgericht Dunakeszi nicht angehört. Eine Pflicht zur Anhörung des Kindes bestand aber, abgesehen davon, dass es zum damaligen Zeitpunkt gerade drei Jahre alt und zudem unbekannten Aufenthalts war, schon deshalb nicht, da es sich um einen ‚dringenden Fall', nämlich ein Verfahren des einstweiligen Rechtsschutzes, gehandelt hat.

f) Es besteht auch kein Anerkennungshindernis gemäß Art. 23 lit c EuEheVO. Der AGg. hat zwar zuletzt mit Schriftsatz vom 7.2.2014 erstmals vorgetragen, dass ihm der das einstweilige Anordnungsverfahren einleitende Antrag der ASt. nicht zugestellt worden sei. Hieran bestehen schon deshalb erhebliche Zweifel, weil weder vorgetragen noch ersichtlich ist, auf welche Weise der AGg., der über seinen Anwalt eine Stellungnahme in dem Verfahren vor dem Kreisgericht Dunakeszi abgegeben hat, dann Kenntnis von dem Verfahren erlangt hat.

Ob eine ordnungsgemäße Zustellung erfolgt ist, kann aber letztlich dahingestellt bleiben. Denn darauf, dass ein verfahrenseinleitendes Dokument nicht ordnungsgemäß zugestellt worden ist, kann sich ein Beteiligter gemäß Art. 23 lit c EuEheVO nicht berufen, wenn er sich auf das Verfahren vor dem Gericht des Ursprungsstaats eingelassen hat. Ausreichend ist hierbei, wenn die Einlassung zur Sache durch einen von dem Beteiligten beauftragten Rechtsanwalt erfolgt ist.

Als Einlassung gilt jedes Verhandeln, aus dem sich ergibt, dass der Beteiligte von dem gegen ihn eingeleiteten Verfahren Kenntnis erlangt und die Möglichkeit der Verteidigung gegen den Angriff des Antragstellers erhalten hat. Etwas anderes gilt nur dann, wenn der Antragsgegner sich darauf beschränkt hat, die Unzuständigkeit des Erstgerichts oder die fehlerhafte Zustellung der Klage zu rügen (BGH, NJW 2011, 3103 Rz. 19)[4] ...

g) Auch liegt kein Anerkennungshindernis gemäß Art. 23 lit e EuEheVO vor. Hiernach wird eine Entscheidung über die elterliche Verantwortung nicht anerkannt, wenn diese mit einer späteren Entscheidung über die elterliche Verantwortung unvereinbar ist, die in dem Mitgliedstaat, in dem die Anerkennung beantragt wird, ergangen ist.

Der AGg. hat vorgetragen, dass er vor dem AG – FamG – Leonberg ein Verfahren eingeleitet hat, in dem er die Übertragung des Aufenthaltsbestimmungsrechts für die Tochter auf seine Person beantragt hat.

Dass ein solches Verfahren anhängig ist, begründet allerdings kein Anerkennungshindernis gemäß Art. 23 lit e EuEheVO. Dass das AG – FamG – Leonberg bereits eine entgegenstehende Entscheidung getroffen hat, wurde seitens keines der Beteiligten vorgetragen.

Dass ein Sorgerechtsverfahren vor dem AG Leonberg anhängig ist, führt auch nicht etwa dazu, dass das Anerkennungsverfahren vor dem Senat auszusetzen ist.

---

[4] IPRspr. 2011 Nr. 270.

h) Soweit der AGg. sich auch auf ein Anerkennungshindernis gemäß Art. 23 lit f EuEheVO berufen hat, liegt ersichtlich kein Sachverhalt vor, der unter den dortigen Tatbestand subsumiert werden kann.

i) Da somit keine Gründe für die Nichtanerkennung einer Entscheidung über die elterliche Verantwortung gemäß Art. 23 EuEheVO vorliegen, verbleibt es dabei, dass gemäß Art. 21 I EuEheVO die Entscheidung des Kreisgerichts Dunakeszi anzuerkennen ist ...

V. 1. Das AG Stuttgart hat auch zu Recht und im gebotenen Umfang die Entscheidung des Kreisgerichts Dunakeszi für vollstreckbar erklärt.

2. Die nach ausländischem Recht bestehende Vollstreckbarkeit einer Entscheidung wird nicht automatisch nach Art. 21 EuEheVO auf das Inland erstreckt. Die Vollstreckbarkeit für das Inland wird vielmehr erst durch die Vollstreckbarerklärung eines deutschen Gerichts konstitutiv begründet.

Gemäß Art. 28 EuEheVO werden die in einem Mitgliedstaat ergangenen Entscheidungen über die elterliche Verantwortung für ein Kind in einem anderen Mitgliedstaat vollstreckt, wenn sie dort auf Antrag einer berechtigten Partei für vollstreckbar erklärt wurden.

3. Die Voraussetzungen für eine Vollstreckbarerklärung liegen vor.

a) Es liegt eine ‚Entscheidung' im Sinne von Art. 2 Nr. 4 EuEheVO vor. Auf die Ausführungen unter III. 3 wird verwiesen.

b) Die ASt. hat einen Antrag auf Vollstreckbarerklärung gestellt.

c) Die Entscheidung ist im Erststaat vollstreckbar. Dies hat die ASt. durch Vorlage einer Bescheinigung nach Art. 39 EuEheVO nachgewiesen.

d) Es liegen keine Versagungsgründe nach Art. 23 EuEheVO, auf den in Art. 31 II EuEheVO verwiesen wird, vor. Auf die Ausführungen unter IV. 3 wird verwiesen.

e) Einer Vollstreckbarerklärung zugänglich sind Leistungs- und Unterlassungsordnungen, also insbesondere auch Herausgabeanordnungen. Demgegenüber handelt es sich bei Sorgerechtsregelungen um Gestaltungs- bzw. Feststellungsentscheidungen, die keinen vollstreckungsfähigen Inhalt haben (*Zöller-Geimer*, ZPO, 3. Aufl., Art. 28 Brüssel IIa VO Rz. 1). Das AG hat daher in zutreffender Weise die Vollstreckbarerklärung nur auf die Herausgabeverpflichtung aus dem Beschluss des Kreisgerichts Dunakeszi erstreckt.

f) Ist die Vollstreckung aus dem ausländischen Titel zuzulassen, hat das inländische Gericht, wie vom AG Stuttgart zutreffend vorgenommen, gemäß § 20 IntFamRVG zu beschließen, dass der Titel mit der Vollstreckungsklausel zu versehen ist.

VI. Gemäß Art. 27 EuEheVO kann das Gericht eines Mitgliedstaats vor dem in einem förmlichen Anerkennungsverfahren gemäß Art. 21 III EuEheVO die Anerkennung einer in einem anderen Mitgliedstaat ergangenen Entscheidung beantragt wird, das Verfahren aussetzen, wenn gegen die Entscheidung des Erstgerichts ein ordentlicher Rechtsbehelf eingelegt wurde.

Das nach Art. 33 EuEheVO mit einer Beschwerde gegen eine Vollstreckbarerklärung befasste Gericht kann gemäß Art. 35 EuEheVO auf Antrag der Partei, gegen die die Vollstreckung erwirkt werden soll, ebenfalls das Verfahren aussetzen, wenn im Ursprungsmitgliedstaat ein ordentlicher Rechtsbehelf eingelegt worden ist.

Der AGg. hat einen entsprechenden Antrag gestellt.

Der AGg. hatte ein Rechtsmittel gegen den Beschluss des Kreisgerichts Dunakeszi vom 4.9.2013 eingelegt. Mit Beschluss des Landgerichts Budapest vom 5.12.2013 wurde dieses Rechtsmittel des AGg. zurückgewiesen; das Landgericht Budapest hat den Beschluss des Kreisgerichts Dunakeszi bestätigt. Ausweislich des Beschlusses des Landgerichts Budapest vom 5.12.2013 ist gegen diesen Beschluss keine Berufung mehr zulässig.

Der AGg. hat nunmehr vorgetragen, dass er in Ungarn eine ‚Nichtigkeitsklage' gegen den Beschluss des Landgerichts Budapest vom 5.12.2013 eingelegt habe.

Es kann dahingestellt bleiben, ob eine solche Klage zulässig ist und ob hierunter ein ‚ordentlicher Rechtsbehelf' im Sinne der Art. 27, 35 EuEheVO zu verstehen ist. Denn die Entscheidung über die Aussetzung des Anerkennung- bzw. Vollstreckbarerklärungsverfahrens gemäß Art. 27, 35 EuEheVO steht im Ermessen des Senats.

Der Senat hat hierbei v.a. die mutmaßlichen Erfolgsaussichten des Rechtsbehelfs im Erststaat und diejenigen im deutschen Beschwerdeverfahren zu berücksichtigen (*Hausmann* aaO J 195).

Wie unter IV. und V. ausgeführt, bestehen keine Erfolgsaussichten für den AGg. im hiesigen Beschwerdeverfahren. Ebenfalls dürften insbesondere angesichts der Gründe in der Entscheidung des Landgerichts Budapest auch geringe Erfolgsaussichten bzgl. einer Aufhebung der Erstentscheidung bestehen ...

Auch ist es irrelevant, dass der AGg. einen Rückführungsantrag bzgl. der Tochter gemäß HKiEntÜ beim BfJ gestellt hatte. Denn gemäß Art. 16 HKiEntÜ tritt eine Sperrwirkung erst ein, wenn den Gerichten oder Verwaltungsbehörden des Vertragsstaats, in den das Kind verbracht worden sein soll (hier: Ungarn) das – vom AGg. behauptete – widerrechtliche Verbringen des Kindes mitgeteilt worden ist. Dass bereits in Ungarn ein Rückführungsverfahren anhängig gewesen ist, wurde durch den AGg. weder vorgetragen noch belegt.

Angesichts dieser Umstände übt der Senat sein Ermessen dahingehend aus, dass er das Anerkennungs- und Vollstreckbarerklärungsverfahren nicht aussetzt.

Der Senat weist darauf hin, dass ein Rechtsbehelf gegen die Ablehnung eines Aussetzungsantrags nicht statthaft ist, weil durch diese Entscheidung des Senats nicht ‚über den Rechtsbehelf' im Sinne von Art. 34 EuEheVO entschieden worden ist (*Hausmann* aaO J 196)."

258. *Wird die Anerkennung einer ausländischen Entscheidung ausgesprochen, so hat dies die Erstreckung der Wirkungen, die der Entscheidungsstaat der ausländischen Entscheidung beilegt, auf das Inland zur Folge. Es erfolgt keine Aufwertung der ausländischen Entscheidung zu den Wirkungen einer vergleichbaren inländischen, sofern die ausländische Entscheidung geringere Wirkungen erzeugt.*

Soll eine anerkennungsfähige ausländische Entscheidung mit Wirkungen versehen werden, die ihr nach dem durch das ausländische Gericht angewendeten Recht nicht zukommen, bedarf es vielmehr einer erneuten Sachentscheidung (im Anschluss an FamRZ 2012, 1911 = IPRspr. 2011 Nr. 107).

OLG Hamm, Beschl. vom 11.4.2014 – II-2 WF 57/14: FamRZ 2014, 1935 mit Anm. *Heiderhoff*. Leitsatz in: FamRB 2014, 292 mit Anm. *Streicher*; NZFam 2015, 47 mit Anm. *Schuldei*.

259. *Eine ausländische (hier: türkische) Sorgerechtsentscheidung ist im Inland nicht anzuerkennen, wenn die Entscheidung ohne jegliche Prüfung des Kindeswohls erlassen wurde.*

OLG Köln, Beschl. vom 7.7.2014 – 21 UF 99/14: FamRZ 2015, 78; NZFam 2015, 191.

Die ASt. ist die Mutter von fünf ehelichen Kindern, die alle in Deutschland geboren wurden und dort ihren gewöhnlichen Aufenthalt haben. Die ASt. hatte vergeblich versucht, vor einem türkischen Gericht das Sorgerecht für diese Kinder zugesprochen zu bekommen. Der AGg. und Vater der Kinder war dem nicht entgegengetreten. In dem Gerichtsverfahren vor dem türkischen Gericht berichtete ein Zeuge von Alkoholproblemen des AGg. Eine persönliche Anhörung der Kinder war vor der Entscheidung des türkischen Gerichts nicht erfolgt. Ende 2012 erzielten die Eltern Einvernehmen über den Aufenthalt der Kinder bei der Mutter. Mit ihrer Beschwerde verfolgt die ASt. ihr Anliegen, die Nichtanerkennung der Entscheidung des türkischen Gerichts, weiter.

Aus den Gründen:

„Die nach §§ 58 ff. FamFG statthafte sowie form- und fristgerecht eingelegte Beschwerde der ASt. vom 13.5.2014 hat in der Sache den erstrebten Erfolg, womit zugleich die vom FamG aufgrund des Hilfsantrags ausgesprochene Wiederherstellung der gemeinsamen Sorge der Kindeseltern für ihre fünf Kinder hinfällig wird.

Der Antrag auf gerichtliche Feststellung der Nichtanerkennung der Sorgerechtsentscheidung in dem zwischen der ASt. und dem AGg. ergangenen Scheidungsurteil eines türkischen Gerichts ist zulässig und begründet.

Unabhängig davon, inwieweit im Streitfall die Regelung der §§ 108, 109 FamFG gemäß § 97 FamFG durch in unmittelbar anwendbares deutsches Recht umgesetzte völkerrechtliche Bestimmungen verdrängt wird, findet gemäß § 32 IntFamRVG i.V.m. §§ 10 ff., 16 ff. IntFamRVG im Verhältnis zur Türkei als Signatarstaat des ESÜ eine Feststellung der Nichtanerkennung der ausländischen Sorgerechtsentscheidung im Inland durch das FamG des gewöhnlichen Aufenthaltsorts der betroffenen Kinder statt.

In der Sache ist – wovon nach dem Jugendamtsbericht vom 12.6.2013 und seinem eigenen Vorbringen (Schriftsätze vom 25.6., 26.11. und 17.12.2013) auch der AGg. ausgeht – die Entscheidung des 3. Familiengerichts in ... (Republik Türkei) vom 25.7.2012, das Sorgerecht für die gemeinsamen Kinder dem AGg. allein zu übertragen, in Deutschland nicht anzuerkennen. Der Anerkennung steht gemäß §§ 19, 32 IntFamRVG i.V.m. Art. 10 I 1 litt. a und b ESÜ entgegen, dass die Wirkungen der Entscheidung mit Grundwerten des deutschen Familien- und Kindschaftsrechts offensichtlich unvereinbar sind und auch im Hinblick auf die seither veränderten Verhältnisse offensichtlich nicht dem Kindeswohl entsprechen.

In dem Verfahren vor dem türkischen Gericht hatte die ASt. durch ihren Vertreter beantragt, ihr das Sorgerecht für die gemeinsamen ehelichen Kinder, die unstreitig alle in Deutschland geboren wurden und dort stets ihren gewöhnlichen Aufenthalt hatten, zu übertragen. Der AGg. war dem nicht entgegengetreten. Ein von der ASt. benannter Zeuge hatte ausgesagt, dass die Eheleute bei ihrem letzten Besuch in der Türkei heftig gestritten hätten; vom Hörensagen wisse er, dass der AGg. Alkoholprobleme habe und dass die Kinder mit ihm zusammenlebten. Ohne persönliche Anhörung der Kinder, hinsichtlich derer dem türkischen Gericht nur eine Familienstandsbescheinigung vorlag, und der Eheleute hat das 3. Familiengericht in ...

daraufhin das Sorgerecht für die gemeinsamen Kinder ‚nach Bewertung der tatsächlichen Situation' dem AGg. übertragen; eine näher ausgeführte Begründung der Bewertung fehlt.diese Verfahrensweise lässt nicht erkennen, dass das türkische Gericht vor seiner Sorgerechtsentscheidung eine Prüfung des Wohls der Kinder, bei dem es sich um einen der wichtigsten Grundwerte des deutschen Familien- und Kindschaftsrechts handelt (vgl. Nr. 47 des Erläuternden Berichts zum ESÜ, BT-Drucks. 11/5314 S. 65), auch nur in Erwägung gezogen hätte. Nach den im Urteil mitgeteilten Umständen hat offensichtlich keine fundierte Kindeswohlprüfung stattgefunden. Nahe liegende verfahrensleitende Maßnahmen und Feststellungen sind unterblieben, und die Entscheidung, das Sorgerecht entgegen dem Begehren der ASt. von Amts wegen allein dem AGg. zu übertragen, an dessen Erziehungseignung sich aufgrund seiner möglichen Alkoholprobleme durchaus Zweifel ergeben hatten, wurde nicht nachvollziehbar begründet. Jedenfalls nachdem die Beteiligten am 14.12.2012 vor dem FamG in S. Einvernehmen über den gewöhnlichen Aufenthalt der Kinder bei der ASt. erzielt haben, ist jetzt nicht einmal unter Berücksichtigung des Kontinuitätsprinzips irgendein Grund für die Übertragung des alleinigen Sorgerechts auf den AGg. erkennbar."

260. *Art. 108 I FamFG gilt nach seinem eindeutigen Wortlaut nicht für Ehesachen; diese sind abschließend in § 107 FamFG geregelt.*

Die Regelung des § 107 FamFG erfasst alle ausländischen Entscheidungen in Ehesachen; eine Einschränkung dahingehend, dass nur Ehesachen ausgenommen sind, für die das obligatorische Anerkennungsverfahren nach § 107 FamFG eingreift, und daraus folgend die Anwendbarkeit des § 108 I FamFG auch für Heimatstaatentscheidungen, lässt sich aus dem Wortlaut nicht ableiten. Es besteht deshalb weiterhin das Bedürfnis für ein fakultatives Anerkennungsverfahren für Heimatstaatentscheidungen. [LS der Redaktion]

OLG Schleswig, Beschl. vom 18.7.2014 – 12 Va 10/12: FamRZ 2015, 76.

[Ein weiteres Verfahren ist beim BGH unter dem Az. XII ZB 695/14 anhängig.]

Die Beteiligte zu 1) begehrt die Feststellung, dass die Voraussetzungen für die Anerkennung eines polnischen Urteils aus dem Jahr 1995, das die Scheidung der Ehe zwischen der Beteiligten zu 2) und Herrn J. P. K. ausspricht, nicht erfüllt seien. Der 2010 verstorbene Herr M. V. war in erster Ehe mit der Beteiligten zu 1) verheiratet; die Ehe wurde 1995 geschieden. Aus der Ehe sind zwei gemeinsame Kinder, S. J. und T. V., hervorgegangen. M. V. heiratete 1998 die Beteiligte zu 2). Diese hatte zuvor 1990 mit Herrn J. P. K. die Ehe geschlossen. Während der letztgenannten Ehe, deren Scheidung das verfahrensgegenständliche Urteil des Bezirksgerichts Danzig aus 1995 ausgesprochen hat, gebar die Beteiligte zu 2) 1994 den Sohn Matt. K. (jetzt V.). M. V. hat 1997 die Vaterschaft für dieses Kind anerkannt, nachdem das AG Pinneberg durch Urteil 1996 festgestellt hatte, dass J. P. K. nicht der Kindesvater ist. Nach dem Tod des M. V. wurde zugunsten seiner drei Kinder S. J., T. V. und Matt. V. sowie der Beteiligten zu 2) ein Erbschein erteilt.

Die LJV, Beteiligte zu 3), hat den Antrag der Beteiligten zu 1) als unzulässig abgewiesen. Gegen diesen Bescheid wendet sich die Beteiligte zu 1) mit ihrem Antrag auf gerichtliche Entscheidung.

Aus den Gründen:

„II. ... 1. Der Antrag auf gerichtliche Entscheidung ist form- und fristgerecht gestellt und auch im Übrigen zulässig. Insbesondere ist die Antragsberechtigung der Beteiligten zu 1) gegeben. Den Antrag nach § 107 V und IX FamFG kann gemäß § 107 IV 2 FamFG jeder stellen, der ein rechtliches Interesse an der Nichtanerkennung glaubhaft macht. Das rechtliche Interesse der Beteiligten zu 1) ergibt sich zum einen daraus, dass die Beteiligte zu 2) im Verfahren vor dem LG Itzehoe als Mitklägerin und Mitglied der Erbengemeinschaft nach dem verstorbenen Herrn M. V. negative Feststellungsklage gegen die Beteiligte zu 1) erhoben hat, weil diese sich Unterhaltsansprüche gegen ihren früheren Ehemann berühmt, die sich nach dessen Versterben nunmehr gegen seine Erben richten würden. Die Einordnung der Ehe der Beteiligten zu 2) zum Erblasser als bigamisch aufgrund der Nichtanerkennung der Scheidung der ersten Ehe der Beteiligten zu 2) hätte im Fall ihrer Bösgläubigkeit im Sinne des § 1318 V BGB den Wegfall der Erbenstellung der Beteiligten zu 2) und damit den Verlust ihrer Aktivlegitimation zur Folge. Zum anderen würde die Beteiligte zu 1) mit der begehrten Nichtanerkennung des polnischen Scheidungsurteils eine Beweiserleichterung erreichen, weil dann die Erbscheinvermutung nach § 2365 BGB entfallen würde und die Beteiligte zu 2) nach den allgemeinen Beweisregeln ihre Aktivlegitimation als Erbin beweisen müsste.

2. Der Antrag auf gerichtliche Entscheidung der Beteiligten zu 1) führt zur Aufhebung des angefochtenen Bescheides und zur Zurückverweisung der Sache an die Beteiligte zu 3) entsprechend § 69 I 2 FamFG.

a) Anwendbar sind hier aus den insoweit zutreffenden Gründen des Bescheids der Beteiligten zu 3) die Anerkennungsvorschriften des FamFG und nicht diejenigen der EuEheVO.

b) Der Antrag der Beteiligten zu 1) ist nicht unzulässig, sondern muss in der Sache beschieden werden, so dass der angefochtene Bescheid aufzuheben ist, und zwar nach derzeitigem Sachstand aus zwei Gründen:

aa) Es ist bereits zweifelhaft, ob es sich bei dem verfahrensgegenständlichen polnischen Scheidungsurteil aus dem März 1995 überhaupt um eine Heimatstaatentscheidung im Sinne von § 107 I 2 FamFG handelt. Dies wäre nur dann der Fall, wenn die Beteiligte zu 2) und Herr J. K. damals beide (ausschließlich) die polnische Staatsangehörigkeit gehabt hätten. Schon wenn es sich bei Herrn K. um einen Mehrstaater gehandelt haben sollte, läge nach ganz h.M. (vgl. nur *Zöller-Geimer*, ZPO, 30. Aufl., § 107 FamFG Rz. 42 m.w.N.; *Bahrenfuß-v. Milczewski*, FamFG, 2. Aufl., § 107 Rz. 23 m.w.N.) keine Heimatstaatentscheidung vor und wäre zwingend nach § 107 I 1 FamFG ein Anerkennungsverfahren vor der Beteiligten zu 3) durchzuführen ...

bb) Entgegen der Auffassung des Ministeriums für Justiz, Kultur und Europaangelegenheiten des Landes Schleswig-Holstein ist ein fakultatives Verfahren vor der LJV aber selbst bei Vorliegen einer Heimatstaatentscheidung auch nach Inkrafttreten des FamFG weiterhin zulässig.

Die Vorschrift des § 107 FamFG entspricht weitgehend der bisher geltenden Regelung des Art. 7 § 1 FamRÄndG. Aus den Gesetzesmaterialien zum FamFG ergibt sich nicht, dass der bisherige Rechtszustand, nach dem ein Anerkennungsverfahren vor der LJV auch bei Vorliegen einer Heimatstaatentscheidung fakultativ zulässig war (BGH, Beschl. vom 11.7.1990 – XII ZB 113/87[1], FamRZ 1990, 1228), geändert werden sollte. Entsprechende Erläuterungen wären aber zu erwarten und erforderlich gewesen, wenn eine Änderung der Rechtslage beabsichtigt gewesen wäre.

Etwas anderes folgt auch nicht aus Art. 108 FamFG. Art. 108 I FamFG gilt nach seinem eindeutigen Wortlaut („Abgesehen von Entscheidungen in Ehesachen

---

[1] IPRspr. 1990 Nr. 221.

...') gerade nicht für Ehesachen. Auch steht für Ehesachen entgegen der Auffassung der Beteiligten zu 3) nicht das in Art. 108 II und III FamFG geregelte fakultative Anerkennungsverfahren zur Verfügung, weil die gesamte Regelung des § 108 FamFG, wie sich aus der vom Gesetzgeber gewählten amtlichen Überschrift ‚Anerkennung anderer Entscheidungen' ergibt, nicht auf Entscheidungen in Ehesachen anwendbar ist, die abschließend in Art. 107 FamFG geregelt sind (so die ganz h.M., u.a. *Keidel-Zimmermann*, FamFG, 18. Aufl., § 107 Rz. 20; MünchKommFamFG-*Rauscher*, 2. Aufl., Rz. 34; *Prütting-Helms-Hau*, FamFG, 3. Aufl., § 107 Rz. 32; *Hau*, FamRZ 2009, 821, 825; *Thomas.-Putzo-Hüßtege*, ZPO, 34. Aufl., § 108 Rz. 1; *Bork-Jacoby-Schwab-Heiderhoff*, FamFG, 2.Aufl., § 107 Rz. 6 und § 108 Rz. 7; *Klinck*, FamRZ 2009, 741, 743; zum Anwendungsbereich des § 108 FamFG auch *Musielak-Borth/Grandel*, FamFG, 4. Aufl., § 108 Rz. 1: Die Vorschrift regelt die Anerkennung ausländischer Entscheidungen, soweit deren Gegenstand nicht eine Entscheidung in Ehesachen ist; a.A. u.a. *Bahrenfuß-v. Milczewski* aaO § 107 Rz. 24; *Zöller-Geimer* aaO Rz. 38). Die Auffassung der LJV, es müssten, weil die amtliche Überschrift des § 108 FamFG von der ‚Anerkennung anderer ausländischer Entscheidungen' spreche, auch Heimatstaatentscheidungen, für die § 107 FamFG gerade nicht eingreift, zwangsläufig in den Anwendungsbereich des § 108 FamFG fallen, überzeugt nicht. Die Regelung des § 107 FamFG erfasst alle ausländischen Entscheidungen in Ehesachen; eine Einschränkung dahingehend, dass nur Ehesachen ausgenommen sind, für die das obligatorische Anerkennungsverfahren nach § 107 FamFG eingreift, und daraus folgend die Anwendbarkeit des § 108 I FamFG auch für Heimatstaatentscheidungen, lässt sich aus dem Wortlaut nicht ableiten.

Es besteht deshalb weiterhin das vom BGH unter der Geltung der bisherigen Regelung bejahte Bedürfnis für ein fakultatives Anerkennungsverfahren für Heimatstaatentscheidungen. Nur so kann gewährleistet werden, dass über die Anerkennungsfrage auch in diesen Fällen eine Stelle entscheidet, die durch regelmäßige Befassung gerade mit der Anerkennungsfähigkeit ausländischer Statusentscheidungen besondere Sachkunde aufbauen konnte.

cc) Es ist auch der nach der genannten Rspr. des BGH erforderliche besondere Grund für die Durchführung eines fakultativen (Nicht-)Anerkennungsverfahrens durch die Beteiligte zu 1) vor der LJV gegeben.

(1) Dieser besondere Grund ergibt sich aus den Umständen, die – wie o.a. – ihr rechtliches Interesse im Sinne von § 107 IV 2 FamFG begründen.

(2) Entgegen der Auffassung der LJV entfällt das Interesse der Beteiligten zu 1) an einer bindenden Feststellung auch nicht deshalb, weil das LG Itzehoe in dem bei ihm laufenden Verfahren die Frage der Anerkennungsfähigkeit des Scheidungsurteils, wenn es sich um eine Heimatstaatentscheidung handeln sollte, als Vorfrage inzident prüfen würde. Die Beteiligte zu 1) ist nicht gehalten, sich der Rechtsauffassung des LG oder späterer möglicher Rechtsmittelgerichte zu beugen; vielmehr steht ihr ein Wahlrecht zu, ob sie bei Vorliegen einer Heimatstaatentscheidung die Durchführung des fakultativen (Nicht-)Anerkennungsverfahrens vor der LJV beantragt oder die Entscheidung dem Fachgericht überlässt. Für die Auffassung der Beteiligten zu 3), die zu klärende Frage der (Nicht-)Anerkennung des Urteils müsse auch in weiteren Rechtsbeziehungen von Bedeutung sein, bietet das Gesetz keinen Anhaltspunkt ...

Etwas anderes folgt auch nicht daraus, dass ein Verstoß gegen die Ordre-public-Maximen im Zweitverfahren nicht mehr gerügt werden kann, wenn er nicht schon im Erstverfahren (erfolglos) geltend gemacht wurde, also die Beseitigung des Verfahrensfehlers schon im Erstprozess mit den Mittel des erststaatlichen Prozessrechts versucht worden ist (*Zöller-Geimer* aaO § 328 Rz. 227 m.w.N.). Die Beteiligte zu 1) war nämlich am Scheidungsverfahren zwischen der Beteiligten zu 2) und Herrn K. nicht beteiligt, so dass ihr in Polen keine rechtsstaatlichen Mittel zur Beseitigung des Scheidungsurteils zur Verfügung standen."

261. *Art. 23 lit b EuEheVO enthält eine spezielle Konkretisierung des verfahrensrechtlichen ordre public. Danach muss dem Kind die Möglichkeit zur Anhörung gegeben werden. Die Anforderungen an die Anhörung des Kindes richten sich nach dem Recht des Anerkennungsstaats; grundsätzlich sind Kinder nach deutschem Recht ab dem dritten Lebensjahr anzuhören.*

Hat ein ausländisches (hier: belgisches) Gericht nicht durch eine Anhörung überprüft, welche Wünsche die Kinder haben, liegt aus deutscher Sicht ein schwerwiegender Verfahrensverstoß gegen § 159 FamFG vor, der im Rahmen der Orde-püblic-Prüfung zu berücksichtigen ist und zu einem Anerkennungshindernis führt. [LS der Redaktion]

OLG München, Beschl. vom 20.10.2014 – 12 UF 1383/14: FamRZ 2015, 602. Leitsatz in: FamRB 2015, 98 mit Anm. *Niethammer-Jürgens/Reuter*; FF 2015, 220.

Die AGg. wendet sich mit ihrer Beschwerde dagegen, dass das AG München mit Beschluss auf den Antrag des ASt. hin das Berufungsurteil des Berufungsgerichts Brüssel vom 4.6.2014 anerkannt und diese Entscheidung für vollstreckbar erklärt hat. Die Beteiligten sind die nicht miteinander verheirateten Eltern der gemeinsamen Kinder M. und Th., geboren 2006, und M., geboren 2009. Die Eltern der Kinder lebten von 2005 bis Oktober 2010 in Belgien zusammen. Nach ihrer Trennung heiratete die AGg. 2011 einen deutschen Staatsangehörigen. Da sie beabsichtigte, zu diesem nach Deutschland zu ziehen, stellte sie beim zuständigen belgischen Jugendgericht Brüssel 2012 einen Antrag mit dem wesentlichen Ziel, den Hauptaufenthaltsort der Kinder bei ihr zu bestimmen. Das Jugendgericht Brüssel folgte diesem Antrag mit Urteil 2013; weder Sachverständige noch das Gericht hatten die Kinder angehört. Auf die Berufung des ASt. hin hat das Berufungsgericht Brüssel am 4.6.2014 das Urteil des Jugendgerichts Brüssel abgeändert und bestimmt, dass der Hauptaufenthaltsort der Kinder beim ASt. in Belgien liegt. Auf Antrag des ASt. hat das AG München mit Beschluss vom 26.8.2014 die Anerkennung des Berufungsurteils des Berufungsgerichts Brüssel vom 4.6.2014 ausgesprochen und die Entscheidung für vollstreckbar erklärt. Gegen diesen Beschluss hat die AGg. Beschwerde beim AG eingelegt, die am 3.9.2014 beim OLG einging.

Aus den Gründen:

„ II. 1. Bei dem vorliegenden Verfahren handelt es sich zum einen um ein selbständiges Anerkennungsverfahren nach Art. 21 III EuEheVO, zum anderen um eine Entscheidung im Rahmen der Vollstreckbarerklärung nach Art. 28 EuEheVO, auch wenn das AG bisher noch nicht ausdrücklich angeordnet hat, dass das belgische Urteil mit der Vollstreckungsklausel gemäß § 20 IntFamRVG zu versehen ist. Auf das selbständige Anerkennungsverfahren finden gemäß § 32 IntFamRVG die Vorschriften über das Verfahren der Vollstreckbarerklärung entsprechende Anwendung

...

3. Die Beschwerde ist begründet, so dass der angefochtene Beschluss aufzuheben und die Anträge des ASt. abzuweisen sind.

a. Die AGg. beruft sich zu Recht auf ein bestehendes Anerkennungshindernis gemäß Art. 23 lit b EuEheVO. Dieses Anerkennunghindernis steht auch der Vollstreckbarerklärung des belgischen Urteils gemäß Art. 31 II EuEheVO entgegen, unabhängig von der Frage, ob das Urteil in Bezug auf die Bestimmung des Hauptwohnsitzes der Kinder beim Vater einen vollstreckungsfähigen Inhalt hat.

aa. Art. 23 lit b EuEheVO enthält eine spezielle Konkretisierung des verfahrensrechtlichen ordre public (*Althammer-Weller*, Brüssel IIa Rom III, 1. Aufl. [2014], Art. 23 Brüssel IIa Rz. 3). Danach muss dem Kind die Möglichkeit zur Anhörung gegeben werden.

Der Wortlaut und der Erwägungsgrund Nr. 19 der EuEheVO stellen klar, dass sich die Anforderungen an die Anhörung des Kindes grundsätzlich nach dem Recht des Anerkennungsstaats richten (*Althammer-Weller* aaO). Maßstab für die Anhörung des Kindes im deutschen Recht ist § 159 FamFG (*Althammer-Weller* aaO; *Thomas-Putzo-Hüßtege*, ZPO, 35. Aufl., Art. 23 EuEheVO Rz. 2; *Hausmann*, Internationales und Europäisches Scheidungsrecht, 1. Aufl. [2013], J Rz. 84). Hinzu tritt die Rspr. des BVerfG (FamRZ 2007, 105/107; FamRZ 2010, 1622), das ausgeführt hat, dass grundsätzlich Kinder ab dem dritten Lebensjahr anzuhören sind, um den tatsächlichen Willen des Kindes zu ermitteln; zwar habe dieser bei einem Kleinkind eher geringes Gewicht in Bezug auf eine etwaige Selbstbestimmung, bei wem das Kind leben wolle und Umgang haben möchte, jedoch könne ein etwaiger dahingehend vom Kind ausdrücklich oder indirekt geäußerter Wunsch Ausdruck von Bindungen sein, die für die Entscheidung von Bedeutung sind.

bb. Den Anforderungen, die § 159 FamFG und das BVerfG an die Kindesanhörung stellen, genügt das belgische Verfahren in keiner Weise. Weder das belgische Gericht erster Instanz noch das Berufungsgericht haben das Kind persönlich angehört, noch durch Dritte anhören lassen. Die beiden Sachverständigen haben ausdrücklich ausgeführt, dass sie die Kinder im Hinblick auf ihr Alter und die mit der Anhörung eintretende Belastung nicht anhören. Das Berufungsgericht hat sich auf das Sachverständigengutachten gestützt und festgestellt, dass die AGg. mit ihrem Umzug nach Deutschland nicht im Interesse der Kinder gehandelt habe. Ferner führt das Berufungsgericht Brüssel aus, aus einem vorgelegten Bericht vom 24.1.2014 (hierbei handelt es sich wohl um den Bericht der Jugendlichenpsychotherapeutin Dr. W.) gehe hervor, dass M. sehr viele Probleme in der Schule habe und Verhaltensprobleme zeige; in Bezug auf Th. wird nur ausgeführt, dass dieser in Belgien in der dortigen Schule gefördert wurde und nach einem Bericht vom 3.6.2013 das Erlernen einer dritten Sprache nicht für sinnvoll gehalten werde; hinsichtlich des Kindes M. habe der ASt. nicht bestritten, dass das Kind sich in Deutschland an das Leben angepasst habe. Weitere Erkenntnisquellen hat das Berufungsgericht Brüssel nicht genutzt. Feststellungen zum Kindeswillen hat das belgische Gericht nicht getroffen. Soweit der ASt. in seiner Beschwerdeerwiderung ausführt, das belgische Gericht habe die Kinder angehört, indem es die auf Seite 4 der Beschwerdeerwiderung genannten Berichte berücksichtigt hat, trifft dies mit Ausnahme des Berichts vom 24.1.2014 nicht zu. Das belgische Gericht hat diese Berichte ausweislich der Urteilsgründe (S. 8 ff. der deutschen Übersetzung) als verspätet zurückgewiesen und nicht berücksichtigt, da sie nach Schluss der mündlichen Verhandlung vom 20.2.2014 vorgelegt worden sind.

Ob die Untersuchung durch Dr. W. eine Anhörung durch das Gericht ersetzen kann, kann dahingestellt bleiben. Das Gutachten befasst sich nur mit den Verhaltensauffälligkeiten des Kindes M. Zu den Wünschen und Bindungen des Kindes wurde dieses offensichtlich nicht befragt. Die beiden anderen Kinder wurden gar nicht befragt. Auch das belgische Gericht zieht aus dem Bericht von Dr. W. vom 24.1.2014 nur den Schluss, dass das Kind Schulprobleme hat und eine Verhaltensstörung aufweist.

cc. Die von § 159 FamFG verlangte Kindesanhörung dient dazu, dass sich das Gericht von dem betroffenen Kind einen Eindruck verschaffen kann. Ferner ist dem Kind die Möglichkeit zu geben, seinen Willen zu äußern. Die Willensäußerung des Kindes gewinnt mit zunehmenden Alter an Bedeutung. Die Kindesanhörung sorgt dafür, dass das Kind auch verfahrensrechtlich nicht Objekt einer Entscheidung, sondern als Grundrechtsträger wahrgenommen wird und seine Grundrechte zum Ausdruck bringen kann (*Hennemann*, NZFam 2014, 871). Auch wenn § 159 I FamFG die Anhörung von Kindern erst ab dem 14. Lebensjahr vorschreibt, sind jüngere Kinder gemäß § 159 II FamFG anzuhören, wenn es auf Neigung, Bindung oder Willen des Kindes ankommt. Da Kinder ab drei Jahren in der Lage sind, sich sprachlich zu äußern und mit ihnen unbekannten Dritten Kontakt aufzunehmen, sind auch sie ab diesem Alter in Kindschaftsverfahren grundsätzlich anzuhören.

Hiergegen haben die belgischen Gerichte aus deutscher Sicht verstoßen. Gerade das Berufungsgericht hätte, weil es von der erstinstanzlichen Entscheidung abgewichen ist, durch eine Anhörung überprüfen müssen, welche Wünsche die Kinder haben, wie stark aus ihrer Sicht die Bindung zum ASt. ist und wie sie den Umzug nach Deutschland verkraftet haben. Das belgische Gericht hat über die Kinder geurteilt, ohne ihre eigenen Empfindungen wahrzunehmen. Aus deutscher Sicht liegt daher ein schwerwiegender Verfahrensverstoß gegen § 159 FamFG vor, der im Rahmen der Ordre-public-Prüfung zu berücksichtigen ist und zu einem Anerkennungshindernis führt.

dd. Dem steht die Entscheidung des EuGH vom 22.10.2010 – Joseba Andoni Aguirre Zarraga ./. Simone Pelz, Rs C 491/10, FamRZ 2011, 355 m. Anm. *Schulz* 359) nicht entgegen. Der EuGH befasst sich in dieser Entscheidung mit der Frage, ob das Gericht des Vollstreckungsstaats berechtigt ist, eine Bescheinigung nach Art. 42 I, II EuEheVO nicht zu beachten, wenn ersichtlich ist, dass vor Erlass einer Entscheidung auf Rückgabe eines im Sinne von Art. 11 EuEheVO entführten Kindes eine Kindesanhörung nicht stattgefunden hat, obwohl das Ursprungsgericht eine solche bestätigt.

Diese Entscheidung hat eine wesentlich andere Bedeutung als der ASt. ihr beimessen möchte. Der EuGH stellt zunächst fest (Rz. 53), dass mit Art. 42 II I1 EuEheVO kein anderer Zweck verfolgt wird als der, dem Gericht des Ursprungsmitgliedstaats den erforderlichen Mindestinhalt der Entscheidung zu erläutern, auf deren Grundlage die Bescheinigung nach Art. 42 I EuEheVO ausgestellt wird. Diese Auslegung werde dadurch bestätigt, dass die in den Art. 23 und 31 EuEheVO vorgesehenen Gründe, die das Gericht des Vollstreckungsmitgliedstaats berechtigen, eine Entscheidung über die elterliche Verantwortung nicht anzuerkennen oder nicht für vollstreckbar zu erklären, und zu denen ein offensichtlicher Widerspruch zur öffentlichen Ordnung dieses Mitgliedstaats sowie die Verletzung wesentlicher verfahrensrechtlicher Grundsätze des Mitgliedstaats zählen, nach denen das Kind die Möglichkeit gehabt haben muss, gehört zu werden, nicht als Gründe in Art. 42

EuEheVO übernommen wurden, die eine solche Weigerung des Gerichts des Vollstreckungsmitgliedstaats im Rahmen der Verfahren in Kapitel III Abschnitt 4 der Verordnung rechtfertigen können (Rz. 57). Daraus folgt, dass der Maßstab für die Anerkennung einer Entscheidung und ein Ordre-public-Verstoß nach Art. 23 lit b EuEheVO ein anderer ist als nach Art. 42 EuEheVO.

ee. Für die Anwendung von Art. 23 lit b EuEheVO kommt es somit allein darauf an, ob aus deutscher verfahrensrechtlicher Sicht die Kindesanhörung von so großer Bedeutung ist, dass bei einer unterlassenen Anhörung ein Anerkennungs- und Vollstreckungshindernis besteht. Dies ist vorliegend zu bejahen. Die Kinder waren im Zeitpunkt der belgischen Entscheidung fast acht bzw. fünf Jahre alt. Auch dem deutschen Gesetzgeber ist es bewusst, dass die Anhörung des Kindes in diesem Alter für dieses eine große Belastung darstellt. Gleichwohl hat er sich dazu entschlossen, von der Anhörung des Kindes nur abzusehen, wenn dies aus schwerwiegenden Gründen geboten ist, § 159 III 1 FamFG, gleich welches Alter das Kind hat. Nur in besonders schwerwiegenden Fällen kann bei massiven psychischen Beeinträchtigungen für das Kind auf die Anhörung verzichtet werden (BGH, NJW-RR 1986, 1130[1]; *Hennemann* aaO 874). Selbst der Wunsch der Eltern, von einer an sich gebotenen Kindesanhörung abzusehen, ist unbeachtlich (BGH, NJW 2011, 2360)[2].

Anhaltspunkte dafür, dass aus deutscher Sicht von einer Kindesanhörung abgesehen werden durfte, bestehen nicht. Zwar wohnen die Kinder weit vom Gericht entfernt, sie hätten aber durch den Internationalen Sozialdienst angehört werden können, wenn schon das Gericht die Anhörung selbst nicht durchführen will.

b. Der Anerkennung des belgischen Berufungsurteils steht auch der Beschluss des AG Miesbach vom 2.9.2014 gemäß Art. 23 lit. e EuEheVO entgegen.

aa. Der Beschluss des AG Miesbach ist zu berücksichtigen, weil das vorliegende Beschwerdeverfahren eine Tatsacheninstanz [ist], in der auch neue Tatsachen, die bei Erlass der angefochtenen Entscheidung noch nicht bekannt waren, zu berücksichtigen sind.

bb. Der Beschluss vom 2.9.2014 ist mit Bekanntgabe an die Beteiligten wirksam geworden (§ 40 I FamFG) und ist zeitlich nach der belgischen Entscheidung erlassen worden.

(1) Der Umstand, dass der Beschluss vom 2.9.2014 vom ASt. mit der Beschwerde angefochten worden ist, steht der Wirksamkeit nicht entgegen, da die Vollziehung des Beschlusses nicht gemäß § 64 III FamFG ausgesetzt worden ist.

(2) Der Umstand, dass das AG Miesbach für die Entscheidung gemäß § 13 III 1 IntFamRVG unzuständig war, berührt die Wirksamkeit des Beschlusses nicht; hierauf kann nicht einmal die Beschwerde gestützt werden (§ 65 IV FamFG).

(3) Das AG Miesbach hat seine internationale Zuständigkeit zu Recht auf Art. 8 EuEheVO gestützt, da die Kinder im AG-Bezirk Miesbach ihren gewöhnlichen Aufenthalt haben; eine Ausnahme nach Art. 8 II i.V.m. Art. 9, 10 und 12 EuEheVO liegt nicht vor, da es weder um die Abänderung einer Umgangsentscheidung im Sinne von Art. 9 EuEheVO ging, noch sind die Kinder im Sinne von Art. 10 EuEheVO widerrechtlich nach Deutschland verbracht worden, da das belgische Jugendgericht der AGg. das Aufenthaltsbestimmungsrecht übertragen hatte, noch liegt eine Gerichtsstandsvereinbarung im Sinne von Art. 12 EuEheVO vor.

---

[1] IPRspr. 1986 Nr. 78. [2] IPRspr. 2011 Nr. 111.

(4) Der Umstand, dass das AG Miesbach im Ausgangsbeschluss vom 25.6.2014 auch Art. 20 EuEheVO zitiert hat, stellt keinen Fehler dar. Das AG hat seine Zuständigkeit auf den gewöhnlichen Aufenthalt der Kinder in Deutschland gestützt. Die Zuständigkeit für die Hauptsache und damit auch für die einstweilige Anordnung war damit auch beim AG Miesbach begründet. Auf Art. 20 EuEheVO kam es nicht mehr an. Auf Art. 20 EuEheVO hat das AG seine Zuständigkeit auch gerade nicht gestützt, sondern diese Vorschrift nur zitiert, um zu dokumentieren, dass es die einstweilige Anordnung als Hauptsachegericht erlässt und nicht bloß als Gericht, bei dem ein Fürsorgebedürfnis entsteht.

(5) Das AG Miesbach war an die Entscheidung des belgischen Gerichts nicht gebunden. Zwar wird eine Entscheidung aus einem anderen Mitgliedstaat der EuEheVO gemäß Art. 21 I EuEheVO ipso iure anerkannt. Aber das AG Miesbach konnte gemäß Art. 21 IV EuEheVO selbständig inzident über die Anerkennungsfähigkeit der belgischen Entscheidung nach Art. 23 EuEheVO entscheiden, da für die Frage, ob die beantragte Entscheidung über das Aufenthaltsbestimmungsrecht auf Art. 15 KSÜ i.V.m. § 1696 BGB oder auf Art. 15 KSÜ i.V.m. § 1671 BGB zu stützen ist, vorweg zu klären ist, ob die belgische Entscheidung anerkennungsfähig ist. Insoweit liegt hier eine Vorfrage vor, die von § 1696 BGB aufgeworfen wird, denn auch der Bestand eines anderen Sorgerechtsverhältnisses ist eine vorab zu klärende Frage, die für die weitere Entscheidung von Bedeutung ist.

(6) Das AG Miesbach war auch nicht durch den Beschluss des AG München vom 26.8.2014 daran gehindert, die Anerkennungsfähigkeit der belgischen Entscheidung zu prüfen, da dieser Beschluss im Zeitpunkt der Entscheidung vom 2.9.2014 mangels Rechtskraft noch nicht wirksam war. Eine Aussetzung dieses Verfahrens bis zur Entscheidung über die Beschwerde scheidet jedoch aus wegen des bestehenden Anerkennungshindernisses nach Art. 23 lit. b EuEheVO (vgl oben 3. a).

cc. Der Beschluss vom 2.9.2014 ist mit der belgischen Entscheidung unvereinbar, da dieser das Aufenthaltsbestimmungsrecht der AGg. überträgt, wohingegen nach der belgischen Entscheidung der Aufenthalt der Kinder beim ASt. besteht. Nach zutreffender Auffassung (vgl. *Rauscher* Europäisches Zivilprozessrecht, 2. Aufl., Art. 23 Brüssel IIa-VO Rz. 14 m.w.N. in N 41; NK-BGB-*Andrae*, 2. Aufl., Anh. I zum III Abschn. Art. 23 EuEheVO Rz. 7) ist Art. 23 lit. e EuEheVO gerade auf widersprechende Sorgerechtsentscheidungen anzuwenden und nicht bloß auf widersprechende Statutsentscheidungen und beruht darauf, dass Entscheidungen über die elterliche Verantwortung abänderbar sind und im Regelfall die jüngere Entscheidung die frühere berücksichtigt sowie auf veränderte Umstände reagiert. Wegen der sich aus Art. 8 EuEheVO ergebenden Zuständigkeit und der Notwendigkeit in Sorgerechtsangelegenheiten stets im Interesse des Kindeswohls wegen veränderter Umstände unter Umständen eine Abänderung der ausländischen Entscheidung vornehmen zu müssen, gilt der Posterioritätsgrundsatz gerade auch vorliegend, so dass, solange die einstweilige Anordnung vom 2.9.2014 besteht, diese der Anerkennungsfähigkeit der belgischen Entscheidung vom 4.6.2014 entgegensteht."

14. Durchführung der Zwangsvollstreckung

Siehe auch Nr. 154

262. *Eine Vollstreckungsgegenklage nach § 767 ZPO fällt nicht unter die Zuständigkeitsregelung in Art. 22 Nr. 5 LugÜ II, wenn das Erlöschen der zu vollstreckenden Forderung durch Aufrechnung mit einer Forderung geltend gemacht wird, für deren selbständige Geltendmachung das angerufene Gericht international unzuständig wäre.*

Zur Aussetzung des Verfahrens über eine Vollstreckungsgegenklage, mit der das Erlöschen der zu vollstreckenden Forderung durch eine Aufrechnung geltend gemacht wird, im Hinblick auf ein Verfahren über die aufgerechnete Forderung bei dem international allein zuständigen ausländischen Gericht.

BGH, Beschl. vom 3.4.2014 – IX ZB 88/12: NJW 2014, 2798; RIW 2014, 606; WM 2014, 1003; MDR 2014, 795; ZIP 2014, 1552; I.L.Pr. 6 2015, 372; NZI 2014, 521; WuB VII C. – Nr. 1.14 mit Anm. *Mankowski*; ZInsO 2014, 1233. Leitsatz in: BB 2014, 1281; JZ 2014, 456.

[Der vorgehende Beschluss des OLG Karlsruhe vom 15.8.2012 – 8 W 48/12 – wurde bereits im Band IPRspr. 2012 unter der Nr. 194 abgedruckt.]

Der Kl. ist Verwalter in dem Insolvenzverfahren über das Vermögen des M. S. (Schuldner). Er wendet sich mit der Vollstreckungsgegenklage gegen die Zwangsvollstreckung der Bekl., der geschiedenen Ehefrau des Schuldners mit Wohnsitz in der Schweiz. Der verstorbene Vorgänger des Kl. schloss mit der Bekl. 2001 zur Abgeltung von Insolvenzanfechtungsansprüchen eine Vergleichs- und Auseinandersetzungsvereinbarung. Nach der Vereinbarung hatte die Bekl. dem Insolvenzverwalter ihr gesamtes Vermögen zu übertragen. Im Hinblick auf ein Anwesen, welches im Miteigentum der Bekl. und des Vaters des Schuldners stand, wurde die Vereinbarung dahin ergänzt, dass die Bekl. dem Insolvenzverwalter eine unwiderrufliche Verkaufsvollmacht erteilte und ihre künftigen Verkaufserlöse an ihn abtritt. In der Folgezeit kam es zu Meinungsverschiedenheiten über die weitere Abwicklung der Vereinbarung und deren Wirksamkeit. Ende 2005 veräußerte die Bekl. ihren Miteigentumsanteil an dem Anwesen an ihre Kinder gegen Eintragung eines lebenslangen Wohnrechts. Der Vater des Schuldners schenkte den Kindern seinen Miteigentumsanteil am Grundstück. 2006 verkaufte die Bekl. im Namen der Kinder das Anwesen an einen Dritten, ohne den Verkaufserlös an die Insolvenzmasse abzuführen.

In einem Vorprozess begehrte der Insolvenzverwalter vor deutschen Gerichten die Feststellung, dass die mit der Bekl. getroffene Vereinbarung wirksam sei. Die Klage wurde in zweiter Instanz mangels internationaler Zuständigkeit abgewiesen; die Revision des Insolvenzverwalters hatte keinen Erfolg.

Aus den Gründen:

„II. Die Rechtsbeschwerde ist gemäß §§ 252, 574 I 1 Nr. 2 ZPO statthaft und auch im Übrigen zulässig (§ 575 II bis IV ZPO). Sie ist in der Sache jedoch unbegründet ...

2. Diese Ausführungen des BeschwG halten rechtlicher Prüfung im Ergebnis stand. Von einer Aussetzung des Verfahrens über die Vollstreckungsgegenklage konnte abgesehen werden, weil die Klage mangels internationaler Zuständigkeit des angerufenen Gerichts abweisungsreif ist.

a) Die Zuständigkeit des mit der Vollstreckungsgegenklage angerufenen Gerichts beurteilt sich im Streitfall grundsätzlich nach dem LugÜ II (revidierte Fassung).

Dieses Abkommen ist zeitlich anwendbar, weil es in Deutschland am 1.1.2010 in Kraft getreten ist und die Klage danach, am 18.5.2010, erhoben wurde (Art. 63 I, 69 IV und V LugÜ II). Allerdings ist das Übereinkommen in der Schweiz erst am 1.1.2011 in Kraft getreten. Soweit die für die Zuständigkeit maßgeblichen Vorschriften auf Anknüpfungspunkte in einem durch das Übereinkommen gebundenen

Staat abstellen und als solcher die Schweiz in Rede steht, sind deshalb die Bestimmungen des LugÜ (vom 16.9.1988) anzuwenden. Eine abweichende Beurteilung ergibt sich aus den unterschiedlichen Fassungen jedoch nicht.

Der sachliche Anwendungsbereich des Lugano-Übereinkommens ist eröffnet, weil der Rechtsstreit eine Zivilsache im Sinne von Art. 1 I LugÜ II zum Gegenstand hat. Der Ausschlussgrund des Art. 1 II lit. b LugÜ II für Konkurse, Vergleiche und ähnliche Verfahren greift nicht ein. Ohne das Insolvenzverfahren über das Vermögen des früheren Ehemanns der Bekl. wäre es zwar nicht zu der Vereinbarung gekommen, aus der der Kl. die Verpflichtung der Bekl. zur Auskehr des Erlöses aus dem Verkauf des Anwesens herleitet. Wie der Senat bereits in seiner Entscheidung über die Klage auf Feststellung der Wirksamkeit der Vereinbarung ausgeführt hat (BGH, Urt. vom 27.4.2010 – IX ZR 108/09[1], BGHZ 185, 241 Rz. 9), genügt dies aber nicht, um den erforderlichen engen, unmittelbaren Zusammenhang zwischen der vorliegenden Klage und dem Insolvenzverfahren zu begründen (vgl. EuGH, Urt. vom 22.2.1979 – Henri Gourdain ./. Franz Nadler, Rs C-133/78, Slg. 1979, 733 Rz. 4; vom 12.2.2009 – Christopher Seagon ./. Deko Marty Belgium N.V., Rs C-339/07, Slg. 2009 I-00767, NJW 2009, 2189 Rz. 19 ff.; vom 2.7.2009 – SCT Industri AB i likvidation ./. Alpenblume AB, Rs C-111/08, ZIP 2009, 1441 Rz. 21, 25; vom 10.9.2009 – German Graphics Graphische Maschinen GmbH ./. Alice van der Schee, Rs C-292/08, RIW 2009, 798 Rz. 26; vom 19.4.2012 – F-Tex SIA ./. Lietuvos-Anglijos UAB, Rs C-213/10, ZIP 2012, 1049 Rz. 29). Vielmehr ist die Klage als Zivilsache anzusehen, weil sie ihre Grundlage nicht im Insolvenzrecht hat und weder die Eröffnung des Insolvenzverfahrens noch die Bestellung eines Insolvenzverwalters voraussetzt (vgl. EuGH, Urteil 10.9.2009 aaO Rz. 32).

b) Grundsätzlich sind Personen, die ihren Wohnsitz im Hoheitsgebiet eines durch das Übereinkommen gebundenen Staats haben, vor den Gerichten dieses Staats zu verklagen (Art. 2 I LugÜ II). Für Verfahren, welche die Zwangsvollstreckung zum Gegenstand haben, sind hingegen gemäß Art. 22 Nr. 5 LugÜ II (Art. 16 Nr. 5 LugÜ) ohne Rücksicht auf den Wohnsitz die Gerichte des Staats ausschließlich zuständig, in dem die Zwangsvollstreckung durchgeführt werden soll oder durchgeführt worden ist. Diese Zuständigkeitsregel gilt wegen des engen Zusammenhangs mit dem Vollstreckungsverfahren auch für die Vollstreckungsgegenklage nach § 767 ZPO (EuGH, Urt. vom 4.7.1985 – AS-Autoteile Service GmbH ./. Pierre Malhé, Rs C-220/84, Slg. 1985, 2273 Rz. 12, 19 zu Art. 16 Nr. 5 EuGVÜ). Allerdings kann die internationale Zuständigkeit eines Gerichts für eine Vollstreckungsgegenklage dann nicht auf Art. 22 Nr. 5 LugÜ II (Art. 16 Nr. 5 LugÜ) gestützt werden, wenn mit der Klage geltend gemacht wird, der zu vollstreckende Anspruch sei durch die Aufrechnung mit einer Forderung erloschen, für deren selbständige Geltendmachung die Gerichte dieses Staats nicht zuständig wären (EuGH, Urt. vom 4.7.1985 aaO Rz. 19). Dies folgt aus der Systematik des Übereinkommens. Die grundsätzliche Allzuständigkeit der Gerichte am Wohnsitz des Beklagten nach Art. 2 I LugÜ II dient dessen Schutz (vgl. EuGH, Urt. vom 4.7.1985 aaO Rz. 15; vom 13.10.2005 – Brigitte u. Marcus Klein ./. Rhodos Management Ltd., Rs C-73/04, Slg. 2005 I-08681 Rz. 15). Die Ausnahmen in Art. 22 LugÜ II dürfen deshalb nicht weiter ausgelegt werden, als es ihr Ziel erfordert (EuGH, Urt. vom 13.10.2005 aaO). Die ausschließ-

---

[1] IPRspr. 2010 Nr. 194.

liche Zuständigkeit der Gerichte am Vollstreckungsort nach Art. 22 Nr. 5 LugÜ II (Art. 16 Nr. 5 LugÜ) trägt der besonderen Beziehung eines Verfahrens zum Ort der Zwangsvollstreckung Rechnung. An dieser Beziehung fehlt es, wenn geltend gemacht wird, die zu vollstreckende Forderung sei durch Aufrechnung erloschen. Die Gerichte des Vollstreckungsstaats sind deshalb in einem solchen Fall nur dann international zuständig, wenn sie auch im Fall einer selbständigen Geltendmachung der aufgerechneten Forderung zuständig wären.

An dieser Beurteilung hat sich durch das Urteil des EuGH vom 13.7.1995 (Danværn Production A/S ./. Schuhfabriken Otterbeck GmbH & Co., Rs C-341/93, Slg. 1995, I-02071) nichts geändert. Nach dieser Entscheidung bestimmen sich die Voraussetzungen, unter denen eine Prozessaufrechnung geltend gemacht werden kann, nicht nach den Bestimmungen des Übereinkommens (dort: Art. 6 Nr. 3 EuGVÜ), sondern nach nationalem Recht, weil es sich bei der Prozessaufrechnung um ein bloßes Verteidigungsmittel handelt. Für die Geltendmachung einer Aufrechnung im Wege der Vollstreckungsgegenklage gilt dies nicht; insoweit bleibt es bei den Grundsätzen des Urteils des EuGH vom 4.7.1985 (aaO; OLG Hamburg, RIW 1998, 889, 891[2]; MünchKommZPO-*Gottwald*, 4. Aufl., Art. 22 EuGVO Rz. 47; *Kropholler-v. Hein*, Europäisches Zivilprozessrecht, 9. Aufl., Art. 22 EuGVO Rz. 61; HK-ZPO-*Dörner*, 5. Aufl., Art. 22 EuGVVO Rz. 29; *Baumbach-Lauterbach-Albers-Hartmann*, ZPO, 70. Aufl., Art. 22 EuGVVO Rz. 6; *Thomas-Putzo-Hüßtege*, ZPO, 34. Aufl., Art. 22 EuGVVO Rz. 16; a.A. wohl *Schlosser*, EU-Zivilprozessrecht, 3. Aufl., Vor Art. 2 EuGVVO Rz. 15).

c) Im Streitfall ist die internationale Zuständigkeit der deutschen Gerichte für die zur Aufrechnung gestellte Forderung zu verneinen. Sie folgt weder aus dem Lugano-Übereinkommen noch aus dem autonomen deutschen Verfahrensrecht.

aa) Der allgemeine Gerichtsstand des Beklagtenwohnsitzes nach Art. 2 I LugÜ II begründet im Streitfall keine internationale Zuständigkeit der deutschen Gerichte, weil die Bekl. in der Schweiz ansässig ist. Gemäß Art. 3 I LugÜ II kann sich die internationale Zuständigkeit der deutschen Gerichte daher nur aus den besonderen und ausschließlichen Zuständigkeiten nach Art. 5 bis Art. 24 LugÜ II (Art. 5 bis Art. 18 LugÜ) ergeben. Diese führen indes nicht zu einem Gerichtsstand in Deutschland, wie das BeschwG zutreffend festgestellt hat.

(1) Der Gerichtsstand des Erfüllungsorts im Sinne von Art. 5 Nr. 1 LugÜ II liegt nicht in Deutschland, sondern in der Schweiz. Die zur Aufrechnung gestellte Forderung wird aus den getroffenen Vereinbarungen abgeleitet und konkurrierend auf die Behauptung gestützt, die Bekl. habe ihre vertraglichen Pflichten aus der Auseinandersetzungsvereinbarung verletzt. Damit werden Ansprüche aus einem Vertrag im Sinne der Zuständigkeitsregelung geltend gemacht; hiervon sind auch vertragliche Sekundäransprüche umfasst (vgl. EuGH, Urt. vom 6.10.1976 – A. de Bloos S.p.r.l. ./. Société en commandite par actions Bouyer, Rs C-14/76, Slg. 1976, 1497 Rz. 15/17 zu Art. 5 Nr. 1 EuGVÜ; *Dasser-Oberhammer*, LugÜ, 2011, Art. 5 Rz. 18; *Oetiker-Weibel-Hofmann/Kunz*, LugÜ, 2011, Art. 5 Rz. 114; *Kropholler-v. Hein* aaO Art. 5 EuGVO Rz. 14).

Bei gegenseitigen Verträgen ist für die Ermittlung des Erfüllungsorts auf die konkret streitige Verpflichtung abzustellen (vgl. EuGH, Urt. vom 6.10.1976 aaO; *Das-*

---

[2] IPRspr. 1998 Nr. 175.

ser-Oberhammer aaO Rz. 24). Im Rahmen eines Rechtsstreits über die Folgen einer Vertragsverletzung kommt es auf die Verpflichtung an, deren Nichterfüllung zur Anspruchsbegründung geltend gemacht wird, also auf den Erfüllungsort für die primäre Hauptverpflichtung (*Geimer-Schütze*, Europäisches Zivilverfahrensrecht, 3. Aufl., A.1 Art. 5 Rz. 107 f.). Der Kl. meint, die Bekl. habe gegen ihre Verpflichtungen aus der Auseinandersetzungsvereinbarung vom 30.4.2001 und der Ergänzungsvereinbarung vom 17.9.2001 verstoßen, indem sie ihren Miteigentumsanteil am Anwesen in der Schweiz zunächst ohne Genehmigung des Insolvenzverwalters an ihre Kinder übereignet und das Anwesen schließlich in deren Namen unter Vereinnahmung des Kaufpreises veräußert habe.

Die Bekl. war nach der Vereinbarung in erster Linie dazu verpflichtet, dem Insolvenzverwalter die Veräußerung des Grundstücks zu überlassen und ihm die Vereinnahmung des Erlöses für die Insolvenzmasse zu gestatten. Diese Verpflichtungen hat die Bekl. bereits mit der Unterzeichnung der Ergänzungsvereinbarung vom 17.9.2001 nebst Verkaufsvollmacht und Abtretungserklärung zugunsten des Insolvenzverwalters erfüllt. Durch die Verkaufsvollmacht wurde der Insolvenzverwalter unwiderruflich bevollmächtigt, alle mit dem Verkauf des Schweizer Grundstücks notwendigen Rechtshandlungen, einschl. etwa der Ablösung von Hypotheken sowie die Eintragung und Aufhebung von Dienstbarkeiten, Abgabe der Grundbuchanmeldung und das Inkasso des Kaufpreises, vorzunehmen. Ferner trat die Bekl. sämtliche bestehenden und künftigen Forderungen am Grundstück an den Insolvenzverwalter ab. Dies begründet die internationale Zuständigkeit der Schweizer Gerichte, denn Art. 5 Nr. 1 LugÜ II stellt neben dem vertraglichen Erfüllungsort auch auf den Ort ab, an dem die Verpflichtung tatsächlich erfüllt worden ist. Die einvernehmliche Erfüllung einer Verpflichtung an einem anderen als dem ursprünglich vereinbarten Ort ist regelmäßig auch als Vereinbarung eines neuen Erfüllungsorts anzusehen (BGH, Urt. vom 27.4.2010 aaO Rz. 20 f.; BayObLG, RIW 2001, 862, 863; *Oetiker-Weibel-Hofmann/Kunz* aaO Rz. 342; vgl. auch *Rauscher-Leible*, EuZPR/EuIPR, 2011, Art. 5 Brüssel I-VO Rz. 42; *Kropholler-v. Hein* aaO Rz. 34; MünchKommZPO-*Gottwald* aaO Art. 5 EuGVO Rz. 38; *Dasser-Oberhammer* aaO Rz. 32). Durch die Abgabe der notwendigen notariellen Erklärungen am Beurkundungsort in B. erfüllte die Bekl. ihre vertraglichen Verpflichtungen in der Schweiz.

(2) Der Kl. stützt seine Ansprüche auch auf § 823 II BGB i.V.m. § 266 StGB. Dies begründet jedoch nicht die internationale Zuständigkeit der deutschen Gerichte nach Art. 5 Nr. 3 LugÜ II. Der Anwendungsbereich dieser Norm erfasst Verfahren, die eine unerlaubte Handlung oder eine ihr gleichgestellte Handlung betreffen. Nach der st. Rspr. des EuGH bezieht sich dies auf alle nicht an einen Vertrag im Sinne von Art. 5 Nr. 1 LugÜ anknüpfende Klagen, mit denen eine Schadenshaftung des Beklagten geltend gemacht wird (Urt. vom 27.9.1988 – Athanasios Kalfelis ./. Bankhaus Schröder u.a., Rs C-189/87, Slg. 1988, 5565 Rz. 17; vom 26.3.1992 – Mario Reichert u.a. ./. Dresdner Bank AG, Rs C-261/90, Slg. 1992 I-02175 Rz. 16; vom 27.10.1998 – Rs C-51/97, Réunion européenne S.A. u.a. ./. Spliethoff's Bevrachtingskantoor BV, Slg. 1998 I-06534 Rz. 22; vom 11.7.2002 – Rudolf Gabriel, Rs C-96/00, Slg. 2002 I-06384 Rz. 33). Haftungsklagen, welche – wie im Streitfall – auf der Verletzung von vertraglichen Pflichten beruhen, fallen somit nicht unter Art. 5 Nr. 3 LugÜ (*Dasser-Oberhammer* aaO Rz. 127; *Oetiker-Weibel-*

Hofmann/Kunz aaO Rz. 485). Im Hinblick auf die gebotene autonome Auslegung (EuGH, Urt. vom 27.9.1988 aaO Rz. 16) ist deshalb ohne Bedeutung, dass die Haftung nach dem nationalen Recht auch aus einer deliktischen Anspruchsgrundlage folgen kann.

(3) Aus Art. 6 Nr. 3 LugÜ II ergibt sich die Zuständigkeit der deutschen Gerichte ebenfalls nicht, weil diese Norm schon dem Wortlaut nach voraussetzt, dass eine Hauptklage in einem Vertragsstaat bereits rechtshängig ist (*Dasser-Oberhammer-Müller* aaO Art. 6 Rz. 102; *Oetiker-Weibel-Rohner/Lerch* aaO Art. 6 Rz. 76; vgl. *Rauscher-Leible* aaO Art. 6 Brüssel I-VO Rz. 25). Das Angriffsmittel muss eine Reaktion auf die Hauptklage sein. Die Regelung sieht keine internationale Zuständigkeit der Gerichte eines Vertragsstaats vor, in dem erstmals eine auf eine Gegenforderung gestützte Klage erhoben wird.

bb) Auch das autonome deutsche Recht begründet keine internationale Zuständigkeit der deutschen Gerichte für eine Klage, mit welcher die zur Aufrechnung gestellte Forderung gegen die in der Schweiz wohnhafte Bekl. verfolgt werden kann. Für den Gerichtsstand des Vermögens nach § 23 ZPO stellt Art. 3 II LugÜ II ausdrücklich klar, dass er nicht gegen Beklagte mit Wohnsitz in einem anderen Vertragsstaat des Übereinkommens geltend gemacht werden kann.

Im Übrigen folgt bereits aus Art. 3 I LugÜ II, dass ein Beklagter nur dann vor den Gerichten eines wohnsitzfremden Vertragsstaats verklagt werden darf, wenn sich die internationale Zuständigkeit aus den besonderen oder ausschließlichen Zuständigkeiten der Art. 5 bis Art. 24 LugÜ II (Art. 5 bis Art. 18 LugÜ) ergibt. Begründen diese Normen keine internationale Zuständigkeit des angerufenen Gerichts, darf der Gerichtsstand des Beklagtenwohnsitzes nicht dadurch ausgehöhlt werden, dass auf die autonomen nationalen Zuständigkeitsregeln zurückgegriffen wird (vgl. *Dasser-Oberhammer* aaO Art. 3 Rz. 3 f.; *Kropholler-v. Hein* aaO Vor Art. 2 EuGVO Rz. 18, Art. 3 EuGVO Rz. 1). Es verbietet sich somit auch ein Rückgriff auf den Gerichtsstand der unerlaubten Handlung gemäß § 32 ZPO und den Gerichtsstand der Widerklage nach § 33 ZPO (anders im Falle der Prozessaufrechnung als Verteidigungsmittel, vgl. BGH, Urt. vom 7.11.2001 – VIII ZR 263/00[3], BGHZ 149, 120, 127).

d) Die Entscheidung des BeschwG, das Verfahren über die Vollstreckungsgegenklage nicht bis zur rechtskräftigen Erledigung des in der Schweiz anhängigen Schlichtungsverfahrens über die Aufrechnungsforderung auszusetzen, ist unter diesen Umständen jedenfalls im Ergebnis rechtlich nicht zu beanstanden.

aa) Eine Aussetzung nach den Bestimmungen des Lugano-Übereinkommens scheidet aus. Die Art. 27, 28 LugÜ II (Art. 21, 22 LugÜ) sehen die Möglichkeit einer Aussetzung des Verfahrens vor, wenn in einem anderen Vertragsstaat entweder derselbe oder ein zusammenhängender Anspruch anhängig ist. Dadurch sollen insbesondere sich widersprechende Entscheidungen vermieden werden. Zur Aussetzung berechtigt ist jedoch nur das später angerufene Gericht. Eine Aussetzung des Verfahrens bei dem hier zuerst angerufenen deutschen Gericht kommt nicht in Betracht.

Im Übrigen gehen die Regelungen der Art. 27, 28 LugÜ II (Art. 21, 22 LugÜ) davon aus, dass eine internationale Zuständigkeit des aussetzenden Gerichts gegeben ist. Fehlt sie wie im Streitfall, muss die Klage in jedem Fall als unzulässig abgewiesen

---

[3] IPRspr. 2001 Nr. 153.

werden (vgl. *Kropholler-v. Hein* aaO Vor Art. 27 EuGVO Rz. 2). Die Gefahr sich widersprechender Entscheidungen besteht in diesem Fall von vornherein nicht (vgl. *Oetiker-Weibel-Mabillard* aaO Art. 27 Rz. 2). Außerdem würde eine Aussetzung dem Grundsatz einer effizienten Rechtspflege in den Vertragsstaaten zuwiderlaufen, welcher ebenfalls durch das Koordinierungssystem der Art. 27, 28 LugÜ II (Art. 21, 22 LugÜ) gewahrt werden soll (*Oetiker-Weibel-Mabillard* aaO Rz. 3).

bb) Ob die Art. 27, 28 LugÜ II (Art. 21, 22 LugÜ) die Möglichkeit einer Aussetzung des Verfahrens im Blick auf ein in einem anderen Vertragsstaat anhängiges Verfahren abschließend regeln (so OLG Hamburg aaO; für ‚Vorrang' s. *Stein-Jonas-Roth*, ZPO, 22. Aufl., § 148 Rz. 56, 60) oder ob daneben auf die nationale Norm des § 148 ZPO zurückgegriffen werden kann, braucht nicht entschieden zu werden. Denn auch nach dem Maßstab von § 148 ZPO ist die Ablehnung einer Aussetzung durch das BeschwG nicht zu beanstanden. Dieses hat die Grenzen des ihm eingeräumten Ermessens (zur eingeschränkten Überprüfbarkeit der Ermessensentscheidung vgl. BGH, Beschl. vom 3.3.2005 – IX ZB 33/04, NJW-RR 2005, 925, 926; vom 22.6.2011 – I ZB 64/10, NJW-RR 2011, 1343 Rz. 11) nicht überschritten. Dient die Aussetzung des Verfahrens über eine Vollstreckungsgegenklage allein dem Zweck, die Abweisung der Klage mangels internationaler Zuständigkeit zu vermeiden, weil nach rechtskräftiger Zuerkennung der aufgerechneten Gegenforderung durch das ausländische Gericht die Aufrechnung mit dieser Forderung vom deutschen Gericht berücksichtigt werden muss, kann die Aussetzung zumindest dann abgelehnt werden, wenn in absehbarer Zeit nicht mit der Beibringung einer rechtskräftigen ausländischen Entscheidung über die aufgerechnete Forderung zu rechnen ist. Die vom LG herangezogene Rspr., nach der das Verfahren bei einer Prozessaufrechnung mit einer rechtswegfremden Forderung in aller Regel auszusetzen ist (BGH, Urt. vom 11.1.1955 – I ZR 106/53, BGHZ 16, 124, 138), verlangt im Streitfall keine Aussetzung. Ob sie auf den Fall einer Prozessaufrechnung mit einer Forderung, für deren selbständige Geltendmachung das angerufene Gericht international unzuständig wäre, anzuwenden ist (vgl. *Wagner*, IPRax 1999, 65, 73; *Rüßmann*, jurisPK-BGB, 6. Aufl., § 388 Rz. 37), kann offen bleiben. Für eine Vollstreckungsgegenklage gilt sie jedenfalls nicht. Der bei der Prozessaufrechnung maßgebliche Gesichtspunkt, dass eine materiell unzutreffende (weil die sachlich-rechtlich wirksame Aufrechnung nicht berücksichtigende) Entscheidung über die geltend gemachte Hauptforderung vermieden werden soll (BGH, Urt. vom 11.1.1955 aaO 132 f.), hat bei einer Vollstreckungsgegenklage keine Bedeutung."

263. *Für vermögensrechtliche Ansprüche gegen eine Partei, die im Inland keinen Wohnsitz hat, ist gemäß § 23 ZPO das Gericht zuständig, in dessen Bezirk sich Vermögen dieser Partei befindet. Nach § 23 Satz 2 ZPO gilt bei Forderungen der Wohnsitz des Schuldners als der Ort, an dem sich das Vermögen befindet. Dazu kann auch ein öffentlich-rechtlicher Herausgabeanspruch gegen die Hinterlegungsstelle gehören. [LS der Redaktion]*

OLG Frankfurt/Main, Beschl. vom 6.6.2014 – 11 SV 34/14: Unveröffentlicht.

Die Parteien waren Miteigentümerinnen eines im Bezirk des AG Friedberg belegenen Grundstücks. Nach einem Zwangsversteigerungsverfahren wurde der Versteigerungserlös bei der Hinterlegungsstelle des AG Friedberg hinterlegt. Mit der vor dem LG Frankfurt a.M. eingereichten Klage begehrt die Kl. von der in den

USA lebenden Bekl. Zustimmung zur Freigabe des nach ihrer Auffassung auf sie entfallenden Anteils des Versteigerungserlöses.

Das LG Frankfurt a.M. hat sich für örtlich unzuständig erklärt und den Rechtsstreit an das LG Gießen verwiesen; das LG Gießen hat die Übernahme abgelehnt.

Aus den Gründen:

„Sowohl die internationale Zuständigkeit der deutschen Gerichte als auch die örtliche Zuständigkeit ergeben sich vorliegend aus § 23 ZPO. Danach ist für vermögensrechtliche Ansprüche gegen eine Person, die im Inland keinen Wohnsitz hat, das Gericht zuständig, in dessen Bezirk sich Vermögen dieser Person befindet. Nach § 23 Satz 2 ZPO gilt bei Forderungen der Wohnsitz des Schuldners als der Ort, an dem sich das Vermögen befindet. Im vorliegenden Fall besteht das in Frage stehende Vermögen der Bekl. in einem öffentlich-rechtlichen Herausgabeanspruch gegen die Hinterlegungsstelle (vgl. *Palandt-Grüneberg*, BGB, 73. Aufl., Einf. vor § 372 BGB Rz. 8). Das AG Friedberg als Hinterlegungsstelle ist somit als Schuldner dieses Herausgabeanspruchs anzusehen, sodass es für die Belegenheit des Anspruchs auf seinen Sitz ankommt. Soweit in Rspr. u. Lit. ausgeführt wird, dass Bankguthaben am Sitz der Bank belegen seien (*Zöller-Vollkommer*, ZPO, 30. Aufl., § 23 Rz. 10; BGH, NJW-RR 1988, 172[1]), beruht dies auf dem Umstand, dass mit ‚Bankguthaben' i.d.R. eine Forderung gegen eine Bank bezeichnet wird, die Bank also Schuldnerin ist. Dies ist jedoch vorliegend gerade nicht der Fall. Die Bekl. hat keinen Anspruch gegen die kontoführende Bank, sondern lediglich gegen das AG Friedberg."

264. *Im Beschwerdeverfahren gegen die Zulassung der Zwangsvollstreckung aus einem ausländischen (hier: italienischen) Titel nach EuGVO ist der Schuldner mit liquiden Einwendungen ebenso ausgeschlossen wie mit illiquiden.*

Zur Auslegung eines dem Kläger gesetzliche Zinsen zusprechenden Urteils im Klauselerteilungsverfahren.

OLG Düsseldorf, Beschl. vom 20.11.2014 – I-3 W 208/13: Unveröffentlicht.

Durch Urteil des Tribunale di Milano wurde die AGg. 2010 zur Zahlung von 483 620,38 Euro nebst gesetzlichen Zinsen verurteilt; hiergegen hat die AGg. zur Corte d'appello di Milano Berufung eingelegt. Auf Gesuch der ASt., einer italienischen Kapitalgesellschaft, die sich in Liquidation befindet, hat das LG Düsseldorf beschlossen, das erstinstanzliche Urteil mit der Klausel zu versehen, wonach das Urteil des Tribunale di Milano für das Gebiet der Bundesrepublik Deutschland insoweit vollstreckbar ist, als die AGg. verurteilt wurde, an die ASt. 483 620,38 Euro nebst gesetzlichen Zinsen zu zahlen.

Aus den Gründen:

„II. 1. Das Rechtsmittel ist zulässig.

a) Grundlage der Prüfung [sind] die EuGVO und das AVAG.

b) Die gegen den Beschluss des LG vom 20.9.2013 gerichtete Beschwerde ist zulässig, Art. 43 EuGVO, § 11 AVAG. Das Rechtsmittel ist insbesondere fristgerecht innerhalb eines Monats nach der Zustellung der Entscheidung, Art. 43 V 1 EuGVO, eingelegt worden.

2. a) Der Antrag der AGg. ist dahin aufzufassen, dass sie vorrangig eine Änderung des landgerichtlichen Beschlusses und die Zurückweisung des ursprünglichen

---

[1] IPRspr. 1987 Nr. 132.

Antrags begehrt und für den Fall, dass der Senat hierzu keinen Anlass sieht, die Aussetzung des Verfahrens nach Art. 46 I EuGVO beantragt.

b) In der Sache hat das Rechtsmittel nur insoweit Erfolg, als die Vollstreckbarerklärung des Urteils des Tribunale di Milano vom 12.3.2010 – Az. 3825/2010 i.V.m. dem Berichtigungsbeschluss vom 23./25.2.2011 – mit Blick auf das Berufungsurteil der Corte d'appello di Milano vom 3.12.2013 einzuschränken ist.

Mit der Erteilung der Vollstreckungsklausel wird der ausländische Titel einem inländischen gleichgestellt. Hieraus folgt, dass, ebenso wie ein inländischer Titel eine Vollstreckungsgrundlage insoweit nicht bilden kann, wie er auf ein Rechtsmittel hin aufgehoben worden ist, auch das Urteil eines ausländischen Gerichts – dies ist auch im Beschwerdeverfahren zu berücksichtigen (vgl. BGH, NJW 1980, 2022[1] für das Rechtsbeschwerdeverfahren) – nur insoweit für vollstreckbar erklärt werden kann, als es nicht durch ein ausländisches Rechtsmittelgericht aufgehoben oder modifiziert worden ist (vgl. BGH, NJW-RR 2010, 1079[2], u. Hinw. auf § 27 AVAG), hier also das Urteil des Tribunale di Milano vom 12.3.2010 nur nach dem Berufungsurteil der Corte d'appello di Milano vom 3.12.2013, nämlich mit der Maßgabe, dass die AGg. an die ASt. 319 637,54 Euro zzgl. der gesetzlichen Zinsen ab dem Antrag bis zum Saldo – nicht allerdings, da nicht zugesprochen, Kosten – zu zahlen hat.

c) Im Übrigen liegen Gründe für eine Änderung der angegriffenen Entscheidung nicht vor. Die Vollstreckbarerklärung durch die Vorsitzende der Zivilkammer ist zu Recht erfolgt.

aa) Soweit die ASt. beabsichtigt, Revision gegen das Berufungsurteil des italienischen Gerichts einzulegen, steht dies der Vollstreckbarerklärung nach Art. 32 ff. EuGVO nicht entgegen.

Diese setzt eine rechtskräftige Entscheidung nicht voraus (vgl. *Zöller-Geimer*, ZPO, 30. Aufl., Art. 33 EuGVVO Rz. 3). Das ergibt sich auch aus Art. 46 I EuGVO, der für den Fall einer noch nicht rechtskräftigen Entscheidung eine Aussetzung ermöglicht, also voraussetzt, dass eine Vollstreckbarerklärung grundsätzlich möglich ist.

bb) Die AGg. legt keine Gründe dar, die eine Anerkennung des Urteils nach Art. 34 und 35 EuGVO ausschließen. Allein solche Gründe aber sind vom Senat zu überprüfen. Ob das Urteil in der Sache den Rügen der AGg. Stand hält, darf der Senat nicht überprüfen, Art. 36 EuGVO. Hierauf kann die Ablehnung der Vollstreckbarerklärung also nicht gestützt werden.

(a) Es mag offen bleiben, ob und unter welchen Voraussetzungen – wie die AGg. geltend gemacht hat – die unbeschränkte Vollstreckung eines nach ausländischen Recht ohne Sicherheitsleistung vollstreckbaren erstinstanzlichen Urteils, sofern im Entscheidungszeitpunkt im Erststaat noch eine Berufung anhängig ist, dem nationalen ordre public (Art. 34 Nr. 1 EuGVO) offensichtlich widersprechen kann. Denn zum einen ist das Berufungsverfahren inzwischen abgeschlossen, zum anderen war die AGg. auch zuvor nicht einer unbeschränkten Vollstreckung ausgesetzt. Denn nach der Vollstreckungsklausel vom 1.10.2013 darf die Zwangsvollstreckung über Maßregeln zur Sicherung nicht hinausgehen, bis der Gläubiger eine gerichtliche Anordnung oder ein Zeugnis vorlegt, dass die Zwangsvollstreckung unbeschränkt stattfinden darf, und kann die Schuldnerin, solange die Zwangsvollstreckung über

---

[1] IPRspr. 1980 Nr. 166.   [2] IPRspr. 2010 Nr. 264.

Maßregeln zur Sicherung nicht hinausgehen darf, die Zwangsvollstreckung durch Leistungen einer Sicherheit in Höhe des Betrags, zu dessen Zahlung sie verurteilt ist, abwenden.

Dies lässt die Annahme eines Anerkennungshindernisses in der Erscheinungsform eines Verstoßes gegen den ordre public, der voraussetzt, dass eine Anerkennung der ausländischen Entscheidung mit den Wertungen der deutschen Rechtsordnung offensichtlich unvereinbar ist, was eine besonders enge Auslegung indiziert (*Musielak-Stadler*, ZPO, 8. Aufl., Art. 34 EuGVVO Rz. 2), als fernliegend erscheinen.

(b) Die mit der Berufung erhobene Rüge, das Urteil sei insbesondere insoweit fehlerhaft, als das italienischen Gericht einen Kommissionsbetrag von 152 740, 47 Euro nicht abgezogen habe, was zur Reduktion der Urteilssumme um diesen Betrag führen werde, rechtfertigte, abgesehen davon, dass das Berufungsurteil nunmehr vorliegt und zu einer Reduzierung der Klageforderung geführt hat, schon wegen Art. 36 EuGVO keine Änderung des angefochtenen Beschlusses.

(c) Die der AGg. gegen die ASt. zuerkannte Forderung aus dem – seit 17.7.2012 rechtskräftigen – Urteil des LG Düsseldorf vom 3.5.2006 i.H.v. 27 622 350 Yen nebst Zinsen von fünf Prozentpunkten über dem Basissatz seit dem 1.12.2001 und aus dem Kostenfestsetzungsbeschlusses in dieser Sache 14 227,19 Euro nebst Zinsen i.H.v. fünf Prozentpunkten über dem Basissatz seit dem 9.8.2006 aus einem Betrag von 2 017,60 Euro, insges. per 24.10.2013 einen Betrag von etwa 363 609 Euro, steht der Vollstreckbarerklärung nicht entgegen.

(aa) Der BGH hatte entschieden, dass der Schuldner im Beschwerdeverfahren gegen die Zulassung der Zwangsvollstreckung aus einem ausländischen Titel ggf. rechtskräftige oder unbestrittene (liquide) Einwendungen geltend machen könne (BGH, NJW 2007, 3433[3]; vgl. auch Senat, NJW-RR 2005, 933, 934[4]), bzw. der Schuldner im Verfahren der Vollstreckbarerklärung nach EuGVO mit nachträglich entstandenen materiell-rechtlichen Einwendungen gegen den titulierten Anspruch, die weder unstreitig noch rechtskräftig festgestellt sind, nicht gehört werden könne (BGH, NJW 2012, 2663[5] im Anschluss an EuGH, Urt. vom 13.10.2011 – Prism Investments BV ./. Jaap Anne van der Meer, Rs C-139/10, NJW 2011, 3506).

In seiner Entscheidung – IX ZB 87/11 – vom 10.10.2013 (BeckRS 2013, 18480) hat der BGH nunmehr die unterschiedliche Behandlung von liquiden und illiquiden Einwendungen aufgegeben: Der EuGH habe entschieden, dass Art. 45 EuGVO dahin auszulegen sei, dass er der Versagung oder Aufhebung einer Vollstreckbarerklärung einer Entscheidung durch ein Gericht, das über einen Rechtsbehelf gemäß Art. 43 oder 44 EuGVO entschieden habe, aus einem anderen als einem in den Art. 34 und 35 EuGVO genannten Grund, wie etwa dem, dass der Entscheidung im Ursprungsmitgliedstaat nachgekommen worden sei, entgegensteht (EuGH aaO 3506 Rz. 43). In seinen Ausführungen unterscheide der EuGH nicht zwischen liquiden und illiquiden Einwendungen. Deshalb sei davon auszugehen, dass er alle nicht von Art. 34 und 35 EuGVO genannten Einwendungen im Exequaturverfahren als nicht berücksichtigungsfähig ansieht. Bei liquiden Einwendungen drohten zwar keine Verzögerungen im Vollstreckbarerklärungsverfahren. Es greife aber das vom EuGH angeführte Argument, dass zwischen dem Exequaturverfahren, welches die

---

[3] IPRspr. 2007 Nr. 207.
[4] IPRspr. 2005 Nr. 149.
[5] IPRspr. 2012 Nr. 269.

Wirkungen der ausländischen Entscheidung in die Rechtsordnung des Zweitstaats ‚integriert', und der anschließenden Zwangsvollstreckung strikt zu trennen sei. Der Erfüllungseinwand werde ausschließlich dem späteren Zwangsvollstreckungsverfahren zugeordnet, so dass entsprechende Einwendungen erst in diesem Verfahrensstadium geprüft werden könnten. Somit gelte, dass nicht nur illiquide, sondern auch liquide Einwendungen vom Exequaturverfahren ausgeschlossen sind.

Dem schließt sich der Senat unter Aufgabe seiner bisherigen Rspr. an ...

cc) Soweit die AGg. die Zinsforderung als nicht nachvollziehbar beanstandet, geht ihr Einwand fehl.

Ein italienisches Urteil, das dem Kläger gesetzliche Zinsen zuspricht, ist von dem Gericht des Klauselerteilungsverfahrens ergänzend auszulegen; dem Gericht obliegt die Feststellung und Anwendung italienischen Rechts (BGH, NJW 1990, 3084[6]; OLG Zweibrücken, NJOZ 2005, 2044[7]; Senat, RIW 1997, 330[8]). Der gesetzliche Zinssatz, zu dessen Entrichtung die AGg. verpflichtet ist, richtet sich nach Art. 1284 ital. Cc. Er kann nach Abs. 2 der Vorschrift durch Ministerialdekret jährlich neu festgelegt werden (vgl. OLG Zweibrücken aaO). Er ergibt sich für den maßgeblichen Zeitraum aus der vorgelegten, vom Senat nachvollzogenen Aufstellung, auf der die Berechnung beruht, der die AGg. substanziell nicht entgegen getreten ist und der sie insbesondere eine eigene Berechnung nicht entgegengehalten hat.

c) Eine Aussetzung des Verfahrens gemäß Art. 46 I EuGVO wegen einer Revision ist nicht veranlasst.

Die Aussetzung des Verfahrens widerspricht grundsätzlich dem Sinn und Zweck der EuGVO, das Verfahren der Vollstreckbarerklärung zu beschleunigen und dem Gläubiger die Möglichkeit zu geben, einen bereits erwirkten Titel rasch auch im EU-Ausland zu vollstrecken, ohne sich auf langwierige Auseinandersetzungen mit dem Schuldner einlassen zu müssen (vgl. Senat, Rpfleger 2006, 262 zu § 45 I Eu-GVO m.w.N.[9]). Daher kommt nach zutreffender Ansicht eine im Ermessen des BeschwG stehende Aussetzung nur in Ausnahmefällen in Betracht, nämlich dann, wenn die angefochtene Entscheidung erkennbar fehlerhaft und mit ihrer Aufhebung im Rechtsmittelverfahren zu rechnen ist (*Geimer-Schütze*, Europäisches Zivilverfahrensrecht, 2. Aufl., Art. 46 EuGVVO Rz. 3 m.w.N.). Bei dieser Prognoseentscheidung dürfen aber nur solche Umstände berücksichtigt werden, die der Schuldner im Prozess noch nicht geltend machen konnte. Andernfalls würde die grenzüberschreitende Urteilsvollstreckung zu stark eingeschränkt (vgl. EuGH, Urt. vom 4.10.1991 – B. J. van Dalfsen u.a. ./. B. van Loon und T. Berendsen, Rs C-183/90, zit. n. juris; BGH, NJW 1994, 2156[10]; jew. zu § Art. 38 I EuGVÜ; *Geimer-Schütze* aaO Rz. 8 m.w.N.). Ausgeschlossen ist der Schuldner auch mit dem Vortrag, das Vordergericht habe seine Einwände nicht oder nicht richtig gewürdigt und deshalb ein falsches Urteil erlassen (*Geimer-Schütze* aaO). Das würde auch eine inhaltliche Prüfung der Entscheidung des Vordergerichts erfordern, die Art. 36 EuGVO verbietet.

Der Vortrag der AGg. rechtfertigt danach keine Aussetzung. Das Berufungsverfahren ist mittlerweile abgeschlossen; dass Revision eingelegt worden ist, ist von keiner Seite vorgetragen worden."

---

[6] IPRspr. 1990 Nr. 198.
[7] IPRspr. 2004 Nr. 170.
[8] IPRspr. 1996 Nr. 183.
[9] IPRspr. 2006 Nr. 194.
[10] IPRspr. 1994 Nr. 163.

15. Anwalts- und Kostenrecht

16. Schiedsgerichtsbarkeit

Siehe auch Nr. 291

Das Urteil des LG München I vom 26.2.2014 – 37 O 28331/12 (SchiedsVZ 2014, 100; SpuRt 2014, 113, 90 Aufsatz *Monheim*, 139 Aufsatz *Schulze*, 179 Aufsatz *Handschin/Schütz*) – wird zusammen mit dem Urteil des OLG München vom 15.1.2015 – U 1110/14 Kart (RIW 2015, 233; SchiedsVZ 2015, 40) – im Band IPRspr. 2015 abgedruckt.

265. *Im Rahmen der Anerkennung und Vollstreckbarerklärung eines ausländischen (hier: chinesischen) Schiedsspruchs liegt ein Verstoß gegen den verfahrensrechtlichen ordre public vor, wenn die Entscheidung des Schiedsgerichts von den Grundprinzipien der deutschen Verfahrensordnung in solchem Maße abweicht, dass sie nach der deutschen Rechtsordnung nicht als in einem geordneten rechtsstaatlichen Verfahren ergangen angesehen werden kann und wenn anzunehmen ist, dass sich dieser Verfahrensverstoß auf den Schiedsspruch ausgewirkt hat. [LS der Redaktion]*

OLG Frankfurt/Main, Beschl. vom 16.1.2014 – 26 Sch 2/13: SchiedsVZ 2014, 206.

Die ASt. begehrt die Vollstreckbarerklärung eines chinesischen Schiedsspruchs. Hintergrund des Parteienstreits sind restliche Mietzinsen aus einem im Rahmen der Olympischen Sommerspiele in Peking im Jahr 2008 geschlossenen Mietvertrags; der Hauptvertrag enthält eine Schiedsgerichtsklausel, wonach jegliche Streitigkeiten aus oder im Zusammenhang mit diesem Vertrag den gesetzlichen Bestimmungen und Bedingungen der Volksrepublik China unterliegen und beim Hong Kong International Arbitration Centre (nachfolgend: HKIAC) einzureichen sind. Wegen einer Restforderung reichte die ASt. 2010 eine Schiedsklage ein und benannte in der Folgezeit Herrn B als ihren Schiedsrichter. Nachdem die AGg. keinen Schiedsrichter ernannte, wurde durch das HKIAC für diese ein beisitzender Schiedsrichter benannt. Diese Schiedsrichter bestellten schließlich Herrn A zum Vorsitzenden. Die AGg. rügte die anwendbaren Schiedsverfahrensregeln und lehnte den Vorsitzenden des Schiedsgerichts als befangen ab. Dieses Befangenheitsgesuch wies das Schiedsgericht zurück und setzte das Schiedsverfahren fort. Anfang 2012 erließ das Schiedsgericht – ohne mündliche Verhandlung – den hier streitgegenständlichen Schiedsspruch, durch den die AGg. zur Zahlung des restlichen Mietzinses i.H.v. 185 436,20 Euro nebst Zinsen verurteilt wurde.

Aus den Gründen:

„II. A. Der Antrag auf Vollstreckbarerklärung ist zulässig. Der angerufene Senat ist für die Entscheidung über die Vollstreckbarerklärung nach §§ 1061, 1062 I Nr. 4, II ZPO i.V.m. dem UNÜ zuständig, nachdem die AGg. im Bezirk des hiesigen OLG ihren Sitz hat.

Die übrigen formellen Voraussetzungen des § 1064 I, III ZPO liegen vor.

Die ASt. hat eine beglaubigte Abschrift des Schiedsspruchs sowie eine beglaubigte deutsche Übersetzung vorgelegt.

Entgegen Art. IV Abs. 1 lit. b UNÜ bedarf es keiner Vorlage einer beglaubigten Abschrift der Schiedsvereinbarung, da die nationale Regelung für die Vollstreckbarerklärung von Schiedssprüchen dies nicht vorsieht (§ 1064 ZPO; Grundsatz der Meistbegünstigung, BGH, NJW-RR 2004, 1504 f.[1]).

---

[1] IPRspr. 2003 Nr. 203.

B. Der Vollstreckbarerklärungsantrag hat auch in der Sache selbst ganz überwiegend Erfolg, weil Gründe, die Anerkennung und Vollstreckung zu versagen (Art. V Abs. 1 und 2 UNÜ, § 1061 II ZPO), nicht vorliegen.

1) Zunächst bestehen an der Aktivlegitimation der hiesigen ASt. aus Sicht des Senats keine Bedenken ...

2) Ohne Erfolg wendet die AGg. ein, dass der Schiedsspruch auf der falschen Schiedsordnung beruhe und daher aufzuheben sei.

Nach Art. V Abs. 1 lit. e UNÜ ist die Anerkennung u.a. ausgeschlossen, wenn das schiedsrichterliche Verfahren einer Vereinbarung der Parteien nicht entsprochen hat.

Ein Parteivereinbarung dahingehend, dass im Falle eines Schiedsverfahrens in jedem Fall die zum Zeitpunkt des Abschlusses der Schiedsvereinarung geltenden UNCITRAL Arbitration Rules anzuwenden wären, haben die Parteien indes nicht geschlossen. Die im Hauptvertrag enthaltene Schiedsklausel bestimmt lediglich, dass Rechtsstreitigkeiten im Zusammenhang mit dem Vertrag den gesetzlichen Bestimmungen und Bedingungen der Volksrepublik China unterliegen, [lässt] das auf das Schiedsverfahren anzuwendende Verfahrensrecht jedoch offen.

Es kann daher nicht davon ausgegangen werden, dass das Schiedsgericht zwingend die zum Zeitpunkt des Vertragsabschlusses anzuwendenden Arbitration Rules dem Verfahren hätte zugrunde legen müssen.

Ein Grund, die Anerkennung und Vollstreckung des Schiedsspruchs zu versagen, liegt auch nicht in Gestalt einer Verletzung des verfahrensrechtlichen ordre public vor (Art. V Abs. 2, lit. b UNÜ).

Von einem derartigen Verstoß ist auszugehen, wenn die Entscheidung des Schiedsgerichts von den Grundprinzipien der deutschen Verfahrensordnung in solchem Maße abweicht, dass sie nach der deutschen Rechtsordnung nicht als in einem geordneten rechtsstaatlichen Verfahren ergangen angesehen werden kann und wenn anzunehmen ist, dass sich dieser Verfahrensverstoß auf den Schiedsspruch ausgewirkt hat (vgl. *Zöller-Geimer*, ZPO, 29. Aufl., Rz. 5 zu § 1061 ZPO m.w.N.).

Auch diese Voraussetzung ist vorliegend nicht erfüllt.

Ungeachtet dessen, dass es allgemeinen prozessualen Grundsätzen entspricht, diejenige Verfahrensordnung anzuwenden, die zum Zeitpunkt der Einleitung eines Streitverfahrens gilt, hat die AGg. zudem nicht dargelegt, inwieweit die zum Zeitpunkt des Abschlusses des Mietvertrags geltenden UNCITRAL-Regeln für sie vorteilhafter gewesen wären bzw. inwieweit bei Anwendung der alten Regeln eine für sie günstigere Entscheidung zu erwarten gewesen wäre. Allein ihre schlichte Behauptung von der unzutreffenden Verfahrensordnung steht der Anerkennung des ausländischen Schiedsspruchs daher nicht entgegen.

3) Die fehlende Durchführung einer mündlichen Verhandlung begründet ebenfalls kein Anerkennungshindernis nach Art. V Abs. 2 UNÜ.

Nachdem sich die Schiedsbeklagte (AGg.) zu keinem Zeitpunkt des Schiedsverfahrens inhaltlich zu dem Klagebegehren geäußert oder etwaige Beweismittel vorgelegt hatte, ist nicht erkennbar, dass die Durchführung einer mündlichen Verhandlung zu einer Klärung streitiger Punkte oder zu einer Überzeugungsbildung des Schiedsgerichts hätte beitragen können. Die Durchführung einer mündlichen Verhandlung vor einem Schiedsgericht dient aber keinem Selbstzweck, sondern steht auch gemäß den Regelungen der UNCITRAL Arbitration Rules 2010 in gewissem

Umfang im Ermessen des Schiedsgerichts. Zwar bestimmt Art. 17 III der UNCITRAL Arbitration Rules 2010, dass das Schiedsgericht eine mündliche Verhandlung durchführen soll (*shall hold hearings*), wenn eine Partei dies in einem geeigneten Stadium des Verfahrens beantragt. Zugleich sieht aber Art. 30 I lit. b der betreffenden Arbitration Rules vor, dass das Schiedsgericht das Verfahren fortsetzen soll, wenn eine Partei es versäumt, rechtzeitig eine Klageerwiderung einzureichen oder Beweismittel zu benennen. Aus dem Zusammenspiel dieser Normen lässt sich entnehmen, dass es keine unbedingte Pflicht zur Anberaumung einer mündlichen Verhandlung – ohne Rücksicht auf den Verfahrensstand – gibt, weshalb dem Schiedsgericht bei der gegebenen Sachlage auch kein Verfahrensverstoß vorgeworfen werden kann.

Darüberhinaus ist völlig offen, welches Vorbringen die AGg. für den Fall der Durchführung einer mündlichen Verhandlung eingebracht hätte und inwieweit dies zu einem geänderten Schiedsspruch hätte führen können.

Ein kausal relevanter Verfahrensverstoß liegt somit nicht vor (vgl. hierzu auch OLG Frankfurt/Main, Beschl. vom 28.10.2010 – 26 Sch 3/09, zit. n. juris).

4) Die weitere Rüge der AGg., wonach das Schiedsgericht den Einwand unzureichender Rechnungsstellung durch die ASt. unberücksichtigt gelassen habe, begründet gleichfalls keinen Grund, die Anerkennung und Vollstreckbarerklärung des Schiedsspruchs zu versagen.

Denn die inhaltliche Richtigkeit des Schiedsspruchs ist im Verfahren auf Vollstreckbarerklärung des ausländischen Schiedsspruchs grundsätzlich nicht zu prüfen; es gilt das Verbot der révision au fond (vgl. z.B. OLG Saarbrücken, Beschl. vom 30.5.2011 – 4 Sch 3/10[2] m.w.N., zit. n. BeckRS).

Des Weiteren bleibt auch an dieser Stelle offen, inwieweit auf der Grundlage des in der Schiedsklausel vereinbarten chinesischen Rechts eine fehlerhafte Rechnungsstellung vorliegen sollte.

5) Was die angeblich unbeantworteten prozessleitenden Anfragen angeht, so lässt die AGg. außer Acht, dass sich das Schiedsgericht im Rahmen der Entscheidung über das Befangenheitsgesuch eingehend mit den betreffenden Gesuchen auseinandergesetzt hat. Aus dem im Schiedsspruch im Einzelnen dargelegten Inhalt des Schreibens vom 21.11.2011 (Rz. 81) lässt sich nicht nur der genaue zeitliche Ablauf der Schiedsverfahrens, sondern auch die auf die Bestimmungen der Arbitration Rules 2010 gestützte Verfahrensweise des Schiedsgerichts entnehmen. Etwaige anerkennungsrelevante Verfahrensverstöße sind insoweit nicht ersichtlich. Zudem hat die AGg. nicht dargelegt, wie sich der behauptete Verfahrensverstoß auf den Schiedsspruch ausgewirkt haben soll.

6) Soweit die AGg. schließlich beanstandet, dass das Schiedsgericht nicht selbst über den Ablehnungsantrag hätte entscheiden dürfen, sondern gemäß Art. 13 Nr. 4 der UNCITRAL Arbitration Rules 2010 allein die *appointing authority* zuständig gewesen wäre, lässt sich ebenfalls kein Versagungsgrund feststellen.

Mit Recht weist die ASt. darauf hin, dass die Arbitration Rules in Art. 13 eine Regelung vorsehen, wonach im Falle einer Ablehnung eines Schiedsrichters sich alle Parteien entweder auf seine Ablehnung einigen können – dies bedeutet das Zugeständnis der Gründe für die Ablehnung – oder aber der Schiedsrichter im Falle eines einseitig gebliebenen Ablehnungsgesuchs von seinem Amt zurücktreten kann.

---

[2] IPRspr. 2011 Nr. 4.

Sofern – wie hier – keiner dieser beiden Fälle gegeben ist, kann die Partei, die das Ablehnungsgesuch gestellt hat, innerhalb von 30 Tagen eine Entscheidung durch die ‚Anstellungsbehörde' (*appointing authority*) beantragen.

Bezogen auf den vorliegenden Fall bedeutet dies, dass sich die AGg. zur Weiterverfolgung ihres Ablehnungsgesuchs an die dem Schiedsgericht ‚übergeordnete Behörde' (hier: das HKIAC) hätte wenden müssen (vgl. hierzu auch Rz. 40 bzw. Rz. 81 a.E. des Schiedsspruchs), denn auf der Grundlage der o.g. Regelungen ist das Schreiben des Schiedsgerichts vom 21.11.2011 als Mitteilung über die Ablehnung eines Rücktritts zu verstehen. Nachdem es die AGg. aber unterlassen hat, ihr Gesuch gegenüber dem HKIAC weiterzuverfolgen, kann sie im hiesigen Vollstreckbarerklärungsverfahren hieraus keine Anerkennungshindernisse ableiten.

Weitere Versagungsgründe im Sinne von Art. V UNÜ sind weder dargetan noch sonst ersichtlich."

266. *Der Antrag auf Aufhebung eines ausländischen (hier: finnischen) Schiedsspruchs ist vor deutschen Gerichten schon deshalb nicht zulässig, weil § 1059 ZPO nur auf inländische (deutsche) Schiedssprüche Anwendung findet. [LS der Redaktion]*

OLG Köln, Beschl. vom 21.2.2014 – 19 Sch 18/13: Unveröffentlicht.

Die ASt. begehrt die Anerkennung und Vollstreckbarerklärung eines ausländischen (hier: finnischen) Schiedsspruchs in Deutschland. Der AGg. hat gegenüber dem OLG einen Antrag auf gerichtliche Aufhebung des Schiedsspruchs gestellt.

Aus den Gründen:

„II. Der Schiedsspruch vom 25.11.2013, auf den Bezug genommen wird, war antragsgemäß für vollstreckbar zu erklären. Nach § 1061 I ZPO richtet sich die Anerkennung und Vollstreckung ausländischer Schiedssprüche nach dem UNÜ.

a) Der auf § 1061 I ZPO gestützte Antrag auf Vollstreckbarerklärung des Schiedsspruchs ist zulässig. Das OLG Köln ist gemäß § 1062 II ZPO sachlich und örtlich zuständig, da der AGg. in seinem Bezirk ansässig ist. Die ASt. hat gemäß den §§ 1064 I 2, III, 1061 I 1 ZPO, Art. IV Abs. 1 lit. a UNÜ eine beglaubigte Abschrift des in englischer Sprache gehaltenen Schiedsspruchs vorgelegt. Die Vorlage einer beglaubigten Übersetzung in die deutsche Sprache ist nicht zwingend geboten (*Zöller-Geimer*, ZPO, 30. Aufl. [2014], Anh. § 1061 Artikel IV UNÜ Rz. 4 ff.). Der AGg. hat auch nicht substanziiert geltend gemacht, dass er ohne Übersetzung zur Wahrnehmung seiner Rechte nicht in der Lage ist. Er hält die Übermittlung einer Übersetzung nur ohne Begründung für sinnvoll.

b) Der Antrag auf Vollstreckbarerklärung hat auch in der Sache Erfolg. Gründe, die Anerkennung und Vollstreckung des Schiedsspruchs nach Art. V Abs. 1, 2 UNÜ zu versagen, sind offensichtlich nicht gegeben. Daher war auch eine mündliche Verhandlung nach § 1063 II ZPO nicht geboten. Zwar hat der AGg. am Ende seiner Stellungnahme vom 15.1.2014 ‚auch den Antrag auf gerichtliche Aufhebung des Schiedsspruchs' gestellt, sodass eine mündliche Verhandlung nach § 1063 II Alt. 1 ZPO anzuberaumen sein könnte. Eine Aufhebung des finnischen Schiedsspruchs ist im vorliegenden Verfahren aber schon gar nicht zulässig, weil § 1059 ZPO nur auf inländische (deutsche) Schiedssprüche Anwendung findet. Auch die zweite Alternative des § 1063 II ZPO greift nicht ein, da vom AGg. Anerkennungsversagungsgründe nicht substanziiert geltend gemacht werden (vgl. zur – mangelnden – Erforderlichkeit einer mündlicher Verhandlung: BGHZ 142, 204[1]; BayObLGZ 1999, 55[2]; *Zöller-Geimer* aaO § 1063 Rz. 2). Vorliegend rügt der AGg. zwar, dass keine wirksame Schiedsvereinbarung vorliege und der AGg. vom schiedsrichterlichen Verfahren nicht gehörig in Kenntnis gesetzt worden sei. Beide Einwände sind aber nach dem eigenen Vorbringen des AGg. erkennbar nicht stichhaltig. Abgesehen davon, dass der AGg. mit Einwänden gegen die Wirksamkeit der Schiedsklausel präkludiert ist, wenn – wie hier – der Einwand nicht bereits im Schiedsverfahren vorgebracht worden ist (vgl. *Zöller-Geimer* aaO § 1061 Rz. 22 m.w.N.), genügt der Vortrag des AGg. auch nicht den Anforderungen des Art. V Abs. 1 lit a UNÜ. Gründe, warum die Schiedsklausel in Art. 23 des zwischen den Parteien geschlossenen Handelsvertretervertrags, auf den nach Art. 24 finnisches Recht Anwendung findet, nicht hinreichend bestimmt sein sollte, werden in keiner Weise dargelegt. Eine unangemessene Benachteiligung des AGg. durch die Fassung der Schiedsklausel ist auch ansonsten nicht erkennbar.

Schließlich hat der AGg. auch eine Gehörsverletzung im Sinne von Art. V Abs. 1 lit b, Abs. 2 lit b UNÜ nicht dargelegt. Sein Vortrag erschöpft sich vielmehr in der pauschalen Behauptung, er sei von der Einleitung des schiedsrichterlichen Verfahrens ‚nicht gehörig' in Kenntnis gesetzt worden und auch den Schiedsspruch habe er nicht erhalten. Über den Schiedsspruch ist der AGg. spätestens mit Zustellung des dem Anschreiben des Senats vom 18.12.2013 beigefügten Titels in Kenntnis gesetzt worden. Was den Ablauf des schiedsrichterlichen Verfahrens anbelangt, so ist im Schiedsspruch im Absatz ‚The Proceedings' unter den Punkten 1–11 im Einzelnen aufgeführt, wann und auf welche Weise der AGg. über Anträge und den Verfahrensgang informiert und wann ihm mit welchen Fristen Gelegenheit zur Stellungnahme gegeben wurde. Hierauf nimmt der AGg. im Schriftsatz vom 15.1.2014 aber keinen Bezug, sodass sein pauschales Bestreiten nicht als substanziiert angesehen werden kann. Sofern der AGg. meint, die Verfügungen des Schiedsrichters seien insofern nicht ‚ordnungsgemäß' zugestellt worden, als sein Verfahrensbevollmächtigter von der ASt. nicht ins Schiedsverfahren einbezogen worden und Zustellungen des Schiedsrichters folglich nicht an den Bevollmächtigten erfolgt seien, so verhilft auch dies seinem Begehren auf Versagung der Vollstreckbarkeit nicht zum Erfolg. Denn zum einen ist eine solche zwingende Anforderung an die ASt., die Bevollmächtigten des AGg. von der Einleitung des schiedsrichterlichen Verfahrens zu informieren, nicht ersichtlich, und zum anderen würde sich ein etwaiges Versäumnis der ASt. auf das schiedsrichterliche Verfahren, in dem sich der Prozessbevollmächtigte des AGg. unstreitig nicht bestellt hat, nicht auswirken."

267. *Ein nach Art. V Abs. 1 lit d. UNÜ gerügter Verfahrensverstoß (hier: durch die Anwendung einer anderen als der vereinbarten Verfahrenssprache im Schiedsverfahren vor dem Schiedsgericht der Internationalen Handelsarbitragekammer bei der Industrie und Handelskammer der Republik Moldawien) steht der Anerkennung und Vollstreckbarerklärung eines ausländischen Schiedsspruchs nicht entgegen, wenn er sich weder kausal noch auf dessen Inhalt nachteilig ausgewirkt hat. Es*

---

[1] IPRspr. 1999 Nr. 180.   [2] IPRspr. 1999 Nr. 179.

reicht nicht aus, vorzutragen, dass ohne die Gesetzes- beziehungsweise Verfahrensverletzung anders entschieden worden wäre. [LS der Redaktion]

OLG Köln, Beschl. vom 26.2.2014 – 19 Sch 12/13: SchiedsVZ 2014, 203.

Die ASt. begehrt die Vollstreckbarerklärung eines ausländischen Schiedsspruchs aus dem Jahr 2012. Der Schiedsspruch des Schiedsgerichts der Internationalen Handelsarbitragekammer bei der IHK der Republik Moldawien wurde der AGg. am 1.8.2012 zugestellt. Dem Verfahren lag eine Bestellung der ASt. zugrunde: Flaschen im Gesamtwert von 32 946,67 €, für die die ASt. in Vorleistung gegangen war. Die AGg. lieferte Waren im Gegenwert von 21 280,90 €. Die ASt. forderte die Rückzahlung der vorab zu viel überwiesenen Beträge. Nach dem antragsgemäß ergangenen Schiedsspruch gebehrt die ASt. die Vollstreckbarerklärung.

Aus den Gründen:

„II. Der Schiedsspruch vom 14.6.2012, auf dessen Inhalt Bezug genommen wird, ist antragsgemäß für vollstreckbar zu erklären. Nach § 1061 I ZPO richtet sich die Anerkennung und Vollstreckung ausländischer Schiedssprüche nach dem UNÜ.

1. Der auf § 1061 I ZPO gestützte Antrag auf Vollstreckbarerklärung des Schiedsspruchs ist zulässig.

a) Das OLG Köln ist gemäß § 1062 II ZPO sachlich und örtlich zuständig, da die AGg. in seinem Bezirk ansässig ist ...

c) Der Antrag auf Vollstreckbarerklärung ist auch im Übrigen zulässig. Die ASt. hat gemäß den §§ 1064 I 2, II, 1061 I 1 ZPO, Art. IV Abs. 1 lit. a, Abs. 2 UNÜ eine beglaubigte Abschrift des verfassten Schiedsspruchs sowie eine beglaubigte Abschrift der deutschen Übersetzung des moldawischen Schiedsspruchs aus der rumänischen Sprache vorgelegt. Gemäß § 1064 I ZPO, der gemäß Art. VII UNÜ gilt, genügt für den Schiedsspruch die Beglaubigung durch den für das gerichtliche Verfahren bevollmächtigten Rechtsanwalt.

2. Der Antrag auf Vollstreckbarerklärung ist auch begründet. Gründe, die Anerkennung des Schiedsspruchs nach Art. V Abs. 1 und 2 UNÜ zu versagen, sind nicht gegeben. Grundsätzlich trägt für solche Gründe der Antragsgegner die Darlegungs- und Beweislast (vgl. *Prütting/Gehrlein/Raeschke-Kessler*, ZPO, 6. Aufl., § 1061 Rz. 21).

a) Dafür, dass der Schiedsspruch nicht verbindlich im Sinne von Art. V Abs. 1 lit. e UNÜ ist, ist nichts ersichtlich und wird nichts tragfähig von der AGg. vorgebracht.

b) Ein Versagungsgrund nach Art. V Abs. 1 lit. a UNÜ liegt nicht vor, da das moldawische Schiedsgericht aufgrund einer Schiedsvereinbarung der Parteien im Sinne des Art. II UNÜ zur Entscheidung über die vertragliche Streitigkeit berufen war. Die ASt. hat das Zustandekommen der Schiedsvereinbarung dargelegt. Für eine Unwirksamkeit dieser Vereinbarung ist nichts ersichtlich und es fehlt am entsprechenden Vortrag der AGg. Die Schiedsvereinbarung in Ziff. 11.2. des Vertrags Nr. 12 vom 16.1.2004, die in englischer Sprache vorliegt, ist wirksam. Über die Frage der Wirksamkeit einer Schiedsvereinbarung im Sinne von Art. II Abs. 3 UNÜ hat das nach der Kollisionsregel des Art. V Abs. 1 lit. a UNÜ berufene Recht zu entscheiden. Dieses ist nach der Regelung in Ziff. 11.3 des Vertrags Nr. 12, aber auch nach der allgemeinen Regelung in Art. V Abs. 1 lit. a UNÜ, moldawisches Recht.

Es ist nicht erkennbar und wird von der AGg. auch nicht tragfähig geltend gemacht, dass die Schiedsvereinbarung als solche unwirksam ist. Die AGg. hat nicht ausgeführt, dass die entspr. vertragliche Bestimmung im Vertrag Nr. 12 vom 16.1.

2004 nach moldawischem Recht unwirksam ist. Es geht ihr allein um das Verständnis der Vertragsklausel in ihrer englischsprachigen Fassung. Auf das sprachliche Verständnis und die Übersetzung der Schiedsvereinbarung, so wie sie im Schiedsspruch in Bezug genommen wird, kommt es aber nicht an. Selbst wenn die dortige Übersetzung nicht in Gänze wörtlich dem englischsprachigen Text der Schiedsklausel entspricht, folgt daraus nicht, dass die Parteien ihrem Willen entsprechend nicht zur Entscheidung über Streitigkeiten und Differenzen, die im Zusammenhang mit dem Vertrag entstehen können, das Schiedsgericht für internationale Handelssachen bei der IHK der Republik Moldawien unter Ausschluss staatlicher Gerichtsbarkeit vereinbart haben. Aus der Vereinbarung ergibt sich – ungeachtet der jeweils in Bezug genommenen Übersetzungen – jedenfalls, dass das bezeichnete Schiedsgericht für die Parteien unter Ausschluss der staatlichen Gerichte bindende Entscheidungen treffen soll. Weder aus der Formulierung im Originaltext *with the exception of recourse to courts of law* noch der vom Schiedsgericht gewählten (ins Deutsche übersetzten Formulierung) ergibt sich, dass die staatlichen Gerichte zur Entscheidung noch berufen sein sollten. Hiervon geht auch die AGg. letztlich nicht aus. Das Verständnis der AGg., die Parteien hätten lediglich die Führung von Verfahren vor Gerichten ausgeschlossen, ist im Übrigen weder im Wortlaut der Schiedsvereinbarung angelegt, noch macht es inhaltlich Sinn.

Hinzu kommt, dass die AGg. nichts zur Auslegung der Schiedsvereinbarung nach moldawischem Recht vorgetragen hat, aus dem sich ergeben könnte, dass hier keine wirksame Schiedsvereinbarung vorliegt. Im Übrigen ist zu berücksichtigen, dass nach dem unwidersprochenen Vortrag der ASt. die AGg. Mängel der Schiedsvereinbarung bzw. ihrer Reichweite im Schiedsverfahren nicht gerügt hat. Dem Schiedsspruch selbst ist zu entnehmen, dass die Rüge einer wirksamen Schiedsvereinbarung gerade nicht erhoben worden ist. Auch dem Vortrag der AGg. im vorliegenden Verfahren ist dies nicht zu entnehmen; insbesondere ergibt sich dies nicht aus dem ... eingereichten Schriftsatz ihres Verfahrensbevollmächtigten im Schiedsverfahren vom 13.6.2012. Ob überhaupt noch ohne vorherige Rüge die Zuständigkeit des Schiedsgerichtsverfahrens im Anerkennungs- und Vollstreckbarerklärungsverfahren gerügt werden kann (vgl. dazu OLG München, Urt. vom 10.10.2002 – U (K) 1651/02[1], zit. n. juris), kann indes im Ergebnis dahingestellt bleiben, da – wie ausgeführt – ohnehin von einer wirksamen Schiedsvereinbarung auszugehen ist.

c) Ein Versagungsgrund kommt auch nach Art. V Abs. 1 lit. d UNÜ nicht in Betracht.

Es ist zwar zutreffend, dass einem ausländischen Schiedsspruch die Anerkennungsfähigkeit fehlt, wenn der Schiedsspruch – entgegen der für das Schiedsverfahren geltenden Verfahrensordnung – nicht von dem zuständigen Schiedsgericht gefällt wurde (vgl. BGH, NJW 2008, 2718[2]). Es ist hier aber nicht erkennbar, dass nach der Verfahrensordnung des Schiedsgerichtshofs für internationale Handelssachen bei der IHK der Republik Moldawien zwingend ein Schiedsverfahren mit drei Schiedsrichtern vorgesehen war. Es ist bereits davon auszugehen, dass bei einer wirksamen Schiedsvereinbarung eines ständigen Schiedsgerichts wie hier dem Schiedsgerichtshof für internationale Handelssachen bei der IHK der Republik Moldawien auch deren Verfahrensordnung vereinbart wird. Vorliegend wird dies in Ziff. 11.2 des

---

[1] IPRspr. 2002 Nr. 223.   [2] IPRspr. 2008 Nr. 195.

Vertrags Nr. 12 vom 16.1.2004 ausdrücklich klarstellend vereinbart (*in accordance with the rules and procedures of the said court*).

Dass der AGg. die Verfahrensordnung dieses Schiedsgerichts nicht bekannt gewesen ist, ist nach ihrem eigenen Vortrag im Schiedsverfahren nicht geltend gemacht worden. Insoweit ist schon zweifelhaft, ob sie mit diesem Einwand nun gehört werden kann. Letztlich kann dies offen bleiben. Der nach Art. V Abs. 1 lit. d UNÜ gerügte Verfahrensverstoß muss nämlich zudem kausal für den Schiedsspruch sein (*Zöller-Geimer*, ZPO, 30. Aufl., Anh. § 1061 Art. V Rz. 5). Die Auswirkungen der fehlenden Kenntnis von der Verfahrensordnung auf den Schiedsspruch hat die AGg. aber nicht dargelegt.

Grundsätzlich dürften zwar Regelungen zur Besetzung des Schiedsgerichts in der vereinbarten Verfahrensordnung auch auf den Schiedsspruch Auswirkung haben können. Hier aber kann ungeachtet der Kenntnis von der Verfahrensordnung und der Einhaltung der Regelungen der Verfahrensordnung nicht angenommen werden, dass Auswirkungen auf den Schiedsspruch vorliegen. Es kann insoweit auch offen bleiben, ob der Nachweis der fehlerhaften Bildung des Schiedsgerichts eine widerlegbare Vermutung der Kausalität des Verfahrensfehlers begründet (vgl. zum Streit BeckOK-ZPO-*Wilse-Markert*, 18. Ed., § 1061 ZPO Rz. 38). Denn der Nachweis einer Fehlbesetzung des Schiedsgerichts ist vorliegend nicht geführt worden. Der Schiedsspruch sieht ausdrücklich vor, dass nach der Verfahrensordnung nur ein Schiedsrichter zur Entscheidung befugt sein kann und die ASt. im Schiedsantrag um die Verhandlung der Streitigkeit vor einem Einzelrichter ersucht hat und der Bekl. den Schiedsrichter ... vorgeschlagen hat. Die AGg. hat nach dem Inhalt des Schiedsspruchs hierauf erwidert und keine Einwände gegen die Zusammensetzung des Schiedsgerichts und die Person des Einzelschiedsrichters erhoben. Angesichts dessen und der Tatsache, dass weitere Umstände zur Fehlbesetzung des Schiedsgerichts nicht vorgetragen werden, kann nicht festgestellt werden, dass sich ein etwaiger Verstoß kausal ausgewirkt hat.

d) Dass das schiedsgerichtliche Verfahren darüber hinaus nicht der Vereinbarung der Parteien entspricht und mithin Verfahrensfehler im Sinne von Art. V Abs. 1 lit. d UNÜ vorliegen, kann ebenfalls nicht festgestellt werden.

Dies gilt auch in Bezug auf die Verfahrenssprache, wenn auch grundsätzlich die Durchführung des Schiedsverfahrens in einer anderen als in der vereinbarten Sprache ein Grund sein kann, der der Anerkennung und damit der Vollstreckbarerklärung entgegensteht. Die Rüge der AGg., dass das Schiedsverfahren auf Moldawisch/Rumänisch verhandelt worden und der Schiedsspruch in Moldawisch abgefasst sei, bleibt erfolglos. Es ist zwar davon auszugehen, dass die Parteien in Ziff. 13.4. ihres Vertrags Nr. 12 vom 16.1.2004 vorrangig Englisch als Vertragssprache für Streitigkeiten vereinbart haben. Ob darin auch – unabhängig von der vereinbarten Verfahrensordnung für das Schiedsgericht – die Vereinbarung der Verfahrenssprache Englisch für das konkrete Schiedsverfahren liegt, kann indes offen bleiben. Auch insoweit ist es erforderlich, dass ein Verfahrensverstoß durch Anwendung einer anderen als der vereinbarten Verfahrenssprache bereits im Schiedsverfahren erfolglos gerügt werden muss (vgl. *Zöller-Geimer* aaO).

Mit dem im Schiedsverfahren vorgelegten Schriftsatz des Verfahrensbevollmächtigten der AGg. vom 13.6.2012 ist zwar seitens der AGg. im Schiedsverfahren hinreichend dargelegt und gerügt worden, dass Verfahrenssprache des Schiedsverfahrens Englisch sein soll. Ungeachtet dieser Rüge und ungeachtet der Frage, ob hier überhaupt die englische Sprache als Verfahrenssprache für das Schiedsgerichtsverfahren und mithin auch den Schiedsspruch vereinbart wurde (was angesichts der Vereinbarung der Verfahrensordnung des Schiedsgerichts nicht ohne weiteres auf der Hand liegt), steht dieser Verfahrensverstoß einer Anerkennung und Vollstreckbarerklärung des ausländischen Schiedsspruchs deshalb nicht entgegen, weil die AGg. nicht dargetan hat, dass sich die Anwendung einer nicht vereinbarten Sprache auf ihre Prozessführung oder auf den Inhalt des Schiedsspruchs nachteilig ausgewirkt hat (vgl. OLG München, SchiedsVZ 2010, 169, 172[3]). Es reicht nicht aus, vorzutragen, dass ohne die Gesetzes- bzw. Verfahrensverletzung anders entschieden worden wäre (*Zöller-Geimer* aaO und § 1059 Rz. 44). Wenn die AGg. nunmehr geltend macht, dass das Schiedsgericht einen auf Englisch verfassten Schriftsatz der AGg., mit dem die Aufrechnung mit einer Gegenforderung der AGg. erklärt worden sei, einfach ignoriert habe, so reicht dieser Vortrag nicht aus. Welche konkrete Forderung im Wege der Aufrechnung von der AGg. geltend gemacht wurde, ist weder dem Vortrag im vorliegenden Verfahren noch jenem im Schriftsatz der AGg. vom 13.6.2012 im Schiedsverfahren zu entnehmen. Im Übrigen lässt der Schiedsspruch erkennen, dass der Schriftsatz der AGg. vom 13.6.2012 ausdrücklich berücksichtigt und dort enthaltener Sachvortrag gewürdigt worden ist. Konkret wird die Behauptung der AGg. im Schiedsspruch wiedergegeben, sie schulde der ASt. über einen Betrag von 1 774,25 € hinaus nichts. Lieferungen in dieser Größenordnung seien an die ASt. möglich, wären aber noch nicht abgerufen. Damit wird der Vortrag im Schriftsatz vom 13.6.2012 hinreichend berücksichtigt.

Die AGg. hat auch nicht dargelegt, dass darüber hinaus Vortrag der AGg. wegen der Verfahrenssprache keine Berücksichtigung gefunden habe und insoweit ein Versagungsgrund begründet wäre.

Schließlich ist in Bezug auf die Durchführung des Schiedsverfahrens zu berücksichtigten, dass die AGg. trotz Ladung zur Verhandlung nicht erschienen ist. Schon insoweit ist nicht erkennbar, inwieweit eine Verhandlung in einer anderen als der Vertragssprache sich auf die Prozessführung der AGg. nachteilig ausgewirkt hat. Dass die AGg. nicht wirksam geladen worden war oder andere Gründe vorlagen, aus denen sich unter dem Gesichtspunkt der Verfahrenssprache oder aber auch jenem des ordre public Anerkennungsversagungsgründe ergeben könnten, ist nicht ersichtlich und wird von der AGg. auch nicht konkret geltend gemacht.

Es kann somit insgesamt nicht festgestellt werden, dass der Schiedsspruch auf einem Verfahrensfehler beruht. Ein Anerkennungsversagungsgrund im Sinne von Art. V Abs. 2 lit b UNÜ liegt nicht vor.

e) Ohne Erfolg bleibt die AGg. mit ihrer hilfsweise erklärten Aufrechnung und hilfsweise erhobenen Widerklage. Ungeachtet der Zulässigkeit von sachlich-rechtlichen Einwendungen gegen den im Schiedsspruch festgestellten Anspruch und der Möglichkeit, die Aufrechnung mit einer vor Abschluss des Schiedsverfahrens entstandenen Forderung zu erklären (vgl. BGH, NJW-RR 2011, 213 ff.[4]; Senat, Beschl. vom 11.9.2009 – 19 Sch 10/09), bleibt die AGg. erfolglos. Die ASt. hat die Einrede des Schiedsvertrags erhoben. Beruft sich eine Partei vor dem staatlichen Gericht zu

---

[3] IPRspr. 2009 Nr. 277.   [4] IPRspr. 2010 Nr. 300b.

Recht darauf, dass die einer Aufrechnung zugrunde liegende bestrittene Forderung ihrerseits einer Schiedsabrede unterliege, darf die Aufrechnung nicht berücksichtigt werden (BGH, NJW-RR aaO 214 f.). Der Senat sieht auch insoweit die mit der Aufrechnung geltend gemachte Forderung von der Schiedsvereinbarung erfasst, da es sich um eine Zahlungsforderung aus Lieferung für Flaschen handelt. Davon geht auch die ASt. aus. Bereits aus diesem Grund hat auch die Widerklage keine Aussicht auf Erfolg, ungeachtet der Frage, ob sie im Vollstreckungsverfahren überhaupt erhoben werden kann."

268. *Ein Vereinsmitglied, das sich vor den ordentlichen Gerichten gegen eine vom Verein ausgesprochene Vereinsstrafe wehren will, hat nicht zwingend vor Anrufung des Gerichts ein Aufhebungsverfahren gegen einen dieser Vereinsstrafe zugrunde liegenden Schiedsspruch vor den Gerichten des Ursprungsstaats (hier: der Schweiz) durchzuführen. [LS der Redaktion]*

a) LG Bremen, Urt. vom 25.4.2014 – 12 O 129/13: SpuRt 2014, 174.
b) OLG Bremen, Urt. vom 30.12.2014 – 2 U 67/14: NJOZ 2015, 824; SchiedsVZ 2015, 149 mit Anm. *Lambertz*; SpuRt 2015, 74.

Der Kl. ist ein im Vereinsregister eingetragener Sportverein in Wilhelmshaven und hatte eine Zulassung des DFB zur Teilnahme am Spielbetrieb der Regionalliga Nord; für diesen ist als DFB-Mitglied der Bekl. verantwortlich. In der Mannschaft des Kl. war ein italienischer Staatsangehöriger als Spieler eingesetzt, der zuvor als Amateurspieler bei zwei argentinischen Fußballvereinen spielte. Beide argentinischen Vereine beantragten 2007 bei der FIFA die Festsetzung einer Ausbildungsentschädigung gegen den Kl.; diese Ausbildungsentschädigung wurde ihnen mit Entscheidung der „Dispute Resolution Chamber" (fortan: DRC) in Zürich 2008 zugesprochen. Der vom Kl. sodann angerufene „Court of Arbitration for Sports" (fortan: CAS) in Lausanne bestätigte 2009 die Entscheidungen der DRC unter Zurückweisung der Berufungen des Kl. mit Schiedsspruch. Nachdem der Kl. nicht zahlte, erließ der DFB auf Ersuchen der FIFA 2012 Disziplinarmaßnahmen. Das vom Kl. gegen diese Entscheidungen angerufene DFB-Sportgericht wies dessen Anträge gegen die Disziplinarmaßnahmen zurück. Nunmehr wandte sich der Kl. an die ordentlichen Gerichte.

Aus den Gründen:

a) LG Bremen 25.4.2014 – 12 O 129/13:

„II. Unbegründetheit der Anträge zu 1) bzw. 2)
1. *Antrag zu 2) – Unwirksamkeit des Beschlusses vom 13.1.2014 hinsichtlich des Zwangsabstiegs zum Ende der Spielzeit 2013/14*
Insoweit ist die Klage unbegründet, weil der Kl. an die für ihn negative Entscheidung des CAS vom 24.10.2013 (Zwangsabstieg) gebunden ist, er den Regelungen in den Satzungen des Bekl. bzw. des DFB unterworfen ist und der Bekl. zur Umsetzung der FIFA-Entscheidung verpflichtet ist.
a) Insoweit ist zwischen den Parteien streitig, ob die Zuständigkeit des CAS (also eines Schiedsgerichts) wirksam vereinbart wurde. Die Frage einer ausdrücklichen – evtl. formunwirksamen – Schiedsabrede kann hier dahinstehen, da eine Schiedsabrede zumindest nachträglich durch Anrufung bzw. Beteiligung am Schiedsverfahren getroffen wurde (vgl. OLG Hamburg, NJW-RR 1999, 1738[1]). Die FIFA hat ihre eigenen Entscheidungen mit einer ‚Rechtsbehelfsbelehrung' versehen, wonach das CAS angerufen werden konnte. Dem ist der Kl. durch Anrufung des CAS in

---
[1] IPRspr. 1998 Nr. 211.

der Schweiz gefolgt. Die FIFA hat anschließend widerspruchslos an dem Schiedsverfahren beim CAS teilgenommen. Damit haben die Parteien des Schiedsverfahrens – die FIFA und der Kl. – sich einverständlich bzgl. der Streitfrage auf die Zuständigkeit des CAS als Schiedsgericht verständigt. Folglich haben die beteiligten Parteien die Entscheidung des Schiedsgerichts auch zu beachten. Den negativen Ausgang des Schiedsverfahrens hat der Kl. nicht zum Anlass genommen, ein Aufhebungsverfahren beim zuständigen BGer zu führen. Mithin ist der Kl. daran gehindert, die Unrichtigkeit der Entscheidung der FIFA bzgl. des Zwangsabstiegs geltend zu machen ...

c) Der DFB ist gemäß § 1 Nr. 1 seiner Satzung Mitglied der FIFA und zur Umsetzung der Entscheidungen der FIFA-Organe verpflichtet.

Entgegen der Auffassung des Kl. ergibt sich aus § 17a der Satzung des DFB kein eigenes Überprüfungsrecht bzgl. etwaiger CAS-Entscheidungen. Gemäß Inhalt dieser Regelung hat sich der DFB etwaigen CAS-Entscheidungen unterworfen, soweit nicht zwingendes nationales oder internationales Recht entgegensteht. Nach Sinn und Zweck dieser Regelung wollte sich der DFB nicht die Möglichkeit offenhalten, CAS-Entscheidungen eigenständig zu überprüfen, es sollte lediglich sichergestellt werden, dass nicht-schiedsfähige Entscheidungen unbeachtet bleiben konnten. Um diesen Bereich geht es vorliegend jedoch nicht.

2. *Klagantrag zu 1) – Feststellung der Rechtswidrigkeit des Punktabzugs in der Spielzeit 2012/13*

Auch dieser Klagantrag ist unbegründet, weil die grundlegende Entscheidung bzgl. der Ausbildungsentschädigung durch das CAS für die Parteien verbindlich entschieden wurde, der Kl. sich der Satzungsordnung des Bekl. bzw. des DFB unterworfen hat und der Bekl. die Entscheidungen umzusetzen hat.

a) Grundlage der Entscheidung bzgl. des Punktabzugs ist die – bislang nicht erfüllte – Verpflichtung des Kl. zur Zahlung einer Ausbildungsentschädigung. Diese Pflicht zur Zahlung der Ausbildungsentschädigung wurde durch das CAS verbindlich festgestellt. Ein Aufhebungsverfahren wurde vom Kl. nicht betrieben. Hinsichtlich der Wirkung der CAS-Entscheidungen wird auf die obigen Ausführungen verwiesen."

b) OLG Bremen 30.12.2014 – 2 U 67/14:

„II. ...1. Für den Kl. ist der Weg zur ordentlichen Gerichtsbarkeit eröffnet.

a) ... d) aa) Nach Auffassung des Senats steht der Zulässigkeit der Klage auch nicht entgegen, dass sich der Kl. unstreitig nicht mit einer Aufhebungsklage gemäß Art. 190, 191 des Schweizer Bundesgesetzes über das Internationale Privatrecht vom 18.12.1987 (BS 1, 3) an das BGer gewandt und gegenüber der Entscheidung der FIFA-Disziplinarkommission vom 13.9.2011 nicht gemäß Art. 64 Nr. 5 des FIFA-Disziplinar-Reglements den CAS angerufen hat. Für eine derartige Ausweitung des Grundsatzes, dass ein Vereinsmitglied bei Auseinandersetzungen mit seinem Verein vor Anrufung der ordentlichen Gerichte erst einmal den vereinsintern für die Schlichtung oder Entscheidung dieser Auseinandersetzungen vorgesehenen Rechtsweg zu erschöpfen hat, auf die Vereins- bzw. Verbandsgerichtsbarkeiten sozusagen übergeordneter Vereine oder Verbände sieht der Senat weder Veranlassung noch Rechtfertigung. Mit dem Vorrang der Vereinsgerichtsbarkeit soll der nach Art. 9 GG Verfassungsrang besitzenden Vereinsautonomie Rechnung getragen werden. Dem steht aber das gleichfalls Verfassungsrang innehabende Recht des Vereinsmitglieds auf effektiven Rechtsschutz gegenüber. Dieses wäre nicht mehr hinreichend gewährleistet, wenn dem Kl. bei Fällen der vorliegenden Art bei der Anrufung der ordentlichen Gerichtsbarkeit entgegengehalten werden könnte, er habe hier als Zulässigkeitsvoraussetzung nicht nur alle vereinsinternen Rechtsmittelzüge auszuschöpfen, sondern auch alle Rechtsmittelverfahren, welche die FIFA für die den vorliegenden Verfahren zugrunde liegenden Entscheidungen und Maßnahmen der FIFA-Verbandsgerichtsbarkeit zur Verfügung stellt."

269. *Die Frage, ob im Rahmen einer Abtretungs- und Prozessführungsermächtigungserklärung eine Schiedsbindung des Patentinhabers auf eine andere Partei übergegangen ist, ist nach dem für die Schiedsvereinbarung geltenden Recht zu beurteilen. [LS der Redaktion]*

BGH, Urt. vom 8.5.2014 – III ZR 371/12: MDR 2014, 980; NJOZ 2014, 1103; SchiedsVZ 2014, 151. Leitsatz in GRUR-RR 2014, 320.

Die Kl., mit Sitz in Dänemark, und die in Indien ansässige Bekl. stellen Gehäuse für elektrische Anlagen her. Der Geschäftsführer und alleinige Gesellschafter der Kl. L. ist Patentinhaber für eine dreidimensionale rahmenartige Konstruktion und deren Verwendung. Mit 2008 beendetem Lizenzvertrag zwischen der I.P.H. Ltd. mit Sitz in Mauritius als Lizenzgeberin, vertreten durch den Patentinhaber L. , und der B.I.P. Ltd. mit Sitz in Indien als Lizenznehmerin, wurde Letzterer u.a. die Nutzung der streitgegenständlichen Erfindung gestattet. Der Vertrag enthielt unter Art. VIII Nrn. 8.2 und 8.3 eine Schiedsabrede, wonach Streitigkeiten zwischen den Vertragsparteien aus und im Zusammenhang mit dem Vertrag einem Schiedsgericht in Neu-Delhi/Indien gemäß den Regeln der IHK zur Entscheidung vorgelegt werden sollten. Die Bekl. war auf der Hannover-Messe 2010 mit einem Stand vertreten. Zwischen den Parteien ist streitig, ob es in diesem Zusammenhang zum Angebot patentverletzender Gehäuse gekommen ist. Die Kl. hat die Bekl. u.a. auf Unterlassung in Anspruch genommen. Ihre Aktivlegitimation stützt die Kl. dabei zum einen auf eine schriftliche „Abtretungs- und Prozessführungsermächtigungserklärung" des Patentinhabers, zum anderen darauf, dass ihr dieser mündlich eine ausschließliche Lizenz für das Gebiet der Bundesrepublik Deutschland erteilt habe. Die Bekl. hat in der Klageerwiderung die Einrede des Schiedsvertrags erhoben.

Aus den Gründen:

„II. Diese Beurteilung [des Berufungsgerichts] hält der rechtlichen Nachprüfung im Ergebnis nicht stand.
1. Zutreffend hat das Berufungsgericht die – auch im Revisionsverfahren von Amts wegen zu prüfende (vgl. nur Senat, Urt. vom 28.11.2002 – III ZR 102/02[1], BGHZ 153, 82, 84 ff.; BGH, Urt. vom 7.11.2012 – VIII ZR 108/12[2], BGHZ 195, 243 Rz. 10, jew. m.w.N.) – internationale Zuständigkeit deutscher Gerichte nach Maßgabe des § 32 ZPO bejaht. Hiergegen wendet sich die Revision zu Recht nicht.
2. Allerdings hat das Berufungsgericht bei seiner Beurteilung, ob die Erhebung der Einrede der Schiedsvereinbarung durch die Bekl. (§ 1032 I ZPO) begründet ist, wesentliche Gesichtspunkte außer Acht gelassen, aus denen sich die Bindung der Kl. an die im Lizenzvertrag vom 12.2.1999 enthaltene Schiedsabrede ergeben könnte. Die insoweit erforderlichen Feststellungen sind nachzuholen.
Hierbei werden zunächst die auf die ‚Abtretungs- und Prozessführungsermächtigungserklärung' des Patentinhabers vom 15.11.2010 gestützten Ansprüche zu prüfen sein.

---

[1] IPRspr. 2002 Nr. 157. [2] IPRspr. 2012 Nr. 181b.

Bei einem Anspruch aus eigenem und einem aus fremdem Recht handelt es sich auch bei einheitlichem Klageziel um unterschiedliche Streitgegenstände (GRURPrax 2014, 117 Rz. 2 m.w.N.). Nachdem die Kl. ihre Forderungen in der Revisionsinstanz in das insoweit notwendige Eventualverhältnis gebracht hat, ist über die Frage, ob für die nur hilfsweise geltend gemachten Ansprüche aus eigenem Recht der Rechtsweg zu den staatlichen Gerichten gegeben ist oder die von der Bekl. erhobene Einrede des Schiedsvertrags durchgreift, nicht vor der endgültigen Entscheidung über die primär geltend gemachten Ansprüche aus fremden Recht zu befinden. Für diese Ansprüche lässt sich aber mit der vom Berufungsgericht gegebenen, lediglich auf die Kl. und deren Konzernzugehörigkeit abstellenden Begründung eine Zuständigkeit des Schiedsgerichts in Neu-Delhi nicht verneinen.

a) Da die Kl. im Rahmen der Abtretungs- und Prozessführungsermächtigungserklärung vom 15.11.2010 aus dem Recht des Patentinhabers vorgeht und es insoweit darum geht, ob die Bekl. durch ihr Verhalten auf der Hannover-Messe im April 2010 dessen Rechte verletzt hat, ist bei der Frage, ob die Kl. die Schiedsvereinbarung gegen sich gelten lassen muss, zunächst auf die Person des Patentinhabers abzustellen. Feststellungen dazu, ob dieser an die Schiedsvereinbarung gebunden und dann diese Bindung auf die Kl. übergegangen ist, hat das Berufungsgericht aber nicht getroffen. Vorsorglich weist der Senat darauf hin, dass insoweit indisches Recht anwendbar sein dürfte.

Das Berufungsgericht ist zunächst rechtsfehlerfrei – Rügen werden im Revisionsverfahren nicht erhoben – davon ausgegangen, dass die Parteien des Lizenzvertrags die Schiedsvereinbarung indischem Recht unterstellt haben.

Welches Recht für die Einbeziehung Dritter – hier zunächst des Patentinhabers – in eine solche Schiedsvereinbarung maßgeblich ist, wird im Schrifttum nur vereinzelt und insoweit unterschiedlich erörtert. Teilweise wird das auf die Schiedsvereinbarung anwendbare Recht für maßgeblich gehalten (vgl. *Schwab-Walter*, Schiedsgerichtsbarkeit, 7. Aufl., Kap. 44 Rz. 24; s.a. OLG Düsseldorf, RIW 1996, 239 f.[3]: jedenfalls, wenn der Beklagte geltend macht, in den Anwendungsbereich des Schiedsvertrags, an dem er nicht beteiligt war, einbezogen worden zu sein), teilweise wird auf das Recht abgestellt, das die präsumptiv an eine Schiedsklausel gebundene Person mit einer der ursprünglichen Parteien der Schiedsvereinbarung verbindet (vgl. *Reithmann-Martiny-Hausmann*, Internationales Vertragsrecht, 7. Aufl., Rz. 6783; *Stein-Jonas-Schlosser*, ZPO, 22. Aufl., Anh. zu § 1061 Rz. 47).

Gegen das Abstellen auf die für die Schiedsvereinbarung anwendbaren Normen könnte man einwenden, dass die Parteien des Schiedsvertrags nicht das Recht haben, die für die Frage der Einbeziehung eines außerhalb des Vertrags stehenden Dritten maßgebliche Rechtsordnung zu dessen Lasten zu bestimmen, sondern dass hierfür das auch ansonsten für das Verhältnis des Dritten zu den Vertragsparteien oder einer von ihnen maßgebliche Recht anwendbar ist. Solche – letztlich im Schutz vor Fremdbestimmung wurzelnden – Überlegungen können jedoch in einem Fall wie hier nicht eingreifen, in dem der Patentinhaber die Schiedsvereinbarung selbst – wenn auch im Rahmen des Lizenzvertrags formal als Vertreter für die Lizenzgeberin – abgeschlossen hat. Seine Einbeziehung in die Schiedsvereinbarung ist deshalb ebenfalls nach dem für diese geltenden Recht zu entscheiden.

---

[3] IPRspr. 1995 Nr. 189.

Ob sich im Fall einer Bindung des Patentinhabers – wie bei Maßgeblichkeit deutschen Rechts (vgl. zur Bindung des Zessionars an eine vom Zedenten abgeschlossene Schiedsvereinbarung nur Senat, Urt. vom 2.10.1997 – III ZR 2/96, NJW 1998, 371 m.w.N.) – auch die Kl., an die der Patentinhaber seine aus der geltend gemachten Patentverletzung folgenden Rechte abgetreten hat, an die Schiedsabrede halten muss, ist gleichfalls nach dem Recht zu beurteilen, das für die Schiedsvereinbarung maßgeblich ist.

Im IPR gilt der Grundsatz, dass das Recht, dem eine Forderung unterliegt, im Fall der Abtretung ebenso für das Rechtsverhältnis zwischen dem Neugläubiger und dem Schuldner gilt. In diesem Sinn regelte früher Art. 33 II EGBGB, dass das für eine übertragene Forderung anwendbare Recht auch ihre Übertragbarkeit, das Verhältnis zwischen neuem Gläubiger und Schuldner, die Voraussetzungen, unter denen die Übertragung dem Schuldner entgegengehalten werden kann, und die befreiende Wirkung einer Leistung durch den Schuldner bestimmt. Art. 33 II EGBGB ist – wie der gesamte Erste Unterabschnitt des Fünften Abschnitts des EGBGB (Art. 27–37) – zum 17.12.2009 außer Kraft getreten (Art. 1 Nr. 4, Art. 3 des Gesetzes zur Anpassung der Vorschriften des Internationalen Privatrechts an die VO [EG] Nr. 593/2008 vom 25.6.2009 [BGBl. I 1574]) und durch die inhaltsgleiche Regelung in Art. 14 II der o.g. Rom-I-VO) ersetzt worden. Allerdings findet die Rom-I-VO auf Schiedsvereinbarungen keine unmittelbare Anwendung (Art. 1 II lit. e Rom-I-VO). Dies hindert aber nicht, den diesen Regelungen zugrunde liegenden Rechtsgedanken auch auf die vorliegende Fallkonstellation zu übertragen. Sowohl Art. 33 II EGBGB als auch Art. 14 II Rom-I-VO liegt die zutreffende Überlegung zugrunde, dass sich der Inhalt eines Schuldverhältnisses durch die Abtretung grundsätzlich nicht ändert und daher auch das maßgebliche Recht das Gleiche bleiben soll. Insoweit wird dem schutzwürdigen Interesse des Schuldners am Fortbestand der einmal geschaffenen Situation Rechnung getragen.

Dies rechtfertigt es, die Frage, ob im Rahmen der Abtretungs- und Prozessführungsermächtigungserklärung eine Schiedsbindung des Patentinhabers auf die Kl. übergegangen ist, nach dem für die Schiedsvereinbarung geltenden Recht zu beurteilen. Dem Schuldner bleibt damit das für sein Verhältnis zum Zedenten maßgebliche Recht, dem er aufgrund der Schiedsvereinbarung unterworfen ist, erhalten.

Sollte der Patentinhaber L. an die Schiedsvereinbarung gebunden sein, würde sich im Übrigen auch, soweit die Kl. hilfsweise aus eigenem Recht gegen die Bekl. vorgeht, die entscheidungserhebliche Fragestellung ändern. Insoweit ginge es in erster Linie nicht darum, ob sich die Kl. aufgrund etwaiger gesellschaftsrechtlicher Verbindungen zur I.P.H. Ltd. an die von dieser abgeschlossene Schiedsabrede halten müsste, sondern ob Letzteres (auch) deshalb der Fall ist, weil der Patentinhaber an die Schiedsabrede gebunden ist und die Kl. ihre Rechte – ausschließliche Lizenz für das Gebiet der Bundesrepublik Deutschland – aus einer zeitlich später abgeschlossenen Vereinbarung mit dem Patentinhaber herleitet.

b) Entgegen der Auffassung des Berufungsgerichts steht einer etwaigen Bindung der Kl. an die Schiedsklausel im Lizenzvertrag auch nicht der deutsche ordre public entgegen.

Zwar ist nach Art. 6 EGBGB ausländisches Recht nicht anzuwenden, wenn die Anwendung zu einem Ergebnis führt, das mit wesentlichen Grundsätzen des deutschen Rechts offensichtlich unvereinbar ist. Insoweit geht es nicht um eine abstrakte Prüfung des ausländischen Rechts, sondern um das konkrete Anwendungsergebnis im jeweiligen Einzelfall.

Hierbei setzt die Überprüfung des Ergebnisses der Anwendung ausländischen Rechts regelmäßig jedoch zunächst die Ermittlung dieses Auslegungsergebnisses voraus, wobei sämtliche anwendbaren komplementären Rechtsinstitute der verwiesenen Rechtsordnung zu berücksichtigen sind. Eine Anwendung von Art. 6 EGBGB ‚auf Verdacht' unter Verzicht auf die Feststellung und Ermittlung des anwendbaren Rechts ist grundsätzlich unzulässig. Vielmehr sind erst das ausländische Recht und die ihm zugrunde liegenden Wertungen zu ermitteln, bevor in einem zweiten Schritt ein Verstoß gegen Art. 6 EGBGB bejaht werden kann (vgl. nur BGH, Urteile vom 19.3.1997 – VIII ZR 316/96[4], BGHZ 135, 124, 139 f. und vom 26.3.1998 – VII ZR 123/96[5], WM 1998, 1637, 1640; *Bamberger-Roth-Lorenz*, BGB, 3. Aufl., Art. 6 EGBGB Rz. 13; MünchKomm-*Sonnenberger*, Bd. 10, 5. Aufl., Art. 6 EGBGB Rz. 43; *Palandt-Thorn*, BGB, 73. Aufl., Art. 6 EGBGB Rz. 5). Das Berufungsgericht hätte deshalb zunächst prüfen müssen, ob das ausländische Recht im konkreten Fall eine Bindung der Kl. an die Schiedsabrede im Lizenzvertrag vorsieht.

Selbst wenn man hiervon aber – wie das Berufungsgericht – absehen wollte, ist nicht ersichtlich, dass eine solche Bindung gegen den ordre public verstoßen würde. Art. 6 EGBGB schützt – wie andere entspr. Vorbehaltsklauseln (z.B. §§ 328 I Nr. 4; 1059 II Nr. 2 lit. b ZPO; Art. V II lit. b UNÜ) auch – nur den ‚Kernbestand der inländischen Rechtsordnung' (RegE zur Neuregelung des IPR vom 20.5.1983, BT-Drucks. 222/83 S. 42). Maßgeblich ist insoweit, ob das Ergebnis der Anwendung des ausländischen Rechts zu den Grundgedanken der deutschen Regelungen und den in ihnen enthaltenen Gerechtigkeitsvorstellungen in so starkem Widerspruch steht, dass es nach inländischen Vorstellungen untragbar erscheint (vgl. nur BGH, Urt. vom 28.4.1988 – IX ZR 127/87[6], BGHZ 104, 240, 243 zu Art. 6 EGBGB und Art. 30 EGBGB a.F.; Urt. vom 4.6.1992 – IX ZR 149/91[7], BGHZ 118, 312, 330 zu § 328 I Nr. 4 ZPO; Beschl. vom 16.9.1993 – IX ZB 82/90[8], BGHZ 123, 268, 270 zu Art. 27 Nr. 1 EuGVÜ). Hierfür reicht es nicht aus, wenn der deutsche Richter, hätte er den Prozess nach deutschem Recht zu entscheiden, aufgrund zwingender deutscher Normen zu einem anderen Ergebnis kommen würde (vgl. BGH, Urt. vom 4.6.1992 und Beschl. vom 16.9.1993, jew. aaO). Die Annahme eines Verstoßes gegen den ordre public kommt daher nur in extremen Ausnahmefällen in Betracht (Senat, Beschl. vom 28.1.2014 – III ZB 40/13, ZIP 2014, 595 Rz. 2 zu § 1059 II Nr. 2 lit. b ZPO).

Insoweit greift bereits die Argumentation des Berufungsgerichts, der ordre public sei verletzt, wenn man die Kl. gegen ihren Willen allein deshalb der staatlichen Gerichtsbarkeit entziehe und der Schiedsgerichtsbarkeit unterwerfe, weil sie zum selben Konzern wie die Lizenzgeberin gehöre, zu kurz. Es geht nicht allein darum. Entscheidend ist, dass – wie bereits ausgeführt – die Kl. im Rahmen der Abtretungs- und Prozessführungsermächtigungserklärung Rechte des Patentinhabers geltend macht. Sollte das ausländische Recht eine Bindung des Patentinhabers an die von ihm als

---

[4] IPRspr. 1997 Nr. 34.
[5] IPRspr. 1998 Nr. 6.
[6] IPRspr. 1988 Nr. 5.
[7] IPRspr. 1992 Nr. 218b.
[8] IPRspr. 1993 Nr. 178.

Vertreter der Lizenzgeberin selbst vereinbarte Schiedsklausel bzgl. eines unter diese fallenden Streitgegenstands bejahen, würde dies genauso wenig zu einem aus Sicht des deutschen Rechts unerträglichen Ergebnis führen wie eine daraus folgende Bindung auch der Kl., soweit sie ihre Rechte vom Patentinhaber ableitet. Gleiches würde im Übrigen auch gelten, soweit die Kl. hilfsweise Rechte aus der behaupteten mündlichen Lizenzvereinbarung vom Oktober 1999 geltend macht. Denn auch insoweit leitet sie ihre Rechtsposition vom Patentinhaber ab.

c) Einer etwaigen Bindung der Kl. stünde auch nicht Art. II Abs. 1 UNÜ entgegen, wonach sich jeder Vertragsstaat verpflichtet hat, eine durch ‚schriftliche Vereinbarung' getroffene Schiedsabrede anzuerkennen. Nach Art. 11 I EGBGB ist ein Rechtsgeschäft formgültig, wenn es die Formerfordernisse des Rechts, das auf das seinen Gegenstand bildende Rechtsverhältnis anzuwenden ist, oder das Recht des Staats erfüllt, in dem es vorgenommen wird. Feststellungen dazu, ob nach dem insoweit maßgeblichen ausländischen Recht die Erstreckung einer schriftlichen Schiedsvereinbarung auf Dritte – zumal unter den konkreten Umständen des hiesigen Falls – ihrerseits formbedürftig ist, hat das Berufungsgericht nicht getroffen. Wäre dies nicht der Fall, stünde der Bindung des Patentinhabers bzw. der Kl. auch nicht Art. II Abs. 1 UNÜ entgegen. Denn durch das UNÜ soll die Durchsetzung von Schiedsvereinbarungen international erleichtert werden. Bezweckt ist dagegen nicht die Aufstellung strengerer Vorschriften als im nationalen Recht. Art. II Abs. 1 und 2 UNÜ enthalten dabei Formerfordernisse, die zum Zeitpunkt des Abschlusses des Abkommens im Jahr 1958 vergleichsweise liberal waren und in ihrer Strenge deutlich hinter denen vieler nationaler Rechte zurückblieben. Seither haben im Rahmen einer schiedsfreundlicheren Grundhaltung viele Rechtsordnungen ihre Formerfordernisse dahingehend gelockert, dass sie nun geringere Anforderungen stellen als Art. II Abs. 1 und 2 UNÜ. Dieser Historie widerspricht eine Auslegung, durch die Art. II Abs. 1 und 2 UNÜ entgegen seiner ursprünglichen Intention zu einem Anerkennungshindernis wird (Senat, Beschl. vom 30.9.2010 – III ZB 69/09[9], BGHZ 187, 126 Rz. 8 m.w.N.). Davon abgesehen lässt Art. VII Abs. 1 UNÜ im Rahmen des sog. Meistbegünstigungsgrundsatzes ausdrücklich die Anwendung schiedsfreundlichen nationalen Rechts zu. Hierzu gehören nicht nur die Bestimmungen der §§ 1025 ff. ZPO, sondern auch die nationalen Kollisionsregelungen und damit das danach als Statut der Schiedsvereinbarung berufene (ausländische) Recht (vgl. Senat, Beschl. vom 21.9.2005 – III ZB 18/05[10], NJW 2005, 3499, 3500). Zudem folgt aus dem Umstand, dass eine Schiedsvereinbarung formbedürftig ist, nicht automatisch, dass auch jede Erstreckung auf einen Dritten ihrerseits formbedürftig ist bzw. der Dritte nur gebunden ist, wenn er selbst die Schiedsabrede unterzeichnet oder ihr schriftlich beigetreten ist (vgl. nur Senat, Urt. vom 2.10.1997 aaO)."

270. *Liegt der Schiedsort in Deutschland, richtet sich die Schiedsfähigkeit (nur) nach inländischem Recht.*

OLG München, Beschl. vom 7.7.2014 – 34 SchH 18/13: IPRax 2016, 66 mit Anm. *Weller*; NJOZ 2015, 737; SchiedsVZ 2014, 262. Leitsatz in BB 2014, 2177.

---

[9] IPRspr. 2010 Nr. 306.   [10] IPRspr. 2005 Nr. 187.

Die Parteien streiten um die Zulässigkeit eines schiedsgerichtlichen Verfahrens. Die ASt. ist eine inländische GmbH. Sie schloss mit der AGg., einer französischen S.A., einen Vertrag zur Softwareentwicklung. Der in englischer Sprache abgefasste Vertrag (Software Licence Agreement, nachfolgend: SLA) enthält eine Schiedsklausel, wonach Schiedsort München sein und die Schiedsverfahrensregeln der ICC zur Anwendung kommen sollten. Vereinbart ist die Anwendung deutschen materiellen Rechts. Die AGg. verlangt von der ASt. Schadensersatz. Sie hat inzwischen zum (staatlichen) Handelsgericht Paris (Tribunal de commerce de Paris) Klage erhoben. Die ASt. rügt die Zuständigkeit des französischen Handelsgerichts.

Aus den Gründen:

„II. Dem Antrag, die Zulässigkeit des Schiedsverfahrens festzustellen, ist stattzugeben.

1. Das OLG München ist für die Entscheidung über die Zulässigkeit eines schiedsrichterlichen Verfahrens (§ 1032 II ZPO) gemäß §§ 1062 I Nr. 2, V ZPO, 7 GZVJu vom 11.6.2012 (GVBl. 295) zuständig, da vertraglicher Ort des schiedsrichterlichen Verfahrens die Landeshauptstadt München ist.

2. Der Antrag ist auch im Übrigen zulässig. Gemäß § 1032 II ZPO kann der Antrag bis zur Bildung des Schiedsgerichts gestellt werden. Das Schiedsgericht hat sich noch nicht konstituiert. Die zum französischen Handelsgericht im Jahr 2014 erhobene Klage steht nicht entgegen. Zwar wird vertreten, dass dem Antrag das Rechtsschutzbedürfnis fehlt, wenn bereits eine Klage nach § 1032 I ZPO beim staatlichen Gericht anhängig ist (vgl. Senat vom 22.6.2011 = SchiedsVZ 2011, 340; *Thomas-Putzo-Reichold*, ZPO, 35. Aufl., § 1032 Rz. 5; a.A. MünchKommZPO-*Münch*, 4. Aufl., § 1032 Rz. 22). Jedoch beseitigt die der Antragstellung nachfolgende Klageerhebung das Rechtsschutzinteresse nicht (vgl. *Zöller-Geimer*, ZPO, 30. Aufl., § 1032 Rz. 3a). Ob es auch bei internationalen Sachverhalten auf diese Frage ankommt, erscheint zweifelhaft. Abschließend damit befassen muss sich der Senat schon deshalb nicht, weil im Rechtsstreit vor französischen Gerichten die Frage der Zulässigkeit des Schiedsverfahrens nur summarisch geprüft wird, nämlich nur darauf, ob die Schiedsklausel offensichtlich (*manifestement*) nichtig oder unanwendbar ist (Art. 1448 C. proc. civ.). Wegen des weitergehenden Prüfungsmaßstabs im deutschen Recht besteht das Rechtsschutzbedürfnis hiervon unabhängig fort.

Der Antrag ist schließlich nicht deswegen unzulässig, weil er zu unbestimmt wäre. Er bezieht sich auf die nunmehr zum (staatlichen) französischen Gericht erhobenen Klage mit dem dort beschriebenen Gegenstand.

3. Das Schiedsverfahren ist in dem bezeichneten Rahmen zulässig.

a) Die Schiedsvereinbarung betrifft alle in Verbindung mit dem SLA entstehenden Streitigkeiten ohne Einschränkung auf vertragliche Ansprüche.

(1) Die von den Parteien vereinbarte Anwendung deutschen Rechts betrifft ausdrücklich nur das materielle Recht. Dessen ungeachtet spricht alles dafür, deutsches Recht – jedenfalls konkludent – auch für die Wirksamkeit der Schiedsklausel als vereinbart anzusehen. Denn im Zusammenhang mit der vertraglichen Bestimmung deutschen Sachrechts (Ziff. 19.10 I des Vertrags) ist auch ein deutscher Schiedsort gewählt worden (Ziff. 19.10 II). Ohnehin käme subsidiär als Schiedsvereinbarungsstatut das Recht des Schiedsorts zur Anwendung (*Zöller-Geimer* aaO § 1029 Rz. 107; s.a. *König*, SchiedsVZ 2012, 129/133). Dann hat auch die Auslegung der Schiedsvereinbarung nach § 133 BGB zu erfolgen (*Zöller-Geimer* aaO Rz. 108).

Schiedsklauseln sind nach allgemein gängiger – nationaler wie internationaler – Praxis in ihrer Reichweite großzügig auszulegen (BGHZ 53, 315/322; BGH, NJW-RR

2002, 387; *Thomas-Putzo-Reichold* aaO § 1029 Rz. 6; *Zöller-Geimer* aaO Rz. 78). Maßstab sind Sinn und Zweck der Schiedsvereinbarung (vgl. *Lachmann*, Hdb. für die Schiedsgerichtspraxis, 3. Aufl., Rz. 472). Dabei ist von vornherein schon davon auszugehen, dass eine Schiedsvereinbarung über künftige Rechtsstreitigkeiten aus einem bestimmten Vertragsverhältnis auch Schadensersatzansprüche aus unerlaubter Handlung umfasst, wenn diese sich tatbestandlich mit der Vertragsverletzung decken (vgl. BGH, NJW 1965, 300; *Thomas-Putzo-Reichold* aaO Rz. 7; *Zöller-Geimer* aaO Rz. 80; *Lachmann* aaO Rz. 480). Der klagende Vertragspartner soll es nämlich nicht in der Hand haben, die Zuständigkeit des staatlichen Gerichts dadurch herbeizuführen, dass er bei einer Vertragsstörung statt der vertraglichen die deliktsrechtliche Anspruchsgrundlage heranzieht. Vorliegend sind ausdrücklich alle Streitigkeiten, die den Vertrag betreffen oder auch nur in Verbindung mit ihm stehen, einbezogen. Gerade die Formulierung ‚in Verbindung mit diesem Vertrag' (im Original: *in connection*) spricht für einen umfassenden Geltungsbereich, der auch Ansprüche aus unerlaubter Handlung einschließt.

(2) Die vor dem französischen Gericht erhobene Klage bezieht sich ausdrücklich auf den Vertrag vom 12.12.2010 (SLA) und baut auf der Spaltung des ursprünglich einheitlichen Projekts auf, in der die AGg. einen ‚plötzlichen Abbruch' der Geschäftsbeziehung sieht und nach Maßgabe des französischen Rechts als eine unerlaubte Handlung würdigt. Die AGg. verweist zwar auch darauf, dass sie für die Weiterentwicklung des Projekts ein (neues) Angebot vorgelegt habe, das vor ihrem plötzlichen Ausschluss auch angenommen worden sei. Sie wirft der ASt. jedoch vor, einen Gesamtkomplex aufgegliedert zu haben, und legt in ihrer Klage dar, dass es sich gerade nicht um ein separates Projekt handle. Die Pflichtverletzung der ASt. wird darin erblickt, dass sie das ursprüngliche Projekt aufgegliedert und damit die bestehende Geschäftsbeziehung abgebrochen habe.

Damit fällt der nun vor dem staatlichen Gericht eingeleitete Rechtsstreit unter die weit auszulegende Schiedsvereinbarung, unabhängig davon, ob man neben der Vertragsverletzung auch eine oder mehrere unerlaubte Handlungen sehen möchte.

b) Da der Schiedsort in Deutschland liegt (§§ 1025 I, 1043 I 2 ZPO), richtet sich die Schiedsfähigkeit nach § 1030 ZPO. Gemäß § 1030 I 1 ZPO kann jeder vermögensrechtliche Anspruch Gegenstand einer Schiedsvereinbarung sein. Als vermögensrechtlich zu qualifizieren sind solche Ansprüche, die auf einem vermögensrechtlichen Rechtsverhältnis beruhen, und außerdem alle auf Geld (oder geldwerte Sachen und Rechte) gerichteten Ansprüche (vgl. *Zöller-Geimer* aaO § 1030 Rz. 1). Darunter fallen die Ersatzansprüche für den ‚Reputationsschaden', ebenso etwaige Schadensersatzansprüche aus Patent- und sonstigen Schutzrechtsverletzungen, weil solche ersichtlich vermögensrechtlicher Art sind (§ 1030 I 1 ZPO; vgl MünchKommZPO-*Münch* aaO § 1030 Rz. 15).

c) Unerheblich ist, ob die Ansprüche nach französischem Recht schiedsfähig wären. Denn die Parteien haben einen deutschen Schiedsort bestimmt (s. *Stein-Jonas-Schlosser*, ZPO, 22. Aufl., § 1030 Rz. 4 und – ausdrücklich – Rz. 19; *Prütting-Gehrlein*, ZPO, 3. Aufl., § 1030 Rz. 9; MünchKommZPO-*Münch* aaO Rz. 22; *Zöller-Geimer* aaO Rz. 24). Soweit teilweise (zusätzlich) an das für die Schiedsabrede maßgebliche Recht angeknüpft wird (*Musielak-Voit*, ZPO, 11. Aufl., § 1030 Rz. 10; *Schütze*, Schiedsgericht und Schiedsverfahren, 5. Aufl. Rz. 206), wäre das

Ergebnis nicht anders, weil auch hierfür deutsches Recht gilt [s. II.3.a.(1)]. Selbst wenn trotz der Wahl deutschen Rechts französische Normen, die in Frankreich einer Schiedsfähigkeit entgegenstünden, auf dem Weg über Art. 9 III Rom-I-VO bzw. Art. 14 II, 16 Rom-II-VO anwendbar wären, verbliebe es bei § 1030 ZPO für die Beurteilung der Schiedsfähigkeit.

Eine eventuelle Schiedsunfähigkeit nach ausländischem, nämlich französischem, Recht – was dem Senat allerdings zweifelhaft erscheint (vgl. Cour de cassation vom 8.7.2010 – 09-67.013 und dazu *Reinmüller/Bücken*, IPRax 2013, 91) – ist aus der Sicht des deutschen Schiedsrechts irrelevant. Die mögliche Nichtanerkennung des deutschen Schiedsspruchs im Ausland muss im Interesse der unkomplizierten Anwendung des deutschen Schiedsrechts in Kauf genommen werden (vgl *Zöller-Geimer* aaO m.w.N.). Soweit trotz entgegenstehender Rechtswahl die Anwendung französischen Rechts überhaupt in Frage kommt, kann dies nur das materielle Recht betreffen. Für das Verfahrensrecht gilt dies nicht; § 1030 ZPO als Verfahrensvorschrift sieht die Berücksichtigung ausländischer (Eingriffs-) Normen und des ausländischen ordre public nicht vor.

d) Die Möglichkeit, dass Vorschriften des französischen Rechts – falls solche trotz der getroffenen Rechtswahl anzuwenden wären – im deutschen Schiedsspruch nicht Berücksichtigung finden (vgl. für das deutsche Recht BGH, WM 1987, 1153[1]; OLG München, WM 2006, 1556[2]), macht aus denselben Gründen das Schiedsverfahren nicht unzulässig. Dies gilt auch für die fehlende Möglichkeit des französischen Staats, auf das in Deutschland geführte schiedsgerichtliche Verfahren Einfluss nehmen zu können.

Es bleibt im Übrigen dem Schiedsgericht überlassen zu prüfen, ob zwingende Normen des französischen Rechts, etwa auf dem Weg über Art. 9 III Rom-I-VO, 14 II Rom-II-VO ausnahmsweise trotz der zugunsten des deutschen Rechts getroffenen Rechtswahl anzuwenden sind."

271. *Eine wirksame Schiedsvereinbarung setzt voraus, dass die Entscheidung aller oder einzelner Streitigkeiten zwischen den Parteien in Bezug auf ein bestimmtes Rechtsverhältnis einem Schiedsgericht übertragen wird. Die Vereinbarung „parties aim to [have] recourse to arbitration" lässt lediglich erkennen, dass die Parteien die Anrufung eines Schiedsgerichts „anstreben". Die Parteien haben damit bloß eine Absichtserklärung ohne jegliche Verpflichtung vereinbart. [LS der Redaktion]*

OLG Oldenburg, Beschl. vom 10.7.2014 – 8 SchH 2/13: Unveröffentlicht.

[Die Rechtsbeschwerde wurde vom BGH unterdessen als unzulässig verworfen.]

Die ASt. begehrt die Feststellung der Unzulässigkeit eines Schiedsverfahrens. Die ASt. und die AGg. schlossen 2007 einen Einkaufsrahmenvertrag. Dieser Rahmenvertrag enthält auszugsweise folgende Regelungen: „§ 24 Concluding Clauses: 1. In case of a dispute the parties aim to [have] recourse to arbitration. 2. Venue for assertion of any cause of action shall be Emden, Federal Republic of Germany. [...] 4. The law of the Federal Republic of Germany shall apply." Die AGg. belieferte die ASt. gemäß dem Rahmenvertrag. Aufgrund von gerügten Mängeln führen die Beteiligten seit 2011 außergerichtliche Gespräche, die zu keiner einvernehmlichen Lösung führten. Die ASt. forderte die AGg. auf, einen Schiedsrichter zu benennen und die Zuständigkeit des Schiedsgerichts zu bestätigen. Eine Benennung eines Schiedsrichters erfolgte nicht. Die Beteiligten führten weitere Verhandlungen, in deren Rahmen die AGg. der ASt. vorschlug, zunächst ein

---

[1] IPRspr. 1987 Nr. 183.   [2] IPRspr. 2006 Nr. 11 (LS).

Mediationsverfahren durchzuführen und erst für den Fall des Scheiterns über das anschließende Verfahren in Form eines Schiedsverfahrens oder Gerichtsverfahrens zu entscheiden. Eine Verständigung der Beteiligten über den Rechtsweg kam nicht zustande. 2013 bat die ASt. die AGg. um Erklärung, ob sie ein Schiedsverfahren auf der Grundlage der Regelung in § 24 des Rahmenvertrags für zulässig erachte. Eine entsprechende Erklärung gab die AGg. nicht ab.

Aus den Gründen:

„II. Der Antrag der ASt. ist zulässig und begründet ...
2. Der Antrag nach § 1032 II ZPO ist begründet.

a) Die Frage, ob eine (wirksame) Schiedsvereinbarung getroffen worden ist, ist hier nach deutschem Recht zu beurteilen. Nach der Rspr. des BGH ist über das Zustandekommen bzw. die Wirksamkeit einer Schiedsvereinbarung in einem – wie hier gegebenen – Kollisionsfall aufgrund Auslandsbezugs (die AGg. hat ihren Sitz in Estland) nach den Regeln des deutschen IPR zu entscheiden (vgl. BGH, Urt. vom 3.5.2011 – XI ZR 373/08[1], NJW-RR 2011, 1350 Rz. 38) und damit nach den Bestimmungen der hier in zeitlicher Hinsicht anzuwendenden Art. 27 ff. EGBGB a.F. (vgl. dazu OLG Hamm, IBR 2013, 784 Rz. 59 ff.[2]). Gemäß Art. 27 I 1 EGBGB a.F. unterliegt ein Vertrag vorrangig dem von den Parteien gewählten Recht. Die Rechtswahl muss gemäß Art. 27 I 2 EGBGB a.F. ausdrücklich erfolgt sein oder sich mit hinreichender Sicherheit aus den Bestimmungen des Vertrags oder aus den Umständen des Falls ergeben. Nur wenn keine Rechtswahl getroffen wurde, kommt eine Anwendbarkeit der Anknüpfungsregeln der Art. 28 ff. EGBGB a.F. in Betracht (vgl. OLG Hamm aaO). Hiernach ist deutsches Recht anwendbar; die Parteien haben in § 24 Abs. 4 des Rahmenvertrags die Anwendbarkeit des deutschen Rechts bestimmt.

b) Die in § 24 Abs. 1 des Rahmenvertrags enthaltene Regelung stellt keine Schiedsvereinbarung im Sinne des § 1029 I ZPO dar.

aa) Eine Schiedsvereinbarung im Sinne der genannten Vorschrift setzt eine Vereinbarung voraus, wonach die Entscheidung aller oder einzelner Streitigkeiten zwischen den Parteien in Bezug auf ein bestimmtes Rechtsverhältnis einem Schiedsgericht übertragen wird (vgl. *Zöller-Geimer*; ZPO, 30. Aufl., § 1029 Rz. 28). Es muss das Schiedsverfahren an Stelle des Verfahrens vor den staatlichen Gerichten gewünscht sein (*Zöller-Geimer* aaO Rz. 29; vgl. auch MünchKommZPO-*Münch*, 4. Aufl. [2013], § 1029 Rz. 29).

bb) Eine solche Regelung ist hier nicht getroffen worden. In § 24 Abs. 1 des in englischer Sprache verfassten Rahmenvertrags heißt es insoweit: ‚In case of a dispute the parties aim to [have] recourse to arbitration.' Dieser Vereinbarung lässt sich daher – wie sich aus der übersetzten Fassung ergibt – lediglich entnehmen, dass die Parteien des Rahmenvertrags die Anrufung eines Schiedsgerichts ‚anstreben'. Die Beteiligten haben mithin nur eine Absichtserklärung im Hinblick auf eine schiedsgerichtliche Entscheidung bzw. eine Schiedsvereinbarung vorgesehen, aber keinerlei Verpflichtung insoweit geregelt.

Die Vertragsparteien sagen beide nur zu, sich zu bemühen, ihre Meinungsverschiedenheiten durch Anrufung eines Schiedsgerichts und nicht eines ordentlichen Gerichts entscheiden zu lassen. Demzufolge steht es den Parteien nach dem Rahmenvertrag zwar frei, noch eine entsprechende Einigung zur Durchführung eines

---

[1] IPRspr. 2011 Nr. 301. [2] IPRspr. 2013 Nr. 282.

Schiedsverfahrens zu erzielen, aber § 24 Abs. 1 und 2 des Rahmenvertrags vom 13.11.2007 ist keine Schiedsklausel bzw. keine Schiedsvereinbarung [zu entnehmen], auf deren Grundlage ein Schiedsverfahren durchzuführen ist.

cc) Eine andere Bewertung ergibt sich auch nicht aus der von der AGg. angeführten Entscheidung des BGH vom 1.3.2007 (III ZB 7/06 – SchiedsVZ 2007, 160). In dieser Entscheidung hat der BGH ausgeführt, dass eine Schiedsvereinbarung im Sinne des § 1029 I ZPO auch dann vorliegen kann, wenn darin den Parteien freigestellt ist, innerhalb bestimmter Frist den Schiedsspruch nicht anzuerkennen und in Bezug auf das streitige Rechtsverhältnis den Weg zum staatlichen Gericht zu beschreiten (vgl. BGH aaO Rz. 16). Um eine danach mögliche sog. atypische Schiedsklausel, bei der eine nur bedingte Unterwerfung der Parteien unter den Schiedsspruch besteht, geht es hier nicht; der in der genannten Entscheidung maßgeblichen Klausel lag – anders als hier – ein Konsens der dortigen Beteiligten hinsichtlich der Anrufung eines Schiedsgerichts zugrunde.

dd) Schließlich ist eine wirksame Schiedsvereinbarung auch nicht deshalb gegeben, weil die in die vertraglichen Vereinbarungen der Beteiligten – unterstellt – einbezogenen ECE 188 in § 13 eine Schiedsklausel enthalten, wonach bei jeglichen Streitigkeiten die Durchführung eines Schiedsverfahrens vor der Internationalen Handelskammer in Paris vorgesehen ist. Die Regelung in § 24 Abs. 1 des Rahmenvertrags ist nicht unklar oder lückenhaft und daher nicht etwa im Hinblick auf § 13 ECE 188 ergänzend auszulegen. § 24 Abs. 1 des Rahmenvertrags enthält vielmehr eine Regelung, die eindeutig bestimmt, dass die Durchführung eines Schiedsverfahrens lediglich ‚angestrebt' wird. Sie steht daher – anders als die AGg. im Schriftsatz vom 3.7.2014 meint – inhaltlich mit der Schiedsklausel in Widerspruch, geht dieser aber als Individualvereinbarung vor. Dies folgt bereits aus § 1 des Rahmenvertrags, in dem die Rangfolge der geltenden Bestimmungen ausdrücklich vorgegeben ist. Danach ist der Rahmenvertrag gegenüber den erst an fünfter Stelle genannten Allgemeinen Lieferbedingungen, ECE 188, vorrangig. Entsprechendes ist auch der Präambel der ECE 188 zu entnehmen."

272. *Die Anerkennung und Vollstreckung eines Schiedsspruchs darf gemäß Art. V Abs. 1 lit. a UNÜ versagt werden, wenn keine wirksame Schiedsvereinbarung vorliegt.*

Inwieweit die Voraussetzungen der Art. II und V UNÜ erfüllt sind, hat das angerufene staatliche Gericht in dem auf Vollstreckbarerklärung eines ausländischen Schiedsspruchs gerichteten Verfahren selbst festzustellen. Das staatliche Gericht ist bei der Prüfung der Voraussetzungen des UNÜ weder an die rechtliche Beurteilung noch an die tatsächlichen Feststellungen des Schiedsgerichts gebunden.

Die einseitige Zusendung von Dokumenten genügt zur Begründung einer Schiedsvereinbarung selbst bei laufenden Geschäftsbeziehungen nicht, weil für die Wechselseitigkeit eine stillschweigende Antragsannahme der anderen Partei nicht ausreicht.

Der in Art. VII Abs. 1 UNÜ niedergelegte Meistbegünstigungsgrundsatz kann allerdings zur Anwendung anerkennungsfreundlicheren nationalen Rechts führen, das geringere Formanforderungen aufstellt.

Nach dem Meistbegünstigungsgrundsatz des Art. VII Abs. 1 UNÜ können jedoch im nationalen Recht enthaltene Präklusionsbestimmungen die Verteidigungsmög-

lichkeiten eines Antragsgegners im Anerkennungs- und Vollstreckbarerklärungsverfahren beschränken (im Anschluss an OLG Naumburg, Urteil vom 13.2.2013 = IPRspr. 2013 Nr. 48 und OLGR Celle 2007, 665 = IPRspr. 2007 Nr. 218). [LS der Redaktion]

OLG Düsseldorf, Beschl. vom 22.7.2014 – I-4 Sch 8/13: IHR 2015, 18; NJOZ 2015, 636; RdTW 2015, 131.

Die ASt. begehrt die Vollstreckbarerklärung eines Schiedsspruchs eines niederl. Berufungsschiedsgerichts. Bei der ASt. handelt es sich um die Rechtsnachfolgerin der S. C. BV, die bis zu ihrer Insolvenz Ende 2009 der größte niederl. Händler für landwirtschaftliche Erzeugnisse war. Die AGg. stellt Feinkostsoßen wie Mayonnaise, Dressings usw. her. Zwischen den Parteien wurden Lieferungen vereinbart, die nicht vollständig bezahlt wurden. Die ASt. erhob 2009 Klage vor dem LG Kleve. Parallel hierzu leitete sie gegen die AGg. in Rotterdam ein Schiedsverfahren nach den Regeln der NOFOTA ein, das sie aber zunächst nicht weiter betrieb. Das LG Kleve bestimmte einen Fortsetzungstermin, zu dem es jedoch nicht mehr kam.

2009 wurde über das Vermögen der S. C. BV das Insolvenzverfahren eröffnet. Das Zivilverfahren vor dem LG Kleve war damit unterbrochen. Es ist bis heute nicht wieder aufgenommen worden. Die ASt. nahm als Rechtsnachfolgerin der S. C. BV das Schiedsverfahren in Rotterdam wieder auf, in dem es um die gleichen Ansprüche ging, die auch Gegenstand des Verfahrens vor dem LG Kleve waren. Das nach den Regeln der NOFOTA gebildete erstinstanzliche Schiedsgericht in Rotterdam traf am 1.8.2012 einen Schiedsspruch. Danach obsiegte die ASt. gegen die AGg. nur teilweise. Soweit sie unterlag, legte die ASt. gegen diesen Schiedsspruch Berufung ein, mit der sie überwiegend Erfolg hatte. Im Berufungsverfahren verurteilte das Schiedsgericht zweiter Instanz die AGg. durch Schiedsspruch vom 11.3.2013 in weitergehendem Umfang.

Die AGg. erhob im niederl. Schiedsverfahren durchgängig den Einwand der Unzuständigkeit des Schiedsgerichts.

Aus den Gründen:

„II. Auf den Antrag der ASt. ist der von ihr bezeichnete Schiedsspruch gemäß § 1061 I ZPO i.V.m. den Vorschriften des UNÜ für vollstreckbar zu erklären. Gründe, gemäß § 1061 II ZPO festzustellen, dass der Schiedsspruch im Inland nicht anzuerkennen ist, liegen nicht vor.

1. Der Antrag der ASt. ist nach §§ 1025 IV, 1061 I 1 ZPO i.V.m. den Regeln des UNÜ statthaft und auch im Übrigen zulässig.

Der Zulässigkeit steht mit Blick auf das unterbrochene Zivilverfahren vor dem LG Kleve keine anderweitige Rechtshängigkeit gemäß § 261 III Nr. 1 ZPO entgegen. Auch wenn es in beiden Verfahren um die gleichen materiell-rechtlichen Ansprüche geht, so sind die prozessualen Streitgegenstände doch verschieden.

Die sachliche und örtliche Zuständigkeit des OLG Düsseldorf ergibt sich aus §§ 1025 IV, 1062 I Nr. 4 und II ZPO, weil die AGg. ihren Sitz in Kamp-Lintfort und damit im hiesigen Gerichtsbezirk hat.

2. Der Antrag ist auch begründet.

a) Die formellen Voraussetzungen für die Anerkennung des Schiedsspruchs liegen vor. Zwar sind weder der Schiedsspruch noch die Schiedsvereinbarung von der ASt. in Urschrift vorgelegt worden, wie dies § 1061 I 1 ZPO i.V.m. Art. IV Abs. 1 litt. a und b UNÜ als Regelfall vorsehen. Zum einen genügen nach diesen Regelungen jedoch auch die von der ASt. vorgelegten beglaubigten Abschriften, wie sich zusätzlich aus dem Meistbegünstigungsgrundsatz des Art. VII Abs. 1 UNÜ i.V.m. § 1064 I und IV ZPO ergibt. Zum anderen ist die Authentizität beider Dokumente zwischen den Parteien auch nicht streitig, so dass die Förmlichkeiten des UNÜ verzichtbar sind (*Zöller-Geimer*, ZPO, 28. Aufl., Anh. § 1061 Rz. 4).

b) Auch die materiellen Voraussetzungen für die Vollstreckbarerklärung ... liegen vor. Anerkennungshindernisse nach Art. V UNÜ sind nicht gegeben.

aa) Der Schiedsspruch ist bindend im Sinne von Art. V Abs. 1 lit. e UNÜ. Ein Schiedsspruch ist für die Parteien dann bindend, wenn er weder bei einer höheren Instanz noch mit einem Rechtsmittel angegriffen werden kann (BGH, Urt. vom 14.4.1988 – III ZR 12/87[1], juris). Diese Voraussetzungen liegen im Streitfall vor. Der streitgegenständliche Schiedsspruch ist ein zweitinstanzlicher, gegen den ein weiterer Rechtsbehelf weder schiedsgerichtlich noch vor einem staatlichen Gericht gegeben ist.

bb)Ein Anerkennungshindernis nach Art. V Abs. 1 lit. a UNÜ besteht im Ergebnis nicht. Die Anerkennung und Vollstreckung des Schiedsspruchs darf gemäß Art. V Abs. 1 lit. a UNÜ versagt werden, wenn keine wirksame Schiedsvereinbarung vorliegt. Gemäß Art. II Abs. 1 UNÜ erkennt jeder Vertragsstaat eine schriftliche Vereinbarung an, durch die sich die Parteien verpflichten, alle oder einzelne Streitigkeiten, die zwischen ihnen aus einem bestimmten Rechtsverhältnis entstanden sind oder künftig noch entstehen, einem schiedsrichterlichen Verfahren zu unterwerfen, sofern der Gegenstand des Streits auf schiedsrichterlichem Weg geregelt werden kann (Schiedsvereinbarung).

(1) Insoweit ist unerheblich, dass das zweitinstanzliche niederländische Schiedsgericht im Schiedsspruch selbst von einer wirksamen Schiedsvereinbarung ausgegangen ist. Einem Schiedsgericht kommt keine Kompetenz-Kompetenz zu, kraft derer es befugt wäre, mit Bindungswirkung für das über die Anerkennung des Schiedsspruchs entscheidende staatliche Gericht festzustellen, ob überhaupt eine Schiedsvereinbarung vorliegt. Vielmehr hat das angerufene staatliche Gericht in dem auf Vollstreckbarerklärung eines ausländischen Schiedsspruchs gerichteten Verfahren selbst festzustellen, inwieweit die Voraussetzungen der Art. II und V UNÜ erfüllt sind. Das staatliche Gericht ist bei der Prüfung der Voraussetzungen des UNÜ weder an die rechtliche Beurteilung noch an die tatsächlichen Feststellungen des Schiedsgerichts gebunden (MünchKommZPO-*Adolphsen*, 4. Aufl., UNÜ Art. II Rz. 71).

(2) Entgegen der Annahme des Schiedsgerichts lässt sich im Streitfall nicht feststellen, dass eine Schiedsvereinbarung formgültig zustande gekommen ist.

(a) Die Schiedsklausel des Art. 25 der NOFOTA Trading Rules (im Weiteren: NTR) erfüllt nicht die in Art. II UNÜ vorgeschriebene Form. Art. II Abs. 1 UNÜ fordert eine schriftliche Vereinbarung. Darunter ist nach Art. II Abs. 2 UNÜ eine Schiedsklausel in einem Vertrag oder eine Schiedsabrede zu verstehen, sofern der Vertrag oder die Schiedsabrede von den Parteien unterzeichnet oder in Briefen oder Telegrammen enthalten ist, die sie gewechselt haben. Beides ist im Streitfall nicht gegeben. Die erste Schriftformalternative, das volle Schriftformerfordernis, ist nicht erfüllt, weil das Bestätigungsschreiben der ASt., in der auf die NTR Bezug genommen wird, nicht von beiden Parteien unterzeichnet worden ist. Die zweite Schriftformalternative ist nicht erfüllt, weil sich die Bezugnahme auf die NTR nur in schriftlichen Mitteilungen der ASt. an die AGg., nicht aber auch in solchen der AGg. an die ASt. findet. Es fehlt damit an gewechselten Schriftstücken im Sinne von Art. II Abs. 2 UNÜ. Die einseitige Zusendung von Dokumenten genügt zur Begründung einer Schiedsvereinbarung selbst bei laufenden Geschäftsbeziehungen nicht, weil für die Wechselseitigkeit eine stillschweigende Antragsannahme der anderen Partei nicht ausreicht (MünchKommZPO-*Adolphsen* aaO Rz. 15).

---

[1] IPRspr. 1988 Nr. 216.

(b) Auch aus einer Anwendung von Art. VII Abs. 1 UNÜ ergibt sich keine wirksame Schiedsvereinbarung. Der in Art. VII Abs. 1 UNÜ niedergelegte Meistbegünstigungsgrundsatz kann allerdings zur Anwendung anerkennungsfreundlicheren nationalen Rechts führen, das geringere Formanforderungen aufstellt. Das UNÜ lässt mit Art. VII Abs. 1 die Anwendung nationalen Rechts zu, soweit es der Anerkennung und Vollstreckung des Schiedsspruchs günstiger ist. Das deutsche Gericht ist daher befugt, auch ohne dass sich die Parteien darauf berufen, in Gänze auf das anerkennungsfreundlichere innerstaatliche Recht zurückzugreifen (BGH, Beschl. vom 21.9.2005 – III ZB 18/05[2], juris).

Das innerstaatliche Recht, auf das nach Art. VII Abs. 1 UNÜ abzustellen ist, ist das deutsche Recht. Es ist das innerstaatliche Recht des Lands im Sinne von Art. VII Abs. 1 UNÜ, in dem der Schiedsspruch geltend gemacht wird.

Als anerkennungsfreundlicheres deutsches Recht sind zuvörderst die zivilprozessualen Bestimmungen zur Anerkennung und Vollstreckung von Schiedssprüchen (§§ 1025 ff. ZPO) in den Blick zu nehmen. Von diesen wird zwar weitgehend das UNÜ in Bezug genommen. Nach höchstrichterl. Rspr., der der Senat folgt, ist der Meistbegünstigungsgrundsatz des Art. VII Abs. 1 UNÜ aber so zu verstehen, dass er – unter Durchbrechung der Rückverweisung des nationalen Rechts auf das UNÜ – die Anwendung der im Vergleich zu Art. II Abs. 2 UNÜ zurückhaltenderen Formvorschriften des § 1031 ZPO erlaubt (BGH, Beschl. vom 30.9.2010 – III ZB 69/09[3]; offengelassen noch in den Beschl. vom 8.6.2010 – XI ZR 41/09[4] – und vom 21.9.2005 aaO).

Nach § 1031 I bis III ZPO ist die Schiedsklausel aber nicht wirksam vereinbart worden. Zwar nimmt § 1031 II ZPO insbesondere auf das sog. kaufmännische Bestätigungsschreiben Bezug. Um ein solches dürfte es sich bei dem Schreiben der ASt. an die AGg. vom 3.4.2008 handeln. Auch kann nach § 1031 III ZPO eine Schiedsvereinbarung als Bestandteil wirksam in den Vertrag einbezogener AGB vereinbart werden. Die Frage, ob die Voraussetzungen des § 1031 II und III ZPO im Einzelfall vorliegen, beantworten jedoch nicht die Formvorschriften des § 1031 ZPO selbst, sondern richtet sich nach materiellem Recht (vgl. OLG Naumburg, Urt. vom 13.2.2013 – 12 U 153/12[5], juris).

Da die Bundesrepublik und die Niederlande Vertragsstaaten des CISG sind und die Parteien ihre Niederlassungen in diesen Ländern haben, ist nach Art. 1 I CISG der Anwendungsbereich des CISG eröffnet. Im Anwendungsbereich des CISG müssen AGB, die über ein kaufmännisches Bestätigungsschreiben Vertragsbestandteil werden sollen, aber mit übersandt oder sonst zugänglich gemacht werden (BGH, NJW 2002, 370, 371[6]; OLG Naumburg, Urt. vom 13.2.2013 aaO). Das ist im Streitfall nicht geschehen.

Als nach dem Meistbegünstigungsgrundsatz des Art. VII Abs. 1 UNÜ zu berücksichtigendes deutsches Recht sind außer § 1031 ZPO die Regeln des deutschen IPR heranzuziehen (vgl. BGH, Urt. vom 8.6.2010 aaO). Auf den Streitfall sind insoweit die Regeln des EGBGB in der vom 21.9.1994 bis zum 10.1.2009 geltenden Fassung anzuwenden. Diese verweisen ihrerseits wieder auf das CISG. Nach Art. 3 I und II

---

[2] IPRspr. 2005 Nr. 187.
[3] IPRspr. 2010 Nr. 306.
[4] IPRspr. 2010 Nr. 210b.
[5] IPRspr. 2013 Nr. 48.
[6] IPRspr. 2001 Nr. 26b.

EGBGB a.F. gehen Regelungen in völkerrechtlichen Vereinbarungen, die – wie das CISG – innerstaatliches Recht geworden sind, den Vorschriften des EGBGB vor. Eine Rechtswahl gemäß Art. 27 EGBGB a.F., aus der sich anderes ergeben könnte, haben die Parteien nicht getroffen. Zwar bestimmt Art. 1 der NTR eine Anwendbarkeit niederländischen Rechts. Dass die NTR Vertragsbestandteil geworden sind, lässt sich aber gerade nicht feststellen.

Auch den nach deutschem Recht anwendbaren europarechtlichen Regelungen lassen sich im Streitfall keine zu einer Schiedsvereinbarung führenden Vorschriften entnehmen. Der Anwendungsbereich der Rom-I-VO vom 17.6.2008 ist weder in zeitlicher noch in sachlicher Hinsicht eröffnet. Gemäß ihrem Art. 28 gilt die Rom-I-VO erst für Verträge, die nach dem 17.12.2009 geschlossen werden. Nach ihrem Art. 1 II lit. e gilt sie im Übrigen nicht für Schiedsvereinbarungen. Das in zeitlicher Hinsicht anwendbare EVÜ ist nach seinem Art. 1 II lit. d nicht auf Schieds- und Gerichtsstandsvereinbarungen anzuwenden.

(3) Die AGg. ist mit ihrem Einwand der nicht formgültigen Schiedsvereinbarung aber letztlich nach § 1061 I 1 ZPO i.V.m. Art. VII Abs. 1 UNÜ präkludiert. Im nationalen Recht enthaltene Präklusionsbestimmungen können nach dem Meistbegünstigungsgrundsatz des Art. VII Abs. 1 UNÜ die Verteidigungsmöglichkeiten eines Antragsgegners im Anerkennungs- und Vollstreckbarerklärungsverfahren beschränken (BGH, NJW 2011, 1290, 1291)[7].

(a) Eine solche zu berücksichtigende Präklusion ergibt sich im Streitfall nicht aus Art. V des von der Bundesrepublik ratifizierten Europäischen Übereinkommens über die internationale Handelsschiedsgerichtsbarkeit vom 21.4.1961 (BGBl. 1964 II 425). Zum einen sind die Niederlande nicht Vertragsstaat des Abkommens, zum anderen hat sich die AGg. im Schiedsverfahren auch durchgängig darauf berufen, dass keine wirksame Schiedsvereinbarung besteht.

(b) Eine – zumindest teilweise – Präklusion ergibt sich auch nicht daraus, dass die AGg. keinen Rechtsbehelf gegen den sie bereits teilweise belastenden Schiedsspruch des erstinstanzlichen niederländischen Schiedsgerichts eingelegt hat. Dies verstößt weder gegen § 242 BGB noch den im internationalen Schiedsverfahrensrecht geltenden Grundsatz von Treu und Glauben, und zwar auch nicht in Gestalt des Einwands unzulässiger Rechtsausübung wegen widersprüchlichen Verhaltens. Allein der Umstand, dass eine Partei sich gegen die Vollstreckbarerklärung eines ausländischen Schiedsspruchs im Inland wendet, ohne diesen zuvor im Ausland mit einem möglichen Rechtsmittel angefochten zu haben, genügt für die Annahme widersprüchlichen Verhaltens nicht (BGH, NJW 2011 aaO 1292).

(c) Zu einer Präklusion wegen Verstoßes gegen das Verbot widersprüchlichen Verhaltens führt es allerdings, dass die AGg. im Verfahren vor dem LG Kleve die Einrede der Schiedsvereinbarung gemäß § 1032 ZPO erhoben hat und, nachdem daran anschließend das Schiedsverfahren durchgeführt worden ist, im Vollstreckbarerklärungsverfahren einwendet, eine wirksame Schiedsvereinbarung sei nicht getroffen worden.

(aa) Das Verbot widersprüchlichen Verhaltens ist nicht nur Bestandteil des Grundsatzes von Treu und Glauben gemäß § 242 BGB, sondern wird auch als ein dem UNÜ innewohnendes Rechtsprinzip verstanden, das im Rahmen der Art. II und V

---

[7] IPRspr. 2010 Nr. 310.

UNÜ zu beachten ist (KG, Beschl. vom 4.6.2012 – 20 Sch 10/11[8], juris). Im Streitfall kann daher dahinstehen, ob es über den Meistbegünstigungsgrundsatz des Art. VII UNÜ i.V.m. § 242 BGB oder als unmittelbarer Ausfluss von Rechtsgedanken des UNÜ zu berücksichtigen ist.

(bb) Es ist anerkannt, dass eine Partei gegen den Grundsatz von Treu und Glauben verstößt, wenn sie sich auf eine angeblich geschlossene Schiedsvereinbarung beruft, insbesondere die Einrede des § 1032 I ZPO erhebt, ihren Vertragspartner dadurch zu einer Schiedsklage veranlasst und dann im späteren Vollstreckbarerklärungsverfahren geltend macht, eine gültige Schiedsvereinbarung sei nicht zustande gekommen (vgl. BGH, NJW-RR 1987, 1194, 1195; OLG Celle, Beschl. vom 31.5.2007 – 8 Sch 6/06[9], juris; vgl. auch MünchKommZPO-*Münch* aaO § 1032 Rz. 9 f.). Ein solches Verhalten läuft nämlich auf den Versuch hinaus, der Rechtsschutz suchenden Partei in jeder der beiden Verfahrensarten den Rechtsschutz abzuschneiden und [sie] praktisch rechtlos zu stellen (BGH, NJW-RR 1987 aaO). Das Verhalten der AGg. ist hiermit vergleichbar und damit ebenso als ein Verstoß gegen den Grundsatz von Treu und Glauben zu behandeln.

(cc) Bereits mit dem Schriftsatz ihrer Prozessbevollmächtigten vom 16.10.2009 hat die AGg. die Einrede der Schiedsvereinbarung erhoben. Die Einrede des § 1032 I ZPO ist an keine besondere Form gebunden. Der die Einrede Erhebende muss lediglich erkennen lassen, dass er den Streit durch das vereinbarte Schiedsgericht entschieden haben will (*Musielak-Voit*, ZPO, 11. Aufl., § 1032 Rz. 7). Dabei ist das Erheben der Einrede von der Erklärung eines bloßen Vorbehalts einer Erhebung der Einrede der Schiedsvereinbarung abzugrenzen (vgl. BGH, Urt. vom 13.1.2009 – XI ZR 66/08; OLG München, Beschl. vom 22.6.2011 – 34 SchH 3/11, juris) ...

Der Annahme des Erhebens der Einrede der Schiedsvereinbarung steht nicht entgegen, dass die Prozessbevollmächtigten der AGg. in ihrem Schriftsatz zugleich ausführten, dass sich die Unzuständigkeit des LG Kleve schon aus dem eigenen Vortrag der ASt. ergebe und die Klage nach deren eigenem Vortrag unzulässig sei. Diese Formulierungen rechtfertigen ebenso wie diejenigen am Schluss ihres Schriftsatzes nicht die Annahme, die AGg. habe lediglich auf Widersprüche im Vortrag der ASt. hinweisen und sich im Übrigen alles offenhalten, insbesondere die Einrede des § 1032 I ZPO noch nicht erheben wollen. Dagegen spricht der angekündigte Klageabweisungsantrag, der mangels anderen Vortrags der AGg. nur mit der Einrede nach § 1032 I ZPO Erfolg haben konnte. Bis heute trägt die AGg. auch keine weiteren Einwände gegen die Forderungen der S. C. BV bzw. der ASt. als deren Rechtsnachfolgerin vor. Dafür, dass die AGg. unberechtigten Forderungen ausgesetzt gewesen sein könnte, ist ungeachtet der Frage anwendbaren Rechts nichts vorgetragen oder ersichtlich.

Für das Erheben der Einrede der Schiedsvereinbarung nach § 1032 I ZPO spricht schließlich, dass diese Einrede, wenn die AGg. sie nicht verlieren wollte, bis zum Beginn der mündlichen Verhandlung erhoben werden musste und der Termin zur mündlichen Verhandlung vor dem LG Kleve bald nach dem Schriftsatz vom 16.10.2009 anstand. Der Termin zur mündlichen Verhandlung war für den 22.10.2009 anberaumt und fand an diesem Tag auch statt. Ein Grund, warum sich die AGg. angesichts dieses kleinen verbleibenden Zeitfensters zwischen Schriftsatz und Ter-

---

[8] IPRspr. 2013 Nr. 277. [9] IPRspr. 2007 Nr. 218.

min die Einrede zunächst nur vorbehalten haben sollte, wird von ihr weder dargetan noch ist er sonst ersichtlich. Bis heute trägt die AGg. kein alternatives Verteidigungsvorbringen vor, das einen Vorbehalt der Einrede der Schiedsvereinbarung plausibel machen könnte ...

cc) Für etwaige weitere Anerkennungshindernisse nach Art. V Abs. 1 litt. b, c, d und Abs. 2 UNÜ ist weder etwas vorgetragen noch sonst ersichtlich.

c) Der dem Grunde nach anzuerkennende Schiedsspruch ist hinsichtlich des Zinsausspruchs zu konkretisieren, da dieser auf niederländische Zinsvorschriften Bezug nimmt. Genügt ein anzuerkennender ausländischer Titel nicht den Bestimmtheitsanforderungen, die nach deutschem Vollstreckungsrecht an einen Vollstreckungstitel zu stellen sind, ergeben sich jedoch die Kriterien, nach denen sich die titulierte Leistungspflicht ergibt, aus den ausländischen Vorschriften und/oder dem unstreitigen Parteivortrag, so ist es zulässig und geboten, den ausländischen Titel in der Entscheidung über die Vollstreckbarkeit entsprechend zu konkretisieren (vgl. OLG Celle, Beschl. vom 31.5.2007 aaO). So liegt es im Streitfall. Für die Konkretisierung kann vom Senat auf die Darstellung der ASt. auf Seiten 5 ff. der Antragsschrift und die im Internet abrufbaren Zinsangaben, auf welche die ASt. verwiesen hat, zurückgegriffen werden. Wegen der laufenden Änderungen der Zinssätze ist eine Konkretisierung derzeit allerdings nur bis zum Termin der mündlichen Verhandlung vor dem Senat möglich.

Soweit der Schiedsspruch im Tenor auch Teile enthält, denen ein vollstreckungsfähiger Inhalt fehlt, hindert dies die Vollstreckbarerklärung im Vollstreckbarerklärungsverfahren nicht. Sinn der Vollstreckbarerklärung ist auch die rechtskräftige Feststellung der Unanfechtbarkeit des Schiedsspruchs, so dass auch Teile des Tenors ohne vollstreckungsfähigen Inhalt für vollstreckbar zu erklären sind (*Schwab-Walter*, Schiedsgerichtsbarkeit, 7. Aufl., Kap. 27 Rz. 7)."

XI. Freiwillige Gerichtsbarkeit

1. Namens- und familienrechtliche Sachen

2. Nachlasssachen

3. Grundbuchsachen

Siehe Nr. 31

4. Vereinsregister- und Handelssachen

5. Notariats- und Urkundenwesen

XII. Insolvenz- und Anfechtungsrecht

Siehe auch Nrn. 211, 247

273. *Dem Gerichtshof der Europäischen Union werden zur Auslegung der Art. 49, 54 AEUV und des Art. 4 EuInsVO folgende Fragen vorgelegt:*
Betrifft eine Klage vor einem deutschen Gericht, mit der ein Direktor einer Private Company Limited by Shares englischen oder walisischen Rechts, über deren Vermögen in Deutschland nach Art. 3 I EuInsVO das Insolvenzverfahren eröffnet worden ist, vom Insolvenzverwalter auf Ersatz von Zahlungen in Anspruch genommen wird, die er vor Eröffnung des Insolvenzverfahrens, aber nach Eintritt der Zahlungsunfähigkeit geleistet hat, das deutsche Insolvenzrecht im Sinne des Art. 4 I EuInsVO?
Verstößt eine Klage der vorstehenden Art gegen die Niederlassungsfreiheit nach Art. 49, 54 AEUV?

a) Thüringer OLG, Urt. vom 17.7.2013 – 2 U 815/12: IPRax 2014, 357, 336 Aufsatz *Weller/Schulz*; ZIP 2013, 1820; NZI 2013, 807 mit Anm. *Poertzgen*; ZInsO 2013, 1638.

b) BGH, Vorlagebeschl. vom 2.12.2014 – II ZR 119/14: RIW 2015, 157; WM 2015, 79; IPRax 2015, 334, 297 Aufsatz *Hübner*; MDR 2015, 302; ZIP 2015, 68; DB 2015, 58; EuZW 2015, 160; GmbHR 2015, 79 mit Anm. *Römermann*; NZG 2015, 101; NZI 2015, 85 mit Anm. *Mock*; ZInsO 2015, 92. Leitsatz in: EWiR 2015, 99 mit Anm. *Müller*; GWR 2015, 40 mit Anm. *Otte-Gräbener*; JZ 2015, 103; NJ 2015, 78 mit Anm. *Miller*; NJW-Spezial 2015, 47.

Der Kl., der Insolvenzverwalter über das Vermögen der K. Ltd. ist, nimmt die Bekl. als deren Direktorin auf den Ersatz von Zahlungen in Anspruch, die die Bekl. nach dem Eintritt der Zahlungsunfähigkeit aus dem Vermögen der Insolvenzschuldnerin geleistet haben soll. Das LG hat die Bekl. mit dem angefochtenen Urteil antragsgemäß zur Zahlung verurteilt. Das OLG hat die Berufung der Bekl. zurückgewiesen und die Revision zugelassen.

Aus den Gründen:

a) Thüringer OLG 17.7.2013 – 2 U 815/12:

„II. Die Berufung ist unbegründet ...
1. Der Kl. hat gegen die Bekl. einen Anspruch auf Zahlung von 110 151,66 € aus §§ 64 II GmbHG a.F., 80 I InsO.

a) ... b) § 64 II GmbHG ist nach seinem Sinn und Zweck als insolvenzrechtliche Norm anzusehen und deswegen gemäß Art. 4 I EuInsVO auf die Bekl. anzuwenden.

aa) Nach Art. 4 I EuInsVO gilt für das Insolvenzverfahren und seine Wirkungen das Insolvenzrecht des Mitgliedstaats, in dem das Verfahren eröffnet wird. Diese Regelung erfasst gemäß Art. 1 I, 2 lit. a, Anh. A das deutsche Insolvenzverfahren. Auch gemäß § 335 InsO unterliegen das Insolvenzverfahren und seine Wirkungen dem Recht des Staats, in dem das Verfahren eröffnet worden ist.

bb) § 64 II GmbHG a.F. enthält eine insolvenzrechtliche Regelung und ist deswegen nach Art. 4 I EuInsVO auf die Bekl. anzuwenden, nachdem das Insolvenzverfahren über das Vermögen der Ltd. in Deutschland eröffnet worden ist.

Als insolvenzrechtlich anzusehende Nomen können sich auch außerhalb der InsO finden. So war der insolvenzrechtliche Charakter der in § 64 I GmbHG a.F. normierten Antragspflicht bereits vor deren Übernahme in die InsO anerkannt.

§ 64 II GmbHG a.F. dient ebenso wie die insolvenzrechtlichen Anfechtungsrechte ausschließlich dem Zweck, eine vor Konkurseröffnung eingetretene Schmälerung der Konkursmasse zugunsten der Konkursgläubiger auszugleichen. Mit der Haftung des Geschäftsführers nach § 64 II GmbHG a.F. hat der Gesetzgeber der Masse ein zusätzliches Mittel zur rationellen Wiederauffüllung der ihr vorher entzogenen Vermögenswerte zur Verfügung gestellt. Anstatt eine u.U. erhebliche Vielzahl von Prozessen gegen verschiedene Anfechtungsgegner führen zu müssen, braucht der Konkursverwalter bei Durchsetzung des Ersatzanspruchs gegen den Geschäftsführer nur einen einzigen Rechtsstreit zu führen (BGH, Urt. vom 18.12.1999 – II ZR 277/94, zit. n. juris Rz. 8, 10). Die Regelung hat den Zweck, Masseverkürzungen im Vorfeld des Insolvenzverfahrens zu verhindern bzw. für den Fall, dass der Geschäftsführer dieser Massesicherungspflicht nicht nachkommt, sicherzustellen, dass das Gesellschaftsvermögen wieder aufgefüllt wird, damit es im Insolvenzverfahren zur ranggerechten und gleichmäßigen Befriedigung aller Gesellschaftsgläubiger zur Verfügung steht (BGH, Urt. vom 5.5.2008 – II ZR 38/07, zit. n. juris Rz. 10). Soweit es um den Ersatz des Gesamtgläubigerschadens geht, ist der Anspruch dem Insolvenzstatut zuzuordnen. Der Anspruch entsteht nämlich nicht nur mit der Insolvenzeröffnung, sondern dient auch der Durchsetzung insolvenzpolitischer Ziele, nämlich dem Grundsatz der Gläubigergleichbehandlung. Da Sinn und Zweck der Verschleppungshaftung auch darin liegt, Lücken in § 64 Satz 1 GmbHG zu schließen, sind beide Vorschriften nicht unterschiedlich zu qualifizieren (*Baumbach-Hueck-Haas*, GmbHG, 20. Aufl., § 64 GmbHG Rz. 148). § 64 II GmbHG a.F. ist daher als Insolvenzrecht zu qualifizieren (KG, Urt. vom 24.9.2009 – 8 U 250/08[1], zit. n. juris

---

[1] IPRspr. 2009 Nr. 5b.

Rz. 25 ff. m.w.N.; *Borges*, Gläubigerschutz bei ausländischen Gesellschaften mit inländischem Sitz: ZIP 2004, 733, 739 f.).

Die Anwendung des § 64 II GmbHG ist mit der Niederlassungsfreiheit gemäß Art. 43 EG bzw. jetzt Art. 49 AEUV vereinbar. Dies folgt bereits daraus, dass es sich um eine insolvenzrechtliche Norm handelt, die nicht dem Gesellschaftsstatut unterfällt (*Kindler*, Begrenzung der Niederlassungsfreiheit: NJW 2007, 1785, 1786; vgl. BGH, Urt. vom 5.2.2007 – II ZR 84/05[2], zit. n. juris Rz. 10). Es ist zwischen Geschäftsleiterpflichten zu unterscheiden, die sich auf die Gesellschaftsverfassung beziehen, und solchen, die die Teilnahme am Rechtsverkehr regeln. Letztere kann der Sitzstaat als der Staat, an dessen Verkehr die Gesellschaft teilnimmt, regeln (*Borges* aaO 740). Zudem stellt § 64 II GmbHG keine Voraussetzung für die Errichtung einer Zweigniederlassung in Deutschland auf, sondern knüpft lediglich bestimmte Rechtsfolgen an ein bestimmtes Verhalten des Organs. Die Regelung berührt deutsche und in einem anderen Mitgliedstaat der Union gegründete Gesellschaften rechtlich wie tatsächlich in gleicher Weise (KG aaO Rz. 32 ff.)."

b) BGH 2.12.2014 – II ZR 119/14:

„II. Vor der Entscheidung über die Revision ist das Verfahren auszusetzen und gemäß Art. 267 I, III AEUV eine Vorabentscheidung des EuGH zu den im Beschlusstenor gestellten Fragen einzuholen. Die Sachentscheidung ist abhängig von der Auslegung des Art. 4 EuInsVO und der Art. 49, 54 AEUV.

1. Die Klage ist bei Anwendung deutschen Rechts begründet ...
2. Davon zu unterscheiden ist die Rechtslage nach dem Unionsrecht.

a) Gemäß Art. 4 I EuInsVO gilt für das Insolvenzverfahren und seine Wirkungen das Insolvenzrecht des Mitgliedstaats, in dem das Insolvenzverfahren eröffnet wird. Nach Auffassung des Senats ist der Begriff ‚Insolvenzrecht' im Sinne dieser Vorschrift autonom auszulegen. Diese Auslegung obliegt dem EuGH; sie ist weder ein acte clair noch ein acte éclairé (EuGH, Urt. vom 15.9.2005 – Intermodal Transports BV ./. Staatssecretaris van Financiën, Rs C-495/03, Slg. 2005, I-08151 Rz. 74).

aa) In der Rspr. der deutschen Gerichte und im deutschen Schrifttum ist umstritten, ob § 64 II 1 GmbHG (ebenso § 64 Satz 1 GmbHG n.F.) auf Geschäftsführungsorgane von EU-Auslandsgesellschaften wie der Ltd., die den COMI in Deutschland haben und über deren Vermögen in Deutschland nach Art. 3 I EuInsVO das Insolvenzverfahren eröffnet worden ist, Anwendung findet. Dabei wird darüber gestritten, ob § 64 II 1 GmbHG (und § 64 Satz 1 GmbHG n.F.) zum Insolvenz- oder zum Gesellschaftsstatut gehört und ob eine Anwendung der Norm die Niederlassungsfreiheit verletzt.

Die h.M. hält § 64 GmbHG für eine insolvenzrechtliche Vorschrift im Sinne des Art. 4 I EuInsVO (KG, ZIP 2009, 2156, juris Rz. 25 ff.[1]; *Weller/Schulz*, IPRax 2014, 336; *Thole*, ZIP 2012, 605, 607; *Wais*, IPRax 2011, 176; *Barthel*, ZInsO, 2011, 211, 215; *Kindler*, IPRax 2010, 430, 431; *Spahlinger-Wegen*, Internationales Gesellschaftsrecht, 2005, Rz. 759; *Baumbach-Hueck-Haas*, GmbHG, 20. Aufl., § 64 Rz. 21; *Ulmer-Habersack-Löbbe-Casper*, GmbHG, 2. Aufl. Erg.-Bd., § 64 Rz. 35; *Henssler-Strohn-Servatius*, Gesellschaftsrecht, 2. Aufl., IntGesR Rz. 179; *Alt*-

---

[2] IPRspr. 2007 Nr. 15.   [1] IPRspr. 2009 Nr. 5b.

meppen in *Altmeppen-Roth*, GmbHG, 7. Aufl., § 64 Rz. 5; K. *Schmidt-Brinkmann*, InsO, 18. Aufl., EuInsVO Art. 3 Rz. 42, Art. 4 Rz. 13 f.; *K. Schmidt-Uhlenbruck*, Die GmbH in Krise, Sanierung und Insolvenz, 2009, Rz. 11.34; MünchKomm-GmbH-*H. F. Müller*, 2011, § 64 Rz. 131; *Saenger-Inhester-Kolmann*, GmbHG, 2. Aufl, § 64 Rz. 12 f.). Damit, so wird angenommen, sei sie nach Art. 4 I EuInsVO als Teil des deutschen Insolvenzrechts im Rahmen von nach Art. 3 I EuInsVO eröffneten Insolvenzverfahren anwendbar. Die Niederlassungsfreiheit werde durch die Anwendung des § 64 II 1 GmbHG schon deshalb nicht verletzt, weil die Vorschrift insolvenzrechtlicher Natur sei. Im Übrigen regele sie nicht die Voraussetzungen, unter denen eine EU-Auslandsgesellschaft ihren Verwaltungssitz in Deutschland begründen könne, sondern nur die Rechtsfolgen dieser Entscheidung.

Die Gegenmeinung (*Bitter*, WM 2001, 666, 669 N. 34; *Poertzgen*, NZI 2008, 9. 11 N. 18; *ders.*, NZI 2013, 809; *Ringe/Willemer*, NZG 2010, 56 ff.; *Bork* in *Bork-Schäfer*, GmbHG, 2. Aufl., § 64 Rz. 3; wohl auch *K. Schmidt*, ZHR 168 [2004], 637, 654; in der Tendenz ebenso OLG Karlsruhe, ZIP 2010, 2123 f.[2]; offengelassen von OLG Köln, NZI 2012, 52[3]) verortet § 64 II 1 GmbHG dagegen im nationalen deutschen Gesellschaftsrecht. Damit komme die Vorschrift auf EU-Auslandsgesellschaften nicht zur Anwendung. Denn der EuGH habe entschieden, dass auf die inneren Verhältnisse von Gesellschaften, die in einem Mitgliedstaat der EU gegründet worden seien, ihre hauptsächliche Tätigkeit aber in einem anderen Mitgliedstaat ausübten, im Rahmen der Niederlassungsfreiheit das Gesellschaftsrecht des Gründungsstaats zur Anwendung komme (EuGH, Urt. vom 5.11.2002 – Überseering BV ./. NCC Baumanagement GmbH, Rs C-208/00, Slg. 2002, I-09919 = ZIP 2002, 2037 Rz. 52 ff.; Urt. vom 30.9.2003 – Kamer van Koophandel en Fabrieken voor Amsterdam ./. Inspire Art Ltd., Rs C-167/01, Slg. 2003, I-10155 = ZIP 2003, 1885 Rz. 95 ff.). Eine Anwendung des § 64 II 1 GmbHG auf Geschäftsführer von EU-Auslandsgesellschaften verstieße damit gegen die Niederlassungsfreiheit im Sinne der Art. 49, 54 AEUV.

bb) Der EuGH hat diese Frage noch nicht entschieden. In einem ähnlich gelagerten Fall, in dem es um die Qualifikation der französischen *action en comblement de passif social* als insolvenzrechtlich im Sinne des Art. 1 II lit. b EuGVO ging, hat der Gerichtshof in seinem Urteil vom 22.2.1979 (Henri Gourdain ./. Franz Nadler, Rs C.133/78, Slg. 1979, 733) zwar u. Hinw. darauf, dass nur der Insolvenzverwalter und das Gericht diese Klage im Interesse der Gesamtheit der Gläubiger erheben können und sie dem Ziel dient, den Gläubigern unter Beachtung ihrer grundsätzlichen Gleichrangigkeit Befriedigung zu verschaffen, eine insolvenzrechtliche Eigenschaft der Klage angenommen (ebenso EuGH, Urt. vom 12.2.2009 – Christopher Seagon ./. Deko Marty Belgium N.V., Rs C-339/07, Slg. 2009, I-00767 = ZIP 2009, 427 Rz. 19). Ferner hat er in seinem Urteil vom 18.7.2013 (ÖFAB, Östergötlands Fastigheter AB ./. Frank Koot u. Evergreen Investments BV, Rs C-147/12, ABl. EU 2013, Nr. C 260, 14 = ZIP 2013, 1932 Rz. 24 ff.) eine Klage als insolvenzrechtlich im Sinne des Art. 1 I lit. b EuGVO beurteilt, wenn sie unmittelbar aufgrund des Insolvenzverfahrens ergeht und in engem Zusammenhang damit steht. Das allein reicht nach Auffassung des erkennenden Senats aber nicht aus, um die hier entscheidungserhebliche Streitfrage im Rahmen des Art. 4 EuInsVO als geklärt anzusehen.

---

[2] IPRspr. 2009 Nr. 206.   [3] IPRspr. 2011 Nr. 235.

cc) Der Senat sieht in § 64 II 1 GmbHG eine insolvenzrechtliche Norm auch im unionsrechtlichen Sinn und kommt damit zu einer Anwendbarkeit auf EU-Auslandsgesellschaften wie der Ltd.

Zwar setzt die Vorschrift nicht zwingend die Eröffnung eines Insolvenzverfahrens voraus. Dass der Anspruch außerhalb des Insolvenzverfahrens und von einer anderen Person als dem Insolvenzverwalter geltend gemacht werden kann, ist aber – auch nach der o. zit. Gesetzesbegründung – die Ausnahme. Im Regelfall macht der Insolvenzverwalter im Rahmen des Insolvenzverfahrens den Anspruch geltend. Ebenso spricht der Zweck der Vorschrift, das Vermögen der Gesellschaft gegen Abflüsse zu schützen und so im Interesse der späteren Insolvenzgläubiger die Insolvenzmasse zu erhalten, für ein insolvenzrechtliches Verständnis der Norm.

b) Die zweite Vorlagefrage betrifft den Streit darüber, ob eine Anwendung des § 64 II 1 GmbHG – auch als Norm des deutschen Insolvenzrechts im Sinne des Art. 4 I EuInsVO – gegen die Niederlassungsfreiheit im Sinne der Art. 49, 54 AEUV verstößt. Dazu wird im deutschen Schrifttum angenommen, dass § 64 II 1 GmbHG jedenfalls als eine zulässige Ausnahme von dem Verbot der Beschränkung der Niederlassungsfreiheit anzusehen sei, weil die Vorschrift in nicht-diskriminierender Weise angewandt werde, mit dem Gläubigerschutz einem zwingenden Allgemeininteresse diene, geeignet sei, die Insolvenzmasse zu sichern oder wieder aufzufüllen und nicht über das hinausgehe, was zur Erreichung dieses Ziels erforderlich sei (*Weller/Schulz* aaO 339; s.a. EuGH aaO [Inspire Art] Rz. 133 ff.; a.A. aber etwa *Schall*, ZIP 2005, 965, 974)."

274. *Auf eine negative Feststellungsklage, mit der ein deutscher Besteller gegen belgische Konkursverwalter die Feststellung begehrt, dass er auf ein vor Konkurseröffnung über das Vermögen einer belgischen Gesellschaft geschlossenes Geschäft kein Entgelt mehr zu leisten habe, ist gemäß Art. 1 I 1 EuGVO diese Verordnung anzuwenden, nicht gemäß Art. 1 II lit. a EuGVO die EuInsVO. Solche Einzelverfahren gehen nicht unmittelbar aus dem Insolvenzverfahren hervor und halten sich nicht eng innerhalb des Rahmens eines solchen Verfahrens im Sinne der Rechtsprechung des EuGH. Hieran ändert nichts, dass die Entscheidung über die Durchführung des Vertrags den Konkursverwaltern überlassen ist. Die internationale Zuständigkeit richtet sich daher nach der EuGVO, nicht nach Art. 3 I EuInsVO.*

LG Karlsruhe, Urt. vom 3.1.2014 – 14 O 94/13 KfH III: Unveröffentlicht.

Die Kl. begehrt gegenüber den belgischen Konkursverwaltern die Feststellung, dass diesen in ihrer Eigenschaft als Konkursverwalter der belgischen Gemeinschuldnerin keine Zahlungsansprüche aus einem vor Konkurseröffnung abgeschlossenen Geschäft zustehen. 2012 schloss die Kl. mit der später in Konkurs gefallenen belgischen Gesellschaft S.A. AGV AG einen Vertrag über die Lieferung von Isolierglas. In Nr. 19 des Vertrags wurde weiter die Anwendung deutschen Rechts unter Ausschluss des UN-Kaufrechts sowie als Gerichtsstand der Sitz der Kl. vereinbart. Die Kl. stellte Mängel an der gelieferten Ware fest. Die Kl. forderte zunächst die S.A. AGV AG und nach Konkurseröffnung die Bekl. auf, die Teillieferung wieder abzuholen. Von den Bekl. erfolgte keine Reaktion. Die Bekl. veräußerten die noch bei der Gemeinschuldnerin vorhandenen Gläser wie auch deren Maschinenpark.

Die Bekl. fordern von der Kl. insgesamt eine Zahlung i.H.v. 58 179,86 €.

Aus den Gründen:

„I. *Zulässigkeit* – Die Klage ist zulässig, insbesondere ist das angerufene LG Karlsruhe international und örtlich zuständig.

Die internationale Zuständigkeit ergibt sich aus Art. 1 I 1 i.V.m. Art. 23 I EuGVO.
1. Auf die vorliegende Klage ist gemäß Art. 1 I 1 EuGVO diese Verordnung anzuwenden, da es sich um eine Zivil- und Handelssache handelt und beide Parteien ihren Sitz in Mitgliedstaaten der EU haben. Der Ausnahmetatbestand des Art. 1 II lit. a EuGVO ist nicht gegeben, da es sich bei dem vorliegenden Verfahren nicht um einen Konkurs, einen Vergleich oder ein ähnliches Verfahren handelt.

a) Die Frage, ob und inwieweit sog. Annex-Verfahren oder Einzelverfahren, also Verfahren, die einen Zusammenhang mit einem Insolvenzverfahren aufweisen, ohne die Eröffnung des Insolvenzverfahrens oder andere Kernverfahrensteile des Insolvenzverfahrens selbst zu betreffen, in grenzüberschreitenden Sachverhalten in die Zuständigkeit der Gerichte des Staats der Insolvenzverfahrenseröffnung fallen (sog. vis attractiva concursus) oder nach allgemeinen, insolvenzunabhängigen Regeln zu beurteilen sind, war lange hochstreitig und ist auch heute noch nicht abschließend geklärt. Seit dem Inkrafttreten der EuInsVO ist die Lösung der Frage im Spannungsfeld des Art. 3 I EuInsVO einerseits und Art. 1 II lit. a EuGVO andererseits verortet. Nach Art. 3 I EuInsVO sind für die Eröffnung des Insolvenzverfahrens die Gerichte des Mitgliedstaats zuständig, in dessen Gebiet der Schuldner den Mittelpunkt seiner hauptsächlichen Interessen hat. Eine ausdrückliche Regelung der internationalen Zuständigkeit für Einzelverfahren, die sich auf ein Insolvenzverfahren beziehen, enthält die EuInsVO nicht. Es besteht Einigkeit, dass Art. 1 II lit. a EuGVO im Lichte des Art. 3 I EuInsVO auszulegen ist und dass der europäische Verordnungsgeber zwischen beiden Verordnungen keine Lücke offenlassen wollte (vgl. *Geimer-Schütze*, Europäisches Zivilverfahrensrecht, 3. Aufl., Art. 1 Rz. 130 m.w.N.).

Der EuGH hat mit Urteil vom 12.2.2009 (Christopher Seagon ./. Deko Marty Belgium N.V., Rs C-339/07, NJW 2009, 2189, ergangen auf Vorlagebeschluss des BGH vom 21.6.2007 – IX ZR 39/06[1], ZIP 2007, 1415) entschieden, dass Art. 3 I EuInsVO dahin auszulegen ist, dass die Gerichte des Mitgliedstaats, in dessen Gebiet das Insolvenzverfahren eröffnet worden ist, für eine Insolvenzanfechtungsklage gegen einen Anfechtungsgegner, der seinen satzungsmäßigen Sitz in einem anderen Mitgliedstaat hat, zuständig sind. Dabei hat es klargestellt, dass es unter Berücksichtigung insbes. des sechsten Erwgr. der EuInsVO sowie dessen Art. 25 I 2 entgegen verbreiteter Erwartung an seiner Rspr. vor Inkrafttreten der EuInsVO festhält (Urt. vom 22.2.1979 – Henri Gourdain ./. Franz Nadler, Rs C-133/78, EuGHE 1979, 733), wonach Einzelverfahren, die sich auf ein Insolvenzverfahren beziehen, nicht in den Regelungsbereich der EuGVO fallen, wenn sie unmittelbar aus dem Insolvenzverfahren hervorgehen und sich eng innerhalb des Rahmens dieses Verfahrens halten. Entscheidende Abgrenzungskriterien für die Zuordnung von Einzelverfahren zum Insolvenzverfahren und damit auch zur Zuständigkeit des Mitgliedstaats der Insolvenzeröffnung ist danach auch nach Inkrafttreten der EuInsVO,

– dass es unmittelbar aus dem Insolvenzverfahren hervorgeht und
– dass es sich eng innerhalb des Rahmens dieses Verfahrens hält.

---

[1] IPRspr. 2009 Nr. 307.

Für eine Insolvenzanfechtungsklage hat der EuGH dies in der genannten Entscheidung bejaht, für eine Klage auf der Grundlage eines abgetretenen Insolvenzanfechtungsrechts hingegen später verneint (Urteil vom 19.4.2012 – F-Tex SIA ./. Lietuvos-Anglijos UAB ‚Jadecloud-Vilma', Rs C-213/10, ZIP 2012, 1049). Die auf einen deutschen Eigentumsvorbehalt gestützte Klage gegen einen niederländischen Insolvenzverwalter hat der EuGH in einer weiteren Entscheidung ebenfalls nicht als insolvenzrechtlich angesehen; insbesondere sei die bloße Beteiligung eines Insolvenzverwalters für eine solche Einordnung nicht ausreichend (Urteil vom 10.9.2009 – German Graphics Graphische Maschinen GmbH ./. Alice van der Schee, Rs C-292/08, Slg. 2009 I-8421-8438, ZIP 2009, 2345). Dabei hat er auch festgestellt, dass der Anwendungsbereich der EuGVO weit, der der EuInsVO hingegen nicht weit ausgelegt werden sollte (ebda. Tz. 23, 25). Demgegenüber hat der EuGH ein Einzelverfahren, bei dem über die Frage zu entscheiden war, ob ein schwedischer Konkursverwalter befugt war, über eine österreichische Gesellschaftsbeteiligung der Gemeinschuldnerin zu verfügen, als unmittelbar aus dem Insolvenzverfahren hervorgehende und sich in engem Zusammenhang mit dem Insolvenzverfahren befindliche Rechtsstreitigkeit im Sinne der genannten Rechtsprechung beurteilt (Urteil vom 2.7.2009 – SCT Industri AB i likvidation ./. Alpenblume AB, Rs C-111/08, Slg. 2009 I-5655, ZIP 2009, 1441). Weitgehende Einigkeit besteht in der Literatur – auch in Anbetracht der Entscheidung des EuGH vom 12.2.2009 – demgegenüber, dass Passiv- und Aktivprozesse, also Klagen eines Insolvenzgläubigers betreffend Forderungen gegen den Gemeinschuldner sowie Klagen des Insolvenzverwalters nicht als insolvenzrechtlich einzuordnen sind, insbesondere nicht Forderungsbeitreibungen des Insolvenzverwalters aus Geschäften vor Eröffnung des Insolvenzverfahrens, da diese durch die Insolvenzeröffnung – mit Ausnahme des Wechsels der Verfügungsbefugnis – nicht tangiert werden (*Geimer-Schütze* aaO; MünchKomm-InsO-*Reinhardt*, 2. Aufl., Bd. 3, Art. 3 EuInsVO Rz. 98; *Kropholler*, Europäisches Zivilprozessrecht, 8. Aufl., Art. 1 Rz. 37, jew. m.w.N.; so i.Erg. auch *Musielak-Heinrich*, ZPO, 10. Aufl, § 19a Rz. 6 a.E. und *Stein-Jonas-Roth*, ZPO, 22. Aufl., § 19a Rz. 8 a.E., auch zur Unanwendbarkeit von § 19a ZPO auf solche Klagen).

b) Vorliegend handelt es sich um eine negative Feststellungsklage, die auf die Feststellungen gerichtet ist, dass der Bekl. gegen die Kl. keine Zahlungsansprüche aus einem vor Insolvenzeröffnung geschlossenen Geschäft zustehen, sowie dass sich der Bekl. mit der Rücknahme von gelieferten Gläsern in Annahmeverzug befindet. Die Klage ist damit darauf gerichtet, Ansprüche abzuwehren, die die beklagten belgischen Konkursverwalter im Wege eines Aktivprozesses gegen die Kl. geltend machen könnten. Das Einzelverfahren geht daher weder unmittelbar aus dem Insolvenzverfahren hervor, noch hält es sich eng innerhalb des Rahmens des Insolvenzverfahrens. Vielmehr ist Gegenstand des Verfahrens ein Zahlungsanspruch, der weder inhaltlich noch verfahrensmäßig einen hinreichenden Zusammenhang mit dem Insolvenzverfahren aufweist.

Etwas anderes ergibt sich auch nicht daraus, dass die Entscheidung über die Durchführung des Vertrags den Bekl. als Konkursverwaltern der Gemeinschuldnerin überlassen war. Wollte man dies anders sehen, würde dies dazu führen, dass ein großer Teil der Einzelverfahren nur deshalb der EuInsVO unterworfen würden, weil – wie so oft – die beiderseitigen Leistungen noch nicht vollständig erbracht sind. Insbesondere würde dies der erklärten Auffassung des EuGH zuwiderlaufen, den Anwendungsbereich der EuGVO weit und den der EuInsVO eng auszulegen.

Damit ist das Verfahren nicht als insolvenzrechtlich im Sinne des Art. 1 II lit. a EuGVO anzusehen und unterfällt daher den Regelungen der EuGVO.

2. In Nr. 19 des zwischen den Vertragsparteien geschlossenen Werkliefervertrags haben diese eine wirksame Zuständigkeitsvereinbarung zugunsten des Sitzes der Kl. im Bezirk des angerufenen LG Karlsruhe gemäß Art. 23 I EuGVO getroffen. Insbesondere entspricht die Vereinbarung der Form des Art. 23 I 3 lit. a Alt. 1 EuGVO, da sie bei beiderseitiger Unterschrift schriftlich geschlossen wurde ...

II. *Begründetheit* – Die Klage ist auch begründet ...

a) Nach der in Nr. 19 des Vertrags wirksam getroffenen Rechtswahl ist gemäß Art. 3 I Rom-I-VO auf das vertragliche Schuldverhältnis der Parteien deutsches Recht anzuwenden. Gemäß § 651 BGB handelt es sich um einen Werkliefervertrag, auf den in erster Linie Kaufrecht Anwendung findet, §§ 433 ff. BGB."

275. *Die Regelung des Art. 3 I EuInsVO gilt auch für Annexverfahren, insbesondere also Rechtsstreitigkeiten über Anfechtungsansprüche des Insolvenzverwalters gegen Anfechtungsschuldner, auch wenn der Anfechtungsschuldner seinen Wohnsitz nicht im Gebiet eines Mitgliedstaats hat. [LS der Redaktion]*

LG Freiburg, Urt. vom 7.1.2014 – 12 O 133/13: ZIP 2014, 336; ZInsO 2014, 262.

Der Kl. wurde durch Beschluss des AG aus dem Jahr 2013 zum Insolvenzverwalter über das Vermögen einer Gesellschaft mit Geschäftssitz in Deutschland bestellt, macht gegen den in der Schweiz wohnhaften Bekl., der 2004 über eine in der Schweiz ansässige Holding nebst Geschäftsanteilen an der im Jahre 1994 gegründeten Schuldnerin aus einer Konkursmasse der damaligen Mutter auch ein Grundstück erworben, zur Absicherung belastet und zudem an die Schuldnerin vermietet hatte, einen dinglichen Arrestanspruch geltend. Der Kl. fordert vom Bekl. von der Schuldnerin geleistete Mietzahlungen zurück.

Aus den Gründen:

„1. Die internationale Zuständigkeit des LG Freiburg ist nach Art. 3 I EuInsVO gegeben. Danach sind für die Eröffnung des Insolvenzverfahrens die Gerichte des Mitgliedstaats zuständig, in dessen Gebiet der Schuldner den Mittelpunkt seiner hauptsächlichen Interessen hat. Bei Gesellschaften und juristischen Personen wird bis zum Beweis des Gegenteils vermutet, dass der Mittelpunkt ihrer hauptsächlichen Interessen der Ort des satzungsmäßigen Sitzes ist. Diese Vorschrift gilt auch für Annexverfahren, insbes. also Rechtsstreitigkeiten über Anfechtungsansprüche des Insolvenzverwalters gegen Anfechtungsschuldner, auch wenn der Anfechtungsschuldner seinen Wohnsitz nicht im Gebiet eines Mitgliedstaats hat (vgl. Schlussanträge der Generalanwältin vom 10.9.2013 in der Rs C-328/12 – Ralph Schmid [als Verwalter in dem Insolvenzverfahren über das Vermögen von Aletta Zimmermann] ./. Lilly Hertel; BGH, Vorlagebeschl. vom 21.6.2012 – IX ZR 2/12[1])."

276. *Der Tatrichter darf sich bei der Ermittlung ausländischen Rechts nicht auf die Heranziehung der Rechtsquellen beschränken, sondern muss auch die konkre-*

---

[1] IPRspr. 2012 Nr. 308b.

te Ausgestaltung des Rechts in der ausländischen Rechtspraxis, insbesondere die ausländische Rechtsprechung, berücksichtigen.

BGH, Urt. vom 14.1.2014 – II ZR 192/13: NJW 2014, 1244; RIW 2014, 235; WM 2014, 357; MDR 2014, 362; ZIP 2014, 394; DB 2014, 418; DZWIR 2014, 499; NZI 2014, 283 mit Anm. *Vallender*; TranspR 2014, 299; ZInsO 2014, 452. Leitsatz in: FamRZ 2014, 559; LMK 2014, 358488. Dazu *Krauß*, Anforderungen an die tatrichterliche Ermittlung ausländischen Rechts im Zivilverfahren: GPR 2014, 175-179.

Der Bekl. war Geschäftsführer der R. GmbH und führte in dieser Zeit Arbeitnehmeranteile zur Sozialversicherung nicht an die für den Einzug zuständige Kl. ab. Die Kl. verlangte nunmehr die Zahlung der rückständigen Summe. Über das Vermögen des Bekl. war zuvor in England das Insolvenzverfahren eröffnet worden. Die Kl. meldete ihre Forderung als *claim in tort* an. 2011 erlangte der Bekl. eine Restschuldbefreiung. Die Kl. ist der Auffassung, nach s. 281 (3) des englischen Insolvency Act 1986 (nachfolgend: IA 1986) werde der von ihr geltend gemachte Schadensersatzanspruch nach §§ 823 II BGB, 266a I,14 I Nr. 1 StGB von der Restschuldbefreiung nicht erfasst.

Das AG hat die Klage als unzulässig abgewiesen. Das Berufungsgericht hat beim Max-Planck-Institut für ausländisches und internatinales Privatrecht die Kosten eines Gutachtens zum englischen Recht erfragt, sich dann aber darauf beschränkt, nach dem Europäischen Übereinkommen betreffend Auskünfte über ausländisches Recht vom 7.6.1968 (BGBl. 1974 II 937) eine Auskunft beim Foreign & Commonwealth Office, handelnd durch das Department for Business Innovation & Skills, London, einzuholen. Sodann hat es die Berufung der Kl. mit der Maßgabe zurückgewiesen, dass die Zahlungsklage nicht als unzulässig, sondern als unbegründet abgewiesen werde. Mit ihrer vom Berufungsgericht zugelassenen Revision verfolgt die Kl. ihre Klageanträge weiter.

Aus den Gründen:

„II. ... 2. Ohne Rechtsfehler ist das Berufungsgericht weiter davon ausgegangen, dass sich aus dem Vortrag der Kl. ein Anspruch der Kl. gegen den Bekl. aus §§ 823 II BGB, 266a I, 14 I Nr. 1 StGB auf Schadensersatz wegen Vorenthaltens von Arbeitnehmerbeiträgen zur Sozialversicherung ergeben kann, dass dieser Anspruch aber nicht durchsetzbar ist, wenn die Klageforderung von der zugunsten des Bekl. in England eingetretenen Restschuldbefreiung erfasst wird. Diese Frage ist, wie das Berufungsgericht ebenfalls zutreffend gesehen hat, von den deutschen Gerichten nach Art. 4 II 2 lit. k EuInsVO unter Anwendung des englischen Rechts zu beantworten (vgl. *Mehring*, ZInsO 2012, 1247, 1252 f.; *Priebe*, ZInsO 2012, 2074, 2081; *Uhlenbruck-Lüer*, InsO, 13. Aufl., Art. 4 EuInsVO Rz. 59).

3. Das Berufungsgericht hat aber bei der Feststellung des engl. Rechts die dafür einschlägige Rechtsnorm des § 293 ZPO verletzt. Danach ist das Gericht bei der Ermittlung ausländischen Rechts befugt, aber auch verpflichtet, geeignete Erkenntnisquellen unabhängig von den Beweisantritten der Parteien zu nutzen und zu diesem Zweck das Erforderliche anzuordnen. Diesem Gebot ist das Berufungsgericht nicht in ausreichendem Maß nachgekommen, was die Revision zu Recht rügt.

a) Ausländisches Recht ist zwar auch nach der Neufassung des § 545 I ZPO durch das FGG-RG vom 17.12.2008 (BGBl I 2585) nicht revisibel (BGH, Beschl. vom 4.7.2013 – V ZB 197/12[1], ZIP 2013, 2173 Rz. 15 ff.; offen gelassen noch von BGH, Beschl. vom 3.2.2011 – V ZB 54/10[2], BGHZ 188, 177 Rz. 14; Urt. vom 12.11.2009 – Xa ZR 76/07[3], NJW 2010, 1070 Rz. 21; anders BAG, Urt. vom 10.4.1975, WM 1976, 194, juris Rz. 38 f. für § 73 Satz 1 ArbGG[4]). Im vorliegenden Zusammenhang geht es aber nicht in erster Linie darum, ob die Auslegung von

---

[1] IPRspr. 2013 Nr. 2.
[2] IPRspr. 2011 Nr. 317.
[3] IPRspr. 2009 Nr. 44.
[4] IPRspr. 1975 Nr. 30b.

s. 281 (3) IA 1986 durch das Berufungsgericht zutreffend ist. Das Verfahren des Berufungsgerichts leidet vielmehr an dem Mangel, dass sich das Berufungsgericht keine ausreichenden Informationen über das englische Recht verschafft hat, um dieses Recht auslegen und anwenden zu können.

b) Nach § 293 ZPO hat der Tatrichter ausländisches Recht von Amts wegen zu ermitteln. Wie er sich diese Kenntnis verschafft, liegt in seinem pflichtgemäßen Ermessen. Jedoch darf sich die Ermittlung des fremden Rechts nicht auf die Heranziehung der Rechtsquellen beschränken, sondern muss auch die konkrete Ausgestaltung des Rechts in der ausländischen Rechtspraxis, insbesondere die ausländische Rechtsprechung, berücksichtigen. Der Tatrichter ist gehalten, das Recht als Ganzes zu ermitteln, wie es sich in Rspr. und Lit. entwickelt hat. Er muss dabei die ihm zugänglichen Erkenntnisquellen ausschöpfen (BGH, Urt. vom 23.6.2003 – II ZR 305/01[5], NJW 2003, 2685, 2686 m.w.N.). Vom Revisionsgericht wird insoweit lediglich überprüft, ob der Tatrichter sein Ermessen rechtsfehlerfrei ausgeübt, insbesondere sich anbietende Erkenntnisquellen unter Berücksichtigung der Umstände des Einzelfalls hinreichend ausgeschöpft hat (BGH, Beschl. vom 30.4.2013 – VII ZB 22/12[6], WM 2013, 1225 Rz. 39).

Danach durfte sich das Berufungsgericht nicht mit der Auskunft des Foreign & Commonwealth Office vom 9.8.2012 zufriedengeben. Denn diese Auskunft beantwortet die gestellte Frage nicht erschöpfend, und es ist nicht auszuschließen, dass eine umfassendere Auskunft aufgrund einer Nachfrage bei der englischen Behörde oder auf anderem Wege hätte herbeigeführt werden können.

Auf die Frage, ob Forderungen wegen vorsätzlicher Vorenthaltung von Sozialversicherungsbeiträgen der Vorschrift in s. 281 (3) IA 1986 unterfallen, hat das Foreign & Commonwealth Office folgende Antwort gegeben:

If the debtor has committed fraud in relation to social insurance contributions then this may fall under section 281 (3) IA 1986. A fraudulent intention not to pay social insurance may fall within section 281 (3) but this would depend on the circumstances. The fraudulent element would need to (be) proved.

Die vom Berufungsgericht veranlasste Übersetzung lautet wie folgt:

‚Hat der Konkursschuldner Sozialversicherungsbeiträge unterschlagen, so kann das unter s. 281 (3) IA fallen. In betrügerischer Absicht nicht gezahlte Sozialversicherung kann unter s. 281 (3) IA fallen, das hängt jedoch von den Umständen ab. Die betrügerische Absicht muss nachgewiesen werden.'

Damit soll sich der Anwendungsbereich von s. 281 (3) IA 1986 danach richten, ob der Insolvenzschuldner mit der Nichtabführung von Sozialversicherungsbeiträgen einen *fraud* begangen hat oder ob er dabei eine *fraudulent intention* hatte. Diese Begriffe sind aber ihrerseits auslegungsbedürftig. Weiter kann für die Anwendbarkeit der Norm auch der Begriff *fraudulent breach of trust* in s. 281 (3) IA 1986 von Bedeutung sein. Angesichts dessen wäre die erteilte Auskunft nur dann ausreichend, wenn auch der Sinn dieser Begriffe nach dem englischen Rechtsverständnis erklärt und insbesondere erläutert worden wäre, von welchen Umständen (*circumstances*) die Anwendbarkeit von s. 281 (3) IA 1986 darüber hinaus abhängt.

---

[5] IPRspr. 2003 Nr. 1b. [6] IPRspr. 2013 Nr. 288b.

c) Das Berufungsgericht konnte von einer ausreichenden Ermittlung des ausländischen Rechts auch nicht deshalb ausgehen, weil die Kl. selbst angeregt hatte, ein Vorgehen nach dem Europäischen Übereinkommen betreffend Auskünfte über ausländisches Recht vom 7.6.1968 (BGBl. 1974 II 937) zu prüfen, und weil sie nach Vorlage der Auskunft nicht eine Ergänzung oder ein Sachverständigengutachten beantragt hat, wie die Revisionserwiderung unter Bezugnahme auf § 295 ZPO geltend macht. Nicht das Vorgehen nach dem Rechtsübereinkommen war fehlerhaft, sondern allein der Umstand, dass sich das Berufungsgericht mit der erteilten Auskunft zufriedengegeben hat. Dieser Verfahrensfehler ergab sich aber erst aus dem Urteil.

III. Damit ist das angefochtene Urteil aufzuheben und die Sache an das Berufungsgericht zurückzuverweisen, damit die noch erforderlichen Feststellungen getroffen werden können.

Für das weitere Verfahren weist der Senat auf Folgendes hin:

1. ... 2. Das Berufungsgericht kann wegen der Unklarheit der Auskunft beim Foreign & Commonwealth Office nachfragen. Wenn die Nachfrage nicht erschöpfend beantwortet werden sollte, kommt die Einholung eines Sachverständigengutachtens in Betracht. Dass ein Gutachten ein Vielfaches des Streitwerts kosten wird, ist allein noch kein Grund, davon Abstand zu nehmen.

3. Gegebenenfalls wird sich das Berufungsgericht erneut mit der Frage auseinandersetzen müssen, ob eine Befreiung des Insolvenzschuldners von etwaigen Ansprüchen wegen Vorenthaltens von Arbeitnehmeranteilen zur Sozialversicherung nach s. 281 (3) IA 1986 wegen Verstoßes gegen den deutschen ordre public nach Art. 26 EuInsVO unwirksam ist. Dabei wird es zu beachten haben, dass insoweit Zurückhaltung geboten ist. Die deutsche öffentliche Ordnung ist nur verletzt, wenn das Ergebnis der Anwendung ausländischen Rechts zu den Grundgedanken der deutschen Regelungen und den in ihnen enthaltenen Gerechtigkeitsvorstellungen in so starkem Widerspruch steht, dass dies nach inländischen Vorstellungen untragbar erscheint (BGH, Beschl. vom 18.9.2001 – IX ZB 51/00[7], ZIP 2002, 365, 367; EuGH, Urt. vom 2.5.2006 – Eurofood IFSC Ltd., Rs C-341/04, ZIP 2006, 907 Rz. 63 f.). Dieser Grundsatz erstreckt sich auch auf die Fälle der erleichterten Restschuldbefreiung im Ausland (MünchKommInsO-*Reinhart*, 4. Aufl., Art. 26 EuInsVO Rz. 1, 16; *Renger*, Wege zur Restschuldbefreiung nach dem Insolvency Act 1986, 2012, 210 ff.; *Koch* in Festschrift Jayme, 2004, 437, 443; *Mehring* aaO 1251)."

277. *Die Pfändbarkeit des in Österreich erzielten Arbeitseinkommens eines deutschen Schuldners in seinem Restschuldbefreiungsverfahren vor einem deutschen Gericht richtet sich nach deutschem Recht.*

LG Passau, Urt. vom 16.1.2014 – 1 O 721/13: NZI 2014, 1019 mit Anm. *Mankowski*; Aufsatz *Hübler*; VuR 2014, 435; ZInsO 2014, 1505.

Mit Beschluss eröffnete das AG Passau das Insolvenzverfahren über das Vermögen des Kl. Der Bekl. wurde zum Treuhänder bestellt. Der Kl. lebt nun in Österreich und geht dort einer Erwerbstätigkeit nach. Bisher hat der Arbeitgeber dem Kl. seinen monatlichen Lohn ausgezahlt, wovon dieser dann den nach deutschem Recht pfändbaren Betrag an den Bekl. abführt. Der Bekl. forderte den Arbeitgeber des Kl. auf, den pfändbaren Einkommensanteil schuldbefreiend ausschließlich an ihn zu leisten. Zudem wies der Bekl. darauf hin, dass die österreichische Pfändungstabelle Anwendung finde. Mit seiner Klage begehrt der Kl. die Fest-

---

[7] IPrspr. 2001 Nr. 212.

stellung, dass sich die Berechnung der pfändbaren Beträge im Rahmen des Restschuldbefreiungsverfahrens nach deutschem Recht richtet.

Aus den Gründen:

„II. Die Klage ist auch begründet.

1. ... 2. Zur Berechnung der pfändbaren Beträge findet das deutsche Recht Anwendung.

a) Der Anwendungsbereich der EuInsVO ist nach Art. 1 I, 2 lit. a i.V.m. Anh. A EuInsVO eröffnet.

aa) Im Anh. A der EuInsVO ist das Insolvenzverfahren aufgeführt. Zwar ist das Insolvenzverfahren an sich nach § 200 InsO aufgehoben, so dass sich die ‚Wohlverhaltensperiode' zur Erlangung der Restschuldbefreiung lediglich dem Insolvenzverfahren anschließt. Da diese Periode jedoch, wenn auch nur vage, durch die Beschränkung der Nachhaftung nach § 201 III InsO in das Insolvenzverfahren bzw. im Hinblick auf Art. 4 II litt. j und k EuInsVO in das europäische Insolvenzrecht eingegliedert ist (s. dazu bspw. MünchKommInsO-*Reinhart*, 2. Aufl., Bd. 3, Art. 4 EuInsVO Rz. 14, *Paulus*, Europäische Insolvenzordnung, 4. Aufl., Art. 4 Rz. 34, HK-InsO-*Kreft-Depré-Eickmann-Stephan*, 6. Aufl., Art. 4 EuInsVO Rz. 11, *Kübler-Prütting-Bork-Kemper*, InsO [Stand: Oktober 2013] Art. 4 EuInsVO Rz. 20), muss jedoch anders entschieden werden. Da die Restschuldbefreiung selbst nahezu unstreitig in der EuInsVO geregelt ist, obwohl diese auch nach dem Insolvenzverfahren erfolgt, kann auch für die Restschuldbefreiungsphase nichts anderes gelten. Auch erscheint dies im Hinblick auf das Vollstreckungsverbot nach § 294 InsO als praktikabel (vgl. auch zum Ganzen *Paulus* aaO Rz. 13).

bb) Auch liegt ein grenzüberschreitender Sachverhalt [insofern] vor, als dass das Insolvenzverfahren in Deutschland eröffnet wurde, der Kl. nun aber in der Wohlverhaltensperiode seinen Wohnsitz nach Österreich verlagert hat und dort arbeitet.

b) Der grundsätzlich nach Art. 4 I EuInsVO vorrangig zu prüfende Art. 10 EuInsVO ist nicht einschlägig. Die Pfändungsfreigrenzen haben nur mittelbare Wirkungen auf das Arbeitsverhältnis, so dass diese Rechtsfrage vom Anwendungsbereich des Art. 10 EuInsVO ausgenommen ist (vgl. dazu *Kübler-Prütting-Bork-Kemper* aaO Art. 10 EuInsVO Rz. 9 sowie MünchKommInsO-*Reinhart* aaO Art. 10 EuInsVO Rz. 17).

c) Gemäß Art. 4 II lit. j EuInsVO richten sich die Pfändungsfreigrenzen nach dem lex fori concursus, mithin dem Insolvenzstatut. Hier handelt es sich um Rechtsfragen im Rahmen des Restschuldbefreiungsverfahrens und damit um die Voraussetzungen und Wirkungen der Beendigung des Verfahrens (vgl. dazu auch MünchKommInsO-*Reinhart* aaO § 335 Rz. 120 sowie *Pannen/Riedemann* in *Paulus* aaO Art. 4 Rz. 63).

Dies ist auch sachgerecht [insofern], als den Erwägungsgründen der EuInsVO grundsätzlich die Maßgeblichkeit eines einzigen Insolvenzrechts entnommen werden kann (vgl. auch *Paulus* aaO Einl. Rz. 25). Unerheblich muss demnach sein, dass der Kl. hier im Einzelfall einen Vorteil daraus zieht, dass die Pfändungsfreigrenzen in Deutschland höher sind als in Österreich (so auch insgesamt andeutungsweise *Hergenröder*, ZVI 2005, 233, 245), [da] der umgekehrte Fall, nämlich höherer Pfändungsfreibeträge im Ausland, genau so denkbar ist. Entsprechend hat bereits der BGH in seiner Entscheidung vom 5.6.2012 – IX ZB 31/10 im Rahmen eines eröffneten Insolvenzverfahrens entschieden, wonach auch etwaige höhere Lebenshaltungskosten im Ausland unbeachtlich sind.

Dass das AG Passau in einem ähnlichen Verfahren anders entschieden hat, steht nicht entgegen. Eine gefestigte Rspr. zu dieser Problematik ist nicht vorhanden. So hat das AG Deggendorf bspw. einen vergleichbaren Fall genau so entschieden (vgl. Beschl. vom 14.2.2007 – 1 IK 255/03, BeckRS 2007, 09595).

Auch wird der ausländische Arbeitgeber als Drittschuldner nicht durch die Anwendung der deutschen Pfändungstabelle überfordert, [da] ihm dadurch entgegengekommen werden kann, dass das Insolvenzgericht oder der Treuhänder die Höhe des pfändbaren Teils ausrechnet, beziffert und ggf. festsetzt (vgl. LG Traunstein, Beschl. vom 3.2.2009 – 4 T 263/09[1] sowie auch *Mankowski*, NZI 2009, 785, 788).

Demnach findet das Recht des Staats der Verfahrenseröffnung Anwendung und damit deutsches Recht."

278. *Der Beschluss eines europäischen mitgliedsstaatlichen (hier: slowakischen) Gerichts über die Eröffnung des Insolvenzverfahrens entfaltet in Deutschland gemäß Art. 16 f. EuInsVO Anerkennungswirkung. Sofern das slowakische Gericht seine internationale Zuständigkeit gemäß Art. 3 I EuInsVO angenommen hat, erfolgt eine automatische Anerkennung in den anderen Mitgliedstaaten der Europäischen Union. [LS der Redaktion]*

LG Mosbach, Beschl. vom 17.1.2014 – 5 T 62/13: ZInsO 2015, 316.

Die Beschwf. begehrte mit ihrem Antrag beim AG die Eröffnung eines Insolvenzverfahrens über das Vermögen des Schuldners. Das AG als Insolvenzgericht wies diesen Antrag jedoch als unzulässig zurück. Da der Schuldner bereits zuvor in der Slowakei die Eröffnung eines Insolvenzverfahrens beantragt habe und dieses beim dortigen Bezirksgericht eröffnet worden sei, fehle dem AG die Zuständigkeit. Ein Verstoß gegen den ordre public, der ausnahmsweise die Nichtanerkennung des slowakischen Insolvenzverfahrens gemäß Art. 26 EuInsVO ermöglichen könnte, liege nicht vor.

Das AG half der sofortigen Beschwerde nicht ab und legte die Akten dem LG zur Entscheidung vor.

Aus den Gründen:

„II. Die gemäß §§ 34, 6 InsO, 567 ff. ZPO statthafte und im Übrigen zulässige sofortige Beschwerde der [Beschwf.] ist jedoch unbegründet. Das AG hat den Antrag auf Eröffnung des Insolvenzverfahrens zu Recht als unzulässig zurückgewiesen, es fehlt nämlich die Zuständigkeit des AG zur Eröffnung des Insolvenzverfahrens gemäß Art. 3 I, 16 EuInsVO ...

Das Insolvenzgericht ist zu Recht von einer Anerkennungswirkung des slowakischen Eröffnungsbeschlusses gemäß Art. 16, 17 EuInsVO ausgegangen. Durch die Annahme seiner internationalen Zuständigkeit gemäß Art. 3 I EuInsVO und der unstreitigen Wirksamkeit der Entscheidungseröffnung kommt es zu einer automatischen Ipse-iure-Anerkennung in anderen Mitgliedstaaten.

Daran ändert auch der am AG vorher anhängige und später zurückgenommene Insolvenzantrag des Finanzamts nichts. Eine Prioritätswirkung dieses kurzeitig anhängigen Verfahrens könnte nur angenommen werden, wenn es gemäß Art. 16 I EuInsVO bereits als ‚wirksame Eröffnungsentscheidung' anzusehen wäre. Der Begriff der Eröffnung ist autonom auszulegen (*Ahrens-Gehrlein-Ringstmeier-Flöther/Wehner*, Fachanwalts-Kommentar Insolvenzrecht, 2. Aufl. [2014], Anh.

---

[1] IPRspr. 2009 Nr. 304.

1 Art. 16 EuInsVO Rz. 6). Nach der Eurofood-Entscheidung des EuGH (Urt. vom 2.5.2006 – Eurofood IFSC Ltd., Rs C-341/04, Slg. 2006 I-3813) ist ein Insolvenzverfahren deshalb bereits dann im Sinne der EuInsVO eröffnet, wenn und sobald der Schuldner hinsichtlich der zu seinem Vermögen zählenden Vermögensgegenstände in seiner Verfügungsmacht durch Anordnung oder Beschluss des Insolvenzgerichts beschränkt wird. Ein solcher Vermögensbeschlag ist aber durch den später zurückgenommen Insolvenzantrag gerade nicht erfolgt.

Auch liegt kein die Anerkennungswirkung des Art. 16, 17 EuInsVO durchbrechender Verstoß gegen den ordre public der Bundesrepublik Deutschland gemäß Art. 26 EuInsVO vor. Ein Verstoß gegen den ordre public lässt sich insbesondere nicht auf Verstöße gegen die Zuständigkeitsregelung des Art. 3 EuInsVO stützen. Dies ergibt sich unmittelbar aus dem Erwgr. Nr. 22 der VO. So ist im Rahmen des Art. 16 EuInsVO die Entscheidungszuständigkeit des eröffnenden Gerichts nicht zu überprüfen. Insoweit wird dem Art. 16 I als Kernstück der EuInsVO Rechnung getragen, die automatische Anerkennung ohne inhaltliche Überprüfungskompetenz der Zuständigkeit ist Ausdruck des zwischen den Mitgliedstaaten bestehenden Grundsatzes des Gemeinschaftsvertrauens (*Wimmer-Wenner/Schuster*, Frankfurter Kommentar zur Insolvenzordnung, 6. Aufl., Anh. 1 Art. 16 Rz. 1, 7; *Pannen-Riedemann*, Europäische Insolvenzordnung, 2007, Art. 16 EuInsVO Rz. 15; EuGH Eurofood aaO). Dem Grundsatz des gegenseitigen Vertrauens liegt zugrunde, dass das Gericht eines Mitgliedstaats, bei dem ein Antrag auf Eröffnung eines Hauptinsolvenzverfahrens anhängig gemacht wird, seine Zuständigkeit im Hinblick auf Art. 3 I EuInsVO überprüft. Würde den anderen Mitgliedstaaten ein Instrument der zweitstaatlichen Überprüfungsmöglichkeit zugesprochen, so stünde das im Widerspruch zum Willen des Verordnungsgebers, durch das schon aus der Entstehungsgeschichte der Verordnung ableitbare Prioritätsprinzip Rechtssicherheit zu schaffen (*Pannen-Riedemann* aaO). Daher hat das AG richtigerweise nur geprüft, ob das Eröffnungsgericht seine internationale Zuständigkeit auf Art. 3 I gestützt hat und nicht, ob diese auch dem Grunde nach überhaupt gegeben war.

Die von der Beschwf. vertretene Ansicht, dass eine rechtsmissbräuchlich erschlichene Zuständigkeit des eröffnenden Gerichts (LG Köln, Urt. vom 14.10.2011 – 82 O 15/08[1] und AG Göttingen, Beschl. vom 10.12.2012 – 74 IN 28/12[2]; Münch-Komm-*Kindler*, 6. Aufl., Art. 26 EuInsVO Rz. 12) einen nach Art. 26 EuInsVO zu berücksichtigten Ordre-public-Verstoß darstellen würde, geht ebenso fehl, wird durch diese Argumentation doch wieder eine zweite mitgliedstaatliche Zuständigkeitsüberprüfung geschaffen, somit der der EuInsVO inhärente gemeinschaftliche Vertrauensgrundsatz mit Füßen getreten und die Bindungswirkung des Art. 16 I systemwidrig ausgehöhlt. Grundsätzlich ist in solchen Fällen davon auszugehen, dass das in jedem Mitgliedstaat eingerichtete Rechtsbehelfssystem, ergänzt durch das Vorabentscheidungsverfahren, eine ausreichende Garantie dafür bietet, die fehlende internationale Zuständigkeit selbst im Wege eines Rechtsmittels geltend zu machen. Daher ist es in erster Linie Sache des slowakischen Gerichts, auf Vorbringen von Gläubigern zu überprüfen, ob seine Eröffnungsentscheidung zu Unrecht ergangen und zu korrigieren ist. Selbst wenn das slowakische Gericht die Voraussetzungen seiner Zuständigkeit nur unzureichend geprüft haben sollte, hat dies nicht zur Folge,

---

[1] IPRspr. 2011 Nr. 329.   [2] IPRspr. 2012 Nr. 329.

dass die Anerkennung der Insolvenzeröffnung mit Grundprinzipien der deutschen Rechtsordnung offensichtlich unvereinbar wäre. Die Regelungen der EuInsVO gehen davon aus, dass die Eröffnung der von ihr erfassten Gesamtverfahren in den Mitgliedstaaten grundsätzlich gleichwertig ist. Es liegt dann nicht anders, als wenn ein anderes inländisches Gericht seine Zuständigkeit zu Unrecht bejaht oder verneint hätte. So sind aber auch fehlerhafte Verweisungsentscheidungen nach § 281 ZPO bis zur Grenze der Willkür hinzunehmen (Vgl. dazu OLG Nürnberg, NJW 2012, 862[3]; OLG Brandenburg, Urt. vom 25. 5. 2011 – 13 U 100/07[4]).

Soweit die Beschwf. im Rahmen ihrer Beschwerde erstmals hilfsweise einen Antrag auf Eröffnung eines Sekundarinsolvenzverfahrens gestellt hat, muss hierüber das AG zunächst entscheiden. Dieser Antrag wurde durch das AG bei seiner Entscheidung naturgemäß nicht berücksichtigt. Allerdings hat [die Beschwf.] nicht hinreichend substanziiert vortragen, dass noch unbeschlagene Vermögensgüter in der Bundesrepublik Deutschland vorhanden sein sollen (Art. 27 EuInsVO)."

279. *Das nach italienischem Insolvenzrecht vor der Insolvenzeröffnung liegende freiwillige Vergleichsverfahren (concordato preventivo) gilt nach Art. 2 lit. a in Verbindung mit Anhang A EuInsVO grundsätzlich als Insolvenzverfahren im Sinne des Art. 1 I EuInsVO. Allerdings führt dieses Vergleichsverfahren nicht dazu, dass das Insolvenzverfahren im Sinne von § 240 ZPO formell eröffnet wurde; ein in Deutschland anhängiges Verfahren ist nicht unterbrochen. [LS der Redaktion]*

BPatG, Urt. vom 27.2.2014 – 7 Ni 1/14 (EP): Unveröffentlicht.

Die Bekl. ist eingetragene Inhaberin des auch mit Wirkung für die Bundesrepublik Deutschland erteilten EP 1 523 598 (Streitpatent), das unter Inanspruchnahme der Priorität der internationalen Anmeldung angemeldet worden ist. Mit ihrer Klage machen die Kl. die Nichtigkeitsgründe der fehlenden Patentfähigkeit und unzureichenden Offenbarung geltend. Durch Beschluss ist in Italien bzgl. der Kl. zu 1), der A. S.p.A., das Concordato-preventivo-Verfahren eröffnet worden. Die Bekl. sieht hierdurch das Nichtigkeitsverfahren gemäß § 240 ZPO als unterbrochen an; die Kl. treten dem entgegen.

Aus den Gründen:

„I. 1. Dass für die Kl. zu 1) in Italien ein Concordato-preventivo-Verfahren anhängig ist, steht einer Sachentscheidung nicht entgegen. Denn der Rechtsstreit ist hierdurch nicht gemäß §§ 99 I PatG, 240 ZPO i.V.m. Art. 15 EuInsVO unterbrochen.

a) Grundsätzlich ist zwar die Eröffnung des Insolvenzverfahrens über das Vermögen des Nichtigkeitsklägers geeignet, das Nichtigkeitsverfahren jedenfalls dann zu unterbrechen, wenn dieser Gewerbetreibender ist und die Nichtigkeitsklage mit Rücksicht auf den Gewerbebetrieb erhoben wurde (vgl. BGH, GRUR 1995, 394 [Aufreißdeckel]). Letzteres ist hier angesichts der vorgetragenen Streitigkeiten zwischen den Parteien über das Streitpatent, wenn auch bislang nur bzgl. des italienischen Teil des Streitpatents, ohne weiteres anzunehmen. Die Einleitung des Concordato-preventivo-Verfahrens führt jedoch nicht wie die Eröffnung eines inländischen Insolvenzverfahrens zur Unterbrechung nach § 240 ZPO (a.A.: BPatG, Urt. vom 10.7.2013 – 4 Ni 8/11 [EP][1], GRUR 2014, 104 [LS]).

---

[3] IPRspr. 2011 Nr. 332.
[4] IPRspr. 2011 Nr. 321.

[1] IPRspr. 2013 Nr. 295.

Das nach italienischem Insolvenzrecht vor der Insolvenzeröffnung liegende freiwillige Vergleichsverfahren (*concordato preventivo*) über das Vermögen der Kl. zu 1) gilt nach Art. 2 lit. a i.V.m. Anhang A EuInsVO grundsätzlich als Insolvenzverfahren im Sinne von Art. 1 I EuInsVO. Art. 15 EuInsVO sieht aber vor, dass für die Wirkungen des Insolvenzverfahrens auf einen anhängigen Rechtsstreit über einen Gegenstand oder ein Recht der Masse ausschließlich das Recht des Mitgliedstaats gilt, in dem der Rechtsstreit anhängig ist. Hierbei handelt es sich um eine Sachnormverweisung auf das Recht der lex fori processus. Gemäß Art. 15 EuInsVO ist daher die Wirkung ausländischer Insolvenzverfahren auf anhängige Rechtstreitigkeiten nach § 240 ZPO zu bestimmen.

Eine Verfahrensunterbrechung tritt nach § 240 ZPO aber nur dann ein, wenn das Insolvenzverfahren durch einen formellen Eröffnungsbeschluss eröffnet wurde (§ 240 Satz 1 ZPO) oder (im Insolvenzeröffnungsverfahren) bereits die Verwaltungs- und Verfügungsbefugnis auf den vorläufigen Insolvenzverwalter übergegangen ist (§ 240 Satz 2 ZPO). Denn § 240 ZPO soll dem Wechsel der Prozessführungsbefugnis Rechnung tragen, wenn mit der Eröffnung des Insolvenzverfahrens die Verwaltungs- und Verfügungsbefugnis des Schuldners auf den Insolvenzverwalter übergeht, damit Letzterer ausreichend Bedenkzeit hat, über die Fortführung des Prozesses zu entscheiden. Sieht das ausländische Insolvenzrecht daher lediglich einen Zustimmungsvorbehalt zugunsten des vorläufigen Verwalters vor, so liegt zwar eine Verfahrenseröffnung nach der EuInsVO vor. Das in Deutschland anhängige Verfahren wird jedoch gemäß dem anwendbaren § 240 ZPO erst unterbrochen, wenn auch die Verfügungsbefugnis auf den vorläufigen Insolvenzverwalter übergegangen ist oder das Insolvenzverfahren durch formellen Eröffnungsbeschluss eröffnet wurde (vgl. OLG München, NJW-RR 2013, 314 f.[2]; MünchKommInsO-*Reinhart*, 2. Aufl. [2008], Art. 15 EuInsVO Rz. 13). Solange der Schuldner die Verfügungsbefugnis behält oder das Insolvenzverfahren noch nicht formell eröffnet wurde, findet keine Verfahrensunterbrechung statt. So liegt der Fall hier.

Das *concordato preventivo* (Art. 160–186 des Legge fallimentare [Regio Decreto 16.3. 1942, n° 267] – Konkursgesetz) ist ein ‚präventives' Verfahren, mit dem die Insolvenz abgewendet werden soll. In diesem Vergleichsverfahren schlägt der Schuldner seinen Gläubigern einen Umschuldungsplan vor, der vom Gericht am Sitz des Unternehmens geprüft wird. Das Gericht kann das Vergleichsverfahren zulassen oder den Antrag abweisen und das Konkurs- bzw. Insolvenzverfahren eröffnen. Wird das Vergleichsverfahren zugelassen, darf der Schuldner weiter über das Vermögen des Unternehmens verfügen und die Geschäfte weiter führen (Art. 167 I Legge fallimentare; http://ec.europa.eu/civiljustice/bankruptcy/bankruptcy_ita_de.htm; s. auch BPatG, Urt. vom 10.7.2013 aaO). Dieses Verfahren entspricht strukturell dem früheren deutschen Konkurs abwendenden Vergleichsverfahren (*Smid*, DZWIR 2003, 57 ff.). Wegen seines präventiven Charakters und des Fehlens eines eröffneten Insolvenzverfahrens kann das *concordato preventivo* weder mit einem eröffneten inländischen Insolvenzverfahren mit Eigenverwaltung des Schuldners gleichgesetzt werden, das nach höchstrichterlicher Rspr. die Unterbrechungswirkung des § 240 ZPO nach sich zieht (vgl. BGH, GRUR 2010, 861, Rz. 13 [Schnellverschlusskappe][3]; NJW-RR 2007, 629), noch entspricht es dem auf Antrag des Schuldners for-

---

[2] IPRspr. 2012 Nr. 319.   [3] IPRspr. 2009 Nr. 312.

mell eröffneten Insolvenzverfahren nach Chapter 11 des US-amerikanischen Bankruptcy Code (BGH GRUR 2010, 861 ff. [Schnellverschlusskappe]).

Da die Kl. zu 1) nach italienischem Recht ihre Verfügungsbefugnis nicht verloren hat und das Insolvenzverfahren noch nicht formell eröffnet wurde, ist das Verfahren auch nicht gemäß § 240 ZPO unterbrochen.

b) Aber selbst wenn der Rechtsansicht des 4. Nichtigkeitssenats des BPatG zu folgen wäre, die von einer Verfahrensunterbrechung durch das *concordato preventivo* ausgeht (BPatG, Urt. vom 10.7.2013 aaO), hätte die Kl. zu 1) das unterbrochene Verfahren durch ihre Erklärung auf Seite 4 des Schriftsatzes vom 5.7.2013 wirksam aufgenommen. Wer zur Aufnahme des Rechtsstreits befugt ist, richtet sich nach Art. 15 EuInsVO ebenfalls nach der lex fori und damit nach den für das Insolvenzverfahren geltenden Vorschriften (vgl. BGH, GRUR 2013, 862, Rz. 6 [Aufnahme des Patentnichtigkeitsverfahrens][4]), hier nach § 85 InsO. In Fällen, in denen der Schuldner die Verfügungs- und damit auch die Prozessführungsbefugnis über die Insolvenzmasse behält, ist dieser und nicht der Sachwalter zur Aufnahme befugt (vgl. für den Fall der Eigenverwaltung MünchKommInsO-*Schumacher* aaO [3. Aufl.], § 85 Rz. 12). Da die Kl. zu 1) ihre Verwaltungs- und Verfügungsbefugnis nicht verloren hat und das Insolvenzverfahren noch nicht formell eröffnet wurde, war sie an der Erklärung der Aufnahme des Aktivprozesses somit nicht gehindert."

280. *Aus dem Umstand, dass das Restrukturierungsverfahren gemäß Chapter 11 US Bankruptcy Code nach § 343 I InsO als Insolvenzverfahren anzuerkennen ist, ist dem Schuldner über §§ 335 bis 352 InsO die Möglichkeit eröffnet, beim Ausspruch von Kündigungen mit der kürzeren Kündigungsfrist des § 113 InsO statt mit längeren arbeitsvertraglichen Kündigungsfristen zu kündigen.*

Hessisches LAG, Urt. vom 5.3.2014 – 12 Sa 265/13: NZI 2014, 917; ZInsO 2015, 404. Leitsatz in: ZIP 2014, 2363; EWiR 2015, 27 mit Anm. *Schöne*.

[Das nachgehende Urteil des BAG – 6 AZR 492/14 – wird voraussichtlich im Band IPRspr. 2015 abgedruckt.]

Die Parteien streiten um die Wirksamkeit einer ordentlichen Kündigung. Die Kl. war auf der Grundlage eines Anstellungsvertrags bei der Schuldnerin, einer Rechtsanwaltskanzlei mit Sitz in New York (USA), in deren deutscher Niederlassung in Frankfurt/Main als Rechtsanwältin beschäftigt. Auf Antrag der Schuldnerin führt die Bekl. ein Restrukturierungsverfahren nach Chapter 11 US Bankruptcy Code durch. Das Abwicklungskomitee der Schuldnerin setzte Herrn B zum Chief Restructuring Officer ein und stattete ihn mit der Befugnis zur Vornahme sämtlicher im Zusammenhang mit dem Chapter-11-Verfahren erforderlicher Willenserklärungen aus. Das AG Frankfurt setzte den Rechtsanwalt Dr. A. K. als Insolvenzverwalter über das Inlandsvermögen der Schuldnerin (Sekundärinsolvenz) ein. Nach Rechtskraft des einen Insolvenzplan bestätigenden Beschlusses hob das AG Frankfurt das Sekundärinsolvenzverfahren auf. Die Bekl. ist die Rechtsnachfolgerin der Schuldnerin. Die Schuldnerin kündigte das Arbeitsverhältnis mit der Kl. wegen Schließung der Niederlassung in Frankfurt/Main. Die Kl. reichte Klage[n] beim ArbG ein. Das ArbG hat mit Teilanerkenntnis- und Schlussurteil vom 9.1.2013 – 2 Ca 4739/12 – u.a. die von der Bekl. anerkannte Unwirksamkeit der Kündigung vom 20.6.2012 festgestellt und hinsichtlich der Kündigung vom 31.7.2012 zum 31.10.2012 die Klage abgewiesen; hiergegen wendet sich die Kl. mit ihrer Berufung.

Aus den Gründen:

„1. ... 2. Die Schuldnerin konnte die Kündigung unter Anwendung der Höchstkündigungsfrist des § 113 InsO – anstelle der vertraglichen Kündigungsfrist – wirksam zum 31.10.2012 aussprechen.

---

[4] IPRspr. 2013 Nr. 290 (LS).

Nach der Rspr. des BAG (Urt. vom 27.2.2007 – 3 AZR 618/06[1], DB 2007, 2543) ist das Restrukturierungsverfahren nach Chapter 11 US Bankruptcy Code, dem das Insolvenzplanverfahren nach §§ 217 ff. InsO nachgebildet ist, nach §§ 343 I InsO als Insolvenzverfahren anzuerkennen, obwohl es die Verfügungsgewalt nicht einem Verwalter überträgt.

Die Anerkennung führt zur Anwendung der §§ 335 bis 352 InsO. Die Eröffnung ausländischer Insolvenzverfahren, bei denen der Mittelpunkt der hauptsächlichen Interessen des Schuldners nicht in der EG liegt (Drittstaaten), richtet sich nicht nach der EuInsVO. Seit Inkrafttreten der §§ 335 bis 358 InsO am 20.3.2003 gelten die EuInsVO und das in §§ 335 bis 358 InsO geregelte autonome Internationale Insolvenzrecht nebeneinander (Vgl. Nr. 14 der Begründung des RegE eines Gesetzes zur Neuregelung des Internationalen Insolvenzrechts, BT-Drucks. 15/16 S. 13).

§§ 335 bis 358 InsO sind in Umsetzung der EuInsVO (ABl. Nr. L 160/14 vom 30.6.2000) in die InsO eingefügt worden. Der EuInsVO und nunmehr der InsO liegt das Prinzip der Universalität zugrunde, d.h., das in einem Mitgliedstaat eröffnete Insolvenzverfahren entfaltet universale Wirkung, indem es das gesamte Vermögen des Schuldners ungeachtet seiner Belegenheit erfasst. Im Falle der Insolvenz richten sich das Verfahren und seine Wirkungen grundsätzlich nach dem Recht des Staats, in dem das Verfahren eröffnet worden ist, der lex fori concursus (§ 335 InsO). Eine von § 335 InsO abweichende Sonderanknüpfung ist in § 337 InsO für Arbeitsverhältnisse vorgesehen. Danach unterliegen die Wirkungen des Insolvenzverfahrens auf das Arbeitsverhältnis dem Recht, das nach Art. 8 Rom-I-VO (früher: EGBGB), für das Arbeitsverhältnis maßgeblich ist. Ist deutsches Arbeitsrecht anwendbar, gelten damit auch die Regeln des deutschen kollektiven Arbeitsrechts und die §§ 113, 120 ff. InsO (vgl *Weigand*, Gemeinschaftskommentar zum Kündigungsschutzgesetz und zu sonstigen kündigungsschutzrechtlichen Vorschriften, 7. Aufl., §§ 113, 120-124 InsO Rz. 7a m.w.N.; FK-InsO-*Wenner/Schuster*, 6. Aufl., § 337 Rz. 4; BAG, Urt. vom 25.4.2013 – 6 AZR 49/12[2]).

Nach Art. 8 II Rom-I-VO unterliegt das Arbeitsverhältnis der Parteien offensichtlich deutschem Arbeitsrecht, da die Parteien keine Rechtswahl getroffen haben, die Kl. ihre Tätigkeit aber ausschließlich in der Niederlassung in Frankfurt/Main verrichtet hat."

281. *Die Gerichte des Mitgliedstaats, in dessen Gebiet ein Insolvenzverfahren eröffnet worden ist, sind auch dann für eine Insolvenzanfechtungsklage gegen einen Anfechtungsgegner zuständig, wenn dieser seinen Wohnsitz nicht im Gebiet eines Mitgliedstaats hat.*

BGH, Versäumnisurt. vom 27.3.2014 – IX ZR 2/12: NJW-RR 2014, 1137; RIW 2014, 452; WM 2014, 1094; MDR 2014, 796; ZIP 2014, 1132; DB 2014, 1315; DZWIR 2014, 505; NZG 2014, 1111; NZI 2014, 672; ZInsO 2014, 1176. Leitsatz in: BB 2014, 1409; GWR 2014, 288 mit Anm. *Wolfer.*

Der Kl. ist Verwalter in einem 2007 eröffneten Insolvenzverfahren über das Vermögen der in Deutschland wohnhaften A. Z. (Schuldnerin). Die Bekl., die Stiefmutter der Schuldnerin, ist Schweizer Staatsangehörige und lebt in der Schweiz. Der Kl. nimmt sie im Wege der Insolvenzanfechtung auf Rückgewähr eines Betrags von ... € nebst Zinsen in Anspruch. Die Klage ist in den Vorinstanzen wegen fehlender internationaler

---

[1] IPRspr. 2007 Nr. 45.
[2] IPRspr. 2013 Nr. 291.

Zuständigkeit der deutschen Gerichte als unzulässig abgewiesen worden. Mit seiner vom Berufungsgericht zugelassenen Revision verfolgt der Kl. den Anfechtungsanspruch weiter.

Der Senat hat dem EuGH gemäß Art. 267 AEUV (Beschl. vom 21.6.2012 – IX ZR 2/12 = IPRspr. 2012 Nr. 308b) zur Vorabentscheidung die Frage vorgelegt, ob die Gerichte des Mitgliedstaats, in dessen Gebiet das Insolvenzverfahren über das Vermögen des Schuldners eröffnet wurde, für eine Insolvenzanfechtungsklage gegen einen Anfechtungsgegner zuständig sein, der seinen Wohnsitz oder satzungsmäßigen Sitz nicht im Gebiet eines Mitgliedstaats habe. Der Senat bezieht sich im Folgenden auf diese Vorabentscheidung.

Aus den Gründen:

„II. Diese Ausführungen [des Berufungsgerichts; s. IPRspr. 2012 Nr. 308a] halten einer rechtlichen Überprüfung in einem wesentlichen Punkt nicht stand.

1. Nach Art. 3 I 1 EuInsVO sind die Gerichte desjenigen Mitgliedstaats für die Eröffnung des Insolvenzverfahrens zuständig, in dessen Gebiet der Schuldner den Mittelpunkt seiner hauptsächlichen Interessen hat. Diese Bestimmung ist dahingehend auszulegen, dass die Gerichte des Mitgliedstaats, in dessen Gebiet das Insolvenzverfahren eröffnet worden ist, für eine Insolvenzanfechtungsklage gegen einen Anfechtungsgegner zuständig sind, der seinen Wohnsitz oder satzungsmäßigen Sitz in einem anderen Mitgliedstaat hat. Eine Insolvenzanfechtungsklage gehört zu denjenigen Klagen, die unmittelbar aus dem Insolvenzverfahren hervorgehen und mit ihm in einem engen Zusammenhang stehen; sie fällt deshalb als Annexverfahren ebenfalls in den Anwendungsbereich des Art. 3 I EuInsVO (EuGH, Urt. vom 12.2.2009 – Christopher Seagon ./. Deko Marty Belgium N.V., Rs C-339/07, Slg. 2009 I-00767, NZI 2009, 199; BGH, Urt. vom 19.5.2009 – IX ZR 39/06[1], NZI 2009, 532 Rz. 6 f; Beschl. vom 21.6.2012 aaO WM 2012, 1449 Rz. 3). Davon ist auch das Berufungsgericht ausgegangen.

2. Die Bekl. wohnt nicht in einem Mitgliedstaat, sondern in einem Drittstaat, nämlich in der Schweiz. Gleichwohl sind die deutschen Gerichte für die Insolvenzanfechtungsklage gegen sie zuständig. Auf die Vorlage des Senats gemäß Beschluss vom 21.6.2012 (aaO) hat der EuGH mit Urt. vom 16.1.2014 (Ralph Schmid ./. Lilly Hertel, Rs C-328/12, NZI 2014, 134) entschieden, dass Art. 3 I EuInsVO dahin auszulegen ist, dass die Gerichte des Mitgliedstaats, in dessen Gebiet das Insolvenzverfahren eröffnet worden ist, auch für eine Insolvenzanfechtungsklage gegen einen Anfechtungsgegner zuständig sind, der seinen Wohnsitz nicht im Gebiet eines Mitgliedstaats hat. An dieses Auslegungsergebnis ist der Senat gebunden.

3. Örtlich zuständig ist gemäß §§ 19a ZPO, 3 InsO, Art. 102 §1 EGInsO das Gericht am Sitz des Insolvenzgerichts (vgl. BGH, Urt. vom 19.5.2009 aaO Rz. 21 ff.). Die Überlegungen, welche der Senat hinsichtlich der gegen einen in einem Mitgliedstaat ansässigen Anfechtungsgegner erhobenen Anfechtungsklage angestellt hat, gelten im Fall eines in einem Drittstaat ansässigen Anfechtungsgegners in gleicher Weise. Die sachliche Zuständigkeit richtet sich nach §§ 23, 71 GVG."

282. *Die Wirksamkeit einer vom High Court of Justice in Großbritannien erteilten Restschuldbefreiung in der Bundesrepublik Deutschland beurteilt sich allein nach der EuInsVO.*

Es begründet für sich betrachtet keinen Verstoß gegen den ordre public, wenn ein ausländisches (hier: englisches) Insolvenzverfahren einem EU-Bürger möglicherwei-

---

[1] IPRspr. 2009 Nr. 307.

se eine bessere, insbesondere schnellere Möglichkeit als in Deutschland bietet, eine Restschuldbefreiung zu erlangen.

Soweit eine im Ausland (hier: Großbritannien) erteilte Restschuldbefreiung in der Bundesrepublik Deutschland anzuerkennen ist, richtet sich die Wirkung der Restschuldbefreiung in Deutschland gemäß Art. 4 f. EuInsVO grundsätzlich nach dem Recht des Staats der Verfahrenseröffnung. [LS der Redaktion]

Sächsisches OVG, Beschl. vom 16.5.2014 – 5 A 754/11: Unveröffentlicht.

[Das vorinstanzliche Urteil des VG Leipzig wurde bereits im Band IPRspr. 2011 unter der Nr. 327 abgedruckt.]

Die Kl. begehrt von dem Bekl. als Erschließungsträger die Zahlung von 46 230 € sowie Auskunft über die Schlussrechnungen der erschließenden Gewerke. 2000 schlossen die Beteiligten einen Vertrag über die Erschließung eines Wohngebiets. Nach Eigentumserwerb der vertragsgegenständlichen Flurstücke erfolgte die Erschließung durch den Bekl. 2006 forderte die Kl. den Bekl. auf, einige Nachbesserungen vorzunehmen. Die Ausführung der geforderten Arbeiten lehnte der Bekl. ab. Für den Bau des Gehwegs und das Anlegen der straßenbegleitenden Grünfläche benannte der Bekl. auf Nachfrage der Kl. unverbindliche Fertigstellungstermine (Frühjahr/Sommer 2006). 2007 forderte die Kl. den Bekl. mehrfach vergeblich auf, die Arbeiten auszuführen.
Am 18.1.2008 erhob die Kl. Klage. Unterdessen eröffnete der High Court of Justice auf Antrag des Bekl. als Insolvenzschuldner ein Insolvenzverfahren (*bankruptcy order on a debtor's petition*). Mit Beschluss des High Court of Justice vom 27.2.2009 wurde das Insolvenzverfahren beendet und dem Bekl. eine Restschuldbefreiung erteilt (*certificate of discharge*). Das VG hat die Leistungsklage aufgrund dieser – anzuerkennenden – Restschuldbefreiung abgewiesen. Hiergegen richtet sich die Kl. mit ihrer Berufung.

Aus den Gründen:

„1. ... c) ... aa) Der Vortrag der Kl. ist nicht geeignet, die Wirksamkeit der dem Bekl. am 27.2.2009 vom High Court of Justice in Großbritannien erteilten Restschuldbefreiung in der Bundesrepublik Deutschland in Zweifel zu ziehen. Deren Wirksamkeit in Deutschland beurteilt sich allein nach der EuInsVO, die in der EU allgemeine Geltung hat, in allen ihren Teilen verbindlich ist und unmittelbar in jedem Mitgliedstaat gilt (vgl. Art. 288 II AEUV), mithin auch in der Bundesrepublik Deutschland und insbesondere auch in Großbritannien (vgl. den 32. Erwgr. zur EuInsVO). In ihrem Anwendungsbereich, in den gemäß Art. 2 lit. a EuInsVO auch das im Anhang A zur EuInsVO aufgeführte britische Bankruptcy-Verfahren fällt, in dem die Restschuldbefreiung hier ausweislich der vorgelegten Bescheinigung des High Court of Justice vom 27.2.2009 erteilt wurde, verdrängt sie deshalb das deutsche Internationale Insolvenzrecht (vgl. den 23. Erwgr. zur EuInsVO). Eines Rückgriffs auf die §§ 335, 343 InsO, auf die das VG abgestellt hat, bedarf es deshalb vorliegend nicht.

Der Beschluss des High Court of Justice vom 20.5.2008 über die Eröffnung des Insolvenzverfahrens (*bankruptcy order*) ist in Deutschland vielmehr gemäß Art. 16 I 1 EuInsVO anzuerkennen. Danach wird die Eröffnung eines Insolvenzverfahrens durch ein nach Art. 3 EuInsVO zuständiges Gericht eines Mitgliedstaats in allen übrigen Mitgliedstaaten anerkannt, sobald die Entscheidung im Staat der Verfahrenseröffnung wirksam ist. Die dem Bekl. vom High Court of Justice ausgestellte Bescheinigung vom 27.2.2009 über die Restschuldbefreiung (*certificate of discharge*) ist danach ebenfalls anzuerkennen. Denn gemäß Art. 25 I 1 EuInsVO werden die zur Durchführung und Beendigung eines Insolvenzverfahrens ergangenen Entscheidungen eines Gerichts, dessen Eröffnungsentscheidung nach Art. 16 EuInsVO anerkannt wird, ebenfalls ohne weitere Förmlichkeiten anerkannt.

In der Rspr. des EuGH ist zudem geklärt, dass Art. 16 I 1 EuInsVO dahin auszulegen ist, dass das von einem Gericht eines Mitgliedstaats eröffnete Insolvenzverfahren von den Gerichten der übrigen Mitgliedstaaten anzuerkennen ist, ohne dass diese die Zuständigkeit des Gerichts des Eröffnungsstaats überprüfen können (EuGH, Urt. vom 2.5.2006 – Eurofood IFSC Ltd., Rs C-341/04, Rz. 38–44, Tenor Nr. 2). Nachdem der High Court of Justice durch Eröffnung des Insolvenzverfahrens und die Restschuldbefreiung des Bekl. seine Zuständigkeit angenommen und der Bekl. dies mit der vorgelegten Bescheinigung des High Court of Justice vom 27.2.2009 nachgewiesen hatte, war es dem VG deshalb grundsätzlich verwehrt, durch entspr. Beweiserhebungen, insbes. durch Beiziehung der englischen Insolvenzakten, zu prüfen, ob der Bekl. gemäß Art. 3 I 1 EuInsVO in Großbritannien den Mittelpunkt seiner hauptsächlichen Interessen hatte. Das VG musste die vom High Court of Justice für sich gemäß Art. 3 EuInsVO angenommene Zuständigkeit für das Insolvenzverfahren vielmehr anerkennen.

bb) Nach dem Zulassungsvorbringen der Kl. ist auch nicht ernstlich zweifelhaft, dass der ordre public gemäß Art. 26 EuInsVO der Pflicht des VG, die Entscheidung des High Court of Justice über die Restschuldbefreiung in Deutschland anzuerkennen, nicht entgegensteht.

Gemäß Art. 26 EuInsVO kann sich jeder Mitgliedstaat weigern, ein in einem anderen Mitgliedstaat eröffnetes Insolvenzverfahren anzuerkennen, soweit diese Anerkennung zu einem Ergebnis führt, das offensichtlich mit seiner öffentlichen Ordnung, insbes. mit den Grundprinzipien oder den verfassungsmäßig garantierten Rechten und Freiheiten des Einzelnen, unvereinbar ist. Diese Vorschrift kommt jedoch nach der Rspr. des EuGH nur in Ausnahmefällen zur Anwendung, wenn die Anerkennung der in einem Mitgliedstaat erlassenen Entscheidung gegen einen wesentlichen Rechtsgrundsatz verstößt und deshalb in einem nicht hinnehmbaren Gegensatz zur Rechtsordnung des zur Anerkennung verpflichteten Mitgliedstaats steht. Bei dem Verstoß muss es sich um eine offensichtliche Verletzung einer in der Rechtsordnung des zur Anerkennung verpflichteten Mitgliedstaats als wesentlich geltenden Rechtsnorm oder eines dort als grundlegend anerkannten Rechts handeln (EuGH, Eurofood aaO Rz. 62–64; EuGH, Urt. vom 21.1.2010 – MG Probud Gdynia sp. z.o.o., Rs C-444/07, Rz. 34).

Dafür lässt sich dem Zulassungsvorbringen der Kl. nichts entnehmen. Ihr Vorbringen beschränkt sich im Wesentlichen darauf, zu behaupten, der Bekl. habe Insolvenztourismus betrieben und seinen Wohnsitz nicht oder jedenfalls rechtsmissbräuchlich nach Großbritannien verlegt. Dafür gibt es aber keine Anhaltspunkte. Allein die Vorteile, die das englische Insolvenzrecht dem Bekl. möglicherweise bietet, insbes. die Möglichkeit, schneller als in Deutschland eine Restschuldbefreiung zu erlangen, genügen für eine solche Annahme nicht. Der Vortrag des Bekl., bereits 2006 arbeitsbedingt nach England gegangen und 2007 dorthin seinen Wohnsitz verlegt zu haben, ist zumindest schlüssig. Er wird dadurch gestützt, dass sich der Bekl. am 30.8.2007 nachweislich in Deutschland, wenn auch nach ‚unbekannt', abgemeldet hat und seitdem offensichtlich in England wohnt, da ihn die Post unter den dort angegebenen Anschriften jeweils erreicht hat. Dass der Bekl. seine Anschrift in England gewechselt hat, stellt seinen Vortrag nicht in Frage, ebenso wenig der Umstand, dass der Rückschein des internationalen Einschreibens, mit dem ihm das verwaltungsgerichtliche Urteil übersandt wurde, nicht zurückgekommen ist. Denn das Urteil ist ihm, wie er mitgeteilt hat, tatsächlich unter seiner Anschrift in England zugegangen. Auf diesem Wege konnte ihm auch die Ladung zur mündlichen Verhandlung vor dem VG nachweislich übermittelt werden.

Fehlt es danach an konkreten Anhaltspunkten für ein rechtsmissbräuchliches Verhalten des Bekl., musste das VG nicht von sich aus weiter nachforschen, ob die Voraussetzungen gemäß Art. 26 EuInsVO vorliegen, um der Entscheidung des High Court of Justice ausnahmsweise die Anerkennung versagen zu können. Denn die Pflicht zur Anerkennung der vom Gericht des Eröffnungsstaats für sich in Anspruch genommenen Zuständigkeit gemäß Art. 3 EuInsVO stützt sich auf den im 22. Erwgr. zur EuInsVO niedergelegten Grundsatz des gegenseitigen Vertrauens der Mitgliedstaaten, deren Gerichte deshalb grundsätzlich auch darauf vertrauen können, dass das Gericht des Eröffnungsstaats vor Annahme seiner Zuständigkeit die Voraussetzungen des Art. 3 EuInsVO ordnungsgemäß geprüft hat (EuGH, Eurofood aaO Rz. 39–41). Erst Recht kann deshalb ohne gegenteilige Anhaltspunkte das Vorliegen der Voraussetzungen des Art. 26 EuInsVO angesichts des Ausnahmecharakters der Norm nicht bis zum Beweis des Gegenteils unterstellt werden, wie die Kl. meint. Ob bei Anhaltspunkten für einen Rechtsmissbrauch anderes gilt, insbesondere ob dann die vom Gericht des Eröffnungsstaats für sich gemäß Art. 3 EuInsVO in Anspruch genommene Zuständigkeit überhaupt aufgrund von Art. 26 EuInsVO überprüft werden könnte (verneinend: OLG Nürnberg, Beschl. vom 15.12.2011 – 1 U 2/11[1], juris Rz. 11; bejahend: OLG Düsseldorf, Urt. vom 23. 8.2013 – I-22 U 37/13, 22 U 37/13[2], juris Rz. 53 ff.), kann mangels solcher Anhaltspunkte hier dahinstehen.

Soweit das OLG Brandenburg in seinem Zwischenurteil vom 25.5.2011 die Zuständigkeit des Gerichts des Eröffnungsstaats gemäß Art. 3 I EuInsVO überprüft und insoweit bei der Bestimmung des Mittelpunkts des hauptsächlichen Interesses des Schuldners zwischen Unternehmen und Privatpersonen differenziert hat (13 U 100/07[3], juris Rz. 10/11) widerspricht eine solche Prüfung – jedenfalls wenn, wie hier, konkrete Anhaltspunkte für einen Fall des Art. 26 EuInsVO fehlen – der zitierten Rspr. des EuGH und hat daher zu unterbleiben. Inwiefern es in diesem Zusammenhang allerdings darauf ankommen soll, dass der Bekl. in seinem Schriftverkehr als Berater (*consultant*) firmiert, wie die Kl. ausführt, erschließt sich nicht. Die Restschuldbefreiung wurde dem Bekl. vom High Court of Justice als natürliche Person erteilt, und als solche wird er vorliegend von der Kl. auch in Anspruch genommen.

Darauf, ob das verwaltungsgerichtliche Verfahren während des englischen Insolvenzverfahrens gemäß Art. 15 EuInsVO i.V.m. §§ 173 VwGO, 240 ZPO unterbrochen war, kommt es nicht an. Eine solche Unterbrechung wäre mit der Restschuldbefreiung vom 27.2.2009 noch vor der Entscheidung des VG beendet gewesen. Dies gilt unabhängig davon, dass eine Restschuldbefreiung nach englischem Recht in bestimmten Fällen noch nach Beendigung des Insolvenzverfahrens geändert oder widerrufen werden kann (vgl. BFH, Beschl. vom 10.5.2013 – IX B 145/12[4], juris Rz. 2 und 10, mit Verweis auf die auch vom VG zitierte Regelung in s. 375 (1) Insolvency Act 1986).

---

[1] IPRspr. 2011 Nr. 332.
[2] IPRspr. 2013 Nr. 298.
[3] IPRspr. 2011 Nr. 321.
[4] IPRspr. 2013 Nr. 292.

Sofern die Kl. mit ihrem Vortrag, der Bekl. habe ihre Forderung in Höhe von 20 230 € bereits anerkannt und beim englischen Insolvenzgericht angegeben, bestreite ihre Forderung aber im Übrigen, geltend machen will, der Bekl. habe beim englischen Gericht unvollständige Angaben gemacht, ist dies hier ohne Belang. Das VG weist zutreffend darauf hin, dass darüber das zuständige englische Insolvenzgericht entscheiden müsse, sofern derartige Einwände gegen die Restschuldbefreiung vor oder nach ihrer Erteilung erhoben werden. Dabei gilt auch für die Anmeldung, Prüfung und Feststellung der Forderungen der Gläubiger das englische Recht (Art. 4 II lit. h EuInsVO). Zur vollständigen Anmeldung ihrer Forderung im englischen Insolvenzverfahren sowie zur Erhebung nötiger Einwände und Rechtsbehelfe hatte die Kl. zudem schon vor Erteilung der Restschuldbefreiung Gelegenheit (vgl. auch Art. 39 ff. EuInsVO), da der dortige Insolvenzverwalter noch während des englischen Insolvenzverfahrens mit ihr Kontakt aufgenommen hatte, wie dessen vom Bekl. im Zulassungsverfahren vorgelegtes Schreiben an die Kl. vom 8.10.2008 zeigt.

Unterliegt die Entscheidung des VG, dass die dem Bekl. in Großbritannien erteilte Restschuldbefreiung in der Bundesrepublik Deutschland anzuerkennen ist, somit keinen ernstlichen Zweifeln, richten sich deren Wirkungen in Deutschland grundsätzlich nach dem Recht des Staats der Verfahrenseröffnung, hier mithin nach englischem Recht (vgl. Art. 4 ff. EuInsVO). Das Recht des Staats der Verfahrenseröffnung, das englische Recht, regelt danach insbesondere die Wirkungen der Beendigung des Insolvenzverfahrens und die Rechte der Gläubiger nach der Beendigung des Insolvenzverfahrens (Art. 4 II 2 litt. j und k EuInsVO). Die dazu, allerdings auf Grundlage von § 335 InsO, getroffene Feststellung des VG, dass das insofern maßgebliche englische Recht den Schuldner mit der Restschuldbefreiung von allen im Zeitpunkt der Verfahrenseröffnung bestehenden Forderungen befreie, den Bekl. mithin auch von den hier streitigen Forderungen, greift die Kl. mit ihrer Zulassungsbegründung nicht an. Diese Feststellung ist daher vorliegend nicht zu überprüfen (§ 124a IV 4 und V 2 VwGO).

2. Vor diesem Hintergrund ist die Berufung auch nicht wegen besonderer tatsächlicher oder rechtlicher Schwierigkeiten (§ 124 II Nr. 2 VwGO) oder wegen grundsätzlicher Bedeutung der Rechtssache (§ 124 II Nr. 3 VwGO) zuzulassen.

Denn die Kl. macht insofern lediglich geltend, die Rechtssache sei tatsächlich und rechtlich besonders schwierig, weil es um die Anerkennung eines englischen Insolvenzverfahrens in Deutschland gehe, sowie grundsätzlich bedeutsam, weil es diesbezüglich noch keine höchstrichterliche Entscheidung gebe. Dass englische Insolvenzverfahren in Deutschland anerkannt werden müssen und deren Anerkennung nur ausnahmsweise gemäß Art. 26 EuInsVO verweigert werden darf, ergibt sich jedoch unmittelbar aus der EuInsVO. Die Rechtssache ist somit nicht schon allein deshalb tatsächlich oder rechtlich besonders schwierig, weil es um die Anerkennung eines englischen Insolvenzverfahrens in Deutschland geht. Zudem ist – wie dargelegt – durch den EuGH geklärt, dass die Anerkennungspflicht auch die vom Gericht des Eröffnungsstaats für sich angenommene Zuständigkeit umfasst, sowie unter welchen Voraussetzungen der statuierten Anerkennungspflicht ausnahmsweise der ordre public gemäß Art. 26 EuInsVO entgegenstehen kann. Diese Fragen sind somit nicht mehr grundsätzlich bedeutsam, weil eine Vorabentscheidung des EuGH dazu nicht mehr notwendig ist (vgl. zur grunds. Bedeutung von Fragen des Unionsrechts: BVerfG, Beschl. vom 24.10.2011 – 2 BvR 1969/09, juris Rz. 25; BVerwG, Beschl. vom 30.1.1996 – 3 NB 2.94, juris Rz. 31). Weiteren grundsätzlichen Klärungsbedarf oder darüber hinaus gehende Gründe für besondere tatsächliche oder rechtliche Schwierigkeiten der vorliegenden Rechtssache zeigt die Kl. nicht auf."

283. *Der Anwendungsbereich des Art. 3 I EuInsVO ist für die Klage des Insolvenzverwalters einer in einem Mitgliedstaat (hier: Deutschland) ansässigen Gesellschaft gegen deren ehemalige, nunmehr in der Schweiz lebende Geschäftsführerin eröffnet. [LS der Redaktion]*

BGH, Beschl. vom 3.6.2014 – II ZR 34/13: WM 2014, 1766; ZIP 2014, 1986; NZI 2014, 881; ZInsO 2014, 1962. Leitsatz in EWiR 2014, 715 mit Anm. *Cranshaw.*

284. *Notariell beglaubigte Abschriften der Entlastungsbescheinigung (certificate of discharge) des High Court of Justice – Bankruptcy Court – London können im Rahmen des einstweiligen Rechtsschutzverfahrens zu der Frage eines dauerhaften Vollstreckungshindernisses vorgelegt werden. [LS der Redaktion]*

a) VG Regensburg, Beschl. vom 17.6.2014 – RO 4 E 14.898: NZI 2014, 782; ZInsO 2014, 1918.

b) Bayerischer VGH, Beschl. vom 29.8.2014 – 4 CE 14.1502: NZI 2015, 42.

<small>Die ASt. wendet sich gegen die Zwangsvollstreckung aus einem Bescheid der AGg., mit dem sie als Komplementärin der J. KG für die von der KG nicht beglichenen Gewerbesteuern in Anspruch genommen worden war. Nach einem in Großbritannien durchgeführten Insolvenzverfahren sei mit Beschluss des englischen High Court of Justice eine Restschuldbefreiung erteilt worden. Ihren Antrag nach § 123 VwGO, die Zwangsvollstreckung der AGg. aus diesem Haftungsbescheid einstweilen für unzulässig zu erklären, deutete das VG Regensburg in einen Antrag auf Anordnung der aufschiebenden Wirkung des Widerspruchs um und gab dem so ausgelegten Antrag statt. Gegen diesen Beschluss hat die AGg. unter dem 2.7.2014 Beschwerde erhoben.</small>

Aus den Gründen:

a) VG Regensburg 17.6.2014 – RO 4 E 14.898:

„II. ... 4. Der Antrag nach § 80 V VwGO hat in der Sache Erfolg, weil als Folge der Restschuldbefreiung ernsthafte Zweifel an der derzeitigen Rechtmäßigkeit des Haftungsbescheids bestehen ...

Unabhängig von der Frage, auf welche Art und Weise die Restschuldbefreiung der ASt. verfahrensrechtlich geltend zu machen ist, ist materiell-rechtlich festzustellen, dass diese auch in der Bundesrepublik Deutschland wirksam ist.

Der High Court of Justice, Bankruptcy Court, in London bescheinigt mit seinem *certificate of discharge* vom 22.12.2011, dass die ASt. *was discharged from her bankruptcy on 21st October 2011*. Auf Deutsch bedeutet dies, dass die Restschuldbefreiung nach dem in England geltenden Recht (Insolvency Act 1986) mit Wirkung vom 21.10.2011 eingetreten ist. Zweifel an der Echtheit der vorgelegten Bescheinigung bestehen als Folge der notariellen Beglaubigung der Übereinstimmung mit der Urschrift nicht.

Die englische *bankruptcy* ist nach Art. 2 lit. a i.V.m. der Anlage A der EuInsVO ein Insolvenzverfahren im Sinne dieser Verordnung.

Nach Art. 25 I EuInsVO ist die Entscheidung des High Court of Justice, Bankruptcy Court, zur Beendigung des Insolvenzverfahrens im Geltungsbereich der EuIns-

VO anzuerkennen. Diese Anerkennung entspricht auch § 343 II der InsO. Nach Art. 4 I EuInsVO und § 335 InsO richten sich die Wirkungen des Insolvenzverfahrens der ASt. nach englischem Recht. Art. 5 I EuInsVO bestimmt jedoch, dass dingliche Rechte eines Gläubigers an unbeweglichen Gegenständen des Schuldners, die sich zum Zeitpunkt der Eröffnung des Insolvenzverfahrens im Gebiet eines anderen Mitgliedstaats befinden, von der Eröffnung des Insolvenzverfahrens und damit auch von den Wirkungen nach Art. 4 I EuInsVO nicht berührt werden. Das Insolvenzverfahren der ASt. wurde nach Aktenlage am 21.10.2010 in London eröffnet, die Zwangssicherungshypotheken waren in Deutschland bereits am 13.7.2010 eingetragen. Diese Zwangssicherungshypotheken stellen nach Art. 5 II lit. a EuInsVO Rechte im Sinne von Art. 5 I EuInsVO dar, welche folglich von der Restschuldbefreiung der ASt. nicht berührt werden (ebenso s. 281 (2) Insolvency Act 1986).

Im Übrigen wurde die ASt. durch die Restschuldbefreiung nach englischem Recht grundsätzlich von allen Forderungen befreit, denen sie im Zeitpunkt der Eröffnung des Insolvenzverfahrens ausgesetzt war (vgl. s. 281 Insolvency Act 1986, VG Leipzig vom 13.9.2011 – 6 K 86/08[1], juris, Rz 46). Die Forderung aufgrund des Haftungsbescheids vom 12.7.2010 unterfällt nicht den in s. 281 Insolvency Act 1986 genannten Ausnahmen und ist damit mit Eintritt der Wirksamkeit der Restschuldbefreiung erloschen."

b) Bayerischer VGH 29.8.2014 – 4 CE 14.1502:

„II. ... 2. ... Die ASt. hat aber einen Anspruch auf vorläufige Einstellung der Zwangsvollstreckung hinreichend glaubhaft gemacht. Denn die von ihr vorgelegten notariell beglaubigten Abschriften der Entlastungsbescheinigung (*certificate of discharge*) des High Court of Justice – Bankruptcy Court – London vom 22.12.2011 lassen es zumindest im Rahmen des einstweiligen Rechtsschutzverfahrens in ausreichender Weise als wahrscheinlich erscheinen, dass eine Restschuldbefreiung ab dem 21.10.2011 als dauerhaftes Vollstreckungshindernis vorliegt und damit einer – weiteren – Zwangsvollstreckung aus dem Haftungsbescheid vom 12.7.2010 entgegensteht. Ob den vorgelegten Unterlagen diese Rechtswirkung tatsächlich zukommt (ablehnend LG Berlin, Urt. vom 10.1.2013 – 12 O 317/11[1], juris Rz. 28 ff. m.w.N.), wird im Hauptsacheverfahren zu klären sein. Dabei wird, erforderlichenfalls unter Einholung eines Sachverständigengutachtens, der Frage nachzugehen sein, wie das Insolvenzverfahren in England abläuft, welche Forderungen Gegenstand dieses Verfahrens waren und ob der *discharge from her bankruptcy* des High Court of Justice in London vom 21.10.2011 tatsächlich die vollständige Entschuldungswirkung hat, die die ASt. ihm beimessen will.

Eine Restschuldbefreiung (auch durch Beschluss eines ausländischen Insolvenzgerichts) führt zwar entgegen der Auffassung des VG nicht zum Erlöschen der von ihr erfassten Ansprüche, jedoch zu deren Umgestaltung, d.h. zur Entstehung einer sog. unvollkommenen Verbindlichkeit, die weiterhin zwar erfüllbar, aber nicht (weiter) erzwingbar ist (vgl. dazu BGH, Beschl. vom 25.9.2008 – IX ZB 205/06[2], juris Rz. 11 m.w.N., ebenfalls zu einer Erteilung der Restschuldbefreiung durch Beschluss

---

[1] IPRspr. 2011 Nr. 327. [2] IPRspr. 2008 Nr. 230 (LS).
[1] IPRspr. 2013 Nr. 288.

des High Court of Justice in London). Diese Umgestaltung der Forderung bewirkt einen materiell-rechtlichen Einwand, der vorliegend im Rahmen einer (vorbeugenden) Feststellungsklage gemäß § 43 VwGO verfolgt werden kann (s.o.)."

285. *Sind bei einer Partei an einem anderen Ort als ihrem satzungsmäßigen Sitz Vermögenswerte und geschäftliche Tätigkeiten festzustellen und finden sich demgegenüber keinerlei Indizien für wirtschaftliche Aktivitäten an ihrem satzungsmäßigen Sitz, liegt an dem anderen Ort der abweichende Mittelpunkt der wirtschaftlichen Interessen im Sinne von Art. 3 I 1 EuInsVO.*

Das bloße Unterhalten eines Briefkastens stellt keine ausreichende Anknüpfung für die internationale Zuständigkeit dar. [LS der Redaktion]

AG Ludwigshafen, Beschl. vom 4.7.2014 – 3 f IN 260/14 Ft: ZIP 2014, 1746; ZInsO 2014, 1452. Leitsatz in: NJW-Spezial 2014, 695; NZI 2014, 761.

<small>Die Schuldnerin ist als Verwalterin und Vermieterin von in Deutschland belegenen Immobilien tätig. Die Schuldnerin hat einen Antrag auf Anordnung der Eigenverwaltung sowie zur Bestimmung einer Frist zur Vorlage eines Insolvenzplans gestellt.</small>

Aus den Gründen:

„1. Der Antrag auf Eröffnung des Regelinsolvenzverfahrens ist zulässig, insbesondere ist die internationale Zuständigkeit des angerufenen Insolvenzgerichts begründet.

Zwar befindet sich der satzungsmäßige Sitz der Schuldnerin in Luxemburg, nach den bisher getroffenen Feststellungen bestehen aber ausreichende Anhaltspunkte für einen vom satzungsgemäßen Sitz abweichenden Mittelpunkt der wirtschaftlichen Interessen der Schuldnerin im Sinne von Art. 3 I 1 EuInsVO in Deutschland. Nur in Frankenthal, mithin im Bezirk des angerufenen Insolvenzgerichts, sind Vermögenswerte und geschäftliche Tätigkeiten der Schuldnerin feststellbar. Demgegenüber gibt es keinerlei Indizien für wirtschaftliche Aktivitäten der Schuldnerin in Luxemburg. Dort unterhält sie nach eigenen Angaben lediglich einen Briefkasten, was keine ausreichende Anknüpfung für die internationale Zuständigkeit darstellt (vgl. BGH, NZI 2012, 725[1]).

Keine andere Bewertung ergibt sich auch daraus, dass die Geschäftsführung im Sinne der Entscheidung über grundsätzliche Fragen von den USA aus erfolgt, da der Geschäftsführer der Schuldnerin sich dauerhaft in New York aufhält. Der Mittelpunkt der wirtschaftlichen Interessen (im Weiteren: COMI), der auch außerhalb des Anwendungsbereichs der EuInsVO zur Abgrenzung der internationalen Zuständigkeit herangezogen wird, bestimmt sich nämlich nach dem Ort der werbenden Tätigkeit einer Gesellschaft. Zugrunde gelegt wird damit die für Dritte erkennbare Umsetzung der internen Managemententscheidungen. Danach befindet sich der COMI grundsätzlich dort, wo das Unternehmen seine Tätigkeit für Dritte erkennbar ausübt. Ausgangspunkt ist zunächst der Einsatz von Personal, daneben aber auch der Einsatz von Vermögenswerten (vgl. EuGH, Urt. vom 2.5.2006 – Eurofood IFSC Ltd., Rs C-341/04, Slg. 2006, I-3813, NZI 2006, 360).

Dabei verkennt das Gericht nicht, dass die bloße Belegenheit von Immobilienvermögen – isoliert betrachtet – nicht in der Lage ist, einen COMI zu begründen. Im

---

[1] IPRspr. 2012 Nr. 318 (LS).

vorliegenden Fall besteht die Geschäftstätigkeit der Schuldnerin aber alleine darin, in Deutschland belegenes Immobilienvermögen zu vermieten und zu verwalten. Die wesentlichen Entscheidungen über die Geschäftstätigkeit werden zwar durch den Geschäftsführer in den USA getroffen, gleichwohl spielt dies aus der maßgeblichen Sicht der Gläubiger keine Rolle, weil der Aufenthaltsort des Geschäftsführers frei wählbar ist (vgl. MünchKommInsO-*Reinhart*, 2. Aufl. [2008], Art. 3 EuInsVO Rz. 34). Demgegenüber bedient sich die Schuldnerin für das sog. Property Management eines deutschen Dienstleisters, weiterhin eines deutschen Steuerberaters und wird beim Finanzamt Frankenthal steuerlich veranlagt. Auch die vorgelegte Korrespondenz mit der Hauptgläubigerin wird in deutscher Sprache geführt."

286. *Nach Art. 4 II lit. l, I EuInsVO richtet sich die Vergütung des vorläufigen Insolvenzverwalters eines Sekundärinsolvenzverfahrens allein nach dem nationalen Recht des Sekundärinsolvenzverfahrens und betrifft auch nur die diesem Verfahren unterliegende Vermögensmasse.*

Nach den Regelungen der EuInsVO handelt es sich bei Haupt- und Sekundärinsolvenzverfahren um eigenständige Verfahren, in denen die jeweiligen Masseverbindlichkeiten nach dem jeweiligen nationalen Insolvenzrecht reguliert werden. [LS der Redaktion].

LG Aachen, Beschl. vom 17.7.2014 – 6 T 44/14: ZIP 2015, 191; NZI 2014, 830; ZInsO 2014, 2395. Leitsatz in EWiR 2015, 123 mit Anm. *Mankowski*.

Die Schuldnerin ist Eigentümerin eines in A. belegenen Grundstücks, auf dem zugunsten der Gl. eine Gesamtgrundschuld in Höhe von 320 000 € lastet. Das Grundstück ist der einzige Vermögensgegenstand der Schuldnerin. Die Schuldnerin ist eine von 47 Gesellschaften niederländischen Rechts mit Sitz in A., die jeweils Eigentümer eines Gewerbeobjekts sind oder gewesen sind, in denen ein Kaufhaus betrieben worden ist. Über das Vermögen dieser 47 Gesellschaften ist nach niederländischem Recht mit Beschluss der Rechtbank s-Hertogenbosch 2012 ein Hauptinsolvenzverfahren als Gesamtinsolvenzverfahren eröffnet worden. Das Grundstück der Schuldnerin ist von den eingesetzten niederländischen Insolvenzverwaltern nicht in Konkursbeschlag genommen worden.
Nachdem Verhandlungen zwischen der Gl. und den niederländischen Konkursverwaltern über die Verwertung des Grundstücks in A. gescheitert waren, hat sie das Sekundärinsolvenzverfahren beantragt. Hiergegen wendete sich die Schuldnerin, vertreten durch die Insolvenzverwalter. Das AG ordnete zur Sicherung der künftigen Insolvenzmasse und zur Aufklärung des Sachverhalts die Bestellung eines vorläufigen Insolvenzverwalters an und bestellte den weiteren Beteiligten hierzu. 2013 teilte die Gl. mit, sie habe sich mit den niederländischen Insolvenzverwaltern über die Verwertung des Grundstücks in A. außergerichtlich geeinigt; der vorläufige Insolvenzverwalter stellte den Antrag auf Festsetzung seiner Vergütung. Das AG nahm die Insolvenzverwalter nach niederländischem Recht als Kostenschuldner in den Vergütungsbeschluss vom 8.11.2013 auf. Hiergegen wandte sich die Schuldnerin mit ihrer sofortigen Beschwerde. Das AG lehnte die Abhilfe auf die sofortige Beschwerde ab.

Aus den Gründen:

„II. Die sofortige Beschwerde ist gemäß Art. 4 I EuInsVO, §§ 26a III InsO, 567 I, 569 I ZPO statthaft und form- und fristgerecht eingelegt, da die niederländischen Insolvenzverwalter nach dem Rubrum der angefochtenen Entscheidung Kostenschuldner der Vergütung des vorläufigen Insolvenzverwalters sind, somit die Insolvenzmasse des niederländischen Gesamtinsolvenzverfahrens mit diesen Kosten als Masseschulden belastet werden, wodurch eine Beschwer der Beschwf. gegeben ist. Die Beschwerde ist auch fristgerecht eingelegt worden, da die angefochtene Entscheidung den Beschwf. nicht zugestellt, sondern nur zur Kenntnisnahme übersandt worden ist.

Die Beschwerde ist auch begründet, da gemäß Art. 4 II lit. l, 17 I EuInsVO die Vergütung des vorläufigen Insolvenzverwalters eines Sekundärinsolvenzverfahrens sich allein nach dem nationalen Recht des Sekundärinsolvenzverfahrens richtet und auch nur die dem Sekundärinsolvenzverfahren unterliegende Vermögensmasse des Schuldners betrifft. Ob es sich bei der Vergütungsforderung um eine Masseverbindlichkeit des Hauptinsolvenzverfahrens handelt, ist demgegenüber allein nach dem Recht zu beurteilen, dem das Hauptinsolvenzverfahren unterliegt, und deshalb nicht Gegenstand des vorliegenden Beschwerdeverfahrens.

Nach h.M. in der Lit. und den insoweit eindeutigen Regelungen der EuInsVO handelt es sich bei Haupt- und Sekundärinsolvenzverfahren um eigenständige Verfahren, in denen die jeweiligen Masseverbindlichkeiten nach dem jeweiligen nationalen Insolvenzrecht reguliert werden (vgl. nur HmbKommInsO-*Undritz*, 4. Aufl., Art. 27 EuInsVO Rz. 15a m.w.N.). Da selbst der Rang der Forderungen gemäß Art. 4 II lit. i EuInsVO dem nationalen Recht entnommen werden muss, ist es durchaus möglich, dass eine Verbindlichkeit in dem einen Verfahren als Masseverbindlichkeit und in dem anderen Verfahren als einfache Insolvenzforderung zu qualifizieren ist (vgl. *Nerlich-Römermann-Mincke*, InsO, 26. Erg.-Lfg., Art. 4 VO [EG 1346/200] Rz. 21; HmbKommInsO-*Undritz* aaO Art. 4 EuInsVO Rz. 6a; *Beck*, NZI 2007, 1, 2 jew. m.w.N.). Dies entspricht auch der Regelung des Art. 17 I EuInsVO, nach der mit der Eröffnung des Hauptinsolvenzverfahrens der Hauptinsolvenzverwalter grundsätzlich die Verwaltungs- und Verfügungsbefugnis über das gesamte Vermögen des Schuldners erlangt. Mit der Eröffnung des Sekundärinsolvenzverfahrens wird diese ihm jedoch innerhalb der räumlichen und zeitlichen Grenzen des Sekundärinsolvenzverfahrens wieder entzogen und die dem Sekundärinsolvenzverfahren unterfallende Vermögensmasse des Schuldners der Verwaltungs- und Verfügungsbefugnis des Insolvenzverwalters des Sekundärinsolvenzverfahrens unterstellt. Deshalb ist von der Notwendigkeit getrennter Haftungsfonds – jedenfalls für Neumasseverbindlichkeiten nach Eröffnung eines Sekundärinsolvenzverfahrens – auszugehen. Eine denkbare Argumentation, dass aufgrund der Identität des Rechtsträgers stets dessen gesamtes Vermögen für sämtliche von den einzelnen Insolvenzverwaltern begründete Masseforderungen haftet, würde zu nicht beherrschbaren Risiken für beide Massen und die beteiligten Insolvenzverwalter führen. In diesem Fall könnte sich keiner der beteiligten Verwalter bei der Begründung einer Neumasseverbindlichkeit sicher sein, dass diese noch von der Gesamtmasse gedeckt ist. Auch das System der Kooperations- und Unterrichtungspflichten (Art. 31 EuInsVO) löst die in der beschriebenen Konstellation auftretenden Probleme nicht, da es die Eigenverantwortlichkeit jedes Verwalters für ‚seine' Masse nicht aufhebt (*Duursma-Kepplinger* in: *Duursma-Kepplinger/Duursma/Chalupsky*, EuInsVO, 2002, Art. 27 Rz. 57).

... Würde man entsprechend der Meinung des vorläufigen Insolvenzverwalters die gesamte Hauptinsolvenzmasse als Vermögensmasse für die Vergütungen der Sekundärinsolvenzverwalter haften lassen, würden im vorliegenden Fall für diese Forderung die Vermögen der übrigen Gesellschaften, die sämtlich eigene juristische Personen darstellen und nur im Hauptinsolvenzverfahren als Gesamtinsolvenzverfahren verbunden sind, haften. Dies widerspräche der Trennung der Vermögensmassen bei Haupt- und Sekundärinsolvenzverfahren gemäß Art. 17 I EuInsVO offenkundig."

287. *Für die Beurteilung des auf eine Überweisung vom Konto eines Landes (hier: der Bundesrepublik Deutschland) auf ein Konto eines anderen Landes (hier: der Niederlande) maßgeblichen Rechts existiert keine unmittelbar anwendbare kollisionsrechtliche Vorschrift. Art. 43 EGBGB findet keine Anwendung, weil es bereits an der sinnlich wahrnehmbaren Belegenheit an einem bestimmten Ort fehlt, die der Sachverfügung immanent ist.*

Daher ist nach dem Rechtsgedanken des Art. 46 EGBGB das Recht des Staats anwendbar, zu dem die engste Verbindung besteht. [LS der Redaktion]

LG Krefeld, Urt. vom 3.9.2014 – 7 O 67/12: ZIP 2014, 1940. Leitsatz in EWiR 2014, 659 mit Anm. *Schmidt.*

[Es wurden Rechtsmittel beim OLG Düsseldorf eingelegt, Az. I-12 U 49/14.]

Der Kl. macht gegen die Bekl. Rückzahlung im Zuge einer Insolvenzanfechtung geltend. Der Kl. ist Insolvenzverwalter in dem 2009 eröffneten Insolvenzverfahren über das Vermögen der R. GmbH (Insolvenzschuldnerin). Das Unternehmen betrieb die Herstellung und den Handel mit Tiernahrung aller Art. Die Insolvenzschuldnerin ist Tochtergesellschaft der niederl. R. Groep. Dieser gehörte u.a. auch das niederl. Unternehmen V. BV. an. Bei der Bekl. handelt es sich um einen Lieferanten der V. BV.

Die Insolvenzschuldnerin überwies vor Eröffnung des Insolvenzverfahrens zur Begleichung zweier offener Forderung gegenüber der V. BV Beträge i.H.v. 16 000 €. Beiden Forderungen der Bekl. gegenüber der V. BV lag ein Kaufvertrag nach niederl. Recht über die Lieferung von Getreide zugrunde. Die V. BV war zu dieser Zeit zahlungsunfähig und verfügte entspr. über keine ausreichenden liquiden Mittel, um den Zahlungsverpflichtungen gegenüber der Bekl. nachzukommen. Sie stellte selbst in den Niederlanden Insolvenzantrag. Über ihr Vermögen wurde das dortige Konkursverfahren eröffnet. Der Kl. hat ursprünglich beantragt, die Bekl. zu verurteilen, an ihn einen Betrag i.H.v. 24 000 € nebst Zinsen zu zahlen.

2010 hat die Kammer im schriftlichen Vorverfahren ein entsprechendes Versäumnisurteil erlassen. Hiergegen hat die Bekl. Einspruch eingelegt.

Aus den Gründen:

„II. Der zulässige Einspruch hat in der Sache Erfolg. Die zulässige Klage ist unbegründet.

1. Der Einspruch gegen das Versäumnisurteil ist zulässig. (Wird ausgeführt.)

2. Der Einspruch gegen das Versäumnisurteil hat auch in der Sache Erfolg. Die zulässige Klage ist begründet. Der Kl. hat gegen die Bekl. keinen Anspruch auf Zahlung von 24 000 €.

a) Ein solcher Anspruch folgt insbesondere nicht aus den §§ 143 I, 134 I InsO. Denn im vorliegenden Fall ist das deutsche Insolvenzrecht nicht anwendbar. Zwar ist nach Art. 4 I, II lit. m EuInsVO für Insolvenzanfechtungen das Recht des Staats der Verfahrenseröffnung maßgeblich. Dem steht jedoch Art. 13 EuInsVO entgegen, den die Bekl. eingewendet hat. Danach findet Art. 4 I, II lit. m EuInsVO keine Anwendung, wenn die Person, die durch eine die Gesamtheit der Gläubiger benachteiligende Handlung begünstigt wurde, nachweist, dass für diese Handlung das Recht eines anderen Mitgliedstaats als des Staats der Verfahrenseröffnung maßgeblich und dass in diesem Fall diese Handlung in keiner Weise nach diesem Recht angreifbar ist. Nach Art. 13 EuInsVO ist eine Rechtshandlung mithin nur anfechtbar, wenn sie sowohl nach dem Insolvenzstatut (lex fori concursus) wie auch nach dem Wirkungsstatut (lex causae) keinen Bestand hat.

Da es sich bei Art. 13 EuInsVO um eine Einrede handelt, trägt entgegen der Ansicht der Bekl. diese Darlegungs- und Beweislast für die Voraussetzung der Norm. Dies gilt auch dann, wenn das fremde Recht eine andere Beweislastverteilung vorsieht (*Prager/Keller*, NZI, 2011, 697, 701 m.w.N.; MünchKomm-*Kindler*, 5. Aufl.,

Art. 13 EuInsVO Rz. 15; *Haß-Huber-Gruber-Heiderhoff*, Kommentar zur EuInsVO, 2005, Art. 13 Rz. 11).

aa) für die angefochtene Handlung – die Überweisung der beiden Beträge seitens der Insolvenzschuldnerin an die Bekl. – ist das Recht eines anderen Mitgliedstaats als des Staats der Verfahrenseröffnung, nämlich das niederländische Recht, maßgeblich.

Die Ermittlung und Anwendung des Kollisions- und Sachenrechts richtet sich nach den Grundsätzen der lex fori und ist in Deutschland Sache der Gerichte (*Haß-Huber-Gruber-Heiderhoff* aaO Rz. 12; MünchKomm-*Kindler* aaO Rz. 9).

Relevante Handlung im Sinne von Art. 13 EuInsVO sind vorliegend die Überweisungen der Insolvenzschuldnerin von Konten, die in Deutschland geführt wurden, auf Konten der Bekl., die in den Niederlanden geführt wurden. Es ist also auf das Verfügungs- bzw. Erfüllungsgeschäft abzustellen (so auch *Thole*, NZI 2013, 113 f.). Tragendes Prinzip der deutschen Rechtssystematik ist das Abstraktionsprinzip. Danach ist die Anfechtbarkeit von Grund- und Erfüllungsgeschäften regelmäßig gesondert zu beurteilen (BGH, Urt. vom 24.5.2007 – IX ZR 105/05, ZIP 2007, 1274 Rz. 27; dazu *Homann*, EWiR 2007, 667; MünchKommInsO-*Kayser*, 3. Aufl., § 129 Rz. 57 m.w.N.; *Haß-Huber-Gruber-Heiderhoff* aaO Rz. 13). Auf das den Überweisungen zugrunde liegende Verpflichtungsgeschäft zwischen der V. BV und der Bekl. kommt es daher grundsätzlich nicht an.

Die Frage, welche deutsche Kollisionsnorm auf eine Überweisung vom Konto eines Landes auf ein Konto eines anderen Landes im vorliegenden Fall Anwendung findet, ist umstritten. Es gibt jedenfalls keine unmittelbar anwendbare Vorschrift.

Teilweise wird vertreten, dass Art. 43 EGBGB entsprechend anwendbar sei (*Thole* aaO 113 ff. m.w.N.). Dann wäre deutsches Recht maßgeblich. Denn gelangt eine Sache, an der Rechte begründet sind, in einen anderen Staat, so könnten nach Art. 43 II EGBGB diese Rechte nicht im Widerspruch zu der Rechtsordnung dieses Staats ausgeübt werden. Zwar sei Art. 43 EGBGB nur auf Sachverfügungen anwendbar, so dass eine ungeschriebene Kollisionsnorm gefunden werden müsse. Diese müsse sich an die Regeln über die Sachverfügung anlehnen, weil es kollisionsrechtlich keinen Unterschied machen könne, ob die Zahlung in bar erfolgt sei oder mittels Banküberweisung (*Thole* aaO 115).

Demgegenüber wird vertreten, dass als Zahlungsmittel zugelassenes Geld kollisionsrechtlich nur insoweit als Sache zu qualifizieren sei, als es in Münzen und Scheinen verkörpert ist. In den anderen Fällen (Buchgeld, Netzgeld) fehle es bereits an der sinnlich wahrnehmbaren Belegenheit an einem bestimmten Ort (MünchKomm-*Wendehorst* aaO Art. 43 EGBGB Rz. 35), die der Sachverfügung immanent sei. Die Kammer schließt sich dieser Ansicht an. Eine analoge Anwendung des Art. 43 EGBGB scheidet daher aus.

Deshalb ist im vorliegenden Einzelfall entsprechend dem Rechtsgedanken des Art. 46 EGBGB trotz des Abstraktionsprinzips auf das der Handlung zugrunde liegende Verpflichtungsgeschäft abzustellen. Da es keine unmittelbar anwendbare kollisionsrechtliche Vorschrift gibt, ist nach dem Rechtsgedanken des Art. 46 EGBGB das Recht des Staats anwendbar, zu dem die engste Verbindung besteht.

Das Ergebnis entspricht auch dem Grundgedanken des Art. 12 I lit. b Rom-I-VO, welche vorliegend im Drei-Personen-Verhältnis nicht unmittelbar Anwendung findet. Danach ist das auf den (Verpflichtungs-)Vertrag anzuwendende Recht auch für die Erfüllung der durch ihn begründeten Verpflichtungen maßgebend. Nach Art. 10 I Rom-II-VO ist bei einem außervertraglichen Schuldverhältnis aus ungerechtfertigter Bereicherung, einschl. Zahlungen einer nicht bestehenden Schuld, welches an ein zwischen den Parteien bestehendes Rechtsverhältnis – wie einen Vertrag oder eine unerlaubte Handlung – geknüpft ist, das eine enge Bindung mit der ungerechtfertigten Bereicherung aufweist, das Recht anzuwenden, dem dieses Rechtsverhältnis unterliegt. Auch in diesem Fall wird das Abstraktionsprinzip durchbrochen und der Rechtsgedanke, der auch Art. 46 EGBGB zugrunde liegt, aufgegriffen. Dieser Grundgedanke wohnt dem Kollisionsrecht also insgesamt inne.

Mangels unmittelbarer Rechtsbeziehungen zw. der Insolvenzschuldnerin und der Bekl. über die beiden Überweisungen hinaus ist im konkreten Fall auf den Liefervertrag zwischen der Bekl. und der V. BV anzustellen. Denn die Rechtswirkung der Handlungen ist das Erlöschen der Forderungen der Bekl. gegenüber der V. BV. Dieser Verpflichtungsvertrag unterliegt ohne Zweifel dem niederländischen Recht.

bb) Die Überweisungen sind nach niederländischem Recht in keiner Weise anfechtbar. Insbesondere kommt eine Anfechtung nach Art. 42 I Wet op het faillissement en de surséance van betaling – Faillissementswet (Fw) – vom 30.9.1893 (StB 1999 Nr. 30; niederl. Konkursordnung) nicht in Betracht. Danach kann der Insolvenzverwalter zugunsten der Masse jedes Rechtsgeschäft, welches der Schuldner vor der Insolvenzerklärung getätigt hat, ohne dazu verpflichtet zu sein, und von dem dieser wusste oder hätte wissen müssen, dass es zur Gläubigerbenachteiligung führt, anfechten.

Die Insolvenzschuldnerin war zu den Zahlungen weder gesetzlich noch vertraglich verpflichtet, hat diese also freiwillig im Sinne des Art. 42 I Faillissementswet getätigt.

Durch die Zahlungen sind die Gläubiger der Insolvenzschuldnerin benachteiligt worden, weil dieser liquide Mittel entzogen wurden.

Zwar legt der Sachverständige Prof. Dr. *M.* in seinem Gutachten dar, dass die niederl. Rspr. eine Gläubigerbenachteiligung dann verneine, wenn eine Konzerngesellschaft die Schuld einer Konzernschwester besichert. Erst wenn dadurch die wirtschaftliche Existenz der zahlenden Konzerngesellschaft gefährdet wird, werde eine Gläubigerbenachteiligung im Sinne des Insolvenzanfechtungsrechts angenommen. Dies werde damit begründet, dass es für die Konzerngesellschaft durchaus von Vorteil sein könne, wenn durch ihre Besicherung ein anderer Konzernteil nicht insolvent gehe. Dann könne sich die Sicherheit gewährende Gesellschaft sich auf ihre Geschäftsfähigkeit konzentrieren. Ob diese Rspr. auch auf den vorliegenden Sachverhalt anwendbar ist, haben die niederl. Gerichte laut Gutachten des Sachverständigen bisher nicht entschieden.

(aa) Die Kammer schließt eine Übertragung dieser Rechtssicherung auf den vorliegenden Fall aus. Zwar war Sinn und Zweck der streitgegenständlichen Zahlungen, die V. BV am Leben zu erhalten und deren Geschäftsfähigkeit im Konzern sicherzustellen. Insofern ist der Sachverhalt mit der der Rechtssicherung innerhalb eines Konzernverhältnisses vergleichbar. Entscheidender Unterschied ist jedoch, dass im vorliegenden Fall tatsächlich liquide Mittel unmittelbar abgeflossen sind. Besichert eine Konzerngesellschaft das Darlehen einer Konzernschwester, so wird dies regelmäßig vor dem Hintergrund geschehen, dass der Konzern eine positive Fortführungsprognose für die Schwester erstellt hat und davon ausgeht, dass diese den Kredit zumindest mittelfristig, nachdem die alte Krise überwunden ist, bedienen kann. Das die Sicherheit währende Unternehmen müsste dann letztlich keine Zahlungen leisten, die aktuellen Gläubiger können mit der vorhandenen Liquidität weiterhin bedient werden. Die Besicherung wirkt sich letztlich nur bilanziell aus und mindert den Geschäftsabschluss. Im vorliegenden Fall standen der Insolvenzschuldnerin demgegenüber tatsächlich weniger liquide Mittel zur Verfügung, der Barbestand hatte sich tatsächlich verringert.

(bb) Selbst wenn man die vorgenannte Rspr. auf den vorliegenden Fall anwenden würde, wäre eine Gläubigerbenachteiligung gegeben. Der Sachverständige hat nämlich ausgeführt, dass auch bei grundsätzlicher Anwendung der genannten Rspr. eine Gläubigerbenachteiligung dann angenommen würde, wenn das Sicherheit gewährende Unternehmen dadurch in seiner Existenz gefährdet wurde. Das ist vorliegend der Fall. Die Insolvenzschuldnerin hat eine Vielzahl von Schulden ihrer Konzernschwestern gegen einen Dritten beglichen und ist nur kurze Zeit später selbst insolvent gegangen.

Soweit die Bekl. behauptet, die V. BV habe am 7.8./24.8.2009 Zahlungen auf das (gemeinsame) Konto des Konzerns bei der niederl. Bank geleistet und somit die Zahlungen der Insolvenzschuldnerin ausgeglichen, weswegen von einer Gläubigerbenachteiligung nicht die Rede sein könne, vermag die Kammer dem nicht zu folgen. Der Kl. hat unbestritten vorgetragen, dass zu diesem Zeitpunkt von diesem Konto keine Auszahlungen bzw. Überweisungen mehr vorgenommen werden konnten. Deshalb hat die Insolvenzschuldnerin ja die Schulden ihrer Konzernschwestern beglichen. Das auf dem niederl. Konto befindliche Geld stand der Insolvenzschuldnerin also gerade nicht zur Befriedigung ihrer Gläubiger zur Verfügung.

Die Insolvenzschuldnerin hatte Kenntnis von der Gläubigerbenachteiligung. Dies ergibt sich bereits aus dem Vortrag des Kl. Die Insolvenzschuldnerin hat bereits im Jahr 2008 einen Jahresfehlbetrag von 3 530 115,23 € erwirtschaftet und am 8.10.2009, also wenige Wochen nach den streitgegenständlichen Zahlungen, selbst die Eröffnung des Insolvenzverfahrens beantragt. Außerdem haftete sie für ein Darlehen des gesamten Konzerns bei der niederl. A. Bank über 20, 1 Mio. €, welches schon zum Zeitpunkt der Zahlungen notleidend war.

Zulasten des Kl. ist jedoch davon auszugehen, dass die Bekl. keine Kenntnis von der Gläubigerbenachteiligung hatte. Sie hat diese bestritten. Beweisbelastet ist die Bekl., auch wenn Art. 42 I Faillissementswet eine andere Beweislastverteilung vorsieht. Da die Bekl. einen Negativbeweis erbringen muss, hat der Kl. konkret darzulegen, warum diese dennoch Kenntnis von der Gläubigerbenachteiligung durch die streitgegenständlichen Zahlungen der Insolvenzschuldnerin hatte oder sie wenigstens hätte haben müssen (sekundäre Darlegungslast).

Der Kl. bestreitet jedoch lediglich pauschal, das bei der Bekl. der Eindruck entstanden sei, dass die Insolvenzschuldnerin eine finanziell starke Gesellschaft des R. Konzerns gewesen sei, was diese behauptet hat. Damit genügt er seiner sekundären Darlegungslast nicht.

cc) Es ist nicht ersichtlich, dass andere Tatbestände des niederländischen Rechts erfüllt sind, die zu einer Anfechtbarkeit bzw. Nichtigkeit des Verfügungsgeschäfts führen würden. Solche ergeben sich insbesondere nicht aus dem Gutachten des Sachverständigen. Der Kl. trägt insoweit auch keine Tatsachen vor, die auf die Anwendbarkeit einer anderen Norm neben Art. 42 Faillissementswet schließen lassen.

b) Die Anfechtbarkeit des Verfügungsgeschäfts ist demnach nach niederl. Recht zu beurteilen. Danach ist das Verfügungsgeschäft nicht anfechtbar. Nach dem Vorgesagten ist insbesondere eine Anfechtbarkeit nach Art. 42 I Faillisssementswet nicht gegeben.

Darlegungs- und beweisbelastet für das Vorliegen der Voraussetzungen des Art. 42 Faillissementswet ist nunmehr grundsätzlich der Kl.

Bei der Überweisung handelte es sich um eine freiwillige Leistung der Insolvenzschuldnerin. Dadurch wurden deren Gläubiger nicht zuletzt aufgrund der durch die Zahlungen eingetretenen Existenzgefährdung und den konkreten Abfluss liquider Mittel aufseiten der Insolvenzschuldnerin benachteiligt. Dies wusste die Insolvenzschuldnerin. Der Kl. hat jedoch weder konkret dargelegt noch unter Beweis gestellt, dass auch die Bekl. Kenntnis von der Gläubigerbenachteiligung hatte, was zu seinen Lasten geht. Deshalb scheidet eine Anfechtung nach Art. 42 I Faillissementswet aus. Andere Anfechtungsgrundlagen bzw. Nichtigkeitsgründe sind nicht ersichtlich."

288. *Für die internationale Zuständigkeit deutscher Gerichte gemäß Art. 3 I EuInsVO ist es erforderlich, dass die streitgegenständliche Klage unmittelbar aus dem Insolvenzverfahren hervorgegangen ist und mit diesem in engem Zusammenhang steht. [LS der Redaktion]*

BGH, Beschl. vom 18.9.2014 – IX ZA 16/14: NZI 2014, 1048; ZInsO 2014, 2222.

289. *Für die Berechnung eines pfändbaren Einkommens sind auf Antrag ausländische (hier: österreichische) gesetzliche Renten mit inländischen gesetzlichen Renten zusammenzurechnen, wenn auch die ausländische (hier: österreichische) Rente pfändbar ist. [LS der Redaktion]*

BGH, Beschl. vom 18.9.2014 – IX ZB 68/13: NJW-RR 2014, 1459; WM 2014, 2094; MDR 2014, 1413; ZIP 2014, 2194; Rpfleger 2015, 156; FoVo 2014, 230; NZI 2014, 957 mit Anm. *Kluth*; ZInsO 2014, 2223. Leitsatz in: FamRZ 2015, 55; DB 2014, 2529.

Das Insolvenzverfahren über das Vermögen der 1934 geborenen Schuldnerin wurde am 2010 eröffnet und der weitere Beteiligte zu 1) als Treuhänder bestellt. Die Schuldnerin bezog von der DRV Bund eine Altersrente und eine große Witwenrente. Weiter bezog sie von der Pensionsversicherungsanstalt Landesstelle Wien eine monatliche Pension. Der Treuhänder hat beantragt, die beiden Renten und die Pension zusammenzurechnen und den pfändbaren Betrag der deutschen Rente zu entnehmen. Der Rechtspfleger des Insolvenzgerichts hat dem Antrag ohne Anhörung der Drittschuldner entsprochen. Hiergegen hat die DRV Bund Erinnerung eingelegt, die der Richter des Insolvenzgerichts zurückgewiesen hat. Auf die sofortige Beschwerde der DRV Bund hat das LG den angefochtenen Beschluss aufgehoben und den Antrag des Treuhänders auf Zusammenrechnung abgelehnt. Mit der vom BeschwG zugelassenen Rechtsbeschwerde möchte der Treuhänder die Wiederherstellung der amtsgerichtlichen Entscheidung erreichen.

Aus den Gründen:

„II. ... 2. Nach § 35 I InsO (vgl. im Verhältnis zu Österreich Art. 3 I EuInsVO, 4 I und II lit. b EuInsVO) erfasst das Insolvenzverfahren das gesamte Vermögen, das der

Schuldnerin zur Zeit der Eröffnung des Verfahrens gehört und das sie während des Verfahrens erlangt. Dazu gehört auch Auslandsvermögen; das folgt aus dem Universalitätsprinzip (vgl. BGH, Urt. vom 13.7.1983 – VIII ZR 246/82[1], BGHZ 88, 147, 150 zu § 1 KO; Beschl. vom 18.9.2003 – IX ZB 74/03[2], juris Rz. 6). Deswegen fällt – neben der deutschen Alters- und Witwenrente (§ 54 SGB I) – auch die österreichische gesetzliche Altersrente (Pension) als Neuerwerb in die Insolvenzmasse, soweit diese Renten nicht nach § 36 I 1 InsO etwa i.V.m. § 850c ZPO unpfändbar sind. § 850e ZPO findet Anwendung ...

Nach österreichischem Recht regelt das Gesetz über das Exekutions- und Sicherungsverfahren (Exekutionsordnung; fortan: EO) vom 27.5.1896 (RGBl. Nr. 79), inwieweit Pensionsansprüche pfändbar sind (§ 98a des Bundesgesetzes über die Allgemeine Sozialversicherung vom 9.9.1955 [BGBl. Nr. 189/1955]). Nach Art. 290a I Nr. 4 EO sind Pensionen aus der gesetzlichen Sozialversicherung nach – dem vorliegend allein relevanten – Art. 291a EO pfändbar. Danach schützt die EO das Existenzminimum durch einen unpfändbaren Freibetrag, der für die Schuldnerin (nach Zusammenrechnung der Renten) derzeit 1 206,66 € betrüge. Die Zusammenrechnung der österreichischen mit den deutschen Renten erlaubt Art. 292 EO (Landesgericht Steyr, Arbeitsgemeinschaft der Rechtspfleger in Exekutionssachen beim Exekutionsgericht Wien, Rechtsmittelentscheidungen in Zivilprozess- und Exekutionssachen, 1996, Nr. 84 zur Zusammenrechnung einer deutschen mit einer österreichischen Rente; *Angst-Jakusch-Mohr*, Exekutionsordnung, 15. Aufl., Art. 292 E 14), sofern die aus österreichischer Sicht ausländische Rente pfändbar ist (*Angst-Jakusch-Mohr* aaO E 15)."

290. *Eine in einem englischen Hauptinsolvenzverfahren eingetretene Restschuldbefreiung (discharge) hindert einen Gläubiger nicht, seine Forderung in einem vor Eintritt der Restschuldbefreiung im Inland eröffneten und noch nicht abgeschlossenen Sekundärinsolvenzverfahren anzumelden und in diesem Rahmen zu verfolgen.*

BGH, Urt. vom 18.9.2014 – VII ZR 58/13: NJW-RR 2014, 1512; WM 2014, 2005; MDR 2014, 1353; ZIP 2014, 2092; Rpfleger 2015, 103; DZWIR 2015, 76; NZI 2014, 969 mit Anm. *Allemand*; ZInsO 2014, 2106. Leitsatz in: EWiR 2014, 751 mit Anm. *Mankowski*; JZ 2014, 665; LMK 2014, 363817 mit Anm. *Magnus*; NJ 2015, 84 mit Anm. *Jacobi/Stapper*.

Der Kl. erwarb 1998 von dem urspr. Bekl. und späteren Insolvenzschuldner sechs zu sanierende, im Inland belegene Eigentumswohnungen. Wegen Mängeln lehnte der Kl. die Abnahme der Wohnungen ab, weshalb es zu einer Auseinandersetzung über diese Mängel kam. Mit der gegen den Insolvenzschuldner gerichteten Klage hat der Kl. Zahlung Zug um Zug gegen Rückgabe der Wohnungen verlangt; gegen eine spätere Nichtzulassung der Revision hat der Kl. Beschwerde eingelegt. Der Senat hat die Revision zugelassen. Mit Entscheidung des Central London County Court ist 2012 über das Vermögen des Insolvenzschuldners das Bankruptcy-Verfahren eröffnet worden. Das AG E. hat 2013 über das inländische Vermögen des Insolvenzschuldners das Sekundärinsolvenzverfahren eröffnet und den Bekl. zum Verwalter dieses Verfahrens ernannt. Der Central London County Court hat 2013 bescheinigt, dass der Insolvenzschuldner am 31.5.2013 von seiner Restschuld befreit (*discharged*) worden ist. Ende 2013 hat der Kl. als Verwalter im Sekundärinsolvenzverfahren unter Umstellung der Anträge das Revisionsverfahren gegen den Bekl. über das inländische Vermögen des Insolvenzschuldners aufgenommen.

---

[1] IPRspr. 1983 Nr. 205b. [2] Vgl. IPRspr. 2003 Nr. 219 (IX ZB 75/03).

Aus den Gründen:

„I. 1. Die Aufnahme des unterbrochenen Revisionsverfahrens gegen den Bekl. ist hinsichtlich des Hauptantrags zulässig.

a) Die Voraussetzungen der Aufnahme des unterbrochenen Revisionsverfahrens gegen den Bekl. als Insolvenzverwalter in dem Sekundärinsolvenzverfahren über das inländische Vermögen des Insolvenzschuldners richten sich nach deutschem Recht, wobei hier dahinstehen kann, ob deutsches Recht als Recht des Sekundärinsolvenzeröffnungsstaats oder als Recht des Staats, in dem die verfahrensgegenständlichen Eigentumswohnungen belegen sind, oder als Recht des Staats, in dem der aufzunehmende Rechtsstreit anhängig ist, anwendbar ist (vgl. auch BGH, Zwischenurteil vom 23.4.2013 – X ZR 169/12[1], BGHZ 197, 177 Rz. 6).

Die im Streitfall anwendbare EuInsVO, zuletzt geändert durch die VO (EU) Nr. 517/2013 des Rates vom 13.5.2013 (ABl. Nr. L 158/1), sieht neben dem Hauptinsolvenzverfahren auch Sekundärinsolvenzverfahren vor. Wird in einem anderen Mitgliedstaat als demjenigen, in dem das Hauptinsolvenzverfahren eröffnet worden ist, ein Sekundärinsolvenzverfahren (vgl. Art. 27 Satz 2 EuInsVO) eröffnet, so beschränken sich dessen Wirkungen auf das Vermögen des Schuldners, das im Gebiet dieses anderen Mitgliedstaats belegen ist (vgl. Art. 27 Satz 3 EuInsVO; EuGH, Urt. vom 15.12.2011 – Rastelli Davide e C. S.n.c. ./. Jean-Charles Hidoux, Rs C-191/10, NZI 2012, 148 Rz. 15 m.w.N.). Soweit die Wirkungen des Sekundärinsolvenzverfahrens reichen, werden die an sich unionsweit universellen Wirkungen des Hauptinsolvenzverfahrens suspendiert (vgl. *Leonhardt-Smid-Zeuner*, Internationales Insolvenzrecht, 2. Aufl., Art. 17 EuInsVO Rz. 12; *Duursma-Kepplinger/Chalupsky* in *Duursma-Kepplinger/Duursma/Chalupsky*, EuInsVO, 2002, Art. 17 Rz. 16; *Pannen/Riedemann* in *Pannen*, EuInsVO, 2007, Art. 17 Rz.15; *Renger*, Wege zur Restschuldbefreiung nach dem Insolvency Act 1986, 2012, 209). Auf das Sekundärinsolvenzverfahren finden, soweit die EuInsVO nichts anderes bestimmt, die Rechtsvorschriften des Mitgliedstaats Anwendung, in dessen Gebiet das Sekundärinsolvenzverfahren eröffnet worden ist (vgl. Art. 28 EuInsVO; EuGH, Urt. vom 5.7.2012 – Erste Bank Hungary Nyrt ./. Magyar Állam u.a., Rs C-527/10, ZIP 2012, 1815 Rz. 38 ff.). Das sind hier die Vorschriften des deutschen Rechts.

Deutsches Recht ist auch als Recht des Mitgliedstaats, in dem die verfahrensgegenständlichen Eigentumswohnungen belegen sind (vgl. Art. 8 EuInsVO), sowie als Recht des Mitgliedstaats, in dem der aufzunehmende Rechtsstreit anhängig ist (vgl. Art. 15 EuInsVO), anwendbar, weshalb eine nähere Abgrenzung der Reichweite der jeweiligen Rechtsanwendungsbefehle im Streitfall unterbleiben kann.

b) Die etwaige zwischenzeitliche Beendigung des in England eröffneten Hauptinsolvenzverfahrens (*bankruptcy*) infolge Restschuldbefreiung (*discharge*) steht im Hinblick auf den Suspensiveffekt, der mit der Eröffnung eines Sekundärinsolvenzverfahrens verbunden ist, der Aufnahme des unterbrochenen Revisionsverfahrens gegen den Bekl. nicht entgegen. Das Sekundärinsolvenzverfahren, das im Inland bereits am 29.5.2013 eröffnet worden ist, bevor in dem englischen Hauptinsolvenzverfahren am 31.5.2013 Restschuldbefreiung eingetreten ist, ist noch nicht abgeschlossen."

---

[1] IPRspr. 2013 Nr. 290.

291. *Im Verfahren auf Anerkennung und Vollstreckbarerklärung eines ausländischen Schiedsspruchs gemäß §§ 1060 f. ZPO findet auch die Vorschrift des § 240 ZPO Anwendung.*
Ein nach italienischem Insolvenzrecht vor der Insolvenzeröffnung liegendes freiwilliges Vergleichsverfahren (concordato preventivo) gilt nach Art. 2 lit. a EuInsVO (Anhang A) grundsätzlich als Insolvenzverfahren im Sinne von Art. 1 I EuInsVO (im Anschluss an BGH, WM 2012, 852 = IPRspr. 2011 Nr. 259). [LS der Redaktion]

OLG Köln, Beschl. vom 6.10.2014 – 19 Sch 17/13: Unveröffentlicht.

Die Parteien sind im Getreidehandel tätig und schlossen eine Vielzahl von Lieferverträgen über verschiedene Getreidesorten, denen regelmäßig die Einheitsbedingungen im Deutschen Getreidehandel zugrunde gelegt wurden und für die als Schiedsgericht dasjenige der Rheinischen Warenbörse bestimmt war. Der Handel mit Getreide und verwandten Produkten ist dadurch gekennzeichnet, dass die weit überwiegende Zahl aller Kontrakte Schiedsvereinbarungen enthalten. Unter Berufung auf eine zwischen den Parteien vereinbarte Schiedsklausel, welche das Schiedsgericht der FOSFA mit ständigem Sitz in London als Schiedsgericht ausweist, hat die ASt. Klage vor diesem Gericht erhoben. Das angerufene Schiedsgericht erließ 2008 einen Zwischenentscheid, mit dem es sich für zuständig erklärte. Diese Entscheidung hat die AGg. vor dem High Court in London – Handelsgericht – angefochten, das Verfahren letztlich aber nicht fortgeführt. Da nach englischem Recht hierzu die Zustimmung des Gegners oder die des Gerichts erforderlich ist, diese aber nicht erteilt waren, wies das staatliche Gericht die Klage der AGg. 2011 zurück. Das Schiedsgericht verurteilte die AGg. 2012 zur Zahlung von 388 664 € als Schadensersatz nebst Zinsen und Kosten. Die ASt. begehrt die Vollstreckbarkeitserklärung des Schiedsspruchs vom 26.3.2012 nach § 1061 ZPO.

Aus den Gründen:

„II. Der ausländische Schiedsspruch vom 26.3.2012, auf dessen Inhalt in deutscher Übersetzung Bezug genommen wird, ist antragsgemäß für vollstreckbar zu erklären.

1. Der auf § 1061 I ZPO gestützte Antrag auf Vollstreckbarerklärung des Schiedsspruchs ist zulässig.

a. Das OLG Köln ist gemäß § 1062 II ZPO sachlich und örtlich zuständig, da die AGg. in seinem Bezirk ansässig ist. Die ASt. hat gemäß §§ 1064 I 2, II, 1061 I 1 ZPO, Art. IV Abs. 1 lit. a, Abs. 2 UNÜ eine beglaubigte Abschrift des in englischer Sprache verfassten Schiedsspruchs sowie als Beweis für die inhaltliche Richtigkeit und Vollständigkeit ihres auf dem Schiedsspruch beruhenden Sachvortrags eine Übersetzung des Schiedsspruchs in die deutsche Sprache durch eine im Freistaat Bayern für die englische Sprache öffentlich bestellte und vereidigte Dolmetscherin und Übersetzerin vorgelegt (§ 142 III 2 ZPO). Die formalen Voraussetzungen sind damit gegeben, zumal Existenz, Verbindlichkeit und maßgeblicher Inhalt des Schiedsspruchs zwischen den Parteien unstreitig sind.

b. Die nach Rechtshängigkeit eingetretene ‚Liquidation' der ASt. (*concordato preventivo*) steht einer Sachentscheidung nicht entgegen. Diese hat zwar zunächst zu einer Unterbrechung des Verfahrens nach § 240 ZPO geführt. Allerdings ist das Verfahren von der ASt. wirksam aufgenommen worden, da sie selbst zur Aufnahme des Verfahrens berechtigt und ihr Schriftsatz vom 20.8.2014 als Aufnahmeerklärung gemäß § 250 ZPO zu werten ist.

aa. Die Vorschrift des § 240 ZPO ist auf Vollstreckbarerklärungsverfahren nach §§ 1060 ff. ZPO anwendbar (vgl. BGH, NJW-RR 2009, 279[1] zu § 722 ZPO;

---

[1] IPRspr. 2009 Nr. 228a.

Gottwald-Kolmann, Insolvenzrechtshandbuch, 4. Aufl. [2010], § 133 Rz. 53). Es kommt aufgrund des Anwendungsbereichs der EuInsVO über die Kollisionsnorm des Art. 15 EuInsVO unmittelbar deutsches Recht und mithin § 240 ZPO zur Anwendung. Die Sachnorm des § 352 InsO wird im Anwendungsbereich der EuInsVO verdrängt (vgl. MünchKommInsO-*Thole*, 3. Aufl. [2014], § 352 Rz. 2).

bb. § 240 Satz 1 ZPO besagt, dass ein Verfahren im Fall der Eröffnung des Insolvenzverfahrens über das Vermögen einer Partei unterbrochen wird, wenn es die Insolvenzmasse betrifft, bis es nach den für das Insolvenzverfahren geltenden Vorschriften aufgenommen oder das Insolvenzverfahren beendet wird. Voraussetzung ist mithin zunächst die Eröffnung des Insolvenzverfahrens. Das nach italienischem Insolvenzrecht vor der Insolvenzeröffnung liegende freiwillige Vergleichsverfahren (*concordato preventivo*) gilt nach Art. 2 lit. a EuInsVO (Anhang A) grundsätzlich als Insolvenzverfahren im Sinne von Art. 1 I EuInsVO. Damit liegt eine für § 240 Satz 1 ZPO ausreichende Eröffnung des Insolvenzverfahrens vor. Im Weiteren spielt es nach h.M., der sich der Senat anschließt, keine Rolle, ob das Recht des Insolvenzstaats (lex fori concurso) dem jeweiligen Eröffnungsakt selbst eine Unterbrechungswirkung beimisst oder den Übergang der Verfügungs- und Prozessführungsbefugnis mit ihm verbindet (vgl. BGH, NZI 2012, 572, 574[2]; MünchKommInsO-*Thole* aaO Rz. 5 und 11; *Andres-Leithaus-Dahl*, InsO, 2. Aufl. [2011], § 352 Rz. 3; *Gottwald-Kolmann* aaO; BPatG, BeckRS 2013, 12865[3]; a. A. FK-InsO/Wenner/Schuster, 7. Aufl. 2013, § 352 Rz. 6; BPatG, BeckRS 2014, 12941).

cc. Das Verfahren ist allerdings fortzusetzen, weil die ASt. es jedenfalls nach § 250 ZPO wirksam aufgenommen hat. Die Aufnahme eines unterbrochenen Verfahrens richtet sich nach dem lex fori, also nach deutschem Recht. Im Falle eines Insolvenzverfahrens ist zwar grundsätzlich der Insolvenzverwalter nach §§ 85, 86 InsO aufnahmebefugt. Dies gilt allerdings nicht, soweit der Schuldner die Verfügungs- und Prozessführungsbefugnis (wie bei der Eigenverwaltung nach § 270 InsO) nicht verloren hat. In einem solchen Fall ist nicht der Sachwalter, sondern der Schuldner zur Aufnahme des Prozesses befugt (vgl. MünchKommInsO-*Schumacher* aaO § 85 Rz. 12; BPatG BeckRS 2014 aaO).

Die *concordato preventivo* führt nicht zum Übergang der Verfügungs- und Prozessführungsbefugnis. Nach italienischem Insolvenzrecht verliert der Gemeinschuldner diese erst mit dem Erlass einer dem deutschen Eröffnungsbeschluss entsprechenden *sentenza dichiarativa di fallimento* gemäß Art. 16 Legge fallimentare (Regio Decreto 16.3. 1942, n° 267). Erst dann wird ein *curatore* (der insoweit dem Insolvenzverwalter entspricht) gemäß Art. 27 Legge fallimentare eingesetzt, auf den die Verwaltungs- und Verfügungsbefugnis des Schuldners übergeht (Art. 31). Bei Unternehmen folgt dies aus Art. 42 i.V.m. Art. 31 Legge fallimentare. Nach Art. 43 Legge fallimentare werden anhängige Prozesse durch die Eröffnung des *fallimento* unterbrochen und die Prozessführungsbefugnis geht auf den *curatore* über.

Das *concordato preventivo* (geregelt in Art. 160 ff. Legge fallimentare) ist aber ein präventives Verfahren, mit dem die Insolvenz abgewendet werden soll. In diesem Vergleichsverfahren schlägt der Schuldner seinen Gläubigern einen Umschuldungsplan vor, der vom Gericht am Sitz des Unternehmens geprüft wird. Das Gericht kann das Vergleichsverfahren zulassen oder den Antrag abweisen und das Konkurs-

---

[2] IPRspr. 2011 Nr. 259.   [3] IPRspr. 2013 Nr. 295.

bzw. Insolvenzverfahren eröffnen. Wird das Vergleichsverfahren – wie hier – zugelassen, darf der Schuldner weiter über das Vermögen des Unternehmens verfügen und die Geschäfte weiter führen (Art. 167 I Legge fallimentare) ...

2. Der Antrag auf Vollstreckbarerklärung ist auch begründet.

Die Anerkennung und Vollstreckung ausländischer Schiedssprüche richtet sich gemäß § 1061 ZPO nach dem UNÜ.

Versagungsgründe im Sinne von Art. V UNÜ sind nicht gegeben.

a. Der von der AGg. geltend gemachte Einwand der nicht wirksamen Vereinbarung der FOSFA als Schiedsgericht stellt zwar einen Versagungsgrund nach Art. V Abs. 1 lit. a UNÜ dar. Für die den Versagungsgrund tragenden Umstände hat die AGg. die Darlegungs- und Beweislast. Die AGg. behauptet hierzu im Ergebnis ohne Erfolg, dass das von der ASt. vorgelegte Dokument nicht Grundlage des Vertrags geworden sei.

aa. Der Einwand der nicht wirksamen Vereinbarung der FOSFA-Klausel ist der AGg. allerdings nicht schon deshalb verwehrt, weil das Schiedsgericht seine Zuständigkeit abschließend festgestellt hätte. Nach der Rspr. des BGH (BGHZ 188, 1 ff.)[4] kann sich die AGg. im Verfahren auf Anerkennung und Vollstreckbarerklärung eines ausländischen Schiedsspruchs auf das Fehlen der Schiedsvereinbarung berufen. Auf die Geltendmachung ausländischer Rechtsbehelfe kommt es insoweit nicht an. Es ist lediglich gemäß Art. V Abs. 1 Satz 1 des Europäischen Übereinkommens über die internationale Handelsschiedsgerichtsbarkeit vom 21.4.1961 (BGBl. 1964 II 425) erforderlich, die Rüge der Zuständigkeit spätestens mit der Einlassung zur Hauptsache geltend zu machen. Die AGg. hat die Rüge im Schiedsverfahren erhoben. Dass sie im dargestellten Sinne verspätet gewesen wäre, ist nicht ersichtlich, jedenfalls hat sie das Schiedsgericht zugelassen (Art. V I 2 des Übereinkommens), so dass ein Ausschluss der Zuständigkeitsrüge nach Art. V Abs. 2 des Übereinkommens nicht in Betracht kommt.

bb. Da es schon unerheblich ist, ob überhaupt ein Rechtsmittel zu den staatlichen Gerichten im Ausland ergriffen worden ist, kann es der AGg. auch nicht zum Nachteil gereichen, dass sie das Verfahren vor dem High Court nicht weitergeführt hat. Die dort dennoch ergangene Entscheidung betraf lediglich die Zuständigkeit des Schiedsgerichts, ist danach reines Prozessurteil und deswegen nicht nach § 328 ZPO anerkennungsfähig mit der Folge, dass diese Frage nun einer erneuten Beurteilung durch den Senat zugänglich ist (vgl. *Zöller-Geimer*, ZPO, 30. Aufl. [2014], § 1061 Rz. 22, § 328 Rz. 39; OLG München, Urt. vom 10.10.2002 – U (K) 1651/02, IPRspr. 2002 Nr. 223, 564 ff.).

cc. Etwas anderes ergibt sich auch nicht aus Art. 32, 33 EuGVO, denn auch hier sind klageabweisende Entscheidungen bzw. solche über prozessuale Fragen, selbst wenn sie nach dem ausländischen Recht in Rechtskraft erwachsen, nicht anerkennungsfähig (vgl. *Zöller-Geimer* aaO Anh I Art. 32 EuGVVO Rz. 11).

dd. Der Verweis der AGg. auf die fehlende Schiedsabrede im Anerkennungsverfahren ist schließlich auch nicht treuwidrig. Der von dem OLG München (Urt. vom 10.10.2002 aaO) entschiedene Fall ist nicht vergleichbar. Dort hatte nämlich der Kläger zunächst das Schiedsgericht angerufen und die Feststellung begehrt, dieses möge sich für unzuständig erklären. Danach hat er jedoch zur Sache verhandelt und

---

[4] IPRspr. 2010 Nr. 310.

damit eine Art ‚Rosinenpickerei' betrieben: Ein ihm günstiges Urteil hätte er akzeptiert, ein ungünstiges wegen Unzuständigkeit nicht. Das hat das OLG München als treuwidrig erachtet, dabei aber klargestellt, dass der Beklagte selbstverständlich die Unzuständigkeit rügen und zur Vermeidung einer ungünstigen Sachentscheidung zugleich zur Sache verhandeln dürfe (Rz. 77). Dementsprechend sieht es der BGH (aaO) auch nicht als problematisch an, dass der Schiedsbeklagte den Schiedsspruch wegen der Zuständigkeit nicht angreift und die Auseinandersetzung insoweit in das Anerkennungsverfahren verlagert.

b. Nachdem die ASt. vor dem Schiedsgericht eine für sie günstige Entscheidung erstritten hat, muss die AGg. die Wirksamkeit einer die Zuständigkeit dieses Gerichts begründenden Schiedsvereinbarung widerlegen. Dies ist ihr nicht gelungen. Die die Schiedsklausel enthaltenden AGB sind wirksam einbezogen und der von der ASt. für maßgeblich gehaltene Vertragstext ist jedenfalls durch das Schweigen der AGg. als verbindlich angenommen worden.

aa. Das Zustandekommen des Vertrags und die Frage nach der wirksamen Einbeziehung der Schiedsklausel sind nach deutschem Recht zu beurteilen. Für eine ausdrückliche Rechtswahl der Parteien gemäß Art. 3 I Rom-I-VO ergibt sich aus den vorgelegten Dokumenten kein Anhaltspunkt. Für eine stillschweigende Wahl englischen Rechts, welche die ASt. offenbar geltend machen will, fehlt es an hinreichenden Indizien. Zwar ist der Entwurf der ASt. auf Englisch verfasst. Dies allein besagt aber noch nichts über die Frage des anwendbaren Rechts, sondern kann allenfalls als unterstützendes Argument gelten (BGH, Urt. vom 22.11.1955 – I ZR 218/53, BGHZ 19, 110)[5]. Ein Hinweis könnte zwar die – streitige – Einbeziehung der FOSFA-Konditionen sein, wenn diese auf dem englischen Recht aufbauen (vgl. *Palandt-Thorn*, BGB, 73. Aufl. [2014], Rom I 3 Rz. 7), was hier aber nicht ersichtlich und von der ASt. auch nicht dargelegt worden ist. Mangels tragfähiger Hinweise ist damit nach Art. 4 I lit. a Rom-I-VO deutsches Recht anwendbar.

bb. Zwar sind die Voraussetzungen des Art. II UNÜ vorliegend nicht erfüllt, da die Schiedsklausel in dem Vertrag bzw. in den zwischen den Parteien gewechselten Dokumenten selbst nicht enthalten war, sondern sich in den AGB zum Vertragsmuster FOSFA 11 befand. Nach dem Meistbegünstigungsgrundsatz aus Art. VII Abs. 1 UNÜ kann sich die ASt. jedoch auch auf die insoweit weniger formstrenge Regelung des § 1031 ZPO berufen, ohne dass es im Weiteren darauf ankäme, nach welchem Recht das Zustandekommen der Schiedsvereinbarung im Übrigen zu beurteilen wäre (vgl. BGH, BGHZ 187, 126[6] und vorgehend OLG Frankfurt am Main, Beschl. vom 27.8.2009 – 26 Sch 3/09[7]).

(1) Nach § 1031 III ZPO ist die Bezugnahme auf eine in einem Dokument (wozu auch AGB gehören) enthaltene Schiedsklausel ausreichend, wenn die Bezugnahme dergestalt ist, dass sie diese Klausel zu einem Bestandteil des Vertrags macht, was hier jedenfalls in Anbetracht des von der Kl. als maßgeblich bezeichneten Vertrags erfüllt ist. Dieser enthält auf Seite 3 den Verweis auf die AGB zu FOSFA Nr. 11, dort findet sich unter Nr. 30 die in englischer Sprache gehaltene Schiedsvereinbarung.

(2) Eine Schiedsabrede kann gemäß § 1031 II ZPO auch durch einen fehlenden rechtzeitigen Widerspruch auf ein die Schiedsabrede enthaltendes Dokument

---

[5] IPRspr. 1954–1955 Nr. 22.
[6] IPRspr. 2010 Nr. 306.
[7] IPRspr. 2009 Nr. 276.

im Sinne eines Schweigens auf ein kaufmännisches Bestätigungsschreiben zustande kommen (vgl. *Thomas-Putzo-Reichold*, ZPO, 34. Aufl. [2013], § 1031 Rz. 5).

Die ASt. hat schlüssig vorgetragen, dass der von ihr zuletzt per Post übersandte Vertrag (W & P 14) den Verweis auf FOSFA Nr. 11 enthielt. Der Vertrag ist jedenfalls per Post unstreitig zugegangen. Hierauf hat die AGg. unstreitig geschwiegen. Damit gilt der Vertrag mit den in W & P 14 niedergelegten Bedingungen nach den Grundsätzen über das kaufmännische Bestätigungsschreiben als geschlossen.

(1.1) Unter einem kaufmännischen Bestätigungsschreiben ist ein von dem einen Vertragspartner an den anderen gerichtetes Schreiben zu verstehen, in dem der Absender seine Auffassung über das Zustandekommen und den Inhalt eines mündlich, fernmündlich oder telegrafisch geschlossenen Vertrags mitteilt. Es verkörpert die im Handelsverkehr übliche Art, den Inhalt eines in solcher Weise abgeschlossenen Geschäfts zu Beweiszwecken niederzulegen. Um als kaufmännisches Bestätigungsschreiben zu gelten, muss ein Schreiben nach seinem äußeren Erscheinungsbild zur Wiedergabe der Verhandlungen wenigstens deren wesentlichem Inhalt nach bestimmt sein (vgl. BGH, NJW 1965, 965). Nach Treu und Glauben und kaufmännischer Verkehrssitte ist der Empfänger eines kaufmännischen Bestätigungsschreibens verpflichtet, unverzüglich zu widersprechen, wenn er den Inhalt des Schreibens nicht gegen sich gelten lassen will. Unterlässt er den Widerspruch, so gilt der Vertrag als mit dem bestätigten Inhalt als geschlossen. Diese Rechtswirkung tritt nach a.A. auch dann ein, wenn die dem Schreiben vorausgegangenen Verhandlungen noch nicht zu einem Vertragsschluss geführt haben, sodass es auch nicht darauf ankommt, ob der Verhandelnde Abschlussvollmacht hatte. Denn nicht das vollmachtlose Handeln des Vertreters, sondern das Schweigen auf das kaufmännische Bestätigungsschreiben bewirkt in einem solchen Fall das Zustandekommen des Vertrags. Etwas anderes gilt nur dann, wenn der Bestätigende bösgläubig gehandelt hat oder der Inhalt seines Schreibens so weit von dem Vereinbarten abweicht, dass der Absender das Schweigen redlicherweise nicht als Zustimmung auffassen kann (vgl. BGH, NJW 1970, 2104; NJW 1994, 1288).

(1.2) Die Voraussetzungen für ein kaufmännisches Bestätigungsschreiben liegen vor. Die Parteien sind Kaufleute und die ASt. hat der AGg. einen Vertrag übersandt, der von ihr unterzeichnet war und den aus ihrer Sicht verhandelten Vertragsgegenstand abschließend wiedergegeben hat. Die AGg. hat auch nicht bewiesen, zuvor der Einbeziehung der die Schiedsklausel enthaltenden FOSFA-Terms widersprochen zu haben. Diesen Beweis kann sie nicht mit den behaupteten E-Mails und Faxschreiben vom 26.4.2007 führen, deren Zugang die ASt. sämtlich bestritten hat. Andere Beweismittel stehen ihr darüber hinaus nicht zur Verfügung ...

c. Soweit die AGg. darauf abhebt, dass der von ihr selbst benannte Schiedsrichter ... möglicherweise befangen gewesen sei, ist dies unter dem Gesichtspunkt eines kausalen Verstoßes gegen den (verfahrensrechtlichen) ordre public (international) im Sinne des Art. V Abs. 2 lit. b UNÜ zwar erheblich. Die Befangenheit eines Schiedsrichters kann sich im Verfahren über die Vollstreckbarerklärung eines ausländischen Schiedsspruchs aber nur auswirken, wenn entweder die benachteiligte Partei nach dem maßgebenden ausländischen Recht ihretwegen die Aufhebung des Schiedsspruchs noch verlangen könnte (vgl. BGHZ 52, 184, 189)[8] – wozu die AGg.

---

[8] IPRspr. 1969 Nr. 258.

schon nichts vorträgt – oder die Anerkennung des Schiedsspruchs zu einem Ergebnis führte, das mit wesentlichen Grundsätzen des deutschen Rechts offensichtlich unvereinbar ist (vgl. BGH, NJW-RR 2001, 1059, 1060[9]). Letzteres ist zu verneinen, wenn die Befangenheit im Ursprungsstaat des Schiedsspruchs vor einem staatlichen Gericht geltend gemacht werden konnte, das im Wesentlichen nach den gleichen Grundsätzen entscheidet, die nach deutschem Recht für die Berücksichtigung der Befangenheit gelten (BGH aaO). Nur wenn dies nicht möglich war oder ohne Erfolg versucht worden ist, kann zur Prüfung gestellt werden, ob die Anerkennung des Schiedsspruchs aus diesem Grund zu einem Ergebnis führen würde, das mit wesentlichen Grundsätzen des deutschen Rechts offensichtlich unvereinbar ist (vgl. OLG Hamm, Beschl. vom 28.11.2008 – 25 Sch 7/08[10], juris). Dass der AGg. Rechtsschutzmöglichkeiten insoweit nicht zur Verfügung gestanden hätten, trägt sie aber nicht vor und ist auch sonst nicht ersichtlich.

Darüber hinaus muss sich der in der Mitwirkung eines befangenen Schiedsrichters liegende Verstoß gegen das Gebot überparteilicher Rechtspflege im schiedsrichterlichen Verfahren konkret ausgewirkt haben; es muss nachgewiesen sein, dass der befangene Schiedsrichter gegenüber einer Partei voreingenommen war und sich bei seiner Entscheidung hiervon hat leiten lassen (vgl. BGH, NJW-RR 2001 aaO; BGHZ 98, 70, 75[11] zu Art. V Abs. 2 lit. b UNÜ). Dies gilt umso mehr, als die Vollstreckbarerklärung eines ausländischen Schiedsspruchs dem weniger strengen Regime des ordre public international unterliegt (vgl. BGHZ 98 aaO 73 f. und 110, 104, 106 f.[12]).

Hiernach kann dahinstehen, ob der Umstand, dass der Schiedsrichter ... wegen der Vergangenheit der AGg. und seiner eigenen Tätigkeit für ein Unternehmen jüdischer Eigentümer gegen die AGg. voreingenommen war. Denn selbst bei Annahme seiner Befangenheit ist jedenfalls nicht ersichtlich, dass sich der unterstellte Verstoß gegen das Gebot überparteilicher Rechtspflege im schiedsrichterlichen Verfahren konkret ausgewirkt hat. Die AGg. trägt hierzu nichts vor.

Nach alledem ist der Schiedsspruch für vollstreckbar zu erklären."

292. *Ein zur Masse eines Sekundärinsolvenzverfahrens gehörender Anspruch aus Insolvenzanfechtung kann vom Verwalter des Hauptinsolvenzverfahrens geltend gemacht werden, wenn das Sekundärverfahren abgeschlossen und der Anspruch vom Verwalter des Sekundärverfahrens nicht verfolgt worden ist.*

Beurteilt sich das Rechtsverhältnis zwischen dem in Deutschland ansässigen Unternehmer und dem belgischen Subunternehmer nach deutschem Recht, steht dem Subunternehmer kein Direktanspruch gegen den Hauptauftraggeber nach Art. 1798 des belgischen Code civil zu.

BGH, Urt. vom 20.11.2014 – IX ZR 13/14: NJW-RR 2015, 302; RIW 2015, 227; WM 2015, 53; MDR 2015, 180; ZIP 2015, 42; BB 2015, 209 mit Anm. *Wilhelm*; DB 2014, 2954; DZWIR 2015, 283; KTS 2015, 339 mit Anm. *Völzmann-Stickelbrock*; NZI 2015, 183, 157 Aufsatz *Fehrenbach*; ZInsO 2014, 2568. Leitsatz in: BB 2014, 3073; EWiR 2015, 83 mit Anm. *Paulus*; JZ 2015, 68.

---

[9] IPRspr. 2001 Nr. 202.
[10] IPRspr. 2008 Nr. 206 (Parallelentscheidung).
[11] IPRspr. 1986 Nr. 198.
[12] IPRspr. 1990 Nr. 238.

Der Kl. ist Verwalter in dem Insolvenzverfahren über das Vermögen der H. GmbH (Schuldnerin), die ihren Hauptsitz in Deutschland und eine Niederlassung in Belgien hat. Die Schuldnerin beauftragte als Generalunternehmerin für zwei belgische kommunale Entsorgungsbetriebe (Hauptauftraggeber) den in Belgien ansässigen Bekl. als Subunternehmer mit der Durchführung von Erdarbeiten in Belgien. In einem unwidersprochen gebliebenen Auftragsschreiben der Schuldnerin aus dem Jahr 2004 heißt es: „Der Beauftragung liegt ... deutsches Recht zugrunde." Für die in der Folgezeit ausgeführten Erdarbeiten zahlten die Hauptauftraggeber direkt an den Bekl. Auf eigenen Antrag der Schuldnerin wurde 2005 das Insolvenzverfahren über ihr Vermögen eröffnet. Ein danach in Belgien eröffnetes Sekundärinsolvenzverfahren ist zwischenzeitlich abgeschlossen. Der Kl. verlangt im Wege der Insolvenzanfechtung die Rückgewähr der an den Bekl. geleisteten Zahlung. Das LG hat der Klage stattgegeben. Auf die Berufung des Bekl. hat das OLG das Urteil des LG abgeändert und die Klage abgewiesen. Mit seiner vom Berufungsgericht zugelassenen Revision verfolgt der Kl. sein Begehren weiter.

Aus den Gründen:

„II. Diese Ausführungen halten der rechtlichen Prüfung in einem entscheidenden Punkt nicht stand.

1. Die auch im Revisionsverfahren von Amts wegen zu prüfende internationale Zuständigkeit der deutschen Gerichte (BGH, Urt. vom 1.3.2011 – XI ZR 48/10[1], BGHZ 188, 373 Rz. 9; vom 20.12.2012 – IX ZR 130/10[2], WM 2013, 333 Rz. 10 m.w.N.) wurde von den Vorinstanzen rechtsfehlerfrei aus Art. 3 I 1 EuInsVO hergeleitet. Danach sind die Gerichte desjenigen Mitgliedstaats für die Eröffnung des Insolvenzverfahrens zuständig, in dessen Gebiet der Schuldner den Mittelpunkt seiner hauptsächlichen Interessen hat. Diese Bestimmung ist dahingehend auszulegen, dass die Gerichte des Mitgliedstaats, in dessen Gebiet das Insolvenzverfahren eröffnet worden ist, auch für Klagen zuständig sind, die unmittelbar aus dem Insolvenzverfahren hervorgehen und mit ihm in einem engen Zusammenhang stehen; hierzu zählen auch Insolvenzanfechtungsklagen (EuGH, Urt. vom 12.2.2009 – Christopher Seagon ./. Deko Marty Belgium N.V., Rs C-339/07, Slg. 2009 I-00767, ZIP 2009, 427 Rz. 28; Urt. vom 16.1.2014 – Ralph Schmid ./. Lilly Hertel, Rs C-328/12, DZWiR 2014, 175 Rz. 39; BGH, Urt. vom 27.3.2014 – IX ZR 2/12[3], WM 2014, 1094 Rz. 6).

2. Der Kl. ist nach Abschluss des Sekundärinsolvenzverfahrens in Belgien zur Geltendmachung des Insolvenzanfechtungsanspruchs gegen den Bekl. auch aktivlegitimiert.

a) Das eröffnete Sekundärinsolvenzverfahren führte bis zu seiner Beendigung dazu, dass die Wirkungen des Hauptinsolvenzverfahrens bezogen auf die in Belgien befindlichen Vermögensgegenstände der Schuldnerin ausgesetzt (vgl. Art. 17 I EuInsVO) und die Befugnisse des Hauptinsolvenzverwalters von denen des Sekundärinsolvenzverwalters bezogen auf die Sekundärmasse verdrängt wurden (Art. 18 I 1 EuInsVO; vgl. *Ahrens-Gehrlein-Ringstmeier-Flöther/Wehner*, InsO, 2. Aufl., Anh. I Art. 17 Rz. 5 und Art. 18 Rz. 7; *Duursma-Kepplinger/Chalupsky* in *Duursma-Kepplinger/Duursma/Chalupsky*, EuInsVO, 2002, Art. 18 Rz. 12; *Pannen/Riedemann* in *Pannen*, EuInsVO, 2007, Art. 17 Rz. 12, Art. 18 Rz. 26 ff.).

b) Ob deshalb die Anfechtung der Drittzahlung während der Dauer des in Belgien eröffneten Sekundärinsolvenzverfahrens nur vom dort bestellten Verwalter geltend gemacht werden konnte, bedarf keiner Entscheidung. Denn eine möglicherweise vorübergehend fehlende Aktivlegitimation des Hauptinsolvenzverwalters zur

---

[1] IPRspr. 2011 Nr. 188.
[2] IPRspr. 2012 Nr. 331.
[3] Siehe oben Nr. 281.

Verfolgung des vorliegenden Insolvenzanfechtungsanspruchs lebte jedenfalls wieder auf, nachdem das Sekundärinsolvenzverfahren abgeschlossen war, ohne dass dieser Anspruch vom Sekundärinsolvenzverwalter verfolgt worden ist. Die Eröffnung eines Hauptinsolvenzverfahrens entfaltet seine Wirkungen nach Art. 17 I EuInsVO auch in den anderen Mitgliedstaaten – ‚solange' dort kein Sekundärinsolvenzverfahren eröffnet ist. Entsprechend erstrecken sich nach Art. 18 I EuInsVO die Befugnisse des im Hauptinsolvenzverfahren bestellten Verwalters auf das Gebiet anderer Mitgliedstaaten, ‚solange' dort nicht ein weiteres Insolvenzverfahren eröffnet ist. Die universellen Wirkungen des Hauptinsolvenzverfahrens werden deshalb mit der Eröffnung des Sekundärinsolvenzverfahrens nur suspendiert oder überlagert (*Duursma-Kepplinger/Chalupsky* aaO Art. 17 Rz. 10, 16; *Pannen/Riedemann* aaO Art. 17 Rz. 12; *Gruber* in *Haß-Huber-Gruber-Heiderhoff*, EuInsVO, 2005, Art. 17 Rz. 4; *Ahrens-Gehrlein-Ringstmeier-Flöther/Wehner* aaO Art. 17 Rz. 5; *Nerlich-Römermann*, InsO, 2013, Art. 17 EuInsVO Rz. 2). Nach Abschluss des Sekundärinsolvenzverfahrens entfaltet das Hauptinsolvenzverfahren wieder seine uneingeschränkte Geltung, und Gegenstände, die der Sekundärmasse zugehörten und nicht verwertet wurden, unterliegen wieder dem Insolvenzbeschlag des Hauptinsolvenzverfahrens (vgl. *Pannen/Riedemann*, aaO Rz. 11; *Gruber* aaO Art. 35 Rz. 1 und Art. 17 Rz. 6; *Nerlich-Römermann* aaO Rz. 4). So verhält es sich auch mit dem in Rede stehenden Anfechtungsanspruch. Die in der Revisionsverhandlung aufgeworfene Frage, ob anderes gilt, wenn der im Sekundärinsolvenzverfahren bestellte Verwalter den Anfechtungsanspruch ohne Erfolg geltend gemacht oder sich in der Annahme fehlender Erfolgsaussicht dazu entschieden hat, den Anspruch nicht geltend zu machen, kann offen bleiben. Ein solcher Sachverhalt ist nicht festgestellt.

3. Der vom Kl. geltend gemachte Rückgewähranspruch nach §§ 131 I Nr. 1, 143 I InsO kann aber nicht mit der vom Berufungsgericht gegebenen Begründung verneint werden, die Direktzahlung der Hauptauftraggeber habe wegen eines darauf gerichteten Anspruchs des Bekl. aus Art. 1798 belg. Cc zu einer kongruenten Befriedigung geführt.

a) Im Ansatz zutreffend geht das Berufungsgericht davon aus, dass sich der Anfechtungsanspruch des Kl. wegen des in Deutschland eröffneten Hauptinsolvenzverfahrens gemäß Art. 4 I, II lit. m EuInsVO nach deutschem Insolvenzrecht richtet. Richtig ist auch, dass die Voraussetzung einer inkongruenten Deckung im Sinne von § 131 I InsO eine Vorfrage ist, die einer selbständigen Anknüpfung unterliegt und von der nach dem deutschen IPR ermittelten maßgeblichen Rechtsordnung zu klären ist (vgl. BGH, Urt. vom 23.11.2011 – XII ZR 78/11[4], NJW-RR 2012, 449 Rz. 20; *Kropholler*, IPR, 6. Aufl., § 32 IV; *Rauscher*, IPR, 3. Aufl., § 5 Rz. 500 ff.). Mit Erfolg wendet sich die Revision jedoch gegen die Annahme des Berufungsgerichts, die Vorfrage beurteile sich nach der belgischen, nicht nach der deutschen Rechtsordnung.

aa) Die streitgegenständlichen Verträge wurden im Jahr 2004 geschlossen, so dass die Rom-I-VO nach ihrem Art. 28 noch keine Anwendung findet. Es gelten somit die Art. 27 ff. EGBGB a.F. zur Klärung des auf die Vorfrage anwendbaren Rechts.

bb) Das Vertragsverhältnis zwischen der Insolvenzschuldnerin und dem Bekl. unterliegt aufgrund der gemäß Art. 27 I EGBGB a.F. getroffenen Rechtswahl dem deut-

---

[4] IPRspr. 2011 Nr. 93.

schen Sachrecht. Nach den landgerichtlichen Feststellungen, auf welche das Berufungsgericht Bezug genommen hat, ist von einer wirksamen Vereinbarung über die Anwendung des deutschen Rechts auf den Subunternehmervertrag auszugehen. Die im Verhandlungsprotokoll festgehaltene Geltung des deutschen Gewährleistungsrechts hat das LG in tatrichterlich zu verantwortender Weise (vgl. BGH, Urt. vom 29.5.2008 – IX ZR 45/07, WM 2008, 1456 Rz. 23; vom 11.10.2012 – IX ZR 30/10, WM 2012, 2144 Rz. 10 f. m.w.N.), die das Berufungsgericht in Bezug genommen hat, dahingehend ausgelegt, dass von den Vertragsparteien eine umfassende, nicht auf einen Teil des Vertrags beschränkte (vgl. Art. 27 I 3 EGBGB a.F.) Wahl der deutschen Rechtsordnung gewollt war. Das Auftragsschreiben der Schuldnerin vom 16.6.2004, dem der Bekl. nicht widersprochen hat, weist zudem ausdrücklich auf die Geltung des deutschen Rechts für das Vertragsverhältnis hin. Es gibt keine Anhaltspunkte dafür, dass es sich um eine modifizierte Auftragsbestätigung und damit um ein neues Angebot der Schuldnerin im Sinne von § 150 II BGB handelte (vgl. BGH, Urt. vom 26.9.1973 – VIII ZR 106/72, BGHZ 61, 282, 285 ff.).

cc) Das gewählte Vertragsstatut ist nach Art. 32 I Nrn. 2, 4 EGBGB a.F. auch für die Erfüllung der durch den Vertrag begründeten Verpflichtungen und für die verschiedenen Arten des Erlöschens der Verpflichtungen maßgeblich. Nach ihm richtet sich die Gesamtheit der gegenseitigen vertraglichen Pflichten. Es legt fest, wer Schuldner und wer Gläubiger einer Vertragsforderung ist und ob durch einen Dritten geleistet werden darf (*Staudinger-Magnus*, BGB, 2002, Art. 32 EGBGB Rz. 32, 37; *Bamberger-Roth-Spickhoff*, BGB, 2. Aufl., Art. 32 EGBGB Rz. 5; *Erman-Hohloch*, BGB, 12. Aufl., Art. 32 EGBGB Rz. 7; vgl. auch Ber. *Giuliano/Lagarde* zum EVÜ, BT-Drucks. 10/503 S. 36 ff., 64 f.). Ferner bestimmt es, ob die Leistung eine schuldtilgende Wirkung hat (*Staudinger-Magnus* aaO Rz. 59; MünchKomm-*Spellenberg*, 4. Aufl., Art. 32 EGBGB Rz. 34, 63; *Bamberger-Roth-Spickhoff* aaO Rz. 9; *Erman-Hohloch* aaO Rz. 13). Damit ist dem gewählten deutschen Vertragsstatut auch zu entnehmen, ob der Bekl. zur Befriedigung seines vertraglichen Vergütungsanspruchs gegen die Schuldnerin unmittelbar von den Hauptauftraggebern, zu denen er in keinem Vertragsverhältnis stand, Zahlung verlangen konnte.

b) ... bb) Da sich das Rechtsverhältnis zwischen dem Bekl. und der Schuldnerin nach deutschem Recht richtet, kann ein Anspruch des Bekl. auf Zahlung durch die Hauptauftraggeber nicht aus Art. 1798 belg. Cc abgeleitet werden. Diese Norm erweitert die vertraglichen Rechte des Subunternehmers gegen seinen Auftraggeber um das Recht, seinen Vergütungsanspruch bis zur Höhe des Betrags, den der Hauptauftraggeber seinem Auftragnehmer schuldet, unmittelbar gegen den Hauptauftraggeber geltend zu machen. Es handelt sich dabei um eine gesetzlich bestimmte, akzessorische Sicherheit zur Forderung des Subunternehmers gegen seinen Auftraggeber, die in ihrer Auswirkung einem Pfändungs- und Überweisungsbeschluss nach §§ 829, 835 ZPO vergleichbar ist (vgl. zur ähnlichen *action directe* des franz. Rechts nach Art. 12 Loi no. 75-1334 du 31 décembre 1975 relative à la sous-traitance [J.O. 3.1.1976 p. 148]: *Sajonz*, Der Schutz des Subunternehmers bei Insolvenz des Hauptunternehmers nach französischem, schweizerischem und deutschem Recht, 1993, 113 f.; *Scherzer*, Die Sicherung von Forderungen der am Bau Tätigen aus rechtsvergleichender Sicht, 2008, 157 f.). Entgegen der Ansicht des Berufungsgerichts hat dieser Direktanspruch seine Grundlage nicht im Hauptauftragsverhältnis. Er betrifft vielmehr die Rechte des Subunternehmers aus dem Subunternehmervertrag und besteht deshalb nur dann, wenn die durch den Direktanspruch geschützte Forderung – mithin der Subunternehmervertrag – dem Recht unterliegt, das den Direktanspruch vorsieht (*Hök*, Hdb. des internationalen und ausländischen Baurechts, 2. Aufl., Kap. 3 § 14 Rz. 12; *Jayme* in Festschrift Pleyer, 1986, 371, 378; *ders.*, IPRax 1985, 372, 373). Ob darüber hinaus erforderlich ist, dass auch das Hauptauftragsverhältnis dem Recht unterliegt, das dem Subunternehmer einen Direktanspruch gegen den Besteller gewährt (vgl. dazu *Hök* aaO Rz. 13; *Jayme* aaO 379; *Reithmann-Martiny*, Internationales Vertragsrecht, 7. Aufl., Rz. 1082; MünchKomm-*Martiny* aaO Art. 28 EGBGB Rz. 192), kann dahinstehen. Im Streitfall kann sich der Bekl. schon deshalb nicht auf Art. 1798 belg. Cc berufen, weil auf den Subunternehmervertrag nach der von den Beteiligten getroffenen Rechtswahl deutsches Recht anzuwenden ist.

cc) Es kommt auch nicht in Betracht, Art. 1798 belg. Cc trotz des vereinbarten deutschen Vertragsstatus mit der Begründung anzuwenden, es handle sich um international zwingendes ausländisches Recht. Ob und unter welchen Voraussetzungen ausländische Eingriffsnormen anzuwenden sind, war zum hier maßgeblichen Zeitpunkt gesetzlich nicht geregelt. Art. 34 EGBGB betraf lediglich die Anwendung zwingender Normen des deutschen Rechts. Die Regelung des Art. 7 I EVÜ über die Anwendbarkeit zwingender ausländischer Bestimmungen ist vom deutschen Gesetzgeber bewusst nicht in das EGBGB übernommen worden (BT-Drucks. 10/504 S. 83, 100, 106; BT-Drucks. 10/5632 S. 45; *Staudinger-Magnus* aaO Art. 34 EGBGB Rz. 5 f.). Inwieweit ausländische Eingriffsnormen gleichwohl anzuwenden sind (vgl. dazu *Staudinger-Magnus* aaO Rz. 110 ff.; *Bamberger-Roth-Spickhoff* aaO Art. 34 EGBGB Rz. 24 ff.), braucht hier nicht entschieden zu werden. Denn es handelt sich bei Art. 1798 belg. Cc nicht um eine Eingriffsnorm, die ungeachtet des maßgeblichen Vertragsstatuts internationale Geltung beanspruchen könnte. Der Direktanspruch des Subunternehmers gegen den Hauptauftraggeber dient in erster Linie dem Individualinteresse des Subunternehmers und hat keine überragende Bedeutung für die Wahrung des öffentlichen Interesses des belgischen Staats, weder im Blick auf seine politische noch auf seine soziale oder wirtschaftliche Organisation (vgl. dazu Art. 9 I der im Streitfall noch nicht anwendbaren Rom-I-VO; BGH, Urt. vom 17.11.1994 – III ZR 70/93, BGHZ 128, 41, 52 m.w.N.; *Staudinger-Magnus* aaO Rz. 113)."

Gesetzesverzeichnis

Die Zahlen verweisen auf die Seiten.

I. Deutsches Recht
1. Reichsrecht

Die Verfassung des Deutschen Reichs vom 11.8.1919 (RGBl. 1383)
    Art. 109: 34

2. Bundesrecht

Einführungsgesetz zum Gerichtsverfassungsgesetz vom 27.1.1877 (RGBl. 77)
    § 23: 581
Gesetz betreffend die Einführung der Zivilprozessordnung vom 30.1.1877 (RGBl. 244)
    § 35: 217
Gesetz betreffend die Gesellschaften mit beschränkter Haftung (GmbHG) i.d.F. d. Bek. vom 20.5.1898 (RGBl. 369, 846)
    § 4a: 55
    § 11: 458 f.
    § 31: 459
    § 64: 458, 738 f., 740 f.
Handelsgesetzbuch vom 10.5.1897 (RGBl. 219)
    §§ 13d ff.: 56
    § 29: 55
    § 84: 454
    § 87c: 438
    § 89b: 438
    § 128: 612
    § 452: 153
    § 452a: 153
    § 459: 443
Gesetz über die Angelegenheiten der freiwilligen Gerichtsbarkeit vom 20.5.1898 (RGBl. 771; gemäß Art. 112 I FGG-RG vom 17.12.2008 [BGBl. I 2586] außer Kraft getreten mit Wirkung vom 1.9.2009)
    § 16a: 250, 251–254, 255, 258, 663
Einführungsgesetz zu dem Gesetz über den Versicherungsvertrag vom 30.5.1908 (RGBl. 305)
    Art. 7: 67
    Art. 7 ff.: 66
    Art. 8 ff.: 67
    Art. 15: 67
Staatsangehörigkeitsgesetz (StAG) vom 22.7.1913 (RGBl. 583) i.d.F. vom 15.7.1999 (BGBl. I 1618)
    §§ 3 f.: 40, 42
    § 4: 21, 31, 228, 237, 284, 655
    § 6: 254
Gesetz über die Änderung von Familiennamen und Vornamen vom 5.1.1938 (RGBl. I 9)
    § 1: 46 f.
    § 3: 46
Grundgesetz vom 23.5.1949 (BGBl. 1)
    Art. 1: 658, 660, 666
    Art. 1 f.: 18, 246, 673
    Art. 2: 327, 521, 660, 666, 669–671
    Art. 3: 12, 44, 344
    Art. 6: 44, 47, 200, 252, 269, 666, 669–671
    Art. 7: 375 f., 382 f.
    Art. 9: 720
    Art. 14: 327
    Art. 19: 586
    Art. 25: 154, 161, 374, 377, 380, 384, 386, 388, 389, 392 f., 476, 503, 506 f., 581
    Art. 33: 375, 381

Art. 100: 384
Art. 101: 373, 376, 377, 380, 581
Art. 102: 380
Art. 103: 484, 586, 647 f.
Art. 116: 15, 323
Art. 123: 34
Bundesnotarordnung i.d.F. d. Bek. vom 24.2.1961 (BGBl. I 98)
§ 14: 53
§ 20: 60
§ 21: 51, 60
Gesetz zur Vereinheitlichung und Änderung familienrechtlicher Vorschriften (Familienrechtsänderungsgesetz) vom 11.8.1961 (BGBl. I 1221)
Art. 7: 282, 284, 693
Gesetz über die Einführung der Pflichtversicherung für Kraftfahrzeughalter vom 5.4.1965 (BGBl. I 213)
§ 19: 130
Aktiengesetz vom 6.9.1965 (BGBl. I 1089)
§ 5: 55
§ 85: 49
§ 121: 52
§ 130: 53
§ 243: 52
§§ 245 ff.: 54
Gesetz über Urheberrecht und verwandte Schutzrechte vom 9.9.1965 (BGBl. I 1273)
§ 2: 104
§ 31: 103, 105–107
§ 32: 107
§ 32a: 107
§ 32b: 107
§ 34: 104
§ 35: 104
§ 72: 104
Kündigungsschutzgesetz (KSchG) i.d.F. vom 25.8.1969 (BGBl. I 1371)
§ 1: 156, 159, 179
§§ 1 ff.: 164, 167
§ 9: 159
§ 14: 159
Beurkundungsgesetz vom 28.8.1969 (BGBl. I 1513)
§ 4: 53
§ 17: 54
§ 37: 54
Gesetz über die Konsularbeamten, ihre Aufgaben und Befugnisse (Konsulargesetz – KonsG) vom 11.9.1974 (BGBl. I 2317)
§ 8: 41, 43
§ 10: 53
Sozialgesetzbuch: Erstes Buch – Allgemeiner Teil vom 11.12.1975 (BGBl. I 3015)
§ 54: 770

Haftpflichtgesetz i.d.F. der Bek. vom 4.1.1978 (BGBl I 145)
§ 13: 442
Arbeitsgerichtsgesetz i.d.F. vom 2.7.1979 (BGBl. I 853)
§ 5: 454
§ 69: 168
§ 73: 167
Patentgesetz i.d.F. vom 16.12.1980 (BGBl. I 1)
§ 99: 751
Gesetz über den Widerruf von Haustürgeschäften vom 16.1.1986 (BGBl. I 122)
§ 7: 97, 498
Gesetz zum Schutz von Embryonen (Embryonenschutzgesetz – ESchG) vom 13.12.1990 (BGBl. I 2746)
§ 1: 657, 659, 665
Verwaltungsgerichtsordnung (VwGO) i.d.F. d.Bek. vom 19.3.1991 (BGBl. I 686)
§ 43: 762
§ 80: 760
§ 124: 759
§ 124a: 759
§ 137: 46
§ 144: 46
§ 173: 211, 758
Gesetz über das Bundesverfassungsgericht (Bundesverfassungsgerichtsgesetz – BVerfGG) i.d.F. der Bek. vom 11.8.1993 (BGBl. I 1473)
§ 32: 376
Grundbuchordnung i.d.F. d.Bek. vom 26.5.1994 (BGBl. I 1114)
§ 29: 51
§ 32: 50 f.
Gesetz über die Zahlung des Arbeitsentgelts an Feiertagen und im Krankheitsfall (Entgeltfortzahlungsgesetz) vom 26.5.1994 (BGBl. I 1014)
§ 2: 171 f., 189
§§ 2 f.: 172
§ 3: 171 f., 189
Einführungsgesetz zum Bürgerlichen Gesetzbuch i.d.F. vom 21.9.1994 (BGBl. I 2494)
Art. 2: 511
Art. 3: 87, 92, 110, 145, 313, 324, 344, 348, 445, 733
Art. 3 ff.: 118
Art. 3a: 324
Art. 4: 64, 111, 118, 207, 238, 304, 305, 313, 315, 328, 567
Art. 5: 14 f., 21, 31, 37, 43, 204, 231, 282–284, 323 f., 347

Art. 6: 11–13, 117, 184, 231, 326, 339, 344, 348, 392, 400, 511, 663 f., 723
Art. 10: 3, 4–6, 7–9, 10, 13, 14 f., 19, 21, 25, 30 f., 36 f., 41 f., 43, 44 f., 232, 283 f.
Art. 11: 143, 147, 168–171, 195, 197, 199, 311, 724
Art. 13: 197–200, 201 f., 220
Art. 14: 22, 25, 202, 204, 206 f., 219, 222, 259, 281, 315, 332
Art. 14 f.: 206, 303 f., 305, 347
Art. 15: 206, 305, 332 f., 347
Art. 17: 204 f., 208 f., 212, 315, 332
Art. 17b: 44 f., 228, 230 f.
Art. 19: 21 f., 25, 27, 218, 219, 220–222, 228–231, 281, 327, 656, 660 f., 667, 669
Art. 21: 41, 43, 227 f., 238, 258, 262, 265, 268, 278, 288, 566, 569
Art. 22: 229, 258, 259, 278
Art. 24: 302
Art. 25: 304, 306, 309, 310, 311, 312 f., 317–319, 320 f., 323 f., 327, 328–330, 331 f., 335, 338 f., 342, 347, 353 f.
Art. 26: 317 f., 320 f., 325, 327
Art. 27: 64, 65, 68, 83, 92, 97 f., 105, 144 f., 147, 149, 156, 163, 174, 179, 188, 384, 445, 728, 733, 779 f.
Art. 27 f.: 445
Art. 27 ff.: 66 f., 68, 104, 106, 149, 156, 163, 174 f., 179, 188, 384, 722, 779
Art. 28: 91, 103–105, 145, 153, 444 f.
Art. 28 ff.: 728
Art. 29: 62, 63 f., 65–67, 95 f., 98 f.
Art. 30: 156–158, 160, 163–167, 169, 171, 173, 175–177, 179, 181, 184, 185, 186–188, 384
Art. 31: 64, 65, 97, 177
Art. 32: 121, 144 f., 780
Art. 33: 722
Art. 34: 98, 103, 105–107, 164, 169, 171 f., 181, 183 f., 189, 781
Art. 36: 63, 175
Art. 37: 62, 66 f., 149
Art. 39: 58
Art. 40: 81 f., 110 f., 118, 122, 125, 128, 132 f., 134, 150, 388, 442, 505, 518, 552, 558
Art. 40 ff.: 118
Art. 41: 57, 58, 134, 552
Art. 42: 148 f.
Art. 43: 765 f.
Art. 46: 765–767

Art. 46c: 150
Art. 47: 3, 4–6, 7–10, 13, 16 f., 20, 29 f., 37, 45
Art. 48: 27 f., 32–35, 38 f., 40
Art. 220: 14, 45, 305, 347
Art. 229: 205, 207, 212, 315
Art. EGBGB: 201

Insolvenzordnung (InsO) vom 5.10.1994 (BGBl. I 2866)
§ 3: 755
§ 6: 749
§ 21: 642
§ 24: 642
§ 26a: 763
§ 34: 749
§ 35: 769
§ 36: 770
§ 81: 642
§ 85: 753
§§ 85 f.: 773
§ 113: 753 f.
§§ 120 ff.: 754
§ 130: 642
§ 131: 779
§ 134: 765
§ 143: 469, 765, 779
§ 200: 748
§ 201: 748
§§ 217 ff.: 753
§ 254: 534, 545
§ 270: 773
§ 294: 748
§ 335: 518, 525, 533, 535 f., 544–547, 738, 754, 756, 759, 761
§§ 335 ff.: 753 f.
§ 337: 754
§ 343: 518, 520, 525, 534 f., 537, 545 f., 753, 756, 760
§ 352: 773

Einführungsgesetz zur Insolvenzordnung (EGInsO) vom 5.10.1994 (BGBl. I 2911)
Art. 102: 755

Gesetz über die Verwahrung und Anschaffung von Wertpapieren – Depotgesetz (DepotG) – i.d.Bek. vom 11.1.1995 (BGBl. I 34)
§ 24: 510

Sozialgesetzbuch: Siebtes Buch – Gesetzliche Unfallversicherung vom 7.8.1996 (BGBl. I 1254)
§ 130: 55 f.

Gesetz über das Kreditwesen (Kreditwesengesetz – KWG) i.d.F. d.Bek. vom 9.9.1998 (BGBl. I 2776)
§ 32: 96, 518, 528, 532 f., 539, 543 f.
§ 54: 518

Strafgesetzbuch (StGB) i.d.F. der Bek. vom 13.11.1998 (BGBl. I 3322)
    § 7: 667
    § 14: 518, 745
    § 263: 96, 429
    § 266: 703
    § 266a: 745
Gewerbeordnung i.d.Bek. vom 22.2.1999 (BGBl. I 202)
    § 15a: 17
    § 15b: 17
    § 108: 384
Gesetz über die Eingetragene Lebenspartnerschaft (Lebenspartnerschaftsgesetz – LPartG) vom 16.2.2001 (BGBl. I 266)
    § 3: 44 f.
    § 9: 232, 665
Sozialgesetzbuch: Neuntes Buch – Rehabilitation und Teilhabe behinderter Menschen vom 19.6.2001 (BGBl. I 1046)
    §§ 85 ff.: 178, 183
Gesetz über Wirkungen der Annahme als Kind nach ausländischem Recht (Adoptionswirkungsgesetz – AdWirkG) vom 5.11.2001 (BGBl. I 2950, 2953)
    § 1: 245, 259 f., 265, 271 f.
    §§ 1 f.: 260
    § 2: 248, 254, 255, 258, 263, 268 f., 271 f., 275, 277, 284, 285, 288, 291 f., 293, 294 f., 296
    §§ 2 ff.: 288
    § 4: 268, 277, 294 f.
    §§ 4 f.: 294
    § 5: 249, 258, 262, 264, 268, 271, 277, 284, 293, 294, 296
Gesetz über die Vermittlung der Annahme als Kind und über das Verbot der Vermittlung von Ersatzmüttern (Adoptionsvermittlungsgesetz – AdVermiG) i.d.F. d.Bek. vom 22.12.2001 (BGBl. 2002 I 354)
    § 13a: 657
    § 13b: 657
    § 13c: 657, 659, 665
    § 14b: 665
Bürgerliches Gesetzbuch i.d.F. d.Bek. vom 2.1.2002 (BGBl. I 42)
    § 1: 661
    § 19: 231
    § 57: 55
    § 90: 509
    § 126: 413, 425, 465
    § 126a: 413
    § 133: 319–322, 325, 726
    § 134: 179
    § 139: 621
    § 150: 780

§ 158: 325
§ 163: 325
§ 204: 430, 433
§ 242: 95, 179, 209, 423, 466, 734
§§ 249 ff.: 514
§ 252: 123
§ 269: 446
§§ 269 f.: 444
§ 270: 446
§ 278: 474
§ 280: 109
§§ 280 ff.: 429
§ 305: 86
§§ 305 ff.: 95, 98 f., 102
§ 305b: 179
§ 305c: 102, 423
§ 307: 101
§§ 307 ff.: 98, 503
§ 312: 96, 107 f., 496 f.
§§ 312 f.: 98
§§ 312 ff.: 98
§ 312b: 496
§ 328: 474
§ 346: 62 f.
§§ 346 ff.: 107
§ 355: 62–64, 65, 107 f.
§§ 357 f.: 62 f.
§ 358: 62, 64, 65
§ 387: 88
§§ 387 ff.: 87, 90
§ 390: 88
§ 398: 450
§ 426: 442 f.
§§ 433 ff.: 744
§ 495: 64, 65
§ 528: 443
§ 611: 384
§ 615: 167
§ 631: 191
§ 651: 744
§ 793: 149, 505
§ 812: 620
§ 823: 96, 133, 442, 506, 510, 518, 521, 528, 533, 539, 544, 703, 745
§§ 823 ff.: 522
§ 826: 96, 429, 451, 522
§ 840: 442, 518
§ 854: 505, 511
§ 858: 505, 557
§§ 858 f.: 506
§ 861: 505
§ 869: 505
§ 1004: 521
§ 1192: 603
§ 1306: 283

§ 1310: 198, 201 f.
§ 1314: 283
§ 1318: 692
§ 1355: 6, 7–9, 36, 44 f., 46 f., 283
§ 1371: 303 f., 305, 314, 331–334, 343, 346–349
§ 1565: 210
§ 1568: 209 f.
§ 1589: 229
§ 1591: 219, 656–660, 664 f., 667 f.
§§ 1591 ff.: 220, 229, 231, 657
§ 1592: 22, 220 f., 281, 284, 656, 664
§ 1593: 221
§ 1594: 22, 656, 664
§ 1597: 656
§ 1598: 22
§ 1599: 25
§ 1600: 669
§ 1616: 284
§ 1626: 243, 302, 568
§§ 1626 ff.: 237
§ 1626a: 223, 564, 567
§ 1629: 243
§ 1671: 698
§ 1684: 569
§ 1696: 698
§ 1741: 244 f., 246, 253, 263, 265, 273, 289, 292, 293, 295, 673
§§ 1741 ff.: 254, 657
§ 1747: 668
§§ 1747 f.: 274
§ 1748: 269
§ 1924: 316
§ 1931: 303, 305, 314
§ 1933: 314
§ 1944: 311 f.
§ 1945: 312
§§ 1955 f.: 312
§ 1956: 312
§ 1975: 351, 354
§ 1976: 341
§§ 2018 ff.: 349
§ 2084: 319–322, 325
§ 2143: 341
§ 2147: 325
§ 2174: 325
§ 2177: 325
§ 2193: 330
§ 2197: 330
§ 2229: 318
§§ 2231 f.: 317
§ 2269: 330
§§ 2303 ff.: 307–309
§ 2304: 309
§ 2311: 338
§ 2325: 342

§ 2365: 692
§ 2369: 314, 337
§ 2377: 341
Sozialgesetzbuch: Sechstes Buch – Gesetzliche Rentenversicherung i.d.F. d.Bek. vom 19.2.2002 (BGBl. I 754, 1404, 3384)
  § 2: 454
Mindesturlaubsgesetz für Arbeitnehmer (Bundesurlaubsgesetz) i.d.F. vom 7.5.2002 (BGBl. I 1529)
  § 2: 454
Gesetz über Medizinprodukte (Medizinproduktegesetz – MPG) i.d.F. der Bek. vom 7.8.2002 (BGBl. I 3146)
  § 6: 365 f.
Gesetz über Unterlassungsklagen bei Verbraucherrechts- und anderen Verstößen (Unterlassungsklagengesetz – UKlaG) in der Neufassung der Bek. vom 27.8.2002 (BGBl. I 3422, 4346)
  § 1: 503
  § 6: 503
Abgabenordnung (AO) i.d.F. d.Bek. vom 1.10. 2002 (BGBl. I 3866)
  § 3: 378
Bundesdatenschutzgesetz (BDSG) i.d.F. der Bek. vom 14.1.2003 (BGBl. I 66)
  § 1: 69–71
  § 3: 70 f.
  § 4: 73
  § 6: 73
  § 7: 73
  §§ 19 f.: 73
  § 28: 73
  §§ 34 f.: 73
Gesetz zur Aus- und Durchführung bestimmter Rechtsinstrumente auf dem Gebiet des internationalen Familienrechts (Internationales Familienrechtsverfahrensgesetz – IntFamRVG) vom 26.1.2005 (BGBl. I 162)
  § 1: 680
  § 3: 683
  §§ 10 ff.: 691
  § 13: 698
  § 13a: 302
  §§ 16 ff.: 691
  § 19: 691
  § 20: 682, 689, 695
  § 24: 678, 683
  § 32: 691, 695
  § 41: 243
  § 44: 241
Gerichtsverfassungsgesetz (GVG) i.d.F. vom 16.8.2005 (BGBl. I 2437)
  § 17a: 452

§§ 18 ff.: 373, 391
§ 20: 153, 154 f., 161, 373–375, 380, 385 f., 388, 392, 405, 476, 507
§ 23: 755
§ 71: 755
§ 184: 299, 312, 455
Zivilprozessordnung i.d.F. d.Bek. vom 5. 12.2005 (BGBl. I 3202)
§ 12: 500
§§ 12 ff.: 96, 461, 500, 522
§ 17: 371, 462, 500
§ 19a: 755
§§ 20 ff.: 462
§ 21: 96, 179, 462
§ 23: 96, 389, 462 f., 703, 705
§ 29: 96, 99, 464, 466 f.
§ 29c: 96 f., 99, 495, 496–498
§ 32: 96, 132 f., 401, 404, 499 f., 501, 506, 521 f., 704, 721
§ 32b: 514–517
§ 33: 704
§ 36: 517
§ 38: 83 f., 97, 99, 440, 463, 464, 466, 638
§ 39: 65, 74, 350, 501, 550
§ 40: 97–99, 440, 497 f.
§ 50: 48, 323
§ 110: 371 f.
§ 114: 601, 642
§ 138: 524
§ 139: 391, 417
§ 142: 455, 457, 772
§ 144: 455
§ 148: 512 f., 594, 704
§ 167: 578
§ 183: 484
§ 185: 484
§ 188: 484
§ 189: 300, 607
§ 204: 434
§§ 233 ff.: 484
§ 234: 482
§ 240: 751–753, 758, 772 f.
§ 250: 772 f.
§ 252: 588, 700
§ 260: 352
§ 261: 84, 569, 731
§ 264: 2
§ 280: 298 f.
§ 281: 751
§ 282: 448
§ 286: 432, 434 f.
§ 287: 113, 124, 130 f.
§ 293: 1, 121 f., 363, 610, 616, 745 f.
§ 294: 586
§ 295: 747

§ 302: 90
§ 308: 130
§ 310: 585
§ 322: 90, 449, 618
§ 323: 653
§ 325: 447, 449 f.
§ 328: 83, 85, 211, 620, 631 f., 645, 663, 723, 774
§ 341: 585
§ 363: 435
§ 404a: 587
§ 412: 616 f.
§ 418: 60
§ 438: 295
§ 485: 616 f.
§§ 485 ff.: 430 f., 433–435
§ 486: 430
§ 491: 431
§ 493: 434 f.
§ 494: 431
§ 504: 350, 424
§§ 511 ff.: 611
§ 513: 86, 359, 411, 552
§ 538: 317, 427, 437
§ 543: 470
§ 545: 167, 173, 495, 496, 745
§ 560: 337 f.
§ 561: 143
§ 562: 496
§§ 562 f.: 476
§ 563: 496, 564
§ 567: 588, 763
§§ 567 ff.: 749
§ 568: 633
§ 569: 763
§ 571: 573
§ 574: 602, 607, 625, 627, 700
§ 575: 602, 700
§ 576: 337 f.
§§ 696 f.: 585
§ 707: 582, 586
§§ 722 f.: 632
§ 732: 585 f.
§ 767: 351, 585, 618, 699, 701
§ 780: 351, 353 f.
§ 794: 352
§§ 794 f.: 585
§ 828: 389
§ 829: 780
§ 835: 780
§ 850c: 770
§ 890: 362
§ 1025: 127, 611, 727, 731
§§ 1025 ff.: 127, 725, 732
§ 1029: 729
§ 1030: 727

§ 1031: 732–735, 775
§ 1032: 127, 611, 721, 725, 728, 734 f.
§ 1043: 727
§ 1059: 712 f., 723
§§ 1060 f.: 772
§§ 1060 ff.: 772
§ 1061: 710, 713, 714, 730 f., 733, 772, 774
§§ 1061 f.: 710
§ 1062: 713, 714, 725, 772
§ 1063: 713
§ 1064: 710, 713, 714, 731, 772
§ 1078: 587
§ 1084: 625
§§ 1087 ff.: 586
§ 1090: 585
§§ 1091 f.: 585
§ 1092: 586
§ 1095: 582
§ 1096: 585
Allgemeines Gleichbehandlungsgesetz (AGG) vom 14.8.2006 (BGBl. I 1897)
§ 7: 179
Gesetz betreffend die Erwerbs- und Wirtschaftsgenossenschaften (Genossenschaftsgesetz – GenG) i.d.F. der Bek. vom 16.10.2006 (BGBl. I 2230)
§ 6: 55
Personenstandsgesetz (PStG) vom 19.2.2007 (BGBl. I 122)
§ 15: 17
§ 21: 17, 40 f., 42 f., 218, 219, 662
§ 27: 33
§ 31: 200
§ 32: 200
§ 36: 33, 40, 42, 661 f.
§ 37: 200
§ 41: 44 f.
§§ 41 f.: 45
§§ 47 f.: 26
§ 50: 3, 220 f.
§ 51: 44, 200, 281, 655
§§ 54 f.: 660
§ 60: 200
§ 67: 201
§ 67a: 201
Telemediengesetz (TMG) vom 26.2.2007 (BGBl. I 179)
§ 3: 132, 360
Gesetz über die Angelegenheiten der Vertriebenen und Flüchtlinge (Bundesvertriebenengesetz – BVFG) i.d.F. d.Bek. vom 10.8.2007 (BGBl. I 1902)
§ 94: 15 f., 18
Gesetz über den Versicherungsvertrag (Versicherungsvertragsgesetz – VVG) vom 23.11.2007 (BGBl. I 2631)
§ 86: 152, 514
§ 115: 118, 553
Gesetz über den Aufenthalt, die Erwerbstätigkeit und die Integration von Ausländern im Bundesgebiet (Aufenthaltsgesetz – AufenthG) i.d.F. d.Bek. vom 25.2.2008 (BGBl. I 162)
§ 3: 201
§ 5: 201
§ 11: 201
§ 27: 201
§ 29: 201
§ 30: 201 f.
Verordnung zur Ausführung des Personenstandsgesetzes (Personenstandsverordnung – PStV) vom 22.11.2008 (BGBl. I 2263)
§ 15: 25, 41, 43
Gesetz zur Reform des Verfahrens in Familiensachen und in den Angelegenheiten der freiwilligen Gerichtsbarkeit (FGG-Reformgesetz – FGG-RG) vom 17.12.2008 (BGBl. I 2586, 2696)
Art. 111: 251
Gesetz über das Verfahren in Familiensachen und in den Angelegenheiten der freiwilligen Gerichtsbarkeit (FamFG) vom 17.12.2008 (BGB. I 2586)
§ 4: 565, 574
§ 7: 249, 262, 265, 277, 288
§ 21: 282
§ 38: 248
§ 40: 698
§ 41: 299
§§ 49 ff.: 679
§§ 57 ff.: 232
§ 58: 21, 248, 265, 293, 298 f., 564
§§ 58 ff.: 44, 248, 260, 262, 264, 277, 281, 655, 690
§ 59: 265, 277, 564
§ 61: 643
§ 63: 248, 299, 331
§§ 63 f.: 219
§§ 63 ff.: 277, 564
§ 64: 300, 698
§ 65: 5, 227, 300, 698
§ 68: 262, 287
§ 69: 692
§ 70: 200
§ 72: 649
§ 87: 573
§ 88: 573 f.
§ 89: 573
§ 97: 691
§ 98: 211
§§ 98 ff.: 574

§ 99: 227 f., 232, 237, 564–566, 568 f., 573 f.
§ 100: 656, 662
§ 101: 268, 294, 296 f.
§ 105: 215 f., 343, 574
§ 107: 211, 226, 282, 284, 692–694
§§ 107 f.: 225 f.
§ 108: 224–227, 248, 263, 288, 295, 655, 657, 659, 662, 671, 677, 680, 692–694
§§ 108 f.: 244, 245, 255, 259, 260, 261, 263, 265, 268, 269, 271 f., 276, 284, 285, 288, 292 f., 294, 691
§ 109: 210–212, 225 f., 244, 245, 246, 248–250, 263, 265, 272 f., 285, 288–291, 292, 293, 295, 655–657, 659, 662 f., 666, 671, 672, 677
§ 113: 298, 569
§ 159: 262, 268, 694–697
§ 187: 268
§ 189: 247, 675
§ 232: 215 f.
§ 238: 652 f.
§ 343: 343
§ 1595: 656

Gesetz über den Versorgungsausgleich (Versorgungsausgleichsgesetz – VersAusglG) vom 3.4.2009 (BGBl. I 700)
§ 18: 209
§ 27: 209

Gesetz über zwingende Arbeitsbedingungen für grenzüberschreitend entsandte und für regelmäßig im Inland beschäftigte Arbeitnehmer und Arbeitnehmerinnen (Arbeitnehmer-Entsendegesetz – AEntG) vom 20.4.2009 (BGBl. I 799)
§ 2: 172 f., 188–190
§§ 2 f.: 189
§ 5: 172, 188 f.
§ 7: 172 f., 189 f.
§ 8: 172 f., 189 f.

Gesetz über Personalausweise und den elektronischen Identitätsnachweis (Personalausweisgesetz – PAuswG) vom 18.6.2009 (BGBl. I 970)
§ 5: 17

Gesetz zur Anpassung der Vorschriften des Internationalen Privatrechts an die VO (EG) Nr. 593/2008 vom 25.6.2009 (BGBl. I 1574)
Art. 1: 91, 92, 144, 722
Art. 3: 722

Einkommensteuergesetz (EStG) i.d.F. der Bek. vom 8.10.2009 (BGBl. I 3366, ber. 2009 I 3862)
§ 38: 378

Gesetz zur Ausführung zwischenstaatlicher Verträge und zur Durchführung von Verordnungen und Abkommen der Europäischen Gemeinschaft auf dem Gebiet der Anerkennung und Vollstreckung in Zivil- und Handelssachen (Anerkennungs- und Vollstreckungs-Ausführungsgesetz – AVAG) i.d.F. der Bek. vom 3.12.2009 (BGBl. I 3830)
§ 1: 604, 607, 635, 640
§ 7: 630
§ 11: 604, 630, 635, 645, 706
§§ 11 ff.: 635, 640
§ 12: 633
§ 13: 633
§ 14: 611
§ 15: 607, 625, 627
§ 36: 634
§ 55: 630, 633

Gesetz gegen den unlauteren Wettbewerb (UWG) i.d.F. d.Bek. vom 3.3.2010 (BGBl. I 254)
§ 3: 360
§ 4: 562 f.
§ 5: 360
§ 5a: 360
§ 6: 562 f.
§ 8: 446
§ 9: 447
§ 14: 362

Gesetz zur Geltendmachung von Unterhaltsansprüchen im Verkehr mit ausländischen Staaten (Auslandsunterhaltsgesetz – AUG) vom 23.5.2011 (BGBl. I 898)
§ 1: 643
§ 23: 645
§ 27: 216
§ 28: 215 f.
§ 43: 643

Gesetz zur Durchführung des Haager Übereinkommens vom 23.11.2007 über die internationale Geltendmachung der Unterhaltsansprüche von Kindern und anderen Familienangehörigen sowie zur Änderung von Vorschriften auf dem Gebiet des internationalen Unterhaltsverfahrensrechts und des materiellen Unterhaltsrechts vom 20.2.2013 (BGBl. I 273)
Art. 2: 633

Gesetz gegen Wettbewerbsbeschränkungen (GWB) i.d.F. d.Bek. vom 26.6.2013 (BGBl. I 1750)
§§ 19 f.: 369 f.
§ 32: 370
§ 35: 356 f., 358
§ 130: 356, 357, 369

3. Landesrecht

Bayern

Bayerisches Gesetz über das Erziehungs- und Unterrichtswesen (BayEUG) i.d.F. der Bek. vom 31.5.2000 (GVBl. 2000 414)
Art. 91: 382
Art. 91 ff.: 380
Art. 92: 382
Art. 97: 382

Bayerisches Schulfinanzierungsgesetz (BaySchFG) i.d.F. der Bek. vom 31.5.2000 (GVBl. 2000, 455)
Art. 7: 375, 381
Art. 31: 375, 381

Gerichtliche ZuständigkeitsVO Justiz vom 11.6.2012 (BayGVBl. 295)
§ 7: 725

II. Ausländisches Recht

Ägypten

Gesetz Nr. 26/1975 über die ägyptische Staatsangehörigkeit (Al jarîda ar-rasmîya Nr. 22 vom 29.5.1975) i.d.F. des Gesetzes Nr. 154/2005
Art. 2: 31

Algerien

Gesetz Nr. 90-11 – loi n° 90-11 relative aux relations de Travail – vom 21.4.1990 i.d.F. vom 11.1.1997 (J.O. n° 3/5)
Art. 3: 160
Art. 73: 159 f.

Décret présidentiel n° 07-308 du 29 septembre 2007 fixant les modalités de recrutement des agents contractuels, leur droits et obligations, les éléments constitutifs de leur rénumération, les règles relatives à leur gestion ainsi que le régime disciplinaire qui leur est applicable (J.O. n° 61/14)
Art. 60 ff.: 160
Art. 69: 160, 167

Belgien

Code civil
Art. 1798: 777, 779–781

Bulgarien

Gesetz über die Personenstandsregistrierung vom 23.7.1999 (DV Nr. 67 vom 27.7.1999)
Art. 13: 19
Art. 18: 19

Demokratische Republik Kongo

Gesetz Nr. 87-010 – Familiengesetzbuch – vom 1.8.1987 (B.O. vom 1.8.1987)
Art. 678: 291 f., 293

Frankreich

Code civil
  Art. 311-25: 219
  Art. 1213 f.: 631
  Art. 1251: 630 f.
Code de procédure civile
  Art. 145: 429 f., 433 f.
  Art. 331: 430, 433 f.
  Art. 334 ff.: 433
  Art. 872: 429 f., 434
  Art. 1448: 726
Code des assurances (Loi relative au contrat d'assurance du 13 juillet 1930 (D.P. 1931 4.1.)
  Art. L121-1: 123
  Art. L121-12: 514
  Art. L124-3: 122
Loi n° 75-1334 du 31 décembre 1975 relative à la sous-traitance (J.O. 3.1.1976 p. 148)
  Art. 12: 780
Loi n° 85-677 du 5 juillet 1985 tendant à l'amélioration de la situation des victimes d'accidents de la circulation et à l'accélération des procédures d'indemnisation
  Art. 1 f.: 122

Griechenland

Verfassung von 1975 i.d.F. vom 16.4.2001
  Art. 16: 375 f., 383
Zivilgesetzbuch i.d.F. des Gesetzes Nr. 2915 vom 29.5.2001
  Art. 1397: 334
  Art. 1400: 334
  Art. 1401: 334
  Art. 1439: 332
  Art. 1441: 332
  Art. 1505: 41
  Art. 1510: 41
  Art. 1813: 331
  Art. 1820: 331
  Art. 1822: 332

Iran

Zivilgesetzbuch i.d.F. vom 25.1.2009 (Ruzname-e-rasmi Nr. 18651 vom 11. 3. 2009)
  Art. 861: 344
  Art. 862: 344
  Art. 896: 344
  Art. 897: 344
  Art. 900: 344
  Art. 901: 344
  Art. 907: 344
  Art. 913: 344
  Art. 946: 344
  Art. 976: 347
  Art. 1199: 345

Irland

Family Law (Maintenance of Spouses and Children) Act No. 11 of 1976
  s. 5A: 650
  s. 6: 650

Israel

Verordnung Nr. 5723/1963 über die Zivilprozessordnung
  Art. 17: 606
Gesetz Nr. 5744 über die Gerichte vom 31.8.1984 (GBl. 1123)
  Art. 81: 639

Italien

Codice civile vom 16.3.1942
Art. 470: 351, 353 f.
Art. 490: 355
Art. 491: 355
Art. 495: 355
Art. 589: 329 f.
Art. 1223: 152
Art. 1241: 89
Art. 1242: 89
Art. 1243: 88–90
Art. 1252: 88
Art. 1284: 708
Art. 2043: 152
Art. 2054: 151
Art. 2054 ff.: 152
Art. 2110: 181–183
Art. 2113: 182
Art. 2118: 182
Legge fallimentare (Regio Decreto 16.3.1942, n° 267)
Art. 16: 773
Art. 27: 773
Art. 31: 773
Art. 42: 773
Art. 43: 773

Art. 160 ff.: 752, 773
Art. 167: 752, 774
Codice della navigazione (Regio decreto 30 marzo 1942, n. 327 (Gaz. Uff. n. 93 del 18-4-1942)
Art. 325: 168
Art. 328 f.: 168–171
Nuovo Codice della strada – Gesetzesdekret Nr. 285 – vom 30.4.1992 (Gaz. Uff. n. 114)
Art. 47: 151
Gesetz Nr. 218 – Reform des italienischen Systems des Internationalen Privatrechts – vom 31.5.1995 (Gaz. Uff. n. 128)
Art. 46: 328 f., 354
Art. 48: 329
Legge 12 marzo 1999 no. 68 Norme per il diritto al lavoro dei disabili (Gaz. Uff. n. 68 del 23-3-199)
Art. 10: 184
Gesetz Nr. 209 (decreto legislativo) zum Codice delle assicurazioni private vom 7.9.2005 (Gaz. Uff. n. 239)
Art. 144: 150

Kasachstan

Gesetz über Ehe und Familie vom 26.12.2011 (Gesetz Nr. 518-IV)
Art. 84: 271

Art. 100: 271

Liechtenstein

Allgemeines bürgerliches Gesetzbuch vom 1.6.1811
§ 1000: 64
§ 1295: 64
§ 1333: 64
§§ 1333 f.: 64
Personen- und Gesellschaftsrecht vom 20.1.1926 (LGBl. 1926 Nr. 4) i.d.F. des Gesetzes vom 30.10.1996 über die Abänderung des Personen- und Gesellschaftsrechts (LGBl. 1997 Nr. 19)
Art. 534: 337, 339
Art. 541: 340
Art. 545: 339, 341
Art. 554: 342
Art. 557: 342
Art. 568: 342

Marokko

Dahir Nr. 1-04-22 – Familiengesetzbuch – (hijala 1424; 3.2.2004; B.O. Nr. 5358 vom 6.10.2005)
Art. 2: 21
Art. 151: 22
Art. 152: 22
Art. 154: 23

Art. 160: 23
Gesetz über die marokkanische Staatsangehörigkeit – Dahir Nr. 1-58-250 i.d.F. des Gesetzes Nr. 62-06 vom 23.2.2007 (B.O. Nr. 5514)
Art. 6: 21

Niederlande

Wet op het faillissement en de surséance van betaling – Faillissementswet (Fw) – vom 30.9.1893 (StB 1999 Nr. 30)
  Art. 42: 767–769

Wetboek van Burgerlijke Rechtsvordering i.d.F. der Bek. vom 14.12.2001 (StB 623)
  Art. 1021: 408

Norwegen

Gesetz Nr. 7 über Kinder und Eltern – lov om barn og foreldre – vom 8.4.1981
  § 35: 567
  § 43: 568
  § 48: 568
  § 56: 568
  § 82: 567
  § 84: 567

Österreich

Allgemeines Bürgerliches Gesetzbuch
  § 157: 20
Gesetz über das Exekutions- und Sicherungsverfahren (Exekutionsordnung) vom 27.5.1896 (RGBl. Nr. 79)
  § 290a: 770
  § 291a: 770
  § 292: 770
Gesetz zur Vereinheitlichung des Rechts der Eheschließung und der Ehescheidung im Lande Österreich und im übrigen Reichsgebiet vom 6.7.1938 (RGBl. I 807) i.d.F. der Bundesgesetze vom 15.6.1978 (BGBl. Nr. 280) und vom 30.6.1978 (BGBl. Nr. 303)
  § 11: 198
  § 13: 199
  § 15a: 198–200
  § 17: 199
Bundesgesetz über die Allgemeine Sozialversicherung (Allgemeines Sozialversicherungsgesetz – ASVG) vom 9.9.1955 (BGBl. Nr. 189/1955)
  § 98a: 770
Kraftfahrzeug-Haftpflichtversicherungsgesetz 1994 (KHVG 1994; BGBl. Nr. 651/1994)
  § 26: 111, 118 f.

Philippinen

Guardians and Wards Act, 1890
  s. 7: 260

Polen

Zivilprozesskodex vom 23.4.1964 (Dz.U. Nr. 16, Pos. 93)
  Art. 361: 130
  Art. 363: 130 f.
  Art. 417: 130
  Art. 436 f.: 130
  Art. 444 f.: 130
  Art. 445: 130 f.
  Art. 1018: 312
  Art. 1019: 312
Zivilverfahrensgesetzbuch vom 17.11.1964 (Dz.U. Nr. 43, Pos. 296)
  Art. 344: 628 f.

Portugal

Código civil vom 25.11.1966
  Art. 1901: 43
  Art. 1906: 43
  Art. 1975: 42

Código do registro civil vom 6.6.1995 (decreto-lei nº 131/95)
  Art. 103: 42

Republik Korea (Südkorea)

Bürgerliches Gesetzbuch – Gesetz Nr. 471 vom 22.2.1958
Art. 1243: 89

Republik Serbien

Zakon o visini stope zatezne kamate – Gesetz über die Höhe des Zinssatzes der Verzugszinsen – von 2001 (Sl.gl. Nr. 9/2001)
Art. 4: 117
Zakon o osiguranju (Versicherungsgesetz) von 2004 (Sl.gl. RS, br. 55/2004)
Art. 86: 111
Zakon o obligacionim odnosima (Obligationengesetz) – vom 30.3.1978 (Sl.l. SFRJ Nr. 29 Pos. 462) i.d.F. von 2004
Art. 154: 111
Art. 155: 119
Art. 157: 111
Art. 158: 111
Art. 174: 111, 119
Art. 176: 119
Art. 178: 111, 119
Art. 185: 112, 116, 120
Art. 188: 112 f., 120 f.
Art. 192: 112 f., 121
Art. 195: 112 f., 120 f.
Art. 200: 114, 119
Art. 203: 119
Zakon o prevozu u drumskom saobraćaju – Gesetz über die Verkehrssicherheit von 2005 (Sl.gl. Nr. 61/2005)
Art. 3: 112
Art. 51: 112

Rumänien

Zivilprozessordnung von 1865 i.d.F. vom 29. 12.2001 – Gesetz Nr. 787 (M.Of. Nr. 21 vom 16.1.2002)
Art. 85: 646
Art. 103: 646
Art. 284: 646

Russische Föderation

Zivilgesetzbuch der Russischen Sozialistischen Föderativen Sowjetrepublik vom 11.6.1964
Art. 116: 615
Gesetz über die Grundlagen der Gesetzgebung über die Investitionstätigkeit in der UdSSR vom 10.12.1990 (VVS SSSR 1990 Nr. 51)
Art. 8: 615
Gesetz Nr. 443-1 über das Eigentum in der RSFSR vom 24.12.1990 (VSND RSFSR Nr. 30, Pos. 416)
Art. 2: 615
Gesetz Nr. 445-1 über Unternehmen und unternehmerische Tätigkeit – vom 25.12.1990 (VSNDVS RSFSR 1990 No. 30, Pos. 418)
Art. 20: 615
Gesetz über den Wettbewerb und über die Begrenzung monopolistischer Tätigkeit auf Warenmärkten vom 22.3.1991 (VVS RSFSR Nr. 16, Pos. 499)
Art. 4: 613
Art. 10: 613
Gesetz über die Grundlagen der Zivilgesetzgebung vom 31.5.1991 (Vedemosti S'ezda narodnych deputatov SSSR i Verchovnogo Soveta SSSR, 1991, Nr. 26, Pos. 733)
Art. 5: 614
Art. 28: 614
Verfassung der Russischen Föderation vom 12.12.1993 (RG Nr. 237 vom 25.12.1993)
Art. 15: 613
Art. 34: 613
Familiengesetzbuch vom 29.12.1995 (SZ 1996 Nr. 1 Pos. 16)
Art. 161: 207
Zivilgesetzbuch vom 26.11.2001 (Teil III; SZ Nr. 49, Pos. 4552)
Art. 1102: 615
Gesetz über Ordnungswidrigkeiten – Föderales Gesetz Nr. 195-FZ – vom 30.12.2001 (SZ RF 2002, Nr. 1, Pos. 1)
Art. 111: 17

Schweden

Gesetz Nr. 81 betreffend internationale Rechtsverhältnisse in Nachlasssachen – lag om internationella rättsförhålanden rörande dödsbo – vom 5.3.1937 (SFS 1937:81)
    Kap. 1-1: 316 f.
    Kap. 1-4: 317
Erbgesetz – Ärvdabalk – vom 12.12.1958
    (SFS 1958:637)
    Kap. 13-2: 318
    Kap. 13-2 f.: 318
    Kap. 13-3: 318
    Kap. 14-14: 318
    Kap. 14-5: 318

Schweiz

Bundesgesetz betreffend Schuldbetreibung und Konkurs vom 11.4.1889 (BS 3, 3)
    Art. 216: 519
    Art. 302: 534, 545
    Art. 303: 517–520, 525, 533, 535 f., 544, 546–548
    Art. 304: 534, 545
    Art. 306: 534, 545
    Art. 310: 534, 545
    Art. 318: 534, 545

Zivilgesetzbuch vom 10.12.1907 (BS 2, 3)
    Art. 457: 308
    Art. 470 f.: 307
    Art. 471: 308
Bundesgesetz über das Internationale Privatrecht vom 18.12.1987 (BS 1, 3)
    Art. 90: 306, 308 f.
    Art. 166: 535, 546
    Art. 175: 535, 546
    Art. 190 f.: 720

Spanien

Código civil vom 24.7.1889
    Art. 9: 27
    Art. 17: 27
    Art. 109: 27
    Art. 1108: 2
    Art. 1902: 1 f.
Ley del registro civil vom 8.6.1957 (B.O.E. Nr. 151)
    Art. 53: 27
    Art. 55: 28
Ley 50/1980, de 8 de octubre, de Contrato de Seguro – Versicherungsvertragsgesetz
    (B.O.E. 17.10.1980)
    Art. 20: 2
Real Decreto Legislativo 8/2004, de 29 de octubre, por el que se aprueba el texto refundido de la Ley sobre responsabilidad civil y seguro en la circulación de vehículos a motor (B.O.E. Nr. 267) – Ausführungsgesetz 8/2004 vom 29.10.2004 zum Gesetz über die zivilrechtliche Haftung und Versicherung im Kraftfahrzeugverkehr (vom 20.11.1998)
    Art. 1: 1 f.

Südafrika

Act 51 – Births and Deaths Registration – of 1992 (Gazette n° 13953, 05-06-1992)
    s. 9: 232
Act N° 38 of 2005 – Children's Act – vom 8.6.2006 (Gazette n° 28944)
    s. 40: 229, 231

Act N° 17 of 2006 – Civil Union Act (Gazette n° 29441, Notice No. 1208, 11-30-2006)
    s. 13: 229, 231

Thailand

Civil and Commercial Code – Zivil- und Handelsgesetzbuch – vom 11.11.1924
    s. 728: 335
    s. 851: 337
    s. 1599: 335
    s. 1600: 335
    s. 1601: 336
    ss. 1629 f.: 336
    s. 1734: 336
Gesetz betreffend Gesetzeskollisionen vom 4.8.1937 (BE 2481)
    s. 37: 335
    s. 38: 335

Tschechische Republik

Zivilprozessordnung – Občanský soudní řád – vom 4.12.1963 (Nr. 99/1963 Sb)
    Art. 75: 640

Tunesien

loi n° 1958-27 relative à la tutelle publique, à la tutelle officieuse et à l'adoption (Gesetz über die Amtsvormundschaft, die Pflegekindschaft und die Adoption vom 4.3.1958; J.O. 7.3.1958/236)
    Art. 15: 262

Türkei

Gesetz Nr. 818/1926 – Obligationengesetz – vom 4.10.1926
    Art. 19 f.: 73, 76, 78
    Art. 349: 78 f.
    Art. 520 ff.: 76
    Art. 526: 79
Gesetz Nr. 1136 – Avukatlik Kanunu (Anwaltsgesetz) – vom 19.3.1969 (Resmi Gazete Sayisi 13168)
    Art. 1: 76–79
    Art. 34: 76, 79
    Art. 37: 76–79
    Art. 44: 75, 79 f.
    Art. 48: 77
    Art. 171: 76 f.
Gesetz Nr. 1587 – Personenstandsgesetz – vom 16.5.1972
    Art. 8: 12
Gesetz Nr. 4712 – Zivilgesetzbuch – vom 22.11.2001
    Art. 11: 278
    Art. 23: 78
    Art. 166: 315
    Art. 181: 314
    Art. 187: 283
    Art. 285: 281
    Art. 314: 278
    Art. 321: 10, 12
    Art. 327: 214
    Art. 330: 214
    Art. 335 ff.: 278
    Art. 495: 314
    Art. 499: 314
Gesetz Nr. 5718 über das internationale Privat- und Zivilverfahrensrecht vom 27.11.2007 (Resmi Gazete Nr. 26728)
    Art. 14: 315
    Art. 15: 303 f., 305, 314
Gesetz Nr. 5901 – Staatsangehörigkeitsgesetz – vom 29.5.2009 (Resmi Gazete Nr. 27256)
    Art. 7: 284
Gesetz Nr. 6098 – Obligationengesetz (Borşlar Kanunu) – vom 11.1.2011 (Resmi Gazete Nr. 27836)
    Art. 18: 76
    Art. 26 f.: 202
    Art. 193: 202
    Art. 208: 107
    Art. 288: 202
    Art. 445: 78

Vereinigte Staaten von Amerika

Immigration and Nationality Act (McCarran-Walter Bill of 1952; Public Law No. 82-414; 182 Stat. 66)
    s. 1401: 656

Kalifornien

California Family Code (Stats. 1992, c. 162 [A.B. 2650]; 1.1.1994)
    ss. 7960 ff.: 657
    s. 7962: 657, 662
    ss. 8500 ff.: 657

Maine

Maine Revised Statutes (Title 18-A Probate Code, Article IX, Part 3; effective January 1, 1981; M.R.S.A. 18-A §§101 ff.)
s. 9-304: 249

Vereinigtes Königreich Großbritannien und Nordirland

Companies Act 1985
s. 654: 48
Insolvency Act 1986
s. 281: 745–747, 761
s. 375: 758
Companies Act 2006
s. 15: 60

Volksrepublik China

Zhonghua Remmin Gonheguo shouyang fa – Adoptionsgesetz – i.d.F. vom 4.11.1998 (ABl. Staatsrat Nr. 28, 1066)
Art. 31: 237
Gesetz der Volksrepublik China zur Anwendung des Rechts auf zivilrechtliche Beziehungen mit Außenberührung vom 28.10.2010 (ABl. des Ständigen Ausschusses NVK 2010 Nr. 7, 640 ff.)
Art. 25: 236, 238

III. Staatsverträge

Pariser Verbandsübereinkunft zum Schutz des gewerblichen Eigentums vom 20.3.1883 in der Stockholmer Fassung vom 14.7.1967 (BGBl. 1970 II 293, 315)
Art. 4: 363
Art. 10bis: 613
Niederlassungsabkommen zwischen dem Deutschen Reich und dem Kaiserreich Persien vom 17.2.1929 (RGBl. 1930 II 1002, 1006)
Art. 8: 323 f., 344, 348
Konsularvertrag zwischen dem Deutschen Reiche und der Türkischen Republik vom 28.5.1929 (RGBl. 1930 II 747, 758)
Art. 20: 303, 304, 312 f.
Anlage zu Artikel 20 des Konsularvertrages (Nachlassabkommen; RGBl. 1930 II 758)
§ 14: 350
§ 15: 349 f.
Europäische Konvention zum Schutze der Menschenrechte und Grundfreiheiten vom 4.11.1950 (BGBl. 1952 II 685)
Art. 6: 477, 586, 622, 624
Art. 8: 45, 218, 254, 267, 666, 669–671, 674
Art. 12: 45
Art. 14: 45
Art. 46: 218

Haager Übereinkommen über den Zivilprozess vom 1.3.1954 (BGBl. 1958 II 576)
Art. 17: 371 f., 467
Kulturabkommen zwischen der Bundesrepublik Deutschland und dem Königreich Griechenland vom 17.5.1956 (BGBl. 1957 II 501)
Art. 5: 390
Art. 12: 390
Übereinkommen über den Beförderungsvertrag im internationalen Straßengüterverkehr vom 19.5.1956 (BGBl. 1961 II 1119)
Art. 1: 408, 443
Art. 3: 409 f.
Art. 28: 409
Art. 31: 86, 406 f., 408–410, 435 f., 443
UN-Übereinkommen über die Anerkennung und Vollstreckung ausländischer Schiedssprüche vom 10.6.1958 (BGBl. 1961 II 121)
Art. II: 408, 715, 724 f., 730–732, 734, 775
Art. IV: 710, 713, 714, 731, 772
Art. V: 710–712, 713, 715–718, 723, 730 f., 734 f., 774, 776
Art. 5: 730
Art. VII: 408, 714, 725, 730–734, 775
Art. lit. a): 715

Europäisches Übereinkommen über die internationale Handelsschiedsgerichtsbarkeit vom 21.4.1961 (BGBl. 1964 II 425)
    Art. V: 774
Haager Übereinkommen zur Befreiung ausländischer öffentlicher Urkunden von der Legalisation vom 5.10.1961 (BGBl. 1965 II 876)
    Art. 1 ff.: 59
    Art. 5: 59
Haager Übereinkommen über das auf die Form letztwilliger Verfügungen anzuwendende Recht vom 5.10.1961 (BGBl. 1965 II 1144)
    Art. 1: 317 f.
    Art. 5: 318
Haager Übereinkommen über die Zuständigkeit der Behörden und das anzuwendende Recht auf dem Gebiet des Schutzes von Minderjährigen vom 5.10.1961 (BGBl. 1971 II 219)
    Art. 1: 233, 565, 570
    Art. 4: 233, 565
    Art. 8 f.: 565
Wiener Übereinkommen über konsularische Beziehungen vom 24.4.1963 (BGBl. 1969 II 1585)
    Art. 5: 479
Haager Übereinkommen über die Zustellung gerichtlicher und außergerichtlicher Schriftstücke im Ausland in Zivil- oder Handelssachen vom 15.11.1965 (BGBl 1977 II 1452)
    Art. 2 ff.: 606, 609
    Art. 3 ff.: 484
    Art. 8: 607
    Art. 10: 579, 607
    Art. 15: 483
    Art. 16: 484
Abkommen zwischen der Bundesrepublik Deutschland und dem Königreich Griechenland zur Vermeidung der Doppelbesteuerung und zur Verhinderung der Steuerverkürzung bei den Steuern vom Einkommen und vom Vermögen sowie der Gewerbesteuer vom 18.4.1966 (BGBl. 1967 II 852)
    Art. X: 379
    Art. XX: 376, 379
Europäisches Übereinkommen über die gerichtliche Zuständigkeit und die Vollstreckung gerichtlicher Entscheidungen in Zivil- und Handelssachen vom 27.9.1968 (BGBl. 1972 II 773) i.d.F. vom 29.11.1996 (BGBl. 1998 II 1411)
    Art. 1: 381

Art. 5: 530, 538, 541, 555
Art. 6: 701
Art. 13: 555
Art. 13 ff.: 487
Art. 17: 413
Art. 18: 608
Art. 21: 526
Art. 24: 431
Art. 25: 640
Art. 27: 610, 638, 640
Art. 54: 526
Wiener Übereinkommen über das Recht der Verträge vom 23.5.1969 (BGBl. 1985 II 926)
    Art. 57: 372
    Art. 58: 372
Haager Übereinkommen über die Beweisaufnahme im Ausland in Zivil- und Handelssachen vom 18.3.1970 (BGBl. 1977 II 1472)
    Art. 1: 581
    Art. 17: 587
Europäisches Übereinkommen über Staatenimmunität vom 16.5.1972 (BGBl. II 1990 34 ff.)
    Art. 2: 399
    Art. 3: 379, 399
    Art. 5: 379, 477
Übereinkommen über die Angabe von Familiennamen und Vornamen in den Personenstandsbüchern vom 13.9.1973 (BGBl. 1976 II 1474)
    Art. 1: 42, 43
    Art. 2: 24–27, 41, 43
    Art. 3: 41
    Art. 6: 24, 26
Haager Übereinkommen über die Anerkennung und Vollstreckung von Unterhaltsentscheidungen vom 2.10.1973 (BGBl. 1986 II 825)
    Art. 4: 214
Übereinkommen über die Erteilung Europäischer Patente (Europäisches Patentübereinkommen – EPÜ 2000) vom 5.10.1973 i.d.F. vom 29.11.2000 (BGBl. 2007 II 1083)
    Art. 2: 594
    Art. 4: 405
    Art. 8: 405
    Art. 64: 594 f.
    Art. 87: 363
    Art. 164: 405
Vertrag zwischen der Bundesrepublik Deutschland und dem Staat Israel über die gegenseitige Anerkennung und Vollstreckung gerichtlicher Entscheidungen in

Zivil- und Handelssachen vom 20.7.1977 (BGBl. 1980 II 926)
    Art. 5: 604, 606, 607–609, 637–639
    Art. 5 f.: 635, 637
    Art. 7: 604 f., 607 f., 637 f.
    Art. 8: 604, 607, 609, 637 f.
    Art. 10: 635
    Art. 11: 607
    Art. 15: 635–637
    Art. 16: 604, 635 f.
UN-Übereinkommen über Verträge über den Internationalen Warenkauf vom 11.4.1980 (BGBl. 1989 II 586)
    Art. 1: 87, 92 f., 135, 138, 415, 733
    Art. 2: 108, 135
    Art. 3: 138
    Art. 4: 88, 94, 144, 146 f.
    Art. 6: 415
    Art. 7: 144, 146 f.
    Art. 8: 91, 94
    Art. 13: 414
    Art. 14: 135, 468
    Art. 14 ff.: 411, 419
    Art. 18: 419, 468
    Art. 21: 411, 420
    Art. 25: 138–142, 144, 415 f.
    Art. 26: 143
    Art. 29: 143
    Art. 30: 92, 136
    Art. 30 f.: 93
    Art. 31: 135 f.
    Art. 33: 415
    Art. 35: 135 f., 137, 140
    Art. 38: 136
    Art. 39: 135–137
    Art. 45: 139, 143, 147, 415, 417
    Art. 46: 144
    Art. 46 ff.: 415
    Art. 47: 142 f.
    Art. 48: 143 f.
    Art. 49: 138 f., 141–143, 413, 417
    Art. 50: 139
    Art. 53: 87, 92, 135, 138, 147
    Art. 59: 146 f.
    Art. 59: 415
    Art. 71: 147, 417
    Art. 72: 138, 142
    Art. 74: 143, 147, 415, 417
    Art. 74 ff.: 415
    Art. 75: 417
    Art. 77: 143
    Art. 79: 416
    Art. 80 f.: 138, 141 f., 145 f., 416
    Art. 82 ff.: 141
    Art. 84: 146
    Art. 88: 146

Europäisches Übereinkommen über die Anerkennung und Vollstreckung von Entscheidungen über das Sorgerecht für Kinder und die Wiederherstellung des Sorgeverhältnisses vom 20.5.1980 (BGBl. 1990 II 206, 220)
    Art. 7: 677, 680
    Art. 10: 691
Übereinkommen über das auf vertragliche Schuldverhältnisse anzuwendende Recht vom 19.6.1980 (BGBl. 1986 II 809)
    Art. 1: 733
    Art. 5: 63
    Art. 6: 165, 175
    Art. 7: 781
Haager Übereinkommen über die zivilrechtlichen Aspekte internationaler Kindesentführungen vom 25.10.1980 (BGBl. 1990 II 206)
    Art. 3: 234 f., 242 f., 572
    Art. 11: 241
    Art. 12: 239, 565
    Art. 13: 239 f., 242
    Art. 15: 243
    Art. 16: 565, 690
    Art. 20: 239
Lugano-Übereinkommen über die gerichtliche Zuständigkeit und die Vollstreckung gerichtlicher Entscheidungen in Zivil- und Handelssachen vom 16.9.1988 (BGBl. 1994 II 2658)
    Art. 5: 525–529, 538–542
    Art. 5 ff.: 702, 704
    Art. 13: 493 f., 539
    Art. 15 f.: 492
    Art. 16: 701
    Art. 17: 413, 425
    Art. 21 f.: 704
    Art. 26: 449
    Art. 54b: 527, 538
Protokoll Nr. 2 über die einheitliche Auslegung des Übereinkommens (BGBl. 1994 II 2697)
    Art. 1: 527, 538
Vertrag zwischen der Bundesrepublik Deutschland und der Union der Sozialistischen Sowjetrepubliken über die Förderung und den gegenseitigen Schutz von Kapitalanlagen vom 13.6.1989 (BGBl. 1990 II 342)
    Art. 4: 612
    Art. 10: 612
Übereinkommen über die Rechte des Kindes vom 20.11.1989 (BGBl. 1992 II 121, 990)
    Art. 3: 666

Art. 21: 255, 675
Haager Übereinkommen über den Schutz von Kindern und die Zusammenarbeit auf dem Gebiet der internationalen Adoption vom 29.5.1993 (BGBl. II 1035)
　Art. 2: 248, 251, 255, 269, 271
　Art. 4: 270
　Art. 4 f.: 272, 276
　Art. 5: 270
　Art. 15: 276
　Art. 17: 270, 276 f.
　Art. 23: 251 f., 269, 271–273, 275 f., 294 f.
　Art. 24: 272, 294
　Art. 43: 278
　Art. 44: 294 f.
Haager Übereinkommen über die Zuständigkeit, das anzuwendende Recht, die Anerkennung, Vollstreckung und Zusammenarbeit auf dem Gebiet der elterlichen Verantwortung und der Maßnahmen zum Schutz von Kindern vom 19.10.1996 (BGBl. 2010 II 1527)
　Art. 1: 569
　Art. 2 f.: 680
　Art. 3: 569 f.
　Art. 5: 218, 570, 680, 682
　Art. 5 ff.: 570
　Art. 6: 570
　Art. 7: 681
　Art. 8: 681
　Art. 9: 681
　Art. 10: 681
　Art. 11: 677, 681 f.
　Art. 15: 218, 222, 238, 569, 698
　Art. 16: 237, 302, 566
　Art. 17: 41, 43
　Art. 23: 677, 680, 682
　Art. 26: 680, 682
　Art. 53: 569
Übereinkommen zur Vereinheitlichung bestimmter Vorschriften über die Beförderung im internationalen Luftverkehr vom 28.5.1999 (BGBl. 2004 II 459)
　Art. 17 ff.: 471
　Art. 33: 471
Budapester Übereinkommen über den Vertrag über Güterbeförderung in der Binnenschifffahrt (CMNI) vom 22.6.2001 (BGBl. II 2007, 298)
　Art. 2: 152 f.
　Art. 29: 153
Übereinkommen über die gerichtliche Zuständigkeit und die Anerkennung und Vollstreckung von Entscheidungen in Zivil- und Handelssachen vom 30.10.2007 (ABl. Nr. L 339/3 ff.)
　Art. 1: 700
　Art. 2: 426, 701 f.
　Art. 3: 702 f.
　Art. 5: 518, 525, 527–530, 537–541, 543, 550 f., 594, 702 f.
　Art. 5 ff.: 702, 704
　Art. 6: 125–127, 703
　Art. 15: 493 f., 528, 539
　Art. 15 f.: 493 f.
　Art. 17: 494
　Art. 22: 699, 701
　Art. 23: 424 f., 494
　Art. 24: 424 f., 550
　Art. 26: 424
　Art. 27 f.: 704
　Art. 30: 526
　Art. 32 ff.: 449
　Art. 60: 126
　Art. 63: 526, 537, 700
　Art. 64: 424, 527, 538
　Art. 69: 700
　Art. 71: 654
　Art. 75: 538, 544
Haager Übereinkommen über die internationale Geltendmachung der Unterhaltsansprüche von Kindern und anderen Familienangehörigen vom 23.11.2007 (ratif. 31.3.2011; ABl. Nr. L 93, 9)
　Art. 3: 345

IV. Recht der Europäischen Union

1. Primäres Gemeinschaftsrecht

Vertrag zur Gründung der Europäischen Gemeinschaft i.d.F. des Vertrages von Amsterdam vom 2.10.1997 (BGBl 1998 II 386)
　Art. 18: 28
　Art. 43: 739

Vertrag zur Gründung der Europäischen Gemeinschaft i.d.F. des Vertrages über die Europäische Union vom 7.2.1992 (BGBl. II 1251)
　Art. 43: 192 f.
　Art. 48: 192 f.

Vertrag über die Arbeitsweise der Europäischen Union i.d.Bek. vom 9.5.2008 (ABl. Nr. C 115/47)
  Art. 18: 14, 19, 37, 45
  Art. 18 ff.: 39
  Art. 20: 45
  Art. 21: 19, 28, 35, 37, 45

Art. 45: 453
Art. 49: 323, 737, 739–741
Art. 54: 55, 323, 737, 739–741
Art. 267: 37, 148, 396 f., 448, 483, 488, 543, 580, 739, 754
Art. 288: 756

2. Sekundäres Gemeinschaftsrecht

Richtlinie 72/166/EWG des Rates betreffend die Angleichung der Rechtsvorschriften der Mitgliedstaaten bezüglich der Kraftfahrzeug-Haftpflichtversicherung und der Kontrolle der entsprechenden Versicherungspflicht vom 24.2.1972 (ABl. Nr. L 103/1)
  Art. 1: 554
Richtlinie 86/653/EWG des Rates zur Koordinierung der Rechtsvorschriften der Mitgliedstaaten betreffend die selbständigen Handelsvertreter vom 18.12.1986 (ABl. Nr. L 382/17)
  Art. 3: 456
Richtlinie 93/13/EWG des Rates über missbräuchliche Klauseln in Verbraucherverträgen vom 5.4.1993 (ABl. Nr. L 95/29)
  Art. 5: 423
VO (EG) Nr. 40/1994 des Rates über die Gemeinschaftsmarke vom 20.12.1993 (ABl. Nr. L 11/1)
  Art. 9: 561
  Art. 92: 560
  Art. 93: 559–561
Richtlinie 95/46/EG des Europäischen Parlaments und des Rates zum Schutz natürlicher Personen bei der Verarbeitung personenbezogener Daten und zum freien Datenverkehr vom 24.10.1995 (ABl. Nr. L 281/31)
  Art. 2: 71
  Art. 4: 69–71
  Art. 5: 69
  Art. 13: 69
Richtlinie 96/71/EG des Europäischen Parlaments und des Rates über die Entsendung von Arbeitnehmern im Rahmen der Erbringung von Dienstleistungen vom 16.12.1996 (ABl. Nr. L 018/1997)
  Art. 3: 172, 189
Richtlinie 2000/26/EG des Europäischen Parlaments und des Rates zur Angleichung der Rechtsvorschriften der Mitgliedstaaten über die Kraftfahrzeug-Haftpflichtversicherung, und zur Änderung der Richtlinien 73/239/EWG und 88/357/EWG des Rates vom 16.5.2000 (ABl. Nr. L 181/65)
  Art. 2: 554
VO (EG) Nr. 1346/2000 des Rates über Insolvenzverfahren vom 29.5.2000 (ABl. Nr. L 160/1)
  Art. 1: 738, 751, 772 f.
  Art. 1 f.: 748
  Art. 2: 738, 751, 756, 760, 772 f.
  Art. 3: 174, 458, 469 f., 737, 739 f., 741 f., 744, 749 f., 755, 756–758, 760, 762, 769, 778
  Art. 4: 737, 738, 739–741, 745, 748, 759, 761, 763 f., 765, 769, 779
  Art. 4 f.: 756
  Art. 4 ff.: 759
  Art. 5: 761
  Art. 8: 771
  Art. 10: 748
  Art. 13: 765 f.
  Art. 15: 751–753, 758, 771, 773
  Art. 16: 749 f., 756
  Art. 16 f.: 749 f.
  Art. 17: 764, 778 f.
  Art. 18: 778 f.
  Art. 25: 626, 642, 742, 756, 760
  Art. 25 f.: 627, 641 f.
  Art. 26: 626 f., 747, 750, 757–759
  Art. 27: 751, 771
  Art. 28: 771
  Art. 31: 764
  Art. 39 ff.: 759
VO (EG) Nr. 44/2001 des Rates über die gerichtliche Zuständigkeit und die Anerkennung und Vollstreckung von Entscheidungen in Zivil- und Handelssachen vom 22.12.2000 (ABl. Nr. L 12/1)
  Art. 1: 174, 401, 431, 453, 507, 509, 557, 580, 620, 626, 740, 741 f., 744
  Art. 2: 65, 323, 412 f., 417, 420, 426, 446, 448, 458, 500, 515, 594, 596
  Art. 2 ff.: 430 f., 440, 458

Art. 3: 557, 559
Art. 4: 215, 460, 464
Art. 5: 67, 108 f., 132, 148, 179, 351 f., 358 f., 360, 364 f., 367, 401–404, 413, 427, 428 f., 437 f., 443, 444, 445–447, 452, 454, 458, 459, 460, 468, 471 f., 485, 502 f., 504, 506, 509, 511, 512, 515, 517, 521, 527–531, 538–542, 548–550, 551, 557 f., 559, 562 f.
Art. 5 f.: 514 f.
Art. 6: 435, 516 f., 550, 562
Art. 8 f.: 118
Art. 9: 110, 122, 129, 150, 420–422, 523–525, 553 f., 557
Art. 11: 110, 118, 122, 129, 150, 421, 523–525, 552–554, 557
Art. 13: 422 f.
Art. 15: 148, 404, 426, 458, 471, 475, 485 f., 488–492, 502 f., 516, 555
Art. 15 f.: 148, 471, 485, 488–490, 516
Art. 15 ff.: 421, 489, 499
Art. 16: 471, 489, 495, 498, 580
Art. 17: 495, 498
Art. 18: 155, 162, 451, 453 f., 456, 476, 483
Art. 18 f.: 156, 163, 174, 384
Art. 18 ff.: 156, 451–454, 457
Art. 19: 155, 162, 453, 483
Art. 21: 156, 162
Art. 22: 351 f., 602 f.
Art. 23: 83, 162, 411, 412–414, 418 f., 420, 422 f., 435, 438, 440, 449 f., 452, 457 f., 459, 464, 466, 469, 521, 742, 744
Art. 24: 148, 427, 435, 439, 608
Art. 25: 359, 439
Art. 26: 439
Art. 27: 103, 430, 432 f., 587–590, 592–594, 596 f., 601, 602 f.
Art. 27 f.: 588
Art. 28: 511–513, 588, 593 f.
Art. 30: 589, 594
Art. 31: 427, 431 f., 521
Art. 32: 449
Art. 32 f.: 449, 774
Art. 32 ff.: 430 f., 449, 626, 707
Art. 33: 150, 447 f., 450, 590, 597, 599, 620, 642, 650
Art. 33 ff.: 650
Art. 34: 450 f., 593, 597, 603, 609, 622, 626 f., 628, 638, 640, 644, 645 f., 648, 650, 707
Art. 34 f.: 633, 642, 706–708
Art. 35: 450
Art. 36: 449, 634, 707, 709

Art. 41: 643
Art. 43: 630, 633, 643, 645, 706
Art. 43 f.: 632, 708
Art. 44: 627, 633
Art. 45: 633 f., 645 f., 708
Art. 46: 629, 632, 634 f., 706–708
Art. 60: 155, 162, 174, 458, 460, 483, 500, 525, 557
Art. 66: 526
Art.: 594

VO (EG) Nr. 2157/2001 des Rates über das Statut der Europäischen Gesellschaft – Societas Europaea (SE) – vom 8.10.2001 (ABl. EG 2001 Nr. L 294)
Art. 9: 52

VO (EG) Nr. 2201/2003 des Rates über die Zuständigkeit und die Anerkennung und Vollstreckung von Entscheidungen in Ehesachen und in Verfahren betreffend die eheliche Verantwortung und zur Aufhebung der VO (EG) Nr. 1347/2000 vom 27.11.2003 (ABl. Nr. L 338/1)
Art. 1: 683
Art. 1 f.: 678
Art. 2: 216 f., 301 f., 682, 686, 689
Art. 3: 209 f.
Art. 3 ff.: 683, 687
Art. 8: 216 f., 227 f., 300 f., 565, 570, 571 f., 685 f., 698 f.
Art. 8 ff.: 565, 679, 682, 684 f., 687, 698
Art. 9: 698
Art. 10: 301 f., 572, 686 f., 698
Art. 11: 234, 239, 678, 697
Art. 12: 217, 698
Art. 13: 302
Art. 15: 302, 571, 573
Art. 19: 299
Art. 20: 565, 677, 679 f., 683–685, 698
Art. 21: 683, 686, 688 f., 695, 698
Art. 21 ff.: 679, 682–684, 686, 688
Art. 22 ff.: 679
Art. 23: 682 f., 687–689, 694 f., 697–699
Art. 24: 679, 684, 687
Art. 26: 682, 687
Art. 27: 689
Art. 28: 679, 683, 688, 695
Art. 28 ff.: 678–680
Art. 31: 679, 689, 695, 697
Art. 33: 678, 683, 689
Art. 34: 682, 690
Art. 35: 689
Art. 39: 678, 689
Art. 40: 678
Art. 42: 678, 697
Art. 59 ff.: 679
Art. 61: 217

VO (EG) Nr. 261/2004 des Europäischen Parlaments und des Rates über eine gemeinsame Regelung für Ausgleichs- und Unterstützungsleistungen für Fluggäste im Fall der Nichtbeförderung und bei Annullierung oder großer Verspätung von Flügen und zur Aufhebung der Verordnung (EWG) Nr. 295/91 vom 11.2.2004 (ABl. Nr. L 46/1)
  Art. 2: 473
  Art. 3: 472
  Art. 7: 471 f., 474 f.
VO (EG) Nr. 805/2004 des Europäischen Parlaments und des Rates zur Einführung eines europäischen Vollstreckungstitels für unbestrittene Forderungen vom 21.4.2004 (ABl. Nr. L 143/15)
  Art. 2 ff.: 625
  Art. 5: 622
  Art. 6 ff.: 624
  Art. 13 ff.: 623 f.
  Art. 21: 621 f., 624
  Art. 23: 623–625
Richtlinie 2005/29/EG des Europäischen Parlaments und des Rates über unlautere Geschäftspraktiken im binnenmarktinternen Geschäftsverkehr zwischen Unternehmen und Verbrauchern und zur Änderung der Richtlinie 84/450/EWG des Rates, der Richtlinien 97/7/EG, 98/27/EG und 2002/65/EG des Europäischen Parlaments und des Rates sowie der VO (EG) Nr. 2006/2004 des Europäischen Parlaments und des Rates vom 11.5.2005 (ABl. Nr. 149/22)
  Art. 6 f.: 360
VO (EG) Nr. 1896/2006 des Europäischen Parlaments und des Rates zur Einführung eines Europäischen Mahnverfahrens vom 12.12.2006 (ABl. Nr. L 399, 1)
  Art. 12: 587
  Art. 13: 587
  Art. 13 ff.: 584, 587
  Art. 14: 587
  Art. 16: 583
  Art. 16 ff.: 584 f.
  Art. 17: 585
  Art. 18: 583–585
  Art. 20: 582–584, 586 f.
  Art. 21: 585
  Art. 22: 585
  Art. 26: 584–586
  Art. 27: 587
  Art. 29: 586
VO (EG) Nr. 864/2007 des Europäischen Parlaments und des Rates über das auf außervertragliche Schuldverhältnisse anzuwendende Recht vom 11.7.2007 (ABl. L Nr. 199/40)
  Art. 1: 125, 128
  Art. 4: 128, 129, 149, 152, 503, 514
  Art. 5: 205
  Art. 6: 125, 128, 132, 360, 364
  Art. 8: 103, 360, 368
  Art. 10: 767
  Art. 10 f.: 91
  Art. 14: 727 f.
  Art. 15: 514
  Art. 16: 727
  Art. 18: 118, 128, 130
  Art. 19: 149, 152, 514
  Art. 24: 130
  Art. 28: 129
  Art. 31: 103
  Art. 31 f.: 82, 110, 125, 149
  Art. 32: 103
VO (EG) Nr. 1393/2007 des Europäischen Parlaments und des Rates über die Zustellung gerichtlicher und außergerichtlicher Schriftstücke in Zivil- oder Handelssachen in den Mitgliedstaaten (Zustellung von Schriftstücken) und zur Aufhebung der VO (EG) Nr. 1348/2000 des Rates vom 13.11.2007 (ABl. Nr. L 324/79)
  Art. 1: 579–581
  Art. 7: 587
  Art. 8: 300, 576, 577 f.
  Art. 14: 577
  Art. 25: 577
Protokoll über das auf Unterhaltspflichten anzuwendende Recht vom 23.11.2007 (ABl. Nr. L 331/19)
  Art. 2: 214
  Art. 3: 60, 214, 221, 649, 653 f.
  Art. 18: 214
  Art. 22: 652 f.
VO (EG) Nr. 593/2008 des Europäischen Parlaments und des Rates über das auf vertragliche Schuldverhältnisse anzuwendende Recht vom 17.6.2008 (ABl. L Nr. 177/6)
  Art. 1: 53, 461, 722, 733
  Art. 3: 74, 85, 86, 102, 107, 415, 744, 775
  Art. 3 f.: 444
  Art. 4: 88, 91, 102, 108, 775
  Art. 5: 86, 108 f., 461
  Art. 6: 100 f., 102, 107 f.
  Art. 7: 149, 152
  Art. 8: 175, 384, 754
  Art. 9: 105, 171 f., 188, 189, 727 f., 781
  Art. 10: 86

Art. 11: 53
Art. 12: 766
Art. 14: 722
Art. 17: 86, 88, 617
Art. 19: 88
Art. 28: 104, 149, 156, 163, 174, 179, 362, 384, 444, 733, 779
VO (EG) Nr. 207/2009 des Rates über die Gemeinschaftsmarke vom 26.2.2009 (ABl. Nr. L 78/1)
Art. 97: 560
Richtlinie 2009/103/EG des Europäischen Parlaments und des Rates über die Kraftfahrzeug-Hapftpflichtversicherung und die Kontrolle der entsprechenden Versicherungspflicht vom 16.9.2009 (ABl. Nr. L 263/11)
Art. 18: 150
VO (EG) Nr. 4/2009 des Rates über die Zuständigkeit, das anwendbare Recht, die Anerkennung und Vollstreckung von Entscheidungen und die Zusammenarbeit in Unterhaltssachen vom 18.12.2008 (ABl. Nr. L 7/1)
Art. 1: 215
Art. 3: 212 f., 215, 649
Art. 3 ff.: 215 f.
Art. 4 f.: 216
Art. 5: 213
Art. 6: 216
Art. 6 f.: 215 f.
Art. 7: 216

Art. 8: 650
Art. 15: 213
Art. 17: 644
Art. 17 ff.: 644
Art. 23: 650
Art. 23 ff.: 648, 650
Art. 24: 644, 650
Art. 26 f.: 643
Art. 32: 643, 648
Art. 34: 644, 648
Art. 42: 645
Art. 47: 645
Art. 56: 650
Art. 68: 644
Art. 75: 643 f., 648, 650
Art. 76: 644
Charta der Grundrechte der Europäischen Union vom 30.3.2010 (ABl. Nr. C 83/389)
Art. 24: 666
Art. 47: 586, 622, 624
VO (EU) Nr. 1259 des Rates zur Durchführung einer Verstärkten Zusammenarbeit im Bereich des auf die Eheschließung und Trennung ohne Auflösung des Ehebandes anzuwendenden Rechts vom 20.12.2010 (ABl. Nr. L 343/10)
Art. 5 ff.: 210
Art. 8: 205, 210
Art. 8a: 220 f.
Art. 18: 315, 332

Verzeichnis der Entscheidungen

I. Gerichte

Die Zahlen verweisen auf die Nummern der Entscheidungen.
B = Beschluss oder Hinweisbeschluss, E = Entscheidung oder Zwischenentscheidung, Erl. = Erlass, NAB = Nichtannahmebeschluss, RS = Rundschreiben, TU = Teilurteil, U = Urteil oder Vorbehaltsurteil, VB = Vorlagebeschluss, VU = Versäumnisurteil, ZU = Zwischenurteil, + = nur Hinweis

Bundesverfassungsgericht
EA 16.10.2013 – 2 BvR 736/13	154b
B 17. 3.2014 – 2 BvR 736/13	154c

Bundesgerichtshof
B 7. 1.2014 – VIII ZR 137/13	166b
U 14. 1.2014 – II ZR 192/13	276
B 16. 1.2014 – IX ZR 194/13	168
B 21. 1.2014 – KVR 38/13	141b
B 19. 2.2014 – XII ZB 180/12	4
U 26. 2.2014 – I ZR 49/13	143
U 6. 3.2014 – VII ZR 349/12	43
U 13. 3.2014 – I ZR 36/13	165b
B 19. 3.2014 – XII ZB 511/13	94
VU 27. 3.2014 – IX ZR 2/12	281
B 3. 4.2014 – IX ZB 88/12	262
B 24. 4.2014 – VII ZB 28/13	239
B 8. 5.2014 – IX ZB 35/12	240
U 8. 5.2014 – III ZR 371/12	269
U 14. 5.2014 – VIII ZR 266/13	46
B 15. 5.2014 – IX ZB 26/13	241
VB 15. 5.2014 – III ZR 255/12	195
U 28. 5.2014 – VIII ZR 410/12	47
B 3. 6.2014 – II ZR 34/13	283
U 24. 6.2014 – VI ZR 315/13	211
U 24. 6.2014 – VI ZR 347/12	212
B 25. 6.2014 – VII ZB 23/13	160
U 15. 7.2014 – XI ZR 100/13	67
B 13. 8.2014 – V ZB 163/12	236
U 16. 9.2014 – XI ZR 78/13	38b
B 18. 9.2014 – IX ZA 16/14	288
B 18. 9.2014 – IX ZB 68/13	289
U 18. 9.2014 – VII ZR 58/13	290
U 24. 9.2014 – I ZR 35/11	52
U 24. 9.2014 – VIII ZR 394/12	66
B 9.10.2014 – IX ZB 46/13	237b
U 21.10.2014 – II ZR 330/13	32
U 30.10.2014 – III ZR 474/13	197
U 30.10.2014 – III ZR 71/14	198
B 12.11.2014 – IV ZR 161/14	231
U 18.11.2014 – KZR 15/12	150
U 20.11.2014 – IX ZR 13/14	292
U 27.11.2014 – I ZR 1/11	219
VB 2.12.2014 – II ZR 119/14	273b
B 3.12.2014 – IV ZB 9/14	137
B 3.12.2014 – XII ZB 101/14	2b
B 10.12.2014 – XII ZB 463/13	254b
B 10.12.2014 – XII ZB 662/13	252
U 19.12.2014 – V ZR 32/13	140

Bundesarbeitsgericht
B 14. 2.2013 – 3 AZB 5/12	154a
U 20. 2.2014 – 2 AZR 864/12	72
U 19. 3.2014 – 5 AZR 252/12	74
U 10. 4.2014 – 2 AZR 741/13	70b
U 28. 5.2014 – 5 AZR 422/12	78
U 18.12.2014 – 2 AZR 1004/13	193

Bundespatentgericht
U 27. 2.2014 – 7 Ni 1/14 (EP)	279
U 1. 7.2014 – 3 Ni 14/13 (EP)	147

Bundesverwaltungsgericht
U 8.12.2014 – 6 C 16/14	28

Oberlandesgerichte

Kammergericht
B 1. 8.2013 – 1 W 413/12	254a
U 24. 1.2014 – 5 U 42/12	40
B 17. 3.2014 – 20 U 254/12	29
U 25. 4.2014 – 5 U 113/11	180
U 25. 4.2014 – 5 U 178/11	146
B 15. 5.2014 – 1 W 75/14	13
U 5. 6.2014 – 22 U 90/13	48
B 20. 6.2014 – 3 UF 159/12	221
B 30. 9.2014 – 1 W 519/13	22
B 14.10.2014 – 1 W 299/14	23
B 14.10.2014 – 1 W 554/13	24
B 2.12.2014 – 1 W 562/13	100

Bamberg

B 25. 2.2014 – 2 UF 10/12	113

Brandenburg

U 27. 2.2014 – 12 U 10/13	176
B 3. 3.2014 – 9 UF 275/11	220
U 27. 3.2014 – 12 U 182/12	207
B 20. 5.2014 – 11 W 10/14	235
U 3. 7.2014 – 5 U 1/13	65
B 30. 7.2014 – 7 W 49/14	16
B 11. 9.2014 – 15 UF 128/13	119
B 29. 9.2014 – 15 UF 128/13	120

Bremen

U 25. 4.2014 – 2 U 102/13	181
B 26. 9.2014 – 5 UF 52/14	117b
B 24.11.2014 – 5 WF 67/14	223
U 30.12.2014 – 2 U 67/14	268b

Celle

B 20. 1.2014 – 17 UF 50/13	108b
B 29. 1.2014 – 17 UF 230/13	255b
B 31. 3.2014 – 15 UF 186/13	86

Dresden

U 14. 1.2014 – 4 U 717/13	167

Düsseldorf

B 15. 5.2013 – Kart 10/12 (V)	141a
U 18. 2.2014 – I-24 U 58/13	171
U 26. 2.2014 – I-18 U 27/12	69
B 4. 3.2014 – I-2 W 6/13	233
U 7. 3.2014 – 7 U 104/12	194
U 12. 3.2014 – I-18 U 153/13	177
U 28. 3.2014 – 16 U 128/13	44
U 16. 4.2014 – 18 U 124/13	45
B 17. 6.2014 – I-3 W 257/12	242
B 24. 6.2014 – 1 UF 1/14	111b
B 22. 7.2014 – I-4 Sch 8/13	272
B 21. 8.2014 – I-3 Wx 190/13	31
B 15.10.2014 – I-3 Va 2/12	229
B 23.10.2014 – I-12 U 27/14	247
U 24.10.2014 – 7 U 46/12	215
B 20.11.2014 – I-3 W 208/13	264

Frankfurt/Main

B 13. 1.2014 – 20 W 397/12	82
B 16. 1.2014 – 26 Sch 2/13	265
B 5. 3.2014 – 11 SV 4/14	206
U 5. 6.2014 – 1 U 48/12	184
B 6. 6.2014 – 11 SV 34/14	263
B 10. 6.2014 – 20 W 24/14	109b
U 23. 6.2014 – 16 U 224/13	210
B 1. 7.2014 – 6 U 104/14	226b
B 14. 7.2014 – 20 W 374/13	98
B 30. 7.2014 – 21 W 47/14	134

U 18. 9.2014 – 16 U 32/14	203b
B 24.11.2014 – 23 U 41/14	199

Hamburg

U 30. 1.2013 – 13 U 203/11	38a
B 17. 3.2014 – 2 W 24/12	5
B 14. 4.2014 – 2 W 17/11	116
B 28. 4.2014 – 2 W 11/11	11
B 25. 6.2014 – 12 UF 111/13	104
U 18. 9.2014 – 3 U 96/12	51
B 20.10.2014 – 2 UF 70/12	135
U 6.11.2014 – 3 U 86/13	61
B 4.12.2014 – 2 W 58/14	138

Hamm

U 31. 1.2013 – 18 U 48/12	165a
B 7. 6.2013 – 25 W 47/13	237a
B 21. 1.2014 – 11 UF 127/13	112
U 28. 1.2014 – 27 U 127/10	41
B 18. 2.2014 – I-15 W 20/13	3
U 6. 3.2014 – 10 U 76/13	130
B 20. 3.2014 – I-15 W 163/13	6
B 27. 3.2014 – I-15 W 421/13	95
B 11. 4.2014 – II-2 WF 57/14	258
U 11. 4.2014 – I-12 U 142/13	81b
B 16. 4.2014 – I-15 W 288/13	10
B 16. 4.2014 – I-15 W 364/13	9
B 30. 4.2014 – I-15 W 358/13	12
B 21. 5.2014 – I-15 W 240/13	15
B 10. 7.2014 – 11 UF 269/13	110b
B 22. 7.2014 – 15 W 138/14	133
B 15. 9.2014 – 3 UF 109/13	99
B 18.11.2014 – I-15 VA 7/14	248
B 3.12.2014 – 2 WF 177/14	90
U 4.12.2014 – 2 U 29/14	190
U 11.12.2014 – 5 U 60/14	218

Karlsruhe

B 27. 1.2014 – 8 W 61/13	249
B 29. 1.2014 – 11 Wx 73/13	2a
B 9. 4.2014 – 11 Wx 100/12	8
B 17. 4.2014 – 11 AR 2/14	30
B 11. 8.2014 – 18 UF 26/14	222
B 25. 8.2014 – 8 W 64/13	245
B 26.11.2014 – 11 Wx 83/14	136
B 16.12.2014 – 2 UF 108/14	114b
B 16.12.2014 – 2 UF 266/14	106

Koblenz

B 17. 2.2014 – 3 U 1335/13	204
B 20. 2.2014 – 3 U 1183/13	173
B 18. 6.2014 – 13 WF 564/14	92
B 15.10.2014 – 13 UF 463/14	121

Köln

U 24. 4.2013 – 16 U 106/12	166a

B 15. 1.2014 – 2 Wx 291/13	126		Nürnberg	
B 22. 1.2014 – 25 UF 128/13	87		B 25. 3.2014 – 15 W 381/14	36
U 6. 2.2014 – 18 U 89/08	238		B 14. 4.2014 – 2 W 1488/11	250
B 11. 2.2014 – 2 Wx 245/13	125b		B 10. 7.2014 – 7 UF 694/14	93
B 12. 2.2014 – 2 Wx 25/14	128		B 8.12.2014 – 7 UF 1084/14	115b
U 19. 2.2014 – I-6 U 163/13, 6 U 163/13 142			Oldenburg	
B 21. 2.2014 – 19 Sch 18/13	266		U 25. 2.2014 – 13 U 86/13	175
B 21. 2.2014 – 2 Wx 30/14; 2 Wx 34/14 129			B 10. 7.2014 – 8 SchH 2/13	271
U 25. 2.2014 – 3 U 161/13	174		Rostock	
B 26. 2.2014 – 19 Sch 12/13	267		U 4. 6.2014 – 1 U 51/11	183
U 14. 3.2014 – 6 U 172/13	144		B 30. 7.2014 – 1 W 40/14	244
U 25. 3.2014 – 3 U 171/13	178		Saarbrücken	
B 7. 7.2014 – 21 UF 99/14	259		U 16. 1.2014 – 4 U 429/12	57
B 27. 8.2014 – 2 Wx 222/14	96b		U 20. 2.2014 – 4 U 391/12	205
B 6.10.2014 – 19 Sch 17/13	291		Schleswig	
B 6.10.2014 – 5 U 54/14	187		B 21. 1.2014 – 2 AR 4/14	200
U 31.10.2014 – 6 U 60/14	54		B 27. 1.2014 – 12 UF 14/13	107b
B 6.11.2014 – 2 Wx 253/14, 2 Wx 336/14, 2 Wx 3	25		B 9. 7.2014 – 3 Wx 15/14	131
U 11.12.2014 – 7 U 23/14	34		B 18. 7.2014 – 12 Va 10/12	260
			U 4.12.2014 – 5 U 89/14	163
München			Stuttgart	
B 22. 1.2014 – 12 UF 1821/14	256		B 17. 1.2014 – 17 WF 229/13	91
TU 27. 1.2014 – 19 U 3606/13	127		U 10. 2.2014 – 5 U 111/13	56b
U 14. 2.2014 – 10 U 3074/13	225		B 5. 3.2014 – 17 UF 262/13	257
B 19. 2.2014 – 15 W 912/13	172		B 6. 5.2014 – 17 UF 60/14	123
B 1. 4.2014 – 31 Wx 122/14	7		U 28. 7.2014 – 5 U 146/12	243
B 19. 5.2014 – 31 Wx 130/14	14		B 13. 8.2014 – 17 WF 146/14	37
U 28. 5.2014 – 7 U 4/12	209		B 18. 8.2014 – 5 U 58/14	196
B 7. 7.2014 – 34 SchH 18/13	270		B 13.10.2014 – 5 W 26/14	246
B 12. 9.2014 – 34 Wx 269/14	161		B 23.10.2014 – 5 U 52/14	162
B 17. 9.2014 – 31 Wx 348/14	19		B 1.12.2014 – 17 UF 150/14	251
B 20.10.2014 – 12 UF 1383/14	261		Thüringer Oberlandesgericht	
B 25.11.2014 – 31 Wx 373/14	27		U 17. 7.2013 – 2 U 815/12	273a
B 27.11.2014 – 7 W 2290/14	189		B 19.11.2014 – 4 UF 543/13	122
B 10.12.2014 – 12 UF 1326/14	253		Zweibrücken	
Naumburg			B 6. 1.2014 – 2 UF 100/13	101
B 9. 9.2014 – 2 Wx 85/13	18		U 30. 1.2014 – 4 U 66/13	42
U 23.12.2014 – 12 U 36/14	64			

Landgerichte

Aachen			U 28. 8.2014 – 52 O 135/13	148
B 17. 7.2014 – 6 T 44/14	286		U 5.12.2014 – 91 O 83/13	62
Berlin			U 8.12.2014 – 28 O 25/14	164
U 28. 1.2014 – 15 O 300/12	202		Bremen	
U 27. 3.2014 – 27 O 748/13	208		U 31. 1.2014 – 11 O 7/14	170
U 24. 4.2014 – 16 O 466/13	145		U 25. 4.2014 – 12 O 129/13	268a
U 29. 7.2014 – 15 O 413/13	213			

Dortmund
U 14. 5.2014 – 8 O 46/13   59
U 18. 6.2014 – 4 S 110/13   vor 200+

Düsseldorf
U 3. 4.2014 – 4b O 114/12   234
U 22. 7.2014 – 4c O 22/13   186
U 3.11.2014 – 15 O 1/13   216

Frankfurt/Main
U 6. 2.2014 – 2-21 O 318/12   203a
U 25. 3.2014 – 2-09 S 63/12   179
U 25. 3.2014 – 2-15 S 9/13   1
U 3. 4.2014 – 2-03 O 95/13   226a
U 15. 4.2014 – 2-07 O 75/13   159
U 6. 6.2014 – 2-24 S 152/13   185
U 5.12.2014 – 2-24 S 123/14   191
B 16.12.2014 – 3/5 O 164/13   232

Freiburg
U 7. 1.2014 – 12 O 133/13   275

Göttingen
U 21. 3.2014 – 4 O 172/11   58

Hamburg
U 24. 1.2014 – 324 O 264/11   201
U 2. 9.2014 – 327 O 187/14   50
U 6.11.2014 – 327 O 476/14   149

Heidelberg
U 9.12.2014 – 2 O 162/13   63

Karlsruhe
U 3. 1.2014 – 14 O 94/13 KfH III   274
U 17.12.2014 – 9 S 24/14   139

Köln
TU 15. 7.2014 – 2 O 534/13   132

Krefeld
U 26. 8.2014 – 12 O 28/12   214
U 3. 9.2014 – 7 O 67/12   287

Mosbach
B 17. 1.2014 – 5 T 62/13   278

München I
U 26. 2.2014 – 37 O 28331/12   vor 265+
ZU 13.11.2014 – 7 O 25677/11   153
U 17.12.2014 – 37 O 8778/14   151

Neuruppin
B 5. 6.2014 – 5 O 25/14   228

Oldenburg
U 11. 6.2014 – 5 O 908/14   49

Passau
U 16. 1.2014 – 1 O 721/13   277

Saarbrücken
U 17. 1.2014 – 5 S 68/12   169

Siegen
U 1.10.2013 – 8 O 49/11   81a

Stuttgart
U 8. 4.2013 – 27 O 218/09   56a
U 16. 1.2014 – 22 O 582/11   35
U 10.12.2014 – 13 S 115/14   192

Amtsgerichte

Braunschweig
U 8. 1.2014 – 118 C 3557/13   224

Bremen
B 22. 4.2014 – 63 F 582/12 AD   117a

Büdingen
B 6. 3.2014 – 53 F 963/13   85

Celle
B 14. 2.2013 – 40a F 45169/11 AD 108a
B 21.10.2013 – 40 F 40090/11 AD 255a

Duisburg-Hamborn
B 17. 7.2014 – 19 F 210/14   105

Düsseldorf
B 18.11.2013 – 253 F 8/13   111a
U 8.10.2014 – 47 C 17099/13   188

Frankenthal
U 15.10.2014 – 3a C 157/13   60

Frankfurt/Main
B 21. 5.2013 – 49 XVI ROE 93/09 109a
U 27.11.2014 – 31 C 3804/13 (23)   217

Gummersbach
B 2. 9.2013 – 40 VI 564/13   125a

Hamm
B 16. 7.2013 – 20 F 116/12   110a

B 28. 3.2014 – 3 F 37/14		102	Nürnberg		
B 28. 8.2014 – 20 F 70/13		vor 107+	B 8. 4.2014 – 122 F 2066/13		115a
			B 13. 8.2014 – UR III 58/14		17

Hannover
U 26.11.2014 – 506 C 3954/14   55

Regensburg
B 2. 5.2014 – 201 F 1955/13   103

Heidelberg
B 4. 7.2014 – 48 UR III 15/14   97

Schleswig
B 4. 1.2013 – 91 F 276/11   107a
B 8. 8.2014 – 93 F 62/13   118

Karlsruhe
B 25. 2.2014 – 8 F 48/13   114a
B 26. 8.2014 – 6 F 376/12   84
VB 17. 9.2014 – UR III 26/13   20

Schöneberg
B 23. 5.2014 – 85 F 106/14   124

Köln
U 29. 4.2014 – 268 C 89/11   68
B 30. 5.2014 – 378 III 35/14   96a

Tempelhof-Kreuzberg
B 27. 3.2014 – 177 F 10637/13   88

Ludwigshafen
B 4. 7.2014 – 3 f IN 260/14 Ft   285

Wedding
B 22.10.2014 – 70b C 17/14   230

Würzburg
U 2.10.2014 – 16 C 207/13   53

Arbeitsgerichte

LAG Berlin-Brandenburg
U 10. 7.2013 – 17 Sa 2620/10   70a
U 7. 3.2014 – 3 Sa 1728/13   73

U 3. 4.2014 – 4 Sa 57/13   76

LAG München
U 23. 1.2014 – 3 Sa 676/12   156

LAG Düsseldorf
U 28. 5.2014 – 12 Sa 1423/13   182
U 31. 7.2014 – 15 Sa 1123/13   79

LAG Niedersachsen
U 19. 8.2014 – 15 Sa 14/14   80

LAG Hamm
U 3. 4.2014 – 17 Sa 999/13   75

LAG Nürnberg
U 17. 1.2014 – 3 Sa 228/12   155
U 7. 3.2014 – 6 Sa 210/12   157
U 21. 5.2014 – 4 Sa 155/12   77

Hessisches LAG
U 5. 3.2014 – 12 Sa 265/13   280
U 14. 3.2014 – 3 Sa 95/13   158

LAG Rheinland-Pfalz
U 18. 1.2014 – 7 Sa 84/13   39
U 29. 4.2014 – 6 Sa 337/13   227

LAG Mecklenburg-Vorpommern
U 22. 1.2014 – 3 Sa 184/13   71

Sozialgerichte

LSG Sachsen-Anhalt
U 4.12.2014 – L 6 U 99/12   33

Verwaltungsgerichte

Bayerischer VGH
B 29. 8.2014 – 4 CE 14.1502   284b
B 17. 9.2014 – 5 ZB 13.1366   21

OVG Berlin-Brandenburg
B 20. 5.2014 – OVG 3 M 7/14   83

OVG Lüneburg
U 29. 9.2014 – 11 LB 203/14   89

Sächsisches OVG
B 16. 5.2014 – 5 A 754/11   282

VG Göttingen
U 14.11.2014 – 4 A 123/13   26

VG Regensburg
B 17. 6.2014 – RO 4 E 14.898   284a

Behörden

BKartA
B   3. 7.2014 – B2-58/09   152

II. Fundstellen

Die Zahlen der linken Kolonne weisen auf die Fundstelle hin, die der rechten geben die Nummern der Entscheidungen an.

Die Aktiengesellschaft

2013		2015	
758	141a	82	32
2014		409	232
701	67	542	30

Arbeitsrechtliche Praxis

ArbGG 1979		BGB		GVG	
§ 68 Nr. 8	72	§ 130 Nr. 26	74	§ 20 Nr. 8	70
AÜG					
§ 10 Nr. 37	78				

Arbeit und Recht

2013		2014	
185	154a	343	74
		343	78

Archiv für das Presserecht

2015	
145	52

Der Betrieb

2014		2035	67	2015	
418	276	2526	38b	58	273b
1315	281	2529	289		
1430	240	2954	292		
1623	74	3951	32		
1688	78				

Der Betriebs-Berater

2013		1537	46	3088	197
691	154a	1907	74	2015	
2014		2049	67	1	32
51	70a	2177	270	65	150
513	141b	2228	70b	142	32
642	175	2433	243	209	292
1281	262	2513	47	398	66
1345	240	2867	182	590	31
1345	239	2945	197		
1409	281	2945	31		
1474	180	3073	292		

Computer und Recht

2014		2015		333	148
319	40	44	54	458	52
		309	61		
		326	63		

Deutsche Notar-Zeitschrift

2014		2015	
626	36	148	137
705	81b	207	32
		296	254b

Der Deutsche Rechtspfleger

2014		527	239	156	289
428	128	610	160	210	32
430	125b	2015		268	254b
492	36	103	290	292	248
513	129	137	31		

Deutsches Autorecht

2014		2015	
470	68	465	216
		470	60

Deutsches Steuerrecht

2015	
131	32

Deutsche Zeitschrift für Wirtschafts- und Insolvenzrecht

2014		2015	
499	276	76	290
505	281	194	32
		283	292

Entscheidungen des Bundesarbeitsgerichts

147	
342	74

Entscheidungen des Bundesgerichtshofes in Zivilsachen

200		202		193	150
274	43	258	66	350	254b
201		203		350	254b
22	239	68	32	372	252
252	46	140	197		

Entscheidungen zum Wirtschaftsrecht

2014		679	81b	775	46
603	239	681	47		
659	287	715	283		
667	211	731	195		
669	67	751	290		

2015		99	273b	375	36
3	32	123	286	431	163
27	280	129	78		
83	292	231	150		

Entscheidungssammlung zum Wirtschafts- und Bankrecht

VII C.		2015			
Art. 22 LugÜ		104	32		
– Nr. 1.14	262	47	37		

Europäische Zeitschrift für Wirtschaftsrecht

2014		2015			
557	239	160	273b		
680	vor 200+	441	150		
759	195	648	163		

The European Legal Forum

2014		101	178	139	252
43	239	2015			
73	47	17	240		
99	195	18	233		

Familie und Recht

2014		2015		227	254b
418	94	58	99	238	252
494	125b	126	133	293	2b
		227	254b		

Der Familien-Rechts-Berater

2014		336	116	102	117b
137	91	339	129	125	252
171	257	445	86	141	2b
249	94	2015		173	223
292	258	55	254b		
300	123	98	261		
305	4	100	104		

Familienrecht und Familienverfahrensrecht

2013	
480	254a

Forderung & Vollstreckung

		230	289
2014			
159	239		

Forum Familien- und Erbrecht

2014		261	94
217	91	466	104
218	4	509	88

2015		174	140	377	221
40	96b	198	254b	378	124
129	24	220	261	466	115b
131	252	262	84		

Gesellschafts- und Wirtschaftsrecht

2014		333	74	2015	
88	35	358	78	29	32
257	81b	444	182	39	150
288	281	500	66	40	273b
301	46			142	50
328	48				

GesundheitsRecht

2014	
163	42

Gewerblicher Rechtsschutz und Urheberrecht

2014		2015		272	51
559	143	167	54	689	219
		264	52		

Gewerblicher Rechtsschutz und Urheberrecht Internationaler Teil

2014		2015	
610	143	375	52

Gewerblicher Rechtsschutz und Urheberrecht. Praxis im Immaterialgüter- und Wettbewerbsrecht

2014		2015		91	52
283	143	10	51	254	219
315	146	42	61		
486	148	72	150		
516	54	88	164		

Gewerblicher Rechtsschutz und Urheberrecht – Rechtsprechungs-Report

2014		351	146	2015	
218	142			110	61
298	144			183	226b
320	269				

GmbH-Rundschau

2014		1264	183	2015	
941	29			79	273b
1156	81b				

Informationsbrief Ausländerrecht

2014		2015	
463	10	85	26

Informationsdienst des Deutschen Notarinstituts

2014		191	32		
92	126				

Internationales Handelsrecht

2014		184	47	60	166a
56	166b	228	65	242	182
112	175	2015			
136	46	8	66		
171	168	18	272		

International Litigation Procedure

6 (2015)	
372	262

Das Jugendamt

2014				2015	
527	107b			37	254b
573	123			167	252
576	99				

Das Juristische Büro

2015	
275	150

Juristische Schulung

2015		841	254b
65	74		

Juristenzeitung

2014		665	290	131	252
455	240	697	38b	495	154c
455	239	2015		2016	
456	262	8	51	202	254b
524	46	46	46		
596	211	68	292		
630	236	103	273b		

Kommentierte BGH-Rechtsprechung Lindenmaier-Möhring

2014		361189	240	367142	211
358410	143	361981	239	367293	137
358488	276	363817	290	367522	254b
359727	94	2015		369629	140
360325	195	364497	38b		
361173	46	366671	66		

Kommunikation und Recht

2014		748	148	277	63
280	40	2015			
284	202	57	54		
288	201	205	61		
442	144	253	52		

KTS Zeitschrift für Insolvenzrecht

2015	
339	292

Der Konzern

2014		2015	
108	141b	34	150

Mitteilungen der Deutschen Patentanwälte

2014		2015		333	219
426	241	195	150		
		311	234		

Monatsschrift für Deutsches Recht

2013		989	240	2015	
603	154a	1014	47	14	66
2014		1032	10	93	254b
362	276	1081	211	102	27
586	43	1094	74	162	137
593	4	1096	165b	180	292
675	94	1108	160	217	252
728	129	1174	241	281	2b
745	239	1287	236	288	32
795	262	1335	67	288	32
796	281	1353	290	291	52
918	195	1377	38b	302	273b
920	46	1397	22	342	140
980	269	1413	289		
986	86	1463	197		

MultiMedia und Recht

2014		2015		348	63
562	208	61	201	413	148
754	144	313	61	467	151
		324	52	614	219
		331	54		

Neue Juristische Online Zeitschrift

2014		1669	225	636	272
12	141a	2015		737	270
483	57	489	231	824	268b
1103	269	535	50	1554	106
1298	107b	565	123		

Neue Juristische Wochenschrift

2014		2290	125b	3156	46
1244	276	2363	239	3362	67
1383	4	2365	241	3378	104
1458	91	2665	83		
1723	154c	2737	29		
2186	43	2798	262		

2015			555	38b	1120	27
169	197		623	137	1321	28
192	72		694	252	1690	52
336	32		717	89	1763	150
336	32		789	54		
479	254b		867	66		

NJW-Rechtsprechungs-Report

			1088	160	2015	
2014			1135	240	201	92
577	94		1137	281	302	292
814	175		1202	47	321	2b
864	143		1223	101	521	140
907	179		1283	86	635	153
920	1		1339	210	759	248
932	144		1409	96b	1149	53
995	81b		1411	117b		
1033	85		1459	289		
1037	128		1512	290		
1064	165b					

NJW-Spezial

			467	74	2015	
2014			485	102	16	32
101	91		586	210	47	273b
262	257		614	104	100	252
323	179		654	78	139	225
332	43		678	243	165	256
368	29		695	285	263	136
422	123					
424	128					
465	81b					

Neue Justiz

2014		2015	
299	43	78	273b
473	43	84	290

Neue Zeitschrift für Arbeitsrecht

2013		2014		2015	
468	154a	1046	154c	124	72
		1076	74	1536	193
		1264	78		

Neue Zeitschrift für Familienrecht

			1145	85	219	135
2014			1571	112	226	90
264	91		2015		384	106
480	107b		46	111b	478	221
662	87		47	258	736	138
768	83		95	223	843	104
814	116		142	103	1048	18
963	109b		143	92		
1013	96b		187	100		
1016	243		191	259		
1064	19					

Neue Zeitschrift für Gesellschaftsrecht

2014		1142	152	199	31
400	196	1234	67	205	240
667	30	1350	211	600	33
703	81b	2015		635	232
901	29	18	32	1033	218
1111	281	101	273b		

Neue Zeitschrift für Miet- und Wohnungsrecht

2014	
438	179

Neue Zeitschrift für das Recht der Insolvenz und Sanierung

2013		782	284a	1048	288
807	273a	830	286	2015	
2014		881	283	42	284b
283	276	917	280	85	273b
521	262	957	289	183	292
672	281	969	290		
723	240	1019	277		
761	285	1037	212		

Neue Zeitschrift für Verkehrsrecht

2014		2015	
452	165b	238	210
460	1	391	60

NZA-Rechtsprechungs-Report Arbeitsrecht

2015	
546	193

OLG-Report

Mitte 18/2014		Süd 17/2014		Süd 3/2015	
Anm. 4	173	Anm. 5	56b	Anm. 8	246
Mitte 30/2014		Süd 18/2014			
Anm. 4	184	Anm. 2	113		
Mitte 44/2014		Süd 44/2014			
Anm. 4	121	Anm. 4	245		

Praxis der Freiwilligen Gerichtsbarkeit

2014		231	5	42	96b
75	126	280	11	67	2b
124	129	2015		69	254b
133	4	12	31		
156	36	17	161		
186	7	35	133		

Praxis des Internationalen Privat- und Verfahrensrechts

2014		254	179	444	243
72	254a	261	254b	446	81b
357	273a	267	82	551	182
535	171	334	273b	2016	
2015		342	70b	63	240
90	180	347	236	66	270
93	172	348	50	156	183
96	130	354	181	160	100
148	210	358	68	163	131
172	109b	420	230		
251	123	423	212		

Recht der Internationalen Wirtschaft

2014		606	262	225	197
235	276	609	47	227	292
452	281	690	236	300	150
460	225	691	70b	307	211
526	46	2015		369	52
529	241	72	66	451	219
530	240	79	195	530	163
532	239	157	273b	756	193
534	74	159	243		

Recht der Transportwirtschaft

2013		2014		2015	
366	165a	227	181	131	272
		316	165b	139	174
		318	69	177	177
		377	170		

ReiseRecht aktuell

2015		36	55	130	185
10	185	80	217		
22	192	93	213		

Rheinische Notar-Zeitschrift

2014		514	81b	2015	
460	130	621	36	88	31
514	129				

Schleswig-Holsteinische Anzeigen

2015	
401	131

Das Standesamt

2013		2014		301	13
348	254a	139	4	333	6
		179	7	334	2a
		206	82	345	83
		239	95	364	96b

366	14	59	17	210	18
2015		78	2b	239	23
12	5	81	11	240	117b
14	116	83	12	275	25
16	10	110	3	278	27
17	9	113	20	280	28
18	15	142	24	280	28
19	8	143	109b	2016	
51	254b	150	21	16	114b
57	16	180	100		
58	19	207	22		

Transportrecht

2013		299	276	404	191
295	165a	2015		2016	
2014		115	174	452	181
199	170	282	177		
234	69	370	165b		

Verbraucher und Recht

2014		2015	
435	277	474	194

Verkehrsrechts-Sammlung

125 (2015)	
76	66

Versicherungsrecht

2014		2015		640	46
1270	239	84	165b	2016	
1382	47	382	167	265	64
1477	195	511	197		
		585	38b		

Wertpapier-Mitteilungen

2014		1509	46	2015	
262	38a	1614	211	50	32
357	276	1624	67	53	292
534	168	1766	283	79	273b
768	154c	1813	236	146	137
801	43	1871	47	234	167
1003	262	2005	290	388	66
1045	239	2013	165b	539	150
1094	281	2088	38b	737	231
1094	240	2094	289	944	140
1295	241	2133	195	1299	153
1431	160	2257	197		
1483	36				

Wettbewerb in Recht und Praxis

2014		2015		347	52
460; 649	141b	87	51	735	219
709	143	94	54		
863	146	201	150		
1504	49	259	61		

Wirtschaft und Wettbewerb. Entscheidungssammlung zum Kartellrecht

DE-R 3943	141	DE-R 4559	150
DE-R 4135	141		

Zeitschrift für Bankrecht und Bankwirtschaft

2015	
244	163

Zeitschrift für Erbrecht und Vermögensnachfolge

2014		507	132	182	135
365	127	570	131	218	125b
495	130	627	243	306	136
495	129	2015		434	231
495	125b	158	134	588	139
497	128	160	140	598	138
497	126	163	137		

Zeitschrift für Europäisches Privatrecht

2015		192	42
159	166b	637	254b

Zeitschrift für Gemeinschaftsprivatrecht

2014	
296	239

Zeitschrift für das gesamte Familienrecht

2014		1567	257	2015	
280	166b	1571	112	55	289
559	276	1572	109b	64	104
741	4	1575	254a	76	260
844	87	1576	128	78	259
850	91	1585	129	79	250
864	249	1588	6	156	96b
927	94	1588	13	160	86
1106	82	1780	88	172	125b
1131	108b	1817	130	240	254b
1134	255b	1930	123	268	92
1551	14	1935	258	318	137
1554	7	1954	83	346	99
1554	11	2005	37	355	93
1555	101			357	131
1556	103			361	133
1559	95			402	28
1561	8			410	88
1563	116			425	117b

427	110b	667	24	871	251
429	243	705	126	943	100
429	89	749	135	1042	221
477	2b	775	253	1071	124
479	252	776	223	1232	138
592	105	777	256	1627	106
602	261	792	19	1640	115b
653	140	792	22	1642	114b
663	84	869	119	1644	136
664	18	869	120		

Zeitschrift für das gesamte Insolvenzrecht

2013		1452	285	2223	289
1638	273a	1498	183	2395	286
2014		1505	277	2568	292
262	275	1572	241	2015	
452	276	1618	29	92	273b
739	168	1918	284a	316	278
1115	240	1962	283	404	280
1116	239	2106	290	772	247
1176	281	2181	211	920	247
1233	262	2222	288		

Zeitschrift für Kindschaftsrecht und Jugendhilfe

2014		2015	
486	124	151	223
		235	221

Zeitschrift für die Notarpraxis

		59	137
2015			
30	32		

Zeitschrift für Schiedsverfahren

2014		206	265	2015	
100	vor 265+	262	270	149	268b
151	269				
203	267				

Zeitschrift für Sport und Recht

2014		2015	
113	vor 265+	31	59
174	268a	74	268b

Zeitschrift für die Steuer- und Erbrechtspraxis

2014		173	125b
171	128	352	133

Zeitschrift für Urheber- und Medienrecht

2014		2015		827	151
517	143	330	52		
		430	200		

Zeitschrift für Urheber- und Medienrecht Rechtsprechungsdienst

2014		2015	
511	201	180	54

Zeitschrift für Verbraucherinsolvenzrecht

2015		118	290	453	283
65	288	408	278		

Zeitschrift für Wirtschaftsrecht

2013		1755	29	2414	197
1820	273a	1778	67	2494	32
2014		1883	46	2015	
336	275	1940	287	42	292
394	276	1951	236	68	273b
1131	240	1986	283	176	66
1132	281	1997	211	191	286
1140	141b	2033	36	544	150
1330	35	2036	47	637	232
1350	241	2092	290	794	247
1426	81b	2173	38b	1253	163
1552	262	2194	289		
1649	239	2258	195		
1746	285	2363	280		

Sachverzeichnis

Die Zahlen verweisen auf die Seiten und beziehen sich grundsätzlich auf das deutsche (Internationale Privat- und Verfahrens-)Recht. Bei ausländischen Staaten beziehen sie sich auf deren Internationales Privat- und Verfahrensrecht oder Sachrecht. Der Umlaut ist nicht berücksichtigt. Auswärtige Staaten und Gliedstaaten werden durch folgende Abkürzungen bezeichnet:

DRC	=	Demokratische Republik Kongo	Engl.	=	Großbritannien
F.	=	Frankreich	Gr.	=	Griechenland
I.	=	Italien	Ind.	=	Indien
Kos.	=	Republik Kosovo	Lie.	=	Liechtenstein
Nig.	=	Nigeria	Ö.	=	Österreich
Pol.	=	Polen	Russ.	=	Russische Föderation
Schwz.	=	Schweiz	Serb.	=	Republik Serbien
Thai.	=	Thailand	Tun.	=	Tunesien
Tür.	=	Türkei	US	=	Vereinigte Staaten von Amerika

A

Abstammung
– Allgemeine Ehewirkungen 281–283
– Anerkenntnis
– – Lebenspartnerschaft 656 f., 662–671
– Günstigkeitsprinzip 22
– gewöhnlicher Aufenthalt 25, 219, 220–223, 661
– gleichgeschlechtliche Ehe 230–232, 663–670
– Kindeswohl 231, 671 f.
– ordre public 663, 671 f.
– Staatsangehörigkeit 656, 661 f.
– Statutenwechsel 661
– Vaterschaft 21–24, 25, 218, 220 f., 223 f., 281–283, 656–660
– Vaterschaftsanerkenntnis 21, 23, 223 f., 656–660
– – nichteheliches Kind 218
– Vaterschaftsanerkennung 223 f.
– Vaterschaftsanfechtung 22, 281
– Vaterschaftsfeststellung 218
Abtretung 722
Adoption s.a. Freiwillige Gerichtsbarkeit
– Adoptionsvertrag 259 f.
– Adoptionswirkungen 258, 293
– Allgemeine Ehewirkungen 245, 259 f.
– Anerkennung einer im Ausland erfolgten Adoption 27, 245, 246–249, 251–258, 258 f., 261–264, 264, 265 f., 267–275, 275–280, 285, 287–291, 291 f., 291, 294–296, 296–298, 662, 670 f., 672–677
– – Wirkung der Anerkennung 662
– Anhörung der Eltern 261, 276, 289
– Anhörung des Kindes 249, 256–258, 268, 289, 296
– Eignung der Adoptionsbewerber 246–248, 256–258, 261
– Kindeswohl 246–250, 252–258, 261, 263 f., 264, 265–267, 270, 273–275, 277, 285–291, 292, 293 f., 295 f., 670 f., 673–677
– Name 27
– Vermittlung
– – Eignung der Adoptionsbewerber 276, 676
Ägypten
– Name 30–32
Allgemeine Geschäftsbedingungen
– Einbeziehung 575
– Gerichtsstandsvereinbarung 96–99, 435
– Rechtswahl 85, 86, 101, 102, 179
Anerkennung und Vollstreckung ausländischer Entscheidungen in familienrechtlichen Angelegenheiten s.a. Freiwillige Gerichtsbarkeit

– anderweitige Rechtshängigkeit 208
– Anwendungsbereich der EheGVO 683–685, 692, 695
– Anwendungsbereich der EuGVO 644, 649
– Anwendungsbereich der EuUnthVO 216, 644 f.
– Anwendungsbereich des HAdoptÜ 248 f.
– Aussetzung des Verfahrens 689 f.
– Beschwerdeverfahren 643 f., 645 f., 648, 678–680, 683, 689 f.
– Ehescheidung 211 f., 692–694
– – Anerkennung als Heimatstaatenentscheidung 692–694
– – Pol. 692
– – Tür. 282
– – elterliche Sorge 683, 685–689, 695, 698 f.
– Gegenseitigkeit 645
– internationale Zuständigkeit des ausländischen Gerichts 449, 656, 662 f.
– Kindschaftssachen 225–227, 655, 662 f., 671 f.
– ordre public 249 f., 292, 644 f., 645–647, 656–660, 663–672, 687, 694, 695, 697
– – verfahrenseinleitendes Schriftstück 646
– rechtliches Gehör 647 f.
– Sorgerechtssachen 683, 685–689, 690, 691
– Unterhaltssachen
– – Abänderung eines Unterhaltstitels 649–652
– – Ö. 648
– Unvereinbarkeit mit anderer Entscheidung 688
– Verfahrensaussetzung bis zur förmlichen Anerkennung 282
– verfahrenseinleitendes Schriftstück 646
– Verfahrenskosten 645
– Vollstreckbarerklärung 678, 680, 682, 688 f.
– Wirkungen der Anerkennung 688, 690
– Zustellungsmangel 609, 646
– – Rechtzeitigkeit der Zustellung 687 f.

Anerkennung und Vollstreckung ausländischer Entscheidungen in vermögensrechtlichen Angelegenheiten
s.a. Insolvenzrecht; Prozess; Zustellung; Zwangsvollstreckung
– anderweitige Rechtshängigkeit 171
– Anwendungsbereich des LugÜ 654
– Anwendungsbereich von EuGVÜ u. EuGVO 162, 460, 509, 625–627, 706
– Aussetzung des Verfahrens 588–590, 592–595, 603, 625, 632, 634 f., 706, 708 f.
– Beschwerdeverfahren 627–629, 630, 632–634, 635–638, 640
– Beweis 431 f., 434 f.
– einstweilige Anordnung 640 f.
– Einwendungen gegen den Anspruch selbst 707 f.
– entgegenstehende ausländische Rechtskraft 85, 590–592
– Gegenseitigkeit
– – Ind. 85
– – Lie. 632
– Gerichtsbarkeit
– – Vollstreckbarerklärung 633, 706
– internationale Zuständigkeit des ausländischen Gerichts 448–451, 604 f., 607–610
– Mahnbescheid
– – Pol. 622, 624
– ordre public 450 f., 622–624, 627, 628 f., 638 f., 707
– – Prozessbetrug 628 f.
– – Vorenthaltung des rechtlichen Gehörs 628 f.
– rechtliches Gehör 641
– Rechtsnachfolge 630
– Revisionsinstanz 706–709
– Schiedseinrede 611–614
– Sicherheitsleistung 633–635
– Umfang der Rechtskraft 642 f.
– Unterbrechung durch Auslandsinsolvenz 758
– Vollstreckungsakt 611, 621
– Vollstreckungsklausel 706
– Voraussetzung der Anerkennung 630
– Zuständigkeit
– – örtliche und sachliche 605 f.
– – Zustellungsmangel 606 f.
– – Heilung 607

Anpassung
- Name 20, 37

Arbeitsrecht
- Kündigung 156 f., 163–167, 168, 187
- Kündigungsschutz 156–161, 163–165, 181–185
- Teilzeitbefristungsrecht 168, 171

Arbeitsvertrag
- einstellende Niederlassung 176, 179 f.
- engste Verbindung 158 f., 165 f., 176, 180 f., 754
- Günstigkeitsvergleich 166 f., 177, 187
- gewöhnlicher Arbeitsort 175 f.
- Rechtswahl 68, 156–161, 163–165, 167, 174 f., 177, 178–180, 185, 186–188, 384, 481 f.
- zwingende Bestimmungen 156–161, 163–165, 167, 175, 177, 189 f.

Aufrechnung 88–91, 612 f., 617–621
- internationale Zuständigkeit 618–620, 701 f.
- Prozess 88, 612 f., 617–621

Auslegung
- ausländische Rechtsterminologie 130
- autonome Qualifikation 63, 128, 349 f., 473, 527, 529, 538, 739

Ausländisches Recht
- Angleichung widerstreitender Rechtsordnungen 8
- Anwendung und Auslegung 1 f., 4, 10, 21–24, 64, 74–81, 88–91, 111–121, 122–124, 130, 151 f., 168–171, 181–185, 188, 202, 214, 229–232, 237 f., 259, 305, 328–331, 331 f., 334, 335–337, 338–343, 344–347, 353, 363 f., 432–434, 519 f., 536 f., 547 f., 567 f., 613–618, 630 f., 646 f., 650 f., 708, 725, 727 f., 751 f., 767–769, 770, 773 f., 780 f.
- – ordre public 747
- Ermittlung 21–24, 74–76, 119–121, 122–124, 197, 305, 314, 338 f., 544, 547 f., 745–747, 767–769
- im Anerkennungsverfahren 630 f.
- Revisibilität 167, 745–747
- Sach- und Verfahrensrecht 197

B

Belgien
- Insolvenzrecht 642 f., 780 f.

C

China s. Volksrepublik China
CISG s. UN-Kaufrecht

D

Darlehensvertrag 62–67
Delikt s.a. Internationale Zuständigkeit; Marke; Urheberrecht; Wettbewerbsrecht
- Anwendungsbereich Rom-II-VO 82, 103 f., 110, 118, 121, 128, 129 f., 133 f., 149, 152, 364, 368, 525
- engste Verbindung 134
- Erfolgsort 116, 128, 133, 149, 151, 365, 367 f., 402–404, 500, 514, 515, 529–533, 540–543, 551 f., 558 f., 561
- Handlungsort 118, 129 f., 133, 367 f., 403 f., 446, 500, 505, 511, 515, 529 f., 540 f., 549, 551 f., 558, 561 f.
- Kapitalanlagen 533
- Persönlichkeitsrechtsverletzung 133
- Rechtswahl 81 f., 148 f.
- Reichweite des Deliktsstatuts 111, 544 f.
- Tatort 110 f., 134
- Verjährung 544
- Verkehrsunfall 111–119, 125
- Wettbewerbsrecht 132, 359, 360, 364

Deliktsrecht
- ordre public 117
- Tatort 110 f., 118, 134

Demokratische Republik Kongo
- Adoption 291 f.

Dienstleistungsvertrag 63–66

E

Ehegüterrecht s.a. Morgengabe
- gewöhnlicher Aufenthalt 347
- intertemporales Recht 206 f.
- Rück- und Weiterverweisung
- – Russ. 207 f.
- Rechtswahl 333
- Wandelbarkeit des Statuts 207
- Zugewinnausgleich 206 f., 332 f.

Ehescheidung 60, 204 f., 209 f., 282 s.a. Morgengabe; Unterhalt;

Versorgungsausgleich
- Allgemeine Ehewirkungen 202, 204 f., 282, 332
- Anerkennung als Heimatstaatenscheidung
- - Pol. 693
- Anwendungsbereich Rom-III-VO 209 f., 332
- Name 6

Eheschließung
- Form 195–200, 201 f.
- Formmangel
- - Heilung 198–200
- hinkende Ehe 200
- Rechtswahl 3 f.
- Voraussetzungen 201 f.

Ehewirkungen 195, 202, 204, 206 f., 281–284

Eingetragene Lebenspartnerschaft 44 f.

Eingriffsnorm
- Arbeitsrecht 172 f., 184
- Arbeitsvertrag 172 f., 184, 188
- Rechtswahl 781
- Urheberrecht 105–107
- Verbrauchervertrag 101, 108

Einstweiliger Rechtsschutz
- Sorgerechtssachen 239, 683–687

Elterliche Sorge s.a. Kindesentführung; Minderjährige, Schutzmaßnahmen
- Anhörung des Kindes 687, 694–698
- gewöhnlicher Aufenthalt 237 f., 300–302, 566 f., 685 f.
- Kindeswohl 238, 568, 572 f., 687, 691
- Vertretung 262, 268 f., 288

England s.a. Großbritannien
- Eheschließung 196 f., 199 f.
- Gesellschaft
- - Auflösung 48, 191–193
- - Löschung 192 f.
- - Vertretung 59 f.
- Insolvenzrecht 745, 756 f., 760–762, 771
- Name 32–35
- Prozess
- - Zustellung 589

Enteignung
- Belegenheitsort 49 f.

Erbrecht
- Auskunftsanspruch 310, 338, 342
- Ausschlagung 311 f.
- Ehegatte 303–306, 314, 332–334, 344–348

- Erbschein
- - Fremdrechtserbschein 348
- - Tür. 314
- Erbvertrag 330 f.
- Form 311 f.
- Mehrstaater 346 f.
- Nachlassspaltung 313 f., 318 f., 329 f., 335 f.
- Nachlassverwaltung
- - F. 323
- Pflichtteil 309 f.
- Rechtswahl 307–310, 318 f., 319–322, 326 f., 328–331
- - Engl. 319–322
- - Schwz. 306–310
- Rück- und Weiterverweisung
- - Thai. 335
- - Tür. 305
- Testament 306 f., 319–322, 323, 325–327

Europäischer Vollstreckungstitel
- Anwendungsbereich der EuVTVO 621–625

Europäisches Gemeinschaftsrecht
- acte clair 492, 739
- Gesellschaft 192
- Handelsvertreter 438
- Marke 560–564
- Wettbewerbsrecht 132

Europäisches Mahnverfahren 582–587, 621–624
- Überprüfung 582–587, 621–625

Europäisches Unionsrecht
- Freizügigkeitsrecht 28
- Insolvenzrecht 738–741, 748
- Urheberrecht 360
- Vorlagepflicht 543 f.
- Wettbewerbsrecht 132
- Zustellung 299 f., 576–578

F

Familiensachen s.a. Internationale Zuständigkeit; Minderjährige, Schutzmaßnahmen
- Adoption 262, 287
- Sorgerechtssachen
- - einstweilige Maßnahmen 679 f., 683 f., 686 f.
- Umgangsrecht 217 f., 573

Form
- Eheschließung 195–200, 201 f., 203

– Gerichtsstandsvereinbarung 84, 412–415, 421 f., 424–426, 435, 463, 466, 496 f.
– Schiedsspruch 731
– Schiedsvereinbarung 731–734
– Substitution
– – notarielle Beurkundung im Ausland 53 f.
– Testament 317–319, 325
– Vertrag 168–171
Frachtvertrag 436
– multimodaler Transport 153
Frankreich
– Erbrecht 323
– Schadensersatz 122–124
– Verjährung 433 f.
– Versicherungsrecht
– – Rückgriff 514
Freiwillige Gerichtsbarkeit s.a. Einstweiliger Rechtsschutz; Familiensachen; Gesellschaft; Kindesentführung; Minderjährige, Schutzmaßnahmen; Personenstandsbücher; Prozess
– Grundbuchsachen 50, 58 f.
– Namensänderung 29, 32–35, 220
– Sorgerechtssachen
– – Verweisung an ein geeigneteres Gericht 571–573
Freizügigkeitsrecht
– Europäisches Unionsrecht 28

G

Gerichtsbarkeit 127, 154 f., 161 f., 373–376, 476, 478–483, 506–509
– Immunitätsverzicht 178, 185, 378 f., 380–384, 385–388, 388, 390 f., 391, 399–401, 405 f.
Gerichtsstandsvereinbarung
– Allgemeine Geschäftsbedingungen 435, 521
– anwendbares Recht 465
– Arbeitsvertrag 156, 162 f., 452, 457
– Bestimmtheit 422 f.
– Form 84, 412–415, 424–426, 435, 466, 496 f.
– Gepflogenheitsform 435, 521
– internationaler Handelsbrauch 435, 521
– kraft Handelsbrauch 435, 440
– Landtransportrecht 436, 440–443
– Schriftformerfordernis 412–415, 418 f., 421 f., 435

– Verbrauchervertrag 96–99, 495 f., 496–499
– Versicherungsvertrag 421–423
– Wirksamkeit 84, 96–99, 162 f.
– Wirksamkeit der Derogation inländischer Gerichte 495 f.
– Wirksamkeit der Prorogation ausländischer Gerichte 638
– Zustandekommen 412, 419 f., 436 f., 465 f., 521
Gesamtschuldnerausgleich 366 f., 630
Geschäftsführung ohne Auftrag 58
– Erfolgsort 58
Gesellschaft s.a. Freiwillige Gerichtsbarkeit; Statutenwechsel
– Auflösung 48 f.
– – Vermögenszuordnung 193 f.
– Europäisches Gemeinschaftsrecht 192
– Geschäftsführerhaftung 738 f.
– Niederlassung 69–72
– Rechtsfähigkeit 48, 338 f., 342
– – Gründungstheorie 49 f., 54–56, 57, 192 f.
– – Sitztheorie 54–56
– Sitzverlegung ins Ausland 52 f.
– Substitution
– – notarielle Beurkundung im Ausland 53 f.
Gewöhnlicher Aufenthalt
– Adoption 296–298
– Kindesentführung 680 f.
– Sorgerecht 300–302, 569 f., 571–573, 685 f., 698
– Unterhalt 213
Griechenland
– Ehegüterrecht 332–334
– Erbrecht 331–334
– Kindsname 40–42
– Staatenimmunität
– – Vollstreckungsimmunität 375 f., 389 f., 391–401
Großbritannien s.a. England
– Insolvenzrecht 756–760, 760–762
– Insolvenzverfahren 756–760
– Notar 51 f., 58–60
Guinea
– Adoption 295 f.

H

I

Indien
– Ehescheidung 211 f.

Sachverzeichnis 829

Indonesien
– Name 4–7
Insolvenzrecht 518 f., 533, 535 f., 544–548, 700 f., 739–741, 745, 749–751, 753 f., 755, 756–760, 762, 763, 769 f., 772–774 s.a. Internationale Zuständigkeit
– Anerkennung ausländischer Insolvenzverfahren 534 f., 642 f., 749–751, 753 f., 756–758, 761 f., 765–767
– – Engl. 625, 756–760, 760–762
– – I. 751
– – Schwz. 545
– – US 753 f.
– Anfechtung 755, 765–767, 769, 778–781
– anwendbares Recht 544–547, 771
– Anwendungsbereich der EuInsVO 748, 749–751, 756, 760, 771
– Arbeitsvertrag 748, 753 f.
– Bestimmung des Interessenmittelpunkts 755, 758, 762
– Europäisches Unionsrecht 738–741, 748 f.
– Insolvenzverwalter 423
– ordre public 747
– örtliche Zuständigkeit
– – Insolvenzanfechtung 755
– Qualifikation 535–537, 547, 738 f.
– Reichweite des Insolvenzstatuts 535, 748 f.
– Sekundärinsolvenzverfahren 751, 763 f., 771, 778 f.
Internationale Zuständigkeit s.a. Freiwillige Gerichtsbarkeit; Gerichtsstandsvereinbarung; Minderjährige, Schutzmaßnahmen; Schiedsvereinbarung
– Adoption 248, 294, 296–298
– als Sachentscheidungsvoraussetzung 439, 448
– anderweitige Rechtshängigkeit 512–514, 596–601
– Anspruchskonkurrenz 603
– Anwendungsbereich der EuEheVO 209, 227 f., 233, 679 f., 683, 686
– Anwendungsbereich der EuGVO 65, 96, 110, 122, 129, 171, 173 f., 401, 420, 426, 428, 430–434, 452 f., 464, 466, 483, 523, 557, 580, 742 f.
– – Dänemark 466

– Anwendungsbereich der EuInsVO 458, 760, 778
– Anwendungsbereich der EuUnthVO 213, 215 f., 649 f.
– Anwendungsbereich des LugÜ 126 f., 424 f., 449, 493, 518, 526 f., 537 f., 543 f., 550 f., 700–705
– Arbeitssachen 155 f., 162, 173 f., 179, 384, 452–457, 483
– – individueller Arbeitsvertrag 453–457
– – Niederlassung 155, 162, 384, 483
– Aufrechnung 87 f., 701–705
– Beklagtenwohnsitz 122, 155 f., 162, 174, 323, 350, 365, 460, 466, 500, 540, 557, 596
– einstweiliger Rechtsschutz 683–686
– elterliche Sorge 232–234, 237, 300, 564–566, 573, 698
– – gewöhnlicher Aufenthalt 217 f., 300–302, 564–566, 571 f.
– Elterliche Verantwortung 573
– entgegenstehende ausländische Rechtskraft 85, 449, 590–592, 601 f.
– Erbschaft 310, 349–351
– Erfüllungsort 96, 99, 428, 437 f., 443 f., 444, 458 f., 460 f., 464, 471 f., 702 f.
– – anwendbares Recht 444–446
– – Beratungsvertrag 100
– – Dienstleistung 428 f., 437 f., 460 f., 471 f.
– – gemischter Vertrag 428 f.
– – Gesellschaftsvertrag 459
– – Maklervertrag 485
– – Personenbeförderungsvertrag 109, 460 f., 467, 472–475
– – Unterlassungsvertrag 444–446
– – Vertragsstrafe 102 f., 444–446
– – Wohnungseigentümer 444
– – Zahlungspflicht 99 f.
– forum shopping 505
– freiwillige Gerichtsbarkeit 220
– Gemeinschaftsmarke 560–564
– Gerichtsstand der Niederlassung 162, 461 f., 470
– Gerichtsstand der Streitgenossenschaft 515 f.
– Handelsvertretervertrag 437 f.
– Insolvenzanfechtung 742, 755
– Insolvenzsachen 742, 744, 762, 769, 778

– Kindschaftssachen 21, 227 f., 569
– – gewöhnlicher Aufenthalt 228, 569, 574
– Landtransport 86, 406–411, 436, 439 f., 443
– Lufttransportsachen 471
– perpetuatio fori 569
– Pressedelikte 500
– Prüfung
– – doppelrelevante Tatsachen 463 f.
– Rechtmissbrauch 451
– Revisionsinstanz 607
– rügelose Einlassung 74, 148, 350, 424 f., 427, 439, 501, 560, 608 f.
– sachlicher und persönlicher Anwendungsbereich der EuGVO 412, 742 f.
– sachlicher und persönlicher Anwendungsbereich des LugÜ 126 f., 493, 526, 537 f., 540, 550 f., 700 f.
– Streitgenossenschaft 516
– Umgangsrecht 217 f., 573 f.
– unerlaubte Handlung 96, 129, 132, 132 f., 365 f., 367, 401–404, 429, 446 f., 499 f., 501 f., 504–506, 509–511, 511, 512, 515 f., 518, 521, 521 f., 527–533, 538–543, 549, 551 f., 558 f., 703 f.
– – Internet 132 f., 360, 367, 501 f., 521, 548
– – Markenrecht 102 f., 365 f., 560–564
– – Patentrecht 591 f., 594 f.
– Unterhaltssachen 215 f.
– Unterlassungsklage 102 f., 361, 521, 548
– Verbrauchersachen 96, 99, 404, 421, 471, 475, 485, 489–492, 493 f., 499, 503, 516, 528 f., 580 f.
– – Abtretung 499
– – Ausrichten 426, 485–488, 489–492, 493 f.
– – Internet 485–488
– – Verbrauchereigenschaft 499, 503
– Vermögensgerichtsstand 462 f., 705 f.
– Versicherungssachen 110, 420 f., 423, 523–525, 553–557
– – Abtretung 553–556
– – Direktklage 110, 118, 150 f., 523–525, 553–557
– Vertrag 411 f., 427, 485, 529, 540

– Wettbewerbssachen 132, 359, 721
– Widerklage 550, 638
– Zwangsvollstreckung 351 f.
– – Titelherausgabe 351–353
Internet
– internationale Zuständigkeit 360
– Urheberrecht 360
– Veröffentlichung 360
– Wettbewerbsrecht 132, 359 f., 360, 364
Irak
– Name 37, 45
– Vorname 45
Iran
– Erbrecht 344–346, 348 f.
Irland
– Unterhalt 650 f.
Islamisches Recht s.a. Morgengabe
– Eheschließung 203
Israel
– Prozess 606
– Versäumnisurteil 605–610
Italien
– Aufrechnung 88–91
– Direktklage 150, 152
– Erbrecht 328–331, 353–355
– Insolvenzrecht 772–774
– Zinsen 708

J

Jugoslawien s. Bosnien-Herzegowina; Mazedonien; Montenegro; Serbien; Slowenien

K

Kartellrecht 356, 358, 369
– Fusionskontrolle 369
Kasachstan
– Adoption 269–275
Kaufvertrag 136
Kindesentführung
– Anhörung des Kindes 242, 682
– Anwendungsbereich des HKÜ 243, 288, 570, 681
– Anwendungsbereich des HKiEntÜ 572
– Anwendungsbereich des KSÜ 566 f., 569 f., 680 f.
– gewöhnlicher Aufenthalt 234–236, 680 f.
– internationale Zuständigkeit 680–682
– Kindeswohl 239–242, 243, 243, 569

– Sorgerecht
– – eines Elternteils 569
– Unzumutbarkeit der Rückführung 239–242, 243
– Vollstreckung 239, 241
– Zwangsvollstreckung 239
Konkurs s. Insolvenzrecht
Konnossement 427
Kosten s. Anerkennung und Vollstreckung ausländischer Entscheidungen in vermögensrechtlichen Angelegenheiten; Anwaltskosten; Freiwillige Gerichtsbarkeit; Prozess

L

Landtransportrecht
– Gerichtsstandsvereinbarung 436, 440–443
Lebenspartnerschaft 44 f., 218 f., 230 f.
Liechtenstein
– Anstalt 339–342
– Stiftung 311, 342 f.
Lizenzvertrag 108
Lex fori s. Prozess

M

Marke
– Europäisches Gemeinschaftsrecht 560–564
Marokko
– Morgengabe 205
Minderjährige, Schutzmaßnahmen s.a. Freiwillige Gerichtsbarkeit; Kindesentführung; Sorgerechtssachen
– gewöhnlicher Aufenthalt 233 f., 565
– internationale Zuständigkeit 233 f., 565, 573
Morgengabe
– Marok. 205
– Tür. 202 f.
Multimodaler Transport 153

N

Name s.a. Abstammung; Freiwillige Gerichtsbarkeit; Personenstandsbücher
– Änderung 7–9, 10 f., 14–19, 20, 32–35, 38–40, 45, 46 f.
– Anpassung 19 f., 20, 37
– Ehename 7–10, 283 f.
– Familienname 3–10, 10–13, 14 f., 17, 20, 24, 29 f., 36 f., 37, 45, 46 f., 232
– Geburtsname 8 f., 14 f., 21, 24, 27, 29, 37, 40, 41 f., 42 f.
– hinkende Verhältnisse 45
– intertemporales Recht 15 f.
– Kind 21, 24, 29, 30–32, 40–42, 40, 42 f., 284
– Kindeswohl 31 f.
– Mehrstaater 18 f., 21, 284
– Rechtswahl 3, 5, 7–9, 27–29, 30–32, 40, 42 f., 44 f.
– Rück- und Weiterverweisung
– – Tür. 10
– Staatsangehörigkeit 19 f., 25–27, 32–35
– Statutenwechsel 14–19
– Vatersname 14–16, 18 f.
– Vorname 3–7, 9 f., 14–17, 24, 30–32, 45
– Zwischenname 16, 18 f.
Namibia
– Adoption 285–291
Niederlande
– Kosten der Rechtsverfolgung 362
– Schiedsspruch 735
Nigeria
– Adoption 672, 674–677

O

Öffentliches Recht s.a. Delikt
– Datenschutzrecht
– – anwendbares Recht 69–73
Ordre public
– Anerkennung und Vollstreckung ausländischer Entscheidungen in familienrechtlichen Angelegenheiten 644 f., 695, 697
– Anerkennung und Vollstreckung ausländischer Entscheidungen in vermögensrechtlichen Angelegenheiten 627, 707
– Anerkennung und Vollstreckung von Schiedssprüchen 710 f., 776 f.
– Auslandsadoption 246–248, 252–258, 261, 263, 264, 265, 269–275, 276, 279 f., 285–287, 289–291, 292, 293 f., 295 f., 676
– – DRC 292, 293 f.
– – Guinea 295 f.
– – Kos. 265–267
– – Nig. 676
– – Tun. 261–264
– – Tür. 276, 279 f.
– – US 249 f.

– Erbrecht 325 f., 339, 344–346
– Insolvenzsachen 520, 750, 757–759
– – Engl. 757–759
– Leihmutterschaft 226, 237, 656–661, 663–672
– Name 11–13, 28, 34
– Prozess, Zustellung 646–648
– Schiedsspruch 710 f., 776 f.
– Sorgerecht 569
– Staatsanleihe 511
Österreich
– Name 20
– Pfändung 770

P

Pakistan
– Adoption 258
– Eheschließung 197
Patentrecht
– Übertragung 363 f.
Personalstatut 48, 338–340 s.a. Staatsangehörigkeit
Personenstandsbücher s.a. Abstammung; Freiwillige Gerichtsbarkeit; Name
– Name 25–27, 40 f.
Philippinen
– Adoption 251–254, 256–258
Polen
– Schmerzensgeld 130 f.
Prozess s.a. Anwaltskosten; Einstweiliger Rechtsschutz; Familiensachen; Freiwillige Gerichtsbarkeit; Insolvenzrecht; Internationale Zuständigkeit; Prozesskostensicherheit; Rechtshängigkeit; Rechtskraft; Rechtswahl
– Aussetzung des Verfahrens 302, 512, 588–590, 592–595, 700, 704 f.
– Bestimmung des zuständigen Gerichts 516 f.
– Beweis
– – Sachverständigengutachten 1, 587
– Beweisverfahren 430–435
– Darlegungslast 774
– Einrede des Schiedsvertrags 127 f., 734 f.
– Grundsatz der lex fori 50, 84, 353 f.
– – Prozessführungsbefugnis 56 f.
– Kosten
– – Gutachten 747
– – Sicherheitsleistung 467
– Parteifähigkeit 191 f.
– – Auslandsgesellschaft 191 f., 323

– Prozessführungsbefugnis 56 f., 651 f., 723 f.
– – Unterhaltsklage 651 f.
– Prozesskostenhilfe 587
– Prozesskostensicherheit
– – Widerklage 371 f.
– Rechtshängigkeit 298 f., 512–514, 596–601, 703
– Rechtshängigkeit im Ausland 171, 512–514
– Rechtshilfe
– – Beweisaufnahme 575, 581 f.
– – Haager Beweisübereinkommen 575, 581 f.
– Sprache 299 f.
– Unterbrechung bei Auslandsinsolvenz 751–753
– Versäumnisurteil 482 f.
– Zinsen 117
– – Serb. 117
– Zuständigkeit
– – Bestimmung 516 f.
– Zustellung
– – Annahmeverweigerung 577 f.
– – Anwendungsbereich der EuZVO 579–581
– – Europäisches Unionsrecht 576
– – Heilung 578, 579, 609
– – öffentliche 484 f.
– – Schwz. 579
– – Sprache 576–578
– – Übersetzung 299 f.
Prozesskostensicherheit 371 f.

Q

Qualifikation
– Ehegüterrecht 333 f.
– lex fori 340

R

Rechtshängigkeit 171, 298 f. s.a. Anerkennung und Vollstreckung ausländischer Entscheidungen; Prozess
Rechtshilfe s.a. Prozess, Rechtshilfe
– Beweisaufnahme 575, 581 f.
Rechtskraft 601 f.
Rechtswahl s.a. Delikt; Ehegüterrecht; Eingriffsnorm; Erbrecht; Gesellschaft; Name; Verbrauchervertrag; Vertrag, Rechtswahl sowie die einzelnen Rechtsgebiete
– stillschweigende 83, 164, 185, 445 f.

Rück- und Weiterverweisung
- Ehegüterrecht
- - Tür. 304
- Insolvenzrecht 547
Rumänien
- Zustellung 646 f.
Russische Föderation
- Name 19 f.

S

Sachenrecht
- Belegenheitsort 335, 766
- Reichweite des Sachstatuts 766

Schiedseinrede 127 f., 611 f., 721, 734 f.

Schiedsspruch
- Anerkennung und Vollstreckung
- - Aufhebung im Ursprungsstaat 713, 720
- - Aufrechnung 718
- - Form 710, 714, 731 f.
- - Konkretisierung 735
- - Meistbegünstigung 710, 732 f.
- - örtliche Zuständigkeit 710, 713, 714, 772
- - Präklusion 713, 774 f.
- - Präklusion von Anerkennungsverweigerungsgründen 733 f., 774 f.
- - rechtliches Gehör 713 f., 717 f.
- - Übersetzung 713
- - Versagungsgründe 713 f., 774–777
- - Wirksamwerden 731
- - Wirkung 719
- - Zinsen 735
- Aussetzung des Verfahrens 772 f.
- ordre public
- - Befangenheit des Schiedsrichters 776 f.

Schiedsvereinbarung
- Allgemeine Geschäftsbedingungen 408, 775 f.
- anwendbares Recht 728–730, 775
- Auslegung 726
- Form 719, 731–734, 775 f.
- ordre public 723 f.
- Partei 721–725
- Rechtswahl 726–728
- Schiedsfähigkeit 727
- Wirksamkeit 715 f., 719, 726, 728–730, 731–733, 775 f.

Schiedsverfahren
- Anerkennung ausländischer Entscheidungen 719 f.

- Auswahl und Bestellung des Schiedsrichters 711 f.
- Durchführung 710–712, 725–727
- Mitwirkung deutscher Gerichte 725 f.
- ordre public 710 f., 727
- rügelose Einlassung 719
- Sprache 717 f.
- Zuständigkeit 725–727

Schweden
- Erbrecht 317 f.
- Schiedsspruch 611, 621
- Testament 317 f.

Schweiz
- Erbrecht 306
- Insolvenzrecht 518 f., 755
- Nachlassvertrag 519 f., 533–536, 545–548
- Prozess
- - Zustellung 579

Serbien
- Schadensersatz 111–113, 116–121
- Schmerzensgeld 113–116, 119 f.

Spanien
- Haftung 1 f.
- Name 27–29
- Zinsen 2

Sri Lanka
- Namensrecht 46 f.

Staatsangehörigkeit 30, 69, 204, 206, 323 f., 326, 331
- Abstammung 656, 661 f.

Statutenwechsel s.a. Ehegüterrecht; Ehewirkungen; Gesellschaft; Sachenrecht
- Name 14–19

Stellvertretung 203
- Gesellschaft 51 f.
- Vollmacht 59 f.

Substitution
- Gesellschaft
- - notarielle Beurkundung im Ausland 53 f.

T

Thailand
- Erbrecht 336

Trust
- Trustee
- - Prozessführungsbefugnis 56 f.

Tunesien
- Adoption 261 f.

Türkei
- Adoption 275–280
- Ehescheidung 60, 208, 282, 315 f.

– – Name 283
– Ehewirkungen 202 f.
– Erbrecht 303 f., 313–316, 349 f.
– Name 29 f., 283
– – Ehescheidung 283
– Schenkung 203
– Sorgerecht 691
– Unterhalt 213 f.
– Vaterschaftsanfechtung 281
– Versorgungsausgleich 208

U

Ukraine
– Adoption 264
Umgangsrecht
– gewöhnlicher Aufenthalt 217 f.
UN-Kaufrecht
– Anwendungsbereich 87, 92–95, 135 f., 138, 733
– Aufrechnung 88, 144–148
– Auslegung 94 f.
– Einbeziehung allgemeiner Geschäftsbedingungen 733
– Mangel 136 f., 140–144
– Rügeobliegenheiten 136 f., 144
– Vertragsaufhebung 138, 141–143
– wesentliche Vertragsverletzung 138–141, 415 f.
– Zinsen 137
Unterhalt s.a. Morgengabe
– Abänderung eines ausländischen Titels 652–654
– Anwendungsbereich der EuUnthVO 213 f., 215 f., 649 f.
– Ehescheidung 60
– Form 60
– gewöhnlicher Aufenthalt 60, 213
– Kind 652–654
Urheberrecht 103 f., 360
– Europäisches Unionsrecht 360
– Internet 360
– urheberrechtlicher Schutz für ausländische Staatsangehörige 360
Urkundenverkehr
– Beweis 59
– Notarielle Beglaubigung 59 f.

V

Vaterschaft s. Abstammung
Verbrauchervertrag
– Beratungsvertrag 100
– Eingriffsnorm 101

– Kreditvertrag 62–67
– Rechtswahl 100
Vereinigte Staaten von Amerika
– Adoption 247–250
– Name 29
Vereinigtes Königreich Großbritannien und Nordirland s.a. England
– Insolvenzrecht
– – Engl. 756–760, 760–762
– Insolvenzverfahren
– – Engl. 756–760
– Notar
– – Engl. 51 f., 58–60
Verjährung 433–435, 451
Versicherungsrecht
– Direktanspruch 122, 125, 150–152
– Direktklage 110–118, 122, 129, 523–525
– Rückgriff 150
Versicherungsvertrag 63 f., 66 f., 150
Versorgungsausgleich
– ausländische Anwartschaften 209
– – Tür. 209
– Billigkeitsausgleich 212
– Durchführung 208 f., 212
– Durchführung nach Auslandsscheidung 208 f.
Vertrag s.a. Allgemeine Geschäftsbedingungen sowie die einzelnen Vertragstypen; UN-Kaufrecht sowie die einzelnen Vertragstypen
– Allgemeine Geschäftsbedingungen 503
– Anwendungsbereich Rom-I-VO 74, 85, 86, 104, 107, 149, 156, 179, 188, 384, 617, 722 f., 744, 754, 779
– engste Verbindung 104 f., 445 f.
– Erfüllungsort 445 f.
– Luftbeförderungsvertrag 461
– Rechtswahl
– – anwendbares Recht 72 f., 733, 779 f.
– – Indizien 185
– – nachträgliche 74
– – stillschweigende 83, 164, 174 f., 185
– – UN-Kaufrecht 415
– – Zustandekommen 175
– – zwingende Bestimmungen 102, 107 f., 366, 781
– Reichweite des Vertragsstatuts 91, 104, 107, 145–148, 780 f.
– Schadensersatz 417, 575
– Schenkung 341 f., 443

– Unterlassungsvertrag 361 f.
– Verbrauchervertrag 490–492
– Vermutung der charakteristischen Leistung
– – Geschäftsbesorgungsvertrag 58
– – Lizenzvertrag 104 f., 108
– – Versicherungsvertrag 150, 152
– Vertragsstrafe 102 f., 361 f., 447
– Zustandekommen
– – UN-Kaufrecht 95, 415
Vietnam
– Volljährigkeit 302
Volksrepublik China
– elterliche Sorge 237
– Schiedsspruch 710–712
Vorfrage
– Delikt 116 f.
– Eheschließung
– – Eheaufhebung 281 f.
– Erbrecht
– – Ehescheidung 315 f.
Völkerrecht s.a. Gerichtsbarkeit
– Immunitätsverzicht 178, 185, 378 f., 380–384, 384 f., 385–388, 388, 391, 399–401, 481 f.
– Staatenimmunität
– – Vollstreckungsimmunität 373–380, 389 f., 390 f.

W

Wettbewerbsrecht 128, 132, 359 f., 360 s.a. Internationale Zuständigkeit; Kartellrecht
– Europäisches Unionsrecht 132
– Internet 132, 359 f., 360, 364

– Werbemaßnahmen 132, 359 f., 360
Wohnsitz 162, 174, 207 f., 324 f., 350, 458, 540, 744
– Wechsel 466

X

Y

Z

Zinsen 86, 117, 707 f. s.a. UN-Kaufrecht
Zustellung s.a. Anerkennung und Vollstreckung ausländischer Entscheidungen in familienrechtlichen Angelegenheiten; Anerkennung und Vollstreckung ausländischer Entscheidungen in vermögensrechtlichen Angelegenheiten; Prozess
– Europäisches Unionsrecht 299 f., 576–578
Zwangsvollstreckung 621, 625, 629, 633 f., 643 s.a. Anerkennung und Vollstreckung ausländischer Entscheidungen in vermögensrechtlichen Angelegenheiten; Einstweiliger Rechtsschutz; Gerichtsbarkeit; Internationale Zuständigkeit; Kindesentführung
– in Forderungen 770
– Vollstreckung im Ausland 643
Zwangsvollstreckungsrecht 700–702, 704 f.
Zwingendes Recht s. Eingriffsnorm

Rechtsprechungsdatenbanken

Im Übrigen wird auf die Datenbanken der Bundesgerichte und -länder sowie den Internetauftritt des Bundeskartellamtes verwiesen. (Ein gemeinsames Justizportal des Bundes und der Länder ist unter www.justiz.de/bundlaender/index.php zu finden.)

BVerfG: www.bundesverfassungsgericht.de/entscheidungen.html
BGH: www.bundesgerichtshof.de
BAG: www.bundesarbeitsgericht.de
BFH: www.bundesfinanzhof.de/entscheidungen
BPatG: www.bpatg.de
BSG: www.bsg.bund.de
BVerwG: www.bverwg.de
Baden-Württemberg: www.justizportal-bw.de
Bayern: www.gesetze-bayern.de
Berlin-Brandenburg: www.gerichtsentscheidungen.berlin-brandenburg.de
Bremen: www.justiz.de/onlinedienste/rechtsprechung/bremen/index.php
Hamburg: www.rechtsprechung.hamburg.de
Hessen: www.lareda.hessenrecht.hessen.de
Mecklenburg-Vorpommern: www.landesrecht-mv.de
Niedersachsen: www.justizportal.niedersachsen.de
Nordrhein-Westfalen: www.justiz.nrw.de/Bibliothek/nrwe2/index.php
Rheinland-Pfalz: www3.mjv.rlp.de/rechtspr/main.asp
Sachsen: www.justiz.de/onlinedienste/rechtsprechung/sachsen/index.php
Sachsen-Anhalt: www.landesrecht.sachsen-anhalt.de
Schleswig-Holstein: www.gesetze-rechtsprechung.sh.juris.de
Thüringen: www.landesrecht.thueringen.de
BKartA: www.bundeskartellamt.de